Woordenboek

Frans
Nederlands

Woordenboek

Frans Nederlands

ISBN 978 90 491 0293 7

Gebruiksaanwijzing

In dit woordenboek vind je veel **woorden met hun vertaling**. Soms heeft een trefwoord meerdere vertalingen. *Phare* kan bijvoorbeeld 'vuurtoren' betekenen, maar ook 'koplamp' of 'baken'. *Gros* kan een zelfstandig naamwoord zijn, maar ook een bijvoeglijk naamwoord en een bijwoord. Daarom geven we **extra informatie** als dat nodig is, bijvoorbeeld over de betekenis of over de grammatica. We geven ook voorbeelden hoe woorden voorkomen in combinatie met andere woorden. Hieronder beschrijven we kort wat je kunt aantreffen.

Alle **trefwoorden** drukken we vet. Varianten erop en verwijzingen ernaar ook. Alle Franse tekst en alle extra informatieve tekst drukken we romein (rechtop), alle vertalingen in het Nederlands *cursief* (schuin).

Als een trefwoord meerdere **woordsoorten** heeft, geven we dat aan met Romeinse cijfers. Zoek je bijvoorbeeld de vertaling van *cocher*, dan vind je eerst (**I**) het zelfstandig naamwoord ('koetsier') en daarna (**II**) het werkwoord ('aankruisen').

Als een trefwoord meerdere **betekenissen** heeft, dan staan daar bolletjes voor. Zoek je dus naar de vertaling van *punaise*, dan kom je achter elk bolletje een nieuwe vertaling tegen (• wandluis • punaise • kreng). Als twee vertalingen ongeveer hetzelfde betekenen, staat er geen bolletje, maar een puntkomma tussen. Bij *morceau* staat bijvoorbeeld 'brok; hap; stuk; fragment'.
Franse woorden komen vaak voor in vaste combinatie met een **voorzetsel**, bijvoorbeeld *joindre à*. Deze krijgen ook een bolletje ervóór en zijn vet gedrukt, zodat je ze snel vindt. Bij wederkerende werkwoorden (zoals *se tromper*: zich vergissen) drukken we 'se' vet.

Bij een trefwoord vind je ook vaak **voorbeeldzinnen**. Deze laten zien hoe je het woord in combinatie met andere woorden kunt tegenkomen, bijvoorbeeld bij *maison* ('à la maison': thuis) of *provision* ('faire ses provisions': boodschappen doen). Soms betekent de combinatie iets heel anders dan de woorden los, bijvoorbeeld 'avoir un cœur d'artichaut': snel verliefd worden (en niet 'een artisjokkenhart hebben').

Extra informatie over de betekenis van een woord geven we met **labels**: MUZ. betekent dat het woord te maken heeft met muziek, MIN. betekent dat het woord een minachtende lading heeft. Ook tussen geknikte **haakjes** vind je soms extra informatie, die je helpt de juiste vertaling te kiezen, bijvoorbeeld dat een vertaling alléén gebruikt wordt ⟨bij rugby⟩.

Op **pagina 9** kun je zien hoe dit alles er in het boek uitziet.

Extra tips

★ Als je op zoek bent naar de vertaling van een uitdrukking of idioom, kijk dan eerst bij het **eerste zelfstandig naamwoord** dat daarin voorkomt. 'avoir en main' vind je bij *main*, niet bij *avoir* of *en*. Staan er meerdere zelfstandige naamwoorden in de zin, kijk dan ook eerst bij het eerste: 'pile ou face' vind je bij het trefwoord *pile*, niet bij *face*.
Als je de gezochte vertaling niet bij het eerste zelfstandig naamwoord vindt, kijk dan bij het tweede, enzovoort.

★ Veel combinaties van woorden met **voorzetsels** (*à*, *chez*, *dans*, *sous*, *vers*) vind je bij de (werk)woorden waar ze vaak bij voorkomen: 'rentrer dans' vind je bij *rentrer*, niet bij *dans*; 'se classer parmi' vind je bij *classer*, niet bij *parmi*.

★ Zoek bij de **hele vorm** van het woord, niet bij de vervoeging of verbuiging: 'chantons' vind je dus bij *chanter*. 'tous' vind je bij *tout*. Bij onregelmatige vervoegingen vind je een verwijzing naar het juiste woord, bijvoorbeeld van *veux* naar *vouloir*.
Bij zelfstandig en bijvoeglijk naamwoorden vermelden we onregelmatige verbuigingen.

★ Bij sommige trefwoorden (of delen daarvan) vind je een globale uitspraakweergave, bv. bij *ail* (zeg: aj) en *aiguiller* (zeg eGw-). De hoofdletter G spreek je uit als de g van *goal*.

★ Als je iets in het woordenboek niet begrijpt, zoek dan in de lijsten met **bijzondere tekens** en **afkortingen** hierna.

Beknopte grammatica

Achter in dit woordenboek vind je een beknopte grammatica van het Frans.

Bijzondere tekens

Voorbeelden van het gebruik van onderstaande tekens worden gegeven op pagina 9.

I, II enz.	Als een trefwoord meerdere woordsoorten heeft (bv. overgankelijk én onovergankelijk werkwoord), worden deze voorafgegaan door Romeinse cijfers.
•	Als een trefwoord meerdere betekenissen heeft, worden deze voorafgegaan door een bolletje. Ook vaste combinaties van het trefwoord met een voorzetsel worden gezien als een aparte betekenis.
★	Na een ster volgt een voorbeeldzin.
(...)	Tussen ronde haken staat uitspraakinformatie.
[...]	Tussen rechte haken staat extra grammaticale informatie.
⟨...⟩	Tussen geknikte haken staat extra uitleg over de betekenis of de vertaling daarvan.
~	Een tilde vervangt vaak het trefwoord in voorbeeldzinnen en zegswijzen.
/	Een schuine streep scheidt woorden die onderling verwisselbaar zijn.
≈	Een equivalentieteken geeft aan dat de vertaling een benadering is van het vertaalde. Een exactere vertaling is in dat geval niet te geven.
→	Een pijl verwijst voor meer informatie naar het erop volgende trefwoord.
h̲	Als een h wordt 'aangeblazen' (h aspiré), wordt deze onderstreept.

Lijst van gebruikte afkortingen

AANW VNW aanwijzend voornaamwoord
AARDK. aardrijkskunde
ADMIN. administratie
AFK afkorting
AGRAR. agrarisch, landbouw
ANAT. menselijke anatomie
ARCH. architectuur
ARG. argot, boeventaal
AUTO. auto's en motoren
A-V audiovisueel
BETR VNW betrekkelijk voornaamwoord
BEZ VNW bezittelijk voornaamwoord
BIJW bijwoord
BIOL. biologie, milieu
BN Belgisch Nederlands
BNW bijvoeglijk naamwoord
CHEM. chemie
COMM. communicatie, voorlichting, reclame
COMP. computer
CUL. culinaria, voeding
deelw. deelwoord
DIERK. dierkunde
DRUKK. drukkerij- en uitgeverijwezen
ECON. economie
ELEK. elektronica
EUF. eufemistisch
ev enkelvoud
FIG. figuurlijk
FILOS. filosofie
FORM. formeel
FR. Frans, Frankrijk
GEO. geografie
GESCH. geschiedenis
HER. heraldiek
HUMOR. humoristisch
HWW hulpwerkwoord
id. (verbuiging) identiek
iem. iemand
infin. infinitief
INFORM. informeel
IRON. ironisch
JEUGDT. jeugdtaal
JUR. juridisch, recht
KUNST beeldende kunst
KWW koppelwerkwoord
LANDB. landbouw
LETT. letterlijk
LIT. literatuur, letterkunde
LUCHTV. luchtvaart
LW lidwoord
m mannelijk
MED. medisch, geneeskunde
MEDIA media: televisie, radio, tijdschriften
MIL. militair
MIN. minachtend, afkeurend
MUZ. muziek
mv meervoud
MYTH. mythologie
NATK. natuurkunde
OMSCHR. omschrijvend
ONB TELW onbepaald telwoord
ONB VNW onbepaald voornaamwoord
ONOV onovergankelijk (zonder object)
ONP onpersoonlijk
onr. onregelmatig
ONV onvervoegbaar
OUD. ouderwets
OV overgankelijk (met object)
o&w onderwijs en wetenschap
p. persoon
PERS VNW persoonlijk voornaamwoord
PLANTK. plantkunde
PLAT plat, ordinair
POL. politiek
PSYCH. psychologie
qc quelque chose
qu quelqu'un
REG. regionaal
REL. religie
samentr. samentrekking
SCHEEPV. scheepvaart
SCHEIK. scheikunde
SPORT sport, lichamelijke oefening
STERRENK. sterrenkunde
subj. subjunctief (aanvoegende wijs)
TAALK. taalkunde
TECHN. techniek, mechanica
teg. tegenwoordig
TELW telwoord
TON. toneel, theater
t.t. tegenwoordige tijd
TW tussenwerpsel
TYP. typografie
UITR VNW uitroepend voornaamwoord
v vrouwelijk
v. van
v.d. van de
v.e. van een
v.h. van het
VISS. visserij
VOETB. voetbal
volt. voltooid
VOORV. voorvoegsel
VR VNW vragend voornaamwoord
VULG. vulgair
VW voegwoord
VZ voorzetsel
WISK. wiskunde
WKD wederkerig en wederkerend
WKD VNW wederkerend voornaamwoord
WKG VNW wederkerig voornaamwoord
WW werkwoord
WWW internet
ZN zelfstandig naamwoord
ZWIT. Zwitsers, Zwitserland

liant **I** M • *bindmiddel; verharder* • OOK FIG. *soepelheid* • FORM. *innemendheid; vriendelijkheid* **II** BNW *vriendelijk; innemend; contactvaardig*
liber M *boombast*
libéral **I** M [V: **libérale**] [MV: **libéraux**] *liberaal* **II** BNW [V: **libérale**] [MV: **libéraux**] • *liberaal* • *tolerant* • OUD. *vrijgevig; gul* ★ les professions ~es *de vrije beroepen* ★ infirmière ~e *zelfstandig gevestigde verpleegster* ★ arts libéraux *vrije kunsten*
libéralement BIJW *onbekrompen; ruim; rijkelijk*
libriosif BNW *(te) vrijmoedig*
Libye V *Libië*
libyen BNW [V: **libyenne**] *Libisch*
Libyen M [V: **Libyenne**] *Libiër*
lice V • *strijdperk* • *omheining* ⟨v. renbaan⟩ • *schering* ⟨v. weefgetouw⟩ • *vrouwelijke jachthond* ★ entrer en lice *in het krijt treden* ★ rester en lice *nog in de race zijn; nog meedingen*
licence V • *vergunning; verlof* • SPORT *licentie* • O&W *licentiaat;* ≈ *kandidaats* • *vrijheid* ⟨afwijkende handelwijze⟩ • OUD. *misbruik v. vrijheid* • OUD. *losbandigheid; uitspatting* ★ ~ en droit *licentiaat in de rechten* ★ ~ ès lettres *licentiaat in de letteren* ★ sous ~ *in licentie* ★ prendre des ~s avec qn *zich te grote vrijheden tegenover iem. veroorloven*
licencié M [V: **licenciée**] • *licentiaat* • *licentiehouder* • *lid* ⟨v. sportbond⟩ • *ontslagene* • ≈ *bachelor*
licencieux BNW [V: **licencieuse**] FORM. *losbandig; schuin; gewaagd*
lichen (*zeg:* liekèn) M • *korstmos* • MED. *lichen*
lichette V INFORM. *stukje*
licite BNW *geoorloofd; toegestaan*
licol M → **licou**
licorne V *eenhoorn*
licou M *halster*
lie V • *droesem; grondsop* • *uitvaagsel* ★ lie-de-vin *wijnrood* ★ FORM. la lie du peuple *de heffe des volks* ★ boire le calice jusqu'à la lie *de lijdensbeker tot de bodem ledigen*
lied M [MV: **lieds** / **lieder**] *Duits lied*
liège M *kurk*
Liège *Luik*
liégeois BNW *Luiks* ★ café ~ *ijskoffie met slagroom*
liégeux BNW [V: **liégeuse**] *kurkachtig*
lien M • *snoer; koord* • OOK FIG. *band; binding; koppeling* • OOK FIG. *boei; kluister* ★ lien conjugal *huwelijksband*
lier **I** OV WW • OOK FIG. *binden* (*à* aan); OOK FIG. *verbinden; vastbinden; (samen)voegen* • *aanknopen; (wederzijds) doen ontstaan* ★ ils sont très liés *ze zijn erg close / bevriend* ★ lier amitié avec qn *vriendschap met iem. sluiten* ★ lier une sauce *een saus binden* **II** WKD WW (**se** ~) *zich binden* ★ se lier d'amitié avec qn *vriendschap met iem. sluiten*
lierre M *klimop*

trefwoorden, met eventuele varianten, zijn vet gedrukt

Romeinse cijfers gaan vooraf aan een woordsoort

woordsoorten zijn in kleinkapitaal gezet - zie p. 7

tussen rechte haken wordt extra grammaticale informatie gegeven - zie p. 7

bolletjes gaan vooraf aan verschillende betekenissen van een trefwoord

sterretjes gaan vooraf aan voorbeeldzinnen

labels zijn in kleinkapitaal gezet en geven extra informatie over stijl, herkomst of vakgebied - zie p. 7

equivalentietekens (≈) geven aan dat de volgende vertaling een benadering is

tussen geknikte haken wordt extra uitleg gegeven

tussen ronde haken wordt uitspraakinformatie gegeven

pijlen verwijzen naar een ander trefwoord voor meer informatie

tildes (~) vervangen het trefwoord

schuine strepen staan tussen verwisselbare varianten

A

a M letter *a* ★ a comme Anatole *de a van Anton* ★ prouver par a + b *duidelijk bewijzen* ★ ne savoir ni a ni b *geen a van een b kunnen onderscheiden*

à VZ *aan*; *bij*; *op*; *te*; *naar* ★ un verre à vin *een wijnglas* ★ une chambre à coucher *een slaapkamer* ★ le moulin à vent *de windmolen* ★ la chasse au lion *de leeuwenjacht* ★ à bicyclette *op de fiets* ★ à la nage *al zwemmend* ★ à la française *op zijn Frans* ★ marcher à reculons *achteruitlopen* ★ pêcher à la ligne *hengelen* ★ dessiner à la plume *met de pen tekenen* ★ déjeuner à vingt euros *voor 20 euro lunchen* ★ il a une canne à la main *hij heeft een wandelstok in de hand* ★ ce livre est à moi *dit boek is van mij* ★ il écrit à sa femme *hij schrijft (aan) zijn vrouw* ★ à midi *om twaalf uur* ★ à deux heures de Paris *twee uur rijden van Parijs* ★ je vais à Paris *ik ga naar Parijs* ★ il demeure à Utrecht *hij woont in Utrecht* ★ il habite à deux pas d'ici *hij woont hier vlak bij* ★ elle était assise à la fenêtre *zij zat bij het raam* ★ au feu! *brand!* ★ au secours! *help!* ★ au voleur! *houdt de dief!* ★ (vóór onbepaalde wijs:) il cherchait à s'échapper *hij probeerde te ontsnappen* ★ apprendre à lire *leren lezen* ★ difficile à traduire *moeilijk te vertalen* ★ vous êtes à plaindre *u bent te beklagen* ★ à vendre *te koop*

A AFK • ampère *A*; *ampère* • autoroute *A*; *autoweg*

A. AFK Altesse *H.*; *Hoogte*

abaissement M • *verlaging* • *daling* ★ ~ des paupières *neerslaan van de ogen*

abaisser I OV WW • *verlagen* • *laten zakken*; *neerlaten* • *vernederen*; *kleineren* • *terugschakelen* ★ ~ une perpendiculaire *een loodlijn neerlaten* ★ ~ un store *een jaloezie laten zakken* **II** WKD WW [**s'~**] • *aflopen*; *dalen*; *zakken* • *zich verlagen*; *zich vernederen (**à** tot, om)* ★ le terrain s'abaisse *het terrein loopt af*

abandon M • *(het) verlaten* • *(het) in de steek laten*; *verwaarlozing* • *overgave*; *(het) afstand doen* • *verlatenheid* • *ongedwongenheid* ★ à l'~ *onverzorgd*; *verwaarloosd* ★ l'~ d'un droit *het afstand doen van een recht* ★ il y avait beaucoup d'~s dans cette étape *in die etappe gaven er veel op*

abandonner I OV WW • *verlaten*; *afschrijven*; *in de steek laten* • *afzien van*; *overdragen* • *overleveren* ★ ~ qn *iem. afschrijven* ★ ~ ses enfants *zijn kinderen in de steek laten* ★ ~ le pouvoir *de macht overdragen* **II** ONOV WW *het opgeven* ★ j'abandonne *ik geef het op* **III** WKD WW [**s'~**] • *zich overgeven (**à** aan)*; *zich laten gaan* • *zich ontspannen*

abaque M • *telraam* • *grafiek*

abasourdi (zeg: -zoer-) BNW *verbijsterd*

abasourdir (zeg: -zoer-) OV WW • *verbijsteren* • *verdoven*

abasourdissant (zeg: -zoer-) BNW • *oorverdovend* • *verbijsterend*

abasourdissement (zeg: -zoer-) M • *verdoving* • *verbijstering*; *stomme verbazing*

abâtardir I OV WW *doen ontaarden* **II** WKD WW [**s'~**] *degenereren*

abat-jour M [mv: **abat-jour(s)**] • *lampenkap* • *lichtopening* • *zonneklep*

abats M MV *slachtafval*; *orgaanvlees*

abattage M • *(het) vellen* ‹v. bomen›; *(het) hakken* ‹v. bomen› • *(het) slachten* ‹v. dieren› • *(het) winnen* ‹v. erts› ★ avoir de l'~ *levendig zijn*; *boeien* ★ vente à l'~ *opruiming*; *verramsjing*

abattant M *uitklapblad*; *wc-bril*

abattement M • *uitputting* • *moedeloosheid* • *aftrekpost*; *aftrek*; *vermindering*

abattis M MV • *afval van gevogelte* • INFORM. *poten*

abattoir M *slachthuis*

abattre I OV WW • *neerslaan*; *vellen*; *omhakken* • *doden*; *neerschieten* • *verzwakken* • *plat neerleggen* • *neerslachtig maken* • *verdrieten*; *vermoeien* ★ ~ un avion *een vliegtuig neerhalen* ★ OOK FIG. ~ son jeu *zijn kaarten op tafel leggen*; *kleur bekennen* ★ ~ de la besogne *keihard werken* **II** WKD WW [**s'~**] • *(neer)vallen* • **~ sur** *zich werpen op*

abattu I BNW • *verzwakt* • *ontmoedigd* • *neergelaten* • *verdrietig* ★ à bride ~e *spoorslags* **II** WW [volt. deelw.] • → **abattre**

abat-vent M [mv: **abat-vent(s)**] *windscherm*

abat-voix M [mv: id.] *klankbord* ‹v. preekstoel›

abbatial BNW [m mv: **abbatiaux**] *tot abdij, abt of abdis behorend*

abbatiale V *abdij(kerk)*

abbaye (zeg: abeejie) V *abdij*

abbé M • *algemene titel voor geestelijke*, *eerwaarde* • *abt*

abbesse V *abdis*

abc M • *alfabet* • *grondbeginselen* ★ abc d'une science *grondbeginselen van een wetenschap*

abcès M *abces*; *ettergezwel* ★ crever l'~ *een eind maken aan de misstand*

abdication V • → **abdiquer**

abdiquer OV WW • *neerleggen*; *afstand doen van* • *afzien van*; *(het) opgeven* ★ ~ (le trône) *afstand van de troon doen*

abdomen (zeg: -mèn) M • *onderbuik* • *achterlijf* ‹v. insecten›

abdominal BNW [m mv: **abdominaux**] *v.d. onderbuik*; *buik-*

abdominaux M MV • *buikspieren* • *buikspieroefeningen*

abécédaire M *abc-boekje*

abeille V *bij* ★ ~ ouvrière *werkbij*

aberrant BNW • *afwijkend* • *waanzinnig*; *absurd* ★ c'est ~ cette idée! *dat idee is waanzinnig!*

aberration V • *afdwaling* • *verdwazing*; *dwaasheid* • TECHN. *aberratie*; *afwijking v.h. licht* ★ ~ chromatique *chromatische afwijking*

aberrer ONOV WW *afdwalen*; *afwijken*

abêtir I OV WW *dom maken*; *afstompen* **II** WKD WW [**s'~**] *dom worden*

abêtissement M *afstomping*

abhorrer OV WW FORM. *verafschuwen*; *verfoeien*

abîme M • *afgrond*; *kloof* • *iets*

ondoorgrondelijks • *ondergang*; *verderf* ★ au bord de l'~ *aan de rand van de afgrond* ★ ~ de science *iem. die zeer veel weet*
abîmer I OV WW *bederven*; *vernietigen*; *kapotmaken* ★ bien abîmé INFORM. *flink toegetakeld* **II** WKD WW [**s'~**] • *bederven*; *vies worden* • **~ dans** *wegduiken in*; *verzinken in*
abject BNW *gemeen*; *laag*
abjection V *laagheid*; *gemeenheid*
abjuration V *afzwering*
abjurer OV WW *afzweren*
ablatif M *ablatief*; *zesde naamval*
ablation V *ablatie*; *(het) wegnemen*
able M *witvis*
ablution V • *ablutie*; *handwassing* • *rituele afwassing* ★ faire ses ~s *zich wassen*
abnégation V *zelfverloochening*; *zelfopoffering*
aboiement M *geblaf*; *geschreeuw*
abois M MV • *doodsnood* ‹v. opgejaagd dier› • *wanhopige situatie* ★ être aux ~ *ten einde raad zijn*
abolir OV WW *opheffen*; *afschaffen*
abolition V *opheffing*; *afschaffing*
abolitionniste I M/V *voorstander van de afschaffing (der slavernij)* **II** BNW *abolitionistisch*
abominable BNW *afschuwelijk*
abomination V • *afschuw* • *afschuwelijke daad* ★ avoir en ~ *een hekel hebben aan*
abominer OV WW *verafschuwen*
abondamment BIJW *overvloedig*
abondance V *overvloed*; *weelde*; *rijkdom (***de** *aan)* ★ en ~ *in overvloed* ★ corne d'~ *hoorn van overvloed* ★ les années d'~ *de vette jaren* ★ société d'~ *welvaartsstaat* ★ parler avec ~ *vlot spreken* ★ FORM. parler d'~ *voor de vuist spreken* ★ de l'~ du cœur la bouche parle ‹spreekwoord› *waar 't hart vol van is, loopt de mond van over*
abondant BNW • *overvloedig* • *rijk (***en** *aan)*
abonder ONOV WW • *overvloedig voorkomen*; *talrijk zijn* ★ il abonda dans mon sens *hij was het volstrekt met me eens*; *hij ging helemaal met me mee* • **~ en** *in overvloed hebben* ★ ce texte abonde en citations *deze tekst wemelt van de citaten*
abonné M [v: **abonnée**] *abonnee*
abonnement M *abonnement (***à** *op)*
abonner WKD WW [**s'~**] *zich abonneren (***à** *op)*
abord M • *nadering* • *benadering* ★ d'un ~ facile *gemakkelijk te benaderen* • *toegang* ▾ d'~ *eerst* ▾ tout d'~ *aanvankelijk* ▾ au premier ~ *allereerst*; *op het eerste gezicht* ▾ de prime ~ *allereerst*
abordable BNW • *toegankelijk* • *redelijk* • *niet duur* ★ prix ~ *schappelijke prijs*
abordage M • *aanvaring* • *(het) enteren*
aborder I OV WW • *aanvaren* • SCHEEPV. *enteren* • *bereiken* • *aanspreken* • *aansnijden* **II** ONOV WW *landen*
abords M MV *naaste omgeving* ★ aux ~ (de) *in de omtrek (van)*
aborigène I M *inlander* **II** BNW *inheems*
abortif I BNW [v: **abortive**] • *onvoldragen* • *vruchteloos* • *abortus opwekkend* **II** M *abortus opwekkend middel*
aboucher I OV WW • *verbinden*; *fitten* ★ ~ des tuyaux *buizen verbinden* • **~ avec** *in gesprek brengen met* **II** WKD WW [**s'~**] **avec** *zich in verbinding stellen met* ‹met minder goede bedoelingen›
abouler OV WW PLAT *dokken* ★ aboule le fric! *kom op met de poen!*
aboulie V *willoosheid*; *besluiteloosheid*
aboulique BNW *willoos*
aboutir ONOV WW • *succes hebben* • **~ à** *uitkomen bij*; *uitlopen op* ★ le chemin aboutit à la mer *de weg komt uit bij de zee*
aboutissants M MV • → **tenant**
aboutissement M *uitkomst*; *resultaat*
aboyer ONOV WW • *blaffen* • *schreeuwen*; *uitvaren (***à**, **après**, **contre** *tegen)*
aboyeur M *blaffer*; *keffer* ‹hond›
abracadabra M *abracadabra*
abracadabrant BNW *doldwaas*
abrasif I M *schuurmiddel* **II** BNW [v: **abrasive**] *schuur-*
abrasion V *(uit)schuring*
abrégé M *uittreksel* ★ en ~ *in 't kort*
abrégement, **abrègement** M *verkorting*
abréger OV WW *verkorten*; *afkorten*
abreuver I OV WW • *laten drinken* ‹v. dier› • *overstelpen*; *(door)drenken (***de** *met)* **II** WKD WW [**s'~**] *overvloedig drinken*; *zijn dorst lessen* ‹v. dier›
abreuvoir M *drinkplaats*
abréviatif BNW [v: **abréviative**] *afkortings-*
abréviation V *afkorting*
abri M • *schuilkelder* • *abri*; *bushokje* • *schuilplaats*; *onderkomen* • *beschutting (***contre** *tegen)* ★ à l'abri de *beschut tegen* ★ à l'abri du besoin *zonder geldzorgen* ★ sans abri *dakloos* ★ mettre à l'abri de *beschermen tegen*
abribus (zeg: -buus) M *bushokje*; *overdekte bushalte*
abricot M *abrikoos*
abricotier M *abrikozenboom*
abriter I OV WW *beschutten*; *beschermen (***de** *tegen)*; *herbergen* **II** WKD WW [**s'~**] *schuilen (***de** *voor)*
abrogation V *intrekking*; *afschaffing* ‹v. wet enz.›
abroger OV WW *intrekken*; *afschaffen* ‹v. wet enz.›
abrupt (zeg: -ruupt) BNW • *steil* • *abrupt*; FIG. *bot*; *bruusk*
abruti I M [v: **abrutie**] *idioot* **II** BNW [v: **abrutie**] *suf*; *stompzinnig*; *idioot*
abrutir OV WW *versuffen*; *afstompen* ★ s'~ de travail *zich wezenloos werken*
abrutissant BNW *geestdodend*
abrutissement M *afstomping*
ABS AFK système antiblocage *ABS*; *antiblokkeersysteem*
abscisse V *abscis*
abscons BNW FORM. *moeilijk te begrijpen*; *duister*
absence V • *afwezigheid* • *gemis* • JUR. *(het) vermist worden* • MED. *absence* ★ ~ d'esprit *verstrooidheid* ★ briller par son ~ *schitteren door afwezigheid*
absent I BNW • *afwezig (***de** *bij, in, op)* • *vermist* • *verstrooid* ★ les ~s ont toujours tort

⟨spreekwoord⟩ *de afwezigen hebben altijd ongelijk* **II** M *afwezige*
absentéisme M *absenteïsme; verzuim*
absenter WKD WW [**s'~**] *zich verwijderen; afwezig zijn*
abside V *apsis*
absinthe V *absint*
absolu I BNW • *volstrekt; absoluut* • *gebiedend* • *onafhankelijk* ★ ton ~ *gebiedende toon* **II** M *(het) absolute* ★ dans l'~ *los van de realiteit*
absolument BIJW *absoluut; volstrekt* ★ ~! *beslist!*
absolution V • REL. *absolutie* • JUR. *ontslag van rechtsvervolging*
absolutiser OV WW *verabsoluteren*
absolutisme M *absolutisme*
absorbant BNW • *absorberend* • *opslorpend* • *aandacht vergend* ★ travail ~ *werk dat iemands volledige aandacht in beslag neemt*
absorber I OV WW • *absorberen; inzuigen; opslorpen;* FIG. *verslinden; tot zich nemen* • *in beslag nemen; bezighouden* ★ ~ l'attention *de aandacht in beslag nemen* **II** WKD WW [**s'~**] **dans** *zich verdiepen in; opgaan in*
absorption V • *absorptie* • *opname* ⟨in het bloed⟩ • *(het) opgaan in* ⟨groep⟩
absoudre OV WW [onregelmatig] • JUR. *ontslaan van rechtsvervolging* • FORM. *vergeven*
absoute V *gebeden bij de lijkbaar na de lijkdienst*
abstenir WKD WW [**s'~**] [onregelmatig] • *zich onthouden (***de** *van)* • *niet stemmen*
abstention V *onthouding* ⟨v. stemmen⟩
abstentionniste M/V *niet-stemmer*
abstinence V *onthouding*
abstraction V *abstractie; abstract begrip* ★ faire ~ de *buiten beschouwing laten* ★ ~ faite de *afgezien van*
abstraire I OV WW [onregelmatig] *abstraheren* **II** WKD WW [**s'~**] *zich geestelijk afzonderen; zich losmaken (***de** *van)*
abstrait BNW • *abstract* • *verstrooid; afgetrokken* • *diepzinnig* ★ nombre ~ *onbenoemd getal*
abstrus (zeg: apstruu) BNW FORM. *duister; ondoorgrondelijk*
absurde I BNW *absurd; onzinnig* **II** M *(het) ongerijmde; (het) onzinnige*
absurdité V *onzin; ongerijmdheid*
abus M • *misbruik; overmatig gebruik* • *misstand; verkeerde gewoonte* ★ abus de confiance *misbruik van vertrouwen*
abuser I OV WW *bedriegen; misleiden* **II** ONOV WW *misbruik maken (***de** *van); te ver gaan; te veel vergen* ★ n'abusez pas des viandes! *gebruik niet te veel vlees!* ★ c'est abusé! *dat gaat te ver!; dat is te gek!* **III** WKD WW [**s'~**] *zich vergissen*
abusif BNW [v: **abusive**] *verkeerd; overmatig* ★ mère abusive *zeer dominerende moeder*
abyssal BNW [m mv: **abyssaux**] *diepzee-; zeer diep*
abysse M *(onderzeese) diepte; kloof*
A.C. AFK appellation contrôlée *gecontroleerde herkomstaanduiding* ⟨v. wijn⟩
acabit (zeg: -bie) M *allooi; slag*
acacia M *acacia*
académicien M [v: **académicienne**] *lid van een academie* ⟨vooral v.d. Académie française⟩
académie V • *academie* ⟨geleerd genootschap⟩ • *verzameling van onderwijsinstellingen* ★ Académie française *genootschap van letterkundigen* ★ ~ des beaux arts *academie voor schone kunsten* ★ ~ des inscriptions et belles lettres *academie voor historie en archeologie* ★ ~ des sciences morales et politiques *academie voor wijsbegeerte, politiek en recht* ★ ~ des sciences *academie voor wiskunde, natuurkunde, scheikunde* ★ officier d'~ *bezitter v.d. Franse ridderorde voor kunstenaars, geleerden of letterkundigen*
académique BNW • *academisch* ⟨v. stijl⟩ • *schools* ★ palmes ~s *ridderorde van een officier d'académie*
acajou I M • *mahoniehout* • *mahonieboom* **II** BNW [onver.] *mahoniekleurig*
acanthe V • *berenklauw* • OUD. *acanthusmotief; ornament*
acariâtre BNW *prikkelbaar; kregel; humeurig*
acarien M *(huis)mijt*
accablant BNW • *drukkend* • *overstelpend* ★ chaleur ~e *drukkende hitte* ★ chagrin ~ *onnoemelijk leed*
accablement M • *overstelping; overladenheid* • *uitputting; verslagenheid; neerslachtigheid*
accabler OV WW • *overladen; verpletteren; overstelpen (***de** *met)* • FIG. *zeer belastend zijn voor*
accalmie V • *tijdelijke windstilte; tijdelijke rust* • *rust; (het) bedaren; kalmte; (het) zakken van koorts*
accaparement M *(het) opkopen* ⟨v. goederen⟩; *(het) hamsteren*
accaparer OV WW • ECON. *opkopen; hamsteren* • MIN. *inpalmen* ★ ~ l'attention *de aandacht vragen; de aandacht op zich vestigen*
accapareur M [v: **accapareuse**] *opkoper; hamsteraar*
accéder ONOV WW **~ à** *toegang hebben tot; inwilligen; bereiken* ★ ~ au pouvoir *aan de macht komen* ★ ~ au trône *de troon bestijgen*
accélérateur I M • *gaspedaal* • TECHN. *versneller* ★ donner un coup d'~ *gas geven;* FIG. *de zaak bespoedigen* **II** BNW [v: **accélératrice**] *versnellend*
accélération V *versnelling; bespoediging; acceleratie* ★ voie d'~ *invoegstrook*
accélérer I OV WW *versnellen; verhaasten* **II** ONOV WW *gas geven; optrekken* **III** WKD WW [**s'~**] *sneller worden* ★ cours accéléré *stoomcursus*
accent M • *accent; tongval* ★ un ~ parisien *een Parijs accent* • *accent; klemtoon; uitspraakteken* ★ ~ aigu ⟨zoals in été⟩ *accent aigu* ★ ~ circonflexe ⟨zoals in fête⟩ *accent circonflexe* ★ ~ grave ⟨zoals in mère⟩ *accent grave* ★ ~ tonique *klemtoon* • *toon* ★ ~ de douleur *verdrietige toon* ★ ~ de joie *vrolijke toon* • FIG. *nadruk* ★ mettre l'~ sur *de nadruk leggen op*
accentuation V *(het) leggen v.d. klemtoon; versterking; (het) doen uitkomen*
accentué BNW *beklemtoond; scherp*
accentuer I OV WW • *de klemtoon leggen op; benadrukken; accentueren* • FIG. *scherper doen*

uitkomen ★ des traits accentués *scherpe trekken* **II** WKD WW [**s'~**] • *duidelijker worden* • *erger/groter worden*
acceptable BNW *aannemelijk*; *behoorlijk*
acceptation V • *aanneming* • *(het) accepteren v.e. wissel* • *toestemming*
accepter OV WW • *aannemen*; *accepteren* • *aanvaarden*; *erin berusten (***de** *om)* ★ ECON. ~ une lettre de change *een wissel accepteren*
acception V *betekenis* ★ sans ~ de personne *zonder aanzien des persoons*
accès M • *toegang (***à** *tot)* • *aanval* ‹v. ziekte›; *vlaag* ★ point d'~ *inbelpunt* ★ d'un ~ difficile *moeilijk benaderbaar*; *moeilijk te begrijpen* ★ ~ de colère *uitbarsting van woede* ★ par ~ *bij vlagen* ★ ~ a (l')internet
accessibilité V *toegankelijkheid*
accessible BNW • *toegankelijk (***à** *voor)*; *begrijpelijk* • *gevoelig*; *ontvankelijk*
accession V • *(het) komen (***à** *tot)* • *toetreding*; *(het) verkrijgen*
accessit (zeg: -siet) M *eervolle vermelding*
accessoire I M *accessoire*; *bijzaak* ★ ~s *toebehoren*; *hulpstukken* ★ ~s de théâtre *toneelrekwisieten* **II** BNW *bijkomstig*
accessoirement BIJW • *als iets bijkomends* • *daarnaast*
accessoiriste M/V • *rekwisiteur* • *verkoper van autobenodigdheden*
accident M • *ongeluk* • *toeval* • *oneffenheid* • MUZ. *verplaatsingsteken* ★ par ~ *toevallig* ★ ~ de terrain *oneffenheid in het terrein*
accidenté I BNW • *veelbewogen* • *heuvelachtig*; *oneffen* • *verongelukt* **II** M [v: **accidentée**] *slachtoffer v.e. ongeluk*
accidentel BNW [v: **accidentelle**] • *noodlottig* • *toevallig* ★ mort ~le *dood door een ongeval*; *dodelijk ongeval*
acclamation V *toejuiching* ★ par ~ *bij acclamatie*
acclamer OV WW • *toejuichen* • *bij acclamatie kiezen*
acclimatation V *acclimatisatie*; *(het) (doen) wennen aan klimaat/omgeving* ★ jardin d'~ *dieren- en plantentuin*
acclimatement M *acclimatisering*
acclimater I OV WW • *acclimatiseren*; *aan een omgeving doen wennen*; *aan een klimaat doen wennen* • FIG. *invoeren* **II** WKD WW [**s'~**] *acclimatiseren*; *wennen aan een nieuwe omgeving*; *inburgeren*
accointances V MV *relaties*; *connecties*
accolade V • *omhelzing* • DRUKK. *accolade*
accoler OV WW • *tegen elkaar plaatsen* • *met een accolade verbinden* • *opbinden*
accommodant BNW *inschikkelijk*; *coulant*
accommodation V *aanpassing*; *accommodatie*
accommodement M *vergelijk*; *compromis*
accommoder I OV WW • *aanpassen (***à** *aan)* • *bereiden* ★ ~ à toutes les sauces *over de hekel halen* **II** WKD WW [**s'~**] • **~ à** *zich aanpassen aan* • **~ de** *zich tevreden stellen met*; *berusten in*
accompagnateur M [v: **accompagnatrice**] *begeleider*
accompagnement M • *toebehoren*; *garnituur* ‹groente e.d.› • MUZ. *begeleiding*
accompagner OV WW • *vergezellen* • *begeleiden* ‹ook muzikaal› ★ bagages accompagnés *passagiersgoed* • **~ de** *vergezeld doen gaan van*
accompli BNW • *volmaakt*; *uitstekend* • *voorbij*; *afgelopen* ★ fait ~ *voldongen feit*
accomplir I OV WW *voltooien*; *vervullen*; *verwezenlijken*; *uitvoeren* **II** WKD WW [**s'~**] *in vervulling gaan*
accomplissement M *vervulling*; *voltooiing*; *verwezenlijking*
accord M • *overeenkomst*; *akkoord*; *overeenstemming* • MUZ. *akkoord*; *harmonie* • *goedkeuring* • *(het) stemmen* ‹v. instrument› ★ d'~ *goed*; *afgesproken* ★ d'un commun ~ *met algemene instemming*; *unaniem* ★ en ~ (avec) *in harmonie /overeenstemming (met)* ★ ~ à l'amiable *minnelijke schikking* ★ mettre d'~ *tot overeenstemming brengen* ★ se mettre d'~ (avec qn, sur qc, pour) *het eens worden (met iemand, over iets, om)* ★ tomber d'~ *het eens worden*
accord-cadre M [mv: **accords-cadres**] *raamovereenkomst*
accordéon M *trekharmonica* ★ porte en ~ *vouwdeur* ★ circulation en ~ *filevorming*
accorder I OV WW • *tot overeenstemming brengen (***avec** *met)* • *afstemmen (***à** *op)* • *toestaan*; *verlenen*; *toekennen (***à** *aan)* • *toegeven* • MUZ. *stemmen* • TAALK. **~ avec** *doen overeenstemmen* ★ ~ l'adjectif avec le substantif *het bijvoeglijk naamwoord met het zelfstandig naamwoord doen overeenstemmen* **II** WKD WW [**s'~**] • *het met elkaar kunnen vinden*; *het eens worden*; *tot overeenstemming komen* • *zichzelf gunnen* ★ s'~ un moment de répit *zichzelf een moment rust gunnen* • **~ avec** *passen bij*; *zich richten naar* ★ l'adjectif s'accorde avec le substantif *het bijvoeglijk naamwoord richt zich naar het zelfstandig naamwoord*
accordeur M [v: **accordeuse**] *stemmer*
accore I M/V *schoor* **II** BNW FORM. *steil* ‹v. kust›
accort BNW *vriendelijk*; *innemend*; *aardig*
accostage M *(het) aanleggen* ‹v. schip›
accoster I OV WW • SCHEEPV. *aanleggen bij* • INFORM. *aanklampen*; *aanspreken* ★ ~ le quai *aanleggen bij de kade* **II** ONOV WW *aanleggen*
accotement M *berm* ★ ~s non stabilisés *zachte berm*
accoter I OV WW *stutten*; *steunen* **II** WKD WW [**s'~**] **à** *steunen/leunen tegen*
accotoir M *stut*; *schoor*; *armleuning*; *hoofdsteun*
accouchée V *kraamvrouw*
accouchement M *bevalling* ★ ~ laborieux OOK FIG. *zware bevalling* ★ declencher l'~ *de bevalling opwekken*
accoucher I OV WW *verlossen* ★ ~ une femme *een vrouw helpen bij de bevalling* **II** ONOV WW *bevallen (***de** *van)* ★ INFORM. tu accouches? *komt er nog wat van ?*
accoucheur M [v: **accoucheuse**] *verloskundige*
accouder WKD WW [**s'~**] *leunen op de elleboog*
accoudoir M *armleuning*
account manager M *accountmanager*
accouplement M • TECHN. *koppeling* • BIOL.

paring
accoupler I OV WW • *koppelen; aaneenschakelen* • BIOL. *doen paren* **II** WKD WW [**s'~**] *paren*
accourir ONOV WW [onregelmatig] *toesnellen*
accoutrement M *potsierlijke kledij*
accoutrer I OV WW *toetakelen* ⟨v. kleding⟩ **II** WKD WW [**s'~**] *zich opdirken*
accoutumance V • *gewoonte* • *gewenning (***à** *aan)*
accoutumé BNW *gebruikelijk* ★ à l'~e *gewoonlijk*
accoutumer I OV WW *gewennen; gewoon maken (***à** *aan, om)* **II** WKD WW [**s'~**] *wennen (***à** *aan, om)*
accréditer I OV WW • *krediet verschaffen* • *geloofwaardig maken; ingang doen vinden* • *accrediteren (***auprès de** *bij); van geloofsbrieven voorzien* ★ ~ un bruit *een gerucht in omloop brengen* **II** WKD WW [**s'~**] *zich verspreiden; geloof vinden* ★ la nouvelle s'accrédite *het bericht vindt steeds meer geloof*
accro M/V • INFORM. *verslaafde (***à** *aan)* • INFORM. *fervent liefhebber (***de** *van)*
accroc (zeg: akroo) M • *winkelhaak; scheur* • *moeilijkheid* • *smet* • *inbreuk (***à** *op)* ★ sans ~ *probleemloos*
accrochage M • *aanrijding* • *blikvanger* • INFORM. *schermutseling (***avec** *met;* **entre** *tussen); ruzie* • TECHN. *(het) aanhaken* • *hapering*
accroche V *blikvanger* ⟨publiciteit⟩
accroche-cœur M [mv: **accroche-cœur(s)**] *spuuglok*
accrocher I OV WW • *aanhaken; ophangen (***à** *aan)* • *ophalen* ⟨v. kousen⟩ • *verkrijgen* • *aanrijden* • *aanklampen* ★ ~ une voiture *een lichte aanrijding met een auto hebben* ★ ~ une place *een baan door list verkrijgen* ★ ~ l'attention *de aandacht trekken* ★ la voiture est bien accrochée à la route *de auto ligt vast op de weg* ★ INFORM. tu peux te l'~ *je kunt ernaar fluiten* **II** ONOV WW • *blijven steken; haperen* • INFORM. *succes hebben; goed zijn (***en** *in)* **III** WKD WW [**s'~**] • *zich vastklampen* • *blijven haken (***à** *aan)* • *doorzetten* • *in conflict komen (***avec** *met)* ★ FIG. s'~ à qn *iem. niet loslaten*
accrocheur I M [v: **accrocheuse**] *volhouder* **II** BNW [v: **accrocheuse**] • *vasthoudend* • *aandacht trekkend* ★ publicité accrocheuse *indringende reclame*
accroire OV WW [onregelmatig] ★ en faire ~ à qn *iem. iets wijs maken*
accroissement M *groei; vermeerdering*
accroître I OV WW [onregelmatig] *doen toenemen; vergroten* **II** ONOV WW **~ à** *toevallen aan* **III** WKD WW [**s'~**] *toenemen*
accroupir WKD WW [**s'~**] *hurken*
accroupissement M *(het) (neer)hurken*
accru WW • → **accroître**
accrue V *aanwas* ⟨v. land of bos⟩
accueil M • *ontvangst* • *receptie; balie* ★ centre d'~ *opvangcentrum* ★ faire (bon) ~ *(goed) ontvangen*
accueillant BNW • *vriendelijk; hartelijk* • *gastvrij*
accueillir OV WW [onregelmatig] • *ontvangen; aanvaarden* • *opnemen* ⟨iets goed of slecht opnemen⟩
acculer OV WW • FIG. *in het nauw drijven* • *duwen; dwingen* • **~ à** *drijven tot*
acculturation V *acculturatie; aanpassing*
accumulateur M • *accu; accumulator* • *iem. die (geld) ophoopt*
accumulation V *opeenhoping; opeenstapeling*
accumuler I OV WW *opstapelen; verzamelen; sparen* **II** WKD WW [**s'~**] *zich opstapelen*
accusateur I M [v: **accusatrice**] *aanklager; beschuldiger* **II** BNW [v: **accusatrice**] *beschuldigend*
accusatif M *accusatief; vierde naamval*
accusation V *beschuldiging; aanklacht* ★ acte d'~ *akte van beschuldiging*
accusé M *beschuldigde; beklaagde* ★ ~ de réception *ontvangstbevestiging*
accuser OV WW • *beschuldigen; aanklagen; de schuld geven (***de** *van)* • *doen uitkomen; te zien geven* ★ ~ réception *de goede ontvangst berichten* ★ ~ ses péchés *zijn zonden opbiechten* ★ des traits accusés *scherpe trekken* ★ ~ le coup *een klap incasseren; zich aangeslagen tonen*
acerbe BNW *wrang; bitter*
acéré BNW OOK FIG. *scherp*
acétate M *acetaat; azijnzuurzout*
acétique BNW *azijn-; azijnachtig*
acétone V *aceton*
acétylène M *acetyleen*
achalander OV WW *bevoorraden; van goederen voorzien* ★ un magasin bien achalandé *een winkel met veel klanten; een ruim gesorteerde winkel*
acharné BNW • *hardnekkig; verwoed; verbeten* • **~ à** *gebrand op*
acharnement M *hardnekkigheid; verbetenheid*
acharner WKD WW [**s'~**] • *hardnekkig volhouden; zich hartstochtelijk overgeven (***à** *aan)* • **~ après, contre, sur** *hardnekkig achtervolgen; op de huid zitten*
achat M • *inkoop; koop; aankoop* • *het gekochte voorwerp*
acheminement M *verzending*
acheminer I OV WW *verzenden; leiden* **II** WKD WW [**s'~**] **vers** *zich begeven naar*
acheter OV WW • *kopen (***à** *van)* • *omkopen*
acheteur M [v: **acheteuse**] *(in)koper*
achevé BNW *volmaakt; onberispelijk*
achèvement M • *voltooiing* • *perfectie*
achever I OV WW • *voltooien; beëindigen* • *afmaken; doden; de genadeslag geven* ★ il achève de déjeuner *hij is bijna klaar met zijn lunch* **II** WKD WW [**s'~**] *ten einde lopen; eindigen (***par, sur** *met)*
achoppement M *hinderpaal* ★ pierre d'~ *struikelblok*
achopper WKD WW [**s'~**] **à, sur** *struikelen over; stuiten op* ⟨probleem⟩
achromatique BNW *achromatisch*
acide I BNW *zuur; wrang;* FIG. *bitter* **II** M • SCHEIK. *zuur* • INFORM. *lsd*
acidification V *verzuring*
acidifier I OV WW *zuur maken* **II** WKD WW [**s'~**] *zuur worden*
acidité V • *zuurheid; zuurgraad* • FIG. *bitterheid*

acidulé BNW *enigszins zuur*
aciduler OV WW *zuur maken*
acier M • *staal* • *staalindustrie* ★ ~ de forge *welstaal* ★ ~ fondu *gietstaal* ★ d'~ *stalen*; *onvermurwbaar* ★ un cœur d'~ *een onverzettelijk iem.* ★ bleu ~ *staalblauw*
aciérer OV WW *stalen*
aciérie V *staalfabriek*
acmé M FORM. *hoogtepunt*; *top*
acné V *acne*
acolyte M • *acoliet* • MIN. *handlanger*; *trawant*; *helper*
acompte M • *aanbetaling (***sur** *op)* • *voorproefje* ★ paiement par ~s *afbetaling*
aconit (zeg: -niet) M PLANTK. *monnikskap*
acoquiner WKD WW [**s'**~] **avec** *zich afgeven met*
Açores V MV *Azoren*
à-côté M • *bijkomstigheid* • *bijverdienste* ★ avoir des ~s *bijklussen*
à-coup M *schok*; *ruk*; *stoot* ★ par ~s *bij vlagen*
acoustique I BNW *wat betrekking heeft op het gehoor* ★ appareil ~ *gehoorapparaat* ★ nerf ~ *gehoorzenuw* ★ tuyau ~ *spreekbuis* **II** V • *akoestiek* • *geluidsleer*
acquéreur M [V: **acquéresse**] *koper*
acquérir OV WW [onregelmatig] *verkrijgen*; *verwerven*; OOK FIG. *kopen* ★ un fait acquis *een uitgemaakte zaak* ★ acquis à *toegewijd*; *toegedaan aan* ★ il m'est (tout) acquis *hij is mij genegen* ★ bien mal acquis ne profite pas *gestolen goed gedijt niet*
acquiescement (zeg: akjes-) M • *toestemming* • *berusting*
acquiescer (zeg: akjeesee) ONOV WW • *berusten* • ~ **à** *toestemmen in* ★ ~ à un désir *een verlangen inwilligen*
acquis I M *verworven kennis*; *ervaring*; *verworvenheid* **II** WW [passé simple/ volt.deelw.] • → **acquérir**
acquisition V *aankoop*; *aanwinst*; *verwerving*
acquit M *kwitantie*; *kwijting* ★ pour ~ *voldaan (onder kwitantie)* ★ par ~ de conscience *om niet met zijn geweten in conflict te komen*; *voor alle zekerheid*
acquittement M • *betaling*; *vereffening* • *vrijspraak*
acquitter I OV WW • *betalen*; *kwijten* • *vrijspreken* **II** WKD WW [**s'**~] • *een schuld aflossen* • ~ **de** *zich kwijten van*; *vervullen* ★ s'~ d'une mission *een missie vervullen*
âcre BNW *wrang*; *bitter*; *scherp* ‹ook v. wijn›; FIG. *vinnig*
âcreté V FIG. *bitterheid*; *wrangheid*
acrimonie V *wrangheid*; FIG. *bitterheid*
acrimonieux BNW [V: **acrimonieuse**] *vinnig*; FIG. *bitter*; *bits*
acrobate M/V • *acrobaat* • MIN. *handige jongen*
acrobatie (zeg: -sie) V • *koorddanserskunst*; *acrobatiek* • MIN. *staaltje van behendigheid*
acrobatique BNW *acrobatisch*
acronyme M *letterwoord*
acrophobie V *hoogtevrees*
Acropole V *Acropolis*
acrostiche M *acrostichon*; *naamdicht*
acrylique I M *acryl* **II** BNW *acryl-*; *van acryl*
acte M • *daad*; *handeling* • JUR. *akte* • REL. *akte*; *oefening* • *bedrijf in een toneelstuk* ★ acte de foi *geloofsgetuigenis* ★ donner acte *een feit wettelijk constateren* ★ faire acte de présence *acte de présence geven*; *zich een ogenblik ergens vertonen* ★ faire acte d'héritier *optreden als erfgenaam* ★ passer aux actes *handelen* ★ prendre acte de *nota nemen van* ★ dont acte *waarvan akte* ★ les actes des Apôtres *de Handelingen der Apostelen*
acteur M [V: **actrice**] • *toneelspeler* • *dader* • *actor*
actif I BNW [V: **active**] *werkzaam*; *actief*; *snelwerkend*; *ijverig* ★ TAALK. voix active *bedrijvende vorm* ★ un remède ~ *een snelwerkend middel* **II** M *bezit* ★ à son ~ *op zijn rekening*; *op zijn kerfstok*; *op zijn conto*
actinium M *actinium*; *radioactief metaal*
action V • *handeling*; *daad* • *actie*; *gevecht* • *beweging* • *werking*; *inwerking*; *uitwerking* • *aandeel* • *gerechtelijke vervolging (***contre** *tegen;* **en** *tot, wegens)* ★ en ~ *in actie*; *in werking* ★ sous l'~ de *onder invloed van*; *als gevolg van* ★ ~ d'un remède *uitwerking van een middel* ★ rayon d'~ *actieradius* ★ ~ de grâces *dankgebed* ★ ~ nominative *aandeel op naam* ★ ~ privilégiée *preferent aandeel* ★ ses ~s montent *zijn papieren stijgen*
actionnaire M/V *aandeelhouder*
actionnariat M *de aandeelhouders*; *aandeelhouderschap*
actionner OV WW • *in beweging brengen*; *drijven* • *in rechten aanspreken*; *gerechtelijk vervolgen*
activation V *activering*
activer I OV WW *versnellen*; *activeren*; *aanwakkeren* **II** WKD WW [**s'**~] • *voortmaken* • *druk bezig zijn*
activisme M *activisme*
activiste M/V *activist*
activité V • *werking* • *werkzaamheid*; *activiteit*; *bedrijvigheid* • *actieve dienst* ★ en pleine ~ *in volle gang*
actrice V • → **acteur**
actuaire M/V *actuaris*; *wiskundig adviseur*
actualisation V *actualisering*; *verwezenlijking*
actualiser OV WW • *actueel maken*; *vernieuwen* • *verwezenlijken*
actualité V *actualiteit* ★ les ~s *nieuws*; *journaal* ★ ~s télévisées *tv-journaal* ★ d'~ *actueel*
actuel BNW [V: **actuelle**] • *actueel*; *tegenwoordig* • *werkelijk* ★ à l'heure ~le *tegenwoordig*; *momenteel* ★ service ~ *werkelijke dienst*
actuellement BIJW *thans*; *nu*; *tegenwoordig*
acuité V *scherpte*; *hevigheid* ★ ~ d'un son *scherpte van een geluid* ★ ~ d'une maladie *hevigheid van een ziekte*
acuponcteur M • → **acupuncteur**
acuponcture V • → **acupuncture**
acupuncteur M [V: **acupunctrice**] *acupuncturist*
acupuncture (zeg: -po(n)k-) V *acupunctuur*
acutangle BNW *scherphoekig*
A.D. AFK anno Domini *A.D.*; *Anno Domini*; *in het jaar des Heren*
adage M *spreuk*; *spreekwoord*; *zegswijze*
adaptable BNW *aan te passen aan*; *aan te brengen aan*
adaptateur M • TECHN. *adapter* • *bewerker*

adaptation V • *bewerking* • *aanpassing*
adapter I OV WW • *bewerken* ‹v. literair werk of muziekstuk› • *aanpassen (***à** *aan)* **II** WKD WW [**s'~**] • *zich aanpassen (***à** *aan)* • *passen (***à** *bij, op)*
addiction V *verslaving*
additif I M • *aanvullend artikel* • *additief; toevoeging* ★ ~ E *E-nummer* **II** BNW [v: **additive**] *toegevoegd*
addition V • *optelling; toevoeging* • *rekening* ‹in restaurant of hotel›
additionnel BNW [v: **additionnelle**] *bijgevoegd; toegevoegd; extra* ★ centimes ~s *opcenten*
additionner OV WW *optellen (***à** *bij); bijvoegen*
adducteur M • *samentrekkende spier* • *aanvoerkanaal*
adduction V *aanvoer*
adent M *zwaluwstaart* ‹houtverbinding›
adepte M/V • *adept; aanhanger* ★ ~ des jeux vidéo *gamer* • *ingewijde* ‹in wetenschap›
adéquat (zeg: -kwa) BNW • *passend* • *synoniem; adequaat (***à** *aan, met)*
adhérence V • *(het) aankleven; aanhechting; verbondenheid* • *adhesie* • MED. *vergroeiing* • *grip* ‹v. banden›; *wegligging*
adhérent I BNW *vastgegroeid; verkleefd (***à** *met)* **II** M [v: **adhérente**] *aanhanger; lid; volgeling*
adhérer ONOV WW **~ à** *vergroeid zijn met; vastzitten aan; aanhangen; instemmen met; zich aansluiten bij*
adhésif BNW [v: **adhésive**] *klevend* ★ (pansement) ~ *hechtpleister* ★ ruban ~ *plakband*
adhésion V • *instemming; adhesie (***à** *met)* • *aansluiting; toetreding (***à** *tot)*
adieu I M ★ faire ses ~x à *afscheid nemen van* **II** TW *vaarwel; tot ziens*
à-Dieu-va TW *God zegene de greep!*
adipeux BNW [v: **adipeuse**] *vet(tig); vet-*
adjacent BNW *belendend; aangrenzend (***à** *aan)* ★ WISK. angle ~ *aanliggende hoek*
adjectif I M *bijvoeglijk naamwoord; adjectief* **II** BNW [v: **adjective**] *bijvoeglijk*
adjoindre OV WW [onregelmatig] **~ à** *toevoegen (aan)*
adjoint I BNW *adjunct-* **II** M *helper* ★ le maire et ses ~s *burgemeester en wethouders*
adjonction V *toevoeging*
adjudant M *adjudant*
adjudicataire M/V *degene die de gunning krijgt* ‹m.b.t. openbare verkoop›
adjudication V • *gunning; aanbesteding* • *veiling* ★ ~ au rabais *bij afmijnen* ★ ~ à la surenchère *bij opbod* ★ ~ judiciaire *gerechtelijke verkoop*
adjuger I OV WW *gunnen; toewijzen; toekennen (***à** *aan)* ★ adjugé! *verkocht!* ★ ~ un prix *een prijs toekennen* **II** WKD WW [**s'~**] *zich toe-eigenen*
adjuration V • *zeer dringend verzoek; smeekbede* • REL. *bezwering*
adjurer OV WW • REL. *bezweren* • *smeken*
adjuvant M • MED. *ondersteunend middel of hulpmiddel* • TECHN. *toegevoegde stof*
admettre OV WW • *toelaten (***à** *tot); aannemen* • *erkennen; als waar aannemen* • *toestaan; dulden*
administrateur M [v: **administratrice**] • *administrateur* • *beheerder; bestuurder*
administratif BNW [v: **administrative**] *het bestuur of beheer betreffende* ★ tribunal ~ *raad van beroep*
administration V • *beheer; bestuur* • *overheid(sapparaat)* • *administratie* • *toediening* ★ conseil d'~ *bestuur; raad van bestuur; raad van beheer*
administrativement BIJW *langs administratieve weg*
administré M [v: **administrée**] *burger; ingezetene*
administrer OV WW • *besturen; beheren* • *toedienen (***à** *aan)* ★ ~ des preuves *bewijzen leveren* ★ ~ une correction à qn *iem. een afstraffing geven* ★ ~ un remède à qn *iem. een medicijn laten innemen* ★ REL. ~ un malade *een zieke bedienen* ★ REL. ~ les sacrements *de sacramenten toedienen*
admirable BNW *bewonderenswaardig*
admirateur M [v: **admiratrice**] *bewonderaar*
admiratif BNW [v: **admirative**] *bewonderend*
admiration V *bewondering* ★ en ~ devant *vol bewondering voor*
admirer OV WW • *bewonderen* • *zich verwonderen over; eigenaardig vinden*
admissibilité V *toelaatbaarheid; aannemelijkheid*
admissible BNW *toelaatbaar; aannemelijk*
admission V • *toelating; (het) aannemen* • *inlaat* ‹v. motor›
admonestation V *vermaning; berisping*
admonester OV WW *streng vermanen; berispen*
admonition V *vermaning; berisping*
ADN AFK acide désoxyribonucléique *DNA*
ado M INFORM. adolescent *tiener; jongere*
adolescence V *adolescentie; puberteit; groei naar volwassenheid*
adolescent I M [v: **adolescente**] *adolescent; jongere; tiener* **II** BNW *tiener-*
adonis M *adonis; zeer knappe jongeman*
adonner WKD WW [**s'~**] **à** *zich geheel overgeven aan; verslaafd raken aan*
adopter OV WW • *aannemen; adopteren* • *overnemen; aannemen* ★ ~ une loi *een wet goedkeuren; een wet aannemen* ★ ~ une opinion *een mening overnemen*
adoptif BNW [v: **adoptive**] • *aangenomen* • *die aanneemt* ★ fils ~ *aangenomen zoon* ★ parents ~s *adoptiefouders*
adoption V • *adoptie; (het) aannemen tot kind* • *overname; het invoeren* ★ patrie d'~ *tweede vaderland*
adorable BNW *aanbiddelijk; verrukkelijk*
adorateur M [v: **adoratrice**] *aanbidder; vereerder*
adoration V • *aanbidding* • *grote verering; vurige liefde*
adorer OV WW • *aanbidden* • *dol zijn op; zielsveel houden van* ★ ~ la musique *dol zijn op muziek*
adosser I OV WW **~ à, contre** *met de rug (achterkant) zetten tegen; bouwen tegen* **II** WKD WW [**s'~**] **à, contre** *met de rug leunen tegen*
adoubement M *ridderslag*

adouber OV WW *tot ridder slaan*
adoucir OV WW • *verzachten* • FIG. *lenigen* • *polijsten* • *zoet maken* ★ ~ l'eau *water ontharden* ★ ~ la peine *het verdriet verzachten*
adoucissant I M *wasverzachter* **II** BNW *verzachtend*
adoucissement M • *verzachting*; *ontharding* • *leniging*
adoucisseur M *waterontharder*
adrénaline V *adrenaline*
adresse V • *adres* • *verzoekschrift* • *handigheid*; *slimheid* • *trefwoord* ★ à l'~ de l'étudiant *bedoeld voor de student*
adresser I OV WW • *adresseren*; *zenden (***à** *aan)* • *richten (***à** *tot)* • *verwijzen (***à** *naar)* ★ ~ la parole à qn *het woord tot iem. richten* **II** WKD WW **[s'~] à** *zich wenden tot*; *zich richten tot*
Adriatique V *Adriatische Zee*
adroit BNW *geslepen*; *handig*; *slim*
adulateur I V [v: **adulatrice**] *kruiperig*; *vleierig* **II** M [v: **adulatrice**] *vleier*; *hielenlikker*
adulation V *vleierij*; *ophemeling*
aduler OV WW *op lage wijze vleien*; *ophemelen*
adulte I M/V *volwassene* **II** BNW *volwassen*
adultère I M *overspel*; *echtbreuk* **II** M/V *echtbreker* **III** BNW *overspelig*
adultérin BNW • *overspelig* • *uit overspel geboren*
advenir ONOV WW [onregelmatig] *(toevallig) gebeuren* ★ advienne que pourra *wat er ook gebeuren mag*
adventice BNW • PLANTK. *toevallig*; *adventief* • JUR. *bijkomend*; *bijkomstig*
adventiste M/V *adventist*
adverbe M *bijwoord*
adverbial BNW [m mv: **adverbiaux**] *bijwoordelijk*
adversaire M/V *tegenstander*
adversatif BNW [v: **adversative**] *tegenstellend*
adverse BNW *tegen-*; *vijandig* ★ avocat ~ *advocaat v.d. tegenpartij* ★ partie ~ *tegenpartij* ★ fortune ~ *tegenspoed*
adversité V *ongeluk*; *tegenspoed*
adware M *adware*
aède M *episch dichter* ‹bij de oude Grieken›
aérage M *ventilatie*; *luchtverversing*
aérateur M *ventilator*
aération V *ventilatie*; *luchtverversing* ★ conduit d'~ *luchtkoker*
aéré BNW *geventileerd*; *luchtig*; *met ruimte*; *met gaten*
aérer I OV WW *luchten*; *ventileren* **II** WKD WW **[s'~]** *een luchtje scheppen*
aérien BNW [v: **aérienne**] • *uit lucht (gas) bestaande* • *lucht-*; *wat in de lucht geschiedt/voorkomt* ★ poste ~ne *luchtpost* ★ couche ~ne *luchtlaag* ★ phénomène ~ *luchtverschijnsel* ★ défense ~ne *luchtafweer* ★ ligne ~ne *luchtlijn* ★ un corps ~ *gasvormig lichaam*
aérobic M *aerobics*
aérobie BNW BIOL. *aeroob*
aérodrome M *vliegveld*
aérodynamique I BNW *aerodynamisch*; *gestroomlijnd* ★ tunnel ~ *windtunnel* **II** V *aerodynamica*
aérogare V *stationsgebouw bij luchthaven*; *terminal*
aéroglisseur M *hovercraft*
aérogramme M *luchtpostblad*
aérographe M *airbrush*
aérolithe M *meteoorsteen*
aéromodélisme M *vliegtuigmodelbouw*
aéronaute M/V *ballonvaarder*; *luchtreiziger*
aéronautique I V *luchtvaartkunde* **II** BNW *luchtvaartkundig*
aéronaval BNW [m mv: **aéronavals**] *tot luchtmacht en marine behorend*
aéronavale V *marineluchtvaartdienst*
aéronef M *luchtvaartuig*
aéroplane M OUD. *vliegtuig*
aéroport M *vliegveld*; *luchthaven*
aéroporté BNW *luchtlandings-* ★ troupes ~es *luchtlandingstroepen*
aéropostal BNW [m mv: **aéropostaux**] *luchtpost-*
aérosol I M • *spray* • *spuitbus* **II** BNW *spuit-* ★ des bombes ~ *spuitbussen*
aérospatial BNW [m mv: **aérospatiaux**] *lucht- en ruimtevaart-*
aérospatiale V *luchtvaart*; *ruimtevaart*
aérostat M *luchtballon*; *luchtschip*
aérostatique I V *aerostatica* **II** BNW *aerostatisch*
affabilité V *vriendelijkheid*; *voorkomendheid*; *minzaamheid*
affable BNW *vriendelijk*; *voorkomend*; *minzaam*
affabulation V • *intrige* • *verzinsel*
affadir I OV WW *flauw maken*; *smakeloos maken* **II** WKD WW **[s'~]** *verflauwen*; *verslappen*
affadissement M *verslapping*; *verflauwing*
affaiblir I OV WW *verzwakken* **II** WKD WW **[s'~]** *verzwakken*
affaiblissement M *verzwakking*
affaire I V • *zaak*; *aangelegenheid*; *affaire* • *rechtszaak*; *proces* • *voordelige transactie*; *koopje* ★ ~ d'État *staatszaak*; IRON. *hoogst gewichtige zaak* ★ ~ de goût *kwestie van smaak* ★ ~ d'honneur *duel*; *erezaak* ★ ~ de temps *kwestie van tijd* ★ avoir ~ à *te doen hebben met* ★ avoir ~ avec *zaken doen met* ★ tirer qn d'~ *iem. uit moeilijkheden helpen* ★ se tirer d'~ *zich ergens uit redden* ★ j'en fais mon ~ *ik belast mij ermee* ★ cela fait mon ~ *dat staat me aan*; *dat komt me goed van pas* ★ faire son ~ à qn *met iem. afrekenen*; *iem. doden* ★ hors d'~ *buiten gevaar* ★ la belle ~! *is dat nou alles?* ★ c'est toute une ~ *'t is niet gemakkelijk*; *'t is een hele drukte*; *'t is een heel karwei* **II** V MV • *zaken* • *belangen* • *spullen* ★ agent d'~s *zaakwaarnemer* ★ chiffre d'~s *omzet* ★ homme d'~s *zakenman*; *zaakwaarnemer* ★ les ~s étrangères *buitenlandse zaken* ★ être dans les ~s *in het zakenleven zitten* ★ se retirer des ~s *zich uit de zaken terugtrekken*
affairé BNW *druk*
affairement M *drukte*
affairer WKD WW **[s'~]** *druk zijn*
affairiste M/V *speculant*; *geldmaker*
affaissement M *verzakking*; OOK FIG. *inzinking*
affaisser I OV WW *doen verzakken* ★ être affaissé sous *gebukt gaan onder* **II** WKD WW

[**s'~**] *ineenzakken; gebukt gaan onder*
affaitage M *(het) africhten*
affaler I OV WW *neerhalen* ‹v. (scheeps)touw› **II** WKD WW [**s'~**] • *aan lager wal geraken* ‹v. schip› • *zich laten vallen*
affamé BNW *uitgehongerd; hongerig* ★ ~ de gloire *eerzuchtig*
affamer OV WW *uithongeren*
affectation V • *gebruik; bestemming* • *aanstelling; benoeming* • *aanstellerigheid; gemaaktheid*
affecté BNW *gemaakt; voorgewend; overdreven*
affecter OV WW • *voorwenden; veinzen* • *aannemen* ‹v. vorm› • *ontroeren; treffen* • *veelvuldig gebruiken; voorliefde tonen voor* • *benoemen; aanstellen; indelen (***à** *bij, in)* ★ son état m'a affecté *ik ben getroffen door zijn toestand* ★ ~ certaines expressions *bepaalde uitdrukkingen veelvuldig gebruiken* • ~ **à** *bestemmen voor*
affectif BNW [v: **affective**] *affectief; gevoels-*
affection V • *genegenheid* • MED. *aandoening* ★ prendre en ~ *genegenheid opvatten voor*
affectionné BNW *toegenegen* ★ ton ~(e) *je toegenegene* ‹als slot v. brief›
affectionner OV WW *houden van; liefhebben*
affectivité V • *gevoeligheid* • *gevoelsleven*
affectueux BNW [v: **affectueuse**] *vriendelijk; toegenegen*
afférent BNW JUR. *toekomend (***à** *aan); betrekking hebbend (***à** *op)* ★ la part ~e à l'héritier *het de erfgenaam toekomend deel*
affermage M *(het) (ver)pachten*
affermer OV WW *(ver)pachten*
affermir I OV WW *versterken; steviger maken* ★ ~ le pouvoir *de macht consolideren* **II** WKD WW [**s'~**] *steviger worden*
affermissement M *consolidatie; versterking*
affichage M • *(het) aanplakken van een aanplakbiljet* • *display; weergave op beeldscherm* ★ tableau d'~ *mededelingenbord* ★ SPORT tableau d'~ électronique *elektronisch scorebord*
affiche V • *aanplakbiljet; poster* • *bezetting; cast* ★ ~ lumineuse *lichtreclame* ★ mettre à l'~ *gaan spelen; op de rol nemen* ★ tenir l'~ *op de rol blijven; lang gespeeld worden*
afficher I OV WW • *aanplakken* • *te koop lopen met; openlijk tonen* • *op een beeldscherm weergeven* **II** WKD WW [**s'~**] *zich opdringen; in de gaten willen lopen; zich alom vertonen (***avec** *met)*
affichette V *klein aanplakbiljet*
afficheur M • *aanplakker* • *display; beeldscherm*
affichiste M/V *affichetekenaar*
affidé I BNW *vertrouwd* **II** M MIN. *handlanger*
affilage M • → **affiler**
affilé BNW *scherp* ★ avoir la langue bien ~e *niet op zijn mondje gevallen zijn* ★ d'~e *aan een stuk door; onafgebroken*
affiler OV WW *scherpen; slijpen; wetten*
affiliation V *lidmaatschap; toetreding (***à** *tot)*
affilié M *lid*
affilier I OV WW *lid maken* **II** WKD WW [**s'~**] **à** *lid worden van; zich aansluiten bij*
affiloir M *slijpsteen; aanzetstaal; aanzetriem*
affinage M *(het) zuiveren van metalen*
affiner OV WW *zuiveren; verfijnen*
affinité V *overeenkomst; verwantschap; affiniteit*
affirmatif BNW • *beslist* • *bevestigend* ★ ~! *jawel!*
affirmation V • *bevestiging; verzekering* • *bewering*
affirmative V *(het) bevestigen* ★ dans l'~ *zo ja...* ★ répondre par l'~ *bevestigend antwoorden*
affirmer I OV WW • *verzekeren; bevestigen; beweren* • *duidelijk doen blijken* **II** WKD WW [**s'~**] • *bevestigd worden; duidelijk blijken* • *zich doen gelden*
affixe I M TAALK. *affix* **II** V WISK. *coördinaat*
affleurer I OV WW *waterpas maken* **II** ONOV WW OOK FIG. *aan de oppervlakte komen*
afflictif BNW [v: **afflictive**] *wat de lijfstraf betreft*
affliction V *grote droefheid*
affligé BNW • *getroffen (***de** *door)* ‹kwaal of ziekte› • *bedroefd (***de** *over)*
affligeant BNW *bedroevend*
affliger I OV WW • *bedroeven* • FORM. *kwellen; teisteren (***de** *met)* ★ une épidémie affligea la ville *de stad werd geteisterd door een epidemie* **II** WKD WW [**s'~**] *bedroefd zijn (***de** *over)*
affluence V *toeloop; toevloed* ★ heure d'~ *spitsuur*
affluent M *zijrivier*
affluer ONOV WW *stromen naar; toestromen*
afflux (zeg: afluu) M • *(het) toestromen* • *stroom* ★ ~ du sang *bloedaandrang*
affolant BNW • *verbijsterend* • *verschrikkelijk; radeloos makend*
affolé BNW *radeloos; in de war*
affolement M *radeloosheid*
affoler I OV WW *radeloos maken* **II** WKD WW [**s'~**] *gek worden van angst; doorslaan*
affouillement M *wegspoeling; ondermijning*
affouiller OV WW *wegspoelen; afbrokkelen* ‹door water, wind›; *ondermijnen*
affourrager OV WW *voeren; voederen*
affranchi I M [v: **affranchie**] • *vrijgelatene* • *vrijgevochten persoon* **II** BNW • *vrijgelaten* • *geëmancipeerd*
affranchir OV WW • *vrijlaten; bevrijden* • *vrijmaken; vrijstellen (***de** *van)* • *frankeren* • INFORM. *inlichten* ★ ~ un esclave *een slaaf vrijlaten* ★ ~ une carte *vrijmaken van een kaart in het kaartspel* ★ ~ une propriété *vrijmaken van lasten*
affranchissement M • *vrijlating; bevrijding; (het) vrijmaken van lasten* • *frankering*
affres V MV *grote angst* ★ ~ de la mort *doodsangst*
affrètement M *(het) huren, charteren* ‹v. schip, vliegtuig›
affréter OV WW *huren* ‹v. schip, vliegtuig›; *charteren*
affréteur M *huurder* ‹v. schip, vliegtuig›; *charteraar*
affreux BNW [v: **affreuse**] *afschuwelijk; afstotelijk*
affriander OV WW FORM. *aantrekken; aanlokken* ‹door geur of smaak; ook fig.›
affriolant BNW *verleidelijk*
affront M *publieke belediging* ★ faire ~ à *te schande maken*

affrontement M *confrontatie*
affronter I OV WW *trotseren*; *tegemoettreden* **II** WKD WW [**s'~**] *in confrontatie met elkaar komen*; *botsen*; SPORT *tegen elkaar uitkomen*
affubler OV WW *toetakelen*; *dwaas aankleden (***de** *met, in)*
affût M • MIL. *affuit* • *schuilplaats van jagers om het wild te bespieden* ★ être à l'~ (de) *op de loer liggen*; *loeren (op)*
affûter OV WW *slijpen van gereedschappen*
afghan I M *(het) Afghaans* **II** BNW *Afghaans*
Afghan M [v: **Afghane**] *Afghaan*
afin VW ★ afin de *om te* ★ afin que [+ subj.] *opdat*
AFP AFK Agence France-Presse *AFP* ⟨Frans persbureau⟩
africain I M *(het) Afrikaans* **II** BNW [v: **africaine**] *Afrikaans*
Africain M [v: **Africaine**] *Afrikaan*
africaniste M/V *Afrikakenner*
afrikaner BNW *(Zuid-)Afrikaans*
Afrikaner M *(Zuid-)Afrikaan*
Afrique V *Afrika* ★ l'~ du Sud *Zuid-Afrika*
afro BNW *afro-*; *Afrikaans*
afro- VOORV *Afrikaans*
after V *afterparty*
AG AFK assemblée générale *Algemene Vergadering*
agaçant BNW *hinderlijk*; *ergerlijk*; *lastig*
agacement M *ergernis*
agacer OV WW *irriteren*; *tergen*; *treiteren*
agacerie V *(uitdagende) koketterie*
agate V *agaat*
âge M • *leeftijd*; *ouderdom* • *tijdperk*; *eeuw* ★ quel âge avez-vous? *hoe oud bent u?* ★ être entre deux âges *van middelbare leeftijd zijn* ★ d'un certain âge *niet zo jong meer* ★ être d'âge à *oud genoeg zijn om te* ★ être sur l'âge *op leeftijd zijn* ★ le troisième âge *65-plussers*; *ouderdom* ★ vieux avant l'âge *vroeg oud* ★ j'ai passé l'âge de *ik ben te oud om* ★ il ne fait/paraît pas son âge *hij lijkt jonger dan hij is* ★ l'âge de raison *de jaren des onderscheids* ★ l'âge ingrat *puberteit* ★ le Moyen Age *de middeleeuwen* ★ l'âge de la pierre *het stenen tijdperk* ★ l'âge d'or *de gouden eeuw* ★ prendre de l'âge *oud(er) worden*
âgé BNW *oud* ★ il est âgé de 20 ans *hij is 20 jaar (oud)*
agence V • *agentschap*; *agentuur* • *kantoor* ★ ~ de voyages *reisbureau* ★ ~ immobilière *makelaarskantoor* ★ Agence nationale pour l'emploi *arbeidsbureau* ★ ~ de communication *pr-bureau*
agencement M • *rangschikking*; *groepering* • *inrichting* ★ ~ des phrases *kunstige zinsbouw*
agencer OV WW *rangschikken*; *groeperen*
agenda (zeg: azjè(n)da) M *agenda*; *aantekenboekje* ★ ~ électronique *notebook*
agenouillement M *(het) knielen*
agenouiller WKD WW [**s'~**] • *knielen* • FIG. *(zich) buigen (***devant** *voor)*
agenouilloir M *knielbankje*
agent M • *agent*; *beambte* • *agens*; *werkende kracht* ★ ~ d'affaires *zaakgelastigde* ★ ~ de change *makelaar in effecten* ★ ~ de conduite *(trein)bestuurder* ★ ~ immobilier *makelaar* ★ ~ de liaison *verbindingsofficier* ★ ~ de maîtrise *rang van lager leidinggevend personeel* ★ ~ de police *politieagent* ★ ~ provocateur *agent-provocateur*
agglomérat M *agglomeraat*
agglomération V • *opeenhoping* • *bebouwde kom*; *agglomeratie*; *grote stad met voorsteden*
aggloméré M • *briket* • *kunststeen* • *spaanplaat*
agglomérer OV WW *opeenhopen*; *verzamelen* ★ bois aggloméré *spaanplaat*
agglutinant I M *kleefmiddel*; *hechtmiddel* **II** BNW • BIOL. *klevend* • TAALK. *agglutinerend*
agglutination V *(het) kleven*
agglutiner I OV WW *agglutineren*; *vastplakken* ★ ~ une plaie *een wond hechten* **II** WKD WW [**s'~**] • *plakken*; *klonteren* • *samendrommen*
aggravant BNW *verzwarend* ★ JUR. circonstances ~es *verzwarende omstandigheden*
aggravation V *verzwaring*; *verergering*
aggraver I OV WW *verzwaren*; *verergeren* **II** WKD WW [**s'~**] *erger worden*
agile BNW *behendig*; *vlug*; *lenig*
agilité V *behendigheid*; *vlugheid*; *lenigheid*
agio I M *agio*; *opgeld* **II** M MV *kosten bij geldtransacties*
agiotage M *agiotage*; *beursspel*
agioteur M [v: **agioteuse**] *speculant in effecten*
agir ONOV WW • *handelen* • *(in)werken*; *uitwerking hebben*; *invloed uitoefenen (***sur** *op)* ★ agir en *handelen als* ★ il s'agit de *het gaat om*; *er is sprake van* ★ il s'agit de savoir si *het is de vraag of* ★ mal agir envers qn *iem. slecht bejegenen*
âgisme M *leeftijdsdiscriminatie*
agissant BNW *duidelijk merkbaar*; *werkzaam*
agissements M MV *manipulaties*
agitateur I M • *roerstaafje* • *mengtrommel* **II** M [v: **agitatrice**] *opruier*
agitation V • *onstuimigheid* • *onrust*; *zenuwachtigheid*; *gejaagdheid*; *agitatie*
agité BNW *gejaagd*; *onrustig*; *zenuwachtig* ★ la mer est ~e ce soir *de zee is vanavond onstuimig*
agiter I OV WW • *roeren*; *bewegen*; *schudden* • *verontrusten*; *zenuwachtig maken*; *opzwepen* • *bespreken* ★ ~ une question *een kwestie bespreken* **II** WKD WW [**s'~**] • *heen en weer schuiven*; *roerig worden* • MIN. *zich druk maken* • *druk in de weer zijn* ★ s'~ comme un (beau) diable *hevig tekeergaan*
agneau M [mv: **agneaux**] • *lam* • *lamsvlees*
agneler ONOV WW *lammeren*
agnelet M *lammetje*
agnelle V *(jonge) ooi*
agnosticisme M FIG. *agnosticisme*
agnostique I BNW *agnostisch* **II** M/V *agnosticus*
agonie V • *doodsstrijd* • *(het) naderend einde* ★ être à l'~ *op sterven liggen*
agonir OV WW FORM. *uitschelden*
agonisant I BNW • *stervend* • FIG. *uitdovend* **II** M *stervende*
agoniser ONOV WW • *in verval raken* • *op sterven liggen*

agoraphobie V *ruimtevrees*; *agorafobie*; *pleinvrees*
agrafe V • *haak die in een oog grijpt* ⟨sluiting v. kleren⟩ • *gesp* • *nietje* • *kram*
agrafer OV WW • *vasthaken*; *dichthaken*; *(vast)nieten*; *hechten* • INFORM. *vastpakken*
agrafeur BNW ★ pistolet ~ *nietpistool*
agrafeuse V *nietmachine*
agraire BNW *agrarisch*; *landbouw-* ★ réforme ~ *landhervorming*
agrandir OV WW *vergroten* ★ ~ l'âme *de ziel veredelen*
agrandissement M *vergroting*; *uitbreiding*
agrandisseur M A-V *vergrotingstoestel*
agrarien BNW [v: **agrarienne**] *agrarisch*; *boeren-*
agréable BNW • *aangenaam*; *fijn* • *vriendelijk*; *innemend*
agréé I M OUD. *advocaat en procureur bij een handelsrechtbank* **II** BNW *officieel erkend*
agréer I OV WW *aanvaarden*; *goedkeuren*; *aannemen* ★ agréez, Monsieur, mes sentiments dévoués *hoogachtend* ⟨in brief⟩ **II** ONOV WW *bevallen*; *behagen (***à** *aan)*
agrég V INFORM. → **agrégation**
agrégat M • *ophoping*; *klomp* • *aggregaat*
agrégation V • *samenvoeging* • *examen voor agrégé* • → **agrégé**
agrégé M [v: **agrégée**] *leraar met eerstegraads lesbevoegdheid*
agréger I OV WW • *samenvoegen* • *als lid toelaten* **II** WKD WW [**s'~**] • *toetreden* • *zich samenvoegen*
agrément M • *toestemming* • *vermaak*; *aardigheid*; *genoegen* ★ jardin d'~ *siertuin* ★ voyage d'~ *plezierreis*
agrémenter OV WW *versieren*
agrès (zeg: aGrè) M MV • *tuigage, want* ⟨v. schip⟩ • *gymnastiektoestellen*
agresser OV WW *aanvallen*; *agressief lastigvallen*
agresseur M *aanvaller*; *aanrander*
agressif BNW [v: **agressive**] *agressief*; *aanvallend*; *hatelijk*
agression V *aanval*; *agressie*; *aanranding*; *aantasting*
agressivité V *agressiviteit*
agreste BNW FORM. *landelijk*; *rustiek*
agri- VOORV *landbouw-*
agricole BNW *landbouw-*; *agrarisch* ★ ingénieur ~ *landbouwingenieur* ★ produit ~ *landbouwproduct*
agriculteur M [v: **agricultrice**] *landbouwer*; *agrariër*
agriculture V *landbouw*
agripper I OV WW *(gretig) grijpen* **II** WKD WW [**s'~**] **à** *zich vastgrijpen aan*
agro- VOORV *agro-*; *landbouw-*
agroalimentaire I M *levensmiddelentechnologie*; *voedingsmiddelensector* **II** BNW *voedingsmiddelen-*; *v.d. levensmiddelentechnologie* ★ l'~ *de voedingsmiddelensector*
agronome M *landbouwkundige* ★ ingénieur ~ *landbouwingenieur*
agronomie V *landbouwkunde*
agronomique BNW *landbouwkundig*
agrumes M MV *citrusvruchten*
aguerrir OV WW *scholen voor de krijgsdienst*; FIG. *harden (***à, contre** *tegen)*
aguets (zeg: aGè) M MV *(het) loeren*; *(het) bespieden* ★ être aux ~ *op de loer liggen* ★ se tenir aux ~ *op de loer liggen*
aguichant BNW *uitdagend*
aguicher OV WW *prikkelen*; *uitdagen*; *lokken*
aguicheur I BNW [v: **aguicheuse**] *uitdagend*; *verleidelijk* **II** M [v: **aguicheuse**] *verleider*
ah TW • *ha!* • *ach!* • *o!*
ahuri BNW *verbluft*; *verbijsterd*
ahurir OV WW *verbluffen*; *verbijsteren*
ahurissant BNW *verbijsterend*
ahurissement M *stomme verbazing*; *verbijstering*
ai WW [présent] • → **avoir**
aï M *ai*; *luiaard*
aide I V *hulp* ★ Aide sociale *Bijstand* ⟨uitkeringsinstantie⟩ ★ aide aux victimes *slachtofferhulp* ★ à l'aide de *met behulp van* ★ à l'aide! *help!* ★ venir en aide à qn *iem. te hulp komen* **II** M/V *helper* ★ aide familiale *gezinshulp* ★ MIL. aide de camp *adjudant*
aide-conducteur M [mv: **aides-conducteurs**] *bijrijder*
aide-cuisinier M [mv: **aides-cuisiniers**] *hulpkok*
aide-maçon M [mv: **aides-maçons**] *opperman*
aide-mémoire M [mv: **aide-mémoire(s)**] *beknopt overzicht*; *uittreksel*
aider I OV WW *helpen (***à** *om)* ★ ~ de sa bourse *bijstaan met geld* ★ Dieu aidant *met Gods hulp* **II** ONOV WW **~ à** *bijdragen tot* **III** WKD WW [**s'~**] **de** *zich bedienen van*
aide-soignant M [v: **aide-soignante**] [m mv: **aides-soignants**] *verpleeghulp*
aie WW [geb. wijs] • → **avoir**
aïe (zeg: aj) TW *au!*; *oei!*
aient WW [subj. présent] • → **avoir**
aies WW [subj. présent] • → **avoir**
aïeul (zeg: ajeul) M [v: **aïeule**] *grootvader*; *grootmoeder* ★ les aïeux *de voorouders*
aigle I M • *arend* ★ ~ royal *steenarend* • INFORM. *hoogvlieger*; *geniaal mens*; *kei* ★ ce n'est pas un ~ *dat is geen licht* **II** V • *wijfjesarend* • *adelaar* ⟨vaandel, embleem⟩
aiglefin M *schelvis*
aiglon M [v: **aiglonne**] *adelaarsjong*
aigre BNW • *zuur* • *schel*; *bits* ★ tourner à l'~ *zuur, vinnig worden*
aigre-doux BNW [v: **aigre-douce**] *zuurzoet*
aigrefin M *oplichter*
aigrelet BNW [v: **aigrelette**] *een beetje zuur*
aigrement BIJW *scherp*; *bits*
aigrette V • *zilverreiger* • *bos reigerveren* • *pluim* ⟨v. helm⟩
aigreur V • *zuurheid* • *bitsheid* ★ des ~s (d'estomac) *maagzuur*
aigrir I OV WW • *zuur maken* • *verbitteren* **II** ONOV WW *zuur worden*
aigu BNW [v: **aiguë**] • *scherp* • *hevig* • → **accent** ★ WISK. angle aigu *scherpe hoek* ★ douleur aiguë *hevige pijn* ★ maladie aiguë *acute ziekte*
aiguillage (zeg: eGw-) M • *(het) verzetten v. wissels* • *wissel* • FIG. *oriëntatie*; *leiding in een richting* ★ faute d'~ *misleiding*; *vergissing*
aiguille (zeg: eGw-) V • *naald* ⟨ook v.

naaldboom〉; *wijzer* • *spits* 〈v. toren, berg〉 • *spoorwegwissel* ★ ~ à injection *injectienaald* ★ ~ à tricoter *breinaald* ★ ~ à repriser *stopnaald* ★ ~ aimantée *kompasnaald* ★ enfiler l'~ *de draad in de naald steken* ★ chercher une ~ dans une botte de foin *een speld in een hooiberg zoeken*

aiguiller (zeg: eGw-) OV WW • *een trein op een ander spoor brengen* • FIG. *richten*; *leiden*

aiguillette (zeg: eGw-) V • *tres* • *soort rundvlees* • *plakje eendenvlees* • *rijgveter*

aiguilleur (zeg: eGw-) M *wisselwachter* ★ ~ du ciel *luchtverkeersleider*

aiguillon (zeg: eGw-) M • *prikstok om ossen aan te zetten* • *angel* • OOK FIG. *prikkel*

aiguillonner (zeg: eGw-) OV WW • *prikken met de prikstok* • *aansporen*; *stimuleren*

aiguisage M *(het) slijpen*; *(het) scherpen*

aiguisement M *(het) scherpen*; *(het) slijpen*

aiguiser OV WW • *slijpen* • OOK FIG. *scherpen* ★ ~ l'appétit *de eetlust opwekken*

aiguiseur M [v: **aiguiseuse**] *slijper*

aiguisoir M *aanzetstaal*

ail (zeg: aj) M [mv: **ails /aulx**] *knoflook*

aile V • *vleugel* • *molenwiek* • *neusvleugel* • *spatbord van auto* • *schoep* ★ battre des ailes *klapwieken* ★ battre de l'aile *vleugellam zijn*; *in verlegenheid zitten* ★ il ne bat plus que d'une aile *hij is zijn grootste invloed kwijt* ★ rogner les ailes *kortwieken* ★ voler de ses propres ailes *op eigen wieken drijven*

ailé BNW *gevleugeld*

aileron M • *vleugeluiteinde* • *vin van sommige vissen* • LUCHTV. *rolroer*

ailette V • *vleugeltje*; *vinnetje* • *schoep* • *koelrib*

ailier M SPORT *vleugelspeler*

aille WW [subj. présent] • → **aller**

aillent WW [subj. présent] • → **aller**

ailler OV WW *met knoflook insmeren*

ailles WW [subj. présent] • → **aller**

ailleurs BIJW *elders*; *ergens anders* ★ d'~ *overigens*; *bovendien*; *trouwens* ★ par ~ *overigens*; *anderzijds* ★ nulle part ~ *nergens anders*

ailloli M *knoflookmayonaise*

aimable BNW *beminnelijk*; *vriendelijk*

aimant I M OOK FIG. *magneet* **II** BNW *liefhebbend*

aimantation V *magnetisering*

aimanter OV WW *magnetisch maken* ★ aiguille aimantée *magneetnaald*; *kompasnaald*

aimer OV WW *beminnen*; *houden van* ★ ~ (à) jouer *graag spelen* ★ ~ mieux *prefereren* ★ j'aime mieux jouer que d'étudier *ik speel liever dan dat ik studeer* ★ quand on aime on ne compte pas *liefde maakt blind*

aine V *lies*

aîné I BNW *oudste*; *ouder* **II** M [v: **aînée**] *oudste* ★ je suis son aîné (de trois ans) *ik ben (drie jaar) ouder dan hij*

aînesse V ★ droit d'~ *eerstgeboorterecht*

ainsi BIJW • *zo*; *aldus* • *eveneens* • *bijgevolg* ★ ~ soit-il *amen* ★ ~ que *evenals*; *zoals* ★ pour ~ dire *om zo te zeggen*; *zogezegd, in zekere zin* ★ s'il en est ~ *als het er zo mee staat* ★ et ~ de suite *en wat dies meer zij*

aïoli M • → **ailloli**

air M • *lucht*; *wind* • *luchtvaart* • *uiterlijk*; *voorkomen* • *lied*; *wijs* ★ air conditionné *airconditioning* ★ en plein air/au grand air *in de open lucht* ★ il y a de l'orage dans l'air *er is onweer op til* ★ prendre l'air *een luchtje scheppen* ★ changer d'air *er (even) tussenuit gaan* ★ être libre comme l'air *zo vrij zijn als een vogeltje in de lucht* ★ c'est dans l'air (du temps) *dat hangt in de lucht* ★ vivre de l'air du temps *van de wind leven* ★ ils ont un air de famille *zij lijken op elkaar* ★ avoir l'air de *lijken*; *schijnen*; *eruitzien* ★ avoir un faux air de *enigszins lijken op* ★ une tête en l'air *een verstrooid iem.* ★ contes en l'air *verzinsels* ★ promesse en l'air *lichtzinnige belofte* ★ sans avoir l'air de rien *alsof het niets is*; *doodgemoedereerd* ★ il a l'air content *hij ziet er tevreden uit* ★ prendre des airs *voornaam doen*; *deftig doen* ★ il ne manque pas d'air *hij heeft lef*; *hij is hondsbrutaal* ★ bâtir en l'air *luchtkastelen bouwen* ★ INFORM. foutre en l'air *wegsmijten*; *verpesten*

airain M • *brons* • *klok* ★ âge d'~ *bronzen tijdperk* ★ cœur d'~ *een hart van steen*

airbag M *airbag*

aire V • *streek*; *gebied*; *terrein* • WISK. *oppervlak* • *horst* 〈nest v. roofvogel〉 • GESCH. *dorsvloer* ★ aire (de repos) *parkeerplaats* 〈langs snelweg〉; *pleisterplaats* ★ aire de hautes pressions *gebied van hoge luchtdruk* ★ aire naturelle *boerencamping*

airelle V *bosbes*

aisance V • *gemak* • *welstand* ★ lieux/cabinets d'~s *gemak*; *wc*

aise I BNW FORM. *blij*; *tevreden* ★ être bien aise *blij zijn* **II** V • FORM. *vreugde*; *tevredenheid* • *gemak* ★ à l'aise *op zijn gemak*; *vlotweg*; *makkelijk* ★ mal à l'aise *niet op zijn gemak* ★ à son aise *op zijn gemak*; *welgesteld* ★ à votre aise *geneer u maar niet!* ★ aimer ses aises *van een gemakkelijk leventje houden* ★ prendre ses aises *het er goed van nemen*; *zich niet generen* ★ en prendre à son aise (avec) *zich niet druk maken (om)* ★ vous en parlez à votre aise *u hebt mooi praten*

aisé BNW • *gemakkelijk* • *bemiddeld*; *welgesteld*

aisselle V *oksel*

ait WW [subj. présent] • → **avoir**

Aix-la-Chapelle V *Aken*

ajonc M *steekbrem*; *gaspeldoorn*

ajouré BNW *ajour*; *opengewerkt*

ajourer OV WW *van openingen voorzien*

ajournement M • *dagvaarding* • *uitstel*

ajourner OV WW • *uitstellen*; *verdagen* (**à** *tot)* • JUR. *dagvaarden* ★ ~ d'une semaine *een week uitstellen*

ajout M *toevoegsel*

ajouter I OV WW *toevoegen* (**à** *aan)* ★ ~ foi à *geloof hechten aan* **II** ONOV WW **~ à** *vergroten*; *vermeerderen*; *iets toevoegen aan* **III** WKD WW [**s'~**] *er nog bij komen* (**à** *bij)*

ajustage M *(het) pasklaar maken*; *(het) monteren*

ajustement M *aanpassing*; *instelling*; *(het) pasklaar maken*

ajuster OV WW • *zuiver stellen*; *in orde brengen* • *vastmaken*; *aanbrengen* • *passend maken*;

*aanpassen (**à** aan)* • *richten* ⟨schot⟩; *mikken op* ★ ~ une balance *een weegschaal instellen* ★ vêtement ajusté *nauwsluitend kledingstuk*

ajusteur M *bankwerker; monteur*

ajusteur-mécanicien M [mv: **ajusteurs-mécaniciens**] *machinebankwerker*

akvavit M • → **aquavit**

alacrité V FORM. *opgewektheid; vrolijkheid*

alaise V *steeklaken; bedzeiltje*

alambic M *distilleerkolf*

alambiqué BNW *gecompliceerd; gekunsteld*

alanguir I OV WW *doen kwijnen* **II** WKD WW [**s'~**] *kwijnen*

alanguissement M *kwijning; lusteloosheid*

alarmant BNW *verontrustend*

alarme V • *alarm; alarminstallatie* • *schrik* ★ donner l'~ *alarm slaan* ★ sonner l'~ *alarm blazen* ★ une chaude ~ *een grote ontsteltenis*

alarmer I OV WW • *verontrusten; alarmeren* • *alarm slaan* **II** WKD WW [**s'~**] *zich ongerust maken*

alarmiste I M/V *onruststoker* **II** BNW *stokerig; paniekerig*

albanais I M *(het) Albanees* **II** BNW [v: **albanaise**] *Albanees*

Albanais M [v: **Albanaise**] *Albanees*

Albanie V *Albanië*

albâtre M *albast*

albatros (zeg: -tros) M *albatros*

albinos (zeg: -nos) **I** M/V *albino* **II** BNW *albino*

album (zeg: -bom) M *album; prentenboek*

albumen (zeg: -mèn) M *eiwit*

albumine V *albumine; eiwitstof*

alcali M *base; alkali; ammonia* ★ ~ volatil *ammoniak*

alcalin BNW *alkalisch*

alchimie V *alchemie*

alchimique BNW *alchemistisch*

alchimiste M *alchemist*

alcool (zeg: alkol) M *alcohol; spiritus* ★ ~ absolu *zuivere alcohol* ★ ~ à brûler *brandspiritus*

alcoolémie V *alcoholgehalte* ⟨in het bloed⟩; *promillage*

alcoolique I BNW • *alcoholisch* • *drankzuchtig* **II** M/V *dronkaard*

alcooliser OV WW *alcoholisch maken*

alcoolisme M *alcoholisme; drankzucht*

alcoolo M/V INFORM. *dronkenlap*

alcoomètre M *alcoholmeter*

alcootest M *ademtest; blaaspijpje*

alcotest M • → **alcootest**

alcôve V *alkoof* ★ secrets d'~ *slaapkamergeheimen*

alcyon M *ijsvogel*

aldéhyde M *aldehyde*

aléa M *toeval; risico*

aléatoire BNW *wisselvallig; onzeker* ★ échantillon ~ *aselecte steekproef*

alêne V *priem*

alentour I M MV *omtrek* ★ aux ~s de *in de omtrek van; ongeveer* **II** BIJW *in de omtrek* ★ les chemins d'~ *de wegen in de omtrek*

alerte I BNW *vlug; bij de hand* **II** V • *alarm* • *onrustbarende toestand* ★ ~ à la bombe *bommelding* ★ cote d'~ *kritieke waterstand; kritieke situatie* ★ état d'~ *noodtoestand* ★ donner l'~ *alarm slaan* **III** TW *te wapen!; pas op!*

alerter OV WW *alarmeren; waarschuwen voor gevaar*

alésage M *(het) uitboren; boring*

alèse V *steeklaken; bedzeiltje*

aléser OV WW *uitboren*

alevin M • *pootvis* • *jonge vis*

aleviner OV WW *vis uitpoten*

alexandrin I M *alexandrijn; 12-lettergrepig vers* **II** BNW *Alexandrijns*

alezan I M *vos* ⟨paard⟩ ★ ~ brûlé *brandvos* ★ ~ clair *lichte vos* ★ ~ doré *goudvos* **II** BNW *voskleurig* ⟨v. paarden⟩

alfa M • *soort papier* • *espartogras*

algarade V *heftige uitval; ruzie*

algèbre V *algebra* ★ c'est de l'~ pour lui *daar weet/begrijpt hij niets van*

algébrique BNW *algebraïsch*

Alger V MV *Algiers*

Algérie V *Algerije*

algérien BNW [v: **algérienne**] *Algerijns*

Algérien M [v: **Algérienne**] *Algerijn*

Algérois M [v: **Algéroise**] *bewoner van de stad Algiers*

algorithme M *algoritme*

algue V *alg; wier*

alias (zeg: aljas) BIJW *alias; anders gezegd; bijgenaamd*

alibi M • *alibi* • *voorwendsel*

alicament M MED. *voedingsmiddel met gezondheidsclaim*

aliénation V • *vervreemding* • *krankzinnigheid*

aliéné M [v: **aliénée**] *krankzinnige*

aliéner I OV WW • *vervreemden* • *prijsgeven* • *afkerig maken; iem. van een ander vervreemden* **II** WKD WW [**s'~**] *van zich vervreemden*

alignement M • *(het) plaatsen op een rij* • *rooilijn* • *rij* • *gebondenheid* • *aanpassing*

aligner I OV WW • *in een rechte lijn plaatsen; richten* • *aanpassen (**sur** aan)* • *opstellen (**contre** tegen)* **II** WKD WW [**s'~**] • *in een rij gaan staan* • *zich opstellen (**contre** tegen)* • *zich conformeren (**sur** aan)*

aliment M *voedsel; voedingsmiddel*

alimentaire BNW *voedings-* ★ canal ~ *spijsverteringskanaal* ★ pâtes ~s *deegwaren als vermicelli en macaroni* ★ plante ~ *eetbare plant* ★ pension ~ *alimentatie*

alimentation V • *bevoorrading* • *voeding* ★ ~ générale *levensmiddelen(winkel)* ★ cordon d'~ *netsnoer* ★ témoin d'~ *spanningslampje*

alimenter OV WW • *voeden; van voedsel voorzien* • *bevoorraden (**en** met); voorzien (**en** van)*

alinéa M • *alinea* • *inspringende regel*

alitement M *bedlegerigheid*

aliter I OV WW *iem. dwingen in bed te blijven* **II** WKD WW [**s'~**] *naar bed gaan* ⟨wegens ziekte⟩

alizé M *passaat(wind)* ★ vents ~s *passaatwinden*

allaitement M *(het) zogen* ★ ~ au sein et au biberon *borst- en flesvoeding*

allaiter OV WW *zogen; de borst geven*

allant I BNW *beweeglijk; bedrijvig* ★ les ~s et les venants *de gaande en komende man* **II** M

voortvarendheid; fut
allèchant BNW *aantrekkelijk; verleidelijk*
allécher OV WW *aantrekken; verleiden*
allée V • *laan* • *gang(pad)* ★ les ~s et venues *het heen en weer lopen*
allégation V • *bewering* • *aanvoering*
allégé BNW *caloriearm; light*
allège V • SCHEEPV. *lichter* • *steunmuur*
allégeance V *loyaliteit; nationaliteit*
allégement, allègement M *vermindering; verlichting*
alléger OV WW • *lichter maken* • *verzachten; verlichten* ★ ~ la douleur *de pijn verzachten*
allégorie V *allegorie*
allégorique BNW *allegorisch; zinnebeeldig*
allègre BNW *opgeruimd; opgewekt*
allégresse V *vreugde*
alléguer OV WW *aanvoeren; ter staving aanhalen*
alléluia M *(h)alleluja* ★ entonner l'~ *iem. op overdreven wijze prijzen*
Allemagne V *Duitsland*
allemand I M *(het) Duits* **II** BNW [v: **allemande**] *Duits*
Allemand M [v: **Allemande**] *Duitser*
aller I M • *(het) gaan* • *heenreis; heenweg* • *enkele reis* ★ un ~ (simple) *een enkele reis* ★ un ~ (et) retour *een retourtje* ★ au pis ~ *in het ergste geval* **II** ONOV WW [onregelmatig] • *gaan; lopen; functioneren* • *passen; goed staan* • *handelen; zich gedragen* ★ ~ et venir *heen en weer lopen* ★ ~ à tâtons *tastend voorwaarts gaan* ★ ~ au trot *stapvoets gaan* ★ ~ prendre *afhalen* ★ ~ voir *opzoeken* ★ ~ à la rencontre de qn *iem. tegemoet gaan* ★ ~ au-devant de qn *iem. tegemoet gaan/komen (uit beleefdheid)* ★ ~ à cheval *paardrijden* ★ comment allez-vous? ça va! *hoe maakt u het? goed!* ★ ça va? *hoe gaat het?* ★ ça va ~? *lukt het?* ★ allez! *vooruit!; hup!* ★ vas-y!/ allez-y! *ga je gang!* ★ allons-y! *vooruit!; laten we gaan!* ★ comme vous y allez! *wat loop je hard van stapel!; wat draaf je door!* ★ va donc! *loop naar de maan!* ★ ça peut ~ *het kan ermee door* ★ il va sans dire, il va de soi *het spreekt vanzelf* ★ il en va de même pour *hetzelfde geldt voor* ★ ~ loin *het ver brengen* ★ laisser ~ *laten waaien* ★ ~ son train *zijn gang gaan* ★ ce travail ne va pas *dit werk schiet niet op* ★ le commerce va bien *de zaken gaan goed* ★ rien ne va plus *er wordt niet meer ingezet* ⟨in casino⟩ ★ cela me va *dat bevalt me; dat staat me goed aan* ★ se laisser ~ *zich laten gaan; de moed verliezen; zich overgeven (aan)* ★ cet habit vous va bien *dat kledingstuk staat (past) u goed* ★ il y va de votre honneur *het gaat om uw eer* ★ INFORM. ça (ne) va pas, la tête? *ben je niet wijs?* **III** WKD WW [**s'~**] ★ s'en ~ *weggaan; heengaan; sterven* **IV** HWW [v. toekomende tijd] *(dadelijk) zullen; (dadelijk) gaan* ★ le train va partir *de trein zal dadelijk vertrekken; de trein staat op het punt te vertrekken*
allergène M *allergeen*
allergie V *allergie*
allergique BNW *allergisch (**à** voor)*
allergologue M/V *allergoloog*
alliacé BNW *knoflookachtig*
alliage M • *mengsel van metalen* • *vermenging*
alliance V • *verbond; liga; alliantie* • *vereniging; verbintenis* • *huwelijk* • *trouwring* ★ par ~ *aangetrouwd*
allié I BNW *verbonden; verwant; aangetrouwd* **II** M [v: **alliée**] • *bondgenoot* • *verwant* ★ les Alliés *de geallieerden*
allier I OV WW *verbinden; vermengen; doen samengaan (**à**, **avec** met)* ★ ~ la force à la bonté *kracht aan goedheid paren* **II** WKD WW [**s'~**] • *een verbond sluiten (**à** met)* • *bij elkaar passen; combineren; samengaan (**à**, **avec** met)* • *zich door het huwelijk verbinden* ★ ces fleurs blanches s'allient bien avec ces tulipes rouges *die witte bloemen staan goed bij die rode tulpen*
alligator M *alligator*
allitération V *alliteratie*
allô, allo TW *hallo* ⟨als je de telefoon opneemt⟩
allocataire M/V *uitkeringsgerechtigde*
allocation V • *toewijzing; toekenning* • *toelage; uitkering* ★ ~ d'attente *overbruggingsgeld* ★ ~s familiales *kinderbijslag*
allocution V *(korte) toespraak*
allogène BNW *allogeen; allochtoon*
allonge V • *verlengstuk* • *armlengte* • *vleeshaak*
allongé BNW • *lang; verlengd* • *liggend* ★ mine ~e *lang gezicht*
allongement M • *verlenging* • *reikwijdte*
allonger I OV WW • *verlengen; uitstrekken; rekken* • *toebrengen* • *aanlengen* ★ ~ le bras *een arm uitstrekken* ★ ~ un coup *een klap toedienen* ★ ~ une sauce *een saus aanlengen* ★ ~ la sauce *een eind wegkletsen* **II** ONOV WW *langer worden* **III** WKD WW [**s'~**] *gaan liggen; langer worden*
allopathie V *allopathie*
allophone BNW *anderstalig*
allouer OV WW *toekennen* ★ ~ une indemnité *een schadevergoeding toekennen*
allumage M • *(het) aansteken* • *ontsteking* ⟨v. motor⟩ ★ point d'~ *contactpuntje*
allumé I M *fanaat* **II** BNW • *brandend; aan(gestoken)* • *vuurrood* • *opgewonden* • INFORM. *excentriek*
allume-feu M [mv: **allume-feu(x)**] *aanmaakblokje*
allume-gaz M [mv: id.] *gasaansteker*
allumer I OV WW • *aansteken* • *doen ontbranden; aanzetten; opwekken; prikkelen* • *het licht aandoen* **II** WKD WW [**s'~**] • *ontbranden, ontvlammen* • *(ver)licht worden*
allumette V *lucifer* ★ ~ bougie *waslucifer*
allumeur M • *ontsteking; ontstekingsmechanisme; aansteker* • OUD. *lantaarnopsteker*
allumeuse V INFORM. *flirt; verleidster*
allure V • *gang; vaart; snelheid* • *houding; manier van doen; allure; voorkomen* ★ à toute ~ *in volle vaart*
allusif BNW [v: **allusive**] *met een toespeling*
allusion V *toespeling (**à** op)* ★ faire ~ à *zinspelen op*
alluvial BNW [m mv: **alluviaux**] *alluviaal; aangeslibd*

alluvionnement M *slibvorming*
alluvions V MV *aanslibsel*
almanach (zeg: -na) M *almanak*; *jaarboekje*
aloès (zeg: aaloès) M *aloë*
alogique BNW *onlogisch*
aloi M • *allooi*; *soort* • OUD. *gehalte* ⟨v. goud of zilver⟩ ★ de mauvais aloi *van slecht allooi*
alors I BIJW • *toen*; *dan* • *in dat geval* • *nou* ★ ~? *en?* ★ et ~? *en wat dan nog?* ★ jusqu'~ *tot dan toe* ★ ça ~! *nee maar!* **II** VW **~ que** *toen*; *terwijl*; *wanneer*; *zelfs wanneer*
alose V *elft*
alouette V *leeuwerik* ★ attendre que les ~s tombent toutes rôties *wachten tot de gebraden duiven je in de mond vliegen*
alourdir OV WW *verzwaren*
alourdissement M *logheid*; *verzwaring*; *(het) zwaar worden*; *(het) log worden*
aloyau M [mv: **aloyaux**] *lendenstuk* ⟨v. rund⟩
alpaga M *alpaca*
alpage M *alpenweide*
alpe V *alm*; *bergweide* ★ les Alpes *de Alpen*
alpestre BNW *alpen-*; *alpien*
alpha M *alfa* ★ l'~ et l'oméga *het begin en het einde*
alphabet (zeg: -bè) M • *alfabet* • *abc-boekje*; *eerste leesboekje*
alphabétique BNW *alfabetisch*
alphabétisation V *alfabetisering*
alphabétiser OV WW *alfabetiseren*
alphanumérique BNW *alfanumeriek*
alpin BNW *alpen-*; *alpien* ★ club ~ *alpenclub* ★ MIL. chasseur ~ *alpenjager*
alpinisme M *alpinisme*; *bergsport*
alpiniste M/V *alpinist*; *bergbeklimmer*
Alsace (zeg: alzas) V *Elzas*
alsacien (zeg: alzasjè(n)) **I** M *Elzasser dialect* **II** BNW [v: **alsacienne**] *uit de Elzas*
Alsacien (zeg: alzasjè(n)) M [v: **Alsacienne**] *Elzasser*
altérabilité V *veranderlijkheid*; *bederfelijkheid*
altérable BNW *veranderlijk*; *bederfelijk*
altération V • *verandering* ⟨vaak ten kwade⟩ • *vervalsing* • *alteratie*
altercation V *twist*; *levendige woordenwisseling*
altérer I OV WW • *veranderen* ⟨vaak ten kwade⟩ • *vervalsen* • *dorstig maken* **II** WKD WW [**s'~**] *veranderen*; *slechter worden* ★ l'amitié s'altère *de vriendschap bekoelt* ★ la couleur s'est altérée *de kleur is verschoten*
altérité V *(het) anders zijn*
altermondialiste M/V ≈ *antiglobalist*
alternance V *afwisseling*
alternant BNW *afwisselend*
alternateur M *wisselstroommachine*; *wisselstroomdynamo*
alternatif BNW [v: **alternative**] • *alternatief* • *afwisselend* ★ courant ~ *wisselstroom* ★ culture alternative *wisselbouw*
alternative I V *alternatief*; *tweede keus* **II** V MV *afwisseling*
alternativement BIJW *om beurten*; *beurtelings*
alterner I OV WW *afwisselen* **II** ONOV WW *(regelmatig) afwisselen*
altesse V *hoogheid* ⟨titel⟩
altier BNW [v: **altière**] FORM. *hoogmoedig*; *trots*
altimètre M *hoogtemeter*
altiste M/V *altviolist*
altitude V *hoogte* ⟨boven de zeespiegel⟩ ★ à basse ~ *op geringe hoogte* ★ en ~ *op grote hoogte*
alto M • *altviool* • *altstem*
altruisme M *onbaatzuchtigheid*; *naastenliefde*
altruiste I BNW *menslievend* **II** M/V *altruïst*
alu M INFORM. *aluminium*
aluminium (zeg: -njom) M *aluminium*
alun M *aluin*
alunir ONOV WW *op de maan landen*
alunissage M *maanlanding*
alvéole M/V • *tandkas* • *holte*; *bijencel*
a.m. AFK ante meridiem *a.m.*; *ante meridiem*; *vóór de middag*
amabilité V *vriendelijkheid*; *beminnelijkheid*
amadou M *tondel*; *zwam*
amadouer OV WW *overhalen door vleierij*; *paaien*
amaigrir I OV WW *vermageren*; *mager maken* **II** ONOV WW *vermageren* ★ régime amaigrissant *vermageringskuur* **III** WKD WW [**s'~**] *vermageren*
amaigrissement M *vermagering*
amalgame M • *amalgaam* • *mengelmoes*; *zonderling mengsel*
amalgamer OV WW OOK FIG. *vermengen*
amande V *amandel* ★ pour avoir l'~, il faut casser le noyau ⟨spreekwoord⟩ *om iets te kunnen verdienen moet men zich eerst moeite geven*
amandier M *amandelboom*
amanite V *amaniet* ★ ~ tue-mouches *vliegenzwam*
amant M [v: **amante**] *minnaar*
amarante I V PLANTK. *amarant* **II** BNW *purperkleurig*
amariné BNW *bevaren* ⟨v. zeeman⟩
amarrage M *(het) vastmeren*; *vastlegging* ⟨v. (lucht)schip⟩ ★ poste d'~ *ligplaats*
amarre V *meerkabel*
amarrer OV WW • *vastzetten* • *vastmeren* ⟨v. schip⟩
amas M *hoop*; *stapel*
amasser OV WW *opstapelen*; *opeenhopen*; *verzamelen*
amateur M [v: **amatrice**] • *liefhebber* • *amateur*; *dilettant*
amateurisme M *amateurisme*; *hobbyisme*
amazone V • *amazone*; *krijgshaftige vrouw* • *amazone*; *paardrijdster* • *amazonekostuum* ★ en ~ *in amazonezit*
ambages V MV *veel omhaal van woorden* ★ parler sans ~ *ronduit spreken*
ambassade V • *ambassade*; *gezantschap* • *gezantschapspost* • *gezantschapsgebouw* • *missie*; *zending*
ambassadeur M • *ambassadeur*; *gezant* • *boodschapper*
ambassadrice V • *ambassadrice*; *vrouwelijke boodschapper of gezant* • *ambassadeursvrouw*
ambiance V *stemming*; *omgeving*; *gezelligheid*; *sfeer* ★ mettre de l'~ *de stemming erin brengen*
ambiant BNW *omringend* ★ température ~e *kamertemperatuur*
ambidextre BNW *zowel links- als rechtshandig*

ambigu BNW [v: **ambiguë**] *halfslachtig; dubbelzinnig; dubieus*

ambiguïté V *halfslachtigheid; dubbelzinnigheid* ★ sans ~ *ondubbelzinnig; duidelijk*

ambitieux BNW [v: **ambitieuse**] *eerzuchtig* ★ style ~ *gezochte, gezwollen, hoogdravende stijl*

ambition V *eerzucht; streven (***de** *om)*

ambitionner OV WW *najagen; sterk begeren; ambiëren (***de** *om)*

ambivalence V *ambivalentie; dubbelwaardigheid*

ambivalent BNW *ambivalent*

amble M *telgang* ★ aller l'~ *in telgang gaan*

ambre M *amber* ★ ~ jaune *barnsteen* ★ ~ gris *(grijze) amber*

ambré BNW • *naar amber ruikend* • *met de kleur van barnsteen* ★ teint ~ *de kleur van barnsteen*

ambroisie V • *ambrozijn* • *heerlijk gerecht*

ambulance V *ambulance(wagen)*

ambulancier M [v: **ambulancière**] *bestuurder v. ambulance*

ambulant BNW *reizend; rondtrekkend* ★ un cadavre ~ *een levend lijk* ★ marchand ~ *marskramer*

ambulatoire BNW • *zonder vaste zetel; ambulant* • *poliklinisch*

âme V • *ziel; geest* • *stapel van viool* • *kern; middelste deel* ★ âme sœur *zielsverwant* ★ bonne âme *goede ziel; sukkel* ★ les âmes bienheureuses *de zaligen* ★ les âmes damnées *de verdoemden* ★ sans âme *zielloos; gevoelloos* ★ homme sans âme *gevoelloos man* ★ en son âme et conscience *naar eer en geweten* ★ dans l'âme *in hart en nieren* ★ je ne vois âme qui vive *ik zie geen levende ziel* ★ ce village a 10.000 âmes *dat dorp telt 10.000 zielen* ★ donner de l'âme à *bezielen* ★ rendre l'âme *de geest geven* ★ se donner corps et âme *zich met hart en ziel geven* ★ chanter avec âme *met bezieling/gevoel zingen* ★ avoir qc sur l'âme *iets op zijn geweten hebben*

améliorable BNW *voor verbetering vatbaar*

amélioration V *verbetering*

améliorer I OV WW *verbeteren* **II** WKD WW [**s'~**] *beter worden*

amen (zeg: amèn) TW *amen*

aménagement M • *aanpassing; inrichting; aanleg* ‹v. tuin› • *exploitatie* ‹bosbouw› • *planologie* ★ ~ du territoire *ruimtelijke ordening*

aménager OV WW • *inrichten (***en** *als); aanbrengen; aanpassen* • *exploiteren* ‹m.b.t. bosbouw›

aménageur M [v: **aménageuse**] *inrichter*

amendable BNW *vatbaar voor verbetering*

amende V *boete* ★ faire ~ honorable *(openlijk) zijn schuld, ongelijk bekennen*

amendement M • *verbetering* • POL. *amendement*

amender OV WW • *amenderen* ‹v. wetsvoorstel› • *verbeteren*

amène BNW *zacht; lief*

amenée V *aanvoer v. water*

amener I OV WW • *brengen; aanvoeren* • *voorgeleiden* • *veroorzaken* • *strijken* ‹v. zeilen›; *binnenhalen* ‹v. zeilen of visnet› ★ ~ ses couleurs *zich overgeven* ★ ~ qn à *iem. ertoe brengen om* **II** WKD WW [**s'~**] INFORM. *komen*

aménité V *zachtheid; liefheid* ★ IRON. des ~s *beledigende woorden*

amenuiser OV WW *dunner maken; doen afnemen*

amer I BNW [v: **amère**] • *bitter* • *droevig* **II** M • *bittertje* ‹drank› • SCHEEPV. *baken*

américain I M *(het) Amerikaans* **II** BNW [v: **américaine**] *Amerikaans*

Américain M [v: **Américaine**] *Amerikaan*

américaniser OV WW *Amerikaans maken*

américanisme M • *typisch Amerikaanse uitdrukking* • *amerikanistiek*

Amérique V *Amerika* ★ l'~ du Nord *Noord-Amerika* ★ l'~ du Sud *Zuid-Amerika*

Amerloque M INFORM. *yank*

amerrir ONOV WW *een landing maken op water*

amerrissage M *landing op water*

amertume V • *bitterheid* • *verbittering; leed*

améthyste V *amethist*

ameublement M *ameublement*

ameublir OV WW • *de grond losser maken* • *omspitten*

ameuter I OV WW *opruien (***contre** *tegen)* **II** WKD WW [**s'~**] *te hoop lopen*

ami I M [v: **amie**] *vriend* ★ ami de cœur *boezemvriend* ★ ami de collège *schoolvriend* ★ ami de la maison *huisvriend* ★ chambre d'amis *logeerkamer* ★ petit ami *vriend(je); minnaar* ★ faux amis *bedrieglijke equivalenties; valkuilen* ‹in vreemde taal› ★ INFORM. ils sont amis comme cochons *ze zijn dikke vrienden* **II** BNW [v: **amie**] • *vriendschappelijk; bevriend* • *gunstig*

amiable BNW *vriendelijk; vriendschappelijk* ★ arranger à l'~ *in der minne schikken*

amiante M *asbest*

amibe V *amoebe*

amical BNW [m mv: **amicaux**] *vriendschappelijk*

amicale V *vereniging; vriendenclub*

amidon M • *zetmeel* • *stijfsel*

amidonnage M *(het) stijven*

amidonner OV WW *stijven*

amincir I OV WW *dunner maken; slanker maken; afslanken* **II** WKD WW [**s'~**] *dunner worden; slanker worden*

amincissement M *(het) dunner worden; (het) dunner maken; (het) afslanken*

aminé BNW ★ acide ~ *aminozuur*

amiral M [mv: **amiraux**] [v: **amirale**] *admiraal* ★ vaisseau ~ *admiraalsschip* ★ pavillon ~ *admiraalsvlag*

amirauté V *admiraliteit*

amitié V *vriendschap* ★ faire/lier ~ avec qn *vriendschap met iem. sluiten* ★ prendre qn en ~ *vriendschap voor iem. opvatten* ★ faites-moi l'~ de *doe mij het genoegen* ★ faites-lui mes ~s *doe hem/haar de groeten van me* ★ les petits présents entretiennent l'~ ‹spreekwoord› *kleine geschenken onderhouden de vriendschap*

ammoniac I M *ammoniak* **II** BNW *ammoniak-* ★ sel ~ *salmiak*

ammoniaque • → **ammoniac**

amnésie V *amnesie; geheugenverlies*
amnésique BNW *lijdend aan geheugenzwakte of geheugenverlies*
amnios (zeg: -os) M *vruchtvlies*
amniotique BNW *vruchtvlies-* ★ liquide ~ *vruchtwater*
amnistie V *amnestie*
amnistier OV WW ● *amnestie verlenen aan* ● FORM. *vergeven*
amocher OV WW INFORM. *toetakelen*
amodier OV WW *verpachten*
amoindrir I OV WW *verminderen* **II** WKD WW [**s'~**] *minder worden*
amoindrissement M *vermindering*
amollir I OV WW *week maken; zacht maken* **II** WKD WW [**s'~**] ● *verslappen* ● *verwekelijken*
amollissement M ● *verwekelijking; verslapping* ● *(het) week worden; (het) slap worden*
amonceler OV WW *ophopen; opstapelen*
amoncellement M *(het) ophopen; (het) opstapelen*
amont I M ● *stroomopwaarts gelegen deel van rivier* ● *bergopwaarts gelegen deel van helling* ⟨m.b.t. skiën⟩ ★ en ~ *stroomopwaarts; in een eerdere (productie)fase; toeleverings-* ★ vent d'~ *landwind* **II** BNW *berg-* ★ ski ~ *bergski*
amoral BNW [m mv: **amoraux**] *amoreel*
amorçage M ● → **amorcer**
amorce V ● *lokaas; aas* ● *slaghoedje* ● OUD. *verleidelijkheid* ● *begin* ★ l'~ d'un rapprochement *het begin van een toenadering* ★ pistolet à ~s *klapperpistooltje*
amorcer I OV WW ● *van aas voorzien* ● *lokken; verleiden* ● *inzetten; beginnen; aanpakken* ● *van een slaghoedje voorzien* ● *aansluiten* ★ ~ un virage *een bocht inzetten* ★ ~ une pompe *een pomp aanzuigen* **II** WKD WW [**s'~**] *beginnen*
amorphe BNW ● *vormloos* ● *slap; zonder reactie*
amorti M ● *(het) stoppen; (het) doodmaken* ⟨v.d. bal⟩ ● SPORT *dropshot*
amortir I OV WW ● *verzwakken; doen afnemen* ● *breken* ⟨v. schok, val⟩ ● *aflossen; delgen; afschrijven* ● SPORT *stoppen, doodmaken* ⟨v. bal⟩ **II** WKD WW [**s'~**] *verflauwen; bedaren*
amortissable BNW *aflosbaar*
amortissement M ● *verzwakking* ● ECON. *afschrijving; delging* ★ caisse d'~ *amortisatiefonds*
amortisseur M *schokbreker* ⟨v. auto⟩
amour M ● *liefde (***de, pour** *voor)* ● *lieveling; schatje* ★ un ~ d'enfant *een schat van een kind* ★ pour l'~ de Dieu *in vredesnaam; pro Deo* ★ faire l'~ *de liefde bedrijven* ★ filer le parfait ~ *volmaakt gelukkig (met elkaar) zijn* ★ on ne vit pas d'~ et d'eau fraîche *van liefde rookt de schoorsteen niet*
amouracher I OV WW *iem. plotseling (tijdelijk) dol verliefd maken* **II** WKD WW [**s'~**] *plotseling dol verliefd worden (***de** *op)*
amourette V *(voorbijgaande) verliefdheid; flirt*
amoureux I BNW ● *liefde(s)-* ● *verliefd; verzot; dol (***de** *op)* **II** M [v: **amoureuse**] *minnaar*
amour-propre M [mv: **amours-propres**] ● *zelfrespect* ● *eigenliefde*
amovible BNW ● JUR. *afzetbaar* ● *verplaatsbaar; afneembaar*
ampère M *ampère*
ampèremètre M *ampèremeter*
amph- VOORV ● → **amphi-**
amphétamine V *amfetamine*
amphi M INFORM. → **amphithéâtre**
amphi- VOORV *amfi-*
amphibie I M *amfibie* **II** BNW *in het water en op het land levend; tweeslachtig* ★ opération militaire ~ *krijgsverrichting te water en op het land tegelijk*
amphithéâtre M ● *amfitheater* ● *(amfitheatersgewijs gebouwde) collegezaal* ★ terrain en ~ *oplopend terrein*
amphitryon M FORM. *gastheer* ⟨bij diner⟩
amphore V *amfora*
ample BNW ● *ruim; wijd* ● *overvloedig* ★ de plus ~s détails *nadere bijzonderheden*
ampleur V ● *breedte; ruimte; omvang; uitgestrektheid* ● *breedvoerigheid* ● *overvloed* ★ prendre de l'~ *zich uitbreiden*
ampli M INFORM. → **amplificateur**
ampliation V ● *uitbreiding; aanvulling* ● JUR. *duplicaat van officiële acte*
amplificateur M ● *geluidsversterker* ● *fotografisch vergrotingstoestel*
amplification V ● *vergroting* ● *overdrijving; uitweiding* ● *versterking*
amplifier I OV WW ● *uitbreiden; vergroten* ● *uitvoerig behandelen* ● *overdrijven* **II** WKD WW [**s'~**] *groter/belangrijker worden; uitbreiden*
amplitude V *amplitude; slingerwijdte*
ampli-tuner M ● amplis-tuners ● *tuner-versterker*
ampoule V ● *blaar* ● *ampul* ● *gloeilamp* ★ ~ à économie d'énergie *spaarlamp* ★ ne pas se faire d'~s aux mains *zich niet dood werken*
ampoulé BNW *gezwollen* ⟨v. stijl⟩
amputation V ● *amputatie* ● *inkorting; besnoeiing*
amputer OV WW ● *amputeren; afzetten* ● *inkorten* ● FIG. *beroven*
amulette V *amulet; talisman*
amusant BNW *vermakelijk; prettig*
amuse-gueule M [mv: **amuse-gueule(s)**] INFORM. *borrelhapje; voorafje*
amusement M ● *vermaak* ● *tijdverdrijf*
amuser I OV WW ● *vermaken* ● *afleiden; bezighouden* **II** WKD WW [**s'~**] ● **~ à** *zich vermaken om* ● **~ avec** *zich vermaken met* ● **~ de** *zich vrolijk maken om; bespotten*
amusette V *klein vermaak; klein tijdverdrijf; spelletje*
amuseur M [v: **amuseuse**] *entertainer*
amygdale (zeg: amiedal) V MED. *amandel*
an M *jaar* ★ par an *jaarlijks* ★ dans un an *over een jaar* ★ il y a cent ans *(het is) honderd jaar geleden* ★ trois fois l'an *drie maal per jaar* ★ avoir douze ans *twaalf jaar oud zijn* ★ le jour de l'an, le nouvel an *nieuwjaarsdag, Nieuwjaar* ★ l'an de grâce *het jaar onzes Heren* ★ l'an du monde *het jaar sedert de schepping* ★ les ans *de ouderdom* ★ bon an, mal an *gemiddeld per jaar* ★ je m'en moque comme de l'an quarante *het laat me volkomen koud*
anabaptiste M/V *wederdoper*

anabolisant I M *anabole stof* **II** BNW *anabool*
anachorète (zeg: -ko-) M OOK FIG. *kluizenaar*
anachronique (zeg: -kro-) BNW *anachronistisch*; *uit de tijd*
anachronisme (zeg: -kro-) M *anachronisme*
anagramme V *anagram*
anal BNW [m mv: **anaux**] *wat de anus betreft*; *anaal*
analgésique I M *pijnstillend middel* **II** BNW *pijnstillend*
analogie V *overeenkomst*; *gelijkenis*; *analogie* ★ par ~ (avec) *naar analogie (van)*; *net zo (als)*
analogique BNW *analoog*; *overeenkomstig*
analogue BNW *overeenkomstig*; *analoog (***à** *met)*; *dergelijk*
analphabète M/V *analfabeet*
analphabétisme M *analfabetisme*
analysable BNW *ontleedbaar*
analyse V • *ontleding*; *analyse* • *uittreksel uit een boek* • *woordontleding of zinsontleding* ★ en dernière ~ *alles wel beschouwd*; *ten slotte*
analyser OV WW • *ontleden*; *ontbinden*; *analyseren* • *een uittreksel maken van*
analyste M/V • *analist* • *psychoanalyticus*
analytique BNW *analytisch*
ananas M *ananas*; *ananasplant*
anapeste M *anapest*
anar M/V INFORM. → **anarchiste**
anarchie V • *anarchie*; *regeringloosheid* • *verwarring*; *warboel*; *wanorde*
anarchique BNW • *anarchistisch* • *wanordelijk*
anarchiste M/V *anarchist*
anarcho M/V INFORM. *anarchist*
anathématiser OV WW • REL. *in de ban doen* • *vervloeken*; *sterk veroordelen*
anathème M • *kerkelijke ban* • *vervloeking*; *veroordeling* • REL. *iem. die in de ban is*
anatomie V • *anatomie*; *ontleedkunde* • *ontleding* • *lichaamsbouw* ★ faire l'~ d'un cadavre *een lijk ontleden*
anatomique BNW *anatomisch*
anatomiste M/V *anatoom*
ancestral BNW [m mv: **ancestraux**] *van de voorouders*
ancêtre M • *voorouder* • *voorloper*
anche V MUZ. *(aanblaas)riet*
anchois M *ansjovis*
ancien I BNW [v: **ancienne**] • *oud* • *vorig*; *vroeger*; *ex-* ★ langues ~nes *oude talen* ★ l'Ancien Régime *het Franse regeringsstelsel van vóór de Revolutie* ★ il est plus ~ que toi dans cette maison *hij woont langer dan jij in dit huis* **II** M [v: **ancienne**] *oude(re)*; *ouderling* ★ les ~s *de oude Grieken of Romeinen*; *grijsaards*
anciennement BIJW *vroeger*; *voorheen*; *eertijds*
ancienneté V • *oudheid* • *anciënniteit* ★ avancement à l'~ *voorrang wegens leeftijd of dienstjaren*
ancolie V *akelei*
ancrage M • *ankerplaats* • *(het) ankeren* • *verankering*
ancre V *anker*; *muuranker*; *horlogeanker* ★ être à l'~ *voor anker liggen* ★ jeter l'~ *het anker uitwerpen* ★ lever l'~ *het anker lichten* ★ mouiller l'~ *het anker uitwerpen* ★ ~ de salut *laatste hoop*; *toevlucht*
ancrer OV WW *ankeren*; *verankeren* ★ FIG. ancré *vastgeroest*; *genesteld*
Andorre V *Andorra*
andouille V • *worst* • INFORM. *sukkel*
andouiller M *geweitak*
andouillette V *worstje*
androgyne I M/V *androgyn* **II** BNW *androgyn*
âne M OOK FIG. *ezel* ★ têtu comme un âne *zo koppig als een ezel* ★ âne bâté *stomme ezel*; *stommeling* ★ dos d'âne *bult* ‹in de weg›; *verkeersdrempel* ★ colline en dos d'âne *aan beide zijden glooiende heuvel* ★ toit en dos d'âne *zadeldak* ★ les chevaux courent les bénéfices et les ânes les attrapent ‹spreekwoord› *de paarden die de haver verdienen krijgen ze niet* ★ faire l'âne pour avoir du son *de domme uithangen om iets te weten te komen*
anéantir I OV WW • *vernietigen* • *uitputten* • *hevig ontstellen* **II** WKD WW [**s'~**] • *vernietigd worden*; *verdwijnen* • *zich verootmoedigen*
anéantissement M • *vernietiging* • *neerslachtigheid*
anecdote V *anekdote*
anecdotique BNW *anekdotisch*
anémie V *bloedarmoede*; *anemie*
anémier OV WW *bloedarm maken*
anémique BNW *bloedarm*; *anemisch*
anémone V *anemoon*
ânerie V *stommiteit*
anéroïde BNW ★ baromètre ~ *metaalbarometer*
ânesse V *ezelin*
anesthésie V • *anesthesie*; *verdoving* • *gevoelloosheid*
anesthésier OV WW *verdoven*; *gevoelloos maken*
anesthésique I M *pijnstillend middel*; *verdovingsmiddel* **II** BNW *gevoelloos makend*; *verdovend*; *pijnstillend*
anesthésiste M/V *anesthesist*
aneth M *dille*
anévrisme M *aneurysma*; *slagadergezwel*
anfractuosité V *spleet*; *diepe groef*
ange M OOK FIG. *engel* ★ ange déchu *gevallen engel* ★ ange gardien *engelbewaarder*; *bewaker* ★ ange tutélaire *engelbewaarder*; *bewaker*; *lijfwacht* ★ bon ange *goede genius*; *helper* ★ beau comme un ange *beeldig*; *fraai*; *beeldschoon* ★ gentil comme un ange *zeer lief* ★ être aux anges *in de wolken zijn* ★ il passe un ange *er komt een dominee voorbij* ★ rire aux anges *beaat lachen*
angélique BNW *engelachtig*
angelot M *engeltje*
angélus (zeg: -luus) M *de Engel des Heren*; *angelus*
angevin BNW *uit Angers of Anjou*
angine V *keelontsteking*; *angina* ★ ~ couenneuse *difteritis* ★ ~ de poitrine *angina pectoris*; *hartbeklemming*
angineux BNW [v: **angineuse**] *wat betrekking heeft op angina* ★ affection angineuse *keelaandoening*
angioplastie V ★ ~ coronaire (par ballonnet) *dotterbehandeling*
anglais I M *(het) Engels* **II** BNW [v: **anglaise**]

Engels ★ à l'~e *op zijn Engels; zonder afscheid te nemen* ★ pommes à l'~e *gestoomde/ gekookte aardappelen*
Anglais M [v: **Anglaise**] *Engelsman*
anglaises V MV *pijpenkrullen*
angle M *hoek* ★ ~ aigu *scherpe hoek* ★ ~ droit *rechte hoek* ★ ~ mort *dode hoek* ★ ~ obtus *stompe hoek* ★ sous cet ~ *vanuit dat gezichtspunt; zo bezien* ★ arrondir les ~s *de scherpe kantjes eraf halen*
Angleterre V *Engeland*
anglican I M *anglicaan* **II** BNW *anglicaans*
angliciser OV WW *verengelsen*
anglicisme M *Engelse uitdrukking; anglicisme*
anglophile I M/V *Engelsgezinde* **II** BNW *anglofiel*
anglophobe I M/V *iem. die anti-Engels is* **II** BNW *anti-Engels*
anglophone I M/V *Engelstalige* **II** BNW *Engels sprekend*
anglo-saxon BNW [v: **anglo-saxonne**] *Angelsaksisch*
angoissant BNW *benauwend; beangstigend*
angoisse V *angst; benauwdheid*
angoissé BNW *bang*
angoisser OV WW *angstig maken; benauwen*
angolais BNW *Angolees*
angora I M • *angorakat* • *angorageit* • *angorakonijn* **II** BNW *angora-*
anguille V *paling; aal* ★ ~ électrique *sidderaal* ★ ~ de mer *zeeaal* ★ nœud d'~ *vissersknoop* ★ il y a ~ sous roche *er schuilt een addertje onder het gras*
anguillule V *wormpje; aaltje*
angulaire BNW *wat de hoek(en) betreft* ★ OOK FIG. pierre ~ *hoeksteen*
anguleux BNW [v: **anguleuse**] *hoekig* ★ visage ~ *scherp getekend gezicht*
anicroche V *moeilijkheid(je)*
aniline V *aniline*
animal I M [mv: **animaux**] *dier* ★ quel ~! *wat een lomperd!; wat een vlegel!* **II** BNW [m mv: **animaux**] *dierlijk*
animalcule M *microscopisch diertje*
animalier I BNW ★ parc ~ *dierenpark* **II** M • *beeldhouwer van dieren; dierenschilder* • *verzorger van proefdieren in laboratorium*
animalité V *dierlijkheid*
animateur I M [v: **animatrice**] • *iem. die bezielt; gangmaker; leider* • *vervaardiger van tekenfilms* • *presentator; gespreksleider* **II** BNW [v: **animatrice**] *bezielend*
animation V • *drukte; levendigheid* • *entertainment* • *bezieling/leiding v.e. groep* ★ film d'~ *animatie-, tekenfilm*
animaux M MV • → **animal**
animé BNW • *bezield; met een ziel; levend* • *levendig; druk* ★ créature ~e *levend schepsel* ★ dessin ~ *tekenfilm*
animer I OV WW • *leven geven* • *bezielen; vervullen (**de** van)* • *aanvuren; aanmoedigen; aanzetten* • *leiden* ⟨v. groep, bezigheid⟩; *presenteren* ⟨v. programma⟩ **II** WKD WW [**s'~**] • *tot leven komen* • *zich opwinden; drukker worden*
animosité V *animositeit; vijandigheid; wrok*
anis M *anijs*
anisette V *likeur uit anijs*
ankylose V *gewrichtsstijfheid*
ankylosé BNW *stijf*
annales V MV *kronieken; annalen*
anneau M [mv: **anneaux**] • *ring* • *schakel* ⟨v. ketting⟩ ★ ~ de mariage *trouwring* ★ ~ pastoral *bisschopsring*
année V *jaar* ★ ~ bissextile *schrikkeljaar* ★ ~ scolaire *schooljaar* ★ bonne ~! *gelukkig Nieuwjaar!* ★ l'~ dernière/passée *verleden jaar* ★ une grande ~ *een beroemd wijnjaar*
année-lumière V [mv: **années-lumière**] *lichtjaar*
annelé BNW *geringd; met ringen (versierd)*
annélide M *ringworm*
annexe I V • *bijlage* • *bijgebouw* **II** BNW *bijgevoegd; bijgebouwd*
annexer I OV WW *inlijven; bijvoegen (**à** bij)* **II** WKD WW [**s'~**] *zich toe-eigenen*
annexion V *inlijving; annexatie*
annihilation V *vernietiging*
annihiler OV WW • *vernietigen* • *krachteloos maken*
anniversaire M • *(ver)jaardag* • *gedenkdag* ★ bon ~! *gefeliciteerd met je verjaardag!*
annonce V *aankondiging; advertentie; annonce* ★ ~ lumineuse *lichtreclame* ★ faire l'~ de *aankondigen* ★ mettre une ~ *een advertentie plaatsen*
annoncer OV WW • *aankondigen; afkondigen; verkondigen* • *adverteren* • *voorspellen* • *aandienen* • *bieden* ⟨kaartspel⟩ ★ l'affaire s'annonce mal *de zaak begint slecht*
annonceur M • *adverteerder* • *aankondiger; omroeper*
annonciateur BNW [v: **annonciatrice**] *aankondigend* ★ signe ~ *voorbode; voorteken*
Annonciation V *Maria-Boodschap*
annotateur M [v: **annotatrice**] *iem. die verklarende aantekeningen maakt bij een werk*
annotation V *verklarende aantekening*
annoter OV WW *verklarende aantekeningen maken bij; annoteren*
annuaire M *jaarboek; almanak* ★ ~ du téléphone *telefoonboek*
annuel BNW [v: **annuelle**] • *jaarlijks* • *een jaar durend* ★ plantes ~les *eenjarige planten*
annuellement BIJW *jaarlijks*
annuité V • *annuïteit* • *dienstjaar*
annulaire I M *ringvinger* **II** BNW *ringvormig*
annulation V *nietigverklaring; vernietiging*
annuler OV WW • JUR. *nietig verklaren; vernietigen* • *annuleren; afzeggen*
anoblir OV WW *in de adelstand verheffen*
anoblissement M *verheffing in de adelstand* ★ lettres d'~ *adeldomsbrieven*
anode V *anode*
anodin BNW *goedaardig; onschuldig; gematigd*
anomalie V • *afwijking* • *onregelmatigheid*
ânon M *ezeltje; ezelsveulen*
ânonner ONOV WW *hakkelen*
anonymat M *anonimiteit* ★ garder l'~ *anoniem blijven*
anonyme BNW • *onbekend; anoniem* • *ongetekend* ★ société ~ *naamloze vennootschap*

anorak M *windjak*
anorexie V *anorexie*; *anorexia*
anorexique BNW *anorectisch*
anormal BNW [m mv: **anormaux**] *abnormaal*
ANPE AFK Agence nationale pour l'emploi *arbeidsbureau*
anse V • *hengsel*; *handvat*; *oor* • *kleine baai*
antagonique BNW *tegengesteld*
antagonisme M • *tegengestelde werking* • *vijandschap*; *wedijver*; *tegenstelling*
antagoniste I M/V *tegenstander*; *tegenstrever* **II** BNW • *tegenstrijdig* • *tegenwerkend*
antan M ★ d'~ *van weleer* ★ mais où sont les neiges d'~? *waar is die goede oude tijd gebleven?*
antarctique (zeg: -tartiek) BNW *de Zuidpool betreffend* ★ l'Océan ~ *de Zuidelijke IJszee*
Antarctique V *Antarctica*; *het zuidpoolgebied*
antécédent I BNW *voorafgaand* **II** M • *antecedent* • WISK. *voorafgaande term v.e. evenredigheid* ★ les ~s *(iemands) verleden*
antéchrist (zeg: -kriest) M *antichrist*
antédiluvien BNW [v: **antédiluvienne**] • *antediluviaans* • INFORM. *hopeloos ouderwets*
anténatal BNW [m mv: **anténatals**] *prenataal*; *voor de geboorte*
antenne V • *antenne* • *voelhoorn*; *spriet* • *net*; *station/uitzending* ‹v. tv of radio› • *hulppost*; *bijkantoor* ★ temps d'~ *zendtijd* ★ ~ collective de télévision *centrale tv-antenne* ★ passer/rendre l'~ *de microfoon doorgeven*; *uit de uitzending gaan* ★ être à/sur l'~ *in de uitzending zijn*
antépénultième I V *op twee na laatste lettergreep* **II** BNW *op twee na laatste*
antérieur I BNW • *vroeger*; *ouder (***à** *dan)* • *voorafgaand (***à** *aan)* ★ partie ~e *voorste gedeelte* **II** M *voorpoot*
antérieurement BIJW *eerder*; *vroeger*
antériorité V *(het) voorafgaan*; *(het) eerder zijn*
anthère V PLANTK. *helmknop*
anthologie V *bloemlezing* ★ morceau d'~ *fraaie passage*; *knap staaltje*
anthracite M *antraciet*
anthrax M MED. *negenoog*
anthropo- VOORV *mens-*; *antropo-*
anthropoïde I M *mensaap* **II** BNW *mensachtig* ‹v. aap›
anthropologie V *menskunde*
anthropologue M/V *antropoloog*
anthropométrie V *lichaamsmeting*; *antropometrie*
anthropophage I M *menseneter* **II** BNW *mensenetend*
anthropophagie V *kannibalisme*
anthurium M *anthurium*; *flamingoplant*
anti- VOORV *anti-*; *tegen-*
antiadhésif BNW [v: **antiadhésive**] *antiaanbak-*
antiaérien BNW [v: **antiaérienne**] *luchtafweer-*
antialcoolique BNW *antialcoholisch*; *geheelonthouders-*
antibiotique I M *antibioticum* **II** BNW *antibiotisch*
antibrouillard I M *mistlamp* **II** BNW ★ phares ~s *mistlampen*
antibruit BNW *geluidwerend* ★ mur ~ *geluidswal*; *geluidsscherm*
anticancéreux BNW [v: **anticancéreuse**] *kankerbestrijdend*
antichambre V *wachtkamer* ★ faire ~ *antichambreren*
antichar BNW *antitank-* ★ fossé ~ *tankgracht* ★ missile ~ *antitankraket*
antichoc BNW [onver.] *schokbestendig*
anticipation V • *(het) vooruitlopen op iets* • *(het) vooruitzien* ★ littérature d'~ *sciencefictionliteratuur* ★ remercier par ~ *bij voorbaat danken*
anticipé BNW *voortijdig* ★ veuillez agréer mes remerciements ~s *bij voorbaat dank*
anticiper I OV WW *vervroegen* **II** ONOV WW **~ sur** *anticiperen op*; *vooruitlopen op* ★ ~ sur ses revenus *zijn inkomsten bij voorbaat opmaken*
anticlérical I M [mv: **anticléricaux**] *antiklerikaal* **II** BNW *antiklerikaal*
anticonceptionnel BNW [v: **anticonceptionnelle**] • *zwangerschapwerend* • *anticonceptie-*; *zwangerschap voorkomend*
anticonstitutionnel BNW [v: **anticonstitutionnelle**] *ongrondwettelijk*
anticorps M *antistof*
anticyclone M *centrum van hoge luchtdruk*
antidater OV WW *antidateren*
antidémarrage M *startonderbreker*
antidépresseur I M *antidepressivum* **II** BNW *depressiebestrijdend*
antidérapant BNW *antislip-*
antidétonant I M *knaldemper* **II** BNW *knaldempend*
antidopage BNW *antidoping-* ★ contrôle ~ *dopingcontrole*
antidoping BNW • → **antidopage**
antidote M *tegengif*; *middel (***contre** *tegen)*
antidouleur BNW ★ centre ~ *pijnbestrijdingscentrum*
antidrogue BNW ★ lutte ~ *drugsbestrijding*
antiémeute, antiémeutes BNW *oproerbestrijdend*
antienne V REL. *antifoon* ★ chanter toujours la même ~ *altijd hetzelfde liedje zingen*
antigang BNW *misdaadbestrijdings-*
antigel M *antivriesmiddel*
antigène M *antistof*
antigivrant BNW *ontdooiend*
antigrippe BNW ★ piqûre ~ *griepprik*
antihéros (zeg: -roo) M *antiheld*
anti-inflammatoire BNW *tegen ontstekingen*
antijeu M SPORT *spelbederf*
antillais BNW [v: **antillaise**] *Antilliaans*
Antillais M [v: **Antillaise**] *Antilliaan*
Antilles V MV *Antillen*
antilope V *antilope*
antimatière V *antimaterie*
antimilitariste I M/V *antimilitarist* **II** BNW *antimilitaristisch*
antimite BNW *mottenbestrijdend*
antimoine M *antimonium*
antimondialisme M *antiglobalisme*
antimondialiste M/V *antiglobalist*
antinomie V *tegenstrijdigheid*
antinomique BNW *tegenstrijdig*
antipape M *tegenpaus*

antiparasite BNW *ontstorend*
antiparasiter OV WW *ontstoren*
antipathie V *afkeer; antipathie (***envers, pour** *jegens)*
antipathique BNW *weerzinwekkend; onsympathiek*
antipatriotique BNW *onvaderlandslievend*
antipode M • *tegenvoeter* • *tegengestelde; tegenpool* ★ aux ~s *aan het andere eind van de wereld; volstrekt tegengesteld; ver van*
antipollution BNW *milieubeschermend*
antipyrétique BNW *koortsverdrijvend*
antiquaille V MIN. *oude rommel*
antiquaire M/V *antiquair*
antique BNW • *antiek; zeer oud* • *ouderwets* • *uit de oudheid* • *naar het voorbeeld der ouden* ★ style ~ *volgens oud model*
antiquité I V *oudheid* **II** V MV *oude voorwerpen; antiquiteiten*
antirabique BNW *tegen hondsdolheid*
antireflet BNW *reflectiewerend*
antireligieux BNW [v: **antireligieuse**] *antigodsdienstig*
antirides BNW *tegen rimpels*
antirouille BNW *roestwerend*
antisèche V *spiekbriefje*
antisémite I BNW *antisemitisch* **II** M/V *antisemiet; Jodenhater*
antisemitique BNW *antisemitisch*
antisémitisme M *antisemitisme; Jodenhaat*
antisepsie V *bestrijding van besmetting*
antiseptique BNW *antiseptisch; bederfwerend*
antisida BNW [onver.] *aids bestrijdend*
antislash M *backslash*
antisocial BNW [m mv: **antisociaux**] *onmaatschappelijk*
antisolaire BNW *zonwerend* ★ crème ~ *zonnebrandcrème*
antisportif BNW [v: **antisportive**] • *tegen de sport* • *onsportief*
antithèse V *tegenstelling; antithese*
antithétique BNW *een tegenstelling vormend*
antivol M *mechaniek om (auto)diefstal te voorkomen; fiets-/stuurslot*
antonyme M *antoniem* ★ bon et mauvais sont des ~s *goed en slecht zijn antoniemen van elkaar*
antre M *hol; spelonk* ★ FIG. l'~ du lion *het hol v.d. leeuw*
anus (zeg: anuus) M *anus; aars*
Anvers (zeg: a(n)vèr; (Belg.) a(n)vèrs) M *Antwerpen*
anxiété V *angst; ongerustheid*
anxieux BNW [v: **anxieuse**] *angstig; ongerust* ★ ~ de *in gespannen afwachting van* ★ il est ~ de réussir *hij wil per se slagen*
AOC AFK appellation d'origine contrôlée ≈ *gecontroleerde herkomstaanduiding* ‹v. wijn e.d.›
aorte V *aorta; grote slagader*
août (zeg: oe(t)) M *augustus*
aoûtien (zeg: aoesje(n)) M [v: **aoûtienne**] • *iem. die in augustus op vakantie gaat* • *iem. die in augustus in de grote stad (Parijs) blijft*
apaisement M • *bevrediging; (het) tot rust komen; (het) tot rust brengen* • *rust*
apaiser I OV WW • *kalmeren; sussen* • *stillen* • *bevredigen* **II** WKD WW [**s'~**] • *afnemen; bedaren* • *tot rust komen*
apanage M • *apanage; gebied dat vorsten tijdelijk gaven aan familieleden* • *eigendom; privilege*
aparté M • *hetgeen een speler terzijde zegt op het toneel; terzijde* • *onderonsje* ★ en ~ *onder vier ogen*
apartheid M *apartheid*
apathie V *apathie; lusteloosheid; onverschilligheid*
apathique BNW *apathisch; sloom; lusteloos*
apatride I BNW *stateloos* **II** M/V *stateloos iemand*
aperception V *bewuste waarneming*
apercevoir I OV WW *bemerken; ontdekken; op grote afstand zien* **II** WKD WW [**s'~**] **de** *merken; gewaarworden* ★ s'~ que *merken dat*
aperçu I M • *kort overzicht* • *korte typering; eerste indruk* **II** WW [volt. deelw.] • → **apercevoir**
apéritif I M *aperitief; drankje voor het eten* **II** BNW [v: **apéritive**] *wat de eetlust opwekt*
apéro M INFORM. *aperitief*
apesanteur V *gewichtloosheid*
à-peu-près M [mv: id.] *benadering; vaag gegeven*
apeuré BNW *beangstigd; geschrokken*
aphasie V *afasie; spraakstoornis*
aphone BNW *hees; zonder stem*
aphonie V *heesheid; verlies v.d. stem*
aphorisme M *korte, geestige spreuk; aforisme*
aphrodisiaque I M *afrodisiacum; middel ter opwekking v.d. geslachtsdrift* **II** BNW *de geslachtsdrift prikkelend*
aphte M *mondzweertje; afte*
aphteux BNW [v: **aphteuse**] ★ fièvre aphteuse *mond- en klauwzeer*
à-pic M *steile wand*
apiculteur M [v: **apicultrice**] *imker*
apiculture V *bijenteelt*
apitoiement M *medelijden*
apitoyer I OV WW • *medelijden opwekken* • *vertederen* **II** WKD WW [**s'~**] **sur** *medelijden krijgen/hebben met*
APL AFK aide personnalisée au logement *woonsubsidie*
aplanir I OV WW • *vlak maken; gelijk maken* • *beslechten; uit de weg ruimen* **II** WKD WW [**s'~**] *vlak worden; uit de weg geruimd worden*
aplanissement M *(het) platmaken*
aplatir I OV WW • *platmaken* • *afplatten* **II** WKD WW [**s'~**] • *zich platmaken; plat gaan liggen* • *plat worden* • *te pletter vliegen* ★ FIG. s'~ devant qn *voor iem. kruipen*
aplatissement M • *(het) platmaken* • FIG. *kruiperigheid*
aplomb M • *lef* • *zelfvertrouwen; aplomb* • *loodrechte stand; evenwicht* ★ d'~ *in evenwicht; loodrecht* ★ il ne tient pas d'~ sur ses jambes *hij kan niet recht op zijn benen staan* ★ remettre d'~ *er weer bovenop helpen*
apnée V • *ademstilstand; apneu* • *ingehouden adem*
apocalypse V *Apocalyps; einde van de wereld; grote ramp*
apocalyptique BNW *apocalyptisch*

apocryphe BNW OOK FIG. *apocrief* ★ les ~s *de evangeliën die door de Kerk voor onecht zijn verklaard*
apodictique BNW *stellig*; *onweerlegbaar*; *apodictisch*
apogée M • *hoogtepunt* • *punt waar een planeet het verst v.d. aarde verwijderd is* • *toppunt*
apolitique BNW *niet-politiek*; *wars van politiek*
apologétique I V *geloofsverdediging* **II** BNW *verdedigend*; *apologetisch*
apologie V • *verdediging*; *apologie* • *lofrede*
apologiste M/V • *verdediger* • *geloofsverdediger*
apologue M *leerfabel*; *apoloog*
apoplectique BNW *apoplectisch*
apoplexie V MED. *beroerte*
apostasie V *afvalligheid*
apostasier ONOV WW *v.h. geloof afvallen*
apostat M *afvallige*
a posteriori BIJW *achteraf (beschouwd)*
apostille V *kanttekening*
apostiller OV WW *een aantekening, aanbeveling plaatsen bij geschrift of verzoekschrift*
apostolat M • *apostolaat* • *roeping*
apostolique BNW *apostolisch*
apostrophe V • *aanspreking* • *boze uitval* • *afkappingsteken (')*
apostropher OV WW • *plotseling aanspreken* • *uitfoeteren*; *uitvaren tegen*
apothéose V • *apotheose*; *schitterend sloteffect* • *vergoddelijking* • *verheerlijking*
apothicaire M OUD. *apotheker* ★ compte d'~ *lange en ingewikkelde rekening*
apôtre M • *apostel* • *verkondiger of verdediger v.e. leer* ★ faire le bon ~ *een heilig boontje zijn*
apparaître ONOV WW [onregelmatig] • *verschijnen (***à** *aan)* • *toeschijnen*; *lijken (***à** *aan;* **comme** *als)* • *blijken* ★ il apparaît que [+ ind.] *het blijkt dat*
apparat (zeg: -rà) M *praal*; *pronk* ★ costume d'~ *galakostuum*
appareil M • *apparaat* • *systeem* • *toestel* • *telefoon(toestel)* • *beugel* ⟨tanden⟩ • *camera* • OUD. *praal*; *opsmuk* ★ qui est à l'~? *met wie spreek ik?* ★ dans le plus simple ~ *(bijna) naakt*
appareillage M • *(het) zeilklaar maken*; *afvaart* • *apparatuur*
appareiller I OV WW • *gereedmaken, klaarzetten*; *een prothese plaatsen op* • *samenvoegen*; *bij elkaar zetten*; *paren* **II** ONOV WW *zich zeilklaar maken*; *afvaren*
apparemment BIJW • *blijkbaar* • *kennelijk*
apparence V • *uiterlijk*; *schijn* • *waarschijnlijkheid* ★ en ~ *schijnbaar* ★ selon toute ~ *naar alle waarschijnlijkheid* ★ sauver les ~s *de schijn ophouden* ★ il ne faut pas se fier aux ~s/les ~s sont trompeuses *schijn bedriegt*
apparent BNW • *zichtbaar* • *duidelijk* • *schijnbaar* ★ contradictions ~es *schijnbare tegenstellingen*
apparentement M *lijstverbinding* ⟨m.b.t. verkiezing⟩
apparenter WKD WW [**s'~**] **à** *familie worden van*; *lijken op*; POL. *een lijstverbinding aangaan met*
apparier OV WW *paren*
appariteur M • *pedel* • *bode*
apparition V • *(onverwachte) verschijning* • *spook* ★ faire son ~ *verschijnen*; *voor het eerst voorkomen* ★ il n'a fait qu'une ~ *hij is maar kort gebleven*
appart M INFORM. → **appartement**
appartement M *appartement*; *flat*
appartenance V • *(het) behoren (***à** *bij, tot)* • *(het) element/lid zijn (***à** *van)* ★ ~ politique *politieke signatuur*
appartenir I ONOV WW [onregelmatig] • *passen (***à** *bij)*; *eigen zijn (***à** *aan)* • *toebehoren* • *behoren tot*; *een element zijn van* **II** ONP WW ★ il ne vous appartient pas de *het past u niet*; *het ligt niet op uw weg te* **III** WKD WW [**s'~**] *zijn eigen baas zijn*
appas (zeg: apà) M MV FORM. *aantrekkelijkheid*
appât (zeg: apà) M • *lokaas* • *aantrekkingskracht*
appâter OV WW • *lokken* • *vetmesten*
appauvrir OV WW *verarmen*; *uitmergelen*
appauvrissement M • *verarming* • *uitmergeling*
appeau M [mv: **appeaux**] • *lokfluitje* • *lokvogel*
appel M • *roep*; *geroep* • *signaal* • *appel*; *(het) aflezen der namen*; *(het) oproepen van soldaten* • *telefoontje* • JUR. *hoger beroep*; *oproep (***à** *aan, om, tot)* ★ ~ téléphonique *telefoontje* ★ double ~ *wisselgesprek* ★ centre d'~(s) *callcenter* ★ ~ de phares *knippersignaal* ⟨met koplampen⟩ ★ l'~ de la classe *het oproepen der lichting* ★ ~ d'air *trek*; *trekgat* ⟨v. schoorsteen⟩ ★ SPORT planche d'~ *afzetbalk* ★ sans ~ *onherroepelijk* ★ faire ~ *in hoger beroep gaan* ★ faire ~ à *een beroep doen op* ★ faire un ~ du pied *verkapt om iets vragen*; *een hint geven* ★ sonner l'~ *appel blazen*
appelé M • *dienstplichtige* • *geroepene*
appeler I OV WW • *roepen* • *oproepen (***à** *om)* • *tot zich trekken*; *vragen* • *noemen* • *(op)bellen* • *benoemen*; *bestemmen*; *roepen (***à** *tot, voor, om)* • *met zich meebrengen*; *vergen* ★ ~ au téléphone *opbellen* ★ ~ par son nom *bij de naam noemen* ★ ~ un chat un chat *de dingen bij hun naam noemen* ★ ~ sous les drapeaux/sous les armes *onder de wapenen roepen* ★ ~ en justice *voor het gerecht dagen* ★ ce tableau appelle tous les regards *dit schilderij trekt aller aandacht* **II** ONOV WW *in beroep gaan* ★ en ~ à *zich beroepen op*; *een beroep doen op* ★ en ~ de *beroep/protest aantekenen tegen* **III** WKD WW [**s'~**] *heten*
appellation V *naam*; *benaming* ★ ~ (d'origine) contrôlée *gecontroleerde herkomstaanduiding* ⟨v. wijn e.d.⟩
appendice (zeg: apè(n)dies) M • *aanhangsel* • *appendix*; *wormvormig aanhangsel v.d. blinde darm*
appendicite (zeg: apè(n)diesiet) V *blindedarmontsteking*
appentis (zeg: -tie) M • *schuur* • *afdak*
appert ONP WW ★ il ~ *het blijkt*
appesantir I OV WW *verzwaren*; *zwaar maken*; *log maken* **II** WKD WW [**s'~**] *zwaar(der) worden*; *log(ger) worden* ★ s'~ sur un sujet *lang bij een onderwerp blijven stilstaan, er op blijven hameren*

appesantissement M *logheid; loomheid*
appétence V FORM. *neiging; behoefte*
appétissant BNW *lekker; aanlokkelijk; appetijtelijk*
appétit M • *eetlust* • *begeerte* (**de** *naar*) ★ bon ~! *smakelijk eten!* ★ ~ d'oiseau *weinig trek* ★ couper l'~ *de eetlust benemen* ★ ~s sexuels *behoefte aan seks* ★ il n'est chère que d'~ *honger is de beste saus* ★ l'~ vient en mangeant *al etende krijgt men trek; hoe meer men bezit, hoe meer men verlangt*
applaudir I OV WW • *toejuichen* • *prijzen; instemmen met* ★ être applaudi *aanslaan* **II** ONOV WW • *applaudisseren* • FORM. **~ à** *ingenomen zijn met* **III** WKD WW [**s'~**] **de** *zichzelf gelukwensen met; zich verheugen over*
applaudissement M [vaak mv] *applaus; bijval*
applicable BNW • *toepasselijk* (**à** *op*) • *wat aangebracht kan worden; wat toegediend kan worden*
application V • *toepassing; gebruik; praktijk* • *(het) aanbrengen; (het) toedienen; applicatie* • *ijver; toewijding* (**à** *om*) ★ dentelle d'~ *opgewerkte kant* ★ mettre en ~ *in praktijk brengen; implementeren*
applique V • *oplegsel; applicatie* • *wandlamp*
appliqué BNW • *ijverig* • *toegepast* • *toegebracht*
appliquer I OV WW • *aanbrengen* • *opleggen* • *toedienen* (**à** *aan*) • *toepassen* (**à** *op*) • *aanwenden* (**à** *voor*) ★ ~ des couleurs *kleuren aanbrengen* ★ ~ de la dentelle *kant opleggen* ★ ~ un soufflet *een klap geven* ★ ~ une règle *een regel toepassen* ★ ~ un remède *een middel aanwenden* **II** WKD WW [**s'~**] • *zich beijveren; zijn best doen* (**à** *om*)*; aangebracht worden* • **~ à** *van toepassing zijn op*
appoint M • *kleingeld; pasgeld* • *aanvulling* • *hulp* ★ faire l'~ *bijpassen; met gepast geld betalen* ★ d'~ *aanvullend* ★ salaire d'~ *bijverdienste*
appointements M MV *salaris*
appointer OV WW • *bezoldigen* ⟨v. ambtenaar⟩ • *aanpunten*
appontage M *deklanding*
appontement M *aanlegsteiger*
apport M • *aanbreng; inbreng* (**en** *in*) ⟨v. echtgenoot of compagnon⟩; *bijdrage* (**à** *tot*) • *aanvoer*
apporter OV WW • *brengen* • *meebrengen* • *inbrengen* ⟨in huwelijk of zaak⟩ • *aanvoeren* • *verschaffen* (**à** *aan, om*) ★ ~ un changement *een verandering teweegbrengen* ★ ~ des raisons *redenen aanvoeren* ★ ~ du soin *zorg besteden*
apposer OV WW • *aanbrengen* • *aanplakken* ★ ~ une clause *een clausule toevoegen* ★ ~ les scellés *gerechtelijk verzegelen*
apposition V • *(het) aanbrengen; (het) aanplakken* • TAALK. *bijstelling* ★ en ~ *als bijstelling*
appréciable BNW • *te waarderen* • *aanzienlijk* • *interessant*
appréciateur M [v: **appréciatrice**] *iem. die waardeert*
appréciatif BNW [v: **appréciative**] *taxerend; taxatie-*
appréciation V • *schatting* • *waardering* • *oordeel; beoordeling*
apprécier OV WW • *schatten; beoordelen* • *waarderen*
appréhender OV WW • *vrezen; duchten* (**de** *om*) • *vatten; aanhouden* ★ ~ au corps *arresteren*
appréhension V • *vrees; bezorgdheid; beduchtheid* (**de** *om*) • *begrip; bevatting*
apprendre OV WW [onregelmatig] • *leren; studeren* • *vernemen* (**de, par** *van*) • *mededelen; berichten* (**à** *aan*) • *leren; onderwijzen; bijbrengen* (**à** *aan, om*) ★ ~ par cœur *van buiten leren* ★ bien appris *goed opgevoed* ★ je lui apprendrai *ik zal hem (mores) leren*
apprenti M [v: **apprentie**] • *leerjongen* • *beginneling*
apprentissage M *leertijd; opleiding; (het) leren* ★ être en ~ *in de leer zijn* ★ mettre en ~ *in de leer doen*
apprêt M • *(het) opmaken van stoffen* • *appret; stijfsel* • *gemaaktheid* ⟨v. stijl⟩ ★ FORM. les ~s *voorbereidselen* ★ sans ~ *ongekunsteld* ★ (couche d')~ *(laag) grondverf*
apprêté BNW *gekunsteld; gemaakt*
apprêter I OV WW • *opmaken van stoffen* • *klaarmaken* • *bereiden* ⟨v. voedsel⟩ **II** WKD WW [**s'~**] *zich voorbereiden, zich aankleden; aanstalten maken* (**à** *voor, om*)
apprivoisement M *(het) temmen*
apprivoiser I OV WW • *temmen* • *handelbaarder maken* **II** WKD WW [**s'~**] • *tam worden* • **~ avec/à** *zich vertrouwd maken met; wennen aan*
approbateur I BNW [v: **approbatrice**] *goedkeurend* **II** M [v: **approbatrice**] *iem. die goedkeurt*
approbatif BNW [v: **approbative**] *goedkeurend*
approbation V • *goedkeuring* • *toestemming* • *bijval*
approchable BNW *te benaderen*
approchant I BNW *weinig verschillend* (**de** *van*)*; bijna gelijk* **II** BIJW *ongeveer* ★ qc d'~ *iets dergelijks*
approche V • *nadering* ★ d'une ~ facile *gemakkelijk te naderen* • *benadering* ▼ les ~s d'une ville *de toegang tot een stad; de omstreken; de buitenwijken*
approcher I OV WW • *dichterbij brengen* (**de** *bij*) • *benaderen; in aanraking komen met* ★ ~ une chaise *een stoel bijschuiven* **II** ONOV WW • *naderen* • **~ de** *naderen; benaderen* **III** WKD WW [**s'~**] **de** *naderen; benaderen*
approfondir I OV WW • *uitdiepen; dieper maken* • *diep ingaan op* **II** WKD WW [**s'~**] *dieper worden*
approfondissement M • *(het) uitdiepen* • *grondige bestudering*
appropriation V • *(het) geschikt maken voor* • JUR. *toe-eigening*
approprié BNW *geschikt; geëigend* (**à** *voor*)
approprier I OV WW **~ à** *aanpassen aan; geschikt maken voor; in overeenstemming brengen met* **II** WKD WW [**s'~**] • *zich toe-eigenen* • **~ à** *zich aanpassen aan; aangepast (kunnen) worden aan*

approuver OV WW • *goedkeuren*; *instemmen met* • *prijzen*; *bijval schenken*
approvisionnement M • *proviandering*; *voorziening* • *proviand*; *voorraad*
approvisionner I OV WW *bevoorraden (***de, en** *met)* **II** WKD WW [**s'~**] *voorraad inslaan*; *zich voorzien (***de, en** *van)*
approximatif BNW [v: **approximative**] *benaderend*; *vaag*; *niet-precies*
approximation V *benadering*; *raming*
approximativement BIJW *bij benadering*
appui M • *steun*; *stut* • *hulp* • *adstructie*; *ondersteuning* ★ l'~ d'une fenêtre *vensterbank* ★ point d'~ *(militair) steunpunt* ★ à hauteur d'~ *op borsthoogte* ★ à l'~ (de) *ter ondersteuning/staving (van)*
appui-tête, appuie-tête M [mv: **appuis-tête, appuie-tête(s)**] *hoofdsteun*
appuyer I OV WW • *steunen*; *stutten*; *ondersteunen* • *plaatsen (***à, contre** *tegen)* • *drukken (***contre** *tegen;* **sur** *op)* • *staven (***de** *met)* ★ ~ une échelle contre un mur *een ladder tegen een muur plaatsen* • **~ sur** *baseren op* **II** ONOV WW • *drukken*; *leunen (***contre** *tegen;* **sur** *op)* ★ ~ sur la gauche/à gauche *links aanhouden* • **~ sur** *benadrukken*; *beklemtonen* ★ ~ sur un mot *de nadruk leggen op een woord* **III** WKD WW [**s'~**] • *steunen/ leunen (***à, contre** *tegen;* **sur** *op)* • INFORM. *innemen* • INFORM. *tegen zijn zin doen*; *moeten dulden* • **~ sur** *steunen op*; *zich baseren/ verlaten op*
âpre BNW • *scherp* • *wrang* ‹ook fig.› • *ruw*; *oneffen* ★ froid âpre *vinnige koude* ★ caractère âpre *vinnig karakter* ★ âpre au gain *tuk op winst*
après I BIJW *daarna*; *daarop* ★ la semaine d'~ *de week daarop* ★ et puis ~? *en wat dan nog?* **II** VZ *na* ★ ~ cela *daarna* ★ d'~ *volgens*; *naar* ★ ci-~ *hierna* ★ ~ vous! *gaat u voor!* ★ ~ quoi *waarna* ★ ~ coup *achteraf* ★ ~ tout *alles wel beschouwd*; *eigenlijk* ★ courir ~ qn *iem. narennen* ★ crier ~ qn *iem. naschreeuwen* ★ INFORM. être ~ qn *iem. moeten hebben*; *het op iem. begrepen hebben* ★ peindre d'~ nature *naar de natuur schilderen* ★ ~ la pluie le beau temps ‹spreekwoord› *na regen komt zonneschijn* ★ ~ nous le déluge ‹spreekwoord› *na ons de zondvloed*; *die dan leeft, die dan zorgt* ★ jeter le manche ~ la cognée *er de brui aan geven* **III** VW **~ que** *nadat*; *als eenmaal*
après-demain BIJW *overmorgen*
après-guerre M [mv: **après-guerres**] *naoorlogse periode* ★ d'~ *naoorlogs*
après-midi M/V [mv: **après-midi(s)**] *middag*; *namiddag* ★ cet ~ *vanmiddag* ★ l'~ *'s middags* ★ lundi ~ *maandagmiddag*
après-rasage I M [mv: **après-rasages**] *aftershave* **II** BNW ★ lotion ~ *aftershave*
après-ski M [mv: **après-ski(s)**] *après-ski*
après-soleil M [mv: **après-soleil(s)**] *aftersun*
après-vente BNW [onver.] ★ service ~ *(klanten)service*
âpreté V • *scherpheid*; *wrangheid*; *bitterheid*; *strengheid*; *ruwheid*; *oneffenheid* • *begerigheid*
a priori BIJW • *a priori*; *vooraf* • *in principe*; *zo te zien*
apriorisme M *redenering a priori*
à-propos M • *(het) geschikte moment*; *(het) ter zake zijn* • *gevatheid* • *gelegenheidsstuk*; *gelegenheidsgedicht*
apte BNW • *bekwaam* • **~ à** *geschikt voor*; *geschikt om*
aptitude V *geschiktheid*; *bekwaamheid (***à** *tot, voor;* **pour** *voor)*
apurer OV WW *in orde bevinden v.e. rekening*
aquafortiste (zeg: akwa-) M *etser*
aquaplanage M • → **aquaplaning**
aquaplaning (zeg: akwa-) M *aquaplaning*
aquarelle (zeg: akwa-) V *aquarel*; *waterverftekening*
aquarelliste (zeg: akwa-) M/V *waterverfschilder*
aquarium (zeg: akwa-) M *aquarium*
aquatique (zeg: akwa-) BNW *in/bij het water levend*; *water-*
aquavit (zeg: akwaviet) M *aquavit*
aqueduc (zeg: akduuk) M *aquaduct*; *waterleiding*
aqueux (zeg: akeu) BNW [v: **aqueuse**] *waterig*
aquifère (zeg: akwie-) BNW *waterhoudend*
aquilin (zeg: akie-) BNW *adelaars-* ★ nez ~ *arendsneus*
aquilon (zeg: akie-) M *hevige noordenwind*
arabe I M *(het) Arabisch* **II** BNW *Arabisch*
Arabe M/V *Arabier*
arabesque V • ARCH. *dooreengestrengelde bladeren en figuren* • *arabesk*; *kronkelende lijn*; *versiering*
arabique BNW *van/uit Arabië*
arabisant M *arabist*
arable BNW *bebouwbaar*; *beploegbaar*
arac M *arak*
arachide V *apennoot*; *pinda*
arachnéen BNW [v: **arachnéenne**] • BIOL. *spinachtig* • LIT. *licht als een web*
arachnide M *spinachtige*
arack M *arak*
araignée V • *spin* • *puthaak* • *soort visnet* ★ toile d'~ *spinnenweb*
aratoire BNW *landbouwkundig*
arbalète V GESCH. *stalen boog*
arbalétrier M *(kruis)boogschutter*
arbitrage M • *arbitrage* • *scheidsgerecht*
arbitraire I BNW *willekeurig*; *eigenmachtig* **II** M *willekeur*; *eigenmachtigheid*
arbitral BNW [m mv: **arbitraux**] *scheidsrechterlijk*
arbitre M/V • *scheidsrechter* • *heer en meester* ★ le libre ~ *de vrije wil* ★ VOETB. ~ assistant *grensrechter*
arbitrer OV WW • *een scheidsrechterlijke uitspraak doen* • *leiden v.e. sportwedstrijd*
arborer OV WW • *oprichten*; *verheffen* • *openlijk dragen*; *opzichtig dragen* ★ ~ le drapeau *de vlag planten*; *de vlag hijsen*
arborescent BNW *boomvormig*
arboriculteur M *boomkweker*
arboriculture V *boomteelt*
arborisation V *ijsbloem* ‹op een ruit›
arbre M • *boom* • *as* ‹v. machine› ★ ~ fruitier *vruchtboom* ★ ~ à cames *nokkenas* ★ ~ coudé

krukas ★ ~ d'hélice *schroefas* ★ ~ de transmission *cardanas* ★ ~ généalogique *stamboom* ★ ~ de la Croix *kruishout* ★ INFORM. monter à l'~ *erin lopen* ★ couper l'~ pour avoir le fruit ‹spreekwoord› *de kip met gouden eieren slachten* ★ entre l'~ et l'écorce il ne faut pas mettre le doigt ‹spreekwoord› *men moet zich niet in familietwisten mengen*

arbrisseau M [mv: **arbrisseaux**] *heester; boompje*

arbuste M *kleine heester; struik*

arc (zeg: ark) M *boog* ★ lampe à arc *booglamp* ★ arc de triomphe *triomfboog* ★ avoir plusieurs cordes à son arc *verschillende pijlen op zijn boog hebben*

arcade V ARCH. *boog; arcade*

arcane M *arcanum* ★ les ~s de la science *de geheimen van de wetenschap*

arc-bouter, arcbouter WKD WW [**s'~**] *zich schrap zetten*

arceau M [mv: **arceaux**] *boog*

arc-en-ciel M [mv: **arcs-en-ciel**] *regenboog*

archaïque BNW *archaïsch; verouderd*

archaïsant BNW TAALK. *gebruik makend van archaïsmen*

archaïsme M *archaïsme; verouderd woord; verouderde uitdrukking of toestand*

archange (zeg: -ka(n)zj) M *aartsengel*

arche V ● *ark* ● *boog* ‹v. brug› ★ ~ de Noë *ark van Noach* ★ ~ d'alliance *verbondsark*

archéologie (zeg: arkee-) V *oudheidkunde; archeologie*

archéologique (zeg: arkee-) BNW *oudheidkundig*

archéologue (zeg: arkee-) M/V *oudheidkundige*

archer M ● *boogschutter* ● GESCH. *gerechtsdienaar of politiedienaar*

archet M ● MUZ. *strijkstok* ● *drilboog* ● *stroomafnemer; beugel*

archétype M *archetype; oerbeeld*

archevêché M ● *aartsbisdom* ● *aartsbisschoppelijk paleis*

archevêque M *aartsbisschop*

archi- VOORV *aarts-; oer-*

archiduc M [v: **archiduchesse**] *aartshertog*

archiépiscopal BNW [m mv: **archiépiscopaux**] *aartsbisschoppelijk*

archipel M *archipel*

architecte M/V *architect*

architectonique I V *architectuur* **II** BNW *architectonisch*

architectural BNW [m mv: **architecturaux**] *van de bouwkunst*

architecture V ● *bouwkunst; architectuur* ● *bouwstijl* ● *bouwsel* ● *structuur*

archives V MV *archief; archieven*

archiviste M/V *archivaris*

arçon M *zadelboog* ★ vider les ~s *uit het zadel vallen*

arctique (zeg: artiek) BNW *Arctisch; noordpool-* ★ pôle ~ *noordpool* ★ Océan ~ *Noordelijke IJszee*

ardemment BIJW ● *brandend* ● *hevig; vurig* ● *vlijtig; ijverig*

Ardennes V MV *Ardennen*

ardent BNW ● *brandend* ● *hevig; vurig* ● *vlijtig; ijverig* ★ cheval ~ *vurig paard* ★ chambre ~e *rouwkapel* ★ fièvre ~e *hevige koorts*

ardeur V ● *hitte; brandende warmte* ● *vuur; geestdrift* ● *ijver*

ardillon M *tong* ‹v. gesp›

ardoise V ● *lei; leisteen* ● *achterstallige schuld; pof*

ardoisière V *leisteengroeve*

ardu BNW *moeilijk*

arène V ● *arena; strijdperk* ● LIT. *fijn zand* ★ les ~s *de woestijn; de arena* ★ descendre dans l'~ *in het strijdperk treden*

aréomètre M *areometer; vochtweger*

aréopage M ● *rechtbank in het oude Athene* ● *verzameling van geleerden, rechters*

arête V ● *visgraat* ● *uitstekende hoek* ● *kam* ‹v. berg› ● *rib* ‹v. kubus› ● *baard* ‹v. korenaar›

argent M ● *zilver* ● *geld* ★ ~ comptant *klinkende munt* ★ se trouver à court d'~ *krap bij kas zitten* ★ en avoir pour son ~ *waar voor zijn geld krijgen* ★ j'en suis pour mon ~ *dat geld ben ik kwijt* ★ l'~ lui fond dans les mains *hij heeft een gat in z'n hand* ★ accepter/prendre pour ~ comptant *voor goede munt aannemen* ★ jeter l'~ par les fenêtres ‹spreekwoord› *geld over de balk smijten* ★ être cousu d'~ *geld als water hebben* ★ l'~ n'a pas d'odeur *geld stinkt niet* ★ point d'~, point de Suisses ‹spreekwoord› *geen geld, geen Zwitsers*

argenté BNW ● *verzilverd* ● *zilverkleurig* ● INFORM. *rijk*

argenter OV WW ● *verzilveren* ● *als zilver kleuren*

argenterie V *zilverwerk; tafelzilver*

argentier M ● *zilverkast* ● *schatbewaarder;* INFORM. *minister van financiën*

argentifère BNW *zilverhoudend*

argentin BNW [v: **argentine**] *Argentijns* ★ voix ~e *zilveren/heldere stem*

Argentin M [v: **Argentine**] *Argentijn*

Argentine V *Argentinië*

argile V *klei; leem*

argileux BNW [v: **argileuse**] *kleiachtig; leemachtig*

argot M ● *dieventaal; Bargoens* ● *bijzondere taal van bepaalde groepen of beroepen; jargon*

argotique BNW *wat tot het argot behoort*

argousier M *duindoorn*

arguer I OV WW *concluderen* ★ ~ de faux *voor vals verklaren; voor onecht verklaren* **II** ONOV WW **~ de** *aanvoeren; zich beroepen op* ★ pour protester on argua de la misère *om te protesteren voerde men de armoede aan*

argument M ● *bewijs(grond)* ● *korte inhoud* ★ tirer ~ de qc *iets als argument gebruiken*

argumentaire M *verzameling argumenten*

argumentation V *bewijsvoering; betoog*

argumenter I OV WW *beargumenteren* **II** ONOV WW ● *redeneren; betogen* ● *redetwisten (***avec, contre** *met;* **sur** *over)*

Argus (zeg: -Guus) M *nieuwsblad; prijslijst* ‹v. tweedehands auto's e.d.›; *argus*

argutie (zeg: -sie) V *spitsvondigheid*

aria V *melodie; aria; lied*

aride BNW ● *dor; onvruchtbaar* ● OOK FIG. *droog*

aridité V ● *dorheid; onvruchtbaarheid* ● OOK FIG.

droogheid
ariette V *liedje*
ariser OV WW *reven*
aristo M/V • → **aristocrate**
aristocrate M/V *aristocraat*
aristocratie (zeg: -sie) V *aristocratie*
aristocratique BNW *aristocratisch*
arithméticien M [v: **arithméticienne**] *rekenkundige*
arithmétique I V *rekenkunde* **II** BNW *rekenkundig*
arlequin M *harlekijn*
arlequinade V *klucht*
armagnac M *armagnac*
armateur M *reder*
armature V • *metalen geraamte*; *armatuur* • *anker* ‹v. magneet› • FIG. *grondslag*
arme V • *wapen* • *legeronderdeel* ★ HER. armes [mv] *wapen* ★ MIL. armes [mv] *krijgsdienst* ★ arme à feu *vuurwapen* ★ arme blanche *steekwapen* ★ maître d'armes *schermmeester* ★ fait d'armes *wapenfeit* ★ aux armes! *te wapen!* ★ présenter l'arme *het geweer presenteren* ★ passer par les armes *fusilleren* ★ faire ses premières armes *zijn eerste veldtocht maken*; *zijn carrière beginnen* ★ faire arme de tout *alle mogelijke middelen aanwenden* ★ fournir des armes contre *wapens in de hand geven tegen* ★ rendre les armes *zich overgeven*; *zwichten* ★ avec armes et bagages *met z'n hele hebben en houden*
armé BNW *gewapend*; *bewapend* ★ les Forces Armées *het leger*; *de gewapende macht* ★ une attaque à force armée *een gewapende overval* ★ à main armée *gewapenderhand*
armée V • *leger* • *massa* ★ ~ de l'air *luchtmacht* ★ ~ de mer *marine* ★ ~ de terre *landmacht* ★ ~ permanente *het staande leger* ★ ~ régulière *het staande leger* ★ Armée du Salut *Leger des Heils* ★ le Dieu des ~s *de Heer der heerscharen*
armement M • *bewapening* ★ course aux ~s *bewapeningswedloop* • *scheepsuitrusting* • *rederij*
armer I OV WW • *wapenen*; *bewapenen*; *uitrusten (***de** *met)* • *laden*; *schietklaar maken* ‹v. vuurwapens› • *uitrusten* ‹v. schip› • *van ijzeren banden voorzien* • *sterken*; *gehard maken (***contre** *tegen)* ★ armé jusqu'aux dents *tot de tanden gewapend* ★ ~ qn chevalier *iem. tot ridder slaan* ★ ~ contre la pauvreté *harden tegen de armoede* **II** WKD WW [**s'~**] *zich wapenen*; *zich uitrusten (***de** *met;* **contre** *tegen)*
armes V MV • → **arme**
armistice M *wapenstilstand*
armoire V • *kast* • FIG. *kleerkast* ‹stevig, gespierd persoon› ★ ~ frigorifique *koelkast* ★ ~ à glace *spiegelkast*; FIG. *kleerkast* ‹stevig, gespierd persoon›
armoiries V MV *wapen(schild)* ‹v. familie›
armorial M [mv: **armoriaux**] *wapenboek*
armoricain BNW *Armoricaans*; *uit Bretagne*
armure V • *harnas*; *wapenrusting* • *magneetanker*
armurerie V *wapensmederij*; *wapenwinkel*; *wapenfabriek*
armurier M *wapensmid*; *wapenhandelaar*; *wapenfabrikant*
arnaque M INFORM. *zwendel*
arnaquer OV WW • INFORM. *oplichten*; *bedonderen, besodemieteren* • INFORM. *arresteren*
arobase (zeg: -bas) V DRUKK. *at-teken*; *apenstaart*; @
aromate M *geurige plantaardige stof*; *kruiderij*
aromatique BNW *geurig*
aromatisant M *geurstof*
aromatiser OV WW *geurig maken*; *kruiden*
arome M • → **arôme**
arôme M *aroma*
aronde V ★ assemblage en queue d'~ *zwaluwstaartverbinding*
arpège M *arpeggio*; *akkoord waarvan men de noten na elkaar laat horen*
arpent M *oude vlaktemaat*; *morgen (42 à 51 are)*
arpentage M • *landmeetkunde* • *(het) landmeten*
arpenter OV WW • *landmeten* • INFORM. *met grote stappen lopen door*
arpenteur M *landmeter*
arpion M INFORM. *voet*
arqué BNW *gebogen*
arquer I OV WW *ombuigen* **II** ONOV WW • INFORM. *lopen* • *doorbuigen*; *kromtrekken* **III** WKD WW [**s'~**] *kromtrekken*
arrachage M *(het) uittrekken*; *(het) rooien*
arraché M ★ à l'~ *met veel moeite*
arrachement M • *(het) uittrekken*; *(het) lostrekken* • *smart*
arrache-pied BIJW ★ d'~ *aan één stuk*
arracher I OV WW • *uittrekken*; *losrukken*; *afscheuren*; *rooien* • *ontrukken*; *loskrijgen (***à**, **de** *aan, uit, van)* ★ ~ un aveu *een bekentenis afdwingen* ★ ~ la vie *het leven benemen* ★ je ne peux lui ~ une parole *ik kan geen woord uit hem krijgen* **II** WKD WW [**s'~**] • *vechten om* • *zich losrukken* • INFORM. *aanpoten* ★ s'~ les cheveux *zich de haren uit het hoofd trekken*; *hopeloos zijn* ★ s'~ un livre *vechten om een boek*
arracheur M [v: **arracheuse**] *rooier*; *die uittrekt* ★ mentir comme un ~ de dents *liegen alsof het gedrukt staat* ★ ~ de dents *kiezentrekker* ★ arracheuse de pommes de terre *aardappelrooimachine*
arraisonner OV WW • *aanhouden* • *praaien* ‹v. schip›; *visiteren* ‹v. vliegtuig›
arrangeant BNW *geschikt*; *coulant*; *inschikkelijk*
arrangement M • *regeling*; *rangschikking* • *vergelijk* • MUZ. *arrangement*; *bewerking*
arranger I OV WW • *rangschikken*; *regelen*; *klaarleggen* • *in der minne schikken* • MUZ. *arrangeren*; *bewerken* • *in orde brengen* • INFORM. *iem. toetakelen*; *iem. aftuigen* ★ cela m'arrange *dat komt me goed uit*; *dat staat me aan* **II** WKD WW [**s'~**] • *het regelen*; *zich redden* • *het eens worden*; *tot een vergelijk komen* • *in orde komen* • **~ de** *zich schikken in* • **~ pour** *ervoor zorgen dat* ★ il s'arrangea pour venir *hij zorgde ervoor dat hij kon komen*
arrangeur M [v: **arrangeuse**] *bewerker*; MUZ. *arrangeur*

arrérages M MV • *lijfrente-uitkering* • OUD. *achterstallige schuld of rente*
arrestation V *arrestatie*; *hechtenis*
arrêt M • *stilstand* • *halte* • *arrestatie*; *arrest* • JUR. *arrest*; *vonnis*; *uitspraak* • *pal* ★ ~ de travail *ziekteverlof* ★ ~ du travail *werkonderbreking* ★ ~ facultatif *halte op verzoek* ★ temps d'~ *rustpauze* ★ ~ sur image *stilstaand beeld*; *still* ★ chien d'~ *staande (jacht)hond* ★ SPORT ~s de jeu *blessuretijd* ★ sans ~ *zonder ophouden* ★ cran d'~ *veiligheidspal* ★ les ~s *kwartierarrest*; *kamerarrest* ★ maison d'~ *huis van bewaring* ★ mandat d'~ *bevel tot inhechtenisneming* ★ ~ de mort *doodvonnis* ★ rendre un ~ *een arrest wijzen* ★ tomber en ~ devant *(verbaasd) blijven staan bij* ★ ~ maladie *ziekteverzuim*
arrêté M *(officieel) besluit* ★ ~ ministériel *ministerieel besluit* ★ ~ municipal *gemeentelijke verordening* ★ ~ de compte *afsluiting v.e. rekening*
arrêter I OV WW • *tegenhouden*; *ophouden*; *doen stoppen* • *in hechtenis nemen* • *stuiten* • *vaststellen* • *afsluiten* • *afspreken* • *in de rede vallen* ★ ~ un compte *een rekening afsluiten* ★ ~ un plan *een plan vaststellen* ★ ~ ses yeux sur qc *zijn ogen op iets vestigen* **II** ONOV WW • *stoppen*; *ophouden (***de** [+ infin.] *met)* • *staan v.e. jachthond* **III** WKD WW [**s'~**] *(stil) blijven staan*; *ophouden* ★ s'~ à une décision *bij een beslissing blijven*
arrhes V MV • *borg*; *aanbetaling* • *onderpand*
arriéré I BNW • *achterlijk* • *achterstallig* • *verouderd* **II** M • *achterlijk iemand* • *(het) achterstallige*
arrière I BNW *achter-* ★ SPORT ligne ~ *achterhoede* ★ marche ~ *achteruit* ⟨versnelling⟩ ★ roues ~ *achterwielen* ★ avoir vent ~ *de wind in de rug hebben* **II** BIJW *achter*; *terug* ★ en ~ *achter(uit)*; *terug* **III** M • *achterste gedeelte* • SPORT *achterspeler* ★ à l'~ *achterin* ⟨in voertuig⟩ ★ assurer ses ~s *de aftocht dekken*; *zich indekken* **IV** TW *achteruit!*
arrière-ban M [mv: **arrière-bans**] • OOK FIG. *achterban* • *de opgeroepen achterleenmannen* • *het oproepen in krijgsdienst v.d. achterleenmannen* ★ le ban et l'~ *iedereen*; *het hele stel*
arrière-boutique V [mv: **arrière-boutiques**] *kamer achter de winkel*
arrière-cuisine V [mv: **arrière-cuisines**] *bijkeuken*
arrière-garde V [mv: **arrière-gardes**] OOK FIG. *achterhoede*
arrière-goût M [mv: **arrière-goûts**] *nasmaak*
arrière-grand-mère V [mv: **arrière-grands-mères**] *overgrootmoeder*
arrière-grand-père M [mv: **arrière-grands-pères**] *overgrootvader*
arrière-neveu M [mv: **arrière-neveux**] *achterneef*
arrière-pays M *achterland*
arrière-pensée V [mv: **arrière-pensées**] *bijgedachte*; *bijbedoeling*
arrière-petite-fille V [mv: **arrière-petites-filles**] *achterkleindochter*
arrière-petit-fils M [mv: **arrière-petits-fils**] *achterkleinzoon*
arrière-petits-enfants M MV *achterkleinkinderen*
arrière-plan M [mv: **arrière-plans**] OOK FIG. *achtergrond*
arriérer I OV WW *vertragen*; *uitstellen* **II** WKD WW [**s'~**] *achter komen*
arrière-saison V [mv: **arrière-saisons**] • *herfst* • *naseizoen*
arrière-train M [mv: **arrière-trains**] • INFORM. *achterste* • *achterlijf* ⟨v. dier⟩
arrimage M *(het) stuwen van de lading*
arrimer OV WW *stuwen van de lading*
arrivage M *aankomst van goederen*; *aanvoer van goederen*
arrivant M [v: **arrivante**] *aankomende* ★ les nouveaux ~s *de nieuwkomers*
arrivée V • *aankomst* • *plaats van aankomst*; *finish* • TECHN. *aanvoer*
arriver I ONOV WW • *aankomen* • *vooruitkomen in de wereld* • ~ **à** *slagen in*; *erin slagen om*; *bereiken* ★ en ~ à qc *tot iets komen* ★ j'y arrive *het lukt me* ★ ~ à ses fins *zijn doel bereiken* **II** ONP WW *gebeuren*; *overkomen* ★ il lui est arrivé un accident *er is hem (haar) een ongeluk overkomen*
arriviste I M/V *streber*; *iem. die met alle geweld carrière wil maken* **II** BNW *streberig*
arrobase V • → **arobase**
arrogance V *verwaandheid*; *aanmatiging*; *arrogantie*
arrogant BNW *arrogant*; *verwaand*; *aanmatigend*
arroger WKD WW [**s'~**] *zich aanmatigen*
arrondir I OV WW *rond maken*; *afronden* ★ ~ son bien *zijn bezittingen vermeerderen* ★ ~ les fins de mois *de eindjes aan elkaar knopen*; *wat bijverdienen* ★ une bourse arrondie *een goed gevulde beurs* **II** WKD WW [**s'~**] • *zich uitbreiden* • *rond(er) worden*
arrondissement M • *(het) afronden*; *ronding* • *arrondissement* ⟨Parijs⟩ ★ au douzième ~ *in het twaalfde arrondissement* ★ conseil d'~ ≈ *deelraad*
arrosage M • *begieting*; *besproeiing*; *bevloeiing* • MIL. *kogelregen* • *smeergeld* • *bestoking van doelgroep door media*
arroser OV WW • *bevloeien*; *begieten*; *besproeien* • MIL. *bombarderen* • *bestoken van doelgroep door media* • INFORM. *omkopen* ★ le Rhin arrose cette province *de Rijn stroomt door deze provincie* ★ ça s'arrose! *daar moet op gedronken worden!*
arroseur M *(tuin)sproeier* ★ l'~ arrosé *de bedrieger bedrogen*
arrosoir M *gieter*
arsenal M [mv: **arsenaux**] • OOK FIG. *arsenaal*; *tuighuis* • *marinewerf*
arsenic M *arsenicum*
arsouille M • OUD. *schoft* • OUD. *gemeen sujet*; *laag sujet*
art M • *kunst* • *bedrevenheid*; *handigheid* ★ les arts d'agrément *kunsten die men uit liefhebberij beoefent* ★ les beaux arts *de schone kunsten* ★ l'École des Beaux arts *Academie voor Beeldende Kunsten* ★ arts décoratifs/

appliqués *kunstnijverheid* ★ Art nouveau *jugendstil* ★ les arts libéraux *de vrije kunsten* ★ arts martiaux *vechtsporten* ★ les arts mécaniques *de ambachten* ★ les arts ménagers *huishoudkunde* ★ Art déco *art deco* ★ le grand art *alchemie* ★ le septième art *de film(kunst)* ★ avoir l'art (et la manière) de *de kunst verstaan om* ★ c'est du grand art! *uit de kunst!*

artère V • *slagader* • *verkeersader*

artériel BNW [v: **artérielle**] *slagaderlijk* ★ sang ~ *slagaderlijk bloed* ★ pression ~le *bloeddruk*

artériosclérose V *arteriosclerose*; *aderverkalking*

artésien BNW [v: **artésienne**] *uit Artois* ★ puits ~ *artesische put*

arthrite V *artritis*; *gewrichtsontsteking*

arthropode M *geleedpotige*

arthrose V *artrose*; *gewrichtsslijtage*

artichaut M *artisjok*

article M • *artikel*; *bepaling* ⟨v. wet, contract⟩ • *(handels)artikel* • *tijdschriftartikel*; *krantenartikel* • *lidwoord* • BIOL. *lid*; *geleding* ★ ~ de foi *geloofsartikel* ★ à l'~ de la mort *op het punt van sterven* ★ ~s de Paris *galanterieën* ★ ~ défini *bepaald lidwoord* ★ ~ indéfini *onbepaald lidwoord* ★ ~ partitif *delend lidwoord* ★ sur cet ~ *op dat punt*

articulaire BNW *wat betrekking heeft op de gewrichten*

articulation V • *gewricht*; *geleding*; *koppeling* • *uitspraak*; *articulatie*

articulé I M *geleedpotige* **II** BNW • *gearticuleerd* • *geleed* ★ un bus ~ *een harmonicabus*

articuler OV WW • *(duidelijk) uitspreken*; *articuleren* • TECHN. *beweegbaar verbinden* • *uiteenzetten*

articulet M *stukje* ⟨in de krant⟩

artifice M • *list* • *veinzerij* • *kunstgreep* ★ feu d'~ *vuurwerk* ★ sans ~ *onomwonden*

artificiel BNW [v: **artificielle**] *nagemaakt*; *kunstmatig* ★ fleurs ~les *kunstbloemen*

artificier M • MIL. *munitiedeskundige* • *vuurwerkmaker*

artificieux BNW [v: **artificieuse**] *slim*; *geslepen*

artillerie V *artillerie* ★ ~ antiaérienne *luchtafweergeschut* ★ ~ antichar *antitankgeschut* ★ ~ d'assaut *tankgeschut* ★ ~ de campagne *veldgeschut* ★ ~ lourde *zware artillerie* ★ ~ montée *bereden artillerie*

artilleur M *artillerist*

artimon M *bezaan*

artisan M • *ambachtsman*; *handwerksman* • FIG. *bewerker* ★ il a été l'~ de mon malheur *hij is de oorzaak van al mijn ellende*

artisanal BNW [m mv: **artisanaux**] *handwerk-*; *ambachtelijk*

artisanat M *(het) ambacht*; *(de) ambachtslieden*

artiste M/V *kunstenaar* ★ ~ dramatique *toneelspeler* ★ ~ peintre *kunstschilder*

artistique BNW *artistiek*; *kunstzinnig*; *smaakvol*

artothèque V *kunstuitleen*

arum M *aronskelk*

aryen BNW [v: **aryenne**] *arisch*

Aryen M [v: **Aryenne**] *ariër*

as (zeg: as) **I** M • *aas* ⟨kaartspel⟩ • *as* ⟨munteenheid bij oude Romeinen⟩ • INFORM. *kei*; *uitblinker* ★ as du volant *prima coureur* ★ INFORM. être plein aux as *stinkend rijk zijn* ★ passer à l'as *wegmoffelen*; *weggemoffeld worden* ★ être ficelé/fichu comme l'as de pique *er onmogelijk uitzien* **II** WW [présent] • → **avoir**

a/s AFK aux soins de *p/a*; *per adres*

A.S. AFK Association Sportive *SV*; *sportvereniging*

ascendance V • *(het) opklimmen*; *stijging* • *voorgeslacht*

ascendant I M • *overwicht*; *invloed* • *klimmende beweging v.e. planeet* • STERRENK. *ascendant* ★ ~s *(voor)ouders* **II** BNW *opklimmend*; *stijgend* ★ ligne ~e *opklimmende geslachtslinie*

ascenseur M *lift* ★ renvoyer l'~ *een wederdienst bewijzen*; *de bal terugkaatsen*

ascension V • *opstijging*; *bestijging*; *beklimming* • *succesvolle ontwikkeling*

Ascension V *Hemelvaartsdag*; *Hemelvaart*

ascensionnel BNW [v: **ascensionnelle**] *opwaarts*; *opstijgend* ★ force ~le *stijgkracht*

ascensionniste M/V *bergbeklimmer*

ascèse V *ascese*

ascète M/V *asceet*

ascétique BNW *ascetisch*

ascétisme M *ascetisch leven*

ascorbique BNW ★ acide ~ *ascorbinezuur*; *vitamine C*

asepsie V • *asepsis*; *behandeling tegen ziektekiemen* • *steriliteit*

aseptique BNW *aseptisch*; *vrij van ziektekiemen*; *steriel*

aseptiser OV WW *ontsmetten*; *steriliseren*

asexué BNW *aseksueel*; *geslachtloos*; *niet-geslachtelijk*

asiatique BNW *Aziatisch*

Asiatique M/V *Aziaat*

Asie V *Azië*

asile M • *wijkplaats*; *schuilplaats* • *toevluchtsoord*; *toevlucht*; *tehuis*; *gesticht* ★ ~ de nuit *nachtasiel* ★ droit d'~ *asielrecht* ★ sans ~ *dakloos*

asocial BNW [m mv: **asociaux**] *asociaal*; *onaangepast*

aspect (zeg: aspè) M • *aanblik*; *gezicht*; *uiterlijk* • *aspect* ★ avoir l'~ de *eruitzien als* ★ examiner sous tous ses ~s *van alle kanten bekijken*

asperge V • *asperge* • INFORM. *mager persoon*; *bonenstaak*

asperger OV WW *besprenkelen*; *natspatten (**de** met)*

aspérité V • *ruwheid*; *oneffenheid* • *stuursheid* • *stroefheid* ⟨v. stijl⟩

aspersion V *besprenkeling*

asphaltage M *asfaltering*

asphalte M • *asfalt* • INFORM. *(de) straten*; *(het) trottoir*

asphalter OV WW *asfalteren*

asphyxiant BNW OOK FIG. *verstikkend*

asphyxie V *verstikking*

asphyxier OV WW *doen stikken*

aspic M • *adder* • *vlees of koude vis in gelei* ★ langue d'~ *lastertong*; *kwaadspreker*

aspirant I M [v: **aspirante**] • *kandidaat*; *aspirant*

• *vaandrig; adelborst* **II** BNW *inzuigend* ★ hotte ~e *afzuigkap* ★ pompe ~e *zuigpomp*
aspirateur I M *stofzuiger* ★ ~-balai *(hand)stofzuiger* ★ passer l'~ *stofzuigen* **II** BNW [v: **aspiratrice**] *opzuigend*
aspiration V • *(het) inzuigen; (het) opzuigen* • *inademing* • TAALK. *(het) aanblazen v.e. klank* • *aspiratie; verlangen; (het) streven (***à** *naar)*
aspiré BNW ★ h ~e *aangeblazen h*
aspirer I OV WW • *inzuigen; opzuigen; afzuigen* • *inademen* • TAALK. *aanblazen van klank* **II** ONOV WW ~ **à** *verlangen/streven naar*
aspirine V *aspirine* ★ comprimé d'~ *aspirinetablet*
ASS AFK Allocation Spécifique de Solidarité OMSCHR. *vervolg werkeloosheidsuitkering*
assagir I OV WW *wijzer maken* **II** WKD WW [**s'~**] *bezadigder worden; wijzer worden*
assaillant I M *aanvaller* **II** BNW *aanvallend*
assaillir OV WW [onregelmatig] • *aanvallen* • *bestoken; lastigvallen (***de** *met)* • *aanranden*
assainir OV WW • *gezond maken; saneren* • *draineren*
assainissement M • *sanering; (het) gezond maken* • *drainering* ★ ~ monétaire *geldzuivering*
assainisseur M *reukverdrijver*
assaisonnement M • *(het) kruiden* • *kruiderij*
assaisonner OV WW • OOK FIG. *kruiden* • INFORM. *ervan langs geven*
assassin I M *moordenaar* ★ à l'~! *moord!* **II** BNW *provocerend; moordend; dodend*
assassinat M *moord*
assassiner OV WW • *vermoorden;* FIG. *om zeep helpen* • *afzetten* ‹m.b.t. geld›
assaut M • *aanval; stormloop* • *schermpartij; bokspartij* ★ char d'~ *tank* ★ troupes d'~ *stormtroepen* ★ donner l'~ *stormlopen* ★ prendre une place d'~ *een vesting stormenderhand innemen* ★ faire ~ d'esprit *wedijveren in geestigheid; wedijveren in vernuft*
assèchement M *drooglegging*
assécher I OV WW • *droogleggen* • *leegmaken* **II** WKD WW [**s'~**] *droogvallen*
Assedic V Ass. pour l'emploi dans l'industrie et le commerce *bedrijfsvereniging voor industrie en handel* ★ les ~ [mv] *de WW(-uitkeringen)*
assemblage M • *(het) verzamelen; verzameling* • *assemblage; montage* • *las; voeg; samenvoeging*
assemblée V *vergadering* ★ Assemblée nationale *volksvertegenwoordiging; Tweede Kamer*
assembler I OV WW • *verzamelen* • *oproepen* • *verbinden; samenvoegen* **II** WKD WW [**s'~**] *vergaderen; samenkomen*
assembleur M • *iem. die verzamelt, samenvoegt* • COMP. *assembler; assembleerprogramma*
assembleuse V *vergaarmachine*
assener OV WW *toebrengen* ★ ~ un coup *klap toedienen*
asséner ONOV WW • → **assener**
assentiment M *toestemming; goedkeuring*
asseoir I OV WW [onregelmatig] • *neerzetten; doen zitten* • FORM. *vestigen; gronden (***sur** *op)* **II** WKD WW [**s'~**] *gaan zitten*
assermenté BNW *beëdigd*
assertion V *bewering; verzekering; stelling*
asservir I OV WW • *tot slaaf maken* • *onderwerpen (***à** *aan); domineren; beheersen* ★ ~ ses passions *zijn hartstochten bedwingen* **II** WKD WW [**s'~**] *zich onderwerpen (***à** *aan)*
asservissement M • *slavernij* • *onderwerping* • *afhankelijkheid*
assesseur M *assessor; bijzitter*
asseye WW [subj. présent] • → **asseoir**
asseyent WW [subj. présent] • → **asseoir**
asseyes WW [subj. présent] • → **asseoir**
asseyez WW [subj. présent] • → **asseoir**
asseyons WW [subj. présent] • → **asseoir**
assez BIJW • *genoeg* • *tamelijk; vrij* ★ ~ d'argent *genoeg geld; geld genoeg* ★ j'en ai ~ *ik heb er genoeg van*
assidu BNW • *vlijtig* • *stipt; nauwgezet* • *trouw; niet-aflatend; toegewijd (***à** *aan;* **auprès de** *jegens)*
assiduité I V • *stiptheid* • *ijver* • *volharding* **II** V MV MIN. *opdringerigheid t.a.v. vrouwen*
assidûment BIJW • → **assidu**
assied WW [présent] • → **asseoir**
assieds WW [présent] • → **asseoir**
assiégeant I M [v: **assiégeante**] *belegeraar* **II** BNW *belegerend*
assiéger OV WW • *belegeren* • *voortdurend lastig vallen*
assiette V • *(etens)bord* • *wijze waarop men zit of geplaatst is* • *ligging; stabiliteit* • *(berekenings)grondslag* ★ manger dans une ~ *van een bord eten* ★ ~ anglaise *koude vleesschotel* ★ ne pas être dans son ~ *niet in zijn gewone doen zijn; zich niet prettig voelen*
assiettée V *bord vol*
assignation V • *toewijzing* • *dagvaarding*
assigner OV WW • *toewijzen* • *dagvaarden* • *afspreken; bepalen* ★ ~ un rendez-vous *een plaats van samenkomst afspreken*
assimilable BNW • *vergelijkbaar* • *opneembaar; verteerbaar*
assimilation V • *gelijkmaking* • *assimilatie; opneming*
assimiler I OV WW • *gelijkmaken; gelijkstellen; vergelijken (***à** *met)* • *opnemen; assimileren; verwerken* **II** WKD WW [**s'~**] • *zich assimileren; zich aanpassen (***à** *aan)* • *zich eigen maken* • *opgenomen worden* ‹v. voedsel› • ~ **à** *opgaan in; zich gelijkstellen met; zich vergelijken met*
assis I BNW • *gezeten; zittend* • *gelegen* • *gevestigd; degelijk* ★ place ~e *zitplaats* ★ être ~ *zitten* ★ réputation bien ~e *gevestigde reputatie* **II** WW [passé simple] • → **asseoir**
assise I V • *laag stenen* • *onderbouw; fundament* **II** V MV • *assisenhof* ‹in België› • *Hof van Assisen* • *zittingsperiode van Hof v. Assisen* • *congres (v. partij of vakvereniging)* ★ tenir ses ~s *zitting houden; vergaderen*
assistance V • *hulp; bijstand* • *(de) aanwezigen; publiek* • *(het) bijwonen* ★ ~ téléphonique *helpdesk* ★ enfant de l'~ *voogdijkind*
assistant I M [v: **assistante**] *assistent; helper*

★ les ~s *de aanwezigen* ★ ~ social *maatschappelijk werker* ★ COMP. ~ personnel *palmtop* ★ ~e maternelle *(gediplomeerde) kinderoppas* **II** BNW *hulp-*

assisté I M [v: **assistée**] *bijstandtrekker* **II** BNW *van de bijstand trekkend*

assister I OV WW *helpen; bijstaan* **II** ONOV WW ~ **à** *bijwonen; meemaken*

associatif BNW [v: **associative**] • *associatief* • *verenigings-*

association V • *vereniging; bond; club* • *samenhang; associatie van begrippen* • *bundeling; samenwerking*

associé M [v: **associée**] *compagnon; vennoot*

associer I OV WW • *tot compagnon nemen* • *verenigen; verbinden (***à** *met)* • ~ **à** *betrekken bij; deelgenoot maken van* **II** WKD WW [**s'~**] • *compagnonschap aangaan; samengaan (***à, avec** *met)* • ~ **à** *zich aansluiten bij; delen in*

assoiffé I M [v: **assoiffée**] *dorstig iemand* **II** BNW ~ **de** OOK FIG. *dorstig naar*

assolement M *wisselbouw*

assombrir I OV WW • *verduisteren* • FIG. *versomberen* **II** WKD WW [**s'~**] *donker worden; somber worden*

assombrissement M • *verduistering* • *(het) somber worden*

assommant BNW *(dood)vermoeiend; stomvervelend*

assommer OV WW • *neerslaan; vellen* • *murw maken* • INFORM. *dodelijk vervelen*

assommoir M • *ploertendoder* • OUD. *kroeg*

Assomption V *Maria-Hemelvaart*

assonance V *assonantie; klinkerrijm*

assorti BNW • *bij elkaar passend (***à** *bij)* • *gesorteerd; voorzien (***de** *van)*

assortiment M • *collectie; stel* • *sortering; assortiment* ★ ~ de couleurs *kleurschikking*

assortir I OV WW • *sorteren; op elkaar afstemmen (***à** *op)* • *van waren voorzien; bevoorraden (***de** *met)* • *bijeenvoegen; doen samengaan (***de** *met)* ★ être bien assorti *goed gesorteerd zijn* **II** WKD WW [**s'~**] *bij elkaar passen (***à** *bij)*

assoupir I OV WW • *gedeeltelijk verdoven* • *doen insluimeren* • *doen bedaren; verlichten* ★ ~ la douleur *de pijn verlichten* **II** WKD WW [**s'~**] *insluimeren*

assoupissement M • OOK FIG. *(in)sluimering* • *verdoving; verzachting*

assouplir OV WW • *zacht maken; lenig maken; versoepelen* • *handelbaar maken*

assouplissant M *wasverzachter*

assouplissement M • → **assouplir**

assouplisseur M • → **assouplissant**

assourdir OV WW • *doof maken* • *dempen* ‹v. geluid›

assourdissant BNW *oorverdovend*

assourdissement M • *doofheid* • *demping*

assouvir OV WW • *stillen* ‹v. honger›; *lessen* ‹v. dorst› • *bevredigen; botvieren* ★ ~ sa colère *zijn woede koelen*

assouvissement M • → **assouvir**

assujettir OV WW • *dwingen* • *onderwerpen (***à** *aan)* • *vastmaken* ★ assujetti à l'impôt *belastingplichtig*

assujettissant BNW *veeleisend; verplichtend*

assujettissement M • *onderwerping* • *onderworpenheid; gebondenheid* • *verplichting*

assumer I OV WW *op zich nemen; aanvaarden* **II** WKD WW [**s'~**] *zelfredzaam zijn; zichzelf accepteren*

assurance V • *zelfvertrouwen; zelfverzekerdheid* • *zekerheid* • *verzekering; assurantie* ★ ~ maladie *ziektekostenverzekering* ★ ~ vie *levensverzekering* ★ ~s sociales *sociale verzekeringen*

assuré I BNW • *zeker* • *vast; ferm* **II** M *verzekerde*

assurément BIJW *zeker*

assurer I OV WW • *verzekeren (***de** *van)* • *assureren (***contre** *tegen)* • *de verzekering geven (***à** *aan)* • *vastzetten; bevestigen* • *verzorgen; voorzien in* ★ ~ qn de qc *iem. van iets verzekeren* ★ ~ le train *de vaart (het tempo) erin houden* **II** ONOV WW INFORM. *het klaren; van wanten weten* **III** WKD WW [**s'~**] • *zich verzekeren (***contre** *tegen)* • *zich zekerheid verschaffen; zich vergewissen (***de** *van)*

assureur M *verzekeraar; assuradeur*

aster M *aster*

astérisque M *asterisk (*); sterretje*

astéroïde M *asteroïde*

asthénie V *krachteloosheid*

asthmatique I BNW *astmatisch* **II** M/V *astmalijder*

asthme M *astma*

asticot M • *made* ‹als aas› • INFORM. *snuiter; kwast*

asticoter OV WW INFORM. *treiteren*

astigmate BNW *astigmatisch*

astiquer OV WW *oppoetsen*

astragale M • *kootbeentje* • *astragaal; sierlijst*

astral BNW [m mv: **astraux**] *wat betrekking heeft op de sterren*

astre M *ster; hemellichaam* ★ LIT. l'~ du jour *de zon* ★ beau comme un ~ *beeldschoon*

astreignant BNW *dwingend; waardoor men gebonden is*

astreindre I OV WW [onregelmatig] ~ **à** *dwingen tot; nopen tot* **II** WKD WW [**s'~**] **à** *zich verplichten tot; zich binden tot* ★ s'~ à des travaux *zichzelf werk opleggen*

astreinte V *dwang(som)*

astringent I M MED. *samentrekkend middel; stopmiddel* **II** BNW *wat samentrekt; wat stopt*

astrologie V *astrologie; sterrenwichelarij*

astrologique BNW *astrologisch*

astrologue M/V *astroloog; sterrenwichelaar*

astronaute M/V *ruimtevaarder*

astronautique V *ruimtevaart*

astronef M *ruimteschip*

astronome M/V *sterrenkundige*

astronomie V *sterrenkunde*

astronomique BNW *astronomisch* ★ chiffres ~s *zeer hoge cijfers; astronomische cijfers*

astuce V • *slimmigheid* • *foefje* • *grapje*

astucieux BNW [v: **astucieuse**] *handig; slim*

asymétrie V *ongelijkvormigheid*

asymétrique BNW *asymmetrisch*

asymptote V *asymptoot*

asynchrone BNW *asynchroon*

atavique BNW *atavistisch; erfelijk*

atavisme M *atavisme; erfelijkheid*
atchoum TW *hatsjie*
atelier M • *werkplaats* • *atelier* • *afdeling van fabriek* • *werkgroep; workshop*
atermoiement M • *gedraal (met uitvluchten); (het) tijdrekken* • JUR. *uitstel van betaling*
atermoyer I OV WW *uitstellen; op de lange baan schuiven* **II** ONOV WW *tijdrekken; uitvluchten zoeken*
athée I BNW *atheïstisch; ongelovig* **II** M/V *atheïst; ongelovige*
athénée M BN *atheneum*
Athènes V *Athene*
athlète M/V *atleet*
athlétique BNW *atletisch*
athlétisme M *atletiek*
Atlantide *Atlantis*
atlantique BNW *Atlantisch*
Atlantique ★ l'(océan) ~ *de Atlantische Oceaan*
atlas M *atlas* ‹ook halswervel›
Atlas M *Atlasgebergte*
atmosphère V • *sfeer* • *atmosfeer*
atmosphérique BNW *atmosferisch*
atoll M *atol*
atome M *atoom* ★ avoir des ~s crochus avec qn *affiniteit met iem. hebben*
atomique BNW *atomisch; atoom-* ★ bombe ~ *atoombom*
atomiser I OV WW • *verstuiven* • *versnipperen* • *met atoomwapens vernietigen* **II** WKD WW [**s'~**] *versplinteren*
atomiseur M *verstuiver*
atomiste I M/V *atoomgeleerde* **II** BNW *atoom-*
atonal BNW [m mv: **atonaux**] *atonaal*
atone BNW • *dof; uitdrukkingsloos* ‹v. blik›; *futloos* • *onbeklemtoond*
atonie V *zwakheid; slapte*
atours M MV *opsmuk; kleding en sieraden* ★ paré de ses plus beaux ~ *opgedirkt; in vol ornaat*
atout (zeg: atoe) M OOK FIG. *troef*
âtre M FORM. *haard*
atroce BNW *ontzettend; gruwelijk; ijselijk*
atrocité V *gruwelijkheid; gruweldaad*
atrophie V *atrofie; verschrompeling; uittering*
atrophié BNW *verschrompeld; weggekwijnd; verzwakt*
attabler I OV WW *aan tafel zetten* **II** WKD WW [**s'~**] *aan tafel gaan*
attachant BNW *aantrekkelijk; boeiend*
attache V • *band; riem* • *paperclip; klemmetje* • *gewrichtsverbinding* • *gehechtheid; binding* ★ chien d'~ *kettinghond* ★ port d'~ *thuishaven* ★ tenir qn à l'~ *iem. onder de duim houden* ★ avoir des ~s fines *fijne gewrichten hebben*
attaché M *attaché; lid v. gezantschap*
attache-caravane M [mv: **attache-caravanes**] *trekhaak*
attaché-case M [mv: **attachés-cases**] *diplomatenkoffertje*
attachement M • *genegenheid; gehechtheid* • *staat van dagelijkse werkzaamheden en uitgaven* ‹in de bouw› ★ ~ à l'étude *studie-ijver* ★ ~ au travail *liefde voor het werk*
attache-nappe M [mv: **attache-nappes**] *tafelklem*
attacher I OV WW • *vastmaken; (vast)hechten; verbinden (***à** *aan)* • *aan zich binden* ★ ~ qn par la reconnaissance *iem. door erkentelijkheid aan zich binden* ★ s'~ qn *iem. voor zich innemen* ★ ~ le grelot *de kat de bel aanbinden* • **~ sur** *vestigen op* ★ ~ ses yeux sur qc *zijn ogen op iets vestigen* **II** ONOV WW • INFORM. *vast blijven zitten* • INFORM. *aanbranden* **III** WKD WW [**s'~**] • *vastkleven; vast blijven zitten (***à** *aan)* • *de veiligheidsriem(en) omdoen* ★ s'~ à qc *iets op zich nemen; zich op iets toeleggen* ★ s'~ à qn *zich aan iem. hechten*
attaquable BNW *aanvechtbaar*
attaquant M [v: **attaquante**] *aanvaller*
attaque V • *aanval* • MUZ. *inzet* ★ ~ de nerfs *zenuwtoeval* ★ ~ d'apoplexie *beroerte* ★ être d'~ *fit zijn; in vorm zijn*
attaquer I OV WW • *aanvallen; aanranden* • *aantasten* • *beginnen met; aanpakken* • MUZ. *inzetten* ★ ~ qn en justice *iem. voor het gerecht dagen* ★ ~ un travail *een klus aanpakken* **II** WKD WW [**s'~**] **à** *aanvallen; aanpakken; zich meten (met)* ★ s'~ à qn *het op iem. gemunt hebben*
attardé BNW • *(ver)laat* • *achterlijk* • *ouderwets*
attarder I OV WW *vertragen; ophouden* **II** WKD WW [**s'~**] • *te laat komen; zich verlaten; treuzelen* ★ s'~ à table *natafelen* • **~ à, sur** *lang stilstaan bij; lang bezig zijn met*
atteindre I OV WW [onregelmatig] • *treffen; raken* • *aantasten* ‹v. ziekte› • *bereiken* • *inhalen* **II** ONOV WW **~ à** *reiken tot; geraken tot*
atteint BNW *aangetast; getroffen (***de** *door)*
atteinte V • *aantasting; inbreuk (***à** *op)* • *aandoening* ★ hors d'~ *buiten bereik* ★ porter ~ à *aanranden; aantasten; benadelen*
attelage M • *(het) aanspannen* ‹v. dieren› • *span* • *paard-en-wagen* • *koppeling*
atteler I OV WW • *aanspannen* • *aanhaken; koppelen* ‹v. wagons› **II** WKD WW [**s'~**] **à** *zich inspannen voor*
attelles V MV • *spalken* • *haambeugels*
attenant BNW *belendend (***à** *aan)*
attendant BIJW ★ en ~ *intussen; in afwachting; in ieder geval* ★ en ~ de *alvorens te* ★ en ~ que [+ subj.] *(in afwachting) totdat*
attendre I OV WW *wachten (op); verwachten (***de** *van); opwachten; afwachten* ★ ~ qn à la gare *iem. van de trein afhalen* ★ se faire ~ *op zich laten wachten; uitblijven* ★ tout vient à point à qui sait ~ ‹spreekwoord› *de aanhouder wint* ★ attendez-moi sous l'orme! ‹spreekwoord› *morgen brengen!; daar kun je nog lang op wachten!* **II** ONOV WW *wachten* ★ ~ après qc *om iets zitten te springen* **III** WKD WW [**s'~**] **à** *verwachten; rekenen op*
attendrir I OV WW • *ontroeren; vertederen* • *zacht/mals maken* **II** WKD WW [**s'~**] *ontroerd worden; medelijden hebben (***sur** *met)*
attendrissant BNW *treffend; ontroerend*
attendrissement M *ontroering; vertedering*
attendu I BNW *verwacht* **II** VZ *wegens; gezien* ★ ~ que *aangezien*
attendus M MV JUR. *overwegingen; considerans*

attentat M • *aanslag (***contre** *op)* • *schending; vergrijp (***à, contre** *tegen)* ★ ~ à la pudeur *aanranding*
attentatoire BNW ~ **à** *schendend; inbreuk makend op*
attente V • *(het) wachten* • *verwachting* ★ contre toute ~ *onverwachts* ★ mode d'~ *stand-by; wachtstand* ★ salle d'~ *wachtkamer* ★ être dans l'~ (de) *in afwachting zijn (van)* ★ tromper l'~ *de tijd korten*
attenter ONOV WW ~ **à** *een aanslag doen op; zich vergrijpen aan*
attentif BNW [v: **attentive**] • *oplettend; attent* • ~ **à** *bedacht op; erop bedacht om*
attention V • *aandacht; oplettendheid (***à** *voor)* • *attentie; voorkomendheid* ★ faire ~ *opletten* ★ ~! *opgelet!*
attentionné BNW *voorkómend; attent (***avec, pour** *jegens)*
attentisme M POL. *afwachtende houding*
attentivement BIJW *aandachtig*
atténuant BNW *verzachtend*
atténuation V *verzachting; verzwakking; afzwakking*
atténuer I OV WW *verzachten; verzwakken; afzwakken* **II** WKD WW [**s'~**] *verzacht worden*
atterrer OV WW *verbijsteren*
atterrir ONOV WW *landen;* INFORM. *belanden*
atterrissage M *landing* ★ ~ forcé *noodlanding* ★ train d'~ *landingsgestel*
attestation V *bewijs; getuigenis; verklaring*
attester OV WW *getuigen; verklaren* ★ en ~ les assistants *de omstanders tot getuigen roepen*
attiédir I OV WW • *lauw maken; afkoelen* • FIG. *verflauwen* **II** WKD WW [**s'~**] • *lauw worden* • *verflauwen;* FIG. *bekoelen*
attiédissement M • *afkoeling* • FIG. *verflauwing*
attifer OV WW INFORM. *opdirken*
attique BNW *Attisch* ★ sel ~ *Attisch zout; geestigheid*
attirail M [mv: **attirails**] • *benodigdheden; uitrusting* • INFORM. *santenkraam*
attirance V *aantrekkingskracht* ★ éprouver de l'~ *zich aangetrokken voelen*
attirant BNW *aantrekkelijk*
attirer I OV WW • *aantrekken; tot zich trekken* ★ ~ les regards *blikken trekken* ★ ~ l'attention sur *de aandacht vestigen op* • ~ **à, sur** *bezorgen; berokkenen* **II** WKD WW [**s'~**] *zich op de hals halen*
attiser OV WW *oppoken;* FIG. *aanwakkeren*
attitré BNW • *officieel* • *vast; gewoon* ★ commerçant ~ *winkelier waar men gewoonlijk komt*
attitude V *houding; gedrag*
attouchement M *aanraking*
attractif BNW [v: **attractive**] *wat aantrekt* ★ force attractive *aantrekkingskracht*
attraction V • *aantrekkingskracht; aantrekking* • *attractie* ★ les ~s *variétéprogramma*
attrait M • *aantrekkelijkheid; bekoring* • *neiging; smaak*
attrapade V • INFORM. *standje* • *ruzie*
attrapage V • → **attrapade**
attrape V • *strik; valstrik* • *fopperij; fopartikel*
attrape-nigaud M [mv: **attrape-nigauds**] *boerenbedrog*
attraper OV WW • *vangen; pakken* • *bedriegen; beetnemen* • *inhalen; krijgen; oplopen* • *betrappen* • *vatten; weergeven* • *berispen* ★ ~ le train *de trein halen* ★ ~ une maladie *een ziekte oplopen* ★ ~ un rhume *kou vatten* ★ attrape! *steek dat in je zak!*
attrayant BNW *aantrekkelijk*
attribuer I OV WW • *toekennen (***à** *aan)* • *toeschrijven (***à** *aan)* **II** WKD WW [**s'~**] *zich aanmatigen; opeisen*
attribut M • *eigenschap; kenmerk* • *zinnebeeld* • TAALK. *naamwoordelijk deel van gezegde*
attributif BNW [v: **attributive**] • JUR. *toekennend* • TAALK. *attributief*
attribution V *toekenning* ★ cela ne rentre pas dans tes ~s *dat hoort niet tot jouw bevoegdheden*
attrister I OV WW *bedroeven* **II** WKD WW [**s'~**] *bedroefd worden*
attroupement M *samenscholing*
attrouper I OV WW *te hoop doen lopen* **II** WKD WW [**s'~**] *samenscholen*
au SAMENTR à le → **à**
aubade V *aubade*
aubaine V *buitenkansje*
aube V • FORM. *dageraad; begin* • REL. *albe* • *schoep* ★ à l'aube *'s morgens vroeg*
aubépine V *meidoorn*
auberge V *herberg* ★ ~ de (la) jeunesse *jeugdherberg* ★ ~ espagnole *primitief onderkomen* ★ on n'est pas sorti de l'~ *we zijn nog niet uit de problemen*
aubergine I V *aubergine* **II** BNW *auberginekleurig; donkerpaars*
aubergiste M/V *herbergier*
aubette V • *wachthuisje; kiosk* • W.-FR. *bushokje*
auburn BNW *bruinrood*
aucun I BNW • *enig* • *geen enkel* ⟨met `ne'⟩ ★ sans ~e hésitation *zonder enige aarzeling* ★ ~e décision ne fut prise *er werd geen enkele beslissing genomen* **II** PERS VNW • *enig ander* ⟨zonder ontkenning⟩ • *geen enkele; niemand* ⟨met ontkenning⟩ ★ il le fait mieux qu'~ d'entre nous *hij doet het beter dan een van ons* ★ FORM. d'~s *sommigen* ★ ~ d'entre vous ne sera d'accord *niemand van u zal het er mee eens zijn*
aucunement BIJW *geenszins*
audace V *stoutmoedigheid; dapperheid*
audacieux BNW [v: **audacieuse**] *dapper; stoutmoedig*
au-dedans I BIJW *binnenin; van binnen* **II** VZ ~ **de** *binnen*
au-dehors I BIJW *(van) buiten* **II** VZ ~ **(de)** *buiten*
au-delà I M *het hiernamaals* **II** BIJW *aan gene zijde; aan de overzijde; verderop* **III** VZ ~ **de** *aan de andere kant van; naar de andere kant van; meer dan* ★ ~ de mes espérances *boven (mijn) verwachting*
au-dessous I BIJW *eronder* **II** VZ ~ **de** *onder*
au-dessus I BIJW *erboven* **II** VZ ~ **de** *boven*
au-devant I BIJW *tegemoet* **II** VZ ~ **(de)** *tegemoet*
audibilité V *hoorbaarheid*
audible BNW *hoorbaar*

audience V • *publiek* • *aandacht*; *gehoor* • *rechtszitting* • *audiëntie* ★ donner ~ à *het oor lenen aan*
audimat M *kijkdichtheid(smeetsysteem)*
audio BNW *geluids-*; *audio-*
audiolivre M *luisterboek*
audiophone M *gehoorapparaat*
audiovisuel I BNW [v: **audiovisuelle**] *audiovisueel* **II** M *(het gebruik van) audiovisuele middelen*; *tv-bestel*
audit M • *accountantsonderzoek*; *doorlichting v. e. bedrijf* • *controlerend accountant*; *auditor*
auditeur M [v: **auditrice**] *toehoorder*
auditif BNW [v: **auditive**] *gehoor-*
audition V • *auditie*; *proefspel* ⟨v. kunstenaar⟩ • *(het) horen*; *gehoor* • *muziekuitvoering* • *(het) verhoren*
auditionner OV WW • *voorspelen*; *voorzingen* • *beluisteren*
auditoire M • *gehoorzaal*; BN *collegezaal* • *toehoorders*; *publiek*
auge V • *drinkbak voor vee* • *kalkbak* • *trog*
augmentatif BNW [v: **augmentative**] *vergrotend*
augmentation V • *loonsverhoging* • *vergroting*; *verhoging*; *vermeerdering*
augmenter I OV WW • *vergroten*; *verhogen*; *vermeerderen (**de** met, qua)* • *loonsverhoging geven aan* **II** ONOV WW *vermeerderen*; *toenemen*; *stijgen (**de** met, qua)* **III** WKD WW [**s'**~] *vermeerderen*; *toenemen*; *stijgen (**de** met, qua)*
augure M • *voorspelling*; *voorteken* • *vogelwichelaar* ⟨uit de oudheid⟩ ★ de bon/mauvais ~ *veel/niet veel goeds voorspellend*
augurer OV WW *voorspellen*; *voorzien* ★ n'~ rien de bon *niets goeds voorspellen*
auguste I BNW • *verheven* • *doorluchtig* **II** M *August* ⟨soort clown⟩
Auguste *Augustus*
aujourd'hui BIJW • *vandaag* • *tegenwoordig* ★ INFORM. c'est pour ~ ou pour demain? *komt er nog wat van?*
aulne M *els*
aulx M MV • → **ail**
aumône V *aalmoes* ★ faire l'~ *een aalmoes geven*
aumônier M *aalmoezenier*
aumônière V *gordelbeursje*
aune I M *els* **II** V *el* ★ mesurer à l'aune de *afmeten aan*; *beoordelen naar* ★ au bout de l'aune faut le drap ⟨spreekwoord⟩ *aan alles komt een eind*
auparavant BIJW *vroeger*; *van tevoren*; *eerst*
auprès I BIJW *er dicht bij* **II** VZ ~ **de** *(dicht)bij*; *vergeleken met*
auquel SAMENTR à lequel → **lequel**
aura I V *aura*; *uitstraling* **II** WW [futur] • → **avoir**
aurai WW [futur] • → **avoir**
auréole V *aureool*; *stralenkrans*
auriculaire I M *pink* **II** BNW *wat het oor betreft*
aurifère BNW *goud bevattend*
aurifier OV WW *met goud plomberen*
aurochs (zeg: orok(s)) M *oeros*
aurore I V • *dageraad*; OOK FIG. *morgenrood* • *oosten* • *poollicht* ★ dès l'~ *voor dag en dauw*; *bij het ochtendgloren* **II** BNW *goudgeel*
auscultation V *auscultatie*
ausculter OV WW *ausculteren*; FIG. *onderzoeken*
auspice M • *auspiciën* • *voorteken* ★ sous les ~s de *onder de auspiciën van* ★ sous d'heureux ~s *onder een gelukkig voorteken*
aussi I BIJW *ook* ⟨vóór aan de zin⟩; *eveneens* ★ ~ que [+ subj.] *hoe... ook* ★ ~... que *even... als, zo... als* ★ ~ bien que *evenals* ★ ~ peu que *evenmin als* ★ ~ grand qu'il soit/~ grand soit-il *hoe groot hij ook is* **II** VW *dan ook*; *daarom* ⟨voor aan de zin⟩ ★ ~ n'a-t-il pas réagi *hij heeft dan ook niet gereageerd*
aussitôt I BIJW *dadelijk* ★ ~ dit, ~ fait *zo gezegd, zo gedaan* **II** VW **~ que** *zodra*
austère BNW *streng*; *ernstig*; *sober*
austérité V *strengheid*; *soberheid* ★ ~ politique *bezuinigingspolitiek*
austral BNW [m mv: **austraux**] *zuidelijk*
Australie V *Australië*
australien BNW [v: **australienne**] *Australisch*
Australien M [v: **Australienne**] *Australiër*
autant I BIJW • *evenveel*; *zo veel*; *evenzeer*; *evengoed (**que** als)* ★ ~ de garçons que de filles *evenveel jongens als meisjes* ★ ces objets sont ~ de merveilles! *die voorwerpen zijn evenzovele juweeltjes!* ★ en faire ~ *hetzelfde doen* ★ ~ dire que *je kunt even goed zeggen dat* ★ ~ de gagné *dat hebben we alvast* ★ ~ de têtes, ~ d'avis *zoveel hoofden, zoveel zinnen* ★ d'~ *naar evenredigheid* ★ d'~ mieux *des te beter* ★ pour ~ *desondanks* • **~ de** *evenveel*; *zo veel* **II** VW **~ que** *voor zover*; *zover als*; *gezien het feit dat*; *(omdat) immers* ★ (pour) ~ que je sache *voor zover ik weet* ★ d'~ (plus) que *te meer omdat*
autarcie (zeg: otarsie) V *autarkie*; *zelfvoorziening*
autel M *altaar* ★ maître-~ *hoofdaltaar*
auteur M • *maker* • *schrijver* • *bedrijver*; *dader* ★ le droit d'~ *het auteursrecht* ★ les droits d'~ *de royalty's*
authenticité V *echtheid*
authentifier OV WW *authentiseren*; *legaliseren*
authentique BNW • *echt* • *oorspronkelijk*
autiste BNW *autistisch*
autistique BNW • → **autiste**
auto V *auto*
autoadhésif I M *sticker* **II** BNW [v: **autoadhésive**] *zelfklevend*
autoagrippant M *klittenband*
autoallumage M *zelfontsteking*
autobiographie V *autobiografie*; *beschrijving van het eigen leven*
autobus (zeg: -buus) M *bus*; *stadsbus*
autocar M *bus*; *touringcar* ★ ~ interurbain *interregionale lijnbus*
autochenille V *auto met rupsbanden*
autochtone I M/V *autochtoon* **II** BNW *autochtoon*; *inheems*
autoclave M *autoclaaf*
autocollant I M *sticker* **II** BNW *zelfklevend*
auto-couchette BNW [mv: **autos-couchettes**] ★ train ~ *autoslaaptrein*
autocrate M *alleenheerser*

autocratie (zeg: -sie) V *alleenheerschappij*
autocritique V *zelfkritiek*
autocuiseur M *snelkookpan*
autodéfense V *zelfverdediging*
autodestruction V *zelfvernietiging*
autodétermination V *zelfbeschikking*
autodidacte M/V *autodidact*
autodiscipline V *zelfdiscipline*
autodrome M *autoracebaan*
auto-école, **autoécole** V [mv: **auto(-)écoles**] *autorijschool*
autofinancement M *zelffinanciering*
autogène BNW *autogeen*
autogestion V *zelfbestuur*
autographe I M *eigenhandig geschreven document/opdracht v.e. schrijver* **II** BNW *eigenhandig geschreven*
autoguidé BNW *met automatische geleiding/besturing*
automate M *automaat*
automaticien M [v: **automaticienne**] *automatiseringsdeskundige*
automatique BNW *automatisch*; *werktuiglijk*
automatisation V *automatisering*
automatiser OV WW *automatiseren*
automatisme M • *automatisme* • *regelmaat*
automédication V *zelfmedicatie*
automnal BNW [m mv: **automnaux**] *herfst-*; *herfstig*
automne M *herfst*
automobile I V *auto(mobiel)* **II** BNW ★ canot ~ *motorbootje*
automobilisme M • *autosport* • *automobilisme*
automobiliste M/V *automobilist*
automoteur BNW [v: **automotrice**] *zelfbewegend*
autonome BNW *autonoom*; *zelfstandig*
autonomie V • *autonomie*; *zelfstandigheid* • *bereik*; *actieradius*
autopompe V *brandweerauto*
autoportrait M *zelfportret*
autopsie V *lijkschouwing*
autopsier OV WW *lijkschouwing verrichten op*
autoradio M *autoradio*
autorail (zeg: -raj) M *dieselmotorwagen*; *dieseltrein*
autorisation V *toestemming*; *vergunning*; *machtiging*
autorisé BNW • *gezaghebbend*; *toonaangevend* • *bevoegd* • *toegestaan* ★ ~ par l'usage *ingeburgerd*
autoriser I OV WW *vergunning verlenen*; *toestaan*; *machtigen* **II** WKD WW [**s'~**] **de** *zich beroepen op*
autoritaire BNW *autoritair*; *heerszuchtig*
autorité V • *autoriteit*; *gezag* • *gezaghebbend persoon* ★ d'~ *op eigen gezag* ★ cet écrivain fait ~ *dat is een gezaghebbend schrijver*
autoroute V *autoweg* ★ ~ de l'information *elektronische snelweg*
autoroutier BNW [v: **autoroutière**] *autoweg-*
autostop M • → **auto-stop**
auto-stop M *(het) liften* ★ faire de l'~ *liften*
auto-stoppeur, **autostoppeur** M [mv: **auto(s)-stoppeurs, autostoppeurs**] [v: **auto-stoppeuse, autostoppeuse**] *lifter*
autostrade V *autosnelweg*; *autostrade*
autosuffisance V *zelfvoorziening*; *autarkie*
autosuggestion V *autosuggestie*
autour I BIJW *rondom*; *eromheen* **II** VZ ~ **de** *rondom*; *ongeveer* **III** M *havik*
autre I BNW *ander*; *anders (***que** *dan)* ★ ~ chose *iets anders* ★ l'~ jour/l'~ fois *onlangs* ★ l'~ dimanche *afgelopen zondag* ★ de côté et d'~ *her en der* ★ ~ part *elders* ★ d'~ part *anderzijds*; *aan de andere kant* ★ nous ~s, Français *wij, Fransen* **II** PERS VNW *ander*; *anders* ★ qn d'~ *iem. anders* ★ rien d'~ *niets anders* ★ entre ~s *onder andere(n)* ★ l'un l'~ *elkaar* ★ l'un et l'~ *beiden* ★ les uns les ~s *elkaar* ★ tout ~ *elk ander* ★ d'un moment à l'~ *elk ogenblik* ★ de temps à ~ *van tijd tot tijd* ★ un jour ou l'~ *op een dag*; *eerdaags* ★ comme dit l'~ *zoals men zegt* ★ parler de choses et d'~s *over koetjes en kalfjes praten* ★ j'en ai vu bien d'~s *ik heb heel wat erger dingen meegemaakt* ★ il n'en fait pas d'~s *dat is weer echt iets voor hem* ★ à d'~s *maak dat anderen wijs!*
autrefois BIJW *vroeger*; *eertijds*
autrement BIJW • *anders (***que** *dan)* • *niet erg*; *niet zeer* ⟨in ontkenning⟩ • *meer*; *veel* ⟨in een vergelijking⟩ ★ je ne suis pas ~ content de vous *ik ben niet erg tevreden over jullie* ★ elle a ~ plus de talent que moi *zij heeft veel meer talent dan ik* ★ ~ sympathique que *veel sympathieker dan*
Autriche V *Oostenrijk*
autrichien BNW [v: **autrichienne**] *Oostenrijks*
Autrichien M [v: **Autrichienne**] *Oostenrijker*
autruche V *struisvogel* ★ politique de l'~ *struisvogelpolitiek*
autrui PERS VNW *anderen*; *een ander*
auvent M *afdak*; *luifel* ★ ~ de jardin *partytent*
auvergnat BNW [v: **auvergnate**] *uit Auvergne*
Auvergnat M [v: **Auvergnate**] *iem. uit Auvergne*
aux SAMENTR à les ★ aller aux Pays-Bas *naar Nederland gaan* ★ assister aux Jeux Olympiques *de Olympische Spelen bijwonen* • → **à**
auxiliaire I M • *hulpwerkwoord* • *hulpmiddel* **II** M/V *helper* **III** BNW *hulp-* ★ verbe ~ *hulpwerkwoord*
auxquelles SAMENTR à lesquelles → **lequel**
auxquels SAMENTR à lesquels → **lequel**
Av. AFK Avenue *avenue*; *laan*
avachi BNW • *vormloos*; *slap* • *futloos*
avachir I OV WW • *vormloos maken* • *slap maken* **II** WKD WW [**s'~**] • *uit de vorm raken* • *slap worden* • *zich laten gaan*
avachissement M *verslapping*; *futloosheid*
aval M • *benedenloop*; *lager gelegen deel* ⟨v. rivier, helling⟩ • *wisselborgtocht* ★ en aval *stroomafwaarts*; FIG. *in een latere (productie)fase* ★ donner son aval *erin toestemmen*
avalanche V OOK FIG. *lawine*
avalancheux BNW [v: **avalancheuse**] *lawinegevaarlijk*
avaler OV WW • *opeten*; *verslinden*; *verzwelgen* • FIG. *slikken* ★ ~ de travers *zich verslikken* ★ ~ tout rond *in zijn geheel doorslikken* ★ ~ sa

langue *zwijgen* ★ FIG. ~ la pilule *door de zure appel heen bijten* ★ ~ des yeux *met de ogen verslinden*

avaleur M [v: **avaleuse**] INFORM. *gulzigaard* ★ ~ de sabres *degenslikker* ★ ~ de capsules de drogues *bolletjesslikker*

avaliser OV WW *steunen; garant staan voor*

avance V • *voorsprong (***sur** *op)* • *voorschot (***sur** *op)* • *opmars* ★ à l'~ *tevoren* ★ d'~ *van tevoren* ★ en ~ *te vroeg* ★ par ~ *bij voorbaat* ★ être en ~ sur son temps *zijn tijd vooruit zijn* ★ la belle ~! *wat schiet ik daar nu mee op!* ★ ~s [mv] *toenaderingspogingen*

avancé BNW • *uitgestoken* • *vooruitgeschoven* • *vergevorderd* • *vooruitstrevend* • *voorlijk* • *overrijp* ★ élève ~ *snelle leerling* ★ fromage ~ *kaas die loopt* ★ la main ~e *met uitgestoken hand* ★ idées ~es *vooruitstrevende ideeën* ★ MIL. postes ~s *vooruitgeschoven posten* ★ travail ~ *vergevorderd werk* ★ viande ~e *licht bedorven vlees* ★ IRON. vous voilà bien ~ *daar schiet je mooi mee op*

avancée V • *vooruitstekend deel* • *vooruitgang; stap vooruit*

avancement M • *bevordering; vooruitgang* • *voorschot*

avancer I OV WW • *vooruitsteken* • *voorschieten* ‹v. geld› • *beweren; naar voren brengen* • *verhaasten; vervroegen* ★ cela ne m'avance pas *daar schiet ik niet(s) mee op* **II** ONOV WW • *voorwaarts gaan; vorderen* • *voorlopen* ‹v. klok› • *vooruitsteken* • *opschieten; vorderingen maken* **III** WKD WW [**s'~**] *naar voren komen; naderen* ★ s'~ trop *te ver gaan*

avanie V OUD. *vernedering*

avant I M • *voorkant* • MIL. *voorhoede* • SPORT *aanvaller* ★ en ~ *naar voren; vooruit* ★ roues ~ *voorwielen* ★ d'~ *ervoor* ★ aller de l'~ *doorpakken; aanpakken* **II** BIJW • *voor; tevoren; vooruit* • *diep; ver* ★ en ~ *voorwaarts* ★ ~ dans la forêt *ver in het bos; diep in het bos* ★ bien ~ dans la nuit *diep in de nacht* ★ passer ~ *voorgaan* ★ mettre en ~ *naar voren brengen* ★ se mettre en ~ *zich opdringen* **III** VZ *voor* ‹tijd, rangorde, plaats› ★ ~ peu *binnenkort* ★ ~ de *alvorens te* **IV** VW ~ **que** [+ subj.] *voordat*

avantage M • *voordeel; voorrecht* • *overhand; voorsprong (***sur** *op)* ★ à l'~ de *ten gunste van; flatterend voor* ★ j'ai l'~ de *ik heb het voorrecht; ik heb het genoegen*

avantager OV WW *bevoordelen; begunstigen*

avantageux BNW [v: **avantageuse**] • *voordelig* • *flatteus* • *verwaand*

avant-bras M [mv: id.] *onderarm*

avant-centre M [mv: **avants-centres**] *midvoor; spits*

avant-coureur BNW ★ signe ~ *voorteken*

avant-dernier BNW [v: **avant-dernière**] *voorlaatst*

avant-garde V [mv: **avant-gardes**] *avant-garde; voorhoede*

avant-goût M [mv: **avant-goûts**] *voorproefje; voorsmaak*

avant-guerre M/V [mv: **avant-guerres**] *tijd voor de oorlog* ★ d'~ *vooroorlogs*

avant-hier BIJW *eergisteren*

avant-main V [mv: **avant-mains**] *voorhand* ‹v. paard›

avant-port M [mv: **avant-ports**] *voorhaven*

avant-poste M [mv: **avant-postes**] *voorpost*

avant-projet M [mv: **avant-projets**] *voorontwerp*

avant-propos M [mv: id.] *voorwoord*

avant-scène V [mv: **avant-scènes**] • *avant-scène* • *voorgrond van toneel*

avant-soirée V [mv: **avant-soirées**] *vooravond; tv-programma's tussen 6 en 8*

avant-train M [mv: **avant-trains**] • *voorstel* ‹v. wagen› • *voorhand* ‹v. dier›

avant-veille V [mv: **avant-veilles**] *twee dagen tevoren*

avare I BNW • *gierig; zuinig* • ~ **de** *zuinig/karig met* **II** M/V *vrek*

avarice V *gierigheid*

avaricieux BNW [v: **avaricieuse**] *gierig*

avarie V *averij; schade*

avarié BNW *beschadigd; bedorven*

avarier OV WW *beschadigen; bederven*

avatar M • *gedaanteverwisseling* • *wederwaardigheid; tegenslag* • REL. *avatar; incarnatie*

ave M *weesgegroet(je)*

avec I BIJW • *erbij* • *ermee* **II** VZ *met; bij* ★ il a son père avec lui *hij heeft zijn vader bij zich* ★ avec ça! *och kom!* ★ avec ça? *anders nog?* ★ d'avec *van (af)* ★ elle a divorcé d'avec lui *zij is van hem gescheiden*

avenant I BNW *vriendelijk; innemend* ★ à l'~ *in overeenstemming; overeenkomstig* **II** M *wijzigingsclausule; aanhangsel* ‹v. polis›

avènement M • *komst (v. Christus)* • *(het) aan de regering komen; troonsbestijging*

avenir M *toekomst* ★ à l'~ *voortaan*

Avent M *advent*

aventure V *avontuur* ★ à l'~ *op goed geluk* ★ d'~ *bij toeval* ★ par ~ *bij toeval* ★ dire la bonne ~ *de toekomst voorspellen*

aventurer I OV WW *wagen* **II** WKD WW [**s'~**] *zich wagen*

aventureux BNW [v: **aventureuse**] *avontuurlijk; onzeker*

aventurier M [v: **aventurière**] *avonturier*

avenu BNW ★ nul et non ~ *van nul en generlei waarde*

avenue V • *laan* • *brede, met bomen beplante straat*

avéré BNW *bewaarheid* ★ un fait ~ *een bewezen feit*

avérer WKD WW [**s'~**] *blijken (te zijn)*

avers M *beeldzijde van munt*

averse V *stortbui*

aversion V *afkeer; walging (***contre, pour** *van)* ★ prendre en ~ *een afkeer krijgen van*

averti BNW • *gewaarschuwd* • *ingelicht; goed op de hoogte (***de** *van)* ★ un homme ~ en vaut deux ‹spreekwoord› *een gewaarschuwd man telt voor twee*

avertir OV WW • *waarschuwen (***de** *voor)* • *verwittigen; berichten (***de** *van)* ★ tenez-vous pour averti! *laat dat u gezegd zijn!*

avertissement M • *waarschuwing* ★ ~ sur les

résultats /profits *winstwaarschuwing* • *bericht* ★ ~ au lecteur *voorbericht* • COMP. *disclaimer* ★ ~ légal *disclaimer*
avertisseur I M • *toestel om te waarschuwen* • *toeter* ★ ~ d'incendie *brandmelder* **II** BNW [v: **avertisseuse**] *waarschuwend*
aveu M [mv: **aveux**] • *bekentenis* • FORM. *toestemming*; *goedkeuring* ★ faire l'aveu de *bekennen* ★ homme sans aveu *avonturier*; *vagebond* ★ de l'aveu de tout le monde *zoals ieder erkent*; *volgens iedereen* ★ passer aux aveux *een bekentenis afleggen*
aveuglant BNW • *verblindend* • *zonneklaar*
aveugle I BNW *blind* ★ à l'~ *blindelings* ★ soumission ~ *totale onderwerping* ★ en double ~ *dubbelblind* **II** M/V *blinde* ★ en ~ *blindelings*
aveuglement M • *verblinding* • *blindheid*
aveuglément BIJW *blindelings*
aveugler I OV WW • *verblinden* • *blind maken* • *stoppen* ‹v. lek› **II** WKD WW [**s'~**] **sur** *blind zijn voor*
aveuglette BIJW ★ à l'~ *blindelings*; *op de tast*
aveulir OV WW *slap maken*
aveulissement M *lamlendigheid*
aviateur M [v: **aviatrice**] *vliegenier*
aviation V *luchtvaart*; *luchtmacht* ★ ~ de tourisme *sportvliegen*
avicole BNW *pluimvee-*; *vogel-*
aviculteur M [v: **avicultrice**] *vogelkweker*; *pluimveehouder*
aviculture V *(het) kweken van vogels*; *pluimveeteelt*
avide BNW *begerig*; *gretig* (**de** *naar)*
avidité V • *gulzigheid* • *begerigheid*
avifaune V *avifauna*; *vogelwereld*
avili BNW *verachtelijk*
avilir I OV WW • *(in prijs) verlagen* • *verlagen*; *vernederen* **II** WKD WW [**s'~**] *zich verlagen*
avilissant BNW *verlagend*; *vernederend*
avilissement M • *verlaging* • *prijsverlaging* • *vernedering*
aviné BNW • *beschonken* • *naar wijn ruikend*
avion M *vliegtuig* ★ par ~ *per luchtpost* ★ ~ de chasse *jachtvliegtuig* ★ ~ postal *postvliegtuig* ★ ~ à réaction *straalvliegtuig* ★ ~ de tourisme *sportvliegtuig* ★ ~ de transport *verkeersvliegtuig*
avion-cargo M [mv: **avions-cargos**] *vrachtvliegtuig*
avion-citerne M [mv: **avions-citernes**] *moedervliegtuig* ‹om te tanken›
avion-école M [mv: **avions-école**] *lesvliegtuig*
aviron M • *roeiriem* • *roeisport*
avis M • *mening*; *oordeel* • *raad* • *bericht*; *waarschuwing* ★ à mon avis *mijns inziens* ★ m'est avis *mij dunkt* ★ je suis de ton avis *ik ben het met je eens* ★ de l'avis de *naar de mening van*; *volgens* ★ autant de têtes, autant d'avis *zoveel hoofden, zoveel zinnen* ★ il change d'avis comme de chemise *hij verandert telkens van mening* ★ deux avis valent mieux qu'un *twee weten meer dan één* ★ avis au lecteur *voorbericht* ★ avis au public *aanplakbiljet* ★ pour avis *ter kennisneming* ★ sauf avis contraire *zonder tegenbericht* ★ jusqu'à nouvel avis *tot nader order* ★ être d'avis que *denken dat*; *van mening zijn dat*
avisé BNW *bedachtzaam*
aviser I OV WW • *berichten*; *in kennis stellen (***de** *van)* • *ontwaren*; *gewaarworden*; *bemerken* **II** ONOV WW **~ à** *bedacht zijn op*; *overwegen* **III** WKD WW [**s'~**] **de** *gewaarworden*; *bemerken*; *wagen*; *het lef hebben om* ★ s'~ que *merken dat* ★ ne t'avise pas de refuser *probeer niet te weigeren*
aviver OV WW • *verlevendigen*; *verhelderen* • *opstoken* ‹v. vuur› • *scherpen* ★ ~ une couleur *een kleur ophalen*
avocat I M *avocado* **II** M [v: **avocate**] *advocaat*; *pleitbezorger* ★ ~ conseil *juridisch adviseur*
avoine V *haver* ★ folle ~ *wilde haver*
avoir I M • *bezit* • *credit* **II** OV WW [onregelmatig] • *hebben*; *bezitten* • *krijgen* • *dragen* • INFORM. *te pakken nemen*; *besodemieteren* ★ qu'avez-vous? *wat mankeert u?* ★ ~ pour agréable *goedvinden* ★ ~ chaud *het warm hebben* ★ ~ froid *het koud hebben* ★ ~ peur *bang zijn* ★ ~ de la lecture *belezen zijn* ★ ~ douze ans *twaalf jaar zijn* ★ cette maison a 19 mètres de haut *dit huis is 19 meter hoog* ★ il a beau dire *hij heeft mooi praten*; *al praat hij nog zo* ★ en ~ à *het gemunt hebben op* ★ se faire ~ *beetgenomen/ afgezet worden* ★ en ~ pour 10 euro *in totaal 10 euro moeten betalen* **III** ONP WW ★ il y a *er is*; *er zijn* ★ il y a un an *een jaar geleden* ★ il y a longtemps *lang geleden* ★ qu'y a-t-il? *wat scheelt eraan?* ★ qu'y a-t-il pour votre service? *wat is er van uw dienst?* ★ tant il y a *zoveel is zeker* ★ vous en aurez pour 10 minutes *dat kost u 10 minuten* **IV** HWW • *hebben*; *zijn* ★ nous avons été *wij zijn geweest* • **~ à** *moeten* ★ j'ai à parler à cet homme *ik moet die man spreken* ★ il n'a qu'à répondre *hij hoeft maar te antwoorden*
avoisinant BNW *naburig*; *aangrenzend*
avoisiner OV WW *grenzen aan*
avortement M • *abortus*; *miskraam* • *mislukking* ★ ~ volontaire *abortus provocatus*
avorter ONOV WW • *aborteren*; *een miskraam hebben* • *mislukken* ★ se faire ~ *een abortus ondergaan*
avorteur M [v: **avorteuse**] *iem. die een abortus uitvoert*
avorton M • *misbaksel* • *te vroeg geboren dier*
avouable BNW *waarvoor men zich niet behoeft te schamen*
avoué M *procureur*
avouer OV WW • *bekennen*; *toegeven* • *als het zijne erkennen*
avril M *april* ★ poisson d'~ *1 aprilmop* ★ en ~ ne te découvre pas d'un fil *april doet wat hij wil*
axe M • *as*; *spil* • *hoofdrichting* • *hoofdweg*
axer OV WW *richten*; *concentreren (***sur** *op)*
axial BNW [m mv: **axiaux**] *axiaal* ★ éclairage ~ *middenbermverlichting*
axiome M *axioma*
ayant cause M [mv: **ayants cause**] *rechtverkrijgende*
ayant droit M [mv: **ayants droit**] *rechthebbende*

ayez WW [geb. wijs] • → **avoir**
ayons WW [geb. wijs] • → **avoir**
azalée V *azalea*
azimut (zeg: -muut) M *azimut*; *toppuntshoek* ★ dans tous les ~s *in alle richtingen* ★ tous ~s *grootscheeps*; *alom(vattend)*
azote M *stikstof*
azoté BNW *stikstof bevattend*
azoteux BNW • → **azoté**
azotique BNW *salpeter-*
aztèque BNW *Azteeks*
azur M • *azuursteen* ⟨v.d. hemel⟩; *lazuursteen* • *(het) blauw* • LIT. *hemel*; *lucht* ★ la Côte d'Azur *de Rivièra*
azuré BNW *hemelsblauw*
azyme BNW *ongedesemd*

B

b M letter *b* ★ b comme Berthe *de b van Bernard*
B2B AFK Business to Business *b2b*
B.A. AFK bonne action *goede daad*
baba I M ★ baba au rhum *krententaartje met rum* **II** BNW ★ INFORM. rester baba *paf staan*
b.a.-ba, **b a ba** M *eerste beginselen*; *abc*
baba cool, **baba** M/V INFORM. *hippie*
babeurre M *karnemelk*
babil M *gebabbel*; *gebrabbel*
babillage M *geklets*
babillard BNW *praatziek*
babiller ONOV WW *kletsen*; *brabbelen*; *kwetteren* ⟨v. vogels⟩
babine V *hanglip* ⟨v. sommige dieren⟩; INFORM. *lip*
babiole V • *snuisterij* • *kleinigheid*
bâbord M *bakboord*
babouche V *slof*; *muil*
babouin M *baviaan*
baby-foot, **babyfoot** M [mv: id.] *tafelvoetbal* ★ jouer au ~ *tafelvoetballen*
baby-sitting, **babysitting** M [mv: **baby-sittings**, **babysittings**] *(het) babysitten* ★ faire du ~ *babysitten*
bac M • *(veer)pont* ★ passeur du bac *veerman* • *kaartenbak*; *bak(je)*; *kuip* ★ bac à fleurs *bloembak* • INFORM. baccalauréat *baccalaureaat* ⟨korte academische studie⟩ ★ bac pro(fessionnel) ≈ *vmbo* ★ bac L (ès lettres) *baccalaureaat in de letteren* ★ bac S (ès sciences) *baccalaureaat in de wis- en natuurkunde* ★ bac +2 *bac plus 2 jaar hoger onderwijs* ★ passer le bac *eindexamen doen*
baccalauréat M • *eindexamen middelbare school* • *baccalaureaat*; *eerste universitaire graad in Canada*
baccara M *baccarat* ⟨kaartspel⟩
bacchante V • INFORM. *snor* • *priesteres van Bacchus*; *bacchante* • *wilde, dronken vrouw*
bâche V • *dekzeil*; *huif* • *broeibak* • INFORM. *pet*
bachelier M [v: **bachelière**] O&W *iem. die geslaagd is voor het baccalaureaatsexamen*; ≈ *iem. die eindexamen vwo heeft afgelegd*
bâcher OV WW *een dekzeil op iets leggen*; *(met een zeil) overdekken*
bachique BNW *Bacchus-*
bachot M • *veerpontje* • OUD. baccalauréat *baccalaureaat*
bachotage M *(het) drillen voor een examen*
bachoter ONOV WW *blokken*; *zich klaarstomen*
bacille M *bacil*
bâclage M *(het) afraffelen*
bâcle V *sluitbalk*; *grendel*
bâcler OV WW • *afraffelen* • *sluiten d.m.v. stang* ⟨v. deur, venster⟩
bacon M *bacon*; *mager spek*
bactérie V *bacterie*
bactérien BNW [v: **bactérienne**] *bacterieel*
bactériologie V *bacteriologie*
bactériologique BNW ★ guerre ~ *bacteriologische oorlog*

badaud I M [v: **badaude**] *nieuwsgierige slenteraar*; *kijklustige* ★ l'incendie attirait beaucoup de ~s *de brand trok veel bekijks* **II** BNW *kijkgraag*
baderne V ★ INFORM. vieille ~ *ouwe sul*; *ouwe domme vent*
badge M *badge*; *naamkaartje*; *pasje*
badigeon M *muurkalk*
badigeonnage M ● → **badigeonner**
badigeonner OV WW ● *witten*; *sausen* ● MED. *aanstippen*; *insmeren*
badigeonneur M ● *schilder*; *witkalker* ● MIN. *kladschilder*
badin BNW *schalks*; *vrolijk* ★ humeur ~e *vrolijke bui*
badinage M *grappenmakerij*; *scherts* ★ ton de ~ *luchtige toon*
badine V *rottinkje*
badiner ONOV WW *grappen maken*; *schertsen* ★ faire qc pour ~ *iets voor de grap doen*
badinerie V *grap*; *scherts*
badminton (zeg: badmientòn) M *badminton*
baffe V INFORM. *klap*; *oorvijg*
baffle M *(luidspreker)box*
bafouer OV WW *belachelijk maken*; *uitjouwen*; *honen*; *spotten met*, *bespotten* ★ ~ qc/qn *de draak met iets/iemand steken*
bafouillage M INFORM. *gehakkel*; *onsamenhangende kletspraat*
bafouille V PLAT *kattebelletje*
bafouiller OV WW ● *haperen* ● INFORM. *hakkelen*
bâfrée V INFORM. *schranspartij*
bâfrer OV+ONOV WW INFORM. *schransen*
bâfreur M [v: **bâfreuse**] INFORM. *vreter*; *veelvraat*
bagage M OOK FIG. *bagage* ★ porte-~s *bagagerek*; *bagagedrager* ★ faire ses ~s *z'n koffers pakken* ★ plier ~ *z'n biezen pakken*; *ertussenuit gaan*
bagagiste M *kruier*
bagarre V ● *relletje*; *vechtpartij* ● INFORM. *herrie*; *gedrang* ★ chercher la ~ *ruzie zoeken*
bagarrer I ONOV WW INFORM. *knokken (***pour** *voor)* **II** WKD WW [**se** ~] INFORM. *vechten, knokken (***pour** *voor)*; *ruzie maken*
bagarreur I M [v: **bagarreuse**] INFORM. *ruziezoeker*; *vechtersbaas* **II** BNW [v: **bagarreuse**] INFORM. *ruzieachtig*
bagatelle V ● *kleinigheid*; *bagatel* ● IRON. *liefdesdaad* ★ cela m'a coûté une ~ *dat heeft me bijna niets gekost* ★ ~! *gekheid*; *onzin!*
bagnard M *galeiboef*
bagne M *strafkolonie* ★ quel ~! *wat een hel!*; *wat een ellende!*
bagnole V INFORM. *auto*
bagou, **bagout** M INFORM. *vlotte babbel* ★ avoir du ~ *een vlotte babbel hebben*
bague V *ring* ★ diamant en ~ *solitair* ★ jeu de ~ *ringsteken* ★ ~ de cigare *sigarenbandje*
baguenauder I ONOV WW *wandelen*; *flaneren* **II** WKD WW [**se** ~] *wandelen*; *flaneren*
baguer OV WW ● *ringen* ⟨v. vogel, sigaar, vinger⟩ ● *vastrijgen* ⟨v. stof, kleren⟩
baguette V ● *stokje* ● *stokbrood* ● *dirigeerstokje* ● *(sier)lijstje*; *(sier)lijntje* ★ ~ de fée/magique *toverstokje* ★ ~ divinatoire *wichelroede* ★ ~ de tambour *trommelstok* ★ d'un coup de ~ (magique) *als bij toverslag* ★ mener à la ~ *hard aanpakken*
bah TW *och kom!*; *kom nou!*
bahut M ● *klerenkist* ● *antiek buffet* ● INFORM. *kar*; *vrachtauto* ● PLAT *middelbare school*
bai BNW *roodbruin* ⟨v. paarden⟩
baie V ● SCHEEPV. *baai* ● *deuropening*; *vensteropening* ● *parkeerhaven* ● *bes* ⟨vrucht⟩
baignade V ● *(het) zwemmen*; *(het) baden* ● *zwemplaats in een rivier, meer, enz.* ★ ~ interdite *verboden te zwemmen*
baigner I OV WW ● *in bad doen* ● *begieten*; *bespoelen* ● OOK FIG. *dompelen (***de** *in)* ★ faire ~ ses pieds dans l'eau *met z'n voeten in het water zitten* ★ baigné de larmes *in tranen badend* ★ la rivière baigne cette ville *de rivier loopt langs/door deze stad* **II** ONOV WW *gedompeld zijn*; *baden (***dans** *in)* ★ INFORM. ça baigne (dans l'huile) *het loopt gesmeerd*; *alles kits* **III** WKD WW [**se** ~] *een bad nemen*; *zwemmen*
baigneur M [v: **baigneuse**] ● *zwemmer*; *bader* ● *badmeester* ● *plastic poppetje*
baignoire V ● *badkuip* ● *parterreloge* ⟨in schouwburg⟩ ★ ~ sabot *zitbad*
bail (zeg: baj) M [mv: **baux**] *huur(contract)*; *pacht(contract)* ★ bail à loyer *huurcontract* ★ crédit bail *leasing* ★ droit de bail *huurbelasting* ★ donner à bail *verhuren*; *verpachten* ★ tenir à bail *pachten* ★ INFORM. ça fait un bail *dat is een eeuwigheid geleden*
bâillement M ● *opening* ● *gegaap*; *geeuw*
bailler OV WW OUD. *geven* ★ vous me la baillez belle! *u maakt me wat wijs!*
bâiller ONOV WW ● *gapen*; *geeuwen* ● *op een kier staan*; *half openstaan*
bailleur M [v: **bailleresse**] *verhuurder*; *verpachter* ★ ~ de fonds *geldschieter*
bailli M GESCH. *baljuw*
bâillon M *prop in de mond*
bâillonnement M *kneveling*
bâillonner OV WW *knevelen*; OOK FIG. *de mond snoeren*
bain I M *bad*; *badkuip* ★ petit bain *kinderbad* ★ le grand bain *het diepe (bad)* ★ salle de bains *badkamer* ★ maillot de bain *zwembroek* ★ bain de soleil *zonnebad* ★ bain de mer *zeebad* ★ bain de bouche *mondspoeling* ★ bain de sang *bloedbad* ★ prendre un bain de foule *zich in het publick begeven* ⟨door vooraanstaande personen⟩ ★ être dans le même bain *in hetzelfde schuitje zitten* ★ INFORM. être dans le bain *er lelijk in zitten*; *erbij betrokken zijn* ★ INFORM. envoyer qn au bain *iem. afpoeieren, wegwerken* **II** M MV *badplaats*; *badinrichting*
bain-marie M [mv: **bains-marie**] *bain-marie*
baïonnette V *bajonet*
baise V VULG. *(het) neuken*
baisemain M *handkus*
baiser I M *kus*; *zoen* **II** OV+ONOV WW ● *kussen*; *zoenen* ● VULG. *neuken* ● PLAT *verneuken* ★ se faire ~ *betrapt worden*; *verneukt worden*
baisse V ● *daling*; *vermindering* ★ jouer à la ~ *speculeren op het dalen v.d. aandelenkoersen* ★ être en ~ *dalen* ● ECON. *dip* ★ ~ de régime

dip
baisser I OV WW • *neerlaten*; *laten zakken* • *verlagen*; *temperen* ★ ~ les yeux *de ogen neerslaan* ★ ~ son col *zijn kraag omslaan* ★ ~ les bras *zich overgeven*; *de moed laten zakken* ★ ~ l'oreille *beteuterd staan*; *de moed verliezen* ★ ~ pavillon *toegeven*; FIG. *de vlag strijken* ★ ~ un store *een rolluik neerlaten* ★ ~ un tableau *een schilderij lager hangen* ★ ~ la tête *het hoofd buigen* ★ ~ le ton *inbinden*; *een toontje lager zingen* ★ ~ la voix *zachter spreken* ★ ~ la radio *de radio zacht(er) zetten* **II** ONOV WW *zakken*; *dalen*; *verminderen* ★ ses actions baissent *zijn invloed vermindert* ★ le jour baisse *de avond valt* ★ le malade baisse *de zieke gaat achteruit* ★ les marchandises baissent *de waren slaan af* ★ la mer baisse *het wordt eb* ★ le vent baisse *de wind gaat liggen* ★ sa vue baisse *zijn ogen gaan achteruit* ★ ~ d'un certain pourcentage *met een aantal procenten dalen* **III** WKD WW [**se** ~] *(zich) bukken*
baissier M *baissespeculant*; *baissier*
bajoue V *(hang)wang*
bakchich M INFORM. *fooi*
bakélite® V *bakelite®*
bal M [mv: **bals**] • *bal*; *dansfeest* • *danszaal* ★ bal champêtre *openluchtbal* ★ mener le bal *de touwtjes in handen hebben*
balade V INFORM. *uitstapje*; *wandeling*
balader I OV WW *mee uit wandelen nemen*; *meenemen* **II** WKD WW [**se** ~] *wandelen*; *flaneren*; *slenteren*
baladeur I M *draagbaar audio-afspeelapparaat* ★ ~ MP3 *mp3-speler* **II** BNW [v: **baladeuse**] *(graag) lopend*; *loop-* ★ micro ~ *loopmicrofoon* ★ avoir les mains baladeuses *zijn handen niet thuis kunnen houden*
baladeuse V *looplamp*
baladin M [v: **baladine**] *paljas*; *clown*; *hansworst*
balafre V • *lange snede in het gezicht* • *litteken*
balai M • *bezem* • *vogelstaart* • *staarteinde* • TECHN. *koolborstel* • INFORM. *jaar* ⟨v. leeftijd⟩ • INFORM. *laatste bus, tram of metro* ★ ~ mécanique *rolveger* ★ manche à ~ *bezemsteel*; *mager persoon* ★ passer le ~ *aanvegen* ★ INFORM. du ~! *oprotten!* ★ donner un coup de ~ *even snel vegen*; *personeel ontslaan* ★ faire ~ neuf *erg ijverig zijn* ⟨in het begin⟩ ★ rôtir le ~ *een ongebonden leven leiden*; *boemelen* ★ INFORM. con comme un ~ *oerstom*
balaise BNW • → **balèze**
balance V • *weegschaal* • *evenwicht* • *balans* • *kreeftennet* • *Weegschaal* ⟨dierenriem⟩ • PLAT *verlinker* ★ ~ commerciale *handelsbalans* ★ ~ des paiements *betalingsbalans* ★ mettre dans la ~ *vergelijken* ★ mettre en ~ *afwegen* ★ tenir la ~ égale *onpartijdig zijn* ★ faire pencher la ~ *de schaal doen doorslaan* ★ faire la ~ *de balans opmaken*
balancé BNW *evenwichtig* ★ INFORM. bien ~ *goed gebouwd*
balancelle V *schommelbank*
balancement M • *(het) heen-en-weer gaan*; *(het) schommelen* • *ritme* • *evenwichtigheid*
balancer I OV WW • *heen en weer bewegen*; *schommelen* • *in evenwicht brengen/houden* • INFORM. *ontslaan* • INFORM. *smijten*; INFORM. *slingeren* • PLAT *verlinken* ★ ~ le pour et le contre *de voor- en nadelen tegen elkaar afwegen* ★ ~ un compte *een balans sluitend maken* **II** ONOV WW • *schommelen* • *aarzelen*; *weifelen* ★ entre les deux mon cœur balance *ik kan geen keus maken* **III** WKD WW [**se** ~] • *schommelen*; *heen en weer gaan* • *tegen elkaar opwegen* ★ INFORM. s'en ~ *er maling aan hebben*
balancier M • *slinger*; *onrust* ⟨v. uurwerk⟩ • *balans* ⟨v. machine⟩ • *balanceerstok* • *pompzwengel*
balançoire V • *schommel* • *wip*
balayage M • *(het) vegen* • *coupe soleil* • TECHN. *(het) aftasten*; *(het) scannen*
balayer OV WW • *vegen* • *schoonvegen* • *verjagen*; *wegvagen* • *voor zich uit drijven* • *aftasten* ⟨met straal⟩; *scannen* ★ INFORM. ~ le personnel *het personeel ontslaan* ★ le vent balaye les nuages *de wind verjaagt de wolken* ★ le vent balaye le ciel *het weer klaart op*
balayette V *veger*; *stoffer* ★ ~ W.-C. *wc-borstel*
balayeur M [v: **balayeuse**] *straatveger*
balayeuse V *veegmachine*
balayures V MV *veegsel*
balbutiement (zeg: -sie-) M *(het) stamelen*; *stotteren* ★ être aux ~s *in de kinderschoenen staan*; *in de beginfase zijn*
balbutier (zeg: -sjee) **I** OV WW *stamelend uitspreken* ★ ~ des excuses *excuses stamelen* **II** ONOV WW • *stamelen*; *stotteren* • *in de beginfase zijn*; *in de kinderschoenen staan*
balcon M *balkon*
baldaquin M *baldakijn* ★ lit à ~ *hemelbed*
Bâle V *Bazel*
baleine V • *walvis* • *balein* ★ INFORM. rire comme une ~ *zich slap lachen*
baleiné BNW *voorzien van baleinen*
baleinier M *walvisvaarder*
balèze BNW • INFORM. *potig*; *fors* • INFORM. *knap* (**en** *in)*
balisage M *bebakening*; *wegmarkering*
balise V • *(radio)baken*; *boei*; *verkeerskegel* • COMP. *tag*
baliser I OV WW *betonnen*; *afbakenen*; *de weg markeren* **II** ONOV WW PLAT *bang zijn*
baliste V *ballista*
balistique I V *ballistiek* **II** BNW *ballistisch*
baliveau M [mv: **baliveaux**] • *jonge boom die bij de houtkap gespaard wordt* • *steigerpaal*
baliverne V *kletspraat* ★ débiter des ~s *kletskoek verkopen*
balkanique BNW *Balkan-*
Balkans M MV *Balkan(landen)*
ballade V *ballade*
ballant I M *(het) slingeren* ★ avoir du ~ *slingeren* **II** BNW *los neerhangend*; *zwaaiend* ★ aller les bras ~s *met zwaaiende armen lopen* ★ voile ~e *loshangend zeil*
ballast M • *ballast* ⟨v. spoorweg⟩ • *ballasttank* ⟨v. schip⟩
balle V • *bal* ★ lancer la ~ *de bal gooien* • *kogel* ★ ~ traçante *lichtkogel* ★ ~ perdue *verdwaalde kogel* ★ tirer à ~s *met scherp*

schieten ★ criblé de ~s *met kogels doorzeefd* • INFORM. *euro* ★ t'as pas dix ~s? *heb je tien euro voor me?* • *baal* • *kaf* ▾ ~ de match *matchpoint* ▾ à vous la ~, la ~ est dans votre camp *de bal ligt bij u* ▾ avoir la ~ belle *een gunstige gelegenheid hebben* ▾ faire sa ~ de qc *iets uitzoeken* ▾ prendre la ~ au bond *de gelegenheid aangrijpen* ▾ renvoyer la ~ (à qn) *de bal terugkaatsen (naar iemand)* ▾ se renvoyer la ~ *elkaar de bal toespelen*

ballerine V *ballerina*; *balletdanseres*

ballet M *ballet* ★ corps de ~ *de gezamenlijke dansers* ⟨v. de opera⟩

ballon M • *(voet)bal* • *luchtballon* • *berg in de Vogezen* • *bolle fles*; *bol glas* • *wolkje* ⟨bij strips⟩ ★ ~ d'alcootest *blaaspijpje* ★ ~ captif *kabelballon* ★ ~-pilote *loodsballon* ★ un ~ de rouge *een glas rode wijn* ★ gonfler un ~ *een ballon opblazen* ★ lancer un ~ d'essai FIG. *een proefballonnetje oplaten* ★ souffler dans le ~ *(in het pijpje) blazen* ⟨bij alcoholcontrole⟩

ballonné BNW *opgeblazen*

ballon-sonde M [mv: **ballons-sondes**] *weerballon*

ballot M • *kleine baal* • INFORM. *imbeciel*

ballottage M *onbesliste uitslag* ⟨na verkiezingsronde⟩ ★ scrutin de ~ *herstemming*

ballotter OV+ONOV WW OOK FIG. *heen en weer slingeren*; *schudden*

ball-trap M [mv: **ball-traps**] *(het) kleiduivenschieten*

balluchon M • INFORM. *dwaas* • OUD. *pakje*

balnéaire BNW *bad-* ★ station ~ *badplaats*

balourd I BNW *lomp*; *bot* **II** M [v: **balourde**] *lomperd*

balourdise V *lompheid*; *stommiteit*

balsamine V *balsemien*

balsamique BNW *balsemachtig*; *welriekend*

balte BNW *Baltisch* ★ les pays ~s *de Baltische staten*

Balte M/V *Balt*

baltique BNW *Baltisch* ★ (mer) Baltique *Oostzee*

baluchon M • → **balluchon**

balustrade V *balustrade*; *hek*

balustre M *baluster*; *spijl v. balustrade of hek*

bambin M [v: **bambine**] INFORM. *kleuter*; *hummel*

bambocher ONOV WW INFORM. *stappen*; *boemelen*; *zich overgeven aan uitspattingen*

bambocheur M [v: **bambocheuse**] INFORM. *fuifnummer*; *boemelaar*

bambou M *bamboe* ★ PLAT avoir le coup de ~ *een zonnesteek hebben*; *erg moe zijn*; *gek worden*

ban M • *proclamatie*; *kerkelijke huwelijksafkondiging* • GESCH. *oproeping der leenmannen* • *openbare kennisgeving*; *ban* • *verbanning* ★ publier les bans *in ondertrouw gaan* ★ un ban pour le vainqueur! *applaus voor de winnaar!* ★ ban de vendange *bekendmaking (door de omroeper) dat de wijnoogst begint* ★ ouvrir, fermer le ban *de ban openen, sluiten* ★ mettre qn au ban FIG. *iem. in de ban doen*; *verketteren* ★ être en rupture de ban (avec) FIG. *uit zijn keurslijf gebroken zijn*; *het ergens voor gezien houden*

banal BNW [m mv: **banals/banaux**] *banaal*; *gewoon*; *alledaags*; *ordinair* ★ propos ~s *clichés* ★ GESCH. moulins banaux *gemeenschappelijke molens*

banaliser OV WW *alledaags maken*; *banaal maken* ★ ~ une voiture de police *een politieauto als gewone auto gebruiken*

banalité V *banaliteit*; *gemeenplaats*; *afgezaagdheid*

banane V • *banaan* • INFORM. *vetkuif* • INFORM. *decoratie*; *lintje* • INFORM. *heuptasje* ⟨voor geld⟩

bananeraie V *bananenplantage*

bananier I M • *bananenboom* • *bananenboot* **II** BNW [v: **bananière**] *bananen-* ★ republique bananière *bananenrepubliek*

banc (zeg: ba(n)) M • *(zit)bank* • *laag gesteenten* • *ondiepte*; *bank* ★ banc de brume OOK FIG. *mistbank* ★ banc d'essai OOK FIG. *proefbank* ★ banc de poissons *school vissen* ★ banc de sable *zandbank* ★ être sur les bancs *schoolgaan*

bancable BNW *bankabel*

bancaire BNW *bank-* ★ carte ~ *giro(maat)pas* ★ chèque ~ *bankcheque*

bancal BNW [m mv: **bancals**] • *met kromme benen* • *wankel* ★ un raisonnement ~ *een kromme redenering*

bancher OV WW *in het schotwerk storten* ⟨v. beton, aarde⟩

banco M ★ INFORM. ~! *banco!*; *wedden (van wel of niet)?* ★ faire ~ *het tegen de bank opnemen* ⟨kaartspel⟩

bandage M • *verband* • *(het) verbinden* • *band om wiel* ★ ~ herniaire *breukband*

bande V • *reep*; *strook* ⟨v. stof, leer, papier, metaal⟩; *verband* • *wikkel*; *band*; *baan* • *biljartband* • *geluidsband*; *filmband*; *videoband* • *bende*; *stel*; *groep* ★ ~ dessinée *strip(verhaal)* ★ ~ magnétique *magneetband* ★ ~ sonore *geluidsband*; *soundtrack* ★ ~ d'arrêt d'urgence *vluchtstrook* ★ chaussée à trois ~s *driebaansweg* ★ ~ rugueuse *verkeersdrempel* ★ ~ molletière *beenwindsel* ★ ~ de fous! *stelletje gekken!* ★ mettre un journal sous ~ *een adresband om een krant doen* ★ être de la ~ *erbij horen* ★ par la ~ *indirect* ★ faire ~ à part *zich gezamenlijk afzonderen*; *zich afzijdig houden* ★ donner de la ~ *slagzij maken*

bande-annonce V [mv: **bandes-annonces**] *trailer* ⟨filmflitsen⟩

bandeau M [mv: **bandeaux**] • *hoofdband* • *blinddoek* • *kordonband*; *gevellijst* • *banner* ★ ~ royal *diadeem* ★ le ~ de l'erreur *verblinding* ★ avoir un ~ sur les yeux *verblind zijn* ★ se coiffer en ~x *de haren glad, aan weerszijden v.h. voorhoofd dragen*

bandelette V *bandje*; *strookje*; *lintje*

bander I OV WW • *verbinden* • *spannen* ⟨v. boog⟩ ★ ~ les muscles *de spieren spannen* ★ ~ les yeux *blinddoeken* **II** ONOV WW INFORM. *een erectie hebben*; *geil zijn*

banderille V *banderilla* ⟨bij stierenvechten⟩

banderole V • *wimpel* • *banderol* • *spandoek*
bande-son V [mv: **bandes-son**] *geluidsband; soundtrack*
bandit M • *oplichter* • *bandiet; boef*
banditisme M *banditisme*
bandoulière V *bandelier; draagriem* ★ porter en ~ *schuin over de rug dragen*
bang I M *knal* **II** TW *pang*
banjo (zeg: ba(n)(d)zjoo) M *banjo*
banlieue V *voorsteden; randgemeenten*
banlieusard M [v: **banlieusarde**] INFORM. *bewoner v.d. banlieue; ≈ forens*
banne V • → **benne**
banni I BNW *verbannen* **II** M [v: **bannie**] *balling*
bannière V • *vaandel; banier* • *scheepsvlag* • *banner*
bannir OV WW • *verbannen (***de** *uit)* • *afschaffen; (uit)bannen (***de** *uit); afleggen* ★ ~ de son vocabulaire *uit zijn woordenschat schrappen* ★ ~ le tabac *stoppen met roken* ★ ~ les soucis *de zorgen van zich afgooien*
bannissement M • *afschaffing* • *verbanning; ballingschap*
banque V • *geldbank; handelsbank* • *depot* ★ ~ de circulation *circulatiebank* ★ ~ de crédit *leenbank* ★ ~ d'escompte *discontobank* ★ ~ directe ★ ~ en ligne ★ ~ à distance *thuisbank* ★ ~ postale *postbank* ★ ~ de Crédit Agricole *boerenleenbank* ★ la Banque de France *de Franse Bank* ★ ~ de données *databank* ★ ~ du sang *bloedbank* ★ faire sauter la ~ *de hele inzet v.d. speelbankhouder winnen* ★ tenir la ~ *de bank houden*
banqueroute V *failliet; bankroet* ★ faire ~ *bankroet gaan*
banqueroutier M [v: **banqueroutière**] *bankroetier*
banquet M *feestmaal; banket*
banqueter ONOV WW • *deelnemen aan een banket* • *smullen; lekker eten* • *goede sier maken*
banquette V • *bank zonder leuning; bankje* ‹in trein, tram› • *stenen vensterbank* • *walletje; verhoogd voetpad*
banquier M [v: **banquière**] • *bankier* • *bankhouder bij kansspel*
banquise V *pakijs; ijsbank*
baobab M *apenbroodboom; baobab*
baptême (zeg: batèm) M *doop; doopsel* ★ ~ du feu *vuurdoop* ★ ~ de l'air *luchtdoop* ★ recevoir le ~ *gedoopt worden*
baptiser (zeg: batie-) OV WW • *dopen* • *zegenen* ‹v. schip e.d.› • *(ver)noemen* ★ ~ un immeuble du nom du président *een gebouw naar de president vernoemen* ★ ~ du vin *water in de wijn gieten*
baptismal (zeg: batie-) BNW [m mv: **baptismaux**] *doop-* ★ eau ~e *doopwater* ★ fonts baptismaux *doopvont*
baptiste (zeg: batie-) **I** BNW *baptistisch; doopsgezind* **II** M/V *baptist; doopsgezinde* ★ Saint-Jean Baptiste *Johannes de Doper*
baptistère (zeg: batie-) M *doopkapel*
baquet M *kuipje; kleine tobbe*
bar M • *bar* • *zeebaars* ★ bar-tabac *café waar ook rookwaren gekocht kunnen worden*
baragouin M *koeterwaals*
baragouiner OV WW *een taal slecht spreken; een taal radbraken* ★ ~ le français *gebroken Frans spreken*
baraka V INFORM. *geluk* ★ avoir la ~ *mazzel hebben*
baraque V • *houten barak; keet; kraam* • INFORM. *huis* • *tent; krot* ★ casser la ~ *een doorslaand succes zijn*
baraqué BNW INFORM. *(goed) gebouwd* ‹v. persoon›; *forsgebouwd*
baraquement M *tentenkamp; barakkenkamp*
baratin M INFORM. *smoesjes; (mooie) praatjes* ★ arrête ton ~ *hou die smoesjes maar voor je*
baratiner I OV WW INFORM. *(iem.) trachten te bepraten* **II** ONOV WW INFORM. *praatjes verkopen*
baratineur M [v: **baratineuse**] INFORM. *praatjesmaker; mooiprater*
baratte V *karnmachine*
baratter OV WW *karnen*
barbacane V • *schietgat* • *afvoeropening*
barbant BNW INFORM. *stomvervelend*
barbaque V INFORM. *vlees*
barbare I BNW • *barbaars; grof; wreed* • *onbeschaafd* • *vreemd; onjuist* **II** M/V *barbaar; primitief persoon; onmens*
barbarie V • *barbaarsheid; onmenselijkheid; wreedheid* • *onbeschaafdheid*
barbarisme M *grove taalfout; barbarisme* ‹in de taal›
barbe I M *Noord-Afrikaans paard* **II** V *baard* ‹ook v. dieren, planten› ★ vieille ~ *ouwe sok* ★ ~ à papa *suikerspin* ★ avoir la ~ au menton *(al) een baard hebben* ★ INFORM. quelle ~! *wat vervelend!; wat rot!* ★ par ma ~! *waarachtig* ★ porter toute sa ~ *een volle baard dragen* ★ rire dans sa ~ *in zijn vuistje lachen* ★ INFORM. la ~! *hou op!; nu is het genoeg!* ★ agir à la ~ de qn *iets in iemands bijzijn doen* ★ faire la ~ à qn *iem. scheren; iem. de baas zijn* **III** V MV *ruwe rand; braam*
barbeau M [mv: **barbeaux**] • *korenbloem* • *barbeel* • INFORM./OUD. *souteneur*
Barbe-bleue M *Blauwbaard*
barbecue (zeg: -kjoe/-kuu) M *barbecue*
barbelé BNW *met weerhaken* ★ fil de fer ~ *prikkeldraad* ★ derrière les ~s *achter prikkeldraad*
barbelure V *punt; stekel*
barber I OV WW INFORM. *stierlijk vervelen* **II** WKD WW [**se** ~] INFORM. *zich stierlijk vervelen*
barbet M *soort spaniël*
barbiche V *sikje*
barbichette V PLAT *sikje*
barbichu BNW *met een sikje*
barbier M OUD. *barbier*
barbillon M • *jonge barbeel* • *baarddraad* ‹v. vissen›
barbiturique I M *barbituraat* **II** BNW *barbituur-*
barbon M INFORM. *oude vent*
barbotage M • *geploeter; geplas* • PLAT *diefstal*
barboter I OV WW INFORM. *stelen; gappen* **II** ONOV WW *ploeteren; plassen; door 't slijk waden*
barboteur M [v: **barboteuse**] *ploeteraar;*

spartelaar
barboteuse V *speelpakje*
barbouillage M • *kladschilderij* • *gekladder; onleesbaar schrift*
barbouiller OV WW • *slecht schrijven* • *bekladden; bevuilen* • *kladschilderen* • INFORM. *van streek brengen* ★ j'ai le cœur/l'estomac barbouillé /je suis barbouillé *ik ben misselijk*
barbouilleur M [v: **barbouilleuse**] • *slecht schrijver; kladderaar* • *kladschilder*
barbouillis M • → **barbouillage**
barbouze V • *geheim agent* • INFORM. *baard*
barbu BNW *met een baard*
barbue V *griet* ‹vis›
barcarolle V *barcarolle; gondellied*
barcasse V *barkas*
Barcelone V *Barcelona*
barda M • *soldatenuitrusting* • PLAT *spullen*
bardane V *klit*
barde I M *bard* **II** V *reepje vet spek*
bardeau M [mv: **bardeaux**] • *muilezel* • *dakspaan*
barder I OV WW • *pantseren; bedekken* • *barderen; met spek omwikkelen* **II** ONOV WW INFORM. ★ ça va ~ *'t zal er wild toegaan*
bardot M *muilezel*
barème M *tabel; (loon)schaal*
barge I V • *platte schuit* • *(rechthoekige) hooimijt* • *grutto* **II** BNW INFORM. *niet goed snik*
barguigner ONOV WW OUD. *aarzelen; dralen*
baril M *vaatje; ton*
barillet M • *klein vaatje* • *revolvertrommel*
bariolage M *bonte (kleuren)mengeling*
bariolé BNW *(kakel)bont*
barmaid V *barjuffrouw*
barman M [mv: **barmans/barmen**] *barkeeper*
baromètre M *barometer* ★ ~ à mercure *kwikbarometer* ★ ~ enregistreur *zelfregistrerende barometer*
barométrique BNW *barometer-* ★ hauteur ~ *barometerstand*
baron M [v: **baronne**] *baron*
baronnie V *baronie*
baroque I BNW *barok; vreemd gevormd; grillig* ★ une idée ~ *een vreemd/grillig idee* **II** M *barok*
baroqueux M [v: **baroqueuse**] *barokspeler*
baroud (zeg: -roed) M MIL. *gevecht* ★ ~ d'honneur *laatste gevecht in een oorlog die al verloren is, alleen voor de eer*
baroudeur M INFORM. *vechtjas*
barque V *boot* ★ ~ de pêche *vissersboot* ★ ~ à rames *roeiboot* ★ ~ à voile *zeilboot* ★ mener qn en ~ *iem. in de boot nemen/bedotten* ★ bien conduire sa ~ *zijn zaken goed leiden*
barquette V • *bootje* • *bakje; mandje* • *soort taartje*
barrage M • *stuwdam* • SPORT *barrage* • *versperring; (weg)afsluiting* ★ tir de ~ *spervuur*
barre V • *staaf; stang; balk* • *reep* • *streep; maatstreep* • *roer(pen)* • *balie* • *hindernis bij riviermonding* ★ ~ fixe *rekstok* ★ une ~ de fer *een ijzeren staaf; een onverzettelijk man* ★ ~ transversale *lat* ‹bij voetbal› ★ INFORM. c'est le coup de ~! *dat is duur!* ★ le dollar n'a pas franchi la ~ de 1 euro *de dollar heeft de grens van 1 euro niet overschreden* ★ de l'or en ~s *baar goud* ★ SPORT ~s parallèles *brug met gelijke leggers* ★ jeu de ~s *overlopertje* ★ avoir ~ sur qn *vat op iem. hebben* ★ tenir la ~ OOK FIG. *aan het roer staan* ★ FIG. un coup de ~ *ruk aan het roer* ★ comparaître à la ~ *voor de rechter verschijnen* ★ ~ de sable *zandplaat* ★ port de ~ *vloedhaven* ★ ~ de gouvernail *helmstok* ★ homme de ~ *roerganger* ★ placer la ~ plus haut *de lat hoger leggen; veeleisender, ambitieuzer zijn* ★ INFORM. avoir un coup de ~ *opeens doodmoe zijn*
barreau M [mv: **barreaux**] • *stang; tralie; spijl* • *balie; advocatuur* ★ sous les ~x *achter de tralies*
barrer I OV WW • *afsluiten; versperren* • *doorstrepen; doorhalen; een kruis zetten door* ★ rue barrée *afgesloten rijweg* ★ INFORM. être mal barré *er slecht voor staan* **II** WKD WW [**se** ~] INFORM. *ervandoor gaan*
barrette V • *staafje; stift* • *kardinaalshoed* • *bonnet* • *haarspeldje*
barreur M [v: **barreuse**] *stuurman* ★ SPORT quatre sans ~ *ongestuurde vier*
barricade V *barricade; straatversperring*
barricader I OV WW *barricaderen; versperren* **II** WKD WW [**se** ~] *zich afzonderen;* OOK FIG. *zich achter een barricade verschansen; zich opsluiten*
barrière V • *afsluiting; hek* • *tolhek; slagboom* • *natuurlijke grens* • *hinderpaal; barrière; scheidsmuur*
barrique V *okshoofd* ‹200 à 250 liter›; *fust* ★ INFORM. plein comme une ~ *volgepropt* ‹met eten en drinken›
barrir ONOV WW *trompetteren* ‹v. olifant›
barrissement M *getrompetter* ‹v. olifant›
barycentre M WISK. *zwaartepunt*
baryton M • *bariton* • *baritoninstrument*
bas I BNW [v: **basse**] • *laag* • *laag; gemeen* • *fluisterend* ★ en bas âge *op jeugdige leeftijd* ★ bas allemand *Nederduits* ★ chapeau bas *met de hoed af* ★ le bas latin *middeleeuws Latijn* ★ les bas morceaux de viande *de mindere stukken vlees* ★ faire main basse *plunderen* ★ faire main basse sur *achteroverdrukken* ★ ce malade est bien bas *die zieke is er slecht aan toe* ★ marée basse *eb* ★ messe basse *stille mis* ★ officier bas *subaltern officier* ★ l'oreille basse *met hangende pootjes* ★ la basse Seine *de Beneden-Seine* ★ temps bas *betrokken lucht* ★ traiter de haut en bas *geringschattend behandelen* ★ la basse ville *de benedenstad* ★ avoir la vue basse *bijziend zijn* ★ terme/ mot bas *grof woord; ordinair woord* ★ style bas *ordinaire stijl* ★ à voix basse *fluisterend* ★ âme basse *gemenerik* ★ coup bas *stoot onder de gordel* ★ à bas prix *goedkoop* **II** BIJW *laag* ★ à bas *weg met!* ★ à bas les chapeaux *hoeden af!* ★ (à) bas les mains! *handen thuis!* ★ parler bas *zachtjes spreken* ★ cet homme est bas percé *die man is geruïneerd* ★ couler bas *zinken* ★ en bas *beneden; naar beneden* ★ là-bas *daarginds* ★ ici-bas *hier op aarde*

★ au bas de/en bas de *onder aan* ★ voyez plus bas *zie verderop* ★ mettre bas *jongen* (v. dieren) **III** M [mv: **id**] ● *(het) onderste gedeelte* ● *kous* ★ bas résille *netkous* ★ bas de laine *spaarkous*; *spaarpot*
basal BNW [m mv: **basaux**] *van de basis*; *basaal*
basalte M *basalt*
basane V *bezaanleer*; *schapenleer*
basané BNW *getaand*; *gebruind*; *door de zon verbrand* ★ teint ~ *bruine huid*
bas-bleu M [mv: **bas-bleus**] MIN. *blauwkous*
bas-côté M [mv: **bas-côtés**] ● *berm* ● GESCH. *zijbeuk*
basculant BNW *klap-*; *kiep-*
bascule V ● *(brug)balans* ● *wip* ★ chaise à ~ *schommelstoel* ★ système de ~ *halfslachtige politiek*
basculer I OV WW *doen kantelen*; *omverduwen* **II** ONOV WW ● *kantelen*; *tuimelen* ● *omslaan (***dans** *in)*; *opeens overgaan/vervallen (***dans** *in, tot)*
base V ● *basis*; *voet*; *grondslag* ● SCHEIK. *base* ● SPORT *honk* ● *achterban* ★ à base de *op basis van* ★ base d'aviation *vliegbasis* ★ base de sous-marins *onderzeeërsbasis* ★ MIL. base de ravitaillement *ravitailleringscentrum* ★ base de feux *vuurbasis* ★ base d'opération *operatiebasis* ★ base de données *database* ★ salaire de base *basisloon*
base-ball, **baseball** (zeg: bezbol) M *honkbal*
baser OV WW *gronden*; *baseren (***sur** *op)* ★ se ~ sur *zich baseren op* ★ être basé à *gelegerd zijn in*
bas-fond M [mv: **bas-fonds**] *ondiepte* (in rivier of zee) ★ les ~s *de achterbuurt*; *de onderste lagen van de maatschappij*
basilic M ● *basilisk* ● *basilicum*
basilique V *basiliek*
basique BNW ● *basis-* ● SCHEIK. *basisch*
basket I M *basketbal* **II** V *basketbalschoen*; *sportschoen* ★ INFORM. être bien dans ses ~s *zich lekker voelen* ★ INFORM. lâche-moi les ~s! *laat me met rust!*
basketteur M [v: **basketteuse**] *basketbalspeler*
basque I M *(het) Baskisch* **II** V *pand*; *slip* ★ être toujours pendu aux ~s de qn *aan iem. klitten* **III** BNW *Baskisch*
Basque M/V *Bask*
bas-relief M [mv: **bas-reliefs**] *bas-reliëf*
basse I V ● *basstem* ● *baspartij* ● *baszanger*; *basspeler* ● *bas* (instrument) ● *klip die bij eb droogvalt* ★ ~ profonde *contrabas* (stem) **II** BNW ● → **bas**
basse-cour V [mv: **basses-cours**] ● *hoenderhof* ● *gevogelte in de hoenderhof*
bassement BIJW *laag(hartig)*
bassesse V ● *laagheid*; *gemeenheid* ● *lage daad* ★ faire des ~s à qn *iem. de hielen likken*
basset M *takshond*; *basset* ★ cor de ~ *bassethoorn*
bassin M ● *bekken*; *kom*; *schaal* (v. weegschaal) ● *bad* (v.e. zwembad); *vijver*; *dok* ● *stroomgebied* ● *laag* (steenkool, erts) ● ANAT. *bekken* ★ fracture du ~ *bekkenbreuk* ★ ~ de radoub/carénage *droogdok*
bassine V *teil*; *grote pan*
bassiner OV WW ● *besproeien*; *betten* ● INFORM. *vervelen* ● *verwarmen met een beddenpan*
bassinet M ● *klein bekken* ● ANAT. *nierbekken*
bassinoire V *beddenpan*
bassiste M/V *bassist*
basson M ● *fagot* ● *fagottist*
bassoniste M *fagottist*
bastide V ● *buitenhuisje* (in Zuid-Frankrijk) ● GESCH. *sterkte*; *vesting(stad)*
bastille V *burcht*
Bastille V *staatsgevangenis van Parijs (tot 1789)*; *Bastille* ★ la prise de la ~ *de bestorming van de Bastille*
bastingage M *reling*
bastion M MIL. *bastion*
Bastogne V *Bastenaken*
bastonnade V *stokslagen*; *pak slaag*
bastringue M ● INFORM. *lawaai* ● INFORM. *volksbal* ● INFORM. *spullen*; *troep* ★ enlever son ~ *z'n rommel opruimen*
bas-ventre M [mv: **bas-ventres**] *onderbuik*
bat M SPORT *slaghout*; *bat*
bât M *pakzadel* ★ mulet de bât *pakezel* ★ c'est là que le bât blesse *daar is (dus) de zwakke plek*
bataclan M INFORM. *rommel* ★ et tout le ~ *en de hele santenkraam*
bataille V ● *strijd*; *twist* ● *veldslag* ● *soort kaartspel* ★ en ~ *in slagorde*; *(schots en) scheef* ★ champ de ~ *slagveld* ★ ~ de Waterloo *slag bij Waterloo* ★ ~ navale *zeeslag* ★ ~ électorale *verkiezingsstrijd* ★ livrer ~ *slag leveren*
batailler ONOV WW ● *slag leveren*; *vechten*; *twisten* ● INFORM. *knokken (***pour** [+ infin.] *om)*
batailleur I M [v: **batailleuse**] *ruziezoeker*; *vechtjas* **II** BNW [v: **batailleuse**] *vechtlustig*
bataillon M *bataljon* ★ un ~ d'enfants *heel veel kinderen*
bâtard I M [v: **bâtarde**] *onecht kind*; *bastaard* **II** BNW ● *bastaard-*; *onecht* ● *halfslachtig* ★ architecture ~e *architectuur die twee stijlen in zich verenigt* ★ pain ~ *soort klein stokbrood*
batardeau M [mv: **batardeaux**] *tijdelijke dam*; *dijk*
batave BNW *Bataafs* ★ les Bataves *de Bataven*; *de Hollanders*
batavia V *ijsbergsla*
bateau M [mv: **bateaux**] ● *boot*; *schip* ● *verlaagd trottoir* (als uitrit) ★ en ~ *met de boot* ★ ~ de plaisance *plezierjacht* ★ ~ à rames *roeiboot* ★ ~ de sauvetage *reddingboot* ★ ~ à vapeur *stoomschip* ★ ~ à voiles *zeilschip* ★ INFORM. monter un ~ à qn *iem. beetnemen* ★ INFORM. c'est ~! *dat is afgezaagd!*; *dat is welbekend!*
bateau-citerne M [mv: **bateaux-citernes**] *tankschip*
bateau-feu M [mv: **bateaux-feux**] *lichtschip*
bateau-mouche M [mv: **bateaux-mouches**] *rondvaartboot*
bateau-phare M [mv: **bateaux-phares**] *lichtschip*
bateau-pilote M [mv: **bateaux-pilotes**] *loodsboot*
bateau-pompe M [mv: **bateaux-pompes**] *blusboot*

bateau-remorqueur M [mv: **bateaux-remorqueurs**] *sleepboot*
bateleur M [v: **bateleuse**] OUD. *kunstenmaker*
batelier M [v: **batelière**] *veerman; binnenschipper*
batellerie V *binnenscheepvaart*
bâter OV WW *zadelen* ★ âne bâté *stommeling*
bath BNW INFORM. *leuk; fijn; uitstekend*
bathyscaphe M *diepzeeduikboot; bathyscaaf*
bathysphère V *bathysfeer; duikbol*
bâti I BNW *gebouwd* **II** M ● *(houten) geraamte; frame; onderstel* ● *rijgdraden; rijgsel*
bâtière V ★ toit en ~ *zadeldak*
batifoler ONOV WW INFORM. *ravotten; dollen*
batik M *batik(werk)*
bâtiment M ● *gebouw* ● *bouwvak* ● *(groot) schip* ★ ~ de charge *vrachtschip*
bâtir OV WW ● *(op)bouwen* ● *ineenrijgen* ★ bâti à chaux et à sable *stevig gebouwd* ★ ~ sur le sable *op drijfzand bouwen* ★ pièce de théâtre mal bâtie *slecht gecomponeerd toneelstuk* ★ ~ en l'air/~ des châteaux en Espagne *luchtkastelen bouwen*
bâtisse V ● *ruwbouw* ● *(lelijk) bouwsel*
bâtisseur M [v: **bâtisseuse**] ● *bouwer* ● *stichter*
batiste V *batist*
bâton M ● *stok; staf; sport* (v. stoel) ● *streepje* ● INFORM. *10.000 Franse frank/euro* ★ coup de ~ *stokslag* ★ ~ de vieillesse *(wandel)stok; steun in de oude dag* ★ ~ de maréchal *maarschalksstaf*; FIG. *bekroning van een carrière, top* ★ ~ de chocolat *reep chocolade* ★ ~ de cire *pijp lak* ★ ~ de craie *krijtje* ★ ~ de rouge *lippenstift* ★ jouer du ~ *stokslagen geven* ★ mettre des ~s dans les roues *een spaak in het wiel steken* ★ parler à ~s rompus *van de hak op de tak springen* ★ tour de ~ *op oneerlijke wijze verkregen winst* ★ politique du ~ *harde politiek; harde lijn* ★ mener une vie de ~ de chaise *een onregelmatig leven leiden* ★ battre l'eau avec un ~ *vergeefse moeite doen* ★ sortir d'un emploi avec le ~ blanc *stoppen met een baan zonder er rijk van geworden te zijn*
bâtonner OV WW *stokslagen geven; afranselen*
bâtonnet M *stokje; staafje; stick*
bâtonnier M *deken v.d. orde v. advocaten*
batracien M *kikvorsachtige*
battage M ● *(het) slaan; (het) dorsen* ● INFORM. *lawaaierige reclame; tamtam; poeha*
battant I M ● *klepel* ● SPORT *vechter*; FIG. *doorzetter* ● *deurklink; deurvleugel* ★ avoir du ~ *spaargeld hebben* ★ ouvrir la porte à deux ~s *gastvrij zijn* **II** BNW *slaande* ★ pluie ~e *slagregen* ★ porte ~e *klapdeur* ★ le cœur ~ *met bonzend hart* ★ à trois heures ~es *klokslag drie uur* ★ (tout) ~ neuf *splinternieuw* ★ tambour ~ *met slaande trom* ★ les ~s et les battus *de overwinnaars en de overwonnenen*
batte V ● *klopper* ● *karnstok* ● *(het) pletten* (v. edelmetaal) ● *(het) schudden* (v. kaarten) ● SPORT *slaghout; bat*
battement M ● *(het) slaan; geklap; geklapper; geklop* ● *speling* (v. tijd); *tussentijd; pauze* ★ ~ des cartes *schudden v.d. kaarten* ★ ~ de tambour *tromgeroffel* ★ ~ de la pluie *gekletter van de regen* ★ ~ du cœur *hartslag* ★ ~s de cœur *hartkloppingen* ★ ~ des mains *handgeklap* ★ ~ du pouls *polsslag* ★ une heure de ~ *één uur speling*
batterie V ● *accu* ● MIL. *batterij* ● *tromgeroffel* ● *de slaginstrumenten* ● *rij; serie; set* ★ ~ de campagne *veldbatterij* ★ ~ de cuisine *keukengerei* ★ dévoiler ses ~s *zijn tactiek prijsgeven* ★ dresser ses ~s *zijn maatregelen nemen* ★ recharger ses ~s FIG. *de accu weer opladen*
batteur M ● *mixer; klopper* ● MUZ. *drummer; slagwerker* ● SPORT *slagman* ★ ~ de pavé *straatslijper*
batteuse V ● *dorsmachine* ● *pletmachine*
battoir M ● OUD. *wasklopper* ● *palet* (bij kaatsspel) ● INFORM. *grote en brede hand; kolenschop*
battre I OV WW ● *slaan* ● *overwinnen; verslaan* ● *slaan tegen; slaand/kloppend bewerken* ● *bestoken* ● *doorzoeken; doorlópen* ★ ~ un record *een record breken* ★ ~ les cartes *de kaarten schudden* ★ ~ des habits *kleren kloppen* ★ ~ des tapis *tapijten kloppen* ★ ~ le blé *graan dorsen* ★ ~ le briquet *vuur slaan* ★ ~ la crème *karnen* ★ ~ la grosse caisse *de grote trom roeren* ★ la mer bat les dunes *de zee slaat tegen de duinen* ★ ~ le fer *het ijzer smeden* ★ ~ froid à qn *iem. koel bejegenen* ★ ~ monnaie *geld aanmunten* ★ le canon bat les murailles *het kanon beschiet de muren* ★ ~ des œufs *eieren klutsen* ★ ~ les oreilles à qn (de qc) *iem. (over iets) aan het hoofd zaniken* ★ ~ le pavé *straatslijpen* ★ SCHEEPV. ~ pavillon *de vlag voeren* ★ ~ l'ennemi *de vijand verslaan* ★ ~ les bois *het wild opdrijven in de bossen* ★ FIG. suivre les chemins battus *de gebaande wegen volgen* ★ ~ à plate couture FIG. *verpletteren* ★ ~ à mort *doodslaan* ★ il faut ~ le fer pendant qu'il est chaud (spreekwoord) *men moet het ijzer smeden als het heet is* **II** ONOV WW ● *slaan; kloppen; klappen* ● SPORT *aan slag zijn* ★ ~ des cils *met de ogen knipperen* ★ ~ à dix mètres *een bereik hebben van tien meter* ★ ~ des ailes *klapwieken* ★ ~ des mains *in de handen klappen* ★ ~ des pieds *trappelen; stampvoeten* ★ ~ en retraite *zich terugtrekken* ★ ~ son plein *in volle gang zijn* **III** WKD WW [**se** ~] ● *vechten; strijden* (**avec** *met;* **contre** *tegen;* **pour** *voor)* ● *zich slaan* ★ se ~ la poitrine *zich op de borst kloppen* ★ se ~ en duel *duelleren* ★ se ~ à l'épée *op de degen vechten* ★ INFORM. je m'en bats l'œil *ik lach er om; ik heb er maling aan* ★ se ~ les flancs *vergeefse moeite doen; zich afsloven*
battu BNW *geslagen; begaan; bewerkt* ★ chemin ~ *gebaande weg; platgetreden weg* ★ lait ~ *karnemelk* ★ SPORT terre ~e *gravel* ★ yeux ~s *ogen met blauwe kringen*
battue V *drijfjacht*
baudet M OUD. *ezel*
baudrier M ● *draagband; schouderriem* ● *dubbele lus*
baudroie V *zeeduivel* (vis)
baudruche V ● *darmvlies* (v. rund of schaap) ● *leeghoofd; windbuil*

bauge V • *leger* ⟨v. wild zwijn⟩; *eekhoornnest* • *krot*; *vuil bed*
baume M • *balsem* • *troost* ★ mettre du ~ dans le cœur *troosten*
baux M MV • → **bail**
bauxite V *bauxiet*
bavard I M [v: **bavarde**] *kletskous* **II** BNW • *babbelziek*; *praatziek*; *spraakzaam* • *loslippig* ★ être ~ comme une pie *onophoudelijk kletsen* ★ étiquette pas ~e *nietszeggende etiquette*
bavardage M • *gebabbel*; *geklets* • *roddelpraat*
bavarder ONOV WW *babbelen*; *kletsen*; *z'n mond voorbij praten*
bavarois I M *roompudding*; *bavarois* **II** BNW [v: **bavaroise**] *Beiers*
Bavarois M [v: **Bavaroise**] *Beier*
bavaroise V *roompudding*; *bavarois*
bave V • *kwijl*; *slijm* • *roddelpraat*
baver ONOV WW • *kwijlen*; *niet netjes eten* • *vlekken*; *uitlopen* ⟨v. pen, inkt e.d.⟩ ★ INFORM. en ~ *het hard te verduren hebben* ★ ~ sur *afgeven op*; *belasteren* • INFORM. **~ de** *versteld staan van* ★ il en bavait *hij stond paf*
bavette V • *slabbetje* • *borststuk* ⟨v. schort e.d.⟩ • CUL. *klapstuk* ★ INFORM. tailler une ~ *een praatje maken*
baveux BNW [v: **baveuse**] • *kwijlerig* • INFORM. *breedsprakig*
Bavière V *Beieren*
bavoir M *slab*
bavure V • *vergissing*; *miskleun*; *exces* ⟨v.d. politie⟩ • *smet*; *inktstreep*; *gietnaad* ★ INFORM. sans ~(s) *onberispelijk*
bayer ONOV WW *gapen* ★ ~ aux corneilles *in de lucht staren*; *staan te gapen*
bazar M • *warenhuis*; *oosterse markt*; *bazaar* • INFORM. *rommel*; *troep*; *zootje*; *zwik* ★ tout le ~ *de hele santenkraam*
bazarder OV WW INFORM. *verpatsen*; *verkopen*
bazooka M *bazooka*
BBQ M *bbq*
B.C.B.G. AFK bon chic bon genre *keurig en smaakvol* ⟨v. voorkomen⟩; *correct*
BCE V Banque centrale européenne *ECB* ⟨Europese Centrale Bank⟩
Bd AFK boulevard *Blvd.*; *Boulevard*
B.D. AFK bande dessinée *stripboek*
beamer M *beamer*
béant BNW *wijd open*; *gapend* ★ profondeur ~e *gapende diepte* ★ demeurer bouche ~e *met open mond staan kijken* ★ ~ d'admiration *vol bewondering*
béarnais BNW *uit de Béarn* ★ sauce ~e *bearnaisesaus*
béat BNW • *gelukzalig*; *beaat* • *zalig*
beatbox M ★ faire le ~ *beatboxen*
beatboxer M *beatbox*
béatification V *zaligverklaring*
béatifier OV WW *zalig verklaren*
béatifique BNW *zaligmakend*
béatitude V *gelukzaligheid*; *groot geluk* ★ les 8 Béatitudes *de 8 Zaligheden*
beau[1], bel ⟨voor klinker of stomme h⟩ **I** BNW [v: **belle**] [mv: **beaux**] • *mooi*; *schoon* • *edel*; *verheven* • *aanzienlijk* • *groot* ★ un beau rhume *een zware verkoudheid* ★ beau joueur *sportief verliezer* ★ être dans de beaux draps *in een moeilijke situatie zijn* ★ ça, c'est beau! *fraai is dat!* ★ le bel âge *de jeugd* ★ l'échapper belle *er goed afkomen*; *de dans ontspringen* ★ coucher à la belle étoile *onder de blote hemel slapen* ★ en faire de belles *streken uithalen* ★ il en verra de belles *hij zal nog wat beleven* ★ il fait beau *'t is mooi weer* ★ un beau mangeur *een groot eter* ★ au beau milieu de *precies in het midden van* ★ mourir de sa belle mort *een natuurlijke dood sterven* ★ Philippe le Bel *Filips de Schone* ★ de plus belle *opnieuw*; *met hernieuwde kracht* ★ il y a beau temps *lang geleden* ★ une belle âme *een edele ziel* ★ une belle fortune *een groot fortuin* ★ le beau monde *de uitgaande wereld* ★ une belle peur *een grote angst* ★ un bel âge *een hoge leeftijd* ★ un beau jour *op zekere dag* ★ beau parleur *praatjesmaker*; *mooiprater* ★ la belle plume fait le bel oiseau *kleren maken de man* **II** BIJW ★ bel et bien *wel degelijk*; *kort en goed* ★ tout beau! *kalm wat!*; *koest!* ★ avoir beau [+ infin.] *hoe... ook* ★ il a beau crier, on ne l'entend pas *hij kan nog zo hard roepen, men hoort hem niet* ★ a beau mentir qui vient de loin *wie verre reizen doet, kan veel verhalen*
beau[2] M • *(het) schone* • *schoonheid* • *fat*; *modegek* ★ le temps se (re)met au beau *het wordt (weer) mooi weer* ★ faire le beau *pronken*; *opzitten* ⟨v. hond⟩
beaucoup BIJW *veel*; *erg* ★ ~ de monde *veel mensen* ★ de ~ *verreweg* ★ c'est ~ dire *dat is overdreven* ★ y être pour ~ *een grote rol spelen*
beauf M • INFORM. beau-frère *zwager* • INFORM. *horkerige, bekrompen vent*
beau-fils M [mv: **beaux-fils**] • *schoonzoon* • *stiefzoon*
beau-frère M [mv: **beaux-frères**] *zwager*
beau-père M [mv: **beaux-pères**] • *schoonvader* • *stiefvader*
beaupré M SCHEEPV. *boegspriet*
beauté V • *schoonheid* • *mooie vrouw* ★ se (re)faire une (petite) ~ *zich (even) optutten* ★ de toute ~ *opmerkelijk mooi* ★ en ~ *op fraaie wijze*; *glansrijk*
beaux BNW • → **beau[1]**
beaux-arts M MV *schone kunsten*
beaux-parents M MV *schoonouders*
bébé M • *baby* • *pop* ★ des bébés(-)chats *jonge katjes* ★ bébé(-)éprouvette *reageerbuisbaby* ★ faire le bébé *kinderachtig doen* ★ INFORM. refiler le bébé à qn *het probleem op iem. afschuiven*
bébête BNW INFORM. *onnozel*
bec M • *snavel* • INFORM. *mond*; *bek* • *punt* ⟨v. pen⟩ • *pit* ⟨v. lamp⟩; *tuit* ⟨v. kan⟩ • *mondstuk* ⟨v. muziekinstrument⟩ • *landtong* ★ bec de gaz *(gas)lantaarn*; *gaspit* ★ bec verseur *schenktuit* ★ donner un coup de bec *een snauw geven* ★ un bec fin/un fin bec *een lekkerbek* ★ avoir bec et ongles *haar op de tanden hebben* ★ tenir qn le bec dans l'eau *iem. lang laten wachten*; *iem. aan het lijntje houden* ★ rester le bec dans l'eau *met de*

mond vol tanden staan ★ cela lui a passé devant le bec *dat is zijn neus voorbijgegaan* ★ se prendre de bec/avoir une prise de bec avec qn *met iem. twisten* ★ avoir bon bec *niet op zijn mondje gevallen zijn* ★ clouer le bec à qn *iem. de mond snoeren*
bécane V • INFORM. *karretje*; *(brom-, motor)fiets* • INFORM. *machine*; *pc*
bécarre M MUZ. *herstellingsteken*
bécasse V • *snip* • INFORM. *domme vrouw* ★ ~ des bois *houtsnip*
bécasseau M [mv: **bécasseaux**] • *jonge snip* • *strandloper*
bécassine V • *watersnip* • INFORM. *dom meisje*; *dom gansje*
bec-de-cane M [mv: **becs-de-cane**] *deurknop*
bec-de-corbeau M [mv: **becs-de-corbeau**] *draadtang*
bec-de-corbin M • → **bec-de-corbeau**
bec-de-lièvre M [mv: **becs-de-lièvre**] *hazenlip*
bêchage M *(het) spitten*
béchamel V *bechamelsaus*
bêche V *spade*; *schop*
bêcher OV WW • *(om)spitten* • INFORM. *afkammen*; *neerbuigend bejegenen*
bêcheur M [v: **bêcheuse**] • *kwaadspreker* • INFORM. *snob*; *verwaande kwast*
bécot (zeg: -koo) M INFORM. *kusje*
bécoter OV WW INFORM. *kussen*
becquée, bequée V *snavelvol* ★ donner la ~ *voeren van jonge vogels*
becqueter OV WW • *(op)pikken* • INFORM. *eten*; *bikken*
becter • → **becqueter**
bedaine V INFORM. *dikke buik*; *buikje*
bédé V bande dessinée *stripboek*
bedeau M [mv: **bedeaux**] *koster*
bedon M INFORM. *dikke buik*; *buikje*
bedonner ONOV WW INFORM. *een buikje krijgen*
bédouin BNW *bedoeïenen-*
Bédouin M *bedoeïen*
bée BNW ★ (rester) bouche bée *met open mond (staan kijken)*
beffroi M • *klokkentoren*; *belfort* • *alarmklok*
bégaiement M *(het) stotteren*; *gestamel* ★ les premiers ~s *de eerste aanzet*
bégayer I OV WW *stamelen* **II** ONOV WW *stotteren*
bégonia M *begonia*
bègue I M/V *stotteraar* **II** BNW *stotterend*
bégueule I BNW *preuts* **II** V *preutse vrouw*
bégueulerie V *preutsheid*
béguin M • *begijnenmuts* • *kindermutsje* • INFORM. *kortstondige verliefdheid* • INFORM. *liefje* ★ INFORM. avoir le ~ pour *verkikkerd zijn op*
béguinage M *begijnhof*
béguine V *begijntje*
beige BNW *beige*
beigne V INFORM. *slag*; *oorvijg*; *opduvel*
beignet M *beignet* ★ ~ aux pommes *appelbeignet*
bel BNW • → **beau**[1]
bêlement M • *geblaat*; *gemekker* • *geweeklaag*
bêler ONOV WW • *blaten*; *mekkeren* • *jammeren*
belette V *wezel*
belge BNW *Belgisch*
Belge M/V *Belg*
belgicisme M *belgicisme*
Belgique V *België*
Belgrade V *Belgrado*
bélier M • *ram* • *stormram* • *heitoestel* • *Ram* ⟨dierenriem⟩ ★ coup de ~ *stormaanval*; *stoot door overdruk in waterleiding* ★ ~ hydraulique *waterram*
bélière V • *ringvormige hanger* • *bel* ⟨v. belhamel⟩
belladone V *belladonna*; *wolfskers*
bellâtre I M *fat* **II** BNW *fatterig*
belle I V • *schone* • *geliefde*; *liefje*; *schatje* • *beslissende partij*; *belle* ★ la ~ au bois dormant *Doornroosje*; *de Schone Slaapster in het bos* ★ INFORM. se faire la ~ *ontsnappen* **II** BNW • → **beau**[1]
belle-de-jour V [mv: **belles-de-jour**] *dagschone*
belle-de-nuit V [mv: **belles-de-nuit**] PLANTK. *nachtschone*
belle-doche V [mv: **belles-doches**] INFORM./MIN. *schoonmoeder*; *stiefmoeder*
belle-famille V [mv: **belles-familles**] *schoonfamilie*
belle-fille V [mv: **belles-filles**] • *schoondochter* • *stiefdochter*
belle-maman V [mv: **belles-mamans**] *schoonmama*
belle-mère V [mv: **belles-mères**] • *schoonmoeder* • *stiefmoeder*
belles-lettres V MV *bellettrie*
belle-sœur V [mv: **belles-sœurs**] *schoonzuster*
bellicisme M *oorlogszuchtigheid*
belliciste BNW *oorlogszuchtig*
belligérance V *staat van oorlog*
belligérant I M *oorlogvoerende* **II** BNW *oorlogvoerend*
belliqueux BNW [v: **belliqueuse**] • *oorlogszuchtig* • *strijdlustig*
belon M *soort oester*
belote V ≈ *(het) klaverjassen* ★ jouer à la ~ ≈ *klaverjassen*
belvédère M *belvedère*; *uitkijktoren*
bémol M MUZ. *mol* ★ INFORM. mettre un ~ *een toontje lager zingen*
ben TW INFORM. = bien *wel*
bénédicité M *gebed voor de maaltijd* ⟨r.-k.⟩
bénédictin BNW *benedictijns*
Bénédictin M *Benedictijn* ★ travail de ~ *monnikenwerk*
bénédiction V • *zegen*; *zegening* • *gunst* ★ ~ nuptiale *huwelijksinzegening*
bénef M INFORM. → **bénéfice**
bénéfice M • *winst* • *voordeel*; *voorrecht* • REL. *prebende* ★ ~ brut *brutowinst* ★ ~ net *nettowinst* ★ représentation à ~ *benefietvoorstelling* ★ à ~ *met winst* ★ au ~ de *ten bate van*; *benefiet-* ★ c'est tout ~ *dat is pure winst* ★ (laisser) le ~ du doute *het voordeel van de twijfel (gunnen)* ★ tirer ~ de qc *voordeel uit iets trekken* ★ les chevaux courent les ~s et les ânes les attrapent ⟨spreekwoord⟩ *de paarden die de haver verdienen, krijgen ze niet*
bénéficiaire I M/V *begunstigde* **II** BNW *winst-*; *winstgevend* ★ marge ~ *winstmarge*

bénéficier ONOV WW • **~ à** *ten goede komen aan* • **~ de** *genieten (van); voordeel trekken uit* ★ ~ d'un non-lieu *ontslagen worden van rechtsvervolging*
bénéfique BNW *gunstig; heilzaam* ★ ce séjour lui a été ~ *dat verblijf heeft hem goed gedaan*
benêt M *uilskuiken; sul*
bénévolat M *vrijwilligerswerk*
bénévole I M/V *vrijwilliger* ‹sociaal werk› **II** BNW • *welwillend* • *vrijwillig* • *onbetaald; pro Deo*
bénévolement BIJW *vrijwillig; belangeloos*
Bengale M *Bengalen* ★ feu de ~ *Bengaals vuur*
bengali (zeg: be(n)-) **I** M • *(het) Bengaals; Bengalees* • *blauwfazantje* **II** BNW *Bengaals*
bénignité V *goedaardigheid*
bénin BNW [v: **bénigne**] • *goedaardig* • *zacht; mild* ★ remède ~ *niet-agressief geneesmiddel*
béni-oui-oui M MV *jaknikkers*
bénir OV WW • *inzegenen; wijden; zegenen* • *loven; blij zijn met* ★ béni soit le ciel *de hemel zij dank* ★ INFORM. Dieu vous bénisse *gezondheid!* ‹bij niezen›
bénit BNW *gewijd* ★ eau ~e *wijwater*
bénitier M *wijwatervat* ★ se démener comme le diable dans un ~ *zich in allerlei bochten wringen*
benjamin M [v: **benjamine**] *jongste; benjamin*
benji M *(het) elastiekspringen*
benjoin (zeg: be(n)-) M *benzoë*
benne, banne V • *laadbak* • *korf voor de wijnoogst* • *mijnwagen; kiepwagen* ★ ~ à ordures *vuilniswagen* ★ ~ preneuse *grijper*
benoît BNW *zoetsappig; schijnheilig*
benzène M *benzeen*
benzine V *wasbenzine*
béotien I BNW *lomp* **II** M [v: **béotienne**] *lomperd*
BEP AFK brevet d'études professionnelles *(diploma) mbo* ‹in Frankrijk›
béquée V • → **becquée**
béqueter WW • → **becqueter**
béquille V • *kruk* ‹v. invalide› • *steun*
berbère I M *berbertaal* **II** BNW *Berber-* ★ les Berbères *de Berbers*
bercail M • *schaapskooi* • FIG. *thuis* ★ rentrer au ~ *in de schoot v.h. gezin/v.d. Kerk terugkeren*
berce V PLANTK. *berenklauw*
berceau M [mv: **berceaux**] • *wieg* • *bakermat* • *prieel; bladerdak; overgroeid tuinpad* • *tongewelf* • *onderstel* ‹v. motor› ★ du ~ à la tombe *van de wieg tot het graf* ★ dès le ~ *van kindsbeen af*
bercement M *gewieg; deining* ★ ~ des flots *deining van de golven*
bercer I OV WW • *wiegen* • *verzachten; sussen* • *paaien (**de** met)* ★ sa jeunesse a été bercée d'accidents *in zijn jeugd heeft hij veel ongelukken gehad* **II** WKD WW [**se ~**] **de** *zich vleien met; koesteren* ★ se ~ de faux espoirs *valse hoop koesteren* ★ se ~ d'illusions *illusies koesteren*
berceuse V • *wiegeliedje* • *schommelstoel*
Bercy M *Bercy* ‹het Franse ministerie v. financiën›
béret M *muts; baret* ★ ~ basque *alpinopet*
bérézina V ▼ c'était la ~ ≈ *hij heeft zijn Waterloo gevonden*
Bérézina V INFORM. *ramp; fiasco*
berge V • *oever* • *berm* • PLAT *jaar* ‹v. leeftijd›
berger M • *herder* • *herdershond*
bergère V • *herderin* • *ruime fauteuil; bergère* • *kwikstaart*
bergerie V • *schaapskooi* • *herdersdicht*
bergeronnette V *kwikstaart*
béribéri M *beriberi*
berk, beurk TW *bah!; gadsie! gadver!*
Berlin M *Berlijn*
berline V • *soort rijtuig* • *vierdeursauto* • *kolenwagentje*
berlingot M • *pakje* ‹voor melk, vruchtensap enz.› • ≈ *ulevel*
berlinois BNW *Berlijns* ★ un Berlinois *een Berlijner*
berlue V *schemering voor de ogen* ★ avoir la ~ *hallucineren; iets verkeerd beoordelen*
berme V *berm; paadje langs een talud*
bermuda M [vaak mv] *bermuda*
bernache V *rotgans*
bernard-l'ermite, bernard-l'hermite M [mv: id.] *heremietkreeft*
berne V ★ pavillon/drapeau en ~ *vlag halfstok*
berné BNW *bekrompen; geborneerd*
berner OV WW *beetnemen; voor de gek houden*
bernique V *napslak*
besace V *reistas; bedelzak*
bésef BIJW INFORM. *veel* ★ c'est pas ~! *dat is niet veel!*
bésigue M *bezique* ‹kaartspel›
besogne V *arbeid; werk; bezigheid* ★ aller vite en ~ *voortvarend te werk gaan; hard van stapel lopen* ★ abattre de la ~ *veel werk verzetten* ★ aimer ~ faite *een broertje dood hebben aan werken* ★ mettre la main à la ~ *de hand aan de ploeg slaan* ★ plus de bruit que de ~ *veel geschreeuw, maar weinig wol*
besogner ONOV WW *ploeteren*
besogneux BNW [v: **besogneuse**] *behoeftig*
besoin M • *behoefte (**de** aan)* • *nood; armoede; gebrek* ★ les ~s *de (levens)behoeften* ★ ~s en *behoefte aan* ★ avoir ~ de *nodig hebben* ★ faire ~ *nodig zijn* ★ je n'ai pas ~ de vous dire *ik hoef u niet te zeggen* ★ au ~ *zo nodig; desnoods* ★ avoir ~ de [+ infin.] *behoefte hebben om; moeten; hoeven* ★ si ~ est/s'il en est ~ *zo nodig* ★ pour le(s) ~(s) de la cause *om bestwil* ★ être dans le ~ *gebrek lijden* ★ subvenir aux ~s de qn *in iemands onderhoud voorzien* ★ faire ses ~s *zijn behoeften doen* ★ on connaît le véritable ami dans le ~ ‹spreekwoord› *in nood leert men zijn vrienden kennen*
bestiaire M *dierenbevechter bij de Romeinen; bestiarium* ‹middeleeuws dierenboek›
bestial BNW [m mv: **bestiaux**] *beestachtig; bestiaal*
bestialité V *beestachtigheid; bestialiteit*
bestiaux I M MV *vee; beesten* **II** BNW • → **bestial**
bestiole V *beestje; diertje*
best-seller (zeg: -leur) M [mv: **best-sellers**] *bestseller*
bêta I M *bèta* **II** M [v: **bêtasse**] *domkop* **III** BNW INFORM. *dom; weinig snugger*
bétail M *vee* ★ petit ~ *klein vee*

be

bétaillère V *veewagen*
bête I V • *dier; beest* • *domoor; uilskuiken* ★ bête à concours *werkezel; bolleboos* ★ bête puante *stinkdier* ★ morte la bête, mort le venin ⟨spreekwoord⟩ *een dode hond bijt niet* ★ bête à bon Dieu *onzelieveheersbeestje* ★ chercher la petite bête *muggenziften; vitten* ★ bêtes fauves *wilde dieren* ★ bête féroce *wild dier* ★ les bêtes noires *de wilde zwijnen* ★ c'est ma bête noire *ik kan hem niet luchten of zien* ★ être la bête noire *het zwarte schaap zijn* ★ bête de somme *lastdier* ★ bête de trait *trekdier* ★ bonne bête *goede sukkel* ★ faire la bête *zich van de domme houden* ★ pauvre bête *arme sukkel* ★ bêtes à cornes *hoornvee* ★ quelle bête! *wat een kerel!; wat een kanjer!* ★ malade comme une bête *doodziek* ★ bête de scène *theaterdier, iem. die de zaal weet te bespelen* **II** BNW • *dom* • *flauw* • *sukkelig* • *suf* ★ c'est bête comme chou *dat is kinderspel* ★ bête comme un âne/comme un pied *oliedom*
bêtement BIJW • *dom* • *domweg; simpelweg*
bêtifiant BNW *dom makend; dom*
bêtifier I OV WW *afstompen* **II** ONOV WW *dom doen*
bêtise V • *domheid; stommiteit* • *kleinigheid* ★ faire des ~s *iets doms doen* ★ dire des ~s *onzin uitkramen*
bêtisier M *verzameling domheden; blunderboek*
béton M *beton* ★ c'est du ~ *dat zit wel goed* ★ ~ armé *gewapend beton* ★ INFORM. laisse ~! *laat maar!; kap ermee!*
bétonnage M • *(het) betonneren* • *betonwerk*
bétonner I OV WW • *betonneren* • *solide maken* **II** ONOV WW *betonvoetbal spelen*
bétonneuse V *betonmolen*
bétonnière V *betonmolen*
bette V *snijbiet*
betterave V *beetwortel; biet* ★ sucre de ~ *bietsuiker* ★ ~ sucrière *suikerbiet*
beuglement M *geloei; geblèr*
beugler I OV WW INFORM. *brullen* ⟨v. zanger⟩ **II** ONOV WW • *loeien* • *krijsen*
beuh TW *bah*
beur M [v: **beur(e)**] INFORM. *(tweedegeneratie-)Arabier* ⟨in Frankrijk geboren⟩
beurk TW • → **berk**
beurre M *boter* ★ ~ de cacao *cacaoboter* ★ ~ noir *gebraden boter* ★ ~ de cacahouète *pindakaas* ★ INFORM. oeil au ~ noir *blauw oog* ★ petit ~ *petit-beurre; droog biscuitje* ★ ça entre comme dans du ~ *dat gaat gesmeerd* ★ INFORM. c'est du ~ *dat is kinderspel* ★ compter pour du ~ *voor spek en bonen meedoen; niet meetellen* ★ faire son ~ *grof geld verdienen* ★ mettre du ~ dans les épinards *extra verdienen; z'n kas spekken; voor het zout in de pap zorgen* ★ on ne peut pas avoir le ~ et l'argent du ~ *je kunt niet alles hebben; het is het een of het ander*
beurré BNW INFORM. *zat; teut*
beurrer I OV WW *met boter besmeren* **II** WKD WW [**se** ~] INFORM. *zich bezatten*
beurrier I M *botervlootje* **II** BNW *boter-*
beuverie V *drinkgelag*
bévue V *flater; bok*
bézef BIJW • → **bésef**
bi- VOORV *twee-; bi-*
biais I BNW *schuin; scheef* **II** M • *schuinte; schuine stand; schuine richting; schuine strook* • *omweg; (handig) middel; uitweg* • *kant; aspect* ★ de/en ~ *schuin(s); scheef* ★ par le ~ de *door middel van; via* ★ sous ce ~ *zo gezien* ★ regarder qn de ~ *iem. van opzij aankijken* ★ trouver un ~ *een uitvlucht vinden*
biaiser ONOV WW *schuin lopen;* FIG. *omwegen gebruiken; schipperen*
bibelot M *snuisterij*
biberon M • *zuigfles* • INFORM. *drinkebroer* ★ donner le ~ *de fles geven*
biberonner ONOV WW INFORM. *zuipen*
bibi I M INFORM. *vrouwenhoedje; dopje* **II** PERS VNW INFORM. *ik*
bibiche V INFORM. *schatje; liefje*
bibine V INFORM. *bocht; slecht bier*
bible V *Bijbel*
bibli V INFORM. *bibliotheek; bieb*
bibliobus M *bibliotheekbus*
bibliographe M/V *bibliograaf; boekbeschrijver*
bibliographie V *bibliografie*
bibliographique BNW *bibliografisch*
bibliomanie V *bibliomanie*
bibliophile M/V *bibliofiel; boekenliefhebber*
bibliophilique BNW *bibliofiel*
bibliothécaire M/V *bibliothecaris*
bibliothèque V • *bibliotheek* • *verzameling boeken; boekenkast*
biblique BNW *Bijbels*
bic M *balpen*
bicarbonate M *bicarbonaat*
bicentenaire I BNW *tweehonderdjarig* **II** M *tweehonderdjarig jubileum*
bicéphale BNW *tweehoofdig*
biceps (zeg: bieseps) M *biceps; tweehoofdige armspier* ★ avoir des ~ *spierballen hebben*
biche V *hinde* ★ INFORM. ma ~ *m'n schatje* ★ ventre de ~ *witachtig bruin*
bicher I ONOV WW INFORM. *blij zijn* **II** ONP WW INFORM. *goed gaan* ★ ça biche *het gaat lekker*
bichon M [v: **bichonne**] INFORM. *liefje; schattebout*
bichonner OV WW • *mooi aankleden; optutten* • *vertroetelen*
bicolore BNW *tweekleurig*
biconcave BNW *biconcaaf; dubbelhol*
biconvexe BNW *biconvex; dubbelbol*
bicoque V MIN. *krot*
bicorne M *steek* ⟨hoofddeksel⟩
bicross M • *crossfiets* • *(het) terreinfietsen*
bicycle M *ouderwetse fiets, waarvan het voorste wiel door pedalen werd voortbewogen*
bicyclette V • *fiets* • *omhaal* ⟨voetbal⟩ ★ ~ à moteur *snorfiets* ★ aller/monter à ~ *fietsen*
bidasse M *eenvoudige soldaat;* INFORM. *rekruut*
bide M • INFORM. *flop* ⟨v. toneelstuk, film⟩ • INFORM. *buik* ★ faire un bide *floppen*
bident M *tweetandige vork; gaffel*
bidet M • *bidet* • *rijpaardje*
bidoche V MIN. *vlees*
bidon I M • *(melk)bus; (benzine)blik; kan;*

veldfles • INFORM. *buik*; *pens* • INFORM. *nep*; *bluf*; *leugens* ★ ce n'est pas du ~ *dat is echt waar* ★ se remplir le ~ *z'n buik rond eten* **II** BNW [onver.] *zogenaamd*; *nep-* ★ attentat ~ *nepaanslag*
bidonnant BNW INFORM. *lollig*
bidonner WKD WW [**se** ~] INFORM. *zich dood lachen*; *uit zijn dak gaan*
bidonville M *krottenwijk*
bidouiller ONOV WW INFORM. *klussen*
bidule M INFORM. *ding*; *dinges*
bief M *rak*; *molenbeek*
bielle V *drijfstang*
biélorusse BNW *Wit-Russisch*
Biélorusse M/V *Wit-Rus*
Biélorussie V *Wit-Rusland*
bien I BNW *goed*; *fijn* ★ tout est bien, qui finit bien *eind goed, al goed* ★ être bien avec qn *goed met iem. kunnen opschieten* ★ un monsieur très bien *een fatsoenlijk/knap/ welgesteld man* ★ je suis bien ici *ik heb het hier naar mijn zin* **II** BIJW • *goed* • *wel* • *erg*; *zeer*; *veel* ★ bien aimé *zeer geliefd* ★ c'est bien lui *dat is net iets voor hem* ★ bien manger *lekker eten* ★ eh bien,... *welnu,...* ★ eh bien? *nou en?*; *en toen?* ★ ou bien *ofwel* ★ il y a bien trois jours que *het is al zeker drie dagen geleden dat* ★ c'est bien fait! *net goed!* ★ assez bien *redelijk*; *6* ⟨als schoolcijfer⟩ ★ tout est bien qui finit bien ⟨spreekwoord⟩ *eind goed, al goed* ★ vous feriez bien de... *u zou er goed aan doen te...* ★ se porter bien *het goed maken* ★ tant bien que mal *zo goed en kwaad als het gaat* ★ il est bien vu *hij wordt geacht* ★ je (le) veux bien *graag*; *goed* ★ bien mieux *veel beter* ★ bien cher *behoorlijk duur* ★ bien sûr *natuurlijk* ★ bien (du, de la, des) *zeer veel*; *heel wat* ★ se sentir bien *zich goed voelen* **III** M • *(het) goede*; *welzijn*; *geluk* • *bezitting*; *vermogen*; *goed* ★ biens dotaux *bruidsschat* ★ biens de consommation *consumptiegoederen* ★ biens de famille *familiebezit* ★ mener à bien *tot een goed einde brengen* ★ c'est pour son bien *het is voor zijn bestwil* ★ prendre en bien *goed opnemen* ★ le bien public *het algemeen welzijn* ★ en tout bien tout honneur *in alle eer en deugd* ★ vouloir du bien à qn *iem. goed gezind zijn* ★ les biens de l'âme *de deugden* ★ les biens du corps *de gezondheid* ★ les biens de l'esprit *de talenten* ★ les biens éternels *de eeuwige zaligheid* ★ faire le bien *weldoen* ★ faire du bien *goeddoen* ★ grand bien vous fasse *wel bekome het u!* ★ homme de bien *rechtschapen man* ★ avoir du bien *bemiddeld zijn* ★ biens meubles et immeubles *roerende en onroerende zaken* ★ le bien patrimonial *het ouderlijk goed*; *erfgoed* ★ changement en bien *verandering ten goede* ★ périr corps et biens *met man en muis vergaan* ★ les biens au soleil *de landerijen* ★ bien mal acquis ne profite pas ⟨spreekwoord⟩ *gestolen goed gedijt niet* **IV** VW ★ bien que [+ subj.] *hoewel*; *ofschoon* ★ si bien que *zodat*
bien-aimé I M [v: **bien-aimée**] *geliefde* **II** BNW *zeer geliefd*
bien-être M [mv: id.] • *welzijn* • *gevoel van welbehagen*
bienfaisance (zeg: -fu-) V *liefdadigheid* ★ bureau de ~ *(bureau voor) armenzorg*
bienfaisant (zeg: -fu-) BNW *weldadig*; *heilzaam*
bienfait M *weldaad*; *heilzaamheid* ★ un ~ n'est jamais perdu ⟨spreekwoord⟩ *wie goed doet, goed ontmoet*
bienfaiteur M [v: **bienfaitrice**] *weldoener*; *begunstiger*
bien-fondé M *gegrondheid*
bien-fonds M [mv: **bien(s)-fonds**] *onroerend goed*
bienheureux BNW [v: **bienheureuse**] *gelukkig*; *(geluk)zalig*
biennal BNW [m mv: **biennaux**] • *tweejarig* • *tweejaarlijks*
biennale V *biënnale*
bien-pensant I M [mv: **bien-pensants**] *conformist*; *weldenkende* **II** BNW [v: **bien-pensante**] *conformistisch*; *weldenkend*
bienséance V *wellevendheid*; *fatsoen* ★ les règles de ~ *de fatsoensregels*
bienséant BNW *wellevend*; *fatsoenlijk*
bientôt BIJW *spoedig*; *weldra* ★ à ~! *tot gauw!*; *tot ziens!* ★ c'est pour ~? *komt er nog wat van?* ★ c'est ~ dit *dat is makkelijk gezegd*
bienveillance V *welwillendheid*; *vriendelijkheid* ★ ayez la ~ de *wees zo vriendelijk om te*
bienveillant BNW *welwillend*; *vriendelijk* ★ une critique ~e *milde kritiek*
bienvenu BNW ★ être le ~ *welkom zijn*
bienvenue V *welkom* ★ souhaiter la ~ à qn *iem. welkom heten*
bière V • *bier* • *doodkist* ★ ~ blonde *licht bier* ★ ~ brune *donker bier* ★ ~ pression *tapbier* ★ ce n'est pas de la petite ~ *dat is niet gering!*; *dat is geen kleinigheid!*
biffage M • *(het) doorhalen* • *doorhaling*
biffer OV WW *doorhalen*
biffeton M • INFORM. *flap*; *bankbiljet* • INFORM. *kattebelletje*
biffin M • PLAT *voddenraper* • MIL. *infanterist*; *zandhaas*
biffure V *doorhaling*
bifide BNW *gespleten*
bifocal BNW [m mv: **bifocaux**] *bifocaal*; *dubbelfocus-*
bifteck M *biefstuk* ★ ~ bleu *bijna rauwe biefstuk* ★ ~ saignant *niet-doorbakken biefstuk* ★ ~ à point *tamelijk doorbakken biefstuk* ★ ~ bien cuit *goed doorbakken biefstuk* ★ INFORM. gagner son ~ *z'n brood verdienen*
bifurcation V *tweesprong*; OOK FIG. *splitsing*
bifurquer ONOV WW *(zich) splitsen*; *van richting veranderen*; *afslaan (***vers, sur** *naar)* ★ ~ vers une autre profession *een ander beroep kiezen*
bigame I BNW *bigamisch* **II** M/V *bigamist*
bigamie V *bigamie*
bigarré BNW *bont*; *gemengd*
bigarreau M [mv: **bigarreaux**] *bigarreau* ⟨harde kers⟩
bigarrure V *veelkleurigheid*; *verscheidenheid*
big bang, big-bang M *oerknal*
bigle BNW INFORM. *kippig*; *scheel*
bigler I OV WW INFORM. *beloeren* **II** ONOV WW

• INFORM. *scheel kijken*; *loensen* • INFORM. *gluren*
bigleux BNW [v: **bigleuse**] INFORM. *kippig*; *scheel*
bigophone M INFORM. *telefoon*
bigorneau M [mv: **bigorneaux**] *alikruik*
bigorner I OV WW INFORM. *mollen*; *in de prak rijden* **II** WKD WW [**se** ~] INFORM. *vechten*
bigot I M [v: **bigote**] *kwezel* **II** BNW *kwezelachtig*
bigoterie V *kwezelarij*
bigoudi M *krulspeld*; *(haar)roller*
bigre TW INFORM. *verrek!*
bigrement BIJW INFORM. *verrekt*; *erg* ★ il est ~ tard *het is verrekte laat*
bigue V *bok* ‹hijstoestel›
bijou M [mv: **bijoux**] • *juweel*; *kleinood*; *sierraad* • *snoesje*
bijouterie V • *juwelenzaak* • *juwelen*
bijoutier M [v: **bijoutière**] *juwelier*
bikini M *bikini*
bilame M/V *bimetaal*
bilan M • *balans* • *evaluatie*; *eindresultaat* ★ déposer son ~ *zich failliet laten verklaren* ★ dresser/établir le ~ *de balans opmaken* ★ faire le ~ (de) *de balans opmaken van*; FIG. *evalueren*
bilatéral BNW [m mv: **bilatéraux**] • *tweezijdig* • *bilateraal*; *wederzijds bindend*
bilboquet M • *duikelaartje* • *vangbeker* ‹beker met bal aan koord, als spel› • *klein drukwerk*
bile V • *gal* • *toorn*; *verbittering* ★ bile noire *zwartgalligheid* ★ se faire de la bile *zich ongerust maken*; *tobben* ★ échauffer la bile à qn *iem. woedend maken* ★ épancher/ décharger sa bile *zijn gal spuwen*
biler WKD WW [**se** ~] INFORM. *tobben*; *zich druk maken (***pour** *over)*
bileux BNW [v: **bileuse**] INFORM. *tobbend*; *tobberig*
bilharzie V *bilharzia*
biliaire BNW *gal-*
bilieux BNW [v: **bilieuse**] • *galachtig* • *opvliegend*; *(zwart)gallig*
bilingue BNW *tweetalig*
billard M • *biljart(tafel, -zaal)* • INFORM. *operatietafel*; *snijtafel* ★ ~ américain *poolbiljart* ★ c'est du ~ *dat is kinderspel* ★ INFORM. dévisser son ~ *het hoekje omgaan*
bille (zeg: biej) V • *knikker*; *balletje*; *kogeltje* • *biljartbal* • *(hout)blok* • INFORM. *kop*; *harses* ★ stylo à ~ *balpen* ★ bombe à ~s *fragmentatiebom* ★ INFORM. ~ de billard *kale knikker* ★ jouer aux ~s *knikkeren* ★ reprendre ses ~s *zich terugtrekken*
billet M • *kaartje*; *plaatsbewijs* • *briefje*; *biljet* ★ ~ de banque *bankbiljet* ★ ~ de concert *entreebewijs voor concert* ★ ~ doux *liefdesbriefje* ★ ~ de faire-part *kennisgeving* ★ ~ de loterie *lot* ★ ~ à ordre *promesse* ★ ~ de spectacle *toegangsbewijs voor schouwburg* ★ ~ de train *treinkaartje* ★ INFORM. ~ vert *Amerikaans dollarbiljet* ★ prendre un ~ *een kaartje kopen* ★ INFORM. je vous donne/fiche mon ~ que... *ik geef u op een briefje dat...*; *ik verzeker u dat...*
billetterie V *kaartverkoop(bureau, -automaat)*; *geldautomaat* ★ ~-spectacles *uitbureau*
billevesée V *dom geklets*; *kletspraat*
billion M *biljoen*
billot M • *(hak)blok* • *halsblok* ‹voor onthoofding› ★ avoir la tête sur le ~ *onder zware druk staan* ★ j'en mettrais ma tête sur le ~ *ik zou er mijn hoofd onder durven verwedden*
bimane BNW *tweehandig*
bimbeloterie V • *snuisterijenfabriek*; *snuisterijenhandel* • *snuisterijen*
bimensuel BNW [v: **bimensuelle**] *halfmaandelijks*
bimestriel BNW [v: **bimestrielle**] *tweemaandelijks*
bimoteur I BNW *tweemotorig* **II** M *tweemotorig vliegtuig*
binaire BNW *tweevoudig*; *tweetallig*; *binair*
biner OV WW *schoffelen*
binette V • *schoffel* • INFORM. *kop*
biniou M *Bretonse doedelzak*
binoclard I BNW INFORM. *brildragend* **II** M INFORM. *brildrager*
binocle M *lorgnet*
binoculaire BNW *voor twee ogen*; *binoculair*
bio BNW biologique *bio-* ★ manger bio *biologische voeding eten*
biochimie V *biochemie*
biochimique BNW *biochemisch*
biodéchet M *gft-afval*
biodégradable BNW *biologisch afbreekbaar*
biogaz M *biogas*
biographe M/V *biograaf*
biographie V *biografie*
biographique BNW *biografisch*
bio-industrie V *bio-industrie*
biologie V *biologie* ★ ~ animale *dierkunde* ★ ~ végétale *plantkunde*
biologique BNW *biologisch*
biologiste M/V *bioloog*
biométhane M *biogas*
biophysique V *biofysica*
biorythme M *bioritme*
biotope M *biotoop*
bip M • INFORM. *bliep* • INFORM. *blieper*
biparti BNW • *tweedelig* • *tweepartijen-* ★ gouvernement ~te *tweepartijenregering*
bipartisme M *tweepartijenstelsel*
bipartite • → **biparti**
bipartition V *tweedeling*
bipède I M *tweevoeter*; *tweepotig schepsel* **II** BNW *tweevoetig*; *tweepotig*
biper OV WW *oppiepen*
bipeur M *blieper*
biphasé BNW *tweefasig*
biplace BNW *met twee plaatsen*
biplan M *tweedekker* ‹vliegtuig›
bipolaire BNW *tweepolig*; *bipolair*
bipolarisation V POL. *polarisatie*
bique V • INFORM. *geit* • MIN. *vrouw*; *meid* ★ vieille ~ *oud wijf*
biquet M *bokje*
biquette V • INFORM. *geitje* • INFORM. *liefje*
biquotidien BNW [v: **biquotidienne**] *tweemaal daags* ‹verschijnend enz.›
birbe M INFORM. *ouwe sok*
biréacteur M *vliegtuig met twee reactoren*

birman I M *(het) Birmaans* **II** BNW *Birmaans*
Birman M [V: **Birmane**] *Birmaan*
Birmanie V *Birma*
bis I BNW *grijsbruin* ★ pain bis *(grijs)bruin brood* **II** BIJW *bis* **III** TW *nog eens!; bis*
bisaïeul M [V: **bisaïeule**] FORM. *overgrootvader*
bisannuel BNW [V: **bisannuelle**] *tweejaarlijks; tweejarig*
bisbille V INFORM. *gekibbel* ★ être en ~ avec qn *met iem. overhoop liggen*
biscornu BNW *grillig; zonderling*
biscoteaux M MV INFORM. *spierballen*
biscotte V *beschuit; toastje*
biscuit M ● *biskwietje; koekje* ● *wit porselein; biscuit* ★ ~s salés *zoutjes* ★ ~ de chien *hondenkoekje* ★ INFORM. s'embarquer sans ~ *een onderneming beginnen zonder voldoende voorbereidingen*
biscuiterie V *koekjesfabriek*
bise V ● INFORM. *kus* ● *noordenwind* ★ grosse bise *pakkerd* ★ se faire la bise *elkaar zoenen*
biseau M [mv: **biseaux**] ● *schuine kant* ● *steekbeitel* ★ en ~ *schuin afgewerkt*
biseauter OV WW *schuin afwerken*
bisexualité V *biseksualiteit*
bisexué BNW BIOL. *tweeslachtig*
bisexuel BNW [V: **bisexuelle**] *biseksueel*
bismuth M *bismut*
bison M *bizon* ★ ~ futé *dienst voor verkeersinformatie en -geleiding* ‹itinéraires bis›
bisou, bizou M *kusje*
bisque V ● *kreeftensoep* ● INFORM. *slecht humeur*
bisquer ONOV WW INFORM. *de pest in hebben*
bissecteur BNW [V: **bissectrice**] *wat in twee gelijke delen verdeelt* ★ ligne bissectrice *scheidingslijn*
bissectrice V WISK. *bissectrice*
bisser OV WW *(laten) herhalen; bisseren*
bissextile BNW *schrikkel-* ★ année ~ *schrikkeljaar*
bistouri M *operatiemes* ★ il faut un coup de ~ *er moet in gesneden worden*
bistre BNW *donkerbruin*
bistro, bistrot M INFORM. *kroeg; café*
bistrot ● → **bistro**
bit (zeg: biet) M COMP. *bit*
bite V VULG. *pik; lul*
bitte V *meerpaal*
bitumage M *asfaltering*
bitume M ● *asfalt* ● INFORM. *de straat* ★ INFORM. arpenter le ~ *doelloos buiten rondlopen*
bitumer OV WW *asfalteren*
bitumeux BNW [V: **bitumeuse**] *teer-*
bivalent BNW ● *tweewaardig* ● *met dubbele bevoegdheid* ‹v. leraar›
bivalve BNW *tweekleppig; tweeschalig*
bivitellin BNW *twee-eiig*
bivouac M *bivak* ★ coucher au ~ *bivakkeren*
bivouaquer ONOV WW *bivakkeren*
bizarre BNW *zonderling; vreemd; grillig*
bizarrerie V *zonderlingheid; eigenaardigheid; vreemdheid; grilligheid*
bizou ● → **bisou**
bizut, bizuth M PLAT *eerstejaars* ‹v.h. hoger onderwijs›; *groentje*
bizutage M PLAT *ontgroening*
bizuter OV WW PLAT *ontgroenen*
bizuth ● → **bizut**
blabla, blablabla M INFORM. *blabla; geklets*
blablater ONOV WW INFORM. *leuteren*
blackbouler OV WW ● *wegstemmen; afstemmen* ● INFORM. *afwijzen op een examen* ★ être blackboulé *zakken*
black-out (zeg: blakaut) M [mv: id.] ● MIL. *verduistering* ● *stilzwijgen; (het) achterhouden v. officiële informatie* ★ faire le ~ (sur) *het stilzwijgen bewaren (over)*
blafard BNW *bleek; vaal* ★ lueur ~e *vaal schijnsel*
blague V ● *grap; mop; gekheid* ● *tabakszak* ★ ~ à part *alle gekheid op een stokje* ★ sans ~! *zonder gekheid!; echt waar!* ★ pas de ~s! *even serieus!* ★ prendre tout à la ~ *overal de draak mee steken* ★ ne raconter que des ~s *onzin verkopen; bluffen*
blaguer I OV WW *voor de gek houden; plagen* (**sur** *met)* **II** ONOV WW *moppen tappen; zwammen*
blagueur I M [V: **blagueuse**] *grappenmaker* **II** BNW [V: **blagueuse**] *plagerig; schertsend*
blair M ● INFORM. *neus* ● INFORM. *gezicht*
blaireau M [mv: **blaireaux**] ● *das* ‹dier› ● *penseel* ‹v. dassenhaar› ● *scheerkwast* ● INFORM. *oen*
blairer OV WW ★ INFORM. je ne peux pas le ~ *ik kan hem niet uitstaan*
blâmable BNW *afkeurenswaardig*
blâme M *afkeuring; berisping*
blâmer OV WW *afkeuren; berispen; hard vallen* (**de** *over)*
blanc I BNW [V: **blanche**] ● *wit; blank; blanco* ● *onschuldig* ● *schoon* ★ être ~ *bleek zijn; wit zijn* ★ examen ~ *proefexamen* ★ mariage ~ *schijnhuwelijk* ★ cheval ~ *schimmel* ★ gelée ~he *rijp* ★ nuit ~he *slapeloze/doorwaakte nacht* ★ pièce ~he *zilverstuk* ★ sauce ~he *botersaus* ★ voix ~he *heldere stem* ★ les armes ~hes *de blanke wapenen* ★ ~ comme neige *onschuldig* ★ une âme ~he *een reine ziel* ★ papier ~ *onbeschreven papier* ★ donner carte ~he à qn *iem. de vrije hand laten* ★ billet ~ *een niet in de loterij* ★ linge ~ *schoon linnengoed* **II** M ● *(het) wit; (de) witte kleur* ● *blanke* ● *blanketsel* ● *doelwit; roos* ● *witgoed* ● *witte wijn* ● *korte stilte* ★ ~ d'œuf *eiwit* ★ ~ de poulet *kipfilet* ★ cartouche à ~ *losse patroon* ★ chauffer à ~ *witgloeiend maken* ★ des ~s entre les mots *het wit, de ruimten tussen de woorden* ★ en ~ *blanco; in het wit* ★ magasin de ~ *lingeriezaak* ★ regarder qn dans le ~ des yeux *iem. strak in de ogen kijken* ★ saigner à ~ *het vel over de oren halen* ★ tirer à ~ *met los kruit schieten* ★ voir tout en ~ *alles v.d. goede kant beschouwen* ★ ~ de volaille *wit vlees van gevogelte* ★ ~ de ~s *witte wijn van witte druiven* ★ de but en ~ *op de man af; zonder omwegen*
blanc-bec M [mv: **blancs-becs**] *melkmuil*
blanc-étoc M [mv: **blancs-étocs**] *kaalslag*
blanchâtre BNW *witachtig*
blanche I V ● *blanke (vrouw)* ● MUZ. *halve noot*

• *witte bal* ⟨bij biljarten⟩ • PLAT *heroïne* ★ traite des ~s *handel in blanke slavinnen* ★ Blanche-Neige *Sneeuwwitje* **II** BNW • → **blanc**
blancheur V *witheid*; *blankheid*
blanchiment M • *(het) bleken*; *(het) witten* • *(het) blancheren* • *(het) witwassen*
blanchir I OV WW • *wit maken*; *witten* • *bleken* • *wassen*; FIG. *schoonwassen* • *witwassen* ⟨v. geld⟩ • *blancheren* **II** ONOV WW *grijs worden* ⟨v. haar⟩ **III** WKD WW [**se** ~] *zich rechtvaardigen*; *zich schoonwassen*
blanchissage M • *(het) wassen* • *(het) raffineren van suiker*
blanchisserie V *wasserij*
blanchisseur M [v: **blanchisseuse**] *wasbaas*
blanc-seing M [mv: **blancs-seings**] *blancovolmacht*
blanquette V • *ragout v. wit vlees* • *witte, mousserende wijn* ★ ~ de veau *kalfsvleesgerecht*
blase M PLAT *naam*
blasé BNW *blasé (***de, sur** *van)*
blaser I OV WW *afstompen*; *ongevoelig maken (***de, sur** *voor)* **II** WKD WW [**se** ~] *genoeg krijgen (***de** *van)* ★ se ~ de qc *uitgekeken raken op iets*
blason M • *wapenschild*; *blazoen* • *wapenkunde* ★ ternir son ~ *z'n naam te schande maken* ★ redorer son ~ *door een rijke burgerdochter te trouwen zijn adel weer opbouwen*; FIG. *zijn prestige weer opvijzelen*
blasphémateur M [v: **blasphématrice**] *godslasteraar*
blasphématoire BNW *godslasterlijk*
blasphème M • *lastertaal* • *godslastering*; *vloek*
blasphémer OV+ONOV WW *godslasteringen uitslaan*; *vloeken*; *blasfemeren*
blatérer ONOV WW *brullen* ⟨v. kameel⟩
blatte V *kakkerlak*
blazer (zeg: blazèr, blazeur) M *blazer* ⟨jasje⟩
blé M • *tarwe*; *koren* • PLAT *poen* ★ blé méteil *mengkoren*; *half tarwe, half rogge* ★ blé noir *boekweit* ★ blé de Turquie *maïs* ★ INFORM. être fauché comme les blés *op zwart zaad zitten* ★ manger son blé en herbe *zijn verdiensten van tevoren opmaken*
bled M • INFORM. *armoedige plaats*; *gat*; *negorij* • *platteland* ⟨in Noord-Afrika⟩
blême BNW *doodsbleek* ★ aube ~ *grauw ochtendgloren*
blêmir ONOV WW *lijkbleek worden*; *gloren*
blêmissement M *verbleking*
bléser ONOV WW *lispelen*; *slissen*
blessant BNW *kwetsend*; *krenkend*
blessé M [v: **blessée**] *gewonde*
blesser I OV WW • *(ver)wonden* • *pijn doen* • *onaangenaam aandoen* ⟨v. klanken, kleuren⟩; *beledigen*; *kwetsen* • *schaden*; *schenden* **II** WKD WW [**se** ~] *zich verwonden*
blessure V *wond*; *kwetsing*; *krenking* ★ raviver une ancienne ~ *een oude wond openrijten*
blet BNW [v: **blette**] *beurs* ⟨v. fruit⟩
blette V *snijbiet*
blettir ONOV WW *overrijp worden*
bleu I BNW *blauw* ★ bifteck bleu *bijna rauwe biefstuk* ★ carte bleue *giro(maat)pas* ★ colère /peur bleue *hevige woede /angst* ★ la grande bleue *de Middellandse Zee* ★ conte bleu *sprookje* ★ sang bleu *blauw bloed* ★ en rester bleu *er versteld van staan* **II** M • *blauw*; *blauwe kleur* • *blauwsel* • *blauwe plek* • *overall* • *rekruut* • *groentje* ★ bleu marine *donkerblauw* ★ n'y voir que du bleu *er niets van snappen*; *niets doorhebben* ★ bleu (de Bresse, d'Auvergne) *blauwe schimmelkaas* ★ du gros bleu *slechte rode wijn* ★ bleu de Prusse *Pruisisch blauw* ★ passer au bleu *door het blauwsel halen* ⟨v. linnengoed⟩; FIG. *spoorloos verdwijnen* ★ bleu de travail *overall* ★ bleu ciel *hemelsblauw* ★ bleu clair *lichtblauw* ★ les bleus *Franse nationale sportploeg*
bleuâtre BNW *blauwachtig*
bleuet M *korenbloem*
bleuir I OV WW *blauw maken* **II** ONOV WW *blauw worden*
bleuté BNW *blauwachtig*
blindage M *pantsering*
blindé I BNW • *gepantserd* • INFORM. *ongevoelig*; *gehard (***contre** *tegen)* • INFORM. *dronken* ★ division ~e *pantserdivisie* **II** M *pantserwagen*
blinder OV WW • *pantseren*; *blinderen* • INFORM./FIG. *immuun maken*; *harden, bestand maken (***contre** *tegen)* ★ ses malheurs l'ont blindé *zijn tegenspoed heeft hem ongevoelig gemaakt*
blinis M *boekweitpoffertje*
blister M *blisterverpakking*
bloc M • *blok* • *politiek verbond* • INFORM. *gevangenis* ★ bloc de départ *startblok* ★ à bloc *muurvast*; *geheel* ★ en bloc *in zijn geheel*; *alles bij elkaar genomen* ★ tout d'un bloc *helemaal*; *in één geheel* ★ faire bloc (contre) *zich gezamenlijk opstellen (tegen)* ★ hisser une voile à bloc *een zeil in top hijsen*
blocage M • *(het) blokkeren*; *(het) bevriezen* ⟨v. lonen, prijzen⟩ • *geremdheid*
bloc-cuisine M [mv: **blocs-cuisines**] *keukenblok*
block M *blok* ⟨in (Duits) gevangenenkamp⟩
blockhaus (zeg: blokoos) M *bunker*
bloc-moteur M [mv: **blocs-moteurs**] *motorblok*
bloc-notes M [mv: **blocs-notes**] *blocnote*
blocus (zeg: -kuus) M *blokkade*
blog M WWW *blog*; *weblog*
blogueur M [v: **blogueuse**] WWW *blogger*
blond I BNW *blond* ★ bière ~e *licht bier* ★ des épis ~s *goudgele aren* ★ tabac ~ *lichte tabak* ★ fausse ~e *vrouw met geblondeerd haar* ★ courtiser la brune et la ~e *alle vrouwen het hof maken* **II** M [v: **blonde**] • *blond persoon* • *blonde kleur* ★ ~ doré *goudblond* ★ ~ cendré *asblond*
blondasse BNW *vlasblond*
blonde V • *lichte sigaret* • *licht bier*; *pilsje*
blondeur V *blondheid*
blondin I BNW *blond* **II** M [v: **blondine**] *blond kind*
blondinet I BNW [v: **blondinette**] *blond* **II** M/V [v: **blondinette**] *blond kind*
blondir I OV WW *blonderen*; *blond maken* **II** ONOV WW *blond worden*; *geel worden* **III** WKD WW [**se** ~] ★ elle s'est blondi les

cheveux *ze heeft zich geblondeerd*
bloquer OV WW • *blokkeren* • *bij elkaar zetten; samenvoegen* • *een bal stoppen* ★ être bloqué dans la glace *ingevroren zijn* ★ être bloqué dans la neige *ingesneeuwd zijn*
blottir WKD WW [**se** ~] *zich oprollen; zich nestelen; neerhurken; ineenduiken* ★ se ~ contre qn *zich tegen iem. aanvlijen*
blouse V • *bloes; kiel* • *werkschort* ★ ~ blanche *doktersjas; verpleegstersjas*
blouser I OV WW INFORM. *erin laten lopen* **II** ONOV WW *(over)bloezen*
blouson M *jak* ★ ~ noir *nozem* ★ ~s dorés *rijk tuig*
blue-jean, **blue-jeans** M [mv: **blue-jeans**] *spijkerbroek*
blues M • *blues* • INFORM. *neerslachtigheid*
bluet M • → **bleuet**
bluff (zeg: bluf) M *opschepperij; bluf*
bluffer I OV WW *overbluffen; misleiden* **II** ONOV WW *bluffen*
bluffeur M [v: **bluffeuse**] *bluffer; opschepper*
bluter OV WW *builen* ‹v. meel›; *zeven*
Blvd. AFK Boulevard *Blvd.; boulevard*
BNF AFK Bibliothèque Nationale de France *nationale bibliotheek van Frankrijk*
boa M *boa* ‹dier, kledingstuk›
bob M • *mutsje* • *bobslee*
bobard M INFORM. *praatje; leugentje*
bobèche V • *druipschaaltje* ‹aan kandelaar› • INFORM. *harses; kop*
bobeur M *bobsleeër*
bobinage M *(het) opspoelen; wikkeling*
bobine V • *spoel; garenklos* • *rolletje; filmrolletje* • INFORM. *facie; tronie; smoel* ★ ~ d'induction *inductiespoel*
bobiner OV WW *op een klos of spoel winden*
bobo M JEUGDT. *pijn; wondje;* FIG. *(lichte) schade* ★ avoir (du) bobo *pijn hebben*
bobonne V INFORM. *huisvrouwtje; sloofje*
bobsleigh M *bobslee*
bocage M • *coulisselandschap* • FORM. *bosje*
bocal M [mv: **bocaux**] • *goudviskom* • *bokaal* • *stopfles*
boche I M/V INFORM. *mof* ‹Duitser› **II** BNW INFORM. *moffen-*
bock M • *bierglas* ‹v. 1/4 liter› • *glas bier*
boer BNW *van de Boeren* ‹in Zuid-Afrika›
Boer BNW *Boer* ‹in Zuid-Afrika›
bœuf (zeg: buf; [mv:] beu) M • *rund* • *rundvlees* • *os* ★ bœuf gras *paasos* ★ nerf de bœuf *bullenpees* ★ fort comme un bœuf *sterk als een paard* ★ INFORM. effet bœuf *daverend effect* ★ donner un œuf pour un bœuf *een spiering uitwerpen om een kabeljauw te vangen* ★ mettre la charrue devant le bœuf *het paard achter de wagen spannen* ★ souffler comme un bœuf *hijgen als een paard* ★ travailler comme un bœuf *als een paard werken* ★ qui vole un œuf, vole un bœuf ‹spreekwoord› *eens een dief, altijd een dief*
bof TW *nou en!; och (wat)!*
boghei • → **boguet**
bogue I V *kastanjebolster* **II** M/V COMP. *bug* ★ le ~ de l'année 2000 *de millenniumbug*
boguet, **boghei** M *buggy*
bohème I V *kunstenaarswereld* **II** M/V *iem. die een ongeregeld leven leidt; bohémien*
Bohême V *Bohemen*
bohémien I M [v: **bohémienne**] OUD. *zigeuner; zwerver* **II** BNW *van/uit de Bohemen*
boire I M *drank; (het) drinken* ★ en perdre le ~ et le manger *er helemaal in opgaan* **II** OV+ONOV WW [onregelmatig] • *(op)drinken* • *slikken* • *opzuigen; opnemen* ★ le vin est tiré, il faut le ~ *wie A zegt, moet ook B zeggen* ★ il y a à ~ et à manger *er zitten voor- en nadelen aan* ★ après ~ *boven zijn theewater* ★ qui a bu, boira *de gewoonte is een tweede natuur* ★ chanson à ~ *drinklied* ★ ~ à petites gorgées *kleine slokjes nemen* ★ c'est la mer à ~ *dat is onbegonnen werk* ★ c'est ne pas la mer à ~ *zo moeilijk is het niet* ★ il boirait la mer et les poissons *hij versmacht van dorst* ★ ~ comme un Suisse/un Polonais/une éponge/un trou *stevig drinken; zuipen* ★ ~ sec *stevig drinken* ★ ~ à sa soif *drinken zoveel men lust* ★ ~ un affront/une insulte *een belediging slikken* ★ ce papier boit *dat papier vloeit* ★ ~ les paroles de qn *aan iemands lippen hangen* ★ ~ un coup *wat drinken; een borrel pakken*
bois I M • *hout* • *bos* • *houten voorwerp* ★ bois (gravé) *houtsnede* ★ bois de construction *timmerhout* ★ bois de feu *brandhout* ★ gueule de bois *kater* ‹v. alcohol› ★ bois de justice *guillotine* ★ bois de lit *ledikant* ★ bois de mai *meidoorn* ★ train de bois *houtvlot* ★ abattre du bois *veel hout gooien bij het kegelen* ★ charger qn de bois *iem. stokslagen geven* ★ déménager à la cloche de bois *verhuizen zonder zijn huur betaald te hebben* ★ montrer de quel bois on se chauffe *laten zien met wie men van doen heeft* ★ n'être pas de bois *niet van steen zijn* ★ toucher du bois *afkloppen* ★ trouver visage de bois *voor een gesloten deur komen* ★ entre le bois et l'écorce il ne faut pas mettre le doigt *men moet zich niet in familieaangelegenheden mengen* **II** M MV • *gewei* • *houten blaasinstrumenten* **III** WW [présent] • → **boire**
boisage M • *(het) stutten v. mijnen* • *houtwerk*
boisé BNW *bebost*
boisement M *bebossing*
boiser OV WW • *betimmeren* • *met hout stutten* • *bebossen*
boiserie V *houtwerk; betimmering; lambrisering*
Bois-le-duc M *'s-Hertogenbosch*
boisseau M [mv: **boisseaux**] *oude maat* ‹ca. 13 liter› ★ mettre qc sous le ~ *iets verbergen; iets verzwijgen*
boisson V *drank* ★ ~ forte *sterkedrank* ★ FORM. être pris de ~ *dronken zijn* ★ poisson sans ~ est poison *vis moet zwemmen*
boîte V • *kist(je); doos; blik* • INFORM. *zaak; bedrijf; tent* • PLAT *school* • PLAT *gevangenis* ★ ~ à gants *dashboardkastje* ★ ~ aux/à lettres *brievenbus* ★ ~ à bijoux *juwelenkistje* ★ ~ crânienne *hersenpan* ★ ~ à malice *trukendoos* ★ ~ de montre *horlogekast* ★ INFORM. ~ à images *kijkkast; tv* ★ ~ à musique *speeldoos; tingeltangel* ★ ~ noire *zwarte doos* ★ ~ à ordures *vuilnisbak* ★ ~ de nuit *discotheek;*

nachtclub ★ ~ postale *postbus* ★ ~ à savon *zeepdoos* ★ ~ de secours *verbanddoos* ★ ~ de dialogue *dialoogvenster* ★ ~ de vitesses *versnellingsbak* ★ aller en ~ *uit dansen gaan* ★ ~ vocale *voicemail* ★ mettre en ~ *inblikken*; *in de maling nemen* ★ INFORM. fermer sa ~ *z'n klep houden* ★ dans les petites ~s les bons onguents *klein maar dapper*

boitement M • *(het) mank lopen* • *(het) haperen* ‹v. motor›

boiter ONOV WW • *hinken*; OOK FIG. *mank gaan* • *wankel zijn* ★ raisonnement qui boite *kromme redenering*

boiteux I M [v: **boiteuse**] *manke*; *kreupele* **II** BNW [v: **boiteuse**] • *kreupel*; OOK FIG. *mank* • *wankel* ★ chaise boiteuse *wankele stoel* ★ comparaison boiteuse *vergelijking die mank gaat* ★ phrase boiteuse *kromme zin* ★ projet ~ *ongefundeerd plan* ★ vers ~ *hinkend vers*

boîtier M • *opbergdoos met vakjes* • *(horloge)kast*

boitiller ONOV WW *licht hinken*

boive WW [subj. présent] • → **boire**

boivent WW [présent, subj. présent] • → **boire**

boives WW [subj. présent] • → **boire**

bol M • *kom* • *grote pil* • INFORM. *geluk* ★ bol alimentaire BIOL. *spijsbal* ★ avoir du bol/un coup de bol *mazzel hebben* ★ prendre un bol d'air *een luchtje scheppen* ★ INFORM. ne te casse pas le bol *maak je niet dik* ★ INFORM. en avoir ras le bol *er genoeg van hebben*

bolchevik M/V *bolsjewiek*

bolchevique BNW *bolsjewistisch*

bolchevisme M *bolsjewisme*

bolcheviste I M/V *bolsjewiek* **II** BNW *bolsjewistisch*

bolée V *komvol*

boléro M *bolero* ‹dans(muziek); kledingstuk›

bolet M PLANTK. *boleet*

bolide M *bolide* ‹vuurbol; racewagen› ★ comme un ~ *razendsnel*

Bolivie V *Bolivia*

bolivien BNW [v: **bolivienne**] *Boliviaans*

Bolivien M [v: **Bolivienne**] *Boliviaan*

bombance V *smulpartij*; *braspartij* ★ faire ~ *smullen*; *brassen*

bombarde V • *bombarde* ‹donderbus; bromwerk in orgel› • MUZ. *Bretonse hobo*

bombardement M *bombardement*; *beschieting*

bombarder OV WW • *bombarderen*; *beschieten* • OOK FIG. *bestoken (***de** *met)* • INFORM. *onverwacht bevorderen tot* ★ ~ qn de demandes *iem. met vragen bestoken* ★ ~ qn chef de bureau *iem. tot afdelingschef bombarderen*

bombardier M • *bommenwerper* • *bombardeur* • *bombardeerkever* ★ ~ d'eau *blusvliegtuig* ★ ~ en piqué *duikbommenwerper*

bombe V • *bom* • *spuitbus* • *ruiterpet*; *cap* ★ ~ atomique/~ A *atoombom* ★ ~ d'avion *vliegtuigbom* ★ ~ explosive *brisantbom* ★ ~ glacée *ijspudding* ★ ~ incendiaire *brandbom* ★ ~ lacrymogène *traangasgranaat* ★ ~ à retardement *tijdbom* ★ ~ à sous-munitions *clusterbom* ★ ~ sexuelle *seksbom* ★ ~ sousmarine *dieptebom* ★ arriver comme une ~ *als een slag bij heldere hemel komen*; *onverwachts komen* ★ faire la ~ *fuiven* ★ faire l'effet d'une ~ *inslaan als een bom* ★ ~ H *waterstofbom*

bombé BNW *bol*

bombement M *welving*

bomber I OV WW • *bol maken*; *bomberen* • *spuiten* ‹v. graffiti› ★ ~ une chaussée *een weg ophogen* ★ ~ la poitrine *zijn borst opzetten* **II** ONOV WW • *bol staan* • *scheuren* ‹v. auto›

bombeur M [v: **bombeuse**] *graffitispuiter*

bombyx M *zijdevlinder*

bôme V *giek*

bon I BNW [v: **bonne**] • *goed*; *geschikt*; *voordelig*; *gelukkig*; *juist* • *lekker*; *fijn* ★ pour de bon *voorgoed*; *werkelijk* ★ tout de bon *in ernst*; *voorgoed* ★ il est bon à rien/c'est un bon à rien *hij deugt nergens voor* ★ être bon à *geschikt zijn om*; *ervoor dienen om* ★ bonnes vacances! *een fijne vakantie!* ★ une bonne gifle *een harde klap* ★ une bonne cuillère *een volle lepel* ★ il y a une bonne semaine *ruim een week geleden* ★ tu as emporté le bon livre? *heb je het juiste boek meegenomen?* ★ à la bonne adresse *op het juiste adres* ★ avoir la bonne vie *een luizenleventje hebben* ★ les bons comptes font les bons amis ‹spreekwoord› *effen rekeningen maken goede vrienden* ★ bon ami/bonne amie *geliefde* ★ souhaiter une bonne année *een gelukkig Nieuwjaar wensen* ★ bon an, mal an *door elkaar gerekend* ★ dire la bonne aventure *de toekomst voorspellen* ★ faire bonne chère *lekker eten*; *goede sier maken* ★ à bon compte *goedkoop* ★ faire bonne contenance *zich goed houden* ★ cela est bon à dire *dat kun je wel zeggen* ★ SCHEEPV. bon frais *gunstige, krachtige wind* ★ à la bonne heure *goed zo!* ★ de bonne heure *vroeg* ★ les bons maîtres font les bons valets ‹spreekwoord› *zo heer, zo knecht* ★ (à) bon marché *goedkoop* ★ de bon matin *'s morgens vroeg* ★ avoir bonne mine *er goed uitzien* ★ bon nombre *heel wat* ★ arriver bon premier *goede eerste zijn* ★ à quoi bon? *waar dient het voor?* ★ le bon ton *beschaafde manieren* ★ du bon sens *gezond verstand* ★ à bon vin pas d'enseigne ‹spreekwoord› *goede wijn behoeft geen krans* ★ INFORM. trop bon, trop con *al te goed is buurmans gek* ★ elle est (bien) bonne! *da's een goeie (grap)!* ★ en raconter de bonnes *leuke dingen vertellen* ★ INFORM. bonne femme *vrouw(tje)* ★ il fait bon [+ infin.] *het is prettig/raadzaam om...* **II** BIJW *goed*; *lekker* ★ il fait bon ici *het is hier lekker* ★ tenir bon *zich goed houden*; *volhouden* **III** M • *(het) goede* • *de goede* • *bon* ★ il y a du bon dans cet ouvrage *er zit wat goeds in dat werk* ★ le bon de l'histoire, c'est que *het aardige van de zaak is dat* ★ bon d'essence *benzinebon* **IV** TW ★ bon *nou*; *welnu* ★ bon! *okay, afgesproken!* ★ ah bon? *goh!*; *oh ja?*

bonace V • *windstilte* • *kalmte*; *rust*

bonasse BNW *goedig*; *sullig*

bonbon M *snoepje* ★ ~ acidulé *zuurtje*

bonbonne V *buikfles*
bonbonnière V • *bonbonschaaltje*; *bonbondoosje* • *knus ingericht huisje*
bond M *sprong* ★ par bonds *sprongsgewijs* ★ d'un bond *ineens* ★ du premier bond *onmiddellijk* ★ faire un bond *plotselinge vooruitgang boeken* ★ ne faire qu'un bond *toesnellen* ★ faire faux bond (à qn) *zijn beloften niet nakomen (jegens iemand)* ★ prendre la balle au bond *de gelegenheid aangrijpen* ★ prendre la balle entre bond et volée *het goede ogenblik benutten*
bonde V • *spon* • *spongat*; *afvoerstop* ★ hausser la ~ *de stop eruit trekken*
bondé BNW *propvol*
bondieuserie V *kwezelarij* ★ MIN. ~s *godsdienstige kitsch*; *godsdienstige beeldjes*
bondir ONOV WW • *huppelen*; *(op)springen* • *zich reppen*; *rennen* ★ ~ d'impatience *trappelen van ongeduld* ★ faire ~ le cœur *doen walgen* ★ faire ~ qn *iem. razend maken*
bondissement M *sprong*; *(het) (op)springen*
bonheur M *geluk* ★ par ~ *gelukkig* ★ avec ~ *succesvol* ★ au petit ~ *op goed geluk*; *hapsnap* ★ faire le ~ de qn *iem. gelukkig maken* ★ jouer de ~ *geluk hebben* ★ porter ~ *geluk brengen*
bonhomie, bonhommie V *goedmoedigheid*
bonhomme I M [mv: **bonshommes**] • INFORM. *man* • *sukkel* • *ventje*; *jongetje*; *mannetje*; *baasje* ★ ~ de neige *sneeuwpop* ★ dessiner des bonshommes *poppetjes tekenen* ★ il a fait/il est allé son petit ~ de chemin *hij heeft zoetjesaan zijn doel bereikt*; *hij is zijn gangetje gegaan* **II** BNW *goedig*
boni M *winst*; *overschot*; *batig saldo*; *bonus*
boniche, bonniche V MIN. *dienstmeid*
bonification V • *verbetering* • *bonus*; *vergoeding*; *bonificatie*
bonifier I OV WW • *verbeteren* ⟨v. grond⟩ • *een bonus geven aan* **II** WKD WW [**se** ~] *beter worden*
boniment M • *verkooppraatje* • INFORM. *leugentaal* ★ faire du ~ *zijn waar druk aanprijzen*
bonimenteur M • *standwerker* • *praatjesmaker*
bonjour M *goedendag*; *goedemorgen* ★ dire ~ *groeten* ★ donner le ~ à qn (de la part de qn) *iem. de groeten doen (van iem. overbrengen)* ★ simple comme ~ *doodeenvoudig* ★ INFORM. ~ les dégâts! *dan is het mis!* ★ INFORM. ~ l'ambiance *dan is het gedaan met de goede stemming*
bonne I V *dienstmeisje* ★ ~ d'enfants *kindermeisje* ★ je ne suis pas ta ~ *ik ben je slaafje niet* **II** BNW • → **bon**
bonne-maman V [mv: **bonnes-mamans**] JEUGDT. *oma*
bonnement BIJW ★ tout ~ *eenvoudig*; *gewoon(weg)*
bonnet M • *muts*; *kap* • *netmaag* • *cup van bh* ★ ~ de nuit *slaapmuts* ★ ~ rouge *rode muts* ⟨in 1793 ingevoerd⟩ ★ gros ~ *hoge piet* ★ ~ d'âne *ezelssteek* ⟨voor domme leerlingen⟩ ★ c'est ~ blanc et blanc ~ *dat is lood om oud ijzer* ★ triste comme un ~ de nuit *erg bedroefd*; *erg saai* ★ avoir la tête près du ~ *kort aangebonden zijn* ★ parler à son ~ *in zichzelf praten* ★ prendre qc sous son ~ *iets op zich nemen*; *iets onder zijn hoede nemen*
bonneterie V *gebreid wollen textiel*
bonnetier M [v: **bonnetière**] *fabrikant van, handelaar in gebreide wollen goederen*; *manufacturier*
bonnetière V *lange smalle kast*
bonnette V A-V *voorzetlens* ★ mettre ~ sur ~ *alle zeilen bijzetten*
bonniche V • → **boniche**
bon-papa M [mv: **bons-papas**] JEUGDT. *opa*
bonsoir M *goedenavond*
bonté V *goedheid*; *welwillendheid* ★ les ~s *de vriendelijkheid*; *de gunsten* ★ ayez la ~ de *wees zo goed om te* ★ ~ divine! *grote goedheid!*
bonus (zeg: bonuus) M *bonus*; *korting*
bonze M • *bonze* • INFORM. *hoge ome*
book (zeg: boek) M *knipselboek*; *fotomap van fotomodel*
boom (zeg: boem) M • *plotselinge prijsstijging*; *boom* • PLAT *feest*; *fuif*
boomerang M *boemerang*
booster OV WW • *oppeppen* • FIG. *opkrikken*
boots (zeg: boets) M MV *laarsjes*
boqueteau M [mv: **boqueteaux**] *bosje*
borate M SCHEIK. *boraat*
borax M SCHEIK. *borax*
borborygme M • *geborrel* ⟨v. maag⟩ • *gebrabbel*
bord M • *rand*; *kant*; *zoom*; *oever* • *boord* ⟨v. schip⟩ ★ bord sous le vent *lijzijde* ★ bord au vent *loefzijde* ★ au bord de la mer *aan zee* ★ à ras bord *boordevol* ★ bord noir *rouwrand* ★ avoir qc sur le bord des lèvres *iets op de lippen hebben* ★ à pleins bords *overvloedig* ★ virer de bord *het over een andere boeg gooien* ★ être au bord de *op de rand staan van*; *bijna...* ★ être au bord des larmes *bijna gaan huilen* ★ par-dessus bord *overboord* ★ livre de bord *scheepsjournaal* ★ être du bord de qn *op iemands hand zijn* ★ à bord (de) *aan boord (van)* ⟨ook v. auto⟩ ★ INFORM....sur les bords *zo'n beetje...*; *enigszins* ★ bord à bord *langszij* ★ de tout bord/de tous bords *van diverse pluimage*; *allerlei*
bordages M MV *huid* ⟨v. schip⟩
bordeaux I M *bordeaux* ⟨wijn⟩ **II** BNW [onver.] *bordeauxrood*
bordée V OOK FIG. *volle laag*; *salvo* ★ tirer une ~ *laveren*; INFORM. *aan de rol gaan* ⟨v. matrozen⟩
bordel I M • *bordeel* • INFORM. *hels lawaai* • INFORM. *grote rotzooi* **II** TW *shit*; *verrek*
bordelais BNW *van/uit Bordeaux*
bordélique BNW INFORM. *rommelig*; *wanordelijk*
border OV WW • *zich bevinden/zich begeven langs* • *omboorden*; *omzomen*; *afzetten (***de** *met)* • *instoppen*; *goed toedekken* ⟨v. (iem. in) bed⟩ ★ les arbres bordent la route *de bomen staan langs de weg* ★ une plate-bande bordée de buis *een border afgezet met buksen* ★ le navire borde la côte *het schip vaart langs de kust*
bordereau M [mv: **bordereaux**] *borderel*; *lijst*
bordier BNW [v: **bordière**] *rand-*

bordure V • *rand*; *zoom* • *trottoirband* • *lijst* ★ en ~ de *aangrenzend aan*; *langs*
bore M *borium*
boréal BNW [m mv: **boréals/boréaux**] *noordelijk* ★ aurore ~e *noorderlicht*
borgne I BNW • *eenogig* • *verdacht*; *louche* ★ fenêtre ~ *raam zonder uitzicht* ★ maison ~ *verdacht huis* ★ troquer son cheval ~ contre un aveugle *van de wal in de sloot raken* **II** M/V *eenoog* ★ au pays des aveugles les ~s sont rois ‹spreekwoord› *in het land der blinden is eenoog koning*
borique BNW SCHEIK. *boor-* ★ acide ~ *boorzuur*
bornage M *afbakening*
borne V • *grens(paal)*; *grenssteen*; *paaltje*; *steen langs een weg* • INFORM. *kilometer* • TECHN. *(accu)klem*; *aansluiting* ★ ~ kilométrique *kilometerpaal* ★ ~ milliaire *mijlpaal* ★ ~ d'appel *praatpaal* ★ ~ d'incendie *brandkraan* ★ ~ de raccordement *kroonsteentje* ★ ~ interactive *internetzuil* ★ sans ~s *grenzeloos* ★ dépasser les ~s *de perken te buiten gaan* ★ reculer les ~s de *de grenzen verleggen van* ★ rester planté comme une ~ *aan de grond genageld staan*
borné BNW *bekrompen*; *geborneerd*
borner I OV WW *beperken*; *begrenzen* **II** WKD WW [**se** ~] **à** *zich beperken tot*
bosniaque BNW *Bosnisch*
Bosniaque I M *Bosniër* **II** V *Bosnische*
Bosphore M *Bosporus*
bosquet M *bosje*; *bosschage*
boss M INFORM. *baas*; *chef*
bosse V • *bult*; *bochel* • *buil*; *knobbel* • *verheffing in een terrein*; *hobbel* • *deuk* ★ INFORM. traîner/rouler sa ~ *rondtrekken* ★ INFORM. avoir la ~ des langues *een talenknobbel hebben*
bosselage M *drijfwerk*; *reliëfwerk*
bosseler OV WW *deuken*; *drijven* ‹v. metaal›
bosselure V *indeuking*; *drijfwerk*
bosser ONOV WW INFORM. *werken*; *blokken*
bosseur M INFORM. *zwoeger*; *harde werker*
bossu I M [v: **bossue**] *gebochelde* ★ rire comme un ~ *zich een bult lachen* **II** BNW *gebocheld*
bot (zeg: boo) BNW [v: **bote**] *misvormd*
botanique I V *plantkunde*; *botanie* **II** BNW *plantkundig*; *botanisch* ★ jardin ~ *plantentuin*; *hortus*
botaniste M/V *plantkundige*; *botanicus*
botte V • *laars* • *bos*; *pak* • *degenstoot* ★ ~ de paille *strobaal*; *strobos* ★ ~s à l'écuyère/d'équitation *rijlaarzen* ★ ~s à éperons *laarzen met sporen* ★ ~ de carottes *bos wortelen* ★ sous la ~ de *onder het juk van* ★ être à la ~ de *zich laten commanderen door* ★ être droit dans ses ~s *een gerust geweten hebben* ★ avoir du foin dans ses ~s *zijn schaapjes op het droge hebben*; *er warmpjes bij zitten* ★ INFORM. en avoir plein les ~s *het zat zijn* ★ INFORM. cirer/lécher les ~s *de hielen likken* ★ INFORM. graisser ses ~s *zich gereedmaken om te vertrekken* ★ INFORM. y laisser les ~s *het met de dood bekopen*
botteler OV WW *tot bossen binden*
botter OV WW • *laarzen aantrekken* • INFORM. *bevallen*; *aanstaan* • *trappen tegen* ★ ~ un but *scoren* ★ chat botté *gelaarsde kat* ★ singe botté *belachelijk ventje*
bottier M • *laarzenmaker* • *maatschoenmaker*
bottillon M *laarsje*
bottin M *telefoonboek*
bottine V *laarsje*; *bottine*
bouc M • *bok* • *sikje* ★ INFORM. vieux bouc *oude zak* ★ bouc émissaire *zondebok*
boucan M INFORM. *lawaai*; *herrie*
boucaner OV WW *roken* ‹v. vis, vlees› ★ boucané *getaand* ‹v. huid›
boucanier M *boekanier*
bouchage M *(het) kurken*; *sluiting*
bouche V • *mond*; *bek* • *opening*; *monding*; *ingang* ★ le ~ à ~ *de mond-op-mondbeademing* ★ de ~ à oreille *van mond tot mond* ★ passer de ~ en ~ *als een lopend vuurtje gaan* ★ ~ à feu *vuurmond* ★ ~ d'incendie *brandkraan* ★ être dans toutes les ~s *onderwerp van gesprek zijn* ★ ~(s) d'un fleuve *riviermonding* ★ avoir la ~ sèche *een droge mond hebben* ★ avoir la ~ mauvaise *een vieze smaak in de mond hebben* ★ avoir la ~ pleine de qc *ergens de mond vol van hebben* ★ rester ~ bée *met open mond staan kijken*; *versteld staan* ★ garder qc pour la bonne ~ *(het lekkerste) voor het laatst bewaren* ★ ~ close!/~ cousue! *mondje dicht!* ★ rester ~ close *met de mond vol tanden blijven staan* ★ avoir le cœur sur la ~ *het hart op de tong hebben* ★ fermer/clore la ~ à qn *iem. de mond snoeren* ★ fine ~ *lekkerbek* ★ s'ôter les morceaux de la ~ pour qn *zich voor iem. het eten uit de mond sparen* ★ faire la petite/la fine ~ *kieskeurig zijn* ★ être (porté) sur sa ~ *van lekker eten houden* ★ provisions de ~ *levensmiddelen* ★ par la ~ de *bij monde van* ★ INFORM. ~ en cul de poule *pruimenmondje*
bouché BNW • *dichtgestopt*; *verstopt*; *met files* • *zonder perspectief* • *bewolkt*; *betrokken* • *bekrompen*; *dommig*; *traag van begrip* ★ cidre ~ *mousserende cider op fles*
bouche-à-bouche M [mv: id.] *mond-op-mondbeademing*
bouche-à-oreille M [mv: id.] ★ (publicité par le) ~ *mond-tot-mondreclame*; *(het) doorvertellen*
bouchée V • *hap*; *mond vol* • *bonbon* • *pasteitje* ★ pour une ~ de pain *voor een appel en een ei* ★ ne faire qu'une ~ de qc *iets afraffelen* ★ manger une ~ *snel een maal gebruiken* ★ mettre les ~s doubles *zich haasten*; *iets twee maal zo vlug doen* ★ ne faire qu'une ~ de qn *gehakt van iem. maken*
boucher I M [v: **bouchère**] • *slachter*; *slager* • FIG. *beul*; *slecht chirurg* **II** OV WW • *dichtstoppen*; *afsluiten*; *kurken* • *versperren* ★ ~ la route *de weg versperren* ★ se ~ les oreilles *zijn oren dichtstoppen*
boucherie V • *slagerij* • *slachting*; *bloedbad*
bouche-trou M [mv: **bouche-trous**] • *invaller* • *opvulling*
bouchon M • *kurk*; *stop*; *plug*; *dop* • *file*; *opstopping* • *dobber*
bouchonné BNW *naar kurk smakend*
bouchonner I OV WW • *droogwrijven* • INFORM.

strelen **II** ONOV WW *samendrommen; verstopt raken* ‹door files›
bouclage M • *opsluiting* • *afsluiting* • *terugkoppeling* ‹v. informatie›
boucle V • *gesp* • *ring* • *haarkrul; lok* • *lus; bocht* • *looping* ‹v. vliegtuig› ★ la Grande Boucle *de Tour de France* ★ ~s d'oreilles *oorbellen* ★ se serrer la ~ *de buikriem aanhalen* ★ COMP. en ~ *repeterend*
bouclé BNW *gekruld; krullend*
boucler I OV WW • *vastgespen; sluiten* • *opsluiten* • FIG. *rond maken; uitrijden; afmaken* • *insluiten; afsluiten* • *krullen* ★ ~ la boucle *terug bij af zijn* ★ ~ un élève *een leerling laten nakomen* ★ ~ ses malles *zijn koffers pakken* ★ INFORM. la ~ *zijn mond houden* ★ ~ un quartier *een wijk afsluiten* ★ ~ son budget *de touwtjes aan elkaar knopen* ★ la boucle est bouclée *de cirkel is rond* **II** ONOV WW • *krullen* • COMP. *een lus maken*
bouclette V *krulletje*
bouclier M • *schild* • *bescherming; verdediging* ★ ~ fical *belastingplafond* ‹maximumtarief inkomstenbelasting› ★ levée de ~s *demonstratie; protest*
bouddha M • *Boeddha* • *Boeddhabeeld*
bouddhique BNW *boeddhistisch*
bouddhisme M *boeddhisme*
bouddhiste I BNW *boeddhistisch* **II** M/V *boeddhist*
bouder I OV WW • *links laten liggen; negéren* • *boos zijn op* **II** ONOV WW *mokken; pruilen* ★ ~ contre son ventre *uit woede niet eten* ★ ne pas ~ la besogne *niet afkerig zijn van werken; hard werken*
bouderie V *gepruil; ongeïnteresseerdheid*
boudeur I M [v: **boudeuse**] *pruiler; mokker* **II** BNW [v: **boudeuse**] *pruilerig*
boudin M • *bloedworst* • *dikke rol* • *lange haarkrul* • INFORM. *dikke meid; propje* • INFORM. *worstvinger* • *spiraalveer* ★ ~ blanc *soort witte worst* ★ ~ noir *bloedworst* ★ tourner en eau de ~ *mislukken; op niets uitlopen* ★ INFORM. faire du ~ *mokken*
boudiner OV WW • *strak aanhalen; persen; proppen* • *tweernen; verstrengelen* ★ cette robe te boudine *die jurk zit je te strak*
boudoir M • *boudoir; kleine damessalon* • *lange vinger* ‹biscuit›
boue V *modder; slijk* ★ bain de boue *modderbad* ★ bâtir sur la boue *op los zand bouwen* ★ tirer qn de la boue FIG. *iem. uit de modder halen* ★ traîner qn dans la boue/couvrir qn de boue *iem. door het slijk halen*
bouée V *boei; baken* ★ ~ lumineuse *lichtboei* ★ ~ sonore *geluidsboei; brulboei* ★ ~ de sauvetage *reddingboei*
boueur M *vuilnisman*
boueux BNW [v: **boueuse**] • *modderig* • *vlekkerig* ‹v. drukwerk›
bouffant BNW *pof-* ★ des manches ~es *pofmouwen*
bouffarde V INFORM. *grote pijp*
bouffe I V INFORM. *(het) eten; (het) vreten; vreetpartij* **II** BNW *komisch; kluchtig* • → **opéra**
bouffée V • *opwelling* • *trek* ‹aan sigaret e.d.› • *vlaag; uitademing* ★ ~ d'ail *naar knoflook stinkende adem* ★ ~ de chaleur *opvlieger* ★ ~ d'oxygène *verademing; lucht* ★ ~ de vent *windstoot* ★ par ~s *bij vlagen*
bouffer I OV WW INFORM. *eten; bikken; vreten* **II** ONOV WW *opzwellen; opbollen*
bouffeur M [v: **bouffeuse**] INFORM. *vreetzak; vreter*
bouffi BNW • *bol; opgeblazen*; OOK FIG. *gezwollen* • ~ **de** *vervuld van; vol van*
bouffir I OV WW *opblazen; doen opzwellen* **II** ONOV WW *opzwellen*
bouffissure V *zwelling; gezwollenheid*
bouffon I M *nar; potsenmaker* **II** BNW [v: **bouffonne**] *koddig; kluchtig*
bouffonnerie V • *zotte streek; grap* • *grappigheid*
bouge M *krot; kroegje; kit*
bougeoir M *blaker*
bougeotte V ★ INFORM. avoir la ~ *niet stil kunnen zitten*
bouger I OV WW *verplaatsen* **II** ONOV WW *zich bewegen; in actie komen; van zijn plaats komen* ★ ne pas ~ *niet veranderen; niet weggaan* ★ sans ~ de sa chaise *zonder op te staan* ★ sans ~ du petit doigt *zonder een vin te verroeren* **III** WKD WW [**se** ~] INFORM. *wat gaan doen*
bougie V • *kaars* • *bougie* ‹v. motor› • MED. *sonde*
bougnat M INFORM. *kolenboer*
bougon I M [v: **bougonne**] *brompot* **II** BNW [v: **bougonne**] *knorrig*
bougonner ONOV WW INFORM. *brommen; mopperen; pruttelen*
bougre I M [v: **bougresse**] INFORM. *vent; wijf* ★ bon ~ *beste vent* ★ MIN. ~ d'idiot! *stomme idioot!* **II** TW INFORM. *verdraaid!*
bougrement BIJW INFORM. *erg; ontzettend; drommels*
bouillabaisse V *bouillabaisse* ‹Provençaalse vissoep›
bouillant BNW OOK FIG. *kokend* ★ ~ de désir *brandend van verlangen*
bouille V INFORM. *gezicht; smoel*
bouilleur M *stoker van sterkedrank*
bouilli I BNW *gekookt* **II** M *gekookt vlees*
bouillie V *pap* ★ ~ de gruau *gortepap* ★ en ~ *tot pap*; OOK FIG. *tot moes* ★ INFORM. c'est de la ~ pour les chats *daar is geen touw aan vast te knopen*
bouillir ONOV WW [onregelmatig] • OOK FIG. *koken* • *boos worden* ★ faire ~ de l'eau *water koken* ★ faire ~ qn *iem. op de kast jagen* ★ la tête me bout *mijn hoofd gloeit; ik ben opgewonden*
bouilloire V *waterkoker* ★ ~ à sifflet *fluitketel*
bouillon I M • *bouillon* • *gulp; guts* • *luchtbel* ★ ~ de culture *kweekbodem* ★ ~ de légumes *groentenat* ★ ~ d'onze heures *gifdrank* ★ INFORM. boire un ~ *water binnen krijgen* ‹bij zwemmen›; *een verlies leiden* **II** M MV *onverkochte exemplaren*
bouillonnant BNW OOK FIG. *bruisend; onstuimig*
bouillonnement M • *(het) opborrelen* • *opwinding*
bouillonner ONOV WW • *opborrelen* • FIG.

bruisen
bouillotte V • *waterstoof*; *waterkruik* • *keteltje*
boulange V INFORM. *bakkersbedrijf*
boulanger I M *bakker* **II** OV WW • *kneden* ‹v. deeg› • *bakken* ‹v. brood›
boulangerie V • *bakkerswinkel* • *bakkerij* • *(het) broodbakken* • *bakkersbedrijf*
boulangerie-pâtisserie V *brood- en banketbakkerij*
boule V • *bol*; *bal* • INFORM. *kop* ★ en ~ *opgerold*; *kogelrond* ★ ~ Quiès *oordopje* ★ une ~ dans la gorge *een brok in de keel* ★ ~ de signaux *stormbal* ★ jeu de ~s *jeu de boules* ‹Frans balspel› ★ ~ de neige *sneeuwbal* ★ faire ~ de neige *aangroeien*; *een sneeuwbaleffect hebben* ★ tenir pied à ~ *geen voetbreed wijken* ★ INFORM. n'avoir rien dans la ~ *zo stom zijn als een rund* ★ INFORM. en avoir les ~s *het zat zijn* ★ INFORM. perdre la ~ *de kluts kwijtraken* ★ INFORM. se mettre en ~ *kregelig/nijdig worden*
bouleau M [mv: **bouleaux**] *berk*
bouledogue M *buldog*
bouler I OV WW *raken* ‹v. andere ballen› **II** ONOV WW *over de grond rollen* ★ INFORM. je l'ai envoyé ~ *ik heb hem afgescheept*
boulet M • *(kanons)kogel* • *kogel* ‹aan been v. gevangene› • *eierkool* • *lastpak* ★ traîner le ~ *een blok aan het been hebben* ★ tirer à ~s rouges sur qn *iem. heftig aanvallen*
boulette V • *balletje*; *propje* • INFORM. *blunder* ★ faire une ~ *een flater slaan*
boulevard M • *boulevard* • *komisch toneel* ★ théâtre de ~ *boulevardtoneel* ‹komisch, niet hoogstaand› ★ ~ extérieur/périphérique *randweg*; *rondweg*; *ringweg*
boulevardier BNW [v: **boulevardière**] *van de boulevard*; *van het boulevardtoneel*
bouleversant BNW *aangrijpend*; *ontstellend*
bouleversement M • *omverwerping*; *ingrijpende verandering* • *beroering*; *ontsteltenis*
bouleverser OV WW • *omverwerpen*; *overhoophalen*; *ingrijpend veranderen* • *in beroering brengen*; *in verwarring brengen* ★ être bouleversé *van streek/ontsteld zijn*
boulier M *telraam*
boulimie V • *boulimie*; *ziekelijke eetzucht* • *hevige begeerte*; *zucht (***de** *naar, tot)*
boulimique BNW *behept met boulimie*
boulingrin M *grasperk*
boulisme M *jeu-de-boulessport*
bouliste M/V *jeu-de-boulesspeler*
Boul'Mich' M INFORM. *Boulevard St.Michel*
boulocher ONOV WW *pluizen*
boulodrome M *jeu-de-boulesbaan*
boulon M *(schroef)bout* ★ serrer les ~s *orde op zaken stellen*
boulonner OV WW • *met een bout bevestigen* • INFORM. *hard werken*; *pezen*
boulot I BNW [v: **boulotte**] *kort en dik*; *mollig* **II** M INFORM. *werk* ★ il est ~ ~ *hij is zeer ernstig in zijn werk*
boum I M *knal*; OOK FIG. *knaller* ★ en plein boum *gonzend van activiteit* **II** V *fuif* **III** TW *boem*
boumer ONOV WW INFORM. *lekker gaan* ★ ça boume? *alles kits?*
bouquet M • *boeket*; *ruiker*; *bosje* ‹v. bloemen, kruiden, bomen› • *mannetje* ‹v. haas of konijn› • *geur v. wijn*; *boeket* • *slotstuk* ‹v. vuurwerk›; *slot*; *bekroning v.e. zaak* • *grote garnaal* • *keuzepakket* ‹v. tv-kanalen› ★ ~ garni *bosje laurier, tijm en peterselie* ★ c'est le ~ *dat slaat alles*
bouquetière V *verkoopster v. bosjes bloemen*
bouquetin M *steenbok*
bouquin M • INFORM. *boek* • *mannetjeshaas of mannetjeskonijn*
bouquiner ONOV WW • INFORM. *lezen* • *oude boeken zoeken of raadplegen*
bouquineur M INFORM. *boekenwurm*
bouquiniste M/V *handelaar in oude boeken* ‹aan de Seine in Parijs›
bourbe V *modder*; *slijk*
bourbeux BNW [v: **bourbeuse**] *modderig*
bourbier M *modderpoel* ★ se mettre dans un ~ *zich in een wespennest steken*
bourde V • *blunder* • OUD. *leugen*; *kletspraatje*
bourdon M • *hommel* • *bas* ‹v. orgel› • *grote torenklok* • *pelgrimsstaf* ★ faux ~ *dar* ★ avoir le ~ *in de put zitten*
bourdonnement M • *gegons* • *gemompel*; *gebrom* • *oorsuizing*
bourdonner ONOV WW • *gonzen* • *mompelen* • *brommen*
bourg M *groot dorp* ‹met markt›
bourgade V *gehucht*
bourgeois I M [v: **bourgeoise**] • *burger*; *bourgeois* • *gezeten burger*; *iem. uit de middenklasse* ★ petit ~ *kleine burgerman* ★ en ~ *in burger* ★ quartier ~ *nette buurt* ★ INFORM. ma ~e *moeder de vrouw* **II** BNW *burgerlijk* ★ cuisine ~e *eenvoudige, goede kost*
bourgeoisie V *burgerij*; *burgerstand*; *bourgeoisie*
bourgeon M *(boom)knop*
bourgeonnement M *(het) uitbotten*
bourgeonner ONOV WW • *uitbotten* • *puisten hebben*
bourgmestre M *burgemeester* ‹in België›
bourgogne M *bourgogne* ‹wijn›
Bourgogne V *Bourgondië*
bourguignon BNW [v: **bourguignonne**] *Bourgondisch* ★ bœuf ~ *met uien en rode wijn bereid rundvlees*
Bourguignon M [v: **Bourguignonne**] *Bourgondiër*
bourlinguer ONOV WW • *tegen wind en stroming in varen* • *veel reizen*; *rondzwalken*
bourlingueur I M [v: **bourlingueuse**] *avonturier* **II** BNW [v: **bourlingueuse**] *avontuurlijk*
bourrade V *por*; *stomp*
bourrage M *(het) volstoppen*; *vulling* ★ ~ de crâne *indoctrinatie*
bourrasque V • *rukwind* • *vlaag* ‹v. woede, drift› ★ une ~ d'injures *scheldkanonnade*
bourratif BNW [v: **bourrative**] *zwaar*; *machtig* ‹v. voedsel›
bourre I M OUD. *smeris* **II** V • *vulsel van haar* • *knop* ‹v. wijnstok› ★ ~ de coton *poetskatoen* ★ INFORM. à la ~ *te laat*
bourré BNW • *propvol*; *wemelend (***de** *van)* • INFORM. *zat*; *teut*

bourreau M [mv: **bourreaux**] OOK FIG. *beul* ★ ~ des cœurs *hartenbreker* ★ ~ d'argent *verkwister* ★ ~ de travail *noeste werker*
bourrée V *dans(wijs) uit Auvergne*
bourreler OV WW *kwellen*; *pijnigen*
bourrelet M • *tochtlat*; *(tocht)strip* • *vetrol* • *stootkussen*
bourrelier M *zadelmaker*
bourrer I OV WW • *(op)vullen* • *volstoppen (***de** *met)* • *stoppen* ‹v. pijp› • *stompen* ★ ~ le mou *voorliegen* ★ ~ le crâne à qn *iem. zijn mening opdringen* ★ ~ de coups *afrossen* **II** WKD WW [**se** ~] INFORM. *zich volproppen*; *zich bezatten (***de** *met)*
bourriche V *(langwerpige) mand*
bourricot M *ezeltje*
bourrin M INFORM. *knol* ‹paard›
bourrique V • *ezel(in)* • *stommeling* ★ têtu comme une ~ *koppig als een ezel* ★ faire tourner qn en ~ *iem. hoorndol maken* ★ INFORM. plein comme une ~ *ladderzat*
bourriquot M • → **bourricot**
bourru BNW • *ruw*; *onbewerkt* • *nors* ★ lait ~ *verse melk* ★ vin ~ *ongegiste wijn*; *most*
bourse V *beurs* ★ ~ d'études *studiebeurs* ★ ~ de travail *arbeidsbeurs* ★ ~ des valeurs *effectenbeurs* ★ ~ de commerce *handelsbeurs* ★ jouer à la ~ *speculeren* ★ les ~s *de balzak* ★ loger le diable dans sa ~ *geen geld bij zich hebben* ★ avoir la ~ plate *platzak zijn* ★ sans ~ délier *met gesloten beurs*; *zonder te betalen* ★ ~ bien garnie *goed gevulde beurs* ★ cette femme tient la ~ *die vrouw heeft de broek aan*
bourse-à-pasteur V [mv: **bourses-à-pasteur**] PLANTK. *herderstasje*
boursicoter ONOV WW *(in het klein) speculeren*
boursicoteur M *speculant*
boursier I M [v: **boursière**] • *beursagent* • *beursstudent* **II** BNW [v: **boursière**] *beurs-*
boursouflé, **boursoufflé** BNW *bombastisch*
boursouflure, **boursoufflure** V *bombast*
bousculade V *gedrang*; *gehaast*
bousculer I OV WW • *omvergooien*; *verdringen*; *oplopen tegen*; *ontredderen* • *tot haast aanzetten* ★ j'ai été bousculé ces jours-ci *het hoofd liep me de laatste tijd om* ‹v.h. werk› **II** WKD WW [**se** ~] • *elkaar opzij duwen* • FIG. *elkaar verdringen* • INFORM. *zich haasten*
bouse V *koemest*; *koeienvla*
bousier M *mestkever*
bousillage M INFORM. *knoeiwerk*
bousiller OV WW INFORM. *mollen*; *verknoeien*
bousilleur M INFORM. *klungel*; *prutser*
boussole V *kompas* ★ INFORM. perdre la ~ *de kluts kwijtraken*
boustifaille V INFORM. *(het) eten*; *voedsel*
bout M • *eind*; *punt*; *top* • *eindje*; *stukje* ★ au bout d'une heure *na een uur* ★ un bon bout de temps *een hele tijd* ★ on ne sait pas par quel bout le prendre *hij heeft een moeilijk karakter* ★ mener à bout *tot een goed einde brengen* ★ à bout de souffle *buiten adem* ★ bout à bout *tegen elkaar aan* ★ INFORM. mettre les bouts *er vandoor gaan* ★ tenir le bon bout *op de goede weg zijn* ★ mener qn par le bout du nez *iem. naar z'n pijpen laten dansen* ★ bout du sein *tepel* ★ bout du doigt *vingertop* ★ d'un bout à l'autre/de bout en bout *van 't begin tot het eind*; *volslagen* ★ au bout de *aan het eind van*; *na verloop van* ★ aller jusqu'au bout *tot het eind volhouden* ★ à tout bout de champ *om de haverklap* ★ au bout du compte *per slot van rekening* ★ manger du bout des dents *met lange tanden eten*; *kieskauwen* ★ rire du bout des dents *lachen als een boer die kiespijn heeft* ★ savoir sur le bout du doigt *op zijn duimpje kennen* ★ avoir des yeux au bout des doigts *pienter zijn* ★ être à bout *ten einde raad zijn* ★ être à bout de forces *aan het einde van zijn krachten zijn* ★ être au bout de son latin ★ INFORM. être au bout du rouleau *aan het eind van zijn Latijn zijn* ★ joindre les deux bouts *de eindjes aan elkaar knopen*; *rondkomen* ★ au bout du monde *ver weg* ★ montrer le bout du nez *z'n neus laten zien* ★ jusqu'au bout des ongles *op en top* ★ à bout portant *vlakbij*; *in het gezicht* ★ je suis à bout de patience *mijn geduld is op* ★ pousser à bout *tot het uiterste drijven* ★ venir à bout de *klaarspelen*; *zich slaan door* ★ un (petit) bout de femme *een klein vrouwtje* ★ faire un bout de toilette *zich wat opknappen* ★ au bout de l'aune faut le drap ‹spreekwoord› *aan alles komt een eind* ★ un bout de chemin *een eind weegs*; *een heel eind* ★ un bout de chou *een leuk hummeltje* ★ aller jusqu'au bout de ses idées *consequent zijn* ★ à bout de nerfs *over zijn toeren*; *overstuur*
boutade V • *geestige uitval* • OUD. *gril* ★ par ~s *bij vlagen*
boute-en-train M [mv: id.] *gangmaker* ‹in gezelschap›
bouteille V *fles* ★ une ~ de vin *een fles wijn* ★ ~ isolante *thermosfles* ★ ~ à bouchon mécanique *beugelfles* ★ mettre en ~s *bottelen* ★ c'est la ~ à encre *dat is erg duister* ★ INFORM. aimer la ~ *van een borreltje houden* ★ INFORM. prende de la ~ *ouder (en wijzer) worden*
bouteur M FORM. *bulldozer*
boutique V • *winkel(tje)* • INFORM. *werkplaats* • INFORM. *keet* ★ la ~ de Dior *het modehuis van Dior* ★ ~ de téléphone *belwinkel* ★ être de la ~ *ergens verstand van hebben* ★ adieu la ~! *'t is afgelopen!* ★ quelle ~! *wat een huishouden!* ★ toute la ~ *de hele santenkraam* ★ fermer ~ *ermee stoppen*; *de tent sluiten* ★ ouvrir ~ *een zaak openen* ★ parler ~ *zakelijk praten*
boutiquier I M [v: **boutiquière**] • *winkelier* • MIN. *winkelier* ‹met kruideniersmentaliteit› **II** BNW [v: **boutiquière**] ★ esprit ~ *kruideniersmentaliteit*
boutoir M *punt v.d. snuit v.e. (wild) zwijn* ★ coup de ~ *felle uitval*; *snauw*
bouton M • *knop* • *knoop* • *puist* ★ ~ marche-arrêt *aan-uitknop* ★ ~ de réglage *regelaar* ★ ~(s) de fièvre *koortsuitslag* ★ en ~ *in de knop* ★ ouvrir/fermer le ~ *aan/uitzetten* ★ INFORM. ça me donne des ~s! *dat werkt op m'n zenuwen!*

bouton-d'or M [mv: **boutons-d'or**] *boterbloem*
boutonnage M *knoopsluiting*; *(het) dichtknopen*
boutonner I OV WW *dichtknopen* **II** ONOV WW • *uitbotten* • *puistjes krijgen* **III** WKD WW [**se** ~] *zijn knopen vastmaken*
boutonneux BNW [v: **boutonneuse**] *puisterig*
boutonnière V • *knoopsgat* • MED. *incisie* ★ à la ~ fleurie *met een bloem in het knoopsgat*
bouton-poussoir M [mv: **boutons-poussoirs**] *drukknop*
bouton-pression M [mv: **boutons-pression**] *drukknoop*
bouturage M *(het) stekken*
bouture V *stek*; *loot*
bouturer OV WW *stekken*
bouverie V *ossenstal*
bouvier M [v: **bouvière**] *ossenhoeder* ★ ~ des Flandres *bouvier*
bovidés M MV *runderachtigen*
bovin BNW *runderachtig*; *runder-* ★ les ~s *de runderen*
bowling M • *(het) bowlen* • *bowlingbaan*
bow-window M [mv: **bow-windows**] *erker*
box M • *paardenbox*; *autobox* • *beklaagdenbank* • *boxcalf*
boxe V *(het) boksen*
boxer[1] (zeg: boksèr) M • *boxer* ⟨hond⟩ • *boxershort*
boxer[2] (zeg: boksee) ONOV WW *boksen*
boxeur M [v: **boxeuse**] *bokser*
boyau M [mv: **boyaux**] • *darm* • *lange, smalle gang* • *slang*; *gummibuis* • *binnenband* ⟨v. racefiets⟩; *tube* ★ corde de ~ *darmsnaar* ⟨v. viool, tennisracket⟩ ★ MED. descente de ~x *uitzakking* ★ racler le ~ *krassen op een viool* ★ tordre les ~x *buikpijn bezorgen* ★ INFORM. se tordre les ~x *keihard moeten lachen*
boycott M *boycot*
boycottage M *boycot*
boycotter OV WW *boycotten*
boy-scout M [mv: **boy-scouts**] OUD. *padvinder*
BP AFK boîte postale *postbus*
brabançon BNW [v: **brabançonne**] *Brabants*
Brabançon M [v: **Brabançonne**] *Brabander*
Brabançonne V *Brabançonne* ⟨Belgisch volkslied⟩
bracelet M *armband*; *polsbandje*; *horlogebandje* ★ ~ de cheville *enkelbandje*
bracelet-montre M [mv: **bracelets-montres**] *armbandhorloge*
brachial BNW [m mv: **brachiaux**] *arm-* ★ muscle ~ *armspier*
brachycéphale I M/V *kortschedelige* **II** BNW *kortschedelig*; *brachycefaal*
braconnage M *stroperij*
braconner ONOV WW *stropen* ⟨v. jagers, vissers⟩ ★ ~ sur les terres d'autrui *onder iemands duiven schieten*
braconnier M *stroper*
brader OV WW • *verkwanselen*; *tegen een spotprijs verkopen* • *uitverkopen* ★ ~ le prix *de prijs laten zakken*
braderie V • *braderie* • FIG. *uitverkoop*
braguette V *gulp* ⟨v. broek⟩
brahmane M *brahmaan*
brahmanique BNW *brahmaans*
brai M *pek*
braies V MV GESCH. *(Gallische) broek*
braillard I M [v: **braillarde**] *schreeuwlelijk* **II** BNW *schreeuwerig*
braille M *braille*; *blindenschrift*
braillement M *geschreeuw*
brailler OV+ONOV WW *brullen*; *schreeuwen*
braiment M *gebalk* ⟨v. ezel⟩
braire ONOV WW • *balken* • INFORM. *huilen*
braise V • *(gloeiende) houtskool* • *dovekool* ★ bœuf à la ~ *gesmoord rundvlees* ★ chaud comme ~ *vurig* ★ être sur la ~ *op hete kolen zitten*
braiser OV WW *smoren* ⟨v. vlees⟩; *braiseren*
bramer I OV WW INFORM. *janken*; *brullen* **II** ONOV WW • *burlen* ⟨v. hert⟩; *loeien* • INFORM. *janken*; *brullen*
brancard M • *brancard* • *boom* ⟨v. rijtuig⟩ ▼ INFORM. ruer dans les ~s *zich fel verzetten*
brancardier M *ziekendrager*
branchage M *de takken*
branche V • OOK FIG. *tak*; *aftakking* • *afdeling*; *branche*; *beroepsgroep* • *arm* ⟨v. kandelaar, rivier⟩ • *poot* ⟨v. bril⟩ • *been* ⟨v. passer⟩; *rib* ⟨v. gewelf⟩ ★ avoir de la ~ *gedistingeerd zijn* ★ scier la ~ sur laquelle on est assis *z'n eigen glazen ingooien* ★ s'accrocher à toutes les ~s *zich aan een strohalm vastklampen* ★ sauter de ~ en ~ *van de hak op de tak springen* ★ INFORM. (ma) vieille ~! *ouwe jongen!*
branché BNW • INFORM. *in (de mode)* • ~ **sur** *dol op*; *georiënteerd op*; *goed thuis in*
branchement M • *vertakking* • *aansluiting* ⟨op een leiding, net⟩
brancher I OV WW • *aansluiten (***sur** *op)* ⟨op leiding, net⟩; *inschakelen*; *aanzetten* • INFORM. *interesseren* ★ ~ une prise *een stekker in het stopcontact steken* ★ ça te branche? *voel je daar iets voor?* • ~ **sur** *oriënteren op* **II** ONOV WW *op een tak (gaan) zitten*
branchial BNW [m mv: **branchiaux**] *kieuw-*
branchie V *kieuw*
branchu BNW *met veel takken*
brandade V *gepocheerde kabeljauw*
brande V *heide(veld)*
brandir OV WW • *(bruusk) zwaaien met* • FIG. *schermen met*
brandon M *smeulende rest* ★ allumer le ~ de la discorde *tweedracht zaaien*
branlant BNW *waggelend*; *schommelend*; *wankel*
branle M *(het) schommelen*; *heen en weer gaande beweging*; *slingering* ⟨v. klok⟩ ★ mettre en ~ *in beweging brengen* ★ donner le ~ *de eerste stoot geven*
branle-bas M [mv: id.] • *opschudding*; *opwinding* • *toebereidselen* ⟨voor de strijd⟩
branlée V INFORM. *pak slaag*
branlement M • *(het) knikkebollen* • *heen en weer gaande beweging*
branler I OV WW • *schudden* ⟨v. hoofd⟩; *knikkebollen* • VULG. *uitspoken* **II** ONOV WW *los zitten* ⟨v. tand⟩; *wippen*; *slingeren*; *wankelen* **III** WKD WW [**se** ~] VULG. *masturberen* ★ s'en ~ *er schijt aan hebben*
braquage M • *(het) draaien* ⟨v. auto⟩ • INFORM. *roofoverval* ★ rayon de ~ *draaicirkel*

braque I BNW INFORM. *getikt* **II** M *brak* ⟨hond⟩

braquer I OV WW • *richten (***sur** *op)* ⟨v. wapen, blik e.d.⟩ • *draaien* ⟨v. auto⟩ • INFORM. *overvallen* ★ être braqué sur *volledig geconcentreerd zijn op* ★ être braqué contre qn *iets tegen iem. hebben* • **~ contre** *opzetten tegen* **II** ONOV WW *draaien* ⟨v. auto, door de bestuurder⟩ **III** WKD WW [**se ~**] *zich verzetten (***contre** *tegen)*

braquet M *fietsversnelling*; *verzet*

bras M • OOK FIG. *arm* • *armleuning* • *helper*; *arbeider* • *bras* ⟨v.e. ra⟩ ★ j'en ai les bras rompus *ik ben er bekaf van* ★ serrer dans les bras *in de armen drukken* ★ cela m'a cassé bras et jambes *ik ben er kapot van* ★ recevoir à bras ouverts *met open armen ontvangen* ★ être le bras droit de qn *iemands rechterhand zijn* ★ être les deux bras d'un même corps *twee handen op één buik zijn* ★ à bout de bras *op eigen kracht* ★ faire le bras d'honneur à qn VULG. *een obsceen, minachtend gebaar maken met arm (en hand)*; FIG. *smalend bejegenen* ★ avoir le bras de fer *zeer streng zijn* ★ en bras de chemise *in hemdsmouwen* ★ saisir à bras le corps *omvatten* ★ rester les bras croisés *werkeloos toezien* ★ couper bras et jambes *versteld doen staan*; *ontmoedigen* ★ bras dessus, bras dessous *arm in arm* ★ avoir le bras long *veel invloed hebben* ★ saisir par le bras *bij de arm grijpen* ★ avoir sur les bras *opgescheept zitten met*; *te zorgen hebben voor* ★ les bras m'en tombent *ik sta er versteld van* ★ à tour de bras/à bras raccourcis *uit alle macht* ★ INFORM. gros bras *hele bink* ★ il nous faut des bras *we hebben mankracht nodig* ★ bras de fer *armworstelen*; FIG. *krachtmeting* ★ à bras *met mankracht*; *met de handen* ★ baisser les bras *de moed opgeven*

braser OV WW *solderen*

brasero, braséro (zeg: -zee-) M *vuurkorf*

brasier M OOK FIG. *vuurgloed*

bras-le-corps BIJW ★ à ~ *om het middel*; *energiek*

brassage M • *(het) brouwen* • *(het) (ver)mengen*

brassard M *band om de arm* ⟨bij rouw enz.⟩

brasse V • SCHEEPV. *vadem* • *schoolslag*

brassée V *armvol*

brasser OV WW • *brouwen* • *omroeren* • SCHEEPV. *brassen* ★ ~ de l'argent *met grote geldbedragen werken* ★ ~ des affaires *veel zaken tegelijk doen*; *veel zaken vlug maar slordig opzetten* ★ ~ les cartes *de kaarten wassen*

brasserie V • *brouwerij* • *café-restaurant*

brasseur M [v: **brasseuse**] • *bierbrouwer* • *schoolslagzwemmer*

brassière V • *babytruitje* • *zwemvest*

bravache I M *iem. die de held uithangt*; *snoever* **II** BNW *opschepperig*

bravade V • *opschepperij* • *provocatie*; *driestheid*

brave I BNW • [vóór het zn] *braaf*; *fatsoenlijk* ★ un ~ garçon *een beste jongen* • [achter het zn] *dapper* ★ un soldat ~ *een dappere soldaat* **II** M *dappere* ★ faire le ~ *de held uithangen* ★ mon ~ *beste kerel*

braver OV WW • *uitdagen*; *tarten* • *trotseren* ★ ~ le danger *het gevaar trotseren*

bravo TW *bravo* ★ les ~s *bravogeroep*; *ovatie*

bravoure V *dapperheid*; *moed*; MUZ. *bravoure*

break (zeg: breek) M • *break* ⟨jazz⟩ • *stationcar* • GESCH. *brik* • *break* ⟨tennis⟩ • *pauze*

brebis V *ooi*; OOK FIG. *schaap* ★ ramener la ~ égarée *het verloren schaap terugbrengen* ★ qui se fait ~, le loup le mange ⟨spreekwoord⟩ *al te goed is buurmans gek* ★ à ~ tondue Dieu mesure le vent ⟨spreekwoord⟩ *God geeft kracht naar kruis* ★ ~ galeuse *schurftig schaap*; FIG. *het zwarte schaap*; FIG. *de rotte appel*

brèche V • *bres* • *gat* ★ FIG. battre en ~ *hevig aanvallen*; *bestrijden* ★ faire une ~ à un pâté *een paté aansnijden/aanspreken* ★ être sur la ~ *op de bres staan*; *strijdbaar zijn*; *in de weer zijn* ★ mourir sur la ~ *strijdend ten onder gaan* ★ s'engouffrer dans la ~ *van de gelegenheid profiteren*

bréchet M *borstbeenkam*

bredouillage M • → **bredouillement**

bredouille BNW *platzak* ★ rentrer ~ *onverrichter zake thuiskomen*

bredouillement M *gebrabbel*; *gestamel*

bredouiller OV+ONOV WW *brabbelen*; *stamelen*

bredouillis M • → **bredouillement**

bref I BNW [v: **brève**] *kort* ★ d'un ton bref *kortaf* **II** BIJW *kortom* ★ en bref *kortom*; *met weinig woorden* ★ soyez bref *houd het kort* **III** M *pauselijke brief*; *breve*

brelan M *(het) zwikken* ⟨kaartspel⟩ ★ avoir (un) ~ *drie gelijke kaarten of dobbelstenen hebben*

breloque V • *snuisterij* • *hangertje aan een horlogeketting* • *signaal voor het inrukken*

brème V *brasem*

Brême V *Bremen*

Brésil M *Brazilië*

brésilien BNW [v: **brésilienne**] *Braziliaans*

Brésilien M [v: **Brésilienne**] *Braziliaan*

brésiller OV+ONOV WW *verbrokkelen*

bretelle I V • *draagband* • *kruiswissel* • *oprit/afrit v. autoweg* ★ INFORM. remonter les ~s à qn *iem. op z'n kop geven* **II** V MV *bretels*; *schouderbandjes*

breton BNW [v: **bretonne**] *Bretons*

Breton M [v: **Bretonne**] *inwoner van Bretagne*; *Breton*

bretteur M *vechtjas*

breuvage M *brouwsel*; *drank(je)*

brève I BNW • → **bref II** V • *korte klinker* • *korte lettergreep* • MUZ. *brevis* • *korte informatie*

brevet M • *brevet* • *akte*; *diploma* ★ ~ de capacité *onderwijzersakte* ★ ~ d'invention *octrooi*; *patent* ★ déposer un ~ *een octrooi aanvragen*

breveté I BNW *gediplomeerd*; *geoctrooieerd* **II** M [v: **brevetée**] *gediplomeerde*

breveter OV WW • *diplomeren* • *octrooi verlenen*; *patent verlenen*

bréviaire M • *brevier* • *geregelde lectuur*

bribe V *brokstuk*; *flard* ★ par ~s *bij stukjes en beetjes*

bric-à-brac M [mv: id.] • *tweedehands spullen* • *uitdragerij*; *uitdragerswinkel* ★ marchand de ~ *uitdrager* br

bric et de broc BIJW ★ de ~ *bij elkaar geraapt; te hooi en te gras*
brick M SCHEEPV. *brik*
bricolage M *prutswerk; geknutsel*
bricole V • *dingetje; onbeduidend iets* • *borstriem v. paard* • *draagriem* ★ s'occuper de ~s *zich met futiliteiten bezighouden*
bricoler I OV WW *in elkaar prutsen; opknappen* **II** ONOV WW *klusjes uitvoeren*
bricoleur M [v: **bricoleuse**] • *knutselaar; doe-het-zelver* • *prutser; klusjesman*
bride V • *teugel; toom* • *bandje* • *flens* ⟨opstaande rand⟩ ★ à ~ abattue *spoorslags* ★ à toute ~ *spoorslags; blindelings* ★ avoir la ~ sur le cou *volledig z'n gang kunnen gaan* ★ lâcher la ~ à ses passions *zijn hartstochten de vrije teugel laten* ★ tenir la ~ haute *de teugels kort houden; streng zijn* ★ tourner ~ *rechtsomkeert maken*
bridé I M [v: **bridée**] INFORM. *stomkop* **II** BNW ★ des yeux ~s *spleetogen* ★ moteur ~ *afgestelde motor*
brider OV WW *intomen; beteugelen* ★ ~ l'âne par la queue *het paard achter de wagen spannen*
bridge M • *brug* ⟨tussen tanden⟩ • *bridge*
bridger ONOV WW *bridgen*
bridgeur M [v: **bridgeuse**] *bridgespeler*
brie M *brie*
briefer OV WW *briefen; kort inlichten*
brièvement BIJW *kort; in weinig woorden*
brièveté V • *kortstondigheid* • *kortheid; beknoptheid*
briffer OV+ONOV WW INFORM. *vreten*
brigade V • *brigade; gespecialiseerde militaire eenheid* • *ploeg; team* ★ ~ de balayeurs *straatvegers* ★ ~ des mœurs *zedenpolitie* ★ ~ de chars *tankbrigade*
brigadier M • INFORM. *brigadegeneraal* • *korporaal* ⟨bij artillerie, cavalerie, genie⟩; *brigadier* ⟨bij politie⟩
brigand M *struikrover; boef*
brigandage M • *(struik)roverij* • *geldafpersing; knevelarij*
brigue V *slinkse streken; intriges*
briguer OV WW *najagen; ambiëren; dingen naar*
brillamment BIJW • → **brillant**
brillance V • *lichtsterkte* • *glans*
brillant I BNW • *schitterend; blinkend; briljant* • *luisterrijk* • *levendig* ★ peinture ~e *glansverf* ★ une santé ~e *een uitstekende gezondheid* ★ un style ~ *een levendige stijl* ★ une pensée ~e *een scherpzinnige gedachte* **II** M • *schittering* • *briljant*
brillantine V *brillantine*
briller ONOV WW • *schitteren; blinken* • *uitblinken* ★ faire ~ ses avantages *zijn voordelen tonen*
brimade V *plagerij; ontgroening*
brimbaler WW • → **bringuebaler**
brimé BNW *gefrustreerd*
brimer OV WW *plagen; ontgroenen*
brin M • *draadje; sprietje; loot* • *stukje; klein deeltje; beetje* ★ INFORM. un beau brin de fille *een mooi stuk* ★ brin à brin *stukje bij beetje* ★ brin d'une antenne *antennedraad* ★ un brin de vent *een zuchtje wind* ★ brin d'herbe *grassprietje* ★ brin de paille *strootje* ★ un brin de pain *een stukje brood* ★ faire un brin de toilette *zich wat opknappen*
brindille V *takje; sprietje*
bringue V • INFORM. *aangeklede bezemsteel; tante Sidonia* • INFORM. *wild feest; uitspatting* ★ faire la ~ *er op los leven; doorzakken*
bringuebaler ONOV WW *schommelen; slingeren*
brio M *levendigheid; vuur* ★ répondre avec brio *briljant antwoorden*
brioche V • *brioche* ⟨luxe broodje⟩ • INFORM. *buikje*
brique V • *baksteen* • *blok; pak* • INFORM. *10.000 Franse frank/euro* ★ ~ de savon *stuk zeep* ★ INFORM. bouffer des ~s *op een houtje bijten* ★ INFORM. ça ne casse pas des ~s *dat stelt niks voor*
briquer OV WW *poetsen tot het blinkt*
briquet M • *aansteker* • *vuurslag*
briquetage M *metselwerk van bakstenen*
briqueter OV WW *bestraten met klinkers*
briquetier M *steenbakker*
briquette V *briket* ★ INFORM. c'est de la ~ *dat is onbelangrijk*
bris M *(het) (ver)breken; (het) moedwillig vernielen; braak* ★ bris de vitres *(het) ingooien van ruiten*
brisant I M • *blinde klip* • *breker* ⟨golf⟩ **II** BNW *brisant*
brise V *bries*
brisé BNW OOK FIG. *gebroken*
brisées V MV *afgebroken takken* ★ aller sur les ~ de qn *iem. in het vaarwater zitten* ★ suivre les ~ de qn *in iemands voetsporen treden*
brise-glace, **brise-glaces** M [mv: **brise-glace(s), brise-glaces**] • *ijsbreker* • *ruitentikker* ⟨voorwerp⟩
brise-jet M [mv: **brise-jet(s)**] *straalbreker*
brise-lames, **brise-lame** M [mv: **brise-lames**] *golfbreker*
brisement M *(het) breken*
briser I OV WW • *(onder)breken; vernielen; verbrijzelen* • *uitputten* ★ ~ les os *aftuigen* ★ ~ le cœur *het hart breken* ★ ~ son avenir *z'n toekomst verpesten* ★ ~ qn *iem. klein krijgen* ★ brisé de fatigue *doodop* ★ ~ ses fers *de vrijheid herwinnen* **II** ONOV WW *breken* ★ ~ avec qn *met iem. breken* ★ brisons là *laten we er niet verder over spreken* **III** WKD WW [**se** ~] *stukslaan* ⟨v. golven⟩; *breken*
brise-tout M [mv: id.] *brokkenmaker*
briseur M [v: **briseuse**] *breker* ★ ~ d'images *beeldenstormer*
brise-vent M [mv: **brise-vent(s)**] *windscherm*
bristol M *visitekaartje*
brisure V *breuk; barst; knak*
britannique BNW *Brits*
Britannique M/V *Brit*
broc (zeg: broo) M *kan* ⟨voor wijn, water⟩ ★ faire qc de broc en bouche *iets onmiddellijk doen*
brocante V • *handel in curiosa* • *curiosa; oude dingen* ★ (foire à la) ~ *rommelmarkt*
brocanter OV+ONOV WW *(ver)sjacheren; handelen in oudheden en curiositeiten*
brocanteur M [v: **brocanteuse**] • *sjacheraar*

• *handelaar in oudheden en curiositeiten*
brocart M *brokaat*
brochage M *(het) innaaien van boeken; (het) brocheren*
broche V • *braadspit; spies; pen; stift* • *broche* ⟨sieraad⟩ • *slagtand* ⟨v. zwijn⟩ ★ mettre à la ~ *aan het spit steken* ★ faire un tour de ~ *zich wat warmen*
broché M • *(het) weven van tekeningen in stof* • *brokaat*
brocher OV WW • *stikken met gouddraad* • *innaaien* ⟨v. boek⟩ • *nagels slaan in het hoefijzer*
brochet M *snoek*
brochette V • *spiesje* • *stukjes vlees* ⟨aan spies⟩ • INFORM. *groepje; stelletje* ★ il avait une ~ de décorations sur la poitrine *hij had een rits versieringen op zijn borst*
brocheur M [v: **brocheuse**] *innaaier*
brochure V • *(het) innaaien* • *brochure* • *brocheerwerk*
brocoli M *broccoli*
brodequin M *rijglaars* ★ chausser le ~ *toneelspelen*
broder OV+ONOV WW • *borduren* • *verfraaien; overdrijven* ★ ~ sur les faits *de feiten mooier maken dan ze zijn* ★ ~ une histoire *een verhaal ophangen* ★ aiguille à ~ *borduurnaald*
broderie V • *borduurwerk; borduursel* • *versiersel* ⟨in verhaal, muziek⟩
brodeur M [v: **brodeuse**] • *borduurder* • *fantast*
broiement M *vergruizing*
brome M *broom*
bromure M *bromide*
broncher ONOV WW • *struikelen* ⟨v. paard⟩ • *zich vergissen* • *reageren; zich verzetten; morren* ★ sans ~ *met een stalen gezicht; zonder blikken of blozen* ★ il n'est si bon cheval qui ne bronche ⟨spreekwoord⟩ *het beste paard struikelt wel eens*
bronches V MV *bronchiën*
bronchique BNW *bronchiaal*
bronchite V *bronchitis*
bronchitique I M/V *bronchitislijder* **II** BNW *aan bronchitis lijdend; bronchitis-*
brontosaure M *brontosaurus*
bronzage M *(het) zonnen* ★ un beau ~ *een mooi gebruinde huid*
bronze M • *brons* • *bronzen beeld* ★ cœur de ~ *hart van steen*
bronzé I BNW • *gebronsd* • *getaand; gebruind* **II** M INFORM. *donkere zuiderling*
bronzer I OV WW *bronzen; bruinen* **II** ONOV WW *bruin worden* **III** WKD WW [**se** ~] *bruin worden; zonnen*
bronzette V ★ INFORM. faire ~ *zonnen*
broquette V *kopspijkertje*
brossage M *(het) borstelen*
brosse V • *borstel* • *kwast* ★ ~ à dents *tandenborstel* ★ ~ W.-C. *wc-borstel* ★ cheveux en ~ *stekeltjeshaar* ★ passer la ~ à reluire *iem. vleien*
brosser OV WW • *borstelen* • *(af)wrijven* • *schilderen; schetsen* • *effect geven aan* ⟨bal⟩ ★ se ~ les dents *zijn tanden poetsen* ★ INFORM. se ~ le ventre *er bekaaid afkomen* ★ INFORM. tu peux (toujours) te ~ *daar kun je naar fluiten*
brosserie V *borstelhandel; borstelfabriek*
brossier M [v: **brossière**] *borstelmaker*
brou M *bolster* ★ brou de noix *beits; notenlikeur*
brouette V *kruiwagen* ★ marcher comme une ~ *op z'n dooie gemak wandelen*
brouettée V *kruiwagen vol*
brouetter OV WW *per kruiwagen vervoeren*
brouhaha M • *geroezemoes* • *lawaai; herrie*
brouillage M *storing* ⟨v. radio, tv⟩
brouillamini M OUD. *verwarring; rotzooitje*
brouillard M *nevel; mist* ★ être dans le ~ *in het duister tasten* ★ il fait du ~ *het mist* ★ le ~ tombe *het wordt mistig* ★ avoir comme un ~ sur les yeux *alles wazig, vaag zien*
brouillasse V *motregen*
brouillasser ONP WW *motregenen; misten*
brouille V *onmin; onenigheid* ★ être en ~ avec *ruzie hebben met*
brouiller I OV WW • *verwarren; verstoren; vertroebelen* • *vermengen* • *onmin brengen; tweedracht zaaien tussen* ★ être brouillé avec qn *ruzie hebben met iem.* ★ être brouillé avec les chiffres *slecht kunnen rekenen* ★ ~ les pistes *de sporen uitwissen* ★ ~ le ciel *de hemel verduisteren* ★ ~ des œufs *eieren klutsen* ★ ~ du papier *papier verknoeien* ★ ~ les cartes *de kaarten schudden; verwarring stichten* ★ ~ des amis *tweedracht zaaien tussen vrienden* **II** WKD WW [**se** ~] • *verward raken* • *betrekken* ⟨v. weer⟩ • *ruzie krijgen (***avec** *met)*
brouilleur M *stoorzender*
brouillon I BNW [v: **brouillonne**] *verward; warrig* **II** M • *klad* • *warhoofd* ★ papier (de) ~ *kladpapier*
broussaille I V ★ barbe en ~ *borstelige baard* **II** V MV *kreupelhout; struikgewas*
broussailleux BNW [v: **broussailleuse**] • *vol struikgewas* • *borstelig* ⟨v. haar⟩
brousse V *rimboe*
brouter I OV WW • *afgrazen* • VULG. *beffen* **II** ONOV WW • *grazen* • TECHN. *horten; trillen*
broutille V *kleinigheid; prul*
broyage M *verbrijzeling*
broyer OV WW • *verbrijzelen* • *fijnstampen; verpulveren; braken* ⟨v. vlas, hennep⟩
broyeur M *kraakmachine; vermaler*
bru V REG. *schoondochter*
bruant M *gors*
brucelles V MV *pincet*
Bruges V *Brugge*
brugnon M *nectarine; bloedperzik*
bruine V *motregen*
bruiner ONP WW *motregenen*
bruineux BNW [v: **bruineuse**] *regenachtig; miezerig*
bruire ONOV WW [onregelmatig] *ruisen; ritselen; suizen* ★ ~ de mille rumeurs *gonzen van geruchten*
bruissement M *geruis; geritsel; gesuis*
bruit M • *geluid; lawaai; leven* • *gerucht; tijding* • *ophef* ★ ~ blanc *witte ruis* ★ ~s de couloir *wat er in de wandelgangen gefluisterd wordt* ★ ~ de fond *achtergrondgeluid; ruis* ★ au ~ de *bij het horen van* ★ faire du ~ *stof doen*

opwaaien ★ le ~ court que *het gerucht gaat dat* ★ beaucoup de ~ et peu de besogne *veel geschreeuw en weinig wol* ★ chasser à grand ~ *jagen met de meute* ★ à petit ~ *in het geheim* ★ il n'est ~ que de cela *men spreekt nergens anders over*

bruitage M *geluidsdecor*; *geluidseffecten*

bruiter OV+ONOV WW *geluid maken* ⟨voor film, toneel⟩

bruiteur M *geluidstechnicus* ⟨m.b.t. film, toneel⟩

brûlage M *(het) afbranden*

brûlant BNW • *gloeiend*; *brandend*; OOK FIG. *heet* • *vurig* ★ question ~e *brandende kwestie* ★ un zèle ~ *een enorme ijver* ★ s'engager sur un terrain ~ *zich op glad ijs begeven*

brûlé I BNW • *verbrand*; *aangebrand* • *ontmaskerd* • *afgedaan hebbend* ★ cerveau ~/tête ~e *heethoofd* **II** M • *brandlucht* • *patiënt met brandwonden* ★ ça sent le ~ *het ruikt hier branderig*; *dat gaat mis*

brûle-gueule M [mv: **brûle-gueule(s)**] *neuswarmertje*

brûle-pourpoint BIJW ★ à ~ *op de man af*

brûler I OV WW • *branden*; *verbranden* • *doen aanbranden* • *voorbijgaan*; *overslaan*; *verzuimen* • OUD. *distilleren* ★ ~ un feu rouge *door een stoplicht rijden* ★ prendre une place sans ~ une amorce *een vesting zonder slag of stoot nemen* ★ ~ la cervelle *voor de kop schieten* ★ ~ de l'encens devant qn *iem. vleien* ★ ~ les planches *met vuur toneelspelen* ★ ~ du rhum *punch maken* ★ ~ ses vaisseaux *zijn schepen achter zich verbranden* ★ ~ le pavé *rennen* ★ ~ la politesse à qn *weggaan zonder te groeten* ★ PLAT ~ qn *iem. neerknallen* **II** ONOV WW • *branden*; *in brand staan*; *aanbranden*; *gloeien* ★ ~ pour qn *hevig verliefd zijn op iem.* ★ la lumière brûle *het licht brandt* ★ ~ de fièvre *gloeien van de koorts* ★ tu brûles *je bent warm* ⟨bij spel⟩ ★ les pieds lui brûlent *hij zit op hete kolen* • **~ de** *popelen* [+ infin.] *om* ★ je brûle d'être à Paris *ik wou dat ik al in Parijs was* **III** WKD WW [**se ~**] *zich (ver)branden* ★ se ~ à la chandelle *tegen de lamp lopen*

brûlerie V *(koffie)branderij*; *stokerij* ⟨v. sterkedrank⟩

brûle-tout M [mv: id.] *allesbrander*

brûleur I M *brander*; *gaspit* **II** M [v: **brûleuse**] *koffiebrander*; *stoker* ⟨v. sterkedrank⟩

brûlis M *afgebrand veld*

brûloir M • *koffiebrander* • *verfafbrander*

brûlot M • *brander* ⟨schip⟩ • *brandende brandewijn* • *polemisch geschrift* ★ lancer un ~ *een aanval openen*

brûlure V • *brandwond* • *branderig gevoel*; *zuur* ⟨in maag⟩ • *brandvlek*

brumasser ONOV WW *enigszins misten*

brume V *mist*; *nevel*

brumeux BNW [v: **brumeuse**] *mistig*; OOK FIG. *nevelachtig*

brumisateur M *verstuiver*

brun I BNW *bruin* ★ bière brune *donker bier* ★ courtiser la brune et la blonde *alle vrouwen het hof maken* **II** M *bruine kleur* **III** M [v: **brune**] *donkerharige*

brunâtre BNW *bruinachtig*

brune V • *brunette* • FORM. *avondschemering* • *donker bier* • *zware sigaret* ★ à la ~/sur la ~ *tegen het vallen v.d. avond*

brunette V OUD. *brunette*; *donker meisje*

brunir I OV WW • *bruinen*; *bruin maken* • *polijsten* **II** ONOV WW *bruin worden*; *donker worden*

brunissage M *(het) polijsten* ⟨v. metalen⟩

brunissement M *(het) bruinen*

brushing M • *watergolf* • *(het) föhnen*

brusque BNW • *plotseling* • *nors* • *ruw*; *onbeschaafd* ★ manière ~ *ruwe manier* ★ ton ~ *norse toon*

brusquement BIJW *plotseling*

brusquer OV WW • *ruw behandelen*; *onbeschoft behandelen*; *bruuskeren* • *overhaasten*; *forceren* ★ ~ une affaire *een zaak doordrijven*

brusquerie V *bitse toon*; *snauwerige toon*

brut (zeg: bruut) BNW • *ruw*; *onbewerkt* • *onbeschaafd* • *bruto* ★ (pétrole) brut *ruwe aardolie* ★ (champagne) brut *droge champagne*

brutal I BNW [m mv: **brutaux**] • *ruw*; *hardhandig*; *bruut* • *plotseling* **II** M [mv: **brutaux**] *bruut*

brutaliser OV WW *ruw behandelen*

brutalité V • *bruutheid*; *ruwheid* • FIG. *hardheid*

brute V • *redeloos wezen* • *ruw, onbeschaafd mens*; *bruut* • *dom mens* ★ INFORM. sale ~! *schoft!* ★ INFORM. ~ épaisse *pummel*

Bruxelles (zeg: bruu(k)sel) M *Brussel*

Bruxellois M [v: **Bruxelloise**] *Brusselaar*

bruyamment BIJW • → **bruyant**

bruyant BNW *luidruchtig*

bruyère V • *heidestruik* • *heidevlakte*

BT AFK • basse tension *laagspanning* • brevet de technicien *technisch diploma*

BTP AFK bâtiment et travaux publics *openbare werken*

BTS AFK brevet de technicien supérieur *diploma na twee jaar hbo*

bu WW [volt. deelw.] • → **boire**

BU AFK bibliothèque universitaire *ub*

buanderie V *wasserij*; *washok*

bubonique BNW *builen-* ★ peste ~ *builenpest*

buccal BNW [m mv: **buccaux**] *mond-*

buccin (zeg: buuksè(n)) M • *wulk* ⟨slak⟩ • GESCH. *trompet*

bûche V • *houtblok* • INFORM. *domoor* • INFORM. *val* ★ ne pas se remuer plus qu'une ~ *geen vin verroeren* ★ il reste là comme une ~ *hij staat daar bewegingloos* ★ ramasser/prendre une ~ *vallen* ★ une ~ de Noël *boomstam* ⟨gebak⟩

bûcher I M • *houtstapel* • *brandstapel* **II** OV WW • *hout tot blokken slaan* • *afbikken van steen* • INFORM. *blokken op* **III** ONOV WW INFORM. *blokken*; *vossen*

bûcheron M *houthakker*

bûchette V *spaander*; *stukje hout*

bûcheur M [v: **bûcheuse**] *blokker*; *noeste werker*

bucolique I BNW *landelijk*; *herderlijk* **II** V *herdersdicht*

budget M *budget*; *begroting* ★ boucler son ~ *rondkomen*

budgétaire BNW *begrotings-; budgettair*
budgétiser OV WW *in de begroting opnemen*
buée V *wasem; damp*
buffet M • *buffet; dressoir* • *(stations)restauratie* • *orgelkast* • INFORM. *buik; maag* ★ INFORM. je n'ai rien dans le ~ *ik heb een lege maag; ik durf niet goed* ★ danser devant le ~ *niets te eten hebben* ★ ~ dînatoire *lopend buffet*
buffle M • *buffel* • *buffelleer*
bug M • → **bogue**
bugle M MUZ. *bugel; soort trompet*
building (zeg: bieldieng) M *hoog modern gebouw*
buis M *buksboom; buxus* ★ buis bénit *gewijd palmtakje* ‹op palmzondag›
buisson M • *struik* • *struikgewas; kreupelbos* ★ faire ~ creux *onverrichter zake terugkeren* ★ le ~ ardent *het brandend braambos* ‹v. Mozes› ★ battre les ~s *het wild opjagen; iets onderzoeken*
buissonneux BNW [v: **buissonneuse**] *vol struiken*
buissonnier BNW [v: **buissonnière**] ★ faire l'école buissonnière *spijbelen*
bulbe M *(bloem)bol*
bulbeux BNW [v: **bulbeuse**] *bolvormig; bol-*
bulgare I M *(het) Bulgaars* **II** BNW *Bulgaars*
Bulgare M/V *Bulgaar*
Bulgarie V *Bulgarije*
bulldozer (zeg: buuldozèr/-zeur) M *bulldozer*
bulle I V • *(lucht)bel; blaasje* • *wolkje* ‹in strips› • *blaar* • *(pauselijke) bul* ★ ~ de savon *zeepbel* ★ la ~ familiale *de intieme familiekring* ★ vivre dans sa ~ *in zijn eigen wereldje leven* ★ PLAT coincer la ~ *uitrusten; maffen* **II** BNW ★ papier ~ *geelachtig, ruw papier*
buller ONOV WW INFORM. *lummelen; luieren*
bulletin M • *verslag; rapport; (officieel) bericht* • *rapport* ‹v. leerling› • *bewijs; biljet* ★ ~ de bagages *bagagereçu* ★ ~ de naissance *geboortebewijs* ★ INFORM. avaler son ~ de naissance *sterven* ★ ~ d'état civil *uittreksel uit het bevolkingsregister* ★ ~ de paie *salarisstrookje* ★ ~ des lois *Staatsblad* ★ ~ nul *ongeldig stembiljet* ★ ~ blanc *blanco stembiljet* ★ ~ de vote *stembiljet*
bulletin-réponse M [mv: **bulletins-réponse**] *invulcoupon; antwoordformulier*
bungalow (zeg: be(n)Galoo) M *bungalow*
buraliste M/V *loketbeambte; houder van sigarenwinkel, postkantoor, betaalkantoor enz.*
bure I M *mijnschacht* **II** V • *baai* ‹weefsel› • *(monniks)pij*
bureau M [mv: **bureaux**] • *schrijfbureau* • *kantoor(gebouw); bureau* • *afdeling; bestuur; commissie* • *kassa; loket* ★ ~ de vote *stemlokaal* ★ OUD. ~ de bienfaisance *armenzorgbureau* ★ ~ de placement *plaatsingsbureau* ★ ~ de poste *postkantoor* ★ ~ de location *bespreekbureau* ‹voor theater enz.› ★ ~ de tabac *tabakswinkel* ★ Deuxième Bureau *contraspionagedienst* ★ ~ d'étude *technisch adviesbureau* ★ ~ de change *wisselkantoor* ★ à ~x fermés *voor een uitverkochte zaal*
bureaucrate M/V *bureaucraat*
bureaucratie V *bureaucratie*
bureaucratique BNW *bureaucratisch*
bureautique V *(handel in) kantoormachines*
burette I V • *olie- en azijnflesje* • *ampul* ‹voor de mis› • *oliespuitje* • *buret* **II** V MV VULG. *kloten* ★ casser les ~s à qn *kloterig tegen iem. doen*
burgrave M *burggraaf*
burin M • *graveernaald; burijn* • *(koper)gravure* • *beitel*
buriné BNW • *gegraveerd* • *gegroefd*
buriner OV WW • *afbeitelen* ‹v. metaal› • *afvijlen* ‹v. paardentanden› • *graveren* ★ visage buriné *scherp getekend gezicht*
burlesque I BNW *grappig; koddig; boertig; burlesk* **II** M *(het) komische, boertige genre*
burnous (zeg: -noe(s)) M *boernoes*
burn-out - -
burqa, burka V *boerka*
bus I M *autobus* **II** WW [passé simple] • → **boire**
busard M *kiekendief*
buse V • *buizerd* • INFORM. *stommerd; uilskuiken* • *buis; pijp*
business M • INFORM. *business; zaken* • INFORM. *verwarde boel; bedoening* • INFORM. *ding*
busqué BNW *gekromd* ★ nez ~ *haviksneus*
buste M • *buste; bovenste gedeelte v.h. lichaam* • *buste; borsten* • *buste; borstbeeld*
bustier M *lijfje; topje*
but I M • *doel* • *mikpunt; doelwit* • *doelpunt* ★ poursuivre un but *een doel nastreven* ★ aller au-delà de son but *z'n doel voorbijstreven* ★ avoir pour but de *ten doel hebben te* ★ aller droit au but *recht op z'n doel afgaan* ★ à but lucratif *met winstoogmerk* ★ sans but *doelloos* ★ marquer un but *scoren* ★ gardien de but *keeper* ★ de but en blanc *onverwachts; ruwweg; zomaar* ★ but à but *onbeslist* ★ dans le but de *met het doel om* **II** WW [passé simple] • → **boire**
butane I M *butaan* **II** BNW ★ gaz ~ *butagas*
buté BNW • *koppig* • ~ **sur** *hardnekkig vasthoudend aan*
butée V *steunmuur; steunvlak*
buter I OV WW • INFORM. *doden; koud maken* • *koppig maken* **II** ONOV WW • *scoren* • ~ **contre** *steunen, plaatsen tegen* • OOK FIG. ~ **contre, sur** *stoten tegen; stuiten op; struikelen over* ★ ~ contre un problème *tegen een probleem aanlopen* ★ ~ sur une difficulté *op een moeilijkheid stuiten* **III** WKD WW [**se** ~] • *koppig zijn* • ~ **à** *stuiten op; hardnekkig vasthouden aan*
buteur M *goalgetter; schutter; doelpuntmaker* ‹voetbal›
butin M • *buit* • *winst* • *vergaarde rijkdommen*
butiner I OV WW *inzamelen; vergaren* **II** ONOV WW • *honing inzamelen* ‹v. bijen› • ~ **sur** *profiteren van*
butoir M *stootblok* ★ date ~ *deadline*
butor M • *roerdomp* • *lomperd*
butte V *heuveltje* ★ être en ~ à *blootstaan aan* ★ mettre qn en ~ à qc *iem. tot mikpunt van iets maken*
butter OV WW *aanaarden*
butyrique BNW SCHEIK. *boter-*

buvable BNW • *drinkbaar* • INFORM. *genietbaar* ★ ce livre n'est pas ~ *dit boek is niet om door te komen*
buvais WW [imparfait] • → **boire**
buvard M *vloeipapier* ★ papier ~ *vloeipapier*
buvette V • *(stations)restauratie*; *koffiekamer*; *bar* • *drinkplaats* ⟨bij geneeskundige baden⟩
buveur M [v: **buveuse**] • *drinker* • *drinkebroer* ★ ~ de sang *wreedaard*
buvez WW [présent, geb. wijs] • → **boire**
buvons WW [présent, geb. wijs] • → **boire**
byte M COMP. *byte*
Byzance V *Byzantium*
byzantin BNW *Byzantijns*

C

c I M letter *c* ★ c comme Camille *de c van Cornelis* **II** AFK centime *c*; *cent*
c' AANW VNW • → **ce**
ç' AANW VNW • → **ce**
ça AANW VNW *dit*; *dat*; *het* ★ c'est ça *zo is het*; *juist* ★ comme ci, comme ça *niet slecht*; *het gaat wel*; *zozo* ★ comme ça *zo*; *zomaar* ⟨koudweg⟩ ★ ça y est! *klaar is Kees!*; *het is zover!* ★ où ça? *waar (dan) ?* ★ faire ça *het doen* ⟨geslachtsgemeenschap⟩
çà I BIJW *hier* ★ çà et là *hier en daar*; *heen en weer* **II** TW ★ or çà! *kom op!* ★ ah çà, pour qui me prends-tu ? *zeg eens, wie denk je dat je voor je hebt ?*
C.A. AFK • chiffre d'affaires *omzet* • Conseil d'administration *RvB*; *Raad van Bestuur*
cabale V • REL. *kabbala* • INFORM. *complot*
cabalistique BNW • *kabbalistisch* • *magisch*; *occult* • *mysterieus*
caban M *korte wollen jas* ⟨marine⟩
cabane V • *hut* • *hok* • INFORM. *bajes*
cabanon M • *(isoleer)cel* • *hutje* • *landhuisje* ⟨in de Provence⟩; *weekendhuisje* ★ INFORM. il est bon pour le ~ *hij is gek*
cabaret M • *café chantant* • *nachtclub*; *cabaret* • *blad of kastje voor likeurstel*
cabaretier M [v: **cabaretière**] OUD. *herbergier*
cabas M *boodschappentas*; *mandje*
cabestan M SCHEEPV. *kaapstander*
cabillaud M *kabeljauw*
cabine V • *hut* ⟨op schip⟩; *kajuit* • *badhokje* • *(kapiteins)kajuit*; *bestuurdersruimte* • *cabine*; *cel* ★ ~ de pilotage *cockpit* ★ ~ téléphonique *telefooncel*
cabinet I M • *zijkamertje*; *kantoor*; *werkkamer*; *spreekkamer* • *praktijk(ruimte)* • *secretariaat van hoge bestuurders*; *kabinet* • *museum*; *verzameling* • *kabinet*; *regering*; *ministerie* • *kabinet* ⟨kast(je)⟩ ★ chef de ~ *kabinetschef* ★ ~ des estampes *prentenkabinet* ★ ~ de cire *wassenbeeldenmuseum* ★ ~ de toilette *badkamer* ★ ~ de consultation *spreekkamer* ⟨v. arts⟩ **II** M MV *wc* ★ aller aux ~s *naar de wc gaan*
câblage M • *bekabeling* • *(het) overseinen* • *bedrading*
câble M • *kabel*; *koord* • *telegram*
câblé M *gordijnkoord*; *schilderijenkoord*
câbler OV WW • *tot een kabel verstrengelen* • *telegraferen* • *bekabelen*; *bedraden* ★ réseau câblé *kabelnet*
câblo-opérateur M [mv: **câblo-opérateurs**] *kabelexploitant*; *kabelaar*
cabochard I M [v: **cabocharde**] *stijfkop* **II** BNW *koppig*
caboche V • INFORM. *kop* • *kopspijker*
cabochon M • *cabochon* ⟨bolronde siersteen⟩ • *meubelspijker*
cabosser OV WW *deuken*
cabot M • MIN. *(rot)hond*; *mormel* • PLAT *korporaal*
cabotage M *kustvaart*

caboter ONOV WW *kustvaart bedrijven*
caboteur M *kustvaarder*
cabotin I BNW *onecht; aanstellerig* **II** M [v: **cabotine**] • *slecht toneelspeler* • MIN. *komediant*
caboulot M INFORM. *kroeg*
cabrer I OV WW • *doen steigeren* • *optrekken v.e. vliegtuig* • *opzetten (***contre** *tegen); aanzetten tot verzet* **II** WKD WW [**se** ~] • *steigeren* • *zich verzetten; in opstand komen (***contre** *tegen)*
cabri M *geitje; bokje*
cabriole V *luchtsprong; bokkensprong; capriool*
cabrioler ONOV WW *bokkensprongen/capriolen maken*
cabriolet M • *sjees* • *cabriolet; open auto*
C.A.C. AFK Compagnie des Agents de Change ≈ *beursgenootschap* ★ (Indice) ~ 40 ‹Parijse beursindex›
caca M JEUGDT. *poep* ★ faire caca *bah doen* ‹poepen›
cacahuète, **cacahouète** V *pinda; apennootje*
cacao M • *cacaoboon* • *cacaopoeder* • *chocolademelk* ★ beurre de ~ *cacaoboter*
cacaotier M *cacaoboom*
cacaotière V *cacaoplantage*
cacaoyer • → **cacaotier**
cacaoyère • → **cacaotière**
cacarder ONOV WW *gakken*
cacatoès (zeg: -toès) M *kaketoe*
cachalot M *potvis*
cache V • *bergplaats; schuilhoek* • COMP. *cache* ‹geheugen›
caché BNW *verborgen; geheim*
cache-cache M [mv: id.] *verstoppertje* ★ OOK FIG. jouer à ~ *verstoppertje spelen*
cachemire M *kasjmier*
cache-nez M [mv: id.] *dikke sjaal*
cacher I OV WW • *verbergen (***à** *voor)* • *aan het oog onttrekken* • *verhullen* **II** WKD WW [**se** ~] *zich verbergen; schuilgaan* ★ se ~ de qc *iets geheim houden; verhelen* ★ se ~ de qn *iem. ontwijken; buiten iemands medeweten iets doen*
cachère BNW • → **cascher**
cachet M • *zegel; stempel* • *stempel(afdruk)* • *kenmerk; bijzonder karakter; eigenheid; cachet* • *kaart* ‹voor lessen, zwembad› • *acteursgage; honorarium* • *tablet* ★ ~ d'aspirine *aspirientje* ★ lettre de ~ *gezegelde brief v.d. koning; geheim koninklijk bevel*
cachetage M • *(het) verzegelen* • *(het) dichtplakken*
cacheter OV WW *(ver)zegelen; dichtplakken* ‹v. brief› ★ cire à ~ *zegellak*
cachette V *bergplaats; schuilhoek* ★ en ~ *in het geheim; stilletjes* ★ en ~ de qn *buiten iem. om*
cachot M *cel; kerker; cachot* ★ aux ~s *in het gevang*
cachotterie V *geheimzinnigdoenerij*
cachottier I BNW [v: **cachottière**] *stiekem* **II** M [v: **cachottière**] *stiekemerd*
cacique M • *indiaans opperhoofd* • INFORM. *hoge piet; kopstuk*
cacophonie V *wanklank; kakofonie*
cacophonique BNW *lawaaierig; onwelluidend*
cactus (zeg: kaktuus) M • *cactus* • *neteligheid; probleem*
c.-à-d. AFK c'est-à-dire *d.w.z.; dat wil zeggen*
cadastral BNW [m mv: **cadastraux**] *kadastraal*
cadastre M *kadaster*
cadastrer OV WW *kadastreren*
cadavéreux BNW [v: **cadavéreuse**] *lijkachtig; doodsbleek*
cadavérique BNW *lijk-* ★ autopsie ~ *lijkschouwing*
cadavre M • *kadaver; lijk* • INFORM. *lege fles* ★ ~ ambulant *wandelend lijk* ★ un ~ dans le placard FIG. *een lijk in de kast; een achtergehouden feit; een onaangename verrassing*
caddie M • *winkelwagentje* • *caddie*
cadeau M [mv: **cadeaux**] *geschenk* ★ recevoir qc en ~ *iets cadeau krijgen* ★ faire ~ de qc (à qn) *(iemand) iets cadeau doen* ★ ne pas faire de ~ à qn *het iem. niet gemakkelijk maken* ★ les petits ~x entretiennent l'amitié ‹spreekwoord› *kleine geschenken onderhouden de vriendschap*
cadenas (zeg: -nà) M *hangslot*
cadenasser OV WW *met een hangslot sluiten*
cadence V • *ritme; maat* • *tempo* • *metrum* • *cadens* • *cadans* ★ en ~ *in de maat; ritmisch* ★ marquer la ~ *de maat aangeven/slaan*
cadencé BNW *in cadans; ritmisch*
cadencer OV WW *maat/ritme brengen in* ★ pas cadencé *regelmatige pas*
cadenette V *vlechtje*
cadet I BNW [v: **cadette**] • *jonger* • *tweede/ jongste* ‹v. kinderen› **II** M [v: **cadette**] • *tweede kind* • *jongste kind* • *cadet* ‹in het buitenland› • *jong lid*; SP. *jonge speler* ‹(aspirant, junior)› • *jonge edelman vóór de Fr. Revolutie, die vrijwillig dienst deed in het leger* ★ il est mon ~ de deux ans *hij is twee jaar jonger dan ik* ★ INFORM. c'est le ~ de mes soucis *dat zal mij een zorg zijn* ★ c'est mon ~ *hij komt na mij (wat geboortejaar betreft)*
cadi M *kadi*
cadrage M • *(beeld)instelling* ‹v. foto, film› • *beleidslijnen*
cadran M • *wijzerplaat* • *(aflees)schaal; kiesschijf* ‹v. telefoon› ★ faire le tour du ~ *de klok rond slapen* ★ ~ solaire *zonnewijzer*
cadre M • *lijst; omlijsting* • FIG. *kader* • *omgeving* • *frame; raamwerk* • *kader(lid)* ‹bij het leger, v. bedrijf›; *leidinggevend functionaris; staflid* • *laadkist* ★ dans le ~ de *in het kader van* ★ les ~s supérieurs *het management* ‹v. bedrijf›
cadrer I OV WW *in beeld brengen; kadreren* ★ mal cadré *niet goed ingesteld* ★ tir (bien) cadré *doelgericht schot* **II** ONOV WW **~ avec** *passen bij; overeenkomen met*
cadreur M [v: **cadreuse**] *cameraman*
caduc BNW [v: **caduque**] • *verouderd; afgedaan; afgeleefd; oud* • JUR. *nietig; ongeldig* • *afvallend* ‹v. bladeren› • *kaduuk* ★ loi caduque *in onbruik geraakte wet* ★ legs ~ *nietig legaat*
caducée M • *esculaap* • GESCH. *mercuriusstaf*
caducité V • *nietigheid* • *afgeleefdheid; verval*
caecum (zeg: seekom) M MED. *blindedarm*

CAF, **caf** AFK coût, assurances, fret *c.i.f.*; *kosten van verzekering en vracht*
cafard I M [v: **cafarde**] • INFORM. *spion*; *klikspaan* • OUD. *schijnheilige*; *huichelaar* **II** M • *kakkerlak* • *neerslachtigheid* ★ avoir le ~ *neerslachtig zijn* **III** BNW OUD. *schijnheilig*; *huichelachtig*
cafarder I OV WW INFORM. *verklikken* **II** ONOV WW • INFORM. *neerslachtig zijn* • INFORM. *(ver)klikken*
cafardeur M [v: **cafardeuse**] INFORM. *verklikker*
café I M • *koffie* ★ café au lait *koffie met veel melk* ★ café noir *zwarte koffie* ★ café crème *koffie met weinig melk* ★ café express *espresso* ★ café complet *koffietafel*; *ontbijt met koffie* ★ café serré *sterke koffie* • *koffiehuis*; *café* ★ grand café *grand café* ▾ INFORM. c'est fort de café *dat is te bar* **II** BNW *koffie-*; *donkerbruin*
café-concert M [mv: **cafés-concerts**] *café chantant*; OUD. *cabaret*
café-filtre M [mv: **cafés-filtre**] *filterkoffie*
caféier M *koffiestruik*
caféière V *koffieplantage*
caféine I V *cafeïne* **II** M **III** V
café-tabac M [mv: **cafés-tabac**] *café annex tabakswinkel*
cafetan, **caftan** M *kaftan*
cafétéria V *cafetaria*
café-théâtre M [mv: **cafés-théâtres**] *kleinkunsttheater*
cafetier M OUD. *caféhouder*
cafetière V • *koffiepot* • *koffiezetapparaat* • INFORM. *kop*; *hoofd*
cafouillage M • INFORM. *verwarring* • INFORM. *warboel*
cafouiller ONOV WW • INFORM. *slecht werken*; *haperen* • INFORM. *knoeien*; *schutteren*
cafouillis M INFORM. *rommeltje*
caftan M • → **cafetan**
cafter OV+ONOV WW INFORM. *(ver)klikken*
cage V • *kooi*; *hok* • *soort koker* • *viskaar* • *horlogekast*; *klokkenkast* • INFORM. *gevangenis* • INFORM. *(voetbal)doel* ★ cage d'ascenseur *liftkoker* ★ cage d'escalier *trappenhuis* ★ cage à lapins *konijnenhok*; FIG. *armzalige flat, kot* ★ cage thoracique *borstkas* ★ en cage *in de cel*; *in het hok*
cageot M *kistje*; *mandje*
cagibi M INFORM. *berghok*; *rommelhok*
cagna V • MIL. *schuilplaats* • PLAT *huis*
cagne V PLAT *voorbereidende klas voor de Ecole normale supérieure*
cagneux I BNW [v: **cagneuse**] ★ jambes cagneuses *X-benen* **II** M [v: **cagneuse**] • *iem. met X-benen* • *leerling v.e. cagne*
cagnotte V • *speelgeld*; *pot* ‹bij het spel› • INFORM. *spaargeld*
cagot I BNW *schijnheilig* **II** M [v: **cagote**] *schijnheilige*
cagoule V • *monnikskap (met gaten voor ogen en mond)* • *bivakmuts*; *masker* ‹v. overvaller›
cahier M • *schrift*; *cahier* • *katern* ★ ~ des charges *aanbestedingsvoorwaarden*; *bestek* ★ ~ de textes *huiswerkschrift*
cahin-caha BIJW • INFORM. *zozo* • INFORM. *met horten en stoten*
cahot M • *schok* • *moeilijkheid*
cahotant BNW • *hotsend* • *hobbelig*
cahotement M *gehobbel*
cahoter I OV WW • *doen hobbelen*; *doen schudden* • *kwellen* **II** ONOV WW *hobbelen*; *schokken*
cahoteux BNW [v: **cahoteuse**] *hobbelig*
caïd M • *bendeleider* • INFORM. *bolleboos*; *baas*
caillage M *stolling*
caillasse V *steenslag*; *stenen*
caille V *kwartel*
caillé M • *gestremde melk* • *wrongel*
caillebotis M • *lattenrooster* • *vlonder*
caillebotte V *wrongel*
cailler I OV WW *stremmen* **II** ONOV WW INFORM. *vernikkelen* ‹v.d. kou› ★ ça caille *je vernikkelt hier*
caillette V *lebmaag*
caillot M *(bloed)stolsel*; *bloedprop*
caillou M [mv: **cailloux**] • *keisteen*; *kiezelsteen* • INFORM. *edelsteen*; *diamant* • INFORM. *(kale) knikker*; *(rots)eiland* ★ ~x roulés *rolstenen*
cailloutage M • *bestrating*; *verharding*; *bedekking met grind* • *plaveisel* • *soort porselein*
caillouter OV WW *bestraten*; *verharden*; *met grind bedekken*
caillouteux BNW [v: **caillouteuse**] *bedekt met grind*; *kiezelachtig*
cailloutis M *grind*; *grindhoop*; *grindweg*
caïman M *kaaiman*
Caïn M *Kaïn*
Caire M *Caïro*
caisse V • *kist*; *krat* • *kassa*; *kas*; *fonds* • ANAT. *trom* • *carrosserie* ‹auto› • INFORM. *kar*; *auto* • *kas(t)* ‹v. uurwerk, orgel› • ANAT. *holte* • *bloembak* • INFORM. *borst* ★ il s'en va de la ~ *hij heeft de vliegende tering* ★ ~ du tympan *trommelholte* ★ grosse ~ *grote trom* ★ FIG. battre la (grosse) ~ *de trom roeren* ★ ~ d'épargne *spaarbank* ★ faire sa ~ *kas opmaken* ★ livre de ~ *kasboek* ★ ~ de retraite *pensioenfonds* ★ ~ noire *geheim fonds*; *zwarte kas* ★ ~ à claire-voie *krat* ★ ~ de résonance *klankkast* ★ INFORM. à fond la ~ *loeihard*; INFORM. *pijlsnel* ★ INFORM. passer à la ~ *ontslagen worden*
caissette V *kistje*; *cassette*
caissier M [v: **caissière**] *kassier*; *kassière*
caisson M • *caisson* • MIL. OUD. *munitiewagen*; *proviandwagen* • *plafondvak* ★ ~ de basse(s) *woofer* ★ INFORM. se faire sauter le ~ *zich voor de kop schieten*
cajoler OV WW *lief doen tegen*; *aanhalig zijn tegen*
cajolerie V • *aanhaligheid* • *vleierij*
cajoleur M [v: **cajoleuse**] *flikflooier*; *vleier*
cajou M ★ noix de ~ *cashewnoot*
cake (zeg: keek) M *cake*
cal M [mv: **cals**] *eelt(knobbel)*
calamar, **calmar** M • *pijlinktvis* • CUL. *calamaris*
calamité V *ramp*
calamiteux BNW [v: **calamiteuse**] *rampzalig*; *noodlottig*
calandre V • *kalander*; *mangel*; *glansmachine* • *radiatorrooster*

calandrer OV WW *kalanderen; glanzen*
calcaire I M *kalksteen* **II** BNW *kalkachtig; kalk-*
calcédoine V *chalcedon*
calcification V *verkalking*
calcifié BNW *verkalkt*
calcination V *verkoling; verhitting*
calciner OV WW *verschroeien; verkolen; roosten*
calcul M • *berekening; rekenkunde* ★ ~ faux *verkeerde berekening* ★ ~ mental *(het) hoofdrekenen* ★ ~ des probabilités *kansberekening* ★ mauvais ~ *misrekening* ★ par ~ *uit berekening* • MED. *steen* ★ ~ biliaire *galsteen* ★ ~ rénal *niersteen*
calculable BNW *berekenbaar*
calculateur I M *rekenmachine* **II** M [v: **calculatrice**] *rekenaar* **III** BNW [v: **calculatrice**] *berekenend*
calculatrice V *rekenmachine* ★ ~ de poche *zakrekenmachine*
calculer I OV WW • *uitrekenen; berekenen; incalculeren (***dans** *in)* • *afwegen; schatten* ★ machine à ~ *rekenmachine* ★ règle à ~ *rekenliniaal* **II** ONOV WW *rekenen; op de kleintjes letten*
calculette V *zakrekenmachine*
cale V • *scheepsruim* • *scheepshelling; dok* • *(het) kielhalen* • *wig; (wiel)blokje; stutje* ★ cale de construction *helling waarop een schip gebouwd wordt; stapel* ★ cale flottante *drijvend dok* ★ cale sèche/de radoub *droogdok* ★ cale de départ *startblok* ★ il est à fond de cale *hij zit op zwart zaad*
calé BNW • INFORM. *knap; geleerd (***en** *in)* • INFORM. *moeilijk; ingewikkeld* • INFORM. *zat* ‹v. eten›
calebasse V PLANTK. *kalebas*
caleçon M • *onderbroek* ‹voor mannen›; *boxershort* • *legging* ★ OUD. ~ de bain *zwembroek*
calembour M *woordspeling*
calembredaine V *flauw praatje*
calendes V MV *eerste dag van de maand bij de Romeinen* ★ renvoyer qc aux ~ grecques *iets op de lange baan schuiven; iets uitstellen tot sint-juttemis*
calendrier M • *kalender* • *werkschema* ★ ~ ecclésiastique *kerkkalender*
cale-pied M [mv: **cale-pieds**] *pedaalriem; toeclip* ‹v. fiets›
calepin M *notitieboekje*
caler I OV WW • *vastzetten* • *strijken; neerlaten* ‹v. mast, zeil› • *doen afslaan* ‹v. motor› **II** ONOV WW • *diep liggen* ‹v. schip› • *afslaan* ‹v. motor› • *stoppen* • INFORM. *(het) opgeven* ★ je cale! *ik kan niet meer (eten)!* ★ ça cale! *dat is zware kost!* **III** WKD WW [**se** ~] *er lekker bij gaan zitten* ★ INFORM. se les ~/se ~ les joues *lekker schransen*
caleter ONOV WW INFORM. *afnokken*
calfater OV WW SCHEEPV. *kalfateren*
calfeutrage M *(het) dichtstoppen*
calfeutrement • → **calfeutrage**
calfeutrer I OV WW *dichtstoppen* ‹v. kieren› **II** WKD WW [**se** ~] *zich opsluiten*
calibrage M *kalibrering*
calibre M • *kaliber* ‹v. vuurwapen› • *diameter; afmeting* • FIG. *kaliber; karakter; klasse; soort; slag* • *mal*
calibrer OV WW • *kalibreren; het juiste kaliber geven; het kaliber meten van* • *naar maat sorteren*
calice M *(bloem)kelk* ★ boire le ~ (jusqu'à la lie) *de lijdenskelk tot op de bodem ledigen; de ergste beproevingen doorstaan*
calicot M • *katoen* • *spandoek*
califat M *kalifaat*
calife M *kalief*
califourchon BIJW ★ à ~ *schrijlings*
câlin I M *streling; knuffel* **II** BNW • *liefkozend* • *aanhalig*
câliner OV WW *aanhalen; liefkozen*
câlinerie V *liefkozing; aanhaligheid*
calleux BNW [v: **calleuse**] *eeltig*
calligraphe M/V *schoonschrijver; kalligraaf*
calligraphie V • *schoonschrijfkunst* • *schoonschrift*
calligraphier OV WW *schoonschrijven; kalligraferen*
callosité V *vereelting; eeltplek*
calmant I M *pijnstiller; kalmerend middel* **II** BNW *kalmerend*
calmar M • → **calamar**
calme I M *kalmte; rust; vrede* ★ ~ plat *volkomen windstilte* ★ du ~! *wind je niet op!* **II** BNW *kalm; rustig*
calmer I OV WW • *kalmeren; geruststellen; tot bedaren brengen* • *verlichten* ‹v. pijn, honger, dorst›; *stillen* **II** WKD WW [**se** ~] *kalm worden; rustig worden; bedaren*
calmir ONOV WW SCHEEPV. *luwen; bedaren* ‹v. wind, zee›
calomniateur I M [v: **calomniatrice**] *lasteraar* **II** BNW [v: **calomniatrice**] *lasterlijk*
calomnie V *laster*
calomnier OV WW *belasteren*
calomnieux BNW [v: **calomnieuse**] *lasterlijk*
calorie V *calorie*
calorifère I M *verwarmingsketel* **II** BNW *warmte verspreidend; warmte geleidend*
calorifique BNW *warmte-; calorisch*
calorifuge I M *isolatiemateriaal; warmte-isolator* **II** BNW *isolerend* ‹v. warmte›
calorifuger OV WW *isoleren*
calorimètre M *calorimeter*
calorique BNW *warmte-; calorisch; calorieën-*
calot M • INFORM. *politiemuts* • *stuiter; knikker* • PLAT *oog*
calotin M • MIN. *zwartrok* ‹priester› • MIN. *klerikaal; paap*
calotte V • *kalotje; priestermutsje* • *kap; gewelf* • MIN. *kalot; geestelijkheid* • INFORM. *oorvijg* ★ ~ crânienne *schedeldak* ★ ~ glaciaire *ijskap* ★ ~ des cieux *hemelgewelf*
calotter OV WW • INFORM. *een oorvijg geven* • INFORM. *(af)pikken*
calquage M *(het) imiteren; (het) calqueren*
calque M • *gecalqueerde tekening* • *imitatie; kopie; slaafse navolging* • *leenwoord*
calquer OV WW • *calqueren* • *slaafs navolgen*
calter ONOV WW • → **caleter**
calumet M *(vredes)pijp*
calva M INFORM. → **calvados**

ca

calvados (zeg: -dos) M *ciderbrandewijn*; *calvados*
calvaire M • *lijdensweg* • *kruisheuvel* ‹in Bretagne›; *kruisbeeld*
Calvaire M *Calvarieberg*; *Golgotha*
calvinisme M *calvinisme*
calviniste I BNW *calvinistisch* **II** M/V *calvinist*
calvitie (zeg: -sie) V *kaalhoofdigheid*
camaïeu M [mv: **camaïeux**] • *camee* • *eenkleurige schildering in verschillende tonen*; *camaieu* ★ en ~ *kleur op kleur*
camail M *schoudermanteltje* ‹v. bisschop, kardinaal›
camarade M/V *makker*; *kameraad*; *vriend*
camaraderie V *kameraadschap*
camard I M [v: **camarde**] *iem. met een platte neus* ★ la ~e *magere Hein* **II** BNW *platneuzig*
cambiste M/V *wisselhandelaar*; *arbitrageant*
Cambodge M *Cambodja*
cambodgien BNW [v: **cambodgienne**] *Cambodjaans*
Cambodgien M [v: **Cambodgienne**] *Cambodjaan*
cambouis M *vuil en dik geworden olie, smeer*
cambré BNW *gewelfd* ★ taille ~e *holle rug*
cambrer I OV WW • *krommen*; *welven* • *strekken* ‹v. lichaam› **II** WKD WW [**se** ~] *een hoge borst opzetten*
cambriolage M *inbraak*
cambrioler OV WW *inbreken bij/in*
cambrioleur M [v: **cambrioleuse**] *inbreker*
cambrousse V INFORM./MIN. *platteland*
cambrure V *welving*; *kromming*
cambuse V • SCHEEPV. *voorraadkamer* • MIN. *smerige kamer*; *hok*
cambusier M *proviandmeester* ‹op schip›
came V • *nok*; *tand*; *kam* ‹v. kamrad› • INFORM. *stuff*; *drugs*
camé I M [v: **camée**] INFORM. *junk* **II** BNW *verslaafd aan drugs*
camée M • *camee* • *schilderij in grijze tinten*
caméléon M OOK FIG. *kameleon*
camélia M *camelia*
camelot M • *kamelot* ‹wollen stof› • *straatventer* ★ ~s du roi *leden der koningsgezinde partij*
camelote V • INFORM. *slechte waar*; *rommel*; *spullen* • INFORM. *stuff*; *drugs*
camembert M • *camembert* • *taartdiagram*; *cirkeldiagram*
camer WKD WW [**se** ~] PLAT *dope gebruiken*
caméra V *camera*
camérier M *kamerheer* ‹v.d. paus›
caméristе V *kamenier*; INFORM. *kamermeisje*
Cameroun M *Kameroen*
camerounais BNW *Kameroens*
Camerounais M [v: **Camerounaise**] *inwoner van Kameroen*
caméscope M *camcorder*; *videocamera*
camion M *vrachtwagen*; *vrachtauto*
camion-citerne M [mv: **camions-citernes**] *tankwagen*
camion-grue M [mv: **camions-grues**] *kraanwagen*
camionnage M • *vrachtwagenvervoer* • *vrachtkosten*
camionner OV WW *per vrachtwagen vervoeren*
camionnette V *kleine vrachtauto*; *bestelauto*
camionneur M [v: **camionneuse**] *vrachtrijder*
camisole V *damesborstrok* ★ ~ de force *dwangbuis*
camomille V *kamille*
camouflage M *vermomming*; *camouflage*
camoufler OV WW *vermommen*; *camoufleren*; *verhullen*
camouflet M FIG. *slag in 't gezicht*
camp M • *(leger)kamp* • *kampeerplaats* • *kamp*; *partij* ★ lit de camp *veldbed* ★ camp d'instruction *oefenkamp* ★ camp retranché *versterkt kamp* ★ camp adverse *tegenpartij* ★ aide de camp *adjudant* ★ dresser un camp *een kamp opslaan* ★ lever le camp *het kamp opbreken*; *zijn biezen pakken* ★ faire un camp volant *telkens ergens anders kamperen* ★ être en camp volant *ergens tijdelijk verblijven* ★ changer de camp *de andere partij kiezen*; *overlopen* ★ INFORM. ficher le camp *zijn biezen pakken*
campagnard I M [v: **campagnarde**] *plattelander*; *boer* **II** BNW *landelijk*; *boers*
campagne V • *platteland* • *veldtocht* • *werkseizoen* • *campagne*; *propaganda-actie* ★ maison de ~ *landhuis* ★ à la ~ *buiten* ★ en rase ~ *in het open veld* ★ armée de ~ *veldleger* ★ plan de ~ *krijgsplan* ★ tenue de ~ *veldtenue* ★ battre la ~ *het terrein uitkammen*; FIG. *bazelen* ★ entrer en ~ *ten strijde trekken*
campagnol M *woelrat*; *veldmuis*
campanile M • *losstaande, open kerktoren* • *klokkentorentje*; *campanile*
campanule V PLANTK. *klokje*
campement M • *(het) kamperen* • *kamp*; *legerplaats*
camper I OV WW • *(snel, stevig) neerzetten* • *in een kamp onderbrengen* ★ ~ son chapeau sur une oreille *zijn hoed op één oor zetten* ★ ~ un portrait *snel een portret schetsen* ★ INFORM. ~ là qn *iem. in de steek laten* **II** ONOV WW *kamperen*; *zich legeren* ★ ~ sur ses positions *geen duimbreed toegeven* **III** WKD WW [**se** ~] *provocerend gaan staan*; *zich planten* ★ se ~ sur une chaise *ongegeneerd gaan zitten*
campeur M [v: **campeuse**] *kampeerder*
camphre M *kamfer*
camphré BNW *kamfer-* ★ alcool ~ *kamferspiritus*
Campine V *Kempen*
camping M • *(het) kamperen* • *camping*; *kampeerterrein* ★ faire du ~ *kamperen*
camping-car M [mv: **camping-cars**] *kampeerwagen*
campos M ★ INFORM. donner ~ *vrij geven*
camus (zeg: kamuu) BNW *platneuzig*
canadair M *blusvliegtuig*
canadien BNW [v: **canadienne**] *Canadees*
Canadien M [v: **Canadienne**] *Canadees*
canadienne V *winterjack*
canaille I V • *schoft*; *ploert* • *plebs*; *gajes*; *uitschot* **II** BNW *gemeen*; *laag*
canaillerie V *rotstreek*
canal M [mv: **canaux**] • OOK FIG. *kanaal*; *gracht* • *buis*; *leiding* • *zee-engte* ★ ~ digestif *spijsverteringskanaal* ★ par le ~ de *door tussenkomst van*; *via*
canalisation V • *kanalisering* • *kanalennet*;

buizennet; dradennet ★ ~ de gaz *gasnet*
canaliser OV WW • *kanaliseren* • *(in een bepaalde richting) sturen; bundelen*
canapé M • *bank; canapé* • *belegd sneetje geroosterd brood* ★ ~-lit *bedbank*
canard M • *eend* • *vals bericht; valse noot* • *in koffie gedoopt suikerklontje* • INFORM. *krant* ★ ~ laqué *pekingeend* ★ ~ boiteux *sukkelaar;* FIG. *aangeschoten wild; noodlijdend bedrijf* ★ ~ colvert *wilde eend* ★ ~ souchet *slobeend*
canarder I OV WW *(sluipenderwijs) beschieten* **II** ONOV WW *een vals geluid voortbrengen*
canardière V • *eendenkom* • *eendenkooi*
canari M *kanarie* ★ jaune ~ *kanariegeel*
canasson M INFORM. *slecht paard; knol*
canaux M MV • → **canal**
cancan M • *kletspraatje; laster* • *cancan* ‹dans›
cancaner ONOV WW • OOK FIG. *snateren* • *roddelen*
cancanier M [v: **cancanière**] *lasteraar*
cancer M • *kanker(gezwel)* • *Kreeft* ‹dierenriem›
cancéreux I M [v: **cancéreuse**] *kankerpatiënt* **II** BNW [v: **cancéreuse**] *kanker-; kankerachtig*
cancérigène BNW *kankerverwekkend*
cancérogène BNW • → **cancérigène**
cancérologie V *oncologie; kankerstudie*
cancérologue M/V *oncoloog; kankerspecialist*
cancre M INFORM. *luie/slechte leerling*
cancrelat M *kakkerlak*
candélabre M *kandelaber; armkandelaar; kroonluchter*
candeur V • *onschuld; reinheid* • *kinderlijkheid; naïviteit; onbevangenheid*
candi BNW *kandij-*
candidat M [v: **candidate**] *kandidaat; examinandus; gegadigde (***à*** voor)* ★ se porter ~ (à) *zich kandidaat stellen (voor)*
candidature V *kandidatuur* ★ poser sa ~ *solliciteren; zich kandidaat stellen*
candide BNW *onschuldig; argeloos; naïef; onbevangen*
cane V *wijfjeseend*
caner ONOV WW • INFORM. *terugkrabbelen; ervandoor gaan* • INFORM. *doodgaan; er tussenuit knijpen*
caneton M • *zeilbootje* • *eendje* ‹woerd›
canette, cannette V • *(bier)flesje; (bier)blikje* • *spoeltje* • *eendje* ‹wijfje›
canevas M • *stramien* • *ontwerp; schets*
caniche M *poedel*
caniculaire BNW *snikheet; v.d. hondsdagen* ★ chaleur ~ *verschrikkelijke hitte*
canicule V *hondsdagen; periode van grote hitte; hittegolf*
canif M *zakmes* ★ donner un coup de ~ (dans le contrat/à qc) *zijn woord niet houden; een slippertje maken*
canin BNW *honden-* ★ faim ~e *honger als een paard*
canine V *hoektand*
caniveau M [mv: **caniveaux**] *geul; gootje; straatgoot*
cannabis (zeg: -bies) M *cannabis*
cannage M *(het) stoelenmatten; stoelmat*
canne V • *riet* • *(wandel)stok* • INFORM. *been* ★ ~ à épée *degenstok* ★ ~ à pêche *hengel* ★ ~ à sucre *suikerriet*
canné BNW *van riet* ★ chaise ~e *rieten stoel*
canneberge V PLANTK. *cranberry*
canneler OV WW *groeven; kartelen*
cannelle V • *kaneel* • *tapkraan* ★ ~ en bâtonnets *pijpkaneel*
cannelure V • *groef; gleuf; kartel* • ARCH. *cannelure*
canner OV WW *stoelenmatten*
cannette V • → **canette**
cannibale M/V • *kannibaal* • *wrede woesteling*
cannibalisme M • *kannibalisme* • *wreedheid; woestheid*
canoë M *kano*
canoéiste M/V *kanovaarder*
canon I BNW INFORM. *geweldig; gaaf* **II** M • *kanon* • *loop* ‹v. vuurwapens› • MUZ., REL. *canon* • INFORM. *glas wijn* ★ ~ à eau *waterkanon* ★ chair à ~ *kanonnenvlees* ★ coup de ~ *kanonschot* ★ droit ~ *canoniek recht* ★ faire taire le ~ *het geschut tot zwijgen brengen*
canonique BNW *canoniek; volgens de kerkelijke regels* ★ droit ~ *kerkelijk recht* ★ INFORM. âge ~ *respectabele leeftijd*
canonisation V *heiligverklaring; canonisatie*
canoniser OV WW *heilig verklaren; canoniseren*
canonnade V *kanonvuur*
canonnage M *beschieting*
canonner OV WW *beschieten met kanonnen*
canonnier M *kanonnier*
canonnière V • *kanonneerboot* • *schietgat*
canot M *boot(je)* ★ ~ de sauvetage *reddingsboot*
canotage M *(het) roeien*
canoter ONOV WW *roeien*
canoteur M [v: **canoteuse**] *roeier*
canotier I M *strohoed* **II** M [v: **canotière**] *roeier*
cantal M *cantal* ‹kaassoort uit Auvergne›
cantaloup M *kanteloep; wratmeloen*
cantate V *cantate; zangstuk*
cantatrice V *beroepszangeres*
cantilène V • *klaaglied* • *langzaam gezang*
cantine V • *kantine* • *reiskoffer*
cantinier M [v: **cantinière**] • *kantinehouder* • GESCH. *marketentster*
cantique M *geestelijk lied* ★ ~ des ~s *Hooglied*
canton M *kanton* ‹deel v. departement›
cantonade V *coulissen* ★ parler à la ~ *spreken tot iem. achter de schermen;* FIG. *tegen niemand in het bijzonder spreken*
cantonal BNW [m mv: **cantonaux**] *kanton-*
cantonnement M *inkwartiering; kantonnement*
cantonner I OV WW • *inkwartieren* • *(tot een bepaalde positie) beperken* **II** ONOV WW MIL. *gelegerd zijn* **III** WKD WW [**se ~**] • *zich opsluiten; zich afzonderen* • **~ dans** *geheel opgaan in; zich beperken tot*
cantonnier M *wegwerker*
canular M *grap; beetnemerij* ★ monter un ~ à qn *iem. voor de gek houden*
canule V *canule; holle (injectie)naald; buisje*
canuler I OV WW *vervelen; lastigvallen* **II** ONOV WW INFORM. *een mop vertellen*
CAO AFK conception assistée par ordinateur *CAD; computergestuurd ontwerpen*
caoutchouc (zeg: kaoetsjoe) M • *rubber*

ca

• *elastiekje* • *overschoen*; *overjas* ★ ~ mousse *schuimrubber*
caoutchouter OV WW *met rubber bekleden*
caoutchouteux BNW [v: **caoutchouteuse**] *rubberachtig*
cap M • *kaap* • *steven* • OUD. *hoofd* ★ de pied en cap *van top tot teen* ★ Cap de Bonne-Espérance *Kaap de Goede Hoop* ★ mettre le cap sur *stevenen naar*; *varen naar* ★ changer de cap *van koers veranderen* ★ avoir franchi/(dé)passé un cap *iets gepasseerd zijn*; *iets achter zich hebben liggen*
CAP AFK certificat d'aptitude professionnelle *vakdiploma*
capable BNW • *bekwaam*; *bevoegd* • **~ de** *in staat om/tot*; *geschikt om*
capacité V • *inhoud*; *capaciteit* • *bekwaamheid* • *vermogen (***de** *om)* • *geschiktheid* • *bevoegdheid*
caparaçon M *sjabrak*; *paardendek*
caparaçonner OV WW *opsieren*
cape V • *cape*; *kapmantel* • *dekblad van sigaren* • *grootzeil* ★ OUD. n'avoir que la cape et l'épée *van arme adel zijn* ★ roman de cape et d'épée *17e-eeuwse avonturenroman* ★ sous cape *heimelijk* ★ rire sous cape *in zijn vuistje lachen*
capeline V *(breedgerande) dameshoed*
CAPES AFK O&W certificat d'aptitude au professorat de l'enseignement secondaire *eerstegraads onderwijsbevoegdheid*
capétien BNW [v: **capétienne**] *Capetingisch*
Capétien M [v: **Capétienne**] *Capetinger*
capharnaüm (zeg: -naòm) M INFORM. *warboel*; *rommel*
capillaire BNW *haar-*; *capillair* ★ (vaisseaux) ~s *haarvaten*
capillarité V *capillariteit*
capilotade V *soort ragout* ★ INFORM. mettre en ~ *tot moes hakken*
capitaine M/V • *kapitein* • *bevelhebber*; *commandant* • SPORT *aanvoerder*; *captain*
capital I M [mv: **capitaux**] *kapitaal* ★ ~ d'imprimerie *blokletter* **II** BNW [m mv: **capitaux**] *hoogst belangrijk*; *voornaamst*; *hoofd-*; *kapitaal* ★ crime ~ *halsmisdaad* ★ peine ~e *doodstraf* ★ lettre ~e *hoofdletter* ★ péché ~ *hoofdzonde*; *doodzonde*
capitale V • *hoofdstad* • *voornaamste stad*; *centrum* ⟨v. activiteiten⟩ • *hoofdletter*
capitalisation V *kapitaalvorming*; *kapitalisatie*
capitaliser I OV WW *kapitaliseren*; *tot kapitaal herleiden* **II** ONOV WW *sparen*; *oppotten*
capitalisme M • *kapitalisme* • *de kapitalisten*
capitaliste I BNW *kapitalistisch* **II** M/V *kapitalist*
capitaux M MV • → **capital**
capiteux BNW [v: **capiteuse**] • *koppig* ⟨v. drank⟩ • FIG. *bedwelmend*
capitonnage M *capitonnering*; *(het) watteren*
capitonner OV WW *capitonneren*; *watteren*
capitulaire BNW REL. *kapittel-* ★ les ~s *verordeningen der Karolingers* ★ lettre ~ *initiaal* ⟨versierde beginletter⟩
capitulard M [v: **capitularde**] • MIN. *iem. die capituleert* • MIN. *lafaard*; *defaitist*
capitulation V *capitulatie*; *overgave*
capitule M PLANTK. *bloemkorfje*
capituler ONOV WW • *zich overgeven*; *capituleren* • *zwichten (***devant** *voor)*
capoeira V *capoeira*
capon I M [v: **caponne**] OUD. *lafaard*; *bangerd* **II** BNW [v: **caponne**] OUD. *laf*; *bang*
caporal M [mv: **caporaux**] • *korporaal* • *rooktabak* ★ le Petit Caporal *de kleine korporaal*; *Napoleon I*
caporalisme M *militair bewind*
capot M • *motorkap* • *luik* ⟨v. onderzeeër⟩ ★ être ~ *geen slag maken* ⟨bij kaartspel⟩
capotage M *(het) kantelen*
capote V • *mantel met kap*; *kapotjas* • *kapothoed* • *kap* ⟨v. open voertuig⟩ ★ INFORM. ~ (anglaise) *condoom*; *kapotje*
capoter I OV WW *de kap opzetten* ⟨v. open auto⟩ **II** ONOV WW • *omslaan*; *over de kop slaan* ⟨v. auto's, vliegtuigen⟩ • FIG. *schipbreuk lijden*
câpre V *kappertje*
caprice M • *gril*; *bevlieging* • *vluchtige verliefdheid* • *nuk*
capricieux BNW [v: **capricieuse**] • *grillig*; *wispelturig* • *veranderlijk*; *onvoorspelbaar*
capricorne M • *boktor* • *Steenbok* ⟨dierenriem⟩
caprin BNW *geiten-* ★ race ~e *geitenras*
capsulage M *(het) afsluiten met een dop*
capsule V • MED. *capsule* • *kroonkurk*; *dop* • *omhulsel*; *kapsel* • *zaaddoos* ★ ~ (spatiale) *ruimtecapsule* ★ ~ (fulminante) *slaghoedje*
capsuler OV WW *van een dop voorzien*
captage M *(het) opvangen* ★ le ~ des eaux d'une source *het opvangen en geleiden van bronwater*
captation V • JUR. *verkrijging van (erf)goederen door list* • *opname* ⟨v. beeld, geluid⟩
capter OV WW • *opvangen (en geleiden)* ⟨v. bronwater, stroom, signalen, zenders enz.⟩ • *door list verkrijgen* ★ ~ l'attention *de aandacht boeien*
capteur M *collector* ★ ~ solaire *zonnepaneel*
captieux BNW [v: **captieuse**] • *bedrieglijk* • *listig*
captif I BNW [v: **captive**] • *gevangen*; *opgesloten*; *geboeid* • *krijgsgevangen* • FIG. *gebonden* **II** M [v: **captive**] OUD. *(krijgs)gevangene*
captivant BNW *boeiend*; *fascinerend*
captiver I OV WW *boeien*; *fascineren* **II** WKD WW [**se ~**] **à** *geboeid raken door*
captivité V *(krijgs)gevangenschap*
capture V • *gevangenneming*; *vangst* • *inbeslagneming* • *(het) buitmaken* ⟨v. schip⟩; *buit*
capturer OV WW • *gevangennemen*; *vangen* • *in beslag nemen* • *buitmaken*
capuche V *kap(je)*; *capuchon*
capuchon M • *capuchon* • *dop* ⟨v. pen, tube⟩ • *schoorsteenkap*
capucin M • *kapucijn* ⟨kloosterling⟩ • *kapucijnaap* • *haas* ⟨jagerstaal⟩
capucine V • *zuster Franciscanes* • PLANTK. *Oost-Indische kers*
caque V *haringvat*
caquer OV WW *kaken* ⟨v. vis⟩
caquet M • *gekakel* ⟨v. kip⟩ • *geklets* ★ rabattre le ~ à qn *iem. de mond snoeren*
caquetage M • OOK FIG. *gekakel* • *geklets*

caqueter ONOV WW • OOK FIG. *kakelen* • *kletsen*
car I M *bus*; *touringcar* **II** VW *want*
carabin M INFORM. *student in de medicijnen*
carabine V *karabijn*; *buks* ★ ~ à air comprimé *windbuks*
carabiné BNW INFORM. *geweldig*; *hevig* ★ j'ai un rhume ~ *ik ben snipverkouden*
carabinier M [v: **carabinière**] • OUD. *karabinier* • *gendarme* ‹Italië›; *douanier* ‹Spanje›
caracoler ONOV WW • *zwenken* ‹v. paard, ruiter› • *rondspringen*; *huppelen*
caractère M • *karakter*; *aard*; *hoedanigheid* • *letter(teken)* • *(ken)merk* ★ sans ~ *karakterloos*; *onpersoonlijk* ★ montrer du ~ *karakter tonen*; *moed tonen*
caractériel I M [v: **caractérielle**] *moeilijk opvoedbaar kind*; *moeilijk mens* **II** BNW [v: **caractérielle**] • *het karakter betreffend* • *met een moeilijk karakter*
caractériser I OV WW • *kenschetsen* • *kenmerken* **II** WKD WW [**se** ~] *gekenmerkt worden*
caractéristique I V • *kenmerk* • *karakteristiek* **II** BNW *kenmerkend*; *karakteristiek (***de** *voor)*
caractérologie V *karakterkunde*
carafe V • *karaf* • INFORM. *hoofd*; *kop* ★ rester en ~ *lang wachten*; *er verloren bij staan*
carafon M • *karafje* • INFORM. *hoofd*; *kop*
carambolage M • *kettingbotsing* • SPORT *(het maken v.e.) carambole*
caramboler I OV WW *botsen tegen* **II** ONOV WW *een carambole maken* **III** WKD WW [**se** ~] *met elkaar in botsing komen*
carambouilleur M *oplichter*; *flessentrekker*
caramel M • *karamel* • *toffee*
carapace V BIOL. *schild*; OOK FIG. *pantser*
carat M *karaat*
caravane V • *karavaan* • *caravan* ★ ~ pliante *vouwcaravan* ★ ~ résidentielle *stacaravan*
caravanier M • *karavaangeleider*; *kameeldrijver* • *caravaneigenaar*
caravansérail M • *pleisterplaats voor karavanen* • *plaats die veel bezocht wordt door vreemdelingen van allerlei nationaliteiten*
caravelle V OUD. *karveel*
carbonate M *carbonaat*
carbone M • *koolstof* • *carbon*
carbonifère BNW *steenkoolhoudend* ★ le Carbonifère *het carboon*
carbonique BNW *kool(zuur)-* ★ acide ~ *koolzuur* ★ gaz ~ *kooldioxide*; *koolzuurgas*
carbonisation V *verkoling*
carboniser OV WW *verkolen*
carburant M *brandstof* ‹voor motoren›
carburateur M *carburator*; *vergasser*
carburation V *verbinding met koolstof* ‹v. verbrandingsmotoren›; *carburatie*
carbure M *carbid*
carburer I OV WW *vergassen*; *carbureren* **II** ONOV WW INFORM. *lopen*; *functioneren*; *vlot (te werk) gaan*
carcan M • *halsbeugel* ‹v. schandpaal› • FIG. *keurslijf*
carcasse V • *karkas* • *romp* ‹v. schip› • INFORM. *menselijk lichaam* • *geraamte* ‹v. voorwerp›; *frame*
carcéral BNW [m mv: **carcéraux**] *gevangenis-*
carcinome M *kanker(gezwel)*; *carcinoom*
cardage M *(het) kaarden*
cardamine V *pinksterbloem*; *veldkers*
cardan M *cardan(as)*
carde V *kaarde*
carder OV WW *kaarden*
cardiaque I M/V *hartpatiënt* **II** BNW *hart-* ★ arrêt ~ *hartstilstand* ★ crise ~ *hartaanval*
cardigan M *hooggesloten vest*
cardinal I M [mv: **cardinaux**] • *kardinaal* • *kardinaalvogel* **II** BNW [m mv: **cardinaux**] *voornaamste*; *kardinaal* ★ nombre ~ *hoofdtelwoord* ★ les (quatre) points cardinaux *de vier windstreken* ★ les vertus ~es *de hoofddeugden*
cardiogramme M *cardiogram*
cardiographe M *cardiograaf*
cardiologue M/V *cardioloog*; *hartspecialist*
cardiopathie V *hartaandoening*
cardiovasculaire BNW *hart- en vaat-* ★ maladies ~s *hart- en vaatziekten*
cardite V *hartontsteking*
carême M *vasten* ★ arriver comme mars/marée en ~ *goed te pas komen* ★ faire ~ *vasten* ★ la mi-~ *halfvasten* ★ face de ~ *bleek en vermagerd gezicht*
carénage M • *stroomlijning*; *stroomlijncarrosserie* • *dok*; *helling*
carence V • *(het) falen* • JUR. *onvermogen* • *ontbering*; *gemis* • MED. *tekort*; *deficiëntie*
carène V SCHEEPV. *romp onder de waterlijn*
caréner I OV WW • SCHEEPV. *kielen* • *stroomlijnen* **II** ONOV WW *op de helling liggen*
caresse V *liefkozing*; *streling*
caresser OV WW • *liefkozen*; *strelen*; *aaien* • *koesteren* ★ ~ des espérances *hoop koesteren*
cargaison V • *(scheeps)lading* • INFORM. *verzameling*
cargo M *vrachtschip* ★ ~ pétrolier *olietanker*
carguer OV WW *geien* ‹v. zeilen›
cari M • → **curry**
caricatural BNW [m mv: **caricaturaux**] *karikaturaal*
caricature V • *karikatuur* • INFORM. *belachelijk persoon*
caricaturer OV WW • *een karikatuur maken van* • *belachelijk maken*
caricaturiste M/V *karikaturist*
carie V • *cariës* ‹v. tand› • *beeneter* • *rotting* ‹v. hout›; *brand* ‹v. graan›
carié BNW *door cariës aangetast*
carier I OV WW *aantasten* ‹met cariës› **II** WKD WW [**se** ~] *wegrotten*
carillon M • *carillon*; *klokkenspel* • *klokgelui*
carillonner I OV WW • *rondbazuinen*; *luid aankondigen* ‹met klokgelui› • INFORM. *op zijn donder geven* **II** ONOV WW • *beieren* • INFORM. *hard aanbellen*
carillonneur M *beiaardier*; OOK FIG. *klokkenluider*
caritatif BNW [v: **caritative**] *charitatief*
carlin M *mopshond*
carlingue V *cabine* ‹v. vliegtuig›
carmagnole V *wambuis* ‹v. Franse revolutionairen›
Carmagnole V *revolutionaire rondedans en lied* ‹uit 1793›

ca

carme M *karmeliet* ‹pater›
carmélite I BNW *lichtbruin* **II** V *karmelietes*
carmin M *karmijn*
carminé BNW *karmijnrood*
carnage M *bloedbad; slachting*
carnassier BNW [v: **carnassière**] *vleesetend; verscheurend* ★ les ~s *de roofdieren*
carnassière V *weitas*
carnation V ● *kleur* ‹v. gezicht› ● KUNST *vleeskleur*
carnaval M [mv: **carnavals**] ● *carnaval* ● *carnavalesk figuur*
carnavalesque BNW *carnavalesk*
carne V ● INFORM. *slecht vlees* ● VULG. *wijf*
carné BNW *vlees-*
carnet M ● *zakboekje* ● *boekje; blok* ★ ~ d'adresses *adresboekje* ★ ~ de chèques *chequeboekje* ★ ~ de bal *balboekje* ★ ~ de métro *bundeltje metrokaartjes* ★ ~ de commandes *orderboek; orderportefeuille* ★ ~ de textes *huiswerkboekje* ★ ~ de timbres *boekje/velletje postzegels* ★ ~ mondain *familieberichten* ‹in krant› ★ ~ Web *weblog*
carnier M *kleine weitas*
carnivore I M/V *vleesetend dier* **II** BNW *vleesetend*
carolingien BNW [v: **carolingienne**] *Karolingisch*
Carolingien M [v: **Carolingienne**] *Karolinger*
carotide V *halsslagader*
carottage M *geldklopperij; afzetterij*
carotte V ● *wortel; peen* ● *rol pruimtabak* ● *bodemmonster* ★ cheveux ~ *peenhaar* ★ couleur ~ *oranjerood* ★ politique de la ~ *zachte lijn; verzoeningspolitiek* ★ la ~ ou le bâton *lokken of dreigen* ★ INFORM. tirer une ~ à qn *iem. iets aftroggelen* ★ INFORM. les ~s sont cuites *het spel is uit*
carotter OV WW INFORM. *bedriegen; aftroggelen*
carotteur M [v: **carotteuse**] INFORM. *bedrieger*
carpe I M *handwortel* **II** V *karper* ★ bâiller comme une ~ *gapen als een oester* ★ rester muet comme une ~ *geen stom woord zeggen*
carpette V ● *karpet; kleedje* ● INFORM. *vleier; kruiper*
carquois M *pijlkoker* ★ vider son ~ *al zijn gal uitspuwen*
carré I M ● *vierkant* ● *vierkant stuk* ● *kwadraat* ● *tuinbed* ● *trapportaal* ● *slagorde in de vorm v.e. vierkant; carré* ● *eetzaal van zeeofficieren* ● *(vierkante) hoofddoek* ★ ~ de lard *dobbelsteentje spek* ★ ~ de mouton *ribstuk v. schaap* ★ ~ d'as *vier azen* ★ élever au ~ *in het kwadraat verheffen* **II** BNW *vierkant* ★ épaules ~es *brede schouders* ★ mètre ~ *vierkante meter* ★ racine ~e *vierkantswortel* ★ réponse ~e *beslist antwoord* ★ être ~ en affaires *eerlijk zijn in zaken*
carreau M [mv: **carreaux**] ● *vierkantje; ruitje* ● *(vloer)tegel; stenen vloer* ● *ruiten* ‹kaartspel› ● *glasruit* ● *(verkoop)ruimte* ★ à ~x *geruit* ★ resté sur le ~ OOK FIG. *geëlimineerd; gedood* ★ se tenir à ~ *zich rustig houden; op z'n hoede zijn*
carrefour M OOK FIG. *kruispunt; ontmoetingspunt* ★ ~ à niveau *gelijkvloerse kruising* ★ ~ dénivelé *ongelijkvloerse kruising* ★ ~ giratoire *rotonde*
carrelage M ● *betegeling* ● *tegelvloer*
carreler OV WW *betegelen*
carrelet M ● *schol* ‹vis› ● *kruisnet* ● *paknaald*
carreleur M [v: **carreleuse**] *tegelzetter*
carrément BIJW *openhartig; ronduit*
carrer I OV WW ● *vierkant maken* ● *kwadrateren* **II** WKD WW [**se ~**] *op zijn gemak gaan zitten*
carrier M *steenhouwer*
carrière V ● *loopbaan; carrière* ● *steengroeve* ● OUD. *strijdperk; renbaan* ★ militaire de ~ *beroepsmilitair* ★ embrasser une ~ *een loopbaan kiezen* ★ donner ~ à *de vrije teugel laten*
carriérisme M *carrièrejacht*
carriériste M/V *carrièrejager*
carriole V *overdekt rijtuigje; boerenwagentje*
carrossable BNW *begaanbaar; berijdbaar* ★ route ~ *rijbaan*
carrosse M *koets* ★ FIG. la cinquième roue du ~ *het vijfde wiel aan de wagen*
carrosser OV WW *voorzien v.e. carrosserie*
carrosserie V ● *carrosserie* ● *carrosseriefabriek*
carrossier M ● *carrosseriebouwer* ● *wagenmaker*
carrousel M ● *carrousel* ● *draaimolen* ● FIG. *mallemolen; duiventil*
carrure V ● *schouderbreedte* ● *krachtige lichaamsbouw* ● FIG. *kaliber; formaat*
cartable M *schooltas*
carte V ● *kaart* ● *speelkaart* ● *landkaart* ● *menukaart* ● *stukje karton* ★ ~ (de restaurant) *menukaart; wijnkaart* ★ ~ bancaire/bleue *bankpasje; creditcard* ★ ~ d'électeur *kiezerskaart* ★ ~ grise *eigendomsbewijs van auto of motor;* ≈ *kentekenbewijs* ★ FIG. ~ maîtresse *troefkaart* ★ ~ à mémoire/à puce(s) *chipkaart* ★ ~ muette *blinde kaart* ★ ~ nautique *zeekaart* ★ ~ postale *briefkaart* ★ ~ routière *wegenkaart* ★ ~ senior *seniorenkaart* ★ ~ SIM *simkaart* ★ ~ verte *groene kaart* ‹autoverzekering› ★ ~ de visite *visitekaartje* ★ ~ vitale *digitale zorgpas* ★ fausse ~ *slechte kaart* ★ abattre ses ~s *zijn kaarten openleggen* ★ battre les ~s *de kaarten schudden* ★ jouer aux ~s *kaarten* ★ jouer ~s sur table *open kaart spelen* ★ jouer sa dernière ~ *zijn laatste troef uitspelen* ★ jouer la ~ de *kiezen voor* ★ faire des tours de ~ *kunstjes met kaarten doen* ★ donner ~ blanche *de vrije hand laten* ★ retourner une ~ *een kaart draaien* ★ dresser la ~ d'un pays *een land in kaart brengen* ★ tirer les ~s à qn *iem. de kaart leggen* ★ voir le dessous des ~s *achter de schermen kijken* ★ demander la ~ *de menukaart vragen* ★ dîner à la ~ *zijn eigen diner volgens de spijskaart samenstellen*
cartel M ● *kartel* ● *politiek blok; coalitie* ● *wandklok*
cartellisation V ECON. *kartelvorming*
carter M ● *carter* ‹v. auto› ● *kettingkast*
carte-réponse V [mv: **cartes-réponse(s)**] *antwoordkaart*
cartésien BNW [v: **cartésienne**] ● *met betrekking tot Descartes; cartesiaans* ● *rationalistisch; logisch*
cartilage M *kraakbeen*

cartilagineux BNW [v: **cartilagineuse**] *kraakbeenachtig*
cartographe M/V *cartograaf*
cartographie V *cartografie*
cartomancie V *waarzeggerij uit speelkaarten*; *cartomantie*
cartomancien M [v: **cartomancienne**] *kaartlegger*
carton M • *karton* • *kartonnen doos* • *(kartonnen) portefeuille* • *schets voor een schilderij* • *(kartonnen) schietschijf* • SPORT *kaart* • *bierviltje* ★ ~ d'écolier *schooltas* ★ ~ jaune, rouge *gele, rode kaart* ★ ~ ondulé *golfkarton* ★ faire un ~ *(schijf)schieten*; FIG. *veel succes hebben* ★ recevoir un ~ *een uitnodiging krijgen*
cartonnage M • *(het) kartonneren* • *band/ verpakking van karton*
cartonner I OV WW *innaaien in karton*; *kartonneren* **II** ONOV WW • INFORM. *succes hebben* • *schade aanrichten*
cartonnerie V *kartonfabriek*
cartonnier M [v: **cartonnière**] • *kartonfabrikant* • *kartonverkoper*
carton-paille M *strokarton*
carton-pâte M [mv: **cartons-pâtes**] *papier-maché*
cartoon (zeg: kartoen) M *cartoon*; *striptekening*
cartouche V • *patroon* ‹huls›; *cartridge* • *slof* ‹sigaretten› • *cartouche* ★ ~ à balle *scherpe patroon* ★ ~ à blanc *losse flodder* ★ ~ à plomb *hagelpatroon* ★ ~ d'encre *inktpatroon* ★ brûler ses dernières ~s *zijn laatste kruit verschieten*
cartouchière V *patroontas*
carvi M PLANTK. *karwij*
cas M • *geval* ★ cas de conscience *gewetensvraag* ★ cas de figure *verondersteld geval*; *mogelijkheid* ★ cas fortuit *toeval* ★ cas social *sociaal probleemgeval* ★ au cas par cas *van geval tot geval* ★ au cas où [+ subj.] *voor het geval dat* ★ dans ce cas-là *in dat geval* ★ en cas que [+ subj.] *voor het geval dat* ★ en tout cas *in elk geval* ★ en cas de besoin *zo nodig* ★ cas par cas *per geval* ★ le cas échéant *als het geval zich voordoet*; *eventueel* • JUR. *zaak*; *delict* • TAALK. *naamval* ▾ faire grand cas de *veel waarde hechten aan* ▾ faire peu de cas de *geen acht slaan op* ▾ c'est le cas de *dit is het moment om* ▾ c'est le cas de le dire! *dat kun je wel zeggen!* ▾ être dans le cas de *in de gelegenheid zijn om*; *in staat zijn om* ▾ c'est le cas ou jamais *nu of nooit* ▾ lui, c'est un cas! *dat is me er eentje!*
casanier I BNW [v: **casanière**] *huiselijk* **II** M [v: **casanière**] FIG. *huismus*
casaque V • *soort damesjapon* • *jasje van jockey* ★ INFORM. tourner ~ *van partij veranderen*
casbah V *kashba*
cascade V • OOK FIG. *waterval* • *stuntwerk* ‹in films enz.› ★ en ~ *trapsgewijs*; *cascade-*
cascader ONOV WW • *watervallen vormen* • *stuntwerk doen*
cascadeur M [v: **cascadeuse**] *stuntman*
cascher BNW *koosjer*
case V • *hokje*; *vakje*; *ruit* ‹v. schaakbord, dambord› • *vak* ‹v. koffer, meubel› • *hut*; *hokje* ★ INFORM. il a une case en moins *hij is niet goed wijs*
caséeux BNW [v: **caséeuse**] *kaasachtig*
caséine V *kaasstof*; *caseïne*
casemate V *kazemat*
caser OV WW • *opbergen*; *(weg)stoppen* • INFORM. *plaatsen*; *onderbrengen*; *een huis, baan enz. bezorgen* ★ il est casé *hij is geborgen* ★ iets een plaats /plekje geven *caser quelque chose*
caserne V • *kazerne* • INFORM. *huurkazerne*
casernement M *kazernering*
caserner OV WW *kazerneren*
cash (zeg: kasj) BNW INFORM. *contant*; *cash*
casher BNW • → **cascher**
casier M • *(post)vak* • *kast met vakjes*; *rek* • *doos met vakken* • *(straf)register* ★ ~ judiciaire vierge/chargé *blanco/groot strafblad*
casino M *casino*
casoar M *kasuaris*
casque M • *(val)helm* • *droogkap* • *koptelefoon* ★ ~s bleus *blauwhelmen* ★ ~ de séchage *droogkap*
casqué BNW *gehelmd*
casquer I OV WW *een helm opzetten* **II** ONOV WW INFORM. *dokken*; *betalen*
casquette V *pet*
cassable BNW *breekbaar*
cassant BNW • *breekbaar* • *bits*; *star*; *kortaf* ★ INFORM. ce n'est pas ~ *het is niet lastig/vermoeiend*; *het is niets bijzonders*
cassation V • JUR. *cassatie* • MIL. *degradatie* ★ cour de ~ *hof van cassatie* ★ se pourvoir en ~ *in cassatie gaan*
casse I M PLAT *inbraak* ★ faire un ~ *een kraak zetten* **II** V • *(het) breken* • *gebroken voorwerp(en)*; *schade* • *schroot(handel)*; *sloop* • *letterkast* ★ payer la ~ *de schade vergoeden* ★ mettre une voiture à la ~ *een auto naar de sloop brengen* ★ INFORM. il va y avoir de la ~ *daar komen brokken van*; *daar komt hommeles van*
cassé BNW • OOK FIG. *gebroken* • *stuk* ★ voix ~e *zwakke, bevende stem* ★ jambes ~es *knikkende knieën*
casse-bélier M [mv: **casses-béliers**] *ramkraak*
casse-cou I BNW [onver.] INFORM. *roekeloos*; *zeer gevaarlijk* **II** M [mv: **casse-cou(s)**] • *levensgevaarlijke plaats* • INFORM. *waaghals*
casse-couilles M/V VULG. *lastpost*; *zeikerd*
casse-croûte M [mv: **casse-croûte(s)**] *schaft*; *zeer eenvoudig maal*; *hapje*; *lunchpakket*
casse-cul M/V [mv: id.] • INFORM. *zeikerd* • *gezeik* ★ c'est ~ à la fin *dat is toch gezeik*
casse-graine M [mv: id.] INFORM. → **casse-croûte**
casse-gueule BNW [mv: id.] INFORM. *bloedlink*
casse-noisettes, casse-noisette M [mv: **casse-noisettes**] *notenkraker*
casse-pieds, casse-pied I BNW • INFORM. *vervelend* • *drammerig* **II** M/V [mv: **casse-pieds**] • *zeurpiet*; *drammer* • *ouwehoer*
casser I OV WW • *stukmaken*; OOK FIG. *breken*; *stukslaan* • JUR. *nietig verklaren* • *ontslaan*; *afzetten*; *degraderen* ★ ~ les vitres *een schandaal veroorzaken* ★ ~ un arrêt *een vonnis*

vernietigen ★ ~ la croûte *een stukje eten* ★ INFORM. ~ les pieds à qn *iem. aan z'n kop zaniken*; *vervelen* ★ INFORM. ~ la tête à qn *iem. de hersens inslaan*; *vervelen*; *vermoeien* ★ ~ sa pipe *sterven*; *de pijp uitgaan* ★ VULG. ~ la gueule à qn *iem. op zijn bek slaan* ★ à tout ~ *in volle vaart*; *daverend*; *geweldig* ★ 100 euros à tout ~ *hooguit 100 euro* ★ INFORM. ça ne casse rien *dat stelt niet veel voor* ★ INFORM./VULG. tu me les casses!/tu me casses les couilles! *zeik niet zo!* **II** ONOV WW *breken*; *kapot gaan* **III** WKD WW [**se** ~] • *breken*; *stukgaan* • INFORM. *zich vermoeien* • INFORM. *ervandoor gaan* ★ se ~ le cou *zijn nek breken* ★ se ~ la figure/la gueule *vallen*; *mislukken*; *failliet gaan* ★ se ~ le nez *zijn neus stoten*; *geen succes hebben* ★ INFORM. se ~ la tête (à) *zich het hoofd breken (met)*

casserole V • *(steel)pan* • INFORM. *valse piano* ★ passer à la ~ *de klos zijn*; INFORM. *een flinke beurt krijgen* ⟨seks⟩

casse-tête M [mv: **casse-tête(s)**] • *knots*; *ploertendoder* • *lastig probleem*; *hersenbreker* • *herrie* ★ ~ chinois *puzzel waarbij gebogen staafjes in of uit elkaar geschoven moeten worden*

cassette V • *cassette* • OUD. *geldkistje*; *juwelenkistje* • GESCH. *vorstelijke schatkist* ★ ~ vidéo *videocassette* ★ ~ vierge *lege (niet-voorbespeelde) cassette* ★ lecteur de ~s *cassettespeler*

casseur M [v: **casseuse**] • *sloper*; *breker* • *lawaaischopper* ⟨bij evenementen⟩; *vandaal*; *amokmaker* • PLAT *inbreker*

cassis M • *zwarte bes* • *zwartebessenstruik* • *bessenlikeur* • PLAT *kop*; FIG. *kersenpit* • *uitholling overdwars*

cassolette V • *reukvaatje, -flesje* • *kookpotje*; *schotel*

cassonade V *bruine suiker*

cassoulet M *cassoulet* ⟨ragout v. vlees en witte bonen⟩

cassure V OOK FIG. *breuk*

castagnettes V MV *castagnetten*

caste V *kaste* ★ l'esprit de ~ *groepsgeest*

castel M *klein kasteel*

castor M *bever*

castrat M *castraat*

castration V *castratie*

castrer OV WW *castreren*

casuel I BNW [v: **casuelle**] *toevallig* **II** M *bonus*

casuiste M *casuïst*

casuistique V *casuïstiek*

cataclysme M • *grote (natuur)ramp* • *enorme ommekeer*

catacombes V MV *catacomben*

catadioptre M *reflector*

catafalque M OOK FIG. *katafalk*

catalepsie V *catalepsie*; *verstijving/gevoelloosheid* ⟨v. ledematen⟩

catalogue M *catalogus*

cataloguer OV WW *catalogiseren*; *classificeren*

catalyse V *katalyse*

catalyser OV WW • SCHEIK. *katalyseren* • FIG. *als katalysator fungeren voor*

catalyseur M OOK FIG. *katalysator*

catalytique BNW *katalytisch* ★ un pot ~ *een katalysator* ⟨v. auto⟩

catamaran M *catamaran*

cataphote M *reflector*; *kattenoog*

cataplasme M • MED. *pap* • *brij*

catapulte V • *katapult* • *lanceerinrichting* ⟨voor vliegtuigen, raketten⟩

catapulter OV WW • *lanceren met een katapult* • *wegslingeren* • *onverwachts ergens heen sturen*; *(weg)promoveren*

cataracte V • MED. *grijze staar* • *hoge waterval*

catarrhe M • MED./OUD. *catarre* • MED./OUD. *zware verkoudheid*

catastrophe V *ramp* ★ en ~ *halsoverkop*; *overhaast* ★ nommer en ~ *als interim-manager benoemen* ★ atterrir en ~ *een noodlanding maken*

catastrophé BNW FIG. *kapot*; *ontdaan*

catastrophique BNW *rampzalig*; *catastrofaal*

catch (zeg: katsj) M *catch* ⟨vechtsport⟩

catcheur M SPORT *catcher* ⟨bij worstelen⟩

catéchèse V *catechese*

catéchiser OV WW • *godsdienstonderwijs geven* • *de les lezen*

catéchisme M • *godsdienstonderwijs* • *catechismus*

catéchiste M/V *godsdienstonderwijzer*

catéchumène (zeg: -kuu-) M/V *doopleerling*

catégorie V • *categorie*; *klasse*; *soort* • WISK. *(deel)verzameling*

catégoriel BNW [v: **catégorielle**] *categoriaal*

catégorique BNW *categorisch*; *onvoorwaardelijk*; *stellig*; *afdoend*; *duidelijk*

catégoriser OV WW *in categorieën indelen*

caténaire I V *spandraad* ⟨v. bovenleiding⟩ **II** BNW *ketting-* ★ suspension ~ *kettingophanging*

Cathares M MV *Katharen* ⟨middeleeuwse sekte⟩

cathédrale I V *kathedraal* **II** BNW ★ verre ~ *kathedraalglas*

cathéter M *katheter*

cathétérisme M *katheterisatie*

catho AFK INFORM. catholique *katholiek*

cathode V *kathode*

cathodique BNW • *kathodisch* • *beeldbuis-*; *televisie-*

catholicisme M *katholicisme*

catholicité V • *katholieke godsdienst* • *de katholieken* • *katholiciteit*

catholique I BNW *katholiek* ★ pas très ~ *niet in de haak*; *niet pluis* **II** M/V *katholiek*

catimini BIJW ★ en ~ *stiekem*; *stilletjes*

Caucase M *Kaukasus*

cauchemar M *nachtmerrie*

cauchemardesque BNW • → **cauchemardeux**

cauchemardeux BNW [v: **cauchemardeuse**] *als een nachtmerrie*

caudal BNW [m mv: **caudaux**] *staart-* ★ nageoire ~e *staartvin*

causal BNW [m mv: **causaux**] *oorzakelijk*; *causaal*

causalité V *oorzakelijkheid*

causant BNW INFORM. *spraakzaam*; *praatgraag*

cause V • *oorzaak* • *reden* • *zaak*; *aangelegenheid*; *rechtszaak* ★ à ~ de *door*; *wegens* ★ pour ~ de *wegens*; *om* ★ et pour ~

en terecht ★ ~ première *grondoorzaak* ★ une ~ célèbre *een opzienbarend proces* ★ la ~ publique *het algemeen belang* ★ être (mis) en ~ *in het geding zijn; erbij betrokken zijn; als verdachte/aansprakelijke genoemd worden; op het spel staan* ★ être hors de ~ *niet in het geding/buiten kijf zijn* ★ être mis hors de ~ *vrijuit gaan* ★ avoir/obtenir gain de ~ *het pleit winnen; gelijk krijgen* ★ faire ~ commune avec qn *gemene zaak met iem. maken* ★ parler en connaissance de ~ *met kennis van zaken spreken*

causer I OV WW *veroorzaken* **II** ONOV WW *praten; babbelen; kletsen (***avec** *met;* **de** *over)* ★ ~ de la pluie et du beau temps *over koetjes en kalfjes praten*

causerie V • *praatje; genoeglijk gesprek* • *causerie*

causette V *praatje* ★ INFORM. faire la ~ avec qn *een praatje met iem. maken*

causeur M [v: **causeuse**] *prater; babbelaar*

causticité V • *bijtende werking* • *bijtende spot*

caustique BNW OOK FIG. *bijtend*

cauteleux BNW [v: **cauteleuse**] *sluw;* FIG. *uitgeslapen*

cautère M • *brandijzer* • *bijtmiddel* ★ INFORM. c'est un ~ sur une jambe de bois *dat middel is nutteloos; het is een lapmiddel*

cautérisation V *(het) dichtbranden; (het) dichtschroeien; cauterisatie*

cautériser OV WW *dichtbranden; dichtschroeien; cauteriseren*

caution V • *borgtocht; waarborg* • *borg* ★ sous ~ *op borgtocht* ★ donner ~ *zich borg stellen* ★ être ~ de/se porter ~ pour *borg staan voor* ★ être sujet à ~ *onbetrouwbaar zijn* ★ ~ de banque *bankgarantie*

cautionnement M • *borgstelling; waarborging* • *waarborgsom* • *ondersteuning; goedkeuring*

cautionner OV WW • *borg staan voor* • *steunen; goedkeuren*

cavalcade V • *ruiterstoet; ruiteroptocht* • INFORM. *luidruchtige bende*

cavalcader ONOV WW *gezamenlijk (rond)rennen*

cavale V • LIT. *rasmerrie* • PLAT *vlucht* ★ en ~ *voortvluchtig; aan de haal*

cavaler I OV WW INFORM. *vervelen* **II** ONOV WW • INFORM. *hollen; ervandoor gaan* • INFORM. *erop los leven* ★ ~ après qn *achter iem. aan zitten* **III** WKD WW [**se** ~] INFORM. *ervandoor gaan*

cavalerie V • *cavalerie* • *stel paarden*

cavaleur M INFORM. *versierder; rokkenjager*

cavalier I M • *cavalerist* • *heer die dame begeleidt* • *paard* ⟨in schaakspel⟩ • *ruitertje* ⟨klemmetje, gewichtje⟩ **II** M [v: **cavalière**] • *ruiter* • *danspartner* ★ faire ~ seul *als eenling optreden; zijn eigen gang gaan* **III** BNW [v: **cavalière**] • *ruiter-* • *vrijpostig* ★ piste cavalière *ruiterpad* ★ réponse cavalière *onbeschaamd antwoord*

cave I M VULG. *sufferd* **II** V • *(wijn)kelder* • *de wijn uit een kelder* • *inzet* ⟨bij het spel⟩ • *drankkast* ★ il a une bonne cave *hij heeft een goed voorziene wijnkelder* **III** BNW • *hol; ingevallen* • VULG. *lijp* ★ joues caves *ingevallen wangen*

caveau M [mv: **caveaux**] • *keldertje* • *grafkelder* ★ ~ de famille *familiegraf*

caverne V • *grot; hol* • *holte* ★ homme des ~s *holenmens*

caverneux BNW [v: **caverneuse**] • *vol holen; vol holten* • *hol (klinkend); dof*

caviar M *kaviaar*

caviarder OV WW *doorhalen; onleesbaar maken*

caviste M *keldermeester*

cavité V *holte*

CB AFK • citizens band *27 MC-band* • carte bleue *creditcard*

cc AFK copie conforme *cc* ★ envoyer un mail en cc *een mailtje cc'en*

CCP AFK compte-chèques postal *girorekening; postrekening*

CD AFK compact disc *cd; compactdisc*

CDD AFK contrat à durée déterminée *tijdelijk arbeidscontract*

CDI AFK contrat à durée indéterminée *vast arbeidscontract*

CD-R M *cd-r*

CD-ROM M *cd-rom*

ce, cet ⟨voor klinker of stomme h⟩ AANW VNW [v: **cette**] [mv: **ces**] *deze; die; dit; dat; het* ★ sur ce *daarop* ★ ce matin *vanmorgen* ★ ce matin-là *die morgen* ★ c'est bon *het is goed* ★ cet été *deze zomer; van de zomer* ★ cette année *dit jaar* ★ et ce *en wel; en dat*

CE AFK • comité d'entreprise *or* • Communauté Européene *EG* • O&W cours élémentaire *groep* ★ CE1/CE2 ≈ *groep 4 en 5 v.d. basisschool*

céans BIJW OUD. *hier binnen; hier in huis*

CECA AFK Communauté européenne du charbon et de l'acier *EGKS; Europese Gemeenschap voor Kolen en Staal*

ceci AANW VNW *dit*

cécité V OOK FIG. *blindheid (***à, pour** *voor)*

cédant M *cedent*

céder I OV WW • *afstaan (***à** *aan); afstand doen van* • *verkopen; overdoen (***à** *aan)* ★ à ~ *ter overname* ★ le ~ en qc à qn *voor iem. in iets onderdoen* ★ ~ le pas à qn *iem. als zijn meerdere erkennen; voor iem. wijken* **II** ONOV WW • *toegeven (***à** *aan); zwichten (***à, devant** *voor)* • *bezwijken (***sous** *onder)*

cédérom M *cd-rom*

cedex AFK courrier d'entreprise à distribution exceptionelle *(dienst voor) snelle postbestelling voor grootverbruikers*

cédille V *cedille*

cédrat M *cederappel*

cèdre M *ceder*

CEE AFK Communauté économique européenne *EEG*

cégétiste I M/V *lid van de C(onfédération) G(énérale) du T(ravail)* ⟨vakbond⟩ **II** BNW *CGT-*

CEI V *GOS; Gemenebest van Onafhankelijke Staten*

ceindre OV WW [onregelmatig] • *omringen; omgorden (***de** *met)* • *omdoen* ★ ~ l'épée *het zwaard omgorden* ★ ~ le diadème *koning worden*

ceinture V • *ceintuur; gordel; riem* • *middel v.h. lichaam* • *ceintuurbaan* • *metalen band om* *een wiel* • *omheining* ★ ~ noire *zwarte band* ⟨judo⟩ ★ ~ de sécurité (à enrouleur) *veiligheidsgordel (met rolautomaat)* ★ ~ de chasteté *kuisheidsgordel* ★ INFORM. se mettre/se serrer la ~ *de buikriem aanhalen*; *zich iets ontzeggen*

ceinturer OV WW • *omgorden*; *omringen (***de** *met)* • *om het middel grijpen*

ceinturon M *sabelriem*; *koppel*

cela AANW VNW *dat* ★ il a dit cela *hij heeft dat gezegd* ★ il y a des années de cela *(dat is) jaren geleden* ★ avec cela *bovendien* ★ avec cela? *anders nog iets?* ★ c'est cela *zo is het*; *juist*

célébration V • *viering* • *(het) opdragen v.d. mis* • *inzegening* ⟨v. huwelijk⟩

célèbre BNW *beroemd (***pour** *om)* ★ tristement ~ *berucht*

célébrer OV WW • *vieren*; *plechtig herdenken* • *voltrekken* ⟨huwelijk⟩ • FORM. *prijzen*; *verheerlijken*; *roemen* ★ ~ la messe *de mis opdragen*

célébrité V *beroemdheid*

celer OV WW FORM. *verzwijgen*; *verhullen*

céleri, cèleri M *selderie*

céleri-rave, cèleri-rave M [mv: **céleris-raves**] *knolselderie*

célérité V *snelheid*; *rapheid*

céleste BNW *hemels*; *hemel-* ★ esprits ~s *hemelbewoners* ★ le Père ~ *de hemelse Vader*

célibat M *celibaat*; *ongehuwde staat*

célibataire I M/V *vrijgezel* ★ ~ endurci *verstokte vrijgezel* **II** BNW *ongehuwd*

celle AANW VNW [v mv: **celles**] • → **celui**

celle-ci AANW VNW [v mv: **celles-ci**] • → **celui-ci**

celle-là AANW VNW [v mv: **celles-là**] • → **celui-là**

cellier M *provisiekamer*; *wijnkelder*

cellophane V *cellofaan*

cellulaire BNW *uit cellen gevormd*; *cellulair*; *cel-* ★ voiture ~ *gevangenwagen*

cellule V • *cel* ⟨in alle betekenissen⟩; *kern* • *team* ★ ~ photoélectrique *foto-elektrische cel* ★ ~ de crise *crisisteam* ★ ~ souche *stamcel*

cellulite V MED. *cellulitis*

cellulose V *cellulose*

celte I M *de Keltische taal* **II** BNW *Keltisch*

Celte M/V *Kelt*

celtique I M *de Keltische taal* **II** BNW *Keltisch*

celui AANW VNW [v: **celle**] [m mv: **ceux**] • *deze*; *die* • *degene (die)*; *dat (wat)*

celui-ci AANW VNW [v: **celle-ci**] [m mv: **ceux-ci**] *deze (hier)*

celui-là AANW VNW [v: **celle-là**] [m mv: **ceux-là**] *die (daar)*

cénacle M • *zaal v.h. Laatste Avondmaal* • *kring van gelijkdenkende kunstenaars e.d.*

cendre V • *as* • *as der gewijde palmtakken* ★ mercredi des Cendres *Aswoensdag* ★ les ~s *het stoffelijk overschot* ★ réduire en ~s *in de as leggen* ★ recevoir les ~s *een askruisje krijgen*

cendré BNW *askleurig* ★ blond ~ *asblond* ★ (piste) ~e *sintelbaan*

cendreux BNW [v: **cendreuse**] *vol as*; *asachtig*

cendrier M • *asbak* • *aslade*

Cendrillon *Assepoester*

Cène V *laatste Avondmaal*

cénobite M *kloosterling*

cénotaphe M *grafmonument zonder lijk*; *cenotaaf*

cens (zeg: sa(n)s) M • *census* • GESCH. *schatting*; *heffing*

censé BNW *geacht* ★ nul n'est ~ ignorer la loi *een ieder wordt geacht de wet te kennen*

censément BIJW *schijnbaar*

censeur M • *censor* • *criticus* • *recensent*

censure V • *censuur* • *kritiek* • *afkeuring*

censurer OV WW • *censureren* • *hekelen*; *veroordelen*

cent I TELW *honderd* ★ trois pour cent *drie procent* ★ faire les cent pas *ijsberen*; *heen en weer lopen* ★ faire les quatre cents coups *allerlei dolle streken uithalen* **II** M • *honderdtal* • *cent* ★ trois cents d'œufs *driehonderd eieren*

centaine V *honderdtal*; *honderdjarige leeftijd* ★ des ~s *honderden*

centaure M *centaur* ⟨half mens, half paard⟩

centenaire I BNW *honderdjarig* **II** M *eeuwfeest* **III** M/V *honderdjarige*

centésimal BNW [m mv: **centésimaux**] *honderddelig* ★ échelle ~e *honderddelige schaal*

centi- VOORV *honderd-*; *centi-*

centiare M *centiare*

centième I BNW *honderdste* **II** M *honderdste deel*

centigrade BNW *in honderd graden verdeeld* ★ thermomètre ~ *thermometer met graadverdeling in Celsius*

centigramme M *centigram*

centilitre M *centiliter*

centime M *centime*; *cent*

centimètre M *centimeter*

centrage M *bepaling v.h. middelpunt*; *centrering*

central I BNW [m mv: **centraux**] *centraal*; *voornaamste* ★ gare ~e *hoofdstation* **II** M [mv: **centraux**] *telefooncentrale*; *centercourt* ⟨tennis⟩

centrale V *centrale* ★ ~ électrique *elektriciteitscentrale*

centralisateur BNW [v: **centralisatrice**] *centralistisch*; *centraliserend*

centralisation V *centralisatie*

centraliser OV WW *centraliseren*

centre M • *middelpunt*; *centrum* ⟨ook pol.⟩; *kern* • COMP. *station* • SPORT *voorzet* ★ ~ commercial *winkelcentrum* ★ ~ éducatif (fermé) *(gesloten) opvoedcentrum* ★ ~ de gravité *zwaartepunt* ★ ~ aéré *jeugdhonk* ⟨voor openluchtactiviteiten⟩ ★ au ~ *in het midden/in het centrum* ★ SPORT ~ rentrant *inswinger*

centre-auto M [mv: **centres-autos**] *autoshop*

centrer OV WW • *centreren*; *het middelpunt bepalen van* • SPORT *voorzetten* • **~ sur** *richten op*; *concentreren op*

centre-ville M [mv: **centres-villes**] *stadscentrum*

centrifuge BNW *centrifugaal*; *middelpuntvliedend*

centrifuger OV WW *centrifugeren*

centrifugeuse V • *(vruchten)pers* • MED. *centrifuge*

centripète BNW *centripetaal*; *middelpuntzoekend*

centriste BNW POL. *centrum-*; *gematigd*

centuple I M *honderdvoud* **II** BNW *honderdvoudig* ★ au ~ *honderdvoudig*
centupler I OV WW *verhonderdvoudigen* **II** ONOV WW *zich verhonderdvoudigen*
centurie V *centurie*
centurion M *centurio*; *honderdman*
cep M ● *wijnstok* ● OUD. *boei*
cépage M *soort wijnstok*; *druivenras*
cèpe M *eekhoorntjesbrood*
cependant BIJW *echter*; *toch*; *evenwel*
céphalique BNW *wat het hoofd betreft*
céramique I BNW *keramisch* **II** V *pottenbakkerskunst*; *keramiek*
céramiste M/V *pottenbakker*
cerbère M *cerberus*; *ruwe, strenge portier*
cerceau M [mv: **cerceaux**] *hoepel*
cerclage M *(het) omleggen v.e. hoepel*
cercle M ● *cirkel* ● *hoepel/ring* ⟨v. vat⟩ ● FIG. *kring*; *vergadering*; *club*; *sociëteit* ★ en ~ *in een kring*; *rondom* ★ ~ vicieux *vicieuze cirkel* ★ du vin en ~s *wijn in vaten* ★ faire ~ *in een kring gaan staan/zitten*
cercler OV WW ● *van hoepels voorzien* ● *omringen*; *omranden (***de** *met)*
cercueil M *lijkkist*
céréale V *graangewas*
céréalier I M *graanverbouwer* **II** BNW [v: **céréalière**] *graan-*
cérébral I BNW [m mv: **cérébraux**] *cerebraal*; *verstandelijk*; *hersen-* **II** M [mv: **cérébraux**] *verstandsmens*
cérémonial M [mv: **cérémonials**] *ceremonieel*
cérémonie V ● *ceremonie*; *plechtigheid* ● *plichtpleging* ★ maître de ~ *ceremoniemeester* ★ dîner sans ~ *huiselijk, gemoedelijk diner* ★ visite de ~ *beleefdheidsvisite* ★ faire des ~s *overdreven complimenten maken*
cérémoniel BNW [v: **cérémonielle**] *ceremonieel*; *formeel*
cérémonieux BNW [v: **cérémonieuse**] *plechtig*; *overdreven beleefd*
cerf (zeg: ser) M *hert*
cerfeuil M *kervel*
cerf-volant M [mv: **cerfs-volants**] ● *vlieger* ● *vliegend hert* ★ lancer un ~ *een vlieger oplaten*
cerisaie V *kersenboomgaard*
cerise I V *kers* ★ PLAT avoir la ~ *pech hebben* ★ c'est la ~ sur le gâteau *dat is de kroon op het werk/de finishing touch* **II** BNW *kersrood*
cerisier M ● *kersenboom* ● *kersenhout*
cerne M ● *kring*; *contourlijn* ⟨om wond, ogen, maan, vlek e.d.⟩ ● *jaarring* ⟨v. bomen⟩
cerné BNW ★ avoir les yeux ~s *kringen onder de ogen hebben*
cerner OV WW ● *omcirkelen*; *omsingelen*; *omringen*; *omlijnen* ● *ringen* ⟨v. bomen⟩ ★ ~ une question *een kwestie afbakenen*
certain I BNW ● *zeker*; *vast*; *waar* ● *een of ander*; *sommige* ★ ~s *sommigen* ★ un ~ temps *enige tijd*; *een tijdje* ★ il est d'un ~ âge *hij is niet zo jong meer* **II** M *(het) zekere*
certes BIJW *zeker*; *weliswaar*
certificat M ● *certificaat*; *getuigschrift*; *schriftelijke verklaring* ● *garantie* ★ ~ de garantie *garantiebewijs* ★ ~ médical *doktersattest* ★ ~ d'aptitude professionnelle *vakdiploma* ★ ~ de propriété *eigendomsbewijs* ★ ~ de vaccination *inentingsbewijs* ★ la tempérance est un ~ de longue vie *soberheid is de garantie voor een lang leven*
certification V *waarmerking*
certifier OV WW ● *(voor waar) verklaren*; *verzekeren* ● *waarmerken*; *waarborgen*
certitude V ● *zekerheid* ● *overtuiging*
cérumen (zeg: -mèn) M *oorsmeer*
céruse V *loodwit*
cerveau M [mv: **cerveaux**] *hersenen*; *brein* ★ un (grand) ~ *een knappe kop* ★ ~ brûlé *heethoofd* ★ rhume de ~ *neusverkoudheid* ★ se creuser le ~ *zich suf denken* ★ INFORM. avoir un ~ fêlé *getikt zijn*
cervelas (zeg: -là) M *cervelaatworst*
cervelet M *kleine hersenen*
cervelle V *hersenen* ★ ~ d'oiseau *leeghoofd* ★ brûler la ~ *voor de kop schieten* ★ se creuser la ~ *zich suf denken*
cervical BNW [m mv: **cervicaux**] *hals-*; *nek-* ★ vertèbre ~e *halswervel* ★ syndrome ~ traumatique *whiplash*
cervidés M MV *hertachtigen*
cervoise V *gerstenat*
ces AANW VNW [m mv] ● → **ce**
césarien M [v: **césarienne**] *aanhanger van Caesar*; *aanhanger v.e. absoluut heerser*
césarienne V *keizersnede*
cessant BNW ★ toutes affaires ~es *onverwijld*
cessation V *(het) ophouden*; *stopzetting*
cesse V *rust* ⟨in uitdrukkingen⟩ ★ sans ~ *onophoudelijk* ★ je n'ai de ~ que [+ subj.] *ik heb geen rust voordat*
cesser I OV WW *ophouden met*; *staken* **II** ONOV WW *stoppen/ophouden (***de** [+ infin.] *met)*
cessez-le-feu M [mv: id.] *staakt-het-vuren*
cessible BNW *vervreemdbaar*; *overdraagbaar*
cession V *overdracht*; *afstand*; *cessie* ★ faire ~ de qc *iets overdragen*
cessionnaire M/V *iem. aan wie iets wordt overgedragen*; *cessionaris*
c'est-à-dire BIJW *dat wil zeggen*
césure V *cesuur*
cet AANW VNW ● → **ce**
cétacé M *walvisachtige*
cette AANW VNW [v] ● → **ce**
ceux AANW VNW [m mv] ● → **celui**
ceux-ci AANW VNW [m mv] ● → **celui-ci**
ceux-là AANW VNW [m mv] ● → **celui-là**
cévenol BNW *uit de Cevennen*
Ceylan M *Ceylon*
ceylanais BNW *Ceylons*
cf. AFK confer *vgl.*
CFC M chlorofluorocarbone *cfk*
CFDT AFK Confédération française démocratique du travail ≈ *FNV*
CFTC AFK Confédération française des travailleurs chrétiens ≈ *CNV*
CGT AFK Confédération générale du travail OMSCHR. *communistische vakbond*
Ch AFK ● cheval-vapeur *pk*; *paardenkracht* ● chapitre *h.*; *hoofdstuk*
chacal M [mv: **chacals**] *jakhals*

ch

chachlik M *sjasjliek*
chacun ONB VNW [v: **chacune**] *ieder*; *elk*; *iedereen* ★ ~ pour soi *ieder voor zich* ★ FORM. tout un ~ *een ieder*
chafouin BNW *geslepen*; *sluw*
chagrin I BNW OUD. *chagrijnig*; *verdrietig*; *triest* **II** M • *verdriet* • *segrijnleer*
chagriner OV WW *bedroeven*; *verdriet aandoen*
chah M *sjah*
chahut (zeg: sja-uu) M *lawaai*; *herrie*; *keet*
chahuter I OV WW *in de war schoppen*; *lawaai schoppen bij* ⟨spreker, leraar⟩ ★ un professeur chahuté *een leraar onder wiens les gekeet wordt* **II** ONOV WW *lawaai schoppen*; *donderjagen*; *keten*
chahuteur M [v: **chahuteuse**] *lawaaischopper*
chai M *wijnpakhuis*
chaîne V • *ketting*; *keten* • *schering* • *(televisie)net* • *installatie* ⟨v. verschillende elementen⟩ • *reeks*; COMP. *string* ★ ~ d'arpenteur *meetketting* ★ ~ haute fidélité *hifi-installatie* ★ ~ de montagne *bergketen* ★ faire la ~ *een levende ketting vormen*; *elkaar iets aanreiken* ★ travailler à la ~ *aan de lopende band werken* ★ briser ses ~s *de vrijheid veroveren*
chaînette V *kettinkje* ★ point de ~ *kettingsteek*
chaînon M *schakel*
chair I V • *vlees* • *vruchtvlees* • *menselijke natuur*; *lichaam* ★ ~ à canon *kanonnenvlees* ★ ~ de poule *kippenvel* ★ en ~ et en os *in levende lijve* ★ KUNST les ~s *het naakt* ★ plaisirs de la ~ *vleselijke geneugten* ★ ni ~ ni poisson *vlees noch vis* ★ ~ de sa ~ *eigen vlees en bloed*; *eigen kind(eren)* ★ être bien en ~ *goed in het vlees zitten* **II** BNW [onver.] *vleeskleurig*
chaire V • *zetel* • *spreekgestoelte*; *preekstoel* • *(het) preken* • *leerstoel*
chaise V *stoel* ★ ~ longue *ligstoel*; *sofa* ★ ~ roulante *rolstoel* ★ ~ électrique *elektrische stoel* ★ ~ à porteurs *draagstoel* ★ ~ de poste *postkoets* ★ ~s musicales *stoelendans* ★ être assis entre deux ~s *in een lastig parket zitten*
chaland M • *aak* • OUD. *klant*
châle M *sjaal*; *omslagdoek*
chalet M *chalet*; *(houten) landhuisje*
chaleur V • *warmte*; *hitte* • *vuur*; *ijver*; *opwinding* • *hartelijkheid* • *loopsheid* ★ vague de ~ *hittegolf* ★ il fait une ~ atroce/étouffante/suffocante/torride *het is snikheet* ★ époque des ~s *bronsttijd* ★ en ~ *loops*; *krols*; *bronstig*
chaleureux BNW [v: **chaleureuse**] • *hartelijk*; *warm*; *levendig* • *vurig*
châlit (zeg: -lie) M *ledikant*
challenge (zeg: sjala(n)zj/tsjalendzj) M • *wedstrijd om een wisselprijs* • *wisselprijs* • *uitdaging*
challenger • → **challengeur**
challengeur M *uitdager*
chaloir WW ★ FORM. peu m'en chaut *het kan me weinig schelen*
chaloupe V *sloep* ★ ~ canonnière *kanonneerboot*
chalumeau M [mv: **chalumeaux**] • *brander* • *schalmei* • *blaaspijp* ★ ~ oxhydrique *knalgasbrander* ★ ~ oxyacétylénique *acetyleensnijbrander*
chalut (zeg: -luu) M *sleepnet*
chalutier M *trawler*
chamade V ★ battre la ~ *hevig kloppen* ⟨v. hart⟩
chamailler WKD WW [**se** ~] *kibbelen*
chamaillerie V *ruzie*
chamailleur M [v: **chamailleuse**] *kibbelaar*
chamarrer OV WW *met versierselen bedekken*; *opdirken*
chamarrure V • *(het) opdirken*; *opgedirktheid* • *smakeloze versieringen*
chambard M • *kabaal* • INFORM. *(het) omvergooien*
chambardement M INFORM. *(het) omverhalen*
chambarder OV WW INFORM. *omvergooien*; *omverhalen*
chambellan M *kamerheer* ★ grand ~ *opperkamerheer*
chambouler OV WW INFORM. *omvergooien*; *overhoop halen*
chambranle M *lijst* ⟨v. deur, venster⟩; *kozijn*
chambre V • *kamer* ⟨vooral: slaapkamer⟩ • *kamer* ⟨college⟩ • *holte*; *ruimte*; *cel* ⟨v. honingraat⟩ ★ ~ d'amis *logeerkamer* ★ ~ à coucher *slaapkamer* ★ ~ à air *binnenband* ★ ~ de chauffe *stookruim*; *machinekamer* ★ ~ de combustion *verbrandingskamer* ★ ~ forte *kluis* ⟨v. bank⟩ ★ ~ froide *koelcel*; *koelkamer* ★ ~ d'une écluse *sluiskolk* ★ ~ à gaz *gaskamer* ★ ~ d'hôte ≈ *bed and breakfast* ★ ~ garnie *gemeubileerde kamer* ★ ~ noire *donkere kamer* ★ ~ sourde *geluiddicht opnamevertrek* ★ Chambre basse/Chambre des communes *Lagerhuis* ★ Chambre de commerce *Kamer van Koophandel* ★ pot de ~ *po* ★ robe de ~ *kamerjas* ★ garder la ~ *op z'n kamer blijven* ★ faire ~ à part *gescheiden slapen* ★ la Chambre des députés *de Tweede Kamer* ⟨in Frankrijk⟩
chambrée V • *de soldaten v.e. soldatenkamer* • *slaapzaal*
chambrer OV WW • *op kamertemperatuur brengen* ⟨v. wijn⟩; *chambreren* • *onder vier ogen spreken* ⟨om te overtuigen⟩ • INFORM. *op de kast jagen* • OUD. *in een kamer opsluiten*
chambrette V *kamertje*
chameau I M [mv: **chameaux**] • *kameel* • *scheepskameel* • INFORM. *kreng*; *rotwijf* **II** BNW INFORM. *klierig*
chamelier M *kameeldrijver*
chamelle V *wijfjeskameel*
chamois I M • *gems* • *gemzenleer* ★ peau de ~ *zeem(leer)* **II** BNW *lichtgeel*
champ (zeg: sja(n)) M • *akker*; *veld*; OOK FIG. *terrein* • A-V *beeldveld* • COMP. *rubriek* • *(speel)ruimte* ★ ~ d'action *actieradius* ★ ~ d'aviation *klein vliegveld* ★ ~ de bataille *slagveld* ★ ~ clos *strijdperk* ★ ~ de courses *renbaan* ★ ~ d'honneur *veld van eer* ★ ~ magnétique *magnetisch veld* ★ ~ de mines *mijnenveld* ★ ~ de tir *schietbaan*; *schootsveld* ★ vie des ~s *landleven* ★ ~ visuel *gezichtsveld* ★ en plein ~ *in het vrije veld* ★ courir les ~s *in de vrije natuur rondzwerven* ★ entrer dans le ~ *in beeld komen* ★ sortir du ~ *uit het beeld*

verdwijnen ★ laisser le ~ libre à qn *iem. vrij spel laten* ★ prendre du ~ *een aanloop nemen*; FIG. *afstand nemen* ★ sur le ~ *dadelijk*

champagne M *champagne* ★ ~ frappé *in ijs gekoelde champagne*

Champagne V *Champagne*

Champenois M [v: **Champenoise**] *inwoner van de Champagnestreek*

champêtre BNW *landelijk*; *openlucht-* ★ bal ~ *openluchtbal* ★ garde ~ *veldwachter*

champignon M • *paddenstoel*; *zwam*; OOK MED. *schimmel* • *knop*; *kapstok* • INFORM. *gaspedaal* ★ ~ de Paris *champignon* ★ pousser comme des ~s *groeien als kool*; *als paddenstoelen uit de grond schieten* ★ appuyer sur le ~ *gas geven* ★ écraser le ~ *plankgas geven*

champignonnière V *champignonkwekerij*

champion I M [v: **championne**] *kampioen*; *uitblinker*; *voorvechter* **II** BNW ★ INFORM. c'est ~! *het is geweldig!*

championnat M *kampioenschap*; *competitie*

chançard I M [v: **chançarde**] INFORM. *boffer*; *geluksvogel* **II** BNW INFORM. *die mazzel heeft*

chance V • *kans*; *waarschijnlijkheid* • *geluk*; *bof* ★ bonne ~! *veel succes!* ★ par ~ *gelukkig(erwijs)* ★ pas de ~! *pech gehad!* ★ coup de ~ *meevaller* ★ porter ~ *geluk brengen* ★ il a de la ~ *hij boft* ★ il y a des (fortes) ~s *het is (hoogst) waarschijnlijk* ★ calculer les ~s *de kansen berekenen* ★ courir/tenter sa ~ *een kansje wagen*

chancelant BNW • *wankelend*; *onvast op de benen* • *besluiteloos*; *wankel* ★ santé ~e *wankele gezondheid*

chanceler ONOV WW • *wankelen*; *waggelen* • *weifelen*; *aarzelen*

chancelier M [v: **chancelière**] *kanselier*

chancelière V *(vrouwelijke) kanselier*

chancellerie V • *kanselarij* • *ministerie van Justitie* ⟨in Frankrijk⟩ ★ Grande ~ *bestuur v.h. Legioen van Eer*

chanceux BNW [v: **chanceuse**] • *fortuinlijk*; *die boft* • OUD. *riskant*

chancre M • *sjanker* • FIG. *woekering* • *boomkanker*

chandail M *trui* ★ ~ bedaine *naveltruitje*

Chandeleur V *Maria-Lichtmis*

chandelier M • *kandelaar* • *stut* • *kaarsenmaker*

chandelle V • *(vet)kaars* • INFORM. *druppel aan de neus* • *loodrechte stijging*; SPORT *lob*; *vuurpijl* ★ à la ~ *bij kaarslicht* ★ monter en ~ *loodrecht stijgen* ★ le jeu ne vaut pas la ~ *het sop is de kool niet waard* ★ économie de bouts de ~ *krenterigheid*; *overdreven zuinigheid* ★ brûler la ~ par les deux bouts *zijn fortuin doordraaien*; *roofbouw op zichzelf plegen* ★ devoir une fière ~ à qn *reden tot dankbaarheid tegenover iem. hebben* ★ en voir trente-six ~s *sterretjes zien*

chanfrein M *bles*; *voorhoofd v.e. paard*

change M • *ruil*; *wisseling* • *wisselhandel* • *wisselkoers* • *commissie v.d. wisselaar* • *wisselkantoor* • *verschoning*; *wegwerpluier* ★ agent de ~ *makelaar in effecten* ★ bureau de ~ *wisselkantoor* ★ lettre de ~ *wissel* ★ taux de ~ *ruilvoet* ★ marché des ~s *valutamarkt* ★ gagner au ~ *beter worden v.e. ruil*; *er beter van worden* ★ donner le ~ *op een dwaalspoor brengen* ★ prendre le ~ *zich laten bedriegen*

changeable BNW *veranderbaar*; *te veranderen*

changeant BNW • *veranderlijk* • *changeant* ⟨met wisselende weerschijn⟩

changement M *verandering*; *(ver)wisseling* ★ ~ de vitesse *versnelling* ⟨v. auto, fiets⟩ ★ ~ à vue *plotselinge ommekeer* ★ ~ en mieux, en mal *verandering ten goede, ten kwade*

changer I OV WW • *veranderen (**à** aan; **en** in)* • *ruilen (**contre** tegen; **pour** voor)*; *wisselen (**contre** tegen; **en** in)* • *verschonen* **II** ONOV WW • *veranderen (**de** van)*; *(ver)wisselen* • *ruilen (**avec** met)* ★ ~ (de train) *overstappen* ★ pour ~ *voor de verandering* ★ ~ de visage *verbleken*; *blozen* ★ plus ça change, plus c'est la même chose *er is niets nieuws onder de zon* **III** WKD WW [**se** ~] • *veranderen (**en** in)* • *zich verkleden*

changeur M *wisselaar*

chanoine M *kanunnik*

chanoinesse V *kloosterlinge*

chanson V *lied* ★ ~ à boire *drinklied* ★ ~ de geste *middeleeuws heldendicht* ★ c'est toujours la même ~ *het is altijd hetzelfde liedje* ★ on connaît la ~! *dat liedje kennen we!* ★ il en a l'air et la ~ *hij is precies zoals hij lijkt te zijn* ★ l'air ne fait pas la ~ *schijn bedriegt*

chansonnette V *liedje* ★ PLAT pousser la ~ *zijn misdaden bekennen*

chansonnier I M *liederenboek* **II** M [v: **chansonnière**] *zanger van chansons*; *conferencier*

chant M • *zang*; *gezang*; *lied* • *plechtig gedicht* • *zang* ⟨onderdeel v. gedicht⟩ ★ ~ du coq *hanengekraai* ★ ~ du cygne *zwanenzang* ★ ~ nuptial *bruiloftslied* ★ de/sur ~ *op z'n kant*

chantage M *chantage*; *(geld)afpersing*

chantant BNW • *zingend*; *zangerig* • *waar men zingt* • *gemakkelijk te zingen* ★ café ~ *café met live muziek*; *café chantant*

chanter I OV WW • *zingen* • *zangerig declameren*; *zangerig voorlezen* • *bezingen*; *verheerlijken* ★ il chante toujours la même chanson *hij zingt altijd hetzelfde liedje* ★ INFORM. qu'est-ce que tu me chantes là? *wat vertel je me nou?* **II** ONOV WW *zingen* ⟨ook v. vogels⟩ ★ le coq chante *de haan kraait* ★ faire ~ qn *iem. chanteren/geld afpersen* ★ INFORM. comme ça vous chante *zoals u wilt* ★ INFORM. si ça vous chante *als u dat aanstaat*

chanterelle V • *cantharel* ⟨paddenstoel⟩ • *e-snaar van viool* • *lokvogel*

chanteur M [v: **chanteuse**] • *afperser*; *chanteur* • *zanger* ★ maître ~ *chanteur* ★ oiseaux ~s *zangvogels*

chantier M • *werkplaats in de openlucht*; *bouwterrein*; *werf*; *scheepshelling* • *opslagplaats* • *stelling voor vaten* • *groot project* • INFORM. *wanorde* ★ ~ de démolition *sloperij* ★ ~ naval *scheepswerf* ★ mis en ~ *in aanbouw* ★ avoir un ouvrage en ~ *een werk onder handen hebben* ★ mettre en ~/mettre sur le ~ *beginnen*; *op stapel zetten*

chantilly V *slagroom* ★ crème ~ *slagroom*

ch

chantonnement M *(het) neuriën*
chantonner OV+ONOV WW *neuriën*
chantourner OV WW *uitzagen*; *uitsnijden*
chantre M • *(koor)zanger* • FORM. *dichter* • *lofzanger*
chanvre M *hennep*
chaos (zeg: ka-oo) M • *chaos*; *wanorde* • *baaierd*
chaotique (zeg: kaotiek) BNW *chaotisch*
chap. AFK chapitre *h.*; *hoofdstuk*
chapardage M INFORM. *(kleine) diefstal*
chaparder OV WW INFORM. *gappen*; *jatten*
chapardeur I M [v: **chapardeuse**] INFORM. *gauwdief* **II** BNW [v: **chapardeuse**] INFORM. *tot "pikken" geneigd*; *diefachtig*
chape V • *koorkap* • *mantel met kap* • *bedekking*; *deklaag*; *loopvlak* ⟨v. band⟩
chapeau M [mv: **chapeaux**] • *hoed* • *hoedje* ⟨v. paddenstoel⟩ • *beschermkap*; *dop* • *inleidende paragraaf* ⟨v. artikel⟩ ★ ~ de roue *wieldop* ★ MUZ. ~ chinois *schellenboom* ★ tirer son ~ à qn *zijn petje voor iem. afnemen* ★ ~ bas! *petje/hoedje af!*; *bravo!* ★ donner un coup de ~ *groeten* ⟨door de hoed af te nemen⟩ ★ obtenir le ~ *kardinaal worden* ★ INFORM. porter le ~ *de schuld krijgen*; *de zondebok zijn* ★ sur les ~x de roue *(weg)scheurend* ⟨v. auto⟩
chapeauter OV WW • *een hoed opzetten* • *de leiding hebben van*
chapelain M *(huis)kapelaan*
chapelet M • *rozenkrans*; *gebedssnoer* • *reeks* • *snoer*; *rist*; *streng* ★ ~ d'injures *scheldkanonnade* ★ égrener un ~ *een rozenkrans bidden* ★ défiler son ~ *alles zeggen wat men op het hart heeft*
chapelier M [v: **chapelière**] • *hoedenmaker* • *hoedenverkoper*
chapelle V • *kapel*; *kerkje* • *(gouden) misbenodigdheden* • *kerkkoor* • *coterie* ★ ~ ardente *rouwkapel* ★ esprit de ~ *kliekgeest*
chapellerie V • *hoedenwinkel* • *hoedenfabriek* • *hoedenhandel*
chapelure V *paneermeel*
chaperon M • *kapje* • *begeleider van jongedame*; *chaperonne* ★ le petit Chaperon rouge *Roodkapje* ★ PLANTK. ~ de moine *monnikskap*
chaperonner OV WW • *chaperonneren* • *(een valk) met een kapje bedekken*
chapiteau M [mv: **chapiteaux**] • ARCH. *kroonwerk* • ARCH. *kapiteel* • *circus(tent)* • *helm* ⟨v. distilleertoestel⟩
chapitre M • *hoofdstuk* • *kapittel* • *onderwerp* ★ sur ce ~ *wat dat betreft*; *daarover* ★ avoir voix au ~ *een stem in het kapittel hebben*
chapitrer OV WW *streng berispen*; *kapittelen*
chapon M • *kapoen* • *met knoflook bestreken korst brood*
chaque ONB VNW *ieder*; *elk*
char M • *tank* • *praalwagen* • *Romeinse strijdwagen/zegekar* • *kar*; *wagen* ★ char à bancs *janplezier* ★ char de combat *gevechtswagen* ★ char funèbre *lijkkoets* ★ char à voile *zeilwagen* ★ INFORM. arrête ton char! *hou op (met die onzin)!*
charabia M *wartaal*; *koeterwaals*
charade V *lettergreepraadsel*; *charade*
charançon M *snuitkever*
charbon M • *kool*; *houtskool* • *brand* ⟨graanziekte⟩ • *miltvuur* ★ ~ de bois *houtskool* ★ être sur des ~s (ardents) *op hete kolen zitten* ★ INFORM. aller au ~ *het lastige werk moeten doen*; *de kastanjes uit het vuur moeten halen*
charbonnage M *kolenwinning* ★ les ~s *kolenmijn(en)*
charbonner I OV WW • *doen verkolen* • *met houtskool zwart maken*; *met houtskool vol tekenen* **II** ONOV WW *verkolen*
charbonneux BNW [v: **charbonneuse**] • *koolachtig*; *koolzwart* • *miltvuur-*
charbonnier I M • *kolenschip* • *kolenbrander* • *kolenhandelaar* ★ ~ est maître chez lui ⟨spreekwoord⟩ *ieder is de baas in zijn eigen huis* **II** BNW [v: **charbonnière**] *kolen-*
charcuter OV WW INFORM. *onhandig opereren*; *toetakelen*; *verminken*
charcuterie V • *varkensslagerij* • *vleeswaren*
charcutier M [v: **charcutière**] *varkensslager*
chardon M • *distel* • *ijzeren punt op muur*
chardonneret M *distelvink*; *putter*
charentaises V MV *sloffen*
charge V • OOK FIG. *last* • *lading*; *vracht* • *ambt*; *waardigheid* • *opdracht*; *taak* • *aanval*; *bestorming*; *charge* • *lading* ⟨v. vuurwapen⟩ • *elektrische lading* • *aanklacht*; *bewijs van schuld* • *overdrijving*; *karikatuur* ★ ~s sociales *sociale lasten* ★ ligne de ~ *waterlijn* ★ témoin à ~ *getuige à charge* ★ à la ~ de *ten laste van*; *voor rekening van* ★ être à ~ *tot last zijn* ★ prendre en ~ *zich belasten met*; *zorgen voor* ★ revenir à la ~ *het opnieuw proberen* ★ avoir ~ d'âmes *met de zielzorg belast zijn*; *voor anderen verantwoordelijk zijn* ★ battre la ~ *het aanvalssein geven* ★ à la ~! *ten aanval!* ★ à ~ de revanche! *tot wederdienst bereid!*
chargé I BNW • *beladen*; *geladen (***de** *met)* • *overladen (***de** *met)* ★ ciel ~ *betrokken lucht* ★ lettre ~e *aangetekende brief* ★ langue ~e *beslagen tong* **II** M *iem. die belast is met* ★ ~ d'affaires *zaakgelastigde* ★ ~ de cours *lector* ★ ~ de mission *afgezant*; *lasthebber* ★ ~ de clientèle grands comptes *accountmanager*
chargement M • *(het) laden* • *lading* • *(het) aantekenen* ⟨v. brief⟩
charger I OV WW • *laden*; *beladen*; *bevrachten (***de** *met)*; *vullen* • *inladen* • *aanvallen*; *te lijf gaan* • *bezwaren*; *overladen*; *overstelpen (***de** *met)* • *getuigen tegen*; *ten laste leggen* • *aantekenen* ⟨v. brief⟩ • *overdrijven*; *aandikken* • *te veel berekenen* • COMP. *laden*; *opslaan* ★ ~ la mémoire *het geheugen overladen* ★ ~ un accusé *getuigen tegen de verdachte* ★ ~ un compte *een rekening opschroeven* • **~ de** *belasten met* **II** WKD WW [**se ~**] **de** *zich belasten met*; *op zich nemen*; *zorgen voor*
chargeur M • *fotocassette* • *sjouwer* • *(scheeps)bevrachter* • *patroonhouder* • *lader*
chargeuse V *laadmachine*
chariot, **charriot** M • *wagen* • *boodschappenwagentje* ★ ~ à bagages *bagagewagentje* ★ ~ élévateur *heftruck*
charismatique (zeg: ka-) BNW *charismatisch*

charisme (zeg: ka-) M *charisma*
charitable BNW *liefdadig*; *menslievend*
charité V • *naastenliefde* • *liefdadigheid* • *aalmoes* ★ fille de ~ *liefdezuster* ★ vente de ~ *fancy fair* ★ faire la ~ *een aalmoes geven* ★ ~ bien ordonnée commence par soi-même *ieder is zichzelf het naast*
charivari M • *tumult* • *herrie*; *lawaai* • *wanorde*
charlatan M • *oplichter*; *kwakzalver* • *charlatan*
charlatanerie V • *kwakzalverij* • *opsnijderij*
charlatanesque BNW *kwakzalverachtig*
charlatanisme M *kwakzalverij*
Charlemagne M *Karel de Grote*
Charles M *Karel*
charlot M INFORM. *jandoedel*
Charlot M *Kareltje*; *Charlie Chaplin*
charlotte V • *soort dameshoed* • *soort pudding*
charmant BNW *charmant*; *bekoorlijk*; *innemend*
charme M • *bekoring*; *aantrekkelijkheid*; *charme* • *betovering* • *hagenbeuk* • *amulet* ★ chanteur de ~ *crooner* ★ faire du ~ *charmeren*; *innemend zijn* ★ jeter un ~ sur *betoveren* ★ INFORM. se porter comme un ~ *het uitstekend maken*; *zo gezond zijn als een vis*
charmer OV WW • *betoveren* • *bekoren* • *verzachten* ⟨v. pijn⟩; *lenigen*; *verdrijven* ⟨v. verveling⟩ ★ (j'ai été) charmé (de)! *het was me een genoegen (om)!*
charmeur I M [v: **charmeuse**] • *charmeur*; *innemend persoon* • OUD. *tovenaar* ★ ~ de serpents *slangenbezweerder* **II** BNW [v: **charmeuse**] *innemend*; *verleidelijk*
charmille V *laantje van geschoren hagen*
charnel BNW [v: **charnelle**] • *zinnelijk*; *vleselijk* • *lichamelijk* • *aards* ★ biens ~s *aardse goederen*
charnier M • *knekelhuis* • *massagraf*
charnière I V • *scharnier* • FIG. *overgang*; *keerpunt* **II** BNW *een keerpunt vormend*; *doorslaggevend*
charnu BNW *vlezig* ⟨ook v. vruchten⟩
charognard M OOK FIG. *aasgier*
charogne V • OOK FIG. *kreng* • *kadaver*
charpente V • *geraamte* ⟨v. bouwwerk⟩ • *beendergestel* • *bouw*; *opzet* ⟨v. literair werk⟩ ★ bois de ~ *timmerhout*
charpenté BNW *doortimmerd*
charpenter OV WW • *timmeren*; *bewerken* • *in elkaar zetten* ⟨v. literair werk⟩; *uitwerken*
charpentier M *timmerman*
charpie V *pluksel* ⟨voor wonden⟩ ★ en ~ *in stukjes*; *in mootjes*
charretée V *karrenvracht*
charretier I M [v: **charretière**] *voerman* ★ jurer comme un ~ *vloeken als een ketter* **II** BNW [v: **charretière**] *karren-* ★ porte charretière *karrenpoort*
charrette V *kar (met twee wielen)* ★ ~ à bras *handkar*
charriage M *vervoer per wagen*
charrier I OV WW • *per wagen vervoeren* • *meesleuren*; *meevoeren* • INFORM. *voor de gek houden* **II** ONOV WW • *kruien* ⟨v. rivier⟩ • INFORM. *overdrijven*
charroi M • *vervoer per wagen* • *militair konvooi*
charron M *wagenmaker*
charroyer OV WW *per wagen vervoeren*
charrue V *ploeg* ★ mettre la ~ devant/avant les bœufs *het paard achter de wagen spannen*
charte V • GESCH. *oorkonde* • *handvest*
charter (zeg: -tèr) M *charter*; *chartervlucht*
chartiste M/V *(oud-)leerling v.d. Ecole des Chartes*
chartreuse V • *kartuizernon* • *klooster der kartuizers* • *chartreuse* ⟨likeur⟩
chartreux I M *blauwgrijze kat* **II** M [v: **chartreuse**] *kartuizer monnik/non*
chas (zeg: sjà) M *oog* ⟨v. naald⟩
chasse V • *jacht (***à** *op, naar)* • *jachtterrein* • *het gedode wild* • *korps jachtvliegers* ★ ~ à courre *lange jacht* ★ ~ d'eau *waterspoeling* ⟨v. wc⟩ ★ la ~ aux images *het schieten van foto's* ★ ~ à l'homme *mensenjacht*; *klopjacht* ★ ~ au lion *leeuwenjacht* ★ ~ aux sorcières *heksenjacht* ★ ~ à tir *korte jacht* ★ donner la ~ à *achtervolgen*; *jacht maken op* ★ permis de ~ *jachtakte* ★ tirer la ~ (d'eau) *doortrekken* ⟨v. wc⟩ ★ c'est ma ~ gardée! *dat is mijn terrein!* ★ qui va à la ~, perd sa place *opgestaan, plaats vergaan*
châsse V • *relikwiekast* • *montuur* ⟨v. bril⟩ • PLAT *oog*
chasse-clou M [mv: **chasse-clous**] *drevel*
chassé-croisé M [mv: **chassés-croisés**] • *kruisende danspas* • *stuivertje wisselen*
chasselas (zeg: -là) M *soort witte druif*
chasse-neige M [mv: **chasse-neige(s)**] • *sneeuwploeg* ⟨ook: stand v. ski's⟩ • *sneeuwruimer*
chasser I OV WW • *verjagen*; *wegjagen (***de** *uit)* • *uitdrijven*; *indrijven* ⟨v. spijker⟩ • *jagen op* ★ ~ le mauvais air *spuien* **II** ONOV WW • *jagen* ⟨ook v. wolken⟩ • *slippen* ⟨v. auto, anker⟩ ★ le vent chasse du nord *de wind waait uit het noorden* ★ ~ sur les terres d'un autre *onder iemands duiven schieten*
chasseresse V FORM. *jageres*
chasse-roue M [mv: **chasse-roues**] *amsterdammertje*; *schutpaal*
chasseur I M • *licht bewapend militair* • *jager* ⟨schip of vliegtuig⟩ • *piccolo* ★ ~ alpin *alpenjager* **II** M [v: **chasseuse**] *jager* ★ ~ de fourrures *pelsjager* ★ ~ de têtes *koppensneller*; *headhunter* ★ ~ d'images *ijverig fotograaf/filmer*
châssis M • *lijst*; *raam* ⟨v. venster⟩ • *chassis* ★ ~ à tabatière *schuin dakraam* ★ INFORM. un beau ~ *een lekker stuk* ⟨vrouw⟩; *een mooi lijf*
chaste BNW *kuis*; *zedig*; *rein*
chasteté V *kuisheid*; *zedigheid*; *reinheid*
chasuble V • *kazuifel* • *overgooier*
chat[1] **I** M [v: **chatte**] *kat*; *poes* ★ chat tigré *gestreepte/cyperse kat* ★ chat de gouttière *straatkat*; *dakhaas* ★ toilette de chat *kattenwasje* ★ INFORM. il n'y a pas un chat *er is geen sterveling* ★ achteter (un) chat en poche *een kat in de zak kopen* ★ appeler un chat un chat *het kind bij zijn naam noemen* ★ donner sa langue au chat *het opgeven* ⟨bij het raden⟩ ★ avoir un chat dans la gorge *hees zijn* ★ n'éveillez pas le chat qui dort *je moet geen slapende honden wakker maken* ★ à bon chat bon rat ⟨spreekwoord⟩ *baas boven*

baas; *leer om leer* ★ le chat parti, les souris dansent ‹spreekwoord› *als de kat van huis is, dansen de muizen (op tafel)* ★ chat échaudé craint l'eau froide ‹spreekwoord› *een ezel stoot zich geen tweemaal aan dezelfde steen* ★ j'ai d'autres chats à fouetter *ik heb wel wat anders te doen* **II** BNW *poeslief*

chat[2] (zeg: tsjat) M WWW *chat*; *het chatten*

châtaigne I V • *(tamme) kastanje* • INFORM. *optater* **II** BNW *kastanjebruin*

châtaigneraie V *kastanjebosje*

châtaignier M • *(tamme) kastanjeboom* • *kastanjehout*

châtain BNW *kastanjebruin*

château M [mv: **châteaux**] • *kasteel*; *slot* • *groot landhuis* • *benaming van bordeauxwijnen* ★ ~ d'eau *watertoren*; *waterreservoir* ★ bâtir des ~x en Espagne *luchtkastelen bouwen* ★ ~ de cartes *kaartenhuis* ★ ~ fort *vesting* ★ IRON. Château-la-Pompe *gemeentepils*

châtelain M *kasteelheer*

châtelaine V *kasteelvrouwe*

chat-huant (zeg: sja-uua(n)) M [mv: **chats-huants**] *katuil*

châtier OV WW • *straffen*; *kastijden* • *kuisen* ‹v. stijl, taal› ★ qui aime bien, châtie bien ‹spreekwoord› *een verstandig vader spaart de roede niet*

chatière V • *kattengat* • *kattenval* • *luchtgat* ‹in een dak›

châtiment M *straf*; *kastijding*; *tuchtiging* ★ ~ corporel *lijfstraf*

chatoiement M *weerschijn*; *glinstering*

chaton M • *wilgenkatje*; *katje* • *katje* • *kas* ‹v. edelsteen› • *gevatte edelsteen*

chatouille V INFORM. *gekietel* ★ faire des ~s *kietelen*

chatouillement M • *(het) kietelen*; *kieteling* • *vleierij*; *streling*

chatouiller OV WW • *kietelen* • *strelen*; *vleien*

chatouilleux BNW [v: **chatouilleuse**] • *gevoelig voor kietelen* • *lichtgeraakt*; *gevoelig*

chatouillis M • → **chatouillement**

chatoyant BNW OOK FIG. *kleurrijk*; *met weerschijn*

chatoyer ONOV WW *weerschijn hebben*; OOK FIG. *fonkelen*

châtrer OV WW *castreren*; FIG. *verminken*

chatte V • *poes* • VULG. *poesje*

chattemite V *poeslief persoon*

chatter ONOV WW WWW *chatten*

chatterie V • *overdreven liefheid* • *lekkernij*; *snoepgoed*

chatterton (zeg: -tòn) M *isolatieband*

chaud I BNW • *heet*; *warm* • *hevig*; *fel*; *roerig*; *vurig*; *enthousiast* ★ j'ai eu ~ (aux fesses) *ik had het benauwd*; *ik zat ik de rats* ★ à ~ *prompt*; *acuut* ★ reportage à ~ *livereportage* ★ tout ~ *vers*; *heet van de naald* ★ ça me laisse ni ~ ni froid *dat laat me koud* ★ point ~ *knelpunt*; *brandhaard* ★ quartier ~ *rosse buurt* ★ tête ~e *heethoofd* ★ pleurer à ~es larmes *hete tranen schreien* ★ avoir le sang ~ *warmbloedig zijn* ★ ne pas être ~ pour *niet veel voelen voor* ★ souffler le ~ et le froid *de dienst uitmaken*; *eigendunkelijk optreden* **II** BIJW *warm*; *heet* ★ manger ~ *warm eten* **III** M *hitte*; *warmte* ★ avoir ~ *het warm hebben* ★ il fait ~ *het is warm* ★ il y faisait ~ *'t ging er heet toe* ★ tenir un plat au ~ *een schotel warm houden*

chaud-froid M [mv: **chauds-froids**] *(koud) gerecht van gevogelte in saus*

chaudière V *verwarmingsketel*; *stoomketel*

chaudron M • *(koperen) ketel* • *rammelkast* ‹piano›

chaudronnerie V • *koperslagerij* • *keukengerei*; *koperwerk*

chaudronnier M [v: **chaudronnière**] *koperslager*; *handelaar in keukengereedschap of koperwerk*

chauffage M *(het) stoken*; *verwarming* ★ ~ central *centrale verwarming* ★ ~ urbain *stadsverwarming* ★ bois de ~ *brandhout*

chauffagiste M *verwarmingsmonteur*

chauffant BNW *dat verwarmt* ★ couverture ~e *elektrische deken* ★ lunette arrière ~e *verwarmde achterruit*

chauffard M *woeste chauffeur*; *zondagsrijder*; *wegpiraat*

chauffe V *verwarming*; *(het) stoken*

chauffe-bain M [mv: **chauffe-bains**] *geiser v. bad*

chauffe-biberon M [mv: **chauffe-biberons**] *flessenwarmer*

chauffe-eau M [mv: id.] *geiser*; *boiler*

chauffe-plat M [mv: **chauffe-plats**] *komfoor*; *rechaud*

chauffer I OV WW • *verwarmen*; *stoken* • INFORM. *stimuleren*; *aanzetten* • INFORM. *stelen*; *jatten* ★ ~ une affaire *spoed achter een zaak zetten* ★ ~ un élève *een leerling klaarstomen* **II** ONOV WW *warm worden*; *warmte (af)geven* ★ INFORM. ça chauffe *de poppen zijn aan het dansen* **III** WKD WW [**se ~**] • *zich warmen* • *zich opwarmen*

chaufferette V *stoof*

chaufferie V *stookkamer*

chauffe-théière M [mv: **chauffe-théières**] *theelichtje*

chauffeur M • *chauffeur* • *stoker* ★ ~ de dimanche *zondagsrijder*

chauffeuse V *lage stoel* ‹bij het vuur›; *bedbank*

chaulage M *(het) kalken*

chauler OV WW *kalken*

chaume M • *stoppel* • *stoppelveld* • *stro* ‹v. dak›; *strodak*

chaumière V *(met riet bedekte) hut*

chaussée V • *rijweg* • *opgehoogde weg door moerassige streek* • *dam*; *dijk*

chausse-pied M [mv: **chausse-pieds**] *schoenlepel*

chausser I OV WW • *aantrekken* ‹v. schoenen, kousen, bril, ski's› • *aanaarden* ‹v. plant› • *van banden voorzien* ‹auto› ★ combien tu chausses? *welke schoenmaat heb je?* **II** ONOV WW *passen*; *zitten* ‹v. schoenen› ★ ces sandales me chaussent bien *die sandalen zitten me goed* **III** WKD WW [**se ~**] • *schoenen aantrekken* • *schoenen kopen*

chausse-trape V [mv: **chausse-trap(p)es**] • OOK FIG. *valkuil* • GESCH. *voetangel*

chausse-trappe V • → **chausse-trape**
chaussette V *sok* ★ INFORM. jus de ~ *slootwater* (slappe koffie)
chausseur M *schoenenfabrikant*; *schoenhandelaar*
chausson M • *slof* • *lichte, soepele schoen* (ballet, schermen) • *(appel)flap* ★ ~ aux pommes *appelflap*
chaussure V • *schoen* • *schoenindustrie* ★ ~ montante/à tige *hoge schoen* ★ ~s à pointes *spikes* ★ trouver ~ à son pied *iets/iem. van zijn gading vinden*
chaut WW • → **chaloir**
chauve BNW *kaal*; *onbehaard*
chauve-souris V [mv: **chauves-souris**] *vleermuis*
chauvin I BNW *chauvinistisch* **II** M [v: **chauvine**] *chauvinist*
chauvinisme M *chauvinisme*; *overdreven vaderlandsliefde*
chaux V *kalk* ★ ~ éteinte *gebluste kalk* ★ ~ vive *ongebluste kalk* ★ lait de ~ *witkalk* ★ être bâti à ~ et à sable *een sterk gestel hebben*
chavirer I OV WW *omgooien*; *ondersteboven keren* **II** ONOV WW • *(om)draaien* • *omslaan* (v. schip) • FIG. *ten onder gaan*
chéchia V • *rode soldatenmuts* (v. Fr. troepen in Afrika) • *fez*
chef M • *hoofd*; *directeur*; *chef* • *punt*; *artikel* (in uitdrukkingen) ★ chef de chantier *opzichter* ★ chef cuisinier *eerste kok* ★ chef d'entreprise *bedrijfsleider*; *ondernemer* ★ chef d'équipe *ploegbaas*; *aanvoerder* ★ chef de l'Etat *staatshoofd* ★ chef de famille *gezinshoofd* ★ chef de file *leider* ★ chef d'orchestre *dirigent* ★ chef de service/de bureau *afdelingschef* ★ chef de train *hoofdconducteur* ★ commandant en chef *opperbevelhebber* ★ chef d'accusation *(voornaamste) punt van beschuldiging* ★ FORM. au premier chef *in de eerste plaats* ★ FORM. du chef de *op gezag van*; *uit hoofde van* ★ de son (propre) chef *op eigen gezag*; *uit eigen beweging*
chef-d'œuvre (zeg: sjèdeuvre) M [mv: **chefs-d'œuvre**] *meesterwerk*
chef-lieu M [mv: **chefs-lieux**] *hoofdplaats* (v. departement, kanton)
cheftaine V *akela*
cheik (zeg: sjeek) M *sjeik*
cheikh M • → **cheik**
chelem M *slem* (kaartspel, sport) ★ grand ~ *groot slem*
chemin M • OOK FIG. *weg (***de** *naar)* • *loper* (op trap e.d.) ★ en ~ *onderweg*; *op weg* ★ OOK FIG. ~ battu *gebaande weg* ★ ~ de croix *kruisweg* ★ ~ des écoliers *omweg*; *langere weg* ★ ~ de fer *spoorweg* ★ ~ forestier *bosweg* ★ ~ vicinal *kleine weg*; *dorpsweg* ★ ~ du paradis *moeilijke weg* ★ aller son ~ *z'n gangetje gaan* ★ ~ faisant *onderweg* ★ faire son ~ *slagen*; *carrière maken*; *ingang vinden* ★ on a fait du ~ *we zijn een flink eind opgeschoten* ★ ne pas y aller par quatre ~s *recht op z'n doel afgaan* ★ montrer le ~ *het voorbeeld geven*
chemineau M [mv: **chemineaux**] OUD. *zwerver*; *landloper*
cheminée V • *schoorsteen* • *schoorsteenmantel* • *open haard*; *schouw* • *lampenglas* • *smalle, steile weg tussen rotsen* • *koker*; *schacht*; *verticale afvoerpijp*
cheminement M *(het) voortgaan*; *voortgang*
cheminer ONOV WW *voortgaan*; *lopen*; *zich ontwikkelen*
cheminot M *spoorwegarbeider*; *spoorwegbeambte*
chemise V • *hemd* • *omslag*; *(papieren) map* • *bekleding*; *omhulsel* ★ changer de ~ *een schoon overhemd aantrekken* ★ changer d'avis/d'opinion comme de ~ *telkens van mening veranderen* ★ je m'en moque/soucie comme de ma première ~ *ik heb er lak aan*
chemiserie V *herenmodezaak*; *hemdenfabriek*
chemisette V *overhemd met korte mouwen*; *overhemdbloes*
chemisier I M *overhemdbloes* **II** M [v: **chemisière**] *hemdenmaker*; *hemdenverkoper*
chênaie V *eikenbosje*
chenal M [mv: **chenaux**] *vaargeul*; *waterloop*
chenapan M *schelm*
chêne M • *eik* • *eikenhout* ★ en ~ *eiken*
chéneau M [mv: **chéneaux**] *dakgoot*
chêne-liège M [mv: **chênes-lièges**] *kurkeik*
chenet M *haardijzer*
chènevis M *hennepzaad*
chenil M • *hondenhok*; *kennel* • INFORM. *krot*
chenille V • *rups* • *rupsband* • *chenille* (garen)
chenillé BNW *rups-*; *met rupsbanden*
chenu BNW • FORM. *grijs* (v. haar) • FORM. *besneeuwd* • FORM. *zonder bladeren* ★ arbre ~ *kale boom*
cheptel M • *veestapel* • *veepacht*
chèque M *cheque* ★ ~ postal *girocheque* ★ ~ en bois *ongedekte cheque* ★ ~ en blanc *blanco cheque*; FIG. *vrijbrief* ★ faire un ~ *een cheque uitschrijven*
chèque-cadeau M [mv: **chèques-cadeaux**] *cadeaubon*
chèque-CD M [mv: **chèques-CD**] *cd-bon*
chèque-départ M *vertrek- /oprotpremie*
chèque-emploi M [mv: **chèques-emploi**] ≈ *werkbriefje*
chèque-livre M [mv: **chèques-livres**] *boekenbon*
chéquier M *chequeboek*
cher I BNW [v: **chère**] • *lief*; *dierbaar* • *duur*; *kostbaar* ★ mon cher *m'n beste*; *m'n waarde* **II** BIJW *duur* ★ ça ne vaut pas cher *dat is niks waard* ★ coûter cher *duur zijn*; FIG. *duur betaald worden* ★ je donnerais cher pour *ik zou er een lief ding voor overhebben om*
chercher I OV WW • *zoeken* • *halen* • INFORM. *provoceren* ★ envoyer ~ *laten halen* ★ aller ~ le médecin *de dokter gaan halen* ★ tu l'as cherché! *je hebt erom gevraagd!* ★ il me cherche! *hij zoekt ruzie met me!*; *hij moet mij hebben!* ★ ~ la petite bête *muggenziften*; *vitten* ★ ~ midi à quatorze heures *spijkers op laag water zoeken* **II** ONOV WW ★ INFORM. ~ après *zoeken naar* ★ INFORM. cela va ~ dans les cent euros *dat zal zeker op 100 euro komen* • ~ **à** *trachten te*; *proberen te*
chercheur I M [v: **chercheuse**] *(onder)zoeker* ★ ~ d'or *goudzoeker* **II** BNW [v: **chercheuse**] *(onder)zoekend*
chère I V FORM. *kost*; *maaltijd* ★ faire bonne ~

lekker eten; *goede sier maken* **II** BNW • → **cher**
chéri I M [v: **chérie**] *lieveling*; *schat* **II** BNW *dierbaar*; *geliefd*
chérir OV WW *beminnen*; *liefhebben*
chérot BNW INFORM. *duur*
cherté V *duurte*
chérubin M • *cherubijn* • *lief kind*; *engeltje*
chétif BNW [v: **chétive**] • *mager*; *zwak* • *armoedig*; *nietig*; *schamel*
cheval M [mv: **chevaux**] • *paard* • SPORT *paard*; *bok* • *paardenkracht* ★ ~ d'arçons *paard* ⟨turntoestel⟩ ★ ~ de bataille *stokpaardje* ★ ~ blanc *schimmel* ★ chevaux de bois *draaimolen* ★ ~ à bascule *hobbelpaard* ★ ~ de course *renpaard* ★ ~ de labour OOK FIG. *werkpaard* ★ ~ de selle *rijpaard* ★ ~ de frise *Spaanse ruiter* ★ ~ de trait *trekpaard* ★ ~ pur sang *volbloed paard* ★ ~ marin *zeepaardje* ★ faire du ~ *paardrijden* ★ INFORM. ~ de retour *recidivist* ★ monter à ~ *te paard stijgen*; *paardrijden* ★ monter sur ses grands chevaux *op zijn achterste benen gaan staan* ★ à ~ *te paard* ★ à ~ (sur) *schrijlings (op)*; *deels in/op het een, deels in/op het ander* ★ à ~ sur le fleuve *op beide oevers* ★ être à ~ sur les principes *beginselvast zijn* ★ travailler comme un ~ *werken als een paard* ★ il n'est si bon ~ qui ne bronche ⟨spreekwoord⟩ *het beste paard struikelt wel eens* ★ l'œil du maître engraisse le ~ ⟨spreekwoord⟩ *het oog v.d. meester maakt het paard vet* ★ troquer son ~ borgne contre un aveugle *van de regen in de drup komen*
chevalement M *(de) stutten*; *schoorbalken*
chevaleresque BNW *ridderlijk*; *ridder-*
chevalerie V • *ridderschap* • *ridderlijkheid*
chevalet M • *(schilders)ezel* • *schraag* • *werkbank* • *kam* ⟨v. viool⟩ • *pijnbank*
chevalier M • *ridder* • *ruiter* ⟨steltpotige vogel⟩ ★ ~ errant *dolende ridder* ★ LIT. ~ d'industrie *oplichter* ★ ~ de la Légion d'honneur *ridder v.h. Legioen van Eer* ★ FIG. ~ servant *galante ridder* ★ armer ~ *tot ridder slaan*
chevalière V *zegelring*
chevalin BNW *paarden-* ★ race ~e *paardenras*
cheval-vapeur M [mv: **chevaux-vapeur**] *paardenkracht (pk)*
chevauchée V • *ruitertroep* • *rit te paard*
chevauchement M *overlap(ping)*
chevaucher I OV WW • *berijden*; *schrijlings zitten op* • *(elkaar) overlappen* **II** ONOV WW • FORM. *paardrijden* • *elkaar gedeeltelijk overlappen*
chevaux M MV • → **cheval**
chevêche V *steenuil*
chevelu I BNW • *behaard* • *langharig* **II** M PLANTK. *wortelhaar*
chevelure V • *haardos*; *hoofdhaar* • FORM. *loof* • *staart v. komeet*
chevet M • *hoofdeinde v. bed* • *(ziek)bed* • OUD. *peluw* • ARCH. *gedeelte v. kerk achter het koor* ★ livre de ~ *lievelingsboek*
cheveu M [mv: **cheveux**] *(hoofd)haar* ★ ~x blancs *grijze haren* ★ se faire des ~x (blancs) *zich zorgen maken* ★ faire dresser les ~x *de haren te berge doen rijzen* ★ tiré par les ~x *met de haren erbij gesleept* ★ raisonnement tiré par les ~x *onlogische redenering* ★ couper les ~x en quatre *muggenziften*; *haarkloven* ★ saisir l'occasion aux ~x *de koe bij de hoorns vatten* ★ se prendre aux ~x *elkaar in de haren vliegen*
cheveux M MV • → **cheval**
chevillard M *grossier in slachtvlees*
cheville V • *enkel* • *vioolsleutel* • *(vlees)haak* • *plug*; *spil*; *pen* • LIT. *stoplap* ★ ~ ouvrière *de spil waar alles om draait* ★ INFORM. ne pas arriver à la ~ de qn *niet in iemands schaduw kunnen staan*; *niet aan iem. kunnen tippen*
cheviller OV WW *met bouten verbinden* ★ avoir l'âme chevillée au corps *taai/ijzersterk zijn*
chevilleur M • → **chevillard**
chèvre I M *geitenkaas* **II** V • *geit* • *schraag*; *bok* ★ faire devenir ~ *ergeren* ★ ménager la ~ et le chou *de kool en de geit sparen*
chevreau M [mv: **chevreaux**] • *geitje* • *geitenleer*
chèvrefeuille M *kamperfoelie*
chevrette V • *geitje* • *reegeit* • *garnaal*
chevreuil M *ree*; *reebok*
chevrier M [v: **chevrière**] *geitenhoeder*
chevron M • *dakspar* • *streep op mouw*; *chevron* ★ tissu à ~s *visgraatstof*
chevronné BNW *ervaren*
chevrotant BNW *bevend* ⟨v. stem⟩
chevrotement M *(het) beven v.d. stem*
chevroter ONOV WW • *mekkeren* ⟨v. geiten⟩ • *met beverige stem spreken* • *jongen krijgen* ⟨v. geiten⟩
chevrotine V *grove (jacht)hagel*
chewing-gum (zeg: swieng-Gom) M [mv: **chewing-gums**] *kauwgom*
chez VZ *bij*; *naar* ★ chez moi *(bij mij) thuis* ★ chez soi *thuis* ★ aller chez qn *naar iemands huis gaan* ★ faites comme chez vous *doe alsof u thuis bent* ★ il est de chez nous *hij komt uit onze streek* ★ chez lui ce n'est pas étrange *dat is bij hem niet vreemd*
chez-soi M [mv: id.] *thuis*; *'n thuis*; *eigen huis*
chiader OV+ONOV WW PLAT *blokken (voor)*
chialer ONOV WW INFORM. *grienen*; *janken*
chiant BNW VULG. *strontvervelend*
chiasse V • *poep* ⟨v. insecten⟩ • VULG. *diarree*
chic I BNW • *chic*; *elegant* • *sympathiek*; *sportief* • *fijn*; *mieters* ★ chic type *fidele vent* **II** M • *goede smaak*; *zwier* • *handigheid*; *slag* ★ bon chic bon genre *keurig en smaakvol* ⟨v. voorkomen⟩; *correct* **III** TW ★ chic (alors)! *fijn*; *mieters!*
chicane V • *geruzie* • MIN. *advocatenstreek* • *uitvlucht*; *haarkloverij* • *chicane*; *zigzagdoorgang*
chicaner I OV WW • *ruzie maken met* ⟨in rechtszaak⟩; *vitten op* • OUD. *betwisten* **II** ONOV WW • *chicanes gebruiken* ⟨in een rechtszaak⟩ • *haarkloven*; *vitten* (**sur** *op)*
chicaneur M [v: **chicaneuse**] • *vitter* • *zanikerd*
chicanier M [v: **chicanière**] *zeurpiet*; *pietlut*
chicha V *waterpijp*
chiche I BNW • *mager* • *karig (***de** *met)* • OUD. *gierig* ★ pois ~s *grauwe erwten* ★ il n'est pas ~ de le faire *hij durft het niet* **II** TW ★ INFORM. ~ (que...)! *wedden (dat...)!*
chiche-kebab, **chiche-kébab** M [mv:

chiches-kebabs, chiches-kébabs] *kebab; lamsspies*
chichi M INFORM. *kouwe drukte* ★ faire des ~s *zich aanstellen* ★ arrête tes ~s! *doe eens normaal!*
chicorée V *cichorei; andijvie* ★ ~ de Bruxelles *witlof* ★ ~ frisée *krulandijvie*
chicos (zeg: -kos) BNW *sjiek; piekfijn*
chicot M • *boomstronk* • INFORM. *stompje* ⟨v. tand⟩
chié BNW INFORM. *onwijs; te gek*
chiée V VULG. *(hele) zooi*
chien I M [v: **chienne**] • *hond* • *haan* ⟨v. geweer⟩ ★ ~ d'attache *kettinghond* ★ ~ de garde *waakhond* ★ ~ de mer *hondshaai* ★ en ~ de fusil *met opgetrokken knieën* ★ ... de ~ *vreselijk; rot-* ★ humeur de ~ *rothumeur* ★ métier de ~ *hondenbaan* ★ temps de ~/~ de temps *hondenweer* ★ vie de ~ *hondenleven* ★ INFORM. rubrique des ~s écrasés *gemengd (plaatselijk) nieuws* ★ coiffé à la ~ *met wilde haren; met ponyhaar* ★ entre ~ et loup *in de schemering* ★ INFORM. nom d'un ~! *verrek!* ★ vivre comme ~ et chat *als kat en hond leven* ★ rompre les ~s *een gesprek afbreken* ★ se regarder en ~s de faïence *elkaar strak en boos aankijken* ★ je lui garde un ~ de ma ~ne *ik heb nog een appeltje met hem te schillen* ★ elle a du ~ *ze is sexy; ze heeft charme* ★ ~ qui aboie ne mord pas ⟨spreekwoord⟩ *blaffende honden bijten niet* ★ arriver comme un ~ dans un jeu de quille *zeer ongelegen komen* ★ INFORM. ne pas valoir les quatre fers d'un ~ *geen knip voor de neus waard zijn* ★ bon ~ chasse de race ⟨spreekwoord⟩ *de appel valt niet ver van de boom* ★ qui veut noyer son ~, l'accuse de la rage *wie een hond wil slaan, kan gemakkelijk een stok vinden* **II** BNW • INFORM. *gierig* • *gemeen* ★ être ~ avec qn *hardvochtig/gierig tegenover iem. zijn*
chiendent M • PLANTK. *kweek(gras)* • INFORM. *moeilijkheid*
chienlit I M • OUD. *carnavalsmasker* • *vermomming* **II** V *troep; janboel*
chien-loup M [mv: **chiens-loups**] *wolfshond*
chier ONOV WW VULG. *schijten* ★ à ~ *knudde; naatje* ★ faire ~ *vervelen; op de zenuwen werken* ★ se faire ~ *zich rot vervelen* ★ envoyer ~ *afschepen* ★ ça va ~ *dat wordt hommeles* ★ il n'y a pas à ~ *niks aan te doen*
chieur M [v: **chieuse**] VULG. *vervelend persoon; zeur; trut*
chiffe V • *slechte stof; vod* • INFORM. *slappeling*
chiffon M • *doek; stofdoek; poetsdoek* • *lomp; vod* ★ ~ de papier *vodje papier* ★ en ~ *verkreukeld; verfrommeld*
chiffonner OV WW • *verkreukelen* • *hinderen; ergeren*
chiffonnier I M *ladekast* **II** M [v: **chiffonnière**] *voddenraper*
chiffrage M • *becijfering* • *codering*
chiffre M • *cijfer; getal* • *bedrag* • *codecijfer; geheimschrift* • *combinatie* ⟨v. slot⟩ • *monogram* ★ ~ d'affaires *omzet*
chiffrer I OV WW • *berekenen* • *nummeren* • *omzetten in cijferschrift; coderen* • MUZ. *becijferen* ★ ~ des pages *bladzijden nummeren* ★ ~ un télégramme *een telegram coderen* ★ ~ une basse *een bas becijferen* **II** ONOV WW • *oplopen* ⟨v. aantal, bedrag⟩ • *cijferen; rekenen* **III** WKD WW [**se** ~] *bedragen; (op)lopen* ★ se ~ à 2 millions *2 miljoen belopen* ★ se ~ par millions *in de miljoenen lopen*
chiffreur M [v: **chiffreuse**] • *codist* • *cijferaar*
chignole V • INFORM. *vehikel* • *boor*
chignon M *knot; wrong*
chiite I BNW *sjiitisch* **II** M *sjiiet* **III** V *sjiitische*
Chili M *Chili*
chilien BNW [v: **chilienne**] *Chileens*
Chilien M [v: **Chilienne**] *Chileen*
chimère V • *hersenschim; drogbeeld* • *chimaera*
chimérique BNW *denkbeeldig; hersenschimmig*
chimie V • *scheikunde; chemie* • *onzichtbare (wissel)werking (**entre** tussen)*
chimiothérapie V *chemotherapie*
chimique BNW *scheikundig; chemisch*
chimiste M/V *scheikundige; chemicus*
chimpanzé M *chimpansee*
chine I M *Chinees papier; Chinees porselein* **II** V *uitdragerij*
Chine V *China*
chiner I OV WW • INFORM. *plagen* • *chineren; vlammen* ⟨v. stoffen⟩ **II** ONOV WW • *vlammen* ⟨v. stoffen⟩ • *koopjes zoeken* ⟨bij uitdragers e.d.⟩
chinois I M *(het) Chinees* **II** BNW *Chinees* ★ ombres ~es *Chinese schimmen*
Chinois M [v: **Chinoise**] *Chinees*
chinoiserie V • *Chinees snuisterijtje* • *kleingeestige maatregel; pietluttigheid*
chiot (zeg: sjoo) M *jonge hond; pup*
chiottes V MV VULG. *plee*
chiourme V *de galeiboeven*
chiper OV WW • INFORM. *gappen; afkapen* • INFORM. *oplopen* ★ ~ un rhume *een kou oplopen*
chipie V INFORM. *feeks; kreng*
chipolata V *worstje*
chipotage M • → **chipoter**
chipoter I ONOV WW • *treuzelen* ⟨bij het werken⟩ • *kieskauwen* • *afdingen (**sur** op)* **II** WKD WW [**se** ~] *met elkaar kibbelen*
chipoteur I M [v: **chipoteuse**] • INFORM. *kieskauwer* • INFORM. *treuzelaar* • INFORM. *vitter* • INFORM. *afdinger; pingelaar* **II** BNW [v: **chipoteuse**] INFORM. *vitterig; bedillerig*
chipotier M [v: **chipotière**] • → **chipoteur**
chips M MV *chips*
chique V • *tabakspruim* • *zandvlo* ★ INFORM. couper la ~ à *de mond snoeren*
chiqué M INFORM. *bluf; uitsloverij*
chiquenaude V • *knip met de vingers* • FIG. *duwtje*
chiquer OV WW *pruimen* ⟨v. tabak⟩
chiqueur M *pruimer*
chiromancie (zeg: kie-) V *het handlezen*
chiromancien (zeg: kie-) M [v: **chiromancienne**] *handlezer*
chiropracteur (zeg: kie-) M *chiropracticus*
chiropractie (zeg: kieropraktie) V *chiropraxis; chiropraxie*
chiropraticien (zeg: kie-) M [v:

chiropraticienne] • → **chiropracteur**
chirurgical BNW [m mv: **chirurgicaux**] *chirurgisch*
chirurgie V *chirurgie* ★ ~ esthétique/plastique *plastische chirurgie* ★ ~ dentaire *tandheelkunde*
chirurgien M [v: **chirurgienne**] *chirurg*
chirurgien-dentiste M/V [mv: **chirurgiens-dentistes**] *kaakchirurg*
chiure V *drek* ⟨v. insecten⟩
chlinguer ONOV WW • → **schlinguer**
chlorate (zeg: kloo-) M *chloraat*
chlore (zeg: kloor) M *chloor*
chloré (zeg: klooree) BNW *chloorhoudend*
chlorer (zeg: klooree) OV WW *chloreren*
chlorhydrique (zeg: kloor-) BNW *chloorwaterstof-* ★ acide ~ *zoutzuur*
chlorique (zeg: kloor-) BNW ★ acide ~ *chloorzuur*
chloroforme (zeg: kloor-) M *chloroform*
chloroformer (zeg: kloor-) OV WW *in slaap maken met chloroform*
chlorophylle (zeg: kloor-) V *bladgroen*
chlorure (zeg: kloor-) M *chloride* ★ ~ d'ammonium *salmiak* ★ ~ de sodium *keukenzout*
chnoque (zeg: sjnok) M INFORM. *idioot* ★ vieux ~ *ouwe knakker*
choc I M • *schok*; *botsing* • MED. *shock* ★ choc en retour *terugslag* ★ ... de choc *radicaal* ★ troupes de choc *stoottroepen* ★ sous le choc *verbijsterd*; *van streek* **II** BNW *opvallend*; *uitdagend*; *schokkend* ★ prix chocs *stuntprijzen*
chochotte V INFORM. *nuf*
chocolat (zeg: -là) **I** M *chocolade* ★ barre de ~ *reep chocolade* ★ ~ chaud *warme chocolademelk* **II** BNW *chocoladekleurig* ★ INFORM. être ~ *de sigaar zijn*
chocolaterie V *chocoladefabriek*; *chocoladewinkel*
chocolatier M [v: **chocolatière**] • *chocoladefabrikant* • *winkelier in chocolade*
chœur (zeg: keur) M *koor*; *rei* ★ enfant de ~ *koorknaap*; *braverik* ★ en ~ *in koor*; *eenstemmig*; *gezamenlijk*
choir ONOV WW [onregelmatig] FORM. *vallen* ★ laisser ~ *in de steek laten*; *laten vallen*
choisi BNW *uitgelezen* ★ morceaux ~s *bloemlezing*
choisir OV+ONOV WW • *kiezen* (**entre** *tussen, uit)* • ~ **de** *besluiten om*
choix M *keus*; *keur* ★ au ~ *naar keus* ★ de second ~ *tweede keus-*; *van mindere kwaliteit* ★ des marchandises de ~ *prima waren* ★ avoir le ~ *mogen kiezen* ★ c'est l'embarras du ~ *men weet niet wat men moet kiezen*; *er is volop keus*
choléra (zeg: koo-) M • *cholera* • INFORM. *kreng*
cholérique (zeg: koo-) **I** M/V *cholerapatiënt* **II** BNW *cholera-*
cholestérol (zeg: koo-) M *cholesterol*
chômage M • *werkloosheid* • *tijdelijke stilstand v. werk* ★ ~ partiel *werktijdverkorting* ★ ~ saisonnier *seizoenswerkloosheid* ★ ~ technique *werktijdverkorting* ★ en ~ *werkloos*
chômé BNW ★ un jour ~ *een vrije dag*
chômedu M ★ INFORM. être au ~ *in de WW lopen*
chômer I OV WW *een feestdag vieren door niet te werken* **II** ONOV WW • *niet werken* • *werkloos zijn* ★ ne pas ~ *niet stilzitten*; *actief zijn*
chômeur M [v: **chômeuse**] *werkloze*
chope V *bierglas*; *pul*; *glas bier*
choper OV WW • INFORM. *gappen* • INFORM. *pakken*; *arresteren* • INFORM. *oplopen* ⟨v. ziekte⟩ • INFORM. *scoren* ⟨bemachtigen⟩ ★ se faire ~ *zich laten betrappen*; *gesnapt worden*
chopine V • INFORM. *fles* • OUD. *drankmaat* ⟨ong. halve liter⟩; *pint*
choquant BNW *stuitend*; *ergerlijk*
choquer OV WW • *een schok geven*; *botsen met* • *schokken*; *ergeren*; *choqueren* ★ INFORM. ~ les verres *klinken*
choral (zeg: kooral) **I** M [mv: **chorals**] *koraal*; *koorgezang* **II** BNW *koor-*
chorale (zeg: kooraal) V *zangkoor*
chorégraphe (zeg: koo-) M/V *choreograaf*
chorégraphie (zeg: koo-) V *choreografie*
chorégraphique (zeg: koo-) BNW *choreografisch* ★ art ~ *danskunst*
choriste (zeg: koo-) M/V *koorzanger*
chorus (zeg: kooruus) M • *instemming* • MUZ. *chorus* ★ faire ~ *in koor herhalen*; *(luid) instemmen*
chose I M *dinges* **II** V *ding*; *zaak*; *iets* ★ LIT. la ~ publique *de staat*; *de publieke zaak* ★ autre ~ *iets anders* ★ la même ~ *hetzelfde* ★ pas grand'~ *niet veel bijzonders* ★ peu de ~ *niet veel bijzonders* ★ quelque ~ *iets* ★ qc de bien *iets goeds* ★ devenir qc *het ver brengen* ★ y être pour qc *erbij betrokken zijn* ★ qc comme... *ongeveer...* ★ se croire qc *zich heel wat voelen* ★ c'est ~ faite *het is voor elkaar/beklonken* ★ de deux ~s l'une *van twee dingen één*; *of het één of het ander* ★ parler de ~s et d'autres *over koetjes en kalfjes praten* ★ voilà une bonne ~ de faite! *zo, dat zit er op!* ★ ~ dite, ~ faite *zo gezegd, zo gedaan* ★ (dites) bien des ~s à *(doe) de groeten aan* **III** BNW ★ se sentir (tout) ~ *een raar gevoel hebben*
chou M [mv: **choux**] • PLANTK. *kool* • *soes* • *schatje*; *liefje* • *gestrikt lintje*; *rozet* ★ chou à la crème *roomsoes* ★ choux de Bruxelles *spruitjes* ★ chou frisé *boerenkool* ★ chou de Milan *savooiekool* ★ faire chou blanc *bot vangen*; *mislukken* ★ INFORM. aller planter ses choux *buiten stil gaan leven* ★ bête comme chou *doodeenvoudig* ★ entrer dans le chou à *iem. aanvliegen*
choucas (zeg: -kà) M *kauw*; *kraai*
chouchou I M [v: **chouchoute**] *lieveling* **II** M MV *haarbandje*; *polsbandje*
chouchouter OV WW *vertroetelen*
choucroute V *zuurkool*
chouette I BNW INFORM. *lief*; *aardig*; *leuk* **II** V *uil* ★ ~ hulotte *bosuil* ★ ~ chevêche *steenuil* **III** TW *leuk!* ★ ~ alors! *fijn!*
chou-fleur M [mv: **choux-fleurs**] *bloemkool*
chou-navet M [mv: **choux-navets**] *koolraap*
choupette V *kuifje*
chou-rave M [mv: **choux-raves**] *koolrabi*

choute V *liefje* ★ ce qu'elle est ~! *wat is ze een schatje!*
choux M MV ● → **chou**
choyer OV WW ● *vertroetelen* ● FIG. *cultiveren*; *koesteren*
chrême (zeg: krem) M *chrisma*; *zalfolie*
chrétien (zeg: kree-) **I** BNW [v: **chrétienne**] *christelijk* **II** M [v: **chrétienne**] *christen*
chrétien-démocrate I BNW [v: **chrétienne-démocrate**] *christendemocratisch* **II** M [v: **chrétienne-démocrate**] *christendemocraat*
chrétienté (zeg: kreetsja(n)tee) V *christenheid*
Christ (zeg: kriest) M *Christus*
christianiser (zeg: kr-) OV WW *kerstenen*
christianisme (zeg: kr-) M *christendom*
chromate (zeg: kr-) M *chromaat*
chromatique (zeg: kr-) BNW ● *chromatisch* ● *chromosomen-* ★ gamme ~ *chromatische toonladder*
chromatisme (zeg: kr-) M *chromatiek*
chrome (zeg: kr-) M *chroom*
chromer (zeg: kr-) OV WW *verchromen*
chromo (zeg: kr-) M ● *kleurenlitho* ● MIN. *goedkope kleurenplaat*
chromosome (zeg: kr-) M *chromosoom*
chromotypographie (zeg: kr-) V *kleurendruk*
chronicité (zeg: kr-) V *(het) chronisch karakter* ‹v. ziekte›
chronique (zeg: kr-) **I** BNW ● *langdurig* ● *chronisch* **II** V ● *kroniek* ● *vaste rubriek in een krant* ‹in krant› ● *geruchten* ★ ~ scandaleuse *lasterpraatjes* ★ défrayer la ~ *in het nieuws zijn*; *over de tong gaan*
chroniqueur (zeg: kr-) M [v: **chroniqueuse**] ● *kroniekschrijver* ● *redacteur* ‹v. vaste rubriek›
chrono (zeg: kr-) M ● INFORM. *chronometer* ● SPORT *tijdrit*
chronogramme (zeg: kr-) M *chronogram*
chronologie (zeg: kr-) V ● *tijdrekenkunde*; *chronologie* ● *chronologische volgorde*
chronologique (zeg: kr-) BNW *chronologisch*
chronométrage (zeg: kr-) M *tijdwaarneming*
chronomètre (zeg: kr-) M *stopwatch*; *chronometer*
chronométrer (zeg: kr-) OV WW *de tijd opnemen van*; *timen* ★ ~ une course *de tijden van een wedstrijd opnemen*
chronométreur (zeg: kr-) M *tijdopnemer*
chrysalide (zeg: kr-) V *cocon*; *pop*
chrysanthème (zeg: kr-) M *chrysant* ★ FIG. inaugurer les ~s *linten doorknippen*
chrysomèle (zeg: kr-) M *goudhaantje* ‹soort kever›
chuchotement M *gefluister*
chuchoter OV+ONOV WW *(in)fluisteren*
chuchoterie V *gefluister*
chuchotis (zeg: -tie) M FORM. *geruis*
chuintement M *gesis*; *geslis*
chuinter ONOV WW ● *sissen* ● *krassen* ‹v. uil› ● *slissen*; *lispelen*
chut (zeg: sjuut) TW *sst!*
chute V ● *val*; *(het) (af)vallen*; *(het) uitvallen* ● *mislukking*; *val* ● *(bruuske) daling* ● *afval*; *restjes* ● *slot* ‹v. vers, muziekstuk› ● *clou* ‹v. verhaal› ★ ~ libre *vrije val* ★ ~ d'eau *waterval* ★ ~ des cheveux *haaruitval* ★ la ~ du jour *het vallen v.d. avond* ★ ~ de pierres *vallend gesteente* ★ ~ des reins *lendenstreek*; *kruis* ★ point de ~ *tijdelijke verblijfplaats*; *logeeradres* ★ la ~ du premier homme *de zondeval*
chuter ONOV WW ● *(bruusk) dalen* ● INFORM. *vallen* ● INFORM. *mislukken*; *floppen*; *afgaan*
Chypre V *Cyprus*
chypriote BNW *Cyprisch*
Chypriote M/V *Cyprioot*
ci I AANW VNW *dit* ‹in uitdrukkingen› ★ ci et ça *dit en dat*; *een en ander* **II** BIJW *hier* ‹in samenstellingen› ★ ce livre-ci *dit boek* ★ ci-annexé *hierbij gevoegd* ★ ci-après *hierna* ★ ci-contre *hier tegenover*; *hiernaast* ★ ci-dessous *hieronder* ★ ci-dessus *hierboven* ★ ci-devant *voorheen* ★ celui-ci *deze/dit (hier)* ★ ci-gît *hier ligt (begraven)* ★ ci-inclus *ingesloten*; *hierbij* ★ ci-joint *ingesloten*; *hierbij* ★ de-ci de-là *hier en daar* ★ par-ci par-là *hier en daar* ★ un ci-devant *een aanhanger v.h. Ancien Régime*
ciao TW INFORM. *doei!*
cibiste M/V *amateurzender*; *bakkenist*
cible V ● *schietschijf*; OOK FIG. *mikpunt* ● *doelgroep* ★ tir(er) à la ~ *schijfschieten*
cibler OV WW *als mikpunt nemen*; *als doelgroep kiezen*; *op een doelgroep afstemmen*
ciboire M R.-K. *ciborie*
ciboule V *bieslook*
ciboulette V *(klein) bieslook*
ciboulot (zeg: -loo) M INFORM. *hoofd*; *kop*
cicatrice V OOK FIG. *litteken*
cicatriciel BNW [v: **cicatricielle**] *litteken-*
cicatrisation V *(het) helen/dichtgaan v. wond*
cicatriser OV+ONOV WW *helen*; OOK FIG. *genezen*
cidre M *appelwijn*; *cider*
cidrerie V ● *ciderfabricage* ● *ciderfabriek*
Cie AFK compagnie *Mij.*; *maatschappij*
ciel I M [mv: **ciels/cieux**] ● *hemel*; *lucht* ● *hemel* ‹v. ledikant enz.› ★ ciel bas *laaghangende bewolking* ★ ciel couvert *betrokken lucht* ★ ciel sombre *bewolkte lucht* ★ ciel de plomb *loodgrijze lucht* ★ à ciel ouvert *in de openlucht* ★ le ciel s'éclaircit *de lucht klaart op* ★ vivre sous un beau ciel *in een mooi klimaat leven* ★ remuer ciel et terre *hemel en aarde bewegen* ★ tomber du ciel *als geroepen komen*; *uit de lucht komen vallen* ★ sous le ciel *hier op aarde* ★ sous d'autres cieux *in andere streken* ★ être au ciel *in de hemel zijn*; *dood zijn* ★ aux cieux *in de hemel(en)* ★ grâce au ciel *goddank* ★ au septième ciel *in de zevende hemel* **II** TW ★ (ô) ciel! *hemeltje lief!*
cierge M *waskaars* ★ brûler un ~ à qn *aan iem. dank betuigen* ★ ~ pascal *paaskaars*
cieux M MV ● → **ciel**
cigale V *cicade*
cigare M ● *sigaar* ● PLAT *kop* ★ ~ blond *lichte sigaar* ★ ~ brun *zware sigaar*
cigarette V *sigaret*
ci-gît *hier ligt (begraven)*
cigogne V *ooievaar*
ciguë V ● *dollekervel* ● *gif van dollekervel*

★ boire la ~ *de gifbeker drinken*
cil M *ooghaar; wimper* ★ cil vibratile *trilhaartje*
cilice M *haren boetekleed; haren gordel*
cillement M *(het) knipperen met de ogen*
ciller ONOV WW *met de ogen knipperen* ★ je n'ose ~ devant lui *ik durf in zijn bijzijn mijn mond niet open te doen*
cime V *top; kruin;* FIG. *toppunt*
ciment M • *cement* • FIG. *hechte band*
cimenter OV WW • *cementeren* • *hechter maken; bezegelen* ★ ~ la paix *de vrede bezegelen*
cimenterie V *cementfabriek*
cimeterre M *kromzwaard*
cimetière M *begraafplaats; kerkhof* ★ ~ de voitures *autokerkhof*
cinabre M *cinnaber; vermiljoen*
ciné M INFORM. *bios*
cinéaste M/V *cineast*
ciné-club, cinéclub M *filmclub*
cinéma M • *bioscoop* • *film(kunst)* • INFORM. *aanstellerij* ★ aller au ~ *naar de film gaan*
cinémathèque V *filmotheek*
cinématique V *kinematica; leer v.d. beweging*
cinématographique BNW *film-*
cinéphile M/V *filmliefhebber*
cinéraire BNW *as-* ★ urne ~ *urn*
cinétique BNW *kinetisch*
cinglant BNW • *striemend* • *kwetsend; ruw; hard*
cinglé I BNW INFORM. *getikt; een beetje gek* **II** M [v: **cinglée**] INFORM. *gek*
cingler I OV WW • *diep treffen* • *striemen; geselen* **II** ONOV WW *varen; zeilen; koers zetten (***vers** *naar)*
cinoche M INFORM. *bios*
cinq (zeg: se(n)k) **I** TELW *vijf* **II** M • *vijf* • *vijfde* ⟨v.d. maand⟩ ★ en cinq sec *vlug; een-twee-drie* ★ il était moins cinq *het was op het nippertje* ★ reçu cinq sur cinq OOK FIG. *de boodschap is goed overgekomen*
cinquantaine V • *vijftigtal* • *vijftigjarige leeftijd*
cinquante I TELW *vijftig* **II** M *vijftig*
cinquantenaire I M • *gouden feest* • *halve-eeuwfeest* • *50e verjaardag* **II** M/V *vijftigjarige*
cinquantième I TELW *vijftigste* **II** M *vijftigste deel*
cinquième I TELW *vijfde* **II** M *vijfde deel* **III** V *tweede jaar v.h. middelbaar onderwijs* ⟨in Frankrijk⟩
cinquièmement BIJW *ten vijfde*
cintre M • *kleerhanger; knaapje* • GESCH. *boog* ⟨v. gewelf⟩ • *ruimte boven het toneel* ★ plein ~ *rondboog* ★ les ~s *bovenste loges*
cintré BNW • *gebogen* • INFORM. *gek; getikt*
cintrer OV WW • GESCH. *overwelven* • *welven; krommen* • *tailleren*
cirage M • *(het) inwrijven; (het) boenen* • *(het) poetsen* • *schoensmeer* ★ INFORM. être dans le ~ *de kluts kwijt zijn*
circoncire OV WW *besnijden*
circoncision V *besnijdenis*
circonférence V • WISK. *cirkelomtrek* • *omtrek*
circonflexe BNW • *omgebogen* • DRUKK. *circonflexe* • → **accent**
circonlocution V *omschrijving; omhaal van woorden*
circonscription V • *district* • WISK. *omschrijving* ★ ~ électorale *kiesdistrict*
circonscrire OV WW [onregelmatig] • *omgrenzen; afbakenen; beperken* • WISK. *omschrijven*
circonspect (zeg: -spe(kt)) BNW *omzichtig; bedachtzaam; voorzichtig*
circonspection V *omzichtigheid; bedachtzaamheid; voorzichtigheid*
circonstance V • *omstandigheid* • *gelegenheid* ★ figure de ~ *gelegenheidsgezicht* ★ l'homme de ~ *de geschikte man* ★ dans les ~s *in de (gegeven) omstandigheden* ★ de ~ *van pas komend; gelegenheids-*
circonstancié BNW *omstandig; uitvoerig*
circonstanciel BNW [v: **circonstancielle**] • TAALK. *bijwoordelijk* • *van de omstandigheden afhangend* ★ complément ~ *bijwoordelijke bepaling* ★ proposition ~le *bijwoordelijke bijzin*
circonvenir OV WW [onregelmatig] *om de tuin leiden*
circonvolution V *winding; kronkeling; cirkeling*
circuit M • SPORT/TECHN. *circuit* • *traject; parcours* • *rondrit; toer* • *elektrische schakeling* • *kringloop* • *net(werk)* • *omweg* ★ ~ de freinage *remcircuit; remleiding* ★ ~ fermé *gesloten circuit;* FIG. *afgezonderdheid* ★ ~ intégré *geïntegreerde schakeling* ★ court-~ *kortsluiting* ★ hors ~ *uitgeschakeld;* FIG. *niet meer meedoend*
circulaire I BNW *kringvormig; cirkelvormig* ★ mouvement ~ *rondgaande beweging; kringloop* ★ raisonnement ~ *cirkelredenering* ★ regard ~ *blik in het rond* ★ scie ~ *cirkelzaag* ★ voyage ~ *rondreis* **II** V *circulaire*
circulation V • *omloop; circulatie* • *verspreiding van ideeën* • *verkeer* ★ ~ de l'air *luchtstroming* ★ la ~ du sang *de bloedsomloop* ★ ~ fluide *vlot doorstromend verkeer* ★ ~ interdite *verkeer gestremd* ★ mettre en ~ *in omloop brengen*
circulatoire BNW *wat de bloedsomloop betreft* ★ appareil ~ *vaatstelsel* ★ troubles ~s *stoornissen in de bloedsomloop*
circuler ONOV WW • *circuleren; rondlopen; rondgaan; stromen* • *in omloop zijn* • *heen en weer gaan; heen en weer rijden* • *zich verspreiden; rondgaan* ★ le sang circule dans les veines *het bloed stroomt door de aderen* ★ le bruit circule *het gerucht doet de ronde* ★ circulez! *doorlopen!*
cire V • *was* • *lak* • *oorsmeer* ★ cire à modeler *boetseerwas* ★ cire à cacheter *zegellak* ★ bâton de cire *pijp lak* ★ (figure de) cire *wassen beeld* ★ cachet de cire *lakzegel* ★ manier qn comme de la cire molle *alles met iem. kunnen doen*
ciré I M *oliejas* **II** BNW *was-*
cirer OV WW *boenen; met was inwrijven; poetsen* ⟨v. schoenen⟩ ★ toile cirée *wasdoek* ▼ je n'en ai rien à ~ *ik heb er lak aan*
cireur M [v: **cireuse**] *schoenpoetser; iem. die boent*
cireuse V *boenmachine*
cireux BNW [v: **cireuse**] *wasachtig*
cirque M • *circus* • *arena bij de Romeinen*

• AARDR. *keteldal* • INFORM. *gekkenhuis*; *herrie*; *aanstellerij*
cirrhose V *cirrose*
cirrus (zeg: -uus) M *vederwolk*; *cirrus*
cisaille V [vaak mv] *snoeischaar*; *metaalschaar*
cisailler OV WW *doorknippen*; *snoeien*
ciseau M [mv: **ciseaux**] *beitel* ★ (une paire de) ~x *een schaar*
ciseler OV WW • *ciseleren*; *beitelen* • *nauwgezet verzorgen*; *bijschaven* ★ ~ son style *zijn stijl perfectioneren*
ciselet M *drijfbeitel*
ciseleur M [v: **ciseleuse**] *graveur*; *ciseleur*
ciselure V • *(het) drijven van metalen* • *gedreven werk*
cistercien I M [v: **cistercienne**] *cisterciënzer* **II** BNW *cisterciënzer*
citadelle V *citadel*; *burcht*; OOK FIG. *bolwerk*
citadin I BNW *stedelijk*; *stads-* **II** M [v: **citadine**] *stedeling*
citation V • *citaat* • JUR. *dagvaarding* ★ MIL. ~ à l'ordre du jour *eervolle vermelding bij dagorder*
cité V • *stad* • *stadswijk* • *complex flatgebouwen* • *stadskern*; *oudste stadsgedeelte* • GESCH. *stadstaat* ★ la cité céleste *het hemels paradijs* ★ cité ouvrière *arbeiderswijk* ★ cité sainte *heilige stad* ★ cité universitaire *universiteitswijk*; *campus* ★ droit de cité FIG. *burgerrecht*
citer OV WW • *aanhalen*; *citeren*; *noemen* • JUR. *dagvaarden* • MIL. *eervol vermelden*
citerne V • *tank*; *reservoir* • *regenbak*
cithare V *citer*
citoyen M [v: **citoyenne**] • *burger* • *(tijdens de Fr. Revolutie) aanspreektitel die 'monsieur' verving* ★ INFORM. un drôle de ~ *een rare snuiter*
citoyenneté V *burgerschap*
citrique BNW ★ acide ~ *citroenzuur*
citron I M • *citroen* • INFORM. *kop* ★ ~ pressé *uitgeperste citroen*; *citroenkwast* **II** BNW *citroengeel*
citronnade V *citroenlimonade*
citronnelle V • *citroenkruid*; *citroenmelisse* • *citroenlikeur* • *citronella(olie)*
citronnier M *citroenboom*
citrouille V • *pompoen* • INFORM. *kop*
civet M *ragout* ⟨v. wild/gevogelte⟩ ★ ~ de lièvre *hazenpeper*
civette V • *civetkat* • *civet* • *bieslook*
civière V *brancard*; *draagbaar*
civil I M *burger* ★ en ~ *in burgerkleding* ★ dans le ~ *in het burgerleven* **II** BNW • *burgerlijk*; *burger-* • OUD. *beleefd*; *beschaafd* ★ cause ~e *civiele zaak* ★ droits ~s *burgerrechten* ★ discordes ~es *burgertwisten* ★ état ~ *burgerlijke stand*; *burgerlijke staat* ★ guerre ~e *burgeroorlog*
civilisateur I M [v: **civilisatrice**] *beschaver* **II** BNW [v: **civilisatrice**] *beschavend*
civilisation V • *beschaving*; *civilisatie* • *(Frankrijk)kunde*
civiliser OV WW *beschaven*
civilité I V *beleefdheid*; *beschaafdheid*; OUD. *wellevendheid* **II** V MV OUD. *beleefdheidsbetuigingen* ★ faire des ~s *complimenten maken*
civique BNW *burgerlijk*; *burger-* ★ droits ~s *burgerrechten* ★ garde ~ *burgerwacht*; *nationale reserve*
civisme M *burgerzin*
clabaudage M *loos geblaf*; *loos geschreeuw*; *kwaadsprekerij*
clabauder ONOV WW • *zonder reden blaffen of schreeuwen* • *kwaadspreken (***contre, sur** *over)*
clabauderie V *geroddel*
clabaudeur M [v: **clabaudeuse**] *kwaadspreker*
clafoutis (zeg: -tie) M *vruchtentaart*; *vlaai*
claie V *vlechtwerk*; *hekwerk*; *traliewerk*; *horde*
clair I BNW • *klaar*; *helder* • *licht* • *duidelijk* • *dun* ⟨v. samenstelling⟩ ★ ~ et net *overduidelijk*; *ronduit* ★ ~ comme le jour *zonneklaar* ★ ~ comme de l'eau de roche *glashelder* ★ des yeux bleu ~ *lichtblauwe ogen* ★ ~ comme deux et deux font quatre *zo klaar als een klontje* **II** BIJW • *duidelijk* • *dun* ⟨v. samenstelling⟩ ★ il fait ~ *het is dag* ★ j'y vois ~ maintenant *nu snap ik het* ★ on ne voit plus ~ *ik kan niet goed meer zien* **III** M • *licht*; *helderheid*; *schijnsel* • *lichte partij* ⟨op schilderij⟩; *dunne plek* ⟨in stof⟩ ★ ~ de lune *maneschijn* ★ au ~ *tot klaarheid* ★ au ~ sur *op de hoogte van* ★ tirer une affaire au ~ *een zaak ophelderen* ★ en ~ *ongecodeerd*; FIG. *duidelijk (gezegd)/wel te verstaan* ★ le plus ~ de *het grootste deel van*
claire V • *oesterput* • *oester* ⟨uit de put⟩
clairement BIJW *duidelijk*
clairet M *lichtrode wijn*
claire-voie V [mv: **claires-voies**] • *traliewerk*; *opengewerkte omheining* • GESCH. *rij ramen boven in het schip* ⟨gotische kerk⟩ ★ à ~ *met openingen*; *opengewerkt*
clairière V • *open plek in een bos*; *laar* • *dunne plek in een weefsel*
clair-obscur M [mv: **clairs-obscurs**] • *halfdonker* • KUNST *clair-obscur*
clairon M • *klaroen*; *hoorn* • *hoornblazer*
claironnant BNW *doordringend*; *schel (klinkend)*
claironner I OV WW FIG. *rondbazuinen* **II** ONOV WW *op de klaroen blazen*
clairsemé BNW *dun gezaaid*; *dun* ★ blé ~ *dun gezaaide tarwe* ★ cheveux ~s *dun haar*
clairvoyance V • *doorzicht*; *inzicht*; *scherpzinnigheid* • *helderziendheid*
clairvoyant BNW • *scherpziend* • *scherpzinnig* • *helderziend* ★ un(e) ~(e) *een helderziende*
clamecer, clamser ONOV WW INFORM. *de pijp uitgaan*
clamer OV WW *uitroepen*; *uitschreeuwen* ★ ~ son innocence *zijn onschuld volhouden*
clameur V *geschreeuw*; *geraas*
clamser WW • → **clamecer**
clan M • *clan* • FIG. *kliek*
clandestin BNW *heimelijk*; *clandestien*; *illegaal* ★ (passager) ~ *verstekeling* ★ publicité ~e *sluikreclame*
clandestinité V • *heimelijkheid* • *ondergronds verzet tijdens oorlog* • *de leden v.d. ondergrondse* ★ dans la ~ *clandestien*; *ondergedoken*

cl

cl

clapet M • *klep* • INFORM. *mond*; *klep* ★ ~ de piston *zuigerklep*
clapier M • *konijnenhok* • INFORM./FIG. *hok*
clapotage M *gekabbel van golven*; *geklots*
clapoter ONOV WW *kabbelen*; *klotsen* ⟨v. golven⟩
clapotis (zeg: -tie) M • → **clapotage**
clapper ONOV WW *klakken* ⟨met de tong⟩
claquage M *spierverrekking*; *zweepslag*
claquant BNW INFORM. *vermoeiend*
claque I M • *opvouwbare hoge hoed*; *klakhoed* • VULG. *bordeel* **II** V • *klap* • *overschoen* • *claque* ★ INFORM. en avoir sa ~ *er genoeg van hebben*
claquement M *geklap*; *(het) klappen*
claquemurer I OV WW *in een kamer opsluiten* **II** WKD WW [**se** ~] *zich in zijn kamer opsluiten*
claquer I OV WW • *een klap geven* • *vermoeien*; *uitputten* • INFORM. *spenderen*; *verpatsen* ★ ~ les portes *met de deuren slaan* ★ INFORM. je suis claqué *ik ben doodop* **II** ONOV WW • *klappen*; *klapperen*; *klakken* • INFORM. *doodgaan*; *stukgaan* ★ ~ des dents *klappertanden* ★ ~ des mains *in de handen klappen* ★ INFORM. ~ du bec *niet genoeg te bikken hebben*; *honger hebben* **III** WKD WW [**se** ~] *zich over de kop werken* ★ se ~ un muscle *een spier verrekken*
claqueter ONOV WW *klepperen* ⟨v. ooievaars⟩; *kakelen* ⟨v. kippen⟩
claquette V *klepper* ⟨ratel; sandaal⟩ ★ (danse à) ~s *tapdans*
clarification V • *klaring*; *zuivering* • FIG. *opheldering*
clarifier OV WW • *helder maken*; *klaren* ⟨v. vloeistoffen⟩ • FIG. *ophelderen*
clarine V *koebel*; *schapenbel*
clarinette V *klarinet*
clarinettiste M/V *klarinettist*
clarté V • *licht*; *helderheid*; *klaarheid* • *duidelijkheid*
classable BNW *classificeerbaar*
classe V • *klas(se)* ⟨in alle betekenissen⟩ • *schooltijd*; *les* • *stand* • *rang* • MIL. *lichting* ★ ~ de chant *zangles* ★ les ~s moyennes *middenklasse*; *middenstand*; *kleine burgerij* ★ ~ ouvrière *arbeidersklasse* ★ ~ de neige *skikamp* ⟨als schoolreis⟩ ★ en ~ *tijdens de les* ★ faire la ~ *les geven* ★ faire ses ~s *ervaring opdoen* ★ avoir de la ~ *klasse/distinctie hebben*; *puik zijn* ★ être de la ~ *van de ouwe hap zijn*; *binnenkort afzwaaien* ★ tenir sa ~ *orde houden*
classement M • *rangschikking, klassering*; *classificatie*; *klassement* • *(het) seponeren*
classer OV WW • *rangschikken*; *classificeren*; *op een (rang)lijst plaatsen* • *seponeren* ★ se ~ parmi *gerekend worden tot*; *behoren tot* ★ affaire classée (sans suite) *afgedane zaak* ★ site classé *beschermd landschap*
classeur M • *iem. die indeelt* • *ordner*; *multomap* • *archiefkast*
classicisme M *classicisme*
classificateur I M [v: **classificatrice**] *iemand die indeelt* **II** BNW [v: **classificatrice**] ★ esprit ~ *ordenende geest*
classification V *classificatie*; *(het) indelen in klassen*
classifier OV WW *classificeren*; *indelen in klassen*
classique I BNW • *klassiek* ⟨in alle betekenissen⟩ • *traditioneel*; *aloud*; *welbekend* • *voor gebruik op school*; *school-* ★ les langues ~s *de klassieke talen* ⟨Grieks en Latijn⟩ **II** M • *klassieke muziek* • *klassiek werk* • *groot, klassiek schrijver* • *schrijver uit de tijd v.h. classicisme* **III** V *klassieke wedstrijd*; *klassieker*
claudication V *(het) hinken*
claudiquer ONOV WW *hinken*
clause V *clausule*; *beding*
claustral BNW [m mv: **claustraux**] *klooster-*
claustration V *opsluiting*
claustrer OV WW *opsluiten*
claustrophobie V *claustrofobie*; *engtevrees*
claveau M *sluitsteen*
clavecin M *klavecimbel*
claveciniste M/V *klavecimbelspeler*
clavette V *bout*; *pin*; *spie*
clavicorde M *klavechord*
clavicule V *sleutelbeen*
clavier M • *toetsenbord* • *klavier* • *(scala van) mogelijkheden*
clé • → **clef**
clébard M PLAT *hond*
clef (zeg: klee) **I** V • *sleutel* ⟨in alle betekenissen⟩ • *klep* ⟨muziekinstrument⟩ • *houdgreep* ★ clef anglaise *Engelse sleutel* ★ clef à molette *bahco* ★ clef de sol *g-sleutel* ★ clef USB *USB-stick* ★ clef de voûte *sluitsteen*; FIG. *hoeksteen* ★ la clef d'un pays *sterke grensvesting* ★ clefs en main *gebruiksklaar*; *bedrijfsklaar* ⟨v. fabriek⟩; *sleutelklaar/direct te aanvaarden* ⟨v. nieuwe woning⟩ ★ ... à la clef *in het vooruitzicht* ★ fermer à clef *op slot doen* ★ mettre sous clef *achter slot en grendel doen*; *wegsluiten* ★ prendre la clef des champs *het hazenpad kiezen*; *ervandoor gaan* ★ mettre la clef sous la porte/sous le paillasson *met de noorderzon vertrekken*; *verhuizen* **II** BNW *sleutel-*; *waar alles om draait* ★ position clé *sleutelpositie*
clématite V *clematis*
clémence V • FORM. *clementie* • *zachtheid* ⟨v. weer⟩
clément BNW • *clement* • *zacht* ⟨v. weer⟩; *mild* ★ ciel ~ *zacht klimaat*
clémentine V *clementine* ⟨soort mandarijn⟩
clenche V *klink*
clenchette V • → **clenche**
cleptomane M/V *kleptomaan*
cleptomanie V *kleptomanie*; *zucht tot stelen*
clerc (zeg: klèr) M • *klerk* • *clericus* • OUD. *geleerde* ★ un pas de ~ *een domme fout* ⟨door gebrek aan ervaring⟩
clergé M *geestelijkheid*; *clerus* ★ ~ régulier *kloosterlingen* ★ ~ séculier *wereldgeestelijken*
clérical I BNW *geestelijk*; *kerkelijk*; *klerikaal* **II** M [mv: **cléricaux**] *klerikaal*
cléricalisme M *klerikalisme*
clic, click I M COMP. *(muis)klik* **II** TW *klik!*
clic-clac M [mv: id.] *bedbank*
cliché M • *cliché* • *gemeenplaats* • *fotonegatief* • *(röntgen)foto*
client M [v: **cliente**] • *cliënt*; *(vaste) klant*

• *patiënt* • *afnemer* • COMP. *client* • *(vreemd) heerschap*
clientèle V • *klandizie* • *clientèle*; *klanten*; *cliënten*; *patiënten* • *aanhang*
clignement M *(het) knipogen*; *knipoogje*
cligner I OV WW • *met de ogen knipperen*; *knipogen* • *de ogen toeknijpen* **II** ONOV WW ★ ~ de l'œil *knipogen* ★ ~ des yeux *met de ogen knipperen*
clignotant M *knipperlicht*; *richtingaanwijzer*
clignotement M • *(het) knipperen met de ogen* • *(het) flikkeren* ‹v. licht›
clignoter ONOV WW • *flikkeren* • *(voortdurend met de ogen) knipperen*
clim V INFORM. *airco*
climat M • OOK FIG. *klimaat* • OUD. *landstreek*
climatique BNW *het klimaat betreffend*; *weer-* ★ station ~ *herstellingsoord*
climatisation V *airconditioning*
climatiser OV WW • *klimatiseren*; *de airconditioning verzorgen* • *voorzien van airconditioning*
climatiseur M *klimaatregelaar*; *airconditioningapparaat*
climatologie V *klimaatkunde*
climatologique BNW *klimatologisch*; *klimaat-*
climatologue M/V *klimatoloog*
clin d'œil M *knipoogje* ★ en un ~ *in een oogwenk*
clinicien M [v: **clinicienne**] *clinicus*
clinique I V *kliniek* **II** BNW *klinisch*
clinquant I BNW *blinkend*; *protserig*; *opzichtig*; *kitscherig* **II** M • *lovertjes* • *kitsch* • FIG. *klatergoud*
clip M *clip* ★ clip vidéo *videoclip*
clipboard M *klembord*
clique V • *kliek*; *bende* • *fanfare* ★ INFORM. prendre ses ~ et ses claques *z'n biezen pakken*
cliquer ONOV WW COMP. *klikken*
cliquet M • *pal* • *knip* ‹sluiting met veer›
cliqueter ONOV WW *kletteren*; *rinkelen*; *klikken*
cliquetis (zeg: -tie) M *gekletter*; *gerinkel*
clitoridectomie V *vrouwenbesnijdenis*; *clitoridectomie*
clitoris (zeg: -ries) M *clitoris*
clivage M • *verschil*; *verdeeldheid*; *kloof* • *(het) kloven*
cliver OV WW *kloven*
cloaque M • *riool*; *vuilnisput* • *modderpoel*; FIG. *poel* • *cloaca* ★ ~ de vices *poel des verderfs*
clochard M [v: **clocharde**] *clochard*; *vagebond*; *dakloze*
clochardiser OV WW • *laten verloederen* • *dakloos maken*
cloche I V • *klok* • *stolp* • *klokje* ‹bloem› • *klokhoed* • INFORM. *zwerver*; *clochard* • INFORM. *zwerverswereld* • INFORM. *sukkel* • *blaar* ★ ~ à fromage *kaasstolp* ★ ~ à plongeur *duikerklok* ★ une jupe ~ *een klokrok* ★ voilà un tout autre son de ~ *dat is een heel ander geluid* ★ sonner les ~s à *een uitbrander geven* ★ INFORM. se taper la ~ *goed eten* ★ INFORM. déménager à la ~ de bois *met stille trom vertrekken* **II** BNW INFORM. *klunzig* ★ c'est ~! *pech gehad!*
cloche-pied BIJW ★ à ~ *hinkend*; *hinkelend*
clocher I M • *(klokken)toren* • *parochie* ★ esprit de ~ *dorpsgeest* **II** ONOV WW • *niet kloppen* • OUD. *hinken* ★ INFORM. il y a qc qui cloche *er hapert iets aan*
clocheton M • *torentje* • *klokje*
clochette V • *klokje* • PLANTK. *klokje*
cloison V • *(tussen)schot*; OOK FIG. *scheidsmuur* • SCHEEPV. *beschot* ★ ~ étanche *waterdicht schot*
cloisonné BNW *in afdelingen verdeeld*; *beschoten* ‹v. houtwerk›
cloisonner OV WW • *afschutten* • FIG. *in hokjes verdelen*; *verzuilen*
cloître M • *klooster* • *kloostergang*
cloîtrer I OV WW • *in een klooster opsluiten* • *opsluiten*; *afzonderen* **II** WKD WW [**se** ~] OOK FIG. *zich opsluiten*
clonage M *(het) klonen*
clone M *kloon*
cloner OV WW *klonen*
clope M/V • INFORM. *saffie*; *sigaret* • INFORM. *peuk* ★ des ~s *geen fluit*; *noppes*
clopin-clopant BIJW OOK FIG. *strompelend*
clopiner ONOV WW *strompelen*
clopinettes V MV ★ INFORM. des ~! *noppes!*
cloporte M *pissebed*
cloque V • *(brand)blaar* • *blaasje* ★ VULG. être en ~ *zwanger zijn*
cloquer ONOV WW *blaren vormen*; *bladderen*
clore OV WW [onregelmatig] • *(af)sluiten* • *omheinen* ★ ~ un compte *een rekening afsluiten* ★ ~ la marche *de rij sluiten*
clos (zeg: kloo) **I** BNW *(af)gesloten* ★ à huis clos *achter gesloten deuren* ★ à la nuit close *bij/na het invallen van de duisternis* ★ trouver porte close *voor een gesloten deur komen* **II** M • *omheind bouwland*; *erf* • *wijngaard*
clôture V • *omheining* • *(af)sluiting*; *beëindiging* • *clausuur* ★ ~ électrisée *schrikdraad(afrastering)*
clôturer OV WW • *omheinen* • *(af)sluiten*
clou M • *spijker* • *hoogtepunt*; *voornaamste attractie* • *clou*; *ontknoping* ‹v. grap, verhaal enz.› • *steenpuist* • INFORM. *rammelkast* ‹slechte auto/fiets› • INFORM. *gevangenis*; *nor* ★ clou à crochet *duim* ★ clou de girofle *kruidnagel* ★ clous [mv] *zebrapad* ★ c'était le clou de la soirée *het was het hoogtepunt v.d. avond* ★ maigre comme un clou *broodmager* ★ ça ne vaut pas un clou *dat is geen cent waard* ★ enfoncer le clou *doordrammen*; *het nog eens inwrijven* ★ INFORM. des clous! *noppes!* ★ INFORM. river son clou à qn *iem. de mond snoeren* ★ INFORM. mettre au clou *naar de lommerd brengen* ★ sortir des clous *over de schreef gaan*
clouage M *(het) vastspijkeren*
clouer OV WW • *vastspijkeren* • FIG. *vastnagelen* • *vastzetten* ★ cloué au lit/à la télé *aan het bed/de tv gekluisterd* ★ INFORM. ~ le bec à qn *iem. de mond snoeren*
clouter OV WW *met spijkers beslaan* ★ passage clouté *voetgangersoversteekplaats*
clouterie V *spijkerfabriek*; *spijkerhandel*
clown (zeg: kloen) M [v: **clownesse**] • *clown* • FIG. *grappenmaker*; *pias*

cl

cl

clownerie (zeg: kloenrie) V *gekheid*; *clownsstreek*
clownesque (zeg: kloenesk) BNW *clownesk*
club M *club* ⟨in alle betekenissen⟩
cluse V *rotskloof*
CM AFK O&W cours moyen *groep* ★ CM1/CM2 ≈ *groep 6 en 7 van de basisschool*
CNRS AFK Centre national de la recherche scientifique ≈ *ZWO* ⟨Nederlandse Organisatie voor Zuiver Wetenschappelijk Onderzoek⟩
CNUCED AFK *Unctad*
co- VOORV *mede-*; *co-*
coaccusé M [v: **coaccusée**] *medebeschuldigde*
coach (zeg: kootsj) M • SPORT *coach* • *tweedeursauto*
coacquéreur M *medekoper*
coadjuteur M [v: **coadjutrice**] *coadjutor*
coagulable BNW *stolbaar*
coagulant I M *stollingsmiddel* **II** BNW *stollend*
coagulation V *stolling*
coaguler I OV WW *doen stollen* **II** WKD WW [**se** ~] *stollen*
coalisé I BNW *verbonden* **II** M ★ les ~s *de bondgenoten*
coaliser I OV WW • *verenigen* • *opzetten (***contre** *tegen)* **II** WKD WW [**se** ~] *een bondgenootschap sluiten*; *samenspannen*; *zich verbinden (***contre** *tegen)*
coalition V • *verbond*; *vakverbond*; *(het) samenspannen* • POL. *coalitie*
coaltar M *koolteer*
coassement M *gekwaak* ⟨v. kikker⟩
coasser ONOV WW *kwaken* ⟨v. kikker⟩
coauteur M • *medeauteur* • *mededader*
coaxial BNW [m mv: **coaxiaux**] *coaxiaal*
cobalt (zeg: -balt) M *kobalt*
cobaye (zeg: koobaj) M • *cavia* • FIG. *proefkonijn*
cobra M *cobra*
coca M *cola*
cocagne V ★ mât de ~ *mast voor het mastklimmen* ★ pays de ~ *Luilekkerland*
cocaïne V *cocaïne*
cocaïnomane M/V *verslaafde aan cocaïne*
cocaïnomanie V *cocaïneverslaving*
cocarde V *kokarde*
cocardier M [v: **cocardière**] MIN. *iem. die v.h. leger en v. uniformen houdt*; *agressief patriot*
cocasse BNW *koddig*; *zot*
cocasserie V *zotternij*
coccinelle V • *lieveheersbeestje* • INFORM. *kever* ⟨auto⟩
coccyx (zeg: koksies) M *stuit(been)*
coche M GESCH. *grote diligence* ★ INFORM. manquer le ~ *een goede gelegenheid laten voorbijgaan*; *de boot missen* ★ OUD. ~ d'eau *trekschuit*
cocher I M *koetsier* **II** OV WW • *aankruisen*; *aanvinken*; *met een teken merken* • OUD. *inkepen*
cochère BNW ★ porte ~ *inrijpoort*; *koetspoort*
cochon I BNW [v: **cochonne**] *vuil*; *smerig*; *obsceen* **II** M • *varken*; *zwijn* • *varkensvlees* ★ ~ d'Inde *Guinees biggetje*; *marmot(je)* ★ ~ de lait *speenvarken* ★ ~ de mer *bruinvis* ★ copains comme ~s *dikke vrienden* **III** M [v: **cochonne**] FIG. *zwijn*; *smeerlap*
cochonnaille V *varkensvleeswaren*
cochonner OV WW INFORM. *verknoeien*
cochonnerie V INFORM. *vuiligheid*; *smerige streek*
cochonnet M • *varkentje* • *balletje (mikpunt)* ⟨bij jeu de boules⟩
cockpit (zeg: -piet) M *cockpit*
cocktail M • *cocktail* • *cocktailparty* • *mengsel* ★ ~ de fruits *fruithapje*
coco I M • *kokos(noot)* • MIN. *kerel* • JEUGDT. *ei* • MIN. *communist* ★ mon petit coco *m'n ventje* ★ un joli coco *een schurk* **II** V INFORM. *cocaïne*
cocon M *cocon* ★ s'enfermer dans son ~ *zich afsluiten*; *eenzelvig zijn*
coconner ONOV WW *zich verpoppen*
cocorico M *kukeleku* ⟨ook schertsend bij Fr. overwinning e.d.⟩
cocotier M *kokospalm* ★ secouer le ~ *de bezem erdoor halen*
cocotte V • *ijzeren pan (met deksel)* • INFORM. *liefje* • JEUGDT. *kip* • *vrouw van lichte zeden* ★ ~-minute *snelkookpan* ★ INFORM. hue ~! *hu (paard)!*
cocu I BNW *bedrogen* **II** M *bedrogen echtgenoot*
cocufier OV WW VULG. *bedriegen met een ander*
codage M *codering*
code M • JUR. *wetboek* • *voorschriften*; *regels* • *code* ★ en code *in code* ★ code civil *burgerlijk wetboek* ★ code à barres/ code-barres *streepjescode* ★ code de commerce *wetboek van koophandel* ★ code confidentiel/personnel/secret *pincode* ★ code pénal *wetboek van strafrecht* ★ code postal *postcode* ★ code de la route *verkeersreglement*; *verkeersregels* ★ les phares codes *dimlichten* ★ se mettre en code *dimmen*
codébiteur M [v: **codébitrice**] *medeschuldenaar*
coder OV WW *coderen*
codétenu M [v: **codétenue**] *medegevangene*
codex M *receptenboek van apothekers*
codicille M *codicil*
codification V *codificatie*
codifier OV WW *codificeren*
codirecteur M [v: **codirectrice**] *mededirecteur*
coéducation V *gemeenschappelijke opvoeding van jongens en meisjes*
coefficient M • *factor* • *coëfficiënt* ★ ~ d'erreur *foutenmarge*
coéquipier M [v: **coéquipière**] *teamgenoot*
coercitif BNW [v: **coercitive**] *dwang-*
coercition V *dwang*
cœur (zeg: keur) M • OOK FIG. *hart* • *harten* ⟨bij kaartspel⟩ • *maag* ⟨in uitdrukkingen⟩ ★ de tout (son) cœur *met hart en ziel* ★ aller (droit) au cœur *ontroeren*; *treffen* ★ de bon cœur *van ganser harte*; *graag* ★ si le cœur vous en dit *als u er zin in hebt* ★ au cœur de l'été *in het hartje v.d. zomer* ★ avoir le cœur gros/serré *verdrietig/bedrukt zijn* ★ homme de cœur *rechtschapen man* ★ avoir le cœur sur la main *genereus zijn* ★ mal de cœur *misselijkheid* ★ je veux en avoir le cœur net *ik wil er het mijne van weten* ★ à cœur ouvert *openhartig*; MED. *openhart-* ★ avoir du cœur à

l'ouvrage *in zijn werk opgaan; hart voor het werk hebben* ★ par cœur *uit het hoofd* ★ tenir à cœur *een warm hart toedragen* ★ avoir/prendre à cœur *ter harte nemen* ★ être de cœur avec qn *iem. moreel steunen* ★ loin des yeux, loin du cœur ⟨spreekwoord⟩ *uit het oog, uit het hart* ★ connaître qn par cœur *iem. door en door kennen* ★ avoir un cœur d'artichaut *gauw verliefd worden* ★ coup de cœur (pour) *plotseling enthousiasme (voor)* ★ avoir mal au cœur *misselijk zijn* ★ avoir le cœur à *zin hebben in* ★ avoir le cœur de *het hart/de moed hebben om* ★ un cœur dur *een hardvochtig mens* ★ rester sur le cœur OOK FIG. *zwaar op de maag liggen* ★ (sou)lever le cœur *misselijk maken; doen walgen* ★ avoir du cœur *een goed hart hebben* ★ à cœur joie *naar hartenlust*

coexistence V *(het) gelijktijdig bestaan; co-existentie*

coexister ONOV WW *gelijktijdig bestaan*

coffrage M • *(het) bekisten* • *(beton)bekisting*

coffre M • *kist* • *kluis; brandkast* • *koffer* • *achterbak* ⟨v. auto⟩ • *(meer)boei* • *kast* ⟨v. muziekinstrument⟩ • INFORM. *borstkas* ★ ~ d'amarrage *meerboei* ★ les ~s de l'Etat *de schatkist* ★ avoir du ~ *een flinke adem hebben; een flinke stem hebben; veel energie hebben*

coffre-fort M [mv: **coffres-forts**] *kluis; brandkast*

coffrer OV WW • *bekisten* • INFORM. *arresteren; in de gevangenis stoppen*

coffret M *kistje; koffertje* ★ ~ à bijoux *juwelenkistje*

cogérance V *gemeenschappelijk beheer*

cogestion V *medezeggenschap*

cogitation V IRON. *overpeinzing*

cogiter ONOV WW IRON. *nadenken*

cognac M *cognac*

cogne M INFORM. *smeris; politieagent*

cognée V *grote bijl* ★ ~ de bûcheron *houthakkersbijl* ★ jeter le manche après la ~ *het bijltje erbij neergooien; het opgeven*

cognement M *(het) slaan; (het) kloppen* ⟨ook v. motor⟩

cogner I OV WW • *aanstoten* • *in elkaar slaan* **II** ONOV WW • *slaan; kloppen* ⟨ook v. motor⟩; *stoten* • *hard slaan; erop slaan* • *hard aankomen; fel branden* ⟨v.d. zon⟩ ★ ça va ~! *daar komen klappen van* ★ ça cogne! *het is snikheet!* **III** WKD WW [**se** ~] *zich stoten (***à** *aan); oplopen (***contre** *tegen)* ★ FIG. se ~ la tête contre les murs *wanhopig naar een uitweg zoeken*

cogneur M *iemand die hard slaat*

cognitif BNW [v: **cognitive**] *cognitief*

cognition V *kenvermogen; cognitie*

cohabitation V • *(het) samenleven; (het) samenwonen* • POL. *cohabitatie* ⟨in Fr.⟩

cohabiter ONOV WW • *samenwonen* • POL. *cohabiteren*

cohérence V *samenhang*

cohérent BNW *samenhangend; coherent*

cohéritier M [v: **cohéritière**] *mede-erfgenaam*

cohésif BNW [v: **cohésive**] *samenvoegend*

cohésion V *samenhang; cohesie*

cohorte V • INFORM. *groep* • GESCH. *cohort*

cohue V *mensenmassa; gedrang*

coi BNW [v: **coite**] ★ se tenir coi *zich koest houden* ★ en rester coi *verstomd staan*

coiffe V • *(vrouwen)muts; nonnenkap* • *helm* ⟨v. pasgeboren kind⟩ • *voering* ⟨v. hoed⟩ • *huls*

coiffé BNW • *gekapt* • *met een hoofddeksel op* • *ingenomen; gesteld/verzot (***de** *op)* ★ être ~ d'un chapeau *een hoed op hebben* ★ être né ~ *met de helm geboren zijn*

coiffer I OV WW • *kappen; het haar doen van* • *het hoofd bedekken (***de** *met)* • *opzetten* ⟨v. hoofddeksel⟩ • FORM. *bedekken* • *aan het hoofd staan van* ★ ~ qn d'un chapeau *iem. een hoed opzetten* ★ ~ sainte Catherine *op haar 25e jaar nog niet getrouwd zijn* ★ INFORM. le premier chien coiffé *de eerste de beste* **II** WKD WW [**se** ~] • *zich het hoofd bedekken (***de** *met); zijn hoed opzetten* • *zijn haren doen; zich kappen* • ~ **de** *weglopen met; ingenomen zijn met*

coiffeur M [v: **coiffeuse**] *kapper*

coiffeuse V *kaptafel*

coiffure V • *kapsel* • *hoofddeksel*

coin M • *hoek* • *plekje* • *wig* • *muntstempel; merkstempel* ★ le coin du feu *(het plekje bij) de open haard* ★ coin de terre *lapje grond* ★ un coin perdu *een uithoek; een (afgelegen) gat* ★ du coin *uit de buurt; uit de streek* ★ dans quel coin? *waar (in de buurt)?* ★ au coin d'un bois *op een afgelegen plek* ★ aux quatre coins du monde *overal* ★ INFORM. aller au petit coin *naar het toilet gaan* ★ regarder qn du coin de l'œil *iem. tersluiks/schuins aankijken* ★ connaître dans les coins *door en door kennen* ★ être marqué au coin de *getuigen van* ★ frappé au coin du bon sens *van gezond verstand getuigend* ★ INFORM. tu m'en bouches un coin *je verbaast me*

coincement M *(het) vastzitten* ⟨v. machine⟩

coincer OV WW • *klemmen* • *met wiggen vastzetten* • INFORM./FIG. *klem zetten* • INFORM. *vangen; in de kraag grijpen* ★ être coincé *klem zitten; geremd zijn* ★ se ~ *vastlopen* ★ INFORM. ~ la bulle *niks uitvoeren*

coïncidence V • *(het) samenvallen; samenloop van omstandigheden; coïncidentie* • *congruentie*

coïncident BNW • *samenvallend; gelijktijdig* • *congruent*

coïncider ONOV WW • *overeenkomen* • *samenvallen* • *congrueren*

coin-coin M [mv: id.] *gekwaak* ⟨v. eend⟩

coïnculpé M [v: **coïnculpée**] *medebeschuldigde*

coing M *kweepeer*

coït (zeg: ko-iet) M *coïtus*

coite BNW • → **coi**

coke M • *cokes* • *coke*

col M • *kraag; boord* • *bergpas* • *hals* ⟨v. fles e.d.⟩ ★ faux col *losse boord* ★ col roulé *col* ⟨v. trui⟩; *rolkraag* ★ les cols blancs *de kantoormensen*

col-bleu M [mv: **cols-bleus**] INFORM. *jantje* ⟨matroos⟩

col-de-cygne M [mv: **cols-de-cygne**] *zwanenhals* ⟨buis⟩

coléoptère M *schildvleugelige; kever*
colère I V *woede; driftbui; toorn* ★ en ~ (contre) *woedend (op)* ★ se mettre en ~ *kwaad/woedend worden* ★ piquer une ~ *driftig worden* **II** BNW OUD. *opvliegend; driftig*
coléreux BNW [v: **coléreuse**] *driftig; opvliegend*
colérique BNW *driftig; opvliegend*
colibri M *kolibrie*
colifichet M *snuisterij; kleinigheidje; prul*
colimaçon M *huisjesslak* ★ escalier en ~ *wenteltrap*
colin M *koolvis*
colin-maillard M ★ jouer à ~ *blindemannetje spelen*
colique V • *buikpijn; koliek* • INFORM. *diarree* ★ INFORM. avoir la ~ *'t in zijn broek doen; bang zijn*
colis (zeg: ko-lie) M *pakket; pak; stuk vrachtgoed* ★ ~ postal *postpakket*
colistier M [v: **colistière**] *lijstgenoot*
collabo M INFORM. *collaborateur*
collaborateur M [v: **collaboratrice**] • *medewerker* • *collaborateur* ⟨iem. die samenwerkt met de vijand⟩
collaboration V • *medewerking* • *collaboratie* ⟨samenwerking met de vijand⟩
collaborer ONOV WW • *medewerken (***à** *aan)* • *samenwerken (***avec** *met)* • *collaboreren*
collage M • *(het) (op)plakken; (het) lijmen* • *collage* • *(het) klaren* ⟨v. wijn⟩ • INFORM. *(het) samenwonen; (het) hokken*
collant I M *maillot; panty; legging* **II** BNW • *klevend; plakkend; kleverig; kleef-* • *nauwsluitend* • INFORM. *opdringerig* ★ être ~ *klitten* ⟨zich opdringen⟩
collapsus (zeg: -suus) M *collaps*
collatéral I M [mv: **collatéraux**] • JUR. *zijverwant* • *zijbeuk* **II** BNW *zijdelings; zij-; collateraal* ★ JUR. ligne ~e *zijlinie* ⟨v. geslacht⟩ ★ JUR. parents collatéraux *zijverwanten* ★ nef ~e *zijbeuk* ★ points collatéraux *de windstreken tussen de vier hoofdwindstreken*
collation V • *collatie; vergelijking v.e. kopie met het origineel* • *lichte maaltijd*
collationner I OV WW *collationeren; teksten vergelijken* **II** ONOV WW *een lichte maaltijd gebruiken*
colle V • *lijm* • *lastige vraag; strikvraag* • INFORM. *proefwerk; repetitie* ★ ~ de pâte *stijfsel* ★ ~ de poisson *vislijm* ★ INFORM. donner une ~ *laten nablijven* ⟨op school⟩ ★ INFORM. pot de ~ *klit* ⟨persoon⟩ ★ poser une ~ *een strikvraag stellen*
collecte V • *collecte; inzameling* • *gebed tijdens de mis na het epistel*
collecter OV WW *inzamelen; ophalen*
collecteur I M *collector; verzamelleiding* ★ ~ d'ondes *antenne* **II** M [v: **collectrice**] *inzamelaar; collectant* **III** BNW [v: **collectrice**] *verzamel-* ★ égout ~ *hoofdriool*
collectif I BNW [v: **collective**] *gezamenlijk; gemeenschappelijk; collectief; groeps-* ★ antenne collective *centrale antenne* ★ billet ~ *groepsbiljet* ★ (nom) ~ *verzamelnaam* **II** M *collectief; groep* ★ ~ budgétaire *begrotingsontwerp*
collection V • *verzameling; collectie* • *reeks* ⟨boeken⟩
collectionner OV WW • *verzamelen* • FIG. *grossieren in*
collectionneur M [v: **collectionneuse**] *verzamelaar*
collectivement BIJW *gezamenlijk; collectief*
collectivisme M *collectivisme*
collectiviste I BNW *collectivistisch* **II** M/V *collectivist*
collectivité V *gemeenschap; overheidslichaam*
collège M • *college* • *middelbare school* ⟨onderbouw, basisvorming⟩ ★ ~ électoral *kiescollege* ★ Collège de France *een instituut voor hoger onderwijs in Parijs*
collégial BNW [m mv: **collégiaux**] • *gemeenschappelijk* • *collegiaal* ⟨door een college geleid⟩ ★ (église) ~e *collegiale kerk*
collegialement BIJW *collegiaal* ⟨door een college⟩
collégien M [v: **collégienne**] *middelbare scholier*
collègue M/V *collega*
coller I OV WW • *plakken; lijmen* • INFORM. FIG. *klitten aan* • INFORM. *opzadelen met; bezorgen; geven* • INFORM. *(met een strikvraag of lastige vraag) in het nauw brengen* • INFORM. *laten nablijven* • INFORM. *laten zakken voor een examen* • *drukken (***à, contre** *tegen); vlijen* • *klaren* ⟨v. wijn⟩ ★ INFORM. ~ une beigne à qn *iem. een klap in het gezicht geven* **II** ONOV WW • *vastplakken; kleven (***à** *aan)* • *nauw sluiten; spannen* ★ ce pantalon colle sur la jambe *die broek spant om het been* ★ ça lui colle à la peau *dat past helemaal bij hem* ★ ça n'a pas l'air de ~ *het loopt niet lekker, geloof ik* ★ ça ne colle pas entre eux *het klikt niet tussen hen* ★ ça colle à la réalité *dat klopt met de werkelijkheid* ★ INFORM. ça colle! *afgesproken!; goed!* ★ INFORM. ~ au cul/au baskets de qn FIG. *aan iem. klitten* • ~ **à** *nauw aansluiten bij; op de voet volgen*
collerette V OOK FIG. *kraagje*
collet M • OUD. *kraag* • *hals van tand* • *wildstrik* • *halsstuk* ⟨vlees⟩ • TECHN. *flens* • OUD. *pelerine* ★ ~ monté *deftig/stijf persoon* ★ prendre qn au ~ *iem. bij de kraag pakken*
colleter I OV WW OUD. *in de kraag pakken* **II** WKD WW [**se** ~] • *vechten; elkaar in de haren vliegen* • FIG. *worstelen; kampen (***avec** *met)*
colleur M [v: **colleuse**] • *(aan)plakker* • PLAT *examinator*
collier M • *halsband* • *halssnoer* • *halsstuk* ⟨vlees⟩; *halsjuk* • *ringbaard* • *klemring* ★ cheval de ~ *trekpaard* ★ donner un coup de ~ *een grote krachtsinspanning leveren; een moedige poging ondernemen* ★ être franc du ~ *vrijuit, doortastend handelen* ★ INFORM. prendre le ~ *aan een moeilijke taak beginnen*
collimateur M *collimator* ★ avoir qn dans le ~ *iem. nauwlettend in de gaten houden; het op iem. voorzien hebben*
colline V *heuvel*
collision V OOK FIG. *botsing* ★ ~ en chaîne *kettingbotsing* ★ entrer en ~ *in botsing komen*
collodion M *collodium*
colloïdal BNW [m mv: **colloïdaux**] *colloïdaal*

colloque M • *colloquium; symposium* • *samenspraak*
collusion V *samenspanning; collusie*
collyre M MED. *oogwater*
colmatage M *afdichting*
colmater OV WW *dichtstoppen; dichten*
colocataire M/V *medehuurder*
Cologne V *Keulen*
colombage M GESCH. *vakwerk*
colombe V • OOK POL. *duif* • *onschuldig meisje; duifje* • *staander*
Colombie V *Colombia*
colombien BNW [v: **colombienne**] *Colombiaans*
colombier M • *duiventil* • *formaat papier* ⟨93 x 63 cm⟩
colombophile M/V *duivenmelker*
colon M • *kolonist; planter* • *pachtboer* • INFORM. *kolonel*
côlon M *dikke darm*
colonel M *kolonel*
colonial I BNW *koloniaal* **II** M [mv: **coloniaux**] *koloniaal*
colonialisme M *kolonialisme*
colonialiste I BNW *kolonialistisch* **II** M/V *kolonialist*
colonie V *kolonie* ★ ~ de vacances *vakantiekamp* ⟨voor schoolkinderen⟩
colonisateur I BNW [v: **colonisatrice**] *koloniserend* **II** M [v: **colonisatrice**] *kolonisator*
colonisation V *kolonisatie*
coloniser OV WW • *koloniseren* • FIG. *overspoelen*
colonnade V *zuilenrij; colonnade*
colonne V • OOK FIG. *kolom; zuil; stijl* • FIG. *steunpilaar* • MIL. *colonne* ★ ~ de direction *stuurkolom* ★ ~ vertébrale *ruggengraat* ★ cinquième ~ *vijfde colonne*
colophon M *colofon*
coloquinte V • PLANTK. *kolokwint; kwintappel* • INFORM. *kop; hoofd*
colorant I M *kleurstof* **II** BNW *kleurend*
coloration V • *(het) kleuren* • *kleur*
coloré BNW • *gekleurd* • *kleurrijk* ★ ~ d'ironie *ironisch getint*
colorer I OV WW • *kleuren* • *mooier voorstellen; verbloemen* **II** WKD WW [**se** ~] *een kleur krijgen*
coloriage M • *kleurentekening* • *(het) kleuren*
colorier OV WW *(in)kleuren*
coloris (zeg: -rie) M *coloriet; kleurenrijkdom; kleurschakering;* OOK FIG. *kleur*
coloriste M/V *colorist; kleurenkunstenaar*
colossal BNW [m mv: **colossaux**] *reusachtig; kolossaal*
colosse M *kolos*
colportage M *(het) venten; colportage*
colporter OV WW • *venten* • *rondvertellen* ★ ~ un bruit *een gerucht verspreiden*
colporteur M [v: **colporteuse**] *marskramer; venter; colporteur*
colt (zeg: kolt) M • *colt* ⟨pistool⟩ • *revolver*
coltiner I OV WW *sjouwen* ⟨v. onaangenaam werk⟩ **II** WKD WW [**se** ~] *doen; opknappen* ⟨v. onaangenaam werk⟩
columbarium (zeg: -rjom) M *columbarium*
colza M *koolzaad*
coma M *coma* ★ tomber dans le coma *in coma geraken*
comateux I BNW [v: **comateuse**] *comateus* **II** M [v: **comateuse**] *iem. die in coma is*
combat M *strijd;* OOK FIG. *gevecht* ★ ~ d'avant-garde *voorhoedegevecht* ★ ~ naval *zeegevecht* ★ ~ singulier *tweegevecht* ★ livrer ~ *slag leveren* ★ mettre hors de ~ *buiten gevecht stellen*
combatif, combattif BNW [v: **combative, combattive**] *strijdlustig; strijdbaar*
combativité, combattivité V *strijdlust*
combattant I M • *(front)soldaat* • *kemphaan* **II** M [v: **combattante**] *vechter; strijder*
combattre I OV WW OOK FIG. *bestrijden* **II** ONOV WW OOK FIG. *strijd leveren*
combien BIJW • *hoeveel* • *hoe(zeer)* ★ ~ de *hoeveel* ★ ~ de temps *hoelang* ★ ~ sommes-nous? *met hoeveel zijn we?* ★ le ~ *de hoeveelste*
combinaison V • *combinatie; vereniging* • *samenstelling; verbinding* • *opzet; (listig) plan; foefje* • *onderjurk* • *overall*
combinard I BNW *link; slim* **II** M INFORM. *linkerd*
combine V INFORM. *truc; foefje*
combiné M • SCHEIK. *verbinding* • *telefoonhoorn* • *corselet* • *afdaling en slalom* ⟨ski⟩
combiner OV WW • *combineren; verbinden* • *beramen; in elkaar zetten; regelen* ★ ~ un plan *een plan bedenken*
comble I BNW *boordevol* ★ la mesure est ~ *de maat is vol* **II** M • *toppunt (***de** *van)* • *kap v. gebouw* ★ pour ~ de *tot overmaat van* ★ de fond en ~ *van onder tot boven; geheel en al* ★ au ~ du bonheur *dolgelukkig* **III** M MV • *hanenbalken* • *dak* ★ sous les ~s *onder de hanenbalken*
combler OV WW • *(op)vullen* • *dempen; dichtgooien* • *geheel vervullen* ⟨v. wensen, behoeften⟩; *bevredigen* • *overladen; overstelpen (***de** *met)* ★ ~ un retard *een achterstand inhalen* ★ FIG. ~ la mesure *de maat volmaken* ★ vous me comblez! *u bent te goed voor me!; u verwent me!* ★ je suis comblé *ik ben volmaakt tevreden*
combustibilité V *brandbaarheid*
combustible I M *brandstof* **II** BNW *brandbaar*
combustion V *verbranding*
comédie V • *komedie; blijspel* • *aanstellerij; komedie; raar gedoe* • OUD. *schouwburg* ★ ~ de mœurs *zedenschildering in blijspelvorm* ★ ~ musicale *musical* ★ jouer la ~ *komedie spelen; veinzen*
comédien I M [v: **comédienne**] • *toneelspeler* • *blijspelspeler* • *komediant* **II** BNW [v: **comédienne**] *gemaakt; aanstellerig*
comédon M *mee-eter*
comestible I M ★ ~s [mv] *eetwaren* **II** BNW *eetbaar*
comète V • *smal lintje* • *komeet; staartster*
coming-out M [mv: id.] *coming-out*
comique I BNW • *komisch* • *blijspel-* ★ acteur ~ *blijspelspeler* **II** M • *(het) komische* • *blijspelschrijver; blijspelspeler*
comité M *commissie; comité; bestuur; raad* ★ ~ directeur *bestuurscollege* ★ ~ électoral *kiesvereniging* ★ en petit ~ *in besloten kring* ★ ~ d'entreprise *ondernemingsraad*

commandant M • *commandant; bevelhebber; gezagvoerder* • *majoor* ★ ~ de bord *gezagvoerder* ⟨v. vliegtuig⟩
commande V • *bestelling; order; opdracht* • *stuurinrichting; aandrijving; besturing; bediening; aansturing* ★ faire une ~ *een bestelling doen* ★ livrer sur ~ *op bestelling leveren* ★ de ~ *geveinsd; gemaakt* ★ pleurs de ~ *krokodillentranen* ★ fête/jeûne de ~ *verplichte feestdag/vastendag* ★ aux ~s *aan het stuur; aan de leiding* ★ ~ à distance *afstandsbediening* ★ à ~ manuelle *met handbediening*
commandement M • *bevel; commando; aanvoering* • *bevelschrift* • REL. *gebod* ★ les ~s de Dieu *de tien geboden*
commander I OV WW • *bevelen* • *het bevel voeren over; aanvoeren* • *afdwingen; (ver)eisen* • *bestellen* • *beheersen; bestrijken* • *aandrijven* • *bedienen; besturen* ★ ~ une armée *het bevel voeren over een leger* ★ le fort commande la ville *het fort beheerst de stad* ★ ~ le respect *respect afdwingen* **II** ONOV WW • *heersen; bevelen; de baas zijn* • **~ à** *heersen over;* FIG. *beheersen* ★ ~ à ses passions *zijn hartstochten beheersen*
commandeur M *commandeur* ★ ~ de la Légion d'Honneur *commandeur in het Legioen van Eer*
commanditaire I M *(stille) vennoot* **II** BNW ★ (associé) ~ *stille vennoot*
commandite V *commanditaire vennootschap*
commanditer OV WW *geld steken in*
commando M • *kleine gevechtseenheid; commando* • *commandostrijder*
comme I BIJW *wat!; hoe(zeer)* ★ ~ il est bête! *wat is hij dom!* **II** VW • *als; zoals; evenals* • *daar; omdat* • *(juist) toen; terwijl* ★ ~ ça *zo; zomaar* ★ INFORM. ~ qui dirait *om zo te zeggen* ★ ~ il faut *zoals het hoort* ★ il est ~ mort *hij is als dood* ★ ~ si *alsof* ★ INFORM. c'est tout ~ *het komt op hetzelfde neer* ★ elle est jolie ~ tout *ze is heel mooi* ★ ~ quoi *waaruit blijkt dat; wat erop neerkomt dat*
commémoratif BNW [v: **commémorative**] *ter nagedachtenis* ★ jour ~ *herdenkingsdag*
commémoration V • *nagedachtenis* • *herdenking* ★ ~ des morts *Allerzielen* ★ en ~ de *ter nagedachtenis van*
commémorer OV WW *herdenken*
commençant M [v: **commençante**] *beginner; beginneling*
commencement M *begin; aanvang* ★ au ~ *in het begin* ★ il y a un ~ à tout *alle begin is moeilijk*
commencer I OV WW *beginnen; het begin vormen van* **II** ONOV WW • *beginnen* • **~ à, de** *beginnen te* • **~ par** *beginnen met*
commensal M [mv: **commensaux**] *disgenoot; gast*
commensurable BNW *onderling meetbaar*
comment I BIJW • *hoe(?); wat(?)* • *waarom(?)* ★ ~ allez-vous? *hoe gaat het met u?* ★ ~ donc! *natuurlijk!* ★ et ~! *en hoe!; en of!* ★ ~ ça? *hoezo?* **II** TW *wat!*
commentaire M • *commentaar; verklarende aantekeningen* • *opmerking; aanmerking* ★ cela se passe de ~ *dat heeft geen uitleg nodig; commentaar overbodig*
commentateur M [v: **commentatrice**] *commentator*
commenter OV WW *uitleggen; becommentariëren*
commérage M *kletspraat*
commerçant I M [v: **commerçante**] *koopman; winkelier* ★ petits ~s *kleine middenstanders* **II** BNW *handeldrijvend* ★ rue ~e *winkelstraat*
commerce M • *handel* • *zaak; winkel* • FORM. *omgang* ★ ~ de détail *kleinhandel* ★ ~ extérieur *buitenlandse handel* ★ ~ intérieur *binnenlandse handel* ★ ~ de gros *groothandel* ★ le haut ~ *de grote kooplieden* ★ le petit ~ *de middenstanders; de winkeliers* ★ Chambre de ~ *Kamer van Koophandel* ★ Code de ~ *Wetboek van Koophandel* ★ hors ~ *niet in de handel* ★ faire le ~ de *handelen in* ★ être d'un ~ agréable *prettig in de omgang zijn*
commercer ONOV WW *handel drijven (***avec** *met)*
commercial BNW [m mv: **commerciaux**] *commercieel; handels-* ★ balance ~e *handelsbalans* ★ centre ~ *winkelcentrum* ★ droit ~ *handelsrecht*
commercialiser OV WW *in de handel brengen; commercialiseren*
commère V • *moedertje; vrouwtje* • *kletskous*
commettant M JUR. *opdrachtgever; committent*
commettre I OV WW [onregelmatig] • *begaan; bedrijven* • *aanstellen* • OUD. *in gevaar brengen* • OUD. *toevertrouwen* ★ ~ qn à qc *iem. met iets belasten* ★ ~ sa réputation *zijn reputatie in gevaar brengen* **II** WKD WW [**se ~**] *zich inlaten; zich compromitteren (***avec** *met)*
comminatoire BNW *dreigend* ★ lettre ~ *dreigbrief*
commis (zeg: -mie) **I** M *bediende; klerk; kantoorbediende* ★ OUD. ~ voyageur *handelsreiziger* ★ grand ~ de l'Etat *hoge staatsambtenaar* **II** OV WW [volt. deelw.] • → **commettre**
commisération V *medelijden*
commissaire M • *commissaris* • *commissielid* ★ ~ de police *commissaris van politie* ★ ~ de bord *purser* ⟨op schip⟩ ★ ~ aux comptes *accountant*
commissaire-priseur M [mv: **commissaires-priseurs**] *veilingmeester*
commissariat M • *commissariaat* • *politiebureau*
commission V • *opdracht* • *boodschap* • *commissie* • *commissiehandel* • *commissieloon* ★ faire des ~s *boodschappen doen* ★ à la ~ *op provisiebasis* ★ petite/grande ~ FIG. *kleine/grote boodschap*
commissionnaire M • ECON. *commissionair; makelaar; tussenpersoon* • *kruier; boodschappenjongen; bode*
commissionner OV WW • *opdracht geven tot kopen of verkopen* • *aanstellen*
commissure V *voeg* ★ ~s des lèvres *mondhoeken*
commode I V *ladekast; commode* **II** BNW • *gemakkelijk; gerieflijk* • *toegeeflijk; inschikkelijk* ★ il n'est pas ~! *hij is een moeilijk mens!*

commodité I V *gerief*; *gemak* **II** V MV *toilet*; *sanitair*
commotion V • OOK FIG. *schok* • *opschudding* ★ ~ cérébrale *hersenschudding*
commotionner OV WW OOK FIG. *schokken*
commuable BNW *die verzacht kan worden* ‹v. straf›
commuer OV WW *verzachten* ‹v. straf›; *omzetten* (**en** *in*)
commun I BNW • *gemeenschappelijk*; *algemeen* • *gewoon*; *alledaags* • *plat*; *ordinair* ★ lieu ~ *gemeenplaats* ★ le sens ~ *het gezond verstand* ★ cela n'a pas le sens ~ *dat is onzin* ★ TAALK. nom ~ *soortnaam* ★ point ~ *punt van overeenkomst* ★ d'un ~ accord *eenstemmig* ★ peu ~ *buitengewoon* ★ faire cause ~e (avec) *gemene zaak maken (met)* **II** M *(het) gewone*; *de meerderheid v.d. mensen*; *de massa* ★ le ~ des mortels *de gewone stervelingen*; *de gewone man* ★ les ~s *de bijgebouwen* ★ hors du ~ *buitengewoon* ★ en ~ *gemeenschappelijk* ★ transports en ~ *openbaar vervoer* ★ avoir en ~ *gemeen hebben*
communal I BNW *gemeentelijk*; *gemeente-* **II** M [mv: **communaux**] *gemeentegrond*
communautaire BNW *gemeenschaps-*
communauté V • *gemeenschap* • *gemeenschappelijkheid* • *(geestelijke) broederschap* • JUR. *gemeenschappelijke goederen* ★ ~ de biens *gemeenschap van goederen*
commune V *gemeente* ★ la Commune *de (Parijse) Commune*
communément BIJW *gewoonlijk*
communiant M [v: **communiante**] *communicant*
communicable BNW *mededeelbaar*
communicant BNW *met elkaar in verbinding staand* ★ vases ~s *communicerende vaten*
communicatif BNW [v: **communicative**] • *mededeelzaam* • *aanstekelijk* ★ rire ~ *aanstekelijke lach*
communication V • *mededeling*; *kennisgeving (***à** *aan)* • *omgang*; *verkeer*; *communicatie* • *aansluiting*; *verbinding*; *contact (***avec** *met)* ★ moyen de ~ *middel van verkeer*; *communicatiemiddel* ★ être en ~ avec *in verbinding staan met*; *in (telefoon)gesprek zijn met* ★ donner ~ de *mededelen* ★ prendre ~ de *kennis nemen van*; *inzage krijgen in*
communier I OV WW *de communie uitdelen aan* **II** ONOV WW • *zich één voelen (***avec** *met)* • *de communie ontvangen*; *communiceren*
communion V • *communie* • *gelijke gezindheid* • *overeenstemming* ★ ~ des saints *gemeenschap der heiligen* ★ en ~ d'idées (avec) *gelijkgestemd (met)*
communiqué M *communiqué*
communiquer I OV WW *mededelen*; *overleggen*; *overbrengen (***à** *aan)* ★ ~ une maladie *een ziekte overbrengen* **II** ONOV WW • *in verbinding staan* • *in contact staan*; *communiceren (***avec** *met)* **III** WKD WW [**se** ~] • *zich uiten* • *zich uitbreiden*; *overslaan (***à** *naar)*
communisme M *communisme*
communiste I BNW *communistisch* **II** M/V *communist*
commutateur M *schakelaar*
commutatif BNW [v: **commutative**] JUR. *commutatief*; *wat ruil betreft*
commutation V • *commutatie* • *onderlinge verwisseling*; *vervanging* • *verlichting* ‹v. straf› • *(om)schakeling*; *omkering*
commuter OV WW • TECHN. *(om)schakelen* • *vervangen*
compacité V *dichtheid*
compact I BNW *compact*; *dicht* **II** M *ruimtewagen* ‹klein›
compact-disc M [mv: **compact-discs**] *compact disc*; *cd*
compacter OV WW COMP. *zippen*
compagne V • *gezellin* • *echtgenote*
compagnie V • *gezelschap* • *maatschappij* • MIL. *compagnie* ★ dame/demoiselle de ~ *gezelschapsdame* ★ ~ de perdreaux *koppel patrijzen* ★ de bonne ~ *prettig in de omgang*; *beschaafd* ★ en ~ de *in gezelschap van* ★ fausser ~ à qn *iem. in de steek laten*; *er tussenuit knijpen* ★ tenir ~ à *gezelschap houden* ★ IRON. et ~ (et Cie) *en Co* ★ la ~ de Jésus *de jezuïetenorde* ★ INFORM. salut la ~! *dag allemaal!* ★ aller de ~ avec *vergezellen* ★ voyager de ~ *samen reizen*
compagnon M • *metgezel*; *kameraad* • *echtgenoot*; *levensgezel*; *mannetje* ‹bij dieren› • OUD. *gezel* • *werkman*; *opperman* ★ ~ d'armes *wapenbroeder* ★ ~ de voyage *reisgenoot* ★ bon ~ *vrolijke klant*
compagnonnage M • GESCH. *leertijd v. gezel* • GESCH. *vakvereniging van werklieden*
comparable BNW *te vergelijken*; *vergelijkbaar (***à** *met)*
comparaison V *vergelijking* ★ degrés de ~ *trappen van vergelijking* ★ par ~ *vergelijkenderwijs* ★ en ~ de/par ~ à/avec *vergeleken met* ★ ~ n'est pas raison ‹spreekwoord› *iedere vergelijking gaat mank*
comparaître ONOV WW [onregelmatig] *verschijnen* ‹voor autoriteit, o.a. rechtbank›
comparatif I M TAALK. *vergelijkende trap* **II** BNW [v: **comparative**] *vergelijkend*
comparativement BIJW *in vergelijking (***à** *met)*
comparé BNW *vergelijkend* ★ littérature ~e *vergelijkende literatuurwetenschap*
comparer OV WW *vergelijken (***à, avec** *met)*
comparse M/V • *figurant* • *onbelangrijk figuur*; *bijfiguur*
compartiment M • *afdeling*; *vak(je)* • *treincoupé*
compartimentage M • *verdeling* ‹in vakken, afdelingen› • *verzuiling*
compartimenter OV WW *in vakken verdelen*; *in stukjes verdelen*
comparution V JUR. *(het) verschijnen voor de rechtbank*
compas (zeg: -pà) M • *passer* • *(scheeps)kompas* ★ INFORM. avoir le ~ dans l'œil *een timmermansoog hebben*
compassé BNW • *afgemeten* • FIG. *stijf* ★ démarche ~e *afgemeten houding*
compasser OV WW • *afpassen*; *afmeten* • *wikken en wegen*
compassion V *medelijden*; *mededogen (***pour**

met)
compatibilité V *verenigbaarheid; overeenstemming; compatibiliteit*
compatible BNW *verenigbaar; overeenstemmend; compatibel (***avec*** met)*
compatir ONOV WW *medelijden hebben; meevoelen (***à*** met)*
compatissant BNW *medelijdend; meewarig*
compatriote M/V *landgenoot*
compendium (zeg: ko(n)pe(n)djom) M *compendium; kort overzicht*
compensateur BNW [v: **compensatrice**] *vereffenend; compenserend*
compensation V • *compensatie* • *vergoeding; schadeloosstelling; vereffening* ★ en ~ *als compensatie; daarentegen* ★ cela fait ~ *dat weegt tegen elkaar op*
compensatoire BNW *vereffenend; compensatoir*
compenser I OV WW *compenseren; vereffenen; vergoeden* **II** WKD WW [**se ~**] *tegen elkaar opwegen*
compère M • *handlanger* • INFORM. *kerel* • *peter* ★ un rusé ~ *een geslepen kerel*
compère-loriot M [mv: **compères-loriots**] *strontje* ⟨op het oog⟩
compétence V • *bekwaamheid* • *bevoegdheid; competentie*
compétent BNW • *bekwaam* • *bevoegd; competent*
compétiteur M [v: **compétitrice**] *mededinger*
compétitif BNW [v: **compétitive**] *concurrerend; competitief*
compétition V • *wedstrijd* • *mededinging; concurrentie* • *competitie*
compétitivité V *(het) concurrerend zijn; concurrentievermogen*
compilateur M [v: **compilatrice**] *compilator*
compilation V *compilatie* ★ disque de ~ *verzamelelpee*
compiler OV WW *compileren*
complainte V *klaaglied*
complaire I ONOV WW [onregelmatig] FORM. **~ à** *behagen; ter wille zijn* **II** WKD WW [**se ~ à, dans**] *behagen scheppen in*
complaisance V • *zelfingenomenheid* • *inschikkelijkheid; vriendelijkheid; welwillendheid* • *welgevallen* ★ ayez la ~ de *wees zo vriendelijk om te* ★ de ~ *onecht (uit welwillendheid)* ★ certificat de ~ *vals attest* ★ sourire de ~ *beleefd glimlachje*
complaisant BNW • *zelfvoldaan* • *welwillend; gedienstig*
complément M • *aanvulling; complement* • TAALK. *bepaling* ★ ~ d'information *nadere informatie* ★ en ~ de *ter aanvulling van* ★ ~ (d'objet) direct *lijdend voorwerp* ★ ~ (d'objet) indirect *meewerkend voorwerp*
complémentaire BNW *aanvullend; complementair*
complet I BNW [v: **complète**] • *volslagen* • *volmaakt* • *volledig; compleet* • *vol* ⟨v. zaal, hotel, bus e.d.⟩; *uitverkocht* ★ au (grand) ~ *voltallig* ★ pain ~ *volkorenbrood* ★ aliments ~s *volwaardig voedsel* ★ INFORM. ça serait ~! *dat moest er nog bijkomen!* **II** M *kostuum*
complètement BIJW *volledig; totaal*
compléter OV WW *aanvullen; volledig maken; completeren*
complexe I BNW *ingewikkeld; samengesteld; complex* **II** M • *(het) samengestelde; (het) ingewikkelde* • *complex* ⟨in alle betekenissen⟩ ★ sans ~s *onbevangen; ongeremd*
complexer OV WW INFORM. *remmen* ★ complexé *geremd; verlegen*
complexion V • *gestel* • *aard*
complexité V *ingewikkeldheid*
complication V • *ingewikkeldheid* • *verwikkeling; complicatie*
complice I M/V *medeplichtige; handlanger* **II** BNW • *medeplichtig (***de*** aan)* • *bevorderend* ★ regard ~ *blik van verstandhouding* ★ le temps était ~ *het weer hielp mee*
complicité V *medeplichtigheid; verstandhouding*
complies V MV *completen*
compliment M *compliment* ⟨in alle betekenissen⟩; *gelukwens* ★ sans ~ *zonder plichtpleging* ★ faire des ~s à qn *iem. gelukwensen (***sur, pour*** met)* ★ faites mes ~s à *doe de groeten aan*
complimenter OV WW *gelukwensen; complimenteren (***sur, pour*** met)*
complimenteur I BNW [v: **complimenteuse**] *vleiend; complimenteus* **II** M [v: **complimenteuse**] *vleier*
compliqué BNW *ingewikkeld; onoverzichtelijk; moeilijk* ⟨v. personen⟩
compliquer I OV WW *ingewikkeld maken; compliceren* **II** WKD WW [**se ~**] *ingewikkeld/ erger worden*
complot (zeg: ko(n)ploo) M *complot; samenzwering*
comploter I OV WW *beramen* **II** ONOV WW *een complot smeden; samenspannen (***contre*** tegen)*
comploteur M [v: **comploteuse**] *samenzweerder*
componction V • REL. *berouw* • *nederigheid* • IRON. *zwaarwichtigheid*
comportement M *gedrag*
comporter I OV WW • *bevatten* • *met zich meebrengen* **II** WKD WW [**se ~**] *zich gedragen*
composant M *samenstellend deel*
composé I BNW • *samengesteld (***de*** uit)* • *gemaakt; bestudeerd* ★ visage ~ *gelegenheidsgezicht* **II** M • *samengesteld geheel* • *samenstelling* • SCHEIK. *verbinding*
composer I OV WW • *samenstellen* • *componeren* ⟨v. muziek⟩; *maken* ⟨v. schilderij, beeldhouwwerk⟩; DRUKK. *zetten* ★ ~ un numéro *een nummer draaien* ★ ~ son attitude *een passende houding aannemen* ★ ~ son visage *een passend gezicht trekken* **II** ONOV WW • *een proefwerk maken* • *een schikking treffen; plooibaar omgaan; het op een akkoordje gooien (***avec*** met)* **III** WKD WW [**se ~**] **de** *bestaan uit*
composite BNW *van verschillende stijlen; heterogeen*
compositeur M [v: **compositrice**] • *componist* • *letterzetter* ★ JUR. amiable ~ *bemiddelaar*
composition V • *samenstelling; verbinding; vervaardiging* • *compositie* • *(kunst)werk* • *proefwerk* • *(het) (letter)zetten; zetwerk* ★ de bonne ~ *meegaand*

compost (zeg: ko(n)post) M *compost*
compostage M • *compostering* • *(het) afstempelen* ⟨v. reisbiljet⟩
composter OV WW • *composteren* • *afstempelen*; *knippen* ⟨v. reisbiljet⟩
composteur M • *kniptang* • *afstempelapparaat*
compote V *compote*; *vruchtenmoes* ★ INFORM. en ~ *bont en blauw geslagen*; *tot moes geslagen*
compotier M *(compote)schaal*
compréhensible BNW *begrijpelijk*
compréhensif BNW [v: **compréhensive**] • *begrijpend*; *begripvol* • *veelomvattend*
compréhension V • *begrip*; *bevattingsvermogen* • *begrijpelijkheid* ★ avoir la ~ facile *vlug van begrip zijn*
comprendre OV WW [onregelmatig] • *begrijpen*; *verstaan*; *vatten* • *omvatten*; *bestaan uit* • *erbij rekenen*; *erbij begrijpen* ★ y compris *met inbegrip van* ★ non compris *niet inbegrepen* ★ faire ~ *duidelijk maken*; *te verstaan geven* ★ je n'y comprends rien *ik begrijp er niets van* ★ cela se comprend *dat is begrijpelijk*; *dat spreekt vanzelf*
comprenette V INFORM. *begrip* ★ il a la ~ un peu dure *hij is wat traag van begrip*
compresse V *kompres*; *verband*
compresser OV WW *samendrukken*
compresseur I M *compressor* **II** BNW *samendrukkend* ★ rouleau ~ *wals* ⟨voor wegen⟩
compressibilité V *samendrukbaarheid*
compressible BNW *samendrukbaar*
compressif BNW [v: **compressive**] *druk-* ★ bandage ~ *drukverband*
compression V • *samendrukking*; *compressie* • FIG. *inkrimping*; *bezuiniging* ★ taux de ~ *compressieverhouding*
comprimé M MED. *pastille*; *tablet*
comprimer OV WW • *samendrukken*; *samenpersen* • *inkrimpen*; *verminderen* • *bedwingen* ⟨v. gevoelens⟩ ★ air comprimé *perslucht*
compris WW • → **comprendre**
compromettre OV WW [onregelmatig] • *compromitteren*; *in opspraak brengen* • *in gevaar brengen*
compromis (zeg: -mie) M *schikking*; *vergelijk*; *compromis*
compromission V • *(het) compromitteren* • *geschipper*
comptabiliser OV WW *in de boeken opnemen*
comptabilité V *boekhouding* ★ ~ en partie double *dubbel boekhouden*
comptable I M/V *boekhouder* **II** BNW • *wat de boekhouding betreft* • *verantwoordelijk (***de** *voor)*; *rekenplichtig* ★ agent ~ *boekhouder*
comptage M • *(het) tellen* • *telling*
comptant I BNW *contant* ★ prendre pour argent ~ *voor goede munt aannemen* **II** BIJW ★ payer ~ *contant betalen* **III** M *contant geld* ★ vendre au ~ *contant verkopen*
compte (zeg: ko(n)t) M • *berekening* • *rekening* • *rekenschap* ★ ~ bancaire/~ en banque *bankrekening* ★ ~ rendu *verslag*; *recensie*; *notulen* ★ ~(-)chèques postal/~ courant postal *girorekening* ★ ~ rond *rond getal* ★ le ~ à rebours *het aftellen* ⟨bij lancering⟩ ★ ~ courant *rekening-courant* ★ de ~ à demi *voor gezamenlijke rekening* ★ le ~ n'y est pas *het komt niet uit*; *de berekening klopt niet* ★ à son (propre) ~ *voor eigen rekening* ★ pour mon ~ *wat mij betreft* ★ au bout du ~ *tenslotte* ★ en fin de ~ *per slot van rekening* ★ publier à ~ d'auteur *op kosten van de schrijver publiceren* ★ tout ~ fait *alles welbeschouwd* ★ à bon ~ *goedkoop* ★ donner son ~ à qn *iem. betalen en ontslaan* ★ demander ~ *rekenschap vragen* ★ entrer en ligne de ~ *in aanmerking komen* ★ des laissés pour ~ *in de steek gelatenen*; *verschoppelingen* ★ être loin du ~ *er helemaal naast zitten* ★ régler son ~ (à) *afrekenen (met)* ★ prendre qc à son ~ *iets voor zijn verantwoording nemen* ★ INFORM. il a son ~/il en a pour son ~ *hij heeft zijn verdiende loon* ★ rendre ~ de *rekenschap geven van* ★ rendre ses ~s *rekening en verantwoording afleggen* ★ tenir les ~s *de boeken bijhouden* ★ se rendre ~ de *beseffen* ★ s'en tirer à bon ~ *er zonder kleerscheuren van afkomen* ★ tenir ~ de *rekening houden met* ★ les bons ~s font les bons amis ⟨spreekwoord⟩ *effen rekeningen maken goede vrienden* ★ y trouver son ~ *aan zijn trekken komen* ★ erreur n'est pas ~ ⟨spreekwoord⟩ *men moet een vergissing kunnen herstellen*
compte-gouttes, compte-goutte M [mv: **compte-gouttes**] *druppelflesje* ★ au ~ *druppelsgewijs*; *mondjesmaat*
compter I OV WW • *tellen* • *rekenen*; *in rekening brengen* • *van plan zijn te*; *verwachten*; *denken te* ★ sans ~ *nog afgezien van* ★ ~ qn au nombre de ses amis/parmi ses amis *iem. tot zijn vrienden rekenen* ★ il compte cet article trop cher *hij rekent te veel voor dit artikel* ★ je compte venir sous peu *ik ben van plan binnenkort te komen* **II** ONOV WW • *tellen*; *rekenen* • *meetellen*; *van belang zijn* ★ à ~ de *vanaf* ⟨die datum⟩ ★ ~ parmi/au nombre de *behoren tot* ★ ~ sans *geen rekening houden met* ★ donner sans ~ *met milde hand geven* ★ une syllabe qui ne compte pas *een lettergreep die niet meetelt* • ~ **avec** *rekening houden met* • ~ **sur** *rekenen op*
compte-tours, compte-tour M [mv: **compte-tours**] *toerenteller*
compteur I M [v: **compteuse**] *teller* ⟨v. water, gas, elektriciteit⟩ **II** M • *teller* ⟨apparaat⟩ • *meter* ⟨v. water, gas, elektriciteit⟩ ★ relever le ~ *de meter opnemen*
comptine V *aftelrijmpje*
comptoir M • *tapkast*; *bar* • *toonbank*; *balie* • *bank(filiaal)* • GESCH. *factorij*
compulsation V *inzage*
compulser OV WW • JUR. *inzien* • *doorbladeren*; *nazoeken*
compulsif BNW [v: **compulsive**] *dwangmatig*
comte M *graaf*
comté M *graafschap*
comtesse V *gravin*
con I BNW [v: **conne**] VULG. *lullig*; *stom* ★ à la con *klote-* **II** M • VULG. *kut* • VULG. *klootzak*; *lul* ★ faire le con *lullig doen*; *stom doen*

conard M • → **connard**
conasse V • → **connasse**
concasser OV WW *fijnstampen; in stukken hakken*
concave BNW *holrond; concaaf*
concavité V • *holheid* • *holte*
concéder OV WW • *verlenen; toestaan (***à** *aan)* • *toegeven*
concentration V *concentratie; samentrekking* ★ camp de ~ *concentratiekamp*
concentré I BNW • *in gedachten verdiept* • *geconcentreerd* **II** M *concentraat* ★ ~ de tomates *tomatenpuree*
concentrer OV WW *concentreren (***sur** *op); samentrekken*
concentrique BNW • *centrumwaarts* • WISK. *concentrisch*
concept (zeg: -sept) M *concept; begrip*
conception V • *bevruchting; conceptie* • *begrip; opvatting* • *(het) concipiëren* • *ontwerp* ★ ~ contrôlée *geboortebeperking* ★ l'Immaculée Conception *de Onbevlekte Ontvangenis*
concernant VZ *omtrent; betreffend*
concerner OV WW *betreffen* ★ en ce qui concerne *wat... betreft* ★ être concerné par *betrokken zijn bij*
concert (zeg: -sèr) M • *concert* • *overeenstemming; eensgezindheid* ★ ~ de louanges *eenstemmige lof* ★ de ~ (avec) *eensgezind; samen (met)*
concertation V *(werk)overleg*
concerter I OV WW *beramen; gezamenlijk op touw zetten; afspreken* **II** ONOV WW *concerteren* **III** WKD WW [**se** ~] *samen overleggen*
concerto M *concerto; concert voor solo-instrument met orkest*
concession V • *concessie* • *toegeving* • *vergunning* ★ ~ à perpétuité *eeuwig graf*
concessionnaire M/V *concessiehouder; (auto)dealer*
concevable BNW *denkbaar; begrijpelijk*
concevoir OV WW • *begrijpen; inzien* • *bedenken; uitdenken* • *ontwerpen; concipiëren* • *ontvangen* • *in verwachting zijn* ⟨v. kind⟩ ★ être conçu *verwekt worden*
concierge M/V *portier; huisbewaarder; conciërge*
conciergerie V • *portierswoning* • *portiersambt* ★ Conciergerie *gevangenis in Parijs*
concile M *concilie*
conciliable BNW *verenigbaar (***avec** *met)*
conciliabule M • *(het) smoezen* • OUD. *geheime samenkomst*
conciliant BNW *verzoenend; meegaand*
conciliateur I BNW [v: **conciliatrice**] *verzoenend* **II** M [v: **conciliatrice**] *verzoener; bemiddelaar*
conciliation V • *verzoening* • *schikking; bemiddeling*
concilier I OV WW • *verenigen; overeenbrengen (***avec** *met)* • *verzoenen* **II** WKD WW [**se** ~] *verwerven; verkrijgen*
concis (zeg: -sie) BNW *beknopt; bondig* ★ style ~ *bondige stijl*
concision V *bondigheid; beknoptheid*
concitoyen M [v: **concitoyenne**] *medeburger*
conclave M *conclaaf*
concluant BNW *overtuigend; afdoend*
conclure I OV WW [onregelmatig] • *besluiten; beëindigen* • *(af)sluiten; aangaan* • *afleiden; opmaken; concluderen (***de** *uit)* **II** ONOV WW *concluderen (***à** *tot)*
conclusion V • *gevolgtrekking; conclusie* • *slot; einde* • *(het) (af)sluiten; (het) aangaan* ★ la ~ d'un mariage *het sluiten v.e. huwelijk*
concocter OV WW *bedenken; uitbroeden*
concombre M *komkommer*
concomitant BNW *bijkomstig; begeleidend; samengaand* ★ sons ~s *bijtonen*
concordance V • *overeenstemming; overeenkomst* • *concordantie*
concordant BNW *overeenstemmend*
concordat M • *concordaat* • JUR. *akkoord bij faillissement*
concorde V *eendracht*
concorder ONOV WW *kloppen; overeenstemmen (***avec** *met)*
concourir ONOV WW [onregelmatig] • *samenlopen* • *medewerken (***à** *aan)* • *wedijveren (***pour** *om); mededingen (***pour** *naar)*
concours (zeg: -koer) M • *toeloop van volk* • *medewerking; steun* • *samenloop* • *vergelijkend examen* • *wedstrijd; concours* ★ ~ de circonstances *samenloop van omstandigheden* ★ ~ hippique *springconcours* ★ hors ~ *buiten mededinging* ★ ~ agricole *landbouwtentoonstelling*
concret BNW [v: **concrète**] • *concreet* • *vast; dik* ★ (huile) concrète *dikke olie*
concrétion V • *stolling* • *verharding* • *concrement* ★ ~s biliaires *galstenen*
concrétiser I OV WW *concretiseren; vaste vorm geven* **II** WKD WW [**se** ~] • *vaste vorm aannemen* • *werkelijkheid worden*
conçu WW [volt. deelw.] • → **concevoir**
concubin M [v: **concubine**] *iem. die ongehuwd samenwoont*
concubinage M *(het) ongehuwd samenwonen; concubinaat*
concupiscence V *zinnelijke begeerte; wellust*
concurremment BIJW *gezamenlijk; gelijktijdig; in concurrentie (***avec** *met)*
concurrence V *concurrentie; mededinging; wedijver* ★ être en ~ avec *in strijd zijn met* ★ faire ~ à *concurreren met* ★ pouvoir soutenir la ~ *kunnen concurreren* ★ jusqu'à ~ de *tot een bedrag van*
concurrencer OV WW *beconcurreren*
concurrent I M [v: **concurrente**] • *concurrent* • *mededinger* • SPORT *deelnemer* **II** BNW *concurrerend*
concurrentiel BNW [v: **concurrentielle**] *concurrerend*
concussion V *knevelarij*
concussionnaire M/V *knevelaar; afperser*
condamnable (zeg: -dan-) BNW *afkeurenswaardig*
condamnation (zeg: -dan-) V • *veroordeling* • *afkeuring* ★ ~ centrale *centrale (deur)vergrendeling*
condamné (zeg: -dan-) M [v: **condamnée**] *veroordeelde*
condamner (zeg: -dan-) OV WW • *veroordelen (***à**

tot; **pour** *wegens)* • *afkeuren* • *opgeven* ⟨v. zieke⟩ • *afsluiten* ⟨en voorgoed buiten gebruik stellen⟩ • *nopen; doemen (***à** *tot)* • *verbieden*

condensable BNW *verdichtbaar*

condensateur M *condensator*

condensation V *verdichting; condensatie*

condensé BNW • *gecondenseerd* • *beknopt*

condenser OV WW • *verdichten; condenseren* • *beknopt weergeven*

condenseur M *condensor*

condescendance V • *neerbuigende vriendelijkheid; minzaamheid* • OUD. *inschikkelijkheid; toegevendheid*

condescendant BNW • *neerbuigend; minzaam* • OUD. *inschikkelijk; toegevend*

condescendre ONOV WW **~ à** *zich verwaardigen te; zo goed zijn om; inwilligen*

condiment M • *kruiderij; specerij* • FIG. *iets pittigs/kruidigs*

condisciple M/V *medeleerling*

condition V • *voorwaarde* • *omstandigheid* • *toestand; gesteldheid* • *conditie; vorm* • *rang; stand* ★ à ~ de [+ infin.] *op voorwaarde dat* ★ à ~ que [+ subj.] *op voorwaarde dat* ★ sous ~ *onder voorbehoud* ★ la ~ humaine *het menselijk lot* ★ mettre en ~ *in de gewenste staat brengen; conditioneren*

conditionné BNW *geconditioneerd; voorwaardelijk*

conditionnel I M TAALK. *voorwaardelijke wijs* **II** BNW [v: **conditionnelle**] *voorwaardelijk*

conditionnement M • *(het) conditioneren* • *verpakking* ★ ~ de l'air *airconditioning*

conditionner OV WW • *een voorwaarde zijn voor* • *conditioneren* • *beïnvloeden* • *verpakken* ⟨v. artikelen⟩ • *van airconditioning voorzien* ★ ces étoffes n'ont pas été bien conditionnées *deze stoffen zijn niet goed geconditioneerd*

condoléances V MV *deelneming; rouwbeklag* ★ présenter ses ~ *condoleren*

condom (zeg: -dom) M *condoom*

conducteur I M *geleider* ⟨v. warmte, elektriciteit⟩ **II** M [v: **conductrice**] • *bestuurder* ⟨v. voertuig⟩ • FORM. *leidsman* ★ ~ de chameaux *kameeldrijver* ★ ~ de travaux *opzichter* **III** BNW [v: **conductrice**] *geleidend* ★ fil ~ *geleidraad;* FIG. *rode draad*

conductibilité V *geleidingsvermogen*

conductible BNW *geleidend*

conduction V *geleiding*

conduire I OV WW [onregelmatig] • *begeleiden; geleiden; brengen* • *besturen* ⟨v. voertuig⟩; *mennen* • *aanvoeren; dirigeren* ★ permis de ~ *rijbewijs* ★ ~ une voiture *een auto besturen* ★ ~ une armée *een leger aanvoeren* ★ ~ un orchestre *een orkest dirigeren* **II** WKD WW [**se** ~] *zich gedragen*

conduit M *pijp; goot; kanaal; buis; leiding* ★ ~ auditif *gehoorgang*

conduite V • *leiding* ⟨v. buizen⟩ • *(het) leiden; leiding; begeleiding* • *besturing; bestuur* • *(het) rijden* ⟨in een auto⟩ • *gedrag* ★ ~ d'eau *waterleiding* ★ ~ de gaz *gasleiding* ★ avoir la ~ d'une armée *een leger aanvoeren*

cône M *kegel* ★ cône tronqué *afgeknotte kegel*

confection V • *(het) maken; vervaardiging* • *confectie*

confectionner OV WW *maken; vervaardigen; bereiden*

confectionneur M [v: **confectionneuse**] • *vervaardiger* • *kledingfabrikant*

confédération V *confederatie; (staten)bond* ★ Confédération helvétique *de Zwitserse bondsstaat*

confédéré I M *bondgenoot* **II** BNW *verbonden*

conférence V • *conferentie; beraadslaging* • *voordracht; lezing; college* ★ ~ de presse *persconferentie* ★ maître de ~s *lector* ★ en ~ (avec) *in bespreking (met)*

conférencier M [v: **conférencière**] *spreker*

conférer I OV WW • *verlenen (***à** *aan)* • *toedienen (***à** *aan)* • OUD. *vergelijken* ★ ~ un titre *een titel toekennen* ★ ~ le baptême *de doop toedienen* ★ conférez (cf.) *vergelijk* **II** ONOV WW *beraadslagen; confereren (***avec** *met;* **de** *over)*

confesse V ★ aller à ~ *gaan biechten*

confesser I OV WW • OOK FIG. *(op)biechten* • *de biecht afnemen* • *toegeven; bekennen* • *belijden* ★ ~ ses péchés *zijn zonden opbiechten* ★ ~ sa foi *zijn geloof belijden* **II** WKD WW [**se** ~] *biechten* ★ se ~ à un prêtre *te biecht gaan bij een priester*

confesseur M • *biechtvader* • *belijder* ⟨uit de tijd v.d. kerkvervolgingen⟩

confession V • *biecht* • *bekentenis* • *(geloofs)belijdenis; confessie; gezindte* ★ ~ de foi *geloofsbelijdenis*

confessionnal M [mv: **confessionnaux**] *biechtstoel*

confessionnel BNW [v: **confessionnelle**] *wat de geloofsbelijdenis betreft; confessioneel*

confiance V • *vertrouwen (***en, dans** *in)* • *zelfvertrouwen* ★ homme de ~ *vertrouwd man; vertrouwensman* ★ place de ~ *vertrouwenspositie* ★ digne de ~ *betrouwbaar* ★ inspirer ~ *vertrouwen inboezemen* ★ en toute ~/de ~ *in vol vertrouwen* ★ faites-moi ~ *heb vertrouwen in me; geloof me maar*

confiant BNW • *vol vertrouwen* • *openhartig* • *goedgelovig* • *vol zelfvertrouwen*

confidence V *vertrouwelijke mededeling* ★ en ~ *in vertrouwen; vertrouwelijk* ★ être dans la ~ *ingewijd zijn (in het geheim)* ★ mettre qn dans la ~ *iem. in vertrouwen nemen*

confident M [v: **confidente**] *vertrouweling* ★ prendre pour ~ *in vertrouwen nemen*

confidentiel BNW [v: **confidentielle**] *vertrouwelijk*

confier I OV WW *toevertrouwen (***à** *aan)* **II** WKD WW [**se** ~] **à** *in vertrouwen nemen; vertrouwen op*

configuration V • *uiterlijke vorm* • *configuratie*

configurer OV WW *configureren; instellen*

confiné BNW *opgesloten; benauwd*

confinement M *opsluiting; afzondering*

confiner I OV WW *opsluiten; ophokken* **II** ONOV WW **~ à** OOK FIG. *grenzen aan* **III** WKD WW [**se** ~] • *zich afzonderen* • **~ dans** *zich beperken tot*

confins M MV *grenzen* ★ aux ~ de *aan de uiterste*

rand van
confire OV WW [onregelmatig] *konfijten; inmaken; inleggen*
confirmatif BNW [v: **confirmative**] *bevestigend*
confirmation V • *bevestiging* • REL. *vormsel; confirmatie*
confirmé BNW *ervaren; gedegen*
confirmer I OV WW • *bevestigen; steunen; staven; sterken (***dans** *in)* • *het vormsel toedienen aan; confirmeren* **II** WKD WW [**se** ~] *bevestigd worden; bewaarheid worden*
confiscable BNW *verbeurbaar*
confiscation V *confiscatie; verbeurdverklaring*
confiserie V • *banketbakkerij* • *suikergoedwinkel* • *suikergoed; snoep*
confiseur M [v: **confiseuse**] • *banketbakker* • *suikergoedfabrikant*
confisquer OV WW *confisqueren; verbeurd verklaren; in beslag nemen*
confit (zeg: ko(n)fie) **I** BNW *gekonfijt; ingemaakt; ingelegd* ★ ~ en dévotion *godzalig* **II** M ★ ~ d'oie *ganzenvlees in vet*
confiture V *jam; vruchtengelei*
confiturerie V *jamfabriek*
conflagration V *grote beroering; groot conflict*
conflictuel BNW [v: **conflictuelle**] *conflict-*
conflit (zeg: ko(n)flie) M • *conflict; botsing; strijd* • JUR. *geschil*
confluence V *samenvloeiing*
confluent M *(plaats van) samenvloeiing*
confluer ONOV WW *samenvloeien*
confondre I OV WW • *verwarren; verwisselen (***avec** *met)* • *vermengen* • *in de war brengen; verbluffen; de mond snoeren* ★ confondu de *versteld van; geheel vervuld van* ★ voilà qui me confond *ik sta er verstomd van* ★ tous... confondus *alle... zonder onderscheid* **II** WKD WW [**se** ~] *zich vermengen; samenvallen (***avec** *met)* ★ se ~ en excuses *zich uitputten in verontschuldigingen*
conformation V *bouw; gedaante* ★ vice de ~ *lichaamsgebrek*
conforme BNW *overeenkomstig (***à** *met)* ★ pour copie ~ *voor eensluidend afschrift*
conformé BNW ★ bien ~ *welgeschapen* ★ mal ~ *mismaakt*
conformément BIJW **~ à** *overeenkomstig (met); conform*
conformer I OV WW **~ à** *aanpassen aan; schikken naar; regelen naar* **II** WKD WW [**se** ~] **à** *zich houden aan; zich aanpassen aan; zich richten naar; zich conformeren aan*
conformisme M *conformisme*
conformiste I BNW *conformistisch* **II** M/V *conformist(e)*
conformité V • *overeenkomst* • *–overeenkomstigheid* ★ en ~ de/avec *overeenkomstig*
confort (zeg: -for) M *comfort; gerief; gemak* ★ tout ~ *van alle (moderne) gemakken voorzien*
confortable BNW *gerieflijk; gezellig; comfortabel* ★ majorité ~ *ruime meerderheid*
conforter OV WW *(ver)sterken (***dans** *in)*
confraternel BNW [v: **confraternelle**] *collegiaal*
confraternité V *collegialiteit*
confrère M *collega*
confrérie V • REL. *broederschap* • GESCH. *gilde*
confrontation V • *confrontatie* • *vergelijking*
confronter OV WW • *confronteren (***avec** *met)* • *vergelijken; tegenover elkaar stellen* ★ être confronté à qc *met iets geconfronteerd worden*
confus (zeg: ko(n)fuu) BNW • *verward; onduidelijk; vaag* • *confuus; beduusd (***de** *van, door)*
confusément BIJW • → **confus**
confusion V • *verwarring; wanorde* • *verlegenheid; beduusdheid* • *onduidelijkheid* • *(het) verwarren; verwisseling*
congé M • *verlof; vakantie; vrijaf* ★ ~ (de) maladie *ziekteverlof* ★ ~ parental *ouderschapsverlof* ★ ~ de solidarité familiale *zorgverlof* ★ jour de ~ *vrije dag* ★ en ~ *met verlof; met vakantie* ★ prendre un ~ *verlof opnemen* • *ontslag; opzegging* ★ donner ~ à qn *iem. de huur opzeggen* ★ prendre ~ de *afscheid nemen van* ★ donner son ~ à qn *iem. ontslaan* ★ prendre son ~ *ontslag nemen* ★ recevoir son ~ *ontslag krijgen* • *geleidebrief*
congédier OV WW *wegzenden; ontslaan*
congé-formation M [mv: **congés-formation**] *studieverlof*
congélateur M • *diepvriezer* • *vriesvak*
congélation V • *invriezing; diepvries* • *bevriezing; stolling* ★ point de ~ *vriespunt*
congeler I OV WW • *invriezen; diepvriezen* • *doen bevriezen; doen stollen* **II** WKD WW [**se** ~] *bevriezen; stollen*
congénère I M/V *soortgenoot* **II** BNW *gelijksoortig*
congénital BNW [m mv: **congénitaux**] OOK FIG. *aangeboren*
congère V *sneeuwhoop*
congestif BNW [v: **congestive**] *congestief*
congestion V • *congestie; bloedaandrang* • *opstopping* ⟨v. verkeer⟩ ★ ~ cérébrale *beroerte*
congestionner OV WW • *bloedaandrang veroorzaken bij* • *verstopt doen raken*
conglomérat M *conglomeraat*
conglomérer OV WW *samenhopen*
conglutiner OV WW *aaneenlijmen; doen kleven*
congratulation V OUD. *felicitatie*
congratuler OV WW HUMOR. *feliciteren*
congre M *zeepaling*
congrégation V • *congregatie* • *christelijke broederschap*
congrès (zeg: -grè) M *congres*
congressiste M/V *congresganger*
congru BNW • OUD. *passend; toereikend* • WISK. *congruent* ★ portion ~e *mondjesmaat* ★ réduit à la portion ~e *karig bedeeld*
congruent BNW WISK. *congruent*
congrûment BIJW OUD. *passend*
conifère M *naaldboom; conifeer*
conique BNW *kegelvormig; conisch*
conjectural BNW [m mv: **conjecturaux**] *hypothetisch; verondersteld*
conjecture V *gissing; veronderstelling; vermoeden* ★ se perdre en ~s *allerlei gissingen maken/vermoedens opperen*
conjecturer OV WW *gissen; veronderstellen; vermoeden*

conjoint I M [v: **conjointe**] *echtgenoot* **II** BNW • *gemeenschappelijk* • *nauw verbonden*
conjointement BIJW *samen (***avec** *met)*
conjoncteur M *automatische schakelaar*
conjonctif BNW [v: **conjonctive**] • *verbindend*; *bind-* • TAALK. *voegwoordelijk* ★ tissu ~ *bindweefsel*
conjonction V • *(het) samentreffen* • *conjunctie* • TAALK. *voegwoord* ★ ~ de coordination/subordination *nevenschikkend/onderschikkend voegwoord*
conjonctive V *bindvlies* ⟨v. oog⟩
conjonctivite V *bindvliesontsteking*
conjoncture V *conjunctuur*; *(samenloop van) omstandigheden*; *toestand*
conjoncturel BNW [v: **conjoncturelle**] *conjunctureel*; *conjunctuur-*
conjugable BNW *vervoegbaar*
conjugaison V *vervoeging*
conjugal BNW [m mv: **conjugaux**] *echtelijk*; *huwelijks-*
conjugalement BIJW ★ vivre ~ *als man en vrouw samenleven*
conjugué BNW *gekoppeld*; *gecombineerd*; *gezamenlijk*
conjuguer OV WW • TAALK. *vervoegen* • *samenvoegen*
conjurateur M [v: **conjuratrice**] • *(geesten)bezweerder* • *samenzweerder*
conjuration V • *bezwering* • *samenzwering*
conjuré M [v: **conjurée**] *samenzweerder*
conjurer I OV WW *bezweren* ⟨in alle betekenissen⟩; *smeken (***de** [+ infin.] *om)* **II** WKD WW [**se ~**] *samenzweren*
connaissable BNW *kenbaar*
connaissance V • [ook mv] *kennis* • *bekende*; *kennis* • *bewustzijn* ★ à ma ~ *voor zover ik weet* ★ faire la ~ avec/de qn *met iem. kennis maken* ★ c'est une personne de ma ~ *het is een kennis van me* ★ être en pays de ~ *in bekend gezelschap zijn* ★ en ~ de cause *met kennis van zaken* ⟨handelend, sprekend⟩; *welbewust* ★ perdre ~ *het bewustzijn verliezen*; *buiten kennis raken* ★ reprendre ~ *weer bij kennis komen*
connaissement M *cognossement*; *vrachtbrief*
connaisseur I M [v: **connaisseuse**] *kenner* **II** BNW [v: **connaisseuse**] ★ regard ~ *kennersblik*
connaître I OV WW [onregelmatig] • *kennen* • *weten* • *leren kennen* ★ ~ de nom, de vue *van naam, van gezicht kennen* ★ ne ~ ni Dieu ni diable *aan God noch gebod geloven* ★ je ne le connais ni d'Eve ni d'Adam *ik ken hem totaal niet* ★ ~ son monde *zijn pappenheimers kennen* ★ ~ qc à un sujet *heel wat van een onderwerp afweten* ★ il n'y connaît pas grand'chose *hij weet er niet veel van* ★ je ne vous connaissais pas ce talent *ik wist niet dat je daar zo goed in was* ★ INFORM. ça me connaît! *daar kan ik van meepraten!* ★ il s'y connaît *daar heeft hij verstand van* ★ OUD. ~ une femme *een vrouw bekennen* ★ INFORM. je te connais comme si je t'ai fait *ik ken je door en door* **II** ONOV WW JUR. **~ de** *berechten*; *tot rechtspreken bevoegd zijn* ★ ~ d'une affaire *een zaak moeten berechten* **III** WKD VNW ★ s'y ~ en qc *verstand hebben van iets*
connard, conard M VULG. *zak*; *idioot*
connasse, conasse V VULG. *stomme trut*
conne I V VULG. *stomme trut* **II** BNW • → **con**
connecter I OV WW *aansluiten (***à** *op)*; *verbinden* **II** WKD WW [**se ~**] *inloggen*
connecteur M *aansluiter*; *aansluitklem*; *verbindingsstekker*
connement BIJW INFORM. → **con**
connerie V VULG. *stommiteit*; *gelul*
connétable M GESCH. *hoogste officier in Frankrijk*
connexe BNW *samenhangend*; *verwant (***à** *met)*
connexion V • *samenhang* • TECHN. *verbinding*; *aansluiting* ★ ~ des idées *samenhang van ideeën*
connivence V • *(heimelijke) verstandhouding*; *samenspanning* • OUD. *oogluiking* ★ être/agir de ~ avec *onder één hoedje spelen met*
connotation V • *connotatie* • *gevoelswaarde*
connu I BNW *bekend* ★ ni vu ni ~ *daar kraait geen haan naar* **II** WW [volt. deelw.] • → **connaître**
conque V • *oorholte* • *spiraalvormige schelp*; *tritonshoorn*
conquérant I BNW • *veroverend* • *verwaand* **II** M [v: **conquérante**] *veroveraar*
conquérir OV WW [onregelmatig] • *veroveren* • *voor zich winnen* ★ ~ une montagne *een berg bedwingen* ★ ~ les cœurs *alle harten voor zich winnen*
conquête V *verovering* ★ faire la ~ de *veroveren* ★ air de ~ *zelfvoldaan gezicht*
conquis WW • → **conquérir**
consacré BNW • *gewijd* • FIG. *geijkt*
consacrer I OV WW • *(in)wijden* • *consacreren* ⟨v. wijn en brood⟩ • FIG. *ijken* ★ l'usage a consacré ce mot *dat woord is door het gebruik geijkt* • **~ à** *(toe)wijden aan* **II** WKD WW [**se ~**] **à** *zich wijden aan*
consanguin BNW *verwant* ⟨v. vaders kant⟩
consanguinité V • *bloedverwantschap* • *verwantschap* ⟨v. vaders kant⟩
consciemment BIJW *bewust*
conscience V • *bewustzijn*; *besef (***de** *van)* • *geweten* • *plichtsgevoel* ★ cas de ~ *gewetenszaak* ★ directeur de ~ *geestelijk leidsman*; *biechtvader* ★ examen de ~ *gewetensonderzoek* ★ liberté de ~ *gewetensvrijheid* ★ en ~ *oprecht* ★ en mon âme et ~ *naar eer en geweten* ★ par acquit de ~ *om zich niets te verwijten te hebben* ★ avoir la ~ large *een ruim geweten hebben* ★ avoir la ~ tranquille/nette *een gerust/zuiver geweten hebben* ★ avoir qc sur la ~ *iets op zijn geweten hebben*
consciencieux BNW [v: **consciencieuse**] *plichtsgetrouw*; *nauwgezet*; *consciëntieus*
conscient BNW • *bewust (***de** *van)* • *bij bewustzijn*
conscription V • *conscriptie* • *dienstplicht*
conscrit (zeg: -skrie) M • *rekruut*; *dienstplichtige* • INFORM. *groentje*
consécration V • REL. *consecratie* • *inwijding*; *inzegening* • *bekrachtiging*
consécutif BNW [v: **consécutive**]

• *achtereenvolgend* • TAALK. *gevolgaanduidend* ★ proposition subordonnée consécutive *gevolgaanduidende bijzin* • ~ **à** *ten gevolge van*

consécutivement BIJW • *achtereenvolgens* • ~ **à** *ten gevolge van*

conseil M • *raad(geving)* • *raadgevend lichaam*; *raad* • *raadsman* ★ ~ d'administration *raad van bestuur*; *bestuur* ★ Conseil constitutionnel *staatsorgaan dat wetten en verkiezingen aan de grondwet toetst* ★ ~ de discipline *tuchtraad* ★ ~ d'État *Raad van State* ★ ~ général *departementaal vertegenwoordigend lichaam* ★ ~ de guerre *krijgsraad* ★ ~ des ministres *ministerraad* ★ ~ municipal *gemeenteraad* ★ ~ régional *gewestraad* ★ Conseil de sécurité *Veiligheidsraad* ★ médecin-~ *controlerend geneesheer* ★ le président du ~ *de minister-president* ★ de bon ~ *wijs*; *verstandig* ★ tenir ~ *beraadslagen* ★ sur le(s) ~(s) de *op aanraden van*

conseiller I M [v: **conseillère**] • *raadgever*; *raadsman* • *raadslid* • *raadsheer* ★ ~ d'État *staatsraad* ★ ~ fiscal *belastingconsulent* ★ ~ municipal *gemeenteraadslid* **II** OV WW *(aan)raden*; *adviseren (***à** *aan;* **de** *om)*

consensuel BIJW [v: **consensuelle**] *consensueel* ★ dans un esprit ~ *in goed overleg*; *volgens het harmoniemodel*

consensus (zeg: -suus) M *consensus* ★ large ~ *grote mate van instemming*

consentant BNW *instemmend*; *willig*

consentement M *toestemming*; *instemming* ★ du ~ de tous *met algemeen goedvinden*

consentir I OV WW • *toestaan*; *goedvinden* • *verlenen*; *verschaffen (***à** *aan)* **II** ONOV WW [onregelmatig] *toestemmen* ★ ~ à *toestemmen in*; *instemmen met* ★ qui ne dit mot consent ⟨spreekwoord⟩ *wie zwijgt stemt toe*

conséquemment BIJW *bijgevolg* ★ ~ à *overeenkomstig*; *ten gevolge*

conséquence V • *gevolg*; *consequentie* • *gevolgtrekking* • OUD. *belang* ★ en ~ *bijgevolg*; *dienovereenkomstig* ★ en ~ de *overeenkomstig*; *ten gevolge van* ★ sans ~ *onbelangrijk* ★ lourd de ~s *met verstrekkende gevolgen*; *ingrijpend* ★ avoir pour ~ *tot gevolg hebben* ★ tirer à ~ *van belang zijn*

conséquent BNW • *consequent* • INFORM. *van belang* ★ par ~ *bijgevolg*

conservateur I BNW [v: **conservatrice**] • *conservatief* • *behoudend*; *conserverings-* **II** M [v: **conservatrice**] • *conservatief* • *conservator* ★ ~ des eaux et forêts *opperhoutvester* ★ ~ des hypothèques *hypotheekbewaarder* **III** M *conserveermiddel*

conservation V • *behoud*; *(het) bewaren* • *conservering* ★ de longue ~ *lang houdbaar*

conservatoire I M *conservatorium*; *muziek- en/of toneelschool* **II** BNW *conservatoir*; *behoudend* ★ mesure ~ *maatregel tot behoud*

conserve V *geconserveerd levensmiddel* ★ ~s *conserven* ★ (mis) en ~ OOK FIG. *ingeblikt*; *in blik* ★ de ~ *samen* ★ naviguer de ~ *in konvooi varen*

conserver I OV WW • *bewaren*; *behouden* • *conserveren* ★ bien conservé FIG. *goed geconserveerd* **II** WKD WW [**se** ~] • *goed blijven* • *in stand blijven*

conserverie V • *conservenfabriek* • *conservenindustrie*

considérable BNW *aanzienlijk*; *belangrijk*; *aanmerkelijk*

considérant M *considerans*; *overweging*

considération V • *overweging*; *beschouwing* • *aanzien*; *achting (***pour** *voor)* • *beweegreden* ★ en ~ de *gelet op*; *gezien* ★ sans ~ de *zonder rekening te houden met*; *ongeacht* ★ sans ~ de personne *zonder aanziens des persoons* ★ prendre en ~ *in aanmerking nemen* ★ agréez l'assurance de ma ~ *hoogachtend*

considérer OV WW • *achten* • *beschouwen* • *overwegen* ★ ~ comme *beschouwen als*; *houden voor* ★ ~ que [+ ind.] *van mening zijn dat* ★ tout bien considéré *alles wel beschouwd*

consignation V • *statiegeld(heffing)* • JUR. *consignatie*

consigne V • *bagagedepot* • *statiegeld* • *order*; *consigne* • MIL. *kwartierarrest* • *schoolblijven* ★ ~ automatique *bagagekluis*

consigner OV WW • *in bewaring geven*; *consigneren* • FORM. *optekenen*; *noteren* • MIL. *kwartierarrest geven* • *school laten blijven* • *statiegeld heffen op* • *de toegang ontzeggen tot* ★ bouteille non consignée *fles zonder statiegeld*; *wegwerpfles* ★ ~ qn à la caserne *iem. in de kazerne houden*

consistance V • *vastheid*; *dichtheid*; *degelijkheid* • *consistentie*; *innerlijke samenhang*

consistant BNW • *vast*; *stevig*; *degelijk* • *consistent*; *innerlijk samenhangend*

consister ONOV WW • **~ en/dans** *bestaan uit* • **~ en/dans/à** [+ infin.] *bestaan in*

consistoire M • *consistorie* • *kerkenraad*

consœur V *vrouwelijke collega*

consolable BNW *troostbaar*

consolant BNW *troostend*

consolateur I BNW [v: **consolatrice**] *troostend* **II** M [v: **consolatrice**] *trooster*

consolation V *vertroosting*; *troostend woord*; *troost* ★ fiche/prix de ~ *troostprijs*

console V • *console* • *bedieningspaneel* ★ ~ de mixage *mengpaneel*

consoler OV WW *(ver)troosten (***de** *over)* ★ ne pas se ~ de *ontroostbaar zijn over*; *zich er niet overheen kunnen zetten*

consolidation V *versterking*; *bevestiging*; *consolidatie*

consolider OV WW *versterken*; *consolideren* ★ (fonds) consolidés *consols*

consommable BNW *eetbaar*; *drinkbaar*

consommateur M [v: **consommatrice**] • *consument*; *verbruiker* • *cafébezoeker*

consommation V • *verbruik* • *consumptie* • *voleindiging*; *volvoering* ★ prix à la ~ *consumentenprijs* ★ société de ~ *consumptiemaatschappij*

consommé I BNW *doorkneed*; *volleerd*; *volmaakt* **II** M *heldere vleesbouillon*; *consommé*

consommer I OV WW • *verbruiken*; *verteren*; *consumeren* • *volvoeren*; *volbrengen* ★ ~ le

mariage *het huwelijk consummeren* ‹door de bijslaap› **II** ONOV WW *iets drinken* ‹in café e.d.›
consomption V *uittering*; *tering*
consonance V • *wijze van klinken*; *klank* • *welluidende samenklank*; *gelijkluidendheid*
consonant BNW *welluidend samenklinkend*
consonne V *medeklinker*
consort (zeg: -sor) **I** M MV MIN. *deelgenoten in een zaak*; *consorten* **II** BNW ★ prince ~ *prins-gemaal*
conspirateur M [v: **conspiratrice**] *samenzweerder*
conspiration V *samenzwering*; *samenspanning* ★ ~ du silence *(het) doodzwijgen*
conspirer I OV WW OUD. *beramen* **II** ONOV WW • *samenzweren*; *samenspannen* • **~ à** *bijdragen tot*
conspuer OV WW *uitjouwen*; *honen*
constamment BIJW *voortdurend*; *doorlopend*
constance V *bestendigheid*; *standvastigheid*
constant BNW *standvastig*; *onveranderlijk*; *bestendig*; *constant* ★ FORM. fait ~ *vaststaand feit*
constante V *constante*
constat (zeg: -stà) M *proces-verbaal*; *verslag v.d. toedracht* ★ ~ d'accident *schadeformulier* ★ dresser un ~ de *constateren*; *wijzen op*
constatation V *bevinding*; *constatering*; *vaststelling*
constater OV WW *constateren*; *vaststellen*; *bevinden*
constellation V *constellatie*; *sterrenbeeld*
consteller OV WW **~ de** *bezaaien met* ‹sterren, ridderordes enz.›
consternation V *ontsteltenis*; *verbijstering*
consterner OV WW *hevig ontstellen*; *verbijsteren*
constipation V *verstopping*; *obstipatie*; *constipatie*
constipé BNW • *verstopt*; *hardlijvig* • INFORM. *gespannen*; *stijf* ‹v. optreden›
constiper OV WW *verstoppen*; *constiperen*
constituant I M *bestanddeel* **II** BNW • *samenstellend* • *(grond)wetgevend* ★ partie ~e *bestanddeel* ★ (Assemblée) ~e *grondwetgevende vergadering*; *constituante*
constituer I OV WW • *samenstellen*; *vormen* • *uitmaken*; *zijn* • *aanwijzen als*; *benoemen tot* • *(wettig) instellen*; *constitueren* ★ constitué de/par *samengesteld uit* ★ homme bien constitué *iem. met een sterk gestel* ★ ~ qn prisonnier *iem. in hechtenis nemen* ★ ~ une dot/une rente *een bruidsschat/een jaargeld toekennen* **II** WKD WW [**se ~**] ★ se ~ prisonnier *zich overgeven*; *zichzelf aangeven*
constitutif BNW [v: **constitutive**] • *samenstellend* • *wezenlijk* • JUR. *constitutief* ★ élément ~ *bestanddeel*
constitution V • *samenstelling* • *toekenning* ‹v. jaargeld› • *gestel*; *constitutie* • *grondwet*; *staatsregeling*; *constitutie* • *stichting*; *oprichting* • *benoeming* ★ ~ d'une rente *vastzetting van een jaargeld*
constitutionnel BNW [v: **constitutionnelle**] • *grondwettig*; *grondwettelijk*; *constitutioneel* • *voortkomend uit het gestel* ★ droit ~ *staatsrecht*
constricteur BNW *samentrekkend* ★ muscle ~ *sluitspier* ★ boa ~ *boa constrictor*
constriction V *vernauwing*; *samentrekking*
constructeur M [v: **constructrice**] *bouwer*; *maker*; *constructeur*
constructible BNW *bebouwbaar* ‹voorzien v. bouwvergunning›
constructif BNW [v: **constructive**] • *creatief* • *(op)bouwend*; *constructief*
construction V • *(op)bouw*; *(het) bouwen* • *gebouw* • TAALK. *constructie*; *zinsbouw* • WISK. *constructie* ★ bois de ~ *timmerhout* ★ chantier de ~ *bouwplaats*; *timmerwerf* ★ jeu de ~ *bouwdoos* ★ en (cours de) ~ *in aanbouw*
construire OV WW [onregelmatig] *(op)bouwen*; *construeren*
construit WW [volt. deelw.] • → **construire**
consul M *consul*
consulaire BNW *consulair*
consulat M *consulaat*
consultant I M [v: **consultante**] • *consulterend geneesheer* • *adviseur* **II** BNW *raadgevend*
consultatif BNW [v: **consultative**] *raadgevend*; *advies-* ★ avoir voix consultative *een adviserende stem hebben*
consultation V • *beraadslaging*; *overleg* • *consult*; *consultatie*; *raadpleging* • *advies* ★ cabinet de ~ *spreekkamer v. dokter* ★ (heures de) ~ *spreekuur*
consulter I OV WW • *raadplegen*; *consulteren* • FORM. *rekening houden met* • WWW *kijken op* ★ ~ ses forces *rekening houden met zijn krachten* **II** ONOV WW • *spreekuur houden* • *beraadslagen*
consumer I OV WW • *verteren* ‹door vuur› • FIG. *geheel verbruiken*; *doen wegkwijnen*; *doen vergaan* **II** WKD WW [**se ~**] *wegteren*; *wegkwijnen*; *vergaan (***de** *van)*
consumérisme M *consumentisme*
contact (zeg: -takt) M • *aanraking*; *contact* • *omgang (***avec** *met)* ★ WISK. point de ~ *raakpunt*; *aanrakingspunt* ★ couper/mettre le ~ *de motor afzetten/aanzetten* ★ prendre ~ avec l'ennemi *voeling krijgen met de vijand*
contacter OV WW *contact opnemen met*
contagieux BNW [v: **contagieuse**] • *besmettelijk* • FIG. *aanstekelijk* ★ exemple ~ *aanstekelijk voorbeeld*
contagion V *besmetting*; *aanstekelijkheid* ★ la ~ du rire *aanstekelijke lach*
contagiosité V *besmettelijkheid*
container (zeg: ko(n)tènèr) M *container*
contamination V • *besmetting* • *bezoedeling* • TAALK. *contaminatie*
contaminer OV WW • *besmetten* • *bezoedelen*
conte M • *verhaal*; *vertelsel* • *praatje*; *verzinsel* ★ ~ de fées *sprookje* ★ ~ bleu OOK FIG. *sprookje* ★ ~ à dormir debout *sterk verhaal* ★ les ~s de ma Mère l'Oie *de sprookjes van Moeder de Gans*
contemplatif BNW [v: **contemplative**] *beschouwend* ★ ordre ~ *contemplatieve orde*
contemplation V *beschouwing*; *bespiegeling* ★ rester en ~ devant *peinzend/aandachtig*

staren naar
contempler OV WW *beschouwen*; *(aandachtig) gadeslaan*
contemporain I M *tijdgenoot* **II** BNW *eigentijds*; *hedendaags*; *uit dezelfde tijd*; *contemporain*
contempteur M [v: **contemptrice**] *verachter*
contenance V • *inhoud* • *oppervlakte* • *houding* ★ faire bonne ~ *zich goed houden* ★ perdre ~ *van streek raken*
contenant M *voorwerp dat iets bevat*
conteneur M *container* ★ ~ à verre *glasbak*
contenir I OV WW [onregelmatig] • *(kunnen) bevatten*; *inhouden*; *beslaan* • *bedwingen*; *tegenhouden*; *in toom houden* **II** WKD WW [**se** ~] *zich bedwingen*; *zich inhouden*
content I BNW *tevreden*; *blij (***de** *over, met)* ★ être ~ de sa petite personne *met zichzelf ingenomen zijn* **II** M *bekomst (***de** *van)* ★ manger tout son ~ *zich dik eten*
contentement M • *tevredenheid*; *voldoening*; *blijdschap* • *bevrediging* ⟨v. wensen, behoeften⟩ ★ ~ passe richesse ⟨spreekwoord⟩ *tevredenheid gaat boven rijkdom*
contenter I OV WW • *tevredenstellen* • *bevredigen* ⟨v. wensen, behoeften⟩ **II** WKD WW [**se** ~] **de** [+ infin.] *zich tevredenstellen met*; *zich bepalen tot* ⟨slechts het genoemde doen⟩
contentieux I M JUR. *geschillen* **II** BNW [v: **contentieuse**] *geschillen betreffend*; *contentieus*
contenu I M *inhoud* **II** BNW *ingehouden*; *bedwongen* ★ colère ~e *ingehouden woede* ★ caractère ~ *gesloten karakter* ★ ~ dans *vervat in*
conter OV WW *verhalen*; *vertellen* ★ en ~ à qn *iem. iets wijsmaken* ★ ~ des sornettes *kletspraatjes verkopen*
contestable BNW *betwistbaar*
contestataire I BNW *contesterend*; *protesterend*; *(maatschappij)kritisch* **II** M/V *contestant*; *protesteerder* ⟨tegen de gevestigde orde⟩
contestation V • *betwisting* • *geschil*; *twist* • *contestatie*; *protest(beweging)* ★ sans ~ *zonder tegenspraak* ★ mettre en ~ *bestrijden*
conteste V ★ sans ~ *ontegenzeglijk*
contester I OV WW *betwisten*; *bestrijden*; *contesteren* **II** ONOV WW • POL. *protesteren* • *twisten*
conteur I M [v: **conteuse**] *verteller* **II** BNW [v: **conteuse**] *graag vertellend*; *praatziek*
contexte M *samenhang*; *context*
contexture V • *weefsel* • *samenhang*
contigu BNW [v: **contiguë**] • *aangrenzend* • FIG. *verwant*
contiguïté V • *belending* • FIG. *verwantschap*
continence V • *kuisheid*; *onthouding* • *continentie*
continent I M • *vasteland*; *continent* • *werelddeel* ★ l'Ancien Continent *de Oude Wereld* ★ le Nouveau Continent *de Nieuwe Wereld* **II** BNW • MED. *continent* • OUD. *kuis*
continental BNW [m mv: **continentaux**] *continentaal*; *vasteland(s)-* ★ climat ~ *landklimaat* ★ blocus ~ *continentaal stelsel*
contingence V *contingentie*; *gebeurlijkheid* ★ ~s [mv] *toevalligheden*
contingent I BNW *toevallig*; *contingent* **II** M • MIL. *lichting*; *contingent* • *aandeel*; *quota*; *contingent*
contingentement M *contingentering*
contingenter OV WW *contingenteren*
continu BNW *aanhoudend*; *doorlopend*; *continu* ★ courant ~ *gelijkstroom* ★ fièvre ~e *aanhoudende koorts* ★ fraction ~e *kettingbreuk*
continuateur M [v: **continuatrice**] *voortzetter*
continuation V *voortzetting*; *vervolg*
continuel BNW [v: **continuelle**] *voortdurend*; *doorlopend*
continuer I OV WW • *doorgaan met*; *voortzetten*; *vervolgen* • *verlengen*; *doortrekken* • *hernieuwen*; *verlengen* ★ ~ un mur *een muur doortrekken* ★ ~ un bail *een huurcontract verlengen* **II** ONOV WW • *voortduren*; *voortgaan* • ~ **à/de** [+ infin.] *doorgaan met*
continuité V *voortduring*; *voortzetting*; *continuïteit*
continûment BIJW • → **continu**
contondant BNW *stomp*
contorsion V • *verdraaiing* • *gelaatsverwringing* ★ faire des ~s *zich in bochten wringen*; *zich verkrampt gedragen*
contorsionner WKD WW [**se** ~] OOK FIG. *zich in bochten wringen*
contorsionniste M/V *slangenmens*
contour M *omtrek*; *omlijning*; *contour*
contourné BNW • *gebogen*; *verwrongen* • *gewrongen* ⟨v. stijl⟩
contourner OV WW • *gaan om*; *lopen om* • FIG. *ontwijken*; *omzeilen*
contraceptif I M *anticonceptiemiddel*; *voorbehoedmiddel* **II** BNW [v: **contraceptive**] *voorbehoeds-* ★ pilule contraceptive *anticonceptiepil*
contraception V *anticonceptie*
contractant I M *contractant* **II** BNW *samentrekkend*; *contracterend*
contracter I OV WW • *aangaan*; *(af)sluiten* • *doen inkrimpen*; *doen samentrekken* • *oplopen* ⟨v. ziekte⟩ ★ ~ un bail *een huurcontract sluiten* ★ ~ des dettes *zich in schulden steken* ★ ~ une habitude *een gewoonte aannemen* **II** WKD WW [**se** ~] *inkrimpen*; *samentrekken*; *verstrakken*
contractile BNW *samentrekbaar*
contraction V *samentrekking*; *inkrimping*; *verstarring* ★ avoir des ~s *barensweeën hebben*
contractuel I M [v: **contractuelle**] *contractwerknemer*; *tijdelijke werknemer* ★ (agent) ~ *parkeerwachter* **II** BNW [v: **contractuelle**] *contractueel*
contradicteur M *tegenspreker*
contradiction V • *tegenspraak* • *tegenstrijdigheid*; *onverenigbaarheid* ★ esprit de ~ *neiging om tegen te spreken*; *betweterij* ★ ~ dans les termes *contradictio in terminis* ★ en ~ avec *in tegenspraak met*; *in strijd met*
contradictoire BNW • *(tegen)strijdig (***à** *met)* • *contradictoir*; *met hoor en wederhoor*
contraignant BNW *dwingend*; *bindend*;

hinderlijk

contraindre I OV WW [onregelmatig] • *dwingen*; *noodzaken (***à** *tot, om)* • *inhouden*; *bedwingen* ★ être contraint de *gedwongen zijn om* ★ ~ sa colère *z'n woede inhouden* **II** WKD WW [**se** ~] • *zich inhouden*; *zich bedwingen* • *zich geweld aandoen*; *zich forceren (***à** [+ infin.] *tot)*

contraint I BNW *gedwongen*; *gekunsteld* **II** WW [volt. deelw.] • → **contraindre**

contrainte V • *dwang* • *verplichting*; *last* • *gedwongenheid* • *dwangbevel* ★ sans ~ *ongedwongen* ★ user de ~ *dwangmiddelen gebruiken* ★ JUR. ~ par corps *gijzeling*; *lijfsdwang*

contraire I M *het tegenovergestelde*; *het tegendeel* ★ au ~ *integendeel*; *daarentegen* ★ au ~ de *in tegenstelling met* **II** BNW • *tegengesteld (***à** *aan)*; *strijdig (***à** *met)* • OUD. *schadelijk*; *nadelig (***à** *voor)* • *tegen-* ★ vent ~ *tegenwind* ★ sort ~ *tegenspoed*

contrairement BIJW ~ **à** *in tegenstelling tot*; *in strijd met*

contralte M • → **contralto**

contralto M • *alt(stem)* • *alt* ⟨zangeres⟩

contrariant BNW • *tegenstrevend* • *vervelend*; *wat de zaak in de war stuurt* ★ esprit ~ *dwarsdrijver*

contrarier OV WW • *tegenwerken*; *dwarsbomen* • *hinderen*; *dwarszitten* • *zorgen baren* ★ voilà qui me contrarie *dat zit me dwars* ★ avoir l'air contrarié *zuur/geërgerd kijken* ★ ~ des couleurs *contrasterende kleuren tegenover elkaar zetten*

contrariété V • *misnoegen*; *ontstemming* • *tegenslag*

contraste M *contrast (***de, entre** *tussen)*; *tegenstelling* ★ faire ~ avec *contrasteren met*

contrasté BNW *contrastrijk*

contraster I OV WW *doen contrasteren* **II** ONOV WW *contrasteren*; *een tegenstelling vormen (***avec** *met)*; *afsteken (***avec** *bij)*

contrat M *overeenkomst*; *contract* ★ ~ à durée déterminée *tijdelijk arbeidscontract* ★ ~ de mariage *huwelijkscontract* ★ ~ notarié *notariële akte* ★ ~ social *maatschappelijk verdrag* ★ remplir son ~ *zich waarmaken*

contravention V • *bekeuring (***pour** *wegens)* • *overtreding* ★ dresser une ~ à *bekeuren* ★ INFORM. flanquer une ~ à *op de bon slingeren*

contre I M • *tegenstoot*; *tegenaanval* • *doublet* ⟨kaarten⟩ • *het tegen* • *klots* ⟨bij biljart⟩; *op een tegenstander botsende bal* ⟨bij voetbal e.d.⟩ ★ le pour et le ~ *het voor en tegen* **II** VZ *(er)tegen* ★ par ~ *daarentegen* ★ être ~ *ertegen zijn* ★ voter ~ *tegenstemmen* ★ je n'ai rien à dire là~ *ik kan daar niets tegen inbrengen* ★ laisser la porte tout ~ *de deur aan laten staan*

contre- VOORV *contra-*; *tegen-*

contre-allée V [mv: **contre-allées**] *ventweg*

contre-amiral M [mv: **contre-amiraux**] *schout-bij-nacht*

contre-attaque V [mv: **contre-attaques**] *tegenaanval*

contre-attaquer OV WW *een tegenaanval doen (op)*

contrebalancer OV WW *compenseren*; *opwegen tegen* ★ INFORM. je m'en contrebalance *ik heb er maling aan*

contrebande V *smokkelarij*; *smokkelwaar* ★ faire de la ~ *smokkelen* ★ marchandises de ~ *smokkelwaar* ★ passer en ~ *(binnen)smokkelen*

contrebandier I M [v: **contrebandière**] *smokkelaar* **II** BNW [v: **contrebandière**] *smokkel-*

contrebas ★ en ~ (de) *lager gelegen (dan)*

contrebasse V • *(contra)bas* • *contrabassist*

contrebassiste M/V *contrabassist*

contrecarrer OV WW *tegenwerken*; *dwarsbomen*

contrecœur I M *haardplaat* **II** ★ à ~ *met tegenzin*

contrecoup M *terugslag*; *nawerking* ★ par ~ *van de weeromstuit*

contre-courant M [mv: **contre-courants**] *tegenstroom* ★ à ~ OOK FIG. *tegen de stroom in*

contre-culture V [mv: **contre-cultures**] *tegencultuur*; *underground*

contredanse V • *contradans* • INFORM. *bekeuring*

contredire I OV WW [onregelmatig] *tegenspreken*; *in tegenspraak zijn met* **II** WKD WW [**se** ~] *zichzelf/elkaar tegenspreken*

contredit M *verweerschrift* ★ OUD. sans ~ *ontegenzeglijk*

contrée V OUD. *landstreek*

contre-écrou M [mv: **contre-écrous**] *contramoer*

contre-enquête V [mv: **contre-enquêtes**] *tegenonderzoek*

contre-épreuve V [mv: **contre-épreuves**] *controleproef*

contre-espionnage M [mv: **contre-espionnages**] *contraspionage*

contre-expertise V [mv: **contre-expertises**] *tegenonderzoek*; *contra-expertise*

contrefaçon V *namaak*; *vervalsing*

contrefacteur M *namaker*; *vervalser*

contrefaire OV WW • *nabootsen*; *namaken*; *vervalsen* • *veranderen*; *verdraaien* ⟨v. stem⟩ • OUD. *voorwenden* ★ ~ la douleur *pijn voorwenden*

contrefait BNW • *nagemaakt*; *onecht* • *misvormd*

contreficher WKD WW [**se** ~] ★ INFORM. je m'en contrefiche *ik heb er maling aan*

contre-fil, contrefil M ★ à ~ *tegen de draad in*

contre-filet M [mv: **contre-filets**] *lendenbiefstuk*

contrefort M • *schoormuur*; *steunbeer* • *uitloper* ⟨v. gebergte⟩ • *hielstuk*

contre-indication V [mv: **contre-indications**] MED. *contra-indicatie*

contre-indiqué BNW *gecontra-indiceerd*; *te ontraden*

contre-jour M [mv: **contre-jour(s)**] *tegenlicht* ★ à ~ *met de rug naar het licht*; *tegenlicht-*

contre-la-montre M [mv: id.] *tijdrit*

contremaître M *opzichter*; *ploegbaas*

contre-manifestation V [mv: **contre-manifestations**] *tegendemonstratie*

CO

contremarche V • *contramars* • *optrede*; *stootbord* ‹v. trap›
contremarque V • *controlemerk* • *sortie*; *contramerk*
contre-mesure V [mv: **contre-mesures**] *tegenmaatregel*
contre-offensive V [mv: **contre-offensives**] *tegenoffensief*
contrepartie V • *tegendeel* • *tegenwaarde*; *compensatie* ★ en ~ *als tegenprestatie*; *daartegenover*; *daarentegen* ★ en ~ de *in ruil voor*
contre-performance V [mv: **contre-performances**] *teleurstellende prestatie*; *afgang*
contrepet M *komische verspreking* ‹door verwisseling v. klanken›
contrepèterie V *komische verspreking* ‹door verwisseling v. klanken›; *spoonerisme*
contre-pied, contrepied M [mv: **contre-pieds, contrepieds**] • *tegendeel* • *(het zetten op) het verkeerde been* ★ SPORT être à ~ *op het verkeerde been staan* ★ prendre à ~ *op het verkeerde been zetten* ★ prendre le ~ d'une opinion *het tegendeel beweren*
contreplaqué M *triplex*; *multiplex*
contre-plongée V [mv: **contre-plongées**] *(opname in) kikvorsperspectief*
contrepoids M *tegenwicht*
contre-poil BIJW ★ à ~ OOK FIG. *tegen de haren in* ▾ prendre qelqu'un à ~ *iem. tegen de haren in strijken*
contrepoint M MUZ. OOK FIG. *contrapunt*
contrepoison M *tegengif (***à** *tegen)*
contre-porte V [mv: **contre-portes**] *binnendeur*; *tochtdeur*
contre-productif BNW [v: **contre-productive**] *contraproductief*
contre-publicité V *antireclame*
contrer I OV WW *zich (met succes) verzetten tegen*; *dwarsbomen*; *(af)stoppen* **II** ONOV WW *doubleren* ‹bij bridge›
contre-rail M [mv: **contre-rails**] *contrarail*
contre-réforme V GESCH. *contrareformatie*
contre-révolution V [mv: **contre-révolutions**] *contrarevolutie*
contre-révolutionnaire I M/V [mv: **contre-révolutionnaires**] *contrarevolutionair* **II** BNW *contrarevolutionair*
contreseing M *medeondertekening*; *contraseign*
contresens (zeg: -sa(n)s) M • *misinterpretatie*; *misvatting* • *tegengestelde betekenis* ★ à ~ *averechts*; *in de verkeerde richting*; *verkeerd*; *tegendraads*
contresigner OV WW *medeondertekenen*; *contrasigneren*
contretemps M *tegenvaller*; *tegenslag*; FIG. *kink*; *onverwacht beletsel* ‹om te komen› ★ à ~ *te onpas*; *ongelegen*; MUZ. *tegen de maat in*
contre-torpilleur M [mv: **contre-torpilleurs**] *torpedojager*
contre-valeur V [mv: **contre-valeurs**] *tegenwaarde*
contrevenant M *overtreder*
contrevenir ONOV WW ~ **à** *overtreden*
contrevent M *(buiten)vensterluik*
contrevérité V *onwaarheid*
contre-visite V [mv: **contre-visites**] MED. *tweede onderzoek*; *second opinion*
contre-voie V ★ déscendre à ~ *aan de verkeerde kant (v.d. trein) uitstappen*
contribuable M/V *belastingplichtige*; *belastingbetaler*
contribuer ONOV WW *bijdragen (***à** *tot, in)*
contributif BNW [v: **contributive**] *belasting-* ★ part contributive *belastingaanslag*
contribution V • *bijdrage (***à** *tot, in)* • *belasting* ★ mettre à ~ *gebruik maken (van de diensten) van*; GESCH. *brandschatten*
contrister OV WW FORM. *bedroeven*
contrit (zeg: -trie) BNW *berouwvol*
contrition V *berouw* ★ acte de ~ *akte van berouw* ★ ~ imparfaite *onvolmaakt berouw*
contrôlable BNW *controleerbaar*; *beheersbaar*
contrôle M • *controle*; *toezicht* • *beheersing* • *plaats van controle* • *waarmerk op goud en zilver* • *register*; *naamlijst* • *toetsing*; *schriftelijke overhoring* ★ ~ des naissances *geboorteregeling* ★ ~ technique *technische keuring*; *apk* ★ ~ de soi *zelfbeheersing* ★ perdre le ~ de sa voiture *de macht over het stuur verliezen*
contrôler OV WW • *controleren*; *toetsen* • *beheersen* • *waarmerken* ‹v. goud, zilver›
contrôleur I M *controletoestel* **II** M [v: **contrôleuse**] *controleur* ★ ~ (du trafic) aérien *(lucht)verkeersleider*
contrordre M *tegenbevel* ★ sauf ~ *behoudens tegenbericht*
controuvé BNW FORM. *verzonnen* ‹onwaar›
controversable BNW *betwistbaar*
controverse V *controverse*; *discussie*
controversé BNW *omstreden*; *betwist*
contumace V JUR. *verstek* ★ condamner par ~ *bij verstek veroordelen*
contusion V *kneuzing*
contusionner OV WW *kneuzen*
conurbation V *agglomeratie van steden*; *conurbatie*
convaincant BNW *overtuigend*
convaincre I OV WW • *overtuigen (***de** *van)*; *overhalen (***de** [infin.] *tot)* • *schuldig bevinden (***de** *aan)* **II** WKD WW [**se** ~] *zich overtuigen (***de** *van)* ★ se ~ que [+ ind.] *zich ervan vergewissen dat*
convaincu I BNW *overtuigd* **II** WW [volt. deelw.] • → **convaincre**
convainquant WW [teg. deelw.] • → **convaincre**
convalescence V *beterschap*; MED. *herstel* ★ en ~ *aan de beterende hand*; *herstellende*
convalescent I BNW *herstellend*; *aan de beterende hand* **II** M [v: **convalescente**] *herstellende zieke*
convenable BNW • *fatsoenlijk*; *behoorlijk*; *gepast* • *geschikt* ★ le moment ~ *het geschikte moment*
convenance V • *wat iemand bevalt of gelegen komt*; *gading*; *zin* • FORM. *overeenstemming*; *gelijkheid* ★ les ~s *fatsoen*; *gepastheid* ★ pour ~s personnelles *om persoonlijke redenen* ★ mariage de ~ *huwelijk uit berekening*

★ trouver qc à sa ~ *iets naar zijn gading vinden*
convenir I ONOV WW [onregelmatig] • *geschikt zijn (***à**, **pour** *voor); passen (***à** *bij)* • ~ **à** *aanstaan (aan); bevallen (aan)* • ~ **de** *overeenkomen om; afspreken om; erkennen; het eens worden/zijn over* ★ c'est convenu! *(dat is) afgesproken!* ★ j'en conviens *dat geef ik toe* ★ nous sommes convenus du prix *wij zijn het eens geworden over de prijs* ★ ~ que [+ ind.] *afspreken dat; erkennen dat* **II** ONP WW *gepast zijn (***de** *om)* ★ il convient que [+ subj.] *het is raadzaam om* ★ que convient-il de faire? *wat is raadzaam?* **III** WKD WW [**se** ~] *bij elkaar passen; het goed met elkaar kunnen vinden*
convention V • *conventie; verdrag; afspraak* • *conventie; norm; wat gangbaar is* • *clausule; artikel* • *(partij)bijeenkomst; conventie* ★ ~ collective (de travail) *collectieve arbeidsovereenkomst* ★ une ~ tacite *een stilzwijgende afspraak* ★ une ~ verbale *een mondelinge afspraak*
conventionné BNW ★ médecin ~ *arts met ziekenfondspraktijk*
conventionnel BNW [v: **conventionnelle**] *conventioneel; (bij verdrag) overeengekomen; gebruikelijk*
conventuel BNW [v: **conventuelle**] *kloosterlijk; klooster-*
convenu I BNW *afgesproken* **II** WW [volt. deelw.] • → **convenir**
convergence V OOK FIG. *convergentie* ★ ~ des efforts *gemeenschappelijke inspanning*
convergent BNW OOK FIG. *convergerend*
converger ONOV WW • *convergeren (***vers** *naar)* • FIG. *op hetzelfde resultaat gericht zijn; overeenstemmen*
convers (zeg: -vèr) BNW *leken-* ★ frère ~ *lekenbroeder* ★ sœur ~e *lekenzuster*
conversation V *gesprek; conversatie; bespreking* ★ avoir de la ~ *gezellig kunnen praten* ★ changer la ~ *het gesprek op een ander onderwerp brengen*
converser ONOV WW *praten; converseren (***avec** *met)*
conversion V • *verandering; omzetting; omrekening; omwisseling (***en** *in)* • *bekering (***à** *tot)* • FIG. *omschakeling; omscholing* • *zwenking; draai* • ECON./COMP. *conversie*
converti I BNW *bekeerd* **II** M [v: **convertie**] *bekeerling* ★ prêcher un ~ *iem. proberen te overtuigen van iets, waarvan hij reeds overtuigd is*
convertibilité V *omzetbaarheid; inwisselbaarheid*
convertible I BNW *veranderbaar; omzetbaar; inwisselbaar; converteerbaar; herleidbaar* ★ fraction ~ *herleidbare breuk* **II** M *bedbank*
convertir I OV WW • *omzetten; veranderen; omrekenen; omwisselen (***en** *in)* • *bekeren (***à** *tot)* • ECON./COMP. *converteren* **II** WKD WW [**se** ~] *zich bekeren (***à** *tot)*; FIG. *omschakelen; zich omscholen*
convertisseur M • *bekeerder* • TECHN. *convertor; stroomwisselaar* ★ ~ de couple *koppelomvormer*
convexe BNW *bolrond; convex*
convexité V *rondheid; bolheid; convexiteit*
conviction V *overtuiging* ★ pièce à ~ *bewijsstuk*
convier OV WW *uitnodigen; noden (***à** *voor, tot)*
convive M/V *gast* ‹aan tafel›; *disgenoot*
convivial BNW [m mv: **conviviaux**] • *gezellig; gastvrij* • *gebruikersvriendelijk*
convivialité V • *gezelligheid; gastvrijheid* • *gebruikersvriendelijkheid*
convocation V *oproeping; convocatie*
convoi M • *konvooi; colonne; (bijzonder) transport* ★ ~ transport de fonds *geldtransport* ★ ~ de prisonniers *gevangenentransport* • *lijkstoet* • *trein* ★ ~ de marchandises *goederentrein* ★ ~ de voyageurs *reizigerstrein*
convoiement M *konvooiering*
convoiter OV WW *begeren*
convoitise V *begerigheid; hebzucht*
convoler ONOV WW HUMOR. *trouwen*
convoquer OV WW *bijeenroepen; oproepen; ontbieden*
convoyage M *konvooiering*
convoyer OV WW • *konvooieren* • *transporteren*
convoyeur I M • *konvooischip* • *begeleider v. konvooi* • *lopende band* **II** M [v: **convoyeuse**] *begeleider* ★ ~ de fonds *begeleider v. geldtransport*
convulser OV WW *verkrampen*
convulsif BNW [v: **convulsive**] *krampachtig; convulsief*
convulsion V • *stuip(trekking); kramp* • FIG. *beroering*
convulsionner OV WW *krampachtig doen samentrekken*
cool (zeg: koel) BNW INFORM. *relaxed; cool; tof*
coolie (zeg: koelie) M *koelie*
coopérant M *ontwikkelingswerker*
coopérateur M [v: **coopératrice**] *medewerker*
coopératif BNW [v: **coopérative**] *samenwerkend; behulpzaam; coöperatief*
coopération V • *samenwerking; medewerking* • *ontwikkelingssamenwerking*
coopérative V *coöperatie; coöperatieve vereniging*
coopérer ONOV WW • *samenwerken* • *meewerken (***à** *aan, tot)*
cooptation V *coöptatie*
coopter OV WW *coöpteren*
coordinateur M [v: **coordinatrice**] *coördinator*
coordination V *coördinatie*
coordonné BNW • *gecoördineerd; bij elkaar passend* • TAALK. *nevengeschikt*
coordonnées V MV • *coördinaten* • *personalia* ★ donnez-moi vos ~ *geef me uw adres, telefoonnummer enz.*
coordonner OV WW • *coördineren* • *ordenen; rangschikken* • *afstemmen (***à**, **avec** *op)*
copain M [v: **copine**] *vriend(je); maat; kameraad* ★ (très) ~ avec *(dik) bevriend met*
coparentalité V *co-ouderschap*
copeau M [mv: **copeaux**] *spaander; krul*
Copenhague V *Kopenhagen*
copiage M • *(het) kopiëren* • *(het) spieken*
copie V • *kopie; afschrift; afdruk; reproductie; nabootsing* • *(in het net beschreven) vel; (in te leveren) huiswerk/proefwerk/examenwerk* • *kopij* ★ ~ de sauvegarde *reservekopie;*

back-up ★ ~ certifiée conforme *gewaarmerkt afschrift* ★ revoir sa ~ OOK FIG. *zijn (huis)werk overdoen*
copier OV WW • *kopiëren; overschrijven; namaken; reproduceren; nabootsen* • *spieken (***sur** *bij, van)*
copieur I M [v: **copieuse**] *spieker; nabootser* **II** M *kopieermachine*
copieux BNW [v: **copieuse**] *overvloedig; copieus*
copilote M *tweede piloot*
copinage M MIN. *vriendjespolitiek*
copine V • → **copain**
copiner ONOV WW INFORM. *bevriend zijn (***avec** *met)*
copinerie V • INFORM. *vriendschap* • INFORM. *vriendenclub*
copiste M/V • *kopiist* • *namaker; nabootser*
coprah, copra M *kopra*
coproduction V *coproductie*
copropriétaire M/V *mede-eigenaar*
copropriété V *gemeenschappelijk eigendom*
copte BNW *koptisch*
Copte M/V *kopt*
copulatif BNW [v: **copulative**] *verbindend*
copulation V *paring*
copule V *koppelwerkwoord*
copuler ONOV WW *paren; copuleren*
coq M • *haan* • *weerhaan* • *scheepskok* ★ coq de bruyère *korhaan* ★ le coq gaulois *de Gallische haan* ★ coq d'Inde *kalkoense haan* ★ le coq du village *haantje; versierder* ★ au chant du coq *bij het krieken v.d. dag* ★ fier comme un coq *zo trots als een pauw* ★ poids coq *bantamgewicht* ⟨boksen⟩ ★ être rouge comme un coq *zo rood zijn als een kreeft* ★ avoir des mollets de coq *spillebenen hebben* ★ passer du coq à l'âne *van de hak op de tak springen* ★ être/vivre comme un coq en pâte *een luizenleventje leiden; vertroeteld worden*
coq-à-l'âne M [mv: id.] *onsamenhangende taal* ★ faire des ~ *van de hak op de tak springen*
coquart M INFORM. *blauw oog*
coque V • *schaal; dop* ⟨v. noot, ei e.d.⟩ • *romp* ⟨v. schip, vliegtuig⟩ • *kokkel* ★ œuf à la ~ *zachtgekookt ei*
coquelet M *haantje*
coquelicot M *klaproos*
coqueluche V • *kinkhoest* • *lieveling* ⟨v.e. bepaald publiek⟩; *idool*
coquerie V *kombuis*
coquet BNW [v: **coquette**] • *behaagziek; koket* • *elegant; keurig* • *leuk; lief* ★ une ~te *kokette vrouw; flirt* ★ la ~te somme de *het aardige bedrag van*
coqueter ONOV WW OUD. *koketteren*
coquetier M *eierdopje*
coquetterie V *koketterie; behaagzucht; geflirt*
coquillage M • *schelpdier* • *schelp*
coquille V • *schelp* • *schaal; dop* ⟨v. noot, ei e.d.⟩ • *drukfout* • *slakkenhuis* ★ ~ d'œuf *eierschaal* ★ ~ de noix OOK FIG. *notendop* ★ ~ Saint-Jacques *jakobsschelp* ★ rentrer dans sa ~ *in zijn schulp kruipen* ★ sortir de sa ~ *uit zijn schulp komen*
coquillettes V MV *schelpjesmacaroni; conchiglie*
coquin I BNW *ondeugend; guitig* **II** M [v: **coquine**] *schelm; schurk*
coquinerie V *schelmenstreek*
cor M • *likdoorn* • MUZ. *hoorn* • MUZ. *hoornblazer* • *tak* ⟨v. gewei⟩ ★ cor anglais *althobo; Engelse hoorn* ★ cerf (de) dix cors *tienender* ★ à cor et à cri *met veel misbaar; luidkeels*
corail M [mv: **coraux**] *koraal* ★ ~ rouge *bloedkoraal*
corailleur M [v: **corailleuse**] *koraalvisser*
corallien BNW [v: **corallienne**] *koraal-* ★ formation coralienne *koraalbank*
Coran M *Koran*
coranique BNW *Koran-*
corbeau M [mv: **corbeaux**] • *raaf* ★ ~ freux *roek* • *kraagsteen* • *onheilsbode* • *schrijver van anonieme brieven*
corbeille V • *mand; korf; prullenbak* • *bloemperk* • *frontloge* • *(centrale) beursvloer* ★ ~ de fleurs *bloemenmand* ⟨v. bruidegom voor bruid⟩ ★ ~ de fruits *fruitmand* ★ ~ à ouvrage *handwerkmandje* ★ ~ (de mariage) *huwelijksgeschenken* ⟨met name van bruidegom voor bruid⟩
corbillard M *lijkkoets; lijkwagen*
cordage M • *touwwerk* • *bespanning; besnaring* ⟨v. racket⟩
corde V • *touw; koord* • *snaar* • *strop* • WISK. *koorde* ★ ~ à linge *waslijn* ★ ~ lisse *klimtouw* ★ ~ à nœuds *knoopladder* ★ ~ raide *koorddanserstouw; slappe koord* ★ ~ à sauter *springtouw* ★ tenir la ~ *de binnenbaan hebben* ⟨v. paarden, wielrenners⟩; *in het voordeel zijn* ★ ~s vocales *stembanden* ★ MUZ. les ~s *de strijkers* ★ instrument à ~s *snaarinstrument* ★ la ~ au cou *met het mes op de keel* ★ mériter la ~ *de strop verdienen* ★ il pleut des ~s *het regent pijpenstelen* ★ prendre un virage à la ~ *een bocht scherp nemen* ★ sauter à la ~ *touwtje springen* ★ tirer les ~s *de touwtjes in handen hebben* ★ (trop) tirer sur la ~ *iem./iets te ver drijven* ★ toucher la ~ sensible *de gevoelige snaar raken* ★ usé jusqu'à la ~ *tot op de draad versleten* ★ avoir plusieurs ~s à son arc *meerdere pijlen op zijn boog hebben* ★ être envoyé dans les ~s *in de touwen gaan* ⟨boksen⟩; FIG. *murw gemaakt worden*
cordeau M [mv: **cordeaux**] • *richtsnoer* ⟨letterlijk⟩ • *lont* ★ (tiré) au ~ *lijnrecht*
cordée V • *bundel* • *palingreep* • *bergbeklimmers aan een touw*
cordelette V *touwtje; koordje*
cordelier M *franciscaan*
cordelière V • *koord* • *gordelkoord*
corder OV WW • *ineendraaien (tot touw)* • *een touwtje binden om* • *besnaren* ⟨v. racket⟩
corderie V • *touwslagerij* • *touwhandel*
cordial I BNW • *hartelijk* • *hartgrondig* • *hartversterkend* **II** M [mv: **cordiaux**] *hartversterkend middel*
cordialement BIJW *hartelijk; met vriendelijke groet*
cordialité V *hartelijkheid*
cordier M • *touwslager* • *touwverkoper* • *staartstuk van strijkinstrument*

cordillère V *bergketen*
cordon M • *touwtje*; *koord*; *snoer*; *band*; *lint* • *ordelint* • *rij*; *kordon* • *rand* ⟨v. munt⟩ • *kleine fruitboom* ★ ~ littoral *strandwal* ★ ~ médullaire *ruggenmerg* ★ ~ nerveux *zenuwstreng* ★ ~ ombilical *navelstreng* ★ ~ sanitaire *cordon sanitaire*; *kordon* ★ le grand ~ de la Légion d'Honneur *ordeteken van grootkruis i.h. Legioen van Eer* ★ OUD. tirer le ~ *aan het touw(tje) trekken om de deur te openen* ★ couper le ~ (ombilical) OOK FIG. *de navelstreng doorknippen* ★ délier les ~s *de veters losmaken* ★ tenir les ~s de la bourse *de financiën regelen*
cordon-bleu M [mv: **cordons-bleus**] *keukenprins(es)*
cordonnerie V • *schoenhandel* • *schoenmakerij*
cordonnet M • *koordje* • *tres* • *merk* ⟨op muntrand⟩
cordonnier M [v: **cordonnière**] *schoenmaker* ★ les ~s sont les plus mal chaussés ⟨spreekwoord⟩ *de schoenmaker draagt vaak de slechtste schoen*
Corée V *Korea*
coréen I M *(het) Koreaans* **II** BNW [v: **coréenne**] *Koreaans*
Coréen M [v: **Coréenne**] *Koreaan*
coreligionnaire M/V *geloofsgenoot*
coriace BNW • *taai* • *koppig*; *vasthoudend* ★ viande ~ *taai vlees*
cormoran M *aalscholver*
cornac M • *kornak* • INFORM. *gids*; *leidsman*
cornard M INFORM. *hoorndrager*; *bedrogen echtgenoot*
corne V • *hoorn*; *gewei* • *hoorn* ⟨stof⟩ • *toeter*; *hoorn* • *punt*; *uitsteeksel* • *ezelsoor* ⟨aan bladzijde⟩ • *voelhoorn* ⟨v. slak e.a.⟩; *spriet* • SCHEEPV. *gaffel* ★ ~ de brume *misthoorn* ★ ~ à chaussures *schoenlepel* ★ ~ d'abondance *hoorn des overvloeds* ★ bêtes à ~s *hoornvee* ★ bouton en ~ *hoornen knoop* ★ chapeau à trois ~s *driepuntige steek* ★ manche en ~ de cerf *hertshoornen heft* ★ porter des ~s *hoorns op hebben* ⟨als bedrogen echtgenoot⟩ ★ INFORM. faire porter des ~s à un mari *een echtgenoot bedriegen*
corné BNW *hoornachtig*; *hoorn-*
cornée V *hoornvlies*
cornéen BNW [v: **cornéenne**] *hoornvlies-* ★ lentille ~ne *contactlens*
corneille V *kraai* ★ ~ d'église *torenkraai* ★ bayer aux ~s *lanterfanten*
cornélien BNW [v: **cornélienne**] *corneliaans* ⟨zoals in de tragedies van P. Corneille⟩ ★ c'est ~! *wat een dilemma!*; *wat een gewetensvraag!*
cornemuse V *doedelzak*
corner (zeg: (zn) -nèèr; (ww) -nee) **I** M *corner*; *hoekschop* **II** OV WW • *omvouwen* ⟨tot ezelsoor⟩ • *rondbazuinen* **III** ONOV WW • *op een hoorn blazen* • *toeteren* ★ les oreilles me cornent *mijn oren tuiten*
cornet M • *(ijs)hoorntje*; *(punt)zakje* • MUZ. *kornet*; *kornettist* ★ ~ (à dés) *dobbelbeker* ★ ~ à pistons *klephoorn*; *kornet*
cornette I M *kornet* ⟨vaandrig⟩ **II** V *nonnenkap*
cornettiste M/V *kornetblazer*
corniaud M • *bastaardhond* • INFORM. *dom iemand*
corniche V • *kroonlijst* • INFORM. *voorbereidende klas v.d. militaire academie* ★ (route en) ~ *weg langs een steile berghelling*
cornichon M • *augurk* • INFORM. *sufferd*
cornier BNW [v: **cornière**] *hoek-* ★ poteau ~ *hoekpaal*
corniste M/V *hoornblazer*
Cornouailles V MV *Cornwall*
cornouiller M *kornoelje*
cornu BNW *gehoornd*
cornue V *retort*
corollaire M *gevolg*; *uitvloeisel*
corolle V *bloemkroon*
coron M *mijnwerkershuis*; *mijnwerkerswijk*
coronaire BNW *krans-* ★ artère ~ *kransslagader*
corporatif BNW [v: **corporative**] *corporatief*; *gilde-* ★ esprit ~ *gildegeest*
corporation V *corporatie*; *gilde*; *genootschap*
corporatisme M • *corporatisme* • *gildegeest*
corporel BNW [v: **corporelle**] *lichamelijk* ★ art ~ *body art* ★ infirmités ~les *lichaamsgebreken* ★ peine ~le *lijfstraf*
corps M • *lichaam*; *lijf(je)* • *lijk* • NATK./SCHEIK. *voorwerp*; *lichaam*; *stof* • *korps* ⟨in alle betekenissen⟩ • *hoofdgedeelte*; *romp* • *body* ⟨v. wijn⟩ ★ ~ d'armée *legerkorps* ★ ~ de ballet *gezamenlijke dansers en danseressen* ★ ~ de bâtiment *hoofdgebouw* ★ ~ célestes *hemellichamen* ★ ~ délibérant *overlegorgaan* ★ ~ du délit *corpus delicti* ★ ~ diplomatique *de diplomaten bij een mogendheid*; *corps diplomatique* ★ ~ enseignant *onderwijzend personeel*; *lerarenkorps* ★ ~ étranger *lichaamsvreemd/wezensvreemd element* ★ ~ franc *vrijkorps* ★ ~ de garde *hoofdwacht* ★ ~ législatif *wetgevende vergadering* ★ les grands ~ de l'État *de ambtelijke top* ★ ~ médical *de artsen* ★ ~ simple *element* ★ SCHEIK. ~ solide *vaste stof* ★ ~ à ~ *man tegen man* ★ un ~ à ~ *een gevecht van man tegen man*; *handgemeen* ★ à son ~ défendant *tegen wil en dank* ★ donner ~ à *gestalte geven aan* ★ faire ~ avec *één zijn met* ★ prendre ~ *vaste vorm aannemen* ★ prendre du ~ *dik(ker) worden* ★ se donner ~ et âme *zich met hart en ziel geven* ★ périr ~ et biens *met man en muis vergaan* ★ saisir qn à bras le ~ *iem. om het middel grijpen* ★ avoir le diable au ~ *zich aanstellen*; *vechten als een bezetene* ★ à ~ perdu *blindelings*; *halsoverkop*
corpulence V *gezetheid*; *dikte*; *corpulentie*
corpulent BNW *gezet*; *dik*; *corpulent*
corpuscule M *klein lichaampje*
correct (zeg: -rekt) BNW • *juist* • *fatsoenlijk*; *correct*
correcteur I M [v: **correctrice**] • *corrector* • *correctielak* **II** BNW [v: **correctrice**] *correctie-*
correctif I BNW [v: **corrective**] *verbeterend*; *correctief* **II** M • *iets wat verbetert of verzacht* • *correctief*
correction V • *correctheid*; *juistheid*; *correctie* • *verbetering* • *bestraffing*; *pak slaag* ★ maison de ~ *verbeteringsgesticht* ★ sauf ~

als ik het wel heb
correctionnel BNW [v: **correctionnelle**] *correctioneel; betrekking hebbend op lichte vergrijpen* ★ (chambre) ~le *strafkamer*
corrélatif I M *woord dat in logische betrekking tot een ander staat; correlatief* **II** BNW [v: **corrélative**] *correlatief*

corrélation V *correlatie; onderlinge betrekking*
correspondance V ● *overeenkomst; overeenstemming* ● *betrekking; verstandhouding* ● *correspondentie; briefwisseling; ingekomen stukken* ● *aansluiting* ⟨v. trein, metro⟩ ★ vente par ~ (V.P.C.) *postorderverkoop*
correspondancier M [v: **correspondancière**] *(handels)correspondent*
correspondant I BNW *overeenkomend (**à** met)* ★ angles ~s *overeenkomstige hoeken* **II** M ● *correspondent* ● *zakenrelatie* ● *correspondentievriend*
correspondre ONOV WW ● *overeenkomen (**à** met)* ● *in verbinding staan* ● *correspondentie voeren (**avec** met)* ★ ça ne correspond à rien *dat stelt niets voor*
corridor M *gang; corridor*
corrigé M *correcte versie* ⟨v. huiswerk e.d.⟩; *oplossing*
corriger I OV WW ● *verbeteren; corrigeren* ● *bestraffen; afstraffen; slaan* ● *herstellen; bijstellen* ● **~ de** *afhelpen van; afleren* **II** WKD WW [**se ~**] ● *zich beteren* ● **~ de** *afleren*
corrigible BNW *voor verbetering vatbaar*
corroborer OV WW *versterken; staven*
corrodant I BNW *bijtend; invretend* **II** M *bijtmiddel*
corroder OV WW *corroderen; uitbijten; aantasten*
corroierie V ● *leerbereiding* ● *leertouwerij*
corrompre I OV WW ● *bederven* ● *verminken* ⟨v. tekst⟩ ● *omkopen* **II** WKD WW [**se ~**] *ontaarden*
corrompu BNW ● *verdorven* ● *ondeugdelijk* ● *corrupt*
corrosif I BNW [v: **corrosive**] *bijtend; invretend* **II** M *bijtmiddel*
corrosion V ● *corrosie* ● *aantasting*
corroyage M ● *(het) leertouwen* ● *(het) gloeiend smeden van metaal*
corroyer OV WW ● *leer touwen* ● *metaal gloeiend smeden*
corroyeur M *leerbereider*
corrupteur I BNW [v: **corruptrice**] *verderfelijk* **II** M [v: **corruptrice**] *omkoper*
corruptible BNW ● *omkoopbaar* ● OUD. *bederfelijk*
corruption V ● *omkoping; corruptie* ● *bederf; ontaarding* ● *verdorvenheid*
corsage M ● *lijfje* ⟨v. japon⟩ ● *bloes*
corsaire I M ● *kaperschip* ● *kaper; zeerover* **II** BNW ★ (pantalon) ~ *kuitbroek*
corse BNW *Corsicaans*
corsé BNW *krachtig; sterk; pittig; pikant* ★ vin ~ *volle wijn*
Corse I V *Corsica* **II** M/V *Corsicaan*
corselet M *borststuk* ⟨v. insect, kleding, harnas⟩
corser I OV WW *krachtig/spannend/pittig maken* **II** WKD WW [**se ~**] *ingewikkeld worden; spannend worden* ★ ça se corse *het wordt menens*
corset M *keurslijf; korset*
corso M *corso*
cortège M ● *stoet; optocht* ● *nasleep; gevolg* ★ ~ funèbre *rouwstoet*
cortex M *(hersen)schors; cortex*
cortical BNW [m mv: **corticaux**] *corticaal; schors-*
corvéable BNW GESCH. *verplicht tot herendiensten*
corvée V ● *corvee* ● *vervelend karwei* ● *corveeploeg* ● GESCH. *herendienst*
corvette V *korvet*
coryphée M *uitblinker; coryfee*
coryza M *neusverkoudheid*
cosaque M *Kozak*
cosignataire M/V *medeondertekenaar*
cosmétique I BNW *cosmetisch* **II** M *schoonheidsmiddel* ★ ~s *cosmetica*
cosmique BNW *kosmisch*
cosmogonie V *kosmogonie; leer v.d. vorming v.h. heelal*
cosmographie V *kosmografie*
cosmologie V *kosmologie*
cosmonaute M/V *kosmonaut*
cosmopolite I M/V *kosmopoliet; wereldburger* **II** BNW *kosmopolitisch*
cosmopolitisme M *kosmopolitisme; wereldburgerschap*
cosmos (zeg: kosmos) M *kosmos*
cossard I M [v: **cossarde**] INFORM. *luilak* **II** BNW INFORM. *lui*
cosse V ● *dop van peulvruchten* ● INFORM. *luiheid* ● *draadklemmetje; kabelschoen*
cossu BNW *rijk; welgesteld*
costal BNW [m mv: **costaux**] *ribben-*
costard M PLAT *kloffie; pak; kostuum* ★ INFORM. tailler un ~ à qn *smoezen/kwaadspreken achter iem. rug om*
costaud BNW INFORM. *potig; sterk; solide* ★ un examen ~ *een pittig examen* ★ ~ en maths *goed in wiskunde* ★ elle est ~(e) *ze is sterk*
costume M ● *kostuum; pak* ● *klederdracht; kledij* ★ en ~-cravate *keurig in het pak* ⟨met stropdas⟩
costumer I OV WW *verkleden* ★ bal costumé *gekostumeerd bal* **II** WKD WW [**se ~**] *zich verkleden (**en** als)*
costumier M [v: **costumière**] ● *kostuummaker* ● *kostuumverkoper* ● *kostuumverhuurder* ● *kostuumbewaarder* ⟨in schouwburg⟩
cotangente V *cotangens*
cotation V *(beurs)notering; marktprijs*
cote V ● *(mate van) waardering; notering; koers; cijfer* ● *peil; hoogte* ● *letter/cijfer/nummer voor archiefstukken* ★ cote de clôture *slotkoers* ★ cote officielle *officiële beursnotering* ★ cote de popularité *(mate van) populariteit* ★ hors cote *niet-genoteerd; incourant* ★ JUR. faire une cote mal taillée *een vergelijk treffen* ★ INFORM. avoir la cote (auprès de qn) *goed aangeschreven staan (bij iemand); hoog genoteerd zijn; populair zijn*
côte V ● *rib* ● *ribstuk; karbonade* ● *scherpe kant; ribbel* ● *kust* ● *helling* ★ la Côte d'Azur *de Rivièra* ★ la Côte d'Or *gebergte in Midden-Frankrijk* ★ la Côte de l'Or *de*

Goudkust ★ étoffe à côtes *ribstof* ★ côte à côte *zij aan zij* ★ sur la côte *aan de kust* ★ aller à la côte *schipbreuk lijden voor de kust*; *stranden* ★ être à la côte *op zwart zaad zitten*; *aan lager wal geraakt zijn* ★ on lui voit les côtes *men kan zijn ribben tellen* ★ INFORM. avoir les côtes en long *lui zijn* ★ INFORM. se tenir les côtes *zijn buik vasthouden v.h. lachen*

côté M *zijde*; *kant*; *flank* ★ à côté *ernaast*; *erbij* ★ à côté de *naast* ★ de côté *ter zijde*; *(van) opzij* ★ du côté de *aan de kant van*; *in de richting van*; *van de kant van* ★ de ce côté *aan deze kant* ★ de tous côtés *naar alle kanten*; *van alle kanten* ★ de côté et d'autre *her en der* ★ de l'autre côté *aan de andere kant* ★ bas côté *zijbeuk* ★ le côté faible *het zwakke punt* ★ les côtés d'un triangle *de zijden/benen v.e. driehoek* ★ laisser de côté *weglaten*; *laten rusten* ★ mettre de côté *opzij leggen*; *opsparen* ★ mettre les rieurs de son côté *de lachers op zijn hand brengen* ★ je me range de votre côté *ik ben het met u eens* ★ voir de quel côté vient le vent *de kat uit de boom kijken* ★ INFORM. côté (cœur) *wat het (liefdes)leven betreft*

coteau M [mv: **coteaux**] • *heuveltje* • *helling met wijnstokken*

Côte-d'ivoire V *Ivoorkust*

côtelé BNW *geribd*

côtelette V *kotelet*; *karbonade*

coter OV WW • *een cijfer geven voor* • *nummeren*; *merken* • *aanslaan in de belasting* • *aangeven van peil of hoogte* • *noteren* ⟨op de beurs⟩ • FORM. *waarderen* ★ valeurs cotées (à la bourse) *effecten die in de officiële beursnotering zijn opgenomen* ★ il est bien coté *hij staat goed aangeschreven*

coterie V *kliek*; *coterie* ★ esprit de ~ *kliekgeest*

cothurne M GESCH. *toneellaars*

cotidal BNW [m mv: **cotidaux**] ★ courbe ~e *vloedlijn*

côtier I M *kustvaartuig* **II** BNW [v: **côtière**] *kust-* ★ bâtiment ~ *kustvaarder* ★ navigation cotière *kustvaart*

cotillon M *soort dans*; *polonaise* ★ accessoires de ~ *feestartikelen* ⟨serpentines e.d.⟩

cotisant I M *contributiebetaler* **II** BNW *contributie betalend*

cotisation V • *contributie* • *premie*; *bijdrage* ⟨voor sociale verzekering⟩

cotiser I ONOV WW *contributie/premie betalen (***à** *aan, voor)* **II** WKD WW [**se** ~] *geld bij elkaar leggen*; *lappen (***pour** *voor)*

coton M • *katoen* • *watten* • *dons* ⟨v. planten, vruchten, vogels⟩ ★ fil de ~ *naaigaren* ★ ~ à repriser *stopgaren* ★ INFORM. c'est ~ *dat is knap moeilijk* ★ avoir les jambes en ~ *zich slap voelen* ★ élever un enfant dans du ~ *een kind in de watten leggen* ★ INFORM. il file un mauvais ~ *hij is er slecht aan toe*

cotonnade V *katoenen stof*

cotonneux BNW • *wattig* • *donzig* • *melig* ⟨v. vruchten⟩ • *kleurloos* ⟨v. stijl⟩

cotonnier I M *katoenboom* **II** BNW [v: **cotonnière**] *katoen-* ★ industrie cotonnière *katoenindustrie*

coton-tige M [mv: **cotons-tiges**] *wattenstaafje*

côtoyer OV WW • *gaan langs* • *omgaan met*; *frequenteren* • FIG. *grenzen aan* ★ ça côtoie le ridicule *dat grenst aan het belachelijke*

cotre M *kotter*

cotte V *werkbroek* ★ ~ de mailles *maliënkolder*

cotylédon M • *cotyledon* • *zaadlob*

cou M *hals*; *nek* ★ jusqu'au cou FIG. *tot over de oren* ★ se jeter au cou de qn *iem. om de hals vallen* ★ se casser/se rompre le cou *zijn nek breken* ★ avoir la bride sur le cou *de volledige vrijheid hebben* ★ prendre ses jambes à son cou *ervandoor gaan* ★ INFORM. tordre le cou *de nek omdraaien*; *wurgen*

couac M OOK FIG. *valse noot*

couard I M [v: **couarde**] *lafaard* **II** BNW *laf*

couardise V *lafheid*

couchage M • *het (doen) slapen gaan* • *slaapbenodigdheden* ★ sac de ~ *slaapzak*

couchant I M *(het) westen* **II** BNW *ondergaand* ★ chien ~ *jachthond* ★ soleil ~ *ondergaande zon*

couche I V • *laag* • *luier* • OUD. *bed*; *legerstede* • *broeibed* ★ les ~s sociales *maatschappelijke lagen* ★ une fausse ~ *een miskraam* ★ INFORM. en avoir/tenir une ~ *vreselijk dom zijn* **II** V MV *bevalling* ★ en ~s *in het kraambed*

couché BNW • *liggend* • *schuin* ⟨v. schrift⟩ ★ il est ~ *hij ligt*

couche-culotte V [mv: **couches-culottes**] *luierbroekje*

coucher I M • *(het) naar bed gaan* • *onderdak* ★ ~ du soleil *zonsondergang* **II** OV WW • *naar bed brengen*; *laten overnachten* • *neerleggen* • *in een laag aanbrengen* • *opschrijven*; *vermelden* ★ la pluie a couché les blés *de regen heeft het koren platgeslagen* ★ ~ en joue *aanleggen* ⟨v. geweer⟩ **III** ONOV WW • *slapen*; *overnachten* • INFORM. *vrijen*; *naar bed gaan (***avec** *met)* ★ la voiture couche dehors *de auto staat 's nachts buiten* ★ ~ à la belle étoile *onder de blote hemel slapen* ★ INFORM. nom à ~ dehors *onmogelijke naam* **IV** WKD WW [**se** ~] • *naar bed gaan* • *ondergaan* ⟨v. zon⟩ • *gaan liggen* ★ être couché *in bed liggen* ★ le soleil s'est couché *de zon is onder* ★ se ~ avec les poules *met de kippen op stok gaan* ★ place couchée *ligplaats* ⟨in trein⟩ ★ allez vous ~! *loop naar de maan!* ★ comme on fait son lit, on se couche ⟨spreekwoord⟩ *boontje komt om zijn loontje*

couche-tard M/V [mv: id.] *iem. die laat naar bed gaat*

couchette V • *couchette*; *klein bed* • *krib*; *kooi*

coucheur M ★ INFORM. mauvais ~ *lastige vent*

couci-couça BIJW INFORM. *zozo*

coucou I M • *koekoek* • *sleutelbloem* ★ (pendule à) ~ *koekoeksklok* ★ un vieux ~ *een ouderwets vliegtuig* **II** TW ★ ~! *kiekeboe!*

coude M • *elleboog* • *bocht*; *kromming* ★ se serrer les ~s *elkaar steunen* ★ INFORM. jouer des ~s *zich een weg banen*; FIG. *zijn ellebogen gebruiken* ★ INFORM. lever le ~ *graag drinken* ★ ~ à ~ *schouder aan schouder*; *zij aan zij*

coudée V *el* ★ avoir les ~s franches *vrij spel hebben*; *de handen vrij hebben*

CO

cou-de-pied M [mv: **cous-de-pied**] *wreef*
couder OV WW *(haaks) ombuigen*
coudière V *elleboogbeschermer*
coudoyer OV WW *omgaan met*; *in aanraking komen met*
coudre OV WW [onregelmatig] *naaien*; *hechten* ⟨v. wond⟩ ★ machine à ~ *naaimachine* ★ bouche cousue! *mondje dicht!*
coudrier M *hazelaar*
couenne (zeg: kwan) V *zwoerd*
couette V • *staartje* ⟨in haar⟩; *vlechtje* • *(donzen) dekbed*
couffin M • *mand* • *reiswieg*
cougouar M • → **couguar**
couguar, **cougouar** M *poema*
couille V VULG. *kloot* ★ ~ molle *slappeling*
couillon M INFORM. *klootzak*; *idioot*; *eikel*
couillonner OV WW INFORM. *bedonderen, besodemieteren*
couiner ONOV WW INFORM. *piepen*
coulage M • *(het) gieten* ⟨v. metaal⟩; *(het) storten* ⟨v. beton⟩ • *spillage*
coulant I BNW • *stromend*; *vloeiend* • *vlot*; *coulant*; *handelbaar* ★ nœud ~ *(lus met) schuifknoop* ★ style ~ *vlotte stijl* **II** M • *schuifring* • *uitloper* ⟨v. plant⟩
coule V *pij* ★ INFORM. être à la ~ *van de hoed en de rand weten*
coulé M • MUZ. *binding* • *doorstoot* ⟨biljart⟩ • *slepende danspas*
coulée V • *stroom* ⟨lava, modder⟩; *(het) wegstromen* • *(het) gieten* ⟨v. metaal⟩
couler I OV WW • *gieten* ⟨v. metaal⟩; *storten* ⟨v. beton⟩ • *laten (ver)glijden*; *(steels) toewerpen* ⟨v. blik⟩; *(steels) toestoppen* ⟨v. geld⟩ • OOK FIG. *in de grond boren* ★ ~ une statue dans le plâtre *een standbeeld in gips gieten* ★ ~ la bille *de bal doorstoten* ⟨biljart⟩ ★ ~ bas un navire *een schip tot zinken brengen* ★ ~ une pièce de théâtre *een toneelstuk afkraken* ★ ~ qc à l'oreille de qn *iem. iets influisteren* ★ ~ ses jours *z'n dagen doorbrengen* ★ INFORM. se la ~ douce *een gemakkelijk leventje leiden*; *het ervan nemen* **II** ONOV WW • *stromen*; *vloeien* • *(ver)glijden* • *lekken*; *druipen* • *zinken* ⟨v. schip⟩ • *ten onder gaan* ★ la chandelle coule *de kaars druipt* ★ son nez coule *zijn neus loopt* ★ ~ de source *van een leien dakje gaan*; *vanzelf gaan*; *vanzelf spreken* ★ ~ sur qc *ergens overheen glijden* ★ ~ bas OOK FIG. *diep zinken* **III** WKD WW [**se** ~] *glijden*; *glippen*
couleur V • *kleur* • *verf* ★ ~ locale *couleur locale* ★ ~ voyante *opzichtige kleur* ★ gens de ~ *kleurlingen* ★ haut en ~ *hoogrood*; FIG. *kleurrijk* ★ changer de ~ *van kleur verschieten*; *verbleken* ★ sous ~ de *onder het mom van* ★ annoncer la ~ *kleur bekennen* ★ en voir de toutes les ~s *door veel tegenslagen getroffen worden* ★ marchand de ~s *drogist* ★ tu n'en verras jamais la ~ *dat zie je nooit meer terug* ★ télévision ~/en ~(s) *kleurentelevisie* ★ ~s [mv] *gezichtskleur*; *nationale vlag*
couleuvre V *gladde slang* ★ ~ à collier *ringslang* ★ INFORM. avaler des ~s *beledigingen slikken*; *onzin slikken*
coulis (zeg: -lie) **I** M • *gezeefde saus*; *puree* • *dunne mortel* ★ ~ d'écrevisses *rivierkreeftensoep* ★ ~ de framboises *frambozensaus* ★ ~ de tomates *tomatenpuree* **II** BNW ★ vent ~ *tocht*; *trek*
coulissant BNW *schuif-*
coulisse V • *toneelcoulisse* • *sleuf*; *sponning*; *glijrail* • *schuif(je)* ★ porte à ~ *schuifdeur* ★ dans les ~s *achter de schermen* ★ en ~ *van opzij*; *heimelijk*
coulisser ONOV WW *(langs een gleuf) schuiven*
couloir M • *(nauwe) gang*; *gangpad*; *wandelgang* • SPORT *baan* • *rijstrook* • *'tramrails'*; *dubbelstrook* ⟨tennis⟩ ★ ~ d'accès *invoegstrook* ★ ~ aérien *luchtcorridor* ★ ~ (d')autobus *busbaan* ★ intrigues de ~ *politieke kuiperijen* ★ les bruits de ~ *wat in de wandelgangen gezegd wordt*
coup (zeg: koe) M • *stoot*; *slag*; *steek*; *haal*; *schot*; *worp* • *zet* • *daad*; *streek* • *teug* • *keer*; *maal* ★ coup bas OOK FIG. *stoot onder de gordel* ★ JUR. coups et blessures *(toegebracht) letsel* ★ coup de bourse *beursoperatie* ★ coup de chaleur *hitteberoerte* ★ coup de chien *plotselinge storm* ★ coup du ciel *gelukkige gebeurtenis*; *buitengewone gebeurtenis* ★ SPORT coup de coin *hoekschop* ★ coup de colère *vlaag van woede* ★ coup de dent *beet* ★ coup de dés *worp met dobbelstenen*; *gokje*; *waagstuk* ★ coup de destin/sort *speling van het lot* ★ coup droit *forehand* ★ coup d'essai *proefstuk*; *eerste poging*; *probeersel* ★ coup d'État *staatsgreep* ★ coup de flèche *pijlschot* ★ coup de force *gewelddaad*; *coup* ★ coup de fortune/de veine *gelukkig toeval* ★ coup de foudre *bliksemschicht*; *plotselinge verliefdheid* ★ coup franc *vrije trap* ⟨bij voetbal⟩ ★ coup de grâce *genadeslag*; *genadeschot* ★ coup de Jarnac *gemene streek* ★ donner un coup de main/d'épaule/de pouce *een handje helpen* ★ coup de maître *meesterlijke zet* ★ coup de mer *stortzee* ★ coup monté *doorgestoken kaart*; *afgesproken werk* ★ coup d'œil *blik*; *kijk(je)* ★ avoir le coup d'œil *een zuiver oordeel hebben*; *er kijk op hebben* ★ se donner un coup de peigne *even de haren opkammen* ★ coup de pied *trap*; *schop* ★ le coup de pied de l'âne *een trap na* ★ coup de poing *vuistslag*; *stomp*; *boksbeugel* ★ coup de sang *beroerte*; *opvlieger* ★ coup de soleil *zonnesteek* ★ coup de sonnette *ruk aan de bel* ★ INFORM. coup de téléphone/de fil *telefoontje* ★ coup de tête *gril*; *inval*; *kopstoot* ⟨bij voetbal⟩ ★ coup de théâtre *onverwachte wending* ★ coup de tonnerre OOK FIG. *donderslag* ★ coup de vent *windstoot* ★ coup de volant *ruk aan het stuur* ★ à coup(s) de *met (behulp) van* ★ à tout coup/à tous (les) coups *telkens* ★ à coup sûr *zeker* ★ après coup *achteraf* ★ du coup *als reactie daarop*; *prompt*; *dan ook* ★ d'un seul coup *ineens*; *in één teug* ★ tout à coup *plotseling* ★ tout d'un coup *ineens* ★ porter coup *effect hebben* ★ coup sur coup *keer op keer*; *meteen achter elkaar* ★ rendre coup sur coup *een klap teruggeven* ★ du premier coup *meteen al* ★ sur le coup *op slag*

★ sur le coup de *op slag van*; *klokslag* ★ sous le coup de *onder inwerking van*; *(vallend) onder* ★ tué sur le coup *op slag gedood* ★ avoir le coup (de main) *er de slag van hebben* ★ boire à petits coups *met kleine teugen drinken* ★ compter les coups *werkeloos toezien* ★ donner un coup à *een beurt geven* ★ donner un coup de chapeau *zijn hoed afnemen* ★ faire coup double *twee stuks wild in één keer schieten*; *twee vliegen in één klap slaan* ★ faire les cent coups/les quatre cents coups *een losbandig leven leiden*; *streken uithalen* ★ être au cent coups *overstuur zijn* ★ jeter un coup d'œil (sur) *een blik werpen (op)* ★ manquer/rater son coup *niet in zijn opzet slagen* ★ marquer le coup *er metterdaad op reageren*; *de gelegenheid niet onopgemerkt laten passeren* ★ mettre qn dans le coup *iem. erbij betrekken* ★ monter un coup à qn *iem. iets lappen* ★ prendre un coup *een glaasje drinken* ★ en prendre un coup (dur) OOK FIG. *een (zware) klap krijgen* ★ prendre un coup de vieux *opeens oud worden* ★ tenir le coup *volhouden*; *het uithouden* ★ tenter le coup *het erop wagen* ★ tirer un coup *een schot lossen*; INFORM. *een nummertje maken* ★ en venir aux coups *slaags raken* ★ INFORM. cela vaut le coup *dat is de moeite waard* ★ INFORM. être dans le coup *meedoen*; *erin verwikkeld zijn*; *ervan weten*; *bij zijn* ★ INFORM. un sale coup (pour la fanfare) *een lelijke tegenvaller*

coupable I M/V *schuldige*; *dader* **II** BNW • *schuldig (***de** *aan)* • *misdadig*; *laakbaar* ★ plaider ~ *schuld bekennen*

coupage M *(het) (ver)snijden*

coupant I BNW *snijdend*; *scherp* **II** M *scherp* ‹snede›

coup-de-poing M [mv: **coups-de-poing**] *vuistbijl* ‹prehistorie› ★ ~ (américain) *boksbeugel*

coupe V • *wat gehakt (enz.) is of moet worden* • *(het) (be)hakken*; *snijden*; *maaien*; *knippen*; *zagen* • *beker*; *coupe*; *cup*; *bokaal* • *snit*; *coupe* • *doorsnede* • *cesuur* ‹v. verzen›; *afbreking* ‹v. woorden› • *(het) couperen van kaarten* ★ la ~ de cheveux *het haarknippen* ★ ~ de challenge *wisselbeker* ★ ~ à blanc *kaalslag* ★ ~ claire *radicale uitdunning*; FIG. *radicale besnoeiing* ★ ~ sombre *flinke uitdunning*; FIG. *flinke besnoeiing* ★ faire une ~ sombre dans le personnel *veel personeel ontslaan* ★ mettre en ~ réglée *stelselmatig exploiteren* ★ la ~ est pleine *de maat is vol* ★ INFORM. être sous la ~ de qn *afhankelijk van iem. zijn* ★ il y a loin de la ~ aux lèvres ‹spreekwoord› *men moet de dag niet prijzen voor het avond is*

coupé M • *gesloten rijtuig met twee plaatsen*; *coupé* • *soort danspas* • *gekapte bal bij tennis*

coupe-circuit M [mv: **coupe-circuits**] *zekering*

coupée V ★ (échelle de) ~ *valreep*

coupe-faim M [mv: **coupe-faim(s)**] *eetlustremmer*; *hapje tussendoor*

coupe-feu M [mv: **coupe-feu(x)**] *brandgang*

coupe-file M [mv: **coupe-files**] *toelatingsbewijs*

coupe-gorge M [mv: **coupe-gorge(s)**] *moordhol*; *gevaarlijke, beruchte plaats*

coupelle V *bekertje*; *schaaltje*

coupe-ongle, coupe-ongles M [mv: **coupe-ongles**] *nageltang*

coupe-papier M [mv: **coupe-papier(s)**] *briefopener*

couper I OV WW • *(door)snijden*; *afsnijden*; *(af)knippen*; *maaien*; *kappen*; *(be)hakken*; *verbreken*; *onderbreken*; *afbreken* • *verdelen* • *versperren* • *schrappen*; *weglaten* • *couperen* ‹v. kaarten› • *introeven*; *aftroeven* • *versnijden* ‹v. wijn› • *kappen* ‹v. bal› ★ ~ un bras *een arm amputeren* ★ ~ les cheveux *de haren knippen* ★ ~ la communication *het gesprek afbreken*; *de verbinding verbreken* ★ ~ le courant *de stroom afsnijden* ★ ~ en deux *in tweeën delen* ★ ~ les lignes *door de linies breken* ★ ~ le moteur *de motor afzetten* ★ ~ la retraite *de terugtocht afsnijden* ★ ~ à travers champs/~ au plus court *de kortste weg nemen*; *de weg afsnijden* ★ INFORM. ça te le coupe! *daar sta je van te kijken!* • INFORM. ~ **à** *zich onttrekken aan*; *ontkomen aan* ★ tu n'y ~as pas! *daar ontkom je niet aan!* **II** WKD WW [**se** ~] • *zich snijden*; *elkaar snijden* • *afgebroken worden* • *zich tegenspreken*

couperet M • *hakmes* • *mes v.d. guillotine*; *valbijl*

couperose V • *couperose*; *rode vlekken in het gezicht* • *sulfaat*; *vitriool*

coupeur M [v: **coupeuse**] • *snijder* • *coupeur* ★ ~ de cheveux en quatre *haarklover* ★ ~ de têtes *koppensneller*

coupeuse V *snijmachine*

coupe-vent M [mv: **coupe-vent(s)**] • *bodywarmer* • *windbreker*

couplage M *schakeling*; *koppeling*

couple I M • *(echt)paar* • *koppel van krachten* ★ un ~ de chevaux *een span paarden* **II** V • OUD. *paar* • *koppelriem*

coupler OV WW *koppelen*

couplet M *couplet*; *strofe*

coupole V *koepel* ★ la Coupole (de l'Institut) *de Académie française*

coupon M • *coupon* ‹v. stof› • *coupon*; *rentebewijs* • *plaatsbewijs* ‹voor schouwburg›

coupon-réponse M [mv: **coupons-réponse**] *antwoordcoupon*

coupure V • *onderbreking*; *afsluiting* ‹v. stroom, gas, water› • *insnijding*; *snee* • *bankbiljet* • *coupure*; *schrapping*; *weglating* • *knipsel* ★ ~ de courant *stroomstoring*

cour V • *binnenplaats*; *erf* • *hof(houding)* • *(gerechts)hof* ★ cour d'honneur *voorplein* ‹v. kasteel› ★ cour (de récréation) *speelplaats* ‹v. school› ★ côté cour *rechterkant v.h. toneel* ★ INFORM. la cour du roi Pétaud *een huishouden van Jan Steen* ★ cour d'appel *hof van appel*; *gerechtshof* ★ cour d'assises *assisenhof* ★ cour de cassation *hof van cassatie*; *Hoge Raad* ★ cour des comptes *rekenkamer* ★ cour martiale *bijzondere krijgsraad* ★ Cour Pénale Internationale *Internationaal Strafhof* ★ Cour Internationale de Justice *Internationaal Gerechtshof* ★ cour suprême/haute cour *hooggerechtshof* ★ être bien en cour *in de gunst staan* ★ faire la cour

CO

à *het hof maken*; *aanpappen met* ★ jouer dans la cour des grands *bij de groten horen*; *volwaardig meedoen* ★ tenir cour plénière *een zeer groot gezelschap ontvangen*

courage M ● *moed*; *dapperheid* ● *ijver*; *goede wil* ★ bon ~! *sterkte!* ★ prendre son ~ à deux mains *de stoute schoenen aantrekken*

CO

courageux BNW [v: **courageuse**] *dapper*; *moedig*; *flink*

couramment BIJW ● *vloeiend*; *vlot* ● *gewoonlijk*; *dagelijks* ★ parler ~ *vloeiend spreken*

courant I BNW ● *stromend*; *lopend*; *vloeiend* ● *gangbaar*; *gewoon*; *courant* ★ affaires ~es *lopende zaken* ★ chien ~ *jachthond* ★ compte ~ *rekening-courant* ★ idées ~es *gangbare meningen* ★ langage ~ *omgangstaal* ★ main ~e *trapleuning* ★ mois ~ *lopende maand* ★ le dix ~ (ct) *de 10e van deze maand* ★ monnaie ~e *gangbare munt* ★ prix ~ *marktprijs* **II** M ● *loop*; *stroom* ● OOK FIG. *stroming* ● *lopende maand*; *lopende termijn* ★ ~ d'air *tocht*; *luchtstroom* ★ ~ alternatif *wisselstroom* ★ ~ continu *gelijkstroom* ★ ~ marin *zeestroming* ★ dans le ~ de *in de loop van* ★ ~ mars *in de loop van maart* ★ être au ~ (de) *op de hoogte zijn (van)* ★ se mettre au ~ *zich op de hoogte stellen* ★ tenir au ~ *op de hoogte houden* ★ le ~ passe entre eux *het klikt tussen hen*

courante V INFORM. *diarree*

courbature V *spierpijn*; *stijfheid*

courbaturé OV WW ★ être ~ *spierpijn hebben*; *geradbraakt zijn*

courbe I V *curve*; *kromme lijn*; *bocht* ⟨in de weg⟩; *kromming* ★ AARDK. ~ de niveau *hoogtelijn* **II** BNW *gebogen*; *krom*

courber I OV WW *krommen*; *(om)buigen* ★ ~ la tête *het hoofd buigen* **II** ONOV WW *buigen*; *krommen* **III** WKD WW [**se** ~] ● *ombuigen* ● *zich buigen*; *bukken*

courbette V *serviele buiging*; *strijkage*

courbure V *kromming*; *bocht*

coureur I M *loopvogel* **II** M [v: **coureuse**] ● *loper*; *hardloper*; *wielrenner*; *coureur* ● *loopjongen* ★ ~ des bois *woudloper* ★ ~ de cafés *kroegloper* ★ ~ cycliste *wielrenner* ★ ~ de jupes/de filles *rokkenjager*; *vrouwenjager*

coureuse V *jongensgek*; *mannengek*

courge V *pompoen*

courgette V *courgette*

courir I OV WW ● *lopen* ● *najagen* ● *druk bezoeken*; *aflopen*; *doorlopen* ● INFORM. *vervelen* ★ ~ les bals *alle bals aflopen* ★ ~ les champs *over de velden zwerven* ★ ~ le cerf *op hertenjacht zijn* ★ ~ sa chance *een kans wagen* ★ ~ un danger *gevaar lopen* ★ ~ les filles/les jupes *achter de vrouwen aanzitten* ★ ~ les honneurs *eer najagen* ★ ~ le marathon *de marathon lopen* ★ ~ les rues *aan iedereen bekend zijn* ⟨v. nieuws⟩ ★ INFORM. c'est couru! *dat is zeker!* **II** ONOV WW [onregelmatig] ● *hard lopen*; *hollen*; *rennen* ● *lopen*; *voortgaan* ★ ~ après *achterna lopen*; *najagen* ★ l'année qui court *het lopende jaar* ★ le bruit court *het gerucht gaat* ★ le malfaiteur court toujours *de dader loopt nog vrij rond* ★ par les temps qui courent *tegenwoordig* ★ INFORM. tu peux toujours ~! *morgen brengen!* ★ ~ à sa perte *zijn ondergang tegemoet gaan* ● ~ **à** *afgaan op*

courlis (zeg: -lie) M *wulp*

couronne V ● *kroon* ⟨in alle betekenissen⟩ ● *krans* ★ ~ lunaire *kring om de maan* ★ ~ solaire *corona* ★ ~ mortuaire *grafkrans* ★ ~ périurbaine *ring van steden rond een grote stad* ★ ~ du martyre *martelaarskrans* ★ discours de la ~ *troonrede* ★ joyaux de la ~ *kroonjuwelen* ★ abdiquer la ~ *afstand doen v.d. troon*

couronnement M ● *kroning* ● *bekroning* ● *kroonlijst*; *kroonstuk* ⟨v. meubel, gebouw⟩

couronner OV WW ● *kronen* ● *bekronen* ● *bekransen*; *omkransen* ★ tête couronnée *gekroond hoofd* ★ ~ qn roi *iem. tot koning kronen* ★ couronné de succès *met succes bekroond* ★ ~ une dent *een kroon zetten op een tand of kies* ★ les collines couronnent la vallée *de heuvels omringen de vallei* ★ genou couronné *geschramde/gehavende knie* ★ la fin couronne l'œuvre ⟨spreekwoord⟩ *eind goed, al goed*

courrai WW [futur] ● → **courir**

courre OV WW ● → **chasse**

courriel M FORM. *e-mail*

courrier M ● *post* ⟨brieven enz.⟩ ● *renbode*; *koerier* ● *rubriek in een krant* ★ ~ aérien *luchtpost* ★ ~ électronique *e-mail* ★ ~ du cœur *'Lieve Lita'-rubriek* ★ ~ des lecteurs *ingezonden brieven* ★ par retour du ~ *per omgaande* ★ dépouiller son ~ *de post nazien*

courriériste M/V *rubriekschrijver*; *columnist*

courroie V *(leren) riem* ★ ~ de transmission *drijfriem* ★ ~ de ventilateur *V-snaar* ⟨v. auto⟩

courroucer I OV WW FORM. *boos maken*; *vertoornen* **II** WKD WW [**se** ~] FORM. *boos worden*

courroux M FORM. *toorn*

cours (zeg: koer) M ● *cursus*; *college*; *les* ● *loop* ⟨v. hemellichamen, rivier⟩; *verloop*; *beloop*; *gang* ● *laan*; *wandelplaats* ● *leerboek* ● *omloop*; *roulatie* ● *koers*; *(markt)prijs* ★ le ~ de la Bourse *de beurskoers* ★ ~ d'eau *waterloop*; *stroom*; *rivier* ★ ~ inférieur *benedenloop* ★ ~ supérieur *bovenloop* ★ ~ accéléré *spoedcursus* ★ ~ élémentaire un/deux (CE1/CE2) *tweede/derde klas* ⟨basisschool⟩ ★ ~ moyen un/deux (CM1/CM2) *vierde/vijfde klas* ⟨basisschool⟩ ★ ~ préparatoire (CP) *eerste klas v.d. basisschool* ★ au ~ de/dans le ~ de *in de loop van* ★ SCHEEPV. au long ~ *op de grote vaart* ★ en ~ (de) *aan de gang (met)* ★ en ~ de route *onderweg* ★ ~ du change *wisselkoers* ★ l'année en ~ *het lopende jaar* ★ le ~ de la vie *de levensloop* ★ avoir ~ *les hebben* ★ cette monnaie n'a plus ~ *dit geld is niet meer in omloop* ★ donner libre ~ à *de vrije loop laten aan* ★ faire un ~ *college geven* ★ prendre son ~ *ontspringen* ★ suivre son ~ *z'n beloop hebben* ★ suivre les ~ d'un professeur *college lopen bij een professor*

course V ● *(het) hardlopen*; *ren* ● *wedstrijd*; *wedren*; *race* ● *reis*; *tocht*; *rit* ● *boodschap*

• *loop*; *gang* • *slag* ⟨v.e. zuiger⟩ • *kaapvaart* ★ ~s de chevaux *paardenrennen* ★ ~ de demi-fond *wedstrijd op de korte baan* ★ ~ de fond *langebaanwedstrijd* ★ ~ de haies *hordeloop* ★ ~ d'obstacles *steeplechase*; *hindernisren* ★ ~ de relais *estafetteloop* ★ la ~ du soleil *de baan van de zon* ★ champ de ~s *paardenrenbaan* ★ ~ de taureaux *stierengevecht* ★ cheval de ~ *renpaard* ★ pas de ~ *looppas* ★ en pleine ~ *in volle vaart* ★ faire la ~ *om het hardst lopen, rijden enz.* ★ faire des ~s *boodschappen doen*

coursier M • *loopjongen* • *strijdros*

coursive V *gang* ⟨v. schip, flatgebouw⟩

court (zeg: koer) **I** M *tennisbaan* ★ ~ central *centercourt* **II** BNW *kort*; *krap* ★ avoir l'haleine ~e *kortademig zijn* ★ avoir la mémoire ~e *kort van memorie zijn* ★ prendre le plus ~ *de kortste weg nemen* **III** BIJW *kort*; *plotseling*; *snel* ★ à ~ (de) *zonder* ★ être à ~ d'argent *krap bij kas zijn* ★ tout ~ *zonder meer*; *kortom* ★ s'arrêter ~ *plotseling stoppen* ★ couper ~ *een einde maken aan*; *afkappen* ★ demeurer ~ *blijven steken* ★ prendre qn de ~ FIG. *iem. overvallen* ★ tourner ~ *een scherpe draai nemen*; *plotseling van richting veranderen*; *opeens ophouden*

courtage M • *makelaardij* • *commissieloon*; *courtage*

courtaud I BNW • *kort en dik* • *met gecoupeerde oren*; *met afgesneden staart* **II** M [v: **courtaude**] *kort en dik persoon*

court-bouillon M [mv: **courts-bouillons**] *visbouillon*; *court-bouillon*

court-circuit M [mv: **courts-circuits**] *kortsluiting*

court-circuiter OV WW *kortsluiting maken in*; FIG. *passeren* ⟨v. tussenschakels⟩ ★ ~ la voie hiérarchique *de hiërarchische weg bekorten*

courtepointe V *gestikte deken*

courtier M [v: **courtière**] *makelaar*; *agent*

courtisan M • *hoveling* • *vleier*

courtisane V *(luxe) vrouw v. lichte zeden*; *courtisane*

courtiser OV WW *het hof maken*; *vleien* ★ ~ les Muses *dichten*

courtois BNW • *hoffelijk*; *beleefd* • *hoofs*

courtoisie V *hoffelijkheid*; *beleefdheid*

Courtrai M *Kortrijk*

couru WW [volt. deelw.] • → **courir**

couscous (zeg: koeskoes) M *koeskoes*

cousette V INFORM. *naaistertje*

cousin I M [v: **cousine**] • *neef*; *(nicht)* • *verwant* ★ ~ germain *volle neef* **II** M *steekmug*

coussin M *(zit)kussen* ★ ~ d'air *luchtkussen* ★ ~ gonflable/de sécurité *airbag*

coussinet M • *lager* • *kussentje*

cousu I BNW *genaaid* ★ ~ d'or *schatrijk* ★ INFORM. c'est du ~ main *het is eersteklas (kwaliteit)* **II** WW [volt. deelw.] • → **coudre**

coût (zeg: koe) M *(de) kosten*

coûtant BNW *kost-* ★ prix ~ *kostprijs*

couteau M *mes* ★ ~ de chasse *hartsvanger* ★ ~ à cran d'arrêt *stiletto* ★ ~ à découper *voorsnijmes* ★ ~ à papier *vouwbeen* ★ jouer du ~ *zijn mes trekken* ★ à couper au ~ *om te snijden* ⟨v. spanning⟩; *potdicht* ⟨v. mist, walm⟩ ★ à ~x tirés (avec) *op gespannen voet (met)* ★ second ~ *bijfiguur*; *iem. v.h. tweede plan*

coutelas (zeg: -là) M • *groot keukenmes* • *korte brede sabel*

coutelier M *messenfabrikant*; *messenverkoper*

coutellerie V • *messenmakerij* • *snijgerei*; *meswerk*

coûter I OV WW *kosten* ★ ~ la vie *het leven kosten* **II** ONOV WW • *kosten* • *moeite kosten* ★ ~ cher *duur zijn*; *duur te staan komen* ★ coûte que coûte *tot elke prijs*; *koste wat kost* ★ aveu qui coûte *pijnlijke bekentenis* ★ il m'en coûte de *het valt mij zwaar om*

coûteux BNW [v: **coûteuse**] *duur*; *kostbaar*

coutil M *beddentijk*; *dril* ⟨keperstof⟩

coutre M AGRAR. *kouter*

coutume V • *gewoonte*; *gebruik* • *gewoonterecht* ★ de ~ *gewoonlijk* ★ avoir ~ de *gewoon zijn te* ★ une fois n'est pas ~ ⟨spreekwoord⟩ *eenmaal is geen maal*

coutumier I BNW [v: **coutumière**] *gewoonte-*; *gewoon* ★ droit ~ *gewoonterecht* ★ il est ~ du fait *daar heeft hij een handje van* **II** M *gewoonterecht*

couture V • *(het) naaien*; *naaikunst* • *naad*; *hechting* • *litteken* ★ battre à plate ~ *totaal verslaan* ★ examiner sous toutes les ~s *zorgvuldig onderzoeken*

couturier M *couturier*; *modeontwerper*

couturière V *naaister* ★ répétition des ~s *laatste repetitie voor de generale*

couvain M *broedsel* ⟨bij insecten⟩

couvaison V OUD. *broedtijd*

couvée V • *de eieren die een vogel uitbroedt*; *broedsel* • INFORM. *kroost*

couvent M • *klooster* • *meisjespensionaat geleid door zusters*

couver I OV WW • *(uit)broeden* • *koesteren* • *beramen* ★ ~ une maladie *een ziekte onder de leden hebben* ★ ~ des yeux *met de ogen verslinden* **II** ONOV WW *broeien*; OOK FIG. *smeulen*

couvercle M *deksel*

couvert (zeg: koevèr) **I** M • *tafelbestek*; *couvert* • *bescherming*; *beschutting* ★ à ~ (de) *beschut (tegen)*; *gedekt (tegen)* ★ sous (le) ~ de *onder bescherming van*; *onder het voorwendsel van* ★ LIT. sous le ~ de la loi *gedekt door de wet* ★ le vivre et le ~ *kost en inwoning* ★ mettre le ~ *de tafel dekken* **II** BNW • *bedekt* • *gekleed* • *gedekt* ★ pays ~ *beboste streek* ★ temps ~ *betrokken weer* ★ il est ~ par les ordres de ses supérieurs *hij wordt beschermd door de orders van zijn superieuren* ★ parler à mots ~s *in bedekte termen spreken* ★ rester ~ *zijn hoed ophouden* • **~ de** *bedekt met*; *bezaaid met* **III** WW [volt. deelw.] • → **couvrir**

couverte V • HUMOR. *glazuur* • PLAT *deken*

couverture V • *deken* • *(dak)bedekking* • *kaft*; *boekomslag* • MIL. *dekking* • *schijn*; *voorwendsel* • COMM. *(het) verslaan* ⟨v.e. evenement⟩

couveuse V • *couveuse* • *broedmachine* • *broedkip*; *broedse kip*

couvoir M • *broedbedrijf* • *broedruimte*

couvre-chef M [mv: **couvre-chefs**] HUMOR.

hoofddeksel
couvre-feu M [mv: **couvre-feux**] *avondklok*
couvre-joint M [mv: **couvre-joints**] • *deklat* • *voegspecie*
couvre-lit M [mv: **couvre-lits**] *sprei*
couvreur M *leidekker*
couvrir I OV WW • *bedekken (***de** *met)*; *overdekken* • *beschermen*; *dekken* • *dekken* • *verbergen* • *opwegen tegen*; *dekken* • *kleden* • *afleggen* ‹v. afstand›; *bestrijken* • *overstemmen* ‹v. geluid› • *verslaan* ‹v. evenement› • *dekken* ‹v.e. dier› ★ ~ une armeé *een leger dekken* ★ ~ d'éloges *met lof overladen* ★ ~ une enchère *overbieden* ★ ~ d'étoffe *bekleden* ★ ~ le feu *het vuur afdekken* ★ ~ un malade *een zieke toedekken* ★ ~ ses projets *zijn plannen verhelen* ★ les recettes couvrent les dépenses *de inkomsten dekken de uitgaven* **II** WKD WW [**se ~**] • *zich (warm) kleden* • *zijn hoed opzetten* • *betrekken* ‹v.d. lucht› • **~ de** *zich overdekken met*; *zich overladen met*; *zich bezoedelen met*
covoiturage M *carpooling*
cow-boy (zeg: koboj) M [mv: **cow-boys**] *cowboy*
coxal BNW [m mv: **coxaux**] *heup-*
CP AFK O&W cours préparatoire ≈ *groep 3 van de basisschool*
crabe M *krab*
crac TW *krak!*
crachat M • *spuug*; *fluim* • INFORM. *ridderkruis*
crachement M • *gespuw*; *(het) spuwen* • *gekraak* ‹v. geluidsapparatuur› ★ ~ de sang *bloedspuwing*
cracher I OV WW • *spuwen* • INFORM. *(geld) dokken* ★ INFORM. c'est lui/son portrait tout craché *hij is het sprekend*; *het is 'm helemaal* **II** ONOV WW • *spuwen* • *kraken* ‹v. geluidsapparatuur› ★ ~ au nez *in het gezicht spuwen* ★ INFORM. ~ sur qn *op iem. spugen* ★ je ne crache pas dessus *daar ben ik niet vies van*
crachin M *motregen*
crachiner ONOV WW *miezeren*
crachoir M *spuwbak*; *kwispedoor* ★ INFORM. tenir le ~ *aan één stuk doorpraten*
crachoter ONOV WW *vaak spuwen*
crack (zeg: krak) M • *crack*; *uitblinker* • *crack* ‹drug›
cracking M *(het) kraken* ‹v. olie›
crade BNW INFORM. *vies*; *goor*
crado • → **crade**
craie V *krijt*; *krijtje* ★ bâton de ~ *pijpje krijt*
craignos (zeg: -os) BNW INFORM. *niet best*; *flut*
craindre I OV WW [onregelmatig] • *vrezen*; *bang zijn voor* • *niet kunnen tegen* ★ craignant Dieu *godvruchtig* ★ craint l'humidité *droog bewaren* **II** ONOV WW **~ pour** *vrezen voor*; *bezorgd zijn voor* ★ ça craint! *dat is niet best!*; *dat is flut!*
craint WW [volt. deelw.] • → **craindre**
crainte V *vrees*; *ontzag (***de** *voor)* ★ de ~ de/que *uit vrees voor/dat* ★ la ~ de Dieu *de vreze des Heren*
craintif BNW [v: **craintive**] *bang*; *vreesachtig*
cramer I OV WW INFORM. *verbranden*; *aanbranden* **II** ONOV WW *schroeien*; *verbranden*
cramoisi I BNW *karmijnrood*; *hoogrood* **II** M *karmijn*
crampe V • *kramp* • INFORM. FIG. *klier*; *geklier*
crampon M • *kram* • *nop* ‹v. schoen› • *metalen punt* ‹voor houvast› • *hechtwortel* • INFORM. *klit* ‹persoon›
cramponner I OV WW • *krammen* • INFORM. *lastigvallen*; *niet loslaten* **II** WKD WW [**se ~**] *zich vastklemmen*; *zich vastklampen (***à** *aan)*
cran M • *keep*; *kerf*; *gaatje in riem* • INFORM. *lef* • *golf in het haar*; *slag* ★ cran d'arrêt/de sûreté *veiligheidspal* ‹v. wapen› ★ d'un cran *een gaatje (hoger/lager)*; *een eindje (meer/minder)* ★ baisser d'un cran *een toontje lager zingen* ★ descendre d'un cran *achteruitgaan* ★ monter d'un cran *vooruitgaan* ★ INFORM. être à cran *zich mateloos ergeren*
crâne I M *schedel* ★ il n'a rien dans le ~ *hij is een leeghoofd* ★ mettre dans le ~ *inprenten* **II** BNW OUD. *kranig*
crâner ONOV WW INFORM. *opscheppen*; *flink doen*
crânerie V OUD. *branie*; *bluf*
crâneur M [v: **crâneuse**] INFORM. *opschepper*; *branieschopper*
crânien BNW [v: **crânienne**] *schedel-* ★ boîte ~ne *hersenpan*
crapaud M • *pad* ‹dier› • *crapaud*; *lage leuningstoel* • MUZ. *kleine vleugel* • INFORM. *mormel*
crapouillot M *loopgraafmortier*
crapule V • *smeerlap*; *schoft* • *gepeupel*; *grauw*
crapulerie V *gemeenheid*
crapuleux BNW [v: **crapuleuse**] *gemeen*; *laag*
craquage M *(het) kraken* ‹v. olie›
craquant BNW • *knapperig* • INFORM. *appetijtelijk*; *kostelijk*; *schattig*
craque V INFORM. *opsnijderij*; *leugenverhaal*
craqueler I OV WW *doen barsten* ‹bijv. v. porselein› **II** WKD WW [**se ~**] *barsten*
craquelin M *kaakje*; *krakeling*
craquelure V *barstje in vernis, verf*; *craquelé*
craquement M *gekraak*
craquer I OV WW • *doen scheuren* • *kraken* ‹v. olie› • *aanstrijken* ‹v. lucifer› • INFORM. *spenderen*; *verpatsen* **II** ONOV WW • *kraken*; *knarsen*; *knappen* • *scheuren*; *barsten* • *op springen staan* • *in elkaar klappen*; *afknappen* ★ plein à ~ *overvol* • INFORM. **~ pour** *vallen voor*
craqueter ONOV WW • *knisteren* • *klepperen* ‹v. ooievaar›
crasse I BNW *grof* ★ une ignorance ~ *een grove onwetendheid* **II** V • *vuil*; *stoflaag* • *gemene streek* • *metaalslak* ★ faire une ~ à qn *iem. een loer draaien*
crasseux I M [v: **crasseuse**] *viezerd*; *smeerpoets* **II** BNW *vuil*; *smerig*
crassier M *berg metaalslakken*
crassulacées V MV *vetplanten*
cratère M *krater*
cravache V *karwats*; *rijzweep*
cravacher I OV WW *met de karwats slaan*; *aanzwepen* **II** ONOV WW INFORM. *zich uitsloven*; *aanpezen*
cravate V • *(strop)das* • *wimpel* • *lint v.*

ridderorde ★ INFORM. ~ de chanvre *strop*
cravater OV WW *bij de kraag pakken*; *in zijn nekvel pakken*
crawl (zeg: krol) M *crawl(slag)*
crayeux BNW [v: **crayeuse**] *krijtachtig*; *krijthoudend*
crayon M • *potlood* • *stift*; *krijtje* • *potloodtekening* • *manier van tekenen* ★ ~ d'ardoise *griffel* ★ ~ feutre *viltstift* ★ avoir un bon coup de ~ *goed kunnen tekenen*
crayonnage M *potloodschets*; *krijttekening*
crayonner OV WW • *tekenen met potlood/krijt* • *schetsen*
cré BNW ★ cré nom (de nom)! *verdorie!*
créance V • *vertrouwen*; *geloof* • *schuldvordering* ★ lettres de ~ *geloofsbrieven* ★ digne de ~ *geloofwaardig* ★ FORM. donner ~ à *geloof hechten aan*
créancier M [v: **créancière**] *schuldeiser*
créateur I M [v: **créatrice**] *schepper*; *uitvinder*; *maker* ★ le Créateur *de Schepper*; *God* **II** BNW [v: **créatrice**] *scheppend*
créatif BNW [v: **créative**] *creatief*
création V • *schepping*; *creatie* • *oprichting*; *instelling* ★ ~ d'un rôle *eerste uitbeelding v.e. rol*
créativité V *creativiteit*
créature V • *schepsel* • *beschermeling*; *protegé*
crécelle V OOK FIG. *ratel* ★ voix de ~ *schreeuwerige stem*
crèche V • *krib* • *crèche*; *kinderbewaarplaats*
crécher ONOV WW INFORM. *wonen*; *overnachten*
crédence V • *credenstafel* • *buffet*; *dientafel*
crédibiliser OV WW *geloofwaardig maken*
crédibilité V *geloofwaardigheid*
crédible BNW *geloofwaardig*
crédit (zeg: -die) M • *krediet* ‹in alle betekenissen› • *credit* ★ ~ agricole *landbouwkrediet*; *boerenleenbank* ★ credit d'unités *beltegoed* ★ ~ foncier *grondkrediet(bank)* ★ ~ immobilier *hypotheek(lening)* ★ ~ municipal *stadsbank van lening* ★ carte de ~ *creditcard* ★ établissement de ~ *(krediet)bank* ★ lettre de ~ *kredietbrief* ★ acheter à ~ *op krediet kopen* ★ avoir du ~ *invloed hebben*; *gezag hebben* ★ faire ~ à qn *iem. krediet geven* ★ ouvrir un ~ à qn *iem. een krediet openen* ★ porter une somme au ~ de qn *een som op iemands credit boeken*
crédit-bail M [mv: **crédits-bails**] *leasing*
créditer OV WW *crediteren (***de** *voor)*; OOK FIG. *op iemands conto schrijven*
créditeur M [v: **créditrice**] *crediteur* ★ compte ~ *creditrekening* ★ solde ~ *creditsaldo*
credo M *credo*; *geloofsbelijdenis*
crédule BNW *lichtgelovig*
crédulité V *lichtgelovigheid*
créer OV WW • *scheppen*; *voortbrengen*; *creëren* • *uitvinden* • *instellen*; *oprichten* • *benoemen* • *voor het eerst vertolken* ‹v. rol, toneelstuk› ★ ~ des obstacles *hindernissen opwerpen*
crémaillère V *heugel* ★ chemin de fer à ~ *tandradbaan* ★ pendre la ~ *een feestje geven als men een nieuwe woning betrekt*
crémant BNW *licht mousserend* ‹v. champagne›
crémation V *crematie*; *lijkverbranding*
crématoire BNW *crematie-* ★ four ~ *lijkoven*
crème I V • *crème*; *zalf* • *room* • *vla* • *soort likeur uit planten* • *gebonden soep* • *puikje* ★ ~ brûlée *gekarameliseerde vla* ★ ~ Chantilly *slagroom* ★ ~ fraîche *(ongeklopte, stijve) room* ★ ~ fouettée *slagroom* ★ ~ glacée *roomijs* ★ ~ de menthe *pepermuntlikeur* ★ un (café) ~ *kopje koffie met room of melk* **II** BNW [onver.] *crème(kleurig)*
crémeux BNW [v: **crémeuse**] *roomhoudend*; *romig*
crémier M [v: **crémière**] *verkoper van zuivelproducten*
crémone V *spanjolet*
créneau M [mv: **créneaux**] • *kanteel*; *tinne* • *schietgat* • *tijdsruimte*; *tussenruimte* • *gat in de markt*; *niche* • *zendtijd* • INFORM. *(gunstige) gelegenheid* ★ ~ de dépassement *inhaalgedeelte* ★ faire un ~ *achteruit insteken*; *in file parkeren* ★ monter au ~ *zich in een kwestie mengen*; *zich als voorvechter opwerpen*
crénelage M • *(kartel)rand* • *karteling*
crénelé BNW • *gekanteeld* • *gekarteld*; *getand*
créneler OV WW • *van kantelen voorzien* • *uittanden*; *kartelen*
crénelure V • *kanteelwerk* • *kartelrand*
créole BNW *creools*
Créole M/V *creool*
créosote V *creosoot*
crêpage M *(het) kroezen*
crêpe I M • *crêpe*; *krip* • *rouwband*; *floers* • *crêpe(rubber)* ★ ~ de Chine *dikke gekroesde zijde* **II** V *flensje*; *pannenkoek*
crêper I OV WW *kroezen*; *krullen*; *touperen* **II** WKD WW [**se** ~] *kroes worden* ★ INFORM. se ~ le chignon *elkaar in de haren vliegen* ‹v. vrouwen›
crêperie V *pannenkoekenhuis*
crépi M *pleisterkalk*
crépine V • *soort franje* • *sproeier*; *rooster*
crépir OV WW *bepleisteren*
crépissage M *bepleistering*
crépitation V *geknetter*
crépitement M *geknetter*
crépiter ONOV WW *knetteren*
crépon M ★ papier ~ *crêpepapier*
crépu BNW *gekruld*; *kroezig*
crépusculaire BNW *schemerig* ★ papillons ~s *nachtvlinders*
crépuscule M • *schemering* • FORM. *verval*
crescendo (zeg: -sje(n)doo) BIJW *crescendo*
cresson (zeg: krè-/krù-) M *sterrenkers* ★ ~ alénois *tuinkers* ★ ~ de fontaine *waterkers* ★ ~ des prés *pinksterbloem*
crétacé BNW *krijtachtig*; *krijt-* ★ le ~ *het krijt(tijdperk)*
crête V • *kam* ‹v. dieren› • *top*; *bergkam*; *nok* • *kop* ‹v. golf› ★ (ligne de) ~ *waterscheiding* ★ INFORM. baisser la ~ *een toontje lager zingen*; *de moed laten zinken* ★ dresser la ~ *arrogant zijn* ★ OUD. lever la ~ *overmoedig worden*
Crète V *Kreta*
crétin I M [v: **crétine**] • *stommeling*; *ezel* • *lijder aan kropziekte* **II** BNW *stom*; *idioot*

crétinerie V *stompzinnigheid*
crétiniser OV WW *afstompen*; *duf maken*
crétinisme M • *stompzinnigheid* • *cretinisme*
crétois BNW [v: **crétoise**] *van Kreta*; *Kretenzisch*
Crétois M [v: **Crétoise**] *Kretenzer*
cretonne V *cretonne*
creusage M • → **creusement**
creusement M *(het) graven*; *(het) uithollen*
creuser I OV WW • *uithollen*; *graven* • FIG. *uitdiepen* ★ ~ un sujet *een onderwerp goed bestuderen* ★ le chagrin a creusé ses joues *het verdriet heeft hem vermagerd* ★ INFORM. le travail creuse l'estomac *werken wekt de eetlust op*; *werken maakt hongerig* **II** ONOV WW *graven* **III** WKD WW [**se** ~] *dieper worden* ★ se ~ la tête/le cerveau/la cervelle *zich het hoofd breken*
creuset M OOK FIG. *smeltkroes*
creux I M *holte*; *diepte*; *dieptepunt* ★ avoir un ~ (dans l'estomac) *een holle maag hebben*; *trek hebben* ★ FIG. au ~ de la vague *in een periode van depressie* **II** BNW [v: **creuse**] *hol*; *diep* ★ assiette creuse *diep bord* ★ cervelle/tête creuse *leeghoofd* ★ heures creuses *stille uren*; *daluren* ★ joues creuses *ingevallen wangen* ★ mer creuse *holle zee* ★ rivière creuse *diepe rivier* ★ ventre ~ *lege maag* ★ yeux ~ *holle ogen* **III** BIJW *hol* ★ sonner ~ *hol klinken*
crevaison V • *(het) springen* ‹v. band›; *lekke band* • INFORM. *(het) creperen*
crevant BNW • INFORM. *vermoeiend* • INFORM. *om je rot te lachen*
crevasse V *kloof*; *barst*
crevasser I OV WW *doen barsten* **II** WKD WW [**se** ~] *barsten*
crevé BNW • *kapot*; *lek* • INFORM. *dood* • INFORM. *doodop*
crève V INFORM. *dood* ★ attraper la ~ *kou vatten* ★ avoir la ~ *verkouden zijn*; *zich niet lekker voelen*
crève-la-faim M [mv: id.] INFORM. *hongerlijder*
crever I OV WW • *doen barsten*; *doorbreken* • *zeer vermoeien* ★ ~ un oeil *een oog uitsteken* ★ l'eau a crevé la digue *het water heeft de dijk doorbroken* ★ ça crève les yeux *dat springt in het oog* **II** ONOV WW • *barsten*; *springen* • *creperen* ‹v. mens›; *doodgaan* ‹v. plant, dier› • *een lekke band krijgen* ★ il a crevé trois fois *hij heeft drie keer een lekke band gehad* ★ la bombe a crevé *de bom is gebarsten* ★ ~ de jalousie *barsten van jaloezie* ★ INFORM. ~ de faim *sterven van de honger* ★ INFORM. ~ de rire *stikken v.h. lachen* **III** WKD WW [**se** ~] *zich vermoeien*; *zich uitputten* ★ se ~ les yeux *zijn ogen vermoeien* ★ INFORM. se ~ au travail *zich doodwerken*
crevette V *garnaal*
cri M *kreet*; *gil*; *schreeuw*; *roep* ‹v. dieren› ★ cri du cœur *hartenkreet* ★ à grands cris *luidkeels* ★ le cri des opprimés *het protest der onderdrukten* ★ le cri de la conscience *de stem v.h. geweten* ★ le dernier cri *het nieuwste snufje* ★ pousser des cris *kreten slaken*
criailler ONOV WW • *krijsen* • *roepen* ‹v. fazant, pauw›
criant BNW • *duidelijk*; *sprekend* • *schreeuwend* • *hemeltergend*; *criant*
criard I M [v: **criarde**] *schreeuwlelijk* **II** BNW • *schreeuwerig* • *schel* ★ voix ~e *schelle stem* ★ couleurs ~es *schelle/opzichtige kleuren* ★ dettes ~es *dringende schulden*
criblage M *(het) zeven*
crible M *zeef* ★ passer au ~ *zeven*; FIG. *op de keper beschouwen*
cribler OV WW • *zeven* • ~ **de** *doorzeven met*; *overladen met* ★ criblé de coups *bont en blauw geslagen* ★ criblé de dettes *tot over de oren in de schuld*
cric (zeg: kriek) **I** M *krik*; *dommekracht* **II** TW *krak!*
cricri M • INFORM. *krekel* • INFORM. *sjirpen* ‹v. krekel›
criée V ★ vendre à la ~ *bij opbod verkopen* ★ (vente à la) ~ *verkoping bij opbod*
crier I OV WW • *schreeuwen*; *roepen* • *rondbazuinen* • *bij opbod verkopen* • *uitventen* ★ ~ qc sur les toits *iets van de daken schreeuwen* ★ ~ famine/misère *zijn nood klagen* ★ ~ vengeance *om wraak roepen* **II** ONOV WW • *schreeuwen (***après** *tegen)*; *gillen* • *knarsen*; *piepen*; *kraken* • *roepen* ‹v. dieren› ★ ~ à tue-tête *luidkeels schreeuwen* ★ ~ à l'assassin *moord roepen* ★ ~ au feu *brand roepen* ★ ~ au secours *hulp roepen* ★ ~ à l'injustice *schreeuwen dat men onrechtvaardig behandeld wordt*
crieur M [v: **crieuse**] • *schreeuwer* • *straatventer* ★ ~ public *omroeper*
crime M *misdaad* ★ ~ d'État *hoogverraad* ★ ~ de lèse-majesté *majesteitsschennis* ★ ~ d'honneur *eerwraak*
Crimée V *Krim*
criminalité V *misdadigheid*; *criminaliteit*
criminel I M [v: **criminelle**] *misdadiger* **II** BNW [v: **criminelle**] • *misdadig* • *strafrechtelijk*; *straf-* ★ affaire ~le *strafzaak*
criminologie V *criminologie*
criminologue M/V *criminoloog*
crin M *paardenhaar* ★ matelas en crin *paardenharen matras* ★ à tous crins *met hart en ziel* ★ être comme un crin *narrig zijn*
crincrin M • INFORM. *slechte viool* • *gekras*
crinière V • *manen* • *haarbos* ‹op helm› • *lange, woeste haren*
crinoline V *hoepelrok*; *crinoline*
crique V • *kreek* • *scheur*
criquet M *veldsprinkhaan*
crise V • *crisis* • *hevige aanval*; *vlaag* ★ ~ ministérielle *kabinetscrisis* ★ ~ du logement *woningnood* ★ ~ de larmes *huilbui* ★ avoir une ~ de nerfs *een zenuwtoeval hebben*; *het op de zenuwen krijgen*
criser ONOV WW INFORM. *over zijn toeren zijn*
crispant BNW *irritant*
crispation V • *samentrekking* • *irritatie* ★ ~ des muscles *samentrekking v.d. spieren*
crisper I OV WW • *samentrekken*; *verkrampen* • *ongeduldig maken*; *tureluurs maken* ★ poing crispé *gebalde vuist* **II** WKD WW [**se** ~] *zich ergeren*
crissement M *geknars*
crisser ONOV WW *knarsen*

cristal M [mv: **cristaux**] *kristal* ★ ~ de roche *bergkristal*
cristallerie V ● *(het) maken van kristal* ● *kristalfabriek* ● *kristalwerk*
cristallin I BNW ● *kristalhelder* ● *kristallijn*; *kristal-* ★ lentille ~e *ooglens* **II** M *ooglens*
cristallisation V *kristalvorming*; *kristallisatie*
cristalliser I OV WW *tot kristal maken* **II** ONOV WW *kristalliseren* **III** WKD WW [**se** ~] *kristalliseren*
cristallographie V *kristalbeschrijving*
critère M *criterium*
critérium (zeg: -jom) M *criterium*; *(beoordelings)wedstrijd*
critiquable BNW ● *laakbaar* ● *aanvechtbaar*
critique I V *kritiek* ⟨in alle betekenissen⟩ ★ la ~ est aisée et l'art est difficile *de beste stuurlui staan aan wal* **II** M/V *criticus*; *recensent* ★ un ~ d'art *een kunstcriticus* **III** BNW ● *kritisch* ● *kritiek*; *beslissend* ★ esprit ~ *kritische geest* ★ examen ~ *kritisch onderzoek* ★ le moment ~ *het beslissende ogenblik* ★ l'âge ~ *de overgangsleeftijd* ⟨bij vrouwen⟩
critiquer OV WW ● *recenseren*; *beoordelen* ● *kritiseren*
croassement M ● *gekras* ⟨v. raven, kraaien⟩ ● *geroddel*
croasser ONOV WW ● *krassen* ⟨v. raven, kraaien⟩ ● *roddelen*
croate I M *(het) Kroatisch* **II** BNW *Kroatisch*
Croate M *Kroaat*
Croatie V *Kroatië*
croc (zeg: kroo) **I** M ● *haak*; *bootshaak* ● *hoektand* ⟨v. roofdieren⟩ ★ croc de boucher *vleeshaak* ★ moustaches en croc *snor met opstaande punten* ★ INFORM. avoir les crocs *uitgehongerd zijn* **II** TW *krak!*
croc-en-jambe M [mv: **crocs-en-jambe**] *(het) beentje lichten*
croche V MUZ. *achtste noot* ★ double ~ *zestiende noot*
croche-pied M [mv: **croche-pieds**] *(het) beentje lichten*; *(het) pootje haken*
crochet M ● *haakje*; *haak* ● *loper* ⟨om slot te openen⟩ ● *vierkant haakje* ● *haaknaald* ● *haakwerk* ● *hoekstoot* ⟨bij boksen⟩ ● *omweg*; *plotselinge draai* ★ faire du ~ *haken* ★ vivre aux ~s de qn *op iemands kosten leven*
crocheter OV WW ● *openen met een loper* ● *haken*
crocheteur M ● *inbreker die zich v.e. loper bedient* ● GESCH. *pakjesdrager*
crochu BNW *krom*; *gebogen* ★ nez ~ *haakneus* ★ avoir les doigts/mains ~es *hebberig zijn*
crocodile M *krokodil*
crocus (zeg: -uus) M *krokus*
croire I OV WW [onregelmatig] *geloven*; *denken*; *menen*; *houden voor* ★ ~ qn sur parole *iem. op zijn woord geloven* ★ je crois que non *ik geloof van niet* ★ à ce que je crois *naar ik meen* ★ à l'en ~ *als men hem geloven mag* ★ ne pas en ~ ses yeux *zijn ogen niet kunnen geloven* ★ faire ~ *wijsmaken* ★ ~ de son devoir de *het als zijn plicht beschouwen om* ★ je le crois honnête homme *ik houd hem voor een eerlijk man* ★ je lui crois beaucoup de fantaisie *ik geloof dat hij veel fantasie heeft* **II** ONOV WW *geloven (***à** *aan;* **en** *in)* ★ y ~ dur comme fer *er rotsvast in geloven* **III** WKD WW [**se** ~] *zichzelf iets verbeelden*; *zich houden voor*
croisade V ● *kruistocht* ● FIG. *campagne* ★ partir en ~ *op kruistocht gaan*
croisé I BNW ● *gekruist* ● *gekeperd* ★ feu ~ *kruisvuur* ★ mots ~s *kruiswoordraadsel* ★ race ~e *gekruist ras* ★ rester les bras ~s *werkeloos toekijken* **II** M *kruisvaarder*
croisée V ● *kruispunt* ● *venster(kruis)*
croisement M ● *(het) kruisen* ● *kruispunt* ● *kruising* ⟨ook v. rassen⟩
croiser I OV WW ● *kruisen* ● *tegenkomen* ★ se ~ les bras *werkeloos toezien* ★ ~ des races *rassen kruisen* **II** WKD WW [**se** ~] ● *elkaar kruisen*; *elkaar ontmoeten* ● *op kruistocht gaan*
croiseur M SCHEEPV. *kruiser* ★ ~ cuirassé *pantserkruiser*
croisière V ● *cruise* ● *patrouillevaart* ⟨v. oorlogsschepen⟩ ★ vitesse de ~ *kruissnelheid*
croisillon M ● *dwarshout* ⟨v. kruis, venster⟩ ● *dwarsbeuk*; *transept*
croissance V *groei*; *toename*
croissant I BNW *groeiend*; *toenemend*; *wassend* **II** M ● *wassende maan*; *halvemaan* ● *croissant*; *broodje i.d. vorm v.e. halve maan* ★ Le Croissant Rouge *Rode Halve Maan*
croître ONOV WW *groeien*; *wassen* ⟨v. water⟩; *lengen* ⟨v. dagen⟩; *toenemen*
croix V *kruis* ⟨in alle betekenissen⟩ ★ ~ ansée *ankh*; *hengselkruis* ⟨v. bisschoppen⟩ ★ ~ funéraire *grafkruis* ★ ~ gammée *hakenkruis* ★ ~ pectorale *borstkruis* ⟨v. bisschoppen⟩ ★ la Croix-Rouge *het Rode Kruis* ★ ~ ou pile *kruis of munt* ★ la Croix du Sud *het Zuiderkruis* ⟨sterrenbeeld⟩ ★ chemin de la ~ *kruisweg* ★ la Descente de Croix *de kruisafneming* ★ mettre en ~ *kruisigen* ★ prendre la ~ *op kruistocht gaan* ★ faire le signe de la Croix *een kruisteken maken* ★ c'est la ~ et la bannière *het heeft heel wat voeten in aarde* ★ tu peux faire une ~ dessus *dat kun je wel vergeten*
croquant I M *boerenpummel* **II** BNW *knappend*
croque ★ à la ~ au sel *alleen met zout bereid*
croque-madame M [mv: id.] *tosti ham-kaas met gebakken ei*
croque-mitaine, **croquemitaine** M *boeman*
croque-monsieur M [mv: id.] *tosti ham-kaas*
croque-mort, **croquemort** M INFORM. *lijkdrager*; *kraai*
croquenot M INFORM. *schoen*
croquer I OV WW ● *opknabbelen*; *oppeuzelen* ● *schetsen* ★ (joli) à ~ *snoezig* ★ INFORM. ~ une fortune *een fortuin erdoor draaien* ★ ~ (dans) une pomme *in een appel bijten* ★ INFORM. ~ un héritage *een erfenis erdoor draaien* **II** ONOV WW *knappen*
croquet M *croquet(spel)*
croquette V ● *kroket* ● *chocoladeflik* ★ ~s *kattenbrokken*
croquis (zeg: -ie) M *schets*; *ontwerp*
cross (zeg: kros) M *crosscountry*
crosse V ● *kromstaf* ● *hockeystick*; *kolfstok*; *golfclub* ● *kolf* ⟨v. geweer⟩ ● *omgebogen eind*

★ coups de ~ *kolfslagen* ★ mettre la ~ en l'air *zich overgeven* ★ INFORM. chercher des ~s à qn *ruzie zoeken*
crotale M *ratelslang*
crotte I V *keutel*; *drol* ★ INFORM. ~ (de bique) *onbelangrijk iets* ★ ~ de chocolat *praline*; *chocolaatje* **II** TW INFORM. *stik!*
crotter I OV WW *(met modder) bevuilen* **II** ONOV WW INFORM. *poepen*
crottin M ● *paardenvijg* ● *geitenkaasje*
croulant I BNW *bouwvallig*; *afgeleefd* **II** M [v: **croulante**] INFORM. *oudje* ★ les ~s *de ouwelui*
crouler ONOV WW OOK FIG. *instorten*; *bezwijken* *(***sous** *onder)*
croup M MED. *kroep* ★ faux ~ *pseudokroep*
croupe V ● *kruis* ⟨v. paard⟩ ● *bergkruin* ★ monter en ~ *achter iem. op een paard (enz.) zitten*
croupetons BIJW ★ à ~ *gehurkt*
croupier M [v: **croupière**] *croupier*
croupière V *staartriem* ⟨v. paard⟩
croupion M ● *stuit* ⟨v. vogel⟩ ● HUMOR. *achterste*
croupir ONOV WW ● *stilstaan en daardoor bederven* ⟨v. water⟩ ● *vervuilen* ● *kwijnen*; FIG. *vegeteren* ★ FIG. ~ dans le vice *zich in het slijk wentelen*
croustade V *warm, knappend pasteitje*
croustillant BNW ● *knappend* ● FIG. *pikant* ★ gâteau ~ *krokant koekje*
croustiller ONOV WW *knapperig zijn*
croûte V ● *korst* ● *roof* ⟨op wond⟩ ● INFORM. *slecht schilderij* ★ INFORM. vieille ~ *ouwe sul* ★ INFORM. gagner sa ~ *de kost verdienen* ★ INFORM. casser la/une ~ *een hapje eten*
croûter ONOV WW INFORM. *eten*; *bikken*
croûton M ● *korstje* ● *croûton*; *stukje geroosterd brood* ★ INFORM. vieux ~ *ouwe sul*
croyable BNW *geloofwaardig* ★ pas ~ *ongelofelijk*
croyance V ● *geloof (***à** *aan;* **en** *in)* ● *mening*; *gevoelen*
croyant I BNW *gelovig* **II** M [v: **croyante**] *gelovige*
CRS V MV Compagnies républicaines de sécurité ≈ *ME* ⟨mobiele eenheid⟩
cru I BNW ● *rauw* ● *hard*; *schril* ⟨v. kleuren, licht⟩ ● *onbewerkt*; *ruw* ● *onverteerbaar*; *onrijp* ● *schuin*; *onwelvoeglijk*; *ruw*; *cru* ★ soie crue *ruwe zijde* ★ anecdote crue *gewaagde anekdote* ★ monter à cru *zonder zadel rijden* **II** M *wijngaard*; *(wijn)gewas*; *wijnsoort* ★ un grand cru *een beroemde wijn* ★ INFORM. du cru *uit de streek* ★ INFORM. vin du cru *landwijn* ★ de son cru *eigengemaakt*; *van eigen vinding*; *van eigen grond* **III** WW [volt. deelw.] ● → **croire**
crû WW [volt. deelw.] ● → **croître**
cruauté V *wreedheid*
cruche V ● *kruik* ● INFORM. *sufferd* ★ tant va la ~ à l'eau qu'à la fin elle se casse/se brise ⟨spreekwoord⟩ *de kruik gaat zo lang te water tot ze barst*
cruchon M *kruikje*
crucial BNW [m mv: **cruciaux**] ● *cruciaal*; *beslissend* ● *kruisvormig*
crucifère BNW *een kruis dragend*
crucifiement M *kruisiging*
crucifier OV WW ● *kruisigen* ● *kastijden*
crucifix (zeg: -fie) M *kruisbeeld*; *crucifix*
crucifixion V *kruisiging*
cruciforme BNW *kruisvormig* ★ tournevis ~ *kruiskopschroevendraaier* ★ vis ~ *kruiskopschroef*
cruciverbiste M/V *kruiswoordpuzzelaar*
crudité V *rauwheid*; *grofheid* ★ ~s *rauwkost*
crue V ● *was v.h. water*; *hoogwater* ⟨v. rivier⟩ ● FORM. *groei* ★ la rivière est en crue *de rivier zwelt*
cruel BNW [v: **cruelle**] *wreed*; *gruwelijk*
cruellement BIJW ● → **cruel**
crûment BIJW ● *ruw*; *onomwonden* ● *hel*
crus WW [passé simple] ● → **croire**
crustacés M MV *schaaldieren*
crypte V ● *crypte*; *grafkelder* ⟨onder kerk⟩ ● *onderaards gedeelte* ⟨v. kerk⟩
crypter OV WW *coderen* ⟨v. signalen⟩ ★ chaîne cryptée *gecodeerde zender*; *betaal-tv* ⟨met decoder⟩
cryptogame M/V *bedektbloeiende plant*; *cryptogaam*; *sporenplant*
cryptogramme M *stuk in geheimschrift*
cryptographie V *geheimschrift*
Cuba M *Cuba*
cubage M ● *inhoud* ● *inhoudsbepaling*
cubain BNW [v: **cubaine**] *Cubaans*
Cubain M [v: **Cubaine**] *Cubaan*
cube I M ● *kubus* ● *derde macht* ● *blokje* ★ élever au cube *tot de derde macht verheffen* **II** BNW *kubiek* ★ mètre cube *kubieke meter* ★ deux mètres cubes *twee kubieke meter*
cuber I OV WW ● *tot de derde macht verheffen* ● *de inhoud bepalen in kubieke meters* ★ ~ du sable *het aantal kubieke meters zand schatten* **II** ONOV WW *een inhoud hebben v.e. bepaald aantal kubieke meters* ★ le tonneau cube 100 litres *er gaat 100 liter in een ton* ★ INFORM. ça cube! *dat loopt in de papieren!*
cubi M *wijncontainer* ⟨vijf liter⟩
cubique BNW ● *kubusvormig* ● *kubiek* ★ racine ~ *derdemachtswortel*
cubisme M *kubisme*
cubiste I BNW *kubistisch* **II** M/V *aanhanger v.h. kubisme*
cubitus (zeg: -tuus) M *ellepijp*
cucu BNW *onnozel*
cucul BNW ● → **cucu**
cueillaison V *pluktijd*; *pluk*
cueillerai WW [futur] ● → **cueillir**
cueillette V *(het) plukken*; *pluk(tijd)*; *vruchtenoogst*
cueillir OV WW [onregelmatig] ● *plukken*; *oogsten* ⟨v. fruit⟩ ● INFORM. *inrekenen*; *oppikken* ★ ~ un baiser *een kus stelen*
cuiller, cuillère (zeg: kwiejèr) V ● *lepel* ● SPORT *snoeklepel* ★ ~ à soupe *eetlepel* ★ INFORM. être à ramasser à la petite ~ *er beroerd aan toe zijn*
cuillère V ● → **cuiller**
cuillerée V *lepel(vol)*
cuir M ● *leer* ● *uitspraakfout* ⟨door foutieve verbinding tussen woorden⟩ ★ cuir à rasoir *aanzetriem* ★ cuir chevelu *schedelhuid*; *behaarde hoofdhuid* ★ cuir de Russie *juchtleer* ★ avoir le cuir épais *een dikke huid hebben*
cuirasse V ● OOK FIG. *pantser* ● *borstharnas*;

kuras ★ défaut de la ~ FIG. *gevoelige plek*
cuirassé I BNW • *gepantserd* • *gehard (***contre** *tegen)* ★ navire ~ *pantserschip* **II** M *pantserschip*
cuirasser OV WW • *pantseren* • *harden (***contre** *tegen)*
cuirassier M *kurassier*
cuire I OV WW [onregelmatig] *koken*; *stoven*; *bakken*; *braden* ★ ~ à l'eau *koken* ★ un(e) dur(e) à ~ *een ongemakkelijk heer*; *een lastige tante* **II** ONOV WW • *koken*; *stoven*; *bakken*; *braden* • FIG. *branden* ★ les yeux me cuisent *mijn ogen branden* ★ faire ~ *koken (enz.)* **III** ONP WW ★ il vous en cuira! *dat zal je opbreken!*
cuisant BNW • *schrijnend* • *grievend* ★ douleur ~e *scherpe pijn*
cuiseur M *grote kookpan*; *rijstkoker*
cuisine V • *keuken* • *kookkunst* • *(het) eten*; *voedsel* • INFORM. *gekonkel*; *kuiperijen* ★ ~-séjour *woonkeuken* ★ ~ roulante *keukenwagen* ★ chef de ~ *chef-kok* ★ batterie de ~ *keukengereedschap* ★ livre de ~ *kookboek* ★ faire la ~ *koken*
cuisiné BNW ★ plat ~ *kant-en-klare maaltijd*
cuisiner I OV WW • *klaarmaken*; *in elkaar zetten* • INFORM. *uithoren*; *de duimschroeven aanleggen* **II** ONOV WW *koken*
cuisinette V *kitchenette*
cuisinier M [v: **cuisinière**] *kok*
cuisinière V *fornuis*
cuissard M *wielrennersbroek*
cuissarde V *lieslaars*
cuisse V • *dij* • *bout* ⟨v. vlees, gevogelte⟩ ★ ~s de grenouille *kikkerbilletjes* ★ se croire sorti de la ~ de Jupiter *het hoog in de bol hebben*; *verwaand zijn* ★ INFORM. avoir la ~ légère *een mannengek zijn*
cuisseau M [mv: **cuisseaux**] *kalfslendenstuk*
cuisson V • *(het) koken*; *bakken*; *braden*; *stoven* • *gaarheid* • *stekende pijn* ★ ~ du vernis *(het) glazuren*
cuissot M *bout* ⟨v. groot wild⟩
cuistance V INFORM. *(het) koken*; *eten*
cuistot M INFORM. *kok*
cuistre M FORM. *wijsneus*
cuistrerie V *pedanterie*
cuit I BNW *gekookt*; *gaar*; *gebakken* ★ terre cuite *terra cotta* ★ cuit à point *juist goed gaar* ★ INFORM. il est cuit *hij is erbij*; *hij is de klos* ★ INFORM. c'est du tout cuit *dat zit gebakken* ★ INFORM. c'est cuit! *het is mis!*; *het spel is uit!* **II** WW [présent] • → **cuire**
cuite V • *(het) bakken* ⟨v. stenen, aardewerk⟩ • *baksel* • *stuk in de kraag* ★ INFORM. prendre une ~ *zich bedrinken*
cuiter WKD WW [**se ~**] INFORM. *zich bezatten*
cuivre M *koper* ★ les ~s *koperwerk*; *kopergravures*; *koperblazers*
cuivré BNW • *koperkleurig* • *met een helder geluid* ★ voix ~e *heldere stem*
cuivrer OV WW *verkoperen*
cul (zeg: kuu) M • INFORM. *kont*; *achterste* • *ondereind*; *achtereind*; *bodem* • INFORM. *imbeciel* ★ cul de bouteille *flessengroen* ★ le cul d'une bouteille *de ziel v.e. fles* ★ INFORM. cul bénit *heilig boontje* ★ INFORM. faux cul *schijnheilige* ★ INFORM. faire cul sec *in één teug leegdrinken* ★ péter plus haut que son cul *kouwe kak maken*; *hoger kakken dan zijn gat* ★ INFORM. cul par-dessus tête *ondersteboven* ★ INFORM. en rester sur le cul *paf staan* ★ INFORM. ils sont comme cul et chemise *ze zijn onafscheidelijk* ★ INFORM. avoir le cul entre deux chaises *in een ongemakkelijke positie zijn* ★ INFORM. film de cul *seksfilm* ★ INFORM. ce petit trou du cul *die kleine scheet*
culasse V • *kulas* • *cilinderkop* ★ le joint de ~ est défectueux *de koppakking is doorgeslagen*
culbute V • *buiteling* • *zware val* • *bankroet*; FIG. *val*
culbuter I OV WW • OOK FIG. *omverwerpen* • *onder de voet lopen* **II** ONOV WW *omslaan*; *tuimelen*; *vallen*
culbuteur M • *kiepkar* • TECHN. *tuimelaar*
cul-de-jatte M [mv: **culs-de-jatte**] • *lamme* • *iem. zonder benen*
cul-de-sac M [mv: **culs-de-sac**] OOK FIG. *doodlopende straat*; *blinde steeg*
culée V *steunpijler*; *boogpijler*
culinaire BNW *culinair* ★ art ~ *kookkunst*
culminant BNW • *hoogste* • *hoogte-* ★ point ~ *culminatiepunt* ⟨v. hemellichaam⟩; *hoogtepunt*; *hoogste punt*; *toppunt*
culminer ONOV WW • *(erboven) uitsteken* • *culmineren*; *leiden tot* • STERRENK. *culmineren*; *in het culminatiepunt staan*
culot (zeg: -loo) M • INFORM. *lef*; *durf* • *onderkant* ⟨v. huls, pijp⟩; *fitting* ⟨v. gloeilamp⟩ • *(verbrand) bezinksel* ⟨in pijp, smeltkroes⟩
culotte V • *damesslipje*; *(korte) broek* • *bilstuk* ⟨v. slachtdier⟩ • *verlies bij het spel* ★ ~s longues *lange broek* ★ cette femme porte la ~ *die vrouw heeft de broek aan*
culotté BNW INFORM. *brutaal*
culotter OV WW • *een broek aandoen* • *een pijp doorroken*
culpabiliser I OV WW *een schuldgevoel geven* **II** ONOV WW *zich schuldig voelen*
culpabilité V *schuld*; *verwijtbaarheid*
culte M • *verering*; *cultus* • *eredienst*; *kerkdienst* • *godsdienst* ★ ~ de la personnalité *persoonsverheerlijking* ★ film(-)~ *cultfilm*
cultivable BNW *bebouwbaar*
cultivateur I BNW [v: **cultivatrice**] *landbouwend* **II** M [v: **cultivatrice**] *landbouwer* **III** M *cultivator*; *lichte ploeg*
cultivé BNW • *bebouwd* • *verbouwd* • *ontwikkeld*; *beschaafd*
cultiver OV WW • *cultiveren* ⟨v. wetenschappen⟩; *bebouwen*; *kweken* • *zich interesseren voor*; *beoefenen* • *cultiveren*; *onderhouden* • *ontwikkelen*; *beschaven*
cultuel BNW [v: **cultuelle**] *wat de eredienst betreft*
culture V • *bouw*; *bebouwing* • *kweek*; *teelt* • *bouwland* • *ontwikkeling*; *beschaving*; *opvoeding*; *cultuur* ★ ~ générale *algemene ontwikkeling* ★ ~ physique *gymnastiek* ★ ~ maraîchère *tuinbouw* ★ ~ en alternance/~s

alternantes *wisselbouw*
culturel BNW [v: **culturelle**] *cultureel*
culturisme M *bodybuilding*
cumin M *komijn* ★ liqueur de ~ *kummel*
cumul M *opstapeling*; *cumulatie* ★ ~ de mandats *cumulatie van functies* ⟨als volksvertegenwoordiger⟩

cumulard M MIN. *iem. met meerdere banen*
cumulatif BNW [v: **cumulative**] *cumulatief*
cumuler I OV WW *cumuleren*; *opeenhopen*; *tegelijk uitoefenen* **II** ONOV WW *meerdere banen hebben*
cumulus (zeg: -luus) M *stapelwolk*; *cumulus*
cunéiforme BNW *wigvormig* ★ écriture ~ *spijkerschrift*
cupide BNW *hebzuchtig*; *inhalig*; *begerig*
cupidité V *hebzucht*; *inhaligheid*; *begerigheid*
curable BNW *geneeslijk*
curage M *(het) schoonmaken*
curatelle V *curatele*
curateur M [v: **curatrice**] *curator*
curatif BNW [v: **curative**] *genezend*; *curatief*
cure V • MED. *kuur* • *pastorie* • *pastoorschap* ★ n'avoir cure de rien *zich nergens om bekommeren*
curé M *pastoor*
cure-dents, **cure-dent** M [mv: **cure-dents**] *tandenstoker*
curée V *bejag*; *(het) najagen* ⟨v. buit/baantje⟩
curer OV WW *schoonmaken*; *uitbaggeren*
curetage, **curettage** M MED. *curettage*
cureter OV WW *curetteren*
curettage M • → **curetage**
curial BNW • *pastoors-*; *pastorie-* • *curiaal*
curie V *curie*
curieux I BNW [v: **curieuse**] • *nieuwsgierig*; *benieuwd* (**de** *naar)* • *weetgierig* • *eigenaardig*; *zonderling*; *curieus* ★ petite curieuse *nieuwsgierig aagje* **II** M *(het) zonderlinge*; *eigenaardige* **III** M [v: **curieuse**] *nieuwsgierige*
curiosité V • *nieuwsgierigheid* • *weetgierigheid* • *bezienswaardigheid*; *merkwaardigheid*; *zeldzaamheid*; *curiositeit*
curiste M/V *iem. die een kuur doet in een badplaats*; *kuurgast*
curry M • *kerrie* • *curry*
curseur M • COMP. *cursor* • *schuifregelaar*
cursif BNW [v: **cursive**] • *cursief* • *cursorisch*; *vlot*; *vluchtig*
cursus (zeg: -suus) M *studieprogramma*; *leerjaar*
cutané BNW *huid-*
cuti M INFORM., MED. cutiréaction *huidtest* ★ virer sa cuti *positief op de huidtest reageren*; FIG. *alles radicaal omgooien*
cutter (zeg: koeteur, kuutèr) M *stanleymes*
cutteur (zeg: koeteur, kuuteur) M *stanleymes*
cuve V *tobbe*; *kuip*; *bak* ★ cuve de réacteur *reactorvat* ★ cuve de vendange *wijnkuip*
cuvée V • *wijnoogst* • *kuipvol* • FIG. *jaargang*; *soort*
cuver I OV WW ★ INFORM. ~ son vin *zijn roes uitslapen* ★ ~ la colère *de woede laten bedaren* **II** ONOV WW *gisten van wijn in de kuip*
cuvette V • *closetpot* • *waskom*; *bak(je)* • *terreininzinking*; *kom*
CV AFK • curriculum vitae *cv*; *curriculum vitae* • cheval-vapeur *pk*; *paardenkracht*
cyanhydrique BNW ★ acide ~ *blauwzuur*
cyanogène M *cyaan*
cyanure V *cyanide*
cybercafé M *internetcafé*
cyberespace M *cyberspace*
cybernétique I BNW *cybernetisch* **II** V *cybernetica*; *stuurkunde*
cyclable BNW ★ piste ~ *fietspad*
cyclamen (zeg: -mèn) **I** M *cyclamen*; *cyclaam* **II** BNW [onver.] *cyclaamkleurig*
cycle M • *cyclus*; *kringloop* • FORM. *rijwiel* • *studiefase* ★ premier/second ~ *onderbouw/bovenbouw* ★ second ~ ≈ *studiehuis*
cyclique BNW *cyclisch*
cyclisme M *wielersport*; *(het) fietsen*
cycliste I M/V *wielrijder*; *wielrenner* **II** BNW *wieler-* ★ course ~ *wielerwedstrijd*
cyclo-cross, **cyclocross** M *(het) veldrijden*
cyclomoteur M *bromfiets*
cyclomotoriste M/V *bromfietser*
cyclone M • *wervelstorm*; *cycloon* • *lagedrukgebied*
cyclope M *cycloop*
cyclo-pousse, **cyclopousse** M [mv: id.] *fietstaxi*; *riksja*
cyclotourisme M *rijwieltoerisme*; *fietsvakantie*
cygne M *zwaan* ★ en col de ~ *sierlijk gebogen*
cylindre M *cilinder*; *rol* ★ ~ à vapeur *stoomwals*
cylindrée V *cilinderinhoud* ⟨v. motoren⟩
cylindrer OV WW • *de vorm geven v.e. cilinder* • *mangelen*; *walsen*; *rollen*
cylindrique BNW *cilindervormig*
cymbale V *bekken*; *cimbaal*
cynégétique I V *jacht(kunst)* **II** BNW *jacht-* ★ l'art ~ *de jachtkunst*
cynique I BNW *cynisch* **II** M/V *cynicus*
cynisme M *cynisme*
cynologue M/V *kynoloog*
cyprès (zeg: -prè) M *cipres*
cyprin M ★ ~ (doré) *goudvis*; *goudkarper*
cyrillique BNW *cyrillisch*
cystite V *blaasontsteking*
cytise M *goudenregen*
cytologie V *cellenleer*; *cytologie*
czar (zeg: tsar, dzar) M *tsaar*
czarine (zeg: tsarien, dzarien) V *tsarina*

D

d M letter *d* ★ d comme Désiré *de d van Dirk*
d' VZ • → **de**
dab M PLAT *papa*
d'acc TW INFORM. d'accord *akkoord!*; *okay!*
dactyle M *dactylus*
dactylo M/V • → **dactylographe**
dactylographe M/V *typist*
dactylographie V *typewerk*
dactylographier OV WW *typen*
dada M • JEUGDT. *paard* • FIG. *stokpaardje* • KUNST *dada(beweging)*; *dadaïsme* ★ c'est son dada *dat is zijn stokpaardje* ★ enfourcher son dada *zijn stokpaardje (gaan) berijden*
dadais M *sufferd*; *onnozele hals*
dague V *dolk*
dahlia M *dahlia*
daigner OV WW • *zich verwaardigen te* • *de goedheid hebben te*
daim M • *damhert* • *suède*
dais M *baldakijn*; *troonhemel* ★ dais de verdure *bladerdak*; *prieel*
dallage M *tegelvloer*; *betegeling*
dalle V • *vloersteen*; *tegel*; *plavuis* • PLAT *keel* • *plaat* ★ INFORM. avoir la ~ *honger hebben* ★ INFORM. se rincer la ~ *de keel smeren*; *drinken* ★ INFORM. que ~! *niks!*; *noppes!*
daller OV WW *met tegels plaveien*
dalmatien M *dalmatiër*
dalot M *spuigat*
daltonien I BNW [v: **daltonienne**] *kleurenblind* **II** M [v: **daltonienne**] *kleurenblinde*
daltonisme M *kleurenblindheid*
dam M ★ au grand dam de *zeer ten nadele/tot schade van*; *zeer tot misnoegen/ergernis van*
damas (zeg: dama(s)) M • *damast* • *damaststaal*
Damas *Damascus*
damasquiner OV WW *damasceren*
damassé I BNW *damasten* **II** M *damastkatoen*
damasser OV WW *damasceren*
dame I V • *dame* • *dam* ⟨in damspel⟩ • *dame* ⟨in schaakspel⟩ • *vrouw* ⟨bij kaartspel⟩ ★ dame de cœur *hartenvrouw* ★ dame (de nage) *roeidol* ★ dame du palais, dame d'honneur *hofdame* ★ dames [mv] *damspel* ★ aller à dame *een dam halen* ★ jouer aux dames *dammen* ★ faire la grande dame *de deftige dame uithangen* **II** TW INFORM. *zeker!*
damer OV WW • *tot dam maken* ⟨v. damsteen⟩; *laten promoveren* ⟨v. pion⟩ • *vaststampen*; *aanstampen* ★ ~ le pion à qn *iem. de loef afsteken*
damier M *dambord* ★ en ~ *geblokt*; *geruit*
damnable (zeg: dan-) BNW *verfoeilijk*; *verwerpelijk*; *schandelijk*
damnation (zeg: dan-) V *verdoemenis*
damné (zeg: dan-) **I** BNW *verdoemd*; *vervloekt* ★ être l'âme ~e de qn *iemands kwade genius zijn* ★ INFORM. le ~ coquin! *die vervloekte schurk!* **II** M [v: **damnée**] *verdoemde* ★ les ~s de la terre *de verworpenen der aarde* ★ souffrir comme un ~ *verschrikkelijk lijden*
damner (zeg: dan-) OV WW *verdoemen* ★ faire ~ qn *iem. razend maken*
damoiseau M [mv: **damoiseaux**] *saletjonker*
dancing (zeg: da(n)-) M OUD. *dancing*
dandinement M *wiegelende gang*
dandiner WKD WW [**se** ~] *wiegelen*; *waggelen*
dandinette V *blinkerd* ⟨kunstaas⟩
dandy M *dandy*
Danemark M *Denemarken*
danger M *gevaar* ★ ~ public *gevaar voor de openbare veiligheid* ★ de tous les ~s *uiterst riskant* ★ en ~ de mort *in levensgevaar* ★ hors de ~ *buiten gevaar* ★ conjurer le ~ *het gevaar bezweren*
dangereux BNW [v: **dangereuse**] *gevaarlijk* ★ zone dangereuse *gevarenzone*
dangerosité V *gevaarlijkheid*; *(het) gevaarlijk zijn*
danois I M • *(het) Deens* • *Deense dog* **II** BNW *Deens*
Danois M [v: **Danoise**] *Deen*
dans VZ • *in* ⟨plaats⟩; *uit*; *op* • *over* ⟨tijd⟩; *binnen* • *in* ⟨gesteldheid⟩ • *in* ⟨omgeving⟩; *bij*; *op* ★ dans l'escalier *op de trap* ★ dans une île *op een eiland* ★ dans la rue *op straat* ★ dans l'armée *bij het leger* ★ dans un voyage *op een reis* ★ dans un an *over een jaar* ★ dans la quinzaine *over 14 dagen* ★ dans le temps *indertijd* ★ boire dans un verre *uit een glas drinken* ★ être dans le doute *in twijfel verkeren* ★ être dans l'embarras *in verlegenheid zitten* ★ dans l'intention de *met de bedoeling te* ★ prendre dans l'armoire *uit de kast nemen* ★ cela coûte dans les dix euros *dat kost ongeveer tien euro* ★ être dans les ordres *kloosterling zijn*
dansant I BNW *dans-* ★ soirée ~e *dansavond* **II** WW [teg. deelw.] • → **danser**
danse V • *dans* • *danswijs* • INFORM. *pak slaag*; *standje* ★ ~ du ventre *buikdans* ★ ~ de Saint-Guy *vitusdans* ★ mener la ~ *gangmaker zijn* ★ entrer dans la ~ *meedoen*; *in actie komen*
danser I OV WW *dansen* ★ ~ une valse *een wals dansen* **II** ONOV WW *dansen* ★ son cœur danse *zijn hart popelt* ★ quand le chat est absent, les souris dansent ⟨spreekwoord⟩ *als de kat van huis is, dansen de muizen*
danseur M [v: **danseuse**] *danser* ★ en danseuse *op de pedalen staand* ⟨wielersport⟩
dantesque BNW *dantesk*
Danube M *Donau*
dard M • *werpspies* • *angel* • *tong* ⟨v. slang⟩ • *pijlvormig ornament* • *korte vruchttak* • *sneer*
darder OV WW *werpen, schieten* ⟨als een spies⟩ ★ le soleil darde ses rayons *de zon zendt/werpt haar stralen* ★ ~ ses regards sur qn *zijn blik op iem. vestigen*
dare-dare BIJW INFORM. *in allerijl*; *op stel en sprong*
darne V *moot (vis)*
dartre V *dauwworm*; *huiduitslag*
datage M *datering*
datation V *datering*
date V *datum*; *dagtekening* ★ date limite *uiterste datum* ⟨v. houdbaarheid⟩ ★ après

date *na dato* ★ de longue date *al lang (bestaand)* ★ de vieille date *oud* ★ nouvelle de fraîche date *recent nieuws* ★ faire date *een keerpunt vormen* ★ être le premier en date *de oudste/eerste zijn*

dater I OV WW *dateren* **II** ONOV WW • *dagtekenen*; *dateren (***de** *van, uit)* • *een keerpunt vormen* • *ouderwets zijn* ★ à ~ de *vanaf* ★ une toilette qui date *een ouderwets toilet*

dateur I M *datumaanduiding*; *datumstempel* **II** BNW [v: **dateuse**] ★ timbre ~ *datumstempel*

datif M *derde naamval*; *datief*

dation V JUR. *geving*; *verlening*

datte V *dadel*

dattier M *dadelpalm*

daube V • *gesmoord vlees* • *(het) stoven* ★ en ~ *gesmoord*; *stoof-*

dauphin M • *dolfijn* • *(Franse) kroonprins*

daurade, **dorade** V *goudbrasem*

davantage BIJW • *meer* • *langer* ★ pas ~ *niet meer*; *evenmin* ★ ~ de... *meer*

davier M *(tandarts)tang*

DB AFK Deuxième Bureau *contraspionagedienst*

DCA AFK Défense contre avions *luchtafweer*

DDASS AFK Direction dép. de l'action sanitaire et sociale *departementale sociale dienst* ★ un enfant de la ~ *een voogdijkind*

de, **d'** ⟨voor klinker of stomme h⟩ VZ • *van*; *over* • *aan* • *aan het* • *als* • *door* • *bij* • *in* • *naar* • *op* • *met* • *(om) te* • *tegen* • *voor* • *uit* • *volgens* ★ de ce côté *aan deze kant* ★ de préférence *bij voorkeur* ★ de jolies fleurs *mooie bloemen* ★ de son propre aveu *volgens zijn eigen bekentenis* ★ quoi de nouveau? *wat is er voor nieuws?* ★ assez d'argent *genoeg geld* ★ de l'argent *geld* ★ pas d'argent *geen geld* ★ aimé de tous *door allen bemind* ★ avide de gloire *begerig naar roem* ★ couvert de gloire *bedekt met roem* ★ il est difficile de *het is moeilijk om te* ★ jaloux de *jaloers op* ★ long d'un mètre *een meter lang* ★ suivi de ses amis *gevolgd door zijn vrienden* ★ l'amour de la patrie *de liefde voor het vaderland* ★ la bataille de Waterloo *de slag bij Waterloo* ★ le chemin de Paris *de weg naar Parijs* ★ une bouteille de vin *een fles wijn* ★ la crainte de la mort *de vrees voor de dood* ★ un écrivain de talent *een schrijver met talent* ★ et les flatteurs d'applaudir! *en de vleiers aan het applaudisseren!* ★ fromage de Hollande *Hollandse kaas* ★ c'est une honte de mentir *het is een schande te liegen* ★ la pensée de ses parents *de gedachte aan zijn ouders* ★ la soif de l'or *de dorst naar goud* ★ une montre d'argent *een zilveren horloge* ★ la ville de Paris *de stad Parijs* ★ abriter de/protéger de *beschermen tegen* ★ boire d'un seul trait *in één teug leegdrinken* ★ il est de France *hij komt uit Frankrijk* ★ disposer de *beschikken over* ★ frapper de l'épée *met de degen treffen* ★ mourir de *sterven aan* ★ se nourrir de *zich voeden met* ★ parler de *spreken over* ★ saluer de la main *met de hand groeten* ★ tirer de l'eau du puits *water putten uit de put* ★ traiter de lâche *als een lafaard behandelen*

dé M • *dobbelsteen* • *dominosteen* ★ dé (à coudre) *vingerhoed* ★ dé chargé/pipé *valse (verzwaarde) dobbelsteen* ★ jouer aux dés *dobbelen* ★ les dés sont jetés ⟨spreekwoord⟩ *de teerling is geworpen* ★ tenir le dé de la conversation *het hoogste woord voeren* ★ couper en dés *in blokjes snijden*

DEA AFK • OUD. • diplôme d'études approfondies *postdoctoraal diploma*

dealer[1] (zeg: dielèr) M *dealer* ⟨in drugs⟩

dealer[2] (zeg: dielee) OV WW *dealen in*

dealeur (zeg: dieleur) M [v: **dealeuse**] *dealer* ⟨in drugs⟩

déambulateur M *rollator*

déambulatoire M *omgang achter het koor v.e. kerk*

déambuler ONOV WW *rondlopen*; *wandelen*

débâcle V • *ondergang*; *mislukking*; *debacle* • *kruiing*; *ijsgang*

déballage M • *(het) uitpakken* • *uitgepakte goederen*; *boeltje*; *rommeltje* • INFORM. *(openhartige) bekentenis*

déballer OV WW • *uitpakken* • INFORM. *te koop lopen met*; *opbiechten*

débandade V *wilde vlucht*; *algemene verwarring* ★ à la ~ *wanordelijk*

débander I OV WW • *het verband wegnemen* ⟨v. wond⟩ • *ontspannen* ⟨v. boog⟩ **II** WKD WW [**se** ~] *zich (wanordelijk) verspreiden*

débaptiser (zeg: -batie-) OV WW *een andere naam geven*; *omdopen*

débarbouillage M *(het) wassen v.h. gezicht*

débarbouiller I OV WW *het gezicht wassen van* **II** WKD WW [**se** ~] • *zijn gezicht wassen* • INFORM. *zich door een moeilijkheid heenslaan*

débarcadère M • *losplaats van schepen*; *steiger* • *perron*

débarder OV WW • *gekapt hout uit bos vervoeren* • *lossen*

débardeur I M *slip-over* **II** M [v: **débardeuse**] *bootwerker*; *losser*

débarquement M • *ontscheping*; *landing*; *lossing* • *aankomst* ⟨met vervoermiddel⟩

débarquer I OV WW • *lossen*; *ontschepen* • INFORM. *iem. lozen* **II** ONOV WW • *aan wal gaan*; *landen*; *uitstappen* ⟨uit vervoermiddel⟩ • INFORM. *opeens komen aanzetten* ★ un nouveau débarqué *een pas aangekomene*; *nieuweling*

débarras (zeg: -rà) M • *rommelkamer*; *berghok* • INFORM. FIG. *opruiming*; *opluchting* ★ bon ~! *opgeruimd staat netjes!*

débarrasser I OV WW • *ontruimen*; *afruimen* • ~ **de** *ontdoen van*; *afhelpen van* **II** WKD WW [**se** ~] **de** *zich bevrijden van*; *zich ontdoen van*; *afkomen van*

débat (zeg: -bà) M *woordenwisseling*; *debat* ★ les ~s d'un procès *de openbare behandeling v.e. proces*

débattre I OV WW *debatteren over*; *bespreken* ★ prix à ~ *prijs n.o.t.k.*; *vraagprijs* ★ ~ le prix *afdingen* **II** WKD WW [**se** ~] • *debatteren*; *discussiëren (***de**, **sur** *over)* • *(tegen)spartelen*; *worstelen (***avec** *met;* **contre** *tegen)*

débauchage M • → **débaucher**

débauche V • *overdaad* • *onmatigheid in eten*

en drinken • *losbandigheid* ★ vivre dans la ~ *een losbandig, liederlijk leven leiden*
débauché I M [v: **débauchée**] *losbandig persoon* **II** BNW *losbandig; liederlijk*
débaucher I OV WW • *op het slechte pad brengen* • *overhalen tot staken* • *arbeiders ontslaan* **II** WKD WW [**se ~**] *tot losbandigheid vervallen*
débecter OV WW INFORM. *doen walgen; niet bevallen*
débile BNW • *achterlijk; debiel; zwakzinnig* • *zwak; tenger*
débilité V *zwakheid; uitputting* ★ ~ mentale *zwakzinnigheid*
débiliter OV WW • *verzwakken; uitputten* • *ontmoedigen*
débine V INFORM. *ellende; misère*
débiner I OV WW INFORM. *afkammen; zwart maken* **II** WKD WW [**se ~**] INFORM. *ervandoor gaan*
débit (zeg: -bie) M • *afzet; omzet(snelheid); debiet* • *debet(zijde, -nota)* • *gas-, water-, elektriciteitsverbruik in een bepaalde tijd; (doorstroom)capaciteit* • *wijze van spreken* • *(het) hakken, snijden enz.* ★ ~ de tabac *winkel voor rookartikelen* ★ OUD. ~ de vin *winkel voor drankwaren* ★ d'un ~ facile *gerede aftrek vindend; gemakkelijk pratend* ★ avoir le ~ facile *vlot spreken* ★ au ~ de qn *in iemands debet; op iemands rekening* ★ (à) haut ~ *breedband-*
débitant M [v: **débitante**] *kleinhandelaar; slijter*
débiter OV WW • *in het klein verkopen; slijten* • *in omloop brengen* • *voordragen;* FIG. *opdissen* • *in stukken hakken/zagen* • *een hoeveelheid water/gas/elektriciteit leveren in een bepaalde tijd* • *op de debetzijde boeken; debiteren (***de** *voor)* ★ ~ des mensonges *leugens vertellen*
débiteur I BNW [v: **débitrice**] *verschuldigd; debet-* **II** M/V [v: **débitrice**] *schuldenaar*
déblai M *afgraving; wegruiming* ★ les ~s *het uitgegravene; puin*
déblaiement M • → **déblayer**
déblatérer ONOV WW INFORM. **~ contre** *heftig uitvaren tegen; afgeven op*
déblayage M • → **déblayer**
déblayer OV WW *afgraven; opruimen; vrijmaken* ⟨v. toegang⟩ ★ FIG. ~ le terrain *de moeilijkheden uit de weg ruimen; de weg effenen*
déblocage M • *(het) losmaken; vrijmaken* • *deblokkering*
débloquer I OV WW • *vrijmaken* • *deblokkeren* **II** ONOV WW INFORM. *zwammen; kletsen* **III** WKD WW [**se ~**] *loskomen*
débobiner OV WW *v.e. klos of spoel afwikkelen*
déboguer OV WW *debuggen*
déboire M • *teleurstelling; tegenvaller* • [meestal mv] *verdriet* ★ essuyer des ~s *tegenvallers ondervinden*
déboisement M *ontbossing*
déboiser OV WW *ontbossen*
déboîtement M *ontwrichting*
déboîter I OV WW *losmaken* ⟨uit in elkaar grijpende verbinding⟩; *ontwrichten* **II** ONOV WW *zich losmaken uit een colonne of file; van rijstrook veranderen; uitvoegen* **III** WKD WW [**se ~**] *ontwricht raken; uit het lid gaan*
débonder ONOV WW ★ (se) ~ *overstromen; zijn hart uitstorten*
débonnaire BNW *goedig* ★ Louis le Débonnaire *Lodewijk de Vrome*
débordant BNW OOK FIG. *overlopend* ★ joie ~e *uitbundige vreugde*
débordé BNW *overladen* ★ ~ de travail *overstelpt met werk*
débordement M • *overstroming* • *uitspatting; ongeregeldheid* • FIG. *uitbarsting* • *stortvloed*
déborder I OV WW • *uitsteken buiten* • *de rand, zoom afnemen van* • *overvleugelen; overstelpen* • MIL. *een omtrekkende beweging maken om* **II** ONOV WW • *overstromen; buiten de oevers treden* • *overlopen* ★ ~ de santé *blaken van gezondheid*
débosseler OV WW *uitdeuken*
débotté BIJW ★ au ~ *onvoorbereid; op het moment van aankomst*
débotter OV WW *de laarzen uittrekken*
débouchage M *ontstopping; ontkurking*
débouché M • *uitweg; uitmonding* • *afzet(gebied)* • [vaak mv] *perspectief; vooruitzichten* ⟨op werk⟩
déboucher I OV WW • *ontkurken; openen* • *doorsteken; ontstoppen* **II** ONOV WW *uitlopen; uitkomen (***dans** *in;* **sur** *op)* ★ la rue débouche sur la place *de straat komt uit op het plein*
débouchoir M *ontstopper; plopper*
déboucler OV WW • *losgespen* • *ontkrullen*
déboulé M *sprint*
débouler ONOV WW • *plotseling opspringen voor de jager* ⟨v. haas of konijn⟩ • *naar beneden rollen; tuimelen* • INFORM. *komen aanzetten*
déboulonner OV WW • *losschroeven* • INFORM. OOK FIG. *onderuithalen; wippen* ⟨uit functie⟩ ★ ~ une réputation *een reputatie omlaaghalen*
débourber OV WW *uit de modder halen; uitbaggeren*
débours (zeg: -boer) M MV *voorschot; onkosten* ★ rentrer dans ses ~ *de onkosten eruit halen*
déboursement M *uitbetaling*
débourser OV WW *uitgeven; betalen*
déboussoler OV WW INFORM. *in de war brengen*
debout (zeg: d(e)boe) BIJW *staande; rechtop* ★ ~! *opstaan!* ★ dormir ~ *omvallen v.d. slaap* ★ contes à dormir ~ *onzinnige verhalen* ★ rester ~ *blijven staan; opblijven* ★ ça ne tient pas ~ *dat is onzin* ★ avoir le vent ~ *tegenwind hebben* ★ ne plus tenir ~ *niet meer op zijn benen kunnen staan* ★ place ~ *staanplaats*
débouter OV WW ★ JUR. ~ qn de sa demande *iemands eis afwijzen*
déboutonner I OV WW *losknopen* ★ rire à ventre déboutonné *zijn buik vasthouden v.h. lachen* ★ manger à ventre déboutonné *tot barstens toe eten* **II** WKD WW [**se ~**] • *de kleren losknopen* • INFORM. *zeggen wat men denkt*
débraillé I BNW • *slordig* ⟨v. kleren⟩ • *ongegeneerd* **II** M *slordigheid* ⟨v. kleding⟩
débranché BNW INFORM. *ouderwets*
débrancher OV WW • *uitschakelen* ⟨v. elektriciteit, toestel⟩ • *uitrangeren*

débrayage M • *ontkoppeling* • *werkonderbreking* ★ pédale de ~ *koppelingspedaal*
débrayer I OV WW *ontkoppelen* **II** ONOV WW *het werk onderbreken; staken*
débridé BNW *ongebreideld; teugelloos*
débrider OV WW • *onttomen* • *losmaken; opensnijden* ‹v. wond› ★ sans ~ *aan één stuk door; zonder ophouden* ★ ~ la mécanique *het mechanisme soepeler maken*
débris (zeg: -brie) M MV *overblijfselen; puinhopen*
débrouillard BNW INFORM. *bijdehand; zich gemakkelijk door moeilijkheden wetend te slaan*
débrouillardise V INFORM. *handigheid*
débrouille V • → **débrouillardise**
débrouiller I OV WW *ontwarren; ophelderen* **II** WKD WW [**se** ~] INFORM. *zich door moeilijkheden heenslaan; zich (zien te) redden; het afkunnen* ★ débrouille-toi! *zoek het zelf maar uit!* ★ nous nous ~ons bien à nous seuls *we kunnen het alleen wel (af)*
débroussailler OV WW *van struikgewas ontdoen;* OOK FIG. *het terrein effenen*
débucher OV WW *opjagen* ‹v. wild›
débusquer OV WW • *opjagen* ‹v. wild› • *verjagen* • *opdiepen*
début (zeg: -buu) M *begin* ★ dès le ~ *vanaf het begin* ★ au ~ (de) *in het begin (van)* ★ faire ses ~s *zijn debuut maken* ★ il n'en est pas à son ~ *hij doet het niet voor het eerst* ★ ~s [mv] *debuut; eerste optreden*
débutant M [v: **débutante**] *beginneling; debutant*
débuter ONOV WW *beginnen; voor het eerst optreden; debuteren*
deçà BIJW ★ deçà, delà *hier en daar; heen en weer* ★ en deçà *aan deze kant* ★ en deçà de ses possibilités *binnen zijn mogelijkheden*
déca M INFORM. café décaféiné *cafeïnevrije koffie*
décacheter OV WW *ontzegelen; openen*
décade V • *decennium* • *decade*
décadence V *verval; ondergang; decadentie*
décadent BNW *decadent; in verval* ★ les ~s *de kunstenaars uit de school v.h. symbolisme*
décaféiné BNW *cafeïnevrij*
décagone M *tienhoek*
décaisser OV WW • *uitpakken uit een kist* • *uitbetalen*
décalage M • *verschil in tijd of ruimte* • *(het) niet aangepast zijn; gebrek aan overeenstemming* • *verplaatsing; (het) verzetten* ★ ~ horaire *tijdsverschil; jetlag*
décalaminer OV WW *ontkolen*
décalcification V *(bot)ontkalking*
décalcifier OV WW *ontkalken*
décalé BNW *niet afgestemd; niet aangepast*
décaler OV WW • *verplaatsen; verzetten* • *vooruitzetten; achteruitzetten*
décalitre M *decaliter*
décalogue M *de Tien Geboden; decaloog*
décalquage M *afdruk; overdruk*
décalque M • → **décalquage**
décalquer OV WW • *overdrukken; calqueren* • *nabootsen* ★ papier à ~ *calqueerpapier*
décamètre M *decameter*
décamper ONOV WW • *ervandoor gaan; zijn biezen pakken* • OUD. *het kamp opbreken*
décan M STERRENK. *decade*
décanat M *dekenaat; dekenschap*
décaniller ONOV WW INFORM. *ervandoor gaan*
décantage M *(het) decanteren*
décantation V • → **décantage**
décanter OV WW *decanteren; klaren;* OOK FIG. *laten bezinken*
décapage M *(het) afkrabben; afbijten*
décapant I BNW FIG. *bijtend* **II** M *afbijtmiddel*
décaper OV WW *afkrabben; afbijten; schoonmaken*
décapitation V *onthoofding*
décapiter OV WW *onthoofden*
décapotable BNW ★ une (voiture) ~ *cabriolet; auto met afneembare kap*
décapoter OV WW *de kap afnemen* ‹v. auto›
décapsuleur M *flesopener*
décarcasser WKD WW [**se** ~] INFORM. *zich afsloven*
décathlon M *tienkamp*
décati BNW • *afgetakeld* • *verlept*
décatir I OV WW *ontglanzen* ‹v. stof› **II** WKD WW [**se** ~] *verleppen; aftakelen*
décavé BNW • INFORM. *geruïneerd* • INFORM. *platzak*
décéder ONOV WW *overlijden*
déceler OV WW • *ontdekken; opsporen* • *aan het licht brengen; verraden*
décélération V *vertraging*
décembre M *december*
décemment BIJW *netjes; fatsoenlijk; fatsoenshalve*
décence V • *fatsoen; welgevoeglijkheid* • *tact; discretie*
décennal BNW [m mv: **décennaux**] • *tienjarig* • *tienjaarlijks*
décennie V *decennium*
décent BNW • *fatsoenlijk; gepast; decent* • *redelijk; acceptabel*
décentralisation V *decentralisatie*
décentraliser OV WW *decentraliseren*
décentrer OV WW *decentreren* ‹v. lenzen›
déception V *teleurstelling; deceptie*
décernement M *toekenning* ‹v. prijs›
décerner OV WW • *toekennen* ‹v. prijs› • *uitvaardigen*
décès (zeg: -sè) M *(het) overlijden*
décevant BNW *teleurstellend*
décevoir OV WW *teleurstellen*
déchaîné BNW *onstuimig; niet te houden*
déchaînement M *ontketening; losbarsting* ★ le ~ de la tempête *het woeden van de storm*
déchaîner I OV WW OOK FIG. *ontketenen* **II** WKD WW [**se** ~] • *losbarsten; woeden* • *razen; tekeergaan (***contre** *tegen)*
déchanter ONOV WW INFORM. *een toontje lager zingen*
décharge V • *ontlading* • *ontheffing; verlichting* • *rechtvaardiging; ontlasting* • *(het) ontladen; uitladen* • *kwijting; kwitantie* • *(het) losbranden van vuurwapenen; salvo* • *vuilnisbelt* • *afvoer; afwatering* • GESCH. *ontlasting; dwarsstang; gewelfboog* ★ témoin à ~ *getuige à décharge* ★ tuyau de ~ *afvoerbuis*

★ pour la ~ de sa conscience *om zijn geweten te ontlasten* ★ porter en ~ *in mindering brengen*
déchargement M • *ontlading* ‹v. wapen› • *lossing*
décharger I OV WW • *ontladen* ‹v. elektriciteit› • *ontheffen*; *verlichten*; *verlossen (***de** *van)* • *rechtvaardigen*; *vrijpleiten* • *lossen*; *ontladen* • *kwijtschelden*; *kwiteren* • *afschieten* • *ontlasten* • *laten weglopen* ★ ~ sa conscience *zijn geweten ontlasten* ★ ~ sa colère sur qn *zijn woede koelen op iem.* ★ ~ un accusé *een beschuldigde vrijpleiten* ★ ~ un fusil *een geweer ontladen* **II** ONOV WW INFORM. *klaarkomen* ‹orgasme› **III** WKD WW [**se** ~] ★ se ~ de qc sur qn *iets aan iem. overlaten*; *iets op iem. afschuiven*
décharné BNW *ontvleesd*; *zeer mager*; *schraal*
déchaussé BNW *ongeschoeid*
déchausser I OV WW • *de schoenen uittrekken van* • *de fundamenten/wortels blootleggen van* **II** WKD WW [**se** ~] *zijn schoenen uittrekken* ★ ses dents se déchaussent *de wortels van zijn tanden liggen bloot*
dèche V INFORM. *armoede*; *ellende* ★ être dans la ~ *niks te makken hebben*
déchéance V • *(ver)val*; *neergang* • *verlies v.e. recht*; *ontzetting*; *afzetting*
déchet (zeg: -sjè) M • *waardevermindering*; *daling* • FIG. *uitschot*; *verworpeling* ★ ~s radioactifs *radioactief afval* ★ produit de ~ *afbraakproduct* ★ ~s [mv] *afval*
déchetterie V *afvalstort*; *afvalinzamelingsplaats*; *milieustraat*
déchiffonner OV WW *ontkreuken*
déchiffrable BNW *ontcijferbaar*
déchiffrage M *ontcijfering*
déchiffrement M • → **déchiffrage**
déchiffrer OV WW • *ontcijferen* • MUZ. *van het blad spelen of zingen* • *oplossen*
déchiqueter OV WW *verscheuren*; *verknippen*; *onhandig snijden*; OOK FIG. *kapotmaken* ★ PLANTK. feuille déchiquetée *onregelmatig ingesneden blad* ★ style déchiqueté *stijl die zich bezondigt aan te korte zinnen*
déchiqueteuse V *papierversnipperaar*; *shredder*
déchirant BNW *hartverscheurend*
déchirement M *verscheuring*; *verscheurdheid* ★ ~ de cœur *hevig verdriet*
déchirer I OV WW • OOK FIG. *(ver)scheuren* • *teisteren* • *hekelen* **II** WKD WW [**se** ~] • *scheuren* • *met elkaar in de clinch liggen*
déchirure V *scheur*
déchoir ONOV WW [onregelmatig] *achteruitgaan*; *vervallen* ★ ange déchu *gevallen engel* ★ souverain déchu *afgezette/onttroonde vorst* ★ déchu de ses droits *uit zijn rechten ontzet*
déchristianisation (zeg: deekr-) V *ontkerstening*
déchu WW [volt. deelw.] • → **déchoir**
de-ci BIJW ★ ~ de-là *hier en daar*
décibel M *decibel*
décidé BNW *beslist*; *vastberaden*; *vastbesloten (***à** [+ infin.] *om)*
décidément BIJW *waarachtig*; *voorwaar*; *voorzeker*; *inderdaad*
décider I OV WW • *beslissen*; *besluiten (***de** [+ infin.] *om)* • *doen besluiten*; *overhalen (***à** *tot, om)*; *bepalend zijn voor* **II** ONOV WW *beslissen (***de** *over)* **III** WKD WW [**se** ~] • *beslist worden* • *besluiten (***à** *tot, om)* • ~ **pour** *zijn keuze laten vallen op*
décideur M [v: **décideuse**] *beslisser*; *beslissingsbevoegde*
décigramme M *decigram*
décilitre M *deciliter*
décimal BNW [m mv: **décimaux**] *tiendelig*; *decimaal* ★ fraction ~e *tiendelige breuk* ★ système ~ *decimaal systeem*
décimale V *decimaal*
décimer OV WW *decimeren*
décimètre M • *decimeter* • *decimeterliniaal*
décisif BNW [v: **décisive**] *beslissend* ★ ton ~ *besliste toon* ★ jeu ~ *tiebreak*
décision V • *beslissing*; *besluit* • *beslistheid*; *vastberadenheid* ★ prendre une ~ *een beslissing nemen* ★ rendre une ~ *uitspraak doen*
décisionnaire BNW *beslissingsbevoegd*; *beslissings-*
déclamateur I BNW [v: **déclamatrice**] *hoogdravend*; *bombastisch* **II** M [v: **déclamatrice**] • *declamator* • *hoogdravend schrijver of redenaar*
déclamation V • *declamatie*; *voordrachtskunst* • *bombast*; *hoogdravendheid*
déclamatoire BNW *hoogdravend*; *bombastisch*
déclamer I OV WW *voordragen*; *declameren* **II** ONOV WW **~ contre** *uitvaren tegen*
déclaration V • *verklaring* • *liefdesverklaring* • *declaratie*; *aangifte* ★ ~ de guerre *oorlogsverklaring* ★ ~ d'impôts *belastingaangifte* ★ ~ des revenus *(aangifte) inkomstenbelasting* ★ faire une ~ *een verklaring afleggen*
déclaré BNW *verklaard*; *openlijk*
déclarer I OV WW • *verklaren*; *bekendmaken* • *aangeven*; *opgeven*; *declareren* ★ ~ un enfant *een kind aangeven* ★ ~ une faillite *een faillissement uitspreken* **II** WKD WW [**se** ~] • *zich verklaren*; *zich uitspreken* • *zijn liefde verklaren* • *uitbreken* ‹v. brand, ziekte e.d.› ★ l'hiver se déclare *de winter breekt aan* ★ l'orage se déclare *het onweer barst los*
déclassé I M [v: **déclassée**] *iem. die beneden zijn stand is geraakt*; *gedeclasseerd* **II** BNW *beneden zijn stand geraakt*
déclassement M *declassering*; *achteruitgang in stand*
déclasser OV WW • *declasseren* • *achteruit doen gaan in stand*; *in een lagere klasse plaatsen* • *de rangschikking verstoren van*
déclenchement M • *ontketening*; *aanzet*; *begin* • *ontgrendeling*
déclencher I OV WW • *de stoot geven tot*; *ontketenen*; *in gang zetten*; *in werking stellen* • *ontgrendelen* ★ ~ un fusil *een geweer ontgrendelen* ★ ~ une attaque *een aanval inzetten* **II** WKD WW [**se** ~] *losbarsten*; *uitbreken*
déclencheur M *ontspanner* ‹v. fototoestel›
déclic (zeg: -kliek) M • *pal* • A-V *druk op de knop* • *klik* ‹geluid› ★ ~ automatique

de

zelfontspanner ★ il y a eu un ~ *er daagde opeens iets*; *de zaak kwam opeens in beweging*
déclin M *neergang*; *verval*; *afneming* ★ le ~ de l'âge *de levensavond* ★ le ~ des forces *het afnemen der krachten* ★ le ~ du jour *het vallen v.d. avond* ★ le ~ de la lune *het laatste kwartier* ★ être sur son ~ *achteruitgaan*; *aftakelen*; *op zijn retour zijn*
déclinable BNW *verbuigbaar*
déclinaison V • *verbuiging* • *declinatie* ‹v. ster›
décliner I OV WW • *verbuigen* • *afslaan*; *afwijzen*; *weigeren* • *wraken* • *in diverse vormen/kleuren hebben* ‹v. product› ★ ~ son nom *zijn naam opgeven* **II** ONOV WW • *verminderen*; *afnemen*; *in verval raken* • *ondergaan*; *dalen* ‹v. ster› • *afwijken* ‹v. magneetnaald›
déclivité V *helling*; *glooiing*
décloisonner OV WW *ontzuilen*; FIG. *de scheidsmuren wegnemen van*
déclouer OV WW *de spijkers halen uit*
déco BNW décoratif *decoratief*
décocher OV WW • *afschieten* ‹v. pijl› • FIG. *toewerpen* ★ ~ un coup *een klap uitdelen* ★ ~ un regard *een blik toewerpen* ★ ~ un trait à qn *iem. een steek onder water geven*
décoction V *(het) afkoken*; *afkooksel*; *aftreksel*
décodage M *decodering*; *ontcijfering*
décoder OV WW *decoderen*; *ontcijferen*
décodeur M *decoder*
décoiffer OV WW *de haren in de war brengen van*; *de kap/het hoofddeksel afnemen van* ★ INFORM. ça décoiffe! *te gek!*; *daar sta je van te kijken!*
décoincer OV WW OOK FIG. *los(ser) maken*
décolérer ONOV WW ★ ne pas ~ *boos blijven*
décollage M • *(het) opstijgen* ‹v. vliegtuig› • *(het) losweken* • *begin van economische vooruitgang*
décollation V LIT. *onthoofding*
décollement M *(het) losmaken/losgaan* ‹v. gelijmde dingen, organen›
décoller I OV WW *losmaken* ‹v. iets dat gelijmd is› ★ oreilles décollées *uitstaande oren* **II** ONOV WW • *opstijgen* ‹v. vliegtuig› • FIG. *van de grond komen*; *loskomen (***de** *van)* • INFORM. *vermageren* ★ INFORM. ne pas ~ *niet weg te slaan zijn*; *blijven plakken* **III** WKD WW [**se** ~] *losgaan*
décolleté I M *decolleté* ★ ~ en V/en pointe *V-hals* **II** BNW *met laag uitgesneden hals*
décolleter OV WW *laag uitsnijden*; *decolleteren*
décolonisation V *dekolonisatie*
décoloniser OV WW *dekoloniseren*
décolorant I M *ontkleuringsmiddel*; *bleekmiddel* **II** BNW *ontkleurend*
décoloré BNW *verkleurd*; *verschoten*
décolorer I OV WW *verkleuren*; *ontkleuren* **II** WKD WW [**se** ~] *verschieten*; *verbleken*
décombres M MV *puin*
décommander I OV WW *afbestellen*; *afzeggen* **II** WKD WW [**se** ~] • *het laten afweten* • *afzeggen*
décomposable BNW *ontleedbaar*
décomposer I OV WW • *ontleden*; *ontbinden (***en** *in)* • *doen bederven* • SCHEIK. *afbreken* ★ décomposé *vertrokken* ‹v. gezicht›; *ontdaan* ‹v. persoon› **II** WKD WW [**se** ~] • *bederven*; *tot ontbinding overgaan* • *ontleed worden* • *verwringen* ‹v. gezicht›
décomposition V • *ontleding* • *ontbinding* ★ produit de ~ *afbraakproduct* ★ la ~ des traits *het verwrongen zijn van gelaatstrekken*
décompresser I OV WW *decomprimeren*; *de druk verminderen van* **II** ONOV WW INFORM. *zich ontspannen*; *relaxen*; *onthaasten*
décompression V *decompressie*; OOK FIG. *ontspanning*
décomprimer OV WW • *ontspannen*; *de druk verminderen van* • COMP. *decomprimeren*; *uitpakken*
décompte M • *korting*; *aftrek* • *telling*; *nauwkeurige specificatie* ★ trouver du ~ *minder ontvangen dan men dacht*; *een teleurstelling boeken*
décompter I OV WW • *korten*; *aftrekken* • *(af)tellen* **II** ONOV WW *van slag zijn* ‹v. klok›
déconcentrer OV WW • *decentraliseren*; *spreiden* • *afleiden* ‹v. aandacht›
déconcerter OV WW *in de war brengen/sturen*; *verbijsteren*
déconfit (zeg: -fie) BNW *ontdaan*; *in de war*; *beteuterd*
déconfiture V • OOK FIG. *bankroet* • *nederlaag*; *mislukking*; *deconfiture* ★ tomber en ~ *failliet gaan*
décongeler OV WW *ontdooien*
décongestionner OV WW *ontlasten* ‹v. verkeer›
déconnecter I OV WW • TECHN. OOK FIG. *uitschakelen* • *ontkoppelen* ★ être déconnecté *afgehaakt hebben*; *de boel laten waaien* **II** WKD WW [**se** ~] *uitloggen*
déconner ONOV WW • INFORM. *flauwekul uitslaan/uithalen*; *lullen* • INFORM. *kuren hebben* ‹v. apparaten›
déconseiller OV WW *afraden (***de** [+ infin.] *om)*
déconsidérer OV WW *in aanzien doen dalen*; *in diskrediet brengen*
déconstructivisme M *deconstructivisme*
décontaminer OV WW *ontsmetten*; *gifvrij maken*
décontenancer I OV WW *van zijn stuk brengen*; *zijn houding doen verliezen* **II** WKD WW [**se** ~] *van zijn stuk raken*
décontracté BNW *ontspannen*; *onbezorgd*; *ongedwongen*
décontracter I OV WW *ontspannen* **II** WKD WW [**se** ~] OOK FIG. *zich ontspannen*
décontraction V OOK FIG. *ontspanning*; *ongedwongenheid*
déconvenue V *tegenslag*; *pech* ★ amère ~ *bittere teleurstelling*
décor M • *versiering* • OOK FIG. *decor* • *schijn* ★ pièce à ~s *decorstuk* ★ peintre en ~s *decoratieschilder* ★ entrer dans le(s) ~(s) *van de weg af raken*
décorateur I M [v: **décoratrice**] *decorateur* ★ ~ d'intérieur(s) *binnenhuisarchitect*; *interieurontwerper* ★ ~ de théâtre *decormaker* **II** BNW [v: **décoratrice**] ★ peintre ~ *decorschilder*
décoratif BNW [v: **décorative**] *versierend*; *decoratief*; *sier-* ★ personnage ~ *persoon die*

een vergadering of feest opluistert door zijn aanwezigheid
décoration V • *versiering* • *inrichting*; *stoffering* • *decoratie*; *onderscheiding(steken)*
décorer OV WW • *versieren*; *inrichten (***de** *met)* • *decoreren*; *onderscheiden*
décorticage M *(het) pellen*
décortication V *ontschorsing*; *(het) afvallen van de schors*
décortiquer OV WW • *de schors wegnemen van* • *pellen* ★ ~ un texte *een tekst ontleden/ nauwkeurig analyseren*
décorum (zeg: -rom) M *fatsoen*; *decorum*; *etiquette*
découcher ONOV WW • *buitenshuis slapen* • *vreemdgaan*
découdre I OV WW [onregelmatig] • *lostornen* • *de buik openrijten van* **II** ONOV WW ★ en ~ (avec) *op de vuist gaan (met)*; *het opnemen (tegen)* **III** WKD WW [**se** ~] *losgaan* ‹v. naad›
découler ONOV WW ~ **de** *voortvloeien uit*
découpage M • *(het) (aan)snijden*; *(het) uitknippen*; *verknipping* • *uitgeknipte prent* • *draaiboek* ★ ~ électoral *indeling in kiesdistricten*
découper I OV WW • *in stukken snijden*; *voorsnijden* • *uitknippen (***dans** *uit)* • *uitsnijden*; *uithakken*; *uitzagen* ★ couteau à ~ *voorsnijmes* ★ feuille découpée *getand blad* ★ scie à ~ *decoupeerzaag* **II** WKD WW [**se** ~] **sur** *afsteken/zich scherp aftekenen tegen*
découpeuse V *snijmachine*
découplé BNW ★ bien ~ *goedgebouwd*
découpler OV WW *loskoppelen*
découpure V • *knipsel* • *insnijding*
décourageant BNW *ontmoedigend*
découragement M *moedeloosheid*; *ontmoediging* ★ céder au ~ *volledig de moed verliezen*
décourager I OV WW • *ontmoedigen* • ~ **de** *ontraden*; *afbrengen van*; *ervan weerhouden om* **II** WKD WW [**se** ~] *de moed verliezen*
découronner OV WW *onttronen*; *ontkronen* ★ ~ un arbre *de kruin v.e. boom verwijderen*
décousu I BNW • *losgetornd* • *onsamenhangend* **II** M *gebrek aan samenhang* **III** WW [volt. deelw.] • → **découdre**
découvert I M • *open terrein* • *tekort*; *deficit* ★ à ~ *onbedekt*; *ongedekt*; *onbeschut*; *openlijk* ★ (crédit à) ~ *blanco krediet* ★ être à ~ de mille euros *duizend euro rood staan* **II** BNW *ongedekt*; *onbedekt*; *onbeschut* ★ la tête ~e *blootshoofds* **III** WW [volt. deelw.] • → **découvrir**
découverte V *ontdekking* ★ aller à la ~ (de) *op ontdekking uitgaan*; *op zoek gaan (naar)*
découvrir I OV WW • *ontdekken* • *ontwaren*; *zien*; *(uit)vinden* • *het deksel/de (be)dekking wegnemen (van)*; *ontbloten* • *openbaren*; *blootleggen*; *onthullen* ★ ~ son jeu *zich in de kaart laten kijken* **II** WKD WW [**se** ~] • *ophelderen* ‹v. weer› • *zich blootgeven* ‹in een gevecht› • *zich openbaren*; *zijn gevoelens laten blijken (***à** *aan)* • *de hoed afnemen* • *zich dunner kleden* • *zich blootwoelen* • *geld voorschieten* • *zichtbaar worden*
décrassage M *reiniging*
décrassement M • → **décrassage**
décrasser OV WW • *schoonmaken*; *reinigen* • *beschaven*; *manieren bijbrengen aan*
décrépir OV WW *(kalk) afbikken*
décrépit (zeg: -pie) BNW *afgeleefd*
décrépitude V *verval*; *afgeleefdheid*
décret M *decreet*; *verordening*; *besluit*
décréter OV WW *decreteren*; *verordenen*; *uitvaardigen*
décrier OV WW *in diskrediet brengen*; *verguizen*
décrire OV WW [onregelmatig] *beschrijven*
décrisper OV WW *minder gespannen maken*
décrochage M • → **décrocher**
décrochement M *(het) loshaken*
décrocher I OV WW • *afhaken*; *loshaken*; *van de haak nemen* ‹v. telefoon› • *behalen*; *in de wacht slepen* ‹v. prijs, diploma, baan enz.› ★ bâiller à se ~ la mâchoire *zijn kaken uit elkaar gapen* **II** ONOV WW • *zich terugtrekken* • INFORM. *afhaken*; *ermee kappen*
décroissance V *afneming*; *vermindering*
décroissant BNW *afnemend*
décroissement M *afneming*; *vermindering*
décroître ONOV WW [onregelmatig] *verminderen*; *afnemen* ★ la rivière décroît *het water v.d. rivier zakt*
décrotter OV WW • *poetsen*; *schoonmaken* • *beschaven*; *manieren bijbrengen aan*
décrottoir M *voetschrapper*
décrue V • *daling* ‹v. water› • *afneming*
décrypter OV WW • OOK FIG. *ontcijferen* • *decoderen*
déçu I BNW *teleurgesteld (***de** *door)* **II** WW [volt. deelw.] • → **décevoir**
déculottée V INFORM. *afgang*; *pak slaag*
déculotter I OV WW *de broek uittrekken van* **II** WKD WW [**se** ~] • *zijn broek uittrekken* • INFORM. *terugkrabbelen*; *zich kleinmaken*
déculpabiliser OV WW *schuldgevoelens wegnemen bij*
décuple I M *tienvoud* **II** BNW *tienvoudig*
décupler OV WW *vertienvoudigen*
dédaignable BNW *te onderschatten*; *te versmaden*
dédaigner OV WW *minachten*; *verachten*; *versmaden* ★ ~ de *het beneden zich achten om*; *zich niet verwaardigen*
dédaigneux BNW [v: **dédaigneuse**] • *minachtend* • ~ **de** *neerkijkend op*; *zich niet verwaardigend om*
dédain M *geringschatting*; *minachting (***de**, **pour** *voor)* ★ ~ de la mort *doodsverachting*
dédale M *doolhof*
dedans I M *binnenste*; *inwendige* ★ au ~ *van binnen* ★ au(-)~ de *binnen (in)* **II** BIJW *(er) binnen*; *erin*; *van binnen* ★ de ~ *van binnen* ★ en ~ *van binnen*; *naar binnen* ★ regard en ~ *naar binnen gekeerde blik* ★ là~ *daarbinnen* ★ par ~ *binnenin* ★ mettre ~ *erin laten lopen*; *bedriegen*; *in de gevangenis zetten* ★ INFORM. ficher qn ~ *iem. erin laten lopen*
dédicace V • *opdracht* ‹in boek› • *kerkwijding* • *feest der kerkwijding*
dédicacer OV WW *van een opdracht voorzien* ‹boek›; *signeren*

de

dédier OV WW • *(toe)wijden (***à** *aan)*; *inwijden* ⟨v. kerk⟩ • *opdragen* ⟨v. boek⟩
dédire WKD WW [**se** ~] • *zijn woord herroepen*; *zijn woord niet houden*; *het laten afweten* • ~ **de** *herroepen*; *niet nakomen*
dédit (zeg: -die) M • *herroeping* • *afkoopsom* ⟨wegens herroeping⟩
dédommagement M *schadeloosstelling*; *vergoeding* ★ en ~ de *als compensatie voor*
dédommager OV WW *schadeloosstellen (***de** *voor)*; *vergoeden*
dédouanement M • *inklaring*; *uitklaring* • *rehabilitatie*; *eerherstel*
dédouaner OV WW • *inklaren*; *uitklaren* • *van blaam zuiveren*; *rehabiliteren*
dédoublement M *splitsing in tweeën* ★ ~ (de la personnalité) *gespletenheid*
dédoubler OV WW • *de voering wegnemen van* • *in tweeën splitsen* • *aanlengen* ★ ~ un train *een extra trein inzetten*
dédramatiser OV WW *minder dramatisch maken*; *luchtiger opvatten*
déductible BNW *aftrekbaar*
déductif BNW [v: **déductive**] *deductief*; *afleidend*
déduction V • *korting*; *aftrek* • *gevolgtrekking* • *deductie*; *afleiding* ★ ~ faite de *na aftrek van*
déduire OV WW [onregelmatig] • *aftrekken* • *in mindering brengen (***de** *van)* • *afleiden*; *deduceren*; *concluderen (***de** *uit)*
déesse V *godin*
défaillance (zeg: -faj-) V • *zwakheid* • *flauwte*; *onmacht* • *tekortkoming*; *(het) tekortschieten*; *niet-nakoming* • TECHN. *storing*; *defect* ★ sans ~ *feilloos*; *zonder haperen* ★ tomber en ~ *flauwvallen*
défaillant (zeg: -faj-) BNW • *zwak*; *verzwakkend*; *onmachtig* • *in gebreke blijvend*
défaillir (zeg: -faj-) ONOV WW [onregelmatig] • *flauwvallen* • *verzwakken*; *het begeven* • FORM. *in gebreke blijven*; *ontbreken*
défaire I OV WW [onregelmatig] • *uit elkaar halen*; *losmaken* • *in het ongerede brengen*; *in de war brengen* • *afbreken*; *tenietdoen* ★ ~ un ballot *een baal openmaken* ★ ~ une couture *een naad lostornen* ★ ~ l'ennemi *de vijand totaal verslaan* ★ ~ un lit *een bed omwoelen*; *een bed afhalen* ★ ~ sa valise *zijn koffer uitpakken* ★ ~ un nœud *een knoop losmaken* ★ ~ les vis *de schroeven losdraaien* ★ ses cheveux sont défaits *zijn haren zijn in de war* ★ un visage défait *een ontsteld gelaat* ★ la maladie l'a défait *de ziekte heeft hem verzwakt* • ~ **de** *ontdoen van*; *afhelpen van* **II** WKD WW [**se** ~] • *losraken*; *in het ongerede raken* • *zijn kleren uittrekken* • ~ **de** *zich ontdoen van*; *afkomen van* ★ se ~ d'un employé *een werknemer ontslaan* ★ se ~ d'un ennemi *een vijand ombrengen*
défait BNW • *losgeraakt*; *onopgemaakt* ⟨v. bed⟩ • *ontdaan*; *ontredderd*
défaite V *nederlaag*; *mislukking*
défaitisme M *defaitisme*
défaitiste I BNW *defaitistisch* **II** M/V *defaitist*
défalcation V *korting*; *aftrekking*
défalquer OV WW *korten*; *aftrekken (***de** *van)*
défausser I OV WW • *weer rechtbuigen* • *zich ontdoen van* ⟨speelkaart⟩ **II** WKD WW [**se** ~] *zich ontdoen van* ⟨speelkaart⟩
défaut M • *gebrek (***de** *aan)*; *manco* • *gebrek*; *onvolkomenheid*; *tekortkoming*; *zwakke plek*; *storing* • *(het) ontbreken*; *verzuim*; JUR. *verstek* ★ ~ corporel *lichaamsgebrek* ★ ~ de fabrication *fabrieksfout* ★ ~ des côtes *plaats waar de ribben eindigen* ★ à ~ de *bij gebrek aan*; *bij ontstentenis van* ★ par ~ JUR. *bij verstek*; WISK. *(op de naaste decimaal) afgerond*; COMP. *bij wijze van standaardinstelling* ★ être en ~ *falen*; *in gebreke blijven* ★ mettre en ~ *op een dwaalspoor brengen* ★ prendre en ~ *op een fout betrappen* ★ donner ~ *verstek laten gaan* ★ faire ~ *ontbreken*; *verstek laten gaan* ★ il a les ~s de ses qualités *hij heeft de gebreken die een gevolg zijn van zijn goede hoedanigheden*
défaveur V *ongenade*; *diskrediet* ★ tomber en ~ (auprès de) *uit de gunst raken (bij)*
défavorable BNW *ongunstig* ★ être ~ à qc/qn *tegen iemand/iets zijn*
défavoriser OV WW *benadelen*; *achterstellen* ★ milieu défavorisé *kansarm milieu*
défécation V *ontlasting*; *stoelgang*
défectif BNW [v: **défective**] *onvolledig*; *defectief*
défection V • *afvalligheid* • *(het) niet komen opdagen* ★ faire ~ *afvallen*; *afvallig worden*; *verstek laten gaan*
défectueux BNW [v: **défectueuse**] *gebrekkig*; *defect*
défectuosité V *gebrek(kigheid)*; *defect*
défendable BNW *verdedigbaar*
défendeur M [v: **défenderesse**] JUR. *verweerder*; *gedaagde*
défendre I OV WW • *verdedigen (***contre** *tegen)* • *beschermen*; *beschutten (***de, contre** *tegen)* • *verbieden*; *ontzeggen (***à** *aan;* **de** [+ infin.] *om)* ★ à son corps défendant *tegen wil en dank* ★ ~ du froid *tegen de koude beschermen* ★ ~ sa maison à qn *iem. de toegang tot zijn huis ontzeggen* **II** WKD WW [**se** ~] • *zich verdedigen (***contre** *tegen)* • *zich beschermen (***de, contre** *tegen)*; *zich beschutten* • *zich goed weren*; *zich weten te redden (***en** *in)* • ~ **de** *nalaten*; *zich ontzeggen*; *zich onthouden*; *loochenen*; *ontkennen* ★ se ~ de la pluie *zich beschermen tegen de regen* ★ je ne saurais m'en ~ *ik kan het niet nalaten* ★ je ne m'en défends pas *ik ontken het niet* ★ ça se défend *dat is te verdedigen*; *daar is iets voor te zeggen*
défénestrer I OV WW *uit het raam gooien* **II** WKD WW [**se** ~] *uit het raam springen*
défense V • OOK JUR. *verdediging*; *verweer*; *afweer*; *bescherming* • *verbod* • *slagtand* ★ ~ d'entrer *verboden toegang* ★ ~ de fumer *verboden te roken* ★ sans ~ *weerloos* ★ JUR. légitime ~ *noodweer* ★ prendre la ~ de *opkomen voor* ★ la Défense *kantorenwijk aan de westkant van Parijs*
défenseur M OOK JUR. *verdediger*; *beschermer*; *voorvechter*
défensif BNW [v: **défensive**] *verdedigend* ★ être sur la défensive *in het defensief zijn*; *op z'n hoede zijn*
déféquer ONOV WW *stoelgang hebben*; *zich*

ontlasten
déférence V *eerbied; respect (***pour** *voor)*
déférent BNW *respectvol; eerbiedig*
déférer I OV WW ★ ~ qn à la justice/à un tribunal *iem. voor het gerecht dagen* **II** ONOV WW ~ **à** *zich schikken in; voldoen aan*
déferlant BNW ★ vague ~e *breker* ‹golf› ★ une ~e FIG. *een (vloed)golf*
déferlement M ● *(het) binnenvallen* ● FIG. *storm* ● *(het) breken van de golven; branding* ★ un ~ d'enthousiasme *een golf van enthousiasme*
déferler I OV WW *ontplooien* ‹v. zeilen› **II** ONOV WW ● *breken* ‹v. golven› ● *(als een golf) toestromen* ● FIG. *losbarsten*
défi M *uitdaging; opgave* ★ lancer un défi à qn *iem. uitdagen* ★ mettre qn au défi de faire qc *iem. uitdagen/tarten iets te doen; wedden dat iem. iets niet kan* ★ relever le défi *de uitdaging aannemen*
défiance V *wantrouwen; argwaan*
défiant BNW *achterdochtig; wantrouwend*
défibrillateur M MED. *defibrillator*
déficeler OV WW *het touw afdoen van*
déficience V *onvolwaardigheid; gebrek; zwakte*
déficient BNW *onvolwaardig; gebrekkig*
déficit (zeg: -siet) M *tekort; deficit* ★ couvrir/ combler un ~ *een tekort dekken*
déficitaire BNW *een tekort opleverend; onvoldoende; deficitair*
défier I OV WW *uitdagen (***à** *tot); tarten; trotseren* ★ ~ le danger *het gevaar trotseren* ★ je te défie de... *wedden dat je niet...* ★ des prix qui défient toute concurrence *zeer concurrerende prijzen* **II** WKD WW [**se** ~] **de** *wantrouwen* ★ se ~ de soi-même *geen zelfvertrouwen hebben*
défigurer OV WW ● *misvormen; verminken* ● FIG. *verdraaien* ● *ontsieren*
défilé M ● *(berg)engte* ● *optocht; stoet; defilé* ★ ~ de mode *modeshow*
défiler I OV WW ● *een draad halen uit; uitrafelen; afrijgen* ● MIL. *beveiligen voor kanonvuur* ★ faire ~ *scrollen* **II** ONOV WW ● *defileren (***devant** *voor); voorbijtrekken* ● *elkaar opvolgen* **III** WKD WW [**se** ~] INFORM. *ervandoor gaan; zich drukken*
défini BNW *bepaald* ★ article ~ *bepaald lidwoord*
définir OV WW ● *bepalen; vaststellen* ● *definiëren*
définissable BNW *bepaalbaar*
définitif BNW [v: **définitive**] *definitief; beslissend; uiteindelijk* ★ sentence définitive *eindvonnis* ★ en définitive *ten slotte*
définition V *bepaling; definitie* ‹ook v. beeld(scherpte)› ★ par ~ *per definitie*
défiscaliser OV WW *vrijstellen van belasting*
déflagration V *ontploffing*
déflation V *deflatie*
défleurir I OV WW FORM. *de bloesem doen vallen van* **II** ONOV WW FORM. *de bloesem verliezen; uitbloeien*
défloration V *ontmaagding*
déflorer OV WW ● *van zijn nieuwheid/frisheid beroven* ● *ontmaagden*
défoliation V ● *bladerval* ● *ontbladering*
défonce V INFORM. *trip* ‹bij drugs›; *(het) high zijn*
défoncé BNW ● *ingeslagen; ingedeukt* ● *vol gaten en/of kuilen; hobbelig* ● INFORM. *high; stoned*
défoncer I OV WW ● *de bodem inslaan van; indeuken; stukmaken; afbreken* ● *diep omwerken* ‹v. akker› ★ ~ une route *gaten maken in een weg* **II** WKD WW [**se** ~] ● INFORM. *zich keihard uitsloven* ● INFORM. *trippen; high worden*
déformable BNW *vervormbaar* ★ zone ~ *kreukelzone*
déformant BNW *vertekenend; vervormend*
déformation V *misvorming; vervorming; deformatie*
déformer OV WW ● *misvormen; vervormen* ● FIG. *verdraaien* ★ chaussée déformée *slecht wegdek* ★ ~ les faits *de feiten verdraaien*
défoulement M ● → **défouler**
défouler WKD WW [**se** ~] *zich afreageren; zich uitleven* ‹v. kinderen›
défraîchi BNW *verlept*
défraîchir I OV WW *van zijn frisheid beroven* **II** WKD WW [**se** ~] *zijn frisheid verliezen; verflensen*
défrayer OV WW *de kosten (terug)betalen van; vrijhouden* ★ ~ la conversation *het onderwerp v.e. gesprek zijn; over de tong gaan*
défrichage M *ontginning*
défrichement M ● → **défrichage**
défricher OV WW OOK FIG. *ontginnen*
défriper OV WW *gladstrijken*
défriser OV WW ● *ontkrullen* ● INFORM. *tegenstaan; niet bevallen*
défroissable BNW *kreukherstellend*
défroisser OV WW *gladstrijken*
défroque V ● *ouderwetse plunje; afleggertje(s)* ● *nagelaten spullen* ‹v. priester/monnik› ● *armoedige nagelaten goederen*
défroqué M *uitgetreden priester of monnik*
défroquée V *uitgetreden kloosterzuster*
défroquer I OV WW *het priesterkleed of monnikskleed doen afleggen* **II** WKD WW [**se** ~] *uittreden*
défunt I BNW *overleden* **II** M [v: **défunte**] *overledene*
dégagé BNW *onbelemmerd; vrij; ongedwongen* ★ ciel ~ *wolkeloze hemel*
dégagement M ● *vrijmaking; losmaking; (het) ruimen* ● *(het) vrijkomen* ‹v. gas enz.› ● *vrije ruimte; doorloop* ● *inlossing*
dégager I OV WW ● *doen vrijkomen; losmaken; (eruit)halen (***de** *van, uit)* ● *ruimen* ● *afgeven* ‹v. geur, warmte, damp enz.› ● *ontheffen; ontslaan (***de** *van)* ● *inlossen* ‹v. pand› ★ ~ un ballon *een bal wegwerken* ★ ~ un passage *een doorgang vrij maken* ★ ~ qn de sa parole *iem. van zijn woord ontslaan* ★ ~ un vaisseau *een schip vlot maken* ★ ~ la taille *de lichaamsvormen goed laten uitkomen* **II** ONOV WW ● *ruimen* ● SPORT *de bal (ver) weg trappen* ● *uit de weg gaan;* INFORM. *wegwezen; ophoepelen* **III** WKD WW [**se** ~] ● *zich losmaken; zich bevrijden (***de** *van, uit)* ● *vrijkomen; leeg worden* ● *afgegeven worden* ‹v. geur, warmte, damp enz.›; *opstijgen (***de** *van, uit)* ● *uitkomen; blijken (***de** *uit)* ★ le ciel se dégage *de lucht klaart op*

de

de

dégaine V INFORM./MIN. *(belachelijk) voorkomen* ★ quelle ~! *kijk eens hoe die erbij loopt!*
dégainer OV WW *(uit de schede) trekken* ⟨v. wapen⟩
déganter WKD WW [**se** ~] *zijn handschoenen uittrekken*
dégarnir I OV WW *leeghalen*; *ontdoen (***de** *van)*; *aftuigen* ⟨v. kerstboom⟩ ★ bouche dégarnie *tandeloze mond* ★ ~ un vaisseau *een schip onttakelen* **II** WKD WW [**se** ~] *leegraken*; *kaal worden*
dégât M [vaak mv] *schade*
dégazer ONOV WW *ontgassen*
dégel M *dooi*; OOK FIG. *ontdooiing*
dégeler I OV WW OOK FIG. *ontdooien* **II** ONP WW *dooien* **III** WKD WW [**se** ~] FIG. *loskomen*
dégénérer ONOV WW *ontaarden (***en** *in)*; *degenereren*
dégénérescence V *ontaarding*; *degeneratie*
dégingandé BNW INFORM. *slungelachtig*
dégivrage M *(het) ontdooien*; *(het) verwijderen van ijs(afzetting)*
dégivrer OV WW *de ijsafzetting verwijderen van* ★ ~ un réfrigérateur *een koelkast ontdooien*
dégivreur M *ontdooier*; *(achter)ruitverwarming*
déglacer OV WW *ontglanzen* ⟨v. papier⟩ ★ ~ une sauce *een saus verdunnen*
déglinguer I OV WW INFORM. *stukmaken*; *mollen* **II** WKD WW [**se** ~] INFORM. *kapotgaan*
déglutir OV WW *(in)slikken*
déglutition V *(het) (in)slikken*
dégobiller OV+ONOV WW INFORM. *braken*; *(uit)kotsen*
dégoiser I OV WW INFORM. *uitflappen*; *afsteken* ⟨v. verhalen⟩ **II** ONOV WW INFORM. *praten*; *kletsen*
dégommer OV WW • *ontgommen* • INFORM. *ontslaan*; *aan de dijk zetten*; *wegwerken*
dégonflé I BNW *lek*; *leeg* ⟨v. band, ballon⟩ **II** M [v: **dégonflée**] INFORM. *schijterd*; *iem. die terugkrabbelt*
dégonfler I OV WW • *leeg laten lopen* ⟨v. band, ballon⟩ • OOK FIG. *minder gezwollen of opgeblazen maken* • *laten zakken* ⟨v. prijzen⟩ **II** ONOV WW *slinken* **III** WKD WW [**se** ~] • *leeglopen* • INFORM. *de moed verliezen*; *terugkrabbelen*
dégorgement M • *lozing*; *afvloeiing*; *doorspoeling* • *afvoerpijp*
dégorgeoir M • *afloop voor water* • *onthaker* ⟨hengelsport⟩
dégorger I OV WW • *lozen*; OOK FIG. *uitbraken* • *doorsteken* ⟨v. buis⟩; *doorspoelen* **II** ONOV WW *vocht lozen*; *uitstromen (***dans** *in)*
dégoter, **dégotter I** OV WW INFORM. *op de kop tikken*; *opduikelen* **II** ONOV WW OUD. *eruitzien*
dégouliner ONOV WW *(af)druipen*; *druppelen*
dégourdi BNW *bijdehand*; *pienter*
dégourdir I OV WW *minder stijf maken*; OOK FIG. *losser maken* **II** WKD WW [**se** ~] *loskomen*; *vlotter (in de omgang) worden* ★ se ~ les jambes *zich wat vertreden*
dégoût M • *afkeer (***de, pour** *van)*; *walging*; *tegenzin* • *onlust* ★ prendre en ~ *een hekel krijgen aan*
dégoûtant BNW • *walgelijk*; *vies* • *misselijk*; *onuitstaanbaar*
dégoûtation V INFORM. *smerige bende*
dégoûté BNW • *overdreven kieskeurig* • **~ de** *afkerig van*; *beu* ★ il fait le ~ *hij haalt er zijn neus voor op*
dégoûter I OV WW • *doen walgen*; *afkerig maken (***de** *van)* • *tegenstaan* **II** WKD WW [**se** ~] **de** *een hekel krijgen aan*
dégoutter ONOV WW *lekken*; *druipen*
dégradant BNW *onterend*; *vernederend*
dégradation V • *verslechtering*; *aantasting*; *verval*; *beschadiging* • *degradatie* • *vervloeiing* ⟨v. kleuren, licht, beeld⟩ ★ ~ civique *ontzetting uit burgerrechten*
dégrader I OV WW • *degraderen*; *in rang verlagen* • *verlagen*; *onteren*; *vernederen*; *zwakker maken*; *aantasten* • *beschadigen*; *vernielen*; *zwakker maken*; *aantasten* • *doen vervloeien* ⟨v. kleuren, licht, beeld⟩ **II** WKD WW [**se** ~] • *verslechteren*; *zwakker worden*; *vervallen* • *zich verlagen*
dégrafer I OV WW *loshaken* **II** WKD WW [**se** ~] *losraken*
dégraissage M • *ontvetting*; *reiniging* • FIG. *afslanking*
dégraissant I M *ontvlekkingsmiddel* **II** BNW *ontvettend*; *ontvlekkend*
dégraisser OV WW • *ontvetten*; *het vet afscheppen van* • *ontvlekken* • FIG. *afslanken*; *inkrimpen*
degré M • *graad* • *mate*; *gehalte* • FORM. *trede*; *sport* ★ brûlure(s) du premier ~ *eerstegraads verbranding* ★ ~ de latitude, ~ de longitude *breedtegraad, lengtegraad* ★ ~ de parenté *graad van verwantschap* ★ prendre ses ~s *zijn universitaire graad behalen* ★ par ~s *trapsgewijs* ★ ~s de comparaison *trappen van vergelijking* ★ au dernier ~ *in de hoogste graad/mate* ★ prendre qc au premier ~ *iets letterlijk opvatten*
dégréer OV WW SCHEEPV. *aftuigen*
dégressif BNW [v: **dégressive**] *degressief*; *afnemend*
dégrèvement M *belastingverlichting*
dégrever OV WW *(belasting)verlichting geven aan*
dégriffer OV WW *v.d. merknaam ontdoen* ⟨v. kleding e.d.⟩ ★ (vêtements) dégriffés *merkloze (en afgeprijsde) kleren*
dégringolade V INFORM. *val*; OOK FIG. *tuimeling*
dégringoler I OV WW INFORM. *afhollen* ★ ~ un escalier *een trap afhollen* **II** ONOV WW INFORM. OOK FIG. *tuimelen*; *kelderen*
dégrisement M OOK FIG. *ontnuchtering*
dégriser OV WW OOK FIG. *ontnuchteren*
dégrossir OV WW • *ruw bewerken*; *de hoofdvorm geven aan* • *manieren bijbrengen aan*; *beschaven* ★ mal dégrossi *onbehouwen*
dégrossissage M • → **dégrossir**
déguenillé I M [v: **déguenillée**] *haveloos persoon*; *schooier* **II** BNW *in lompen gehuld*; *haveloos*
déguerpir ONOV WW *de benen nemen*; *ervandoor gaan*
dégueu BNW INFORM. dégueulasse *smerig*; *rot-* ★ c'est pas ~! *'t is niet beroerd!*
dégueulasse BNW INFORM. *smerig*; *rot-*; *slecht*

dégueuler OV WW INFORM. OOK FIG. *(uit)braken*
dégueulis (zeg: -lie) M INFORM. *kots*
déguisé BNW *vermomd*; *verhuld*
déguisement M • *vermomming* • FORM. *verhulling*
déguiser I OV WW • *vermommen*; *verkleden* • *verhullen* ★ ~ ses sentiments *zijn gevoelens verbergen* ★ ~ sa voix *zijn stem verdraaien* **II** WKD WW [**se** ~] *zich vermommen*; *zich verkleden (***en** *als)*
dégurgiter OV WW OOK FIG. *ophoesten*
dégustateur M *proever* ⟨v. drank⟩
dégustation V *(het) proeven* ⟨v. dranken⟩
déguster OV WW *proeven* ⟨v. dranken⟩; *savoureren* ★ INFORM. ~ (des coups) *ervan langs krijgen*
déhancher WKD WW [**se** ~] *heupwiegen(d lopen)*; *een scheve heupstand hebben*
déharnacher OV WW *aftuigen* ⟨v. rij-, trekdier⟩; *uitspannen*
dehors I M • *buitenkant* • [vaak mv] *uiterlijk voorkomen*; *uiterlijk*; *schijn* ★ au(-)~ *van buiten*; *buiten*; *aan de buitenkant* ★ au(-)~ de *buiten* ★ juger par les ~ *naar de schijn oordelen* **II** BIJW *naar buiten*; *(er)buiten*; *eruit* ★ de ~ *van buiten* ★ en ~ *van buiten*; *naar buiten* ★ en ~ de *buiten*; *met uitzondering van* ★ par ~ *van buiten*; *buiten om* ★ de ~ en dedans *van buiten naar binnen* ★ coucher ~ *buitenshuis overnachten* ★ mettre ~ *de deur uitzetten*; *wegjagen* ★ mettre toutes voiles ~ *alle zeilen bijzetten* ★ au-~ il est courageux *als je hem (alleen) van de buitenkant bekijkt, is hij moedig* ★ ne vous penchez pas en ~ *hang niet naar buiten* **III** TW *eruit!*
déification V *vergoding*; *vergoddelijking*
déifier OV WW *vergoddelijken*
déisme M *deïsme*
déiste I BNW *deïstisch* **II** M/V *deïst*
déjà BIJW *al*; *reeds* ★ comment s'appelle-t-il déjà? *hoe heet hij ook weer?* ★ c'est déjà bien beau *dat is toch wel erg mooi* ★ d'ores et déjà *van nu af aan* ★ du déjà(-)vu *ouwe koek*; *déjà vu*
déjection V *ontlasting* ★ les ~s *de uitwerpselen*
déjeter I OV WW *krom maken* **II** WKD WW [**se** ~] *kromgroeien*; *kromtrekken*
déjeuner I M • *lunch*; *middagmaal* • *ontbijtservies* ★ petit ~ *ontbijt* ★ ~ de soleil *stof die gemakkelijk verschiet*; *iets van korte duur* **II** ONOV WW • *ontbijten* • *lunchen*
déjouer OV WW *verijdelen*
déjuger WKD WW [**se** ~] *op een besluit terugkomen*
delà BIJW ★ deçà, delà *heen en weer*; *hier en daar* ★ par delà *aan de andere zijde (van)*
délabré BNW • *bouwvallig*; *vervallen* • *zwak*
délabrement M *bouwvalligheid*; *verval*; *slechte staat*
délabrer OV WW *tot verval brengen*; *bederven* ★ ~ la santé *de gezondheid verwoesten*
délacer OV WW *losrijgen*; *losmaken*
délai M • *termijn*; *tijd* • *uitstel*; *vertraging* ★ à bref ~ *binnen korte tijd* ★ sans ~ *onmiddellijk* ★ dans les plus brefs ~s/dans les meilleurs ~s *zo spoedig mogelijk* ★ dans les ~s (voulus/convenus/impartis) *binnen de gestelde tijd*
délaissement M • *(het) verlaten*; *(het) in de steek laten* • *eenzaamheid*; *verlatenheid* • *afstand* ⟨v. goederen of rechten⟩
délaisser OV WW • *verlaten*; *in de steek laten*; *verwaarlozen*; *laten varen* • *afstand doen van* ⟨goederen of rechten⟩
délarder OV WW *het spek afsnijden van*
délassement M *afleiding*; *ontspanning*
délasser I OV WW *ontspannen*; *verstrooien*; *verkwikken* **II** WKD WW [**se** ~] *zich ontspannen*; *uitrusten*
délateur M [v: **délatrice**] *aanbrenger*; *verklikker*
délation V *(het) aanbrengen*; *(het) verklikken*
délavé BNW • *verschoten*; *verkleurd*; *verbleekt* • *doorweekt*
délaver OV WW • *(uit)wassen* ⟨v. aquarel⟩ • *doorweken*; *verregenen*
délayage M • *verdunning* • FIG. *verwatering*; *wijdlopigheid*
délayer OV WW • *verdunnen* • FIG. *verwateren*; *wijdlopig maken*
délectable BNW *zeer aangenaam*; *heerlijk*
délectation V *genot*
délecter I OV WW OUD. *verheugen*; *bekoren* **II** WKD WW [**se** ~] **à, de** *genoegen scheppen in*; *ervan genieten om*
délégation V • *afvaardiging*; *delegatie* • *(het) delegeren*; *overdracht* ⟨v. bevoegdheid⟩; *lastgeving* ★ par ~ *bij volmacht*
délégué M [v: **déléguée**] *afgevaardigde*; *vertegenwoordiger*; *gemachtigde*
déléguer OV WW • *overdragen* ⟨v. bevoegdheid⟩; *delegeren* • *afvaardigen*; *machtigen*
délestage M • → **délester** ★ itinéraire de ~ *omleidingsroute*
délester OV WW • *van ballast ontdoen* • *ontlasten (***de** *van)*; *tijdelijk afsluiten (en omleiden)* ⟨v. weg⟩ ★ IRON. ~ qn de 1000 euros *iem. 1000 euro lichter maken*
délétère BNW *schadelijk*; *giftig*; *dodelijk*
délibératif BNW [v: **délibérative**] ★ avoir voix délibérative *stem(recht) hebben* ⟨in vergadering⟩
délibération V *beraadslaging*; *beraad*; *deliberatie*
délibéré I BNW • *zelfbewust*; *vastberaden* • *welbewust*; *opzettelijk* ★ de propos ~ *met opzet* **II** M JUR. *beraadslaging van rechters*
délibérément BIJW *weloverwogen*
délibérer ONOV WW • *beraadslagen*; *delibereren* • *zich beraden*; *(bij zichzelf) overleggen (***sur, de** *over)*
délicat BNW • *fijn*; *heerlijk*; *lekker* • *subtiel*; *verfijnd*; *delicaat* • *moeilijk*; *hachelijk*; *netelig* • *nauwgezet*; *gewetensvol*; *fijngevoelig*; *kies* • *teer*; *tenger*; *zwak* • *kieskeurig* • *lichtgeraakt* ★ situation ~e *hachelijke situatie* ★ faire le ~ *kieskeurig zijn*; *moeilijk doen*
délicatesse V • *verfijndheid*; *lekkerheid* ⟨v. spijzen⟩; *fijnheid* • *moeilijkheid*; *hachelijkheid* • *fijngevoeligheid*; *nauwgezetheid*; *kiesheid*; *tact* • *teerheid*; *tengerheid* • *kieskeurigheid* • *lichtgeraaktheid* ★ être en ~ avec qn *met iem. overhoop liggen*
délice I M *genot*; *iets heerlijks* **II** V MV *geneugten*;

de

genot; lust ★ lieu de ~s lustoord ★ faire ses ~s de veel genoegen scheppen in
délicieux BNW [v: **délicieuse**] *heerlijk; verrukkelijk; lekker*
délictueux BNW [v: **délictueuse**] *onrechtmatig; strafbaar*
délié I BNW • *dun; fijn* • *schrander* • *los(gemaakt); soepel* ★ avoir la langue ~e *rad van tong zijn* **II** M *dunne (op)haal* ⟨v. letter⟩
délier OV WW • *losmaken* • ~ **de** *vrijmaken van; ontheffen van*
délimitation V *afbakening; begrenzing*
délimiter OV WW *afbakenen; begrenzen*
délinquance V *misdadigheid* ★ ~ juvénile *jeugdcriminaliteit*
délinquant I M [v: **délinquante**] *overtreder; delinquent* **II** BNW *misdadig*
déliquescent BNW *in verval*
délirant BNW • *ijlend* • *krankzinnig* • *uitbundig; dol*
délire M • *ijlkoorts; (het) ijlen* • *geestdrift; verrukking* • *waanzin; delirium* ★ en ~ *buiten zichzelf; uitzinnig*
délirer ONOV WW • *ijlen; raaskallen* • *buiten zichzelf zijn*
délit (zeg: -lie) M *misdrijf; overtreding; delict* ★ le corps du ~ *het corpus delicti* ★ prendre en flagrant ~ *op heterdaad betrappen* ★ ~ de sale gueule/de faciès *ongewenst voorkomen/ donkere huidskleur* ⟨als reden v. aanhouding of achterstelling⟩
délivrance V • *afgifte; uitreiking* • *bevrijding; opluchting* • *verlossing; bevalling*
délivrer OV WW • *bevrijden (***de** *van)* • MED. *verlossen* • *uitreiken; afgeven; bezorgen (***à** *aan)*
délocaliser OV WW *elders vestigen*
déloger I OV WW • *verjagen; verdrijven (***de** *uit)* • INFORM. *eruit gooien* **II** ONOV WW OUD. *verkassen; weggaan* ★ ~ sans tambour ni trompette *met stille trom vertrekken*
déloyal BNW [m mv: **déloyaux**] *oneerlijk; ontrouw; vals*
déloyauté V *oneerlijkheid; trouweloosheid*
delta M *delta* ★ aile (en) ~ *deltavleugel*
deltaplane M • *deltavlieger* • *(het) deltavliegen*
déluge M • OOK FIG. *stortvloed; stortbui* • *zondvloed* ★ après nous le ~ *na ons de zondvloed; wie dan leeft, die dan zorgt* ★ cela date du ~ *dat is oude kost*
déluré BNW • *gis; gewiekst* • *vrijpostig*
démagogie V *demagogie*
démagogique BNW *demagogisch*
démagogue I BNW *demagogisch* **II** M/V *demagoog*
démailler WKD WW [**se** ~] *ladderen* ⟨v. panty⟩
démailloter OV WW *de luiers/windsels afdoen van*
demain BIJW *morgen* ★ ~ soir *morgenavond* ★ (de) ~ en huit/en quinze *morgen over een week/over twee weken* ★ la guerre de ~ *de toekomstige oorlog* ★ l'homme de ~ *het komende geslacht* ★ ~ il fera jour *morgen is er weer een dag* ★ ce n'est pas pour ~/ce n'est pas ~ la veille *zo ver is het nog lang niet*
démancher I OV WW *ontwrichten* **II** WKD WW [**se** ~] INFORM. *zich inspannen; zich uitsloven*
demande V • *verzoek; aanzoek; aanvraag (***en** *tot)* • ECON. *vraag (***de** *naar)* • *bestelling* • *vordering; eis (***en** *tot)* • *verzoekschrift* ★ à la ~ de *op verzoek van* ★ sur ~ *op verzoek; op aanvraag; op bestelling* ★ ~ en mariage *huwelijksaanzoek* ★ ~ en divorce *eis tot echtscheiding* ★ l'offre et la ~ *vraag en aanbod* ★ à sotte ~, sotte réponse ⟨spreekwoord⟩ *een gek kan meer vragen dan honderd wijzen kunnen antwoorden*
demandé BNW *veelgevraagd*
demander I OV WW • *vragen (***à** *aan); verzoeken* • *bestellen* • *vorderen; eisen; vergen (***à** *van)* ★ ~ qn *iem. te spreken vragen* ★ on vous demande *men vraagt naar u; men heeft u nodig* ★ ~ son chemin *naar de weg vragen* ★ ~ l'aumône/la charité *om een aalmoes vragen* ★ ~ le médecin *de dokter laten komen* ★ je ne demande pas mieux (que) *ik wil niets liever (dan); heel graag* ★ ~ compte/raison *rekenschap vragen* ★ ça demande à être vérifié *dat moet nagegaan worden* ★ ~ un poste *naar een betrekking solliciteren* ★ ~ que [+ subj.] *erom vragen dat* ★ il demande à venir *hij vraagt of hij mag komen* ★ il te demande de venir *hij vraagt je om te komen* ★ je ne demande qu'à [+ infin.] *ik doe niets liever dan* ★ ~ qn en mariage *iem. ten huwelijk vragen* ★ INFORM. ~ après qn *naar iem. vragen* ★ je te demande un peu! *nu vraag ik je!* **II** WKD WW [**se** ~] *zich afvragen*
demandeur I M [v: **demanderesse**] JUR. *eiser* **II** M [v: **demandeuse**] • *(aan)vrager* • *koper* ★ ~ d'asile *asielzoeker* ★ ~ d'emploi *werkzoekende*
démangeaison V • [vaak mv] *jeuk* • INFORM. *aanvechting; veel zin (***de** [+ infin.] *om)*
démanger ONOV WW *jeuken* ★ la langue lui démange *hij kan niet langer zijn mond houden* ★ ça me démange de... *ik heb veel zin om...*
démantèlement M *ontmanteling*
démanteler OV WW *ontmantelen*
démantibuler OV WW INFORM. *kapotmaken; mollen*
démaquillage M *afschminking*
démaquillant I M *reinigingscrème, -melk* **II** BNW *make-up verwijderend*
démaquiller I OV WW *reinigen van make-up of schmink* **II** WKD WW [**se** ~] *zich afschminken*
démarcatif BNW [v: **démarcative**] ★ ligne démarcative *grenslijn; demarcatielijn*
démarcation V *afbakening; begrenzing* ★ ligne de ~ *grenslijn; demarcatielijn*
démarchage M *klantenwerving aan huis; colportage*
démarche V • *gang;* OOK FIG. *loop* • *manier van lopen* • FIG. *stap; poging* • *handelswijze; houding* ★ faire une ~ auprès de qn *iem. over/voor iets benaderen*
démarcheur M [v: **démarcheuse**] *colporteur; acquisiteur*
démarier OV WW *uitdunnen* ⟨v. gewassen⟩
démarquage M • → **démarquer**
démarquer I OV WW • *van het merk ontdoen (en afprijzen)* • *bedrieglijk nabootsen; plagiëren*

• SPORT *vrijspelen* **II** WKD WW [**se ~**] • SPORT *zich vrijspelen* • *zich profileren; zich distantiëren (***de** *van)*
démarrage M • OOK FIG. *start; vertrek* • SPORT *demarrage* ★ frais de ~ *aanloopkosten* ★ (période de) ~ *aanloopperiode*
démarrer I OV WW • *starten* • INFORM. *op gang brengen; beginnen* **II** ONOV WW • *starten; op gang komen; beginnen; vertrekken* • SPORT *demarreren; wegsprinten*
démarreur M *starter* ⟨v. motorvoertuig⟩ ★ page ~ *startpagina*
démasquer OV WW *ontmaskeren* ★ ~ ses batteries *zijn bedoelingen verraden*
démâter I OV WW *de mast(en) wegnemen/ wegbreken van* **II** ONOV WW *de mast(en) verliezen*
démêlé M *twist; geschil; onenigheid* ★ avoir des ~s avec la justice *in aanraking komen met de justitie*
démêler OV WW • *ontwarren* • *ophelderen* • *onderscheiden (***de** *van); doorzien* ★ ~ qn dans la foule *iem. in de menigte herkennen/ onderscheiden* ★ se ~ de *zich redden uit* ★ je n'ai rien à ~ avec vous *ik heb niets met u te maken* ★ avoir qc à ~ avec qn *een appeltje met iem. te schillen hebben*
démêloir M *grove kam*
démembrement M *versnippering; verbrokkeling*
démembrer OV WW • *in stukken snijden* ⟨v. slachtdier⟩ • *versnipperen; verbrokkelen; verdelen*
déménagement M *verhuizing*
déménager OV+ONOV WW *verhuizen* ★ INFORM. sa tête déménage *zijn hoofd is op hol* ★ INFORM. ça déménage! FIG. *dat is pittige kost!*
déménageur M *verhuizer*
démence V *krankzinnigheid; waanzin*
démener WKD WW [**se ~**] • *tekeergaan* • *zich uitsloven; zich afsloven (***pour** *voor, om)* ★ se ~ comme un possédé *tekeergaan als een bezetene*
dément I M [v: **démente**] *krankzinnige* **II** BNW *krankzinnig; waanzinnig*
démenti M *ontkenning; logenstraffing; dementi* ★ il en a eu le ~ *hij heeft de kous op de kop gekregen*
démentiel BNW [v: **démentielle**] *krankzinnig; waanzinnig*
démentir I OV WW [onregelmatig] • *ontkennen; loochenen* • *logenstraffen* • *tegenspreken; weerleggen* • *verloochenen* ★ ~ son caractère *zijn karakter verloochenen* **II** WKD WW [**se ~**] ★ ne pas se ~ *niet aflaten; blijven voortduren*
démerdard BNW INFORM. *bijdehand; zichzelf reddend*
démerder WKD WW [**se ~**] INFORM. *het zelf uitzoeken; zich redden*
démérite M FORM. *(het) laakbare; tekortkoming*
démériter ONOV WW *iets laakbaars doen; verkeerd handelen* ★ ~ auprès de qn *tekortkomen jegens iem.* ★ ~ de qc *iets onwaardig zijn*
démesure V *mateloosheid*
démesuré BNW *mateloos; enorm*
démesurément BIJW *bovenmatig*
démettre I OV WW • *ontwrichten* • **~ de** *ontheffen van* ⟨functie⟩ **II** WKD WW [**se ~**] *ontslag nemen* ★ se ~ de ses fonctions *zijn functie neerleggen*
demeurant ★ au ~ *overigens; trouwens*
demeure V • FORM. *woning; verblijf* • OUD. *uitstel* ★ à ~ *voorgoed; permanent* ★ la dernière ~ *de laatste rustplaats* ★ mise en ~ *aanmaning* ★ mettre qn en ~ (de) *iem. aanmanen (te)*
demeuré BNW • *achterlijk* • INFORM. *weinig snugger*
demeurer ONOV WW • *verblijven; wonen* • *blijven* ★ ~ court *blijven steken* ★ en ~ là *het daarbij laten; daarbij blijven* ★ où en sommes-nous demeurés? *waar zijn we gebleven?* ★ il n'en demeure pas moins que *dat neemt niet weg dat*
demi I BNW *half* ★ midi et demi *half één overdag* ★ minuit et demi *half één 's nachts* ★ une demi-heure *een half uur* ★ la demie *het halve uur* ★ une heure et demie *anderhalf uur* ★ trois heures et demie *half vier* ★ à fourbe, fourbe et demi ⟨spreekwoord⟩ *baas boven baas* ★ une demie *een halve fles* **II** BIJW ★ (à) demi *half* **III** M • *halve* • *glas bier; pilsje* • SPORT *halfspeler; middenvelder*
demi- VOORV *half-*
demi-cercle M [mv: **demi-cercles**] *halve cirkel*
demi-dieu M [mv: **demi-dieux**] *halfgod*
demi-finale V [mv: **demi-finales**] *halve finale; halve eindstrijd*
demi-fond M [mv: id.] • *middellange afstand* • *wedstrijd over de middellange afstand; stayerwedstrijd* ⟨bij wielrennen⟩
demi-frère M [mv: **demi-frères**] *halfbroer*
demi-gros M [mv: id.] ★ (commerce de) ~ *tussenhandel*
demi-heure V [mv: **demi-heures**] *half uur*
demi-jour M [mv: **demi-jour(s)**] *schemerlicht*
démilitariser OV WW *demilitariseren*
demi-mal M [mv: **demi-maux**] ★ il n'y a que ~ *het is niet zo erg*
demi-mesure V [mv: **demi-mesures**] *halve maatregel*
demi-mondaine V [mv: **demi-mondaines**] OUD. *dame van lichte zeden*
demi-mot M ★ entendre à ~ *aan een half woord genoeg hebben*
déminage M *mijnopruiming*
déminer I OV WW *van mijnen ontdoen* **II** ONOV WW *mijnen opruimen*
démineur M *mijnenveger*
demi-pause V [mv: **demi-pauses**] MUZ. *halve rust*
demi-pension V [mv: **demi-pensions**] *half pension; (het) overblijven en middageten* ⟨op school⟩
demi-place V [mv: **demi-places**] *reductiekaartje* ★ payer ~ *half geld betalen*
demi-portion V [mv: **demi-portions**] INFORM. *onderkruipsel; pukkie*
demi-produit M [mv: **demi-produits**] *halffabricaat*
démis BNW *ontwricht*

de

demi-saison V [mv: **demi-saisons**] *voorjaar; najaar* ★ paletot de ~ *dunne overjas*
demi-sang M [mv: **demi-sang(s)**] *halfbloed* ⟨paard⟩
demi-sel BNW [onver.] *licht gezouten*
demi-sœur V [mv: **demi-sœurs**] *halfzuster; stiefzuster*
demi-sommeil M [mv: **demi-sommeils**] *halfslaap; slaperigheid*
demi-soupir M [mv: **demi-soupirs**] MUZ. *achtste rust*
démission V ● *ontslag; ontslagneming; (het) aftreden* ● *(het) opgeven* ⟨v.e. streven, strijd⟩ ★ donner sa ~ *ontslag nemen*
démissionnaire I M/V *aftredend lid* **II** BNW *aftredend; die zijn ontslag heeft ingediend; demissionair*
démissionner ONOV WW ● *ontslag nemen; aftreden* ● INFORM. *(het) opgeven; er de brui aan geven*
demi-tarif M [mv: **demi-tarifs**] *half geld*
demi-teinte V [mv: **demi-teintes**] *halftint;* OOK FIG. *nuance*
demi-tour M [mv: **demi-tours**] *halve draai* ★ faire ~ *rechtsomkeert maken; omkeren*
démiurge M *demiurg; schepper*
demi-vie V [mv: **demi-vies**] NATK. *halveringstijd*
démobilisation V *demobilisatie*
démobiliser OV WW ● *demobiliseren* ● *demotiveren*
démocrate I BNW *democratisch* **II** M/V *democraat*
démocrate-chrétien I BNW [v: **démocrate-chrétienne**] *christendemocratisch* **II** M [v: **démocrate-chrétienne**] *christendemocraat*
démocratie (zeg: -sie) V *democratie*
démocratique BNW *democratisch*
démocratisation V *democratisering*
démocratiser OV WW *democratiseren*
démodé BNW *uit de mode; ouderwets; achterhaald*
démoder WKD WW [**se** ~] *uit de mode raken; verouderen*
démographie V *demografie* ★ ~ galopante *sprongsgewijze bevolkingstoename*
démographique BNW *demografisch; bevolkings-*
demoiselle V ● *juffrouw* ● *waterjuffer* ★ ~ d'honneur *bruidsmeisje* ★ rester ~ *ongetrouwd blijven* ⟨v. vrouw⟩
démolir OV WW ● *slopen; afbreken; vernietigen;* OOK FIG. *kapot maken* ● INFORM. *afkraken* ● INFORM. *aftuigen; in elkaar slaan*
démolisseur M [v: **démolisseuse**] *sloper*
démolition V *afbraak; sloping; vernietiging* ★ ~s [mv] *puin*
démon M ● *demon; duivel; boze geest* ● *guitig kind; rakker* ★ faire le ~ *een leven maken als een oordeel* ★ réveiller les vieux ~s *de oude hartstochten/onlusten/veten wakker roepen; oude wonden openrijten*
démonétiser OV WW *buiten omloop stellen* ⟨v. geld⟩
démoniaque I BNW *(van de duivel) bezeten; demonisch; duivels* **II** M/V *iem. die van de duivel bezeten is*
démonstrateur M [v: **démonstratrice**] *demonstrateur*
démonstratif BNW [v: **démonstrative**] ● *betogend; overtuigend* ● *zijn gevoelens uitend; extravert; uitbundig* ★ pronom ~ *aanwijzend voornaamwoord*
démonstration V ● *betuiging; betoon* ● *bewijs(voering); blijk* ● *demonstratie*
démontable BNW *uit elkaar te nemen*
démontage M *(het) uit elkaar nemen; (het) demonteren*
démonte-pneu M [mv: **démonte-pneus**] *bandenlichter*
démonter I OV WW ● *uit het zadel werpen* ● *uit elkaar nemen; demonteren* ● *in de war brengen; uit het veld slaan* ★ une mer démontée *een onstuimige zee* **II** WKD WW [**se** ~] ● *uit elkaar genomen kunnen worden* ● *van zijn stuk raken*
démontrable BNW *aantoonbaar*
démontrer OV WW *bewijzen; aantonen; demonstreren*
démoralisation V *demoralisatie*
démoraliser OV WW *ontmoedigen; demoraliseren*
démordre ONOV WW ★ ne pas ~ de *vasthouden aan* ★ il n'en démord pas *hij geeft niet op; hij blijft op zijn stuk staan*
démotiver OV WW *démotiveren*
démoulage M *(het) uit de vorm/mal halen*
démouler OV WW *uit de vorm/mal halen*
démultiplier OV WW *het toerental terugbrengen van*
démunir I OV WW ★ être démuni *hulpeloos/ behoeftig/platzak zijn* ★ être démuni de qc *zonder iets zitten;* **~ de** *beroven van; ontdoen van* ⟨iets onontbeerlijks⟩ **II** WKD WW [**se** ~] **de** *uit handen geven*
démystifier OV WW ● *uit de droom helpen* ● *rationaliseren* ⟨v. iets geheimzinnigs⟩; *ophelderen*
démythifier OV WW *ontmythologiseren*
dénatalité V *geboortedaling, -vermindering*
dénationaliser OV WW *denationaliseren; weer tot particulier eigendom maken*
dénaturation V *onbruikbaarmaking* ⟨voor consumptie⟩; *denaturatie*
dénaturé BNW ● *ontaard* ● *onnatuurlijk* ● *gedenatureerd*
dénaturer OV WW ● *onbruikbaar maken* ⟨voor consumptie⟩; *denatureren* ● *vervalsen; verdraaien* ● *doen ontaarden*
dendrite V *dendriet*
dénégation V FORM. *ontkenning; loochening*
déneiger OV WW *sneeuwvrij maken*
déni M JUR. *weigering* ★ déni de justice *rechtsweigering; onrechtvaardigheid*
déniaiser OV WW *wereldwijs maken; de onschuld ontnemen*
dénicher I OV WW ● *uit het nest halen* ⟨v. vogels, eieren⟩ ● *opsporen; (met moeite) vinden; opduikelen* ● *(uit zijn schuilplaats) jagen (***de** *uit)* ★ ~ des oiseaux *nesten uithalen* **II** ONOV WW ● OUD. *het nest verlaten* ● OUD. *ervandoor gaan*
denier M ● *duit* ⟨oude munt van 1/12 sou⟩ ● *penning* ● *zilverling* ★ ~s publics *staatsinkomsten; openbare middelen* ★ ~ à

Dieu *godspenning* ★ ~ de Saint Pierre *St.-Pieterspenning* ★ payer de ses (propres) ~s *uit eigen zak betalen* ★ OUD. argent placé au ~ vingt *geld dat is uitgezet tegen 5%*
dénier OV WW • *ontkennen* • *ontzeggen*; *weigeren (***à** *aan)*
dénigrant BNW *denigrerend*
dénigrement M *(het) denigreren*; *zwartmakerij*
dénigrer OV WW *denigreren*; *zwartmaken*; *kleineren*
dénivellation V *hoogteverschil*; *oneffenheid* ‹v. terrein›
dénivellement V • → **dénivellation**
dénombrement M • *opsomming* • *telling*
dénombrer OV WW • *opsommen* • *tellen*
dénominateur M *noemer* ‹v. breuk› ★ ~ commun *gemene deler*; *gemeenschappelijk kenmerk* ★ réduire au même ~ *onder één noemer brengen* ‹v. breuken›
dénomination V *benaming*; *benoeming*; *naam*
dénommer OV WW *(be)noemen* ★ un dénommé X *een zekere X*
dénoncer OV WW • *aan de kaak stellen*; *hekelen* • *aangeven (***à** *bij)*; *verklikken* • JUR. *aanzeggen* • *doen blijken*; *verraden* • *opzeggen* ‹v. overeenkomst› ★ ~ un traité *een verdrag opzeggen*
dénonciateur I M [v: **dénonciatrice**] *aanbrenger*; *verklikker* **II** BNW [v: **dénonciatrice**] *aanklagend*; *iets verradend*
dénonciation V • *(het) aanbrengen*; *(het) verklikken*; *aangifte* • *openlijke aanklacht* • *opzegging* ‹v. overeenkomst› • *aanzegging*
dénoter OV WW *te kennen geven*; *aanduiden*; *duiden op*
dénouement M *ontknoping*
dénouer OV WW *ontknopen*; *losknopen*; *ontwarren*; OOK FIG. *losmaken* ★ les langues se dénouent *de tongen komen los*
dénoyauter OV WW • *ontpitten* • *van infiltranten ontdoen*
denrée V *(eet)waar* ★ ~s [mv] *levensmiddelen* ★ ~s alimentaires *levensmiddelen* ★ une ~ rare *iets zeldzaams*
dense BNW • *dicht*; *compact* • *bondig*
densifier OV WW *de dichtheid vergroten van*
densité V • *dichtheid* • *bondigheid*
dent V • *tand* ‹ook v. rad, kam, blad› • *bergpiek* ★ dent de lait *melktand* ★ dent creuse *holle kies* ★ dent de sagesse *verstandskies* ★ dent de l'oeil *oogtand* ‹hoektand uit bovenkaak› ★ en dents de scie *zaagvormig*; *gekarteld* ★ avoir mal aux dents *kiespijn hebben* ★ faire/percer ses dents *tanden krijgen* ★ grincer des dents *knarsetanden* ★ se laver les dents *tandenpoetsen* ★ mordre à belles dents dans *gretig bijten in* ★ entre ses dents *binnensmonds* ★ rire à belles dents *breeduit lachen* ★ rire du bout des dents *lachen als een boer die kiespijn heeft* ★ avoir la dent dure *een scherpe tong hebben* ★ ne pas desserrer les dents *halsstarrig zwijgen* ★ avoir une dent contre qn *gebeten zijn op iem.* ★ ne rien avoir à se mettre sous la dent *niets te eten hebben* ★ manger du bout des dents *kieskauwen*; *met lange tanden eten* ★ être sur les dents *doodop zijn*; *zeer gespannen zijn* ★ INFORM. avoir la dent *hevige honger hebben* ★ déchirer à belles dents *belasteren* ★ avoir les dents longues *zeer geld- of eerzuchtig zijn* ★ armé jusqu'aux dents *tot de tanden gewapend*
dentaire BNW *tand-*; *tandheelkundig* ★ nerf ~ *tandzenuw* ★ chirurgie ~ *tandheelkunde*
dental BNW *dentaal* ★ (consonne) ~e *tandmedeklinker*
dent-de-lion V [mv: **dents-de-lion**] *paardenbloem*
denté BNW *getand*
dentelé BNW *getand*
denteler OV WW *uittanden*; *kartelen*
dentelle V *kant* ‹weefsel› ★ ne pas faire dans la ~ *niet zachtzinnig te werk gaan*
dentelure V *gekartelde rand*
dentier M *kunstgebit*
dentifrice I M *tandpasta* **II** BNW *tandverzorgings-* ★ eau ~ *mondwater* ★ pâte ~ *tandpasta*
dentiste M/V *tandarts*
dentisterie V *tandheelkunde*
dentition V • *(natuurlijk) gebit* • *(het) tanden krijgen*
denture V • *gebit* • TECHN. *tandwerk*
dénucléarisé BNW *kernwapenvrij*
dénudé BNW *(ont)bloot*; *kaal*
dénuder I OV WW *ontbloten*; *blootleggen* **II** WKD WW [**se** ~] • *zich uitkleden* • *kaal worden* ‹v. boom›
dénué BNW ~ **de** *ontbloot van*; *zonder*; *-loos* ★ ~ de sens *zinloos*
dénuement M *gebrek*; *behoeftigheid*; *nood*
dénuer WKD WW [**se** ~] • *zich te kort doen* • ~ **de** *zich iets ontzeggen*
dénutrition V *ondervoeding*
déo M deodorant *deo*
déodorant M *deodorant*
déontologie V *plichtenleer*; *beroepsethiek*
dépannage M *reparatie* ‹v. weigerend mechanisme›; *technische hulp bij pech* ★ voiture de ~ *takelwagen*
dépanner OV WW • *verhelpen* ‹v. panne, storing›; *repareren* ‹v. weigerend mechanisme› • INFORM. *uit de brand helpen*
dépanneur M *reparateur*; *hersteller*
dépanneuse V *takelwagen*
dépaqueter OV WW *uitpakken*
dépareillé BNW • *onvolledig* • *los* ‹niet tot een serie of stel behorend›
dépareiller OV WW *onvolledig maken* ‹v. serie of stel›
déparer OV WW *ontsieren*
départ M • *vertrek*; *afreis* • *start* • *begin* ★ au ~ *in het begin* ★ faux ~ *valse start* ★ ~ lancé *vliegende start* ★ capital de ~ *beginkapitaal* ★ point de ~ *uitgangspunt*; *punt van vertrek* ★ prix ~ usine *prijs af fabriek* ★ retour à la case ~ *terug naar 'af'* ★ donner le ~ (à) *het startsein geven (voor)* ★ être sur le ~ *op het punt staan te vertrekken* ★ prendre le ~ *van start gaan* ★ OUD. faire le ~ (de, entre) *onderscheid maken (tussen)*
départager OV WW • *beslissen tussen* ‹meningen, partijen› • *de doorslag geven bij* ‹stakende stemmen›

de

de

département M *departement* ⟨in alle betekenissen⟩; *afdeling* ★ les ~s *de provincie* ⟨in tegenstelling met Parijs⟩
départemental BNW [m mv: **départementaux**] *departementaal* ★ route ~e *provinciale weg*
départir I OV WW [onregelmatig] FORM. *toedelen (***à** *aan)* **II** WKD WW [**se** ~] **de** *afzien van; laten varen*
dépassé BNW *achterhaald; verouderd*
dépassement M • *inhaalmanoeuvre* • *overschrijding*
dépasser I OV WW • *inhalen en voorbijgaan; passeren* • *overschrijden; te buiten gaan* • *overtreffen; hoger zijn dan* ★ ~ les bornes *de perken te buiten gaan* ★ cela dépasse mes moyens *dat gaat mijn middelen te boven* ★ ça me dépasse *daar kan ik niet bij; dat snap ik niet* ★ être dépassé par les événements *de situatie niet meer meester zijn; achter de feiten aanhollen* **II** ONOV WW *uitsteken (***de** *boven, uit)* **III** WKD WW [**se** ~] *zichzelf overtreffen*
dépassionner OV WW ★ ~ un débat *een debat uit de emotionele sfeer halen*
dépatouiller WKD WW [**se** ~] INFORM. *zich uit de nesten werken*
dépaver OV WW ★ ~ une rue *een straat opbreken*
dépaysement M • *verandering van omgeving* • *onwennigheid; verlorenheid; desoriëntatie*
dépayser OV WW • *van omgeving doen veranderen* • *onwennig maken; van de wijs brengen; desoriënteren*
dépeçage M OOK FIG. *(het) in stukken snijden*
dépècement M • → **dépeçage**
dépecer OV WW OOK FIG. *in stukken snijden*
dépêche V • *telegram* • *(ambtelijk) bericht*
dépêcher I OV WW • OUD. *bespoedigen; snel afdoen* • *(snel) zenden* **II** WKD WW [**se** ~] *zich haasten (***de** [+ infin.] *met)*
dépeigner OV WW *de haren in de war brengen van*
dépeindre OV WW [onregelmatig] *afschilderen; beschrijven*
dépenaillé BNW *haveloos; in lompen; slonzig* ★ figure ~e *vervallen gelaat*
dépénaliser OV WW *decriminaliseren*
dépendance V • *afhankelijkheid* • *bijgebouw; dependance* • *verslaving*
dépendant BNW *afhankelijk (***de** *van)*
dépendre I OV WW *afnemen* ⟨iets wat hangt⟩ **II** ONOV WW ~ **de** *afhangen van; afhankelijk zijn van; behoren tot/bij* ★ cela dépend *dat hangt ervan af*
dépens (zeg: -pa(n)) M MV *kosten* ★ aux ~ de *ten koste van; op kosten van* ★ apprendre qc à ses ~ *iets tot zijn schade ondervinden; leergeld betalen*
dépense V • *uitgave(n); kosten* • *verbruik* ⟨v. water, brandstof, energie⟩; *aanwending* • OUD. *provisiekamer* ★ ~ physique *lichamelijke inspanning*
dépenser I OV WW • *uitgeven* ⟨v. geld⟩ • *verbruiken* ⟨v. water, brandstof, energie⟩ • *besteden* ⟨v. tijd⟩; *aanwenden (***à** *voor)* ★ ~ sans compter *met geld smijten* **II** WKD WW [**se** ~] *zich inspannen*
dépensier I BNW [v: **dépensière**] *verkwistend* **II** M [v: **dépensière**] *verkwister*
déperdition V *verlies; verval; afneming*
dépérir ONOV WW *kwijnen; afnemen; vervallen; achteruitgaan*
dépérissement M *kwijning; verzwakking; verval*
dépersonnaliser I OV WW *depersonaliseren; anoniem maken* **II** WKD WW [**se** ~] *zijn persoonlijkheid verliezen; anoniem worden*
dépêtrer WKD WW [**se** ~] **de** *redden uit; losmaken van*
dépeuplement M *ontvolking*
dépeupler OV WW *ontvolken* ★ ~ un étang *een vijver leegvissen* ★ ~ une forêt *veel bomen uit een bos halen*
déphasé BNW • NATK. *niet in fase* • INFORM. *gedesoriënteerd; onaangepast; vervreemd*
dépiauter OV WW • INFORM. *villen; uitpellen* • FIG. *uitpluizen*
dépilatoire I M *ontharingsmiddel* **II** BNW *ontharend*
dépiler OV WW *ontharen*
dépistage M *opsporing; detectie;* MED. *bevolkingsonderzoek*
dépister OV WW • OOK FIG. *op het spoor komen* • *van het spoor brengen; het spoor bijster maken*
dépit (zeg: -pie) M *wrevel; ergernis; verongelijktheid;* FORM. *spijt* ★ en ~ de *in weerwil van; ondanks* ★ en ~ du bon sens *onoordeelkundig*
dépité BNW *wrevelig; verongelijkt; nijdig*
dépiter OV WW *wrevelig/verongelijkt maken; ergeren*
déplacé BNW *misplaatst* ★ personne ~e *ontheemde*
déplacement M • *verplaatsing; overplaatsing* • *waterverplaatsing* ⟨v. schip⟩ • *(het) reizen; dienst-, zakenreis* ★ frais de ~ *reiskosten; verhuiskosten* ★ (match en) ~ *uitwedstrijd* ★ être en ~ *elders zijn werkzaamheden verrichten* ★ cela vaut le ~ *dat is het bezichtigen waard*
déplacer I OV WW • *verplaatsen; overplaatsen* • *water verplaatsen* **II** WKD WW [**se** ~] *van plaats veranderen; zich (voort)bewegen; ergens heengaan*
déplaire I OV WW [onregelmatig] *mishagen (***à** *aan); niet aanstaan* ★ il me déplait que [+ subj.] *ik vind het onaangenaam dat* ★ n'en déplaise à... *al vindt... het niet goed* ★ ne vous en déplaise *met uw welnemen* **II** WKD WW [**se** ~] *zich (ergens) niet thuis voelen*
déplaisant BNW *onaangenaam; onsympathiek*
déplaisir M *misnoegen*
déplanter OV WW *verplanten; verpoten*
déplâtrer OV WW *ontpleisteren; van gips ontdoen*
dépliant I M *vouwblad; folder; opvouwbare kaart* **II** BNW *uitvouwbaar; vouw-*
déplier OV WW *ontvouwen; openvouwen; uitpakken*
déplisser OV WW *de plooien halen uit; gladstrijken*
déploiement M • OOK FIG. *ontplooiing; ontwikkeling* • *tentoonspreiding* • *verspreide opstelling* ★ ~ de forces *machtsvertoon*
déplombage M • *ontzegeling* • *computerkraak*

déplorable BNW *betreurenswaardig; erbarmelijk*
déplorer OV WW *betreuren* ★ ~ que [+ subj.] *betreuren dat*
déployer OV WW ● OOK FIG. *ontplooien; ontvouwen* ● *uitspreiden; verspreid opstellen* ● *tentoonspreiden* ★ ~ les ailes *de vleugels uitslaan* ★ rire à gorge déployée *luidkeels lachen*
déplu WW [volt. deelw.] ● → **déplaire**
déplumé BNW ● *zonder veren* ● INFORM. *kaal*
déplumer I OV WW *plukken* ‹v. gevogelte› **II** WKD WW [**se ~**] ● *zijn veren verliezen* ● INFORM. *kaal worden; zijn haar verliezen*
dépoitraillé BNW INFORM. *met (deels) ontblote borst*
dépolir OV WW *mat/dof maken* ★ verre dépoli *matglas*
dépolitiser OV WW *depolitiseren*
dépolluer OV WW *zuiveren*
dépollueur BNW [v: **dépollueuse**] *(milieu)zuiverend*
dépollution V *(milieu)zuivering*
dépopulation V *ontvolking*
déportation V *deportatie*
déporté M [v: **déportée**] *gedeporteerde*
déportement M *(het) uit de koers raken; (slechte) gedraging*
déporter OV WW ● *deporteren* ● *uit de koers brengen*
déposant M [v: **déposante**] ● *getuige* ● *inlegger* ‹v. geld›; *depositogever*
dépose V *(het) wegnemen*
déposer I OV WW ● *neerleggen; neerzetten; (ergens) afzetten* ● *wegzetten; wegleggen* ● *deponeren; in bewaring geven* ● *afzetten* ‹v. vorst› ● *doen bezinken* ● *indienen* ‹v. klacht e.d.› ★ marque déposée *gedeponeerd handelsmerk* ★ ~ une marque de fabrique *een fabrieksmerk deponeren* ★ ~ son bilan *zijn faillissement aanvragen* ★ ~ la couronne *afstand doen van de kroon* **II** ONOV WW ● *getuigenis afleggen* ● *bezinksel vormen; neerslaan*
dépositaire M/V *depothouder; bewaarder* ★ ~ d'un secret *iem. aan wie men een geheim heeft toevertrouwd*
déposition V ● *getuigenis* ● *afzetting* ‹v. vorst› ★ ~ de croix *kruisafneming*
dépositoire M *rouwkamer*
déposséder OV WW ● *onteigenen (**de** van)* ● *afzetten* ‹v. vorst› ● **~ de** *ontnemen; ontheffen van* ‹ambt, taak› ★ ~ qn du ballon *iem. v.d. bal zetten*
dépossession V *onteigening; ontneming* ‹v. functie, bezit›
dépôt M ● *(het) neerzetten; (het) neerleggen* ● *bewaarplaats; opslagplaats; depot* ● *bezinksel; afzetting; neerslag* ● *huis van bewaring* ● *(het) in bewaring geven* ● *(het) deponeren; indiening* ● *deposito; inleg* ★ ~ de bilan *faillissementsaanvraag* ★ ~ de garantie *garantie* ★ ~ mortuaire *lijkenhuis* ★ ~ d'ordures *vuilstortplaats* ★ ~ des tramways *tramremise* ★ mandat de ~ *bevel tot aanhouding*
dépoter OV WW *uit de pot nemen; overtappen*
dépotoir M ● OOK FIG. *vuilnisbelt* ● *vuilverwerkingsbedrijf*
dépôt-vente M [mv: **dépôts-ventes**] *uitdragerij v. in bewaring gegeven voorwerpen; kringloopwinkel*
dépouille V ★ ~ (mortelle) *stoffelijk overschot* ★ ~s [mv] *afgevallen/afgestroopte dierenhuid; buit*
dépouillement M ● *(het) afstropen; vervelling* ● *beroving; (het) ontdoen van* ● *berooide toestand; kaalheid; soberheid* ● *(het) nazien; (het) opmaken v.e. overzicht* ★ ~ du scrutin *stemopneming*
dépouiller I OV WW ● **~ de** *ontdoen van; beroven van* ● FIG. *uitkleden; plunderen; kaalplukken* ● *(af)stropen; villen* ● FORM. OOK FIG. *afleggen* ● *(zorgvuldig) bestuderen; nazien* ★ dépouillé de *verstoken van; zonder* ★ arbre dépouillé *kale boom* ★ style dépouillé *sobere stijl* ★ ~ le scrutin *de stemmen opnemen* ★ ~ le vieil homme *de oude Adam afleggen; zich beteren* **II** WKD WW [**se ~**] ● *vervellen* ● *de bladeren verliezen* ● **~ de** *zich ontdoen van* ★ se ~ de toute honte *alle schaamte afleggen*
dépourvu BNW ★ au ~ *onverhoeds* ★ FIG. prendre au ~ *overvallen; overrompelen* ● **~ de** *verstoken van; zonder* ★ ~ de sens *zinloos*
dépoussiérage M *(het) stofvrij maken*
dépoussiérer OV WW ● *stofvrij maken; afstoffen* ● *een frisse wind laten waaien door;* FIG. *oppoetsen*
dépravation V *verderf; verdorvenheid* ★ ~ des mœurs *zedenbederf*
dépravé I BNW *bedorven; verdorven* **II** M [v: **dépravée**] *verdorven mens*
dépraver OV WW *bederven; verderven*
dépréciatif BNW [v: **dépréciative**] *ongunstig (bedoeld); geringschattend*
dépréciation V ● *geringschatting* ● *waardevermindering; depreciatie*
déprécier I OV WW ● *geringschatten; kleineren; afkammen* ● *in waarde doen dalen; depreciëren* **II** WKD WW [**se ~**] *in waarde dalen*
déprédateur I M [v: **déprédatrice**] ● *plunderaar* ● *fraudepleger; verduisteraar* **II** BNW [v: **déprédatrice**] *verduisterend*
déprédation V ● OOK FIG. *plundering; verwoesting* ● *geldverduistering*
déprendre WKD WW [**se ~**] FORM. **~ de** *zich losmaken van; zich ontdoen van*
dépressif BNW [v: **dépressive**] ● *neerdrukkend; ontmoedigend* ● *depressief*
dépression V *depressie* ‹in alle betekenissen›; *inzinking* ★ ~ nerveuse *zenuwinzinking*
déprimant BNW *deprimerend; (be)drukkend*
déprime V INFORM. *neerslachtigheid; depressieve stemming*
déprimé BNW *gedeprimeerd; neerslachtig*
déprimer I OV WW ● *neerdrukken; indrukken* ● *neerslachtig maken; deprimeren* **II** ONOV WW INFORM. *in een depressieve stemming zijn; down zijn*
déprogrammer OV WW *deprogrammeren; van het programma afvoeren*
dépt AFK département *departement*
dépuceler OV WW INFORM. *ontmaagden*

depuis **I** BIJW *sindsdien* **II** VZ • *sedert; sinds* • *vanaf; vanuit* ★ ~ peu *sinds kort* ★ ~ lors *sindsdien* ★ ~ l'étranger *(van)uit het buitenland* **III** VW ~ **que** *sinds*

dépuratif **I** M *bloedzuiverend middel* **II** BNW [v: **dépurative**] *bloedzuiverend*

députation V • *afvaardiging; deputatie* • *ambt van afgevaardigde; kamerlidmaatschap*

député M [v: **députée**] *afgevaardigde* ★ ~ européen *lid v.h. Europese parlement*

députer OV WW *afvaardigen*

der V ★ INFORM. la der des ders *de allerlaatste (keer, oorlog)*

déracinement M OOK FIG. *ontworteling*

déraciner OV WW • OOK FIG. *ontwortelen* • *uitroeien* ‹v. ondeugd, misvatting› ★ des déracinés *ontheemden*

déraidir OV WW *soepeler maken*

déraillement M OOK FIG. *ontsporing*

dérailler ONOV WW • OOK FIG. *ontsporen; van het goede pad raken* • INFORM. *raaskallen* • INFORM. *kuren hebben* ‹v. apparaten›

dérailleur M *versnelling; derailleur* ‹v. fiets›

déraison V OUD. *dwaasheid; onverstand*

déraisonnable BNW *onverstandig; onredelijk; dwaas*

déraisonner ONOV WW FORM. *onzin uitkramen; doordraven*

dérangement M • *wanorde; ongeregeldheid* • *storing; stoornis; last* ★ être en ~ *storing hebben; defect zijn*

déranger **I** OV WW • *in de war brengen* • *storen; lastigvallen* • *ontregelen; verstoren; van slag brengen; defect maken* ★ être dérangé *gestoord zijn;* INFORM. *diarree hebben* **II** WKD WW [**se** ~] *zich moeite geven; de moeite nemen om te komen* ★ ne vous dérangez pas *blijft u zitten; doe geen moeite*

dérapage M • *(het) slippen* • *(het) uit de hand lopen* • *uitglijder*

déraper ONOV WW • *slippen* • *uit de hand lopen*

dératé BNW ★ INFORM. courir comme un ~ *rennen als een bezetene*

dératisation V *ontratting; rattenbestrijding*

dératiser OV WW *ontratten*

derby M • *derby* • *(soort) schoen* ★ ~ bateau *bootschoen* ★ ~ détente *vrijetijdsschoen*

derechef BIJW FORM. *wederom; opnieuw*

déréglé BNW • *ontregeld; van slag* • *ordeloos; losbandig* ★ pouls ~ *onregelmatige pols*

dérèglement M • *ontregeling* • *ongeregeldheid; wanorde* • *losbandigheid*

déréglementation V *deregulering*

dérégler OV WW • *ontregelen; storen; van slag brengen* • *losbandig maken*

dérégulation V *deregulering*

dérider **I** OV WW *opmonteren* **II** WKD WW [**se** ~] *opgewekt(er) worden; uit de plooi komen; (glim)lachen*

dérision V *spot* ★ tourner en ~ *belachelijk maken* ★ c'est une ~! *dat is bespottelijk!; dat stelt niets voor!*

dérisoire BNW • *belachelijk* • *gering; pover* ★ prix ~ *spotprijs*

dérivatif **I** M FIG. *afleiding* **II** BNW [v: **dérivative**] *afleidend*

dérivation V • *afleiding; aftakking; omleiding* • *(het) afdrijven; koersafwijking* ★ boîte de ~ *aftakdoos* ★ canal de ~ *afwateringskanaal*

dérive V • *afdrijving; koersafwijking; drift* • *zwaard* ‹v. schip› • *richtingsroer; kielvlak* ‹v. vliegtuig› ★ aller à la ~ OOK FIG. *op drift raken; mislopen*

dérivé M • SCHEIK. *derivaat* • TAALK. *afleiding*

dériver **I** OV WW • *afleiden (***de** *van, uit)* • *aftakken* ★ produit dérivé *derivaat* ★ courant dérivé *aftakstroom* **II** ONOV WW • *afdrijven;* OOK FIG. *uit de koers raken* • ~ **de** *afgeleid zijn van; voortkomen uit*

dériveur M *zeilboot met zwaard*

dermatite V *huidontsteking; dermatitis*

dermato M/V INFORM. *dermatoloog*

dermatologie V *dermatologie*

dermatologue M/V *dermatoloog; huidarts*

derme M *lederhuid*

dermique BNW *huid-*

dermite V *huidontsteking*

dernier **I** BNW [v: **dernière**] • *laatst* • *vorig; jongstleden* • *uiterst; hoogst; laagst* ★ en ~ (lieu) *ten laatste; ten slotte* ★ dimanche ~ *verleden zondag* ★ la dernière chose *het laatste* ★ ~ étage *hoogste verdieping* ★ rendre le ~ devoir *de laatste eer bewijzen* ★ rendre le ~ soupir *de geest geven* ★ avoir le ~ mot *het laatste woord hebben* ★ dernière nouveauté *nieuwste mode* ★ au ~ point *in de hoogste graad* ★ le ~ venu *de laatstgekomene* ★ c'est du ~ ridicule *het is hoogst belachelijk* **II** M [v: **dernière**] *laatste* ★ petit ~ *benjamin; nakomertje* ★ le ~ des hommes/des ~s *iem. van het laagste allooi*

dernièrement BIJW *onlangs*

dernier-né M [v: **dernière-née**] *laatstgeborene*

dérobade V • *ontwijkend gedrag; (het) terugkrabbelen; uitvlucht(en)* • *weigering* ‹v. paard›

dérobé BNW *verborgen; geheim* ★ à la ~e *stiekem; tersluiks* ★ escalier ~ *geheime trap*

dérober **I** OV WW • *ontfutselen; afhandig maken; ontnemen; ontstelen (***à** *aan)* • *onttrekken (***à** *aan); verbergen* ★ ~ un baiser *een kus stelen* ★ ~ un secret *een geheim ontfutselen* ★ ~ sa marche *zijn middelen geheim houden* ★ ~ la vue à qn *iem. het uitzicht belemmeren* **II** WKD WW [**se** ~] • *ontwijkend reageren; wijken; het laten afweten; niet thuis geven* • *weigeren* ‹v. paard› ★ les jambes, les genoux se dérobaient sous lui *zijn benen weigerden dienst; zijn knieën knikten* • ~ **à** *zich onttrekken aan; zich verbergen voor; ontwijken; plichten verzaken*

dérogation V • *inbreuk (***à** *op)* • *ontheffing*

déroger ONOV WW ~ **à** *afwijken van* ‹regel, wet›

dérouiller **I** OV WW • *van roest ontdoen* • *lenig maken; opfrissen* ‹v. geheugen› • INFORM. *een pak slaag geven* ★ INFORM. se ~ les jambes *de benen strekken* **II** ONOV WW INFORM. *slaag krijgen*

déroulement M *(het) ontrollen; verloop; ontwikkeling*

dérouler **I** OV WW OOK FIG. *ontrollen* ★ COMP. menu déroulant *rolmenu* **II** WKD WW [**se** ~]

• OOK FIG. *zich ontrollen* • *zich afspelen*; *verlopen*
déroutant BNW *verwarrend*
déroute V *wanordelijke vlucht*; *aftocht*; *teloorgang*; *afgang*; *hachelijke positie* ★ en ~ *in verwarring*; *ontredderd* ★ mettre en ~ *op de vlucht drijven*
dérouter OV WW • *van koers doen wijzigen* • *op een verkeerd spoor brengen* • *in de war brengen*; *uit het veld slaan*
derrick M *boortoren*
derrière I M *achterzijde*; *achterste deel*; *achterste* ★ porte de ~ *achterdeur* ★ OUD. les ~s *de achterhoede* ★ assurer ses ~s *de aftocht dekken*; *zich indekken* **II** BIJW *erachter*; *achteraan* ★ sens devant ~ *achterstevoren* **III** VZ *achter*
des I LW MV ★ des arbres *bomen* ★ j'ai eu des vacances intéressantes *ik heb een interessante vakantie gehad* **II** SAMENTR de les ★ il parle des vacances *hij praat over de vakantie* • → **de**
dès I VZ *(al) vanaf*; *(al) sinds*; *al in* ★ dès 1700 *reeds in 1700* ★ dès à présent *van nu af aan*; *voortaan* ★ dès la pointe du jour *bij 't krieken v.d. dag* **II** VW **~ que** *zodra*
désabonner I OV WW *als abonnee schrappen* **II** WKD WW [**se** ~] *zijn abonnement opzeggen*
désabusé BNW *van zijn illusies beroofd*; *cynisch-onverschillig*
désabuser OV WW OUD. FIG. *de ogen openen*; *ontnuchteren*
désaccord M • *onmin*; *onenigheid*; *meningsverschil (***avec** *met;* **entre** *tussen;* **sur** *over)* • *strijdigheid*; *discrepantie* • *ongelijke stemming* ⟨v. muziekinstrumenten⟩ ★ être en ~ (avec) *het oneens zijn (met)*; *in onmin leven (met)*; *in strijd zijn (met)*
désaccordé BNW MUZ. *ontstemd*
désaccorder OV WW • MUZ. *ontstemmen* • *onmin brengen tussen*
désaccoupler OV WW *loskoppelen*
désaccoutumance V *ontwenning (***à** *aan, van)*
désaccoutumer I OV WW **~ de** *doen afwennen*; *afleren* **II** WKD WW [**se** ~] **de** *afwennen*; *afleren*
désacraliser OV WW *ontheiligen*
désadapté BNW *onaangepast*
désaffectation V *(het) onttrekken aan de oorspronkelijke bestemming*
désaffecté BNW *buiten gebruik*; *leegstaand* ⟨v. fabrieken e.d.⟩
désaffecter OV WW *aan de oorspronkelijke bestemming onttrekken*; *buiten gebruik stellen*
désaffection V *verlies van genegenheid*; *afkeer*; *ongenegenheid (***pour** *voor)*
désaffilier I OV WW *als lid schrappen* **II** WKD WW [**se** ~] *zijn lidmaatschap opzeggen*
désagréable BNW *onaangenaam*
désagrégation V *(het) uiteenvallen*; *ontbinding*; *verval*; *desintegratie*
désagréger I OV WW *uiteen doen vallen* **II** WKD WW [**se** ~] *uiteenvallen*
désagrément M *onaangenaamheid*; *ongerief*
désaltérant BNW *dorstlessend*
désaltérer I OV WW OOK FIG. *laven* **II** ONOV WW *dorstlessend zijn* **III** WKD WW [**se** ~] *zijn dorst lessen*
désamorçage M • → **désamorcer**
désamorcer OV WW *onklaar maken* ⟨v. bom, mijn, schietwapen⟩; OOK FIG. *onschadelijk maken* ★ ~ une pompe *een pomp laten leeglopen* ★ ~ un conflit *een conflict in de kiem smoren*
désappointé BNW *teleurgesteld*
désappointement M *teleurstelling*
désappointer OV WW *teleurstellen*
désapprendre OV WW [onregelmatig] FORM. *verleren*
désapprobateur I BNW [v: **désapprobatrice**] *afkeurend* **II** M [v: **désapprobatrice**] *iem. die afkeurt*
désapprobation V *afkeuring*
désapprouver OV WW *afkeuren*; *laken* ★ ~ que [+ subj.] *afkeuren dat*
désarçonner OV WW • *uit het zadel lichten* • *van zijn stuk brengen*; *de mond snoeren*
désargenté BNW INFORM. *blut*; *zonder geld*
désargenter OV WW *van de zilverlaag ontdoen*; *ontzilveren*
désarmant BNW FIG. *ontwapenend*
désarmement M *ontwapening*
désarmer I OV WW • OOK FIG. *ontwapenen*; *weerloos maken* • *ontladen*; *in de rust zetten* ⟨v. wapen⟩ • *onttakelen* ⟨v. schip⟩; *opleggen* • FORM. *doen bedaren* **II** ONOV WW • *ontwapenen* • *bedaren* ⟨v. agressiviteit⟩ ★ il ne désarme pas *hij weet van geen ophouden*; *hij geeft niet op*
désarroi M *verwarring*; *opschudding*; *ontreddering* ★ en ~ *in de war*; *ontredderd*
désarticuler I OV WW OOK FIG. *ontwrichten*; *uit het lid halen* ★ pantin désarticulé *trekpop* **II** WKD WW [**se** ~] *zich in bochten wringen*
désassembler I OV WW *uit elkaar nemen*; *demonteren* **II** WKD WW [**se** ~] *uit elkaar gaan*
désassorti BNW *onvolledig* ⟨v. serie, stel⟩
désastre M *ramp*; *fiasco*
désastreux BNW [v: **désastreuse**] *rampzalig*; *vreselijk*
désavantage M *nadeel* ★ à son ~ *op ongunstige wijze*
désavantager OV WW *benadelen*
désavantageux BNW [v: **désavantageuse**] *nadelig*; *onvoordelig*; *ongunstig*
désaveu M [mv: **désaveux**] • *ontkenning*; *verloochening* • *afkeuring*
désavouer OV WW • *niet als eigen erkennen*; *(ver)loochenen* • *afkeuren*; *veroordelen* • *herroepen* • *afvallen*; *desavoueren* ★ ~ un enfant *een kind niet erkennen*
désaxé BNW *(geestelijk) onevenwichtig*; *gestoord*
désaxer OV WW OOK FIG. *uit zijn evenwicht brengen*
descellement M *ontzegeling*
desceller OV WW • *ontzegelen* • *(uit het metselwerk) losmaken*
descendance V • *afstamming*; *afkomst* • *nakomelingschap*
descendant I M [v: **descendante**] *afstammeling* **II** BNW *afdalend* ★ ligne ~e *afdalende lijn* ★ marée ~e *eb*
descendre I OV WW • *afdalen*; *afgaan*; *aflopen* • *naar beneden halen*; *naar beneden brengen*;

de

laten zakken • *afzetten* ⟨v. passagiers⟩; *uitladen* • INFORM. *neerschieten*; *doden* **II** ONOV WW • *(af)dalen (***de** *uit, van)*; *neerdalen*; *naar beneden gaan* • *zakken* • *(in zuidelijke richting) gaan* • *uitstappen*; *afstijgen (***de** *uit, van)* • *zijn intrek nemen* • *een inval doen* • *zich verlagen (***jusqu'à** *tot)* ★ ~ d'un arbre *uit een boom klimmen* ★ ~ à l'hôtel *in een hotel zijn intrek nemen* ★ ~ à terre *aan land gaan*; *landen* ★ ~ de cheval *van het paard stijgen* ★ ~ au tombeau *sterven* ★ ~ en ville *de stad ingaan* ★ FORM. ~ en soi-même *tot zichzelf inkeren* ★ ~ dans la rue *de straat opgaan (om te betogen)* ★ la mer descend *het wordt eb* ★ il est descendu bien bas *hij is diep gezonken* • **~ de** *afstammen van*; *afkomstig zijn van*

descente V • *neerdaling*; *(af)daling* • *(het) uitstappen*; *(het) afstappen* • *inval* • *(het) omlaaghalen* • *afvoerpijp* • *helling* • *beddenkleedje*; *badmat* • MED. *uitzakking*; *verzakking* ★ ~ de police *inval van de politie*; *huiszoeking* ★ JUR. ~ sur les lieux *onderzoek ter plaatse* ★ ~ de croix *kruisafneming* ★ INFORM. avoir une bonne ~ *goed van innemen zijn* ⟨eten en drinken⟩

descriptif I BNW [v: **descriptive**] *beschrijvend*; *descriptief* ★ géometrie descriptive *beschrijvende meetkunde* **II** M *technische beschrijving*; *werktekening*

description V *beschrijving*

désembourber OV WW • *uit de modder halen* • *uit de ellende halen*

désemparé BNW *ontredderd*

désemparer ONOV WW ★ sans ~ *onafgebroken*; *aan één stuk door*

désemplir ONOV WW ★ ne pas ~ *altijd vol (mensen) zijn*

désencadrer OV WW *uit de lijst halen*

désenchaîner OV WW *van (de) ketenen bevrijden*

désenchantement M *ontgoocheling*; *teleurstelling*

désenchanter OV WW *ontgoochelen*; *teleurstellen*

désenclavement M *ontsluiting*; *ontwikkeling* ⟨v. achtergebleven regio⟩

désencombrer OV WW *vrijmaken van wat belemmert*; *ontlasten (***de** *van)*

désendettement M *schulddelging*

désenfler I ONOV WW *doen slinken* **II** ONOV WW *slinken*

désengagement M *terugtrekking* ⟨v. leger, verplichting⟩

désengager OV WW *ontslaan v.e. verplichting (***de** *van)*

désennuyer OV WW *de verveling verdrijven*

désensabler OV WW *ontzanden*; *uitbaggeren*

désensibilisation V • → **désensibiliser**

désensibiliser OV WW *minder gevoelig maken*; *desensibiliseren*

désensorceler OV WW *van de betovering ontdoen*

désentortiller OV WW *uit de war halen*

désépaissir OV WW *minder dik maken*; *uitdunnen*

déséquilibre M • *gebrek aan evenwicht*; *onbalans*; *wanverhouding* • *onevenwichtigheid*

déséquilibré I M [v: **déséquilibrée**] *onevenwichtig persoon*; *psychopaat* **II** BNW *onevenwichtig*

déséquilibrer OV WW OOK FIG. *het evenwicht doen verliezen*; *uit zijn evenwicht brengen*

désert I BNW *eenzaam*; *verlaten*; *onbewoond* ⟨v. eiland⟩; *onherbergzaam* ⟨v. gebied⟩ ★ rue ~e *uitgestorven straat* **II** M • *woestijn*; *woestenij* • *verlaten oord* ★ traversée du ~ *tocht door de woestijn*; *periode van anonimiteit* ⟨v. afgebrand politicus⟩ ★ prêcher dans le ~ *voor dovemansoren spreken*

déserter I OV WW • *verlaten*; *wegtrekken uit* • *afvallen* ⟨v. overtuiging, partij⟩ ★ ~ la bonne cause *de goede zaak in de steek laten* **II** ONOV WW *deserteren*; *overlopen (***à** *naar)*

déserteur M *deserteur*; *overloper*

désertification V • *desertificatie*; *woestijnvorming* • *ontvolking* ⟨v.h. platteland⟩

désertion V • *desertie* • *afvalligheid* ⟨v. partij⟩

désertique BNW *woestijnachtig*; *woestijn-*

désespérant BNW *wanhopend*; *wanhopig*

désespéré I BNW • *wanhopig* • *hopeloos* **II** M [v: **désespérée**] *wanhopige* ★ courir comme un ~ *rennen als een bezetene*

désespérer I OV WW *tot wanhoop brengen*; *de moed doen verliezen* ★ ~ que [+ subj.] *geen hoop meer hebben dat* **II** ONOV WW • *wanhopen* • **~ de** *wanhopen aan*; *de hoop opgegeven hebben om/voor* **III** WKD WW [**se ~**] *wanhopig zijn*; *diep bedroefd zijn*

désespoir M *wanhoop*; *vertwijfeling* ★ en ~ de cause *ten einde raad*; *als laatste uitweg* ★ je suis au ~ (de) *het spijt me erg (dat)* ★ être/faire le ~ de qn *iem. tot wanhoop brengen* ★ mettre au ~ *wanhopig maken*

déshabillé M *negligé*; *ochtendjapon*

déshabiller I OV WW OOK FIG. *uitkleden* **II** WKD WW [**se ~**] *zich uitkleden*; *zijn overkleren uittrekken*

déshabituer I OV WW **~ de** *afwennen*; *afhelpen van*; *afleren om* **II** WKD WW [**se ~**] **de** *ontwennen*; *afleren om*

désherbant M *onkruidverdelgingsmiddel*

désherber OV WW *wieden*; *onkruid verwijderen uit*

déshérité M [v: **déshéritée**] *misdeelde*; *behoeftige*

déshériter OV WW • *onterven* • *misdelen*

déshonnête BNW *onfatsoenlijk*; *onbetamelijk*

déshonneur M *oneer*; *schande*; *eerverlies*

déshonorant BNW *onterend*; *smadelijk*

déshonorer OV WW *onteren*; FIG. *bezoedelen*

déshumaniser OV WW *ontmenselijken*

déshydratation V *uitdroging*; *vochtverlies*

déshydraté BNW • *ontwaterd* • *uitgedroogd*

déshydrater I OV WW *uitdrogen* **II** WKD WW [**se ~**] *uitdrogen*

désignation V *aanwijzing*; *aanduiding*

désigner OV WW *aanwijzen (***à** *aan;* **comme** *als;* **pour** *voor)*; *aanduiden* ★ ~ l'heure et le lieu *de tijd en de plaats bepalen*

désillusion V *ontgoocheling*; *teleurstelling*

désillusionner OV WW *ontgoochelen*; *teleurstellen*

désincarné BNW • *buiten het lichaam getreden* • VAAK HUMOR. *onthecht*; *wereldvreemd*

désinence V *uitgang* ‹v. woord›
désinfectant I M *ontsmettingsmiddel* **II** BNW *desinfecterend; ontsmettend*
désinfecter OV WW *ontsmetten*
désinfection V *ontsmetting*
désintégration V *(het) uiteenvallen; desintegratie*
désintégrer I OV WW *doen uiteenvallen* **II** WKD WW [**se** ~] *uiteenvallen; desintegreren*
désintéressé BNW • *belangeloos; onbaatzuchtig; geen belang hebbend (***dans** *bij)* • *niet meer geïnteresseerd (***de** *in)* • *onpartijdig; onbevooroordeeld*
désintéressement M • *onbaatzuchtigheid; belangeloosheid* • *schadeloosstelling; uitkoping*
désintéresser I OV WW *schadeloosstellen; uitkopen* **II** WKD WW [**se** ~] **de** *de belangstelling verliezen voor; afstoten*
désintérêt M *gebrek aan interesse; onverschilligheid (***de, pour** *voor)*
désintoxication V • *ontwenning* • OOK FIG. *ontgifting*
désintoxiquer I OV WW • *genezen v.e. verslaving* • OOK FIG. *ontgiften* **II** WKD WW [**se** ~] *een ontwenningskuur ondergaan; afkicken*
désinvolte BNW *ongedwongen; nonchalant; (te) vrij; ongegeneerd*
désinvolture V *ongedwongenheid; (te) vrije manieren; nonchalance*
désir M *verlangen (***de** *naar, om); wens; begeerte* ★ ~ de gain *gewinzucht* ★ prendre ses ~s pour des réalités *aan wensdenken doen*
désirable BNW *wenselijk; begerenswaardig*
désirer OV WW *verlangen; wensen; willen; begeren* ★ ~ que [+ subj.] *willen dat* ★ se faire ~ *op zich laten wachten* ★ ce travail ne laisse rien à ~ *dit werk laat niets te wensen over* ★ le Désiré des Nations *de Messias*
désireux BNW [v: **désireuse**] ~ **de** *verlangend naar/om te* ★ ~ de plaire *behaagziek*
désistement M *(het) afstand doen (***de** *van); intrekking* ‹v. kandidatuur, aanspraken›
désister WKD WW [**se** ~] • *zich terugtrekken* ‹als kandidaat› • ~ **de** *afstand doen van; intrekken*
désobéir ONOV WW *niet gehoorzamen (***à** *aan)*
désobéissance V *ongehoorzaamheid*
désobéissant BNW *ongehoorzaam*
désobligeance V *onvriendelijkheid*
désobligeant BNW *onvriendelijk; onheus*
désobliger OV WW *onvriendelijk bejegenen; voor het hoofd stoten*
désodorisant M *luchtververser*
désodoriser OV WW *de (onaangename) geur verdrijven uit*
désœuvré I BNW *nietsdoend; inactief; zich gauw vervelend* **II** M [v: **désœuvrée**] *nietsdoener; leegloper*
désœuvrement M *(het) nietsdoen; ledigheid* ★ par ~ *om de tijd te doden; uit verveling*
désolant BNW *bedroevend; treurig; vervelend*
désolation V • *diepe droefheid; verslagenheid* • *desolaatheid; troosteloosheid* • OUD. *teistering; verwoesting*
désolé BNW • *diep bedroefd (***de** *over)* • *desolaat; troosteloos* ★ (je suis) ~ *het spijt me*
désoler I OV WW • *diep bedroeven* • OUD. *teisteren; verwoesten* **II** WKD WW [**se** ~] *bedroefd zijn (***de** *over)*
désolidariser WKD WW [**se** ~] *niet langer solidair zijn (***de** *met); zich distantiëren (***de** *van)*
désopilant BNW *dol vermakelijk*
désordonné BNW • *ordeloos; slordig* • *buitensporig*
désordre M • *wanorde; verwarring; ongeordendheid* • *losbandigheid* • *onrust* • MV *ongeregeldheden; onlusten* • MED. *stoornis* ★ en ~ *in de war; ongeordend* ★ dans le ~ *in willekeurige volgorde*
désorganisation V *desorganisatie; verwarring; verstoring; ontreddering*
désorganiser OV WW *desorganiseren; verwarring stichten in; verstoren; ontregelen*
désorientation V *desoriëntatie; verwardheid*
désorienter OV WW *desoriënteren; de richting doen kwijtraken; in de war brengen*
désormais BIJW *voortaan; van nu/toen af aan*
désosser OV WW OOK FIG. *uitbenen; ontgraten*
despote I M *despoot; dwingeland* **II** BNW *despotisch; tiranniek*
despotique BNW *despotisch; tiranniek*
despotisme M *despotisme; dwingelandij*
desquamer (zeg: -kwa) WKD WW [**se** ~] *vervellen; afschilferen*
desquelles SAMENTR de lesquelles → **lequel**
desquels SAMENTR de lesquels → **lequel**
DESS AFK • OUD. • diplôme d'études supérieures spécialisées *universitair vakdiploma*
dessaisir I OV WW ~ **de** *ontnemen; de bevoegdheid ontnemen inzake* **II** WKD WW [**se** ~] **de** *afstand doen van; uit handen geven* ★ se ~ d'un titre *afstand doen v.e. titel*
dessaisissement M • → **dessaisir**
dessalage M *ontzilting; ontzouting*
dessalé BNW • *ontzout* • INFORM. *bijdehand; vrijpostig*
dessaler I OV WW • *minder zout maken; laten weken* ‹v. vis› • INFORM. *wereldwijs maken; minder naïef maken* **II** ONOV WW • *minder zout worden* • INFORM. *kapseizen* **III** WKD WW [**se** ~] FIG. *loskomen*
dessaouler (zeg: deesoelee) WW • → **dessoûler**
dessèchement M • → **dessécher**
dessécher I OV WW • *(uit)drogen;* OOK FIG. *doen verdorren* • *droogleggen* • *uitmergelen; doen vermageren* ★ ~ le cœur *het hart ongevoelig maken* **II** WKD WW [**se** ~] • *uitdrogen;* OOK FIG. *verdorren* • *wegteren; verschrompelen* • *afstompen*
dessein M *plan; bedoeling; opzet* ★ à ~ *met opzet* ★ dans le ~ de *(met de bedoeling) om te*
desseller (zeg: dee-) OV WW *afzadelen*
desserrer (zeg: dee-) OV WW *los(ser) maken* ‹v. wat strak/geschroefd/geknoopt is› ★ ne pas ~ les dents *geen mond opendoen*
dessert M *dessert; nagerecht*
desserte V • *geregelde verbinding; dienst* • REL. *(het) leiden v.d. dienst* • *dientafeltje* ★ faire la ~ de *dienst doen op*
desservant M *dienstdoend geestelijke*
desservir OV WW [onregelmatig] • *afruimen* ‹v. tafel› • *de dienst onderhouden met* ‹een bestemming›; *(regelmatig) aandoen* • *de*

de

dienst leiden in ⟨kerk, parochie⟩ • *een slechte dienst bewijzen aan; benadelen*
dessication V *(uit)droging*
dessiccation V • → **dessication**
dessiller (zeg: dee-) OV WW ★ ~ les yeux à qn OOK FIG. *iem. de ogen openen*
dessin M • *tekening* • *(het) tekenen; tekenkunst* • *ontwerp; opzet; plan* • *dessin; patroon* • *contour(en); vorm* ★ ~(s) animé(s) *tekenfilm* ★ ~ industriel *technisch tekenen* ★ ~ linéaire *lijntekenen* ★ ~ au trait *lijntekening*
dessinateur M [v: **dessinatrice**] *tekenaar; ontwerper*
dessiner I OV WW • *tekenen; schetsen* • *doen uitkomen; aftekenen* ★ bande dessinée *strip(verhaal)* ★ ~ à la plume *met de pen tekenen* ★ ~ d'après nature *naar de natuur tekenen* ★ ~ les formes *de vormen doen uitkomen* ★ la route dessine beaucoup de virages *de weg kent/vertoont veel bochten* **II** WKD WW [**se** ~] *uitkomen; zich aftekenen; vorm aannemen*
dessouder (zeg: dee-) OV WW • *losmaken* ⟨wat gesoldeerd was⟩ • PLAT *doden*
dessoûler (zeg: dee-) **I** OV WW INFORM. *ontnuchteren* **II** ONOV WW INFORM. *nuchter worden* ★ il ne dessoûle pas *hij is altijd dronken*
dessous I M • *onderste deel; onderkant* • *onderzetter; onderlegger* ★ voisins du ~ *onderburen* ★ avoir le ~ *het onderspit delven; het (moeten) afleggen* ★ connaître le(s) ~ (des cartes) de *het fijne weten van* ★ être au trente-sixième ~ *in de put zitten; in de penarie zitten* **II** M MV *(dames)ondergoed* **III** BIJW *(er)onder* ★ de ~ *onderste* ★ vêtements de ~ *ondergoed* ★ en ~ *van onderen; eronder; heimelijk; steels* ★ mettre ~ *op de grond werpen* **IV** VZ ★ de ~ *van onder* ★ en ~ de *onder*
dessous-de-plat M [mv: id.] *placemat; onderzetter*
dessous-de-table M [mv: id.] *geld onder de tafel; smeergeld; steekpenningen*
dessus I M • *bovenzijde; bovenste deel* • *bovenstem* • *overkleedje* ★ ~ de la main *rug v.d. hand* ★ ~ du pied *wreef* ★ ~ d'une table *tafelblad* ★ le ~ du panier *het puikje* ★ voisins du ~ *bovenburen* ★ avoir le ~ *de overhand hebben* ★ reprendre le ~ *er weer bovenop komen* **II** BIJW *(er)boven; erop* ★ de ~ *bovenste* ★ habit de ~ *bovenkleed* ★ rang de ~ *bovenste rij* ★ en ~ *(van) boven* ★ sens ~ dessous *ondersteboven* ★ passer ~ à qn *iem. overrijden* ★ mettre le doigt ~ *de spijker op de kop slaan* ★ avoir le vent ~ *boven de wind zijn* **III** VZ ★ de ~ *van... af (omlaag)*
dessus-de-lit M [mv: id.] *sprei*
déstabiliser OV WW *destabiliseren; onstabiel maken*
destin M *lot; noodlot; (lots)bestemming*
destinataire M/V *geadresseerde*
destination V *bestemming; plaats van bestemming* ★ avion à ~ de Paris *vliegtuig naar Parijs*
destinée V • *lot; noodlot* • *leven; bestaan*
destiner OV WW *bestemmen (**à** voor)* ★ se ~ à l'enseignement *het onderwijs in willen*
destituer OV WW *ontzetten (**de** uit); afzetten*
destitution V *afzetting; ontzetting* ⟨uit ambt⟩
déstocker OV WW *voorraad verminderen*
déstresser ONOV WW *onthaasten; relaxen*
destrier M *strijdros*
destroyer (zeg: destrwajee/destrojeur) M *escortevaartuig; torpedojager*
destructeur I BNW [v: **destructrice**] *vernielend; destructief; vernielzuchtig* **II** M [v: **destructrice**] *vernieler*
destructible BNW *vernielbaar; afbreekbaar*
destructif BNW [v: **destructive**] *vernielend; afbrekend; destructief*
destruction V *vernieling; verwoesting; vernietiging*
désuet (zeg: deesuuè) BNW [v: **désuète**] *verouderd; in onbruik geraakt*
désuétude (zeg: -suu-) V *onbruik* ★ tomber en ~ *in onbruik raken*
désuni BNW *verdeeld; onenig; niet-samenhangend*
désunion V *verdeeldheid; tweedracht; onenigheid*
désunir OV WW *tweedracht zaaien tussen/in; verdelen; scheiden*
détachable BNW *afneembaar*
détachage M *ontvlekking*
détachant M *ontvlekkingsmiddel*
détaché BNW • *los* ⟨afzonderlijk; niet bevestigd⟩ • *ongedwongen; onverschillig; losjes* ★ note ~e *niet-gebonden noot* ★ pièces ~es *(losse) onderdelen*
détachement M • *ongedwongenheid; onverschilligheid* • *losmaking; (het) los zijn; onthechting* • MIL. *detachement* • *detachering*
détacher I OV WW • *losmaken (**de** van, uit)*; OOK FIG. *verwijderen* • *onthechten* • *detacheren* • *ontvlekken* ★ ~ les yeux de qc *de ogen van iets afwenden* ★ ~ les contours *de contouren doen uitkomen* ★ INFORM. ~ un coup de poing *een stomp toedienen* **II** WKD WW [**se** ~] • *losgaan; zich losmaken; zich onthechten (**de** van, uit)* • *zich aftekenen; afsteken (**sur** tegen)*
détail M • *bijzonderheid; detail* • *verkoop in het klein; detailhandel* ★ en ~ *in detail(s); omstandig* ★ entrer/descendre dans le(s) ~(s) *in bijzonderheden treden* ★ vendre en ~, au ~ *in het klein verkopen* ★ faire le ~ de *gedetailleerd beschrijven; specificeren* ★ ne pas faire le/de ~ *zonder omhaal te werk gaan*
détaillant I M [v: **détaillante**] *detaillist* **II** BNW *in het klein verkopend*
détaillé BNW *gedetailleerd; uitvoerig*
détailler OV WW • *in details vertellen; detailleren* • *in het klein verkopen* • *in stukken hakken*
détaler ONOV WW INFORM. *ervandoor gaan*
détartrage M • → **détartrer**
détartrant M *antiketelsteenmiddel*
détartrer OV WW *van kalkaanslag/tandsteen ontdoen*
détaxe V *belastingvermindering/-ontheffing (**sur** op)*
détaxer OV WW *verminderen/vrijstellen v. belasting*

détecter OV WW • *opsporen*; *ontdekken* • *detecteren*
détecteur M *detector* ★ ~ de mouvement *bewegingsmelder* ★ portique ~ *detectiepoortje*
détection V *opsporing*
détective M • *detective* • *rechercheur*
déteindre I OV WW [onregelmatig] *ontkleuren* **II** ONOV WW • *verkleuren*; *verschieten* • ~ **sur** *afgeven op* ⟨v. kleuren⟩ • ~ **sur** *invloed hebben op*
dételer I OV WW *uitspannen*; *afkoppelen* **II** ONOV WW INFORM. *zich intomen*; *ermee uitscheiden* ★ sans ~ *zonder ophouden*
détendre I OV WW • OOK FIG. *ontspannen* • *de druk verminderen van* **II** WKD WW [**se** ~] OOK FIG. *zich ontspannen*
détendu BNW OOK FIG. *ontspannen*
détenir OV WW [onregelmatig] • *in bezit hebben*; OOK FIG. *in handen hebben* • *gevangen houden*; *detineren*
détente V • OOK FIG. *ontspanning* • *trekker* ⟨v. vuurwapen⟩ • SPORT *katachtige lenigheid*; *springvermogen* ★ presser la ~ *de trekker overhalen* ★ il est dur à la ~ *hij is op de penning*; *hij geeft niet graag*; *hij is traag van begrip*
détenteur M [v: **détentrice**] *houder*; *bezitter*
détention V • *(het) in bezit houden*; *bezit* • *gevangenschap*; *hechtenis*; *detentie* ★ ~ provisoire *voorarrest*
détenu M [v: **détenue**] *gevangene*; *gedetineerde*
détergent M *(synthetisch) wasmiddel*; *detergent*
détérioration V *bederf*; *beschadiging*; *verslechtering*
détériorer I OV WW *bederven*; *schaden*; *verslechteren* **II** WKD WW [**se** ~] *verslechteren*
déterminable BNW *bepaalbaar*
déterminant I BNW • *bepalend* • *beslissend* **II** M *determinant*
déterminatif I BNW [v: **déterminative**] *bepalend* ★ pronom ~ *bepalingaankondigend voornaamwoord* **II** M *bepalend woord*
détermination V • *vaststelling*; *bepaling*; *determinatie* • *beslissing*; *besluit* • *vastberadenheid*; *beslistheid*
déterminé BNW • *bepaald*; *vastgesteld* • *vastbesloten (***à** *tot, om)*
déterminer I OV WW • *bepalen*; *vaststellen*; *determineren* • *veroorzaken*; *oproepen* • ~ **à** *doen besluiten tot/om*; *ertoe brengen om* **II** WKD WW [**se** ~] *besluiten (***à** *tot, om)*
déterminisme M *determinisme*
déterrer OV WW • *opgraven* • OOK FIG. *opdiepen* ★ avoir l'air d'un déterré *eruitzien als de dood*
détersif I M *schoonmaakmiddel* **II** BNW [v: **détersive**] *reinigend*
détestable BNW *afschuwelijk*; *verfoeilijk*; *zeer slecht*
détester OV WW *verfoeien*; *verafschuwen*; *een hekel hebben aan*
détonant BNW *ontplofbaar*
détonateur M • *slaghoedje*; *ontstekingsmiddel*; *detonator* • *wat iets (heftigs) in gang zet*
détonation V *knal*; *ontploffing*; *detonatie*
détoner ONOV WW *ontploffen*; *knallen*
détonner ONOV WW • *vals zingen*; *vals klinken* • *uit de toon vallen*; *lelijk afsteken*; *detoneren*
détordre OV WW *uiteendraaien*
détortiller OV WW *ontwarren*
détour M • OOK FIG. *omweg* • *bocht* ★ sans ~ *zonder uitvluchten*; *zonder gedraai*; *onomwonden* ★ ça vaut le ~ *dat is het bezichtigen waard* ★ au ~ d'une conversation *terloops (gezegd), tijdens een gesprek*
détourné BNW • OOK FIG. *langs een omweg*; *niet-rechtstreeks* • *zijdelings*; *slinks* ★ chemin ~ *omweg* ★ reproche ~ *bedekt verwijt* ★ sens ~ *verdraaide betekenis* ★ par des voies ~es *langs slinkse wegen*
détournement M • *onrechtmatige onttrekking*; *verduistering* • *omlegging* ⟨v. weg⟩; *omleiding* • *kaping* ⟨v. vliegtuig e.d.⟩ ★ JUR. ~ de mineur *onttrekking v.e. minderjarige aan de ouderlijke macht*; *misbruik v.e. minderjarige* ★ ~ de fonds *verduistering van gelden* ★ ~ de pouvoir *machtsmisbruik*; *misbruik van bevoegdheid*
détourner I OV WW • *afwenden*; *afbrengen*; *afleiden (***de** *van)* • *omleggen*; *omleiden*; OOK FIG. *van richting doen veranderen* • *onrechtmatig onttrekken*; *verduisteren* • *kapen* ⟨v. vliegtuig e.d.⟩ • FIG. *verdraaien* • JUR. *misbruiken* ⟨v.e. minderjarige⟩ • ~ **sur** *afwentelen op* **II** WKD WW [**se** ~] *zich afwenden*; *afwijken (***de** *van)*
détoxiquer OV WW *ontgiften*
détracteur M [v: **détractrice**] *kleineerder*; *hekelaar*; *criticus*
détraqué I M [v: **détraquée**] INFORM. *geestelijk gestoorde*; *gek* **II** BNW • *ontregeld*; *in het ongerede* • INFORM. *geestelijk gestoord*; *in de war*
détraquer I OV WW OOK FIG. *in de war maken*; *ontregelen*; *defect maken* **II** WKD WW [**se** ~] *in het ongerede raken*; *kapot gaan*
détrempe V • *tempera(schildering)* • *(het) ontharden van staal*
détremper OV WW • *doorweken* • *verdunnen* • *ontharden* ⟨v. staal⟩
détresse V *nood*; *ellende*; *ontreddering* ★ signal de ~ *noodsignaal*; *alarmknipperlicht* ⟨v. auto⟩
détriment M ★ au ~ de *ten nadele van*; *ten koste van*
détritus (zeg: -tuus) M *afval*; *vuilnis*
détroit M *(zee-)engte*; *straat*
détromper OV WW • FIG. *de ogen openen van* ★ détrompez-vous! *geloof dat maar niet!* • ~ **de** *afhelpen van* ⟨waanidee⟩
détrôner OV WW OOK FIG. *onttronen*
détrousser OV WW OUD. *beroven (***de** *van)*; *uitschudden*
détruire OV WW [onregelmatig] *vernielen*; *vernietigen*; *verdelgen*; *tenietdoen*
dette V *schuld* ★ ~ flottante *vlottende schuld* ★ ~ publique *staatsschuld* ★ la ~ de la reconnaissance *de plicht tot dankbaarheid* ★ être accablé/criblé/perdu de ~s *tot over de oren in de schulden zitten* ★ qui paye ses ~s, s'enrichit ⟨spreekwoord⟩ *wie zijn schulden betaalt wordt niet arm* ★ OUD. payer sa ~ à la nature *de tol der natuur betalen*; *sterven*
DEUG AFK • OUD. • O&W Diplôme d'études universitaires générales ≈ *diploma na twee*

de

jaar universitaire studie; ≈ *bachelordiploma*
deuil M • *rouw*; *rouwtijd* • *sterfgeval*; *verlies* • *lijkstoet* • *rouwkleding* ★ en ~ *in de rouw* ★ ongles en ~ *nagels met rouwranden* ★ plonger dans le ~ *in rouw dompelen* ★ porter le ~ de qn *over iem. in de rouw zijn* ★ prendre le ~ (pour qn) *de rouw aannemen (om iemand)* ★ INFORM. tu peux en faire ton ~ *dat kun je wel vergeten*

de

deux I TELW *twee* ★ l'un des deux *een van beiden* ★ en deux mots *in een paar woorden* ★ en moins de deux *in een mum van tijd* ★ de deux choses l'une *van tweeën een* ★ c'est entre les deux *het is er (zo) tussenin*; *het is maar zozo* ★ à deux pas d'ici *hier vlakbij* ★ cela est clair comme deux et deux font quatre *dat is zonneklaar* ★ ... ça fait deux ... *dat zijn twee heel verschillende dingen* ★ jamais deux sans trois *driemaal is scheepsrecht* ★ ne faire ni une ni deux *zich geen tweemaal bedenken* ★ piquer des deux *zijn paard de sporen geven* **II** M *twee*
deuxième TELW *tweede*
deuxièmement BIJW *ten tweede*
deux-mâts M [mv: id.] *tweemaster*
deux-pièces M [mv: id.] • *tweedelig kostuum* • *tweedelig badpak* • *tweekamerflat*
deux-points M [mv: id.] *dubbele punt*
deux-roues M [mv: id.] *tweewieler*
deux-temps M [mv: id.] *tweetaktmotor*
deuzio BIJW INFORM. *ten tweede*
dévaler I OV WW *snel afgaan* **II** ONOV WW *snel omlaaggaan*
dévaliser OV WW *beroven*; OOK FIG. *leegplunderen*
dévalorisation V *waardevermindering*
dévaloriser OV WW • *in waarde doen dalen* • *in aanzien doen dalen*; *kleineren*
dévaluation V *devaluatie*; *waardevermindering*
dévaluer OV WW *devalueren*; *in waarde doen verminderen*
devancement M *(het) van te voren gaan*; *(het) vooruitgaan*
devancer OV WW • *gaan/komen vóór*; *vóór zijn*; *voorbijstreven* • *bij voorbaat doen/vervullen* ★ ~ les désirs de qn *iemands wensen voorkomen*
devancier M [v: **devancière**] *voorganger*
devant I M *voorste gedeelte*; *voorzijde* ★ porte de ~ *voordeur* ★ prendre les ~s *vooruitlopen*; *een voorsprong nemen*; *het initiatief nemen* **II** BIJW • *ervoor*; *vooraan*; *vooruit*; *voorop* • *tevoren* ★ (sens) ~ derrière *achterstevoren* ★ marcher ~ *vooruitlopen*; *vooroplopen* ★ passez ~! *gaat u voor!* **III** VZ *voor* ⟨plaats⟩; *tegenover*; *in tegenwoordigheid van* ★ passer ~ une maison *langs een huis gaan*
devanture V • *winkelpui* • *uitstalkast*; *etalage*
dévastateur I BNW [v: **dévastatrice**] *verwoestend* **II** M [v: **dévastatrice**] *verwoester*
dévastation V *verwoesting*
dévaster OV WW *verwoesten*
déveine V INFORM. *pech*
développement M • *ontwikkeling* • *(het) loswikkelen*; *(het) ontvouwen*; *(het) uitpakken* • *uiteenzetting*; *uitwerking* • *verzet* ⟨v. fiets⟩ ★ pays en voie de ~ *ontwikkelingsland*
développer I OV WW • *ontwikkelen* ⟨ook v. foto's⟩ • *ontvouwen*; *loswikkelen*; *uitpakken* • *uiteenzetten*; *uitwerken* **II** WKD WW [**se** ~] *zich ontwikkelen*; *uitgroeien*
devenir I M *wording*; *ontstaan* **II** ONOV WW [onregelmatig] *worden* ★ que deviendra-t-il? *wat zal er van hem worden?*; *wat zal er van hem terechtkomen?*
dévergondage M *losbandigheid*; *schaamteloosheid*
dévergondé BNW *losbandig*; *schaamteloos*; *zedeloos*
dévergonder WKD WW [**se** ~] *schaamteloos optreden*
déverrouiller OV WW *ontgrendelen*
dévers M *(het) overhellen*; *(dwars)helling*
déversement M • *(het) overhellen* • *lozing*; *(uit)storting*
déverser I OV WW *uitstorten*; *lozen*; OOK FIG. *spuien* **II** ONOV WW *overhellen*; *uit het lood zijn* **III** WKD WW [**se** ~] *zich uitstorten*; *uitstromen*
déversoir M *overlaat*; *overloop*
dévêtir I OV WW *ontkleden* **II** WKD WW [**se** ~] *zich (deels) uitkleden*
déviance V *afwijking*; *deviant gedrag*
déviant BNW *afwijkend*; *deviant*
déviation V • *afwijking*; *deviatie* • *wegomleiding*
déviationniste M/V *iem. die van de officiële doctrine afwijkt*; *dissident*
dévidage M *afwikkeling*; *afhaspeling*
dévider OV WW • *afwinden*; *afhaspelen* • INFORM. *snel opdreunen*; *afraffelen* ★ ~ un rosaire *een rozenkrans door zijn vingers laten glijden*
dévidoir M *haspel*
dévier I OV WW • *doen afwijken (***de** *van)*; OOK FIG. *doen afbuigen* • *omleiden* ⟨v. verkeer⟩; *omleggen* **II** ONOV WW *afwijken (***de** *van)*; *afbuigen*
devin M [v: **devineresse**] *waarzegger* ★ je ne suis pas ~! *ik kan geen koffiedik kijken!*
devinable BNW *voorspelbaar*
deviner OV WW • *raden* • *voorspellen* • *doorzien* ★ ça se devine *dat laat zich raden*
devinette V *raadseltje* ★ poser une ~ *een raadsel opgeven*
devis (zeg: -vie) M *kostenraming*; *prijsopgave*; *bestek*
dévisager OV WW *aanstaren*; *monsteren*
devise V • *devies*; *leus*; *motto*; *lijfspreuk*; *wapenspreuk* • *devies*; *vreemde valuta*
deviser ONOV WW FORM. *keuvelen (***de, sur** *over)*
dévisser I OV WW *losschroeven* **II** ONOV WW *neerstorten* ⟨v. bergbeklimmer⟩
dévitaliser OV WW *de zenuw doden van* ⟨tand⟩; *een zenuwbehandeling geven*
dévoilement M *ontsluiering*; *onthulling*
dévoiler OV WW OOK FIG. *ontsluieren*; *onthullen*
devoir I M • *plicht* ★ ~ de réserve *zwijgplicht* • VAAK MV *huiswerk*; *taak* ★ par ~ *uit plichtsgevoel* ★ se faire un ~ de *het zijn plicht achten om* ★ se mettre en ~ de *aanstalten maken om* ★ rentrer dans le ~ *zijn plicht weer gaan doen* ★ rendre ses ~s à qn *bij iem. zijn*

opwachting maken ★ rendre les derniers ~s à qn *iem. de laatste eer bewijzen* **II** OV WW ~ **à** *te danken hebben aan; (ver)schuldig(d) zijn aan; te wijten hebben aan* ★ je lui dois mon bonheur *ik heb mijn geluk aan hem te danken* ★ je lui dois cent euros *ik ben hem honderd euro schuldig* ★ être dû à *toe te schrijven zijn aan; komen door* ★ il lui doit le respect *hij is hem/haar respect verschuldigd* **III** WKD WW [**se** ~] • ~ **à** *zich moeten wijden aan* • ~ **de** *moreel verplicht zijn om* ★ cela se doit *dat hoort zo* ★ comme il se doit *zoals het hoort* ★ un roi se doit à son peuple *een koning behoort voor zijn volk te leven* **IV** HWW • *moeten* • *(wel) zullen* ★ il ne devait pas revoir ses parents *hij zou zijn ouders niet terug zien* ★ je le ferai, dussé-je y passer la nuit *ik zal het doen, zelfs al kost het me de hele nacht*

dévoltage M *vermindering v.d. elektrische spanning*

dévolu I M ★ jeter son ~ sur *zijn keus laten vallen op* **II** BNW ~ **à** *vervallen aan; toegevallen aan*

dévolution V *rechtsovergang; devolutie*

dévorateur BNW [v: **dévoratrice**] *verslindend; verterend*

dévorer OV WW *verslinden; verscheuren;* OOK FIG. *verteren* ★ dévoré de remords *verteerd door wroeging* ★ faim dévorante *onverzadigbare honger* ★ ~ des yeux *met de ogen verslinden* ★ ~ un affront *een belediging slikken* ★ ~ son patrimoine *zijn ouderlijk erfdeel erdoor draaien* ★ l'ennui le dévore *hij verveelt zich dood*

dévot I M [v: **dévote**] ★ faux ~ *schijnheilige* **II** BNW *devoot; vroom*

dévotion V • *vroomheid; devotie* • *verering; cultus (***à** *van)* • FIG. *verering; diepe bewondering (***pour** *voor)* ★ faire ses ~s *zijn religieuze plichten doen* ★ être à la ~ de qn *iem. met hart en ziel toegewijd zijn*

dévoué BNW *toegewijd (***à** *aan)* ★ votre ~ *uw toegenegen*

dévouement M • *toewijding; verknochtheid (***à** *aan)* • *offervaardigheid*

dévouer I OV WW • OUD. *(toe)wijden (***à** *aan)* • OUD. *offeren (***à** *aan)* **II** WKD WW [**se** ~] • *zich (toe)wijden (***à** *aan)* • *zich opofferen (***pour** *voor)* ★ les soldats se dévouaient pour la patrie *de soldaten offerden hun leven voor het vaderland*

dévoyé BNW *van het goede pad geraakt*

dévoyer I OV WW • FORM. *van de weg afbrengen* • FORM. *van het goede pad brengen* **II** WKD WW [**se** ~] FORM. *de verkeerde weg opgaan;* FIG. *ontsporen*

dextérité V *handigheid; vaardigheid*

dextro- VOORV *rechts-*

dextrorsum (zeg: -som) BNW *rechtsdraaiend*

di- VOORV *dubbel-; twee-*

dia TW OUD. *haar!* ⟨uitroep v. voerlieden⟩

diabète M *suikerziekte; diabetes*

diabétique I BNW *diabetisch* **II** M/V *diabeticus*

diable I M • *duivel* • *kerel; duvel; deksels kind* • *steekwagentje* ★ ~ de mer *zeeduivel* ★ avoir le ~ au corps *niet te houden zijn; (als) bezeten zijn* ★ se démener comme un (beau) ~/comme le ~ dans un bénitier *tekeergaan als een bezetene* ★ ne craindre ni Dieu ni ~ *voor de duvel niet bang zijn* ★ envoyer qn au ~ *iem. naar de duivel wensen* ★ faire le ~ à quatre *een hoop stampij maken; al het mogelijke doen* ★ tirer le ~ pour la queue *met moeite kunnen rondkomen* ★ va-t'en au ~! *loop naar de duivel!* ★ voilà le ~ *dat is juist de moeilijkheid* ★ travail fait à la ~ *slordig werk* ★ il fait un froid du ~ *het is duivels koud* ★ il est paresseux en ~ *hij is verdomd lui* ★ au ~ *ver weg; in een uithoek* ★ au ~! *weg met!* ★ le ~, c'est que *het ellendige is dat* ★ c'est le ~ pour *het is een heksentoer om* ★ c'est bien le ~ si... *het zou wel stug zijn als...* ★ bon ~ *goeie knul* ★ pauvre ~ *arme drommel* **II** TW *duivels!; drommels!* ★ que ~! *wat drommels!*

diablement BIJW *verduiveld; drommels*

diablerie V • *duivelskunsten* • *ondeugende streek; kattenkwaad*

diablesse V OOK FIG. *duivelin*

diablotin M • *duiveltje* • *schelmpje; deugniet; dondersteen* • *knalbonbon*

diabolique BNW *duivels; diabolisch*

diaboliser OV WW *als duivel afschilderen; verketteren*

diabolo M • *diabolo* • *limonade van siroop*

diaconat M *diaconaat*

diaconesse V *diacones*

diacre M *diaken*

diacritique BNW TAALK. *diakritisch; onderscheidend*

diadème M • *diadeem* • FIG. *kroon*

diagnostic (zeg: -tiek) M *diagnose*

diagnostique BNW *diagnostisch*

diagnostiquer OV WW *de diagnose stellen van; diagnosticeren*

diagonal BNW [m mv: **diagonaux**] *diagonaal*

diagonale I V *diagonaal* ★ lire en ~ *snellezen* **II** BNW • → **diagonal**

diagramme M *diagram* ★ COMP. ~ de circulation *stroomschema*

dialectal BNW [m mv: **dialectaux**] *dialectisch; dialect-*

dialecte M *dialect*

dialecticien M [v: **dialecticienne**] *dialecticus*

dialectique I BNW *dialectisch* **II** V *dialectiek*

dialogue M *samenspraak; dialoog; gesprek (***entre** *tussen)* ★ c'est un ~ de sourds *ze praten langs elkaar heen*

dialoguer ONOV WW *een gesprek hebben (***avec** *met)*

dialoguiste M/V *schrijver v. (film)dialogen*

dialyse V *dialyse*

diamant M *diamant* ★ édition ~ *diamanteditie*

diamantaire I M/V • *diamantwerker* • *diamantair* **II** BNW *diamantachtig*

diamanté BNW *van diamant(en) voorzien; diamanten*

diamantifère BNW *diamanthoudend; diamant-*

diamétral BNW [m mv: **diamétraux**] *diametraal* ★ ligne ~e *middellijn*

diamétralement BIJW *diametraal* ★ ~ opposés *lijnrecht tegenover elkaar staand*

diamètre M • *middellijn* • *doorsnede; diameter*

diane V MIL./OUD. *reveille* ★ battre la ~ *de*

reveille slaan ★ sonner la ~ *de reveille blazen*
diantre TW OUD. *drommels!*
diapason M *diapason* ⟨stembereik; stemvork; stemming⟩ ★ être au ~ de qn *op iem. ingesteld zijn*; FIG. *op dezelfde golflengte zitten*
diaphane BNW *doorschijnend*
diaphragme M • *middenrif* • *tussenschot* ⟨v. vruchten⟩ • *lensopening*; *diafragma* • *pessarium* • *trilplaatje* ⟨in microfoon e.d.⟩; *membraan*

diaphragmer ONOV WW *diafragmeren*
diapositive V *dia*
diapré BNW FORM. *bont*; *geschakeerd*
diaprure V FORM. *veelkleurigheid*; *bontheid*
diarrhée V *diarree*
diaspora V *diaspora*; *verstrooiing*
diatonique BNW *diatonisch*
diatribe V *spotschrift*; *scherpe kritiek*; *scherpe uitval (***contre** *tegen)*; *diatribe*
dico M INFORM. dictionaire *woordenboek*
dicotylédone BNW *tweezaadlobbig*
dictaphone M *dictafoon*
dictateur M [v: **dictatrice**] *dictator*
dictatorial BNW [m mv: **dictatoriaux**] *dictatoriaal*
dictature V *dictatuur*
dictée V • OOK FIG. *(het) dicteren* • *dictee* ★ sous la ~ de *zoals gedicteerd door*; *zoals ingegeven door* ★ écrire sous la ~ *het gedicteerde opschrijven*
dicter OV WW • OOK FIG. *dicteren* • *voorschrijven*; *opleggen*; *ingeven*
diction V *dictie*; *zegging*
dictionnaire M *woordenboek* ★ ~ vivant *wandelend woordenboek*
dicton M *spreekwijze*; *spreuk*; *gezegde*
didacticiel M *educatieve software*
didactique I BNW *lerend*; *didactisch* ★ poème ~ *leerdicht* **II** V *didactiek*
dièdre I M *tweevlakshoek* **II** BNW *door twee vlakken gevormd*
dièse M • MUZ. *kruis*; *verhogingsteken* • DRUKK. *#* ⟨`hekje'⟩ ★ do ~ *cis*
diesel, diésel (zeg: djeezel) M *diesel*
diéser OV WW MUZ. *een halve toon verhogen*
diète V • *dieet* • *rijksdag*; *landdag* ★ ~ lactée *melkdieet* ★ mettre à la ~ *op dieet stellen*
diététicien M [v: **diététicienne**] *diëtist*
diététique I V • *diëtetiek*; *voedingsleer* • *natuurvoeding* **II** BNW *dieet-*
dieu M [mv: **dieux**] *god* ★ comme un dieu *goddelijk mooi* ★ l'argent est son dieu *het geld is zijn afgod*
Dieu M *God* ★ le bon Dieu *Onze-Lieve-Heer* ★ homme de Dieu *Godsman*; *priester*; *heilige* ★ Dieu merci *goddank* ★ plût à Dieu *geve God !* ★ il ne craint ni Dieu ni diable *hij is voor de duvel niet bang* ★ ne croire ni à Dieu ni à diable *aan God noch gebod geloven* ★ recevoir le bon Dieu *de heilige communie ontvangen* ★ INFORM. est-il Dieu possible? *(hoe) is het godsmogelijk?* ★ chacun pour soi et Dieu pour tous ⟨spreekwoord⟩ *ieder voor zich en God voor ons allen* ★ l'homme propose et Dieu dispose ⟨spreekwoord⟩ *de mens wikt, maar God beschikt*
diffamant BNW *lasterlijk*
diffamateur I M [v: **diffamatrice**] *lasteraar* **II** BNW [v: **diffamatrice**] *lasterlijk*
diffamation V *laster*; *kwaadsprekerij*; *smaad*
diffamatoire BNW *lasterlijk*; *smaad-* ★ écrit ~ *smaadschrift*
diffamer OV WW *belasteren*
différé I BNW *uitgesteld* **II** M ★ en ~ *niet-rechtstreeks* ⟨v. uitzending⟩; COMP. *offline*
différemment BIJW *verschillend*; *anders*
différence V *verschil (***de, entre** *tussen)*; *onderscheid* ★ à la ~ de *in tegenstelling tot* ★ faire la ~ *zich gunstig onderscheiden*; *het winnen*
différenciation V *differentiatie*
différencier OV WW *onderscheiden (***de** *van)*; *differentiëren*
différend M *geschil (***avec** *met;* **entre** *tussen)* ★ partager le ~ *van beide kanten wat toegeven* ★ vider un ~ *een geschil beslechten*
différent BNW • *verschillend (***de** *van)*; *anders* • MV *verscheidene*
différentiel I BNW [v: **différentielle**] • *differentiaal-* • *differentieel* **II** M *differentieel*
différentielle V *differentiaal*
différer I OV WW *uitstellen* ★ sans ~ *onverwijld* **II** ONOV WW *verschillen (***de** *van)*; *van mening verschillen (***sur** *over)*
difficile BNW *moeilijk*; *lastig* ★ faire le ~ *moeilijk doen*; *veeleisend zijn*
difficilement BIJW *moeilijk*; *moeizaam*; *bezwaarlijk*
difficulté V *moeilijkheid*; *probleem*; *bezwaar* ★ en ~ *in moeilijkheden*; *in conflict* ★ sans ~ *probleemloos*; *moeiteloos* ★ soulever une ~ *een tegenwerping maken*
difforme BNW *misvormd*; *mismaakt*; *vormeloos*
difformité V *mismaaktheid*
diffraction V *buiging* ⟨v. stralen⟩; *diffractie*
diffus (zeg: -fuu) BNW • NATK. *diffuus* • *vaag*; *onduidelijk* • *wijdlopig*
diffuser OV WW • NATK. *verstrooien* ⟨v. straling⟩ • *verspreiden*; *verbreiden*; *distribueren* • *uitzenden* ⟨per radio of tv⟩ ★ ~ une nouvelle *nieuws verbreiden*
diffuseur M • *verspreider*; *distributeur* • *diffusor*; *verdeelinrichting*; *sproeier* ⟨v. carburateur⟩; *verstuiver*
diffusion V • *verspreiding*; *verbreiding*; *verstrooiing*; *diffusie* • *distributie* • *uitzending* ⟨radio, tv⟩
digérer OV WW • *verteren* • FIG. *verwerken* • *(kunnen) verdragen*; *verduren*; *slikken* ★ ~ une offense *een belediging slikken*
digeste BNW INFORM. *gemakkelijk verteerbaar*
digestibilité V *verteerbaarheid*
digestible BNW *(gemakkelijk) verteerbaar*
digestif I M *digestief*; *likeurtje* ⟨na de maaltijd⟩ **II** BNW [v: **digestive**] *de spijsvertering bevorderend*; *spijsverterings-* ★ appareil ~ *spijsverteringsorganen*
digestion V • *(spijs)vertering* • FIG. *verwerking*
digicode M *elektronisch deurslot* ⟨met cijfercode⟩
digital BNW [m mv: **digitaux**] • *digitaal* • *vinger-* ★ empreinte ~e *vingerafdruk*
digitale V *vingerhoedskruid*; *digitalis*

digitaliser OV WW *digitaliseren; numeriek maken*
digne BNW • *waardig* • ~ **de** *waard(ig)* ★ ~ d'envie *benijdenswaardig* ★ ~ de foi *geloofwaardig*
dignitaire M *hoogwaardigheidsbekleder; dignitaris*
dignité V • *waardigheid* • *eigenwaarde*
digression V *uitweiding*
digue V *dijk*; OOK FIG. *dam*
diktat M *dictaat* (opgelegde regeling)
dilapidateur I M [v: **dilapidatrice**] *verkwister* **II** BNW [v: **dilapidatrice**] *verkwistend*
dilapidation V *verkwisting; verspilling*
dilapider OV WW *verkwisten; verspillen*
dilatable BNW *uitzetbaar*
dilatation V *uitzetting; verwijding*
dilater I OV WW *doen uitzetten; verwijden* ★ yeux dilatés *opengesperde ogen* ★ ~ le cœur *het hart doen zwellen* (v. vreugde) **II** WKD WW [**se** ~] *uitzetten; zwellen*
dilatoire BNW *vertragend; uitstel beogend; ontwijkend* (v. antwoord)
dilection V LIT. *liefde; naastenliefde*
dilemme M *dilemma* ★ être devant/(enfermé) dans un ~ *voor een dilemma staan*
dilettante M/V *dilettant*
dilettantisme M *dilettantisme; amateurisme*
diligemment BIJW • → **diligent**
diligence V • FORM. *voortvarendheid; ijver; spoed* • *diligence; postkoets* ★ faire ~ *zich haasten*
diligent BNW FORM. *voortvarend; naarstig; ijverig*
diluant M *verdunningsmiddel*
diluer OV WW *verdunnen*; OOK FIG. *verwateren*
dilution V *verdunning*; OOK FIG. *verwatering*
diluvien BNW [v: **diluvienne**] *(als) van de zondvloed* ★ pluie ~ne *wolkbreuk*
dimanche M *zondag* ★ ~ de Quasimodo *eerste zondag na Pasen* ★ ~ des Rameaux *palmzondag* ★ ~ gras *laatste zondag voor de vasten* ★ air de ~ *opgeruimd gezicht; zondagsgezicht* ★ habillé en ~ *op z'n zondags gekleed* ★ conducteur du ~ *zondagsrijder*
dîme V OUD. *tiend* (soort belasting)
dimension V *afmeting*; OOK FIG. *dimensie* ★ à la ~ de *overeenkomend met; passend bij* ★ prendre les ~s de qn FIG. *iem. taxeren*
diminué BNW *verminderd; verzwakt*
diminuer I OV WW • *(ver)minderen; verkleinen; verlagen* • *kleineren* ★ ~ le prix *de prijs verlagen* **II** ONOV WW *verminderen; afnemen; kleiner worden; zwakker worden* ★ les jours diminuent *de dagen worden korter* ★ ~ de prix *in prijs dalen* **III** WKD WW [**se** ~] *zich verlagen; zich verkleinen*
diminutif I M • *verkleinwoord* • *verkleinvorm* (v. eigennaam) **II** BNW [v: **diminutive**] *verkleinend*
diminution V *(ver)mindering; verkleining; verlaging* ★ ~ de prix *prijsverlaging*
dinanderie V *geel koperwerk*
dînatoire BNW ★ déjeuner ~ *uitgebreide warme lunch*
dinde V • *(wijfjes)kalkoen* • *onnozele vrouw; dom gansje*
dindon M • *kalkoen; kalkoense haan* • *domme man; uilskuiken* ★ être le ~ de la farce *het kind v.d. rekening zijn; de klos zijn*
dindonneau M [mv: **dindonneaux**] *jonge kalkoen*
dîner I M *avondmaaltijd; warme maaltijd; diner* **II** ONOV WW *de avondmaaltijd gebruiken; warm eten; dineren* ★ (aller) ~ en ville *uit eten gaan* ★ ~ d'un faisan *bij de avondmaaltijd fazant eten*
dînette V • *kleine maaltijd* • *poppenservies*
dîneur M [v: **dîneuse**] • *eter; gast* • *veeleter*
dingo BNW INFORM. *getikt; gek*
dingue I M/V INFORM. *gek; malloot* **II** BNW • INFORM. *gek; maf* • INFORM. *ongelooflijk; krankzinnig; onwijs; niet normaal (meer)*
dinguer ONOV WW INFORM. *vallen; kukelen* ★ envoyer ~ qn *zich v. iem. afmaken*
dinosaure M • *dinosaurus* • INFORM. *kopstuk van de oude garde*
diocésain BNW *diocesaan*
diocèse M *diocees; bisdom*
diode V *diode*
dioptrie V *dioptrie*
diphasé BNW *tweefase-*
diphtérie V *difterie*
diphtongue V *tweeklank; diftong*
diplomate I BNW *diplomatiek* **II** M/V *diplomaat*
diplomatie (zeg: -sie) V *diplomatie*
diplomatique I BNW • *diplomatiek* • *diplomatisch* ★ maladie ~ *zogenaamde ziekte* (als voorwendsel) **II** V *oorkondeleer; diplomatiek*
diplôme M *diploma; akte; getuigschrift*
diplômé BNW *gediplomeerd; afgestudeerd (***de** *aan;* **en** *in)*
diplômer OV WW *diplomeren*
dipode BNW *tweevoetig*
diptère BNW *tweevleugelig*
diptyque M *tweeluik; diptiek*
dire I M *(het) zeggen; wat iem. zegt; bewering; verklaring* ★ au(x) dire(s) de *volgens (zeggen van)* **II** OV WW [onregelmatig] *zeggen (***à** *aan); opzeggen* ★ c'est-à-dire *dat wil zeggen* ★ il n'y a pas/rien à dire *er valt niets tegenin te brengen* ★ pour ainsi dire *om zo te zeggen* ★ pour tout dire *in één woord; kortom* ★ aussitôt dit, aussitôt fait *zo gezegd, zo gedaan* ★ c'est beaucoup dire *dat zou te veel gezegd zijn* ★ FORM. si le cœur vous en dit *als u zin hebt* ★ comme qui dirait *als het ware* ★ dites donc! *zeg eens!* ★ ou pour mieux dire *of beter gezegd* ★ (et) dire que *en dan te bedenken dat* ★ sans mot dire *zonder iets te zeggen* ★ c'est dire que *waaruit blijkt dat* ★ on dirait (que) *het lijkt wel (of)* ★ les on-dit/les qu'en dira-t-on *de publieke opinie; de praatjes van de mensen* ★ il n'y a pas à dire *ontegenzeglijk* ★ vous m'en direz tant! *ach zo!* ★ qu'est-ce à dire? *wat betekent dat?* ★ cela en dit long *dat is veelzeggend; dat spreekt boekdelen* ★ que veut dire cela? *wat betekent dat?* ★ cela va sans dire *dat spreekt vanzelf* ★ c'est le moins qu'on puisse dire *dat is nog zachtjes uitgedrukt; dat mag je wel zeggen* ★ soit dit entre nous *onder ons gezegd* ★ soit dit en passant *dit terzijde* ★ cela ne me dit rien *dat zegt me niets; daar voel ik niets voor*

★ c'est tout dit *daarmee is alles gezegd* ★ c'est vite dit *dat is gemakkelijk gezegd* ★ à vrai dire *om de waarheid te zeggen* ★ c'est dit *dat is afgesproken* ★ vous n'avez qu'à dire *u hoeft slechts te bevelen* ★ je ne vous le fais pas dire *u zegt het (immers) zelf* ★ qui ne dit mot, consent ⟨spreekwoord⟩ *wie zwijgt, stemt toe* **III** WKD WW [**se** ~] • *bij zichzelf zeggen* • *gezegd worden* • *zeggen te zijn*; *denken te zijn* ★ cela ne se dit pas *dat zegt men niet*

direct (zeg: -rekt) **I** BNW *rechtstreeks*; *direct* ★ ligne ~e *rechte linie* ★ train ~ *doorgaande trein* **II** M *directe* ⟨bij boksen⟩ ★ (émission en) ~ *rechtstreekse uitzending*
directement BIJW • → **direct**
directeur I M [v: **directrice**] *directeur*; *hoofd* ★ ~ de conscience *geestelijk leidsman*; *biechtvader* ★ ~ sportif *ploegleider* ⟨bij wielrennen⟩ **II** BNW [v: **directrice**] *leidend*; *richt-* ★ WISK. (ligne) directrice *richtlijn* ★ comité ~ *bestuur*
directif BNW [v: **directive**] • *richtend*; *gericht* • *autoritair*
direction V • *leiding*; *directie* • *richting* • TECHN. *stuurinrichting* ★ toutes ~s *doorgaand verkeer* ⟨als aanduiding⟩ ★ ~ assistée *stuurbekrachtiging*
directive V *directief*; *richtlijn*; *instructie*
directoire M • *Directoire* ⟨bestuur v. 1795-1799⟩ • *bestuurscollege*; *directie*
directorial BNW [m mv: **directoriaux**] • *wat de directie betreft* • *wat het Directoire betreft*
dirigeable I M *luchtschip*; *zeppelin* **II** BNW *bestuurbaar*
dirigeant I M [v: **dirigeante**] *leider*; *bestuurder*; *machthebber* **II** BNW *leidend*; *heersend*
diriger I OV WW • *leiden*; *besturen*; *dirigeren* • *richten (***sur**, **vers** *naar;* **contre** *tegen)*; *sturen (***sur**, **vers** *naar)* ★ économie dirigée *geleide economie* **II** WKD WW [**se** ~] • ~ **contre** *gericht zijn tegen* • ~ **vers** *zich richten naar*; *gaan naar*
dirigisme M *geleide economie*; *dirigisme*
dirigiste BNW *dirigistisch*
discal BNW [mv: **discaux**] *tussenwervelschijf-*
discernement M *onderscheiding(svermogen)*; *oordeel(svermogen)*; *onderkenning*; *inzicht*
discerner OV WW *onderscheiden (***de** *van)*; *onderkennen*; *waarnemen*
disciple M/V *leerling*; *volgeling*; *discipel* ★ les ~s d'Emmaüs *de Emmaüsgangers*
disciplinaire BNW *disciplinair*; *tucht-*
discipline V *discipline* ⟨in alle betekenissen⟩ ★ ~ militaire *krijgstucht* ★ compagnie de ~ *strafcompagnie*
discipliné BNW *gedisciplineerd*
discipliner OV WW *disciplineren*; FIG. *in toom houden*
disclaimer M *disclaimer*
disco I M *disco* **II** BNW *disco-*
discobole M GESCH. *discuswerper*
discontinu BNW *discontinu*; *(telkens) onderbroken*
discontinuer ONOV WW ★ sans ~ *zonder ophouden*; *onafgebroken*
discontinuité V *(het) onderbroken zijn*; *discontinuïteit*
disconvenir ONOV WW [onregelmatig] ★ FORM. ne pas ~ de qc *iets niet ontkennen* ★ FORM. ne pas ~ que [+ subj.] *niet ontkennen dat*
discophile M/V *discofiel*; *platen-/cd-liefhebber*
discordance V *gebrek aan overeenstemming*; *disharmonie*; *discrepantie (***entre** *tussen)*
discordant BNW *niet overeenstemmend*; *niet bij elkaar passend*; *disharmonisch*; *onwelluidend*; *vloekend* ⟨v. kleuren⟩
discorde V *tweedracht* ★ pomme de ~ *twistappel* ★ semer la ~ *tweedracht zaaien*
discothèque V *discotheek*
discoureur M [v: **discoureuse**] *veelprater*; *kletsmeier*
discourir ONOV WW [onregelmatig] *breedvoerig praten*; *uitweiden (***de**, **sur** *over)*
discours M • *redevoering* • *wat men zegt*; *gepraat*; TAALK. *rede* • *uiteenzetting*; *vertoog (***de** *over)* ★ ~ de réception *intreerede* ★ les parties du ~ *de woordsoorten* ★ ~ (in)direct *(in)directe rede*
discourtois BNW *onbeleefd*; *onhoffelijk*; *onheus*
discrédit (zeg: -die) M *diskrediet* ★ jeter le ~ sur *in diskrediet brengen*
discréditer I OV WW *in diskrediet brengen* **II** WKD WW [**se** ~] *in diskrediet raken*; *zich blameren*
discret BNW [v: **discrète**] *discreet* ⟨in alle betekenissen⟩; *onopvallend*
discrètement BIJW *discreet*
discrétion V *discretie* ⟨in alle betekenissen⟩ ★ à ~ *naar believen*; *zo veel men wil* ★ être à la ~ de qn *aan iem. overgeleverd zijn*
discrétionnaire BNW *eigendunkelijk*; *discretionair*
discriminant BNW FORM. *onderscheidend*
discrimination V • *discriminatie* • FORM. *onderscheiding(svermogen)*
discriminatoire BNW *discriminerend*
discriminer OV WW • FORM. *onderscheiden*; *onderkennen* • ZELDEN *discrimineren*
disculpation V *(het) (zich) vrijpleiten*; *bewijs van onschuld*
disculper I OV WW *van blaam zuiveren*; *disculperen*; *vrijpleiten (***de** *van)* **II** WKD WW [**se** ~] *zich vrijpleiten*; *zich rechtvaardigen*
discursif BNW [v: **discursive**] • *redenerend*; *discursief* • *uitweidend*
discussion V *redetwist*; *bespreking*; *discussie* ★ cela est sujet à ~ *dat is nog de vraag*
discutable BNW *betwistbaar*
discutailler ONOV WW INFORM. *palaveren*; *bekvechten*
discuté BNW *betwist*; *omstreden*
discuter I OV WW • *bespreken*; *discussiëren over* • *betwisten* **II** ONOV WW *discussiëren*; *praten*; *redetwisten (***avec** *met;* **de**, **sur** *over)*
disert BNW FORM. *welbespraakt*
disette V • *schaarste aan levensmiddelen*; *hongersnood* • LIT. *schaarste (***de** *aan)*
diseur M [v: **diseuse**] OUD. *zegger*; *voordrager*; *mooiprater* ★ ~ de bonne aventure *waarzegger* ★ ~ de bons mots *moppentapper*
disgrâce V *ongenade* ★ tomber en ~ *in ongenade vallen*
disgracié BNW • *in ongenade*; *uit de gunst* • *misdeeld*

disgracier OV WW *in ongenade doen vallen*
disgracieux BNW [v: **disgracieuse**] *onbevallig; lelijk*
disjoindre I OV WW [onregelmatig] *(van elkaar) scheiden; uiteenhalen* **II** WKD WW [**se ~**] *losraken*
disjoncter ONOV WW • *doorslaan* ‹v. zekering› • INFORM. *doordraaien; de kluts kwijt zijn*
disjoncteur M *stroomonderbreker; (veiligheids)schakelaar* ★ ~ différentiel *aardlekschakelaar*
disjonction V *(het) uiteenhalen; scheiding*
dislocation V • *(het) uiteenvallen; (het) uiteenrukken;* FIG. *ontbinding* • *ontwrichting; dislocatie*
disloquer I OV WW • *uiteenhalen; uiteenrukken;* FIG. *ontbinden* • *ontwrichten* **II** WKD WW [**se ~**] *uiteenvallen*
disparaître ONOV WW [onregelmatig] • *verdwijnen; verloren gaan* • *sterven*
disparate I V OUD. *ongelijkheid; discrepantie* **II** BNW *ongelijk(soortig); niet bij elkaar passend; disparaat* ★ couleurs ~s *vloekende kleuren*
disparité V *ongelijkheid; discrepantie (***entre** *tussen)*
disparition V • *verdwijning* • *overlijden* ★ en voie de ~ *met uitsterven bedreigd*
disparu I BNW • *verdwenen; vermist* • *overleden* **II** WW [volt. deelw.] • → **disparaître**
dispatching M *verdeling; verdeelcentrum; verkeerscentrale*
dispendieux BNW [v: **dispendieuse**] FORM. *kostbaar; duur*
dispensaire M *(gratis) geneeskundige dienst; consultatiebureau; polikliniek*
dispensateur M [v: **dispensatrice**] *uitdeler; verstrekker*
dispense V *vrijstelling; ontheffing; dispensatie (***de** *van)*
dispenser I OV WW • *vrijstellen; ontheffen; ontslaan (***de** *van)* • *uitdelen; uitreiken; geven* ★ dispense-moi de ça *bespaar me dat* **II** WKD WW [**se ~**] **de** *zich onttrekken aan; de vrijheid nemen iets niet te doen*
disperser I OV WW • *verspreiden; verstrooien* • FIG. *versnipperen* **II** WKD WW [**se ~**] • *zich verspreiden; uiteengaan* • *zijn tijd versnipperen*
dispersion V • *verstrooiing; verspreiding* • *(kleur)schifting; dispersie* • FIG. *versnippering*
disponibilité V • *beschikbaarheid; paraatheid* • MV *beschikbare geldmiddelen* ★ mettre en ~ *op non-actief stellen; op wachtgeld zetten* ‹v. militairen, ambtenaren›
disponible BNW • *beschikbaar; paraat* • *op non-actief; op wachtgeld* ‹v. militairen, ambtenaren›
dispos (zeg: -poo) BNW ★ se sentir frais et ~ *zich fris en monter voelen; zich in vorm voelen*
disposé BNW • *bereid; willig; geneigd (***à** *tot, om)* • *geluimd* ★ être bien ~ envers qn *iem. welgezind zijn*
disposer I OV WW • *rangschikken; plaatsen* • *geneigd/bereid maken (***à** *tot, om); voorbereiden; overreden* **II** ONOV WW *beslissen; beschikken (***de** *over)* ★ vous pouvez ~ *u kunt gaan* **III** WKD WW [**se ~**] **à** *zich gereed maken om*
dispositif M • *inrichting; voorziening* • *apparaat; toestel; mechanisme* • *aangewende middelen; inzet van troepen* ★ ~ cœur-poumon artificiel *hart-longmachine*
disposition V • *rangschikking; inrichting; plaatsing; indeling* • *beschikking (***de** *over)* • MV *aanleg (***pour** *voor)* • *gesteldheid; stemming; geneigdheid (***à** *tot, om); vatbaarheid* ‹voor ziekten› • MV *toebereidselen; maatregelen; voorzieningen* • *bepaling; voorschrift* ★ avoir à sa ~ *tot zijn beschikking hebben*
disproportion V *wanverhouding; onevenredigheid*
disproportionné BNW • *buiten proportie; bovenmatig; disproportioneel* • **~ à** *onevenredig met; niet in verhouding (staand) tot*
dispute V *twist(gesprek); woordenwisseling; onenigheid*
disputer I OV WW • *wedijveren om; betwisten (***à** *aan); spelen* ‹v. wedstrijd› • INFORM. *een standje geven aan* ★ ~ le terrain *het terrein betwisten; van geen wijken willen weten* **II** ONOV WW • *(rede)twisten (***de, sur** *over)* • **~ de** *wedijveren in* **III** WKD WW [**se ~**] • *twisten; ruziën* • *betwist worden* • *elkaar betwisten*
disquaire M/V *platenhandelaar*
disqualification (zeg: -ka-) V *diskwalificatie; uitsluiting*
disqualifier (zeg: -ka-) **I** OV WW • *diskwalificeren* • *discrediteren* **II** WKD WW [**se ~**] *zich discrediteren*
disque M • *(grammofoon)plaat* • *schijf* • *discus* ★ ~ compact *compact disc* ★ COMP. ~ dur *harde schijf* ★ ~ de sauvegarde *back-updiskette* ★ ~ intervertébral *tussenwervelschijf* ★ frein à ~ *schijfrem* ★ ~ de stationnement *parkeerschijf* ★ INFORM. changer de ~ *over iets anders gaan praten*
disquette V *diskette; floppydisk* ★ ~ de sauvegarde *back-updiskette*
dissection V *sectie* ‹op lichaam›; OOK FIG. *ontleding*
dissemblable BNW *ongelijk(soortig); verschillend (***à, de** *van)*
dissemblance V *ongelijkheid; verschil*
dissémination V *verspreiding; uitzaaiing* ★ ~ nucléaire *verspreiding van kernwapens*
disséminer OV WW *verspreiden; verstrooien*
dissension V [vaak mv] *verdeeldheid; onenigheid; twist*
dissentiment M *verschil van mening; onenigheid (***entre** *tussen)*
disséquer OV WW *sectie verrichten op;* OOK FIG. *ontleden*
dissertation V *verhandeling; opstel*
disserter ONOV WW *een verhandeling houden/schrijven; uitweiden (***sur** *over)*
dissidence V • *afscheiding; scheuring* ‹in partij› • *de dissidenten*
dissident I BNW *afgescheiden; andersdenkend* **II** M [v: **dissidente**] *afgescheidene; dissident*
dissimulateur I M [v: **dissimulatrice**] *veinzer;*

huichelaar **II** BNW [v: **dissimulatrice**] *veinzend*
dissimulation V • *veinzerij*; *huichelarij* • *achterhouding*
dissimulé BNW *geveinsd*; *huichelachtig*
dissimuler I OV WW *verbergen*; *verhelen*; *ontveinzen*; *achterhouden* **II** ONOV WW *veinzen* **III** WKD WW [**se ~**] • *zich ontveinzen*; *de ogen sluiten voor* • *zich verbergen*
dissipateur I BNW [v: **dissipatrice**] *verkwistend* **II** M [v: **dissipatrice**] *verkwister*
dissipation V • *verkwisting* • *onoplettendheid*; *ongezeglijkheid* ⟨v. leerlingen⟩ • *(het) wegtrekken* ⟨v. nevel, wolken e.d.⟩ • FORM. *wuftheid*
dissipé BNW • *onoplettend*; *ongezeglijk* ⟨v. leerlingen⟩ • FORM. *wuft*
dissiper I OV WW • *doen wegtrekken* ⟨v. nevel, wolken e.d.⟩; FIG. *doen vervliegen*; *wegnemen* ⟨v. gevoelens⟩ • *verkwisten* • *de aandacht doen verliezen*; *afleiden* ★ le soleil dissipe les nuages *de zon jaagt de wolken uiteen* **II** WKD WW [**se ~**] • FIG. *vervliegen*; *zich oplossen* • *de aandacht verliezen* ★ le brouillard se dissipe *de mist trekt op*
dissociable BNW • SCHEIK. *ontbindbaar* • *scheidbaar*
dissociation V *(het) (doen) uiteenvallen*; *scheiding*; *dissociatie*
dissocier OV WW • *scheiden* • SCHEIK. *ontbinden*
dissolu BNW *losbandig*; *zedeloos*
dissolution V • *oplossing* ⟨in vloeistof⟩ • *ontbinding* ⟨v. organisme, instelling⟩ • *verval*; FIG. *bederf* • *solutie*
dissolvant I M *oplossend middel* **II** BNW • *oplossend* • LIT. FIG. *ondermijnend*
dissonance V • *wanklank*; *dissonant(ie)* • *disharmonie (***entre*** tussen)*
dissonant BNW • *wanluidend*; *dissonant* • *disharmonisch*
dissoudre I OV WW [onregelmatig] • *oplossen* ⟨in vloeistof⟩ • *ontbinden* ⟨v. instelling⟩ ★ ~ un mariage *een huwelijk ontbinden* ★ ~ un parti *een partij opheffen* **II** WKD WW [**se ~**] • *(zich) oplossen*; *zich opsplitsen* • *zich opheffen*
dissuader OV WW • *afschrikken* • **~ de** *afbrengen van*; *ontraden*; *afraden om*
dissuasif BNW [v: **dissuasive**] *afschrikkend*; *intimiderend*
dissuasion V • *(het) ontraden* • *afschrikking*
dissyllabe I M *tweelettergrepig woord* **II** BNW *tweelettergrepig*
dissymétrie V *asymmetrie*
distance V • OOK FIG. *afstand* • *tussentijd* ★ garder ses ~s *afstand bewaren* ★ tenir à ~ *op een afstand houden*
distancer OV WW • *(inhalen en) achter zich laten* • *diskwalificeren* ⟨v. renpaard⟩
distanciation V *(het) afstand nemen*
distancier WKD WW [**se ~**] **de** *afstand nemen van*; *zich distantiëren van*
distant BNW • *op zekere afstand (***de*** van)*; *verwijderd*; *ver* • *afstandelijk*; *gereserveerd*; *koel* ★ des villes ~es de 10 km *steden op 10 km. afstand (van elkaar)*
distendre OV WW • *uitrekken* • OOK FIG. *losser/slapper maken*
distillateur (zeg: -tiel-) M *distillateur*; *likeurstoker*
distillation (zeg: -tiel-) V *distillatie*
distiller (zeg: -tiel-) **I** OV WW • *distilleren* • *(druppelsgewijs) afscheiden* • LIT. *van zich doen uitgaan* **II** ONOV WW *afdruppelen*
distillerie (zeg: -tiel-) V *distilleerderij*; *stokerij*
distinct (zeg: -te(n)(kt)) BNW • *duidelijk (te onderscheiden)* • *verschillend (***de*** van)*; *onderscheiden*; *afzonderlijk*
distinctif BNW [v: **distinctive**] *onderscheidend*; *kenmerkend* ★ signe/trait ~ *(onderscheidend) kenmerk*
distinction V • *onderscheid (***entre*** tussen)* • *onderscheiding* • *distinctie*; *gedistingeerdheid* ★ sans ~ de personne *zonder aanzien des persoons*
distingué BNW • *gedistingeerd*; *voornaam* • *eminent* ★ avec mes salutations ~es *hoogachtend*
distinguer I OV WW • *onderscheiden*; *waarnemen* • *onderscheiden (***de*** van;* **entre** *tussen)*; *uit elkaar houden*; *kenmerken* **II** WKD WW [**se ~**] • *zich onderscheiden (***de*** van)*; *verschillen* • *zich gunstig onderscheiden (***par*** door)*; *uitblinken* • *te onderscheiden zijn*
distinguo (zeg: -te(n)Goo) M *fijn onderscheid (***entre*** tussen)*
distorsion V • *verdraaiing* ⟨in alle betekenissen⟩; FIG. *vervorming* • MED. *verstuiking* • *discrepantie (***entre*** tussen)*
distraction V • *verstrooidheid* • *verstrooiing*; *ontspanning*; *afleiding* • JUR. *onttrekking*
distraire I OV WW [onregelmatig] *verstrooien*; *ontspanning bezorgen*; **~ de** *afleiding bezorgen van*; *afleiden van* ⟨werk⟩; JUR. *onttrekken* **II** WKD WW [**se ~**] *zich ontspannen*; *afleiding vinden (***de*** van)*
distrait BNW *verstrooid*; FIG. *afwezig*
distribuer OV WW • *verdelen*; *uitdelen (***à*** aan)* • *rondbrengen*; *leveren* • *indelen*; *ordenen* • *de rollen verdelen van* ⟨film, toneelstuk⟩ ★ ~ des lettres *brieven bezorgen* ★ ~ des prix *prijzen uitreiken*
distributeur I M,V [v: **distributive**] • *uitdeler*; *bezorger*; *distributeur* • *dealer*; *agent* **II** M • *(munt)automaat* • TECHN. *verdeler* ★ ~ de billets *geldautomaat* ★ ~ de café *koffieautomaat* ★ ~ de vapeur *stoomschuif*
distributif BNW [v: **distributive**] *verdelend*; *uitdelend*
distribution V • *verdeling*; *uitdeling*; *uitreiking* • *bestelling*; *bezorging*; *voorziening*; *distributie* • *indeling*; *ordening* • *rolbezetting* ★ ~ de prix *prijsuitreiking* ★ tableau de ~ *schakelbord*
district (zeg: -triekt) M *district*
dit I BNW *genoemd*; *(zo)genaamd*; *bijgenaamd* **II** WW [volt. deelw.] • → **dire**
dithyrambe M • *dithyrambe* • *overdreven lof*
dito BIJW *dito*; *idem*
diurétique I M *diureticum*; *plasmiddel* **II** BNW *diuretisch*
diurne BNW *dag-*; *een dag durend* ★ fleur ~ *dagbloem* ★ papillon ~ *dagvlinder*
diva V *diva*
divagation V • [vaak mv] *geraaskal*; *onzinnige*

taal • OUD. *(af)dwaling*
divaguer ONOV WW • *raaskallen*; *onzin praten* • OUD. *(af)dwalen*
divan M *divan* ★ ~-lit *slaapbank*
divergence V *divergentie*; *(het) uiteenlopen* ★ ~ (d'opinion) *meningsverschil*
divergent BNW *divergent*; *uiteenlopend*; *verschillend*
diverger ONOV WW • *divergeren* • FIG. *uiteenlopen*; *verschillen*
divers (zeg: -vèr) BNW [onver.] *verschillend*; *verscheiden*; *divers* ★ fait ~ *nieuwsberichtje*; *nieuwtje* ★ faits ~ *gemengd nieuws* ★ les ~ gauche *de kleine linkse partijen*
diversement BIJW *verschillend*; *anders*
diversifier OV WW *afwisselen*; *afwisseling brengen in*; *diversifiëren*
diversion V • *afleiding (***de** *van)*; *verstrooiing* • MIL. *afleidingsmanoeuvre*
diversité V • *verscheidenheid*; *afwisseling* • *verschil*
divertir I OV WW *afleiden*; *vermaken* **II** WKD WW [**se** ~] • *zich vermaken (***à** [+ infin.] *met)* • ~ **de** LIT. *zich vrolijk maken over*
divertissant BNW *onderhoudend*; *vermakelijk*; *afleidend*
divertissement M • *vermaak*; *ontspanning*; *tijdverdrijf* • *divertissement*; *divertimento* • JUR. *verduistering*
dividende M • *dividend* • *deeltal* • *aandeel in een faillissement*
divin I BNW • *goddelijk* • *hemels*; *verrukkelijk* ★ bonté ~e! *grote goedheid!* **II** M *(het) goddelijke*
divinateur BNW [v: **divinatrice**] *voorspellend*; *waarzeggend*
divination V *waarzeggerij*; *wichelarij*; *helderziendheid*
divinatoire BNW *betrekking hebbend op waarzeggerij/wichelarij* ★ baguette ~ *wichelroede*
divinisation V *vergoddelijking*
diviniser OV WW • *vergoddelijken*; *vergoden* • *verheerlijken*
divinité V • *godheid* • *goddelijke natuur*
diviser OV WW • *delen (***par** *door)*; *verdelen (***en** *in*, **entre** *tussen)*; *opdelen* • *verdeeld maken*; *onenig maken* ★ ~ pour régner *verdeel en heers*
diviseur M *deler* ★ le plus grand commun ~ *de grootste gemene deler*
divisibilité V *deelbaarheid*
divisible BNW *deelbaar (***par** *door)*
division V • *deling* • *verdeling*; *scheiding* • *afdeling*; *gedeelte* • *divisie* • *verdeeldheid* • *deelstreepje*; *koppelteken*
divisionnaire I M *divisiegeneraal* **II** BNW *divisie-*; *deel-*; *afdelings-*
divorce M • *echtscheiding* • FIG. *scheiding*; *kloof (***entre** *tussen)*
divorcé I BNW *gescheiden (***de** *van)* **II** M [v: **divorcée**] *iemand die gescheiden is*
divorcer ONOV WW • *scheiden (***avec, d'avec, de** *van)* • FORM. *breken (***avec** *met)*
divulgation V *(het) ruchtbaar maken*; *verbreiding* ⟨v. nieuws, geheimen⟩
divulguer OV WW *ruchtbaar maken*; *verbreiden* ⟨v. nieuws, geheimen⟩
dix (zeg: dies, di (voor medeklinker), diez (voor klinker)) **I** TELW *tien* **II** M *tien*
dix-huit I TELW *achttien* **II** M *achttien*
dix-huitième I TELW *achttiende* **II** M *achttiende deel*
dixième I TELW *tiende* **II** M *tiende deel*
dixièmement BIJW *ten tiende*
dix-neuf I TELW *negentien* **II** M *negentien*
dix-neuvième I TELW *negentiende* **II** M *negentiende deel*
dix-sept I TELW *zeventien* **II** M *zeventien*
dix-septième I TELW *zeventiende* **II** M *zeventiende deel*
dizain M *tienregelig couplet*
dizaine V • *tiental* • *tientje* ⟨v. rozenkrans⟩ ★ une ~ de... *(zo'n) tien...*
djihad (zeg: dzjie(j)ad) M *jihad*
do M *do*; *c*
doberman M *dobermann*
docile BNW *gedwee*; *volgzaam*; *gewillig*; *dociel*
docilité V *gedweeheid*; *volgzaamheid*; *gewilligheid*; *dociliteit*
dock M • *dok* • [vaak mv] *(haven)pakhuis* ★ dock flottant *drijvend dok* ★ dock de carénage *droogdok*
docker (zeg: -keur) M *dokwerker*; *havenarbeider*
docte BNW OUD./HUMOR. *geleerd*
docteur M • *doctor (***en, ès** *in)* • MED. *dokter* ★ ~ de l'Église *kerkleraar* ★ ~ de la loi *Schriftgeleerde* ★ être reçu ~ *promoveren*
doctoral BNW [m mv: **doctoraux**] • *doctors-* • MIN. *gewichtig-geleerd*; *belerend*
doctorat M *doctorstitel*; *doctoraat* ★ passer son ~ *promoveren*
doctoresse V OUD. *dokteres*
doctrinaire BNW *doctrinair*; OOK MIN. *leerstellig*
doctrinal BNW [m mv: **doctrinaux**] *de doctrine betreffend*
doctrine V *doctrine*; *leer*
document M *document*; *(bewijs)stuk*; *bescheid*
documentaire I M *documentaire* **II** BNW *documentair*
documentaliste M/V *documentalist*
documentation V *documentatie*
documenter OV WW *documenteren*
dodeliner OV WW *zachtjes wiegelen* ★ ~ de la tête *knikkebollen*
dodo M JEUGDT. *bed*; *(het) slapen(gaan)* ★ aller au dodo *naar bed gaan* ★ faire dodo *slapen*
dodu BNW *mollig*
doge M *doge* ⟨v. Venetië⟩
dogmatique I BNW *dogmatisch* ★ ton ~ *stellige toon* **II** M *dogmaticus* **III** V *dogmatiek*
dogmatiser ONOV WW *dogmatiseren*; *stelligheden verkondigen*
dogmatisme M *dogmatisme*
dogme M *dogma*; *geloofspunt*; *geloofsleer*
dogue M *dog* ★ être d'une humeur de ~ *slecht gehumeurd zijn*
doigt (zeg: dwà) M • *vinger* • *teen* • *vingerdikte*; *beetje* ★ petit ~ *pink* ★ gros ~ *grote teen* ★ les ~s du pied *de tenen* ★ ~ de gant *vinger v.e. handschoen* ★ HUMOR. ~ d'honneur OMSCHR. *opgestoken middelvinger* ★ un ~ de vin *een*

do

slokje wijn ★ c'est mon petit ~ qui me le dit *dat voel ik aan mijn water* ★ ne pas bouger/lever/remuer le petit ~ *geen vinger uitsteken* ★ croiser les ~s *de vingers kruisen* ⟨om onheil af te wenden⟩ ★ savoir sur le bout du ~ *op zijn duimpje kennen* ★ ils sont comme les deux ~s de la main *ze zijn heel close* ★ l'argent lui brûle les ~s *het geld brandt hem in de zak* ★ donner sur les ~s à qn *iem. op de vingers tikken* ★ avoir de l'esprit jusqu'au bout du ~ *veel verstand hebben; zeer geestig zijn* ★ être à deux ~s de qc *iets heel nabij zijn* ★ mettre le ~ dessus *de spijker op de kop slaan; de vinger op de zere plek leggen* ★ INFORM. se mettre le ~ dans l'œil *zich schromelijk vergissen; een flater slaan* ★ montrer qn du ~ *iem. met de vinger nawijzen* ★ s'en mordre les ~s *er veel spijt over hebben* ★ ne rien faire de ses dix ~s *niets uitvoeren* ★ obéir du ~ et à l'œil *blindelings gehoorzamen; op zijn wenken bedienen* ★ INFORM. gagner les ~s dans le nez *op zijn sloffen winnen*

doigté M • MUZ. *aanslag; vingerzetting* • *handigheid; tact*

doigtier M *vingerling*

doit M *debet* ★ doit et avoir *debet en credit*

dol M JUR. *bedrog*

doléances V MV *klachten* ★ présenter ses ~ à qn *zijn beklag bij iem. doen*

dolent BNW *klagend; klagerig*

dollar M *dollar*

dolmen (zeg: -mèn) M *dolmen*

DOM AFK département d'outre-mer *overzees departement*

domaine M • FIG. *gebied* • OOK FIG. *domein* • *landgoed* ★ ~ de l'État *staatsdomein* ★ ~ public *publiek domein* ★ tomber dans le ~ public *vrij van auteursrechten worden; gemeengoed worden* ★ être du ~ de qn *iemands terrein zijn; tot iemands competentie behoren*

domanial BNW [m mv: **domaniaux**] *tot een (staats)domein behorend; domaniaal*

dôme M • *koepel(dak)* • *dom* ⟨kerk⟩ • *koepelberg* ★ dôme des cieux *hemelgewelf* ★ dôme de verdure *bladerdak*

domestication V • *domesticatie* • OOK FIG. *(het) temmen*

domesticité V • *huispersoneel* • OUD. *dienstbaarheid*

domestique I M/V *huisbediende; dienstbode* **II** BNW • *huishoudelijk; huis-* • *binnenlands* • *tam* ★ animaux ~s *huisdieren* ★ guerre ~ *burgeroorlog*

domestiquer OV WW • *tot huisdier maken; domesticeren;* OOK FIG. *temmen* • *knechten* ★ ~ le vent *de wind als energiebron benutten*

domicile M *domicilie; woonplaats; woning* ★ à ~ *aan huis; thuis* ★ sans ~ fixe *zonder vaste woonplaats; dakloos* ★ élire ~ (à)/établir son ~ (à) *zich (metterwoon) vestigen (te)*

domiciliaire BNW *huis-*

domicilié BNW *woonachtig (**à** te)*

domicilier OV WW ECON. *domiciliëren*

dominant BNW *(over)heersend; dominerend; voornaamste; hoofd-*

dominante V *overheersend kenmerk; hoofdtrek; dominant*

dominateur I M [v: **dominatrice**] *heerser* **II** BNW [v: **dominatrice**] *(over)heersend; heerszuchtig*

domination V *(het) domineren; overheersing; heerschappij*

dominer I OV WW • OOK FIG. *beheersen; overheersen; domineren* • OOK FIG. *uitsteken boven* **II** ONOV WW *heersen (**sur** over); overheersen; domineren* **III** WKD WW [**se** ~] *zich beheersen*

dominicain I M [v: **dominicaine**] *dominicaan* **II** BNW *dominicaner; Dominicaans*

Dominicain M [v: **Dominicaine**] *Dominicaan*

dominical BNW [m mv: **dominicaux**] • *zondags* • *des Heren* ★ oraison ~e *gebed des Heren; onzevader*

domino M • *domino* ⟨in alle betekenissen⟩; *dominosteen* • *kroonsteentje* ★ jouer aux ~s *dominoën*

dommage M [vaak mv] *schade* ★ ~ corporel *lichamelijk letsel* ★ ~ moral *immateriële/ideële schade* ★ ~s et intérêts/~s-intérêts *schadevergoeding* ★ (quel) ~! *(wat) jammer!* ★ c'est ~ que tu l'aies dit *het is jammer dat jij het gezegd hebt*

dommageable BNW *nadelig; schadelijk (**à** voor)*

domotique V *automatisering(sprogrammatuur) t.b.v. de woning*

domptable (zeg: do(n)t-) BNW *tembaar; bedwingbaar*

domptage M *(het) temmen*

dompter OV WW • *temmen* • *beteugelen; bedwingen; onderwerpen*

dompteur M [v: **dompteuse**] *temmer; dompteur*

DOM-TOM AFK départements et territoires d'outre-mer *overzeese departementen en gebiedsdelen*

don M • *gift; schenking* • *gave (**de** van, om; **pour** voor); aanleg* ★ le don du sang *het geven van bloed* ⟨als donor⟩ ★ le don de soi *zelfopoffering* ★ faire don de qc à qn *iem. iets schenken* ★ avoir le don des langues *een talenknobbel hebben* ★ avoir le don des larmes *kunnen huilen wanneer men wil*

donataire M/V *begiftigde*

donateur M [v: **donatrice**] *schenker; gever*

donation V *schenking; gift; donatie*

donc (zeg: do(n)(k)) **I** BIJW *dan; toch* ★ allons donc! *och kom!* ★ comment donc! *hoe heb ik het nu!* **II** VW *dus; derhalve*

dondon V INFORM. *dikke vrouw; schommel*

donjon M *slottoren; donjon*

donnant BNW ★ ~ ~ *gelijk oversteken; voor wat hoort wat*

donne V • *(het) geven* ⟨v. kaarten⟩ • *gegevenheid; (ontstane) situatie*

donné BNW *gegeven; bepaald* ★ c'est ~ *dat is te geef* ★ étant ~ que *gezien het feit dat; aangezien* ★ étant ~ la situation *gegeven de situatie*

donnée V *gegeven* ★ traitement de ~s *dataprocessing; informatieverwerking* ★ traiter des ~s *data verwerken*

donner I OV WW • *geven (**à** aan)* • *voortbrengen;*

(op)leveren • INFORM. *verlinken* ★ ~ (des fruits) *vrucht dragen* ⟨v. bomen⟩ ★ ne rien ~ *niets opleveren* ★ ~ à entendre *te verstaan geven* ★ quel âge lui donnes-tu? *hoe oud schat je hem?* ★ ~ l'assaut *bestormen* ★ ~ bataille *slag leveren* ★ ~ le bonjour *groeten* ★ ~ la chasse à *achtervolgen*; *jacht maken op* ★ ~ un combat *een gevecht leveren* ★ ~ un coup d'épaule *een handje helpen* ★ ~ sa démission *ontslag vragen* ★ ~ le jour/la vie *het leven schenken* ★ ~ sa main *zijn hand schenken* ★ ~ une maladie *een ziekte overbrengen* ★ ~ du monsieur à qn *iem. met 'meneer' aanspreken* ★ ~ la mort à *doden* ★ ~ une pièce *een stuk opvoeren* ★ cela donne à réfléchir *dat geeft te denken* ★ ~ un résultat *resultaat opleveren* ★ je vous le donne en dix/en vingt/en mille *dat raadt u nooit* ★ ~ vue sur *uitzien op* **II** ONOV WW • *geven* • *stoten (***contre** *op, tegen)* • *in actie zijn* • **~ dans** *geraken in/tot*; *vervallen in/tot*; *zich overgeven aan* • **~ sur** *uitkomen op*; *uitzien op* ★ ~ au but *het doel raken* ★ ~ sur l'ennemi *de vijand aanvallen* ★ ~ dans un piège *in een hinderlaag vallen*; *in de val lopen* ★ ~ sur les nerfs *zenuwachtig maken* ★ le soleil me donne dans les yeux *de zon schijnt me in de ogen* ★ INFORM. ~ dedans *erin tippelen* ★ l'alcool donne dans la tête *alcohol stijgt naar het hoofd* ★ ne savoir où ~ de la tête *geen raad weten* ★ le vent donne dans les voiles *de wind blaast in de zeilen* ★ INFORM. j'ai déja donné *voor mij hoeft het niet meer*; *ik heb mijn portie wel gehad* **III** WKD WW [**se** ~] • *zich geven*; *zich inzetten* • **~ à** *zich wijden aan*; *zich overgeven aan* • **~ pour** *zich uitgeven voor* ★ se ~ l'air de *doen alsof* ★ se ~ des airs *groot, gewichtig doen* ★ se ~ du bon temps/s'en ~ *het ervan nemen*

donneur M [v: **donneuse**] • *gever*; *iem. die graag geeft* • INFORM. *aangever*; *verklikker* ★ ~ de sang *bloeddonor*

dont BETR VNW *wiens*; *waarvan*; *van wie*; *wier* ★ la manière dont *de wijze waarop* ★ ce dont *datgene waarvan*; *datgene waarover*

donzelle V *wicht*; *grietje*

dopage M *doping*

dopant M *dope*

doper I OV WW *een stimulerend middel geven aan*; OOK FIG. *dopen* **II** WKD WW [**se** ~] *dope gebruiken*

doping M *doping*; *stimulerend middel*

dorade V • → **daurade**

dorage M • *(het) vergulden* • *verguldsel*

doré BNW • *verguld*; *goudgeel*; *goud-* • *goudkleurig*; *(door de zon) gebruind* ★ la jeunesse dorée *de rijke jongelui* ★ doré sur tranche *verguld op snee*

dorénavant BIJW *voortaan*

dorer I OV WW • *vergulden* • *(goud)bruin kleuren* • *met eigeel bestrijken (en bakken)* ★ ~ sur tranche *op snee vergulden* ★ ~ la pilule *de pil vergulden* **II** ONOV WW CUL. *goudbruin worden* **III** WKD WW [**se** ~] *bruin worden*; *zonnen*

doreur M [v: **doreuse**] *vergulder*

dorien BNW [v: **dorienne**] *Dorisch*

dorique BNW *Dorisch*

dorloter OV WW *vertroetelen*

dormant I BNW • *slapend* • *vast*; *onbeweeglijk* ★ eau ~e *stilstaand water* ★ châssis ~ *raam dat niet geopend kan worden* ★ pont ~ *vaste brug* **II** M *kozijn*

dormeur M [v: **dormeuse**] *(lang)slaper*

dormeuse V *oorknop*

dormir ONOV WW [onregelmatig] *slapen* ★ ~ debout *omvallen v.d. slaap* ★ un conte à ~ debout *een onzinnig verhaal* ★ capitaux qui dorment *dood/slapend kapitaal* ★ ~ comme une marmotte/une souche/un loir *slapen als een os, slapen als een roos* ★ ~ la grasse matinée *een gat in de dag slapen* ★ ne ~ que d'un oeil *licht slapen*; *wantrouwen koesteren* ★ ~ sur les deux oreilles *vast slapen*; *zich veilig, zeker wanen* ★ ~ à poings fermés/d'un profond sommeil *vast slapen* ★ laisser ~ une affaire *een zaak laten rusten* ★ la voiture dort dehors *de auto staat 's nachts buiten* ★ qui dort dîne ⟨spreekwoord⟩ *wie slaapt, heeft geen honger* ★ il n'est pire eau que l'eau qui dort ⟨spreekwoord⟩ *stille waters hebben diepe gronden*

dorsal BNW [m mv: **dorsaux**] *rug-*; *dorsaal* ★ épine ~e *ruggengraat* ★ vertèbre ~e *ruggenwervel*

dorsale V • AARDK. *rug* • *onderzeese (berg)rug*

dortoir M *slaapzaal* ★ cité(-)~ *slaapstad*

dorure V • *verguldsel* • *(het) vergulden*

doryphora V • → **doryphore**

doryphore M *coloradokever*

dos M *rug* ⟨ook v. zaken⟩ ★ de dos *van achteren* ★ sur le dos de *over de rug(gen) van*; *ten koste van* ★ le dos d'un papier *de keerzijde v.e. papier* ★ dos crawlé *rugcrawl* ★ à dos d'âne *(rijdend) op een ezel* ★ en dos d'âne *naar beide zijden aflopend* ★ avoir bon dos *een brede rug hebben* ★ courber le dos *(de rug) buigen*; *bukken*; *toegeven*; *zich onderdanig gedragen* ★ être toujours sur le dos de qn *iem. steeds op de huid zitten* ★ ça me fait froid dans le dos *dat bezorgt me koude rillingen* ★ faire le gros dos OOK FIG. *een hoge rug opzetten* ★ ne rien avoir à se mettre sur le dos *niets om aan te trekken hebben* ★ mettre qc sur le dos de qn *iem. iets in de schoenen schuiven* ★ ne pas y aller avec le dos de la cuillère *niet zachtzinnig te werk gaan* ★ monter sur le dos de qn *iem. lastigvallen* ★ se mettre qn à dos *iem. tegen zich innemen* ★ INFORM. j'en ai plein le dos *ik heb er de buik van vol* ★ tourner le dos *de rug toekeren*; *de hielen lichten*

dosage M *dosering*

dos-d'âne M [mv: id.] • *uitholling overdwars* • *verkeersdrempel*

dose V *dosis* ★ forcer la dose *te veel (van het goede) doen* ★ j'en ai eu ma dose *ik heb mijn portie wel gehad*

doser OV WW *doseren*; *afpassen*

dosette V *kleine, afgepaste dosis* ★ ~ de lessive *wasbol* ★ ~ (de) café *koffiepad*

doseur M *doseerapparaat*

dossard M *rugnummer*

dossier M • *dossier; bescheiden* • *map; ordner* • *zaak; kwestie* • *rugleuning*
dot (zeg: dot) V *bruidsschat; inbreng bij huwelijk*
dotal BNW [m mv: **dotaux**] *de bruidsschat betreffend; ingebracht; dotaal*
dotation V • *begiftiging; dotatie* • *toelage; jaargeld* • *uitrusting (***en** *met)*
dotcom V ECON., WWW *dotcom*
doter OV WW • *een bruidsschat (mee)geven aan* • ~ **de** *begiftigen met; voorzien van; een toelage /prijzengeld toekennen van*
douairière V • OUD. *douairière* • MIN. *oud wijf*
douane V *douane* ★ (droits de) ~ *in- en uitvoerrechten*
douanier I M [v: **douanière**] *douanebeambte* **II** BNW [v: **douanière**] *douane-; tol-*
doublage M • *verdubbeling* • *(het) voeren* ‹v.e. stof› • *dubbeling; extra bekleding; dubbele scheepshuid* • *nasynchronisatie* • *(het) doubleren* ‹v.e. acteur›
double I M • *(het) dubbele; tweevoud* • *doorslag; kopie; duplicaat* • *dubbelganger* • SPORT *dubbel(spel)* **II** BNW • *dubbel* • *dubbelhartig* ★ fermer une porte à ~ tour *een deur op het nachtslot doen* ★ être à ~ sens *een dubbele betekenis hebben* **III** BIJW *dubbel* ★ (y) voir ~ *dubbel zien*
doublé M • *dubbel succes; dubbele zege; double* • *verguld of verzilverd messing; doublé*
doubleau M *draagbalk*
double-clic M [mv: **doubles-clics**] *dubbelklik*
double-cliquer ONOV WW *dubbelklikken*
doublement I M • *verdubbeling* • *(het) inhalen; inhaalmanoeuvre* **II** BIJW *dubbel*
doubler I OV WW • *verdubbelen* • *dubbelvouwen; dubbelleggen* • *passeren; inhalen; dubbelen* • *voeren (***de** *met)* ‹v. kleding› • *dubbelen; extra bekleden* • *de rol overnemen van* ‹v. acteur›; *doubleren* • *nasynchroniseren* • INFORM. *te vlug af zijn* ★ ~ le pas *de pas versnellen* ★ ~ un cap *een kaap ronden* ★ doublé de *en tevens* **II** ONOV WW *verdubbelen* **III** WKD WW [**se** ~] **de** *gepaard gaan met; tevens zijn*
doublet M • *doublet; dubbeltal; dubbelvorm* • *valse (edel)steen*
doublure V • *voering* • *extra bekleding* • *plaatsvervangend acteur; doublure*
douce BNW [v] • → **doux**
douceâtre, douçâtre BNW • *zoetig* • FIG. *zoetelijk*
doucement I BIJW • *zacht; zachtjes* • *kalmpjes; langzaamaan* • *matigjes; slapjes; zozo* • *stilletjes; voorzichtig (aan)* **II** TW *kalmpjes aan!*
doucereux BNW [v: **doucereuse**] • *weeïg zoet* • FIG. *zoetelijk; zoetsappig*
doucette V *veldsla*
douceur V • *zoetheid* • *zachtheid; mildheid* • *zachtzinnigheid; zachtmoedigheid* • *aangenaamheid; liefelijkheid; bevalligheid* ★ ~s [mv] *suikergoed* ★ en ~ *zachtjes (aan); met zachte hand* ★ se poser en ~ *een zachte landing maken*
douche V OOK FIG. *douche* ★ ~ écoissaise *wisselbad* ‹warm/koud›; *afwisseling van iets aangenaams en iets onaangenaams*
doucher I OV WW OOK FIG. *een douche geven aan; douchen* **II** WKD WW [**se** ~] *(zich) douchen*
doudou M *knuffel(lap); tuttel*
doudoune V INFORM. *donsjack*
doué BNW • *begaafd* • *begiftigd (***de** *met)* ★ il n'est pas doué *hij kan er niks van; hij is niet snugger* • ~ **pour** *met aanleg voor; goed in*
douer OV WW ~ **de** *begiftigen met*
douille V • *fitting* • *(patroon)huls; nippel; mof*
douiller ONOV WW INFORM. *dokken; betalen* ★ ça douille *dat is duur; dat tikt aan*
douillet I BNW [v: **douillette**] *papkind* **II** BNW [v: **douillette**] • *behaaglijk zacht (en warm); knus* • *kleinzerig; wekelijk*
douillette V *gewatteerde jas*
douleur V • *pijn* • *smart* • MV *weeën* ★ pour un plaisir, mille ~s ‹spreekwoord› *het leven biedt meer leed dan lief*
douloureuse V INFORM. *rekening*
douloureux BNW [v: **douloureuse**] • *pijnlijk* • *droevig; smartelijk*
douma V *Doema*
doute M *twijfel; onzekerheid* ★ sans ~ *waarschijnlijk; wellicht* ★ sans aucun ~ *ongetwijfeld; zeker* ★ avoir des ~s sur *bedenkingen hebben over* ★ mettre qc en ~ *iets in twijfel trekken*
douter I ONOV WW • *twijfelen* • ~ **de** *twijfelen aan; betwijfelen; niet vertrouwen* ★ ~ que [+ subj.] *betwijfelen of* **II** WKD WW [**se** ~] **de** *vermoeden; bevroeden; zich indenken* ★ je m'en doutais *ik vermoedde het al; ik dacht het al* ★ se ~ que [+ ind.] *vermoeden dat; aannemen dat*
douteux BNW [v: **douteuse**] • *twijfelachtig; onzeker* • *dubieus; verdacht* • *onhelder; groezelig*
douve V • *duig* • *sloot; (wal)gracht*
Douvres *Dover*
doux I BNW [v: **douce**] • *zoet* • *zacht; mild* • *zachtzinnig; zachtmoedig* • *aangenaam* • *liefelijk; bevallig* • *milieuvriendelijk; alternatief* ★ billet doux *liefdesbriefje* ★ eau douce *zoet water; zacht water* ★ médecine douce *alternatieve geneeswijzen* ★ énergies douces *milieuvriendelijke/schone energie* ★ prix doux *matige prijs* ★ pente douce *flauwe helling* ★ vent doux *matige wind* ★ doux comme un agneau *zo mak als een lam* ★ il fait doux *het is zacht weer* ★ faire les yeux doux à qn *iem. verliefd aankijken* **II** BIJW ★ INFORM. filer doux *zoete broodjes bakken* ★ INFORM. en douce *onopgemerkt; stilletjes* **III** TW ★ tout doux! *kalm aan!; zacht wat!*
doux-amer BNW [v: **douce-amère**] *bitterzoet*
douzaine V *dozijn; twaalftal* ★ à la ~ *per dozijn; bij dozijnen*
douze I TELW *twaalf* **II** M *twaalf*
douzième I TELW *twaalfde* **II** M *twaalfde deel*
douzièmement BIJW *ten twaalfde*
doyen M [v: **doyenne**] • *oudste in jaren of diensttijd; nestor* • *deken* ‹overste› • *decaan; voorzitter v. faculteit*
doyenné M *decanaat*
DPLG AFK diplômé par le gouvernement

rijksgediplomeerd
Dr AFK docteur *dr.*; *dokter*
draconien BNW [v: **draconienne**] *draconisch*; *overdreven streng*
dragage M *uitbaggering*; *(het) (af)dreggen*
dragée V • *dragee* • *fijne hagel* ⟨munitie⟩ ★ tenir la ~ haute à qn *het iem. niet cadeau doen*
dragon M • *draak* • *dragonder* ★ IRON. ~ de vertu *overdreven deugdzame, preutse vrouw*
dragonne V *sabelkwast*; *lus* ⟨als handvat⟩
drague V • *baggermachine*; *baggermolen* • *sleepnet* • INFORM. *(het) versieren* ⟨v. persoon⟩; *(het) sjansen*
draguer OV WW • *(af)dreggen*; *(uit)baggeren*; *met een sleepnet vissen op*; *vegen* ⟨v. mijnen⟩ • INFORM. *(trachten te) versieren* ⟨v. persoon⟩; *sjansen met*
dragueur I M *baggeraar* ★ (bateau) ~ *baggerschuit* ★ ~ (de mines) *mijnenveger* **II** M [v: **dragueuse**] *(vrouwen-, mannen)versierder*
drain M *drain*; *draineerbuis*
drainage M *drainage*; *drainering*
drainer OV WW • *draineren* • FIG. *aanzuigen*; *aantrekken*
dramatique BNW • *dramatisch* • *toneel-* ★ auteur ~ *toneelschrijver* ★ acteur ~ *toneelspeler*
dramatisation V *dramatisering*
dramatiser OV WW *dramatiseren*
dramaturge M/V *toneelschrijver*; *dramaturg*
drame M • *drama*; *treurspel*; *(series) toneelwerk* • *afschuwelijke gebeurtenis*; *drama* ★ ~ lyrique *opera* ★ tourner au ~ *op een drama uitlopen*
drap (zeg: drà) M • *laken* ⟨stof⟩ • *beddenlaken* ★ drap de lit *beddenlaken* ★ drap mortuaire *doodskleed* ★ se mettre entre deux draps *tussen de lakens kruipen* ★ être dans de beaux draps *lelijk in de knoei zitten*
drapé I BNW *gedrapeerd* **II** M *drapering*
drapeau M [mv: **drapeaux**] *vlag* ★ ~ blanc *witte vlag*; *vlag der Bourbons* ★ le (~) tricolore *de nationale driekleur* ★ être sous les ~x *onder de wapenen zijn*; *in militaire dienst zijn* ★ porter le ~ *voorop lopen* ★ se ranger sous le ~ de qn *zich onder iemands vaandel scharen* ★ INFORM. planter un ~ *weggaan zonder betalen*
draper I OV WW *draperen*; *omhangen*; *(om)hullen* **II** WKD WW [**se** ~] **dans** OOK FIG. *zich hullen in*
draperie V • *draperie* • *wollen stof* • *lakenhandel*; *lakenweverij*
drap-housse M [mv: **draps-housses**] *hoeslaken*
drapier M • *lakenhandelaar* • *lakenfabrikant*
drastique BNW *drastisch*
dressage M • *dressuur*; OOK FIG. *africhting* • *(het) opzetten*; *(het) opmaken*
dresser I OV WW • *rechtop zetten*; *opzetten*; *oprichten*; *opstellen* • *opmaken*; *gereedmaken* • *africhten*; *dresseren*; OOK FIG. *drillen* • *recht/plat/glad maken* • **~ contre** *opzetten tegen*; *opstoken tegen* ★ ~ un acte *een akte opstellen* ★ MIL. ~ une batterie *een batterij opstellen* ★ ~ une haie *een heg bijknippen* ★ ~ un lit *een bed opmaken* ★ ~ un monument *een monument oprichten* ★ ~ l'oreille *de oren spitsen* ★ ~ un plan *een plan opmaken* ★ ~ la table *de tafel dekken* **II** WKD WW [**se** ~] • *zich oprichten*; *overeind komen*; *zich verheffen* • **~ contre** *opstaan tegen*; *zich keren tegen* ★ se ~ sur la pointe des pieds *op de tenen gaan staan* ★ les cheveux se dressaient sur sa tête *de haren rezen hem te berge*
dresseur M [v: **dresseuse**] *africhter*; *dresseur*
dressoir M *buffet*; *dressoir*
DRH AFK directeur/direction des ressources humaines *personeelschef*; *personeelsafdeling*
dribble M SPORT *dribbel*
dribbler I OV WW • SPORT *voorbijdribbelen*; *omspelen* • SPORT *dribbelen met* ⟨de bal⟩ **II** ONOV WW SPORT *dribbelen*
dribbleur M SPORT *dribbelaar*
drill M MIL. OOK FIG. *(het) drillen*
drille M OUD. *zwervend soldaat* ★ joyeux ~ *vrolijke kwant*
dring TW *tingeling* ⟨geluid v. bel⟩
drogue V • *drug* • MIN. *middeltje* • INFORM. *troep*; *slechte waar* ★ la ~ *drugs* ★ ~s douces *softdrugs* ★ ~s dures *harddrugs*
drogué I M [v: **droguée**] *drugsgebruiker*; *drugsverslaafde* **II** BNW *verslaafd*
droguer I OV WW • *(te) veel medicijnen toedienen aan* • *drugs laten gebruiken*; *drogeren* **II** WKD WW [**se** ~] • *drugs gebruiken* • *(te) veel medicijnen nemen*
droguerie V *drogisterij*
droguiste M/V *drogist*
droit I BNW • *recht* • *rechts*; *rechter* • *oprecht*; *rechtschapen*; *rechtdoorzee*; *rechtlijnig* ★ ~ comme un cierge/comme un i *kaarsrecht* ★ se tenir ~ *rechtop staan* ★ être le bras ~ de qn *iemands rechterhand zijn* ★ un coup ~ *een directe* ⟨bij boksen⟩ ★ avoir le cœur ~ *oprecht/rechtschapen zijn* ★ avoir le corps ~/la taille ~e *recht van lijf en leden zijn* ★ avoir le sens ~/l'esprit ~ *een helder verstand hebben* **II** BIJW • *recht*; *rechtuit*; *rechtstreeks* • *billijk*; *juist* ★ tout ~ *rechtuit*; *rechtdoor*; *regelrecht* ★ marcher ~ *rechtuit lopen*; FIG. *de rechte weg bewandelen* ★ aller ~ au but *recht op het doel afgaan* ★ juger ~ *juist oordelen* **III** M *recht* ⟨in alle betekenissen⟩ ★ ~ d'aînesse *eerstgeboorterecht* ★ ~ d'asile *asielrecht* ★ ~ commun *gemeen recht* ⟨zonder bijzondere rechtspleging⟩ ★ ~ d'entrée *invoerrecht*; *entreeprijs* ★ les ~s de l'homme *de rechten v.d. mens* ★ ~ international (public) *volkenrecht* ★ ~ pénal *strafrecht* ★ ~s de présence *presentiegelden* ★ ~s de sortie *uitvoerrechten* ★ ~ de vote *kiesrecht* ★ à bon ~ *met recht*; *terecht* ★ à tort ou à ~ *terecht of ten onrechte* ★ de quel ~? *met welk recht?* ★ en ~ *in rechte* ★ avoir ~ à *recht hebben op*; IRON. *te verduren krijgen* ★ un ayant ~ *een rechthebbende* ★ avoir le ~ de/être en ~ de *het recht hebben om* ★ avoir des ~s sur *zeggenschap hebben over*; *aanspraken hebben op* ★ s'adresser à qui de ~ *zich tot de bevoegde persoon/instantie wenden* ★ donner ~ à *gelijk geven aan* ★ étudiant en ~ *student in de rechten* ★ faire son ~ *rechten studeren* ★ faire valoir son ~ *zijn recht doen gelden* ★ le ~ du plus fort *het*

recht v.d. sterkste ★ roi de ~ divin *koning bij de gratie Gods* ★ revenir de ~ *rechtens toekomen* ★ force n'est pas ~ ⟨spreekwoord⟩ *geweld is geen recht* ★ ~ de pacage *weiderecht*

droite V ● *rechterkant* ● POL. *rechts* ● SPORT *rechtse stoot* ● *rechte lijn* ★ à ~ de *rechts van* ★ aller à ~ *naar rechts gaan*; *rechts afslaan* ★ tenir sa ~ *rechts houden* ★ l'extrême ~ *extreem rechts*

dr

droitier I BNW [v: **droitière**] ● *rechtshandig* ● POL. *rechtsgezind* **II** M [v: **droitière**] ● *rechtshandig persoon* ● POL. *lid v.d. rechterzijde*

droiture V *rechtschapenheid*; *oprechtheid*

drolatique BNW LIT. *grappig*; *koddig*

drôle I BNW ● *grappig*; *komisch* ● *raar* ● + ZN ~ **de** *raar*; *heel wat*; *flink*; *enorm* ★ une ~ d'aventure *een eigenaardig avontuur* ★ une ~ d'idée *een gek idee* ★ une ~ de tempête *een flinke storm* ★ un ~ de type *een rare kerel* **II** M/V *grapjas*; *snaak*

drôlement BIJW ● *merkwaardig*; *raar* ● INFORM. *flink*; *enorm* ● *grappig*

drôlerie V ● *grap(je)* ● *het komische*; *grappigheid*

dromadaire M *dromedaris*

droppage M *dropping*

drosser OV WW *doen afdrijven* ⟨v. schip⟩

dru I BNW *dicht (opeen)* ★ barbe drue *volle baard* ★ pluie drue *dichte regen* **II** BIJW ● *dicht (opeen)* ● *overvloedig*; *flink*

drugstore (zeg: dreuGstor) M ● *drugstore* ⟨combinatie van apotheek en drogisterij⟩ ● *bar met winkels* ⟨in Fr.⟩

druide M [v: **druidesse**] *druïde*

druidique BNW *druïden-*

drupe V *steenvrucht*

DST AFK Direction de la surveillance du territoire *Binnenlandse veiligheidsdienst*

du SAMENTR de le *van de/van het* ★ du pain et du vin *brood en wijn* ★ le goût du fromage *de smaak van de kaas* ● → **de**

dû I BNW [v: **due**] *verschuldigd*; *vereist* **II** M *(het) verschuldigde* ★ mon dû *wat mij toekomt* ★ à chacun son dû *ieder het zijne* **III** WW [volt. deelw.] ● → **devoir**

dualisme M *dualisme*

dualiste I BNW *dualistisch* **II** M/V *dualist*

dualité V *dualiteit*; *tweeheid*

dubitatif BNW [v: **dubitative**] *twijfelend*; *twijfel uitdrukkend*

duc M ● *hertog* ● *ooruil* ● OUD. *vierwielig rijtuig* ★ grand-duc *groothertog* ★ grand duc *oehoe* ★ moyen duc *ransuil*

ducal BNW [m mv: **ducaux**] *hertogelijk*

ducasse V *volksfeest* ⟨in België en N.-Frankrijk⟩

ducat (zeg: -kà) M *dukaat*

duché M *hertogdom* ★ ~-pairie *gebied waaraan de titel van hertog en pair was verbonden*

duchesse V ● *hertogin* ● *duchesse* ⟨ligstoel met leuning⟩ ● *zijden stof* ● *soort peer* ★ faire la ~ *de deftige dame uithangen*

ductile BNW *rekbaar*

ductilité V *rekbaarheid*

due BNW ● → **dû**

duel M ● *duel* ● TAALK. *dualis* ★ SPORT duel aérien *kopduel* ★ se battre en duel *duelleren*

duelliste M *duellist*

duettiste M/V *iem. die in een duet speelt of zingt*

dulcinée V *dulcinea*

dûment BIJW *behoorlijk*; *volgens de regels*; *naar de (vereiste) vorm*

dumping M ECON. *dumping*

dune V *duin*

dunette V *kampanje*

Dunkerque *Duinkerken*

duo M ● *duo* ● MUZ. *duet* ★ INFORM. duo d'injures *scheldpartij*

duodécimal BNW [m mv: **duodécimaux**] *twaalftallig*

duodénum (zeg: -nom) M *twaalfvingerige darm*

dupe I V ● *bedrogene* ● *nietsvermoedend slachtoffer*; *dupe* ★ être la dupe de qn *door iem. beetgenomen/afgezet worden* **II** BNW *beetgenomen*; *bedrogen* ★ être dupe (de) *erin lopen*

duper OV WW *bedriegen*; *beetnemen*

duperie V *bedriegerij*; *fopperij*

duplex I M ● COMM. *duplexverbinding* ⟨uitzenden en ontvangen⟩ ● *tweeverdiepingenflat*; *maisonnette* ★ émission en ~ *schakelprogramma* **II** BNW *duplex-*

duplicata M *afschrift*; *duplicaat*

duplicateur M *duplicator*; *kopieermachine*

duplication V *verdubbeling*

duplicité V *dubbelhartigheid*; *dubbelheid*

duquel SAMENTR de lequel → **lequel**

dur I BNW ● *hard*; *moeilijk*; *zwaar* ● *niet-mild*; *streng*; *hard* ★ OOK FIG. dur comme (le) fer/la pierre *keihard* ★ cœur dur *ongevoelig hart* ★ hiver dur *strenge winter* ★ mer dure *woelige zee* ★ temps durs *harde tijden* ★ avoir la tête dure *hardleers zijn* ★ vie dure *hard/zwaar leven* ★ avoir la vie dure OOK FIG. *een taai leven hebben* ★ viande dure *taai vlees* ★ être dur d'oreille *hardhorend zijn* ★ être dur à la peine/tâche *een noeste werker zijn* **II** BIJW *hard* ★ travailler dur *hard werken* ★ y croire dur comme fer *er rotsvast in geloven* **III** M [v: **dure**] *wie of wat hard is* ★ un dur de dur *een keiharde (vent)* ★ construire en dure *in hard materiaal bouwen* ★ coucher sur la dure *op de grond slapen* ★ élever à la dure *Spartaans opvoeden* ★ en faire voir de dures à qn *het iem. zuur maken*

durabilité V *duurzaamheid*

durable BNW *duurzaam*; *blijvend*

durant VZ *gedurende*; *tijdens* ★ ~ sa vie *tijdens zijn leven* ★ sa vie ~ *zijn leven lang* ★ une heure ~ *een uur lang*

durcir I OV WW *hard maken*; *verharden* **II** ONOV WW *hard worden* **III** WKD WW [**se** ~] *hard worden*

durcissement M *hardwording*; OOK FIG. *verharding*

durée V *duur* ★ ~ du (temps de) travail *werktijd* ★ disque de longue ~ *langspeelplaat*

durer ONOV WW ● *duren*; *voortduren* ● *lang duren*; *lang vallen* ● *duurzaam zijn*; *(lang) meegaan* ★ faire ~ qc *iets lang(er) doen duren*; *iets rekken* ★ le temps lui dure *de tijd valt hem lang* ★ pourvu que ça dure! *als dat maar zo*

blijft!
dureté V • *hardheid* • *hardvochtigheid*; *strengheid*
durillon M *eelt(knobbel)*
duvet M • *dons*; *donshaar* • *(donzen) slaapzak* • *(donzen) dekbed*
duveté BNW *donsachtig*
duveter WKD WW [**se ~**] *donshaar krijgen*
duveteux BNW [v: **duveteuse**] *donsachtig*
DVD M *dvd*
dynamique I BNW *dynamisch* **II** V • *dynamica* • *dynamiek*
dynamiser OV WW *dynamisch maken*; *stimuleren*
dynamisme M • *dynamiek*; *daadkracht* • *dynamisme*
dynamitage M *(het) opblazen* ‹d.m.v. dynamiet›
dynamite V *dynamiet*
dynamiter OV WW *opblazen* ‹d.m.v. dynamiet›
dynamiteur M [v: **dynamiteuse**] *bedrijver van aanslagen met dynamiet*
dynamo V *dynamo*
dynamomètre M *dynamometer*
dynastie V *dynastie*
dynastique BNW *dynastiek*
dysenterie V *dysenterie*
dysfonctionnement M • *(het) disfunctioneren* • *disfunctie*
dyslexie V *dyslexie*; *woordblindheid*
dyslexique BNW *dyslectisch*
dyspepsie V *slechte spijsvertering*; *dyspepsie*

E

e M letter *e* ★ e comme Eugène *de E van Eduard* ★ e fermé *gesloten e* ★ e muet/caduc *stomme e* ★ e ouvert *open e*
eau (zeg: oo) V [mv: **eaux**] *water* ‹in alle betekenissen› ★ eaux [mv] *wateren* ‹zee, meer, rivier e.d.›; *baden* ‹geneeskrachtig›; *waterwerken* ‹fonteinen e.d.›; *vruchtwater* ★ eau bénite *wijwater* ★ eau calcaire/dure *hard water* ★ eau de Cologne *reukwater* ★ eau de robinet *kraanwater* ★ eau de source *bronwater* ★ eau de cuisson *kooknat* ★ eau dormante *stilstaand water* ★ eau douce *zacht water*; *zoet water* ★ eau potable *drinkwater* ★ eaux d'infiltration *kwelwater* ★ eau savonneuse *zeepwater*; *zeepsop* ★ eaux mortes *doodtij* ★ basses eaux *laagwater* ★ hautes eaux *hoogwater* ★ les grandes eaux de Versailles *de grote waterwerken van Versailles* ★ ville d'eaux *badplaats* ‹kuuroord› ★ dans ces eaux-là *daaromtrent*; *ongeveer* ★ de la plus belle eau OOK FIG. *van het zuiverste water* ★ être dans les eaux de qn *in iemands zog varen* ★ être en eau *nat bezweet zijn* ★ faire eau *lek zijn* ‹v. boot›; *water maken* ★ laver à grande eau *grondig/met veel water wassen* ★ mettre à l'eau *te water laten* ★ mettre de l'eau dans son vin *water bij de wijn doen* ★ porter de l'eau à la rivière/mer *water naar de zee dragen* ★ prendre de l'eau *water doorlaten*; *niet waterdicht zijn* ★ prendre les eaux *de baden gebruiken*; *een badkuur houden* ★ suer sang et eau *water en bloed zweten* ★ tomber à l'eau OOK FIG. *in het water vallen* ★ l'eau m'en vient à la bouche *het water loopt me ervan in de mond* ★ il passera bien de l'eau sous le(s) pont(s) *er zal nog heel wat water door de Rijn (enz.) stromen* ★ il n'est pire eau que l'eau qui dort ‹spreekwoord› *stille waters hebben diepe gronden* ★ l'eau va toujours à la rivière ‹spreekwoord› *het water loopt altijd naar de zee*; *geld zoekt geld*
eau-de-vie V [mv: **eaux-de-vie**] *brandewijn*
eau-forte V [mv: **eaux-fortes**] • *ets* • *etszuur*
ébahi BNW *hoogst verbaasd*; *verbluft*; *perplex* ★ il resta tout ~ *hij stond stomverbaasd te kijken*
ébahir I OV WW *zeer verbazen* **II** WKD WW [**s'~**] *verbaasd staan*
ébahissement M *(stomme) verbazing*
ébarber OV WW *afvijlen*; *afbramen*
ébats M MV *gestoei*; *gedartel* ★ ~ amoureux *liefdesspel* ★ prendre ses ~ *stoeien*; *zich vermaken*
ébattre WKD WW [**s'~**] *dartelen*; *stoeien*; *(vrolijk) spelen*
ébaubi BNW INFORM. *verbluft*; *sprakeloos*
ébauche V • *schets*; *ruw ontwerp* • FIG. *eerste aanzet* ★ l'~ d'un sourire *een zweem v.e. glimlach*
ébaucher OV WW • *ontwerpen*; *schetsen*; *een eerste vorm geven aan* • *(even) vaag vertonen* ★ ~ un sourire *zwakjes glimlachen*

ébauchoir M • *steekbeitel* • *boetseerstift*
ébène V *ebbenhout* ★ cheveux d'~ *pikzwarte haren*
ébénier M *ebbenboom* ★ faux ~ *goudenregen*
ébéniste M *meubelmaker*; *schrijnwerker*
ébénisterie V • *meubelmakerij* • *schrijnwerk*; *fijn meubelwerk*
éberlué BNW *perplex*; *verbouwereerd*
éblouir OV WW • OOK FIG. *verblinden* • *verbluffen*; *epateren*
éblouissant BNW • OOK FIG. *verblindend*; *schitterend* • *verbluffend*
éblouissement M • OOK FIG. *verblinding* • *duizeling* • *verrukking*; *iets prachtigs* ★ j'ai des ~s *het flakkert/schemert me voor de ogen*
Ébola V ★ (maladie) d'~ *ebola*
ébonite V *eboniet*
éborgner OV WW • *een oog uitsteken* • *knoppen verwijderen* ‹v. fruitboom, plant›
éboueur M *vuilnisman*
ébouillanter I OV WW *in heet water dompelen*; *met heet water overgieten*; CUL. *broeien* **II** WKD WW [**s'~**] *zich branden aan heet water*
éboulement M *verzakking*; *instorting*; *bergstorting*
ébouler WKD WW [**s'~**] *instorten*; *inzakken en afbrokkelen*
éboulis (zeg: -lie) M *puin*; *neergevallen gesteente/grond*
ébouriffant BNW INFORM. *verbluffend*; *van je welste*; *vreselijk*
ébouriffer OV WW • *in de war maken* ‹v. haar› • INFORM. *verbaasd doen staan*; *vreemd doen opkijken*
ébranchage M *snoeiing van takken*
ébranchement M • → **ébranchage**
ébrancher OV WW *van takken ontdoen*; *snoeien*
ébranchoir M *(lange) snoeitang*
ébranlement M • *schudding*; *beving*; *wankeling* • FIG. *ondermijning*; FIG. *schok*
ébranler I OV WW • *doen schudden*; *doen trillen*; *doen wankelen*; *verwrikken* • FIG. *aan het wankelen brengen*; *schokken* ★ ~ la santé de qn *iemands gezondheid ondermijnen* **II** WKD WW [**s'~**] *in beweging komen*
ébrécher OV WW • *door kerven of scherven beschadigen*; *schaarden* • FIG. *een bres slaan in*; *aantasten*
ébriété V FORM. *dronkenschap*
ébrouement M *gesnuif* ‹v. dieren›
ébrouer WKD WW [**s'~**] • *(druk bewegend) snuiven* • *badderen*; *poedelen* • *zich uitschudden*
ébruiter I OV WW *ruchtbaar maken*; *doorvertellen* **II** WKD WW [**s'~**] *ruchtbaar worden*; *uitlekken*
ébullition V • *(het) koken*; *opborreling* • *beroering*; *opschudding* ★ point d'~ *kookpunt* ★ être en ~ *aan de kook zijn*; *in opwinding zijn*
écaille V • *schub* • *schild* ‹v. schildpad› • *schildpad* ‹stof› • *schilfer* ★ les ~s lui sont tombées des yeux *de schellen zijn hem v.d. ogen gevallen*
écailler I M *oesterverkoper* **II** OV WW • *schubben* ‹v. vis› • *openen* ‹v. oesters e.d.› **III** WKD WW [**s'~**] *afschilferen*
écaillère V *oesterverkoopster*
écailleux BNW [v: **écailleuse**] • *schubbig* • *schilferig*
écaillure V • *schilfer*; *bladder* • *schubhuid*
écale V *bolster* ‹v. noot, amandel e.d.›
écaler OV WW *ontbolsteren*; *pellen*
écarlate I BNW *scharlakenrood* **II** V *scharlaken*
écarquiller OV WW *opensperren* ‹v. ogen›
écart M • OOK FIG. *(tussen)ruimte*; *tijdsruimte*; *spanne* ★ à l'~ *op afstand (***de** *van)*; *afzijdig (***de** *van)*; *terzijde*; *achteraf* ★ tenir à l'~ *erbuiten houden* ★ grand ~ *spreidzit*; *spagaat* • *verschil*; *afwijking*; *marge (***entre** *tussen)* ★ creuser l'~ *het verschil groter maken* ★ ~ d'acquisition ECON. *goodwill* • *uitwijking*; OOK FIG. *zijsprong*; FIG. *misstap* • *(het) opzijleggen* ‹v. speelkaarten›
écarté I BNW • *afgelegen*; *afgezonderd* • *gespreid*; *(ver) uiteen* ★ oreilles ~es *flaporen* ★ yeux ~s *uit elkaar staande ogen* ★ jambes ~es *wijdbeens* **II** M *ecarté* ‹kaartspel›
écartèlement M • *vierendeling* • FIG. *verscheurdheid*
écarteler OV WW • *vierendelen* • FIG. *verscheuren*; *heen en weer slingeren (***entre** *tussen)*
écartement M • *verwijdering*; *spreiding* • *tussenruimte*; *wijdte* ★ ~ des rails *spoorbreedte*
écarter I OV WW • *uiteen doen gaan*; *spreiden* • *uit de weg doen gaan*; *verwijderen (***de** *uit, van)*; *afbrengen (***de** *van)* • *van zich afhouden*; *van zich afzetten*; FIG. *terzijde schuiven* • *wegleggen* ‹v. speelkaarten› • *uitspreiden* ★ ~ un danger *een gevaar bezweren* ★ ~ la foule *de menigte op een afstand houden* ★ ~ les jambes *de benen spreiden* **II** WKD WW [**s'~**] • *uiteengaan*; *opzijgaan* • *zich verwijderen (***de** *van)* • *afwijken (***de** *van)*
écart-type M [mv: **écarts-types**] *standaardafwijking*
ecchymose (zeg: eekie-) V *blauwe plek*; *bloeduitstorting*
ecclésial BNW [m mv: **ecclésiaux**] *kerkelijk*
Ecclésiaste M *Prediker* ‹Bijbelboek›
ecclésiastique I M *geestelijke* **II** BNW *kerkelijk*
écervelé BNW *hersenloos*; *leeghoofdig*; *onbezonnen*
échafaud M *schavot*
échafaudage M • *steiger(werk)* • *opeenstapeling*; OOK FIG. *bouwsel* • *opbouw*
échafauder I OV WW • *opbouwen* • *in elkaar zetten* **II** ONOV WW *een steiger oprichten*
échalas (zeg: -là) M • *staak om gewassen te steunen* • FIG. *bonenstaak*
échalote V *sjalot*
échancrer OV WW *(rond) uitsnijden* ★ côte échancrée *ingesneden kust* ★ encolure échancrée *(laag) uitgesneden hals*
échancrure V *uitsnijding*; *inham*
échange M • *ruil*; *uitwisseling*; *(ver)wisseling* • *ruilverkeer*; *handel* ★ en ~ *daarvoor (in de plaats)* ★ en ~ de *in ruil voor* ★ les ~s (commerciaux) *het handelsverkeer* ★ libre-~ *vrijhandel* ★ ~ de vues *gedachtewisseling*

★ SPORT ~ (de balles) *slagenwisseling* ★ faire l'~ de *ruilen*; *uitwisselen*
échangeable BNW *ruilbaar*; *inwisselbaar*
échanger OV WW *ruilen (***contre** *tegen;* **pour** *voor)*; *wisselen*; *uitwisselen (***avec** *met)*
échangeur M ● *kruisingsvrij verkeersknooppunt*; *klaverblad*; *fly-over* ● *warmtewisselaar*
échangisme M *partnerruil*
échanson M *schenker*
échantillon M *(proef)monster*; OOK FIG. *staal(tje)*; *(steek)proef* ★ ~ sans valeur *monster zonder waarde* ★ ~ aléatoire *aselecte steekproef* ★ donner un ~ de son savoir-faire *zijn bekwaamheid tonen*
échantillonnage M ● *bemonstering*; *monsterneming* ● *monstercollectie*; OOK FIG. *staalkaart* ● *(het) nemen van steekproeven*
échantillonner OV WW ● *bemonsteren*; *(proef)monsters nemen uit* ● *steekproefsgewijs onderzoeken*
échappatoire V *uitvlucht*; *achterdeurtje*; FIG. *uitweg*
échappée V ● *doorgangsopening*; *doorkijk(je) (***sur** *op)* ● SPORT *ontsnapping(spoging)*; *demarrage* ● OUD. *uitstapje*
échappement M ● *uitlaat* ⟨v. motor⟩ ● *ontsnapping* ⟨v. gas, vloeistof⟩ ● *echappement* ⟨v. uurwerk⟩ ★ pot d'~ *knalpot*; INFORM. *uitlaat*
échapper I OV WW ★ l'~ belle *er goed afkomen* ★ il ne l'~a pas *hij zal de dans niet ontspringen* **II** ONOV WW ● *ontsnappen (***à** *aan;* **de** *uit)*; *ontkomen* ● OOK FIG. *ontglippen*; OOK FIG. *ontvallen*; *ontvallen zijn (***à** *aan;* **de** *uit)* ● FIG. *ontgaan (***à** *aan)* ★ ~ à la mort *aan de dood ontsnappen* ★ laisser ~ l'occasion *de gelegenheid voorbij laten gaan* ★ ça m'échappe *dat snap ik niet*; *dat is me ontschoten* ★ ce mot m'a échappé *dat woord is mij ontgaan* ★ ce mot m'est échappé *dat woord is mij ontvallen* ★ la patience m'échappe *ik verlies mijn geduld* **III** WKD WW [**s'~**] *ontsnappen (***de** *uit)*; *ontglippen*
écharde V *splinter*
écharpe V ● *sjerp* ● *draagband*; *mitella* ● *das*; *sjaal* ● *schuine balk* ★ en ~ *schuin* ⟨v. voertuig⟩; *overdwars* ★ prendre en ~ *(van opzij) aanrijden*
écharper OV WW ● OOK FIG. *niets heel laten van* ● *toetakelen* ⟨met iets scherps⟩
échasse V ● OOK FIG. *stelt* ● *steltkluut* ⟨vogel⟩ ★ être monté sur des ~s *gemaakt, hoogdravend spreken*
échassiers M MV *waadlopers* ⟨vogelorde⟩
échauder OV WW ● *met heet water begieten*; *in heet water dompelen*; CUL. *broeien* ● FIG. *de vingers doen branden*; *ontnuchteren* ● *afzetten* ⟨v. klant⟩ ★ blé échaudé *(door de zon) verzengd graan*
échauffement M ● *verhitting* ● OOK FIG. *(het) warmlopen*; SPORT *warming-up* ● *opwinding* ● *(het) broeien*
échauffer I OV WW ● VAAK FIG. *verhitten* ● *opwinden*; *prikkelen* ★ ~ la bile/les oreilles/la tête à qn *iem. kwaad maken* **II** WKD WW [**s'~**] ● *opgewonden raken*; FIG. *verhit raken* ● SPORT *warmlopen*; *zich opwarmen*
échauffourée V ● *schermutseling* ● *vechtpartij*
échauguette V *wachttoren*
échéance V ● *vervaldag*; *fatale datum* ● *termijn* ● *vervallen bedrag* ★ à courte ~ *op korte termijn*; *binnenkort* ★ effet à courte ~ *wissel op kort zicht* ★ effet à longue ~ *wissel op lang zicht* ★ arriver à ~ *vervallen*; *invorderbaar worden*
échéancier M ● *agenda*; *tijdschema*; *tijdplanning* ● *vorderingenstaat*; *wisselboek*
échéant BNW ECON. *vervallend* ★ le cas ~ *als het geval zich voordoet*; *eventueel*
échec M ● *mislukking*; *tegenslag*; *nederlaag* ● *schaak* ★ ~ scolaire *schooluitval*; *voortijdige schoolverlating* ★ l'~ du berger *herdersmat* ★ ~ et mat *schaakmat* ★ ~ à la découverte *aftrekschaak* ★ ~ perpétuel *eeuwig schaak* ★ essuyer un ~ *mislukken* ★ voué à l'~ *tot mislukken gedoemd* ★ être ~ *schaak staan* ⟨v. speler⟩ ★ être en ~ *schaak staan* ⟨v.d. koning⟩ ★ faire ~ à *verijdelen* ★ faire ~ (au roi) *schaak geven* ★ jouer aux ~s *schaken* ★ se solder par un ~ *op een mislukking uitlopen* ★ tenir qn en ~ *iem. dwarsbomen*; *iem. in bedwang houden* ★ ~s [mv] *schaakspel*
échelle V ● *ladder* ● FIG. *schaal* ★ ~ de corde *touwladder* ★ ~ des couleurs *kleurengamma* ★ ECON. ~ mobile *glijdende schaal* ★ ~ sociale *maatschappelijke ladder* ★ ~ (des sons) *toonladder* ★ à l'~ de *op een schaal van* ★ à l'~ mondiale *op mondiaal niveau*; *wereldwijd* ★ sur une vaste/grande ~ *op grote schaal* ★ faire la courte ~ à qn OOK FIG. *iem. een duwtje omhoog geven* ★ ~ 3 plans *3-delige ladder* ★ monter à l'~ *happen*; FIG. *op de kast zitten* ★ il n'y a plus qu'à tirer l'~ *dat valt niet te verbeteren*
échelon M ● *sport* ⟨v. ladder⟩ ● MIL. *echelon* ● FIG. *trap*; *rang*; *niveau* ★ à l'~ de *op het niveau van* ★ par ~s *trapsgewijze* ★ gravir les ~s *opklimmen (in rang)*
échelonnement M ● → **échelonner**
échelonner OV WW ● MIL. *volgens regelmatige tussenruimten/tussenpozen spreiden (***sur** *over)* ● MIL. *echelonneren* ★ congés/paiements échelonnés *gespreide vakanties/betaling*
écheniller OV WW ● *van rupsen ontdoen* ● *van ongerechtigheden ontdoen* ⟨tekst⟩
écheveau M [mv: **écheveaux**] ● *streng* ⟨v. wol e.d.⟩ ● *ingewikkelde zaak*; *warboel* ★ démêler l'~ d'une affaire *een zaak ontwarren*
échevelé BNW ● *met verwarde haren* ● *wild*; *tomeloos*; *ordeloos*
écheveler OV WW *de haren in de war maken van*
échevin M [v: **échevine**] *schepen* ⟨in België⟩; *wethouder* ⟨in Ned.⟩
échine V ● *ruggengraat* ● *rugstuk van een varken* ★ côte ~ *schouderkarbonade* ★ avoir l'~ souple *kruiperig zijn* ★ frotter l'~ *afrossen* ★ plier/courber l'~ FIG. *het hoofd buigen*
échiner WKD WW [**s'~**] *zich afbeulen*; *veel moeite doen (***à** *om)*
échiquier M OOK FIG. *schaakbord* ★ en ~ *vierkantsgewijs*; *geruit* ★ chancelier de l'Echiquier *minister van Financiën* ⟨in Eng.⟩

ec

écho (zeg: eekoo) M • OOK FIG. *echo*; *weerklank* • [vaak mv] *nieuwtje(s)* ★ se faire l'écho d'une nouvelle *een nieuwtje rondbazuinen* ★ trouver un écho *instemming vinden*
échographie V *echografie*
échoir ONOV WW [onregelmatig] • *ten deel vallen* ‹v. wissel, termijn›; *toevallen* (**à** *aan)* • *vervallen* ‹v. wissel, termijn›
échoppe V • *kraam*; *winkeltje*; *pothuis*; *keet* • *etsnaald*; *burijn*
échotier M [v: **échotière**] *redacteur van de nieuwtjes-/roddelrubriek*

ec

échouage M *stranding*
échouer I OV WW *op het strand zetten*; *aan de grond zetten* ‹v. schip› **II** ONOV WW • SCHEEPV. *stranden*; *aan de grond lopen* • *mislukken*; *zakken* (**à** *voor)*; FIG. *schipbreuk lijden* • FIG. *belanden* **III** WKD WW [**s'~**] *stranden*; *aan de grond lopen*
échu WW [volt. deelw.] • → **échoir**
écimer OV WW *(af)toppen* ‹v. bomen, planten›
éclaboussement M • → **éclabousser**
éclabousser OV WW • *(met modder) bespatten* • *in opspraak brengen* • FIG. *de ogen uitsteken*
éclaboussure V • *(modder)spat*; *vlek* • VAAK MV *smet* ‹op reputatie›
éclair M • *bliksem(straal)*; *weerlicht* • *flits*; *flikkering* • FIG. *flits*; FIG. *glimp* • ≈ *geglaceerde roomsoes* ★ ~s de chaleur *weerlicht* ★ ~s en nappes *zwaar onweer waarbij het aan alle kanten bliksemt* ★ il fait des ~s *het weerlicht* ★ ~ de génie *geniale inval* ★ fermeture ~ *ritssluiting* ★ guerre ~ *bliksemoorlog* ★ visite ~ *bliksembezoek* ★ rapide comme un ~ *bliksemsnel*
éclairage M *verlichting*; *belichting* ★ gaz d'~ *lichtgas* ★ sous cet ~ *in dat licht (bezien)*
éclairagiste M/V *lichttechnicus*; *belichter*
éclairant BNW • *lichtgevend* • *verhelderend*
éclaircie V • *open plek in de wolken*; OOK FIG. *opklaring* • *open plek in een bos*
éclaircir I OV WW • *licht(er) maken*; *verhelderen*; *opklaren* • *ophelderen*; *verduidelijken* • *verdunnen*; *uitdunnen* ★ ~ une sauce *een saus aanlengen* ★ ~ les rangs *de gelederen dunnen* **II** WKD WW [**s'~**] • *opklaren*; *helderder worden* • *dunner worden* ★ s'~ la voix *de keel schrapen*
éclaircissement M *opheldering*
éclairé BNW FIG. *verlicht*; *verstandig*; *ontwikkeld* ★ un esprit ~ *een verlichte geest*
éclairement M *verlichting*; *belichting*
éclairer I OV WW • OOK FIG. *verlichten* • *toelichten*; *verhelderen* • *inlichten* (**sur** *over)*; *voorlichten* • MIL. *verkennen* **II** ONOV WW *licht geven*; *lichten* **III** WKD WW [**s'~**] • *verlicht worden* • *zichzelf bijlichten* • *duidelijk worden* • *opklaren* ‹v. gezicht›
éclaireur M [v: **éclaireuse**] *verkenner*; *padvinder*
éclat (zeg: -klà) M • *scherf*; *splinter*; *schilfer* • *uitbarsting*; *knal* • OOK FIG. *schittering*; *glans*; *pracht* ★ ~ de joie *opwelling van vreugde* ★ ~ d'obus *granaatscherf* ★ ~ de rire *schaterlach* ★ rire aux ~s *schaterlachen* ★ ~s de voix *luid geschreeuw* ★ voler en ~s *in stukken vliegen* ★ faire de l'~ *opzien baren*; *schandaal verwekken* ★ coup d'~ *kunststukje*
éclatant BNW • OOK FIG. *schitterend*; *stralend*; *glansrijk* • *schallend*; *schel* ‹v. geluid› • *opmerkelijk*; *opvallend*; *eclatant* ★ ~ de santé *blakend van gezondheid*
éclatement M *(het) uiteenbarsten*; *(het) uiteenvallen*; *ontploffing*
éclater ONOV WW • *barsten*; *springen*; *ontploffen*; *uiteenvallen* (**en** *in)* • *uitbreken*; *(opeens) aan de dag komen* • *losbarsten*; *uitbarsten* (**en** *in)* ★ ~ de rire *in lachen uitbarsten* ★ la guerre a éclaté *de oorlog is uitgebroken* ★ ~ en injures *in scheldwoorden uitbarsten*
éclectique I BNW *eclectisch* **II** M *eclecticus*
éclectisme M *eclecticisme*
éclipse V • *eclips*; *zonsverduistering*; *maansverduistering* • *(tijdelijke) verdwijning/verslapping* ★ à ~s *met tussenpozen*
éclipser I OV WW • *verduisteren* ‹v. hemellichaam›; *onzichtbaar maken* • FIG. *in de schaduw stellen* **II** WKD WW [**s'~**] INFORM. *stilletjes verdwijnen*
écliptique V *ecliptica*
éclisse V • *spaan* • MED. *spalk*
éclisser OV WW *spalken*
éclopé I M [v: **éclopée**] *kreupele* **II** BNW *kreupel*
éclore ONOV WW [onregelmatig] • *uit het ei komen* • OOK FIG. *ontluiken* ★ des fleurs fraîches écloses *pas ontloken bloemen* ★ faire ~ *uitbroeden*
éclosion V • *(het) uitkomen* ‹v. ei› • OOK FIG. *ontluiking*
écluse V *sluis* ★ ~ à sas *schutsluis*
écluser OV WW • *afsluiten met een sluis* • *schutten* ‹v. boot› • INFORM. *opzuipen*
éclusier M [v: **éclusière**] *sluiswachter*
éco BNW • écologie *ecologie* • écologique *ecologisch* • économique *economisch* • économique *zuinig* ★ sciences éco *economiewetenschap*
écobilan M *ecobalans*
écocitoyen BNW [v: **écocitoyenne**] *milieubewust*
écœurant BNW • *walgelijk* • *ergerlijk* • *frustrerend*
écœurement M • *walging* • *ontmoediging*; *frustratie*
écœurer OV WW • *doen walgen* • *ontmoedigen*; *frustreren*
éco-industrie V *milieu-industrie*
école V *school* ★ grande ~ *(elite)hogeschool voor topfunctionarissen* ★ haute ~ *hogeschool* ‹dressuur› ★ École de droit *juridische faculteit* ★ ~ des arts et métiers *technische hogeschool* ★ ~ des beaux arts *academie voor beeldende kunsten* ★ École des Chartes *hogere archiefschool* ★ ~ du dimanche *zondagsschool* ★ l'~ du soldat *opleiding van rekruten* ★ l'École française *de Franse (schilders)school* ★ ~ libre *bijzondere (katholieke) school* ★ ~ maternelle *kleuterschool* ★ ~ militaire *militaire academie* ★ École nationale d'administration (ENA) *(elite)hogeschool voor topambtenaren* ★ École normale (primaire) *pedagogische academie* ★ École normale supérieure (ENS) *hogere opleidingsschool voor*

leraren ★ ~ primaire *basisschool* ★ ~ professionnelle *school voor beroepsonderwijs* ★ ~ secondaire *middelbare school* ★ auto-~ *rijschool* ★ vaisseau-~ *opleidingsschip* ★ voiture-~ *leswagen* ★ aller à l'~ *schoolgaan* ★ avoir été à rude ~ *een harde leerschool doorlopen hebben* ★ être à bonne ~ *(ergens, bij iem.) een goede leerschool hebben* ★ faire l'~ buissonnière *spijbelen* ★ faire ~ *school maken* ★ faire l'~ *lesgeven* ★ sentir l'~ *pedant doen*

écolier I M [v: **écolière**] • *scholier* • INFORM. *beginneling* **II** BNW [v: **écolière**] ★ manières écolières *schooljongensmanieren*

écolo I BNW écologique *milieuvriendelijk*; *milieubewust* **II** M écologiste *ecoloog*; *milieubeschermer*; *groene*

écologie V • *ecologie* • *milieubescherming*

écologique BNW • *ecologisch*; *milieu-* • *milieuvriendelijk*

écologiste I M/V • *ecoloog* • *milieubeschermer*; *groene* **II** BNW • *milieu-* • *milieubewust*

e-commerce M *e-business*

éconduire OV WW [onregelmatig] *afschepen*

économat M • *ambt/kantoor v.d. (huis)beheerder* • OUD. *personeelswinkel*

économe I BNW *zuinig*; *spaarzaam (***de** *met)* ★ (couteau) ~ *dunschiller* **II** M/V *(huis)beheerder*; *administrateur*

économétrie V *econometrie*

économie V • *economie* • *zuinigheid*; *spaarzaamheid* • *bezuiniging*; *besparing* • VAAK MV *besparingen*; *spaargeld* • FORM. *opbouw*; *inrichting* ★ ~ de la connaissance *kenniseconomie* ★ ~ dirigée *geleide economie* ★ ~ de marché *(vrije) markteconomie* ★ ~ politique *staathuishoudkunde*; *(politieke) economie* ★ ~s d'échelle *schaalvoordeel* ★ faire des ~s *sparen*; *bezuinigen* ★ faire l'~ de qc *zich iets besparen*; *iets uitsparen* ★ avoir le sens de l'~ *zuinig zijn* ★ il n'y a pas de petites ~s *alle beetjes helpen*

économique BNW • *economisch* • *zuinig*; *spaarzaam*; *voordelig* ★ les ~ment faibles *de sociaal zwakkeren* ★ classe ~ *economyclass*

économiser I OV WW *spaarzaam zijn met*; *bezuinigen op* ★ ~ ses forces *zijn krachten sparen* ★ ~ son temps *zijn tijd goed indelen* **II** ONOV WW *sparen*; *bezuinigen (***sur** *op)*

économiseur M *brandstofbespaarder*; *economiser*

économiste M/V *econoom*

écoparticipation V *verwijderingsbijdrage*

écoper I OV WW • INFORM. *oplopen* ‹v. straf, boete› • SCHEEPV. *(uit)hozen* ★ il a écopé 3 jours d'arrêt *hij heeft 3 dagen arrest gekregen* **II** ONOV WW • INFORM. *het moeten ontgelden* • INFORM. ~ **de** *oplopen*

écorce V • *schors*; *bast* • *schil* ‹v. citrusvrucht› ★ ~ terrestre *aardkorst*

écorcer OV WW *ontschorsen*; *schillen*; *pellen*

écorchement M *(het) villen*

écorcher OV WW • *villen* • *ontvellen*; *schaven* • FIG. *radbraken*; *verhaspelen* ★ bras écorché *ontvelde arm* ★ (dessin) écorché *opengewerkte tekening* ★ sensibilité d'écorché vif *overdreven gevoeligheid*; *lichtgeraaktheid* ★ ~ une langue *een taal radbraken* ★ ~ les oreilles (à qn) *(iemand) de oren pijn doen* ★ ~ l'anguille par la queue *bij het eind beginnen* ★ il crie avant qu'on l'écorche *hij schreeuwt al voordat hij geslagen wordt* ★ OUD. se faire ~ *afgezet worden*

écorcheur M [v: **écorcheuse**] • *vilder* • OUD. *afzetter*

écorchure V *schram*; *ontvelling*; *schaafwond*

écorner OV WW • *de hoek(en) afbreken/ beschadigen* • FIG. *aanspreken* ★ livre écorné *stukgelezen boek*; *boek met ezelsoren* ★ ~ ses revenus *zijn kapitaal aanspreken*; *interen*

écossais I M *Schotse taal* **II** BNW *Schots* ★ douche ~e *wisselbad*

Écossais M [v: **Écossaise**] *Schot*

Écosse V *Schotland*

écosser OV WW *doppen* ‹v. erwten, peulen›

écosystème M *ecosysteem*

écot M ★ payer son écot *zijn deel (van het gelag) betalen*

écoulement M • OOK FIG. *(het) wegstromen*; *afvoer*; *doorstroming* • *(het) verstrijken* ‹v.d. tijd› • *afzet* ‹v. waren›

écouler I OV WW *van de hand doen* ‹v. waren›; *(uit voorraad) verkopen* **II** WKD WW [**s'~**] • OOK FIG. *wegstromen* • *voorbijgaan*; *verstrijken* ‹v.d. tijd› • *van de hand gaan* ‹v. waren›

écourter OV WW *bekorten*; *inkorten*

écoute V • *(het) luisteren*; *(het) afluisteren* • SCHEEPV. *schoot* ★ appareils d'~ *afluisterapparatuur* ★ heure(s) de grande ~ *primetime* ★ être aux ~s (de qc) *de oren openhouden (voor iets)*; *meeluisteren*; *afluisteren* ★ être à l'~ de qn *iem. aanhoren* ★ être mis/placé sur ~ *afgeluisterd worden* ★ restez à l'~! *blijf aan uw (radio)toestel!*

écouter I OV WW • *luisteren naar*; *aanhoren* • *gehoor geven aan*; *verhoren* ‹v. bede›; *opvolgen* ‹v. raad› ★ n'~ que... *zich slechts laten leiden door...* ★ n'~ que d'une oreille *slechts met een half oor luisteren* **II** ONOV WW *luisteren* **III** WKD WW [**s'~**] ★ s'~ parler *zichzelf graag horen praten* ★ s'~ (trop) *te veel aandacht schenken aan zijn kwalen*

écouteur M *telefoonhoorn*; *koptelefoon*

écoutille V SCHEEPV. *luik(gat)*

écouvillon M *cilindervormige borstel*

écrabouiller OV WW INFORM. *vermorzelen*

écran M • *scherm* • *beeldscherm* • FOTOGRAFIE *filter* ★ le petit ~ *de tv*; *de buis* ★ à l'~ *op het witte doek* ★ ~ de fumée *rookgordijn* ★ ~ solaire *zonnebrandcrème* ★ ~ plasma *plasmascherm* ★ ~ plat ‹plat beeldscherm› *tft-scherm* ★ ~ TFT *tft-scherm* ★ société-~ *brievenbusmaatschappij* ★ COMP. tel ~, tel écrit *wysiwyg* ‹what you see is what you get› ★ crever l'~ *triomfen vieren op het witte doek*

écrasant BNW *verpletterend*; *overweldigend*; *drukkend*

écrasement M *verplettering*

écraser I OV WW • *verpletteren*; *vermorzelen*; *platdrukken* • *in de schaduw stellen (***de** *met)* • *overrijden* • *overladen*; *overstelpen (***de** *met)* • *kleineren* • COMP. *overschrijven* ★ nez écrasé *platte neus* ★ SPORT coup écrasé *smash* ★ ~ une cigarette *een sigaret uitdrukken* ★ ~ une

révolte *een opstand neerslaan* ★ INFORM. en ~ *als een blok slapen* ★ PLAT écrase! *hou op!*; *hou je kop!* **II** WKD WW [**s'~**] ● *verpletterd worden*; *zich te pletter rijden*; *neerstorten* ‹v. vliegtuig› ● INFORM. *zich gedeisd houden*
écraseur M [v: **écraseuse**] INFORM. *wegpiraat*
écrémage M OOK FIG. *afroming*
écrémer OV WW OOK FIG. *afromen* ★ lait écrémé *magere melk*
écrémeuse V *melkafromer*; *melkcentrifuge*
écrêter OV WW OOK FIG. *aftoppen*
écrevisse V ● *rivierkreeft* ● *grote smidstang*
écrier WKD WW [**s'~**] *uitroepen*
écrin M *juwelenkistje*; *zilvercassette*
écrire OV+ONOV WW [onregelmatig] *(op)schrijven* ★ interrogation écrite *schriftelijke overhoring* ★ langue écrite *schrijftaal* ★ il est écrit *er staat geschreven* ★ c'était écrit *het moest zo zijn* ★ ~ comme un chat *hanenpoten schrijven*
écrit I M ● *geschrift* ● *schriftelijk examen* ★ coucher/mettre par ~ *op schrift stellen* ★ par ~ *schriftelijk* **II** WW [volt. deelw.] ● → **écrire**
écriteau M [mv: **écriteaux**] *opschrift*; *bordje*
écritoire V *schrijfetui*; *schrijfdoos*; *inktstel*
écriture V ● *(het) schrijven*; *schrift* ● *schrijfkunst*; *schrijfwijze*; *(hand)schrift* ● *boeking* ‹v.e. post› ★ ~ anglaise *schuinschrift* ★ ~ de chat *hanenpoot* ★ une jolie ~ *een mooie hand (v. schrijven)* ★ les Écritures (saintes) *de (Heilige) Schrift* ★ employé aux ~s *klerk* ★ tenir les ~s *de boeken bijhouden* ★ ~s [mv] *de boeken*; *de stukken*
écrivailler ONOV WW MIN. *slecht schrijven* ‹v. schrijvers›
écrivailleur M [v: **écrivailleuse**] MIN. *broodschrijver*
écrivaillon M MIN. *broodschrijver*
écrivain M [v: **écrivaine**] *schrijver*; *auteur* ★ ~ public *iem. die voor anderen brieven of stukken opstelt*
écrivant WW [teg. deelw.] ● → **écrire**
écrivassier M [v: **écrivassière**] MIN. *broodschrijver*
écrou M ● *(schroef)moer* ● *proces-verbaal van gevangenzetting*; *gevangenrol* ★ levée d'~ *invrijheidstelling* ★ ~ à oreilles *vleugelmoer*
écrouer OV WW *gevangen zetten*
écroulement M OOK FIG. *in(een)storting*
écrouler WKD WW [**s'~**] ● OOK FIG. *in(een)storten* ● *ineenzinken*
écru BNW *ruw* ‹v. garen, stof›; *ongebleekt*; *ecru*
ecstasy V *ecstasy* ‹drug, XTC›
ectoplasme M ● *ectoplasma* ● IRON. *willoos/gezichtloos persoon*
écu M ● *wapenschild* ● GESCH. *schild* ★ avoir des écus *poen hebben*
écubier M SCHEEPV. *kluisgat*
écueil M OOK FIG. *klip*
écuelle V *kom*; *nap*
éculé BNW ● *afgetrapt* ‹v. schoenen›; *afgesleten* ‹v. hakken› ● FIG. *afgezaagd*
écumage M *(het) afschuimen*
écume V OOK FIG. *schuim* ★ ~ (de mer) *meerschuim*
écumer I OV WW OOK FIG. *afschuimen* **II** ONOV WW ● *schuimen* ● *schuimbekken (***de** *van)*
écumeur M [v: **écumeuse**] *schuimer* ★ ~ de marmite *tafelschuimer* ★ ~ de mer *zeeschuimer*
écumeux BNW [v: **écumeuse**] *schuimend*
écumoire V *schuimspaan*
écureuil M *eekhoorn* ★ L'Écureuil *de spaarbank* ‹bijnaam›
écurie V ● *(paarden)stal* ● SPORT *renstal* ● FIG. *zwijnenstal* ★ entrer comme dans une ~ *ongegeneerd binnenvallen/optreden* ★ fermer l'~ quand les chevaux sont dehors *de put dempen als het kalf verdronken is*
écusson M ● *schildje* ‹ook op uniform; v. insecten› ● *uithangbord* ● *dekplaatje op sleutelgat* ● *beenschub* ‹v. vissen›
écuyer M ● *schildknaap* ● *stalmeester*; *rijmeester* ● *ruiter*; *pikeur*; *kunstrijder* ★ grand ~ *opperstalmeester* ★ grand ~ tranchant *oppervoorsnijder*
écuyère V *paardrijdster*; *amazone*; *kunstrijdster* ★ bottes à l'~ *rijlaarzen*
eczéma (zeg: egzeemà) M *eczeem*
Eden (zeg: eedèn) *(hof van) Eden*
édenté BNW *tandeloos*
édenter OV WW *de tanden breken van* ‹kam, zaag›
EDF AFK Électricité de France *Frans elektriciteitsbedrijf*
édicter OV WW *uitvaardigen*; *verordenen*
édicule M *(openbaar) bouwseltje* ‹straatkiosk, -urinoir›
édifiant BNW *stichtelijk*
édification V ● *(op)bouw* ● *lering*; *onderricht*; *stichting*
édifice M ● *(groot) gebouw* ● FIG. *bouwsel*
édifier OV WW ● *(op)bouwen* ● *stichten*; *zedelijk verheffen* ● VAAK HUMOR. *onderrichten*; *wijzer maken (***sur** *over)*
édile M ● GESCH. *ediel* ● FORM./SCHERTSEND *de vroede vaderen*; *het stadsbestuur*
Edimbourg *Edinburgh*
édit (zeg: eedie) M *edict*
éditer OV WW ● *uitgeven* ● *redigeren*; *editen*
éditeur I M [v: **éditrice**] ● *uitgever* ● *bezorger* ‹v.e. tekst› **II** BNW COMP. *editor*; *bewerkingsprogramma* **III** BNW [v: **éditrice**] ★ maison éditrice *uitgeverij*
édition V ● *uitgave* ● *oplaag*; *editie* ● *uitgeversvak* ● *(het) editen* ★ maison d'~ *uitgeversmaatschappij*
édito M INFORM. éditorial *hoofdartikel*
éditorial I M [mv: **éditoriaux**] *hoofdartikel* **II** BNW [m mv: **éditoriaux**] *van de uitgever*; *van de redactie*
éditorialiste M/V *schrijver van hoofdartikelen*
édredon M ● *dekbed* ● OUD. *eiderdons*
éducable BNW *opvoedbaar*
éducateur I BNW [v: **éducatrice**] *opvoedend*; *vormend*; *educatief* **II** M [v: **éducatrice**] ● *opvoeder* ● *vormingswerker* ★ ~ spécialisé *activiteitenbegeleider*
éducatif BNW [v: **éducative**] *opvoedend*; *vormend*; *educatief*
éducation V ● *opvoeding* ● *opleiding*; *scholing*; *vorming* ★ ~ civique *burgerschapskunde* ★ ~

physique *lichamelijke opvoeding; gymnastiek* ★ ~ sexuelle *seksuele voorlichting* ★ ministère de l'Éducation nationale *ministerie v. Onderwijs* ★ avoir de l'~ *welopgevoed zijn*
édulcorant M *zoetmiddel; zoetje*
édulcorer OV WW • *verzoeten* • FIG. *verzachten; afzwakken*
éduquer OV WW • *opvoeden* • *vormen* ‹v. vaardigheden›
EEG AFK électroencéphalogramme *eeg; elektro-encefalogram*
effaçable BNW *(uit)wisbaar*
effacé BNW • *uitgewist* • *vervaagd; verbleekt* • *teruggetrokken; onopvallend*
effacement M • OOK FIG. *(uit)wissing* • *(het) op de achtergrond treden/blijven*
effacer I OV WW • OOK FIG. *(uit)wissen; uitvegen; uitgommen; doorhalen* • *overvleugelen; overschaduwen* • *intrekken* ‹v. schouders› **II** WKD WW [**s'~**] • OOK FIG. *uitgewist worden; verbleken; verdwijnen* • *op de achtergrond treden/blijven; zich wegcijferen; uit de weg gaan* ★ s'~ dans la mémoire *uit het geheugen gewist worden*
effaceur M *correctiestift*
effarant BNW *ontstellend; schrikwekkend*
effarement M *ontsteltenis; schrik*
effarer OV WW *ontstellen; verschrikken*
effarouchement M *opschrikking; verschriktheid*
effaroucher I OV WW *verschrikken; schuw maken; afschrikken* **II** WKD WW [**s'~**] *afgeschrikt/schichtig worden*
effectif I BNW [v: **effective**] *(daad)werkelijk; effectief* **II** M *aantal leden* ‹v.e. groep›; *bezetting; sterkte; effectief* ★ ~s [mv] *troepen; personeelsleden*
effectivement BIJW *(daad)werkelijk; inderdaad*
effectuer I OV WW *verwezenlijken; uitvoeren; volbrengen; doen* ★ ~ un payement *een betaling doen* ★ ~ une promesse *een belofte volbrengen* **II** WKD WW [**s'~**] *tot stand komen*
efféminé BNW *verwijfd; verwekelijkt*
effervescence V • *opbruising* • FIG. *gisting; beroering; opwinding* ★ l'~ des passions *het vuur der hartstochten*
effervescent BNW OOK FIG. *bruisend* ★ comprimé ~ *bruistablet*
effet M • *(uit)werking; gevolg* • *(beoogde) indruk; effect* • SPORT *effect* ‹v. bal of slag› • TECHN. *(arbeids)kracht; vermogen; effect* • *handelspapier; wissel; effect* ★ ~ négociable *verhandelbaar effect* ★ ~s publics *staatspapieren* ★ ~ secondaire *bijwerking; bijverschijnsel* ★ ~s spéciaux *trucages* ★ ~ utile *nuttig effect; rendement* ★ à ~ *op effect berekend; met/uit effectbejag* ★ à cet ~ *daartoe* ★ à l'~ de *(met het doel) om* ★ en ~ *inderdaad* ★ sous l'~ de *onder de inwerking/invloed van* ★ avoir pour ~ *als gevolg hebben* ★ faire (de l')~ *indruk maken; opzien baren* ★ faire mauvais ~ *een slechte indruk maken* ★ il me fait l'~ d'être malade *hij lijkt mij ziek te zijn* ★ prendre ~ *in werking treden; van kracht worden* ★ rester sans ~ *vruchteloos zijn* ★ plus de paroles que d'~ *veel geschreeuw en weinig wol* ★ ~s [mv] *goederen; spullen; kleren*
effeuillage M • *(het) ontbladeren* • INFORM. *striptease*
effeuiller I OV WW • *ontbladeren* • *ontdoen van kroonbladeren* **II** WKD WW [**s'~**] *zijn bladeren/kroonbladeren verliezen*
efficace BNW • *doeltreffend; doelmatig; werkzaam; effectief* • *efficiënt*
efficacité V • *doeltreffendheid; doelmatigheid; werkzaamheid; effectiviteit* • *efficiëntie*
efficience V *doelmatigheid; rendement; efficiency*
efficient BNW *doelmatig; efficiënt*
effigie V *afbeelding; beeltenis; beeldenaar* ★ brûler qn en ~ *iem. in effigie (als pop) verbranden*
effilé I M *franje* **II** BNW *spits toelopend; lang en dun; spichtig*
effiler I OV WW • *uitrafelen* • *uitdunnen* ‹v. haren›; *effileren* • *spits laten toelopen; (bij)punten* **II** WKD WW [**s'~**] • *rafelen* • *spits toelopen*
effilocher I OV WW *uitrafelen; uitdunnen* **II** WKD WW [**s'~**] *rafelig worden*
effilochure V *rafel*
efflanqué BNW *broodmager*
effleurage M *lichte massage*
effleurement M OOK FIG. *(het) even aanraken/aanroeren; (het) strijken langs* ★ touche à ~ *tiptoets*
effleurer OV WW • *even aanraken; strijken langs; scheren langs* • FIG. *aanroeren* ★ ~ un sujet *een onderwerp even aanroeren* ★ cela m'a effleuré (l'esprit) *dat is even bij me opgekomen*
efflorescence V • OOK FIG. *(begin van de) bloei* • *efflorescentie; uitslag*
efflorescent BNW OOK FIG. *bloeiend; weelderig*
effluent M *afvoerwater; afvoerrivier* ‹v. meer, gletsjer›
effluve M • [vaak mv] *uitwaseming* • [vaak mv] FIG. *uitstraling*
effondrement M OOK FIG. *in(een)storting*
effondrer WKD WW [**s'~**] OOK FIG. *in(een)storten; in(een)zakken* ★ il était effondré *hij was gebroken/kapot/verslagen*
efforcer WKD WW [**s'~**] **de** *zich inspannen om; zijn best doen om; pogen te*
effort M • *inspanning; moeite; poging* • NATK. *(druk)kracht; belasting* ★ sans ~ *moeiteloos* ★ faire un ~ *z'n best doen; moeite doen;* INFORM. *over de brug komen* ★ faire tous ses ~s *al zijn krachten inspannen*
effraction V JUR. *braak*
effraie V *kerkuil*
effranger I OV WW *uitrafelen* **II** WKD WW [**s'~**] *rafelen*
effrayant BNW • *verschrikkelijk; schrikbarend* • *ontzettend; enorm*
effrayer I OV WW *bang maken; verschrikken; afschrikken* **II** WKD WW [**s'~**] *schrikken; bang worden*
effréné BNW *tomeloos; mateloos; verwoed*
effritement M OOK FIG. *afbrokkeling; verwering* ‹v. gesteente›
effriter I OV WW *verbrokkelen* **II** WKD WW [**s'~**] OOK FIG. *afbrokkelen; verweren* ‹v. gesteente›

ef

ef

effroi M *afgrijzen; ontzetting*
effronté I BNW *brutaal; schaamteloos* **II** M [v: **effrontée**] *schaamteloos, brutaal iemand*
effronterie V *brutaliteit; onbeschaamdheid*
effroyable BNW *vreselijk; verschrikkelijk*
effusion V • OUD. *uitstorting; (het) vergieten* • *ontboezeming; gevoelsontlading; hartelijkheid; warmte* ★ ~ de colère *uitbarsting van woede* ★ ~ de sang *bloedvergieten* ★ avec ~ *gevoelvol; uitbundig*
égailler WKD WW [**s'~**] *zich verspreiden; uiteenstuiven*
égal I BNW [m mv: **égaux**] • *gelijk (***à** *aan)* • *gelijkmatig; constant* • *effen* • *onverschillig; om het even* ★ caractère égal *gelijkmatig/ gelijkmoedig karakter* ★ terrain égal *vlak terrein* ★ c'est égal *het doet er niet toe* ★ cela m'est égal *dat is me onverschillig; dat laat me koud* ★ toutes choses égales d'ailleurs *onder overigens gelijkblijvende omstandigheden; ceteris paribus* ★ être toujours égal à soi-même *steeds zichzelf (gelijk) blijven* **II** M [mv: **égaux**] *gelijke* ★ à l'égal de *(evenzeer) als* ★ d'égal à égal *op voet van gelijkheid* ★ sans égal *zonder weerga*
égalable BNW *te evenaren*
également BIJW • *eveneens; ook* • *gelijk(elijk)*
égaler OV WW • WISK. *gelijk zijn aan* • *evenaren (***en** *in)* ★ deux plus deux égalent quatre *twee plus twee is vier*
égalisateur BNW [v: **égalisatrice**] ★ SPORT but ~ *gelijkmaker*
égalisation V • *(het) gelijkmaken* ⟨ook sport⟩; *egalisering* • FIG. *nivellering*
égaliser I OV WW • *gelijkmaken; effenen* • FIG. *nivelleren* **II** ONOV WW SPORT *gelijkmaken*
égalitaire BNW *egalitair; gelijkheid nastrevend*
égalitariste I BNW *egalitaristisch* **II** M/V *voorstander van gelijkheid*
égalité V • *gelijkheid* • *gelijkmatigheid* • *effenheid* • WISK. *gelijkvormigheid* • SPORT *deuce* ★ ~ d'humeur *gelijkmatigheid v. humeur; gelijkmoedigheid* ★ ~ de droits *gelijkberechtiging* ★ SPORT être à ~ *gelijkstaan*
égard M *achting; eerbied (***pour** *voor)* ★ à cet ~ *in dat opzicht* ★ à tous (les) ~s *in ieder opzicht* ★ à l'~ de *ten opzichte van; wat betreft; jegens* ★ eu ~ à *gelet op; gezien* ★ par ~ pour *uit respect voor* ★ avoir ~ à *rekening houden met* ★ ~s [mv] *(bewijs van) eerbied/ontzag; beleefdheid; voorkomendheid; attenties; egards*
égaré BNW • *verdwaald* • *verdwaasd; verwilderd*
égarement M • *(het) zoekraken* • FIG. *(af)dwaling; verwarring; verdwazing* ★ ~ de l'esprit *verstandsverbijstering*
égarer I OV WW • OOK FIG. *doen (af)dwalen* • *zoekmaken; kwijtraken* • *misleiden; in verwarring brengen* **II** WKD WW [**s'~**] • *verdwalen;* OOK FIG. *afdwalen* • *zoekraken* ★ des votes qui s'égarent *stemmen die verloren gaan*
égaux M MV • → **égal**
égayer I OV WW • *opvrolijken; `opleuken'* • *losser maken* **II** WKD WW [**s'~**] *zich vrolijk maken (***aux dépens de** *over)*
Egée V ★ (mer) Egée *Egeïsche zee*
égérie V *bezielster; (geheime) raadgeefster;* FIG. *muze*
égide V FORM. *bescherming* ★ sous l'~ de *onder (hoge) bescherming/auspiciën van*
églantier M *egelantier*
églantine V *bloem v.d. egelantier*
églefin M *schelvis*
église V *kerk*
églogue V *ecloge; herdersdicht*
ego M [mv: id.] *ego; ik*
égocentrique BNW *egocentrisch*
égoïne V *handzaag*
égoïsme M *egoïsme*
égoïste I BNW *egoïstisch* **II** M/V *egoïst*
égorgement M *(het) kelen*
égorger OV WW *kelen*
égorgeur M [v: **égorgeuse**] *keler; moordenaar*
égosiller WKD WW [**s'~**] • *zich hees schreeuwen* • *luidkeels zingen*
égotisme M *egotisme*
égotiste M/V *egotist; egotripper*
égout (zeg: -goe met harde g) M • *riool;* OOK FIG. *goot* • *dakhelling* ★ rat d'~ *rioolruimer* ★ bouche d'~ *rioolput*
égoutier M *rioolwerker*
égouttage M • *(het) (laten) uitdruipen* • *drainering* ⟨v. grond⟩
égouttement M • → **égouttage**
égoutter I OV WW • *laten uitdruipen* • *draineren* ⟨v. grond⟩ ★ ~ des légumes *groenten afgieten* **II** WKD WW [**s'~**] *uitdruipen; (af)druipen*
égouttoir M • *afdruiprek* • *vergiet* • *droogrek*
égrapper OV WW *afristen*
égratigner OV WW • OOK FIG. *licht bezeren; schrammen; krabben* • *licht beschadigen; bekrassen* • *licht omploegen*
égratignure V • *schram; krab* • FIG. *lichte krenking; plagerij*
égrenage M • *(het) ontkorrelen* ⟨v. graan⟩ • *(het) afristen*
égrènement M *aaneenschakeling; rij*
égrener I OV WW • *ontkorrelen; uit de aren/peulen halen; afristen* • *één voor één laten horen* ★ ~ un chapelet *de kralen v.e. rozenkrans door zijn vingers laten glijden* **II** WKD WW [**s'~**] • *loslaten* ⟨v. korrels, peulvruchten⟩ • FIG. *zich aaneenrijgen*
égrillard BNW *schunnig; schuin; gewaagd; wulps*
Egypte V *Egypte*
égyptien BNW [v: **égyptienne**] *Egyptisch*
Égyptien M [v: **Égyptienne**] *Egyptenaar*
égyptologie V *egyptologie*
égyptologue M/V *egyptoloog*
eh (zeg: ee) TW *hé!; wel!* ★ eh bien! *welnu!*
éhonté BNW *schaamteloos*
eider M *eidereend*
éjaculation V • *zaadlozing; ejaculatie* • *uitstorting*
éjaculer OV+ONOV WW *ejaculeren; zaad lozen*
éjectable BNW *uitwerpbaar* ★ siège ~ *schietstoel;* OOK FIG. *schopstoel*
éjecter OV WW • *uitwerpen* • INFORM. *eruit gooien* ★ être éjecté (d'une voiture) *(uit een auto) geslingerd worden*
éjection V *uitwerping;* OOK FIG. *lozing*
élaboration V • → **élaborer**

elaboré BNW *zorgvuldig uitgewerkt/uitgevoerd*
élaborer I OV WW • *opstellen; uitwerken* ⟨v. plan enz.⟩ • *verwerken; omzetten; aanmaken* ⟨v. stoffen i.h. lichaam⟩ **II** WKD WW [**s'~**] *uitgewerkt worden; vorm aannemen*
élagage M OOK FIG. *(be)snoeiing*
élaguer OV WW OOK FIG. *(be)snoeien; bekorten*
élagueur M *snoeier; snoeizaag/-mes*
élan M • *snelle beweging; vaart* • *aanloop* • *geestdrift; vervoering; bezieling; elan* • *opwelling; impuls* • *eland* ★ élan vital *levensdrang* ★ prendre son élan *een aanloop nemen*
élancé BNW *rijzig*
élancement M • *stekende pijn; pijnscheut* • FORM. *zielsverlangen*
élancer I ONOV WW *steken* ⟨v. wond⟩ **II** WKD WW [**s'~**] • *vooruitsnellen; toesnellen; zich werpen (***sur** *op)* • *zich verheffen; hoog opschieten* ★ s'~ à la poursuite *de achtervolging inzetten*
élargir I OV WW • *verbreden; verwijden;* OOK FIG. *verruimen* • *vrijlaten* ⟨v. gevangene⟩ **II** ONOV WW • INFORM. *dikker worden* • *wijder worden* **III** WKD WW [**s'~**] OOK FIG. *breder/ruimer worden*
élargissement M • *verwijding; verbreding; verruiming; uitbreiding* • *invrijheidstelling*
élasticité V *elasticiteit; rekbaarheid; soepelheid;* OOK FIG. *veerkracht*
élastique I BNW *elastisch; rekbaar; soepel;* OOK FIG. *veerkrachtig;* OOK FIG. *elastieken* ★ gomme ~ *gomelastiek* ★ avoir une conscience ~ *een ruim geweten hebben* **II** M *elastiek(je)*
Elbe I M *Elbe* **II** V *Elba*
eldorado M *eldorado*
électeur I M *keurvorst* **II** M [v: **électrice**] *kiezer* ★ grand ~ *kiesman*
électif BNW [v: **élective**] *door keus bepaald; door verkiezing benoemd/verkregen*
élection V *verkiezing;* FORM. *keuze* ★ ~s anticipées *vervroegde verkiezingen* ★ d'~ OOK REL. *uitverkoren; van iemands keuze* ★ se presenter aux ~s *zich kandidaat stellen*
électoral BNW [m mv: **électoraux**] • *verkiezings-; kies-; electoraal* • *keurvorstelijk* ★ loi ~e *kieswet* ★ liste ~e *kiezerslijst*
électoraliste BNW *op de kiezersgunst afgestemd*
électorat M • *electoraat; kiezersvolk* • *kiesrecht* • *waardigheid v.e. keurvorst* • *keurvorstendom*
électricien M [v: **électricienne**] *elektricien* ★ ingénieur ~ *elektro-ingenieur*
électricité V *elektriciteit* ★ FIG. il y a de l'~ dans l'air *er heerst een geladen sfeer*
électrification V *elektrificatie*
électrifier OV WW *elektrificeren*
électrique BNW • *elektrisch* • FIG. *elektriserend* • *geladen* ⟨v.d. atmosfeer⟩
électriser OV WW OOK FIG. *elektriseren*
électroaimant M *elektromagneet*
électrocardiogramme M *elektrocardiogram; ecg*
électrochimie V *elektrochemie*
électrochoc M OOK FIG. *elektroshock*
électrocuter OV WW *elektrocuteren*
électrocution V *elektrocutie*
électrode V *elektrode*
électroencéphalogramme M *elektro-encefalogram; eeg*
électrogène BNW *elektriciteit ontwikkelend* ★ groupe ~ *stroomaggregaat; (mobiele) stroomgenerator*
électrolyse V *elektrolyse; ontleding door elektriciteit*
électrolyte M *elektrolyt*
électromagnétique BNW *elektromagnetisch*
électromagnétisme M *elektromagnetisme*
électroménager I M *elektrische huishoudelijke apparatuur* **II** BNW *elektrisch* ⟨v. huishoudelijke apparaten⟩
électromètre M *elektrometer*
électromoteur I M *elektromotor* **II** BNW [v: **électromotrice**] *elektromotorisch*
électron M *elektron* ★ FIG. ~ libre *ongeleid projectiel; onhandelbaar medelid*
électronicien M [v: **électronicienne**] *elektronicus*
électronique I BNW *elektronen-; elektronisch* **II** V *elektronica*
électrophone M *platenspeler*
électrotechnicien M [v: **électrotechnicienne**] *elektrotechnicus*
électrotechnique I BNW *elektrotechnisch* **II** V *elektrotechniek*
électrothérapie V *elektrotherapie*
élégamment BIJW *elegant*
élégance V *bevalligheid; sierlijkheid; stijl; elegantie*
élégant BNW *bevallig; sierlijk; stijlvol; elegant*
élégiaque I BNW *elegisch* **II** M *elegiedichter*
élégie V *elegie*
élément M • *element* ⟨in alle betekenissen⟩; *bestanddeel; detail* • *factor; medeoorzaak* ★ ~s motorisés *gemotoriseerde eenheid* ★ les quatre ~s *de vier elementen* ★ dans son ~ *in zijn element* ★ ~s [mv] *grondslagen; grondbeginselen*
élémentaire BNW *elementair* ⟨in alle betekenissen⟩; *basis-* ★ livre ~ *boek dat de beginselen v.e. wetenschap bevat; boek voor beginners* ★ INFORM. c'est ~ *dat is wel het minste*
éléphant M • *olifant* • INFORM. *partijbonze*
éléphanteau M [mv: **éléphanteaux**] *jonge olifant*
élevage M *teelt* ⟨v. dieren⟩; *veeteelt* ★ ~ industriel/en batterie *bio-industrie*
élévateur I M *heftoestel; elevator* **II** BNW [v: **élévatrice**] *ophijsend; optrekkend* ★ chariot ~ (à fourche) *vorkheftruck* ★ (muscle) ~ *hefspier*
élévation V • *verhoging; stijging;* OOK FIG. *verheffing (***à** *tot)* • OOK FIG. *verhevenheid* • MIL./REL. *elevatie* ★ ~ de la voix *stemverheffing* ★ ~ (à la puissance) *machtsverheffing* ★ ~ de style *verhevenheid van stijl*
élevé BNW • *opgevoed* • *hoog* • *verheven* ★ bien ~ *beschaafd; welopgevoed* ★ mal ~ *ongemanierd*
élève M/V • *leerling* • *jong geteeld exemplaar* ⟨plant/dier⟩
élever I OV WW • *optillen; opheffen* • OOK FIG. *verheffen (***à** *tot)* • *verhogen* • *oprichten;* OOK FIG. *(op)bouwen* • *in rang verhogen;*

*bevorderen (***à** *tot)* • *grootbrengen*; *opvoeden*; *fokken* • FIG. *opwerpen*; *opperen* ⟨v. bedenkingen⟩ ★ ~ la voix (contre) *de stem verheffen (tegen)* ★ ~ une maison *een huis bouwen*; *een huis hoger maken* ★ ~ au carré *tot de tweede macht verheffen* ★ ~ le cœur *het hart verheffen* ★ ~ jusqu'aux nues *hemelhoog prijzen* **II** WKD WW [**s'~**] • OOK FIG. *zich verheffen* • *omhooggaan*; *omhoogkomen* • FIG. *(op)rijzen*; *opkomen* • *gesticht worden* ★ le brouillard s'élève *de mist trekt op* • **~ à** *bedragen* ★ le prix s'élève à dix euros *de prijs bedraagt tien euro* • **~ contre** *zich verzetten tegen*; *opstaan tegen*

el

éleveur M [v: **éleveuse**] *fokker*; *veehouder*
elfe M *elf* ⟨natuurgeest⟩
élider OV WW TAALK. *elideren*; *weglaten* ⟨v.e. klank⟩
éligibilité V *verkiesbaarheid*
éligible BNW *verkiesbaar*
élimé BNW *versleten*
élimer OV WW *verslijten* ⟨v. stof⟩
élimination V • *(het) wegwerken*; *verwijdering*; *uitschakeling*; *eliminatie* • *uitscheiding* ⟨v. vocht, afvalstoffen⟩ ★ ~ des déchets *afvalverwijdering*
éliminatoire BNW *uitsluiting/uitschakeling tot gevolg hebbend* ★ (épreuve) ~ *voorronde*; *kwalificatiewedstrijd*
éliminer OV WW • *wegwerken*; *uit de weg ruimen*; *uitsluiten*; *uitschakelen*; *elimineren* • *uitscheiden* ⟨v. vocht/afvalstoffen⟩
élire OV WW [onregelmatig] *(ver)kiezen* ★ ~ qn président *iem. tot voorzitter kiezen*
élision V TAALK. *elisie*; *weglating* ⟨v.e. klank⟩
élite V *elite*; *keur*; *bloem* ★ d'~ *keur-*; *elite-*; *hoogstaand*
élitiste BNW *elitair*
élixir M *elixer* ★ ~ de longue vie *levenselixer*
elle PERS VNW [v] • *zij* ⟨voor personen en dingen als onderwerp⟩ • *zij* ⟨met klemtoon⟩; *haar* ⟨met klemtoon⟩ • *haar* ⟨na voorzetsel⟩ ★ je la cherche, elle *ik zoek háár* ★ cette voiture est à elle *deze auto is van haar* ★ elle est bien bonne! *die is goed!*
ellébore M *nieskruid*
elles PERS VNW [v mv] *zij* ★ ~ le disent ~-mêmes *ze zeggen het zelf*
ellipse V OOK TAALK. *ellips*
elliptique BNW OOK TAALK. *elliptisch*
élocution V *spreektrant*; *uitspraak*; *elocutie* ★ défaut d'~ *spraakgebrek* ★ avoir l'~ facile *zich gemakkelijk weten uit te drukken*
éloge M *lof(tuiting)*; *lofrede* ★ ~ funèbre *lijkrede* ★ faire l'~ de *prijzen*
élogieux BNW [v: **élogieuse**] *prijzend*; *lovend*
éloigné BNW *verwijderd*; *ver (***de** *van, uit)*; *afgelegen*
éloignement M • *verwijdering* • *afwezigheid* • *afstand* ⟨in ruimte of tijd⟩; *verte*
éloigner I OV WW • *verwijderen (***de** *van, uit)*; *wegnemen*; OOK FIG. *opschuiven* • *afleiden*; *afwenden (***de** *van)* • *vervreemden (***de** *van)* ★ ~ une pensée *een gedachte van zich afzetten* **II** WKD WW [**s'~**] *zich verwijderen (***de** *van)*
élongation V *(spier)verrekking*
éloquemment BIJW • → **éloquent**
éloquence V *(wel)sprekendheid*
éloquent BNW *welsprekend*; *veelzeggend*; *veelbetekenend* ⟨v. blik, stilte⟩
élu I M • *gekozene*; *gekozen vertegenwoordiger* • *uitverkorene* **II** BNW *verkozen*; *uitverkoren* **III** WW [volt. deelw.] • → **élire**
élucidation V *toelichting*; *opheldering*
élucider OV WW *toelichten*; *ophelderen*
élucubration V MIN. *hersenspinsel*
éluder OV WW *(handig) ontwijken*; *ontduiken*
Élysée V ★ l'~ *het Elysee* ⟨presidentieel paleis⟩
élyséen BNW [v: **élyséenne**] *van het Elysée*; *presidentieel*
élytre M *dekschild* ⟨v. insecten⟩
Em. AFK Éminence *Eminentie*
émacié BNW FORM. *uitgemergeld*; *uitgeteerd*
émail M [mv: **émaux**] *email* ⟨in alle betekenissen⟩; *emailwerk*
e-mail M [mv: **e-mails**] *e-mail* ★ envoyer par ~ *e-mailen*
émaillage M • *(het) emailleren* • *emailleersel*
émailler OV WW • *emailleren* • VAAK HUMOR. *opsieren (***de** *met)*; *bont schakeren (***de** *met)*
émanation V • *uitvloeiing*; *uitwaseming*; *(kwalijke) dampen* • *emanatie*; *uitvloeisel*
émancipateur I BNW [v: **émancipatrice**] *vrijmakend*; *emanciperend* **II** M [v: **émancipatrice**] *vrijmaker*
émancipation V • *emancipatie*; *vrijmaking* • *ontvoogding* • *mondigverklaring*; *meerderjarigverklaring*
émanciper I OV WW • *emanciperen*; *vrijmaken* • *ontvoogden* • *mondig/meerderjarig verklaren* **II** WKD WW [**s'~**] *geëmancipeerd/onafhankelijk worden (***de** *van)*; INFORM. *vrijgevochten worden*
émaner ONOV WW **~ de** *vloeien uit*; *uitgaan van* ⟨v. gas, straling, geur⟩; *voortkomen uit*; *afkomstig zijn van*; FIG. *uitstralen van*
émargement M *(het) aftekenen*; *parafering* ★ feuille d'~ *te paraferen lijst* ⟨presentielijst e.d.⟩
émarger I OV WW • *(in de marge) aftekenen*; *paraferen* • *de marge afknippen van* **II** ONOV WW *bezoldigd worden*
émasculation V • *ontmanning* • *verwekelijking*; *ontkrachting*
émasculer OV WW • *ontmannen* • *verwekelijken*; *ontkrachten*
émaux M MV • → **émail**
emballage M • *verpakking*; *emballage* • SPORT *eindspurt*
emballage-cadeau M *cadeauverpakking*
emballement M • *plotseling enthousiasme (***pour** *voor)* ⟨v. motor⟩; *bevlieging* • TECHNIEK *(het) doorslaan* ⟨v. motor⟩
emballer I OV WW • *inpakken*; *verpakken* • INFORM. *enthousiast maken* • *te snel laten draaien* ⟨v. motor⟩; *opjagen* • INFORM. *inrekenen*; *oppikken* **II** WKD WW [**s'~**] • *op hol slaan* ⟨ook v. motor⟩ • INFORM. *opgewonden raken*; *opeens boos/enthousiast worden (***pour** *voor)*
emballeur M [v: **emballeuse**] *inpakker*
embarcadère M *aanlegsteiger*

embarcation V *kleine boot; schuitje; sloep*
embardée V *plotselinge zwenking* ‹v. schip, voertuig›; *zwieper; gier*
embargo M *embargo (***sur** *op;* **contre** *tegen)* ★ mettre l'~ *een embargo opleggen*
embarquement M *inscheping; (het) instappen; (het) inladen*
embarquer I OV WW ● *inschepen; aan boord nemen/krijgen* ● *inladen* ● INFORM. *meenemen; oppikken; inpikken* ● INFORM. *verwikkelen (***dans** *in)* ★ INFORM. ~ qn dans le train *iem. op de trein zetten* **II** ONOV WW ● *scheep gaan (***pour** *naar); aan boord gaan* ● *veel water binnen krijgen* ‹v.e. schip› ● *over het dek slaan* ‹v. golven› **III** WKD WW **[s'~]** ● *zich inschepen; aan boord gaan* ● *verwikkeld raken (***dans** *in); zich storten (***dans** *in)* ‹een hachelijke onderneming›
embarras (zeg: -rà) M ● *verlegenheid* ‹ongemakkelijk gevoel, ongemakkelijke situatie› ● *(geld)nood; benardheid; moeilijkheden* ★ ~ gastrique *maagstoornis* ★ (n')avoir (que) l'~ du choix *keus te over hebben* ★ tirer d'~ *uit de nood helpen*
embarrassant BNW *hinderlijk; lastig;* FIG. *pijnlijk*
embarrassé BNW ● *in verlegenheid; zich geen raad wetend (***de** *met); bevangen; opgelaten* ● *verward; onduidelijk* ● *gehinderd; hinderlijk vol*
embarrasser I OV WW ● *in verlegenheid brengen* ● *hinderen; belemmeren* **II** WKD WW **[s'~]** ● **~ dans** *verward/verstrikt raken in* ● **~ de** *zich opzadelen met; zich (overdreven) bekommeren om*
embauchage M ● → **embauche**
embauche V *indienstneming; aanwerving* ★ il n'y a pas d'~ dans cette branche *er is geen werk(gelegenheid) in die bedrijfstak*
embaucher OV WW *in dienst nemen; aanwerven*
embaucheur M [v: **embaucheuse**] *werver; koppelbaas*
embauchoir M *schoenspanner*
embaumement M *balseming*
embaumer I OV WW ● *balsemen* ● *doen geuren* ● *geuren naar* **II** ONOV WW IRON. *geuren; lekker ruiken*
embaumeur M *(lijk)balsemer*
embellie V ● OOK FIG. *opklaring* ● *(tijdelijke) windstilte* ‹op zee›
embellir I OV WW ● *verfraaien; mooier maken* ● *mooier voorstellen* **II** ONOV WW *mooier worden* **III** WKD WW **[s'~]** *mooier worden*
embellissement M *verfraaiing*
emberlificoter I OV WW ● INFORM. *verward doen raken (***dans** *in); verstrikken* ● INFORM. *verlakken* **II** WKD WW **[s'~]** INFORM. *in de war raken; verstrikt raken (***dans** *in)*
embêtant BNW INFORM. *vervelend; onaangenaam*
embêtement M INFORM. *narigheid*
embêter I OV WW INFORM. *lastigvallen; vervelen* ★ être embêté (avec, de, pour) *ermee (in de maag) zitten* **II** WKD WW **[s'~]** INFORM. *zich vervelen*
emblaver OV WW *met graan inzaaien* ‹v. akker›
emblée ★ d'~ *op slag; dadelijk; meteen al*
emblématique BNW *emblematisch; symbolisch*
emblème M *embleem; zinnebeeld; merkteken*
embobeliner OV WW INFORM. FIG. *inpakken; inpalmen*
embobiner OV WW ● → **embobeliner**
emboîtage M ● → **emboîter**
emboîtement M *in elkaar grijpende verbinding*
emboîter I OV WW ● *ineenschuiven (***dans** *in)* ● *nauw omsluiten* **II** WKD WW **[s'~]** *in elkaar grijpen/passen*
embolie V MED. *embolie*
embonpoint M *gezetheid* ★ prendre de l'~ *dik worden*
emboucher OV WW *aan de mond zetten* ‹v. muziekinstrument› ★ être mal embouché *grof in de mond zijn*
embouchure V ● *(uit)monding* ● *mondstuk*
embourber I OV WW *in de modder doen vast raken* **II** WKD WW **[s'~]** ● *in de modder blijven steken* ● *zich vastwerken; verstrikt raken (***dans** *in)*
embourgeoisement M *verburgerlijking*
embourgeoiser I OV WW *burgerlijk maken* **II** WKD WW **[s'~]** *verburgerlijken*
embout M *dopje/opzetstukje aan het eind; (stoot)punt* ‹v. stok, paraplu›
embouteillage M *verkeersopstopping* ★ être pris dans un ~ *in een file staan*
embouteillé OV WW *(door files, overbelasting) verstopt*
emboutir OV WW ● *(hol) uitkloppen* ‹v. metalen›; *uitdrijven* ● *(met metaal) beslaan* ● *botsen op* ‹auto›; *rammen*
emboutissage M ● → **emboutir**
embranchement M OOK FIG. *vertakking; aftakking; splitsing*
embrancher OV WW *verbinden* ‹v. buizen, (spoor)wegen›; *aansluiten (***à, sur** *op)*
embrasement M ● *ontvlamming* ● OUD. *gloed; twistvuur*
embraser I OV WW ● *in vuur en vlam zetten* ● OOK FIG. *in gloed doen raken* **II** WKD WW **[s'~]** *vlam vatten;* OOK FIG. *in gloed raken*
embrassade V *omhelzing; gezoen*
embrasse V *band om gordijn; embrasse*
embrasser I OV WW ● *omhelzen; zoenen* ● FIG. *omhelzen; aannemen; op zich nemen* ● *omvatten; bevatten; (in zich) opnemen* ★ qui trop embrasse, mal étreint ‹spreekwoord› *men moet niet te veel hooi op zijn vork nemen* **II** WKD WW **[s'~]** *elkaar omhelzen; zoenen*
embrasure V ● *vensteropening; deuropening* ● *schietgat*
embrayage M TECHN. *koppeling(smechanisme)*
embrayer I OV WW *koppelen; de koppeling inschakelen van* **II** ONOV WW ● *koppelen; de koppeling laten opkomen* ● INFORM. *beginnen (te werken/te praten) (***sur** *over)* ● **~ sur** *vat hebben op*
embrigadement M FIG. *rekrutering*
embrigader I OV WW *als lid/deelnemer rekruteren; ronselen* **II** WKD WW **[s'~]** *lid worden; toetreden (***dans** *tot)*
embringuer I OV WW INFORM. **~ dans** *verwikkelen in; betrekken bij* **II** WKD WW **[s'~]** INFORM. **~ dans** *verwikkeld raken in/bij*

em

embrocation V MED. *(het aanbrengen van) smeerzalf*
embrocher OV WW • *aan het spit steken* • INFORM. *spietsen; doorsteken*
embrouillamini M INFORM. *wanorde; bende*
embrouille V INFORM. *verwarring(zaaierij); verwarrende, misleidende praatjes*
embrouillé BNW *warrig*
embrouillement M *verwardheid*
embrouiller I OV WW *verward maken* **II** WKD WW [**s'~**] *verward raken (***dans** *in)*
embroussaillé BNW • *vol struiken* • *verwilderd; verward* ‹v. haar, baard›
embrumer OV WW • *nevelig maken* • *somber maken*
embrun M [vaak mv] *stuivend spatwater* ‹v. golven›; *buiswater*
embryologiste V *embryoloog*
embryon M • *embryo* • FIG. *kiem*
embryonnaire BNW *embryonaal*
embûches V MV FIG. *valstrikken; voetangels en klemmen* ★ tendre des ~ FIG. *hinderlagen leggen*
embuer I OV WW *met een waas bedekken; doen beslaan* ★ yeux embués (de larmes) *betraande ogen* **II** WKD WW [**s'~**] *beslaan*
embuscade V *hinderlaag* ★ dresser/mettre une ~ *een hinderlaag leggen* ★ se mettre en ~ *zich verdekt opstellen* ★ tomber dans une ~ *in een hinderlaag lopen/vallen*
embusquer I OV WW • *in hinderlaag leggen* • INFORM. *aan de frontdienst onttrekken* ★ tireur embusqué *sluipschutter* **II** WKD WW [**s'~**] • *in hinderlaag gaan liggen* • INFORM. *zich drukken (voor de frontdienst)*
éméché BNW INFORM. *aangeschoten; ietwat dronken*
émeraude I V *smaragd* **II** BNW ★ (vert) ~ *smaragdgroen*
émergence V *(het) opduiken; (plaats van) het aan de dag treden*
émerger ONOV WW • *opduiken (***de** *uit)* • *tevoorschijn komen; aan het licht komen; duidelijk worden* • *eruit springen; gunstig opvallen*
émeri M *amaril; polijststeen* ★ bouchon à l'~ *geslepen stop* ★ toile d'~ *schuurlinnen* ★ papier (d')~ *schuurpapier* ★ INFORM. bouché à l'~ *erg stom*
émerillon M *dwergvalk*
émérite BNW *ervaren en bekwaam; eminent*
emersion V *opduiking*
émerveillement M • *verwondering; verbazing* • *verrukking; iets heerlijks*
émerveiller I OV WW • *verbaasd doen staan* • *in verrukking brengen* **II** WKD WW [**s'~**] *verwonderd/verrukt zijn (***de** *over)*
émétique I M *braakmiddel* **II** BNW *braakwekkend*
émetteur I M • *zender* • *emittent; uitschrijver van een waardepapier* ★ ~-récepteur *zender-ontvanger* **II** BNW [v: **émettrice**] • *uitzendend* • *emissie-; zend-* ★ poste ~ *zender* ★ station émettrice *zendstation*
émettre OV WW [onregelmatig] • *uitgeven* ‹v. effecten, postzegels e.d.›; *in omloop brengen* • *uitstralen* • COMM. *uitzenden* • *uiten; uitbrengen* ★ ~ des rayons *stralen uitzenden* ★ ~ un avis *een mening geven* ★ ~ un chèque/un emprunt *een cheque/een lening uitschrijven*
émeu M *emoe*
émeute V *oproer; rel*
émeutier M [v: **émeutière**] *oproerling; opruier*
émiettement M *verkruimeling; verbrokkeling*
émietter I OV WW *verkruimelen; verbrokkelen* **II** WKD WW [**s'~**] *verkruimelen; verbrokkelen*
émigrant I M [v: **émigrante**] *landverhuizer; emigrant* **II** BNW *emigrerend*
émigration V • *landverhuizing; emigratie; uitwijking* • *trek* ‹v. dieren›; *migratie*
émigré M [v: **émigrée**] *uitgewekene*
émigrer ONOV WW • *emigreren* • *(weg)trekken* ‹v. dieren›
emincé M *gerecht van dunne plakjes*
émincer OV WW *in dunne plakjes snijden*
éminemment BIJW *uitermate; hoogst*
éminence V • *verhevenheid; heuvel* • ANAT. *uitsteeksel* • *eminentie* ‹titel› ★ ~ grise *grijze eminentie*
éminent BNW *voortreffelijk; uitstekend; eminent*
émir M *emir*
émirat M *emiraat* ★ Emirats arabes unis *Verenigde Arabische Emiraten*
émissaire I M • *(geheim) afgezant* • *afvoerkanaal; afvoerrivier* ‹v. meer, gletsjer› **II** BNW *afvoer-* ★ bouc ~ *zondebok*
émission V • *uitzending* ‹radio, tv› • *uitgifte; emissie* ‹v. effecten, postzegels e.d.› • NATK. *uitstraling; afgifte* • *uiting; (het) voortbrengen* ‹v. klanken›
emmagasinage M • *opslag; berging* • FIG. *(het) ophopen; (het) verzamelen*
emmagasiner OV WW • OOK FIG. *opslaan; bergen* • FIG. *ophopen; verzamelen*
emmailloter OV WW *omzwachtelen; inwikkelen;* OOK FIG. *inkapselen*
emmancher OV WW *een steel zetten aan* ★ INFORM. l'affaire est bien (mal) emmanchée/s'emmanche bien (mal) *de zaak ziet er (niet) veelbelovend uit*
emmanchure V *armsgat*
emmêlement M • *verwarring* • *(het) door elkaar halen*
emmêler I OV WW *verwarren* **II** WKD WW [**s'~**] *verward raken*
emménagement M *(het) intrekken in een nieuwe woning* ★ ~s [mv] *accommodatie* ‹op een schip›
emménager ONOV WW *intrekken (***dans** *in)* ‹nieuwe woning›
emmener OV WW • *meenemen; wegbrengen; wegvoeren* • SPORT; MILITAIR *aanvoeren*
emmenthal, **emmental** M *emmentaler (kaas)*
emmerdant BNW VULG. *(stom)vervelend; klierig; rottig; zeikerig*
emmerde V VULG. *narigheid; gedonder; gezeik*
emmerdement M • → **emmerde**
emmerder I OV WW VULG. *lastigvallen; vervelen; dwarszitten; de keel uithangen* ★ je l'emmerde! *ik heb schijt aan hem!* ★ être emerdé (avec, de, pour) *ermee (in de maag) zitten* **II** WKD WW [**s'~**] • *zich (rot) vervelen*

• *zich (zinloos) uitsloven (***avec**, **à** [+ infin.] *met)*
emmerdeur M [v: **emmerdeuse**] VULG./FIG. *klier; zeikerd*
emmitoufler I OV WW *warm inpakken (***dans** *in)* **II** WKD WW [**s'~**] *zich warm inpakken*
emmurer OV WW *inmetselen tussen vier muren;* OOK FIG. *opsluiten*
émoi M • FORM. *ontroering* • FORM. *opschudding; onrust* ★ mettre en émoi *in rep en roer brengen*
émollient I M MED. *verzachtend middel* **II** BNW *verzachtend*
émolument M *rechtmatig aandeel* ⟨v. erfenis, huwelijksgemeenschap⟩ ★ ~s [mv] *bezoldiging; traktement; emolumenten*
émondage M OOK FIG. *(be)snoeiing*
émondement M OOK FIG. *(be)snoeiing*
émonder OV WW *(be)snoeien*
émoticon M *emoticon*
émotif BNW [v: **émotive**] • *gevoels-* • *vatbaar voor emoties; emotioneel; emotief*
émotion V • *emotie; ontroering* • *beroering* ★ INFORM. tu m'as donné des ~s *ik heb angsten (door je) uitgestaan*
émotionnel BNW [v: **émotionnelle**] *gevoels-*
émotionner OV WW INFORM. *ontroeren*
émotivité V *vatbaarheid voor emoties; emotionaliteit*
émou M • → **émeu**
émouchet M *kleine roofvogel; torenvalk*
émouleur M *slijper*
émoulu BNW ★ frais ~ (de) *kersvers (van)* ⟨school enz.⟩
émousser I OV WW • *stomp maken* • OOK FIG. *afstompen* **II** WKD WW [**s'~**] • *stomp worden* • OOK FIG. *afstompen*
émoustillant BNW *aangenaam opwindend; prikkelend; pikant*
émoustiller OV WW *aangenaam opwinden; vrolijk maken*
émouvant BNW *ontroerend; aangrijpend*
émouvoir I OV WW [onregelmatig] *ontroeren; aangrijpen; bewegen* **II** WKD WW [**s'~**] *ontroerd worden (***de** *door); onrustig worden (***de** *van); opgewonden worden (***de** *van, door, over)* ★ le peuple commence à s'~ *het volk begint roerig te worden*
empaillage M • *(het) matten* ⟨v. stoelen⟩ • *(het) opzetten* ⟨v. dieren⟩
empaillé I BNW INFORM. *onbeholpen* **II** M [v: **empaillée**] INFORM. *stoethaspel*
empaillement M *strovoorraad*
empailler OV WW • *opzetten* ⟨v. dieren⟩ • *met stro bekleden; matten* ⟨v. stoelen⟩
empailleur M [v: **empailleuse**] • *matter v. stoelen* • *opzetter v. dieren*
empaler I OV WW *aan een spiets/paal steken; spietsen (***sur** *op)* **II** WKD WW [**s'~**] **sur** *zich in iets puntigs storten (en doorboord worden)*
empanaché BNW • *bepluimd* • *hoogdravend* ⟨v. stijl⟩
empanacher OV WW *(als) met een pluim versieren*
empaquetage M *(het) inpakken*
empaqueter OV WW *inpakken*
emparer WKD WW [**s'~**] **de** *zich meester maken van; bemachtigen; overmannen*
empâtement M • *pafferigheid; dikkigheid* • *dik opgebrachte verf(lagen)*
empâter I OV WW • *met deeg bestrijken of vullen* • *kleverig/pafferig/dikkig maken* • *verf in verschillende lagen opbrengen op* ★ langue empâtée *dikke/dubbelslaande tong* **II** WKD WW [**s'~**] *pafferig/dikkig worden*
empathie V *empathie*
empattement M • *uitspringende voet* ⟨v. muur⟩; *brede basis* • *wielbasis* ⟨v. voertuig⟩ • DRUKK. *schreef*
empêchement M *beletsel; verhindering* ★ avoir un ~/être retenu par un ~ *verhinderd zijn; opgehouden worden*
empêcher I OV WW *beletten; verhinderen; (ervan) weerhouden (***de** [+ infin.] *om)* ★ ~ que [+ subj.] *verhinderen dat* ★ (il) n'empêche que... *dat neemt niet weg dat; niettemin* **II** WKD WW [**s'~**] **de** *nalaten te* ★ il ne put s'~ de rire *hij kon niet nalaten te lachen; hij moest (wel) lachen*
empêcheur M [v: **empêcheuse**] ★ ~ de tourner en rond *spelbreker*
empeigne V *bovenleer* ⟨v. schoenen⟩
empennage M *stabilisatievlak* ⟨v. luchtvaartuig, projectiel⟩
empenner OV WW *van veren voorzien* ⟨pijl⟩
empereur M *keizer*
empesé BNW • *gesteven* • *gemaakt;* FIG. *stijf*
empeser OV WW *stijven* ⟨v. linnen⟩
empester I ONOV WW • *met stank vergeven* • *stinken naar* • *verpesten; bederven* **II** ONOV WW *stinken*
empêtrer I OV WW **~ dans** *verward doen raken in; (ver)wikkelen in; verstrikken in* **II** WKD WW [**s'~**] **dans** *zich verwikkelen in; verwikkeld/verward raken in*
emphase V MIN. *gezwollenheid; hoogdravendheid*
emphatique BNW • MIN. *gezwollen; hoogdravend* • TAALK. *emfatisch*
emphysème M MED. *emfyseem*
emphytéotique BNW ★ bail ~ *erfpacht*
empiècement M *opgezet/ingezet stuk* ⟨v. kleding⟩; *pas*
empierrer OV WW *met stenen verharden* ⟨v. weg⟩
empiétement, empiètement M *uitbreiding* ⟨ten koste van⟩; *inbreuk*
empiéter ONOV WW **~ sur** *inbreuk maken op;* FIG. *iets afknabbelen van* ★ la mer empiète sur les côtes *de zee wint veld op de kust*
empiffrer WKD WW [**s'~**] INFORM. *zich volproppen (***de** *met)*
empilage M *opstapeling*
empilement M • → **empilage**
empiler OV WW • *opstapelen;* OOK FIG. *opeenhopen* • INFORM. *afzetten; bedriegen; tillen*
empire M • *keizerrijk* • *rijk; imperium* • *macht; heerschappij; invloed* ★ style Empire *empirestijl* ★ Premier Empire *keizerrijk van Napoleon I* ★ Second Empire *keizerrijk van Napoleon III* ★ l'Empire d'Occident *het West-Romeinse rijk* ★ sous l'~ de *onder invloed van; beheerst door* ★ avoir de l'~ sur ses

em

passions *zijn hartstochten weten te beheersen* ★ pas pour un ~! *voor geen geld (ter wereld)!*
empirer I OV WW *erger maken* **II** ONOV WW *erger worden; verslechteren*
empirique BNW *empirisch*
empirisme M *empirisme*
empiriste M/V *empirist; empiricus*
emplacement M *plaats* ⟨met zekere bestemming⟩; *terrein; locatie*
emplâtre M • *kleefpleister; papje* • INFORM. *zwaar eten* ★ INFORM. c'est un ~ sur une jambe de bois *dat middel is nutteloos; het is een lapmiddel*
emplette V *kleine aankoop; boodschap* ★ faire ses ~s *boodschappen doen; winkelen*
emplir OV WW FORM. *(ver)vullen (***de** *met)*
emploi M • *gebruik; aanwending; besteding* • *baan; betrekking* • *werk(gelegenheid)* • *(toegewezen) rol; emplooi* • *boeking* ⟨v.e. post⟩ ★ mode d'~ *gebruiksaanwijzing* ★ ~ du temps *(werk-, studie)rooster* ★ plein(-)~ *volledige werkgelegenheid* ★ sans ~ *ongebruikt; werkloos* ★ faire double ~ *overtollig/dubbelop zijn* ★ avoir un ~ du temps chargé *het druk hebben*
employable BNW *bruikbaar*
employé M [v: **employée**] *werknemer; beambte; bediende* ★ ~s de bureau *kantoorpersoneel*
employer I OV WW • *gebruiken; aanwenden; besteden; zich bedienen van* • *in dienst hebben* **II** WKD WW [**s'~**] • *gebruikt worden* • **~ à** *zijn best doen om; zich bezighouden met*
employeur M [v: **employeuse**] *werkgever*
emplumé BNW *bedekt met veren*
empocher OV WW • FIG. *in de zak steken; beuren; opstrijken* • INFORM. *incasseren;* FIG. *(moeten) slikken* ★ ~ des coups *klappen krijgen*
empoignade (zeg: a(n)pwanj-) V INFORM. *heftige ruzie*
empoigne (zeg: a(n)pwanj) V *(het) grijpen*
empoigner (zeg: a(n)pwanjee) **I** OV WW • *grijpen; pakken* • FIG. *boeien; aangrijpen* **II** WKD WW [**s'~**] *(bek)vechten; bakkeleien*
empois M *stijfsel(pap)*
empoisonnant BNW INFORM. *(stom)vervelend*
empoisonnement M • *vergiftiging* • INFORM. [meestal mv] *narigheid; last*
empoisonner I OV WW • OOK FIG. *vergiftigen; met stank vergeven* • *verpesten; vergallen; bederven* • INFORM. *dwarszitten; vervelen; de keel uithangen* ★ cadeau empoisonné *schijnschoon cadeau* **II** WKD WW [**s'~**] • *zich vergiftigen* • INFORM. *zich dood vervelen*
empoisonneur M [v: **empoisonneuse**] • *gifmenger* • *(zeden)bederver*
empoissonner OV WW *vis uitzetten in*
emporté BNW *opvliegend; driftig*
emportement M • *drift(bui); opvliegendheid* • OUD. *gemoedsdrift*
emporte-pièce M [mv: **emporte-pièces**] *stansmachine; pons; drevel* ★ à l'~ FIG. *bijtend; vinnig; recht voor z'n raap*
emporter I OV WW • *meenemen;* OOK FIG. *meeslepen* • *wegvoeren;* OOK FIG. *wegrukken* • *in de wacht slepen; winnen; behalen* ★ plat à ~ *meeneem-, afhaalgerecht* ★ ~ la bouche *scherp, pikant zijn* ⟨v. etenswaren⟩ ★ l'~ (sur) *het winnen (van)* **II** WKD WW [**s'~**] *driftig worden; nijdig worden (***contre** *op, over)*
empoté BNW *onbeholpen (en sloom); klunzig*
empourprer WKD WW [**s'~**] *purperrood worden; rood aanlopen*
empoussiérer OV WW *bedekken met stof*
empreint BNW • FIG. *gegrift* • **~ de** *het stempel dragend van; doortrokken van*
empreinte V • *afdruk; indruk; (voet)spoor* • FIG. *stempel* ★ ~ digitale *vingerafdruk* ★ ~ génétique *genetische vingerafdruk; DNA-profiel* ★ marquer de son ~ *zijn stempel drukken op*
empressé BNW *(dienst)willig; gretig; vol ijver (***à** *om)* ★ agréez mes salutations ~es *hoogachtend*
empressement M *(dienst)willigheid; gretigheid; graagte*
empresser WKD WW [**s'~**] *zich beijveren; zich haasten (***de** *om)* ★ s'~ auprès de/autour de qn *zich uitsloven voor iem.; een en al attenties/ gedienstigheid jegens iem. zijn*
emprise V • *invloed; vat (***sur** *op)* • JUR. *onteigening* ★ sous l'~ de *in de ban van*
emprisonnement M *gevangenzetting; gevangenisstraf; gevangenhouding*
emprisonner OV WW • *gevangenzetten* • FIG. *gevangen houden; inkapselen (***dans** *in)* ★ FIG. être emprisonné dans *gevangen/verstrikt zitten in*
emprunt M • *lening* ⟨v. iem.⟩ • *(het) geleende* • *ontlening (***à** *aan)* ★ d'~ *onecht; schijn-* ★ nom d'~ *valse naam* ★ vertu d'~ *schijndeugd*
emprunté BNW *gekunsteld; stijf; houterig* ⟨v. persoon⟩
emprunter OV WW • *lenen (***à** *van)* • *ontlenen (***à** *aan); aannemen* ⟨v. gewoonte enz.⟩ • *nemen* ⟨v.e. weg⟩ ★ ~ le train *de trein nemen*
emprunteur I M [v: **emprunteuse**] *lener* ⟨v. iem.⟩ **II** BNW [v: **emprunteuse**] *(ont)lenend*
empuantir OV WW *verpesten* ⟨v.d. lucht⟩; *met stank vullen*
ému I BNW *ontroerd; aangedaan; gevoelvol* **II** WW [volt. deelw.] • → **émouvoir**
émulation V • *wedijver (***entre** *tussen)* • COMP. *emulatie*
émule M/V *mededinger* ★ se croire l'~ de *zich de gelijke wanen van*
emulsifiant M *emulgator*
émulsion V *emulsie*
en I BETR VNW *ervan; erover* ★ j'en ai trois *ik heb er drie (van)* ★ c'en est assez *dat is genoeg* ★ il n'en croyait pas ses yeux *hij geloofde zijn ogen niet* ★ il s'en faut de beaucoup *het scheelt veel* ★ je m'en tiens à ce que j'ai dit *ik houd me aan hetgeen ik gezegd heb* ★ je vous en prie *alstublieft* ★ où en sommes-nous? *waar zijn we gebleven?* ★ en vouloir à *kwalijk nemen; boos zijn op* ★ j'en suis content *ik ben er blij om* ★ j'en ai assez *ik heb er genoeg van* ★ je m'en souviens *ik herinner het me* **II** BIJW *ervandaan; weg* ★ il en vient *hij komt er vandaan* ★ s'en aller *weggaan* ★ en venir aux injures *elkaar gaan uitschelden* **III** VZ • *in; op;*

em

te; aan; naar; tot • *(gemaakt) van* • *als (een)* • *al* ‹voor tegenw. deelwoord› ★ en tête *aan kop; aan het hoofd* ★ riche en *rijk aan* ★ agir en héros *als een held handelen* ★ en France *in Frankrijk* ★ aller en France *naar Frankrijk gaan* ★ en 1900 *in 1900* ★ en plein champ *in het open veld* ★ dîner en ville *buitenshuis eten* ★ en deux ans *in twee jaar* ★ bordé en or *met goud afgezet* ★ en sabots *op klompen* ★ d'aujourd'hui en quinze *over veertien dagen* ★ venir en aide *te hulp komen* ★ de mal en pis *van kwaad tot erger* ★ montre en or *horloge van goud; gouden horloge* ★ en marchant *al lopend* ★ en forgeant on devient forgeron ‹spreekwoord› *al doende leert men*

ENA AFK École nationale d'administration *(elite)hogeschool voor topambtenaren*

enamouré BNW HUMOR. *verliefd (***de** *op)*

énamouré BNW • → **enamouré**

énarque M INFORM. *(oud-)leerling v.d. ENA*

encablure V OUD. *kabellengte* ‹ca. 200 m.›

encadré M *kaderartikel; kadertje*

encadrement M • *inlijsting; omlijsting; omlijning* • *lijst; kader* • *(bege)leiding* ‹v. personeel, leerlingen›; *kader;* MIL. *encadrering; staf* ★ ~ des études *studiebegeleiding* • ECON. *beperking*

encadrer OV WW • *inlijsten; omlijsten; omlijnen* • *omringen; omgeven* • *begeleiden* ‹v. personeel, leerlingen›; MIL. *encadreren* ★ INFORM. ne pas pourvoir ~ qn *iem. niet kunnen uitstaan*

encadreur M [v: **encadreuse**] *lijstenmaker*

encager OV WW OOK FIG. *kooien*

encaissable BNW *invorderbaar*

encaisse V *kasgeld; financiële reserves*

encaissement M • *incassering; incasso; inning* • *inbedding; ingraving; greppel*

encaisser OV WW • OOK FIG. *incasseren; innen; krijgen* • *inbedden* ‹v. weg, rivier e.d.› ★ chemin encaissé *nauw ingebedde/holle weg* ★ vallée encaissée *diep ingesneden dal* ★ INFORM. ne pas pouvoir ~ qn *iem. niet kunnen uitstaan*

encaisseur M *wisselloper; incasseerder*

encan M ★ FORM. être/mettre à l'~ *veil zijn/bieden*

encanailler WKD WW [**s'~**] *zich encanailleren* ‹vaak schertsend›; *zich met gemeen volk afgeven*

encapuchonner OV WW *(als) met een kap bedekken*

encart M *inlegvel*

encarter OV WW • *inleggen* ‹v. bijlage› • *op een karton bevestigen*

encas M • → **en-cas**

en-cas M [mv: id.] *iets dat van tevoren is klaargemaakt voor geval van nood* ‹vooral eten›; *hapje* ‹voor onderweg›

encaserner OV WW *kazerneren*

encastrable BNW *inbouw-*

encastrement M • *inbouw* • *keep; sponning*

encastrer OV WW *invatten (***dans** *in); inbouwen* ‹in muur›

encaustique V *boenwas; wrijfwas*

encaustiquer OV WW *met (boen)was inwrijven*

enceindre OV WW [onregelmatig] *omringen*

enceinte I V • *omsloten ruimte; gebouw; locatie* • *omheining; omwalling; omsluiting* ★ ~ (acoustique) *(luidspreker)box* ★ dans l'~ *de binnen (de ruimte van)* **II** BNW *zwanger; in verwachting (***de** *van)* ★ être ~ de quatre mois *in de vijfde maand van de zwangerschap zijn*

encens (zeg: -sa(n)) M *wierook*

encensement M OOK FIG. *bewieroking*

encenser OV WW *bewieroken*

encenseur M *bewieroker*

encensoir M *wierookvat*

encéphale M *hersenen*

encéphalite V *hersenontsteking; encefalitis* ★ ~ spongiforme bovine (ESB) *gekkekoeienziekte (BSE)*

encerclement M *omsingeling; insluiting*

encercler OV WW *omsingelen; insluiten; omringen*

enchaînement M • *aaneenschakeling; opeenvolging; samenhang; (logische) overgang* • *(het) ketenen* ‹v. hond›

enchaîner I OV WW • *ketenen;* OOK FIG. *kluisteren* • *aaneenschakelen; (logisch) in elkaar doen overgaan* ‹v. ideeën, beelden› **II** ONOV WW *(meteen) bij het voorgaande aanknopen; op het volgende onderwerp/beeld overgaan (***sur** *op)* **III** WKD WW [**s'~**] *samenhangen; (logisch) in elkaar overgaan*

enchanté BNW • *verrukt; opgetogen (***de** *over)* • *betoverd; tover-* ★ ~! *aangenaam (kennis te maken)!*

enchantement M • *betovering* • *bekoring; verrukking* • *iets verrukkelijks* ★ comme par ~ *als bij toverslag*

enchanter OV WW • *betoveren* • *bekoren; in verrukking brengen*

enchanteur I BNW [v: **enchanteresse**] *betoverend; bekoorlijk; verrukkelijk* **II** M [v: **enchanteresse**] OOK FIG. *tovenaar*

enchâsser OV WW • *vatten (***dans** *in)* ‹v. (edel)stenen› • *inlassen (***dans** *in); invoegen* • *in een reliekschrijn zetten*

enchère V *(op)bod* ★ vendre/mettre aux ~s *bij opbod verkopen; in veiling brengen* ★ folle ~ *rouwkoop* ★ une mise aux ~s *een openbare verkoping* ★ faire monter les ~s OOK FIG. *de prijs opdrijven*

enchérir ONOV WW **~ sur** *opbieden tegen; hoger/verder gaan dan*

enchérisseur M [v: **enchérisseuse**] *opbieder* ★ dernier ~ *meestbiedende*

enchevauché BNW *(dakpansgewijs) over elkaar geplaatst*

enchevêtrement M *warnet; wirwar*

enchevêtrer I OV WW *verwarren; in de war brengen* **II** WKD WW [**s'~**] *verward raken; verstrikt raken (***dans** *in)*

enchifrené BNW *neusverkouden*

enclave V • *enclave* • *iets wat ingesloten/uitgespaard is in een geheel*

enclaver OV WW *insluiten; geheel omsluiten; inklemmen*

enclenchement M • *koppeling; inschakelmechanisme* • *(het) op gang brengen/komen*

en

enclencher OV WW • *koppelen; in elkaar doen grijpen; inschakelen* • *op gang brengen*
enclin BNW ~ **à** *geneigd tot*
enclore OV WW [onregelmatig] *omheinen; omgeven*
enclos (zeg: -kloo) M • *omheinde ruimte; erf* • *omheining*
enclume V *aambeeld* ★ se trouver entre l'~ et le marteau *tussen hamer en aambeeld zitten; tussen twee vuren zitten* ★ remettre un ouvrage sur l'~ *een werk omwerken*
encoche V *insnijding; keep*
encocher OV WW *inkepen* ★ ~ une flèche *een pijl (met de inkeping) op de boogpees plaatsen*
encodeur M *codeermachine; codeerder*
encoignure V • *hoek* • *hoekkast; hoekmeubel*
encollage M • *(het) lijmen; (het) pappen* • *lijm; stijfsel; pap*
encoller OV WW *met lijm/pap insmeren*
encolure V • *hals* ‹v. paard› • *halsopening; halswijdte; boordmaat* ★ gagner d'une ~ *met een halslengte winnen*
encombrant BNW • *veel plaats innemend; in de weg staand* • *hinderlijk; lastig*
encombre ★ sans ~ *probleemloos; vlot verlopend*
encombré BNW *overvol*
encombrement M • *belemmering; opstopping; verstopping* • *opeenhoping; (over)volte; overvoering* • *ingenomen plaatsruimte* ‹v. groot voorwerp›
encombrer OV WW • *belemmeren; versperren* • *hinderen; tot last zijn* • *overladen; vol zetten (**de** met)*
encontre BIJW ★ à l'~ *ertegenin* ★ à l'~ de *tegen... in; in tegenspraak met* ★ aller à l'~ de *tegemoet gaan; ingaan tegen; indruisen tegen*
encorbellement M ARCH. *uitstek* ★ en ~ *uitspringend; erkervormig*
encore I BIJW • *nog (meer)* • *nog (steeds)* • *nog eens; (al)weer; nu weer* • *en dan... nog; ook nog* ★ pas ~ *nog niet* ★ et ~! *en dan nog!; en misschien niet eens!* ★ ou ~ *ofwel; of liever* ★ ~... si *als... tenminste; als... maar* ★ ~ plus grand *nog groter* ★ non seulement... mais ~ *niet alleen... maar ook* ★ ~ faut-il... *maar dan moet je wel/ook...* ★ comment tu t'appelles ~? *hoe heet je ook weer?* ★ ce vin est cher, ~ est-il mauvais *die wijn is duur en dan is hij nog slecht ook* **II** VW ★ ~... que [+ subj.] *(al)hoewel*
encorner OV WW • *met de hoorns stoten* • INFORM. FIG. *hoorns opzetten*
encourageant BNW *bemoedigend*
encouragement M *aanmoediging; bemoediging*
encourager OV WW • *aanmoedigen; aansporen (**à** tot)* • *bevorderen; stimuleren; steunen*
encourir OV WW [onregelmatig] *zich op de hals halen*
encrage M *(het) inkten*
encrassement M • *(het) vuil maken/worden* • *(aangekoekt) vuil*
encrasser I OV WW *vuil/vet maken; doen aankoeken* **II** WKD WW [**s'~**] *vuil/vet worden; aankoeken*
encre V *inkt* ★ ~ de Chine *Oost-Indische inkt* ★ ~ d'imprimerie *drukinkt* ★ ciel d'~ *inktzwarte lucht* ★ noir comme l'~ *pikzwart* ★ c'est la bouteille à l'~ *dat is een duistere zaak* ★ écrire à qn de sa plus belle ~ *iem. een brief op poten schrijven* ★ faire couler beaucoup d'~ *veel pennen in beweging brengen*
encrer OV WW *inkten*
encreur BNW *inkt-* ★ rouleau ~ *inktrol*
encrier M *inktpot; inktkoker*
encroûtement M • *aankorsting* • FIG. *afstomping*
encroûter I OV WW • *met een korst bedekken* • *met mortel bestrijken* • FIG. *afstompen* **II** WKD WW [**s'~**] • *een korst krijgen* • *afstompen;* FIG. *vastroesten (**dans** in)*
enculé M VULG. *klootzak*
enculer OV WW VULG. *sodomie bedrijven met; kontneuken* ★ va te faire ~! *lik m'n reet!*
enculeur M VULG. *sodemieter; flikker* ★ ~ de mouches *mierenneuker*
encuver OV WW *inkuipen*
encyclique V *encycliek*
encyclopédie V *encyclopedie* ★ ~ vivante *wandelende encyclopedie*
encyclopédique BNW *encyclopedisch*
encyclopédiste M *encyclopedist*
endémique BNW • *endemisch* • *hardnekkig voortdurend*
endettement M • *schuldenlast; schuld* • *(het) schulden maken*
endetter I OV WW *in de schulden steken* **II** WKD WW [**s'~**] *schulden maken*
endeuiller OV WW *in rouw dompelen; triest maken*
endiablé BNW *razend; wild; onstuimig*
endigage M • → **endiguement**
endiguement M *indijking;* OOK FIG. *indamming*
endiguer OV WW *indijken;* OOK FIG. *indammen*
endimancher WKD WW [**s'~**] *zich op z'n zondags kleden*
endive V [vaak mv] *witlof*
endocrine BNW *endocrien*
endoctrinement M *indoctrinatie*
endoctriner OV WW *indoctrineren*
endogène BNW *endogeen; inwendig*
endolori BNW *pijnlijk*
endolorir OV WW *pijn doen*
endommagement M *beschadiging*
endommager OV WW *beschadigen; havenen*
endormant BNW *slaapverwekkend*
endormi BNW • *ingeslapen; slapend* • INFORM. *suf; sloom*
endormir I OV WW [onregelmatig] • *in slaap maken* • FIG. *in slaap sussen; paaien* • *verdoven; onder narcose brengen* • *doen bedaren* ‹v. pijn, gevoelens› • *(dodelijk) vervelen* • INFORM. *buiten westen slaan; doden* **II** WKD WW [**s'~**] OOK FIG. *inslapen*
endos (zeg: -doo) M *endossement*
endoscope M *endoscoop*
endoscopie V *endoscopie*
endossataire M/V *geëndosseerde*
endossement M *endossement*
endosser OV WW • *aantrekken* ‹v. kleren› • *endosseren* • *op zich nemen* ‹v. verantwoordelijkheid›; *aanvaarden* • *ronden* ‹v. boekrug›
endosseur M *endossant*

endroit M • *plek; plaats; oord* • *goede kant* ⟨v.e. stof⟩ ★ à l'~ *met de goede kant naar boven* ★ à l'~ de *ten opzichte van; jegens* ★ de bon ~ *uit goede bron* ★ par ~s *hier en daar* ★ le petit ~ *een zekere plaats; het toilet*
enduire OV WW [onregelmatig] *insmeren (***de** *met); bestrijken; bepleisteren* ★ couteau à ~ *plamuurmes*
enduit M • *smeersel; laagje; coating; pleisterlaag* • *plamuur*
endurable BNW *draaglijk*
endurance V • *uithoudingsvermogen; taaiheid* • *ausdauer* ★ course d'~ *betrouwbaarheidsrit; duurloop* ★ sport d'~ *duursport*
endurant BNW *weerstand biedend; volhardend; taai*
endurci BNW • *gehard (***à** *tegen)* • *ongevoelig; verhard; verstokt* • *ingeworteld* ★ pécheur ~ *verstokte zondaar* ★ haine ~e *ingewortelde haat*
endurcir I OV WW *harden; gehard maken (***à** *tegen)* **II** WKD WW [**s'~**] • *verharden* • *gehard worden (***à** *tegen)*
endurcissement M *verharding; verstoktheid; ongevoeligheid; gehardheid (***à** *tegen)*
endurer OV WW *verduren; verdragen; lijden; dulden*
énergétique BNW *energetisch; energie-*
énergie V OOK FIG. *energie* ★ ~(s) renouvelable(s) [v (mv)] *duurzame energie*
énergique BNW • *energiek* • *krachtig; werkzaam*
énergisant I M *pepmiddel* **II** BNW *opwekkend; pep-*
énergumène M/V *fanatiekeling; bezetene; dolleman; woesteling*
énervant BNW *irritant; enerverend*
énervé BNW *zenuwachtig; over z'n toeren; opgewonden; geïrriteerd*
énervement M *zenuwachtigheid; geprikkeldheid; opgewondenheid*
énerver I OV WW *enerveren; zenuwachtig maken; irriteren* **II** WKD WW [**s'~**] *zich zenuwachtig maken; zich opwinden*
enfance V • *kinderjaren; jeugd* • *beginstadium; oorsprong* ★ petite ~ *prille kinderjaren* ★ dès sa tendre ~ *van kindsbeen af* ★ retomber en ~ *kinds worden* ★ c'est l'~ de l'art *dat is kinderspel/eenvoudig*
enfant M/V OOK FIG. *kind* ★ ~ de l'amour *buitenechtelijk kind; liefdesbaby* ★ ~ de la balle *iem. die het (artiesten)vak met de paplepel ingegoten heeft gekregen* ★ ~ de Paris *geboren Parijzenaar* ★ il est bien ~ *hij is erg kinderlijk* ★ ambiance bon ~ *gemoedelijke sfeer* ★ c'est l'~ de son père *het is sprekend zijn vader* ★ l'~ prodigue *de verloren zoon* ★ ~ soldat *kindsoldaat* ★ ~ terrible *dondersteen; enfant terrible*
enfantement M • → **enfanter**
enfanter OV WW • FORM. *baren* • FORM. *voortbrengen; scheppen*
enfantillage M • *kinderachtigheid* • *kinderpraat*
enfantin BNW • *kinderlijk* • *kinderachtig* • *kinder-* • *kinderlijk eenvoudig*
enfariner OV WW OUD. *met meel bestrooien* ★ INFORM. le bec enfariné *(quasi-onnozel*
enfer M OOK FIG. *hel; inferno* ★ d'~ *hels; verschrikkelijk;* INFORM. *geweldig (mooi);* INFORM. *gaaf* ★ les ~s *de onderwereld; het dodenrijk* ★ descente aux ~s *hellevaart* ★ les peines de l'~ *de helse smarten* ★ aller en ~ *naar de hel gaan* ★ jouer un jeu d'~ *zeer grof spelen* ★ l'~ est pavé de bonnes intentions ⟨spreekwoord⟩ *de weg naar de hel is geplaveid met goede voornemens*
enfermement M *opsluiting*
enfermer I OV WW • *opsluiten* • *omsluiten; insluiten* **II** WKD WW [**s'~**] OOK FIG. *zich opsluiten (***dans** *in)*
enferrer WKD WW [**s'~**] • *zich in het zwaard storten* • *zich verstrikken (***dans** *in)* • *zich vastpraten*
enfiévrer I OV WW FIG. *koortsachtig maken; enthousiast/opgewonden maken* **II** WKD WW [**s'~**] *enthousiast worden; warm lopen (***pour** *voor)*
enfilade V • *rij; reeks; aaneenschakeling* • MIL. *(het) enfileren* ★ (pièces en) ~ *(kamers en) suite*
enfiler I OV WW • *rijgen; aan(een)rijgen* • *inslaan* ⟨v.e. weg⟩ • MILITAIR *enfileren* • *aanschieten* ⟨v. kleren⟩ • VULGAIR *naaien* ★ ~ des perles *parels rijgen; zijn tijd verknoeien* **II** WKD WW [**s'~**] • INFORM. *(tot zich) nemen* ⟨v. iets aangenaams⟩; *naar binnen slaan* ⟨v. eten, drank⟩ • INFORM. *(te verduren) krijgen* ⟨v. iets onaangenaams⟩; *(moeten) opknappen*
enfin BIJW • *eindelijk; ten slotte* • *kortom* • *nou ja* • *dan toch*
enflammé BNW • *brandend; vlammend* • FIG. *in gloed; vuurrood; vurig; laaiend* • MED. *ontstoken*
enflammer I OV WW • *in vlam zetten; doen ontbranden;* OOK FIG. *in gloed doen raken* • MED. *doen ontsteken* **II** WKD WW [**s'~**] • *ontbranden; ontvlammen;* OOK FIG. *in gloed raken; in vuur en vlam geraken (***pour** *voor)* • MED. *ontsteken*
enflé BNW *gezwollen*
enfler I OV WW OOK FIG. *doen (op)zwellen* **II** ONOV WW OOK FIG. *(op)zwellen* **III** WKD WW [**s'~**] OOK FIG. *(op)zwellen*
enflure V • *(op)zwelling* • *gezwollenheid* ⟨v. stijl⟩ • INFORM. *windbuil; snoeshaan*
enfoiré M VULG. *klootzak; klojo*
enfoncé BNW • *diep(liggend); ingevallen* ★ yeux ~s *diepliggende ogen* • ~ **dans** *verdiept in; volhardend in*
enfoncement M • *(het) inslaan; (het) openbreken; (het) intrappen* • *inham; inzinking; nis; holte*
enfoncer I OV WW • OOK FIG. *doen wegzinken (***dans** *in)* • *openbreken;* OOK FIG. *doen bezwijken* • OOK FIG. *inhameren* ★ ~ son chapeau sur la tête *zijn hoed diep over de ogen trekken* ★ ~ la porte *de deur inslaan/ intrappen* ★ ~ l'ennemi *de vijand verpletteren* **II** ONOV WW OOK FIG. *(weg)zinken* **III** WKD WW [**s'~**] • OOK FIG. *wegzinken; diep binnendringen (***dans** *in)* • *bezwijken* ★ s'~ dans les livres *zich in de boeken verdiepen*
enfouir OV WW *in de grond stoppen;* OOK FIG.

begraven; wegstoppen
enfouissement M *begraving; bedelving*
enfourcher OV WW *schrijlings gaan zitten op* ★ ~ son vélo *op zijn fiets stappen* ★ ~ son dada *zijn stokpaardje (gaan) berijden*
enfourner OV WW • *in de oven stoppen* • INFORM. *erin douwen*
enfreindre OV WW [onregelmatig] FORM. *overtreden; schenden*
enfuir WKD WW [s'~] [onregelmatig] • *(ont)vluchten; ontsnappen* • FIG. *heenvlieden; vervliegen*

enfumer OV WW • *met rook vullen; beroken* • *uitroken*
enfûter OV WW *fusten*
engagé I M [v: **engagée**] MIL. *vrijwilliger* **II** BNW • *aangeworven* • *geëngageerd; maatschappelijk betrokken* • SCHEEPV. *vastzittend*
engageant BNW *vriendelijk; innemend; uitnodigend*
engagement M • *verbintenis; verplichting (***envers** *aan, jegens, tot); belofte* • *(in)dienstneming* • *het (zich) inzetten; inzet* • *maatschappelijke betrokkenheid; engagement* • *verpanding* • MIL. *schermutseling* • SPORT *aftrap* • SPORT *inschrijving* • *(het) aangaan; (het) ingaan* ★ faire face/honneur à ses ~s *zijn verplichtingen nakomen*
engager I OV WW • *(ver)binden* ‹v. sleutel, geld›; *verplichten (***à** *tot)* • *in dienst nemen* • *erin doen; doen ingaan; doen opgaan* • *aangaan; beginnen* • *verpanden* • *(erin) betrekken; inzetten; op het spel zetten* • *steken (***dans** *in)* ★ ~ le feu *het vuur openen* ★ ~ ses capitaux *zijn kapitaal in een zaak steken* ★ ~ qn dans une voie *iem. een weg doen inslaan* • ~ **à** *overhalen om; doen besluiten te* **II** WKD WW [**s'~**] • *zich (ver)binden; zich verplichten (***à** *tot)* • *dienst nemen* • *zich begeven (***dans** *in)* • *zich engageren* • *een aanvang nemen; beginnen* ★ s'~ dans un sentier *een pad inslaan*
engeance V *gespuis; tuig*
engelure V ★ ~s aux mains *winterhanden* ★ ~s aux pieds *wintervoeten*
engendrement M • *verwekking* • FIG. *voortbrenging; veroorzaking*
engendrer OV WW • *verwekken* • FIG. *voortbrengen; veroorzaken*
engin M • *toestel; instrument; werktuig; machine; voertuig* • MIL. *raket; projectiel; bom* • INFORM. *ding* ★ ~ blindé *pantserwagen* ★ ~ guidé *geleid projectiel* ★ ~s de guerre *oorlogstuig*
englober OV WW • *omvatten* • ~ **dans** *opnemen in*
engloutir OV WW • OOK FIG. *verzwelgen* • *verspillen*
engloutissement M OOK FIG. *verzwelging*
engluer I OV WW • *met lijm insmeren* • *met een lijmstok vangen* **II** WKD WW [**s'~**] OOK FIG. ~ **dans** *vastraken/vastlopen in* ‹modder e.d.›
engoncé BNW *tot de kin ingepakt (***dans** *in)*; OOK FIG. *weggedoken*
engorgement M OOK FIG. *verstopping*
engorger I OV WW OOK FIG. *verstoppen* **II** WKD WW [**s'~**] *verstopt raken*
engouement M • *plotseling enthousiasme (***pour** *voor); bevlieging* • MED. *verstopping*
engouer WKD WW [**s'~**] **de** *weglopen met; dwepen met*
engouffrer I OV WW • *in een afgrond storten* • OOK FIG. *verzwelgen* **II** WKD WW [**s'~**] **dans** *zich storten in*
engoulevent M *nachtzwaluw*
engourdir I OV WW • *stijf/gevoelloos maken* ‹v. ledematen› • *versuft/duf maken; afstompen* ★ jambes engourdies *stijve/verkleumde benen; benen die slapen* **II** WKD WW [**s'~**] • *stijf/gevoelloos worden* ‹v. ledematen› • *versuffen; afstompen* • OOK FIG. *insluimeren*
engourdissement M • *verstijving/gevoelloosheid* ‹v. ledematen› • *versuffing; afstomping; lethargie* • *winterslaap*
engrais M *mest* ★ ~ chimique *kunstmest* ★ des porcs à l'~ *varkens die vetgemest worden*
engraissage M • → **engraissement**
engraissement M • *(het) vetmesten* • *(het) dik/vet worden*
engraisser I OV WW • *vetmesten* • *mesten* ‹v. land›; *verrijken* ‹ook fig.› **II** ONOV WW • *dik/vet worden* • *rijk(er) worden* **III** WKD WW [**s'~**] *zich verrijken*
engrangement M • *(het) binnenhalen* ‹v.d. oogst› • FIG. *(het) opslaan*
engranger OV WW • *binnenhalen* ‹v.d. oogst› • FIG. *opslaan*
engrenage M *drijfwerk*; OOK FIG. *raderwerk* ★ l'~ de la violence *de geweldsspiraal* ★ c'est l'~ *van het een komt het ander; daar kom je niet uit* ★ mettre le doigt dans l'~ *niet meer terug kunnen*
engrener I OV WW • *voorzien van graan* • *in elkaar doen grijpen* ‹v. raderen› ★ qui bien engrène, bien finit ‹spreekwoord› *een goed begin is het halve werk* **II** WKD WW [**s'~**] *in elkaar grijpen*
engrosser OV WW VULG. *zwanger maken*
engueulade V INFORM. *scheldpartij; uitfoetering*
engueuler I OV WW INFORM. *uitfoeteren* ★ se faire ~ *op z'n kop krijgen* **II** WKD WW [**s'~**] INFORM. *elkaar uitfoeteren; ruzie maken*
enguirlander OV WW • *met slingers versieren* • INFORM. *afsnauwen*
enhardir I OV WW *moed doen vatten; aanmoedigen (***à** *om)* **II** WKD WW [**s'~**] *moed vatten; zich verstouten*
énième, nième BNW *n'de; zoveelste* ★ pour la ~ fois *voor de zoveelste maal*
énigmatique BNW *raadselachtig*
énigme V *raadsel* ★ (pro)poser une ~ *een raadsel opgeven* ★ trouver le mot de l'~ *het raadsel oplossen*
enivrant (zeg: a(n)-) BNW OOK FIG. *bedwelmend*
enivrement (zeg: a(n)-) M • *bedwelming; roes; opgewondenheid; vervoering* • OUD. *dronkenschap*
enivrer (zeg: a(n)-) **I** OV WW • *dronken maken* • FIG. *bedwelmen* **II** WKD WW [**s'~**] • *zich bedrinken* • FIG. *bedwelmd raken*
enjambée V *(grote) stap; schrede*

enjambement M *enjambement*
enjamber I OV WW • *stappen over* • *overspannen*; *overbruggen* ★ ~ un fossé *over een sloot stappen/springen* **II** ONOV WW *enjamberen*; *doorlopen v.e. vers in het volgende*
enjeu M [mv: **enjeux**] OOK FIG. *inzet*; *wat op het spel staat*
enjoindre OV WW [onregelmatig] FORM. *gelasten* ★ ~ à qn de *iem. gelasten te*
enjôler OV WW *paaien*; *inpalmen*; *bepraten*
enjôleur I BNW [v: **enjôleuse**] *verlokkend*; *innemend*; *verleidelijk* **II** M [v: **enjôleuse**] *mooiprater*
enjolivement M *verfraaiing*
enjoliver OV WW OOK FIG. *verfraaien*; *opsmukken*
enjoliveur I M *wieldop*; *sierdop* **II** M [v: **enjoliveuse**] *verfraaier*
enjolivure V *klein versiersel*
enjoué BNW *opgeruimd*; *opgewekt*
enjouement M *opgeruimdheid*; *opgewektheid*
enlacement M • *omstrengeling*; *ineenstrengeling* • *omarming*
enlacer OV WW • *omstrengelen*; *omwinden*; *ineenstrengelen*; *ineenvatten* • *omarmen* ★ ~ qn dans ses bras *iem. omhelzen*
enlaidir I OV WW *lelijk maken* **II** ONOV WW *lelijk worden* **III** WKD WW [**s'~**] *lelijk worden*
enlaidissement M *verlelijking*; *ontsiering*
enlèvement M • *(het) wegnemen*; *(het) weghalen* • *ontvoering* • *(het) innemen*; *(het) behalen* ★ ~ des ordures (ménagères) *vuilnisophaal*
enlever I OV WW • OOK FIG. *wegnemen*; *weghalen*; *ontnemen (***à** *aan)* • *meenemen*; OOK FIG. *meeslepen* • *innemen*; *behalen*; *winnen* • *ontvoeren* • *uitdoen* ⟨v. kleding⟩; *afdoen* • *optillen* • *in galop doen gaan* ⟨v. paard⟩ • *met verve uitvoeren* ⟨v. muziekstuk, kunstwerk⟩ ★ ~ l'auditoire *het publiek pakken* ★ ~ un poste *een post innemen* **II** WKD WW [**s'~**] *(vlot) verdwijnen*
enlisement M • → **enliser**
enliser I OV WW • *(in drijfzand/modder) doen wegzinken* • FIG. *doen vastlopen* **II** WKD WW [**s'~**] *wegzakken (in drijfzand/modder)*; FIG. *vast komen te zitten*; *zich vastwerken (***dans** *in)*; *in het slop raken*
enluminer OV WW • *verluchten* • *vuurrood kleuren* ⟨v. gezicht⟩
enlumineur M [v: **enlumineuse**] *verluchter*
enluminure V • *verluchting* • *miniatuur* ⟨schilderkunst⟩ • *hoogrode kleur* ⟨v. gezicht⟩ • *bombast* ⟨v. stijl⟩
enneigé BNW *besneeuwd*
enneigement M *besneeuwing* ★ bulletin d'~ *sneeuwbericht* ⟨weerbericht⟩
ennemi I M [v: **ennemie**] *vijand* ★ ~ mortel *doodsvijand* ★ ~ public *volksvijand* **II** BNW [v: **ennemie**] *vijandig*; *vijandelijk* ★ couleurs ~es *niet bij elkaar passende kleuren* ★ vent ~ *tegenwind*
ennoblir (zeg: a(n)-) OV WW *veredelen*
ennoblissement (zeg: a(n)-) M *veredeling*
ennuager (zeg: a(n)-) **I** OV WW *bewolken* **II** WKD WW [**s'~**] *betrekken* ⟨v.d. lucht⟩
ennui (zeg: a(n)-) M • *verveling* • [vaak mv] *iets vervelends*; *zorg*; *probleem* ★ l'~, c'est que... *het vervelende is dat...* ★ avoir des ~s de santé *met zijn gezondheid sukkelen*
ennuyé (zeg: a(n)-) BNW *onaangenaam getroffen*; *ontstemd*; *bezorgd*
ennuyer (zeg: a(n)-) **I** OV WW • *vervelen* • *lastigvallen* ★ je suis ennuyé *ik vind het onaangenaam/pijnlijk* ★ ça m'ennuie de... *ik vind het vervelend om...* **II** WKD WW [**s'~**] • *zich vervelen* • **~ de** *(terug)verlangen naar*; *missen*
ennuyeux (zeg: a(n)-) BNW [v: **ennuyeuse**] • *vervelend*; *saai* • *onaangenaam*; *lastig*
énoncé M • *bewoording(en)* • *uiteenzetting*; *vermelding*; *opgave* • TAALK. *taaluiting*; *zin*
énoncer OV WW *uiteenzetten*; *uitdrukken*; *vermelden*
énonciation V • *verklaring*; *vermelding*; *verwoording(en)* • TAALK. *uiting*
enorgueillir (zeg: a(n)-) **I** OV WW *trots maken*; *hoogmoedig maken* **II** WKD WW [**s'~**] **de** *prat gaan op*
énorme BNW *enorm*; *geweldig*; *ontzettend*; *buitengewoon*
énormément BIJW *enorm* ★ ~ de *enorm/geweldig veel*
énormité V • *geweldigheid*; *enorme grootte*; *ontzaglijkheid* • *buitensporigheid*; *afschuwelijkheid* • *stommiteit*; *enormiteit*
enquérir WKD WW [**s'~**] [onregelmatig] FORM. *onderzoek doen*; *navraag doen*; *informeren (***de** *naar;* **auprès de** *bij)* ★ s'~ si *nagaan of*
enquête V *onderzoek (***sur** *naar, inzake)*; *enquête*
enquêter OV WW *een onderzoek instellen (***sur** *naar, inzake)*
enquêteur M [v: **enquêteuse/enquêtrice**] *enquêteur*; *iem. die een onderzoek instelt/een enquête houdt*
enquiquinant BNW INFORM. *(stom)vervelend*; *klierig*
enquiquiner I OV WW INFORM. *vervelen*; *dwarszitten*; *jennen* ★ je l'enquiquine! *ik heb maling aan hem!* **II** WKD WW [**s'~**] INFORM. *zich zinloos vermoeien (***avec**, **à** [+ infin.] *met)*
enquiquineur M [v: **enquiquineuse**] INFORM. FIG. *klier*; *etter*
enracinement M • *(het) wortel schieten* • *(het) (in)geworteld zijn*
enraciner I OV WW OOK FIG. *wortel doen schieten*; *doen (in)wortelen* **II** WKD WW [**s'~**] OOK FIG. *wortel schieten*; *(in)wortelen* ★ s'~ quelque part *ergens lang blijven plakken*
enragé I BNW • *hondsdol* • *dol*; *razend*; *woedend* • *verwoed* ★ chien ~ *dolle hond* ★ être ~ de *dol/verzot zijn op* **II** M *bezetene*; *dolleman* ★ un ~ de musique *een muziekfanaat*
enrageant BNW *om dol van te worden*; *ergerlijk*
enrager ONOV WW *woedend zijn/worden (***de** *om, omdat)* ★ faire ~ qn *iem. razend maken*
enrayage M *blokkering* ⟨v. mechanisme, vuurwapen⟩
enrayer I OV WW • *doen blokkeren* ⟨v. mechanisme, vuurwapen⟩ • FIG. *indammen*; *een halt toeroepen aan*; *stuiten* • *de eerste vore ploegen* **II** WKD WW [**s'~**] • *vastlopen* ⟨v. mechanisme⟩ • *weigeren*; *ketsen* ⟨v. vuurwapen⟩

en

enrégimenter OV WW MIN. *(als partijlid) inlijven (***dans** *bij)*
enregistrable BNW *registreerbaar*; *opneembaar*
enregistrement M *registratie*; *inschrijving*; *opname* ⟨v. beeld, geluid⟩; *aangifte* ⟨v. bagage⟩; *(het) inchecken* ⟨op vliegveld e.d.⟩ ★ ~ magnétique *bandopname*
enregistrer OV WW *registreren* ⟨in alle betekenissen⟩; *inschrijven*; *optekenen*; *opnemen* ⟨v. beeld, geluid⟩; *inchecken*
enregistreur I M *registreerapparaat* **II** BNW [v: **enregistreuse**] *zelfregistrerend*; *optekenend* ★ caisse enregistreuse *kasregister*
enrhumé BNW *verkouden*
enrhumer I OV WW *verkouden maken* **II** WKD WW [**s'~**] *verkouden worden*
enrichir I OV WW • *rijk maken* • FIG. *verrijken (***de** *met)*; *opsieren* **II** WKD WW [**s'~**] *rijk worden*; *zich verrijken*
enrichissement M OOK FIG. *verrijking*
enrobé BNW INFORM. *mollig*
enrober I OV WW • *omhullen*; *met een laagje bedekken* • FIG. *(verhullend, verzachtend) inkleden* **II** WKD WW [**s'~**] *aankomen* ⟨in gewicht⟩
enrôlement M *aanwerving*; *(in)dienstneming*
enrôler I OV WW *aanwerven (***dans** *voor)*; *in dienst nemen*; *aanmonsteren* **II** WKD WW [**s'~**] *dienst nemen (***dans** *bij)*; *toetreden (***dans** *tot)*
enroué BNW *hees*; *schor*
enrouement M *heesheid*; *schorheid*
enrouer I WKD WW [**s'~**] *hees/schor maken* **II** WKD WW [**s'~**] *hees/schor worden*
enroulement M *oprolling*; *wikkeling*; *winding*; *kronkeling*; *krulling*; *krulversiering*
enrouler I OV WW *oprollen*; *wikkelen* **II** WKD WW [**s'~**] *zich oprollen*; *zich wikkelen (***dans** *in)*
enrubanner OV WW *met linten tooien*
ENS AFK École normale supérieure *hogere opleidingsschool voor leraren*
ensablement M • *verzanding* • *verzande plaats*; *zandophoping*
ensabler I OV WW • *met zand bedekken* • *op het zand zetten* ⟨v. schip⟩ **II** WKD WW [**s'~**] • *verzanden* • *in het zand vastraken*
ensacher OV WW *in zakken doen*
ensanglanter OV WW *met bloed bevlekken*; *bebloed maken* ★ ~ la scène *bloed doen vloeien op het toneel*
enseignant I M *docent*; *leerkracht* ★ ~s *onderwijzend personeel* **II** BNW *onderwijzend* ★ corps ~ *onderwijzend personeel*; *docentenkorps*
enseigne I M GESCH. *vaandrig* ★ ~ de vaisseau *luitenant-ter-zee* **II** V • *uithangbord*; *(beeld)merk*; *logo* • *veldteken*; *vaandel*; *standaard* ★ ~ lumineuse *lichtbak*; *neonreclame* ★ ~s déployées *met vliegende vaandels* ★ être logés à la même ~ *in hetzelfde schuitje zitten* ★ FORM. à telle(s) ~(s) que... *zo(danig) dat...* ★ à bon vin il ne faut point d'~ ⟨spreekwoord⟩ *goede wijn behoeft geen krans*
enseignement M • *onderwijs* • *les*; *lering* ★ être dans l'~ *bij het onderwijs zijn* ★ ~ libre *bijzonder onderwijs* ★ ~ primaire *lager onderwijs*; *basisonderwijs* ★ ~ professionnel/ technique *beroepsonderwijs* ★ ~ secondaire *middelbaar onderwijs* ★ ~ supérieur *hoger onderwijs* ★ ~ par correspondance *schriftelijk onderwijs*
enseigner OV WW *onderwijzen*; *onderrichten*; *leren (***à** *aan)*
ensemble I M • *ensemble* ⟨in alle betekenissen⟩ • *geheel*; *(samenhangende) eenheid* • WISK. *verzameling* ★ théorie des ~s *verzamelingenleer* ★ ~ résidentiel *villawijk* ★ grand ~ *woningcomplex*; *nieuwbouwwijk* ★ dans l'~ *over het geheel genomen* ★ dans son ~ *in zijn totaliteit* ★ ... d'~ *totaal-* ★ l'~ de *de/het hele*; *alle* **II** BIJW *samen*; *met elkaar*; *tegelijk* ★ aller ~ *bij elkaar passen*
ensemblier M • *binnenhuisarchitect* • *toneelmeester*
ensemencement M • *inzaaiing* • *(het) uitzetten van pootvis* • *(bacterie)kweek*
ensemencer OV WW • *inzaaien* ⟨v. akker⟩ • *pootvis uitzetten in* ⟨water⟩ • *bacteriën (enz.) brengen op* ⟨een voedingsbodem⟩
enserrer OV WW *(nauw) omsluiten*
ensevelir I OV WW • FORM. *begraven*; *in een lijkwade wikkelen* • *bedelven* • *verhullen*; *verbergen* **II** WKD WW [**s'~**] FIG. *zich begraven*; *zich afzonderen*; *verzinken (***dans** *in)* ★ s'~ dans la retraite *zich uit de wereld terugtrekken*
ensevelissement M • → **ensevelir**
ensiler OV WW *in silo's doen*; *inkuilen*
ensoleillé BNW *zonnig*
ensoleillement M *zonnigheid*; *zonneschijn* ★ heures d'~ *zonne-uren*
ensoleiller OV WW OOK FIG. *zonnig maken*
ensommeillé BNW OOK FIG. *slaperig*; *slaapdronken*
ensorcelant BNW OOK FIG. *betoverend*
ensorceler OV WW *betoveren*; *beheksen*
ensorceleur M [v: **ensorceleuse**] • *tovenaar* • *verleider*; *charmeur*
ensorceleuse V *heks*
ensorcellement M *beheksing*; OOK FIG. *betovering*
ensuite BIJW *vervolgens*; *daarna*
ensuivre WKD WW [**s'~**] [onregelmatig] *erop/eruit volgen* ★ il s'ensuit que *daaruit volgt dat* ★ et tout ce qui s'ensuit *en de hele bedoening*; *enzovoort*
entacher OV WW FIG. *bevlekken*; *bezoedelen* ★ entaché de *behept met*; *niet gespeend van*
entaille V • *inkeping*; *insnijding* • *diepe snijwond*
entailler OV WW *inkepen*; *inkerven*; *insnijden*
entame V • *eerste afgesneden stuk*; *kapje* • *uitkomst* ⟨bij kaarten⟩
entamer OV WW • *(aan)snijden*; *(aan)breken* • OOK FIG. *aantasten* • *beginnen met*; *entameren* • *aanspreken* ⟨v. kapitaal⟩ ★ ~ une couleur *met een kleur uitkomen*
entartrer OV WW *met ketelsteen bedekken*
entassement M *opeenhoping*
entasser I OV WW *opeenhopen*; *opstapelen* **II** WKD WW [**s'~**] *zich opeenhopen*; *zich samenpakken*; *zich verdringen*
ente V • *penseelsteel* • OUD. *ent*

entendement M *begrip(svermogen)*; *verstand* ★ ça dépasse l'~ *dat gaat het begrip te boven*
entendeur M ★ à bon ~ salut/demi-mot suffit *een goed verstaander heeft maar een half woord nodig*
entendre I OV WW ● *horen*; *luisteren naar*; *aanhoren*; *verhoren* ● *begrijpen*; *verstaan* ● *bedoelen*; *willen*; *van plan zijn* ★ à l'~ *naar zijn zeggen*; *volgens hem* ★ je n'y entends rien *ik begrijp er niets van*; *ik heb er geen verstand van* ★ ~ à demi-mot *dadelijk snappen* ★ donner à/laisser ~ *te verstaan geven*; *te kennen geven* ★ tu entendras parler de moi! *je hoort nog van me!*; *je bent nog niet van me af!* ★ qu'entendez-vous par là? *wat bedoelt u daarmee?*; *wat verstaat u daaronder?* ★ (qu'est-)ce qu'il ne faut pas ~! *wat ze al niet zeggen!* ★ il ne l'entend pas de cette oreille *daar wil hij niet van horen*; *daar is hij niet van gediend* ★ j'entends que vous fassiez votre devoir *ik wil dat u uw plicht doet* ★ il sait se faire ~ *naar hem wordt geluisterd* **II** ONOV WW *horen*; *gehoor hebben* **III** WKD WW [**s'~**] ● *elkaar horen*; *elkaar begrijpen* ● *(met elkaar) overweg kunnen (***avec** *met)* ● *het eens zijn/worden (***sur** *over)* ● *te horen zijn* ● *opgevat worden* ★ cela s'entend *dat spreekt vanzelf* ★ s'y ~ *er verstand van hebben* ★ ils s'entendent comme larrons en foire *zij spelen onder één hoedje*
entendu I BNW ● *afgesproken*; *overeengekomen* ● *begrepen* ★ bien ~ *natuurlijk*; *vanzelfsprekend* ★ prendre un air ~ *een gezicht trekken alsof men er alles van af weet* **II** WW [volt. deelw.] ● → **entendre**
entente V ● *(goede) verstandhouding (***entre** *tussen)*; *overeenstemming*; *eensgezindheid* ● *overeenkomst*; *afspraak*; POL. *entente* ★ à double ~ *dubbelzinnig*
enter OV WW OUD. *enten (***sur** *op)*
entérinement M *bekrachtiging*; *ratificatie*
entériner OV WW *bekrachtigen*; *ratificeren*; *goedkeuren*
entérite V *enteritis*; *(dunne)darmontsteking*
enterrement M *begrafenis*
enterrer I OV WW *begraven* ★ ~ un secret *een geheim goed bewaren* ★ il a enterré tous ses fils *hij heeft al zijn zoons overleefd* ★ ~ sa jeunesse *zijn jeugd uitluiden* ★ ~ une affaire *een kwestie terzijde leggen/in de doofpot stoppen* **II** WKD WW [**s'~**] FIG. *zich begraven*; *teruggetrokken gaan leven*
entêté BNW *koppig*
en-tête, entête M [mv: **en-têtes, entêtes**] *(brief)hoofd*; *opschrift*
entêtement M *koppigheid*
entêter I OV WW *naar het hoofd stijgen*; *bedwelmen* ★ vin entêtant *koppige wijn* **II** WKD WW [**s'~**] *hardnekkig volharden (***dans** *in)* ★ s'~ à faire qc *iets hardnekkig blijven doen*
enthousiasme M *enthousiasme*; *geestdrift*
enthousiasmer I OV WW *enthousiasmeren* **II** WKD WW [**s'~**] ● *enthousiast worden* ● **~ pour** *dwepen met*
enthousiaste BNW *geestdriftig*; *enthousiast*
enticher WKD WW [**s'~**] **de** *verzot raken op*; *dwepen met*
entier I BNW [v: **entière**] ● *heel*; *geheel*; *vol(ledig)* ● *uit één stuk*; *onbuigzaam*; *halsstarrig* ★ tout ~ *geheel en al* ★ un (nombre) ~ *een geheel getal* ★ lait ~ *volle melk* ★ cheval ~ *niet-gecastreerde hengst* ★ le mystère reste ~ *het raadsel blijft (onopgelost)* **II** M *totaliteit*; *geheel* ★ en ~ *geheel en al*
entièrement BIJW *geheel en al*; *volkomen*
entité V *entiteit*; *eenheid*
entoiler OV WW ● *op linnen plakken* ● *met linnen voeren*
entôler OV WW INFORM. *oplichten*; *tillen*; *neppen*
entomologie V *entomologie*; *insectenleer*
entomologiste M/V *entomoloog*; *insectenkenner*
entonner OV WW ● *aanheffen* ⟨v. lied⟩ ● *in vaten of tonnen gieten* ★ ~ l'éloge/la louange de qn *iemands lof zingen*
entonnoir M OOK FIG. *trechter* ★ en ~ *trechtervormig* ★ vallée en ~ *keteldal*
entorse V ● MED. *verstuiking* ● FIG. *verdraaiing*; *inbreuk (***à** *op)*
entortillement M ● *omwikkeling*; *omslingering*; *kronkeling* ● *verwardheid*; *duisterheid* ⟨v. stijl⟩
entortiller OV WW ● *(om)wikkelen (***dans** *in;* **autour** *om)* ● *verward maken*; *verward uitdrukken* ● *met mooie woorden paaien*; *inpalmen*; *(ver)strikken*
entour M FORM. [meestal mv] *omgeving* ★ à l'~ de *rondom*; *om... heen*
entourage M ● *hetgeen omringt* ● *entourage*; *omgeving*
entourer OV WW OOK FIG. *omgeven*; *omringen (***de** *met)*; *omranden*; *omcirkelen* ★ ~ qn *iem. in alles steunen* ★ il est bien entouré *hij heeft een kring van toegewijde mensen om zich heen*
entourloupette V INFORM. *gemene streek*
entournure V *armsgat* ★ gêné aux ~s *slecht op zijn gemak*; *krap bij kas*
entracte M ● *pauze* ⟨in theater⟩; *entr'acte* ● FIG. *intermezzo*
entraide V *onderlinge hulp*
entraider WKD WW [**s'~**] *elkaar helpen*
entrailles V MV ● *ingewanden* ● *(het) binnenste*; *schoot* ● FIG. *hart* ★ les ~ de la terre *de schoot der aarde* ★ le fruit de vos ~ *de vrucht van uw schoot* ⟨uit het weesgegroet⟩ ★ homme sans ~ *ongevoelig man* ★ ~ de père *vaderliefde*; *vaderhart*
entrain M *levendigheid*; *animo*; *elan* ★ sans ~ *lusteloos*
entraînant BNW *meeslepend*
entraînement M ● *training*; *oefening* ● TECHN. *aandrijving* ● *meeslepende kracht*; *drang*; *impuls* ★ l'~ des passions *de drang van de hartstochten*
entraîner I OV WW ● OOK FIG. *meeslepen (***dans** *in)*; *meevoeren* ● OOK FIG. *aandrijven*; *ertoe brengen (***à** *om)* ● *met zich meebrengen*; *tot gevolg hebben* ● *trainen*; *oefenen (***à** *in)* **II** WKD WW [**s'~**] *trainen*; *zich oefenen (***à** *in, om)*
entraîneur M [v: **entraîneuse**] ● *trainer* ● OOK FIG. *gangmaker*
entraîneuse V *animeermeisje*
entrapercevoir, entr'apercevoir OV WW *vluchtig zien*

entrave V • *hinderpaal; belemmering* • *kluister*
entraver OV WW • *hinderen; belemmeren* • PLAT *snappen; begrijpen* • *kluisteren*
entre VZ • *tussen* • *te midden van; onder* ★ d'~ *uit; van; onder* ★ ~ autres *onder andere(n)* ★ ~ tous *in de hoogste mate; bij uitstek* ★ ~ eux *onder elkaar; met elkaar; onderling* ★ l'un d'~ vous *een van u* ★ soit dit ~ nous *onder ons gezegd (en gezwegen)* ★ prendre qn ~ ses bras *iem. in zijn armen nemen*
entre- VOORV • *tussen-* • *elkaar* • *even; een beetje* ★ s'entraider *elkaar helpen*

en

entrebâillement M *kier* ‹v. deur›
entrebâiller I OV WW *op een kier zetten* **II** WKD WW [**s'~**] *op een kier staan*
entrechat M • *sprong* • *kruissprong* ‹dans›
entrechoquer OV WW *tegen elkaar stoten*
entrecôte V *ribstuk; entrecote*
entrecouper OV WW *(af en toe) onderbreken*
entrecroisement M *onderlinge kruising; vlechtwerk*
entrecroiser WKD WW [**s'~**] *elkaar kruisen*
entre-deux M [mv: id.] *iets ertussenin; middenstuk; tussenstuk*
entre-deux-guerres M [mv: id.] *interbellum*
entrée V • *ingang; toegang* • OOK FIG. *intrede; binnenkomst; opkomst* ‹v. acteur› • *toegangsbewijs; toegangsprijs; entree* • *vestibule; hal* • *invoer* ‹v. waren, gegevens›; *input* • *voorgerecht* • *toetreding (***dans** *tot)* • *trefwoord; ingang* ★ l'~ de l'automne *het begin van de herfst* ★ ~ en possession *inbezitneming* ★ ~ de faveur *vrijkaart* ★ droit d'~ *invoerrecht* ★ touche d'~ *enter-, invoertoets* ★ ~ en fonctions *ambtsaanvaarding* ★ d'~ (de jeu) *(meteen) vanaf het begin* ★ avoir ses ~s chez qn *goede connecties hebben met iem.; bij iem. over de vloer komen*
entrefaites V MV ★ sur ces ~ *op dat moment; toen; onderwijl*
entrefilet M *klein krantenberichtje; entrefilet*
entregent M *openheid; vlotheid* ★ avoir de l'~ *zich goed kunnen bewegen onder mensen*
entrejambe M *kruis* ‹v. broek›
entrelacement M *verstrengeling*
entrelacer I OV WW *verstrengelen; ineenvlechten* **II** WKD WW [**s'~**] *zich ineenvlechten; verstrengeld zijn*
entrelacs (zeg: -là) M *loofwerk*
entrelarder OV WW OOK FIG. *doorspekken (***de** *met)* ★ viande entrelardée *doorregen vlees*
entremêler OV WW *(ver)mengen (***de** *met)*
entremets M • *(zoet) nagerecht* • OUD. *licht tussengerecht*
entremetteur V [v: **entremetteuse**] MIN. *koppelaar*
entremettre WKD WW [**s'~**] [onregelmatig] *bemiddelen (***dans** *in); tussenbeide komen*
entremise V *tussenkomst; bemiddeling*
entrepont M *tussendek*
entreposer OV WW • *opslaan (in een entrepot)* • *in bewaring geven*
entrepôt M *opslagplaats; pakhuis; entrepot; stapelplaats*
entreprenant BNW *ondernemend*
entreprendre I OV WW [onregelmatig] • *ondernemen; beginnen (***de** *te); proberen (***de** *te)* • *proberen te winnen; proberen te overtuigen* • *aanspreken; doorzagen (***sur** *over)* **II** ONOV WW OUD. **~ sur** *inbreuk maken op*
entrepreneur M [v: **entrepreneuse**] • *ondernemer* • *aannemer*
entreprise V • *onderneming; bedrijf* • *onderneming; karwei* • *aanneming* ‹v. werk› • FORM. *inbreuk (***contre** *op)* ★ esprit d'~ *ondernemingsgeest* ★ la libre ~ *het vrije ondernemerschap*
entrer I OV WW *inbrengen (***dans** *in); invoeren* ‹v. gegevens› **II** ONOV WW • *binnengaan (***dans** *in); ingaan* • **~ dans, en, à** FIG. *treden in; (gaan) deelnemen aan/in; geraken tot* • **~ dans** *deel uitmaken van; gaan in* ★ ~ en chaire *de preekstoel beklimmen* ★ faire ~ un clou dans un mur *een spijker in een muur slaan* ★ ~ en colère *woedend worden* ★ ~ dans le commerce *in de handel gaan* ★ ~ en convalescence *aan de beterende hand zijn* ★ ~ en correspondance avec qn *een briefwisseling met iem. aangaan* ★ ~ dans le(s) détail(s) *in bijzonderheden treden* ★ ~ dans une famille *door een huwelijk in een familie komen* ★ ~ dans les idées de qn *iemands gevoelens delen; in iemands gedachten treden* ★ faire ~ qc dans un livre *iets in een boek opnemen* ★ ~ en guerre *een oorlog beginnen* ★ ~ en matière *ter zake komen; beginnen* ★ ~ au service *in dienst gaan/treden* ★ faire ~ qc dans la tête à qn *iem. iets aan het verstand brengen* ★ ~ dans la vie *het levenslicht aanschouwen* ★ il entre dix mètres d'étoffe dans cette robe *er gaan 10 meter stof in die japon* ★ boisson où il entre du sucre *drank die suiker bevat* ★ ça n'entre pas dans mes intentions/projets *dat ligt niet in mijn bedoeling; dat ben ik niet van plan* ★ INFORM. ~ dans un mur *tegen een muur botsen*
entresol M *tussenverdieping*
entre-temps, entretemps BIJW *intussen*
entretenir I OV WW [onregelmatig] • *onderhouden* • *een onderhoud hebben met; spreken (***de** *over)* ★ ~ la paix *de vrede bewaren* **II** WKD WW [**s'~**] *zich onderhouden (***avec** *met)*
entretien M • *gesprek* • *onderhoud*
entretoise V *verbindingsstuk; dwarshout; dwarsstang*
entretuer WKD WW [**s'~**] *elkaar doden*
entre-tuer WKD WW [**s'~**] • → **entretuer**
entrevoir OV WW [onregelmatig] • *vaag zien; vluchtig zien* • *vaag voorzien; voorvoelen*
entrevue V *onderhoud; (vraag)gesprek*
entrouvert BNW *half open; op een kier*
entrouvrir I OV WW [onregelmatig] *half openen; op een kier zetten; van elkaar schuiven* **II** WKD WW [**s'~**] *op een kier gezet worden; half opengaan*
entuber OV WW VULG. *bedonderen; belazeren*
énumératif BNW [v: **énumérative**] *enumeratief; opsommend*
énumération V *opsomming*
énumérer OV WW *opsommen*
énurésie V *urine-incontinentie; (het) bedwateren; enuresis*

envahir OV WW • *(massaal) binnendringen in; binnenvallen;* OOK FIG. *overspoelen* • *overmannen; bevangen*
envahissant BNW • *opdringerig* • *overweldigend; voortwoekerend*
envahissement M • *inval; overweldiging; invasie* • *voortwoekering; ongebreidelde verbreiding*
envahisseur M [v: **envahisseuse**] *overweldiger*
envasement M *dichtslibbing*
envaser WKD WW [**s'~**] • *dichtslibben* • *in het slib/de modder blijven steken*
enveloppant BNW • *omhullend* • *innemend*
enveloppe V • *omhulsel* • *omslag; envelop* • FORM. *voorkomen; schijn* ★ ~ (budgétaire) *(beschikbaar) budget* ★ sous ~ *onder couvert*
enveloppement M • *(het) omwikkelen; (het) inpakken* • *kompres* • *omsingeling*
envelopper I OV WW • *(om)hullen; (om)wikkelen; inpakken (***dans** *in)* • FIG. *(ver)hullen; inkleden* • *omsingelen* ★ INFORM. (bien) enveloppé *volslank* **II** WKD WW [**s'~**] **dans** *zich wikkelen in; zich hullen in*
enveloppe-réponse V [mv: **enveloppes-réponse(s)**] *antwoordenvelop*
envenimer I OV WW • *infecteren* • *verergeren; venijnig(er) maken* **II** WKD WW [**s'~**] • *geïnfecteerd raken* • *verergeren; venijnig(er) worden*
envergure V • SCHEEPV. *zeilbreedte; spanwijdte* ‹v. vleugels› • FIG. *omvang* • *formaat; betekenis* ★ prendre de l'~ *in belang toenemen; zich uitbreiden* ★ de grande ~ *van formaat; grootscheeps*
enverrai WW [futur] • → **envoyer**
envers (zeg: -vèr) **I** M • OOK FIG. *keerzijde; verkeerde zijde* • *tegendeel; tegenhanger* ★ à l'~ *verkeerd (om); ondersteboven; binnenstebuiten; averechts; in de war* ★ l'~ (du décor) *wat zich achter de schermen afspeelt;* FIG. *schaduwzijde* **II** VZ *jegens* ★ ~ et contre tous/tout *tegen alles en iedereen*
envi ★ FORM. à l'envi *om strijd; om het hardst*
enviable BNW *benijdenswaardig*
envie V • *zin (***de** *in, om); lust; trek (***de** *in)* • *natuurlijke behoefte; aandrang (***de** *om)* • *afgunst; nijd* • [meestal mv] *dwangnagel* • *moedervlek* ★ faire ~ *aanlokken* ★ mourir d'~ *branden van verlangen* ★ digne d'~ *benijdenswaardig; begerenswaardig* ★ mieux vaut faire ~ que pitié ‹spreekwoord› *beter benijd dan beklaagd*
envier OV WW • *benijden* • *begeren* ★ ~ qc à qn *iem. (om) iets benijden* ★ n'avoir rien à ~ (à) *niets te kort komen (bij)*
envieusement BIJW • → **envieux**
envieux I BNW [v: **envieuse**] *jaloers; afgunstig (***de** *op)* **II** M [v: **envieuse**] *afgunstige* ★ faire des ~ *anderen jaloers maken*
environ BIJW *ongeveer; omstreeks*
environnant BNW *omliggend; aangrenzend*
environnement M • *omgeving* • *(leef)milieu*
environnemental BNW [m mv: **environnementaux**] *milieu-*
environner OV WW *omringen; omgeven*
environs M MV *omgeving* ★ aux ~ de *in de omstreken/buurt van; omstreeks*
envisageable BNW *denkbaar; te overwegen*
envisager OV WW • *onder ogen zien; beschouwen* • *overwegen (***de** *om); van plan zijn*
envoi M • *verzending; toezending* • *zending; pakket* • INFORMATICA *enter(toets)* • *opdracht* ‹slotcouplet v.e. ballade› ★ coup d'~ *aftrap* ‹bij voetbal›
envol M • *(het) wegvliegen* ‹v. vogels› • *(het) opstijgen* ‹v. vliegtuig› ★ FIG. prendre son ~ *een hoge vlucht nemen* ★ piste d'~ *startbaan*
envolée V • *(het) opvliegen* • FIG. *hoge vlucht; snelle stijging* • *gedachtevlucht*
envoler WKD WW [**s'~**] • *wegvliegen; opstijgen* ‹v. vliegtuig› • *wegwaaien* • FIG. *vervliegen; snel verdwijnen* • FIG. *omhoogvliegen; snel stijgen*
envoûtant BNW FIG. *betoverend*
envoûtement M • *betovering* ‹via beeldje› • FIG. *betovering; fascinatie*
envoûter OV WW • *betoveren* ‹via beeldje› • FIG. *betoveren; fascineren*
envoyé M [v: **envoyée**] *(af)gezant* ★ ~ special *bijzondere correspondent*
envoyer I OV WW [onregelmatig] • *zenden (***à** *aan); sturen; afzenden; wegzenden; uitzenden* • *gooien; schieten; slaan* ‹v. bal e.d.› ★ ~ chercher *laten halen* ★ ~ un baiser *een kus toewerpen* ★ ~ qn à la mort *iem. de dood in drijven* ★ ~ qn dans l'autre monde *iem. naar de andere wereld helpen* ★ ne pas l'~ dire *het ronduit zeggen* ★ INFORM. ~ coucher/paître/promener qn *iem. afpoeieren; iem. afserveren* **II** WKD WW [**s'~**] • INFORM. *(tot zich) nemen* ‹v. iets aangenaams›; *naar binnen slaan* ‹v. eten, drank› • INFORM. *(te verduren) krijgen* ‹v. iets onaangenaams›; *(moeten) opknappen* ★ s'~ en l'air *genieten;* FIG. *klaarkomen; een kick krijgen*
envoyeur M [v: **envoyeuse**] *afzender*
enzyme M/V *enzym*
éolien BNW [v: **éolienne**] *eolisch; wind-; van/door de wind*
éolienne I V *windmolen* ‹met rotoren›; *windturbine* **II** BNW • → **éolien**
épagneul M [v: **épagneule**] *spaniël*
épais BNW [v: **épaisse**] • *dik; dicht* • *grof; log; stompzinnig* ★ avoir la langue ~se *moeilijk spreken*
épaisseur V • *dikte* • *dichtheid* • *diepte* ‹als dimensie› • FIG. *diepgang*
épaissir I OV WW *verdikken; dichter maken* **II** ONOV WW *dikker worden; zwaarder worden* **III** WKD WW [**s'~**] *dikker worden; dichter worden*
épaississement M • *verdikking* • *verdichting*
épanchement M • *overvloeiing; uitstorting* • *ontboezeming*
épancher I OV WW FIG. *uitstorten; ontboezemen* **II** WKD WW [**s'~**] OOK FIG. *zich uitstorten; zijn hart uitstorten*
épandage M *(het) verspreiden; (het) uitstrooien*
épandre I OV WW • *verspreiden* • *uitstrooien* **II** WKD WW [**s'~**] *zich verspreiden*
épanouir I OV WW • *doen ontluiken* • *uitspreiden;* OOK FIG. *ontplooien* • *ophelderen* ‹v. gezicht›; *doen stralen* **II** WKD WW [**s'~**]

ep

• *ontluiken* • *zich ontplooien*; *zich ten volle ontwikkelen* • FIG. *opbloeien*; *ophelderen* ⟨v. gezicht⟩; *stralen*
épanouissement M • *ontluiking* • *ontplooiing*; *volle ontwikkeling*; *bloei* • *(het) stralen* ⟨v. gezicht⟩; *vrolijkheid*
épargnant M [v: **épargnante**] *spaarder*
épargne V • *(het) sparen*; *besparing* • *spaargeld* • *spaarzaamheid* ★ ~ de temps *tijdbesparing* ★ caisse d'~ *spaarbank* ★ vivre de ses ~s *van zijn spaargeld leven*
épargne-logement V [mv: id.] *bouwspaarfonds*
épargner OV WW *sparen*; OOK FIG. *besparen*
éparpillement M • *verstrooiing*; *verspreiding* • FIG. *versnippering*
éparpiller OV WW • *verstrooien*; *verspreiden* • FIG. *versnipperen*
épars (zeg: eepar) BNW *verspreid*; *verstrooid* ★ cheveux ~ *losse, woeste haren*
épatant BNW INFORM. *prima*; *puik*; *geweldig*; *fantastisch*
épate V INFORM. *uitsloverij*; *branie*; *bluf*
épaté I BNW • *plat*; *stomp* ⟨v. neus⟩ • INFORM. *verbluft*; *paf* **II** WW [volt. deelw.] • → **épater**
épater OV WW INFORM. *verbluffen*; *paf doen staan*; *imponeren*
épaulard M *zwaardwalvis*; *orka*
épaule V *schouder* ★ hausser les ~s *zijn schouders ophalen* ★ avoir la tête sur les ~s *met beide benen op de grond staan*; *nuchter zijn* ★ prêter l'~/donner un coup d'~ à qn *iem. een handje helpen*
épaulé-jeté M [mv: **épaulés-jetés**] *drukken (en stoten)* ⟨gewichtheffen⟩
épaulement M • *borstwering* • *steunmuur* • *steile wand*; *steile helling*
épauler OV WW • *(onder)steunen* • *aanleggen* ⟨v. geweer⟩
épaulette V • *epaulet* • *schouderbandje* • *schoudervulling* ★ gagner l'~ *als beloning voor moed tot officier bevorderd worden*
épave V • OOK FIG. *wrak* • *wrakstuk* ★ les ~s d'une fortune *de overblijfselen v.e. vermogen*
épée V *degen*; *zwaard* ★ danse des épées *zwaarddans* ★ à la pointe de l'épée *met geweld* ★ un coup d'épée dans l'eau *een slag in de lucht*; *verspilde moeite* ★ passer au fil de l'épée *over de kling jagen* ★ poursuivre l'épée dans les reins *op de voet achtervolgen*
épeiche V *grote bonte specht*
épeire V ★ ~ diadème *kruisspin*
épeler OV WW *spellen*
épépiner OV WW *ontpitten*
éperdu BNW • *buiten zichzelf (***de** *van)*; *hevig ontdaan* • *hevig*; *hartstochtelijk*; *onstuimig* ★ ~ de bonheur *zielsgelukkig* ★ fuite ~e *overhaaste vlucht*
éperdument BIJW *hevig*; *hartstochtelijk* ★ ~ amoureux *smoorverliefd*
éperlan M *spiering*
éperon M • *spoor* ⟨v. ruiter, bloem, haan⟩ • *puntig uitsteeksel*; *ram* ⟨v. schip⟩; *stroombreker* ⟨v. brug⟩ • *uitloper* ⟨v. gebergte⟩
éperonner OV WW • *de sporen geven* • *aansporen*
épervier M • *sperwer* • *werpnet*
éphémère I M *eendagsvlieg*; *haft* **II** BNW • *één dag durend* • *kortstondig*; *vergankelijk*; *efemeer*
éphéméride V *scheurkalender*
épi M • *aar*; *kolf* ⟨v. maïs⟩ • *wilde lok haar*; *piek* • *dwarsaftakking*; *loodrecht uitsteeksel* ★ en épi *schuin naast elkaar*; *graatvormig*
épice V *specerij*
épicé BNW OOK FIG. *gekruid*; OOK FIG. *pikant*
épicéa M • *spar* • *vurenhout*
épicentre M *epicentrum*
épicer OV WW OOK FIG. *kruiden*
épicerie V • *kruidenierswinkel* • *kruidenierswaren* • *handel in kruidenierswaren* ★ ~ fine *delicatessenwinkel*
épicier M [v: **épicière**] *kruidenier*; OOK FIG. *grutter*
épicurien I BNW [v: **épicurienne**] *epicuristisch* **II** M [v: **épicurienne**] *epicurist*
épidémie V *epidemie*
épidémique BNW • *epidemisch* • *om zich heen grijpend*; *aanstekelijk*
épiderme M *opperhuid* ★ avoir l'~ sensible *lichtgeraakt zijn*
épidermique BNW • *v.d. opperhuid* • *oppervlakkig*
épier I OV WW *bespieden*; *beloeren*; *gespitst zijn op* ★ ~ l'occasion *op een gelegenheid loeren* **II** ONOV WW • *spieden* • *aren krijgen*; *aren schieten*
épieu M [mv: **épieux**] *(jacht)spies*
épigastre M *maagstreek*
épigone M FORM. *epigoon*
épigramme V • *epigram*; *puntdicht* • *hatelijkheid*; *spotternij*
épigraphe V • *epigraaf*; *opschrift* • *motto*
épilation V *ontharing*; *epilatie*
épilatoire BNW *ontharings-*
épilepsie V *epilepsie*; *vallende ziekte*
épileptique I BNW *epileptisch* **II** M/V *epilepticus*
épiler OV WW *ontharen*; *epileren*
épilogue M • *epiloog*; *slotwoord* • *afloop*; *slot*
épiloguer ONOV WW *uitweiden*; *nakaarten (***sur** *over)*
épinard I M *spinazie(plant)* **II** M MV *spinazie*
épine V • *stekel* ⟨v. planten, dieren⟩; *doorn* ⟨aan plant, bot⟩ • *doornstruik* • *spitse bergkam* • *moeilijkheid* ★ ~ blanche *meidoorn* ★ ~ dorsale *ruggengraat* ★ être sur des ~s *op hete kolen zitten* ★ tirer à qn une ~ du pied *iem. uit de zorgen helpen*; *iem. uit de verlegenheid redden*
épinette V *spinet*
épineux BNW [v: **épineuse**] • *stekelig*; *doornig* • *netelig*
épine-vinette V [mv: **épines-vinettes**] *berberis*
épingle V *speld* ★ ~ à linge *wasknijper* ★ ~ de sûreté *veiligheidsspeld* ★ FIG. coup d'~ *speldenprik* ★ virage en ~ à cheveux *haarspeldbocht* ★ tiré à quatre ~s *onberispelijk gekleed*; *om door een ringetje te halen* ★ monter en ~ *goed doen uitkomen*; FIG. *opkloppen* ★ tirer son ~ du jeu *zich handig uit een netelige zaak terugtrekken* ★ chercher une ~ dans une botte de foin *een naald in een hooiberg zoeken*

épingler OV WW • *(vast)spelden; opspelden* • INFORM. *in de kraag grijpen; snappen* ★ velours épinglé *fijn geribd fluweel*
épinier M *doornstruiken*
épinière BNW ★ moelle ~ *ruggenmerg*
épinoche V *stekelbaars*
épinochette V *stekeltje* ⟨vis⟩
Epiphanie V *Driekoningen*
épiphénomène M *randverschijnsel; bijkomstigheid*
épiphyse V *epifyse*
épique BNW • *episch* • INFORM. *veelbewogen; groots; opwindend*
épiscopal BNW [m mv: **épiscopaux**] *bisschoppelijk*
épiscopat M *episcopaat; bisschopsambt; gezamenlijke bisschoppen; ambtsperiode v.e. bisschop*
épiscope M • *episcoop* • *periscoop* ⟨v. tank⟩
épisode M *episode*
épisodique BNW • *episodisch* • *bijkomstig* • *incidenteel*
épisodiquement BIJW *incidenteel; af en toe*
épissure V • *splitsing* ⟨v. touw, kabel⟩ • *splits*
épistolaire BNW *epistolair; brief-*
épistolier M [v: **épistolière**] *brievenschrijver*
épitaphe V • *epitaaf; grafschrift* • *grafsteen*
épithète V *epitheton; toevoegsel; benaming* ★ (adjectif) ~ *attributief adjectief*
épître V • *epistel* ⟨ook ironisch⟩ • *brief in verzen*
éploré BNW FORM. *(badend) in tranen; intreurig*
épluchage M • → **éplucher**
épluche-légume, **épluche-légumes** M [mv: **épluche-légumes**] *aardappelmesje*
éplucher OV WW • *van ongerechtigheden/harde schillen ontdoen; schillen; (af)pellen* • *uitpluizen;* OOK FIG. *napluizen*
épluchure V • [meestal mv] *afval* ⟨v. groente, vruchten, schaaldieren e.d.⟩; *schillen* • *(afgehaald) pluis*
épointer OV WW *afpunten; stomp maken*
éponge V OOK BIOL. *spons* ★ tissu ~ *badstof* ★ serviette ~ *badhanddoek* ★ passer l'~ sur qc FIG. *de spons over iets halen* ★ jeter l'~ *de handdoek in de ring werpen* ★ passons l'~! *zand erover!*
éponger OV WW • *afsponsen; afwissen* • *wegwerken* ⟨v. tekort, achterstand e.d.⟩
épopée V *epos*
époque V • *periode; tijdperk; tijd* • *tijdstip* ★ faire ~ *epoque maken; een belangrijk feit vormen* ★ d'~ *van vroeger; antiek* ★ à l'~ *toen(tertijd); vroeger* ★ à l'~ de *ten tijde van* ★ vivre avec son ~ *met zijn tijd meegaan*
épouiller OV WW *ontluizen*
époumoner WKD WW [**s'~**] • *zich hees praten/schreeuwen* • *buiten adem raken*
épousailles V MV IRON. *bruiloft*
épouse V *echtgenote*
épousée V OUD. *bruid*
épouser OV WW • *trouwen met; huwen* • FIG. *omhelzen; aannemen; tot de zijne maken; getrouw (gaan) volgen* ★ ~ une opinion *een mening overnemen* ★ ~ un parti *zich bij een partij aansluiten*
époussetage M *(het) afstoffen*
épousseter OV WW • *afstoffen; afborstelen* • FIG. *oppoetsen*
époustoufler OV WW *paf doen staan; verbluffen; verbijsteren*
épouvantable BNW *verschrikkelijk; ontzettend; afschuwelijk*
épouvantail M • OOK FIG. *vogelverschrikker* • *schrikbeeld; boeman*
épouvante V *schrik; ontzetting; ontsteltenis* ★ film d'~ *griezelfilm* ★ jeter dans l'~ *doen schrikken*
épouvanter OV WW *schrik aanjagen; met schrik slaan; ontstellen*
époux M *echtgenoot* ★ les ~ *het echtpaar*
éprendre WKD WW [**s'~**] [onregelmatig] FIG. *vervuld raken (**de** van); verliefd worden (**de** op)*
épreuve V • *proef(neming); toets; examen* • *beproeving; tegenspoed* • *wedstrijd(nummer)* • FOTOGRAFIE *afdruk* • *drukproef; proef(af)druk* ★ ~s écrites *schriftelijk examen* ★ ~ de force *krachtproef; krachtmeting* ★ ~ du feu *vuurproef* ★ à l'~ de *bestand tegen* ★ ~ par le feu *vuurproef* ⟨godsoordeel⟩ ★ à toute ~ *tegen alles en iedereen bestand;* FIG. *onwrikbaar; beproefd* ★ à l'~ des bombes *bomvrij* ★ mettre à (rude) ~ *(zwaar) op de proef stellen*
épris I BNW FIG. *geheel vervuld; bezeten (**de** van); verliefd (**de** op)* **II** WW [volt. deelw.] • → **éprendre**
éprouvant BNW *vermoeiend; zwaar; veel kracht vergend*
éprouvé BNW • *beproefd; deugdelijk bevonden* • *beproefd; (zwaar) getroffen*
éprouver OV WW • *beproeven; op de proef stellen* • *ondervinden; ondergaan; voelen* • *testen; controleren*
éprouvette V *reageerbuisje*
EPS AFK éducation physique et sportive *lichamelijke opvoeding*
épucer OV WW *vlooien*
épuisant BNW *uitputtend; afmattend*
épuisé BNW • *uitgeput* ⟨ook v. bron, voorraad e.d.⟩ • *niet meer in voorraad* • *verbruikt* ⟨v. reserves⟩ ★ un livre ~ *een uitverkocht boek* ★ ~ (de fatigue) *doodmoe*
épuisement M • *uitputting* ⟨ook v. bron, voorraad e.d.⟩ • *uitpomping; bemaling* ★ ~ professionnel *burn-out* ★ jusqu'à l'~ des stocks *zolang de voorraad strekt*
épuiser I OV WW • *uitputten; afmatten* • *uitputten; opgebruiken* • *leegscheppen; bemalen* **II** WKD WW [**s'~**] • *zich uitputten* • *uitgeput raken* ⟨v. voorraad e.d.⟩; *opraken*
épuisette V • *schepnet* • *hoosvat*
épuration V OOK FIG. *zuivering*
épure V *werktekening*
épurer OV WW OOK FIG. *zuiveren (**de** van);* INFORM. *wegzuiveren*
équarrir OV WW • *vierkanten* • *villen en in stukken houwen* ⟨v. dood dier⟩ ★ mal équarri FIG. *ongepolijst; lomp; grof*
équarrissage M • *(het) vierkanten* • *(het) villen en in stukken houwen* ⟨v. dood dier⟩
équarrisseur M *vilder*
équateur (zeg: eekw-) M *evenaar* ★ l'Equateur *Ecuador*

équation (zeg: eekw-) V WISK./SCHEIK. *vergelijking* ★ ~ à trois inconnues *vergelijking met drie onbekenden*
équatorial (zeg: eekw-) BNW [m mv: **équatoriaux**] *equatoriaal*
équatorien (zeg: eekw-) BNW [v: **équatorienne**] *uit Ecuador*
équerre V *(winkel)haak*; *tekendriehoek* ★ d'~/en ~ (avec) *haaks (op)*
équestre BNW *ruiter-*; *(paard)rij-*
équeuter OV WW *van de steel/stelen ontdoen* ⟨fruit⟩
équidés M MV *paardachtigen*
équidistant BNW *op gelijke afstand (***de** *van)*
équilatéral BNW [m mv: **équilatéraux**] *gelijkzijdig* ★ INFORM. ça m'est ~ *'t is mij om het even*
équilibrage M *(het) in evenwicht brengen*; *(het) uitbalanceren*; *(het) uitlijnen*
équilibre M OOK FIG. *evenwicht*; *evenwichtigheid* ★ perdre l'~ *zijn evenwicht verliezen*
équilibré BNW *evenwichtig*; *uitgebalanceerd*
équilibrer I OV WW • *in evenwicht brengen/houden* • *uitbalanceren*; *uitlijnen* ★ esprit bien équilibré *evenwichtige geest* **II** WKD WW [**s'~**] • *elkaar in evenwicht houden* • *evenwichtig worden*
équilibreur M *stabilisator* ★ organe ~ *evenwichtsorgaan*
équilibriste M/V OOK FIG. *evenwichtskunstenaar*; *koorddanser*
équille V *smelt* ⟨vis⟩
équinoxe M *nachtevening*; *equinox*
équipage M • TECHN. *uitrusting*; *gereedschap* • *bemanning*
équipe V *ploeg* ⟨werklieden; sport⟩; *equipe*; *team*; *groep* ★ ~ de football *voetbalelftal* ★ chef d'~ *ploegbaas*; *aanvoerder v.e. sportploeg* ★ sport d'~ *teamsport* ★ faire ~ avec *een team vormen met*
équipée V • *dwaze onderneming*; *onbezonnen streek* • *uitstapje*
équipement M *uitrusting*; *installatie(s)*; *accommodatie* ★ ~s collectifs *gemeenschapsvoorzieningen*
équiper OV WW *uitrusten*; *toerusten (***de** *met)*; *voorzien (***de** *van)*
équipier M [v: **équipière**] *lid v.e. team*; *speler*
équitable BNW *rechtvaardig*; *billijk*
équitation V *rijkunst*; *(het) paardrijden*
équité V *rechtvaardigheid(sgevoel)*; *billijkheid*
équivalence V *gelijkwaardigheid*
équivalent I BNW *gelijkwaardig (***à** *aan, met)*; *equivalent* **II** M *equivalent*
équivaloir ONOV WW [onregelmatig] **~ à** *gelijkwaardig zijn aan*; *gelijkstaan met*
équivoque I BNW • *dubbelzinnig* • *dubieus*; *verdacht* **II** V *dubbelzinnigheid* ★ sans ~ *ondubbelzinnig*; *duidelijk*
érable M *esdoorn*; *ahorn*
éradication V *uitroeiing*
éradiquer OV WW *uitroeien*
érafler OV WW *schrammen*; *schaven*; *bekrassen*; *schampen*
éraflure V *schram*; *schaafwond*; *kras*
éraillé BNW • *gerafeld*; *geschramd*; *sleets* • *schor*
ère V • *tijdperk*; *tijdvak*; *era* • *jaartelling*
érection V • FORM. *oprichting* ⟨v. bouwwerk⟩ • *erectie*
éreintant BNW *afmattend*
éreintement M • *afmatting* • *(het) afkraken*; *vernietigende kritiek*
éreinter I OV WW • *afmatten*; *afbeulen* • FIG. *afmaken*; *(af)kraken* ★ ~ une œuvre *een werk kraken* **II** WKD WW [**s'~**] *zich afbeulen (***à** [+ infin.] *met)*
érémiste M/V INFORM. *bijstandtrekker* ⟨die de RMI ontvangt⟩
érémitique BNW *kluizenaars-*
érésipèle M • → **érysipèle**
ergonomie V *ergonomie*
ergot M • *spoor* ⟨v. haan⟩; *hubertusklauw* ⟨v. hond⟩ • *moederkoren* • *stift*; *pen* ★ FIG. se dresser sur ses ~s *op zijn achterste poten gaan staan*
ergotage M *haarkloverij*; *vitterij*
ergoter ONOV WW *muggenziften*; *haarkloven*; *vitten (***sur** *op)*
ergoteur I M [v: **ergoteuse**] *muggenzifter*; *haarklover* **II** BNW [v: **ergoteuse**] *muggenzifterig*; *haarklovend*
ergothérapie V *ergotherapie*
ériger I OV WW • *oprichten* ⟨v. bouwwerk⟩ • FORMEEL *instellen*; *stichten* • **~ en** *verheffen tot* **II** WKD WW [**s'~**] **en** *zich opwerpen als*
ermitage M • OUD. *kluizenaarswoning*; *(h)ermitage* • *afgelegen huis/plek*
ermite M *kluizenaar*; *heremiet*
éroder OV WW OOK FIG. *eroderen*; *uitslijpen*; FIG. *uithollen*
érogène BNW *erogeen*
érosif BNW [v: **érosive**] *uitschurend*; *wegvretend*; FIG. *bijtend*; *erosie-*
érosion V OOK FIG. *erosie*; *uitschuring*; *wegvreting*; FIG. *uitholling*
érotique I BNW *erotisch* **II** V *erotiek*
érotisme M *(het) erotische*; *erotiek*
errance V *(het) dwalen*; *omzwerving*
errant BNW *dwalend*; *dolend*; *zwervend* ★ chat ~ *zwerfkat* ★ chevalier ~ *dolende ridder* ★ tribus ~es *nomadenstammen*
errata M *lijst v. drukfouten*; *errata*
erratique BNW • *zwerf-*; *zwervend* • *onregelmatig* ★ bloc ~ *zwerfkei* ★ fièvre ~ *onregelmatige koorts*
erratum M *erratum*
errements M MV FORM. FIG. *dwaalwegen*; *dwalingen*; *slechte gewoonten*
errer ONOV WW • *dwalen*; *dolen*; *zwerven* • FORM./FIG. *dwalen*
erreur V *fout*; *vergissing*; *dwaling*; *misvatting* ★ par ~ *bij vergissing* ★ sauf ~ *vergissingen voorbehouden*; *als ik mij niet vergis* ★ ~ de calcul *rekenfout* ★ ~ de jeunesse *jeugdzonde* ★ signal d'~ *foutmelding* ★ ~ sur la personne *persoonsverwisseling* ★ induire en ~ *op een dwaalspoor brengen* ★ être dans l'~ *zich vergissen* ★ tirer de l'~ *uit de waan helpen* ★ vous faites ~ *u vergist zich*
erroné BNW *verkeerd*; *foutief*
ersatz M *ersatz*; *surrogaat*
éructer I OV WW FORM. *uitbraken* ⟨v.

verwensingen e.d.); FIG. *oprispen* **II** ONOV WW *boeren*; *oprispen*
érudit I BNW *geleerd*; *erudiet* **II** M *erudiet*; *geleerde*
érudition V *geleerdheid*; *eruditie*
éruptif BNW [v: **éruptive**] • *vulkanisch*; *eruptief* • *vergezeld van uitslag* ★ fièvre éruptive *koorts met uitslag*
éruption V • *eruptie*; OOK FIG. *uitbarsting* • MED. *uitslag* ★ ~ dentaire *(het) doorbreken v.e. tand*
érysipèle M MED. *belroos*; *wondroos*
érythème M *rode huiduitslag*; *erytheem* ★ ~ fessier *luieruitslag*
es WW [présent] • → **être**
ès SAMENTR en les *in de* ★ docteur ès lettres *doctor in de letteren* ★ docteur ès sciences *doctor in de wis- en natuurkunde* • → **en**
ESB AFK encéphalopathie spongiforme bovine *BSE*; *gekkekoeienziekte*
esbroufe V INFORM. *uitsloverij*; *branie*; *kouwe drukte*; *kapsones*
esbroufer OV WW INFORM. *overbluffen*; *afbluffen*
esbroufeur M [v: **esbroufeuse**] INFORM. *druktemaker*; *dikdoener*; *grootdoener*
escabeau M [mv: **escabeaux**] • *krukje*; *voetenbankje* • *(huishoud- /keuken)trapje*
escadre V *eskader*; *smaldeel*
escadrille V • SCHEEPV. *flottielje* • LUCHTV. *escadrille*
escadron M *eskadron*; *squadron*
escalade V • *beklimming*; *bergbeklimming* • JUR. *insluiping* • *escalatie* ★ mur d'~ *klimwand*
escalader OV WW *beklimmen*; *klimmen op/over*
escalator M *roltrap*
escale V • *(tussen)haven*; *aanloophaven*; *landingsplaats* • *tussenstop* ‹v. boot, vliegtuig›; *tussenlanding* ★ faire ~ à *een tussenlanding maken in*; *aandoen* ‹v. (lucht)haven›
escalier M *trap* ★ dans l'~ *op de trap* ★ ~ en (co)limaçon *wenteltrap* ★ ~ roulant/ mécanique *roltrap* ★ ~ tournant *wenteltrap* ★ ~ de secours *brandtrap* ★ avoir l'esprit de l'~ *weinig ad rem zijn*
escalope V *lapje vlees*; *mootje vis* ★ ~ de veau *kalfsoester*
escamotable BNW *wegklapbaar*; *intrekbaar*; *inschuifbaar*
escamotage M • → **escamoter**
escamoter OV WW • *(handig) doen verdwijnen*; *wegmoffelen*; *inslikken* ‹v. woorden› • *(handig) ontfutselen*; *achteroverdrukken* • *(handig) ontwijken* • *intrekken* ‹v. landingsgestel›
escamoteur M [v: **escamoteuse**] • *goochelaar* • *zakkenroller*; *gauwdief*
escampette V ★ prendre la poudre d'~ *vluchten*; *het hazenpad kiezen*
escapade V • *slippertje*; *escapade* • *uitstapje*
escarbille V *sintel*
escarboucle V OUD. *karbonkel*
escarcelle V OUD. *buidel*
escargot M *huisjesslak* ★ escalier en ~ *wenteltrap* ★ opération ~ *langzaamaanactie*
escarmouche V OOK FIG. *schermutseling*
escarpe M • OUD. *rover*; *overvaller* • *escarpe*; *binnentalud*
escarpé BNW *steil*
escarpement M *steile helling*; *steilte*
escarpin M *dansschoentje*; *pump*
escarpolette V OUD. *schommel*
escarre V *doorligplek*; *korst* ‹door weefselversterf› ★ avoir des ~s *doorliggen*
Escaut M *Schelde*
escient M ★ à bon ~ *welbewust*; *weloverwogen* ★ à mauvais ~ *ondoordacht* ★ OUD. à mon ~ *met mijn medeweten*
esclaffer WKD WW [s'~] *schaterlachen*
esclandre M *scène* ‹stampij› ★ faire un ~ *een scène maken*
esclavage M OOK FIG. *slavernij*; *onderworpenheid*; *afhankelijkheid*
esclavagiste I M/V *voorstander v.d. slavernij* **II** BNW *de slavernij voorstaand* ★ les États ~s *de slavenstaten (in de VS)*
esclave M/V OOK FIG. *slaaf*
escogriffe M INFORM. *lange slungel*
escomptable BNW *(ver)disconteerbaar*
escompte M *disconto*; *korting* ★ taux d'~ *disconto(voet)*
escompter OV WW • *(ver)disconteren* • *verwachten*; *rekenen op*
escopette V OUD. *donderbus* ‹geweer met wijde tromp›
escorte V *escorte*; *geleide*; *begeleiding* ★ faire ~ à *begeleiden*
escorter OV WW *begeleiden*; *escorteren*
escorteur M *escortevaartuig*
escouade V *kleine groep*; *kleine troep*; *rot*
escrime V *schermkunst*; OOK FIG. *(het) schermen* ★ faire de l'~ *schermen*
escrimer WKD WW [**s'~**] OOK FIG. *zich weren*; *zich afsloven*; *zich inspannen (**à** om)*
escrimeur M [v: **escrimeuse**] *schermer*
escroc (zeg: -kroo) M *oplichter*; *zwendelaar*
escroquer OV WW • *oplichten*; *bedriegen* • *afhandig maken (**à** van)*; *aftroggelen*
escroquerie V *oplichterij*; *zwendel*
esgourde V PLAT *oor*
ésotérique BNW *esoterisch*
ésotérisme M *esoterie*; *ondoorgrondelijkheid*
espace I M • *ruimte*; *tussenruimte*; *tijdruimte* • *(wereld)ruimte*; *luchtruim* ★ ~ vert *groenvoorziening(en)* ★ ~ vital *levensruimte* ★ en l'~ d'une heure *in een uur* **II** V *spatie*
espacement M • *spatiëring*; *tussenruimte* • *spreiding* ‹in de tijd›
espacer I OV WW • *tussenruimte laten tussen*; *spatiëren* • *tussenpozen laten tussen*; *spreiden* **II** WKD WW [**s'~**] *grotere tussenruimten vertonen*; *schaarser worden*
espadon M • *zwaardvis* • GESCH. *slagzwaard*
espadrille V *espadrille*
Espagne V *Spanje*
espagnol I M *(het) Spaans* **II** BNW *Spaans*
Espagnol M [v: **Espagnole**] *Spanjaard*
espagnolette V *spanjolet*
espalier M • *spalier*; *(muur, latwerk met) leibomen* • SPORT [ook mv] *wandrek*
espar M SCHEEPV. [vaak mv] *rondhout*
espèce V • OOK BIOL. *soort*; *aard*; MIN. *slag* • JUR. *geval* ★ l'~ humaine *het menselijk geslacht*;

het mensdom ★ de toute ~ *allerlei* ★ c'est un cas d'~ *dat is een apart geval* ★ en l'~ *in het onderhavige geval* ★ ~ d'imbécile enz. *stuk onbenul*; *stomkop* ★ ~s [mv] *contant geld* ★ payer en ~s *contant betalen* ★ en ~s sonnantes *in klinkende munt*
espèces V MV • → **espèce**
espérance V *hoop (***de** *op)*; *verwachting* ★ ~ de vie *levensverwachting* ★ avoir en ~ *in het vooruitzicht hebben*

espérantiste I M/V *esperantist* **II** BNW *Esperanto-*
espéranto M *Esperanto*
espérer I OV WW *hopen*; *verwachten* ★ j'espère vous voir *ik hoop u te zien* ★ j'espère bien! *dat mag ik hopen!* **II** ONOV WW • *hopen* • ~ **en** *vertrouwen hebben in*; *hopen op*
esperluette V *ampersand*; *et-teken* ⟨&⟩
espiègle I BNW *guitig*; *olijk* **II** M/V *guit*; *snaak*
espièglerie V • *guitigheid* • *guitenstreek*
espion I M *kijkgaatje*; *spionnetje* **II** M [v: **espionne**] *spion*
espionnage M *spionage* ★ ~ industriel *bedrijfsspionage*
espionner OV WW *bespioneren*; *bespieden*
esplanade V *voorplein*; *esplanade*
espoir M • *hoop (***de** *op)*; *verwachting* • *persoon in wie men zijn hoop stelt*; *jong talent* ★ dans l'~ de *in de hoop te* ★ sans ~ *hopeloos*; *uitzichtloos*
esprit M • *geest* ⟨in alle betekenissen⟩ • *geestigheid*; *esprit* ★ ~ de *zin voor*; *oog voor* ★ ~ d'à-propos *gevatheid* ★ ~ de corps *solidariteit* ★ ~ d'épargne *spaarzin* ★ ~ d'équipe *teamgeest* ★ un ~ fort *vrijdenker* ★ ~ frappeur *klopgeest* ★ l'~ des lois *de strekking van de wetten* ★ le Saint(-)Esprit *de Heilige Geest* ★ L'Esprit(-)Saint *de Heilige Geest* ★ l'~ du siècle *de tijdgeest* ★ ~ turbulent *onrustige aard* ★ ~ de vin *spiritus* ★ dans mon ~ *naar mijn mening*; *volgens mij* ★ homme d'~ *geestig man* ★ large d'~ *ruimdenkend* ★ le malin ~ *de duivel* ★ trait d'~ *geestige zet/opmerking* ★ avoir l'~ à *in de stemming zijn om/voor* ★ avoir de l'~ *geestig zijn* ★ avoir l'~ de *zo verstandig zijn om* ★ ne plus avoir tous ses ~s *niet meer helemaal goed bij het hoofd zijn* ★ avoir l'~ du commerce *handelsgeest hebben*; *een commerciële instelling hebben* ★ avoir mauvais ~ *niet van goede wil zijn*; *kwaadwillig zijn* ★ calmer les ~s *de gemoederen bedaren* ★ entrer dans l'~ de son rôle *zijn rol goed opvatten* ★ faire de l'~ *geestig doen* ★ perdre l'~ *het verstand verliezen* ★ rendre l'~ *de geest geven* ★ reprendre ses ~s *weer tot zichzelf komen* ★ venir à l'~ *voor de geest komen*; *te binnen schieten* ★ les grands ~s se rencontrent *hier spreken twee verwante geesten*
esquif M FORM. *licht bootje*
esquille V *(bot)splinter*
esquimau I M [mv: **esquimaux**] • *Eskimo* ⟨taal⟩ • *chocolade-ijs* **II** BNW [v: **esquimaude**] *Eskimo-*
Esquimau M [mv: **Esquimaux**] [v: **Esquimaude**] *Eskimo* ⟨persoon⟩
esquintant BNW INFORM. *doodvermoeiend*
esquinter I OV WW • INFORM. *kapotmaken*; *toetakelen* • INFORM. *afkraken* • INFORM. *afmatten*; *afbeulen* **II** WKD WW [**s'~**] INFORM. *zich afbeulen (***à** [+ infin.] *met)*
esquisse V • *schets* • FIG. *eerste aanzet*; *zweem* ★ ~ de sourire *vage glimlach*
esquisser I OV WW • *schetsen*; *een eerste vorm geven aan* • *(even) vaag vertonen* ★ ~ un sourire *even glimlachen* **II** WKD WW [**s'~**] *zich aftekenen*; *zich vaag vertonen*
esquive V *ontwijkende beweging*
esquiver I OV WW OOK FIG. *(handig) ontwijken*; *omzeilen* **II** WKD WW [**s'~**] *ontsnappen*; *ongemerkt ontkomen*; *wegglippen*; *zich drukken*
essai M • *proef(neming)*; *beproeving*; *probeersel*; *poging* • *essay (***sur** *over)* • *try* ⟨bij rugby⟩ ★ ~ nucléaire *kernproef* ★ pilote d'~ *testpiloot* ★ à l'~ *op proef* ★ faire l'~ de *beproeven*
essaim M • *menigte*; *drom* • *zwerm* ★ ~ d'abeilles *zwerm bijen*
essaimage M *(het) (uit)zwermen*
essaimer ONOV WW • OOK FIG. *uitzwermen* • *zich her en der vestigen*
essayage M *(het) passen* ⟨v. kleding⟩
essayer I OV WW *(uit)proberen*; *(be)proeven*; *testen*; *keuren*; *(aan)passen* ⟨v. kleding⟩ **II** ONOV WW • **~ de** *proberen te* • ~ **à** *zijn krachten beproeven*; *trachten* **III** WKD WW [**s'~**] **à** *zijn krachten beproeven op*; *zich wagen aan*
essayeur M [v: **essayeuse**] • *keurder*; *keurmeester* • *testrijder* • *passer van kleren*
essayiste M/V *essayist*
essence V • *wezen*; *essentie* • *vluchtige olie*; *essence* • *benzine* • *soort* ⟨v. bomen⟩ ★ par ~ *uit de aard v.d. zaak*; *per definitie* ★ prendre de l'~ *tanken*
essentiel I M *hoofdzaak*; *(het) voornaamste* **II** BNW [v: **essentielle**] • *wezenlijk* • *essentieel*; *fundamenteel*; *onontbeerlijk*
essentiellement BIJW • *hoofdzakelijk* • *wezenlijk*
esseulé BNW FORM. *verlaten*; *eenzaam*
essieu M [mv: **essieux**] *as* ⟨v. voertuig⟩ ★ ~ coudé *krukas*
essor M • FORM. *(het) opvliegen* • FIG. *hoge vlucht*; *(op)bloei*; *(volle) ontwikkeling* ★ prendre son ~ *opvliegen*; FIG. *een hoge vlucht nemen*; *zich (onbelemmerd) ontwikkelen*; *de vleugels uitslaan*
essorage M *(het) uitwringen*; *(het) centrifugeren*
essorer OV WW *uitwringen*; *centrifugeren* ⟨v. wasgoed; ook v. sla⟩
essoreuse V *wringer* ⟨voor wasgoed⟩; *(was-, sla)centrifuge*; *trommeldroger*
essoufflement M • *(het) buiten adem zijn* • *(het) futloos/onbezield worden*
essouffler I OV WW *buiten adem brengen* **II** WKD WW [**s'~**] • *buiten adem raken* • *moeilijk kunnen meekomen*; *futloos/onbezield worden* ★ s'~ à *tevergeefs proberen te*
essuie-glace M [mv: **essuie-glaces**] *ruitenwisser* ★ ~ intermittent *ruitenwisser met intervalschakelaar*
essuie-main, essuie-mains M [mv: **essuie-mains**] *handdoek*

essuie-pied, **essuie-pieds** M [mv: **essuie-pieds**] *vloermat*
essuie-tout M [mv: id.] *keukenrol*
essuyage M *(het) schoonmaken*; *(het) afdrogen*; *(het) afvegen*
essuyer OV WW • *schoonmaken*; *afvegen*; *afdrogen* • *lijden*; *doorstaan*; *moeten slikken* ★ ~ un affront *een belediging ondergaan* ★ ~ une perte *een verlies lijden* ★ ~ un refus *een weigering krijgen*
est (zeg: [zn/bnw] est) **I** M *oosten* ★ vent d'est *oostenwind* ★ l'Est *het Oostblok* ★ à l'est de *ten oosten van* **II** BNW *oostelijk*; *oost(en)-* ★ est-européen *Oost-Europees* ★ longitude est *oosterlengte* **III** WW [présent] • → **être**
estacade V *paalwerk*; *pier* ⟨in rivier, haven⟩
estafette V • OUD. *koerier* • *ordonnans*
estafilade V • *houw*; *snede* ⟨in het gezicht⟩ • *ladder* ⟨in kous⟩
estaminet M *cafeetje*; *kroeg*
estampage M *stempeling*; *afdruk*
estampe V • *prent*; *gravure* • *stempel*
estamper OV WW • *stempelen* • INFORM. *afzetten*; *oplichten*
estampeur M [v: **estampeuse**] • *stempelaar* • INFORM. *oplichter*
estampillage M *stempeling*; *(het) (waar)merken*
estampille V *stempel*; *(waar)merk*; *ijkmerk*
estampiller OV WW *stempelen*; *(waar)merken*
est-ce que BIJW ★ ~ tu viens? *kom je?*
ester M *ester*
esthète M/V *estheet*
esthéticien M [v: **esthéticienne**] • *estheticus* • *schoonheidsspecialist*
esthétique I BNW *esthetisch*; *smaakvol* ★ chirurgie ~ *plastische chirurgie* **II** V • *schoonheidsleer*; *esthetica* • *schoonheid*
estimable BNW *achtenswaardig*; *prijzenswaardig*; *verdienstelijk*
estimatif BNW [v: **estimative**] *schattend* ★ devis ~ *raming*; *offerte*
estimation V *schatting*; *begroting*; *taxatie*
estime V *achting* ★ être en grande ~ *hoog geacht worden*; *in hoog aanzien staan* ★ à l'~ *op de gis*
estimer I OV WW • *(hoog)achten* • *schatten (***à** *op)*; *ramen*; *taxeren* • *vinden*; *menen*; *achten* **II** WKD WW [**s'~**] *zich achten* ★ s'~ heureux que *zich gelukkig prijzen dat*
estivage M *zomerbeweiding* ⟨v. vee op bergweiden⟩
estival BNW [m mv: **estivaux**] *zomers*; *zomer-*
estivant M *zomergast* ⟨in vakantieoord⟩
estoc M *lange degen* ★ frapper d'~ et de taille *steken en houwen*; *zich uit alle macht weren*
estocade V • OOK FIG. *doodsteek* • *scherpe uitval*
estomac (zeg: -mà) M *maag* ★ avoir un ~ d'autruche *een maag van ijzer hebben* ★ avoir l'~ creux *een lege maag hebben* ★ OOK FIG. rester sur l'~ *zwaar op de maag liggen* ★ avoir l'~ dans les talons *uitgehongerd zijn* ★ avoir de l'~ *lef hebben*
estomaquer OV WW INFORM. *onaangenaam verrassen*; *perplex doen staan*
estompe V • *doezelaar* • *gedoezelde tekening*
estompé BNW *vaag*; *wazig*
estomper I OV WW • *doen vervagen*; *doen verflauwen* • *doezelen* **II** WKD WW [**s'~**] OOK FIG. *vervagen*
Estonie V *Estland*
estonien I M *(het) Estlands* **II** BNW [v: **estonienne**] *Estlands*
Estonien M [v: **Estonienne**] *Est*
estourbir OV WW • INFORM. *in elkaar slaan*; *doodslaan* • INFORM. *ontdaan maken*
estrade V *verhoging*; *podium*; *optrede*; *estrade* ★ battre l'~ *langs 's heren wegen lopen*; *rondzwerven*
estragon M *dragon*
estran M *(nat) strand* ⟨tussen eb en vloed⟩
estropié BNW *kreupel*; *verminkt*; *invalide*
estropier OV WW OOK FIG. *kreupel maken* ★ ~ un mot *een woord verdraaien* ★ ~ une langue *een taal radbraken*
estuaire M *estuarium*; *brede riviermond*
estudiantin BNW *studenten-*
esturgeon M *steur* ⟨vis⟩
et (zeg: ee) VW *en*
étable V *(vee)stal*
établi I BNW *bestaand*; *gevestigd* **II** M *werkbank*
établir I OV WW • *vestigen*; *tot stand brengen*; *instellen*; *installeren* • *opstellen* • *vaststellen* • OUD. *(een positie) bezorgen* ★ ~ un camp *een kamp opslaan* ★ ~ un compte *een rekening opmaken* ★ ~ un fait *een feit vaststellen* ★ ~ le dialogue *een dialoog aangaan* ★ ~ les fondements *de grondslagen leggen* ★ ~ un juge *een rechter aanstellen* ★ une réputation établie *een gevestigde reputatie* ★ il est établi que *het staat vast dat* **II** WKD WW [**s'~**] • *zich vestigen* • *zich opwerpen als* • FIG. *vaste voet krijgen* ★ s'~ au coin du feu *bij de haard gaan zitten*
établissement M • *instelling*; *vestiging* • *instelling*; *etablissement*; *inrichting*; *gebouw* • *opstelling* • *vaststelling* • OUD. *(het) bezorgen v.e. positie*; *(het) uithuwelijken* • *nederzetting*; *kolonie* ★ l'~ d'un compte *het opmaken v.e. rekening* ★ l'~ d'un fait *het vaststellen v.e. feit* ★ ~ de bains *badinrichting* ★ ~ de crédit *kredietinstelling*
étage M • *verdieping*; *etage* • FIG. *trap*; *laag*; *niveau* ★ au premier ~ *op de eerste verdieping* ★ gens de bas ~ *mensen van lage stand* ★ fusée à deux ~s *tweetrapsraket*
étagement M *trapsgewijze plaatsing/ligging*
étager I OV WW *trapsgewijs plaatsen* **II** WKD WW [**s'~**] *trapsgewijs oplopen*
étagère V • *etagère*; *(wand)rek* • *legplank*; *boekenplank*
étai M • *steun* • OOK FIG. *stut* • SCHEEPV. *stag*
étaiement M • → **étayage**
étain M *tin*
étais WW [imparf.] • → **être**
était WW [imparf.] • → **être**
étal M [mv: **étals**] • *uitstaltafel* ⟨op markt⟩; *kraam* • *vleesbank*
étalage M • *uitstalling* • *tentoonspreiding*; *(het) pronken*; *vertoon* ★ faire ~ de sa richesse *pronken met zijn rijkdom*
étalagiste M/V *etaleur*
étale I BNW *stil*; *onbeweeglijk* ★ mer ~ *stille zee*;

noch eb noch vloed ★ navire ~ *stilliggend schip* ★ vent ~ *gelijkmatige wind* **II** M *dood tij*

étalement M ● *(het) uitstallen*; *tentoonspreiding* ● *(het) (uit)spreiden*; *(het) uitsmeren* ★ l'~ des vacances *de vakantiespreiding*

étaler I OV WW ● *uitstallen*; *tentoonspreiden*; *etaleren* ● *pronken met*; *te koop lopen met* ● *(uit)spreiden*; *uitsmeren (***sur** *over)* ● INFORM. *vloeren* ★ ~ son jeu *zijn kaarten openleggen* **II** WKD WW [**s'~**] ● *zich uitspreiden*; *zich uitstrekken (***sur** *op, over)* ● *zich (opzichtig) vertonen* ● INFORM. *vallen* ● INFORM. *zich breed maken* ★ s'~ sur l'herbe *languit in het gras gaan liggen*

étalon I M ● *hengst*; *dekhengst* ● OOK FIG. *standaard*; *ijkmaat*; *etalon* ★ ~-or *gouden standaard* **II** BNW ● *standaard-* ● *dek-*; *fok-* ★ mètre ~ *standaardmeter* ★ taureau ~ *dekstier*

étalonnage M *ijking*

étalonner OV WW *ijken*

étambot M *achtersteven*

étamer OV WW *vertinnen*

étamine V ● *meeldraad* ● *zeefdoek* ● *stamijn* ‹wollen weefsel› ★ filet de l'~ *helmdraad* ★ passer à l'~ *op de keper beschouwen*

étanche BNW *waterdicht*; *lekdicht* ★ ~ au gaz *gasdicht*

étanchéité V *waterdichtheid*

étancher OV WW ● *stelpen*; *drooggleggen* ‹v. bron›; *afdichten* ‹v. lek› ● *lessen* ‹v. dorst› ● *waterdicht maken*

étançon M *stut*; *schoor*

étançonner OV WW *stutten*; *schoren*

étang M *vijver*; *meertje*; *plas*

étant WW [teg. deelw.] ● → **être**

étape V ● *rustplaats*; *pleisterplaats* ● *etappe*; *dagmars*; *afstand tussen twee rustplaatsen* ● *fase* ★ brûler les ~s FIG. *doorhollen*; *(te) hard van stapel lopen* ★ par ~s *stapsgewijs* ★ faire ~ à *op doorreis verblijven in*

état M ● *toestand*; *staat* ● *stand*; *status*; *beroep* ● *staat*; *lijst* ★ état de choses *toestand* ★ tenir en bon état *onderhouden* ★ faire état de qc *iets vermelden/aanvoeren*; *rekening houden met iets* ★ en tout état de cause *in ieder geval* ★ hors d'état de *niet in staat te* ★ état de nature *natuurstaat* ★ en état de *in staat te* ★ état d'âme *gemoedstoestand*; *(nukkige) stemming* ★ état civil *burgerlijke stand*; *burgerlijke staat* ★ état militaire *militaire stand* ★ le tiers état *de derde stand* ★ tenir un grand état *op grote voet leven* ★ état de service(s) *staat van dienst* ★ état d'esprit *geestesgesteldheid* ★ à l'état liquide *in vloeibare toestand* ★ être dans tous ses états *in alle staten zijn* ★ être dans un état second *versuft zijn* ★ remettre en état *repareren* ★ état de(s) lieux *inventarisatie* ‹v.e. te ontruimen huurwoning› ★ laisser en l'état *bij het oude laten* ★ sans état d'âme *zonder scrupules*; *ijskoud* ★ en état *in goede staat*; *goed werkend* ★ ... de son état ... *van beroep*

État M *staat* ‹land› ★ États-Généraux *Staten-Generaal* ★ chef d'État *staatshoofd* ★ coup d'État *staatsgreep* ★ homme d'État *staatsman* ★ État de droit *rechtsstaat* ★ États de l'Église *Kerkelijke Staat* ★ État(-)membre *lidstaat* ★ État-tampon *bufferstaat* ★ État(-)providence *verzorgingsstaat*; *welvaartsstaat*

étatique BNW *staats-*

étatiser OV WW *onder staatsbeheer plaatsen*

étatisme M *staatsbemoeienis*; *etatisme*

état-major M [mv: **états-majors**] ● *staf* ‹leiding› ● *hoofdkwartier*

États-Unis M MV *Verenigde Staten*

État-voyou M [mv: **États-voyous**] POL. *schurkenstaat*

étau M [mv: **étaux**] *bankschroef* ★ être pris/serré comme dans un étau *in de klem zitten*

étayage M *(het) schoren*; *(het) stutten*; OOK FIG. *ondersteuning*

étayer I OV WW ● *stutten*; *schoren* ● FIG. *ondersteunen*; *adstrueren (***de** *met)* **II** WKD WW [**s'~**] **sur** *steunen op*; *zich baseren op*

etc. AFK et c(a)etera *etc.*; *et cetera*; *enz.*; *enzovoorts*

été I M *zomer* ★ en été *'s zomers* ★ été de la Saint-Martin *zomerse herfstdagen* ★ été indien *Indian summer*; *warme nazomer* **II** WW [volt. deelw.] ● → **être**

éteignoir M ● *domper* ● INFORM. *spelbreker*; *zuurpruim*; *nurks*

éteindre I OV WW [onregelmatig] ● *uitdoven*; OOK FIG. *blussen* ● *uitdoen* ‹v. licht›; *afzetten* ‹v. toestel› ● *tenietdoen*; *delgen* ★ ~ le feu *het vuur blussen* ★ ~ la chaux *kalk blussen* ★ ~ une race *een ras uitroeien* ★ ~ une dette *een schuld aflossen* ★ ~ une révolte *een opstand bedwingen* ★ ~ sa soif *zijn dorst lessen* **II** WKD WW [**s'~**] ● *uitdoven*; *uitgaan* ● *wegsterven*; *verflauwen*; *tenietgaan* ● *(uit)sterven*; *ontslapen*

éteint BNW ● *uitgedoofd*; OOK FIG. *(uit)geblust* ● *dof*; *mat* ★ chaux ~e *gebluste kalk* ★ couleur ~e *doffe kleur* ★ race ~e *uitgestorven ras* ★ voix ~e *doffe stem* ★ volcan ~ *uitgedoofde vulkaan*

étendard M *standaard*; *vaandel* ★ lever l'~ de la révolte *in opstand komen*

étendoir M ● *drooglijn* ● *droogplaats*

étendre I OV WW ● *uitbreiden (***à** *tot)*; *vergroten* ● *uitrekken*; *uitspreiden*; *uitleggen*; *uitstrekken* ● *verdunnen*; *aanlengen (***de** *met)* ★ ~ du beurre *boter uitsmeren* ★ ~ le linge *de was ophangen* ★ ~ un tapis *een kleed uitleggen* ★ ~ la vue sur *zijn blik laten gaan over* ★ INFORM. se faire ~ *gevloerd worden*; *zakken* ‹voor examen› **II** WKD WW [**s'~**] ● *zich uitstrekken*; *zich uitbreiden*; *reiken (***à** *tot)* ● **~ sur** *uitweiden over*

étendu BNW ● *uitgestrekt* ● *uitgebreid*; *ruim* ● *aangelengd*

étendue V ● *uitgestrektheid*; *uitgebreidheid* ● OOK FIG. *omvang* ● *tijdsduur*

éternel BNW [v: **éternelle**] *eeuwig*

éterniser I OV WW ● *eindeloos lang laten duren*; *eindeloos rekken* ● *vereeuwigen* **II** WKD WW [**s'~**] ● *zich onsterfelijk maken* ● *eindeloos lang duren* ● INFORM. *blijven plakken*; *almaar*

blijven; almaar doorgaan
éternité V *eeuwigheid* ★ de toute ~ *sinds onheuglijke tijden*
éternuement M *genies*
éternuer ONOV WW *niezen*
êtes WW [présent] • → **être**
étêter OV WW *van de kop/top ontdoen; afknotten*
éteule V *(graan)stoppel*
éther (zeg: eetèr) M *ether*
éthéré BNW *etherisch*
Ethiopie V *Ethiopië*
éthiopien BNW [v: **éthiopienne**] *Ethiopisch*
Ethiopien M [v: **Ethiopienne**] *Ethiopiër*
éthique I BNW *ethisch* **II** V *ethiek*
ethmoïde BNW ★ (os) ~ *zeefbeen*
ethnie V *etnische groep; bevolkingsgroep*
ethnique BNW *etnisch*
ethnographie V *etnografie*
ethnographique BNW *etnografisch*
ethnologie V *volkenkunde; etnologie*
ethnologique BNW *volkenkundig; etnologisch*
ethnologue M/V *volkenkundige; etnoloog*
éthologie V *gedragsleer; ethologie*
éthyle M *ethyl*
éthylène M *ethyleen*
éthylique I M/V *alcoholist* **II** BNW *ethyl-; alcohol-* ★ intoxication ~ *vergiftiging door ethylalcohol*
éthylisme M *alcoholisme*
étiage M *laagste waterstand; laagwater* ‹v. rivier›
étincelant BNW *schitterend; fonkelend*
étinceler ONOV WW *schitteren; fonkelen*
étincelle V *vonk*; OOK FIG. *sprankje*
étincellement M *fonkeling; schittering*
étiolement M *(ver)bleking* ‹v. planten›; *verkommering*
étioler I OV WW *doen verkommeren; bleken* ‹v. planten› **II** WKD WW [**s'~**] *bleek worden; verkommeren*
étique BNW *(brood)mager; spichtig*
étiquetage M *etikettering*
étiqueter OV WW OOK FIG. *van een etiket voorzien*
étiquette V • OOK FIG. *etiket* • *etiquette* ★ manquer à l'~ *tegen de omgangsvormen zondigen*
étirage M *(het) uitrekken; (het) trekken* ‹v. draden›
étirer I OV WW *(uit)rekken; trekken* ‹v. draden› **II** WKD WW [**s'~**] OOK FIG. *zich (uit)rekken; rekken*
étoffe V • *stof* ‹weefsel› • *stof; materiaal* ‹onderwerp› • *aanleg; kwaliteiten* ★ avoir l'~ d'un héros *uit het heldenhout gesneden zijn* ★ avoir l'~ d'un chef *een geboren leider zijn*
étoffer I OV WW FIG. *verrijken; meer substantie geven aan; stofferen (**de** met)* **II** WKD WW [**s'~**] *steviger/forser worden*
étoile V • *ster* ‹in alle betekenissen› • *bles* ‹v. paard, rund› ★ ~ du berger/du matin/du soir *Venus* ★ ~ filante *vallende ster* ★ ~ de mer *zeester* ★ ~ Polaire *Poolster* ★ guerre des ~s *ruimteoorlog; Star Wars* ‹ruimteschild› ★ coucher à la belle ~/à l'enseigne de l'~ *onder de blote hemel slapen* ★ être né sous une bonne ~ *onder een gelukkig gesternte geboren zijn*
étoilé BNW • *met sterren (bezaaid)* • *stervormig* ‹gebarsten›
étole V *stola*
étonnamment BIJW *wonderlijk; verbazingwekkend*
étonnant BNW • *verwonderlijk* • *verbazend; opmerkelijk*
étonné BNW *verbaasd; verwonderd (**de**, **par** over)*
étonnement M *verwondering; verbazing*
étonner I OV WW *verwonderen; verbazen* **II** WKD WW [**s'~**] *zich verwonderen (**de** over); zich verbazen* ★ s'~ que [+ subj.] *verbaasd zijn dat; zich (erover) verbazen dat*
étouffant BNW • *verstikkend; benauwd; drukkend* • FIG. *benauwend*
étouffée ★ à l'~ *gestoofd*
étouffement M • *benauwdheid* • *verstikking* • *onderdrukking; demping* ★ l'~ d'un scandale *het in de doofpot stoppen van een schandaal*
étouffer I OV WW • *verstikken; doen stikken* • *benauwen* • *smoren*; FIG. *onderdrukken; dempen* ‹v. geluid› ★ ~ une révolte *een opstand onderdrukken* ★ ~ la voix *de stem dempen* ★ ~ un scandale *een schandaal in de doofpot stoppen* ★ ~ dans l'œuf *in de kiem smoren* **II** ONOV WW OOK FIG. *stikken* ★ on étouffe ici *het is hier om te stikken* **III** WKD WW [**s'~**] • *stikken* • *elkaar verdringen*
étouffoir M • *doofpot* • *demper* ‹v. piano› • *benauwde ruimte*; FIG. *oven*
étoupe V *uitgeplozen touwwerk; werk; pluis*
étourderie V • *onbezonnenheid; lichtzinnigheid* • *onbezonnen daad*
étourdi I M [v: **étourdie**] *warhoofd; onbezonnen persoon* **II** BNW *onbezonnen; lichtzinnig* ★ à l'~e *onbezonnen; lichtzinnig*
étourdir I OV WW • *(half) verdoven; versuffen; doen duizelen* • *enigszins stillen* ‹v. pijn, honger› **II** WKD WW [**s'~**] • *bedwelmd/(half) verdoofd raken (**de** van)* • *vergetelheid zoeken (**dans** in)*
étourdissant BNW • *oorverdovend* • *overweldigend; verbluffend*
étourdissement M *duizeligheid; duizeling; versuftheid; roes*
étourneau M [mv: **étourneaux**] • *spreeuw* ★ ~ sansonnet *Europese spreeuw* • OUD. *onbezonnen iemand*
étrange BNW *vreemd; eigenaardig; zonderling*
étranger I M *buitenland* **II** M [v: **étrangère**] *buitenlander; vreemdeling* **III** BNW • *vreemd; buitenlands* • ~ **à** *vreemd aan; niet eigen aan; niet betrokken bij; niet vertrouwd met*
étrangeté V *vreemdheid; zonderlingheid; eigenaardigheid*
étranglement M • *vernauwing* • MED. *beklemming* • *wurging* • FIG. *versmoring; onderdrukking*
étrangler I OV WW • *wurgen* • FIG. *smoren; onderdrukken* • *vernauwen; beklemmen* ★ voix étranglée *verstikte stem* **II** ONOV WW *stikken* ★ ~ de soif *versmachten van dorst* **III** WKD WW [**s'~**] • *stikken* • *nauwer worden*
étrangleur I M *chokeklep* ‹v. carburateur› **II** M [v: **étrangleuse**] *wurger*

et

étrave V *voorsteven; boeg*

être I M • *wezen; schepsel; individu* • *wezen; essentie* • *wezen; (het) zijn; (het) bestaan* ★ l'Etre Suprême *het Opperwezen* **II** ONOV WW *zijn* ★ cela ne sera pas *dat zal niet gebeuren* ★ c'est cela *dat is juist* ★ c'est que *dat komt doordat* ★ n'est-ce pas? *nietwaar?* ★ être dix *met zijn tienen zijn* ★ le temps n'est plus que *de tijd is voorbij dat* ★ est-ce que tu veux? *wil je?* ★ c'est bien (de) lui *dat is net iets voor hem* ★ c'est à vérifier *dat moet nagegaan worden* ★ (si ce) n'était *ware er niet; zonder* ★ il est médecin *hij is arts* ★ il est malade *hij is ziek* ★ être à l'agonie *op sterven liggen* ★ être de la partie *van de partij zijn* ★ il est de mes amis *hij behoort tot mijn vrienden* ★ FORM. il est des gens qui *er zijn mensen die* ★ il n'en est rien *er is niets van waar* ★ nous sommes lundi *het is maandag* ★ le prix est de dix euros *de prijs bedraagt tien euro* ★ il est à craindre *het is te vrezen* ★ c'est à lui de parler *het is zijn beurt om te spreken* ★ où en sommes-nous? *waar zijn wij gebleven?; hoe staan we ervoor?* ★ je suis (tout) à vous *ik ben (geheel) tot uw dienst* ★ vous y êtes *u hebt het geraden* ★ je n'y suis pour rien *ik heb er part noch deel aan; het is mijn schuld niet* ★ j'en suis pour mon argent *ik ben mijn geld kwijt* **III** HWW [v.d. lijdende vorm, v. tijd] • *worden* • *zijn; hebben* ★ il était surpris par l'orage *hij werd verrast door het onweer* ★ il est resté *hij is gebleven* ★ il s'est lavé *hij heeft zich gewassen* ★ j'ai été le voir *ik heb hem opgezocht* ★ sois prudent! *wees voorzichtig!*

étreindre OV WW [onregelmatig] • *omarmen; omknellen* • *samentrekken; vaster aanhalen* • FIG. *beklemmen; bedrukken; aangrijpen*

étreinte M • *omarming; omsingeling; omknelling* • *greep;* OOK FIG. *druk*

étrenner I OV WW *voor het eerst gebruiken* ★ ~ un costume *een kostuum inwijden* **II** ONOV WW *het spits afbijten; het als eerste moeten ontgelden*

étrennes V MV *nieuwjaarsgeschenk; nieuwjaarsgratificatie, -fooi* ★ avoir l'étrenne de qc *de eerste zijn die iets gebruikt; de primeur van iets hebben*

étrier M • *beugel* • OOK ANAT. *stijgbeugel* ★ coup de l'~ *glaasje op de valreep; afzakkertje* ★ courir à franc ~ *het paard de vrije teugel laten* ★ avoir le pied à l'~ FIG. *de voet in de stijgbeugel hebben* ★ vider les ~s *zandruiter worden* ★ tenir l'~ à qn FIG. *iem. in het zadel helpen*

étrille V *roskam*

étriller OV WW OOK FIG. *roskammen*

étriper OV WW • *van de ingewanden ontdoen* • INFORM. OOK FIG. *over de kling jagen; afmaken; afslachten*

étriqué BNW *krap;* OOK FIG. *benepen*

étriquer OV WW *nauwer/te nauw maken*

étrivière V *stijgbeugelriem*

étroit BNW • OOK FIG. *nauw; eng; smal* • OOK FIG. *bekrompen; benepen* ★ amitié ~e *nauwe/innige vriendschap* ★ discipline ~e *strenge tucht* ★ idées ~es *bekrompen ideeën* ★ sens ~ *strikte zin* ★ être logé à l'~ *klein behuisd zijn* ★ vivre à l'~ *het krap hebben*

étroitesse V • *nauwheid; smalheid* • OOK FIG. *bekrompenheid*

étron M *drol*

Ets AFK Établissements *fa.; firma*

étude I V • *studie; bestudering* • MUZIEK *etude* • *studiezaal* • *kantoor* ⟨v. notaris, advocaat⟩ ★ homme sans ~ *onontwikkeld man* ★ ~ du marché *marktonderzoek* ★ à l'~ *in studie; in onderzoek; in behandeling* **II** V MV *opleiding; studie* ★ faire ses ~s *studeren* ★ maître d'~s *surveillant* ⟨op school⟩

étudiant M [v: **étudiante**] *student* ★ ~ en médecine *student medicijnen*

étudié BNW *weloverwogen;* OOK FIG. *bestudeerd*

étudier I OV WW • *studeren; instuderen* • *bestuderen; onderzoeken; bekijken* **II** ONOV WW *studeren*

étui M *etui; koker; foedraal; doos*

étuve V • *zweetbad* • *droogoven; autoclaaf* ★ quelle ~! *het lijkt hier wel een broeikas!*

étuvée V *gestoofd gerecht* ★ à l'~ *gestoofd*

étuver OV WW • *stoven* • *in een droogoven zetten* • *uitstomen*

étuveur M *droogtoestel; droogoven*

étymologie V *etymologie*

étymologique BNW *etymologisch*

étymologiste M/V *etymoloog*

eu (zeg: uu) WW [volt. deelw.] • → **avoir**

E.-U. AFK États-Unis *VS; Verenigde Staten*

eucalyptus (zeg: -tuus) M *eucalyptus*

eucharistie (zeg: euka-) V *eucharistie*

euclidien BNW [v: **euclidienne**] *euclidisch*

eugénique I BNW *eugenetisch* **II** V *eugenese*

euh TW *hm; eh*

eunuque M • *eunuch* • *castraat*

euphémique BNW *eufemistisch*

euphémisme M *eufemisme*

euphonie V *welluidendheid; eufonie*

euphonique BNW *eufonisch; welluidend*

euphorbe V *wolfsmelk*

euphorie V *euforie; opgetogenheid; opgewektheid*

euphorique BNW *euforisch*

euphorisant I M *antidepressivum; euforisant* **II** BNW *euforiserend; vrolijk stemmend*

eurasien M [v: **eurasienne**] *Euraziër; ≈ indo*

euro M *euro*

eurocent M *eurocent*

eurocrate M/V *eurocraat*

eurodéputé M [v: **eurodéputée**] *Europarlementariër*

eurodollar M *eurodollar*

euromarché M *Europese markt; euromarkt*

Europe V *Europa*

européaniser OV WW *een Europees karakter geven; europeaniseren*

européen BNW [v: **européenne**] *Europees* ★ les ~nes *de Europese verkiezingen*

Européen M [v: **Européenne**] *Europeaan*

eurotunnel M *Eurotunnel*

Eurovision V *Eurovisie*

eus (zeg: uu) WW [passé simple] • → **avoir**

eut (zeg: uu) WW [passé simple] • → **avoir**

eût (zeg: uu) WW [imparf. du subj.] • → **avoir**

euthanasie V *euthanasie*
eux (zeg: eu) PERS VNW • *zij* ‹met nadruk› • *hen* ‹na voorzetsel› ★ ils ne l'ont pas fait, eux! *zij hebben het niet gedaan!* ★ je suis sorti avec eux *ik ben met hen uitgeweest* ★ ils le disent eux-mêmes *ze zeggen het zelf*
évacuation V • *lozing* ‹ook uit het lichaam› • *ontruiming* • *evacuatie*
évacuer OV WW • OOK FIG. *lozen*; *spuien*; *uitscheiden* • *ontruimen* • *evacueren*
évadé I BNW *ontsnapt* **II** M [v: **évadée**] *ontsnapte*
évader WKD WW [**s'~**] • *ontsnappen (***de** *uit)*; *ontvluchten* • *de sleur/werkelijkheid ontvluchten*; *er tussenuit gaan*
évaluable BNW *te schatten*
évaluation V *schatting*; *raming*; *taxatie*; *waardering*
évaluer OV WW *schatten (***à** *op)*; *begroten*; *ramen*; *taxeren*; *waarderen*
évanescent BNW • *geleidelijk verdwijnend*; *vervliegend*; *vervagend* • FIG. *ondefinieerbaar*
évangélique BNW • *evangelisch* • *protestants*
évangélisateur I M [v: **évangélisatrice**] *evangelieprediker*; *zendeling* **II** BNW [v: **évangélisatrice**] *evangeliserend*
évangélisation V *evangelieprediking*; *evangelisatie*
évangéliser OV WW *het evangelie verkondigen aan*; *evangeliseren*
évangéliste M *evangelist*
évangile M *evangelie* ★ parole d'~ *zekere waarheid*
évanouir WKD WW [**s'~**] • *(spoorloos) verdwijnen*; *in rook vervliegen* • *flauwvallen*
évanouissement M • *verdwijning* • *(het) flauwvallen*; *bezwijming*
évaporateur M *verdamper*
évaporation V *verdamping*
évaporé BNW *lichtzinnig*; *wuft*
évaporer WKD WW [**s'~**] • *verdampen* • FIG. *vervliegen* • INFORM. *(opeens/zomaar) verdwijnen*
évasé BNW *wijd uitlopend*; *met wijde opening*
évasement M *verwijding*
évaser I OV WW *verwijden*; *wijd doen uitlopen* **II** WKD WW [**s'~**] *wijd uitlopen*; *zich verwijden*
évasif BNW [v: **évasive**] • *ontwijkend* ‹v. houding› • *vaag* ‹v. gebaar›
évasion V • *ontsnapping* • FIG. *vlucht*; *vlucht uit de sleur/werkelijkheid* • *afleiding* ★ littérature d'~ *ontspanningslectuur* ★ ~ fiscale *belastingontwijking*
évêché M • *bisdom* • *bisschoppelijke residentie*
éveil M • *(het) wakker zijn* • FIG. *(het) ontwaken* ★ en ~ *opmerkzaam*; *waakzaam*; *op zijn hoede* ★ donner l'~ à qn *iem. een wenk geven*; *iem. waarschuwen*; *iem. op zijn hoede doen zijn*
éveillé BNW • *wakker* • *schrander*; *levendig*; *wakker* ★ rêve ~ *dagdroom*
éveiller I OV WW • FORM. *wekken* • FIG. *(op)wekken*; *wakker roepen* • *bewust maken*; *ontvankelijk maken (***à** *voor)* ★ ~ l'attention *de aandacht trekken* ★ il ne faut pas ~ le chat qui dort ‹spreekwoord› *men moet geen slapende honden wakker maken* **II** WKD WW [**s'~**] • OOK FIG. *ontwaken*; *(op)gewekt worden* • *bewust worden*; *ontvankelijk worden (***à** *voor)*
événement, **évènement** M *gebeurtenis*; *voorval*; *evenement*
évent M • *luchtgat*; *luchtkanaal* • *spuitgat* ‹v. walvissen› ★ mettre à l'~ *luchten*
éventail M • OOK FIG. *waaier* • *gevarieerde reeks*; *gamma (van mogelijkheden)*; *assortiment* ★ en ~ *waaiervormig*
éventaire M *stalletje*; *tafel/draagmand (enz.) met koopwaar*
éventé BNW • *verschaald* • *in de wind*; *winderig*
éventer I OV WW • *koelte toewaaien aan* • *luchten* • *blootleggen* • *de lucht krijgen van*; *bespeuren* **II** WKD WW [**s'~**] • *zich koelte toewaaien* • *verschalen*; *zijn geur verliezen*
éventrer I OV WW • *de buik openrijten van* • *openbreken*; *met geweld openen* **II** WKD WW [**s'~**] *zich de buik openrijten*; *harakiri plegen*
éventualité V *eventualiteit*; *mogelijkheid* ★ dans l'~ de *in het geval van*
éventuel I BNW [v: **éventuelle**] *mogelijk*; *eventueel* **II** M *(het) mogelijke*
évêque M *bisschop*
évertuer WKD WW [**s'~**] **à** *zijn best doen om*; *zich inspannen om*
éviction V • *verdringing (***de** *uit)* ‹een positie›; *verwijdering*; *uitsluiting*; *(het) wegwerken* • JUR. *uitwinning*
évidage M *uitholling*; *openwerking*
évidement BIJW • → **évidemment**
évidemment BIJW • *natuurlijk*; *vanzelfsprekend* • *klaarblijkelijk*
évidence V *duidelijkheid*; *zekerheid*; *klaarblijkelijkheid*; *vanzelfsprekendheid*; *evidentie* ★ à l'~ *vanzelfsprekend* ★ de toute ~ *vanzelfsprekend* ★ mettre en ~ *op de voorgrond plaatsen*; *duidelijk laten uitkomen* ★ se rendre à l'~ *de feiten onder ogen zien*; *zich erbij neerleggen*
évident BNW *duidelijk*; *vanzelfsprekend*; *klaarblijkelijk*; *evident* ★ INFORM. ce n'est pas ~ *dat is niet zo eenvoudig*
évider OV WW *uithollen*; *openwerken*
évier M *gootsteen*; *aanrecht*
évincer OV WW • *verdringen (***de** *uit)* ‹een positie›; *wegwerken*; *uitsluiten* • JUR. *uitwinnen*
évitable BNW *te vermijden*
évitage M SCHEEPV. *zwaai*
évitement M *uitwijking* ★ voie d'~ *zijspoor*
éviter OV WW *(ver)mijden*; *ontwijken* ★ évitez qu'il ne te voie *zorg ervoor dat hij je niet ziet* ★ ~ qc à qn *iem. iets besparen*
évocateur BNW [v: **évocatrice**] *oproepend* ‹geesten, beelden, gevoelens›; *evocatief*; *suggestief*; *bezwerings-* ★ style ~ *beeldende stijl*
évocation V • *(het) oproepen* ‹v. geesten, beelden, gevoelens›; *evocatie* • *herinnering (***de** *aan)*
évoluer ONOV WW • *manoeuvreren*; *zwenkingen uitvoeren*; *(rond)draaien* • *zich (geleidelijk) ontwikkelen*; *evolueren* • *zich (in bepaalde kringen) bewegen* ★ pays évolué *hoog ontwikkeld land*
évolutif BNW [v: **évolutive**] • *zich (geleidelijk) ontwikkelend*; *ontwikkelings-*; *evolutie-*;

ev

veranderend • *met (toekomst)mogelijkheden* ‹v. baan› • *voortschrijdend* ‹v. ziekte›
évolution V • *(geleidelijke) ontwikkeling*; *evolutie* • *manoeuvre*; *zwenking*; *draaiing* • *verloop* ‹v. ziekte›
évolutionnisme M *evolutieleer*
évolutionniste M/V *aanhanger van de evolutieleer*
évoquer OV WW • *oproepen* ‹v. geesten, beelden, gevoelens›; *evoqueren* • *gewag maken van*; *vermelden*; *aanroeren*

ex M/V *ex*
ex. AFK exemple *vb.*; *voorbeeld*
ex- VOORV *ex-*
exacerbation V *verergering*; FIG. *verscherping*
exacerber OV WW *verergeren*; FIG. *verscherpen*
exact (zeg: egza(kt) met harde g) BNW • *juist*; *nauwkeurig*; *precies*; *exact* • *stipt (op tijd)* ★ l'heure ~e *de juiste tijd* ★ les sciences ~es *de exacte wetenschappen*
exaction V *afpersing*; *knevelarij* ★ les ~s d'un régime *de wandaden van een bewind*
exactitude V • *nauwkeurigheid*; *juistheid*; *precisie* • *stiptheid*; *punctualiteit*
exagération V *overdrijving*
exagéré BNW • *overdreven* • *bovenmatig*; *overtrokken*
exagérer I OV WW *overdrijven* **II** WKD WW [**s'~**] *overschatten* ‹v.e. zaak›
exaltation V • *(opgewonden) opgetogenheid*; *exaltatie* • *(geest)vervoering*; *(ziels)verrukking* • *verheerlijking*
exalté I M [v: **exaltée**] *heethoofd*; *opgewonden persoon*; *fanaticus* **II** BNW *geëxalteerd*; *(ziekelijk) opgewonden*; *in vervoering*
exalter I OV WW • *in vervoering brengen*; *verrukken* • *geestdriftig maken*; *opwinden* • *verheerlijken*; *hemelhoog prijzen* • *intenser maken* **II** WKD WW [**s'~**] *in geestdrift raken*
examen (zeg: -me(n)) M • *onderzoek* • *examen* ★ ~ d'entrée/d'admission *toelatingsexamen* ★ ~ de sortie *afsluitend examen* ★ ~ civique ≈ *inburgeringstoets* ★ esprit d'~ *onderzoekende/kritische geest* ★ JUR. mise en ~ (de qn) *instelling v.e. (gerechtelijk) (voor)onderzoek (tegen iemand)* ★ être à l'~ *in onderzoek zijn* ★ être admis/reçu à un ~ *voor een examen slagen* ★ être refusé à un ~ *voor een examen zakken* ★ passer un ~ *examen doen*
examinateur M [v: **examinatrice**] *examinator*
examiner OV WW • *onderzoeken*; *monsteren* • OUD. *examineren*
exanthème M *huiduitslag*; *exantheem*
exaspérant BNW *zeer irritant*; *tergend*; *ergerlijk*
exaspération V • *verbittering*; *hevige ergernis* • FORM. *(het) intenser worden*; *verergering*
exaspérer I OV WW • *verbitteren*; *hevig ergeren*; *razend maken* • FORM. *verergeren*; *intenser maken* **II** WKD WW [**s'~**] • *zich hevig ergeren* • FORM. *intenser worden*; *verergeren*
exaucement M *verhoring*; *inwilliging*
exaucer OV WW *verhoren* ‹v. bede, bidder›; *inwilligen*
Exc. AFK Excellence *Excellentie*
excavateur M *graafmachine*; *excavateur*
excavation V *uitholling*; *holte*
excavatrice V *graafmachine*
excaver OV WW *uitgraven*
excédant BNW *zeer irritant*; *slopend*
excédent M *overschot*; *teveel*; *overmaat*; *surplus* ★ ~ démographique *bevolkingsoverschot* ★ ~ de bagages *overgewicht aan bagage*; *overvracht* ★ en ~ *te veel*; *overtollig*; *surplus-*; *met een overschot*; *boventallig*
excédentaire BNW *overtollig*; *te veel*; *surplus-*; *-overschot* ★ solde ~ *batig saldo*
excéder OV WW • *te boven/te buiten gaan*; *overschrijden* • *hevig irriteren*; *op de zenuwen werken*; *te veel zijn voor*
excellence V *uitmuntendheid*; *voortreffelijkheid* ★ par ~ *bij uitstek*
Excellence V *Excellentie*
excellent BNW *uitmuntend*; *uitstekend*; *excellent*
exceller ONOV WW *uitmunten (***à**, **dans**, **en** *in)*
excentré BNW *excentrisch*; *buiten het centrum gelegen* ‹v. wijk›
excentricité V • *excentrische ligging*, *uitmiddelpuntigheid*; *ligging ver van het centrum* • *zonderlingheid*; *buitenissigheid*; *excentriciteit*
excentrique I BNW • *excentrisch* • *buiten het centrum gelegen* ‹v. wijk› • *excentriek*; *zonderling*; *buitenissig* **II** M/V *excentriekeling*; *zonderling*
excepté I BNW *uitgezonderd* ★ les enfants ~s *uitgezonderd de kinderen* **II** VZ *uitgezonderd*; *behalve* ★ ~ les enfants *uitgezonderd de kinderen*
excepter OV WW *uitzonderen (***de** *van)*
exception V *uitzondering (***à** *op)* ★ à l'~ de/~ faite de *met uitzondering van*; *behalve* ★ par ~ *bij uitzondering* ★ d'~ *buitengewoon*; *uitzonderings-* ★ sans ~ de *zonder acht te slaan op*; *ongeacht* ★ faire ~ *een uitzondering vormen*
exceptionnel BNW [v: **exceptionnelle**] *uitzonderlijk*; *buitengewoon*
exceptionnellement BIJW • *bij wijze van uitzondering* • *buitengewoon*
excès (zeg: eksè) M • *overmaat*; *buitensporigheid*; *onmatigheid*; *overdaad* • *uitspatting*; *exces* ★ (jusqu')à l'~ *overmatig*; *uiterst*; *tot het uiterste* ★ ~ de pouvoir *machtsoverschrijding* ★ ~ de vitesse *snelheidsoverschrijding* ★ pousser à l'~ *overdrijven* ★ tomber dans l'~ inverse *in het andere uiterste vervallen*
excessif BNW [v: **excessive**] *overdreven*; *buitensporig*; *overmatig*; *excessief*; *uiterst*
excipient M *hoofdmassa* ‹v.e. geneesmiddel›; *vulstof*; *excipiens*
exciser OV WW *wegsnijden*; *uitsnijden*
excision V • MED. *wegsnijding*; *uitsnijding* • *besnijdenis*
excitabilité V *prikkelbaarheid*
excitable BNW *prikkelbaar*
excitant I M *opwekkend middel* **II** BNW • *opwindend*; *meeslepend* • *opwekkend*; *stimulerend* • *(zinnen)prikkelend*
excitateur I BNW [v: **excitatrice**] *opwekkend*; *prikkelend* **II** M [v: **excitatrice**] FORM. *ophitser*; *aanstoker*

excitation V • *opwinding* • *prikkeling*; *opwekking* • *aansporing*; *aanzetting (***à** *tot)*
excité I BNW [v: **excitée**] *heethoofd*; *driftkop* **II** BNW *opgewonden*
exciter I OV WW • *opwinden* • *opwekken*; *prikkelen*; *stimuleren* • *aanzetten (***à** *tot)*; *aansporen*; *ophitsen* ★ ~ la soif *dorst verwekken* ★ ~ un chien *een hond ophitsen* **II** WKD WW [**s'~**] *opgewonden raken (***sur** *over)*
exclamatif BNW [v: **exclamative**] TAALK. *uitroepend*
exclamation V *uitroep* ★ point d'~ *uitroepteken*
exclamer WKD WW [**s'~**] *uitroepen*; *het uitschreeuwen (***de** *van;* **sur** *over)*
exclu BNW • *niet inbegrepen* • *uitgesloten*; *buitengesloten (***de** *van)* ★ les ~s de la société *de maatschappelijk misdeelden*; *de randgroepen*; *de kansarmen* ★ jusqu'à lundi ~ *tot aan maandag*; *tot en met zondag*
exclure OV WW [onregelmatig] *uitsluiten*; *buitensluiten (***de** *van)*
exclusif BNW [v: **exclusive**] • *uitsluitend*; *alleen-* • *eenzijdig*; *compromisloos*; *absoluut* • *exclusief*; *apart* ★ ~ de *onverenigbaar met*; *uitsluitend* ★ vente exclusive *alleenverkoop*
exclusion V *uitsluiting*; *buitensluiting (***de** *van)* ★ à l'~ de *met uitsluiting van* ★ ~ sociale *maatschappelijke marginalisering* ‹v. kansarmen›
exclusive V *uitsluiting(sbesluit)*
exclusivement BIJW • *uitsluitend* • *niet inbegrepen* ★ du mois de janvier au mois de mars ~ *van januari tót maart*
exclusivité V • *exclusiviteit*; *exclusief recht*; *alleenrecht* • *exclusief verhaal*; *scoop* ★ en ~ *uitsluitend*
excommunication V *excommunicatie*; *(kerkelijke) ban*
excommunier OV WW *excommuniceren*
excrément M • *uitwerpsel* • OUD. *uitvaagsel*
excréter OV WW MED. *uitscheiden*
excrétion V *uitscheiding* ★ ~s [mv] *uitwerpselen*
excroissance V *uitwas*; *uitgroeisel*
excursion V *uitstapje*; *tochtje*; *excursie*
excursionner ONOV WW *een tochtje maken*
excursionniste M/V *maker v.e. plezierreisje*; *toerist*
excusable BNW *vergeeflijk*; *te verontschuldigen*
excuse V *excuus*; *verontschuldiging* ★ faire des/ses ~s *excuus vragen* ★ INFORM. faites ~! *neem me niet kwalijk!*
excuser I OV WW *verontschuldigen* ★ se faire ~ *zich laten verontschuldigen*; *bericht van verhindering sturen* ★ excusez-moi! *neem me niet kwalijk!* ★ excusez du peu! *alsof het niets was!*; *dat is niet niks!* **II** WKD WW [**s'~**] *zich verontschuldigen (***de** *voor,* **auprès de** *bij)* ★ qui s'excuse, s'accuse ‹spreekwoord› *wie zich verontschuldigt, geeft toe dat hij schuldig is*
exécrable BNW *verfoeilijk*; *afschuwelijk*; *walgelijk*
exécration V *aversie*; *walging*; *afschuw* ★ avoir en ~ *verfoeien*
exécrer OV WW *verafschuwen*; *verfoeien*
exécutable BNW *uitvoerbaar*
exécutant M [v: **exécutante**] • *uitvoerende*; *vertolker* • *uitvoerder*; *ondergeschikte*
exécuter I OV WW • *uitvoeren* ‹in alle betekenissen›; *realiseren*; *volbrengen* • *terechtstellen* • *executeren*; *gerechtelijk verkopen* • INFORM. *afmaken*; *afkammen* **II** WKD WW [**s'~**] *besluiten iets (onaangenaams) te doen*; *het gevraagde/vereiste doen*
exécuteur M [v: **exécutrice**] *uitvoerder* ★ ~ testamentaire *executeur-testamentair* ★ OUD. ~ des hautes œuvres *beul*
exécutif I BNW [v: **exécutive**] *uitvoerend* ★ pouvoir ~ *uitvoerende macht* **II** M *uitvoerende macht*
exécution V • *uitvoering* ‹in alle betekenissen›; *implementatie* • *terechtstelling* • *gerechtelijke verkoop*; *executie* ★ ~! *over en uit!* ‹na een bevel› ★ mettre à l'~ *ten uitvoer brengen*
exécutoire BNW JUR. *uitvoerbaar*; *executoir*
exégèse V • *tekstverklaring*; *exegese* • *Bijbeluitleg*
exégète M/V *tekstverklaarder*; *exegeet*
exemplaire I M *exemplaar* ★ en double ~ *in tweevoud* **II** BNW *als voorbeeld dienend*; *voorbeeldig*; *exemplarisch*
exemple M *voorbeeld* ★ à l'~ de *in navolging van* ★ par ~ *bij voorbeeld*; *nu nog mooier!* ★ sans ~ *ongehoord* ★ faire un ~ *een voorbeeld stellen* ★ prendre ~ sur *een voorbeeld nemen aan* ★ servir d'~ *tot voorbeeld strekken*
exempt (zeg: egza(n) met harde g) BNW **~ de** *vrij(gesteld) van*; *gevrijwaard van/voor*; *zonder*; *-loos*
exempter OV WW *vrijstellen (***de** *van)*; *ontheffen*
exemption V *vrijstelling (***de** *van)*; *ontheffing*
exercer I OV WW • *africhten*; *oefenen (***à** *in)* • *uitoefenen (***sur** *op)*; *beoefenen* ★ ~ le corps *het lichaam trainen* ★ ~ des recrues *rekruten drillen* ★ OUD. ~ la patience *het geduld op de proef stellen* **II** ONOV WW *praktiseren* ‹v. artsen, advocaten› **III** WKD WW [**s'~**] *(zich) oefenen (***à** *in)*; *trainen*
exercice M • *oefening* • *lichaamsbeweging* • *uitoefening*; *beoefening* • ECON. *boekjaar* ★ faire l'~ *exerceren* ★ prendre/faire de l'~ *beweging nemen* ★ le président en ~ *de zittende president* ★ entrer en ~ *een functie aanvaarden*
exergue M • *(ruimte voor) inscriptie* ‹op munt› • *motto*
exhalaison V *damp*; *uitwaseming*
exhalation V *uitwaseming*
exhaler I OV WW • *uitwasemen*; MEESTAL FIG. *uitademen* • *uiten*; *luchten* ★ ~ le dernier soupir *de laatste adem uitblazen* **II** WKD WW [**s'~**] • *zich uiten* • *uitgewasemd worden*; *zich verbreiden* ‹v. geur e.d.›
exhaussement M *ophoging*; OOK FIG. *verhoging*
exhausser OV WW *ophogen*; OOK FIG. *verhogen*
exhaustif BNW [v: **exhaustive**] *uitputtend*; *volledig*; *grondig* ★ étude exhaustive *uitputtende studie v.e. onderwerp*
exhiber I OV WW • *pronken met*; *tentoonspreiden* • *vertonen* **II** WKD WW [**s'~**] *zich (opzichtig) laten zien*; *vertoon maken*
exhibition V • *vertoning* • *tentoonspreiding*; *vertoon* ★ match d'~ *demonstratiewedstrijd*

exhibitionnisme M *exhibitionisme*
exhibitionniste I BNW *exhibitionistisch* **II** M/V *exhibitionist*
exhortation V *aansporing; vermaning*
exhorter OV WW *aansporen (***à** *tot, om); vermanen*
exhumation V OOK FIG. *opgraving; (het) opdiepen*
exhumer OV WW OOK FIG. *opgraven; opdiepen*
exigeant BNW *veeleisend*
exigence V • *eis; vereiste; verlangen* • *veeleisendheid* ★ COMP. ~s du système *systeemeisen*
exiger OV WW *eisen (***de** *van); vereisen; verlangen* ★ ~ que [+ subj.] *eisen dat*
exigibilité V *invorderbaarheid*
exigible BNW *opeisbaar; invorderbaar*
exigu BNW [v: **exiguë**] *(te) klein; bekrompen; gering*
exiguïté V *kleinheid; bekrompenheid*
exil M *ballingschap* ★ (lieu d')exil *verbanningsoord* ★ en exil *in ballingschap*
exilé M [v: **exilée**] *banneling*
exiler I OV WW *verbannen (***de** *uit)* **II** WKD WW [**s'~**] *in ballingschap gaan; uitwijken*
existant BNW • *bestaand* • *voorhanden*
existence V • *bestaan* • *leven*
existentialisme M *existentialisme*
existentialiste I BNW *existentialistisch* **II** M/V *existentialist*
existentiel BNW [v: **existentielle**] *existentieel*
exister ONOV WW • *bestaan* • *leven* ★ il existe *er is; er zijn*
exode M *exodus; uittocht* ★ ~ des cerveaux *braindrain*
exonération V *vrijstelling (***de** *van); ontheffing* ⟨v. belasting e.d.⟩
exonérer OV WW *ontheffen* ⟨v. belasting e.d.⟩; *vrijstellen (***de** *van)*
exorbitant BNW *buitensporig; exorbitant*
exorbité BNW *uitpuilend* ⟨v. ogen⟩
exorciser OV WW • *bezweren* • *uitdrijven* ⟨v.d. duivel⟩ • *de duivel bannen uit; exorciseren*
exorcisme M *(duivel)bezwering; duiveluitbanning; exorcisme*
exorciste M *(duivel)bezweerder; duivelbanner*
exorde M *aanhef* ⟨v.e. rede⟩; *inleiding* ⟨v.e. werk⟩
exotique BNW *uitheems; exotisch*
exotisme M • *uitheemsheid* • *voorliefde voor het vreemde; exotisme*
exp. AFK expéditeur *afzender*
expansibilité V *uitzetbaarheid*
expansible BNW *uitzetbaar* ⟨v. gassen⟩
expansif BNW [v: **expansive**] • *expansief; uitzettings-* • *open(hartig); mededeelzaam; uitbundig; zich vlot uitend*
expansion V • *expansie; uitzetting; uitbreiding; groei* • *(het) zich uiten* ★ ~ d'un pays *uitbreiding v.e. land* ★ ~ d'une doctrine *verbreiding v.e. doctrine*
expansionnisme M *expansiepolitiek*
expansionniste I BNW *expansionistisch* **II** M/V *voorstander van expansiepolitiek*
expansivité V *mededeelzaamheid; behoefte om zich te uiten*
expatriation V *(het) verlaten v.h. vaderland; (het) verdreven worden uit het vaderland*
expatrié M/V [v: **expatriée**] *uitgewekene; emigrant*
expatrier I OV WW *naar het buitenland overbrengen* ⟨v. kapitaal⟩ **II** WKD WW [**s'~**] *zijn vaderland verlaten; uitwijken; emigreren*
expectative V • FORM. *afwachting* • FORM. *verwachting; vooruitzicht (***de** *op)* ★ être/rester dans l'~ *een afwachtende houding aannemen*
expectorant I M *slijmoplossend middel* **II** BNW *slijmoplossend*
expectoration V *(het) opgeven van slijm*
expectorer OV WW *opgeven* ⟨v. slijm⟩; *ophoesten*
expédient I M *uitweg; (red)middel; noodoplossing; lapmiddel* ★ vivre d'~s *zijn kostje bij elkaar scharrelen* **II** BNW FORM. *dienstig; passend; raadzaam*
expédier OV WW • *verzenden; (weg)sturen; forwarden* • *zich afmaken van; (snel) afhandelen* • JUR. *een afschrift afgeven van* ★ ~ qn dans l'autre monde *iem. naar de andere wereld helpen*
expéditeur I M [v: **expéditrice**] *afzender* **II** BNW [v: **expéditrice**] *expeditie-; verzend-*
expéditif BNW [v: **expéditive**] *voortvarend; vlot (en afdoend)*
expédition V • *(ver)zending* • *krijgstocht; (ontdekkings)tocht; expeditie* • JUR. *afschrift* • *(het) afhandelen*
expéditionnaire I M/V • *expediënt* • *klerk* **II** BNW • *afschriften makend* • *expeditie-*
expérience V • *experiment; proef(neming)* • *ervaring; ondervinding* ★ sujet d'~ *proefpersoon* ★ par ~ *bij ondervinding; uit ervaring* ★ faire l'~ de qc *iets ondervinden; iets leren kennen* ★ faire des ~s sur *experimenten uitvoeren op; experimenteren met*
expérimental BNW [m mv: **expérimentaux**] *proefondervindelijk; experimenteel; proef-* ★ sciences ~es *empirische wetenschappen* ★ à titre ~ *bij wijze van proef*
expérimentateur M [v: **expérimentatrice**] *proefnemer*
expérimentation V *proefneming; (het) experimenteren*
expérimenté BNW *ervaren (***en, dans** *in)*
expérimenter I OV WW • *ondervinden* • *beproeven; proeven nemen met* **II** ONOV WW *experimenteren*
expert (zeg: ekspèr) **I** M [v: **experte**] *deskundige; expert* ★ ~(-)comptable *accountant* **II** BNW *bedreven (***dans, en** *in); deskundig* ★ ~ en la matière *ter zake kundig*
expertise V • *deskundig onderzoek; expertise(rapport)* • *taxatie* • *deskundigheid*
expertiser OV WW • *deskundig onderzoeken; aan een expertise onderwerpen* • *taxeren*
expiation V *boete(doening)* ★ l'~ suprême *de doodstraf* ★ Fête de l'Expiation *Grote Verzoendag* ⟨Jom Kippoer⟩
expiatoire BNW REL. *verzoenend; boetend* ★ victime ~ *zoenoffer* ★ mort ~ *zoendood* ⟨v. Christus⟩
expier OV WW REL. *verzoenen; boeten voor*
expiration V • *uitademing* • *vervaltijd; einde*

v.e. termijn ★ venir à ~ *aflopen; verlopen; ongeldig worden*
expirer I OV WW *uitademen* **II** ONOV WW • *uitademen* • FORM. *sterven; de laatste adem uitblazen* • *aflopen* ‹v.e. termijn›; *vervallen; verlopen; ongeldig worden* • *wegsterven*
explétif I BNW [v: **explétive**] *expletief* **II** M *expletief*
explicable BNW *verklaarbaar*
explicatif BNW [v: **explicative**] *verklarend; toelichtend*
explication V • *verklaring; uitleg(ging)* • *woordenwisseling; verhelderend gesprek* ★ demander des ~s à qn (sur qc) *iem. rekenschap/opheldering vragen (omtrent, over iets)*
explicitation V *uitdrukkelijke formulering*
explicite BNW *expliciet; duidelijk; uitdrukkelijk*
expliciter OV WW *uitdrukkelijk formuleren; expliciteren*
expliquer I OV WW • *uitleggen (***à** *aan); verklaren* • *uiteenzetten* ★ ceci explique cela *het een verklaart het ander; vandaar* **II** WKD WW [**s'~**] • *zich nader verklaren (***sur** *over); rekenschap geven* • *verklaard worden; te verklaren zijn* • *het uitpraten (***avec** *met); het uitvechten* • *begrijpen* ★ je ne me l'explique pas *het is mij niet duidelijk; ik begrijp dat niet*
exploit (zeg: eksplwà) M • *knappe prestatie* ‹ook ironisch›; *heldendaad; wapenfeit* • JUR. *exploot*
exploitable BNW *ontginbaar; bebouwbaar; exploitabel*
exploitant M [v: **exploitante**] • *ondernemer; (bioscoop)exploitant* • *landbouwer*
exploitation V • *uitbuiting* • *exploitatie; beheer; ontginning* • *(het) geëxploiteerde; exploitatie; bedrijf* ★ système d'~ *bedrijfssysteem;* COMP. *besturingssysteem*
exploiter OV WW • *exploiteren; beheren; ontginnen* • *uitbuiten* • *ten nutte maken; partij trekken van*
exploiteur M [v: **exploiteuse**] *uitbuiter*
explorateur M [v: **exploratrice**] *onderzoeker; ontdekkingsreiziger*
exploration V *verkenning; doorzoeking; onderzoek; exploratie* ★ voyage d'~ *ontdekkingsreis*
exploratoire BNW *verkennend; onderzoeks-*
explorer OV WW *doorzoeken; afzoeken; verkennen; exploreren*
exploser ONOV WW • *exploderen; ontploffen* • FIG. *uitbarsten (***en** *in)* • *explosief groeien/stijgen*
explosible BNW *ontplofbaar*
explosif I BNW [v: **explosive**] OOK FIG. *explosief; ontploffend; ontplofbaar* **II** M *springstof; explosief*
explosion V • *ontploffing;* OOK FIG. *explosie* • FIG. *uitbarsting* ★ faire ~ *ontploffen* ★ ~ de colère *uitbarsting v. woede*
exponentiel BNW [v: **exponentielle**] *exponentieel*
exportable BNW *exporteerbaar*
exportateur I M [v: **exportatrice**] *exporteur* **II** BNW [v: **exportatrice**] *exporterend; export-*
exportation V *export; uitvoer*
exporter OV WW *exporteren; uitvoeren*
exposant I M WISK. *exponent* **II** M [v: **exposante**] *exposant*
exposé M *uiteenzetting; verslag; exposé*
exposer I OV WW • *tentoonstellen; uitstallen; vertonen; exposeren* • *blootstellen (***à** *aan); in gevaar brengen* • *uiteenzetten* • *te vondeling leggen* • A-V *belichten* ★ maison exposée au midi *huis dat op het zuiden ligt* ★ ~ ses idées *zijn ideeën uiteenzetten* ★ ~ sa vie *zijn leven in de waagschaal stellen* **II** WKD WW [**s'~**] *zich blootstellen (***à** *aan); gevaar lopen; zich blootgeven*
exposition V • *uiteenzetting* • *tentoonstelling; uitstalling; expositie* • FOTOGRAFIE *belichting* • *ligging* ‹t.o.v. de zon› • *blootstelling (***à** *aan)* • *(het) te vondeling leggen* ★ ~ au midi *ligging op het zuiden* ★ l'~ à l'air *het luchten* ★ l'~ d'un tableau *de plaatsing v.e. schilderij ten opzichte v.h. licht* ★ ~ universelle *wereldtentoonstelling* ★ GESCH. l'~ d'un criminel *het aan de kaak stellen v.e. misdadiger* ★ temps d'~ *belichtingstijd*
exprès (zeg: -près (bnw/zn), -prè (bijw)) **I** BNW [v: **expresse**] • *expres-; spoed-* • OUD. *uitdrukkelijk* ★ lettre ~ *expresbrief* ★ comme par un fait ~ *uitgerekend (toen)* **II** BIJW *opzettelijk; expres; speciaal* **III** M *expresbrief; spoedbestelling*
express I BNW *snel-; haastig* ★ train ~ *sneltrein* ★ café ~ *espresso* **II** M • *sneltrein* • *espresso*
expressément BIJW • *uitdrukkelijk* • *expres; speciaal*
expressif BNW [v: **expressive**] *expressief; vol uitdrukking; veelbetekenend*
expression V • *uitdrukking; uiting* • *uitdrukking; zegswijze* • *uitdrukking(skracht); expressie* ★ liberté d'~ *vrijheid van meningsuiting* ★ ~ algébrique *algebraïsche formule* ★ d'~ française *Franssprekend* ★ ~ toute faite *staande uitdrukking* ★ au-delà de toute ~ *onuitsprekelijk* ★ réduire à sa plus simple ~ *tot de eenvoudigste vorm herleiden*
expressionnisme M *expressionisme*
expressionniste I BNW *expressionistisch* **II** M/V *expressionist*
expressivité V *expressiviteit*
exprimable BNW *uit te drukken*
exprimer I OV WW *uitdrukken; uiten* **II** WKD WW [**s'~**] *zich uitdrukken; zich uiten*
expropriation V *onteigening*
exproprier OV WW *onteigenen*
expulser OV WW *uitdrijven (***de** *uit); (het huis/land) uitzetten; uitwijzen; eruit zetten*
expulsion V *uitdrijving; uitzetting; uitwijzing;* SPORT *(het) van het veld sturen*
expurger OV WW *zuiveren; censureren; kuisen*
exquis (zeg: ekskie) BNW *uitgelezen; verfijnd; puik; heerlijk; exquis* ★ douleur ~e *felle plaatselijke pijn*
exsangue BNW OOK FIG. *bloedeloos; bloedarm*
exsudation V *uitzweting*
exsuder OV WW *uitzweten*
extase V *extase; (geest)vervoering; opgetogenheid*
extasier WKD WW [**s'~**] *in vervoering raken;*

*opgetogen zijn (***devant, sur** *over)*
extatique BNW *extatisch*
extenseur I M • *rektoestel; expander* • *strekspier* **II** BNW ★ muscle ~ *strekspier*
extensibilité V *rekbaarheid*
extensible BNW OOK FIG. *rekbaar*
extensif BNW [v: **extensive**] *uitbreidend; extensief*
extension V • *uitbreiding; uitzetting; verruiming* • *uitrekking; (het) uitstrekken* • FIG. *omvang* • *extension* ‹haarstukjes› ★ prendre de l'~ *zich uitbreiden* ★ par ~ *in ruimere betekenis; bij uitbreiding*

exténuation V *afmatting; uitputting*
exténuer I OV WW *afmatten; uitputten* **II** WKD WW [**s'~**] *zich afmatten (***à** [+ infin.] *met); (iets) uitentreuren doen*
extérieur I M • *buitenkant; (het) uitwendige* • *buitenwereld* • *buitenland* ★ à l'~ (de) *buiten* ★ de l'~ *van buiten(af)* ★ match à l'~ *uitwedstrijd* ★ les ~s d'un film *de buitenopnamen voor een film* **II** BNW • *uitwendig; uiterlijk; van buiten; buiten-* • *buitenlands* ★ commerce ~ *buitenlandse handel* ★ ~ à *buiten*
extérieurement BIJW • *uitwendig; (van) buiten* • *uiterlijk; ogenschijnlijk*
extériorisation V *uiting* ‹v. gevoelens›
extérioriser I OV WW *uiten; naar buiten brengen* ‹v. gevoelens› **II** WKD WW [**s'~**] *zich uiten; zijn gevoelens tonen*
extériorité V *uitwendigheid*
exterminateur I BNW [v: **exterminatrice**] *verdelger* **II** BNW [v: **exterminatrice**] *verdelgend* ★ l'ange ~ *de engel des verderfs*
extermination V *verdelging; uitroeiing* ★ guerre d'~ *vernietigingsoorlog*
exterminer OV WW *uitroeien; vernietigen; verdelgen*
externat M • *externaat* • *coassistentschap*
externe I BNW *uitwendig; buiten-* ★ angle ~ *buitenhoek* ★ influence ~ *invloed van buiten* **II** M/V • *externe leerling* • *coassistent*
exterritorialité V *exterritorialiteit*
extincteur I M *brandblusapparaat* ★ ~ à mousse *schuimblusser* **II** BNW [v: **extinctrice**] *blussend; blus-*
extinction V • *blussing; uitdoving* • *uitsterving; teloorgang* • *delging* ★ en voie d'~ *uitstervend* ★ avoir une ~ de voix *zijn stem kwijt zijn* ★ sonner l'~ des feux *de taptoe blazen*
extirpation V • *uitroeiing; verdelging* • MED. *wegneming*
extirper OV WW • *uitroeien; verdelgen* • *weghalen (***de** *uit)* • *ontlokken (***à** *aan)*
extorquer OV WW *afdwingen; afpersen; aftroggelen (***à** *van)*
extorsion V *afpersing*
extra I M • *extraatje; iets extra's* • *tijdelijke hulpkracht* • *bijverdienste* **II** BNW *buitengewoon (goed); prima; geweldig* ★ un vin ~ *een zeer goede wijn*
extra- VOORV • *buiten-* • *extra-; super-* ★ extra(-)fin *extra fijn; prima* ★ extraparlementaire *extraparlementair*
extrabudgétaire BNW *extrabudgettair; niet-begroot*
extraconjugal BNW [mv: **extraconjugaux**] *buitenechtelijk*
extracteur M MED. *extractietoestel*
extraction V • *(het) (uit)trekken; extractie* • *(het) delven; (het) winnen* ‹v. grondstoffen› • WISK. *worteltrekking* • OUD. *afkomst* ★ l'~ d'une dent *het trekken van een tand* ★ de basse ~ *van lage afkomst*
extrader OV WW JUR. *uitleveren*
extradition V JUR. *uitlevering*
extrafin BNW *extrafijn; prima*
extrafort I BNW *zeer sterk* ‹ook v. smaak› **II** M *naadband*
extraire I OV WW [onregelmatig] *(uit)trekken; (weg)halen (***de** *uit); (op)delven (***de** *uit); onttrekken (***de** *aan)* ★ ~ une dent *een tand trekken* ★ WISK. ~ la racine (carrée) de *de wortel trekken uit* **II** WKD WW [**s'~**] **de** *moeizaam komen uit*
extrait M • *fragment; uittreksel* • *aftreksel; extract* ★ ~ de naissance *geboortebewijs*
extrajudiciaire BNW *buitengerechtelijk*
extralégal BNW [m mv: **extralégaux**] *onwettig*
extralucide BNW *helderziend*
extra-muros (zeg: -muuros) BIJW *buiten (de muren van) de stad*
extranet M COMP. *extranet*
extraordinaire I BNW • *buitengewoon; bijzonder; ongewoon; eigenaardig* • *opmerkelijk; geweldig* ★ ambassadeur ~ *buitengewoon gezant* **II** M *(het) niet-alledaagse; iets buitengewoons* ★ par ~ *tegen alle verwachting in; onwaarschijnlijkerwijs*
extraordinairement BIJW *tegen alle verwachting in*
extrapolation V *extrapolatie*
extrapoler ONOV WW *extrapoleren*
extraterrestre I M/V *buitenaards wezen* **II** BNW *buitenaards*
extravagance V *buitensporigheid; dwaasheid; onzinnigheid; extravagantie* ★ dire des ~s *onzin vertellen*
extravagant BNW *buitensporig; onzinnig; extravagant*
extravaguer ONOV WW FORM./HUMOR. *onzin praten; gekke dingen doen*
extraversion V *extraversie*
extraverti BNW *extravert*
extrême I BNW • *extreem; bovenmatig; buitengewoon; enorm* • *uiterst* • *extreem; radicaal* ★ POL. l'~ gauche *uiterst links* ★ POL. l'~ droite *uiterst rechts* ★ douleur ~ *ontzettende pijn* ★ être ~ en tout *steeds in uitersten vervallen* **II** M *uiterste* ★ à l'~ *tot het uiterste* ★ l'~ opposé *het andere uiterste* ★ passer d'un ~ à l'autre *van het ene uiterste in het andere vervallen* ★ pousser à l'~ *tot het uiterste drijven; op de spits drijven* ★ les ~s se touchent ‹spreekwoord› *de uitersten raken elkaar*
extrêmement BIJW *buitengewoon; uiterst*
extrême-onction V [mv: **extrêmes-onctions**] *laatste oliesel; ziekenzalving*
Extrême-Orient M *Verre Oosten*
extrême-oriental BNW [m mv:

extrême-orientaux] *in/uit het Verre Oosten*
extrémisme M *extremisme*
extrémiste I BNW *extremistisch* **II** M/V *extremist*
extrémité V • *(uit)einde*; *uiterste* • *extremiteit*; *extreme daad* ★ les ~s *de extremiteiten*; *handen en voeten*; *de ledematen* ★ être à la dernière ~ *op sterven liggen* ★ pousser à l'~ *tot het uiterste drijven* ★ en arriver aux pires ~s *overgaan tot het grofste geweld/de ergste wandaden*
extrinsèque BNW *uitwendig*; *extrinsiek*
extroverti BNW • → **extraverti**
exubérance V • *overvloed*; *weelderigheid*; *exuberantie* • *uitbundigheid*
exubérant BNW • *overvloedig*; *weelderig*; *exuberant* • *uitbundig*; *opgewonden*
exultation V *gejuich*; *jubel*; *grote blijdschap*
exulter ONOV WW *jubelen (***de** *om, over)*
exutoire M FIG. *uitlaatklep*
ex-voto M [mv: id.] *ex voto*
eye-liner M [mv: **eye-liners**] *eyeliner*

F

f M letter *f* ★ f comme François *de f van Ferdinand*
F AFK • franc *frank* • France *Frankrijk* ★ F2, F3 (enz.) *tweekamer-, driekamerflat (enz.)*
fa M MUZ. *fa*; *f*
fable V • OOK FIG. *fabel(tje)* • *voorwerp van spot*
fablier M *fabelboek*
fabricant M [v: **fabricante**] *fabrikant*
fabricateur M [v: **fabricatrice**] MIN. *maker*; *vervaardiger*; *verzinner*
fabrication V • *fabricage*; *vervaardiging* • *fabricaat*; *makelij*
fabrique V *(kleine) fabriek* ★ marque de ~ *fabrieksmerk* ★ prix départ ~ *prijs af-fabriek* ★ de même ~ *van hetzelfde slag* ★ (conseil de) ~ *kerkfabriek*; *kerkbestuur*
fabriquer OV WW • *fabriceren*; *vervaardigen* • *verzinnen* • INFORM. *uitvoeren*; *uitspoken*
fabulateur I M [v: **fabulatrice**] *fantast*; *fabulant* **II** BNW [v: **fabulatrice**] *vol verzinsels*
fabulation V *(het vertellen van) verzinsels*; *gefantaseer*
fabuler ONOV WW *fantaseren*; *verzinsels vertellen*; *fabuleren*
fabuleux BNW [v: **fabuleuse**] *fabelachtig*; *fabuleus*; *fabel-*
fabuliste M *fabeldichter*
fac V INFORM. faculté *faculteit*; *universiteit*
façade V OOK FIG. *façade*; *(voor)gevel* ★ de ~ *voorgewend*; *schijn-* ★ pour la ~ *voor de schijn*; *voor de show*
face V • *gezicht*; *gelaat* • *voorkomen*; *gedaante*; *aspect* • *beeldzijde* ‹v. munt› • *(opper)vlak* • *kant*; *zijde* ★ changer de face *van aanzien veranderen* ★ en face *openlijk*; *in het gezicht*; *(er)tegenover* ★ en face de/face à *tegenover* ★ la maison d'en face *het huis aan de overkant* ★ face à face (avec) *van aangezicht tot aangezicht (met)*; *oog in oog (met)* ★ faire face à *gekeerd zijn naar*; *het hoofd bieden aan* ★ faire face à ses engagements *zijn verplichtingen nakomen* ★ portrait de face *portret en face* ★ regarder en face *recht aankijken*; *onder ogen zien* ★ sauver la face *de schijn redden*; *zijn gezicht redden* ★ voiture en face *tegenligger* ★ considérer sous toutes ses faces *van alle kanten bekijken* ★ côté face *kop* ‹v. munt› ★ de face *van voren* ★ perdre la face *zijn gezicht verliezen* ★ à la face du monde *ten overstaan van de hele wereld*
face-à-face M [mv: id.] • *(radio-, televisie)debat* • *confrontatie*
facétie (zeg: -sie) V *grap*; *poets*
facétieux (zeg: -sjeu) BNW [v: **facétieuse**] *grappig*; *vol grappen*; *snaaks*
facette V OOK FIG. *facet*; *vlak(je)* ★ à ~s *met (veel) facetten*
fâché BNW • *boos (***contre** *op)* • *ontstemd*; *vol spijt*; *rouwig (***de** *om, over)* • *gebrouilleerd*; *overhoop liggend (***avec** *met)* ★ INFORM. ~ après *boos op*
fâcher I OV WW *boos maken*; *ontstemmen* **II** WKD

ww [**se** ~] • *boos worden (***contre** *op)* • *gebrouilleerd raken (***avec** *met); ruzie krijgen*
fâcherie V *onenigheid; gekibbel; (ge)ruzie*
fâcheux I BNW [v: **fâcheuse**] *kwalijk; betreurenswaardig; vervelend; spijtig* ★ il est ~ que [+ subj.] *het is vervelend/jammer dat* **II** M [v: **fâcheuse**] *hinderlijk persoon; lastpost*
facho I BNW INFORM. *fascistisch* **II** M INFORM. *fascist*
facial BNW [m mv: **faciaux**] *(aan)gezichts-; faciaal* ★ angle ~ *gelaatshoek* ★ chirurgie ~e *gelaatschirurgie* ★ valeur ~e *nominale waarde*
faciès (zeg: -sjès) M • *gelaat; gelaatstrekken* • *gelaatstype*
facile BNW *gemakkelijk* ★ un argument ~ *een goedkoop argument* ★ caractère ~ *gemakkelijk karakter* ★ esprit ~ *snelle geest* ★ MIN. femme ~ *vrouw van lichte zeden* ★ style ~ *vlotte stijl* ★ ~ comme bonjour *doodeenvoudig* ★ c'est ~ à dire *dat is gemakkelijk gezegd* ★ ~ à utiliser *gebruiksvriendelijk* ★ ~ à vivre *gemakkelijk in de omgang* ★ avoir le rire ~ *lacherig zijn*
facilement BIJW • *gemakkelijk* • *minstens; zeker (wel)*
facilité V • *gemakkelijkheid; gemak* • *vlotheid; vaardigheid; aanleg* • [vaak mv] *faciliteit; gelegenheid* ★ ~s de paiement *betalingsfaciliteiten; gemakkelijke betalingsvoorwaarden* ★ cet élève a des ~s (pour apprendre) *die leerling leert gemakkelijk* ★ ~ de parole *welbespraaktheid* ★ céder à la ~ *zich er gemakkelijk afmaken*
faciliter OV WW *vergemakkelijken; verlichten*
façon V • *manier; wijze* • *werk; maaksel; bewerking* ‹v. grond› • *snit; vorm* ★ de toute ~ *in ieder geval; hoe dan ook* ★ de cette ~ *op die manier* ★ de ~ à [+ infin.] *zo... dat* ★ de ~ que [+ subj.] *zo... dat* ★ c'est une ~ de parler *bij wijze van spreken* ★ sans ~ *eenvoudig(weg); zonder meer; ronduit* ★ non merci, sans ~! *nee dank je, echt niet!* ★ d'une ~ ou d'une autre *op een of andere manier* ★ ~ de voir *zienswijze* ★ d'une ~ générale *in het algemeen (gesproken)* ★ en aucune ~ *geenszins* ★ la ~ dont... *de manier waarop...* ★ de ma ~ *van mijn makelij; van mij* ★ ~ cuir *van imitatieleer* ★ faire des ~s *overdreven doen* ★ sans ~s *zonder plichtplegingen; zonder omhaal* ★ ~s [mv] *manier van doen; handelwijze; plichtplegingen*
faconde V FORM. *welbespraaktheid*
façonnage M *bewerking; (het) vorm geven (aan)*
façonnement M • → **façonnage**
façonner OV WW *vorm geven aan; bewerken; maken;* OOK FIG. *vormen* ★ ~ l'esprit *de geest vormen* ★ ~ qn à *iem. wennen aan*
fac-similé M [mv: **fac-similés**] *facsimile*
factage M *bezorging; bestelling*
facteur I M *factor* **II** M [v: **factrice**] *postbode; bouwer*
factice BNW • *kunstmatig; onecht* • *gekunsteld*
factieux I M [v: **factieuse**] *oproermaker* **II** BNW [v: **factieuse**] *oproerig*
faction V *(op)roerige groepering; factie* ★ être de/en ~ *op wacht staan; op zijn post zijn*
factionnaire M *schildwacht*
factoriel BNW [v: **factorielle**] *factor-*
factotum (zeg: -tom) M *manusje-van-alles; factotum*
factrice V • → **facteur**
factuel BNW [v: **factuelle**] FORM. *feitelijk*
factum M *schotschrift; verweerschrift*
facturation V *facturering*
facture V • *factuur; rekening* • *makelij; vervaardiging(svorm); (kunstige) uitvoering*
facturer OV WW *factureren*
facturette V *betaalstrookje* ‹bij geldautomaat›
facultatif BNW [v: **facultative**] *naar verkiezing; facultatief* ★ arrêt ~ *halte op verzoek*
faculté V • *faculteit; universiteit* • *bevoegdheid; (keuze)mogelijkheid* • *vermogen (***de** *tot); gave; bekwaamheid* ★ ne plus jouir de toutes ses ~s *niet meer in het volle bezit van zijn geestvermogens zijn* ★ OUD. la Faculté *de medische faculteit; de medische stand*
fada I M/V INFORM. *dwaas; halvegare* **II** BNW INFORM. *dwaas; getikt*
fadaise V *flauwiteit; geleuter*
fadasse BNW INFORM. *erg flauw; laf; smakeloos*
fade BNW • *flauw; smakeloos;* OOK FIG. *zouteloos* • *flets; vaal;* OOK FIG. *kleurloos*
fadeur V • OOK FIG. *flauwheid* • OOK FIG. *fletsheid*
fading M *fading*
fagne V *(hooggelegen) ven*
fagot M *(takken)bos* ★ (vin) de derrière les ~s *(wijn) van de bovenste plank* ★ ça sent le ~ *dat riekt naar de mutsaard*
fagoter OV WW • OUD. *tot takkenbossen binden* • *smakeloos uitdossen* ★ mal fagoté *slecht gekleed*
faiblard BNW INFORM. *zwakjes; slapjes*
faible I BNW • *zwak; slap* • *gering; klein* ★ c'est un esprit ~ *hij heeft geen helder verstand* ★ caractère ~ *zwak karakter* ★ une ~ quantité *een geringe hoeveelheid* ★ un ~ revenu *een klein inkomen* **II** M • *zwak persoon; zwakkeling; zwakke(re)* • *zwak (***pour** *voor)* ★ prendre qn par son ~ *iem. in zijn zwak tasten* ★ les économiquement ~s *de sociaal zwakkeren* ★ les ~s d'esprit *de zwakken van geest; de zwakzinnigen*
faiblesse V • *zwakheid; zwakte* • *geringheid* • *flauwte; bezwijming*
faiblir ONOV WW *zwakker worden; verslappen; verflauwen* ★ le vent faiblit *de wind gaat liggen*
faïence V *faience; geglazuurd aardewerk*
faïencerie V • *handel in plateelwerk; plateelfabriek* • *plateelwerk*
faille I V • *breuk* ‹in aardkorst› • FIG. *zwakke plek; onvolkomenheid* • *feil* • *faille* ‹grove zijden stof› ★ sans ~ *solide; zonder feilen* **II** WW [subj. présent] • → **falloir**
failli I BNW *failliet* **II** M *iem. die failliet is* **III** WW [volt. deelw.] • → **faillir**
faillible BNW *feilbaar*
faillir ONOV WW [onregelmatig] FORM. *tekortschieten (***à** *in); falen* ★ ~ à son devoir *in zijn plicht te kort schieten* ★ le cœur lui a failli *de moed is hem ontzonken* ★ sa mémoire lui a failli *het geheugen liet hem in de steek* ★ il a

failli tomber *hij is bijna gevallen* ★ avoir failli [+ infin.] *bijna iets gedaan hebben*
faillite V *faillissement*; OOK FIG. *bankroet* ★ faire ~ *failliet gaan* ★ en ~ *failliet*
faim V *honger*; *zucht (***de** *naar)* ★ une faim canine/de loup *honger als een paard* ★ manger à sa faim *zijn buik vol eten* ★ couper la faim *de eetlust benemen* ★ rester sur sa faim *nog honger hebben*; *niet aan zijn trekken komen* ★ la faim chasse le loup hors du bois ⟨spreekwoord⟩ *honger is een scherp zwaard*
faine V *beukennootje*
faîne V • → **faine**
fainéant I M [v: **fainéante**] *nietsdoener*; *luilak* **II** BNW *nietsdoend*; *lui*
fainéanter ONOV WW *nietsdoen*; *luieren*; *lanterfanten*
fainéantise V *(het) nietsdoen*; *luiheid*; *ledigheid*; *gelanterfant*
faire I OV WW [onregelmatig] • *maken (***de** *van)*; *voortbrengen* • *doen*; *verrichten* • *doen aan*; *beoefenen* • *afdoen*; *volbrengen*; *beredderen* • *maken tot* • *uitmaken*; *opleveren*; *worden*; *zijn* • *zich voordoen (als)* ⟨v. personage⟩; *eruitzien (als)*; *spelen* ⟨v. rol⟩ • *opdoen*; *krijgen* • *lijden aan*; *hebben* • *meegaan*; *bruikbaar blijven* • *wennen (***à** *aan)* ★ ~ des petits *jongen krijgen* ★ grand bien vous fasse *wel bekome het u* ★ ~ son droit *rechten studeren* ★ ~ la guerre *oorlog voeren* ★ ~ naufrage *schipbreuk lijden* ★ ~ la paix *vrede sluiten* ★ ~ une sottise *een dwaasheid uithalen* ★ ~ attention *opletten* ★ bien, fit-il *goed, zei hij* ★ ~ la chambre *de kamer beredderen* ★ ~ les chaussures *de schoenen poetsen* ★ ~ le lit *het bed opmaken* ★ ~ le malade *zich ziek houden* ★ ~ l'admiration de tous *aller bewondering opwekken* ★ ~ ses dents *tanden krijgen* ★ ~ du 80 à l'heure *80 km per uur afleggen/rijden* ★ ~ le généreux *de edelmoedige uithangen* ★ INFORM. je vous le fais 100 euros *ik verkoop het u voor 100 euro* ★ pour ce ~ *daartoe* ★ laisser ~ *laten begaan* ★ c'en est fait de lui *het is met hem gedaan* ★ INFORM. ça commence à bien ~! *nu is het welletjes!* ★ pour quoi ~? *waarom?*; *waartoe?* ★ deux et deux font quatre *twee plus twee is vier* ★ il fait deux mètres *hij is twee meter lang* ★ rien à ~! *niets aan te doen!* ★ INFORM. j'en ai rien à ~! *daar heb ik niks mee te maken!* ★ ça ne fait rien *dat geeft niet(s)* ★ INFORM. il faut le ~! *hoe krijg je het voor elkaar!*; *wat een lef!* ★ tu ferais bien de [+ infin.] *je zou er goed aan doen om...*; *ik zou maar...* ★ en ~ trop *overdrijven*; *te ver gaan* ★ ce faisant *zodoende*; *daarop* ★ il ne fait qu'arriver *hij is net aangekomen* ★ il ne fait que pleurer *hij huilt aldoor* ★ fais comme chez toi *doe alsof je thuis bent* ★ ça fait que [+ infin.] *vandaar dat*; *daarom* ★ faites! *ga uw gang!* ★ fasse le ciel que [+ subj.] *de hemel geve dat* ★ ce n'est ni fait ni à re~ *het is knoeiwerk* ★ ce qui est fait est fait *gedane zaken nemen geen keer* ★ ça fait deux ans (que)... *sinds twee jaar...* **II** ONP WW ★ il fait beau *het is mooi weer* ★ il fait mauvais *het is slecht weer* ★ il fait bon ici *het is hier lekker* ★ il fait du vent *het waait* **III** WKD WW [**se ~**] • *gedaan worden*; *gemaakt worden*; *tot stand komen* • *worden* • *plaatshebben* • *zich maken*; *zich bezorgen* ★ se ~ vieux *oud worden* ★ comment se fait-il que [+ subj.] *hoe komt het dat* ★ se ~ de l'argent *geld verdienen* ★ se ~ la barbe *zich scheren* ★ ça ne se fait pas *zoiets doe je niet* ★ INFORM. il faut se le ~! *je zal er maar mee opgescheept zitten!* ★ INFORM. se ~ qn *iem. pakken* ★ INFORM. s'en ~ *zich bezorgd maken*; *het zich aantrekken* ★ se ~ opérer *zich laten opereren*; *geopereerd worden* ★ se ~ ~ un costume *een pak laten maken* • **~ à** *wennen aan* ★ s'y ~ *eraan wennen* **IV** HWW *laten*; *doen* ★ ~ travailler qn *iem. laten werken*
faire-part M [mv: id.] *kennisgeving* ⟨v. geboorte, huwelijk, overlijden⟩ ★ ~ de décès *rouwkaart*
faire-valoir M [mv: id.] • *bijfiguur die de kwaliteiten v.e. ander goed doet uitkomen*; *aangever* ⟨in theater⟩ • AGRAR. *exploitatie*
fair-play I BNW [onver.] *sportief*; *fair* **II** M *eerlijk spel*
fais WW [présent] • → **faire**
faisabilité V *haalbaarheid* ★ étude de ~ *haalbaarheidsonderzoek*
faisable BNW *doenlijk*
faisan M [v: **faisane**] *fazant* ★ ~ doré *goudfazant* ★ (poule) ~e *fazantenhen*
faisandé BNW *adellijk* ⟨v. wild⟩
faisandeau M [mv: **faisandeaux**] *jonge fazant*
faisander OV WW *adellijk laten worden* ⟨v. wild⟩; *laten besterven*
faisanderie V *fazantenkooi*
faisceau M [mv: **faisceaux**] OOK FIG. *bundel* ★ ~ lumineux *lichtbundel* ★ mettre les fusils en ~ *de geweren aan rotten zetten* ★ ~x [mv] *pijlenbundel*; *fasces*; *bijlbundel*
faisceaux M MV • → **faisceau**
faiseur M [v: **faiseuse**] • VAAK MIN. *maker (***de** *van)* • *dikdoener*; *praatjesmaker* ★ ~ d'embarras *iem. die moeilijkheden maakt*
fait I M • *feit* • *daad* • *zaak*; *geval* ★ les faits et gestes *het doen en laten* ★ prendre sur le fait *op heterdaad betrappen* ★ hauts faits *heldendaden*; *grote daden* ★ ceci n'est pas mon fait *dit is niet mijn sterkste kant* ★ au fait *ter zake*; *overigens*; *wat ik zeggen wilde* ★ de fait *werkelijk*; *feitelijk*; *de facto* ★ de ce fait *uit dien hoofde*; *daardoor*; *derhalve* ★ du fait de *wegens*; *ten gevolge van* ★ en fait de *inzake* ★ mettre au fait *op de hoogte brengen* ★ être sûr de son fait *zeker van zijn zaak zijn* ★ faits divers *gemengd nieuws* ★ le fait est que *het is een feit dat* ★ en venir au fait *ter zake komen* ★ tout à fait *geheel*; *alleszins*; *inderdaad* ★ état de fait *feitelijke toestand* ★ le fait de parler *het spreken* ★ dire son fait à qn *iem. (flink) de waarheid zeggen* ★ prendre fait et cause pour qn *het voor iem. opnemen* ★ par son fait *door zijn schuld/toedoen* ★ par le fait *feitelijk*; *in feite* **II** BNW • *gemaakt*; *(af)gedaan* • *volwassen*; *gerijpt* • *gebouwd*; *geschapen* ★ être bien fait (de sa personne) *welgevormd zijn* ★ un costume tout fait *een confectiepak* ★ une idée toute faite *een vooroordeel*

fa

★ expression toute faite *geijkte uitdrukking; cliché* ★ être fait pour *geschapen zijn voor; geknipt zijn voor; dienen voor* ★ tout fait *kant en klaar* ★ voilà qui est fait! *klaar is Kees!* ★ fait main *met de hand gemaakt* ★ INFORM. être fait (comme un rat) *(als een rat) in de val zitten; erbij zijn* ★ bien fait (pour lui) *net goed (voor hem)* • ~ **à** *gewend aan* **III** WW [présent, volt. deelw.] • → **faire**

faîtage M *nok; nokbalk*

faîte M • *nok* • *top;* OOK FIG. *toppunt*

faites WW [présent] • → **faire**

faitout M • → **fait-tout**

fait-tout M [mv: id.] *kookpan*

faix M OUD. OOK FIG. *last*

fakir M *fakir*

falaise V *steile kust; klif*

falbalas (zeg: -là) M MV OOK FIG. *tierelantijnen; overdreven bedoening*

fallacieux BNW [v: **fallacieuse**] *bedrieglijk; vals; drog-*

falloir I ONP WW [onregelmatig] • *moeten* • *nodig hebben* • *nodig zijn* ★ il faut que vous partiez *u moet vertrekken* ★ il va ~ agir *er zal iets gedaan moeten worden* ★ comme il faut *zoals het hoort* ★ il le faut *het moet* ★ il me faut de l'argent *ik heb geld nodig* ★ il faut beaucoup de courage pour gravir ce mont *er is veel moed nodig om die berg te beklimmen* ★ faut voir! *dat moet je (ge)zien (hebben)!* ★ il ne fallait pas! *dat was toch niet nodig geweest?!* ★ il fallait y penser *je moet er maar op komen* **II** WKD WW [**se** ~] ★ s'en ~ *schelen* ★ il s'en faut de beaucoup *het scheelt veel* ★ il s'en faut de peu/peu s'en faut que [+ subj.] *het scheelt weinig (of)* ★ tant s'en faut *bij lange na niet*

falot (zeg: -loo) **I** BNW *flets;* OOK FIG. *kleurloos* **II** M *(grote) lantaarn*

falsifiable BNW *falsifieerbaar*

falsificateur M [v: **falsificatrice**] *vervalser*

falsification V *vervalsing*

falsifier OV WW *vervalsen; falsifiëren*

falzar M INFORM. *lange broek*

famé BNW ★ mal famé *berucht; ongunstig bekend*

famélique BNW *hongerlijdend; uitgehongerd*

fameusement BIJW INFORM. *erg; geweldig*

fameux BNW [v: **fameuse**] • *befaamd; beroemd (**par**, **pour** om); veelbesproken* • *geweldig; fameus; uitstekend* ★ un vin ~ *een uitstekende wijn* ★ INFORM. pas ~ *niet veel zaaks; niet best; niet veel soeps*

familial BNW [m mv: **familiaux**] *familiaal; gezins-; huiselijk* ★ réunion ~e *familiereünie*

familiariser I OV WW *vertrouwd maken (**avec** met); wennen* **II** WKD WW [**se** ~] *zich vertrouwd maken (**avec** met); vertrouwd raken; wennen* ★ se ~ avec une langue *zich een taal eigen maken*

familiarité V • *vertrouwelijkheid; familiariteit* • *vertrouwdheid*

familier I BNW [v: **familière**] • *gemeenzaam; vertrouwelijk; familiaar* • *vertrouwd; bekend* ★ animal ~ *huisdier* ★ langage ~ *omgangstaal* ★ voix familière *bekende stem* **II** M *geregelde bezoeker; huisvriend*

familièrement BIJW *vertrouwelijk; familiaar*

famille V OOK FIG. *familie; gezin* ★ père de ~ *huisvader* ★ un fils de ~ *een jongeman van goeden huize* ★ en ~ *in de familiekring; onder elkaar* ★ ~ politique *politieke gezindheid*

famine V *hongersnood* ★ salaire de ~ *hongerloon* ★ crier ~ *zijn nood klagen*

fan M/V *fan*

fana I BNW INFORM. *bezeten (**de** van); fanatiek* **II** M/V INFORM. *fanaat*

fanal M [mv: **fanaux**] *lantaarn; (sein)lamp; lichtbaken*

fanatique I BNW *dweepziek; fanatiek* **II** M/V *fanaticus; dweper; fan*

fanatiser OV WW *dweepziek maken; opzwepen*

fanatisme M *fanatisme*

fane V [meestal mv] *(oneetbaar, afgevallen) loof* ⟨v. radijs, wortel e.d.⟩; *(afgevallen) blad*

faner I OV WW • OOK FIG. *doen verwelken* • *doen verschieten; doen verbleken* • *het gemaaide gras omkeren; hooien* ★ beauté fanée *verlepte schoonheid* **II** WKD WW [**se** ~] *verwelken; verschieten*

fanfare V • *fanfare* • INFORM. *ophef* ★ en ~ *met veel ophef; met veel kabaal*

fanfaron I BNW [v: **fanfaronne**] *opschepperig; snoevend* **II** M [v: **fanfaronne**] *snoever; opschepper*

fanfaronnade V *snoeverij; opschepperij*

fanfaronner ONOV WW *snoeven; opscheppen*

fanfreluche V *versiersel; franje; tierelantijntje*

fange V FORM. *modder;* OOK FIG. *slijk* ★ traîner dans la ~ *door het slijk halen*

fangeux BNW [v: **fangeuse**] *modderig*

fanion M *vaantje; vlaggetje*

fanon M • *halskwab* ⟨v. rund⟩ • *baard* ⟨v. walvis⟩ • *lel* ⟨v. hoenders⟩

fantaisie V • *fantasie* • *gril; luim; zin* • *fantasieartikel; snuisterij* ★ de ~ *fantasie-* ★ bijoux (de) ~ *prullerige (namaak)sieraden* ★ à sa ~ *naar (eigen) goeddunken*

fantaisiste I BNW *aan fantasie ontsproten; niet serieus te nemen; onconventioneel; zogenaamd* **II** M/V • *onconventioneel iemand* • *entertainer*

fantasmagorie V *zinsbetovering; fantasmagorie*

fantasmagorique BNW *spookachtig; bizar*

fantasme M *droombeeld; hersenschim; fantasie(beeld)*

fantasmer ONOV WW *wensdromen hebben (**sur** over);* FIG. *dromen; wensdenken*

fantasque BNW • *grillig* • *zonderling; bizar*

fantassin M *infanterist*

fantastique I BNW • *fantastisch; fantasie-* • *fantasy-* ★ animal ~ *fabeldier* **II** M *(het) bovennatuurlijke; fantastiek*

fantoche M *marionet* ★ gouvernement ~ *marionettenregering*

fantomatique BNW *spookachtig*

fantôme I M • *spook; geestverschijning* • *spookbeeld; drogbeeld* ★ le Vaisseau ~ *de Vliegende Hollander* **II** BNW *spook-; schijn-* ★ membre ~ *fantoompijn* ★ le vaisseau ~ *het spookschip; de Vliegende Hollander*

fanzine M *door fans geredigeerd blaadje*

faon (zeg: fa(n)) M *jong hert; reekalf*

faramineux BNW [v: **faramineuse**] INFORM. *fantastisch*; *buitensporig*; *enorm*
farandole V *farandole* ‹Provençaalse slingerdans›
faraud I M [v: **faraude**] INFORM. *dikdoener*; *kwast* **II** BNW INFORM. *dikdoenerig*; *kwasterig*
farce V • *klucht*; *farce* • *grap*; *poets* • *vulsel* ‹voor vlees, vis, gevogelte›; *farce* ★ ~s et attrapes *fopartikelen* ★ faire une ~ à qn *iem. een poets bakken*
farceur M [v: **farceuse**] *grappenmaker*
farci BNW • *(op)gevuld* • FIG. *vol(gestopt)*; *doorspekt (***de** *met)* ★ des tomates ~es *gevulde tomaten*
farcir I OV WW • *doorspekken (***de** *met)*; FIG. *volstoppen* • *vullen* ‹met gekruid gehakt e.d.›; *farceren* **II** WKD WW [**se ~**] • INFORM. *(tot zich) nemen* ‹v. iets aangenaams›; *naar binnen werken* • INFORM. *(te verduren) krijgen* ‹v. iets onaangenaams›; *(moeten) opknappen*
fard M *schmink*; *make-up* ★ sans fard *onverbloemd*; *ongekunsteld* ★ INFORM. piquer un fard *blozen*
fardeau M [mv: **fardeaux**] OOK FIG. *last*; *vracht*
farder OV WW • *schminken*; *opmaken* ‹v. gezicht› • FORM. *verbloemen*; *bemantelen*
farfadet M *kwelduiveltje*; *kobold*
farfelu BNW INFORM. *raar*; *lijp*; *geschift*; *mesjogge*
farfouiller ONOV WW INFORM. *snuffelen*; *rommelen (***dans** *in)*
faribole V *beuzelarij*; *poespas*
farine V *meel*; *bloem* ★ de (la) même ~ *van hetzelfde slag*; *één pot nat* ★ ~ lactée *kindermeel* ★ ~ de forage *boorsel*; *boormeel* ★ INFORM. rouler qn dans la ~ *iem. beduvelen*
fariner OV WW *met meel bestrooien/bedekken*
farineux I BNW [v: **farineuse**] *meelachtig*; *melig*; *kruimig*; *bloemig* **II** M MV • *meelproducten* • *zetmeelhoudende planten*
farniente M *(zalig) nietsdoen*
farouche BNW • *wild*; *ongetemd* • *(mensen)schuw* • *woest*; *heftig*; *verwoed* ★ bête ~ *wild dier*
fart (zeg: far(t)) M *skiwas*
farter OV WW *met skiwas insmeren*
fascicule M • *aflevering* ‹v.e. verzamelwerk› • *brochure*; *(inleg)blaadje*
fascinant BNW *fascinerend*; *boeiend*
fascinateur BNW [v: **fascinatrice**] FORM. *betoverend*; *fascinerend*
fascination V *betovering*; *fascinatie*; *bekoring*
fasciner OV WW *betoveren*; *biologeren*; *fascineren*
fascisant BNW *fascistoïde*
fascisme M *fascisme*
fasciste I BNW *fascistisch* **II** M/V *fascist*
fasse WW [subj. présent] • → **faire**
fassent WW [subj. présent] • → **faire**
fasses WW [subj. présent] • → **faire**
fassiez WW [subj. présent] • → **faire**
fassions WW [subj. présent] • → **faire**
faste I BNW *gunstig*; *voorspoedig* ★ années ~s *hoogtijjaren* ★ jour ~ *geluksdag* **II** M *pracht(vertoon)*; *praal*
fast-food M [mv: **fast-foods**] *fastfood(restaurant)*
fastidieux BNW [v: **fastidieuse**] *vervelend*; *saai*; *eentonig*
fastoche BNW INFORM. *gemakkelijk*
fastueux BNW [v: **fastueuse**] • *praalziek*; *prachtlievend* • *weelderig*
fat (zeg: fa(t)) **I** BNW *verwaand* **II** M *verwaande kwast*
fatal BNW [m mv: **fatals**] *fataal*; *noodlottig*; *onafwendbaar*
fatalement BIJW *onvermijdelijk(erwijs)*
fatalisme M *fatalisme*
fataliste I BNW *fatalistisch* **II** M/V *fatalist*
fatalité V *noodlot*; *onvermijdelijkheid*; *fataliteit*; *(voorbeschikt) onheil*
fatidique BNW *noodlottig*; *door het noodlot bepaald*
fatigant BNW *vermoeiend*
fatigue V • *vermoeidheid*; OOK TECHN. *moeheid* • *vermoeienis* ★ accablé/mort de ~ *doodmoe*
fatigué BNW • *moe*; *vermoeid* • *versleten*; *afgeleefd* ★ ~ d'attendre *het wachten moe*
fatiguer I OV WW • *vermoeien* • *vervelen* • *zwaar belasten*; *doen zwoegen*; *uitputten* ‹v. land› ★ ~ la salade *de sla (aanmaken en) omroeren* **II** ONOV WW • *moe worden* • *zwoegen*; *het zwaar hebben* ★ poutre qui fatigue *te zwaar belaste balk* **III** WKD WW [**se ~**] • *zich vermoeien* • **~ de** *genoeg krijgen (***de** *van)* • **~ à** [+infin.] *(vergeefse) moeite doen (***à** *om)*; *zich inspannen om*
fatras (zeg: -trà) M *allegaartje*; *boeltje*; *rommel*; *chaos*; *prullaria*
fatuité V *verwaandheid*; *ingebeeldheid*
fatwa V *fatwa*
faubourg M • *voorstad* • *buitenwijk*
faubourien I M [v: **faubourienne**] *bewoner v.e. voorstad* **II** BNW [v: **faubourienne**] *voorstedelijk*; *volks(buurt)-*
fauchage M OOK FIG. *(het) (neer)maaien*
fauchaison V • *maaitijd* • *(het) maaien*
fauche V • INFORM. *geldnood*; *penarie* • INFORM. *(het) jatten*
fauché BNW INFORM. *blut* ★ ~ comme les blés *volkomen platzak*
faucher I OV WW • *(af)maaien* • FIG. *wegmaaien*; *wegrukken* • FIG. *neermaaien*; *scheppen* ‹omverrijden› • SPORT *onderuithalen* • INFORM. *snaaien*; *jatten (***à** *van)* **II** ONOV WW OOK FIG. *maaien*
faucheur I M *hooiwagen* ‹spin› **II** M [v: **faucheuse**] • *maaier* • *iem. die wegmaait/vernietigt*
faucheuse V *maaimachine* ★ la Faucheuse *de Dood*; *de man met de zeis*
faucheux M *hooiwagen* ‹spin›
faucille V *sikkel* ★ la ~ et le marteau *hamer en sikkel*
faucon M • *valk* ★ ~ crécerelle *torenvalk* • POL. *havik* ★ ~ pèlerin *slechtvalk*
fauconneau M [mv: **fauconneaux**] *jonge valk*
fauconnerie V *valkerij* ‹in alle betekenissen›; *valkenhof*
fauconnier M *valkenier*
faudra WW [futur] • → **falloir**
faufil M *rijgdraad*
faufilage M *(het) (vast)rijgen*
faufiler I OV WW *(vast)rijgen* **II** WKD WW [**se ~**]

fa

*zich (in)dringen; glippen; zich een weg banen (***dans** *in;* **entre** *tussen)*
faune I M *faun* **II** V • *fauna* • MIN. FIG. *rare vogels; snuiters; gasten; volkje*
faussaire M/V *vervalser; falsaris*
fausse BNW • → **faux**
faussement BIJW • *vals(elijk); verkeerd(elijk)* • *zogenaamd; quasi-* ★ d'un air ~ modeste *met gespeelde bescheidenheid*
fausser OV WW • *vervalsen;* FIG. *verdraaien* • *verwringen; verdraaien* ★ ~ sa parole *zijn woord schenden* ★ INFORM. ~ compagnie à qn *iem. in de steek laten*

fausset M *falset*
fausseté V • *valsheid; onjuistheid* • *onechtheid; onoprechtheid*
faut WW [présent] • → **falloir**
faute V • *fout; onjuistheid; vergissing* • *vergrijp; overtreding* • SPORT *overtreding* ★ ~ de frappe *tikfout* ★ FORM. faire ~ *ontbreken* ★ c'est la ~ à/de... *het is de schuld van...* ★ ~ de quoi *zo niet* ★ c'est (de) sa ~ *het is zijn schuld* ★ être en ~ *schuld hebben* ★ sans ~ *foutloos; zonder mankeren* ★ ~ de *bij gebrek aan; doordat niet* ★ ~ de mieux *bij gebrek aan beter* ★ ne pas se faire ~ de *niet nalaten te* ★ (sur)prendre qn en ~ *iem. betrappen*
fauter ONOV WW INFORM. *een misstap begaan*
fauteuil M *leunstoel; fauteuil; zetel* ★ ~ roulant *rolstoel* ★ ~ multiposition *verstelbare leunstoel* ★ ~ d'orchestre *stallesplaats* ⟨in schouwburg⟩ ★ INFORM. arriver (comme) dans un ~ *gemakkelijk winnen* ★ ~ relax *luie stoel*
fauteur M [v: **fautrice**] *aanstichter; aanstoker* ★ ~ de troubles *onruststoker* ★ ~ de guerre *oorlogshitser*
fautif BNW [v: **fautive**] • *fout(ief); gebrekkig* • *schuldig* ★ mémoire fautive *onbetrouwbaar geheugen*
fautivement BIJW *verkeerd; fout*
fauve I M • *rossige kleur* • *wild dier; (katachtig) roofdier* • *schilder behorend tot het fauvisme* **II** BNW *rossig* ★ les bêtes ~s *de wilde dieren; het roodwild*
fauverie V *roofdierenafdeling*
fauvette V *grasmus*
faux I BNW [v: **fausse**] • *vals* ⟨onwaar⟩; *onjuist; verkeerd* • *vals* ⟨schijnbaar⟩; *schijn-; pseudo-* • *vals* ⟨nagemaakt⟩ • *vals* ⟨onoprecht⟩ • *vals* ⟨verkeerd⟩; *misplaatst* • *vals* ⟨onwelluidend⟩ ★ fausse alerte *vals/loos alarm* ★ fausse attaque *schijnaanval* ★ fausse couche *miskraam* ★ faux jour *vals licht* ★ faux départ *valse start* ★ fausse porte *geheime deur* ★ fausse honte *valse schaamte* ★ à faux *vals(elijk)* ★ porter à faux OOK FIG. *ongefundeerd zijn* ★ avoir tout faux *het helemaal mis hebben* ★ faux pas *misstap* ⟨ook fig.⟩ ★ faux problème *schijnprobleem* ★ dans une fausse position *in een scheve positie* **II** BIJW ★ chanter faux *vals zingen* ★ jouer faux *vals spelen* **III** M • *(het) valse; (het) onjuiste* • *vervalsing; valsheid (in geschrifte); namaak* ★ s'inscrire en faux contre *(de juistheid) aanvechten (van); iets ontkennen/ bestrijden* ★ faux en écriture/faux et usage de faux *valsheid in geschrifte* **IV** V *zeis*
faux-bourdon M [mv: **faux-bourdons**] • MUZ. *faux-bourdon* • BIOL. *dar*
faux-filet M [mv: **faux-filets**] • *lendenstuk* • *lendenbiefstuk*
faux-fuyant M [mv: **faux-fuyants**] *uitvlucht; smoes*
faux-monnayage M *valsemunterij*
faux-monnayeur M [mv: **faux-monnayeurs**] *valsemunter*
faveur V • *gunst* • *lintje* ★ à la ~ de *onder begunstiging van; dankzij* ★ billet de ~ *vrijkaart* ★ prix de ~ *speciale prijs* ★ en ~ de *ten gunste van* ★ traitement de ~ *voorkeursbehandeling* ★ être en ~ (auprès de qn) *(bij iemand) in de gunst staan*
favorable BNW • *gunstig* • *gunstig gezind (***à** *jegens, tegenover)* ★ être ~ à qc *vóór iets zijn*
favori I BNW [v: **favorite**] *geliefkoosd; favoriet* ★ jeu ~ *lievelingsspel* ★ mot ~ *stopwoordje* **II** M [v: **favorite**] *favoriet* ★ porter des ~s *bakkebaarden hebben*
favoriser OV WW *begunstigen (***de** *met); bevoordelen; voortrekken; bevorderen*
favoritisme M *vriendjespolitiek; voortrekkerij*
fax M *fax*
faxer OV WW *faxen*
fayot M • INFORM. *witte boon* • MIN. *uitslover; hielenlikker; slijmer(d); dienstklopper*
fayoter ONOV WW MIN. *zich uitsloven; (hielen) likken; slijmen*
féal M HUMOR. *trouwe dienaar; volgeling*
fébrifuge I M *koortsverdrijvend middel* **II** BNW *koortsverdrijvend*
fébrile BNW *koortsig;* OOK FIG. *koortsachtig*
fébrilité V *koortsigheid;* OOK FIG. *koortsachtigheid; hectiek*
fécal BNW [m mv: **fécaux**] *fecaal* ★ matières ~es *fecaliën*
fèces V MV *feces; fecaliën*
fécond BNW • OOK FIG. *vruchtbaar* • *rijk (***en** *aan); vol (***en** *met)*
fécondateur M [v: **fécondatrice**] *bevruchtend*
fécondation V *bevruchting*
féconder OV WW • OOK FIG. *vruchtbaar maken* • *bevruchten*
fécondité V OOK FIG. *vruchtbaarheid*
fécule V *zetmeel*
féculent I M *zetmeelhoudend gewas/product* **II** BNW • *zetmeelhoudend* • FORM. *drabbig*
fédéral BNW [m mv: **fédéraux**] *federaal; (ver)bonds-*
fédéralisation V *federalisering*
fédéraliser OV WW *tot een (staten)bond verenigen; federaliseren*
fédéralisme M *federalisme*
fédéraliste I BNW *federalistisch* **II** M/V *federalist*
fédérateur I BNW [v: **fédératrice**] *federatief; samenbundelend* **II** M/V [v: **fédératrice**] FIG. *verbinder;* FIG. *bruggenbouwer*
fédératif BNW [v: **fédérative**] *federatief; bonds-*
fédération V *federatie; bond*
fédéré I M *verbondene;* GESCH. *communard* **II** BNW *(ver)bonds-*
fédérer I OV WW *tot een bond verenigen* **II** WKD WW [**se** ~] *zich in een bond verenigen*

fée I V *fee* ★ conte de fées *sprookje* ★ vieille fée *oude toverkol* ★ la fée du logis *de ideale huisvrouw/huisman* **II** BNW *betoverd; tover-*
feed-back M [mv: id.] *feedback; terugkoppeling*
féerique, féérique (zeg: feeriek, fee-eeriek) BNW *sprookjesachtig; toverachtig; feeëriek*
feignant ● → **fainéant**
feindre OV WW [onregelmatig] *veinzen; voorwenden; huichelen* ★ ~ de [+ infin.] *doen alsof*
feint I BNW *geveinsd; onecht* **II** WW [volt. deelw.] ● → **feindre**
feinte I V ● *schijnbeweging* ● *bedrieglijke toer; fopperij* **II** BNW ● → **feint**
feinter I OV WW ● *door een schijnbeweging misleiden* ● INFORM. *beduvelen* **II** ONOV WW *een schijnbeweging maken*
feldspath M *veldspaat*
fêlé BNW ● OOK FIG. *gebarsten* ● INFORM. *getikt; niet goed snik*
fêler I OV WW *doen barsten* **II** WKD WW [**se** ~] *barsten*
félicitations V MV ● *gelukwensen* ● *complimenten* ★ toutes mes ~! *hartelijk gefeliciteerd!*
félicité V [meestal mv] *gelukzaligheid; geluk*
féliciter I OV WW *gelukwensen (***de** *met); complimenteren* **II** WKD WW [**se** ~] *zich gelukkig prijzen; zich verheugen (***de** *met, over)*
félidé M *katachtige*
félin I M *katachtig (roof)dier* **II** BNW OOK FIG. *katachtig; katten-*
félon I M [v: **félonne**] FORM. *verrader* **II** BNW [v: **félonne**] FORM. *trouweloos*
félonie V ● FORM. *trouweloosheid; verraad* ● GESCH. *felonie; leenbreuk*
fêlure V OOK FIG. *barst*
femelle I V ● BIOL. *wijfje* ● MIN. *vrouwmens; wijf* **II** BNW ● BIOL. *vrouwelijk; wijfjes-* ● TECHN. *waar een ander onderdeel in past; hol* ★ fiche/prise ~ *contrastekker*
féminin I M ● TAALK. *vrouwelijk geslacht* ● *(het) vrouwelijke* **II** BNW *vrouwelijk; vrouwen-*
féminisation V ● *vervrouwelijking* ● *feminisering*
féminiser OV WW ● *vrouwelijk maken; vervrouwelijken* ● *feminiseren; vrouwvriendelijk maken*
féminisme M *feminisme*
féministe I BNW *feministisch* **II** M/V *feminist*
féminité V *vrouwelijkheid*
femme V *vrouw* ★ ~ de chambre *kamermeisje* ★ ~ de ménage *werkster* ★ INFORM. bonne ~ *vrouw(tje); wijf* ★ ~ de lettres *schrijfster* ★ ~ enfant *kindvrouwtje* ★ ~ ingénieur *vrouwelijke ingenieur* ★ ~ peintre *schilderes* ★ OUD. prendre ~ *een vrouw huwen*
femmelette V ● *zwak, tenger vrouwtje* ● *verwijfde man; oud wijf; slappeling*
fémoral BNW [m mv: **fémoraux**] *dij(been)-*
fémur M *dijbeen*
fenaison V ● *(het) hooien* ● *hooitijd*
fendillement M *(het) (lichtjes) barsten*
fendiller I OV WW *barstjes maken in* **II** WKD WW [**se** ~] *barstjes krijgen; springen* ⟨v.d. huid⟩
fendre I OV WW *splijten; kloven* ★ ~ l'air *de lucht doorklieven* ★ ~ l'âme/le cœur *het hart breken; hartverscheurend zijn* ★ ~ la foule *door de menigte dringen* ★ geler à pierre ~ *vriezen dat het kraakt* **II** WKD WW [**se** ~] ● *barsten; splijten* ● *een uitval doen* ⟨bij schermen⟩ ● INFORM. *over de brug komen (***de** *met); dokken*
fendu BNW *gespleten; gebarsten; split-* ★ bouche ~e jusqu'aux oreilles *een mond als een schuurdeur*
fenêtre V *raam; venster* ⟨ook inform.⟩ ★ ~ à guillotine *schuifraam* ★ à la ~ *voor het raam* ★ jeter l'argent par les ~s *zijn geld over de balk gooien*
fenêtré BNW *met (venster)openingen*
fenil M *hooizolder*
fennec M *woestijnvos*
fenouil M *venkel*
fente V ● *spleet; kloof; barst; gleuf; split; reet* ● *uitval* ⟨bij schermen⟩
féodal BNW [m mv: **féodaux**] *feodaal; leen-*
féodalisation V *feodalisering*
féodalité V *feodaliteit; feodalisme*
fer M ● *ijzer* ● *ijzeren werktuig* ★ l'âge du fer *het ijzeren tijdperk* ★ chemin de fer *spoorweg* ★ fer doux *weekijzer* ★ fer forgé *smeedijzer* ★ santé de fer *ijzeren gestel* ★ croiser le fer (avec) OOK FIG. *de degens kruisen (met)* ★ INFORM. tomber les quatre fers en l'air *achterover vallen* ★ fer à friser *krulijzer; krultang* ★ fer (à repasser) *strijkbout* ★ fer à souder *soldeerbout* ★ fer de lance *speerpunt* ⟨ook fig.⟩ ★ fer à vapeur *stoomstrijkbout* ★ fer (à cheval) *hoefijzer* ★ mettre aux fers *in de boeien slaan* ★ de fer *ijzeren* ⟨ook fig.⟩ ★ par fer *per spoor; per trein* ★ en fer à cheval *hoefijzervormig* ★ avoir plusieurs fers au feu *meerdere ijzers in het vuur hebben* ★ marquer au fer rouge *brandmerken* ★ donner un coup de fer à qc *iets (even) strijken* ★ il faut battre le fer quand il est chaud ⟨spreekwoord⟩ *men moet het ijzer smeden als het heet is*
ferai WW [futur] ● → **faire**
fer-blanc M [mv: **fers-blancs**] *blik* ⟨metaal⟩
ferblanterie V *blikslagerij; blik(werk)*
férié BNW ★ jour ~ *rustdag; feestdag*
férir OV WW OUD. *slaan* ★ sans coup ~ *zonder slag of stoot*
fermage M *pacht(som)*
ferme I BNW ● *vast; stevig* ● *krachtig; flink; ferm; streng (***avec** *tegen)* ● *standvastig* ● *vaststaand* ★ la terre ~ *het vasteland* ★ condamnation ~ *onvoorwaardelijke veroordeling* ★ deux ans de prison ~ *twee jaar onvoorwaardelijk* ★ être ~ sur ses jambes *vast op zijn benen staan* ★ d'une main ~ *met vaste hand* ★ parler d'un ton ~ *op ferme toon spreken* **II** BIJW ● *flink; krachtig; stevig* ● *vast* ★ travailler ~ *hard werken* ★ s'ennuyer ~ *zich stierlijk vervelen* ★ tenir ~ *volhouden* ★ acheter ~ *een vaste koop sluiten* **III** V ● *boerderij; pachthoeve* ● *verpachting* ⟨v. belasting⟩ ● *huurcontract* ★ (bail à) ~ *pacht* ★ ~laboratoire *proefboerderij* ★ ~ modèle *modelboerderij* ★ donner à ~ *verpachten* ★ prendre à ~ *pachten*

fe

fermé BNW • *gesloten*; *besloten* • *ontoegankelijk*; *niet-ontvankelijk (***à** *voor)*
ferment M • *ferment*; *gist(stof)* • FIG. *bron*; FIG. *kiem*
fermentation V OOK FIG. *gisting* ★ être en ~ *gisten*
fermenter ONOV WW OOK FIG. *gisten*
fermer I OV WW • *sluiten*; *afsluiten (***à** *voor)*; *dichtdoen* • *uitdraaien* ⟨v. gas, licht, elektrisch toestel⟩; *uitdoen* ★ ~ à clef *op slot doen* ★ ~ à double tour *op het nachtslot doen* ★ ~ la bouche *z'n mond houden* ★ ~ la porte sur qn *de deur achter iem. dichtdoen* ★ ~ les yeux sur qc *iets door de vingers zien* ★ INFORM. ferme-la!/la ferme! *kop dicht!* **II** ONOV WW *sluiten*; *dichtgaan* ★ ~ mal *slecht sluiten* **III** WKD WW [**se** ~] *zich (af)sluiten (***à** *voor)*; *dichtgaan*; *gesloten worden*
fermeté V • *vastheid*; *stevigheid* • *standvastigheid*; *vastberadenheid*; *fermheid*
fermette V *boerderijtje*
fermeture V *sluiting* ⟨in alle betekenissen⟩ ★ ~ éclair *ritssluiting*
fermier I M [v: **fermière**] *boer*; *pachter* **II** BNW [v: **fermière**] • *boeren-* • *land-*
fermoir M *slot* ⟨v. boek⟩; *beugel* ⟨v. tas⟩; *sluithaak*; *knip*
féroce BNW • *wild* ⟨v. dieren⟩; *verscheurend* • *wreed*; *onbarmhartig*; *woest* • *verschrikkelijk* ★ bête ~ *wild dier* ★ faim ~ *verschrikkelijke honger*
férocité V • *wreedheid*; *onbarmhartigheid* • *wildheid*; *woestheid*
Féroé M MV ★ les îles ~ *Faeröer(eilanden)*
ferrage M • *(het) beslaan* ⟨v. paarden⟩ • *ijzeren beslag*
ferraille V • *oud ijzer*; *schroot* • INFORM. *ijzerwerk* • INFORM. *kleingeld* ★ bruit de ~ *gekletter*; *gerammel* ★ tas de ~ OOK FIG. *schroothoop* ★ bon à mettre à la ~ *rijp zijn voor de schroothoop/de sloop*
ferrailler ONOV WW • MIN. OOK FIG. *(met de degen) vechten (***contre** *tegen)* • *kletteren*; *rammelen*
ferrailleur M [v: **ferrailleuse**] • *handelaar in oud ijzer* • *betonvlechter* • *vechtersbaas*; *ruziezoeker* • *sjacheraar*
ferré BNW • *met ijzer beslagen* • *doorkneed (***en** *in)*; *knap*; *goed beslagen* ★ bâton ~ *bergstok* ★ réseau ~ *spoorwegnet* ★ voie ~e *spoorweg* ★ être ~ sur un sujet *goed thuis zijn in een onderwerp*
ferrer OV WW • *(met ijzer) beslaan* • *aanslaan* ⟨v. vis⟩ ★ ~ un cheval *een paard beslaan*
ferret M *nestel* ⟨v. veter⟩
ferreux BNW [v: **ferreuse**] • *ijzerhoudend* • SCHEIK. *ferro-*
ferrique BNW SCHEIK. *ferro-*; *ijzer-*
ferrite V SCHEIK. *ferriet*
ferronnerie V • *klein ijzerwerk*; *(sier)smeedwerk* • *ijzerwarenfabriek*
ferronnier M [v: **ferronnière**] • *kunstsmid* • *ijzerhandelaar* • *bevestiger v. hang-en-sluitwerk*
ferroviaire BNW *spoorweg-* ★ réseau ~ *spoorwegnet*
ferrugineux BNW [v: **ferrugineuse**] *ijzerhoudend*
ferrure V • *ijzerbeslag*; *ijzerwerk* ⟨v. deur⟩ • *hoefbeslag*
ferry (zeg: feerie) M [mv: **ferrys, ferries**] *veerboot*
ferry-boat (zeg: feerieboot) M [mv: **ferry-boats**] *veerboot*
fertile BNW OOK FIG. *vruchtbaar* ★ ~ en *rijk aan*
fertilisant I BNW *bemestingsmiddel* **II** BNW *vruchtbaarmakend*
fertilisation V *(het) vruchtbaar maken*
fertiliser OV WW *vruchtbaar maken*; *bemesten*; *verrijken*
fertilité V OOK FIG. *vruchtbaarheid*
féru BNW **~ de** *verzot op*; *bezeten van*
férule V *plak* ⟨v. schoolmeester⟩ ★ être sous la ~ (de) *onder de plak zitten (van)*
fervent I BNW *vurig*; *hartstochtelijk*; *innig*; *fervent* **II** M *vurig bewonderaar/aanhanger (***de** *van)*
ferveur V FIG. *vuur*; *innigheid*; *hartstocht*; *grote ijver*
fesse V *bil* ★ INFORM. serrer les ~s *'m knijpen* ★ INFORM. poser ses ~s *(op zijn krent) gaan zitten* ★ INFORM.... de mes ~s *flut-* ★ INFORM. histoire de ~s *seksavontuurtje*; *schunnig verhaal*
fessée V *pak voor de broek*; OOK FIG. *pak slaag*
fesse-mathieu M [mv: **fesse-mathieux**] *vrek*
fesser OV WW *voor de broek geven*
fessier I M *de billen*; *achterwerk* **II** BNW [v: **fessière**] *bil-*
festif BNW [v: **festive**] *feest-*
festin M *feestmaal*; *festijn*
festival M [mv: **festivals**] • *festival* • INFORM./FIG. *fraai(e) staaltje(s)*
festivalier I M [v: **festivalière**] *festivalganger* **II** BNW [v: **festivalière**] *festival-*
festivité V [meestal mv] *feest*; *festiviteit*
feston M • *festoen*; *(bloemen)slinger*; *lofwerk* • *festo(e)n*; *gelobde, geborduurde zoom*
festonner OV WW *met festoenen versieren*; *festonneren*
festoyer ONOV WW *fuiven*; *feestvieren*
fêtard M [v: **fêtarde**] INFORM. *fuifnummer*; *pretmaker*
fête V • *feest* • *naamdag*; *feestdag* ★ en fête *in feeststemming* ★ jour de fête *feestdag* ★ fête des mères *Moederdag* ★ faire fête à qn *iem. feestelijk ontvangen* ★ faire la fête *fuiven*; *veel pret maken* ★ se faire une fête de qc *zich op iets verheugen* ★ ce n'est pas tous les jours fête *het is niet alle dagen kermis* ★ souhaiter la fête à qn *iem. op zijn naamdag gelukwensen* ★ ne pas être à la fête *z'n lol wel op kunnen* ★ être de la fête *van de partij zijn*
Fête-Dieu V *Sacramentsdag*
fêter OV WW • *vieren* • *feestelijk ontvangen*; *fêteren*
fétiche I M *fetisj*; *voorwerp van blinde verering* **II** BNW *hogelijk vereerd*; *lievelings-*
fétichisme M *fetisjisme*; *blinde verering*
fétichiste I BNW *fetisjistisch* **II** M/V *fetisjist*
fétide BNW *stinkend*; *walgelijk*
fétidité V *stank*

fétu M *strootje* ★ pas un fétu *geen zier*
feu I M ● OOK FIG. *vuur* ● *brand* ● *licht*; *verkeerslicht*; *kustlicht* ● *(gas)pit*; *brander* ● *branderigheid*; *gloed* ★ en feu OOK FIG. *in brand*; *gloeiend* ★ feux de Bengale *Bengaals vuur* ★ feu d'artifice *vuurwerk* ★ feu du ciel *bliksem*; *hemelvuur* ★ n'avoir ni feu ni lieu *huis noch haard hebben* ★ faire du feu *vuur aanleggen* ★ être tout feu tout flammes *laaiend enthousiast zijn* ★ mettre à feu et à sang *te vuur en te zwaard verwoesten*; *verwoestend huishouden in* ★ j'en mettrais ma main au feu *ik zou er mijn hand voor in het vuur willen steken* ★ feu Saint-Elme *sint-elmsvuur* ★ prendre feu OOK FIG. *vlam vatten* ★ il n'y voit que du feu *hij begrijpt er niets van*; *het ontgaat hem volkomen* ★ au feu! *brand!* ★ arme à feu *vuurwapen* ★ bouche à feu *vuurmond*; *kanon* ★ coup de feu *schot* ⟨v. vuurwapen⟩ ★ être (pris) entre deux feux *tussen twee vuren zitten* ★ faire feu *vuur geven*; *vuren* ★ condamner au feu *tot de brandstapel veroordelen* ★ feu arrière *achterlicht* ★ feu (de) stop *remlicht* ★ feu de position *parkeerlicht*; *navigatielicht* ★ feu de croisement *dimlicht* ★ feux de route *groot licht* ★ feux de stationnement *parkeerlicht* ★ FIG. donner le feu vert *het groene licht geven* ★ feu roulant *trommelvuur*; OOK FIG. *spervuur* ★ faire feu de tout bois *alles in het werk stellen* ★ jouer avec le feu FIG. *met vuur spelen* ★ mettre le feu à *in brand steken* ★ il n'y a pas le feu! *kalm aan!*; *het heeft niet zo'n haast!* ★ faire mourir à petit feu *tergend langzaam doen sterven* ★ faire feu des quatre fers/pieds *zich het vuur uit de sloffen lopen* ★ feu sacré *heilig vuur* ★ aller au feu *ten strijde trekken*; *vuurvast zijn* ★ dans le feu de l'action *in het vuur van de strijd* ★ mettre pleins feux sur FIG. *in de schijnwerpers zetten* ★ à feu doux *op een zacht pitje* ★ faire long feu *op niets uitlopen*; *mislukken* ★ ne pas faire long feu *niet van lange duur zijn* ★ INFORM. avoir le feu au derrière/au cul/dans les fesses *gehaast zijn*; *niet stil kunnen zitten* ★ brûler/griller le feu *door rood licht rijden* ★ feux de détresse *alarmknipperlichten* ⟨v. auto⟩ ★ feu (de signalisation)/feux tricolores *verkeerslicht(en)* **II** BNW *wijlen* ★ feu la princesse/la feue princesse *wijlen de prinses*
feudataire M GESCH. *leenman*
feuillage M *gebladerte*; *loof(werk)*
feuillaison V *bladvorming*; *uitbotting*
feuille V ● PLANTK. *blad* ● *blad* ⟨papier⟩; *vel* ● *blad* ⟨tijdschrift, krant⟩ ● *blad* ⟨folie, plaat⟩ ● *formulier*; *biljet* ★ ~ morte *dor blad* ★ ~ de vigne *wingerdblad*; FIG. *vijgenblad* ★ ~ volante *los blaadje* ★ ~ de paye *loonstrookje* ★ ~ de présence *presentielijst* ★ ~ de route *marsorder* ★ ~ de chou *prulblaadje*; *vod* ⟨tijdschrift, krantje⟩ ★ ~ de placage *fineer* ★ INFORM. dur de la ~ *hardhorend* ★ trembler comme une ~ *beven als een riet* ★ acier en ~/~ d'acier *plaatstaal*
feuillée V FORM. *bladerdak*
feuille-morte BNW *met de (gele) kleur van dorre bladeren*
feuillet M ● *blad* ⟨v. boek⟩; *blaadje* ● *plaatje*; *laagje* ● *boekmaag*
feuilleté I BNW ● *bladerig* ● *gelaagd*; *gelamineerd* ★ pâte ~e *bladerdeeg* **II** M *bladerdeeggebak*
feuilleter OV WW *doorbladeren* ★ ~ de la pâte *bladerdeeg maken*
feuilleton M *feuilleton*; *(radio-, televisie)serie*; *vervolgverhaal*
feuillu BNW *bladerrijk* ★ (arbre) ~ *loofboom*
feuillure V *sleuf*; *sponning*
feuler ONOV WW *blazen* ⟨v. kat⟩; *brullen* ⟨v. tijger⟩
feutrage M *vervilting*
feutre I M ● *vilt* ● *vilten voorwerp* ● *viltstift* **II** BNW *vilten*; *van vilt*
feutré BNW ● *vilten*; *vervilt* ● FIG. *gedempt* ★ à pas ~s *sluipend*; *geruisloos*; *op kousenvoeten* ★ en termes ~s *in bedekte termen*
feutrer OV WW *(ver)vilten*
feutrine V *wolvilt*
feux M MV ● → **feu**
fève V *(wikke)boon*; *tuinboon* ★ la fève des rois *driekoningenboon* ⟨boon of figuurtje in driekoningenbrood⟩ ★ fève de cacao *cacaoboon*
février M *februari*
fez M *fez*
fi TW FORM. *foei!* ★ fi donc! *foei!* ★ faire fi de *de neus optrekken voor*; *maling hebben aan*
fiabiliser OV WW *betrouwbaar(der) maken*
fiabilité V *betrouwbaarheid*; *bedrijfszekerheid*
fiable BNW *betrouwbaar*; *bedrijfszeker*
fiacre M *aapje*; *huurrijtuig*
fiançailles V MV *verloving*
fiancé M [v: **fiancée**] *verloofde*
fiancer I OV WW *verloven* **II** WKD WW [**se** ~] *zich verloven (***avec** *met)*
fiasco M *mislukking*; *fiasco* ★ faire ~ *fiasco lijden*; *mislukken*; *floppen*
fiasque V *mandfles*; *strofles*
fibranne V *celvezel*
fibre V ● *vezel* ● *gevoel(ens)* ★ ~ de bois *houtwol* ★ ~ optique *optische glasvezel* ★ ~ de verre *glasvezel* ★ avoir la ~ maternelle *een echt moedertje zijn*
fibreux BNW [v: **fibreuse**] *vezelig*; *vezel-* ★ cette viande est fibreuse *dit vlees is draderig*
fibrillation V *fibrillatie*
fibrille V *vezeltje*; *fibril*
fibrome M *bindweefselgezwel*; *fibroom*
fibule V *fibula*
ficelage M *(het) vastbinden met touw*
ficeler OV WW *vastbinden met touw* ★ ~ un paquet *een touwtje om een pakje doen* ★ mal ficelé *raar uitgedost*; *sjofel gekleed* ★ travail bien ficelé *goed stuk werk*
ficelle V ● *touwtje* ● [vaak mv] *kneep(je)*; *foefje* ● *dun stokbrood* ★ tirer les ~s FIG. *aan de touwtjes trekken* ★ INFORM. tirer sur la ~ *iets te ver drijven*; *te veel willen*
fichage M *(het) opnemen in een kaartsysteem*
fiche V ● *blaadje met gegevens*; *(systeem)kaart*; *briefje*; *bonnetje*; *fiche* ● *pin*; *spie*; *stekker*; *plug* ● *speelpenning*; *fiche* ★ ~ de contact

stopcontact ★ ~ domino/multiple *verdeelstekker* ★ ~ technique *blaadje met technische gegevens* ★ ~ de paye *loonstrookje*

ficher I OV WW ● *op fiches zetten; in een kaartsysteem opnemen; ficheren; registreren* ● *met de punt slaan in; indrijven* ● INFORM. *geven;* INFORM. *doen;* INFORM. *gooien; smijten* ★ fiche-moi le camp *smeer 'm; loop naar de bliksem* ★ ~ une gifle *een klap verkopen* ★ je t'en fiche! *dat had je gedacht!* ★ INFORM. fiche-moi la paix *laat me met rust* ★ INFORM. ~ qn à la porte *iem. de deur uitgooien* ★ il n'a rien fichu *hij heeft niks uitgevoerd* **II** WKD WW [**se** ~] INFORM. *zich werpen; (ge)raken* ★ se ~ de *maling hebben aan; spotten met* ★ je m'en fiche *ik heb er maling aan; het kan me geen steek schelen* ★ se ~ dedans *het mis hebben*

fi

fichier M ● *(gegevens)bestand* ● *kaartenbak* ● *kaartsysteem* ★ ~ joint *attachment*

fichtre TW INFORM. *drommels!; verrek!*

fichtrement BIJW INFORM. *drommels; verrekt*

fichu I BNW ● INFORM. *beroerd; drommels; rot-* ● INFORM. *naar de bliksem; verloren* ● INFORM. *in staat (**de** om)* ★ être mal ~ *slecht in elkaar zitten; zich beroerd voelen* ★ il est ~ *het is met hem gedaan* ★ être bien ~ *goed in elkaar zitten; goed gebouwd zijn* **II** M *halsdoek; hoofddoek; fichu* **III** WW [volt. deelwoord] ● → **ficher**

fictif BNW [v: **fictive**] *ingebeeld; fictief; denkbeeldig; gefingeerd; schijn-*

fiction V *verzinsel; fictie*

fidèle I BNW ● *trouw; getrouw (**à** aan)* ● *betrouwbaar* ★ être ~ à soi-même *zichzelf zijn* **II** M/V ● *aanhanger; getrouwe* ● *gelovige*

fidélisation V *klantenbinding*

fidéliser OV WW *voor zich winnen; (aan zich) binden* ⟨v. klanten⟩

fidélité V ● *trouwheid; getrouwheid* ● *betrouwbaarheid* ★ haute ~ *hifi*

fiduciaire BNW *fiduciair* ★ (société) ~ *trustmaatschappij*

fief M ● GESCH. *leen(goed)* ● FIG. *domein; bolwerk* ★ fief électoral *kiesdistrict waar men de meerderheid heeft*

fieffé BNW MIN. *volslagen; aarts-; verstokt* ★ ~ menteur *aartsleugenaar*

fiel M ● *gal* ⟨v. dieren⟩ ● FIG. *gal; wrok; bitterheid*

fielleux BNW [v: **fielleuse**] *bitter;* FIG. *gallig; hatelijk*

fiente V *drek; (vogel)poep*

fienter ONOV WW *poepen* ⟨vooral v. vogels⟩

fier (zeg: fjèr/(ww) fjee) **I** BNW [v: **fière**] ● *trots (**de** op)* ⟨in alle betekenissen⟩ ● INFORM. *deksels* ⟨vóór znw.⟩; *geweldig* ★ âme fière *edele ziel* ★ INFORM. ne pas être fier *zich klein maken; bang/bedremmeld/gegeneerd zijn; flink in de rats zitten* **II** M ★ faire le fier *zich groot houden; uit de hoogte doen* **III** WKD WW [**se** ~] **à** *vertrouwen op; rekenen op*

fièrement BIJW *trots; fier*

fierté V *trots* ⟨in alle betekenissen⟩; *fierheid* ★ en tirer ~ *er trots op zijn*

fiesta V INFORM. *zuippartij; feestje; boemel(arij)*

fièvre V ● *koorts* ● FIG. *koortsachtigheid; opwinding; hectiek* ★ ~ aphteuse *mond- en klauwzeer* ★ ~ jaune *gele koorts* ★ ~ de l'or *goudkoorts*

fiévreusement BIJW ● → **fiévreux**

fiévreux BNW [v: **fiévreuse**] OOK FIG. *koortsachtig; koortsig*

fifille V INFORM. *klein meisje; dochtertje*

fifre M ● *dwarsfluitje* ● *pijper; fluitspeler*

figer I OV WW *doen stollen; stijf doen worden;* OOK FIG. *doen verstarren* ★ expression figée *vaste/versteende uitdrukking* ★ un sourire figé *een stijf, gedwongen lachje* ★ figé sur place *als aan de grond genageld* **II** WKD WW [**se** ~] *stollen; stijf worden;* OOK FIG. *verstarren*

fignolage M *minutieuze afwerking; peuterwerk*

fignoler OV WW *minutieus afwerken; bijvijlen*

fignoleur M [v: **fignoleuse**] *pietje-precies*

figue V *vijg* ★ ~ de Barbarie *cactusvijg* ★ mi-~, mi-raisin FIG. *halfslachtig; halfhalf; zuurzoet*

figuier M *vijgenboom*

figurant M [v: **figurante**] *figurant*

figuratif BNW [v: **figurative**] *figuratief; beeld-*

figuration V ● *voorstelling in beelden* ● *de figuranten* ● *figurantenrol* ★ faire de la ~ OOK FIG. *(slechts) een figurantenrol spelen*

figure V ● *figuur* ⟨in alle betekenissen⟩ ● *gezicht; gelaat* ★ ~ de style *stijlfiguur* ★ faire ~ de *figureren als; doorgaan voor* ★ faire bonne ~ *een goed figuur slaan* ★ faire piètre ~ *een pover figuur slaan* ★ faire triste ~ *er somber uitzien* ★ INFORM. se casser la ~ OOK FIG. *op z'n bek gaan* ★ SPORT ~s imposées *verplichte kür* ★ SPORT ~s libres *vrije kür*

figuré BNW ● *met afbeeldingen* ● *figuurlijk* ● *beeldend* ★ style ~ *beeldende stijl* ★ au (sens) ~ *in figuurlijke betekenis*

figurer I OV WW *voorstellen; afbeelden; uitbeelden* **II** ONOV WW OOK FIG. *figureren* ★ ~ sur une liste *op een lijst voorkomen/staan* ★ ~ parmi les premiers *een van de eersten zijn* **III** WKD WW [**se** ~] *zich voorstellen; zich verbeelden*

figurine V *beeldje*

fil M ● OOK FIG. *draad; lijn; snoer* ● *(ver)loop* ● *scherp; snede* ★ fil à broder *borduurgaren* ★ avoir qn au bout du fil *iem. aan de (telefoon)lijn hebben* ★ fil à coudre *naaigaren* ★ INFORM. passer un coup de fil à qn *iem. opbellen* ★ donner du fil à retordre *veel te stellen geven; heel wat last bezorgen* ★ fil de fer *ijzerdraad* ★ perdre le fil FIG. *de draad kwijtraken* ★ reprendre le fil *de draad weer opnemen* ★ fil de perles *parelsnoer* ★ fil à plomb *schietlood* ★ fil télégraphique *telegraafdraad* ★ de fil en aiguille *langzamerhand; stukje bij beetje* ★ ne tenir qu'à un fil *aan een zijden draadje hangen* ★ fils de la vierge *herfstdraden* ★ fil dentaire *tandzijde; floss(zijde)* ★ au fil de *in de loop van* ★ au fil de l'eau *met de stroom mee* ★ sans fil *draadloos* ★ pur fil (de lin) *zuiver linnen* ★ sur le fil de rasoir *op het scherp van de snede* ★ de droit fil *recht van draad* ★ couper dans le fil *met de draad mee snijden* ★ c'est cousu de fil blanc *dat ligt er (duimen)dik bovenop; dat is volkomen doorzichtig* ⟨v. leugen, bedrog⟩ ★ il n'a pas inventé le fil à couper le beurre *hij heeft het buskruit niet uitgevonden* ★ tenir les fils FIG. *aan de touwtjes trekken* ★ avoir un fil à la patte *een blok aan het been hebben* ★ dans le droit fil de FIG. *(geheel) in de lijn van*

filament M *draadje; vezeltje; gloeidraad*

filandreux BNW [v: **filandreuse**] • *vezelig; met taaie vezels* • *langdradig (en verward)*

filant BNW *stroperig; dikvloeibaar* ★ étoile ~e *vallende ster* ★ pouls ~ *zeer zwakke pols*

filasse V *gehekeld vlas of hennep* ★ blond ~ *vlasblond*

filature V • *spinnerij* • *(het) spinnen* • *(het) schaduwen* ‹v. verdachte e.d.› ★ prendre en ~ *schaduwen*

file V • *rij* ‹achter elkaar› • *rijstrook* ★ à la file/en file *achter elkaar* ★ en file indienne *achter elkaar (lopend); in ganzenpas* ★ file d'attente *rij van wachtenden* ★ chef de file *leider* ★ prendre la file *(achteraan) in de rij gaan staan* ★ stationner en double file *dubbel parkeren*

filer I OV WW • *spinnen*; OOK FIG. *uitspinnen; trekken* ‹v. metaal(draad)› • *vieren* ‹v. lijn› • INFORM. *geven* • *schaduwen* ‹v. verdachte e.d.› ★ ~ 30 nœuds *30 knopen varen* **II** ONOV WW • *(langzaam) uitvloeien* • *(hoog) uitschieten* • *snel (weg)gaan*; FIG. *voorbijvliegen* • INFORM. *ervandoor gaan* • *ladderen* ‹v. kous, maas› ★ ~ à l'anglaise *er stiekem tussenuit knijpen* ★ INFORM. ~ doux *zoete broodjes bakken*

filet M • *net* • *draadje; vezeltje* • *straaltje; scheutje* • *filet* • *lijntje; randje; bies* ★ coup de ~ *vangst* ★ ~ (de sécurité) *vangnet* ★ ~ de bœuf *ossenhaas* ★ ~ de voix *schraal stemmetje* ★ ~ de fumée *rookpluimpje* ★ ~ (de la langue) *tongriem* ★ ~ (de vis) *schroefdraad* ★ attirer qn dans ses ~s *iem. in zijn strikken vangen* ★ tendre un ~ *een valstrik spannen* ★ bas en ~ *netkous*

filetage M *(het snijden van) schroefdraad*

fileter OV WW *snijden* ‹v. schroefdraad›; *trekken* ‹v. metaaldraad›

fileur M [v: **fileuse**] *spinner*

filial BNW [m mv: **filiaux**] *kinder-; kinderlijk* ★ amour ~ *kinderliefde* ‹jegens ouders›

filiale V *dochteronderneming; filiaal*

filiation V • *afstamming* • *samenhang; opeenvolging*

filière V • FIG. *gewone weg* • *leerweg* • *reeks fasen of stappen* • *draadtrekijzer; draadsnijijzer* ★ suivre la ~ *de normale hiërarchische weg volgen; de leercyclus/productieketen doorlopen; zich omhoogwerken* ★ démanteler une ~ *een (drugs)netwerk oprollen* ★ la ~ agroalimentaire *de voedingsmiddelensector; de bedrijfskolom voor voedingsmiddelen*

filiforme BNW • *draadvormig* • INFORM. *broodmager*

filigrane M • *filigraan(werk)* • *watermerk* ★ lire en ~ *tussen de regels door lezen*

filin M SCHEEPV. *tros; kabel*

fillasse V MIN. *meid; trien*

fille V • *dochter* • *meisje* ★ jeune ~ *(jong) meisje* ★ ~ de joie *meisje van plezier* ★ vieille ~ *oude vrijster* ★ rester ~ *ongetrouwd blijven* ‹v. vrouwen› ★ la ~ aînée des rois de France *de universiteit* ★ la ~ aînée de l'Eglise *Frankrijk*

fille-mère V [mv: **filles-mères**] *ongehuwde moeder*

fillette V • *(klein) meisje* • INFORM. *halve fles (wijn)*

filleul M [v: **filleule**] OOK FIG. *petekind*

film M • *film* • *film; dun laagje; folie* ★ film des évènements *loop/overzicht v.d. gebeurtenissen* ★ le grand film *de hoofdfilm*

filmage M *(het) filmen*

filmer OV WW *(ver)filmen*

filmique BNW *film-; filmisch*

filmologie V *filmkunde*

filmothèque V *(micro)filmarchief*

filon M • *ertsader* • FIG. *goudmijn(tje); luizenbaan*

filou M *schurk; boef(je)*

filouter OV WW • *oplichten; bestelen (**de** van)* • OUD. *ontfutselen; bietsen (**à** van)*

fils (zeg: fies) M OOK FIG. *zoon* ★ un fils de famille *een jongeman van goeden huize* ★ le fils de l'homme *de mensenzoon* ★ de père en fils *van vader op zoon* ★ tel père, tel fils ‹spreekwoord› *de appel valt niet ver van de boom* ★ Dumas fils *Dumas junior*

filtrage M • *filtrering* • FIG. *schifting*

filtration V *filtrering*

filtre M *filter* ★ (bout) ~ *sigarettenfilter* ★ ~ à air *luchtfilter*

filtrer I OV WW • *filtreren*; OOK FIG. *filteren* • FIG. *zeven*; FIG. *schiften; screenen* **II** ONOV WW OOK FIG. *doorsijpelen; filtreren*

fin I V • *einde* • *doel; oogmerk* ★ à la fin *(uit)eindelijk; ten slotte* ★ en fin de compte *per slot van rekening* ★ fins de série *winkelrestanten* ★ mener à bonne fin *tot een goed einde brengen; afmaken* ★ prendre fin *eindigen* ★ mettre fin à *een eind maken aan* ★ tirer/toucher à sa fin *op z'n eind lopen* ★ arriver/en venir à ses fins *zijn doel bereiken* ★ à cette fin *daartoe* ★ la fin justifie les moyens *het doel heiligt de middelen* ★ les fins dernières *de vier uitersten* ★ répond à la fin/des fins! *antwoord nou eens!* ★ à toutes fins utiles *voor zover nodig; ten overvloede* ★ à seule fin de *alleen maar om* ★ arrondir ses fins de mois *wat bijverdienen (om rond te komen)* ★ sans fin *zonder einde; eindeloos* ★ on n'en voit pas la fin *er komt geen einde aan* ★ la fin couronne l'œuvre ‹spreekwoord› *eind goed, al goed* **II** BNW • *fijn* ‹in alle betekenissen› • FIG. *scherp; scherpzinnig; slim* • *bekwaam* ★ pierre fine *echte steen; halfedelsteen* ★ taille fine *slanke taille* ★ au fin fond de *diep in; in het hartje van* ★ le fin mot *het laatste woord; het fijne v.d. zaak* ★ fin connaisseur *groot kenner* ★ jouer aux plus fins (avec) *iem./elkaar te slim af proberen te zijn* ★ le fin du fin *het fijnste v.h. fijnste; het puikje* **III** BIJW • *fijn* • *volslagen* ★ fin prêt *geheel klaar* ★ moudre fin *fijn malen*

final BNW [m mv: **finaux, finals**] *laatst; eind-; slot-* ★ proposition ~e *doelaanwijzende bijzin*

fi

finale I M MUZ. *finale* **II** V • *finale; eindstrijd* • *slotlettergreep*
finalement BIJW *ten slotte*
finaliste M/V *finalist* ★ ~ malheureux *verliezend finalist*
finalité V *doel(gerichtheid); finaliteit*
finance V • *geld- en bankwezen* • *financiers* ★ la haute ~ *de grote bankiers/financiers* ★ ~s [mv] *financiën; geldmiddelen*
financement M *financiering*
financer I OV WW *financieren; bekostigen* **II** ONOV WW INFORM. *dokken*
financier I BNW [v: **financière**] *financieel; geldelijk; geld-* **II** M [v: **financière**] *financier*
fi
finasser ONOV WW INFORM. *draaien; uitvluchten gebruiken*
finasserie V INFORM. *draaierij; slimmigheidje*
finaud I M [v: **finaude**] *goochemerd; slimmerd* **II** BNW *(boeren)slim; goochem*
fine V *fijne brandewijn*
finement BIJW *fijn(tjes)*
finesse V • *fijnheid* • *slankheid* • FIG. *scherpte; scherpzinnigheid; schranderheid; geestigheid* ★ ~s [mv] *finesses; nuances*
fini I BNW • *klaar; beëindigd; af(gewerkt)* • *voorbij* • *eindig* • MIN. *aarts-; volleerd* ★ produit fini *eindproduct* ★ menteur fini *aartsleugenaar* ★ il est fini *het is gedaan met hem* **II** M • *(het) eindige* • *(fraaie) afwerking*
finir I OV WW • *eindigen, beëindigen; afmaken; afwerken* • *opgebruiken* ★ ~ ses jours *zijn laatste levensdagen slijten* ★ ~ un plat *een gerecht opeten* ★ ~ un verre *een glas leegdrinken* **II** ONOV WW • *eindigen; aflopen* ★ il a fini par payer *ten slotte heeft hij betaald* ★ il ~a mal *het zal slecht met hem aflopen* ★ en ~ avec *een eind maken aan; uit de weg ruimen* ★ ~ par faire qc *uiteindelijk (nog) iets doen* ★ tu vas ~ par tomber! *dadelijk val je nog!* ★ n'en pas/plus ~ (de) *steeds maar doorgaan/talmen (met)* ★ pour ~ *ten slotte; uiteindelijk* • ~ **de** *ophouden met* [+ infin.] • ~ **en** *eindigen op; uitlopen op*
finish M *laatste inspanning; laatste loodjes;* OOK FIG. *eindsprint* ★ au ~ *tot uitputtens toe; tot het bittere einde*
finissage M *afwerking*
finisseur M [v: **finisseuse**] • *afwerker* • SPORT *finisher*
finition V *afwerking*
finlandais I M *(het) Fins* **II** BNW *Fins*
Finlandais M [v: **Finlandaise**] *Fin*
Finlande V *Finland*
finnois I M *(het) Fins* **II** BNW *Fins*
fiole V • *flesje; fiool* • INFORM. *snuit; smoel*
fiord M *fjord*
fioritures V MV VAAK FIG. *versieringen; tierelantijnen*
fioul M *stookolie*
firmament M *uitspansel; firmament*
firme V *firma*
fis WW [passé simple] • → **faire**
FIS AFK Front islamique du salut *FIS; Islamitisch Bevrijdingsfront*
fisc (zeg: fiesk) M *fiscus*
fiscal BNW [m mv: **fiscaux**] *fiscaal; belasting-*
fiscalisation V *(het) belastbaar maken; fiscalisering*
fiscaliser OV WW *belasten; fiscaliseren*
fiscalité V *belastingwezen; fiscaliteit*
fissible BNW *splijtbaar*
fissile BNW *splijtbaar*
fission V *splijting; (kern)splitsing*
fissionner OV WW *splijten; splitsen*
fissuration V *splijting; scheurvorming*
fissure V *spleet;* OOK FIG. *barst*
fissurer I OV WW OOK FIG. *splijten* **II** ONOV WW *splijten; barsten*
fiston M INFORM. *zoon; (m'n) jongen*
fistule V *fistel*
fit WW [passé simple] • → **faire**
fitness M *fitness* ★ faire du ~ *fitnessen*
FIV AFK fécondation in vitro *ivf; in-vitrobevruchting*
fixage M *(het) fixeren*
fixateur I M • *fixeer(middel); versteviger* • *fixeerspuit* • *fixatief* **II** BNW [v: **fixatrice**] *fixeer-*
fixatif M *fixatief* ⟨voor tekeningen, haar⟩; *fixeermiddel; haarversteviger*
fixation V • *(het) vastmaken* • *bevestiging(smiddel); binding* ⟨v. ski⟩ • *(het) vastleggen; vaststelling* • *fixering* ⟨v. tekeningen, negatieven e.d.⟩ • *(het) zich vestigen* • PSYCH. *fixatie (**sur** op)* ★ faire une ~ sur *gefixeerd zijn op*
fixe I BNW *vast; onveranderlijk* ★ beau fixe *mooi en bestendig weer* ★ idée fixe *dwangvoorstelling; idee-fixe* ★ regard fixe *strakke blik* ★ être au beau fixe *mooi en bestendig zijn* ⟨v. weer e.d.; ook fig.⟩ ★ à heure fixe *op gezette tijd(en)* ★ prix fixe *vaste prijs* **II** M *vast inkomen* **III** TW MIL. *sta!*
fixer I OV WW • *vastmaken; bevestigen* • *fixeren* ⟨v. tekening, negatief e.d.⟩ • *vestigen (**sur** op)* • *vaststellen; vastleggen* • *strak aankijken; fixeren* ★ ~ une heure *een uur vaststellen* ★ ~ le prix *de prijs bepalen* ★ ~ l'attention sur qc *de aandacht op iets richten* ★ ~ qn sur *iem. uitsluitsel geven over* ★ être fixé sur *gericht zijn op; besloten zijn over; het nodige weten van* **II** WKD WW [**se ~**] • *zich vestigen (**sur** op)* • *vaste vorm krijgen* ★ se ~ un but *zich een doel stellen* ★ son choix/il s'est fixé sur *zijn keus is gevallen op*
fixité V *strakheid* ⟨v. blik⟩; *vastheid; onveranderlijkheid*
fjord (zeg: fjor(d)) M • → **fiord**
flac TW *klets!; plons!*
flacon M • *stopfles* • *fles(je); flacon*
flafla M INFORM. *poeha*
fla-fla M • → **flafla**
flagada BNW INFORM. *futloos; slapjes*
flagellation V *geseling; flagellatie*
flagelle M *zweephaar; zweepdraad*
flageller OV WW OOK FIG. *geselen*
flageoler ONOV WW *knikken* ⟨v. knieën⟩; *trillen* ⟨v. benen⟩
flageolet M *flageolet* ⟨in alle betekenissen⟩
flagorner OV WW LIT. *flikflooien tegen; vleien*
flagornerie V LIT. *flikflooierij; lage vleierij*
flagorneur M [v: **flagorneuse**] LIT. *flikflooier;*

lage vleier
flagrant BNW *overduidelijk; flagrant* ★ (pris) en ~ délit *op heterdaad (betrapt)*
flair M • *reukzin* ‹v. dieren› • FIG. *fijne neus; intuïtie (voor iets)*
flairer OV WW • OOK FIG. *ruiken* • OOK FIG. *lucht krijgen van* • *beruiken; besnuffelen*
flamand I M *(het) Vlaams* **II** BNW *Vlaams*
Flamand M [v: **Flamande**] *Vlaming*
flamant M *flamingo*
flambage M *(het) zengen; (het) schroeien*
flambant BNW *vlammend* ★ ~ neuf *gloednieuw*
flambard M ★ INFORM. faire le ~ FIG. *opscheppen*
flambeau M [mv: **flambeaux**] • OOK FIG. *fakkel* • *hoge kandelaar* ★ retraite aux ~x *fakkeloptocht* ★ passer le ~ FIG. *de fakkel doorgeven*
flambée V • *fel vuurtje* • *opwelling; uitbarsting; vlaag* ★ ~ des prix *plotselinge prijsstijging*
flamber I OV WW • *zengen; afbranden; schroeien* • *flamberen* • *erdoor jagen* ‹v. geld› **II** ONOV WW • *vlammen;* OOK FIG. *branden* • INFORM. *om grof geld spelen* ★ faire ~ les prix *de prijzen opjagen* ★ INFORM. être flambé *verloren zijn; geruïneerd zijn*
flambeur M [v: **flambeuse**] INFORM. *iem. die om grof geld speelt; patser*
flamboiement M OOK FIG. *(het) vlammen*
flamboyant BNW • OOK FIG. *vlammend; schitterend; fonkelend* • ARCH. *flamboyant*
flamboyer ONOV WW OOK FIG. *vlammen; schitteren; fonkelen*
flamingant I M *flamingant; Vlaamsgezinde* **II** BNW • *Vlaams sprekend* • *Vlaamsgezind*
flamme V • *vlam* • FIG. *vuur; gloed* ★ en ~s *in brand; in lichterlaaie* ★ déclarer sa ~ à qn *iem. de liefde verklaren* ★ ~ (postale) *vlag* ‹v. poststempel›
flammèche V *vonk; vuursprank*
flan M *eiervla(gebak)* ★ INFORM. c'est du flan! *lariekoek!*
flanc (zeg: fla(n)) M *zijkant; zij(de); flank* ★ à ~ de coteau *op de helling (v.d. heuvel)* ★ être sur le ~ *doodmoe zijn; bedlegerig zijn;* FIG. *geveld zijn* ★ prêter le ~ à *zich blootstellen aan* ★ INFORM. tirer au ~ *lijntrekken; niksen; zich drukken*
flancher ONOV WW INFORM. *afhaken; opgeven; het laten afweten; het begeven*
Flandre V *Vlaanderen*
flandrin M INFORM. *lange slungel*
flanelle V *flanel*
flâner ONOV WW • *flaneren; rondslenteren* • *lummelen; rondhangen*
flânerie V *(het) (rond)slenteren; (het) kuieren*
flâneur M [v: **flâneuse**] • *flaneur; wandelaar* • *lanterfanter*
flanquer OV WW • *flankeren* • INFORM. *geven; bezorgen* • INFORM. *smijten* ★ flanqué de *geflankeerd door* ★ ~ une gifle *een klap verkopen*
flapi BNW INFORM. *bekaf; doodmoe*
flaque V *plas* ★ ~ d'eau *plas water*
flash M [mv: **flashs/flashes**] • *flits(licht); flitstoestel* • FIG. *flits; gedachteflits; nieuwsflits*
flash-back (zeg: flasjbak) M [mv: id.] *flashback; terugblik*
flasher I OV WW *flitsen* ‹fotograferen› **II** ONOV WW ~ **sur** *vallen op; gecharmeerd zijn van*
flasque I BNW *slap; week* **II** M TECHN. *zijbekleding; zijstuk* **III** V *plat flesje; heupfles*
flatter I OV WW • *vleien (*de *met);* FIG. *strelen* • *flatteren* • *aaien* ‹v. dieren› ★ ~ les défauts de qn *iemands zwakheden aanmoedigen* **II** WKD WW [**se** ~] **de** *zich vleien met; zich laten voorstaan op*
flatterie V *compliment(je); vleierij*
flatteur I BNW [v: **flatteuse**] *vleiend; flatteus* **II** M/V [v: **flatteuse**] *vleier*
flatulence V *winderigheid; flatulentie*
flatulent BNW *winderig; flatulent*
flatuosité V • *darmgas* • *flatulentie*
fléau M [mv: **fleaux**] • *plaag* • *dorsvlegel* • *juk* ‹v. weegschaal›
fléchage M *bewegwijzering* ‹met pijlen›
fléché BNW *met pijl(en)*
flèche V • *pijl; schicht* • *(toren)spits* • *lang en spits voorwerp; (dissel)boom; arm* ‹v. hijskraan› ★ en ~ *pijlsnel; als een pijl;* FIG. *voorop(lopend)* ★ PLANTK. ~ d'eau *pijlkruid* ★ ~ (de lard) *zij spek* ★ faire ~ de tout bois *alle middelen aanwenden*
flécher OV WW *met pijlen markeren*
fléchette V *pijltje* ★ (jeu de) ~s *darts*
fléchir I OV WW • *buigen* • *vermurwen* ★ ~ les genoux (devant) OOK FIG. *knielen (voor)* **II** ONOV WW • *(door)buigen* • *zwichten (***devant** *voor); toegeven* • FIG. *verslappen; afnemen; dalen*
fléchissement M • *(het) (door)buigen* • FIG. *verslapping; achteruitgang; daling*
flegmatique BNW *flegmatiek*
flegme M *flegma; onverstoorbare kalmte*
flemmard I M [v: **flemmarde**] INFORM. *luilak* **II** BNW [v: **flemmarde**] INFORM. *lui*
flemmarder ONOV WW INFORM. *luieren; niksen*
flemmardise V INFORM. *luilakkerij*
flemme (zeg: flèm) V ★ INFORM. avoir la ~ *lui/lamlendig zijn* ★ INFORM. avoir la ~ de [+ infin.] *geen fut hebben om*
Flessingue V *Vlissingen*
flet M *bot* ‹vis›
flétan M *heilbot*
flétri BNW • *verlept* • *gerimpeld; slap* ‹v. huid›
flétrir I OV WW • *doen verwelken;* OOK FIG. *doen verleppen* • OOK FIG. *brandmerken; schandvlekken* **II** WKD WW [**se** ~] *verwelken;* OOK FIG. *verleppen*
flétrissure V • *(het) verwelken; verleptheid* • OOK FIG. *brandmerk; schandvlek*
fleur V • *bloem; bloesem* • OOK FIG. *bloei* • *kaam* ★ en ~(s) *in bloei* ★ ~ (de farine) *bloem* ‹meel› ★ ~s coupées *snijbloemen* ★ la (fine) ~ *het puikje; het fijnste* ★ à la ~ de l'âge *in de bloei v.h. leven* ★ à ~ de *aan het oppervlak van* ★ yeux à ~ de tête *uitpuilende ogen* ★ avoir les nerfs à ~ de peau *één bonk zenuwen zijn* ★ sensibilité à ~ de peau *overgevoeligheid* ★ faire une ~ à qn *iem. ter wille zijn* ★ être ~ bleue *sentimenteel, romantisch zijn* ★ INFORM. comme une ~ *gemakkelijk; alsof het niets is*
fleurer ONOV WW FORM. *geuren naar;* OOK FIG.

fl

rieken naar
fleuret M *floret*
fleurette V OUD. *bloempje* ★ conter ~ à une fille *een meisje het hof maken*
fleuri BNW • *gebloemd* • *bloeiend*; *in bloei* • *fris* ‹v. teint›; *gezond*; *blozend* • OOK FIG. *bloemrijk*; *wit* ‹v. (baard)haar› ★ la boutonnière ~e *met een bloem in het knoopsgat* ★ Pâques ~es *Palmpasen*
fleurir I OV WW *opfleuren (met bloemen)* **II** ONOV WW OOK FIG. *bloeien*; *floreren*
fleuriste M/V *bloemist*
fleuron M • *fleuron*; *bloemvormig ornament* • FIG. *parel (aan de kroon)* ★ le plus beau ~ de *het pronkstuk van*
fleuve I M *rivier*; OOK FIG. *stroom* **II** BNW *ellenlang* ★ discours-~ *eindeloze toespraak* ★ roman-~ *lange (familie)roman*; *romancyclus*
flexibilité V *flexibiliteit*; *buigzaamheid*; *plooibaarheid*
flexible BNW OOK FIG. *flexibel*; *buigzaam*; *plooibaar* ★ employé à horaire ~ *flexwerker*
flexion V OOK TAALK. *buiging*
flibustier M • OOK FIG. *vrijbuiter* • *oplichter*
flic (zeg: fliek) M INFORM. *smeris*
flingue M *vuurwapen*; *blaffer*
flinguer OV WW • INFORM. *neerschieten* • INFORM. OOK FIG. *mollen*; *niets heel laten van*
flipper (zeg: (zn) -peur) **I** M *flipper(kast)* **II** ONOV WW • INFORM. *flippen*; *afknappen* • *uit z'n bol gaan*; *in de piepzak zitten*
fliquer OV WW INFORM. *streng in de gaten houden*
flirt (zeg: fleurt) M OOK FIG. *flirt*
flirter ONOV WW *flirten (***avec** *met)*
flirteur M [v: **flirteuse**] *flirt(er)*
FLN AFK Front de libération nationale *nationaal bevrijdingsfront*
floc I M *plons* **II** TW *plons!*; *boem!*
floche BNW *vlos*
flocon M *vlok* ★ ~s d'avoine *havervlokken*
floconner ONOV WW *vlokken vormen*; *vlokken*
floconneux BNW [v: **floconneuse**] *vlokkig*
flonflons M MV *geschetter*
flop M *flop*; *mislukking* ★ faire un flop *floppen*
flopée V INFORM. *(hele)boel*
floraison V OOK FIG. *bloei*; *bloeitijd*
floral BNW [m mv: **floraux**] *bloem-*; *bloemen-*
floralies V MV *bloemententoonstelling*
flore V OOK MED. *flora*
florès (zeg: -rès) M ★ FORM. faire ~ *opgang maken*
floriculture V *bloementeelt*
Floride V *Florida*
florifère BNW *bloemdragend*
florilège M *bloemlezing*
florin M GESCH. *gulden*; *florijn*
florissant BNW FIG. *bloeiend*; *welvarend*; *florissant*
flot M • [vaak mv] *golf* • *opkomend water*; *vloed*; OOK FIG. *stroom* ★ à flots *bij stromen* ★ à flot *vlot*; *drijvend* ★ remettre à flot *weer vlot trekken*; *er weer bovenop helpen*
flottable BNW • *drijvend* • *vlotbaar*
flottage M *(het) (hout)vlotten*
flottaison V ★ SCHEEPV. ligne de ~ *waterlijn*
flottant BNW • *drijvend* • *(los)hangend*; *zwevend* • *wapperend* • *onvast*; *onzeker*; *onbestemd* • *vlottend* ★ côtes ~es *zwevende ribben* ★ dette ~e *vlottende schuld* ★ électorat ~ *zwevende kiezers* ★ monnaie ~e *zwevende valuta* ★ glaces ~es *drijfijs* ★ moteur ~ *zwevende motor* ★ rein ~ *wandelende nier* ★ robe ~e *ruimzittende jurk*
flotte V • *vloot* • *vlotter*; *drijver* • INFORM. *regen*; *water* ★ ~ aérienne *luchtvloot*
flottement M • *golvende beweging* • *aarzeling*; *besluiteloosheid*; *onzekerheid* • *(het) zweven* ‹v. valuta's›
flotter I WW ★ INFORM. il flotte *het giet (van de regen)* **II** OV WW *vlotten* ‹v. hout› **III** ONOV WW • *drijven* • *los hangen*; *zweven* • *wapperen* • *weifelen*; FIG. *dobberen* • *zweven* ‹v. valuta's›
flotteur M • *houtvlotter* • *drijver*; *vlotter*; *dobber*
flottille V *flottielje*; *kleine vloot*
flou I BNW • *onscherp*; *wazig*; OOK FIG. *vaag* • *onduidelijk* **II** M *wazigheid*; OOK FIG. *vaagheid*
flouer OV WW INFORM./OUD. *beduvelen*
fluctuant BNW *schommelend*; *fluctuerend*
fluctuation V *schommeling*; *veranderlijkheid*; *fluctuatie*
fluctuer ONOV WW *op- en neergaan*; *schommelen*; *fluctueren*
fluet BNW [v: **fluette**] *teer*; *tenger*; *iel* ‹v. stem›
fluide I M • *niet-vaste stof*; *vloeistof* • *fluïdum* **II** BNW • *(dun)vloeibaar* • OOK FIG. *onvast*; *onbestemd* • *vloeiend* ★ style ~ *vlotte stijl*
fluidifier OV WW • *vloeibaar maken* • *vlot(ter) laten doorstromen*
fluidité V • *(dun)vloeibaarheid* • *vloeiendheid*; *vlotte doorstroming* • *onbestemdheid*
fluo BNW INFORM. fluorescent *fluorescerend*
fluor M *fluor*
fluorescence V *fluorescentie*
fluorescent BNW *fluorescerend* ★ tube ~ *tl-buis*
fluorisation V *fluoridering*
fluorure V *fluoride*
flûte I V • *fluit* ‹instrument› • *fluit* ‹lang broodje› • *fluit* ‹glas› ★ ~ à bec *blokfluit* ★ ~ de Pan *panfluit*; *herdersfluit* ★ petite ~ *piccolo* ★ ~ traversière *dwarsfluit* ★ jouer de la ~ *fluit spelen* ★ INFORM. ~s [mv] *spillebenen* **II** TW OUD. *verhip!*
flûté BNW *fluitachtig*; *hoog* ‹v. toon, stem›
flûter ONOV WW *fluitend laten horen*
flûtiau M [mv: **flûtiaux**] *(kinder)fluitje*
flûtiste M/V *fluitist*
fluvial BNW [m mv: **fluviaux**] *rivier-* ★ port ~ *binnenhaven*
fluviatile BNW • *zoetwater-* • *rivier-*
flux (zeg: fluu) M • OOK FIG. *stroom*; *flux* • OOK FIG. *vloed* ★ flux de paroles *woordenvloed* ★ le flux et le reflux OOK FIG. *eb en vloed*
fluxion V • *fluxie* • *opzwelling*
FMI AFK Fonds monétaire international *IMF*; *Internationaal Monetair Fonds*
FN AFK Front national *Nationaal Front* ‹Franse rechts-extremistische partij›
FO AFK Force Ouvrière *Arbeidersmacht* ‹Franse sociaaldemocratische vakbond›
foc M SCHEEPV. *fok*

focal BNW [m mv: **focaux**] *brandpunts-*
focale V *brandpuntsafstand*
focaliser I OV WW *focussen*; *concentreren (***sur** *op)* **II** WKD WW [**se ~**] *zijn aandacht concentreren (***sur** *op)*
foehn M *föhn* ⟨wind⟩
foetal (zeg: fee-) BNW [m mv: **foetaux**] *foetaal*
foetus (zeg: feetuus) M *foetus*
fofolle V • → **foufou**
foi V • *geloof* • *gegeven woord* • *vertrouwen (***en** *in)* • *trouw* ★ bonne foi *goede trouw* ★ mauvaise foi *kwade trouw* ★ de bonne foi *te goeder trouw* ★ profession de foi *geloofsbelijdenis* ★ ma foi *op mijn woord*; *waarachtig*; *tja* ★ digne de foi *geloofwaardig*; *betrouwbaar* ★ sur la foi de *op gezag van*; *uit hoofde van* ★ faire foi de *getuigen van*; *als bewijs dienen van* ★ ajouter foi à *geloof hechten aan* ★ sans foi ni loi *schaamteloos* ★ n'avoir ni foi ni loi *God noch gebod kennen* ★ avoir la foi *gelovig zijn*
foie M *lever* ★ foie gras *ganzenlever*; *eendenlever* ★ INFORM. crise de foie *indigestie* ★ INFORM. avoir les foies *in de rats zitten*
foin I M • *hooi* • *te maaien gras* • INFORM. *herrie* ★ rhume/fièvre des foins *hooikoorts* ★ faire les foins *maaien*; *hooien* ★ être bête à manger du foin *zo dom als een ezel zijn* ★ INFORM. faire du foin *herrie schoppen* **II** TW ★ foin de...! *weg met...!*
foire V • *(jaar)beurs*; *(jaar)markt* • *kermis* • INFORM. *bende*; *zootje* ★ INFORM. faire la ~ *de bloemetjes buiten zetten*; *boemelen* ★ INFORM. c'est la ~ d'empoigne *het is pakken wat je pakken kunt*; *het is graaien, graaien*
foirer ONOV WW • *doldraaien* ⟨v. schroef⟩ • INFORM. *misgaan*
foireux BNW [v: **foireuse**] *mies*; *waardeloos*; *mislukt*
fois V *keer*; *maal* ★ à la fois *tegelijk* ★ INFORM. des fois *soms*; *misschien* ★ une fois pour toutes/une bonne fois *eens en voor altijd* ★ y regarder à deux fois *zich tweemaal bedenken* ★ (à) chaque fois que *telkens als* ★ une fois que *zodra*; *als... eenmaal* ★ par trois fois *tot drie keer toe* ★ une fois *eenmaal*; *eens* ★ INFORM. non mais des fois! *hé, zeg!*; *ho, ho!* ★ c'est trois fois rien *dat stelt niets voor*
foison V *overvloed* ★ à ~ *in overvloed*
foisonnement M • *overvloed*; *wemeling* • *(het) uitzetten*; *(op)zwelling*
foisonner ONOV WW • *krioelen (***de, en** *van)*; *wemelen* • *in overvloed voorkomen*; OOK FIG. *welig tieren* • *uitzetten*; *(op)zwellen* ★ ~ d'idées *overlopen van de ideeën* ★ cette province foisonne en blé *er is een overvloed van koren in deze streek*
fol BNW • → **fou**[2]
folâtre BNW *jolig*; *opgewekt*; *dartel*
folâtrer ONOV WW *dartelen*; *stoeien*
foldingue BNW INFORM. *niet goed snik*
folichon BNW [v: **folichonne**] ★ INFORM. pas ~ *niet leuk*; *geen lolletje*
folie V *waanzin*; OOK FIG. *dwaasheid* ★ ~ des grandeurs *grootheidswaan(zin)* ★ ~ furieuse *razernij* ★ aimer à la ~ *hartstochtelijk beminnen* ★ faire des ~s *buitensporige dingen/uitgaven doen*
folié BNW • *bebladerd* • *bladvormig*
folio M • *nummer v.e. bladzijde* • *blad*; *folio*
foliole V *kelkblad*
folioter OV WW *pagineren*
folklore M • *folklore*; *volkskunde* • INFORM. *mal gedoe*
folklorique BNW • *folkloristisch*; *volks-* • INFORM. *(ietwat) zonderling*
folle I V • *gekkin* • INFORM. *nicht* ⟨homoseksueel⟩; *mietje* **II** BNW • → **fou**[2]
follement BIJW OOK FIG. *waanzinnig*
follet BNW [v: **follette**] *mallig*; *grillig* ★ esprit ~ *kobold*; *kabouter* ★ feu ~ *dwaallichtje*; *kwikzilverachtig persoon(tje)* ★ poil ~ *donshaartjes*
folliculaire M *pruljournalist*; *prulschrijver*
follicule M BIOL. *zakje*; *follikel*
fomentateur M [v: **fomentatrice**] FORM. *onruststoker*; *aanstoker*
fomenter OV WW FORM. *aanstoken* ⟨v. onrust, oproer e.d.⟩; *aanwakkeren* ★ ~ des troubles *onrust zaaien*
fonçage M • → **foncer**
foncé BNW *donker* ⟨v. kleur⟩
foncer I OV WW • *van een bodem(belegsel) voorzien* • *donker(der) maken* • *boren*; *inheien* ⟨v. paal⟩ **II** ONOV WW • *donker(der) worden* ⟨v. kleur⟩ • INFORM. *razendsnel (te werk) gaan* ★ INFORM. ~ dans le brouillard *stug doorgaan* • ~ **sur** *zich storten op*
fonceur M [v: **fonceuse**] INFORM. *doordouwer*
foncier BNW [v: **foncière**] *grond-* ★ (impôt) ~ *grondbelasting* ★ qualité foncière *grondeigenschap*; *wezenskenmerk*
foncièrement BIJW FIG. *in de grond*; *door en door*; *wezenlijk*
fonction V *functie* ⟨in alle betekenissen⟩ ★ ~ publique *overheidsdienst*; *overheidsambt*; *overheid* ★ logement de ~ *ambtswoning* ★ en ~ de *naar gelang*; *afhankelijk van*; *volgens* ★ être ~ de *afhankelijk zijn van*; *een functie zijn van* ★ entrer en ~(s) *in functie treden* ★ faire ~ de *dienst doen als* ★ relever de ses ~s *ontslaan*
fonctionnaire M/V *ambtenaar*
fonctionnaliser I OV WW *functioneel maken* **II** WKD WW [**se ~**] *functioneel worden*
fonctionnalité V *functionaliteit*
fonctionnariat M *ambtenarij* ⟨de ambtenaren⟩
fonctionnarisme M MIN. *ambtenarij*
fonctionnel BNW [v: **fonctionnelle**] *functioneel*
fonctionnement M *werking*; *werkwijze*; *(het) functioneren*
fonctionner ONOV WW *werken*; *lopen*; *functioneren* ★ cette machine fonctionne bien *deze machine draait goed*
fond M • *bodem* • *kern v.e. zaak*; *wezen* • *(het) diepste*; *(het) onderste*; *(het) achterste* • *ondergrond*; *achtergrond*; *fond* • *diepte* • *uithoudingsvermogen* ★ au fond du cœur *in het diepst v.h. hart* ★ aller au fond des choses *de dingen grondig doen* ★ aller au fond *zinken* ★ sans fond *bodemloos* ★ de fond en comble *van onder tot boven*; *geheel en al* ★ le fond

d'une bouteille *het bodempje in een fles* ★ au fond de *in het diepst van*; *achter in*; *onder in* ★ à fond *grondig*; *geheel en al*; *op topsnelheid* ★ au fond/dans le fond *eigenlijk*; *in wezen* ★ (course de) fond *langeafstandswedstrijd*; *langlaufwedstrijd* ★ par vingt mètres de fond *twintig meter diep* ★ de fond *fundamenteel*; *basis-* ★ au fond des bois *diep in het bos* ★ toucher le fond *op een dieptepunt zijn* ★ fond sonore *achtergrondmuziek*; *achtergrondgeluid* ★ avoir un bon fond *in wezen een goed mens zijn* ★ au fin fond de *diep in*; *in het hartje van* ★ le fond et la forme *vorm en inhoud* ★ fond de robe *onderjurk* ★ faire fond sur FIG. *bouwen op*; *zich verlaten op*

fondamental BNW [m mv: **fondamentaux**] *fundamenteel*; *essentieel*; *grond-* ★ pierre ~e *grondsteen*

fondamentalisme M *fundamentalisme*

fondamentaliste I BNW *fundamentalistisch* **II** M/V *fundamentalist*

fondant I BNW *sappig*; *smeltend (in de mond)* **II** M • *fondant* • *smeltmiddel*

fondateur I M [v: **fondatrice**] *stichter*; *oprichter* **II** BNW [v: **fondatrice**] *als grondlegger/ grondslag dienend*

fondation V • [meestal mv] *fundament*; *grondslag(en)*; *fundering* • *stichting* ‹oprichting; rechtspersoon›

fondé I BNW [v: **fondée**] *gegrond (***sur** *op)*; *gerechtvaardigd* ★ je suis ~ à croire *ik heb gegronde redenen om te geloven* **II** M [v: **fondée**] ★ ~ de pouvoir(s) *procuratiehouder*; *gevolmachtigde*; *trustee*

fondement M • [vaak mv] FIG. *grondslag(en)* • FIG. *grond*; *reden* • INFORM. *achterwerk* ★ sans ~ *ongegrond*

fonder I OV WW • *stichten*; *oprichten*; *instellen* • *gronden*; *baseren (***sur** *op)* **II** WKD WW [**se** ~] **sur** *zich baseren op*; *berusten op*

fonderie V *smelterij*; *gieterij*

fondeur M [v: **fondeuse**] • *(metaal)gieter*; *(metaal)smelter* • *langlaufer*

fondre I OV WW • *smelten* • *gieten* ‹v. beeld, klok enz.› • FIG. *doen samensmelten (***en** *tot)* **II** ONOV WW • OOK FIG. *(weg)smelten* • *slinken*; *verdwijnen*; INFORM. *vermageren* ★ ~ en larmes *in tranen uitbarsten* • **~ sur** *zich storten op*; *neerkomen op* **III** WKD WW [**se** ~] • OOK FIG. *(weg)smelten* • FIG. *samensmelten* • *verdwijnen*; *opgaan (***dans** *in)*

fondrière V • *modderpoel*; *dras* • *kuil*; *kloof*

fonds M • *fonds* ‹in alle betekenissen› • [vaak mv] *kapitaal*; *gelden* • *grond(bezit)*; *vastgoed* • FIG. *kapitaal*; *bezit(tingen)* ★ ~ (de commerce) *zaak*; *bedrijf*; *handel* ★ ~ de roulement *bedrijfskapitaal* ★ ~ publics *staatsfondsen* ★ placer son argent à ~ perdu *zijn geld op lijfrente zetten* ★ INFORM. prêter à ~ perdu *lenen zonder hoop op terugbetaling* ★ INFORM. être en ~ *goed bij kas zijn*

fondu I BNW • *gesmolten* • *in elkaar overlopend* ‹v. kleuren› **II** M *fading*; *overvloeiing* ‹v. (film)beelden› ★ ouverture en ~ *invloeier*; *fade-in*

fondue V *(kaas)fondue* ★ ~ bourguignonne *vleesfondue*

fongique BNW *schimmel-*

font WW [présent] • → **faire**

fontaine V • *fontein* • *bron*

fontanelle V *fontanel*

fonte V • *(het) smelten* • TECHN. *(het) gieten* • *gietijzer* • [meestal mv] *(pistool)holster* • DRUKK. *letterserie*; *font* ★ eaux de ~ *smeltwater* ★ en ~ *van gietijzer*

fonts (zeg: fo(n)) M MV ★ ~ (baptismaux) *doopvont*

foot (zeg: foet) M INFORM. *voetbal* ★ jouer au foot *voetballen*

football (zeg: foetbol) M *voetbal* ★ jouer au ~ *voetballen*

footballeur M [v: **footballeuse**] *voetballer*

footing M *jogging*; *(het) trimmen*

for M ★ en/dans son for intérieur *diep in zijn hart*

forage M *(aan)boring*; *(het) boren*

forain I M *kermisklant* **II** BNW • *kermis-*; *(jaar)markt-* • OUD. *(van) buiten*; *(van) elders* ★ fête ~e *kermis*

forban M • *vrijbuiter* • *zeeschuimer*

forçage M • *(het) forceren* ‹v. kasplanten› • *(het) afjagen* ‹v. wild›

forçat M • GESCH. *galeiboef* • *dwangarbeider*

force I V • *kracht*; *sterkte* • *macht* • *dwang*; *drang*; *geweld* ★ à ~ de *door veel (te)* ★ ~ d'esprit *geestkracht* ★ ~ de frappe *atoomwapen*; *vermogen om toe te slaan* ★ OUD. maison de ~ *gevangenis* ★ (cas de) ~ majeure *overmacht* ★ ~ motrice *drijfkracht*; OOK FIG. *stuwkracht* ★ de toutes ses ~s *uit alle macht* ★ un tour de ~ *een krachttoer* ★ travail de ~ *zwaar werk* ★ ~s aériennes *luchtmacht* ★ à toute ~ *met alle geweld* ★ dans la ~ de l'âge *in de kracht van zijn/haar leven* ★ par la ~ des choses *door de drang der omstandigheden*; *noodzakelijkerwijs*; *noodgedwongen* ★ de ~/par (la) ~ *met geweld*; *onder dwang* ★ avoir ~ de loi *kracht van wet hebben* ★ ~s de l'ordre *politie(macht)* ★ dans toute la ~ du terme *in de ware betekenis van het woord* ★ être de ~ à *in staat zijn om* ★ en ~ *in groten getale*; *met kracht(vertoon)* ★ une ~ de la nature *een krachtmens* ★ ~s (armées) *strijdkrachten* ★ ~ de vente *verkoopteam* ★ ~ est de [+ infin.] *men kan niet anders dan...* **II** BIJW *veel*; *een hoop*

forcé I BNW *geforceerd*; *gedwongen* ★ atterrissage ~ *noodlanding* ★ une marche ~e *een geforceerde mars* ★ un rire ~ *een gemaakt lachje* ★ travaux ~s *dwangarbeid* ★ ~ de [+ infin.] *gedwongen te* ★ INFORM. c'est ~! *dat moet wel*; *geheid!* **II** WW [volt. deelw.] • → **forcer**

forcement M *(het) forceren*

forcément BNW *noodzakelijkerwijs*; *per se*; *vanzelf(sprekend)*

forcené I BNW *uitzinnig*; *razend*; *verwoed* **II** M *waanzinnige*; *dolleman*; *gestoorde*

forceps (zeg: forseps) M *verlostang* ★ FIG. au ~ *met veel moeite*

forcer I OV WW • *forceren*; *openbreken*

• *dwingen (*à *tot, te)*; *verplichten*; *nopen* • *te veel eisen van* • INFORM. *overdrijven* • *geweld aandoen* ★ ~ la note *een forse rekening indienen* ★ ~ le pas *de pas versnellen* ★ ~ le respect *respect afdwingen* **II** ONOV WW • *forceren*; *veel kracht zetten* • *klemmen* ★ INFORM. ~ sur qc *te veel van iets doen/gebruiken* **III** WKD WW [**se** ~] *zich forceren*; *zich dwingen (***à** *te)*

forcing M *(het) krachtig aandringen*; *intensieve inspanning*

forcir ONOV WW *dikker worden*; *aankomen*

forer OV WW *(aan)boren*; *doorboren*

forestier I M *boswachter* **II** BNW [v: **forestière**] • *bos-* • *boswachters-* ★ région forestière *bosachtig gebied* ★ CUL. à la forestière *met paddenstoelen bereid*

foret M *(dril)boor*; *fret*

forêt V *bos*; OOK FIG. *woud* ★ Forêt(-)Noire *Zwarte Woud* ★ ~ vierge *oerwoud* ★ les arbres cachent la ~ *(je kunt) door de bomen het bos niet meer zien*

foreur M *boorder*

foreuse V *boormachine*

forfait M • *(regeling volgens een) vast bedrag*; *forfait* • FORM. *ernstig vergrijp*; *misdrijf* ★ à ~ *voor een vast bedrag* ★ travail à ~ *aangenomen werk* ★ déclarer ~ FIG. *verstek laten gaan*; FIG. *zich terugtrekken*; *opgeven*

forfaitaire BNW *vast, overeengekomen, ineens betaald* ⟨v. bedrag⟩; *forfaitair*; *all-in*

forfait-séjour M *verblijf all-in*

forfaiture V *plichtsverzaking*; *ambtsmisdrijf*

forfanterie V *opsnijderij*

forficule M *oorwurm*

forge V • *smidse* • OUD. *ijzergieterij*

forger OV WW OOK FIG. *smeden* ★ ~ à froid *koud smeden* ★ l'histoire est forgée de toutes pièces *het verhaal is van a tot z verzonnen* ★ c'est en forgeant qu'on devient ~on ⟨spreekwoord⟩ *al doende leert men*

forgeron M *smid*

formalisation V *(het) formaliseren*

formaliser I OV WW *formaliseren* **II** WKD WW [**se** ~] *aanstoot nemen (***de** *aan)*

formalisme M *vormelijkheid*; *formalisme*

formaliste I BNW *vormelijk*; *formalistisch* **II** M/V *formalist*

formalité V *formaliteit*

format (zeg: -mà) M • *formaat* • *opmaak* ⟨v. gegevens⟩

formater OV WW • COMP. *formatteren* • FIG. *pasklaar maken*

formateur I M [v: **formatrice**] • *vormer*; *schepper* • *formateur* • *opleider*; *begeleider* ⟨bij scholing⟩ **II** BNW [v: **formatrice**] *vormend*

formation V • *vorming* • *groepering*; *formatie* • *scholing* ★ ~ continue *bijscholing* ★ ~ de combat *slagorde* ★ ~ permanente *permanente educatie*

forme V *vorm* ⟨in alle betekenissen⟩ ★ juger sur la ~ *op het uiterlijk beoordelen* ★ chapeau haut de ~ *hoge hoed* ★ en (pleine) ~ *in (top)vorm*; *in (puike) conditie* ★ sous la ~ de *in de vorm van* ★ dans les ~s *in de vereiste vorm*; *zoals het hoort* ★ de pure ~ *louter voor de vorm* ★ pour la ~ *voor de vorm*; *pro forma* ★ en bonne et due ~ *volgens de regels*; *in de vereiste vorm (opgemaakt)* ★ prendre ~ *vorm aannemen* ★ INFORM. y mettre les ~s *omzichtig te werk gaan* ★ COMP. mettre en ~ *formatteren*

formé BNW *gevormd*; *volgroeid*

formel BNW [v: **formelle**] • *uitdrukkelijk*; *stellig* • *formeel*; *vormelijk* ★ je suis ~ *ik weet het zeker*

formellement BIJW • *stellig* • *formeel* ★ ~ interdit *streng verboden*

former I OV WW *vormen* ⟨in alle betekenissen⟩; *ontwikkelen* ★ ~ la jeunesse *de jeugd vormen* ★ ~ une résolution *een besluit nemen* **II** WKD WW [**se** ~] *zich vormen*; *zich ontwikkelen*

formica M *formica*

formidable BNW *formidabel*; *geweldig*; *enorm*

formique BNW ★ acide ~ *mierenzuur*

formol M *formaline*

formulaire M • *formulierboek* • *formulier*; *vragenlijst*

formulation V *formulering*

formule V • OOK FIG. *formule*; *formulering* • *methode* • *formulier* ★ ~ développée *structuurformule* ★ nouvelle ~ *nieuwe stijl/opzet*

formuler OV WW *formuleren*; *uiten*; *opstellen* ⟨v. geschrift⟩

fornicateur M [v: **fornicatrice**] *ontuchtige*

fornication V FORM. *ontucht*

forniquer ONOV WW FORM. *ontucht bedrijven*

forsythia (zeg: -siesja) M *forsythia*

fort I BNW • OOK FIG. *sterk*; *krachtig* • *fors*; *stevig* • *hevig*; *hard* • *knap*; *goed (***en**, **in***)* ★ un esprit fort *een vrijdenker* ★ fort comme un Turc *sterk als een beer* ★ se faire fort de [+ infin.] *zich sterk maken (dat men iets kan)* ★ place forte *vesting* ★ c'est plus fort que moi! *ik kan het niet laten/helpen!* ★ une forte somme *een aanzienlijk bedrag* ★ une terre forte *een zware grond*; *een taaie grond* ★ une forte tête *een stijfkop* ★ une forte mer *een onstuimige zee* ★ INFORM. c'est trop fort! *dat gaat te ver!*; *dat is te gek!* ★ être fort de FIG. *bouwen op* ★ femme forte *volslanke vrouw* ★ FIG. moment /point /temps fort *hoogtepunt* **II** BIJW • *krachtig*; *sterk* • *zeer*; *erg* ★ y aller un peu fort *een beetje overdrijven* ★ crier fort *hard schreeuwen* ★ sentir fort *sterk ruiken* ★ avoir fort à faire (avec, pour) *heel wat te stellen hebben (met)*; *er de handen vol aan hebben (om)* ★ INFORM. faire fort FIG. *flink uitpakken* **III** M • *fort* • OOK FIG. *sterkste zijde*; *sterkste deel* • *midden*; *hartje* ★ au fort de l'orage *midden in het onweer* ★ au fort de l'hiver *hartje winter* ★ l'histoire est mon fort *geschiedenis is mijn sterke kant*

fortement BIJW • OOK FIG. *sterk* • *hevig*

forteresse V *vesting* ★ ~ volante *vliegend fort*

fortiche BNW *knap*; *goed (***à**, **en** *in)*

fortifiant I M *versterkend middel* **II** BNW *versterkend*

fortification V • *(het) versterken* • *vestingwerk*; *versterking*; *fortificatie*

fortifier OV WW • OOK FIG. *(ver)sterken*

• *verschansen*
fortin M *klein fort*
fortiori BIJW ★ a ~ *des te meer*; *des te eerder*
fortuit (zeg: -twie) BNW *toevallig*; *onvoorzien*
fortune V • *toeval*; *kans* • *fortuin* ⟨in alle betekenissen⟩ ★ bonne ~ *geluk(je)* ★ mauvaise ~ *ongeluk*; *tegenspoed* ★ revers de ~ *tegenspoed* ★ les grandes ~s *de zeer rijken* ★ ... de ~ *voorlopig*; *provisorisch*; *nood-* ★ les caprices de la ~ *de grillen van het lot* ★ dîner à la ~ du pot *eten wat de pot schaft* ★ faire ~ *fortuin maken* ★ faire contre mauvaise ~ bon cœur *de moed niet verliezen* ★ tenter ~ *zijn geluk beproeven*
fortuné BNW • *rijk*; *gefortuneerd* • FORM. *fortuinlijk*
forum (zeg: -rom) M *forum* ★ www ~ (de discussion) *nieuwsgroep*
fosse (zeg: foos) V • *kuil*; *gat* • *grafkuil* • *holte* • *mijnschacht* ★ ~ abyssale *diepzeetrog* ★ ~ d'aisances *beerput* ★ ~ commune *algemeen graf*; *massagraf* ★ ~ (d'orchestre) *orkestbak* ★ ~ nasale *neusholte* ★ avoir un pied dans la ~ *met één been in het graf staan*
fossé (zeg: foo-) M • *sloot*; *greppel*; *gracht* • FIG. *kloof (***entre** *tussen)*
fossette (zeg: foo-) V *kuiltje*
fossile (zeg: foosiel) **I** M OOK FIG. *fossiel* **II** BNW *versteend*; OOK FIG. *fossiel*
fossilisation V *verstening*; *fossilisatie*
fossiliser I OV WW OOK FIG. *doen verstenen* **II** WKD WW [**se** ~] *verstenen*; *fossiliseren*
fossoyeur (zeg: fooswa-) M [v: **fossoyeuse**] *doodgraver*
fou[1] M • *gek* • *nar* • *loper* ⟨bij schaakspel⟩ ★ fou furieux *dolleman* ★ fou du volant *snelheidsmaniak*; *gevaar op de weg* ★ fou (de Bassan) *jan-van-gent* ★ INFORM. une histoire de fous *een krankzinnig verhaal* ★ plus on est de fous, plus on rit ⟨spreekwoord⟩ *hoe meer zielen, hoe meer vreugd*
fou[2], **fol** ⟨voor klinker of stomme h⟩ BNW [v: **folle**] • *dwaas*; *uitzinnig*; *gek* • FIG. *waanzinnig*; *enorm* • *oncontroleerbaar*; *van slag*; *dol*; *wild* ★ le fou rire *de slappe lach* ★ un succès fou *een doorslaand succes* ★ fou à lier *knettergek* ★ fou amoureux *smoorverliefd* ★ mèche folle *weerbarstige lok* • ~ **de** *dol op* ★ fou de foot *voetbalgek*
fouailler OV WW FORM. OOK FIG. *(met) de zweep geven*
foudre I M *okshoofd* ⟨groot wijnvat⟩; *fust* ★ LIT. un ~ de guerre *ijzervreter*; *geducht krijger* **II** V *bliksem* ★ coup de ~ *bliksemslag*; *liefde op het eerste gezicht* ★ FIG. les ~s du Vatican *de banvloek v.h. Vaticaan*
foudroiement M OOK FIG. *bliksemslag*; *(het) (als) door de bliksem getroffen worden*
foudroyant BNW • FIG. *verpletterend*; *vernietigend*; *(op slag) dodelijk* • *bliksemend* • *bliksemsnel* ★ poison ~ *snelwerkend vergif* ★ succès ~ *daverend succes*
foudroyer I OV WW • *(als) met de bliksem treffen*; *elektrocuteren* • FIG. *(op slag) vellen*; *plotseling treffen*; *verpletteren*; *verbijsteren* ★ ~ qn du regard *iem. een vernietigende blik toewerpen* **II** ONOV WW *bliksemen*
fouet M • *zweep*; OOK FIG. *gesel* • *garde* ⟨klopper, mixer⟩ ★ coup de ~ OOK MED. *zweepslag* ★ donner un coup de ~ à *aansporen*; *oppeppen* ★ de plein ~ *regelrecht en met volle kracht*; *vol(op) rakend* ★ se heurter de plein ~ *pal/frontaal op elkaar botsen*
fouettard M ★ le Père Fouettard *boeman*
fouetter I OV WW • *(met) de zweep geven*; OOK FIG. *geselen*; *striemen* • *klutsen*; *kloppen* • *opzwepen*; *aansporen* ★ crème fouettée *slagroom* **II** ONOV WW • INFORM. *stinken* • INFORM. *'m knijpen* ★ ~ de la queue *kwispelen*
foufou BNW [v: **fofolle**] INFORM. *een beetje gek*; *lichtzinnig*
fougasse V *soort ongedesemd brood*
fougère V *varen*
fougue V FIG. *vuur*; *onstuimigheid*; *elan* ★ mât de ~ *bezaansmast*
fougueux BNW [v: **fougueuse**] *vurig*; *onstuimig*; *driftig*
fouille V • *opgraving* • *doorzoeking*; *fouillering* • INFORM. *(broek)zak*
fouiller I OV WW • *doorzoeken*; *uitgraven*; *fouilleren* • *zorgvuldig uitzoeken*; FIG. *uitdiepen* ★ style fouillé *doorwrochte stijl* ★ ~ un site *(ergens) opgravingen doen* ★ INFORM. tu peux (toujours) te ~! *vergeet het maar!* **II** ONOV WW *(wroetend) zoeken*; FIG. *(rond)snuffelen*; *(diep) graven (***dans** *in)*
fouilleur M [v: **fouilleuse**] *opgraver*; *snuffelaar*
fouillis (zeg: -jie) M *warboel*; *rommeltje*
fouine V • *steenmarter* • *hooivork*
fouiner ONOV WW INFORM. *(rond)snuffelen (in andermans zaken) (***dans** *in)*
fouineur I BNW [v: **fouineuse**] *(onbescheiden) nieuwsgierig* **II** M [v: **fouineuse**] INFORM. *snuffelaar (in andermans zaken)*; *nieuwsgierig aagje*
fouir OV WW *wroeten in*
fouisseur I M *graafdier* **II** BNW [v: **fouisseuse**] *geschikt voor graven*; *wroet-* ★ patte fouisseuse *graafklauw*
foulage M • *(het) persen v. stof* • *(het) doordrukken* • *(het) treden/persen v. druiven*
foulant BNW • *pers-* • INFORM. *afmattend* ★ pompe ~e *perspomp*
foulard M • *halsdoek*; *hoofddoek* • *soort zijden stof*; *foulard* ★ ~ islamique *chador*
foule V • *menigte*; *gedrang* • *de grote massa* ★ en ~ *in groten getale* ★ il y a ~ *het is er druk* ★ une ~ de *tal van*; *zeer veel* ★ attirer les ~s *veel publiek trekken*
foulée V • *(grote) stap* ⟨bij het rennen⟩ • [vaak mv] *gang(en)* ★ dans la ~ de *meteen erna*; *in één moeite door*
fouler I OV WW • *persen* • *aandrukken*; *vollen* • FORM. *de voet zetten op* • *verstuiken*; *verzwikken* ★ FORM. ~ aux pieds *vertrappen*; FIG. *met voeten treden* ★ ~ le sol natal *de geboortegrond betreden* **II** WKD WW [**se** ~] ★ INFORM. ne pas se ~ (la rate) *zich niet moe maken*
foulque V *meerkoet*

foulure V *verzwikking; verstuiking*
four M • *oven* • *fiasco; flop* ★ four à micro-ondes *magnetron(oven)* ★ four à chaux *kalkoven* ★ petit four *petitfour* ★ faire un four *mislukken* ★ cette pièce est un four (noir) *dat stuk is een prul* ★ je ne peux pas être au four et au moulin ⟨spreekwoord⟩ *ik kan niet alles tegelijk (doen)*
fourbe I M/V *bedrieger; gluiperd* **II** BNW *gluiperig; bedrieglijk*
fourberie V *bedriegerij; schurkenstreek; gluiperigheid*
fourbi M • INFORM. *spullen; boeltje; rommeltje* • INFORM. *ding; dinges* • INFORM. *ding*
fourbir OV WW OOK FIG. *polijsten; (op)poetsen*
fourbissage M *(het) polijsten*
fourbu BNW *uitgeput; doodop*
fourche V • *hooivork; mestvork; gaffel* • *tweesprong* • *gaffelvormig (onder)deel; vork* ⟨v. fiets enz.⟩ • *kruis* ⟨v. broek⟩ • BELG. *tussenuur* ★ ~s patibulaires *galg*
fourcher ONOV WW ★ la langue lui a fourché *hij heeft zich versproken*
fourchette V • OOK FIG. *vork* • *vorkbeen* • *marge* ⟨tussen twee uitersten⟩ ★ avoir un joli coup de ~ *een flinke eter zijn* ★ INFORM. la ~ du Père Adam FIG. *de tien geboden; de vingers* ★ dans la ~ de trois à quatre millions *(in de categorie) tussen de drie en vier miljoen*
fourchu BNW *gevorkt; gespleten* ★ pied ~ *gespleten hoef; bokspoot*
fourgon M • *bagagewagen; (vracht)wagen* ⟨gevangen-, lijk-, veewagen, geldauto enz.⟩ • OUD. *pook*
fourgonner I OV WW *oppoken* **II** ONOV WW *poken; wroeten; rommelen; snuffelen (***dans** *in)*
fourgonnette V *bestelwagen(tje); bestelbusje*
fourguer OV WW INFORM. *van de hand doen* ⟨v. gestolen of slechte waar⟩; *aansmeren*
fourmi V • *mier* • FIG. *nijvere bij* ★ travail de ~ *geduldwerk(je)* ★ avoir des ~s OOK FIG. *de kriebels hebben*
fourmilier M *miereneter*
fourmilière V OOK FIG. *mierenhoop*
fourmillement M • *gekrioel* • *jeuk; kriebeling*
fourmiller ONOV WW • *krioelen (***de** *van)* • *kriebelen*
fournaise V • *gloeiende oven* • *vuurzee* • *hete plaats; hitte* ⟨v.d. strijd⟩
fourneau M [mv: **fourneaux**] • TECHN. *oven* • *fornuis* ★ haut ~ *hoogoven* ★ ~ d'une pipe *kop v.e. pijp*
fournée V • *ovenlading; ovenvol; baksel* • INFORM. *stel mensen;* FIG. *lading; lichting*
fourni BNW • *dicht* ⟨v. haar, baard⟩ • *(wel)voorzien*
fournil (zeg: -nie) M *bakhuis; bakkerij*
fourniment M • *uitrusting v.e. soldaat* • INFORM. *bullen; spullen*
fournir I OV WW • *voorzien (***en** *van); bevoorraden* • *verschaffen (***à** *aan); (af)leveren* **II** ONOV WW **~ à** *voorzien in* ★ ~ aux besoins *in de behoeften voorzien* **III** WKD WW [**se ~**] *zich voorzien (***en** *van)* ★ se ~ chez qn *zijn inkopen doen bij iem.*
fournisseur M [v: **fournisseuse**] *leverancier* ★ ~ d'accès à Internet *internetprovider*
fourniture V • *levering; leverantie* • *slakruiden* ★ ~s [mv] *benodigdheden; fournituren*
fourrage M • *(vee)voer* • *voering* ⟨v. kleding⟩
fourrager I BNW [v: **fourragère**] *voeder-; van voedergewassen* **II** OV WW *in de war brengen* ⟨v. papieren e.d.⟩ **III** ONOV WW INFORM. *rommelen; snuffelen (***dans** *in)*
fourragère V • *foeragewagen* • MIL. *vangsnoer* • *veld met voedergewassen*
fourré I BNW • *gevuld* ⟨v. bonbons e.d.⟩ • *gevoerd* ⟨v. kledingstukken⟩ • *dichtbehaard* ⟨v. dieren⟩ ★ coup ~ *wederzijdse stoot* ⟨bij schermen⟩; INFORM. *rotstreek* **II** M *kreupelhout; struikgewas*
fourreau M [mv: **fourreaux**] • *schede* ⟨v. wapen⟩; *foedraal* • *nauwe japon*
fourrer I OV WW • *steken; stoppen (***dans** *in)* • *voeren* ⟨v. kledingstukken⟩ • *vullen* ⟨v. bonbons e.d.⟩ ★ être fourré quelque part *ergens uithangen* ★ INFORM. ~ son nez dans *zijn neus steken in* **II** WKD WW [**se ~**] INFORM. *(verzeild) raken (***dans** *in); wegkruipen* ★ se ~ qc dans la tête *zich iets in het hoofd halen*
fourre-tout I M [mv: id.] • INFORM. *rommelkamer; rommelkast* • INFORM. *reistas; etui* ⟨v. scholieren⟩ • INFORM. *allegaartje* **II** BNW [onver.] INFORM. *van alles bevattend/behelzend*
fourreur M • *bontwerker* • *bontverkoper*
fourrier M • *foerier* • *voorbode; wegbereider*
fourrière V • *(dieren)asiel* • *depot voor weggesleepte auto's*
fourrure V *bont; pels*
fourvoiement M FORM./OOK FIG. *(ver)dwaling*
fourvoyer I OV WW OOK FIG. *doen (ver)dwalen* **II** WKD WW [**se ~**] • *verdwalen (***dans** *in)* • *zich vergissen*
foutaise V INFORM. *wissewasje; flauwekul*
fouteur M [v: **fouteuse**] • → **fauteur**
foutoir M INFORM. *(beesten)bende; troep*
foutre I OV WW [onregelmatig] • VULG. *doen* • VULG. *geven* • VULG. *gooien; smijten* ★ ~ qn à la porte *iem. de deur uitgooien* ★ ~ le camp *opdonderen; 'm smeren* ★ ~ une gifle *een klap verkopen* ★ fous-moi la paix! *laat me met rust!* ★ il n'a rien foutu *hij heeft niks uitgevoerd* ★ je t'en fous! *dat had je gedacht!* ★ ça la fout mal *dat is helemaal mis; dat kun je niet maken* ★ va te faire ~! *krijg de pleuris!* ★ je n'en ai rien à ~! *dat zal me een (rot)zorg zijn!* ★ qu'est-ce que ça peut me ~? *dat zal me een (rot)zorg zijn!* ★ ~ en l'air *wegsmijten; verpesten* **II** WKD WW [**se ~**] • VULG. *zich werpen; (ge)raken* • VULG. **~ de** *maling hebben aan; spotten met* ★ se ~ à poil *zich uitkleden* ★ je m'en fous *ik heb er maling aan* ★ se ~ de (la gueule de) qn *maling hebben aan iem.; iem. een streek leveren* ★ se ~ dedans *het mis hebben* ★ se ~ du monde *de boel belazeren* **III** TW VULG. *verdomme*
foutriquet M OUD./INFORM. *miezerig kereltje*
foutu I BNW • INFORM. *beroerd; drommels; rot-, klere-* • INFORM. *naar de bliksem; verloren* • INFORM. **~ de** *in staat om* ★ être bien ~ *goed in elkaar zitten; goedgebouwd zijn* ★ être mal

~ *slecht in elkaar zitten; zich beroerd voelen* ★ il est ~ *het is met hem gedaan* **II** WW [volt. deelw.] ● → **foutre**

fox-terrier M [mv: **fox-terriers**] *foxterriër*

fox-trot M [mv: id.] *foxtrot*

foyer M ● *foyer* ⟨in theater⟩ ● *brandpunt* ● OOK FIG. *haard* ● *huisgezin; huishouden; thuis; home* ● *tehuis; huis met huurkamers* ★ femme au ~ *huisvrouw* ★ à double ~ *bifocaal; dubbelfocus-*

frac M *rok(kostuum)*

fracas (zeg: -kà) M *lawaai; kabaal; misbaar; ophef*

fo

fracassant BNW ● *oorverdovend* ● *inslaand als een bom*

fracasser I OV WW *verbrijzelen; versplinteren* **II** WKD WW [**se** ~] *te pletter slaan/vallen*

fractale V *fractal*

fraction V ● WISK. *breuk* ● *gedeelte; fractie* ● REL. *(het) breken* ⟨v.h. brood⟩

fractionnaire BNW ★ nombre ~ *gebroken getal*

fractionnel BNW [v: **fractionnelle**] *die/dat verdelend werkt*

fractionnement M *splitsing in delen; versnippering; fractionering*

fractionner OV WW *in delen splitsen; versnipperen; fractioneren*

fracture V MED./AARDK../OOK FIG. *breuk* ★ ~ sociale *sociale tweedeling*

fracturer OV WW ● MED. *breken* ⟨v. bot⟩ ● *openbreken; forceren*

fragile BNW ● *breekbaar; broos* ● *zwak*; OOK FIG. *fragiel*

fragiliser OV WW ● *breekbaar(der) maken* ● FIG. *verzwakken*

fragilité V ● *breekbaarheid; broosheid* ● *zwakheid*; OOK FIG. *fragiliteit*

fragment M ● *scherf; splinter; brokstuk* ● *deel; fragment*

fragmentaire BNW *fragmentarisch*

fragmentation V *fragmentatie*; OOK FIG. *versplintering; opdeling*

fragmenter OV WW *in stukken verdelen*

fragrance V FORM. *geur(igheid)*

frai M ● *viskuit; kikkerdril* ● *(het) kuitschieten* ● *pootvis*

fraîche I V ★ à la ~ *in de (avond)koelte* **II** BNW ● → **frais**

fraîchement BIJW ● *pas; zojuist* ● MEESTAL FIG. *koel* ★ ~ cueilli *pas geplukt* ★ accueillir qn ~ *iem. koeltjes ontvangen*

fraîcheur V ● OOK FIG. *koelte* ● *frisheid* ⟨in alle betekenissen⟩ ● *versheid; nieuwheid*

fraîchir ONOV WW ● *aanwakkeren* ⟨v. wind⟩ ● *fris(ser) worden* ⟨v. weer⟩

frais I BNW [v: **fraîche**] ● *fris*; OOK FIG. *koel* ● *fris; vers* ● *recent* ★ des troupes fraîches *verse troepen* ★ du pain ~ *vers brood* ★ rasé de ~ *pas geschoren* ★ INFORM. nous voilà ~ *we staan er mooi op* ★ peinture fraîche! *pas geverfd!* **II** BIJW ● *fris; koel* ● *pas; zojuist* ★ il fait ~ *het is fris(jes)* ★ servir ~ *koel serveren* **III** M *frisse lucht; koelte; bries(je)* ★ prendre le ~ *een luchtje scheppen* ★ conserver au ~ *koel bewaren* **IV** M MV *kosten* ★ en être pour ses ~ *met de gebakken peren blijven zitten* ★ faux ~ *onvoorziene onkosten* ★ faire ses ~ *zijn onkosten goed maken; zijn moeite beloond zien* ★ se mettre en ~ *onkosten maken; zijn best doen* ★ à peu de ~ *zonder veel kosten; zonder veel moeite* ★ faire les ~ de *opdraaien voor; de dupe zijn van* ★ aux ~ de *op kosten van; ten koste van* ★ ~ généraux *algemene (bedrijfs)kosten; overheadkosten*

fraise V ● *aardbei* ● *frees; (tandarts)boor* ● *aardbeivlek* ⟨op lichaam⟩ ● INFORM. *tronie; bek* ★ ~s des bois *bosaardbeien* ★ INFORM. sucrer les ~s *(oud en) beverig zijn* ★ OUD., INFORM. aller aux ~s *uit vrijen gaan* ★ INFORM./MIN. ramener sa ~ *(ook) een duit in het zakje doen*

fraiser OV WW *(uit)frezen*

fraiseur M *frezer*

fraiseuse V *freesmachine*

fraisier M *aardbeiplant*

framboise V *framboos*

framboisier M *frambozenstruik*

franc I M *frank* ★ ~ suisse *Zwitserse frank* **II** BNW [v: **franche**] ● *vrij (***de** *van)* ● *openhartig; vrijmoedig; oprecht; frank* ● *zuiver; echt* ★ ~ de port *franco; portvrij* ★ ~he aversion *openlijke/oprechte afkeer* ★ ville ~he *vrijstad* ★ coup ~ *vrije schop* ★ zone ~he *tolvrije zone* **III** BNW [v: **franque**] *Frankisch* **IV** BIJW *ronduit; vrijuit* ★ à parler ~ *eerlijk gezegd*

Franc M [v: **Franque**] *Frank*

français I M *(het) Frans* **II** BNW *Frans* ★ à la ~e *op z'n Frans*

Français M [v: **Française**] *Fransman; Française*

franc-bord M [mv: **francs-bords**] *uiterwaard*

France V *Frankrijk*

Francfort M *Frankfurt* ★ saucisse de ~ *knakworst*

franchement BIJW ● *zonder aarzelen; resoluut* ● *werkelijk; gewoonweg* ● *openhartig; vrijmoedig; ronduit*

franchir OV WW *gaan door/over; komen door/over; passeren; afleggen* ⟨v. afstand⟩ ★ ~ des difficultés *moeilijkheden overwinnen* ★ ~ le pas *de beslissende stap doen*

franchisage M *franchising*

franchise V ● *vrijdom; vrijheid; vrijstelling (***de** *van)* ● OUD. *asielrecht* ● *openhartigheid; vrijmoedigheid* ● *franchise* ● *eigen risico* ⟨v. verzekering⟩ ★ ~ postale *portvrijdom* ★ en ~ *zonder rechten te betalen* ★ agent en ~ *franchisenemer*

franchissable BNW *overkomelijk*

franchissement M *(het) overschrijden; (het) overklimmen*

francilien BNW [v: **francilienne**] *van/uit Ile-de-France*

francisation V *verfransing*

franciscain I M [v: **franciscaine**] *franciscaan* **II** BNW [v: **franciscaine**] *franciscaans*

franciser OV WW *verfransen*

franc-maçon I M [mv: **francs-maçons**] *vrijmetselaar* **II** BNW [v: **franc-maçonne**] *vrijmetselaars-*

franc-maçonnerie V *vrijmetselarij*

franco BIJW ● *franco* ● INFORM. *vrijuit; ronduit*

franco- VOORV *Frans-* ★ ~néerlandais

Frans-Nederlands
franco-allemand BNW *Frans-Duits*
franco-français BNW *louter/typisch Frans*
francophile I M/V *Fransgezinde* **II** BNW *Fransgezind*
francophobe I BNW *anti-Frans* **II** M/V *iem. die anti-Frans is*
francophone BNW *Frans sprekend; Franstalig*
francophonie V *Franse taalgemeenschap*
franc-parler M [mv: **francs-parlers**] *openhartigheid* ★ avoir son ~ *zeggen waar het op staat*
franc-tireur M [mv: **francs-tireurs**] ● *franc-tireur* ● *iem. die solistisch ageert*
frange V ● *franje* ● FIG. *grensgebied* ● *minderheidsgroep; randgroep* ● *pony(haar)*
franger OV WW *versieren met franje*
frangin M [v: **frangine**] INFORM. *broer; zus*
frangipane V *amandeldeeg* ⟨voor gebak⟩
franglais M *met Engels doorspekt Frans*
franque BNW ● → **franc**
franquette V ★ INFORM. à la bonne ~ *zonder plichtplegingen; heel gewoontjes* ★ dîner à la bonne ~ *eten wat de pot schaft*
frappant BNW *treffend; sprekend; frappant*
frappe V ● *(het) slaan van munten* ● *aanslag* ⟨op schrijfmachine, instrument⟩ ● MILITAIR *(verrassings)aanval* ● SPORT *slag; trap* ● *(het) typen* ● INFORM. *schurk* ★ faute/erreur de ~ *tikfout* ★ force de ~ *atoommacht* ⟨v.e. land⟩ ★ INFORM. une petite ~ *een lieverdje*
frappé BNW INFORM. *getikt; niet goed snik*
frapper I OV WW ● *slaan* ● OOK FIG. *treffen* ● *(met ijs) koelen* ● *in reliëf bedrukken* ★ ~ une monnaie *een munt slaan* ★ ~ du pied *schoppen; stampen op* ★ ~ les yeux *in het oog springen* ★ ~ du vin *wijn koelen/frapperen* ★ être frappé d'une amende *een boete opgelegd krijgen* **II** ONOV WW ● *(aan)kloppen* ● *(toe)slaan* **III** WKD WW [**se** ~] *zich ongerust maken*
frappeur M [v: **frappeuse**] ● *iem. die slaat/klopt* ● *munter*
frasque V *kuur; streek; frats*
fraternel BNW [v: **fraternelle**] *broederlijk; als broer(s) en zuster(s)*
fraternellement BIJW ● → **fraternel**
fraternisation V *verbroedering*
fraterniser ONOV WW *zich verbroederen* (**avec** *met*)
fraternité V *broederlijkheid; broederschap*
fratricide I M *broedermoord; zustermoord* **II** M/V *broedermoordenaar; zustermoordenaar* **III** BNW ★ guerre ~ *broederoorlog*
fraude V *bedrog; fraude* ★ (faire) passer en ~ *binnensmokkelen*
frauder I OV WW *bedriegen* **II** ONOV WW *bedrog plegen; frauderen*
fraudeur M [v: **fraudeuse**] *bedrieger; fraudeur*
frauduleux BNW [v: **frauduleuse**] *bedrieglijk; frauduleus*
frayer I OV WW ● *banen* ● BIOL. *schuren; schaven* ⟨v. gewei, huid⟩ **II** ONOV WW ● *kuit schieten* ● *omgaan* (**avec** *met*)
frayeur V *schrik*
fredaine V *onbezonnen streek; escapade*
fredonnement M *geneurie*
fredonner OV+ONOV WW *neuriën*
free-lance BNW [onver.] *freelance-*
freezer (zeg: friezur) M *vriesvak*
freezeur (zeg: friezeur) M *vriesvak*
frégate V *fregat*
frein M OOK FIG. *rem* ★ sans ~ *ongebreideld* ★ ~ de secours *noodrem* ★ ~s assistés *rembekrachtiging* ★ ~ à tambour *trommelrem* ★ ~ à moyeu *terugtraprem* ★ ~ à main *handrem* ★ ~ de la langue *tongriem* ★ mettre un ~ à *beteugelen* ★ donner un coup de ~ OOK FIG. *(even) afremmen* ★ ronger son ~ *zich verbijten*
freinage M OOK FIG. *(het) (af)remmen* ★ traces de ~ *remsporen*
freiner OV+ONOV WW OOK FIG. *(af)remmen*
frelater OV WW *door vermenging vervalsen; versnijden* ⟨v. wijn⟩
frêle BNW *broos; tenger; frêle*
frelon M *horzel; hoornaar*
freluche V *zijden toefje*
freluquet M OUD. *pedante jonge vent; kwast*
frémir ONOV WW ● *beven; sidderen; rillen* ● *ruisen; trillen;* OOK FIG. *bruisen*
frémissement M ● *huivering* ● *lichte trilling; geruis*
frêne M ● *es* ● *essenhout*
frénésie V *verwoedheid; razernij* ⟨meestal fig.⟩; *bezetenheid* ★ avec ~ *hartstochtelijk*
frénétique BNW *razend; (als) bezeten; verwoed; frenetiek* ★ applaudissements ~s *uitbundig applaus*
fréquemment BIJW *dikwijls; vaak*
fréquence V *frequentie; menigvuldigheid; (het) vaak voorkomen*
fréquent BNW *herhaald; veelvuldig (voorkomend); frequent*
fréquentable BNW *waar men met goed fatsoen (mee) kan verkeren* ★ peu ~ *ongunstig bekend; beter te mijden*
fréquentation V *omgang* (**de** *met*)*; (het) regelmatig bezoeken* ★ éviter les mauvaises ~s *slecht gezelschap mijden*
fréquenté BNW *druk (bezocht)* ★ mal ~ *waar onfatsoenlijk volk komt; ongunstig bekend*
fréquenter OV WW *regelmatig bezoeken; frequenteren; omgang hebben met*
frère I M *broeder* ⟨in alle betekenissen⟩; *broer* ★ ~ d'armes *wapenbroeder* ★ ~ consanguin *halfbroer* ⟨v. vaderskant⟩ ★ ~s jumeaux *tweelingbroers* ★ ~s mineurs *minderbroeders* ★ ~ de sang *bloedbroeder* ★ faux ~ *valse broeder; verrader; hypocriet* ★ ~s prêcheurs *predikheren* ★ ~ de lait *zoogbroeder; pleegbroer* ★ partager en ~s *broederlijk delen* ★ ~s ennemis *elkaar bestrijdende broeders* **II** BNW ★ parti ~ *zusterpartij* ★ peuple ~ *broedervolk*
frérot M INFORM. *broertje*
fresque V OOK FIG. *fresco*
fret (zeg: frè(t)) M *vracht(prijs)*
fréter OV WW *(ver)huren* ⟨v. (lucht)vaartuig⟩; *bevrachten; charteren*
frétillant BNW *spartelend; druk bewegend; dartel(end)*

fr

frétillement M *(het) spartelen; (het) dartelen; beweeglijkheid*
frétiller ONOV WW *druk bewegen; dartelen; spartelen; trappelen; kwispelen* ★ ~ de joie *sidderen van genot*
fretin M ● *kleine (ondermaatse) vis* ● *uitschot; zootje* ★ le menu ~ *klein grut*
frette V ● *metalen ring of band* ● MUZ. *fret*
freudien BNW [v: **freudienne**] *freudiaans*
freux M *roek*
friable BNW *brokkelig; bros*
friand I M ● *saucijzenbroodje* ● *amandelgebakje* **II** BNW ~ **de** *verzot op; belust op*
friandise V *zoete lekkernij* ★ ~s [mv] *snoepgoed; lekkers*
fric M INFORM. *geld; poen; centen* ★ pompe à fric *geldmachine*
fricandeau M [mv: **fricandeaux**] *fricandeau*
fricassée V *vleesragout; fricassee*
fricatif BNW [v: **fricative**] *schuur-*
fric-frac M [mv: id.] INFORM./OUD. *kraakje* ⟨inbraak⟩
friche V *braakland* ★ laisser en ~ OOK FIG. *braak laten liggen*
frichti M INFORM./OUD. *maaltijd; warme hap; prak*
fricot M ● INFORM. *ragout* ● INFORM. *(opgestoofd) eten; prak*
fricoter I OV WW ● INFORM. *klaarmaken* ⟨v. ragout/prak⟩ ● INFORM. *bekokstoven* **II** ONOV WW INFORM. *iets uitvreten; sjoemelen; rotzooien* (**avec** *met)*
friction V ● *wrijving;* OOK FIG. *frictie* ● *inwrijving; massage* ● *friction*
frictionnel BNW [v: **frictionnelle**] *wrijvings-; frictie-*
frictionner OV WW *(in)wrijven*
frigidaire M *koelkast*
frigide BNW ● *frigide* ● *koud;* OOK FIG. *koel*
frigidité V *frigiditeit*
frigo M INFORM. *koelkast*
frigorifier OV WW *koelen* ⟨v. vlees⟩ ★ INFORM. être frigorifié *verkleumd zijn*
frigorifique I M *koelruimte* **II** BNW *koelend* ★ camion ~ *koelwagen*
frileux BNW [v: **frileuse**] ● *kouwelijk* ● *huiverig; vreesachtig; afwachtend*
frilosité V ● *kouwelijkheid* ● *huiverigheid; afwachtende houding*
frimas (zeg: -mà) M ● LITERAIR [vaak mv] *koude mist* ⟨waaruit rijp neerslaat⟩ ● . *mistig winterweer*
frime V INFORM. *aanstellerij; uitsloverij* ★ pour la ~ *voor de show*
frimer ONOV WW INFORM. *dik doen; zich uitsloven; pronken*
frimeur M [v: **frimeuse**] INFORM. *aansteller; uitslover*
frimousse V INFORM. *gezichtje; snoetje*
fringale V ● INFORM. *geeuwhonger; hongerklop* ● INFORM. *geweldige zin (***de** *in)*
fringant BNW *vief; monter*
fringuer OV WW INFORM. *kleden*
fringues V MV INFORM. *kleren*
fripe V *oud kledingstuk; tweedehands kleding*
friper OV WW *kreukelen*
friperie V ● *oude kleren (en spullen)* ● *uitdragerij; handel in tweedehands kleren*
fripier M [v: **fripière**] *uitdrager; handelaar in tweedehands kleren*
fripon I M [v: **friponne**] *deugniet; guit* **II** BNW [v: **friponne**] *ondeugend; guitig*
fripouille V INFORM. *schurk; schooier; schobbejak*
friqué BNW INFORM. *rijk*
frire OV+ONOV WW *bakken; braden; frituren* ★ pommes frites *patat(es frites)* ★ poêle à ~ *koekenpan; braadpan* ★ INFORM. être frit *de klos zijn*
frisbee M *frisbee*
frise V ● *fries* ● *plankje*
frisé BNW *gekruld; met krulhaar* ★ (chicorée) ~e *krulandijvie*
Frise V *Friesland*
friselis (zeg: -lie) M FORM. *geritsel*
friser I OV WW ● *krullen; friseren* ● *scheren/ strijken langs* ● FIG. *op het randje zijn van; dicht (be)naderen* ★ ~ la quarantaine *tegen de veertig lopen* **II** ONOV WW *krullen; krulhaar hebben*
frisette V ● *krulletje* ● *schrootje*
frison I M ● *(het) Fries* ● *krul* **II** BNW [v: **frisonne**] *Fries*
Frison M [v: **Frisonne**] *Fries*
frisotter, **frisoter** ONOV WW *kroezen*
frisquet BNW [v: **frisquette**] *frisjes*
frisson M *huivering; rilling; lichte trilling* ★ donner le ~ *de (koude) rillingen bezorgen; doen griezelen*
frissonnement M *rilling; huivering*
frissonner ONOV WW *huiveren; rillen; licht trillen*
frisure V ● *(het) krullen* ● *gekrulde haren*
frit WW [présent, volt. deelw.] ● → **frire**
frite V [mv: **frites**] ● *frietje* ● *friet* ★ INFORM. avoir la ~ *zich in vorm voelen* ★ ~s [mv] *friet*
friterie V *frietkraam*
friteuse V *friteuse; frituurpan*
friture V ● *(het) bakken* ● *bakvet* ● *frituur; gebakken vis*
frivole BNW ● *frivool; lichtzinnig* ● *oppervlakkig; onbeduidend*
frivolité V ● *lichtzinnigheid; frivoliteit* ● *onbeduidendheid*
froc M ● *pij; monnikskap* ● INFORM. *broek* ★ jeter le froc aux orties *uittreden*
froid I BNW ● *koud* ● FIG. *koel; kil; onverschillig* ★ cela me laisse ~ *dat laat me koud* **II** BIJW OOK FIG. *koud* ★ à ~ *koud(weg), droog(weg); onverhoeds* ★ manger ~ *koud eten* ★ battre ~ à qn *iem. koel bejegenen* **III** M ● *koude* ● FIG. *koelheid* ● *verkoudheid* ★ j'ai ~ *ik heb het koud* ★ il n'a pas ~ aux yeux *hij is voor geen kleintje vervaard* ★ il fait un ~ de canard/loup/chien *het is verschrikkelijk koud* ★ attraper/prendre ~ *kouvatten* ★ être en ~ avec *een koele verhouding hebben met; gebrouilleerd zijn met* ★ jeter un ~ *een pijnlijke stilte veroorzaken;* FIG. *een verkoeling teweegbrengen* ★ coup de ~ OOK FIG. *plotselinge verkoeling; verkoudheid* ★ ça donne/fait ~ dans le dos FIG. *daar word je koud van*
froidement BIJW FIG. *koel; koudweg; onaangedaan; in koelen bloede*

froideur V FIG. *koelheid; kilheid; onaangedaanheid*
froidure V FORM. *koude*
froissement M • *verkreukeling* • *kneuzing*; OOK FIG. *kwetsing* • *geknisper; geruis*
froisser I OV WW • *verkreukelen; verfrommelen* • *kneuzen*; OOK FIG. *kwetsen* ★ tôle froissée *blikschade* **II** WKD WW [**se ~**] • *kreuken* • OOK FIG. *gekwetst raken*
frôlement M • *lichte aanraking* • *ritseling*
frôler OV WW • *licht aanraken; strijken langs* • FIG. *dicht (be)naderen* ★ ~ l'accident *bijna een ongeluk krijgen*
fromage M *kaas* ★ ~ blanc *kwark* ★ ~ à pâte molle *zachte kaas* ★ ~ de tête *hoofdkaas* ★ ~ fondue *smeerkaas* ★ INFORM. en faire un ~ *er ophef van maken; de zaak dramatiseren*
fromager I M *kapokboom* **II** M [v: **fromagère**] • *kaasmaker* • *kaasverkoper* • *kaasvorm* **III** BNW [v: **fromagère**] *kaas-*
fromagerie V • *kaasmakerij* • *kaashandel*
froment M *tarwe*
fronce V *plooi(tje)*
froncement M *gefrons; rimpeling*
froncer OV WW • *fronsen; rimpelen* • *plooien*
frondaison V • *bladvorming; uitbotting* • LITERAIR *gebladerte; lover*
fronde V • *slinger; katapult* • *morrende oppositie(partij); protestbeweging*
fronder I OV WW • *morren tegen; dwarsdrijven tegen* • *hekelen* **II** ONOV WW • *morren* • *oppositie voeren (***contre** *tegen)*
frondeur I M [v: **frondeuse**] • GESCH. *aanhanger v.d. Fronde* • *dwarsdrijver; hekelaar; oppositievoerder* **II** BNW [v: **frondeuse**] *rebels; dwars(drijverig); hekelachtig*
front M • *voorhoofd*; FORM. *hoofd* • *voorkant; (voor)vlak* • OOK FIG. *front* ★ de ~ *frontaal; (pal) van voren; rechtstreeks; naast elkaar (lopend); tegelijk* ★ au ~/sur le ~ *aan het front* ★ ~ froid *koufront* ★ ~ de mer *zeeboulevard* ★ le ~ d'une montagne *de top v.e. berg* ★ aborder de ~ *doortastend aanpakken* ★ avoir le ~ de *de euvele moed hebben om* ★ faire ~ à *het hoofd bieden aan* ★ mener de ~ *gelijktijdig uitoefenen/doen* ★ FORM. courber le ~ *het hoofd buigen*
frontal BNW [m mv: **frontaux**] • *voorhoofds-* • *frontaal*
frontalier I M [v: **frontalière**] *grensbewoner* **II** BNW [v: **frontalière**] *grens-* ★ (travailleur) ~ *grensarbeider*
frontière I V *grens* **II** BNW *grens-* ★ ville ~ *grensstad*
frontispice M • *frontispice; titelblad* • *voorgevel*
frontiste M/V *aanhanger van het Front National*
fronton M • *fronton* • *(boven)muur* ‹v.h. pelotespel›
frottage M *(het) (in)wrijven*
frottée V • INFORM. *pak slaag* • *met knoflook ingesmeerde boterham*
frottement M OOK FIG. *wrijving*
frotter I OV WW *(af)wrijven; inwrijven (***de** *met); strijken/schuren langs* ★ ~ une allumette *een lucifer afstrijken* **II** ONOV WW *wrijven; schuren (***contre** *tegen); aanlopen* **III** WKD WW [**se ~**] • *zich (in)wrijven* ★ se ~ les yeux *zich de ogen uitwrijven* • INFORM. **~ à** *zich (roekeloos) inlaten met; het opnemen tegen* ★ qui s'y frotte, s'y pique *het is geen katje om zonder handschoenen aan te pakken*
frotteur M *sleepcontact*
frottis (zeg: -tie) M • MED. *uitstrijkje* • *dunne, doorschijnende kleurlaag* • *glacis*
frottoir M • *wrijflap* • *wrijfborstel; wrijfkussen* • *strijkvlak* ‹v. luciferdoos›
froufrou, frou-frou M • *geruis* ‹v. zijde e.d.› • *koket (onder)goed* ★ faire du ~ *kouwe drukte maken*
froufrouter ONOV WW *ruisen* ‹v. zijde e.d.›
froussard I M INFORM. *lafbek* **II** BNW INFORM. *bang; schijterig*
frousse V INFORM. *grote angst* ★ avoir la ~ *in de rats zitten* ★ ficher/flanquer la ~ *de stuipen op het lijf jagen*
fructifère BNW *vruchtdragend*
fructification V • *vruchtvorming* • FIG. *(het) vrucht dragen*
fructifier ONOV WW OOK FIG. *vrucht dragen* ★ faire ~ son argent *zijn geld plaatsen*
fructose M *fructose; vruchtensuiker*
fructueux BNW [v: **fructueuse**] • FIG. *vruchtbaar* • *winstgevend; succesvol*
frugal BNW [m mv: **frugaux**] *sober*
frugalité V *soberheid*
fruit M • OOK FIG. *vrucht* • *kind* • *opbrengst; resultaat* ★ arbre à ~ *vruchtboom* ★ ~ à noyau *steenvrucht* ★ ~ à pépins *pitvrucht* ★ ~ sec *gedroogde vrucht; mislukkeling* ★ ~ défendu *verboden vrucht* ★ ~s de mer *zeebanket* ★ sans ~ *vruchteloos* ★ FIG. porter ses ~s *vruchten afwerpen*
fruité BNW *fruitig*
fruiterie V • *fruitbewaarplaats* • *fruithandel*
fruitier I M • *fruitkelder* • *boomgaard* **II** V *kaasmakerij* **III** M [v: **fruitière**] • *fruitverkoper* • *kaasmaker* **IV** BNW [v: **fruitière**] *vrucht-; fruit-* ★ arbre ~ *vruchtboom*
frusques V MV INFORM. *(oude) kleren; plunje*
fruste BNW • *afgesleten; verweerd* • FIG. *onbehouwen; ongepolijst; grof*
frustrant BNW *frustrerend*
frustration V • *frustratie; onbevredigdheid; teleurstelling* • *ontzegging; onthouding*
frustrer OV WW • *teleurstellen (***dans** *in); frustreren; fnuiken* • **~ de** *onthouden; ontzeggen; ontnemen*
FS AFK franc suisse *Zwitserse frank*
fuchsia (zeg: fuusja/fuuksja) M *fuchsia*
fuel (zeg: fjoel) M *stookolie*
fugace BNW *vluchtig; kortstondig; vergankelijk*
fugacité V *vluchtigheid; vergankelijkheid*
fugitif I M [v: **fugitive**] *vluchteling* **II** BNW [v: **fugitive**] • *voortvluchtig* • *voorbijgaand; vergankelijk; vluchtig*
fugue V • MUZ. *fuga* • *(het) (van huis) weglopen*
fuguer ONOV WW *(van huis) weglopen*
fugueur I M [v: **fugueuse**] *kind dat van huis wegloopt* **II** BNW [v: **fugueuse**] *die/dat van huis wegloopt*
fuir I OV WW [onregelmatig] *ontvluchten; (ver)mijden; ontgaan* ★ fuir comme la peste

fu

mijden als de pest **II** ONOV WW [onregelmatig] • *vluchten (***devant** *voor)*; OOK FIG. *vlieden* • *wijken* • *lekken* ★ front qui fuit *wijkend voorhoofd*
fuite V • *vlucht*; OOK FIG. *(het) vlieden* • *lek* • *(het) lekken* ⟨ook v. informatie⟩ • *(het) wijken* ★ en ~ *op de vlucht*; *voortvluchtig* ★ prendre la ~ *op de vlucht slaan* ★ délit de ~ *(het) doorrijden na een ongeluk* ★ point de ~ *verdwijnpunt* ★ ~ des cerveaux *braindrain*
fuiter ONOV WW INFORM. *uitlekken* ⟨bekend worden⟩
fulgurant BNW • MEESTAL FIG. *bliksemend*; *flitsend*; *lumineus* • *bliksemsnel* ★ douleurs ~es *pijnscheuten*
fulguration V *weerlicht*; OOK FIG. *flits*
fulgurer ONOV WW MEESTAL FIG. *bliksemen*; *flitsen*
fuligineux BNW [v: **fuligineuse**] *roetachtig*
fulminant BNW • *fulminant*; *donderend*; *razend*; *heftig* • FORM. *ontplofbaar*; *knal-*
fulmination V OOK FIG. *banbliksem*
fulminer I OV WW *slingeren (***contre** *naar, over)* ⟨v. banbliksems, verwijten e.d.⟩ **II** ONOV WW • *heftig uitvaren*; *fulmineren (***contre** *tegen)* • *ontploffen*; *knallen*
fumage M • *(het) roken* ⟨v. levensmiddelen⟩ • *bemesting*
fumaison V • → **fumage**
fumant BNW • *rokend* • *dampend* • *ziedend* ⟨v. woede⟩ • INFORM. *fantastisch*; *puik*
fumasse BNW • INFORM. *woedend* • *wild*
fumé BNW *rook-*; *gerookt* ★ verre fumé *donker glas*; *rookglas*
fumée V *rook*; *damp* ★ les ~s du vin *de bedwelming/roes v.d. wijn* ★ avaler la ~ *inhaleren* ★ partir en ~ OOK FIG. *in rook opgaan* ★ il n'y a pas de ~ sans feu ⟨spreekwoord⟩ *er is geen rook zonder vuur*
fumer I OV WW • *roken* ⟨v. rookwaren⟩ • *roken* ⟨v. levensmiddelen⟩ • *bemesten* **II** ONOV WW • *roken* • *dampen* • INFORM. *zieden* ⟨v. woede⟩ ★ ~ comme une cheminée/un pompier *roken als een schoorsteen*
fumerie V *opiumkit*
fûmes WW [passé simple] • → **être**
fumet M • *(pikante) geur* ⟨v. spijzen, dieren⟩ • *(geurige) bouillon*
fumeur M [v: **fumeuse**] *roker*
fumeux BNW [v: **fumeuse**] • *walmend*; *rokerig*; *nevelig* • *warrig*; *wollig*; *vaag*
fumier M • *mest* • MEESTAL FIG. *mesthoop* • INFORM. *rotzak*
fumigation V *beroking*; *uitroking*
fumigène BNW *rookontwikkelend* ★ bombe ~ *rookbom*
fumiste I M OUD. *kachelsmid* **II** M/V INFORM. *grapjurk*; *praatjesmaker*; *schertsfiguur* **III** BNW INFORM. *niet serieus te nemen*; *scherts-*
fumisterie V *verlakkerij*; *gebakken lucht*; *snoeverij*; *nep*
fumoir M • *rooksalon* • *rokerij*
fumure V *bemesting*
funambule M/V *koorddanser*
funambulesque BNW • *koorddansers-* • *dwaas*; *buitenissig*
funèbre BNW • *begrafenis-*; *rouw-*; *doods-* • *somber*; *doods* ★ pompes ~s *begrafenisonderneming* ★ oraison ~ *lijkrede* ★ service ~ *rouwdienst*
funérailles V MV *begrafenis*
funéraire BNW *begrafenis-*; *graf-* ★ drap ~ *lijkkleed* ★ pierre ~ *grafsteen*
funérarium (zeg: -rjom) M *rouwcentrum*
funeste BNW *funest (***à** *voor)*; *noodlottig*; *rampzalig*
funiculaire I M *kabel(spoor)baan* **II** BNW ★ tramway ~ *kabeltram*
fur M ★ au fur et à mesure *geleidelijk*; *één voor één* ★ au fur et à mesure de *naar gelang (van)* ★ au fur et à mesure que *naarmate*
furax BNW INFORM. *woedend*
furet M • *fret* ⟨dier⟩ • FIG. *speurneus*; *snuffelaar* • *verstopspelletje* ⟨voorwerp dat van hand tot hand gaat⟩
fureter ONOV WW • *jagen met een fret* • *(rond)snuffelen*
fureteur I BNW [v: **fureteuse**] *(rond)snuffelend*; *spiedend* **II** M [v: **fureteuse**] • *jager met een fret* • *snuffelaar*
fureur V • *woede*; *razernij* • *hartstocht (***de** *voor)* • *verwoedheid* ★ ~ du jeu *speelwoede* ★ entrer en ~ *woedend worden* ★ faire ~ *furore maken*
furibard BNW INFORM. *spinnijdig*
furibond BNW *woedend*; *razend*
furie V • *woede*; *razernij* • *onstuimigheid* • *helleveeg*; *furie* ★ en ~ *woedend*; *razend*
furieusement BIJW *furieus*
furieux BNW [v: **furieuse**] *woedend (***contre** *op)*; *razend*; *woest* ★ un vent ~ *een hevige wind*
furoncle M *steenpuist*
furtif BNW [v: **furtive**] *steels*; *heimelijk*; *ongezien*
furtivement BIJW • → **furtif**
fus WW [passé simple] • → **être**
fusain M • *houtskool* • *houtskooltekening* • PLANTK. *kardinaalsmuts*
fuseau M [mv: **fuseaux**] • *spil* • *klos*; *spoel* ★ jambes en ~ *spillebenen* ★ ~ horaire *tijdzone* ★ en ~ *spilvormig*; *smal toelopend* ★ (pantalon) ~ *skibroek*
fusée V • *raket* • *vuurpijl* • *ontstekingsbuis* • *fusee*; *spil* ★ ~ engin *aandrijfraket* ★ ~ éclairante *lichtkogel* ★ ~ de rires *lachsalvo*
fuselage M *romp* ⟨v. vliegtuig⟩
fuselé BNW • *spilvormig* • *dun uitlopend* • *gestroomlijnd* ★ des doigts ~s *dunne vingers*
fuseler OV WW *stroomlijnen*
fuser ONOV WW • *wegsmelten* • *vervloeien* ⟨v. kleuren⟩ • *knetterend/sissend uiteenspatten* • FIG. *losbarsten*
fusibilité V *smeltbaarheid*
fusible I BNW *smeltbaar* **II** M • *stop*; *(smelt)zekering* • INFORM. *iem. die op de schopstoel zit*
fusil (zeg: -zie) M • *geweer* • *aanzetstaal* • OUD. *vuurslag* ★ coup de ~ *gepeperde rekening* ★ ~ à deux coups *dubbelloopsgeweer* ★ bon ~ *goed schutter* ★ pierre à ~ *vuursteen* ★ FIG. changer son ~ d'épaule *een ommezwaai maken*
fusilier M *fuselier*
fusillade V • *geweervuur*; *schietpartij*; *schotenwisseling* • *fusillade*

fusiller OV WW • *fusilleren; neerschieten* • INFORM. *verknallen; mollen* ★ ~ qn du regard *iem. vernietigend aankijken*
fusil-mitrailleur M [mv: **fusils-mitrailleurs**] *machinegeweer*
fusion V • *smelting* • FIG. *samensmelting; vermenging; fusie* ★ ~ nucléaire *kernfusie* ★ en ~ *gesmolten* ★ point de ~ *smeltpunt*
fusionnement M *fusionering; fusie*
fusionner I OV WW FIG. *samensmelten; samenvoegen* **II** ONOV WW FIG. *samensmelten; fuseren (**avec** met)*
fusse WW [imparf. du subj.] • → **être**
fustigation V FORM. *geseling*
fustiger OV WW • *geselen* • *hekelen*
fut WW [passé simple] • → **être**
fût I M • *fust; vat* • *schacht* ⟨langwerpig hoofddeel⟩; *handvat* ⟨v. boor, zaag enz.⟩; *blok* ⟨v. schaaf⟩ • *boomstam* • *fust; vat* • *lade* ⟨v. vuurwapen⟩ ★ en fût *op fust* **II** WW [imparf. du subj.] • → **être**
futaille V • *vat; fust* • *de vaten; fustage*
futé BNW *gewiekst; slim; snugger*
futile BNW *futiel; onbeduidend*
futilité V *onbeduidendheid; futiliteit*
futur I BNW • *toekomstig; aanstaand; komend* • *in spe* **II** M • *toekomst* ★ dans le ~ *in de toekomst* • TAALK. *toekomende tijd* ★ ~ antérieur *voltooid (tegenwoordig) toekomende tijd* ★ ~ du passé *onvoltooid verleden toekomende tijd* **III** M [v: **future**] *aanstaande* ⟨bruid(egom)⟩
futurisme M *futurisme*
futuriste I BNW *futuristisch* **II** M/V *futurist*
futurologue M/V *futuroloog*
fuyant I M FORM. *verschiet; perspectief* **II** BNW • *(terug)wijkend* • *ontwijkend* ⟨v. blik, gedrag⟩; *ongrijpbaar; schuw* ★ front ~ *wijkend voorhoofd* ★ perspective ~e *wijkend perspectief*
fuyard I M [v: **fuyarde**] *vluchteling; deserteur* **II** BNW *vluchtend*

G

g (zeg: zjee) **I** M letter *g* ★ g comme Gaston *de g van Gerard* **II** AFK gramme *g; gram*
gabardine V *gabardine*
gabarit (zeg: -rie) M • *mal; (standaard)model* • *afmetingen; (for)maat* ★ du même ~ *van hetzelfde slag/type/kaliber* ★ hors ~ *bovenmaats*
gabegie V *wanbeheer; administratieve warboel*
gable M *puntgevel*
gâble M • → **gable**
Gabon M *Gabon*
gâchage M • → **gâcher**
gâcher OV WW • *verspillen; verknoeien* • *aanmaken* ⟨v. mortel, kalk⟩ ★ ~ le marché *de markt bederven*
gâchette V • *spanveer; trekker* ⟨v. vuurwapen⟩ • *sluitveer* ⟨v. slot⟩ ★ appuyer sur la ~ *de trekker overhalen* ★ avoir la ~ facile *schietgraag zijn*
gâcheur M [v: **gâcheuse**] *knoeier; verspiller; bederver*
gâchis (zeg: -sjie) M • *mortel* • *knoeiboel; warboel* • *verspilling*
gadget (zeg: -dzjet) M • *gadget; grappig ding* • FIG. *wassen neus*
gadin M INFORM. *val* ★ ramasser un ~ *een smak maken*
gadoue V INFORM. *blubber; modder; derrie*
gadouille V • → **gadoue**
gaffe V • *bootshaak* • INFORM. *flater* ★ INFORM. faire ~ (à) *opletten (voor); uitkijken (voor)* ★ faire une ~ *een flater slaan*
gaffer ONOV WW INFORM. *een flater begaan*
gaffeur I M [v: **gaffeuse**] INFORM. *stoethaspel; blunderaar* **II** BNW [v: **gaffeuse**] INFORM. *vaak blunderend; onbeholpen*
gag (zeg: gag met harde g's) M • *komisch effect; gag* • INFORM. *lachertje*
gaga BNW • *kinds; seniel; niet goed wijs* • ~ **de** *stapelgek op*
gage M • OOK FIG. *waarborg; (onder)pand* • *blijk; bewijs* ★ tueur à gages *huurmoordenaar* ★ être aux gages de *in loondienst zijn van* ⟨v. dienstpersoneel⟩; *afhankelijk zijn van* ★ mettre en gage *verpanden* ★ prêter sur gage *op onderpand lenen* ★ gages [mv] *gage* ⟨v. matroos⟩
gager OV WW • OUD. *wedden* • *waarborgen* ★ gageons que...! *wedden dat...!*
gageure (zeg: -zjuur, niet: -zjeur) V *uitdaging; waagstuk*
gagiste M *pandhouder*
gagnant I M [v: **gagnante**] *winnaar* ⟨bij spel of loterij⟩ ★ donner ~ *als winnaar doodverven* **II** BNW *winnend*
gagne-pain M [mv: id.] • *broodwinning* • *kostwinner* ★ perdre son ~ *brodeloos worden*
gagne-petit M [mv: id.] *kleinverdiener*
gagner I OV WW • *verdienen* • *winnen (**à** van)* • FIG. *winnen; verwerven; krijgen* • *bereiken; gaan naar/in* • FIG. *aangrijpen; overmannen; bevangen* ★ ~ gros *veel verdienen* ★ ~ sa vie *de*

ga

kost verdienen ★ ~ du terrain (sur) *veld winnen (op)* ★ ~ le large *zee kiezen* ★ ~ un témoin *een getuige op zijn hand krijgen* ★ ~ qn à une cause *iem. voor een zaak winnen* ★ ~ qn de vitesse *iem. te snel af zijn* ★ ~ du temps *tijd winnen* **II** ONOV WW • *winnen (***en** *aan)* • *geld verdienen* • *veld winnen (***sur** *op)* • *er beter op worden (***à** [+ infin.] *van)* ★ le feu gagne *de brand breidt zich uit* ★ ~ au vent *oploeven* ★ ~ par deux à zéro *met 2-0 winnen* ★ c'est toujours ça de gagné *dat is alvast meegenomen* ★ ~ à être connu *bij nadere kennismaking meevallen* ★ y ~ *erop vooruitgaan* **III** WKD WW [**se ~**] • *verkregen worden* • *aanstekelijk zijn*

gai (zeg: gè met harde g) **I** BNW • *vrolijk; opgeruimd* • *lichtelijk aangeschoten* • *leuk* • INFORM. → **gay** ★ avoir le vin gai *een vrolijke dronk hebben* **II** M INFORM. → **gay**

gaiement BIJW *vrolijk; opgeruimd*

gaieté V *vrolijkheid; lol(letje)* ★ de ~ de cœur *van ganser harte*

gaillard I BNW • OUD. *vrolijk; opgewekt* • *flink; kloek; potig* • *gewaagd; schuin* **II** M • *(flinke) vent; potige kerel* • SCHEEPV. *plecht*

gaillardise V *schuine taal; schuine mop*

gain M • *winst; verdienste; voordeel* • *(het) winnen* ★ avoir/obtenir gain de cause *het pleit winnen; zijn zin/gelijk krijgen*

gaine V • *schede; foedraal; omhulsel* • TECHN. *mantel* • *onderstel* ★ ~(-culotte) *step-in* ★ horloge à ~ *staande klok*

gainer OV WW *overtrekken; (nauw) omhullen*

gaîté V • → **gaieté**

gala M *gala(feest)* ★ soirée de gala *gala-avond* ★ habit de gala *galakleding*

galactique BNW *melkweg-; galactisch*

galamment BIJW *hoffelijk* ⟨jegens vrouwen⟩; *galant*

galant I BNW • *hoffelijk* ⟨jegens vrouwen⟩; *galant* • *op vrijerij gericht; galant* ★ avonture ~e *liefdesavontuurtje* ★ femme ~e *lichte vrouw* **II** M IRON. *aanbidder; vrijer* ★ LIT. vert ~ *vrouwengek*

galanterie V • *hoffelijkheid* ⟨jegens vrouwen⟩; *galanterie* • LIT. *liefdesavontuurtje*

galantine V *koud vlees in gelei; galantine*

galapiat M INFORM. *straatjongen; kwajongen*

galaxie V *melkweg(stelsel)*

galbe M *welving; (fraaie) ronding*

galbé BNW *(fraai) gewelfd*

gale V • *schurft* • *jeukende huiduitslag* • INFORM. *kreng; rotzak*

galéjade V *sterk verhaal*

galène V *zwavellood* ★ poste à ~ *kristalontvanger*

galère V • *galei* • INFORM. *doffe ellende* ★ INFORM. que diable allait-il faire dans cette ~? *waar bemoeide hij zich ook mee?*

galérer ONOV WW INFORM. *het moeilijk hebben; ploeteren*

galerie V • *galerij* ⟨in alle betekenissen⟩ • *galerie; tentoonstellingszaal* • *onderaardse gang; mijngang* • *winkelgalerij; passage* • *imperiaal* ★ pour la ~ *uit effectbejag; voor de show* ★ amuser/jouer pour la ~ *op het publiek/voor de galerij spelen*

galérien M *galeislaaf* ★ vie de ~ *hondenleven*

galeriste M/V *galeriehouder*

galet M • *strandkei; rolsteen* • *keistrand; kiezelstrand* • TECHN. *rolletje; wieltje*

galetas (zeg: -tà) M • OUD. *zolderkamer* • *krot*

galette V • *platte koek* • *scheepsbeschuit* • *rond plat voorwerp; plat kussentje* • INFORM. *geld; poen* ★ ~ des Rois *driekoningenkoek*

galeux BNW [v: **galeuse**] OOK FIG. *schurftig* ★ FIG. la brebis galeuse *het zwarte schaap*

Galice V *Galicië*

Galilée I V *Galilea* **II** *Galileï*

galiléen BNW [v: **galiléenne**] *Galilees*

galimatias (zeg: -tjà) M *onzin; wartaal*

galion M *galjoen*

galipette V INFORM. *luchtsprong* ★ faire des ~s *bokkensprongen maken; capriolen uithalen*

galle V PLANTK. *gal* ⟨op planten, bomen⟩ ★ ~ du chêne *(eiken)galnoot* ★ (noix de) ~ *galappel; galnoot*

Galles ★ le pays de ~ *Wales*

gallican I M *gallicaan* **II** BNW *gallicaans*

gallicanisme M *gallicanisme*

gallicisme M • *gallicisme* • *typisch Franse uitdrukking*

gallinacés M MV *hoenderachtigen*

gallinule poule-d'eau V *waterhoen*

gallique BNW ★ acide ~ *galnotenzuur*

gallo- VOORV *Gallisch; Frans*

gallois I M *(het) Welsh* **II** BNW *uit Wales*

Gallois M [v: **Galloise**] *Welshman*

gallon M *gallon* ⟨inhoudsmaat⟩

gallo-romain BNW [mv: **gallo-romains**] *Gallo-Romeins*

galoche V *klompschoen* ★ menton en ~ *vooruitstekende kinnebak; centenbak*

galon M • *galon; tres; boordsel* • MIL. *streep* ⟨distinctief⟩ ★ prendre du ~ *promotie maken; erop vooruitgaan*

galonné M INFORM. *(onder)officier*

galonner OV WW *galonneren*

galop (zeg: -loo) M *galop* ★ au ~ *in galop* ★ grand ~ *gestrekte galop*

galopade V • *galoppade* • *(het) hollen*

galopant BNW • *galopperend* • *zeer snel; sprongsgewijs* ★ inflation ~e *hollende inflatie* ★ phtisie ~e *vliegende tering*

galoper I OV WW *laten galopperen; opjagen* **II** ONOV WW • *galopperen* • *rennen; hollen;* OOK FIG. *(door)draven*

galopin M INFORM. *straatjongen; kwajongen*

galurin M INFORM. *hoed*

galvanique BNW *galvanisch*

galvanisation V *galvanisatie*

galvaniser OV WW OOK FIG. *galvaniseren*

galvanomètre M *galvanometer*

galvauder I OV WW *te grabbel gooien; verkwanselen; misbruiken* **II** ONOV WW *rondhangen; lanterfanten* **III** WKD WW [**se ~**] *zichzelf vergooien; zijn naam te grabbel gooien*

gambade V *luchtsprong*

gambader ONOV WW *huppelen; dartelen; luchtsprongen maken*

gamberger I OV WW INFORM. *(na)denken over* **II** ONOV WW INFORM. *(na)denken over;*

prakkiseren; *piekeren*
gambette I M *tureluur* **II** V INFORM. *been*
Gambie V *Gambia*
gambiller ONOV WW INFORM. *dansen*
gambit (zeg: -bie) M *gambiet* ⟨schaken⟩
gamelle V • *eetketel*; *gamel* • *officiersmess*; *gamelle* ★ INFORM. ramasser/prendre une ~ OOK FIG. *op z'n bek gaan*
gamer[1] (zeg: Geemee) M *gamen*
gamer[2] (zeg: Geemer) M *gamer*
gamète M *gameet*
gameur M [v: **gameuse**] *gamer*
gamin I M [v: **gamine**] • *koter*; *kind*; *kleine*; *joch* • *bengel*; *ondeugd* **II** BNW *(kwa)jongensachtig* ★ elle est encore ~e *ze is nog maar een kind*
gaminerie V *(kwa)jongensstreek*; *kinderlijk gedrag*
gamme V • *toonladder* • FIG. *gamma*; *reeks* ⟨v. soorten⟩; *assortiment* ★ bas de ~ *(van) de laagste prijsklasse*; *van mindere kwaliteit* ★ haut de ~ *(van) de hogere prijsklasse*; *kwaliteits-* ★ ~ de couleurs *kleurengamma*
gammé BNW ★ croix ~e *hakenkruis*
ganache V • *onderkaak* ⟨v. paard⟩ • INFORM./OUD. *sukkel*; *domoor*
Gand *Gent*
gandin M OUD. *fat*
gang (zeg: Ga(n)G) M *(misdadigers)bende*
ganglion M *ganglion* ★ ~ lymphatique *(opgezette) lymf(e)klier*
gangrène V • *gangreen* • FIG. *kanker*; *verderf*
gangster M • *gangster* • *oplichter*
gangstérisme M *gangsterpraktijken*
gangue V • *gangsteen* • *omhulsel*; *korst*
ganse V *(garneer)bandje*; *koord*
gant M *handschoen* ★ gant de boxe *bokshandschoen* ★ gant de toilette *washandje* ★ se donner les gants *zich zelf de eer geven* ★ jeter le gant à qn *iem. de handschoen toewerpen/uitdagen* ★ INFORM. prendre des gants (avec) *omzichtig te werk gaan (met)*; *met fluwelen handschoenen aanpakken* ★ relever le gant *de uitdaging aannemen*; *de handschoen opnemen* ★ cela me va comme un gant *dat past me precies* ★ retourner qn comme un gant *iem. helemaal ompraten*
gantelet M • *gepantserde handschoen* • *handleer*
ganter I OV WW *(iem.) handschoenen aantrekken* ★ ces gants me gantent bien *die handschoenen passen me goed* ★ ~ du sept *maat 7 voor handschoenen hebben* **II** WKD WW [**se** ~] *handschoenen aantrekken/aanschaffen*
ganterie V • *handschoenenhandel* • *handschoenenfabriek*
gantier M [v: **gantière**] • *handschoenenmaker* • *handschoenenverkoper*
gantois I M [v: **gantoise**] *Gentenaar* **II** BNW *Gents*
garage M • *garage*; *hangar*; *stalling* • *garage(bedrijf)* ★ OOK FIG. voie de ~ *zijspoor*
garagiste M/V *garagehouder*
garance I BNW *meekraprood*; *vuurrood* **II** V *meekrap* ⟨plant/kleurstof⟩
garant I M *waarborg* **II** M [v: **garante**] *borg* ⟨persoon⟩ ★ se porter ~ de *borg staan voor*; *instaan voor*
garantie (zeg: -tie) V *waarborg*; *garantie* ★ donner des ~s *zekerheid verschaffen* ★ c'est sous ~ *er zit garantie op* ★ ~ de banque *bankgarantie*
garantir OV WW *garanderen*; *instaan voor*; *waarborgen*; *vrijwaren (***de** *tegen, van)* ★ être garanti un an *een jaar garantie hebben*
garce V • *ondeugende meid*; *rotmeid*; *kreng(etje)* • *slet* ★ cette ~ de vie *dat rotleven*
garçon M • *jongen* • *kelner* • INFORM. *vent* ★ rester ~ *niet trouwen* ⟨v. man⟩ ★ ~ de boucher *slagersknecht* ★ ~ de courses *loopjongen* ★ ~ manqué *jongensachtig meisje* ★ vieux ~ *oude(re) vrijgezel*
garçonne V ★ à la ~ *jongensachtig* ⟨v. vrouw⟩; *met een rattenkopje*
garçonnet M *jongetje*
garçonnier BNW [v: **garçonnière**] *jongensachtig* ⟨v. meisje⟩
garçonnière V OUD. *vrijgezellenflat*
garde I M • *bewaker*; *wachter*; *oppas* • *gardist*; *wacht* ★ ~ civil *burgerwacht* ★ ~ du corps *lijfwacht* ★ ~ forestier *boswachter* ★ ~ des Sceaux *minister van justitie*; *grootzegelbewaarder* **II** V • *hoede*; *toezicht*; *bewaking*; *bewaring* • *wacht*; *lijfwacht*; *garde* • *gevest* • *gevechtshouding* ⟨schermen, vechtsport⟩; *dekking* ★ être/se tenir sur ses ~s *op zijn hoede zijn* ★ mettre en ~ contre *waarschuwen voor* ★ prendre ~ *oppassen (***à** *voor)*; *zich hoeden (***à** *voor)* ★ corps de ~ *hoofdwacht* ★ pharmacie de ~ *dienstdoende apotheek* ★ être de ~ *(wacht-, nacht)dienst hebben* ★ ~ d'honneur *erewacht* ★ monter la ~ *de wacht betrekken*; *wacht houden* ★ relever la ~ *de wacht aflossen* ★ officier de ~ *officier v.d. wacht* ★ ~ à vue *voorlopige hechtenis* ⟨op politiebureau⟩ ★ (page/feuille de) ~ *schutblad* ⟨v. boek⟩ ★ la vieille ~ FIG. *de oude garde* ★ droit de ~ *bewaarrecht*; *voogdij* ⟨over toegewezen kind⟩ ★ sous la ~ de *onder de hoede van* ★ MIL. ~ à vous! *geeft acht!* ★ chien de ~ *waakhond* ★ baisser la ~ *zich blootgeven*; *minder waakzaam worden* ★ en ~ *in gevechtshouding*
garde-à-vous M ★ au ~ *in de houding*
garde-barrière M/V [mv: **gardes-barrière(s)**] *baanwachter*; *overwegwachter*
garde-boue M [mv: **garde-boue(s)**] *spatbord*
garde-chasse M [mv: **gardes-chasse(s)**] *jachtopziener*
garde-chiourme M [mv: **gardes-chiourme(s)**] • GESCH. *bewaker van galeiboeven* • MIN. *ruwe opzichter*; FIG. *slavendrijver*
garde-corps M [mv: id.] • SCHEEPV. *reling* • *leuning*
garde-feu M [mv: **garde-feu(x)**] *vuurscherm*
garde-fou M [mv: **garde-fous**] • *waarschuwing* • *borstwering*; *leuning*
garde-magasin M [mv: **gardes-magasin(s)**] *magazijnmeester*
garde-malade M/V [m mv: **gardes-malade(s)**] *ziekenverpleger*
garde-manger M [mv: **garde-manger(s)**] *provisiekast*
gardénia M PLANTK. *gardenia*

garde-port M [mv: **garde-port(s)**] *havenmeester*
garder I OV WW • *bewaren*; *houden*; *aanhouden* • *bewaken*; *behoeden (***de** *voor)*; *passen op* • *in acht nemen*; *nakomen* ★ ~ le lit *het bed houden* ★ ~ le silence *het stilzwijgen bewaren* ★ Dieu vous garde *God behoede u!* **II** WKD WW [**se** ~] **de** *zich hoeden voor*; *vermijden te* ★ je m'en ~ai bien! *dat zal ik wel laten!*
garderie V • *crèche*; *kinderbewaarplaats* • *boswachterij*
garde-robe V [mv: **garde-robes**] • OUD. *klerenkast* • *garderobe* ⟨iemands kleren⟩
gardeur M [v: **gardeuse**] *hoeder* ⟨v. dieren⟩
garde-voie M [mv: **gardes-voie(s)**] *baanwachter*
garde-vue M [mv: id.] *oogscherm*
gardien I M [v: **gardienne**] *bewaker*; *wachter* ★ SPORT ~ de but *keeper* ★ ~ de la paix *straatagent* ★ ~ de prison *gevangenbewaarder* ★ ~ d'immeuble *huismeester*; *conciërge* ★ ~ de nuit *nachtwaker* ★ ~ de musée *suppoost* **II** BNW [v: **gardienne**] ★ ange ~ *beschermengel*
gardiennage M • *bewaking* • *peuteropvang*
gardon M *voorn*
gare I V • *station* • SCHEEPV. *aanlegplaats* ★ gare aérienne *luchthaven* ★ gare de marchandises *goederenstation* ★ gare terminus *eindstation* ★ gare routière *busstation*; *vrachtwagenstation* ★ gare de triage *rangeerterrein* ★ chef de gare *stationschef* **II** TW *pas op!* ★ gare à toi! *wees gewaarschuwd!* ★ sans crier gare *zonder te waarschuwen*; *onverhoeds*
garenne I M *wild konijn* **II** V • *(eiken)bos met wilde konijnen* • *verpacht viswater* ★ lapin de ~ *wild konijn*
garer I OV WW *stallen*; *parkeren* ⟨v. voertuig⟩; *meren* ⟨v. boot⟩; *(veilig) wegzetten* **II** WKD WW [**se** ~] • *uitwijken* • *parkeren* • ~ **de** *oppassen voor*; *uit de weg gaan voor*; *ontwijken*
gargantua M *veelvraat*
gargantuesque BNW *gargantuesk*
gargariser WKD WW [**se** ~] • *gorgelen* • INFORM. *zwelgen*; *gulzig genieten (***de** *van)*
gargarisme M • *gorgeldrank* • *gorgeling*
gargote V MIN. *morsige eetgelegenheid*; *vreetschuur*
gargouille V *waterspuwer* ⟨aan dakgoot⟩; *spuier*
gargouillement M • *geborrel* ⟨v. maag⟩ • *geklater* ⟨v. water⟩
gargouiller ONOV WW • *borrelen* ⟨v. maag⟩ • *klateren* ⟨v. water⟩
gargouillis (zeg: -jie) M • → **gargouillement**
garnement M *kwajongen*; *rakker*; *bengel*
garni BNW • *gegarneerd*; *als garnering* • *voorzien* • OUD. *gemeubileerd*
garnir I OV WW • *voorzien (***de** *van)*; *uitrusten (***de** *met)* • *vullen*; *bekleden*; *stofferen (***de** *met)* • *garneren*; *versieren (***de** *met)* ★ bien garni *goed gevuld*; *met een flinke haardos* **II** WKD WW [**se** ~] *zich vullen* ★ la salle se garnit *de zaal loopt vol*
garnison V *garnizoen*
garnissage M • → **garnir**
garniture V • *versiersel*; *belegsel*; *bekleedsel*; *garneersel* • *garnituur*; *stel*; *toebehoren* • *pakking* ★ ~ de foyer *haardstel* ★ ~ de frein *remvoering*
garou M ★ (loup-)~ *weerwolf*
garrigue V *(landschap met) doornig struikgewas* ⟨in mediterraan gebied⟩
garrot (zeg: -roo) M • *schoft* ⟨v. dier⟩ • *knevel*; *knevelverband* • *wurgpaal*
garrotter, **garroter** OV WW OOK FIG. *knevelen*
gars (zeg: gà met harde g) M INFORM. *jongen*; *kerel*
gascon BNW [v: **gasconne**] • *Gascons* • OUD. *opschepperig*
Gascon M [v: **Gasconne**] *gascogner*
gasconnade V OUD. *opschepperij*
gasoil M • → **gas-oil**
gas-oil M *dieselolie*; *gasolie*
gaspillage M *verkwisting*
gaspiller OV WW *verkwisten* ★ ~ son temps *zijn tijd verspillen*
gaspilleur I M [v: **gaspilleuse**] *verkwister* **II** BNW [v: **gaspilleuse**] *verkwistend*
gastralgie V *maagpijn*
gastrique BNW *maag-* ★ suc ~ *maagsap*
gastrite V *maagontsteking*; *gastritis*
gastroentérite V *maag-darmontsteking*
gastronome M *gastronoom*; *lekkerbek*
gastronomie V *gastronomie*
gastronomique BNW *gastronomisch*
gâteau M [mv: **gâteaux**] *koek(je)*; *taart(je)* ★ ~x secs *biscuitjes* ★ ~ (de miel) *honingraat* ★ papa/maman-~ *vader/moeder die kinderen verwent* ★ INFORM. c'est du ~ *dat is kinderspel/eenvoudig* ★ partager le ~ *de buit delen* ★ FIG. avoir sa part de ~ *zijn deel van de koek krijgen*
gâter I OV WW • *verwennen* • *bederven* ★ nous ne sommes pas gâtés *het zit ons niet mee* ★ ça ne gâte rien *dat kan geen kwaad* **II** WKD WW [**se** ~] • *bederven* • *verslechteren*; *betrekken* ⟨v. weer⟩
gâterie V *verwennerij*
gâteux BNW [v: **gâteuse**] • *kinds*; *seniel* • *niet goed wijs* • ~ **de** *stapelgek op*
gâtisme M *seniliteit*; *kindsheid*
gauche I BNW • OOK POL. *links*; *linker-* • *onhandig*; *links* • *scheef*; *krom* **II** BIJW ★ à ~ *links*; *naar links* ★ de ~ *links*; *van links*; *linker-* ★ passer l'arme à ~ *het hoekje om gaan* **III** M *linker* **IV** V *linkerzijde* ★ à/sur la ~ de *links van* ★ la ~ caviar *salonsocialisme* ★ prendre la ~ *links houden*
gauchement BIJW *onhandig*; *links*
gaucher I BNW [v: **gauchère**] *links(handig)*; *linksbenig* **II** M [v: **gauchère**] *linkshandige*
gaucherie V *onhandigheid*
gauchir I OV WW • *krom maken* • FIG. *verdraaien* **II** ONOV WW *kromtrekken*
gauchisant BNW POL. *links (georiënteerd)*
gauchisme M *links extremisme*
gauchissement M • *(het) kromtrekken* • FIG. *verdraaiing*
gauchiste I BNW *ultralinks* **II** M/V *ultralinks persoon*
gaudriole V • INFORM. *vrijerij*; *seks*; *van dattum* • INFORM. [meestal mv] *gewaagde geestigheid*
gaufre V • *wafel* • *honingraat*

gaufrer OV WW *gaufreren; figuren drukken in*
gaufrette V *wafeltje*
gaufrier M *wafelijzer*
gaule V • *lange stok; staak* • *hengelstok*
Gaule V *Gallië*
gauler OV WW *afslaan* ‹v. vruchten›
gaullisme M *gaullisme*
gaulliste I BNW *gaullistisch* **II** M/V *gaullist*
gaulois BNW • *Gallisch* • *wat schuin; boertig*
Gaulois M [v: **Gauloise**] *Galliër*
gauloiserie V *gewaagde geestigheid; boertigheid*
gausser WKD WW [**se** ~] FORM. *schertsen; de spot drijven (***de** *met)*
gavage M *(het) volproppen* ‹met eten›
gave M *bergstroom* ‹in de Pyreneeën›
gaver I OV WW • *vetmesten* • OOK FIG. *volproppen (***de** *met)* **II** WKD WW [**se** ~] *zich volproppen (***de** *met)*
gavotte V *gavotte* ‹dans›
gavroche M *(Parijse) straatjongen; lieverdje*
gay, gai I M INFORM. *homo* **II** BNW INFORM. *homo-*
gaz M *gas* ★ gaz naturel *aardgas* ★ gaz de combat *gifgas; strijdgas* ★ employé du gaz *meteropnemer; gasman* ★ INFORM. mettre les gaz OOK FIG. *gas geven* ★ INFORM. (à) pleins gaz *vol gas; plankgas* ★ INFORM. il y a de l'eau dans le gaz *we zitten met een probleem; daar komt narigheid van* ★ gaz moutarde *mosterdgas* ★ INFORM. dans le gaz *slaapdronken* ★ MED. avoir des gazes *last hebben van winderigheid*
gazage M *vergassing* ‹v. slachtoffers›
gaze V *gaas* ‹doek›
gazé M *slachtoffer van gifgas*
gazéification V • → **gazéifier**
gazéifier OV WW • *gasvormig maken; vergassen* • *koolzuurhoudend maken*
gazelle V *gazelle*
gazer I OV WW • *vergassen* ‹v. slachtoffers› • *schroeien in een gasvlam* ‹v. textiel› **II** ONOV WW INFORM. *hard rijden; racen* ★ INFORM. ça gaze *het gaat gesmeerd; alles kits*
gazette V OUD./BELG. *krant*
gazeux BNW [v: **gazeuse**] • *gasachtig; gasvormig* • *koolzuurhoudend* ★ eau gazeuse *spuitwater*
gazier I M [v: **gazière**] *werknemer bij een gasbedrijf; gasman* **II** BNW [v: **gazière**] *gas-*
gazoduc M *pijpleiding voor gas*
gazogène M *gasgenerator*
gazole M • → **gas-oil**
gazoline V *gasoline; gasbenzine*
gazomètre M *gashouder*
gazon M • *grasveld; grasmat; gazon* • *gras* ★ (motte de) ~ *graszode*
gazonner OV WW *met graszoden bedekken*
gazouillement M • *gesjilp* ‹v. vogels› • *gebrabbel* ‹v. kind›; *gemurmel* ‹v. beek›
gazouiller ONOV WW • *sjilpen* ‹v. vogels› • *brabbelen* ‹v. kind› • *murmelen* ‹v. beek›
gazouillis M • → **gazouillement**
GDF AFK Gaz de France ‹Frans gasbedrijf›
geai (zeg: zjè) M *Vlaamse gaai*
géant I BNW *reusachtig; reuzen-* **II** M [v: **géante**] *reus;* OOK FIG. *gigant* ★ à pas de ~ *met reuzenschreden*
géhenne V OOK FIG. *hel; Gehenna*
geignard I BNW *zeurderig; klagerig* **II** M [v: **geignarde**] *dreiner; zeur*
geignement M *gezeur; geklaag*
geindre ONOV WW [onregelmatig] *kermen; dreinen; zeuren*
gel M • *vorst; vriesweer* • OOK FIG. *bevriezing* • *gel* ★ le gel des salaires *het bevriezen v.d. lonen*
gélatine V *gelatine*
gélatineux BNW [v: **gélatineuse**] *gelatineachtig*
gelé BNW OOK FIG. *bevroren; verkleumd*
gelée V • *vorst; vriesweer* • *gelei* ★ ~ blanche *rijp* ★ ~ royale *koninginnenbrood; koninginnengelei*
geler I OV+ONOV WW OOK FIG. *bevriezen* ★ tu gèles! *je bent 'koud'!* ‹bij raden› **II** ONP WW *vriezen* ★ il gèle à pierre fendre *het vriest dat het kraakt* **III** WKD WW [**se** ~] *bevriezen; verkleumen*
gélifié BNW *gegeleerd*
gélule V *gelatinecapsule* ‹om geneesmiddel›
gelure V MED. *bevriezing* ‹v. lichaamsdelen›
Gémeaux M MV *Tweelingen* ‹dierenriem› ★ être ~ *een Tweeling zijn*
gémellaire BNW *tweeling-*
géminé BNW *gepaard; twee aan twee; dubbel*
gémir ONOV WW *zuchten; kermen; kreunen; huilen* ‹v. wind›
gémissement M *gekerm; gekreun; gezucht*
gemme I V • *edelsteen* • *hars* ‹v. den› **II** BNW ★ sel ~ *steenzout*
gemmé BNW FORM. *versierd met edelstenen*
gémonies V MV ★ vouer aux ~ *publiekelijk verguizen; omlaaghalen*
gênant BNW *lastig; hinderlijk; storend; benard*
gencive V • [vaak mv] *tandvlees* • INFORM. *bakkes; smoel*
gendarme M/V • *gendarme; agent van de rijkspolitie* • *rotspiek* • INFORM. *bokking* • *soort hard worstje* ★ faire le ~ *voor politieagent spelen* ★ la peur du ~ *de angst voor bestraffing* ‹waardoor men iets nalaat›
gendarmer WKD WW [**se** ~] *zich boos maken (***contre** *op); de stem verheffen*
gendarmerie V *gendarmerie; rijkspolitie(post)*
gendre M *schoonzoon*
gène M *gen* ★ c'est dans les gènes *dat is aangeboren*
gêne V • *last; hinder; beklemdheid* • *verlegenheid; gegeneerdheid; gêne* ★ sans gêne *ongegeneerd*
gêné BNW *verlegen; gegeneerd; in verlegenheid; opgelaten* ★ silence gêné *pijnlijke stilte*
généalogie V • *stamboom* • *genealogie*
généalogique BNW *genealogisch* ★ arbre ~ *stamboom*
généalogiste M/V *genealoog; geslachtkundige*
génépi M • *bergalsem* • *likeur daarvan*
gêner I OV WW • *hinderen; belemmeren; knellen* • *lastigvallen; storen* • *in verlegenheid brengen; generen* • OUD. *folteren* **II** WKD WW [**se** ~] *zich generen* ★ ne te gêne pas! *ga gerust je gang!* ★ INFORM. je vais me ~ *dat zal ik niet laten!*

général I BNW [m mv: **généraux**] *algemeen* **II** BIJW ★ en ~ *in/over het algemeen* **III** M [mv: **généraux**] *generaal*; *veldheer* ★ ~ de brigade *brigadegeneraal* ★ ~ de division *generaal-majoor*
générale V • *generale (repetitie)* • *generaalsvrouw* ★ MIL. battre la ~ *alarm/appel slaan*
généralement BIJW • *algemeen*; *globaal* • *in/over het algemeen*
généralisateur BNW [v: **généralisatrice**] *generaliserend*
généralisation V • *generalisatie* • *algemene verbreiding*
généraliser I OV WW • *generaliseren* • *algemeen verbreiden/toepassen* ★ cancer généralisé *uitgezaaide kanker* **II** WKD WW [**se** ~] *algemeen/wijdverbreid worden*
généralissime M *opperbevelhebber*
généraliste I M/V • *huisarts* • *allrounder*; *generalist* **II** BNW *allround* ★ médecin ~ *huisarts*
généralité V *algemeenheid* ★ dans la ~ des cas *in het gros van de gevallen*
générateur I M *generator* **II** BNW [v: **génératrice**] *voortbrengend*; *voortplantings-* ★ principe ~ *grondbeginsel* ★ ~ de *teweegbrengend*
génération V *generatie* ⟨in alle betekenissen⟩
génératrice V *(gelijkstroom)generator*
générer OV WW *genereren*; *voortbrengen*
généreusement BIJW • *grootmoedig* • *gul* • *rijkelijk*
généreux BNW [v: **généreuse**] • *edelmoedig*; *grootmoedig*; *genereus* • *vrijgevig*; *gul*; *royaal* • FIG. *rijk* ★ vin ~ *volle wijn*
générique I M *aftiteling*; *titelrol* **II** BNW *geslachts-*; *soort-*; *generiek* ★ TAALK. terme ~ *soortnaam* ★ (médicament) ~ *locopreparaat*; *merkloos medicijn*
générosité V • *edelmoedigheid*; *generositeit* • *mildheid*; *vrijgevigheid* • FIG. *rijkheid* • *volheid* ⟨v. wijn⟩ ★ faire des ~s *overladen met weldaden*
Gênes *Genua*
genèse V *ontstaan*; *wording*; *genese* ★ la Genèse *Genesis*
genêt M *brem*
généticien M [v: **généticienne**] *geneticus*
génétique I BNW *genetisch*; *gen-* **II** V *erfelijkheidsleer*; *genetica*
gêneur M [v: **gêneuse**] *lastpost*
genévrier M *jeneverbes* ⟨struik⟩
génial BNW [m mv: **géniaux**] • *geniaal* • INFORM. *geweldig*; *hartstikke goed*
génialité V *genialiteit*
génie M • *geest*; *genius* • *genie* ⟨eigenschap en persoon⟩ • *aanleg (**de** voor)*; *begaafdheid* • *typische aard* • MIL. *genie(korps)* ★ le ~ d'une langue *het karakter van een taal* ★ de ~ *geniaal* ★ avoir du ~ *vernuftig/geniaal zijn* ★ ~ civil *weg- en waterbouw* ★ mauvais ~ *kwade genius* ★ ~ génétique *gentechnologie*
genièvre M • *jeneverbessenstruik* • *jenever* ★ (baie de) ~ *jeneverbes*
génique BNW *gen-* ★ thérapie ~ *gentherapie*
génisse V *vaars*
génital BNW [m mv: **génitaux**] *genitaal*; *geslachts-* ★ organes génitaux *genitaliën*
géniteur I M *mannelijk fokdier* **II** M [v: **génitrice**] IRON. *verwekker* ★ les ~s *de ouders*
génitif M *tweede naamval*; *genitief*
génocide M *volkerenmoord*; *genocide*
Genois M [v: **Genoise**] *Genuees*
génoise V *biscuittaart*
génome M *genoom*
genou M [mv: **genoux**] OOK TECHN. *knie* ★ à ~x *geknield* ★ sur les ~x *op schoot*; INFORM. *bekaf*
genouillère V • *kniestuk*; *kniebeschermer* • TECHN. *kogelgewricht*
genre M • *genre* ⟨in alle betekenissen⟩; *soort*; *trant*; *stijl*; *type* • TAALK., BIOL. *geslacht* • *gender* • *manieren* ★ avoir un mauvais ~ *slechte manieren hebben* ★ INFORM. faire du ~ *aanstellerige manieren hebben* ★ dans le ~ de *zoiets als* ★ ça fait mauvais ~ *dat is onbetamelijk*; *dat kun je niet maken* ★ le ~ humain *het mensdom* ★ scène/tableau de ~ *genrestuk*
gens (zeg: zja(n)) M/V MV [bnw ervóór wordt v mv] *lieden*; *mensen* ★ jeunes gens *jongelui* ★ gens bien *fatsoenlijke mensen* ★ gens d'église *geestelijken* ★ LIT. gens d'épée *krijgslieden* ★ gens de lettres *letterkundigen* ★ gens de mer *zeelui* ★ LIT. gens de robe *juristen*; *magistraten* ★ droit des gens *volkenrecht* ★ les petites gens *de kleine luiden*; *de kleine man*
gent (zeg: zja(n)) V OUD., HUMOR. *geslacht*; *ras*; *volk* ★ la gent marécageuse *het kikkervolkje* ★ la gent moutonnière *de meelopers*
gentiane (zeg: zja(n)sjan) V *gentiaan*
gentil I BNW [v: **gentille**] *lief*; *aardig*; *vriendelijk* **II** M [v: **gentille**] GESCH. *heiden* ⟨niet-jood⟩
gentilhomme M [mv: **gentilshommes**] *edelman*
gentilhommière V *landhuis*; *klein kasteel*
gentillesse V *aardigheid*; *vriendelijkheid* ★ avoir la ~ de *zo vriendelijk zijn om*
gentillet BNW [v: **gentillette**] • *snoezig* • *niet onaardig*
gentiment BIJW • *aardig*; *vriendelijk*; *braaf* • *kalmpjes*
gentleman (zeg: dzentleman, dza(n)-) M [mv: **gentlemans/gentlemen**] *gentleman*
génuflexion V *kniebuiging*; *knieval*
géocentrique BNW *geocentrisch*
géode V *geode*
géodésie V *landmeetkunde*; *geodesie*
géodésique BNW *geodetisch*
géographe M/V *aardrijkskundige*; *geograaf*
géographie V *aardrijkskunde*; *geografie* ★ ~ humaine *sociale aardrijkskunde*
géographique BNW *aardrijkskundig*; *geografisch*
geôle V FORM. *gevangenis*; *kerker*
geôlier M [v: **geôlière**] FORM. *cipier*
géologie V *geologie*
géologique BNW *geologisch*; *geo-*
géologue M/V *geoloog*
géomètre M • *meetkundige* • *landmeter*
géométrie V • *meetkunde*; *geometrie* • *(regelmatige) onderlinge stand*; *configuratie* ★ ~ analytique *analytische meetkunde* ★ ~

descriptive *beschrijvende meetkunde* ★ ~ projective *projectieve meetkunde* ★ ~ dans l'espace *stereometrie* ★ ~ plane *vlakke meetkunde* ★ à ~ variable *met variabele (vleugel)stand* ⟨v. vliegtuig⟩; *variabel*; *naar omstandigheden wisselend*; *met groot aanpassingsvermogen*
géométrique BNW • *meetkundig*; *geometrisch* • *nauwkeurig* • *regelmatig en strak van lijn*
géophysicien M [v: **géophysicienne**] *geofysicus*
géophysique I BNW *geofysisch* **II** V *geofysica*
géopolitique I V *geopolitiek* **II** BNW *geopolitiek-*
géorgien BNW [v: **géorgienne**] *Georgisch*
Géorgien M/V [v: **Géorgienne**] *Georgiër*
gérance V *beheer*; *bewindvoering* ★ conseil de ~ *raad van beheer*
géranium (zeg: -njom) M *geranium*
gérant M [v: **gérante**] *beheerder*; *bedrijfsleider*; *gerant*
gerbage M • *(het) in schoven plaatsen* • *opstapeling* ⟨v. waren⟩
gerbe V *schoof*; *garve*; *bundel* ★ ~ de fleurs *bos bloemen*; *boeket*
gerbée V *bosje stro*
gerber OV WW • OUD. *in schoven binden* • *opstapelen* ⟨v. waren⟩
gercer I OV WW *doen barsten*; *doen kloven* ★ lèvres gercées *gesprongen lippen* **II** ONOV WW *barsten*; *kloven* **III** WKD WW [**se** ~] *barsten*; *kloven*
gerçure V *(haar)barstje*; *kloof* ⟨in huid⟩
gérer OV WW *beheren*; *regelen*; *beheersen*
gerfaut M *giervalk*
gériatre M/V *geriater*
gériatrie V *geriatrie*
gériatrique BNW *geriatrisch*
germain BNW [v: **germaine**] *Germaans* ★ cousins ~s *volle neven* ★ cousins issus de ~s *achterneven*
Germain M [v: **Germaine**] *Germaan*
germanique BNW *Germaans*; *Duits*
germaniser OV WW *verduitsen*
germanisme M *germanisme*
germaniste M/V *germanist*
germano- VOORV *Germaans-*; *Duits-*
germanophile I M/V *Duitsgezinde* **II** BNW *pro-Duits*
germanophobe I BNW *anti-Duits* **II** M/V *iemand die anti-Duits is*
germanophone BNW *Duitstalig*
germe V OOK FIG. *kiem* ★ ~ pathogène *ziektekiem* ★ en ~ *in de kiem* ★ phobie des ~s *smetvrees*
germer ONOV WW OOK FIG. *(ont)kiemen*
germicide BNW *kiemdodend*
germination V OOK FIG. *ontkieming*
gérondif M *gerondief* ⟨constructie van 'en' plus tegenw. deelw.; bv. 'en marchant'⟩
géronto- VOORV *geronto-*; *ouderdoms-*
gérontologue M/V *gerontoloog*
gésier M • *spiermaag* ⟨v. vogels⟩ • *maag* ⟨v. insecten⟩ • INFORM. *maag*; *pens*
gésir ONOV WW [onregelmatig] FORM. *liggen* ★ ci-gît *hier ligt (begraven)*
gesse V *lathyrus*
gestation V • *zwangerschap*; *dracht* • *wording* ★ en ~ *in wording*
geste I M OOK FIG. *gebaar*; *geste*; *daad* ★ beau ~ *edele daad*; *mooi gebaar* **II** V ★ chanson de ~ *middeleeuws heldendicht* ★ les faits et ~s *het doen en laten*
gesticulation V • *(het) maken van gebaren*; *gesticulatie* • FIG. *gescherm*
gesticuler ONOV WW *(veel) gebaren maken*; *gesticuleren*
gestion V *beheer*; *bedrijfsvoering*; *management*
gestionnaire I M COMP. *toepassingsprogramma* **II** M/V *beheerder*; *manager* **III** BNW *beherend*; *beheers-*
gestique V *gesticulatie*
gestuel BNW [v: **gestuelle**] *gebaren-*; *met gebaren*
gestuelle V *gebaren(taal)*
geyser (zeg: zjèzèr) M *heetwaterbron*; *geiser*
ghetto M *getto*
ghilde V • → **guilde**
gibbosité V *bochel*; *bult*
gibecière V *weitas*; *tas met schouderband*
gibelotte V *konijnenragout in witte wijn*
giberne V *patroontas*
gibet M • *galg* • *kruishout*
gibier M • *wild* • INFORM. *prooi*; *doelwit* ⟨persoon⟩ ★ ~ de potence *galgenaas* ★ menu ~ *klein wild*; *klein geboefte*
giboulée V *(stort)bui*
giboyeux BNW [v: **giboyeuse**] *wildrijk*
gibus (zeg: -buus) M *klakhoed*; *gibus*
giclée V *guts*; *plens*
gicler ONOV WW *(op)spatten*; *gutsen*
gicleur M *sproeier* ⟨v. motor⟩
gifle V *oorvijg*; OOK FIG. *dreun* ★ tête à ~s *rotkop*
gifler OV WW • *een oorvijg geven aan* • *striemen* ⟨v. wind, regen⟩
giga- VOORV *giga-*
gigantesque BNW *reusachtig*; *gigantisch*
gigantisme M *gigantisme*; OOK FIG. *reuzengroei*
gigaoctet M *gigabyte*
gigogne BNW *met in elkaar passende delen* ★ tables ~ *mimitafeltjes* ★ fusée ~ *meertrapsraket* ★ poupée ~ *matroesjka* ★ une mère Gigogne *vrouw met veel kinderen*
gigolo M *gigolo*
gigot (zeg: -goo met harde g) M • *schapenbout*; *lamsbout* • *achterpoot van paard* ★ manche ~ *pofmouw*
gigoter ONOV WW INFORM. *met de benen spartelen*; *trappelen*
gigoteuse V *trappelzak*
gigue V • *reebout* • *soort dans* • INFORM. *lange magere meid*
gilet M *vest* ★ ~ de sauvetage *zwemvest*
gin (zeg: dzjin) M *gin*
gingembre M *gember*
gingivite V *tandvleesontsteking*
ginseng (zeg: dzjinse(n)) M *ginseng*
girafe V • *giraffe* • *microfoonhengel* ★ INFORM. peigner la ~ *lijntrekken*; *maar wat lummelen*
girandole V *girandole*
giration V *draaiing*; *(het) ronddraaien*
giratoire BNW *ronddraaiend*; *draai-* ★ sens ~ *circulerende rijrichting* ⟨op rotonde/verkeersplein⟩

girofle M ★ (clou de) ~ *kruidnagel*
giroflée V *muurbloem*; *nagelbloem*
girolle V *cantharel*
giron M MEESTAL FIG. *schoot*
girond BNW • INFORM. *mollig* • INFORM. *welgevormd*
girouette V *windwijzer*; OOK FIG. *weerhaan*
gisant I BNW FORM. *liggend* **II** M *liggende figuur* ⟨op graf⟩
gisement M • *afzetting*; *laag* • *(onderaardse) vindplaats* • *peilingshoek* ★ ~ de houille *steenkolenlaag* ★ ~ de gaz *gasbel* ★ ~ d'huîtres *oesterbank* ★ ~ d'or *goudafzetting*
gît WW • → **gésir**
gitan I M [v: **gitane**] *zigeuner* **II** BNW [v: **gitane**] *zigeuner-*
gîte I M • *onderkomen*; *logies*; *vakantiehuisje* • *leger* ⟨v. dieren⟩ • *ertslaag* • *onderbilstuk*; *achterbout* ⟨v. rund⟩ ★ le gîte et le couvert *kost en inwoning* **II** V • *slagzij* • *plaats van een schipbreuk* ★ donner de la gîte *overhellen* ⟨v. schip⟩
gîter ONOV WW • FORM. *overnachten*; *verblijven*; *gelegen zijn* • *legeren* ⟨v. dieren⟩ • *slagzij maken*
giton M FORM. *schandknaap*
givrage M *ijsafzetting*
givrant BNW *met rijpvorming*
givre M *rijp*; *rijm*
givré BNW • *berijpt* • *met een wit (suiker)laagje bedekt* • INFORM. *malende*; *ver heen* ★ orange ~e *sinaasappelsorbet*
glabre BNW *onbehaard* ★ menton ~ *gladgeschoren kin*
glaçage M • *(het) glaceren* • *suikerglazuur*
glaçant BNW FIG. *ijzig*
glace V • *ijs* • *ijsje* • *spiegelruit*; *spiegelglas* • *spiegel* • *(auto)ruit*; *raampje* ★ les ~s *ijsmassa*; *poolijs* ★ ~s flottantes *drijfijs* ★ (sucre) ~ *poedersuiker*; *glazuur* ★ rester de ~ *ijzig/onbewogen blijven* ★ rompre/briser la ~ FIG. *het ijs breken*
glacé BNW • *geglaceerd*; *glacé* • *bevroren*; *ijskoud* • OOK FIG. *ijzig* • *geglansd*; *glacé* ★ accueil ~ *koele ontvangst* ★ café ~ *ijskoffie* ★ papier ~ *glanspapier*
glacer I OV WW • *doen verstijven*; MEESTAL FIG. *doen bevriezen* • *glaceren*; *glanzen* • *doen glanzen*; *glazuren* ★ ~ du champagne *champagne koelen* ★ cela me glace le sang *dat doet het bloed in mijn aderen stollen* **II** WKD WW [**se** ~] OOK FIG. *bevriezen*
glacerie V • *ijsfabriek* • *(spiegel)glasmakerij*
glaciaire BNW *ijs-*; *gletsjer-*; *glaciaal* ★ période ~ *ijstijd*
glacial BNW [m mv: **glacials/glaciaux**] *ijskoud*; OOK FIG. *ijzig*
glaciation V • *verijzing* • *gletsjervorming* • *ijstijd*
glacier M • *gletsjer* • *ijsverkoper*; *ijsbereider*
glacière V • *ijskist*; *ijskast* • *koelbox* • MEESTAL FIG. *ijskelder*; *ijskoud vertrek*
glacis (zeg: -sie) M • *glooiing*; *glacis* • *doorschijnende verflaag*; *glacis*
glaçon M • *ijsblokje* • *ijsschots* • *ijspegel* • *zeer koel persoon* ★ mes mains sont des ~s *ik heb ijshanden*
glaçure V *glazuur*; *verglaassel*
gladiateur M *gladiator*; *zwaardvechter*
glaïeul M *gladiool*
glaire V • *(dik) slijm* • OUD. *rauw eiwit*
glaireux BNW [v: **glaireuse**] *slijmachtig*
glaise V *klei*; *leem* ★ terre ~ *leem*; *klei*
glaiseux BNW [v: **glaiseuse**] *leemachtig*
glaisière V *leemgroeve*
glaive M LIT. *zwaard*
gland M *eikel* ⟨in alle betekenissen⟩
glande V *klier* ★ INFORM. foutre les ~s *op de zenuwen werken*
glander ONOV WW INFORM. *lummelen*; *niksen*; *klooien*
glandeur M INFORM. *lui stuk vreten*; *niksnut*
glandouiller ONOV WW • → **glander**
glandulaire BNW *kliervormig*; *klier-*
glane V • *(het) aren lezen* • *tros*; *rist* ⟨uien⟩
glaner I OV WW *bijeenrapen*; FIG. *verzamelen* **II** ONOV WW *aren lezen*
glapir ONOV WW • *janken* • *krijsen* • *keffen*
glapissement M *gekrijs*; *gejank*; *gekef*
glas (zeg: glà) M *(gelui v.d.) doodsklok* ★ sonner le glas de *de doodsklok luiden over*; *het einde betekenen van*
glaucome M *groene staar*; *glaucoom*
glauque BNW • *zeegroen* • *droefgeestig*; *naar(geestig)*
glaviot M INFORM. *fluim*; *spuugsel*
glèbe V *bouwland*; *grond*
glissade V • *(het) (uit)glijden*; *glijpartij* • *glijbaan* ⟨op ijs⟩
glissant BNW *glad* ★ terrain ~ FIG. *glibberig terrein*
glisse V *(wijze van) glijden* ★ la ~/les sports de ~ *sneeuwsport*
glissement M • *(het) glijden* • OOK FIG. *verschuiving* ★ ~ de terrain *aardverschuiving*
glisser I OV WW • *laten glijden*; *schuiven* • *steken*; *stoppen* (**dans** *in*); *toestoppen* (**à** *aan*) ★ ~ à l'oreille *influisteren* ★ ~ un regard à qn *iem. een steelse blik toewerpen* **II** ONOV WW • *glijden* (**sur** *over*); *glippen* • *uitglijden* (**sur** *over*); *slippen* • *glad/glibberig zijn* • *afschampen* (**sur** *op*); *(v)luchtig heengaan* (**sur** *over*) • OOK FIG. *afglijden*; *wegglijden* • *glijbaantje spelen* ★ ~ des mains *uit de handen glippen* ★ faire ~ *schuiven* **III** WKD WW [**se** ~] *(binnen)sluipen*; *kruipen*; *glippen*
glissière V *glijstang*; *glijgoot*; *schuif*; *rail* ★ porte à ~ *schuifdeur* ★ ~ de sécurité *vangrail* ★ fermeture à ~ *ritssluiting*
glissoire V *glijbaan* ⟨op ijs⟩
global BNW [m mv: **globaux**] *globaal*; *totaal-*
globalement BIJW *over het geheel (genomen)*
globaliser OV WW *globaliseren*; *globaal (voor)stellen*
globalité V *totaliteit*
globe M • *bol* ⟨v. lamp⟩ • *globe* • *stolp* • *ballon* ⟨v.e. lamp⟩ ★ ~ de l'œil *oogbal* ★ ~ terrestre *aardbol*; *globe*
globulaire BNW • *bolvormig* • *van de bloedcellen*
globule M • *bolletje*; *pilletje* • MED. *bloedcel*
globuleux BNW [v: **globuleuse**] *bolvormig*; *uitpuilend* ⟨v. oog⟩

gloire V *roem*; *eer*; *glorie* ⟨in alle betekenissen⟩ ★ se faire ~/tirer ~ de *trots zijn op*; *prat gaan op* ★ à la ~ de *ter ere van* ★ INFORM. ce n'est pas la ~! *het is niet best!*
gloriette V • *tuinhuisje* • *vogelhuisje*; *volière*
glorieux BNW [v: **glorieuse**] • *roemrijk*; *roemvol*; *glorieus* • REL. *verheerlijkt* • OUD. ~ **de** *trots op*; *prat gaand op*
glorification V *verheerlijking*
glorifier I OV WW *verheerlijken*; *roemen* **II** WKD WW [**se** ~] **de** *zich beroemen op*
gloriole V *verwaandheid*; *ijdelheid*; *kleinzielige trots*
glose V OOK FIG. *glosse*
gloser I OV WW *glosseren* **II** ONOV WW • *commentaar geven (***sur** *op)* • *keuvelen (***sur** *over)*
glossaire M *verklarende woordenlijst*; *glossarium*
glotte V *stemspleet* ★ coup de ~ *glottisslag*
glouglou M *geklok* ⟨v. kalkoen of van vloeistof in fles⟩
glouglouter ONOV WW *klokken* ⟨v. vloeistof in fles/v. kalkoen⟩
gloussement M • *geklok* ⟨v. hen⟩ • *gekir*; *gegiechel*
glousser ONOV WW • *klokken* ⟨v. hen⟩ • *giechelen*; *kirren*
glouton I BNW [v: **gloutonne**] *gulzig* **II** M [v: **gloutonne**] • *gulzigaard*; *slokop* • *veelvraat* ⟨dier⟩
gloutonnerie V *gulzigheid*
glu V • *vogellijm* • INFORM. *klit* ⟨persoon⟩; *plakker*
gluant BNW • *kleverig* • FIG. *plakkerig*; *opdringerig*
glucides M MV *koolhydraten*; *gluciden*
glucose V *glucose*
gluten (zeg: -tèn) M *kleefstof*; *gluten*
glutineux BNW [v: **glutineuse**] *kleverig*; *lijmachtig*; *glutineus*
glycémie V *bloedsuikerspiegel*
glycérine V *glycerine*
glycine V PLANTK. *blauweregen*
gnangnan I BNW INFORM. *lamlendig*; *sloom* **II** M INFORM. *lamlendig persoon*; *slome*
gneiss M *gneis*
gniole V INFORM. *borreltje*; *neutje*
gnognote V INFORM. *troep*; *rotzooi*
gnognotte V • → **gnognote**
gnôle V • → **gniole**
gnome (zeg: Gnom) M *kabouter*; *gnoom*
gnomique BNW *gnomisch*
gnon M INFORM. *optater*; *dreun*
gnose V *gnosis*
gnosticisme M *gnosticisme*
gnostique I BNW *gnostisch* **II** M/V *gnosticus*
gnou M *gnoe*
go I M *go* ⟨Japans bordspel⟩ **II** ★ INFORM. tout de go *zo maar*; *zonder omslag*
Go AFK gigaoctet *GB*; *gigabyte*
GO AFK grandes ondes *lange golf*
goal (zeg: gol met harde g) M • OUD. *doelpunt* • *keeper*
gobelet M *beker(tje)*
gober OV WW • *opslokken* • INFORM. *klakkeloos geloven*; *slikken* ★ INFORM. je ne peux pas le ~ *ik kan hem niet uitstaan*
goberger WKD WW [**se** ~] INFORM. *het er goed van nemen*; *schransen*; *smullen (***de** *van)*
gobeur M [v: **gobeuse**] • INFORM. *naïeveling*; *onnozelaar* • *schrok(op)*
godailler ONOV WW INFORM. *kreuken*
godasse V INFORM. *schoen*
godelureau M [mv: **godelureaux**] INFORM. *fat*
goder ONOV WW *lubberen*
godet M • *potje*; *napje*; *bakje* • INFORM. *glaasje*; *neutje* • *(schep)emmer* ★ jupe à ~s *klokrok*
godiche BNW *stuntelig*; *onbeholpen*
godille V • SCHEEPV. *wrikriem* • SPORT *zigzaggende afdaling* ★ INFORM. à la ~ *knudde*
godiller ONOV WW • SCHEEPV. *wrikken* • SPORT *zigzaggend afdalen*
godillot M INFORM. *kistje* ⟨soldatenschoen⟩; *lompe schoen*
godiveaux M MV *worstjes*
goéland M *(grote) zeemeeuw* ★ ~ argenté *zilvermeeuw*
goélette V *schoener*
goémon M *zeegras*; *wier*
gogo I M INFORM. *onnozele hals* **II** ★ INFORM. à gogo *volop*
goguenard BNW *spottend*
goguenardise V *spotternij*
goguette V ★ INFORM. être en ~ *iets aangeschoten zijn*
goinfre M *schrok(op)*
goinfrer WKD WW [**se** ~] INFORM. *schrokken*; *zich volproppen (***de** *met)*
goinfrerie V *(het) schrokken*; *schrokkerigheid*
goitre M *krop(gezwel)*; *struma*
goitreux I M [v: **goitreuse**] *strumapatiënt* **II** BNW [v: **goitreuse**] *krop-* ★ tumeur goitreuse *kropgezwel*
golden V *golden delicious* ⟨appel⟩
golden retriever M *golden retriever*
golf M • *golf(spel)* • *golfbaan* ★ golf miniature *minigolf* ★ culottes de golf *knickerbocker*
golfe M *golf*; *baai* ★ le Golfe (persique) *de Perzische Golf*
golfeur M [v: **golfeuse**] *golfspeler*
gominé BNW *gepommadeerd*
gommage M • *(het) gommen* • *peeling* ⟨v.d. huid⟩ • *(het) uitgommen*
gomme V *gom* ⟨in alle betekenissen⟩ ★ ~ arabique *Arabische gom* ★ ~ élastique *gomelastiek*; *gummi* ★ INFORM. à la ~ *waardeloos*; *snert-* ★ boule de ~ *gombal* ★ INFORM. mettre la ~ *er vaart achter zetten*
gommer OV WW • *gommen* ⟨met gom bestrijken⟩ • *uitgommen* • FIG. *uitwissen*; *verdoezelen*; *negeren*
gommette V *plakkertje*
gommeux BNW [v: **gommeuse**] *gomachtig*; *gom-*
gommier M *gomboom*
gonade V *geslachtsklier*; *gonade*
gond M *(deur)hengsel* ★ INFORM. sortir de ses gonds *uit z'n vel springen*
gondolant BNW INFORM. *om je dood te lachen*
gondole V • *gondel* • *gondola*; *uitstalbak*
gondoler I ONOV WW *kromtrekken* **II** WKD WW [**se** ~] • *kromtrekken* • INFORM. *zich*

doodlachen
gondolier M • *gondelier* • *vakkenvuller* ‹in winkel›
gonfalon M GESCH. *oorlogsvaandel*
gonflable BNW *opblaasbaar*
gonflage M *(het) oppompen* ★ vérifier le ~ des pneus *de bandenspanning controleren*
gonflant BNW INFORM. *irritant*; *ongenietbaar*
gonflé BNW • *opgepompt* • *(op)gezwollen*; *opgezet*; *vol* • *vervuld (***de** *van)* • INFORM. *(honds)brutaal*; *vol lef* ★ ~ à bloc *hard opgepompt* ‹v. band›; INFORM. *vol elan*; *zeer voortvarend*
gonflement M • *opzwelling* • *(het) opblazen*; *(het) oppompen* • *overmatige toename*
gonfler I OV WW • OOK FIG. *doen zwellen*; *vervullen (***de** *van)* • *oppompen*; *opblazen* • FIG. *opblazen*; *overdrijven*; *opvoeren* • INFORM. *op de zenuwen werken*; *irriteren* **II** ONOV WW *(op)zwellen* **III** WKD WW [**se** ~] • OOK FIG. *(op)zwellen*; *vervuld raken (***de** *van)* • FIG. *zich opblazen*
gonflette V • INFORM. *bodybuilding* • INFORM. *overdrijving*
gonfleur M *opblaaspomp*
gong M *gong*
goniomètre M *goniometer*
goniométrie V • *goniometrie* • *radiopeiling*
gonzesse V INFORM. *meid*; *wijf*; *griet*; *liefje*
goodwill M *goodwill*
gordien BNW ★ nœud ~ *gordiaanse knoop*
goret M • *big* • *smeerpoets*
gorge V • *keel* • *borst*; *boezem* • *(berg)engte* • *groef* ★ prendre à la ~ *het mes op de keel zetten* ★ à pleine ~/à ~ déployée *uit volle borst*; *luidkeels* ★ couper la ~ *de hals afsnijden*; *kelen* ★ INFORM. faire des ~s chaudes de *de draak steken met* ★ rendre ~ *het gestolene teruggeven* ★ ça m'est resté dans/en travers de la ~ *dat is me in de keel blijven steken*; *dat zit me (nog steeds) hoog*
gorge-de-pigeon BNW [onver.] *met wisselende weerschijn*
gorgée V *slok*; *teugje*
gorger I OV WW • *volproppen (***de** *met)* • FIG. *overladen*; *verzadigen (***de** *met)* **II** WKD WW [**se** ~] *zich volproppen (***de** *met)*
gorille M • *gorilla* • INFORM. *lijfwacht*
gosier M *keel(gat)*; *strot* ★ à plein ~ *luidkeels* ★ coup de ~ *schreeuw*
gosse M/V INFORM. *kind*; *koter*; *joch*; *meisje* ★ INFORM. un beau ~ *een stuk*; *een mooie jongen* ★ les ~s [m/v mv] *de kids*
gotha M INFORM. *elite*; *chic*
gothique I M • *gotiek* • *(het) Gotisch* **II** V *gotisch schrift* **III** BNW *gotisch*
gotique M *(het) Gotisch*
gouache V *gouache*
gouaille V *spot*; *schimpscheut*
gouailler OV+ONOV WW INFORM. *bespotten*; *schamperen*
gouaillerie V *spotternij*; *schamperheid*
gouailleur BNW [v: **gouailleuse**] *spottend*; *schamper*
goualante V INFORM./OUD. *smartlap*
gouape V INFORM. *schavuit*; *schoft*
gouda M *Goudse kaas*
goudron M *teer*; *asfalt*
goudronnage M *(het) teren*; *(het) asfalteren*
goudronner OV WW *teren*; *asfalteren*
goudronneuse V *teermachine*
goudronneux BNW [v: **goudronneuse**] *teerachtig*
gouffre M • OOK FIG. *afgrond*; *gapende diepte* • *bodemloze put*; *schrokop* • *maalstroom* ★ au bord du ~ *aan de rand van de afgrond* ★ un ~ de malheurs/de l'oubli *een poel van ellende/van vergetelheid*
gouge V *holle beitel*; *guts*
gouine V INFORM. *lesbienne*; *pot*
goujat M *ploert*; *vlerk*; *patjepeeër*
goujaterie V *vlerkerigheid*
goujon M • *grondel* ‹vissoort› • TECHN. *pin*; *bout*
goulache M • → **goulasch**
goulag M *goelag*; *strafkamp*
goulasch M *goulash*
goulée V INFORM. *mondvol*; *teug*
goulet M *nauwe doorgang*; *engte* ★ ~ d'étranglement *bottleneck*; *knelpunt*
goulot M • *hals* ‹v. fles› • INFORM. *keel*; *strot*; *bek* ★ ~ d'étranglement *bottleneck*; *knelpunt* ★ boire au ~ *uit de fles drinken*
goulotte V *goot*
goulu I BNW *gulzig* ★ pois ~ *peul* **II** M *schrokop*; *veelvraat*
goulûment BIJW *gulzig*
goupille V *spie*; *pinnetje* ★ ~ fendue *splitpen*
goupiller OV WW • *vastpinnen* • INFORM. *fiksen*; *klaren*; *ritselen* ★ ça s'est bien goupillé *dat is lekker gegaan* ★ ça s'est mal goupillé *er is niks van terechtgekomen*
goupillon M • *wijwaterkwast* • *(flessen)wisser*
gourbi M • *hut* ‹in N-Afrika› • INFORM. *stulp*; *krot*
gourd BNW *verkleumd*; *stijf*
gourde I BNW *dommig*; *suffig*; *sloom* **II** V • *veldfles* • *kalebas* **III** M/V INFORM. *trut*; *kluns*; *slome*
gourdin M *knuppel*
gourer WKD WW [**se** ~] INFORM. *zich vergissen*; *het mis hebben*
gourgandine V OUD. *deerntje*
gourmand I BNW • *van lekkere spijzen houdend* • *gulzig*; *belust (***de** *op)* ★ repas ~ *fijnproeversmaal* **II** M [v: **gourmande**] *lekkerbek*; *smulpaap*
gourmander OV WW FORM. *een standje geven*; *(streng) berispen*
gourmandise V • *gulzigheid*; *lekkerbekkerij* • [meestal mv] *lekkernij*
gourme V OUD. *dauwworm* ★ jeter sa ~ *zijn eerste gekke streken uithalen*
gourmé BNW FORM. *stijf*; *vormelijk*
gourmet M *lekkerbek*; *fijnproever*
gourmette V • *schakelarmband* • *kinketting*
gourou M *goeroe*
gousse V PLANTK. *peul*; *dop* ★ ~ d'ail *teentje knoflook* ★ ~ de vanille *vanillestokje*
gousset M *vestzakje*
goût M • *smaak* ‹in alle betekenissen› • INFORM. *zin (***à, de** [+ infin.] *in)*; *(eet)lust* • *voorliefde*; *geneigdheid (***de, pour** *tot)* ★ c'est à mon goût

dat bevalt me ★ au goût du jour *naar de laatste mode* ★ de (bon) goût *smaakvol; stijlvol* ★ de mauvais goût *smakeloos; stijlloos* ★ prendre goût (à) *de smaak te pakken krijgen (van)* ★ à mon goût *naar mijn smaak* ★ faute de goût *gebrek aan goede smaak* ★ il y en a pour tous les goûts *voor elk wat wils* ★ (à) chacun son goût/tous les goûts sont dans la nature *ieder z'n smaak* ★ des goûts et des couleurs on ne discute pas *over smaak valt niet te twisten*

goûter I M *vieruurtje* ⟨versnapering rond 16.00 uur⟩ **II** OV WW • *proeven* • *smaken* ⟨v. genoegen⟩; *genieten (van)* • *houden van; waarderen* **III** ONOV WW • *proeven (***à, de** *van)* • *een vieruurtje gebruiken* ⟨versnapering rond 16.00 uur⟩ • ~ **de** *kennis maken met (iets); beproeven*

goutte I V • *druppel* • INFORM. *beetje drank; slokje* • *jicht* ★ ~ à ~ *druppelsgewijs* ★ une ~ d'eau dans l'océan *een druppel op een gloeiende plaat* ★ la ~ d'eau qui fait déborder le vase *de druppel die de emmer doet overlopen* ★ INFORM. boire la ~ *een borreltje drinken* **II** BIJW ★ ne... ~ *niets* ★ n'y voir ~ *geen steek zien*

goutte-à-goutte M [mv: id.] *infuus*

gouttelette V *druppeltje*

goutter ONOV WW *druipen; druppelen*

goutteux I M [v: **goutteuse**] *jichtlijder* **II** BNW [v: **goutteuse**] *jichtig; jicht-*

gouttière V • *dakgoot* • *groef; gleuf* • MED. *spalk*

gouvernable BNW *bestuurbaar; regeerbaar*

gouvernail M OOK FIG. *roer* ★ ~ de profondeur *hoogteroer*

gouvernant I M [v: **gourvernante**] *bestuurder* **II** BNW *besturend*

gouvernante V • OUD. *gouvernante; kinderjuffrouw* • OUD. *huishoudster* ⟨v. vrijgezel⟩

gouverne V *besturing* ⟨v. boot⟩ ★ pour votre ~ *te uwer oriëntatie* ★ ~s [mv] *stuurvlakken* ⟨v. luchtvaartuig⟩

gouvernement M *bestuur; regering; bewind*

gouvernemental BNW [m mv: **gouvernementaux**] *regerings-; gouvernementeel*

gouverner I OV WW *regeren; besturen* **II** ONOV WW • *naar het roer luisteren* ⟨v. boot⟩ • *regeren* • *een boot besturen*

gouverneur M *gouverneur*

goyave V *guave*

GPL AFK gaz de petrole liquéfié *LPG*

GPS M *gps*

GQG AFK grand quartier général *hoofdkwartier*

grabat M *armzalig bed*

grabataire BNW FORM. *bedlegerig*

grabuge M INFORM. *hommeles; bonje*

grâce V • *gunst; vriendelijkheid* • OOK REL. *genade; gratie* • *gratie; bevalligheid* • *dank* ★ bonnes ~s *welwillendheid* ★ être en ~ auprès de qn/être dans les bonnes ~s de qn *bij iem. in de gunst staan* ★ coup de ~ *genadeslag; genadeschot* ★ FORM. de ~! *alsjeblieft!* ★ faire ~ de *besparen; kwijtschelden; vergeven* ★ de bonne ~ *willig; graag* ★ de mauvaise ~ *met tegenzin* ★ FORM. rendre ~(s) à *dank zeggen* ★ (action de) ~s *dankgebed* ★ ~ à *dankzij* ★ ~ à Dieu *goddank* ★ les trois Grâces *de drie Gratiën* ★ en état de ~ *in genadestaat; in een toestand van euforie* ★ (délai de) ~ *uitstel* ★ par la ~ de Dieu *bij de gratie Gods* ★ il aurait mauvaise ~ à se plaindre *hij mag niet klagen*

gracier OV WW *genade schenken aan; gratie verlenen aan*

gracieusement BIJW • *bevallig* • *gratis* • *vriendelijk; voorkomend*

gracieuseté V FORM. *beleefdheid; minzaamheid*

gracieux BNW [v: **gracieuse**] • *bevallig; gracieus* • *vriendelijk; beminnelijk* • *gratis* ★ accueil ~ *vriendelijke ontvangst* ★ à titre ~ *gratis*

gracile BNW *tenger; rank*

gracilité V *tengerheid; rankheid*

gradation V *gradatie; trapsgewijze opklimming*

grade M *rang; graad* ★ FIG. en prendre pour son ~ *op zijn nummer gezet worden*

gradé I M *onderofficier; korporaal* **II** BNW *met een graad* ⟨v. niet-officieren⟩

gradient M *gradiënt*

gradin M • *rij zitplaatsen* ⟨v. tribune⟩ • OOK AARDK. *(hooggelegen) terras* • *opstapje* ★ les ~s *de tribune* ★ en ~s *geterrasseerd*

graduation V *schaalverdeling; graadverdeling; graduatie*

gradué BNW • *gegradueerd; in graden verdeeld* • *opklimmend*

graduel I BNW [v: **graduelle**] • *gradueel; trapsgewijs (opklimmend)* • *geleidelijk* **II** M *graduale*

graduer OV WW • *in graden verdelen* • *trapsgewijs doen toenemen/afnemen*

graffiter OV WW *graffiteren; met graffiti (be)schrijven*

graffitis M MV *graffiti*

graillon M • *vettig kliekje* • INFORM. *fluim* ★ odeur de ~ *vettige baklucht*

graillonner ONOV WW • INFORM. *rochelen* • INFORM. *met vette stem spreken* • INFORM. *naar afgewerkt vet ruiken*

grain M • *korrel* • *vruchtje; bes; pitje* • *bolletje; kraal* • *graan* • *klein beetje; greintje* • *(mate van) oneffenheid; grein; korrel(igheid); nerf* ⟨v. hout, leer⟩ • *bui; vlaag* • OUD. *grein* ★ ~ de café *koffieboon* ★ ~ de sable *zandkorreltje* ★ les ~s *het graan* ★ ~ de blé *graankorrel* ★ ~ de raisin *druif* ★ ~ de beauté *moedervlekje* ★ veiller au ~ *op zijn hoede zijn* ★ INFORM. avoir un ~ *een beetje getikt zijn* ★ mettre son ~ de sel *zich ermee bemoeien; zijn duit in het zakje doen*

graine V *zaad; zaadje* ★ INFORM. mauvaise ~ *deugniet(en)* ★ monter en ~ *doorschieten* ⟨v. planten⟩; OOK FIG. *hoog opschieten* ★ FIG. en prendre de la ~ *er een voorbeeld aan nemen* ★ MIN. ~ de... ... *in de dop* ★ INFORM. casser la ~ *een hapje eten*

graineterie V *zaadhandel*

grainetier M [v: **grainetière**] *zaadhandelaar*

graissage M *(het) smeren* ★ huile de ~ *smeerolie*

graisse V • *vet; vetheid* • *smeer* ★ prendre de la

gr

~ *dik worden* ★ avoir de la mauvaise ~ *te dik zijn*
graisser OV WW ● *invetten*; *smeren* ● *met vet bevuilen*
graisseur M *smeerder*
graisseux BNW [v: **graisseuse**] *vettig*; *vetachtig*; *vet-*
graminée V *grasgewas*
grammaire V ● *spraakkunst*; *grammatica* ● *leer(boek)*
grammairien M [v: **grammairienne**] *taalkundige*; *grammaticus*
grammatical BNW [m mv: **grammaticaux**] *spraakkunstig*; *grammaticaal*
gramme M *gram* ★ un ~ six d'alcoolémie *1,6 promille alcoholpercentage*

gr

grand I BNW ● *groot* ● *hevig*; *sterk* ● *volwassen* ● *voornaam* ● *groot-*; *opper-* ● *geheel* ● *flink* ★ un ~ âge *een hoge leeftijd* ★ ~s amis *dikke vrienden* ★ ~ blessé *zwaargewonde* ★ ~ silence *diepe stilte* ★ les ~es personnes *de grote mensen* ★ le ~ monde *de hogere standen* ★ ~-duc *groothertog* ★ ~ rabbin *opperrabbijn* ★ il fait ~ jour *het is klaarlichte dag* ★ au ~ jour *in het openbaar* ★ un ~ buveur *een stevige drinker* ★ un ~ parleur *een druk prater* ★ un ~ travailleur *een flink werker* ★ il est ~ temps de *het is hoog tijd om* ★ une ~e heure *ruim een uur* **II** BIJW *ruim*; *in het groot* ★ voir ~ *grootschalig denken* ★ en ~ *in het groot*; *op grote schaal* ★ ~ ouvert *wijd open* **III** M ● *volwassene* ● *grote*; *vooraanstaande*
grand-angle M [mv: **grands-angles**] *groothoeklens*
grand-chose ONB VNW ★ pas ~ *niet veel (zaaks)*
grand-croix V [mv: id.] *grootkruis*
grand-duc M [mv: **grands-ducs**] *groothertog* ★ (hibou) ~ *oehoe*
grand-ducal BNW [mv: **grand-ducaux**] *groothertogelijk*
grand-duché M [mv: **grands-duchés**] *groothertogdom*
Grande-Bretagne V *Groot-Brittannië*
grande-duchesse V [mv: **grandes-duchesses**] *groothertogin*
grandement BIJW *in hoge mate*; *erg*; *ruimschoots*; *grotelijks*
grandeur V ● *grootte* ● *grootheid* ● *verhevenheid*; *macht* ● *hoogheid* ★ ~ nature *(op) ware grootte* ★ du haut de sa ~ *minachtend*; *uit de hoogte*
grand-faim V ★ avoir ~ *erge honger hebben*
grand-guignolesque BNW [mv: **grand-guignolesques**] *melodramatisch-griezelig*
grandiloquence V *gezwollenheid*; *hoogdravendheid*
grandiloquent BNW *gezwollen*; *hoogdravend*
grandiose I BNW *groots*; *grandioos* **II** M *(het) grootse*
grandir I OV WW ● *vergroten*; *groter doen lijken* ● FIG. *verheffen*; *edeler maken* **II** ONOV WW *groot worden*; *(op)groeien*; *aanzwellen*
grandissime BNW INFORM. *zeer groot*
grand-livre M [mv: **grands-livres**] *grootboek*
grand-maman V [mv: **grand(s)-mamans**] JEUGDT. *oma*
grand-mère V [mv: **grand(s)-mères**] ● *grootmoeder* ● INFORM. *oude vrouw*
grand-messe V [mv: **grand(s)-messes**] OOK FIG. *hoogmis*
grand-oncle M [mv: **grands-oncles**] *oudoom*
grand-papa M [mv: **grands-papas**] JEUGDT. *opa*
grand-peine BIJW ★ à ~ *met veel moeite*
grand-père M [mv: **grands-pères**] ● *grootvader* ● INFORM. *oude man*
grands-parents M MV *grootouders*
grand-tante V [mv: **grand(s)-tantes**] *oudtante*
grand-voile V [mv: **grand(s)-voiles**] *grootzeil*
grange V *schuur*; *korenschuur*
granit M *graniet*
granite M ● → **granit**
granité BNW *korrelig*
graniteux BNW [v: **graniteuse**] *graniet bevattend*; *graniet-*
granitique BNW *granieten*
granivore I BNW *zaadetend*; *graanetend* **II** M *zaadetende vogel*
granulaire BNW *korrelig*
granule V ● *korreltje* ● *pilletje*
granuler OV WW *tot korrels maken*; *granuleren*
granulés M MV *granulaat*
granuleux BNW [v: **granuleuse**] *korrelig*
graphie V *schrijfwijze*; *grafie*
graphique I M *grafiek* **II** BNW *grafisch*
graphisme M ● *handschrift* ‹schrijfwijze; tekentrant› ● *grafische vormgeving*
graphiste M/V *(grafisch) ontwerper*
graphite M *grafiet*
graphiteux BNW [v: **graphiteuse**] *grafiet-*; *grafiethoudend*
graphologie V *grafologie*
graphologique BNW *grafologisch*; *schrift-*
graphologue M/V *grafoloog*
grappe V *tros*; OOK FIG. *rist*
grappiller I OV WW ● *hier en daar plukken/pakken*; *opscharrelen* ● *behalen* ‹v. voordeel› **II** ONOV WW ● *druiven nalezen* ● *scharrelen*; *sjacheren*
grappillon M *trosje* ‹druiven›
grappin M *werktuig met haken*; *dreg*; *(enter)haak*; *grijper* ★ INFORM. mettre le ~ sur *beslag leggen op*; *in z'n klauwen krijgen*
gras I BNW [v: **grasse**] *vet* ★ plante grasse *vetplant* ★ 10 pourcent de matières grasses *vetgehalte 10 procent* ★ terre grasse *vruchtbare grond* ★ mardi gras *Vastenavond* ★ faire la grasse matinée *een gat in de dag slapen*; *uitslapen* **II** BIJW ★ manger gras *vlees eten* ★ parler gras *brouwen* **III** M *vet* ‹v. vlees› ★ en gras *vet(gedrukt/geschreven)* ★ le gras de la main/du pouce *de muis van de hand* ★ il n'y a pas gras (à manger) *het is geen vetpot*
gras-double M [mv: **gras-doubles**] *runderpens* ‹gerecht›
grassement BIJW ● *rijkelijk*; *ruimschoots* ● FIG. *vet* ★ rire ~ *luidruchtig lachen*
grasseyement M *gebrouw* ‹met brouw-r›
grasseyer ONOV WW *brouwen* ‹met brouw-r›
grassouillet BNW [v: **grassouillette**] *mollig*
gratifiant BNW *voldoening schenkend*; *bevredigend*

gratification V • *toelage*; *gratificatie* • *bevrediging*
gratifier OV WW *begunstigen*; *begiftigen* (**de** *met*)
gratin M • *gegratineerd gerecht* • *korstje* ‹v. kruim, kaas› • INFORM. FIG. *bovenlaag*; *elite*; *puikje* ★ au ~ *gegratineerd* ★ ~ dauphinois *gegratineerde aardappelschijfjes*
gratiné BNW • *gegratineerd* • INFORM. *buitengewoon*; *kras*; *te gek*
gratinée V *gegratineerde uiensoep*
gratiner OV WW *gratineren*
gratis (zeg: -ties) **I** BNW *gratis* **II** BIJW *gratis*
gratitude V *dankbaarheid* (**envers** *jegens*)
gratouiller OV+ONOV WW • → **grattouiller**
grattage M • *(het) afkrabben* • *afkrabsel*
gratte V • *krabijzer*; *schoffel* • INFORM. *gesnaaid voordeeltje*; *snaai*
gratte-ciel M [mv: **gratte-ciel(s)**] *wolkenkrabber*
gratte-cul M [mv: **gratte-cul(s)**] *rozenbottel*
gratte-dos M [mv: id.] *rugkrabber*
grattement M *gekrab*
gratte-papier M [mv: **gratte-papier(s)**] MIN. *pennenlikker*
gratter I OV WW • *(af)krabben* • *krassen op*; *(om)schrapen* • INFORM. *(eraan) overhouden*; *snaaien*; *bijeenscharrelen* • INFORM. *kriebelen* ★ ~ du violon *krassen* **II** ONOV WW • *(licht) krabben*; *krassen* • INFORM. *kriebelen* • INFORM. *werken*; *sappelen* • INFORM. *beknibbelen* (**sur** *op*) ★ ~ à la porte *zachtjes kloppen* ★ FIG. ne pas ~ *niet dieper graven* **III** WKD WW [**se** ~] *zich krabben* ★ INFORM. tu peux toujours te ~! *schrijf dat maar op je buik!*
gratteur M [v: **gratteuse**] ★ ~ de papier *pennenlikker*
grattoir M • *radeermes* • *voetschrapper* • *schraapijzer*
grattouiller OV+ONOV WW *kriebelen*
gratuit BNW • *gratis*; *belangeloos* • *ongegrond*; *gratuit*
gratuité V • *kosteloosheid* • *ongegrondheid*
gravats M MV *(steen)gruis*; *(kalk)puin*
grave I BNW • *ernstig* ‹in alle betekenissen›; *laag* ‹v. stem, toon› • *vet* ‹geweldig› • DRUKK. *grave* **II** M *lage toon* • → **accent**
graveleux BNW [v: **graveleuse**] • *gruisachtig*; *kiezelachtig* • *schuin*; *schunnig*
gravelle V OUD. *niersteen*; *blaassteen*
graver OV WW *graveren*; *etsen*; OOK FIG. *griffen* ★ ~ un disque *een plaat snijden/een cd branden*
graveur M [v: **graveuse**] *graveur*; *etser* ★ ~ (de) disques *cd-brander* ★ ~ (de) DVD *dvd-brander*
gravide BNW *drachtig*; FORM. *zwanger*
gravidité V *drachtigheid*; FORM. *zwangerschap*
gravier M *grind*; *kiezel(zand)*
gravillon M *fijn grind*; *split*; *kiezeltje(s)*
gravillonner OV WW *grinden*
gravir OV WW OOK FIG. *(moeizaam) beklimmen*
gravissime BNW *zeer ernstig*
gravitation V *zwaartekracht*; *gravitatie*
gravitationnel BNW [v: **gravitationnelle**] *zwaartekracht-*; *gravitationeel*
gravité V • *ernst* ‹in alle betekenissen› • *laagheid* ‹v. stem, toon› ★ centre de ~ *zwaartepunt*
graviter ONOV WW *draaien* (**autour de** *om*); OOK FIG. *graviteren*
gravure V • *(het) graveren*; *graveerkunst*; *grafiek* • *gravure*; *ets* • *prent*; *plaat* • *(het) opnemen op/(het) branden van cd* ★ ~ sur bois *houtsnede* ★ ~ de mode *modeprent*
gré M • *zin*; *wil*; *goedvinden* • OUD. *dank* ★ à son gré *naar zijn zin*; *naar zijn smaak* ★ bon gré mal gré *tegen wil en dank*; *goedschiks of kwaadschiks* ★ de gré ou de force *goedschiks of kwaadschiks* ★ de bon gré *vrijwillig*; *bereidwillig* ★ de mauvais gré *tegen zijn zin* ★ de gré à gré *in der minne* ★ LIT. savoir gré à qn (pour qc) *iem. dank weten (voor iets)* ★ de (son) plein gré *uit vrije wil* ★ contre le gré de *tegen de zin van* ★ LIT. savoir mauvais gré *niet in dank afnemen* ★ au gré de *naar gelang (van)* ★ au gré des flots *als een speelbal van de golven*
grèbe M *fuut*
grec I M *(het) Grieks* **II** BNW [v: **grecque**] *Grieks*
Grec M [v: **Grecque**] *Griek*
Grèce V *Griekenland*
gréco-romain BNW [mv: **gréco-romains**] *Grieks-Romeins*
gredin M [v: **gredine**] OUD. *schurk*; *boef*
gréement M *tuigage*
gréer OV WW *optuigen*
greffage M • *(het) enten* • *(het) transplanteren*
greffe I M *griffie* **II** V • *ent* • *(het) enten* • *transplantatie*
greffer I OV WW • *enten* • *transplanteren* **II** WKD WW [**se** ~] **sur** *zich voegen bij*; *er nog bij komen*
greffier M [v: **greffière**] *griffier*
greffon M • *ent* • *transplantaat*
grégaire BNW *in kudden levend*; *kudde-* ★ esprit ~ *kuddegeest*
grège BNW • *grijsachtig beige* • *ruw* ‹v. zijde›
grégeois BNW ★ feu ~ *Grieks vuur*
grégorien BNW [v: **grégorienne**] *gregoriaans*
grêle I BNW • *schriel*; *spichtig*; *mager* • *zwak en schril* ‹v. geluid, stem› ★ (intestin) ~ *dunne darm* **II** V OOK FIG. *hagel(bui)*
grêlé I BNW *pokdalig* **II** WW [volt. deelw.] • → **grêler**
grêler I OV WW *vernielen door de hagel*; *verhagelen* **II** ONP WW *hagelen*
grêlon M *hagelsteen*
grelot M *(rinkel)belletje* ★ attacher le ~ *de kat de bel aanbinden* ★ INFORM. avoir les ~s *bibberen v. angst*
grelotter, **greloter** ONOV WW *huiveren*; *rillen*
greluche V INFORM./MIN. *meid*; *griet*; *trien*; *trut*
grenade V • *granaatappel* • *granaat* ★ ~ incendiaire *brandbom*
grenadier M • *granaatboom* • *grenadier*
grenadine V *grenadine*
grenaille V • *(schiet)hagel*; *schroot* • *graantjes* ‹als kippenvoer›
grenat I M *granaat(steen)* **II** BNW *granaatrood*
grenier M *zolder*; FIG. *korenschuur*
grenouillage M INFORM. *gekonkel*
grenouille V *kikker* ★ homme-~ *kikvorsman* ★ INFORM./MIN. ~ de bénitier *ijverig kerkganger*; *kwezel*

grenouillère V • *kikkerpoel; kikkerland* • *kruippakje*
grenu BNW *korrelig*
grès (zeg: grè met harde g) M *gres*
gréseux BNW [v: **gréseuse**] *zandsteenachtig*
grésil M *fijne hagel; stofhagel*
grésillement M *geknetter; geknisper*
grésiller I ONOV WW *knetteren; knisperen* **II** ONP WW *stofhagelen*
grève V • *(werk)staking* • *strandje; (kiezel)zandoever* • *zandplaat* ⟨in rivier⟩ ★ ~ de la faim *hongerstaking* ★ ~ perlée *prikactie* ★ ~ sauvage *wilde staking* ★ ~ sur le tas *sitdownstaking* ★ ~ du zèle *stiptheidsactie* ★ faire ~ *staken* ★ se mettre en ~ *staken*
grever OV WW FIG. *belasten; bezwaren (***de** *met)*
gréviste I M/V *staker* **II** BNW *stakings-*
gribouillage M *kladderwerk; gekrabbel*
gribouille M *klungel; stoethaspel*
gribouiller I OV WW *krabbelig schrijven* **II** ONOV WW *kladderen*
gribouillis (zeg: -jie) M *kladderwerk; gekrabbel*
grief M *grief (***contre** *jegens); klacht; (reden tot) bezwaar* ★ JUR. ~s d'appel *beroepsgronden; beroepschrift* ★ faire ~ de qc à qn *iem. iets verwijten*
grièvement BIJW ★ ~ blessé *ernstig gewond*
griffe V • OOK TECHN. *klauw* • *naamstempel; naammerk(je); logo* • FIG. *stempel; merk* • *hechtrank; klauwier* ★ coup de ~ OOK FIG. *uithaal (met de klauw)* ★ sous la ~ de *in de klauwen van* ★ sortir ses ~s *zijn klauwen uitslaan* ★ FIG. montrer ses ~s *zijn tanden laten zien*
griffé BNW *met een naammerk(je)* ⟨v. kleding⟩
griffer OV WW *krabben* ⟨met klauw, nagels⟩
griffeur BNW [v: **griffeuse**] *krabbend*
griffon M • *griffioen* • *lammergier; vale gier* • *griffon*
griffonnage M *gekrabbel; kladderwerk*
griffonner OV+ONOV WW *(neer)krabbelen*
griffu BNW *met klauwen; geklauwd*
griffure V *krab; schram* ⟨v. klauw, nagels⟩
grignotage M OOK FIG. *geknabbel* ★ tactique du ~ *salamitactiek*
grignotement M *geknabbel*
grignoter I OV WW • OOK FIG. *oppeuzelen* • FIG./INFORM. *sprokkelen; bij beetjes erbij krijgen* ★ ~ du temps *wat tijd winnen* **II** ONOV WW *knabbelen (***sur** *aan, op, van); snacken; met lange tanden eten*
grigou M INFORM. *vrek*
grigri M *(Afrikaans) amulet*
gri-gri M • → **grigri**
gril M • *rooster* • *grill* ★ INFORM. être sur le gril *op hete kolen zitten*
grillade V *geroosterd vlees*
grillage M • *(het) roosteren* • *traliewerk; rooster(werk); rasterwerk*
grillager OV WW *afrasteren; traliën*
grille V • *hek(werk)* • *traliewerk; rooster* • FIG. *rooster; hokjestabel; schema*
grille-pain M [mv: **grille-pain(s)**] *broodrooster*
griller I OV WW • *roosteren; roosten; schroeien* • TECHN. *doen doorbranden* • INFORM. *overslaan;* OOK SPORT *inhalen; lappen* • *traliën* ★ ~ le feu *door rood licht rijden* ★ INFORM. être grillé *er gloeiend bij zijn* **II** ONOV WW • *doorbranden* ⟨v. gloeilamp⟩ • *hunkeren (***de** *naar)* • *schroeien; roosteren* ★ ~ d'impatience *popelen; branden van verlangen* ★ on grille ici *het is hier om te stikken*
grillon M *krekel*
grimace V • *grimas; lang gezicht* • INFORM. *valse plooi* ★ faire la ~ *zuur kijken; nurks zijn* ★ ~s [mv] *aanstellerij; fratsen*
grimacer ONOV WW • *gezichten trekken; grijnzen* • INFORM. *in valse plooien vallen*
grimacier I BNW [v: **grimacière**] *aanstellerig* **II** M [v: **grimacière**] *aanstellerig persoon*
grimage M *(het) grimeren; (het) schminken*
grimer I OV WW *grimeren; schminken* **II** WKD WW [**se** ~] *zich grimeren; zich schminken*
grimoire M • *toverboek* • *duistere/onleesbare tekst*
grimpant BNW *klimmend* ★ plante ~e *klimplant*
grimpée V INFORM. *beklimming; klim*
grimper I OV WW *beklimmen* **II** ONOV WW • *klimmen (***à**, **sur** *in, op); klauteren* • FIG. *snel stijgen*
grimpereau M ★ ~ des jardins *boomkruiper*
grimpette V INFORM. *steil weggetje; klimmetje*
grimpeur I M/V [v: **grimpeuse**] *klimmer* **II** BNW [v: **grimpeuse**] *klim-*
grinçant BNW • *knarsend* • OOK FIG. *schril; wrang*
grincement M *geknars; gepiep*
grincer ONOV WW *knarsen; piepen* ★ ~ des dents *knarsetanden*
grincheux I M [v: **grincheuse**] *brompot; kniesoor* **II** BNW [v: **grincheuse**] *knorrig; nurks*
gringalet M [v: **gringalette**] *schriel ventje; onderkruipsel*
griotte V *griotte*
grippage M OOK FIG. *(het) vastlopen*
grippal BNW [m mv: **grippaux**] *griep-*
grippe V *griep* ★ ~ aviaire *vogelgriep* ★ ~ du poulet *vogelgriep* ★ prendre en ~ *plotseling een hekel krijgen aan*
grippé BNW • *grieperig* • TECHN. *vastgelopen*
gripper I OV WW • OOK FIG. *doen vastlopen* • *doen rimpelen* ⟨v. stof⟩ **II** ONOV WW • *rimpelen* ⟨v. stof⟩ • OOK FIG. *vastlopen* **III** WKD WW [**se** ~] • OOK FIG. *vastlopen* • *rimpelen* ⟨v. stof⟩
grippe-sou M [mv: **grippe-sou(s)**] *duitendief; vrek*
gris I BNW • *grijs; grauw* • *aangeschoten; beneveld* **II** M *grijze kleur* ★ gris perle *parelgrijs*
grisaille V • OOK FIG. *grauwte* • *grauwschildering; grisaille*
grisant BNW *opwindend;* OOK FIG. *bedwelmend*
grisâtre BNW *grijsachtig;* OOK FIG. *grauw*
grisbi M OUD./STRAATT. *geld; poen*
griser I OV WW *benevelen;* OOK FIG. *bedwelmen; opwinden* **II** WKD WW [**se** ~] OOK FIG. *dronken worden; bedwelmd raken (***de** *van)*
griserie V • *lichte roes* • FIG. *roes; bedwelming*
grison M *grauwtje* ⟨ezel⟩
grisonnant BNW *grijzend*
grisonner ONOV WW *grijs worden*
grisou M *mijngas*

gr

grive V *lijster* ★ ~ musicienne *zanglijster*
grivèlerie V *flessentrekkerij; eetpiraterij*
griveton M INFORM. *jan soldaat*
grivois BNW *schuin; ietwat schunnig*
grivoiserie V *schuine mop; schuine taal*
grog M *grog*
groggy BNW OOK FIG. *groggy*
grogne V INFORM. *gemor*
grognement M *geknor; gebrom*
grogner ONOV WW • *knorren* ⟨v. varken⟩; *grommen* ⟨v. beer⟩ • *mopperen (***contre** *op); morren*
grognon I M *brompot* **II** BNW [v: **grognonne**] *brommerig; knorrig*
groin M OOK FIG. *varkenssnuit*
grommeler OV+ONOV WW *brommen; mopperen; knorren*
grommellement M *gemopper; geknor*
grondement M • *gebulder; gerommel* • *gebrom; gegrom*
gronder I OV WW *beknorren* **II** ONOV WW • *mopperen; brommen* • *grommen* ⟨v. beer⟩ • *bulderen; razen; rommelen*
gronderie V *uitbrander; standje*
grondeur I M [v: **grondeuse**] *brompot* **II** BNW [v: **grondeuse**] *knorrig*
grondin M *poon* ⟨vis⟩
Groningue *Groningen*
groom (zeg: groem met harde g) M *piccolo* ⟨in hotel⟩
gros I BNW [v: **grosse**] • *dik* • *ruw; grof* • *groot; belangrijk; hevig; erg* • OUD. *drachtig; zwanger* ★ gros temps *hondenweer; zwaar weer* ★ jouer gros jeu *grof spelen; veel wagen* ★ grosse mer *ruwe zee* ★ grosse dent *kies* ★ grosse fièvre *zware koorts* ★ gros mot *lelijk/ongepast woord* ★ gros de FIG. *vol (van)* ★ gros comme le bras *op en top...; een heuse...* **II** BIJW • *veel* • *grof* ★ gagner gros *grof geld verdienen* ★ en avoir gros sur le cœur/sur la patate *verdrietig zijn; erover inzitten; balen* **III** M *belangrijkste deel; gros* ★ le gros d'une armée *het belangrijkste deel v.e. leger* ★ en gros *in het groot; in grote lijnen; ruwweg* ★ commerce de/en gros *groothandel* ★ prix de gros *groothandelsprijs* ★ INFORM. les gros *de hoge omes; de rijken* **IV** M/V *dikkerd* ★ INFORM. mon gros *m'n beste* ★ INFORM. ma grosse *m'n wijf*
groseille V *aalbes* ★ ~ à maquereau *kruisbes*
groseillier M *(aal)bessenstruik*
Gros-Jean M ★ être ~ comme devant FIG. *nog even ver zijn*
gros-porteur M [mv: **gros-porteurs**] *jumbojet*
grosse I V • *gros* ⟨12 dozijn⟩ • JUR. *afschrift; grosse* **II** BNW • → **gros**
grossesse V *zwangerschap*
grosseur V • *grootte; dikte* • *gezwel*
grossier BNW [v: **grossière**] • *ruw; grof* • *lomp; plat; vulgair* ★ faute grossière *grove nalatigheid*
grossièrement BIJW *ruw; lomp; grovelijk*
grossièreté V • *ruwheid; grofheid; lompheid* • *grove taal*
grossir I OV WW • *vergroten; dikker maken; doen zwellen* • *overdrijven; aandikken* **II** ONOV WW *groter worden; dikker worden; zwellen*
grossissement M • *(het) dikker worden* • *vergroting* • *overdrijving*
grossiste M/V *grossier*
grosso modo BIJW *grofweg; ongeveer*
grotesque I BNW *belachelijk; grotesk* **II** M • *belachelijk persoon* • *het groteske*
grotte V *grot*
grouillant BNW *wemelend (***de** *van); krioelend*
grouillement M *gewemel; gekrioel*
grouiller I ONOV WW *wemelen (***de** *van); krioelen* **II** WKD WW [**se ~**] INFORM. *zich haasten; opschieten*
groupe M • *groep; groepering* • ECON. *concern* ★ ~ parlementaire *kamerfractie* ★ ~ électrogène *stroomaggregaat* ★ ~ scolaire *scholencomplex* ★ en ~ *groepsgewijs; groeps-* ★ cabinet de ~ *groepspraktijk*
groupé BNW *gezamenlijk; gemeenschappelijk*
groupement M • *groepering* • *groep*
grouper OV WW • *samenvoegen* • *groeperen*
groupuscule M MIN. *(splinter)groepje*
grouse V *korhoen*
gruau M [mv: **gruaux**] *gort; grutten*
grue V • *kraanvogel* • *(hijs)kraan* • OUD./INFORM. *snol* ★ faire le pied de grue *lang moeten wachten*
gruger I OV WW FORM. *oplichten;* FIG. *uitkleden; afzetten* **II** ONOV WW INFORM. *sjoemelen*
grumeau M [mv: **grumeaux**] *klonter*
grumeler WKD WW [**se ~**] *klonteren*
grumeleux BNW [v: **grumeleuse**] *klonterig; oneffen*
grutier M [v: **grutière**] *hijskraanbestuurder; kraandrijver*
gruyère (zeg: Gruujer, Grwiejer) M *gruyère(kaas)*
gué M *doorwaadbare plaats* ★ passer à gué *doorwaden*
guéable BNW *doorwaadbaar*
guéguerre V INFORM. *oorlogje; geruzie; gehakketak*
Gueldre V *Gelderland*
guelte V *verkooppremie*
guenilles V MV *lompen; vodden*
guenon V • *apin* • INFORM. *aartslelijke vrouw*
guépard M *jachtluipaard; cheeta*
guêpe V *wesp*
guêpier M *wespennest* ★ se fourrer dans un ~ *zich in een wespennest steken*
guère BIJW ★ ne... ~ *nauwelijks; bijna niet; niet veel; niet erg; niet lang* ★ ne... plus ~ *nauwelijks meer* ★ ne... ~ que *vrijwel alleen; hooguit*
guéret M *omgeploegde, niet bezaaide akker* ★ laisser en ~s *braak laten liggen*
guéri BNW *genezen (***de** *van); beter*
guéridon M *rond tafeltje met één poot; gueridon*
guérilla V *guerrilla*
guérir I OV WW *genezen (***de** *van)* **II** ONOV WW *herstellen; genezen*
guérison V *genezing*
guérissable BNW *geneeslijk*
guérisseur M [v: **guérisseuse**] *genezer*
guérite V *wachthuisje; hokje*
guerre V *oorlog; strijd* ★ la Grande Guerre *de*

Eerste Wereldoorlog ★ petite ~ *manoeuvres; schermutselingen* ★ ~ civile *burgeroorlog* ★ ~ éclair *blitzkrieg* ★ ~ froide *koude oorlog* ★ ~ des gangs *bendeoorlog* ★ ~ mondiale *wereldoorlog* ★ ~ des nerfs *zenuwenoorlog* ★ ~ ouverte *verklaarde oorlog; openlijke strijd* ★ ~ de positions *stellingoorlog* ★ ~ psychologique *psychologische oorlogvoering* ★ ~ sainte *heilige oorlog* ★ faire la ~ à *bestrijden; oorlog voeren met* ★ la drôle de ~ *de schemeroorlog (sept 1939-mei 1940)* ★ conseil de ~ *krijgsraad* ★ gens de ~ *militairen* ★ de ~ lasse *strijdensmoe; ten einde raad* ★ nom de ~ *schuilnaam* ★ aller à la ~ *ten strijde trekken* ★ partir en ~ contre *ten strijde trekken tegen* ▾ ~ des prix *prijzenslag* ▾ à la ~ comme à la ~ ⟨spreekwoord⟩ *we moeten er maar het beste van maken; er zit niets anders op* ▾ c'est de bonne ~ *dat is een geoorloofd middel; dat is niet unfair*

gu

guerrier I M [v: **guerrière**] *strijder; krijger* **II** BNW [v: **guerrière**] • *oorlogs-; krijgs-* • *oorlogszuchtig; krijgshaftig*
guerroyer ONOV WW FORM. *oorlog voeren (**contre** tegen)*
guet M *(het) loeren* ★ faire le guet *op de loer liggen; op de uitkijk staan* ★ avoir l'œil au guet *een oogje in het zeil houden*
guet-apens (zeg: getapa(n)) M [mv: **guets-apens**] • *hinderlaag; valstrik* • FIG. *aanslag (**contre** op)*
guêtre V *slobkous* ★ INFORM. traîner ses ~s *(ergens) rondhangen*
guetter OV WW *bespieden; beloeren; afwachten* ★ ~ l'occasion *op een gelegenheid loeren*
guetteur M [v: **guetteuse**] *wachtpost; uitkijk*
gueulante V INFORM. *gejuich; getier; gejoel*
gueulard I M [v: **gueularde**] INFORM. *schreeuwlelijk* **II** M *ovenmond* **III** BNW INFORM. *schreeuwerig*
gueule V • *muil; bek* ⟨v. dier⟩ • INFORM. OOK FIG. *smoel; bek; gezicht* • FIG. *mond; opening* ★ INFORM. ta ~! *hou je smoel!* ★ fine ~ *lekkerbek* ★ INFORM. casser la ~ à qn *iem. op zijn bek slaan* ★ INFORM. se casser la ~ OOK FIG. *op z'n bek gaan* ★ INFORM. avoir de la ~ *smoel hebben; iets eigens hebben* ★ INFORM. pousser un coup de ~ *flink schreeuwen; uitvaren* ★ INFORM. grande ~ *(iemand met) een grote bek* ★ se jeter dans la ~ du loup *zich in het hol van de leeuw wagen* ★ INFORM. faire la ~ *mokken* ★ INFORM. se fendre la ~ *zich een bult lachen* ★ INFORM. être fort en ~ *een grote mond hebben* ★ INFORM. les ~s noires *de kompels* ★ INFORM. avoir une bonne ~ *er aardig uitzien*
gueule-de-loup V [mv: **gueules-de-loup**] PLANTK. *leeuwenbek*
gueulement M INFORM. *geschreeuw; gebrul*
gueuler ONOV WW INFORM. *schreeuwen; blèren; uitvaren*
gueuleton M INFORM. *smulpartij*
gueuletonner ONOV WW INFORM. *smullen*
gueuse V • *gietvorm* ⟨voor gietijzer⟩ • *gietblok* • → **gueuze**
gueuserie V • OUD. *schooiersmanieren* • OUD. *bedelarij*
gueux I M [v: **gueuse**] • OUD. *schooier; bedelaar* • GESCH. *geus* **II** BNW [v: **gueuse**] OUD. *arm; schooierig*
gueuze V *geuze; geus* ⟨bier⟩
gui M • PLANTK. *mistel* • *giek* ⟨dwarshout⟩
guibole V • → **guibolle**
guibolle V INFORM. *poot; been*
guichet M • *loket* • *(doorgeef)luikje* • *wicket* ⟨bij cricket⟩ ★ ~ automatique *geldautomaat* ★ à ~s fermés *voor een uitverkochte zaal*
guichetier M [v: **guichetière**] *loketbediende*
guidage M *geleiding* ⟨v.e. bewegend lichaam⟩; *geleider*
guide I M • OOK FIG. *gids* • *geleistang* ★ ~ de montagne *berggids* **II** V *gids* ⟨padvindster⟩ ★ mener la vie à grandes ~s *op grote voet leven* ★ ~s [mv] *leidsels*
guider I OV WW • *leiden; (be)geleiden* • *(op afstand) besturen* **II** WKD WW [**se** ~] **sur** *zich richten naar*
guidon M • *stuur* ⟨v. fiets⟩ • *vlaggetje* • *vizierkorrel*
guigne V • *kriek* • INFORM. *pech*
guigner OV WW • *gluren naar* • FIG. *loeren op; een oogje hebben op*
guignol M • *poppenkastfiguur; handpop* • OOK FIG. *poppenkast* • *janklaassen; hansworst* ★ Guignol *Jan Klaassen*
guignolet M *kriekenlikeur*
guilde V OOK FIG. *gilde*
guili-guili TW INFORM. *kielekiele*
Guillaume *Willem*
guilledou M ★ OUD./INFORM. courir le ~ *op vrijersvoeten gaan*
guillemets M MV OOK FIG. *aanhalingstekens* ★ ~ fermants/ouvrants *aanhalingstekens sluiten/openen*
guilleret BNW [v: **guillerette**] • *vrolijk; dartel* • *gewaagd; pikant*
guillochis M *golvende lijnversiering; guilloche(s)*
guillotine V *guillotine; valbijl* ★ fenêtre à ~ *schuifraam*
guillotiner OV WW *guillotineren*
guimauve V • PLANTK. *heemst* • FIG. *weeë kost; sentimentele zoetelijkheid* ★ (pâte de) ~ ≈ *marshmallow; weke zoetigheid*
guimbarde V • INFORM. *rammelkast* • *mondharp*
guimpe V • *nonnenkap* • *bovenlijfje; frontje; mouwloos hemdje*
guincher ONOV WW INFORM. *dansen*
guindage M *(het) hijsen*
guindé BNW • *gemaakt; opgeschroefd;* FIG. *stijf* • *niet op zijn gemak; opgeprikt*
guindeau M *windas*
guinder I OV WW • SCHEEPV. *ophijsen* • FIG. *opschroeven* **II** WKD WW [**se** ~] *gemaakt/opgeschroefd doen*
Guinée V *Guinee*
guingois BIJW ★ INFORM. de ~ *scheef*
guinguette V *uitspanning* ⟨buiten de stad⟩
guipure V *doorvlochten kantwerk; guipure*
guirlande V *slinger; guirlande*
guise V • *zin; wil* • *manier; wijze* ★ en ~ de *bij wijze van* ★ à votre ~ *zoals u wilt; naar uw*

goeddunken
guitare V *gitaar*
guitariste M/V *gitaarspeler*
guitoune V INFORM. *tent*
gus (zeg: guus met harde g) M INFORM. *vent*; *gozer*
gustatif BNW [v: **gustative**] *smaak-*
gustation V *(het) proeven*
guttural BNW [m mv: **gutturaux**] *keel-*; *gutturaal* ★ son ~ *keelklank*
Guyane V *Guyana*
gym V INFORM. → **gymnastique**
gymkhana M ● *behendigheidsspel* ● *hindernisrace*
gymnase M ● *gymnastieklokaal*; *fitnesscentrum* ● *gymnasium* ⟨niet in Frankrijk⟩
gymnaste M/V ● *turner*; *gymnast* ● GESCH. *sportmeester*
gymnastique I V *gymnastiek* **II** BNW *gymnastisch*
gynécée V ● GESCH. *vrouwenverblijf* ● PLANTK. *stamper*
gynéco M INFORM. *gynaecoloog*
gynécologie V *gynaecologie*
gynécologique BNW *gynaecologisch*
gynécologue M/V *gynaecoloog*; *vrouwenarts*
gypse M *gips* ⟨mineraal⟩
gypseux BNW [v: **gypseuse**] *gipsachtig*
gypsophile V *bruidssluier*; *gipskruid*
gyrophare M *zwaailicht*
gyros M *gyros*
gyroscope M *gyroscoop*

H

h (zeg: asj) **I** M letter *h* ★ h comme Henri *de h van Hendrik* ★ h aspiré *aangeblazen h* ★ h muet *stomme h* **II** AFK heure *uur*
H (zeg: asj) AFK Hydrogène *H*; *waterstof*
ha TW ● *oh!*; *hè!*; *ach!* ● *ha!* ⟨verwondering⟩ ● *haha!* ⟨vrolijkheid⟩
habile BNW ● *handig*; *behendig*; *vaardig (***à** *in)* ● JUR. *bekwaam*; *bevoegd (***à** *tot)*
habileté V *handigheid*; *behendigheid*; *bekwaamheid*
habilité V JUR. *bevoegdheid (***à** *tot)*
habiliter OV WW JUR. *bevoegd verklaren (***à** *tot)*
habillage M JUR. *bevoegdverklaring*
habillé BNW *gekleed* ★ ~ de/en noir *in het zwart gekleed* ★ ce manteau est très ~ *die mantel staat erg gekleed*
habillement M *kleding*
habiller I OV WW ● *kleden*; *aankleden*; *van kleding voorzien* ● FIG. *aankleden*; *fatsoeneren*; *afwerken* ● *bedekken (***de** *met)* ● FIG. *verpakken*; *hullen*; *inkleden (***de** *in)* **II** WKD WW [**s'~**] *zich (aan)kleden*; *gekleed gaan (***de, en** *in)*
habilleur M [v: **habilleuse**] *(aan)kleder* ⟨v. acteurs e.d.⟩
habit (zeg: abie) M ● *(bijzondere) kledij*; *(ambts)gewaad*; *kostuum* ● *habijt* ● *rok* ⟨geklede herenjas⟩ ★ prendre l'~ *in het klooster gaan* ★ l'~ ne fait pas le moine ⟨spreekwoord⟩ *schijn bedriegt* ★ ~s [mv] *kleren*
habitabilité V ● *bewoonbaarheid* ● *beschikbare plaatsruimte*
habitable BNW *bewoonbaar*
habitacle M ● *cabine* ⟨v. luchtvaartuig, auto⟩ ● SCHEEPV. *kompashuisje*
habitant M [v: **habitante**] *bewoner*; *inwoner*
habitat M ● *woonomstandigheden* ● *habitat*; *woongebied* ⟨v. planten, dieren⟩
habitation V ● *woning*; *woonruimte* ● *(het) bewonen*
habité BNW ● *bewoond* ● *bemand* ⟨v. ruimtevaartuig⟩
habiter I OV WW *bewonen*; OOK FIG. *huizen in* **II** ONOV WW *wonen*
habituation V *gewenning*
habitude V *gewoonte*; *gebruik* ★ d'~ *gewoonlijk* ★ par ~ *uit gewoonte* ★ avoir l'~ de *gewoon zijn om te*; *ervaring hebben met* ★ ce n'est pas dans mes ~s *dat is geen gewoonte van me*
habitué I M *vaste bezoeker*; *vaste klant*; *stamgast* **II** WW [volt. deelw.] ● → **habituer**
habituel BNW [v: **habituelle**] *gewoon*; *gebruikelijk*
habituellement BIJW *gewoonlijk*
habituer I OV WW **~ à** *wennen aan* **II** WKD WW [**s'~**] **à** *(zich) wennen aan*
hâblerie V FORM. *opschepperij*
hâbleur M [v: **hâbleuse**] *opschepper*; *grootspreker*
hachage M *(het) (fijn)hakken*
hache V *bijl* ★ enterrer la ~ de guerre *de strijdbijl begraven*
haché BNW ● *(fijn)gehakt* ● *hortend* ★ steak ~

gehakte biefstuk ★ style ~ *hortende stijl* ★ viande ~e *gehakt*
hacher OV WW • OOK FIG. *(fijn)hakken* • *inkerven* ★ ~ menu *fijnhakken* ★ ~ un discours *een toespraak telkens onderbreken*
hachette V *bijltje*
hache-viande M [mv: **hache-viande(s)**] *gehaktmolen*; *vleesmolen*
hachich (zeg: asjiesj) M • → **haschisch**
hachis M *gehakt*; *fijngehakt eten* ★ ~ Parmentier *puree met gehakt*
hachish (zeg: asjiesj) M • → **haschisch**
hachoir M • *hakmes* • *hakmolen* • *hakbord*
hachure V *arcering*
hachurer OV WW *arceren*
haddock M *(gerookte) schelvis*
hagard BNW *wild* ‹v. blik e.d.›; *verwilderd*; *verdwaasd*

ha

haie V • OOK FIG. *haag*; *heg* • SPORT *horde* ★ course de haies *hordeloop*
haillon M *lomp*; *vod*
haillonneux BNW [v: **haillonneuse**] *in lompen gehuld*; *haveloos*
Hainaut M *Henegouwen*
haine V *haat*; *afkeer (***de**, **pour** *van)* ★ par ~ de *uit haat tegen* ★ avoir de la ~ pour *haten* ★ INFORM. avoir la ~ *zwaar gefrustreerd zijn*; *vol agressie zijn* ★ prendre en ~ *een hekel krijgen aan*
haineux BNW [v: **haineuse**] *haatdragend*; *hatelijk*; *nijdig*
haïr OV WW *haten*; *verafschuwen* ★ haïr que [+ subj.] *er een hekel aan hebben dat*
haire V *boetekleed*
haïssable BNW *verfoeilijk*
haïtien BNW [v: **haïtienne**] *Haïtiaans*
halage M *(het) jagen/(ver)slepen* ‹v. boot› ★ chemin de ~ *jaagpad*
halal BNW [onver.] *halal*
hâle M *gebruinde kleur* ‹v.d. huid›
hâlé BNW *gebruind*; *getaand* ‹v.d. huid›
haleine V *adem* ★ hors d'~ *buiten adem* ★ de longue ~ *van lange adem*; *langdurig* ★ FORM. tout d'une ~ *in één ruk*; *in één adem* ★ perdre ~ *buiten adem raken* ★ reprendre ~ *weer op adem komen* ★ tenir en ~ *de aandacht boeien van*; *in spanning/onzekerheid houden*
haler OV WW • *(ver)slepen*; *jagen* ‹v. boot› • *aantrekken*; *optrekken*; *hijsen*
hâler OV WW *bruinen*; *tanen* ‹v.d. huid›
haletant BNW • *hijgend* • FIG. *ademloos (makend)*
halètement M *gehijg*
haleter ONOV WW • *hijgen* • FIG. *ademloos zijn*
hall (zeg: ol) M *hal*
hallali M *hallali* ‹jachtkreet of hoorngeschal bij hertenjacht› ★ sonner l'~ de *de ondergang inluiden van*
halle V *overdekte markt*; *(verkoop)hal* ★ ~(s) au poisson *vismarkt*
hallebarde V *hellebaard* ★ INFORM. il pleut des ~s *het regent pijpenstelen*
hallebardier M *hellebaardier*
hallucinant BNW *verbijsterend*; *verbluffend*
hallucination V *hallucinatie*; *zinsbegoocheling*
hallucinatoire BNW *hallucinatorisch*
halluciné I BNW • *verdwaasd*; *wezenloos* • *aan hallucinaties lijdend* **II** M [v: **hallucinée**] *iem. die hallucinaties heeft*
halluciner I OV WW *hallucineren* **II** ONOV WW INFORM. *verbijsterd zijn*
hallucinogène I BNW *hallucinerend* **II** M *hallucinogeen*
halo M • *halo* ‹lichtkring› • FIG. *aureool*; *glans*
halogène BNW *halogeen* ★ lampe (à) ~ *halogeenlamp*
halte I V • *stilstand*; *rustpauze* • *halte*; *stopplaats*; *rustplaats* ★ faire ~ *halt houden*; *stoppen* **II** TW *halt!*; *stop!*
halte-garderie V [mv: **haltes-garderies**] *kinderdagverblijf*
haltère M *halter* ★ faire des poids et ~s *gewichtheffen*
haltérophile M/V *gewichtheffer*
haltérophilie V *(het) gewichtheffen*
hamac M *hangmat*
Hambourg *Hamburg*
hamburger (zeg: -geur met harde g) M *hamburger*
hameau M [mv: **hameaux**] *gehucht*
hameçon M • *vishaak* • INFORM. ★ FIG. mordre à l'~ *toehappen*; *erin vliegen*
hammam M *Turks bad*
hampe V *schacht* ‹langgerekt deel›; *steel*; *stengel*; *vlaggenstok*
hamster (zeg: amstèr) M *hamster*
hanap M GESCH. *grote drinkbeker*; *bokaal*
hanche V *heup* ★ les poings sur la ~ *(met) de handen in de zij* ‹uitdagende houding›
handball (zeg: a(n)dbal) M *handbal*
hand-ball M • → **handball**
handballeur M [v: **handballeuse**] *handballer*
handicap M *handicap* ‹in alle betekenissen›
handicapé I BNW *gehandicapt* **II** M [v: **handicapée**] *gehandicapte* ★ ~ moteur *motorisch gehandicapte*
handicaper OV WW *handicappen*
hangar M *loods*; *schuur*; *hangar*
hanneton M *(mei)kever* ★ INFORM. pas piqué des ~s *niet voor de poes*
Hanovre *Hannover*
hanter OV WW • *(rond)spoken in*; *(rond)waren in* • FIG. *achtervolgen* • FORM. *regelmatig bezoeken* ★ maison hantée *spookhuis* ★ ça me hante (l'esprit) *dat laat me niet los*; *dat obsedeert me* ★ dis-moi qui tu hantes, je te dirai qui tu es ‹spreekwoord› *waar men mee verkeert, wordt men mee geëerd*
hantise V *obsessie*; *spookbeeld*; *knagende angst (***de** *voor)*
happer OV WW • *happen* ‹v. dieren› • *grijpen*
haquenée V OUD. *hakkenei*
hara-kiri, **harakiri** M *harakiri*
harangue V • *toespraak* • *geleuter*; *gepreek*
haranguer OV WW • *toespreken* • FIG. *preken tegen*
haras (zeg: arà) M *paardenfokkerij*; *stoeterij*
harassant BNW *afmattend*
harassement M *afmatting*
harasser OV WW *afmatten*
harcelant BNW *lastig*; *hinderlijk*
harcèlement M *(het) lastigvallen*; *kwelling* ★ ~

sexuel *seksuele intimidatie*; *ongewenste intimiteiten*
harceler OV WW • *teisteren*; *kwellen* • *aanhoudend lastig vallen (***de** *met)*; *stalken*
harceleur M [v: **harceleuse**] *stalker*; *achtervolger*
hard-discounter M *prijsvechter* ⟨winkel met lage prijzen⟩
harde V • *troep dieren*; *roedel* • *koppel honden* • *koppelriem* ⟨v. honden⟩ ★ ~s [mv] *afgedragen kleren*; *plunje*
hardi I BNW • *stout(moedig)*; *gewaagd* • *brutaal* **II** TW *vooruit!*; *zet 'm op!*
hardiesse V • *stoutmoedigheid*; *onverschrokkenheid*; *gewaagdheid* • *brutaliteit*; *lef*
hardware (zeg: ardwèr) M COMP. *hardware*; *apparatuur*
harem (zeg: arèm) M *harem*
hareng (zeg: -a(n)) M *haring* ★ ~ saur *bokking* ★ sec comme un ~ *zo mager als een lat* ★ serrés comme des ~s *op elkaar gepakt*
harengère V *viswijf*
hargne V *kribbigheid*; *vinnigheid*; *bitsheid*
hargneux BNW [v: **hargneuse**] *kribbig*; *bits*; *grimmig*
haricot M *boon* ★ ~s beurre *wasbonen*; *prinsessenbonen* ★ ~s blancs *witte bonen* ★ ~s mange-tout *peultjes* ★ ~s rouges *bruine bonen* ★ ~s secs *(gedroogde) bonen* ★ ~s verts *sperziebonen* ★ INFORM. des ~s! *noppes!* ★ INFORM. c'est la fin des ~s *dat doet de deur dicht!*; *daarmee houdt alles op!*
haridelle V *magere knol* ⟨paard⟩
harki M *harki* ⟨inlands lid v.h. voormalige Fr. leger in Algerije⟩
harmonica M *mondharmonica*
harmonie V *harmonie* ⟨in alle betekenissen⟩ ★ en ~ avec *goed samengaand met*; *in goede verstandhouding met*
harmonieux BNW [v: **harmonieuse**] *harmonieus*; *harmonisch*
harmonique BNW *harmonisch* ★ (son) ~ *bijtoon*; *boventoon*
harmonisation V *harmonisatie*
harmoniser I OV WW *harmoniseren* **II** WKD WW [**s'**~] *harmoniëren (***avec** *met)*
harmonium (zeg: -njom) M *harmonium*
harnachement M • *(het) optuigen* ⟨v.e. rij-, trekdier⟩ • *tuig* • *uitmonstering* ⟨v. soldaat e.d.⟩
harnacher OV WW *optuigen* ⟨v.e. rij-, trekdier; ook fig.⟩
harnais M • *tuig* ⟨v. rij-, trekdier; parachutist e.d.⟩ • *gareel* • OUD. *harnas* ★ blanchi sous le ~ *in de dienst vergrijsd*
haro M ★ crier haro sur *schande afroepen over*; *luid afkeuren*
harpagon M *vrek*
harpe V *harp* ★ ~ éolienne *windharp*
harpie V OOK FIG. *harpij*
harpiste M/V *harpspeler*
harpon M • *harpoen* • *enterhaak* • *gevelanker*
harponnage M *(het) harpoeneren*
harponnement M • → **harponnage**
harponner OV WW *harpoeneren*
harponneur M *harpoenier*
hasard M *toeval*; *kans* ★ au ~ *op goed geluk*; *willekeurig*; *zo maar* ★ au ~ de *naargelang (van)* ★ au ~ d'une conversation *terloops (gezegd), tijdens een gesprek* ★ à tout ~ *voor alle zekerheid* ★ de ~ *toevallig* ★ jeu de ~ *kansspel* ★ par ~ *bij toeval*; *bijgeval*; *misschien*; *soms* ★ IRON. comme par ~ *als bij toeval* ★ coup de ~ *meevaller* ★ ~s [mv] *wisselvalligheden*; *risico's*
hasardé BNW *gewaagd*; *ongewis*
hasarder I OV WW *wagen*; *op het spel zetten* **II** WKD WW [**se** ~] *zich wagen (***à** *aan* [+ infin.]*)*
hasardeux BNW [v: **hasardeuse**] *gewaagd*; *riskant*
hasch M *hasj*
haschisch M *hasjiesj*
hase V *wijfjeshaas*; *wijfjeskonijn*; *moer*
hâte V *haast*; *spoed* ★ à la hâte/en (toute) hâte *inderhaast*; *snel*
hâter I OV WW *verhaasten*; *versnellen* **II** WKD WW [**se** ~] *zich haasten (***de** [+ infin.] *om)*
hâtif BNW [v: **hâtive**] • *overhaast (gedaan)* • *vroegrijp* ⟨v. planten⟩; *vroeg*
hâtivement BIJW *haastig*; *overhaast*
hauban M *tui(draad)*; *stag* ★ SCHEEPV. les ~s *het (staand) want*
haubert M *pantserhemd*; *maliënkolder*
hausse V • *stijging*; *toename* • *verhoging*; *opzetstuk* ★ à la ~ *naar boven (bijgesteld)*; *à la hausse* ★ être en ~ *stijgen*
haussement M ★ ~ d'épaules *schouderophalen*
hausser I OV WW *verhogen* ★ ~ les épaules *de schouders ophalen* ★ ~ les prix *de prijzen verhogen* ★ ~ le ton *een hoge toon aanslaan* ★ ~ la voix *de stem verheffen* **II** WKD WW [**se** ~] *zich verheffen*; *op zijn tenen gaan staan*
haussier M *haussespeculant*; *haussier*
haut I BNW • OOK FIG. *hoog* • *vroeg* ⟨v.e. tijdperk⟩ ★ haut de deux mètres *twee meter hoog* ★ haut en couleur OOK FIG. *fel gekleurd*; *kleurrijk* ★ la (plus) haute antiquité *de grijze oudheid* ★ haute bourgeoisie *deftige burgerij* ★ en haut lieu *(van) hogerhand* ★ la haute mer *de volle zee* ★ le haut-Rhin *de Boven-Rijn* ★ ton haut *aanmatigende toon* ★ haute trahison *hoogverraad* ★ à haute voix *hardop* ★ marcher la tête haute *met opgeheven hoofd lopen* **II** BIJW • *hoog* • *luid* ★ (tout) haut *hardop*; *ronduit* ★ de haut *van bovenaf*; *uit de hoogte* ★ d'en haut *van boven* ★ en haut *boven(aan)*; *naar boven* ★ de haut en bas *van boven naar beneden*; *uit de hoogte* ★ là-haut *daarboven* ★ par en haut *bovenlangs* ★ FIG. tomber de haut *diep vallen* **III** M • *hoogte* • *bovenste deel*; *bovenstuk(je)* ★ petit haut court ≈ *naveltruitje* ★ du haut de *van (boven)af* ★ deux mètres de haut *twee meter hoog* ★ des hauts et des bas *ups-and-downs* ★ tomber de son haut *languit vallen*; *stomverbaasd staan*
hautain BNW *hooghartig*; *hoogmoedig*; *uit de hoogte*; *hautain*
hautbois M • *hobo* • *hobospeler*
hautboïste M/V *hoboïst*
haut-commissaire M [mv: **hauts-commissaires**] *hoge commissaris*

haut-de-forme M [mv: **hauts-de-forme**] *hoge hoed*
haute-contre I M [mv: **hautes-contre**] *contratenor* ⟨zanger⟩ **II** V [mv: **hautes-contre**] *contratenor* ⟨stem⟩
haute-fidélité V *hifi*
hautement BIJW • *hogelijk*; *hoogst*; *uitermate* • *ronduit*; *openlijk*
hauteur V • *hoogte* • *hoogheid*; *verhevenheid*; *voortreffelijkheid* • *hoogmoed*; *trots* • WISK. *hoogtelijn* ★ à la ~ de *ter hoogte van* ★ être à la ~ d'une tâche *tegen een taak opgewassen zijn* ★ ~ du pôle *poolshoogte* ★ le saut en ~ *het hoogspringen* ★ tomber de (toute) sa ~ *languit vallen*; *op zijn neus kijken*
haut-fond M [mv: **hauts-fonds**] *ondiepte*; *bank*
haut-le-cœur M [mv: id.] *misselijkheid*; *(het) kokhalzen*
haut-le-corps M [mv: id.] • *schok* • *bruuske beweging* • *schrikreactie*
haut-lieu M [mv: **hauts-lieux**] *belangrijke plaats*; *centrum* ⟨v.e. activiteit⟩
haut-parleur M [mv: **haut-parleurs**] *luidspreker*
haut-relief M [mv: **hauts-reliefs**] *hoog reliëf*; *haut-reliëf*
hauturier BNW [v: **hauturière**] *buitengaats*; *in volle zee*
havane I M *havanna* **II** BNW *havannabruin*
hâve BNW *(ziekelijk) bleek en mager*; *uitgemergeld*
havre M • *toevluchtsoord* • OUD. *(kleine) zeehaven* ★ ~ de paix *vredig oord*
havresac M • *rugzak*; *knapzak* • OUD. *ransel*
Haye V ★ La Haye *Den Haag*
hayon M *achterklep* ⟨v. auto⟩; *vijfde deur*
hé TW *hé daar!*; *hé!*
heaume M *(wapen)helm*
hebdo M INFORM. → **hebdomadaire**
hebdomadaire I BNW *wekelijks* **II** M *weekblad*
hébergement M *huisvesting*
héberger OV WW *herbergen*; *huisvesten*
hébété BNW *afgestompt*; *stompzinnig*; *(als) versuft*
hébétement, hébètement M *afgestomptheid*; *stompzinnigheid*; *sufheid*
hébéter OV WW *afstompen*; *stompzinnig maken*; *(als) versuffen*
hébétude V *afstomping*; *versuftheid*
hébraïque BNW *Hebreeuws*
hébreu BNW [m mv: **hébreux**] • *Hebreeuws*; *Joods* ⟨m.b.t. volk⟩ • *joods* ⟨m.b.t. geloof⟩
Hébreu M • *Hebreeër*; *Jood* ⟨m.b.t. volk⟩ • *jood* ⟨m.b.t. geloof⟩
HEC AFK O&W (École des) Hautes Études Commerciales ≈ *managementopleiding*
hécatombe V *bloedbad*
hectare M *hectare*
hectogramme M *hectogram*
hectolitre M *hectoliter*
hectomètre M *hectometer*
hédonisme M *hedonisme*
hédoniste I BNW *hedonistisch* **II** M/V *hedonist*
hégémonie V *overwicht*; *hegemonie*
hégire V *hedjra* ⟨begin islamitische tijdrekening⟩
hein TW *hè*

hélas (zeg: -las) TW *helaas*
héler OV WW • SCHEEPV. *praaien* • *aanroepen* ⟨v. taxi⟩
hélianthe M *zonnebloem*
hélice V • *(scheeps)schroef*; *propeller* • *spiraal*; *schroeflijn*; *helix* ★ escalier en ~ *wenteltrap*
hélicoïdal BNW [m mv: **hélicoïdaux**] *schroefvormig*
hélicon M *helicon* ⟨tuba⟩
hélicoptère M *helikopter*
héligare V *helihaven*; *luchthaven voor helikopters*
héliographie V *heliografie*
héliogravure V • *heliogravure* • *diepdruk*
héliothérapie V *heliotherapie*; *(hoogte)zontherapie*
héliotrope M *heliotroop*
héliport M *helihaven*; *luchthaven voor helikopters*
héliportage M *helikoptervervoer*
héliporté BNW *vervoerd per helikopter*
hélium (zeg: eeljom) M *helium*
hellène BNW *Helleens*; *Grieks*
Hellène M/V *Helleen*; *Griek*
hellénique BNW *Helleens*
hellénisme M *hellenisme*
helléniste M/V *hellenist*
Helvète M/V *Helvetiër*; *Zwitser*
Helvétie V *Helvetië*; *Zwitserland*
helvétique BNW *Helvetisch*; *Zwitsers*
hématie (zeg: -tie, -sie) V *rode bloedcel*
hématologie V *hematologie*
hématologiste M/V *hematoloog*
hématologue M/V • → **hématologiste**
hématome M *bloeduitstorting*; *hematoom*
héméralope BNW *nachtblind*
hémicycle M *halfcirkelvormige ruimte*; *amfitheater* ★ l'Hémicycle *vergaderzaal v.d. Franse Nationale Vergadering*
hémiplégie V *halfzijdige verlamming*; *hemiplegie*
hémisphère M • *halve bol* • *halfrond* • *hersenhelft*; *hemisfeer*
hémisphérique BNW *halfrond*
hémistiche M *halfvers*; *hemistiche*
hémoglobine V *rode bloedkleurstof*; *hemoglobine*
hémolyse V *hemolyse*; *afbraak van rode bloedcellen*
hémophile M/V *hemofiliepatiënt*
hémophilie V *hemofilie*; *bloederziekte*
hémoptysie V *bloedspuwing*
hémorragie V • *bloeding* • FIG. *aderlating*; *wegvloeiing*
hémorroïdes V MV *aambeien*
hémostatique I M *bloedstelpend middel* **II** BNW *bloedstelpend*
henné M *henna*
hennir (zeg: enier) ONOV WW *hinniken*
hennissement (zeg: enies-) M *gehinnik*
Henri *Hendrik*; *Henk*
hep TW *hé (daar)!*
hépatique BNW *lever-*
hépatite V *leverontsteking*; *hepatitis*
heptagone M *zevenhoek*
heptathlon M *zevenkamp*

héraldique I BNW *heraldisch; wapenkundig* **II** V *heraldiek; wapenkunde*
héraldiste M/V *heraldicus; wapenkundige*
héraut M OOK FIG. *heraut*
herbacé BNW *grasachtig; kruidachtig*
herbage M *gras(land); weide*
herbager I M *veefokker; vetweider* **II** OV WW *vetweiden*
herbe V • *gras* • *kruid* • INFORM. *stuff; hasj* ★ fines ~s *keukenkruiden; tuinkruiden* ★ mauvaise ~ *onkruid* ★ ~ aux ânes *teunisbloem* ★ en ~ *onrijp; nog groen*; FIG. *in de dop* ★ couper l'~ sous le(s) pied(s) de qn *iem. het gras voor de voeten wegmaaien* ★ mauvaise ~ croît toujours *onkruid vergaat niet*
herbeux BNW [v: **herbeuse**] *grazig; gras-*
herbicide I M *onkruidverdelgend middel* **II** BNW *onkruid verdelgend*
herbier M *herbarium*
herbivore I M *planteneter; herbivoor* **II** BNW *plantenetend*
herborisation V *(het) botaniseren*
herboriser ONOV WW *botaniseren*
herboriste M/V • *kruidenverkoper* • *drogist*
herboristerie V *kruidenwinkel*
herbu BNW *grazig*
hercule *hercules; krachtpatser*
hère M *jong hert* ★ LIT. pauvre hère *arme drommel*
héréditaire BNW *erfelijk; erf-* ★ ennemi ~ *erfvijand* ★ prince ~ *erfprins*
hérédité V *erfelijkheid; overerving* ★ avoir une ~ chargée *erfelijk belast zijn*
hérésie V OOK FIG. *ketterij*
hérétique I M/V *ketter* **II** BNW *ketters*
hérissé BNW • *rechtopstaand* ‹v. haren, veren›; *stekelig* • ~ **de** *bezaaid met* ‹stekels, onaangenaamheden›
hérissement M • *(het) rechtop (gaan) staan* • *kregeligheid*
hérisser I OV WW • *rechtop doen staan* ‹v. haren, veren› • *stekelig maken* • *kregel maken* **II** WKD WW [**se** ~] • *rechtop gaan staan* ‹v. haren, veren› • OOK FIG. *zijn stekels/veren opzetten*
hérisson M • *egel* • *chagrijn; nurks* • *(voorwerp met) opstaande punten; flessendruiprek*
héritage M • *erfenis* • OOK FIG. *erfgoed* ★ faire un ~ *erven*
hériter OV+ONOV WW *erven (***de** *van)* ★ ~ de qc *iets erven*
héritier M [v: **héritière**] OOK FIG. *erfgenaam* ★ ~ de la couronne *troonopvolger*
hermaphrodite I M/V *tweeslachtig wezen; hermafrodiet* **II** BNW *tweeslachtig*
herméneutique I V *hermeneutiek* **II** BNW *hermeneutisch*
hermétique BNW *hermetisch* ‹in alle betekenissen›; *volstrekt gesloten; lucht-/waterdicht*; OOK FIG. *ontoegankelijk*
hermétisme M FORM. *onbegrijpelijke aard; hermetisme*
hermine V • *hermelijn* • *hermelijnbont*
herniaire BNW MED. *breuk-* ★ bandage ~ *breukband*
hernie V • MED. *breuk* • *uitstulping* ★ ~ abdominale *ingewandsbreuk* ★ ~ discale *discusprolaps; hernia* ‹in de rug› ★ ~ étranglée *beknelde breuk*
héroïne V • *heldin* • *heroïne*
héroïnomane M/V *heroïneverslaafde*
héroïque BNW • *heldhaftig; heroïsch* • *helden-; episch*
héroïsme M *heldhaftigheid; heroïek*
héron M *reiger* ★ ~ cendré *blauwe reiger*
héros (zeg: eeroo) M • *held* ‹in alle betekenissen› • *heros; halfgod*
herpès (zeg: erpès) M *herpes; blaasjesuitslag*
hersage M *(het) eggen*
herse V • *eg* • *valpoort; valhek* • *bovenlicht* ‹v. toneel› ★ ~ à grappins *dreg*
herser OV WW *eggen*
herseur M [v: **herseuse**] *egger*
hertz M *hertz*
hertzien BNW [v: **hertzienne**] *hertz-; zend(er)-* ★ ondes ~nes *radiogolven; ether(golven)* ★ relais ~ *straalzender*
hésitant BNW *aarzelend; onzeker*
hésitation V *aarzeling*
hésiter ONOV WW *aarzelen (***à** [+ infin.] *om;* **entre** *tussen;* **sur** *over); weifelen* ★ ~ devant qc *terugdeinzen voor iets*
hétéro I M/V INFORM. *hetero* **II** BNW INFORM. *hetero*
hétéroclite BNW • *een (kakel)bont geheel vormend; allerhande; ongelijksoortig* • *buitenissig*
hétérodoxe BNW *onrechtzinnig; andersdenkend; heterodox*
hétérogène BNW *ongelijksoortig; heterogeen*
hétérogénéité V *ongelijksoortigheid*
hétéroptère M *wants*
hétérosexuel I BNW [v: **hétérosexuelle**] *heteroseksueel* **II** M [v: **hétérosexuelle**] *heteroseksueel*
hêtraie V *beukenbos*
hêtre M • *beuk* • *beukenhout*
heu TW *eh!; tja!; hè!*
heure I V • *uur* • *tijd; tijdstip* ★ dernière ~ *laatste (levens)uur; laatste nieuws* ‹rubriek› ★ cent à l'~ *honderd (kilometer) per uur* ★ ~ locale *plaatselijke tijd* ★ ~ d'été *zomertijd* ★ quelle ~ est-il? *hoe laat is het?* ★ quart d'~ *kwartier* ★ une ~ et quart *kwart over een* ★ il est deux ~s et demie *het is half drie* ★ vous avez l'~? *weet u hoe laat het is?* ★ demander l'~ *vragen hoe laat het is* ★ être à l'~ *op tijd lopen* ‹v. klok›; *(punctueel) op tijd zijn* ★ mettre à l'~ *gelijkzetten* ★ venir à l'~ *op tijd komen* ★ prendre ~ avec *(een tijd) afspreken met* ★ c'est l'~ (de) *het is tijd (om)* ★ il n'a pas d'~ *hij kent geen vaste tijden; je kunt altijd op hem rekenen* ★ à ses ~s *bij tijden* ★ se mettre à l'~ *bij de tijd blijven* ★ d'une ~ à l'autre/à toute ~ *ieder ogenblik* ★ tout à l'~ *straks; zo-even* ★ sur l'~ *dadelijk; meteen* ★ de bonne ~ *vroeg(tijdig)* ★ avant l'~ *voortijdig* ★ à l'~ qu'il est/à l'~ actuelle *tegenwoordig; nu* ★ pour l'~ *voor het moment; vooralsnog* ★ à la bonne ~ *goed zo; mij goed* ★ INFORM. passer un mauvais quart d'~ *een benauwd ogenblik doorbrengen* ★ l'~ H *het uur U* **II** V MV ★ livre

d'~s *getijdenboek*
heureusement BIJW • *gelukkig* • *gunstig*; *goed*
heureux I BNW [v: **heureuse**] • *gelukkig*; *blij (***de** *met, om)* • *heuglijk*; *gunstig*; *geslaagd*; *goed* ★ encore ~ que [+ subj.] *nog een geluk dat* **II** M [v: **heureuse**] *gelukkig mens* ★ faire un ~ *iem. gelukkig maken*
heurt (zeg: eur) M *schok*; *stoot*; OOK FIG. *botsing*
heurté BNW • *contrasterend* • *schreeuwend* (v. kleuren) • *onharmonisch*; *hortend*
heurter I OV WW • *stoten (tegen)*; *botsen tegen/met* • FIG. *kwetsen*; *aanstoot geven aan* **II** WKD WW [**se** ~] • *zich stoten (***à** *aan;* **contre** *tegen)* • OOK FIG. *met elkaar in botsing komen* ★ se ~ à des difficultés *op moeilijkheden stuiten*
heurtoir M • *deurklopper* • *stootblok* (voor treinen)

he

hévéa V *hevea(boom)*
hexagonal BNW [m mv: **hexagonaux**] *zeshoekig*
hexagone M *zeshoek* ★ l'Hexagone *(Europees) Frankrijk*
hexamètre M *hexameter*
hiatus (zeg: -tuus) M • *gaping*; *hiaat* • *kloof*
hibernal BNW [m mv: **hibernaux**] *winter-* ★ sommeil ~ *winterslaap*
hibernation V *winterslaap*
hiberner ONOV WW *een winterslaap houden* ★ animal hibernant *winterslaper*
hibou M [mv: **hiboux**] *uil* ★ ~ moyen-duc *ransuil* ★ nid de ~ *bouwvallig huis*
hic (zeg: iek) M INFORM. *moeilijkheid* ★ voilà le hic! *daar zit 'm de kneep!*
hideur V *afschuwelijkheid*; *afzichtelijkheid*
hideux BNW [v: **hideuse**] *afschuwelijk*; *afzichtelijk*
hie V *straatstamper*
hier (zeg: (i)jèr) BIJW *gisteren* ★ ne pas être né d'hier *niet van gisteren zijn*
hiérarchie V *hiërarchie*; *rangorde*
hiérarchique BNW *hiërarchisch* ★ par la voie ~ *langs hiërarchische weg*
hiérarchisation V *hiërarchische opbouw*
hiérarchiser OV WW *hiërarchisch ordenen*
hiératique BNW • *hiëratisch* • *stijf*; *streng*; *plechtstatig*
hiéroglyphe M OOK FIG. *hiëroglief*
hi-fi, hifi (zeg: iefie) **I** V *hifi* **II** BNW [onver.] *hifi*
hi-han, hihan TW *ia* (v. ezels)
hilarant BNW *lachwekkend*; *vermakelijk*; *hilarisch* ★ gaz ~ *lachgas*
hilare BNW *vrolijk*
hilarité V *hilariteit*; *(plotselinge) vrolijkheid*
hindou I M [v: **hindoue**] *hindoe* **II** BNW *hindoes*
hindouisme M *hindoeïsme*
hip TW *hiep!*
hippie M/V *hippie*
hippique BNW *hippisch* ★ concours ~ *springconcours*
hippisme M *paardensport*
hippocampe M *zeepaardje*
hippodrome M *paardenrenbaan*; *hippodroom*
hippogriffe M *legendarisch dier* (half paard, half griffioen)
hippopotame M *nijlpaard*
hippy M/V • → **hippie**
hirondelle V *zwaluw* ★ ~ de mer *zeezwaluw*; *stern* ★ ~ de fenêtre *huiszwaluw* ★ une ~ ne fait pas le printemps (spreekwoord) *één zwaluw maakt nog geen zomer*
hirsute BNW • *ruig(behaard)*; *borstelig* • *grof*; *lomp* ★ barbe ~ *ruige baard*
hispanique BNW *Spaans*
hispano- VOORV *Spaans-*
hispano-américain BNW [mv: **hispano-américains**] *Spaans-Amerikaans*
hispanophone BNW *Spaanstalig*
hisser I OV WW *hijsen* **II** WKD WW [**se** ~] OOK FIG. *zich omhoogwerken*
histoire V • *geschiedenis* (in alle betekenissen) • *verhaal* • [vaak mv] *onaangenaamheid*; *moeilijkheid*; *geduvel*; *gedoe* ★ ~ sainte *Bijbelse geschiedenis* ★ peintre d'~ *historieschilder* ★ c'est une autre ~ *dat is wat anders* ★ sans ~(s) *probleemloos*; *onbesproken*; *onopvallend* ★ pour la petite ~ *terzijde gezegd*; *bij wijze van anekdote* ★ INFORM. ~ de... *(zo maar) om te...* ★ INFORM. ~ de rire *voor de grap* ★ avoir des ~s avec qn *moeilijkheden hebben met iem.* ★ chercher des ~s à *ruzie zoeken met* ★ faire des ~s *drukte maken* ★ raconter des ~s *leugens vertellen*
histologie V *weefselleer*; *histologie*
historicité V *historiciteit*; *feitelijkheid*
historié BNW ★ lettres ~es *met vignetten of krullen versierde letters*
historien M [v: **historienne**] • *historicus* • *geschiedschrijver*
historiette V *verhaaltje*
historiographe M/V *geschiedschrijver* (door de koning benoemd); *historiograaf*
historique I BNW *historisch* **II** M *historisch/ chronologisch overzicht*; *voorgeschiedenis*
histrion M • GESCH. *kluchtspeler* • MIN. *potsenmaker*; *schertsfiguur*
hitlérien BNW [v: **hitlérienne**] *Hitler-*; *hitleriaans*
hit-parade M [mv: **hit-parades**] *hitparade*
hiver M *winter* ★ en ~ *'s winters*
hivernage M • *overwintering* • *winterverblijfplaats* • *regentijd* (in de tropen) • *(het) winterklaar maken* • *wintervoer*
hivernal BNW [m mv: **hivernaux**] *winter-*; *winters* ★ station ~e *winterverblijfplaats voor zieken*
hivernant M [v: **hivernante**] *overwinteraar*
hiverner I OV WW • *ploegen voor de winter* • *stallen in de winter* **II** ONOV WW *overwinteren*
HLM M/V habitation à loyer modéré *goedkope (gesubsidieerde) huurflat*
hoax M WWW *hoax*
hobby M [mv: **hobbies/hobbys**] *hobby*
hobereau M [mv: **hobereaux**] • *boomvalk* • *(onaanzienlijke) landjonker*
hochement M *(het) schudden van het hoofd*; *knik*
hochequeue M *kwikstaartje*
hocher OV WW ★ ~ la tête *(van) nee schudden*; *(van) ja knikken*
hochet M • *rammelaar* • LIT. *speeltje*; *aardigheidje*
hockey (zeg: okè) M *hockey* ★ ~ sur glace

ijshockey
hockeyeur M [v: **hockeyeuse**] *hockeyspeler*
holà M ▾ mettre le holà à qc *iets een halt toeroepen; ergens een stokje voor steken*
holding M *holding*
hold-up M [mv: id.] *gewapende overval*
hollandais I M *(het) Nederlands* **II** BNW *Hollands; Nederlands*
Hollandais M [v: **Hollandaise**] • *Nederlander* • *Hollander*
Hollande V *Nederland; Holland*
holocauste M *Holocaust*
holocène M *holoceen*
hologramme M *hologram*
homard M *zeekreeft*
home M *home; thuis*
homélie V *preek; homilie*
homéopathe M/V *homeopaat*
homéopathie V *homeopathie*
homéopathique BNW *homeopathisch*
Homère *Homerus*
homérique BNW *homerisch* ★ rire ~ *homerisch gelach*
home-trainer (zeg: oomtrèneur) M [mv: **home-trainers**] *hometrainer*
homicide I M *doodslag* ★ ~ volontaire *moord (met voorbedachte rade)* ★ ~ involontaire *dood door schuld* **II** BNW OUD. *moordend; dodend*
hominiens M MV *aapmensen en mensachtigen*
hommage M *eerbetoon; hulde* ★ faire l'~ d'un livre à *een boek opdragen aan* ★ présenter ses ~s à *beleefd groeten* ★ rendre ~ à *hulde brengen aan; eren*
hommasse BNW MIN. *manachtig* ★ femme ~ *manwijf*
homme M • *mens* • *man* ★ ~ d'affaires *zakenman* ★ ~ à femmes *vrouwenversierder; donjuan* ★ ~ de lettres *schrijver; literator* ★ ~ de loi *jurist* ★ ~ du monde *man v.d. wereld* ★ ~ de paille *stroman* ★ ~ à tout faire *manusje-van-alles* ★ comme un seul ~ *als één man* ★ être ~ à *er de man naar zijn om; in staat zijn om* ★ l'~ propose, Dieu dispose ⟨spreekwoord⟩ *de mens wikt, maar God beschikt*
homme-grenouille M [mv: **hommes-grenouilles**] *kikvorsman*
homme-mort M [mv: **hommes-morts**] ★ (dispositif d')~ *dodemansknop*
homme-orchestre M [mv: **hommes-orchestres**] • *eenmansorkest* • FIG. *duizendpoot; alleskunner*
homme-sandwich M [mv: **hommes-sandwich(e)s**] *sandwichman*
homo I M INFORM. *homo* **II** BNW *homo-*
homo- VOORV *homo-; gelijk-*
homogène BNW *homogeen; gelijksoortig*
homogénéiser OV WW *homogeniseren*
homogénéité V *homogeniteit; gelijksoortigheid*
homologue I BNW *gelijkwaardig; overeenkomstig; homoloog (***de** *met)* **II** M/V • *collega* • *tegenhanger; evenknie*
homologuer OV WW *homologeren; officieel bekrachtigen/erkennen; vaststellen*
homonyme I M • *homoniem; gelijkluidend woord* • *naamgenoot* **II** BNW *homoniem (***de** *met); gelijkluidend*
homophile I BNW *homofiel* **II** M/V *homofiel*
homosexualité V *homoseksualiteit*
homosexuel I BNW [v: **homosexuelle**] *homoseksueel* **II** M [v: **homosexuelle**] *homoseksueel*
hongre I BNW *gecastreerd* ⟨v. paard⟩ **II** M *ruin*
Hongrie V *Hongarije*
hongrois I M *(het) Hongaars* **II** BNW *Hongaars*
Hongrois M [v: **Hongroise**] *Hongaar*
honnête BNW • *eerlijk* • *fatsoenlijk; betamelijk; rechtschapen* • OUD. *beleefd* ★ OUD. un ~ homme *een beschaafd/wellevend man* ★ un homme ~ *een eerlijk/rechtschapen man*
honnêteté V • *eerlijkheid* • *fatsoenlijkheid; rechtschapenheid*
honneur M *eer* ★ d'~ *ere-* ★ en l'~ de *ter ere van* ★ sur l'~ *op (zijn) erewoord* ★ demoiselle d'~ *bruidsmeisje* ★ garçon d'~ *bruidsjonker* ★ parole d'~ *erewoord* ★ place d'~ *ereplaats* ★ point d'~ *erezaak* ★ votre ~ *Edelachtbare* ★ être à l'~/en ~ *gewaardeerd worden* ★ c'est (tout) à son ~ *dat strekt hem/haar tot eer* ★ faire ~ à *eer aandoen; gestand doen* ★ se faire ~ de *trots zijn op* ★ faire les ~s (de la maison) *de honneurs waarnemen; (iem.) welkom heten* ★ rendre les derniers ~s *de laatste eer bewijzen* ★ ~s [mv] *eer(bewijzen); honneurs* ⟨hoogste kaarten⟩
honnir OV WW LITERAIR *honen; smaden* ★ honni soit qui mal y pense ⟨spreekwoord⟩ *schande over hem die er kwaad van denkt*
honorabilité V • *achtbaarheid* • *betrouwbaarheid*
honorable BNW • *achtbaar; achtenswaardig; fatsoenlijk; behoorlijk* • *betrouwbaar*
honoraire I M MV *honorarium* **II** BNW • *ere-* ⟨v. ambt⟩; *honorair* • *alleen nog de titel bezittend*
honorer I OV WW • *eren; vereren (***de** *met)* • *tot eer strekken* • *eer aandoen; gestand doen; honoreren* **II** WKD WW [**s'~**] **de** *een eer stellen in; trots zijn op*
honorifique BNW *ere-* ⟨v. titel⟩ ★ à titre ~ *ere-*
honte V • *schande* • *schaamte* ★ avoir ~ (de) *zich schamen (over, om)* ★ faire ~ à *tot schande strekken; beschaamd maken*
honteux BNW [v: **honteuse**] • *schandelijk; smadelijk* • *beschaamd (***de** *over)*
hooligan (zeg: oelie-) M *hooligan; relschopper*
hop TW *vooruit!; hoepla!; hup!*
hôpital M [mv: **hôpitaux**] *ziekenhuis; gasthuis* ★ ~ de jour *dagziekenhuis*
hoquet M *hik*
hoqueter ONOV WW *hikken*
horaire I M *dienstregeling; (werk)rooster* ★ ~ mobile/variable/à la carte *variabele/glijdende werktijd(en)* ★ ~s [mv] *werktijden* **II** BNW *per uur; uur-; tijd-*
horde V *horde; bende*
horion M *stomp; opstopper*
horizon M *horizon* ⟨in alle betekenissen⟩ ★ tour d'~ *verkennende beschouwing; algemeen overzicht* ⟨v.d. stand v. zaken⟩
horizontal BNW [m mv: **horizontaux**] *horizontaal* ★ (ligne) ~e *horizontale lijn*
horizontalité V *horizontale ligging*

horloge V *(grote) klok* ★ ~ biologique *biologische klok* ★ ~ parlante *(telefonische) tijdmelding* ★ ~ de sable *zandloper* ★ être réglé comme une ~ *een man v.d. klok zijn; stipt zijn*
horloger I M [v: **horlogère**] *klokkenmaker; horlogemaker; klokkenverkoper; horlogeverkoper* **II** BNW [v: **horlogère**] ★ industrie horlogère *klokkenindustrie*
horlogerie V ● *klokkenmakerij* ● *horlogehandel; klokkenhandel* ● *uurwerken*
hormis VZ FORM. *behalve*
hormonal BNW [m mv: **hormonaux**] *hormonaal; hormoon-*
hormone V *hormoon*
horodateur M ● *parkeerautomaat* ● *datum- en tijdstempel*
horoscope M *horoscoop* ★ dresser l'~ *een horoscoop trekken*
horreur V ● *afgrijzen; afschuw; afkeer (***de** *van)* ● *gruwel(ijkheid); verschrikking* ★ film d'~ *griezelfilm* ★ quelle ~! *wat afschuwelijk!; wat foeilelijk!* ★ quel musée d'~s! *wat een stel lelijks bij elkaar!* ★ avoir en ~ *een afschuw hebben van* ★ faire ~ à *afschuw inboezemen*
horrible BNW *verschrikkelijk; afschuwelijk; afgrijselijk; gruwelijk; foeilelijk*
horrifier OV WW *met afschuw slaan; ontstellen*
horripilant BNW *ergerlijk*
horripiler OV WW ● *kippenvel bezorgen aan* ● *ergeren*
hors (zeg: or) VZ ● *buiten* ● *behalve* ★ hors de *buiten* ★ hors de combat *buiten gevecht* ★ hors de prix *erg duur* ★ hors de propos *te onpas; ongepast* ★ hors de soi *buiten zichzelf* ★ hors d'usage *afgedankt; onbruikbaar; buiten gebruik* ★ hors ligne *buitengewoon* ★ hors d'ici! *eruit!; ga weg!* ★ hors concours *buiten mededinging* ★ hors jeu *buitenspel* ★ longueur hors tout *globale lengte* ★ mettre hors la loi *buiten de wet plaatsen*
hors-bord M [mv: **hors-bord(s)**] ● *buitenboordmotor* ● *boot met buitenboordmotor*
hors-d'œuvre M [mv: id.] ● *hors-d'oeuvre* ⟨koud voorgerecht⟩ ● ARCH. *uitstek*
hors-jeu M [mv: **hors-jeu(x)**] *buitenspel(situatie)*
hors-la-loi M [mv: id.] *vogelvrijverklaarde; bandiet*
hors-piste M ★ faire du ~ *buiten de pistes skiën*
hortensia M *hortensia*
horticole BNW *tuinbouw-*
horticulteur M [v: **horticultrice**] *tuinder*
horticulture V *tuinbouw; sierteelt*
hosanna M ● *hosanna* ● *juichkreet*
hospice M ● *hospitium* ● OUD. *gesticht; weeshuis; armenhuis* ● *tehuis*
hospitalier I BNW [v: **hospitalière**] ● *gastvrij* ● *ziekenhuis-* ★ (sœur) hospitalière *liefdezuster* **II** M [v: **hospitalière**] *hospitaalridder*
hospitalisation V *ziekenhuisopname; ziekenhuisverblijf*
hospitaliser OV WW *opnemen in een ziekenhuis*
hospitalité V *gastvrijheid*
hospitalo-universitaire BNW *academisch* ⟨v. ziekenhuis⟩
hostellerie V *(chic) landelijk hotel*
hostie V *hostie*
hostile BNW ● *vijandig; bedreigend* ● **~ à** *gekant tegen*
hostilité V *vijandigheid; vijandelijkheid*
hot-dog, **hotdog** M *hotdog*
hôte I M OOK BIOL. *gastheer;* COMP. *host* **II** M/V *gast; hotelgast; logé* ★ table d'hôte *(het) mee-eten als betalend gast*
hôtel M ● *hotel* ● *openbaar gebouw* ★ ~ de ville *stadhuis* ★ ~ (particulier) *groot herenhuis* ★ maître d'~ *hofmeester; oberkelner; butler*
hôtel-Dieu M [mv: **hôtels-Dieu**] *gasthuis; ziekenhuis*
hôtelier I M [v: **hôtelière**] *hotelhouder* **II** BNW [v: **hôtelière**] *hotel-*
hôtellerie V ● *(chic) landelijk hotel; logement* ● *hotelwezen*
hôtesse V ● *gastvrouw* ● *hotelhoudster* ★ ~ d'accueil *hostess; receptioniste* ★ ~ de l'air *stewardess*
hotte V ● *rugmand; draagkorf* ● *rookvang* ★ ~ (aspirante) *afzuigkap*
hou TW *boe!*
houblon M PLANTK. *hop*
houblonner OV WW *hoppen; met hop vermengen*
houe V *hak* ⟨soort houweel⟩
houille V *steenkool* ★ ~ blanche *witte steenkool*
houiller BNW [v: **houillère**] *steenkoolhoudend; steenkool-*
houillère V *kolenmijn*
houle V OOK FIG. *deining*
houlette V ● *herdersstaf* ● *bisschopsstaf* ● *tuinschopje* ★ sous la ~ de *onder leiding van*
houleux BNW [v: **houleuse**] *woelig*
houp TW *vooruit!; hop!*
houppe V ● *kwast(je); donsje* ● *kuif* ● *boomtop*
houppelande V *tabbaard*
houppette V ● *poederdonsje; kwastje* ● *kuifje*
hourdis (zeg: -die) M *raapwerk; grof pleisterwerk*
hourra I M *gejuich; hoera* **II** TW *hoera!*
hourvari M LIT. *tumult*
houspiller OV WW *uitfoeteren; op z'n kop geven; afkatten*
housse V ● *hoes; overtrek* ● *dekkleed*
houx M *hulst*
h.s. AFK ● hors service *buiten werking; defect* ● INFORM. hors sujet *niet van belang; niet ter zake doend*
h.t. AFK hors taxes *excl. btw*
hublot M ● *patrijspoort* ● *raampje* ⟨v. toestel⟩
huche V ● *kist* ● *trog*
hue TW *vort!* ⟨om paard aan te sporen⟩ ★ tirer à hue et à dia *tegen elkaar in werken*
huées V MV *gejoel; gejouw*
huer I OV WW *uitjoelen; uitjouwen* **II** ONOV WW *krassen* ⟨v. uil⟩
huguenot I M [v: **huguenote**] *hugenoot* **II** BNW *hugenoten-*
Hugues *Hugo*
huilage M *(het) oliën; smering*
huile V *olie* ★ ~ de graissage *smeerolie* ★ ~ de (foie de) morue /baleine *levertraan* ★ ~ d'olive *olijfolie* ★ ~ de ricin *wonderolie* ★ ~ de rose *rozenolie* ★ mer d'~ *spiegelgladde zee* ★ les saintes ~s *het Heilig Oliesel* ★ peint à l'~

met olieverf geschilderd ★ les ~s INFORM. *de hoge pieten* ★ faire tache d'~ *zich (als een olievlek) verspreiden* ★ jeter/mettre de l'~ sur le feu FIG. *olie op het vuur gooien* ★ mettre de l'~ de coude *energie/kracht aanwenden; er flink tegenaan gaan* ★ verser de l'~ sur les plaies *troosten*
huiler OV WW *oliën; smeren* ★ (bien) huilé *geolied; gesmeerd lopend*
huilerie V *olieslagerij*
huileux BNW [v: **huileuse**] *olieachtig; vettig*
huilier I M • *olie-en-azijnstel* • *olieslager* • *oliehandelaar* **II** BNW *olie-*
huis (zeg: wie) M OUD. *deur* ★ à huis clos *met gesloten deuren*
huisserie V *deurlijst; raamlijst; kozijn*
huissier M • *deurwaarder* • *bode* ⟨bediende⟩
huit (zeg: wie(t)) **I** TELW *acht* ★ mardi en huit *dinsdag over een week* **II** M *acht* ★ grand huit *achtbaan*
huitain M *achtregelig vers*
huitaine V *achttal; acht dagen* ★ dans une ~ *over een week*
huitante TELW ZWIT. *tachtig*
huitième I TELW *achtste* **II** M *achtste deel*
huitièmement BIJW *ten achtste*
huître V *oester* ★ ~ perlière *pareloester*
huîtrier I M *scholekster* **II** V *oesterkwekerij* **III** BNW [v: **huîtrière**] *oester-*
hulotte V *bosuil*
hululement M • → **ululement**
hululer ONOV WW • → **ululer**
hum TW *hm!* ⟨twijfel, ongeduld⟩
humain I BNW • *menselijk; mensen-* • *menslievend; humaan* ★ sciences ~es *menswetenschappen* **II** M • *(het) menselijke* • *menselijk wezen*
humanisation V *vermenselijking; humanisering*
humaniser I OV WW *vermenselijken; humaniseren* **II** WKD WW [**s'~**] *menselijker worden*
humanisme M *humanisme*
humaniste I BNW *humanistisch* **II** M/V *humanist*
humanitaire BNW *humanitair*
humanitarisme M *idealistische menslievendheid*
humanité V • *mensheid* • *menselijkheid* ★ BELG. ~s [mv] *humaniora*
humble BNW • *nederig; deemoedig* • *bescheiden; schamel* ★ OUD. les ~s *de armen; de het gemene volk*
humecter I OV WW *bevochtigen* **II** WKD WW [**s'~**] *vochtig worden* ★ INFORM. s'~ le gosier *er eentje pakken*
humer OV WW *opsnuiven; inzuigen; inhaleren*
humérus (zeg: -uus) M *opperarmbeen*
humeur V • *humeur; stemming* • OUD. *(lichaams)vocht* ★ d'~ à *in de stemming om* ★ ~ noire *zwartgalligheid* ★ être de bonne/mauvaise ~ *goed/slecht gehumeurd zijn*
humide BNW *vochtig; nat*
humidificateur M *luchtbevochtiger*
humidifier OV WW *vochtig maken*
humidité V *vochtigheid; vocht* ★ craint l'~ *droog bewaren*
humiliant BNW *vernederend*
humiliation V *vernedering*
humilier OV WW *vernederen; verootmoedigen*
humilité V *nederigheid; bescheidenheid; deemoed*
humoriste I BNW *humoristisch* **II** M/V *humorist*
humoristique BNW *humoristisch*
humour M *humor*
humus (zeg: -muus) M *teelaarde; humus*
hune V SCHEEPV. *mars*
hunier M *marszeil*
huppe V • *kuif* • *hop* ⟨vogel⟩
huppé BNW • *gekuifd* • INFORM. *rijk; chic; hooggeplaatst*
hure V *(afgesneden) kop* ⟨v. bepaalde dieren⟩
hurlement M *gehuil; gejank; gebrul*
hurler I OV WW *uitschreeuwen; uitbrullen* **II** ONOV WW • *janken; huilen* ⟨v. wolven, honden e.d.⟩ • *brullen; schreeuwen* • *loeien; gieren* • *vloeken* ⟨v. kleuren⟩
hurleur I BNW [v: **hurleuse**] *huilend; brullend* **II** M *brulaap*
hurluberlu M *snuiter; snoeshaan*
hurrah TW • → **hourra**
hussard M *huzaar*
hussarde V ★ à la ~ *ruw; onbehouwen*
hutte V *hut(je)*
hyacinthe V • *hyacint* ⟨edelsteen⟩ • OUD./PLANTK. *hyacint*
hybridation V BIOL. *kruising*
hybride I M *bastaard; kruising; hybride* **II** BNW *hybridisch; bastaard-; gemengd*
hybrider OV WW BIOL. *kruisen*
hydr- VOORV • → **hydro-**
hydratant BNW *vochtinbrengend*
hydrate M *hydraat*
hydrater OV WW *hydrateren; met water verbinden*
hydraulique I BNW • *hydraulisch* • *waterbouwkundig* **II** V *hydraulica*
hydravion M *watervliegtuig*
hydre V *hydra*
hydro- VOORV *hydr(o)-; water-*
hydrocarbure M *koolwaterstof*
hydrocéphale I BNW *hydrocefaal* **II** M/V *iem. met een waterhoofd*
hydrocution V *bewustzijnsverlies in koud water*
hydroélectrique BNW *hydro-elektrisch; waterkracht-*
hydrofuge BNW *vochtwerend*
hydrofuger OV WW *waterafstotend maken*
hydrogène M *waterstof* ★ bombe à ~ *waterstofbom*
hydroglisseur M *glijboot*
hydrographie V *hydrografie*
hydrologie V *hydrologie*
hydromel M *mede* ⟨honingdrank⟩
hydrophile BNW *wateraantrekkend; hydrofiel*
hydrophobe BNW *aan watervrees lijdend*
hydrophobie V *watervrees*
hydropisie V *waterzucht*
hydrostatique I BNW *hydrostatisch* **II** V *hydrostatica*
hydrothérapie V *hydrotherapie*
hydrure M *hydride*
hyène V *hyena*
hygiène V *hygiëne; gezondheidsleer; zorg voor de gezondheid*
hygiénique BNW *hygiënisch*

hygiéniste M/V *hygiënist*
hygromètre M *hygrometer*; *vochtigheidsmeter*
hygrométrie V • *hygrometrie* • *(lucht)vochtigheid*
hymen (zeg: iemèn) M *maagdenvlies*
hymne I V *hymne* **II** M • *lofzang* • *lied* ★ ~ national *volkslied*
hyper- VOORV *hyper-*; *zeer groot*; *super-*; *over-*
hyperactif BNW [v: **hyperactive**] *hyperactief*
hyperbole V *hyperbool* ‹in alle betekenissen›
hyperbolique BNW *hyperbolisch*
hyperlien M *hyperlink*
hypermarché M *grote supermarkt*; *hypermarkt*
hypermétrope BNW *verziend*
hypersensible BNW *overgevoelig*
hypertension V *verhoogde bloeddruk*
hypertrophie V • *abnormale groei*; *hypertrofie* • *overdrijving*
hypertrophié BNW *(op)gezwollen*
hyperventilation V *hyperventilatie*
hypnose V *hypnose*
hypnotique I M *slaapmiddel* **II** BNW *hypnotisch*
hypnotiser I OV WW *hypnotiseren* **II** WKD WW [**s'~**] **sur** *in de ban zijn van*
hypnotisme M *hypnotisme*
hypocondriaque I M/V *hypochonder* **II** BNW *hypochondrisch*
hypocondrie V *hypochondrie*
hypocrisie V *hypocrisie*; *huichelachtigheid*
hypocrite I BNW *hypocriet*; *huichelachtig* **II** M/V *hypocriet*; *huichelaar* ★ faire l'~ *schijnheilig doen*
hypodermique BNW *onderhuids*
hypoglycémie V *hypoglycaemie*; *te lage bloedsuikerspiegel*
hypolaïs ictérine M *spotvogel*
hypophyse V *hypofyse*; *hersenaanhangsel*
hypotension V *te lage bloeddruk*
hypoténuse V *hypotenusa*
hypothécaire BNW *hypothecair* ★ caisse ~ *hypotheekbank*
hypothèque V OOK FIG. *hypotheek*
hypothéquer OV WW *een hypotheek nemen op*
hypothermie V *onderkoeling*; *hypothermie*
hypothèse V *hypothese*; *veronderstelling* ★ dans l'~ où *in het geval dat* ★ en toute ~ *in elk geval*
hypothétique BNW *hypothetisch*
hystérie V *hysterie* ★ ~ collective *massahysterie*
hystérique I BNW *hysterisch* **II** M/V *hysterisch persoon*

hy

I

i M letter *i* ★ i comme Irma *de i van Izaak* ★ i grec *i-grec* ★ droit comme un i *kaarsrecht*
iambe, ïambe M *jambe*
iambique, ïambe BNW *jambisch*
ibère BNW *Iberisch*
ibérique BNW *Iberisch*
ibidem BIJW *ibidem*; *op dezelfde plaats*
ibis (zeg: iebies) M *ibis*
iceberg (zeg: asj-, ies-) M *ijsberg*
ichtyologie (zeg: iek-) V *ichtyologie*; *viskunde*
ichtyologiste (zeg: iek-) M/V *viskundige*
ici BIJW *hier* ★ d'ici là *in die tussentijd* ★ d'ici peu *spoedig* ★ d'ici quelques semaines *binnen enkele weken* ★ hors d'ici! *eruit!* ★ jusqu'ici *tot nu toe* ★ par ici *hierheen*; *hierlangs*; *hier in de buurt*
ici-bas BIJW *hier op aarde*
icône V *icoon* ‹in alle betekenissen›
iconoclasme M *beeldenstorm*
iconoclaste M/V *beeldenstormer*
iconographie V • *iconografie*; *beeldbeschrijving* • *beeldmateriaal*
iconologie V *iconologie*; *leer v.d. zinnebeelden*; *verklaring v. beelden*
ictère M *geelzucht*
id. AFK idem *id.*; *hetzelfde*; *dezelfde*
idéal I BNW [m mv: **idéaux, idéals**] • *ideaal* • *ideëel* **II** M [mv: **idéaux, idéals**] *ideaal*
idéalisation V *idealisering*
idéaliser OV WW *idealiseren*
idéalisme M *idealisme*
idéaliste I BNW *idealistisch* **II** M/V *idealist*
idée V • *idee*; *denkbeeld*; *gedachte*; *inval* • *voorstelling*; *begrip* • *gedachten*; *geest* ★ idée fixe *dwangvoorstelling* ★ idée de derrière la tête *bijgedachte*; *bijbedoeling* ★ on n'en a pas idée *men heeft er geen idee van* ★ a-t-on idée! *stel je voor!* ★ l'idée me venait de *de gedachte kwam bij mij op om te* ★ INFORM. une idée *een beetje* ★ avoir dans l'idée que *zich verbeelden dat*; *zo'n idee hebben dat* ★ avoir une haute idée de soi *een hoge dunk van zichzelf hebben* ★ se changer les idées *wat afleiding zoeken* ★ se faire une idée de qc *zich een denkbeeld van iets vormen* ★ se faire des idées *zich iets in het hoofd halen* ★ venir à l'idée *opkomen* ‹v. gedachte›
idéel BNW [v: **idéelle**] *ideëel*
idem BIJW *idem*; *eveneens*
identifiable BNW *te identificeren*
identifiant M WWW *gebruikersnaam*
identification V *vereenzelviging (***à, avec** *met)*; *identificatie*
identifier I OV WW • *vereenzelvigen (***à, avec** *met)* • *identificeren*; *herkennen* **II** WKD WW [**s'~**] **à, avec** *zich identificeren met*; *zich vereenzelvigen met*
identique BNW *identiek*; *gelijk (***à** *aan)*
identité V *gelijkheid*; *identiteit* ★ carte/pièce d'~ *identiteitsbewijs* ★ photo d'~ *pasfoto*
idéographie V *beeldschrift*
idéologie V • *ideologie* • MIN. *(vaag)*

getheoretiseer
idéologique BNW *ideologisch*
idéologue M/V • *ideoloog* • MIN. *doctrinair denker*
ides V MV *idus* ‹in Romeinse jaartelling›
idiomatique BNW *idiomatisch*
idiome M • *idioom*; *taal*; *taaleigen* • *dialect*
idiosyncrasie V • *idiosyncrasie*; *overgevoeligheid* • *eigen aard*; *trekje*
idiot I M [v: **idiote**] *idioot*; *onnozele hals*; *dwaas* ★ l'~ du village *de dorpsgek* **II** BNW *idioot*; *onnozel*; *dwaas*
idiotie V • *idiotie* • *dwaasheid*; *onnozelheid*; *idioterie*
idiotisme M *idiotisme*; *idiomatische uitdrukking*
idoine BNW FORM./HUMOR. *geëigend*; *geschikt*
idolâtre I BNW • *afgodisch* • *verzot (***de** *op)*; *idolaat (***de** *van)* **II** M/V *afgodendienaar*
idolâtrer OV WW *verafgoden*; *op overdreven wijze beminnen*
idolâtrie V • *afgoderij* • *overdreven liefde*
idole V • *afgod* • FIG. *idool*
idylle V *idylle*
idyllique BNW *idyllisch*
if M *taxusboom*; *ijf*
IFOP AFK Institut français d'opinion publique ≈ *NIPO*; ≈ *Nederlands Instituut voor de Publieke Opinie en het Marktonderzoek*
igloo (zeg: iegloe) M *iglo*; *sneeuwhut*
iglou M • → **igloo**
igname (zeg: ie(n)jam, iegnam) V *yam(swortel)*
ignare I BNW *onwetend* **II** M/V *onwetend persoon*; *domoor*
igné BNW *door vuur gevormd*; *vuur-*
ignifuge BNW *brandwerend*
ignifuger OV WW *onbrandbaar maken*
ignition V NATK. *verbranding*
ignoble BNW • *laag*; *gemeen*; *schandelijk* • *afgrijselijk*; *walgelijk*
ignominie V • *oneer*; *schande* • *schanddaad*
ignominieux BNW [v: **ignominieuse**] *smadelijk*; *schandelijk*
ignorance V *onwetendheid* ★ dans l'~ de *onkundig van* ★ ~ crasse *grove onkunde*
ignorant I BNW *onwetend*; *onkundig (***de** *van)*; *dom* **II** M [v: **ignorante**] *onwetend iemand*; *dom iemand*
ignoré BNW *onbekend (***de** *bij)*; *miskend*
ignorer OV WW • *niet kennen*; *niet weten* • *negeren*; *miskennen* ★ ne pas ~ que *heel goed weten dat* ★ c'est un poète qui s'ignore *hij is een dichter zonder het zelf te weten*
iguane M *leguaan*
il PERS VNW • *hij* • *het* ★ il y a *er is, er zijn* ★ il était... *er was eens...* ★ il fait froid *het is koud*
île V *eiland* ★ dans une île *op een eiland* ★ CUL. île flottante *geklopt eiwit op vanillesaus*
iléon M *kronkeldarm*
Iliade V *Ilias*
ilion M *heupbeen*; *ilium*
illégal BNW [m mv: **illégaux**] *onwettig*; *illegaal*
illégalité V *onwettigheid*; *illegaliteit*
illégitime BNW • *onwettig* • *ongeoorloofd*; *onjuist*; *ongegrond* ★ enfant ~ *buitenechtelijk kind*
illégitimité V *onwettigheid*; *ongegrondheid*
illettré I M [v: **illettrée**] • *analfabeet* • OUD. *ongeletterde* **II** BNW • *analfabetisch* • OUD. *ongeletterd*
illettrisme M *(het) niet of gebrekkig kunnen lezen of schrijven*
illicite BNW *ongeoorloofd*; *onwettig*
illico BIJW INFORM. *onmiddellijk* ★ ~ presto *onmiddellijk*
illimité BNW *onbegrensd*; *onbeperkt*
illisibilité V *onleesbaarheid*
illisible BNW *onleesbaar*
illogique BNW *onlogisch*
illogisme M *ongerijmdheid*
illumination V • *verlichting* • *feestelijke verlichting* • *ingeving*
illuminé I BNW *verlicht* **II** M [v: **illuminée**] • *ziener* • *warhoofdige dweper*
illuminer OV WW • *(feestelijk) verlichten*; *illumineren* • FIG. *verlichten*; *inspireren* ★ s'~ de joie *stralen van vreugde*
illusion V *illusie*; *zinsbedrog*; *hersenschim* ★ ~ d'optique *gezichtsbedrog* ★ faire ~ *valse hoop wekken* ★ se faire des ~s (sur) *zich illusies maken (over)*; *zichzelf iets wijsmaken (omtrent)*
illusionner I OV WW *begoochelen (***sur** *omtrent)*; *iets voorspiegelen (aan)* **II** WKD WW [**s'~**] *zich illusies maken (***sur** *over)*; *zichzelf iets wijsmaken*
illusionnisme M *goochelkunst*; *illusionisme*
illusionniste M/V *goochelaar*; *illusionist*
illusoire BNW *denkbeeldig*; *hersenschimmig*; *illusoir*
illustrateur M [v: **illustratrice**] *illustrator*
illustratif BNW [v: **illustrative**] *illustratief*
illustration V • *illustratie*; *afbeelding*; *plaat* • *voorbeeld*; *illustratie*
illustre BNW *vermaard*; *beroemd*; *illuster*
illustré I BNW *geïllustreerd* **II** M *geïllustreerd blad*
illustrer I OV WW • *illustreren*; *verluchten* • *illustreren*; *toelichten* • *beroemd maken* ★ carte postale illustrée *prentbriefkaart* **II** WKD WW [**s'~**] *zich onderscheiden*
illustrissime BNW *allerdoorluchtigst*
îlot M • OOK FIG. *eilandje* • *blok huizen* ★ îlot de calme *oase van rust* ★ îlot de résistance *verzetshaard*
îlotage M *wijksurveillance*
ilote M/V OOK FIG. *heloot*
îlotier M *wijkagent*
ils PERS VNW [m mv] *zij*
image V • *beeld* ‹in bijna alle betekenissen› • *afbeelding*; *plaat(je)* • *evenbeeld*; *toonbeeld* • *beeldspraak* ★ ~ de marque *image*; *reputatie* ★ ~ d'Epinal *naïef cliché(beeld)*; *stereotype* ★ à l'~ de *naar het (voor)beeld van*; *(net) zoals* ★ livre d'~s *prentenboek* ★ sage comme une ~ *braaf*
imagé BNW *beeldrijk*; *beeldend*
imagerie V • *afbeeldingen*; *prenten* • *verbeelding*; *voorstelling(en)* ★ ~ médicale *röntgenfoto's, echografieën, scans e.d.*
imagier I M [v: **imagière**] *prentenmaker*; *prentenverkoper* **II** BNW [v: **imagière**] *wat prenten betreft*
imaginable BNW *denkbaar*
imaginaire I M *verbeelding* **II** BNW *denkbeeldig*;

im

ingebeeld; imaginair
imaginatif BNW [v: **imaginative**] *vernuftig; met verbeeldingskracht; verbeeldings-*
imagination V • *verbeelding; verbeeldingskracht* • *hersenschim; inbeelding*
imaginer I OV WW • *zich voorstellen* • *uitdenken; uitvinden* **II** WKD WW [**s'~**] *zich verbeelden; denken*
imam (zeg: iemam) M *imam*
imbattable BNW *onverslaanbaar* ★ prix ~ *spotprijs*
imbécile I M/V • *imbeciel* • *onnozele hals* ★ ~ heureux *simpele (maar gelukkige) ziel* **II** BNW • *imbeciel* • *dom; onnozel*
imberbe BNW *baardeloos*
imbiber I OV WW *nat maken; (door)drenken (***de** *in)* ★ INFORM. complètement imbibé *straalbezopen* **II** WKD WW [**s'~**] **de** *zich volzuigen met;* INFORM. *zich volgieten met*
imbrication V • *(dakpansgewijze) overlapping* • *nauwe samenhang*
imbriquer I OV WW *dakpansgewijs plaatsen* **II** WKD WW [**s'~**] • *elkaar overlappen* • *in elkaar grijpen; nauw samenhangen*
imbroglio (zeg: -lj(ie)oo) M • *verwarring; verwikkeling* • *toneelstuk met een ingewikkelde intrige*
imbu BNW **~ de** *doortrokken van; vol van* ★ imbu de soi-même *met zichzelf ingenomen*
imbuvable BNW • *ondrinkbaar* • INFORM. *ongenietbaar*
IMC AFK Indice de Masse Corporelle *bmi; body mass index*
imitable BNW *navolgbaar; na te doen*
imitateur I M [v: **imitatrice**] *nabootser; imitator* **II** BNW [v: **imitatrice**] *nabootsend*
imitatif BNW [v: **imitative**] *nabootsend*
imitation V • *navolging; nabootsing; imitatie* • *namaak* ★ à l'~ de *in navolging van* ★ en ~ *namaak-* ★ l'Imitation de Jésus Christ *de Navolging van Christus*
imiter OV WW • *nabootsen; navolgen; imiteren* • *namaken* • *sterk lijken op*
immaculé BNW *vlekkeloos; onbevlekt* ★ l'Immaculée Conception *de Onbevlekte Ontvangenis*
immanence V *immanentie*
immanent BNW *immanent; in zichzelf bestaand*
immangeable (zeg: e(n)m-) BNW *oneetbaar*
immanquable (zeg: e(n)m-) BNW • *onvermijdelijk* • OUD. *onfeilbaar*
immanquablement (zeg: e(n)m-) BIJW *onvermijdelijk(erwijs); beslist; steevast*
immatérialité V *onstoffelijkheid*
immatériel BNW [v: **immatérielle**] *onstoffelijk; immaterieel*
immatriculation V *inschrijving; registratie* ★ numéro d'~ *registratienummer; kenteken ⟨v. voertuig⟩* ★ plaque d'~ *nummerplaat*
immatriculer OV WW *inschrijven (in een register)* ★ immatriculé en Belgique *met een Belgisch nummerbord*
immature BNW *onrijp; onvolwassen*
immaturité V *onrijpheid; onvolwassenheid*
immédiat BNW *onmiddellijk; direct* ★ dans l'~ *voor het moment*
immémorial BNW [m mv: **immémoriaux**] *onheuglijk; oeroud*
immense BNW *ontzaglijk; geweldig; onmetelijk; immens*
immensément BIJW *onmetelijk; enorm*
immensité V • *onmetelijkheid; ontzaglijkheid* • *oneindige ruimte*
immensurable BNW *onmeetbaar*
immerger I OV WW *onderdompelen; doen zinken (***dans** *in)* **II** WKD WW [**s'~**] *onderduiken*
immérité BNW *onverdiend*
immersion V • *indompeling; onderdompeling* • AARDK. *overstroming* ★ l'~ d'un sous-marin *het duiken v.e. onderzeeër*
immettable (zeg: e(n)m-) BNW *niet te dragen ⟨v. kleding⟩*
immeuble I M • *(flat)gebouw* • *onroerend goed* **II** BNW *onroerend*
immigrant M [v: **immigrante**] *immigrant*
immigration V *immigratie*
immigré I M [v: **immigrée**] *immigrant; allochtoon* **II** BNW *geïmmigreerd* ★ travailleur ~ *gastarbeider*
immigrer ONOV WW *immigreren*
imminence V *nabije dreiging; (het) op handen zijn* ★ l'~ du danger *de dreiging van het gevaar*
imminent BNW • *onmiddellijk dreigend* • *aanstaand* ★ départ ~ *naderend vertrek*
immiscer WKD WW [**s'~**] **dans** *zich bemoeien met; zich mengen in*
immixtion V *inmenging*
immobile BNW • *onbeweeglijk* • *onveranderlijk*
immobilier I M *vastgoed(handel/-markt)* **II** BNW [v: **immobilière**] • *onroerend* • *vastgoed-*
immobilisation V • → **immobiliser**
immobiliser I OV WW • *onbeweeglijk maken* • *tot staan brengen* • *blokkeren; vastzetten* **II** WKD WW [**s'~**] • *tot stilstand komen* • *vast komen te zitten*
immobilisme M FIG. *verstarring; conservatisme*
immobilité V • *onbeweeglijkheid* • *daadloosheid*
immodéré BNW *onmatig; bovenmatig*
immodeste BNW OUD. *oneerbaar; onbetamelijk*
immodestie V OUD. *oneerbaarheid; onbetamelijkheid*
immolateur M OUD. *offeraar*
immolation V • FORM. *(het) offeren; offerande* • FORM. *zelfopoffering*
immoler OV WW • FORM. *(op)offeren (***à** *aan)* • FORM. *slachtofferen*
immonde BNW • *smerig; vuil; onrein* • *laag; weerzinwekkend* ★ l'esprit ~ *de duivel*
immondices V MV *straatvuil; (huis)vuil*
immoral BNW [m mv: **immoraux**] *immoreel; zedeloos*
immoralité V *immoraliteit; zedeloosheid*
immortaliser I OV WW *onsterfelijk maken* **II** WKD WW [**s'~**] *zich onsterfelijk maken*
immortalité V *onsterfelijkheid*
immortel I BNW [v: **immortelle**] *onsterfelijk; onvergankelijk* **II** M [v: **immortelle**] *onsterfelijke* ★ INFORM. les 40 Immortels *de leden van de Académie française*
immortelle V *immortelle; strobloem*
immotivé BNW *ongemotiveerd*

immuabilité V *onveranderlijkheid*
immuable BNW *onveranderlijk*
immun BNW FORM. *immuun*; *onvatbaar*
immunisation V *immunisatie*
immuniser OV WW *immuniseren*; OOK FIG. *immuun maken*; *onvatbaar maken* (**contre** *voor*)
immunitaire BNW *immuun-*
immunité V • OOK FIG. *immuniteit* • *vrijdom*; *vrijstelling*
immunologie V *immunologie*
immutabilité V *onveranderlijkheid*
impact (zeg: e(n)pakt) M • *schok*; *stoot*; *inslag* ‹v. projectiel› • *uitwerking*; *impact* (**sur** *op*) ★ point d'~ *inslagpunt*
impair I BNW • *oneven* • *ongepaard* **II** M *onhandigheid*; *flater*
impalpable BNW • *ontastbaar* • FIG. *ongrijpbaar* • *zeer fijn(korrelig)*
imparable BNW • *onafweerbaar* • SPORT *onhoudbaar* • *onweerlegbaar*
impardonnable BNW *onvergeeflijk*
imparfait I M *onvoltooid verleden tijd* **II** BNW *onvoltooid*; *onvolledig*; *onvolmaakt*; *gebrekkig*
impartial BNW [m mv: **impartiaux**] *onpartijdig*
impartialité V *onpartijdigheid*
impartir OV WW FORM. *toestaan* (**à** *aan*); *verlenen*; *toebedelen*
impasse V • *doodlopende straat* • FIG. *slop*; *impasse* • *(het) snijden* ‹bij kaartspel› ★ être dans une ~ *in een impasse zitten*; *geen uitweg uit een moeilijkheid weten* ★ faire l'~ sur qc *erop speculeren dat iets niet gevraagd wordt* ‹bij examen›
impassibilité V *onbewogenheid*; *onaandoenlijkheid*
impassible BNW *onbewogen*; *onaandoenlijk*
impatiemment BIJW • → **impatient**
impatience V *ongeduld* ★ OUD./INFORM. avoir des ~s dans les jambes *de kriebels in de benen hebben*
impatient BNW *ongeduldig* ★ ~ de [+ infin.] *verlangend te*
impatienter I OV WW *ongeduldig maken* **II** WKD WW [**s'~**] *ongeduldig worden* (**de** *over*); *geërgerd raken* (**contre** *jegens*)
impavide BNW FORM. *onbeschroomd*; *onvervaard*
impayable BNW INFORM./FIG. *onbetaalbaar*; *kostelijk*
impayé BNW *onbetaald*
impec BNW INFORM. → **impeccable**
impeccable BNW • *onberispelijk*; *feilloos*; *smetteloos* • *zondeloos*
impédance V *impedantie*
impedimenta M MV FORM. *hinderpalen*; *belemmeringen*
impénétrabilité V *ondoordringbaarheid*
impénétrable BNW • *ondoordringbaar* • *ondoorgrondelijk*
impénitence V *onboetvaardigheid*
impénitent I BNW *onverbeterlijk*; *onboetvaardig* **II** M [v: **impénitente**] *onboetvaardige*
impensable BNW *ondenkbaar*
imper M INFORM. *regenjas*
impératif I M • *gebiedende wijs* • *gebod*; *voorschrift*; *vereiste* **II** BNW [v: **impérative**] • *gebiedend* • *dringend (geboden)*
impératrice V *keizerin*
imperceptibilité V *onmerkbaarheid*
imperceptible BNW *onmerkbaar*; *onwaarneembaar*
imperdable BNW *niet te verliezen*
imperfection V *onvolkomenheid*; *onvolmaaktheid*; *gebrek*
impérial BNW [m mv: **impériaux**] • *keizerlijk*; *imperiaal* • *hoogwaardig*
impériale V *imperiaal*; *bovendek* ‹v. bus›
impérialisme M *imperialisme*
impérialiste I BNW *imperialistisch* **II** M/V *imperialist*
impérieux BNW [v: **impérieuse**] • *gebiedend* • *dringend (geboden)*
impérissable BNW *onvergankelijk*
impéritie (zeg: -sie) V FORM. *onbekwaamheid*; *onkunde*
imperméabiliser OV WW *ondoorlatend/waterdicht maken*
imperméabilité V *ondoorlatendheid*
imperméable I BNW • *ondoorlatend*; *waterdicht* • *niet-bevattelijk* (**à** *voor*) **II** M *regenjas*
impersonnalité V *onpersoonlijkheid*
impersonnel BNW [v: **impersonnelle**] *onpersoonlijk*
impertinence V *onbeschaamdheid*; *brutaliteit*; *impertinentie*
impertinent BNW *onbeschaamd*; *brutaal*; *impertinent*
imperturbabilité V *onverstoorbaarheid*
imperturbable BNW *onverstoorbaar*; *onwankelbaar*
impétigo M *huiduitslag*; *impetigo* ★ ~ larvé *dauwworm*
impétrant M JUR. *iem. die iets verkregen heeft*
impétueusement BIJW • → **impétueux**
impétueux BNW [v: **impétueuse**] *woest*; *onstuimig*
impétuosité V *woestheid*; *onstuimigheid*; *drift*
impie I BNW FORM. *goddeloos* **II** M/V FORM. *goddeloze*
impiété V • *goddeloosheid* • *ongelovigheid* • *godslastering*
impitoyable BNW *meedogenloos*; *onbarmhartig*; *onverbiddelijk*
implacabilité V *onverzoenlijkheid*; *onverbiddelijkheid*
implacable BNW *onverzoenlijk*; *onverbiddelijk*
implant (zeg: e(n)pla(n)) M *implantaat*
implantation V • *(duurzame) vestiging* • *inplanting*; *implantatie* • *(het) ingang vinden*
implanter I OV WW • *(duurzaam) vestigen* • MED. *inplanten* • *ingang doen vinden* **II** WKD WW [**s'~**] • *zich vestigen* • *ingang vinden*
implémentation V COMP. *implementatie*
implication V • *implicatie*; *gevolg* • *verwikkeling* (**dans** *in*); *betrokkenheid*
implicite BNW *impliciet*; *stilzwijgend inbegrepen* ★ volonté ~ *onuitgesproken wens*
impliquer OV WW • *veroorzaken*; *met zich meebrengen* • *bevatten*; *insluiten*; *impliceren* • **~ dans** *verwikkelen in*
imploration V *smeekbede*; *aanroeping*
implorer OV WW • *smeken*; *aanroepen* • *smeken*

im

om
imploser ONOV WW *imploderen*
implosion V *implosie*
impoli BNW *onbeleefd*
impolitesse V *onbeleefdheid*
impondérable I BNW • *onweegbaar*; *zeer licht* • *onberekenbaar*; *onaanwijsbaar* **II** M ★ des ~s *imponderabilia*
impopulaire BNW *impopulair*
impopularité V *impopulariteit*
importable BNW • *invoerbaar* • *niet te dragen* ⟨v. kleding⟩
importance V • *belang(rijkheid)*; *gewicht(igheid)* • *aanzien*; *gezag* • *omvang*; *grootte*; *betekenis* ★ d'~ *van belang* ★ sans ~ *onbetekenend*
important I BNW • *belangrijk*; *gewichtig* • *aanzienlijk*; *omvangrijk* **II** M *hoofdzaak* ★ faire l'~ *gewichtig doen*
importateur I M [v: **importatrice**] *importeur* **II** BNW [v: **importatrice**] *import-*; *invoer-*; *invoerend*
importation V *import*; *invoer*
importer I OV WW *invoeren*; *importeren* **II** ONOV WW *van belang zijn (***à** *voor)* ★ n'importe *dat doet er niet toe* ★ n'importe qui *onverschillig wie*; *wie dan ook* ★ n'importe quoi *wat dan ook*; *zo maar wat* ★ c'est n'importe quoi! *dat lijkt nergens naar!*; *dat slaat nergens op!* ★ n'importe comment *op wat voor manier dan ook*; *lukraak*; *op z'n janboerenfluitjes* ★ qu'importe? *wat doet het ertoe?* ★ peu importe *het doet er weinig toe* **III** ONP WW *van belang zijn* ★ il importe que [+ subj.] *het is van belang dat*
import-export M *import-export*
importun I BNW *lastig*; *ongelegen*; *hinderlijk* **II** M [v: **importune**] *lastig mens*; *ongenode gast*
importuner OV WW *lastigvallen*; *hinderen*
importunité V *lastigheid*; *hinderlijkheid*; *opdringerigheid*
imposable BNW • *belastbaar* • *belastingplichtig*
imposant BNW *indrukwekkend*; *imponerend*
imposer I OV WW • *belasten*; *in de belasting aanslaan* • *opleggen*; *afdwingen*; *doen gelden*; *voorschrijven (***à** *aan)* ★ figures imposées *verplichte figuren* **II** ONOV WW ★ en ~ à qn *iem. imponeren* **III** WKD WW [**s'~**] • *zich doen gelden*; *zich opdringen* • *voor de hand liggen*; *onvermijdelijk zijn* ★ ça s'impose *dat is een "must"*; *daar kun je niet omheen*
imposition V • *oplegging* • *belastingheffing* ★ ~ des mains *handoplegging*
impossibilité V *onmogelijkheid* ★ être dans l'~ de *niet in staat zijn te*
impossible I BNW *onmogelijk* **II** M *(het) onmogelijke* ★ faire l'~ *al het mogelijke doen* ★ si par ~ *in het onwaarschijnlijke geval dat*
imposte V *bovenraam*; *bovenlicht*
imposteur M *bedrieger*
imposture V *bedrog*
impôt (zeg: e(n)poo) M *belasting* ★ ~ sur la fortune *vermogensbelasting* ★ ~ sur le revenu *inkomstenbelasting* ★ ~s locaux *gemeentebelastingen* ★ feuille d'~(s) *aanslagbiljet*
impotence V *invaliditeit*; *gebrekkigheid*
impotent BNW *invalide*; *gebrekkig*
impraticable BNW • *onuitvoerbaar* • *onbegaanbaar*
imprécation V *verwensing*; *vervloeking*
imprécis BNW *onduidelijk*; *onnauwkeurig*; *vaag*
imprécision V *onduidelijkheid*; *onnauwkeurigheid*; *vaagheid*
imprégnation V *doordrenking*
imprégner I OV WW • *doordrenken*; *doortrekken*; *verzadigen (***de** *met)* • *doordringen (***de** *van)* **II** WKD WW [**s'~**] **de** *doordrongen worden van*
imprenable BNW *onneembaar* ★ vue ~ *(duurzaam) vrij uitzicht*
impresario M • → **imprésario**
imprésario M *impresario*
imprescriptible BNW *onverjaarbaar*; *onveranderlijk geldend*
impression V • *indruk*; *impressie* • *(af)druk* • *(het) drukken* ⟨v. boeken⟩ • *grondverf*
impressionnabilité V *vatbaarheid voor indrukken*; *gevoeligheid*
impressionnable BNW *vatbaar voor indrukken*; *gevoelig*
impressionnant BNW *indrukwekkend*
impressionner OV WW • *indruk maken op* • *inwerken op*
impressionnisme M *impressionisme*
impressionniste I BNW *impressionistisch* **II** M/V *impressionist*
imprévisibilité V *onvoorzienbaarheid*; *onvoorspelbaarheid*
imprévisible BNW *onvoorzien(baar)*; *onvoorspelbaar*
imprévoyance V *zorgeloosheid*; *onvoorzichtigheid*; *onbedachtzaamheid*
imprévoyant BNW *zorgeloos*; *onvoorzichtig*; *onbedachtzaam*
imprévu I BNW *onvoorzien*; *onverwacht* **II** M *(het) onvoorziene* ★ en cas d'~ *in onvoorziene omstandigheden* ★ sauf ~ *als er niets tussenkomt*
imprimante V *printer*
imprimé M • *drukwerk*; *formulier* • *bedrukte stof*; *imprimé*
imprimer OV WW • *(af)drukken* ⟨v. tekst, boek⟩; *printen*; *bedrukken* ⟨v. stof⟩ • *drukken (***sur** *op)* • FORM. *inprenten*; *bijbrengen* • *inboezemen* ★ ~ un mouvement à qc *iets in beweging zetten* ★ s'~ dans la mémoire *zich inprenten*
imprimerie V • *boekdrukkunst* • *drukkerij* • *(het) drukken*
imprimeur M *drukker*
improbabilité V *onwaarschijnlijkheid*
improbable BNW *onwaarschijnlijk*
improbation V FORM. *afkeuring*
improbité V FORM. *oneerlijkheid*
improductif BNW [v: **improductive**] *improductief*; *niets voortbrengend*
improductivité V *improductiviteit*
impromptu I BNW *geïmproviseerd*; *onverwacht* **II** BIJW *onvoorbereid*; *voor de vuist* **III** M *improvisatie*; *impromptu*
imprononçable BNW *onuitspreekbaar*
impropre BNW • *oneigenlijk*; *onjuist* • **~ à** *ongeschikt voor*
impropriété V *onjuistheid*; TAALK. *onjuist*

gebruik
improvisateur M [v: **improvisatrice**] *improvisator*
improvisation V *improvisatie*
improviser I OV+ONOV WW • *improviseren* • *bombarderen tot* **II** WKD WW [**s'~**] • *geïmproviseerd worden* • *opeens/onverwachts optreden als*
improviste ★ à l'~ *onverwachts*; *onvoorbereid*
imprudemment BIJW • → **imprudent**
imprudence V *onvoorzichtigheid*
imprudent BNW *onvoorzichtig*
impubère BNW FORM. *nog niet geslachtsrijp*; *prepuberaal*; *minderjarig*
impubliable BNW *niet uit te geven*
impudemment BIJW • → **impudent**
impudence V *onbeschaamdheid*; *brutaliteit*
impudent BNW *onbeschaamd*; *brutaal*
impudeur V *schaamteloosheid*
impudicité V FORM. *onkuisheid*; *ontucht*; *obsceniteit*
impudique BNW *onkuis*; *ontuchtig*; *obsceen*
impuissance V • *machteloosheid*; *onmacht* • *impotentie*
impuissant BNW • *machteloos*; *onmachtig* • *impotent* ★ ~ à [+ infin.] *niet bij machte om*
impulser OV WW *stimuleren*
impulsif BNW [v: **impulsive**] *impulsief*
impulsion V *impuls* ‹in alle betekenissen›; *aanzet*; *aandrang*; *neiging* ★ sous l'~ de *op instigatie van*; *gestimuleerd door*
impulsivité V *impulsiviteit*
impunément BIJW *ongestraft*; *straffeloos*
impuni BNW *ongestraft*
impunité V *straffeloosheid* ★ en toute ~ *geheel straffeloos*
impur BNW • *onzuiver*; *onrein* • FORM. *onkuis*; *onzedelijk*
impureté V • *onzuiverheid*; *onreinheid* • FORM. *onkuisheid*; *onzedelijkheid* ★ ~s *verontreinigingen*
imputable BNW • *toerekenbaar*; *toe te schrijven (***à** *aan)* • **~ à, sur** *ten laste komend van*; *te boeken onder/op*
imputation V • *toerekening*; *toeschrijving* • *aantijging* • *boeking*; *afschrijving*
imputer OV WW • *toerekenen*; *toeschrijven (***à** *aan)* • **~ à, sur** *ten laste brengen van* ‹een rekening e.d.›; *boeken onder/op*
imputrescible BNW *onbederfelijk*
in (zeg: in) BNW INFORM. *in (zwang)* ★ une boîte in *een 'tent' die 'in' is*
inabordable BNW • *ontoegankelijk*; *ongenaakbaar* • *onbetaalbaar*; *te duur* ★ prix ~ *buitensporige prijs*
inaccentué BNW *zonder accent*; *zonder klemtoon*
inacceptable BNW *onaanvaardbaar*
inaccessible BNW • *ontoegankelijk*; *ongenaakbaar* • *onbereikbaar (***à** *voor)* • *ongevoelig (***à** *voor)*
inaccoutumé BNW • *ongewoon* • **~ à** *niet gewend aan*
inachevé BNW *onvoltooid*; *onaf*
inactif BNW [v: **inactive**] *niet-werkzaam*; *werkeloos*; *inactief*
inaction V *werkeloosheid*; *ledigheid*
inactivité V *werkeloosheid*; *ledigheid*; *inactiviteit* ★ en ~ *op non-activiteit*
inactuel BNW [v: **inactuelle**] *niet-actueel*
inadaptation V *onaangepastheid*
inadapté BNW *onaangepast*; *gedragsgestoord*
inadéquat (zeg: -kwà) BNW *inadequaat*; *ongeschikt (***à** *voor)*
inadmissibilité V *ontoelaatbaarheid*; *onaannemelijkheid*
inadmissible BNW *ontoelaatbaar*; *onaannemelijk*
inadvertance V *onoplettendheid* ★ par ~ *bij vergissing*; *per ongeluk*
inaliénabilité V *onvervreemdbaarheid*
inaliénable BNW *onvervreemdbaar*
inalliable BNW *onvermengbaar* ‹v. metaal›
inaltérabilité V *onveranderlijkheid*
inaltérable BNW *onveranderlijk*; *bestendig*; *steeds goed blijvend*; *niet aan bederf onderhevig*
inamical BNW [m mv: **inamicaux**] *onvriendelijk*
inamovibilité V *onafzetbaarheid*
inamovible BNW *onafzetbaar*
inanimé BNW • *levenloos*; *onbezield* • *bewusteloos* ★ regard ~ *doffe blik*
inanité V *nutteloosheid*; *ijdelheid*; *futiliteit*
inanition V *ondervoeding*; *krachteloosheid* ★ tomber d'~ *omvallen van de honger*
inapaisable BNW FORM. *niet te bevredigen* ★ soif ~ *onlesbare dorst*
inapaisé BNW *onbevredigd*; *ongestild*
inaperçu BNW *onbemerkt* ★ passer ~ *onopgemerkt blijven*
inapplicable BNW *ontoepasselijk*; *onuitvoerbaar*
inappliqué BNW *niet-ijverig*; *lui*
inappréciable BNW • *onwaardeerbaar*; *onschatbaar* • *miniem*
inapprivoisable BNW *ontembaar*
inapte BNW *ongeschikt (***à** *voor)*; *onbekwaam*
inaptitude V *ongeschiktheid*; *onbekwaamheid*
inarticulé BNW *ongearticuleerd*; *onduidelijk (uitgesproken)*
inassimilable BNW • *niet te assimileren* • *onverteerbaar*
inassouvi BNW *ongestild*; *onbevredigd*
inattaquable BNW *onaanvechtbaar*; *onaantastbaar*
inattendu BNW *onverwacht*; *onverhoopt*
inattentif BNW [v: **inattentive**] *onoplettend*; *zonder aandacht (***à** *voor)*
inattention V *onoplettendheid*; *onbedachtzaamheid* ★ faute d'~ *(vergissing uit) slordigheid*
inaudible BNW • *onhoorbaar* • *niet om aan te horen*
inaugural BNW [m mv: **inauguraux**] *inaugureel*; *inwijdings-*
inauguration V • *inauguratie*; *inwijding*; *opening*; *onthulling* ‹v. standbeeld› • *inluiding*
inaugurer OV WW • *inaugureren*; *inwijden*; *openen*; *onthullen* ‹v. standbeeld› • *inluiden*; *introduceren*
inauthenticité V *onechtheid*
inauthentique BNW *onecht*
inavouable BNW *niet te bekennen*; *schandelijk*
inavoué BNW *waar men niet voor uitkomt*; *heimelijk*
INC AFK Institut National de la Consommation

≈ Consumentenbond

inca I M *Inca* **II** BNW [onver.] *Inca-*

incalculable BNW • *ontelbaar* • *onberekenbaar*

incandescence V • *(het) gloeien*; *gloeiing* • *(withete) gloed* ★ lampe à ~ *gloeilamp*

incandescent BNW *(wit)gloeiend*

incantation V *bezwering*; *toverformule*

incantatoire BNW *bezwerings-*; *tover-*

incapable I BNW • *onbekwaam* • *onbevoegd* • ~ **de** *niet in staat te/tot* **II** M/V *incompetent persoon*; *nietsnut*

incapacité V • *onvermogen* • *onbekwaamheid* • *onbevoegdheid* • *arbeidsongeschiktheid* ★ être dans l'~ de *niet bij machte zijn om*; *niet kunnen*

incarcération V *gevangenzetting*; *opsluiting*

incarcérer OV WW *gevangenzetten*; *opsluiten*

incarnat I BNW *hoogrood* **II** M *hoogrode kleur*; *inkarnaat*

incarnation V *vleeswording*; *belichaming*; *incarnatie*

incarner I OV WW • *incarneren*; *belichamen* • *uitbeelden* ⟨v.e. rol⟩ ★ le diable incarné *de duivel in eigen persoon* ★ ongle incarné *ingegroeide nagel* ★ la prudence incarnée *de voorzichtigheid zelve* **II** WKD WW [**s'~**] • *belichaamd worden (***dans** *in)*; *een (menselijke) gedaante krijgen* • *ingroeien* ⟨v. nagel⟩

incartade V MEESTAL FIG. *zijsprong*; *misstap*; *dwaze streek*

incassable BNW *onbreekbaar*

incendiaire I M/V *brandstichter* **II** BNW • *brandstichtend* • *opzwepend*; *opwindend* ★ bombe ~ *brandbom* ★ écrit ~ *opruiend geschrift*

incendie M • *brand* • *(vurige) gloed* ★ ~ volontaire *brandstichting*

incendier OV WW • *in brand steken*; *doen verbranden* • FIG. *in vuur en vlam zetten* • INFORM. *uitfoeteren*

incertain I BNW • *onzeker*; *twijfelachtig* • *veranderlijk* • *vaag*; *onbestemd* **II** M *(het) onzekere*

incertitude V • *onzekerheid* • *veranderlijkheid*

incessamment BIJW *aanstonds*; *dadelijk*; *binnenkort*

incessant BNW *onophoudelijk*; *aanhoudend*

incessibilité V JUR. *onvervreemdbaarheid*

incessible BNW JUR. *onvervreemdbaar*

inceste M *incest*; *bloedschande*

incestueux I BNW [v: **incestueuse**] *incestueus*; *bloedschendig* **II** M [v: **incestueuse**] *incestpleger*; *bloedschender*

inchangé BNW *onveranderd*

inchoatif (zeg: e(n)ko-) BNW [v: **inchoative**] *inchoatief*

incidemment BIJW *toevallig*; *terloops*

incidence V • *uitwerking*; *gevolg(en)*; *weerslag (***sur** *op)* • NATK. *inval* • MED. *incidentie* ★ angle d'~ *invalshoek*

incident I M • *incident*; *voorval* • *bijkomstige omstandigheid* ★ ~ technique *technische storing* **II** BNW • *incidenteel*; *bijkomend* • NATK. *invals-*

incinérateur M *verbrandingsoven*

incinération V • *verbranding* • *lijkverbranding*; *crematie*

incinérer OV WW • *verbranden* • *verassen*; *cremeren*

incise V *tussenzin*

inciser OV WW *insnijden*

incisif BNW [v: **incisive**] • *insnijdend* • FIG. *bijtend*; *scherp*

incision V *insnijding*; *snee*

incisive V *snijtand*

incitatif BNW [v: **incitative**] *aansporend*; *stimulerend*

incitation V • *aansporing*; *aanzetting* • *opruiing (***à** *tot)*

inciter OV WW *aansporen*; *aanzetten*; *ophitsen (***à** *tot)*

incivil BNW FORM. *onbeleefd*

incivilité V FORM. *onbeleefdheid*

inclassable BNW *niet te classificeren*

inclémence V • FORM. *hardheid*; *strengheid* • FORM. *guurheid*

inclément BNW • FORM. *hard*; *streng* • FORM. *guur*

inclinaison V • *inclinatie* • *helling*; *schuinte* • *nijging* ⟨v.h. hoofd⟩

inclination V • *neiging (***à** *om)*; *voorliefde (***pour** *voor)* • *buiging*; *(hoofd)knik* • OUD. *genegenheid (***pour** *voor)* ★ ~ de tête *hoofdknik* ★ mariage d'~ *huwelijk uit liefde*

incliné BNW • *schuin*; *hellend*; *gebogen* • *geneigd (***à** *om, tot)*

incliner I OV WW • *doen hellen* • *buigen* ★ ~ la tête *het hoofd buigen* • ~ **à** *aanzetten tot*; *ertoe brengen om* **II** ONOV WW • FORM. *(over)hellen* • ~ **à** *geneigd zijn om/tot* **III** WKD WW [**s'~**] • *(over)hellen* • OOK FIG. *(zich) buigen* ★ s'~ devant qc *voor iets buigen/zwichten*; *iets bewonderen*

inclure OV WW [onregelmatig] *insluiten (***dans** *in)*

inclus BNW *ingesloten*; *inbegrepen (***dans** *in)* ★ ci-~ *hierbij ingesloten* ★ jusqu'à lundi ~ *tot en met maandag*

inclusif BNW [v: **inclusive**] FORM. *inclusief*; *insluitend*

inclusion V • *insluiting*; *opneming* • *insluitsel*

inclusivement BIJW *incluis* ★ jusqu'au 15e siècle ~ *tot en met de 15e eeuw*

incoercible BNW FORM. *onbedwingbaar*

incognito (zeg: -konj-) **I** M *incognito* ★ garder l'~ *zijn naam niet bekend maken* **II** BIJW *incognito* ★ rester ~ *zijn naam niet bekend maken*

incohérence V *incoherentie*; *gebrek aan samenhang*

incohérent BNW *incoherent*; *onsamenhangend*

incollable BNW INFORM. *die op elke vraag kan antwoorden*

incolore BNW OOK FIG. *kleurloos*

incomber ONOV WW ~ **à** *rusten op* ⟨v. taak, plicht⟩ ★ il m'incombe de... *het is aan mij om...*

incombustible BNW *onbrandbaar*

incommensurabilité V *onmeetbaarheid*

incommensurable BNW • *(onderling) onmeetbaar*; *incommensurabel* • *onmetelijk*

incommode BNW *hinderlijk; lastig*
incommoder OV WW *lastigvallen; hinderen; storen*
incommodité V *hinder; last; ongerief*
incommunicable BNW *onzegbaar* ★ mondes ~s *onverenigbare werelden*
incomparable BNW *onvergelijkelijk*
incompatibilité V *onverenigbaarheid; incompatibiliteit*
incompatible BNW *onverenigbaar; niet-compatibel (***avec** *met)*
incompétence V *onbekwaamheid; onbevoegdheid; incompetentie*
incompétent BNW *onbekwaam; onbevoegd; incompetent*
incomplet BNW [v: **incomplète**] *onvolledig*
incompréhensible BNW *onbegrijpelijk*
incompréhensif BNW [v: **incompréhensive**] *niet-begrijpend; vol onbegrip*
incompréhension V *onbegrip; miskenning*
incompressible BNW • *niet-samendrukbaar* • *niet-reduceerbaar*
incompris BNW *onbegrepen*
inconcevable BNW • *onvoorstelbaar; ondenkbaar* • *onbegrijpelijk*
inconciliable BNW *onverenigbaar; strijdig (***avec** *met)*
inconditionnel I BNW [v: **inconditionnelle**] *onvoorwaardelijk* **II** M [v: **inconditionnelle**] *vurig aanhanger*
inconduite V FORM. *wangedrag*
inconfort M *ongerief*
inconfortable BNW *ongeriefelijk*
incongru BNW *onbetamelijk; ongepast; lomp*
incongruité V *onbetamelijkheid; ongepastheid*
inconnaissable BNW *onkenbaar*
inconnu I BNW • *onbekend (***à, de** *aan, bij)* • *ongekend* **II** M *(het) onbekende* **III** M [v: **inconnue**] *(de) onbekende; vreemde(ling)* ★ HUMOR. un illustre ~ *een onbekende grootheid* ‹persoon› ★ l'~e *de onbekende grootheid; de onbekende*
inconsciemment BIJW • *onbewust* • *onnadenkend*
inconscience V • *onbewustheid* • *onnadenkendheid; onverantwoordelijkheid* • *bewusteloosheid*
inconscient I BNW • *onbewust* • *onnadenkend; onverantwoordelijk* • *bewusteloos* **II** M *(het) onbewuste*
inconséquence V *inconsequentie; onsamenhangendheid*
inconséquent BNW *inconsequent; onsamenhangend*
inconsidéré BNW *onbezonnen; ondoordacht*
inconsidérément BIJW • → **inconsidéré**
inconsistance V *inconsistentie; onbestendigheid*
inconsistant BNW *inconsistent; onvast; onbestendig*
inconsolable BNW *ontroostbaar*
inconsolé BNW *ongetroost*
inconsommable BNW *oneetbaar; ondrinkbaar*
inconstance V FORM. *wispelturigheid; onstandvastigheid; onbestendigheid; ontrouw*
inconstant BNW FORM. *wispelturig; onstandvastig; onbestendig; ontrouw*
inconstatable BNW *niet te constateren*
inconstitutionnel BNW [v: **inconstitutionnelle**] *ongrondwettelijk; ongrondwettig*
inconstructible BNW *niet-bebouwbaar* ‹zonder bouwvergunning›
incontestable BNW *onbetwistbaar*
incontesté BNW *onbetwist*
incontinence V • *incontinentie* • *gebrek aan zelfbeheersing*
incontinent I BNW • *incontinent* • FORM. *onbeheerst* **II** BIJW OUD. *dadelijk; onmiddellijk*
incontournable BNW *onontkoombaar; waar men niet om heen kan*
incontrôlable BNW *oncontroleerbaar; onbeheersbaar*
incontrôlé BNW *ongecontroleerd; onbeheerst*
inconvenance V *ongepastheid*
inconvenant BNW *ongepast*
inconvénient M *bezwaar; nadeel* ★ je n'y vois pas d'~ *ik heb er niets op tegen*
inconvertible BNW *niet-inwisselbaar*
incorporation V • *(het) (in iets) opnemen; incorporatie* • *inlijving; indeling*
incorporel BNW [v: **incorporelle**] *onlichamelijk; onstoffelijk*
incorporer OV WW • *opnemen; integreren; inbouwen; incorporeren (***à, dans** *in)* • *inlijven (***dans** *bij)*
incorrect (zeg: -rekt) BNW • *onnauwkeurig; onjuist; incorrect* • *onbehoorlijk; incorrect (***avec** *jegens)*
incorrection V • *onnauwkeurigheid; onjuistheid* • *ongepastheid; onbeleefdheid*
incorrigible BNW *onverbeterlijk*
incorruptibilité V • *onomkoopbaarheid* • *onbederfelijkheid; onvergankelijkheid*
incorruptible BNW • *onomkoopbaar* • *onbederfelijk; onvergankelijk*
incrédibilité V FORM. *ongeloofwaardigheid*
incrédule I BNW *ongelovig; sceptisch* **II** M/V *ongelovige; scepticus*
incrédulité V *ongeloof; ongelovigheid*
increvable BNW • *die niet kan knappen* ‹v. luchtband› • INFORM. *niet kapot te krijgen; onvermoeibaar*
incrimination V FORM. *beschuldiging*
incriminer OV WW • *laken* • *beschuldigen* ★ l'article incriminé *het gewraakte artikel*
incroyable BNW *ongelofelijk; onvoorstelbaar*
incroyance V *ongelovigheid*
incroyant I BNW *ongelovig* **II** M [v: **incroyante**] *ongelovige*
incrustation V • *inleg(sel); inzetsel; invatting* • COMP. *pop-upvenster* • *aankorsting; aanslag; incrustatie*
incruster I OV WW • *inleggen (***de** *met); van inlegwerk voorzien* • *invatten (***dans** *in)* • *met aanslag/aanzetsel bedekken* **II** WKD WW [**s'~**] • *ingelegd/ingebed worden (***dans** *in)* • *aanslag vormen; aankoeken* • INFORM. *(als bezoeker) blijven plakken (***chez** *bij)*
incubateur I M *broedmachine; couveuse* **II** BNW [v: **incubatrice**] *broed-*
incubation V • *uitbroeding* • *broedtijd* • MED. *incubatie(tijd)*
incuber OV WW *uitbroeden* ‹v. eieren›

inculpation V *beschuldiging; aanklacht*
inculpé M [v: **inculpée**] *beschuldigde; verdachte*
inculper OV WW *beschuldigen; aanklagen (***de** *wegens)*
inculquer OV WW *inprenten; bijbrengen (***à** *aan)*
inculte BNW • *onontwikkeld* ‹v. persoon› • *onbebouwd* ‹v. grond›
incultivable BNW *onbebouwbaar*
inculture V *gebrek aan ontwikkeling* ‹v. persoon›
incunable M *wiegendruk; incunabel*
incurabilité V *ongeneeslijkheid*
incurable BNW • *ongeneeslijk* • *onverbeterlijk; verstokt*
incurie V *zorgeloosheid; nalatigheid*
incursion V • *inval; (het) binnenvallen (***dans** *in)* • FIG. *uitstapje; zijsprong*
incurver OV WW *buigen; krommen*
indatable BNW *niet te dateren*
Inde V *India* ★ les Indes *Indië*
indéboulonnable BNW *niet (uit zijn functie) weg te krijgen*
indécence V *onbetamelijkheid*
indécent BNW *onbetamelijk; onbeschaamd*
indéchiffrable BNW *onontcijferbaar; onleesbaar; onbegrijpelijk*
indécis BNW • *onbeslist* • *besluiteloos* • *onduidelijk; vaag*
indécision V *besluiteloosheid*
indéclinable BNW *onverbuigbaar*
indécomposable BNW *onontleedbaar*
indécrottable BNW INFORM. *hopeloos dom/ongemanierd; onverbeterlijk*
indéfectible BNW *onvergankelijk; onverwoestbaar; onfeilbaar*
indéfendable BNW *onverdedigbaar*
indéfini BNW • *onbepaald; onbestemd; vaag* • *onbegrensd; eindeloos* ★ article ~ *onbepaald lidwoord*
indéfinissable BNW • *ondefinieerbaar; onbestemd* • *onverklaarbaar*
indéformable BNW *vormvast*
indéfrisable I V OUD. *permanent* ‹kapsel› **II** BNW *niet-ontkrullend*
indélébile BNW OOK FIG. *onuitwisbaar*
indélicat BNW • *onkies; grof* • *oneerlijk*
indélicatesse V • *onkiesheid; grofheid* • *oneerlijkheid*
indemne (zeg: -dem-) BNW *ongedeerd; zonder letsel/schade*
indemnisation (zeg: -dem-) V *schadeloosstelling; vergoeding*
indemniser (zeg: -dem-) OV WW *schadeloos stellen (***de** *voor)*
indemnité (zeg: -dem-) V • *toelage; uitkering; vergoeding* • *schadeloosstelling* ★ ~ de chômage *WW-uitkering* ★ ~ de licenciement *ontslagvergoeding* ★ ~ parlementaire *bezoldiging v. parlementsleden*
indémodable BNW *niet aan mode onderhevig*
indémontrable BNW *onbewijsbaar*
indéniable BNW *onloochenbaar; onmiskenbaar*
indépendamment BIJW • *onafhankelijk* • ~ **de** *los van; afgezien van; behalve*
indépendance V *onafhankelijkheid*
indépendant BNW • *onafhankelijk (***de** *van); zelfstandig* • *met eigen opgang/ingang* ‹v. woning›
indépendantiste I M/V *voorstander van onafhankelijkheid* **II** BNW ★ mouvement ~ *onafhankelijkheidsbeweging*
indéracinable BNW *onuitroeibaar*
indescriptible BNW *onbeschrijfelijk*
indésirable I BNW *ongewenst* **II** M/V *ongewenst persoon*
indestructibilité V *onverwoestbaarheid*
indestructible BNW OOK FIG. *onverwoestbaar*
indéterminable BNW *onbepaalbaar; onbestemd*
indétermination V • *besluiteloosheid* • *onbepaaldheid*
indéterminé BNW • *onbepaald; onbestemd* • *besluiteloos*
index M • *index* ‹in alle betekenissen› • *wijsvinger* • TECHN. *wijzer* ★ mettre à l'~ OOK FIG. *op de index plaatsen; op de zwarte lijst plaatsen*
indexation V *indexering*
indexer OV WW *indexeren*
indic M INFORM. indicateur *verklikker*
indicateur I M • *meter; wijzer; waarschuwingslampje; indicator* • *spoorboekje; gids* ★ ~ de vitesse *snelheidsmeter* **II** M [v: **indicatrice**] *verklikker; tipgever* **III** BNW [v: **indicatrice**] *aanwijzend* ★ fiche indicatrice *tabkaart* ★ poteau ~ *wegwijzer*
indicatif I M • *aantonende wijs; indicatief* • *herkenningsmelodie; herkenningsteken* • *kengetal* **II** BNW [v: **indicative**] *aanwijzend* ★ à titre ~ *ter indicatie/informatie* ★ plaque indicative *naambordje* ★ prix ~ *richtprijs; adviesprijs*
indication V *aanwijzing; aanduiding; indicatie*
indice M • *teken; aanwijzing* • *index(cijfer)* ★ ~ d'écoute *kijk-, luisterdichtheid* ★ ~ d'octane *octaangehalte* ★ ~ des prix *prijsindex* ★ ~ de masse corporelle *body mass index*
indiciaire BNW *index-*
indicible BNW FORM. *onuitsprekelijk*
indien BNW [v: **indienne**] • *Indisch; Indiaas* • *indiaans*
Indien M [v: **Indienne**] • *Indiër* • *indiaan*
indienne V *bedrukt katoen*
indifféremment BIJW • → **indifférent**
indifférence V *onverschilligheid (***à, pour** *voor)*
indifférencié BNW *ongedifferentieerd*
indifférent I BNW *onverschillig (***à** *voor); om het even* **II** M [v: **indifférente**] *onverschillig persoon* ★ faire l'~ *onverschillig doen*
indifférer OV WW INFORM. *koud laten; onverschillig laten*
indigence V *armoede; gebrek*
indigène I M/V • *inlander* • *inboorling* **II** BNW *inheems; inlands*
indigent I M *arme; behoeftige* **II** BNW *arm; behoeftig; pover*
indigeste BNW OOK FIG. *moeilijk verteerbaar*
indigestion V *slechte spijsvertering; indigestie* ★ INFORM. avoir une ~ de qc *iets moe zijn*
indignation V *verontwaardiging*
indigne BNW *onwaardig; verwerpelijk* ★ être ~ de qc/qn *iets/iemand onwaardig zijn*
indigné BNW *verontwaardigd (***de** *over)*
indigner I OV WW *verontwaardigd maken* **II** WKD

in

ww [s'~] *verontwaardigd zijn (***de** *over)*; *geërgerd raken (***contre** *jegens)*
indignité V *onwaardigheid*; *schandelijkheid*
indigo I BNW *indigo(blauw)* **II** M *indigo*
indiqué BNW • *aangewezen*; *raadzaam* • *aangegeven*
indiquer OV WW *aanduiden*; *aanwijzen*; *aangeven*; *noemen (***à** *aan)*
indirect (zeg: -rekt) BNW *indirect*; *onrechtstreeks*; *zijdelings* ★ voie ~e *omweg* ★ complément ~ *meewerkend of oorzakelijk voorwerp* ★ contribution ~e *indirecte belasting* ★ discours ~ *indirecte rede*
indiscernable BNW *niet te onderscheiden*
indiscipline V *gebrek aan discipline*; *tuchteloosheid*
indiscipliné BNW *ongedisciplineerd*; *ongezeglijk*; *weerbarstig*
indiscret BNW [v: **indiscrète**] • *onbescheiden*; *indiscreet* • *loslippig*
indiscrètement BIJW • → **indiscret**
indiscrétion (zeg: -sjo(n)) V • *onbescheidenheid*; *indiscretie* • *loslippigheid*
indiscutable BNW *onbetwistbaar*
indispensable BNW *onontbeerlijk*; *onmisbaar*; *noodzakelijk*
indisponibilité V *(het) niet-beschikbaar zijn*
indisponible BNW *niet-beschikbaar*
indisposé BNW *onwel*; *ongesteld*
indisposer OV WW • *onwel maken* • *tegenstaan*; *ongunstig stemmen*; *innemen (***contre** *tegen)*
indisposition V *ongesteldheid*
indissociable BNW *niet te scheiden (***de** *van)*
indissoluble BNW • *onontbindbaar* • *onverbreekbaar*
indistinct (zeg: -te(n)) BNW *onduidelijk*; *vaag*
indistinctement BIJW • *onduidelijk*; *vaag* • *zonder onderscheid*
individu M *individu*; *persoon*; *wezen*
individualiser OV WW *tot individu maken*; *individualiseren*
individualisme M *individualisme*
individualiste I BNW *individualistisch* **II** M/V *individualist*
individualité V • *individualiteit*; *persoonlijkheid* • *eigen aard*
individuel BNW [v: **individuelle**] *individueel*; *persoonlijk*; *afzonderlijk* ★ chambre ~le *eenpersoonskamer* ★ maison ~le *eengezinswoning*
indivis BNW *onverdeeld* ‹v. eigendom› ★ propriétaire (par) ~ *mede-eigenaar*
indivisible BNW *ondeelbaar*
indivision V *onverdeeldheid*; *mede-eigendom*
Indochine V *Indo-China*
indocile BNW *ongezeglijk*
indocilité V *ongezeglijkheid*
indo-européen I M [v: **indo-européenne**] *indo* **II** BNW [v: **indo-européenne**] *Indo-Europees*; *Indo-Germaans*
indolence V *indolentie*; *lusteloosheid*; *sloomheid*
indolent BNW *indolent*; *lusteloos*; *sloom*
indolore BNW *pijnloos*
indomptable BNW OOK FIG. *ontembaar*; *onbedwingbaar*
Indonésie V *Indonesië*
indonésien BNW [v: **indonésienne**] *Indonesisch*
Indonésien M [v: **Indonésienne**] *Indonesiër*
indu BNW • *onbehoorlijk*; *ongepast*; *onterecht* • *niet-verschuldigd* ★ à une heure indue *op een ongelukkig/onchristelijk tijdstip* ★ à des heures indues *bij nacht en ontij*
indubitable BNW *ontwijfelbaar*
inducteur I M *inductor* **II** BNW [v: **inductrice**] *inductie-*
inductif BNW [v: **inductive**] *inductief*
induction V OOK TECHN. *inductie* ★ bobine d'~ *inductieklos*
induire OV WW [onregelmatig] • *induceren*; *afleiden (***de** *uit)* • OUD. **~ à** *brengen tot*; *ertoe aanzetten om* ★ ~ en erreur *op een dwaalspoor brengen*
indulgence V • *toegeeflijkheid*; *inschikkelijkheid*; *mildheid* • *aflaat* ★ ~ plénière *volle aflaat*
indulgent BNW *toegeeflijk*; *inschikkelijk*; *mild*
indûment BIJW *onrechtmatig*; *ten onrechte*
induration V MED. *verharding* ‹v. weefsel›
indurer I OV WW MED. *hard maken* ‹v. weefsel› **II** WKD WW [s'~] *hard worden*
industrialisation V *industrialisatie*
industrialiser OV WW *industrialiseren*
industrie V • *industrie*; *nijverheid* • *bedrijf(stak)*
industriel I BNW [v: **industrielle**] *industrieel*; *nijverheids-*; *fabrieksmatig* ★ art ~ *kunstnijverheid* ★ école ~le *technische school*; *nijverheidsschool* ★ région ~le *industriegebied* ★ INFORM. en quantité ~le *massaal* **II** M [v: **industrielle**] *industrieel*
industrieux BNW [v: **industrieuse**] FORM. *handig*; *bekwaam*
inébranlable BNW *onwankelbaar*; *onwrikbaar*; *onverzettelijk*
inédit (zeg: -die) **I** BNW • *onuitgegeven* • OOK FIG. *nog nooit vertoond*; *ongekend*; *volstrekt nieuw* **II** M *onuitgegeven werk*
ineffable BNW *onuitsprekelijk*; *waar geen woorden voor zijn*
ineffaçable BNW OOK FIG. *onuitwisbaar*
inefficace BNW *ondoeltreffend*; *inefficiënt* ★ remède ~ *niet-werkzaam geneesmiddel*
inefficacité V *ondoeltreffendheid*; *inefficiëntie*
inégal BNW [m mv: **inégaux**] • *ongelijk*; *ongelijkmatig* • *onregelmatig* ‹v. pols› • *oneffen*
inégalable BNW *niet te evenaren*; *onvergelijkelijk*
inégalé BNW *ongeëvenaard*
inégalitaire BNW *niet-egalitair*
inégalité V • *ongelijkheid*; *ongelijkmatigheid* • *onregelmatigheid* ‹v. pols› • *oneffenheid*
inélégance V *gebrek aan elegantie*; *gebrek aan tact*
inélégant BNW *onelegant*
inéligibilité V *onverkiesbaarheid*
inéligible BNW *onverkiesbaar*
inéluctable BNW *onvermijdelijk*
inemployé BNW *ongebruikt*
inénarrable BNW *te gek*; *dolkomisch*
inepte BNW *onzinnig*; *dwaas*
ineptie (zeg: -sie) V *onzinnigheid*; *dwaasheid*
inépuisable BNW *onuitputtelijk*
inéquitable BNW *onrechtvaardig*; *onbillijk*
inerte BNW *traag*; *loom*; *bewegingloos*; *futloos*;

inert
inertie (zeg: -sie) V *traagheid*; *futloosheid*; *inertie*
inespéré BNW *onverwacht*; *onverhoopt*
inesthétique BNW *onesthetisch*
inestimable BNW *onschatbaar*
inévitable BNW *onvermijdelijk*
inévitablement BIJW *onvermijdelijk(erwijs)*; *noodzakelijkerwijs*
inexact (zeg: -a(kt)) BNW • *onnauwkeurig*; *onjuist* • *niet stipt (op tijd)*
inexactitude V *onnauwkeurigheid*; *onjuistheid*
inexcusable BNW *niet te verontschuldigen*
inexécutable BNW *onuitvoerbaar*
inexistant BNW • *niet-bestaand* • INFORM. *onbeduidend*; *waardeloos*
inexistence V • FORM. *(het) niet bestaan* • INFORM. *waardeloosheid*
inexorable BNW *onverbiddelijk*
inexpérience V *onervarenheid*
inexpérimenté BNW • *onervaren* • *nog niet beproefd*
inexpiable BNW • FORM. *onverzoenlijk* • *onvergeeflijk*
inexplicable BNW *onverklaarbaar*; *vreemd*
inexpliqué BNW *onverklaard*
inexploitable BNW • *onontginbaar* • *niet te exploiteren*
inexploité BNW • *onontgonnen* • *niet-geëxploiteerd*
inexploré BNW *nog niet doorzocht*; *onbegaan*
inexpressif BNW [V: **inexpressive**] *uitdrukkingsloos*; *nietszeggend*
inexprimable BNW *onuitsprekelijk*
inexprimé BNW *onuitgesproken*
inexpugnable BNW *onneembaar*
inextensible BNW *niet-rekbaar*
inextinguible BNW *onblusbaar*; *onlesbaar* ★ rire ~ *onbedaarlijk gelach*
in extremis (zeg: -mies) BIJW *op het laatste moment*
inextricable BNW OOK FIG. *onontwarbaar*
infaillibilité V *onfeilbaarheid*
infaillible BNW *onfeilbaar*
infailliblement BIJW *onvermijdelijk(erwijs)*; *zonder mankeren*
infaisable BNW *ondoenlijk*
infalsifiable BNW *onvervalsbaar*; *niet-falsifieerbaar*
infamant BNW *onterend*; *smadelijk*
infâme I BNW • *eerloos*; *schandelijk*; *laaghartig*; *infaam* • *walgelijk*; *vies* **II** M/V *eerloze*; *schandelijk mens*
infamie V • *schande*; *eerloosheid*; *laag(hartig)heid* • *schanddaad*; *beschimping*
infant M [V: **infante**] *infant* ⟨kroonprins in Spanje en Portugal⟩
infanterie V *infanterie*; *voetvolk*
infanticide I M *kindermoord* **II** M/V *kindermoordenaar* **III** BNW *schuldig aan kindermoord*
infantile BNW • *kinderachtig*; *infantiel* • MED. *kinder-* ★ OOK FIG. maladie ~ *kinderziekte*
infantilisme M *kinderlijkheid*; *infantiliteit*
infarctus (zeg: -tuus) M *infarct* ★ ~ du myocarde *hartinfarct* ★ faire un ~ *een infarct krijgen*
infatigable BNW *onvermoeibaar*
infatuation V FORM. *eigenwaan*; *verwaandheid*
infatué BNW *verwaand*; *zelfingenomen*
infécond BNW FORM. *onvruchtbaar*
infécondité V FORM. *onvruchtbaarheid*
infect (zeg: -ekt) BNW *walgelijk*; *weerzinwekkend*; *afschuwelijk*
infecter OV WW • *infecteren*; *besmetten* • OUD. *bederven*; *verpesten*
infectieux BNW [V: **infectieuse**] *besmettelijk*
infection V • *besmetting*; *infectie* • *stank*; *iets walgelijks* • OUD. *bederf*
inféoder OV WW • GESCH. *in leen uitgeven (***à** *aan)* • *onderwerpen*; *onderhorig maken (***à** *aan)*
inférence V FORM. *gevolgtrekking*
inférer OV WW FORM. *afleiden*; *opmaken (***de** *uit)*
inférieur I BNW • *lager (***à** *dan)*; *onderst*; *benedenst* • *minder*; *geringer (***à** *dan)*; *inferieur (***à** *aan)* • *minderwaardig* ★ lèvre ~e *onderlip* ★ la Seine ~e *de Beneden-Seine* **II** M [V: **inférieure**] *ondergeschikte*
infériorité V • *minderwaardigheid*; *inferioriteit* • *ondergeschiktheid* • *minderheid*
infernal BNW [M MV: **infernaux**] *hels*; *duivels*; *infernaal*
infertile BNW *onvruchtbaar*
infester OV WW *teisteren*; *een plaag zijn voor* ★ infesté de *vergeven van*; *wemelend van*
infidèle I BNW • *ontrouw (***à** *aan)* • *niet-getrouw*; *onbetrouwbaar*; *onnauwkeurig* • OUD. *ongelovig* **II** M/V *ongelovige*
infidélité V • *ontrouw* • *onbetrouwbaarheid*; *onnauwkeurigheid*
infiltration V *infiltratie*; *binnendringing*; *insijpeling* ★ eaux d'~ *kwelwater*
infiltrer I OV WW *langzaam (doen) binnendringen*; *infiltreren* **II** WKD WW [**s'~**] • *infiltreren (***dans** *in)*; *(langzaam) binnendringen* • *ingang vinden*
infime BNW *zeer gering*; *miniem*
infini I BNW *oneindig*; *eindeloos* **II** M *(het) oneindige*; *oneindigheid* ★ à l'~ *tot in het oneindige* ★ FOTOGRAFIE régler sur l'~ *op oneindig zetten*
infiniment BIJW • *oneindig* • *ten zeerste*; *uiterst*
infinité V • *oneindigheid* • *ontelbaar aantal*
infinitésimal BNW [M MV: **infinitésimaux**] *uiterst klein* ★ calcul ~ *infinitesimaalrekening*
infinitif M *onbepaalde wijs*; *infinitief*
infirme I BNW *invalide*; *gebrekkig*; *gehandicapt* **II** M/V *gehandicapte*
infirmer OV WW • *ontkrachten*; *ontzenuwen* • JUR. *vernietigen* ★ ~ une sentence *een vonnis nietig verklaren*
infirmerie V *ziekenzaal*; *ziekenboeg*; *medische hulppost*
infirmier M [V: **infirmière**] *ziekenverpleger* ★ infirmière visiteuse *wijkverpleegster* ★ infirmière en chef *hoofdzuster*
infirmité V • *zwakheid* • *gebrek* • *onvolkomenheid*; *onvolmaaktheid*
inflammable BNW *ontvlambaar*
inflammation V MED. *ontsteking*
inflammatoire BNW MED. *ontstekings-*
inflation V OOK FIG. *inflatie* ★ ~ des prix *prijsinflatie*

inflationniste BNW *inflatie-; inflatoir*
infléchir I OV WW • OOK FIG. *(om)buigen* • *een andere richting geven aan* ★ voyelle infléchie *klinker met umlaut* ‹klankwijziging› **II** WKD WW [**s'~**] • *(door)buigen* • OOK FIG. *van richting veranderen*
inflexibilité V • *onbuigbaarheid* • FIG. *onbuigzaamheid; onverzettelijkheid*
inflexible BNW • *onbuigbaar* • FIG. *onbuigzaam; onverzettelijk*
inflexion V • *buiging;* OOK FIG. *ombuiging* • *stembuiging* • TAALK. *umlaut* ‹klankwijziging›
infliger OV WW *opleggen* ‹v. straf›; *toebrengen (***à** *aan); doen ondergaan*
inflorescence V *bloeiwijze*
influençable BNW *te beïnvloeden*
influence V *invloed (***sur** *op)*
influencer OV WW *beïnvloeden*
influent BNW *invloedrijk*
influer OV WW **~ sur** *invloed hebben op*
influx M ★ ~ nerveux *prikkeloverdracht;* FIG. *pit; elan*
info V INFORM. information *info; nieuws(berichten)* ★ les infos *het nieuws(journaal)*
infomercial M *infomercial*
informateur M [v: **informatrice**] *informant; zegsman; tipgever*
informaticien M [v: **informaticienne**] *computerdeskundige; informaticus; ICT'er*
informatif BNW [v: **informative**] *informatief*
information V • *informatie; inlichting* • JUR. *(voor)onderzoek* ★ les ~s *het nieuws* ★ traitement de l'~ *gegevensverwerking* ★ aller aux ~s *inlichtingen inwinnen*
information-spectacle V *infotainment*
informatique I V *informatica* **II** BNW *computer-*
informatisation V *informatisering; computerisering*
informatiser OV WW *informatiseren; computeriseren*
informe BNW • *vormeloos* • *plomp*
informé I BNW *op de hoogte; (wel)ingelicht* **II** M ★ jusqu'à plus ample ~ *in afwachting van nadere informatie; tot nader order*
informel BNW [v: **informelle**] *informeel*
informer I OV WW *inlichten (***sur** *over); op de hoogte stellen (***de** *van)* **II** ONOV WW *een gerechtelijk onderzoek instellen (***contre** *tegen)* **III** WKD WW [**s'~**] *zich op de hoogte stellen (***de** *van); informeren (***de** *naar)*
infortune V *ongeluk; tegenspoed* ★ compagnon d'~ *broeder in de nood; lotgenoot*
infortuné I BNW *ongelukkig; onfortuinlijk* **II** M [v: **infortunée**] FORM. *ongelukkige*
infra BIJW ★ voir ~ *zie hieronder*
infraction V *overtreding; inbreuk (***à** *op); strafbaar feit* ★ être en ~ *in overtreding zijn*
infranchissable BNW *onoverkomelijk; onoverbrugbaar*
infrangible BNW *onbreekbaar*
infrarouge BNW *infrarood*
infrastructure V *infrastructuur*
infréquentable BNW *ongunstig bekend; beter te mijden*
infroissable BNW *kreukvrij*
infructueux BNW [v: **infructueuse**] *vruchteloos; vergeefs*
infus BNW *aangeboren* ★ avoir la science ~e *de wijsheid in pacht hebben*
infuser I OV WW • *laten trekken* ‹v. thee e.d.› • FIG. *ingeven; inboezemen* **II** ONOV WW ★ laisser ~ *laten trekken* ‹v. thee e.d.›
infusion V • *kruidenthee; (het maken v.e.) aftreksel; infusie* • FORM. *inboezeming*
ingambe BNW *goed ter been*
ingénier WKD WW [**s'~**] **à** *zijn best doen om; alle moeite doen om*
ingénierie V *engineering* ★ ~ génétique *gentechnologie*
ingénieur M/V *ingenieur; technoloog* ★ femme ~ *vrouwelijke ingenieur* ★ ~ agronome *landbouwingenieur* ★ ~ du son *geluidstechnicus*
ingénieusement BIJW • → **ingénieux**
ingénieux BNW [v: **ingénieuse**] *vernuftig; vindingrijk; ingenieus*
ingéniosité V *vernuftigheid; vindingrijkheid*
ingénu I BNW *naïef-oprecht; argeloos; ongekunsteld* **II** M [v: **ingénue**] *naïef (jong) persoon*
ingénuité V *argeloosheid; ongekunsteldheid; onschuld*
ingérable BNW • *onbeheersbaar* • *in te brengen* ‹v. voedsel, geneesmiddel›
ingérence V *inmenging (***dans** *in)*
ingérer I OV WW *via de mond inbrengen* **II** WKD WW [**s'~**] **dans** *zich mengen in; zich bemoeien met*
ingouvernable BNW *niet te regeren*
ingrat BNW • OOK FIG. *ondankbaar (***envers** *jegens)* • *onvruchtbaar; bar* • *onaantrekkelijk; lelijk* ★ l'âge ~ *de puberteit*
ingratitude V *ondankbaarheid; ondank*
ingrédient M *bestanddeel; ingrediënt*
inguérissable BNW OOK FIG. *ongeneeslijk*
inguinal BNW [m mv: **inguinaux**] *van de liesstreek* ★ hernie ~e *liesbreuk*
ingurgiter OV WW • *naar binnen proppen/slaan; verzwelgen* • FIG. *erin stampen*
inhabile BNW • *onbekwaam; onhandig* • OUD. *onbevoegd (***à** *tot)*
inhabileté V *onbekwaamheid; onhandigheid*
inhabilité V OUD. *onbevoegdheid*
inhabitable BNW *onbewoonbaar*
inhabité BNW *onbewoond*
inhabituel BNW [v: **inhabituelle**] *ongewoon*
inhalateur M *inhalator* ★ ~ d'oxygène *zuurstofmasker*
inhalation V *inademing; inhalatie*
inhaler OV WW *inademen; inhaleren*
inhérence V *inherentie*
inhérent BNW *inherent; eigen (***à** *aan)*
inhiber OV WW BIOL./PSYCH. *remmen; onderdrukken*
inhibiteur M *inhibitor*
inhibition V BIOL./PSYCH. *remming; geremdheid*
inhospitalier BNW [v: **inhospitalière**] *ongastvrij; onherbergzaam*
inhumain BNW *onmenselijk*
inhumanité V *onmenselijkheid*

inhumation V *begrafenis*
inhumer OV WW *begraven*
inimaginable BNW *onvoorstelbaar*
inimitable BNW *onnavolgbaar*
inimitié V *vijandschap (***contre** *jegens)*
ininflammable BNW *onontvlambaar*
inintelligent BNW *onverstandig*; *dom*
inintelligibilité V *onbegrijpelijkheid*; *onverstaanbaarheid*
inintelligible BNW *onbegrijpelijk*; *onverstaanbaar*
inintéressant BNW *oninteressant*
ininterrompu BNW *onafgebroken*
inique BNW *zeer onrechtvaardig*; *onbillijk*
iniquité V *onrecht*; *onbillijkheid*; *verdorvenheid*
initial BNW [m mv: **initiaux**] *eerste*; *begin-*; *initieel* ★ (lettre) ~e *initiaal*; *beginletter* ★ vitesse ~e *beginsnelheid*
initialement BIJW *aanvankelijk*
initialiser OV WW COMP. *initialiseren*; *formatteren*
initiateur I BNW [v: **initiatrice**] *baanbrekend*; *de weg bereidend* **II** M [v: **initiatrice**] ● *baanbreker*; *wegbereider* ● *initiatiefnemer*; *initiator*
initiation V ● *inwijding (***à** *in)*; *initiatie* ● *inleiding (***à** *in)*
initiatique BNW *inwijdings-*; *initiatie-*
initiative V *initiatief* ★ prendre l'~ (de) *het initiatief nemen (tot/om)* ★ syndicat d'~ *VVV* ★ esprit d'~ *ondernemingsgeest*
initié M [v: **initiée**] *ingewijde*; *insider* ★ délit d'~ *misbruik van voorkennis*
initier OV WW *inwijden (***à** *in)*; *(basis)kennis bijbrengen*
injecter OV WW *inspuiten (***dans** *in)*; *injecteren* ★ injecté de sang *bloeddoorlopen* ★ bois injecté *geïmpregneerd hout*
injecteur I M ● *injectiespuit* ● *injector* **II** BNW [v: **injectrice**] *injectie-*
injection V *inspuiting*; *injectie*
injoignable BNW *onbereikbaar* ⟨v. persoon⟩
injonction V *(uitdrukkelijk) bevel*
injouable BNW *onspeelbaar*; *onhaalbaar*
injure V ● *belediging*; *krenking* ● *scheldwoord*
injurier OV WW ● *beledigen* ● *uitschelden*
injurieux BNW [v: **injurieuse**] *beledigend*; *smadelijk*
injuste BNW *onrechtvaardig*; *onbillijk*
injustice V *onrechtvaardigheid*; *onbillijkheid*; *onrecht*
injustifiable BNW *niet te rechtvaardigen*
injustifié BNW *ongerechtvaardigd*
inlandsis M *landijs*
inlassable BNW *onvermoeibaar*
inné BNW *aangeboren*
innervation V *verbreiding v.d. zenuwen*; *innervatie*
innocemment BIJW ● → **innocent**
innocence V ● *onschuld* ● *ongevaarlijkheid* ● *argeloosheid* ★ clamer son ~ *zijn onschuld volhouden*
innocent I BNW ● *onschuldig (***de** *aan)* ● *ongevaarlijk*; *onschadelijk* ● *onnozel*; *argeloos* **II** M [v: **innocente**] ★ les Innocents *de Onnozele Kinderen*
innocenter OV WW *onschuldig verklaren*; *vrijpleiten*; *rechtvaardigen*
innocuité V *onschadelijkheid*
innombrable BNW *ontelbaar*; *talloos*
innommable BNW *onnoemelijk (slecht)*; *erbarmelijk*
innovateur I BNW [v: **innovatrice**] *innovatief*; *baanbrekend* **II** M [v: **innovatrice**] *baanbreker*; *iem. die iets nieuws invoert*
innovation V *innovatie*; *vernieuwing*; *nieuwigheid*
innover I OV WW *als nieuwigheid invoeren*; *innoveren* **II** ONOV WW *vernieuwingen invoeren*
inobservance V JUR. *niet-naleving*; *niet-nakoming*
inobservation V ● → **inobservance**
inoccupation V FORM. *ledigheid*
inoccupé BNW ● *onbezet*; *onbewoond* ● *werkeloos*; *nietsdoend*
inoculation V *inenting*; *inoculatie*
inoculer OV WW ★ ~ qc à qn *iem. met iets inenten*; FIG. *iem. met iets besmetten*
inodore BNW ● *reukloos* ● FIG. *kleurloos*
inoffensif BNW [v: **inoffensive**] *onschadelijk*; *ongevaarlijk*
inondation V ● *overstroming* ● *onderwaterzetting*; *inundatie* ● FIG. *stroom*; *stortvloed*
inondé I BNW *overstroomd* ★ ~ de larmes *badend in tranen* ★ ~ de soleil *zonovergoten* **II** M [v: **inondée**] *slachtoffer van watersnood*
inonder OV WW *onder water zetten*; OOK FIG. *overstromen*
inopérable BNW *niet opereerbaar*
inopérant BNW *zonder effect*; *ondoeltreffend*
inopiné BNW *onverwacht*
inopinément BIJW *onverwachts*; *zomaar*
inopportun BNW *ongelegen*; *ontijdig*
inorganique BNW *anorganisch*; *niet-organisch*
inorganisé BNW *ongeorganiseerd*
inoubliable BNW *onvergetelijk*
inouï BNW *ongehoord*; *ongelofelijk*
inox M *roestvrij staal*
inoxydable BNW *roestvrij*
input M COMP. *input*; *invoer*
inqualifiable BNW *schandelijk*; *ongehoord*
in-quarto I M [mv: id.] *kwarto* **II** BNW *in kwarto*
inquiet BNW [v: **inquiète**] ● *ongerust (***de** *over*; **pour** *om)*; *bezorgd* ● FORM. *rusteloos*; *ongedurig*
inquiétant BNW *verontrustend*; *zorgelijk*
inquiéter I OV WW ● *verontrusten* ● *lastigvallen* **II** WKD WW [**s'~**] *zich ongerust maken (***de** *over)*; *zich bekommeren (***pour** *om)*
inquiétude V *ongerustheid*; *zorg(en)*
inquisiteur I M [v: **inquisitrice**] *inquisiteur* **II** BNW [v: **inquisitrice**] *onderzoekend* ★ regard ~ *vorsende blik*
inquisition V ● *inquisitie* ● *onderzoek*; *naspeuring*
inracontable BNW *niet (na) te vertellen*
insaisissable BNW OOK FIG. *ongrijpbaar*
insalubre BNW *ongezond* ★ déclarer ~ *onbewoonbaar verklaren*
insalubrité V ● *ongezondheid* ● *onbewoonbaarheid* ⟨v. woning⟩
insane BNW FORM. *onzinnig*; *waanzinnig*

insanité V *onzinnigheid; waanzin*
insatiable (zeg: -sasj-) BNW *onverzadigbaar; onstilbaar*
insatisfaction V *onvoldaanheid; ontevredenheid*
insatisfait BNW *onvoldaan; onbevredigd*
inscription V • *inschrijving* • *inscriptie; opschrift* ★ ~ de/en faux *valsheidsprocedure* ★ prendre une ~ *zich laten inschrijven*
inscrire I OV WW [onregelmatig] *inschrijven (***à** *voor, bij); (in)griffen; noteren* **II** WKD WW [**s'~**] • *zich (laten) inschrijven (***à** *voor, bij)* • **~ dans** *binnen het kader vallen van*
inscrit I M [v: **inscrite**] *ingeschrevene; kiesgerechtigde* **II** BNW *ingeschreven*
insécable BNW *ondeelbaar; onsnijdbaar*
insecte M *insect*
insecticide I M *insecticide* **II** BNW *insectendodend*
insectivore I M *insecteneter* **II** BNW *insecten etend*
insécuriser OV WW *onzeker maken*
insécurité V *onveiligheid; onzekerheid*
INSEE AFK Institut National de la Statistique et des Études Économiques ≈ *CBS;* ≈ *Centraal Bureau voor de Statistiek*
insémination V *bevruchting; inseminatie*
inséminer OV WW *insemineren; (kunstmatig) bevruchten*
insensé BNW *dwaas; waanzinnig*
insensibilisation V *verdoving; (het) onder narcose brengen*
insensibiliser OV WW *verdoven; gevoelloos maken (***à** *voor)*
insensibilité V *ongevoeligheid; gevoelloosheid*
insensible BNW • *ongevoelig (***à** *voor); gevoelloos* • *onmerkbaar*
inséparable BNW *onafscheidelijk (***de** *van)*
insérer I OV WW *invoegen; opnemen; plaatsen (***dans** *in)* **II** WKD WW [**s'~**] **dans** *zich voegen in; zich inpassen in; zich integreren in*
insertion V • *invoeging; opname; integratie (***dans** *in); inlas* • *aanhechting* ‹v. spieren e.d.›
insidieux BNW [v: **insidieuse**] • *verraderlijk; arglistig* • *sluipend* ‹v. ziekte›
insigne I BNW FORM. *buitengewoon; opmerkelijk* **II** M *insigne*
insignifiance V *onbeduidendheid*
insignifiant BNW *onbeduidend; nietig*
insinuant BNW *indringend; vleierig-innemend*
insinuation V *insinuatie*
insinuer I OV WW *insinueren; bedekt te kennen geven* **II** WKD WW [**s'~**] *zich indringen (***dans** *in)*
insipide BNW *smakeloos;* OOK FIG. *flauw;* FIG. *zouteloos*
insipidité V *smakeloosheid;* OOK FIG. *flauwheid*
insistance V *(het) aanhouden; aandrang* ★ avec ~ *nadrukkelijk*
insister ONOV WW • *aandringen (***auprès de** *bij); aanhouden* • **~ pour** [+ infin.] *staan op* ‹per se willen› • **~ sur** *de nadruk leggen op*
insociable BNW *ongezellig; eenzelvig*
insolation V • *zonnesteek* • *blootstelling aan de zon; (hoeveelheid) zonneschijn*
insolemment BIJW • → **insolent**
insolence V *brutaliteit; onbeschaamdheid; aanmatiging*
insolent BNW • *brutaal; onbeschaamd; aanmatigend* • *buitengewoon; ongehoord*
insolite BNW *ongewoon*
insoluble BNW *onoplosbaar*
insolvabilité V *insolventie*
insolvable BNW *insolvent*
insomniaque BNW *slapeloos*
insomnie V *slapeloosheid*
insondable BNW • *onpeilbaar; mateloos* • *ondoorgrondelijk*
insonore BNW • *geluidloos* • *geluiddempend*
insonoriation V *geluidsisolatie*
insonoriser OV WW *geluiddicht maken*
insouciance V *zorgeloosheid; achteloosheid*
insouciant BNW *zorgeloos; achteloos; onbekommerd (***de** *om)*
insoucieux BNW [v: **insoucieuse**] FORM. *zorgeloos; onbekommerd (***de** *om)*
insoumis BNW *weerspannig; ononderworpen*
insoumission V *weerspannigheid; ononderworpenheid*
insoupçonnable BNW • *niet te vermoeden* • *boven verdenking verheven; onverdacht*
insoupçonné BNW *onvermoed; onverwacht*
insoutenable BNW • *onhoudbaar; niet vol te houden* • *onverdraaglijk*
inspecter OV WW *aandachtig bekijken; inspecteren*
inspecteur M [v: **inspectrice**] *inspecteur* ★ HUMOR. ~ des travaux finis *iem. die zich drukt; lijntrekker; chef lege dozen*
inspection V • *inspectie* • *bezichtiging* • *ambt van inspecteur* ★ ~ du travail *arbeidsinspectie* ★ faire l'~ de *inspecteren*
inspirant BNW *inspirerend*
inspirateur M [v: **inspiratrice**] *inspirator; bezieler; instigator*
inspiration V • *inspiratie; ingeving; bezieling* • *inademing* ★ sous l'~ de *op instigatie van* ★ d'~ cubiste *door het kubisme geïnspireerd*
inspiré BNW *geïnspireerd (***de** *door, op); bezield*
inspirer I OV WW • *inspireren; bezielen* • *ingeven; inboezemen* • *inademen* ★ être bien inspiré de [+ infin.] *er goed aan doen om* ★ cela me n'inspire pas *dat lokt me niet/spreekt me niet aan* **II** WKD WW [**s'~**] **de** *zich laten inspireren door; putten uit; handelen/zijn in de geest van*
instabilité V *instabiliteit; onstandvastigheid*
instable BNW *onstabiel; onvast; onstandvastig*
installateur M *installateur*
installation V • *vestiging; plaatsing* • *inrichting; installatie* • *bevestiging in een ambt*
installer I OV WW • *zetten; plaatsen; vestigen; onderbrengen* • *inrichten; installeren* • *in een ambt bevestigen; aanstellen* **II** WKD WW [**s'~**] • *(op zijn gemak) gaan zitten* • *zich vestigen; zich inrichten; zijn intrek nemen (***dans** *in;* **chez** *bij); zich nestelen* ★ le doute s'est installé *er is twijfel gerezen* • **~ dans** *volharden in; geheel verwikkeld raken in*
instamment BIJW *dringend; met aandrang*
instance V • OOK JUR. *instantie* • [vaak mv] *dringend verzoek* ★ avec ~ *met aandrang* ★ en première ~ *in eerste aanleg* ★ sur les ~s de *op aandrang van* ★ être en ~ *aanhangig zijn; (nog) hangende zijn* ★ être en ~ de *op het punt staan te* ★ être en ~ de divorce *in scheiding*

in

liggen ★ introduire une ~ (contre) *een geding aanhangig maken (tegen)*
instant I M *ogenblik* ★ à l'~ *ogenblikkelijk; zojuist* ★ à chaque ~ *ieder ogenblik* ★ par ~s *nu en dan* ★ pour l'~ *voor het moment; vooralsnog* ★ dans un ~ *zo dadelijk* **II** BNW • FORM. *dringend* • FORM. *imminent; dreigend*
instantané I BNW • *kortstondig* • *plotseling; ogenblikkelijk* • *instant-* **II** M OUD. *momentopname*
instantanéité V *plotsheid*
instantanément BIJW *ogenblikkelijk*
instar ★ FORM. à l'~ de *naar het voorbeeld van*
instauration V *stichting; instelling; invoering*
instaurer I OV WW *stichten; instellen* **II** WKD WW [**s'~**] *in zwang komen; een aanvang nemen*
instigateur M [v: **instigatrice**] *aanzetter; aanstoker; instigator*
instigation V ★ à/sur l'~ de *op instigatie/ aanraden van*
instiller OV WW • *indruppelen* • FORM. *inboezemen*

in

instinct (zeg: -ste(n)) M *instinct* ★ d' ~/par ~ *instinctmatig; instinctief* ★ ~ de conservation *drang/instinct tot zelfbehoud*
instinctif BNW [v: **instinctive**] *instinctief; instinctmatig; spontaan*
instit M/V INFORM. instituteur/institutrice *onderwijzer(es)*
instituer I OV WW • *instellen; oprichten; stichten* • *benoemen; aanstellen als* **II** WKD WW [**s'~**] • *ingesteld worden; tot stand komen* • *zich opwerpen als*
institut M *instituut; instelling; inrichting* ★ ~ de beauté *schoonheidssalon* ★ l'Institut de France *geleerd genootschap dat de vijf Académies omvat*
instituteur M [v: **institutrice**] • *onderwijzer* • OUD. *stichter*
institution V • *instelling; stichting; oprichting* • *inrichting; (onderwijs)instelling; instituut* ★ ~ d'héritier JUR. *erfstelling*
institutionnaliser OV WW *institutionaliseren*
institutionnel BNW [v: **institutionnelle**] *institutioneel*
instructeur M [v: **instructrice**] *instructeur* ★ juge ~ *rechter v. instructie*
instructif BNW [v: **instructive**] *leerzaam; instructief*
instruction V • *instructie* • *onderricht; onderwijs; opleiding* • *scholing; ontwikkeling; kennis* • COMP. *opdracht* • JUR. *(voor)onderzoek* ★ juge d'~ *rechter v. instructie* ★ ~ civique *burgerschapskunde; maatschappijleer* ★ ~s [mv] *aanwijzingen*
instruire I OV WW [onregelmatig] • *onderrichten; onderwijzen; opleiden* • *verwittigen; op de hoogte brengen (***de** *van)* ★ JUR. ~ un procès *vooronderzoek doen* **II** WKD WW [**s'~**] • *kennis opdoen; leren* • *zich op de hoogte stellen (***de** *van)*
instruit BNW *ontwikkeld* ⟨v. persoon⟩; *geestelijk gevormd*
instrument M • *instrument* ⟨in alle betekenissen⟩ • *werktuig* • *bewijsstuk; document* ★ ~ à cordes *snaarinstrument* ★ ~ à vent *blaasinstrument*
instrumental BNW [m mv: **instrumentaux**] • *instrumentaal* • *instrumenteel*
instrumentation V • *instrumentatie* • *instrumentarium*
instrumenter I OV WW MUZ. *instrumenteren* **II** ONOV WW JUR. *akten opmaken*
instrumentiste M/V *instrumentalist*
insu M ★ à l'insu de *buiten (mede)weten van* ★ à mon insu *buiten mijn weten*
insubmersible BNW *onzinkbaar*
insubordination V *weerspannigheid; ongehoorzaamheid; insubordinatie*
insubordonné BNW *ongehoorzaam; weerspannig*
insuccès M *mislukking; wansucces*
insuffisamment BIJW *onvoldoende*
insuffisance V • *ontoereikendheid; (het) tekortschieten* • MED. *insufficiëntie* ★ ~ cardiaque *hartzwakte* ★ ~s [mv] *onvolkomenheden*
insuffisant BNW • *onvoldoende* • *onbekwaam*
insufflation V *inblazing*
insuffler OV WW OOK FIG. *inblazen*
insulaire I M/V *eilandbewoner* **II** BNW *eiland(en)-; insulair*
insularité V *positie als eiland*
insuline V *insuline*
insultant BNW *beledigend*
insulte V • *belediging* • *aanfluiting; krenking (***à** *van)*
insulter I OV WW *beledigen; honen* **II** ONOV WW FORM. ~ **à** *spotten met (iets); een belediging zijn voor*
insulteur M *belediger*
insupportable BNW • *onverdraaglijk* • *onuitstaanbaar*
insupporter OV WW INFORM. *onverdraaglijk zijn voor; tegenstaan*
insurgé I BNW *oproerig; opstandig* **II** M [v: **insurgée**] *oproerling; opstandeling*
insurger WKD WW [**s'~**] *in opstand komen; protesteren (***contre** *tegen)*
insurmontable BNW *onoverkomelijk; onbedwingbaar*
insurrection V *opstand; oproer*
insurrectionnel BNW [v: **insurrectionnelle**] *oproerig; opstandig*
intact (zeg: e(n)takt) BNW *ongeschonden; gaaf; ongerept; intact*
intangible BNW *onaantastbaar; onschendbaar*
intarissable BNW *onuitputtelijk; onstuitbaar (stromend, pratend)*
intégral BNW [m mv: **intégraux**] *volkomen; volledig; onverkort; integraal* ★ calcul ~ *integraalrekening*
intégrale V • WISK. *integraal* • *volledig werk; volledige uitgave*
intégralité V *volledigheid; totaliteit* ★ dans son ~ *in zijn geheel*
intégrant BNW *integrerend; wezenlijk (erbij horend)*
intégration V *integratie*
intègre BNW *integer; onkreukbaar*
intégrer I OV WW *integreren (***dans, à** *in)* **II** ONOV WW INFORM. *toegelaten worden (***à** *tot)* ⟨een `grande école'⟩ **III** WKD WW [**s'~**] *integreren;*

opgenomen worden (**dans, à** *in*)
intégrisme M *fundamentalisme*
intégriste I BNW *fundamentalistisch* **II** M/V *fundamentalist*
intégrité V *integriteit* ‹in alle betekenissen›
intellect (zeg: -lekt) M *intellect; verstand*
intellectualisme M *intellectualisme*
intellectualiste BNW *intellectualistisch*
intellectuel I BNW [v: **intellectuelle**] *geestelijk; verstandelijk; intellectueel* **II** M [v: **intellectuelle**] *intellectueel*
intelligemment BIJW • → **intelligent**
intelligence V • *verstand; intelligentie* • *begrip* (**de** *van*); *inzicht* • *verstandhouding* • *intelligent wezen*; FIG. *brein* ★ l'~ des affaires *zakelijk inzicht* ★ agir d'~ avec *samenspannen/heulen met* ★ ~s [mv] *(geheime) contacten*
intelligent M *intelligent; verstandig*
intelligentsia V *intelligentsia*
intelligibilité V *begrijpelijkheid; verstaanbaarheid*
intelligible BNW *begrijpelijk; verstaanbaar*
intello BNW INFORM. intellectuel(le) *intellectueel*
intempérance V FORM. *onmatigheid*
intempérant BNW FORM. *onmatig*
intempéries V MV *slecht weer; weer en wind*
intempestif BNW [v: **intempestive**] *te onpas; misplaatst*
intemporel BNW [v: **intemporelle**] • *tijdloos* • *immaterieel*
intenable BNW *onhoudbaar; niet (vol) te houden*
intendance V *huishoudelijk beheer* ‹v. instelling›; *(dienst voor) materiële zaken; intendance*
intendant M *beheerder; intendant*
intense BNW *intens; hevig; fel; druk* ‹v. verkeer›
intensément BIJW • → **intense**
intensif BNW [v: **intensive**] *intensief; hevig; krachtig*
intensification V *intensivering*
intensifier I OV WW *intensiveren* **II** WKD WW [**s'~**] *intensiever worden*
intensité V *intensiteit; hevigheid; sterkte*
intensivement BIJW • → **intensif**
intenter OV WW *aandoen* ★ ~ un procès (à, contre) *een proces aanspannen (tegen)*
intention V *bedoeling; voornemen; opzet; intentie* ★ à l'~ de qn *(bestemd) voor iem.* ★ dans l'~ de *(met de bedoeling) om* ★ avoir l'~ de *van plan zijn te* ★ faire un procès d'~ à qn *iem. kwade bedoelingen toedichten*
intentionné BNW *gezind* ★ bien ~ *met goede bedoelingen* ★ mal ~ *met kwade bedoelingen*
intentionnel BNW [v: **intentionnelle**] *opzettelijk*
inter M SPORT *binnenspeler*
interactif BNW [v: **interactive**] *interactief*
interaction V *wisselwerking; interactie*
intercalaire BNW *ingelast; in te voegen* ★ jour ~ *schrikkeldag* ★ (feuillet) ~ *inlegvel; tabkaart*
intercaler OV WW *inlassen; invoegen; tussenvoegen* (**dans** *in*)
intercéder ONOV WW *tussenbeide komen; een goed woordje doen* (**auprès de** *bij;* **pour** *voor*)
intercepter OV WW *onderscheppen*; FIG. *opvangen*
intercepteur M *jachtvliegtuig*
interception V *onderschepping*
intercesseur M FORM. *bemiddelaar; voorspraak*
intercession V FORM. *bemiddeling; voorspraak*
interchangeable BNW *(onderling) verwisselbaar*
interclasse M *korte pauze* ‹tussen twee lessen›
intercommunal BNW [m mv: **intercommunaux**] *intercommunaal*
interconnecter OV WW *koppelen*
interconnexion V *koppeling*
intercontinental BNW [m mv: **intercontinentaux**] *intercontinentaal*
intercostal BNW [m mv: **intercostaux**] *tussen de ribben; tussenrib-*
interdépendance V *onderlinge afhankelijkheid*
interdépendant BNW *onderling afhankelijk*
interdiction V • *verbod* (**de** *tot*) • *schorsing; ontzetting* ‹uit ambt; v. bep. rechter› ★ ~ de sortir *uitgaansverbod* ★ ~ légale *ontzetting van burgerrechten*
interdire I OV WW [onregelmatig] • *verbieden; ontzeggen* (**à** *aan;* **de** *te*) • *verhinderen; onmogelijk maken* (**de** *te*) • *schorsen; ontzetten* ‹uit ambt; v. bep. rechter› ★ ~ que [+ subj.] *verbieden dat; onmogelijk maken dat* **II** WKD WW [**s'~**] *zich (iets) ontzeggen; weigeren* (**de** *te*)
interdisciplinaire BNW *interdisciplinair*
interdit I M • *verbod; taboe* • *schorsing* ‹v. rechten›; REL. *interdict* ★ jeter l'~ sur *uitsluiten; boycotten* **II** BNW • *verboden* • *geschorst; ontzet* ‹uit ambt; v. bep. rechter› • *sprakeloos; onthutst* ★ ~ de séjour *getroffen door een verblijfsverbod; uitgewezen*
intéressant BNW *interessant; belangwekkend; aantrekkelijk* ★ faire l'~ *interessant doen; zich aanstellen*
intéressé I BNW • *geïnteresseerd* • *belang hebbend; betrokken* (**à** *bij*) • *door eigenbelang gedreven; berekenend* **II** M [v: **intéressée**] *betrokkene; belanghebbende*
intéressement M *winstdeling* ‹voor werknemer›
intéresser I OV WW • *interesseren; belang inboezemen* • *deelgenoot maken* ‹in een zaak›; *betrekken* (**à** *bij*) • *aangaan; betreffen* **II** WKD WW [**s'~**] **à** *belangstellen in*
intérêt M • *belangstelling* (**pour** *voor*); *interesse* • *belang; nut; eigenbelang* • [vaak mv] *interest; rente* ★ ce livre a de l'~ *dit boek is interessant* ★ centre d'~ *aandachtsgebied* ★ dommages et ~s *schadevergoeding* ★ ~ composé *samengestelde interest* ★ par ~ *uit eigenbelang* ★ INFORM. il y a ~! *terecht!; daar is alle reden voor!* ★ avoir ~ à *er goed aan doen om* ★ entrer dans/défendre les ~s de qn *iemands belangen behartigen* ★ porter/prendre ~ à *belangstellen in*
interface V • COMP. *interface* • NATK. *grensvlak* ‹tussen twee fasen› • OOK FIG. *raakvlak*
interférence V • *interferentie* • *tussenkomst*
interférer ONOV WW *interfereren* (**avec** *met*); *(nadelig) inwerken*
intérieur I M • *(het) inwendige; (het) innerlijke; (het) binnenste* • *gezinsleven; huiselijke haard* • *binnenland* • *binnenspeler* ★ à l'~ (de) *binnen (in)* ★ ministre de l'Intérieur *minister v. Binnenlandse Zaken* **II** BNW • *inwendig;*

innerlijk; binnen- • *binnenlands* ★ cour ~e *binnenplaats*
intérim (zeg: -riem) M • *tussentijd* • *(verschaffing van) tijdelijk werk* ★ par ~ *waarnemend; ad interim; interim-* ★ agence d'~ *uitzendbureau* ★ assurer l'~ (de) *tijdelijk de functie waarnemen (van)* ★ faire de l'~ *uitzendwerk doen*
intérimaire I BNW *tijdelijk; waarnemend; interimair* ★ travail ~ *tijdelijk (uitzend)werk* **II** M/V *uitzendkracht*
intérioriser OV WW *verinnerlijken*
interjection V • *tussenwerpsel* • JUR. *aantekening van beroep*
interjeter OV WW ★ JUR. ~ appel *in beroep gaan*
interligne M *ruimte/tekst tussen twee regels; interlinie*
interligner OV WW *interliniëren*
interlocuteur M [v: **interlocutrice**] *gesprekspartner*
interlope BNW • *illegaal; smokkel-* • *verdacht; louche* ★ commerce ~ *sluikhandel*
interloqué BNW *verbluft; sprakeloos*
interloquer OV WW *van zijn stuk brengen; verbluffen*
interlude M • *tussenspel* • *pauzefilmpje* ‹tv›
intermède M • *tussenspel* • FIG. *intermezzo*
intermédiaire I M • *tussenkomst; bemiddeling* • *overgang* ★ par l'~ de *door bemiddeling van; via* **II** M/V *bemiddelaar; tussenpersoon* **III** BNW *tussenliggend* ★ gare ~ *tussenstation* ★ temps ~ *tussentijd*
interminable BNW *eindeloos*
interministériel BNW [v: **interministérielle**] *interministerieel*
intermittence V *intermittentie; gedurige onderbreking* ★ par ~ *bij tussenpozen*
intermittent BNW *intermitterend; telkens onderbroken* ★ pouls ~ *onregelmatige polsslag*
internat M • *internaat* • *(het) intern zijn van leerlingen* • *inwonend coassistentschap*
international I BNW [m mv: **internationaux**] *internationaal* ★ droit ~ (public) *volkenrecht* ★ match ~ *interlandwedstrijd* **II** M [mv: **internationaux**] *international*
internationaliser OV WW *internationaal maken*
internationalisme M *internationalisme*
internaute M/V *internetgebruiker; netsurfer*
interne I BNW *inwendig; innerlijk; intern; binnen-* ★ angle ~ *binnenhoek* ★ oreille ~ *binnenoor* **II** M • *interne leerling* • *inwonend assistent in een ziekenhuis*
internement M *internering; opname in gesloten inrichting*
interner OV WW • *interneren; opsluiten* • *opnemen in een gesloten inrichting*
Internet M *internet*
interpellateur M [v: **interpellatrice**] *interpellant*
interpellation V • *aanroeping* • *interpellatie* • *sommatie* • *aanhouding* ‹door politie, voor identificatie›
interpeller, **interpeler** OV WW • *(lomp) toespreken; aanroepen* • *interpelleren* • *sommeren* • *aanhouden* ‹door politie, voor identificatie› • *ter harte gaan; de aandacht vergen van*
interphone M *huistelefoon; intercom*
interplanétaire BNW *interplanetair*
interpoler OV WW *tussenvoegen; invoegen; interpoleren*
interposer I OV WW • *tussenplaatsen* • *tussenbeide doen komen; aanwenden* ★ par personne interposée *via een tussenpersoon; door iemands bemiddeling* **II** WKD WW [**s'~**] • *zich ertussen plaatsen* • *tussenbeide komen (***entre** *tussen;* **dans** *in)*
interposition V *tussenplaatsing*
interprétariat M *tolkenberoep* ★ école d'~ *tolkenschool*
interprétation V • *verklaring; uitlegging; interpretatie* • *vertolking*
interprète M/V • OOK FIG. *tolk* • *vertolker* • *uitlegger; verklaarder*
interpréter OV WW • *uitleggen; verklaren; interpreteren* • *vertolken; als tolk vertalen*
interprofessionnel BNW [v: **interprofessionnelle**] *meerdere beroepen/beroepsgroepen omvattend*
interrègne M *tussenregering; interregnum*
interrogateur I M [v: **interrogatrice**] *examinator* **II** BNW [v: **interrogatrice**] *vragend*
interrogatif BNW [v: **interrogative**] *vragend* ★ pronom ~ *vragend voornaamwoord*
interrogation V • *ondervraging* • *vraag(zin)* • *overhoring* ★ point d'~ *vraagteken*
interrogatoire M *ondervraging; verhoor*
interroger I OV WW • *ondervragen; uitvragen; verhoren* • *mondeling examineren; overhoren* • FIG. *te rade gaan bij; raadplegen* ‹v. informatiedrager› **II** WKD WW [**s'~**] *zich vragen stellen; zich beraden (***sur** *over); zich (iets) afvragen*
interrompre I OV WW • *onderbreken; afbreken; storen* • *in de rede vallen* **II** WKD WW [**s'~**] *ophouden (***de** [+ infin.] *met); stoppen*
interrupteur I BNW [v: **interruptrice**] *onderbrekend; storend* **II** M [v: **interruptrice**] *iemand die in de rede valt* **III** M *schakelaar* ★ ~ différentiel *aardlekschakelaar*
interruption V • *onderbreking* • *(het) in de rede vallen; interruptie* ★ sans ~ *onafgebroken*
interscolaire BNW *interscolair*
intersection V • *snijding; kruising* • *snijvlak* ★ point d'~ *snijpunt* ★ ligne d'~ *snijlijn*
interstice M *tussenruimte; spleet; kier*
intersyndical BNW [m mv: **intersyndicaux**] *van/tussen verschillende vakbonden*
intertitre M *tussenkop; tussentekst* ‹v. (stomme) film›
intertropical BNW [m mv: **intertropicaux**] *tussen de keerkringen; intertropisch*
interurbain BNW *interlokaal* ★ autocar ~ (rapide) ≈ *interliner*
intervalle M • *tussenruimte (***entre** *tussen); afstand* • *tussentijd; (tussen)poos; interval* ★ par ~s *van tijd tot tijd* ★ sans ~ *onophoudelijk* ★ à six jours d'~ *zes dagen later*
intervenant M [v: **intervenante**] *tussenkomende partij; spreker* ‹in debat›
intervenir ONOV WW [onregelmatig] • *tussenbeide komen; ingrijpen; interveniëren (***dans** *in); bemiddelend optreden* • *zich*

voordoen; tot stand komen • FIG. *een rol spelen; bijdragen (***dans** *in)*
intervention V • *tussenkomst; bemiddeling* • *interventie;* OOK MED. *ingreep* • *bijdrage* ⟨aan debat⟩; *toespraak*
interversion V *omkering; verwisseling*
intervertir OV WW *omkeren; verwisselen*
interview (zeg: -vjoe) V *interview*
interviewer I M *interviewer* **II** OV WW *interviewen*
intervieweur M [v: **intervieweuse**] *interviewer*
intestat BNW *zonder testament; intestaat*
intestin I M *darm* ★ ~ grêle *dunne darm* ★ gros ~ *dikke darm* ★ ~s [mv] *ingewanden* **II** BNW FORM. *intern (uitgevochten)* ★ guerre ~e *burgeroorlog*
intestinal BNW [m mv: **intestinaux**] *darm-; ingewands-* ★ vers intestinaux *spoelwormen*
intime I BNW • *intiem; vertrouwelijk; privé* • *innerlijk; innig* ★ ami ~ *boezemvriend* ★ journal ~ *dagboek* ★ liens ~s *nauwe (vriendschaps)banden* **II** M/V *boezemvriend; intimus*
intimé M [v: **intimée**] *gedaagde* ⟨in hoger beroep⟩
intimer OV WW • *dagvaarden* • FORM. *aanzeggen* ★ ~ l'ordre de *het bevel geven te; gelasten te*
intimidation V *intimidatie*
intimider OV WW *intimideren*
intimiste BNW *intimistisch; intiem* ⟨v. sfeer⟩
intimité V • *intimiteit* • *privacy; privésfeer* • *knusheid; beslotenheid* • FORM. *(het) binnenste;* FIG. *(het) diepste* ★ dans la plus stricte ~ *in alle beslotenheid/stilte*
intitulé M *titel; opschrift*
intituler I OV WW *(be)titelen* **II** WKD WW [**s'~**] • *zich noemen* • *(het genoemde) als titel hebben*
intolérable BNW • *onverdraaglijk* • *onduldbaar*
intolérance V *onverdraagzaamheid; intolerantie*
intolérant BNW *onverdraagzaam; intolerant*
intonation V *intonatie* ⟨in alle betekenissen⟩
intouchable I BNW • *onschendbaar; onaantastbaar* • *onaanraakbaar* **II** M *onaanraakbare; paria*
intox V INFORM. → **intoxication**
intoxe V • → **intox**
intoxication V • *vergiftiging* • *indoctrinatie; desinformatie* ★ ~ alimentaire *voedselvergiftiging*
intoxiqué M [v: **intoxiquée**] *verslaafde (***de** *aan)*
intoxiquer OV WW • *vergiftigen* • *indoctrineren; door desinformatie beïnvloeden*
intracommunautaire BNW *binnen de gemeenschap; intracommunautair*
intraduisible BNW *onvertaalbaar*
intraitable BNW *onvermurwbaar (***sur** *inzake)*
intra-muros BIJW *binnen de (muren van) de stad*
intramusculaire BNW *intramusculair*
intranet M *intranet*
intransigeance V *onverzettelijkheid; compromisloosheid; starheid*
intransigeant BNW *onverzettelijk; compromisloos; star*
intransitif BNW [v: **intransitive**] *onovergankelijk; intransitief*
intransmissible BNW *onoverdraagbaar*
intransportable BNW *onvervoerbaar*
intraveineux BNW [v: **intraveineuse**] *in de aderen; intraveneus*
intrépide BNW *onverschrokken; stoutmoedig*
intrépidité V *onverschrokkenheid*
intrigant I M [v: **intrigante**] *intrigant; konkelaar* **II** BNW *intrigant; konkelend*
intrigue V • *intrige; gekonkel* • *intrige; plot*
intriguer I OV WW *intrigeren* **II** ONOV WW *intrigeren; geheime plannen smeden (***contre** *tegen)*
intrinsèque BNW *intrinsiek; wezenlijk*
intro V *intro*
introducteur M [v: **introductrice**] *iem. die introduceert; inleider; invoerder*
introductif BNW [v: **introductive**] *inleidend*
introduction V • *inleiding* • *introductie* • *(het) inbrengen*
introduire I OV WW [onregelmatig] • *binnenleiden* • *inleiden* • *introduceren (***auprès de** *bij;* **dans** *in)* • *inbrengen (***dans** *in)* • *invoeren* **II** WKD WW [**s'~**] • *binnendringen; binnensluipen* • *zich toegang verschaffen (***dans** *tot)* • *ingang vinden*
intronisation V • *inhuldiging; intronisatie* • *(plechtige) invoering*
introniser OV WW • *inhuldigen; introniseren* • *(plechtig) invoeren; ingang doen vinden*
introspection V *zelfbeschouwing; introspectie*
introuvable BNW *onvindbaar*
introverti BNW *introvert*
intrus (zeg: e(n)truu) M [v: **intruse**] *indringer*
intrusion V *indringing; binnendringing (***dans** *in); intrusie*
intuber OV WW MED. *intuberen*
intuitif BNW [v: **intuitive**] *intuïtief*
intuition V *intuïtie; voorgevoel*
inuit BNW *Inuit-*
Inuit M/V *Inuit*
inusable BNW *onverslijtbaar*
inusité BNW *ongebruikelijk*
inutile BNW • *nutteloos; zinloos* • *vergeefs; onnodig* ★ ~ de... *het heeft geen zin om...*
inutilisable BNW *onbruikbaar*
inutilisé BNW *ongebruikt*
inutilité V • *nutteloosheid* • *onnodigheid* • *vruchteloosheid*
invalidation V *ongeldigverklaring*
invalide I BNW • *invalide; arbeidsongeschikt* • OUD. *ongeldig* **II** M/V *invalide*
invalider OV WW *ongeldig verklaren/maken*
invalidité V • *invaliditeit; arbeidsongeschiktheid* • OUD. *ongeldigheid*
invariable BNW *onveranderlijk*
invasion V • *invasie; inval* • *(het) binnendringen*
invective V *scheldwoord* ★ ~s [mv] *scheldpartij*
invectiver I OV WW INFORM. *uitschelden* **II** ONOV WW OUD. ~ **contre** *schelden op; uitvaren tegen*
invendable BNW *onverkoopbaar*
invendu I BNW *onverkocht* **II** M *onverkocht artikel*
inventaire M • *inventaris; boedelbeschrijving* • *opsomming; lijst*
inventer OV WW • *uitvinden; ontdekken* • *verzinnen* ★ ça ne s'invente pas *zoiets verzin*

je niet
inventeur M [v: **inventrice**] • *uitvinder* • *ontdekker*
inventif BNW [v: **inventive**] *vindingrijk*; *inventief*
invention V • *uitvinding* • *ontdekking* • *verzinsel* • *vindingrijkheid*
inventivité V *vindingrijkheid*; *inventiviteit*
inventorier OV WW *inventariseren*
invérifiable BNW *niet na te gaan*; *onverifieerbaar*
inverse I M *(het) tegendeel*; *(het) tegenovergestelde* ★ à l'~ *omgekeerd*; *daarentegen*; *daartegenover* ★ à l'~ de *in tegenstelling tot* **II** BNW *omgekeerd*; *tegenovergesteld*
inversement BIJW • *omgekeerd* • *daarentegen*; *daartegenover* ★ ~ proportionnel (à) *omgekeerd evenredig (aan)*
inverser OV WW *omkeren*; *omzetten*
inversion V *omkering*; *omzetting*; *inversie*
invertébré BNW *ongewerveld*
inverti BNW *geïnverteerd*
investigateur I M [v: **investigatrice**] *onderzoeker* **II** BNW [v: **investigatrice**] *onderzoekend*; *vorsend*
investigation V *onderzoek*; *nasporing*
investir I OV WW • OOK FIG. *investeren (***dans** *in)* • MIL. *omsingelen* • ~ **de** *bekleden met* ⟨ambt, gezag e.d.⟩ ★ ~ qn de sa confiance *iem. zijn vertrouwen schenken* **II** WKD WW [**s'~**] **dans** *zich intensief wijden aan*; *zich overgeven aan*
investissement M • *investering* • *omsingeling*
investisseur M *investeerder*
investiture V *bevestiging* ⟨in ambt⟩; *benoeming*; *investituur*
invétéré BNW • *ingeworteld* • *verstokt*; *onverbeterlijk* ★ alcoolique ~ *gewoontedrinker*
invincible BNW OOK FIG. *onoverwinnelijk*; *onweerstaanbaar*
inviolabilité V *onschendbaarheid*
inviolable BNW *onschendbaar*
inviolé BNW *ongeschonden*
invisibilité V *onzichtbaarheid*
invisible BNW OOK FIG. *onzichtbaar*
invitation V • OOK FIG. *uitnodiging (***à** *tot, voor)*; *invitatie* • *verzoek*; *aansporing*
invite V *stille wenk*; *hint*
invité M [v: **invitée**] *gast*; *genodigde*
inviter I OV WW • OOK FIG. *uitnodigen (***à** *tot, voor, te)*; *inviteren* • *verzoeken (***à** *te)*; *manen (***à** *tot)* **II** WKD WW [**s'~**] *zichzelf uitnodigen*; *ongevraagd komen*
in vitro BNW ★ fécondation ~ *in-vitrofertilisatie*
invivable BNW *onleefbaar*; *ongenietbaar*
invocation V *aanroeping*; *invocatie*
involontaire BNW *onvrijwillig*; *onwillekeurig*; *onopzettelijk*; *ongewild*
invoquer OV WW • *aanroepen*; *inroepen* • *aanvoeren*; *zich beroepen op*
invraisemblable BNW • *onwaarschijnlijk*; *ongelofelijk* • *potsierlijk*; *onmogelijk*
invraisemblance V *onwaarschijnlijkheid*
invulnérabilité V *onkwetsbaarheid*
invulnérable BNW *onkwetsbaar*
iode M *jodium*
iodé BNW *jodiumhoudend*
iodure M *jodide*
ion M *ion*
ionien BNW [v: **ionienne**] *Ionisch*
ionique BNW • → **ionien**
ioniser OV WW *ioniseren*
iota M *jota* ★ pas un iota *totaal niets*
irai WW [futur] • → **aller**
Irak M *Irak*
irakien BNW [v: **irakienne**] *Irakees*
Irakien M [v: **Irakienne**] *Irakees*
Iran M *Iran*
iranien BNW [v: **iranienne**] *Iraans*
Iranien M [v: **Iranienne**] *Iraniër*
Iraq M • → **Irak**
iraqien BNW [v: **iraqienne**] • → **irakien**
Iraqien M [v: **Iraqienne**] • → **Irakien**
irascible BNW FORM. *prikkelbaar*; *lichtgeraakt*
iris (zeg: ieries) M • *iris* ⟨in alle betekenissen⟩ • *regenboog(kleuren)*
irisation V *irisatie*; *regenboogkleuren*
irisé BNW *regenboogkleurig*; *iriserend*
irlandais I M *(het) Iers* **II** BNW *Iers*
Irlandais M [v: **Irlandaise**] *Ier*
Irlande V *Ierland*
IRM AFK imagerie par résonance magnétique *MRI(-scan)*
ironie V *ironie*
ironique BNW *ironisch*
ironiser ONOV WW *ironisch spreken (***sur** *over)*; *ironiseren*
ironiste M/V OUD. *ironisch spreker/schrijver*
irons WW [futur] • → **aller**
irradiation V • OOK FIG. *uitstraling* • *bestraling*
irradier I OV WW *bestralen* **II** ONOV WW OOK FIG. *(uit)stralen*
irraisonné BNW *onberedeneerd*
irrationnel BNW [v: **irrationnelle**] *irrationeel* ⟨in alle betekenissen⟩
irrattrapable BNW *niet goed te maken*
irréalisable BNW *onuitvoerbaar*; *niet te verwezenlijken*
irréalisme M *gebrek aan realisme*
irréaliste BNW *onrealistisch*
irréalité V *onwezenlijkheid*
irrecevable BNW • JUR. *niet-ontvankelijk* • *niet-inwilligbaar*; *niet-aanvaardbaar*
irréconciliable BNW *onverzoenlijk*
irrécouvrable BNW *oninbaar*
irrécupérable BNW • *niet meer te gebruiken*; *niet-herwinbaar* • *niet meer te socialiseren* ⟨v. persoon⟩; *reddeloos verloren*
irrécusable BNW *onweerlegbaar*; *onwraakbaar*
irréductible BNW • *onverzettelijk* • *onherleidbaar*; *niet-reduceerbaar*
irréel BNW [v: **irréelle**] • *onwezenlijk* • *irreëel*
irréfléchi BNW • *onnadenkend*; *onbedachtzaam* • *ondoordacht*
irréflexion V *onnadenkendheid*; *onbedachtzaamheid*
irréfragable BNW *onweerlegbaar*
irréfutable BNW *onweerlegbaar*
irrégularité V *onregelmatigheid*
irrégulier BNW [v: **irrégulière**] • *onregelmatig* • *ongeregeld* • *illegaal*; *in strijd met de regels* • *wisselvallig (presterend)* ★ verbe ~ *onregelmatig werkwoord*

in

irrégulièrement BIJW • → **irrégulier**
irréligieux BNW [v: **irréligieuse**] *ongodsdienstig*
irréligion V • *ongodsdienstigheid* • *ongeloof*
irrémédiable BNW *onherstelbaar*; *hopeloos*
irrémédiablement BIJW *onherstelbaar*; *onherroepelijk*; *voorgoed*
irrémissible BNW FORM. *onvergeeflijk*
irremplaçable BNW *onvervangbaar*
irréparable BNW *onherstelbaar*
irrépréhensible BNW FORM. *onberispelijk*
irrépressible BNW *onbedwingbaar*
irréprochable BNW *onberispelijk*
irrésistible BNW *onweerstaanbaar*
irrésolu BNW • *besluiteloos*; *weifelend* • *onopgelost*
irrésolution V *besluiteloosheid*
irrespect M FORM. *oneerbiedigheid*
irrespectueux BNW [v: **irrespectueuse**] *oneerbiedig*
irrespirable BNW *niet in te ademen*; *verstikkend*
irresponsabilité V • *onverantwoordelijkheid* • POL. *onschendbaarheid* • JUR. *ontoerekeningsvatbaarheid*
irresponsable BNW • *onverantwoordelijk* • POL. *onschendbaar* • JUR. *ontoerekeningsvatbaar*
irrétrécissable BNW *krimpvrij*
irrévérence V *oneerbiedigheid*
irrévérencieux BNW [v: **irrévérencieuse**] *oneerbiedig*
irréversibilité V *onomkeerbaarheid*
irréversible BNW *niet-omkeerbaar*
irrévocable BNW *onherroepelijk*
irrigable BNW *bevloeibaar*
irrigateur M *besproeier*; *irrigator*
irrigation V *irrigatie*; *bevloeiing* ★ MED. ~ sanguine *doorbloeding*
irriguer OV WW • *bevloeien*; OOK MED. *irrigeren* • MED. *bloed/lichaamsvocht toevoeren naar* ⟨organen⟩
irritabilité V *prikkelbaarheid*
irritable BNW *prikkelbaar*
irritant I BNW *irriterend*; *irritant* **II** M OUD. *irriterend middel*
irritation V OOK MED. *irritatie*; *geprikkeldheid*
irrité BNW OOK MED. *geïrriteerd*; *geprikkeld*; *geërgerd (***de** *over)*; *boos (***contre** *op)*
irriter I OV WW OOK MED. *irriteren*; *prikkelen* **II** WKD WW [**s'~**] *boos worden (***contre** *op)*; *zich ergeren (***de** *aan)*
irruption V *inval*; *binnendringing* ★ faire ~ *binnenvallen*; *(opeens) binnendringen*
isard M *(Pyreneese) gems*
islam M *islam*
islamique BNW *islamitisch*
islamiser OV WW *islamiseren*
islamisme M • *mohammedanisme* • *islamitisch activisme*
islamiste M/V *islamist*
islandais I M *(het) IJslands* **II** BNW *IJslands*
Islandais M [v: **Islandaise**] *IJslander*
Islande V *IJsland*
isobare I V *isobaar* **II** BNW *isobaar*
isocèle BNW *gelijkbenig*
isolable BNW *isoleerbaar*
isolant I BNW *isolerend* **II** M *isolerend middel*; *isolerende stof*
isolateur I BNW [v: **isolatrice**] *isolerend* **II** M *isolator*
isolation V *isolatie*
isolationnisme M *isolationisme*
isolé BNW • *alleenstaand* • *afgezonderd*; *eenzaam* • *geïsoleerd (***de** *van)* • *apart* ★ cas ~ *op zichzelf staand geval*
isolement M • *afzondering*; *eenzaamheid*; *isolement* • *isolatie*
isolément BIJW *afzonderlijk*; *apart (***de** *van)*
isoler I OV WW • *afzonderen (***de** *van)* • *isoleren* ⟨in alle betekenissen⟩ • *afzonderlijk beschouwen* **II** WKD WW [**s'~**] *zich afzonderen (***de** *van)*
isoloir M *stemhokje*
isomère I M *isomeer* **II** BNW *isomeer*
isotherme BNW *isotherm* ★ sac ~ *koeltas* ★ (ligne) ~ *isotherm*
isotope M *isotoop*
Israël M *Israël*
israélien BNW [v: **israélienne**] *Israëlisch*
Israëlien M [v: **Israëlienne**] *Israëliër*; *Israëli*
israélite BNW • *Israëlitisch* • *joods*
Israélite M/V *Israëliet*
issu BNW ~ **de** *afkomstig van*; *geboren uit*; *voortgekomen uit*
issue V • *uitgang* • FIG. *uitweg (***à** *uit)* • *afloop* ★ ~ de secours *nooduitgang* ★ à l'~ de *na afloop van* ★ sans ~ *doodlopend* ⟨v. weg⟩; FIG. *zonder uitweg*; FIG. *uitzichtloos* ★ ~s [mv] *(oneetbaar) afval*
IST AFK infection sexuellement transmissible *soa*
isthme (zeg: iesm) M *(land)engte*
italianisme M *italianisme*
Italie V *Italië*
italien I M *(het) Italiaans* **II** BNW [v: **italienne**] *Italiaans*
Italien M [v: **Italienne**] *Italiaan*
italique I BNW *cursief* **II** M *cursiefletter* ★ en ~(s) *cursief*
item I M *item* **II** BIJW *eveneens*; *idem*
itératif BNW [v: **itérative**] *herhaald*; *iteratief*
itération V *herhaling*
itinéraire M *(reis)route*
itinérant BNW *rondtrekkend*; *reizend*
IUT AFK O&W Institut universitaire de technologie ≈ *TU*; ≈ *Technische Universiteit*
IVG AFK interruption volontaire de grossesse *abortus provocatus*
ivoire M • *ivoor* • *ivoren (kunst)voorwerp* • *tandbeen* ★ en ~ *ivoren* ★ noir d'~ *ivoorzwart*
ivoirien BNW [v: **ivoirienne**] *Ivoriaans*
ivraie V *raaigras* ★ séparer le bon grain de l'~ *het kaf van het koren scheiden*
ivre BNW OOK FIG. *dronken (***de** *van)* ★ ivre mort *stomdronken*
ivresse V • *dronkenschap* • *vervoering*; FIG. *bedwelming*; *roes*
ivrogne I M/V *dronkaard*; *dronkenman* **II** BNW *aan de drank verslaafd*
ivrognerie V *dronkenschap*; *drankzucht*

J

j (zeg: zjie) M letter *j* ★ j comme Jean *de j van Johan*
j' PERS VNW • → **je**
jabot M *krop* ⟨v. vogel⟩
jacassement M • *(het) klappen* ⟨v. ekster⟩ • *gekwebbel*; *geklets*
jacasser ONOV WW • *kwebbelen*; *kletsen* • *klappen* ⟨v. ekster⟩
jacasseur I M [v: **jacasseuse**] *kletskous* **II** BNW [v: **jacasseuse**] *babbelziek*
jachère V • *(het) braak liggen* • *braakland* ★ OOK FIG. laisser en ~ *braak laten liggen*
jacinthe V *hyacint*
jacobin I M GESCH. *jakobijn* ⟨fel republikein⟩ **II** BNW *jakobijns*
Jacques • *Jakobus*; *Jakob* • GESCH. *spotnaam voor Franse boer*
jactance V • FORM. *snoeverij* • INFORM. *geklets*; *gezwam*
jacter ONOV WW INFORM. *kletsen*; *zwammen*
jaculatoire BNW ★ oraison ~ *schietgebedje*
jacuzzi M *jacuzzi*; *bubbelbad*
jade M • *jade* • *jaden (kunst)voorwerp*
jadis (zeg: -dies) **I** BNW ★ au temps ~ *(in) vroeger (tijd)* **II** BIJW *vroeger*; *eertijds*
jaguar M *jaguar*
jaillir ONOV WW • *plotseling naar voren komen*; *plotseling ontstaan* • *opspringen*; *opwellen*; *opspuiten*; OOK FIG. *oplaaien* • *(voor)uitsteken* ★ les réactions ~ent de tous côtés *de reacties kwamen ineens van alle kanten*
jaillissement M • → **jaillir**
jais M *git* ★ de jais/noir comme du jais *gitzwart*
jalon M • *bakenstok* • FIG. *baken*; *richtsnoer* ★ poser les ~s (de qc) *de weg bereiden (voor iets)*; *(iets) uitstippelen*
jalonnement M *afbakening*; *afpaling*
jalonner I OV WW • OOK FIG. *afbakenen*; *afpalen* • FIG. *(doorlopend) markeren* ★ jalonné de *een lange reeks vormend van*; *rijk aan* **II** ONOV WW *bakenstokken plaatsen*
jalouse [V] • → **jaloux**
jalousement BIJW *jaloers*; *angstvallig*
jalouser OV WW *jaloers zijn op*
jalousie V • *jaloezie*; *afgunst* • *zonneblind*; *jaloezie* ★ ~ de métier *broodnijd*
jaloux I BNW [v: **jalouse**] • *afgunstig*; *jaloers (**de** op)* • FORM. *alert (**de** op)*; *angstvallig bedacht (**de** op)* ★ ~ de sa liberté *zeer gehecht aan zijn vrijheid* **II** M [v: **jalouse**] *jaloers persoon* ★ faire des ~ FIG. *schele ogen maken*
jamaïcain BNW • → **jamaïquain**
jamaïquain, jamaïcain BNW *Jamaicaans*
Jamaïque V *Jamaica*
jamais BNW • *ooit*; *altijd* ★ à (tout) ~ *voor altijd* ★ pour ~ *voor altijd* ★ si ~ tu le vois *mocht je hem (ooit) zien* • [met ontkenning] *nooit* ★ ne... ~ *nooit* ★ on ne sait ~ *je weet maar nooit* ★ je ne le vois ~ *ik zie hem nooit* ★ je ne le verrai plus ~ *ik zal hem nooit meer zien* ★ ne... ~ que *nooit/niets anders dan* • [zonder ww] *nooit* ▾ au grand ~ *nooit ofte nimmer*
jambage M • *opstaande stut*; *(deur-, venster)stijl* • *poot*; *neerhaal* ⟨v. letter⟩
jambe V • *been*; *poot* ⟨v. dier⟩ • *broekspijp* • *schoor*; *steun(balk)* ★ ~ de bois *houten been* ★ les ~s d'un compas *de benen v.e. passer* ★ prendre ses ~s à son cou *de benen nemen* ★ fuir à toutes ~s *in allerijl vluchten* ★ il me tient la ~ *hij houdt me aan de praat* ★ il est dans mes ~s *hij loopt me voor de voeten* ★ INFORM. ça me fait une belle ~ *daar schiet ik niet veel mee op* ★ il fait tout par-dessus la ~ *hij doet alles met de Franse slag* ★ n'avoir plus de ~s/avoir les ~s coupées *niet meer op zijn benen kunnen staan* ⟨v. moeheid⟩ ★ courir à toutes ~s *zo hard lopen als men kan* ★ traîner les ~s *moeilijk lopen*
jambière V • *beenbeschermer* • *beenwarmer*
jambon M *ham* ★ ~ blanc/cuit *gekookte ham*
jambonneau M [mv: **jambonneaux**] • *soort mossel* • *hammetje*
jante V *velg*
janvier M *januari*
Japon M *Japan*
japonais I M *(het) Japans* **II** BNW *Japans*
Japonais M [v: **Japonaise**] *Japanner*
jappement M *gekef*
japper ONOV WW *keffen*
jaquette V • *jacquet* ⟨lange jas⟩ • *stofomslag* ⟨v. boek⟩ • *jacketkroon*
jardin M *tuin* ★ ~ fruitier *boomgaard* ★ ~ ouvrier *volkstuin* ★ ~ potager *moestuin* ★ ~ public *park*; *plantsoen* ★ ~ des plantes *botanische tuin* ★ ~ d'hiver *wintertuin* ★ ~ d'Eden *hof van Eden* ★ ~ secret *iemands intiemste gedachten*; *iemands privéwereldje* ★ ~ d'enfants *kleuterschool*; *peuterspeelzaal* ★ jeter une pierre dans le ~ de qn *iem. een steek onder water geven*
jardinage M *(het) tuinieren*
jardiner ONOV WW *tuinieren* ⟨uit liefhebberij⟩
jardinerie V *winkel voor tuinbenodigdheden*
jardinet M *tuintje*
jardinier I M [v: **jardinière**] *tuinier*; *tuinman* **II** BNW [v: **jardinière**] *tuin-*
jardinière V • *bloembak*; *jardinière* • *fijngesneden gekookte groenten* ★ potage à la ~ *groentesoep*
jargon M • *koeterwaals* • *jargon*
jargonner ONOV WW *onbegrijpelijke taal spreken*
jarre I M *stekelhaar* ⟨in wol, vacht⟩ **II** V • *aarden kruik/pot* • NATK. *Leidse fles*
jarret M • *knieholte* • *spronggewricht* ⟨v. dieren⟩ • *schenkel* • TECHN. *uitsteeksel*; *knik*; *knie* ★ avoir du ~ *goed kunnen lopen*
jarretelle V *jarretelle*; *kousophouder*
jarretière V *kousenband*
jars (zeg: zjar) M *gent* ⟨mannetjesgans⟩
jaser ONOV WW • *kletsen*; *roddelen (**sur** over)*; *(ver)klappen* • *klappen*; *krijsen* ⟨v. vogels⟩
jaseur I M [v: **jaseuse**] *babbelaar*; *kletskous* **II** BNW [v: **jaseuse**] *babbelziek*
jasmin M *jasmijn*
jaspe M *jaspis*
jatte V *kommetje*; *mok*
jauge V • *peilstok*; *(ijk)maat* • *vereiste inhoud*; *standaardmaat*; SCHEEPV. *tonnenmaat* ★ ~

d'essence *benzinemeter*
jaugeage M • *peiling; inhoudsbepaling; meting* • *ijkloon*
jauger I OV WW • *de inhoud bepalen van; peilen; meten* • FIG. *peilen; naar waarde schatten* **II** ONOV WW • *een diepgang hebben van* • *een tonnage hebben van; meten*
jaunâtre BNW *geelachtig*
jaune I BNW *geel* **II** BIJW *geel* ★ rire ~ *lachen als een boer die kiespijn heeft* **III** M *gele kleur; (het) geel* ★ ~ d'œuf *eierdooier* ★ ~ citron *citroengeel* **IV** M/V • MIN. *werkwillige; stakingsbreker; lid v.e. gele (werkgeversgezinde) vakbond* • *iemand v.h. gele ras*
jaunet BNW [v: **jaunette**] *geelachtig*
jaunir I OV WW *geel maken* **II** ONOV WW *geel worden*
jaunisse V *geelzucht* ★ INFORM. en faire une ~ *zich groen en geel ergeren*
jaunissement M *(het) vergelen*
java V *soort dans* ★ INFORM. faire la java *de bloemetjes buiten zetten; pret maken*
javanais I M *(het) Javaans* **II** BNW *Javaans*
Javanais M [v: **Javanaise**] *Javaan*
Javel V ★ eau de ~ *bleekwater*
javelliser OV WW *chloreren* ‹v. water›
javelot M • *werpspies; speer* • SPORT *(het) speerwerpen*
jazz (zeg: dzjaz) M *jazz*
jazzman M [mv: **jazzmen/jazzmans**] *jazzmusicus*
J.-C., J.C. AFK Jésus-Christ *J.C.; Jezus Christus*
je, j' ‹voor klinker of stomme h› PERS VNW *ik*
jean (zeg: dzjien) M • *spijkerbroek* • *spijkerstof*
Jean *Johannes; Jan*
jean-foutre M [mv: id.] INFORM. *jandoedel; sukkel*
jeannette V • *strijkplankje; mouwplank* • *(gouden) kruisje om de hals*
jeans (zeg: dzjienz) M • *spijkerbroek* • *spijkerstof*
jeep (zeg: (d)zjiep) V *jeep*
je-m'en-foutisme M INFORM. *(schromelijke) onverschilligheid; lamlendigheid*
je-ne-sais-quoi M [mv: id.] ★ un ~ *een bepaald iets; iets onbestemds*
jérémiade V *jeremiade; jammerklacht*
jerricane M • → **jerrycan**
jerrycan M *jerrycan*
jersey M *jersey*
jésuite I M OOK FIG. *jezuïet* **II** BNW OOK FIG. *jezuïtisch*
jésuitique BNW OOK FIG. *jezuïtisch*
jésuitisme M OOK FIG. *jezuïtisme*
jésus M • *Jezusbeeldje* • *lief kind*
Jésus (zeg: zjeezuu) *Jezus*
Jésus-Christ (zeg: zjeezuukrie) M *Jezus Christus*
jet M • *(het) werpen; worp* • *(krachtige) straal* • *(het) gieten* ‹v. metaal› • PLANTK. *loot* • *straalvliegtuig; jet* ★ jet d'eau *waterstraal; (spring)fontein* ★ jet à la mer *(het) overboord werpen v.d. lading* ★ premier jet *voorontwerp; (ruwe) schets* ★ à un jet de pierre *op een steenworp* ★ d'un (seul) jet *ineens* ★ laver au jet *schoonspuiten* ‹v. auto› ★ imprimante à jet d'encre *inkjetprinter*
jetable BNW *wegwerp-*
jeté M • *jeté* ‹danssprong› • *tafelloper* • *(het) stoten* ‹bij gewichtheffen›
jetée V • *havenhoofd; pier* • *pier* ‹op luchthaven›
jeter I OV WW • *werpen; (weg)gooien* • *uitstoten; slaken* • *leggen* ‹v. grondslag›; *slaan* ‹v. brug› • *gieten* ‹v. metaal› • FIG. *zaaien; teweegbrengen* ★ ~ (à) bas *omverhalen* ★ ~ un coup d'oeil (sur) *een blik werpen (op)* ★ c'est (bon) à ~ *dat kun je wel weggooien* ★ ~ qc sur le papier *iets snel op papier zetten* ★ ~ des feux *schitteren* ★ ~ à la face/à la figure/au nez *verwijten; naar het hoofd slingeren* ★ ~ un cri *een kreet slaken* ★ ~ les yeux sur qn *zijn oog op iem. laten vallen* ★ INFORM. en ~ *puik/indrukwekkend zijn* • ~ **dans** FIG. *dompelen in; doen geraken in/tot* ★ ~ dans l'embarras *in verlegenheid brengen* ★ ~ dans la crainte *bevreesd maken* **II** WKD WW [**se** ~] • *zich werpen; zich storten* ★ se ~ au cou de qn *iem. om de hals vallen* ★ se ~ aux bras de qn *zich in iemands armen werpen* • ~ **dans** *uitmonden in*
jeton M • *muntje; (speel)penning; fiche* • INFORM. *klap; dreun* ★ FIG. faux ~ *onbetrouwbare vent; huichelaar* ★ INFORM. vieux ~ *ouwe knar* ★ INFORM. faux comme un ~ *erg vals* ★ INFORM. avoir les ~s *in de piepzak zitten*
jeu M [mv: **jeux**] • OOK FIG. *spel* ★ jeu vidéo *game; computerspel* ★ jeu de cartes *kaartspel* ★ jeu de mots *woordspeling* ★ jeu de dames *damspel* ★ jeu d'échecs *schaakspel* ★ jeu d'enfant OOK FIG. *kinderspel* ★ jeu de hasard *kansspel* ★ les jeux du hasard *de spelingen van het lot* ★ jeu de jambes *voetenwerk* ★ jeu de paume *kaatsbaan* ★ jeu de quilles *kegelbaan* ★ jeu de société *gezelschapsspel* ★ par jeu *voor de grap; speels* ★ hors jeu *buitenspel* ★ jouer (le) double jeu *dubbel spel spelen* ★ jouer gros jeu *grof spelen; gevaarlijk spel spelen* ★ ce n'est qu'un jeu pour lui *dat is maar kinderspel voor hem* ★ se faire un jeu de qc *ergens een spelletje van maken*; FIG. *om iets lachen* ★ avoir beau jeu *gemakkelijk/vrij spel hebben* ★ entrer en jeu OOK FIG. *gaan meespelen* ★ entrer dans le jeu de qn *iemands spel meespelen; met iem. meedoen* • *stel* ‹v. bijeenbehorende zaken›; *set* ★ un jeu d'avirons *een stel riemen* • *werking* • TECHN. *speling* ★ jeux d'eau *waterwerken* ‹fonteinen e.d.› ▾ c'est vieux jeu *dat is ouderwets* ▾ cacher son jeu *zich niet in de kaart laten kijken* ▾ calmer le jeu *de gemoederen bedaren* ▾ être en jeu *op het spel staan* ▾ faites vos jeux! *inzetten!* ▾ FIG. les jeux sont faits *de kaarten zijn geschud* ▾ faire le jeu de qn *iem. (onbedoeld) in de kaart spelen* ▾ jouer le jeu *zich aan de regels houden; eerlijk (mee)doen* ▾ jouer le grand jeu FIG. *flink uitpakken* ▾ cela n'est pas de/du jeu *dat is niet volgens de regels; dat is niet eerlijk* ▾ mettre en jeu *inzetten; aanwenden* ▾ se piquer/prendre au jeu *de smaak te pakken krijgen; stug doorgaan*
jeudi M *donderdag* ★ Jeudi saint *Witte Donderdag* ★ INFORM. la semaine des quatre

~s *sint-juttemis*
jeun ★ à jeun *nuchter* ‹niets gegeten hebbend›; *op de nuchtere maag*
jeune I BNW • *jong* • *recent*; *nieuw* • *onschuldig*; *groen* • *jeugdig* ‹na zn› • *junior* • INFORM. *krap* ★ les ~s gens *de jongelui* **II** M/V *jongere*
jeûne M *(het) vasten*; OOK FIG. *onthouding*
jeûner ONOV WW *vasten*
jeunesse V • *jeugd*; *kinderjaren* • *jongheid*; *frisheid* • *jeugd*; *jongeren* ★ première ~ *prille jeugd* ★ erreur/péché de ~ *jeugdzonde* ★ ~ dorée *rijke jongelui* ★ les ~s hitlériennes *de Hitlerjugend*
jeunet BNW [V: **jeunette**] INFORM. *piepjong*
jeunot M INFORM. *jonkie*
jeux M MV • → **jeu**
jiu-jitsu (zeg: zjuuzjietsuu) M *jiujitsu*
JO AFK • Journal officiel *Staatscourant* • Jeux olympiques *Olympische Spelen*
joaillerie V • *juwelierszaak* • *juwelen* • *juweliersvak*
joaillier, joailler M [V: **joaillière, joaillère**] *juwelier*
job M INFORM. *job*; *baantje*
jobard I M *sufferd* **II** BNW *onnozel*; *oerdom*
Joconde V ★ la ~ *de Mona Lisa*
jodler ONOV WW *jodelen*
jogger ONOV WW *joggen*
jogging M • *(het) joggen* • *joggingpak* ★ faire du ~ *joggen*
joie V *vreugde*; *genot*; *plezier* ★ joie de vivre *levensvreugde* ★ fille de joie *meisje van plezier* ★ faire la joie de qn *iem. gelukkig stemmen* ★ se faire une joie de qc *zich in/op iets verheugen* ★ INFORM. ce n'est pas la joie *het is geen pretje*; *leuk is anders* ★ mettre en joie *vrolijk maken*
joignable BNW *bereikbaar* ‹v. persoon›
joindre I OV WW [onregelmatig] • *samenvoegen*; *bijeenvoegen*; *verbinden*; *verenigen* • *zich voegen bij* • *bereiken* ‹v. persoon› ★ j'ai essayé de le ~ par téléphone *ik heb geprobeerd hem via de telefoon te bereiken* ★ ~ les mains *de handen vouwen* ★ ~ l'utile à l'agréable *het nuttige met het aangename verenigen* • **~ à** *voegen bij*; *paren aan* **II** ONOV WW *passen*; *(aan)sluiten* ★ planches qui joignent bien *planken die goed aaneensluiten* ★ la fenêtre joignait mal *het raam sloot slecht* **III** WKD WW [**se ~**] • *samenkomen* • **~ à** *zich voegen bij*; *zich aansluiten bij*
joint I BNW • *bijgevoegd* • *samengevoegd* ★ ci-~ *hierbij ingesloten* ★ pièces ~es *bijlagen* ★ les mains ~es *met gevouwen handen* **II** M • *naad*; *las*; *verbinding*; *voeg* • *pakking* • *koppeling* • PLAT *joint* • OUD. *gewricht* ★ trouver le ~ *de zaak op de goede manier aanpakken*; *het antwoord vinden*
jointif BNW [V: **jointive**] *aaneensluitend*
jointoyer OV WW *voegen* ‹v. metselwerk›
jointure V • *gewricht* • *voeg*; *verbinding*
jojo I M ★ INFORM. un affreux jojo *een etter (van een kind)* **II** BNW [onver.] ★ INFORM. pas très jojo *niet zo fraai/leuk*
joker (zeg: (d)zjokèr) M • *joker* • *onverwacht redmiddel*
joli I BNW • OOK HUMOR. *leuk* • *knap*; *mooi*; *aardig* ‹om te zien› ★ joli comme un cœur *beeldschoon*; *snoezig* **II** M ★ c'est du joli! *dat is me wat moois/fraais!* ★ c'est du joli d'en parler ainsi *het is fraai om zo te praten*
joliesse V *(het) mooie*; *schoonheid*
joliment BIJW • *aardig*; *knap* • *erg*; *behoorlijk* ★ il est ~ riche *hij is behoorlijk rijk*
jonc (zeg: zjo(n)) M • *bies*; *riet*; *rietstengel* • *gladde ring/armband* • PLAT *geld*
jonchée V • *wat op de grond gestrooid/verspreid ligt* • *soort kaasje* ‹v. in een mandje uitgedropen wrongel›
joncher OV WW *bedekken*; *bestrooien*; *bezaaien (**de** met)*
jonchère V *biesbos*
jonction V *vereniging*; *verbinding*; *aansluiting*; *samenkomst*
jongler ONOV WW • *jongleren* • **~ avec** FIG. *goochelen met*; *handig/moeiteloos omgaan met*
jonglerie V MIN. *handigheidje*; FIG. *gegoochel*
jongleur M • *jongleur* • FIG. *goochelaar* • *middeleeuws minstreel*
jonque V *jonk* ‹schip›
jonquille I M *geelwit* **II** V *tijloos*; *gele narcis*
Jordanie V *Jordanië*
jordanien BNW [V: **jordanienne**] *Jordaans*
Jordanien M [V: **Jordanienne**] *Jordaniër*
jouable BNW • *(be)speelbaar* • *haalbaar*; *doenlijk*
joue V OOK TECHN. *wang* ★ coucher/mettre en joue *aanleggen* ‹v. vuurwapen› ★ en joue! *legt aan!*
jouer I OV WW • *spelen* • *op het spel zetten*; *inzetten (**sur** op)* • *voorwenden*; *spelen (voor)* • OUD. *bedriegen*; *beetnemen* ★ rien n'est joué *het is nog lang niet uitgemaakt*; *alles is nog mogelijk* **II** ONOV WW • *spelen* • FIG. *een rol spelen*; *gelden* • *in werking zijn*; *bewegen* ★ à toi de ~! *het is jouw beurt!*; *nu jij!* ★ c'est pour ~ *het is voor de grap* ★ bien joué! *goed gedaan!*; *goed zo!* ★ faire ~ *doen werken*; *aanwenden* ★ cette loi ne joue pas pour nous *deze wet geldt niet voor ons* ★ faire ~ la corde sensible *op het gevoel werken* • **~ à** *spelen* ‹v. spel, sport› ★ ~ à des jeux vidéo *gamen* ★ ~ aux billes *knikkeren* ★ ~ à cache-cache *verstoppertje spelen* ★ ~ aux dames *dammen* ★ ~ au tennis *tennissen* ★ ~ au grand seigneur *de grote meneer uithangen* • **~ de** *(be)spelen* ‹v. muziekinstrument›; *hanteren*; *gebruiken* ★ ~ du piano *piano spelen* ★ ~ du couteau *met een mes goochelen/steken* ★ ~ de malchance *pech hebben* • **~ sur** *speculeren op/in* ★ ~ sur les mots *woordspelingen maken* **III** WKD WW [**se ~**] • *gespeeld worden*; *zich afspelen* • *op het spel staan* ★ (comme) en se jouant *spelenderwijs* ★ INFORM. se la ~ *zich iets inbeelden*; *spelen voor* • FIG. **~ de** *spotten met*; *lachen om*
jouet M • *stuk speelgoed* • FIG. *speelbal*; *slachtoffer*; *voorwerp van spot*
joueur I M [V: **joueuse**] *speler* ★ ~ de bourse *speculant* ★ il est mauvais ~ *hij is een slecht verliezer* **II** BNW [V: **joueuse**] • *speels*

• *goklustig*
joufflu BNW *bolwangig*
joug (zeg: zjoe) M OOK FIG. *juk*
jouir ONOV WW • *genieten (***de** *van)* • *klaarkomen*; *een orgasme hebben* • **~ de** *het genot hebben van*; FIG. *genieten*; *bezitten* ★ le pays jouit d'un bon climat *het land heeft een fijn klimaat*
jouissance V OOK JUR. *genot* ★ les ~s de la vie *de geneugten van het leven* ★ avoir la ~ de *in het bezit/genot zijn van*
jouisseur M [v: **jouisseuse**] *(levens)genieter*; *genotzoeker*
joujou M [mv: **joujoux**] JEUGDT. *speeltje* ★ INFORM. faire ~ *spelen* ⟨v. kind⟩; *zich amuseren*
joule M *joule* ⟨eenheid van arbeid⟩
jour M • *dag* • *daglicht*; OOK FIG. *licht* • *gat*; *opening*; *tussenruimte* ★ le jour de l'an *nieuwjaarsdag* ★ l'autre jour *onlangs* ★ d'un jour à l'autre *van de ene dag op de andere*; *binnenkort* ★ un jour ou l'autre *op een dag*; *vroeg of laat* ★ un de ces jours *een dezer dagen* ★ jour pour jour *op de dag af* ★ beauté d'un jour *kortstondige schoonheid* ★ les beaux jours *de mooie tijd*; *de jonge jaren*; *de voorspoed* ★ du jour au lendemain *van de ene dag op de andere*; *zomaar ineens* ★ de nos jours *tegenwoordig*; *in onze tijd* ★ ces derniers jours *de laatste tijd* ★ de jour *overdag*; *dag-* ★ le jour *overdag* ★ tous les deux jours *om de dag* ★ un beau jour *op een goede dag* ★ au jour le jour *van dag tot dag*; *gestaag* ★ de tous les jours *alledaags* ★ beau comme le jour *beeldschoon* ★ clair comme le jour *klaar als een klontje* ★ avant le jour *voor dag en dauw* ★ faux jour *vals licht* ★ sous un faux jour *in een verkeerd daglicht* ★ en plein jour *op klaarlichte dag* ★ au petit jour *in de ochtendschemering* ★ il fait jour *het is licht/dag* ★ demain il fera jour *morgen is er weer een dag* ★ se faire jour *aan het licht komen*; *zich manifesteren* ★ à jour *op de hoogte*; *bijgewerkt*; *up-to-date*; *opengewerkt*; *ajour* ★ percé à jour *onthuld*; *ontmaskerd* ★ les vieux jours *de oude dag* ★ ce n'est pas mon jour *ik heb mijn dag niet* ★ c'est le jour et la nuit *dat is een verschil als van dag en nacht* ★ ses jours sont en danger *hij verkeert in levensgevaar* ★ donner le jour *het leven schenken* ★ mettre à jour *bijwerken* ★ mettre au jour *aan het licht brengen*; *blootleggen* ★ mettre fin à ses jours *zich het leven benemen* ★ se montrer sous un jour favorable *zich van zijn goede kant laten zien* ★ se montrer sous son vrai jour *zijn ware gezicht tonen* ★ prendre (un) jour *een dag afspreken* ★ tenir les livres à jour *de boeken bijhouden* ★ venir au jour *ter wereld komen* ★ vivre au jour le jour *van de hand in de tand leven* ★ voir le jour OOK FIG. *het levenslicht aanschouwen* ★ jour anniversaire *dies*; *gedenkdag* ★ FIG. le jour J *de Grote Dag* ★ (les) quatres Jours ≈ *vierdaagse* ★ jours [mv] *(levens)dagen*; *leven*
Jourdain M *Jordaan*
journal M [mv: **journaux**] • *dagblad*; *krant*; *tijdschrift* ★ ~ de petites annonces ≈ *huis-aan-huis-blad* • *journaal* ⟨in alle betekenissen⟩ ★ ~ (intime) *dagboek* ★ ~ de bord *logboek* ★ ~ télévisé *televisiejournaal* ★ Journal officiel ≈ *Staatscourant*
journalier I BNW [v: **journalière**] *dagelijks* **II** M [v: **journalière**] *dagloner*
journalisme M *journalistiek*
journaliste M/V *journalist*
journalistique BNW *journalistiek*
journée V • *dag*; *werkdag* • *dagreis* ★ être payé à la ~ *per dag betaald worden*
journellement BIJW *dagelijks*; *geregeld*
joute V OOK FIG. *steekspel*
jouvence V ★ fontaine/bain/source de ~ *verjongingsbron*
jouvenceau M [v: **jouvencelle**] OUD. *jongeling*
jouxter ONOV WW FORM. *liggen naast*
jovial BNW [m mv: **joviaux**] *joviaal*; *opgeruimd*
jovialité V *jovialiteit*; *opgeruimdheid*
joyau M [mv: **joyaux**] OOK FIG. *juweel*; *kleinood* ★ le plus beau ~ de son écrin *het kostbaarste dat hij bezit*
joyeux BNW [v: **joyeuse**] *vrolijk*; *opgeruimd*; *vreugdevol* ★ joyeuse entrée *blijde intocht*
jubé M *oksaal*
jubilaire BNW • *zijn vijftigjarig jubileum vierend* • REL. *jubel-* ★ année ~ *jubeljaar*
jubilation V *jubel(stemming)*
jubilé M • *gouden jubileum* • REL. *jubeljaar*
jubiler ONOV WW *(innerlijk) schik hebben*; *jubelen*
jucher I OV WW *hoog plaatsen*; *hoog zetten (***sur** *op)* ★ juché sur *boven op* **II** ONOV WW • *op een hoge plaats zitten* ⟨v. vogels (kippen, fazanten)⟩ • INFORM. *hoog wonen* **III** WKD WW [**se ~**] *hoog gaan zitten* ⟨v. vogels⟩
judaïque BNW *joods*
judaïsme M • *joodse godsdienst* • *Jodendom*
judas (zeg: -dà) M • *verrader*; *judas* • *kijkgaatje*; *luikje*
Judée V *Judea*
judiciaire BNW *gerechtelijk*; *rechterlijk*
judicieux BNW [v: **judicieuse**] *verstandig*; *oordeelkundig*
judo M *judo*
judoka M/V *judoka*
juge M/V • *rechter*; *scheidsrechter* • *beoordelaar* ★ juge d'instance *kantonrechter* ★ juge d'instruction *rechter van instructie*; *rechter-commissaris* ★ OUD. juge de paix *vrederechter*; *kantonrechter* ★ REL. les Juges *Richteren* ★ juge de ligne *lijnrechter* ★ juge de touche *grensrechter* ★ être juge et partie *rechter in eigen zaak zijn*
jugé M ★ au jugé *op de gis*; *op de gok*; *op goed geluk*
jugement M • *oordeel*; *beoordeling* • *oordeelsvermogen*; *verstand*; *kritisch inzicht* • JUR. *uitspraak*; *vonnis*; *berechting* ★ Jugement dernier *laatste Oordeel* ★ GESCH. ~ de Dieu *godsoordeel* ★ ~ de valeur *waardeoordeel*
jugeote V INFORM. *gezond verstand*
juger I OV WW • *(be)oordelen*; *beschouwen als*; *vinden* • *rechtspreken over*; *uitspraak doen in*;

ju

vonnissen ★ (en force de) chose jugée *(in kracht van) gewijsde* ★ ~ qn selon qc *iem. afrekenen op iets* **II** ONOV WW ● *oordelen (***de** *over)* ★ à en ~ par *te oordelen naar* ★ au ~ *op de gis; op de gok; op goed geluk* ● **~ de** *zich voorstellen; zich indenken* ★ vous pouvez ~ de ma joie *u kunt zich voorstellen hoe blij ik was*

jugulaire I V ● *stormband van helm; kinband* ● *keelader* **II** BNW *keel-*

juguler OV WW *een halt toeroepen; beteugelen;* FIG. *smoren*

juif I BNW [v: **juive**] ● *joods* ‹m.b.t. geloof› ● *Joods* ‹m.b.t. volk› **II** M [v: **juive**] ● *jood* ‹m.b.t. geloof› ● *Jood* ‹m.b.t. volk›

juillet M *juli*

juin M *juni*

juke-box, jukebox M [mv: id.] *jukebox*

jules M INFORM. *vent* ‹vriend(je), vrijer, echtgenoot›

Jules *Julius; Juul*

julien BNW [v: **julienne**] *juliaans* ★ calendrier ~ *juliaanse tijdrekening*

julienne V ★ ~ de légumes *fijngesneden (soep)groente; groentesoep*

jumbo-jet M [mv: **jumbo-jets**] *jumbojet*

jumeau I M [v: **jumelle**] [m mv: **jumeaux**] ● [vaak mv] *tweeling; meerling* ● *tweelingbroer* ★ vrais/faux ~x *een-/twee-eiige tweeling(en)* **II** BNW [v: **jumelle**] [m mv: **jumeaux**] OOK FIG. *tweeling-* ★ frères ~x *tweelingbroers*

jumelage M ● *paring; koppeling* ● *jumelage* ‹band tussen zustersteden›

jumeler OV WW ● *paarsgewijze samenvoegen; koppelen* ● *door jumelage verbinden* ★ villes jumelées *zustersteden* ★ fenêtres jumelées *tweelingvenster*

jumelle [v] ● → **jumeau**

jumelles I V MV *verrekijker* ★ ~ de théâtre *toneelkijker* **II** [v mv] ● → **jumeau**

jument V *merrie*

jumping M *springconcours*

jungle (zeg: zjo(n)gl) V *rimboe; jungle*

junior I M/V SPORT *junior* **II** BNW *junior*

junkie M *junkie*

junte V *junta*

jupe V ● *rok* ● *zuigerwand*

jupe-culotte V [mv: **jupes-culottes**] *broekrok*

jupette V *kort rokje*

jupon M *onderrok* ★ coureur de ~s *rokkenjager*

jurassien BNW [v: **jurassienne**] *van de Jura*

jurassique M *Jura(periode)*

juré I M [v: **jurée**] *jurylid; gezworene* ★ les jurés *de (gerechts)jury* **II** BNW ★ ennemi juré *gezworen vijand* ★ traducteur juré *beëdigd vertaler*

jurer I OV WW *(be)zweren; onder ede bevestigen* ★ ~ ses grands dieux *bij hoog en laag be(z)weren* ★ ~ la perte de qn *iemands ondergang zweren* ★ INFORM. juré! *echt waar!* **II** ONOV WW ● *zweren* ● *vloeken (***après, contre** *op, tegen)* ● *vloeken (***avec** *met)* ‹v. kleuren› ★ ~ de [+ infin.]/~ que *zweren dat* ★ ~ de qc *ergens een eed op (durven) doen* ★ ne ~ que par FIG. *zweren bij* ★ il ne faut ~ de rien *je kunt nooit weten wat er nog gebeuren kan* ★ je te jure! *echt waar!;* INFORM. *het is toch wat!* **III** WKD WW [**se ~**] **de** *zich heilig voornemen om*

juridiction V ● *jurisdictie* ‹in alle betekenissen›; *rechtsmacht; rechtspleging; rechtsgebied* ● *rechtscollege* ★ INFORM. cela n'est pas de votre ~ *dat gaat u niks aan*

juridictionnel BNW [v: **juridictionnelle**] *rechterlijk; (ge)rechts-*

juridique BNW *juridisch; gerechtelijk; rechts-*

jurisconsulte M *rechtsgeleerde*

jurisprudence V *rechtspraak; jurisprudentie* ★ faire ~ *een precedent scheppen* ‹v. rechterlijke uitspraak›; *gezaghebbend zijn*

juriste M/V *jurist; rechtsgeleerde*

juron M *vloek*

jury M *jury* ‹ook bij rechtbank›; *examencommissie*

jus M ● *sap; jus* ● *jus; vleesnat* ● INFORM. *koffie* ● INFORM. *elektrische stroom* ★ jus de réglisse *dropwater* ★ jus de la treille *wijn* ★ pur jus FIG. *rasecht; onvervalst* ★ INFORM. tomber au jus *in het water vallen* ★ INFORM. ça vaut le jus *dat is de moeite waard* ★ laisser cuire qn dans son jus *iem. in zijn sop laten gaar koken*

jusant M *eb*

jusqu'au-boutisme M *extremistische politiek/gedragslijn*

jusqu'au-boutiste M/V *iem. die tot het uiterste wil gaan; extremist; onverzettelijk iemand*

jusque VZ *tot* ★ jusqu'à *tot (aan); zelfs* ★ jusqu'ici *tot hier toe; tot nu toe* ★ ~-là *tot daar; tot zover; tot dan toe* ★ INFORM. j'en ai ~-là *het zit me tot hier* ★ jusqu'à ce que [+ subj.] *totdat* ★ aller jusqu'à [+ infin.] *zover gaan dat; zelfs* ‹het genoemde doen› ★ il hait jusqu'à ses frères *hij haat zelfs zijn broers*

justaucorps M ● GESCH. *wambuis* ● *balletpakje*

juste I BNW ● *rechtvaardig; rechtmatig; billijk* ● *juist; nauwkeurig; precies* ● *krap; nauw(sluitend)* ‹v. kleren› ★ ~ orgueil *gewettigde trots* ★ le ~ milieu *het juiste midden* ★ voix ~ *zuivere stem* ★ on est ~ *men zit krap* ★ rien de plus ~ *dat is niet meer dan billijk* **II** BIJW ● *juist; precies* ● *krap* ● *slechts* ★ chanter ~ *zuiver zingen* ★ viser ~ *zuiver mikken* ★ tout ~ *ternauwernood; maar net* ★ comme de ~ *zoals het hoort* **III** M ● *rechtvaardige* ● *(het) rechtvaardige* ★ au ~ *precies* ★ qu'est-ce que c'est au ~? *wat is dat precies/eigenlijk?*

justement BIJW ● *precies; net* ● *rechtvaardig; terecht*

justesse V *juistheid; nauwkeurigheid; zuiverheid* ★ ~ de la voix *zuiverheid v.d. stem* ★ de ~ *op het kantje af; maar net*

justice V ● *rechtvaardigheid; recht; gerechtigheid* ● *gerecht; justitie; rechtspraak* ★ en bonne ~ *naar recht en billijkheid* ★ avoir la ~ de son côté *het recht aan zijn kant hebben* ★ faire/rendre ~ à *recht laten wedervaren aan* ★ faire ~ de *ontzenuwen; afrekenen met* ★ se faire ~ *zich recht verschaffen; de hand aan zichzelf slaan* ★ rendre la ~ *rechtspreken* ★ ce n'est que ~ *het is niet meer dan billijk*

Justice V *Vrouwe Justitia*

justiciable I M/V *justitiabele* **II** BNW **~ de** JUR. *te*

berechten door; onderhevig aan; onderworpen aan; in aanmerking komend voor
justicier M [v: **justicière**] *handhaver v.h. recht; (eigenmachtig) bestrijder van onrecht*
justificatif I M *bewijsstuk* **II** BNW [v: **justificative**] • *rechtvaardigend* • *als bewijs dienend; bewijs-*
justification V • *rechtvaardiging* • *staving; bewijs* • *regellengte; uitvulling* ‹v.e. regel›
justifier I OV WW • *rechtvaardigen; vrijpleiten (***de** *van)* • *wettigen* • *bewijzen; aantonen* • *uitvullen* ‹v.e. regel› **II** ONOV WW JUR. **~ de** *aantonen; bewijzen* **III** WKD WW [**se ~**] • *zich rechtvaardigen; zich vrijpleiten (***de** *van)* • *te rechtvaardigen zijn*
jute M • *jute* ‹stof› • PLANTK. *juteplant*
juteux I BNW [v: **juteuse**] • *sappig* • INFORM. *voordelig; winstgevend* **II** M MIL./INFORM. *adjudant*
juvénile BNW *jeugdig* ★ délinquence ~ *jeugdcriminaliteit*
juvénilité V FORM. *jeugdigheid*
juxtalinéaire BNW ★ traduction ~ *vertaling naast de tekst*
juxtaposer OV WW *naast elkaar plaatsen*
juxtaposition V *plaatsing naast elkaar; nevenschikking*

K

k I M letter *k* ★ k comme Kléber *de k van Karel* **II** AFK kilo *k; kilo*
K7 V INFORM. cassette *cassette* ‹audio-, videoband›
kabbale V *kabbala*
kabbalistique BNW *kabbalistisch*
kabyle BNW *Kabylisch*
kafkaïen BNW [v: **kafkaïenne**] *kafkaiaans*
kaki I BNW [onver.] *kaki(kleurig)* **II** M *kaki* ‹kleur; vrucht›
kaléidoscope M OOK FIG. *caleidoscoop*
kamikaze I M *kamikazepiloot; kamikazevliegtuig* **II** BNW FIG. *zelfmoord-*
kangourou M *kangoeroe*
kaolin M *kaolien; porseleinaarde*
kapok M *kapok*
karaoké M *karaoke*
karaté M *karate*
karatéka M/V *karateka*
karbau M *karbouw*
karma, karman M *karma*
kart (zeg: kart) M • *(go-)kart; skelter* • *karting*
karting M *(het) skelteren; karting*
kascher, kasher BNW • → **cascher**
kayak M *kajak; (het) kajakken*
kebab, kébab M *kebab*
Kenya M *Kenia*
kényan BNW *Keniaans*
képi M *kepie*
kératite V *hoornvliesontsteking*
kermesse V • *fancy fair* • *kermis* ‹in Nederland, België en N.-Frankrijk›
kérosène M *kerosine*
ketchup M *ketchup*
keuf M PLAT *smeris*
khâgne V • → **cagne**
khalife M • → **calife**
khmer I M *(het) Khmer; (het) Cambodjaans* **II** BNW [v: **khmère**] *Khmers*
Khmer M [v: **Khmère**] *Khmer*
khôl M *ogenzwart; koolzwart*
kibboutz M [mv: **kibboutz(im)**] *kibboets*
kidnapper OV WW *ontvoeren; kidnappen*
kidnappeur M [v: **kidnappeuse**] *ontvoerder*
kiffer, kifer OV WW INFORM. *houden van; graag mogen; fijn/leuk vinden* ★ je ne kiffe pas ce genre de choses *ik hou niet van die dingen*
kif-kif BNW INFORM. *hetzelfde; één pot nat*
kiki M INFORM. *keel; strot*
kilo M *kilo* ★ en faire des kilos *flink overdrijven*
kilogramme M *kilo(gram)*
kilométrage M • *kilometrage* • *kilometrering*
kilomètre M *kilometer*
kilométrer OV WW • *meten in kilometers* • *van kilometerpalen voorzien* ‹v.e. weg›; *kilometreren*
kilométrique BNW *kilometer-* ★ borne ~ *kilometerpaal*
kilo-octet M [mv: **kilo-octets**] *kilobyte*
kilowattheure M *kilowattuur*
kilt M *kilt*
kimono M *kimono*

kiné I M/V INFORM. kinésithérapeute *fysiotherapeut*; BELG. *kinesist* **II** V INFORM. kinésithérapie *fysiotherapie*; BELG. *kinesie*
kinésithérapeute M/V *fysiotherapeut*
kinésithérapie V *fysiotherapie*
kiosque M • *kiosk* ⟨kraampje⟩ • *tuinhuis*; *koepel* • *toren*; *opbouw* ⟨v. schip⟩ ★ ~ à musique *muziektent* ★ ~ de transformation *transformatorhuisje*
kir M *kir*
kirsch M *kersenbrandewijn*; *kirsch*
kit M *(in)bouwpakket*; *kant-en-klaarpakket* ★ kit mains libres *carkit*
kitch I BNW *kitscherig*; *kitsch-* **II** M *kitsch*
kitchenette V *keukentje*; *kitchenette*
kitesurf M ★ faire du ~ *kitesurfen*
kitsch • → **kitch**
kiwi M • PLANTK. *kiwi* • DIERK. *kiwi*
klaxon M *claxon* ★ donner un coup de ~ *toeteren*
klaxonner ONOV WW *claxonneren*
kleenex M *papieren zakdoekje*
kleptomanie V • → **cleptomanie**
km/h AFK kilomètre(s)-heure *km/u*; *kilometer per uur*
knout M *knoet*
K.-O. AFK knock-out *k.o.*; *knock-out*
koala M *koalabeertje*
kohol M • → **khôl**
kolkhoze M *kolchoz*
kolkhozien BNW [v: **kolkhozienne**] *kolchozen-*
kot M BN *kast*; *kot*; *studentenkamer*
kouglof M CUL. *tulband*
Koweït M *Koeweit*
koweïtien BNW [v: **koweïtienne**] *Koeweits*
krach (zeg: krak) M *beurscrisis*; *(beurs)krach*
kraft M *bruin pakpapier*
kummel M *kummel*
kurde BNW *Koerdisch*
kyrielle V *(hele) reeks*; *sleep*; *sliert*
kyste M *cyste*; *blaas(gezwel)*

L

l I M letter *l* ★ l comme Louis *de l van Lodewijk* **II** AFK litre *l*; *liter*
l' I PERS VNW • → **la, le II** LW • → **la, le**
la I M MUZ. *la*; *a* **II** PERS VNW • → **le III** LW • → **le** ★ la France *Frankrijk* ★ 10 euros la pièce *10 euro per stuk*
là I BIJW • *daar*; *er* • *daarheen* • *op dat moment*; *toen*; *dan* ★ celui-là *die daar*; *hij daar* ★ de là *van daar*; *vandaar*; *daardoor*; *daarna* ★ çà et là *hier en daar* ★ par là *daarlangs*; *daar(heen)* ★ d'ici là *in de tussentijd* ★ ce livre-là *dat boek* ★ tout est là *alles is er*; *dat is de hele kwestie* ★ loin de là *verre van dat* ★ en être là *zo ver zijn* ★ en venir là *zo ver komen* ★ la question n'est pas là *dat is de kwestie niet* ★ entendre par là *daaronder verstaan* ★ de là sa richesse *vandaar zijn rijkdom* ★ mais de là à prétendre que *maar om daarom nu te beweren dat* **II** TW • *nou, zie je wel* • *ziezo* • *kom, kom* ⟨troost⟩ ★ oh là là! *o jee!*
là-bas BIJW *daar(ginds)*
label (zeg: labèl) M • *garantielabel*; *kwaliteitsmerk*; *herkomstaanduiding* • *etiket*; *label*
labéliser, labeliser, labelliser OV WW *labelen*
labeur M • FORM. *zware arbeid* • *groot werk*
labial BNW [m mv: **labiaux**] *labiaal*; *lip-* ★ (consonne) ~e *labiaal*; *lipklank* ★ lecture ~e *liplezen*
labiées V MV *lipbloemigen*
labile BNW FIG. *labiel*
labilité V FIG. *labiliteit*
labo M INFORM. *lab*
laborantin M [v: **laborantine**] *laborant*
laboratoire M *laboratorium* ★ ~ de langues *talenpracticum* ★ ferme-~ *proefboerderij* ★ ~ (de) photo *ontwikkelcentrale*
laborieux BNW [v: **laborieuse**] • *werkzaam*; *ijverig* • *bewerkelijk*; *moeilijk*; *moeizaam* ★ les classes laborieuses *de werkende stand*
labour M *(het) omploegen*; *(het) bewerken v.d. grond* ★ les ~s *de omgeploegde akker*
labourable BNW *beploegbaar* ★ terre ~ *bouwland*
labourage M *(het) bewerken v.d. grond*; *(het) ploegen*
labourer OV WW • *bewerken* ⟨v. grond⟩; OOK FIG. *(door)ploegen*; *omspitten*; *omwoelen* • *openrijten*; *openkrabben*
laboureur M *ploeger*
labrador M *labrador* ⟨hond⟩
labyrinthe M OOK FIG. *doolhof*; *labyrint*
lac (zeg: lak) M *meer* ★ Lac Léman *Meer van Genève* ★ lac Majeur *Lago Maggiore* ★ lac des Quatre Cantons *Vierwoudstedenmeer* ★ FIG. tomber dans le lac *in het water vallen*
laçage M *(het) (dicht)rijgen*
lacer OV WW *(dicht)rijgen*; *vastsnoeren* ★ ~ ses chaussures *zijn veters strikken*
lacération V *(het) (af)scheuren*
lacérer OV WW • OOK FIG. *verscheuren* • *snijden in*

lacet M • *veter; rijgsnoer* • *(haarspeld)bocht* • *strik* ⟨om wild te vangen⟩ • *(gevlochten) band*
lâchage M • *(het) loslaten; (het) laten vallen* • *(het) weigeren* ⟨v. mechanisme⟩
lâche I M/V *lafaard* **II** BNW • *laf; laag(hartig)* • *slap; los(hangend)* • *krachteloos; zwak*
lâché BNW *afgeraffeld; niet-doorwrocht*
lâchement BIJW • *laf; laag(hartig)* • *losjes*
lâcher I M *(het) oplaten/loslaten* ⟨v. duiven, ballonnen⟩ **II** OV WW • *losser maken* • *loslaten; laten gaan* • *lossen; lozen* • *in de steek laten; zich losmaken van* • *(zich) laten ontvallen* ★ ~ des pigeons *duiven oplaten* ★ ~ prise *loslaten* ★ ~ un coup de fusil *een schot lossen* ★ ~ la bride OOK FIG. *de teugels vieren* ★ ~ une sottise *zich iets doms laten ontvallen* ★ ~ pied *afhaken; wijken; vluchten* ★ ~ les écluses *de sluizen openzetten* ★ INFORM. ~ un pet/un vent *een wind laten* ★ INFORM. ~ ses sous /les ~ *dokken; betalen* **III** ONOV WW *breken; het begeven; weigeren* ⟨v. mechanisme⟩
lâcheté V • *lafheid; laag(hartig)heid* • *laffe daad*
lâcheur M [v: **lâcheuse**] • INFORM. *iem. die zijn vrienden laat vallen* • INFORM. *spelbreker*
lacis (zeg: -sie) M • *netwerk* ⟨v. draden, zenuwen, vaten⟩ • FIG. *doolhof; wirwar*
laconique BNW *bondig; beknopt; kort van stof*
laconisme M FORM. *bondigheid*
lacrymal BNW [m mv: **lacrymaux**] *traan-* ★ glande ~e *traanklier*
lacrymogène BNW *traanverwekkend* ★ bombe ~ *traangasgranaat* ★ gaz ~ *traangas*
lacs (zeg: là) M • FORM. OOK FIG. *strik* • *trekdraad*
lactaire I M *melkzwam* **II** BNW OUD. *melk-*
lactation V • *melkafscheiding* • *(het) zogen; melkvoeding*
lacté BNW *melk-; melkachtig* ★ régime ~ *melkdieet* ★ fièvre ~e *melkkoorts* ★ farine ~e *kindermeel* ★ voie ~e *Melkweg*
lactique BNW ★ acide ~ *melkzuur* ★ ferment ~ *melkzuurbacterie*
lactoduc M *melkleiding*
lactose M *lactose; melksuiker*
lacunaire BNW *met leemten; onvolledig; lacuneus*
lacune V • *leemte; gemis; lacune* • *opening; holte* ★ combler une ~ *een leemte aanvullen*
lacustre BNW *meer-; op de oevers van of in een meer levend* ★ plantes ~s *meerplanten* ★ cité/village ~ *paaldorp*
lad M *staljongen*
là-dedans BIJW *daarin; daarbinnen* ★ il y a du vrai ~ *daar zit wat waars in*
là-dessous BIJW *daaronder* ★ il y a qc ~ *daar steekt iets achter*
là-dessus BIJW *daar(boven)op*
ladite BNW • → **ledit**
ladre I BNW • LETTERK./OUD. *gierig* • *gortig* ⟨v. varken/koe⟩ • OUD. *lepreus* **II** M ★ taches de ~ *pigmentloze en onbehaarde plekken* ⟨v. paard⟩ **III** M/V • LETTERK./OUD. *gierigaard* • OUD. *leproos*
ladrerie V • LETTERK./OUD. *gierigheid* • *gortigheid* ⟨v. varken/koe⟩ • OUD. *melaatsheid* • OUD. *leprozerie*
lagon M • *strandmeertje* • *lagune* ⟨v. atol⟩
lagune V *lagune; strandmeer*
là-haut BIJW *daar boven*
La Haye • → **Haye**
lai I M *klein middeleeuws verhalend of lyrisch gedicht* **II** BNW ★ frère lai *lekenbroeder* ★ sœur laie *lekenzuster*
laïc • → **laïque**
laîche V *zegge*
laïcisation V *laïcisering; deconfessionalisering*
laïciser OV WW *laïciseren; deconfessionaliseren*
laïcité V • *scheiding tussen Kerk en staat* • *wereldlijk, niet-confessioneel karakter*
laid I BNW • *lelijk* • *lelijk; slecht; gemeen* ★ laid à faire peur/laid comme un pou *lelijk als de nacht* **II** M [v: **laide**] *lelijk persoon*
laideron I BNW [v: **laideronne**] *lelijk* **II** M *lelijk(e) vrouw of meisje*
laideur V *lelijkheid*
laie V • *wijfje v. everzwijn* • *recht bospad; brandgang* • *steenhouwershamer*
lainage M • *wollen stof* • *wollen kledingstuk* • *kaarding*
laine V • *wol; wollen stof* • *dons* ⟨v. plant⟩ ★ ~ vierge *scheerwol* ★ ~ de bois *houtwol* ★ ~ de verre *glaswol* ★ bas de ~ *spaarkous; spaarcenten* ★ se laisser manger/tondre la ~ sur le dos *zich de kaas van het brood laten eten*
lainer OV WW *kaarden*
laineux BNW [v: **laineuse**] *wollig*
lainier I M [v: **lainière**] • *wolhandelaar* • *wolwerker* **II** BNW [v: **lainière**] *wol-* ★ industrie lainière *wolindustrie*
laïque, **laïc I** M/V *leek* ⟨niet-geestelijke⟩ **II** BNW *niet-confessioneel; wereldlijk; leken-* ★ enseignement ~ *openbaar onderwijs*
lais M [mv: id.] *bij laagwater droogvallend grond*
laisse V • *hondenriem* • *strofe* ⟨v. heldendicht⟩ • *vloedlijn; gedeelte v.h. strand dat bij eb droogvalt* • *aanslibbing* ★ tenir en ~ *aangelijnd houden*
laissé-pour-compte I M [mv: **laissés-pour-compte**] *geweigerd/onverkoopbaar artikel* **II** M [v: **laissée-pour-compte**] *verschoppeling*
laisser OV WW • *laten* • *(toe)laten* • *(over)laten* (**à** *aan); afstaan* • *achterlaten; verlaten* ★ ~ tranquille *met rust laten* ★ se ~ aller *zich laten gaan; zich (eraan) overgeven* ★ ~ faire *laten begaan; alles op zijn beloop laten* ★ se ~ faire *alles over zich heen laten komen; met zich laten sollen* ★ ~ faire les choses *de zaken op hun beloop laten* ★ ~ à désirer *te wensen overlaten* ★ LIT. ne pas ~ de *niet nalaten om; niet ophouden om* ★ ~ au chaud *warm houden* ★ ~ pour mort *voor dood laten liggen* ★ c'est à prendre ou à ~ *'t is kiezen of delen* ★ je te le laisse pour 100 euros *voor 100 euro mag je 't van me hebben* ★ laissez dire *laat de mensen maar kletsen* ★ INFORM. je vous laisse *ik moet (nu) gaan*
laisser-aller M [mv: id.] • *ongedwongenheid; zorgeloosheid* • *onachtzaamheid*
laisser-faire M [mv: id.] *beleid waarbij men niet ingrijpt; laisser faire*
laissez-passer M [mv: id.] • *pasje* ⟨dat vrije

la

doorgang verleent› • *geleidebiljet*
lait M • *melk* • *melkachtig vocht*; *melksap* ★ lait en poudre *melkpoeder* ★ lait de vache *koeienmelk* ★ lait de chèvre *geitenmelk* ★ lait de coco *kokosmelk* ★ FIG. vache à lait *melkkoe* ★ lait de poule *eierdrankje met melk en suiker* ★ cochon de lait *speenvarken* ★ battre du lait *karnen* ★ INFORM. boire du (petit-)lait *voldaan zijn*; *in z'n schik zijn* ★ cela se boit comme du petit lait *je merkt het niet eens* ★ sucer avec le lait ‹spreekwoord› *(iets) met de paplepel ingegoten krijgen*
laitage M • *melkproduct* • [vaak mv] *zuivel*
laitance V *hom* ‹v. vis›
laite V *hom* ‹v. vis›
laiterie V • *melkverwerking*; *zuivelfabriek* • *zuivelindustrie* • *melkerij*
laiteux BNW [v: **laiteuse**] *melkachtig*
laitier I M *metaalslak(ken)* **II** M [v: **laitière**] *melkboer*; *melkman* ★ la laitière *het melkmeisje*; *de melkkom* **III** BNW [v: **laitière**] *melk-*; *zuivel-* ★ (vache) laitière *melkkoe*
laiton M *geelkoper*; *messing*
laitue V *sla* ★ ~ pommée *kropsla*
laïus (zeg: lajuus) M • INFORM. *geklets* • INFORM. *toespraak*; *speech*
laïusser ONOV WW INFORM. *speechen*
laize V *baan/strook* ‹v. stof, papier›
lallation V *gebrabbel*
lama M • DIERK. *lama* • REL. *lama*
lamaneur M *loods*
lambeau M [mv: **lambeaux**] • *afgescheurd stuk* ‹stof, papier, vlees›; *lap* • OOK FIG. *flard* ★ en ~x *aan flarden*
lambic M *lambiek* ‹Belg. bier›
lambin I BNW *treuzelig*; *sloom* **II** M [v: **lambine**] *treuzelaar*
lambiner ONOV WW *treuzelen*
lambourde V *steunbalk*
lambris M • *wandbekleding*; *lambrisering* • *plafondbekleding*; *plafonnering* • *laag gipsmortel* ★ LIT. ~ dorés *prachtige kamers*; *rijke huizen*
lambrisser OV WW • *betimmeren*; *lambriseren* • *bepleisteren* ‹v. plafond›; *stukadoren*
lame V • *dun plaatje*; *schijfje*; *lamel*; *(jaloezie-, parket)latje* • *lemmet*; *kling*; *blad* ‹v. bijl, zaag› • FORM. *golf* • *objectglaasje* ‹v. microscoop› ★ lame (de rasoir) *scheermesje* ★ lame de fond *grondzee*; FIG. *plotselinge deining*; FIG. *vloedgolf* ★ une fine lame *goed schermer*; FIG. *slimme vos* ★ visage en lame de couteau *mager, scherp gezicht*
lamé BNW *doorwerkt met goud- of zilverdraad*
lamelle V *plaatje*; *plakje*; *lamel*; *dekglaasje* ‹v. microscoop›
lamellé BNW *schilferig*
lamentable BNW *slecht*; *erbarmelijk*; *jammerlijk*
lamentation V *jammerklacht*; *klaaglied* ★ mur des ~s *Klaagmuur* ★ ~s [mv] *gejammer*
lamenter WKD WW [**se** ~] *jammeren*; *weeklagen* (**de**, **sur** *over)*
lamier M *dovenetel*
laminage M • → **laminer**
laminaire I BNW *laminair*; *laagsgewijs* **II** V *bruinwier*
laminer OV WW • *lamineren* • OOK FIG. *pletten*; *platwalsen* • *sterk verminderen* ★ fer laminé *walsijzer*
lamineur M *pletter*
laminoir M • *pletmachine*; *pletpers*; *wals* • *pletterij*; *walserij* ★ passer au ~ *het zwaar te verduren hebben*; *door de mangel gehaald worden*
lampadaire M • *staande (schemer)lamp* • *lantaarn(paal)*
lampant BNW ★ pétrole ~ *lampolie*
lampe V • *lamp* • *radiobuis* ★ ~ à arc *booglamp* ★ ~ à incandescence *gloeilamp* ★ ~ de mineur *mijnwerkerslamp* ★ ~ au néon *neonlamp* ★ ~ éclair *flitslampje* ★ ~ à acétylène *carbidlamp* ★ ~ à souder *soldeerlamp* ★ INFORM. s'en mettre plein la ~ *zich volstoppen met eten/drinken*
lampée V INFORM. *grote slok*; *grote teug*
lamper OV WW INFORM. *gulzig (leeg)drinken*
lampe-tempête V [mv: **lampes-tempête**] *stormlamp*
lampion M • *lampion* • OUD. *vetpotje*
lampiste M • *lampenist* • INFORM. *ondergeschikte*; FIG. *loopjongen*
lamproie V *lamprei* ‹vis›
lampyre M *glimworm*
lance V • *lans*; *speer* • *straalpijp*; *sproeier*; *spuit(stuk)* • *(slot)pennetje* ‹v. armband› • *ijzeren punt* ‹op hek›; *puntig voorwerp* • MED. *lancet* ★ ~ d'incendie *brandspuit* ★ rompre une ~ avec/contre *redetwisten met*
lancé BNW *gelanceerd* ‹v. beroemdheid›; *die het `gemaakt' heeft*; *bekend* ★ départ ~ *vliegende start*
lancée V *vaart*; *gang* ★ continuer sur sa ~ *doorrollen/doorrijden (enz.)*; *iets in één moeite door doen*
lance-flamme, lance-flammes M [mv: **lance-flammes**] *vlammenwerper*
lance-fusée, lance-fusées M [mv: **lance-fusées**] *raketwerper*
lance-grenade, lance-grenades M [mv: **lance-grenades**] *granaatwerper*
lancement M • *(het) werpen* • *(het) afschieten*; *(het) lanceren* • *tewaterlating* ‹v. schip› • *(het) op de markt brengen*; *(het) lanceren* • *(het) slaan* ‹v.e. brug› ★ ~ du disque *discuswerpen* ★ ~ du poids *kogelstoten* ★ ~ à froid *koude start*
lance-pierre M [mv: **lance-pierres**] *katapult* ★ INFORM. avec un ~ *schielijk*; *amper*
lancer I M • *worp*; *(het) werpen* ‹v. discus, kogel› • *(het) vissen met werphengel* • *(het) opjagen* ‹v. wild› • *(het) loslaten* ‹v. duiven› **II** OV WW • *werpen*; *slingeren*; *toewerpen (***à** *aan, naar)* • *(af)schieten (***sur** *op)*; *lanceren* • *in beweging brengen*; *op gang brengen*; INFORM. *aan de praat brengen* • *uitwerpen*; *uitstoten* • FIG. *lanceren*; *op de markt brengen*; *bekend maken* • *uitbrengen*; *uitvaardigen*; *openbaar maken* ★ ~ un article *een artikel in de handel brengen* ★ ~ un cerf-volant *een vlieger oplaten* ★ ~ un coup de pied *een schop geven* ★ ~ un cri *een kreet slaken* ★ ~ un emprunt *een lening uitschrijven* ★ ~ un vaisseau *een schip te water*

la

laten **III** WKD WW [**se ~**] • *zich werpen*; OOK FIG. *zich storten (***dans** *in;* **sur** *op)*; *toeschieten* • *naam maken*; *op de voorgrond treden* ★ se ~ dans des explications *zich uitputten in (het geven van) verklaringen*
lance-roquette, lance-roquettes M [mv: **lance-roquettes**] *raketwerper*; *bazooka*
lancette V • *lancet* • *lancetboog*; *spitsboog* ★ arc à ~ *lancetboog*
lanceur I M [v: **lanceuse**] • *iem. die iets op touw zet/invoert* • *werper* **II** M *draagraket*
lancier M *lansier*
lancinant BNW • *stekend*; *zich uitend door scheuten* • *kwellend*; *obsederend* ★ douleur ~e *stekende pijn*
lanciner I OV WW *kwellen*; *obsederen* **II** ONOV WW *steken* ⟨v. pijn⟩
landau M [mv: **landaus**] • GESCH. *landauer* ⟨rijtuig⟩ • *kinderwagen*
lande V *dorre vlakte*; *heideveld*
Landes V MV *(de) Landes* ⟨regio⟩
landgrave M GESCH. *landgraaf*
langage M • *taal*; *spraak* • *taalgebruik* ★ ~ chiffré *cijferschrift* ★ ~ gestuel *gebarentaal* ★ COMP. ~ machine *machinetaal* ★ ~ parlé *spreektaal* ★ ~ technique *vaktaal* ★ changer de ~ *een andere toon aanslaan*
langagier BNW [v: **langagière**] *talig*; *taal-*
lange V *luier* ★ dans les ~s *in de kinderschoenen*
langer OV WW *een luier omdoen*
langoureux BNW [v: **langoureuse**] OUD. *smachtend*; *kwijnend*; *langoureus*
langouste V *langoest*
langoustine V *langoustine*
langue V • OOK FIG. *tong* • *taal* ★ ~ maternelle *moedertaal* ★ ~ verte *argot* ★ ~ de bois *wollig gepraat*; *blabla*; *holle kreten* ★ mauvaise ~ *boze tong*; *kwaadspreker* ★ ~ de vipère *kwaadspreker*; *lastertong* ★ FIG. avoir la ~ trop longue *een lange/losse tong hebben* ★ ~ de terre *landtong* ★ tirer la ~ (à qn) *de tong (tegen iemand) uitsteken* ★ FIG. avaler sa ~ *zijn tong inslikken* ★ avoir la ~ bien affilée *niet op zijn mondje gevallen zijn* ★ avoir la ~ bien pendue *rad van tong zijn* ★ il n'a pas la ~ dans sa poche *hij is niet op zijn mondje gevallen* ★ délier les ~s *de tongen losmaken* ★ lier la ~ à qn *iem. het zwijgen opleggen* ★ se mordre la ~ *zich op de tong bijten* ★ prendre ~ (avec) *ruggespraak houden (met)*; *contact opnemen (met)* ★ tenir sa ~ *zijn mond houden* ★ qui ~ a, à Rome va ⟨spreekwoord⟩ *wie vraagt, komt overal terecht* ★ tourner sept fois sa ~ dans sa bouche avant de parler *zich bezinnen alvorens iets te zeggen*
langue-de-chat V [mv: **langues-de-chat**] *kattentong* ⟨koekje⟩
languette V • *tongvormig (onder)deel*; *tong*; *lipje* • TECHN. *messing* ⟨plankribbel⟩
langueur V • *apathie*; *traagheid*; *loomheid* • *smachtend verlangen*
languide BNW FORM. *smachtend*; *kwijnend*
languir I ONOV WW • *smachten (***après** *naar)*; *hunkeren (***de** *om)* • *lusteloos zijn* • *futloos zijn*; *kwijnen* ★ la conversation languit *het gesprek verslapt* **II** WKD WW [**se ~**] • *zich vervelen* • **~ de** *hunkeren naar*; *missen*
languissant BNW • *futloos*; *mat*; *loom* • *smachtend* • OUD. *kwijnend*; *krachteloos*
lanière V • *riem* • *reep*
lansquenet M GESCH. *landsknecht*
lanterne V *lantaarn* ⟨in alle betekenissen⟩ ★ ~ magique *toverlantaarn* ★ ~ sourde *dievenlantaarn* ★ ~ vénitienne *lampion* ★ ~ rouge *rode lantaarn*; FIG. *hekkensluiter* ★ éclairer la ~ de qn *iem. opheldering geven* ★ prendre des vessies pour des ~s *zich vergissen* ★ ~s [mv] *stadslichten*
lanterneau M *lichtkap*; *bovenlicht*
lanterner ONOV WW *treuzelen*; *lanterfanten* ★ faire ~ *aan het lijntje houden*; *laten wachten*
laotien BNW [v: **laotienne**] *van/uit Laos*
lapalissade V *waarheid als een koe*
laper I OV WW *oplikken* **II** ONOV WW *likken*
lapereau M [mv: **lapereaux**] *jong konijn*
lapidaire I BNW • *steen-*; *lapidair* • *in steen gehouwen* • *bondig* ★ style ~ *bondige, kernachtige stijl* **II** M • *kleine slijpsteen* • *edelsteenslijper*; *edelsteenverkoper*
lapidation V *steniging*
lapider OV WW • *stenigen*; *met stenen bekogelen* • FORM. *fel aanvallen*; *fel bekritiseren*
lapin M *konijn* ★ (mon) petit ~ *schatje* ★ INFORM. chaud ~ *hitsig type*; *geile bink* ★ INFORM. mère ~e *kinderrijke vrouw* ★ coup du ~ *nekslag*; *nekletsel*; *whiplash* ★ c'est un fameux ~ *het is een kranige kerel* ★ INFORM. poser un ~ à qn *zich niet aan een afspraak houden*; *niet komen opdagen*
lapinière V *konijnenberg*; *konijnenhok*
lapis-lazuli, lapis M *lapis lazuli*
lapon I M *(het) Laps* **II** BNW [v: **laponne**] *Laplands*
Lapon M [v: **Laponne**] *Lap*; *Laplander*
Laponie V *Lapland*
laps (zeg: laps) **I** M ★ laps de temps *tijdsverloop* **II** BNW • → **Link**
lapsus (zeg: -suus) M *vergissing*; *verspreking*; *lapsus*
laquage M *(het) lakken*
laquais M *lakei*
laque I M *lak*; *gelakt artikel* **II** V • *lak* • *lakvernis* • *haarlak*
laquelle BETR VNW [v] • → **lequel**
laquer OV WW *lakken*
larbin M • INFORM. *knecht* • INFORM. *onderdanig persoon*
larcin M FORM. *kleine diefstal*; *kruimeldiefstal*
lard M *spek* ★ lard de poitrine *buikspek* ★ INFORM. un gros lard *een dikke vetzak* ★ faire du lard *(dik worden van het) nietsdoen* ★ tête de lard! *varkenskop!*
larder OV WW • *larderen*; OOK FIG. *doorspekken (***de** *met)* • *doorsteken*; *belagen (***de** *met)*
lardon M • *reepje spek* • TECHN. *vulstuk* • INFORM. *kind*
lares M MV GESCH. *huisgoden*; *laren*; *penaten*
largage M • → **larguer**
large I BNW • *breed*; *groot*; *wijd* • *ruim* • *vrijgevig* ★ MIN. avoir la conscience ~ *een ruim geweten hebben* ★ avoir les idées ~s *ruimdenkend zijn* **II** BIJW • *ruim*; *wijd* • *ruim*;

niet-bekrompen ★ INFORM. ne pas en mener ~ *bang zijn* **III** M ● *breedte* ● *volle zee* ★ de long en ~ *heen en weer* ★ un mètre de ~ *een meter breed* ★ au ~ de Marseille *ter hoogte van Marseille; voor de kust van Marseille* ★ prendre le ~ *in zee steken; ervandoor gaan* ★ au ~!/du ~! *maak ruim baan!* ★ être au ~ OOK FIG. *het breed hebben*

largement BIJW ● *ruim; wijd* ● *ruimschoots* ● *royaal* ★ ~ répandu *wijdverbreid*

largesse V *vrijgevigheid* ★ faire des ~s *met milde hand geven*

largeur V ● *breedte; wijdte* ● *brede blik; onbekrompenheid*

larguer OV WW ● SCHEEPV. *vieren; losgooien* ● *afwerpen* ⟨uit (lucht)vaartuig⟩ ● INFORM. *afpoeieren; afdanken; zich ontdoen van* ● *droppen; overboord zetten* ● SPORT *lossen; achter zich laten* ★ être largué FIG. *afgehaakt hebben; niet meer meekunnen*

larigot M ● *soort oude fluit* ● *fluitregister* ⟨v. orgel⟩

larme V ● *traan* ● *beetje drank; druppeltje* ● *boomsap* ★ ~s de crocodile *krokodillentranen* ★ ~ de vin *druppeltje wijn* ★ être en ~s *huilen* ★ être au bord des ~s *bijna gaan huilen* ★ rire aux ~s *zich tranen lachen* ★ pleurer à chaudes ~s *hete tranen schreien* ★ fondre en ~s *in tranen uitbarsten* ★ avoir des ~s dans la voix *met door tranen verstikte stem spreken*

larmoiement M ● *gehuil* ● *(het) tranen* ⟨v. ogen⟩

larmoyant BNW ● *huilerig* ● *tranend* ● *melodramatisch; larmoyant*

larmoyer ONOV WW ● *grienen; huilen* ● *tranen* ⟨v. ogen⟩

larron M OUD. *dief* ★ REL. le bon et le mauvais ~ *de goede en de slechte moordenaar* ⟨bij de kruisiging⟩ ★ le troisième ~ *de lachende derde* ★ s'entendre comme ~s en foire *onder één hoedje spelen; dief en diefjesmaat zijn* ★ l'occasion fait le ~ *de gelegenheid maakt de dief*

larvaire BNW ● *van de larve* ● *in wording* ★ état ~ *larvenstadium; beginstadium*

larve V ● *larve* ● INFORM. *slap figuur; dooie*

larvé BNW *latent; verkapt*

laryngale V TAALK. *keelklank*

laryngite V *laryngitis; strottenhoofdontsteking*

larynx (zeg: -e(n)ks) M *strottenhoofd*

las BNW [v: **lasse**] ● FORM. *moe* ● FORM. **~ de** *beu; moe* ★ je suis las de vivre *ik ben het leven moe* ★ de guerre lasse *strijdensmoe*

lascar M INFORM. *(slimme/uitgeslapen) kerel*

lascif BNW [v: **lascive**] *wellustig; wulps*

lasciveté V *wellustigheid; wulpsheid*

lascivité V ● → **lasciveté**

laser M *laser* ★ rayon ~ *laserstraal*

lassant BNW *vervelend; saai*

lasse BNW ● → **las**

lasser I OV WW ● *vermoeien; vervelen* ● *ontmoedigen; afschrikken* ★ ~ la patience de qn *iemands geduld uitputten* **II** WKD WW [**se ~**] ● OUD. *moe worden* ● **~ de** *genoeg krijgen van*

lassitude V ● *moeheid* ● *neerslachtigheid*

lasso M *lasso*

latence V *latentie*

latent BNW *latent*

latéral BNW [m mv: **latéraux**] *zij-; lateraal; evenwijdig lopend aan* ★ porte ~e *zijdeur*

latéralement BIJW *van opzij; zijdelings*

latex (zeg: -eks) M *latex*

latin I M *(het) Latijn* ★ bas ~ *middeleeuws Latijn* ★ ~ classique *klassiek Latijn* ★ ~ de cuisine *potjeslatijn* ★ ~ populaire *Volkslatijn* ★ j'y perds mon ~ *ik snap er niets (meer) van* **II** BNW *Latijns* ★ l'Amérique ~e *Latijns-Amerika*

latinisme M *eigenaardige Latijnse uitdrukking*

latinité V ● *Latijns taalgebruik* ● *(de beschaving van) de Romaanse volken*

latino-américain BNW [mv: **latino-américains**] *Latijns-Amerikaans*

latitude V ● AARDK. *breedtegraad* ● *luchtstreek; klimaat* ● *vrijheid van handelen* ★ ~ nord/boréale *noorderbreedte* ★ ~ sud/australe *zuiderbreedte* ★ sous toutes les ~s *overal ter wereld*

latrines V MV *latrine*

lattage M *belatting; latwerk*

latte V *lat*

latté M ★ (panneau) ~ *meubelplaat*

latter OV WW *van latten voorzien*

lattis (zeg: -tie) M *latwerk*

laudanum (zeg: -nom) M *laudanum*

laudateur M [v: **laudatrice**] *lofredenaar; lofzanger*

laudatif BNW [v: **laudative**] *lovend; lof-*

laudes V MV *lauden*

lauréat I M [v: **lauréate**] *(de) bekroonde; prijswinnaar* **II** BNW *bekroond*

laurier M ● *laurier* ● *lauwer* ★ s'endormir /se reposer sur ses ~s *op zijn lauweren rusten*

laurier-rose M [mv: **lauriers-roses**] PLANTK. *oleander*

lavable BNW *afwasbaar; wasecht*

lavabo M ● *wastafel* ● *wasruimte* ● REL. *lavabo* ★ les ~s *het toilet*

lavage M *(het) wassen* ★ ~ d'estomac *maagspoeling* ★ ~ de cerveau *hersenspoeling* ★ INFORM. ~ de tête *uitbrander*

lavallière I BNW *vaalbruin* **II** V *soort dasstrik*

lavande V *lavendel*

lavandière V ● *wasvrouw* ● *kwikstaart*

lavasse V INFORM. *waterig drankje/sausje*; FIG. *slootwater*

lave V *lava*

lave-glace M [mv: **lave-glaces**] *ruitensproeier* ⟨v. auto⟩

lave-linge M [mv: **lave-linge(s)**] *wasmachine*

lavement M *darmspoeling; lavement; wassing*

laver I OV WW ● *wassen; afwassen; schoonmaken; (uit)spoelen* ● FIG. *uitwissen; schoonwassen (***de** *van); van schuld vrijpleiten* ★ machine à ~ *wasmachine* ★ bleu lavé *bleekblauw* ★ INFORM. ~ la tête à qn *iem. een uitbrander geven/de oren wassen* **II** WKD WW [**se ~**] ● *zich wassen* ● FIG. *zich vrijpleiten (***de** *van)* ★ se ~ les dents *zijn tanden poetsen* ★ se ~ la figure *zijn gezicht wassen* ★ je m'en lave les mains *ik was mijn handen in onschuld*

laverie V *wasplaats* ★ ~ (automatique) *wasserette*

lavette V • *vaatdoekje* • MIN. *slapjanus* • INFORM. *tong*
laveur M [v: **laveuse**] *wasser* ★ ~ de carreaux/vitres *glazenwasser*
lave-vaisselle M [mv: **lave-vaisselle(s)**] *afwasmachine*
lavis (zeg: -vie) M *(het) wassen v.e. tekening* ★ (dessin au) ~ *gewassen tekening*
lavoir M • *washuis*; *wasplaats*; *wasinrichting* • *(cementen) wasbak* • *ertswasmachine*; *wolwasmachine*
lavure V *(af)waswater*
laxatif I M *laxeermiddel* **II** BNW [v: **laxative**] *laxeer-*; *laxerend*
laxisme M • *laxisme* • *verregaande toegeeflijkheid*; *laksheid*
laxiste BNW *laks*; *slap*; *al te toegeeflijk*
layette V *babyuitzet*
layon M • *bospad* • INFORM. *achterklep* ‹v. auto›; *vijfde deur*
lazaret M *quarantainegebouw*
lazzi M *spottende grap*; *geestigheid*
le, l' ‹voor klinker of stomme h› **I** PERS VNW [v: **la**] [mv: **les**] *hem*; *het* ★ je le connais *ik ken hem/het* ★ je les donne à ma tante *ik geef ze aan mijn tante* **II** LW [v: **la**] [mv: **les**] *de*; *het* ★ le 18 avril *(op) 18 april*
lé M • *baan/strook* ‹v. stof of behang› • *(breedte v.e.) jaagpad*
leader (zeg: liedeur) **I** M • *leider* • *hoofdartikel* **II** BNW *leidinggevend*; *toonaangevend*
leadership M *leiderschap*
leasing M *leasing*
léchage M • → **lécher**
lèche V ★ INFORM. faire de la ~ *slijmen*
lèche-botte, lèche-bottes M [mv: **lèche-bottes**] INFORM. *hielenlikker*
lèche-cul M [mv: **lèche-cul(s)**] VULG. *kontkruiper*
lèchefrite V *lekbak* ‹v. oven›
lécher I OV WW • *likken*; *oplikken*; *aflikken*; *likken aan* • *te minutieus afwerken* ‹v. (literair) kunstwerk› ★ ~ les bottes à qn *iemands hielen likken* ★ ~ les vitrines *de etalages bekijken* ★ INFORM. portrait léché *gelikt portret* ★ ours mal léché *ongelikte beer* **II** WKD WW [**se** ~] *elkaar likken*; *zich likken* ★ se ~ les doigts *zijn vingers aflikken*; *likkebaarden*
lécheur M [v: **lécheuse**] INFORM. *vleier*; *likker*
lèche-vitrine, lèche-vitrines M ★ INFORM. faire du ~ *winkels kijken*; *winkelen*
leçon V • *les* ‹in alle betekenissen›; *lering* • FORM. *lezing* ‹v. tekst›; *versie* ★ ~ particulière *privéles* ★ faire la ~ à qn *iem. de les lezen* ★ faire réciter la ~ *de les overhoren* ★ réciter la ~ *de les opzeggen* ★ prendre des ~s (avec) *les nemen (bij)* ★ tirer la ~ de qc *lering uit iets trekken*
lecteur I M TECHN. *afspeelapparaat*; *speler*; *drive* ★ ~ (de) CD *cd-speler* ★ ~ (de) DVD *dvd-speler*; *dvd-recorder* ★ ~ MP3 *mp3-speler* ★ ~ de cassettes *cassettespeler* ★ ~ de disquettes *diskdrive* **II** M [v: **lectrice**] • *lezer*; *voorlezer* • *(buitenlands) docent* ‹vreemdetalenonderwijs› • *lector* ‹kopijlezer›
lectorat M • *de lezers* ‹v. krant e.d.› • *functie van 'lecteur'* ‹buitenlands docent›
lecture V • *(het) (voor)lezen* • [vaak mv] *lectuur* • *lezing* ‹v. wat geschreven staat›; *interpretatie* • COMP. *(het) inlezen*; *uitlezing*; *weergave* ★ salle de ~ *leeszaal* ★ en première ~ *bij eerste lezing* ‹v, wetsontwerp e.d.› ★ il n'a aucune ~ *hij leest (bijna) nooit* ★ donner ~ de qc *iets oplezen/voorlezen* ★ prendre ~ de *schriftelijk kennis nemen van*
ledit BNW [v: **ladite**] [m mv: **lesdites**] *(boven)genoemd*
légal BNW [m mv: **légaux**] *wettelijk*; *wettig* ★ médecine ~e *forensische geneeskunde*
légalisation V *legalisatie*; *legalisering*
légaliser OV WW *legaliseren*; *wettigen*
légalité V *wettigheid*; *legaliteit*
légat (zeg: -gà met harde g) M *legaat* ‹pauselijk gezant›
légataire M/V *legataris* ★ ~ universel *universeel erfgenaam*
légation V *legatie*; *gezantschap*; *gezantschapsgebouw*
lège BNW *leeg* ‹v. schip›
légendaire I BNW *legendarisch* **II** M *legendeverzameling*
légende V • *legende*; *sage* • *randschrift* ‹v. munt› • *legenda*; *verklaring v. tekens* ‹bijv. v. kaart› • *onderschrift*; *bijschrift* • *heiligenleven(s)*
léger BNW [v: **légère**] • *licht*; *niet-zwaar*; *zwak* • *dun*; *fijn*; *luchtig* • *gering* • *zorgeloos*; *oppervlakkig* • *lichtzinnig*; *gewaagd*; *pikant* • INFORM. *pover(tjes)* ★ thé ~ *slappe thee* ★ impôts ~s *milde belastingen* ★ à la légère *lichtzinnig*; *oppervlakkig*; *losjes* ★ avoir le cœur ~ *zorgeloos/opgewekt zijn* ★ avoir la main légère *handig zijn in iets*; *mild gezag uitoefenen*; *gauw slaan* ★ prendre à la légère *(te) gemakkelijk opvatten*
légèrement BIJW • *licht*; *luchtig*; *losjes* • *licht(elijk)*; *een beetje* • *lichtvaardig* ★ marcher ~ *met lichte tred lopen*
légèreté V • *lichtheid* • *lichtvaardigheid*; *lichtzinnigheid*; *oppervlakkigheid*; *onnadenkendheid* • *veranderlijkheid*; *wispelturigheid*
légiférer ONOV WW • *wetten maken* • *regels opstellen*
légion V • *legioen* • *zwerm*; *horde*; *grote menigte* • *gendarmeriekorps* ★ Légion étrangère *vreemdelingenlegioen* ★ Légion d'honneur *Legioen van Eer* ★ être ~ *zeer talrijk/legio zijn*
légionellose V *legionairsziekte*
légionnaire M MIL. *legionair*; *legioensoldaat*
législateur I M [v: **législatrice**] *wetgever* **II** BNW [v: **législatrice**] *wetgevend*
législatif BNW [v: **législative**] • *wetgevend* • *parlements-* • *wets-* ★ le (pouvoir) ~ *de wetgevende macht* ★ (élections) législatives *parlementsverkiezingen*
législation V • *wetgeving* ‹de wetten› • *rechtswetenschap*
législature V *(zittingsduur v.) wetgevend lichaam*
légiste I M/V *rechtsgeleerde*; *jurist* **II** BNW ★ médecin ~ *gerechtelijk arts*
légitimation V • *legitimatie*; *wettiging*;

echtverklaring • FORM. *rechtvaardiging*
légitime I BNW • *wettig*; *legitiem* • *rechtmatig*; *gegrond*; *billijk*; *terecht* **II** V • *wettig erfdeel* • INFORM. *echtgenote*
légitimer OV WW • *wettigen*; *echt verklaren* • *rechtvaardigen*
légitimiste M/V • *legitimist* • *aanhanger der Bourbons*
légitimité V • *wettigheid*; *echtheid* • *gegrondheid*; *rechtmatigheid*
legs (zeg: lè(g) met harde g) M • *legaat*; *erflating* • FIG. *erfenis*
léguer OV WW OOK FIG. *nalaten*; *vermaken*
légume I M • *groente(soort)* • *peul(vrucht)*; *dop* • INFORM. *iem. die als een plant leeft*; FIG. *dooie* ★ des ~s *groente(n)* ★ ~s secs *peulvruchten* ★ ~s verts *bladgroenten* **II** V ★ INFORM. grosse ~ *hoge ome*
légumier I M *groenteschaal* **II** BNW [v: **légumière**] *groente-*
légumineux BNW [v: **légumineuse**] *peul-* ★ (plantes) légumineuses *peulgewassen*
lei M MV • → **leu**
leitmotiv (zeg: lajt-, let-) M [mv: **leitmotiv(e)/leitmotivs**] *leidmotief*
lem M *maanlander*
Léman ★ le lac ~ *het Meer van Genève*
lemme M *lemma*
lemming M *lemming*
lémurien M *lemuur*; *halfaap*; *maki*
lendemain M • *volgende dag* • *(nabije) toekomst*; *gevolg(en)* ★ le ~ matin *de volgende morgen* ★ le ~ de *de dag/kort na* ★ du jour au ~ *ineens* ★ sans ~ *van korte duur* ★ remettre au ~ *(tot de volgende dag) uitstellen*
lénifiant BNW • MED. *kalmerend*; *verzachtend* • *rustgevend*; *sussend*
lénifier OV WW *kalmeren*; *verzachten*; *lenigen*
lénitif I M • MED. *verzachtend middel* • *verlichting* **II** BNW [v: **lénitive**] • MED. *kalmerend* • FORM. *verzachtend*; *kalmerend*
lent BNW *langzaam*; *traag* ★ il est lent à faire qc *hij heeft veel tijd nodig om iets te doen*
lente V *neet*
lenteur V *traagheid*; *langzaamheid* ★ les ~s *de trage gang van zaken*
lenticulaire BNW *lensvormig*
lenticule V *eendenkroos*
lenticulé BNW • → **lenticulaire**
lentille V • *lens* • *linze* • *sproet* ★ ~ cornéenne /de contact *contactlens* ★ ~s d'eau *kroos*
léonin BNW *(als) van leeuwen* ★ contrat ~ *leonisch contract*
léopard M *luipaard*
lépidoptères M MV *vlinderachtigen*; *schubvleugeligen*
lèpre V • *melaatsheid*; *lepra* • *geheel van kale plekken* • *om zich heen grijpende kwaal/plaag*
lépreux I M [v: **lépreuse**] *melaatse* **II** BNW [v: **lépreuse**] • *melaats* • *met kale /uitgebeten /vuile plekken*
léproserie V *leprozenhuis*
lequel I VR VNW [v: **laquel**] [m mv: **lesquels**] [v mv: **lesquelles**] *welke* **II** BETR VNW *die*; *dat*; *welke*
les • → **le**

lesbien BNW [v: **lesbienne**] • *uit Lesbos* • *lesbisch*
lesbienne V *lesbienne*
lesdites BNW [v mv] • → **ledit**
lesdits BNW • → **ledit**
lèse BNW *geschonden* ⟨in samenstellingen⟩ ★ (crime de) lèse-majesté *majesteitsschennis* ★ crime de lèse-humanité *misdaad tegen de menselijkheid*
léser OV WW • *schenden*; *benadelen* • OOK FIG. *kwetsen*; *verwonden*
lésine V FORM. *gierigheid*
lésiner ONOV WW **~ sur** *beknibbelen op*; *bezuinigen op*
lésion V • *kwetsuur*; *letsel*; *laesie* • JUR. *benadeling*; *schade*
lesquelles BETR VNW [v mv] • → **lequel**
lesquels BETR VNW [m mv] • → **lequel**
lessivable BNW *wasbaar*
lessivage M • → **lessiver**
lessive V • *wasmiddel* • *was* • *wasgoed* • *loog* • INFORM. *zuivering*; *opruiming*; FIG. *schoonmaak* ★ faire la ~ *de was doen*
lessivé BNW INFORM. *(dood)op*; FIG. *kapot*
lessiver OV WW • *(af)wassen* • SCHEIK. *(uit)logen* • INFORM./FIG. *uitkleden*; *uitschakelen* ⟨v. tegenstander⟩
lessiveuse V *wasketel*
lest (zeg: lest) M *ballast* ★ navire sur lest *schip zonder lading* ★ FIG. jeter/lâcher du lest *concessies doen* ⟨om de zaak te redden⟩
leste BNW • *vlug*; *rap*; *kwiek* • *ongegeneerd*; *gewaagd*; *schuin* ★ ~ en affaires *vlot in zaken* ★ il a la main ~ *zijn handen zitten los*
lester I OV WW • SCHEEPV. *ballasten* • INFORM. *vullen*; *volstoppen* **II** WKD WW [**se ~**] INFORM. *zich volproppen*
let M SPORT *netservice*
létal BNW [m mv: **létaux**] *dodelijk*; *letaal*
létalité V *letaliteit*
léthargie V *lethargie*
léthargique BNW *lethargisch*
lette BNW *Letlands*
letton I M *(het) Lets* ⟨taal⟩ **II** BNW [v: **lettonne**] *Lets*
Letton M [v: **Lettonne**] *Let*; *Letlander*
Lettonie V *Letland*
lettre V • *letter* • *brief* ★ ~ de candidature /motivation *sollicitatiebrief* ★ ~ de change *wissel* ★ ~ chargée *aangetekende brief* ⟨met aangegeven geldswaarde⟩ ★ ~ circulaire *rondschrijven* ★ ~ de crédit *kredietbrief* ★ (~ de) faire-part *aankondiging van geboorte /huwelijk /overlijden* ★ ~ recommandée *aangetekende brief* ★ ~ de voiture *vrachtbrief* ★ à la ~ /au pied de la ~ *letterlijk*; *stipt* ★ avant la ~ *zijn tijd vooruit*; *voordat dat begrip (enz.) bestond* ★ en toutes ~s *voluit (gezegd/geschreven)* ★ rester ~ morte *een dode letter blijven*; *niet uitgevoerd worden* ★ INFORM. ça passe comme une ~ à la poste *dat gaat erin als koek*; *dat komt er gemakkelijk door* ★ ~s [mv] *letteren*; *letterkunde*
lettré I M [v: **lettrée**] *geletterde*; *geleerde* **II** BNW *geletterd*; *belezen*
lettrine V • *kolomtitel* • *verwijzingsletter*

• *(versierde) (hoofd)letter boven hoofdstuk*
leu M • *lev* ⟨Roemeense munteenheid⟩ • → **queue**
leucémie V *leukemie*
leucémique M/V *leukemiepatiënt*
leucocyte M *witte bloedcel; leukocyt*
leur I PERS VNW *(aan) hen; hun* ★ je le leur donnerai *ik zal het hun geven* **II** BEZ VNW [mv: **leurs**] • *hun* • *van hen; de/het hunne* ★ le/la leur, les leurs *die van hen* ★ les leurs *de hunnen; hun familieleden* ★ les femmes et leurs maris *de vrouwen en hun echtgenoten* ★ j'étais des leurs *ik was een van hen; ik was bij/met hen* ★ ils y ont mis du leur *ze hebben het hunne /hun steentje bijgedragen*
leurre M • *lokvogel; lokmiddel* • FIG. *valstrik; illusie*
leurrer I OV WW • *lokken* ⟨v. valk d.m.v. lokvogel⟩ • FIG. *lokken; paaien* • *misleiden* **II** WKD WW [**se** ~] *zichzelf iets wijsmaken*
levage M • *(het) opheffen; (het) oprichten* • *(het) rijzen* ⟨v. deeg⟩
levain M • *gist; zuurdesem* • FIG. *desem; kiem* ★ FORM. ~ de discorde *twistappel*
levant I M • *oosten; Oriënt* • GESCH. *(de) Levant* **II** BNW *opkomend; rijzend* ★ soleil ~ *opkomende zon*
levantin I M *Levantijn; bewoner van het Nabije Oosten* **II** BNW *Levantijns; afkomstig uit het Nabije Oosten*
levé I BNW *opgeheven* **II** M • MUZ. *opslag; opmaat* • *opmeting* ⟨v. terrein⟩; *(het) in kaart brengen* ★ voter par assis et levé *stemmen bij zitten en opstaan*
levée V • *(het) opnemen; (het) wegnemen* • MIL. *lichting* • *sluiting* ⟨v. vergadering⟩ • *heffing* ⟨v. belasting⟩; *inning* • *lichting* ⟨v. brievenbus; v. documenten⟩ • *slag in het kaartspel* • *opheffing; beëindiging* • *(aarden) wal* ★ ~ du corps *uitvaart uit het sterfhuis* ★ la ~ des grains *het binnenhalen v.h. graan* ★ ~ des scellés *opheffing v.e. beslag*
lever I M • *(het) opgaan; (het) opkomen; (het) opstaan* • *opmeting* ⟨v. terrein⟩; *(het) in kaart brengen* ★ le ~ du jour *het krieken van de dag* ★ le ~ d'un plan *het opmaken v.e. plattegrond* ★ ~ de rideau *(het) opgaan van het doek; eenakter waarmee een schouwburgvoorstelling begint* **II** OV WW • *optillen; opheffen; oplichten; ophalen* • *opheffen; beëindigen; wegnemen* • *uit bed halen* • *heffen* ⟨v. belasting⟩ • *lichten* ⟨v. brievenbus, documenten⟩ • *lichten /rekruteren* ⟨v. krijgsvolk⟩ • *opmaken* ⟨v. kaart /plattegrond⟩ • *opjagen* ⟨v. wild⟩ ★ ~ l'ancre *het anker lichten* ★ ~ la main sur qn *iem. slaan* ★ ~ une séance *een zitting opheffen /sluiten* ★ ~ les yeux *de ogen opslaan* **III** ONOV WW • *opkomen* ⟨v. gewassen⟩ • *rijzen* ⟨v. deeg⟩ **IV** WKD WW [**se** ~] • OOK FIG. *opstaan* • *opkomen* ⟨v. hemellichaam⟩ • *opsteken* ⟨v.d. wind⟩ • *omhoog gaan*
lève-tard M/V [mv: id.] *langslaper*
lève-tôt M/V [mv: id.] FIG. *vroege vogel*
levier M • *hefboom* ⟨v. pomp⟩ • *hendel aan machine* • *zwengel* ⟨v. pomp⟩ • FIG. *drijfveer; werkende kracht* ★ ~ de changement de vitesse *versnellingshendel* ★ ~ de commande *bedieningshendel; stuurknuppel;* FIG. *leiderspositie*
lévitation V *levitatie; lijfelijke opheffing*
lévite M • *leviet* • FORM. *priester*
lévogyre BNW *linksdraaiend*
levraut M *jonge haas*
lèvre V • *lip* • *rand* ⟨v. wond, schelp, aardscheur⟩ ★ parler du bout des ~s *met weinig overtuiging spreken* ★ sourire du bout des ~s *flauwtjes lachen* ★ elle n'a pas desserré les ~s *ze heeft geen mond opengedaan* ★ se mordre les ~s *zich verbijten* ★ venir aux ~s *over de lippen komen* ★ ~s [mv] *schaamlippen*
levrette V • *wijfjeshazewind* • *kleine Italiaanse hazewind*
lévrier M *windhond*
levure V *gist* ★ ~ de bière *biergist*
lexical BNW [m mv: **lexicaux**] *lexicaal*
lexicographe M/V *lexicograaf*
lexicographie V *lexicografie*
lexicologie V *lexicologie*
lexique M • *woordenschat; lexicon* • *woordenlijst; (klein) woordenboek*
Leyde *Leiden*
lézard M • *hagedis* • *hagedissenleer* ★ faire le ~ *zich in de zon koesteren*
lézarde V • *spleet /scheur in muur* • TECHN. *tres; galon*
lézarder I OV WW *doen scheuren* ⟨v. muur⟩; *doen barsten* **II** ONOV WW *luieren in de zon* **III** WKD WW [**se** ~] *barsten krijgen* ⟨v. muur⟩; *scheuren*
liaison V • *verbinding; verband; samenhang; koppeling* • *metselspecie* • *(het) binden;* CUL. *bindmiddel* • MUZ. *boog; verbindingsteken* • TAALK. *verbinding tussen twee woorden* ⟨bij uitspraak⟩ • *band; contact(en); liefdesbetrekking* ★ en ~ avec *samen met* ★ ~ aérienne *luchtverbinding* ★ faire la ~ *verbinden* ⟨bij het uitspreken⟩ ★ officier de ~ *verbindingsofficier*
liane V *slingerplant; liaan*
liant I BNW *vriendelijk; innemend; contactvaardig* **II** M • *bindmiddel; verharder* • OOK FIG. *soepelheid* • FORM. *innemendheid; vriendelijkheid*
liard M OUD. *duit*
liasse V *bundel; lias*
Liban M *Libanon*
libanais BNW *Libanees*
Libanais M [v: **Libanaise**] *Libanees*
libation V GESCH. *plengoffer* ★ faire d'amples ~s *'m stevig raken* ⟨drinken⟩
libelle M *pamflet; schotschrift*
libellé M *bewoording(en); inhoud; tekst; omschrijving*
libeller OV WW *opstellen* ⟨v. akte, contract enz.⟩; *formuleren; verwoorden*
libelliste M/V OUD. *pamfletschrijver*
libellule V *libel; waterjuffer*
liber M *boombast*
libéral I BNW [v: **libérale**] [mv: **libéraux**] • *liberaal* • *tolerant* • OUD. *vrijgevig; gul* ★ les professions ~es *de vrije beroepen* ★ infirmière ~e *zelfstandig gevestigde verpleegster* ★ arts

libéraux *vrije kunsten* **II** M [v: **libérale**] [mv: **libéraux**] *liberaal*
libéralement BIJW *onbekrompen; ruim; rijkelijk*
libéralisation V *liberalisatie*
libéraliser OV WW *liberaliseren*
libéralisme M • *liberalisme* • *tolerantie*
libéralité V • FORM. *vrijgevigheid; gulheid* • *(gulle) gift*
libérateur I M [v: **libératrice**] *bevrijder* **II** BNW [v: **libératrice**] • *bevrijdings-* • *bevrijdend* ⟨v. lach⟩
libération V • *bevrijding; invrijheidstelling* • *delging* ⟨v. schuld⟩ • *(het) vrijkomen* ⟨v. stof, energie⟩ • *vrijstelling* ⟨v. dienst⟩; *ontheffing* • *vrijmaking; emancipatie*
libérer I OV WW • *in vrijheid stellen* ⟨v. dienst⟩ • *bevrijden (***de** *van, uit); vrijstellen* ⟨v. dienst⟩ • MIL. *uit dienst ontslaan* • *delgen* ⟨v. schuld⟩ • *vrijgeven* ⟨v. prijzen⟩ • *vrijmaken; doen vrijkomen* • *ontlasten* ⟨v. geweten⟩ ★ femme libérée *geëmancipeerde vrouw* **II** WKD WW [**se** ~] • *zich bevrijden (***de** *van, uit); zich vrijmaken* • *zijn schuld betalen*
libérien BNW [v: **libérienne**] • *Liberiaans* • *boombast-*
libéro M SPORT *libero*
libertaire I BNW *libertair; anarchistisch* **II** M/V *libertair; anarchist*
liberté V • *vrijheid* ⟨in alle betekenissen⟩ • *vrijmoedigheid; vrijpostigheid* ★ ~ conditionnelle *voorwaardelijke invrijheidstelling* ★ ~ de la presse *vrijheid van drukpers* ★ ~ d'expression /d'opinion *vrijheid van meningsuiting* ★ ~s publiques *grondrechten* ★ mettre en ~ *in vrijheid stellen* ★ prendre des ~s (avec) *zich vrij(postig)heden veroorloven (jegens); het niet zo nauw nemen (met)*
libertin I BNW *losbandig; zedeloos; libertijns; gewaagd* ⟨v. dingen⟩ **II** M [v: **libertine**] • *losbandig persoon* • LETTERK./OUD. *vrijdenker*
libertinage M • *losbandigheid; zedeloosheid* • LETTERK./OUD. *vrijdenkerij*
libidineux BNW [v: **libidineuse**] *wellustig; wulps*
libido V *libido*
libraire M/V *boekhandelaar*
librairie V *boekhandel; boekwinkel*
libre BNW • *vrij; onafhankelijk* • *vrij; onbezet; niet-gebonden* • *vrijpostig; vrijmoedig* ★ ~ arbitre *vrije wil* ★ école ~ *bijzondere (confessionele) school* ★ ~(-)pensée *vrijdenkerij* ★ ~(-)penseur *vrijdenker* ★ avoir une chambre de ~ *een kamer vrij hebben* ★ ~ à vous de *het staat u vrij te* ★ être ~ comme l'air *zo vrij zijn als een vogel in de lucht*
libre-échange M [mv: id.] *vrijhandel*
librement BIJW *vrij(elijk); vrijwillig; vrijuit*
libre-pensée V *vrijdenkerij*
libre-penseur M [mv: **libres-penseurs**] *vrijdenker*
libre-service M [mv: **libres-services**] *zelfbediening(szaak)*
librettiste M/V *librettist*
libriosif BNW *(te) vrijmoedig*
Libye V *Libië*
libyen BNW [v: **libyenne**] *Libisch*
Libyen M [v: **Libyenne**] *Libiër*
lice V • *strijdperk* • *omheining* ⟨v. renbaan⟩ • *schering* ⟨v. weefgetouw⟩ • *vrouwelijke jachthond* ★ entrer en lice *in het krijt treden* ★ rester en lice *nog in de race zijn; nog meedingen*
licence V • *vergunning; verlof* • SPORT *licentie* • O&W *licentiaat;* ≈ *kandidaats* • *vrijheid* ⟨afwijkende handelwijze⟩ • OUD. *misbruik v. vrijheid* • OUD. *losbandigheid; uitspatting* ★ ~ en droit *licentiaat in de rechten* ★ ~ ès lettres *licentiaat in de letteren* ★ sous ~ *in licentie* ★ prendre des ~s avec qn *zich te grote vrijheden tegenover iem. veroorloven*
licencié M [v: **licenciée**] • *licentiaat* • *licentiehouder* • *lid* ⟨v. sportbond⟩ • *ontslagene* • O&W ≈ *bachelor*
licenciement M *ontslag*
licencier OV WW *ontslaan; afdanken*
licencieux BNW [v: **licencieuse**] FORM. *losbandig; schuin; gewaagd*
lichen (zeg: liekèn) M • *korstmos* • MED. *lichen*
lichette V INFORM. *stukje*
licite BNW *geoorloofd; toegestaan*
licol M • → **licou**
licorne V *eenhoorn*
licou M *halster*
lie V • *droesem; grondsop* • *uitvaagsel* ★ lie-de-vin *wijnrood* ★ FORM. la lie du peuple *de heffe des volks* ★ boire le calice jusqu'à la lie *de lijdensbeker tot de bodem ledigen*
lied M [mv: **lieds /lieder**] *Duits lied*
liège M *kurk*
Liège *Luik*
liégeois BNW *Luiks* ★ café ~ *ijskoffie met slagroom*
liégeux BNW [v: **liégeuse**] *kurkachtig*
lien M • *snoer; koord* • OOK FIG. *band; binding; koppeling* • OOK FIG. *boei; kluister* ★ lien conjugal *huwelijksband* ★ COMP. lien de raccourci *snelkoppeling*
lier I OV WW • OOK FIG. *binden (***à** *aan);* OOK FIG. *verbinden; vastbinden; (samen)voegen* • *aanknopen; (wederzijds) doen ontstaan* ★ ils sont très liés *ze zijn erg close /bevriend* ★ lier amitié avec qn *vriendschap met iem. sluiten* ★ lier une sauce *een saus binden* **II** WKD WW [**se** ~] *zich binden* ★ se lier d'amitié avec qn *vriendschap met iem. sluiten*
lierre M *klimop*
liesse V FORM. *uitgelatenheid* ★ en ~ *in jubelstemming*
lieu M [mv: **lieux**] • *plaats; plek; oord* • *aanleiding; reden* ★ au lieu de *in plaats van* ★ au lieu que [+ subj.] *in plaats dat* ★ en premier lieu *in/op de eerste plaats* ★ lieu commun *gemeenplaats* ★ FIG. haut lieu *centrum; ideaal oord; gedenkplaats* ★ lieu public *openbaar terrein* ★ en haut lieu *(van) hogerhand; in hoge kringen* ★ lieu saint *heiligdom; heilige plaats* ★ en temps et lieu *te zijner tijd en plaatse* ★ avoir lieu *plaatsvinden* ★ avoir tout lieu de *alle reden hebben om te* ★ il y a lieu de *er is reden om* ★ s'il y a lieu *als er reden toe is; zo nodig* ★ donner lieu à *aanleiding geven tot* ★ mettre en lieu sûr *in veiligheid brengen* ★ tenir lieu de *vervangen*

★ FORM. lieux [mv] *plaats; plek; pand* ★ FORM. sur les lieux *ter plaatse*
lieu-dit, lieudit M [mv: **lieux-dits, lieudits**] *gehucht; buurtschap*
lieue V *mijl (4,444 km)* ★ ~ de terre /~ commune *Franse mijl (4,444 km)* ★ ~ marine *zeemijl (5,555 km)* ★ il est à cent/mille ~s d'ici *hij is er met zijn gedachten niet bij* ★ bottes de sept ~s *zevenmijlslaarzen*
lieur BNW [v: **lieuse**] *bind-*
lieuse V *(schoven)binder*
lieutenant M *luitenant* ‹in alle betekenissen› ★ ~ de vaisseau *luitenant-ter-zee (2e klasse)*
lieutenant-colonel M [mv: **lieutenants-colonels**] *luitenant-kolonel*
lieux M MV • → **lieu**
lièvre M *haas* ‹ook bij sport› ★ sommeil de ~ *hazenslaapje* ★ dormir en ~ *een hazenslaapje doen* ★ courir le même ~ *hetzelfde doel nastreven* ★ il ne faut pas courir deux ~s à la fois *men moet niet twee verschillende doeleinden najagen* ★ avoir une mémoire de ~ *kort van memorie zijn* ★ FIG. (sou)lever un ~ *een delicate kwestie aanroeren* ★ être poltron comme un ~ *een hazenhart hebben*
lift M SPORT *topspin*
lifter OV WW • *faceliften* • SPORT *topspin geven aan*
liftier M OUD. *liftboy*
lifting M *facelift*
ligament M *gewrichtsband; ligament*
ligature V • *(het) afbinden* • MED. *ligatuur; knoop* • *band om boom* • *(het) opbinden* ‹v. planten› • *sjorring* • *dubbele letter* • DRUKK. *koppelteken* • MUZ. *verbindingsteken* • TAALK. *koppelwoord*
ligaturer OV WW • MED. *afbinden* • *opbinden*
lige BNW • GESCH. *leenplichtig; leen-* • *zeer toegewijd* ★ homme lige *vazal; trouw volgeling*
lignage M • BIOL. *stam; afstamming* • DRUKK. *regelaantal*
ligne V • *lijn* ‹in alle betekenissen› • *linie* • *regel* ‹v. geschrift› • OUD. *streep* ‹1/12 duim› ★ ~ aérienne *luchtlijn* ★ ~ de conduite *gedragslijn* ★ ~ (équinoxiale) *evenaar; linie* ★ ~ de force *krachtlijn* ★ juge de ~ *lijnrechter* ★ navire de ~ *slagschip* ★ troupes de ~ *linietroepen* ★ vol de ~ *lijnvlucht* ★ en ~ *in linie; in de rij*; COMP. *online* ★ hors ~ *buitengewoon*; COMP. *offline* ★ FIG. sur toute la ~ *over de hele linie* ★ la dernière ~ droite SPORT *het laatste rechte eind*; FIG. *de laatste loodjes* ★ aller à la ~ *een nieuwe alinea openen* ★ ~ de feu *vuurlinie* ★ avoir la ~ *een slank figuur hebben* ★ être en ~ COMM. *aan de lijn zijn; (in linie) opgesteld zijn* ★ entrer en ~ de compte *van belang zijn* ★ franchir la ~ blanche *over de schreef gaan* ★ pêcher à la ~ *hengelen*
ligné BNW *gelinieerd*
lignée V • *geslacht; nakomelingschap* • *geestelijke verwantschap* ★ dans la ~ de *in de trant/traditie van*
ligneux BNW [v: **ligneuse**] *houtachtig*
lignifier WKD WW [**se** ~] *houtig worden; verhouten*
lignite M *bruinkool*
ligoter OV WW OOK FIG. *knevelen; binden*
ligue V • *(ver)bond; vereniging* • POL. *bond; liga* • *complot; samenspanning*
liguer I OV WW *in een verbond verenigen* **II** WKD WW [**se** ~] • *samenspannen (***contre** *tegen)* • *een verbond aangaan*
ligueur M [v: **ligueuse**] *lid v. (extreem rechtse) politieke liga*
lilas (zeg: -là) **I** BNW [onver.] *lila* **II** M • *sering* • *lila*
liliacée V *lelieachtige*
Lille *Lille; Rijsel*
lilliputien I M [v: **lilliputienne**] *lilliputter* **II** BNW [v: **lilliputienne**] *dwergachtig*
limace V • *naaktslak* • INFORM. *hemd* • INFORM. *slome*
limaçon M • OUD. *huisjesslak* • *slakkenhuis* ‹v. oor›
limage M *(het) vijlen*
limaille V *vijlsel*
limande V • *schar* ‹vis› • TECHN. *lat*
limbe I M • *limbus* • PLANTK. *bladschijf* **II** M MV *voorgeborchte; limbus* ★ FIG. être encore dans les ~s *nog vaag /in wording zijn*
Limbourg M *Limburg*
lime V • *vijl* • *limoen* ★ donner un coup de lime à OOK FIG. *bijvijlen*
limer OV WW *vijlen*
limier M OOK FIG. *speurhond* ★ un fin ~ *een goede speurder /speurneus*
liminaire BNW *als inleiding* ★ épître ~ *voorrede in briefvorm*
limitatif BNW [v: **limitative**] *beperkend; limitatief*
limitation V *beperking; begrenzing*
limite I V *grens; limiet; grenswaarde* ★ à la ~ *in het uiterste geval; desnoods* ★ sans ~s *onbegrensd* ★ dans une certaine ~ *in zekere mate* ★ ~ de charge *laadvermogen* **II** BNW *uiterst; grens-; maximum-* ★ cas ~ *grensgeval* ★ date ~ *uiterste datum* ★ prix ~ *maximumprijs* ★ vitesse ~ *maximumsnelheid* ★ INFORM. c'est ~ *het is op het randje*
limité BNW • *begrensd; beperkt* • INFORM. *niet zo slim*
limiter I OV WW *begrenzen; beperken (***à** *tot)* **II** WKD WW [**se** ~] • *zich beperkingen opleggen* • ~ **à** *zich beperken tot*
limitrophe BNW *grens-; aangrenzend (***de** *aan)*
limogeage M INFORM. *ontslag*
limoger OV WW INFORM. *aan de dijk zetten* ‹v. hoge ambtenaar of officier›
limon M • *slijk; slib; leem* • *disselboom; lamoen* • *limoen*
limonade V • *priklimonade* • *cafébedrijf*
limonadier M [v: **limonadière**] • *priklimonadefabrikant* • OUD. *caféhouder*
limonaire M *pierement*
limoneux BNW [v: **limoneuse**] *slib bevattend*
limousin BNW *uit Limoges; uit de Limousin*
limousine V • OUD. *limousine* • *grofwollen mantel of cape*
limpide BNW OOK FIG. *helder; doorzichtig* ★ style ~ *heldere stijl* ★ visage ~ *open gezicht*

limpidité V *helderheid*; *doorzichtigheid*; *openheid*
lin M • *vlas* • *linnen* ★ graine de lin *lijnzaad* ★ huile de lin *lijnolie*
linceul M *lijkkleed*; *lijkwade*
linéaire BNW • *lijn-* • *lineair* • PLANTK. *lijnvormig* • FIG. *rechtlijnig*; *zonder diepgang*; *eendimensionaal* ★ dessin ~ *lijntekening* ★ mesure ~ *lengtemaat*
linéaments M MV FORM. *(hoofd)trekken*; *(hoofd)lijnen*
linge M • *linnen(goed)* • *wasgoed* • *doek* ★ ~ (de corps) *ondergoed* ★ ~ blanc *witte was* ★ ~ de couleur *bonte was* ★ ~ de table *tafellinnen* ★ changer de ~ *zich verschonen* ★ blanc /pâle comme un ~ *zo wit als een doek* ★ INFORM. il y a du beau ~ *er is chic volk*; *er zijn elegante vrouwen* ★ il faut laver son ~ sale en famille ⟨spreekwoord⟩ *men moet de vuile was niet buiten hangen*
lingère V *linnenjuffrouw*
lingerie V • *linnenhandel* • *linnenkamer* • *ondergoed*; *lingerie*
lingette V *(vochtig) doekje*; *tissue*
lingot M *baar*; *staaf* ★ ~ d'or *baar goud*
lingual BNW [m mv: **linguaux**] *tong-*; *linguaal* ★ consonne ~e *tongmedeklinker*
linguiste M/V *taalkundige*; *linguïst*
linguistique I V *taalkunde*; *taalwetenschap*; *linguïstiek* **II** BNW *taalkundig*; *taal-*; *linguïstisch*
linier BNW [v: **linière**] *vlas-*
liniment M *smeersel*; *zalf*
lino M INFORM. → **linoléum**
linoléum (zeg: -eeom) M *linoleum*
linon M *linon*; *fijn linnen*
linotte V *kneu* ★ INFORM. tête de ~ *domoor*; *uilskuiken*
linteau M [mv: **linteaux**] *bovendrempel* ⟨v. deur, raam⟩; *latei*; *kalf*
lion M [v: **lionne**] • *leeuw* • *Leeuw* ⟨dierenriem⟩ ★ lion de mer *zeeleeuw*
lionceau M [mv: **lionceaux**] *leeuwenwelp*
lipide M *lipide*; *vetstof*
lipome M *lipoom*; *vetgezwel*
liposuccion V *liposuctie*; *(het) wegzuigen van vetweefsel*
lippe V *dikke onderlip* ★ INFORM. faire la ~ *pruilen*
lippu BNW *met een dikke onderlip*; *diklippig*
liquéfaction V *vloeibaarmaking*; *vloeibaarwording*; *verdichting*
liquéfiable BNW *vloeibaar te maken*; *verdichtbaar*
liquéfier I OV WW *vloeibaar maken* **II** WKD WW [**se** ~] • *vloeibaar worden* • *alle moed verliezen*; *verslappen*
liquette V INFORM. *hemd(je)*
liqueur V *likeur*; *drankje*
liquidateur M JUR. *liquidateur*; *vereffenaar* ★ ~ judiciaire *curator*
liquidation V • *vereffening*; *liquidatie*; *afwikkeling* • *uitverkoop* ★ ~ judiciaire *faillissement* ★ ~ de fin d'année *balansopruiming* ★ ~ du stock *uitverkoop*
liquide I M • *vloeistof*; *vocht* • *sterkedrank* • *contant geld* ★ payer en ~ *contant betalen* **II** BNW • *vloeibaar* • ECON. *vlottend*; *liquide* • *vloeiend* ⟨v. medeklinker: m, l, n, r⟩ ★ l'élément ~ *het vloeibaar element*; *het water* ★ argent ~ *contant geld*
liquider OV WW • *vereffenen*; *liquideren* • *uitverkopen* • INFORM. *afdoen*; *een einde maken aan*; *wegwerken*; *oplossen* ⟨v. conflict⟩; *uit de weg ruimen* ⟨v. personen⟩
liquidité V • *vloeibaarheid* • ECON. *liquiditeit* ★ ~s [mv] *liquide middelen*
liquoreux BNW [v: **liquoreuse**] *likeurachtig*; *zoet en krachtig* ⟨v. wijn⟩
lire I V *lire* **II** OV WW [onregelmatig] • OOK FIG. *(door)lezen* ⟨ook door apparaat⟩; *voorlezen (*à *aan)*; *aflezen* • COMP. *inlezen* ★ lire l'avenir *de toekomst lezen/voorspellen* ★ lire sur le visage de qn *op iemands gezicht aflezen* ★ lire (dans) le jeu de qn *iem. doorhebben* **III** ONOV WW OOK FIG. *lezen* ★ lire des yeux *stillezen*
lis (zeg: lies, [ww] lie) **I** M *lelie* ★ lis des vallées *lelietje-van-dalen* ★ fleur de lis *Franse lelie, wapen der Bourbons* ⟨eig. witte lis⟩ **II** WW • → **lire**
Lisbonne V *Lissabon*
liséré, liseré M • *zoom*; *rand* • *smal (om)boordsel*; *bies*
lisérer, liserer OV WW *omboorden*; OOK FIG. *omzomen*
liseron M *winde*
liseur M [v: **liseuse**] *iem. die veel leest*
liseuse V • *(papiermes annex) bladwijzer* • *boekomslag* • *iem. die veel leest* • *bedjasje* • *leeslampje*
lisibilité V *leesbaarheid*
lisible BNW • *leesbaar* • *waard om te lezen*
lisier M *gier* ⟨natte mest⟩
lisière V • *zelfkant* ⟨v. stof⟩ • *zoom*; *rand* ★ FIG. tenir en ~s *aan de leiband houden*
lissage M *(het) gladmaken /polijsten /glanzend maken*
lisse I BNW *glad* **II** V • *schering* ⟨v. weefgetouw⟩ • *reling*
lisser OV WW *glad maken*; *polijsten*; *glanzend maken* ★ amandes lissées *geglaceerde amandelen*
listage M *uitdraai*; *print*
liste V • *lijst* • *bles* ⟨v. paard⟩ ★ ~ d'attente *wachtlijst* ★ ~ électorale *kiezerslijst* ★ ~ de mariage *lijst met (gewenste) huwelijksgeschenken* ★ ~ noire *zwarte lijst* ★ être sur la ~ rouge *een geheim telefoonnummer hebben*
lister OV WW COMP. *lijsten*; *uitdraaien*
listing M • → **listage**
lit M • *bed*; *ledikant* • *bedding* • *laag* ★ lit de camp *veldbed* ★ lit clos *bedstee* ★ lit divan *divanbed* ★ lit de mort *sterfbed* ★ SCHEEPV. lit du vent *windstreek* ★ au lit *in/naar bed* ★ faire le lit *het bed opmaken* ★ faire le lit de *voorbereiden* ★ un enfant du premier lit *een kind uit het eerste huwelijk* ★ garder le lit *het bed houden* ⟨v. zieken⟩ ★ comme on fait son lit, on se couche *de mens is gewoonlijk de oorzaak van zijn eigen ongeluk*
litanie V OOK FIG. *litanie*
lit-cage M [mv: **lits-cages**] *metalen opklapbed*

litchi M *lychee* ⟨exotische vrucht⟩
liteau M [mv: **liteaux**] • *steunlat* • *sierstreep* ⟨langs zoom v. linnengoed⟩
literie V *beddengoed*
litho V • → **lithographie**
lithographe M *steendrukker*; *lithograaf*
lithographie V • *steendruk*; *lithografie* • *steendrukkerij*
lithographier OV WW *steendrukken*; *lithograferen*
lithographique BNW *lithografisch*
Lithuanie V • → **Lituanie**
litière V • *kattenbakstrooisel* • *stalstro* • GESCH. *draagstoel* ★ LIT. faire ~ de *geringschatten*; *met voeten treden*
litige M *geschil*; *twistpunt*; *geding* ★ en ~ *betwist*
litigieux BNW [v: **litigieuse**] *betwist(baar)*; *omstreden*
litote V *litotes*
litre I M • *liter* • *litermaat*; OUD. *kan* **II** V *rouwspandoek met initialen van overledene*
litron M *liter wijn*
lits-jumeaux M MV *lits-jumeaux* ⟨twee aaneengesloten ledikanten⟩
littéraire BNW *letterkundig*; *literair* ★ (esprit) ~ *alfa(mens)*
littéral BNW [m mv: **littéraux**] • *letterlijk* • JUR. *schriftelijk*; WISK. *geschreven in letters*
littérateur M VAAK MIN. *literator*; *scribent*
littérature V • *literatuur*; *letterkunde* • *(kunst van) het schrijven*
littoral I M [mv: **littoraux**] *kuststreek* **II** BNW [m mv: **littoraux**] *kust-* ★ montagnes ~es *kustgebergte*
Lituanie, Lithuanie V *Litouwen*
lituanien I M *(het) Litouws* **II** BNW [v: **lituanienne**] *Litouws*
Lituanien M [v: **Lituanienne**] *Litouwer*
liturgie V *liturgie*
liturgique BNW *liturgisch* ★ cycle ~ *liturgisch jaar*
livarot M *kaas* ⟨uit de Calvados⟩
livide BNW • *doodsbleek*; *vaal* • *loodkleurig*
lividité V *vaalheid*; *doodsbleekheid*
living M • → **living-room**
living-room M [mv: **living-rooms**] *huiskamer*; *woonkamer*
livrable BNW *leverbaar*
livraison V • *levering*; *leverantie* • *aflevering* ⟨v. boekwerk⟩ ★ délai de ~ *levertijd* ★ voiture de ~ *bestelwagen* ★ ~ à domicile *bezorging aan huis* ★ faire ~ de *afleveren* ★ prendre ~ de *(het bestelde) afhalen*; *in ontvangst nemen*
livre I M *boek* ★ ~ noir *zwartboek* ★ ~ de bord *scheepsjournaal*; *logboek* ★ ~ de caisse *kasboek* ★ ~ de cuisine *kookboek* ★ ~ d'heures *getijdenboek* ★ ~ d'or *gastenboek* ★ ~ de poche *pocketboek* ★ ~s sacrés *Heilige Schrift* ★ grand ~ *grootboek* ★ teneur de(s) ~s *boekhouder* ★ à ~ ouvert *voor de vuist weg* ★ tenir les ~s *de boeken bijhouden* **II** V • *pond* ⟨munteenheid⟩ • *pond* ⟨gewicht⟩
livre-cassette M [mv: **livres-cassettes**] *luisterboek*; *cassetteboek*
livrée V • OOK BIOL. *livrei* • FORM. *uiterlijke kenmerken*
livrer I OV WW • *leveren*; *afleveren (***à** *aan, bij)* • *overleveren (***à** *aan)*; *uitleveren*; *overgeven*; *prijsgeven* ★ ~ bataille *slag leveren* **II** WKD WW [**se** ~] **à** *zich toeleggen op*; *zich overgeven aan*; *zich aangeven bij* ⟨de politie⟩; *zich uiten tegenover*
livresque BNW *boeken-*; *theoretisch* ★ culture ~ *belezenheid*
livret M • *boekje* • *libretto* • *catalogus* ★ ~ (de caisse) d'épargne *spaarbankboekje* ★ ~ de famille *trouwboekje* ★ ~ scolaire *rapport(boekje)*
livreur I M [v: **livreuse**] *bezorger* **II** BNW [v: **livreuse**] *leverend*; *bezorgend*
LMD AFK O&W licence-mastère-doctorat ≈ *bamastelsel*
lob M SPORT *lob*
lobby M [mv: **lobbies/lobbys**] *lobby*
lobe M *lob*; *kwab* ★ lobe de l'oreille *oorlel*
lobé BNW *gelobd*; *kwabachtig*
lober I OV WW *passeren met een boogbal* **II** ONOV WW *lobben*
lobotomie V *lobotomie*
lobule M *kwabje*; *lelletje*
local I BNW [m mv: **locaux**] *plaatselijk*; *lokaal* **II** M [mv: **locaux**] *lokaal*; *zaal*; *ruimte*
localisable BNW *lokaliseerbaar*
localisation V • *lokalisatie*; *plaatsbepaling* • FIG. *begrenzing*; *indamming*
localiser I OV WW • *lokaliseren*; *de plaats bepalen van* • *begrenzen*; *tot een bepaalde plaats beperken* **II** WKD WW [**se** ~] *zich lokaliseren*; *zich tot een bepaalde plaats beperken*
localité V • *plaats*; *plek* • *dorp*
locataire M/V *huurder* ★ ~ principal *hoofdbewoner*; *onderverhuurder*
locatif I M TAALK. *locatief* **II** BNW [v: **locative**] • *huur-* • TAALK. *van plaats* ★ valeur locative *huurwaarde*
location V • *(het) huren*; *(het) verhuren* • *huurprijs* • *reservering*; *plaatsbespreking* • *gehuurde woning* ★ prendre en ~ *huren* ★ en ~ *huur-*
location-vente V [mv: **locations-ventes**] *huurkoop*
locaux M MV • → **local**
loch (zeg: lok) M • SCHEEPV. *log* • *loch* ⟨in Schotland⟩ ★ filer le loch *loggen*
loche V • *modderkruiper* • *naaktslak*
lock-outer OV WW *(uit)sluiten* ⟨v. onderneming om een staking te breken⟩
locomoteur BNW [v: **locomotrice**] *(voort)bewegend*; *(voort)bewegings-* ★ appareil ~ *bewegingsapparaat*
locomotion V *voortbeweging*; *vervoer*
locomotive V • *locomotief* • *stuwende kracht*; FIG. *motor*
locuteur M [v: **locutrice**] TAALK. *spreker*
locution V *uitdrukking*; *zegswijze* ★ ~ conjonctive *voegwoordelijke uitdrukking*
loden (zeg: -dèn) M • *loden stof* • *loden mantel*
loess M *löss*
lof M *loef(zijde)* ★ aller au lof *oploeven*
lofer ONOV WW *oploeven*
loft (zeg: loft) M *loft* ⟨tot woning omgebouwde

lo

bedrijfsruimte⟩
logarithme M *logaritme*
logarithmique BNW *logaritmisch*
loge V • *hutje*; *hok*; *box* ⟨v. paarden⟩ • *portierswoning* • *kermistent* • *schouwburgloge* • *vrijmetselaarsloge* • *loggia* • *kleedkamer* ⟨in theater⟩ • ANAT. *lichaamsholte* • PLANTK. *zaadhuisje* ★ loge de face *frontloge* ★ être aux premières loges *iets van dichtbij /aan den lijve meemaken*
logeable BNW *bewoonbaar*
logement M • *(eenvoudige) woning* • *huisvesting*; *behuizing* • *inkwartiering* • *onderkomen* • TECHN. *lager* ★ crise du ~ *woningnood*
loger I OV WW • *huisvesten*; *logies verschaffen aan* • *onderbrengen*; *plaatsen* • INFORM. *opsnorren*; *in de smiezen hebben* ★ ~ une balle dans la tête *een kogel door het hoofd jagen* ★ être logé, nourri et blanchi *kost, inwoning en bewassing genieten* **II** ONOV WW • *wonen* • *logeren*; *verblijven* **III** WKD WW [**se** ~] ★ trouver à se ~ *een onderkomen /woning vinden* ★ la balle s'est logée dans le bras *de kogel is in de arm blijven steken*
logeur M [v: **logeuse**] *kamerverhuurder*
loggia V *loggia*
logiciel M *computerprogramma*; *software* ★ ~ complet *softwarepakket* ★ ~ espion *spyware*
logicien M [v: **logicienne**] *logicus*
logique I BNW *logisch* ★ rester ~ avec soi-même *consequent blijven* **II** V *logica* ★ en bonne/toute ~ *logischerwijs* ★ être dans une ~ de guerre *(vrijwel zeker) op een oorlog afstevenen*
logis (zeg: -zjie) M *woning*; *onderdak* ★ corps de ~ *hoofdgebouw* ★ la folle du ~ *de verbeelding*
logistique I BNW *logistiek* **II** V *logistiek*
logo M *logo*; *beeldmerk*
logomachie V • FORM. *woordenstrijd* • FORM. *woordenkraam*
logorrhée V *woordenkraam*
loi V • *wet* • *gehalte* ⟨v. munt⟩ ★ loi martiale *krijgswet*; *standrecht* ★ loi morale *zedenwet* ★ loi naturelle *natuurwet* ★ loi alimentaire *spijswet* ★ la loi du plus fort *het recht v.d. sterkste* ★ homme de loi *jurist* ★ (mis) hors la loi *vogelvrij (verklaard)*; *buiten de wet (gesteld)* ★ faire loi *gezaghebbend zijn* ★ faire la loi *de wet stellen*; *de lakens uitdelen* ★ se faire une loi de *zich tot plicht rekenen om te* ★ tomber sous le coup de la loi... *onder de genoemde wet...vallen*
loi-cadre V [mv: **lois-cadres**] *raamwet*
loin BIJW *ver (***de** *van)*; *veraf* ★ au loin *in de verte*; *ver weg* ★ de loin *van verre*; *van lang geleden*; *verreweg* ★ de loin en loin *hier en daar*; *af en toe* ★ loin de [+ infin.] *in plaats van...; helemaal niet...; integendeel* ★ loin que [+ subj.] *in plaats van...; helemaal niet...; integendeel* ★ loin de là *verre van dat* ★ aller loin *het ver brengen*; *het lang maken*; *ingrijpend /van belang zijn* ★ il y a loin du dire au faire *zeggen en doen is twee* ★ ne pas être loin de *geneigd zijn te* ★ je suis loin de... *ik zou nooit...* ★ loin s'en faut *dat scheelt nogal wat* ★ il y a loin (de... à) *het is een heel eind (van... naar)*; *er is een heel verschil (tussen... en)* ★ d'aussi loin qu'il me vit *zodra hij mij zag* ★ cette arme porte loin *dat wapen draagt ver* ★ revenir de loin *van een gevaarlijke ziekte genezen*; *aan de dood ontsnappen* ★ voir loin *ver vooruitzien* ★ loin des yeux, loin du cœur ⟨spreekwoord⟩ *uit het oog, uit het hart*
lointain I M *verte* ★ au/dans le ~ *in het verschiet* **II** BNW *ver (verwijderd)* ⟨v. plaats of tijd⟩ ★ ressemblance ~e *vage gelijkenis*
loir M *relmuis* ★ dormir comme un loir *slapen als een marmot* ★ INFORM. être paresseux comme un loir *erg lui zijn*
loisible BNW *geoorloofd* ★ il vous est ~ de... *het staat u vrij te...*
loisir M *vrije tijd* ★ ~s *vrijetijdsbesteding*; *hobby*; *vrije tijd* ★ à ~ *op zijn gemak*; *zo veel men wil*
lolo M • JEUGDT. *melk* • INFORM. *tiet*
lombago M • → **lumbago**
lombaire BNW *van de lendenen*; *lumbaal* ★ (vertèbres) ~s *lendenwervels* ★ ponction ~ *lumbaalpunctie*
lombes M MV *lendenen*
lombric M *regenworm*
lompe M • → **lump**
l'on ONB VNW FORM. → **on**
londonien BNW [v: **londonienne**] *Londens*
Londonien M [v: **Londonienne**] *Londenaar*
Londres *Londen*
long I BNW [v: **longue**] • *lang* ⟨v. plaats⟩ • *lang* ⟨langdurig⟩ • *dun*; *aangelengd* ★ de longues heures *urenlang* ★ sauce longue *aangelengde saus* ★ long de trois mètres *drie meter lang* ★ être long *lang bezig zijn*; *lang duren* ★ INFORM. être long à faire qc *ergens lang over doen* ★ il ne fut pas long à comprendre que... *hij begreep al snel dat...* **II** BIJW *veel*; *lang* ★ en dire long *veelzeggend zijn* ★ en savoir long *er heel wat van weten* **III** M ★ au long/tout du long *uitvoerig*; *geheel en al* ★ de long en large *heen en weer*; *op en neer* ★ en long et en large *lang en breed*; *uitvoerig* ★ le long de *langs* ★ tout au/de/du long de *langs/gedurende heel de* ★ deux mètres de long *twee meter lang* ★ aller par le plus long *de langste weg nemen* ★ tomber de tout son long *languit vallen*
longanimité V *lankmoedigheid*
long-courrier I M [mv: **long-courriers**] • *intercontinentaal vliegtuig* • *oceaanschip* **II** BNW *langeafstands-*
longe V • *halster* • *leidsel* • *lendenstuk* ⟨v. vlees⟩; *rugstuk*
longer OV WW • *liggen langs*; *zich bevinden langs*; *zich uitstrekken langs* • *lopen/rijden/varen langs*
longeron M *(brug)ligger*; *dwarsbalk*
longévité V • *levensduur* • *lang leven*; *hoge ouderdom*
longiligne BNW *rijzig*; *met lange ledematen*
longitude V *geografische lengte* ★ ~ est *oosterlengte* ★ ~ ouest *westerlengte*
longitudinal BNW [m mv: **longitudinaux**] *in de lengte*; *overlangs*; *longitudinaal*
longtemps I M *lang*; *lange tijd* ★ il y a ~ *lang*

geleden ★ il y a ~ /voilà ~ que... *sinds lang; al een hele tijd* ★ avant ~ *binnenkort* ★ je n'en ai pas pour ~ *ik ben zo klaar; het is zo gebeurd* **II** BIJW *lang; (gedurende) lange tijd*

longue I V ★ à la ~ *op den duur* **II** BNW ● → **long**

longuement BIJW ● *breedvoerig* ● *lang(durig)*

longuet I M *lang broodje* **II** BNW [v: **longuette**] INFORM. *(wel) wat lang*

longueur V ● *lengte* ● *lange duur; langdurigheid* ● *langzaamheid* ★ à ~ de journée /de temps *de hele dag /tijd* ★ tirer en ~ *rekken; op de lange baan schuiven* ★ FIG. (ne pas) être sur la même ~ d'onde *(niet) op dezelfde golflengte zitten* ★ avoir une ~ d'avance sur *een voorsprong hebben op* ★ ~s [mv] *langdradigheid*

longue-vue V [mv: **longues-vues**] *verrekijker*

look (zeg: loek) M *look; uiterlijk; stijl*

loop M *loop* ⟨zeg: loep⟩

looping M *looping*

lopette V INFORM. *mietje; flikker*

lopin M *stukje; lapje (grond)*

loquace BNW *spraakzaam*

loquacité V *spraakzaamheid*

loque V ● *lomp; flard* ● *wrak* ⟨persoon⟩ ★ en ~s *aan flarden; in lompen*

loquet M *klink*

loqueteux BNW [v: **loqueteuse**] ● *in lompen gehuld* ● *aan flarden gescheurd*

lorgner OV WW ● OOK FIG. *lonken naar* ● *een oogje hebben op;* FIG. *azen op*

lorgnette V *toneelkijker* ★ voir les choses par le petit bout de la ~ *de dingen van één kant bekijken; bekrompen zijn*

lorgnon M *lorgnet (met handvat)*

loriot M *wielewaal*

lorrain I M *(het) Lotharings* **II** BNW [v: **lorraine**] *Lotharings*

Lorrain M [v: **Lorraine**] *Lotharinger*

Lorraine V *Lotharingen*

lors (zeg: lor) BIJW OUD. *toen* ★ dès lors *sindsdien; derhalve* ★ dès lors que *vanaf het ogenblik dat; zodra; aangezien* ★ pour lors *in dat geval* ★ lors de *tijdens* ★ FORM. lors même que *zelfs wanneer*

lorsque, lorsqu' ⟨voor klinker of stomme h⟩ VW ● *toen* ● *wanneer* ● *terwijl*

losange M ● HER./WISK. *ruit* ● MUZ. *ruitnoot*

lot (zeg: loo) M ● *deel; aandeel* ● FORM. *(levens)lot* ● *lot/prijs in loterij* ● *perceel; partij; kavel* ● INFORM. *groep; stel* ● *(grote) massa* ● COMP. *batch* ★ gagner le gros lot *de hoofdprijs winnen*

loterie V OOK FIG. *loterij*

loti BNW ★ être bien/mal loti *goed/slecht af zijn*

lotion V *(haar)wasmiddel; lotion* ★ ~ capillaire *haarwater*

lotionner OV WW *met een lotion insmeren*

lotir OV WW *verkavelen* ★ ~ qn de qc *iets toebedelen aan iem.*

lotissement M ● *verkoop per perceel* ● *verkaveling* ● *verkaveld terrein; perceel*

loto M ● *lotto* ● *kienspel; bingo* ★ loto sportif *voetbaltoto* ★ boule de loto *lottoballetje; kiendopje* ★ grille de loto *lottoformulier* ★ yeux en boules de loto *ogen als schoteltjes*

lotte V ● *zeeduivel* ● *kwabaal*

lotus (zeg: -tuus) M *lotus(bloem)*

louable BNW ● *loffelijk* ● *te verhuren*

louage M ● FORM. *(ver)huur; inhuring* ● FORM. *huurprijs*

louange V *lof(tuiting)* ★ chanter les ~s de qn *iemands lof zingen; iem. ophemelen* ★ à sa ~ *tot zijn eer*

louanger OV WW FORM. *prijzen; ophemelen*

louangeur I BNW [v: **louangeuse**] FORM. *lovend* **II** M [v: **louangeuse**] OUD. *lofredenaar; vleier*

loubard M INFORM. *straatjongen; jonge relschopper/schooier; randgroepjongere*

louche I BNW ● *louche; verdacht* ● OUD. *niet-helder; troebel* **II** M *iets verdachts* **III** V ● *soeplepel; opscheplepel* ● *langstelig gereedschap; spade* ● INFORM. *hand* ★ à la ~ *ruim(elijk); ruimschoots*

loucher ONOV WW ● *scheel kijken* ● INFORM. **~ sur** *steels /begerig kijken naar;* FIG. *azen op*

louer I OV WW ● *prijzen* (**de, pour** *om)* ● *huren* (**à** *van)* ● *verhuren* (**à** *aan)* ● *bespreken* ⟨v. plaats⟩; *reserveren* ★ à ~ *te huur* **II** WKD WW [**se** ~] **de** *erg tevreden zijn met; blij zijn te*

loueur M [v: **loueuse**] *verhuurder*

loufiat M INFORM. *kelner*

loufoque BNW INFORM. *gek; niet goed snik; maf*

loufoquerie V ● INFORM. *gekte* ● INFORM. *gekke streek; gek woord*

lougre M *logger*

louis M *goudstuk van 20 francs* ⟨vóór 1928⟩

Louis *Lodewijk*

loukoum M *Turks fruit*

loulou I M ● *keeshond* ● INFORM. *nozem* **II** M [v: **louloute**] INFORM. *schat; liefje*

loup (zeg: loe) M ● *wolf* ● *(zwart zijden) maskertje* ⟨voor gemaskerd bal⟩ ● *vervaardigingsfout* ● *schatje; liefje* ★ loup de mer *zeewolf; zeebonk* ★ jeune loup *jong, ambitieus politicus (enz.)* ★ le grand méchant loup *de grote boze wolf* ★ faim de loup *honger als een paard* ★ froid de loup *vinnige koude* ★ entre chien et loup *in de schemering* ★ être connu comme le loup blanc *zeer bekend zijn* ★ crier au loup *moord en brand schreeuwen* ★ hurler avec les loups *huilen met de wolven in het bos* ★ marcher à pas de loups *sluipen* ★ avoir vu le loup *gevaar gekend hebben* ★ l'homme est un loup pour l'homme *de mens is de mens een wolf* ★ quand on parle du loup on en voit la queue *als men over de duivel spreekt, trapt men op zijn staart*

loup-cervier M [mv: **loups-cerviers**] *lynx; los*

loupe V ● *loep* ● *knoest* ● *vetgezwel* ★ regarder à la ~ *nauwkeurig bekijken; onder de loep nemen*

loupé M ● *fout* ● INFORM. *bok*

louper OV WW ● INFORM. *verknoeien* ● INFORM. *missen; mislopen* ★ ~ le train *de trein missen* ★ ça n'a pas loupé *dat kon niet missen* ★ il n'en loupe pas une *hij heeft weer (eens) misgekleund*

loup-garou M [mv: **loups-garous**] *weerwolf*

loupiot M [v: **loupiot(t)e**] INFORM. *kind; jochie*

loupiote V INFORM. *lampje; pitje*

lourd I BNW ● OOK FIG. *zwaar; fors* ● *drukkend;*

loom • *lomp*; *plomp* • *langzaam* (v. geest); *moeilijk/penibel* (in de omgang) ★ aliment ~ *zware kost* ★ faute ~e *grove fout* ★ temps ~ *zwaar, drukkend weer* ★ ~ de conséquences *met ernstige/verstrekkende gevolgen* ★ avoir la main ~e *hard toeslaan*; *te veel schenken/afwegen* **II** BIJW *veel* ★ ne pas peser ~ (dans la balance) *niet veel gewicht in de schaal leggen* ★ INFORM. ne pas en faire ~ *niet veel uitvoeren* ★ ne pas en savoir ~ *er niet veel van (af)weten* ★ INFORM. ça ne fait pas ~ *dat is niet veel*

lourdaud I BNW *bot*; *lomp* **II** M [v: **lourdaude**] *lomperik*

lourde V INFORM. *deur*

lourdement BIJW • *zwaar* • *erg*

lourder OV WW INFORM. *de deur uitwerken*; *afdanken*

lourdeur V • *zwaarte* • *loomheid* • *lompheid*; *logheid*; *langzaamheid*

loustic M *grappenmaker*; *snaak*

loutre V • *otter* • *otterbont*

Louvain M *Leuven*

louve V • *wolvin* • *soort fuik*

louveteau M [mv: **louveteaux**] • *jonge wolf* • *welp bij de padvinders*

louvoiement M • *(het) laveren* • FIG. *geschipper*; *uitvlucht*

louvoyer ONOV WW • *laveren* • FIG. *schipperen*

lo

lover I OV WW SCHEEPV. *opschieten* (v. touw); *oprollen* **II** WKD WW [**se** ~] *zich oprollen*

loyal BNW [m mv: **loyaux**] • *eerlijk*; *betrouwbaar*; *fair* • *trouw*; *loyaal* ★ à la ~e *eerlijk*; *fair*

loyalisme M *trouw*; *loyaliteit*

loyaliste I BNW *regeringsgetrouw* **II** M/V *loyalist*

loyauté V • *trouw* • *eerlijkheid* • *loyaliteit*

loyaux BNW • → **loyal**

loyer M *huur*; *huurprijs* ★ ~ de l'argent *rentevoet*

LSD M *lsd*

lu WW [volt. deelw.] • → **lire**

lubie V INFORM. *gril*; *kuur*

lubricité V *wulpsheid*; *geilheid*; *wellust*

lubrifiant I M *smeermiddel* **II** BNW *smeer-*; *smerend*; *vetmakend* ★ huile ~e *smeerolie*

lubrification V • → **lubrifier**

lubrifier OV WW *oliën*; *(in)smeren*

lubrique BNW *wulps*; *geil*; *wellustig*

lucarne V • *dakvenster*; *zolderraampje* • *kleine opening* (in muur) • SPORT *bovenhoek* (v. doel); *kruising*

lucide BNW FIG. *helder*; FIG. *scherp*; *scherpzinnig*; *lucide*

lucidité V • FIG. *helderheid*; *scherpzinnigheid*; *luciditeit* • *helderziendheid*

luciole V *glimworm*; *glimkever*

lucratif BNW [v: **lucrative**] *winstgevend*; *voordelig*; *lucratief*

lucre M ★ goût /amour /passion du ~ *winstbejag*

ludiciel M COMP. *spelprogramma's*; *gameware*

ludion M FIG. *speelbal*

ludique BNW *spel-*; *speels*; *ludiek*

ludothèque V *spelotheek*

luette V *huig*

lueur V • *schijnsel* • *schittering* • FIG. *glimp*; *vleugje* ★ une ~ d'espoir *een sprankje hoop*

luge V • *(kleine) slee*; *bobslee* • *(het) sleeën*

luger ONOV WW *sleetje rijden*

lugubre BNW • *doods* • *akelig*; *somber*; *naar*

lui I WW [volt. deelw.] • → **luire II** PERS VNW • *hij* (met nadruk) • *hem* (als lijd. vw. of vz. vw.) • *hem/haar* (als meew. vw.) ★ lui-même *hijzelf, hemzelf* ★ lui-même! *daar spreekt u mee!* ★ il veut cela, lui *hij wil dat* ★ sans lui *zonder hem* ★ je lui ai téléphoné *ik heb hem/haar gebeld* **III** WKG VNW *zich(zelf)* ★ de lui-même *uit zichzelf* ★ l'égoïste ne pense qu'à lui *de egoïst denkt alleen maar aan zichzelf*

lui-même PERS VNW • → **lui**

luire ONOV WW [onregelmatig] • *schijnen* • *schitteren*; *blinken*; *gloren*

luisant I BNW *glanzend*; *schitterend* ★ ver ~ *glimworm* **II** M *glans* ★ ~ d'une étoffe *weerschijn v.e. stof*

lumbago (zeg: lo(n)-, le(n)-) M MED. *spit*

lumière V • OOK FIG. *licht* • *(kijk)gat* ★ à la ~ de OOK FIG. *in het licht van* ★ la Ville ~ *de lichtstad* (Parijs) ★ faire la ~ sur qc *iets ophelderen* ★ mettre en (pleine) ~ *signaleren*; *in het licht zetten* ★ ce n'est pas une ~ *hij is geen licht* ★ ~s [mv] *kennis* ★ le siècle des ~s *de eeuw van de verlichting*

lumignon M *lampje*; *lichtje*; *pitje*

luminaire M *lamp(en)*; *licht(en)*; *verlichting*

luminance V *helderheid*; *lichtsterkte*

luminescence V *luminescentie*

luminescent BNW *luminescent*; *lichtgevend in het donker*

lumineux BNW [v: **lumineuse**] • *lichtgevend*; *(ver)licht*; *licht-* • *helder*; *lumineus* ★ enseigne lumineuse *lichtreclame* ★ journal ~ *lichtkrant* ★ esprit ~ *heldere geest*

luminosité V • *helderheid* • TECHN. *helderheid*; *lichtsterkte*

lump (zeg: le(n)p, lu(n)p) M *lump* (vis); *snotolf* ★ œufs de lump *namaakkaviaar*

lunaire I BNW • *maanvormig*; *maan-* • *dagdromerig*; *warhoofdig*; *wazig* (v. geest) ★ paysage ~ *maanlandschap* **II** V PLANTK. *judaspenning*

lunaison V *tijd tussen twee nieuwe manen*; *lunatie*

lunatique BNW *grillig*; *gek*

lunaute M *maanreiziger*

lunch M [mv: **lunch(e)s**] *lichte maaltijd* (op recepties); *staande lunch*

lundi M *maandag* ★ ~ de Pâques *tweede paasdag*

lune V • *maan* • INFORM. *achterste* ★ (face de) lune *vollemaansgezicht* ★ vieilles lunes *vervlogen tijden* ★ lune d'eau *witte waterlelie* ★ lune de miel *wittebroodsweken* ★ clair de lune *maneschijn* ★ demander/vouloir la lune *het onmogelijke willen* ★ être dans la lune *dagdromen* ★ décrocher la lune *hemel en aarde bewegen*; *het onmogelijke doen* ★ promettre la lune *gouden bergen beloven* ★ tomber de la lune *zeer verwonderd staan kijken*

luné BNW ★ bien/mal luné *goed/slecht gehumeurd*

lunetier M [v: **lunetière**] *brillenmaker*;

brillenverkoper; opticien
lunette V • *verrekijker* • *horlogerand; ronde opening; rond venster* • MILITAIR *lunet* • *wc-bril* • *vizier* ⟨richttoestel⟩ ★ ~ arrière *achterruit* ★ ~ d'approche *verrekijker* ★ ~s [mv] *bril* ★ ~s de soleil [mv] *zonnebril* ★ ~s de vue [mv] *bril* ⟨met corrigerende glazen⟩
lunetterie V • *vak v. brillenmaker* • *brillenzaak*
lunettes V MV • → **lunette**
lunettier M • → **lunetier**
lunule V • *maantje* ⟨v. nagel⟩ • *halvemaanvormige figuur*
lupanar M FORM. *bordeel*
lupin M PLANTK. *lupine*
lupus (zeg: -puus) M MED. *lupus*
lurette V ★ INFORM. il y a belle ~ *het is een hele tijd geleden* ★ INFORM. depuis belle ~ *allang*
luron M [v: **luronne**] ★ gai/joyeux ~ *vrolijke frans*
lus WW [passé simple] • → **lire**
lustrage M • *(het) glanzen* ⟨v. stoffen⟩ • *(het) polijsten* ⟨v. glas⟩
lustral BNW [m mv: **lustraux**] FORM. *reinigend; reinigings-*
lustre M • *glans;* OOK FIG. *luister* • *glansmiddel* • *hanglamp; (kroon)luchter* • FORM. *lustrum* ★ depuis des ~s *al tijden/jaren lang*
lustrer OV WW • *glanzen; glanzend maken* • *glimmend maken* ⟨v. stoffen door het gebruik⟩
lustrine V *glanskatoen*
lut I M *kit; kleef-, stopmiddel* ★ lut de silicone *siliconenkit* **II** WW • → **lire**
Lutèce V *Lutetia* ⟨oude naam voor Parijs⟩
luth M • *luit* • LITERAIR *lier* • *lederschildpad*
luthéranisme M *lutherse leer*
lutherie V • *(de) strijkinstrumenten* • *strijkinstrumentenhandel; strijkinstrumentenwinkel* • *fabricage v. strijkinstrumenten*
luthérien I BNW [v: **luthérienne**] *luthers* **II** M [v: **luthérienne**] *lutheraan*
luthier M • *bouwer /fabrikant van strijkinstrumenten* • *handelaar in strijkinstrumenten*
luthiste M/V *luitspeler*
lutin I M • *kabouter; kobold; kwelgeest* • *guit* **II** BNW OUD. *guitig*
lutiner OV WW *vrijpostig plagen* ⟨v. vrouw⟩
lutrin M • *koorlessenaar* • *zangerskoor*
lutte V • OOK FIG. *strijd* • *worsteling; (het) worstelen* ★ ~ contre le cancer *kankerbestrijding* ★ ~ des classes *klassenstrijd* ★ ~ pour la vie *strijd om het bestaan* ★ de haute ~ *na hevige strijd; met veel moeite*
lutter ONOV WW • OOK FIG. *worstelen; strijden (***contre** *tegen)* • *wedijveren (***contre** *met;* **de** *in)* ★ ~ contre le sommeil *vechten tegen de slaap*
lutteur M • *worstelaar* • *vechter; strijder*
luxation V *ontwrichting; verrekking*
luxe M *weelde; luxe* ★ de luxe *luxe-* ★ un luxe de *een overvloed aan; rijkelijk veel* ★ c'est du luxe *dat is overbodige weelde* ★ se payer le luxe de *zich (de weelde) veroorloven om*
Luxembourg M *Luxemburg*
luxembourgeois BNW *Luxemburgs*
Luxembourgeois M [v: **Luxembourgeoise**] *Luxemburger*
luxer OV WW *ontwrichten; verstuiken*
luxueux BNW [v: **luxueuse**] *weelderig; luxueus*
luxure V • *ontucht* • *zingenot*
luxuriance V • *weelderigheid* ⟨v. vegetatie⟩ • FIG. *overvloed*
luxuriant BNW • *weelderig* ⟨v. vegetatie⟩ • FIG. *rijk; overvloedig* ★ style ~ *beeldrijke stijl*
luxurieux BNW [v: **luxurieuse**] *ontuchtig*
luzerne V *rupsklaver; luzerne*
lycée M O&W *middelbare school; ≈ atheneum*
lycéen M [v: **lycéenne**] *leerling v. lycée* ⟨15/16-17/18 jaar⟩; *middelbare scholier*
lycène V *blauwtje* ⟨soort vlinder⟩
lymphangite V *lymfvatenontsteking*
lymphatique BNW • *lymfe-; lymfatisch* • *apathisch; sloom; indolent* ★ vaisseaux ~s *lymfvaten*
lymphe V *lymfe*
lynchage M *(het) lynchen*
lyncher OV WW • *lynchen* • *mishandelen* ⟨door menigte⟩
lynx (zeg: le(n)ks) M *lynx; los* ★ yeux de lynx *scherpe ogen*
lyonnais BNW *van/uit Lyon*
Lyonnais M [v: **Lyonnaise**] *inwoner van Lyon*
lyophilisé BNW *gevriesdroogd*
lyre V • *lier* ⟨instrument⟩ • *lyrische dichtkunst* • *liervogel*
lyrique I V *lyriek; lyrische poëzie* **II** M/V *lyrisch dichter* **III** BNW • *lyrisch* • *opera-; operette-* ★ art ~ *operakunst* ★ comédie ~ *komische opera; operette* ★ artiste ~ *operazanger(es)* ★ drame ~ *opera; oratorium*
lyrisme M • *lyriek; lyrische stijl* • *lyrische poëzie* • *geestvervoering; bezieling*
lys (zeg: lies) M OUD. → **lis**

M

m I M letter *m* ★ m comme Marie *de m van Marie* **II** AFK • mètre *m*; *meter* • milli *m*; *milli-* • TAALK. masculin *m*; *mannelijk*
m' PERS VNW • → **me**
M. AFK monsieur *meneer*; *de heer*
ma BEZ VNW [v] • → **mon**
maboul I M [v: **maboule**] INFORM. *gek*; *halvegare* **II** BNW *gek*; *mal*
mac M PLAT *souteneur*; *pooier*
macabre BNW • *wat de dood of een lijk betreft* • *griezelig*; *afschuwelijk*; *macaber* ★ danse ~ *dodendans*
macadam M • *macadam(weg)* • FIG. *straat*; *trottoir*
macaque I M *makaak* **II** M/V *lelijk iemand*
macareux M *papegaaiduiker*
macaron M • *bitterkoekje* • *haarknotje* ‹boven oor› • *ronde decoratie*; *rozet* • INFORM. *stomp*; *klap*
macaroni M [vaak mv] *macaroni*
macaronique BNW *macaronisch*
macchabée M INFORM. *lijk*
macédoine V • *macedoine* ‹gemengde groente of fruit› • *mengelmoes* ★ ~ de légumes *gemengde groenten* ★ ~ de fruits *vruchtensla*
Macédoine V *Macedonië*
macédonien BNW [v: **macédonienne**] *Macedonisch*
Macédonien M [v: **Macédonienne**] *Macedoniër*
macération V • *(het) in de week zetten*; *(ver)weking* • *zelfkastijding*
macérer I OV WW • *laten weken* • *kastijden* ‹v. eigen lichaam› **II** ONOV WW *weken* ★ laisser ~ qn *iem. laten versukkelen*
Mach (zeg: mak) M *mach* ★ voler à Mach 2 *met een snelheid van mach 2 vliegen*
mâche V *veldsla*
mâchefer M *slakken* ‹v. steenkool›
mâcher OV WW • *kauwen*; *knauwen* • *voorkauwen* • *grof afsnijden /afbreken* ★ ne pas ~ ses mots *er geen doekjes om winden* ★ ~ la besogne à qn *iem. het werk gemakkelijk maken*
machette V *machete*; *kapmes*
machiavélique (zeg: makja-) BNW *machiavellistisch*
machiavélisme (zeg: makja-) M *machiavellisme*
machin M INFORM. *ding(es)* ★ Machin (Chouette) *Dinges* ★ Machine *(mevrouw) Dinges*
machinal BNW [m mv: **machinaux**] *werktuiglijk*
machination V *kuiperij*; *machinatie*; *intrige*
machine V • *machine*; *werktuig*; OOK FIG. *apparaat* • *kar*; *(motor)fiets*; *locomotief* • *toneelmachinerie* ★ ~ administrative *ambtelijk apparaat* ★ ~ à calculer *rekenmachine* ★ ~ à coudre *naaimachine* ★ ~ à écrire *schrijfmachine* ★ ~s de guerre *oorlogstuig*; FIG. *strijdmiddelen* ★ ~ infernale *helse machine* ★ ~ à laver *wasmachine* ★ ~ à sous *speelautomaat* ★ ~ à tuer *meedogenloze killer* ★ ~ à vapeur *stoommachine* ★ faire ~ arrière *terugkrabbelen*
machine-outil V [mv: **machines-outils**] *werktuigmachine*
machiner OV WW OUD. *beramen*
machinerie V • *machinerie* • *machinekamer*
machinisme M *mechanisatie*
machiniste M/V • TON. *machinist* • OUD. *bus-, trambestuurder*
machisme (zeg: ma(t)sj-) M *machismo*
macho (zeg: matsjoo) M *macho*
mâchoire V • *kaak* • *bek* ‹v. nijptang, gereedschap› ★ ~ inférieure *onderkaak* ★ ~ supérieure *bovenkaak* ★ ~ de frein *remschoen*
mâchonner OV WW • *langzaam kauwen op* • *prevelen*
mâchouiller OV WW INFORM. *steeds kauwen op*
mâchurer OV WW *platdrukken*; *kneuzen*
macis (zeg: -sie) M *(muskaat)foelie*
maçon M [v: **maçonne**] • *metselaar* • *vrijmetselaar*
maçonnage M • *(het) metselen* • *metselwerk*
maçonner OV WW • *metselen* • *dichtmetselen*; *bemetselen*
maçonnerie V • *metselwerk* • *vrijmetselarij*
maçonnique BNW *vrijmetselaars-*
macramé M *macramé*
macreuse V • *zee-eend* • CUL. *mager schouderstuk* ‹v. rund›
macro V • → **macro-instruction**
macro- VOORV *macro-*; *(zeer) groot*
macrobiotique I BNW *macrobiotisch* **II** V *macrobiotiek*
macrocéphale BNW *groothoofdig*
macrocosme M *macrokosmos*; *heelal*
macroéconomie V *macro-economie*
macro-instruction V [mv: **macro-instructions**] COMP. *macro*
macromolécule V *macromolecule*
macrophotographie V *macrofotografie*
maculage M FORM. *(het) bekladden*
macule V FORM. *vlek*; *smet*
maculer OV WW FORM. *bevlekken*; *bekladden*
madame V [mv: **mesdames**] *mevrouw*
madeleine V *cakekoekje* ★ INFORM. pleurer comme une Madeleine *heel hard huilen*
mademoiselle V [mv: **mesdemoiselles**] *juffrouw*
madère M *madera(wijn)*
madone V *madonna*
madras (zeg: -as) M • *madras* ‹soort katoen› • *hoofddoek*
madré BNW *slim*; *uitgeslapen*
madrier M *zware plank*; *balk*
madrigal M [mv: **madrigaux**] *madrigaal*
madrilène BNW *Madrileens*
maelström M • → **malstrom**
maestria (zeg: maèstrieja) V *meesterschap* ★ avec ~ *virtuoos*
maestro M *maestro*
maffia, mafia V *maffia*
maffieux I M *maffioso* **II** BNW [v: **maffieuse**] *maffioos*
mafflu BNW FORM. *met dikke wangen*
mafia V • → **maffia**
mafieux • → **maffieux**
magasin M • *winkel* • *magazijn*; *pakhuis* • *magazijn* ‹v. vuurwapen enz.› ★ grand ~

warenhuis ★ mettre en ~ *opslaan*
magasinage M ● *(het) opslaan in een pakhuis* ● *bewaarloon*
magasinier M [v: **magasinière**] *magazijnmeester*
magazine M ● *tijdschrift* ● ≈ *periodieke tv- of radiorubriek; magazine*
mage M *(oosters) magiër* ★ les Rois mages *de drie Koningen/Wijzen*
Maghreb M *Maghreb* ‹N-Afrika ten westen v.d. Nijl›
maghrébin BNW *Maghrebijns*
magicien M [v: **magicienne**] *tovenaar*
magie V *toverij; toverkracht; magie* ★ ~ noire *zwarte kunst* ★ comme par ~ *als bij toverslag*
magique BNW ● *magisch; toverachtig; tover-* ● *betoverend* ★ lanterne ~ *toverlantaarn*
magister M INFORM. *schoolfrik*
magistral BNW [m mv: **magistraux**] *meesterlijk; magistraal; meester-* ★ cours ~ *hoorcollege* ★ remède ~ *volgens recept bereid medicijn*
magistrat M *magistraat*
magistrature V ● *magistratuur* ● *hoog overheidsambt* ★ ~ assise/debout *zittende/staande magistratuur*
magma (zeg: magma met de g van `goal') M ● *magma* ● *mengelmoes*
magnanime BNW *grootmoedig*
magnanimité V *grootmoedigheid*
magnat M *magnaat*
magner WKD WW [**se** ~] INFORM. → **manier**
magnésie V *magnesia*
magnésium (zeg: -zjom) M *magnesium*
magnétique BNW OOK FIG. *magnetisch; magneet-* ★ bande ~ *magneetband; geluidsband*
magnétisation V OOK FIG. *magnetisering*
magnétiser OV WW OOK FIG. *magnetiseren*
magnétiseur M [v: **magnétiseuse**] *magnetiseur*
magnétisme M OOK FIG. *magnetisme*
magnéto I M INFORM. *bandrecorder* **II** V *dynamo met permanente magneet*
magnétophone M *bandrecorder* ★ ~ à cassettes *cassetterecorder*
magnétoscope M *videorecorder*
magnétoscoper OV WW *opnemen* ‹op de video›
magnificence V ● *pracht; luister* ● FORM. *vrijgevigheid*
magnifier OV WW FORM. *verheerlijken; idealiseren*
magnifique BNW *prachtig; fantastisch*
magnitude V *magnitude*
magnolia M *magnolia*
magnolier M ● → **magnolia**
magnum (zeg: magnom) M *magnum* ‹grote wijnfles›
magot M ● INFORM. *(verborgen) spaargeld; poet* ● *magot* ‹aap› ● *magot* ‹Chinees poppetje›
magouille V INFORM. *gesjoemel; gekonkel*
magouiller ONOV WW INFORM. *sjoemelen; konkelen*
magouilleur M [v: **magouilleuse**] INFORM. *sjoemelaar; konkelaar*
magret M ★ ~ de canard *eendenborst(filet)*
magyar BNW *Hongaars*
Mahomet M *Mohammed*
mahométan BNW OUD. *mohammedaans*
mahométisme M OUD. *mohammedanisme*
mahous BNW ● → **maous**
mai M ● *mei* ● GESCH. *meiboom*
maigre I BNW ● *mager* ● *dun; karig; pover* ● *ondiep* ★ jours ~s *onthoudingsdagen* ‹zonder vlees› ★ repas ~ *maaltijd zonder vlees* **II** M *(het) magere; mager vlees* ★ fausse ~ *vrouw die slanker lijkt dan ze is* ★ faire ~ *geen vlees eten*
maigrelet BNW [v: **maigrelette**] *een beetje mager*
maigrement BIJW *magertjes; karig*
maigreur V ● *magerheid* ● *schraalheid; karigheid*
maigrichon I M [v: **maigrichonne**] INFORM. *mager iemand* **II** BNW [v: **maigrichonne**] *een beetje mager*
maigriot I M [v: **maigriotte**] INFORM. *mager iemand* **II** BNW [v: **maigriotte**] *een beetje mager*
maigrir I OV WW *mager doen lijken* **II** ONOV WW *vermageren*
mail[1] (zeg: maj) M GESCH. *malie* ‹kolf›; *maliespel, -baan*
mail[2] (zeg: mel) M *e-mail*
mailbox V *mailbox*
mailing (zeg: mee-) M *mailing*
maillage M ● *maaswijdte* ● *(dichtheid v.e.) netwerk*
maille V ● *steek* ‹bij breiwerk›; *maas* ‹v. net(werk)› ● *schakel* ‹v. ketting› ● *malie* ● GESCH. *halve duit* ★ cotte de ~s *maliënkolder* ★ avoir ~ à partir avec *een appeltje te schillen hebben met; ruzie hebben met*
maillechort M *nieuwzilver*
mailler OV WW *(ver)knopen* ‹met mazen, schalmen›
maillet M *houten hamer; drijfhamer*
mailloche V ● *grote (houten) hamer* ● *paukenstok*
maillon M *schakel* ‹v. ketting›
maillot M ● *tricot; truitje; shirt* ● *maillot* ● OUD. *luier* ★ ~ (de bain) *badpak; zwembroek* ★ SPORT ~ jaune *gele trui* ★ ~ (de corps) *(onder)hemd*
main V ● *hand* ● SPORT *hands* ● *haak; handvat* ★ main de toilette *washandje* ★ main courante *(trap)leuning* ★ homme de main *handlanger* ★ petite main *leerling-naaister* ★ mains(-)libres *handsfree* ★ à main armée *gewapenderhand* ★ à main levée *uit de losse/vrije hand* ★ il a une canne à la main *hij heeft een stok in de hand* ★ dans la main *in de (gesloten) hand* ★ de la main à la main *ondershands* ★ de longue main *lang van tevoren; al lang* ★ mariage de la main gauche *concubinaat; (het) hokken* ★ en un tour de main *in een handomdraai* ★ entre les mains de *in de macht van; in handen van* ★ (fait) à la main *handgemaakt* ★ fait de main de maître *met meesterhand gemaakt* ★ haut la main *moeiteloos; glansrijk* ★ haut les mains! *handen omhoog!* ★ un personnage à toutes mains *iem. die van alle markten thuis is* ★ ne pas y aller de main morte *flink aanpakken /uitpakken; erop los slaan* ★ avoir en mains *in handen hebben* ★ avoir la main *op de voorhand zitten* ‹bij kaartspel› ★ avoir

la haute main (sur qc) *(ergens) de lakens uitdelen* ★ avoir sous la main *bij de hand hebben* ★ avoir une belle main *een goede hand hebben* ‹in het kaartspel›; *een mooi handschrift hebben* ★ battre des mains *applaudisseren*; *in de handen klappen* ★ changer de mains *van eigenaar veranderen* ★ donner à pleines mains *met gulle hand geven* ★ être en bonnes mains *in goede handen zijn* ★ faire main basse sur qc *iets wegkapen /inpikken /inpalmen* ★ forcer la main à qn *iem. (tot iets) dwingen* ★ joindre les mains *de handen vouwen* ★ lever la main sur qn *de hand tegen iem. opheffen* ★ mettre la main à l'œuvre *de hand aan het werk slaan* ★ j'y mettrais ma main au feu *ik zou mijn hand ervoor in het vuur steken* ★ mettre la main sur *de hand leggen op*; *te pakken krijgen* ★ mettre la dernière main à qc *de laatste hand aan iets leggen* ★ mettre la main à la pâte *de handen uit de mouwen steken* ★ négocier sous main *in het geheim onderhandelen* ★ passer la main *ervan afzien*; *werk doorgeven*; *passen* ‹bij kaartspel› ★ perdre la main *de slag van iets kwijtraken*; *iets verleren* ★ porter la main sur *de hand slaan aan* ★ prendre en main *ter hand nemen*; *op zich nemen*; *aanpakken* ★ INFORM. prendre qn la main dans le sac *iem. op heterdaad betrappen* ★ prêter la main à qn *iem. helpen* ★ remettre en mains propres *persoonlijk overhandigen* ★ tendre la main *de hand uitsteken /ophouden /reiken* ★ tenir par la main *bij de hand houden* ★ tenir qc de première main *iets uit de eerste hand hebben* ★ tomber sous la main de *in handen vallen van* ★ en venir aux mains *slaags raken* ★ il a les mains liées OOK FIG. *zijn handen zijn gebonden* ★ quand on lui donne la main il prend le bras *als je hem een vinger geeft, neemt hij de hele hand*

mainate M *beo*

main-d'œuvre V [mv: **mains-d'œuvre**] • *werkkrachten* • *verrichte arbeid* • *arbeidsloon*; *maakloon*

main-forte V ★ prêter ~ *hulp verlenen*

mainlevée V *opheffing* ‹v. beslag e.d.›

mainmise V ~ **sur** *toe-eigening van*; *inbezitneming van*; *beheersing van*; *greep op*

maint (zeg: me(n)) BNW FORM. *menig* ★ ~e(s) fois *menigmaal* ★ à ~es reprises *herhaaldelijk*

maintenance V • *(het) onderhouden*; *onderhoud* • MIL. *onderhoudsdienst*

maintenant BIJW *nu*; *thans* ★ ~ que [+ ind.] *nu (dat)*

maintenir I OV WW [onregelmatig] • *handhaven*; *(be)houden* • *vasthouden*; *in bedwang houden* • *vasthouden aan*; *volhouden*; *blijven bij* **II** WKD WW [**se** ~] *zich handhaven*; *voortduren*; *blijven*

maintien M • *handhaving*; *behoud* • *houding*; *wijze van optreden*

maire M *burgemeester* ★ INFORM. être passé devant le ~ *(keurig) getrouwd zijn*

mairie V • *gemeentehuis* • *burgemeestersambt*

mais I M *maar*; *bedenking* **II** BIJW *wel* ★ mais non *wel nee* ★ INFORM. non mais *ho, ho* ★ mais oui *ja zeker* ★ mais si *(ja)wel* ★ FORM. il n'en peut mais *hij kan het niet helpen* **III** VW *maar*

maïs M *maïs*

maison I V • *huis* • *geslacht*; *huis* • *firma*; *huis* ★ à la ~ *thuis*; *naar huis* ★ ~ d'arrêt *huis v. bewaring*; *gevangenis* ★ la Maison-Blanche *Het Witte Huis* ★ ~ de campagne *landhuis*; *buitenhuis* ★ ~ close *bordeel* ★ ~ de couture *modehuis* ★ ~ de la culture *cultureel centrum* ★ ~ du bon Dieu *gastvrij huis*; *zoete inval* ★ ~ d'édition *uitgeverij* ★ ~ de maître *herenhuis* ★ ~ mère *moederhuis* ‹v. klooster›; *moedermaatschappij* ★ ~ mortuaire *sterfhuis* ★ ~ du roi *hofhouding* ★ ~ de retraite *bejaardentehuis* ★ gens de ~ *personeel*; *bedienden* ★ gros comme une ~ *(duimen)dik*; *schromelijk*; FIG. *doorzichtig* **II** BNW • *zelfgemaakt* • INFORM. *fantastisch*; *zeer geslaagd* ★ tarte ~ *zelfgemaakte taart* ★ un diplôme ~ *een onofficieel diploma* ★ un succès ~ *een fantastisch succes*

maisonnée V OUD. *gezin*; *huisgenoten*

maisonnette V OUD. *huisje*

maître I M [v: **maîtresse**] • *meester*; *baas*; *heer* • *(leer)meester*; *onderwijzer* • *meester* ‹als (aanspreek)titel› ★ ~ d'armes *schermleraar* ★ ~ d'hôtel *eerste kelner* ★ ~ d'école *schoolmeester* ★ ~ auxiliaire *leraar met tijdelijke aanstelling* ★ ~ de conférences *lector* ★ être passé ~ dans *zeer bedreven zijn in* ★ ~ nageur *badmeester*; *zwemleraar* ★ ~ spirituel /à penser *geestelijk leidsman*; *mentor* ★ ~ après Dieu *schipper naast God* ★ GESCH. ~ juré *gildemeester* ★ grand ~ *grootmeester* ★ voiture de ~ *eigen rijtuig* ★ en ~ *als heer en meester*; *met gezag* ★ biens sans ~ *onbeheerd goed* ★ se rendre ~ de *zich meester maken van* ★ je ne suis pas ~ de refuser *ik kan niet weigeren* ★ il est ~ de ses passions /de sa voix *hij beheerst zijn hartstochten /zijn stem* ★ tel ~, tel valet ‹spreekwoord› *zo meester, zo knecht* ★ les bons ~s font les bons valets ‹spreekwoord› *zo meester, zo knecht* ★ l'œil du ~ engraisse le cheval ‹spreekwoord› *het oog v.d. meester maakt het paard vet* **II** BNW [v: **maîtresse**] • *eerste*; *voornaamste*; *hoogste*; *hoofd-* • *bekwaam*; *flink* ★ atout ~ *hoogste troef* ★ carte ~sse *hoogste kaart*; FIG. *voornaamste troef* ★ ~ clerc *eerste klerk* ★ une ~sse femme *een flinke vrouw* ★ un ~ filou *een meester-schelm* ★ idée ~sse *leidende gedachte* ★ pièce ~sse *voornaamste onderdeel*; FIG. *spil*

maître-autel M [mv: **maîtres-autels**] *hoofdaltaar*

maître-chien M [mv: **maîtres-chiens**] *hondengeleider*

maître-coq M [mv: **maîtres-coqs**] *scheepskok*

maître-cuisinier M [mv: **maîtres-cuisiniers**] *chef-kok*

maîtresse I V *minnares* ★ ~ ancre *plechtanker*; *hoofdanker* **II** [v] • → **maître**

maîtrisable BNW *beheersbaar*; *bedwingbaar*

maîtrise V • *beheersing* • *heerschappij* (**de** *over)* • *meesterschap* • *kader* • OUD. *universitaire*

graad ‹ong. eerste deel doctoraal› • *koorschool*; *kerkkoor* ★ ~ de soi *zelfbeheersing* ★ avec ~ *handig*; *bekwaam* ★ agent de ~ *opzichter*
maîtriser I OV WW *beheersen*; *bedwingen*; *onder controle brengen* **II** WKD WW [**se** ~] *zich beheersen*
majesté V *majesteit* ★ GESCH. Sa Majesté Très Chrétienne *de koning van Frankrijk* ★ GESCH. Sa Majesté Catholique *de koning van Spanje*
majestueux BNW [v: **majestueuse**] *verheven*; *statig*; *majestueus*
majeur I BNW • *grootst*; *hoogst belangrijk* • *meerderjarig* • MUZ. *groteterts-*; *majeur-* ★ force ~e *overmacht* ★ intérêt ~ *zeer groot belang* ★ la ~e partie *het grootste deel* ★ MUZ. en la ~ *in A groot* ★ tierce ~e *grote terts* **II** M • *middelvinger* • MUZ. *grote terts*; *majeur* • *major(term)*
major M • MIL. ≈ *adjudant-officier*; *officier van administratie* • *best afgestudeerde* ‹v. jaarklasse›
majoration V *verhoging* ‹v. prijs, bedrag, aantal›; *toeslag*; *opslag*
majordome M • *majordomus*; *butler* • GESCH. *hofmeier*
majorer OV WW *verhogen* ‹v. prijs, bedrag, aantal›
majorette V *majorette*
majoritaire BNW *in de meerderheid*; *meerderheids-*
majorité V • *meerderheid*; *merendeel* • *meerderheid v. stemmen* • *meerderjarigheid* • *regeringspartijen* ★ la ~ de... *de meeste...* ★ en ~ *merendeels* ★ ~ silencieuse *zwijgende meerderheid*
Majorque V *Mallorca*
majuscule I V *hoofdletter* **II** BNW ★ A ~ *hoofdletter A* ★ lettre ~ *hoofdletter*
mal I BNW [meestal onveranderlijk] *slecht* ★ cette eau-forte n'est pas mal *die ets is niet slecht* ★ INFORM. elle n'est pas mal *ze ziet er aardig uit*; *ze mag er zijn* ★ être mal avec qn *ruzie hebben met iem.* **II** BIJW *slecht*; *verkeerd* ★ mal à propos *te onpas* ★ de mal en pis *van kwaad tot erger* ★ pas mal de *tamelijk veel*; *heel wat* ★ prendre mal *kwalijk nemen* ★ se trouver mal *flauwvallen* ★ il va mal *het gaat slecht met hem* ★ il est au plus mal *hij is er beroerd aan toe/op sterven na dood* **III** M [mv: **maux**] • *(het) kwaad*; *nadeel*; *onheil* • OOK FIG. *kwaal*; *euvel* • OOK FIG. *pijn*; *leed* • *moeite* ★ mal de l'air *luchtziekte* ★ mal aux cheveux *haarpijn*; *kater(igheid)* ★ mal au dos *rugpijn* ★ maux de dos *rugklachten* ★ mal de mer *zeeziekte* ★ mal de la route /des transports *wagenziekte* ★ mal à la tête /de tête *hoofdpijn* ★ mal blanc *fijt* ★ mal du pays *heimwee* ★ MED. grand mal *grand mal*; *toeval* ★ MED. petit mal *petit mal*; *absence* ★ le mal du siècle *weltschmerz* ★ les maux de la guerre *de verschrikkingen v.d. oorlog* ★ avoir mal au cœur *misselijk zijn* ★ ça me fait mal au coeur *dat doet me verdriet* ★ il n'y a pas de mal (à cela) *er steekt geen kwaad in*; *het is niet erg* ★ avoir du mal à *moeite hebben om* ★ dire du mal de qn *kwaadspreken van iem.* ★ se donner du mal *moeite doen* ★ être en mal de *verlegen zitten om*; *ontberen* ★ (se) faire mal *(zich) pijn doen* ★ le mal est que *het erge is dat* ★ faire du mal à *benadelen* ★ interpréter en mal *ten kwade duiden* ★ le mal est fait *het kwaad is geschied* ★ mettre à mal *geweld aandoen*; *maltraiteren* ★ rendre le mal par le mal *kwaad met kwaad vergelden* ★ le moindre de deux maux *het minste van twee kwaden* ★ aux grands maux les grands remèdes *drastische maatregelen zijn geboden*
malabar M • INFORM. *bink*; *potige kerel* • INFORM. *soort snoep*
malade I BNW • *ziek* • *niet goed meer*; *wrak* • INFORM. *niet goed wijs* ★ une chaise ~ *een wrakke stoel* ★ tomber ~ *ziek worden* **II** M/V *zieke*; *patiënt* ★ ~ mental *geesteszieke* ★ INFORM. comme un ~ *als een gek*
maladie V • *ziekte*; *kwaal* • INFORM. *woede*; *hartstocht*; *manie* ★ ~ de cœur *hartkwaal* ★ ~ mentale *geestesziekte* ★ ~ infectieuse/ contagieuse *infectieziekte* ★ ~ de la vache folle *gekkekoeienziekte* ★ ~ de Parkinson *ziekte van Parkinson* ★ en faire une ~ *zich (overmatig) opwinden*; *theater maken*
maladif BNW [v: **maladive**] OOK FIG. *ziekelijk*
maladresse V *onhandigheid*
maladroit BNW • *onhandig* • *tactloos*; *lomp*
mal-aimé BNW [mv: **mal-aimés**] *niet-geliefd*; *onbemind*
malais I M *(het) Maleis* **II** BNW *Maleis*
Malais M [v: **Malaise**] *Maleier*
malaise M • *lichte ziekte*; *flauwte* • *onbehagen*; *onlust*; *malaise*
malaisé BNW *moeilijk*; *ongemakkelijk*
Malaisie V *Maleisië*
malandrin M OUD. *schooier*; *(struik)rover*
malappris I BNW *ongemanierd*; *lomp* **II** M *lomperd*
malaria V *malaria*
malavisé BNW FORM. *onberaden*; *onbezonnen*
malaxage M *(het) kneden*
malaxer OV WW *(dooreen)kneden*
malaxeur M *kneedmachine*
Malaysia V *Maleisië*
malbouffe V INFORM. *ongezond /niet-ecologisch voedsel*
malchance V *pech*; *tegenspoed* ★ par ~ *ongelukkigerwijs* ★ jouer de ~ *door pech achtervolgd worden*
malchanceux I M [v: **malchanceuse**] *pechvogel* **II** BNW [v: **malchanceuse**] *onfortuinlijk*
malcommode BNW *onpraktisch*; *ongemakkelijk*
mal-connaissance V *gebrekkige kennis*
maldonne V • *(het) verkeerd geven* ‹bij kaarten› • INFORM. *misverstand*
mâle I M • BIOL. *mannetje* • FORM. *man* • INFORM. *(stoere) vent* **II** BNW • BIOL. *mannelijk*; *mannetjes-* • *krachtig*; *flink* • TECHN. *in een ander onderdeel passend* ★ fiche/prise mâle *stekker*
malédiction V • FORM. *vervloeking* • *vloek* ‹doem›
maléfice M *betovering*; *hekserij* ★ jeter un ~ sur *beheksen*

ma

maléfique BNW *onheilbrengend; noodlottig; boos*
malencontreux BNW [v: **malencontreuse**] *ongelukkig; ongelegen; vervelend*
mal-en-point BNW [onver.] *er slecht aan toe; beroerd*
malentendant BNW *slechthorend*
malentendu M *misverstand*
mal-être M [mv: id.] *onbehagen*
malfaçon V *fout; gebrek*
malfaisance V *boosaardigheid; schadelijkheid*
malfaisant BNW *boosaardig; schadelijk* ★ influence ~e *slechte invloed*
malfaiteur M [v: **malfaitrice**] *boosdoener; boef; crimineel*
malfamé BNW *berucht; ongunstig bekend*
malformation V *misvorming; aangeboren afwijking*
malfrat M INFORM. *boef*
malgache BNW *Madagaskisch*
Malgache M/V *Madagas(kische)*
malgracieux BNW [v: **malgracieuse**] FORM. *onheus; onbeleefd*
malgré VZ • *ondanks; in weerwil van* • *tegen de wil van* ★ ~ moi *mijns ondanks; tegen mijn wil; ongewild* ★ ~ tout *(desal)niettemin*
malhabile BNW *onhandig*
malheur M *ongeluk; onheil; (tegen)slag* ★ par ~ *ongelukkigerwijs* ★ pour son ~ *tot zijn schade* ★ oiseau de ~ *ongeluksbode* ★ ~ à...! *wee...!* ★ le grand ~! *zo erg is het niet!* ★ INFORM. faire un ~ *een ongeluk begaan; een reuzesucces hebben* ★ jouer de ~ *door pech achtervolgd worden* ★ porter ~ *ongeluk aanbrengen* ★ un ~ est si vite arrivé *een ongeluk zit in een klein hoekje* ★ à qc ~ est bon *er is altijd een geluk bij een ongeluk* ★ le ~ des uns fait le bonheur des autres *de een zijn dood is de ander zijn brood*
malheureusement BIJW *helaas; jammer (genoeg); ongelukkig(erwijs)*
malheureux I BNW [v: **malheureuse**] • *ongelukkig* • *ellendig; bedroevend* • *zonder succes* • *onbetekenend; armzalig* ★ finaliste ~ *verliezend finalist* ★ il est ~ que [+ subj.] *het is jammer dat* ★ avoir la main malheureuse *geen gelukkige hand hebben; onhandig/onsuccesvol zijn* **II** M [v: **malheureuse**] *ongelukkige* ★ petit ~ ! *kleine sufferd !*
malhonnête BNW • *oneerlijk* • OUD. *onbeleefd; onheus*
malhonnêteté V • *oneerlijkheid* • OUD. *onbeleefdheid; onheusheid*
malice V • *(speelse) spot; snaaksheid; ondeugendheid; slimmigheid* • FORM. *boosaardigheid; kwaadwilligheid; boos opzet* ★ par ~ *moedwillig* ★ sans ~ *enigszins naïef; onschuldig* ★ boîte/sac à ~ *trukendoos* ★ ne pas y entendre ~ *het niet kwaad bedoelen*
malicieusement BIJW • → **malicieux**
malicieux BNW [v: **malicieuse**] • *guitig; plagerig* • OUD. *boosaardig; kwaadwillig*
malien BNW [v: **malienne**] *Malinees*
maligne BNW • → **malin**
malignité V *boosaardigheid;* MED. *kwaadaardigheid*
malin BNW [v: **maligne**] • *slim; sluw; goochem* • MED. *kwaadaardig* • *guitig; schalks* • OUD. *boosaardig* ★ FORM. le ~ /l'esprit ~ *de duivel; de Boze* ★ joie maligne *leedvermaak* ★ faire le ~ *de slimmerik uithangen; zich uitsloven* ★ INFORM. ce n'est pas bien ~ *het is (heus) niet zo moeilijk*
Malines V *Mechelen*
malingre BNW *zwak; sukkelend*
malinois I M *Mechelse herdershond* **II** BNW *Mechels*
malintentionné BNW *kwaadwillig; kwaadgezind* (**envers** *jegens)*
malle V *(reis)koffer* ★ (se) faire la ~ *er vandoor gaan*
malléabilité V • → **malléable**
malléable BNW • *hamerbaar; pletbaar; smeedbaar; kneedbaar* • FIG. *kneedbaar; meegaand; beïnvloedbaar*
mallette V • *koffertje* • BN *schooltas*
mal-logé I M [v: **mal-logée**] *slechtbehuisde* **II** BNW *slecht gehuisvest*
malmenage M FIG. *te grote druk; overspanning*
malmener OV WW *ruw behandelen; hard aanpakken; ervan langs geven; het leven zuur maken*
malnutrition V *ondervoeding; slechte voeding*
malodorant BNW *onwelriekend*
malotru I BNW *lomp* **II** M [v: **malotrue**] *lomperd; vlegel*
malpoli BNW *grof; onfatsoenlijk*
malpropre BNW • OUD. *onzindelijk; vies* • OUD. *onfatsoenlijk; onbehoorlijk* ★ se faire traiter comme un ~ *als een stuk vuil behandeld worden*
malpropreté V • OUD. *vuilheid* • OUD. *onfatsoenlijkheid*
malsain BNW • OOK FIG. *ongezond* • *gevaarlijk* ★ côte ~e *gevaarlijke kust*
malséant BNW FORM. *ongepast; onbetamelijk*
malsonnant BNW FORM. *aanstotelijk; onbetamelijk*
malstrom, maelström M OOK FIG. *maalstroom*
malt M *mout*
maltais BNW *Maltees; Maltezer*
Maltais M [v: **Maltaise**] *Maltezer*
Malte V *Malta*
malter OV WW *mouten* ★ pain malté *moutbrood*
maltraiter OV WW *mishandelen; slecht behandelen; hard aanpakken; maltraiteren*
malus (zeg: -luus) M *malus; boete*
malveillance V *kwaadwilligheid* ★ acte de ~ *boos opzet*
malveillant I BNW *kwaadwillig; onvriendelijk* **II** M [v: **malveillante**] *kwaadwillige*
malvenu BNW • FORM. *niet-gerechtigd; ongegrond* • *achtergebleven in de groei; schriel* ★ être ~ de/à *niet het recht hebben om*
malversation V *verduistering; malversatie; ambtsmisdrijf*
malvoyant I M [v: **malvoyante**] *slechtziende* **II** BNW *slechtziend*
maman V *mama; moeder*
mamelle V • BIOL. *uier; melkklier* • OUD. *(vrouwen)borst*
mamelon M • *tepel* • *knopvormig uitsteeksel; ronde bult; heuvel*

mamie V INFORM. *oma*
mamillaire BNW *tepelvormig*; *tepel-*
mammaire BNW *borst-* ★ glande ~ *borstklier*; *melkklier*
mammectomie V *borstamputatie*
mammifère M *zoogdier*
mammite V *mastitis*; *borstklierontsteking*
mammographie V *mammografie*
mammouth M *mammoet*
mammy, mamy V • → **mamie**
mamours M MV INFORM. *liefdoenerij* ★ faire des ~ à qn *met iem. minnekozen /aanpappen*
management M *management*
manager M [v: **manageuse**] • ECON. *manager*; *directeur* • SPORT *manager*; *coach*
manageur M [v: **manageuse**] • ECON. *manager*; *directeur* • SPORT *manager*; *coach*
manche I M • *steel*; *heft*; *handvat*; *hals* ⟨v. muziekinstrument⟩ • *stuurknuppel* ⟨v. vliegtuig⟩ • INFORM. *sukkel* ★ ~ à balai *bezemsteel*; *stuurknuppel*; *joystick* ★ INFORM. être du côté du ~ *de sterkste partij steunen* ★ branler dans le ~ *wankel/ongewis zijn* **II** V • *mouw* • SPORT *manche*; *heat*; *set* ⟨tennis⟩ • *buis*; *pijp*; *slang* ★ ~ à air *windzak* ⟨voor bepalen v. windrichting⟩; SCHEEPV. *luchtkoker* ★ INFORM. c'est une autre paire de ~s *dat is heel wat anders*; *dat is andere koek* ★ avoir qn dans sa ~ *iem. in zijn zak hebben* ★ INFORM. faire la ~ *bedelen*; *geld ophalen* ★ tirer qn par la ~ *iem. aan de mouw trekken*; *iem. iets verzoeken* ★ retrousser ses ~s OOK FIG. *de mouwen opstropen*
Manche V ★ La ~ *het Kanaal*
mancheron M • *bovenmouw*; *korte mouw* • *ploegstaart*
manchette V • *manchet* • *kanttekening* • *(grote) kop* ⟨in krant⟩ • *kap* • *onderarmse slag* • *overmouw*
manchon M • *mof* ⟨kledingstuk⟩ • *kokervormig onderdeel*; *mof*; *huls*; *bus*; *sok* • *gloeikousje*
manchot I M *pinguïn* **II** M [v: **manchote**] *eenhandig/eenarmig persoon* **III** BNW *eenhandig*; *eenarmig* ★ INFORM. ne pas être ~ *handig zijn*
mandant M [v: **mandante**] *lastgever*; *opdrachtgever*
mandarin M • *mandarijn* ⟨persoon⟩ • TAALK. *Mandarijn*
mandarinat M *mandarijnendom*
mandarine I BNW *oranje* **II** V *mandarijntje*
mandarinier M *mandarijnboom*
mandat M • *mandaat*; *volmacht*; *opdracht* • *bevelschrift* • *postwissel* • *ambt(stermijn)* ⟨v. volksvertegenwoordiger⟩ ★ ~-poste /~-lettre *postwissel* ★ ~ de virement *stortingsbiljet* ★ ~ d'amener *bevel tot voorgeleiding* ★ ~ d'arrêt/de dépôt *bevel tot inhechtenisneming*
mandataire M/V *gevolmachtigde*; *lasthebber*; *afgevaardigde*
mandat-carte M [mv: **mandats-cartes**] *postwissel*
mandater OV WW • *machtiging verlenen aan*; *mandateren* • *per postwissel betalen*
mandchou BNW *uit Mantsjoerije*
Mandchourie V *Mantsjoerije*
mandement M *mandement*
mander OV WW • FORM. *ontbieden* • OUD. *melden*; *berichten* • OUD. *bevelen*
mandibule V • *onderkaak* • *bovendeel/ benedendeel v. snavel* ★ INFORM. les ~s *de kaken*
mandoline V *mandoline*
mandragore V *alruin*
mandrin M • *spanklem*; *boorkop*; *boorklauw*; *klauwplaat* • *drevel*
manège M • *manege*; *rijschool* • *(het) africhten v. paarden*; *rijkunst* • *draaimolen*; *tredmolen* • *(kwalijk) gedoe*; *gekonkel*; *spel(letje)*
mânes M MV GESCH. *schimmen der doden*; *manen*
manette V *handvat*; *hendel* ★ ~ de jeu *joystick*
manga M *manga*
manganèse M *mangaan*
mangeable BNW *eetbaar*
mangeaille V MEESTAL MIN. *voer*
mangeoire V *trog*; *voerbak*
manger I M INFORM. *(het) eten* **II** OV WW • *eten*; *opeten*; *(aan)vreten* • FIG. *verslinden*; *verbruiken* • *verteren*; *verbrassen*; *verkwisten* • *doen verdwijnen* ★ INFORM. ~ ses mots *zijn woorden inslikken* ★ ~ des yeux *met de ogen verslinden* ★ ~ qn de caresses *iem. met liefkozingen overladen* ★ sa barbe lui mange la figure *zijn gezicht gaat achter zijn baard schuil* **III** ONOV WW *eten* ★ ~ dans la main *uit de hand eten*; *mak zijn* **IV** WKD WW [**se ~**] *gegeten worden*; *te eten zijn*
mange-tout, mangetout M [mv: id.] ★ (haricot/pois) ~ *peul(tje)*
mangeur M [v: **mangeuse**] • *eter* • *veeleter* • *verkwister* ★ gros ~ *stevig eter* ★ MIN. ~ de grenouilles *Fransman*
mangouste V *mangoest*
mangue V *mango*
maniabilité V • *hanteerbaarheid*; *handzaamheid* • *wendbaarheid*
maniable BNW • *gemakkelijk hanteerbaar*; *handzaam* • *wendbaar* • *modelleerbaar* • OUD. *gedwee*; *handelbaar*
maniacodépressif BNW [v: **maniacodépressive**] *manisch-depressief*
maniaque I BNW • *maniakaal* • *manisch* **II** M/V *maniak*
manichéen BNW [v: **manichéenne**] *manicheïstisch*; *dualistisch*; *zwart-wit*
manicle V • → **manicle**
manie V *manie* ★ ~ de la collection *verzamelwoede* ★ ~ de la persécution *achtervolgingswaan*
maniement M • *hantering*; *behandeling*; *bediening* • *beheer* • *modellering*
manier I OV WW • *hanteren*; *behandelen*; *omgaan met*; *bedienen* • *met de hand vormen*; *modelleren*; *kneden* • *besturen*; *leiden*; *naar zijn hand zetten* **II** WKD WW [**se ~**] • INFORM. *opschieten* • *gehanteerd worden*; *handzaam zijn* ★ cette moto se manie bien *je kunt makkelijk op die motor rijden*
maniéré BNW *gekunsteld*; *gemaakt*; *gemaniëreerd*
manière V • *wijze*; *manier*; *trant* • *manier van doen* ★ une ~ de *een manier om*; FORM. *een*

soort van ★ la ~ dont *de wijze waarop* ★ à sa ~ *op zijn manier* ★ de cette ~ *op die manier* ★ de ~ à [+ infin.] *zo... dat* ★ de ~ que [+ subj.] *zo... dat* ★ en aucune ~ *geenszins* ★ sans ~s *zonder omhaal*; *eenvoudigweg* ★ de toute ~ *in ieder geval*; *hoe dan ook* ★ d'une certaine ~ /en quelque ~ *in zekere zin* ★ d'une ~ ou d'une autre *op een of andere manier* ★ en/par ~ de *bij wijze van* ★ d'une ~ générale *in het algemeen (gesproken)* ★ IRON. de la belle ~ *duchtig*; *zonder pardon* ★ employer la ~ forte *geweld/dwang gebruiken* ★ faire des ~s *overdreven doen*

maniérisme M *maniërisme*; *gekunsteldheid*

manieur M *hanteerder* ★ ~ d'argent *geldman*; *bankier* ★ ~ d'hommes *leider*

manif (zeg: -nief) V INFORM. *manifestatie*; *betoging*; *demonstratie*

manifestant M [v: **manifestante**] *betoger*; *demonstrant*

manifestation V • *uiting*; *verkondiging*; *(het) zich manifesteren* • *manifestatie*; *betoging*; *demonstratie* • *gebeuren*

manifeste I BNW *duidelijk (blijkend)*; *klaarblijkelijk*; *manifest* **II** M *manifest*

manifester I OV WW *uiten*; *openbaren*; *manifesteren* **II** ONOV WW *manifesteren*; *een betoging houden*; *demonstreren* **III** WKD WW [**se** ~] *zich uiten*; *zich openbaren*; *zich vertonen*; *zich kenbaar maken*; *zich manifesteren*

manigance V *kuiperij*; *streek*

manigancer OV WW *bedisselen*; *bekonkelen*

manille I M *manilla(sigaar)* **II** V • *manille* ⟨kaartspel⟩ • *sluitschalm*; *harp(sluiting)*

manioc M *maniok*; *cassave*

manipulateur I M *seinsleutel* **II** M [v: **manipulatrice**] • *manipulator* • *hanteerder*; *bediener*; *praktisch medewerker* **III** BNW [v: **manipulatrice**] *manipulerend*

manipulation V • *behandeling*; *bewerking*; *hantering* • MIN. *manipulatie*; *geknoei* • *gegoochel*

manipuler OV WW • *behandelen*; *bewerken*; *hanteren* • MIN. *manipuleren*; *knoeien met* • FIG. *goochelen met*; *(slinks) beïnvloeden*

manique, **manicle** V *handbeschermer*; *handkap*; *pannenlap*

manitou M *Manitoe* ★ INFORM. grand ~ *hoge ome*; *grote baas*

manivelle V *kruk*; *handvat*; *slinger* ⟨v. auto⟩; *zwengel*; *hendel* ★ premier tour de ~ *eerste (film)opnamen* ★ retour de ~ OOK FIG. *terugslag*

manne V • *grote mand* • OOK FIG. *manna*

mannequin M • *mannequin* • *etalagepop*; *paspop* • *ledenpop* • *(tuiniers)mandje*

manœuvrable BNW *manoeuvreerbaar*; *wendbaar*; *bestuurbaar*

manœuvre I M *ongeschoold arbeider* ★ les ~s-balais *het eenvoudige werkvolk* **II** V • *bediening*; *besturing*; *(het) rangeren* ⟨v. treinen⟩ • OOK MIL. *manoeuvre* • *(slinkse) handelwijze*; *kunstgreep* • SCHEEPV. [vaak mv] *want*; *touwwerk* ★ fausse ~ *verkeerde wending*; *misgreep* ★ ~ de Heimlich *heimlichmanoeuvre* ★ champ de ~ *exercitieveld* ★ FIG. marge de ~ *speelruimte*

manœuvrer I OV WW OOK FIG. *manoeuvreren*; *hanteren*; *besturen* **II** ONOV WW • *manoeuvreren* • *militaire oefeningen houden* • *behendig te werk gaan*

manœuvrier I BNW [v: **manœuvrière**] *behendig manoeuvrerend*; *tactisch* **II** M [v: **manœuvrière**] *iem. die behendig manoeuvreert*; *tacticus*

manoir M • *landgoed* • *groot (land)huis*; *kasteeltje*

manomètre M *manometer*

manouche M/V INFORM. *zigeuner*

manquant I BNW *ontbrekend*; *vermist* **II** M [v: **manquante**] *(de/het) afwezige*

manque I M *tekort*; *gemis*; *gebrek (***de** *aan)*; *(het) ontbreken*; *derving* ★ (par) ~ de *bij gebrek aan* ★ ~ de parole *woordbreuk* ★ ~ de respect *oneerbiedigheid* ★ ~ à gagner *inkomsten-, winstderving* ★ être en (état de) ~ *ontwenningsverschijnselen vertonen* ★ ~ de chance *jammer (genoeg)*; *pech gehad* **II** V ★ INFORM. à la ~ *van niks*; *prul-*

manqué I BNW *mislukt* **II** M *(luchtige) koek van biscuitdeeg*

manquement M *niet-nakoming*; *verzuim*; *vergrijp (***à** *tegen)*

manquer I OV WW • *missen*; *niet treffen*; *mislopen*; *verzuimen* • *slecht uitvoeren*; *verknoeien* ★ ~ la classe *spijbelen* ★ ~ une occasion *een gelegenheid laten voorbijgaan* ★ ~ le train *de trein missen* ★ il n'en manque pas une *hij heeft weer (eens) geblunderd* **II** ONOV WW • *ontbreken (***à** *aan)* • *mislukken*; *falen* ★ le temps me manque *de tijd ontbreekt mij* ★ tu me manques *ik mis je* ★ les forces lui ont manqué *zijn krachten hebben het begeven* ★ ça n'a pas manqué *dat kon niet uitblijven* • ~ **à** *tekortschieten in*; *verzuimen* ★ ~ à sa parole *zijn woord niet houden* ★ je n'y ~ai pas *ik zal het zeker doen*; *ik zal het niet vergeten* • ~ **de** *gebrek hebben aan*; *verzuimen te*; *nalaten te* ★ il manque de courage *het ontbreekt hem aan moed* ★ il a manqué de tomber *hij is bijna gevallen*; *het scheelde weinig of hij was gevallen* ★ il ne ~a pas de venir *hij komt zeker* **III** ONP WW *ontbreken (***à** *aan)* ★ il manque deux personnes *er ontbreken twee mensen* ★ il lui manque dix euros *hij komt tien euro te kort* ★ il ne ~ait plus que ça! *dat moest er nog bij komen!*

mansarde V • *dakkamer*; *mansarde* • *mansardedak*

mansardé BNW ★ chambre ~e *dakkamer*

mansuétude V *zachtmoedigheid*

mante V OUD. *wijde (schouder)mantel* ★ ~ (religieuse) *bidsprinkhaan*

manteau M [mv: **manteaux**] • OOK FIG. *mantel*; *jas* • *schoorsteenmantel* ★ sous le ~ *in het geheim* ★ sous le ~ de *onder de dekmantel van*

mantelet M • *(schouder)manteltje* • SCHEEPV. *poortklep*

mantille V *mantilla*

mantisse V *mantisse*

mantra M *mantra*

manucure M/V *manicure*
manucurer OV WW *manicuren*
manuel I M *handleiding*; *handboek*; *leerboek* **II** BNW [v: **manuelle**] *hand(en)-*; *manueel*; *handmatig* ★ travail ~ *handwerk*; *handenarbeid* ★ commande ~le *handbediening*
manuellement BIJW *met de hand*
manufacture V *fabriek*
manufacturer OV WW *(fabrieksmatig) bewerken*
manufacturier I M/V [v: **manufacturière**] *fabrikant* **II** BNW [v: **manufacturière**] *fabrieks-*
manu militari BIJW *met geweld*; *met de sterke arm* ‹v.d. politie›
manuscrit (zeg: -krie) **I** M *handschrift*; *manuscript* **II** BNW *handgeschreven*
manutention V • *opslag en verzending van goederen* • *goederenmagazijn* ★ service de ~ *expeditieafdeling*
manutentionnaire M/V *magazijnbediende*
manutentionner OV WW *opslaan en verzenden* ‹v. goederen›
maous (zeg: maoes) BNW [v: **maousse**] INFORM. *geweldig*
mappemonde V *wereldkaart* ★ ~ céleste *sterrenkaart*
maquer WKD WW [**se** ~] INFORM. *verkering krijgen (**avec** met)*; *gaan samenwonen*
maquereau M [mv: **maquereaux**] • *makreel* • INFORM. *pooier*
maquerelle V INFORM. *hoerenmadam*
maquette V • *maquette*; *model*; *verkleinde afbeelding* • *dummy* ‹v. boek› • *opmaak* ‹v. boek, blad›
maquettiste M/V • *opmaker*; *lay-outer* • *modelmaker*
maquignon M • *paardenkoopman* • *sjacheraar*; *sjoemelaar*
maquignonnage M *gesjacher*; *gesjoemel*
maquillage M • *(het) opmaken* ‹v. gezicht›; *(het) grimeren*; *(het) schminken* • *make-up* • *(het) vervalsen*; *(het) onherkenbaar maken*
maquiller I OV WW • *het gezicht opmaken van*; *grimeren*; *schminken* • *vervalsen*; *onherkenbaar maken* **II** WKD WW [**se** ~] *zich opmaken*; *zich grimeren*
maquilleur M [v: **maquilleuse**] *grimeur*
maquis (zeg: -kie) M • *dicht kreupelhout* • *warwinkel*; *warnet* • GESCH. *illegaliteit*; *ondergronds verzet* ★ prendre le ~ *ondergronds gaan*
maquisard M *onderduiker*; *verzetsman*
marabout M • *maraboe* ‹vogel› • *maraboe* ‹islamitisch leidsman›
maracas (zeg: -kas) M MV *sambaballen*
maraîchage M *groenteteelt*
maraîcher I M [v: **maraîchère**] *groentekweker* ★ CUL. (à la) maraîchère *garnituur voor vlees* **II** BNW [v: **maraîchère**] *tuinbouw-*; *groente-*
marais M • *moeras(land)* • *tuingrond*; *moestuin* ★ ~ salant *zoutpan* ★ le Marais *oude wijk in Parijs*
marasme M *kwijning*; *slapte*; *malaise*; *stagnatie* ★ l'industrie est dans le ~ *de industrie is in verval*
marasquin M *marasquin* ‹soort likeur›
marathon I M OOK FIG. *marathon* **II** BNW *marathon-*
marathonien M [v: **marathonienne**] *marathonloper*
marâtre V OUD. OOK FIG. *stiefmoeder*
maraudage M *velddiefstal*
maraude V *velddiefstal* ★ en ~ *snorrend* ‹v. taxi›
marauder ONOV WW • *velddiefstal plegen* • *snorren* ‹v. taxi›
maraudeur M [v: **maraudeuse**] • *velddief* • *snorder*
marbre M • *marmer* • *marmeren voorwerp /beeld* • *(marmeren) werktafel*; *steen* ‹in drukkerij› ★ carrière de ~ *marmergroeve* ★ de ~ *marmeren*; FIG. *steenkoud*; *ongevoelig*; *onaandoenlijk*
marbré BNW *gemarmerd*
marbrer OV WW *marmeren*
marbrerie V • *marmerverwerking* • *marmerbedrijf*
marbrier I M [v: **marbrière**] *marmerbewerker*; *maker v. grafstenen en -monumenten* **II** BNW [v: **marbrière**] *marmer-*
marbrière V *marmergroeve*
marbrure V • *marmering* • *marmerachtige huidvlek(ken)*
marc (zeg: mar) M • GESCH. *mark* ‹munt› • *droesem*; *bezinksel* • *marc* ‹brandewijn v. druivenschillen› ★ marc de café *koffiedik* ★ marc de raisin *druivenmoer* ★ faire/lire le marc de café *koffiedik kijken* ★ au marc le franc *pondspondsgewijs*
marcassin M *jong wild zwijn*; *frisling*
marchand I M [v: **marchande**] *koopman*; *handelaar*; *winkelier* ★ ~ ambulant *marskramer* ★ ~ forain *marktkoopman* ★ ~ des quatre-saisons *groente- en fruithandelaar* ★ JEUGDT. ~ de sable *zandmannetje* ★ ~ de primeurs *groenteboer* **II** BNW *handels-*; *koopmans-* ★ galerie ~e *winkelgalerij* ★ prix ~ *koopmansprijs* ★ valeur ~e *handelswaarde* ★ marine ~e *koopvaardijvloot* ★ navire ~ *koopvaardijschip* ★ ville ~e *handelsstad*
marchandage M • *(het) afdingen*; *gemarchandeer* • *onderaanneming*
marchander I OV WW • *al marchanderend kopen*; *afdingen op* • *karig zijn met*; *zuinigjes geven* • JUR. *aannemen* ‹v. werk door koppelbaas› **II** ONOV WW *marchanderen (**avec** met)*; *afdingen*
marchandeur M [v: **marchandeuse**] • *afdinger*; *pingelaar* • *koppelbaas*; *onderaannemer*
marchandisage M *merchandising*
marchandise V *koopwaar* ★ train de ~s *goederentrein* ★ faire valoir sa ~ *iets in een gunstig daglicht plaatsen*
marche V • *(het) lopen*; *loop*; *gang*; *tred* • *trede* ‹v. trap›; *afstapje* • *(dag)mars* • MUZ. *mars* • *(het) snelwandelen* • *trapper* ‹v. werktuig›; *pedaal* • GESCH. *mark*; *grensgebied* ★ la ~ des étoiles *de loop v.d. sterren* ★ la ~ d'une machine *het lopen v.e. machine* ★ la ~ d'un navire *de vaart v.e. schip* ★ ~ triomphale *triomftocht* ★ ~ funèbre *treurmars*; *dodenmars* ★ chaussures de ~ *wandelschoenen* ★ une heure de ~ *een uur gaans /lopen* ★ ~ à suivre

te volgen handelwijze ★ en avant! ~! *voorwaarts mars!* ★ en ~ arrière *(in de) achteruit* ⟨v. voertuig⟩ ★ faire ~ arrière *achteruitrijden*; *terugkrabbelen* ★ en état de ~ *bedrijfsklaar*; *(goed) werkend* ⟨v. toestel⟩ ★ fermer la ~ *achteraan lopen*; *de rij sluiten* ★ mettre en ~ *aanzetten* ⟨v. toestel⟩; *starten* ★ se mettre en ~ *zich in beweging zetten*

marché M ● *markt* ⟨in alle betekenissen⟩ ● *transactie*; *(ver)koop* ★ ~ aux bestiaux *veemarkt* ★ ~ des changes *wisselmarkt*; *deviezenmarkt* ★ Marché commun *euromarkt* ★ ~ couvert *overdekte markt*; *markthal* ★ ~ de l'emploi *arbeidsmarkt* ★ ~ noir *zwarte markt /handel* ★ ~ aux puces *vlooienmarkt* ★ ~ du travail *arbeidsmarkt* ★ loi du ~ *wet van vraag en aanbod* ★ (à) bon ~ *goedkoop* ★ (à) meilleur ~ *goedkoper* ★ par-dessus le ~ *op de koop toe* ★ conclure un ~ *een overeenkomst aangaan* ★ en être quitte à bon ~ *er goedkoop afkomen* ★ faire son ~ *inkopen doen* ★ faire bon ~ de qc *ergens niet veel om geven*

marchepied M ● *treeplank*; *opstapje*; *trede* ● *trapje*; *voetbankje* ● *voetpad langs kanaal* ⟨t.o. jaagpad⟩ ● FIG. *springplank*

marcher ONOV WW ● *lopen*; *stappen*; *trappen* ● *marcheren*; *optrekken (***à**, **sur** *naar;* **contre** *tegen)* ● FIG. *lopen*; *functioneren*; *(goed) gaan* ● OOK FIG. *voortgaan*; *zich voortbewegen* ● INFORM. *erin trappen*; *erin vliegen* ● INFORM. *zich laten overhalen*; *meedoen* ★ ~ au pas *in de pas lopen* ★ ~ à quatres pattes *op handen en voeten lopen* ★ ~ droit *zich goed gedragen* ★ ~ sur le pied de qn *iem. op de tenen trappen*; *iem. kwetsen* ★ ~ à sa perte *zijn ondergang tegemoet gaan* ★ ~ dans une histoire *een verhaal (klakkeloos) geloven* ★ il ~a *hij doet 't wel (wat hem gezegd is)* ★ cette montre ne marche pas *dit horloge loopt niet* ★ INFORM. ça marche *het is /gaat /loopt goed* ★ cette affaire ne marche pas *die zaak schiet niet op* ★ INFORM. il ne marche pas, il court *hij tuint er met open ogen in*

marcheur M [v: **marcheuse**] ● *loper*; *wandelaar* ● SPORT *snelwandelaar* ★ être bon ~ *goed kunnen lopen*

marcotte V *aflegger*; *loot*; *stek*

marcotter OV WW *marcotteren*; *afleggen*

mardi M *dinsdag* ★ ~ gras *Vastenavond*

mare V *poel*; *plas*; *vijver* ★ mare de sang *bloedplas*

marécage M *moeras*; *drasland*

marécageux BNW [v: **marécageuse**] *moerassig*; *drassig*

maréchal M [mv: **maréchaux**] ● *maarschalk* ● *hoefsmid* ★ ~ des logis *wachtmeester*

maréchalat M *maarschalksrang*

maréchale V *maarschalksvrouw*

maréchal-ferrant M [mv: **maréchaux-ferrants**] *hoefsmid*

maréchaussée V ● GESCH. *marechaussee* ● IRON. *(rijks)politie*

maréchaux M MV ● → **maréchal**

marée V ● *getij* ● *verse zeevis*; *vers zeebanket* ● OOK FIG. *vloed*; *stroom* ★ ~ basse *eb* ★ ~ haute *vloed* ★ grande ~ *springtij*; *springvloed* ★ ~ noire *olievervuiling* ⟨op strand en zee⟩ ★ aller contre vents et ~s *doorzetten ondanks alles* ★ arriver comme ~ en carême *juist van pas komen* ★ INFORM. tenir la ~ *tegen een stootje kunnen*

marelle V *hinkelspel*; *hinkelbaan*

marémoteur BNW [v: **marémotrice**] *die de bewegingskracht van het getij gebruikt* ★ usine/centrale marémotrice *getijdencentrale*

mareyeur M [v: **mareyeuse**] *grossier in zeevis*

margarine V *margarine*

marge V ● *marge*; *rand* ● *marge*; *speelruimte* ★ FIG. ~ de manœuvre *speelruimte* ★ en ~ de *terzijde /los van*; *aan de zelfkant van* ★ demeurer en ~ *afzijdig blijven*

margelle V *(stenen) rand* ⟨v. put⟩

marginal I BNW [m mv: **marginaux**] *marginaal*; *rand-* ★ note ~e *kanttekening* ★ entreprise ~e *randbedrijf* ★ famille ~e *aan de zelfkant levend gezin* **II** M [mv: **marginaux**] *randfiguur*

marginalisation V *marginalisering*

marginaliser OV WW *marginaliseren*; *tot randfiguur maken*

marginalité V *marginaliteit*; *randbestaan*

margoulette V INFORM./OUD. *smoel*; *bek*

margoulin M INFORM. *sjacheraar*; *scharrelaar*

margrave M *markgraaf*

marguerite V ● *margriet(achtige)*; *madeliefje* ● *margrietwiel* ★ effeuiller la ~ *bloemblaadjes uittrekken om te zien of men bemind wordt* ⟨zoals men knopen telt⟩

mari M *man*; *echtgenoot*

mariable BNW *huwbaar*

mariage M ● *huwelijk* ● *bruiloft* ● *combinatie*; *vereniging* ★ ~ blanc *schijnhuwelijk* ★ ~ d'intérêt/de raison *verstandshuwelijk* ★ ~ mixte *gemengd huwelijk*

marial BNW [m mv: **marials (mariaux)**] *Maria-*

Marianne V *Marianne* ⟨symbool v.d. Franse republiek⟩

marié I BNW *getrouwd* **II** M [v: **mariée**] *bruidegom*; *bruid* ★ les jeunes ~s *de jonggehuwden*

marie-jeanne V [mv: id.] INFORM. *marihuana*

marier I OV WW ● *in het huwelijk verbinden* ● *uithuwelijken (***à**, **avec** *aan)* ● *combineren (***à** *met)* **II** WKD WW [**se ~**] ● *trouwen (***avec** *met)* ● *samengaan (***avec** *met)*

marieur M [v: **marieuse**] *koppelaar*

marihuana, marijuana V *marihuana*

marin I M *zeeman*; *matroos* ★ ~ pêcheur *visser* ⟨op zee⟩ ★ INFORM. ~ d'eau douce *zoetwatermatroos* **II** BNW *zee-*; *zeewaardig* ★ col ~ *matrozenkraag* ★ mine ~e *zeemijn* ★ avoir le pied ~ *zeebenen hebben*

marina V *watersportplaats*; *vakantieoord* ⟨aan het water⟩

marinade V ● *marinade* ● *gemarineerd vlees*

marine I M *(buitenlandse) marinier* **II** V ● *zeemacht*; *marine* ● *zeewezen* ● KUNST *zeestuk* ★ ~ marchande *koopvaardijvloot* ★ infanterie de ~ *de mariniers* **III** BNW ★ (bleu) ~ *marineblauw*

mariner OV WW *marineren* ★ INFORM. laisser ~ qn *iem. lang laten wachten /aan zichzelf* *overlaten*

maringouin M REG. *mug*; *muskiet*

marinier M [v: **marinière**] *binnenschipper*

marinière V *wijde damesblouse* ★ moules (à la) ~ *mosselen in uien-wijnsaus*

mariol ● → **mariolle**

mariolle, mariol BNW *slim*; *gewiekst*; *goochem* ★ faire le ~ *stoer doen*; *zich uitsloven*

marionnette V OOK FIG. *marionet*; *pop* ⟨v. poppenkast⟩

marital BNW [m mv: **maritaux**] *v.d. echtgenoot*; *maritaal* ★ vivre ~ement *(ongehuwd) samenleven*

maritime BNW *zee-*; *maritiem* ★ droit ~ *zeerecht* ★ ville ~ *zeehaven*

maritorne V INFORM./OUD. *lelijk wijf*; *slons*

marivaudage M FORM. *gezochte taal*

marivauder ONOV WW *gezochte complimentjes maken*

marjolaine V PLANTK. *marjolein*

mark M GESCH. *mark* ⟨munt⟩

marketing M *marketing*

marlou M INFORM. *pooier*

marmaille V INFORM. *troep kleine kinderen*

marmelade V *vruchtenmoes*; *marmelade* ★ INFORM. dans la ~ *in de puree* ★ INFORM. en ~ *tot moes* ⟨gekookt, geslagen⟩

marmite V *kookpot*; *stoofpot*; *ketel* ★ ~ autoclave *snelkookpan* ★ faire bouillir la ~ *broodwinner zijn*

marmiton M *koksjongen*

marmonnement M *gemompel*

marmonner OV WW *mompelen*

marmoréen BNW [v: **marmoréenne**] ● *marmerachtig* ● *ongevoelig*; FIG. *ijskoud*

marmot M INFORM. *jochie*; *dreumes* ★ croquer le ~ *lang en ongeduldig staan of lopen te wachten*

marmotte V *marmot* ★ dormir comme une ~ *vast slapen*

marmotter OV WW *mompelen*; *prevelen*

marne V *mergel*

marner I OV WW *mergelen* **II** ONOV WW INFORM. *ploeteren*

marneux BNW [v: **marneuse**] *mergelachtig*; *mergel-*

marnière V *mergelgroeve*

Maroc M *Marokko*

marocain I M *(het) Marokkaans* **II** BNW *Marokkaans*

Marocain M [v: **Marocaine**] *Marokkaan*

maronner ONOV WW INFORM. *mopperen*; *morren*

maroquin M ● *marokijnleer* ● INFORM. *ministerportefeuille*

maroquinerie V *fijne lederwaren(handel)*

maroquinier M *vervaardiger /verkoper v. fijne lederwaren*

marotte V ● *narrenstok* ● FIG. *stokpaardje*

marquage M ● *(het) merken*; *(het) markeren* ● SPORT *(het) dekken*; *(man)dekking*

marquant BNW *opvallend*; *markant*

marque V ● *merk*; *(merk)teken*; *kenmerk* ● *indruk*; *afdruk*; *spoor*; *vlek* ● *brandmerk* ● *fiche* ⟨in spel⟩ ● *(tussentijdse) score*; *stand* ● *blijk*; *bewijs* ★ ~ de pas *voetafdruk* ★ COMP. ~ de paragraphe *harde return* ★ SPORT à vos ~s! *op uw plaatsen!* ★ de (grande) ~ *kwaliteits-*; *merk-* ★ personnage de ~ *belangrijke figuur* ★ ouvrir la ~ *de score openen* ★ retrouver ses ~s *weer weten waar men (aan toe) is*

marqué BNW ● *duidelijk*; *opvallend* ● FIG. *getekend*; *gebrandmerkt* ● *gemerkt* ● *gemarkeerd*; *aangegeven* ★ une tendance très ~e *een uitgesproken neiging* ★ traits ~s *scherp getekend gezicht*

marque-page M [mv: **marque-pages**] *bladwijzer*

marquer I OV WW ● *aangeven*; *aanwijzen*; *markeren*; *merken* ● FIG. *een stempel drukken op*; *kenmerken*; *tekenen* ● *tonen*; *doen blijken* ● *scoren* ● *opschrijven*; *noteren* ● SPORT *dekken* ★ ~ (au fer rouge) *brandmerken* ★ ~ un but *een doelpunt maken*; *scoren* ★ ~ le pas *de pas markeren* ★ ~ le prix *de prijs aangeven* ★ ~ le coup/l'occasion *de gelegenheid niet ongemerkt laten passeren* ★ la fatigue marque son visage *de vermoeidheid is op zijn gezicht te lezen* ★ il ne marque pas son âge *hij ziet er jonger uit dan hij is* **II** ONOV WW ● *zich onderscheiden*; *markant zijn* ● *sporen achterlaten* ● SPORT *scoren* ★ il marque mal *hij ziet er slecht (gekleed) uit*

marqueté BNW ● *ingelegd* ⟨v. vloer e.d.⟩ ● *gespikkeld*

marqueur M ● *markeerstift* ● *merker* ● VOETB. *maker v.e. doelpunt*; *mandekker* ● *teller* ● *merkstof* ● MED. *marker*

marquis M *markies*

marquise V ● *markiezin* ● *markies* ⟨zonnescherm, afdak⟩ ● GESCH. *tweezitsbankje*

marraine V ● *meter*; *petemoei* ● GESCH. *soldatenmoeder*

marrant BNW ● INFORM. *leuk*; *grappig* ● INFORM. *raar*

marre BIJW ★ INFORM. j'en ai ~ (de...) *ik baal ervan*; *ik ben het zat* ★ INFORM. (il) y en a ~! *genoeg!*; *weg ermee!*

marrer WKD WW [**se** ~] INFORM. *lol hebben*; *zich een bult lachen*

marron I BNW [v: **marronne**] ● *(kastanje)bruin* ● INFORM. *gefopt* ● *beunhazend*; *malafide* ● GESCH. *weggelopen* ⟨v. slaaf⟩ ★ avocat ~ *advocaat v. louche zaken* ★ médecin ~ *kwakzalver* **II** M ● *tamme kastanje* ⟨vrucht⟩ ● *kastanjebruin* ● INFORM. *opstopper* ★ ~s glacés/grillés *gekonfijte/gepofte kastanjes* ★ ~ d'Inde *paardenkastanje* ⟨vrucht⟩ ★ tirer les ~s du feu *de kastanjes uit het vuur halen*

marronnier M *(tamme) kastanjeboom* ★ ~ (d'Inde) *paardenkastanje*

mars (zeg: mars) M *maart*

Mars *Mars* ⟨planeet⟩

marseillais BNW *uit Marseille*

Marseillaise V *Marseillaise* ⟨Frans volkslied⟩

marsouin M *bruinvis*

marsupial I M [mv: **marsupiaux**] *buideldier* **II** BNW [m mv: **marsupiaux**] *buideldragend*; *buidel-*

marte V ● → **martre**

marteau M [mv: **marteaux**] ● *hamer* ⟨in alle betekenissen⟩ ● *deurklopper* ★ ~ à dents *klauwhamer* ★ requin ~ *hamerhaai* ★ INFORM.

être ~ *een beetje getikt zijn*
marteau-pilon M [mv: **marteaux-pilons**] *mechanisch bewogen stamphamer*
marteau-piqueur M [mv: **marteaux-piqueurs**] *pneumatische hamer*
martel M ★ se mettre ~ en tête *zich kopzorgen maken*
martelage M *(het) hameren*
martèlement M • *(het) hameren* • *(het) (op)dreunen*
marteler OV WW OOK FIG. *hameren (op)*; *beuken op* ★ ~ ses mots *zijn woorden kort en krachtig uitspreken* ★ ~ des ordres *bevelen blaffen* ★ notes martelées *staccatonoten*
martial BNW [m mv: **martiaux**] • *krijgshaftig*; *martiaal* • SCHEIK. *ijzerhoudend* ★ arts martiaux *vechtsporten* ★ MED. carence ~e *ijzergebrek* ★ cour ~e *krijgsraad* ★ loi ~e *krijgswet*; *standrecht*
martien BNW [v: **martienne**] *van Mars*
Martien M [v: **Martienne**] *bewoner van Mars*
martinet M • *karwats* • *mechanisch bewogen stamphamer* ★ ~ noir *gierzwaluw*
martingale V • *hulpteugel* • *rugceintuur* • *uitgedacht systeem om te winnen* ⟨bij kansspel⟩; *dubbele inzet*
martiniquais BNW *van/uit Martinique*
martin-pêcheur M [mv: **martins-pêcheurs**] *ijsvogel*
martre V • *marter* • *marterbont*
martyr I M [v: **martyre**] *martelaar* **II** BNW *mishandeld*; *gekweld*
martyre M *marteldood*; OOK FIG. *marteling*; *martelaarschap* ★ souffrir le ~ *hevig lijden*
martyriser OV WW • *pijnigen*; *kwellen* • *martelen*
marxisme M *marxisme*
marxiste I BNW *marxistisch* **II** M/V *marxist*
mas (zeg: ma(s)) M *landhuis* ⟨in Zuid-Frankrijk⟩
mascara M *mascara*
mascarade V • *maskerade* • *vermomming* • *schijnvertoning*
mascaret M *vloedgolf* ⟨in riviermonding⟩
mascotte V *mascotte*
masculin I M *masculinum*; *mannelijk geslacht/woord* **II** BNW *mannelijk* ★ mode ~e *herenmode*
masculiniser OV WW *mannelijk maken*
masculinité V *mannelijkheid*
maso M/V INFORM. → **masochiste**
masochisme M *masochisme*
masochiste I BNW *masochistisch* **II** M/V *masochist*
masque M • *masker* ⟨in alle betekenissen⟩; OOK FIG. *mom* • FORM. *uiterlijk*; *gelaatsuitdrukking* ★ ~ à gaz *gasmasker* ★ ~ facial/de beauté *schoonheidsmasker* ★ ~ mortuaire *dodenmasker* ★ arracher le ~ à qn *iem. ontmaskeren* ★ lever le ~ *het masker afleggen*
masquer OV WW • *máskeren*; *vermommen* • *maskéren*; *verbergen*; *afdekken* ★ bal masqué *gemaskerd bal*
massacrant BNW *onuitstaanbaar* ⟨v. humeur⟩
massacre M • *bloedbad*; OOK FIG. *slachting*; *moordpartij* • INFORM. *slechte uitvoering*; *verknoeiing*
massacrer OV WW • OOK FIG. *afslachten*; *toetakelen* • INFORM. *verknoeien*; *bederven*
massacreur M • INFORM. *knoeier* • *moordenaar*
massage M *massage*
masse V • *massa*; *menigte*; *hoop* • *vormloze massa*; *klomp* • *(het) geheel*; *alle gelden of goederen* • *meerderheid*; *merendeel* • *moker* • NATK. *massa*; *aardgeleiding* • *dik uiteinde* ⟨v. biljartkeu⟩; *kolf* • GESCH. *knopstaf*; *knopknots*; *kolf* ★ les ~s *de (grote) massa*; *het volk* ★ une ~ de gens *een hoop mensen* ★ ~ active *activa* ★ ~ passive *passiva* ★ ~ salariale *loonsom* ★ de ~ *massa-* ★ en ~ *in groten getale*; *gezamenlijk* ★ mise à la ~ *aarding* ★ FIG. comme une ~ *als een blok* ★ faire ~ *één blok vormen* ★ taillé dans la ~ *uit één stuk gehouwen*
massepain M *marsepein*
masser I OV WW • *masseren* • *masseren* ⟨biljart⟩ • *samentrekken* ⟨v. troepen⟩; *samenballen* **II** WKD WW [**se ~**] *zich (massaal) verzamelen*; *samendrommen*
massette V • *lisdodde* • *(houten) hamer*; *moker*
masseur I M *massageapparaat* **II** M [v: **masseuse**] *masseur*
massicot M *snijmachine* ⟨voor papier⟩
massif I BNW [v: **massive**] • *massief* • *log*; *lomp*; *zwaar* • *massaal* **II** M • *groep (geplante) bomen /planten*; *bloembed* • *bergmassief* • *massieve onderbouw*
massification V *massificatie*; *grootschaligheid*
massivement BIJW *massaal*
mass media, mass-médias M MV *massamedia*
mass-médias M MV • → **mass media**
massue V *knots* ★ coup de ~ *zware slag*; *ramp* ★ argument ~ *dodelijk argument*
mastectomie V *borstamputatie*
master M *master*
mastic (zeg: -tiek) **I** BNW *lichtbeige* **II** M • *stopverf*; *kit* • *mastiek*
masticage M • *(het) vullen met kit/stopverf* • *stopsel van kit/stopverf*
masticateur BNW *kauw-* ★ muscle ~ *kauwspier*
mastication V *(het) kauwen*
mastiquer OV WW • *met kit/stopverf stoppen* • *kauwen op*
mastoc I BNW [onver.] INFORM. *lomp*; *grof*; *potig* **II** M INFORM. *lomperd*
mastodonte M • *mastodont* • INFORM. *kolos*; *gevaarte*
mastroquet M • INFORM., OUD. *kroegbaas* • INFORM., OUD. *kroeg*
masturbation V *masturbatie*
masturber I OV WW *bevredigen* ⟨seksueel⟩ **II** WKD WW [**se ~**] *masturberen*
m'as-tu-vu M [mv: id.] *opschepper*; *uitslover*; *kwast*
masure V *krot*
mat (zeg: mat) **I** BNW *dof*; *mat* ★ la peau mate *de matte huid* **II** BNW [onver.] *mat* ⟨schaken⟩ ★ échec et mat *schaakmat* **III** M *mat* ⟨in schaakspel⟩ ★ être sous le mat *bijna mat staan*
mât (zeg: mà) M *mast*; *paal* ★ mât d'artimon *bezaansmast* ★ mât de cocagne *klimmast* ★ mât de fortune *noodmast* ★ mât de

misaine *fokkenmast* ★ mât de pavillon *vlaggenmast*

matamore M OUD. *snoever*

match M [mv: **match(e)s**] *wedstrijd*; *match* ★ ~ aller *eerste wedstrijd* ‹v. uit- en thuiswedstrijd› ★ ~ retour *returnwedstrijd* ★ faire ~ nul *gelijk spelen* ★ jouer la balle de ~ *op matchpoint staan*

matelas (zeg: -là) M *matras* ★ ~ pneumatique *luchtbed* ★ ~ d'air *luchtlaag* ‹tussen twee wanden› ★ INFORM. ~ de billets *pak bankbiljetten*

matelasser OV WW *dik opvullen /bekleden*; *capitonneren*; *watteren*

matelassier M [v: **matelassière**] *matrassenmaker*

matelot M *matroos* ★ ~ léger *lichtmatroos*

matelote V *visschotel* ‹met uien-wijnsaus›

mater OV WW • *temmen*; *bedwingen*; *klein krijgen* • *mat zetten* • *matteren* • INFORM. *begluren*; *beloeren*

mâter OV WW *van masten voorzien*

matérialisation V *materialisering*; *verwezenlijking*; *belichaming*

matérialiser I OV WW • *materialiseren*; *concretiseren*; *realiseren* • *belichamen*; *uitbeelden* ★ voie matérialisée *weg met verkeersstrepen* **II** WKD WW [**se** ~] *vaste vorm aannemen*; *werkelijkheid worden*

matérialisme M *materialisme*

matérialiste I BNW *materialistisch* **II** M/V *materialist*

matérialité V *stoffelijkheid*

matériau M [mv: **matériaux**] • *(bouw)materiaal* • FIG. *materiaal*; *(bouw)stof*; *gegevens*

matériel I M • *materieel*; *uitrusting*; *apparatuur* • COMP. *hardware* • FIG. *materiaal*; *gegevens* **II** BNW [v: **matérielle**] • *stoffelijk*; *lichamelijk*; *materieel* • *tastbaar*; *concreet*; *feitelijk*

maternant BNW *moederlijk bezorgd*

maternel BNW [v: **maternelle**] • *moederlijk*; *moeder-* • *van moederskant* ★ (école) ~le *kleuterschool* ★ langue ~le *moedertaal*

maternellement BIJW *moederlijk*

materner OV WW *bemoederen*

maternité V • *moederschap* ‹ook v. zwangere vrouw› • *kraamkliniek*; *kraamafdeling* ★ congé (de) ~ *moederschapsverlof*

math V • → **maths**

mathématicien M [v: **mathématicienne**] *wiskundige*

mathématique I BNW • *wiskundig* • INFORM. *logisch*; *(absoluut) zeker* **II** V OUD. *mathematica* ★ haute ~ *hogere wiskunde*

mathématiques V MV *wiskunde*

mathématiser OV WW *wiskundig formuleren*

matheux M [v: **matheuse**] INFORM. *wiskundestudent*; *leerling die goed is in wiskunde*

maths V MV INFORM. *wiskunde*

matière V • *materie*; *(grond)stof*; *materiaal* • FIG. *materie*; *(leer)stof*; *(leer)vak*; *onderwerp* ★ ~ première *grondstof* ★ ~s fécales *fecaliën* ★ IRON. la ~ grise *de grijze cellen* ‹hersenen› ★ table des ~s *inhoudsopgave* ★ en ~ de *op het gebied van*; *inzake* ★ donner/être ~ à *aanleiding geven tot* ★ entrer en ~ *ter zake komen*

Matignon M ★ (l'hôtel) ~ *residentie v.d. Fr. minister-president*

matin I M *ochtend*; *morgen* ★ ce ~ *vanmorgen* ★ le ~ *'s morgens* ★ un beau ~ *op een goeie dag* ★ de bon/grand ~ *in de vroegte* ★ au petit ~ *'s morgens vroeg* ★ dimanche ~ *zondagochtend* ★ être du ~ *een ochtendmens zijn* **II** BIJW FORM. *vroeg*

mâtin I M OUD. *waakhond* **II** M [v: **mâtine**] INFORM. *rakker*

matinal BNW [m mv: **matinaux**] *matineus*; *vroeg in de ochtend*; *ochtend-* ★ être ~ *vroeg opgestaan zijn*

mâtiné BNW • *bastaard-* ‹m.b.t. dieren›; *gekruist (**de** met)* • *vermengd (**de** met)*

matinée V • *morgen*; *ochtend* • *middagvoorstelling*; *matinee* ★ faire la grasse ~ *uitslapen*

mâtiner OV WW *kruisen* ‹v. honden›

matines V MV *metten*

matir OV WW *matteren*

matité V *matheid*; *dofheid*

matois I BNW FORM. *slim*; *uitgeslapen*; *doortrapt* **II** M FORM. *sluwe vos*; *leperd*

maton M [v: **matonne**] PLAT *gevangenbewaarder*

matou M *kater*

matraquage M • *het) (neer)knuppelen* • *indringende propaganda*

matraque V *knuppel*; *gummistok*

matraquer OV WW • *(neer)knuppelen* • INFORM. *afzetten*; *te veel laten betalen* • *erin hameren*; *indringend propageren*; *pluggen* • FIG. *hevig bestoken*; *indringend bewerken*

matraqueur M *knuppelaar*

matriarcal BNW [m mv: **matriarcaux**] *matriarchaal*

matriarcat M *matriarchaat*

matrice V • *matrijs* • *matrix* • *kohier*; *register* • OUD. *baarmoeder*

matriciel BNW [v: **matricielle**] • *matrix-* • *kohier-*

matricule I M *registratienummer*; *stamboeknummer* **II** V • *naamlijst*; *register* • *inschrijving* **III** BNW *registratie-*

matrimonial BNW [m mv: **matrimoniaux**] *huwelijks-*

matrone V *matrone*

matronyme M *van moedersnaam afgeleide achternaam*

Matthieu M *Mattheus*

maturation V *(het) rijpen*; *rijp(word)ing*

mature BNW *rijp*; *volwassen*

mâture V *mastwerk*

maturité V *rijpheid*; *volwassenheid* ★ ~ précoce *vroegrijpheid*; *voorlijkheid* ★ avec ~ *bedachtzaam*

maudire OV WW [onregelmatig] *vervloeken*; *verwensen*

maudit I BNW *vervloekt*; *ellendig* ★ poètes ~s *gedoemde (miskende) dichters* **II** M [v: **maudite**] *verdoemde*

maugréer ONOV WW FORM. *mopperen*; *sputteren*

maure BNW *Moors*

Maure M/V *Moor*

mauresque BNW *Moors*
Maurice V ★ l'île ~ *Mauritius*
mausolée M *praalgraf*; *mausoleum*
maussade BNW • *somber*; *triest* • *nors*; *humeurig*
maussaderie V *knorrigheid*; *gehumeurdheid*
mauvais I BNW *slecht*; *kwaad*; *verkeerd*; *ondeugend*; *gemeen* ★ ~ bruits *ongunstige praatjes* ★ mer ~e *woelige, onstuimige zee* ★ ~e plaisanterie *misplaatste grap* ★ ~ sujet *deugniet*; *losbol* ★ ~e tête *driftkop*; *lastpak* ★ il fait ~ *het is slecht weer* ★ INFORM. l'avoir ~e *balen*; *slecht af zijn* **II** BIJW *slecht*; *verkeerd* ★ sentir ~ *stinken*; OOK FIG. *rieken* **III** M • *(het) slechte*; *(het) kwade* • *slecht mens*; *kwaaie* ★ le Mauvais *de Boze*
mauve I BNW *lichtpaars*; *mauve* **II** M *lichtpaars* **III** V PLANTK. *malve*; *kaasjeskruid*
mauviette V INFORM. *slapjanus*
maux M MV • → **mal**
max M INFORM. maximum *heleboel* ★ à max *volop*; *hevig*
maxi BNW *maxi-*
maxillaire I M *kaakbeen* **II** BNW *kaak-*
maxima M MV • → **maximum**
maximal BNW [m mv: **maximaux**] *maximaal*; *maximum-*; *hoogste*
maximalisation V • → **maximisation**
maximaliser OV WW • → **maximiser**
maximaliste I BNW *maximalistisch*; GESCH. *bolsjewistisch* **II** M/V *maximalist*
maxime V • *grondstelling*; *stelregel* • *spreuk*
maximisation V *maximalisering*
maximiser OV WW *maximaliseren*
maximum (zeg: -mom) **I** M [mv: **maximums/maxima**] *maximum* ★ (au) ~ *ten hoogste* ★ thermomètre à maxima *maximumthermometer* ★ le ~ de *zo veel/hoog mogelijk* ★ faire le ~ *al het mogelijke doen* **II** BNW [m mv: **maximums/maxima**] *hoogst*; *maximum-*
Mayence *Mainz*
mayonnaise V *mayonaise* ★ INFORM. la ~ prend *de zaak neemt een gunstige wending*
mazette I V OUD. *stumper* **II** TW *tjonge!*; *ongelofelijk!*
mazout (zeg: -zoet) M *stookolie*; *huisbrandolie*
mazouté BNW *met olie besmeurd*
me, m' ⟨voor klinker of stomme h⟩ PERS VNW *me*; *(aan) mij* ★ va me le chercher *ga het (eens) halen*
Me AFK maître *meester* ⟨titel v. advocaat⟩
mea-culpa M ★ faire son ~ *schuld bekennen*
méandre M *meander*; OOK FIG. *kronkel*
méat M BIOL. *buis*; *opening*
mec M INFORM. *kerel*; *vent*; *gozer*
mécanicien M [v: **mécanicienne**] • *monteur* • *werktuigkundige*; *technicus* • *machinist*; *bestuurder*
mécanique I V • *mechaniek*; *mechanisme* • *werktuigkunde*; *mechanica* ★ INFORM. rouler les/des ~s *er stoer/schouderschommelend bij lopen* ⟨v. mannen⟩ **II** BNW • *werktuigkundig* • OOK FIG. *werktuiglijk*; *mechanisch*; *machinaal*
mécanisation V *mechanisatie*
mécaniser OV WW *mechaniseren*
mécanisme M • *mechanisme*; *mechaniek* • *inrichting*; *samenstelling* • *werking*
mécano M INFORM. → **mécanicien**
mécanographique BNW ★ fiche ~ *ponskaart*
mécénat M *mecenaat*; *sponsoring*
mécène M *mecenas*; *sponsor*
méchamment BIJW • *gemeen*; *boosaardig*; *moedwillig* • INFORM. *ontzettend* ★ ~ tard *hartstikke laat*
méchanceté V • *boosaardigheid*; *slechtheid* • *gemene streek* • *hatelijke opmerking* ★ sans ~ *zonder boos opzet*
méchant I BNW • *boos(aardig)*; *gemeen*; *slecht*; *vals* ⟨v. dier⟩ • *onaangenaam*; *lelijk* • *ondeugend*; *stout* ★ (attention,) chien ~! *wacht u voor de hond!* ★ pas ~ *niet erg*; *onschuldig* ⟨v. wondje e.d.⟩ **II** M *slecht mens* ★ faire le ~ *fel reageren*; *opspelen*
mèche V • *pit* ⟨v. kaars, lamp⟩ • *touw* ⟨v. zweep⟩ • *lont* • *haarlok* • *boorijzer*; *boortje* • MED. *tampon*; *gaasprop* ★ INFORM. il n'y a pas ~ *er is geen middel*; *het kan niet* ★ découvrir/éventer la ~ *lont ruiken* ★ INFORM. être de ~ avec qn *met iem. onder één hoedje spelen* ★ vendre la ~ *een geheim verraden*; *uit de school klappen*
méchoui M *schaap aan het spit*
mécompte M *teleurstelling*; *misrekening*
méconduire WKD WW [**se ~**] BN *zich misdragen*
méconnaissable BNW *onherkenbaar*
méconnaissance V • FORM. *miskenning* • FORM. *onkunde (***de** *van)*
méconnaître OV WW [onregelmatig] FORM. *miskennen*; *niet (onder)kennen*
méconnu BNW *miskend*; *niet-onderkend*
mécontent BNW *ontevreden (***de** *met, over)*
mécontentement M *ontevredenheid*
mécontenter OV WW *ontevreden maken*
Mecque V ★ La ~ *Mekka*
mécréant I BNW *ongelovig* **II** M [v: **mécréante**] *ongelovige*
médaille V *medaille*; *(gedenk)penning*
médaillé M [v: **médaillée**] *medaillewinnaar*; *gedecoreerde*
médailler OV WW *een medaille toekennen aan*; *decoreren*
médaillon M *medaillon*
médecin M *arts*; *dokter* ★ ~ généraliste/de famille *huisarts* ★ ~ consultant *consulterend arts* ★ ~ du travail *bedrijfsarts*
médecine V *geneeskunde*; *medicijnen(studie)* ★ docteur en ~ *doctor in de medicijnen* ★ ~ de travail *bedrijfsgeneeskunde*
média M *(massa)medium* ★ les ~s *de media*
médian BNW *midden-*; *middelst* ★ ligne ~e *middellijn*; *middenlijn*
médiane V • *zwaartelijn* • *mediaan*
médiat BNW *middellijk*
médiateur I M [v: **médiatrice**] • *(be)middelaar*; *mediator* • *ombudsman* ★ ~ chimique *neurotransmitter* **II** BNW [v: **médiatrice**] *bemiddelend*
médiathèque V *mediatheek*
médiation V *bemiddeling*
médiatique BNW • *van/in de media* • *mediageniek* ★ coup ~ *media-evenement*;

ma

publiciteitsstunt
médiatiser OV WW *via de media bekendmaken*
médiatrice I V *middelloodlijn* **II** [v] • → **médiateur**
médical BNW [m mv: **médicaux**] *geneeskundig; medisch*
médicaliser OV WW *medicaliseren*
médicament M *geneesmiddel*
médicamenteux BNW [v: **médicamenteuse**] *medicinaal*
médicastre M OUD. *kwakzalver*
médication V *medicatie*
médicaux BNW • → **médical**
médicinal BNW [m mv: **médicinaux**] *geneeskrachtig; medicinaal*
médico- VOORV *medisch-*
médicolégal BNW [m mv: **médico-légaux**] *forensisch*
médicosocial BNW [m mv: **médicosociaux**] *medisch-sociaal*
médiéval BNW [m mv: **médiévaux**] *middeleeuws*
médiévisme M *mediëvistiek*
médiéviste M/V *mediëvist; kenner v.d. middeleeuwen*
médiocre I BNW • *(middel)matig* • *bescheiden* **II** M *(het) middelmatige*
médiocrité V • *(middel)matigheid* • *middelmatig mens*
médire ONOV WW [onregelmatig] *kwaadspreken (***de** *van)*
médisance V *kwaadsprekerij; laster*
médisant I M [v: **médisante**] *kwaadspreker* **II** BNW *kwaadsprekend*
méditatif BNW [v: **méditative**] *peinzend*
méditation V *overdenking; overpeinzing; meditatie*
méditer I OV WW • *overdenken* • *beramen; overwegen (***de** *om)* **II** ONOV WW *mediteren; peinzen (***sur** *over)*
Méditerranée V *Middellandse Zee*
méditerranéen BNW [v: **mediterranéenne**] *mediterraan*
médium (zeg: meedjom) M [mv: **médiums**] • *medium* ‹spiritisme› • MUZ. *middenregister* • SCHILDERK. *medium*
médius (zeg: -djuus) M *middelvinger*
médoc M *médoc* ‹bordeauxwijn›
médullaire BNW *ruggenmerg-; beenmerg-*
méduse V *kwal* ★ Méduse *Medusa*
méduser OV WW *doen verstijven* ‹v. schrik›; *verbijsteren*
meeting M • *meeting* • *sportontmoeting* ★ ~ aérien *vliegshow*
méfait M *wandaad; misdrijf* ★ les ~s de l'alcool *de schadelijke gevolgen van alcoholgebruik*
méfiance V *wantrouwen*
méfiant BNW *wantrouwend*
méfier WKD WW [**se ~**] • *wantrouwig zijn; oppassen* • **~ de** *wantrouwen; oppassen voor* ★ il ne se méfie de rien *hij heeft niets door*
méforme V SPORT *slechte vorm*
méga- VOORV *meg(a)-*
mégalithe M *megaliet*
mégalo M/V INFORM. → **mégalomane**
mégalomane I BNW *megalomaan* **II** M/V *lijder aan grootheidswaanzin*
mégalomanie V *grootheidswaan(zin)*
mégaoctet M *megabyte*
mégaphone M *megafoon*
mégarde V ★ par ~ *per ongeluk; bij vergissing*
mégatonne V *megaton*
mégawatt M *megawatt*
mégère V *furie; helleveeg* ★ la Mégère apprivoisée *de Getemde Feeks*
mégot (zeg: -goo met harde g) M INFORM. *peukje*
mégoter ONOV WW *beknibbelen; bezuinigen (***sur** *op)*
méhari M *mehari* ‹dromedaris›
meilleur I BNW • *beter (***que** *dan)* • *best* ★ les vins les ~s *de beste wijnen* ★ (à) ~ marché *goedkoper* ★ dans le ~ des cas *in het beste geval* ★ il fait ~ *het is mooier weer* **II** M *(het/de) beste* ★ pour le ~ et pour le pire *in voor- en tegenspoed; door dik en dun* ★ j'en passe et des ~es! *en dan heb ik het nog niet over de rest!* ★ prendre le ~ sur *de overhand krijgen op; het winnen van* ★ (ça) c'est la ~e! *dat is sterk!; dat is helemaal mooi!*
méjuger I OV WW *verkeerd beoordelen* **II** ONOV WW FORM. **~ de** *onderschatten; miskennen*
mélancolie V *droefgeestigheid; zwaarmoedigheid; melancholie* ★ INFORM. ne pas engendrer la ~ *opgewekt van aard zijn*
mélancolique BNW *droefgeestig; zwaarmoedig; melancholisch; melancholiek*
mélanésien BNW [v: **mélanésienne**] *Melanesisch*
mélange M • *mengsel; meng(el)ing* • *(het) mengen* ★ ~ de races *kruising v. rassen* ★ ~s (littéraires) *mengelwerk* ★ sans ~ *onvermengd; ongestoord* ‹v. geluk›
mélanger OV WW • *(ver)mengen (***à, avec** *met)* • *door elkaar halen*
mélangeur M *mengtoestel* ★ ~ de béton *betonmolen* ★ ~ de son *mengpaneel* ‹v. geluid› ★ robinet ~ *mengkraan*
mélanome M *melanoom; moedervlekgezwel*
mélasse V • *melasse* • INFORM. *brij* ★ INFORM. être dans la ~ *in de puree zitten*
mêlé BNW *gemengd; vermengd; gemêleerd*
mêlée V • *(strijd)gewoel; mêlee* • SPORT *scrum; scrimmage*
mêler I OV WW • *(ver)mengen (***à, avec, de** *met)* • *doen samengaan (***à** *met)* • *wassen* ‹v. kaarten› • *verwarren; in wanorde brengen* • *betrekken /verwikkelen (***à, dans** *in)* **II** WKD WW [**se ~**] • *versmelten; zich vermengen (***à, avec** *met)* • **~ à** *zich mengen tussen; zich voegen bij; zich begeven onder* • **~ de** *zich bemoeien met;* [+ infin.] *het in zijn hoofd halen om*
mélèze M *lariks; lork*
méli-mélo M [mv: **mélis-mélos**] INFORM. *mengelmoes; allegaartje; zootje*
mélisse V *melis(se); citroenkruid*
mélo I M INFORM. *melodrama* **II** BNW *melodramatisch; drakerig*
mélodie V *melodie; wijs*
mélodieux BNW [v: **mélodieuse**] *melodieus; welluidend*
mélodique BNW *melodisch*

mélodramatique BNW *melodramatisch*
mélodrame M *melodrama*
mélomane I M/V *hartstochtelijk muziekliefhebber* **II** BNW *melomaan*
melon M *meloen* ★ (chapeau) ~ *bolhoed*
mélopée V *melopee; dreun; recitatief*
membrane V *membraan; vlies*
membraneux BNW [v: **membraneuse**] *vliezig*
membre M *lid* ⟨lichaamsdeel; persoon⟩ ★ les ~s (du corps) *de ledematen* ★ pays ~s *lidstaten*
membré BNW ★ FORM. bien ~ *flink van lijf en leden*
membru BNW FORM. *grofgebouwd*
membrure V • FORM. *(de) ledematen* • FORM. *(de delen v.e.) draagconstructie*; FIG. *geraamte*
mémé V INFORM. *oma; opoe*
même I AANW VNW • *zelfde* • *zelf, eigen, precies* ⟨na een woord⟩ ★ moi-même *ik zelf* ★ la même chose *hetzelfde* ★ ce même jour *vandaag nog* ★ ce sont ses paroles mêmes *het zijn zijn eigen woorden* ★ en même temps *tegelijkertijd* ★ pour cela même *daarom juist* ★ la bonté même *de goedheid zelve* ★ cela revient au même *dat komt op hetzelfde neer* **II** BNW *zelfde* **III** BIJW • *zelfs; ook; nog* • *precies* ★ ici même *híer (en niet elders)* ★ aujourd'hui même *vandaag nog* ★ même pas /pas même *niet eens* ★ à même *direct in/op* ★ à même le sol *op de (kale) grond* ★ boire à même la bouteille *zo uit de fles drinken* ★ à même de *in staat te* ★ de même (que) *evenzo (als); zelfs (als)* ★ il en va de même pour toi *dat geldt ook voor jou* ★ même que *evenals* ★ quand même *zelfs wanneer; toch* ★ sans même... *zonder ook maar...* ★ tout de même *toch (wel)*
mémento M • *memento* ⟨misgebed⟩ • *notitie(boekje)* • *kort overzicht* ⟨als titel⟩
mémère V • INFORM. *(dikke oudere) vrouw; moedertje* • INFORM. *opoe*
mémoire I M • *verhandeling; scriptie* • *geschrift; nota; memorie* ★ ~s [mv] *memoires* **II** V • *geheugen* • *herinnering; nagedachtenis (***de** *aan)* ★ ~ de lièvre *geheugen als een garnaal* ★ COMP. ~ morte *ROM* ★ COMP. ~ vive *RAM* ★ COMP. ~ tampon *buffergeheugen* ★ à la ~ de *ter nagedachtenis van/aan* ★ en ~ de *ter herinnering aan* ★ de ~ *uit het hoofd* ★ de ~ d'homme *sinds mensenheugenis* ★ de sainte ~ *zaliger nagedachtenis* ★ pour ~ *pro memorie* ★ avoir la ~ courte *kort van memorie zijn* ★ perdre la ~ *vergeetachtig worden* ★ si j'ai bonne ~ *als ik me goed herinner*
mémorable BNW *gedenkwaardig*
mémorandum (zeg: -dom) M • *memorandum; nota* • *aantekening* • *aantekenboekje*
mémorial M [mv: **mémoriaux**] • *gedenkteken* • *aantekenboek; gedenkboek*
mémorialiste M/V *schrijver v. gedenkschriften*
mémorisation V • *(het) van buiten leren* • *opslag* ⟨v. gegevens⟩
mémoriser OV WW • *van buiten leren; memoriseren* • COMP. *in het geheugen opslaan*
menaçant BNW *dreigend*
menace V • *(be)dreiging* • *dreigement* ★ ~ de mort *bedreiging met de dood* ★ ~s en l'air *loze bedreigingen* ★ lourd de ~s *dreigend; onheilspellend* ★ être sous la ~ de *het risico lopen van/te*
menacer OV WW *dreigen (***de** *te); bedreigen (***de** *met)* ★ ~ ruine *op instorten staan*
ménage M • *huishouden; huishouding* • *huisgezin* ★ femme de ~ *werkster* ★ pain de ~ *eigengebakken brood; gewoon brood* ★ scène de ~ *huiselijke twist* ★ ~ à trois *driehoeksverhouding* ★ faire le ~ *het huishouden doen*; FIG. *(grote) schoonmaak houden* ★ faire bon/mauvais ~ avec qn *goed/slecht met iem. overweg kunnen* ★ se mettre en ~ *gaan samenwonen /trouwen*
ménagement M *(het) ontzien (van iem.); omzichtigheid* ★ sans ~ *zonder enige consideratie; botweg*
ménager I BNW [v: **ménagère**] *huishoudelijk; huishoud-* **II** OV WW • *regelen; tot stand brengen* • *maken; aanbrengen* • *sparen; voorzichtig omgaan met; ontzien* • *bezorgen (***à** *aan); verschaffen* ★ ~ un entretien *een gesprek regelen* ★ ~ ses paroles *niet erg spraakzaam zijn; op zijn woorden letten* ★ ne pas ~ sa peine *geen moeite ontzien* ★ je vous ménage une surprise *ik bezorg u een verrassing* **III** WKD WW [**se** ~] • *zich in acht nemen; op zijn gezondheid letten* • *zich verschaffen; zichzelf bezorgen*
ménagère V • *huisvrouw* • *(cassette met) tafelbestek*
ménagerie V *beestenspel; menagerie; dierentuin*
ménagiste M *maker/verkoper van huishoudelijke artikelen*
mendiant I M [v: **mendiante**] *bedelaar* **II** BNW *bedelend; bedel-* ★ frère ~ *bedelbroeder* ★ ordres ~s *bedelorden*
mendicité V *bedelarij* ★ en être réduit à la ~ *tot de bedelstaf gebracht zijn*
mendier I OV WW OOK FIG. *bédelen om; uit zijn op* **II** ONOV WW *bédelen*
mendigot M INFORM./OUD. *schooier; bedelaar*
menées V MV *gekonkel; machinaties*
mener I OV WW • *leiden (***à** *naar, tot); brengen; voeren; drijven* • *beheren; behandelen* • *aanvoeren; leiden; beheersen* • *besturen* ★ INFORM. ~ une enquête *een onderzoek instellen* ★ ~ à bien *tot een goed einde brengen* ★ ~ grand bruit *een hels kabaal maken* ★ ~ la vie dure à qn *het iem. moeilijk maken* ★ SPORT être mené *achterstaan* **II** ONOV WW • *leiden; voeren (***à** *naar, tot)* • SPORT *de leiding hebben* ★ cela ne mène à rien *dat loopt op niets uit* ★ notre équipe mène par 3 à 1 *ons team staat met 3-1 vóór*
ménestrel M *minstreel*
ménétrier M *speelman*
meneur M [v: **meneuse**] *(volks)leider; volksmenner; aanvoerder*; FIG. *gangmaker* ★ ~ de jeu *spelleider*; FIG. *gangmaker*; SPORT *spelmaker*
menhir (zeg: mènier) M *menhir*
méninge V *hersenvlies* ★ INFORM. les ~s *de hersens*
méningite V *hersenvliesontsteking; meningitis*
ménisque M *meniscus*
ménopause V *menopauze*

me

menotte V *handje* ★ ~s [mv] *handboeien*
menottes V MV • → **menotte**
mensonge M • *leugen* • *illusie* ★ songes, ~s *dromen zijn bedrog* ★ ~ officieux /pieux ~ *leugentje om bestwil*
mensonger BNW [v: **mensongère**] *leugenachtig*; *bedrieglijk*
menstruation V *menstruatie*
menstruel BNW [v: **menstruelle**] *menstrueel*; *menstruatie-*
mensualisation V *maandelijkse betaling*
mensualiser OV WW *per maand (gaan) betalen*
mensualité V *maandelijkse termijn /betaling*; *maandloon* ★ payer par ~s *in maandelijkse termijnen betalen*
mensuel I BNW [v: **mensuelle**] *maandelijks*; *maand-* ★ (salarié) ~ *maandloner* **II** M *maandblad*
mensuration V *lichaamsmeting* ★ les ~s *lichaamsmaat*; *(iemands) maten*
mental BNW [m mv: **mentaux**] *geestelijk*; *innerlijk*; *mentaal* ★ maladie ~e *geestesziekte* ★ calcul ~ *(het) hoofdrekenen* ★ restriction ~e *innerlijk voorbehoud*
mentalement BIJW *in gedachten*; *mentaal*
mentalité V *geestesgesteldheid*; *mentaliteit*
menterie V OUD. *leugen*
menteur I M [v: **menteuse**] *leugenaar* **II** BNW [v: **menteuse**] *leugenachtig*
menthe V *munt* ⟨plant⟩ ★ ~ poivrée *pepermunt* ⟨plant⟩ ★ bonbons à la ~ *mentholsnoepjes*; *pepermuntjes*
menthol M *menthol*
mention V *vermelding* ★ faire ~ de *vermelden* ★ rayer les ~s inutiles *doorhalen wat niet van toepassing is* ★ être reçu avec ~ *slagen met een ruim voldoende* ⟨of hoger⟩
mentionner OV WW *vermelden*
mentir ONOV WW [onregelmatig] *liegen (***à** *tegen;* **sur** *over)* ★ sans ~ *ongelogen*; *heus waar* ★ il ment comme il respire *hij is een aartsleugenaar* ★ bon sang ne peut ~ ⟨spreekwoord⟩ *het bloed kruipt waar het niet gaan kan* ★ a beau ~ qui vient de loin *wie van verre komt heeft goed liegen*
menton M *kin* ★ double ~ *onderkin*
mentonnière V • *kinband*; *stormband* • *kinhouder* ⟨voor viool⟩
mentor M FORM. *mentor*; *leidsman*
menu I M OOK INFORM. *menu*; *(spijs)kaart* ★ par le menu *(tot) in bijzonderheden* **II** BNW *klein*; *fijn*; *dun* ★ menu bétail *kleinvee* ★ menus frais *kleine kosten* ★ menue monnaie *kleingeld* ★ FORM. le menu peuple *de gewone man* **III** BIJW *fijn*; *in kleine stukjes* ★ hacher menu *fijnhakken*
menuet M *menuet*
menuiserie V • *timmerbedrijf*; *timmerwerkplaats* • *(fijn) timmerwerk*; *(vervaardiging van) deuren, kozijnen, meubels enz.*
menuisier M *timmerman*; *houtwerker*; *meubelmaker*
méphistophélique BNW FORM. *duivelachtig*; *mefistofelisch*
méphitique BNW *verstikkend* ⟨v. damp e.d.⟩
méplat I BNW *plat* ⟨meer breed dan dik⟩ **II** M • *vlak gedeelte* • *tussenvlak*
méprendre WKD WW [**se** ~] [onregelmatig] FORM. *zich vergissen (***sur** *in)* ★ se ressembler à s'y ~ *sprekend op elkaar lijken*
mépris M *verachting*; *minachting (***pour** *voor, jegens)*; *geringschatting (***de** *van)* ★ au ~ de *in weerwil van*
méprisable BNW *verachtelijk*
méprisant BNW *minachtend*
méprise V *vergissing* ★ par ~ *bij vergissing*
mépriser OV WW • *minachten*; *verachten* • *geringschatten*; *versmaden*
mer V OOK FIG. *zee* ★ mer de sable *zandzee*; *woestijn* ★ mer intérieure *binnenzee* ★ mer du Nord *Noordzee* ★ (étale de) basse mer *laagwater* ★ coup de mer *stortzee* ★ gens de mer *zeelui* ★ un homme à la mer *man overboord* ★ en mer *op zee* ★ en haute/pleine mer *in volle zee* ★ par mer *op/over zee* ★ prendre la mer *het ruime sop kiezen* ★ tenir la mer *zeewaardig zijn* ★ c'est la mer à boire *het is onbegonnen werk* ★ ce n'est pas la mer à boire *het is niet zo moeilijk* ★ il boirait la mer et les poissons *hij drinkt tegen de klippen op*
mercanti M MIN. *koopman*; *sjacheraar*
mercantile BNW *op winst uit* ★ esprit ~ *koopmansgeest*
mercantilisme M • *mercantilisme* • MIN. *handelsgeest*; *winstbejag*
mercatique V FORM. *marketing*
mercato M SPORT *transfermarkt*
mercenaire I M MIL. *huurling* **II** BNW *veil*; *zich verkopend*; *omkoopbaar*; *huur-* ★ troupes ~s *huurtroepen*
mercerie V • *garen- en bandhandel* • *garen en band*
merceriser OV WW *merceriseren*; *glanzen* ⟨v. katoen⟩
merchandising M *merchandising*
merci I TW *dank je/u wel (***de, pour** *voor)* ★ ~ bien/beaucoup *dank je/u zeer* ★ OOK IRON. grand ~ *hartelijk dank* **II** M *bedankje*; *dank(betuiging)* ★ mille ~s! *duizendmaal dank!* **III** V *genade* ⟨in uitdrukkingen⟩ ★ à la ~ de *overgeleverd aan (de genade van)*; *ten prooi aan* ★ sans ~ *meedogenloos* ★ Dieu ~ *goddank*
mercier M [v: **mercière**] *koopman in garen en band*; *stoffenkoopman*
mercredi M *woensdag* ★ le ~ des Cendres *Aswoensdag*
mercure M *kwik(zilver)*
Mercure *Mercurius*
mercuriale V • *mercuriaal*; *marktnotering(en)* • *bingelkruid* • FORM. *standje*; *uitbrander*
mercuriel BNW [v: **mercurielle**] *kwikhoudend*; *kwik-*
mercurochrome M *mercurochroom*
merde I V • INFORM. *poep* • INFORM. *narigheid*; *rotzooi* • INFORM. *waardeloos ding/persoon* ★ ... de ~ *waardeloos*; *snert-* ★ il ne se prend pas pour une ~ *hij heeft een hoge dunk van zichzelf* **II** TW INFORM. *shit!*; *verdorie!*; *kut!* ★ ~ alors! *verdomme!* ★ oui ou ~! *ja of nee!*
merder ONOV WW • VULG. *(zitten) kloten*;

klunzen • VULG. *op niets uitlopen*; *misgaan*
merdeux I M [v: **merdeuse**] INFORM. *snotaap*; FIG. *klier* **II** BNW [v: **merdeuse**] INFORM. *bescheten*
merdier M INFORM. *rotzooi*
merdique BNW INFORM. *snert-*; *waardeloos*
merdoyer ONOV WW INFORM. *schutteren*; *er niet uitkomen*
mère I V • *moeder* • *(gips)mal* ★ mère de famille *huismoeder* ★ mère poule OOK FIG. *kloek* ★ branche mère *hoofdtak* ★ langue mère *stamtaal* ★ la mère patrie *het moederland* ★ la reine mère *de koningin-moeder* **II** BNW *zuiver*; *eerst* ★ la mère laine *de fijnste wol v.h. schaap*
merguez (zeg: -gez met harde g) V *scherp gekruid worstje*
méridien I M *meridiaan* **II** BNW [v: **méridienne**] *meridiaan(s)-*; *middag-*
méridienne V • STERRENK. *meridiaan* • *siësta*
méridional I BNW [m mv: **méridionaux**] *zuidelijk*; *Zuid-Frans* **II** M [mv: **méridionaux**] *bewoner van Zuid-Frankrijk*
meringue V *schuimgebak*; *schuimpje*
mérinos (zeg: -noos) M • *merinosschaap* • *merinoswol*
merise V *wilde kers*
merisier M • *wilde kersenboom* • *kersenhout*
méritant BNW *verdienstelijk*
mérite M *verdienste*; *merite* ★ se faire un ~ de qc *zich op iets beroemen*
mériter I OV WW *verdienen*; *waard zijn (***de** *te)* **II** ONOV WW **~ de** *erkentelijkheid verdienen van* ★ il a bien mérité de la France *hij heeft zich erg verdienstelijk gemaakt jegens Frankrijk*
méritoire BNW *verdienstelijk*
merlan M *wijting* ⟨vis⟩
merle M *merel* ★ FIG. ~ blanc *witte raaf* ★ FIG. fin ~ *slimme vogel* ★ vilain ~ *lelijk/onaangenaam mens*
merlette V *wijfjesmerel*
merlin M • *slagershamer* • *kloofbijl* • SCHEEPV. *driedraadstouw*
merlu M • *heek* ⟨vis⟩ • *schelvisachtige*
merluche V *stokvis*
mérovingien BNW [v: **mérovingienne**] *Merovingisch*
merveille V • *wonder* • *suikerbeignet* • ≈ *poffertje* ★ à ~ *uitstekend*; *voortreffelijk* ★ faire ~ *wonderen doen* ★ les sept ~s du monde *de zeven wereldwonderen* ★ quelle ~! *prachtig!*; *verrukkelijk!*
merveilleux I BNW [v: **merveilleuse**] *verbazend*; *uitstekend*; *wonderbaar*; *wonder-* **II** M *(het) wonderbare*; *(het) bovennatuurlijke*
mes BEZ VNW [mv] • → **mon**
mésalliance V *huwelijk beneden zijn/haar stand*
mésallier WKD WW [**se ~**] *beneden zijn/haar stand trouwen*
mésange V *mees* ★ ~ bleue *pimpelmees* ★ ~ charbonnière *koolmees*
mésaventure V *tegenspoed*; *tegenslag*
mescaline V *mescaline*
mesclun M CUL. *mengsel van sla en kruiden*
mesdames V MV • → **madame**
mesdemoiselles V MV • → **mademoiselle**
mésentente V *slechte verstandhouding*
mésestime V FORM. *minachting*; *geringschatting*
mésestimer OV WW FORM. *onderschatten*; *geringschatten*
mésintelligence V FORM. *slechte verstandhouding*; *onmin*
Mésopotamie V *Mesopotamië*
mésopotamien BNW [v: **mésopotamienne**] *uit/van Mesopotamië*
mesquin BNW • *karig*; *krenterig* • *bekrompen*; *kleingeestig*
mesquinerie V • *bekrompenheid*; *kleingeestigheid* • *karigheid*; *krenterigheid*
mess M *mess*
message M *boodschap*; *bericht*; *mededeling*; *melding* ★ ~ publicitaire *reclamespot*; *reclameboodschap*
messager M [v: **messagère**] *bode*; *voorbode*; *boodschapper* ★ ~ de malheur *ongeluksbode*
messagerie V *besteldienst*; *snelvervoer(sdienst)* ★ ~ électronique *e-mail* ★ ~ vocale *telefoonbeantwoorder*; *voicemail* ★ ~ rose *elektronische sekslijn*
messe V *mis* ⟨dienst; muziek⟩ ★ ~ de minuit *nachtmis* ★ grand-~ /grande ~ *hoogmis* ★ livre de ~ *missaal* ★ ~ basse *stille mis* ★ INFORM. faire des ~s basses *(staan, zitten) smoezen* ★ ~ noire *zwarte mis* ★ dire la ~ *de mis lezen*
messeigneurs M MV • → **monseigneur**
messeoir ONOV WW FORM. *misstaan*; *niet passen (***à** *bij)*
messianique BNW *Messiaans*
messie, Messie M *Messias*
messieurs M MV • → **monsieur**
messire M OUD. *(weledele) heer*
mesurable BNW *meetbaar*
mesurage M *meting*
mesure V • *maat* ⟨eenheid; ritme; metrum⟩ • *maatregel* • *(het) meten* • *gematigdheid* ★ ~ de capacité *inhoudsmaat* ★ une ~ pour rien *iets overbodigs/vergeefs* ★ la ~ est comble *de maat is vol* ★ à ~ *gaandeweg* ★ à ~ que *naarmate* ★ à la ~ de *evenredig aan*; *passend bij*; *(het genoemde) waardig* ★ avec ~ *met mate* ★ dans une large ~ *in hoge mate*; *grotendeels* ★ dans la ~ du possible *voor zover mogelijk* ★ en ~ *in de maat* ★ être en ~ de faire qc *in de gelegenheid/in staat zijn iets te doen* ★ outre ~ *bovenmate* ★ par ~ de sécurité *veiligheidshalve* ★ FIG. prendre la ~ de qn *iem. taxeren*; *zien wat iem. waard is* ★ sans ~ *mateloos* ★ sans commune ~ avec *in geen verhouding tot*; *onvergelijkbaar met* ★ sur ~ *op maat*; *naar maat* ★ (dé)passer la ~ *te ver gaan* ★ dans la ~ où *voor zover* ★ donner toute sa ~ *tonen wat men kan* ★ faire bonne ~ *een goede maat geven* ★ marquer la ~ *de maat aangeven* ★ prendre la ~ *de maat nemen* ★ prendre des ~s *maatregelen nemen*
mesuré BNW • *(af)gemeten* • *gematigd*; *behoedzaam*
mesurer I OV WW • *meten*; *afmeten* • *met mate bezigen* • *karig toemeten* • FIG. *afwegen*; *inschatten*; *beoordelen* ★ ~ ses forces *zijn krachten meten* ★ ~ ses paroles *zijn woorden*

wikken ★ ~ ses efforts *zich inhouden* ★ ~ des yeux *met de ogen (af)meten; monsteren* • ~ **à** *afmeten naar; in overeenstemming brengen met* **II** ONOV WW *meten* **III** WKD WW [**se** ~] • *gemeten worden; te meten zijn* • *zich meten* (**à, avec** *met)*
mésuser ONOV WW FORM. ~ **de** *misbruik maken van*
métabolique BNW *metabolisch; stofwisselings-*
métabolisme M *metabolisme; stofwisseling*
métacarpe M *middelhand*
métairie V *pachthoeve*
métal M [mv: **métaux**] *metaal* ★ ~ jaune *goud* ★ métaux précieux *edele metalen*
métallifère BNW *ertshoudend*
métallique BNW *metaalachtig; metaal-*
métallisé BNW *gemetalliseerd; metallic*
métallo M INFORM. → **métallurgiste**
métallurgie V *metaalnijverheid; metallurgie*
métallurgique BNW *metaalverwerkend; metallurgisch*
métallurgiste M *metaalbewerker*
métamorphose V *gedaanteverwisseling; metamorfose*
métamorphoser I OV WW *veranderen (***en** *in); metamorfoseren* **II** WKD WW [**se** ~] *van gedaante verwisselen; veranderen (***en** *in)*
métaphore V *beeldspraak; metafoor*
métaphorique BNW *metaforisch; figuurlijk; overdrachtelijk* ★ style ~ *bloemrijke stijl*
métaphysicien M [v: **métaphysicienne**] *metafysicus*
métaphysique I BNW *metafysisch; duister-abstract* **II** V *metafysica*
métastase V *metastase; uitzaaiing*
métatarse M *middelvoet*
métathèse V *metathesis; letteromzetting*
métaux M MV • → **métal**
métayage M *(deel)pacht*
métayer M [v: **métayère**] *(deel)pachter*
métempsycose V *zielsverhuizing*
météo I V INFORM. *weersverwachting* **II** BNW [onver.] INFORM. *weer(s)-* **III** INFORM. → **météorologie**
météore M OOK FIG. *meteoor*
météorique BNW *meteorisch; meteoor-; als een meteoor*
météorite V *meteoriet; meteoorsteen*
météorologie V • *meteorologie; weerkunde* • *meteorologische dienst*
météorologique BNW *meteorologisch; weerkundig; weer(s)-*
météorologiste M/V *meteoroloog; weerkundige*
météorologue • → **météorologiste**
métèque M OUD./MIN. *(ongure) buitenlander; allochtoon* ⟨uit mediterraan land⟩
méthadone V *methadon*
méthane M *methaan*
méthanier M *gastanker*
méthode V • *methode* • *leerboek* ★ avec ~ *methodisch*
méthodique BNW *methodisch; systematisch*
méthodiste I BNW *methodistisch* **II** M/V *methodist*
méthodologie V • *methodeleer* • *methodiek*
méthyle M *methyl*
méthylène M *methyleen*
méticuleux BNW [v: **méticuleuse**] *angstvallig; zeer secuur; meticuleus*
méticulosité V *angstvalligheid; pietluttigheid*
métier M • *ambacht; vak; beroep* • *weefgetouw; borduurraam* ★ de son ~ *van beroep* ★ armée de ~ *beroepsleger* ★ jalousie de ~ *broodnijd* ★ avoir du ~ *ervaring hebben; (vak)bekwaam zijn* ★ être du ~ *een vakman zijn* ★ mettre sur le ~ *ondernemen; op touw zetten* ★ chacun son ~, les vaches seront bien gardées *schoenmaker blijf bij je leest*
métis (zeg: -ties) **I** M [v: **métisse**] *kleurling; halfbloed* **II** BNW [v: **métisse**] *van gemengd ras; gekruist* ★ (tissu) ~ *halflinnen*
métissage M *kruising* ⟨v. rassen⟩
métisser OV WW *kruisen* ⟨v. rassen⟩
métonymie V *metonymie*
métrage M • *(het) (op)meten* • *lengte* ⟨v. stof, film⟩ ★ court ~ *korte film* ★ long ~ *speelfilm*
mètre M • *meter* ⟨eenheid; meetlat, -lint⟩ • LITERAIR *metrum; versvoet* ★ ~ carré *vierkante meter* ★ ~ courant *strekkende meter* ★ ~ cube *kubieke meter* ★ ~ pliant *duimstok*
métrer OV WW *(op)meten*
métreur M [v: **métreuse**] *opmeter*
métrique I BNW • *metriek* • *metrisch* ★ quintal ~ *gewicht v. 100 kg* ★ système ~ *metriek stelsel* ★ tonne ~ *gewicht v. 1000 kg* **II** V *verzenleer; metriek*
métro M *metro*
métro-boulot-dodo M *dagelijkse sleur* ⟨v. grotestadsbewoners⟩
métrologie V *metrologie*
métronome M *metronoom*
métropole V • *wereldstad; hoofdstad; metropool* • *moederland* • *aartsbisschoppelijke residentie; metropolis*
métropolitain I M • OUD. *(Parijse) metro* • *metropolitaan* **II** BNW • *tot het moederland behorend* • *hoofdstedelijk* • *aartsbisschoppelijk* ★ la France ~e *Europees Frankrijk* ⟨zonder overzeese gebiedsdelen⟩
métropolite M *metropoliet*
métrosexuel M *metroseksueel*
mets (zeg: mè) **I** M *gerecht; spijs* **II** WW • → **mettre**
mettable BNW *draagbaar* ⟨v. kleren⟩
metteur M [v: **metteuse**] *steller; plaatser* ★ ~ en scène *regisseur* ★ ~ en ondes *radioregisseur* ★ DRUKK. ~ en pages *opmaker*
mettre I OV WW [onregelmatig] • *plaatsen; leggen; zetten; stellen; doen; steken (***dans** *in); aanbrengen* • *aantrekken* ⟨v. kleding⟩; *aandoen; omdoen; opdoen* • *aanwenden (***à** *voor, om); besteden; (in)zetten (***sur** *op)* • *opschrijven; noteren* • *brengen* ⟨in een toestand⟩; *overbrengen; omzetten (***en** *in)* • *aannemen; veronderstellen* • *bezorgen; teweegbrengen* ★ ~ (en marche) *aanzetten* ⟨v. toestel⟩; *starten* ★ ~ à bouillir *aan de kook brengen* ★ ~ à mort *ter dood brengen* ★ ~ le feu à *in brand steken* ★ ~ fin à *een eind maken aan* ★ ~ à niveau *upgraden* ★ ~ en vente *in de verkoop brengen* ★ ~ la table /le couvert *de tafel dekken* ★ y ~ du sien *het zijne doen*

me

/*bijdragen* ★ ~ trois heures à faire ses devoirs *drie uur over zijn huiswerk doen* ★ FORM. bien mis *goed gekleed* ★ mettons qu'il ait raison *laten we aannemen dat hij gelijk heeft* ★ INFORM. les ~ *wegwezen* **II** WKD WW [**se** ~] • *zich zetten*; *zich plaatsen*; *gaan zitten* • *zich brengen* ⟨in een toestand⟩; *zich begeven*; *(ge)raken* ★ se ~ à *beginnen met/te* ★ se ~ à table *aan tafel gaan* ★ se ~ au lit *naar bed gaan* ★ je n'ai rien à me ~! *ik heb niets om aan te trekken!* ★ se ~ avec *zich aansluiten bij*; *gaan samenwonen met* ★ se ~ bien avec qn *het goed met iem. kunnen vinden* ★ se ~ en colère *woedend worden* ★ se ~ en route *zich op weg begeven* ★ se ~ en tête *zich in het hoofd zetten*; *zich verbeelden* ★ INFORM. s'en ~ partout *helemaal onder (de rommel) komen te zitten* ★ s'y ~ *aan de slag gaan*; *zich ertoe zetten*; *eraan wennen* ★ ne plus savoir où se ~ *niet meer weten waar men het zoeken moet*

meuble I M • *meubel* • *roerend goed* ★ IRON. faire partie des ~s *een meubelstuk zijn* ★ FIG. sauver les ~s *de schade beperken* **II** BNW • *los* ⟨v. grond⟩ • *roerend* ★ biens ~s *roerende goederen*

meublé I BNW *gemeubileerd* **II** M *gemeubileerde kamer(s)* ★ habiter en ~ *in een gemeubileerd appartement wonen*

meubler I OV WW • *meubileren* • FIG. *vullen* ⟨v. stilte, leegte e.d.⟩ ★ ~ ses loisirs *zijn vrije tijd vullen* **II** WKD WW [**se** ~] *zich inrichten*

me

meuf V PLAT *vrouw*; *meid*

meuglement M *geloei*

meugler ONOV WW *loeien*

meuh TW *boe!*

meule V • *molensteen* • *slijpsteen* • *grote platte kaas* • *hooischelf* • INFORM. *zware motor(fiets)*

meuler OV WW *slijpen*

meulière V ★ (pierre) ~ *soort (metsel)zandsteen*

meunerie V *maalderij*; *molenaarsvak*; *meelfabricage*

meunier I M [v: **meunière**] *molenaar* ★ CUL. à la meunière *met bloem/paneermeel bedekt en gebakken* **II** BNW [v: **meunière**] • *meel-* • *molen-*

meure WW [subj. présent] • → **mourir**

meurent WW [(subj.) présent] • → **mourir**

meures WW [subj. présent] • → **mourir**

meurette V • *wijnsaus* • *stamppot*

meurs WW [présent] • → **mourir**

meurt WW [présent] • → **mourir**

meurtre M *moord (***de** *op)*

meurtrier I M [v: **meurtrière**] *moordenaar* **II** BNW [v: **meurtrière**] • *moorddadig* • *moordend*; *dood en verderf zaaiend*; *levensgevaarlijk*

meurtrière V *schietgat*

meurtrir OV WW OOK FIG. *kwetsen*; *kneuzen*

meurtrissure V OOK FIG. *kwetsing*; *kneuzing*

Meuse V *Maas*

meusien M [v: **meusienne**] *van de Maas*

meute V OOK FIG. *meute*; *horde*; *troep*

mévente V *geringe verkoop*

mexicain BNW *Mexicaans*

Mexicain M [v: **Mexicaine**] *Mexicaan*

Mexico M *Mexico(stad)*

Mexique M *Mexico* ⟨land⟩

mezzanine V • *tussenverdieping* • *frontbalkon*

mezzo-soprano M/V [mv: **mezzo-sopranos**] *mezzo(sopraan)*

Mgr AFK Monseigneur *Mgr.*

mi M MUZ. *E*; *mi*; *e-snaar*

mi- VOORV *half*; *midden*; *halverwege* ★ (à la) mi-juin *half juni*

miam-miam TW *mmm!* ⟨lekker!⟩

miaou TW *miauw!*

miasme M *miasma*; *kwalijke dampen*

miaulement M *gemiauw*

miauler ONOV WW *miauwen*

mi-bas M [mv: id.] *kniekous*

mica M *mica*; *glimmer*

mi-carême V [mv: **mi-carêmes**] *halfvasten*

miche V *mik* ⟨rond brood⟩ ★ ~s [mv] *billen*

micheline V *dieseltrein*

mi-chemin ★ à ~ *halverwege*

mi-clos BNW *half gesloten/half dicht*

micmac M • INFORM. *gekonkel* • INFORM. *warboel*; *zooi*

mi-corps ★ à ~ *tot aan het middel*

mi-côte ★ à ~ *halverwege de helling*

mi-course ★ à ~ *halverwege (de wedstrijd)*

micro M • *microfoon* • *kleine computer* • *micro-informatica*

micro- VOORV *micro-*

microbe M • *microbe* • INFORM. *uk(kie)*

microbien BNW [v: **microbienne**] *microbieel*; *bacterieel*

microbiologie V *microbiologie*

microchirurgie V *microchirurgie*

microclimat M *microklimaat*

microcosme M *wereld in het klein*; *microkosmos*

microcrédit M *microkrediet*

microéconomie V *micro-economie*

microélectronique V *micro-elektronica*

microfiche V *microfiche*; *microfilm*

microfilm M *microfilm*

micro-informatique V *micro-informatica*

micromètre M *micrometer*

micron M *micron*

micro-onde, microonde V [mv: **micro-ondes, microondes**] *microgolf* ★ le (four à) ~s *de magnetron(oven)*

micro-ordinateur, microordinateur M [mv: **micro-ordinateurs, microordinateurs**] *microcomputer*; *pc*

micro-organisme, microorganisme M [mv: **micro-organismes, microorganismes**] *micro-organisme*

microphone M *microfoon*

microphotographie V *microfotografie*

microprocesseur M *microprocessor*

microscope M *microscoop*

microscopique BNW *microscopisch (klein)*

micro-trottoir M [mv: **micros-trottoirs**] *straatinterview*

miction V MED. *(het) urineren*

midi M • *middag(uur)*; *12 uur 's middags* • *zuiden* ★ le Midi *Zuid-Frankrijk* ★ midi et demi *half een* ★ chercher midi à quatorze heures *spijkers op laag water zoeken*

midinette V *onnozel (stads)meisje*

mi-distance BIJW ★ à ~ *halverwege*

mie V *broodkruim* ★ pain de mie *witbrood met dunne zachte korst*; *casinobrood* ★ OUD. ma mie *liefje*; *vriendin*
miel M *honing* ★ lune de miel *wittebroodsweken* ★ doux comme le miel *honingzoet* ★ faire son miel de *garen spinnen bij*
miellé BNW ● *met honing* ● *honingzoet*
mielleux BNW [v: **mielleuse**] *zoetsappig*; *poeslief*
mien BEZ VNW [v: **mienne**] ● *(de/het) mijne* ● OUD. *van mij*; *mijn* ★ les miens *mijn familie*; *de mijnen* ★ j'y ai mis du mien *ik heb mijn steentje bijgedragen*
miette V ● *kruimel* ● *(brok)stukje*; *restje*; *beetje* ★ mettre en ~s *in gruzelementen gooien* ★ INFORM. pas une ~ *helemaal niet(s)*
mieux I M ● *iets beters* ● *(het) beste* ● *verbetering* ★ faute de ~ *bij gebrek aan beter* ★ faire de son ~ *zijn best doen* ★ changement en ~ *verandering ten goede* ★ de son ~ *zo goed (als) men kan* **II** BIJW ● *beter (***que** *dan)* ● *best* ★ au ~ *op zijn best*; *opperbest*; *bestens* ★ tant ~! *des te beter!*; *gelukkig (maar)!* ★ aller/être/se porter ~ *het beter maken* ★ aller de ~ en ~ *steeds beter gaan* ★ pour ~ dire *juister gezegd* ★ il vaut ~ *het is beter om* ★ qui ~ est *wat beter is* ★ j'aime ~ me promener *ik wandel liever* ★ elle est ~ que sa sœur *ze ziet er beter uit dan haar zuster* ★ faire ~ de *er beter aan doen om* ★ qui dit ~? *wie biedt er meer?* ★ on ne peut ~ /le ~ du monde *opperbest* ★ les ~ payés *de best betaalde(n)* ★ être au ~ avec qn *heel goed met iem. kunnen opschieten* ★ il est au ~ de sa forme *hij is in beste vorm* ★ pour le ~ *opperbest* ★ des ~ *heel goed* ★ le plus tôt sera le ~ *hoe eerder hoe liever* ★ ~ vaut tard que jamais ⟨spreekwoord⟩ *beter laat dan nooit* ★ je ne demande pas ~ *ik wil niets liever*
mieux-être M [mv: id.] *grotere welstand*
mièvre BNW *gekunsteld*; *popperig*; *zoetelijk*
mièvrerie V *gekunsteldheid*; *popperigheid*; *zoetelijkheid*
mi-figue BNW ● → **figue**
mignard BNW *lievig*
mignardise V *lievigheid* ★ ~s [mv] *zoete lekkernijen*
mignon I M [v: **mignonne**] *lieveling*; *schat* **II** BNW [v: **mignonne**] ● *lieftallig*; *leuk om te zien* ● *lief*; *aardig*
mignonnet BNW [v: **mignonette**] *(poes)lief*; *snoezig*
migraine V *migraine*; *schele hoofdpijn*
migrant I M [v: **migrante**] *migrant* **II** BNW *migrerend*
migrateur BNW [v: **migratrice**] *trekkend* ★ oiseaux ~s *trekvogels*
migration V ● *migratie*; *landverhuizing* ● *trek* ⟨v. dieren⟩
migratoire BNW *migratie-* ★ solde ~ *migratieoverschot*
migrer ONOV WW *trekken*; *verhuizen*; *migreren*
mi-hauteur BIJW ★ à ~ *halverhoogte*
mijaurée V *aanstelster*; *nuf* ★ faire la ~ *aanstellerig doen* ⟨v. vrouw⟩
mijoter I OV WW ● *zacht stoven*; *laten sudderen* ● FIG. *uitbroeden*; *bekokstoven* **II** ONOV WW *zacht koken*; *sudderen* ★ laisser ~ (dans son jus) *in zijn eigen vet laten gaar smoren*
mil I TELW *duizend* ⟨in jaartallen⟩ **II** M ● *gierst* ● *soort knots* ⟨voor gymnastiek⟩
milan M *wouw*
Milan *Milaan*
mildiou M *meeldauw*
mile (zeg: majl) M *Engelse mijl*
milice V *militie*; *(burger)leger*
milicien M [v: **milicienne**] *lid v.e. militie*
milieu M [mv: **milieux**] ● *midden* ● *omgeving*; *milieu* ⟨sociale kring⟩ ● *onderwereld*; *penoze* ★ au ~ de *midden in/op*; *te midden van* ★ au beau ~ de/en plein ~ de *(precies) midden in* ★ du ~ *middelst*; *midden-* ★ il n'y a pas de ~ *er is geen middenweg* ★ ~x bien informés *welingelichte kringen* ★ le juste ~ *de juiste middenweg* ★ SPORT ~ de terrain *middenvelder*
militaire I M *militair* **II** BNW *militair*; *krijgs-*; *oorlogs-* ★ à l'heure ~ *stipt op tijd*
militant I M [v: **militante**] *activist*; *actief partijlid* **II** BNW ● *strijdend* ● *politiek actief*
militantisme M ● *actieve politieke houding* ● *propaganda*
militarisation V *militarisatie*
militariser OV WW *op militaire wijze inrichten*; *militariseren*
militarisme M *militarisme*
militariste I M/V *militarist* **II** BNW *militaristisch*
militer ONOV WW ● *politiek actief zijn*; FIG. *strijden (***pour** *voor;* **contre** *tegen)* ● FIG. *pleiten (***pour** *voor;* **contre** *tegen)*
milk-shake, milkshake M [mv: **milk-shakes, milkshakes**] *milkshake*
mille I TELW *duizend* ★ des ~ et des cents *zeer veel (geld)* ★ je vous le donne en ~ *u raadt het nooit* **II** M ● *duizend* ● *mijl* ● *roos* ⟨v. schietschijf⟩ ★ mettre/taper dans le ~ OOK FIG. *(midden) in de roos schieten* ★ un coup dans le ~ OOK FIG. *een schot in de roos*
millefeuille I M *tompoes* **II** V PLANTK. *duizendblad*
millénaire I BNW *duizendjarig* **II** M *duizendjarig tijdperk /bestaan*; *millennium*
millénium (zeg: -njom) M ● *duizendjarig rijk* ● *bloeitijd*
mille-pattes, millepatte M [mv: **mille-pattes, millepattes**] *duizendpoot*
millésime M ● *jaartal*; *jaargang* ⟨v. wijn⟩ ● *duizend(tal)* ⟨op munten e.d.⟩
millésimé BNW *van jaartal voorzien*
millet M ● *gierst* ● MED. *gerstkorrel*
milliaire BNW GESCH. *mijl-* ★ borne ~ *mijlpaal*
milliard M *miljard*
milliardaire M/V *miljardair*
millième I BNW *duizendste* **II** M *duizendste deel*
millier M *duizendtal* ★ des ~s *duizenden*
milligramme M *milligram*
millilitre M *milliliter*
millimétré BNW *millimeter-*
millimètre M *millimeter*
millimétrique BNW ● → **millimétré**
million M *miljoen*
millionième BNW *miljoenste*
millionnaire M/V *miljonair*
mi-lourd M [mv: **mi-lourds**] *halfzwaargewicht*
mime I M ● *mime* ● *klucht met gebarenspel* ⟨bij

de Grieken en Romeinen› **II** M/V • *pantomimespeler* • *imitator*
mimer OV WW *nabootsen*; *imiteren*; *(met gebaren) uitbeelden*
mimétisme M • *mimicry* • *nabootsing*
mimi I BNW INFORM. *lief*; *schattig* **II** M • INFORM. *zoen* • JEUGDT. *poes* • INFORM. *schatje*
mimique I V *mimiek* **II** BNW *mimisch*
mimolette V *bolronde, harde kaas* ‹N.-Fr.›
mimosa M *mimosa*
minable BNW *erbarmelijk*; *ellendig*; INFORM. *waardeloos*
minage M *(het) leggen van mijnen*; OOK FIG. *ondermijning*
minaret M *minaret*
minauder ONOV WW *overdreven lief doen*
minauderie V *liefdoenerij*; *gemaaktheid*
minaudier BNW [v: **minaudière**] *lievig*; *aanstellerig-lief*
mince I BNW • *slank*; *dun*; *smal* • *pover*; *gering* **II** TW INFORM. *verhip* ★ INFORM. ~ de costar! *wat een pak !*
minceur V • *dunheid*; *smalheid*; *slankheid* • *poverheid*; *geringheid*
mincir I OV WW *dunner, slanker maken* **II** ONOV WW *dunner, slanker worden*
mine V • *uiterlijk*; *gezicht*; *voorkomen* • OOK FIG. *mijn*; *groeve* • *mijn*; *springlading* • *potloodstift* ★ mine allongée *lang gezicht* ★ faire une mine de dix pieds de long *een heel lang gezicht trekken* ★ avoir bonne/mauvaise mine *er goed/slecht uitzien* ★ faire bonne/grise mine à qn *iem. vriendelijk/koel bejegenen* ★ faire mine de *net doen alsof* ★ faire des mines *aanstellerig-lief doen* ★ INFORM. mine de rien *zonder dat het opvalt*; *alsof het niets is/was* ★ ça ne paie pas de mine *dat ziet er niet uit* ★ mine antichar *antitankmijn* ★ mine antipersonnel *antipersoneelmijn* ★ mine flottante *drijvende mijn* ★ mine terrestre *landmijn* ★ ingénieur des mines *mijnbouwkundig ingenieur* ★ mine d'or *goudmijn* ★ fourneau de mine *mijngat* ★ sauter sur une mine *op een mijn lopen* ★ mine de plomb *potlood* ‹grafiet›
miner OV WW *mijnen leggen in*; OOK FIG. *ondermijnen* ★ FIG. terrain miné *gevaarlijk terrein*
minerai M *erts*
minéral I M [mv: **minéraux**] *mineraal*; *delfstof* **II** BNW [m mv: **minéraux**] *mineraal* ★ eau ~e *mineraalwater*
minéralier M *ertsschip*
minéraliser OV WW *in erts omzetten*; *mineraliseren*
minéralogie V *delfstofkunde*; *mineralogie*
minéralogique BNW *mineralogisch* ★ plaque ~ *nummerbord*
minéraux M MV • → **minéral**
minerve V MED. *gipskraag*
minet M [v: **minette**] • INFORM. *poesje* • INFORM. *schatje*
minette V INFORM. *modieus grietje*
mineur I BNW • *mijn-* • *kleiner*; *geringer*; *minder belangrijk*; *tweederangs* • *minderjarig* • MUZ. *kleineterts-*; *mineur-* ★ ouvrier ~ *mijnwerker* ★ l'Asie Mineure *Klein-Azië* ★ frère ~ *minderbroeder* ★ (proposition) ~e *minderterm* ★ tierce ~e *kleine terts* **II** M • *mijnwerker* • MIL. *mineur* • MUZ. *kleine terts*; *mineur* **III** M [v: **mineure**] *minderjarige*
mini I BNW *mini*; *kort* **II** VOORV *mini-*
miniature I V *miniatuur* ★ en ~ *in miniatuur* ★ golf ~ *minigolf* **II** BNW *miniatuur-*
miniaturisation V *miniaturisatie*; *verkleining*
miniaturiste M *miniatuurschilder*
minibus (zeg: -buus) M [mv: id.] *minibus*
minicassette V • *cassette(bandje)* • *cassetterecorder*
minichaîne V *miniset*; *kleine stereo-installatie*
minidisque M *minidisk*
minier BNW [v: **minière**] *mijn-* ★ industrie minière *mijnindustrie*
minigolf M *minigolf*
minijupe V *minirok*
minima M MV • → **minimum**
minimal BNW [m mv: **minimaux**] *minimaal*; *minimum-*
minime I BNW *miniem*; *zeer gering*; *minimaal* **II** M/V SPORT *jeugdspeler*; *junior*
minimisation V *minimalisering*
minimiser OV WW • *tot het minimum terugbrengen* • *als onbeduidend voorstellen*; *bagatelliseren*
minimum (zeg: -mom) **I** M [mv: **minimums/minima**] *(het) kleinste*; *minimum* ★ au ~ *op zijn minst* ★ le ~ de *zo weinig/laag mogelijk* ★ ~ vital *bestaansminimum* **II** BNW *minimum-*; *kleinste*
miniski M *korte ski*; *miniski*
minispace M *ruimtewagen* ‹compact›
ministère M • *ministerie* • *(geestelijk) ambt*; *bediening* ★ ~ public *Openbaar Ministerie*
ministériel BNW [v: **ministérielle**] *ministerieel* ★ officier ~ *ministerieel/openbaar ambtenaar*
ministrable BNW *ministeriabel*
ministre M/V • *minister* • *bedienaar v.e. godsdienst*; *predikant* ★ ~ délegué ≈ *onderminister* ★ ~ d'État *minister zonder portefeuille* ★ ~ plénipotentiaire *gevolmachtigd minister* ★ premier ~ *premier* ★ OUD. ~ du culte *priester*; *voorganger*
minium (zeg: mienjom) M *menie*
minois M *aardig gezichtje*; *snoetje*
minorer OV WW • *lager schatten* • *onderschatten*
minoritaire BNW *in de minderheid*; *minderheids-*
minorité V • *minderheid* • *minderjarigheid* ★ être mis en ~ *de meerderheid van stemmen verliezen*; *overstemd worden*
Minorque V *Menorca*
minoterie V *meelfabriek*; *meelbedrijf*
minotier M *meelfabrikant*
minou M • INFORM. *liefje* • INFORM. *katje*; *poesje*
minuit M *middernacht*; *twaalf uur 's nachts* ★ messe de ~ *nachtmis*
minus (zeg: -nuus) M INFORM. *nul* ‹persoon›; *minkukel*
minuscule I BNW *zeer klein*; *minuscuul* **II** V *kleine letter*
minutage M *(minutieuze) timing*
minute I V *minuut* ‹in alle betekenissen› ★ à la ~ *terstond*; *stipt op tijd*; CUL. *snel klaargemaakt*

★ d' une ~ à l'autre *elk moment*; *dadelijk* **II** BNW *snel(klaar)-*; *instant-* ★ talon ~ *hakkenbar*

minuter OV WW ● *(minutieus) timen* ● *de minuut opmaken van* ⟨een akte⟩

minuterie V ● *wijzerwerk* ⟨v. klok, horloge⟩ ● *tijdschakelaar*; *automatische trappenhuisverlichting*

minuteur M ● *tijdschakelaar* ● *eierwekker*

minutie (zeg: -sie) V ● *uiterste nauwkeurigheid*; *precisie* ● *kleinigheid*

minutieusement BIJW ● → **minutieux**

minutieux (zeg: -siejeu) BNW [v: **minutieuse**] *uiterst nauwkeurig*; *minutieus*

miocène I M *mioceen* **II** BNW *mioceen*

mioche M/V INFORM. *kleuter*

mirabelle V *mirabel* ⟨kleine gele pruim⟩

mirabellier M *mirabellenboom*

miracle I M ● *wonder* ● GESCH. *mirakelspel* ★ par ~ *(als) door een wonder* ★ crier (au) ~ *van een wonder reppen*; *opgetogen zijn* **II** BNW *wonderbaarlijk*; *wonder-*

miraculé BNW *(als) door een wonder genezen/gered*

miraculeux BNW [v: **miraculeuse**] *wonderbaarlijk*; *wonder-*

mirador M *hoge uitkijkpost*; *belvedère*

mirage M ● *luchtspiegeling* ● *zinsbedrog*

miraud BNW ● → **miro**

mire V ● *baak* ● *testbeeld* ⟨tv⟩ ★ ligne de mire *richtlijn* ⟨v. vuurwapen⟩; *vizierlijn* ★ point de mire OOK FIG. *mikpunt*; *doelwit* ★ FIG. avoir en point de mire *in het vizier hebben* ★ cran de mire *vizierkeep*

mirer I OV WW ● FORM. *spiegelen* ● *schouwen* ⟨tegen het licht⟩ **II** WKD WW [**se** ~] FORM. *zich spiegelen*; *zich bekijken*

mirettes V MV INFORM. *ogen*; FIG. *kijkers*

mirifique BNW HUMOR. *buitengewoon*; *fabuleus*

mirliflore M OUD. *saletjonker*; *ijdeltuit*

mirliton M *mirliton*; *rietfluitje* ★ vers de ~ *(prul)rijmpjes*

miro BNW [onver.] INFORM. *slecht ziend*; *bijziend*

mirobolant BNW INFORM. *buitengewoon (mooi)*; *fantastisch*

mirodrome M *peepshowgelegenheid*

miroir M *spiegel* ★ ~ ardent *brandglas* ★ écriture en ~ *spiegelschrift* ★ œufs au ~ *spiegeleieren* ★ ~ aux alouettes *iets bedrieglijk-verlokkends*; *schone schijn*

miroitement M *(weer)spiegeling*; *flikkering*

miroiter ONOV WW *(weer)spiegelen*; *flikkeren* ★ faire ~ qc à qn *iem. iets voorspiegelen*

miroiterie V ● *spiegelfabriek* ● *spiegelhandel*

miroitier M [v: **miroitière**] *spiegelfabrikant*; *spiegelhandelaar*

mironton M ● → **miroton**

miroton M *hachee*

mis I BNW ★ bien mis *goed gekleed* **II** WW [volt. deelw.] ● → **mettre**

misaine V ★ mât de ~ *fokkenmast* ★ (voile de) ~ *fokkenzeil*

misanthrope I BNW *misantropisch*; *mensenschuw* **II** M/V *misantroop*; *mensenhater*

misanthropie V *misantropie*; *mensenhaat*

miscible BNW *mengbaar*

mise V ● *(het) leggen/zetten/stellen/plaatsen* ⟨vgl. mettre⟩ ● *(het (in een toestand) brengen* ⟨vgl. mettre⟩ ● *inzet* ⟨v. geld⟩; *inbreng* ● *kleding*; *wijze van kleden* ★ SCHEEPV. mise à l'eau *tewaterlating* ★ mise bas *(het) werpen v. jongen* ★ mise en bouteilles *(het) bottelen* ★ mise en condition/forme *conditietraining* ★ mise en eau *onderwaterzetting* ★ mise en garde *waarschuwing* ★ mise en liberté *invrijheidstelling* ★ mise à mort *(het) ter dood brengen* ★ mise à prix *inzet* ⟨bij bieding⟩ ★ DRUKK. mise en pages *opmaak*; *lay-out* ★ mise en plis *(het) watergolven* ★ mise en scène *regie*; *enscenering* ★ mise au tombeau *graflegging* ★ mise en vente *(het) in de handel brengen* ★ sauver la mise à qn *iem. uit de nood helpen* ★ cela n'est pas de mise *dat is niet acceptabel /gepast*

miser I OV WW *inzetten (**sur** op)* ⟨v. geld⟩ **II** ONOV WW ~ **sur** *rekenen op*; *wedden op*; *gokken op* ★ ~ sur les deux tableaux *op twee paarden wedden*; *zich aan beide kanten indekken*

misérabilisme M *benadrukking v.d. misère*; *pessimistische inslag*

misérable I BNW *ellendig*; *ongelukkig*; *armzalig*; *miserabel* **II** M/V ● *ongelukkige*; *arme* ● *ellendeling*; *schurk*

misère V ● *ellende*; *nood* ● *kleinigheid*; *wissewasje* ★ ~ noire *bittere armoede* ★ salaire de ~ *hongerloon* ★ faire des ~s à *plagen* ★ crier/pleurer ~ *zijn nood klagen* ★ c'est une ~ *het is erg vervelend*

miséreux I BNW [v: **miséreuse**] *arm*; *armoedig* **II** M [v: **miséreuse**] *arme stakker*

miséricorde V *barmhartigheid*; *erbarmen* ★ des œuvres de ~ *werken v. barmhartigheid* ★ à tout péché ~ *er is vergiffenis voor iedere zonde*

miséricordieux BNW [v: **miséricordieuse**] *barmhartig*; *goedertieren*

misogyne I M/V *vrouwenhater* **II** BNW *vrouwenhatend*; *misogyn*

misogynie V *vrouwenhaat*; *misogynie*

missel M *missaal*; *misboek*

missile M *projectiel*; *raket* ★ ~ de croisière *kruisraket*

missilier M *raketspecialist*

mission V ● *opdracht*; *taak* ● OOK REL. *zending*; *missie* ● *dienstreis*

missionnaire I M/V *missionaris*; *zendeling* **II** BNW *missie-*; *zendings-*

missive V FORM. *(dienst)brief*; *missive*

mistigri M ● INFORM./OUD. *poes* ● *klaverenboer* ⟨in sommige kaartspelen⟩; *zwartepiet*

mistoufle V INFORM. *ellende*; *rotstreek*

mistral M *mistral* ⟨noordenwind in Z.O.-Frankrijk⟩

mitage M *horizonvervuiling* ⟨door hoogbouw⟩

mitaine V *vingerloze handschoen*

mite V ● *mijt* ⟨dier⟩ ● *mot* ⟨dier⟩

mité BNW ● *waar de mot in zit* ● INFORM. *armoedig*

mi-temps I M [mv: id.] *halve baan* ★ travailler à ~ *parttime /halftijds werken* **II** V ● SPORT *halftime*; *rust* ● SPORT *(eerste/tweede) (speel)helft*

miter I OV WW *aantasten* ⟨door hoogbouw⟩

II WKD WW [**se** ~] *worden aangetast* ‹door motten›
miteux BNW [v: **miteuse**] *armzalig; sjofel*
mitigé BNW • *gematigd; afgezwakt*; FIG. *halfslachtig* • INFORM. *gemengd (***de** *met)*
mitiger OV WW OUD. *verzachten; matigen*
mitigeur M *mengkraan*
mitonner I OV WW • *zacht stoven; laten sudderen* • *zorgvuldig (voor)bereiden* • *vertroetelen* **II** ONOV WW *zacht koken; sudderen*
mitoyen BNW [v: **mitoyenne**] *in het midden liggend; tussen-* ★ mur ~ *mandelige (gemeenschappelijke) muur* ★ maisons ~nes *aanpalende /halfvrijstaande huizen*
mitoyenneté V *mandeligheid; (het) aanpalend /gemeenschappelijk zijn*
mitraillade V *mitrailleervuur*
mitraillage M *(het) mitrailleren; beschieting* ‹met automatische wapens›; FIG. *(het) neermaaien*
mitraille V • *artillerievuur* • INFORM. *kleingeld* • OUD. *schroot*
mitrailler OV WW • *mitrailleren*; OOK FIG. *bestoken (***de** *met); bekogelen* • INFORM. *aanhoudend fotograferen*
mitraillette V *machinepistool*
mitrailleur M *mitrailleurschutter*
mitrailleuse V *mitrailleur*
mitral BNW [m mv: **mitraux**] *mijtervormig*
mitre V • *mijter* • *schoorsteenkap*
mitron M • *bakkersjongen* • *schoorsteenpot*
mi-voix ★ à ~ *halfluid*
mixage M *geluidsmenging; (het) mixen*
mixer OV WW *mixen*
mixeur M *mixer* ‹apparaat›
mixité V *gemengdheid; gemengd karakter*
mixte BNW *gemengd* ★ (double) ~ *gemengd dubbel*
mixtion V *(ver)menging; mixtuur*
mixture V *mengsel; mixtuur*
MJC AFK Maison des jeunes et de la culture *jongerencentrum annex cultureel centrum*
MLF AFK mouvement de libération des femmes *vrouwenbeweging*
Mlle AFK [v mv: **Mlles**] Mademoiselle *juffrouw; mej.; mevr.*
MM. AFK Messieurs *(de) heren*
Mme AFK [v mv: **Mmes**] Madame *mevrouw; mevr.*
MMS M *mms* ★ faire du MMS *mms'en*
mnémotechnique I V *mnemotechniek* **II** BNW *mnemotechnisch* ★ moyen ~ *geheugensteuntje*
Mo AFK mégaoctet *MB; megabyte*
mobile I BNW • *mobiel; beweeglijk; beweegbaar; los* • *veranderlijk* ★ fêtes ~s *veranderlijke feestdagen* ★ garde ~ *motorpolitie* ★ à feuille(t)s ~s *losbladig* **II** M • *drijfveer; motief* • *mobiel; mobile* • *lichaam in beweging* • *mobiele telefoon; mobieltje*
mobile-home, **mobil-home** M [mv: **mobile-homes, mobil-homes**] *stacaravan*
mobilier I M *huisraad; meubilair* ★ ~ urbain *straatmeubilair* **II** BNW [v: **mobilière**] *roerend; roerendgoed-* ★ saisie mobilière *boedelbeslag* ★ valeur mobilière *waardepapier; effect*
mobilisable BNW *te mobiliseren; inzetbaar*
mobilisateur BNW [v: **mobilisatrice**] *mobiliserend; mobilisatie-*
mobilisation V *mobilisatie; mobilisering*
mobiliser OV WW OOK FIG. *mobiliseren; oproepen* ★ ~ l'attention *de aandacht opeisen*
mobilité V • *beweeglijkheid; beweegbaarheid; mobiliteit* • *veranderlijkheid*
mobilophone M *mobilofoon*
mobylette V INFORM. *brommer(tje)*
mocassin M *mocassin*
mochard BNW INFORM. *lelijk(jes)*
moche BNW INFORM. *lelijk; gemeen; mies*
mocheté V INFORM. *lelijkerd; iets lelijks*
modal BNW [m mv: **modaux**] TAALK./MUZ. *modaal*
modalité V • *modaliteit; wijze* • *(betalings)voorwaarde*
mode I M • *wijze; modus* • *toonaard* ★ mode d'emploi *gebruiksaanwijzing* ★ mode d'un verbe *wijs v.e. werkwoord* ★ mode majeur *grote terts* **II** V • *mode* • OUD. *manier; trant* ★ à la mode *in de mode* ★ passé de mode *uit de mode* **III** BNW *modieus; mode-*
modelage M *modellering*
modelé M *weergave v.d. vormen; reliëf*
modèle I M • *model* • *voorbeeld; toonbeeld* ★ ~ réduit *schaalmodel* ★ prendre ~ sur qn *aan iem. een voorbeeld nemen* **II** BNW *voorbeeldig; model-*
modeler OV WW • *boetseren; modelleren* • FIG. ~ **sur** *richten naar (het voorbeeld van); afstemmen op*
modeleur M • *modelleur; modelmaker* • *boetseerder*
modélisme M *modelbouw*
modéliste M/V • *modelleur; modelmaker* • *modelbouwer*
modem (zeg: -dèm) M *modem*
modérateur I BNW [v: **modératrice**] *matigend* **II** M • *regulateur; moderateur; remstof* • *moderator* **III** M [v: **modératrice**] *middelaar; gespreksleider*
modération V *gematigdheid; matiging* ★ avec ~ *met mate* ★ ~ d'une peine *verzachting v.e. straf*
modéré BNW • *gematigd* • *matig*
modérément BIJW *gematigd; met mate*
modérer I OV WW *matigen; verzachten; temperen* ★ ~ ses prix *zijn prijzen verlagen* **II** WKD WW [**se** ~] *zich matigen*
moderne I BNW *modern; nieuw(erwets); hedendaags* ★ enseignement ~ *middelbaar onderwijs zonder klassieke talen* **II** M • *(het) moderne* • *modern schrijver*
modernisateur M [v: **modernisatrice**] *vernieuwer*
modernisation V *modernisering*
moderniser OV WW *moderniseren*
modernisme M *modernisme*
moderniste I BNW *modernistisch* **II** M/V *modernist*
modernité V *moderniteit*
modeste BNW • *bescheiden; nederig* • *eenvoudig* • OUD. *zedig*
modestie V • *bescheidenheid* • *eenvoud* • OUD. *zedigheid*

modicité V *geringheid* ★ ~ du prix *billijkheid v. prijs*
modifiable BNW *veranderbaar*
modificateur BNW [v: **modificatrice**] *wijzigend*
modificatif BNW [v: **modificative**] *wijzigings-*
modification V *wijziging*
modifier I OV WW • *wijzigen; veranderen* • TAALK. *bepalen* **II** WKD WW [**se** ~] *veranderen; gewijzigd worden*
modique BNW *matig; gering* ★ prix ~ *billijke prijs*
modiste V *modiste*
modulable BNW • *aanpasbaar; aanbouw-* • *variabel; flexibel*
modulaire BNW *modulair*
modulateur M *modulator*
modulation V • *modulatie* • *aanpassing; variatie*
module M *module* ‹in alle betekenissen›; *modulus; element; eenheid*
moduler I OV WW • *moduleren* • *aanpassen; variabel maken* **II** ONOV WW *moduleren*
modus vivendi (zeg: moduusvieve(n)die) M [mv: id.] *modus vivendi*
moelle (zeg: mwal) V OOK FIG. *merg* ★ ~ épinière *ruggenmerg* ★ os à ~ *mergpijp* ★ jusqu'à la ~ (des os) *tot op het bot; door en door; geheel en al* ★ ~ de sureau *vlierpit*
moelleux (zeg: mwaleu) **I** BNW [v: **moelleuse**] *(aangenaam) zacht; vol en zacht* ★ étoffe moelleuse *zachte stevige stof* ★ vin ~ *zachte volle wijn* ★ voix moelleuse *lieflijke en toch volle stem* **II** M • *(het) zachte* • *soepelheid van beweging*
moellon (zeg: mwalo(n)) M *bloksteen*
mœurs (zeg: meur(s)) V MV *zeden; gewoonten; gebruiken* ★ certificat de bonnes vie et ~ *bewijs van goed zedelijk gedrag* ★ la police des ~ *de zedenpolitie* ★ de ~ faciles *van lichte zeden* ★ entrer dans les ~ *gemeengoed worden*
mohair M *mohair; angorawol*
moi I M *(het) ik* **II** PERS VNW • *mij* • *ik* ‹met nadruk› ★ moi-même *ikzelf; mijzelf* ★ à moi! *help!* ★ de vous à moi *onder ons gezegd (en gezwegen)*
moignon M *stomp* ‹v. ledematen, takken›
moindre BNW *kleiner; minder; geringer* ★ le ~ *de/het kleinste; de/het minste; de/het geringste* ★ et pas des ~s *en niet zo'n geringe (ook)* ★ c'est la ~ des choses *dat is wel het minste (dat ik/men kan doen); graag gedaan!*
moine M • *monnik* • *monniksrob* • OUD. *beddenwarmer; beddenpan*
moineau M [mv: **moineaux**] *mus* ★ ~ domestique *huismus* ★ manger comme un ~ *een kleine eter zijn* ★ INFORM./FIG. un drôle de ~ *een vreemde vogel*
moins I M • *minteken* • *(het) minste* ★ c'est le ~ qu'on puisse dire! *dat mag je wel zeggen!* **II** BIJW • *minder* • *minst* ★ ~ de *minder dan* ‹hoeveelheid› ★ ~ de gens *minder mensen* ★ ~ que *minder dan* ‹vergelijkend› ★ à ~ que [+ subj.] *tenzij* ★ à ~ de [+ infin.] *tenzij* ★ au ~ *ten minste; minstens; toch* ★ il n'est pas malade au ~? *hij is toch niet ziek?* ★ interdit aux ~ de 18 ans *verboden voor personen onder de 18* ★ tout au ~ *ten minste; minstens* ★ de ~ *minder; te weinig* ★ de ~ en ~ *hoe langer hoe minder* ★ du ~ *ten minste* ★ en ~ *in mindering; te weinig; behoudens* ★ en ~ de deux/rien *in een oogwenk* ★ n'en... pas ~ *toch; niettemin* ★ pas le ~ du monde *volstrekt niet; niet in het minst* ★ le ~ possible *zo min mogelijk* ★ pour le ~ *op zijn minst (gezegd)* ★ FORM. rien ~ que *allesbehalve* ★ on ne peut ~ *verre van; uiterst weinig* ★ c'est ~ que rien *het is niets/onbetekenend* ★ c'est un ~ que rien *het is een nul* ‹persoon› ★ ~ je le vois, mieux je me porte *hoe minder ik hem zie, hoe liever* ★ (et) encore ~... *laat staan...* **III** VZ *min(us)* ★ douze ~ huit égalent quatre *twaalf min acht is vier* ★ huit heures ~ dix *tien voor acht* ★ à ~ le quart *om kwart voor*
moins-value V [mv: **moins-values**] • *verminderde opbrengst* • *waardevermindering*
moire V • *moiré; gevlamde stof* • LIT. *weerschijn*
moirer OV WW • *moireren; wateren; vlammen* ‹v. stoffen› • LITERAIR *doen weerschijnen*
mois M • *maand* • *maandloon* ★ le mois de mai *de maand mei*
moïse M *tenen wiegje*
Moïse *Mozes*
moisi I M *schimmel* ★ sentir le ~ *muf ruiken* **II** BNW *beschimmeld*
moisir ONOV WW • *(be)schimmelen* • INFORM. *rondhangen; niksen*
moisissure V *schimmel* ‹uitslag; zwam›
moisson V • *oogst* • *oogsttijd* • FIG. *rijke oogst; grote hoeveelheid* (**de** *van*) ★ faire la ~ *oogsten*
moissonner OV WW OOK FIG. *oogsten*
moissonneur M [v: **moissonneuse**] *oogster; maaier*
moissonneuse V *maaimachine*
moissonneuse-batteuse V [mv: **moissonneuses-batteuses**] *maaidorsmachine; combine*
moissonneuse-lieuse V [mv: **moisonneuses-lieuses**] *maaibinder*
moite BNW *klam*
moiteur V *klamheid*
moitié V • *helft* • INFORM. *wederhelft* ★ ~-~ *half en half; samsam* ★ à ~ *half* ★ à ~ chemin *halverwege* ★ à ~ prix *voor de halve prijs* ★ de ~ *voor de helft* ★ être de ~ (de) *deelgenoot zijn (van)* ★ par (la) ~ *door/voor de helft*
moka M • *mokka(koffie)* • *mokkataart*
mol BNW • → **mou**²
molaire I V *kies* **II** BNW SCHEIK. *molair*
molasse • → **mollasse**
mole V SCHEIK. *mol*
môle M *havenhoofd*
moléculaire BNW *moleculair; molecule-*
molécule V *molecule*
molène V *toorts* ‹plant›
moleskine V *moleskin; soort imitatieleer*
molester OV WW *molesteren; mishandelen*
molette V • *kartelrad; geribbeld wieltje/knopje* • *radertje* ★ clé à ~ *bahco*
mollasse, molasse I BNW • *week; slap(jes)* • *sloom; futloos* **II** V *zachte kalksteen; molasse*
mollasserie V INFORM. *slapheid; sloomheid*

mollasson M [v: **mollassonne**] INFORM. *slome*; *slapjanus*
molle BNW • → **mou**[2]
mollement BIJW • *zacht(jes)*; *slap(jes)*; *zwak(jes)* • *loom*
mollesse V • *zachtheid*; *weekheid*; *slapheid* • *loomheid*
mollet I BNW [v: **mollette**] *(aangenaam) zacht*; *week* ★ œuf ~ *zachtgekookt ei* ★ pain ~ *zacht wit broodje* **II** M *kuit*
molletière V *beenwindsel*; *beenkap*
molleton M *molton*
molletonner OV WW *moltoneren*
mollir I OV WW SCHEEPV. *(laten) vieren* **II** ONOV WW • *week worden* • *verzwakken*; *verslappen* ★ le vent mollit *de wind gaat liggen*
mollo BIJW INFORM. *rustig aan*
mollusque M • *weekdier* • INFORM. *slapjanus*; *flapdrol*
molosse M *grote waakhond*
môme I M INFORM. *klein kind* **II** V INFORM. *meisje*
moment M • *moment* • NATK. *moment*; *momentum* ★ un bon/long ~ *een (heel) tijdje* ★ à ce ~ *op dat ogenblik*; *toen* ★ à tout ~ *ieder ogenblik* ★ à un ~ donné *op een gegeven moment* ★ au ~ de *op het ogenblik van*; *op het punt van*; *tegelijk met* ★ au ~ où/que *op het ogenblik dat* ★ dans un ~ *(zo) dadelijk* ★ d'un ~ à l'autre *ieder ogenblik*; *dadelijk* ★ du ~ que *aangezien*; *nu (immers)*; *als (maar)* ★ en ce ~ *op dit ogenblik*; *nu* ★ par ~s *nu en dan* ★ pour le ~ *voor het ogenblik*; *vooralsnog* ★ sur le ~ *op het moment (zelf)*; *eerst* ★ passer un mauvais ~ *het (even) moeilijk hebben* ★ c'est le ~ ou jamais *(het is) nu of nooit*
momentané BNW *kortstondig*
momentanément BIJW *gedurende een ogenblik*; *tijdelijk*
momie V OOK FIG. *mummie*
momification V *mummificatie*
momifier I OV WW • *mummificeren* • FIG. *afstompen* **II** WKD WW [**se** ~] • *tot mummie worden* • *ongevoelig worden*
mon BEZ VNW [v: **ma**] [m mv: **mes**] *mijn* ★ mon capitaine! *kapitein!* ⟨bij aanspreken⟩
monacal BNW [m mv: **monacaux**] *monnik(s)-*; *monachaal* ★ la vie ~e *het monnikenleven*
monachisme M *monnikenwezen*
monarchie V *monarchie*
monarchique BNW *monarchaal*
monarchisme M *monarchisme*
monarchiste I BNW *monarchistisch* **II** M/V *monarchist*
monarque M *monarch*; *vorst*
monastère M *klooster*
monastique BNW *monastiek*; *klooster-* ★ vie ~ *kloosterleven*
monaural BNW [m mv: **monauraux**] • BIOL. *monauraal* • MUZ. *mono-*
monceau M [mv: **monceaux**] *stapel*; *hoop*; *opeenhoping*
mondain I BNW *werelds*; *mondain* **II** M [v: **mondaine**] *mondain mens*
mondanité V *wereldsgezindheid* ★ ~s [mv] *societyleven/-nieuws*; *plichtplegingen*
monde M • *wereld* • *mensen* ★ l'autre ~ *de andere wereld*; *het hiernamaals* ★ expédier dans l'autre ~ *naar de andere wereld helpen* ★ passer dans l'autre ~ *sterven* ★ ce bas ~ *dit ondermaanse*; *deze wereld* ★ le beau ~ *de chic* ★ le grand ~ *de hogere kringen* ★ il n'y a pas grand ~ *er zijn niet veel mensen* ★ le petit ~ *de kinderen*; *de gewone lui* ★ le ~ entier *de hele wereld* ★ tout le ~ *iedereen* ★ Monsieur Tout(-)le(-)Monde *de kleine man* ★ homme du ~ *man v.d. wereld* ★ partie du ~ *werelddeel* ★ le mieux du ~ *opperbest* ★ IRON. tout est/va pour le mieux dans le meilleur des ~s *alles gaat naar wens* ★ de par le ~ *overal ter wereld* ★ pas le moins du ~ *niet in het minst* ★ pour rien au ~/pour tout l'or du ~ *voor geen geld ter wereld* ★ c'est le ~ renversé/à l'envers *dat is de omgekeerde wereld* ★ en faire (tout) un ~ *de zaak opblazen* ★ il faut de tout pour faire un ~ *Onze-Lieve-Heer heeft rare kostgangers* ★ habiter au bout du ~ *erg afgelegen wonen* ★ hors du ~ *ver van alles en iedereen* ★ mettre au ~ *ter wereld brengen* ★ nous avons du ~ *we hebben gasten* ★ Il y a un ~ (entre) *er is een wereld van verschil (tussen)* ★ il y a du ~ *er zijn (veel) mensen* ★ ainsi va le ~ *zo gaat het in de wereld* ★ c'est un ~! *het is me toch wat!*
monder OV WW *schoonmaken* ⟨v. veldvruchten⟩; *pellen*; *schillen* ★ orge mondé *gepelde gerst*
mondial I M [mv: **mondiaux**] *wereldkampioenschap* **II** BNW [m mv: **mondiaux**] *van de wereld*; *mondiaal*; *wereld-*
mondialement BIJW *wereldwijd*
mondialisation V *mondialisering*
mondialiser OV WW *mondialiseren*
mondialiste BNW *mondialistisch*; *mondiaal georiënteerd*
mondialité V *mondialiteit*; *universaliteit*
monégasque BNW *van Monaco*; *Monegaskisch*
monétaire BNW *monetair*; *munt-*; *geld-*
monétariste I BNW *monetaristisch* **II** M/V *monetarist*
monétique V *elektronisch betalingsverkeer*
monétiser OV WW *(aan)munten*
mongol BNW *Mongools*
Mongol M [v: **Mongole**] *Mongool*
Mongolie V *Mongolië*
mongolien I M [v: **mongolienne**] OOK MIN. *mongool(tje)* **II** BNW [v: **mongolienne**] *mongoloïde*
mongolique BNW *Mongools*
mongolisme M *mongolisme*; *syndroom van Down*
moniteur I M • *monitor* • COMP. *besturingsprogramma* **II** M [v: **monitrice**] *instructeur*; *(jeugd)leider* ★ ~ d'auto-école *rijinstructeur* ★ ~ de ski *skileraar*
monitoire BNW *waarschuwend*
monitoring M *monitoring*
monnaie V • *munt*; *geld*; *valuta* • *wisselgeld* ★ petite ~ *wisselgeld*; *kleingeld* ★ la Monnaie *de Munt* ★ ~ de compte *rekenmunt* ★ battre ~ *geld aanmunten* ★ auriez-vous la ~ de cent euros? *kunt u honderd euro kleinmaken/wisselen?* ★ c'est ~ courante *dat is heel gewoon*; *dat is schering en inslag* ★ rendre à qn la ~ de sa pièce *iem. met gelijke munt*

mo

betalen ★ INFORM. payer qn en ~ de singe *zich met mooie praatjes van iem. afmaken*
monnaie-du-pape V [mv: **monnaies-du-pape**] PLANTK. *judaspenning*
monnayable BNW *verkoopbaar; verzilverbaar*
monnayer OV WW • *(aan)munten* • *te gelde maken*
monnayeur M *geldwisselautomaat* ★ faux(-)~ *valsemunter*
mono M INFORM. moniteur *(jeugd)leider*
mono- VOORV *mono-; enkel-; een-*
monobloc BNW *uit één stuk*
monochrome BNW *monochroom; eenkleurig*
monocle M *ooglas; monocle*
monocoque BNW • *met één romp* ‹v. (zeil)boot› • *chassisloos* ‹v. (race)auto›
monocorde I M *monochord(ium)* **II** BNW • *éénsnarig* • *ééntonig*
monocratie (zeg: -sie) V *alleenheerschappij*
monoculture V *monocultuur*
monogame BNW *monogaam*
monogamie V *monogamie*
monogramme M *naamcijfer; monogram*
monographie V *monografie*
monokini M *monokini*
monolingue BNW *eentalig*
monolithe I BNW *monolithisch* **II** M *monoliet*
monolithique BNW OOK FIG. *monolithisch*
monologue M *alleenspraak; monoloog* ★ ~ intérieur *innerlijke monoloog*
monologuer ONOV WW • *in zichzelf praten* • *een monoloog houden*
monomane I M/V OUD. *monomaan* **II** BNW OUD. *monomaan*
monomaniaque BNW *monomaan*
monomanie V *monomanie*
monôme M • *studentenpolonaise* • WISK. *eenterm*
monomoteur BNW *eenmotorig*
mononucléose V ★ ~ infectieuse *ziekte van Pfeiffer*
monoparental BNW *eenouder-*
monophonique BNW *monofoon*
monoplace BNW *met één plaats; eenpersoons-*
monoplan M *eendekker*
monopole M *monopolie (***de** *van)*
monopolisation V *monopolisering*
monopoliser OV WW OOK FIG. *monopoliseren*
monopoliste I BNW *monopolistisch* **II** M/V *monopolist*
monorail (zeg: -raj) **I** M *monorail* **II** BNW *monorail-*
monospace M AUTO. *ruimtewagen; volumewagen*
monosyllabe I M *eenlettergrepig woord* **II** BNW *eenlettergrepig*
monosyllabique BNW *eenlettergrepig*
monothéisme M *monotheïsme*
monothéiste I BNW *monotheïstisch* **II** M/V *monotheïst*
monotone BNW *eentonig; monotoon*
monotonie V • *eentonigheid; monotonie* • *eenvormigheid*
monovalent BNW *eenwaardig*
monseigneur M [mv: **messeigneurs**] *monseigneur*
monsieur M [mv: **messieurs**] *mijnheer; heer* ★ GESCH. Monsieur *titel v.d. oudste broer v.d. Franse koning* ★ INFORM. bonjour messieurs dames! *dag (dames en heren)!*
monstre I M *monster; gedrocht* ★ ~ de travail *workaholic* ★ ~ sacré *vedette; superstar; topfiguur* **II** BNW *monster-*; INFORM. *geweldig*
monstrueux BNW [v: **monstrueuse**] • *monstrueus; afschuwelijk* • *geweldig; verbazend groot*
monstruosité V • *monsterachtigheid; gedrochtelijkheid* • *iets monsterachtigs*
mont (zeg: mo(n)) M • *berg* ‹in uitdrukkingen› • ANAT. *heuvel* ★ par monts et par vaux *over bergen en dalen; alom* ★ mont Cervin *Matterhorn* ★ promettre monts et merveilles *gouden bergen beloven*
montage M • *(het) in elkaar zetten; montering; montage* • *inbouw (***dans** *in); zetting* ‹v. (edel)stenen› • *(het) op touw zetten* • *elektrische schakeling* ★ chaîne de ~ *lopende band* ★ ~ financier *financieringsplan*
montagnard I M [v: **montagnarde**] *bergbewoner* **II** BNW *in de bergen wonend; berg-*
montagne V *berg; gebergte* ★ la haute ~ *het hooggebergte* ★ chaîne de ~s *bergketen* ★ à la ~ *in de bergen* ★ ~s russes *roetsjbaan* ★ faire de la ~ *aan bergsport doen* ★ se faire une ~ de qc *als een berg tegen iets opzien* ★ FIG. déplacer/soulever les ~s *bergen verzetten*
montagneux BNW [v: **montagneuse**] *bergachtig; berg-*
montant I BNW • *stijgend; klimmend; opkomend; opgaand* • *hoog(gesloten)* ‹v. kledingstuk› ★ chemin ~ *klimmende weg* ★ marée ~e *opkomend getij* ★ génération ~e *opgroeiende generatie* **II** M • *opstaand deel; stijl; post* • *(totaal)bedrag* • FORM. *pikante geur/smaak*
mont-blanc M [mv: **monts-blancs**] *kastanjepuree met slagroom*
mont-de-piété M [mv: **monts-de-piété**] *bank v. lening; lommerd*
monte V *dekking* ‹v. dieren›; *paring*
monté BNW • *(goed) voorzien (***en** *van)* • *bereden; te paard zittend* • *ineengezet* • INFORM. *nijdig; woedend (***contre** *op)* ★ un coup ~ *afgesproken werk* ★ pièce ~e *zeer hoge piramidale taart* ★ ~ en couleur *hooggekleurd* ★ être bien ~ *een goed paard hebben*
monte-charge M [mv: **monte-charge(s)**] *goederenlift*
montée V • *(het) bestijgen /instijgen /(op)stijgen;* SPORT *promotie* • *(het) opkomen; (het) toenemen* • *helling; steile weg*
monténégrin BNW *Montenegrijns*
monter I OV WW • *bestijgen; beklimmen; opgaan* • *naar boven brengen* • *doen rijzen/stijgen;* OOK FIG. *ophalen* • *monteren; zetten* ‹v. edelstenen›; *in elkaar zetten* • *inrichten; uitrusten* • *op touw zetten* • *dekken* ‹v. dieren›; *bespringen* • *opzetten; ophitsen (***contre** *tegen)* ★ ~ un escalier *een trap opgaan* ★ ~ un cheval *een paard berijden/bestijgen* ★ ~ la garde *de wacht betrekken* ★ ~ le son *het geluid harder zetten* ★ ~ une affaire *een zaak*

op touw zetten ★ ~ la tête à qn *iem. het hoofd op hol brengen* **II** ONOV WW ● *klimmen (***à, sur** *in, op)*; *(op)stijgen*; *naar boven gaan*; *omhooggaan*; *opkomen*; *rijzen* ● FIG. *opklimmen* ● *(in noordelijke richting) gaan* ● *instappen (***dans, en** *in)*; *opstappen* ★ ~ à bicyclette *fietsen* ★ ~ à cheval *paardrijden* ★ ~ en voiture *instappen* ⟨in auto, trein⟩ ★ ~ sur le trône *de troon bestijgen* ★ ~ en grade *tot een hogere rang bevorderd worden* ● **~ à** *de genoemde hoogte hebben*; *reiken tot*; *belopen* **III** WKD WW [**se ~**] ● *zich opwinden*; *opgewonden raken* ● **~ à** *bedragen*; *belopen* ● **~ en** *zich aanschaffen*; *zich voorzien van*

monteur M [v: **monteuse**] ● *monteur* ● *monteerder* ⟨v. film⟩ ★ ~ électricien *elektromonteur*

montgolfière V *luchtballon*; *montgolfière*

monticule M *bergje*; *heuvel*; *hoop*

montrable BNW *toonbaar*

montre V ● *horloge* ● OUD. *uitstalling*; *uitstalkast* ● OUD. *vertoon* ★ course contre la ~ *tijdrit*; FIG. *race tegen de klok* ★ ~ en main *op de minuut af* ★ pour la ~ *voor de show* ★ faire ~ de *tentoonspreiden*

montre-bracelet V [mv: **montres-bracelets**] *polshorloge*

montrer I OV WW *tonen (***à** *aan)*; *vertonen*; *laten zien*; *wijzen*; *laten blijken* ★ ~ du doigt *met de vinger nawijzen* **II** WKD WW [**se ~**] ● *zich vertonen*; *verschijnen* ● *zich (be)tonen*; *blijken*

montreur M [v: **montreuse**] *vertoner* ★ ~ de marionnettes *marionettenspeler* ★ ~ d'ours *berenleider*

monture V ● *montuur*; *frame* ● *rijdier*; OOK FIG. *ros* ● *montering*; *zetting*

monument M ● *monument* ● *groot of zeer mooi gebouw* ★ classé ~ historique *onder monumentenzorg vallend*

monumental BNW [m mv: **monumentaux**] OOK FIG. *monumentaal*; *groots*; *geweldig*

moquer WKD WW [**se ~**] ● FORM., OUD. *schertsen* ★ vous vous moquez! *u meent het?!* ● **~ de** *voor de gek houden*; *spotten met*; *bespotten*; *uitlachen*; *niets geven om*; *zich niet storen aan* ★ se ~ des gens/du monde *maling aan iedereen hebben*; *de boel belazeren* ★ je m'en moque pas mal *'t kan me geen steek schelen* ★ je m'en moque comme de ma première chemise (culotte) /comme de l'an quarante *ik heb er maling aan*

moquerie V *spot(ternij)*

moquette V ● *kamerbreed tapijt* ● *trijp*; *moquette*

moquetter OV WW *met vast tapijt beleggen*

moqueur I BNW [v: **moqueuse**] ● *spottend* ● *spotziek* **II** M *spotvogel* **III** M [v: **moqueuse**] *spotter*

moraine V *morene*

moral I BNW [m mv: **moraux**] ● *zedelijk*; *moreel* ● *geestelijk*; *psychisch* ● *fatsoenlijk* ★ facultés ~es *geesteseigenschappen* ★ personne ~e *rechtspersoon* **II** M *stemming*; *moreel*; SPORT *moraal* ★ avoir le ~ *opgewekt zijn* ★ remonter le ~ à *opmonteren* ★ c'est bon pour le ~ *dat geeft de burger moed* ★ avoir le ~ à zéro FIG. *in de put zitten*

morale V *moraal* ⟨in alle betekenissen⟩ ★ faire la ~ à qn *iem. de les lezen*

moralisateur I BNW [v: **moralisatrice**] *moraliserend* **II** M [v: **moralisatrice**] *moralist*; *zedenpreker*

moraliser I OV WW *ethischer maken* **II** ONOV WW OUD. *moraliseren*

moralisme M *moralisme*

moraliste I BNW *moralistisch* **II** M/V *moralist*

moralité V ● *moraliteit* ⟨deugdzaamheid⟩ ● LIT. *moraliteit* ⟨toneelstuk⟩ ● *moraal* ⟨v.e. verhaal⟩

moratoire I M *moratorium*; *opschorting* **II** BNW *moratoir*; *wegens verzuim /achterstalligheid*

moraux BNW ● → **moral**

morbide BNW *morbide*; *ziekelijk*; *ongezond*

morbidité V ● *morbiditeit* ● *ziektecijfer*

morceau M [mv: **morceaux**] ● *brok*; *hap*; *stuk*; *fragment* ● *stuk* ⟨kunstwerk⟩ ● INFORM. *brok* ⟨knul, meid⟩; *stuk* ★ ~x choisis *bloemlezing* ★ les bas ~x *minderwaardig vlees* ★ aimer les bons ~x *een lekkerbek zijn* ★ tomber en ~x *stukvallen* ★ recoller les ~x OOK FIG. *de brokken lijmen* ★ INFORM. casser /manger /lâcher /cracher le ~ *doorslaan*; *gaan praten*; *bekennen* ★ emporter le ~ *het (pleit) winnen*; *krijgen wat men wilde*

morceler OV WW *verbrokkelen*; *verkavelen*

morcellement M *verbrokkeling*; *verkaveling*

mordancer OV WW *beitsen*; *etsen* ⟨v. textiel, metaal⟩

mordant I BNW ● *bijtend*; *invretend* ● *bijtend*; *scherp*; *vinnig* ★ voix ~e *schelle stem* **II** M ● OOK FIG. *scherpte*; *pit(tigheid)* ● *bijtmiddel*; *(textiel)beits*

mordicus (zeg: -kuus) BIJW *mordicus*; *hardnekkig*

mordiller OV WW *knabbelen op*

mordoré BNW *goudbruin*

mordre I OV WW ● *bijten* ● *steken* ⟨v. insecten⟩ ● FIG. *(in)bijten in*; *aantasten* ● *(licht) overschrijden* ⟨v. grens(lijn)⟩ ★ ~ la poussière *in het stof bijten* ★ ~ l'herbe *de berm raken* ⟨v. auto⟩ **II** ONOV WW ● *bijten (***à** *op;* **dans** *in)* ● *doordringen (***dans** *in)*; FIG. *pakken*; OOK FIG. *erin gaan* ★ ça mord *de vis bijt*; *ik heb beet* ● OUD. **~ à** *plezier /handigheid krijgen in*; **~ sur** *(in)bijten in*; *aantasten*; *(licht) overschrijden* ⟨v. grens(lijn)⟩ ★ ~ sur la ligne continue *over de witte streep (v.d. weg) gaan* **III** WKD WW [**se ~**] ★ se ~ les doigts *hevig berouw hebben*

mordu I BNW *verliefd* **II** M [v: **mordue**] INFORM. *fan* ★ c'est un ~ de football *het is een voetbalgek* **III** WW [volt. deelw.] ● → **mordre**

more BNW OUD. → **maure**

More M/V OUD. → **Maure**

moresque BNW OUD. → **mauresque**

morfal M [mv: **morfals**] *veelvraat*

morfil M *braam* ⟨in metaal⟩

morfondre WKD WW [**se ~**] *verveeld/met smart wachten*

morfondu BNW *ontgoocheld*; *kniezend*

morganatique BNW *morganatisch*

morgue V ● *lijkenhuis* ● FORM. *laatdunkendheid*; *verwaandheid*

moribond I M [v: **moribonde**] *stervende* **II** BNW

stervend; OOK FIG. *zieltogend*
moricaud I BNW *donkerbruin* **II** M [v: **moricaude**] INFORM. *nikker*
morigéner OV WW *de les lezen*
morille V *morielje*
morillon M • *kuifeend* • *soort blauwe druif* • *kleine smaragd*
mormon I BNW *mormoons* **II** M [v: **mormone**] *mormoon*
mormonisme M *leer v.d. mormonen*
morne BNW *somber*; *doods*; *triest*
mornifle V INFORM./OUD. *muilpeer*
morose BNW *somber*; *knorrig*
morosité V *somberheid*; *knorrigheid*
Morphée *Morpheus*
morphème M *morfeem*
morphine V *morfine*
morphinomane I BNW *verslaafd aan morfine* **II** M/V *morfinist*
morphinomanie V *verslaafdheid aan morfine*
morphologie V • *morfologie* • *gedaante*; *lichaamsbouw*
morphologique BNW *morfologisch*
morpion M • *platluis* • INFORM. *jochie* • ≈ *boter-kaas-en-eieren* ‹met 5 tekens op een rij›
mors (zeg: mor) M • *bit* ‹v. paard› • *bek* ‹v. nijptang e.d.› ★ prendre le mors aux dents OOK FIG. *op hol slaan*
morse M • *walrus* • *morse(alfabet)*
morsure V *beet*; OOK FIG. *(bijt)wond*
mort I BNW • OOK FIG. *dood*; *overleden* • *kaduuk*; *uit(gewerkt)* ★ mort et bien mort /raide mort *morsdood* ★ être mort de rire *zich doodlachen* ★ la chandelle est morte *de kaars is uit* ★ mort de fatigue *doodmoe* ★ mort de peur *doodsbang* ★ ivre mort *stomdronken* ★ eau morte *stilstaand water* ★ langue morte *dode taal* ★ morte(-)saison /saison morte *slappe tijd* ★ nature morte *stilleven* ★ point mort *dode punt*; *vrijloop* ‹v. auto› ★ SPORT temps mort *time-out*; *spelonderbreking* **II** M • *dode* • *blinde* ‹in kaartspel›; *dummy* ★ mort vivant *levend lijk* ★ le jour des Morts *Allerzielen* ★ tête de mort *doodskop* ★ faire le mort *zich dood houden* **III** V OOK FIG. *(de) dood*; *(het) overlijden* ★ mort civile *burgerlijke dood* ★ la mort de l'âme /la mort éternelle *de eeuwige verdoemenis* ★ avoir la mort dans l'âme *diep bedroefd zijn* ★ LIT. la petite mort *het orgasme* ★ danger de mort *levensgevaar* ★ mort à...! *weg met...!* ★ condamner à mort *ter dood veroordelen* ★ se donner la mort *zich het leven benemen* ★ être à deux doigts de la mort /à l'article de mort /à la mort *op sterven liggen* ★ freiner à mort *een noodstop maken* ★ haïr à mort *dodelijk haten* ★ mourir de sa belle mort *een natuurlijke dood sterven* ★ souffrir mille morts *duizend doden sterven* ★ à mort *dodelijk*; *ter dood*; INFORM. *hevig*; INFORM. *ontiegelijk* ★ la mise à mort *het ter dood brengen* ★ à la vie et à la mort *voor eeuwig*
mortadelle V *soort grove worst*
mortaise V • *keep* • *tapgat*; *pengat* ‹v. pen-en-gatverbinding›
mortaiser OV WW *een keep/(pen)gat maken in*
mortalité V • *sterfte(cijfer)* • OUD. *sterfelijkheid*
mort-aux-rats V [mv: id.] *rattenkruit*
morte I V *dode* **II** BNW • → **mort**
morte-eau V [mv: **mortes-eaux**] *doodtij*
mortel I BNW [v: **mortelle**] • *dodelijk* • *sterfelijk* • *hevig* • INFORM. *stierlijk vervelend* ★ FORM. dépouille ~le *stoffelijk overschot* ★ péché ~ *doodzonde* ★ coup ~ *genadeslag*; *doodsteek* ★ ennemi ~ *doodsvijand* **II** M [v: **mortelle**] *sterveling*
mortellement BIJW • *dodelijk* • *vreselijk*; *buitengewoon* ★ ~ ennuyeux *stierlijk vervelend*
morte-saison V [mv: **mortes-saisons**] *slappe tijd*
mortier M • *mortel* • *vijzel* • MIL. *mortier*
mortification V • *zelfkastijding*; *versterving* • *vernedering* • *(het) besterven* ‹v. vlees›
mortifier OV WW • *kastijden*; *versterven* • *laten besterven* ‹v. vlees› • *vernederen*; *grieven*
mortinatalité V *aantal doodgeborenen*
mort-né I M [v: **mort-née**] *doodgeborene* **II** BNW • *doodgeboren* • *gedoemd te mislukken*
mortuaire BNW *doden-*; *lijk-*; *sterf-* ★ couronne ~ *grafkrans* ★ drap ~ *lijkkleed* ★ maison ~ *sterfhuis* ★ extrait ~ *uittreksel uit de dodenregisters* ★ registre ~ *dodenregister*
morue V • *kabeljauw* • VULG. *slet*; *wijf* ★ ~ séchée *stokvis* ★ (habit) queue de ~ *pandjesjas*; *rok*
morutier M *kabeljauwvisser* ‹man, schip›
morve V *snot*
morveux I M [v: **morveuse**] INFORM./FIG. *snotneus* **II** BNW [v: **morveuse**] • *snotterig* • *droezig* ‹m.b.t. paarden› ★ qui se sent ~ (qu'il) se mouche ‹spreekwoord› *wie de schoen past, trekke hem aan*
mosaïque I V • *mozaïek* • *bonte mengeling* **II** BNW *mozaïsch*
mosaïste M/V *mozaïekwerker*
mosan BNW *Maas-*
Moscou *Moskou*
moscovite BNW *Moskovisch*
Moscovite M/V *Moskoviet*
mosellan BNW *Moezel-*
Moselle V *Moezel*
mosquée V *moskee*
mot M • *woord* • *briefje* ★ mots croisés *kruiswoordraadsel* ★ mot d'esprit /bon mot *geestige opmerking*; *bon mot* ★ mot d'ordre *wachtwoord*; *parool* ★ EUF. mot de cinq lettres *scheldwoord*; *vies woord* ‹' merde'› ★ mot de passe *wachtwoord*; COMP. *password* ★ le fin mot de l'histoire *het fijne v.d. zaak*; *de ware toedracht* ★ grands mots *dikke/ hoogdravende woorden* ★ gros mots *krachttermen*; *scheldwoorden* ★ jeu de mots *woordspeling* ★ mot à mot *woord voor woord*; *woordelijk* ★ mot pour mot *woord voor woord* ★ à mots couverts *in bedekte termen* ★ au bas mot *minstens*; *voorzichtig geschat* ★ en un mot (comme en cent) *kortom* ★ avoir des mots avec qn *woorden met iem. hebben* ★ avoir son mot à dire *een woordje (mogen) meespreken* ★ avoir toujours le mot pour rire *nooit om een grapje verlegen zitten* ★ dire son mot *zijn woordje meespreken* ★ j'ai deux mots

à te dire *ik moet een ernstig woordje met je spreken* ★ ne dire/souffler mot *geen woord zeggen* ★ se donner le mot *(iets) met elkaar afspreken* ★ jouer sur les mots *dubbelzinnig spreken* ★ prendre qn au mot *iemands woorden letterlijk nemen*; *iem. aan zijn woord houden* ★ INFORM. en toucher un mot à qn *iem. ergens over aanspreken* ★ je pèse mes mots *ik weeg mijn woorden af*; *ik druk het zachtjes uit* ★ il n'en sait pas le premier mot *hij weet er geen steek van* ★ qui ne dit mot consent ⟨spreekwoord⟩ *wie zwijgt stemt toe*

mot-à-mot M *woordelijke/letterlijke vertaling*

motard M • *motoragent* • *motorrijder*

motel M *motel*

motet M *motet*

moteur I M • *motor* • FIG. *motor*; *drijvende kracht* ★ ~ à deux temps *tweetaktmotor* ★ ~ à explosion *explosiemotor* ★ ~ flottant *zwevende motor* ★ ~ à réaction *straalmotor* ★ ~ rotatif *wankelmotor* ★ ~ de recherche *zoekmachine* **II** BNW [v: **motrice**] • *stuwend*; *(aan)drijf-* • ANAT. *motorisch* ★ arbre ~ *aandrijfas* ★ bloc ~ *motorblok* ★ roue motrice *drijfwiel* ★ à quatre roues motrices *met vierwielaandrijving* ★ force motrice *(aan)drijfkracht* ★ rôle ~ *leidende rol*

motif M • *motief* ⟨in alle betekenissen⟩ • *beweegreden*; *drijfveer*

motion V POL. *motie* ★ ~ de censure *motie van wantrouwen*

motivation V • *motivatie* • *motivering*

motivationnel BNW [v: **motivationnelle**] *motivatie-*

motiver OV WW • *motiveren* ⟨in alle betekenissen⟩ • *rechtvaardigen*; *wettigen*

moto V *motorfiets* ★ faire de la moto *motorrijden*

moto- VOORV *motor-*

motocross, moto-cross M *motorcross*

motoculteur ⟨merde⟩ M *motorploeg*; *tweewielige handtractor*

motocycle M FORM. *motorrijwiel*

motocyclette V OUD. *motorfiets*

motocyclisme M *motorsport*; *(het) motorrijden*

motocycliste M/V *motorrijder*

motonautique BNW *speedboot-*

motonautisme M *(het) speedbootracen*

motoneige V *sneeuwscooter*

motopompe V *motorpomp*; *motorspuit*

motorisation V *motorisering*

motoriser OV WW *motoriseren* ★ INFORM. être motorisé *met de auto (gekomen) zijn*

motoriste M/V • *motorreparateur* • *motor(en)fabrikant*

motrice I V *motorwagen* **II** BNW • → **moteur**

motricité V *motoriek*

mots-croisés M MV *kruiswoordpuzzel*

mots-croisiste M/V *kruiswoordpuzzelaar*

motte V • *aardklomp* • *kluit*; *zode* ★ ~ de beurre *kluit boter*

motus (zeg: -tuus) TW ★ ~ (et bouche cousue)! *mondje dicht!*

mou[1] M • *(het) weke*; *(het) slappe* • INFORM. *slappeling* • PLAT *harses* ★ avoir du mou *te slap hangen* ⟨v. lijn⟩ ★ donner du mou à *(laten) vieren* ⟨v. lijn⟩

mou[2], **mol** ⟨voor klinker of stomme h⟩ BNW [v: **molle**] • *zacht*; *week*; *slap* • *slap*; *willoos*; *laks*; *loom* • *zwak*

mouchage M *(het) snuiten*

mouchard I M • *verklikker* ⟨controletoestel, kijkgaatje enz.⟩ • MIL. *verkenningsvliegtuig* **II** M [v: **moucharde**] INFORM. *verklikker*; *stille (agent)*

mouchardage M • INFORM. *spionage* • INFORM. *(het) klikken*

moucharder I OV WW • INFORM. *bespioneren* • INFORM. *verklikken* **II** ONOV WW • INFORM. *spioneren* • INFORM. *klikken*

mouche V • *vlieg* • *moesje*; *mouche* • *sikje* • *roos* ⟨v. schietschijf⟩ ★ pattes de ~ *hanenpoten*; *kriebelschrift* ★ SPORT poids ~ *vlieggewicht* ★ fine ~ *slimmerd* ★ tomber comme des ~s *bij bosjes ziek worden/sterven* ★ prendre la ~ *om een kleinigheid opstuiven* ★ on aurait entendu une ~ voler *je kon een speld horen vallen* ★ INFORM. quelle ~ le pique? *waarom wordt hij boos?*; *wat mankeert hem?* ★ faire ~ OOK FIG. *in de roos schieten* ★ faire la ~ du coche *kouwe drukte maken*

moucher I OV WW *snuiten* ⟨v. neus, kaars⟩ ★ INFORM. se faire ~ *op zijn kop krijgen* **II** WKD WW [**se** ~] *zijn neus snuiten* ★ IRON. ne pas se ~ du coude/du pied *een hoge dunk van zichzelf hebben*

moucheron M • *vliegje*; *mugje* • INFORM. *ventje*; *jochie*

moucheté BNW *gevlekt*; *gespikkeld*; *bont*

moucheter OV WW *spikkelen*

mouchette V • ARCH. *druiplijst* • *soort schaaf*

moucheture V *stippel*; *vlekje*

mouchoir M • *zakdoek* • *halsdoek* ★ grand comme un ~ (de poche) *piepklein* ★ ça se jouait dans un ~ (de poche) *de deelnemers ontliepen elkaar maar weinig*; *de overwinning was nipt*

moudre OV WW [onregelmatig] *malen*

moue V *lelijk gezicht*; *pruillip* ★ faire la moue *pruilen*

mouette V *meeuw* ★ ~ rieuse *kokmeeuw*

moufeter ONOV WW • → **moufter**

mouffette V *stinkdier*; *skunk*

moufle I V *want* ⟨handschoen⟩ **II** M/V • *porseleinoven* • *takelblok*

mouflet M [v: **mouflette**] INFORM. *kleine opdonder*; *uk*

mouflon M *moeflon*; *steenschaap*

moufter ONOV WW INFORM. *tegensputteren* ★ sans ~ *zonder morren*

mouillage M • *(het) bevochtigen* • *(het) aanlengen met water* • *ankerplaats*

mouillé BNW • *nat*; *vochtig* • TAALK. *gepalataliseerd* ★ voix ~e *in tranen gesmoorde stem* ★ sentir le ~ *muf ruiken*

mouiller I OV WW • *nat maken*; *bevochtigen* • *met water aanlengen* • INFORM. *compromitteren* • TAALK. *palataliseren* ★ ~ l'ancre *het anker uitwerpen* ★ ~ des mines *mijnen leggen* ★ se faire ~ *nat worden* ★ INFORM. ~ sa culotte OOK FIG. *het in zijn broek doen* **II** ONOV WW • *ankeren* • INFORM.

vochtig worden • INFORM. *'m knijpen* **III** WKD WW [**se** ~] • *nat worden* • INFORM. *zich compromitteren* • FIG. *zijn nek uitsteken*
mouillette V *stuk brood* ‹om in te dopen›
mouilleur M *bevochtiger* ‹voor postzegels, etiketten enz.› ★ ~ de mines *mijnenlegger*
mouillure V • *bevochtiging* • *vochtigheid* • *vochtplek*
mouise V INFORM. *misère*; *penarie*
moujik M GESCH. *moezjiek* ‹Russische boer›
moulage M • *(het) gieten* • *afgietsel* • *(het) malen*
moulant BNW *nauwsluitend* ‹v. kleren›
moule I M • *(giet)vorm*; *bakvorm*; *mal* • FIG. *model* ★ ~ à gâteau *bakvorm* **II** V • *mossel* • INFORM. *sul*; *flapdrol*
moulé BNW • *gevormd* • *gedrukt* • *in een (bak)vorm gebakken* ★ lettre ~e *drukletter*
mouler OV WW • *(in een gietvorm) gieten*; *afgieten*; *afdrukken* • FIG. *vormen* (**sur** *naar*) ★ ~ (les formes) *de vormen doen uitkomen*; *strak zitten* ‹v. kleren›
mouleur M *gieter*
moulière V *mosselbank*
moulin M • *molen* • INFORM. *motor* ★ ~ à café *koffiemolen* ★ ~ à eau *watermolen* ★ ~ à vent *windmolen* ★ INFORM. ~ à paroles *babbelkous* ★ ~ à prières *gebedsmolen* ★ se battre contre des ~s *tegen windmolens vechten* ★ on y entre comme dans un ~ *het is er de zoete inval*
mouliner OV WW • *pureren*; OOK FIG. *door de (groente)molen halen* • *tweernen* ‹v. zijde›
moulinet M • *molentje* • *haspel* • *molen* ‹v. werphengel› • *tourniquet* • *maaiende beweging*
moulinette V • *groentemolentje* • FIG. *gehaktmolen* ★ passer à la ~ *door de molen halen*
moult (zeg: moelt) BIJW OUD./HUMOR. *veel*
moulu I BNW • *gemalen* • FIG. *geradbraakt*; *bekaf* **II** WW [volt. deelw.] • → **moudre**
moulure V *lijst* ‹vooruitspringende rand›
moumoute V • INFORM. *pruik* • *jasje* ‹v. schaapsleer› • JEUGDT. *poesje*
mourant I BNW • *stervend* • *wegstervend*; *kwijnend* **II** M [v: **mourante**] *stervende*
mourir I ONOV WW [onregelmatig] • OOK FIG. *sterven* (**de** *aan, van*) • *wegsterven* ‹v. geluid› • *uitgaan* ‹v. vuur, licht› • *ophouden*; *verdwijnen* ★ ~ de faim *sterven/vergaan van de honger* ★ ~ de peur *doodsbang zijn* ★ ~ de rire *zich doodlachen* ★ ~ d'envie *branden van verlangen* ★ faire ~ *ombrengen*; *doden* ★ s'ennuyer à ~ *zich doodvervelen* ★ INFORM. plus radin (enz.), tu meurs! *gieriger (enz.) kan het niet!* **II** WKD WW [**se** ~] FORM. *(weg)sterven*
mouroir M MIN. *sterfhuis* ‹inrichting waar de dood wacht; bejaardenhuis›
mouron M PLANTK. *guichelheil*; *muur* ★ INFORM. se faire du ~ *zich zorgen maken*
mourrai WW [futur] • → **mourir**
mouscaille V • → **mouise**
mousquet M *musket*
mousquetaire M *musketier*
mousqueton M • *karabijnhaak* • *karabijn met korte loop* • *musketon*
moussaillon M *scheepsjongen*
moussant BNW *schuimend*; *schuim-*
mousse I BNW OUD. *bot*; *stomp* ★ vert ~ *mosgroen* ★ point ~ *rechte breisteek* **II** M *scheepsjongen* **III** V • *mos* • *schuim* • *mousse* • INFORM. *bier(tje)* ★ ~ de bain *badschuim* ★ ~ (plastique) *schuimplastic* ★ ~ carbonique *koolzuursneeuw* ★ FIG. faire de la ~ *de zaak opkloppen*
mousseline V *mousseline*; *neteldoek* ★ pommes ~ *romig geslagen aardappelpuree*
mousser ONOV WW *schuimen*; *masseren* ★ INFORM. faire ~ *ophemelen*
mousseux I BNW [v: **mousseuse**] • *schuimend*; *schuim-* • *mosachtig*; *mos-* **II** M *mousserende wijn*
mousson V *moesson*
moussu BNW *bemost*
moustache V *snor*; *knevel*
moustachu BNW *met een snor*
moustiquaire V • *muskietennet*; *klamboe* • *(raam)hor*
moustique M • *mug*; *muskiet* • INFORM. *uk(kie)*
moût (zeg: moe) M *most*
moutard M INFORM. *dreumes*; *kleuter*
moutarde V *mosterd* ★ INFORM. la ~ lui monte au nez *hij begint boos te worden*
moutardier M • *mosterdpotje* • *mosterdfabrikant*
mouton M • OOK FIG. *schaap* • *schapenvlees* • *schapenleer* • PLAT *verklikker* ‹zogenaamde gevangene› • *heiblok* • *klokkenbalk* ★ FIG. ~ (de Panurge) *kuddedier* ★ ~ à cinq pattes *schaap met vijf poten* ★ revenons à nos ~s *ter zake!* ★ ~s [mv] *stofvlokken*; *pluisjes*; *schapenwolkjes*; *schuimkoppen*
moutonné BNW *wollig van aanzien* ★ nuages ~s *schapenwolkjes*
moutonner ONOV WW *er wollig uitzien*; *kruiven*
moutonnier BNW [v: **moutonnière**] *volgzaam als een schaap* ★ la gent moutonnière *de meelopers*; *de kuddedieren*
mouture V • *(het) malen* • *maalsel* • *omwerking* ‹v. tekst›; *herziene versie*
mouvance V *invloedssfeer*
mouvant BNW *onstabiel*; *onvast*; *veranderlijk* ★ sable(s) ~(s) *drijfzand*
mouvement M • OOK FIG. *beweging* • *verplaatsing*; *verkeer* • *verandering* • *levendigheid*; *actie* • *gemoedsbeweging*; *aandoening*; *opwelling* (**de** *van*) • *gangwerk* ‹v. uurwerk› • MUZ. *deel* • MUZ. *tempo* • *golving* ‹v. terrein› ★ ~ alternatif *heen-en-weerbeweging* ★ ~ de troupes *troepenverplaatsing* ★ ~ d'humeur *boze bui* ★ un ~ de pitié *een opwelling van medelijden* ★ de son propre ~ *uit eigen beweging* ★ en deux temps, trois ~s *in een handomdraai* ★ mettre en ~ *in beweging brengen* ★ suivre le ~ *met de stroom meegaan*
mouvementé BNW • *levendig*; *(veel)bewogen*; *roerig* • *golvend* ‹v. terrein›
mouvoir I OV WW FORM. OOK FIG. *bewegen* ★ être mû par l'électricité *elektrisch aangedreven worden* **II** WKD WW [**se** ~] *zich bewegen*
moyen I M *(hulp)middel* ★ au ~ de *met (behulp*

van) ★ par le ~ de *door (middel van); via* ★ par ses propres ~s *op eigen kracht* ★ par tous les ~s *op wat voor manier dan ook* ★ en pleine possession de ses ~s *in het volle bezit van zijn krachten/geestvermogens; geheel fit* ★ il n'y a pas ~ de... *het is onmogelijk te...* ★ INFORM. pas ~! *onmogelijk!; dat gaat niet!* ★ il a les ~s! *hij kan het zich permitteren!* ★ employer les grands ~s *krachtdadig optreden* ★ employer les ~s du bord *roeien met de riemen die men heeft; zich behelpen* ★ perdre ses ~s *de kluts kwijtraken* ★ trouver ~ de *kans zien om* ★ ~s [mv] *(geest)vermogens; geld(middelen)* **II** BNW [v: **moyenne**] • *gemiddeld; middelbaar; doorsnee* • *(middel)matig* • *middel-; midden-* ★ le Français ~ *de doorsnee Fransman* ★ le français ~ *het Middelfrans* ★ âge ~ *middelbare leeftijd* ★ le Moyen(-)Age *de middeleeuwen*

moyenâgeux BNW [v: **moyenâgeuse**] • *als in de middeleeuwen* • OUD. *middeleeuws*

moyen-courrier I M [mv: **moyen-courriers**] *vliegtuig voor middellange afstand* **II** BNW [m mv: **moyen-courriers**] *voor middellange afstand*

moyennant VZ *door middel van; (in ruil) voor; tegen (betaling van)* ★ ~ quoi *waarmee; waardoor; (in ruil) waarvoor* ★ ~ récompense *tegen beloning*

moyenne I V *gemiddelde* ★ en ~ *gemiddeld* ★ ~ d'âge *gemiddelde leeftijd* ★ faire du 100 de ~ *gemiddeld honderd rijden* ★ avoir la ~ en maths *(gemiddeld) een voldoende hebben voor wiskunde* **II** BNW • → **moyen**

mo

moyennement BIJW *(middel)matig*

Moyen-Orient M *Midden-Oosten*

moyen-oriental BNW [m mv: **moyen-orientaux**] *van/uit/in het Midden-Oosten*

moyeu M [mv: **moyeux**] *naaf*

mozarabe BNW *mozarabisch*

MSN M WWW *msn* ★ faire du MSN *msn'en*

MST AFK maladie sexuellement transmissible *soa; seksueel overdraagbare aandoening*

mû WW [volt. deelw,] • → **mouvoir**

mucilage M *plantenslijm*

mucosité V *slijm*

mucoviscidose V *taaislijmziekte*

mucus (zeg: -kuus) M *slijm*

mue I V • *(het) ruien; rui(tijd)* • *afgeworpen gewei, vel, enz.* • *stemwisseling* • LITERAIR *verandering* **II** WW [volt. deelw.] • → **mouvoir**

muer I ONOV WW • *ruien* • *wisselen* ‹v.d. stem› • *de baard in de keel krijgen* **II** WKD WW [**se** ~] FORM. *veranderen (**en** in)*

muet I BNW [v: **muette**] • OOK FIG. *stom; sprakeloos* • *stil; zwijgend* ★ sourd-muet *doofstom* ★ le (cinéma) muet *de stomme film* ★ jeu muet *stil spel* ★ h muet *stomme h* ★ carte muette *blinde kaart; menukaart zonder prijzen* ★ muet comme la tombe *zwijgend als het graf* ★ le texte reste muet là-dessus *daarover zwijgt de tekst* **II** M [v: **muette**] *stomme* ★ INFORM. la grande muette *het leger*

mufle M • *snuit* ‹v. dier› • INFORM. *lomperd*

muflerie V *lompheid*

muflier M PLANTK. *leeuwenbek*

mugir ONOV WW • *loeien* ‹v. rund› • *gieren* ‹v. wind›; *bulderen* ‹v.d. zee›

mugissement M OOK FIG. *geloei*

muguet M • *lelietje-van-dalen* • MED. *spruw*

mulâtre I M [v: **mulâtresse**] *mulat* **II** BNW [v: **mulâtresse**] *halfbloed*

mule V • *muilezelin; wijfjesmuildier;* INFORM. *bolletjesslikker* • *muil* ‹slof› ★ tête de mule *stijfkop* ★ têtu comme une mule *koppig als een ezel*

mulet M • *muildier; muilezel* • *harder* ‹vis› • *reserveauto* ‹racesport› ★ chargé comme un ~ *beladen als een pakezel*

muletier I M [v: **muletière**] *muilezeldrijver* **II** BNW [v: **muletière**] *muilezel-*

mulot M *veldmuis*

mulsion V FORM. *(het) melken*

multi- VOORV *multi-; veel-*

multicolore BNW *veelkleurig*

multicoque BNW *met meerdere rompen* ‹v. (zeil)boot›

multiculturel BNW [v: **multiculturelle**] *multicultureel*

multidisciplinaire BNW *multidisciplinair*

multifonction, multifonctions BNW [onver.] *multifunctioneel*

multiforme BNW *veelvormig*

multigrade BNW *voor alle (weer)soorten*

multilatéral BNW [m mv: **multilatéraux**] *multilateraal*

multimédia I M *multimedia* **II** BNW *multimediaal*

multimillionnaire I M/V *multimiljonair* **II** BNW *(vele) miljoenen bezittend*

multinational BNW [m mv: **multinationaux**] *multinationaal* ★ (entreprise) ~e *multinational*

multipartite BNW *veelpartijen-*

multiple I M *veelvoud* **II** BNW *veelvoudig; menigvuldig; velerlei* ★ grossesse ~ *meerlingenzwangerschap* ★ fiche ~ *meerwegstekker* ★ prise ~ *meervoudige contactdoos* ★ questionnaire à choix ~ *multiplechoicetest*

multiplex M *schakelprogramma*

multiplexe M *megabioscoop*

multipliable BNW *vermenigvuldigbaar*

multiplicande M *vermenigvuldigtal*

multiplicateur I M *vermenigvuldiger; multiplicator* **II** BNW [v: **multiplicatrice**] *vermenigvuldigend*

multiplicatif BNW [v: **multiplicative**] *vermenigvuldigings-*

multiplication V • *vermenigvuldiging; vermeerdering* • TECHN. *versnelling* ‹overbrengingsverhouding› ★ table de ~ *tafel v. vermenigvuldiging*

multiplicité V *menigvuldigheid; veelheid*

multiplier I OV WW *vermenigvuldigen (**par** met); vermeerderen* **II** ONOV WW *zich vermenigvuldigen* **III** WKD WW [**se** ~] *zich vermenigvuldigen; toenemen*

multiprise V *verdeel-, dubbelstekker; meervoudige contactdoos*

multipropriété V *(vakantie)woning met*

timesharing
multiracial BNW [m mv: **multiraciaux**] *multiraciaal*
multirécidiviste M/V *veelpleger*
multirisque BNW ★ assurance ~ *gecombineerde verzekering; combinatiepolis*
multitude V *menigte* ★ une ~ de *tal van*
Munich (zeg: muuniek) *München*
munichois BNW *uit München*
municipal BNW [m mv: **municipaux**] *gemeentelijk* ★ conseil ~ *gemeenteraad* ★ conseiller ~ *gemeenteraadslid* ★ les (élections) ~es *de gemeenteraadsverkiezingen* ★ GESCH. garde ~e *gemeentelijke gendarmerie te Parijs*
municipaliser OV WW *onteigenen* ⟨ten bate v.d. gemeente⟩
municipalité V • *gemeente* • *gemeentebestuur* ⟨gemeenteraad + B & W⟩
municipaux BNW • → **municipal**
munificence V FORM. *vrijgevigheid; mildheid*
munir OV WW **~ de** *voorzien van*
munitions V MV *(am)munitie* ★ IRON. ~ de bouche *mondvoorraad*
munster M *zachte koemelkkaas* ⟨Elzas⟩
muqueuse V *slijmvlies*
muqueux BNW [v: **muqueuse**] *slijmig; slijm-*
mur M OOK FIG. *muur* ★ mur creux *spouwmuur* ★ gros mur *buitenmuur* ★ le propriétaire des murs *de eigenaar van het pand* ★ dans nos murs *in onze stad; bij ons* ★ coller au mur *tegen de muur zetten* ⟨fusilleren⟩ ★ FIG. se cogner/taper la tête contre le mur *met het hoofd tegen de muur lopen* ★ faire le mur *ertussenuit knijpen;* SPORT *een muurtje neerzetten* ★ franchir le mur du son *de geluidsbarrière doorbreken* ★ FIG. mettre qn au pied du mur *iem. klem zetten* ★ raser les murs *vlak langs de muren lopen; zo min mogelijk opvallen*
mûr BNW • OOK FIG. *rijp; gerijpt* • INFORM. *dronken* ★ âge mûr *rijpere leeftijd* ★ après mûre réflexion *na rijp beraad*
murage M • *dichtmetseling* • *ommuring*
muraille V • OOK FIG. *zware, hoge muur; vestingmuur* • *bovenzeese scheepswand* ★ la Grande Muraille *de Chinese Muur* ★ couleur (de) ~ *grijs*
mural BNW [m mv: **muraux**] *muur-; wand-* ★ peinture ~e *muurschildering*
mûre V • *braam* ⟨vrucht⟩ • *moerbei*
mûrement BIJW *rijpelijk*
murène V *murene; moeraal*
murer I OV WW • *ommuren* • *dichtmetselen* • *inmetselen; insluiten* **II** WKD WW [**se ~**] *zich afsluiten* ★ se ~ dans son silence *zich in zwijgen hullen*
muret M *muurtje*
muretin M *muurtje*
murette V *muurtje*
mûrier M • *moerbeiboom* • *braamstruik*
mûrir I OV WW • *doen rijpen* • *rijpelijk overdenken* ★ ~ un projet *een plan laten rijpen* **II** ONOV WW *rijp worden; rijpen*
mûrissage M *(het) rijpen*
mûrissement M • → **mûrissage**
murmure M • *gemurmel; geruis* • *gemompel; geroezemoes* • *gemopper; gemor*
murmurer I OV WW *mompelen; prevelen* **II** ONOV WW • *murmelen; ruisen* • *mopperen; mompelen* ★ ~ entre ses dents *in zijn baard brommen; binnensmonds mompelen*
musaraigne V *spitsmuis*
musarder ONOV WW INFORM. *lanterfanten; zijn tijd verbeuzelen*
musc M *muskus*
muscade V • *muskaatnoot* • *goochelballetje* ★ noix (de) ~ *muskaatnoot; nootmuskaat* ★ passez ~! *hocus pocus pas!*
muscadet M • *muskaatwijn* • *droge witte Loirewijn*
muscat I M • *muskaatdruif* • *muskaatwijn* **II** BNW *muskaat-*
muscle M *spier*
musclé BNW • *gespierd* • FIG. *krachtig; krachtdadig; straf; energiek*
muscler OV WW • *gespierd maken* • FIG. *sterker maken*
musculaire BNW *spier-* ★ force ~ *spierkracht*
musculation V *krachttraining; bodybuilding* ★ salle de ~ *krachthonk; fitnessruimte*
musculature V *spierstelsel*
musculeux BNW [v: **musculeuse**] *gespierd; spier-*
muse V OOK FIG. *muze* ★ FORM. cultiver/taquiner les muses *dichten*
museau M [mv: **museaux**] OOK FIG. *snuit; snoet(je)*
musée M *museum*
museler OV WW OOK FIG. *muilkorven*
muselière V *muilband; muilkorf*
musellement M OOK FIG. *(het) muilkorven*
muser ONOV WW FORM. *beuzelen; lanterfanten*
musette I M ★ (bal) ~ *(volksbal met) harmonicamuziek* **II** V • *soort accordeon* • *schoudertas* • *haverzak*
muséum (zeg: muzeeòm) M *museum voor natuurlijke historie*
musical BNW [m mv: **musicaux**] *muzikaal; muziek-* ★ comédie ~e *musical*
musicalité V *muzikaliteit*
musicassette V *muziekcassette*
music-hall M [mv: **music-halls**] *variété(theater)*
musicien I M [v: **musicienne**] *muzikant; musicus* **II** BNW [v: **musicienne**] *muzikaal*
musicologie V *muziekwetenschap*
musicothérapie V *muziektherapie*
musique V *muziek* ⟨in alle betekenissen⟩ ★ ~ de chambre *kamermuziek* ★ chef de ~ *dirigent v. fanfare /harmoniekorps* ★ mettre en ~ *op muziek zetten* ★ connaître la ~ *weten hoe het toegaat* ★ toujours la même ~ *steeds hetzelfde liedje*
musiquette V *muziekje*
musqué BNW *muskus-* ★ rat ~ *muskusrat*
must M INFORM. *must*
musulman I M [v: **musulmane**] *moslim* **II** BNW *islamitisch; moslim-*
mutable BNW FORM. *veranderlijk; mutabel*
mutant M *mutant*
mutation V • *overplaatsing* ⟨naar andere functie⟩ • BIOL. *mutatie* • *overschrijving; overboeking; overdracht* • FORM. *ingrijpende*

verandering ★ droits de ~ *overschrijvingskosten* ★ être en pleine ~ *een transformatie ondergaan*
muter OV WW *overplaatsen* ⟨naar andere functie⟩
mutilation V OOK FIG. *verminking*
mutilé M [v: **mutilée**] *verminkte* ★ ~ de guerre *oorlogsinvalide*
mutiler OV WW OOK FIG. *verminken*
mutin I BNW • *guitig*; *schalks* • OUD. *opstandig* **II** M *oproerling*; *muiter*
mutiner WKD WW [**se** ~] *muiten*; *rebelleren*
mutinerie V *oproer*; *muiterij*
mutisme M *hardnekkig zwijgen*; MED. *mutisme* ★ s'enfermer dans le ~ *zich in zwijgen hullen*
mutité V MED. *stomheid*
mutualiste I M/V *deelnemer aan onderlinge verzekering* **II** BNW *m.b.t. een onderlinge verzekering*
mutualité V • *(fonds voor) onderlinge verzekering* • *wederkerigheid*
mutuel BNW [v: **mutuelle**] *onderling*; *wederkerig* ★ (assurance) ~le *onderlinge verzekering* ★ (société d'assurance) ~le *onderlinge verzekeringsmaatschappij*
mutuellement BIJW *wederzijds*
mycologie V *mycologie*; *leer v.d. zwammen*
mycose V *schimmelziekte*; *mycose*
myélite V *ruggenmergontsteking*
mygale V *vogelspin*
myocarde M *hartspier*
myopathie V *spierziekte*; *spierverval*
myope I BNW OOK FIG. *kortzichtig*; *bijziend* **II** M/V *bijziende*
myopie V OOK FIG. *kortzichtigheid*; *bijziendheid*
myorelaxant I M *spierverslappend middel* **II** BNW *spierverslappend*
myosotis (zeg: -ties) M *vergeet-mij-nietje*
myriade V *ontelbare menigte*; *tienduizendtal*
myriapode M *duizendpoot(achtige)*
myrmidon M INFORM. *dwerg*; *dreumes*
myrrhe V *mirre*
myrte M *mirte*
myrtille V *blauwe bosbes*
mystère M • *geheim*; *mysterie* • *mysteriespel* • CUL. *schuimgebakje* ⟨met vanille-ijs en hazelnoten⟩ ★ faire ~ de *geheimzinnig doen over* ★ IRON. ~ et boule de gomme! *dat is een raadsel!*; *dat weet/zeg ik niet!*
mystérieux BNW [v: **mystérieuse**] *geheimzinnig*; *mysterieus*; *raadselachtig*
mysticisme M *mysticisme*; *mystiek*
mysticité V *mystiek karakter*
mystifiant BNW *misleidend*
mystificateur I BNW [v: **mystificatrice**] *misleidend*; *foppend* **II** M [v: **mystificatrice**] *misleider*; *bedotter*
mystification V *fopperij*; *misleiding*; *mystificatie*
mystifier OV WW *misleiden*; *foppen*
mystique I V *mystiek* **II** M/V *mysticus* **III** BNW *mystiek*
mythe M • OOK FIG. *mythe*; *sage* • *fabel*; *verdichtsel*
mythifier OV WW *tot mythe maken*
mythique BNW *mythisch*
mytho M/V INFORM. → **mythomane**
mythologie V *mythologie*
mythologique BNW *mythologisch*
mythomane I M/V *ziekelijke fantast*; *mythomaan* **II** BNW *mythomaan*
mytilliculture V *mosselkwekerij*

N

n **I** M letter *n* ★ n comme Noémie *de n van Nico* **II** AFK nom *zn; zelfstandig naamwoord*
n' BIJW • → **ne**
N AFK Nitrogène *N*
n° AFK numéro *nr., no.*
na TW JEUGDT. *nou!; hoor!*
nabab M • *rijkaard* • GESCH. *nabob*
nabot M [v: **nabote**] MIN. *dwerg; klein ventje*
nacelle V • *mand/gondel* ⟨v. luchtballon⟩ • LIT. *schuitje*
nacre V *paarlemoer*
nacré BNW *parelmoerachtig*
nadir M *nadir; voetpunt*
naevus (zeg: neevuus) M [mv: **naevus, naevi**] *moedervlek*
nage V • *(het) zwemmen* • OUD. *(het) roeien* ★ nage libre/indienne *vrije slag/zijslag* ⟨zwemmen⟩ ★ quatre nages *wisselslag* ⟨zwemmen⟩ ★ banc de nage *roeibank* ★ chef de nage *slag* ⟨voorste roeier⟩ ★ à la nage *zwemmend; in eigen bouillon/kookvocht opgediend* ⟨v. schaaldieren⟩ ★ se jeter à la nage *in het water springen (om te zwemmen)* ★ être (tout) en nage *door en door bezweet zijn*
nageoire V *vin*
nager **I** OV WW *zwemmen* **II** ONOV WW • OOK FIG. *zwemmen* • FIG. *baden (***dans** *in)* • OUD. *roeien* • INFORM. *niet weten waar men aan toe is* ★ ~ debout *watertrappen* ★ ~ dans le sang *baden in het bloed* ★ ~ dans l'opulence *zwemmen in het geld; baden in rijkdom* ★ ~ entre deux eaux *de kool en de geit sparen; geen partij kiezen* ★ il nage dans ce costume *hij zwemt in dat pak*
nageur M [v: **nageuse**] • *zwemmer* • OUD. *roeier* ★ ~ de l'avant *boeg* ⟨achterste roeier⟩
naguère BIJW • *onlangs* • INFORM. *eertijds*
naïade V *waternimf; najade*
naïf **I** BNW [v: **naïve**] *naïef; argeloos* **II** M [v: **naïve**] *naïeve*
nain **I** M [v: **naine**] *dwerg* ★ nain de jardin *tuinkabouter* **II** BNW *dwergachtig; dwerg-*
naissance V • *geboorte* • *afkomst* • *begin; aanzet* • *ontstaan; wording; oorsprong* ★ aveugle de ~ *blindgeboren* ★ contrôle des ~s *geboorteregeling* ★ ~ des cheveux *haargrens* ★ la ~ du jour *het krieken v.d. dag* ★ donner ~ à OOK FIG. *baren; aanleiding geven tot* ★ prendre ~ (dans) *ontstaan (uit)*
naissant **I** BNW *aanbrekend; beginnend; in wording* **II** WW [teg. deelw.] • → **naître**
naître ONOV WW [onregelmatig] • *geboren worden* • *ontstaan; opkomen; voortkomen (***de** *uit)* ★ FORM. ~ à *ontvankelijk worden voor* ★ faire ~ *doen ontstaan/opkomen* ★ il naît... *er wordt/worden geboren...* ★ en naissant *bij de geboorte* ★ il naquit à Utrecht *hij is geboren in Utrecht* ★ le jour commence à ~ *de dag breekt aan*
naïveté V *naïviteit; argeloosheid*
naja M *brilslang*
Namur V *Namen*
nana V INFORM. *meid; vrouw* ★ belle nana *mooi wijf*
nanan M INFORM. *iets fijns; lekkers*
nanisme M *dwerggroei; nanisme*
nantais BNW *van/uit Nantes* ★ CUL. à la ~e *met garnituur voor gebraden vlees of vis*
nanti **I** BNW *rijk* **II** M [v: **nantie**] MIN. *rijke*
nantir OV WW FORM./HUMOR. ~ **de** *voorzien van*
nantissement M *pand(geving)*
napalm M *napalm*
naphtalène M • → **naphtaline**
naphtaline M *naftaleen*
naphte M *nafta* ⟨aardolieproduct⟩
Naples *Napels*
napoléon M GESCH. *napoleon* ⟨20-frankstuk⟩
napoléonien BNW [v: **napoléonienne**] *napoleontisch*
napolitain BNW *Napolitaans* ★ tranche ~e *cassata-ijs*
Napolitain M [v: **Napolitaine**] *Napolitaner*
nappe V • *tafellaken* • *uitgestrekte laag* ⟨vloeistof, gas⟩*; vlak* ★ ~ d'autel *altaardwaal* ★ ~ de brouillard *mistbank* ★ ~ d'eau *laag/plas water* ★ ~ de feu *vuurzee* ★ ~ de gaz *gasbel* ★ ~ de pétrole *olieveld; uitgestrekte olievlek* ★ ~ phréatique *grondwater(laag)*
napper OV WW • *(als) met een tafellaken bedekken* • *overgieten met een saus/crème*
napperon M *kleedje* ★ ~ (individuel) *placemat*
naquit WW [passé simple] • → **naître**
narcisse M • *(witte) narcis* • FORM. *narcistisch mens; narcissus*
narcissique BNW *narcistisch*
narcissisme M *narcisme*
narcodollars M MV *drugsdollars*
narcose V *narcose; verdoving*
narcotique **I** M *narcoticum; verdovend middel* **II** BNW *verdovend*
narcotrafiquant M [v: **narcotrafiquante**] *drugshandelaar*
narguer OV WW INFORM. *tarten; honen*
narguilé, narghilé M *waterpijp*
narine V *neusgat*
narquois BNW *boosaardig-spottend*
narrateur M [v: **narratrice**] *verteller*
narratif BNW [v: **narrative**] *verhalend*
narration V • *vertelling; verhaal* • *(school)opstel*
narrer OV WW FORM. *verhalen; vertellen*
narval M [mv: **narvals**] *narwal*
nasal BNW [m mv: **nasaux**] *neus-; nasaal* ★ son ~ *neusklank*
nasale V *neusklank; nasaal*
nasaliser OV WW *door de neus (uit)spreken; nasaleren*
nase, naze **I** M INFORM. *neus* **II** BNW INFORM. *kaduuk;* OOK FIG. *kapot*
naseau M [mv: **naseaux**] *neusgat* ⟨v. dier⟩
nasillard BNW *neuzelend* ★ voix ~e *neusstem*
nasillement M *(het) door de neus spreken; geneuzel*
nasiller ONOV WW *door de neus spreken; neuzelen*
nasse V *fuik*
natal BNW [m mv: **natals**] *geboorte-* ★ pays ~ *geboorteland*
nataliste BNW *gericht op geboortebevordering;*

natalistisch
natalité V *geboortecijfer*
natation V *(het) zwemmen; zwemsport* ★ faire de la ~ *aan zwemmen doen*
natatoire BNW *zwem-* ★ BIOL. vessie ~ *zwemblaas*
natif I M [v: **native**] *inboorling; autochtoon* **II** BNW [v: **native**] • *geboren (***de** *in); geboortig (***de** *uit, van)* • *aangeboren* • *zuiver* ‹v. metaal›; *gedegen* ★ ~ de Bordeaux *in Bordeaux geboren* ★ locuteur ~ *moedertaalspreker; native speaker*
nation V *volk; natie* ★ GESCH. la Société des Nations *de Volkerenbond* ★ Nations Unies *Verenigde Naties*
national BNW [m mv: **nationaux**] *nationaal* ★ (route) ~e *rijksweg* ★ histoire ~e *vaderlandse geschiedenis* ★ les nationaux *de staatsburgers*
nationalisation V *nationalisatie*
nationaliser OV WW *nationaliseren*
nationalisme M *nationalisme*
nationaliste I BNW *nationalistisch* **II** M/V *nationalist*
nationalité V *nationaliteit*
national-socialisme M *nationaalsocialisme*
national-socialiste I BNW *nationaalsocialistisch* **II** M/V [m mv: **nationaux-socialistes**] *nationaalsocialist*
nativement BIJW *van nature*
Nativité V *geboorte(feest)* ‹v. Christus, heiligen› ★ fête de la ~ *Kerstmis*
natte V • *haarvlecht* • *mat; vlechtwerk*
natter OV WW *vlechten*
naturalisation V • *naturalisatie* • *acclimatisatie*; FIG. *inburgering* • *(het) opzetten* ‹v. dieren›; *(het) prepareren* ‹v. planten, dieren›
naturaliser OV WW • *naturaliseren* • *doen acclimatiseren*; FIG. *doen inburgeren* • *opzetten* ‹v. dieren›; *prepareren* ‹v. planten, dieren›
naturalisme M *naturalisme*
naturaliste I M/V • *natuurvorser*; OUD. *bioloog* • *naturalist* • *preparateur* ‹v. dieren› **II** BNW *naturalistisch*
nature I V *natuur* ‹in alle betekenissen› ★ une seconde ~ *een tweede natuur* ★ ~ morte *stilleven* ★ une forte ~ *een krachtige persoonlijkheid* ★ contre ~ *onnatuurlijk; tegennatuurlijk* ★ de sa ~ *van nature; van aard* ★ de/par ~ *van nature* ★ être de ~ à *geschikt zijn om; in staat zijn om; van die(n) aard zijn dat* ★ de toute ~ *(van) allerlei (aard)* ★ en ~ *in natura* ★ plus grand que ~ *meer dan levensgroot* ★ peint d'après (la) ~ *naar de natuur geschilderd* ★ disparaître/s'évanouir/s'évaporer dans la ~ *spoorloos verdwijnen* ★ forcer la ~ *meer willen doen dan men kan; de natuur geweld aandoen* **II** BNW [onver.] • *naturel; puur* • INFORM. *ongekunsteld; oprecht* ★ café ~ *zwarte koffie* ★ (en) grandeur ~ *(op) ware grootte*
naturel I M • *aard; inborst* • *natuurlijkheid; ongekunsteldheid* ★ au ~ *in werkelijkheid; naturel* ★ d'un ~ triste *somber van aard* ★ chassez le ~, il revient au galop *iemands ware aard verloochent zich niet* **II** M [v: **naturelle**] OUD. *inboorling; autochtoon* **III** BNW [v: **naturelle**] *natuurlijk* ‹in alle betekenissen› ★ enfant ~ *onecht kind* ★ gaz ~ *aardgas* ★ loi ~le *natuurwet* ★ sciences ~les *natuurwetenschappen* ★ vin ~ *onvervalste wijn*
naturellement BIJW • *natuurlijk; vanzelfsprekend* • *van nature* • *ongekunsteld; spontaan*
naturisme M *naturisme*
naturiste I BNW *naturistisch* **II** M/V *naturist*
naturopathe M/V *natuurgenezer*
naturopathie V *natuurgeneeskunde*
naturothérapie V *natuurgeneeswijze*
naufrage M • *schipbreuk* • *mislukking; ondergang* ★ faire ~ OOK FIG. *schipbreuk lijden*
naufragé I M *schipbreukeling* **II** BNW *die schipbreuk geleden heeft; vergaan; gestrand*
naufrageur M MEESTAL FIG. *veroorzaker v.e. schipbreuk*
nauséabond BNW *walgelijk*
nausée V *misselijkheid*; OOK FIG. *walging* ★ cela me donne la ~ *daar walg ik van*
nauséeux BNW [v: **nauséeuse**] *misselijk(makend); walgelijk*
nautique BNW *scheepvaart-; nautisch* ★ carte ~ *zeekaart* ★ centre ~ *watersportcentrum* ★ ski ~ *waterski(sport)* ★ sports ~s *watersport(en)*
nautisme M *watersport*
naval BNW [m mv: **navals**] *zee(vaart)-; scheeps-; marine-* ★ chantier ~ *scheepswerf* ★ combat ~ *zeeslag* ★ école ~e/la Navale *hogere zeevaartschool*
navarin M *lamsragout*
navarrais BNW *uit Navarra*
navel V *navelsinaasappel*
navet M • *raap; knol* • INFORM. *prullig kunstwerk; prulfilm*
navette V • *pendel(dienst/-verkeer)* • *pendelvoertuig/-vaartuig* • *weversspoel; schietspoel; schuitje* • *raapzaad* • *wierookschaaltje* ★ ~ spatiale *ruimteveer; ruimtependel* ★ faire la ~ *pendelen; heen en weer reizen/gaan*
navigabilité V • *bevaarbaarheid* • *zeewaardigheid; luchtwaardigheid*
navigable BNW *bevaarbaar*
navigant BNW *varend; vliegend* ★ les ~s/personnel ~ *de bemanning; het boordpersoneel*
navigateur I M COMP. *browser* **II** M [v: **navigatrice**] • *zeevaarder* • *navigator* **III** BNW [v: **navigatrice**] *zeevarend*
navigation V • *(scheep)vaart* • *navigatie* • COMP. *(het) surfen* ‹op internet› ★ ~ aérienne *luchtvaart* ★ ~ spatiale *ruimtevaart* ★ ~ intérieure/fluviale *binnenvaart* ★ (système de) ~ routière *routeplanner*
naviguer ONOV WW • *varen* • *navigeren* • *surfen* ‹op internet› • INFORM. *veel reizen; rondzwalken* ★ il nous faut ~ avec prudence *hier moeten we voorzichtig te werk gaan* ★ ~ dans les eaux de qn *in iemands vaarwater zitten*
navire M *schip* ★ ~ marchand/de commerce *koopvaardijschip*
navire-citerne M [mv: **navires-citernes**]

tankschip
navire-école M [mv: **navires-écoles**] *opleidingsschip*
navire-hôpital M [mv: **navires-hôpitaux**] *hospitaalschip*
navrant BNW *zeer bedroevend*; *intreurig*; *akelig*; FIG. *pijnlijk*
navrer OV WW *diep bedroeven* ★ (je suis) navré *het spijt me zeer*
naze • → **nase**
nazi I BNW *nazistisch* **II** M [v: **nazie**] *nazi*
nazisme M *nazisme*
NB AFK nota bene *NB*; *nota bene*
N.-D. AFK Notre Dame *O.L.V.*; *Onze-Lieve-Vrouw*
ne, n' ‹voor klinker of stomme h› BIJW • *niet* ★ je ne sais pas *ik weet (het) niet* ★ il est plus riche que vous ne pensez *hij is rijker dan u denkt* ★ je crains qu'il n'oublie *ik ben bang dat hij het vergeet*
né I BNW *geboren (***de** *uit)* ★ être né pour *geschapen/geknipt zijn voor* ★ FORM. bien né *rechtschapen*; *welgeboren* ★ être né orateur /un orateur né *een geboren redenaar zijn* ★ ne pas être né d'hier/de la dernière pluie *niet van gisteren zijn* **II** WW [volt. deelw.] • → **naître**
néanmoins BIJW *niettemin*; *nochtans*
néant M • *(het) niets* • *nietigheid* ★ signes particuliers: ~ *bijzondere kenmerken: geen* ★ réduire à ~ *vernietigen* ★ tirer du ~ *scheppen*; *(uit het niets) tot iets maken*
néantiser OV WW FORM. *tenietdoen*
nébuleuse V • STERRENK. *nevel(vlek)* • *schimmig geheel*
nébuleux BNW [v: **nébuleuse**] • *bewolkt*; *nevelachtig* • FIG. *duister*; *schimmig*
nébuliseur M *verstuiver*
nébulosité V • *nevelachtigheid*; *bewolking* • FIG. *duisterheid*; *schimmigheid*
nécessaire I BNW *nodig*; *noodzakelijk*; *onmisbaar (***à** *voor)* **II** M • *(het) noodzakelijke*; *(het) nodige* • *etui/doos met benodigdheden*; *necessaire* ★ ~ de couture *naaigarnituur* ★ ~ de toilette *toilettas* ★ manquer du ~ *een tekort hebben aan het allernoodzakelijkste*
nécessairement BIJW *noodzakelijkerwijs*; *per se*
nécessité V • *noodzaak*; *noodzakelijkheid* • *vereiste*; *dringende behoefte* • FORM. *nooddruft* ★ de première ~ *allernoodzakelijkst*; *levensnoodzakelijk* ★ par ~ *noodgedwongen* ★ ~ fait loi *nood breekt wet* ★ être dans la ~ de *genoodzaakt zijn om* ★ faire de ~ vertu *van de nood een deugd maken*
nécessiter OV WW *nodig maken*; *vereisen*
nécessiteux BNW [v: **nécessiteuse**] OUD. *behoeftig*
nec plus ultra M [mv: id.] *(het) allerbeste*
nécrologe V FORM. *dodenlijst*
nécrologie V *necrologie*
nécrologique BNW *necrologisch* ★ rubrique ~ *overlijdensberichten*
nécromancie V *necromantie*
nécromancien M [v: **nécromancienne**] *geestenbezweerder*
nécrophage BNW *aasetend*
nécrophilie V *necrofilie*
nécropole V *necropolis*; *dodenstad*
nécrose V *necrose*; *weefselversterf*
nécrosé BNW *necrotisch*; *door necrose aangetast*
nectar M *nectar* ‹in alle betekenissen›
nectarine V *nectarine* ‹soort perzik›
néerlandais I M *(het) Nederlands* **II** BNW *Nederlands*
Néerlandais M [v: **Néerlandaise**] *Nederlander*
néerlandophone BNW *Nederlandstalig*
nef V • *schip* ‹v. kerk› • OUD. *(zeil)schip* ★ nef principale *hoofdbeuk* ★ nef latérale *zijbeuk*
néfaste BNW *noodlottig*; *funest* ★ OUD. jour ~ *ongeluksdag*
nèfle V *mispel* ★ INFORM. des ~s! *noppes!*; *niks hoor!*
néflier M *mispelboom*
négateur I M [v: **négatrice**] FORM. *neezegger* **II** BNW [v: **négatrice**] *(steeds) ontkennend*
négatif I BNW [v: **négative**] • *negatief* • *ontkennend* ★ pôle ~ *negatieve pool*; *kathode* **II** M FOTOGRAFIE *negatief*
négation V *ontkenning*; *(ver)loochening*
négative V ★ dans la ~ *zo niet* ★ répondre par la ~ *ontkennend antwoorden*
négativité V *negativiteit*; *negatieve houding*
négligé I BNW *slordig*; *verwaarloosd*; *onverzorgd* **II** M • *onverzorgd uiterlijk* • OUD. *ochtendjapon*; *negligé*
négligeable BNW *te verwaarlozen* ★ quantité ~ *iets/iem. waarmee men geen rekening hoeft te houden*
négligemment BIJW • *slordig* • *nalatig* • *achteloos*; *losjes*
négligence V • *slordigheid* • *nalatigheid*; *verwaarlozing* • *achteloosheid*
négligent BNW • *slordig* • *nalatig* • *achteloos*
négliger I OV WW *verwaarlozen*; *veronachtzamen*; *negeren* ★ ~ de faire qc *verzuimen iets te doen* ★ ~ l'occasion *de gelegenheid voorbij laten gaan* **II** WKD WW [**se** ~] *zich verwaarlozen*
négoce M FORM. *(groot)handel*
négociable BNW • *verhandelbaar* • *onderhandelbaar*; *bespreekbaar* • INFORM. *neembaar* ‹v. bocht, hindernis›
négociant M *(groot)handelaar*
négociateur M [v: **négociatrice**] *onderhandelaar*
négociation V • *onderhandeling* • *(het) verhandelen* ‹v. waardepapieren›
négocier I OV WW • *onderhandelen over* • *verhandelen* ‹v. waardepapieren› • INFORM. *nemen* ‹v. bocht, hindernis›; *aanpakken*; *afdoen* **II** ONOV WW *onderhandelen (***avec** *met)*
nègre I M *ghostwriter* **II** M [v: **négresse**] MIN. *neger* ★ tête(-)de(-)~ *bruinzwart* ★ INFORM. faire comme le ~ *steeds maar werken* ★ INFORM. travailler comme un ~ *keihard werken* **III** BNW [v: **négresse**] *neger-*
négrier M • *slavenhandelaar* • FIG. *slavendrijver* ★ (vaisseau) ~ *slavenschip*
négrillon M [v: **négrillonne**] OUD./MIN. *negertje*; *zwartje*
négritude V • *(het) neger zijn* • *negercultuur*
négro M MIN. *nikker*
négroïde BNW *negroïde*

neige V • *sneeuw* • INFORM. *cocaïne* ★ les ~s éternelles *de eeuwige sneeuw* ★ chute de ~ *sneeuwval* ★ ~ carbonique *koolzuursneeuw* ★ œufs battus en ~ *stijf geklopt eiwit* ★ l'abominable homme des ~s *de verschrikkelijke sneeuwman* ★ partir à la ~ *op wintersport gaan* ★ faire boule de ~ *een sneeuwbaleffect hebben; snel aangroeien* ★ où sont les ~s d'antan? *waar is die goede oude tijd gebleven?*
neiger ONOV WW *sneeuwen*
neigeux BNW [v: **neigeuse**] • *besneeuwd* • *sneeuwachtig*
nem M *Vietnamese loempia*
néné, **nénet** M INFORM. *tiet; borst*
nénet M • → **néné**
nénette V INFORM. *meid; wijf(je)* ★ se casser la ~ *zich het hoofd breken*
nénuphar, **nénufar** M *waterlelie*
néo- VOORV *neo-; nieuw-*
néolithique I M *neolithicum* **II** BNW *neolithisch*
néologisme M *nieuw woord; neologisme*
néon M *neon* ★ (tube au) néon *tl-buis*
néonatal BNW [m mv: **néonatals**] FORM. *zuigelingen-*
néonazi I BNW *neonazistisch* **II** M [v: **néonazie**] *neonazi*
néophyte M/V • *neofiet; nieuwbekeerde* • *beginneling; nieuweling*
néo-zélandais BNW *Nieuw-Zeelands*
népalais BNW *Nepalees*
néphrétique I M/V *nierlijder* **II** BNW *nier-*
néphrite V *nierontsteking*
néphrose V *nefrose; nierziekte*
népotisme M *nepotisme; vriendjespolitiek*
Neptune M *Neptunus*
nerf (zeg: nèr) M • *zenuw* • FIG. *pit; fut; kracht* • *rib(bel); nerf* ‹in metaal› ★ nerf de bœuf *bullenpees* ★ une boule/un paquet de nerfs *één bonk zenuwen* ★ avoir ses nerfs *weer last van zijn zenuwen hebben; geprikkeld zijn* ★ avoir du nerf *flink/energiek zijn* ★ être à bout de nerfs *op van de zenuwen zijn* ★ INFORM. taper sur les nerfs *op de zenuwen werken* ★ être sur les nerfs *(hyper)nerveus zijn*
nervation V *nervatuur*
nerveux BNW • *zenuwachtig; nerveus* • *zenuw-* • *met pit; pittig* ‹v. auto e.d.›; *kwiek* • *zenig* ‹v. vlees› ★ système ~ *zenuwstelsel*
nervi M *zware jongen; huurmoordenaar*
nervosité V • *zenuwachtigheid; nervositeit* • *pittigheid* ‹v. auto e.d.›
nervure V • *nerf* ‹v. blad, hout› • *ader* ‹v. insectenvleugel› • *rib(bel)*
n'est-ce pas? BIJW *niet(waar)?*
net (zeg: net) **I** BNW [v: **nette**] • *helder; zuiver* • *schoon; zindelijk; net* • *duidelijk* • *netto* ★ esprit net *heldere geest* ★ photo nette *scherpe foto* ★ prix net *nettoprijs* ★ réponse nette *kort en duidelijk antwoord* ★ net d'impôt *belastingvrij* ★ INFORM. pas très net *ietwat dubieus* ★ faire place nette *schoon schip maken* ★ il veut en avoir le cœur net *hij wil er het zijne van weten* **II** BIJW • *plotseling; ineens; op slag* • OUD. *ronduit; duidelijk* • *netto* ★ s'arrêter net *opeens stoppen* ★ refuser net *vierkant weigeren* ★ trancher net *er ineens een eind aan maken* **III** M ★ mettre au net *in het net schrijven*
Net M INFORM. *internet*
nettement BIJW *duidelijk; ronduit; onmiskenbaar* ★ ~ plus grand *heel wat groter*
netteté V • *helderheid; duidelijkheid; scherpte* ‹v. foto› • *zindelijkheid; reinheid*
nettoiement M *schoonmaak* ★ service de ~ *reinigingsdienst*
nettoyage M OOK FIG. *schoonmaak; reiniging;* FIG. *zuivering* ★ ~ à sec *(het) chemisch reinigen; (het) stomen* ★ ~ ethnique *etnische zuivering* ★ INFORM. ~ par le vide *grondige opruiming/uitmesting*
nettoyant M *schoonmaakmiddel*
nettoyer OV WW • *schoonmaken; schoonvegen; opruimen; leeghalen;* FIG. *zuiveren (***de** *van)* • INFORM. *van zijn geld ontdoen; lichter maken* • INFORM. *liquideren; doden* ★ ~ à sec *chemisch reinigen* ★ INFORM. être nettoyé *platzak zijn; (dood)op zijn*
nettoyeur M [v: **nettoyeuse**] *schoonmaker*
neuf I TELW *negen* **II** BNW [v: **neuve**] *nieuw* ★ du neuf *iets nieuws; nieuwe dingen* ★ flambant neuf *spiksplinternieuw* ★ INFORM. quoi de neuf? *(is er/heb je) nog nieuws?* ★ habillé de neuf *met nieuwe kleren aan* ★ refaire/remettre à neuf *vernieuwen; opknappen* ★ INFORM. faire du neuf avec du vieux *iets oplappen* **III** M *negen*
neurasthénie V OUD. *zenuwzwakte; zwaarmoedigheid*
neurasthénique BNW OUD. *zenuwzwak; zwaarmoedig; depressief*
neurochirurgie V *neurochirurgie*
neurochirurgien M [v: **neurochirurgienne**] *neurochirurg*
neuroleptique I M *zenuwstillend middel* **II** BNW *zenuwstillend*
neurologie V *neurologie*
neurologique BNW *neurologisch*
neurologue M/V *neuroloog*
neuromédiateur M *neurotransmitter*
neurone M *neuron; zenuwcel*
neurovégétatif BNW [v: **neurovégétative**] ★ système ~ *vegetatief zenuwstelsel*
neutralisation V *neutralisatie*
neutraliser OV WW *neutraliseren* ‹in alle betekenissen› ★ ~ un projet *een plan verijdelen* ★ ~ le trafic *het verkeer stilleggen*
neutralisme M *neutralisme; afzijdigheid*
neutraliste I BNW *neutralistisch* **II** M *neutralist*
neutralité V *neutraliteit; afzijdigheid*
neutre I BNW • *neutraal; kleurloos* • TAALK. *onzijdig* ★ rester ~ *neutraal blijven* **II** M *neutrum; onzijdig geslacht*
neutron M *neutron* ★ bombe à ~s *neutronenbom*
neuvaine V *novene*
neuve BNW • → **neuf**
neuvième I TELW *negende* **II** M *negende deel*
neuvièmement BIJW *ten negende*
névé M *firn(veld)*
neveu M [mv: **neveux**] *neef* ‹oomzegger of tantezegger› ★ ~ à la mode de Bretagne

achterneef ★ petit-~ *achterneef*
névralgie V • *zenuwpijn*; *neuralgie* • *hoofdpijn*
névralgique BNW *neuralgisch* ★ FIG. centre ~ *zenuwcentrum* ★ FIG. point ~ *kern(punt)*
névrite V *zenuwontsteking*; *neuritis*
névropathe M/V *zenuwlijder*
névrose V *neurose*
névrosé M *neuroticus*
névrotique BNW *neurotisch*
new-yorkais BNW *New Yorks*
nez M OOK FIG. *neus* ★ à vue de nez *dichtbij* ★ FIG. au nez de qn *(recht) in iemands gezicht* ★ au nez et à la barbe de qn/sous le nez de qn *(pal) voor iemands neus* ★ le nez en l'air *(met) de neus in de wind* ★ le nez au vent *(met) de neus in de wind* ★ avoir du nez *een fijne neus hebben (voor iets)* ★ avoir le nez fin *een fijne neus hebben (voor iets)* ★ INFORM. avoir un coup dans le nez *een beetje dronken zijn* ★ INFORM. avoir qn dans le nez *iem. niet kunnen uitstaan* ★ se bouffer le nez *elkaar in de haren vliegen* ★ se casser le nez *zijn neus stoten*; *geen succes hebben* ★ se casser le nez (à la porte de qn) *de deur gesloten vinden (bij iemand)* ★ faire un (long) nez *op zijn neus kijken* ★ faire un pied de nez (à qn) *een lange neus maken (tegen iemand)* ★ FIG. jeter au nez *voor de voeten werpen* ★ mener qn par le (bout du) nez *iem. om zijn vinger winden* ★ mettre/fourrer son nez dedans *ergens zijn neus in steken* ★ mettre le nez à la fenêtre *naar buiten kijken* ★ mettre le nez dehors *het hoofd buiten de deur steken* ★ montrer le (bout de son) nez *(even) z'n neus laten zien* ★ parler du nez *door de neus spreken* ★ passer sous le nez de qn *iemands neus voorbijgaan* ★ piquer du nez *vooroverzakken/-duike(le)n* ★ INFORM. se piquer le nez *zich bezatten* ★ rire au nez de qn *iem. in zijn gezicht uitlachen* ★ se trouver nez à nez avec qn *opeens tegenover iem. staan* ★ INFORM. ça lui pend au nez *dat hangt hem boven het hoofd* ★ ne pas voir plus loin que le bout de son nez *niet verder kijken dan zijn neus lang is*
NF AFK norme française *bewijs dat een merk/product voldoet aan de wettelijke voorschriften in Frankrijk*
ni VW *noch* ★ ni...ni... *noch..., noch...* ★ sans queue ni tête *zonder kop of staart*
niable BNW *te ontkennen*; *loochenbaar*
niais I BNW *onnozel* **II** M [v: **niaise**] *onnozele hals*; *simpele ziel*
niaiserie V *onnozelheid*; *onnozel gedoe/gepraat*
nicaraguayen BNW [v: **nicaraguayenne**] *Nicaraguaans*
niche V • *alkoof*; *nis* • *hondenhok* • *niche* • OUD. *poets*; *grap*
nichée V • *nestvol*; *broedsel* • INFORM. *troep kinderen*
nicher I ONOV WW • *nestelen* • INFORM. *huizen* **II** WKD WW [**se** ~] • *(zich) nestelen* • *wegkruipen*
nichoir M *broedkooi* (voor vogels); *nestkastje*
nichon M INFORM. *tiet*
nickel I M *nikkel* **II** BNW INFORM. *piekfijn*
nickeler OV WW *vernikkelen* ★ avoir les pieds nickelés *niets willen uitvoeren*
niçois BNW *uit/van Nice* ★ salade ~e *gemengde salade*
nicotine V *nicotine*
nid M OOK FIG. *nest* ★ nid à poussière *stofnest* ★ INFORM. nid à rats *krot* ★ nid d'aigle OOK FIG. *arendsnest* ★ nid de résistance *verzetshaard* ★ petit à petit l'oiseau fait son nid (spreekwoord) *alle dagen een draadje is een hemdsmouw in het jaar*
nidation V *innesteling*
nid-d'abeilles M [mv: **nids-d'abeilles**] *(stof met) honingraat-/wafelpatroon*; *wafelstof*; *smokwerk*
nid-de-pie M [mv: **nids-de-pie**] SCHEEPV. *kraaiennest*
nid-de-poule M [mv: **nids-de-poule**] *gat/kuil* (in wegdek)
nidification V *nestbouw*
nidifier ONOV WW *een nest bouwen*; *nestelen*
nidifuge BNW ★ oiseau ~ *nestvlieder*
nièce V *nicht* (oomzegster of tantezegster) ★ ~ à la mode de Bretagne /petite-~ *achternicht*
nielle I M *niëllo* **II** V *brand in het koren*; *aaltjesziekte*
nième BNW • → **énième**
nier OV WW *ontkennen*; *(ver)loochenen* ★ nier une dette *ontkennen dat men een schuld heeft*
nigaud I M *kleine aalscholver* **II** M [v: **nigaude**] *domoor* **III** BNW *onnozel*; *dom*
nigauderie V • *onnozelheid* • *stomme streek*
nigérian BNW *Nigeriaans*
nihilisme M *nihilisme*
nihiliste I BNW *nihilistisch* **II** M/V *nihilist*
Nil M *Nijl*
nimbe M *stralenkrans*; *nimbus*
nimber OV WW *met een stralenkrans omgeven*
nimbus (zeg: -buus) M *regenwolk*
Nimègue *Nijmegen*
n'importe WW • → **importer**
nipper I OV WW INFORM. *van kleren voorzien* **II** WKD WW [**se** ~] INFORM. *zich in de kleren steken*
nippes V MV INFORM. *(oude) kleren*; *plunje*
nippon BNW *Japans*
niqab M *nikab*
nique V ★ faire la ~ à qn *iem. uitlachen*
niquer OV WW • VULG. *neuken* • VULG. *verneuken*
nirvana M *nirwana*
nitouche BNW ★ une sainte ~ *een heilig boontje*; IRON. *de onschuld/preutsheid zelve*
nitrate M *nitraat*
nitreux BNW [v: **nitreuse**] *salpeterig*
nitrique BNW ★ acide ~ *salpeterzuur*
nitrite M *nitriet*
nitroglycérine V *nitroglycerine*
nitrure M *nitride*
nival BNW [m mv: **nivaux**] *sneeuw-*
niveau M [mv: **niveaux**] • *niveau*; *peil*; *hoogte*; *stand* • *etage*; *woonlaag* • FIG. *vlak* • *waterpas* ★ ~ à bulle (d'air) *luchtbelwaterpas* ★ ~ de langue *stijlniveau/-register* ★ ~ de la mer *zeeniveau/-spiegel* ★ ~ de vie *levensstandaard* ★ à ~ *gelijkvloers* (v. kruising) ★ à tous les ~x *op elk vlak*; *overal* ★ mettre à ~ *op peil brengen* ★ au ~ de *op het niveau van*; *ter*

hoogte van; *met betrekking tot* ★ être au ~ de qc *geschikt zijn voor iets* ★ se mettre au ~ de qn *zich aan iemands niveau aanpassen*; *zich voor iem. begrijpelijk maken* ★ de ~ *waterpas*; *op gelijke hoogte*; *van (voldoende) niveau*
nivelage M *egalisering*
niveler OV WW • *egaliseren*; OOK FIG. *nivelleren* • *waterpassen* • *waterpas maken*
niveleuse V *werktuig om grond te egaliseren*; *grondschaaf*
nivellement M • OOK FIG. *nivellering* • *(het) waterpassen*
nobiliaire I BNW *adellijk*; *adels-* **II** M *adelboek*
noble I BNW • *adellijk* • *edel*; *verheven*; *voornaam*; *nobel* ★ les parties ~s *de edele delen* **II** M/V *iem. van adel*; *edelman, -vrouw*
noblesse V • *adel*; *adeldom* • *edelheid*; *verhevenheid* ★ la petite ~ *de lage(re) adel* ★ ~ de cœur, ~ d'âme *zielenadel* ★ ~ d'épée *krijgsadel* ★ lettres de ~ OOK FIG. *adelbrieven* ★ ~ oblige ⟨spreekwoord⟩ *adeldom verplicht*
noce V [vaak mv] *bruiloft*; *trouwpartij* ★ noces d'argent *zilveren bruiloft* ★ secondes noces *hertrouw* ★ INFORM. faire la noce *fuiven*; *boemelen* ★ INFORM. ne pas être à la noce *zijn lol wel op kunnen*; *slecht af zijn* ★ je n'ai jamais été à pareilles noces *zoiets (kras) heb ik nog nooit meegemaakt*
noceur M [v: **noceuse**] INFORM. *fuiver*; *boemelaar*
nocif BNW [v: **nocive**] *schadelijk*
nocivité V *schadelijkheid*
noctambule M/V *nachtbraker*
noctambulisme M *nachtbrakerij*
nocturne I BNW *nachtelijk*; *nacht-* ★ oiseau ~ *nachtvogel* **II** M • *nocturne* • *nachtdier* **III** M/V • *openstelling in de avond* • *koopavond* ★ (match en) ~ *avond-/lichtwedstrijd*
nodal BNW [m mv: **nodaux**] ★ ligne ~e *knooplijn*
nodosité V *knoest(igheid)*; *knobbel*
nodule M *knobbeltje*; *knoopje*
Noé M *Noach*
Noël M *Kerstmis* ★ à (la) Noël *met Kerstmis* ★ un noël *een kerstlied* ★ arbre de Noël *kerstboom* ★ le père Noël *de Kerstman* ★ petit noël *kerstcadeautje*
nœud M • *knoop* ⟨strik⟩ • *knooppunt* • *knobbel*; *knokkel*; *knoop* ⟨op stengel⟩ • SCHEEPV. *knoop* ⟨snelheidsmaat⟩ • *knoop* ⟨v. golf/trilling⟩ • *knoest* ⟨in hout⟩; *kwast* • *kern(punt)*; *knelpunt*; *crux* • FIG./FORM. *nauwe band* ★ nœud (de ruban) *strik* ⟨in het haar⟩ ★ nœud d'agui/de chaise *paalsteek* ★ nœud coulant *(lus met) schuifknoop*; *strik(knoop)* ★ nœud papillon *vlinderdasje* ★ nœud de vipères *adderkluwen* ★ sac de nœuds *ingewikkelde kwestie* ★ avoir un nœud à la gorge *een brok in de keel hebben* ★ faire un nœud (à) *een knoop leggen (in)* ★ filer 12 nœuds *12 knopen varen* ★ trancher le nœud (gordien) *de (gordiaanse) knoop doorhakken* ★ VULG. quel (tête de) nœud! *wat een eikel/kluns!*
noir I BNW • *zwart* • *donker* • *vuil* • *zwartgallig*; *somber* • *afschuwelijk*; *snood* • *zwart* ⟨clandestien⟩ • INFORM. *dronken* ★ noir de coups *bont en blauw geslagen* ★ noir de monde *zwart van de mensen* ★ caisse noire *geheim fonds* ★ ciel noir *betrokken lucht* ★ froid noir *bijtende/grimmige kou* ★ film noir *enge film* ★ fureur/colère noire *blinde woede* ★ marché noir *zwarte handel/markt* ★ il fait nuit noire *het is stikdonker* ★ raisin noir *blauwe druif* ★ regard noir *gemene blik* ★ travail noir *(het) zwartwerken* **II** M • *(het) zwart* • *(het) donker*; *(het) duister* • *zwartsel* ★ les Noirs *de zwarten* ⟨negers⟩; *zwart* ⟨zwarte dam-/schaakstukken⟩ ★ noir de fumée *roet* ★ noir d'ivoire *ivoorzwart* ★ INFORM. un petit noir *een kopje zwarte koffie* ★ noir sur blanc *zwart-op-wit* ⟨op schrift⟩ ★ en noir et blanc *zwart-wit* ⟨v. foto, beeld⟩ ★ au noir *zwart* ⟨clandestien⟩; *op de zwarte markt* ★ travailler au noir *zwartwerken* ★ broyer du noir *zwaarmoedig zijn* ★ voir tout en noir *alles somber inzien* ★ être dans le noir *in het duister tasten* ★ être en noir *in het zwart gekleed zijn*; *rouwkleding dragen*
noirâtre BNW *zwartachtig*
noiraud I BNW *zwartbruin*; *donker* ⟨v. huid⟩ **II** M [v: **noiraude**] *donker iemand*
noirceur V • FORM. *zwartheid*; *donkere vlek* • FORM. *snoodheid* • *somberheid*
noircir I OV WW OOK FIG. *zwart maken*; *bekladden* ★ ~ du papier *(klad)schrijven* **II** ONOV WW *zwart/donker worden* **III** WKD WW [**se** ~] *zwart/donker worden*
noircissement M OOK FIG. *(het) zwart maken*; *(het) zwart worden*
noircissure V *zwarte vlek*
noire V • *zwarte (vrouw)* • MUZ. *kwart(noot)*
noise V ★ FORM. chercher ~/des ~s à *ruzie zoeken met*
noisetier M *hazelaar*
noisette V • *hazelnoot* • *klontje*; *hompje*; *klein, rond biefstukje v.e. kotelet* ★ (couleur) ~ *hazelnootbruin* ★ pommes ~s *gebakken pureebolletjes*
noix V • *(wal)noot* • *bolletje*; *hompje*; *klontje* • OUD./INFORM. *sukkel* ★ noix de coco *kokosnoot* ★ noix de galle *galnoot* ★ noix de veau *achterbout v.e. kalf*; *vlezig stukje v.e. kalfskotelet* ★ INFORM. à la noix *waardeloos*; *nutteloos*
noliser OV WW *bevrachten*; *charteren* ⟨v. (lucht)vaartuig⟩
nom M • *naam* • *(zelfstandig) naamwoord* ★ nom de baptême *doopnaam* ★ nom de famille *achternaam* ★ nom de guerre/d'emprunt *schuilnaam* ★ nom propre *eigennaam* ★ INFORM. nom à rallonge(s)/à tiroirs *ingewikkelde naam*; *dubbele naam* ★ nom de jeune fille *meisjesnaam* ⟨v. getrouwde vrouw⟩ ★ petit nom *koosnaam*; INFORM. *voornaam* ★ nom de pays *landennaam* ★ nom de plante *plantennaam* ★ nom commun *(gewoon) zelfstandig naamwoord*; *soortnaam* ★ nom composé *samengesteld zelfstandig naamwoord* ★ nom de nombre *telwoord* ★ au nom de *in/op/uit*

naam van ★ du nom de... ... *geheten* ★ en mon nom *namens mij* ★ sans nom *nameloos*; *erbarmelijk*; *ongehoord* ★ appeler du nom de qn *noemen naar iem.* ★ se faire un nom *naam maken* ★ mettre un nom sur un visage *iemands naam (weer) weten* ★ traiter qn de tous les noms/donner des noms d'oiseaux à qn *iem. de huid vol schelden* ★ qui n'ose pas dire son nom *schandelijk* ★ répondre au nom de X *luisteren naar de naam X*; *X heten* ★ INFORM. nom d'un chien/d'une pipe/de nom! *verrek!* ★ VULG. nom de dieu! *verdomme!*

nomade I M/V *nomade* **II** BNW ● *zwervend*; *nomaden-* ● JUR. *zonder vaste woon- of verblijfplaats*

nomadisme M *zwervend bestaan*

nombre M ● *getal* ● *(groot) aantal*; *numerus* ● *overmacht* ● *telwoord* ● FORM. *welluidende woordschikking* ★ au ~ de *onder*; *te midden van* ★ (bon) ~ de *tal van*; *menig* ★ le (plus) grand ~ *de meerderheid* ★ au ~ de 20 *20 (in getal)* ★ dans le ~ *te midden daarvan* ★ en ~ *in groten getale*; *met voldoende aanwezigen* ★ sans ~ *talrijk*; *ontelbaar* ★ ~ premier *priemgetal* ★ être du ~ *erbij (be)horen* ★ faire ~ *het aantal (aanwezigen) vergroten*; FIG. *meetellen* ★ serez-vous du ~? *zult u er ook bij zijn?* ★ (Livre des) Nombres *Numeri*

nombreux BNW [v: **nombreuse**] *talrijk*; *met velen* ★ famille nombreuse *groot/kinderrijk gezin* ★ venez ~! *komt allen!*

nombril M OOK FIG. *navel*

nombrilisme M INFORM. *(het) navelstaren*

nomenclature V *nomenclatuur*; *naamlijst*; *woordenlijst*

nominal BNW [m mv: **nominaux**] *nominaal*; *van de naam*; *in naam*; *naam-* ★ appel ~ *het afroepen v.d. namen* ★ valeur ~e *nominale waarde* ★ être le chef ~ *in naam het hoofd zijn*

nominatif I M *nominatief*; *eerste naamval* **II** BNW [v: **nominative**] *de naam bevattend*; *op naam* ★ état ~ *naamlijst*

nomination V ● *benoeming* ● *nominatie* ⟨voor een prijs⟩; *vermelding*

nominativement BIJW *bij name*

nominé BNW *genomineerd* ⟨voor een prijs⟩

nommé BNW *genaamd* ★ à point ~ *precies van pas*

nommément BIJW ● *met name* ● *bij name*

nommer I OV WW ● *noemen* ● *een naam geven* ● *benoemen* ★ nommé A. *A. geheten/genoemd* ★ un nommé A. *een zekere A.* ★ ~ qn maire *iem. tot burgemeester benoemen* **II** WKD WW [**se** ~] ● *zich noemen* ● *heten* ● *zijn naam noemen*

non I M *nee(n)* **II** BIJW *nee(n)*; *niet* ★ non? *nietwaar?* ★ non pas *niet* ★ non plus *ook niet*; *evenmin* ★ je ne dis pas non *ik wil wel* ★ non (pas) que [+ subj.] *niet dat* ★ j'espère que non *ik hoop van niet*

non-activité V *non-activiteit*

nonagénaire I BNW *negentigjarig* **II** M/V *negentiger*; *negentigjarige*

non-agression V ★ pacte de ~ *niet-aanvalsverdrag*

non-aligné BNW POL. *niet-gebonden*

non-alignement M POL. *niet-gebondenheid*

nonante TELW *negentig* ⟨in België, Zwitserland⟩

non-assistance V ★ JUR. ~ à personne en danger *(het) niet bijstaan van iem. die in gevaar verkeert*

nonce M *nuntius*

nonchalamment BIJW ● → **nonchalant**

nonchalance V *nonchalance*; *achteloosheid*

nonchalant BNW *nonchalant*; *achteloos*

nonciature V *nuntiatuur*

non-combattant I M [mv: **non-combattants**] *niet-strijder* **II** BNW *niet strijdend*

non-conformisme M *non-conformisme*

non-conformiste I BNW *non-conformistisch* **II** M/V *non-conformist*

non-conformité V *gebrek aan overeenstemming*

non-connecté BNW COMP. *offline*

non-dit M *onuitgesproken gedachte*

non-droit M ▼ zone de ~ *ernstige probleemwijk*

non-événement M *gebeurtenis van niets*; *non-event*

non-figuratif BNW [v: **non-figurative**] *non-figuratief*

non-fumeur M [mv: **non-fumeurs**] *niet-roker*

non-ingérence V *niet-inmenging*

non-inscrit BNW POL. *fractieloos*

non-intervention V *non-interventie*

non-lieu M *ontslag v. rechtsvervolging* ★ bénéficier d'un ~ *ontslagen worden van rechtsvervolging*

nonne V OUD. *non*

nonnette V ● *glanskop(mees)* ● *rond peperkoekje*

nonobstant I BIJW FORM. *desondanks* **II** VZ *ondanks*

non-paiement M *wanbetaling*

non-prolifération V POL. *non-proliferatie*

non-recevoir M ★ opposer une fin de ~ *niet-ontvankelijkheid aanvoeren*; *een afwijzing/weigering uitspreken*

non-résident M [v: **non-résidente**] *niet-ingezetene*

non-retour M ★ point de ~ *point of no return*; *daar waar geen weg meer terug is*

non-sens M *onzin*; *nonsens*

non-stop BNW [onver.] *non-stop-*

non-valeur V [mv: **non-valeurs**] *waardeloos ding/persoon*; *prul*; *nul*

non-violence V *geweldloosheid*

non-violent BNW *geweldloos*

non-voyant M [v: **non-voyante**] *blinde*

nord I M *noorden* ★ au nord de *ten noorden van* ★ l'Afrique du Nord *Noord-Afrika* ★ le Grand Nord *het hoge Noorden* ★ INFORM. perdre le nord *de kluts kwijtraken* **II** BNW *noordelijk*; *noord(en)-* ★ Cap Nord *Noordkaap*

nord-américain BNW [mv: **nord-américains**] *Noord-Amerikaans*

nord-est I M *noordoosten* **II** BNW *noordoostelijk*

nordique BNW *noords*; *Noord-Europees*

nord-ouest I M *noordwesten* **II** BNW *noordwestelijk*

noria V *jakobsladder*; *baggerketting*; *noria*

normal BNW [m mv: **normaux**] ● *normaal(-)* ● → **école** ★ en temps ~ *normaliter* ★ SCHEIK. solution ~e *normaaloplossing*

normale I V • *normale waarde; gemiddelde* • *loodlijn; normaal* ★ au-dessus de la ~ *boven normaal; bovengemiddeld* **II** BNW • → **normal**
normalement BIJW *normaal (gesproken); normaliter*
normalien M [v: **normalienne**] *leerling/afgestudeerde v.d. École normale supérieure*
normalisation V *normalisatie; standaardisatie*
normaliser OV WW *normaliseren; standaardiseren*
normand I M *(het) Normandisch* **II** BNW • *Normandisch* • *Noormannen-*
Normand M *Normandiër* ★ les ~s *de Noormannen* ★ réponse de ~ *ontwijkend antwoord*
Normandie V *Normandië*
normatif BNW [v: **normative**] *normatief*
normaux BNW • → **normal**
norme V *maatstaf; regel; norm* ★ hors ~s *niet-standaard; buitengewoon*
normer OV WW *beregelen*
norois M • → **noroît**
noroît M *noordwestenwind*
Norvège V *Noorwegen*
norvégien I M *(het) Noors* **II** BNW [v: **norvégienne**] *Noors*
Norvégien M [v: **Norvégienne**] *Noor*
nos BEZ VNW [mv] • → **notre**
nostalgie V *heimwee (**de** naar); nostalgie*
nostalgique BNW *nostalgisch; terugverlangend (**de** naar)*
nota I M [mv: id.] *opmerking; noot* **II** TW *let wel; nota bene*
nota bene TW • → **nota**
notabilité V • *aanzienlijk persoon; notabele* • *aanzienlijkheid*
notable I BNW *aanzienlijk; opmerkelijk* **II** M/V *notabele*
notablement BIJW *aanzienlijk; veel*
notaire M *notaris*
notamment BIJW *in het bijzonder; vooral*
notarial BNW [m mv: **notariaux**] *notarieel; notaris-*
notariat M *notariaat*
notarié BNW ★ acte ~ *notariële akte*
notation V • *schrijfwijze; notatie* • *(het) geven v. cijfers; beoordeling* ⟨v. ondergeschikte⟩ • *notitie* ★ ~ musicale *muzieknotatie; notenschrift*
note V • *aantekening; notitie; (voet)noot* • MUZ. OOK FIG. *noot*; OOK FIG. *toon* • *(beoordelings)cijfer; beoordeling* ⟨v. ondergeschikte⟩ • *nota; kennisgeving* • *rekening; nota* ★ note diplomatique *diplomatieke nota* ★ fausse note FIG. *storend detail; dissonant* ★ changer de note OOK FIG. *een andere toon aanslaan* ★ donner la note OOK FIG. *de toon aangeven* ★ (ne pas) être dans la note *er (niet) bij passen* ★ forcer la note *overdrijven* ★ mettre une note à *een cijfer geven aan/voor* ★ prendre des notes *aantekeningen maken* ★ prendre (bonne) note de qc *(goede) nota van iets nemen*
noter OV WW • *optekenen; noteren* • *letten op; opmerken* • *in noten opschrijven* • *aanstrepen; aankruisen* • *een cijfer geven aan/voor; beoordelen* ⟨v. ondergeschikte⟩ ★ notez bien! *let wel!* ★ être mal noté (de) *slecht aangeschreven staan (bij)*
notice V *kort bericht/overzicht* ★ ~ explicative/d'emploi *gebruiksaanwijzing; bijsluiter*
notificatif BNW [v: **notificative**] *aankondigend*
notification V *(officiële) kennisgeving*; JUR. *betekening*
notifier OV WW *kennis geven van (**à** aan); aanzeggen*; JUR. *betekenen*
notion V *notie; begrip; besef (**de** van)* ★ ~s [mv] *grondbeginselen; basiskennis*
notoire BNW *algemeen bekend; notoir*
notoirement BIJW *klaarblijkelijk; overduidelijk*
notoriété V *algemene bekendheid; notoriteit; renommee* ★ il est de ~ publique *het is algemeen bekend*
notre BEZ VNW [mv: **nos**] *ons; onze*
nôtre BEZ VNW • *(de/het) onze* • OUD. *van ons; onze* ★ les ~s *de onzen* ★ il est des ~s *hij staat aan onze kant* ★ serez-vous des ~s? *komt u ook?; doet u met ons mee?* ★ y mettre du ~ *het onze eraan bijdragen*
Notre-Dame V • *Onze-Lieve-Vrouw* • *Onze-Lieve-Vrouwekerk*
Notre-Seigneur M *Onze-Lieve-Heer*
notule V *korte aantekening*
nouage M *(het) (aan)knopen*
nouba V ★ INFORM. faire la ~ *fuiven; boemelen*
nouer I OV WW • *(dicht)knopen; strikken; (vast)binden* • FIG. *aanknopen* • FIG. *verkrampen; gespannen maken* • OUD. *op touw zetten; smeden* ⟨v. complot⟩ ★ ~ amitié (avec) *vriendschap aanknopen (met)* ★ la gorge nouée *(met) dichtgesnoerde keel* **II** ONOV WW *zich zetten* ⟨v. vruchten⟩ **III** WKD WW [**se** ~] • *een knoop vormen; in de knoop raken* • FIG. *aangeknoopt worden* • *spannend worden* ⟨v. intrige⟩ • FIG. *verkrampt raken* • OUD. *gesmeed worden* ⟨v. complot⟩
noueux BNW [v: **noueuse**] *knoestig; knobbelig*
nougat M *noga*
nougatine V *harde noga; praline*
nouille V INFORM. *sukkel; kluns* ★ ~s [mv] *noedels; pasta*
nounou V JEUGDT. → **nourrice**
nounours M JEUGDT. *(teddy)beer*
nourrain M *pootvis*
nourri BNW • *gevoed* • FIG. *vol; intens; krachtig* ★ bien ~ *weldoorvoed* ★ feu ~ *intensief (geweer)vuur* ★ logé et ~ *met kost en inwoning*
nourrice V • *kinderverzorgster; oppas* • *voedster; min* • *reservetank/-blik* • *spaarbekken; reservoir* ★ mettre un enfant en ~ *een kind bij een min/oppas uitbesteden*
nourricier BNW [v: **nourricière**] *voedend* ★ père ~ *voedstervader* ★ FIG. sol ~ *voedingsbodem*
nourrir I OV WW • *voeden; zogen* • FIG. *voedsel geven aan* • *onderhouden; koesteren* ★ ~ l'espoir *de hoop koesteren* ★ le pain nourrit *brood is voedzaam* ★ ça nourrit pas son homme *daar kun je niet van leven* **II** WKD WW [**se** ~] OOK FIG. *zich voeden (**de** met)*
nourrissage M *(het) (zich) voeden* ⟨v. dieren⟩
nourrissant BNW *voedzaam*
nourrisson M *zuigeling*

no

nourriture V *voedsel*
nous PERS VNW • *wij* • *ons* ★ nous-mêmes *wijzelf*; *onszelf* ★ nous autres, Français *wij Fransen* ★ nous nous sommes vus *we hebben elkaar gezien*
nouveau[1] M • *(het) nieuwe* • *nieuweling* ★ du ~ *iets nieuws* ★ rien de ~ *niets nieuws*
nouveau[2], **nouvel** ⟨voor klinker of stomme h⟩ BNW [V: **nouvelle**] *nieuw*; *ander* ★ le nouvel an *Nieuwjaar* ★ les ~x mariés *het pas getrouwde echtpaar* ★ ~ riche *parvenu* ★ ~ venu *nieuwgekomene* ★ de nouvelles têtes *nieuwe gezichten* ★ à ~ *opnieuw*; *van voren af aan* ★ de ~ *opnieuw*; *weer* ★ être ~ dans qc *onervaren /een nieuweling in iets zijn*
nouveau-né I M [V: **nouveau-née**] *pasgeborene* **II** BNW *pasgeboren*
nouveauté V • *nieuwheid* • *nieuwigheid*; *iets nieuws* • *pas uitgekomen boek/artikel*
nouvel BNW • → **nouveau**[1]
nouvelle I V • [ook mv] *nieuws*; *bericht*; *nieuwtje* • LIT. *novelle* • *nieuwelinge* ★ aux dernières ~s *volgens de laatste berichten* ★ nous avons eu de ses ~s *wij hebben bericht van hem gekregen* ★ tu auras de mes ~s! *wij spreken elkaar nog wel nader!* ★ tu m'en diras des ~s *het zal je bevallen* ★ demander/ prendre des ~s de qn *vragen hoe iem. het maakt* ★ pas de ~s, bonnes ~s ⟨spreekwoord⟩ *geen nieuws, goed nieuws* **II** BNW [V] • → **nouveau**[2]
nouvellement BIJW *onlangs*; *pas*
Nouvelle-Orléans V *New Orleans*
Nouvelle-Zélande V *Nieuw-Zeeland*
nouvelliste M *novelleschrijver*; *novellist*
novateur I BNW [V: **novatrice**] *vernieuwend* **II** M [V: **novatrice**] *vernieuwer*; *baanbreker*
novembre M *november*
novice I M/V • *beginneling* • *novice* ⟨r.-k.⟩ • *lichtmatroos* **II** BNW *onervaren*; *ongeschoold*; FIG. *groen*
noviciat M • *leertijd* • *noviciaat* • *noviciaatshuis*
noyade V *verdrinking*
noyau M [mv: **noyaux**] • *pit* ⟨v. vrucht⟩ • OOK FIG. *kern* ★ fruits à ~ *steenvruchten* ★ FIG. ~ dur *harde kern*
noyautage M • *binnendringing*; *penetratie* ⟨in organisatie⟩ • FIG. *celvorming*
noyauter OV WW *binnendringen in* ⟨organisatie⟩
noyé M [V: **noyée**] *drenkeling*
noyer I M • *notenboom* • *notenhout* **II** OV WW • *verdrinken* • OOK FIG. *overstromen*; *(doen) verzinken* • FIG. *(ver)smoren*; *ondersneeuwen* • *(te) sterk aanlengen* ★ ~ le moteur *de motor verzuipen* ★ ~ un clou *een spijker verzinken* ★ ~ son chagrin *zijn verdriet verdrinken* ★ être noyé *ontredderd/verwezen zijn* ★ être noyé dans la foule *in de menigte opgaan* ★ yeux noyés de larmes *ogen vol tranen* ★ ~ le poisson *de zaak verdoezelen* ★ ~ dans le sang *in bloed smoren*; *bloedig onderdrukken* **III** WKD WW [**se** ~] • *verdrinken* ★ aller se ~ *zich verdrinken* • ~ **dans** *opgaan/zich verliezen in* ★ se ~ dans un verre d'eau *een brekebeen zijn* ★ se ~ dans un raisonnement *niet uit een redenering kunnen komen*
NTIC AFK Nouvelles Technologies de l'Information et de la Communication [V mv] *ICT*
nu I BNW *bloot*; *naakt*; *kaal* ★ nu comme un ver *spiernaakt* ★ épée nue *blote degen* ★ mur nu *kale muur* ★ à l'œil nu *met het blote oog* ★ paysage nu *kale, dorre streek* ★ pieds nus/nu-pieds *blootsvoets* ★ (la) tête nue/nu-tête *blootshoofds* ★ vérité toute nue *naakte waarheid* **II** M *(het) naakt*; *naaktfiguur*; *naaktstudie* ★ mettre à nu *blootleggen* ★ se mettre à nu *zich (naakt) uitkleden*
nuage M OOK FIG. *wolk* ★ ~ de lait *wolkje melk* ★ ~ de poussière *stofwolk* ★ bonheur sans ~s *onverstoord geluk* ★ être dans les ~s *verstrooid zijn* ★ vivre sur son ~ *met het hoofd in de wolken lopen*
nuageux BNW [V: **nuageuse**] • *bewolkt* • *onduidelijk*; *vaag*
nuance V *(kleur)schakering*; *klein verschil*; *nuance* ★ tout en ~s *heel subtiel*
nuancé BNW *genuanceerd*; *subtiel*
nuancer OV WW *nuanceren*; *schakeren*
nuancier M *kleuren(staal)kaart*
nubile BNW *huwbaar*
nubilité V *huwbaarheid*; *huwbare leeftijd*
nucléaire I M *kernenergie* **II** BNW *kern-*; *nucleair* ★ armes ~s *kernwapens* ★ explosif ~ *kernspringstof* ★ fission ~ *kernsplitsing*
nucléique BNW ★ acide ~ *nucleïnezuur*
nudisme M *nudisme*
nudiste I BNW *nudistisch* **II** M/V *nudist*
nudité V • *naaktheid*; *blootheid*; *kaalheid* • *naaktfiguur*
nue I V FORM. *wolk* ★ porter aux nues *hemelhoog prijzen* ★ tomber des nues *stomverbaasd staan*; *raar opkijken* **II** BNW • → **nu**
nuée V • FORM. *(dikke) wolk* • *zwerm*
nue-propriété V [mv: **nues-propriétés**] *blote eigendom*
nuire ONOV WW [onregelmatig] ★ mettre hors d'état de ~ *onschadelijk maken* ★ INFORM. ça ne nuit pas *dat kan geen kwaad*; *dat is nooit weg* • ~ **à** *benadelen*; *schaden*
nuisance V *hinder*; *(milieu)overlast*
nuisette V *kort nachthemd*; *babydoll*
nuisible BNW *schadelijk* (**à** *voor*)
nuit V • *nacht* • *duisternis* ★ cette nuit *vannacht* ★ bonne nuit! *welterusten!* ★ nuit et jour *dag en nacht* ★ de nuit *'s nachts*; *nacht-* ★ la nuit *'s nachts* ★ nuit blanche *slapeloze/doorwaakte nacht* ★ dans la nuit des temps *in het grijze verleden* ★ il fait nuit *het is donker/nacht* ★ il fait nuit noire *het is stikdonker* ★ la nuit tombe *de avond valt*
nuitamment BIJW FORM. *'s nachts*
nuitée V *overnachting*
nul I BNW [V: **nulle**] • *waardeloos*; *ongeldig*; *nietig* • *nihil*; *nul* • INFORM. *dom*; *stom* ★ nul en maths *slecht in wiskunde* ★ nul et non avenu *van nul en gener waarde* ★ match nul *gelijk spel* ★ INFORM. il est nul! *wat een nul!* **II** M INFORM. *nul* ⟨persoon⟩ **III** ONB VNW [V: **nulle**] • *geen*; *geen enkel(e)* • *niemand* ★ nulle part *nergens* ★ (sans) nul doute *ongetwijfeld*

nullard M [v: **nullarde**] INFORM. *nul* ‹persoon›
nullement BIJW [vaak met 'ne'] *geenszins* ★ sans ~... *zonder ook maar enigszins...*
nullité V • JUR. *nietigheid*; *ongeldigheid* • *onbeduidendheid*; *onbekwaamheid* • *nul* ‹persoon›; *nulliteit*
nûment BIJW *ronduit*
numéraire **I** M *baar geld*; *contanten* **II** BNW ★ valeur ~ *omloopwaarde* ‹v. geld›
numéral BNW [m mv: **numéraux**] • *getal(s)-* • COMP. *digitaal* ★ (adjectif) ~ *telwoord*
numérateur M *teller* ‹v. breuk›
numération V • *telling* • *talstelsel*
numérique BNW • *numeriek*; *getalsmatig* • COMP. *digitaal* ★ supériorité ~ *overmacht*; *numerieke meerderheid*
numériser OV WW *digitaliseren*
numéro M *nummer* ‹in alle betekenissen› ★ ~ d'ordre *volgnummer* ★ faire son ~ habituel *zijn bekende nummertje/staaltje ten beste geven* ★ tirer le bon/mauvais ~ OMSCHR. *geluk/pech hebben* ★ INFORM. t'as fait un faux ~! *je zit er mooi naast!* ★ c'est un sacré ~ *het is me een nummer/er eentje* ★ ~ vert *gratis telefoonnummer*
numérotage M *nummering*
numéroter OV WW *nummeren*
numéroteur M *numeroteur*; *nummerstempel*
numismate M *munten- en penningkenner*; *numismaat*
numismatique **I** BNW *numismatisch* **II** V *numismatiek*
nu-pieds **I** M MV *(open) sandalen* **II** BIJW *blootsvoets*
nuptial (zeg: nuupsiejal) BNW [m mv: **nuptiaux**] *bruids-*; *huwelijks-* ★ bénédiction ~e *huwelijksinzegening*
nuptialité V *aantal huwelijken in een land*
nuque V *nek*
nurse (zeg: neurs) V *kindermeisje*
nu-tête BNW *blootshoofds*
nutriment M *voedingsstof*
nutritif BNW [v: **nutritive**] *voedzaam*; *voedend* ★ valeur nutritive *voedingswaarde*
nutrition V *voeding*
nutritionnel BNW [v: **nutritionnelle**] FORM. *voedings-*
nutritionniste M/V *voedingsdeskundige*
nyctalope BNW *dagblind*
nylon M *nylon*
nymphe V • *nimf* ‹in alle betekenissen› • *pop*; *cocon*
nymphéa M *witte waterlelie*
nymphette V *nimfette*; *lolita*
nymphomane **I** V *nymfomane* **II** BNW *nymfomaan*
nymphomanie V *nymfomanie*

O

o M letter *o* ★ o comme Oscar *de o van Otto*
ô TW *o!*
OAS AFK Organisation de l'Armée Secrète *geheime leger in Algerije* ‹tijdens onafhankelijkheidsstrijd›
oasis (zeg: -zies) V OOK FIG. *oase*
obédience V • *(klooster)gehoorzaamheid*; *obediëntie* • *(religieuze) gezindheid*; *(politieke) signatuur*
obéir ONOV WW OOK FIG. *gehoorzamen*; *gehoor/gevolg geven (***à** *aan)* ★ ~ à la force *voor geweld zwichten*
obéissance V *gehoorzaamheid (***à** *aan)* ★ ~ aveugle *kadaverdiscipline*
obéissant BNW *gehoorzaam*; *volgzaam*
obélisque M *obelisk*
obérer OV WW FORM. *bezwaren* ‹met schuld› ★ être obéré *in de schulden zitten*
obèse **I** M/V *gezet iemand* **II** BNW *zwaarlijvig*
obésité V *zwaarlijvigheid*; *dikheid*
objecter OV WW *tegenwerpen (***à** *aan)*; *aanvoeren (***à, contre** *tegen)*
objecteur M ★ ~ de conscience *principieel dienstweigeraar*
objectif **I** BNW [v: **objective**] *objectief* **II** M • *objectief* ‹lens› • *doel(wit)*; *oogmerk*
objection V *tegenwerping*; *bedenking (***à** *omtrent, tegen)*
objectivement BIJW • → **objectif**
objectiver OV WW • *objectiveren* • FORM. *uiten*
objectivité V *objectiviteit*
objet M • *voorwerp*; *ding* • *doel(wit)* • *onderwerp.* ‹v. bespreking e.d.›; *voorwerp*; *object* ★ ~ d'art *kunstvoorwerp* ★ ~ de risée *voorwerp/mikpunt van spot* ★ sans ~ *doelloos*; *ongegrond* ★ avoir pour ~ *ten doel hebben*
objurgations V MV FORM. *(scherpe) verwijten*; *vermaningen*; *smeekbeden*
oblat (zeg: -là) M *oblaat* ‹r.-k.›
oblation V • *offer(ande)* • *oblatie*
obligataire **I** M/V *obligatiehouder* **II** BNW *obligatie-*
obligation V • *verplichting*; *verbintenis*; *plicht*; *noodzaak* • *obligatie*
obligatoire BNW • *verplicht*; *bindend* • INFORM. *onvermijdelijk* ★ arrêt ~ *vaste halte* ★ enseignement ~ *leerplicht*
obligé **I** BNW • *verplicht (***de** *te)* • *erkentelijk*; *verplicht* • INFORM. *onvermijdelijk* **II** M [v: **obligée**] JUR. *schuldenaar* ★ je suis votre ~ *ik ben u zeer verplicht*
obligeamment BIJW • → **obligeant**
obligeance V FORM. *welwillendheid*; *behulpzaamheid*; *voorkomendheid* ★ ayez l'~ de *wees zo vriendelijk te*
obligeant BNW FORM. *welwillend*; *vriendelijk*; *gedienstig*; *voorkomend*
obliger **I** OV WW • *verplichten (***à** *tot, te)* • *dwingen*; *noodzaken* • FORM. *(aan zich) verplichten*; *een dienst bewijzen* **II** WKD WW [**s'~**] *zich verplichten (***à** *tot, te)*; *een verplichting op zich nemen*

oblique I BNW *schuin(s)*; *scheef* ★ en ~ *overdwars* **II** V *schuine lijn*
obliquer ONOV WW *in schuine richting gaan*; *afbuigen*; *afslaan*
obliquité V *schuinte*; *scheefheid*
oblitération V • *afstempeling* ⟨v. postzegels⟩ • MED. *dichtgroeiing* ⟨v. holte⟩; *verstopping* ⟨v. holte⟩
oblitérer I OV WW • *afstempelen* ⟨v. postzegels⟩ • MED. *doen dichtgroeien* ⟨v. holte⟩ • FIG./OUD. *uitslijten*; *uitwissen* **II** ONOV WW • MED. *verstoppen* • FIG./OUD. *slijten*
oblong BNW [v: **oblongue**] *langwerpig*; *oblong*
obnubiler OV WW *obsederen*; FIG. *benevelen*
obole V • *kleine gave*; *kleine bijdrage* • OUD. *penning*; *duit*; *obool*
obscène BNW *obsceen*; *schunnig*
obscénité V *obsceniteit*
obscur BNW • OOK FIG. *duister*; *donker*; *vaag* • *onbekend*; *verborgen*; *onaanzienlijk*; *naamloos*; *obscuur*
obscurantisme M *obscurantisme*; *domhouderij*
obscurantiste I BNW *obscurantistisch* **II** M/V *obscurantist*
obscurcir I OV WW • *verduisteren*; *donker maken* • *onduidelijk/vaag maken* **II** WKD WW [**s'~**] • *donker/duister worden* • FIG. *zwakker/vager worden*; *tanen* ★ son front s'obscurcit *zijn gelaat betrekt/betrok*
obscurcissement M • *verduistering*; *(het) donker worden* • *versluiering* • FIG. *verzwakking*; *vervaging*
obscurément BIJW • → **obscur**
obscurité V • *duisternis* • *onduidelijkheid* • *verborgenheid*; *vergetelheid*; *onbekendheid*
obsédé M *bezetene*; *maniak* ★ ~ de musique *muziekfanaat*
obséder OV WW *obsederen*; FIG. *kwellen* ★ être obsédé par une idée *bezeten zijn van een idee*
obsèques V MV *uitvaart*; *(plechtige) begrafenis* ★ ~ nationales *staatsbegrafenis*
obséquieux BNW [v: **obséquieuse**] *kruiperig*; *overbeleefd*
obséquiosité V *kruiperigheid*; *overbeleefdheid*
observable BNW *waarneembaar*
observance V • *naleving*; *observantie* • REL. *(klooster)regel*
observateur I M [v: **observatrice**] • *waarnemer* • *toeschouwer* **II** BNW [v: **observatrice**] *opmerkzaam*
observation V • *waarneming*; *observatie*; *verkenning* • *opmerking*; *aanmerking* • *naleving* ★ poste d'~ *waarnemingspost* ★ MED. en ~ *in/ter observatie* ★ rester en ~ *de zaak aanzien*; *afwachten*
observatoire M • *observatorium*; *waarnemingsinstituut*; *sterrenwacht* • *observatiepost*
observer I OV WW • *waarnemen*; *gadeslaan*; *observeren* • *opmerken* • *naleven*; *in acht nemen* ★ je vous fais ~ que *ik maak u er opmerkzaam op dat* **II** WKD WW [**s'~**] • *zich in acht nemen* • *zichzelf bestuderen*
obsession V *obsessie*
obsessionnel BNW [v: **obsessionnelle**] *dwangmatig*; *obsessief*; *obsessioneel*
obsidienne V *obsidiaan*; *lavaglas*
obsolète BNW *obsoleet*; *verouderd*
obstacle M *hinderpaal*; *hindernis*; *obstakel* ★ faire ~ à *(ver)hinderen*
obstétrical BNW [m mv: **obstétricaux**] *verloskundig*; *obstetrisch*
obstétricien M [v: **obstétricienne**] *verloskundige*
obstétrique V *verloskunde*; *obstetrie*
obstination V *koppigheid*; *hardnekkigheid*
obstiné I BNW *hardnekkig*; *koppig*; *obstinaat* **II** M [v: **obstinée**] *stijfkop*
obstinément BIJW • → **obstiné**
obstiner WKD WW [**s'~**] • *hardnekkig zijn* ★ s'~ dans son refus *bij zijn weigering blijven* • ~ **à** [+ infin.] *volharden in*; *vasthouden aan*; *per se willen*
obstruction V OOK MED. *obstructie*
obstruer OV WW *verstoppen* ⟨v. doorgang⟩; *versperren*; *belemmeren*
obtempérer ONOV WW JUR. ~ **à** *gehoorzamen aan*; *nakomen*
obtenir OV WW [onregelmatig] *verkrijgen*; *bereiken* ⟨v. doel⟩; *behalen* ⟨v. resultaat⟩
obtention V *verkrijging*; *verwerving*
obturateur I BNW [v: **obturatrice**] *(af)sluitend*; *sluit-* **II** M *sluiter* ⟨v. fototoestel⟩
obturation V • *afsluiting* • *vulling* ⟨v. kies⟩ ★ FOTOGRAFIE vitesse d'~ *sluitertijd*
obturer OV WW • *afsluiten* • *vullen* ⟨v. kies⟩
obtus (zeg: -tuu) BNW • *stomp* ⟨v. hoek⟩ • *stompzinnig*; *traag van begrip* ★ angle ~ *stompe hoek*
obus (zeg: -buu) M *granaat* ★ obus de rupture *pantsergranaat*
obusier M *houwitser*
obvier ONOV WW FORM. ~ **à** *verhinderen*; *tegengaan* ★ ~ à un inconvénient *een nadeel ondervangen*
oc M ★ langue d'oc *Zuid-Franse taal in de middeleeuwen*; *Occitaans*
ocarina M *ocarina*
occase V INFORM. *buitenkansje*; *koopje*
occasion V • *gelegenheid*; *kans* • *aanleiding*; *reden* • *buitenkansje*; *koopje* ★ à l'~ (de) *bij gelegenheid (van)* ★ d'~ *tweedehands*; *gelegenheids-* ★ dans les grandes ~s *bij bijzondere gelegenheden* ★ c'est l'~ ou jamais *(het is) nu of nooit*
occasionnel BNW [v: **occasionnelle**] *toevallig*; *incidenteel*; *occasioneel* ★ cause ~le *aanleiding*
occasionnellement BIJW *bij gelegenheid*; *incidenteel*; *af en toe*
occasionner OV WW FORM. *veroorzaken*
occident M *westen*
occidental I BNW [m mv: **occidentaux**] *westers*; *westelijk* **II** M [mv: **occidentaux**] ★ les Occidentaux *de westerlingen*
occidentaliser OV WW *verwestersen*
occipital BNW [m mv: **occipitaux**] *achterhoofds-* ★ (os) ~ *achterhoofdsbeen*
occiput (zeg: -puut) M *achterhoofd*
occire OV WW FORM./HUMOR. *koudmaken*; *doden*
occitan I M *(het) Occitaans*; *langue d'oc* **II** BNW *Occitaans*
occlure OV WW MED. *afsluiten*
occlusif BNW [v: **occlusive**] *afsluitend*; *occlusief*

★ (consonne) occlusive *ploffer*
occlusion V *(af)sluiting*; *occlusie*
occultation V • *occultatie*; *verduistering* • *verhulling*; *versluiering*
occulte BNW *verborgen*; *geheim*; *occult*
occulter OV WW • *verhullen*; *versluieren* • *verduisteren*
occultisme M *occultisme*
occupant M [v: **occupante**] • *bewoner* • *inzittende* • *bezetter*
occupation V • *bezigheid*; *werk* • *inbezitneming*; *bezetting* • *bewoning* ★ plan d'~ des sols *bestemmingsplan*
occupé BNW • *bezet*; *in gesprek* ‹v. telefoonlijn› • *bezig (***à** *met)* ★ être très ~ *het erg druk hebben*
occuper I OV WW • *bezetten* • *bezighouden (***à** *met)*; *werk geven* • *in beslag nemen* ‹v. tijd› • *bekleden* ‹v. functie› • *innemen* ‹v. plaats, positie› • *bewonen*; *huizen in* • *besteden (***à** *aan)* ‹v. tijd› **II** ONOV WW JUR. *occuperen (***pour** *voor)*; *zaken behartigen* **III** WKD WW [**s'~**] • *zich bezighouden* • **~ de** *zich bezighouden met*; *zich bekommeren om*; *zorgen voor* ★ occupe-toi de tes oignons!/t'occupe (pas)! *bemoei je met je eigen zaken!*
occurrence V FORM. *geval*; *omstandigheid* ★ en l'~ *in dit geval*; *in het onderhavige geval*
OCDE AFK Organisation de coopération et de développement économique *OESO*
océan M *oceaan* ★ ~ (glacial) Antarctique/Austral *Zuidelijke IJszee* ★ ~ (glacial) Arctique *Noordelijke IJszee* ★ ~ Atlantique *Atlantische Oceaan* ★ ~ Indien *Indische Oceaan* ★ ~ Pacifique *Stille Zuidzee*
Océanie V *Oceanië*
océanien BNW [v: **océanienne**] *Oceanisch*
océanique BNW *oceanisch*; *oceaan-* ★ climat ~ *zeeklimaat*
océanographie V *oceanografie*
océanographique BNW *oceanografisch*
océanologue M/V *oceanoloog*
ocelle M *oogvlek*
ocelot M *ocelot*
ocre I BNW *okergeel* **II** M/V *oker*
ocré BNW *okerkleurig (gemaakt)*
octaèdre M *achtvlak*; *octaëder*
octane M *octaan*
octante TELW *tachtig* ‹in België, Zwitserland›
octave V *octaaf* ‹in alle betekenissen›
octet M COMP. *byte*
octobre M *oktober*
octogénaire I BNW *tachtigjarig* **II** M/V *tachtiger*; *tachtigjarige*
octogonal BNW [m mv: **octogonaux**] *achthoekig*
octogone M *achthoek*
octosyllabe BNW *achtlettergrepig*
octosyllabique BNW • → **octosyllabe**
octroi M • *toekenning*; *verlening* • GESCH. *stadstol*
octroyer I OV WW *toekennen (***à** *aan)*; *verlenen*; *toestaan* **II** WKD WW [**s'~**] INFORM. *zich veroorloven*; *zich gunnen*
oculaire I M *oculair* ‹lens› **II** BNW *oog-*; *oculair* ★ témoin ~ *ooggetuige*
oculiste M/V *oogarts*
odalisque V *haremvrouw*; *odalisk*
ode V *ode*; *lofdicht*
odeur V *geur*; *reuk*; *lucht(je)* ★ être en ~ de sainteté (auprès de) *in een geur van heiligheid staan (bij)*; *hoog aangeschreven staan (bij)*
odieusement BIJW *afschuwelijk*; *schandelijk*
odieux BNW [v: **odieuse**] • *afschuwelijk*; *schandelijk*; *verfoeilijk* • *onuitstaanbaar* ★ se rendre ~ (à) *zich gehaat maken (bij)*
odontologie V *tand(heel)kunde*; *odontologie*
odorant BNW *geurig*; *(wel)riekend*
odorat (zeg: -rà) M *reuk*; *reukzin*
odoriférant BNW *welriekend*; *geurig*
odyssée V *odyssee*; *omzwerving*
OEA AFK Organisation des états américains *OAS*; *Organisatie van Amerikaanse Staten*
oecuménique BNW *oecumenisch*
oecuménisme M *oecumene*
oedème M *oedeem*
oedipe, Oedipe M ★ complexe d'~ *oedipuscomplex*
œil (zeg: uij) **I** M [mv: **yeux**] • OOK FIG. *oog* • *oog* ‹opening›; *(kijk)gaatje* • *oog* ‹knop› • *vetoog(je)* ★ à mes yeux *in mijn ogen*; *volgens mij* ★ aux yeux/sous les yeux de qn *voor iemands ogen* ★ INFORM. à l'œil *gratis*; *voor niks* ★ à vue d'œil *zienderogen* ★ de ses (propres) yeux *met eigen ogen* ★ d'un œil noir *met een gemene blik* ★ FIG. dans l'œil du cyclone *midden in de turbulentie* ★ en un clin d'œil *in een oogwenk* ★ entre quatre yeux ★ INFORM. entre quatre-z-yeux *onder vier ogen* ★ INFORM. pour les beaux yeux de qn *om iemands mooie (blauwe) ogen*; *alleen om iem. plezier te doen* ★ avoir l'œil à tout *overal op letten* ★ avoir l'œil pour *oog hebben voor*; *kijk hebben op* ★ avoir l'œil sur qn *een oogje op iem. houden* ★ avoir l'œil américain *meteen opmerken*; *een praktische kijk hebben* ★ ne pas avoir froid aux yeux *niet bang uitgevallen zijn* ★ INFORM. s'en battre l'œil *er geen zier om geven* ★ INFORM. coûter les yeux de la tête *erg duur zijn* ★ ne pas en croire ses yeux *zijn ogen niet (kunnen) geloven* ★ dévorer/couver des yeux *met de ogen verslinden* ★ ne dormir que d'un œil *licht slapen* ★ être tout yeux (tout oreilles) *een en al oog (en oor) zijn* ★ INFORM. faire de l'œil (à qn) *(iemand) oogjes geven/toelonken* ★ faire les yeux doux à qn *verliefd/lief naar iem. kijken* ★ fermer les yeux sur qc *iets oogluikend toestaan*; *een oogje dichtdoen voor iets* ★ ne pas fermer l'œil *geen oog dichtdoen* ★ les yeux fermés *blindelings* ★ jeter un coup d'œil *een blik werpen* ★ ouvrir de grands yeux/des yeux ronds *grote ogen opzetten* ★ regarder qn entre les yeux *iem. strak aankijken* ★ ouvre l'œil (et le bon)! *let goed op!*; *geef je ogen de kost!* ★ tourner de l'œil *flauwvallen* ★ voir d'un bon/mauvais œil *welwillend/met lede ogen bezien* ★ le mauvais œil *het boze oog* ★ INFORM. mon œil! *m'n neus!*; *je grootje!* ★ INFORM. ça me sort par les yeux *daar word ik niet goed van*; *dat hangt me de keel uit* ★ il a les yeux plus grands que le ventre *zijn ogen*

zijn groter dan zijn maag ★ cela saute aux yeux/cela frappe l'œil *het springt in het oog* ★ INFORM. cela crève les yeux *dat is overduidelijk* ★ œil pour œil, dent pour dent *oog om oog, tand om tand* ★ loin des yeux, loin du cœur ⟨spreekwoord⟩ *uit het oog, uit het hart* **II** M [mv: **œils**] TECHN. *oog*

œil-de-bœuf M [mv: **œils-de-bœuf**] *rond of ovaal venster*

œil-de-chat M [mv: **œils-de-chat**] *kattenoog* ⟨soort kwarts⟩

œil-de-perdrix M [mv: **œils-de-perdrix**] *eksteroog; likdoorn*

œillade V *lonkende blik; (knip)oogje*

œillère V • OOK FIG. *oogklep* • *oogbadje* • *oogtand* ★ avoir des ~s *oogkleppen voor hebben*

œillet M • *anjer* • *vetergat; rijggat* • *ringetje in vetergat/perforatiegat* ★ PLANTK. ~ d'Inde *afrikaantje*

œilleton M • PLANTK. *knop aan wortel of bladoksel; oogje* • *(dop met) kijkgaatje*

œillette V • *tuinpapaver* • *maanzaadolie; papaverolie* ★ graines d'~ *maanzaad*

oenologie V *oenologie; wijn(bouw)kunde*

oenologue M/V *vinoloog; wijnkenner*

oesophage (zeg: eezo-, euzo-) M *slokdarm*

oestrogène M *oestrogeen*

œuf (zeg: uf; [mv:] eu) M *ei* ★ œuf à la coque *zachtgekookt ei* ★ œufs brouillés *roereieren* ★ œuf dur *hardgekookt ei* ★ œufs au plat/sur le plat *spiegeleieren* ★ œuf de Pâques *paasei* ★ plein comme un œuf *tjokvol* ★ dans l'œuf *vanaf de oorsprong* ★ écraser/étouffer dans l'œuf *in de kiem smoren* ★ FIG. marcher sur des œufs *op eieren lopen* ★ mettre tous ses œufs dans le même panier *alles op één kaart zetten*

œufrier M *eierhoudertje/-rekje*

œuvre I M • FORM. *gezamenlijke werken; oeuvre* ⟨v. kunstenaar⟩ • MUZ. *opus* • *bouwwerk* ★ hors d'~ *aangebouwd; uitspringend* ★ le grand ~ *de steen der wijzen* ★ le gros ~ *de ruwbouw; het skelet* ⟨v. gebouw⟩ ★ à pied d'~ *op de bouwplaats; ter plaatse*; FIG. *startklaar* **II** V • *werk* • *voortbrengsel; (kunst)werk* • *zetting* ⟨v. edelsteen⟩ ★ (bonnes) ~s *goede werken; liefdewerk* ★ ~ (de bienfaisance) *liefdadigheidsinstelling* ★ ~s d'art *kunstwerken* ★ l'~ d'un écrivain *het werk/oeuvre v.e. schrijver* ★ fils de ses ~s *iem. die zich heeft opgewerkt; selfmade man* ★ maître d'~ *bouwheer* ★ mise en ~ *uitvoering; toepassing* ★ faire ~ de *zich gedragen als; optreden als* ★ mettre en ~ *aanwenden; in het werk stellen; uitvoeren* ★ se mettre à l'~ *aan het werk gaan* ★ atteint dans ses ~s vives *in zijn vitale belangen aangetast* ★ à l'~ on connaît l'artisan *aan het werk kent men de meester* ★ ~s [mv] *romp* ⟨v. schip⟩

œuvrer ONOV WW FORM. *werken; zich beijveren* (**pour** *voor*)

off BNW ★ voix off *commentaarstem* ⟨bij (film)beelden⟩ ★ festival off *alternatief festival*

offensant BNW *beledigend*

offense V • *belediging*; OOK FIG. *krenking* (**à** *van*) • REL. *zonde; schuld*

offensé M [v: **offensée**] *beledigde (partij)*

offenser I OV WW • *beledigen* • FIG. *krenken; indruisen tegen* **II** WKD WW [**s'~**] **de** *zich beledigd voelen over; aanstoot nemen aan*

offenseur M *belediger*; JUR. *beledigende partij*

offensif BNW [v: **offensive**] *aanvallend; aanvals-; offensief* ★ retour ~ OOK FIG. *(het) opnieuw toeslaan*

offensive V OOK FIG. *offensief* ★ ~ de charme *pogingen om te paaien/in te palmen; charmeoffensief* ★ prendre l'~ *aanvallen*

offert WW [volt. deelw.] • → **offrir**

offertoire M *offertorium* ⟨r.-k.⟩

office M • *dienst* • *kantoor; bureau* • *ambt; betrekking* • *kerkdienst; officie* • *brevier(gebeden)* • *bijkeuken* ★ ~ du Tourisme *VVV-kantoor* ★ ~ des morts *dodenmis* ★ d'~ *ambtshalve*; FIG. *automatisch* ★ bons ~s *goede diensten; bemiddeling; dienstbetoon* ★ INFORM. Monsieur Bons ~s *bemiddelaar; troubleshooter* ★ avocat (commis) d'~ *toegewezen advocaat* ★ faire ~ de *dienst doen als; fungeren als*

officialiser OV WW *officieel maken; officieel bekrachtigen*

officiant M *priester die de mis opdraagt; officiant*

officiel I BNW [v: **officielle**] *officieel; ambts-* ★ Journal ~ *Staatscourant* ★ INFORM. ~! *zeker weten!* **II** M *officieel persoon; official* ★ l'Officiel *de Staatscourant*

officiellement BIJW • → **officiel**

officier I M [v: **officière**] • *officier* • OUD. *ambtenaar* ★ ~ de l'état civil *ambtenaar v.d. burgerlijke stand* ★ ~ général *opperofficier* ★ ~ ministériel *ministerieel ambtenaar* ⟨notaris, deurwaarder⟩ ★ ~ supérieur *hoofdofficier* ★ grand ~ *grootofficier* ★ ~ sorti du rang *vakofficier* **II** ONOV WW *de mis opdragen; officiëren; dienst doen*

officieux BNW [v: **officieuse**] *onofficieel; officieus*

officinal BNW [m mv: **officinaux**] • *officinaal* • *geneeskrachtig* ★ plantes ~es *geneeskrachtige kruiden*

officine V • FORM. *apotheek* • FIG. *broeinest*

offrande V • *offer(ande)* • FORM. *gave*

offrant M ★ le plus ~ *de meestbiedende*

offre V *aanbod; bod* ★ l'~ et la demande *vraag en aanbod* ★ ~ ferme *vaste offerte* ★ ~ publique d'achat (OPA) *overnamebod* ★ appel d'~s *aanbesteding bij inschrijving* ★ rubrique '~s d'emploi' *personeels-/vacatureadvertenties*

offrir I OV WW [onregelmatig] *aanbieden; bieden; offreren* (**à** *aan*) **II** WKD WW [**s'~**] • *zich aanbieden* • *zich voordoen* • *zich blootstellen* (**à** *aan*) ★ s'~ qc *zich op iets trakteren; zich iets gunnen*

offset I M *offsetdruk* **II** V *offsetmachine* **III** BNW *offset*

offshore I M *offshore* **II** BNW *offshore-*

offusquer I OV WW *aanstoot geven; ergeren* **II** WKD WW [**s'~**] **de** *zich ergeren aan*

ogival BNW [m mv: **ogivaux**] *spitsboog-; ogivaal* ★ OUD. style ~ *gotische stijl*

ogive V • *spitsboog; ogief* • *neuskegel* ⟨v.

projectiel) ★ ~ nucléaire *kernkop* ★ croisée d'~s *kruisboog*; *ogief*
OGM AFK organisme génétiquement modifié *ggo*; *genetisch gemodificeerd organisme*
ogre M [v: **ogresse**] *mensenetende reus* ★ manger comme un ogre *eten als een wolf*
oh TW *och!*; *o!*; *wel!* ★ oh là là! *o jee!*; *nou nou!* ★ pousser des oh! et des ah! *ach en wee roepen*
ohé TW *hé daar!*; *ahoi*
ohm M *ohm*
oie V *gans* ★ OUD. oie blanche *dom gansje* ★ jeu de l'oie *ganzenbord* ★ contes de ma Mère l'Oie *sprookjes v. Moeder de Gans* ★ pas de l'oie *ganzenpas*; *paradepas*
oignon (zeg: onjo(n)) M • *ui* • *bloembol* • *eeltknobbel aan de voeten* • OUD. *knol* ⟨horloge⟩ ★ INFORM. en rang d'~s *in één rij* ★ aux petits ~s *piekfijn* ★ INFORM. occupe-toi/mêle-toi de tes ~s! *bemoei je met je eigen zaken!*
oïl (zeg: ojl) TW ★ langue d'oïl *taal van Noord-Frankrijk in de middeleeuwen*
OIN AFK organisation internationale de normalisation *ISO*
oindre OV WW [onregelmatig] • *zalven* • LITERAIR *doordrenken (***de** *met)*
oint I M *gezalfde* **II** BNW *gezalfd*
oiseau M [mv: **oiseaux**] *vogel* ★ ~ de passage *trekvogel* ★ ~ de proie *roofvogel* ★ ~ de bon augure *geluksbode* ★ FIG. un ~ rare *een witte raaf* ★ INFORM. drôle d'~ *vreemde snoeshaan* ★ vol d'~ *vogelvlucht*; *vogelperspectief* ★ à vol d'~ *hemelsbreed*; *in rechte lijn* ★ l'~ s'est envolé *de vogel is gevlogen*
oiseau-mouche M [mv: **oiseaux-mouches**] *kolibrie*
oiselet M *vogeltje*
oiseleur M *vogelaar*
oiselier M *vogelhandelaar*
oisellerie V *vogelhandel*
oiseux BNW [v: **oiseuse**] *zinloos*; *nutteloos*; *overbodig* ★ paroles oiseuses *ijdele praatjes*
oisif BNW [v: **oisive**] *nietsdoend*; *niet-werkend*; *ledig*; *lui*
oisillon M *jong vogeltje*
oisivement BIJW • → **oisif**
oisiveté V *(het) nietsdoen*; *ledigheid* ★ l'~ est la mère de tous les vices *ledigheid is des duivels oorkussen*
oison M [v: **oisonne**] OOK FIG. *jong gansje*; *ganzenkuiken*
OIT AFK Organisation internationale du travail *IAO*
O.K. TW *oké*
ola V SPORT *wave*
olé I BNW ★ INFORM. un peu olé olé *een tikje vrijpostig* **II** TW *olé!*
oléagineux BNW [v: **oléagineuse**] *olieachtig*; *oliehoudend*
oléiculture V *olijventeelt*
oléine V *oleïne*; *olievetstof*
oléoduc M *oliepijpleiding*
olfactif BNW [v: **olfactive**] *reuk-*
olfaction V *reuk(zin)*
olibrius (zeg: -juus) M INFORM./OUD. *snoeshaan*; *snuiter*
oligarchie V *oligarchie*
oligoéléments M MV *sporenelementen*
olivaie V *olijventuin*
olivâtre BNW *olijfkleurig*
olive V *olijf* ★ (vert) ~ *olijfgroen*
oliveraie V • → **olivaie**
olivette V • *olijventuin* • *(ovaal) tomaatje*
olivier M • *olijfboom* • *olijfhout* ★ mont des Oliviers *Olijfberg*
ollé TW • → **olé**
olographe BNW *holografisch* ⟨v. testament⟩
OLP AFK Organisation de libération de la Palestine *PLO*
Olympe M *Olympus*
olympiade V *olympiade*
olympien BNW [v: **olympienne**] FIG. *olympisch*; *majestueus*
olympique BNW *olympisch* ★ Jeux ~s *Olympische spelen*
ombelle V *scherm* ⟨bloeiwijze⟩ ★ (fleur en) ~ *schermbloem*
ombellifères V MV *schermbloemigen*
ombilic M *navel*
ombilical BNW [m mv: **ombilicaux**] *navel-* ★ cordon ~ *navelstreng*
ombrage M • *lommer*; *schaduw* ⟨v. gebladerte⟩ • *arcering* ★ faire/porter ~ à *krenken*; *geprikkeld maken* ★ prendre ~ de *gekrenkt/gepikeerd zijn over*
ombragé BNW *lommerrijk*; *beschaduwd*
ombrager OV WW • *overschaduwen* • *beschaduwen*
ombrageux BNW [v: **ombrageuse**] • *lichtgeraakt* • *schichtig* ⟨v. paard e.d.⟩
ombre I M *vlagzalm* ★ ~ de mer *harder* ⟨vis⟩ **II** V • OOK FIG. *schaduw* • [vaak mv] *(het) duister* • *schaduwbeeld*; *schim* • *schijn(tje)*; *zweem* • *omber* ⟨kleurstof⟩ ★ ~ à paupières *oogschaduw* ★ ~ portée *slagschaduw* ★ KUNST les ~s *de schaduwpartij* ★ une ~ au tableau *een schoonheidsfoutje*; *een minpuntje* ★ ~s chinoises/théâtre d'~s *schimmenspel* ★ pas l'~ d'un doute *geen spoor v. twijfel* ★ terre d'~ *omber(aarde)* ★ à l'~ de *in de schaduw van*; *beschut door* ★ courir après des ~s *hersenschimmen najagen* ★ faire de l'~ à qn *in iemands licht staan*; FIG. *iem. in de schaduw stellen* ★ dans l'~ *in het duister*; *in het ongewisse*; *in het verborgene*; FIG. *op de achtergrond* ★ mettre à l'~ *veilig wegbergen*; INFORM. *opsluiten*
ombrelle V *kleine draagbare parasol*
ombrer OV WW *schaduw aanbrengen op*
ombreux BNW [v: **ombreuse**] *schaduwrijk*; *halfduister*
Ombrie V *Umbrië*
OMC AFK Organisation mondiale du commerce *WTO*; *Wereldhandelsorganisatie*
oméga M *omega*
omelette V *omelet* ★ on ne fait pas d'~ sans casser des œufs ⟨spreekwoord⟩ *waar gehakt wordt vallen spaanders*
omerta V *zwijgplicht* ⟨in maffiose samenleving⟩
omettre OV WW [onregelmatig] • *weglaten*; *overslaan* • *nalaten*; *verzuimen* (**de** *te)*

omis WW [volt. deelw.] • → **omettre**
omission V • *weglating*; *omissie* • *verzuim*; *nalatigheid* ★ sauf erreur ou ~ *vergissing of weglating voorbehouden* ★ mensonge par ~ *moedwillige verzwijging* ★ pécher par ~ *uit nalatigheid zondigen*
omnibus (zeg: -buus) M GESCH. *(omni)bus* ★ (train) ~ *stoptrein*
omnipotence V *almacht*
omnipotent BNW *almachtig*
omnipraticien M [v: **omnipraticienne**] FORM. *huisarts*
omniprésence V *alomtegenwoordigheid*
omniprésent BNW *alomtegenwoordig*
omniscience V FORM. *alwetendheid*
omniscient BNW FORM. *alwetend*
omnisports BNW *voor alle sporten* ★ salle ~ *sporthal*
omnium M • *algemene handelsmaatschappij* • SPORT *omnium* • *omniumverzekering*
omnivore I M *alleseter*; *omnivoor* **II** BNW *omnivoor*
omoplate V *schouderblad*
OMS AFK Organisation mondiale de la santé *WGO*; *Wereldgezondheidsorganisatie*
on ONB VNW • *men* ⟨INFORM. ik, jij, wij, jullie, u, zij⟩ ★ on s'en va? *zullen we gaan?* ★ on frappe *er wordt geklopt* ★ on ne sait jamais *je kunt nooit weten* ★ le qu'en dira-t-on *de openbare mening*
onagre I M *wilde ezel*; *onager* **II** V *teunisbloem*
onanisme M FORM. *onanie*; *masturbatie*
once V • *ounce*; OUD. *ons* • *sneeuwpanter* ★ pas une once *geen greintje*
oncle M *oom* ★ ~ à héritage *suikeroom*
oncologue M/V *oncoloog*
onction V VAAK FIG. *zalving*
onctueux BNW [v: **onctueuse**] • *zalfachtig*; *vettig* • *smeuïg*; *romig* • FIG. *zalvend*
onctuosité V • *vettigheid*; *smeuïgheid* • *zalvendheid*
onde V • *golf* • OUD. *water* ⟨bv. zee, meer⟩ ★ ondes courtes (OC) *korte golf* ⟨radio⟩ ★ ondes moyennes (OM)/petites ondes (PO) *middengolf* ⟨radio⟩ ★ grandes ondes (GO) *lange golf* ⟨radio⟩ ★ longueur d'onde *golflengte* ⟨radio⟩ ★ ondes lumineuses *lichtgolven* ★ ondes sonores *geluidsgolven* ★ mise en ondes *radioregie*; *radiobewerking* ★ sur les ondes (hertziennes) *in de ether*; *op de radio* ★ onde de choc OOK FIG. *schokgolf* ★ pirate des ondes *etherpiraat*
ondé BNW *gegolfd*; *golvend*
ondée V *stortbui*
ondin M [v: **ondine**] *watergeest*; *waternimf*
on-dit M [mv: id.] ★ les ~ *de praatjes (v.d. mensen)*
ondoiement M • *golving* • *nooddoop* ⟨r.-k.⟩
ondoyant BNW • *golvend* • FORM. *veranderlijk*; *wispelturig*
ondoyer I OV WW R.-K. *de nooddoop toedienen aan* **II** ONOV WW *golven*; *wapperen*
ondulant BNW *golvend*; FIG. *schommelend* ★ drapeaux ~s *wapperende vlaggen*
ondulation V • *golving* • *haargolf*
ondulatoire BNW *golvend*; *golf-* ★ mouvement ~ *golfbeweging*
onduler I OV WW *golven*; *onduleren* ★ carton ondulé *golfkarton* ★ cheveux ondulés *golvend haar* ★ tôle ondulée *golfplaat* **II** ONOV WW *(doen) golven*; *onduleren*
onduleux BNW [v: **onduleuse**] *golvend*
onéreux BNW [v: **onéreuse**] *kostbaar*; *duur* ★ JUR. à titre ~ *onder bezwarende titel*; *tegen vergoeding*
ONG AFK organisation non gouvernementale *ngo*; *niet-gouvernementele organisatie*
ongle M *nagel*; *klauw* ★ jusqu'au bout des ~s *in hart en nieren*; *door en door* ★ se faire les ~s *zijn nagels verzorgen* ★ se rogner les ~s *op zijn nagels bijten* ★ savoir sur le bout des ~s *op zijn duimpje kennen/weten*
onglée V *dode, tintelende vingertoppen* ⟨v.d. kou⟩
onglet M • *keepje*; *nagelkeep*; *duimgreep* • TECHN. *verstek* • *oortje*; *tab* • *longhaasje* ⟨middenrifbiefstuk⟩ • *burijn* ★ boîte à ~s *verstekbak*
onglier M *nagelgarnituur*
onguent M *zalf*
ongulés M MV *hoefdieren*
onirique BNW *droom-*; *droomachtig*
oniromancie V *droomuitlegging*
onomastique I V *naamkunde* **II** BNW *naam-*
onomatopée V *onomatopee*; *klanknabootsing*
ont WW [présent] • → **avoir**
ontologie V *ontologie*; *zijnsleer*
ONU AFK Organisation des Nations unies *VN*; *Verenigde Naties*
onusien I M [v: **onusienne**] *VN-ambtenaar* **II** BNW [v: **onusienne**] *VN-*
onyx M *onyx*
onze I TELW *elf* **II** M • *elf* • SPORT *elftal*
onzième I TELW *elfde* **II** M *elfde deel*
OPA AFK offre publique d'achat *(vijandig) overname(bod)* ⟨op aandelen⟩
opacifier I OV WW *ondoorschijnend maken* **II** WKD WW [**s'~**] *ondoorschijnend worden*
opacité V • *ondoorschijnendheid*; *opaciteit* • FIG. *duisterheid*; *ondoorgrondelijkheid*
opale V *opaal*
opalin BNW *opaalachtig*
opaline V *opaalglas*; *melkglas*
opaque BNW • *ondoorschijnend*; *opaak* • FIG. *duister*; *ondoorgrondelijk*
opéable BNW *rijp voor overnamebod*
open I M [mv: id.] *open kampioenschappen* **II** BNW ★ billet open *open, ongedateerd ticket*
OPEP AFK Organisation des pays exportateurs de pétrole *OPEC*; *organisatie van olie-exporterende landen*
opéra M • *opera* • *operagebouw* ★ ~ bouffe *komische opera* ★ ~-comique *opera met zang en dialoog*
opérable BNW *opereerbaar*; *te opereren*
opérant BNW *werkzaam*; *effectief*
opérateur I M [v: **opératrice**] • *operateur*; *bediener* ⟨v. apparatuur⟩ • *cameraman* • *effectenhandelaar* **II** M [v: **opératrice**] WISK. *operator*
opération V • *operatie* ⟨in alle betekenissen⟩ • *werking* • *verrichting*; *handeling*; *actie* • *transactie* ★ faire des ~s télébancaires

thuisbankieren • COMP. *bewerking* ★ les ~s fondamentales *de hoofdbewerkingen v.d. rekenkunde* ▼ ~ gagnant-gagnant *win-winsituatie*
opérationnel BNW [v: **opérationnelle**] *operationeel*
opératoire BNW MED. *operatief*; *operatie-* ★ bloc ~ *operatiekamer(s)*
opercule M BIO./TECHN. *deksel(tje)*
opérer I OV WW • *teweegbrengen*; *maken*; *doen* • MED. *opereren (***de** *aan, voor)* ★ ~ des miracles *wonderen doen* **II** ONOV WW • *werken*; *uitwerking hebben (***sur** *op)* • *te werk gaan*; *opereren* ★ le remède commence à ~ *het geneesmiddel begint te werken* **III** WKD WW [**s'~**] *geschieden*
opérette V *operette* ★ personnage d'~ *schertsfiguur*
ophidiens M MV *slangachtigen*
ophtalmie V *oogontsteking*
ophtalmo M/V INFORM. *oogarts*
ophtalmologie V *oogheelkunde*
ophtalmologique BNW *oogheelkundig*
ophtalmologiste M/V *oogarts*
ophtalmologue • → **ophtalmologiste**
ophtalmoscope M *oogspiegel*
opiacé I M *opiaat* **II** BNW *opiumhoudend*
opiner ONOV WW FORM. *zijn mening te kennen geven* ★ ~ à qc *met iets instemmen* ★ ~ du bonnet/de la tête *stilzwijgend/knikkend toestemmen*
opiniâtre BNW *hardnekkig*; *koppig*
opiniâtrer WKD WW [**s'~**] *(koppig) volharden (***dans** *in)*
opiniâtreté V *hardnekkigheid*; *koppigheid*
opinion V • *mening (***sur** *over)*; *opinie*; *dunk (***de** *van)* • *openbare mening* ★ presse d'~ *opiniebladen/-pers* ★ avoir le courage de ses ~s *voor zijn mening durven uitkomen* ★ je suis de ton ~ *ik ben het met je eens*
opiomane M/V *opiumverslaafde*
opiomanie V *verslaafdheid aan opium*
opium (zeg: opjom) M *opium*
opossum M *opossum*; *buidelrat*
opportun BNW *gelegen (komend)*; *geschikt*; *van pas*; *opportuun*
opportunément BIJW • → **opportun**
opportunisme M *opportunisme*
opportuniste I BNW *opportunistisch* **II** M/V *opportunist*
opportunité V *opportuniteit*; *geschiktheid*; *gunstige gelegenheid*
opposable BNW *opponeerbaar*
opposant I M [v: **opposante**] *opposant*; *opponent*; *tegenstander (***à** *van)* **II** BNW *zich verwerend*
opposé I M *tegendeel*; *tegenovergestelde* ★ à l'~ *daarentegen*; *aan/naar de andere kant* ★ à l'~ de *in tegenstelling met*; *tegenover* ★ c'est tout l'~ *dat is precies het tegenovergestelde* **II** BNW • *tegenoverliggend (***à** *aan)*; *tegenoverstaand* • *tegengesteld (***à** *aan)* ★ angles ~s *overstaande hoeken* ★ être violemment ~ à qc *fel tegen iets (gekant) zijn*
opposer I OV WW • *tegenoverstellen* • *tegenwerpen*; *inbrengen (***à** *tegen)* ★ être opposé à *staan tegenover*; *geconfronteerd worden met* ★ ce match oppose R à O *in deze wedstrijd staan R en O tegenover elkaar* **II** WKD WW [**s'~**] **à** *zich verzetten tegen*; *ingaan tegen*; *tegengaan*; *staan tegenover*
opposite M ★ à l'~ de *tegenover*
opposition V • *tegenstelling*; *tegenspraak*; *verschil* • *oppositie(partij)* • *tegenstand*; *verzet (***à** *tegen)* • *tegenovergestelde stand* ★ FIG. en ~ avec *in conflict/strijd met* ★ par ~ à *in tegenstelling met* ★ faire/mettre ~ à *zich verzetten tegen*; *verzet/bezwaar aantekenen tegen* ★ faire ~ (à un chèque) *een cheque blokkeren* ★ faire de l'~ *oppositie voeren*
oppresser OV WW OOK FIG. *benauwen*; *beklemmen*
oppresseur I BNW *onderdrukkend* **II** M *onderdrukker*
oppressif BNW [v: **oppressive**] *(onder)drukkend*
oppression V • *onderdrukking*; *verdrukking*; FIG. *druk* • *benauwdheid*
opprimer OV WW *onderdrukken*; *verdrukken*
opprobre M FORM. *schande*; *vernedering*; *schandvlek*
optatif BNW [v: **optative**] *wensend* ★ (mode) ~ *wensende wijs*; *optatief*
opter ONOV WW FORM. *opteren*; *kiezen (***pour** *voor)*
opticien M [v: **opticienne**] *opticien*
optimal BNW [m mv: **optimaux**] *optimaal*
optimalisation V • → **optimisation**
optimaliser OV WW • → **optimiser**
optimisation V *optimalisering*; *upgrade*
optimiser OV WW *optimaliseren*; *upgraden*
optimisme M *optimisme*
optimiste I BNW *optimistisch* **II** M/V *optimist*
optimum I BNW [m mv: **optimums/optima**] *optimaal* **II** M [mv: **optimums/optima**] *optimum*
option V • *keuze(mogelijkheid)* • *optie (***sur** *op)*; *voorkeursrecht* ★ (accessoire en) ~ *extra accessoire* ‹v. auto e.d.› ★ matière à ~ *keuzevak* ★ lever l'~ *de optie lichten*; *van het optierecht gebruikmaken*
optionnel BNW [v: **optionnelle**] *naar keuze*; *facultatief*; *optioneel*
optique I V • *optica* • TECHN. *optiek* • FIG. *optiek*; *gezichtspunt*; *zienswijze*; *perspectief* ★ dans cette ~ *zo bezien* **II** BNW *optisch*; *gezichts-* ★ angle ~ *gezichtshoek* ★ nerf ~ *oogzenuw*
opulence V *overvloed*; *weelde(righeid)*; *opulentie*
opulent BNW *rijk*; *weelderig*; *overvloedig*
opuscule M *werkje*; *geschriftje*
or I M *goud* ★ or en feuilles *bladgoud* ★ l'or noir *het zwarte goud* ★ valeur or *goudwaarde* ★ d'or *goud-*; *gouden*; *van goud* ★ cheveux d'or *goudgele, blonde haren* ★ cœur d'or *hart v. goud* ★ être cousu d'or *schatrijk zijn* ★ pièce d'or *gouden munt*; *goudstuk* ★ au poids de l'or/à prix d'or *voor goudgeld*; *peperduur* ★ en or *gouden*; *voortreffelijk*; *pracht-* ★ affaire en or *lucratieve zaak*; FIG. *goudmijn(tje)* ★ rouler sur l'or *bulken van het geld* **II** BIJW • *welnu*; *nu* • *maar*; *echter* ★ or, un beau jour *welnu, op zekere dag*

oracle M *orakel* ★ ton d'~ *besliste toon*
orage M • *onweer* • FIG. *storm*; *bui* ★ FIG. il y a de l'~ dans l'air *er is storm op til*
orageux BNW [v: **orageuse**] • *onweerachtig*; *onweers-* • FIG. *stormachtig*; *woelig*; *verhit*
oraison V *gebed*; R.-K. *oratie* ★ ~ funèbre *lijkrede*
oral BNW [m mv: **oraux**] • *mondeling*; *oraal* • *mond-*; *oraal* ★ (examen) oral *mondeling examen* ★ tradition orale *mondelinge overlevering* ★ cavité orale *mondholte*
orange I BNW *oranje* **II** M *oranje* ‹kleur› **III** V *sinaasappel*; *appelsien* ★ ~ amère *pomerans*
orangé I BNW *oranje(achtig)* **II** M FORM. *oranjekleur*
orangeade V *sinaasappellimonade*; *sinas*
oranger M *sinaasappelboom* ★ fleur d'~ *oranjebloesem*
orangeraie V *sinaasappelplantage*
orangerie V *oranjerie*
orang-outan M [mv: **orangs-outan(g)s**] *orang-oetan*
orang-outang M • → **orang-outan**
orateur M [v: **oratrice**] *spreker*; *redenaar* ★ ~ sacré *kanselredenaar*
oratoire I BNW *redenaars-*; *retorisch*; *oratorisch* ★ art ~ *redenaarskunst*; *welsprekendheid* **II** M *huiskapel*; *kapelletje*
oratorio M MUZ. *oratorium*
orbe I M • FORM. *ring* • FORM. *kring* • FORM. *bol* • STERRENK. *baan* • STERRENK. *sfeer* **II** BNW ★ mur orbe *blinde muur*
orbiculaire BNW *(k)ringvormig*
orbital BNW [m mv: **orbitaux**] *orbitaal*; *omloop(baan)-* ★ station ~e *ruimtestation*
orbite V • *omloopbaan* ‹v. satelliet e.d.› • *ooghoIte*; *oogkas* • *invloedsfeer*; FIG. *kring* ★ ~ d'attente *parkeerbaan* ★ mettre en/sur ~ *in zijn baan brengen*; FIG. *lanceren*
orbiter ONOV WW *(in een baan) rondcirkelen*
orchestral (zeg: ork-) BNW [m mv: **orchestraux**] *orkestraal*
orchestrateur (zeg: ork-) M [v: **orchestratrice**] • MUZ. *bewerker* • *organisator*; *orkestrator*
orchestration (zeg: ork-) V • *orkestratie* • FIG. *regie*; *organisatie*
orchestre (zeg: ork-) M *orkest* ★ chef d'~ *dirigent* ★ (fauteuils d')~ *stalles*
orchestrer (zeg: ork-) OV WW • *orkestreren* • FIG. *regisseren*; *organiseren*
orchidée (zeg: orkie-) V *orchidee*
ordalie V GESCH. *godsgericht*
ordinaire I BNW • *gewoon*; *alledaags*; *huis-tuin-en-keuken-* • *middelmatig* • OOK MIN. *ordinair* ★ pas ~ *niet alledaags*; *vreemd* **II** M • *(het) gewone* • *dagelijkse kost* • *normale benzine* • R.-K. *ordinarius* ★ comme à l'~ *als gewoonlijk* ★ d'~ *gewoonlijk* ★ sortir de l'~ *ongewoon zijn*; *(heel) apart zijn* ★ vin ~ *tafelwijn* ★ ~ de la messe *vaste gebeden v.d. mis*; *ordinarium*
ordinairement BIJW *gewoonlijk*; *meestal*
ordinal BNW [m mv: **ordinaux**] *ordinaal*; *rang-*; *orde-* ★ (nombre) ~ *rangtelwoord*
ordinateur M *computer* ★ ~ bloc-notes *laptop*; *notebook* ★ ~ domestique/familial *homecomputer* ★ ~ portable/portatif *laptop*
ordination V • *priesterwijding* • *ordening* ‹v. gegevens›
ordonnance V • MED. *recept* • *verordening*; *beschikking* • *ordening*; *indeling*; *regeling*; *opeenvolging* • GESCH. *oppasser v.e. officier* ★ délivré sur ~ *op recept verkrijgbaar* ★ officier d'~ *adjudant*; *ordonnansofficier* ★ MIL. pistolet d'~ *dienstpistool*
ordonnancement M • *machtiging tot betaling* • *methodische ordening/regeling*
ordonnancer OV WW • *machtigen tot betaling* • *ordenen*; *plannen*
ordonnateur I M [v: **ordonnatrice**] *regelaar*; *bestuurder* **II** BNW [v: **ordonnatrice**] *ordenend*; *regelend*
ordonné BNW *geordend*; *geregeld*; *ordelijk*
ordonnée V *ordinaat*; *y-as*
ordonner OV WW • *ordenen* • *voorschrijven (***à** *aan)*; *gelasten* • *(tot priester) wijden* ★ maison bien ordonnée *goed ingericht huis*
ordre M • *orde* ‹in alle betekenissen› • *rangorde*; *volgorde* • *order*; *opdracht*; *bevel*; *bestelling* • *soort*; *aard*; *categorie* ★ ~ de bataille *slagorde* ★ ~ de grève *stakingsoproep* ★ ~ du jour *orde van de dag* ‹agenda›; *dagorder* ★ ~ monastique *kloosterorde* ★ ~ public *openbare orde* ★ GESCH. les trois ~s *de drie standen* ★ billet à ~ *orderbriefje* ★ mot d'~ *wachtwoord*; *leus*; *duidelijke opdracht* ★ avoir de l'~ *netjes/ordelijk zijn*; *orde kunnen houden* ★ à l'~ de *betaalbaar aan* ★ dans un tout autre ~ d'idées *in een heel ander verband* ★ c'est dans l'~ (des choses) *dat ligt in de orde der dingen*; *zo gaat dat (nu eenmaal)* ★ de l'~ de *in de orde (van grootte) van* ★ de premier ~ *eersterangs*; *hoogst belangrijk* ★ du même ~ *van dezelfde aard*; *soortgelijk* ★ en ~ *in orde*; *geordend* ★ par ~ de *in opdracht van* ★ les ~s mineurs/majeurs *de lagere/hogere wijdingen* ★ sous les ~s de *onder bevel van*; *ondergeschikt aan* ★ porter un militaire à l'~ du jour *een militair eervol vermelden* ★ rappeler à l'~ *tot de orde roepen* ★ entrer dans les ~s *religieus/priester worden* ★ rentrer dans l'~ *weer tot rust komen*; *op zijn pootjes terecht komen* ★ faire rentrer dans l'~ *weer in het gareel brengen* ★ je suis à vos ~s *ik ben tot uw dienst/orders*
ordure V • [vaak mv] *vuil(igheid)*; *vuilnis*; *drek* • *obsceniteit* • VULG. *vuilak*; *smeerlap* ★ ~s ménagères *huisvuil* ★ ~s encombrantes *grof (huis)vuil* ★ boîte à ~s *vuilnisbak*
ordurier BNW [v: **ordurière**] *vuil*; *schunnig* ★ écrivain ~ *vuilschrijver*
orée V LIT. *rand* ‹v. bos›; *zoom*
oreillard M *langoor* ‹vleermuis›
oreille V • *oor* • *gehoor* • *klein handvat* ‹v. pan, kan e.d.›; *oor* • *oorleuning* ‹v. fauteuil› ★ jusqu'aux ~s *tot over de oren* ★ l'~ basse *met hangende pootjes* ★ écrou à ~s *vleugelmoer* ★ avoir de l'~ *een zuiver gehoor hebben* ★ ne pas en croire ses ~s *zijn oren niet kunnen geloven* ★ dire à l'~ *influisteren* ★ échauffer les ~s à *ergeren*; *kwaad maken* ★ n'écouter que d'une ~/écouter d'une ~ distraite *maar met een half oor luisteren*

★ être tout ~s/écouter de toutes ses ~s *een en al oor zijn* ★ être dur d'~/avoir l'~ dure *hardhorend zijn* ★ frotter/tirer les ~s à qn *iem. de oren wassen* ★ FIG. fermer l'~ à *doof zijn voor* ★ faire la sourde ~ *Oost-Indisch doof zijn* ★ montrer le bout de l'~ *zich verraden* ★ prêter l'~ (à) *het oor lenen (aan); luisteren (naar)* ★ INFORM. rabattre les ~s à qn *iem. aan zijn kop zeuren* ★ tendre/dresser l'~ *de oren spitsen* ★ se faire tirer l'~ *zich laten bidden en smeken* ★ les murs ont des ~s *de muren hebben oren* ★ ce n'est pas tombé dans l'~ d'un sourd *dat is niet aan dovemansoren gezegd* ★ tu me casses les ~s! *maak niet zo'n herrie!; zeur niet zo!*

oreiller M *hoofdkussen*

oreillette V • *boezem v.h. hart* • *oorklep*

oreillons M MV MED. *bof*

ores BIJW ★ d'ores et déjà *nu al; van nu af aan*

orfèvre M *edelsmid* ★ être ~ en la matière *ter zake kundig zijn*

orfèvrerie V • *edelsmeedkunst* • *edelsmederij*

orfraie V *visarend* ★ pousser des cris d'~ *moord en brand schreeuwen*

organdi M *organdie* ⟨soort mousseline⟩

organe M *orgaan* ⟨in alle betekenissen⟩ ★ COMP. ~ de traitement *rekeneenheid*

organigramme M *organigram; stroomdiagram*

organique BNW • *organisch* • *organiek*

organisable BNW *te organiseren*

organisateur I M [v: **organisatrice**] *organisator* **II** BNW [v: **organisatrice**] *organiserend*

organisation V *organisatie* ⟨in alle betekenissen⟩; *regeling; indeling; structuur*

organisé BNW • *georganiseerd* • *methodisch* • BIOL. *van organen voorzien; bewerktuigd* ★ tête bien ~e *helder hoofd*

organiser I OV WW *organiseren; regelen; inrichten* **II** WKD WW [**s'~**] • *zich organiseren* • *zijn bezigheden regelen* • *geregeld worden*

organiseur M *organizer*

organisme M • *organisme* ⟨in alle betekenissen⟩ • *instelling; organisatie*

organiste M/V *organist*

orgasme M *orgasme*

orgastique BNW *orgastisch*

orge I M ★ orge mondé *gepelde gerst* ★ orge perlé *geparelde gerst* **II** V *gerst* ★ OOK MED. grain d'orge *gerstekorrel*

orgeat M *orgeade; amandelmelk*

orgelet M MED. *gerstekorrel; strontje*

orgiaque BNW *orgieachtig; orgiastisch* ★ débauches ~s *wilde uitspattingen*

orgie V OOK FIG. *orgie*

orgue M [v mv wanneer het één instrument aanduidt] *orgel* ★ les ~s *het orgel* ★ ~ de Barbarie *draaiorgel* ★ jeu d'~s *orgelregister; lichtorgel* ★ point d'~ *fermate*; FIG. *slotakkoord* ★ ~s basaltiques *basaltzuilen*

orgueil M *trots; hoogmoed* ★ faire l'~ de *de trots zijn van* ★ mettre son ~ à *er een eer in stellen om*

orgueilleusement BIJW • → **orgueilleux**

orgueilleux I BNW [v: **orgueilleuse**] • *trots (***de** *op)* • *hoogmoedig* **II** M [v: **orgueilleuse**] *trots/hoogmoedig mens*

orient M • *Oriënt; oosten* • *glans v.e. parel* • *vrijmetselaarsloge* ★ d'Orient *oosters*

orientable BNW *verstelbaar; draaibaar*

oriental BNW [m mv: **orientaux**] • *oosters* • *oostelijk; oost-* ★ des Orientaux *oosterlingen*

orientalisme M • *oriëntalisme* • *oriëntalistiek*

orientaliste I BNW *oriëntalistisch; gericht op het exotische* **II** M/V *oriëntalist*

orientation V • *oriëntatie; oriëntering* • *ligging* ⟨v. huis e.d.⟩ • FIG. *richting; koers* ★ ~ professionnelle *beroepsvoorlichting* ★ ~ sexuelle *seksuele geaardheid* ★ loi d'~ *raamwet*

orienté BNW • *gelegen; georiënteerd* • *tendentieus* ★ ~ à l'est *op het oosten liggend*

orienter I OV WW OOK FIG. *oriënteren; richten (***vers** *naar, op)* **II** WKD WW [**s'~**] OOK FIG. *zich oriënteren; zich richten (***vers** *naar, op)*

orifice M *opening; mond; gat*

oriflamme V *vaan; banier*

origan M *oregano; marjolein*

originaire BNW *oorspronkelijk* ★ ~ de *afkomstig uit*

original I BNW [m mv: **originaux**] • *origineel; oorspronkelijk* • *zonderling* **II** M [mv: **originaux**] • *origineel; model* • *zonderling*

originalité V • *originaliteit; oorspronkelijkheid* • *eigenaardigheid; bijzonderheid*

origine V *oorsprong; her-/afkomst; afstamming* ★ FIG. les ~s *de wortels; de oorsprong* ★ à l'~ *oorspronkelijk; aanvankelijk* ★ d'~ *van origine; origineel* ⟨v. product⟩ ★ dès l'~ *van meet af aan* ★ FIG. être à l'~ de *de bron zijn van; achter iets zitten* ★ tirer son ~ de *afstammen van; afkomstig zijn van*

originel BNW [v: **originelle**] *oorspronkelijk; oer-* ★ péché ~ *erfzonde*

originellement BIJW *van het begin af; oorspronkelijk*

oripeau M [mv: **oripeaux**] *klatergoud* ★ ~x [mv] *oude, opzichtige kleren*

oripeaux M MV • → **oripeau**

ORL AFK INFORM. otorhinolaryngologiste *kno-arts*

orme M *iep; olm*

ormeau M [mv: **ormeaux**] • *jonge iep* • *zeeoor*

ornement M • *versiersel; versiering* • *ornament; tooi* ★ d'~ *sier-; decoratief*

ornemental BNW [m mv: **ornementaux**] *versierend; decoratief* ★ plante ~e *sierplant*

ornementation V *ornamentatie; versiering*

ornementer OV WW *met ornamenten versieren*

orner OV WW *versieren; verfraaien; tooien (***de** *met)*

ornière V • *wagenspoor* • *sleur* ★ sortir de l'~ *uit de sleur raken; uit de problemen raken*

ornithologie V *ornithologie; vogelkunde*

ornithologue M/V *ornitholoog; vogelkenner*

ornithorynque M *vogelbekdier*

orographie V *bergbeschrijving; orografie*

oronge V *amaniet* ★ fausse ~ *vliegenzwam*

orpailleur M *goudwasser; goudzoeker*

Orphée *Orpheus*

orphelin I M [v: **orpheline**] *wees* **II** BNW *verweesd* ★ ~ de père/de mère *vaderloos/moederloos*

orphelinat M *weeshuis*
orphéon M *fanfare*
orque M *orka*
ORSEC AFK Organisation des secours *hulpverleningsorganisatie* ★ plan ~ *departementaal rampenplan*
orteil M *teen* ★ gros ~ *grote teen*
orthodontie (zeg: -tie, -sie) V *orthodontie*; *gebits-/kaakregulatie*
orthodontiste M/V *orthodontist*
orthodoxe BNW *orthodox*; *rechtzinnig*
orthodoxie V *orthodoxie*; *rechtzinnigheid*
orthogonal BNW [m mv: **orthogonaux**] *rechthoekig*
orthographe V *schrijfwijze*; *spelling* ★ faute d'~ *spelfout*
orthographier OV WW *volgens de spellingregels schrijven*; *spellen*
orthographique BNW *orthografisch*; *spelling-*
orthopédie V *orthopedie*
orthopédique BNW *orthopedisch*
orthopédiste M/V *orthopedist*; *orthopeed* ★ médecin ~ *orthopedisch arts*
orthophonie V *logopedie*
orthophoniste M/V *logopedist*
ortie V *brandnetel* ★ ~ blanche *witte dovenetel* ★ ~ de mer *zeenetel*
ortolan M *ortolaan* ⟨vogel⟩
orvet M *hazelworm*
os (zeg: os; [mv:] oo) M ● *been*; *bot* ● INFORM. *moeilijkheid*; *kink in de kabel* ★ os long *pijpbeen* ★ os à moelle *mergpijp(je)* ★ en chair et en os *in levenden lijve* ★ mouillé jusqu'aux os *doornat* ★ n'avoir que les os et la peau/être un sac d'os *vel over been zijn* ★ donner un os à ronger à qn *iem. met iets afschepen* ★ ne pas faire de vieux os *jong sterven* ★ y laisser ses os *zijn hachje erbij inschieten* ★ tomber sur un os *op een onverwacht probleem stuiten* ★ INFORM. amène tes os! *kom hier!*
oscillant BNW ● *schommelend*; *slingerend*; *oscillerend* ● *weifelend*
oscillateur M *oscillator*
oscillation V OOK FIG. *schommeling*; *oscillatie*
oscillatoire BNW *oscillatie-*
osciller ONOV WW ● *slingeren*; *schommelen*; *oscilleren* ● *weifelen*; *aarzelen*
oscillographe M *oscillograaf*
osé BNW *gewaagd*; *gedurfd*
oseille V ● *zuring* ● INFORM. *geld*; *poen*
oser OV+ONOV WW *durven (te)*; *wagen* ★ si j'ose m'exprimer ainsi *als ik het zo mag zeggen*
oseraie V *met tenen beplante grond*; *griend*
osier M ● *teenwilg* ● *teen* ★ panier d'~ *tenen mand*
osmose V *osmose*
osmotique BNW *osmotisch*
ossature V ● *beenderstelsel*; *gebeente* ● *ribwerk* ⟨v. gewelf⟩ ● FIG. *geraamte*; *structuur*
osselet M *beentje*; *botje* ★ jouer aux ~s *bikkelen*
ossements M MV *knekels*; *gebeente* ⟨v. lijk⟩
osseux BNW [v: **osseuse**] ● *benig*; *knokig* ● *been(der)-* ★ moelle osseuse *beenmerg*
ossification V ● *beenvorming* ● *verbening*
ossifié BNW OOK FIG. *verbeend*; *verhard*
ossu BNW *bonkig*; *schonkig*
ossuaire M ● *knekelhuis* ● *hoop beenderen*
ostéalgie V *botpijn*
ostéite V *bot(weefsel)ontsteking*
Ostende *Oostende*
ostensible BNW *openlijk*; *onverholen*; *ostentatief*
ostensoir M *monstrans* ⟨r.-k.⟩
ostentation V *uiterlijk vertoon*; *pronkzucht*; *show*
ostentatoire BNW FORM. *ostentatief*
ostéologie V *osteologie*; *beenderleer*
ostéoporose V *osteoporose*; *botontkalking*
ostracisme M ● GESCH. *ostracisme*; *schervengericht* ● *uitsluiting*
ostréiculteur M [v: **ostréicultrice**] *oesterkweker*
ostréiculture V *oesterteelt*
Ostrogoths M MV *Oost-Goten*
otage M *gijzelaar*; *gegijzelde* ★ prise d'~(s) *gijzeling*
OTAN AFK Organisation du traité de l'Atlantique Nord *NAVO*; *Noord-Atlantische Verdragsorganisatie*
otarie V *zeeleeuw*
ôter I OV WW ● *wegnemen (***à** *van)*; *afnemen*; *ontnemen*; *afdoen*; *uitdoen* ⟨v. kledingstukken⟩ ● *aftrekken (***de** *van)*; *in mindering brengen* ★ ôter la vie *het leven benemen* ★ 3 ôté de 5 égale 2 *5-3=2* ★ il m'a ôté les mots de la bouche *hij haalde me de woorden uit de mond* ★ cela n'ôte rien à son mérite *dat doet niets af aan zijn verdienste* **II** WKD WW [**s'~**] ★ INFORM. ôte-toi de là *ga weg!*; *smeer 'm!*
otite V *oorontsteking*
otorhinolaryngologiste M/V *keel-, neus- en oorarts*
ottoman BNW *Ottomaans*
ou VW *of* ★ ou alors *zo niet*; *anders* ★ ou bien *of(wel)*
où BIJW *waar*; *waarheen*; *waarin*; *waarop* ★ où ça? *waar (dan)?* ★ d'où *vanwaar*; *waaruit*; *vandaar* ★ d'où vient que *hoe komt het dat* ★ jusqu'où *waartoe*; *tot hoever* ★ par où *waarlangs* ★ le moment où *het ogenblik dat/waarop* ★ où que [+ subj.] *waar(heen)... ook*
OUA AFK Organisation de l'unité africaine *OAE*; *Organisatie van Afrikaanse Eenheid*
ouailles V MV FIG. *schaapjes*; *kudde*
ouais TW INFORM. *ja*
ouate V ★ de la ~ /de l'~ *watten*
ouaté BNW ● *gewatteerd*; *watten-* ● FIG. *gedempt*; *ingetogen*
ouatiné BNW *met wattine gevoerd*; *gewatteerd*
oubli M ● *(het) vergeten* ● *vergetelheid* ● *verzuim*; *nalatigheid*; *omissie* ★ ~ de soi-même *zelfverloochening* ★ tomber dans l'~ *in vergetelheid raken* ★ tirer de l'~ *aan de vergetelheid onttrekken*
oublier I OV WW *vergeten (***de** *te)* ★ se faire ~ *zich (een tijdje) gedeisd houden* **II** WKD WW [**s'~**] ● *vergeten worden* ● *zich vergeten*; *zich laten gaan* ● *zichzelf wegcijferen* ● *zijn tijd vergeten* ● *het laten lopen* ⟨v. ontlasting⟩
oubliettes V MV *onderaardse kerker* ★ mettre aux ~ *in het vergeetboek doen raken* ★ tomber

dans les ~ *in vergetelheid raken*
oublieux BNW [v: **oublieuse**] *vergeetachtig* ★ être ~ de *nalatig zijn in*; *veronachtzamen*
oued M *wadi*
ouest (zeg: west) **I** M *westen* ★ à l'~ de *ten westen van* ★ vent d'~ *westenwind* ★ l'Europe de l'Ouest *West-Europa* **II** BNW *westelijk*; *west(en)-* ★ longitude ~ *westerlengte*
ouest-allemand BNW [mv: **ouest-allemands**] *West-Duits*
ouf TW *oef!*
oui I M *ja(woord)* ★ pour un oui ou pour un non *bij het minste of geringste*; *zonder aanwijsbare reden* **II** BIJW *ja* ★ mais oui *ja zeker* ★ il dit que oui *hij zegt van wel*
ouï-dire ★ par ~ *van horen zeggen*
ouïe (zeg: wie) V • *gehoor(zin)* • → **ouille** ★ IRON. être tout ouïe *een en al oor zijn* ★ ouïes [mv] *kieuw*; *klankgat* ‹v. viool e.d.›; TECHN. *luchtspleet*
ouille TW *oei!*
ouïr OV WW FORM./HUMOR. *horen* ★ j'ai ouï dire que *ik heb gehoord dat*
ouistiti M • *penseelaapje*; *zijdeaapje* • INFORM. *(rare) snuiter*
ouragan M • *orkaan* • FIG. *storm* ★ arriver comme un ~ *komen aanstormen*
Oural M *Oeral*
ourdir OV WW • *scheren* ‹v. kettingdraden›; *spannen* • FIG. *smeden*; *beramen*
ourler OV WW *(om)zomen*
ourlet M *zoom*; *(omgeslagen) rand*
ours (zeg: oers) M • *beer* • FIG. *brombeer* ★ ours blanc/polaire *ijsbeer* ★ ours gris *grizzlybeer* ★ ours en peluche *teddybeer* ★ ours mal léché *ongelikte beer*
ourse V *berin* ★ Grande Ourse *Grote Beer* ★ Petite Ourse *Kleine Beer*
oursin M *zee-egel*
ourson M *beertje*; *berenjong*
oust, ouste TW *vort!*; *wegwezen!*
ouste TW • → **oust**
out BIJW • SPORT *out*; *uit* • *uit (de mode)*; *ouderwets*
outarde V *trapgans*
outil (zeg: oetie) M *werktuig*; *gereedschap*; *hulpmiddel*
outillage M *werktuigen*; *machines*; *materieel*; *uitrusting*; *outillage*
outiller OV WW *van werktuigen voorzien*; *toerusten*; *outilleren*
output M *uitdraai*; *output*
outrage M • *(grove) belediging* • *schennis (***à** *van)*; *vergrijp (***à** *tegen)* ★ ~ à la pudeur *zedenmisdrijf* ★ dernier(s) ~(s) *grove ontering*; *verkrachting* ★ les ~s du temps *de tand des tijds*; *de gebreken v.d. oude dag*
outrageant BNW *beledigend*; *krenkend*
outrager OV WW • *(grof) beledigen*; *krenken* • FIG. *geweld aandoen*; *schenden*
outrageusement BIJW • → **outrageux**
outrageux BNW [v: **outrageuse**] • *buitensporig*; *ontstellend* • *beledigend*
outrance V *buitensporigheid*; *overdrijving* ★ à ~ *tot het uiterste*; *buitensporig*; *overdreven*
outrancier BNW [v: **outrancière**] *buitensporig*; *overdreven*; *extreem*
outre I BIJW ★ en ~ *bovendien*; *daarenboven* ★ passer ~ *(gewoon) doorgaan*; *niet reageren* ★ FIG. passer ~ à *voorbijgaan aan* **II** VZ *behalve*; *buiten* ★ ~ mesure *bovenmate* ★ ~ que *behalve (het feit) dat*; *niet alleen (dat)... maar ook* **III** V *leren (wijn-, water)zak*
outré BNW • *overdreven*; *buitensporig* • *verontwaardigd*; *buiten zichzelf (***de**, **par** *van, over)*
outre- VOORV *over-*; *aan de overzijde van*
outre-Atlantique BIJW *aan de overzijde van de Atlantische Oceaan*
outrecuidance V FORM. *verwaandheid*; *aanmatiging*
outrecuidant BNW FORM. *verwaand*; *hooghartig*
outre-Manche BIJW *aan de overzijde van het Kanaal*
outremer M • *ultramarijnblauw* • *lazuursteen*
outre-mer BIJW *overzee* ★ d'~ *overzees*
outrepasser OV WW FIG. *overschrijden*; *te buiten gaan*
outrer OV WW • *overdrijven*; *tot het uiterste drijven* • *verontwaardigd maken*
outre-Rhin BIJW *aan de andere kant v.d. Rijn*
outre-tombe BIJW ★ d'~ *vanuit het graf*; *vanuit het hiernamaals*
outsider (zeg: autsajdeur) M *outsider*
ouvert I BNW OOK FIG. *open* ★ grand ~ *wijd open* ★ guerre ~e *verklaarde oorlog*; *openlijk conflict* **II** WW [volt. deelw.] • → **ouvrir**
ouvertement BIJW *openlijk*
ouverture V • *opening* • *(het) openen* • *openheid* • MUZ. *ouverture* • FIG. *opening*; *toenadering*; *gunstige gelegenheid* ★ ~s de paix *vredesbesprekingen* ★ ~ d'une séance *opening v.e. zitting* ★ ~ d'esprit *ontvankelijkheid*
ouvrable BNW ★ jour ~ *werkdag*
ouvrage M • *werk*; *arbeid* • *(gewrocht) werk* ★ TECHN. ~ d'art *kunstwerk* ‹brug enz.› ★ ~ défensif *verdedigingswerk* ★ boîte à ~ *naaidoos* ★ maître d'~ *opdrachtgever* ‹v. bouwwerk›; *bouwheer* ★ se mettre à l'~ *aan het werk gaan*
ouvragé BNW *fijn bewerkt/afgewerkt*; *doorwrocht*
ouvrant BNW *openend*; *opengaand* ★ toit ~ *schuifdak*
ouvré BNW *bewerkt* ★ jour ~ *werkdag*
ouvre-boîte M [mv: **ouvre-boîtes**] *blikopener*
ouvre-bouteille M [mv: **ouvre-bouteilles**] *flessenopener*
ouvreuse V *ouvreuse*
ouvrier I M [v: **ouvrière**] *arbeider*; *werkman* ★ ~ professionnel/qualifié *geschoold arbeider* ★ ~ spécialisé *ongeschoold arbeider* **II** BNW [v: **ouvrière**] *arbeiders-* ★ (abeille) ouvrière *werkbij* ★ classe ouvrière *arbeidersklasse* ★ cheville ouvrière *spil waar alles om draait*
ouvrir I OV WW [onregelmatig] • *openen* ‹in alle betekenissen› • *aandoen* ‹v. gas, licht, radio e.d.› ★ ~ un parapluie *een paraplu opsteken* ★ ~ le circuit *de stroom onderbreken/uitschakelen* ★ ~ une fenêtre dans *een raam aanbrengen in* ★ ~ de grands yeux *grote ogen opzetten* ★ ~ la voie (à) *de weg bereiden (voor)*

ou

★ ~ une liste *boven aan een lijst staan* ★ ~ les ailes *de vleugels uitslaan* ★ ~ l'appétit *de eetlust opwekken* **II** ONOV WW • *open zijn* ‹v. winkel e.d.› • *opengaan* ‹v. deur e.d.› • *openen*; *beginnen* (**par** *met*) ★ la porte ouvre sur le jardin *de deur komt uit op de tuin* **III** WKD WW [**s'~**] • *zich openen*; *opengaan* • *geopend worden*; *beginnen* (**par** /**sur** *met*) ★ s'~ le genou *zijn knie openhalen* ★ s'~ un chemin *zich een weg banen* ★ s'~ à qc *openstaan voor iets* ★ s'~ à qn *iem. een geheim toevertrouwen* ★ la porte s'ouvre sur le jardin *de deur komt uit op de tuin*

ovaire M • *eierstok*; *ovarium* • *vruchtbeginsel*

ovale I BNW *ovaal* **II** M *ovaal* ★ en ~ *ovaal*

ovalisé BNW *ovaal geworden*

ovation V *ovatie*; *luid applaus*

ovationner OV WW *toejuichen*; *een ovatie brengen*

overdose V *overdosis*

Ovide *Ovidius*

oviducte M *eileider*

oviforme BNW *eivormig*

ovin BNW BIOL. *schapen-* ★ les ovins *de schapen*

ovipare BNW *ovipaar*; *eierleggend*

ovni AFK objet volant non identifié *ufo*; *vliegende schotel*

ovoïde BNW *eivormig*

ovulaire BNW *eicel-*

ovulation V *ovulatie*; *eisprong*

ovule M • *eicel* • PLANTK. *zaadknop*

oxalique BNW ★ acide ~ *oksaalzuur*

oxycoupeur M *snijbrander*

oxydable BNW *oxideerbaar*; *roestbaar*

oxydation V *oxidatie*; *(het) roesten*

oxyde M *oxide*

oxyder I OV WW *oxideren* **II** WKD WW [**s'~**] *oxideren*; *roesten*

oxygénateur M *zuurstofapparaat*

oxygénation V *verbinding/behandeling met zuurstof*

oxygéné BNW • *zuurstofhoudend* • *geblondeerd* ★ eau ~e *waterstofperoxide*

oxygène M *zuurstof* ★ FIG. donner une bouffée d'~ *weer wat lucht geven*; *oppeppen*

oxygéner I OV WW • *met zuurstof verbinden* • *blonderen* **II** WKD WW [**s'~**] INFORM. *frisse lucht inademen* ★ s'~ les cheveux *het haar blonderen*

oyat (zeg: ojà) M *helmgras*

oyez WW [geb. wijs] • → **ouïr**

ozone M *ozon* ★ la couche d'~ *de ozonlaag*

ozoné BNW *ozonhoudend*

ozoner OV WW • → **ozoniser**

ozoniser OV WW *ozoniseren*

P

p I M letter *p* ★ p comme Pierre *de p van Pieter* **II** AFK • page *p.*; *pag.*; *pagina*; *blz.*; *bladzijde* • MUZ. piano *p* ‹zacht›

P. AFK Père *Pater*; *Eerwaarde*

P2P AFK peer to peer [m] *P2P*

Paca AFK Provence-Alpes-Côte d'Azur

pacage M • *beweiding* • *weidegrond*

pacemaker (zeg: peesmeekeur) M MED. *pacemaker*

pacha M *pasja*

pachyderme M *dikhuidig dier*; *pachyderm*

pacificateur I M [v: **pacificatrice**] *vredestichter* **II** BNW [v: **pacificatrice**] *vrede brengend*; *verzoenend*; *bemiddelend*

pacification V • *vredestichting*; *pacificatie* • *kalmering*

pacifier OV WW • *pacificeren*; *tot rust brengen* • *kalmeren*

pacifique BNW • *vreedzaam* • *vredelievend* ★ (océan) Pacifique *(de) Stille/Grote Oceaan*

pacifisme M *pacifisme*

pacifiste I BNW *pacifistisch* **II** M/V *pacifist*

pack M • *pakijs* • *draagkarton* • *voorhoede* ‹rugby› • FIG. *pakket* ‹koppelverkoop›

package (zeg: -a(d)zj /-e(d)zj) M COMP. *softwarepakket*

pacotille V *waardeloze rommel* ★ de ~ *waardeloos*; *prul-*

PACS, pacs (zeg: paks) AFK pacte civil de solidarité *geregistreerd partnerschap* ‹ook tussen bloedverwanten›

pacser ONOV WW *zich door een 'PACS' verbinden* ★ être pacsés *als geregistreerde partners samenleven*

pacte M *verdrag*; *overeenkomst*; *pact*

pactiser ONOV WW *het op een akkoordje gooien*; *gemene zaak maken*; *pacteren* (**avec** *met*)

pactole M FIG. *goudmijn*

paddock M • *paddock*; *(pits)terrein* ‹v. racebaan› • INFORM. *bed*

paf I BNW INFORM. *dronken* **II** TW *klets!*; *pats!*; *poef!*

PAF AFK paysage audiovisuel français *omroepbestel, -wezen*

pagaie, pagaïe (zeg: pagè met harde g) V *pagaai*; *peddel*

pagaille V INFORM. *janboel*; *rommel* ★ en ~ *in wanorde*; *in overvloed* ★ semer la ~ *er een bende van maken*; *herrie trappen*

paganiser OV WW *heidens maken*

paganisme M *heidendom*

pagayer ONOV WW *pagaaien*; *peddelen*

page I M *page*; *edelknaap* **II** V • *bladzijde*; *pagina* • *programmaonderdeel* ‹radio, tv›; *(nieuws)rubriek* ★ les pages jaunes ≈ *de gouden gids* ★ page de pub(licité) *(STER-)reclameblok* ★ page d'accueil *homepage* ★ page de démarrage *startpagina* ★ DRUKK. mettre en pages *opmaken* ★ belle/fausse page *oneven/even bladzijde* ★ être à la page *bij zijn*; *op de hoogte zijn* ★ OOK FIG. tourner la page *de bladzijde omslaan*

pagel M *zeebrasem*
pageot M INFORM. *nest*; *bed*
pageoter WKD WW [**se** ~] INFORM. *gaan pitten* ⟨slapen⟩
pagination V *paginering*
paginer OV WW *pagineren*
pagne M *lendendoek*
pagode V *pagode* ★ manche ~ *vanaf de elleboog wijd uitlopende mouw*; *klokmouw*
paie V ● → **paye**
paiement M ● *betaling* ● *betaalde som*
païen (zeg: paje(n)) **I** BNW [v: **païenne**] ● *heidens* ● *goddeloos* **II** M [v: **païenne**] *heiden*
paierie V *betaalkantoor*
paillard I BNW *scabreus*; *schuin*; *wellustig* **II** M *wellusteling*; *geilaard*
paillardise V ● *ontucht*; *wellust* ● *schunnig woord/verhaal*
paillasse I M OUD. *paljas*; *hansworst* **II** V ● *stromatras* ● *aanrechtblad* ● INFORM. *pens*; *buik*
paillasson M ● *deurmat* ● *rieten dekmat* ● INFORM. *voetveeg*; *hielenlikker*
paille I V ● *stro* ● *rietje* ● INFORM./HUMOR. *kleinigheid*; *bagatel* ★ (brin de) ~ *strohalm*; *strootje* ★ ~ de bois/de fer *houtwol/staalwol* ★ FIG. la ~ et la poutre *de splinter en de balk* ★ feu de ~ *strovuur* ★ homme de ~ *stroman* ★ être sur la ~ *doodarm zijn* ★ tirer à la courte ~ *strootje trekken* ★ ~s [mv] *ongerechtigheid* ⟨in metaal, glas, edelsteen⟩ **II** BNW [onver.] *strogeel*
pailler I M ● *plaats waar men het stro legt*; *strozolder* ● *strohoop* **II** OV WW *met stro omwikkelen/bedekken* ★ ~ une chaise *een stoel matten*
pailleter OV WW *met lovertjes versieren* ★ robe pailletée *glitterjurk*
paillette V ● *lovertje*; *paillette* ● *(erts-, goud)schilfertje* ● *vlekje* ⟨in edelsteen⟩; *gles* ★ savon en ~s *vlokkenzeep*
paillis (zeg: -jie) M *strodek* ⟨op akkers⟩; *strooisel*
paillon M ● *grote lover*; *metalen blaadje* ● *strohuls* ⟨v. fles⟩ ● *schalm* ⟨v. kettinkje⟩ ● *stromand*
paillote V *strohut*
pain M ● *brood* ● *brood* ⟨langwerpig stuk⟩; *staaf* ● INFORM. *opstopper* ★ pain au levain *zuurdesembrood* ★ pain bis *bruin brood* ★ pain braisé *toast* ⟨hard beschuit⟩ ★ pain de campagne *boerenbrood* ★ pain au chocolat *chocoladebroodje* ★ pain complet *volkorenbrood* ★ pain d'épice *kruidkoek*; *ontbijtkoek* ★ pain industriel *fabrieksbrood* ★ pain noir *roggebrood*; *boekweitbrood* ★ pain perdu *wentelteefje(s)* ★ pain viennois *zoet witbrood* ★ petit pain *broodje* ★ pain de fantaisie *luxebrood* ★ pain de savon *stuk zeep* ★ pain de sucre *suikerbrood* ★ bon comme du pain *doodgoed* ★ pour une bouchée de pain *voor een appel en een ei* ★ avoir du pain sur la planche *werk aan de winkel hebben* ★ gagner son pain *zijn kost verdienen* ★ manger son pain blanc (le premier) *met het leukste beginnen*; *goed beginnen* ★ je ne mange pas de ce pain-là *daar moet ik niets van hebben* ★ INFORM. ça ne mange pas de pain *daar draai je je hand niet voor om*; *dat is een wissewasje* ★ ôter le pain de la bouche à qn *iem. het brood uit de mond stoten* ★ FIG. perdre le goût du pain *het hoekje omgaan* ★ se vendre comme des petits pains *als warme broodjes over de toonbank gaan*; *erg vlug verkocht worden* ★ pleurer le pain qu'on mange *te krenterig zijn om te schijten*
pair I BNW *even* ★ pair ou impair *even of oneven* **II** M ● *(iemands) gelijke* ● GESCH. *pair* ⟨edelman, paladijn⟩; *peer* ⟨lid v.h. Engelse Hogerhuis⟩ ● ECON. *pari*; *pariteit* ★ au pair *au pair*; *tegen kost en inwoning*; ECON. *a pari* ★ de pair à compagnon *op voet van gelijkheid* ★ hors (de) pair *zonder weerga* ★ aller de pair (avec) *gelijke tred houden (met)*; *hand in hand gaan (met)*
paire V *paar*; *tweetal*; *stel* ★ une ~ de ciseaux *een schaar* ★ une ~ de lunettes *een bril* ★ une ~ de pincettes *een tang* ★ les deux font la ~ *het is dief en diefjesmaat* ★ INFORM. se faire la ~ *de benen nemen*
pairie V *pairschap*
paisible BNW *vreedzaam*; *vredig*; *rustig*
paître I OV WW [onregelmatig] ● *afgrazen* ● FORM. *laten grazen*; *weiden* **II** ONOV WW [onregelmatig] ● *grazen* ● → **envoyer**
paix (zeg: pè) V *vrede*; *rust*; *kalmte* ★ GESCH. paix de Dieu *godsvrede* ★ faire la paix *vrede sluiten*; *zich verzoenen* ★ signer la paix *vrede sluiten* ★ respirer la paix *pais en vree ademen* ★ INFORM. fichez-moi la paix *laat me met rust* ★ laisser en paix *met rust laten* ★ (la) paix! *stil!*; *koest!*
pajot M ● → **pageot**
Pakistan M *Pakistan*
pakistanais BNW [v: **pakistanaise**] *Pakistaans*
Pakistanais M [v: **Pakistanaise**] *Pakistani*
pal M [mv: **pals**] *aan één eind gepunte paal*; *staak*
palabrer ONOV WW INFORM. *kletsen*; *palaveren*
palabres V MV *oeverloos geklets*
palace M *groot deftig hotel*
paladin M GESCH. *paladijn*
palais M ● *paleis* ● *paleis v. justitie* ● *groot (openbaar) gebouw* ● *verhemelte* ★ Palais-Bourbon *Tweede Kamergebouw* ★ avoir le ~ fin *een fijne smaak hebben*
palan M *takel*
palanque V *palank* ⟨paalversperring⟩
palanquin M *draagstoel*; *palankijn*
palatal BNW [m mv: **palataux**] *palataal*
palatale V *verhemelteklank*; *palataal*
palatin BNW ● *verhemelte-* ● *paleis-* ● *palts-* ★ (comte) ~ *paltsgraaf*
Palatinat M *Palts*
pale V ● *blad* ⟨v. roeiriem, propeller, schoepenrad e.d.⟩; *schroefblad* ● REL. *palla*
pâle BNW *bleek*; *flets* ★ bleu pâle *lichtblauw* ★ MIL./INFORM. se faire porter pâle *zich ziek melden*
palefrenier M *stalknecht*
palefroi M GESCH. *paradepaard*
paléographe M/V *paleograaf*
paléographie V *paleografie*; *leer v.h. oude*

pa

handschrift
paléolithique I BNW *paleolithisch* **II** M *(de) oude steentijd; paleolithicum*
paléontologie V *paleontologie; leer v.d. fossiele organismen*
paléontologiste M/V *paleontoloog*
paléontologue M/V • → **paléontologiste**
paleron M *schouderstuk* ⟨v. (slacht)dier⟩
Palestine V *Palestina*
palestinien BNW [v: **palestinienne**] *Palestijns*
Palestinien M [v: **Palestinienne**] *Palestijn*
palet M *werpschijfje* ⟨bij hinkelen, sjoelen e.d.⟩; *puck* ⟨ijshockey⟩
paletot M *korte overjas; paletot* ★ tomber sur le ~ à qn *iem. aftuigen*
palette V • OOK FIG. *(schilders)palet* • SPORT *slaghout* • *spaan; spatel* • *pallet* • *schouderstuk* ⟨v. slachtdier⟩ • *schoep* ⟨v. waterrad⟩
palétuvier M *mangrove; wortelboom*
pâleur V *bleekheid; fletsheid*
Palice ★ une vérité de (Monsieur de) La ~ *een waarheid als een koe*
pâlichon BNW [v: **pâlichonne**] INFORM. *bleekjes*
palier M • *overloop; trapportaal* • *vlak gedeelte* ⟨v. weg, spoorbaan⟩ • TECHN. *lager* • FIG. *trap; niveau; (rustige, stabiele) fase* ★ ~ à billes *kogellager* ★ par ~s *trapsgewijs (opklimmend)* ★ être voisins de ~ *op dezelfde etage wonen*
palière BNW ★ marche ~ *bovenste trede v.e. trap*
palindrome M *palindroom*
pâlir I OV WW FORM. *doen verbleken* **II** ONOV WW *bleek worden;* OOK FIG. *verbleken* ★ faire ~ qn (d'envie) *iem. jaloers maken* ★ FIG. son étoile pâlit *zijn ster verbleekt*
palissade V *omheining v. palen; paalwerk*
palissandre M *palissander* ⟨hout⟩
palladium (zeg: -djom) M FORM. *hoeksteen; waarborg; palladium*
palliatif I M • MED. *verzachtend middel; palliatief* • *lapmiddel* **II** BNW [v: **palliative**] MED. *verzachtend; palliatief*
pallier OV WW • MED. *verzachten; enigszins verhelpen* • FORM. *verbloemen*
palmarès (zeg: -rès) M *palmares; lijst v. prijswinnaars; erelijst*
palme V • *palmblad/-tak* • FIG. *erepalm* • SPORT *zwemvlies* ★ huile de ~ *palmolie* ★ ~ d'or *gouden palm* ⟨filmonderscheiding⟩ ★ la ~ du martyre *de martelaarskroon* ★ remporter la ~ *de overwinning behalen*
palmé BNW • PLANTK. *handvormig* • *met zwemvliezen* • INFORM. *onderscheiden met de erepalm*
palmeraie V *palmbos(je)*
palmier M • *palmboom* • *waaiervormig koekje* ★ cœur de ~ *palmkool* ⟨jonge palmspruiten⟩
palmipède M *zwemvogel*
palmure V ANAT. *zwemvlies*
palombe V *houtduif*
palonnier M LUCHTV. *voetenstuur; stuurstang*
pâlot BNW [v: **pâlotte**] *bleekjes; pips*
palourde V *eetbaar tweekleppig schelpdier*
palpable BNW OOK FIG. *tastbaar*
palpation V *betasting en beklopping;* MED. *palpatie*
palper OV WW • *bevoelen; betasten;* MED. *palperen* • INFORM. *opstrijken* ⟨v. geld⟩; *beuren*
palpeur M TECHN. *taster; sensor*
palpitant BNW • *trillend; kloppend; knipperend* • *aangrijpend; boeiend*
palpitation V *trilling; (hart)klopping*
palpiter ONOV WW • *trillen* ⟨v. oogleden, neusvleugels e.d.⟩; *bonzen* ⟨v. hart⟩; *knipperen; lillen* • *hartkloppingen hebben*
palplanche V *schoeiplank* ★ ~s [mv] *beschoeiing; damwand*
paltoquet M *windbuil; pochhans*
palu M INFORM. → **paludisme**
paluche V INFORM. *hand; jat*
paludéen BNW [v: **paludéenne**] • *malaria-* • OUD. *moeras-*
paludisme M *malaria*
palustre BNW • *moeras-* • *malaria-*
pâmer WKD WW [**se ~**] • *zwijmelen; buiten zichzelf raken (**de** van)* • OUD. *in zwijm vallen* ★ se ~ d'admiration devant qc *weg zijn van iets*
pâmoison V FORM./HUMOR. *bezwijming* ★ tomber en ~ *in zwijm vallen*
pamphlet (zeg: -flè) M *schotschrift; pamflet*
pamphlétaire M/V *pamflettist*
pamplemousse M/V *pompelmoes; grapefruit*
pampre M *wijnrank*
pan I M • *pand* ⟨v. kledingstuk⟩; *slip; baan* ⟨v. stof⟩ • *vlak; zijde; stuk* ★ pan de mur *stuk muur; muurvak* **II** TW *pats!* ★ pan! pan! *pief paf!*
pan- VOORV *pan-; al-*
panacée V *middel voor alle kwalen; panacee*
panachage M • *vermenging* • POL. *stemsplitsing;* BELG. *(het) panacheren*
panache M • *vederbos; pluim* • *zwierige dapperheid* ⟨vermengd met branie⟩; *fiere allure* ★ ~ de fumée *rookpluim*
panaché I BNW • OOK FIG. *veelkleurig; bont; gemengd* • ZELDEN *met een pluim versierd* ★ légumes ~s *gemengde groenten* ★ glace ~e *gemengd ijs* **II** M *sneeuwwitje* ⟨glas bier met limonade⟩
panacher OV WW • OOK FIG. *veelkleurig/bont maken; mengen* • ZELDEN *met een pluim versieren* ★ POL. ~ (une liste électorale) *zijn stem splitsen* ⟨over kandidaten v. verschillende lijsten⟩; BELG. *panacheren*
panade V *broodsoep; broodpap* ★ INFORM. être dans la ~ *in de penarie zitten*
panama M *panamahoed*
Paname ZN INFORM. *Parijs*
panaméricanisme M *panamerikanisme*
panarabisme M *panarabisme*
panard M INFORM. *voet; poot*
panaris (zeg: -rie) M MED. *fijt*
pancarte V *bordje met opschrift*
pancréas (zeg: -as) M *alvleesklier; pancreas*
pandore M INFORM. *smeris*
panégyrique M *lofrede*
panel M *panel* ⟨groep deskundigen of respondenten⟩
paner OV WW *paneren* ★ escalope panée *wienerschnitzel*
panier M • *mand; korf* • SPORT *basket* • *hoepels*

‹v. hoepelrok› ★ ~ à ouvrage *handwerkmandje* ★ ~ à salade *slamand*; INFORM. *boevenwagen* ★ ~ percé *verkwister* ★ c'est un ~ de crabes *dat is een slangenkuil* ★ le fond du ~ *het uitschot* ★ OOK FIG. mettre au ~ *wegwerpen* ★ mettre dans le même ~ *over één kam scheren* ★ réussir un ~ *een punt maken bij basketbal* ★ INFORM. mettre la main au ~ *(iem.) even in de bil knijpen*

panière V *hengselmand*

panier-repas M [mv: **paniers-repas**] *lunchpakket*

panification V *broodbereiding*

panifier OV WW *brood maken van*

panini M [mv: **panini(s)**] *warm Italiaans belegd broodje*

paniquard M INFORM. *angsthaas*; *paniekzaaier*

panique I V *paniek* **II** BNW *panisch*

paniqué BNW *in paniek*

paniquer I OV WW *in paniek brengen* **II** ONOV WW *in paniek raken*

panne V • *(motor)pech*; *(technische) storing*; *panne* • *trijp* • *reuzel* ‹vetweefsel› ★ ~ de courant /d'électricité /de secteur *stroomstoring, -uitval* ★ en ~ *stuk*; *kapot*; *defect* ★ être en ~ *pech/storing hebben*; *blijven steken* ★ être en ~ sèche *zonder benzine zitten*; FIG. *droogstaan* ★ INFORM. être en ~ de qc *(even) zonder iets zitten* ★ tomber en ~ *defect raken*; *panne hebben*

panneau M [mv: **panneaux**] • *paneel*; *plaat*; *bord*; SCHEEPV. *luik*; *vlak* ‹v. edelsteen e.d.› • *pand* ‹v. kledingstuk› • JACHT *valstrik*; *net* ★ ~ isolant (en fibres de bois) *zachtboard* ★ ~-réclame /~ publicitaire *reclamebord* ★ ~ de signalisation *verkeersbord* ★ (~ d')aggloméré *spaanplaat* ★ ~ solaire *zonnepaneel* ★ donner/tomber dans le ~ *in de val lopen*

panneton M *baard* ‹v. sleutel›

panonceau M [mv: **panonceaux**] • *uithangbord* • *naambordje* ‹v. notariskantoor e.d.›

panoplie V • *wapenrusting*; *panoplie* • *volledige uitrusting* • FIG. *arsenaal*; *gamma*; *reeks* ★ avec toute la ~ *met alles erop en eraan*

panorama M OOK FIG. *panorama*

panoramique I BNW *panoramisch* **II** M *panoramashot* ‹met filmcamera›

pansage M *(het) roskammen*; *(het) borstelen* ‹v. dieren›

panse V • *pens* • INFORM. *pens*; *(dikke) buik* • *bol gedeelte*; *buik* ‹v. fles e.d.›

pansement M • MED. *(het) verbinden* • MED. *verband*

panser OV WW • MED. *verbinden* • *roskammen*; *borstelen* ‹v. dieren›

pansu BNW *(dik)buikig*

pantagruélique BNW *herinnerend aan Pantagruel* ‹reus uit de werken van Rabelais›; *reuzen-* ★ repas ~ *overdadig maal*

pantalon M *lange broek*

pantalonnade V *klucht*; *schijnheilige vertoning*

pantelant BNW • *hijgend* • *trillend*; *lillend*

panthéisme M *pantheïsme*

panthéiste I BNW *pantheïstisch* **II** M/V *pantheïst*

panthéon M *pantheon*

panthère V *panter*

pantin M *trekpop*; OOK FIG. *ledenpop*

pantographe V *pantograaf* ‹tekenaap; stroomafnemer›

pantois BNW *verbluft* ★ rester ~ (devant) *paf staan (van)*

pantomime V • *gebarenspel*; *(panto)mime* • FIG. *poppenkast*

pantouflage M PLAT *overstap naar de privésector* ‹v. hoge ambtenaar›

pantouflard M INFORM./FIG. *huismus*

pantoufle V *pantoffel* ★ INFORM. raisonner comme une ~ *redeneren als een kip zonder kop*

panure V *paneermeel*

PAO AFK publication assistée par ordinateur *dtp*; *desktoppublishing*

paon (zeg: pa(n)) M [v: **paonne**] • *pauw* • *verwaand/trots persoon* • *pauwoog* ‹vlinder› ★ se parer des plumes du paon *met andermans veren pronken*

papa M *pa*; *papa*; *vader* ★ INFORM. à la papa *op z'n dooie akkertje* ★ INFORM.... de papa *van vroeger*; *ouderwets* ★ MIN. fils/fille à papa *verwend rijkeluiszoontje/-dochter(tje)*

papal BNW [m mv: **papaux**] *pauselijk*

papamobile V *pausmobiel*

papauté V *pausdom*; *pausschap*

papaye V *papaja*

pape M *paus*

papelard I M INFORM. *stuk papier* ★ ~s [mv] *paperassen* **II** M [v: **papelarde**] OUD. *schijnheilige*; *kwezel* **III** BNW FORM. *schijnheilig*; *kwezelig*

paperasse V [vaak mv] *paperassen*

paperasserie V *papieren rompslomp*; *papierwinkel*

paperassier BNW [v: **paperassière**] *met veel papieren rompslomp*

papeterie, papèterie V • *kantoorboekhandel* • *papierhandel*

papetier M [v: **papetière**] • *papierfabrikant* • *papierhandelaar*; *kantoorboekhandelaar*

papi M JEUGDT. *opa*

papier M • *papier* • *geschrift*; *stuk*; *(kranten)artikel* • *geldswaardig stuk*; *wissel* ★ ~ (d')aluminium *aluminiumfolie* ★ INFORM. ~ alu *aluminiumfolie* ★ ~ bible *dundrukpapier* ★ ~(-)calque *calqueerpapier* ★ ~ (en) continue *kettingpapier* ★ INFORM. ~ cul *pleepapier* ★ ~ à la cuve/à la main *geschept papier* ★ ~ hygiénique *wc-/closetpapier* ★ ~ journal *krantenpapier* ★ ~ à lettres *postpapier* ★ ~ mâché *papier-maché* ★ figure/mine de ~ mâché *pips/lijkbleek gezicht* ★ ~ peint *behang* ★ OOK FIG. sur le ~ *op papier* ★ noircir du ~ *vellen volschrijven*; *maar raak schrijven* ★ le ~ souffre tout *het papier is geduldig* ★ être réglé comme du ~ à musique *de regelmaat zelve zijn*; *vaste prik zijn* ★ rayez cela de vos ~s! *reken er maar niet op!* ★ INFORM. être dans les petits ~s de qn *bij iem. in een goed blaadje staan*

papier-monnaie M [mv: id.] *papiergeld*

papille V *papil*

papillon M • *vlinder* • *los velletje*; *inlegvel*; *bekeuring* ‹op voorruit› ★ (brasse) ~

vlinderslag ★ (bec) ~ *vleermuisbrander* ★ (écrou) ~ *vleugelmoer* ★ (nœud) ~ *vlinderdasje* ★ ~ de nuit *nachtvlinder*
papillonner ONOV WW • INFORM. *vlinderen*; FIG. *(rond)fladderen* • INFORM. *wispelturig zijn*
papillote V • *papillot* • *snoepwikkel* ★ CUL. en ~ *in folie gebakken* ★ tu peux en faire des ~s *dat is niks waard*; *dat is een vodje papier*
papilloter ONOV WW • *knipperen* ‹van/met de ogen› • *schitteren*; *dansen* ‹v. licht›
papisme M *papisme*; *paapsheid*
papiste I M *paap* II BNW *paaps(gezind)*
papotage M *gebabbel*; *gekwebbel*
papoter ONOV WW *babbelen*; *kwebbelen*
papouille V INFORM. *handtastelijkheid*; *gefrunnik*; *vrijpostige liefkozing*
paprika M *paprika* ‹specerij›
papule V *huidknobbeltje*; *papel*
papy M • → **papi**
papyrus (zeg: -ruus) M *papyrus* ‹plant; manuscript›
Pâque V • *Pascha* • *paaslam*
paquebot M • *passagiersschip* • OUD. *mailboot*
pâquerette V *madeliefje* ★ INFORM. au ras des ~s *laag-bij-de-gronds*
Pâques I M [of] II V MV *Pasen* ★ jour de ~ *paasdag* ★ lundi de ~ *tweede paasdag* ★ ~ fleuries *Palmpasen* ★ faire ses ~ *Pasen houden* ★ île de ~ *Paaseiland* ★ à ~ ou à la Trinité *met sint-juttemis*
paquet M • *pak(je)*; *pakket*; *bundel* • *grote hoeveelheid* ★ ~ de mer *stortzee* ★ INFORM. un ~ de nerfs *één bonk zenuwen* ★ faire ses ~s *zijn boeltje/biezen pakken* ★ INFORM. avoir son ~ *een uitbrander krijgen* ★ donner/lâcher son ~ à qn *iem. ongezouten kritiek geven* ★ INFORM. (y) mettre le ~ *er volop tegenaan gaan*; FIG. *flink uitpakken* ★ toucher un ~ (de billets) *een pak geld krijgen*
paquetage M MIL. *bepakking*
par VZ *door*; *bij*; *op*; *per*; *met*; *uit*; *over* ★ par-ci par-là *hier en daar*; *overal (en nergens)* ★ par conséquent *bijgevolg* ★ par crainte *uit vrees* ★ par-delà *aan de andere kant (van)* ★ par-derrière *van achteren*; *achter* ★ par-dessus *(er)over* ★ par-devant *in tegenwoordigheid van* ★ par hasard *bij toeval* ★ par ici *hierheen*; *hierlangs*; *hier ergens* ★ par là *daarheen*; *daarlangs*; *daar ergens* ★ de par *vanwege*; *in naam van* ★ de par la loi *in naam van de wet* ★ de par le monde *alom ter wereld* ★ par la force *met geweld* ★ par trois fois *tot drie keer toe* ★ un par un *een voor een* ★ deux par deux *twee aan twee* ★ par une belle journée *op een mooie dag* ★ aller à Houten par Utrecht *via Utrecht naar Houten gaan* ★ commencer par *beginnen met* ★ apprendre par *vernemen van* ★ il finit par tomber *tenslotte viel hij*
para M/V INFORM. *para(chutist)*
parabole V • *parabel*; *gelijkenis* • WISK. *parabool* • *schotelantenne*
parabolique BNW *parabolisch* ‹in alle betekenissen› ★ antenne ~ *schotelantenne*; *satellietschotel*
paracétamol M *paracetamol*
parachèvement M *voltooiing*; *afwerking*
parachever OV WW *voltooien*; *afwerken*
parachutage M • *dropping* • INFORM./FIG. *(het) parachuteren*; *onverwachte benoeming*
parachute M *parachute*; *valscherm* ★ ~ doré/en or *gouden handdruk*
parachuter OV WW • *droppen* • INFORM./FIG. *parachuteren*; *onverwacht benoemen*
parachutisme M *(het) parachutespringen*
parachutiste M/V *parachutist*
parade V • *uiterlijk vertoon*; *pronk*; *drukke vertoning* • *parade* ‹defilé› • *(het) pareren*; *afweer(manoeuvre)*; *afweer(stoot)* ‹schermen›; FIG. *antwoord* • *(het) plotseling tot stilstand brengen v.e. paard* ★ ~s (nuptiales) *balts* ★ ... de ~ *pronk-*; *gala-*; *voor de show* ★ lit de ~ *praalbed* ★ faire ~ de *pronken met*
parader ONOV WW MEESTAL FIG. *paraderen*
paradigme M *paradigma*
paradis (zeg: -die) M • OOK FIG. *paradijs* • *engelenbak* ★ ~ fiscal *belastingparadijs* ★ oiseau de ~ *paradijsvogel* ★ tu ne l'emporteras pas en/au ~! *je krijgt je verdiende loon nog wel!* ‹dreigend›
paradisiaque BNW *paradijselijk*
paradisier M *paradijsvogel*
paradoxal BNW [m mv: **paradoxaux**] *paradoxaal*
paradoxe M *paradox*
parafe M • → **paraphe**
parafer OV WW • → **parapher**
paraffine V *paraffine*
parafoudre M TECHN. *bliksemafleider*
parages M MV *streek*; *omgeving*
paragraphe M • *paragraaf* • *paragraafteken*
paraître I M FORM. *schijn* II ONOV WW [onregelmatig] • *verschijnen*; *zich vertonen* • *schijnen*; *lijken* ★ faire ~ *laten blijken*; *uitgeven* ★ vient de ~ *zojuist verschenen* ★ le livre a paru hier *het boek is gisteren verschenen* ★ elle ne paraît pas son âge *ze lijkt jonger dan ze is* III ONP WW ★ il paraît que *het schijnt dat* ★ à ce qu'il paraît *naar het schijnt* ★ il y paraît *het blijkt*; *het is te merken*
parallaxe V STERRENK. *parallax*
parallèle I M • *vergelijking*; *parallel* • *breedtecirkel* ★ faire un ~ entre... *een parallel trekken tussen...* II V *evenwijdige lijn*; *parallel* ★ montage en ~ *parallelschakeling* III BNW • *parallel(-)*; *evenwijdig (***à** *aan, met)* • *niet-officieel*; *alternatief* ★ le marché ~ *het grijze circuit* ★ médecine(s) ~(s) *alternatieve geneeswijzen*
parallèlement BIJW • *evenwijdig* • FIG. *tegelijk (***à** *met)*
parallélépipède M *parallellepipedum*
parallélisme M • *parallellisme* • *(het) uitlijnen* ‹v. wielen›
parallélogramme M *parallellogram*
paralyser OV WW OOK FIG. *verlammen*; *lam leggen*
paralysie V OOK FIG. *verlamming*
paralytique I BNW *verlamd* II M/V *lamme*
paramédical BNW *paramedisch*
paramètre M • *parameter* • *meespelende factor*
paramilitaire BNW *paramilitair*

parangon M • *zuivere diamant /parel* • OUD. *toonbeeld; model*
parano INFORM. → **paranoïaque**
paranoïa V *paranoia*
paranoïaque I BNW *paranoïde* **II** M/V *lijder aan paranoia*
paranormal BNW [m mv: **paranormaux**] *paranormaal*
parapente M • *zeilscherm* • *(het) zeilvliegen* ⟨met parachute van berghelling⟩; *hanggliding; parapente*
parapet (zeg: -pè) M • *borstwering* • *leuning*
paraphe M *paraaf*
parapher OV WW *paraferen*
paraphrase V • *parafrase* • *uitweiding; omhaal van woorden*
paraphraser OV WW *parafraseren*
paraplégie V *paraplegie; verlamming van beide benen/armen*
paraplégique BNW *paraplegisch*
parapluie M *paraplu*
parascolaire BNW *buitenschools* ★ livres ~s *(op scholieren afgestemde) niet-schoolboeken*
parasitaire BNW *parasitair; klaplopend*
parasite I M • *parasiet* • *klaploper* ★ ~s [mv] *storingen; storingsruis; geknetter* **II** BNW • *parasitisch; woeker-* ★ plante ~ *woekerplant* • *storend; hinderlijk* ★ bruits ~s *storingsruis*
parasiter OV WW • *parasiteren op* • COMM. *storing(ruis) veroorzaken in*
parasitisme M • *parasitisme* • *klaploperij*
parasol M *parasol*
paratonnerre M *bliksemafleider*
paratyphoïde V *paratyfus*
paravalanche M *lawinewering*
paravent M *kamerscherm*
parbleu TW OUD. *waratje!; nou en of!*
parc (zeg: park) M • *park* ⟨in alle betekenissen⟩ • *omheinde plaats* ★ parc (à bébé) *babybox* ★ parc d'attractions *pretpark* ★ parc automobile/des voitures *wagenpark* ★ parc de stationnement *parkeerterrein/-garage* ★ parc du matériel roulant *rollend materieel* ★ parc à huîtres *oesterbank/-park* ★ parc immobilier *huizenbestand*
parcage M *(het) parkeren*; FORM. *parkeerplaats*
parcellaire BNW *in gedeelten; in percelen*
parcelle V • *deeltje; beetje* • *perceel; kavel*
parcellisé BNW *opgesplitst*; FIG. *versnipperd*
parce que, parce qu' ⟨voor klinker of stomme h⟩ VW *omdat* ★ INFORM. Pourquoi? Parce que! *Waarom? Daarom!*
parchemin M *perkament*
parcheminé BNW *perkamentachtig*
par-ci BIJW ★ ~ par-là *hier en daar; overal (en nergens); telkens weer* ★ maman ~, maman par-là *mama voor en achter*
parcimonie V *schrielheid* ★ avec ~ *spaarzaam; mondjesmaat*
parcimonieusement BIJW • → **parcimonieux**
parcimonieux BNW [v: **parcimonieuse**] *karig; schriel*
parcmètre M *parkeermeter*
parcourir OV WW • *doorlópen; doortrékken; gaan door; doorkruisen/bereizen* ⟨v. land⟩ • *afleggen* ⟨v. afstand⟩ • *doorlezen* ⟨v. geschrift⟩; *doorbladeren* ★ ~ du regard *met de blik monsteren*
parcours M *traject; (af te leggen) weg; parcours* ★ ~ du combattant *hindernisbaan*; FIG. *lijdensweg; moeizame bedoening* ★ incident de ~ *(kleine) tegenslag; kink in de kabel*
parc-relais M [mv: **parcs-relais**] *transferium*
par-delà I BIJW *aan de andere kant* **II** VZ *aan de andere kant van*
par-derrière I BIJW *achterlangs; achterom; van achteren* **II** VZ *achter (... langs/om)*
par-dessous I BIJW *eronder(door)* **II** VZ *onder (... door)*
pardessus M *overjas*
par-dessus I BIJW *erover(heen)* **II** VZ *over (... heen)* ★ ~ le marché *op de koop toe* ★ ~ tout *bovenal*
par-devant I BIJW FORM. *van voren* **II** VZ JUR. *in tegenwoordigheid van; ten overstaan van*
par-devers VZ JUR. *ten overstaan van*
pardi TW INFORM. *verdraaid!; warempel!*
pardon M • *vergiffenis; pardon* • *bedevaart in Bretagne* ★ ~! *sorry!; pardon!* ★ (jour du) Grand Pardon *Grote Verzoendag*
pardonnable BNW *vergeeflijk*
pardonner OV WW • *vergeven (à aan)* • *excuseren* ★ ne pas ~ *fataal/onherroepelijk zijn* ★ INFORM. cette erreur ne pardonne pas *die fout is onherstelbaar* ★ cette maladie ne pardonne pas *die ziekte is dodelijk*
paré BNW • **~ à** *klaar om* • **~ contre** *voorbereid op* • **~ de** *versierd met*
pare-balle, pare-balles BNW [mv: **pare-balles**] *kogelvrij* ★ gilet ~s *kogelvrij vest*
pare-boue M [mv: **pare-boue(s)**] *spatlap*
pare-brise, parebrise M [mv: **pare-brise(s), parebrise(s)**] *voorruit* ⟨v. auto⟩; *windscherm* ⟨voor op voertuig⟩
pare-chocs, parechoc M [mv: **pare-chocs, parechocs**] • *bumper* • HUMOR. *borsten*
pare-feu M [mv: **pare-feu(x)**] ⟨in bos⟩ • *brandscherm; brandgang* • COMP. *firewall*
pareil I BNW [v: **pareille**] *gelijk (à aan); dergelijk* ★ en ~ cas *in een dergelijk geval* ★ (une) chose ~le *zoiets* **II** BIJW INFORM. *net zo; gelijk* **III** M [v: **pareille**] *gelijke; weerga* ★ rendre la ~le à *met gelijke munt betalen* ★ sans ~(le) *weergaloos* ★ INFORM. c'est du ~ au même *dat is lood om oud ijzer*
pareillement BIJW *eveneens; evenzo; ook*
parement M • *parement* • *versiersel; beleg(sel)* ⟨op kleding, muur e.d.⟩; *buitenlaag/-vlak*
parent I M [v: **parente**] • *bloedverwant* • *ouder* ⟨vader, moeder⟩ • *voorouder* ★ association de(s) ~s d'élèves *oudervereniging* ★ traiter en ~ pauvre *stiefmoederlijk behandelen; misdelen* **II** BNW [v: **parente**] *verwant (**de** aan, met)*
parental BNW [m mv: **parentaux**] • *ouderlijk* • → **congé**
parentalité V *ouderschap*
parenté V • *verwantschap* • *verwanten*
parenthèse V • *(tekst)haakje* • *tussenzin* • *uitweiding* • FIG. *intermezzo; tussenfase* ★ entre ~s *tussen (twee) haakjes* ★ ouvrir une ~ *uitweiden*
parents • → **parent**
paréo M *pareo; lendendoek*

parer I OV WW • *afweren; afwenden; pareren* • *schoonmaken* ⟨v. groenten, fruit enz.⟩ • *gereed houden; gereed leggen; klaarmaken* • FORM. *versieren* (**de** *met*); *opschikken*; OOK FIG. *tooien* ★ SCHEEPV. ~ un cap *een kaap ronden* **II** ONOV WW ~ **à** *verhoeden; maatregelen nemen tegen; voorzien in; ondervangen* **III** WKD WW [**se** ~] *zich tooien* (**de** *met*)
pare-soleil M [mv: id.] • *zonneklep* • FOTOGRAFIE *zonnekap*
paresse V • *luiheid; gemakzucht* • *langzaamheid; traagheid* ★ avec ~ *langzaam*
paresser ONOV WW *luieren; niksen*
paresseux I M *luiaard* ⟨dier⟩ **II** M [v: **paresseuse**] *luilak* **III** BNW [v: **paresseuse**] *lui; traag; gemakzuchtig*
pare-vent M [mv: id.] *windscherm*
parfaire OV WW [onregelmatig] *vervolmaken; voltooien*
parfait I BNW • *volmaakt; perfect* • *volkomen; volslagen* **II** M • *(het) volmaakte* • TAALK. *perfectum* • *parfait* ⟨roomijs met één smaak⟩ **III** WW [volt. deelw.] • → **parfaire**
parfaitement BIJW • *volmaakt; volkomen* • *zeker; jawel; inderdaad*
parfois BIJW *soms; somtijds*
parfum M • *geur; smaak* ⟨v. ijs e.d.⟩ • *parfum* • *waas; vleugje* ★ INFORM. être au ~ de *weet hebben van* ★ INFORM. mettre au ~ *inlichten; tippen*
parfumer OV WW *geurig maken; parfumeren* ★ glace parfumée à la fraise *ijs met aardbeiensmaak* ★ fraises (très) parfumées *geurige aardbeien*
parfumerie V *parfumerie* ⟨in alle betekenissen⟩
parfumeur M [v: **parfumeuse**] *parfumeur*
pari M • *weddenschap; (inzet bij het) wedden* (**sur** *op*) • *gok*; FIG. *uitdaging* ★ pari mutuel (urbain) (PMU) *totalisator; paardentoto* ★ (pari) couplé *weddenschap op de eerste twee paarden* ★ (pari) tiercé *weddenschap op de eerste drie paarden* ★ faire /engager /tenir un pari *een weddenschap aangaan* ★ les paris sont ouverts *de afloop is onzeker; het kan nog alle kanten op*
paria M *paria; verschoppeling*
pariade V • *paartijd* • *paring* ⟨v. vogels⟩; *balts* • *paar* ⟨v. vogels⟩
parier I OV WW *wedden om; verwedden* **II** ONOV WW *wedden* (**sur** *op*) ★ je (te) parie que non! *ik wed van niet!* ★ il y a gros à ~ que... *het zit er dik in dat...*
pariétal BNW *wand-* ★ (os) ~ *wandbeen* ★ dessin ~ *holentekening; grottekening*
parieur M [v: **parieuse**] *wedder*
Parigot M [v: **Parigote**] INFORM. *Parijzenaar*
Paris M *Parijs*
parisianisme M *Parijse zegswijze/gewoonte*
parisien BNW [v: **parisienne**] *Parijs; uit/van Parijs*
Parisien M [v: **Parisienne**] *Parijzenaar*
paritaire BNW *paritair (samengesteld)*
parité V • *pariteit* • *gelijkheid*
parjure I M *meineed* **II** M/V *meinedige* **III** BNW *meinedig*
parjurer WKD WW [**se** ~] *meineed plegen*
parka M/V *parka*
parking M • *parkeerterrein/-garage* • *(het) parkeren*
par-là BIJW • → **par-ci**
parlant BNW OOK FIG. *sprekend* ★ cinéma/film ~ *sprekende film* ★ portrait ~ *goed gelijkend portret* ★ une preuve ~e *een sprekend /treffend /overtuigend bewijs* ★ les chiffres sont ~s *de cijfers spreken voor zich*
parlement M • *parlement* • *hooggerechtshof* ⟨vóór 1791⟩
parlementaire I M/V *parlementariër; parlementair* ⟨onderhandelaar met de vijand⟩ **II** BNW *parlementair*
parlementarisme M *parlementair stelsel*
parlementer ONOV WW *onderhandelen; parlementeren*
parler I M • *wijze v. spreken* • *dialect* **II** OV WW • *spreken* ⟨v. taal⟩ • *spreken over* ★ ~ affaires *over zaken spreken* ★ ~ anglais *Engels spreken* ★ ~ littérature *over literatuur spreken* **III** ONOV WW *spreken* (**à** *met, tegen, tot;* **avec** *met;* **de** *van, over*); *praten* ★ cette note ne parle pas *die noot klinkt niet* ★ ~ mal de *kwaadspreken over* ★ ~ du nez *door de neus spreken* ★ ~ d'or *wijze woorden spreken* ★ trouver à qui ~ *merken met wie men te maken heeft; zijn man vinden* ★ de quoi parle ce livre? *waar gaat dat boek over?* ★ ~ bien de *prijzen* ★ de qui voulez-vous ~? *wie bedoelt u?* ★ faire ~ de soi *van zich doen spreken* ★ ~ pour ne rien dire *leuteren* ★ ~ en maître *met gezag spreken* ★ sans ~ de *(geheel) afgezien van; om nog maar te zwijgen van* ★ INFORM. tu parles! *nou zeg!; en of!* ★ les faits parlent d'eux-mêmes *de feiten spreken voor zichzelf* ★ ~ pour qn *voor iem. pleiten/opkomen* ★ s'écouter ~ *graag/almaar praten* ★ INFORM. tu parles d'une nouille! *wat een kluns!* ★ économiquement parlant *economisch gezien* ★ généralement parlant *over het algemeen (gesproken)* **IV** WKD WW [**se** ~] • *gesproken worden* • *elkaar spreken*
parleur M [v: **parleuse**] ★ beau ~ *mooiprater; praatjesmaker*
parloir M *spreekkamer* ⟨v. instelling⟩; *ontvangruimte*
parlote V • → **parlotte**
parlotte V • *babbeltje* • INFORM. *praatclubje*
parme BNW *paars*
parmesan M *Parmezaanse kaas*
parmi VZ *onder; tussen; te midden van* ★ ~ tant d'autres *van de vele(n)* ★ compter/ranger qn ~ ses amis *iem. tot zijn vrienden rekenen*
parnassien BNW [v: **parnassienne**] *Parnassus-* ★ les Parnassiens *19e-eeuwse Franse dichtersgroep*
parodie V *parodie*
parodier OV WW *parodiëren*
parodique BNW *parodistisch*
parodiste M/V *parodist*
paroi V *wand*
paroisse V *parochie; kerkgemeente*
paroissial BNW [m mv: **paroissiaux**] *parochieel; gemeente-* ★ église ~e *parochiekerk*

paroissien I M *misboek*; *kerkboek* **II** M [v: **paroissienne**] *parochiaan*; *gemeentelid* ★ INFORM./OUD. un drôle de ~ *een rare snuiter*
parole V ● *woord* ● *erewoord*; *belofte* ● *(het) spreken*; *spraak* ★ les ~s d'une chanson *de tekst van een lied* ★ ma ~ (d'honneur)! *op mijn (ere)woord!* ★ homme de ~ *man van zijn woord* ★ temps de ~ *spreektijd* ★ le don de la ~ *de gave des woords* ★ n'avoir qu'une ~ *woord houden* ★ couper la ~ à *in de rede vallen*; *het spreken onmogelijk maken* ★ perdre la ~ *stom/sprakeloos worden* ★ tenir ~ *woord houden* ★ libérer qn sur ~ *iem. op zijn woord /voorwaardelijk in vrijheid stellen* ★ je vous crois sur ~ *ik geloof u op uw woord*
parolier M [v: **parolière**] *tekstschrijver* ⟨v. liedteksten⟩; *tekstdichter*
paronyme M TAALK. *paroniem*; *stamverwant woord*
paroxysme M *toppunt*; *hoogste graad*; *paroxisme*
parpaing M *bouwsteen van muurdikte*; *B2-blok*
Parque V ● *Parce* ⟨schikgodin⟩ ● FORM. *(de) dood*; *(het) lot*
parquer I OV WW ● *in een omheinde ruimte opsluiten*; *samenproppen* ● *parkeren* ⟨v. auto's⟩ **II** ONOV WW *in een omheinde ruimte opgesloten zijn*
parquet M ● *parket(vloer)* ● JUR. *parket* ● *ruimte op de beurs voor makelaars*
parqueter OV WW *een parketvloer leggen in*
parrain M ● *peter* ● *naamgever* ● *iem. die een ander als lid v.e. vereniging voorstelt* ● *peetvader*; *godfather*
parrainage M ● *peterschap*; *meterschap* ● *beschermheerschap*; *sponsoring*; *steun*
parrainer OV WW FIG. *(onder)steunen*; *sponsoren*; *patroneren*
parricide I M *vadermoord*; *moedermoord* **II** M/V *vadermoordenaar*; *moedermoordenaar* **III** BNW *schuldig aan vadermoord /moedermoord*
pars WW [teg. tijd] ● → **partir**
parsemer OV WW *bezaaien (***de** *met)*; *bestrooien*; *overal verspreid zijn in*
part I M ● JUR. *pasgeborene* ● OUD. *(het) jongen werpen* **II** V ● *(aan)deel*; *part*; *portie* ● *zijde*; *kant* ★ prendre en bonne /mauvaise part *goed /verkeerd opnemen* ★ à part entière *volwaardig*; *volledig* ★ avoir part à *deel hebben aan*; *delen in*; *deelachtig zijn* ★ faire part de *meedelen*; *kennis geven van* ★ (se tailler) la part du lion *het leeuwendeel (opstrijken)* ★ prendre part à *deelnemen aan/in* ★ pour ma part *voor mijn part*; *wat mij betreft* ★ à part *apart*; *terzijde*; *behalve*; *daargelaten* ★ OUD. à part moi *bij mij zelf* ★ autre part *ergens anders* ★ de part en part *door en door* ★ de part et d'autre *van/aan weerskanten*; *over en weer* ★ de la part de *uit naam van*; *namens* ★ de toutes parts *aan/van alle kanten*; *allerwegen* ★ d'autre part *aan de andere kant*; *anderzijds*; *bovendien* ★ (ne...) nulle part *nergens* ★ pour une bonne part *goeddeels* ★ quelque part *ergens*; INFORM. *(de) wc* ★ à part cela *afgezien daarvan* ★ part du marché *marktaandeel* ★ part d'héritage *erfdeel* ★ faire la part du feu *de schade beperken* ⟨een deel opofferen om de rest te redden⟩ ★ faire la part de *rekening houden met* ★ faire la part des choses *alles in aanmerking nemen*; *het breed zien*; *inschikkelijk zijn* ★ c'est de la part de qui? *met wie spreek ik?* ⟨telefoon⟩ ★ part à deux! *samen delen!* ★ mis à part *afgezien van* **III** WW [teg. tijd] ● → **partir**
partage M ● *(ver)deling* ● *(toekomend) deel* ★ ~ du temps *timesharing* ★ ~ du travail *jobsharing* ★ ~ (d'opinions /des voix) *staking van stemmen* ★ ligne de ~ *scheidslijn* ★ ligne de ~ des eaux *waterscheiding* ★ faire le ~ entre *onderscheid maken tussen*
partageable BNW *(ver)deelbaar*
partager I OV WW *delen (***avec** *met)*; *verdelen (***entre** *tussen)*; FORM. *bedélen* ★ FIG. être partagé *verdeeld zijn*; *in dubio staan* **II** WKD WW [**se** ~] ● *verdeeld worden* ● *onder elkaar delen*
partagiciel M *shareware*
partance V ★ en ~ *op het punt v. vertrekken* ★ en ~ pour Paris *naar/met bestemming Parijs*
partant I BNW ★ INFORM. être ~ (pour qc) *vóór (iets) zijn*; *graag willen* **II** BIJW FORM. *bijgevolg* **III** M ● *vertrekkende* ● SPORT *aan de start verschijnende loper (enz.)*
partenaire M/V *partner* ★ sociale partners *partenaires sociaux*
partenariat M *partnerschap*; *deelhebberschap*
parterre M ● *bloembed* ● *parterre* ⟨in schouwburg⟩
parti I M ● POL. *partij* ● *(huwelijks)partij* ● FORM. *besluit* ● *voordeel*; *partij* ★ esprit de ~ *partijgeest* ★ État à ~ unique *eenpartijstaat* ★ ~ pris *vooropgezette mening*; *vooroordeel*; *partijdigheid* ★ être de ~ pris *partijdig zijn* ★ faire un mauvais ~ à qn *iem. mishandelen /slecht bejegenen* ★ prendre le ~ de *besluiten /ervoor kiezen om* ★ prendre le ~ de qn *iemands partij kiezen*; *voor iem. opkomen* ★ prendre son ~ de qc *zich bij iets neerleggen* ★ tirer ~ de *partij trekken van*; *profiteren van* **II** BNW ● *weg*; *vertrokken*; *heengegaan* ● INFORM. *dronken*; *aangeschoten* **III** WW [volt. deelw.] ● → **partir**
partial (zeg: -sjal) BNW [m mv: **partiaux**] *partijdig*
partialité V *partijdigheid*
participant I M [v: **participante**] *deelnemer* **II** BNW *deelhebbend*; *deelnemend*
participatif BNW [v: **participative**] *participerend*
participation V ● *deelneming*; *medewerking (***à** *aan)*; *deelhebbing*; *aandeel*; *participatie* ● *inspraak*
participe M *deelwoord* ★ ~ passé *voltooid deelwoord* ★ ~ présent *tegenwoordig deelwoord*
participer ONOV WW ● **~ à** *deel hebben in*; *meedoen aan*; *deelnemen aan/in* ● **~ de** FORM. *iets hebben van*
particularisation V *verbijzondering*
particulariser OV WW *verbijzonderen*; *specifiek onderscheiden*
particularisme M *particularisme*; *eigenheid*
particulariste I BNW *particularistisch* **II** M/V

particularist
particularité V *bijzonderheid*; *kenmerkende trek*
particule V • *deeltje* • TAALK. *partikel*; *voorvoegsel*; *achtervoegsel* ★ ~ (nobiliaire) *adellijk voorvoegsel* ⟨zoals 'de', 'von'⟩; *adelspartikel* ★ nom à ~ *adellijke/dubbele naam*
particulier I BNW [v: **particulière**] • *bijzonder* • *eigen* (**à** *aan*); *apart*; *privé* • *bijzonder*; *eigenaardig* ★ chambre particulière *eigen kamer* ★ leçon particulière *privéles*; *bijles* **II** M • *(het) bijzondere* • *(het) afzonderlijke* ★ en ~ *in het bijzonder*; *onder vier ogen*; *privé* **III** M [v: **particulière**] • *particulier* ⟨persoon⟩ • INFORM./OUD. *heerschap*
particulièrement BIJW *(in het) bijzonder*
partie V • *deel*; *gedeelte* • *partij* ⟨spel, wedstrijd⟩ • *partij* ⟨feestje, uitstapje⟩ • MUZ. *partij* • JUR. *partij* • *(strijdende) partij* • *vak*; *branche*; FIG. *terrein* ★ les ~s (nobles) *de edele delen* ★ ~ du corps *lichaamsdeel* ★ ~ du discours *rededeel*; *woordsoort* ★ en ~ *ten dele* ★ en grande ~ *grotendeels* ★ (comptabilité en) ~ double/ simple *dubbel/enkel boekhouden* ★ ~ de chasse *jachtpartij* ★ ~ de tennis *partij tennis* ★ ~s belligérantes *strijdende partijen* ★ avoir ~ liée avec *eendrachtig zijn met*; *twee handen op één buik zijn* ★ connaître sa ~ *zijn vak verstaan* ★ se constituer ~ civile *zich civiele partij stellen*; *schadeloosstelling eisen* ⟨in strafzaak⟩ ★ être de la ~ *van de partij zijn*; *meedoen*; *van het vak zijn* ★ ce n'est que ~ remise *uitstel is geen afstel* ★ faire ~ de *deel uitmaken van*; *behoren tot* ★ prendre qn à ~ *iem. (flink) aanpakken*; *iem. de schuld geven* ★ quitter la ~ *iets opgeven*
partiel (zeg: -sjel) BNW [v: **partielle**] *gedeeltelijk*; *deel-* ★ (élection) ~le *tussentijdse verkiezing* ★ (examen) ~ *tentamen* ★ à temps ~ *in deeltijd*; *parttime*
partiellement BIJW *gedeeltelijk*
partir I OV WW [onregelmatig] OUD. *verdelen* **II** ONOV WW [onregelmatig] • *vertrekken* (**à, en, pour** *naar*); *weggaan*; FIG. *heengaan* • *weggaan*; *verdwijnen*; *loslaten* ⟨v. knoop, verf e.d.⟩ • *beginnen*; *starten* ★ ~ en vacances *met vakantie gaan* ★ ~ en guerre *ten oorlog trekken* ★ ~ d'un éclat de rire *uitbarsten in lachen* ★ le coup part *het schot gaat af* ★ la tache est partie *de vlek is eruit* ★ faire ~ un moteur *een motor starten* ★ c'est mal parti *dat begint slecht* ★ c'est parti (mon kiki)! *het begint!*; *daar gaat 'ie!* • ~ **de** *uitgaan van*; *(voort)komen uit* ★ à ~ de *vanaf* ★ cela part d'un bon sentiment *het is goed bedoeld*
partisan I M [v: **partisane**] • *aanhanger*; *voorstander* • *partizaan* **II** BNW *vooringenomen*; *partijdig* ★ esprit ~ *partijgeest*; *vooringenomenheid* ★ être ~ de *vóór (iets) zijn*; *ervóór zijn om*
partitif BNW [v: **partitive**] *delend*; *partitief*
partition V • *partituur* • *indeling*; *verdeling* • *(kern)splitsing*
partouse V INFORM. *orgie*; *seksparty*; *groepsseks*
partout BIJW *overal* ★ SPORT deux (jeux) ~ *twee-twee* ★ quarante ~ *deuce* ⟨bij tennis⟩
partouze V • → **partouze**
parturition V • *bevalling* • *(het) werpen v. jongen*
paru WW [volt. deelw.] • → **paraître**
parure V *garnituur* ⟨stel sieraden; stel linnen-/damesondergoed⟩; *opschik*
parution V *verschijning* ⟨v. boek enz.⟩
parvenir ONOV WW [onregelmatig] ~ **à** *komen tot*; *bereiken* ★ ~ à [+ infin.] *erin slagen om* ★ je n'y parviens pas *het lukt me niet* ★ faire ~ qc à qn *iem. iets doen toekomen*
parvenu M [v: **parvenue**] *parvenu*
parvis (zeg: -vie) M *voorplein* ⟨voor kerk, openbaar gebouw⟩
pas I M • *pas*; *stap*; *schrede*; *tred* • *zee-engte*; *bergpas* • *spoed* ⟨v. schroef(draad)⟩ ★ (au) pas de course *(in) looppas* ★ pas de deux *pas de deux* ★ faux pas OOK FIG. *misstap* ★ OOK FIG. pas à pas *stapje voor stapje* ★ à pas comptés /étalonnés *met afgemeten tred*; FIG. *behoedzaam* ★ à pas de géant *met reuzenschreden* ★ à grands pas OOK FIG. *met rasse schreden* ★ à deux pas de *vlak bij* ★ au pas *stapvoets*; *in de pas* ★ de ce pas *op staande voet* ★ mauvais pas *hachelijke situatie*; *lastig parket* ★ le pas de Calais *het Nauw v. Calais* ★ allonger /doubler /presser le pas *de pas versnellen* ★ aller/marcher du même pas OOK FIG. *gelijke tred houden* ★ emboîter le pas à qn OOK FIG. *iem. op de voet volgen* ★ faire les cent pas *heen en weer lopen*; *ijsberen* ★ franchir /sauter le pas *de beslissende stap doen*; INFORM. *het hoekje omgaan* ★ marcher sur les pas de qn OOK FIG. *iem. (na)volgen* ★ marquer le pas *de pas markeren*; *pas op de plaats maken* ★ mettre qn au pas *iem. tot de orde roepen*; *iem. in het gareel brengen* ★ prendre le pas sur qn OOK FIG. *iem. vóórkomen* ★ revenir sur ses pas *op zijn schreden terugkeren* ★ il n'y a qu'un pas (de...) *het is vlak bij*; FIG. *dat is maar een stapje verder* ★ il n'y a que le premier pas qui coûte *alle begin is moeilijk* **II** BIJW *niet* ⟨vaak met 'ne'⟩ ★ il ne vient pas *hij komt niet* ★ (ne...) pas de *geen* ★ ne... pas que *niet alleen maar* ★ pas non plus *ook niet* ★ pas du tout *helemaal niet* ★ ce n'est pas que [+ subj.] *niet dat*
pascal BNW [m mv: **pascals/pascaux**] *paas-* ★ l'agneau ~ *het paaslam*
pas-de-porte M [mv: id.] *overnamesom* ⟨v. winkelruimte⟩; *sleutelgeld*
passable BNW *redelijk*; *matig*; *wat er mee door kan*; *voldoende* ⟨als (rapport)cijfer⟩
passablement BIJW *tamelijk (goed)*; *nogal (wat)*
passade V *gril*; *bevlieging*; *liefdesavontuurtje*
passage M • *(het) voorbijgaan*; *(het) passeren*; *(het) erdoor gaan* • *doortocht*; *overtocht*; *oversteek*; *passage* • *(plaats van) doorgang*; *oversteekplaats*; *overweg* • *(het) overgaan*; *overgang* (**à** *naar, tot*) • *passage* ⟨v. geschrift, rede, muziekstuk⟩ • *passage* ⟨(winkel)galerij⟩ • *(het) erdoor halen* • *korte aanwezigheid*; *doorreis* ★ ~ à niveau *overweg*; *spoorwegovergang* ★ ~ interdit *doorgang verboden*; *eenrichtingsverkeer* ★ ~ privé *eigen weg* ★ ~ protégé *voorrangskruising* ★ ~

souterrain *tunnel* ⟨in stad⟩ ★ ~s nuageux *overtrekkende wolkenvelden* ★ SPORT ~ du témoin *(het) overgeven van het estafettestokje* ★ droit de ~ *recht van overpad* ★ examen de ~ *overgangsexamen* ★ au ~ OOK FIG. *in het voorbijgaan* ★ de ~ (à) *op doorreis (in/naar)* ★ céder le ~ *voorrang geven* ⟨in het verkeer⟩

passager I M [v: **passagère**] *passagier* **II** BNW [v: **passagère**] *voorbijgaand*; *kortstondig* ★ oiseau ~ *trekvogel* ★ INFORM. rue passagère *drukke straat*

passant I M • *voorbijganger* • *lus(je)* ⟨v. riem⟩; *passant* **II** BNW ★ une rue ~e *een drukke straat*

passation V • *overdracht* ⟨v. bevoegdheid⟩ • *(het) passeren* ⟨v. akte⟩; *(het) afsluiten* ⟨v. contract⟩

passe I M INFORM. *loper* ⟨sleutel⟩ **II** V • *vaargeul*; *vaarwater*; *doorvaart* • SPORT *pass* • *uitval* ⟨bij schermen⟩ ★ mot de ~ *wachtwoord*; *password* ★ hôtel/maison de ~ *rendez-vousheis*; *bordeel* ★ ~ d'armes *woordenwisseling*; *dispuut* ★ être en ~ de *op het punt staan te* ★ être dans une mauvaise ~ *een zware tijd doormaken*; *erdoorheen zitten*

passé I M • *verleden* • TAALK. *verleden tijd* ★ comme par le ~ *zoals vroeger* ★ c'est du ~ *dat is verleden tijd* ★ ~ antérieur *voltooid verleden tijd* ★ ~ composé *voltooid tegenwoordige tijd* ★ ~ simple *tweede verleden tijd* **II** BNW • *voorbij*; *verleden* • *verbleekt*; *flets* ★ le temps ~ *vroeger tijd* ★ il est dix heures ~es *het is over tienen* **III** VZ *na*

passe-droit M [mv: **passe-droits**] *bevoorrechting*; *ongerechtvaardigde gunst*

passéiste BNW *overmatig aan het verleden gehecht*

passe-lacet M [mv: **passe-lacets**] *rijgpen*; *rijgnaald*

passement M *passement*; *boordsel*

passementer OV WW *versieren met passementwerk*

passementerie V • *passementwerk* • *passementhandel* • *passementmakerij*

passe-montagne M [mv: **passe-montagnes**] *bivakmuts*

passe-partout I M [mv: id.] • *loper* ⟨sleutel⟩ • *passe-partout* ⟨lijst⟩ • *trekzaag* **II** BNW [onver.] *voor alle doeleinden*; *altijd/overal bruikbaar*

passe-passe M [mv: id.] ★ tour de ~ *goocheltoer*; *foefje*

passe-plat M [mv: **passe-plats**] *doorgeefluik*

passepoil M *boordsel*; *bies*

passeport M *paspoort*

passer I OV WW • *gaan door/over*; *oversteken*; *overtrekken*; *overlopen* • *passeren*; *voorbijgaan*; *te boven gaan* • *overbrengen*; *overzetten* • *overhandigen*; *aanreiken (***à** *aan)*; *overbrengen*; *overdragen*; *(door)geven (***à** *aan)* • *(snel) aantrekken* ⟨v. kleding⟩; *omslaan* • *passeren* ⟨v. akte⟩; *afsluiten* ⟨v. contract⟩ • *zeven*; *ziften* • *boeken* ⟨v. post⟩ • *doorbrengen* ⟨v. tijd⟩ • *afleggen* ⟨v. examen⟩; *behalen* ⟨v. diploma⟩ • *overslaan*; *weglaten* • *vergeven*; *laten passeren* • *halen door/over*; *draaien* ⟨v. film, programma, plaat⟩; *vertonen*; *brengen* ★ SPORT ~ le ballon à *de bal afspelen /afgeven aan* ★ ~ sa colère /ses nerfs sur qn *zijn woede /zenuwen op iem. afreageren* ★ ~ (une) commande (à qn) *een bestelling (bij iemand) doen/plaatsen* ★ ~ une faute *een fout vergeven /door de vingers zien* ★ ~ à l'eau *met water afspoelen* ★ ~ les vitesses *schakelen* ★ ~ la troisième *naar de derde (versnelling) overschakelen* ★ pour ~ le temps *als tijdverdrijf* ★ COMM. je vous passe Monsieur X *ik geef u /verbind u door met mijnheer X* ★ cela passe mes forces *dat gaat mijn krachten te boven* ★ et j'en passe! *en noem maar op!*; *en zo verder!* ★ passé devant le notaire *door de notaris verleden* **II** ONOV WW • *voorbijgaan*; *voorbijkomen*; *(erdoor) gaan*; OOK FIG. *(erdoor) komen* • FIG. *voorbijgaan*; *weggaan*; *overgaan* • *acceptabel zijn* • *passen* ⟨bij kaartspel⟩ • *verschieten* ⟨v. kleur⟩ • *vertoond worden* ⟨v. programma, film⟩; *draaien* • *bevorderd worden tot* ★ ~ à *overgaan naar/tot* ★ FIG. ~ sur *voorbijgaan aan*; *door de vingers zien* ★ ~ sur les détails *de details overslaan* ★ laisser ~ *doorlaten*; *door de vingers zien* ★ ~ chez qn *bij iem. aangaan* ★ ne faire que ~ (chez qn) *even langskomen /blijven (bij iemand)* ★ ~ à l'ennemi *naar de vijand overlopen* ★ ~ à la télé *op de tv komen* ★ ~ à table *aan tafel gaan* ★ ~ devant le juge *voor de rechter verschijnen* ★ le message ne passe pas *de boodschap komt niet over* ★ ~ capitaine *bevorderd worden tot kapitein* ★ il faut en ~ par là *daar zit niets anders op*; *daar valt niet aan te ontkomen* ★ y ~ *eraan (moeten) geloven*; *eraan gaan* ★ faire ~ le temps *de tijd verdrijven* ★ on ne passe pas *verboden toegang* ★ sa chemise passe *zijn overhemd steekt er onderuit* ★ passe pour cette fois *okay, voor deze keer dan* ★ en passant *in het voorbijgaan*; *terloops* ★ passons! *laat maar!*; *zand erover!* ★ où est-il passé? *waar is hij gebleven?*; *waar blijft hij (nou)?* ★ ça passe ou ça casse *het is alles of niets*; *erop of eronder* • **~ pour** *doorgaan voor* ★ se faire ~ pour *zich uitgeven voor* **III** WKD WW [**se ~**] • *gebeuren*; *plaatsvinden* • *verlopen*; *voorbijgaan* ★ se ~ de qc *zich van iets onthouden*; *iets missen/ ontberen*; *het zonder iets stellen*

passereaux M MV *musachtigen*

passerelle V • *loopbrug*; *loopplank* • SCHEEPV. *commandobrug* • FIG. *poort*; *toegangsmiddel* ★ ~ à gibier *wildovergang* ★ ~ télescopique *slurf* ⟨naar vliegtuig⟩ ★ classe ~ *schakelklas*; *brugklas*

passe-temps M [mv: id.] *tijdverdrijf*; *hobby*

passe-thé M [mv: id.] *theezeefje*

passeur M [v: **passeuse**] • *veerman* • *(mensen)smokkelaar*

passible BNW ★ JUR. ~ de *(be)strafbaar met*

passif I M • *passiva*; *schulden* • TAALK. *lijdende vorm*; *passief*; *passivum* **II** BNW [v: **passive**] • *passief* • TAALK. *lijdend* ★ obéissance passive *blinde gehoorzaamheid* ★ voix passive *lijdende vorm*

passiflore V *passiebloem*

passion V *hartstocht*; *passie*; *grote (voor)liefde*;

pa

*verzotheid (***de** *op)* ★ la ~ du vrai *de zucht naar het ware* ★ fleur /fruit de ~ *passiebloem /-vrucht* ★ aimer à la ~ *hartstochtelijk liefhebben* ★ avoir la ~ des tableaux *gek zijn op schilderijen* ★ la Passion *het lijden van Christus*; *het passieverhaal* ★ semaine de la Passion *passieweek*
passionnant BNW *boeiend*; *opwindend*; *meeslepend*
passionné BNW *hartstochtelijk*; *vurig* ★ être (un) ~ de *verzot zijn op*; *een groot liefhebber zijn van*
passionnel BNW [v: **passionnelle**] *door hartstocht bezield*; *passioneel* ★ crime ~ *misdaad uit hartstocht /jaloezie*
passionnément BIJW *hartstochtelijk*; *vurig*
passionner I OV WW *in hartstocht brengen*; *(hevig) boeien* **II** WKD WW [**se** ~] *zeer geboeid raken/zijn (***pour** *door)*
passivement BIJW *lijdelijk*; *passief*
passivité V *lijdelijkheid*; *passiviteit*
passoire V *zeef*; OOK FIG. *vergiet*
pastel I M ● *pastel* ● *pasteltekening* **II** BNW *pastel-*
pastelliste M/V *pasteltekenaar*; *pastellist*
pastèque V *watermeloen*
pasteur M ● *dominee*; *pastor* ● LETTERK./FIG. *herder* ★ le Bon Pasteur *de Goede Herder*
pasteurisation V *pasteurisering*
pasteuriser OV WW *pasteuriseren*
pastiche M *pastiche*
pasticher OV WW *pasticheren*; *(in stijl) nabootsen*
pasticheur M [v: **pasticheuse**] *pasticheur*; *nabootser*
pastille V ● *pastille* ● *rondje*; *rond stipje/ plakkertje* ★ ~ de chocolat *flikje*; *chocolaatje* ★ ~ verte *milieuvignet* ⟨op auto⟩
pastis (zeg: -ties) M ● *pastis* ⟨alcoholhoudende anijsdrank⟩ ● INFORM. *knoei*; *sores*
pastoral BNW [m mv: **pastoraux**] MEESTAL FIG. *herderlijk*; *pastoraal* ★ croix ~e *bisschopskruis* ★ poésie ~e *herdersdicht*
pastorale V ● *pastorale*; *herdersdicht, -roman, -spel, -stuk, -zang* ● *zielzorg*; *pastoraal*
pastorat M *predikambt*
pastourelle V ● OUD. *herderinnetje* ● OUD. *herdersliedje*
pat (zeg: pat) **I** M *pat(zet)* **II** BNW *pat* ⟨in schaakspel⟩
patachon M INFORM. ★ mener une vie de ~ *als een fuifnummer leven*
patapouf I M INFORM. *dikzak* **II** TW *plof!*; *bons!*
pataquès (zeg: -kès) M ● TAALK. *verkeerde woordverbinding* ● *(taal)blunder*
patate V ● INFORM. *pieper*; *aardappel* ● INFORM. *kluns* ★ ~ (douce) *zoete aardappel*; *bataat*
patati TW ★ INFORM. et ~ et patata *enzovoort en zo verder* ⟨v. gebabbel⟩
patatras (zeg: -trà) TW *bons!*; *plof!*; *pats!*
pataud I M [v: **pataude**] *plomperd* **II** BNW *plomp*
pataugeoire V *kikkerbadje*; *pierenbad*
patauger ONOV WW ● *in de modder ploeteren*; *(rond)plassen* ● *(aan)modderen*; *zich vastwerken*; *er niet uitkomen*
patch M *medicijnpleister*
patchouli M *patchoeli(olie)*
patchwork M *patchwork*
pâte V ● *deeg*; *beslag* ● *deegachtige massa*; *brij* ● *pasta* ● *(dikke) verflaag* ⟨op schilderij⟩ ★ pâtes (alimentaires) [mv] *deegwaren*; *pasta* ★ pâte d'amandes *amandelspijs* ★ pâte à modeler *boetseerklei* ★ pâte brisée *kruimeldeeg* ★ pâte à papier *papierpap* ★ pâte de bois *houtpulp* ★ pâte dentrifice *tandpasta* ★ bonne pâte *goedzak* ★ INFORM. pâte molle *slappeling*
pâté M ● *pastei*; *paté* ● *inktvlek* ★ pâté de foie gras *ganzenleverpastei* ★ pâté en croûte *paté met (deeg)korst* ★ pâté impérial *Vietnamese loempia* ★ pâté de maisons *blok huizen* ★ pâté de sable *zandtaartje* ⟨kinderspel⟩
pâtée V *brijachtig dierenvoer*; *mengvoer*
patelin I M INFORM. *negorij*; *gat* **II** BNW FORM. *flemend*; *zoetsappig*
patène V *pateen*
patenôtre V ● IRON. *gebed* ● OUD. *geprevel*
patent BNW *duidelijk*; *zonneklaar* ★ GESCH. lettre ~e *open brief v.d. koning, voorzien v. staatszegel*
patente V ● SCHEEPV. *gezondheidspas* ● OUD. *patentbelasting*; *bedrijfsbelasting*
patenté BNW INFORM./FIG. *gepatenteerd*; *doorkneed*
pater M *grote kraal* ⟨v. rozenkrans⟩
Pater M [mv: id.] *onzevader* ⟨gebed⟩
patère V ● *kleerhaak* ⟨aan muur, kapstok⟩ ● *Romeinse offerschaal*
paternalisme M *paternalisme*; *bevoogding*
paternaliste BNW *paternalistisch*; *bevoogdend*
paterne BNW *vaderlijk-minzaam*
paternel I M INFORM. *ouwe heer*; *vader* **II** BNW [v: **paternelle**] ● *van vaderskant* ● *vaderlijk*; *vader-* ★ maison ~le *ouderlijk huis*
paternellement BIJW *vaderlijk*
paternité V OOK FIG. *vaderschap*
pâtes V MV ● → **pâte**
pâteux BNW ● *deegachtig*; *klef*; *melig* ⟨v. fruit⟩ ● *stroperig* ⟨v. vloeistof⟩; *dik* ● *droog* ⟨v. mond⟩ ● *taai*; *stug* ⟨v. stijl⟩
pathétique I BNW *pathetisch*; *roerend*; *aangrijpend* **II** M *pathetiek*
pathogène BNW *pathogeen*; *ziekteverwekkend*
pathologie V *pathologie*; *ziekteleer*
pathologique BNW *pathologisch*; *ziekelijk*
pathologiste M/V *patholoog*
pathos (zeg: patos) M FORM. *pathos*
patibulaire BNW OUD. *galgen-* ★ fourches ~s *galg* ★ mine ~ *boeventronie*
patiemment BIJW ● → **patient**
patience V *geduld* ★ (jeu de) ~ *geduldspelletje*; *patience*; *geduldwerkje* ★ prendre ~ *geduld oefenen* ★ prendre son mal en ~ *z'n ziel in lijdzaamheid bezitten* ★ la ~ vient à bout de tout *geduld overwint alles*
patient I M [v: **patiente**] ● *patiënt* ⟨bij operatie/onderzoek⟩ ● *iem. die een lijfstraf moet ondergaan* **II** BNW *geduldig*; *lijdzaam*
patienter ONOV WW *geduld oefenen* ★ faire ~ qn *iem. laten wachten*
patin M ● *schaats* ● TECHN. *slede*; *schoen* ● *(vilt)slofje* ⟨om op parket te lopen⟩ ● INFORM. *tongzoen* ★ ~ à roulettes *rolschaats* ★ ~ en ligne *skeeler* ★ ~ de frein *remblok*; *remschoen*

★ frein à ~(s) *velgrem* ★ faire du ~ *schaatsen*
patinage M • *(het) schaatsen* • *(het) doorslaan* ⟨v. wiel, koppeling⟩; *(het) doorglijden* • *(het) patineren* ★ ~ artistique *(het) kunstrijden* ★ ~ de vitesse *(het) hardrijden op de schaats* ★ ~ à roulettes *(het) rolschaatsen*
patine V *patina*
patiner I OV WW INFORM. *patineren* **II** ONOV WW • *schaatsen* • *doorslaan/(door)slippen* ⟨v. wiel, koppeling⟩; *(door)glijden*
patinette V *autoped*
patineur M [v: **patineuse**] *schaatsenrijder*
patinoire V *ijsbaan*
patio (zeg: pasjo, patjo) M *patio*
pâtir ONOV WW • FORM. *kwijnen* • ~ **de** *te lijden hebben van*
pâtisserie V • *gebak(je)*; *taart(je)* • *banketbakkerij* • *stucreliëf*
pâtissier I M [v: **pâtissière**] *banketbakker* **II** BNW [v: **pâtissière**] ★ crème pâtissière *banketbakkersroom*
patois M • *dialect*; *tongval* • *(groeps)taaltje*
patoiser ONOV WW *'patois' spreken*; *plat praten*
patouiller I OV WW INFORM. *friemelen aan*; *betasten* **II** ONOV WW *(rond)baggeren*; *ploeteren*
patraque BNW INFORM. *gammel*; *(zich) beroerd (voelend)*
pâtre M FORM. *herder*
patriarcal BNW [m mv: **patriarcaux**] *aartsvaderlijk*; *patriarchaal*
patriarcat (zeg: -kà) M *patriarchaat*
patriarche M *patriarch*; *aartsvader*
patriciat M *patriciaat*; *de patriciërs*
patricien I BNW [v: **patricienne**] *patricisch*; *patriciërs-* **II** M [v: **patricienne**] *patriciër*
patrie V • *vaderland* • *geboorteplaats* • *bakermat* ★ mère ~ *moederland*
patrimoine M • *ouderlijk erfdeel*; *erfgoed*; *patrimonium* • JUR. *vermogen*; *(iemands) bezit*
patrimonial BNW [m mv: **patrimoniaux**] *patrimoniaal*; *erf-*; *vermogens-*
patriotard BNW *chauvinistisch*
patriote I M/V *patriot*; *vaderlander* **II** BNW *vaderlandslievend*
patriotique BNW *patriottisch*; *vaderlandslievend*
patriotisme M *patriottisme*; *vaderlandsliefde*
patron M • *werkgever*; *baas*; *directeur*; *schipper* ⟨v. kleine boot⟩; *waard* ⟨v. café e.d.⟩ • *patroon*; *beschermheilige* • *beschermheer* • *model*; *(knip)patroon* ★ INFORM. la ~ne *(moeder) de vrouw*
patronage M • *beschermheerschap*; *bescherming*; *patronaat* • *stichtelijke jeugdvereniging* • *jeugdhuis*; *patronaatsgebouw*
patronal BNW [m mv: **patronaux**] • *v.d. beschermheilige* • *werkgevers-* ★ fête ~e *patroonsfeest*
patronat M *(de) werkgevers*
patronner OV WW • *steunen*; *begunstigen* • *maken volgens een patroon*
patronnesse BNW ★ VAAK HUMOR. (dame) ~ *vrouw die zich met liefdadigheidswerk bezighoudt*
patronyme M *patroniem*; *familienaam*
patronymique BNW ★ nom ~ *familienaam*

pa

patrouille V *patrouille*
patrouiller ONOV WW *patrouilleren*
patrouilleur M *lid v.e. patrouille*; *patrouillevaartuig/-vliegtuig*
patte V • *poot* ⟨v. dier⟩ • INFORM. *poot*; *been*; *hand*; *voet* • *lipje* ⟨v. kledingstuk e.d.⟩; *patje*; *klepje* • *klauw(ijzer)*; *haak*; *klamp* ★ ~s d'araignée *lange, dunne vingers* ★ ~s d'éléphant *wijd uitlopende broekspijpen* ★ ~s (de lapin) *tochtlatjes* ⟨(ruige) bakkebaardjes⟩ ★ à quatre ~s *op handen en voeten* ★ coup de ~ *uithaal* ⟨v. klauw⟩; *venijnige zet*; *sneer* ★ INFORM. bas les ~s! *handen thuis!* ★ graisser la ~ à qn *iem. smeergeld geven* ★ faire ~ de velours *zich poeslief voordoen* ★ tomber sous la ~ de qn *in iemands handen vallen* ★ retomber sur ses ~s *op zijn pootjes terechtkomen*; *er goed afkomen* ★ montrer ~ blanche *tonen dat men goed volk is*; *zich legitimeren* ★ FIG. ce peintre a de la ~ *deze schilder heeft een fraai penseel*
patte-d'oie V [mv: **pattes-d'oie**] *kruispunt v. wegen* ★ pattes-d'oie [mv] *kraaienpootje(s)* ⟨rimpels bij oog⟩
pattemouille V *vochtige doek*; *strijkdoekje*
pattu BNW *met dikke/bevederde poten*
pâturage M • *weiland*; *weide* • *(het) weiden*
pâture V OOK FIG. *voer* ★ vaine ~ *(recht van) vrije weide* ★ mettre en ~ *de wei insturen* ★ livrer en ~ à *overleveren /ten prooi geven aan*
pâturer I OV WW *afgrazen* **II** ONOV WW *grazen*
paume V • *palm* ⟨v. hand⟩ • GESCH. *kaatsspel* ★ jeu de ~ *kaatsbaan*
paumé BNW • INFORM. *armzalig*; *gesjochten* • INFORM. *verloren*; *in de bonen/het slop (zittend)*
paumelle V • *penscharnier* • *tweerijige gerst* • *handleer*
paumer I OV WW INFORM. *verliezen*; *kwijtraken* **II** WKD WW [**se** ~] INFORM. *verdwalen*; *verkeerd rijden*
paupérisation V *verarming*; *verpaupering*
paupérisme M *algemene armoede*; *pauperisme*
paupière V *ooglid* ★ fermer les ~s OOK FIG. *inslapen* ★ fermer les ~s à qn *iem. de ogen sluiten*
paupiette V CUL. *blinde vink*
pause V OOK MUZ. *rust*; *(tussen)pauze* ★ faire une ~(-)café *koffiepauze houden*
pauser ONOV WW MUZ. *een maat rust hebben*
pauvre I BNW • *arm*; *armoedig*; *armzalig*; *pover* • *ongelukkig*; *zielig* ★ ~ en *arm aan* ★ le ~ homme *de arme (zielige) man* ★ un homme ~ *een arm man* **II** M/V *arme*; *arme drommel*
pauvrement BIJW *armelijk*
pauvret M [v: **pauvrette**] OUD. *arme ziel*
pauvreté V *armoede*; *poverheid* ★ ~ n'est pas vice ⟨spreekwoord⟩ *armoede is geen schande*
pavage M • *plaveisel*; *bestrating* • *(het) bestraten*; *(het) plaveien*
pavaner WKD WW [**se** ~] FIG. *paraderen*; *een hoge borst opzetten*
pavé M • *straatsteen*; *kinderhoofdje* ⟨kassei⟩ • *bestrating*; *plaveisel*; *bevloering* • INFORM. *dikke pil* ⟨boek⟩ • *kaderartikel* • *dik stuk* ⟨rundvlees enz.⟩ ★ SPORT les pavés du nord *de*

kasseien in Noord-Frankrijk ★ pavé (numérique) *numeriek toetsenblok* ★ battre le pavé *straatslijpen* ★ brûler le pavé *hard lopen/rijden* ★ FIG. être sur le pavé *op straat staan* ★ tenir le haut du pavé *de eerste plaats innemen*; *de boventoon voeren* ★ c'est un pavé dans la mare *dat is een steen in de vijver /een knuppel in het hoenderhok*

pavement M • *bestrating* • *bevloering*

paver OV WW • *bestraten* • *bevloeren*

paveur M *stratenmaker*

pavillon M • ARCH. *paviljoen*; *tuin-/parkhuisje*; *bijgebouw*; *eengezinswoning (met tuin)* ⟨in (voor)stad⟩ • *(scheeps)vlag* • *geluidstrechter* ⟨v. instrument⟩ • *oorschelp* • OUD. *legertent* • REL. *velum* ★ ~ de chasse *jachthuis* ★ SCHEEPV. ~ de complaisance *goedkope vlag* ★ baisser/ amener le ~ OOK FIG. *de vlag strijken* ★ battre ~ français *onder Franse vlag varen* ★ le ~ couvre la marchandise *de vlag dekt de lading*

pavillonnaire BNW ★ quartier ~ *laagbouwwijk* ⟨met eengezinswoningen⟩

pavois M • *(de) vlaggen* ⟨v. schip⟩ • OUD. *groot schild* ★ grand ~ *pavoisering* ★ FIG. élever/hisser qn sur le ~ *iem. op het schild verheffen*

pavoiser I OV WW • *met vlaggen versieren*; *pavoiseren* • *tooien (***de** *met)* **II** ONOV WW *vlaggen*; OOK FIG. *de vlag uitsteken*

pavot M *papaver* ★ graine de ~ *maanzaad*

payable BNW ECON. *betaalbaar*

payant I BNW • *betalend* • *waarvoor men betaalt* • *lonend* **II** M *betalend bezoeker*

paye (zeg: pèj) V • *(het) betalen* • *loon*; *soldij* ★ ça fait une paye *dat/het is lang geleden*

payement M • → **paiement**

payer I OV WW • *betalen*; *betalen voor* • *belonen (***de** *met, voor)* • *bekopen (***de** *met)*; *boeten voor* ★ ~ cher *duur betalen*; *duur bekopen* ★ il me le paiera *ik zal het hem betaald zetten* ★ ~ une tournée *een rondje geven*; *op een rondje trakteren* ★ ~ qn de retour *iem. eender bejegenen*; *iem. met gelijke munt betalen* ★ ~ qc 10 euros *10 euro voor iets betalen* ★ combien tu l'as payé? *hoeveel heb je ervoor betaald?* ★ ~ qn de (belles) paroles *iem. met loze woorden afschepen* ★ je suis payé pour le savoir *dat heb ik aan den lijve ondervonden*; *daar kan ik van meepraten* **II** ONOV WW • *betalen* • *boeten (***pour** *voor)* • *lonen* ★ ~ de sa personne *zich volledig inzetten*; *zich niet ontzien* ★ ~ pour les autres *voor een ander opdraaien* ★ ~ d'audace *iets riskeren* ★ INFORM. ça paie mal *dat betaalt slecht* **III** WKD WW [**se ~**] • *zichzelf trakteren op*; *zich gunnen /veroorloven* • INFORM. *(te verduren) krijgen*; *(moeten) opknappen* • *betaald worden* • *geld afhouden* ⟨waar men recht op heeft⟩ ★ INFORM. se ~ qn *iem. pakken* ★ INFORM. se ~ la tête /gueule de qn *iem. voor de gek houden /voor aap zetten* ★ se ~ de mots/phrases *zich met loze woorden laten afschepen* ★ INFORM. se ~ un arbre *tegen een boom botsen*

payeur M [v: **payeuse**] • *betaler* • *betaalmeester* ★ mauvais ~ *wanbetaler*

pays M • *land*; *vaderland*; *landstreek* • *geboorteplaats*; *(geboorte)dorp* ★ du pays *uit de streek*; *van hier*; *van thuis* ★ pays donateur *donorland* ★ voir du pays *(veel) reizen*; *veel van de wereld zien* ★ comme pays conquis *bazig*; *als heer en meester*

paysage M • *landschap* • FIG. *wereldje*; *toestand*

paysager BNW [v: **paysagère**] *landschap(s)-*

paysagiste I M/V *landschapschilder* **II** BNW ★ (jardinier/architecte) ~ *tuin-/landschapsarchitect*

paysan I M [v: **paysanne**] *boer*; *landman* **II** BNW [v: **paysanne**] *boeren-*; *boers*

paysannat M • → **paysannerie**

paysannerie V *(de) boeren*; *boerenstand*

Pays-Bas M MV *Nederland*

PC AFK • poste de commandement *commandopost* • parti communiste *CP* • personal computer *pc*

p.c.c. AFK pour copie conforme *cc*; *kopie conform*

PCV AFK paiement contre vérification *collect call* ★ téléphoner qn en PCV *iem. op diens kosten bellen*

PDF AFK *pdf*

P.D.G., **P.d.g.** AFK président-directeur général *president-directeur*

PEA AFK plan d'épargne en actions *aandelenspaarplan*

péage M *tol(geld)* ★ chaîne/télévision à ~ *betaal-tv*

peau V [mv: **peaux**] • *huid*; *vel* ⟨ook v. worst, melk⟩ • *leer* • *schil* ⟨v. vrucht⟩ • INFORM. *hachje* ★ peaux mortes *huidschilfers* ★ peau de porc *varkensleer* ★ INFORM. peau d'âne *diploma* ★ INFORM. peau de vache *ellendeling* ★ INFORM. vieille peau *oud wijf* ★ dans la peau de qn *in iemands plaats /schoenen /vel* ★ INFORM. avoir qn dans la peau *stapeldol op iem. zijn* ★ changer de peau *vervellen* ★ faire peau neuve *totaal veranderen*; FIG. *een facelift ondergaan* ★ faire la peau à qn *iem. om zeep helpen* ★ être bien dans sa peau *goed in zijn vel zitten*; *zich lekker voelen* ★ y laisser sa peau *het hachje erbij inschieten* ★ risquer sa peau *zijn leven riskeren* ★ vendre cher sa peau *zijn huid duur verkopen* ★ on aura sa peau *we krijgen hem wel*; *hij gaat eraan* ★ il mourra dans la peau d'un ivrogne *hij is een onverbeterlijke drinker* ★ INFORM. ça coûte la peau des fesses /du cul *dat is hartstikke duur* ★ FIG. diminuer comme une peau de chagrin *wegschrompelen* ★ VULG. peau de balle! *niks!* ★ il ne faut pas vendre la peau de l'ours avant de l'avoir tué *je moet de huid niet verkopen voor je de beer geschoten hebt*

peaufiner OV WW • *netjes afwerken*; FIG. *bijvijlen* • *zemen*

Peau-Rouge M [mv: **Peaux-Rouges**] *roodhuid*; *indiaan*

peausserie V • *huidenhandel* • *lederbewerking* • *lederwerk*

peaussier M • *leerbereider* • *handelaar in leer*

pecan M • → **pécan**

pécan M *pecannoot*

pécari M *pekari*; *navelzwijn*

peccable BNW REL. *tot zonde geneigd*; *zondig*

peccadille V *pekelzonde*; *klein vergrijp*
péché M *zonde* ★ ~ capital *hoofdzonde*; *doodzonde* ★ ~ mignon *pekelzonde*; *kleine zwakheid* ★ ~ mortel *doodzonde* ★ ~ originel *erfzonde* ★ homme de ~ *zondaar*
pêche V ● *perzik* ● *(het) vissen*; *visserij* ● *vangst* ⟨gevangen vis⟩ ● *viswater/-vijver* ● *visrecht* ● INFORM. *klap*; *oorvijg* ★ ~ à la ligne *(het) hengelen* ★ ~ à la mouche *(het) vliegvissen* ★ ~ au hareng *haringvangst/-visserij* ★ permis de ~ *visakte* ★ aller à la ~ à... *op... uit gaan*; *opsnorren* ★ INFORM. avoir la ~ *in puike vorm zijn*; *vol fut zijn* ★ se fendre la ~ *zich een bult lachen*
pécher ONOV WW *zondigen* (**contre** *tegen*) ★ ~ par... *als euvel/ondeugd hebben*; *lijden aan* ★ ~ par excès *iets te ver drijven* ★ ~ par ignorance *uit onwetendheid iets (doms) doen*
pêcher I M *perzikboom* **II** OV WW ● *(op)vissen*; *vissen op*; *bevissen* ● INFORM. *opduikelen* ★ ~ à la ligne *hengelen* ★ ~ en eau trouble FIG. *in troebel water vissen*
pêcherie V *visplaats*; *visgrond*
pécheur I M [V: **pécheresse**] *zondaar* **II** BNW [V: **pécheresse**] *zondig* ★ femme pécheresse *zondares*
pêcheur I M [V: **pêcheuse**] *visser* ★ ~ à la ligne *hengelaar* **II** BNW [V: **pêcheuse**] ★ bateau ~ *vissersboot* ★ marin ~ *visser* ⟨op zee⟩
pécore V ● *pedant vrouwmens*; *wicht*; *nuf* ● OUD. *dier*
pectoral I M ★ pectoraux [mv] *borstspieren* **II** BNW [m mv: **pectoraux**] *borst-* ★ sirop ~ *borst-/hoestdrankje*
pectoraux M MV ● → **pectoral**
pécu M ● → **PQ**
péculat M *verduistering* ⟨als ambtsmisdrijf⟩
pécule M *spaarduitje*
pécuniaire BNW *geld-*; *geldelijk* ★ peine ~ *geldstraf*
pédagogie V *pedagogie(k)*; *opvoedkunde*
pédagogique BNW *pedagogisch*; *opvoedkundig*
pédagogue I M/V *pedagoog*; *opvoedkundige* **II** BNW *pedagogisch ingesteld*; *(goed) docerend*
pédale V ● *pedaal*; *trapper* ⟨v. fiets⟩ ● INFORM./MIN. *flikker*; *homo* ★ écraser la ~ *plankgas geven* ★ INFORM. perdre les ~s *de kluts kwijt zijn* ★ INFORM. s'emmêler /se mélanger les ~s *in de war /van de wijs raken* ★ INFORM. ~ douce! *hou je gedeisd!*; *even dimmen!*
pédaler ONOV WW ● *fietsen* ● *op een pedaal trappen* ● INFORM. *hard lopen/rijden*; *(aan)pezen* ★ INFORM. ~ dans la choucroute /la purée /le yaourt *geen klap opschieten*
pédaleur M [V: **pédaleuse**] INFORM. *fietser*
pédalier M ● *voetklavier* ● *trapas*
pédalo M *waterfiets*
pédant I M *betweter*; *wijsneus* **II** BNW *pedant*; *betweterig*
pédanterie V *pedanterie*; *betweterij*
pédantesque BNW *betweterig*
pédantisme M *pedanterie*; *betweterij*
pédé M MIN. pédéraste *flikker*; *homo*
pédéraste M ● *homofiel* ● *pederast*
pédérastie V *pederastie*
pédestre BNW *voet-*; *te voet* ★ statue ~ *standbeeld ten voeten uit*
pédiatre M/V *kinderarts*; *pediater*
pédiatrie V *kindergeneeskunde*; *pediatrie*
pédicule M BIOL. *steel*
pédicure M/V *voetverzorger*; *pedicure*
pedigree (zeg: peedieGree) M *stamboek* ⟨v. rasdier⟩; *pedigree*
pédologie V *pedologie*
pédoncule M BIOL. *steel*
pédophile I M/V *pedofiel* **II** BNW *pedofiel*
pédopsychiatre M/V *kinderpsychiater*
pedzouille M/V INFORM./MIN. *boer*; *kinkel*
peeling (zeg: pieling) M *peeling* ⟨huidreiniging⟩
pègre V PLAT *onderwereld*; *penoze*
peignage M *(het) kammen v. wol*; *(het) hekelen v. vlas*
peigne M ● *kam* ● *vlaskam*; *hekel* ● *kamschelp* ★ ~ fin *stofkam*; *luizenkam* ★ passer au ~ fin *haarfijn onderzoeken*; *uitvlooien*; *uitkammen* ⟨v. gebied⟩ ★ sale comme un ~ *erg vuil*; *stinkend smerig*
peigné I BNW *overdreven verzorgd*; *piekfijn* **II** M *kamgaren* ⟨stof⟩
peigne-cul M [mv: **peigne-culs**] INFORM./MIN. *pummel*
peignée V ● *wol/vlas dat men in één keer kamt/hekelt* ● INFORM. *pak slaag*
peigner I OV WW *kammen* ⟨ook v. wol, vlas⟩ ★ laine peignée *kamgaren* **II** WKD WW [**se** ~] ● *zich kammen* ● OUD. *elkaar in de haren vliegen*
peignoir M ● *peignoir* ● *kapmantel*
peinard BNW INFORM. *rustig*; *onbezorgd* ★ vie ~e *luizenleventje* ★ être (père) ~ *het heertje zijn*; *een makkie hebben*
peindre I OV WW [onregelmatig] ● *schilderen* ● *beschilderen* ● *lakken* ⟨v. auto e.d.⟩ ● FIG. *schilderen*; *beschrijven* ★ ~ en blanc *wit verven* ★ papier peint *behang* **II** WKD WW [**se** ~] *zich afschilderen*; FIG. *(af) te lezen zijn*
peine V ● *straf* ● *moeite* ● *smart*; *leed*; *nood*; *zorg* ★ ~ capitale/de mort *doodstraf* ★ sous ~ de *op straffe van*; *op het gevaar af te* ★ sous ~ de mort *op straffe des doods* ★ à ~ *nauwelijks*; *ternauwernood* ★ à ~... que *nauwelijks... of* ★ à grand-~ *met veel moeite* ★ sans ~ *moeiteloos* ★ homme de ~ *sjouwer* ★ ce n'est pas la ~ /ça ne vaut pas la ~ *het is de moeite niet (waard)*; *het is niet nodig* ★ c'est ~ perdue *dat is vergeefse moeite* ★ en être pour sa ~ *vergeefse moeite gedaan hebben* ★ perdre sa ~ *vergeefse moeite doen* ★ donnez-vous la ~ de *wees zo goed te* ★ mourir à la ~ *zich doodwerken* ★ ne pas épargner /plaindre/pleurer sa ~ *alle mogelijke moeite doen* ★ porter la ~ de qc *boeten voor iets* ★ faire de la ~ à qn *iem. verdriet aandoen* ★ être/se mettre en ~ de *zich bezorgd maken over* ★ REL. ~s éternelles *eeuwige verdoemenis* ★ comme une âme en ~ *als een gekwelde ziel*; *desolaat* ★ toute ~ mérite salaire ⟨spreekwoord⟩ *moeite moet beloond worden*
peiner I OV WW *verdrieten*; *leed doen* **II** ONOV WW *zwoegen*; *het zwaar hebben*
peint WW [o.t.t./volt. deelw.] ● → **peindre**
peintre M *schilder* ★ ~ en bâtiment(s)

pe

huisschilder ★ artiste ~ *kunstschilder*
peinture V • *(het) schilderen* • *schildering; schilderij* • *schilderkunst* • *verf; lak* • FIG. *schildering; beschrijving* ★ ~ à l'huile *olieverf(schildering)* ★ ~ murale *muurschildering* ★ ~ en bâtiment(s) *(het) huisschilderen* ★ faire de la ~ *schilderen* ★ je ne peux pas le voir en ~ *ik kan hem niet uitstaan*
peinturlurer OV WW INFORM. *kakelbont beschilderen*
péjoratif BNW [v: **péjorative**] *pejoratief*
pékin M INFORM./MIN. *burger* ‹niet-militair›
Pékin M *Beijing*
pékinois I M *pekinees* ‹hond› **II** BNW *Pekinees*
pelage M • *haar/vacht* ‹v. dier› • *(het) schillen*
pélagique BNW *pelagisch; (diep)zee-*
pelé I BNW • *kaal* • *geschild* **II** M *kaalkop* ★ quatre pelés et un tondu *anderhalve man en een paardenkop*
pêle-mêle, pêlemêle I M • *warboel; mengelmoes* • *fotolijst* ‹voor verzameling foto's› **II** BIJW *door elkaar; verward; overhoop*
peler I OV WW *schillen; pellen* **II** ONOV WW *vervellen*
pèlerin M • *pelgrim* • *reuzenhaai*
pèlerinage M • *pelgrimstocht* • *bedevaartplaats*
pèlerine V *pelerine* ‹soort mantel›; *cape*
pélican M *pelikaan*
pelisse V *pels; pelsmantel; pelsjas*
pellagre V MED. *pellagra*
pelle V • *schop; spade* • *riemblad* • INFORM. *tongzoen* ★ ~ (à poussière) *stofblik* ★ ~ à tarte *taartschep* ★ ~ (mécanique) *graafmachine; laadschop* ★ INFORM. à la ~ *bij karrenvrachten* ★ INFORM. rouler une ~ à qn *iem. een tongzoen geven; iem. aflikken* ★ INFORM. ramasser /prendre une ~ OOK FIG. *op z'n bek gaan* ★ INFORM. remuer l'argent à la ~ *bulken v.h. geld*
pelletée V • *schopvol* • INFORM. *heleboel;* FIG. *schep*
pelleter OV WW *met de schop omwerken*
pelleterie V • *(het) bontwerken* • *bontwerk* • *bonthandel*
pelleteur M *grondwerker*
pelleteuse V *graafmachine; laadschop*
pelletier M [v: **pelletière**] OUD. *bontwerker/-handelaar*
pellicule V • *vliesje; velletje; laagje* • *fotorolletje* ★ ~s [mv] *hoofdroos*
pelliculeux BNW [v: **pelliculeuse**] *schilferig* ‹door roos›
pelotage M INFORM. *(het) indiscreet betasten; handtastelijkheid*
pelote V • *kluwen; knot* • *speldenkussen* • *kaatsbal* ★ INFORM. faire sa ~ *geld vergaren; een kapitaal(tje) opbouwen* ★ avoir les nerfs en ~ *één bonk zenuwen zijn*
peloter OV WW INFORM. *frunniken aan* ‹iem.›; *flikflooien met; betasten*
peloteur M [v: **peloteuse**] INFORM. *handtastelijk iem.; flikflooier*
peloton M • MIL./SP. *peloton* • *kluwentje; bolletje* ★ ~ de tête *kopgroep;* OOK FIG. *koplopers*
pelotonner WKD WW [**se** ~] *zich als een bal oprollen; ineenduiken; ineenkruipen*
pelouse V *grasveld;* SPORT *grasmat*
peluche V • *pluche; pluis* • *dier van pluche; knuffel(beest)*
pelucher ONOV WW *pluizen*
pelucheux BNW [v: **pelucheuse**] *pluizig*
pelure V • *schil* ‹v. vrucht, aardappel e.d.› • INFORM. *jas* ★ (feuille) ~ *dundrukvel; doorslagvel*
pelvien BNW [v: **pelvienne**] *bekken-* ★ fracture ~ne *bekkenfractuur*
pelvis (zeg: -vies) M ANAT. *bekken*
pénal BNW [m mv: **pénaux**] *strafrechtelijk; straf-* ★ code ~ *wetboek v. strafrecht* ★ droit ~ *strafrecht*
pénalisation V SPORT *straf(punten)*
pénaliser OV WW • *(be)straffen; beboeten* • *in het nadeel brengen*
pénalité V • *straf; boete* • *strafbaarheid*
penalty, pénalty M [mv: **penalties, penaltys**] *penalty; strafschop*
pénard BNW INFORM. → **peinard**
pénates M MV *huisgoden; penaten* ★ IRON. rejoindre ses ~ *naar huis teruggaan*
penaud BNW *beteuterd; beschaamd; bedremmeld*
penchant M • *neiging (***à, pour** *tot); voorkeur* • FORM. *genegenheid (***pour** *voor)*
penché BNW *gebogen; scheef; schuin* ★ air(s) ~(s) *mijmerende /bedenkelijke blik*
pencher I OV WW *buigen; doen overhellen* ★ ~ la tête *het hoofd schuin houden* **II** ONOV WW • *overhellen; scheef staan/hangen* • **~ à** *geneigd zijn tot* • **~ por/vers** *neigen tot* **III** WKD WW [**se** ~] *zich buigen; zich bukken* ★ se ~ sur OOK FIG. *zich buigen over*
pendable BNW ★ OUD. cas ~ *halszaak* ★ tour ~ *boevenstreek*
pendaison V *(het) (op)hangen* ‹als straf›
pendant I M • *(oor)hanger;* OUD. *draagriem* • *tegenhanger; pendant* ★ faire ~ à qc *het pendant zijn v. iets; bij iets horen* **II** BNW • *hangend* • *hangende; nog niet afgedaan* ★ JUR. cause ~e *aanhangige zaak* **III** VZ *gedurende* ★ ~ que [+ ind.] *terwijl* ★ ~ que tu y es *nu je er toch bent*
pendeloque V • *peervormig juweel, als oorhanger gebruikt* • *hanger aan een lichtkroon; pendeloque*
pendentif M • *hanger* ‹v. sieraad› • ARCH. *pendentief*
penderie V *hangkast; kleerkast*
pendiller ONOV WW *bungelen; wapperen*
pendouiller ONOV WW INFORM. *slap hangen; bungelen*
pendre I OV WW *(op)hangen (***à** *aan)* ★ ~ qn haut et court *iem. zonder omhaal opknopen* ★ dire pis que ~ de qn *iem. afkammen* ★ être pendu à OOK FIG. *hangen aan* ★ être pendu aux lèvres de qn *aan iemands lippen hangen* ★ je veux être pendu si... *ik mag hangen als...* **II** ONOV WW *hangen (***à** *aan); afhangen* **III** WKD WW [**se** ~] • OOK FIG. *(gaan) hangen (***à** *aan); zich vastklampen* • *zich ophangen*
pendu I BNW *hangend (***à** *aan); (op)gehangen* **II** M [v: **pendue**] *gehangene* **III** WW [volt. deelw.] • → **pendre**

pe

pendulaire BNW *slingerend*; *slinger-* ★ FORM. migration ~ *(het) pendelen /forenzen*
pendule I M *slinger*; *pendel* **II** V *pendule*; *klok* ★ remettre les ~s à l'heure *de zaken rechtzetten /op een rijtje zetten*
pendulette V *klokje*
pêne M *tong* ⟨v. slot⟩
pénétrable BNW *doordringbaar*; *doorgrondelijk*
pénétrant BNW • *doordringend*; *penetrant* • *scherp(zinnig)*
pénétration V • *(het) doordringen*; *penetratie* • *scherp(zinnig)heid*
pénétrer I OV WW • *doordringen in*; *binnendringen*; *binnengaan*; *penetreren* • *doorgronden*; *doorzien* • *vervullen (***de** *van)* ★ ~ le cœur *diep ontroeren* ★ d'un ton pénétré *op stellige toon* ★ pénétré de son importance *gewichtig /verwaten (doend)* **II** ONOV WW *doordringen (***dans** *in)*; *binnendringen*; *binnengaan* **III** WKD WW [**se** ~] **de** *doordrongen /vervuld worden van*; *zich inprenten*
pénible BNW • *moeilijk*; *lastig* • *verdrietig*; *pijnlijk*; *onaangenaam*; *penibel*
péniblement BIJW • *moeizaam* • FIG. *pijnlijk* • *ternauwernood*
péniche V *platte schuit*; *aak*; *woonboot* ★ ~ de débarquement *landingsvaartuig*
pénicilline V *penicilline*
péninsulaire BNW *v.e. schiereiland*
péninsule V *(groot) schiereiland*
pénis (zeg: -nies) M *penis*
pénitence V • *boete(doening)*; *boetvaardigheid*; *penitentie* • *berouw* • *straf* ★ les psaumes de la ~ *de boetpsalmen* ★ le tribunal de la ~ *de biechtstoel* ★ pour (ta) ~ *voor straf*
pénitencier M • *tuchthuis*; *strafinrichting* • *penitentiaris*
pénitent I BNW *berouwvol*; *boetvaardig* **II** M [v: **pénitente**] *biechteling*; *boeteling*
pénitentiaire BNW *straf-*; *gevangenis-* ★ établissement ~ *strafinrichting*
penne V *(slag)pen*; *staartpen*
penné BNW *geveerd*
pénombre V *halfdonker*; OOK FIG. *(half)schaduw*
pensable BNW *denkbaar*
pensant BNW *denkend* ★ bien ~ *conformistisch*; *weldenkend*
pense-bête M [mv: **pense-bêtes**] *geheugensteuntje*
pensée V • *gedachte(n) (***de** *aan)*; *denkbeeld* • *(het) denken*; *denkvermogen* • *denkwijze*; *opvatting(en)*; *gedachtewereld* • *driekleurig viooltje* ★ dire sa ~ *zijn mening geven* ★ la ~ d'un roman *de strekking v.e. roman*
penser I M FORM. *gedachte*; *(het) denken* ★ maître à ~ *geestelijk leidsman* **II** OV WW • *denken (***de** *van, over)*; *geloven*; *menen* • *zich indenken* • FORM. *overdenken*; *doordénken* ★ ~ du bien de *een goede dunk hebben van* ★ qu'est-ce qui vous fait ~ cela? *hoe komt u daarbij?* ★ qu'en penses-tu? *wat vind je ervan?* **III** ONOV WW *denken (***à** *aan)*; *denken te* ★ donner à ~ que *erop duiden dat* ★ faire ~ à qc *aan iets herinneren* ★ je pense que oui *ik denk van wel* ★ INFORM. tu penses! *tuurlijk!*; *en of!* ★ tu n'y penses pas! *dat meen je niet!* ★ INFORM. penses-tu! *dat had je gedacht!*; *niks hoor!* ★ (mais) j'y pense! *dat is waar ook!* ★ pensez donc! *stel u eens voor!* ★ il n'en pense pas moins *hij denkt er het zijne van*
penseur I M [v: **penseuse**] *denker* ★ libre(-)~ *vrijdenker* **II** BNW [v: **penseuse**] OUD. *peinzend*; *dromend*
pensif BNW [v: **pensive**] *peinzend*; *nadenkend*
pension V • *uitkering*; *toelage* • *pension* ⟨in alle betekenissen⟩ • *kostschool* ★ ~ de famille *(familie)pension* ★ ~ complète *volpension* ★ ~ de retraite *pensioen* ★ en ~ *in de kost*; *op kostschool*
pensionnaire M/V • *kostganger*; *pensiongast* • *kostleerling* • OUD. *iem. die een jaargeld/ toelage ontvangt* • GESCH. *pensionaris* ★ GESCH. grand~ *raadpensionaris*
pensionnat M *kostschool*; *pensionaat*
pensionner OV WW *een jaargeld/toelage toekennen aan*
pensivement BIJW • → **pensif**
pensum (zeg: pe(n)som) M • *vervelend karwei* • OUD. *strafwerk*
pentaèdre (zeg: pe(n)ta-) M *vijfvlak*; *pentaëder*
pentagonal (zeg: pe(n)ta-) BNW [m mv: **pentagonaux**] *vijfhoekig*
pentagone (zeg: pe(n)ta-) **I** M *vijfhoek* ★ le Pentagone *het Pentagon* **II** BNW *vijfhoekig*
pentamètre (zeg: pe(n)ta-) M *vijfvoetig vers*; *pentameter*
pentathlon (zeg: pe(n)t-) M *vijfkamp*
pente V • *helling*; *glooiing*; *verval* ⟨v. rivier⟩ • *afhangende strook*; *val* ⟨v. gordijn e.d.⟩ • FORM. *neiging* ★ aller en ~ *hellen* ★ FIG. être /glisser sur la ~ /sur une mauvaise ~ *op een hellend vlak zijn* ★ remonter la ~ *er weer bovenop komen*
Pentecôte V *Pinksteren*
pentu BNW *hellend*; *schuin*
penture V *(plat) hengsel* ⟨v. deur⟩
pénultième I BNW *voorlaatste* **II** V *voorlaatste lettergreep*
pénurie V *(nijpend) gebrek (***de** *aan)*; *schaarste*
people (zeg: pipul) M [onver.] ★ les ~ *de bekende personen*; *de BN'ers (enz.)* ★ la presse ~ *de roddelbladen*
pépé M INFORM. *opa*
pépée V • JEUGDT. *pop* • INFORM./OUD. *vrouw(tje)*; *meid*
pépère I BNW INFORM. *rustig*; *gemoedelijk*; *makkelijk*; *gezapig* **II** M • JEUGDT. *opa* • INFORM. *dikke goedzak*; *lobbes*
pépètes V MV INFORM./OUD. *poen*
pépie V *pip* ★ INFORM. avoir la ~ *een droge keel hebben*
pépiement M *gepiep* ⟨v. jonge vogel⟩; *getjilp*
pépier ONOV WW *piepen* ⟨v. jonge vogel⟩; *tjilpen*
pépin M • *pit* • INFORM. *moeilijkheid(je)*; *kink (in de kabel)* • INFORM. *(para)plu* ★ fruit à ~s *pitvrucht*
pépinière V • *boomkwekerij* • FIG. *kweekplaats*
pépiniériste M/V *boomkweker*
pépite V *goudklomp*; *(metaal)klomp*
pepsine V *pepsine*
péquenaud M INFORM./MIN. *boer*; *kinkel*

péquenot M • → **péquenaud**
péquin M • → **pékin**
perçage M *(het) boren* ‹v. gaatjes›; *(door)boring*
percale V *perkal* ‹katoenbatist›
perçant BNW *doordringend*; *scherp*; *snerpend*
perce V • *(gaatjes)boor* • *geboorde opening*; *boring* ‹v. blaasinstrument› ★ en ~ *aangestoken /geopend* ‹v. vat›
percée V • *(gemaakte) opening*; *doorkijk*; *doorgang* • OOK FIG. *doorbraak*
percement M • *(door)boring*; *doorgraving* • *doorbraak*; *tunnel*
perce-neige M/V [mv: **perce-neige(s)**] *sneeuwklokje*
perce-oreille M [mv: **perce-oreilles**] *oorwurm*
percepteur I M [v: **perceptrice**] *belastingontvanger* **II** BNW [v: **perceptrice**] FORM. *waarnemings-*
perceptibilité V *waarneembaarheid*
perceptible BNW *waarneembaar*
perceptif BNW [v: **perceptive**] *waarnemings-*; *perceptief*
perception V • *waarneming*; *gewaarwording*; *perceptie* • *(het) innen* ‹v. belastingen› • *belastingkantoor*; *ontvangstkantoor*
percer I OV WW • *een gat/opening maken in*; *doorboren*; *doorsteken*; *dringen door*; OOK FIG. *doorbreken* • *maken/boren* ‹v. opening, tunnel, weg› ★ ~ un coffre-fort *een brandkast kraken* ★ ~ (à jour) *doorgronden*; *doorzien* ★ LITERATUUR ~ le cœur *het hart breken /verscheuren* **II** ONOV WW • *doorbreken* ‹in alle betekenissen› • *doorschemeren*; *zich verraden*; *blijken* • *boren*
perceur M [v: **perceuse**] *boorder* ★ ~ de coffres-forts *brandkastkraker*
perceuse V *boormachine*
percevable BNW *invorderbaar*
percevoir OV WW • *waarnemen* • *invorderen*; *innen*
perche V • *baars* • *staak*; *lange stok*; *stang* ‹ook v. gewei›; *polsstok* • *bonenstaak* ‹lange man› • GESCH. *(vierkante) roede* ‹maat› ★ ~ (à son) *microfoonhengel* ★ saut à la ~ *(het) polsstokspringen* ★ tendre la ~ à qn *iem. de reddende hand bieden*
percher I OV WW INFORM. *hoog zetten (***sur** *op)* ★ perché sur *hoog (zittend) op* ★ voix haut perchée *hoge/schelle stem* **II** ONOV WW • *hoog zitten* ‹v. vogels›; *roesten* • INFORM. *(hoog) wonen* ★ INFORM. où perche-t-il? *waar zit hij?* **III** WKD WW [**se** ~] *hoog (gaan) zitten (***sur** *op)*
percheur BNW [v: **percheuse**] *hoog zittend* ‹v. dieren›; *roestend*
perchiste M/V • *polsstok(hoog)springer* • *hengelaar* ‹bediener v. microfoonhengel›
perchoir M • *vogelstok* • INFORM. *hoge (zit)plaats* • POL. *voorzitterszetel* ‹v. Nationale Vergadering›
perclus (zeg: -kluu) BNW OOK FIG. *verstijfd (***de** *van)*; *verlamd*; *stijf*
perçoir M *(gaatjes)boor*
perçois WW [teg. tijd] • → **percevoir**
percolateur M *percolator*; *espressomachine*
perçu WW [volt. deelw.] • → **percevoir**
percussion V • *stoot*; *schok* • OOK MED., MUZ. *percussie* ★ instrument à ~ *slaginstrument* ★ perceuse à ~ *klopboor*
percussionniste M/V *slagwerker*; *drummer*
percutant BNW • *door een schok afgaand* • FIG. *inslaand*; *met schokwerking*; *trefzeker* ★ obus ~ *schokgranaat* ★ fusée ~e *schokbuis* ★ argument ~ *ijzersterk argument*
percuter I OV WW • *stoten/botsen tegen* • MED. *bekloppen*; *percuteren* **II** ONOV WW • *'t snappen* • ~ **contre** *stoten/botsen tegen*
percuteur M *slagpin*
perdant I M [v: **perdante**] *verliezer*; *loser* **II** BNW *verliezend* ★ partir ~ *kansloos zijn*
perdition V *verderf*; *ondergang* ★ navire en ~ *schip in nood*
perdre I OV WW • *verliezen*; *kwijtraken*; *missen* • *in het verderf storten*; *te gronde richten* • *doen verdwalen* ★ ~ son chemin *verdwalen* ★ ~ l'occasion *de gelegenheid voorbij laten gaan* ★ ~ sa peine *vergeefse moeite doen* ★ ~ son temps *zijn tijd verknoeien* ★ avoir du temps à ~ *alle tijd hebben* ★ tu n'y perds rien *daar mis/verlies je niets aan* ★ tu ne perds rien pour attendre! *ik krijg je nog wel!* **II** ONOV WW • *verliezen* • *achteruitgaan*; *afnemen* • *lekken*; *vocht verliezen* ★ ~ de *inboeten aan* ★ y ~ *erop verliezen /achteruitgaan*; *erbij inboeten* **III** WKD WW [**se** ~] • OOK FIG. *verdwalen* • *verdwijnen*; *verloren gaan*; *in onbruik raken*; *bederven* ‹v. eetwaren› • *zich in het verderf storten* • *zich verliezen*; *opgaan (***dans, en** *in)* ★ se ~ dans les détails *zich in details verliezen* ★ se ~ dans la foule *in de menigte opgaan* ★ je m'y perds *dat kan ik niet meer volgen*; *daar kan ik niet uit wijs worden*
perdreau M [mv: **perdreaux**] *jonge patrijs*
perdrix (zeg: -drie) V *patrijs*
perdu I BNW • OOK FIG. *verloren* • *verspild* • *verborgen*; *afgelegen* ★ moment ~ *verloren ogenblik* ★ objets ~s *gevonden voorwerpen* ★ balle ~e *verdwaalde kogel* ★ coin/pays ~ *uithoek*; *afgelegen dorp/streek* ★ emballage ~ *wegwerpverpakking* ★ malade ~ *door artsen opgegeven patiënt* ★ ~ de dettes *diep in de schulden* ★ ~ dans ses pensées *in gedachten verzonken* ★ je suis ~ *ik weet het niet meer* ★ pour un (de) ~ dix de retrouvés *voor hem tien anderen* **II** WW [volt. deelw.] • → **perdre**
perdurer ONOV WW FORM. *voortduren*; *aanhouden*
père M • OOK FIG. *vader* • *pater* ★ nos pères *onze voorvaderen* ★ le père Durand *vadertje Durand* ★ M. Durand père *de heer Durand senior* ★ Dieu le Père *God de Vader* ★ Père de l'Eglise *kerkvader* ★ de père en fils *van vader op zoon* ★ REL. mon père *eerwaarde* ★ pères blancs *witte paters* ★ tel père, tel fils *zo vader, zo zoon* ★ placement de père de famille *solide geldbelegging*
pérégrination V *omzwerving*
péremption V *(het) verlopen* ‹v. geldigheid›; *verjaring* ★ date de ~ *vervaldatum*; *houdbaarheidsdatum*
péremptoire BNW *beslissend*; *afdoend*; *onherroepelijk*; *peremptoir*
pérenniser OV WW *bestendigen*

pérennité V *lange duur; (het) voortduren*
péréquation (zeg: -kwa-) V ECON. *evenredige verdeling; lastenverdeling; gelijktrekking; verevening*
perfectibilité V *vatbaarheid voor vervolmaking*
perfectible BNW *vatbaar voor vervolmaking*
perfection V • *volmaaktheid; voortreffelijkheid; perfectie* • *pracht(exemplaar)* ★ à la ~ *tot in de perfectie; perfect*
perfectionnement M • *vervolmaking; verbetering* • *bijscholing*
perfectionner **I** OV WW *vervolmaken; verbeteren; perfectioneren* **II** WKD WW [**se** ~] *volmaakter worden; verbeterd worden; zich verder bekwamen*
perfectionniste **I** BNW *perfectionistisch* **II** M/V *perfectionist*
perfide BNW *vals; trouweloos; verraderlijk; perfide*
perfidie V *trouweloosheid; valsheid*
perforant BNW *doorborend; perforerend*
perforateur **I** BNW [v: **perforatrice**] *doorborend; perforerend* **II** M [v: **perforatrice**] *ponstypist*
perforation V • *doorboring; perforatie* • *(het) ponsen* • *ponsgat*
perforatrice V • *ponstypiste* • *boormachine* • *perforeermachine*
perforé BNW • *geperforeerd* • *pons-* ★ carte ~e *ponskaart*
perforer OV WW • *doorboren; perforeren* • *ponsen*
perforeuse V • *perforator; ponsmachine* • *ponstypiste*
performance V *prestatie; (prestatie)vermogen; behaald resultaat*
performant BNW *goed presterend; met groot prestatievermogen; krachtig* ‹v. apparaat›
perfusion V *infusie; infuus* ★ être sous ~ *aan het infuus liggen*
pergola V *pergola*
péricarde M *hartzakje*
péricardite V *pericarditis; hartzakontsteking*
péricarpe V *vruchthulsel; zaadhulsel*
péricliter ONOV WW *in verval zijn; wegkwijnen*
péridurale V *ruggenprik(verdoving)*
périf M INFORM. périphérique *ringweg*
péril (zeg: -riel) M *gevaar* ★ il y a ~ à *het is riskant om* ★ au ~ de de sa vie *met levensgevaar* ★ il y a ~ en la demeure *uitstel is gevaarlijk; haast is geboden*
périlleux BNW [v: **périlleuse**] *gevaarlijk; hachelijk* ★ saut ~ *salto mortale*
périmé BNW • *verouderd; achterhaald* • *verlopen; ongeldig (geworden)* • *waarvan de houdbaarheidsdatum verstreken is*
périmer WKD WW [**se** ~] *verlopen* ‹ongeldig worden›; *vervallen; verouderen* ★ laisser (se) ~ *laten verlopen*
périmètre M • *omtrek; perimeter* • *zone; gebied*
périnée M *perineum*
période V • *periode* ‹in alle betekenissen›; *tijdperk; tijdvak* • OOK MUZ. *volzin* • *halfwaardetijd* ★ FORM. ~s (menstruelles) *menstruatie* ★ MIL. ~ (d'instruction) *herhaling(soefening)* ★ en ~ de crise *in crisistijd*

périodicité V *periodiciteit; geregelde terugkeer*
périodique **I** M *tijdschrift; periodiek* **II** BNW *geregeld terugkerend; periodiek* ★ serviette /garniture ~ *maandverband* ★ fraction ~ (mixte/simple) *(gemengd/zuiver) repeterende breuk*
périoste M *beenvlies*
péripatéticienne V FORM./HUMOR. *tippelaarster*
péripétie (zeg: -sie) V *plotselinge ommekeer; peripetie* ★ ~s [mv] *wederwaardigheden; verwikkelingen*
périph M • → **périf**
périphérie V *periferie; omtrek; rand(gebied)*
périphérique BNW *perifeer; omliggend; rand-* ★ (boulevard) ~ *ringweg* ★ (appareillage) ~ *randapparatuur*
périphrase V *omschrijving; perifrase*
périphrastique BNW *omschrijvend; wijdlopig*
périple M *omvaart; rondreis*
périr ONOV WW *vergaan; te gronde gaan; omkomen* ★ ~ d'ennui *zich doodvervelen* ★ ~ noyé *de verdrinkingsdood sterven*
périscolaire BNW *buitenschools*
périscope M *periscoop*
périssable BNW *bederfelijk;* FORM. *vergankelijk*
périssoire V *kano; peddelboot*
péristaltique BNW *peristaltisch*
péristaltisme M *peristaltische beweging(en)*
péristyle M *zuilengalerij; peristyle*
péritel BNW [onver.] ★ prise ~ *scartaansluiting* ‹tv-aansluitdoos voor randapparatuur›
péritoine M *buikvlies*
péritonite V *buikvliesontsteking*
perle V • OOK FIG. *parel* ★ de ~s *parel-; paarlen* • *kraal* • *druppeltje; luchtbelletje* • IRON. *blunder; stijlbloempje* ▾ une ~ rare *een prachtmens /prachtstuk* ▾ jeter des ~s aux cochons /pourceaux *parels voor de zwijnen gooien*
perlé BNW • *gepareld* ‹in alle betekenissen› • *zeer fijn bewerkt* • FIG. *parelend* ★ rire ~ *parelende lach* ★ grève ~e *prikactie*
perler **I** OV WW FORM. *zorgvuldig uitvoeren* **II** ONOV WW *parelen* ‹v. zweet›
perlier BNW [v: **perlière**] *parel-* ★ huître perlière *pareloester*
perlimpinpin M ★ poudre de ~ *wondermiddeltje*
permanence V • *duurzaamheid; voortduring* • *(lokaal/kantoor voor) dienst; speciaal opengesteld(e) dienst/bureau* • *(overblijf)studieruimte* ‹v. school› ★ ~ de police *politienachtpost* ★ officier de ~ *officier van dienst* ★ en ~ *voortdurend* ★ être de ~ /assurer la ~ *(weekend-, nacht)dienst hebben; stand-by zijn*
permanent **I** BNW *blijvend; duurzaam; doorlopend; permanent* **II** M *bezoldigd functionaris* ‹v. partij e.d.›; *vrijgestelde* ‹v. vakbond›
permanente **I** V *permanent* **II** BNW • → **permanent**
permanenter OV WW *permanenten*
perméabilité V • *doorlatendheid (***à** *voor)* • *ontvankelijkheid (***à** *voor)*
perméable BNW • *doorlatend (***à** *voor); permeabel* • *ontvankelijk (***à** *voor)*

pe

permettre I OV WW [onregelmatig] • *toestaan (***à** *aan;* **de** *te); veroorloven; goedvinden; permitteren* • *mogelijk maken; in staat stellen* ★ ~ que [+ subj.] *toelaten/mogelijk maken dat* ★ permettez! /vous permettez? *mag ik (zo vrij zijn)?* ★ être permis *mogen* ★ il se croit tout permis *hij denkt zich alles te kunnen permitteren* ★ INFORM. comme ce n'est pas permis *ontiegelijk* **II** WKD WW [**se** ~] *zich veroorloven (***de** *te)*
permis (zeg: -mie) **I** M *vergunning; akte* ★ ~ (de conduire) *rijbewijs* ★ passer son ~ *rijexamen doen* ★ ~ à points *puntenrijbewijs* ‹intrekbaar na verlies van alle punten› ★ ~ de navigation *vaarbewijs* ★ ~ de construire *bouwvergunning* ★ ~ de séjour *verblijfsvergunning* ★ ~ de chasse *jachtakte* **II** WW [volt. deelw.] • → **permettre**
permissif BNW [v: **permissive**] *permissief; tolerant*
permission V *toestemming (***de** *om); vergunning; permissie;* OOK MIL. *verlof* ★ en ~ *met verlof*
permissionnaire M/V • *vergunninghouder* • MIL. *verlofganger*
permutabilité V *verwisselbaarheid*
permutable BNW *verwisselbaar*
permutation V *verwisseling; omzetting; permutatie*
permuter I OV WW • *verwisselen; omzetten* • WISK. *permuteren* **II** ONOV WW *van ambt/post ruilen (***avec** *met)*
pernicieux BNW [v: **pernicieuse**] *verderfelijk; schadelijk;* MED. *pernicieus*
péroné M *kuitbeen*
péroraison V *slot v.e. rede; peroratie*
pérorer ONOV WW *oreren; hoogdravend spreken*
Pérou M *Peru* ★ ce n'est pas le ~ *het is geen vetpot*
perpendiculaire I V *loodlijn* **II** BNW *loodrecht (***à** *op)*
perpète BIJW INFORM. ★ à ~ *voor altijd; levenslang*
perpétration V *(het) plegen* ‹v. misdaad›
perpétrer OV WW FORM. *plegen* ‹v. misdaad›
perpette BIJW • → **perpète**
perpétuation V FORM. *instandhouding; (het) voortbestaan*
perpétuel BNW [v: **perpétuelle**] • *eeuwig(durend); altijddurend; voortdurend* • *levenslang* ★ mouvement ~ *perpetuum mobile*
perpétuellement BIJW *eeuwig; voortdurend*
perpétuer I OV WW *doen voortduren; in stand houden* **II** WKD WW [**se** ~] *blijven bestaan; voortduren; voortleven (***dans** *in)*
perpétuité V *voortduring; eeuwigheid* ★ à ~ *voor altijd; levenslang*
perplexe BNW *onthutst; perplex*
perplexité V *onthutstheid; verbijstering*
perquisition V *huiszoeking; (gerechtelijk) onderzoek*
perquisitionner ONOV WW *huiszoeking doen*
perron M *bordes; stoep* ‹met treden›
perroquet M • OOK FIG. *papegaai* • INFORM. *pastis met muntsiroop* • SCHEEPV. *bramzeil; bramsteng* ★ vert ~ *knalgroen*
perruche V • *parkiet* • SCHEEPV. *bovenkruiszeil* • *kletskous; kwebbel*
perruque V *pruik*
perruquier M *pruikenmaker*
pers (zeg: per) BNW FORM. *blauwgroen*
persan BNW *Perzisch*
perse BNW GESCH. *Perzisch*
Perse I V GESCH. *Perzië* **II** M/V *Pers*
persécuter OV WW • *vervolgen* • FIG. *achtervolgen; lastigvallen*
persécuteur I BNW [v: **persécutrice**] *vervolgend* **II** M [v: **persécutrice**] *vervolger*
persécution V *vervolging* ★ délire /folie /manie de la ~ *vervolgingswaanzin*
persévérance V *standvastigheid; volharding*
persévérant BNW *standvastig; volhardend*
persévérer ONOV WW *volharden (***dans** *bij, in); doorzetten; volhouden*
persienne V *zonneblind*
persiflage, persifflage M *persiflage; spotternij*
persifler, persiffler OV WW FORM. *persifleren; bespotten*
persifleur, persiffleur BNW [v: **persifleuse, persiffleuse**] *spottend*
persil (zeg: -sie) M *peterselie*
persillé BNW *met fijngehakte peterselie* ★ fromage ~ *groen/blauw geaderde schimmelkaas* ★ viande ~e *doorregen vlees*
Persique BNW ★ le golfe ~ *de Perzische Golf*
persistance V • *volharding (***dans** *in)* • *(het) aanhouden /voortduren* ★ avec ~ *hardnekkig*
persistant BNW *blijvend; aanhoudend; volhardend; hardnekkig* ★ feuilles ~es *groenblijvende bladeren*
persister ONOV WW • *volharden (***dans** *bij, in)* • *aanhouden; voortduren* ★ ~ à faire qc *iets blijven doen* ★ je persiste et signe *ik blijf erbij; ik houd het staande*
perso BNW INFORM. personnel *persoonlijk*
personnage M *personage* ‹in alle betekenissen›; *persoon; figuur*
personnaliser OV WW • *persoonlijk maken; op de persoon afstemmen; individualiseren* • JUR. *rechtspersoonlijkheid geven aan*
personnalité V *persoonlijkheid* ‹in alle betekenissen› ★ ~ civile /juridique /morale *rechtspersoonlijkheid*
personne I V *persoon* ‹in alle betekenissen›; *mens* ★ les grandes ~s *de volwassenen* ★ jeune ~ *jong meisje* ★ ~ civile/morale *rechtspersoon* ★ JUR. ~ physique *natuurlijke persoon* ★ en ~ *persoonlijk; in (eigen) persoon* ★ il est bien fait de sa ~ *hij heeft een knap uiterlijk* ★ être content de sa (petite) ~ *met zichzelf ingenomen zijn* ★ payer de sa ~ *zich volledig inzetten; zich niet ontzien* **II** ONB VNW • *niemand* ‹vaak met 'ne'› ★ je ne vois ~ *ik zie niemand* ★ ~ d'autre *niemand anders* • *(enig) iemand* ★ comme ~ *als geen ander; beter dan wie ook* ★ sans voir ~ *zonder iem. te zien*
personnel I M *personeel* **II** BNW [v: **personnelle**] *persoonlijk; eigen; privé(-); personeel* ★ (contribution) ~le *personele belasting* ★ (pronom) ~ *persoonlijk voornaamwoord*
personnellement BIJW *persoonlijk*

pe

personnification V *verpersoonlijking*; *personificatie*
personnifier OV WW *verpersoonlijken*; *personifiëren* ★ la bonté personnifiée *de goedheid in eigen persoon/zelve*
perspectif BNW [v: **perspective**] *perspectivisch*
perspective V • *perspectief* ⟨in alle betekenissen⟩ • *vooruitzicht* • *vergezicht* • *gezichtshoek/-punt* ★ en ~ *in het vooruitzicht*
perspicace BNW *scherpzinnig*
perspicacité V *scherpzinnigheid*; *helder inzicht*
persuader I OV WW *overtuigen (***de** *van)*; *overhalen (***de** *te)* **II** WKD WW [**se** ~] *zich overtuigen /verbeelden*
persuasif BNW [v: **persuasive**] *overtuigend*
persuasion V *overtuiging*; *overreding*
perte V • *verlies*; *derving* • *verderf*; *ondergang* • *verspilling* • *verdwijning onder de grond* ⟨v. rivier⟩ ★ MED. ~s blanches *witte vloed* ★ essuyer /faire une ~ *(een) verlies lijden* ★ à ~ de vue *zover het oog reikt*; OOK FIG. *eindeloos* ★ en pure ~ *geheel onnodig*; *vergeefs*; *voor niets* ★ avec ~ et fracas *onzacht*; *hardhandig* ★ sans ~ ni fracas *zonder brokken /strubbelingen* ★ courir à sa ~ *zijn ondergang tegemoet gaan* ★ être en ~ de vitesse *snelheid verliezen*; *aan invloed/betekenis verliezen*; *achteruitsukkelen* ★ avoir des ~s de mémoire *(af en toe) aan geheugenverlies lijden* ★ vendre à ~ *met verlies verkopen* ★ ~s MED. *vloeiing*; *omgekomenen*; *dodelijke slachtoffers*
pertinemment BIJW *pertinent (zeker)*; *stellig*
pertinence V *pertinentie*; *relevantie*; *raakheid*
pertinent BNW *ter zake doend*; *relevant*; *afdoend*; *steekhoudend*
pertuis (zeg: -twie) M • *rivierengte*; *nauwe doorvaart* • *spui*; *waterdoorlaat*
perturbateur I BNW [v: **perturbatrice**] *(ver)storend* **II** M [v: **perturbatrice**] *verstoorder*; *onruststoker*
perturbation V *(ver)storing*; *ontregeling*; *beroering*
perturber OV WW *(ver)storen*; *ontregelen*; *in de war brengen*
péruvien BNW [v: **péruvienne**] *Peruviaans*
pervenche I BNW *paarsblauw*; *helblauw* **II** V *maagdenpalm*
pervers (zeg: -vèr) **I** BNW *pervers*; *verdorven* ★ effet ~ *ongewenst /averechts effect* **II** M [v: **perverse**] *verdorven mens*
perversion V *perversie*; *ontaarding* ★ ~ des mœurs *zedenbederf*
perversité V *perversiteit*; *verdorvenheid*
perverti BNW *verdorven*; *ontaard*
pervertir OV WW • *verderven*; *doen ontaarden* • FIG. *verdraaien*
pervertissement M *verderf*; *ontaarding*
pesage M • *(het) wegen* • SPORT *(plaats van) gewichtscontrole*
pesamment BIJW *zwaar*
pesant I M *gewicht* ★ valoir son ~ d'or *zijn gewicht in goud waard zijn* **II** BNW • OOK FIG. *zwaar*; *drukkend*; *penibel* • *log*
pesanteur V • OOK FIG. *zwaarte*; *gewicht*; *drukkende last* • *logheid* • *zwaartekracht* ★ ~ d'estomac *zwaar gevoel op de maag* ★ les ~s de l'administration *de traagheid v.d. ambtelijke molens*
pèse-bébé M [mv: **pèse-bébé(s)**] *babyweegschaal*
pesée V • *(het) wegen* • *wat men in één keer weegt* • *(uitgeoefende) druk*
pèse-lettre M [mv: **pèse-lettre(s)**] *brievenweger*
pèse-personne M [mv: **pèse-personne(s)**] *personenweegschaal*
peser I OV WW • *wegen* • FIG. *afwegen*; *wikken* ★ ~ ses paroles *zijn woorden afwegen* ★ tout bien pesé *alles wel beschouwd* **II** ONOV WW • *wegen* • *tot last zijn*; FIG. *drukken (***sur** *op)* • *drukken*; *duwen (***contre**, **sur** *tegen)* ★ ~ à qn *iem. zwaar vallen* ★ ~ sur l'estomac *zwaar op de maag liggen* ★ ~ sur la décision de qn *iemands beslissing beïnvloeden* ★ INFORM. il pèse 10 millions *hij is goed voor (een vermogen /omzet van) 10 miljoen*
pessaire M *pessarium*
pessimisme M *pessimisme*
pessimiste I BNW *pessimistisch* **II** M/V *pessimist*
peste I V • *pest* • *plaag* • *rotmens*; *kreng(etje)* ★ ~ bubonique *builenpest* ★ OUD. ~ soit de...! *naar de duivel met...!* **II** TW OUD. *verhip!*
pester ONOV WW *foeteren (***contre** *op, tegen, over)*
pesteux BNW [v: **pesteuse**] MED. *pest-*; *pestziek*
pesticide M *pesticide*; *bestrijdingsmiddel*
pestiféré I M [v: **pestiférée**] *pestlijder* **II** BNW *met de pest besmet*
pestilence V *walgelijke stank*
pestilentiel BNW [v: **pestilentielle**] • *walgelijk* ⟨v. stank⟩ • FORM. *pestilent*; *verderfelijk*; *pest-*
pet (zeg: pè) M INFORM. *scheet*; *wind* ★ ça ne vaut pas un pet (de lapin) *dat is geen snars waard*
pétale M *bloemblad*; *kroonblad*
pétanque V *petanque*; *jeu de boules*
pétant BNW INFORM. *klokslag-* ★ à neuf heures ~es *om negen uur precies*
pétarade V *geknetter*
pétarader ONOV WW *knetteren*
pétard M • *rotje*; *voetzoeker* • INFORM. *herrie*; *heibel* • INFORM. *blaffer* ⟨revolver⟩ • INFORM. *kont*; *gat* • INFORM. *stickie* ★ ~ mouillé *loze ophef*; *sisser*
pétasse V VULG. *slet*; *sloerie*
pétaudière V *janboel*; *zootje*; *rumoerige vergadering*
pet-de-nonne M [mv: **pets-de-nonne**] *roomsoesje*
pété BNW • INFORM. *kapot* • INFORM. *getikt* • INFORM. *dronken*; *stoned*
péter I OV WW • INFORM. *kapotmaken*; *moeren* • INFORM. *barsten van* ★ ~ le feu/des flammes *blaken van energie*; *onstuimig zijn* ★ ~ la faim /la ~ *barsten v.d. honger* **II** ONOV WW • INFORM. *scheten/een wind laten* • INFORM. *kapotgaan*; *knappen*; OOK FIG. *barsten (***de** *van)* • INFORM. *knallen*; *knetteren* ★ (vouloir) ~ plus haut que son cul *kapsones /kouwe kak hebben* ★ il faut que ça pète *dat moet afgelopen zijn* ★ l'affaire lui a pété dans les mains *de zaak is (voor hem) misgelopen* **III** WKD WW [**se** ~] ★ INFORM. se ~ (la gueule) *zich bezatten* ★ INFORM. se la ~ *kapsones hebben*

pète-sec I M/V [mv: id.] INFORM. *bits/bazig persoon* **II** BNW [onver.] INFORM. *bits*; *bazig*
péteux M [v: **péteuse**] INFORM. *schijterd*; *flapdrol*
pétillant BNW • *knapperend* • *bruisend* • OOK FIG. *sprankelend* (**de** *van*); *fonkelend* ★ eau ~e *spuitwater*
pétillement M • *(het) knapperen* • *(het) bruisen* • *fonkeling*
pétiller ONOV WW • *knapperen* • *bruisen* • OOK FIG. *sprankelen* (**de** *van*); *fonkelen*
pétiole M *bladsteel*
petiot BNW INFORM. *klein* ★ les ~s *de kleintjes*
petit I BNW • *klein*; *gering* • *kleingeestig*; *min(netjes)* ★ une ~e heure *een klein uur*; *een uurtje* ★ ~ à ~ *langzamerhand*; *beetje voor beetje* ★ en ~ *in het klein* ★ se faire (tout) ~ *zich (heel) klein maken*; *zich gedeisd houden* ★ voir ~ *kleinschalig denken* **II** M [v: **petite**] • *kleine*; *kind* • *jong* ⟨v. dieren⟩ ★ les ~s *de kleine luiden*; *de kleintjes* ★ faire des ~s *jongen*
petit-beurre M [mv: **petits-beurre(s)**] OMSCHR. *droog biscuitje*
petit-bourgeois I BNW MIN. *kleinburgerlijk*; *bekrompen* **II** M [v: **petite-bourgeoise**] • *kleine burgerman* • MIN. *kleinburgerlijk persoon*
petit-déj' M INFORM. → **petit-déjeuner**
petit-déjeuner M [mv: **petits-déjeuners**] *ontbijt*
petite-fille V [mv: **petites-filles**] *kleindochter*
petitement BIJW • *klein(tjes)* • *pover*; *sober(tjes)* • *kleingeestig*; *min(netjes)*; *laag* ★ logé ~ *kleinbehuisd*
petite-nièce V [mv: **petites-nièces**] *achternicht*
petitesse V • *kleinheid*; *geringheid* • *kleingeestigheid*; *minheid*; *laagheid*
petit-fils M [mv: **petits-fils**] *kleinzoon*
petit-four M *petitfour*
pétition V *verzoekschrift*; *petitie*
pétitionnaire M/V *indiener v.e. verzoekschrift*
petit-lait M *(melk)wei* ★ boire du ~ *voldaan zijn*; *in z'n schik zijn*
petit-maître M [v: **petite-maîtresse**] OUD. *fat*; *nuf*
petit-nègre M INFORM. *gebroken Frans*; *kromtaaltje*
petit-neveu M [mv: **petits-neveux**] *achterneef*
petit-pois M [mv: **petits-pois**] *doperwt*
petits-enfants M MV *kleinkinderen*
petit-suisse M [mv: **petits-suisses**] *kuipje roomkwark*
pétoche V ★ INFORM. j'ai la ~ *ik knijp 'm*; *ik zit in de rats*
pétoire V INFORM. *proppenschieter*
peton M INFORM. *voetje*
pétrel M *stormvogel*
pétrification V OOK FIG. *verstening*
pétrifier I OV WW • OOK FIG. *doen verstenen* • *doen verstijven* ⟨v. schrik⟩ ★ nouvelle pétrifiante *verbijsterend nieuws* **II** WKD WW [**se** ~] OOK FIG. *verstenen*
pétrin M *bakkerstrog* ★ INFORM. dans le ~ *in de penarie /knoei*
pétrir OV WW • OOK FIG. *kneden* • FORM. *vormen*; *wrochten* (**de** *uit*) ★ FIG. pétri de *vol van* ★ pétri d'orgueil *zeer trots*
pétrissage M • *(het) kneden* • *kneedmassage*
pétrochimie V *petrochemie*
pétrochimique BNW *petrochemisch*
pétrodollar M *oliedollar*
pétrographie V *petrografie*; *gesteentebeschrijving*
pétrole M • *(aard)olie* • *petroleum*
pétrolier I M • *olietanker* • *oliebaron* **II** BNW [v: **pétrolière**] *(aard)olie-* ★ navire ~ *(olie)tanker* ★ choc ~ *oliecrisis* ★ groupe ~ *olieconcern*
pétrolifère BNW *aardoliehoudend* ★ gisement ~ *olieveld*
pétulance V FIG. *bruisendheid*; *dartelheid*; *onstuimigheid*; *uitbundigheid*
pétulant BNW FIG. *bruisend*; *dartel*; *onstuimig*; *uitbundig*
pétunia M *petunia*
peu I M *(het) weinige*; *beetje* ★ un peu (de) *een beetje* ★ un peu partout *zo'n beetje overal* ★ pour un peu... *het scheelde maar weinig, of...* ★ INFORM. un peu! *nou en of!* ★ attendez un peu *wacht even* ★ dites un peu *zeg eens* ★ plusieurs peu font beaucoup *alle beetjes helpen* **II** BIJW *weinig*; *niet veel /erg* ★ peu de gens *weinig mensen* ★ peu après *kort daarna* ★ il y a peu *(het is) kort geleden* ★ depuis peu *sinds kort* ★ avant /dans /sous peu *binnenkort* ★ d'ici peu *binnenkort* ★ peu à peu *langzamerhand* ★ à peu (de chose) près *ongeveer*; *zowat* ★ de peu *(maar) net*; *ternauwernood* ★ pour peu que [+ subj.] *als... maar*; *mits* ★ quelque peu /(un) tant soit peu *enigszins*; *ietwat* ★ c'est peu (de chose) *het is maar een kleinigheid* ★ INFORM. très peu pour moi! *dank je feestelijk!*
peuh TW *poeh!*; *kom nou!*
peuplade V *volksstam*
peuple I M *volk* ★ le petit ~ *het lagere volk* **II** BNW *volks*
peuplement M • *(het) bevolken* • *bevolking*; BIOL. *populatie*
peupler I OV WW • *bevolken* • *bepoten* • FORM. *(ver)vullen* (**de** *met*) ★ peu/faiblement peuplé *dunbevolkt* ★ très peuplé *dichtbevolkt* **II** WKD WW [**se** ~] *bevolkt raken*; *zich vullen* (**de** *met*)
peupleraie V *populierenbos(je)*
peuplier M *populier* ★ ~ blanc *zilverpopulier* ★ ~ tremble *ratelpopulier*
peur V *vrees*; *angst* (**de** *voor*); *bezorgdheid* (**pour** *om, over*) ★ de/par peur de *uit vrees voor/te* ★ de/par peur que (... ne) [+ subj.] *uit vrees dat* ★ avoir peur (de) *bang zijn (voor/te)* ★ avoir grand'peur *erg bang zijn* ★ avoir une peur bleue *doodsangsten uitstaan* ★ en être quitte pour la peur /avoir (eu) plus de peur que de mal *er met de schrik afkomen* ★ faire peur à *bang maken*; *schrik aanjagen* ★ laid à faire peur *foeilelijk* ★ mourir de peur *doodsbang zijn* ★ prendre peur *bang worden*
peureux I M [v: **peureuse**] *bangerd* **II** BNW [v: **peureuse**] *angstig*; *bang*
peut WW [présent] • → **pouvoir**
peut-être BIJW • *misschien* • *(dan) soms*
peuvent WW [présent] • → **pouvoir**
peux WW [présent] • → **pouvoir**
pèze V PLAT *poen*; *geld*
pff, pfft TW *poeh!*; *kom nou!*

pfut TW • → **pff**
pH AFK potentiel (d')hydrogène *pH*; *zuurgraad*
phacochère M *wrattenzwijn*
phage M *bacteriofaag*
phagocyte M *fagocyt*
phagocyter OV WW FIG. *opslokken*
phalange V • *falanx*; *legerschaar* • *vinger-/teenkootje* • POL. *falange*
phalanstère M *woon- werkgemeenschap*
phallique BNW *fallisch*
phallo INFORM. → **phallocrate**
phallocrate I M *fallocraat*; *macho* **II** BNW *fallocratisch*; *macho*
phallocratie (zeg: -sie) V *fallocratie*; *machowereld*
phallus (zeg: -luus) M • *fallus* • *soort stinkzwam*
phantasme M • → **fantasme**
pharamineux BNW INFORM. → **faramineux**
pharaon M *farao*
phare I M • *vuurtoren* • *koplamp* • *(licht)baken* • FIG. *baken* ★ ~s de recul *achteruitrijlampen* ★ les ~s et les (~s) codes *groot- en dimlicht* **II** BNW [onver.] *toonaangevend*; *hoogst belangrijk* ★ industrie ~ *speerpuntindustrie*
pharisaïque BNW OOK FIG. *farizees*
pharisaïsme M *farizeïsme*; *huichelarij*
pharisien M [v: **pharisienne**] OOK FIG. *farizeeër*
pharmaceutique BNW *farmaceutisch*
pharmacie V • *apotheek* • *farmacie* • *geneesmiddelen* ★ (armoire à) ~ *medicijnkastje*
pharmacien M [v: **pharmacienne**] *apotheker*
pharmacologie V *farmacologie*
pharyngé BNW *keel(holte)-*
pharyngite V *keelontsteking*
pharynx (zeg: -re(n)ks) M *keelholte*
phase V *fase* ⟨in alle betekenissen⟩; *stadium* ★ FIG. en ~ avec *op één lijn /in fase /corresponderend met*
phénicien BNW [v: **phénicienne**] *Fenicisch*
phénix (zeg: -nieks) M OOK FIG. *feniks*
phénol M *fenol*; *carbol(zuur)*
phénoménal BNW [m mv: **phénoménaux**] *fenomenaal* ⟨in alle betekenissen⟩
phénomène M *fenomeen* ⟨in alle betekenissen⟩ ★ c'est un ~! *dat is me er een!*
phénoménologie V *fenomenologie*
philanthrope M/V *filantroop*; *weldoener*
philanthropie V *filantropie*; *menslievendheid*
philanthropique BNW *filantropisch*
philatélie V *filatelie*
philatéliste M/V *postzegelverzamelaar*; *filatelist*
philharmonique BNW *filharmonisch*
philhellène M/V *vriend v.d. Grieken*; *filhelleen*
Philippe M *Filips*
Philippines V MV *(de) Filippijnen*
philippique V *filippica*
philistin M *filister*; *bekrompen burgerman*
philo V INFORM. → **philosophie**
philologie V *taalwetenschap*; *filologie*
philologique BNW *filologisch*
philologue M/V *filoloog*
philosophal BNW ★ la pierre ~e *de steen der wijzen*
philosophe I M/V • *wijsgeer*; *filosoof* • *verlichte geest*; *onafhankelijk denker* **II** BNW *wijs*; *gelijkmoedig*; *filosofisch*
philosopher ONOV WW *filosoferen*
philosophie V • *filosofie* ⟨in alle betekenissen⟩ • *wijsheid*; *gelijkmoedigheid*; *gelatenheid* • *hoogste klas v.e. 'lycée'*
philosophique BNW • *wijsgerig*; *filosofisch* • *wijs*; *gelijkmoedig*; *gelaten*
philtre M *liefdesdrank*; *toverdrank*
phlébite V *aderontsteking*; *flebitis*
phlébologie V *flebologie*
phlegmon M *flegmone*; *weefselontsteking*
phlox M *flox*
phobie V *ziekelijke afkeer*; *fobie (***de** *van)*
phobique I BNW *fobisch* **II** M/V *fobiepatiënt*
phocéen BNW [v: **phocéenne**] *Marseillaans*
phonème M *foneem*
phonétique I BNW *fonetisch* **II** V *fonetiek*; *klankleer*
phonique BNW *klank-*; *geluids-*; *stem-*
phonographe M *fonograaf*; *grammofoon*
phonologie V *fonologie*
phonologique BNW *fonologisch*
phonothèque V *fonotheek*; *geluidsarchief*
phoque M *zeehond*
phosphate M *fosfaat*
phosphaté BNW *fosfaathoudend*; *fosfaat-*
phosphore M *fosfor*
phosphoré BNW *fosforhoudend*
phosphorer ONOV WW INFORM. *de grijze cellen laten werken*
phosphorescence V *fosforescentie*
phosphorescent BNW *lichtend*; *fosforescerend*
phosphorique BNW *fosforhoudend*; *fosfor-*
photo I V *foto* ★ faire de la ~ *aan fotograferen doen* ★ prendre qn en ~ *iem. fotograferen* ★ INFORM. il n'y a pas ~ *geen twijfel mogelijk* ★ tu veux ma ~? *heb ik wat van je aan?* ⟨als iemand je aanstaart⟩ **II** BNW [onver.] *foto-* ★ appareil ~ *fototoestel*
photochimie V *fotochemie*
photocomposition V *(het) fotozetten*
photocopie V *fotokopie*
photocopier OV WW *fotokopiëren*
photocopieur M [v: **photocopieuse**] *kopieerapparaat*
photo-finish V [mv: **photos-finish**] *fotofinish*; *finishfoto*
photogénique BNW *fotogeniek*
photographe M/V • *fotograaf* • *fotohandelaar*
photographie V • *(het) fotograferen* • OUD. *foto(grafie)*
photographier OV WW • *fotograferen* • FIG. *nauwkeurig registreren*
photographique BNW *fotografisch*; *foto-*
photogravure V *fotogravure*
photolithographie V *lichtsteendruk*
photomaton M *(pas)fotoautomaat*
photomètre M *fotometer*; *lichtmeter*
photométrie V *fotometrie*; *lichtmeting*
photomontage M *fotomontage*
photon M *foton*
photophobie V *lichtschuwheid*
photopile V *fotocel*; *lichtcel*
photo-robot V [mv: **photos-robots**] *montagefoto*
photosensible BNW *lichtgevoelig*

Photoshop M ★ photoshoppen *travailler avec Photoshop®*
photostyle M *lichtpen*
photosynthèse V *fotosynthese*
photothèque V *fotoarchief*
phototypie V *lichtdruk*
phrase V • *(vol)zin* • MUZ. *frase* ★ petite ~ *markante uitlating*; *oneliner* ★ ~s [mv] *(holle) frasen*
phraséologie V *fraseologie* ⟨in alle betekenissen⟩; *frasen*
phraser I OV WW *fraseren* **II** ONOV WW *in holle frasen spreken*
phraseur M [v: **phraseuse**] *fraseur*; *mooiprater*
phréatique BNW *freatisch* ★ nappe ~ *grondwater(laag)*
phrénique BNW *middenrif-*
phrénologie V *schedelleer*; *frenologie*
phrygien BNW [v: **phrygienne**] *Frygisch* ★ bonnet ~ *Frygische muts* ⟨rode jakobijnenmuts⟩
phtisie V OUD. *tering*
phtisique I M/V OUD. *teringlijder* **II** BNW OUD. *teringachtig*
phylactère M • *fylacterion*; *talisman* • FORM. *tekstballon*
phylloxéra M *druifluis*
physalis (zeg: -lies) M *jodenkers*; *lampionplant*
physicien M [v: **physicienne**] *natuurkundige*; *fysicus*
physicochimie V *fysische scheikunde*
physicomathématique BNW *wis- en natuurkundig*
physiologie V *fysiologie*
physiologique BNW *fysiologisch*
physiologiste M/V *fysioloog*
physionomie V *fysionomie*; *uiterlijk*; *aanzien*; *gelaat(suitdrukking)*
physiothérapie V *natuurgeneeswijze* ⟨met water, lucht, licht e.d.⟩; *fysiatrie*
physique I M • *(het) lichamelijke*; *gestel* • *uiterlijk*; *voorkomen* ★ au ~ *lichamelijk (gezien)* **II** V *natuurkunde*; *fysica* **III** BNW • *lichamelijk*; *stoffelijk*; *fysiek* • *natuurkundig*; *fysisch* ★ JUR. personne ~ *natuurlijke persoon* ★ ~ment impossible *volstrekt onmogelijk* ★ INFORM. c'est ~! *daar word ik niet goed van!*
phytothérapie V *fytotherapie*; *kruidenbehandeling*
pi M *pi*
piaf M INFORM. *mus*; *vogeltje*
piaffement M *getrappel* ⟨v. paarden⟩
piaffer ONOV WW OOK FIG. *trappelen (***de** *van)* ★ ~ d'impatience *trappelen van ongeduld*
piaillard I M • INFORM. *schreeuwlelijk* • INFORM. *huilebalk* **II** BNW *krijsend*; *blèrend*
piaillement M INFORM. *gekrijs*; *geblèr*
piailler ONOV WW INFORM. *krijsen*; *blèren*
piailleur M [v: **piailleuse**] • → **piaillard**
pianissimo BIJW • MUZ. *pianissimo* • INFORM. *kalmpjes aan*
pianiste M/V *pianist* ★ INFORM. ne tirez pas sur le ~ *schiet niet op de pianist (hij doet zijn werk)*; *val hem maar niet hard*
pianistique BNW *piano-*; *pianistisch*
piano I M *piano* ★ ~ à queue *vleugel* ★ INFORM. ~ du pauvre *trekharmonica* ★ ~ droit *(gewone) piano* **II** BIJW • MUZ. *piano* • INFORM. *zachtjes (aan)*
pianoter ONOV WW *rammelen* ⟨op piano, toetsenbord⟩; *pingelen*; *met de vingers trommelen (***sur** *op)*
piaule V INFORM. *hok* ⟨woning, kamer⟩
piaulement M • *gekrijs* ⟨v. vogeltjes⟩; *gepiep* • INFORM. *geblèr*
piauler ONOV WW • *krijsen* ⟨v. vogeltjes⟩; *piepen* • INFORM. *blèren*
PIB AFK produit intérieur brut *bbp*; *bruto binnenlands product*
pic M • *houweel* • *piek*; *(berg)top* • *specht* ★ pic vert *groene specht* ★ pic épeiche *grote bonte specht* ★ pic épeichette *kleine bonte specht* ★ pic noir *zwarte specht* ★ à pic *steil*; *loodrecht*; INFORM. *net op tijd/van pas* ★ couler à pic *zinken als een baksteen* ★ tomber à pic *als geroepen komen*
picaillons M MV INFORM. *poen*; *geld*
picard BNW *Picardisch*
picaresque BNW ★ roman ~ *schelmenroman*
piccolo M *piccolo* ⟨fluit⟩
pichenette V • *tikje/knip met de vingers* • SPORT *tikje*; *stiftbal*
pichet (zeg: -sjè) M *kannetje*; *wijnkarafje*
pickpocket (zeg: -ket) M *zakkenroller*
pick-up, pickup M [mv: id.] *pick-up* ⟨bestelauto⟩
picoler ONOV WW INFORM. *pimpelen*
picoleur M [v: **picoleuse**] INFORM. *pimpelaar*
picolo M • → **piccolo**
picorer OV+ONOV WW • *(op)pikken* ⟨v. voedsel⟩; *(pikkend) (op)scharrelen* • *bij beetjes eten*
picot M • *picot* ⟨gaatjesrand⟩ • *steenbrekershamer* ★ ~s [mv] *platvisnet*
picotement M *jeuk*; *huidprikkeling*
picoter OV WW • *(op)pikken*; *(op)prikken* • *prikkelen*; *kriebelen*
picotin M *portie haver* ⟨voor paard⟩; *havermaat*
picrate M INFORM. *azijn* ⟨slechte rode wijn⟩
Picsou M • *oom Dagobert* • FIG. *duitendief*
pictogramme M *pictogram*
pictural BNW [m mv: **picturaux**] *picturaal* ★ art ~ *schilderkunst*
pic-vert M [mv: **pics-verts**] *groene specht*
pie I V • *ekster* • INFORM. *babbelkous* ★ jaser comme une pie *klappen als een ekster* ★ trouver la pie au nid *een prachtvondst doen*; *met zijn neus in de boter vallen* ★ fromage à la pie *kruidkwark* **II** BNW • *gevlekt/bont* ⟨vooral v. paard, rund⟩ • FORM. *vroom* ★ pie-rouge/rouge-pie *roodbont* ★ œuvre pie *vrome daad*; *liefdewerk*
Pie *Pius*
pièce V • *stuk* ⟨onderdeel; ook in schaakspel⟩ • *stuk* ⟨exemplaar⟩ • *kamer*; *vertrek* • *(toneel)stuk*; *muziekstuk* • *geldstuk* • *stuk geschut*; *vuurmond* • *document*; *stuk* • *lap* ⟨grond, stof⟩ ★ ~ à ~ *stuk(je) voor stuk(je)* ★ ~ de collection *verzamelaarsobject*; *waardevol stuk* ★ OOK FIG. ~ de résistance *hoofdschotel* ★ ~ jointe *attachment* ★ ~ d'eau *waterpartij*; *(grote) vijver* ★ ~ de théâtre *toneelstuk* ★ ~s jaunes *kopergeld* ★ ~ de vin *fust wijn* ★ costume trois ~s *driedelig kostuum* ★ à la ~

per stuk ★ de toutes ~s *van top tot teen; geheel en al* ★ fabriqué /forgé /inventé de toutes ~s *uit de duim gezogen* ★ tout d'une ~ *uit één stuk*; FIG. *onbuigzaam* ★ dix euros (la) ~ *tien euro per stuk* ★ travail à la ~ /aux ~s *stukwerk* ⟨op stukloon⟩ ★ donner la ~ *een fooi geven* ★ faire ~ à *dwarsbomen* ★ fait de ~s et de morceaux *in elkaar geflanst* ★ juger sur ~s *aan de hand van de stukken oordelen* ★ ~s à l'appui *(met) bescheiden ter staving* ★ mettre /tailler en ~s *aan stukken breken /scheuren*; *vermorzelen*

piécette V *(geld)stukje*

pied M • *voet* ⟨v. mens⟩ • *poot* ⟨v. dier, meubel⟩ • *voet* ⟨onderste deel, basis⟩; *statief* ⟨v. fototoestel⟩ • *voet* ⟨maat⟩ • *versvoet* ★ pied bot *horrelvoet* ★ pied plat *platvoet* ★ pieds nus *blootsvoets* ★ pied de porc *varkenspootje* ★ pied de vigne *wijnstok* ★ le pied du lit *het voeteneinde* ★ à pied *te voet*; *lopend* ⟨v. glas⟩; *met een voet* ★ pied à pied *voetje voor voetje* ★ OOK FIG. à pieds de bas *op kousenvoeten* ★ au pied de *aan de voet van* ★ au pied levé *onvoorbereid*; *voor de vuist weg*; *op staande voet* ★ IRON. au petit pied *in het klein*; *in miniatuur* ★ de pied ferme *standvastig*; *ferm* ★ de la tête aux pieds /de pied en cap *van top tot teen* ★ (portrait) en pied *(portret) ten voeten uit* ★ sur pied *op de been*; *op halm/stam* ⟨v. gewassen⟩ ★ sur un/le pied de *op voet van* ★ sur le pied de guerre *op voet van oorlog* ★ sur un pied d'égalité *op voet van gelijkheid* ★ avoir pied *grond onder de voeten hebben* ★ il y a pied *je kunt (er) staan* ⟨in water⟩ ★ avoir un pied dans la tombe *met één been in het graf staan* ★ INFORM. avoir bon pied, bon oeil *een krasse knar zijn* ★ avoir les pieds sur terre *met beide benen op de grond staan* ★ INFORM. en avoir son pied *het spuugzat zijn* ★ donner un coup de pied *een trap geven* ★ faire des pieds et des mains (pour) *alles in het werk stellen (om)* ★ faire du pied (avec qn) *iem. voetjes geven*; *met iem. voetje vrijen* ★ lâcher pied *afhaken*; *wijken*; *vluchten* ★ ne pas se laisser marcher sur les pieds *niet over zich heen laten lopen* ★ OOK FIG. lever le pied *gas terugnemen*; *ervandoor gaan* ★ se lever du pied gauche *met het verkeerde been uit bed stappen* ★ mettre à pied *schorsen*; *ontslaan* ★ mettre pied à terre *afstijgen*; *uitstappen*; *voet aan wal zetten* ★ mettre les pieds quelque part *ergens komen* ★ mettre les pieds dans le plat *een lompheid /flater begaan* ★ mettre sur pied *op poten zetten*; *opzetten*; *op de been brengen* ★ INFORM. partir les pieds devant *de pijp uitgaan* ★ partir du bon pied *goed beginnen* ★ prendre pied *vaste voet krijgen* ★ OOK FIG. perdre pied *de grond onder zijn voeten verliezen* ★ INFORM. prendre son pied *genieten*; *aan zijn gerief komen* ★ retomber sur ses pieds *weer op z'n pootjes terechtkomen* ★ ne savoir sur quel pied danser *niet weten wat men doen moet* ★ INFORM. c'est le pied! *dat is gaaf /het einde!* ★ INFORM. comme un pied *heel slecht*; *belabberd*; *klunzig* ★ cela lui fera les pieds /c'est bien fait pour ses pieds *dat zal hem/haar leren*

pied-à-terre (zeg: pjeetatèr) M [mv: id.] *pied-à-terre*; *buitenhuisje*

pied-bot M [mv: **pieds-bots**] *horrelvoet*

pied-d'alouette M [mv: **pieds-d'alouette**] PLANTK. *ridderspoor*

pied-de-biche M [mv: **pieds-de-biche**] • *reepoot* • *koevoet* • *worteltang* • *voetje* ⟨v. naaimachine⟩

pied-de-poule M [mv: **pieds-de-poule**] *pied-de-poule*; *hanenvoet*

pied-droit M [mv: **pieds-droits**] • *dragende muur* • *post* ⟨v. deur, venster⟩

piédestal M [mv: **piédestaux**] *voetstuk*; *piëdestal*

pied-noir M [mv: **pieds-noirs**] INFORM. *Fransman uit Algerije*

piédroit M • → **pied-droit**

piège M OOK FIG. *strik*; *val(strik)* ★ question ~ *strikvraag* ★ prendre au ~ *in de val lokken*; *erin laten lopen* ★ donner /tomber dans le ~ *in de val lopen* ★ ~ grossier /~ à cons *boerenbedrog*

piégeage M • → **piéger**

piéger OV WW • OOK FIG. *in de val laten lopen* • *strikken /vallen /boobytraps aanbrengen* ★ lettre piégée *bombrief* ★ voiture piégée *autobom* ★ engin piégé *boobytrap*

pie-grièche V [mv: **pies-grièches**] • *klauwier*; *klapekster* • OUD. *helleveeg*

piémontais BNW *uit Piëmont*

piercing M *piercing*

piéride V *koolwitje*

pie-rouge BNW [onver.] *roodbont*

pierraille V *steengruis*; *steenslag*; *stenen*

pierre V *steen* ★ ~ (précieuse) *edelsteen* ★ ~ à feu/à fusil *vuursteen* ★ OOK FIG. de ~ *van steen* ★ l'âge de (la) ~ *het stenen tijdperk* ★ aimer les vieilles ~s *van oude huizen /gebouwen houden* ★ apporter sa ~ à l'édifice *zijn steentje bijdragen* ★ faire d'une ~ deux coups *twee vliegen in één klap slaan* ★ investir dans la ~ *in onroerend goed beleggen* ★ ne pas laisser ~ sur ~ *geen steen op de andere laten* ★ ~ qui roule n'amasse pas mousse ⟨spreekwoord⟩ *een rollende steen vergaart geen mos*

Pierre *Petrus*; *Peter*; *Piet*

pierreries V MV *edelstenen*

pierreux BNW [v: **pierreuse**] *vol stenen*; *steenachtig*

pierrot M • INFORM. *mus* • *pierrot* ★ Pierrot *Piet(je)*

piétaille V IRON. *voetvolk*

piété V • *vroomheid* • FORM. *piëteit*; *liefdevolle eerbied* ★ ~ filiale *kinderliefde* ⟨jegens ouders⟩

piétinement M • *getrappel*; *traag gestap* • FIG. *stilstand*; *stagnatie*

piétiner I OV WW • *vertrappen*; *trappen op*; *plattrappen* • *met voeten treden*; FIG. *besmeuren* **II** ONOV WW • *trappelen*; *stampvoeten* • OOK FIG. *(bijna) stilstaan*; *stagneren*; *niet vooruitkomen* ★ affaire qui piétine *zaak die niet opschiet*

piétisme M *piëtisme*

piétiste I BNW *piëtistisch* **II** M/V *piëtist*

piéton I M [v: **piétonne**] *voetganger* **II** BNW [v:

pi

piétonne] *voetgangers-* ★ sentier ~ *voetpad*
piétonnier BNW [v: **piétonnière**] *voetgangers-* ★ zone piétonnière *voetgangersgebied*
piètre BNW *armzalig*; *pover*
pieu M [mv: **pieux**] • *(puntige) paal* • INFORM. *nest* ⟨bed⟩
pieusement BIJW • → **pieux**
pieuter WKD WW [**se** ~] INFORM. *zijn nest in kruipen*; *gaan pitten*
pieuvre V • *octopus* • FIG. *uitzuiger*
pieux BNW [v: **pieuse**] • *vroom* • *eerbiedig en liefdevol*; *piëteitvol* ★ ~ mensonge *leugentje om bestwil*
pif I M INFORM. *(grote) neus*; *gok* ★ au pif *op de gok/het gevoel* **II** TW INFORM. *pief!*; *pang!*
pifer OV WW • → **piffer**
piffer OV WW ★ INFORM. ne pas (pouvoir) ~ qn *iem. niet kunnen luchten of zien*
pifomètre M INFORM. *flair* ★ au ~ *op de gok/het gevoel*
pige V • *(lengte)maat* • *(regel)tarief* ⟨v. journalist⟩ • INFORM. *jaar* ⟨v. leeftijd⟩ ★ INFORM. faire la pige à qn *iem. de loef afsteken* ★ travailler /être payé à la pige *freelancer zijn* ⟨v. journalist e.d.⟩
pigeon M • *duif* • *onnozele hals*; *(de) klos* ★ ~ voyageur *postduif* ★ ~ ramier *houtduif* ★ tir au ~ (d'argile) *kleiduivenschieten* ★ ~ vole *alle vogels vliegen!* ⟨kinderspel⟩
pigeonnant BNW INFORM. *hooggewelfd* ⟨v. boezem⟩ ★ soutien-gorge ~ *push-upbeha*
pigeonne V *wijfjesduif*
pigeonneau M [mv: **pigeonneaux**] • *duifje* • INFORM. *onnozele hals*
pigeonner OV WW INFORM. *beduvelen*
pigeonnier M • *duiventil* • *zolderwoninkje*
piger OV+ONOV WW INFORM. *(het) snappen*; *(het) begrijpen*
pigiste M/V *freelance journalist*; *iem. die per regel betaald wordt*
pigment M *pigment*; *kleurstof*
pigmentaire BNW *pigment-*
pigmentation V *pigmentatie*; *pigmentering*
pigmenter OV WW *(met pigment) kleuren*
pignocher ONOV WW • *kieskauwen* • *minutieus schilderen*
pignon M • *puntgevel* • *tandwiel*; *kamrad* • *pijnappelzaad/-pitje* ★ avoir ~ sur rue *een gezeten /respectabele burger zijn*; *gevestigd zijn*
pignouf M [v: **pignoufe**] INFORM. *pummel*; *lomperd*
pilaf M *pilav(rijst)*
pilage M *(het) (fijn)stampen*
pilastre M *pilaster*
Pilate *Pilatus*
pile I V • *stapel*; *hoop* • *(brug)pijler* • *batterij*; *elektrische cel* • INFORM. *pak slaag* • *munt(zijde)* ⟨v. munt⟩ ★ pile nucléaire *kernreactor* ★ pile ou face *kop of munt* ★ mettre en pile *opstapelen* **II** BIJW ★ à huit heures pile *precies om 8 uur* ★ s'arrêter pile *plotseling stoppen* ★ ça tombe pile *dat komt als geroepen /net op tijd*
pile-poil BIJW INFORM. *precies*; *stipt*
piler I OV WW • *(fijn)stampen* • OOK FIG. *een pak slaag geven* **II** ONOV WW INFORM. *op zijn remmen gaan staan*
pileux BNW [v: **pileuse**] *haar-* ★ système ~ *beharing*
pilier M • *pijler*; OOK FIG. *(steun)pilaar* • INFORM. *vaste bezoeker*; *stamgast* • *prop* ⟨rugby⟩ ★ ~ de bar/de bistrot *kroegloper*
pillage M *plundering* ★ mettre au ~ *(leeg)plunderen*
pillard I M [v: **pillarde**] *plunderaar* **II** BNW ★ abeille ~e *roofbij*
piller (zeg: piejee) OV WW OOK FIG. *(leeg)plunderen*
pilleur M [v: **pilleuse**] *plunderaar*
pilon M • *stamper* ⟨werktuig⟩ • *vogelbout*; *kippenbout* • OUD. *houten been* ★ mettre un ouvrage au ~ *een boek verpulpen*
pilonnage M • *(het) (fijn)stampen* • *zwaar bombardement*
pilonner OV WW • *(fijn)stampen*; *vaststampen* • *heftig beschieten /bombarderen* • FIG./ INFORM. *erin stampen*
pilori M *schandpaal* ★ mettre /clouer qn au ~ *iem. aan de kaak stellen*
pilosité V *beharing*
pilot (zeg: -loo) M *heipaal*
pilotage M • *(het) loodsen*; *loodswezen* • *(het) besturen* ⟨v. vliegtuig, raceauto e.d.⟩ ★ ~ sans visibilité *(het) blind vliegen* ★ poste de ~ *stuurcabine/-huis*
pilote I M/V *piloot*; *bestuurder* ★ ~ automatique *automatische piloot* ★ ~ de chasse *jachtvlieger* ★ ~ de ligne *verkeersvlieger* ★ (poisson-)~ *loodsmannetje* **II** BNW • *loods-* • *model-*; *proef-* ★ bateau-~ *loodsboot* ★ ballon(-)~ *loodsballon* ★ ferme(-)~ *modelboerderij* ★ rôle ~ *voortrekkersrol*
piloter OV WW • *besturen* ⟨v. vliegtuig, raceauto e.d.⟩ • OOK FIG. *loodsen* • *leiding geven aan*
pilotis (zeg: -tie) M *heipaal*; *heiwerk*
pilulaire BNW *pil(len)-*
pilule V *pil* ★ ~ du lendemain *morning-afterpil* ★ avaler la ~ *een bittere pil slikken*; *door de zure appel heen bijten* ★ prendre la ~ *de pil gebruiken* ★ dorer la ~ *de pil vergulden*
pimbêche I V *verwaand nest*; *nuf* **II** BNW *nuffig*
piment M • *Spaanse peper* • *gekruidheid*; *pit(tigheid)* ★ ~ doux *paprika* ⟨plant⟩
pimenter OV WW • *sterk kruiden*; *peperen* • FIG. *kruiden*
pimpant BNW *pront*; *hups*; *kek*; *fleurig*
pimprenelle V *pimpernel*
pin M • *den* • *grenenhout* ★ pin maritime *zeeden* ★ pin sylvestre *grove den*
pinacle M • *tinne*; *top v. gebouw* • *pinakel* • FIG. *top(punt)* ★ porter au ~ *hemelhoog verheffen/prijzen*
pinacothèque V *pinacotheek*
pinailler ONOV WW INFORM. *muggenziften*; *vitten* (**sur** *op, over*)
pinailleur M [v: **pinailleuse**] INFORM. *muggenzifter*
pinard M INFORM. *(alledaagse) wijn*
pinasse V *pinas* ⟨boot⟩
pince V • [ook mv] *tang* • *knijper*; *klem(metje)* • *schaar* ⟨v. kreeft e.d.⟩ • *coupenaad* • INFORM. *poot* ⟨hand, been⟩ • *snijtand* ⟨v. herbivoren⟩

★ ~ (à épiler) *(epileer)pincet* ★ ~ à linge *wasknijper* ★ ~ universelle *combinatietang* ★ pantalon à ~s *bandplooibroek* ★ INFORM. à ~s *lopend*

pincé I BNW ● *gekunsteld*; *stijf*; *zuinig/zuur (kijkend)* ● *samengeknepen* **II** WW [volt. deelw.] ● → **pincer**

pinceau M [mv: **pinceaux**] ● OOK FIG. *penseel*; *kwast* ● *haartoefje* ● *lichtstreep* ● INFORM. *poot* ⟨voet, been⟩

pincée V *snufje* ⟨beetje⟩

pincement M ● *(het) (af)knijpen*; *kneep* ● *(het) tokkelen* ★ avoir un ~ au cœur *het even te kwaad hebben*

pince-monseigneur V [mv: **pinces-monseigneur**] *breekijzer*

pince-nez M [mv: id.] *lorgnet*; *pince-nez*

pincer I OV WW ● *knijpen*; *afknijpen*; *(opeen)klemmen* ● INFORM. *snappen* ⟨betrappen, oppakken⟩; *te pakken krijgen* ● *nijpen* ⟨v.d. kou⟩; FIG. *bijten* ● *aantokkelen* ★ être pincé *gesnapt zijn*; *het te pakken hebben*; *verliefd zijn* **II** ONOV WW ★ INFORM. en ~ pour qn *verliefd zijn op iem.* ★ INFORM. ça pince (dur) *het is (nijpend) koud*

pince-sans-rire M/V [mv: id.] *droogkomiek*

pincette V *tangetje*; *pincet* ★ il n'est pas à prendre avec des ~s *je zou hem met geen tang aanpakken*; *hij is ongenietbaar* ★ ~s [mv] *vuurtang*

pinçon M *kneep* ⟨(blauwe) plek na een kneep⟩

pinède V *dennenbos(je)*

pineraie V *dennenbos(je)*

pingouin M *pinguïn* ★ ~ torda *alk*

ping-pong M *pingpong*; *tafeltennis*

pingre I M/V INFORM. *vrek* **II** BNW INFORM. *krenterig*

pingrerie V *gierigheid*; *krenterigheid*

pinot M *pinot* ⟨druivensoort⟩

pi

pin-pon TW *toet-tuut* ⟨geluid v. tweetonige (brandweer)sirene⟩

pin's (zeg: pins) M [mv: id.] *speldje*; *button*

pinson M *vink* ★ gai comme un ~ *in z'n nopjes*

pintade V *parelhoen*

pinte V *pint* ★ INFORM. se payer une ~ de bon sang *zich geweldig amuseren*

pinter ONOV WW INFORM. *zuipen*; *pimpelen* ★ être pinté *bezopen zijn*

pin-up, **pinup** V [mv: id.] *pin-up*

piochage M ● → **piocher**

pioche V ● *houweel*; *hak* ● *stok* ⟨speelkaarten, stenen⟩ ★ INFORM. tête de ~ *stijfkop*

piocher I OV WW ● *behakken (met een houweel)* ● INFORM. *hard blokken op* **II** ONOV WW ● *(in een hoop) graaien*; *een graai/greep doen (***dans** *in)* ● *een speelkaart/steen van de stok nemen* ● INFORM. *blokken*; *hard studeren*

piocheur M [v: **piocheuse**] ● *grondwerker* ● OUD. *blokker*; *harde werker*

piolet M *ijspickel*; *gletsjerhouweel*

pion I M OOK FIG. *pion*; *speelfiguurtje*; *(dam)steen* **II** M [v: **pionne**] *surveillant* ⟨op school⟩

pioncer ONOV WW INFORM. *maffen*

pionnier I M [v: **pionnière**] *pionier* ⟨in alle betekenissen⟩ **II** BNW [v: **pionnière**] *pionier(s)-*; *pionierend*

pipe V ● *(tabaks)pijp* ● INFORM. *saffie* ★ INFORM. casser sa pipe *de pijp uitgaan* ★ VULG. faire /tailler une pipe à qn *iem. pijpen* ⟨fellatie⟩

pipeau M [mv: **pipeaux**] *lokfluitje*; *(herders)fluitje* ★ c'est du ~! *dat is flauwekul!*

pipelet M [v: **pipelette**] ● INFORM. *kletskous* ● OUD. *conciërge*

pipeline (zeg: pieplien, pajplajn) M ● *pijpleiding* ⟨voor olie, gas⟩ ● COMP. *pijplijn*

piper OV WW ● *lokken* ⟨v. vogels⟩ ● *vervalsen*; *trukeren* ⟨v. dobbelstenen, kaarten⟩ ★ ne pas ~ (mot) *geen kik geven* ★ les dés sont pipés *er is bedrog in het spel*

piperade V *tomaten-paprikaomelet*

pipette V *pipet*

pipi M JEUGDT. *plasje* ★ faire pipi *een plasje doen* ★ madame pipi *toiletjuffrouw* ★ pipi de chat *bocht* ⟨drank⟩; *iets van niks*

piquage M ● *(het) (door)prikken* ● *(het) stikken* ⟨naaien⟩

piquant I BNW ● *stekend*; *stekelig*; *scherp* ● *scherp*; *pikant*; *kruidig*; *pittig* ● *scherp*; *vinnig* ● *komisch*; *pikant* **II** M ● *stekel*; *prikkel* ● *(het) komische*; *(het) pikante*

pique I M *schoppen* ⟨in kaartspel⟩ **II** V ● *spies*; *piek*; *lans* ● FIG. *steek*; *hatelijkheid* ★ envoyer /lancer des ~s à qn *iem. steken onder water geven*

piqué I BNW ● *vlekkig*; *vol plekjes*; *bespikkeld (***de** *met)* ● *zuur* ⟨v. wijn⟩ ● INFORM. *getikt*; *niet goed wijs* ● MUZ. *staccato* ⟨v. noot⟩ ★ pas ~ des hannetons /des vers *niet voor de poes* **II** M LUCHTV. *duik* ★ en ~ *in duikvlucht* **III** WW [volt. deelw.] ● → **piquer**

pique-assiette M/V [mv: **pique-assiette(s)**] *klaploper*

pique-feu M [mv: **pique-feu(x)**] *pook*; *porijzer*

pique-nique, **piquenique** M [mv: **pique-niques, piqueniques**] *picknick*

pique-niquer, **piqueniquer** ONOV WW *picknicken*

pique-niqueur, **piqueniqueur** M [v: **pique-niqueuse, piqueniqueuse**] *picknicker*

piquer I OV WW ● *prikken* ⟨ook met injectienaald⟩; *bijten/steken* ⟨v. insect, slang e.d.⟩; *(met gaatjes) doorprikken* ● OOK FIG *prikkelen* ⟨een prikkend gevoel geven⟩ ● *prikkelen* ⟨opwekken⟩ ● *stikken* ⟨naaien⟩ ● *(met vlekjes) bespikkelen* ● *(af)bikken*; *bruusk aanslaan* ● *aanslaan* ⟨vastmaken⟩; *fitten* ● *larderen* ⟨v. vlees⟩ ● INFORM. *jatten*; *(in)pikken* ● INFORM. *snappen* ⟨betrappen, oppakken⟩ ● INFORM. *opeens krijgen/doen* ★ ~ la bille *(de biljartbal) pikeren* ★ INFORM. ~ une colère *een woedeaanval krijgen* ★ INFORM. ~ une crise de nerfs *het op de zenuwen krijgen* ★ ~ la curiosité *de nieuwsgierigheid wekken* ★ INFORM. ~ une tête/un plongeon *(in het water) duiken* ★ INFORM. ~ un cent mètres *een sprintje trekken* ★ faire ~ son chien *zijn hond laten inslapen* ★ piqué au vif *diep gekrenkt*; *gepikeerd* **II** ONOV WW ● *prikken*; FIG. *bijten* ● *vooruitsnellen*; *recht afgaan (***sur** *op)* ● *vooroverzakken*; *duiken* ⟨v. vliegtuig⟩ ★ ~ du nez *voorovertuimelen* ★ INFORM. de l'eau qui pique *prikwater* **III** WKD WW [**se** ~] ● *zich*

prikken; zich steken; spuiten ‹v. drugs› • *verschalen; zuur worden* • *boos worden* • *plekjes/vlekjes krijgen; wormstekig worden* ★ LIT. se ~ d'honneur *iets niet op zich laten zitten; zich niet onbetuigd laten* • ~ **de** *zich laten voorstaan op*
piquet M • *(tent)paaltje; piket* • *wachtgroep; piket* • *piket* ‹kaartspel› ★ ~ de grève *stakingspost* ★ être au ~ *in de hoek staan* ‹op school›
piquetage M *(het) afpalen; piketterin*g
piqueter OV WW • *afpalen; piketteren* • *bespikkelen*
piquette V • *zure /slechte wijn; bocht* • FIG./INFORM. *pak slaag*
piqueur I BNW [v: **piqueuse**] *prikkend; stekend* **II** M • *(machine)stikker* • *bereden jachtknecht; pikeur; rijmeester* • *opzichter* • *(steen)bikker; houwer*
piqûre V • *steek; prik; beet* ‹v. insect, slang› • *(ingebeten) gaatje; vlekje* • *stiksel* • MED. *injectie; spuitje*
piranha (zeg: -ana) M *piranha*
piratage M *(het) illegaal kopiëren; (het) hacken*
pirate I M • *zeerover; kaper;* OOK FIG. *piraat* • *bandiet; rover; oplichter* • *illegaal kopieerder; hacker* ★ (bateau) ~ *piratenschip* ★ ~ de l'air *vliegtuigkaper* **II** BNW *illegaal; piraten-* ★ édition(-)~ *roofdruk* ★ émetteur ~ *piratenzender*
pirater I OV WW • *stelen (à van); bestelen* • *illegaal kopiëren; hacken* **II** ONOV WW *zeeroof plegen*
piraterie V • *piraterij; zeeroverij; kaperij* • *oplichterij*
pire I BNW *erger; slechter* ★ de pire en pire *hoe langer hoe erger* ★ son pire ennemi *zijn ergste vijand* **II** M *(het) slechtste; (het) ergste* ★ au pire *op z'n ergst; in het ergste geval* ★ politique du pire *va-banquepolitiek*
piriforme BNW *peervormig*
pirogue V *prauw*
piroguier M *prauwvoerder*
pirouette V • *pirouette* • FIG. *ommezwaai* ★ répondre /s'en tirer par une ~ *zich er met een grapje af maken; ontwijkend antwoorden*
pirouetter ONOV WW *ronddraaien (op één been); pirouetteren*
pis (zeg: pie) **I** M *uier* **II** BIJW FORM. *erger; slechter* ★ le pis *het ergste; het slechtste* ★ qui pis est *wat erger is* ★ de pis en pis *steeds erger* ★ de mal en pis *hoe langer hoe erger* ★ au pis aller *in het ergste geval* ★ tant pis *jammer (dan); pech gehad*
pis-aller M [mv: id.] *laatste toevlucht; lapmiddel; noodsprong*
pisciculteur M *viskweker*
pisciculture V *visteelt*
pisciforme BNW *visvormig*
piscine V • *zwembad* • *doopbekken* ★ ~ en plein air *openluchtbad*
piscivore I M *visetend dier* **II** BNW *visetend*
pisé M ★ maison en pisé *lemen huis*
Pise V *Pisa*
pissaladière V *Provençaalse pizza*
pissat M *urine* ‹v. dieren›
pisse V INFORM. *pi(e)s*
pisse-froid M [mv: id.] INFORM. *kniesoor*
pissenlit M *paardenbloem* ★ salade de ~ *molsla* ★ manger les ~s par la racine *onder de groene zoden liggen*
pisser OV+ONOV WW • INFORM. *pissen* • INFORM. *spuiten* ‹v. kraan e.d.›; *lekken* ★ c'est comme si on pissait dans un violon /une clarinette *dat heeft geen enkele zin*
pisseuse V INFORM./MIN. *griet(je); wijfje; trut*
pisseux BNW [v: **pisseuse**] INFORM. *urineachtig; piskleurig*
pissoir M INFORM. *pisbak; urinoir*
pissotière V INFORM. *pisbak; urinoir*
pistache V *pistache; groene amandel* ★ (vert) ~ *pistache(groen)*
pistachier M *pistacheboom*
piste V • *spoor* • *(ren)baan; parcours* • *(circus)piste* • *pad;* OOK FIG. *(gebaande/ begaanbare) weg* ★ ~ cavalière /cyclable *ruiter- /rijwielpad* ★ ~ de danse *dansvloer* ★ ~ d'envol *startbaan* ★ ~ (de ski) de fond *langlaufpiste; loipe* ★ ~ magnétique *magneetstrip* ★ ~ sonore *geluidsspoor; track* ★ être sur la ~ de qn *iem. op het spoor zijn* ★ perdre la ~ *het spoor bijster raken*
pister OV WW *(ongemerkt) volgen; het spoor volgen van*
pistil M PLANTK. *stamper*
pistole V *pistool* ‹oude munt›
pistolet M • *pistool* ‹vuurwapen› • *spuitpistool; verfspuit* • *broodje; pistolet* • *tekenmal* ★ un drôle de ~ *een rare snuiter*
pistolet-mitrailleur M [mv: **pistolets-mitrailleurs**] *machinepistool*
piston M • *zuiger* ‹v. pomp, motor› • MUZ. *piston; ventiel* • INFORM./FIG. *kruiwagen* ★ avoir du ~ *nuttige connecties hebben* ★ donner du ~ /un coup de ~ à qn *iem. aan een baantje helpen*
pistonner OV WW *vooruithelpen; aan een baantje helpen*
pistou M ★ au ~ *met (fijngemaakte) basilicum*
pitance V OUD. *portie (eten); (schrale) kost*
piteux BNW [v: **piteuse**] *erbarmelijk; treurig*
pithécanthrope M *pithecanthropus; aapmens*
pithiviers M *amandelfeuilleteegebak*
pitié V *medelijden* ★ ~! *(heb) genade!* ★ par ~! *in hemelsnaam!; alsjeblieft!* ★ par ~ pour *uit mededogen met* ★ quelle ~! *wat erbarmelijk /minnetjes!* ★ sans ~ *meedogenloos* ★ avoir ~ de *medelijden hebben met* ★ faire ~ (à) *medelijden inboezemen* ★ INFORM. à faire ~ *erbarmelijk* ★ prendre ~ de/prendre en ~ *medelijden krijgen met*
piton M • *ringbout; ringschroef; rotsspijker* ‹v. alpinist› • *hoge bergtop*
pitoyable BNW • *beklagenswaardig; zielig* • *erbarmelijk (slecht)*
pitre M *hansworst; pias*
pitrerie V *hansworsterij; grapjasserij*
pittoresque BNW • *pittoresk* • FIG. *kleurrijk; typisch*
pivert M *groene specht*
pivoine V *pioenroos*
pivot M • OOK FIG. *spil; as; pin* • PLANTK.

hartwortel ★ dent à/sur ~ *stifttand*
pivotant BNW *draaiend*; *draai-*; *zwenk-*
pivoter ONOV WW *draaien* ⟨om spil, as⟩ ★ ~ sur ses talons *zich (op de hakken) omdraaien*
pixel M *pixel*; *beeldpunt*
pizza V *pizza*
pizzeria, pizzéria V *pizzeria*
PJ (zeg: peezjie) AFK INFORM. police judiciaire *opsporingsdienst*; *recherche*
placage M • *fineer(werk)* • *ertussen geflanste passage*; *ineengeflanst werk*
placard M • *muurkast* • *aanplakbiljet*; *plakkaat* • *stroken(druk)proef* • INFORM. *dikke laag*; *plak* • INFORM. *kast* ⟨nor⟩ ★ ~ publicitaire *grote advertentie* ★ mettre qn au ~ *iem. uitrangeren /wegwerken* ⟨in invloedloze functie⟩
placarder OV WW • *aanplakken* • *met affiches beplakken*
place V • *plaats* • *betrekking*; *ambt*; *post* • *plein* • *beurs*; *(financiële) markt* ★ ~ d'armes *exercitieveld* ★ ~ forte *vesting(stad)* ★ ~ (financière) *beurs(handel)*; *geldmarkt* ★ sur la ~ de Paris *in (zakelijke kringen van) Parijs* ★ sur ~ *ter plaatse* ★ à sa ~ *in/op zijn plaats*; *als ik hem was...* ★ sur la ~ publique *in het openbaar*; *onder het volk* ★ des gens en ~ *hooggeplaatste /gevestigde mensen* ★ avoir sa ~ quelque part *ergens thuishoren* ★ faire ~ à *plaats maken voor* ★ mettre en ~ *opstellen*; *instellen*; *plaatsen* ★ se mettre à la ~ de qn *zich in iem. verplaatsen* ★ FIG. remettre qn à sa ~ *iem. op zijn plaats zetten* ★ ne pas tenir en ~ *rust noch duur hebben*
placebo, placébo M *placebo*
placement M • *geldbelegging* • *(het) bezorgen v. werk* • *verkoop* • *plaatsing* ⟨in inrichting⟩ ★ OUD. bureau de ~ *arbeids(bemiddelings)bureau*
placenta (zeg: -e(n)ta) M *placenta*; *moederkoek*
placer I OV WW • *plaatsen*; *een plaats geven aan* • *beleggen* ⟨v. geld⟩ • SPORT *plaatsen* ⟨een rangnummer geven⟩ • *een betrekking bezorgen aan* • *verkopen*; *afzetten* ★ haut placé *hooggeplaatst* ★ mal placé *misplaatst* ★ ne pas pouvoir ~ un mot /en ~ une *er geen woord tussen krijgen* ★ être bien placé pour faire qc *de aangewezen persoon zijn om*; *met recht mogen* ★ je suis bien placé pour le savoir *ik kan het (toch zeker wel) weten* **II** WKD WW [**se** ~] • *plaatsnemen*; *gaan staan*; *gaan zitten* • *zich plaatsen*; *geplaatst zijn* • *in dienst treden*
placet (zeg: -sè) M *placet*
placeur M [V: **placeuse**] • *plaatsaanwijzer* • *beleggingsbemiddelaar*
placide BNW *kalm*; *bedaard*; *vredig*; *onbewogen*
placidité V *bedaardheid*; *kalmte*
placier M [V: **placière**] • *colporteur*; *vertegenwoordiger* • *marktmeester*
plafond I M OOK FIG. *plafond* ★ ~ de nuages *wolkendek* ★ faux ~ *loos/zwevend plafond* ★ sauter au ~ *op zijn achterste benen staan*; *paf staan* **II** BNW *maximum-*
plafonnage M *plafonnering*
plafonnement M *(het) bereiken /vaststellen v.e. bovengrens*
plafonner I OV WW OOK FIG. *plafonneren* **II** ONOV WW *een bovengrens bereiken (à bij)*; FIG. *aan het plafond zitten*
plafonnier M *plafondlamp(je)*; *plafonnière*
plage V • *strand*; *badplaats* ⟨aan zee⟩ • *(begrensd) vlak*; *tijd(spanne)*; *(tussen)ruimte*; *(programma)blok* ⟨radio, tv⟩ • *track* ⟨nummer op grammofoonplaat⟩ • *plecht* ⟨v. oorlogsschip⟩ ★ ~ arrière *hoedenplank* ⟨v. auto⟩
plagiaire M/V *plagiator*
plagiat M *plagiaat*
plagier OV WW *plagiëren*
plagiste M/V *strandexploitant*
plaid (zeg: plèd) M • *plaid* • GESCH. *pleit*
plaider I OV WW *(be)pleiten*; *(ter verdediging) aanvoeren* ★ ~ coupable *schuld bekennen* ★ ~ le faux pour savoir le vrai *door een leugen(tje) iem. de waarheid ontlokken* **II** ONOV WW • *een proces voeren (**contre** tegen)* • *pleiten* ★ OOK FIG. ~ pour/en faveur de qn *voor iem. pleiten*
plaideur M [V: **plaideuse**] *pleiter*; *procespartij*
plaidoirie V JUR. *pleidooi*
plaidoyer M FIG. *pleidooi*
plaie V • OOK FIG. *wond* • OOK FIG. *plaag* ★ LIT. mettre le doigt sur la ~ *de vinger op de wonde leggen* ★ retourner le couteau /fer dans la ~ *zout in de wonde wrijven* ★ quelle ~! *wat een narigheid /naarling!*
plaignant I M [V: **plaignante**] JUR. *aanklager*; *eiser* **II** BNW *(aan)klagend*
plain-chant M [MV: **plains-chants**] *gregoriaanse zang*
plaindre I OV WW [onregelmatig] • *beklagen* • OUD. *betreuren* ★ il ne plaint pas sa peine *geen moeite is hem te veel* **II** WKD WW [**se** ~] *klagen*; *zich beklagen (**à** bij; **de** over)*
plaine V *vlakte*
plain-pied M ★ de ~ *gelijkvloers*; FIG. *zonder omwegen*; *zonder moeite* ★ se sentir de ~ avec qn *zich gelijkwaardig aan iem. voelen*
plaint WW [présent/volt. deelw.] • → **plaindre**
plainte V • *klacht* • *weeklacht* • *aanklacht* ★ ~ contre X /inconnu *aanklacht tegen een onbekende*; *aangifte* ★ porter ~ /déposer une ~ (en/pour) *een aanklacht indienen (wegens)*
plaintif BNW [V: **plaintive**] *klaaglijk*; *klagend*
plaire I ONOV WW [onregelmatig] *behagen (**à** aan)*; *bevallen*; *aanstaan* **II** ONP WW *behagen*; *bevallen* ★ s'il vous plaît *alstublieft* ⟨vragend; Belg: gevend⟩ ★ FORM. plaise à Dieu que... *God geve dat...* ★ FORM. à Dieu ne plaise que... *God verhoede dat...* ★ OUD. plaît-il? *wablief?* ★ quand il te plaira *wanneer je (maar) wilt* **III** WKD WW [**se** ~] *het naar de zin hebben*; *genoegen scheppen (**à** in)* ★ se ~ quelque part *ergens graag zijn*; *ergens goed gedijen* ★ se ~ à faire qc *iets graag doen*
plaisamment BIJW • → **plaisant**
plaisance V ★ bateau de ~ *plezierjacht* ★ jardin de ~ *lusthof* ★ maison de ~ *buitenhuis* ★ (navigation de) ~ *watersport* ⟨met boten⟩; *pleziervaart* ★ port de ~ *jachthaven*
plaisancier M *plezier(jacht)vaarder*
plaisant I BNW • *aangenaam*; *prettig*; *plezant* • *grappig*; *leuk* **II** M ★ mauvais ~ *iem. die zich*

pi

vermaakt ten koste van anderen; flauwe grappenmaker
plaisanter I OV WW FORM. *voor de gek houden; plagen (***sur** *met)* **II** ONOV WW *schertsen; grappen maken (***de, sur** *over); spotten (***avec** *met)* ★ tu plaisantes! *dat meen je niet!*
plaisanterie V ● *grap; scherts; lachertje* ● FIG. *kinderspel* ★ (toute) ~ à part *in ernst (gesproken); zonder gekheid* ★ par ~ *voor de grap* ★ c'est une ~? *dat meen je toch niet?*
plaisantin M *flauwe grappenmaker; lolbroek*
plaisir M ● *plezier; vermaak; geneugte; genoegen; genot; lust* ● OUD. *believen; goeddunken; wil* ★ à ~ *zomaar; naar believen; ongegeneerd* ★ au ~ (de vous revoir)! *tot genoegen!; tot ziens!* ★ avec ~ *graag* ★ par ~ *voor zijn genoegen* ★ ce n'est pas une partie de ~ *het is geen pretje* ★ faire ~ à qn *iem. plezier doen* ★ mettre son ~ à *vermaak scheppen in* ★ prendre (du) ~ à /se faire un ~ de *er genoegen in scheppen om; graag doen* ★ pour le ~ des yeux *om je ogen de kost te geven; kijken kost niks* ★ FORM. car tel est notre bon ~ *want zo behaagt het ons*
plan I M ● *(plat) vlak* ● *plattegrond* ● *ontwerp; opzet; schema* ● *plan; voornemen; idee* ● *opname* ⟨v. film⟩ ● *plan* ⟨diepte v. scène/afbeelding⟩ ● FIG. *vlak; terrein; sfeer* ★ plan d'eau *waterpartij; meer(tje)* ★ plan de travail *werkblad; aanrechtblad* ★ plan incliné *hellend vlak* ★ (au) premier plan *(op de) voorgrond* ★ (au) deuxième /second plan *(op de) achtergrond* ★ de premier plan *eersterangs;* FIG. *vooraanstaand* ★ de second plan *tweederangs; achtergrond-* ★ (en) gros plan *(in) close-up* ★ sur le plan de *op het gebied van* ★ sur le plan économique *(in) economisch (opzicht)* ★ Commissariat général du Plan *Centraal Planbureau* ★ INFORM. laisser en plan *in de steek laten;* FIG. *laten vallen* ★ dresser/lever un plan *een schetsplan/ plattegrond maken* ★ FIG. reléguer au second plan *naar de achtergrond schuiven* **II** BNW *vlak; plat; effen*
planche V ● *plank* ● *graveerplaat* ● *prent* ⟨in boek⟩; *plaat; gravure* ● *(tuin)bed* ● PLAT *schoolbord* ● *staaf; blok* ★ ~ à dessin *tekenbord* ★ ~ à repasser *strijkplank* ★ ~ à roulettes *skateboard* ★ ~ à voile/de surf *surfplank; (het) windsurfen* ★ ~ à neige/de surf sur neige *snowboard* ★ ~ à billets *geldpers* ★ ~ de bord *instrumentenbord* ★ ~ de salut *reddingsplank; laatste redmiddel;* FIG. *strohalm* ★ entre quatre ~s *tussen vier planken; dood en begraven* ★ INFORM. faire la ~ *op de rug drijven (als een plank)* ★ monter sur les ~s *op de planken komen; toneelspeler worden*
plancher I M OOK FIG. *vloer; bodem* ★ faux ~ *loze/zwevende vloer* ★ prix ~ *bodemprijs* ★ INFORM. le ~ des vaches *de vaste wal* ★ INFORM. débarrasser le ~ *wegwezen; opkrassen* ★ INFORM. mettre le pied au ~ *plankgas geven* **II** ONOV WW INFORM. *een beurt krijgen* ⟨v. scholieren⟩; *pennen /zwoegen (***sur** *op)*
planchette V *plankje; planchet*
planchiste M/V *plankzeiler; surfer; skateboarder*
plançon M *plantje; stekje*
plancton M *plankton*
planer I OV WW *platkloppen; gladmaken; planeren* **II** ONOV WW ● OOK FIG. *zweven* ● FIG. *(dreigend) hangen (***sur** *boven)* ★ vol plané *glijvlucht* ★ FIG. ~ au-dessus de qc *boven iets staan* ★ un doute plane *(een) twijfel blijft bestaan*
planétaire I BNW ● *planetair; planeten-* ● *wereldwijd; mondiaal* **II** M ● *planetarium* ● *planeetwiel*
planète V *planeet*
planeur M *zweefvliegtuig*
planificateur I M [v: **planificatrice**] *planner* **II** BNW [v: **planificatrice**] *planning(s)-*
planification V *planning*
planifier OV WW *plannen* ★ économie planifiée *geleide economie; planeconomie*
planimétrie V *vlakke meetkunde*
planisphère M *wereldkaart; hemelkaart*
planning M *planning* ★ ~ familial *gezinsplanning*
plan-plan BIJW INFORM. *kalmpjes aan*
planque V ● INFORM. *schuilplaats* ● INFORM. *rustig baantje*
planqué M ● INFORM. *drukker* ⟨iem. die zich drukt⟩ ● INFORM. *onderduiker*
planquer I OV WW INFORM. *wegstoppen; verbergen* **II** WKD WW [**se** ~] INFORM. *zich verstoppen; onderduiken; veilig wegkruipen*
plant (zeg: pla(n)) M ● *stek; zaailing* ● *aanplanting*
plantain M *weegbree*
plantaire BNW *voetzool-*
plantation V ● *plantage* ● OOK FIG. *(het) planten* ● *aanplanting; beplanting* ● *inplanting* ⟨v. haar⟩
plante V ● *plant* ● OUD. *(voet)zool* ★ ~ d'appartement *kamerplant* ★ OOK FIG. ~ de serre *kasplant(je)* ★ ~ verte *bladplant* ★ ~ du pied *voetzool* ★ INFORM. une belle ~ *een mooie meid; een lekker stuk*
planter I OV WW ● *planten* ● *beplanten (***de, en** *met)* ● *(stevig) plaatsen; (stevig) inslaan (***dans** *in); (neer)planten* ★ INFORM. ~ là (qn/qc) *(iemand/iets) in de steek laten; ineens laten staan/liggen* ★ rester planté *stokstijf blijven staan* ★ être bien planté sur ses jambes *stevig op zijn benen staan* **II** WKD WW [**se** ~] ● *(onbeweeglijk) blijven staan* ● *(met kracht) terechtkomen* ● INFORM. *crashen; van de weg raken* ● INFORM. *zich vergissen; miskleunen; er niks van terechtbrengen*
planteur M [v: **planteuse**] *planter*
planteuse V *pootmachine*
plantigrade M *zoolganger*
planton M MIL. *oppasser; ordonnans* ★ INFORM. faire le ~ *(lang) staan te wachten*
plantureux BNW [v: **plantureuse**] ● *overvloedig; weelderig* ● *vruchtbaar* ⟨v. grond⟩ ★ femme plantureuse *vrouw met weelderige vormen*
plaque V ● *plaat(je); laag(je)* ● MED. *(aangedane) plek; plaque* ● *(ster v.e.) ridderorde; plak* ★ ~ minéralogique /d'immatriculation *kentekenplaat; nummerbord* ★ ~

commémorative *gedenkplaat* ★ ~ tournante *draaischijf*; FIG. *spil*; *knooppunt*; *centrum* ★ ~ dentaire *tandplak*; *plaque* ★ ~ d'égout *putdeksel* ★ INFORM. être à côté de la ~ *er (volledig) naast zitten* ★ ~ de chocolat *plak/tablet chocola* ★ ~ chauffante/de cuisson *kookplaat*

plaqué M ● *pleet*; *doublé* ● *fineer* ★ ~ argent/or *zilver-/goudpleet* ★ en ~ *opgelegd*; *pleet-*

plaquer OV WW ● *vergulden*; *verzilveren*; *platteren* ● *opleggen*; *fineren* ‹v. hout› ● *(met kracht) drukken* (**contre**, **sur** *tegen, op)* ● INFORM. *in de steek laten*; *opgeven*; *de bons geven* ● *tackelen* ‹rugby› ● *aanslaan* ‹v. akkoord› ★ en chêne plaqué *van eikenfineer*

plaquette V ● *plaatje*; *schijfje* ● *dun boekje* ● *(doordruk)strip* ‹v. medicijnen› ★ ~ de frein *remvoering* ★ ~ sanguine *bloedplaatje*

plasma M *plasma*

plasmatique BNW *plasma-*

plastic M *kneedbom*

plasticage M *kneedbomaanslag (***de** *op)*

plasticien M [v: **plasticienne**] ● *beeldend kunstenaar* ● *plastisch chirurg*

plasticité V OOK FIG. *kneedbaarheid*; *plasticiteit*

plastie V *plastiek* ‹plastisch-chirurgische ingreep›

plastification V *plastificering*

plastifier OV WW *plastificeren*

plastiquage M ● → **plasticage**

plastique I M *plastic* **II** V ● *plastiek*; *beeldhouwkunst* ● *(schoonheid v.d.) lichaamsvormen* **III** BNW ● *plastisch*; *kneedbaar* ● *plastisch*; *beeldend* ★ argile ~ *boetseerklei* ★ arts ~s *beeldende kunst(en)* ★ chirurgie ~ *plastische chirurgie* ★ matière ~ *plastic*

plastiquer OV WW *met een kneedbom doen ontploffen*

plastron M *plastron* ‹in alle betekenissen› ★ ~ de chemise *borststuk v. hemd*; *frontje*

plastronner ONOV WW *een hoge borst opzetten*; *pronken*

plat (zeg: plà) **I** BNW ● *vlak*; *plat* ● FIG. *vlak*; *alledaags*; FIG. *kleurloos* ● FIG. *laag*; *onderdanig*; *kruiperig* ● *smakeloos* ‹v. drank›; FIG. *laf* ★ bateau plat *platbodem* ★ calme plat *volkomen windstilte* ‹op zee› ★ mer plate *gladde/stille zee* ★ cheveux plats *sluik haar* ★ bière plate *verschaald bier* ★ eau plate *(kraan)water zonder koolzuur* ★ tomber à plat ventre *plat op de buik vallen* **II** M ● *schaal*; *schotel* ● *gerecht*; *gang* ● *plat gedeelte*; *plat* ★ plat du jour *dagschotel* ★ OOK FIG. plat de résistance *hoofdschotel* ★ le plat de la main *de vlakke hand* ★ SPORT faux plat *vals plat* ★ faire un plat *plat op de buik vallen* ‹bij duiken› ★ à plat *plat* ‹horizontaal›; *lek* ‹v. band›; *leeg* ‹v. accu›; *(dood)op* ★ tomber à plat *geheel mislukken*; *niet inslaan*; *floppen* ★ (re)mettre à plat *nog eens grondig uitzoeken* ★ mettre les petits plats dans les grands *onkosten maken (om iem. te onthalen)* ★ INFORM. faire du plat à qn *aanpappen /flikflooien met iem.* ★ INFORM. faire tout un plat de qc *ergens ophef van maken*; *iets dramatiseren*

platane M *plataan*

plat-bord M [mv: **plats-bords**] *dolboord*

plateau M [mv: **plateaux**] ● *dienblad* ● *hoogvlakte*; *plateau* ● *(vlakke) plaat*; *schijf*; *blad*; *schaal* ‹v. balans› ● *studiovloer*; *filmset*; *podium* ‹toneel› ★ ~-repas *plateservicemaaltijd* ★ ~ continental *continentaal plat* ★ haut ~ *hoogvlakte* ★ COMP. ~ de commande *console* ★ OOK FIG. sur un ~ *op een presenteerblaadje* ★ les invités sur le ~ *de gasten in de (radio-/tv-)uitzending*

platebande V ● → **plate-bande**

plate-bande V [mv: **plates-bandes**] ● *border* ● *zoom*; *rand*; *lijst* ★ INFORM. marcher sur les plates-bandes de qn *onder iemands duiven schieten*

platée V ● *schotelvol* ● ARCH. *(de) fundamenten*

plateforme V ● → **plate-forme**

plate-forme V [mv: **plates-formes**] ● *platform* ‹in alle betekenissen› ● *balkon* ‹v. tram enz.› ● *politiek programma*; *(overleg)basis* ● *ballastbed* ★ (toit en) ~ *plat dak*; *dakterras* ★ ~ (de forage) *booreiland* ★ ~ continentale *continentaal plat*

platement BIJW ● → **plat**

platine I M *platina* **II** V ● TECHN. *plaat(je)* ● *draaitafel*; *platenspeler*; *deck* ● INFORM./OUD. *tong*; FIG. *babbel* ★ ~ (à) cassettes *cassettedeck* ★ ~ laser/cd *cd-speler* **III** BNW ★ (blond) ~ *platinablond*

platiné BNW *platinablond* ★ vis ~es *contactpuntjes* ‹v. auto›

platiner OV WW *platineren*

platitude V ● *banaliteit* ● *platitude*; *gemeenplaats*

platonicien BNW [v: **platonicienne**] *platoons*

platonique BNW FIG. *platonisch*; *puur theoretisch*

plâtrage M *bepleistering*

plâtras M *kalkpuin*; *stuk pleisterkalk*

plâtre M ● *pleister(kalk)*; *gips* ● *gipsbeeld/-afgietsel* ● *gipsverband* ● INFORM. *onrijpe, niet-smeuïge kaas* ★ ~ de marche *loopgips* ★ INFORM. battre comme ~ *afrossen* ★ INFORM. essuyer les ~s *een pasgebouwde woning betrekken*; *het als eerste moeten ontgelden*; *het spits afbijten* ★ ~s [mv] *pleisterwerk*

plâtrer OV WW ● *(be)pleisteren* ● *gipsen*; *in het gips zetten* ● *plamuren* ‹zwaar opmaken›

plâtrerie V ● *pleisterwerk* ● *gipsfabriek*

plâtreux BNW [v: **plâtreuse**] ● *met gips bedekt* ● *gipsachtig* ● *onrijp /niet-smeuïg* ‹v. kaas›

plâtrier M *stukadoor*; *pleisterwerker*

plâtrière V ● *pleistergroeve* ● *kalkoven* ● *kalkbranderij*

plausibilité V *geloofwaardigheid*; *aannemelijkheid*

plausible BNW *aannemelijk*; *geloofwaardig*; *plausibel*

play-back (zeg: pleebak) M [mv: id.] *playback* ★ en ~ *playback*

play-boy M [mv: **play-boys**] *playboy*

plèbe V *plebs*

plébiscitaire BNW *wat een volksstemming betreft*

plébiscite M *volksstemming*; *plebisciet*

plébisciter OV WW ● *bij volksstemming kiezen /aannemen* ● *met overweldigende meerderheid*

kiezen /aannemen
plectre M *plectrum*
Pléiade V *Pléiade* ⟨groep van zeven Franse renaissancedichters⟩ ★ les ~s *de Plejaden*; *het Zevengesternte*
plein I BNW ● *vol (***de** *met, van)*; *vervuld (***de** *van)* ● *volledig*; *geheel*; *pal* ● *massief* ● *drachtig* ★ en ~ hiver *midden in de winter* ★ en ~ air *in de open lucht* ★ avoir le cœur ~ *verdriet hebben* ★ en ~ sud *pal op het zuiden* ★ un jour ~ *een volle /gehele dag* ★ ~e lune *volle maan* ★ ~e mer *volle zee* ★ une journée ~e *een drukbezette dag* ★ ~ de soi-même *zelfingenomen* ★ INFORM. être ~ *dronken zijn* ★ roue ~e *dicht wiel* **II** BIJW *vol(op)* ★ INFORM. tout ~ *hartstikke* ★ INFORM. ~ de *heel wat*; *een hoop* ★ FIG. en prendre ~ la gueule *de volle laag krijgen* **III** M ● *(het) vol zijn*; *volheid*; *maximum* ● *gevulde ruimte*; *massief gedeelte* ● *neerhaal* ⟨v. letter⟩ ★ à/en ~ *volledig*; *volop* ★ en ~ (dedans /dessus) *pal /midden (erin /erop)* ★ le ~ de la mer *hoogtij*; *vloed* ★ battre son ~ *in volle gang zijn* ★ faire le ~ *voltanken*; *het maximum behalen*; INFORM. *vol(geboekt)/ afgeladen zijn*
pleinement BIJW *volkomen*; *ten volle*
plein-emploi M *volledige werkgelegenheid*
plénier BNW [v: **plénière**] *plenair*; *voltallig* ★ indulgence plénière *volle aflaat*
plénipotentiaire I M/V *gevolmachtigde* **II** BNW *gevolmachtigd* ★ ministre ~ *gevolmachtigd minister*
plénitude V *volheid*; *volledigheid* ★ FORM. dans la ~ de ses facultés *bij zijn volle verstand*
pléonasme M *pleonasme*
pléonastique BNW *pleonastisch*
pléthore V *overvloed (***de** *aan)*
pléthorique BNW *(te) overvloedig*; *overvol*
pleur M FORM. [vaak mv] *traan* ★ verser un ~ (sur) *een traan laten (om)*
pleurage M *flutter*
pleural BNW [m mv: **pleuraux**] *borstvlies-*
pleurard I M [v: **pleurarde**] INFORM. *huilebalk* **II** BNW INFORM. *huilerig*
pleurer I OV WW *bewenen*; *betreuren* ★ ~ des larmes *tranen plengen* **II** ONOV WW ● *huilen*; *schreien* ● *tranen* ⟨ook v. planten⟩; *druipen* ★ ~ sur *bewenen*; *betreuren* ★ INFORM. ~ après qc *ergens om blijven zeuren* ★ à ~ *om te huilen*; *erbarmelijk* ★ n'avoir plus que les yeux pour ~ *alles verloren hebben* ★ Jean qui pleure et Jean qui rit *Jantje lacht en Jantje huilt*
pleurésie V *pleuris*
pleurétique BNW ● *pleurisachtig* ● *lijdend aan pleuris*
pleureur BNW [v: **pleureuse**] ● *huilerig* ● *treur-* ⟨v. bomen⟩ ★ saule ~ *treurwilg*
pleurite V *pleuritis*; *droge pleuris*
pleurnichard BNW *grienerig*; *dreinerig*
pleurnichement M *gegrien*; *gedrein*
pleurnicher ONOV WW *grienen*; *dreinen*
pleurnicherie V *gegrien*; *gedrein*
pleurnicheur I M [v: **pleurnicheuse**] *griener*; *dreiner* **II** BNW [v: **pleurnicheuse**] *grienerig*; *dreinerig*
pleurote M *oesterzwam*
pleut WW [présent] ● → **pleuvoir**
pleutre I M FORM. *lafbek* **II** BNW *laf(hartig)*
pleutrerie V FORM. *lafheid*
pleuvasser ONP WW *motregenen*
pleuvioter, **pleuvoter** ONOV WW *motregenen*
pleuvoir ONP WW [onregelmatig] OOK FIG. *regenen* ★ il pleut *het regent*
plèvre V *borstvlies*
plexus (zeg: -suus) M ● *plexus*; *zenuwvlecht* ● INFORM. *maagstreek* ★ ~ solaire *zonnevlecht*
pli M ● *vouw*; *plooi* ● *envelop*; *brief* ● *slag* ⟨kaartspel⟩ ● *val* ⟨v. kleren, haar⟩ ★ faux pli *kreuk* ★ pli de terrain *terreinplooi* ★ sous ce pli *hierbij ingesloten* ★ mettre une lettre sous pli *een brief versturen* ★ prendre un bon /mauvais pli *een goede /slechte gewoonte aannemen* ★ INFORM. cela ne fera pas un pli *dat loopt vanzelf*; *dat zit wel snor*
pliable BNW ● *(op)vouwbaar* ● OOK FIG. *plooibaar*
pliage M *(het) (op)vouwen*; *(het) plooien*
pliant BNW *opvouwbaar*; *vouw-*; *klap-* ★ (fauteuil) ~ *vouwstoeltje* ★ table ~e *klaptafel*
plie V *schol* ⟨vis⟩
plier I OV WW ● *(op)vouwen* ● *buigen* ● FIG. *doen buigen (***à** *voor)* ★ ~ les genoux *door de knieën zakken* ★ INFORM. ~ bagage *zijn biezen pakken* ★ ~ qn à la discipline *iem. aan discipline onderwerpen* ★ plié en deux *krom van het lachen /van ouderdom* **II** ONOV WW ● *(door)buigen* ● *zwichten (***devant**, **sous** *voor)*; *wijken*; *toegeven* **III** WKD WW [**se ~**] **à** *buigen voor*; *zich schikken naar*; *zich onderwerpen aan*
plieuse V *vouwmachine*
plinthe V *plint*
plissage M *(het) plooien*; *(het) plisseren*
plissé I BNW *geplooid*; *plooi-* **II** M *plissé*; *plooisel*
plissement M ● *aardplooiing* ● *(het) plooien*; *rimpeling*
plisser I OV WW ● *plooien*; *plisseren* ● *fronsen* ⟨v. voorhoofd⟩; *toeknijpen* ⟨v. ogen⟩ **II** ONOV WW *plooien/kreukels hebben*; *plooien*
pliure V ● *vouw* ● *(het) vouwen* ⟨bladen v.e. boek⟩
ploiement M *(het) plooien*; *(het) buigen*
plomb (zeg: plo(n)) M ● *lood* ● *voorwerp v. lood*; *loodje* ● *kogel(s)*; *hagel* ★ ~ (fusible) *zekering*; *stop* ★ à ~ *loodrecht*; *in het lood* ★ fil à ~ *schietlood* ★ ~ de sonde *dieplood* ★ de ~ *loden*; *loodzwaar*; *loodgrijs* ★ soleil de ~ *brandende zon* ★ soldats de ~ *tinnen soldaatjes* ★ sans ~ *loodvrij* ★ avoir du ~ dans l'aile *in de penarie zitten* ★ il n'a pas de ~ dans la cervelle/tête *hij is onbezonnen* ★ INFORM. il a pété les ~s *de stoppen zijn bij hem doorgeslagen*; *hij is over de rooie gegaan*
plombage M ● *(het) plomberen*; *(het) (ver)loden* ● *plombeersel*; *vulling* ⟨v. tand/kies⟩
plombé I BNW *loodkleurig* **II** WW [volt. deelw.] ● → **plomber**
plomber OV WW ● *plomberen*; *(ver)loden*; *v. lood voorzien* ● *vullen* ⟨v. tand/kies⟩; *plomberen* ● INFORM. *fnuiken*
plomberie V ● *loodgieterij*; *loodgieterswerk* ● *water- en gasleidingen*

pl

plombier M *loodgieter*
plombifère BNW *loodhoudend*
plonge V INFORM. *(het) bordenwassen* ‹in restaurant e.d.›
plongeant BNW • *duikend* • *neerwaarts gericht* ★ décolleté ~ *diep decolleté* ★ vue ~e *uitzicht naar beneden* ★ perspective ~e *vogelperspectief*
plongée V • *(het) duiken*; OOK FIG. *duik(ing)* • *onderwatervaart* ‹v. onderzeeër› • *filmopname /uitzicht van bovenaf* ★ ~ sous-marine *(het) diepzeeduiken*
plongeoir M *duikplank*; *springtoren*
plongeon M • *duik*; *onderduiking* • *duiker* ‹vogel› ★ ~ arctique *parelduiker* • INFORM. *diepe buiging* • SPORT *schwalbe* ★ ~ (acrobatique) *(het) schoonspringen* ★ INFORM. faire le ~ *een financiële duikeling maken*; *het loodje leggen*
plonger I OV WW • *(onder)dompelen (***dans** *in)* • FIG. *dompelen*; *doen verzinken*; *storten (***dans** *in)* • *(diep) steken (***dans** *in)* ★ il plongea ses yeux dans les miens *hij keek mij diep in de ogen* **II** ONOV WW • *duiken*; *neerduiken (***sur** *op)*; OOK FIG. *duikelen* • *van boven (uit)kijken (***sur** *op)* • FIG. *wegzinken (***dans** *in)* **III** WKD WW [**se ~**] **dans** *zich storten in /op*; *opgaan /zich verdiepen in* ★ plongé dans ses rêveries *in dromen verzonken*
plongeur M [v: **plongeuse**] • *duiker* • *bordenwasser* ‹in restaurant e.d.› ★ (oiseau) ~ *duikvogel*
plot (zeg: ploo) M *contact(blokje/-plaatje)*
plouc I BNW MIN. *boers* **II** M MIN. *boerenkinkel*
plouf TW *plons!*; *plof!*
ploutocrate M/V *plutocraat*
ploutocratie V *plutocratie*
ployer I OV WW FORM. *doen buigen* **II** ONOV WW OOK FIG. *buigen*

pl

plu WW [volt. deelw.] • → **plaire, pleuvoir**
PLU AFK Plan Local d'Urbanisme *(gemeentelijk) bestemmingsplan*
plucher ONOV WW • → **pelucher**
pluches V MV INFORM. *(het) (aardappel)schillen*; *(het) schoonmaken v. groente enz.*
plug-in M [mv: id.] *insteekmodule*
pluie V OOK FIG. *regen(bui)* ★ ~ d'orage *onweersbui* ★ ~ de balles *kogelregen* ★ ~s acides *zure regen* ★ sous la ~ *in de regen* ★ le temps est à la ~ *er zit regen in de lucht* ★ parler de la ~ et du beau temps *over koetjes en kalfjes praten* ★ faire la ~ et le beau temps *het voor het zeggen hebben* ★ il n'est pas tombé/né de la dernière ~ *hij is niet van gisteren* ★ ennuyeux/(vulg.) chiant comme la ~ *stomvervelend* ★ après la ~ le beau temps ‹spreekwoord› *na regen komt zonneschijn*
plumage M *gevederte*; *(het) plukken* ‹v. vogel›
plumard M INFORM. *nest* ‹bed›
plume I M INFORM. *nest* ‹bed› ★ INFORM. dans les ~s! *naar bed!* **II** V • *veer* • *(schrijf)pen* ★ dessin à la ~ *pentekening* ★ FORM. homme de ~ *schrijver* ★ coup de ~ *pennenstreek* ★ guerre de ~ *pennenstrijd* ★ nom de ~ *schuilnaam* ★ y laisser des ~s *een veer (moeten) laten*; *erbij inboeten* ★ INFORM. perdre ses ~s *kaal worden* ★ INFORM. se voler dans les ~s *elkaar in de haren vliegen* ★ la belle ~ fait le bel oiseau *kleren maken de man*
plumeau M [mv: **plumeaux**] *plumeau*; *veren stoffer*
plumer OV WW OOK FIG. *plukken*; *kaalplukken*
plumet M *vederbos*; *pluim*
plumeux BNW [v: **plumeuse**] *vederachtig*; *gevederd*
plumier M *pennenbakje*; *pennenkoker*
plumitif M • *pennenlikker* • *prulschrijver*
plupart V *(het) grootste deel (***de** *van)* ★ la ~ (des) *de meeste(n)* ★ la ~ du temps *meestal* ★ pour la ~ *merendeels* ★ la ~ d'entre nous sont d'accord *de meesten van ons zijn het ermee eens*
plural BNW [m mv: **pluraux**] *meervoudig*
pluralisme M *pluralisme*; *veelvormigheid*
pluraliste BNW *pluralistisch*
pluralité V *veelheid*; *pluraliteit*
pluri- VOORV *pluri-*; *multi-*; *meer-*
pluriannuel BNW [v: **pluriannuelle**] *meerjarig*; *meerjaren-*
pluridisciplinaire BNW *multidisciplinair*
pluriel I M *meervoud* ★ au ~ *in het meervoud* **II** BNW [v: **plurielle**] *meervoudig*; *pluriform* ★ la majorité ~le *de meerderheidscoalitie /-partijen*
plurilingue BNW *meertalig*
plus (zeg: pluus; pluu (voor bnw, bijw)) **I** M • *(het) meeste* • *plus(teken)* • *plus(punt)*; *pre* ★ (tout) au plus *hooguit* **II** BIJW • *meer* • *meest* ★ d'autant plus (que) *(des) te meer (omdat)* ★ de plus en plus *hoe langer hoe meer* ★ on ne peut plus heureux *allergelukkigst* ★ de plus en plus vite *steeds sneller* ★ plus ou moins *min of meer* ★ qui plus qui moins *de een minder, de ander meer* ★ plus court (que) *korter (dan)* ★ qui plus est *bovendien* ★ deux fois plus *tweemaal zo veel* ★ deux plus deux font quatre *twee plus twee is vier* ★ deux fois plus grand *tweemaal zo groot* ★ plus de *meer dan* ‹hoeveelheid› ★ les plus de 18 ans *personen boven de 18* ★ plus d'un *menigeen* ★ plus de gens *meer mensen* ★ plus que *meer dan* ‹vergelijkend› ★ il a deux ans de plus que moi *hij is twee jaar ouder dan ik* ★ pas plus que *evenmin als* ★ INFORM. à plus *tot ziens* ★ une fois de plus *eens te meer*; *nogmaals* ★ de plus *(te) meer*; *nog erbij*; *bovendien* ★ rien de plus *meer niet*; *verder niets* ★ en plus *bovendien*; *erbovenop*; *extra*; *te veel* ★ en plus de *naast*; *behalve* ★ sans plus *meer niet*; *zozo*; *het houdt niet over* ★ le plus *het meest(e)* ★ plus... (et) plus/moins... *hoe meer..., des te meer/minder...* ★ le plus grand *de/het grootste*; *het grootst* ★ au plus loin *zo ver mogelijk* ★ (ne...) plus *niet meer* ★ (ne...) plus de *geen... meer* ★ (ne...) plus personne *niemand meer* ★ (ne...) plus que *alleen nog maar* ★ (ne... pas) non plus *evenmin*; *ook niet* ★ il n'est plus *hij is niet meer* ★ la situation était des plus compliquées *de toestand was hoogst gecompliceerd*
plusieurs I BNW *verscheidene*; *meerdere* **II** ONB VNW *verscheidene(n)*; *velen* ★ à ~ *met*

meerderen; *gezamenlijk*
plus-que-parfait (zeg: pluus-) M *voltooid verleden tijd*
plus-value (zeg: pluu-) V [mv: **plus-values**] • *waardevermeerdering* • *surplus*; *winst* • *meerwaarde*
plut WW [passé simple] • → **plaire, pleuvoir**
plutonium (zeg: -njom) M *plutonium*
plutôt BIJW • *veeleer*; *liever*; *eerder* • *nogal* ★ voyez ~ *kijk maar eens* ★ ~ que de [+ infin.] *in plaats van te*
pluvial BNW [m mv: **pluviaux**] *regen-* ★ eaux ~es *regenwater*
pluvier M *plevier*
pluvieux BNW [v: **pluvieuse**] *regenachtig*; *regenrijk*
pluviomètre M *regenmeter*
pluviosité V *regenachtigheid*; *regenval*
p.m. AFK post meridiem *p.m.*; *post meridiem*; *'s middags*
PME I V *klein/middelgroot bedrijf* **II** AFK petites et moyennes entreprises *mkb*; *midden- en kleinbedrijf*
PMU AFK pari mutuel urbain *paardentoto*
PNB AFK produit national brut *bnp*; *bruto nationaal product*
pneu M [mv: **pneus**] *(lucht)band* ⟨v. voertuig⟩
pneumatique I BNW *pneumatisch*; *lucht-* ★ canot ~ *opblaasboot*; *rubberboot* ★ matelas ~ *luchtbed* **II** M OUD. *luchtband*
pneumologue M/V *longarts*
pneumonie V *longontsteking*
pneumonique I M/V *longpatiënt* **II** BNW *longontsteking-*
pochade V *vlotte /vluchtige schets*
pochard M INFORM. *zuiplap*
poche I M INFORM. *pocket* **II** V • *zak* ⟨v. kledingstuk⟩; *(binnen)vak* ⟨v. tas e.d.⟩ • *buidel* ⟨v. buideldier⟩ • *uitzakking*; *wal* ⟨onder de ogen⟩ • *(gevulde) holte* ★ BIOL. ~ des eaux *vochtblaas*; INFORM. *vruchtvlies* ★ ~ de gaz *(onderaardse) gasbel* ★ ~ de résistance *verzetshaard* ★ de ~ *in zakformaat*; *zak-* ★ argent de ~ *zakgeld* ★ livre de ~ *pocketboek* ★ en ~ *op zak* ★ INFORM. c'est dans la ~ *het is binnen /dik voor mekaar* ★ connaître comme sa ~ *als zijn broekzak kennen* ★ en être de sa ~ *er geld bij in schieten* ★ faire les ~s à qn *(heimelijk) iemands zakken doorzoeken* ★ FIG. s'en mettre plein les ~s *zijn zakken vullen* ★ payer de sa ~ *uit eigen zak betalen*
pocher I OV WW • *pocheren* ⟨v. eieren⟩ • *vluchtig schetsen* ★ œil poché *blauw oog*; *wal onder het oog* ★ ~ l'œil à qn *iem. een blauw oog slaan* **II** ONOV WW *flodderen* ⟨v. kleren⟩; *lubberen*
poche-revolver V *kontzak*
pochette V • *zakje*; *etui* • *hoes* • *pochet* ★ ~ de disque *platenhoes* ⟨ook v. cd⟩
pochette-surprise V [mv: **pochettes-surprises**] *verrassingspakket*
pochoir M *sjabloon*
podcast M *podcast*
podium (zeg: podjom) M *podium* ★ ~ de défilé de mode *catwalk*
poêle (zeg: pwal) **I** M • *kachel* • *lijkkleed* **II** V *braadpan*; *koekenpan* ★ tenir la queue de la ~ *het heft in handen hebben*
poêlée V *pan(vol)* ⟨inhoud⟩
poêler (zeg: pwa-) OV WW *braden*; *stoven*
poêlon (zeg: pwa-) M *stoof-/braadpan met steel*
poème M *gedicht*
poésie V • *poëzie*; *dichtkunst* • *dichterlijkheid* • *gedicht(je)*
poète M • *dichter* • *dichterlijk, niet-prozaïsch mens* ★ femme ~ *dichteres*
poétesse V *dichteres*
poétique I BNW *dichterlijk*; OOK FIG. *poëtisch* **II** V *poëtica*; *poëtiek*
poétiser OV WW *dichterlijk maken*; *poëtiseren*
pogne V INFORM./OUD. *hand*; *knuist*
pognon M INFORM. *poen*; *geld*
pogrom, pogrome M *pogrom*
poids (zeg: pwà) M • OOK FIG. *gewicht*; *last* • *kogel* ⟨voor kogelstoten⟩ ★ ~ public *waag* ★ ~ lourd OOK FIG. *zwaargewicht*; *vrachtwagen* ★ ~ et mesures *maten en gewichten*; *ijkwezen* ★ ~ mort *dood gewicht*; FIG. *ballast*; FIG. *blok aan het been* ★ SPORT ~ coq /léger /mi-moyen /mouche /plume *bantam- /licht- /welter- /vlieg- /vedergewicht* ★ lancement du ~ *(het) kogelstoten* ★ de ~ *van gewicht /belang* ★ avoir deux ~, deux mesures *met twee maten meten* ★ donner du ~ à ses paroles *zijn woorden kracht bijzetten* ★ gagner /prendre du ~ *(in gewicht) aankomen* ★ il ne fait pas le ~ *hij is er niet tegen opgewassen*; *hij kan het niet aan*
poignant BNW *aangrijpend*; *schrijnend*
poignard M *dolk* ★ coup de ~ *dolksteek*
poignarder OV WW *doorsteken met een dolk*
poigne (zeg: pwanj) V • *kracht in de hand*; *stevige knuist* • FIG. *krachtige hand*; *krachtdadigheid*
poignée V • *handvol* • *handvat*; *greep*; *heft*; *hendel*; *(deur)knop* ★ ~ de main *handdruk* ★ à ~(s) *met handenvol*; *volop*
poignet M • *pols(gewricht)* • *manchet*; *mouwboord* ★ à la force du ~ *op eigen kracht*
poil M • *(losse) haar* ⟨niet v. hoofd⟩ • *lichaamshaar* ⟨ook v. dieren⟩; *vacht* • *pool* ⟨v. fluweel, tapijt⟩ ★ poil de carotte *peenhaar* ★ poil à gratter *jeukpoeder* ★ INFORM. à poil *spiernaakt*; *in z'n nakie* ★ à un poil près *op een haar na* ★ il s'en est fallu d'un poil (que) *het scheelde maar een haar (of)* ★ INFORM. au poil *reuze-*; *prima*; *precies (op tijd)* ★ OOK FIG. dans le sens du poil *met de haren mee* ★ de tout poil/de tous poils *van allerlei slag* ★ brave à trois/à quatre poils *held op sokken* ★ pas d'un poil *geen haartje /ziertje* ★ INFORM. être de mauvais poil *slechtgehumeurd zijn* ★ INFORM. reprendre du poil de la bête *er weer bovenop komen* ★ INFORM. avoir un poil dans la main *een hekel aan werken hebben* ★ ne pas avoir un poil de sec *peentjes zweten* ★ tomber sur le poil de qn *iem. op zijn dak vallen /in de haren vliegen*
poilant BNW INFORM. *om je dood te lachen*
poiler WKD WW [**se** ~] INFORM. *zich kapot lachen*
poilu I BNW *(ruig)behaard*; *harig* **II** M *Frans soldaat* ⟨in WO I⟩

poinçon (zeg: pwe(n)so(n)) M • *priem* • *(gaatjes)stempel*; *pons*; *drevel* • *keur(stempel)*
poinçonnage M • → **poinçonner**
poinçonner OV WW • *stempelen* ⟨met (keur)merk⟩ • *knippen* ⟨v. kaartjes⟩ • *ponsen* ⟨v. metaalplaat⟩
poinçonneur M [v: **poinçonneuse**] *kaartjesknipper*
poinçonneuse V • *ponsmachine* • *kniptang* ⟨voor kaartjes⟩
poindre (zeg: pwe(n)dr) **I** OV WW FORM. *pijnigen*; *leed doen* **II** ONOV WW FORM. *tevoorschijn komen*; *dagen*
poing (zeg: pwe(n)) M *vuist* ★ coup de ~ *stomp* ★ dormir à ~s fermés *slapen als een roos*
point (zeg: pwe(n)) **I** M • *punt* ⟨stip⟩ • *punt* ⟨positie, toestand⟩ • *punt* ⟨graad, mate⟩ • *punt* ⟨moment⟩ • *punt* ⟨onderwerp, opzicht⟩ • *punt* ⟨(waarderings)cijfer⟩ • *steek* ⟨bij naaiwerk⟩; *kantwerk* • *steek* ⟨pijnscheut⟩ ★ FIG. ~ chaud *knelpunt*; *brandhaard* ★ ~ com *dotcom* ★ ~ final *punt* ⟨aan eind v. zin⟩; FIG. *punt erachter* ★ FIG. ~ fort *hoogtepunt* ★ ~ noir FIG. *knelpunt*; MED. *mee-eter* ★ ~ argent *geldautomaat* ★ ~ de côté *steek in de zij* ★ ~ de croix *kruissteek* ★ ~ d'eau *drinkplaats* ⟨bron, kraan⟩ ★ le ~ du jour *het begin v.d. dag*; *de dageraad* ★ ~ (télé)phone *telefoonautomaat* ★ bon /mauvais ~ *goede /slechte aantekening*; FIG. *plus-/minpunt* ★ caractère de 5 ~s *vijfpuntsletter* ★ deux(-)~s *dubbele punt* ★ à ~ *precies (goed)*; *net op tijd* ★ (cuit) à ~ *(precies) gaar*; *licht doorbakken* ★ à ~ (nommé) *juist van pas*; *als geroepen* ★ à ce/tel ~ (que) *zo(zeer) (dat)*; *zo erg (dat)* ★ au dernier/plus haut ~ *in de hoogste mate*; *uiterst* ★ au ~ de [+ infin.] *zo(zeer)... dat* ★ au ~ où nous en sommes *zoals we er (nu) voorstaan* ★ mal(-)en(-)~ *er slecht aan toe*; *beroerd* ★ être sur le ~ de *op het punt staan te* ★ faire le ~ SCHEEPV. *het bestek opmaken*; FIG. *de (tussen)balans opmaken*; *de stand v. zaken opnemen /uiteenzetten*; *scherpstellen* ⟨optiek⟩ ★ gagner aux ~s *op punten winnen* ★ mettre les ~s sur les i *de puntjes op de i zetten* ★ mettre au ~ *afstellen/instellen* ⟨v. toestel⟩; *gebruiksklaar maken*; *uitwerken* ⟨v. plan⟩; FIG. *rechtzetten*; *op een rijtje zetten* ★ rendre des ~s à qn *iem. iets voorgeven*; *zich iemands meerdere voelen* ★ un ~ c'est tout! *en daarmee uit!*; *punt, uit!* **II** BIJW OUD./FORM. *(helemaal) niet* ⟨vaak met 'ne'⟩ ★ (ne...) ~ de *geen* ★ ~ du tout *helemaal niet*
pointage M • → **pointer**
pointe (zeg: pwe(n)t) V • *punt*; *spits* • *spits voorwerp*; *stekel*; *stift*; *etsnaald*; *(kop)spijker* • *piek*; *spits* • *rake/stekelige opmerking*; *steek* • *zweempje*; *beetje*; FIG. *tikje* • *puntdoek* • *pointe* ⟨voetpunt; spitze⟩ ★ ~ (de terre) *landtong* ★ (chaussons à) ~s *spitzen* ★ (chaussures à) ~s *spikes* ★ LIT. la ~ du jour *het aanbreken v.d. dag* ★ ~ sèche *droge naald*; *drogenaaldets* ★ de ~ *top-*; *leidend*; *geavanceerd* ★ industrie de ~ *speerpuntindustrie* ★ heures de ~ *spitsuur* ★ vitesse de ~ *topsnelheid* ★ en ~ *spits toelopend* ★ OOK FIG. sur les ~s des pieds *op de (punten van de) tenen* ★ pousser une ~ (jusqu'à) *(hard) doorrijden (tot)*
pointer (zeg: pwe(n)-) **I** OV WW • *(met punten, tekens) markeren*; *aanstippen*; *aankruisen*; *afvinken*; MUZ. *punteren* • *(op een mikpunt) richten (***sur** *op;* **vers** *naar)*; *wijzen* ⟨met vinger⟩ • *spitsen* ⟨v. oren; alleen v. dieren⟩ • *(door)steken* • *(zo dicht mogelijk) plaatsen* ⟨v. bal bij jeu de boules⟩; *pointeren*; *bijleggen* • *met de prikklok controleren* ⟨v. werknemers⟩ ★ zéro pointé *nul die afwijzing voor een examen betekent* **II** ONOV WW • *omhoogkomen*; *oprijzen*; *tevoorschijn komen*; *aanbreken* ⟨v. dag⟩ • *stempelen* ⟨werkloos zijn⟩; *prikken* ⟨in prikklok⟩ • *steigeren* ⟨v. paard⟩ ★ machine à ~ *prikklok* **III** WKD WW [**se ~**] INFORM. *komen aanzetten /opdagen*
pointeur I M • *pointer* ⟨hond⟩ • COMP. *pointer*; *verwijzer* **II** M [v: **pointeuse**] • *richter* ⟨v. geschut⟩ • *opnemer*
pointeuse V *prikklok*
pointillage M • *stippeling* • *vingertopmassage*
pointillé M • *stippellijn*; *geperforeerde rand* • *stippeltekening/-schilderij*; *puntmotief* ★ en ~ FIG. *tussen de regels*; *in bedekte termen*
pointiller OV WW *stippelen*; *pointilleren*
pointilleux BNW [v: **pointilleuse**] *pietluttig*
pointillisme M *pointillisme*
pointu BNW • *spits*; *puntig* • FIG. *scherp* ⟨v. toon⟩ • FIG. *toegespitst*; *geavanceerd* ⟨v. techniek⟩
pointure V *maat* ⟨v. (hand)schoen, hoed⟩ ★ INFORM. grosse ~ *kopstuk*; FIG. *zwaargewicht*
point-virgule M [mv: **points-virgules**] *puntkomma*
poire I V • *peer* ⟨vrucht⟩ • *oor-/klisteerspuit* • INFORM. *sul*; *sukkel* • INFORM. *gezicht*; *smoel* ★ ~ électrique *lichtschakelaar* ⟨aan koord⟩ ★ INFORM. entre la ~ et le fromage *aan het eind v.d. maaltijd*; *aan het dessert* ★ couper la ~ en deux *beiden wat toegeven*; *het verschil delen* ★ INFORM. garder une ~ pour la soif *een appeltje voor de dorst bewaren* **II** BNW INFORM. *sullig*
poiré M *perencider*
poireau M [mv: **poireaux**] *prei* ★ INFORM. faire le ~ *lang moeten wachten*
poireauter ONOV WW INFORM. *(lang moeten) wachten*
poirier M *perenboom*; *perenhout* ★ faire le ~ *op zijn hoofd (gaan) staan*
poiroter ONOV WW • → **poireauter**
pois (zeg: pwà) M • *erwt* • *stip* ⟨op stof⟩ ★ pois cassé *spliterwt* ★ pois chiche *grauwe erwt* ★ pois chiche INFORM. *wrat* ★ petit pois *doperwt* ★ pois de senteur *lathyrus* ★ à pois *gestippeld* ⟨v. stof⟩
poison I M *vergif*; OOK FIG. *venijn* **II** M/V *stuk venijn*; *kreng*
poissard BNW *ordinair* ⟨v. taalgebruik⟩; *plat*
poisse V INFORM. *pech*
poisser OV WW • *met pek besmeren* • *besmeuren*; *plakkerig maken* • INFORM. *te pakken krijgen*
poisseux BNW [v: **poisseuse**] *(vies en) kleverig*
poisson M *vis* ★ Poissons [mv] *Vissen*

‹dierenriem› ★ être Poissons *een Vis zijn* ★ ~(s) plat(s) *platvis* ★ ~ rouge *goudvis* ★ ~ d'avril *aprilgrap* ★ INFORM. gros ~ *kopstuk* ★ INFORM. les petits ~s *het grut*; *het klein geboefte* ★ comme un ~ dans l'eau *als een vis in het water* ★ INFORM. engueuler comme un ~ pourri *voor rotte vis uitmaken* ★ les gros ~s mangent les petits ‹spreekwoord› *de grote vissen eten de kleine* ★ ~ sans boisson est poison ‹spreekwoord› *vis moet zwemmen*

poisson-chat M [mv: **poissons-chats**] *meerval*

poissonnerie V • *viswinkel* • *visafslag*

poissonneux BNW [v: **poissonneuse**] *visrijk*

poissonnier I M *vissersschip* **II** M [v: **poissonnière**] *vishandelaar*

poissonnière V *vispan*

poitevin BNW *uit Poitou/Poitiers*

poitrail (zeg: -traj) M *borst* ‹v. paard e.d.›

poitrinaire I M/V OUD. *tbc-lijder* **II** BNW OUD. *aan tbc lijdend*

poitrine V • *borst* • *boezem* ‹v. vrouw›

poivrade V *pepersaus*

poivre M *peper* ★ ~ et sel *peper-en-zoutkleurig*

poivré BNW • *gepeperd* ‹v. mop› • FIG. *schuin*

poivrer I OV WW *peperen* **II** WKD WW [**se ~**] INFORM. *zich bezatten*

poivrier M • *peperboom* • *peperbus*

poivrière V • *peperbus* • *peperplantage*

poivron M *paprika* ‹vrucht›

poivrot M INFORM. *dronkenlap*

poix V *pek*

poker (zeg: -kèr) M *poker* ★ ~ menteur *blufpoker* ★ coup de ~ *roekeloze /blufferige gok*

polaire BNW *pool-*; *polair* ★ cercle ~ *poolcirkel* ★ étoile ~ *Poolster* ★ glace ~ *poolijs*

polar M INFORM. *politieroman/-film*; *detective*; *krimi*

polarisation V *polarisatie*

polariser I OV WW • *polariseren* • *(op zich) concentreren* ‹v. aandacht e.d.›; *focussen* **II** WKD WW [**se ~**] INFORM. **~ sur** *zich concentreren op*

polarité V *polariteit*

polaroïd M *polaroid(camera)*

polder (zeg: -dèr) M *polder*

poldériser OV WW *inpolderen*

pôle M • *pool* ‹(uiteinde v.) as enz.› • *centrum* ‹v. activiteit› ★ pôle Nord *Noordpool* ★ pôle Sud *Zuidpool* ★ pôle d'attraction *trekpleister*; FIG. *magneet* ★ pôle opposé *tegenpool*

polémique I BNW *polemisch* **II** V *polemiek*

polémiquer ONOV WW *polemiseren*

polémiste M/V *polemist*

polenta (zeg: -e(n)-) V *polenta*

poli I BNW • *beleefd (***avec** *jegens)*; *beschaafd* • *(glad en) glanzend* ‹v. oppervlak›; *gepolijst* **II** M *glans* ‹v. glad oppervlak›

police V • *politie* • *polis* • DRUKK. *font*; *letterset/-familie* ★ ~ judiciaire *recherche* ★ faire la ~ *de orde handhaven* ★ appeler ~(-)secours *de politie bellen* ‹bij onheil›

policé BNW FORM. *beschaafd*; *geciviliseerd*

polichinelle M *janklaassen* ★ secret de ~ *publiek geheim*

policier I M [v: **policière**] *politiebeambte* **II** BNW [v: **policière**] *politie-* ★ (roman) ~ *detective(roman)* ★ film ~ *misdaadfilm* ★ mesure policière *politiemaatregel*

policlinique V *polikliniek*

poliment BIJW *beleefd*

polio I V *polio(myelitis)*; *kinderverlamming* **II** M/V *poliopatiënt*

poliomyélite V *kinderverlamming*

poliomyélitique I M/V *poliopatiënt* **II** BNW *polio-*

polir OV WW • *polijsten* • FIG. *bijschaven*; *afwerken*; *verfijnen* • FORM. *beschaven*

polissage M *(het) polijsten*

polisseur M [v: **polisseuse**] *polijster*

polisseuse V *polijstmachine*

polissoir M *polijststeen/-werktuig*

polisson I M [v: **polissonne**] *deugniet*; *rakker* **II** BNW [v: **polissonne**] • *ondeugend* • FIG. *schuin*

polissonnerie V *ondeugendheid*; *kwajongensstreek*

politesse V *beleefdheid*; *beschaafdheid* ★ brûler la ~ (à qn) *weggaan zonder te groeten* ★ rendre la ~ à qn *iem. met gelijke munt betalen*

politicard M MIN. *dubieuze politicus*; *politiekeling*

politicien I M [v: **politicienne**] VAAK MIN. *politicus* **II** BNW [v: **politicienne**] MIN. *(louter /berekenend) politiek*; *politiekerig*

politico- VOORV *politiek-*

politique I M FORM. *politicus*; *staatsman* **II** V *politiek* ‹staatkunde; beleid› **III** BNW *politiek* ‹in alle betekenissen›; *staatkundig* ★ homme ~ *politicus* ★ femme ~ *politica* ★ ~ment correct *politiek correct*

politisation V *politisering*

politiser OV WW *politiseren*

politologie V *politicologie*

polka V *polka* ‹dans›

pollen (zeg: polèn) M *stuifmeel*; *pollen*

pollinisation V PLANTK. *bestuiving* ★ ~ croisée /indirecte *kruisbestuiving*

polluant I M *(milieu)vervuilende stof* **II** BNW *(milieu)vervuilend* ★ non ~ *milieuvriendelijk/-veilig*

polluer OV WW *vervuilen* ‹v. milieu›

pollueur I M [v: **pollueuse**] *(milieu)vervuiler* ★ ~ payeur *de vervuiler betaalt* **II** BNW [v: **pollueuse**] *(milieu)vervuilend*

pollution V • *(milieu)vervuiling* • MED. *pollutie* ★ ~ atmosphérique *luchtvervuiling*

polo M • *polo* ‹balspel› • *polohemd*

polochon M INFORM. *rolkussen*; *peluw*

Pologne V *Polen*

polonais I M *(het) Pools* **II** BNW *Pools*

Polonais M [v: **Polonaise**] *Pool*

poltron I M [v: **poltronne**] *lafaard* **II** BNW [v: **poltronne**] *laf*

poltronnerie V *lafheid*

polychrome BNW *polychroom*; *veelkleurig*

polyclinique V *niet-specialistische kliniek*; *algemeen ziekenhuis*

polycopie V • *vermenigvuldiging*; *(het) stencilen* • *stencil*

polycopié BNW *gestencild* ★ (texte/cours) ~ *stencil /syllabus*

polycopier OV WW *vermenigvuldigen*; *stencilen*

polyculture V *polycultuur* ‹gelijktijdige

verbouw van verschillende gewassen⟩
polyèdre M *veelvlak*
polyester M *polyester*
polyéthylène M *polyethyleen; polytheen*
polygame I BNW *polygaam* **II** M/V *polygamist*
polygamie V *polygamie*
polyglotte I BNW *veeltalig* **II** M/V *polyglot*
polygonal BNW [m mv: **polygonaux**] *veelhoekig*
polygone M *veelhoek*
polygraphe M OUD. *veelschrijver*
polymère M *polymeer*
polymorphe BNW *veelvormig; polymorf*
polymorphisme M *veelvormigheid*
polynésien BNW [v: **polynésienne**] *Polynesisch*
polynôme M *veelterm; polynoom*
polype M *poliep*
polyphonie V *polyfonie*
polyphonique BNW *polyfoon*
polysémie V *meerduidigheid* ⟨v. woord⟩
polystyrène M *polystyreen* ★ ~ expansé *piepschuim*
polytechnicien M [v: **polytechnicienne**] *(oud-)leerling v.d. 'École polytechnique'*
polytechnique BNW *polytechnisch* ★ École ~ /la Polytechnique *TU waar topambtenaren en -officieren worden opgeleid*
polythéisme M *veelgoderij; polytheïsme*
polythéiste I BNW *polytheïstisch* **II** M/V *polytheïst*
polythène M • → **polyéthylène**
polyvalent BNW • *meerwaardig; polyvalent* • *veelzijdig (inzetbaar); multifunctioneel*
pomélo M *pomelo; (veredelde) grapefruit*
pommade V *zalf* ★ passer de la ~ à qn *stroopsmeren bij iem.*
pomme V • *appel* • *(sier)knop* • *krop* ⟨v. sla e.d.⟩; *stronk* ⟨v. kool⟩ • INFORM. *sul* ★ ~ de pin *dennenappel* ★ ~ (de terre) *aardappel* ★ ~s de terre en robe des champs *in de schil gekookte aardappelen* ★ ~s allumettes *dunne frietjes* ★ ~s frites *patates frites* ★ ~s nature *gekookte aardappels* ★ ~s vapeur *gestoomde aardappelen* ★ ~ d'amour *in karamel gedoopte appel* ⟨op stokje⟩ ★ ~ d'Adam *adamsappel* ★ ~ d'arrosoir *sproeikop* ★ haut comme trois ~s *drie turven hoog* ★ INFORM. ma ~ *ik* ★ INFORM. pour ma ~ *voor mij* ★ INFORM. aux ~s *prima; piekfijn* ★ INFORM. tomber dans les ~s *flauwvallen*
pommé BNW *krop-* ⟨v. groente⟩
pommeau M [mv: **pommeaux**] • *knop* ⟨v. stok, degen, zadel⟩ • *douchekop*
pommelé BNW *grijs-wit gevlekt; appelgrauw* ★ cheval (gris) ~ *appelschimmel* ★ ciel ~ *lucht met schapenwolkjes*
pommelle V *rooster* ⟨v. goot(steen)⟩
pommer ONOV WW *kroppen* ⟨v. sla, kool⟩
pommette V *koon; jukbeen*
pommier M *appelboom*
pompage M *(het) (op)pompen*
pompe V • *pomp* • INFORM. *schoen* • FORM. *praal; pracht; luister* ★ ~ à essence *benzinepomp* ★ ~ à incendie *brandspuit* ★ ~ aspirante et foulante *zuigperspomp* ★ ~ à fric *geldbron/-machine*; FIG. *melkkoe; geldklopperij* ★ INFORM. (feuille de) ~ *spiekbriefje* ★ fusil à ~ *luchtdrukgeweer* ★ INFORM. à toute ~ *vliegensvlug* ★ en grande ~ *met veel praal /ceremonieel* ★ ~s funèbres *begrafenisonderneming* ★ INFORM. avoir un coup de ~ *opeens doodmoe zijn; afknappen* ★ PLAT un (soldat de) deuxième ~ *een eenvoudig (2e klas) soldaat* ★ INFORM. faire des ~s *zich opdrukken; pompen* ★ INFORM. être bien /à l'aise dans ses ~s *zich lekker voelen* ★ INFORM. être /marcher à côté de ses ~s *uit zijn doen zijn; er (met zijn hoofd) niet bij zijn*
pomper I OV WW • *(op)pompen; opzuigen* • INFORM. *spieken; afkijken (***sur** *bij, van)* • INFORM. *uitputten* • INFORM. *zuipen* **II** ONOV WW • *pompen* • INFORM. *spieken* • INFORM. *zuipen*
pompette BNW INFORM. *aangeschoten; teut*
pompeusement BIJW • → **pompeux**
pompeux BNW [v: **pompeuse**] *hoogdravend; pompeus*
pompier I M *brandweerman* ★ les ~s *de brandweer* **II** BNW [v: **pompière**] *hoogdravend*
pompiste M/V *pompbediende; pomphouder*
pompon M *kwastje; dotje; pompon* ★ INFORM./ HUMOR. avoir/décrocher le ~ *de kroon spannen* ★ INFORM. c'est le ~! *dat slaat alles!*
pomponner I OV WW *mooi maken; opdoffen* **II** WKD WW [**se ~**] *zich opdoffen*
ponant M OUD. *(het) westen*
ponçage M *(het) (glad)schuren*
ponce V ★ (pierre) ~ *puimsteen*
ponceau I M [mv: **ponceaux**] • *bruggetje* • PLANTK. *klaproos* **II** BNW [onver.] *felrood*
poncer OV WW *(glad)schuren; puimen*
ponceuse I V *schuurmachine* **II** BNW • → **ponceux**
ponceux BNW [v: **ponceuse**] *puimsteenachtig*
poncif M • FIG. *gemeenplaats; cliché* • *doorgeprikte tekening*
ponction V • MED. *punctie; prik* • FIG. *aderlating* ★ c'est une sacrée ~ *het is een rib uit mijn lijf*
ponctionner OV WW • MED. *puncteren* • INFORM. *financieel korten*
ponctualité V *(het) stipt op tijd zijn; punctualiteit*
ponctuation V *interpunctie* ★ signe de ~ *leesteken*
ponctuel BNW [v: **ponctuelle**] • *stipt op tijd (komend)* • OUD. *stipt; punctueel* • *gericht* ⟨v. actie e.d.⟩; *één punt/geval betreffend*
ponctuer OV WW • *interpungeren; leestekens plaatsen in* • FIG. *onderstrepen (***de** *met)* ⟨met gebaren, geluiden e.d.⟩; *(telkens) onderbreken* ★ ~ un mot d'un geste *een woord met een gebaar kracht bijzetten*
pondaison V *legtijd* ⟨v. vogels⟩
pondérable BNW *weegbaar*
pondéral BNW [m mv: **pondéraux**] *gewichts-*
pondérateur BNW [v: **pondératrice**] FIG. *evenwicht brengend; matigend*
pondération V • *beradenheid; nuchterheid* • *afgewogenheid; evenwicht(igheid)* • FIG. *weging*
pondéré BNW *beraden; bedachtzaam; nuchter; evenwichtig*
pondérer OV WW • FIG. *in evenwicht houden* • FIG. *wegen* ⟨v. cijfers, waarden⟩
pondéreux BNW [v: **pondéreuse**] *(zeer) zwaar*

★ des ~ *zwaar (bulk)vrachtgoed*
pondeur BNW [v: **pondeuse**] *eierleggend* ★ (poule) pondeuse *leghen* ★ INFORM./MIN. ~ de bouquins *veelschrijver*
pondoir M *legnest/-hok*
pondre OV WW • *leggen* ‹v. eieren› • IRON. *afscheiden* ‹v. geschriften, plan› • IRON. *fokken* ‹baren v. kind›
poney (zeg: -nè) M *pony* ‹paardje›
pongiste M/V *tafeltennisser*
pont M • OOK FIG. *brug* • *scheepsdek* • *brugdag(en)* ★ Ponts et Chaussées ≈ *Waterstaat* ‹weg- en binnenwaterbeheer› ★ pont aérien *luchtbrug* ★ pont arrière/avant *achter- /voor(aandrijf)as* ‹auto› ★ pont de bateaux *schipbrug* ★ pont d'envol *vliegdek* ★ pont élévateur *hefbrug* ‹voor reparatie› ★ pont levant *hefbrug* ‹over water› ★ pont roulant *brugkraan* ★ pont suspendu *hangbrug* ★ pont(-)promenade *promenadedek* ★ pont aux ânes *doodsimpel vraagstuk* ★ brûler les ponts derrière soi *de schepen achter zich verbranden* ★ à pont *met omslagklep* ‹v. kledingstuk› ★ couper les ponts avec qn *de banden met iem. verbreken*; *het uitmaken met iem.* ★ faire le pont *(een) snipperdag(en) opnemen tussen twee officiële vrije dagen* ★ faire un pont d'or à qn *iem. een riant (salaris)aanbod doen* ★ jeter un pont *een brug slaan* ★ tout le monde sur le pont! *alle hens aan dek!*
pontage M MED. *bypass(operatie)*
ponte I M • *speler tegen de bank* ‹bij kansspel› • INFORM. *hoge ome* **II** V • *(het) eieren leggen*; *leg(tijd)* • *legsel*
ponter I OV WW SCHEEPV. *v.e. dek voorzien* **II** ONOV WW *tegen de bank spelen* ‹bij kansspel›
pontier M *brugwachter*
pontife M • *hoge priester* • INFORM. *gewichtig personage*; FIG. *bonze* ★ le souverain ~ *de paus*
pontifical I BNW [m mv: **pontificaux**] *pauselijk* **II** M [mv: **pontificaux**] *pontificaal* ‹bisschoppelijk liturgieboek›
pontificat M *pontificaat*; *pausschap*
pontifier ONOV WW *schoolmeesteren*; *belerend spreken*
pont-levis M [mv: **ponts-levis**] *ophaalbrug* ‹v. vesting›
ponton M • *ponton* • *dekschuit* ‹voor havenwerken› ★ ~-grue *drijvende kraan*
pontonnier M • *pontonnier* • *brugwachter*
pool (zeg: poel) M *pool* ‹samenwerkingsvorm, groep›
pop BNW [onver.] *pop-* ‹popmuziek/popart betreffend› ★ (musique) pop *pop(muziek)*
pope M *pope* ‹oosters-orthodox priester›
popote I V INFORM. *pot* ‹eten, keuken› **II** BNW INFORM. *huisbakken*; *huisje-boompje-beestje-*
popotin M INFORM. *achterste*; *billen*
popu BNW INFORM. populaire *volks*
populace V MIN. *plebs*; *gepeupel*
populacier BNW [v: **populacière**] *volks*; *plebejisch*; *plat*
populage M *dotterbloem*
populaire BNW • *v.h. volk*; *volks-* • *algemeen geliefd*; *populair* • *van het gewone volk*; *volks*
populariser OV WW *bij het volk in zwang brengen*
popularité V *populariteit*; *volksgunst*
population V *bevolking*; *populatie* ★ ~ scolaire *schooljeugd*
populeux BNW [v: **populeuse**] *volkrijk*
populiste I BNW *populistisch* **II** M/V *populist*
populo M INFORM. *(het) (lagere) volk*; *(de) massa*
porc (zeg: por) M • *varken*; OOK FIG. *zwijn* • *varkensvlees* • *varkensleer*
porcelaine V *(stuk) porselein*
porcelainier I M [v: **porcelainière**] *porseleinvervaardiger /-handelaar* **II** BNW [v: **porcelainière**] *porselein-*
porcelet M *big*
porc-épic M [mv: **porcs-épics**] *stekelvarken*
porche M *portaal* ‹voorhal v. (kerk)gebouw›
porcher M [v: **porchère**] *varkenshoeder*
porcherie V *varkenskot*; OOK FIG. *zwijnenstal*
porcin BNW *varkens-* ★ race ~e *varkensras*
pore M *porie* ★ par tous les pores *met heel zijn wezen*
poreux BNW [v: **poreuse**] *poreus*
porno I M INFORM. pornographie *porno* **II** BNW INFORM. pornographique *porno-*
pornographe M/V *pornograaf*
pornographie V *pornografie*
pornographique BNW *pornografisch*
porosité V *poreusheid*
porphyre M *porfier*
port (zeg: por) M • *haven*; *havenstad* • *(het) dragen* ‹aanhebben; bij zich hebben› • *porto* • *(lichaams)houding*; *postuur*; *groeiwijze* ‹v. plant/boom› • *bergpas* ‹in Pyreneeën› • COMP. *(uitgangs)poort* ★ port de pêche *vissershaven* ★ port aérien *luchthaven* ★ port franc *vrijhaven* ★ port (de salut) *vluchthaven/-oord* ★ port (en lourd) *draagvermogen*; *tonnage* ★ port d'armes *(het) dragen v. wapens*; *wapenvergunning*; *(het) presenteren v.h. geweer* ★ COMP. port (en) série *seriële poort* ★ port payé *port betaald*; *franco* ★ arriver à bon port *(in) behouden (haven) aankomen*
portable I BNW *draagbaar* **II** M *draagbaar toestel*; *portable*; *mobieltje*; *laptop* ★ appeler avec /depuis son ~ *mobiel bellen*
portage M *(het) dragen* ‹door dragers›
portail (zeg: -taj) M • *(ingangs)poort*; *(kerk)portaal* • COMP. *portal*; *startpagina*
portant I M • *steun(balk)*; *stut* • *hengsel* ‹v. kist, koffer› **II** BNW *dragend* ‹v. constructie›; *draag-* ★ bien ~ *(goed) gezond* ★ mal ~ *ongezond*; *sukkelend*
portatif BNW [v: **portative**] *draagbaar* ★ poste (de radio) ~ *portable radio* ★ force portative *draagvermogen*
porte I V • *deur* • OOK FIG. *poort* • *bergengte* • *oogje* ‹ringetje voor haakje› ★ ~ d'entrée *voordeur* ★ ~ de communication *tussendeur* ★ les ~s de Paris *de invalswegen v. Parijs* ★ aux ~s de Paris *onder de rook v. Parijs* ★ de ~ en ~ *van huis tot huis (gemeten)* ★ ~ à ~ *naast elkaar (wonend)* ★ journée ~s ouvertes *open dag* ★ entre deux ~s *in de gauwigheid* ★ (fermez) la ~! *deur dicht!* ★ FIG. fermer la ~

à *buiten de deur houden*; *weren* ★ il faut qu'une ~ soit ouverte ou fermée *het is kiezen of delen* ★ enfoncer une ~ ouverte *een open deur intrappen* ★ FIG. se ménager une ~ de sortie *een achterdeurtje openhouden* ★ entrer par la petite /grande ~ *(zijn carrière) in een lage /hoge functie beginnen* ★ mettre à la ~ *de deur uitzetten* ★ prendre la ~ *(verongelijkt) weggaan*; *zijn biezen pakken* ★ chassez-le par la ~, il rentrera par la fenêtre *hij is niet weg te branden* ‹v. opdringerig persoon› **II** BNW ★ veine ~ *poortader*

porté BNW ★ être ~ à *geneigd zijn tot, te* ★ être ~ sur *een zwak hebben voor*

porte-à-porte M [mv: id.] *huis-aan-huisverkoop*; *colportage* ★ faire du ~ *colporteren*

porte-avion, **porte-avions** M [mv: **porte-avions**] *vliegdekschip*

porte-bagage, **porte-bagages** M [mv: **porte-bagages**] *bagagedrager*; *bagagerek*

porte-bébé M [mv: **porte-bébés**] • *draagbaar babyzitje*; *maxicosi* • *babydraagriem*; *babydraagzak*

porte-bonheur M [mv: **porte-bonheur(s)**] *mascotte* ★ chiffre ~ *geluksgetal*

porte-bouteille, **porte-bouteilles** M [mv: **porte-bouteilles**] *flessenrek*

porte-clé, **porte-clés** M [mv: **porte-clés**] *sleutelring/-hanger*

porte-conteneur, **porte-conteneurs** M [mv: **porte-conteneurs**] *containerschip*

porte-document, **porte-documents** M [mv: id.] *aktetas*; *diplomatentas*

porte-drapeau M [mv: **porte-drapeau(x)**] OOK FIG. *vaandeldrager*

portée V • *reikwijdte*; *draagwijdte*; *spanwijdte*; *bereik* • FIG. *draagwijdte*; *strekking*; *belang*; *portee* • FIG. *bevattingsvermogen* • *draagvermogen* • *worp* ‹nest jongen›; *dracht* • *notenbalk* ★ à la ~ de *binnen het bereik /bevattingsvermogen van* ★ à la ~ de toutes les bourses *voor iedereen betaalbaar* ★ à ~ de main *binnen handbereik* ★ à la ~ de (la) voix *binnen gehoorsafstand* ★ à longue ~ *verdragend* ‹v. geschut›; *langeafstands-* ‹v. raket› ★ hors de ~ *buiten bereik*

porte-fenêtre V [mv: **portes-fenêtres**] *openslaande glazen (balkon-/tuin)deur*

portefeuille M *portefeuille* ‹in alle betekenissen›

porte-malheur BNW [mv: **porte-malheur(s)**] *ongeluks-* ★ chiffre ~ *ongeluksgetal*

portemanteau M [mv: **portemanteaux**] *kapstok*; *klerenstandaard*

portemine M *vulpotlood*

porte-monnaie, **portemonnaie** M [mv: **porte-monnaie(s)**, **portemonnaie(s)**] *portemonnee*

porte-parapluie M [mv: **porte-parapluies**] *paraplubak*

porte-parole M/V [mv: **porte-parole(s)**] • *woordvoerder* • FIG. *spreekbuis*

porter I OV WW • OOK FIG. *dragen*; *(aan)hebben*; *bij/in zich hebben* • *brengen (***à** *naar)*; *opbrengen*; *bezorgen* • *(be)tonen (***à** *aan)*; *toedragen* • *richten (***sur** *op)* ‹v. aandacht, blik, inspanning› • *inschrijven (***sur** *in, op)*; *noteren* ★ ~ bonheur *geluk (aan)brengen* ★ ~ son choix sur *zijn keus laten vallen op* ★ tout porte à croire que *alles wijst erop dat* ★ être porté disparu *als vermist opgegeven worden/zijn* ★ se (faire) ~ malade *zich ziek melden* ★ ~ plainte (contre) *een aanklacht indienen (tegen)* ★ ~ secours (à) *hulp verlenen (aan)* ★ ~ témoignage (de) *getuigen (van)* ★ ~ un toast (à) *een toast uitbrengen (op)* ★ ~ bien son vin *goed de wijn verdragen* • **~ à** *aanzetten /brengen tot*; *ertoe brengen om te* **II** ONOV WW • *een bepaalde reikwijdte hebben*; *dragen* • *dragen* ‹drachtig zijn› • *uitwerking hebben*; OOK FIG. *raak zijn* • *stevenen*; *varen* • *betrekking hebben* • *treffen*; *raken* ★ ~ contre/sur *stoten tegen* ★ ~ à la tête *naar het hoofd stijgen* ★ ~ loin *ver dragen* ‹v. kanon, stem› ★ aussi loin que porte la vue *zo ver het oog reikt* • **~ sur** *steunen /rusten op*; *betrekking hebben op*; *gaan over* **III** WKD WW [**se ~**] • *gedragen worden* • *het (goed/slecht) maken* • *optreden/zich opwerpen als* ★ se ~ bien/mal *het goed/slecht maken* ★ se ~ à merveille /comme un charme *het uitstekend maken* ★ comment vous portez-vous? *hoe maakt u het?* ★ se ~ candidat *zich kandidaat stellen* ★ se ~ caution/garant *borg staan* • **~ à** *komen/vervallen tot* • FORM. **~ sur** *zich richten op*; *zich begeven naar*

porte-savon M [mv: **porte-savons**] *zeepbakje*

porte-skis, **porte-skis** M [mv: **porte-skis**] *skidrager* ‹op auto›

porteur I M [v: **porteuse**] • *drager* • *houder* ‹v. papier, document›; *toonder* • *brenger*; *bezorger* ★ payable au ~ *betaalbaar aan toonder* ★ ~ de nouvelles *nieuwsbezorger* ★ les petits ~s *de kleine aandeelhouders* **II** BNW [v: **porteuse**] • *draag-* • ECON. *veelbelovend*; *met toekomstmogelijkheden* ★ mère porteuse *draagmoeder* ★ fusée porteuse *draagraket* ★ (avion) gros ~ *jumbojet* ★ marché ~ *groeimarkt*

porte-voix M [mv: id.] *megafoon*

portier M [v: **portière**] *portier* ‹v. gebouw›

portière V • *portier* ‹v. voertuig› • *deurgordijn*

portillon M *deurtje*; *(klap)hekje*

portion V *portie*; *gedeelte*

portique M • *zuilengang/-hal* • *portaal* ‹brugconstructie› • *detectiepoort* ★ ~ de lavage *(auto)wasstraat* ★ ~ détection *detectiepoortje*

porto M *port(wijn)*

portrait M • OOK FIG. *portret* • INFORM. *gezicht* ★ être tout le ~ de qn *iemands evenbeeld zijn* ★ INFORM. se faire abîmer le ~ *op zijn bek geslagen worden*

portraitiste M/V *portretschilder*

portrait-robot M [mv: **portraits-robots**] • *montagefoto/-tekening* ‹v. verdachte› • *profiel(schets)* ‹v. kandidaat e.d.›

portraiturer OV WW FORM./HUMOR. *portretteren*

portuaire BNW *haven-*

portugais I M *(het) Portugees* **II** BNW *Portugees*

Portugais M [v: **Portugaise**] *Portugees*

portugaise V • *Portugese oester* • INFORM. *oor*

POS AFK plan d'occupation des sols

bestemmingsplan
pose V • *(het) (aan)leggen /plaatsen /zetten; (het) aanbrengen* • *(het) poseren; pose; (aangenomen /gemaakte) houding* • FOTOGRAFIE *belichting* • *(tijd)opname*
posé BNW *rustig; bedaard* ★ voix (bien) posée *vaste stem*
posément BIJW • → **posé**
posemètre M *belichtingsmeter*
poser I OV WW • *(neer)leggen; (neer)zetten; plaatsen; aanbrengen* • *aannemen; (onder)stellen* • *(op)stellen; formuleren* • *bekendheid geven; aanzien verschaffen* ★ ~ les armes *de wapens neerleggen* ★ ~ sa candidature *zich kandidaat stellen* ★ ~ une dent *een tand inzetten* ★ ~ une question *een vraag stellen* ★ ~ le regard sur *de blik vestigen op* ★ ~ des rideaux *gordijnen ophangen* ★ posons que *gesteld dat* ★ ceci posé *gesteld dat dit zo is* **II** ONOV WW • OOK FIG. *poseren; een pose aannemen* ★ ~ au connaisseur *de kenner uithangen* • **~ à** INFORM. *zich voordoen als* • **~ sur** *steunen /(be)rusten op* **III** WKD WW [**se** ~] • *gelegd /geplaatst worden* • *zich (neer)zetten (**sur** op)* • *landen* ‹v. vliegtuig e.d.›; *vallen (**sur** op)* ‹v. blik, keus› • *gesteld worden* ‹v. vraag, probleem›; *rijzen* • **~ en** *zich voordoen als*; FIG. *uithangen*
poseur M [v: **poseuse**] • *plaatser; (aan)legger; zetter* • *aansteller; poseur*
positif I BNW [v: **positive**] *positief* ‹in alle betekenissen› ★ pôle ~ *pluspool* ★ FOTOGRAFIE épreuve positive *positief* **II** M • *(het) positieve* • *positief* ‹in alle betekenissen› • TAALK. *stellende trap*
position V • *positie; houding; ligging; stelling; (toe)stand* • FIG. *standpunt (**sur** inzake)* ★ être en ~ de *in staat zijn om; kunnen* ★ en ~ de force *in een machtspositie* ★ FIG. prendre ~ *stelling nemen*
positionner OV WW • *positioneren; in een bepaalde positie brengen* • *de plaats bepalen van; lokaliseren*
positivement BIJW • *positief* • *stellig; vast*
positiver ONOV WW INFORM. *positief denken*
positivisme M *positivisme*
positiviste I BNW *positivistisch* **II** M/V *positivist*
posologie V MED. *dosering (en toedieningswijze)*
possédant BNW *bezittend; rijk* ★ les ~s *de rijken*
possédé I BNW *bezeten* ★ être ~ du démon *van de duivel bezeten zijn* **II** M *bezetene* ‹door duivel› ★ crier comme un ~ *als een bezetene schreeuwen*
posséder I OV WW • *bezitten* • *beheersen* ‹v. taal, vak, kunst, onderwerp›; *machtig zijn* • INFORM. *beduvelen* ★ être possédé de *bezeten zijn door/van* **II** WKD WW [**se** ~] *zich beheersen* ★ il ne se possède plus de joie *hij is buiten zichzelf van vreugde*
possesseur M *bezitter*
possessif BNW [v: **possessive**] • TAALK. *bezittelijk* • *bezitterig* ★ (pronom) ~ *bezittelijk voornaamwoord* ★ mère possessive *dominerende moeder*
possession V • *bezit; bezitting* • FIG. *beheersing* ‹v. taal enz.› • *bezetenheid* ★ entrer en ~ *in bezit komen* ★ prendre ~ de *in bezit nemen*
possibilité V *mogelijkheid; vermogen(s)*
possible I BNW *mogelijk* ★ le mieux ~ *zo goed mogelijk* ★ le plus ~ *zo veel mogelijk* ★ le moins de fautes ~ *zo weinig mogelijk fouten* ★ le plus vite ~ *zo snel mogelijk* ★ pas ~ *onmogelijk; onvoorstelbaar* **II** M *(het) mogelijke* ★ faire (tout) son ~ *zijn best doen* ★ au ~ *uiterst; aller-* ★ avare au ~ *aartsgierig*
post- VOORV *post-; na-*
postage M *(het) posten* ‹v. brieven enz.›
postal BNW [m mv: **postaux**] *post-* ★ carte ~e *(prent)briefkaart* ★ code ~ *postcode*
postdater OV WW *postdateren*
poste I M • *post; functie; betrekking* • *post* ‹standplaats; positie; station› • *(ontvang-/ zend)toestel; radio; tv; telefoon* • *post* ‹geboekt bedrag› ★ ~ (de police) *politiepost* ★ ~ (de garde) *wachtpost* ‹plaats› ★ ~ de commande /pilotage *stuurhut; cockpit* ★ ~ d'écoute *luisterpost* ★ ~ de nuit *nachtploeg* ★ relever un ~ *een post aflossen* ★ INFORM. être fidèle au ~ *(kranig) op zijn post blijven* **II** V • *post* ‹posterijen› • *postkantoor* ★ ~ aérienne *luchtpost* ★ ~(-)restante *poste restante* ★ mettre une lettre à la ~ *een brief op de post doen*
poster (zeg: (zn) -èr) **I** M *poster* ‹affiche› **II** OV WW • *posteren; opstellen* • *posten* ‹v. brief› ★ travail posté *(werk in) ploegendienst* **III** WKD WW [**se** ~] *zich posteren*
postérieur I M INFORM. *achterste* **II** BNW • *later* • *achterste* ★ ~ à *van later datum dan*
postérieurement BIJW *later (**à** dan)*
postériorité V *(het) later zijn*
postérité V *nageslacht; nazaten*
postface V *nabericht; nawoord*
posthume BNW • *postuum* • *geboren na de dood v.d. vader*
postiche I BNW *vals; onecht; voorgewend; namaak-; erbij geflanst* **II** M *haarstukje; toupet*
postier M [v: **postière**] *postbeambte*
postillon M *postiljon* ★ ~ d'amour *overbrenger v. liefdesbrieven* ★ INFORM. envoyer des ~s *met consumptie spreken*
postillonner ONOV WW INFORM. *met consumptie spreken*
postlude M *naspel*
postmoderne BNW *postmodern*
postnatal BNW [m mv: **postnatals**] *postnataal; na de geboorte*
postopératoire BNW *postoperatief; na de operatie*
postscolaire BNW O&W *na de (verplichte) schooljaren* ★ enseignement ~ ≈ *moedermavo*
post-scriptum (zeg: -tom) M *postscriptum; naschrift; PS*
postsynchronisation V *nasynchronisatie*
postsynchroniser OV WW *nasynchroniseren*
postulant M [v: **postulante**] • *sollicitant* • *postulant*
postulat M *postulaat*
postuler OV WW • *solliciteren naar* • *postuleren*
posture V *houding; postuur* ★ être en bonne /mauvaise ~ *er goed /slecht voor staan*
pot (zeg: poo) M • *pot; kan* • OUD. *kookpot*

• INFORM. *mazzel* • INFORM. *borrel* ⟨glaasje drank; samenzijn met drank⟩ • *pot* ⟨inzet/stock bij spel⟩ • INFORM. *achterste* ★ pot (de chambre) *po* ★ pot à bière *bierpul* ★ pot de fleurs *bloempot* ★ INFORM. plein pot *plankgas; de volle mep* ★ manque de pot! *pech (gehad)!* ★ avoir du pot/un coup de pot *mazzelen* ★ découvrir le pot aux roses *het geheim ontdekken* ★ INFORM. payer les pots cassés *met de brokken zitten; het gelag betalen* ★ FIG. tourner autour du pot *eromheen draaien*

potable BNW • *drinkbaar* • INFORM. *acceptabel; ermee door kunnend; genietbaar* ★ eau ~ *drinkwater*

potache M INFORM. *leerling v.e. middelbare school*

potage M *soep*

potager BNW [v: **potagère**] *groente-; moes-* ★ (jardin) ~ *moestuin* ★ herbes potagères *soepgroenten*

potasse V • *kali* • *potas*

potasser OV WW INFORM. *erin stampen; blokken op/voor* ⟨examen(stof)⟩

potassium (zeg: -sjom) M *kalium*

pot-au-feu I M [mv: id.] • *stoofpot* ⟨v. rundvlees met groente⟩ • *stoofvlees* **II** BNW [onver.] INFORM./OUD. *huiselijk (ingesteld)*; FIG. *huisbakken*

pot-de-vin M [mv: **pots-de-vin**] *steekpenningen; smeergeld*

pote M INFORM. *vriend; maatje; gabber*

poteau M [mv: **poteaux**] • *paal* • *meet* ★ ~ indicateur *wegwijzer* ★ ~ télégraphique *telegraafpaal* ★ ~ de départ *vertrekpunt* ⟨paardensport⟩; *meet* ★ OOK FIG. se faire coiffer au/sur le ~ *op de meet geklopt worden* ★ au ~! *weg met hem!*

potée V *stoofschotel*

potelé BNW *mollig*

potence V • *stut* ⟨met T-vormig dwarsstuk⟩ • *galg* ★ en ~ *haaks (op elkaar)*

potentat M *potentaat*

potentialité V *mogelijkheid; potentialiteit*

potentiel I BNW [v: **potentielle**] *potentieel* **II** M • *potentieel* • *potentiaal*

poterie V • *stuk aardewerk* • *pottenbakkerij*

poterne V *sluippoort* ⟨v. vesting⟩

potiche V • *(oosterse) porseleinen vaas* • INFORM. *iem. met een louter decoratieve functie*; FIG. *figurant*

potier M [v: **potière**] • *pottenbakker* • *verkoper van aardewerk*

potin M • INFORM. *lawaai; herrie* • INFORM. [vaak mv] *kletspraatje*

potiner ONOV WW OUD. *roddelen (***sur** *over)*

potion V *drankje* ★ ~ magique *toverdrankje*; FIG. *wondermiddel*

potiron M *(reuzen)pompoen*

pot-pourri M [mv: **pots-pourris**] • OOK FIG. *potpourri* • *(pot voor) geurig mengsel v. gedroogde bloemblaadjes*

potron-minet M ★ FORM. dès ~ *bij het krieken van de dag*

pou M [mv: **poux**] *luis* ★ chercher des poux (dans la tête) à qn *(steeds) op iem. vitten* ★ être laid /sale comme un pou *foeilelijk /stinkend smerig zijn*

pouah TW OUD. *bah!*

poubelle V *vuilnisbak* ★ sac(-)~ *vuilniszak*

pouce I M • *duim* • *grote teen* • *duim* ⟨maat⟩ ★ pas d'un ~ *geen duimbreed* ★ INFORM. (100 euros) et le ~ *(100 euro) en nog meer* ★ INFORM. manger sur le ~ *uit het vuistje eten; haastig wat eten* ★ mettre les ~s *zich gewonnen geven* ★ INFORM. se tourner les ~s *duimendraaien* **II** TW KINDERTAAL *stop!* ⟨ik doe (even) niet meer mee!⟩

poucet M ★ Le Petit Poucet *Klein Duimpje*

pouding M *plumpudding*

poudre V • *poeder* • *(bus)kruit* • INFORM. *heroïne* ★ ~ (à canon) *buskruit* ★ ~ à éternuer *niespoeder* ★ ~ d'or *stofgoud* ★ sucre en ~ *poedersuiker* ★ tabac en ~ *snuif* ★ jeter de la ~ aux yeux *zand in de ogen strooien* ★ mettre le feu aux ~s *de lont in het kruit(vat) werpen* ★ l'étincelle qui a mis le feu aux ~s *de vonk in het kruitvat* ★ OOK FIG. réduire en ~ *verpulveren* ★ ne pas avoir inventé la ~ *het buskruit niet uitgevonden hebben*

poudrer OV WW *(be)poederen*

poudrerie V *kruitfabriek*

poudreuse I V • *verstuiver* • *suikerstrooier* • OUD. *kaptafel* **II** BNW • → **poudreux**

poudreux BNW [v: **poudreuse**] *poederachtig* ★ (neige) poudreuse *poedersneeuw*

poudrier M *poederdoos*

poudrière V • *kruitmagazijn* • FIG. *kruitvat*

poudroiement M *glinstering /stuiveling* ⟨door opdwarrelende stofdeeltjes⟩

poudroyer ONOV WW *stuiven /glinsteren* ⟨door opdwarrelende stofdeeltjes⟩

pouf I M *poef* **II** TW *plof!; boem!*

pouffe V *sloerie; slet*

pouffer ONOV WW ★ ~ (de rire) *proesten (v.h. lachen)*

pouffiasse V VULG. *sloerie; slet*

poufiasse V • → **pouffiasse**

pouillerie V INFORM. *luizige/sjofele boel; smeerboel; armoedje*

pouilleux I M [v: **pouilleuse**] *luizige/sjofele figuur; luizenbos* ★ le ~ *zwartepiet* ⟨schoppenboer⟩ **II** BNW [v: **pouilleuse**] OOK FIG. *luizig; armzalig* ★ la Champagne pouilleuse *het dorre deel van Champagne*

poulailler M • *kippenhok* • INFORM. *engelenbak*

poulain M • *veulen* • *pupil* ⟨beschermeling v. leermeester⟩

poulaine V *sneb* ⟨puntig vooruitstekend deel⟩ ★ (soulier à la) ~ *schoen met omhoogstaande spitse punt; tootschoen*

poularde V *gemeste jonge kip*

poule V • *kip; hen* ⟨v. hoendervogels⟩ • *inzet* ⟨bij kansspel⟩; *pot(spel)* • SPORT *poule* • INFORM. *grietje; snol(letje)* ★ ~ d'eau *waterhoen* ★ ~ faisane *fazantenhen* ★ ~ au pot *gekookte kip* ★ ~ mouillée *bangerd; lafbek* ★ INFORM. ma ~ *m'n liefje* ★ FIG. se coucher avec/comme les ~s *met de kippen op stok gaan* ★ tuer la ~ aux œufs d'or *de kip met de gouden eieren slachten* ★ quand les ~s auront des dents *met sint-juttemis*

po

poulet M • *kip* ⟨als gerecht⟩ • *kuiken* • INFORM. *smeris* ★ ~ de grain *graankip* ⟨met graan gevoed⟩ ★ ~ fermier /élevé au sol *scharrelkip* ★ INFORM. mon ~ *m'n schatje*
poulette V • OUD. *kippetje* • INFORM. *liefje*; *schatje*
pouliche V *merrieveulen*
poulie V *katrol*; *poelie*
pouliner ONOV WW *veulenen* ⟨v. paarden⟩
poulinière BNW ★ (jument) ~ *fokmerrie*
poulpe M *inktvis*
pouls (zeg: poe) M *pols(slag)* ★ ~ rapide *snelle pols* ★ OOK FIG. prendre le ~ *de polsslag opmeten* ★ tâter le ~ à qn *iem. de pols voelen*; FIG. *iemands bedoelingen peilen*
poumon M *long* ★ ~ d'acier *ijzeren long* ★ à pleins ~s *uit volle borst*; *diep (ademend)*
poupard I M OUD. *mollige baby* **II** BNW *bolwangig*; *pafferig*
poupe V *achtersteven* ★ FIG. avoir le vent en ~ *de wind in de zeilen hebben*
poupée V • *pop*; OOK FIG. *poppetje* • INFORM. *verband om een vinger* • *kop* ⟨v. draaibank⟩ ★ maison de ~ *poppenhuis*; *popperig huisje* ★ ~s russes *matroesjka's* ⟨poppetjes in poppetjes⟩
poupin BNW *popperig* ⟨v. gezicht⟩
poupon M • *baby* • *babypop*
pouponner ONOV WW *baby's vertroetelen*; *moedertje spelen*
pouponnière V *(peuter)crèche*
pour I M ★ le pour et le contre *het voor en het tegen* **II** BIJW *ervóór* ⟨ten gunste ervan⟩ ★ être pour *ervóór zijn* ★ voter pour *voorstemmen* ★ INFORM. tout faire pour *er alles aan/voor doen* **III** VZ • *voor* ⟨in alle betekenissen; niet v. plaats of tijd⟩ • *wat... betreft* • *wegens* • *bij wijze van*; *als*; *tot* • *om te* ★ c'est pour toi *dat is voor jou* ★ pour un an *voor een jaar* ★ pour cette raison *om die reden* ★ jour pour jour *op de dag af* ★ pour cela *daarom* ★ deux pour cent *twee procent* ★ pour son malheur *tot zijn ongeluk* ★ un médecin pour mille habitants *één arts op de duizend inwoners* ★ remède pour la fièvre *medicijn tegen de koorts* ★ pour ce qui est de... *wat... betreft* ★ pour moi je ne partirai pas *wat mij betreft ga ik niet weg* ★ y être pour qc *er een rol bij spelen* ★ partir pour Paris *naar Parijs vertrekken* ★ il faut manger pour vivre *men moet eten om te leven* ★ avoir pour effet *als gevolg hebben* ★ ce n'est pas pour me plaire *dat staat me niet aan* ★ il a tout pour lui *hij heeft alles mee* ⟨zondagskind⟩ ★ pour être riche il n'en est pas moins malheureux *hoewel hij rijk is, is hij er niet minder ongelukkig door* ★ pour (être) malin, il l'est *slim is hij (zeker)* ★ FORM. pour (si) bizarre que ça semble *hoe vreemd het ook lijkt* ★ pour que [+ subj.] *opdat* ★ INFORM. pour pas que [+ subj.] *om te voorkomen dat*; *opdat... niet* ★ pour une surprise, c'est une surprise *is me dat een verrassing!*
pourboire M *fooi*; *drinkgeld*
pourceau M [mv: **pourceaux**] OUD./FORM. *varken*; *zwijn*
pourcentage M *percentage*
pourchasser OV WW OOK FIG. *najagen*
pourfendeur M FORM./HUMOR. *(fel) bestrijder* ⟨v. kwaad⟩
pourfendre OV WW FORM./HUMOR. *(fel) bestrijden* ⟨v. kwaad⟩
pourlécher WKD WW [**se** ~] *likkebaarden* ★ s'en ~ (les babines) *zijn lippen erbij aflikken*
pourparlers M MV *onderhandelingen*
pourpier M *postelein*
pourpoint M *wambuis*
pourpre I BNW *purperrood* ★ ~ de colère *rood aangelopen van woede* **II** M • *purper(kleur)* • *purperslak* **III** V *purper* ⟨verf; stof; mantel⟩
pourpré BNW FORM. *purperkleurig*
pourquoi I M *(het) waarom* **II** BIJW *waarom* **III** VW *waarom* ★ c'est ~/voilà ~ *daarom*
pourrai WW [futur] • → **pouvoir**
pourri I BNW • *verrot*; *bedorven* • *verdorven*; *rot(tig)*; *waardeloos* ★ temps ~ *rotweer* • INFORM. **~ de** *barstend van*; *veel hebbend van* **II** M *rotte plek*; *rot* ★ sentir le ~ *bedorven ruiken* ★ INFORM. c'est un ~ *het is een rotzak*
pourriel M WWW *spam*; *junkmail*
pourrir I OV WW • *doen verrotten*; *verzieken*; *bederven* • *verwennen* ⟨v. kind⟩ **II** ONOV WW • *(ver)rotten*; *vergaan*; *bederven* • *verslechteren*; *verkommeren* ★ laisser ~ une grève *een staking laten doodbloeden*
pourrissement M *verslechtering*; *verzieking*
pourriture V • *(ver)rotting*; *rot* • *verdorvenheid* • INFORM. *rotzak*
poursuite V • *vervolging*; OOK SP. *achtervolging* • *voortzetting* • FIG. *(het) najagen* ★ course(-)~ *achtervolging(swedstrijd)* ★ se lancer à la ~ de qn *iem. (gaan) achtervolgen* ★ engager des ~s (judiciaires) contre qn *een vervolging tegen iem. instellen*
poursuiteur M *achtervolger* ⟨wielersport⟩
poursuivant M • *achtervolger* • JUR. *aanklager*; *vervolger*; *eiser*
poursuivre I OV WW [onregelmatig] • OOK FIG. *achtervolgen (**de** met)* • OOK JUR. *vervolgen* • *dingen naar*; *najagen*; *nastreven* • *voortzetten* ★ poursuivez! *gaat u verder!* **II** WKD WW [**se** ~] *voortgezet worden*; *voortduren*
pourtant BIJW *toch*; *evenwel*; *echter*
pourtour M • *omtrek* • *rand (eromheen)*; *omloop*
pourvoi M JUR. *beroep (in hoogste instantie)* ★ ~ en cassation *cassatieberoep* ★ ~ en grâce *gratieverzoek*
pourvoir I OV WW *voorzien (**de** van)* ★ ~ (à) un poste (vacant) *in een vacature voorzien* ★ bien pourvu *rijk bedeeld*; *welvoorzien* **II** ONOV WW [onregelmatig] **~ à** *voorzien in* **III** WKD WW [**se** ~] • *zich voorzien (**de** van)* • JUR. *in beroep gaan* ★ se ~ en cassation *in cassatie gaan* ★ se ~ en grâce *een gratieverzoek indienen*
pourvoyeur M [v: **pourvoyeuse**] *leverancier*
pourvu I WW [volt. deelw.] • → **pourvoir II** VW ★ ~ que [+ subj.] *mits*; *als... maar*
poussage M *duwvaart*
poussah M • *duikelaartje* • *dikkerdje*
pousse I V • *loot*; *spruit* • *(het) groeien*; *(het) doorkomen* ⟨v. tand⟩; *(het) rijzen* ⟨v. deeg⟩ • *(het) gisten* ⟨v. wijn⟩ • *dampigheid* ⟨v. paard⟩

II M *riksja*; *fietstaxi*
poussé BNW ● *diepgaand*; *grondig uitgewerkt* ● *opgevoerd* ⟨v. motor⟩ ★ plaisanterie trop ~e *te ver doorgevoerde grap*
pousse-café M [mv: **pousse-café(s)**] INFORM. *afzakkertje*
poussée V ● *duw*; *stoot* ● *(het) opdringen*; *(aan)drang*; *druk* ● *(snelle) opkomst*; *groei* ★ ~ de fièvre *koortsaanval* ★ ~ démographique *(snelle) bevolkingsaanwas* ★ POL. ~ vers la gauche *ruk naar links*
pousse-pousse M [mv: id.] *riksja*; *fietstaxi*
pousser I OV WW ● *(voort)duwen*; *(aan)stoten*; *drukken*; *schuiven* ● FIG. *aandrijven*; *aanzetten* (**à** *tot*) ● *doorzetten*; *voortzetten*; *doorvoeren* ● *slaken*; *uitstoten* ● OOK FIG. *opdrijven* ● *voorthelpen*; *pousseren*; *stimuleren* ● *schieten* ⟨v. loten, wortels⟩ ★ ~ à bout *tot het uiterste drijven* ★ ~ jusqu'au bout *(tot het einde) doorzetten*; *afmaken* ★ ~ trop loin *te ver drijven* ★ INFORM. ~ une chanson *een liedje zingen* ★ ~ un cri *een gil geven* ★ ~ ses dents *tandjes krijgen* ★ ~ le feu *het vuur opporren* ★ ~ le son *het geluid harder zetten* ★ à la va-comme-je-te-pousse *lukraak* **II** ONOV WW ● *(uit)groeien*; *doorkomen* ⟨v. tanden⟩; *rijzen* ⟨v. deeg⟩ ● *duwen*; *drukken*; *dringen* ● *voorwaarts gaan*; *doorgaan*; *doorrijden* ● *gisten* ⟨v. wijn⟩ ● INFORM. *overdrijven*; *te ver gaan* ★ faire ~ des légumes *groente telen* ★ laisser ~ sa barbe *zijn baard laten staan* ★ ~ à/vers *zwemen naar* ⟨kleur⟩ **III** WKD WW [**se** ~] ● *plaats maken*; *opzij gaan* ● *vooruit (trachten) te komen* ★ pousse-toi (de là)! *ga eens opzij!* ★ se ~ dans le monde *zich opwerken*
poussette V ● *wandelwagentje*; *boodschappenwagentje* ● *(het) ongeoorloofd opduwen* ⟨v. wielrenner e.d.⟩
poussière V *stof* ★ (grain de) ~ *stofje* ★ mordre la ~ *in het stof bijten* ★ OOK FIG. réduire en ~ *verpulveren* ★ INFORM. mille euros et des ~s *duizend euro en nog wat*
poussiéreux BNW [v: **poussiéreuse**] *stoffig*
poussif BNW [v: **poussive**] *kortademig*; OOK FIG. *amechtig*; *dampig* ⟨v. paard⟩; *puffend* ⟨v. motor e.d.⟩
poussin M ● *kuiken(tje)* ● INFORM. *kindje* ● SPORT *pupil* ⟨jeugdlid⟩
poussoir M *(druk)knop*
poutre V *balk*; SPORT *evenwichtsbalk*
poutrelle V *balkje*
pouvoir I M ● *macht*; *vermogen*; *kracht* ● *macht* (**sur** *over*); *invloed*; *gezag*; *bewind* ● *volmacht*; *bevoegdheid* (**de** *om*) ★ ~ d'achat *koopkracht* ★ les ~s publics *de overheid* ★ plein(s) ~(s) *volmacht* ★ en ~ de *bij machte om* ★ être au ~ *aan de macht zijn* ★ prendre le ~ *de macht grijpen*; *aan het bewind komen* **II** OV WW [onregelmatig] ● *kunnen* ● *mogen* ★ je n'y peux rien *ik kan er niets aan doen* ★ je n'en peux plus *ik kan niet meer* ★ FORM. je n'en puis mais *ik kan het niet helpen* ★ où peut bien être ce livre? *waar zou dat boek (toch) liggen?* ★ puis-je entrer? *mag ik binnenkomen?* ★ FORM. puisse-t-il réussir! *moge hij slagen!* ★ on ne peut plus... *uiterst...* ★ elle est on ne peut plus aimable *ze is alleraardigst* ★ on ne peut moins *verre van*; *uiterst weinig* **III** WKD WW [**se** ~] *mogelijk zijn* ★ il se peut que [+ subj.] *het is mogelijk dat*
poweryoga M *poweryoga*
p.p. AFK par procuration *bij volmacht*
PQ AFK INFORM. papier cul *pleepapier*
Pr AFK professeur *prof.*
pragmatique BNW ● *pragmatisch* ● GESCH. *pragmatiek*
pragmatisme M *pragmatisme*
praire V *venusschelp*
prairie V ● *wei(de)* ● *prairie*
praline V ● *suikeramandel*; *praline* ● BELG. *bonbon*
praliné I M *bonbon(s) (met nogavulling)* **II** BNW ● *in suiker gebrand* ⟨v. amandelen⟩ ● *met (noga)vulling* ⟨v. chocola⟩ ● *met amandelschaafsel* ⟨v. ijs e.d.⟩
praticable I BNW ● *uitvoerbaar*; *bruikbaar* ● *begaanbaar* **II** M *praktikabel* ⟨beweegbaar (toneel)platform /-decor⟩
praticien M [v: **praticienne**] ● *praktijkman*; *(uitvoerend) vakman* ● *(praktiserend) arts*
pratiquant I BNW REL. *praktiserend* **II** M ● *praktiserend gelovige* ● *(sport)beoefenaar*
pratique I V ● *praktijk*; *(praktijk)ervaring* ● *praktijk* ⟨manier v. doen; gang v. zaken⟩; *gewoonte* ● *beoefening*; *uitoefening*; *toepassing* ● REL. *(het) praktiseren* ★ en ~ *in de praktijk*; *in werkelijkheid* ★ vieille ~ *oud gebruik* ★ mettre en ~ *in praktijk brengen*; *toepassen* **II** BNW *praktisch* ★ travaux ~s *praktijkles*; *practicum*
pratiquement BIJW ● *praktisch*; *vrijwel* ● *praktisch gesproken*; *feitelijk*
pratiquer I OV WW ● *uitoefenen*; *beoefenen*; *betrachten* ● *toepassen*; *uitvoeren*; *verrichten* ● *aanbrengen* ⟨v. opening e.d.⟩ ★ ~ un auteur *een auteur graag lezen* **II** ONOV WW *praktiseren* **III** WKD WW [**se** ~] *gebruikelijk zijn*; *(vaak) gedaan /bedreven worden*
pré I M *(kleine) weide* ★ FIG. pré carré *(eigen) domein* **II** VOORV *pre-*; *voor-*
préadolescence V *prepuberteit*
préalable I BNW *voorafgaand* (**à** *aan*) **II** M *(prealabele /noodzakelijke) voorwaarde* (**à** *voor*) ★ au ~ *vooraf*; *eerst*
préambule M ● *preambule*; *inleiding* ● FIG. *voorspel*; *aanloop* (**à** *tot*) ★ FIG. sans ~s *zonder omwegen*
préau M [mv: **préaux**] ● *binnenplaats* ⟨v. gevangenis, klooster, ziekenhuis⟩ ● *overdekte speelplaats*
préavis M ● *aanzegging*; *aankondiging* ● *opzegging(stermijn)* ★ renvoyé sans ~ *op staande voet ontslagen*
prébende V *prebende*
précaire BNW *ongewis*; *precair*; *hachelijk*
précariser OV WW *ongewis/precair maken*
précarité V *ongewisheid*; *hachelijke toestand*; *bestaansonzekerheid*
précaution V ● *voorzorg(smaatregel)* ● *behoedzaamheid* ★ par ~ *uit voorzorg*; *voorzichtigheidshalve* ★ sans ~ *onbezonnen*; FIG. *zonder omwegen* ★ ~s oratoires *omzichtige bewoordingen*

précautionneux BNW [v: **précautionneuse**] *behoedzaam*
précédemment BIJW *(van) tevoren; al eerder*
précédent I BNW *voorafgaand; vorig* **II** M *precedent* ★ sans ~ *ongekend; ongehoord*
précéder OV WW • *voor(af)gaan (aan)* ⟨tijd⟩ • *voor(af)gaan* ⟨plaats⟩; *vóór zijn* ★ il m'a précédé de dix minutes *hij was er tien minuten eerder dan ik*
précepte M *voorschrift; gebod*
précepteur M [v: **préceptrice**] • *huisonderwijzer* • *gouverneur; gouvernante*
préchauffer OV WW *voorverwarmen*
prêche M *(protestantse) preek*
prêcher OV+ONOV WW OOK FIG. *prediken* ★ ~ d'exemple *een goed voorbeeld geven* ★ ~ pour sa paroisse /son saint *voor eigen parochie preken*
prêcheur I M [v: **prêcheuse**] OOK FIG. *prediker* **II** BNW [v: **prêcheuse**] OOK FIG. *predikend; prekerig*
prêchi-prêcha M INFORM. *gepreek; geleuter*
précieusement BIJW • *zorgvuldig* ⟨bewarend, koesterend⟩ • *precieus; gekunsteld*
précieux BNW [v: **précieuse**] • *kostbaar; dierbaar* • *overdreven verfijnd; gemaakt; gekunsteld* ★ pierre précieuse *edelsteen*
préciosité V *(overdreven) verfijndheid; gekunsteldheid*
précipice M OOK FIG. *afgrond*
précipitamment BIJW *overhaast; overijld*
précipitation V • *haast; overhaasting* • SCHEIK. *neerslag* ★ ~s (atmosphériques) *neerslag* ⟨regen, sneeuw enz.⟩
précipité I BNW *haastig; overhaast* **II** M SCHEIK. *neerslag*
précipiter I OV WW • *versnellen; verhaasten; overhaasten* • *neerwerpen;* OOK FIG. *storten (***dans** *in)* • SCHEIK. *neerslaan; doen bezinken* **II** WKD WW [**se** ~] • *zich werpen; zich storten (***dans** *in)* • *zich haasten; steeds sneller (ver)lopen* • SCHEIK. *neerslaan* ★ se ~ à la porte *naar de deur snellen*
précis (zeg: -sie) **I** BNW • *nauwkeurig; precies; duidelijk (bepaald)* • *bondig* ⟨v. stijl⟩ ★ à huit heures ~es *precies om acht uur* **II** M *beknopt overzicht; handboek*
précisément BIJW *nauwkeurig; (nu) juist; precies* ★ pas ~ *niet bepaald* ★ plus ~ *beter/liever gezegd*
préciser I OV WW *nauwkeurig(er) aangeven; preciseren* **II** WKD WW [**se** ~] *duidelijker worden*
précision V *nauwkeurigheid; juistheid; precisie* ★ instrument de (haute) ~ *precisie-instrument* ★ ~s [mv] *(nadere) bijzonderheden*
précité BNW FORM. *voornoemd*
précoce BNW • *vroegrijp; voorlijk* • *vroeg(tijdig); voortijdig* ★ hiver ~ *vroeg invallende winter*
précocité V • *vroegrijpheid* • *vroegtijdigheid; voortijdigheid*
précompter OV WW *vooruit aftrekken*
préconçu BNW ★ idée ~e /jugement ~ *vooropgezette mening; vooroordeel*
préconiser OV WW • *aanprijzen; aanbevelen (***à** *aan;* **de** *om)* • *preconiseren* ⟨v. bisschop⟩
préconjugal BNW *voorechtelijk*
préconstraint BNW ★ (béton) ~ *voorgespannen beton*
précuit BNW *voorgekookt* ★ riz ~ *snelkookrijst*
précurseur I M *voorloper; voorbode* **II** BNW ★ signe ~ *voorteken; voorbode*
prédateur I M • *roofdier; predator* • GESCH. *jager* **II** BNW [v: **prédatrice**] *roof-* ⟨v. dieren⟩
prédécesseur M *voorganger* ★ ~s [mv] *voorouders*
prédestination V *predestinatie; voorbeschikking*
prédestiner OV WW *predestineren; voorbeschikken; voorbestemmen (***à** *tot, voor)*
prédéterminer OV WW *vooraf bepalen*
prédicant M *dominee*
prédicat M *gezegde; predicaat*
prédicateur M [v: **prédicatrice**] *predikant; prediker*
prédicatif BNW [v: **prédicative**] *predicatief*
prédication V *prediking; predicatie*
prédiction V *voorspelling*
prédilection V *voorliefde (***pour** *voor); voorkeur* ★ de ~ *lievelings-; voorkeurs-*
prédire OV WW [onregelmatig] *voorspellen*
prédisposé BNW ~ **à** *ontvankelijk voor; geneigd tot*
prédisposer OV WW *predisponeren; ontvankelijk /vatbaar maken (***à** *voor)*
prédisposition V *predispositie; vatbaarheid (***à** *voor); aanleg (***pour** *voor); neiging (***à** *tot)*
prédominance V *overheersing; overwicht*
prédominant BNW *overheersend; overwegend*
prédominer ONOV WW *overheersen; de overhand hebben (***sur** *op)*
préélectoral BNW [m mv: **préélectoraux**] *van voor de verkiezing(en); verkiezings-*
préemballé BNW *voorverpakt*
prééminence V *voorrang(spositie); superioriteit; preëminentie*
prééminent BNW *voornaam(st); preëminent*
préemption V *(recht van) voorkoop*
préétabli BNW *vooraf vastgesteld*
préexistence V FORM. *voorbestaan; pre-existentie*
préexister ONOV WW FORM. *vooraf bestaan; eerder bestaan (***à** *dan)*
préfabrication V *prefabricatie; montagebouw*
préfabriqué I BNW *geprefabriceerd; prefab* ★ IRON. sourire ~ *gemaakt glimlachje* **II** M *montagebouw(onderdelen)*
préface V • *voorwoord* • REL. *prefatie*
préfacer OV WW ★ ~ un livre *een voorwoord schrijven in een boek*
préfacier M *schrijver* ⟨v.e. voorwoord⟩
préfectoral BNW [m mv: **préfectoraux**] *van de prefect(uur)*
préfecture V *prefectuur* ⟨ambt, gebied, zetel⟩ ★ ~ de police *hoofdcommissariaat v. politie* ⟨in Parijs⟩
préférable BNW *verkieslijk (***à** *boven)* ★ il est ~ de *het is beter om*
préféré I M *favoriet; lieveling* **II** BNW *geliefkoosd; lievelings-*
préférence V *voorkeur (***pour** *voor;* **sur** *boven)* ★ de ~ *bij voorkeur*
préférentiel BNW [v: **préférentielle**] *voorkeurs-; preferent(ieel)* ★ tarif ~ *voorkeurstarief*
préférer OV WW *verkiezen (***à** *boven); de voorkeur*

pr

geven aan; prefereren ★ ~ que [+ subj.] *liever hebben /willen dat* ★ il préfère rester *hij blijft liever* ★ je préfère ceci à cela *ik heb dit liever dan dat*

préfet M [v: **préfète**] *prefect* ⟨hoofd v. departement enz.⟩ ★ ~ de police *hoofd v. politie* ⟨in grote steden⟩

préfiguration V *prefiguratie; voorafschaduwing; voorproefje*

préfigurer OV WW *prefigureren;* FIG. *aankondigen; (reeds) doen vermoeden*

préfinancement M *voorfinanciering*

préfixe M • *voorvoegsel; prefix* • *netnummer; kengetal*

préhenseur BNW *grijp-* ★ organe ~ *grijporgaan*

préhensile BNW *grijpend* ★ queue ~ *grijpstaart*

préhension V FORM. *(het) grijpen*

préhistoire V *prehistorie*

préhistorique BNW *voorhistorisch; prehistorisch*

préjudice M *schade; nadeel; benadeling* ★ au ~ de *ten nadele van* ★ sans ~ de *onverminderd; behoudens* ★ ~ moral *immateriële schade* ★ porter ~ à *benadelen; afbreuk doen aan*

préjudiciable BNW *schadelijk (***à** *voor); nadelig*

préjugé M *vooroordeel (***contre** *tegen)*

préjuger I OV WW FORM. *vooraf /voorbarig beoordelen; vooruitlopen op* **II** ONOV WW **~ de** *vooraf /voorbarig beoordelen; vooruitlopen op*

prélasser WKD WW [**se ~**] *z'n gemak ervan nemen; lekker luieren /onderuitzakken*

prélat M *prelaat*

prélature V *prelaatschap; prelatuur*

prélavage M *voorwas*

prèle V • → **prêle**

prêle V PLANTK. *paardenstaart*

prélèvement M • *(het) afhouden /afnemen; inhouding (***sur** *op); heffing* • MED. *wegneming; monster(neming)* ★ ~ automatique *automatische afschrijving* ★ faire un ~ de sang *bloed afnemen*

pr

prélever OV WW • *afhouden (***sur** *van); afnemen; nemen* ⟨v. monster⟩; *opnemen* ⟨v. geld⟩ • MEDISCH *wegnemen*

préliminaire I BNW *inleidend; voorafgaand; preliminair* **II** M MV *inleidende handelingen /besprekingen; toebereidselen; preliminairen*

prélude M OOK FIG. *prelude; voorspel (***à** *van, tot)*

préluder ONOV WW • *preluderen* • FIG. **~ à** *het voorspel zijn van; inleiden; preluderen /vooruitlopen op*

prématuré BNW *voortijdig; voorbarig; prematuur* ★ (enfant) ~ *te vroeg geboren kind; prematuur(tje)*

préméditation V • *voorbedachte raad* • *beraming; opzet; premeditatie* ★ avec ~ *met voorbedachten rade*

prémédité BNW *weloverwogen; beraamd; met voorbedachten rade*

préméditer OV WW *vooraf overdenken; beramen*

prémices V MV • FORM. *aanvang* • FORM. *eerstelingen*

premier I TELW [v: **première**] *eerste* **II** BNW [v: **première**] • *eerste; vroegste* • *eerste; voornaamste; beste* ★ matière première *grondstof* ★ état ~ *oorspronkelijke staat* ★ nombre ~ *priemgetal* ★ arriver (bon) ~ *(ruimschoots) als eerste aankomen* **III** M [v: **première**] *(de/het) eerste* ★ au ~ *op de eerste (verdieping)* ★ les trois ~s *de eerste drie* ★ en ~ *als eerste; op de eerste plaats* ★ jeune ~ *jeune premier* ⟨toneel⟩ ★ le ~ de l'an *nieuwjaarsdag* ★ arriver le ~ *als eerste aankomen*

première I V • *première; iets wat nog niet eerder vertoond is* • *voorlaatste klas v.h. middelbaar onderwijs* ⟨in Frankrijk⟩ • *eerste klas* ⟨in trein⟩ • *eerste versnelling* • *binnenzool* ★ INFORM.... de ~ ... *van je welste; ontiegelijk* **II** BNW • → **premier**

premièrement BIJW *ten eerste; in de eerste plaats*

premier-né M [v: **première-née**] *eerstgeborene*

prémisse V *premisse; uitgangspunt*

prémix M *mixdrankje*

prémolaire V *voorkies; valse kies*

prémonition V *(onheilspellend) voorgevoel*

prémonitoire BNW ★ rêve ~ *voorspellende droom* ★ signe ~ *(waarschuwend) voorteken; veeg teken*

prémunir I OV WW *behoeden (***contre** *voor); beschermen (***contre** *tegen)* **II** WKD WW [**se ~**] FIG. **~ contre** *zich wapenen tegen*

prenable BNW *(in)neembaar*

prenant BNW • FIG. *boeiend; aangrijpend* • *grijpend; grijp-* • *tijdrovend* ★ la partie ~e *de belanghebbende(n)*

prénatal BNW [m mv: **prénatals**] *vóór de geboorte; prenataal; zwangerschaps-*

prendre I OV WW [onregelmatig] • *nemen; meenemen; wegnemen (***à** *van;* **dans, de** *uit); innemen; opnemen; op zich nemen;* OOK FIG. *(aan)pakken;* OOK FIG. *grijpen;* OOK FIG. *vatten* • *(over zich) krijgen; aannemen* ⟨v. houding enz.⟩ • *opvatten; beschouwen* • FIG. *in beslag nemen* • *overmannen; bevangen;* FIG. *overvallen* • *inwinnen* ⟨v. advies e.d.⟩ ★ ~ à cœur *ter harte nemen* ★ ~ à témoin *tot getuige nemen* ★ ~ de l'âge *oud worden* ★ ~ le deuil *rouw aannemen* ★ ~ mille euros *duizend euro rekenen/vragen* ★ ~ sur le fait *op heterdaad betrappen* ★ ~ en faute *betrappen* ★ ~ pour femme *tot vrouw nemen* ★ ~ feu *vlam vatten* ★ ~ ses fonctions *in functie treden* ★ ~ froid *kouvatten* ★ ~ la fuite *vluchten* ★ ~ de l'importance *van (groter) belang worden* ★ ~ la mer *zich inschepen; zee kiezen* ★ ~ en pitié *medelijden krijgen met* ★ bien ~ la plaisanterie *tegen een grapje /plagerijtje kunnen* ★ ~ le repas *de maaltijd gebruiken* ★ ~ un rhume *een verkoudheid oplopen* ★ ~ au sérieux *serieus nemen /opvatten* ★ à tout ~ *alles welbeschouwd; al met al* ★ bien/mal ~ *goed/slecht opnemen* ★ bien/mal lui a pris *het is hem goed/slecht bekomen* ★ ~ qn par la douceur *iem. met vriendelijkheid voor zich winnen* ★ se faire /laisser ~ *(op)gepakt /betrapt worden; erin lopen* ★ passer ~ qn *iem. (komen) ophalen* ★ savoir ~ qn *iem. weten aan te pakken* ★ être pris de peur *bang worden* ★ cela prend 2 heures *dat kost 2 uur* ★ l'idée m'a pris *dat kwam zo bij me op* ★ INFORM. ça m'a pris comme une envie de pisser *dat kwam opeens bij me op* ★ pour qui me prends-tu? *waar zie je me voor aan?* ★ INFORM.

qu'est-ce qui te prend? *wat bezielt je opeens?* ★ je vous y prends! *daar betrap ik je!* ★ on ne m'y prendra plus! *dat zal me niet weer gebeuren!* ★ c'est (toujours) ça de pris *dat is (alvast) meegenomen* ★ tel est pris qui croyait ~ *de bedrieger bedrogen* • ~ **pour** *aanzien voor*; *houden voor* **II** ONOV WW • *stijf /hard /gebonden worden* ‹v. saus, cement enz.›; *stollen*; *bevriezen* • *wortel schieten* • *het (goed) doen*; FIG. *aanslaan* • *zich vasthechten*; *pakken*; *aankoeken* • *de genoemde kant op gaan*; *afslaan* • *(mee)gaan* ‹bij kaartspel›; *spelen* ★ ~ à gauche /sur la gauche *links afslaan* ★ ~ à la gorge *op de keel slaan* ★ ~ au nez *de neus prikkelen* ★ le feu prit à la maison *het huis vloog in brand* ★ ~ à travers champs *dwars door de velden gaan* ★ ~ sur soi *zich beheersen*; *het verduren* ★ un livre qui n'a pas pris *een boek dat niet is aangeslagen* **III** WKD WW [**se ~**] • *genomen /gepakt worden* • *beklemd raken*; *vast komen te zitten (***à** *aan)* • FORM. *hard worden*; *bevriezen* ★ FORM. se ~ à *beginnen te* ★ se ~ à un clou *aan een spijker blijven haken* ★ se ~ aux cheveux *elkaar in de haren vliegen* ★ se ~ d'amitié pour qn *vriendschap voor iem. opvatten* ★ se ~ pour *zich houden voor* ★ s'en ~ à qn (de qc) *iem. (van iets) de schuld geven*; *iem. (iets) verwijten* ★ s'y ~ bien/mal *het goed/slecht aanpakken*

preneur M [v: **preneuse**] • *nemer* • *gegadigde*; *afnemer* • *huurder* ★ ~ de son *geluidstechnicus* ★ ~ d'otages *gijzelhouder* ★ je suis ~ *ik wil het wel*

prenne WW [présent subj.] • → **prendre**

prennent WW [présent (subj.)] • → **prendre**

prennes WW [présent subj.] • → **prendre**

prénom M *voornaam*

prénommé M *voornoemde*

prénommer I OV WW *een voornaam geven aan* **II** WKD WW [**se ~**] ★ il se prénomme... *zijn voornaam is...*

prénuptial BNW [m mv: **prénuptiaux**] *vóór het huwelijk*

préoccupant BNW *zorgwekkend*

préoccupation V *bezorgdheid*; *zorg*

préoccuper I OV WW *bezorgd maken*; *preoccuperen* **II** WKD WW [**se ~**] **de** *zich bezorgd maken over*; *zich bekommeren om*

préparateur M [v: **préparatrice**] • *amanuensis*; *apothekersassistent* • *voorbereider*

préparatifs M MV *toebereidselen (***de** *voor)*; *aanstalten*

préparation V • *voorbereiding (***à** *op;* **de** *van)* • *(toe)bereiding* • *(toebereid) gerecht* • *preparaat* • *preparatie*

préparatoire BNW *voorbereidend*

préparer I OV WW • *voorbereiden (***à** *op)* • *(toe)bereiden*; *gereedmaken*; *prepareren* ★ plat préparé *kant-en-klaar gerecht* ★ ~ un examen *studeren voor een examen* ★ ~ une surprise à qn *iem. een verrassing bereiden*; *een verrassing voor iem. in petto hebben* **II** WKD WW [**se ~**] • *zich voorbereiden (***à** *op)* • *zich gereedmaken (***à** *om;* **pour** *voor)* • *op til zijn*

prépayé BNW *prepaid*

prépension V BN *brugpensioen*

prépondérance V *overwicht (***sur** *op)*; *overwegende invloed*

préponderant BNW *overwegend*; *(over)heersend*; *doorslaggevend*

préposé M *beambte* ★ le ~ au guichet *de loketbeambte*

préposer OV WW **~ à** *belasten met* ‹taak›

préposition V *voorzetsel*; *prepositie*

prépositionnel BNW [v: **prépositionnelle**] *voorzetsel-*

prépuce M *voorhuid*

préretraite V *vervroegd pensioen*; *VUT* ★ départ en ~ *vervroegde uittreding*; *VUT*

préretraité M *vutter*

prérogative V *prerogatief*; *voorrecht*

préromantisme M *preromantiek*

près I BIJW *dichtbij* ★ tout près *vlakbij* ★ à... près *op... na* ★ à cela près *dat uitgezonderd*; *daarvan afgezien* ★ à beaucoup près *bij lange na niet* ★ à peu (de chose) près *ongeveer*; *zowat* ★ à ceci/cela près que *behalve (het feit) dat* ★ de près *van nabij*; *nauw(gezet)* ★ de près ou de loin *helemaal niet* ★ rasé de près *gladgeschoren* ★ il n'y regarde pas de si près *hij kijkt zo nauw niet* ★ SCHEEPV. (au plus) près *(scherp) aan de wind* **II** VZ • **~ de** *(dicht) bij*; *naast* • *bijna*; *ongeveer* • *op het punt te* ★ près d'ici *hier in de buurt* ★ près du corps *nauwsluitend* ‹v. kleding› ★ près de 100 euros *rond de 100 euro* ★ FORM. ambassadeur près la cour *gezant bij het hof* ★ il est près de partir *hij staat op het punt te vertrekken*

présage (zeg: -zaazj) M *voorteken*

présager (zeg: -zaazjee) OV WW ★ (laisser) ~ *voorspellen*; *beduiden*; *doen vermoeden* ★ ne ~ rien de bon *niets goeds voorspellen*

présalaire M *studieloon*

pré-salé M [mv: **prés-salés**] • *kwelderland* • *(lamsvlees van) kwelderschaap*

presbyte I BNW *verziend* **II** M/V *iem. die verziend is*

présbytère M *pastorie*

presbytie (zeg: -sie) V *verziendheid*

prescience V *voorkennis*

préscolaire BNW *vóór de schoolleeftijd*; *kleuter-*; *peuter-*

prescriptible BNW JUR. *verjaarbaar*

prescription V • *voorschrift*; *(het) voorschrijven* • *recept* ‹v. dokter› • JUR. *verjaring*; *prescriptie*

prescrire I OV WW [onregelmatig] • *voorschrijven* • *laten verjaren* **II** WKD WW [**se ~**] • *voorgeschreven worden* • JUR. *verjaren*

prescrit BNW • *voorgeschreven* • JUR. *verjaard*

préséance V *voorrang (***sur** *boven)*; *(het) voorgaan* ★ par ordre de ~ *in volgorde van belangrijkheid*

présélection V *voorselectie*; *voorkeuze*

présélectionner OV WW • *voorselecteren*; *voordragen* • *voorprogrammeren*

présence V *tegenwoordigheid*; *aanwezigheid*; *presentie* ★ ~ d'esprit *tegenwoordigheid v. geest* ★ en ~ de *in tegenwoordigheid /het bijzijn van*; *ten overstaan van*; *geconfronteerd met*; *met het oog op* ★ avoir de la ~ *een sterke persoonlijkheid /uitstraling hebben*; *erg aanwezig zijn* ★ faire de la ~ *zich (ergens)* *laten zien*

présent I BNW • *aanwezig* (**à** *bij*); *present* • *tegenwoordig*; *huidig* ★ par la ~e (lettre) *bij deze(n)* ★ le ~ ouvrage *het onderhavige boek*; *dit boek* **II** M • FORM. *cadeau*; *geschenk*; *gave* • *(het) tegenwoordige*; *(het) heden* • TAALK. *tegenwoordige tijd* ★ les ~s *de aanwezigen* ★ jusqu'à ~ *tot nu toe* ★ à ~ *tegenwoordig*; *nu* ★ dès à ~ *vanaf nu*; *nu meteen* ★ pour le ~ *voor het moment* ★ à ~ que... *nu (dat)...* ★ LIT. faire ~ de *schenken*; *cadeau geven*

présentable BNW *toonbaar*

présentateur M [v: **présentatrice**] *presentator*; *aanbieder*; *voorsteller*

présentation V • *(het) (ver)tonen*; *(het) voorleggen*; *aanbieding*; *presentatie* • *uiterlijk*; FIG. *aankleding*; FIG. *verpakking*; *vormgeving* • *(het) voorstellen*; *introductie*; *voordracht* ★ sur ~ de *op vertoon van* ★ faire les ~s *de aanwezigen aan elkaar voorstellen*

présentement BIJW OUD. *thans*; *momenteel*

présenter I OV WW • *(aan)bieden* (**à** *aan*); *(ver)tonen*; *voorleggen*; *presenteren* • *voorstellen*; *doen voorkomen* • *voorstellen* (**à** *aan*); *voordragen* (**comme** *als*); *aanmelden* (**à**, **pour** *voor*) ★ ~ les armes *het geweer presenteren* ★ ~ des difficultés *moeilijkheden opleveren* ★ bien présenté *fraai toebereid /verpakt /vormgegeven* **II** ONOV WW ★ INFORM. ~ bien *een goede indruk maken* **III** WKD WW [**se** ~] • *zich voorstellen* (**à** *aan*) • *zich voordoen* • *zich vertonen*; *zich aandienen*; *verschijnen* • *zich (aan)melden* (**à**, **pour** *voor*) ★ une difficulté se présente *er doet zich een probleem voor* ★ cette affaire se présente bien *die zaak laat zich gunstig aanzien* ★ se ~ (aux élections) *zich kandidaat stellen* ★ se ~ à un examen *opgaan /zich opgeven voor een examen*

présentoir M *uitstaldoos /-blad/-rek*; *display*

présérie V *serie van proefmodellen*

préservatif M *condoom*; *voorbehoedmiddel* ★ ~ féminin *vrouwencondoom*

préservation V *bescherming*; *behoud*

préserver OV WW *behoeden* (**de** *voor*); *beschermen* (**de** *tegen*); *vrijwaren* (**de** *tegen, van, voor*)

présidence V • *voorzitterschap*; *presidentschap* • *presidentieel gebouw*

président M *voorzitter*; *president*

présidentiable BNW *geschikt voor het presidentschap*

présidentiel BNW [v: **présidentielle**] *presidents-*; *presidentieel* ★ les (élections) ~les *de presidentsverkiezingen*

présider I OV WW *presideren*; *voorzitten* **II** ONOV WW ~ **à** *bepalend zijn voor*; *regelen*

présignalisation V ★ triangle de ~ *gevarendriehoek*

présomptif BNW [v: **présomptive**] ★ héritier ~ *vermoedelijke erfgenaam*

présomption V • *vermoeden* • *eigenwaan*; *verwaandheid*

présomptueux BNW [v: **présomptueuse**] *verwaand*

présonorisation V FORM. *playback*

presque BIJW *bijna*

presqu'île V *schiereiland*

pressage M *(het) persen*

pressant BNW • *dringend* • *aandringend*

press-book (zeg: -boek) M [mv: **press-books**] *knipselboek, -map*

presse V • *pers* ⟨toestel; drukpers⟩ • *pers* ⟨bladen /journalisten⟩ • *gedrang*; *drukte* ★ la grande ~ *de grote dagbladen* ★ la ~ écrite *de schrijvende pers* ★ la ~ féminine *de vrouwenbladen* ★ la ~ spécialisée *de vakbladen* ★ la ~ du cœur *de sentimentele bladen* ★ (la mise) sous ~ *(het) ter perse (gaan)* ★ avoir bonne ~ *een goede pers hebben*

pressé BNW • *haastig*; *gehaast* • *uitgeperst*; *samengeperst* • *dringend* • *in het nauw gedreven*; *gekweld* ★ aller au plus ~ *het dringendste het eerst afhandelen* ★ être ~ (de) *haast hebben (om)*

presse-agrume, **presse-agrumes** M [mv: **presse-agrumes**] *citruspers*

presse-bouton BNW [onver.] *(vol)automatisch*

presse-fruit, **presse-fruits** M [mv: **presse-fruits**] *vruchtenpers*

pressentiment (zeg: pree-) M *voorgevoel*

pressentir (zeg: pree-) OV WW [onregelmatig] • *een voorgevoel hebben van*; *vermoeden* • *polsen*

presse-papier, **presse-papiers** M [mv: **presse-papiers**] • *presse-papier* • COMP. *klembord*

presser I OV WW • *drukken*; *uitdrukken*; *persen*; *uitpersen* • FIG. *bestoken* (**de** *met*); *in het nauw brengen*; *pressen* • *verhaasten*; *bespoedigen* ★ ~ le bouton *op de knop drukken* **II** ONOV WW *dringen*; *haast hebben* ★ rien ne presse *er is geen haast bij* ★ INFORM. allons, pressons! *kom, een beetje tempo!* **III** WKD WW [**se** ~] • *zich haasten* • *zich verdringen* ★ se ~ contre qn *tegen iem. aankruipen*

pressing M • *(het) persen* • *stomerij* • SPORT *pressie*

pression V • *druk*; *drukking* • *pressie*; *spanning* ★ ~ artérielle *bloeddruk* ★ (bière (à la) ~ *tapbier* ★ (bouton à) ~ *drukknop* ★ ~ atmosphérique *luchtdruk* ★ groupe de ~ *pressiegroep* ★ sous ~ *onder druk*

pressoir M • *perskamer*; *pershuis* • *wijnpers*; *vruchtenpers*; *oliepers*

pressurage M • *(het) uitpersen* • *perswijn*

pressurer OV WW OOK FIG. *uitpersen*

pressurisé BNW ★ cabine ~e *drukcabine*

prestance V *imponerend voorkomen /optreden*; *presentie*; *allure*

prestataire I M *uitkeringstrekker* **II** BNW ★ ~ de services *dienstverlenend*

prestation V • *uitkering* • *(voor publiek vertoonde) prestatie*; *optreden* • *verlening* ⟨v. diensten⟩; *levering*; JUR. *prestatie* ⟨nakoming v. contract⟩ ★ ~ de serment *eedaflegging* ★ ~s familiales *kinderbijslag* ★ ~s sociales *sociale uitkeringen*

preste BNW FORM. *gezwind*; *behendig*

prestidigitateur M [v: **prestidigitatrice**] *goochelaar*

prestige M • *prestige* ⟨aanzien en gezag⟩ • OUD.

begoocheling
prestigieux BNW [v: **prestigieuse**] • *gerenommeerd*; *prestigieus* • FORM. *indrukwekkend*; *prachtig*
presto BIJW • MUZ. *presto* • INFORM. *zeer snel*
présumable BNW *vermoedelijk*; *aannemelijk*
présumé BNW *vermoedelijk*; *verondersteld*
présumer OV WW *vermoeden*; *veronderstellen*; *denken* ★ (trop) ~ de ses talents *zijn talenten overschatten*
présupposé M *vooronderstelling*
présupposer OV WW *vooronderstellen*
présupposition V *vooronderstelling*
présure V *stremsel*; *leb*
prêt (zeg: prè) **I** BNW *klaar (***à** *om, voor)*; *gereed*; *bereid (***à** *om, tot)* ★ prêt? partez! *klaar? af!* **II** M • *(het) lenen* ‹aan iem.› • *geleende som*; *lening* ★ prêt à usage *bruikleen* ★ prêt d'honneur *renteloos voorschot* ★ bibliothèque de prêt *uitleenbibliotheek*
prêt-à-jeter I M [mv: **prêts-à-jeter**] *wegwerpartikel* **II** BNW [onver.] ★ une mentalité de ~ *een wegwerpmentaliteit*
prêt-à-porter M [mv: **prêts-à-porter**] *confectiekleding*
prétendant M • *(troon)pretendent* • *huwelijkskandidaat*; *vrijer*
prétendre I OV WW • *(stellig) beweren*; *pretenderen te* • *(stellig) willen*; *van plan zijn te* **II** ONOV WW ~ **à** *aanspraak maken op*; *opeisen*; *dingen naar* **III** WKD WW [**se** ~] ★ il se prétend malade *hij beweert dat hij ziek is*
prétendu I M [v: **prétendue**] REG. *verloofde*; *aanstaande* **II** BNW *zogenaamd*
prête-nom M [mv: **prête-noms**] *stroman*; *gelastigde*
prétentieusement BIJW • → **prétentieux**
prétentieux BNW [v: **prétentieuse**] *pretentieus*
prétention V • *aanspraak (***à**, **sur** *op)*; *eis*; *verlangen*; *pretentie* • *aanmatiging*; *verwaandheid*; *pretentie* ★ avoir la ~ de *beweren /pretenderen te*
prêter I OV WW • *lenen*; *verlenen (***à** *aan)* • *toeschrijven (***à** *aan)* ★ ~ attention à *aandacht schenken aan* ★ ~ l'oreille (à) *het oor lenen (aan)* ★ ~ secours *hulp verlenen* ★ ~ serment *een eed afleggen* ★ un prêté pour un rendu FIG. *het verdiende loon*; *leer om leer* **II** ONOV WW • *geld lenen (***à** *aan)* • *rekken* ‹v. stoffen› • ~ **à** *aanleiding geven tot* ★ ~ à rire *de lachlust opwekken* **III** WKD WW [**se** ~] **à** *zich lenen tot/voor*; *zich inlaten met*; *geschikt zijn voor*
prétérit (zeg: -riet) M TAALK. *verleden tijd*
préteur M *pretor*
prêteur I M [v: **prêteuse**] *(uit)lener*; *geldschieter* ★ ~ sur gages *pandjesbaas* **II** BNW [v: **prêteuse**] *(graag) lenend*
prétexte M *voorwendsel (***à**, **pour** *voor;* **pour** *om)* ★ sous ~ de/que *onder het voorwendsel van/dat* ★ sous aucun ~ *in geen geval*
prétexter OV WW *voorwenden*; *als excuus aanvoeren*
prétoire M • FORM. *rechtszaal* • *pretorium*
prétorien BNW [v: **prétorienne**] *pretoriaans* ★ les ~s *de pretorianen*; *de (keizerlijke) lijfgarde*; *de trawanten* ‹v.d. machthebber›
prêtre M *priester* ★ ~-ouvrier *priester-arbeider* ★ grand ~ *hogepriester*
prêtresse V *priesteres*
prêtrise V *priesterschap*
preuve V • *bewijs*; *blijk* • WISK. *proef* ★ faire ~ de *blijk geven van* ★ faire ses ~s *zijn sporen verdienen*; *zich bewijzen* ★ ~ par neuf *negenproef*
preux I BNW OUD. *dapper* **II** M OUD. *dappere*
prévaloir I ONOV WW [onregelmatig] *de overhand hebben (***contre**, **sur** *op)*; *prevaleren (***sur** *boven)* ★ faire ~ ses droits *zijn rechten doen gelden* **II** WKD WW [**se** ~] **de** *doen gelden*; *zijn voordeel doen met*; *zich laten voorstaan op*
prévaricateur I BNW [v: **prévaricatrice**] FORM. *zijn plicht verzakend* **II** M [v: **prévaricatrice**] FORM. *plichtverzaker*
prévarication V *plichtverzuim*
prévariquer ONOV WW FORM. *zijn plicht verzuimen*
prévenance V *voorkomendheid*; *attentie(s)*
prévenant BNW *voorkómend (***envers**, **pour** *jegens)*; *attent*
prévenir OV WW [onregelmatig] • *voorkómen* • *verwittigen (***de** *van)*; *waarschuwen (***de** *voor)* • *innemen*; *(on)gunstig stemmen (***contre** *tegen;* **en faveur de** *voor)* ★ ~ les questions de qn *iemands vragen vóór zijn* ★ être prévenu en faveur de qn *voor iem. ingenomen zijn*
préventif BNW [v: **préventive**] *preventief* ★ mesure préventive *voorzorgsmaatregel*
prévention V • *preventie*; *voorzorg* • *vooringenomenheid (***contre** *tegen)* ★ ~ routière *(maatregelen voor de) verkeersveiligheid*
préventivement BIJW *preventief*; *uit voorzorg*
prévenu I M [v: **prévenue**] *verdachte* **II** WW [volt. deelw.] • → **prévenir**
prévisible BNW *voorzienbaar*; *voorspelbaar*
prévision V • *(het) vooruitzien*; *prognose* • [vaak mv] *vooruitzicht*; *verwachting* ★ en ~ de *met het oog op* ★ ~s météo *weersverwachting(en)*
prévisionnel BNW [v: **prévisionnelle**] *op prognose gebaseerd*; *ramings-*
prévoir OV WW [onregelmatig] • *voorzien* • *zorgen voor*; *plannen* ★ comme prévu *zoals gepland*; *volgens afspraak* ★ prévu pour *bestemd voor*
prévôt M • *provoost* ‹opzichter enz.› • REL. *proost*
prévoyance V *(het) vooruitzien*; *voorzorg* ★ caisse de ~ *verzekeringsfonds*; *voorzorgskas*
prévoyant BNW *vooruitziend*; *van voorzorg getuigend*
prévu WW [volt. deelw.] • → **prévoir**
prie-Dieu M [mv: id.] *bidstoel*
prier I OV WW • *bidden (tot)* • *verzoeken (***de** *te)* • FORM. *uitnodigen (***à** *te)*; *noden* ★ je vous (en) prie! *alstublieft!*; *ga uw gang!*; *geen dank!* ★ ne pas se faire ~ *zich niet laten bidden*; *het zich geen tweemaal laten zeggen* **II** ONOV WW *bidden*
prière V • *gebed* • *dringend verzoek*; *(smeek)bede* ★ ~ de ne pas fumer *verzoeke niet te roken*

★ dire ses ~s *bidden*
prieur M [v: **prieure**] *prior(es)*
prieuré M *priorij*
primaire BNW • *primair* • MIN. *beperkt v. geest*; *primair reagerend*; *onnadenkend*; *primitief* ★ école ~ *basisschool* ★ (enseignement) ~ *basisonderwijs* ★ (élections) ~s *voorverkiezingen* ★ l'ère ~ /le ~ *paleozoïcum*; OUD. *(het) primair*
primat M • REL. *primaat* ‹kerkleider› • FORM. *doorslaggevend belang*; *primaat (***sur** *over)*
primate M • BIOL. *primaat* • INFORM. *stom rund*
primauté V • *positie boven andere(n)*; *doorslaggevend belang*; *primaat (***sur** *over)* • REL. *oppergezag*; *primaat*
prime I BNW FORM. *eerste* ★ WISK. a ~ *a accent* ‹a '› **II** V • *premie* • *toegift* ‹bij gekocht artikel› • REL. *priem* ‹gebed› ★ ~ de fin d'année *kerstgratificatie* ★ en ~ *op de koop toe*; *bovendien*; *gratis erbij* ★ faire ~ *opgeld doen*
primer OV WW • *overtreffen*; *gaan boven* • *een premie/prijs toekennen aan*; *bekronen* ★ la force prime le droit ‹spreekwoord› *macht/geweld gaat boven recht*
primerose V *stokroos*
primesautier BNW [v: **primesautière**] FORM. *impulsief*; *spontaan*
primeur V *primeur* ‹in alle betekenissen› ★ avoir la ~ de qc *ergens de primeur van hebben*; *als eerste iets hebben, tonen, weten enz.* ★ ~s [mv] *groente*; *fruit*
primevère V *primula*; *sleutelbloem*
primitif BNW [v: **primitive**] • *oorspronkelijk*; *oudste*; *primitief*; *oer-* • *weinig ontwikkeld*; *primitief* ★ couleurs primitives *hoofdkleuren* ★ langue primitive *oertaal* ★ mot ~ *stamwoord*
primitifs M *primitieven*
primitivement BIJW *oorspronkelijk*; *aanvankelijk*
primo BIJW *ten eerste*
primogéniture V *eerstgeboorte(recht)*
primo-infection V [mv: **primo-infections**] *primo-infectie*; *eerste infectie*
primordial BNW [m mv: **primordiaux**] • *essentieel*; *hoogst belangrijk* • *primordiaal*; *fundamenteel*; *oer-*
prince M *vorst*; *prins* ★ ~ héritier *kroonprins* ★ ~ de l'Eglise *kerkvorst* ★ ~ charmant *ware jakob* ★ le ~ des ténèbres *de vorst der duisternis*; *de duivel* ★ être bon ~ *ruimhartig zijn* ★ fait du ~ *willekeurige maatregel* ‹v.d. hoge heren›
prince-de-galles M [mv: id.] *Schotse ruit*
princeps (zeg: -seps) BNW ★ édition ~ *eerste uitgave*
princesse V *prinses*; *vorstin* ★ INFORM. aux frais de la ~ *op staatskosten*; *op kosten v.d. baas*
princier BNW [v: **princière**] *prinselijk*; *vorsten-*
principal I BNW [m mv: **principaux**] *voornaamste*; *hoofd-* ★ (proposition) ~e *hoofdzin* **II** M [mv: **principaux**] • *hoofdzaak* • *hoofdsom* • *hoofd v.e. `collège'* ‹school›
principalement BIJW *hoofdzakelijk*; *vooral*
principat M *vorstelijke waardigheid*
principauté V • *vorstendom* • *vorstelijke /prinselijke waardigheid*
principe M • *principe*; *beginsel* • SCHEIK. *bestanddeel* ★ dans le ~ *in den beginne* ★ ~ d'Archimède *wet van Archimedes* ★ décision de ~ *principebesluit* ★ en ~ *in principe* ★ par ~ *uit principe*; *principieel*
printanier BNW [v: **printanière**] *lente-*; *voorjaar(s)-*
printemps M OOK FIG. *lente*; *voorjaar* ★ au ~ *in de lente*
priorat M *priorschap*; *prioraat*
prioritaire BNW *met voorrang /prioriteit*; *voorrangs-* ★ être ~ *voorrang hebben*
priorité V *voorrang (***sur** *boven, op)*; *prioriteit* ★ ~ à droite *voorrang van rechts* ★ en ~ *bij voorrang*; *het eerst*
pris I BNW • *bezet* • *stijf /hard geworden* ‹v. room enz.›; *gestold*; *bevroren* • *ontleend (***à** *aan)* • *(met slijm) bezet* ‹v. keel, neus›; *verstopt* ★ être très pris (par) *het erg druk hebben (met)* ★ OUD. taille bien prise *slanke gestalte*; *goed figuur(tje)* • ~ **de** *bevangen /overmand door* ★ pris de boisson *beschonken* ★ pris de panique *in paniek geraakt* ★ pris de fièvre *koortsig* **II** WW [volt. deelw., passé simple] • → **prendre**
prise V • *(het) (in)nemen*; *(het) grijpen*; *(het) pakken* ‹vgl. prendre› • *greep*; *houvast*; *vat (***sur** *op)* • *buit*; *vangst* • *(het) stijf /hard worden* ‹v. saus, cement enz.›; *stolling*; *bevriezing* • *aansluiting(spunt)* ‹v. leiding›; *contactdoos*; *stopcontact* • *(film-/foto-)opname* ★ ~ (de courant) *stopcontact*; *contactdoos* ★ ~ femelle *contrastekker* ★ ~ mâle *stekker* ★ ~ d'air *luchtkoker* ★ ~ d'armes *wapenschouw* ★ ~ en charge *zorg*; *overname* ‹v.d. kosten /uitbetaling› ★ ~ de conscience *bewustwording* ★ ~ de corps *lijfsdwang* ★ ~ directe *rechtstreekse overbrenging* ‹v. auto› ★ ~ d'eau *tappunt*; *waterkraan* ★ ~ de judo *judogreep* ★ ~ de position *stellingname* ★ ~ de possession *inbezitname* ★ ~ de pouvoir *machtsovername* ★ ~ de son *geluidsopname* ★ ~ (de tabac /cocaïne) *snuifje (tabak /cocaïne)* ★ ~ de terre *aardleiding*; *aarding* ★ ~ de vue *opname* ‹v. film, foto› ★ ~ de vues *(het) filmen* ★ ELEK. ~ péritel *scartaansluiting* ★ donner ~ à *aanleiding geven tot* ★ être aux ~s avec *het aan de stok hebben met*; *worstelen met* ★ être en ~ *in staan* ‹v. schaakstuk e.d.›; *geslagen kunnen worden* ★ faire une ~ de sang *bloed afnemen* ★ lâcher ~ *loslaten*; *het opgeven*
priser OV WW • *waarderen* • *snuiven* ★ tabac à ~ *snuiftabak*
priseur M [v: **priseuse**] *snuiver*
prismatique BNW *prismatisch*; *prisma-*
prisme M *prisma*
prison V • *gevangenis* • *gevangenschap*; *gevangenisstraf* ★ ~ ferme *onvoorwaardelijke gevangenisstraf* ★ faire de la ~ *(in de gevangenis) zitten* ★ mettre en ~ *gevangenzetten*
prisonnier M [v: **prisonnière**] *gevangene* ★ ~ de guerre *krijgsgevangene* ★ faire ~ *gevangennemen* ★ ~ de ses préjugés *vastgeroest in zijn vooroordelen*
privatif BNW [v: **privative**] • *exclusief*; *eigen*; *privatief* • *ontnemend*; *berovend (***de** *van)*;

pr

privatief ★ jardin ~ *tuin voor privégebruik* ★ peine privative de liberté *vrijheidsstraf*
privation V ● *ontneming*; *beroving* (**de** *van*); *ontzetting* (**de** *uit*) ● *(het) missen*; *gemis*; *verlies* ★ ~s [mv] *ontberingen*
privatisation V *privatisering*
privatiser OV WW *privatiseren*
privautés V MV *vrijpostigheden*
privé I BNW *particulier*; *privé(-)* ★ droit ~ *privaatrecht* ★ personne ~e *particulier* ★ vie ~e *privéleven* **II** M ECON. *particuliere sector* ★ dans le ~ *in het privéleven* ★ en ~ *onder vier ogen*; *privé*
priver I OV WW ~ **de** *beroven van*; *ontnemen*; *onthouden* ★ privé de *verstoken van*; *zonder* **II** WKD WW [**se** ~] ● *zich het nodige ontzeggen*; *het zonder doen* ★ il ne se prive pas *hij neemt het er goed van* ● ~ **de** *zich (iets) ontzeggen*; *nalaten te*
privilège M *voorrecht*; *privilege*
privilégié I BNW *bevoorrecht*; *bijzonder gunstig* ★ actions ~es *preferente aandelen* **II** M [v: **privilégiée**] *bevoorrechte*; *rijke*
privilégier OV WW *privilegiëren*; *bevoorrechten*; *bijzonder belang toekennen aan*
prix (zeg: prie) M *prijs* ‹in alle betekenissen›; *waarde*; *beloning* ★ prix d'ami *vriendenprijs* ★ prix de lancement *introductieprijs* ★ prix Nobel *Nobelprijs(winnaar)* ★ mise à prix *inzet* ‹bij veiling› ★ SPORT Grand Prix *grand prix* ★ grand prix *(winnaar v.d.) hoofdprijs* ★ dernier prix *uiterste prijs/bod* ★ à bas prix *voor een zacht prijsje* ★ hors de prix *peperduur*; *veel te prijzig* ★ à prix d'or *peperduur* ★ à tout prix *tot elke prijs*; *koste wat het kost* ★ à son juste prix *op zijn juiste waarde* ★ à quel prix est...? *hoeveel kost...?* ★ au prix de *ten koste van* ★ au prix fort *voor een forse prijs* ★ de prix *van hoge waarde* ★ (de) premier prix *goedkoopst(e) in zijn soort* ★ faire un prix à qn *iem. een zacht prijsje rekenen* ★ mettre à prix la tête de qn *een prijs op iemands hoofd zetten* ★ y mettre le prix *er het nodige voor betalen* ★ ça n'a pas de prix /c'est sans prix *dat is onbetaalbaar /onschatbaar* ★ ce n'est pas dans mes prix *dat wordt me te duur*
pro M/V INFORM. professionnel(le) *beroeps*; *prof*
proactif BNW *proactief*
probabilité V *waarschijnlijkheid*; *kans*
probable BNW *waarschijnlijk*
probant BNW *overtuigend*; *afdoend* ★ pièce ~e *bewijsstuk*
probatoire BNW *proef-*; *overtuigend* ★ examen ~ *proefexamen*; *tentamen*
probe BNW FORM. *rechtschapen*; *eerlijk*
probité V *rechtschapenheid*; *eerlijkheid*
problématique I BNW *problematisch* **II** V *problematiek*
problème M *vraagstuk*; *probleem* ★ poser (un) ~ *een probleem zijn* ★ à ~s *problematisch*; *probleem-*
procédé M ● *procedé* ● [vaak mv] *handelwijze* ● *pomerans* ‹v. biljartkeu› ★ de bons ~s *goede bejegening*
procéder ONOV WW ● *te werk gaan*; *handelen* ● ~ à *overgaan tot*; *verrichten* ● FORM. ~ **de** *voortkomen uit*; *het gevolg zijn van*
procédure V ● *procedure* ● *rechtspleging*
procédurier BNW [v: **procédurière**] ● *chicaneus*; *procesbelust* ● *de procedure rekkend*; *omslachtig*
procès (zeg: -sè) M *rechtszaak*; *proces* ★ faire le ~ de *scherp bekritiseren* ★ sans autre forme de ~ *zonder vorm van proces* ★ faire un mauvais ~ à qn *iem. ten onrechte verwijten maken*
processeur M *processor*
procession V ● *processie* ● *stoet*; *optocht*
processus (zeg: -suus) M *verloop*; *proces*; *procedé*
procès-verbal M [mv: **procès-verbaux**] ● *proces-verbaal* ● *notulen*; *verslag* ★ dresser (un) ~ *een proces-verbaal opmaken*
prochain I BNW ● *(eerst)volgend*; *aanstaand* ● *naburig*; *nabij* ★ la semaine ~e *de volgende week* ★ INFORM. à la ~e! *tot ziens!* **II** M *naaste*
prochainement BIJW *binnenkort*; *eerstdaags*
proche I BNW *dichtbij*; *nabij(zijnd)*; *naast* ★ ~ de *dicht bij*; *nauw verwant met* ★ parent ~ *naaste verwant* ★ dans un ~ avenir *in de naaste toekomst* ★ ils sont très ~s *ze staan elkaar heel na*; *ze zijn heel close (met elkaar)* **II** BIJW ★ de ~ en ~ *allengs* **III** M/V *naaste medewerker*; *geestverwant* ★ les ~s *de naasten*; *de intimi*
Proche-Orient M *Midden-Oosten*
proclamation V *afkondiging*; *bekendmaking*; *proclamatie*
proclamer OV WW ● *afkondigen*; *bekendmaken*; *uitroepen* ● *uitroepen tot* ● *verkondigen*; *betuigen*
proconsul M ● *proconsul* ● *(plaatselijke) despoot*
procréateur I M [v: **procréatrice**] FORM. *verwekker* ★ IRON. les ~s *de ouders* **II** BNW [v: **procréatrice**] *verwekkend*
procréation V FORM. *verwekking*; *voortplanting*; *procreatie* ★ ~ (médicalement) assistée *(medisch begeleide) kunstmatige voortplanting*
procréer OV WW FORM. *verwekken* ‹v. kinderen›; *voortbrengen*
procuration V *volmacht* ★ par ~ *bij volmacht* ★ vivre (sa vie) par ~ *geleefd worden*
procurer I OV WW *bezorgen*; *verschaffen* (**à** *aan*) **II** WKD WW [**se** ~] *aanschaffen*; *(ver)krijgen*
procureur M/V [v: **procureure**] *gevolmachtigde* ★ ~ de la République *officier van justitie*
prodigalité V *spilzucht*; *verkwisting*
prodige I M OOK FIG. *wonder* ★ tenir du ~ *aan het wonderbaarlijke grenzen* **II** BNW ★ (enfant) ~ *wonderkind*
prodigieux BNW [v: **prodigieuse**] *verbazend*; *buitengewoon*; *wonderbaarlijk*
prodigue I M/V *verkwister* **II** BNW *verkwistend*; *kwistig* (**de** *met*) ★ l'enfant ~ *de verloren zoon*
prodiguer I OV WW ● *kwistig zijn met* ● *niet sparen*; *niet ontzien* ● *verkwisten* ★ LIT. ~ des soins à qn *iem. buitengewoon goed verzorgen* **II** WKD WW [**se** ~] *zich niet ontzien*; *zich veel vertonen*
producteur I M [v: **productrice**] *producent*; *producer* **II** BNW [v: **productrice**] *producerend*; *productie-*
productible BNW *produceerbaar*
productif BNW [v: **productive**] *productief* ★ ~

de... ... *voortbrengend*
production V • *(het) produceren; voortbrenging; productie* • *voortbrengsel; product* • JUR. *overlegging* ‹v. stukken›; *voorbrenging* ‹v. getuigen›
productivité V • *productiviteit* • *rentabiliteit*
produire I OV WW [onregelmatig] • *voortbrengen; produceren; opbrengen* • *veroorzaken* • JUR. *overleggen* ‹v. stukken›; *voorbrengen* ‹v. getuigen› **II** WKD WW [**se ~**] • *zich voordoen; gebeuren* • *zich vertonen; optreden* ‹in theater enz.›
produit M • *product; voortbrengsel* • *opbrengst* ★ ~ de beauté *schoonheidsmiddel* ★ ~ fini *eindproduct* ★ ~s chimiques *chemicaliën*
proéminence V • *(het) (voor)uitsteken* • *uitsteeksel*
proéminent BNW *(voor)uitstekend; uitspringend*
prof M INFORM. professeur *leraar; prof(essor)*
profanateur I M [v: **profanatrice**] *(heilig)schenner* **II** BNW [v: **profanatrice**] *(heilig)schennend*
profanation V *heiligschennis; ontwijding; profanatie* ★ ~ de sépulture *grafschennis*
profane I M/V • *leek* ‹ondeskundige› • *(het) wereldlijke* **II** BNW • *profaan* ‹ondeskundig›; *leken-* • FORM. *profaan; wereldlijk*
profaner OV WW • *ontwijden; schenden; profaneren* • *misbruiken; onteren*
proférer OV WW *uiten; uitspreken; uitbrengen*
professer I OV WW *uitspreken* ‹v. gevoelens, mening›; *verkondigen* **II** ONOV WW *doceren*
professeur M *leraar; docent; professor* ★ FORM. ~ des écoles *onderwijzer* ★ ~ de faculté /d'université *hoogleraar*
profession V • *beroep* ‹vak›; *beroepsgroep* • *belijdenis* • *professie* ‹v. kloosterling› ★ ~ de foi *geloofsbelijdenis* ★ faire ~ de *belijden; verkondigen*
professionnalisme M *professionaliteit; professionalisme*
professionnel I BNW [v: **professionnelle**] *professioneel; beroeps-; vak-* ★ école ~le *technische school; vakschool* ★ faute ~le *beroepsmatige fout* ★ secret ~ *beroepsgeheim* **II** M [v: **professionnelle**] *vakman; beroeps; beroepsspeler; professional*
professoral BNW [m mv: **professoraux**] • *leraren-* • OOK FIG. *professoraal*
professorat M *leraarschap; professoraat*
profil M *profiel* ‹in alle betekenissen› ★ de ~ *van opzij; en profil* ★ INFORM. adopter /garder un ~ bas *bewust onopvallend blijven; zich gedeisd houden*
profilé M *profielbalk/-staal*
profiler I OV WW *profileren* **II** WKD WW [**se ~**] *zich aftekenen; zich profileren*
profit (zeg: -fie) M • *voordeel; nut; profijt* • *winst* ★ au ~ de *ten bate/gunste van* ★ mettre à ~ *ten nutte maken; benutten* ★ compte des ~s et pertes *winst- en verliesrekening* ★ faire son ~ de *profiteren van*
profitable BNW *voordelig (***à** *voor); winstgevend; profijtelijk; nuttig*
profiter ONOV WW ★ INFORM. bien ~ *goed gedijen /vooruitgaan* • **~ à** *voordelig /nuttig zijn voor; ten goede komen aan* • **~ de** *profiteren van; voordeel hebben van; benutten*
profiterole V *profiterole; soesje*
profiteur M [v: **profiteuse**] *profiteur*
profond I BNW • OOK FIG. *diep* • *diepzinnig* • *hevig; intens* ★ nuit ~e *stikdonkere nacht* ★ cause ~e *diepere oorzaak* ★ la France ~e *traditioneel Frankrijk;* OOK MIN. *de provincie* **II** M ★ au plus ~ de *diep in* ★ du plus ~ de *uit het diepste van*
profondément BIJW *diep; intens; ten zeerste*
profondeur V *diepte* ‹in alle betekenissen› ★ les ~s *de diepte(n); het binnenste* ★ en ~ *diepgaand; grondig* ★ A-V ~ de champ *scherptediepte*
profus BNW FORM. *overvloedig*
profusément BIJW • → **profus**
profusion V • *overvloed; overdaad* • FORM. *verkwisting* ★ à ~ *overvloedig; volop*
progéniture V FORM./HUMOR. *kroost* ‹nakomelingen›
progiciel M *softwarepakket; applicatieprogramma*
programmable BNW *programmeerbaar*
programmateur I M *regelprogramma; programmakiezer* ‹v. wasmachine enz.› **II** M [v: **programmatrice**] *programmamaker*
programmation V *programmering*
programme M *program(ma); (leer)plan*
programmer OV WW • *programmeren* • INFORM. *plannen*
programmeur M [v: **programmeuse**] *programmeur*
progrès M [ook mv] *vooruitgang; vordering* ★ être en ~ *vooruitgang boeken*
progresser ONOV WW • *vooruitkomen* • *vooruitgaan; vorderingen maken* • *zich uitbreiden; zich verbreiden*
progressif BNW [v: **progressive**] *voortschrijdend; geleidelijk (opklimmend); progressief*
progression V • *(het) voortschrijden; vooruitgang* • *geleidelijke opklimming; progressie* • WISK. *reeks*
progressiste I BNW *vooruitstrevend; progressief* **II** M/V *vooruitstrevend persoon*
progressivement BIJW *geleidelijk*
progressivité V *(het) progressief zijn; progressiviteit*
prohiber OV WW *(wettelijk) verbieden* ★ temps prohibé *gesloten jachttijd*
prohibitif BNW [v: **prohibitive**] *prohibitief; verbiedend* ★ prix ~s *onoverkomelijk hoge prijzen*
prohibition V • *(wettelijk) verbod* • *invoer-/drankverbod; prohibitie*
proie V *prooi; buit* ★ en ~ à *ten prooi aan* ★ oiseau de ~ *roofvogel* ★ lâcher la ~ pour l'ombre *iets zekers prijsgeven voor iets onzekers; niet het zekere voor het onzekere nemen*
projecteur M • *projector* • *schijnwerper; zoeklicht; bermlamp* • *beamer* ★ OOK FIG. sous les (feux des) ~s *in de schijnwerpers*
projectile M *werptuig; projectiel*
projection V • *(het) werpen* • *projectie* ‹in alle

pr

betekenissen› • *(het) projecteren /vertonen* ‹v. lichtbeelden, film› • *lichtbeeld* • *(het) vooruitzien; prognose* ★ ~s de boue *opspattende modder*

projectionniste M *filmoperateur*

projet M *plan; ontwerp; schets; project* ★ ~ de loi *wetsontwerp*

projeter OV WW • *(vooruit)werpen; wegslingeren* • OOK FIG. *projecteren (***sur** *op); vertonen* ‹v. lichtbeelden, film› • *beramen; ontwerpen; plannen; van plan zijn (***de** *te)*

prolapsus (zeg: -suus) M *verzakking; prolaps*

prolégomènes M MV *prolegomena; inleidende opmerkingen*

prolétaire I M *proletariër* **II** BNW *proletarisch*

prolétariat M *proletariaat*

prolétarien BNW [v: **prolétarienne**] *proletarisch*

prolétariser OV WW *proletariseren*

prolifération V *(snelle) toename /verbreiding; proliferatie*

proliférer ONOV WW OOK FIG. *zich snel vermenigvuldigen; snel groeien; voortwoekeren*

prolifique BNW *zeer snel vermenigvuldigend;* OOK FIG. *(zeer) vruchtbaar*

prolixe BNW *wijdlopig*

prolixité V *wijdlopigheid*

prolo M INFORM. *proletariër; proleet; plebejer*

prologue M OOK FIG. *proloog*

prolongateur M *verlengsnoer*

prolongation V *verlenging* ‹v. tijdsduur› ★ jouer les ~s *een (wedstrijd)verlenging spelen*

prolongé BNW *lang(gerekt); (lang) aanhoudend*

prolongement M *verlenging; verlengde; verlengstuk* ★ ~s [mv] *gevolgen; repercussies*

prolonger I OV WW • *verlengen (***de** *met)* • *het verlengde zijn van* **II** WKD WW [**se** ~] • *lang(er) duren* • *zich voortzetten; doorlopen* ‹v. weg›

promenade V • *wandeling; tochtje; ritje* • *promenade; wandelplaats* ★ ~ en bateau *boottochtje*

promener I OV WW • *wandelen met; uitlaten* ‹v. hond›; *rondleiden; laten lopen* • *meevoeren; meedragen* • *laten rondgaan /glijden (***sur** *over)* ‹v. blik, vingers› ★ INFORM. envoyer ~ qn *iem. afpoeieren* ★ INFORM. j'ai tout envoyé ~ *ik heb alles in de steek gelaten* **II** WKD WW [**se** ~] • *wandelen* • *een ritje /tochtje maken* • *rondgaan/glijden (***sur** *over)* ‹v. blik, vingers› • *(overal) rondslingeren* ★ INFORM. va te ~! *ga toch weg!; hoepel op!*

promeneur M [v: **promeneuse**] • *wandelaar* • *(wandel)begeleider* ‹v. kinderen enz.›

promenoir M • *(overdekte) wandelplaats* • *staanplaatsen* ‹in schouwburg›

promesse V *belofte* ★ ~ de vente *voorlopig koopcontract* ★ plein de ~s *beloftevol*

prometteur BNW [v: **prometteuse**] *veelbelovend*

promettre I OV WW [onregelmatig] • *beloven (***à** *aan;* **de** *te)* • INFORM. *(stellig) verzekeren* ★ le ciel promet de la pluie *de lucht voorspelt regen* **II** ONOV WW *(veel) beloven* ★ enfant qui promet *veelbelovend kind* ★ IRON. ça promet! *dat belooft wat!* **III** WKD WW [**se** ~] • *zich voornemen (***de** *te)* • *verwachten; rekenen op*

promis I BNW *beloofd* ★ la terre ~e *het beloofde land* ★ ~ à *voorbestemd tot/voor* ★ ~ au succès *veelbelovend* ★ chose ~e, chose due *belofte maakt schuld* ★ INFORM. ~ juré (craché par terre)! *heus waar!* **II** M [v: **promise**] OUD. *verloofde* **III** WW [volt. deelw.] • → **promettre**

promiscuité V • *(het) dicht opeen zitten /wonen* ‹v.e. samenraapsel v. mensen› • *ordeloze vermenging; promiscuïteit*

promo V INFORM. → **promotion**

promontoire M *voorgebergte; hoge kaap*

promoteur I M • *projectontwikkelaar* • SCHEIK. *promotor* **II** M [v: **promotrice**] *bevorderaar; initiator; promotor*

promotion V • *bevordering* ‹in loopbaan›; *promotie* • *verkoopbevordering; promotie; reclame(aanbieding)* • *jaargroep* ‹v. 'grande école'›; *de jaargenoten* ★ en ~ *in de aanbieding* ‹v. artikel›

promotionnel BNW [v: **promotionnelle**] *(verkoop)bevorderend; reclame-*

promotionner OV WW *promoten*

promouvoir OV WW [onregelmatig] • *bevorderen* ‹in rang› • *bevorderen; stimuleren; promoten* ★ être promu chef *bevorderd worden tot chef*

prompt (zeg: pro(n)) BNW *vlug; vlot; snel* ★ avoir l'esprit ~ *snel van begrip zijn* ★ être ~ à réagir *snel/prompt reageren* ★ il a la main ~e *zijn handen zitten los*

promptitude V *vlugheid; voortvarendheid; promptheid* ★ ~ d'esprit *vlugheid v. verstand; levendigheid v. geest*

promu WW [volt. deelw.] • → **promouvoir**

promulgation V *uitvaardiging; afkondiging; bekendmaking*

promulguer OV WW *uitvaardigen; afkondigen; bekendmaken*

prône M *(mis)preek*

prôner OV WW *aanprijzen; voorstaan;* FIG. *prediken*

pronom M *voornaamwoord*

pronominal BNW [m mv: **pronominaux**] *voornaamwoordelijk* ★ verbe ~ *wederkerend /wederkerig werkwoord*

prononçable BNW *uit te spreken*

prononcé I M *uitspraak* ‹v. rechter› **II** BNW *geprononceerd; duidelijk (uitkomend); uitgesproken*

prononcer I OV WW *uitspreken* ★ ~ un arrêt *een vonnis vellen* ★ ~ un discours *een redevoering houden* **II** WKD WW [**se** ~] • *uitgesproken worden* • *zich uitspreken (***contre** *tegen;* **pour** *voor;* **sur** *over); zijn mening zeggen* ★ ne se prononce(nt) pas *geen mening* ‹bij enquêtes›

prononciation V *uitspraak*

pronostic (zeg: -tiek) M *prognose; voorspelling*

pronostiquer OV WW *voorspellen; prognosticeren*

pronostiqueur M [v: **pronostiqueuse**] • *tipgever* ‹m.n. in paardensport› • *voorspeller*

propagande V *propaganda*

propagandiste I BNW *propagandistisch* **II** M/V *propagandist*

propagateur M [v: **propagatrice**] *verbreider*

propagation V • *verbreiding; verspreiding* • *voortplanting*

propager I OV WW • *verbreiden; verspreiden* • *propageren* • *voortplanten* **II** WKD WW [**se** ~]

pr

• *zich verbreiden; zich verspreiden* • *zich voortplanten*
propane M *propaan*
propédeutique V OUD. *propedeuse*
propension V *geneigdheid; neiging (***à** *tot)*
prophète M [v: **prophétesse**] *profeet* ★ ~ de malheur *ongeluksprofeet* ★ nul n'est ~ en son pays ⟨spreekwoord⟩ *geen profeet is in zijn eigen land geëerd*
prophétie (zeg: -sie) V • *profetie* • *voorspelling*
prophétique BNW *profetisch*
prophétiser OV WW *profeteren; voorspellen*
prophylactique BNW *voorbehoedend; profylactisch*
prophylaxie V *profylaxe; ziektepreventie*
propice BNW • *gunstig; geschikt; bevorderlijk (***à** *voor)* • *gunstig gezind;* REL. *genadig*
propitiatoire BNW *verzoenings-* ★ sacrifice ~ *zoenoffer*
proportion V *verhouding; evenredigheid; mate; proportie* ★ à ~ que *naarmate* ★ à ~/toute(s) ~(s) gardée(s) *naar verhouding* ★ en ~ de/avec *in verhouding tot; in evenredigheid met* ★ ~s [mv] *afmetingen*
proportionnalité V *onderlinge verhouding; evenredigheid; proportionaliteit*
proportionné BNW • *(goed) geproportioneerd* • *evenredig (gemaakt) (***à** *aan, met)*
proportionnel BNW [v: **proportionnelle**] *evenredig (***à** *aan, met); proportioneel* ★ (représentation) ~le *evenredige vertegenwoordiging*
proportionnellement BIJW *naar evenredigheid (***à** *van); verhoudingsgewijs*
proportionner OV WW *proportioneren; in overeenstemming brengen (***à** *met); afstemmen (***à** *op)*
propos M • [vaak mv] *woorden; (ge)praat* • FORM. *voornemen* ★ ~ d'ivrogne [mv] *dronkenmanstaal* ★ à ~ *van pas; gelegen; raadzaam* ★ à ~! *wat ik zeggen wilde; overigens; à propos* ★ à ~ de *wat... betreft; wegens* ★ à tout ~ *te pas en te onpas; om de haverklap* ★ de ~ délibéré *met opzet* ★ hors de ~ /mal à ~ *te onpas; ongelegen; ongepast* ★ avoir le ferme ~ de *vast van plan zijn om* ★ tenir des ~ *woorden bezigen; (lelijke) taal uitslaan*
proposer I OV WW *voorstellen (***de** *te); (aan)bieden (***à** *aan); voordragen (***à, pour** *voor)* ⟨v. kandidaat⟩; *uitloven* ⟨v. prijs, beloning⟩; *opgeven* ⟨v. onderwerp⟩ **II** WKD WW [**se** ~] • *zich voornemen (***de** *te); van plan zijn* • *zich aanbieden (***comme** *als;* **pour** *voor, om); solliciteren*
proposition V • *voorstel; aanbod* • *stelling* ⟨uitspraak⟩; TAALK. *zin; propositie*
propre I BNW • *eigen (***à** *aan); kenmerkend (***à** *voor)* • *geschikt (***à** *voor, om)* • *schoon; proper; zindelijk* • *netjes; keurig; fatsoenlijk* ★ ~ à rien *nergens voor deugend* ★ argent ~ *legaal/wit geld* ★ le mot ~ *het juiste woord* ★ sens ~ *eigenlijke betekenis* ★ de sa ~ main *eigenhandig* ★ INFORM. rien de ~ *niet veel soeps* ★ ~ comme un sou neuf *kraakhelder* ★ nous voilà ~s! *we zitten lelijk in de knoei!* **II** M *(het) eigene* ★ au ~ *in eigenlijke zin* ★ JUR. avoir en ~ *(zelf/als enige) bezitten* ★ ça sent le ~ *het ruikt (hier) schoon* ★ mettre un texte au ~ *een tekst in het net schrijven* ★ c'est du ~! *'t is wat moois!*
proprement BIJW • *netjes;* OOK HUMOR. *behoorlijk* • *eigenlijk; echt* ★ à ~ parler *eigenlijk (gezegd); strikt genomen* ★ la France ~ dite *het eigenlijke Frankrijk*
propret BNW [v: **proprette**] *keurig; netjes; proper*
propreté V *netheid; zindelijkheid; keurigheid*
propriétaire M/V *eigenaar; huiseigenaar* ★ grands ~s (fonciers) *grootgrondbezitters* ★ faire le tour du ~ *de gasten zijn huis (en grond) laten zien*
propriété V • *eigendom* • *grondbezit; buitenhuis; landgoed* • *eigenschap* ⟨v. iets⟩ • *juistheid* ⟨v. bewoordingen⟩; *welgekozenheid* ★ ~ foncière *grondbezit* ★ ~ littéraire *auteursrecht*
proprio M/V INFORM. *huisbaas*
propulser I OV WW • *voortstuwen* ⟨v. raket e.d.⟩ • *wegslingeren* ★ INFORM. être propulsé chef *tot chef gebombardeerd worden* **II** WKD WW [**se** ~] INFORM. *(snel erheen) gaan*
propulseur I M *voortstuwingsmechanisme* **II** BNW *voortstuwings-* ★ gaz ~ *drijfgas*
propulsif BNW [v: **propulsive**] *voortstuwend; stuw-* ★ roue propulsive *drijfrad*
propulsion V *voortstuwing* ★ ~ par réaction *straalaandrijving*
prorata M [mv: id.] ★ au ~ (de) *naar rato (van)*
prorogation V *uitstel; verdaging; verlenging* ⟨v. termijn⟩
proroger OV WW *uitstellen; verdagen; verlengen* ⟨v. termijn⟩
prosaïque BNW *prozaïsch; alledaags*
prosaïsme M • *(het) prozaïsche* • *alledaagsheid; nuchterheid*
prosateur M *prozaschrijver*
proscription V • FIG. *banning; (moreel) verbod* • *verbanning; vogelvrijverklaring*
proscrire OV WW [onregelmatig] • *(moreel) verbieden* • *(ver)bannen (***de** *uit); vogelvrij verklaren*
proscrit I BNW • *(moreel) verboden* • *verbannen; vogelvrij verklaard* **II** M [v: **proscrite**] *balling; vogelvrijverklaarde*
prose V • *proza* • IRON. *schrijftrant; schrijfsel*
prosélyte M/V *proseliet; bekeerling*
prosélytisme M *proselitisme; bekeringsijver*
prosodie V *prosodie*
prospecter OV WW • *prospecteren; exploreren op bodemschatten* • *afzoeken; verkennen* ⟨v. markt⟩; *als klantenwerver (be)zoeken* ⟨v. gebied, klanten⟩
prospecteur M [v: **prospectrice**] • *klantenwerver* • *prospector; ertszoeker*
prospectif BNW [v: **prospective**] *toekomstgericht; toekomst-* ★ (science) prospective *toekomstkunde*
prospection V • *prospectie; (bodem)exploratie* • *marktverkenning* • *klantenwerving*
prospectus (zeg: -tuus) M *prospectus; folder*
prospère BNW *welvarend; voorspoedig; bloeiend*

prospérer ONOV WW *voorspoed hebben; bloeien*
prospérité V *welvaart; voorspoed; welstand; bloei*
prostate V *prostaat*
prostatique I M *prostaatpatiënt* **II** BNW *prostaat-*
prosternation V *(het) neerknielen*; OOK FIG. *voetval*
prosternement V • → **prosternation**
prosterner WKD WW [**se** ~] *zich ter aarde werpen; neerknielen; een voetval maken (***devant** *voor)*
prostitué M [v: **prostituée**] *prostitué; prostituee*
prostituer I OV WW *prostitueren; onteren* **II** WKD WW [**se** ~] *zich prostitueren; zich onteren*
prostitution V *prostitutie*
prostration V • *grote neerslachtigheid* • MED. *uitputting*
prostré BNW • *neerslachtig* • MED. *uitgeput*
protagoniste M *hoofdpersoon; protagonist*
protecteur I M [v: **protectrice**] *beschermer; protector* **II** BNW [v: **protectrice**] *beschermend; protectie-; minzaam*
protection V *bescherming; protectie* ★ indice de ~ *beschermingsfactor* ★ prendre qn sous sa ~ *iem. onder zijn hoede nemen*
protectionnisme M *protectionisme*
protectionniste I BNW *protectionistisch* **II** M/V *protectionist*
protectorat M *protectoraat*
protégé M [v: **protegée**] *beschermeling*
protège-cahier M [mv: **protège-cahiers**] *schriftomslag; kaft*
protège-dents M [mv: id.] *gebitsbeschermer*
protéger OV WW • *beschermen (***de, contre** *tegen)* • *veilig stellen; dekken* • *protegeren; vooruithelpen*
protège-slip M [mv: **protège-slips**] *inlegkruisje*
protège-tibia M [mv: **protège-tibias**] *scheenbeschermer*
protéine V *eiwitstof; proteïne*
protestant I BNW *protestants* **II** M [v: **protestante**] *protestant*
protestantisme M *protestantisme*
protestataire I M/V FORM. *protesteerder* **II** BNW FORM. *protesterend; protest-*
protestation V • *betuiging* • *protest*
protester ONOV WW • *protesteren (***contre** *tegen)* • FORM. ~ **de** *betuigen; (met klem) aanvoeren*
protêt (zeg: -tè) M *protest(akte)* ⟨v. wissel⟩
prothèse V *prothese* ★ ~ auditive *gehoorapparaat* ★ ~ dentaire *kunstgebit; valse tand(en)*
prothésiste M *prothesemaker* ★ ~ dentaire *tandtechnicus*
protide M *eiwit; proteïne*
protocolaire BNW *protocollair; vormelijk*
protocole M *protocol* ⟨in alle betekenissen⟩; *ceremonieel*
proton M *proton*
protoplasme M *protoplasma*
prototype M *prototype*
protoxyde M *monoxide; hydroxide*
protozoaire M *protozoön*
protubérance V *uitwas; knobbel; protuberantie*
protubérant BNW *uitspringend; (voor)uitstekend*
prou BIJW ★ FORM. ni peu ni prou *in het geheel niet* ★ FORM. peu ou prou *min of meer*
proue V *voorsteven* ★ OOK FIG. figure de ~ *boegbeeld*
prouesse V FORM. *heldendaad; kunststukje*
prout (zeg: proet) M JEUGDT. *(geluid v.e.) scheet*
prouver OV WW *bewijzen; (aan)tonen*
provenance V *herkomst* ★ en ~ de *(afkomstig) uit*
provençal I M *(het) Provençaals* **II** BNW [m mv: **provençaux**] *Provençaals* ★ à la ~e *met knoflook (en peterselie)*
provenir ONOV WW [onregelmatig] ~ **de** *voortkomen uit; afkomstig zijn van/uit; komen van/door*
proverbe M *spreekwoord; spreuk* ★ passer en ~ *spreekwoordelijk worden*
proverbial BNW [m mv: **proverbiaux**] *spreekwoordelijk*
providence V • *voorzienigheid* • FIG. *beschermengel; toeverlaat* ★ État(-)~ *verzorgingsstaat; welvaartsstaat*
providentiel BNW [v: **providentielle**] *providentieel; zeer gelegen komend; onverhoopt*
province V OOK FIG. *provincie* ★ en ~ *in de provincie; buiten Parijs*
provincial I BNW [m mv: **provinciaux**] OOK MIN. *provinciaal* **II** M [mv: **provinciaux**] • *provinciaal; iem. van buiten Parijs* • REL. *provinciaal*
provincialisme M OOK MIN. *provincialisme*
proviseur M *rector* ⟨v. lyceum⟩
provision V • *voorraad (***de** *aan, van)* • *dekkingssom; dekking* • *tijdelijke voorziening; provisie* ★ sans ~ *ongedekt* ⟨v. cheque⟩ ★ faire ses ~s *boodschappen/inkopen doen* ★ faire ~ de *(als voorraad) inslaan* ★ ~s [mv] *proviand*
provisionnel BNW [v: **provisionnelle**] *voorlopig; als voorschot* ★ acompte ~ *voorlopige aanslag*
provisoire I BNW *voorlopig* ★ liste ~ *groslijst* **II** M *voorlopige toestand*
provisoirement BIJW *voorlopig; tijdelijk*
provoc V INFORM. → **provocation**
provocant BNW • *uitdagend; provocerend* • *prikkelend*
provocateur I BNW [v: **provocatrice**] *uitdagend; provocerend* **II** M [v: **provocatrice**] *opruier; provocateur*
provocation V *provocatie; uitdaging*; JUR. *uitlokking*
provoquer OV WW • *uitdagen; provoceren* • *ophitsen; aanzetten (***à** *tot)* • *uitlokken* • *veroorzaken; leiden tot*
proxénète M/V *souteneur; koppelaar*
proxénétisme M *(het) gelegenheid geven (tot ontucht); souteneurschap; koppelarij*
proximité V *nabijheid* ★ à ~ de *in de buurt van; dicht bij* ★ magasins de ~ *buurtwinkels*
prude I BNW FORM. *preuts* **II** V FORM. *preutse vrouw*
prudemment BIJW • *voorzichtig; behoedzaam* • *wijselijk*
prudence V *voorzichtigheid; behoedzaamheid* ★ par (mesure de) ~ *voorzichtigheidshalve*
prudent BNW *voorzichtig; behoedzaam* ★ il est ~ de *het is raadzaam om*

pruderie V FORM. *preutsheid*
prud'homme, prudhomme M `*wijze man*' ⟨lid v.e. `conseil des prud'hommes' (arbeidsgeschillencollege)⟩
prune I V • *pruim* • *pruimenbrandewijn* • INFORM. *bon* ⟨bekeuring⟩ ★ INFORM. pour des ~s *voor niks*; *tevergeefs* ★ INFORM. des ~s! *noppes!* ★ INFORM. compter pour des ~s *niks voorstellen* **II** BNW [onver.] *roodpaars*
pruneau M [mv: **pruneaux**] • *gedroogde pruim* • INFORM. *blauwe boon* ⟨kogel⟩
prunelle V • *oogappel*; *pupil* • *sleepruim* ⟨vrucht v.d. sleedoorn⟩ ★ conserver qc comme la ~ de ses yeux *iets liefderijk /als zijn oogappel koesteren*
prunellier, prunelier M *sleedoorn*
prunier M *pruimenboom*
prurigineux BNW [v: **prurigineuse**] MED. *jeukend*; *jeukerig*
prurigo M MED. *jeukende huiduitslag*
prurit (zeg: -riet) M • MED. *jeuk* • FORM. *zielsverlangen*; *zucht (***de** *naar)*
Prusse V *Pruisen*
prussien BNW [v: **prussienne**] *Pruisisch* ★ les Prussiens *de Pruisen*
PS AFK Parti Socialiste *socialistische partij*
P.-S. AFK post-scriptum *PS*; *postscriptum*
psalmiste M *psalmist*; *psalmdichter*
psalmodie V OOK FIG. *(het) psalmodiëren*; *psalmgezang*
psalmodier OV+ONOV WW • *psalmzingen* • *psalmodiëren*; *opdreunen*
psaume M *psalm*
psautier M *psalmboek*; *psalter*
pschitt, pscht, psitt, pst TW *psjt!* ⟨bruisgeluid⟩
pseudo- VOORV *pseudo-*; *schijn-*
pseudonyme M *pseudoniem*
psitt TW • → **pschitt**
psittacisme M *napraterij*
psittacose V *papegaaienziekte*
psoriasis (zeg: -zies) M *psoriasis*
pst TW • → **pschitt**
psy I M/V [mv: **psy(s)**] INFORM. *psycholoog*; *psychiater* **II** BNW *psychologisch*
psychanalyse (zeg: -ka-) V *psychoanalyse*
psychanalyser (zeg: -ka-) OV WW *psychoanalytisch behandelen /onderzoeken*
psychanalyste (zeg: -ka-) M/V *psychoanalyticus*
psychanalytique (zeg: -ka-) BNW *psychoanalytisch*
psyché (zeg: -sjee) V • *psyché* ⟨grote draaibare toiletspiegel⟩ • *psyche*
psychédélique (zeg: -kee-) BNW *psychedelisch*
psychiatre (zeg: -kie-) M/V *psychiater*
psychiatrie (zeg: -kie-) V *psychiatrie*
psychiatrique (zeg: -kie-) BNW *psychiatrisch*
psychique (zeg: -sjiek-) BNW *psychisch*
psychisme (zeg: -sjiesm-) M *(het) psychische leven*; *psyche*
psycho (zeg: -koo) V INFORM. → **psychologie**
psychodrame (zeg: -koo-) M • *psychodrama* • INFORM. *pathetisch gedoe*
psychologie (zeg: -koo-) V • *psychologie* • *mensenkennis*
psychologique (zeg: -koo-) BNW *psychologisch*
psychologue (zeg: -koo-) M/V *psycholoog*
psychopathe (zeg: -koo-) M/V *psychopaat*
psychose (zeg: -koo-) V *psychose* ★ ~ collective *massapsychose*
psychosomatique (zeg: -koo-) BNW *psychosomatisch*
psychotechnique (zeg: -koo-) BNW *psychotechnisch*
psychothérapie (zeg: -koo-) V *psychotherapie*
psychotique (zeg: -koo-) BNW *psychotisch*
psychotrope (zeg: -koo-) **I** M *psychofarmacon* **II** BNW *psychotroop*
pu WW [volt. deelw.] • → **pouvoir**
puant BNW • *stinkend* • INFORM. *opgeblazen*; *stronteigenwijs*
puanteur V *stank*
pub[1] (zeg: peub) M *pub*; *kroeg*
pub[2] (zeg: puub) V INFORM. publicité *reclame*
pubère I M/V *puber* **II** BNW *in de puberteit*; *geslachtsrijp*
pubertaire BNW FORM. *puberteits-*
puberté V *puberteit*
pubis (zeg: -bies) M *schaamheuvel*; *schaambeen*; *pubis*
publiable BNW *publicabel*
public (zeg: -iek) **I** M • *publiek* • *(de) mensen* ★ en ~ *in het openbaar* ★ film grand ~ /tous ~s *publieksfilm* ★ électronique grand ~ *consumentenelektronica* ★ être bon ~ *een dankbaar publiek /toehoorder zijn* ★ interdit au ~ *toegang verboden* **II** BNW [v: **publique**] *openbaar*; *publiek*; *overheids-* ★ droit ~ *publiekrecht*; *staatsrecht* ★ lieu ~ *openbare plaats /ruimte /weg* ★ homme ~ *bekende persoonlijkheid* ★ rendre ~ *openbaar maken*
publicain M GESCH. *tollenaar*; *belastingpachter*
publication V *uitgave*; *publicatie*; *bekendmaking*
publiciste M/V • *publiekrechtelijk jurist* • *reclameman/-vrouw*
publicitaire I M/V *reclameman/-vrouw* **II** BNW *publicitair*; *reclame-*
publicité V • *openbaarheid*; *publiciteit* • *reclame* ★ ~ lumineuse *lichtreclame* ★ coup de pub(licité) *reclamestunt*
publier OV WW • *publiceren* • *bekendmaken*; *openbaar maken*
publipostage M FORM. *mailing*
publiquement BIJW *in het openbaar*
publireportage M *advertorial* ⟨advertentie in redactioneel artikel⟩
puce I V • *vlo* • COMP. *chip* ★ marché aux puces /les Puces *vlooienmarkt* ★ jeu de puce *vlooienspel* ★ carte à puce(s) *chipkaart* ★ ma puce *m'n (lieve) kleintje* ★ mettre la puce à l'oreille de qn *iem. argwanend /gespitst maken* ★ INFORM. secouer les puces à qn *iem. flink onder handen nemen* **II** BNW [onver.] *donkerbruin*
puceau M [mv: **puceaux**] INFORM. *maagdelijke knaap*
pucelage M INFORM. *maagdelijkheid*
pucelle V INFORM. *maagd* ★ la Pucelle (d'Orléans) *Jeanne d'Arc*
puceron M *bladluis*
pucier M INFORM. *nest* ⟨bed⟩
pudding (zeg: poe-) M *plumpudding*
pudeur V • *schaamte(gevoel)*; *kuisheid*

• *ingetogenheid*; *schroom*; *kiesheid* ★ attentat à la ~ *aanranding v.d. eerbaarheid*
pudibond BNW *preuts*
pudibonderie V *preutsheid*
pudicité V FORM. *kuisheid*; *zedigheid*
pudique BNW • *kuis*; *zedig* • *ingetogen*; *kies*
puer I OV WW *stinken/rieken naar* **II** ONOV WW *stinken* ★ INFORM. puer de la gueule *uit zijn bek stinken*
puéricultrice V *kinderverzorgster*; BN *kleuterleidster*
puériculture V *kinder- en zuigelingenzorg*
puéril BNW • *kinderlijk* • *kinderachtig*; *pueriel*
puérilité V *kinderachtigheid*
puerpéral BNW ★ fièvre ~e *kraamvrouwenkoorts*
pugilat M *vuistgevecht*; *vechtpartij*
pugiliste M FORM. *bokser*
pugnace BNW FORM. *strijdlustig*
pugnacité V FORM. *strijdlustigheid*; *vechtlust*
puîné I M [v: **puînée**] OUD. *jongere broer/zuster* **II** BNW OUD. *jonger* ⟨v. broer/zuster⟩
puis (zeg: pwie) **I** WW [présent ind.] • → **pouvoir II** BIJW *daarna*; *vervolgens* ★ et puis *en verder*; *en toen*; *en bovendien*; *trouwens* ★ INFORM. et puis (après/quoi)? *nou en?*
puisage M *(het) putten*
puisard M *zink-/afvoerput*
puisatier M *putgraver*
puiser OV+ONOV WW OOK FIG. *putten (***dans** *uit)* ★ FIG. ~ à la source /aux sources *tot de bron afdalen*
puisque, puisqu' ⟨voor klinker of stomme h⟩ VW *aangezien*; *daar*; *toch (... immers)* ★ ~ tu sors *als je toch uitgaat*
puissamment BIJW • *krachtig*; *krachtdadig* • *geweldig*; *zeer*; *machtig*
puissance V • *macht* • *vermogen*; *sterkte*; *capaciteit* • WISK. *macht* • *mogendheid* ★ ~ de feu *vuurkracht* ★ ~ (sexuelle) *(seksuele) potentie* ★ les Puissances *de Machten* ⟨engelenkoor⟩ ★ les ~s infernales /des ténèbres *de duivelse /duistere machten* ★ en ~ *potentieel (aanwezig)* ★ deux ~ cinq *twee tot de vijfde macht* ★ élévation à la ~ deux *verheffing tot de tweede macht*
puissant BNW • *machtig* • *krachtig (werkend)*; *sterk*; *fors* ★ les ~s *de machtigen*
puisse WW [présent subj.] • → **pouvoir**
puissent WW [présent subj.] • → **pouvoir**
puisses WW [présent subj.] • → **pouvoir**
puissiez WW [présent subj.] • → **pouvoir**
puissions WW [présent subj.] • → **pouvoir**
puits (zeg: pwie) M • *put* • *(mijn-, lift)schacht* ★ ~ de science *vat vol geleerdheid*; *wonder v. geleerdheid*
pull (zeg: puul) M *trui*
pull-over (zeg: puulovèèr) M [mv: **pull-overs**] *pullover*; *trui*
pullulement M • *voortwoekering* • *gekrioel*
pulluler ONOV WW • *voortwoekeren*; *zich snel vermenigvuldigen* • *krioelen*; *wemelen*
pulmonaire BNW *long-*
pulpe V • *vruchtvlees* • *pulp*; *brij* • *pulpa*; *tand-/hersenmerg*
pulpeux BNW [v: **pulpeuse**] • *pulpachtig*; *pappig* • *vlezig*; *met weelderige vormen* ⟨v. vrouw⟩
pulsation V *pulsatie*; *polsslag*
pulsé BNW ★ air ~ *(aangeblazen) hete lucht*
pulsion V *innerlijke drang*; *(aan)drift* ★ ~(s) de mort *doodsdrift*
pulvérisateur M *pulverisator*; *verstuiver*; *stuifsproeier*
pulvérisation V • OOK FIG. *verpulvering* • *verstuiving*; *(het) sprayen*
pulvériser OV WW • OOK FIG. *verpulveren* • *verstuiven*; *sproeien*; *sprayen* ★ ~ une objection *een tegenwerping ontzenuwen*
pulvérulence V *poedervorm*
pulvérulent BNW *poedervormig*
puma M *poema*
punaise I V • *wandluis* • *punaise* • INFORM. *kreng (v.e. wijf)* **II** TW INFORM. *verdraaid!*
punch (zeg: po(n)sj) M • *punch* • INFORM. *dynamiek*; *pep*; *pit*
punching-ball M [mv: **punching-balls**] *boksbal*
punique BNW *Punisch* ★ foi ~ *trouweloosheid*
punir OV WW *(be)straffen (***de** *met;* **de, pour** *voor)*
punissable BNW *strafbaar* ⟨v. feit⟩
punitif BNW [v: **punitive**] *straf-* ★ expédition punitive *strafexpeditie*
punition V *straf*; *afstraffing* ★ en/pour ~ *voor straf*
punk I M/V *punk(er)* **II** BNW *punk-*
pupille (zeg: -piej, -piel) **I** V *pupil* ⟨v. oog⟩ **II** M/V *voogdijkind*; *pupil* ★ ~ de la Nation *oorlogswees*
pupitre M *lessenaar* ★ ~ (à musique) *muziekstandaard* ★ ~ (de commande) *bedieningspaneel*
pupitreur M [v: **pupitreuse**] *deskoperator*
pur BNW *zuiver*; *puur*; *rein*; *louter* ★ ciel pur *heldere hemel* ★ pur de *vrij van* ★ pur et dur *compromisloos* ★ pur et simple *zonder meer*; *louter*; *volstrekt*
purée I V • *moes*; *puree* • INFORM./OUD. *misère*; *puree* ★ ~ de pois *erwtensoep* ⟨dikke mist⟩ **II** TW INFORM. *verdikkie!*; *ach jee!*
purement BIJW *zuiver*; *louter* ★ ~ et simplement *zonder meer*; *gewoonweg*
pureté V *zuiverheid*; *reinheid*
purgatif I M *laxeermiddel* **II** BNW [v: **purgative**] *laxerend*
purgation V • *(het) laxeren* • FORM. *loutering*
purgatoire M *vagevuur*
purge V • *purgatie* • POLITIEK *zuivering* • *aftapping* ⟨v. leiding⟩; *ontluchting* ⟨v. radiator⟩ • JUR. *vrijmaking* ⟨v. (hypotheek)lasten⟩
purger OV WW • *zuiveren (***de** *van)* • *aftappen* ⟨v. leiding⟩; *ontluchten* ⟨v. radiator⟩ • MED. *purgeren* ★ ~ d'une hypothèque *vrijmaken van hypotheeklasten* ★ ~ sa peine *z'n straf uitzitten*
purgeur M *aftap-/ontluchtingskraan*
purificateur I BNW [v: **purificatrice**] *zuiverend*; *reinigend* **II** M [v: **purificatrice**] *zuiveraar*
purification V *zuivering*; *reiniging*; *loutering* ★ REL. la Purification *Maria-Lichtmis* ★ ~ ethnique *etnische zuivering*
purifier OV WW *zuiveren*; *reinigen*; *louteren*
purin M *gier* ⟨mest⟩

purisme M *purisme*
puriste I M/V *purist* **II** BNW *puristisch*
puritain I BNW *puriteins* **II** M [v: **puritaine**] *puritein*
puritanisme M *puritanisme*
purpurin BNW LIT. *purperkleurig*
pur-sang M [mv: **id./purs-sang(s)**] *raspaard*; *volbloed*
purulence V *ettering*
purulent BNW *etterend*
pus (zeg: puu) **I** M *etter*; *pus* **II** WW [passé simple] • → **pouvoir**
pusillanime BNW FORM. *kleinmoedig*; *laf*
pusillanimité V FORM. *kleinmoedigheid*; *lafhartigheid*
pustule V *puist*
pustuleux BNW [v: **pustuleuse**] *puistig*; *puist-*
put WW [passé simple] • → **pouvoir**
putain I V • VULG. *hoer* • ~ **de** *rot-* ★ quel ~ de temps *wat een rotweer* **II** TW VULG. *kut!*
putassier BNW [v: **putassière**] VULG. *hoerig*
putatif BNW [v: **putative**] *vermeend*; *putatief*
pute V VULG. *hoer*
putois M *bunzing* ★ crier comme un ~ *moord en brand schreeuwen*
putréfaction V *rotting* ★ en ~ *(ver)rottend*
putréfier I OV WW *doen rotten* **II** WKD WW [**se ~**] *rotten*
putrescent BNW FORM. *(ver)rottend*
putrescible BNW *aan bederf onderhevig*
putride BNW *rottend*; *rottings-*; *bedorven*
putsch M *putsch*
putschiste M/V *putschist*
puy M REG. *(vulkanische) berg*
puzzle (zeg: puuz(e)l) M *legpuzzel*
P.-V., p.-v. AFK procès-verbal *bon* ⟨bekeuring⟩
PVC AFK *pvc*; *polyvinylchloride*
pygmée M *pygmee*
pyjama M *pyjama*
pylône M *mast*; *pijler*; *pyloon*
pylore M *maagportier*; *pylorus*
pyramidal BNW [m mv: **pyramidaux**] *piramidaal*
pyramide V *piramide*
pyrénéen BNW [v: **pyrénéenne**] *Pyrenees*
Pyrénées V MV *Pyreneeën*
pyrex M *pyrex* ⟨vuurvast glas⟩
pyrite V *pyriet*
pyrograver OV WW *brandschilderen*
pyrogravure V *brandschilderwerk*
pyromane M/V *pyromaan*
pyromètre M *pyrometer*
pyrotechnie V *pyrotechniek*; *vuurwerkmakerij*
pyrotechnique BNW *vuurwerk-*
Pythagore *Pythagoras*
python M *python*

pu

Q

q M letter *q* ★ q comme Quintal *de q van Québec*
QCM AFK questionnaire à choix multiple *multiplechoicetest*
QG AFK quartier général *hoofdkwartier*
QI AFK quotient intellectuel *IQ*; *intelligentiequotiënt*
qu' • → **que**
quadra M/V • → **quadragénaire**
quadragénaire (zeg: k(w)a-) **I** BNW *veertigjarig* **II** M/V *veertigjarige*; *veertiger*
quadragésime (zeg: k(w)a-) V ★ REL. (dimanche de la) Quadragésime *eerste zondag van de vasten*
quadrangulaire (zeg: k(w)a-) BNW *vierhoekig*
quadrant (zeg: ka-) M *kwadrant*
quadratique (zeg: k(w)a-) BNW *kwadratisch*; *vierkants-*
quadrature (zeg: k(w)a-) V *kwadratuur*
quadrichromie (zeg: k(w)a-) V *vierkleurendruk*
quadriennal (zeg: k(w)a-) BNW [m mv: **quadriennaux**] • *vierjarig* • *vierjaarlijks*
quadrilatère (zeg: k(w)a-) M *vierhoek*
quadrillage (zeg: ka-) M • *ruitpatroon* • *(vorming v.e.) netwerk* ⟨in een gebied⟩
quadrille (zeg: ka-) **I** M *quadrille* ⟨dans⟩ **II** V *quadrille* ⟨groep ruiters⟩
quadrillé (zeg: ka-) BNW *geruit* ★ papier ~ *ruitjespapier*
quadriller (zeg: ka-) OV WW • *in ruiten/vakken verdelen* ⟨een gebied⟩ • *een netwerk vormen in*
quadrimoteur (zeg: k(w)a-) **I** BNW *viermotorig* **II** M *viermotorig vliegtuig*
quadriphonie (zeg: k(w)a-) V *quadrafonie*
quadriréacteur (zeg: k(w)a-) M *viermotorig straalvliegtuig*
quadrisyllabique (zeg: k(w)a-) BNW *vierlettergrepig*
quadrumane (zeg: k(w)a-) BNW *vierhandig* ⟨v. dieren⟩
quadrupède (zeg: k(w)a-) **I** M *viervoeter* **II** BNW *viervoetig*
quadruple (zeg: k(w)a-) **I** M *viervoud* **II** BNW *viervoudig*
quadrupler (zeg: k(w)a-) OV+ONOV WW *verviervoudigen*
quadruplés (zeg: k(w)a-) M MV [v mv: **quadruplées**] *vierling*
quai (zeg: kè) M • *kade* • *perron* ★ le Quai d'Orsay *(het Franse ministerie v.) Buitenlandse Zaken*
quaker (zeg: kweekeur) M [v: **quakeresse**] *quaker*
qualifiable (zeg: ka-) BNW *te kwalificeren*; *kwalificeerbaar* ★ pas ~ *ongehoord*; *schandelijk*
qualificatif (zeg: ka-) **I** M *kwalificatie* ⟨aanduiding⟩ **II** BNW [v: **qualificative**] *kwalificerend*; *(nader) bepalend*
qualification (zeg: ka-) V *kwalificatie* ⟨in alle betekenissen⟩
qualifié (zeg: ka-) BNW *gekwalificeerd* ⟨in alle betekenissen⟩; *bekwaam*; *bevoegd*; *geschikt*

(**pour** *voor, om)* ★ ouvrier ~ *geschoolde arbeider*
qualifier (zeg: ka-) **I** OV WW • *kwalificeren; aanduiden (***de** *als)* • *kwalificeren; geschikt /gerechtigd maken (***pour** *voor, om)* **II** WKD WW [**se** ~] SPORT *zich kwalificeren; zich plaatsen (***pour** *voor)*
qualitatif (zeg: ka-) BNW [v: **qualitative**] *kwalitatief*
qualité (zeg: ka-) V *kwaliteit* ⟨in alle betekenissen⟩; *(goede) hoedanigheid; eigenschap* ★ de ~ *van hoog gehalte; kwaliteits-* ★ en ~ de *als/in de hoedanigheid van* ★ ès ~s *qualitate qua; ambtshalve* ★ vos nom, prénom et ~ *uw naam, voornaam en beroep*
qualiticien M [v: **qualiticienne**] *kwaliteitsbeheerder*
quand (zeg: kà(n); vóór klinker: kà(n)t) **I** BIJW *wanneer* ★ ~ même *toch; niettemin* ★ ~ même! *toe nou!; nou zeg!* ★ c'est pour ~? *wanneer is het zo ver?* ★ à ~ le mariage? *wanneer is het huwelijk?* **II** VW • *wanneer; (telkens) als; toen* • *terwijl (toch)* • *(zelfs) al* ★ ~ tu auras fini ce livre, tu me le diras *als je dat boek uit hebt, moet je het me zeggen* ★ ~ l'un disait oui, l'autre disait non *terwijl de een ja zei, zei de ander nee* ★ ~ (même /bien même) tu l'aurais voulu, tu ne l'aurais pas pu *(zelfs) al zou je het gewild hebben, dan had je het nog niet gekund*
quant VZ ~ **à** *wat betreft* ★ ~ à moi, je ne le fais pas *ík doe het niet*
quanta M MV • → **quantum**
quant-à-soi M *afstandelijkheid* ★ rester sur son ~ *terughoudend /gereserveerd zijn*
quantième M *zoveelste /hoeveelste* ⟨v.d. maand⟩
quantification V *kwantificatie*
quantifier OV WW *kwantificeren*
quantitatif BNW [v: **quantitative**] *kwantitatief*
quantité V • *hoeveelheid; kwantiteit* • *grote hoeveelheid* • WISK. *grootheid* ★ (une) ~ de gens *een heleboel mensen* ★ en ~ *in overvloed; volop*
quantum (zeg: k(w)a(n)tom) M [mv: **quanta**] *kwantum*
quarantaine V • *veertigtal* • *veertigjarige leeftijd* • *quarantaine* ★ avoir la ~ *in de veertig zijn* ★ mettre en ~ *in quarantaine plaatsen*; FIG. *doodverklaren*
quarante I TELW *veertig* **II** M *veertig* ★ les Quarante *de leden v.d. Académie française*
quarantième I TELW *veertigste* **II** M *veertigste deel*
quart I M • *vierde deel; kwart* • *kwartliter(beker); kwartpond; kwartfles* • SCHEEPV. *kwartier* ⟨wacht⟩ ★ ~ d'heure *kwartier* ★ le ~ d'heure de Rabelais *het ogenblik van betalen* ★ INFORM. passer un mauvais ~ d'heure *een benauwd ogenblik doormaken* ★ ~ de finale *kwartfinale* ★ ~ de tour *kwartslag* ★ OOK FIG. démarrer au ~ de tour *meteen op gang komen* ★ les trois ~s du temps *meestal* ★ aux trois ~s *voor driekwart; bijna helemaal* ★ portrait de trois ~s *portret in driekwartwending /halfprofiel* ★ il est deux heures et ~ *het is kwart over twee* ★ il est deux heures moins (le) ~ *het is kwart voor twee* ★ il est moins le ~ *het is kwart vóór* ★ SCHEEPV. être de ~ *wacht hebben* **II** BNW OUD. *vierde* ★ le ~(-)monde *de vierde wereld*
quarte V MUZ. *kwart*
quarté M *weddenschap op de eerste vier paarden*
quarteron M VAAK MIN. *handjevol*
quartette M *jazzkwartet*
quartier M • *wijk; buurt; afdeling* ⟨v. gevangenis⟩ • MIL. *kwartier* • *kwart* ⟨v. citrusvrucht⟩; *brok; partje* • *kwartier* ⟨v.d. maan⟩ • HER. *kwartier* ★ Quartier latin *Sorbonnewijk* ⟨in Parijs⟩ ★ bas ~ *achterbuurt* ★ ~ général *hoofdkwartier* ★ ~ de terre *lap grond* ★ premier ~ *eerste kwartier* ★ avoir ~ libre *verlof hebben; vrij zijn gang kunnen gaan* ★ FIG. avoir ses ~s de noblesse *zijn adelsbrieven hebben; in aanzien staan* ★ ils n'ont pas fait de ~ *ze hebben iedereen gedood*
quartier-maître M [mv: **quartiers-maîtres**] *kwartiermeester*
quarto BIJW *ten vierde*
quartz M *kwarts* ★ montre à ~ *kwartshorloge*
quasi BIJW *bijna; zo goed als*
quasi- VOORV *bijna-; quasi-* ★ la ~totalité des membres *bijna alle leden* ★ à la ~unamité *bijna unaniem*
quasiment BIJW • → **quasi**
quaternaire BNW AARDK. *quartair* ★ (l'ère) ~ *het quartair*
quatorze I TELW *veertien* ★ Louis XIV *Lodewijk de Veertiende* **II** M • *veertien* • *nel* ⟨bij kaartspel⟩
quatorzième I TELW *veertiende* **II** M *veertiende deel*
quatrain M *kwatrijn*
quatre I TELW *vier* ★ descendre/monter l'escalier ~ à ~ *de trap af-/opvliegen* ★ manger comme ~ *eten voor drie* ★ INFORM. se mettre en ~ *zijn uiterste best doen; zich uitsloven* ★ se tenir à ~ *zich met moeite in bedwang houden* ★ à un de ces ~ (matins)! *tot gauw!* **II** M *vier*
quatre-heures M [mv: id.] *vieruurtje* ⟨versnapering rond 16.00 uur⟩
quatre-mâts M [mv: id.] *viermaster*
quatre-quarts M [mv: id.] CUL. *evenveeltje* ⟨soort zandtaart⟩
quatre-quatre M/V [mv: id.] *(semi-)terreinwagen met vierwielaandrijving; ≈ SUV*
quatre-vingt, quatre-vingts I TELW *tachtig* ★ avoir ~s ans *tachtig jaar (oud) zijn* ★ ~ mille *tachtigduizend* ★ page ~ *bladzijde tachtig* **II** M *tachtig*
quatre-vingt-dix I TELW *negentig* **II** M *negentig*
quatre-vingt-dixième I TELW *negentigste* **II** M *negentigste deel*
quatre-vingtième I TELW *tachtigste* **II** M *tachtigste deel*
quatrième I TELW *vierde* ★ la ~ (vitesse) *de vierde versnelling* **II** M *vierde deel* **III** V *derde klas v.h. middelbaar onderwijs* ⟨in Frankrijk⟩
quatrièmement BIJW *ten vierde*
quatuor M • MUZ. *kwartet* • *viertal* ★ ~ à cordes *strijkkwartet*
que, qu' ⟨voor klinker of stomme h⟩ **I** VR VNW *wat* ★ que faites-vous /qu'est-ce que vous faites? *wat doet u?* ★ qu'est-ce que c'est (que

ça)? *wat is dat?* **II** BETR VNW *die*; *dat*; *wat*; *welke* ★ ce que *wat*; *hetgeen* ★ la ville que tu as visitée *de stad die je bezocht hebt* ★ que je sache *voor zover ik weet* **III** BIJW ● *wat!* ● OUD. *waarom?* ★ que de monde! *wat een mensen!* ★ que je suis heureux! /(qu'est-)ce que je suis heureux! *wat ben ik blij!* ★ que de fois...! *hoe vaak...!* ★ que n'êtes-vous venu à temps? *waarom bent u niet op tijd gekomen?* **IV** VW ● *dat* ● *dan*; *als* ● [+ subj.] *opdat* ● [+ subj.] *voordat* ● *(drukt bevel of wens uit)* ● *(ter herhaling v.e. ander voegwoord)* ★ attendre que [+ subj.] *wachten tot* ★ douter que [+ subj.] *twijfelen of* ★ ne... que *slechts*; *pas* ★ à peine... que *nauwelijks... of* ★ plus grand que *groter dan* ★ est-ce qu'il viendra? *komt hij?* ★ que vous le vouliez ou non... *of u het nu wilt of niet...* ★ je crois que oui/si *ik geloof van wel* ★ je dis que non *ik zeg nee/van niet* ★ INFORM. ah que oui/si! *nou en of!* ★ qu'il parte tout de suite ! *hij moet onmiddellijk vertrekken!* ★ que je meure, si... *ik moge sterven, als...* ★ qu'il appelle, tout le monde accourt *als hij roept, komt iedereen aanrennen* ★ venez ici que je vous voie mieux *kom eens hier, opdat ik je beter kan zien* ★ quand on est intelligent et qu'on a de l'énergie, on peut aller loin *wanneer men een goed verstand heeft en energiek is, kan men het ver brengen* ★ c'est un beau pays que la France *Frankrijk is een mooi land*

Québec M *Quebec*

québécois I M *(het) Frans in Quebec* **II** BNW *uit Quebec*

Québécois M [v: **Québécoise**] *inwoner van Quebec*

quel I BNW [v: **quelle**] ● *welk*; *wat* ● *wat voor*; *wat voor een* ★ quelle heure est-il? *hoe laat is het?* ★ quel est votre nom ? *wat is uw naam ?* ★ quel est cet homme? *wie is die man?* ★ quel que [+ subj.] *welke /wat /wie ook* ★ quel qu'il soit *wie hij ook is* ★ quels que soient vos projets *wat uw plannen ook zijn* **II** UITR VNW [v: **quelle**] *wat...!*; *wat een...!* ★ quelle dommage! *wat een pech!*

quelconque BNW ● *een of ander*; *willekeurig* ● *middelmatig*; *onbeduidend* ★ un livre ~ *een willekeurig /middelmatig boek*

quelque I BNW *enig(e)*; *een of ander*; *een zekere* ★ ~ chose *iets* ★ ~ part *ergens* ★ ~ peu *enigszins* ★ les ~s... *de weinige...*; *de paar...* ★ avec ~s amis *met een paar vrienden* ★ mille et ~s *ruim/iets meer dan duizend* ★ FORM. ~... que [+ subj.] *welke... ook* ★ ~s intentions que vous ayez *welke bedoelingen u ook heeft* ★ ~s [mv] *enkele*; *enige*; *weinige* **II** BIJW *ongeveer* ★ il a ~ huit ans *hij is ongeveer acht jaar* ★ ~... que [+ subj.] *hoe... ook* ★ ~ bon qu'il soit *hoe goed hij ook is*

quelquefois BIJW *soms*; *af en toe*

quelques-uns ONB VNW [v mv: **quelques-unes**] *enige(n)*; *sommige(n)*

quelqu'un ONB VNW [v: **quelqu'une**] *iemand* ★ ~ d'honnête *een eerlijk mens* ★ il se prend pour ~ *hij vindt zichzelf heel wat* ⟨belangrijk⟩

quémander OV WW *bedelen /dringend vragen om*

quémandeur M [v: **quémandeuse**] *iem. die om iets bedelt*

qu'en-dira-t-on M [mv: id.] *praatjes van de mensen*; *geroddel*

quenelle V CUL. *balletje of worstje van vis- of vleesfondue*; *quenelle*

quenotte V INFORM. *melktand*

quenouille V *spinrokken*

quéquette V JEUGDT. *piemel*; *plasser*

querelle V *twist*; *onenigheid* ★ chercher ~ à *ruzie zoeken met*

quereller I OV WW FORM. *twisten met* **II** WKD WW [**se** ~] FORM. *twisten*; *ruziën (***avec** *met)*

querelleur I M [v: **querelleuse**] OUD. *ruziezoeker* **II** BNW [v: **querelleuse**] *twistziek*

quérir OV WW FORM. *halen* ★ envoyer ~ *laten halen*

questeur M ● *quaestor* ● *parlementslid belast met het dagelijks bestuur*

question V ● *vraag* ● *kwestie*; *vraagpunt* ● GESCH. *foltering* ★ ~ de confiance *vertrouwenskwestie* ★ la personne en ~ *de bewuste persoon*; *de persoon in kwestie* ★ faire ~ *twijfelachtig zijn* ★ mettre en ~ *in twijfel trekken*; *ter discussie stellen* ★ remettre en ~ *weer op losse schroeven zetten* ★ se poser des ~s (sur qc) *zich iets afvragen*; *zich beraden (over)* ★ OOK FIG. (sou)mettre qn à la ~ *iem. op de pijnbank leggen* ★ de quoi est-il ~? *waar gaat het over?* ★ la ~ est de savoir si... *de vraag is of...* ★ (il n'en est) pas ~! /(c'est) hors de ~! *(daar is) geen sprake van!*

questionnaire M *vragenlijst*

questionner OV WW *ondervragen*; *uitvragen (***sur** *over)*

quête V ● *(geld)inzameling* ● FORM. *(het) zoeken*; *zoektocht (***de** *naar)*; *queeste* ★ faire la ~ *geld inzamelen*; *collecteren* ★ se mettre en ~ (de) *op zoek gaan (naar)*

quêter I OV WW ● *vragen /bedelen om*; FIG. *hengelen naar* ● *opsporen* ⟨v. wild⟩ **II** ONOV WW *collecteren*; *giften inzamelen*

quêteur I M [v: **quêteuse**] ● *collectant* ● *zoeker (***de** *naar)* **II** BNW [v: **quêteuse**] ★ chien ~ *speurhond* ★ moine ~ *bedelmonnik*

quetsche V *kwets* ⟨pruim⟩

queue V ● OOK FIG. *staart* ● *rij* ⟨v. wachtenden⟩; *file* ● PLANTK. *steeltje* ● *handvat*; *steel* ● *(achter)einde*; FIG. *staart(je)* ● *sleep* ⟨v. jurk⟩; *slip* ⟨v. jas⟩ ● *biljartkeu* ● VULG. *lul* ★ OOK FIG. ~-de-cheval *paardenstaart* ★ la ~ d'une lettre/note *de staart v.e. letter/noot* ★ à la ~ *achteraan (in de rij)* ★ INFORM. ~ à ~ *bumper aan bumper* ★ à la ~ leu leu *achter elkaar op een rij* ★ sans ~ ni tête *zonder kop of staart* ★ la ~ basse /entre les jambes *met de staart tussen de benen* ★ faire la ~ *in de rij staan* ★ faire une ~ de poisson à qn *iem. snijden* ⟨in het verkeer⟩ ★ faire fausse ~ *ketsen* ⟨met biljartkeu⟩ ★ finir en ~ de poisson *op niets uitlopen*; *als een nachtkaars uitgaan* ★ se mordre la ~ *in eigen staart bijten*; FIG. *in een kringetje ronddraaien* ★ prendre la ~ *in de rij gaan staan* ★ INFORM. pour des ~s de cerise *voor niks*; *tevergeefs*

queue-de-pie V [mv: **queues-de-pie**] *rokkostuum*
queue-de-rat V [mv: **queues-de-rat**] *rattenstaart* ⟨ronde vijl⟩
qui I VR VNW *wie* ★ qui est-ce ? *wie is dat ?* ★ qui que ce soit *wie het ook is/moge zijn* **II** BETR VNW • *die*; *dat*; *wie*; *welke* • *wat*; *hetgeen* ★ qu'est-ce qui...? *wat...?* ★ ce qui *hetgeen* ★ le livre qui me plaît *het boek dat me bevalt* ★ FORM. qui..., qui... *de een..., de ander...* ★ je l'ai vu qui passait *ik zag hem voorbijkomen* ★ qui pis est *wat erger is* ★ c'était à qui serait le plus rapide *het ging erom wie het snelste was* ★ sauve qui peut *redde wie zich redden kan*
quiche V *quiche* ⟨hartige taart⟩
quiconque PERS VNW • *ieder die*; *al wie* • *wie (dan) ook*
quid (zeg: kwied) VR VNW ★ INFORM. quid de...? *hoe staat het met...?*
quidam M ★ IRON. un ~ *een zeker iem.*
quiétude V *rust*; *gemoedsrust*
quignon M INFORM. *homp brood*
quille V • SPORT *kegel* • INFORM. *been* • SCHEEPV. *kiel* • *langwerpige fles* • MIL./INFORM. *(het) afzwaaien*
quincaillerie V • *ijzerhandel* • *ijzerwaren*
quinconce M ★ en ~ *per vijf gegroepeerd* ⟨als de vijf op een dobbelsteen⟩
quinine V *kinine*
quinquagénaire I BNW *vijftigjarig* **II** M/V *vijftigjarige*; *vijftiger*
quinquennal BNW [m mv: **quinquennaux**] • *vijfjaarlijks* • *vijfjarig* ★ plan ~ *vijfjarenplan*
quinquennat M *vijfjarige ambtsperiode*
quinquet M • *soort petroleumlamp* • INFORM. *oog* ★ INFORM. allume tes ~s! *kijk uit je doppen!*
quinquina M *kina*
quint (zeg: ke(n)) TELW ★ Sixte Quint *Sixtus de Vijfde* ★ Charles Quint *Karel de Vijfde*
quintal M [mv: **quintaux**] *centenaar* ⟨100 kg⟩; *kwintaal*
quinte V • MUZ. *kwint* • *vijfkaart* ★ ~ (de toux) *hoestbui*
quintessence V *kwintessens*; *(het) voornaamste*
quintette M *kwintet*
quinteux BNW • *nukkig* ⟨v. paard e.d.⟩ • *bij buien optredend* ⟨v. hoest⟩
quintuple I M *vijfvoud* **II** BNW *vijfvoudig*
quintupler OV+ONOV WW *vervijfvoudigen*
quintuplés M MV [v mv: **quintuplées**] *vijfling*
quinzaine V • *vijftiental* • *veertien dagen* ★ dans une ~ *over twee weken*
quinze I TELW • *vijftien* • *vijftiende* ★ ~ jours *veertien dagen* ★ d'aujourd'hui en ~ *(vandaag) over twee weken* ★ Louis Quinze *Lodewijk de Vijftiende* **II** M *vijftien* ★ le ~ *de vijftiende* ⟨v.d. maand⟩ ★ le(s) ~ *het rugbyteam*
quinzième I TELW *vijftiende* **II** M *vijftiende deel*
quinzièmement BIJW *ten vijftiende*
quiproquo M *vergissing*; *misverstand*; *(persoons)verwisseling*
quittance V *kwitantie* ★ donner ~ de qc à qn *iem. iets kwijtschelden*
quitte BNW • *quitte* • **~ de** *vrij van*; *ontslagen van* ★ OOK FIG. ~ ou double *quitte of dubbel* ★ ~ à [+ infin.] *op gevaar af van* ★ en être ~ pour la peur *er met de schrik afkomen* ★ être ~ envers qn *iem. niets meer schuldig zijn* ★ déclarer /tenir qn ~ de qc *iem. iets kwijtschelden*
quitter I OV WW • *verlaten*; *weggaan uit/van* • *opgeven* ⟨v. bezigheden e.d.⟩ • *uittrekken* ⟨v. kleren⟩; *afleggen* ★ ne quittez pas *blijf aan de lijn* ⟨telefoon⟩ ★ ~ la partie *het opgeven* ★ ~ sa place *van zijn plaats opstaan* ★ ~ la route *van de weg raken* ★ ne pas ~ des yeux *de ogen niet (kunnen) afhouden van* **II** WKD WW [**se** ~] *uit elkaar gaan*
quitus (zeg: -tuus) M *kwijting* ★ donner ~ *decharge verlenen*
qui-vive M [mv: id.] ★ être sur le ~ *op zijn hoede zijn*
quiz M *quiz*
quoi I VR VNW *wat* ★ à quoi? *waaraan?* ★ à quoi bon? *wat heeft het voor zin?* ★ ... ou quoi? *... of niet (soms)?* ★ pour quoi faire? *waarom?* ★ quoi de plus utile que l'étude? *wat is er nuttiger dan studeren?* ★ tu parles ou quoi? *zeg je nou eindelijk wat?* **II** BETR VNW *wat* ⟨na voorzetsel⟩ ★ à quoi *waaraan*; *waartoe* ★ après quoi *waarna* ★ comme quoi *waaruit blijkt dat*; *wat erop neerkomt dat* ★ de quoi [+ infin.] *het nodige om*; *voldoende om* ★ il y a de quoi! *terecht!*; *met reden!* ★ (il n'y a) pas de quoi! *geen dank!*; *graag gedaan!* ★ INFORM. avoir de quoi *er warmpjes bijzitten* ★ avoir de quoi vivre *voldoende hebben om te kunnen leven* ★ donnez-moi de quoi écrire *geef mij schrijfgereedschap* ★ il n'y a pas de quoi vous fâcher *er is geen reden om kwaad te worden* **III** ONB VNW ★ quoi que [+ subj.] *wat ook (maar)* ★ quoi que vous disiez *wat u ook zegt* ★ quoi qu'il en soit *hoe het ook zij* **IV** TW *wat?*; *wat!*; *hè?*; *hè!*
quoique, quoiqu' ⟨vóór il/elle/un/une/⟩ VW [+ subj.] *hoewel*; *ofschoon*
quolibet M *spottende opmerking*
quorum (zeg: k(w)orom) M *quorum*
quota (zeg: k(w)-) M *quota*; *aandeel*
quote-part V [mv: **quotes-parts**] *aandeel*; *bijdrage*; *quotum*
quotidien I BNW [v: **quotidienne**] • *dagelijks* • *alledaags* **II** M *dagblad* ★ au ~ *in het dagelijks leven*
quotidiennement BIJW *dagelijks*
quotient M *quotiënt* ★ ~ intellectuel *intelligentiequotiënt*
quotité V *quotiteit*; *evenredig bedrag*

R

r M letter *r* ★ r comme Roger *de r van Rudolf*
rab INFORM. → **rabiot**
rabâchage M *(het) eindeloos herhalen*; *gezanik*
rabâcher OV+ONOV WW *eindeloos herhalen*; *zaniken*
rabâcheur M [v: **rabâcheuse**] *zeurkous*; *zanik*
rabais M *korting* ‹op prijs› ★ vendre au ~ *met korting verkopen* ★ INFORM. travail au ~ *onderbetaald werk*
rabaisser I OV WW MEESTAL FIG. *verlagen*; *neerhalen*; *kleineren* **II** WKD WW [**se** ~] *zich verlagen (***à** *tot, om)*
rabat M ● *overslag* ‹v. kledingstuk, doek›; *bef* ‹v. toga›; *klep* ‹v. zak, tas›; *flap* ‹v. stofomslag› ● *(het) opdrijven* ‹v. wild›
rabat-joie I M [mv: **rabat-joie(s)**] *spelbreker*; *zuurpruim*; *nurks* **II** BNW [onver.] *chagrijnig*
rabattage M ● *(het) opdrijven* ‹v. wild› ● *(het) kappen* ‹v. takken›
rabatteur M [v: **rabatteuse**] ● *drijver* ‹bij drijfjacht› ● PEJORATIEF *ronselaar*; *werver* ‹v. klanten›; *runner*
rabattre I OV WW ● *neerslaan*; *terugklappen*; *dichtklappen*; *sluiten* ‹v. deksel, luik e.d.› ● *(v.d. prijs) afdoen (***de, sur** *van)* ● OOK FIG. *knotten* ● *opdrijven* ‹v. wild› ★ en ~ *inbinden*; *een toontje lager zingen* ★ col rabattu *liggende kraag* **II** WKD WW [**se** ~] ● *(opeens) van richting /rijstrook veranderen*; *invoegen* ● *(kunnen) neerklappen* ● ~ **sur** *terugvallen op*; *genoegen nemen met*
rabbi M ● → **rabbin**
rabbin M *rabbijn* ★ grand ~ *opperrabbijn*
rabbinique BNW *rabbijnen-*; *rabbijns*
rabelaisien BNW [v: **rabelaisienne**] *(als) van Rabelais*; *rabelaisiaans*; *vrijgevochten*
rabibocher OV WW ● INFORM. *oplappen*; *opknappen* ● *(met elkaar) verzoenen*
rabiot M ● INFORM. *restje* ‹eten›; *kliekje*; *extra portie* ● INFORM. *extra diensttijd*; *overwerk* ★ en rab *overtollig* ★ faire du ~ *overuren maken*
rabioter I OV WW INFORM. *inpikken* **II** ONOV WW INFORM. *schnabbelen*; *wat (bij)verdienen (***sur** *aan, op)*
rabique BNW *wat hondsdolheid betreft*
râble M ● *rugstuk* ‹v. haas, konijn› ● INFORM. *rug* ● *rakel*
râblé BNW *met brede rug*; *breedgebouwd*
rabot M *schaaf*
rabotage M *(het) schaven*
raboter OV WW *schaven*
raboteuse V *schaafmachine*
raboteux BNW [v: **raboteuse**] OOK FIG. *ruw*; *oneffen*; *hobbelig*
rabougri BNW *niet uitgegroeid*; *verschrompeld*; *verkwijnd*; *verpieterd*
rabougrir WKD WW [**se** ~] *verschrompelen*; *kwijnen*
rabouter OV WW *aan elkaar zetten*; *samenvoegen*
rabrouer OV WW *afsnauwen*
racaille V *tuig*; *gespuis*; *geteisem*
raccommodable BNW *verstelbaar* ‹v. goed, schoeisel›
raccommodage M *(het) oplappen*; *verstelwerk*
raccommodement M INFORM. *verzoening*
raccommoder I OV WW ● *verstellen* ‹v. goed, schoeisel›; *(op)lappen* ● INFORM. *verzoenen* **II** WKD WW [**se** ~] INFORM. *zich met elkaar verzoenen*
raccommodeur M [v: **raccommodeuse**] *versteller* ‹v. goed, schoeisel›; *oplapper*
raccompagner OV WW *thuisbrengen*; *uitgeleide doen*
raccord M ● *verbindingsstuk*; *aansluiting* ● *overgang* ‹tussen scènes, passages e.d.› ★ faire un ~ *de verf(laag) wat bijwerken*; INFORM. *even de make-up bijwerken*
raccordement M *aansluiting (***à** *op)*; *verbinding*
raccorder I OV WW *(met elkaar) verbinden*; *aansluiten (***à** *op)* **II** WKD WW [**se** ~] **à, avec** *aansluiten op/bij*
raccourci M ● *verkorting*; *beknopte /simplistische weergave* ● *kortere weg* ● COMP. *snelkoppeling* ★ ~ clavier *sneltoets* ★ en ~ *in beknopte vorm*
raccourcir I OV WW *verkorten*; *inkorten* ★ à bras raccourcis *uit alle macht* ★ ça raccourcit *dat is korter* ‹v. weg› **II** ONOV WW *korter worden*
raccourcissement M *verkorting*
raccroc (zeg: -kroo) M ★ par ~ *door stom geluk*; *toevallig*
raccrocher I OV WW ● *(weer) ophangen /aanhaken* ● *aanklampen* ‹v. persoon› ● *(alsnog) in de wacht slepen* **II** ONOV WW ● *ophangen* ‹telefoon› ● INFORM. *ermee ophouden* ‹v. sporter› ★ ~ au nez de qn *de hoorn op de haak gooien* **III** WKD WW [**se** ~] ● OOK FIG. *zich vastklampen (***à** *aan)* ● *aansluiten (***à** *bij)*
raccrocheur BNW [v: **raccrocheuse**] *pakkend*
race V ● *ras* ● *slag* ‹soort v. mensen› ★ chien de race *rashond*
racé BNW ● *rasecht* ‹v. dier› ● *van klasse*
rachat M ● *terugkoop* ● *vrijkoping* ● *afkoop* ● *aflossing*; OOK FIG. *delging*
rachetable BNW *afkoopbaar*; *terugkoopbaar*; OOK FIG. *te delgen*
racheter I OV WW ● *afkopen* ● *aflossen* ● *weer/erbij kopen* ● *(weer) goedmaken* ‹v. fout, vergrijp›; *uitboeten* ● *door koop overnemen* ● *terugkopen* ● *vrijkopen*; REL. *verlossen* ★ ~ un candidat *een kandidaat toch nog laten slagen* **II** WKD WW [**se** ~] *het weer goedmaken*; *zich beteren*
rachidien BNW [v: **rachidienne**] *ruggengraats-*; *wervel-* ★ bulbe ~ne *verlengde ruggenmerg*
rachis (zeg: -sjies) M *wervelkolom*; *ruggengraat*
rachitique BNW ● *rachitisch* ● FIG. *achtergebleven*; *schriel*
rachitisme M *Engelse ziekte*; *rachitis*
racial BNW [m mv: **raciaux**] *ras(sen)-*; *raciaal*
racine V OOK FIG./WISK. *wortel* ★ ~ du nez *neuswortel* ★ WISK. ~ carrée *vierkantswortel* ★ WISK. ~ cubique *derdemachtswortel* ★ extraction de la ~ *(het) worteltrekken* ★ pousser des ~s *wortels krijgen* ★ prendre ~ *wortel schieten*; *ergens lang blijven plakken* ★ attaquer /couper le mal à la ~ *het kwaad in*

r

de wortel aanpakken; *de bijl aan de wortel leggen*
racisme M *racisme*
raciste I BNW *racistisch* **II** M/V *racist*
racket (zeg: -kèt) M *(geld)afpersing*
racketter OV WW *(protectie)geld eisen van*; *afpersen*
racketteur M *afperser (onder bedreiging)*
raclage M *(het) afschrapen*
raclée V • INFORM. *pak slaag* • INFORM. *(forse) nederlaag*
raclement M ★ ~ de gorge *(het) schrapen van de keel*
racler I OV WW *afkrabben*; *(schoon)schrapen* ★ ~ du violon *op een viool krassen* **II** WKD WW [**se** ~] ★ se ~ la gorge *de keel schrapen*
raclette V • *schraapijzer*; *krabbertje* • *raclette* ⟨fondue v. schraapkaas⟩
racloir M *schraapijzer*
raclure V • *schraapsel* • *uitvaagsel*
racolage M • *(het) ronselen /(aan)werven* • *(het) tippelen* ⟨v. prostituee⟩
racoler OV WW *ronselen*; *werven* ⟨v. klanten, leden⟩; *aanklampen* ⟨door prostituee⟩
racoleur I M [v: **racoleuse**] • *ronselaar*; *klanten-/ledenwerver* • *tippelaar(ster)* **II** BNW [v: **racoleuse**] *wervend*
racontable BNW *te vertellen*
racontar M *praatje*; *roddel*
raconter I OV WW *vertellen*; *verhalen* **II** WKD WW [**se** ~] • *verteld (kunnen) worden* • *van zichzelf vertellen* ★ INFORM. se la ~ *zich dingen verbeelden*
racorni BNW OOK FIG. *verhard*; *ongevoelig*
racornir I OV WW *hard maken*; *verschrompelen* **II** WKD WW [**se** ~] *inschrompelen*; *hard worden*
racornissement M *verharding*
radar M *radar* ★ écran ~ *radarscherm* ★ ~ automatique *flitspaal*
radariste M/V *radartechnicus*
rade V SCHEEPV. *rede* ★ INFORM. rester en rade *blijven steken*; *stagneren* ⟨v. project⟩ ★ INFORM. laisser en rade *in de steek laten*
radeau M [mv: **radeaux**] *(hout)vlot*
radial BNW [m mv: **radiaux**] • *radiaal(-)*; *stralen-* • *spaakbeen-* ★ pneu ~ *radiaalband* ★ couronne ~e *stralenkrans* ★ (voie) ~e *ontsluitingsweg* ⟨v. centrum naar randweg⟩
radiant I BNW *stralend*; *(uit)stralings-* **II** M STERRENK. *radiant*
radiateur M *radiator*
radiation V • NATK. *straling* • *schrapping*; *doorhaling*; *royement*
radical I BNW [m mv: **radicaux**] • *radicaal* • FIG. *wortel-*; *grond-*; *stam-* **II** M [mv: **radicaux**] • *radicaal*; *grondvorm* • POL. *radicaal* • *wortelteken*
radicalisation V *radicalisering*
radicaliser I OV WW *radicaliseren* **II** WKD WW [**se** ~] *radicaliseren*
radicalisme M *radicalisme*
radicelle V *wortelvezel*; *haarwortel*
radié BNW *straalvormig*; *straal-*
radier OV WW *schrappen*; *doorhalen*; *royeren*
radiesthésiste M/V *wichelroedeloper* ★ baguette de ~ *wichelroede*
radieux BNW [v: **radieuse**] OOK FIG. *stralend*
radin I BNW INFORM. *gierig* **II** M [v: **radine**] INFORM. *gierigaard*
radiner I ONOV WW INFORM. *eraan komen* **II** WKD WW [**se** ~] INFORM. *eraan komen*
radinerie V INFORM. *gierigheid*
radio I M *marconist*; *boord-/radiotelegrafist* **II** V • *radio(-omroep)* • *radio(toestel)* • *röntgenfoto*; *(röntgen)doorlichting* ★ émission ~ *radio-uitzending* ★ passer à la ~ *op de radio komen*; *doorgelicht worden* **III** VOORV • *radio-* • *röntgen-* • *stralings-*
radioactif BNW [v: **radioactive**] *radioactief*
radioactivité V *radioactiviteit*
radioamateur M *radioamateur*
radiocassette V *radiocassetterecorder*
radiocommunication V *radioverkeer*; *radioverbinding*
radiodiffuser OV WW *(via de radio) uitzenden*
radiodiffusion V *radio-omroep*
radiographie V *röntgenfoto*; *röntgenfotografie*
radiographier OV WW *doorlichten*; *een röntgenfoto maken van*
radiographique BNW *röntgen-*; *radiografisch*
radioguidage M • *draadloze besturing* • *radiobakens* • *verkeersberichten* ⟨op de radio⟩
radiologie V MED. *radiologie*; *röntgenologie*
radiologique BNW *radiologisch*; *röntgen-*
radiologue M/V *radioloog*
radionavigant M *marconist*
radiophare M *radiobaken*
radiophonique BNW *radio-(omroep)-* ★ pièce ~ *hoorspel*
radioreportage M *radioverslag*
radio-réveil M [mv: **radios-réveils**] *wekkerradio*
radioscopie V *radioscopie*; *doorlichting*
radiotélévisé BNW *via radio en tv uitgezonden*
radiothérapie V *röntgentherapie*; *radiotherapie*
radis (zeg: -die) M *radijs* ★ ~ noir *rammenas* ★ INFORM. n'avoir plus un ~ *geen rooie cent meer hebben*
radium (zeg: radjom) M *radium*
radius (zeg: -djuus) M *spaakbeen*; *radius*
radotage M *gebazel*
radoter ONOV WW *bazelen*; *leuteren*
radoteur M [v: **radoteuse**] *bazelaar*; *leuteraar*
radoub (zeg: -doe) M *reparatie* ⟨v. schip⟩; *kalfatering* ★ bassin /cale /forme de ~ *droogdok*
radouber OV WW • *kalefateren* • *boeten* ⟨v. net⟩
radoucir I OV WW FIG. *verzachten* **II** WKD WW [**se** ~] *bedaren*; *zachter worden* ⟨v.h. weer⟩
radoucissement M *verzachting* ⟨v.h. weer⟩; *(het) zachter/milder worden*
rafale V • *rukwind*; *stormvlaag* • *serie schoten*; OOK FIG. *salvo*
raffermir I OV WW OOK FIG. *versterken*; *steviger maken* **II** WKD WW [**se** ~] *steviger /vaster /stabieler worden*
raffermissement M OOK FIG. *versterking*; *versteviging*
raffinage M *raffinage*
raffiné BNW OOK FIG. *geraffineerd*; *verfijnd*
raffinement M *raffinement*; *verfijning* ★ ~ de cruauté *toppunt van wreedheid*

raffiner I OV WW *zuiveren; raffineren;* OOK FIG. *verfijnen* **II** ONOV WW *tot het uiterste gaan; overdreven precies zijn (***sur** *in)*
raffinerie V *raffinaderij*
raffineur M *raffinadeur*
raffoler ONOV WW ~ **de** *dol/verzot zijn op*
raffut (zeg: -fuu) M INFORM. *lawaai; stampij*
rafiot M *gammele schuit*
rafistolage M INFORM. *(het) oplappen; lapwerk*
rafistoler OV WW INFORM. *oplappen*
rafle V • *razzia; politieoverval* • *afgeriste tros druiven /bessen; afgeriste maïskolf*
rafler OV WW INFORM. *wegkapen; meegrissen; wegslepen* ‹v. prijs/medaille›
rafraîchir I OV WW • *verfrissen; koelen* ‹v. dranken, etenswaren› • FIG. *opfrissen; opknappen; ophalen* ‹v. kleuren, schilderij› • *punten bijknippen* ‹v. haar› ★ ~ la mémoire /les idées *het geheugen opfrissen* **II** ONOV WW *koel worden; afkoelen* ‹v. dranken, etenswaren› **III** WKD WW [**se** ~] • *koel/fris worden* • *zich opfrissen; iets fris drinken*
rafraîchissant BNW OOK FIG. *verfrissend*
rafraîchissement M • *verfrissing; afkoeling* • FIG. *opfrissing* • *koel drankje; verversing*
rafting M *rafting* ‹wildwatersport›
ragaillardir OV WW *opvrolijken; opkikkeren*
rage V • *woede; razernij* • *zucht; manie* • *hondsdolheid* ★ la rage de lire *leeswoede* ★ rage de dents *hevige kiespijn* ★ en rage (contre) *woedend (op)* ★ avoir la rage (au cœur) *razend zijn;* INFORM. *hevig balen* ★ avoir la rage de faire des vers *verzot zijn op verzen maken* ★ faire rage *woeden*
rageant BNW *om woest van te worden; ergerlijk*
rager ONOV WW *razen; tieren (***de** *om, omdat)*
rageur BNW [v: **rageuse**] *opvliegend; driftig*
ragondin M *beverrat(bont); nutria*
ragot M • [vaak mv] *kletspraatje; roddel* • *jong wild zwijn*
ragoût M *ragout*
ragoûtant BNW ★ OOK FIG. pas/peu ~ *onappetijtelijk*
rai M • FORM. *(licht)straal* • *houten spaak*
raï M *rai(muziek)*
raid (zeg: rèd) M • *overval; raid* • *afstandsrit/ -tocht* ★ raid aérien *luchtaanval*
raide I BNW • OOK FIG. *stijf; strak; star; stug* • *steil* ‹ook v. haar› • INFORM./FIG. *stug; kras* ‹ongeloofwaardig, gewaagd›; *scherp* ‹v. sterkedrank› • INFORM. *blut* • INFORM. *lam* ‹stomdronken, stoned› **II** BIJW • *strak* • *steil* • *ineens* • INFORM. *hartstikke* ★ ~ mort *morsdood* ★ tomber ~ (mort) *ter plekke doodvallen*
raider (zeg: rèdeur) M *(beurs)overvaller; raider*
raideur V • *stijfheid; strakheid; stugheid;* OOK FIG. *starheid* • *steilheid*
raidillon M *steil paadje; hellinkje*
raidir I OV WW • *stijf maken; strak maken; spannen* • *stijven (***dans** *in)* **II** WKD WW [**se** ~] • *zich schrap zetten (***contre** *tegen)* • *stijf worden*
raidissement M • *verstijving* • FIG. *verstarring; starheid*
raie (zeg: rè) V • *streep; lijn* • *haarscheiding* • *ondiepe vore; ril* • *rog* ★ INFORM. raie des fesses *bilnaad; achterwerk* ★ tissu à raies *streepjesgoed*
raifort M • *mierikswortel* • *rammenas*
rail (zeg: raj) M *rail* ★ le rail *de trein; het spoor* ★ par rail *per spoor*
railler I OV WW *bespotten; voor de gek houden* **II** ONOV WW FORM. *gekscheren*
raillerie V *scherts; spotternij*
railleur I BNW [v: **railleuse**] *spottend* **II** M [v: **railleuse**] *spotter*
rainer OV WW *een sleuf maken in; groeven*
rainette V *boomkikvors*
rainurage M *spoorvorming* ‹ribbels in wegdek›
rainure V *groef; gleuf; sponning*
rainurer OV WW *een sleuf maken in; groeven*
raisin M *druif* ★ ~ blanc/noir *witte/blauwe druif* ★ ~ sec *rozijn* ★ ~ de Corinthe *krent* ★ un grain de ~ *een druif*
raisiné M *druivengelei/-jam*
raison V • *rede; verstand* • *reden; oorzaak* • *gelijk* • WISK. *reden; verhouding* ★ ~ d'État *staatsraison* ★ ~ d'être *bestaansreden* ★ ~ sociale *firmanaam* ★ la ~ pour laquelle *de reden waarom* ★ ~ de plus pour *reden te meer om* ★ à ~ de *tegen de prijs van; (gerekend) op basis van* ★ à plus forte ~ *des te meer* ★ avec ~ *terecht* ★ âge de ~ *jaren des onderscheids* ★ mariage de ~ *verstandshuwelijk* ★ comme de ~ *zoals billijk is; uiteraard* ★ plus que de ~ *meer dan goed is; al te veel* ★ en ~ de *wegens; evenredig met* ★ pour cette ~ *om die reden* ★ pour des ~s de famille *wegens familieomstandigheden* ★ avoir ~ *gelijk hebben* ★ avoir ~ de *het winnen van* ★ donner ~ *gelijk geven* ★ entendre ~ /se rendre à la ~ *naar rede luisteren /voor rede vatbaar zijn* ★ se faire une ~ *zich (in het onvermijdelijke) schikken* ★ perdre la ~ *zijn verstand verliezen* ★ ramener à la ~ *tot rede brengen* ★ OUD. rendre ~ (de) *rekenschap geven (van)*
raisonnable BNW *redelijk* ‹in alle betekenissen›
raisonné BNW *doordacht; beredeneerd*
raisonnement M *redenering; argumentatie*
raisonner I OV WW • *tot rede brengen; inpraten op* • *discussiëren over; beredeneren* **II** ONOV WW *redeneren; discussiëren; argumenteren* **III** WKD WW [**se** ~] *voor rede vatbaar zijn*
raisonneur M [v: **raisonneuse**] • FORM. *redeneerder* • *drammer; betweter*
rajah M *radja*
rajeunir I OV WW *(als) jonger maken; verjongen; vernieuwen* ★ ça ne me rajeunit pas *daar voel ik me oud bij* ‹zo snel vliegt de tijd›; *ach lieve tijd!; waar blijft de tijd!* **II** ONOV WW *(als) jonger worden* **III** WKD WW [**se** ~] *zich verjongen; (als) jonger worden*
rajeunissant BNW *verjongend; verjongings-*
rajeunissement M *verjonging; vernieuwing*
rajout M • *toevoegsel* • *aanbouw*
rajouter OV WW *weer/nog toevoegen* ★ INFORM. vous en rajoutez! *u overdrijft!*
rajustement M *(het) weer in orde brengen; aanpassing* ‹v. lonen, prijzen e.d.›
rajuster I OV WW *weer in orde brengen; fatsoeneren; aanpassen* ‹v. lonen, prijzen e.d.›

II WKD WW [**se** ~] *z'n kleren fatsoeneren*
râle M • *gerochel*; *gereutel* • *ral* ⟨vogel⟩
râlement M *gereutel*
ralenti I M *vertraagd tempo* ★ au ~ *(in) vertraagd (tempo)*; *in slow motion*; *stationair (draaiend)* ⟨v. motor⟩ **II** WW [volt. deelw.] • → **ralentir**
ralentir I OV WW *vertragen*; FIG. *verminderen*; *afremmen* ★ ~ le pas *langzamer gaan lopen* **II** ONOV WW *snelheid minderen* **III** WKD WW [**se** ~] *langzamer worden*; *afnemen*
ralentissement M • *vertraging* • FIG. *vermindering*
ralentisseur M • *vertragingsmechanisme* • *remstof* • *(lage) verkeersdrempel*
râler ONOV WW • *reutelen* • INFORM. *kankeren*; *mopperen (**contre** op)* • *schor schreeuwen* ⟨v. dieren⟩ ★ ça fait ~ /c'est râlant *dat is ergerlijk*
râleur I M [v: **râleuse**] INFORM. *mopperaar*; *kankerpit* **II** BNW [v: **râleuse**] *mopperig*
ralliement M • *verzameling*; *hergroepering* • FIG. *(het) zich aansluiten (**à** bij)*; *toetreding (**à** tot)* ★ mot de ~ *wachtwoord* ★ point de ~ *verzamelpunt*; *trefpunt*
rallier I OV WW • *(weer) verzamelen*; *(weer) verenigen* • *(terug)gaan naar*; OOK FIG. *zich aansluiten bij* ★ ~ qn à une cause *iem. voor een zaak winnen* **II** WKD WW [**se** ~] *zich (weer) verzamelen*; *zich scharen (**à** bij, onder)*; OOK FIG. *zich aansluiten (**à** bij)*
rallonge V • *verlengstuk*; *verlengsnoer* • INFORM. *toeslag*; *aanvulling*; *extraatje* ★ table à ~s *uitschuiftafel*
rallongement M *verlenging*
rallonger I OV WW *verlengen* ★ ~ une table *een tafel uittrekken* ★ INFORM. cela me rallonge *dat is een omweg (voor me)* **II** ONOV WW *lengen* ⟨v. dag⟩
rallumer I OV WW • *weer aansteken* • *weer aanzetten /aandoen* ⟨v. apparaat, licht⟩ • FIG. *weer aanwakkeren* **II** WKD WW [**se** ~] *weer gaan branden*; OOK FIG. *weer opvlammen*
rallye (zeg: ralie) M *rally*
RAM V COMP. *RAM*
ramadan M *ramadan*
ramage M LIT. *gezang* ⟨v. vogels⟩; *gekweel* ★ ~s [mv] *rankmotief*; *rankwerk*
ramager ONOV WW LIT. *zingen* ⟨v. vogels⟩; *kwelen*
ramassage M • *(het) bijeenbrengen*; *(het) verzamelen*; *(het) ophalen* • *(het) oprapen*; *(het) plukken* ★ car de ~ scolaire *schoolbus* ★ service de ~ *ophaaldienst*
ramassé I BNW • *bondig* • *(ineen)gedrongen* **II** WW [volt. deelw.] • → **ramasser**
ramasse-miettes, ramasse-miette M [mv: **ramasse-miettes**] *kruimeldief* ⟨stofzuigertje⟩
ramasser I OV WW • *bijeenbrengen*; *verzamelen*; *ophalen* • *oprapen*; OOK FIG. *oppakken*; *plukken* • INFORM. *opdoen*; *oplopen*; *(te verduren) krijgen* • *bondig maken* ★ ~ ses forces *zijn krachten verzamelen* **II** WKD WW [**se** ~] • *ineenduiken* • INFORM. *weer opstaan*; *overeind krabbelen* • INFORM. *onderuitgaan*; *afgaan* ⟨falen⟩
ramasseur M [v: **ramasseuse**] • *inzamelaar*; *ophaler* • *opraper* ★ ~ de balles *ballenjongen* ⟨tennis⟩
ramassis (zeg: -sie) M *samenraapsel*; *zootje*
rambarde V *reling*; *leuning* ⟨borstwering⟩
ramdam M INFORM. *kabaal*
rame V • *roeiriem* • *treinstel* • *staak* ⟨voor bonen enz.⟩ • *riem papier* ★ haricots à rames *stokbonen* ★ INFORM. ne pas en fiche(r) une rame *geen klap uitvoeren*
rameau M [mv: **rameaux**] • *twijg*; *takje* • FIG. *(zij)tak*; *vertakking* ★ (dimanche des) Rameaux *palmzondag*; *Palmpasen*
ramée V FORM. *lover*; *gebladerte*
ramener I OV WW • OOK FIG. *terugbrengen (**à** tot)*; *terugvoeren* • *meebrengen*; *meenemen* • *doen geraken*; *brengen*; *leggen* ★ ~ à la vie *weer tot leven wekken* ★ ~ tout à soi *alles op zichzelf betrekken* ★ INFORM. la ~ /~ sa gueule *een grote mond hebben*; *(ook) een duit in het zakje doen* **II** WKD WW [**se** ~] • INFORM. *terugkomen* • ~ **à** *herleid (kunnen) worden tot*; *neerkomen op*
ramequin M • *kaasgebakje* • *ovenschoteltje*
ramer ONOV WW • *roeien* • INFORM. *zwoegen*; *ploeteren*; *sappelen*
rameur M [v: **rameuse**] *roeier*
rameuter OV WW *bijeenroepen*; *optrommelen*
ramier M ★ (pigeon) ~ *houtduif*
ramification V OOK FIG. *vertakking*
ramifier WKD WW [**se** ~] OOK FIG. *zich vertakken*
ramolli BNW • *zacht geworden*; *verweekt*; OOK FIG. *slap* • INFORM. *(geestelijk) afgetakeld*; *halfzacht*; *kinds* ★ un vieux ~ *een seniele ouwe baas*
ramollir I OV WW *week maken*; OOK FIG. *doen verslappen*; *verwekelijken* **II** WKD WW [**se** ~] *week worden*; OOK FIG. *verslappen*
ramollissement M *verslapping*; *verweking*
ramollo BNW INFORM. → **ramolli**
ramonage M *(het) schoorsteenvegen*
ramoner OV WW *vegen* ⟨v. schoorsteen⟩
ramoneur M *schoorsteenveger*
rampant BNW • OOK FIG. *kruipend* • *kruiperig* ★ IRON. personnel ~ *grondpersoneel*
rampe V • *trapleuning* • *helling* ⟨v. weg⟩; *schuine oprit* • *voetlicht* ★ ~ de lancement *lanceerbaan/-platform* ★ passer la ~ FIG. *over het voetlicht komen*; *(goed) óverkomen* ★ tenir bon la ~ *zich niet klein laten krijgen* ★ INFORM. lâcher la ~ *eruit stappen*; *doodgaan*
ramper ONOV WW OOK FIG. *kruipen (**devant** voor)*
ramponneau M INFORM. *dreun*; *optater*
ramure V • *takwerk*; *(de) takken* • *gewei*
rancard M • INFORM. *afspraakje* • PLAT *tip*; *hint*
rancarder OV WW INFORM. *tippen*; *inlichten*
rancart M ★ INFORM. mettre/jeter au ~ *afdanken*; *er de brui aan geven*
rance BNW *ranzig* ★ sentir le ~ *ranzig ruiken*
ranch M [mv: **ranch(e)s**] *ranch*
ranci BNW • *ranzig* • FIG. *verzuurd*
rancir ONOV WW • *ranzig worden* • FIG. *verzuren*
rancœur M *wrok*; *wrevel (**contre**, **pour** jegens)*
rançon V • *losgeld* • FIG. *prijs (**de** voor)*; *tol*
rançonner OV WW *(onder bedreiging) geld afhandig maken*; FIG. *plukken*; *afzetten*
rançonneur M [v: **rançonneuse**] • OOK FIG.

afzetter • *afperser*
rancune V *wrok (***contre** *jegens)*; *rancune* ★ sans ~! *even goeie vrienden!* ★ garder ~ à qn de qc *iem. iets nadragen*
rancunier BNW [v: **rancunière**] *haatdragend*; *rancuneus*
randonnée V *lange tocht*; *trektocht*; *wandeltocht*
randonneur M [v: **randonneuse**] *trekker*; *(langeafstands)wandelaar*; *toerfietser*
randonneuse V *toerfiets*
rang M • *rij*; *gelid* • *positie* ‹in rangorde›; *rang*; *stand* • *toer* ‹rij breisteken› ★ de rang *op rij*; *achtereen* ★ en/par rang de *in volgorde van* ★ admettre dans ses rangs *in zijn midden /gelederen opnemen* ★ mettre au rang de *rekenen tot* ★ se mettre sur les rangs *meedingen*; *in de running zijn* ★ FIG. rentrer dans le rang *weer in het gareel komen*; *zijn plaats weer kennen* ★ sortir du rang *uit het gelid treden*; *zich van onderop opwerken*
rangé BNW *ordelijk*; *ordentelijk*
rangée V *reeks*; *rij*
rangement M • *(het) opruimen* • *rangschikking* • *bergruimte* ★ (meuble de) ~ *bergmeubel*
ranger I OV WW • *opruimen*; *opbergen*; *wegzetten*; *parkeren* • *rangschikken* • *varen langs* ★ ~ qn parmi /au nombre de ses amis *iem. tot zijn vrienden rekenen* **II** WKD WW [**se** ~] • *zich opstellen*; *zich scharen* • *opzijgaan* • *een geregeld leven gaan leiden* ★ se ~ du côté de qn *zich aan iemands zijde scharen* ★ se ~ à une opinion *zich bij een mening aansluiten*
ranimer I OV WW • *weer tot leven brengen*; *bijbrengen*; *reanimeren* • FIG. *doen herleven*; *doen opleven* • *aanwakkeren* **II** WKD WW [**se** ~] • *weer bijkomen* • *weer opleven*
rantanplan TW • → **rataplan**
rap M *rap(muziek)*
rapace I M *roofvogel* **II** BNW *roofzuchtig*; *hebzuchtig*
rapacité V *roofzucht*; *hebzucht*
râpage M *(het) raspen*
rapatriement M *repatriëring*
rapatrier OV WW *repatriëren*; *naar het vaderland terugzenden*
râpe V • *rasp* • *afgeriste tros/aar* ★ râpe à fromage *kaasschaaf*
râpé I BNW *(tot op de draad) versleten* ★ INFORM. c'est râpé *dat is de mist in*; *dat kun je wel vergeten* **II** M INFORM. *geraspte kaas*
râper OV WW *raspen*; *(af)vijlen*
rapetassage M INFORM. *(het) oplappen*
rapetasser OV WW INFORM. *oplappen*
rapetissement M • *verkleining* • *kleinering*
rapetisser I OV WW • *(schijnbaar) verkleinen* • *kleineren* **II** ONOV WW *kleiner /korter worden*
râpeux BNW [v: **râpeuse**] • *raspig*; *ruw* • *wrang* ‹v. smaak›
raphia M *raffia*
rapiat (zeg: -pjà) BNW INFORM./OUD. *gierig*
rapide I BNW • *vlug*; *snel* • *steil* **II** M • *stroomversnelling* • *sneltrein*
rapidité V • *snelheid* • *steilheid*
rapidos (zeg: -dos) BIJW INFORM. *snel*
rapiéçage M *(het) inzetten v.e. stuk*; *(het) verstellen*
rapiécer OV WW *een stuk zetten in*; *verstellen*; *oplappen*
rapière V *rapier*
rapin M MIN. *kladschilder*
rapine V • FORM. *roof*; *plundering* • FORM. *gestolen goed*
raplapla BNW [onver.] • INFORM. *futloos*; *doodop* • INFORM. *plat*
raplatir OV WW *weer plat maken*
rappareiller OV WW *weer aanvullen*
rappel M • OOK FIG. *terugroeping* • *(manende) herinnering /herhaling*; *(herhaalde) oproep (***à** *tot)*; *rappel* • *nabetaling* ‹v. achterstallig loon› • *(het) terugbrengen* ‹in de oude (toe)stand› • *open doekje*; *bisgeroep* ★ piqûre de ~ *herhalingsinenting* ★ touche de ~ arrière *terug(stel)toets* ★ battre le ~ *verzamelen blazen*; *(de mensen) optrommelen* ★ (descente en) ~ *afdaling aan een (dubbel) touw*; *(het) abseilen* ★ ~ à l'ordre *(het) tot de orde roepen*
rappeler I OV WW • OOK FIG. *terugroepen* • *opnieuw (op)roepen*; *terugbellen* • *in herinnering brengen*; *doen denken aan* • *terugbrengen* ‹in de oude (toe)stand› ★ ~ à l'ordre *tot de orde roepen* ★ ~ qc à qn *iem. aan iets herinneren* ★ OOK FIG. ~ qn à la vie *iem. weer tot leven wekken* ★ rappelez-moi votre nom *hoe heet u ook weer?* **II** WKD WW [**se** ~] *zich herinneren*
rapper ONOV WW MUZ. *rappen*
rappeur M [v: **rappeuse**] MUZ. *rapper*
rappliquer ONOV WW INFORM. *(weer) komen opdagen*
rapport M • *verslag*; *rapport* • *(ver)band (***à**, **avec** *met;* **de**, **entre** *tussen)*; *samenhang*; *betrekking*; *verhouding*; *verstandhouding* • *opbrengst* • *(het) aanzetten /toevoegen* ★ des ~s d'amitié *vriendschapsbetrekkingen* ★ en ~ avec *in overeenstemming /samenhang met*; *in contact (staand) met* ★ INFORM. ~ à *wat betreft* ★ par ~ à *met betrekking tot*; *vergeleken met* ★ il n'y a aucun ~ *dat heeft niets met elkaar te maken* ★ sous le ~ de *wat betreft* ★ sous ce ~ *in dat opzicht* ★ d'un bon ~ *met hoge opbrengst* ★ sous tous les ~s *in alle opzichten* ★ avoir des ~s (sexuels) *seksuele omgang hebben*; *geslachtsgemeenschap hebben*
rapportage M INFORM. *(het) (ver)klikken*
rapporter I OV WW • *terugbrengen*; *apporteren* • *(weer) meebrengen* • *opbrengen*; *opleveren* • *rapporteren*; *berichten*; *vermelden* • *aanzetten*; *aanbrengen*; *toevoegen* • INFORM. *(ver)klikken* • *in verband brengen (***à** *met)* • *herroepen* ★ ~ gros *veel opbrengen* ★ ~ un fait au moyen-âge *een feit in de middeleeuwen situeren* **II** WKD WW [**se** ~] ★ se ~ à *betrekking hebben op* ★ s'en ~ à *zich verlaten op*; *afgaan op*
rapporteur I M [v: **rapporteuse**] • *rapporteur*; *verslaggever* • *klikspaan* **II** M *gradenboog*
rapproché BNW *dichtbij*; *dicht opeen*; *vlak na elkaar* ★ protection ~e *persoonlijke /scherpe bewaking*
rapprochement M • *(het) bij elkaar brengen* • *toenadering* • *(het) in verband brengen*;

*vergelijking (***entre** *tussen)*
rapprocher I OV WW • *dichterbij brengen (***de** *bij)* • OOK FIG. *(nader) tot elkaar brengen* • *in verband brengen; vergelijken (***de** *met)* **II** WKD WW [**se ~**] • *dichterbij komen;* OOK FIG. *in de buurt komen (***de** *van)* • *(nader) tot elkaar komen*
rapsodie V • → **rhapsodie**
rapt (zeg: rapt) M *ontvoering; schaking*
raquer OV+ONOV WW INFORM. *dokken; betalen*
raquette V • SPORT *racket* • *tafeltennisbat* • *sneeuwschoen*
rare BNW • *zeldzaam; schaars; uitzonderlijk* • *dun(gezaaid)* ★ gaz rares *edelgassen* ★ se faire rare *schaars worden; zich zelden meer laten zien* ★ il est rare que *het komt zelden voor dat* ★ rares [mv] *weinige*
raréfaction V • *(het) schaars worden; vermindering* ‹v. aanbod› • *(gas)verdunning*
raréfier I OV WW *verdunnen* ‹v. gas› **II** WKD WW [**se ~**] • *dunner /ijler worden* ‹v. gas› • *schaars worden*
rarement BIJW *zelden*
rareté V • *zeldzaamheid; schaarste* • *geringe frequentie* • *rariteit*
rarissime BNW *uiterst zeldzaam*
ras (zeg: rà) BNW • *kortgeknipt* • *vlak; kaal* • *tot aan de rand (gevuld); afgestreken* ★ à poil ras *kortharig* ‹v. dier› ★ à/au ras du sol *rakelings /vlak boven de grond* ★ à ras bord(s) *boordevol* ★ en rase campagne *in het open /vrije veld* ★ pull ras du/le cou *trui met ronde hals* ★ INFORM. j'en ai ras le bol *ik ben het (spuug)zat* ★ faire table rase *schoon schip maken*
rasade V *glasvol*
rasage M *(het) scheren*
rasant BNW • *erlangs scherend; laag bij de grond (blijvend)* • INFORM. *stomvervelend*
rascasse V *schorpioenvis* ‹voor in de bouillabaisse›
rase-mottes, rase-motte M [mv: **rase-mottes**] *scheervlucht* ★ (vol en) ~ *scheervlucht* ★ voler en ~ *vlak langs de grond vliegen*
raser I OV WW • *scheren* • *scheren /strijken langs* • *met de grond gelijk maken; slechten; slopen* • INFORM. *vervelen* ★ ~ de près *glad scheren* ★ ~ un navire *de masten v.e. schip kappen* **II** WKD WW [**se ~**] • *zich scheren* • INFORM. *zich vervelen*
raseur M [v: **raseuse**] • INFORM. *vervelende zeur* • *scheerder*
rasibus (zeg: -buus) BIJW INFORM. *rakelings*
ras-le-bol M INFORM. *hevige onvrede* ★ ~! *ik ben het zat!; ik baal ervan!*
rasoir I M • *scheermes; scheerapparaat* • INFORM. *vervelende vent* **II** BNW INFORM. *(stom)vervelend; saai*
rassasier I OV WW OOK FIG. *verzadigen (***de** *met)* ★ ~ ses yeux de *zijn ogen uitkijken aan* **II** WKD WW [**se ~**] • *zich verzadigen; zich te goed doen (***de** *aan)* • *genoeg krijgen (***de** *van)*
rassemblement M • *verzameling; samenbundeling; (het) verzamelen* • *grote bijeenkomst; oploop; samenscholing* ★ MIL. sonner le ~ *laten aantreden*
rassembler I OV WW *(weer) verzamelen; (weer) bijeenbrengen* ★ ~ ses forces *zijn krachten verzamelen* ★ ~ ses esprits *weer tot zichzelf komen* **II** WKD WW [**se ~**] *(weer) bij elkaar komen*
rassembleur M [v: **rassembleuse**] *bindend element; vereniger*
rasseoir I OV WW [onregelmatig] *weer neerzetten* **II** WKD WW [**se ~**] • *weer gaan zitten* • *bezinken*
rasséréner I OV WW INFORM. *weer kalm maken* **II** WKD WW [**se ~**] INFORM. *weer kalm worden*
rassis BNW • *oudbakken* ‹v. brood› • *bezonnen; bezadigd*
rassurant BNW *geruststellend*
rassurer OV WW *geruststellen*
rat I M • *rat* • *gierigaard* ★ rat de bibliothèque *boekenwurm* ★ rat d'hôtel *hoteldief* ★ petit rat *schatje; balletleerling(e)* ★ INFORM. être fait comme un rat *als een rat in de val zitten* **II** BNW [onver.] *gierig*
rata M INFORM. *slecht eten; prak*
ratage M *mislukking; flop*
rataplan TW *rombombom* ‹tromgeroffel›
ratatiné BNW • *gerimpeld; verschrompeld* • INFORM. *in de prak*
ratatiner I OV WW • *doen verschrompelen* • INFORM. *niets heel laten van* **II** WKD WW [**se ~**] • FIG. *ineenkrimpen* • *ineenschrompelen*
ratatouille V • *ratatouille* • INFORM. *pak slaag* • INFORM./OUD. *stamppot; prak*
rate V • *milt* • *wijfjesrat* ★ INFORM. se dilater la rate *zich een bult lachen* ★ ne pas se fouler la rate *liever lui dan moe zijn*
raté I M • *(het) ketsen* ‹v. vuurwapen›; *ketsschot* • *(het) haperen* ‹v. motor› ★ ratés [mv] *storingen; strubbelingen* **II** M/V *mislukkeling*
râteau M [mv: **râteaux**] • *hark* • INFORM. *blauwtje*
râteler OV WW *(aan)harken*
râtelier M • *ruif* • *rek* ★ manger à deux ~s *van twee walletjes eten*
rater I OV WW • *missen* ‹niet raken› • *mislopen* • *niets maken van; verknallen* ★ INFORM. ne pas ~ qn *iem. te grazen nemen* ★ il n'en rate pas une *hij maakt blunder na blunder* **II** ONOV WW • *mislukken; mislopen* • *ketsen* ‹v. vuurwapen› ★ INFORM. ça n'a pas raté *dat gebeurde dan ook (prompt); dat kon niet missen*
ratiboiser OV WW • INFORM. *inpikken; (weg)ratsen (***à** *van)* • INFORM. *ruïneren* • INFORM. *kaalknippen*
raticide M *ratten(ver)gif*
ratière V *rattenval*
ratification V *bekrachtiging; ratificatie*
ratifier OV WW *bekrachtigen; ratificeren*
ratiociner ONOV WW FORM. *redekavelen*
ration V *rantsoen; portie*
rationalisation V *rationalisatie*
rationaliser OV WW • *rationaliseren* • *praktischer inrichten*
rationalisme M *rationalisme*
rationaliste I BNW *rationalistisch* **II** M/V *rationalist*
rationalité V *rationaliteit*
rationnel BNW [v: **rationnelle**] OOK WISK.

rationeel
rationnellement BIJW *rationeel*; *verstandig*
rationnement M *rantsoenering*
rationner OV WW *op rantsoen stellen*; *rantsoeneren*
ratissage M *(het) (aan)harken*; FIG. *(het) uitkammen*
ratisser OV WW • *(aan)harken* • FIG. *uitkammen* • INFORM. *(in)pikken*; FIG. *kaalplukken* ★ INFORM. ~ large *zijn doel ruim stellen*; *op een breed publiek mikken*
raton M • *ratje* • *kaastaartje* • MIN. *Arabier* ★ ~ laveur *wasbeer*
RATP AFK Régie autonome des transports parisiens *gemeentelijk vervoersbedrijf in Parijs* ⟨metro, bus⟩
rattachement M • *(het) verbinden /vastmaken* • POL. *aansluiting*; *annexatie*
rattacher I OV WW • *(weer) (ver)binden (***à** *aan, met)*; *(weer) vastmaken* • *in verband brengen (***à** *met)* **II** WKD WW [**se** ~] **à** *samenhangen met*
rattrapage M • *(het) inhalen* • *compensatie* ⟨v. lonen, prijzen⟩ ★ cours de ~ *inhaalles(sen)* ⟨voor achtergebleven leerlingen⟩ ★ oral de ~ *mondeling herexamen* ★ match de ~ *inhaalwedstrijd*
rattraper I OV WW • FIG. *herstellen*; *goedmaken* • *(weer) inhalen* • *weer vangen*; *terugkrijgen* • *opvangen* ⟨v. vallend voorwerp⟩ ★ on ne m'y ~a plus *dat zal me niet weer overkomen* **II** WKD WW [**se** ~] • *zich (vallend) vastgrijpen (***à** *aan)* • *het weer goedmaken*; OOK FIG. *de schade inhalen*
raturage M *doorhaling*
rature V *doorhaling*
raturer OV WW *doorhalen*; OOK FIG. *schrappen*
rauque BNW *rauw* ⟨v. stem⟩; *schor*
ravage M [vaak mv] *verwoesting* ★ les ~s du temps *de tand des tijds* ★ INFORM. faire des ~s *een reuzesucces hebben*; *harten breken*
ravagé BNW • *verwoest* • *getekend* ⟨v. gezicht⟩ • INFORM. *maf*; *getikt*
ravager OV WW *verwoesten*; *teisteren*; *schenden*
ravageur I M [v: **ravageuse**] *verwoester* **II** BNW [v: **ravageuse**] OOK FIG. *verwoestend*
ravalement M • *(het) opknappen* ⟨v. gevels, buitenwerk⟩; *gevelreiniging* • *knotting*
ravaler I OV WW • OOK FIG. *weer inslikken* • *opknappen* ⟨v. gevels, buitenwerk⟩ • OOK FIG. *verlagen*; *kleineren* • *knotten* **II** WKD WW [**se** ~] *zich verlagen (***à** *tot)*
ravaudage M • *(het) oplappen*; *verstelwerk* • FIG. *lapwerk*
rave[1] (zeg: raav) V *knol*
rave[2] (zeg: rev) V *houseparty*
rave-party V *houseparty*
ravi BNW *(dol)blij (***de** *over)* ★ ravi de vous connaître *aangenaam met u kennis te maken*
ravier M *(ovaal) schaaltje*
ravigote V *ravigotesaus*
ravigoter OV WW INFORM. *opkikkeren*
ravin M *ravijn*
ravine V • *klein ravijn* • *bergstroombedding*
ravinement M *uitspoeling* ⟨v.d. bodem⟩; *uitholling*
raviner OV WW *(door stromend water) uithollen* ⟨v.d. bodem⟩ ★ visage raviné *doorgroefd gezicht*
ravioli M [meestal mv] *ravioli*
ravir OV WW • *verrukken*; *vervoeren* • FORM. *ontrukken*; *ontroven*; *ontvoeren* ★ à ~ *schitterend*; *beeldig*
raviser WKD WW [**se** ~] *zich bedenken*; *van mening veranderen*
ravissant BNW *schitterend*; *beeldig*
ravissement M *verrukking*; *vervoering*
ravisseur M [v: **ravisseuse**] *ontvoerder*; *schaker*
ravitaillement M • *proviandering*; *ravitaillering* • *voedselvoorraad*
ravitailler I OV WW *provianderen*; *ravitailleren* **II** WKD WW [**se** ~] *zich bevoorraden (***en** *met)*; *proviand /brandstof innemen*
ravitailleur M *bevoorradingsvliegtuig/-vaartuig*; *bevoorrader*
raviver OV WW • *verlevendigen*; *ophalen* ⟨v. kleur⟩ • *aanwakkeren* • FIG. *doen herleven*
ravoir OV WW • *terugkrijgen* • INFORM. *weer schoon /goed krijgen*
rayer OV WW • *doorstrepen*; *schrappen* • *bekrassen* • *royeren* • *strepen* ⟨v. geweerloop⟩ • *trekken* ★ pantalon rayé *streepjesbroek* ★ rayé de la carte *van de kaart geveegd*
rayon M • OOK FIG./WISK. *straal* • *spaak* • *(kast)plank*; *schap* • *winkelafdeling*; *rayon* • *(honing)raat* ★ ~s X *röntgenstraling* ★ ~ d'action *actieradius*; *bereik*; *werkterrein* ★ dans un ~ de *in een straal /omtrek van* ★ ~ d'espérance *sprankje hoop* ★ INFORM. en connaître un ~ *er veel van af weten*
rayonnage M *planken(rek)*; *boekenrek*; *(de) schappen*
rayonnant BNW • OOK FIG. *stralend* • *stervormig* ★ style ~ *gotische stijl*
rayonne V *rayon*; *kunstzijde*
rayonnement M *straling*; OOK FIG. *uitstraling*
rayonner I OV WW • *uitstralen* • *omstralen* **II** ONOV WW • OOK FIG. *stralen (***de** *van)* • FIG. *uitstralen*; *zich verbreiden* • *uitwaaieren*; *in de omgeving rondgaan*
rayure V • *streep* ⟨v. streepjespatroon⟩ • *kras* • *trek* ⟨v. geweerloop⟩
raz-de-marée, **raz** M [mv: id.] • *vloedgolf* • FIG./POL. *aardverschuiving*
razzia (zeg: ra(d)zjà) V *strooptocht* ★ INFORM. faire une ~ sur *op iets aanvallen*; FIG. *(iets) plunderen*
razzier OV WW *leegplunderen*; INFORM. *(weg)snaaien*
RDA AFK GESCH. République démocratique allemande *DDR*
ré M MUZ. *re*; *de noot d*
réac M INFORM. → **réactionnaire**
réaccoutumer OV WW *weer gewennen (***à** *aan)*
réacteur M • *straalmotor* • *reactor* ★ ~ nucléaire *kernreactor*
réactif I M *reagens* **II** BNW [v: **réactive**] *reactief*; *reagerend*
réaction V *reactie* ⟨in alle betekenissen⟩ ★ à ~ *straal-* ★ moteur à ~ *straalmotor* ★ ~ en chaîne *kettingreactie*
réactionnaire I M/V *reactionair* **II** BNW

reactionair
réactiver OV WW *reactiveren*
réadaptation V • *heraanpassing* • *revalidatie* • *reclassering*
réadapter OV WW • *weer aanpassen (*à *aan)* • *revalideren*
réagir ONOV WW • *reageren (*à *op)* • ~ **contre** *ingaan tegen* • ~ **sur** *inwerken /terugwerken op*
réajuster • → **rajuster**
réalisable BNW • *uitvoerbaar*; *realiseerbaar* • *verzilverbaar*
réalisateur I M [v: **réalisatrice**] • *uitvoerder*; *producer* • *regisseur* **II** BNW [v: **réalisatrice**] *scheppend*; *realiserend*
réalisation V • *uitvoering*; *verwezenlijking*; *realisatie* • *productie* ‹v. film, programma› • *werkstuk* • *tegeldemaking*
réaliser I OV WW • *uitvoeren*; *realiseren*; *verwezenlijken*; *maken* • *produceren* ‹v. film, programma› • *te gelde maken* • *zich realiseren* **II** WKD WW [**se** ~] • *werkelijkheid worden* • *zich ontplooien*
réalisme M *realisme*
réaliste I BNW *realistisch* **II** M/V *realist*
réalité V *werkelijkheid*; *realiteit* ★ en ~ *in werkelijkheid*; *in feite*
réaménagement M *herindeling*
réanimation V *reanimatie*
réanimer OV WW • *reanimeren* • FIG. *doen herleven*
réapparaître ONOV WW [onregelmatig] *weer verschijnen*
réapparition V *wederverschijning*; *(het) weer opduiken*
réapprendre OV WW [onregelmatig] *weer leren*
réapprovisionner OV WW *opnieuw bevoorraden*
réarmement M • *herbewapening* • *(het) herladen*
réassortir OV WW *herbevoorraden*; *aanvullen* ‹v. voorraad›
réassurer OV WW *herverzekeren*
rebaptiser OV WW *herdopen*
rébarbatif BNW [v: **rébarbative**] • *afstotend*; *taai* ‹v. onderwerp› • *stuurs*; *nors*
rebâtir OV WW OOK FIG. *weer (op)bouwen*
rebattre OV WW *opnieuw schudden* ‹v. kaarten› ★ ~ les oreilles à qn (de qc) *iem. (over iets) aan de kop zeuren*
rebattu I BNW FIG. *afgezaagd* **II** WW [volt. deelw.] • → **rebattre**
rebelle I M/V *rebel* **II** BNW • *weerspannig*; *opstandig*; *rebels* • *hardnekkig* • ~ **à** *zich verzettend tegen*; *gekant tegen*; FORM. *wars van*
rebeller WKD WW [**se** ~] *in opstand komen*; *zich verzetten*; *rebelleren (***contre** *tegen)*
rebellion V • *opstand*; *oproer*; *verzet* • *opstandigheid*
rebelote TW ★ INFORM. et ~! *daar gaan we weer!*
rebiffer WKD WW [**se** ~] INFORM. *tegenspartelen (***contre** *tegen)*; *dwarsliggen*; *het vertikken*
rebiquer ONOV WW INFORM. *omkrullen*
rebobiner OV WW *terugspoelen*
reboisement M *herbebossing*
reboiser OV WW *herbebossen*
rebond M *terugstuit* ‹v. bal›; *rebound*
rebondi BNW *bol*; *dik*; *rond* ★ des joues ~es *bolle wangen*
rebondir ONOV WW • *(terug)stuiten* ‹v. bal› • FIG. *opleven*; *een andere wending nemen*; *weer een rol gaan spelen*; *er weer bovenop komen*
rebondissement M • *(het) terugstuiten* • FIG. *opleving*; *nieuwe ontwikkeling* ‹in kwestie›
rebonjour TW INFORM. *nogmaals (goeden)dag*
rebord M *(opstaande) rand*; *kant*; *omslag* ‹v. kledingstuk› ★ le ~ de la fenêtre *de vensterbank*
reboucher OV WW *weer dichtstoppen /kurken*
rebours M ★ à ~ OOK FIG. *tegen de draad in*; *tegendraads*; *verkeerd (om)* ★ à/au ~ de *ingaand tegen*; *strijdig met* ★ le compte à ~ *het aftellen* ‹bij lancering enz.›
rebouter OV WW INFORM. *zetten* ‹v. gebroken ledematen›
rebouteux M [v: **rebouteuse**] INFORM. *(botten)kraker*
rebrousse-poil ★ à ~ *tegen de draad/haren in*; *averechts* ★ prendre qn à ~ *iem. tegen de haren in strijken*
rebrousser OV WW *tegen de draad /richting in gaan van* ★ ~ chemin *op zijn schreden terugkeren*; *teruggaan*
rebuffade V *norse bejegening*; *afpoeiering*
rébus (zeg: -buus) M *rebus*
rebut (zeg: -buu) M • *afval* • *uitschot*; *uitvaagsel* ★ mettre au ~ *afdanken*
rebutant BNW *afstotend*; *akelig*
rebuter OV WW • *tegenstaan*; *afstoten*; *afschrikken* • OUD. *nors bejegenen*; *afpoeieren*
récalcitrant BNW *weerspannig*; *onwillig*; *recalcitrant*
recaler OV WW INFORM. *afwijzen* ‹voor examen› ★ se faire ~ *zakken* ★ être recalé *gezakt zijn*
récapitulatif BNW [v: **récapitulative**] *recapitulerend*
récapitulation V *recapitulatie*
récapituler OV WW *samenvatten*; *recapituleren*
recaser OV WW INFORM. *weer aan een baan helpen*
recel M *heling*; *onwettige verberging*
receler, recéler OV WW • *helen* • FORM. *verbergen*; *in zich bergen*
receleur, recéleur M [v: **receleuse,recéleuse**] *heler*
récemment BIJW *onlangs*; *recentelijk*
recensement M • *volkstelling* • *telling*
recenser OV WW *getalmatig inventariseren*; *tellen*
recenseur M *(volks)teller*
recension V FORM. *kritisch (tekst)onderzoek*; *recensie*
récent BNW *pas gebeurd*; *recent*
recentrer OV WW *opnieuw focussen*; *heroriënteren*
récépissé M *ontvangstbewijs*; *reçu*
réceptacle M • *verzamelplaats* • *bloembodem*
récepteur I M • *ontvangtoestel*; *ontvanger*; *radiotoestel* • *telefoonhoorn* • *receptor* **II** BNW [v: **réceptrice**] *ontvangend*; *ontvang(st)-* ★ antenne réceptrice *ontvangstantenne*
réceptif BNW [v: **réceptive**] *ontvankelijk (***à** *voor)*; *vatbaar*; *receptief*
réception V • *ontvangst* ‹in alle betekenissen›;

onthaal • *receptie* ⟨partij; ontvangstruimte⟩ • *toelating* ⟨v. lid/kandidaat⟩ • SPORT *(bal)aanname* • *(het) neerkomen* ⟨na een sprong⟩ ★ accuser ~ *de ontvangst bevestigen* ★ ~ (des travaux) *oplevering* ★ SPORT fosse de ~ *zandbak*; *springbak*
réceptionnaire M/V FORM. *ontvanger* ⟨v. goederen⟩
réceptionner OV WW • *bij ontvangst keuren* ⟨v. goederen⟩ • SPORT *aannemen* ⟨v. bal⟩
réceptionniste M/V *receptionist*
réceptivité V *ontvankelijkheid (***à** *voor)*; *vatbaarheid*; *receptiviteit*
récessif BNW [v: **récessive**] *recessief*
récession V *recessie*
recette V • OOK FIG. *(kook)recept* • *ontvangsten*; *geldelijke opbrengst*; *recette* • JUR. *incasso* • *ontvangerskantoor* ★ livre de ~s *kookboek* ★ faire ~ *een kassucces zijn*
recevabilité V JUR. *ontvankelijkheid*
recevable BNW • *aanvaardbaar*; *geldig* ⟨v. excuus⟩ • JUR. *ontvankelijk*
receveur M [v: **receveuse**] • *(belasting)ontvanger* • *ontvanger* ⟨v. donorbloed enz.⟩ • *douchebak* • OUD. *conducteur* ★ ~ des postes *directeur v.h. postkantoor*
recevoir I OV WW • *ontvangen* ⟨in alle betekenissen⟩; *krijgen (***de** *van)* • *toelaten*; *aannemen*; *opnemen* • *ontvangen*; *onthalen* • JUR. *ontvankelijk verklaren* ★ ~ toutes les formes *alle vormen aannemen* ★ ~ la pluie *natregenen* ★ être reçu (à un examen) *slagen (voor een examen)* ★ être reçu docteur *(tot doctor) promoveren* **II** ONOV WW *(bezoek, cliënten) ontvangen*; *spreekuur houden* **III** WKD WW [**se** ~] SPORT *neerkomen* ⟨na een sprong⟩
rechange M ★ ... de ~ *ter vervanging*; *reserve-* ★ pièce de ~ *(reserve)onderdeel* ★ solution de ~ *alternatieve oplossing*
rechanger OV WW *weer wisselen*
rechaper OV WW *coveren* ⟨v. band⟩
réchapper ONOV WW ★ en ~ *het overleven*
recharge V • *(het) opnieuw laden* • *nieuwe lading /vulling*; *navulling*
rechargeable BNW *oplaadbaar*; *hervulbaar*
rechargement M • *(het) opnieuw laden /vullen* • *ophoging* ⟨v. (spoor)weg⟩
recharger OV WW • *opnieuw (be)laden*; *opladen*; *bijvullen* ⟨v. apparaat⟩ • *ophogen* ⟨v. (spoor)weg⟩
réchaud M *komfoor*; *rechaud* ★ ~ à gaz *gasstel*
réchauffage M *(het) opwarmen*
réchauffé M • *opgewarmd eten* • INFORM. *oude kost*; *oud nieuws*
réchauffement M *(het) warmer worden*
réchauffer I OV WW • *opwarmen*; *verwarmen* • FIG. *aanwakkeren*; *oprakelen* ★ ça réchauffe le cœur *dat is hartverwarmend*; *dat doet je deugd* **II** WKD WW [**se** ~] • *zich warmen* • *warmer worden*
rêche BNW • *ruig (aanvoelend)*; *ruw* • *stug*; *nors*
recherche V • *onderzoek (***sur** *naar)*; *nasporing*; *navorsing*; *speurwerk* • *(het) zoeken /streven (***de** *naar)* • *verfijning* • *gezochtheid* ★ à la ~ de *op zoek naar* ★ avis de ~ *opsporingsbevel*; *'opsporing verzocht'* ★ commande de ~ *zoekopdracht* ★ moteur de ~ *zoekmachine* ⟨internet⟩ ★ faire de la ~ *research doen* ★ faire des ~s *naspeuringen doen*
recherché BNW • *gezocht*; *gewild*; *in trek (***de** *bij)* • *verfijnd* • *gekunsteld*
rechercher OV WW • *zoeken naar* • *onderzoeken*; *nasporen* • *nastreven* • *weer zoeken* • *weer (af)halen*
rechigner ONOV WW ~ **à** *geen zin hebben in/om*; *balen van* ★ sans ~ *zonder morren*
rechute V • *hernieuwde aanval* ⟨v. ziekte⟩ • *terugval* ⟨tot hetzelfde kwaad⟩
rechuter ONOV WW *weer instorten* ⟨v. zieke⟩
récidive V • *recidive*; *herhaling v.e. misdrijf* • *(het) in dezelfde fout vervallen* • *nieuwe aanval* ⟨v. ziekte⟩; *recidief*
récidiver ONOV WW • *in dezelfde misdaad /fout vervallen*; *recidiveren* • *opnieuw optreden* ⟨v. ziekte⟩
récidiviste M/V *recidivist*; *iemand die in dezelfde fout vervalt*
récif M *rif*; *klip*
récipiendaire M/V FORM. *toegelaten kandidaat*
récipient M *recipiënt*; *vat*; *bak*
réciprocité V *wederkerigheid*
réciproque I BNW *wederkerig* ★ verbe ~ *wederkerig werkwoord* **II** V WISK. *(het) omgekeerde* ★ rendre la ~ *met gelijke munt betalen*
réciproquement BIJW *wederkerig* ★ et ~ *en omgekeerd*
récit M *verhaal*; *relaas*
récital M [mv: **récitals**] *recital*; *solo-uitvoering*
récitant I M • *recitant* • *commentator* ⟨commentaarstem bij film enz.⟩; *verteller* **II** BNW MUZ. *solo-*
récitatif M *recitatief*
récitation V *(het) opzeggen* ⟨v. tekst⟩; *op te zeggen tekst*; *voordracht*
réciter OV WW *opzeggen*; *voordragen*; *reciteren* ★ faire ~ sa leçon à qn *iem. (de les) overhoren*
réclamation V *(het) reclameren*; *klacht*; *bezwaar*; *protest*
réclame V • *reclame(aankondiging)* ⟨bord, folder, lichtbak enz.⟩; *aanprijzing* • OUD. *reclame* ⟨publiciteit⟩
réclamer I OV WW • *opeisen (***à** *van)*; *opvragen* • *dringend vragen om*; *inroepen* **II** ONOV WW *reclameren*; *protesteren* **III** WKD WW [**se** ~] **de** *zich beroepen op (zijn banden met)*; *zich laten voorstaan op*
reclassement M • *herclassificatie*; *nieuwe rangschikking* • *herplaatsing* • *nieuwe inschaling* ★ ~ externe *outplacement*
reclasser OV WW • *opnieuw rangschikken* • *herplaatsen* ⟨v. niet-werkenden⟩; *weer in het arbeidsproces integreren* • *opnieuw inschalen*
reclus (zeg: -kluu) BNW *teruggetrokken*; *afgezonderd* ★ vivre en ~(e) *een kluizenaarsleven leiden*
réclusion V • *opsluiting* • FORM. *afzondering* ★ ~ à perpétuité *levenslange gevangenisstraf*
recoiffer OV WW • *de hoed weer opzetten* • *weer fatsoeneren* ⟨v. haar⟩
recoin M OOK FIG. *uithoek* ★ chercher dans

(tous) les coins et ~s *in alle hoekjes en gaatjes zoeken*

reçois WW [teg. tijd] • → **recevoir**

reçoive WW [subj.] • → **recevoir**

recoller I OV WW *weer vastplakken* **II** ONOV WW *weer aanhaken (***à** *bij)*

récolte V OOK FIG. *oogst (***de** *aan, van)* ★ faire la ~ (de) *(in)oogsten*

récolter OV WW • OOK FIG. *(in)oogsten* • *inzamelen*

recommandable BNW *aanbevelenswaardig* ★ individu peu ~ *onbetrouwbaar /verdacht persoon*

recommandation V • *aanbeveling*; *dringend advies* • *(het) aantekenen* ⟨v. brief⟩

recommander I OV WW • *aanbevelen (***à** *aan, bij)* • *op het hart drukken*; *dringend aanraden (***de** *te)* • *(laten) aantekenen* ⟨v. brief⟩ ★ (en) recommandé *aangetekend* ★ pas recommandé *niet raadzaam* **II** WKD WW [**se** ~] • *zich aanbevelen (***à** *aan, bij, in)* • ~ **de** *zich beroepen op*; *een beroep doen op*

recommencement M *(het) opnieuw beginnen*; *nieuw begin*

recommencer OV+ONOV WW *opnieuw beginnen (***à** *te)*; *overdoen*

récompense V *beloning* ★ en ~ de *als beloning voor*

récompenser OV WW *belonen (***de, pour** *voor)*

recompter OV WW *overtellen*; *natellen*

réconciliateur I M [v: **réconciliatrice**] *bemiddelaar*; *verzoener* **II** BNW [v: **réconciliatrice**] *verzoenend*

réconciliation V *verzoening*

réconcilier I OV WW *verzoenen* **II** WKD WW [**se** ~] *zich (met elkaar) verzoenen (***avec** *met)*

reconductible BNW *verlengbaar* ⟨v. (huur)contract⟩

reconduction V • *voortzetting* ⟨v. beleid⟩ • *verlenging* ⟨v. (huur)contract⟩

reconduire OV WW [onregelmatig] • *uitgeleide doen*; *thuisbrengen*; *terugbrengen* • *voortzetten* ⟨v. beleid⟩; *verlengen* ⟨v. (huur)contract⟩ • *(er)uitzetten*

réconfort M *troost*; *steun*

réconfortant BNW *troostend*; *opbeurend*; *(ver)sterkend*

réconforter I OV WW *sterken*; *opbeuren* **II** WKD WW [**se** ~] *zich sterken*; *opkikkeren*

reconnaissable BNW *herkenbaar*

reconnaissance V • *erkenning* • *erkentelijkheid (***de** *voor;* **envers** *jegens)* • *verkenning* • *herkenning* ★ en ~ *op verkenning*; *uit dankbaarheid* ★ ~ de dette *schuldbewijs*; *schuldbekentenis* ★ ~ vocale *spraakherkenning*

reconnaissant BNW *dankbaar (***à, envers** *jegens;* **de** *voor)*; *erkentelijk*

reconnaître I OV WW [onregelmatig] • *herkennen (***à** *aan)* • *erkennen* • *verkennen* • *(als recht of eigenschap) toekennen (***à** *aan)*; *nageven* ★ reconnu coupable *schuldig bevonden* ★ se faire ~ *zich bekend maken* **II** WKD WW [**se** ~] • *zichzelf herkennen (***dans** *in)* • FIG. *tot zichzelf komen* • *zich oriënteren*; *(weer) weten waar men is* ★ se ~ coupable *schuld erkennen* ★ ne plus s'y ~ *de weg/draad kwijt zijn*; *er niet meer uit wijs kunnen worden*

reconnu I BNW *erkend*; *algemeen bekend* **II** WW [volt. deelw.] • → **reconnaître**

reconquérir OV WW [onregelmatig] *heroveren*; FIG. *herwinnen*

reconquête V *herovering*

reconsidérer OV WW *heroverwegen*

reconstituant I M *versterkend middel* **II** BNW *(ver)sterkend*

reconstituer OV WW • *reconstrueren* • *opnieuw samenstellen* • *herstellen*

reconstitution V • *(het) opnieuw samenstellen* • *herstel(ling)* • *reconstructie* ★ ~ de carrière *loopbaanoverzicht* ⟨t.b.v. pensioenvaststelling⟩

reconstruction V *wederopbouw*; *reconstructie*

reconstruire OV WW [onregelmatig] *opnieuw opbouwen*; *reconstrueren*

reconversion V • *omscholing* • *omschakeling*; *heroriëntering* • *overplaatsing* ⟨binnen bedrijf⟩

reconvertir I OV WW • *omschakelen (***en** *op)*; *omzetten (***en** *in)* • *omscholen* **II** WKD WW [**se** ~] *zich omscholen*; *omschakelen (***dans** *op)* ⟨ander beroep⟩

recopier OV WW *(in het net) overschrijven*

record I M *record* ★ battre un ~ *een record breken* ★ détenir un ~ *een record op zijn naam hebben* ★ établir un ~ *een record vestigen* **II** BNW *record-* ★ en un temps ~ *in recordtijd*

recorder OV WW *opnieuw besnaren* ⟨v. racket, snaarinstrument⟩

recordman M [mv: **recordmen**] *recordhouder*

recordwoman V [mv: **recordwomen**] *recordhoudster*

recoucher I OV WW *weer naar bed brengen* **II** WKD WW [**se** ~] *weer naar bed gaan*

recoudre OV WW [onregelmatig] *weer (aan)naaien*; *hechten* ⟨v. wond⟩

recoupement M • *verificatie* ⟨door vergelijking⟩ • *snijding* ⟨v. lijnen⟩

recouper OV WW • *weer (ver)snijden* • *snijden* ⟨v. lijn⟩ • *(blijken te) kloppen met* • *over en weer verifiëren* ★ ces témoignages se recoupent *die getuigenverklaringen dekken elkaar*

recourber I OV WW *(weer) ombuigen* **II** WKD WW [**se** ~] *zich krommen*

recourir ONOV WW [onregelmatig] • JUR. *in beroep gaan* • ~ **à** *zijn toevlucht nemen tot*; *aanwenden*; *zich wenden tot*

recours M • *toevlucht*; *uitweg* • JUR. *beroep (***à** *op)* • JUR. *verhaal(recht) (***contre** *op, tegen)* ★ (voie de) ~ *rechtsmiddel* ★ ~ en cassation *cassatieberoep* ★ ~ en grâce *gratieverzoek* ★ en dernier ~ *als laatste redmiddel* ★ sans ~ *onherroepelijk*; *hopeloos* ★ avoir ~ à *zijn toevlucht nemen tot*; *aanwenden*; *zich wenden tot*

recouvrable BNW *invorderbaar*

recouvrement M • *inning*; *incasso* • *overdekking* • FORM. *(het) terugkrijgen*

recouvrer OV WW • INFORM. *innen*; *incasseren* • FORM. *terugkrijgen*

recouvrir OV WW [onregelmatig] • *geheel /opnieuw bedekken (***de** *met)*; *overdekken*; *overtrekken* • *omvatten* • FIG. *verbergen*

recracher OV+ONOV WW *weer (uit)spuwen*

récré V INFORM. récréation *speelkwartier*

récréatif BNW [v: **récréative**] *ontspannings-; amusements-; recreatief*
récréation V • *ontspanning; afleiding; recreatie* • *(les)pauze; speelkwartier*
recréer OV WW *herscheppen*
récréer I OV WW *ontspannen; vermaken* **II** WKD WW [**se ~**] *zich ontspannen*
récrier WKD WW [**se ~**] • *luidkeels protesteren* • FORM. *een kreet slaken*
récriminations V MV *scherpe kritiek; heftig protest*
récriminer ONOV WW *heftig protesteren (***contre** *tegen); scherpe kritiek uiten*
récrire, réécrire OV WW [onregelmatig] • *herschrijven* • *terugschrijven*
recroqueviller I OV WW *doen ineenkrimpen* **II** WKD WW [**se ~**] • *ineenschrompelen* • *ineenkruipen*
recru BNW ★ FORM. ~ (de fatigue) *doodop*
recrudescence V FIG. *toename; verheviging; oplaaiing*
recrudescent BNW FORM. *verhevigend; toenemend*
recrue V • MIL. *rekruut* • *nieuw lid*
recrutement M • *rekrutering; (aan)werving* • *nieuwe lichting*
recruter I OV WW *rekruteren; (aan)werven* **II** WKD WW [**se ~**] • *nieuwe leden vinden* • **~ dans, parmi** *gerekruteerd worden uit; voortkomen uit* ⟨bepaalde bevolkingsgroepen⟩
recruteur M *ronselaar; werver*
recta BIJW OUD. *stipt; juist*
rectal BNW [m mv: **rectaux**] *rectaal*
rectangle I M *rechthoek* **II** BNW *rechthoekig*
rectangulaire BNW • WISK. *rechthoekig* • *loodrecht op elkaar staand*
recteur I M *hoofd v.e. onderwijsdistrict* ⟨tevens rector magnificus⟩ **II** BNW *sturend* ★ les (plumes) rectrices *de stuurpennen* ⟨v. vogel⟩
rectifiable BNW *verbeterbaar; herstelbaar*
rectificatif I M *rectificatie* **II** BNW [v: **rectificative**] *rectificerend; wijzigings-* ★ note rectificative *rectificatie*
rectification V *rectificatie* ⟨in alle betekenissen⟩; *rechtzetting*
rectifier OV WW *rectificeren* ⟨in alle betekenissen⟩; *rechtzetten; recht maken*
rectiligne BNW *rechtlijnig*
rectitude V • *rechtheid* • *juistheid* • *integriteit*
recto M *voorzijde* ⟨v. blad papier⟩; *recto* ★ ~ verso *aan weerszijden*
rectoral BNW [m mv: **rectoraux**] *rectoraal* ⟨v.d. 'recteur'⟩
rectorat M *rectoraat* ⟨functie/bureau v.d. 'recteur'⟩
rectrice BNW • → **recteur**
rectum (zeg: -tom) M *endeldarm; rectum*
reçu I BNW • *algemeen aanvaard* • *geslaagd (***à** *voor)* ⟨examen⟩ ★ idées reçues *gangbare ideeën* **II** M • *reçu; ontvangstbewijs* • *geslaagde* **III** WW [volt. deelw.] • → **recevoir**
recueil M *verzameling; bundel* ⟨teksten⟩
recueillement M *stille overpeinzing; eerbiedige stilte*
recueilli BNW • *in stille overpeinzing* • *stemmig; ingetogen*
recueillir I OV WW [onregelmatig] • *verzamelen; vergaren; (ver)krijgen* • *opnemen*; FIG. *opvangen* **II** WKD WW [**se ~**] *zich aan gepeins overgeven; zich bezinnen; een eerbiedige stilte in acht nemen*
recuire OV WW [onregelmatig] • *opnieuw koken; opkoken; opbakken* • TECHN. *ontlaten*
recul M • *(het) teruggaan*; OOK FIG. *(het) teruglopen; achteruitgang* • *terugstoot* ⟨v. vuurwapen⟩ • OOK FIG. *afstand* ⟨die men neemt⟩ • SPORT *uitloopruimte* ★ feu de ~ *achteruitrijlicht* ★ avec le ~ *achteraf gezien* ★ OOK FIG. prendre du ~ *afstand nemen*
reculade V MIN. *(het) terugkrabbelen*; FIG. *(smadelijke) aftocht*
reculé BNW • *ver verwijderd; afgelegen* • *lang vervlogen* ⟨v. tijd⟩
reculer I OV WW • *achteruitplaatsen* • *uitstellen*; FIG. *verschuiven* **II** ONOV WW • OOK FIG. *achteruitgaan; teruglopen* • FIG. *terugdeinzen (***devant** *voor); terugkrabbelen; aarzelen* ★ faire ~ *terugdringen* ★ ne ~ devant rien *voor niets terugdeinzen* ★ ~ pour mieux sauter *terugdeinzen om een betere gelegenheid af te wachten*
reculons ★ à ~ *achteruit*
récupérable BNW • *terug te krijgen; invorderbaar* • *herwinbaar* • FIG. *weer inpasbaar* • FORM./HUMOR. *nog te redden* ★ heures ~s *in te halen uren*
récupération V • *terugwinning* ⟨voor hergebruik⟩; *recycling* • *(het) terugkrijgen; invordering* • *(het) inhalen* ⟨v. tijd⟩ • *herstel* ⟨v. krachten⟩ • FIG. *inkapseling* ★ jour de ~ *inhaaldag*
récupérer I OV WW • *terugkrijgen* • INFORM. *terughalen; ophalen; oppikken* • *terugwinnen* ⟨voor hergebruik⟩ • *inhalen* ⟨v. tijd⟩ • FIG. *weer inpassen* • FIG. *inkapselen* **II** ONOV WW *op verhaal komen; recupereren; herstellen*
récurer OV WW *(schoon)schuren; oppoetsen*
récurrence V FORM. *herhaling; terugkeer*
récurrent BNW *(steeds) terugkerend; recurrent*
récusable BNW • *twijfelachtig; betwistbaar* • JUR. *wraakbaar*
récusation V JUR. *wraking*
récuser I OV WW FORM. *verwerpen*; JUR. *wraken* **II** WKD WW [**se ~**] *zich onbevoegd verklaren; (beleefd) weigeren*
recyclable BNW • *om te scholen* • *te hergebruiken /recyclen*
recyclage M • *recycling; hergebruik* • *omscholing; herscholing* • *verandering van studierichting*
recycler I OV WW • *hergebruiken; recyclen* • *bijscholen; omscholen* ★ papier recyclé *kringlooppapier* **II** WKD WW [**se ~**] *zich omscholen*
rédacteur M [v: **rédactrice**] *redacteur* ★ ~ en chef *hoofdredacteur*
rédaction V • *(het) opstellen* ⟨v. tekst⟩; *versie* ⟨v. geschrift⟩ • *redactie* • *(school)opstel*
rédactionnel BNW [v: **rédactionelle**] *redactioneel*
reddition V • *overgave* • JUR. *overlegging* ★ la ~

des comptes *het afleggen van rekenschap*
redécouvrir OV WW *herontdekken*
redéfinir OV WW *herdefiniëren*
redemander OV WW • *opnieuw vragen* • *terugvragen*
rédempteur BNW [v: **rédemptrice**] REL. *verlossend* ★ le Rédempteur *de Verlosser*
rédemption V • REL. *verlossing* • JUR. *afkoop*
redéploiement M • *herstructurering* • MIL. *hergroepering*
redescendre I OV WW • *weer afdalen /afgaan* • *weer naar beneden brengen* **II** ONOV WW *weer omlaaggaan*
redevable BNW ★ les ~s (de l'impôt) *de belastingplichtigen* ★ être ~ de qc à qn *iets aan iem. verschuldigd zijn*; *iets aan iem. te danken hebben*
redevance V *op vaste tijd te betalen som* ★ ~ télé *kijkgeld*
redevenir ONOV WW [onregelmatig] *weer worden*
redevoir OV WW *nog schuldig zijn*
rediffuser OV WW *heruitzenden*; *herhalen*
rédiger OV WW *opstellen* ‹v. tekst›; *(uit)schrijven*; *redigeren*
redingote V *geklede (dames)jas*
redire I OV WW [onregelmatig] • *nog eens zeggen*; *herhalen* • *overbrieven* ★ ~ (qc) après qn *iem. (iets) nazeggen* **II** ONOV WW *aanmerkingen maken (***à*** op)* ★ trouver à ~ à tout *overal wat op aan te merken hebben*
redistribution V • *herverdeling* • *evenredige verdeling*; *omslag*
redite V *nodeloze herhaling*
redondance V • *overtolligheid*; *redundantie* • *wijdlopigheid*
redondant BNW • *overtollig*; *redundant* • *wijdlopig*
redonner I OV WW *weer geven*; *teruggeven* **II** ONOV WW **~ dans** *weer vervallen /geraken in*; MIL. *opnieuw aanvallen*
redorer OV WW *opnieuw vergulden*
redoublant M *zittenblijver*
redoublé BNW OOK FIG. *verdubbeld* ★ pas ~ *versnelde pas* ★ frapper à coups ~s *er flink op los slaan*
redoublement M • *verdubbeling* • *verheviging* • *(het) zittenblijven*
redoubler I OV WW • *verdubbelen* • *vermeerderen*; *verhevigen* • *doubleren* • *opnieuw voeren* ‹v. kledingstuk› ★ ~ (une classe) *blijven zitten* **II** ONOV WW *verdubbelen*; *verhevigen*; *toenemen (***de*** in)* ★ ~ de patience *nog meer geduld tonen*
redoutable BNW *geducht*; *vervaarlijk*
redoute V MIL. *kleine schans*
redouter OV WW *vrezen (***de*** te)*; *duchten* ★ ~ que [+ subj.] *vrezen dat*
redoux M *korte dooiperiode*
redresse ★ INFORM. un mec à la ~ *een kerel die niet met zich laat spotten*; *een ijzeren hein*
redressement M • *(het) weer recht maken /trekken* • *wederopbloei* • *herstel* • ELEKTR. *gelijkrichting* ★ ~ fiscal *(belasting)aanslagwijziging*; *naheffing* ★ OUD. maison de ~ *verbeteringsgesticht*
redresser I OV WW • *weer recht maken /trekken* • *weer oprichten*; *weer rechtop zetten* • *weer in orde brengen*; *herstellen* • ELEKTR. *gelijkrichten* **II** WKD WW [**se ~**] • *zich weer oprichten*; *overeind komen* • *zich herstellen*; *weer in orde komen* • FIG. *het hoofd in de nek gooien*
redresseur M *gelijkrichter* ‹v. elektriciteit› ★ VAAK HUMOR. ~ de torts *bestrijder van onrecht*; *wereldverbeteraar*
réducteur I BNW [v: **réductrice**] • *reducerend*; *reductie-* • *simplistisch*; FIG. *kort door de bocht* **II** M *reductiemiddel*; *reductor*
réductible BNW *herleidbaar (***à*** tot)*; *reduceerbaar*
réduction V • *vermindering*; *korting*; *verkleining* • *herleiding (***à*** tot)* • SCHEIK. *reductie* • MED. *zetting* ‹v. breuk› ★ ~ du temps de travail *arbeidstijd/-duurverkorting* ★ échelle de ~ *verkleiningsfactor* ★ pièce/raccord de ~ *verloopstuk*
réduire I OV WW [onregelmatig] • *(terug)brengen (***à*** tot)*; *herleiden* • *verminderen (***de*** met)*; *verkleinen*; *(ver)korten* • *omzetten (***en*** in)* • MED. *zetten* ‹v. breuk› • SCHEIK. *reduceren* • *beteugelen*; *bedwingen* • *indikken* ‹v. saus e.d.› ★ ~ en poudre *tot poeder maken*; OOK FIG. *verpulveren* ★ ~ à la mendicité *tot de bedelstaf brengen* ★ en être réduit à *genoopt zijn te* **II** WKD WW [**se ~**] • *verminderd /teruggebracht (kunnen) worden* • **~ à** *zich beperken tot*; *neerkomen op* • **~ en** *worden tot*; *overgaan in*
réduit I BNW *verkleind*; *verlaagd*; *beperkt* **II** M • *nis*; *verborgen hoekje* • *hok*; *kamertje*
réduplication V *verdubbeling*
réécrire OV WW • → **récrire**
réécriture V *(het) herschrijven*
réédification V FORM. *wederoprichting*; *herbouw*
rééditer OV WW • *weer uitgeven* • INFORM. *weer ten beste geven*
réédition V • *heruitgave* • INFORM. *herhaling* ‹v. situatie›
rééducation V • *revalidatie* • *heropvoeding*
rééduquer OV WW • *revalideren* • *heropvoeden*
réel I M *(de) werkelijkheid* **II** BNW [v: **réelle**] *wezenlijk*; *werkelijk*; *reëel* ★ droit réel *zakelijk recht* ★ temps réel *real time*
réélection V *herverkiezing*
rééligible BNW *herkiesbaar*
réélire OV WW [onregelmatig] *herkiezen*
réellement BIJW *werkelijk*; *wezenlijk*
réémetteur M *steunzender*; *relais*
réemploi M • *hergebruik* • FIG. *herplaatsing*
réemployer OV WW • *weer gebruiken* • FIG. *herplaatsen*
réengagement M • → **rengagement**
réengager • → **rengager**
rééquilibrer OV WW *weer in evenwicht brengen*
réévaluation V *revaluatie*; *herwaardering*
réévaluer OV WW *revalueren*; *herwaarderen*
réexaminer OV WW *nader onderzoeken*; *opnieuw bezien*
réexpédier OV WW • *terugzenden* • *doorzenden*
réexportation V *wederuitvoer*
refaire I OV WW [onregelmatig] • *opnieuw doen*; *overdoen*; *overmaken* • *in orde brengen*; *herstellen*; *opknappen* • INFORM. *beetnemen*;

*oplichten (***de** *voor)* ★ c'est à ~ *dat moet over* ★ refait à neuf *weer als nieuw* **II** WKD WW [**se** ~] • *zijn verlies terugwinnen* ‹bij spel› ★ se ~ (une santé) *weer opknappen /opkikkeren* ★ on ne se refait pas *je kunt jezelf nu eenmaal niet veranderen* • ~ **à** *weer wennen aan*
réfection V • *herstel(ling)* • *maaltijd* ‹in klooster›
réfectoire M *eetzaal*; *refter*
refend M ★ (mur de) ~ *binnen(scheids)muur*
référé M *(uitspraak in) kort geding* ★ en ~ *in kort geding*
référence V • *verwijzing* • *referentie* ‹in alle betekenissen› • *bronvermelding* • *bestelnummer*; *(brief)nummer* ★ de ~ *waarnaar men zich richt*; *referentie-* ★ ouvrage de ~ *naslagwerk* ★ faire ~ à *verwijzen naar*
référendaire BNW *referendum-*
référendum (zeg: -dom) M *referendum*; *volksstemming*
référer I ONOV WW ★ en ~ à qn *de zaak aan iem. (ter beslissing) voorleggen*; *zich op iem. beroepen* **II** WKD WW [**se** ~] **à** *verwijzen naar*; *zich beroepen op*
refermer OV WW *weer sluiten*
refiler OV WW INFORM. *aansmeren*; *aan de hand doen*; *overdoen (***à** *aan)*
réfléchi BNW • *bedachtzaam* • *doordacht* • TAALK. *wederkerend*
réfléchir I OV WW *terugkaatsen*; *reflecteren* **II** ONOV WW *nadenken (***à**, **sur** *over)*; *overpeinzen* ★ ~ que *bedenken dat* ★ demander à ~ *bedenktijd vragen* **III** WKD WW [**se** ~] *zich weerspiegelen*
réfléchissant BNW *weerspiegelend*
réflecteur I M *reflector* **II** BNW [v: **réflectrice**] *(licht)weerkaatsend*
réflectif BNW [v: **réflective**] • *denk-* • BIOL. *reflex-*
reflet (zeg: -flè) M • *weerschijn*; *weerspiegeling*; *spiegelbeeld* • FIG. *afspiegeling*
refléter I OV WW OOK FIG. *weerspiegelen* **II** WKD WW [**se** ~] OOK FIG. *zich weerspiegelen (***dans** *in;* **sur** *op)*
refleurir ONOV WW OOK FIG. *weer (op)bloeien*
reflex BNW [onver.] ★ (appareil) ~ *spiegelreflexcamera*
réflexe I M • *reflex* • *(snelle) reactie* **II** BNW *reflex-*
réflexible BNW *weerkaatsbaar* ‹v. licht›
réflexion V • *weerkaatsing*; *reflectie* • *(het) (na)denken (***sur** *over)*; *overdenking* • *opmerking*; *aanmerking* ★ ~ faite /à la ~ *bij nader inzien*; *welbeschouwd* ★ délai/marge de ~ *bedenktijd*
refluer ONOV WW OOK FIG. *terugstromen*
reflux (zeg: -fluu) M • *eb* • OOK FIG. *(het) terugstromen*
refondre OV WW • *opnieuw smelten*; *omsmelten* • *omwerken* ‹v. tekst›
refonte V • *omsmelting* • *omwerking* ‹v. tekst›
reforestation V *herbebossing*
réformable BNW *hervormbaar*; *verbeterbaar*
réformateur I BNW [v: **réformatrice**] *hervormend* **II** M [v: **réformatrice**] *hervormer*
réformation V • REL. *reformatie* • JUR. *herziening*
réforme V • *hervorming* • MIL. *afkeuring* ‹v. soldaat› ★ la Réforme *de hervorming*
réformé BNW • REL. *hervormd* • MIL. *afgekeurd* ‹v. soldaat›; *afgedankt*
reformer OV WW *opnieuw formeren /vormen*
réformer OV WW • *hervormen* • MIL. *afkeuren* ‹v. soldaat›; *afdanken* • JUR. *herzien*
réformiste BNW *reformistisch*
refoulé I BNW *gefrustreerd*; *geremd* **II** M [v: **refoulée**] INFORM. *gefrustreerd /geremd iemand*
refoulement M • OOK FIG. *terugdringing* • PSYCH. *verdringing*
refouler OV WW • *terugdrijven*; *terugdringen* • *onderdrukken* ‹v. gevoelens, tranen›; PSYCH. *verdringen* • *terugwijzen* ‹v. vreemdeling›; *uitwijzen*
réfractaire I BNW • *weerspannig*; *rebels*; *ongehoorzaam (***à** *aan)* • *vuurvast* • ~ **à** *ongevoelig voor*; *bestand tegen* ★ ~ (au feu) *hittebestendig*; *vuurvast* **II** M *dienstweigeraar*
réfracter OV WW *breken* ‹v. stralen›
réfraction V *straalbreking*
refrain M *refrein* ★ c'est toujours le même ~ *het is altijd hetzelfde liedje*
refréner, **réfréner** OV WW *beteugelen*
réfrigérant I BNW • *koelend*; *koel-* • FIG. *koel*; *ijzig* **II** M *koeler*
réfrigérateur M *koelkast*; OOK FIG. *ijskast*
réfrigération V *koeling*
réfrigérer OV WW OOK FIG. *(ver)koelen* ★ INFORM. être réfrigéré *verkleumd zijn*
réfringent BNW *straalbrekend*; *lichtbrekend*
refroidir I OV WW • *afkoelen* • FIG. *bekoelen*; *verkoelen* • INFORM. *koud maken*; *vermoorden* **II** ONOV WW *afkoelen*; *koud worden* **III** WKD WW [**se** ~] • *kouder worden*; *afkoelen* • INFORM. *kouvatten* • FIG. *bekoelen*
refroidissement M • *afkoeling* • FIG. *verkoeling* • *verkoudheid* ★ liquide de ~ *koelwater*
refroidisseur M *koeler*
refuge M • *toevlucht*; *wijkplaats* • *vluchtheuvel* • *schuilhut*; *berghut*
réfugié M [v: **réfugiée**] *vluchteling*; *uitgewekene*
réfugier WKD WW [**se** ~] • OOK FIG. *vluchten*; *uitwijken* • *beschutting zoeken*; *schuilen*
refus (zeg: -fuu) M *weigering* ★ ~ de priorité *(het) geen voorrang verlenen* ★ INFORM. ce n'est pas de ~ *daar zeg ik geen nee tegen*
refuser I OV WW • *weigeren (***de** *te)* • *ontzeggen (***à** *aan)* • *afwijzen* • *afslaan* ‹v. aanbod› **II** WKD WW [**se** ~] • *geweigerd worden* • *zich (iets) ontzeggen* ★ une telle offre ne se refuse pas *een dergelijk bod sla je niet af* ★ il ne se refuse rien *hij neemt het er goed van* • ~ **à** *weigeren*; *niet willen*
réfutable BNW *weerlegbaar*
réfutation V *weerlegging*
réfuter OV WW *weerleggen*
regagner OV WW • *terugwinnen* • *terugkeren naar/in*; *weer bereiken* ★ ~ le temps perdu *de verloren tijd inhalen*
regain M • *nagras* • *wederopleving* ★ ~ de jeunesse *tweede jeugd*

régal M [mv: **régals**] • *lievelingsgerecht* • *iets heerlijks*; *genot* • OUD. *feestmaal* ★ un ~ pour les yeux *een lust voor het oog*
régalade V ★ INFORM. boire à la ~ *naar binnen gooien* ⟨v. drank⟩
régaler I OV WW • *vergasten*; *trakteren (***de** *op)* • *egaliseren* ⟨v. grond⟩ **II** WKD WW [**se** ~] • *zich te goed doen*; *smullen (***de** *van)* • *genieten (***de** *van)*
régalien BNW [v: **régalienne**] GESCH. *regaal*
regard M • *blik*; *oogopslag* • *mangat*; *kijkgat* ⟨in leiding e.d.⟩ ★ au ~ de *ten opzichte van* ★ en ~ *ertegenover*; *ernaast* ★ en ~ de *vergeleken met* ★ droit de ~ (sur) *recht v. controle (op)* ★ ~ d'égout *rioolkolk*
regardant BNW INFORM. *heel zuinig*; *kieskeurig (***sur** *op)*
regarder I OV WW • *kijken naar/op*; *bekijken*; *beschouwen (***comme** *als)*; *op het oog hebben* • *uitzien op* • *betreffen* ★ ça ne te regarde pas *dat gaat je niet aan* **II** ONOV WW *kijken* ★ ~ à *letten op* ★ ne pas ~ à la dépense *niet op geld kijken*; *niet spaarzaam zijn* ★ y ~ à deux fois *zich tweemaal bedenken* ★ ~ sur/vers *uitzien op* ★ il n'y regarde pas de si près *hij kijkt zo nauw niet* **III** WKD WW [**se** ~] • *zich/elkaar bekijken* • *zich beschouwen (***comme** *als)* • *tegenover elkaar liggen /staan* ★ il ne s'est pas regardé! *hij zou eens naar zichzelf moeten kijken!*
régate V • [vaak mv] *regatta* • *stropdas*
regel M *weer invallende vorst*
régence V *regentschap* ★ la Régence *de régence(stijl/-tijd)*
régénérateur I M *regenerator*; *warmtewisselaar* **II** BNW [v: **régénératrice**] *regenererend*; *herstellend* ★ (réacteur) ~ *kweekreactor*
régénération V *regeneratie*; *herstel*
régénérer OV WW *regenereren*; *herstellen*; FIG. *doen herleven*
régent M • *regent* • *bestuurder* ⟨v. instelling⟩
régenter OV WW *bedisselen*; *bedillen*
reggae M *reggae*
régicide I M *koningsmoord* **II** M/V *koningsmoordenaar* **III** BNW *de koning vermoordend*
régie V • *technische leiding* ⟨toneel, film, radio, tv⟩; *opnameleiding* • *regiekamer* • *regie* ⟨(beheer v.e.) overheidsbedrijf⟩; *(staats)beheer*
regimber ONOV WW *tegenstribbelen*
régime M • *regime* ⟨in alle betekenissen⟩ • *regeringsstelsel*; *bewind* • *stelsel* • *leefregels*; *dieet* • *toerental* ⟨v. motor⟩ • TAALK. *voorwerp* • *tros* ⟨bananen, dadels⟩ ★ ~ alimentaire *dieet* ★ ~ matrimonial *huwelijksvoorwaarden* ★ (sous) le ~ de la communauté *(in) gemeenschap v. goederen* ★ ~ des prisons *gevangeniswezen* ★ ~ fluvial *regime v. rivier(en)*; *(wisselende) waterstand* ★ INFORM. ~ sec *drankverbod*; *'drooglegging'* ★ suivre un ~ /être au ~ *dieet houden* ★ marcher à plein ~ OOK FIG. *op volle toeren draaien*
régiment M • OOK FIG. *regiment* • INFORM. *(het) leger*; *militaire dienst*
régimentaire BNW *regiments-*
région V • *gewest*; *(land)streek*; *regio* • FIG. *gebied*; *sfeer*
régional BNW [m mv: **régionaux**] • *gewestelijk*; *regionaal*; *streek-* • MED. *plaatselijk*
régionalisation V *regionalisatie*; *gewestelijke decentralisatie*
régionalisme M • *regionalisme* • TAALK. *gewestelijke uitdrukking*
régionaliste I M/V *regionalist* **II** BNW *regionalistisch*; *streek-*
régir OV WW • *(wetmatig) regelen* • TAALK. *regeren*; *gevolgd worden door*
régisseur M [v: **régisseuse**] • *beheerder*; *rentmeester* • *technisch leider* ⟨film, toneel⟩; *opnameleider*; *toneelmeester*; *inspiciënt*
registre M *register* ⟨in alle betekenissen⟩ ★ changer de ~ *van stijl /toon veranderen*
réglable BNW • *afstelbaar*; *verstelbaar* • *betaalbaar*
réglage M • TECHN. *afstelling*; *instelling* • *liniëring*
réglé I BNW • *geregeld*; *ordelijk*; *regelmatig* • *gelinieerd* ★ une fille ~e *een meisje dat (al) menstrueert* **II** WW • → **régler**
règle V • *liniaal* • *regel*; *voorschrift* ★ dans les ~s *volgens voorschrift*; *zoals het moet* ★ en ~ générale *in de regel* ★ il est de ~ que *het is regel /gebruikelijk dat* ★ ~ de conduite *stelregel* ★ la ~ d'or *de gulden regel* ★ la ~ du jeu *de spelregel(s)* ★ en ~ *in orde*; *zoals het hoort* ★ être en ~ *in orde zijn* ⟨v. papieren⟩; *de vereiste papieren hebben*; *aan zijn verplichtingen voldaan hebben* ★ échapper à la ~ *een uitzondering vormen* ★ ~s [mv] *menstruatie* ★ avoir ses ~s *ongesteld zijn*; *menstrueren*
règlement M • *bepaling*; *regeling* • *reglement* • *afhandeling*; *afrekening* ★ en ~ de *ter voldoening van* ★ ~ judiciaire *gerechtelijke schikking* ★ ~ de compte(s) FIG. *afrekening*; *(het) betaald zetten*
réglementaire BNW *reglementair*; *voorgeschreven*
réglementation V *reglementering*; *regelgeving*
réglementer OV WW *reglementeren*; *regelen*
régler I OV WW • *regelen*; *afhandelen*; *vereffenen* • *bepalen*; *vaststellen* • *afstellen*; *instellen*; *gelijkzetten* ⟨v. klok⟩ • *beslechten* ⟨v. geschil⟩; *schikken* • *betalen* ⟨v. rekening⟩; *afrekenen met* • *liniëren* • FIG. **~ sur** *afstemmen op* **II** WKD WW [**se** ~] • *geregeld worden* • **~ sur** *zich laten leiden door*; *een voorbeeld nemen aan*
réglisse V *drop*; *zoethout*
réglo BNW [onver.] INFORM. *correct*; *in orde*; *ordentelijk*
régnant BNW • *regerend* • FIG. *(over)heersend*
règne M • *regering*; *bewind* • OOK FIG. *heerschappij* ★ ~ animal *dierenrijk* ★ ~ végétal *plantenrijk* ★ fin de ~ *nadagen* ⟨v. bewind⟩
régner ONOV WW • *regeren (***sur** *over)* • OOK FIG. *heersen* ★ faire ~ l'ordre *orde scheppen*
regonfler OV WW • *weer opblazen* • INFORM. *weer moed geven* ★ je lui ai regonflé le moral *ik heb hem opgepept*
regorger ONOV WW **~ de** *overvloeien van*; *rijkelijk bedeeld zijn met*

régresser ONOV WW *achteruitgaan*; *(ver)minderen*
régressif BNW [v: **régressive**] *teruggaand*; *achteruitgaand*; *regressief*
régression V *regressie*; *achteruitgang*
regret M • *spijt*; *berouw (***de** *over)* • *(het) betreuren*; *leedwezen* • *(het) terugverlangen*; *(gevoel van) gemis* ★ à ~ *met tegenzin*; *node*
regrettable BNW *betreurenswaardig*; *jammer*
regretter OV WW • *betreuren*; *spijt hebben van* • *terugverlangen naar*; *missen* ★ ~ de [+ infin.] *het jammer vinden dat* ★ je regrette *het spijt me*
regroupement M *hergroepering*; *vereniging*
regrouper OV WW *hergroeperen*; *verenigen*
régularisation V *regularisatie*
régulariser OV WW *regulariseren*; *regelen*
régularité V • *regelmatigheid*; *geregeldheid* • *regelmaat* • *stiptheid* • *overeenstemming met de voorschriften*; *wettigheid*
régulateur I M *regelaar*; *regulateur* ★ AUTO. ~ de vitesse *cruisecontrol* **II** BNW [v: **régulatrice**] *regelend*; *regel-*
régulation V *regeling*; *regulatie*
régulier BNW [v: **régulière**] • *regelmatig*; *geregeld* • *volgens de regels*; *geldig*; *wettig* • *stipt*; *nauwgezet* • REL. *regulier* • INFORM. *ordentelijk* ⟨v. persoon⟩ ★ vol ~ *lijnvlucht* ★ INFORM. à la régulière *volgens de regels*
régulièrement BIJW • *volgens de regels* • *regelmatig*; *geregeld* • *gewoonlijk*
régurgitation V MED. *oprisping*
réhabilitation V • *eerherstel*; *rehabilitatie* • ARCH. *renovatie*; *sanering*
réhabiliter I OV WW • *in eer herstellen*; *rehabiliteren* • ARCH. *renoveren*; *saneren* **II** WKD WW [**se** ~] *zich rehabiliteren*
réhabituer WKD WW [**se** ~] *weer wennen (***à** *aan)*
rehaussement M *ophoging*
rehausser OV WW • *ophogen* • *sterker doen uitkomen*; *verfraaien*; FIG. *opwerken*
réimporter OV WW *weer invoeren*
réimposition V *nieuwe belasting*
réimpression V *herdruk*
réimprimer OV WW *herdrukken*
rein M *nier* ★ mal aux reins *(lage) rugpijn* ★ rein flottant *wandelende nier* ★ FIG. avoir les reins solides *een sterke rug hebben* ★ FIG. casser les reins à qn *iem. de nek breken* ★ se donner un tour de reins *door zijn rug gaan*; *een spitaanval krijgen* ★ reins [mv] *onderkant v.d. rug*; *lendenen*; *taille*
réincarcérer OV WW *weer gevangenzetten*
réincarnation V *reïncarnatie*
réincarner WKD WW [**se** ~] *reïncarneren*
réincorporer OV WW *weer inlijven*
reine V *koningin* ⟨ook bij spel⟩ ★ ~ mère *koningin-moeder*
reine-claude V [mv: **reines-claudes**] *reine-claude* ⟨pruim⟩
reinette V ★ (pomme de) ~ *renet(appel)*
réinsérer OV WW • *weer integreren (in de maatschappij)*; *resocialiseren*; *doen herintreden* • *reclasseren*
réinsertion V *re-integratie (in de maatschappij)*; *reclassering*; *resocialisatie*; *herintreding*

réinstallation V *(het) opnieuw installeren*
réinstaller OV WW COMP. *opnieuw installeren*
réintégration V *herstel* ⟨in rechten, functie⟩
réintégrer OV WW • *terugkeren in*; *weer betrekken* ⟨v. woning e.d.⟩ • *herstellen (***dans** *in)* ⟨rechten, functie⟩
réitérer OV WW FORM. *herhalen*
rejaillir ONOV WW • *(op)spatten* • FIG. ~ **sur** *afstralen op*; *terugwerken op*
rejaillissement M • → **rejaillir**
rejet (zeg: -zjè) M • *(het) terugwerpen* • OOK MED. *uitwerping*; *lozing* • [ook mv] *uitstoot* ⟨v. afvalstoffen⟩ • *verwerping*; *afwijzing* • MED. *afstoting* ⟨v. orgaan⟩ • PLANTK. *loot*
rejeter OV WW • OOK FIG. *terugwerpen* • OOK MED. *uitwerpen*; *lozen*; *uitstoten* ⟨v. afvalstoffen⟩ • *verwerpen*; *afwijzen* • *verstoten*; *(uit)bannen* • MED. *afstoten* ⟨v. orgaan⟩ ★ ~ la faute /la responsabilité sur *de schuld /de verantwoordelijkheid afschuiven op*
rejeton M • OOK FIG. *loot*; *spruit* • *telg*
rejoindre I OV WW • *zich voegen bij*; *(terug)komen bij* • *inhalen*; *achterhalen* • *lijken op*; *overeenkomen met* **II** WKD WW [**se** ~] • *(weer) samenkomen* • *overeenkomen* ⟨v. meningen⟩
rejouer I OV WW *overspelen* **II** ONOV WW *verder spelen*
réjoui BNW *verheugd*; *blij*
réjouir I OV WW *verheugen*; *blij maken* ★ ~ la vue *het oog strelen* **II** WKD WW [**se** ~] *zich verheugen (***de** *over)* ★ se ~ que [+ subj.] *blij zijn dat*
réjouissance V *vreugde*; *vrolijkheid* ★ ~s [mv] *feestelijkheden*
réjouissant BNW *verheugend*; *vermakelijk*
relâche I M ★ sans ~ *onophoudelijk* **II** V ★ (port de) ~ *aanloophaven*; *noodhaven* ★ faire ~ *een haven aandoen*; *binnenlopen*
relâché BNW *los*; *slap(jes)*; *slordig* ⟨v. stijl⟩ ★ mœurs ~es *losse zeden*
relâchement M • *(het) losser worden*; *ontspanning* ⟨v. spieren⟩ • FIG. *verslapping*; *verflauwing*
relâcher I OV WW • *losser maken*; OOK FIG. *laten verslappen*; *ontspannen* ⟨v. spieren⟩ • *vrijlaten* **II** ONOV WW *binnenlopen* ⟨v. schip⟩ **III** WKD WW [**se** ~] • *losser worden*; *zich ontspannen* • FIG. *verslappen*; *verflauwen* • *minder ijverig worden*
relais, **relai** M [mv: **relais**] • TECHN. *relais* • *pleisterplaats* • *tussenpersoon* • *aflossing* ★ ~ (routier) *wegrestaurant*; *motel* ★ (course de) ~ *estafette(loop)* ★ travail par ~ *ploegendienst* ★ prendre le ~ (de qn) *(iemand) aflossen*
relance V • *(het) geven v.e. nieuwe impuls* • FIG. *opleving* • *verhoogde inzet* ⟨bij spel⟩ ★ lettre de ~ *aanmaningsbrief*
relancer OV WW • *opnieuw werpen*; *terugwerpen* • *weer op gang brengen*; *een nieuwe impuls geven aan* • FIG. *achtervolgen*; *lastigvallen* ★ ~ (le jeu) *de inzet verhogen* ⟨bij spel⟩
relater OV WW • *verhalen*; *(omstandig) berichten* • JUR. *vermelden*
relatif BNW [v: **relative**] *betrekkelijk*; *relatief* ★ ~ à *betrekking hebbend op*; *aangaande*

★ (pronom) ~ *betrekkelijk voornaamwoord* ★ (proposition) relative *betrekkelijke bijzin*

relation V • *relatie*; *betrekking*; *verhouding*; *verband* • *relatie*; *kennis* • *(verkeers)verbinding* • FORM. *relaas* ★ ~s publiques *public relations* ★ ~s sexuelles *geslachtsverkeer*; *seksuele omgang* ★ en ~ avec *in contact met* ★ ~ de cause à effet *oorzakelijk verband* ★ avoir des ~s *overal connecties hebben*

relationnel BNW [v: **relationnelle**] *relationeel*; *relatie-* ★ INFORM. faire du ~ *netwerken*

relativement BIJW • *verhoudingsgewijs* • *betrekkelijk*; *relatief* • ~ **à** *met betrekking tot*; *in verhouding tot*

relativiser OV WW *relativeren*

relativité V *betrekkelijkheid*; *relativiteit*

relax I BNW • INFORM. *ontspannen*; *ongedwongen* • INFORM. *ontspannend* **II** M • INFORM. *ontspanning*; *(het) zich ontspannen* • INFORM. *luie stoel*

relaxant BNW *ontspannend* ★ (médicament) ~ *ontspannend middel*

relaxation V OOK FIG. *ontspanning*

relaxe I V JUR. *ontslag v. rechtsvervolging* **II** BNW [v] • → **relax**

relaxer I OV WW • MEESTAL FIG. *ontspannen* • JUR. *ontslaan v. rechtsvervolging* **II** WKD WW [**se** ~] *zich ontspannen*; *relaxen*

relayer I OV WW • *aflossen* • COMM. *relayeren* **II** WKD WW [**se** ~] *elkaar aflossen*

relayeur M [v: **relayeuse**] *estafetteloper*

relégable M/V SPORT *degradatiekandidaat*

relégation V • FIG. *(ver)banning* • SPORT *degradatie*

reléguer OV WW • *(ver)bannen* • FIG. *terzijde schuiven*; *wegbergen* • FIG. *terugwerpen*; SPORT *degraderen* ★ ~ au second plan *op de achtergrond schuiven*

relent M • *muffe geur*; *walm* • FIG. *zweempje*

relevé I M *optekening*; *opmeting*; *overzicht*; *staat* ★ ~ d'identité bancaire (RIB) *(strookje met) bankgegevens* ‹in het Franse betalingsverkeer› **II** BNW • *omgeslagen*; *(deels) verhoogd* • *sterk gekruid*; OOK FIG. *pikant* ★ pas ~ *niet hoogstaand*

relève V *aflossing* ★ prendre la ~ *(iem.) aflossen*; *het overnemen*

relèvement M • *herstel*; FIG. *wederopbouw* • *(het) wederoprichten* • VAAK FIG. *verhoging* • *(het) opmaken v.e. staat/lijst* • AARDK. *plaatsbepaling*

relever I OV WW • *(weer) oprichten*; *opheffen*; *overeind zetten/helpen*; *omhoogdoen* • VAAK FIG. *verhogen*; *optrekken* • *doen opleven*; *weer in goede doen brengen* • *noteren*; *optekenen*; *opmeten*; *opnemen* ‹v. meter› • OOK FIG. *kruiden*; *pikant maken* • *de aandacht vestigen op* • *beter doen uitkomen*; *verlevendigen*; *opwerken* • *aflossen*; *vervangen* • *ingaan op* ‹uitdaging, beschuldiging e.d.› ★ ~ les cahiers *de schriften ophalen* ★ ~ le courage (de) *moed inspreken* ★ ~ le défi /gant *de handschoen opnemen*; *de uitdaging aannemen* ★ ~ la garde *de wacht aflossen* ★ ~ une maille *een steek ophalen* ★ manches relevées *opgestroopte mouwen* • ~ **de** *ontheffen /ontslaan van/uit* **II** ONOV WW ~ **de** *vallen /ressorteren onder*; *behoren tot* ★ ça relève de la pure fantaisie *dat is louter verbeelding* ★ ~ d'une maladie *herstellen van een ziekte* **III** WKD WW [**se** ~] • OOK FIG. *weer opstaan* • *omhooggaan* • *herstellen (**de** van)*; *weer op krachten komen* • *elkaar aflossen* ★ s'en ~ *er weer bovenop komen*

releveur I M *hefmachine* **II** M [v: **releveuse**] ★ ~ (des compteurs) *meteropnemer* **III** BNW [v: **releveuse**] *opheffend* ★ (muscle) ~ *hefspier*

relief M *reliëf* ★ mettre en ~ FIG. *reliëf geven aan*; *goed doen uitkomen*

relier OV WW • OOK FIG. *(weer) verbinden (**à** met)* • *(in)binden* ‹v. boek›

religieusement BIJW • → **religieux**

religieux I BNW [v: **religieuse**] • *godsdienstig*; *religieus* • *vroom* • *v.d. geestelijke orden*; *klooster-* • *vol toewijding*; *respectvol*; *gewetensvol*; *eerbiedig* ★ mariage ~ *kerkelijk huwelijk* **II** M [v: **religieuse**] *religieus*; *ordesgeestelijke*; *kloosterling*; *monnik*

religion V • *godsdienst*; *geloof*; *religie* • *vroomheid* • *geestelijke stand* ★ avoir de la ~ *godsdienstig zijn* ★ entrer en ~ *in het klooster gaan* ★ se faire une ~ d'une chose *iets als mening /principe koesteren*

religiosité V *religiositeit*; *godsdienstigheid*

reliquat M *saldo*; *rest* ‹v. schuld›

relique V • REL. *relikwie* • FIG. *fossiel*

relire OV WW [onregelmatig] *herlezen*; *overlezen*

reliure V *boekband*

reloger OV WW *herhuisvesten*

relooker (zeg: -loek-) OV WW *restylen*

relu WW [volt. deelw.] • → **relire**

reluire ONOV WW [onregelmatig] *schitteren*; *blinken* ★ faire ~ *(glimmend) poetsen*

reluisant BNW *schitterend*; *blinkend* ★ peu ~ *niet best*

reluquer OV WW *begluren*; FIG. *azen op*

remâcher OV WW *tobben over*; FIG. *herkauwen*

remake M *nieuwe (film)versie*; *remake*

rémanence V FORM. *blijvend karakter*

rémanent BNW FORM. *blijvend*; *remanent*

remaniement M *verandering*; *omwerking* ★ ~ ministériel *kabinetswijziging*

remanier OV WW *omwerken*; *veranderen*

remariage M *(het) hertrouwen*

remarier WKD WW [**se** ~] *hertrouwen*

remarquable BNW • *opmerkelijk*; *merkwaardig* • *voortreffelijk*

remarque V *opmerking*; *aanmerking*

remarqué BNW *opvallend*

remarquer OV WW *opmerken*; *(be)merken*; *onderscheiden* ★ ~ que *opmerken /zeggen dat* ★ se faire ~ *de aandacht trekken*; *(willen) opvallen* ★ faire ~ qc à qn *iemands aandacht op iets vestigen* ★ sans être remarqué *ongemerkt* ★ remarque! *let wel!*; *welteverstaan!*; *trouwens!*

remballage M • *(het) opnieuw inpakken* • *nieuwe verpakking*

remballer OV WW *opnieuw inpakken*

rembarrer OV WW *de mond snoeren*; *afsnauwen*

remblayer OV WW *aanaarden*; *ophogen*

rembobiner OV WW *weer oprollen*

remboîter OV WW • *weer ineenschuiven* • MED. *weer in het lid zetten*

rembourrage M *(het) opvullen*

rembourrer OV WW *opvullen* ★ INFORM. bien rembourré *goed in het vlees (zittend)*

remboursable BNW *terug te betalen*

remboursement M *terugbetaling*; *aflossing* ★ contre ~ *onder rembours*

rembourser OV WW *terugbetalen*; *aflossen* ★ ~ qn de ses frais *iemands (on)kosten vergoeden* ★ remboursez! *geld terug!*

rembrunir WKD WW [**se** ~] *somber worden*; *betrekken*

remède M • *geneesmiddel*; *remedie* • *(hulp)middel (***à**, **contre** *tegen)* ★ ~ de bonne femme *huismiddeltje* ★ ~ de cheval *paardenmiddel* ★ sans ~ *niet te verhelpen* ★ porter ~ à *verhelpen* ★ c'est un ~ à/contre l'amour *hij/zij is niet moeders mooiste*

remédiable BNW *te verhelpen*

remédier ONOV WW **~ à** *verhelpen*; *voorzien in*

remémorer I OV WW FORM. *in herinnering brengen* **II** WKD WW [**se** ~] *zich herinneren*

remerciement M *dank(betuiging)*; *bedankje* ★ avec tous mes ~s *met mijn hartelijke dank*

remercier OV WW • *(be)danken (***de**, **pour** *voor)* • *ontslaan*; *afdanken*

remettre I OV WW [onregelmatig] • *weer plaatsen, zetten, stellen, leggen, aandoen* ⟨vgl. 'mettre'⟩ • *weer (in een toestand) brengen* ⟨vgl. 'mettre'⟩ • *overhandigen (***à** *aan)*; *overdragen*; *(af)geven* • *uitstellen (***à** *tot)*; *verdagen*; *verschuiven* • *weer doen opknappen*; *kalmeren* • *herkennen* • *kwijtschelden (***à** *aan)* ⟨v. straf⟩ • *vergeven* ⟨v. zonden⟩ • *weer beginnen (met)*; *overdoen* ★ OOK FIG. ~ à sa place *op zijn plaats zetten* ★ ~ qc entre les mains de qn *iets aan iem. toevertrouwen* ★ ~ sa démission *zijn ontslag indienen* ★ ~ au lendemain *(tot de volgende dag) uitstellen* ★ INFORM. en ~ *(flink) overdrijven* ★ INFORM. on remet ça? *doen/nemen we er nog eentje?* **II** WKD WW [**se** ~] • *weer plaatsnemen*; *weer gaan zitten /liggen* • *(zich) herstellen (***de** *van)*; *bekomen*; *bedaren* • *weer geraken* ⟨in een toestand⟩ • *zich herinneren* • **~ à** *weer beginnen met/te* ★ s'en ~ à *zich verlaten op*; *afgaan op* • **~ avec** *zich weer aansluiten bij*; *het weer goedmaken met*; *weer gaan samenwonen met*

remeubler OV WW *opnieuw meubileren*

réminiscence V *(flauwe) herinnering (***de** *aan)*

remis WW • → **remettre**

remise V • *(het) weer plaatsen, zetten, stellen, leggen* ⟨vgl. `mise'⟩ • *(het) weer (in een toestand) brengen* ⟨vgl. `mise'⟩ • *overhandiging*; *(af)levering*; *uitreiking*; *overmaking* • *korting (***sur** *op)* • *kwijtschelding* • *uitstel (***à** *tot)* • *schuur*; *loods*; *stalling* ★ SPORT ~ en jeu *inworp* ★ ~ à jour *actualisering* ★ voiture de (grande) ~ *gehuurde auto met chauffeur*

remiser OV WW *stallen*; *wegzetten*; *opbergen*

rémissible BNW *vergeeflijk*

rémission V • MED. *remissie*; *(tijdelijke) afneming /leniging* • *vergeving*; *kwijtschelding*; *strafvermindering* ★ sans ~ *meedogenloos*; *onontkoombaar*; FORM. *niet aflatend*

remix M MUZ. *remix*

remmener OV WW *weer meenemen*; *(terug)brengen*

remodelage M *omvorming*; *vernieuwing*; OOK FIG. *facelift*

rémois BNW *van/uit Reims*

remontage M • *(het) opwinden* ⟨v. uurwerk e.d.⟩ • *(het) weer in elkaar zetten*

remontant I M *versterkend middel*; *hartversterking* **II** BNW • *opwekkend* • PLANTK. *nabloeiend*

remonte V *(het) stroomopwaarts varen /zwemmen*

remonté BNW INFORM. *nijdig (***contre** *op)*

remontée V • *(het) weer naar boven gaan*; *(het) weer opstijgen* • *(het) weer op-/afvaren* • *skilift*

remonte-pente M [mv: **remonte-pentes**] *sleeplift*

remonter I OV WW • *weer bestijgen /opgaan*; *weer (omhoog)gaan langs/in* • OOK FIG. *weer naar boven brengen*; *ophogen*; *optrekken* • *aanvullen* ⟨met het ontbrekende⟩ • SPORT *inlopen op*; *inhalen* • *opwinden* ⟨v. uurwerk e.d.⟩ • *weer in elkaar zetten*; *weer op touw zetten* • *opmonteren* ★ ~ un fleuve *stroomopwaarts gaan /varen* ★ ~ le moral à *opmonteren* ★ machine à ~ le temps *tijdmachine* **II** ONOV WW • OOK FIG. *(weer) omhooggaan* • *(in de tijd /naar de oorsprong) teruggaan (***à** *tot)* • *weer instappen (***dans**, **en** *in)*; *weer opstappen* • PLANTK. *weer uitlopen* ★ collet qui remonte *opstaande kraag* ★ ~ sur le trône *de troon weer bestijgen* ★ cela remonte (à) loin *dat is allang zo* ★ cela remonte au déluge *dat is oeroud* **III** WKD WW [**se** ~] *opknappen*; *op verhaal komen*

remontrance V *vermaning*; *berisping*

remontrer I OV WW *weer vertonen* **II** ONOV WW ★ en ~ à qn *iem. een lesje geven*; *iem. de baas zijn*

remords M [mv: id.] [ook mv] *wroeging (***de** *over)*

remorquage M *(het) slepen*; *sleepvaart*

remorque V • *(het) slepen* • *sleeptouw* • *aanhangwagen* ★ être à la ~ *achterblijven*; *achteraanlopen* ★ être à la ~ de qn *iem. blindelings (na)volgen* ★ prendre en ~ *op sleeptouw nemen*

remorquer OV WW • *slepen* • INFORM./FIG. *meeslepen*

remorqueur M *sleepboot*

rémoulade V *remouladesaus*

rémouleur M *scharenslijper*

remous (zeg: -moe) M • *werveling*; *draaikolk*; *kielzog* • FIG. *woeling*; *gewoel*

rempailler OV WW *opnieuw matten* ⟨v. stoelen⟩

rempart M • *vestingmuur* • FIG. *bolwerk* ★ les ~s d'une ville *de wallen v.e. stad*

rempiler I OV WW *opnieuw opstapelen* **II** ONOV WW INFORM./MIL. *bijtekenen*

remplaçable BNW *vervangbaar*

remplaçant M *plaatsvervanger*; SPORT *wisselspeler*

remplacement M *vervanging* ★ faire des ~s *als vervanger optreden*

remplacer OV WW *vervangen (***par** *door)*

rempli I BNW • *vol (***de** *met)* • FORM. *vervuld (***de** *van, met)* ★ ~ de joie *vervuld van vreugde* **II** M *inslag* ⟨naar binnen geslagen zoom⟩
remplir I OV WW • *vullen (***de** *met)* • *invullen* • *vervullen* ⟨in alle betekenissen⟩ ★ ~ l'attente *aan de verwachting beantwoorden* **II** WKD WW [**se** ~] *vol worden*; *zich vullen (***de** *met)* ★ INFORM. se ~ les poches *zijn zakken vullen*
remplissage M • *(het) (op)vullen* • *opvulsel*; MIN. *bladvulling* • *(mate v.h.) gevuld zijn*
remploi M • → **réemploi**
remployer OV WW • → **réemployer**
remplumer WKD WW [**se** ~] • INFORM. *er weer bovenop komen* ⟨financieel⟩ • INFORM. *weer aankomen* ⟨in gewicht⟩
remporter OV WW • *weer meenemen* • *behalen*; *winnen* ★ ~ la victoire *de overwinning behalen*
rempoter OV WW *verpotten*
remuant BNW *druk*; *beweeglijk*; *rusteloos*
remue-ménage M [mv: **remue-ménage(s)**] *wanorde*; *drukte*; *rumoer*
remue-méninges M [mv: id.] IRON. *brainstorming*
remuement M *(het) (druk) bewegen*; *gestommel*; *geschuifel*
remuer I OV WW • *bewegen*; *verplaatsen* • OOK FIG. *omwoelen*; *overhoophalen*; *omwerken* ⟨v. grond⟩ • *omroeren*; *(om)schudden* • *ontroeren* ★ ~ la queue *kwispelstaarten* ★ ~ ciel et terre *hemel en aarde bewegen* **II** ONOV WW *bewegen*; OOK FIG. *zich roeren* **III** WKD WW [**se** ~] • *zich bewegen* • *zich moeite geven*; *in actie komen* ★ remue-toi! *schiet op!*; *doe eens wat!*
rémunérateur BNW [v: **rémunératrice**] *lonend*; *winstgevend*; *renderend*
rémunération V *loon*; *beloning*
rémunérer OV WW • *honoreren*; *betalen* • OUD. *belonen* ★ compte rémunéré *rentedragende rekening*
renâcler ONOV WW • *snuiven* ⟨v. dieren⟩ ★ sans ~ *zonder morren* • ~ **à, devant, sur** *geen zin hebben in*
renaissance I V • *herleving* • OOK FIG. *wedergeboorte*; *renaissance* ★ la Renaissance *de renaissance* **II** BNW *renaissance-*
renaître ONOV WW [onregelmatig] *herboren worden*; FIG. *herleven* ★ FORM. ~ à la vie *weer op krachten komen* ★ FORM. ~ à l'espoir *weer hoop krijgen* ★ FORM. le jour renaît *een nieuwe dag breekt aan*
rénal BNW [m mv: **rénaux**] *nier-* ★ calcul ~ *niersteen*
renard M *vos* ★ ~ argenté *zilvervos* ★ ~ bleu *poolvos* ★ FIG. fin ~ *slimme vos*
renarde V *wijfjesvos*
renardeau M [mv: **renardeaux**] *jonge vos*
renardière V *vossenhol*
rencard M INFORM. → **rancard**
rencarder OV WW INFORM. → **rancarder**
renchérir I OV WW *opslaan*; *duurder maken* **II** ONOV WW • *hoger bieden (***sur** *dan)* • FIG. *hoger/verder gaan (***sur** *dan)* • *duurder worden*
renchérissement M *prijsverhoging*
rencogner I OV WW OUD. *in een hoek duwen* **II** WKD WW [**se** ~] *wegkruipen*
rencontre V • *ontmoeting*; *samenloop* • *botsing* • *(het) treffen*; *duel* ★ de ~ *toevallig (ontmoet)* ★ aller à la ~ de *tegemoet gaan*
rencontrer I OV WW • *ontmoeten*; *tegenkomen*; *vinden*; *stuiten/botsen op*; *treffen* • SPORT *spelen tegen* **II** WKD WW [**se** ~] • *elkaar ontmoeten /treffen* • FIG. *elkaar vinden* • *aangetroffen worden*; *vóórkomen*
rendement M *opbrengst*; *rendement*; *(arbeids)prestatie* ★ d'un bon ~ *renderend*
rendez-vous M [mv: id.] • *plaats v. samenkomst* • *afspraak (***avec** *met)*; *rendez-vous* ★ ~ amoureux /galant *date* ★ consultation sur ~ *consult volgens afspraak* ★ donner ~ à *afspreken met* ★ être au ~ *er(bij) zijn* ★ prendre ~ avec le médecin *een afspraak maken bij de dokter*
rendormir I OV WW [onregelmatig] *weer doen inslapen* **II** WKD WW [**se** ~] *weer inslapen*
rendosser OV WW *weer aantrekken*
rendre I OV WW • *teruggeven (***à** *aan)* • *(over)geven* • FIG. *beantwoorden*; *vergelden* • *maken* [gevolgd door bnw.] • *weergeven* • *uitdrukken*; *vertalen* • *opbrengen*; *opleveren* • *braken*; *opgeven* • *uitbrengen* ⟨v. geluid, oordeel, verslag enz.⟩; *betuigen* ★ ~ qn à la liberté *iem. in vrijheid stellen* ★ ~ hommage *hulde brengen* ★ ~ visite à qn *iem. bezoeken* ★ ~ service *een dienst bewijzen* ★ ~ un jugement *een vonnis uitspreken* ★ ~ l'âme *de geest geven* ★ ~ heureux *gelukkig maken* **II** ONOV WW • *effect /succes hebben* • *opbrengen*; *renderen* • *braken* ★ bien ~ à l'écran *het goed doen op tv* **III** WKD WW [**se** ~] • *zich begeven* • *zich overgeven (***à** *aan)*; *zwichten (***à** *voor)* • *zich maken* [gevolgd door bnw.]
rendu I BNW *aangekomen* ★ nous voilà ~s *we zijn er* **II** WW [volt. deelw.] • → **rendre**
rêne V OOK FIG. *teugel* ★ OOK FIG. tenir les rênes *de teugels in handen hebben*
renégat M [v: **renégate**] *afvallige*; *renegaat*
renfermé I BNW FIG. *gesloten*; *introvert* **II** M *mufheid* ★ sentir le ~ *muf ruiken*
renfermer I OV WW • *bevatten*; *behelzen* • OUD. *opsluiten* **II** WKD WW [**se** ~] *zich opsluiten*; FIG. *zich afsluiten* ★ se ~ dans le silence *zich in stilzwijgen hullen*
renflé BNW *bol*; *(uit)puilend*
renflement M *zwelling*; *verdikking*
renfler I OV WW *bol maken*; *doen zwellen* **II** WKD WW [**se** ~] *dikker worden*; *opzwellen*
renflouage M • → **renflouer**
renflouement M • → **renflouer**
renflouer OV WW • SCHEEPV. *vlot trekken*; *lichten* • *er financieel weer bovenop helpen*
renfoncé BNW *diepliggend* ⟨v. ogen⟩
renfoncement M • *inspringing*; *nis* • *uitholling*; *deuk* • *uithoek*
renfoncer OV WW • *dieper induwen /inslaan* • *doen inspringen* ⟨v. regel⟩
renforcement M OOK FIG. *versterking*
renforcer OV WW • OOK FIG. *versterken* • *verstevigen* ★ ~ qn dans son opinion *iem. in zijn mening sterken*
renfort M • MIL. *versterking* • *versteviging* ★ à grand ~ de *met (behulp van) veel...*

renfrogné BNW *stuurs; nors*
renfrogner WKD WW [**se ~**] *een stuurs gezicht zetten*
rengagement M • *(het) opnieuw in dienst nemen* • MIL. *(het) bijtekenen*
rengager I OV WW *weer in dienst nemen* **II** ONOV WW • *weer dienst nemen* • INFORM./FIG. *weer beginnen aan* **III** WKD WW [**se ~**] *weer dienst nemen; bijtekenen*
rengaine V *afgezaagd verhaal /deuntje* ★ c'est toujours la même ~ *het is altijd hetzelfde liedje*
rengainer OV WW INFORM./FIG. *voor zich houden; inslikken*
rengorger WKD WW [**se ~**] *een hoge borst opzetten*
reniement M *verloochening*
renier OV WW *verloochenen*
reniflement M *gesnuif*
renifler I OV WW • *(op)snuiven* • FIG. *ruiken; de lucht krijgen van* **II** ONOV WW *snuiven*
renne M *rendier*
renom M *naam; faam; reputatie*
renommé BNW *gerenommeerd; bekend; vermaard (***pour*** om)*
renommée V • *naam; faam; reputatie; roep* • *openbare mening* ★ FORM. par la ~ *bij geruchte* ★ bonne ~ vaut mieux que ceinture dorée *een goede naam is meer waard dan rijkdom*
renommer OV WW *herbenoemen*
renoncement M *(het) afstand doen (***à*** van); verzaking* ★ ~ à/de soi-même *zelfverloochening*
renoncer ONOV WW • *het opgeven* • **~ à** *afstand doen van; afzien van; ophouden te* ★ ~ au monde *zich uit de wereld terugtrekken* ★ ~ à soi-même *zichzelf verloochenen*
renonciation V *(het) afstand doen (***à*** van); verzaking*
renoncule V *ranonkel; boterbloem*
renouer I OV WW • *weer (dicht)knopen* • FIG. *weer aanknopen; hervatten* ★ ~ le fil de la conversation *de draad v.h. gesprek weer opnemen* **II** ONOV WW **~ avec** *weer aanknopen bij; weer opvatten* ★ ~ avec qn *de vriendschap met iem. hernieuwen*
renouveau M *opleving; hernieuwing*
renouvelable BNW • *herhaalbaar* • *verlengbaar* ⟨v. paspoort enz.⟩ • *hernieuwbaar; duurzaam* ★ énergie(s) ~(s) *duurzame energie(bronnen)*
renouveler I OV WW • *hernieuwen; vernieuwen;* FIG. *verversen* • *verlengen* ⟨v. paspoort enz.⟩ • *herhalen* ⟨v. vraag e.d.⟩ • *verduurzamen; duurzaam maken* **II** WKD WW [**se ~**] • *zich vernieuwen; vernieuwd worden* • *zich herhalen*
renouvellement M • *hernieuwing; vernieuwing;* FIG. *verversing* • *verlenging* ⟨v. paspoort enz.⟩ • *verduurzaming*
rénovateur I BNW [v: **rénovatrice**] *vernieuwend* **II** M [v: **rénovatrice**] *vernieuwer; hervormer*
rénovation V • *renovatie* • OUD. *hernieuwing*
rénover OV WW *vernieuwen; moderniseren;* ARCH. *renoveren*
renseignement M *inlichting (***sur*** over)* ★ service de ~s *inlichtingendienst* ★ prendre des ~s *informatie inwinnen*
renseigner I OV WW *inlichten (***sur*** over)* **II** WKD WW [**se ~**] *zich op de hoogte stellen; inlichtingen inwinnen (***sur*** over); informeren (***sur*** naar)*
rentabiliser OV WW *rendabel maken*
rentabilité V *rendabiliteit; rentabiliteit*
rentable BNW OOK FIG. *lonend; rendabel; rentegevend*
rente V • *rente* ⟨inkomsten uit vermogen⟩ • *staatsfonds /-lening* • INFORM. *vaste kostenpost* ★ ~ viagère *lijfrente* ★ ~ de situation *emolumenten uit gewoonterecht* ★ vivre de ses ~s *rentenieren*
rentier M [v: **rentière**] *rentenier*
rentrant I M SPORT *invaller* **II** BNW • *inspringend* • *intrekbaar* ★ SPORT centre ~ *inswinger*
rentré I BNW • *naar binnen geslagen; ingevallen* • *ingehouden* • *diepliggend* ⟨v. ogen⟩ ★ colère ~e *ingehouden woede* **II** M *inslag* ⟨naar binnen geslagen zoom⟩
rentre-dedans M *ramkoers*
rentrée V • *terugkeer; hervatting van werkzaamheden* • *(het) binnenhalen* ⟨v. oogst⟩ • *geïnd geld* ★ la ~ (des classes /écoles) *het begin v.h. nieuwe schooljaar* ★ faire sa ~ *zijn comeback maken*
rentrer I OV WW • *binnenhalen; binnenbrengen; terugstoppen; intrekken* • *inhouden* ⟨v. woede, tranen⟩ **II** ONOV WW • *teruggaan; terugkomen; (weer) binnenkomen; thuiskomen* • *(erin) passen (***dans*** in)* • *(na de vakantie e.d.) weer beginnen* ★ FIG. faire ~ qc dans sa tête *iets erin stampen* ★ ~ en soi-même *in zichzelf keren* ★ vouloir ~ sous terre *wel door de grond willen zinken* • **~ dans** *behoren tot; vallen onder; botsen tegen* • **~ dans, en** *weer (in een toestand) komen* ★ ~ dedans *erop botsen; iem. aanvliegen* ★ ~ dans ses dépenses /frais *de kosten eruithalen* ★ ~ dans ses droits *zijn rechten terugkrijgen* ★ ~ dans les grâces de qn *iemands gunst herwinnen* ★ tout est rentré dans l'ordre *alles is weer normaal*
renversant BNW *verbazingwekkend*
renverse V ★ à la ~ *achterover; omver* ★ tomber à la ~ OOK FIG. *achterovervallen*
renversé BNW • *omgekeerd* • *omvergeworpen* • *achterover(hellend)* • FIG. *verbluft; ontsteld* ★ c'est le monde ~ *dat is de omgekeerde wereld*
renversement M • *omkering* • OOK FIG. *omverwerping* • *ommekeer; kentering; wending*
renverser I OV WW • OOK FIG. *omverwerpen; om(ver)gooien; omverrijden; morsen* ⟨v. drank⟩ • *omkeren; (om)kantelen* • *achteroverbuigen /-werpen* • INFORM. *paf /versteld doen staan* **II** ONOV WW *van richting veranderen; kenteren* **III** WKD WW [**se ~**] • *omvallen; omkantelen* • *zich achteroverbuigen /-werpen*
renvoi M • *terugzending* • *(het) wegsturen; ontslag* • *verwijzing (***à*** naar)* • *verdaging (***à*** tot)* • *oprisping* • *weerkaatsing* • SPORT *(het) terugspelen*
renvoyer OV WW • *terugzenden (***à*** naar)* • *wegsturen; ontslaan* • *verwijzen (***à*** naar)*

re

• *verdagen (***à** *tot)* • *weerkaatsen* • SPORT *terugspelen*
réoccuper OV WW *weer bezetten*
réorganisation V *reorganisatie*
réorganiser OV WW *reorganiseren*
réorientation V *heroriëntatie; omschakeling*
réorienter OV WW *heroriënteren; omschakelen*
réouverture V OOK FIG. *heropening*
repaire M *(schuil)hol; schuilhoek*
repaître I OV WW FORM. *verlustigen (***de** *in, aan); vergasten (***de** *aan)* **II** WKD WW [**se** ~] • FORM. *grazen; zich voeden (***de** *met)* • FORM. *zich verlustigen (***de** *in, aan)* ★ se ~ de sang *bloeddorstig zijn*
répandre I OV WW • *verspreiden; verbreiden* • *(ver)gieten; storten; morsen; strooien* • *uitdelen* ★ ~ du sang *bloed vergieten* **II** WKD WW [**se** ~] • *zich verspreiden; zich verbreiden; verbreid worden* • *vergoten worden* • *uitweiden (***sur** *over)* ★ se ~ (dans le monde) *veel onder de mensen komen; veel relaties hebben* ★ se ~ en excuses *zich uitputten in verontschuldigingen* ★ il se répand que *het gerucht gaat dat* ★ opinion (très) répandue *(wijd)verbreide opvatting* • ~ **en** *zich uitputten in; royaal zijn met*
réparable BNW *herstelbaar*
reparaître ONOV WW [onregelmatig] *weer verschijnen*
réparateur I M [V: **réparatrice**] *hersteller; reparateur* **II** BNW [V: **réparatrice**] *herstellend* ★ un sommeil ~ *een verkwikkende slaap*
réparation V • *herstel; reparatie* • *genoegdoening (***de** *voor); schadeloosstelling* ★ FORM. (coup de pied de) ~ *strafschop* ★ surface de ~ *strafschopgebied* ★ ~ d'honneur *eerherstel*
réparer OV WW • *herstellen; repareren* • *weer goedmaken; vergoeden* ★ ~ un malentendu *een misverstand rechtzetten*
reparler ONOV WW *opnieuw spreken*
repartie, répartie V *snedig antwoord; repliek* ★ avoir de la ~ *ad rem zijn*
repartir, répartir [alleen OV WW] **I** OV WW FORM. *(prompt /snedig) antwoorden* **II** ONOV WW [onregelmatig] • *weer vertrekken* • *weer teruggaan* • *weer beginnen; weer beter gaan*
répartir I OV WW • FORM. *verdelen (***entre** *onder); omslaan (***entre** *over)* • FORM. *(ver)spreiden (***sur** *over)* • FORM. *indelen (***en** *in)* **II** WKD WW [**se** ~] • FORM. *onder elkaar verdelen* • FORM. *verdeeld worden* **III** • → **repartir** [OV WW]
répartition V • *verbreiding* • *indeling* • *verdeling; omslag*
repas (zeg: -pà) M *maaltijd* ★ prendre le ~ *de maaltijd gebruiken*
repassage M *(het) strijken* ⟨v. (was)goed⟩
repasser I OV WW • *weer gaan door/over; weer voorbijgaan* • *weer overbrengen;* INFORM. *overdoen (***à** *aan)* • *strijken* ⟨v. (was)goed⟩ • *slijpen* • *weer draaien /vertonen* ⟨v. film enz.⟩ • *weer afleggen* ⟨v. examen⟩ • *weer doornemen; nazien* **II** ONOV WW *weer voorbijkomen; weer langskomen; weer (erdoor) komen* ★ passer et ~ *heen en weer gaan* ★ ~ derrière qn *iem. op de vingers kijken*
repasseur M *(scharen)slijper*
repasseuse V • *strijkster* • *strijkmachine*
repêchage M *herexamen; herkansing*
repêcher OV WW • *(weer) opvissen* • *een herkansing geven; (een kandidaat) nog een kans geven* • INFORM. *uit de moeilijkheid redden* ★ ~ un noyé *een drenkeling uit het water halen*
repeindre OV WW [onregelmatig] *opnieuw schilderen; overschilderen*
repenser OV WW *nog eens overdenken; heroverwegen* ★ j'y ~ai *ik zal er nog eens over denken*
repentant BNW *berouwvol*
repenti BNW *berouwvol; tot beterschap gekomen* ★ (criminel) ~ *kroongetuige*
repentir I M *berouw (***de** *over); spijt* **II** WKD WW [**se** ~] [onregelmatig] *berouw hebben (***de** *over); spijt hebben (***de** *van)*
repérage M *positiebepaling; lokalisering; terreinverkenning*
répercussion V • *weerkaatsing* • *repercussie; weerslag (***sur** *op)*
répercuter I OV WW • *weerkaatsen* • *doorberekenen (***sur** *in)* • INFORM. *afschuiven (***sur** *op)* **II** WKD WW [**se** ~] • *weerkaatst worden* • *zijn weerslag hebben (***sur** *op)*
repère M *herkenningsteken; (ken)merk; merkteken* ★ point de ~ *herkenningsteken; richtpunt;* FIG. *aanknopingspunt;* FIG. *houvast*
repérer I OV WW • *(nauwkeurig) lokaliseren* • *markeren (met herkenningstekens)* • INFORM. *ontdekken; opsporen; in de gaten hebben; eruit pikken* ★ INFORM. se faire ~ *opvallen; zich verraden* **II** WKD WW [**se** ~] *zich oriënteren; de weg vinden*
répertoire M • *(namen)lijst; register; klapper; repertorium; adresboek(je);* COMP. *directory* ⟨bestandenlijst⟩ • OOK FIG. *repertoire*
répertorier OV WW *een lijst maken van; registreren; inventariseren*
répéter OV WW • *herhalen* • *repeteren* • *weergeven* • *doorvertellen* ★ ne pas se le faire ~ *zich (iets) niet tweemaal laten zeggen*
répétiteur I M TECHN. *versterker* **II** M [V: **répétitrice**] *repetitor*
répétitif BNW [V: **répétitive**] *zich herhalend*
répétition V • *herhaling* • *repetitie*
repeuplement M • *herbevolking* • *(het) weer uitzetten* ⟨v. vis, wild⟩ • *herbebossing*
repeupler OV WW • *weer bevolken* • *weer uitzetten* ⟨v. vis, wild⟩ • *herbebossen*
repiquer OV WW • *uitplanten; verspenen* • *weer prikken* • *opnieuw opnemen* ⟨v. geluidsopname⟩ • *verbeteren* ⟨v. bestrating⟩ • A-V *retoucheren* • INFORM. *weer snappen* ⟨betrappen, oppakken⟩
répit (zeg: -pie) M *respijt; uitstel; onderbreking; adempauze* ★ sans ~ *onafgebroken; almaar (door)*
replacer OV WW • *weer (terug)plaatsen* • *weer aanstellen*
replanter OV WW • *verplanten* • *herbeplanten*
replâtrage M FIG. *lapwerk; lapmiddel*
replâtrer OV WW FIG. *oplappen*
replet BNW [V: **replète**] *dik; gezet; mollig*

re

repli M • *plooi*; *vouw*; *omslag* ‹v. kleding› • *kronkel(ing)* • *verborgen hoekje* • MIL. *(ordelijke) terugtocht* • FIG. *teruggang*; *terugval* ‹v. aandelen› ★ le ~ (sur soi-même) *het in zichzelf gekeerd zijn* ★ ~s [mv] *diepste roerselen*
repliable BNW *opvouwbaar*
repliement M • *(het) opvouwen* • *(het) in zichzelf gekeerd zijn*; *zelfinkeer*
replier I OV WW • *(weer) opvouwen* • MIL. *(ordelijk) terugtrekken* **II** WKD WW [**se** ~] MIL./SPORT *zich (ordelijk) terugtrekken* ★ se ~ (sur soi-même) *in zichzelf keren*
réplique V • *repliek*; *weerwoord*; *antwoord* • *tegenspraak* • *replica* • *evenbeeld* • GEOLOGIE *naschok* ★ sans ~ *onweerlegbaar* ★ donner la ~ à qn *iemands tegenspeler zijn*
répliquer OV WW • *tegenspreken* • *antwoorden*; *repliceren*
replonger OV WW OOK FIG. *weer dompelen (***dans** *in)*
répondant M *borg* ★ INFORM. avoir du ~ *geld achter de hand hebben*; *reserves hebben*
répondeur I M *antwoordapparaat* **II** BNW [v: **répondeuse**] *die altijd een weerwoord heeft*
répondre I OV WW • *antwoorden* • WWW *replyen* **II** ONOV WW • *antwoorden (***à** *aan, op)* • WWW *replyen (***à** *aan, op)* • *weerwoord geven* • *reageren (***à** *op)* • ~ **à** *beantwoorden aan*; *overeenkomen met*; *gehoor geven aan* ★ ~ à une lettre *een brief beantwoorden* ★ ~ au téléphone *de telefoon aannemen* • ~ **de** *zich verantwoorden voor* • ~ **de, pour** *instaan voor*; *waarborgen*
répons M *responsorium*
réponse V • *antwoord (***à** *op)*; *weerwoord* • *reactie*; *respons* • WWW *reply*
report M • *uitstel (***à** *tot)* • *overbrenging*; *transport* ‹bij boekhouden› • *prolongatie* ‹v. effecten› ★ POLITIEK ~ des voix *stemmenoverdracht*
reportage M • *reportage* • *verslaggeving*
reporter (zeg: zn: -tee, -teur) **I** M/V *reporter*; *verslaggever* **II** OV WW • *overbrengen*; *overdragen (***sur** *op)*; *transporteren* ‹bij boekhouden› • OOK FIG. *terugbrengen* • *uitstellen (***à** *tot)* • *in prolongatie nemen* ‹v. effecten› **III** WKD WW [**se** ~] **à** *zich (terug)verplaatsen naar*; *terugdenken aan*; *verwijzen naar*; *raadplegen*
repos (zeg: -poo) M • *rust* • *rustpunt* ‹in muziek, tekst›; *pauze* ★ MIL. ~! *(op de plaats) rust!* ★ au/en ~ *in rust*; *inactief*; *braakliggend* ‹v. grond› ★ de tout ~ *risicoloos*; *probleemloos* ★ jour de ~ *rustdag* ★ être de ~ *vrij(af) hebben* ★ sans ~ ni cesse /trêve *rust noch duur hebbend*
reposant BNW *rustgevend*; *verkwikkend*
reposé BNW *uitgerust* ★ à tête ~e *in alle rust (nadenkend)*; *welbedacht*
repose-pied, **repose-pieds** M [mv: **repose-pieds**] *voetsteun*
reposer I OV WW • *weer plaatsen /stellen*; *terugzetten*; *neerzetten* • *laten rusten* • *tot rust brengen*; *ontspannen* **II** ONOV WW • *(uit)rusten*; *slapen* ★ ici repose... *hier rust...* ★ laisser ~ *laten bezinken* ‹v. wijn›; *braak laten liggen* ‹v. grond› • ~ **sur** OOK FIG. *(be)rusten op* **III** WKD WW [**se** ~] • *(uit)rusten* • *weer rijzen* ‹v. vraag, probleem› ★ se ~ sur qn *op iem. vertrouwen*; *zich op iem. verlaten*
repose-tête M [mv: **repose-tête(s)**] *hoofdsteun*
repoussant BNW *weerzinwekkend*; *afstotend*
repousser I OV WW • *terugdrijven*; *terugstoten*; *terugschuiven* • *afslaan* ‹v. aanval›; *afweren* • *afwijzen*; *afslaan* ‹v. aanbod› • FIG. *afstoten*; *tegenstaan* • INFORM. *uitstellen* • *drijven* ‹v. metaal, leer› **II** ONOV WW *weer uitlopen*; *weer aangroeien*
repoussoir M • *drevel*; *drijfbout* • INFORM. *lelijkerd* ★ servir de ~ à qn *ervoor dienen om iem. anders beter tot zijn recht te laten komen*
répréhensible BNW *laakbaar*; *afkeurenswaardig*
reprendre I OV WW [onregelmatig] • *hernemen*; *weer (aan)nemen*; *weer ophalen* • *hervatten*; *voortzetten* • *terugnemen* • *overnemen* • *herkrijgen* • *weer (op)pakken* • *bijwerken*; *verstellen*; *herstellen* • *berispen*; *terechtwijzen* ★ ~ sa place *weer plaatsnemen* ★ ~ ses forces *weer op krachten komen* ★ ~ ses sens *bij zinnen komen* ★ on ne m'y reprendra plus *dat zal me niet nog een keer gebeuren* **II** ONOV WW *weer beginnen*; *weer beter gaan*; FIG. *weer aanslaan* ★ sa santé reprend *hij herstelt zich weer* ★ la chaleur reprend *het wordt weer warm* ★ ... reprit-il ... *zei hij /hernam hij* ‹na een pauze› **III** WKD WW [**se** ~] • *zich herstellen* • FORM. *weer beginnen (***à** *te)* ★ s'y ~ à deux fois *nog een keer beginnen*
représailles V MV *represailles (***contre** *tegen)*; *vergelding* ★ user de ~ *wraak nemen*
représentable BNW • *af te beelden* • *te vertonen*
représentant M [v: **représentante**] *vertegenwoordiger*
représentatif BNW [v: **représentative**] • *vertegenwoordigend* • *representatief (***de** *voor)*
représentation V • *voorstelling*; *uitbeelding* • *voorstelling*; *opvoering* • *vertegenwoordiging* • *uiterlijk vertoon* ★ frais de ~ *representatiekosten*
représenter I OV WW • *voorstellen*; *uitbeelden* • *opvoeren* ‹v. toneelstuk› • *vertegenwoordigen* ‹in alle betekenissen› • FORM. *voorhouden (***à** *aan)*; *wijzen op* **II** ONOV WW OUD. *een goede /voorname indruk maken*; *representatief optreden* **III** WKD WW [**se** ~] • *zich (iets) voorstellen* • *zich weer aandienen*
répressif BNW [v: **répressive**] *repressief*; *onderdrukkend*
répression V • *repressie*; *onderdrukking* • PSYCH. *verdringing*
réprimande V *berisping*; *reprimande*
réprimander OV WW *berispen*; *terechtwijzen*
réprimer OV WW *onderdrukken*; *beteugelen*; *bedwingen*
repris I M ★ ~ de justice *recidivist* **II** WW [volt. deelw.] • → **reprendre**
reprisage M *(het) stoppen* ‹v. kleding›; *verstelling*
reprise V • *herhaling*; *hervatting*; *heropvoering* • *terugneming*; *herneming*; *herovering*; *overname* • *herstelling*; *verstelling*; *stop* ‹in kleding› • *ronde* ‹bij boksen› • *herstel* ‹v.d.

handel›; *opleving* ★ à plusieurs ~s *herhaaldelijk*; *verschillende keren* ★ (valeur de) ~ *inruilwaarde*; *overnamekosten* ★ MUZ. point /signe de ~ *herhalingsteken* ★ la voiture a de bonnes ~s *de auto trekt goed op*
repriser OV WW *stoppen* ‹v. kleding›; *verstellen*
réprobateur BNW [v: **réprobatrice**] *afkeurend*
réprobation V *afkeuring*; *verwerping*
reproche M ● *verwijt* ● JUR. *wraking* ★ sans ~ *onberispelijk*; *smetteloos*
reprocher OV WW ● *verwijten (***à** *aan)* ● JUR. *wraken* ‹v. getuigen› ★ ~ de [+ infin.] *verwijten dat* ★ ne rien avoir à se ~ *zich niets te verwijten hebben*
reproducteur I BNW [v: **reproductrice**] *reproductief*; *voortplantings-* **II** M *fokdier*
reproductible BNW *reproduceerbaar*
reproductif BNW [v: **reproductive**] ● *voortplantings-* ● *reproducerend*
reproduction V ● *reproductie*; *nabootsing*; *kopie* ● *weergave*; *nadruk* ● *voortplanting*; *vermenigvuldiging* ★ droit de ~ *reprorecht*
reproduire I OV WW [onregelmatig] ● *reproduceren*; *nabootsen*; *nadoen* ● *nadrukken*; *weergeven* **II** WKD WW [**se** ~] ● *zich voortplanten* ● *zich herhalen*
reprogrammer OV WW *herprogrammeren*
réprouvé M *verworpene*; *verdoemde*
réprouver OV WW ● *afkeuren*; *verwerpen* ● REL. *verdoemen*
reptile M *reptiel*
repu BNW OOK FIG. *verzadigd (***de** *van)*
républicain I M [v: **républicaine**] *republikein* **II** BNW *republikeins*
république V *republiek* ★ INFORM. on est en ~! *we leven in een vrij land!*
répudiation V ● *verstoting* ● *verwerping*
répudier OV WW ● *verstoten* ● *verwerpen*; *afwijzen*; *afstand doen van*
répugnance V *afkeer (***pour** *van, jegens)*; *weerzin*; *tegenzin*
répugnant BNW *weerzinwekkend*; *afstotend*
répugner I ONOV WW **~ à** *een afkeer hebben van*; *geen zin hebben om* **II** ONP WW *tegenstaan* ★ il me répugne de le dire *het staat me tegen het te zeggen*
répulsif BNW [v: **répulsive**] OOK FIG. *afstotend*
répulsion V ● *afstoting* ● *afkeer (***pour** *van, jegens)*; *weerzin*
réputation V *reputatie*; *(goede) naam* ★ connaître de ~ *kennen van horen zeggen* ★ perdu de ~ *in opspraak gebracht*
réputé BNW *bekend(staand)*; *vermaard (***pour** *om)*
requérant I M JUR. *eiser* **II** BNW *eisend*
requérir OV WW [onregelmatig] *verlangen*; *vorderen*; *vereisen*; OOK JUR. *eisen*
requête V ● FORM. *verzoek* ● JUR. *rekest*; *verzoek(schrift)*
requiem M [mv: id.] *requiem*
requiert WW ● → **requérir**
requin M OOK FIG. *haai*
requinquer I OV WW INFORM. *opknappen*; *opkikkeren* **II** WKD WW [**se** ~] INFORM. *opknappen*; *opkikkeren*
requis I BNW *vereist* ★ (travailleur) ~ *tewerkgestelde* **II** WW [volt. deelw.] ● → **requérir**
réquisition V *vordering* ‹door overheid›; *rekwisitie*
réquisitionner OV WW ● *vorderen* ‹door overheid› ● INFORM. *inschakelen* ‹v. mensen›; *laten meehelpen*
réquisitoire M OOK FIG. *requisitoir*
RER AFK Réseau express régional *snelle metro* ‹in Parijs en omstreken›
rescapé I BNW *overlevend*; *ontkomen*; *gered* **II** M [v: **rescapée**] *geredde*; *overlevende*
rescousse V ★ venir à la ~ (de qn) *(iemand) te hulp komen*
réseau M [mv: **réseaux**] OOK FIG. *netwerk* ★ ~ ferroviaire /routier *spoorweg- /wegennet* ★ ~ commercial *verkoopapparaat* ★ ~ de résistance *verzetsgroep*
réservation V ● *plaatsbespreking*; *reservering* ● JUR. *voorbehoud*
réserve V ● OOK MIL. *reserve*; *voorraad* ● *reservaat* ● [vaak mv] *voorbehoud*; *bedenking (***sur** *inzake)* ● *terughoudendheid* ● *magazijn*; *voorraadkamer(s)* ★ MIL. les ~s *de reservetroepen* ★ ~ naturelle *beschermd natuurgebied* ★ ~ de chasse *besloten /verboden jachtterrein* ★ ~ (légale) *wettelijk erfdeel* ★ de ~ *reserve-* ★ sous toutes ~s *onder voorbehoud* ★ faire des ~s *een voorbehoud maken*
réservé BNW *gereserveerd* ‹in alle betekenissen›
réserver I OV WW ● *bewaren* ● *bespreken*; *reserveren* ● *uitsparen* ‹openlaten› ★ tous droits réservés *alle rechten voorbehouden* ● **~ à** *voorbehouden aan*; *bestemmen voor* **II** WKD WW [**se** ~] ● *zich (iets/het recht) voorbehouden (***de** *te)* ● *afwachten*; *zich sparen (***pour** *voor)* ★ se ~ pour une autre occasion *een betere gelegenheid afwachten*
réserviste M *reservist*
réservoir M OOK FIG. *reservoir*; *(vergaar)bak*; *bassin* ★ ~ (d'essence) *benzinetank*
résidant BNW *woonachtig*; *residerend* ★ membre ~ *gewoon lid* ‹niet-buitenlid›
résidence V ● *woonplaats*; *verblijf(plaats)*; *residentie* ● *(luxueus) appartementencomplex* ★ ~ secondaire *tweede woning* ★ ~ surveillée /forcée *huisarrest* ★ assigné à ~ *onder huisarrest geplaatst*
résident M [v: **résidente**] ● *buitenlands ingezetene* ● POL. *resident* ● *inwoner* ‹v. complex›; *inwonend coassistent*
résidentiel BNW [v: **résidentielle**] *woon-* ★ quartier ~ *(betere /deftige) woonwijk*; *laagbouwwijk*
résider ONOV WW ● *verblijf houden*; *woonachtig zijn* ★ voilà où réside la difficulté *dáár ligt de moeilijkheid* ● FIG. **~ dans** *gelegen zijn in*; *bestaan in*
résidu M ● *overblijfsel*; *rest*; *residu* ● *bezinksel*; *(chemisch) afval*
résiduel BNW [v: **résiduelle**] *achterblijvend*; *rest-*
résignation V *berusting* ★ avec ~ *gelaten*
résigné BNW *berustend*; *gelaten*; *lijdzaam*
résigner I OV WW *afstand doen van* ‹functie›; *neerleggen* **II** WKD WW [**se** ~] *berusten (***à** *in)*; *zich neerleggen (***à** *bij)*

re

résiliation V *ontbinding* ‹v. contract›; *opzegging*
résilience V *schokvastheid*
résilier OV WW *ontbinden* ‹v. contract›; *opzeggen*
résille V • → **bas**
résine V *hars* ★ ~ époxy *epoxyhars*
résiner OV WW • *hars halen uit* • *harsen*
résineux I M MV *naaldbomen* **II** BNW [v: **résineuse**] *harsachtig*; *harshoudend*
résistance V • OOK NATK. *weerstand (***à** *tegen)*; *weerstandsvermogen*; *resistentie* • *uithoudingsvermogen* • *tegenstand*; *weerstand*; *verzet (***à** *tegen)* • ELEK. *weerstand* ★ la Résistance *het Verzet* ‹1940-1944› ★ ~ aux chocs *schokvastheid* ★ ~ passive *lijdelijk verzet* ★ opposer une ~ *weerstand bieden*
résistant I BNW • *sterk*; *taai*; *resistent*; *met uithoudingsvermogen* ‹v. personen› • ~ **à** *bestand tegen* ★ ~ au feu *vuurvast* **II** M [v: **résistante**] *verzetsstrijder*
résister ONOV WW • *zich verzetten*; *tegenstand bieden*; *standhouden*; *weerstand bieden (***à** *aan)* • ~ **à** *bestand zijn tegen*; *(kunnen) doorstaan*
résolu I BNW *vastbesloten (***à** *om)*; *kordaat*; *resoluut* **II** WW [volt. deelw.] • → **résoudre**
résoluble BNW • FORM. *oplosbaar* • FORM. *ontbindbaar*
résolument BIJW *resoluut*; *kordaat*; *beslist*
résolution V • *besluit*; *voornemen*; *resolutie* • *vastberadenheid* • *oplossing* ‹v. vraagstuk› • NATK. *omzetting (***en** *in)* • JUR. *ontbinding* • *resolutie* ‹beeldscherpte› ★ manque de ~ *besluiteloosheid*
résolutoire BNW JUR. *ontbindend*
résolvais WW [verl. tijd] • → **résoudre**
résonance V OOK FIG. *weerklank*; *nagalm*; *resonantie* ★ caisse de ~ *klankkast*
résonnant BNW *weerklinkend*
résonner ONOV WW *weerklinken (***de** *van)*; *resoneren*; *galmen* ★ cette salle résonne bien *deze zaal heeft een goede akoestiek*
résorber OV WW • *doen verdwijnen*; *terugdringen* • MED. *resorberen*
résorption V • *resorptie* • *(het) terugdringen*
resort M *resort*
résoudre I OV WW • *oplossen* ‹v. vraagstuk› • *doen besluiten (***à** *te)*; *overhalen (***à** *tot)* • JUR. *ontbinden* • *doen verdwijnen*; NATK. *omzetten (***en** *in)* **II** WKD WW [**se** ~] • *(zich) oplossen* • *een besluit nemen*; *besluiten (***à** *te)* • ~ **en** NATK. *overgaan in*; FIG. *neerkomen op*
respect (zeg: -pè) M • *eerbied*; *ontzag*; *respect (***envers, pour** *jegens, voor)* • *(het) respecteren (***de** *van)*; *eerbiediging* ★ ~ de soi(-même) *zelfrespect* ★ sauf votre ~ *met uw welnemen*; *met alle respect* ★ présenter ses ~s à qn *iem. de groeten doen* ★ tenir qn en ~ *iem. op een afstand /in bedwang houden*
respectabilité V *achtenswaardigheid*
respectable BNW • *achtenswaardig*; *respectabel* • *aanmerkelijk*
respecter I OV WW *respecteren* ‹in alle betekenissen› ★ se faire ~ *respect /gezag afdwingen* ★ faire ~ la loi *het (wettelijk) gezag handhaven* **II** WKD WW [**se** ~] *zichzelf respecteren*
respectif BNW [v: **respective**] *respectief*
respectivement BIJW *respectievelijk*
respectueuse V INFORM. *prostituee*
respectueusement BIJW *eerbiedig*
respectueux BNW [v: **respectueuse**] *eerbiedig* ★ être ~ de *eerbiedigen*; *in acht nemen*
respirable BNW *in te ademen* ★ FIG. pas ~ *verstikkend*
respirateur I M • *masker* ‹tegen rook, gas, stof› • *beademingstoestel* **II** BNW *ademhalings-*
respiration V *ademhaling*; *inademing*
respiratoire BNW *ademhalings-* ★ voies ~s *luchtwegen*
respirer I OV WW • OOK FIG. *ademen* • *inademen* **II** ONOV WW • OOK FIG. *ademen* • *weer op adem komen*; *herademen*
resplendir ONOV WW • *schitteren* • FIG. *stralen*; *blaken (***de** *van)*
resplendissant BNW • OOK FIG. *schitterend* • FIG. *stralend*; *blakend (***de** *van)*
responsabiliser OV WW *verantwoordelijkheidsgevoel bijbrengen*
responsabilité V • *verantwoordelijkheid (***de** *voor)* • JUR. *aansprakelijkheid* • JUR. *toerekeningsvatbaarheid* ★ ~ civile *wettelijke aansprakelijkheid*
responsable I BNW • *verantwoordelijk (***de** *voor)*; *rekenschap schuldig (***devant** *jegens)* • JUR. *aansprakelijk* • JUR. *toerekeningsvatbaar* • *verantwoord*; *verstandig* **II** M/V • *functionaris* • *schuldige*
resquillage V • → **resquille**
resquille V INFORM. *(het) zwartrijden*; *(het) binnenglippen*; *(het) bietsen*
resquiller I OV WW INFORM. *nemen zonder te betalen*; *bietsen* **II** ONOV WW • INFORM. *zwartrijden*; *binnenglippen zonder betaling* • INFORM. *voordringen*
resquilleur M [v: **resquilleuse**] • INFORM. *klaploper* • *zwartrijder* • *bietser* • *voordringer*
ressac M *branding*
ressaisir I OV WW • *weer grijpen /pakken* • *zich weer meester maken van* **II** WKD WW [**se** ~] *zichzelf weer meester worden*
ressasser OV WW • *steeds weer denken aan* • *tot vervelens toe herhalen*
ressaut M • *uitsteeksel*; *uitstek* • *oneffenheid*
ressemblance V *gelijkenis*; *(punt v.) overeenkomst*
ressemblant BNW *gelijkend*
ressembler I ONOV WW *(ge)lijken (***à** *op)* ★ cela lui ressemble tout à fait *dat is net iets voor hem* ★ à quoi ça ressemble! *wat moet dat!* **II** WKD WW [**se** ~] *op elkaar lijken* ★ qui se ressemble s'assemble ‹spreekwoord› *soort zoekt soort*
ressemeler OV WW *verzolen*
ressenti M *beleving*
ressentiment M *wrok*
ressentir I OV WW [onregelmatig] *diep gevoelen*; *koesteren* ‹v. gevoelens› **II** WKD WW [**se** ~] ★ INFORM. s'en ~ pour qc *voor iets voelen*; ~ **de** *de gevolgen ondervinden /vertonen van*; *het stempel dragen van*
resserre V *bergplaats*; *berghok*
resserré BNW • *eng*; *nauw (ingesloten)* • OOK FIG. *nauwer aangehaald* • *ingeperkt*

resserrement M • *vernauwing* • OOK FIG. *(het) nauwer aanhalen*
resserrer I OV WW • *samentrekken*; OOK FIG. *nauwer aanhalen* • FIG. *verkleinen*; *inperken* **II** WKD WW [**se ~**] • *zich samentrekken*; *nauwer worden*; *dichter opeen komen* • *zich beperken*
resservir I OV WW *weer opdienen* **II** ONOV WW [onregelmatig] *weer dienst doen*; *weer bruikbaar zijn*
ressort M • *(spring)veer* • *(ambts)gebied*; *terrein v. bevoegdheid*; *ressort* • FIG. *veerkracht*; *fut* • *drijfveer* ★ ~ à boudin *spiraalveer* ★ sommier à ~s *spiraalmatras*; *springbox* ★ faire ~ *(terug)veren* ★ par tous les ~s *met alle mogelijke middelen* ★ en dernier ~ JUR. *in laatste instantie*; FIG. *uiteindelijk* ★ être du ~ de *ressorteren onder*; *binnen de bevoegdheid vallen van* ★ le ~ est cassé *er is iets (in hem/haar) geknapt*
ressortir I OV WW *weer tevoorschijn halen*; FIG. *(weer) ophalen* **II** ONOV WW [onregelmatig] • *weer uitgaan* • *weer tevoorschijn komen* • *duidelijk uitkomen (***sur** *op, tegen)* ★ faire ~ *duidelijk doen uitkomen* • **~ à** *ressorteren onder*; *vallen onder* • **~ de** *blijken /volgen uit*
ressortissant I M *staatsburger*; *onderdaan* **II** BNW *ressorterend (***à** *onder)*
ressouder OV WW OOK FIG. *weer aaneenhechten*; *weer solderen*
ressource I V *(hulp)middel*; *toevlucht*; *uitweg*; *redmiddel*; *mogelijkheid* ★ en dernière ~ *als laatste uitweg* ★ avoir de la ~ /des ~s *zich (altijd) weten te redden*; *vindingrijk zijn* **II** V MV • *bestaansmiddelen*; *geldmiddelen* • *hulpbronnen* • *bekwaamheden* ★ ~s humaines *personeel* ★ ~ minières *bodemschatten* ★ ~s naturelles *natuurlijke rijkdommen*
ressurgir ONOV WW • → **resurgir**
ressusciter I OV WW • *uit de dood opwekken* • FIG. *doen herleven* **II** ONOV WW • *uit de dood opstaan* • FIG. *herleven*
restant I M *restant*; *rest* **II** BNW *overblijvend*
restaurant, INFORM. **restau** M *restaurant*
restaurateur I M [v: **restauratrice**] • *restaurateur*; *hersteller* • *restauranthouder* **II** BNW [v: **restauratrice**] *herstellend* ★ chirurgie restauratrice *reconstructieve chirurgie*
restauration V • *restauratie* ⟨in alle betekenissen⟩; *herstel* • *restaurantwezen*; *horeca* ★ FORMEEL ~ rapide *fastfood*
restaurer I OV WW • *restaureren*; FORM. *herstellen* • *te eten geven* **II** WKD WW [**se ~**] *een hapje eten*
reste M *rest*; *overschot* ★ et tout le ~ *enzovoorts* ★ les ~s (mortels) *de stoffelijke resten* ★ INFORM. elle a de beaux ~s *ze is goed geconserveerd*; *ze mag er nog zijn* ★ au/du ~ *overigens* ★ de ~ *(te) over* ★ il a de la bonté de ~ *hij is te goed* ★ être en ~ (avec qn) *(iemand) nog iets schuldig zijn* ★ ne pas être en ~ (avec qn) *niet onderdoen (voor iemand)* ★ partir sans demander son ~ *zich gauw wegmaken*; *stilletjes afdruipen*
rester ONOV WW • *blijven* • *overblijven*; *rest(er)en* ★ ~ à dîner *blijven eten* ★ il nous reste 10 euros *we hebben nog 10 euro (over)* ★ il en reste un peu *er is nog wat over* ★ en ~ là *het daarbij laten* ★ où en sommes-nous restés? *waar zijn we gebleven?* ★ ~ court *blijven steken* ★ ~ sur *blijven bij*; *talmen met* ★ INFORM. y ~ *erin blijven*; *erbij omkomen* ★ (il) reste à savoir si *blijft nog de vraag of* ★ (il) reste que /il n'en reste pas moins que *dat neemt niet weg dat*; *toch*
restituer OV WW • *teruggeven*; *terugbetalen*; *restitueren* • *in de oorspronkelijke staat herstellen* • *afgeven* ⟨v. energie e.d.⟩; *weergeven* ⟨v. geluid, beeld⟩
restitution V • *teruggave*; *restitutie* • *herstel in de oorspronkelijke staat* • *afgifte* ⟨v. energie e.d.⟩; *weergave* ⟨v. geluid, beeld⟩
resto M INFORM. *restaurant* ★ ~(-)U *mensa* ★ ~ du cœur *voedselbank*
restoroute M *wegrestaurant*
restreindre I OV WW [onregelmatig] *inperken*; *beperken (***à** *tot)* **II** WKD WW [**se ~**] *kleiner worden*; *zich beperken*; *zich bekrimpen*
restreint BNW *beperkt (***à** *tot)*
restrictif BNW [v: **restrictive**] *beperkend*
restriction V *beperking*; *restrictie*; *voorbehoud* ★ ~s [mv] *bekrimpingen*; *ontberingen*
restructuration V *herstructurering*
restructurer OV WW *herstructureren*; *reorganiseren*
resucée V INFORM. *van hetzelfde*; FIG. *ouwe kost*
résultant BNW VOORAL WISK. *resulterend*
résultante V • *resultante* • *gevolg*
résultat M • *resultaat*; *uitslag* • *uitkomst*; *gevolg*
résulter ONP WW **~ de** *voortvloeien uit* ★ il en résulte que *daaruit volgt dat*
résumé M *resumé*; *samenvatting* ★ en ~ *kortom*; *in het kort*
résumer I OV WW *samenvatten*; *resumeren* **II** WKD WW [**se ~**] • *zijn woorden samenvatten* • *samen te vatten zijn (***à**, **en** *in)*
résurgence V *(het) weer tevoorschijn komen*
resurgir ONOV WW *weer opduiken*
résurrection V • *opstanding*; *verrijzenis* • FIG. *herleving*
rétablir I OV WW • *(in de oude toestand) herstellen* • *gezond maken* ★ ~ qn dans ses fonctions *iem. in zijn functie herstellen* **II** WKD WW [**se ~**] • *herstellen* ⟨v. ziekte⟩ • FIG. *terugkeren*; *weer intreden*
rétablissement M • *herstel(ling) (in de oude toestand)* • *genezing*; *herstel*; *beterschap* • *optrekoefening* ⟨turnen⟩; *opzet*
rétamé BNW INFORM./VAAK FIG. *kapot*
retape V • INFORM. *(het) tippelen* • INFORM. *schreeuwerige reclame*
retaper I OV WW • INFORM. *oplappen*; *opknappen* • INFORM. *opmaken* ⟨v. bed⟩ • INFORM. *(iem.) opkikkeren* **II** WKD WW [**se ~**] INFORM. *opknappen*; *opkikkeren*
retard I M • *vertraging*; *uitstel* • *achterstand (***sur** *op)*; *achtergeblevenheid* • *(het) achterlopen* ⟨v. uurwerk⟩ ★ avoir du ~ *vertraging hebben*; *niet bij (de tijd) zijn* ★ en ~ sur *(ten) achter bij* ★ ~ à l'allumage *naontsteking*; INFORM. *traagheid v.*

begrip /reactie ★ détonateur à ~ *tijdontsteker* ★ en ~ *te laat*; *achterstallig*; *achterop (geraakt)* ★ sans ~ *onverwijld* ★ prendre du ~ *achterlopen* ⟨v. uurwerk⟩ ★ avoir un train de ~ /être en ~ d'une guerre *(op de feiten) achterlopen*; *niet bij de tijd zijn* **II** BNW MED. *met vertraagde werking*; *retard-*

retardataire I M/V ● *laatkomer* ● FIG. *achterblijver* **II** BNW ● *(te) laat komend* ● FIG. *achtergebleven*

retardement M ★ à ~ *vertraagd*; *met tijdmechanisme* ★ bombe à ~ *tijdbom* ★ INFORM. agir à ~ *traag reageren*

retarder I OV WW ● *vertragen*; *ophouden* ● *uitstellen* ● *achteruitzetten* ⟨v. uurwerk⟩ **II** ONOV WW ● *achterlopen* ⟨v. uurwerk⟩ ● INFORM. *achterlopen (op de feiten)*; *niet bij de tijd zijn* ● *zich later voordoen* ★ (enfant) retardé *achterlijk kind* ● ~ **sur** *achterlopen op* **III** WKD WW [**se** ~] *zich verlaten*

retendre OV WW *weer spannen*

retenir I OV WW [onregelmatig] ● *tegenhouden*; OOK FIG. *vasthouden*; *op zijn plaats houden*; *ophouden*; *(blijven) houden* ● *inhouden*; *bedwingen* ● *afhouden* ⟨v. bedrag⟩; *inhouden* (**de**, **sur** *van, op)* ● *onthouden* ⟨niet vergeten⟩ ● *reserveren*; *bespreken* ● *in overweging nemen*; *aannemen* ⟨v. plan⟩ ★ ~ sa colère *zijn woede inhouden* ★ ~ qn de [+ infin.] *iem. ervan weerhouden om* ★ ~ qn à dîner *iem. vragen om mee te eten* **II** WKD WW [**se** ~] ● *zich vasthouden (***à** *aan)* ● *zich inhouden*; *zich (laten) weerhouden (***de** *om)* ● *zijn behoeften ophouden*

rétention V *(het) vasthouden*; *retentie*

retentir ONOV WW ● *weerklinken*; *galmen (***de** *van)* ● ~ **sur** *een terugslag hebben op*

retentissant BNW ● *(weer)galmend*; *luid* ● *opzienbarend*

retentissement M *weerklank*; *weerslag*; *(grote) uitwerking (***sur** *op)*; *impact*

retenue V ● *inhouding (***sur** *op)* ⟨v. bedrag⟩ ● OOK FIG. *(het) vasthouden*; *(het) tegenhouden* ● *terughoudendheid*; *ingetogenheid* ● *(het) schoolblijven* ★ ~ à la source *bronbelasting* ★ (bassin de) ~ *stuwbekken* ★ (câble de) ~ *(sjor)touw* ★ 3 de ~ *3 onthouden* ⟨bij rekenen⟩ ★ sans ~ *onbeheerst* ★ mettre en ~ *school laten blijven*

réticence V ● *terughoudendheid*; *aarzeling* ● OUD. *verzwijging*; *achterhouding* ★ avec ~ *schoorvoetend*

réticent BNW *terughoudend*; *aarzelend*

réticulaire BNW ● → **réticulé**

réticulé BNW *netvormig*

rétif BNW [v: **rétive**] *koppig*; *weerspannig*

rétine V *netvlies*

retiré BNW ● *afgelegen* ● *teruggetrokken* ● *stil levend*

retirer I OV WW ● *terugtrekken*; *intrekken* ● *uitdoen* ⟨v. kledingstuk⟩; *afdoen* ● *halen (***de** *uit, van)*; *weghalen*; *behalen*; *afhalen* ⟨v. voorwerp⟩; *opnemen* ⟨v. geld⟩ ● *ontnemen (***à** *aan)*; *afnemen* ★ ~ sa parole *zijn woorden terugnemen* **II** WKD WW [**se** ~] *zich terugtrekken (***de** *uit)*; *weggaan*

retombée V ● *gevolg*; *weerslag (***sur** *op)* ● *neerslag* ● FIG. *vrucht* ⟨positieve uitkomst⟩ ★ ~s radioactives *fall-out*

retomber ONOV WW ● *weer vervallen (***dans** *in)* ● *weer vallen* ● *neervallen*; *neerkomen* ● *neerhangen* ● *weer zakken* ● ~ **sur** *neerkomen op* ⟨iem.⟩; *aangerekend worden aan*

retordre OV WW ● *weer (uit)wringen* ● → **fil**

rétorquer OV WW ● FORM. *(iem.) met zijn eigen argumenten bestrijden* ● *scherp antwoorden*; *als weerwoord geven*; *terugzeggen*

retors (zeg: -tòr) BNW *slim*; *geslepen*

rétorsion V *vergelding* ★ (mesures de) ~ *tegenmaatregelen*; *represailles*

retouche V ● *retouche*; *(het) retoucheren*; *bijwerking* ● *(het) vermaken* ⟨v. kledingstuk⟩

retoucher OV WW ● *retoucheren*; *bijwerken* ● *vermaken* ⟨v. kledingstuk⟩

retoucheur M [v: **retoucheuse**] *retoucheur*

retour M ● *terugkeer*; *terugkomst*; *terugreis*; *terugweg* ● *wederkerige bejegening*; *wederdienst* ● *terugzending* ● SPORT *return* ⟨v. opslag⟩ ★ ~ arrière *backspace* ★ ~ à l'expéditeur *retour afzender* ★ ~ de bâton *boemerangeffect*; *terugslag* ★ ~ de flamme *steekvlam*; FIG. *terugslag*; *opleving* ★ ~ en arrière *terugblik*; *flashback* ⟨in film⟩ ★ ~ d'âge *kritieke leeftijd*; *overgangsjaren* ★ ... de ~ *retour-* ★ être de ~ *terug zijn* ★ en ~ *ervoor (terug /in ruil)* ★ choc en ~ *terugstoot* ★ effet en ~ *terugslag* ★ match ~ *returnwedstrijd* ★ (bâtiment en) ~ *uitbouw*; *uitsprong* ★ en ~ de *(in ruil) voor* ★ par ~ (du courrier) *per omgaande* ★ par un juste ~ (des choses) *als verdiende loon* ★ sans ~ *onherroepelijk* ★ être sur le ~ *op z'n retour zijn*; *aftakelen* ★ faire un ~ sur soi-même *tot inkeer komen* ★ faire ~ à qn *terugvallen aan iem.*

retournement M *omkering*; *ommekeer*; *ommezwaai*

retourner I OV WW ● *(om)keren*; *omdraaien*; OOK FIG. *binnenstebuiten keren* ● *terugzenden (***à** *aan)*; *retourneren* ● INFORM. *hevig aangrijpen* ● INFORM. *om(ver)praten* ★ ~ son compliment /une réflexion à qn *iem. lik op stuk geven* **II** ONOV WW ● *terugkeren*; *terugkomen* ● ~ **à** *terugvallen aan*; FIG. *weer opvatten* **III** ONP WW ★ savoir de quoi il retourne *weten waar het om gaat* **IV** WKD WW [**se** ~] ● *zich omdraaien* ● *omkantelen* ★ s'en ~ (comme on est venu) *(onverrichter zake) terugkeren* ★ se ~ contre qn *zich tegen iem. keren* ★ savoir se ~ *zich (eruit) weten te redden*; *zich hervinden*

retracer OV WW ● *overtrekken*; *overtekenen* ● *opnieuw ontwerpen* ● *levendig beschrijven*

rétractable BNW *herroepbaar*

rétractation V *herroeping*; *intrekking*

rétracter I OV WW ● *intrekken* ⟨v. nagels enz.⟩ ● FORM. *herroepen* **II** WKD WW [**se** ~] ● *zijn woorden terugnemen* ● *zich samentrekken*

rétractile BNW *intrekbaar* ⟨v. nagels⟩

rétraction V *samentrekking*

retrait M ● *terugtrekking* ● *ontneming*; *intrekking* ● *(het) afhalen* ⟨v. voorwerp⟩; *(het) opnemen* ⟨v. geld⟩ ● *krimp(ing)* ★ en ~ *inspringend*; *achteraf (gelegen, staand)* ★ en ~

re

sur *achter(blijvend) bij* ★ rester en ~ *op de achtergrond blijven* ★ SPORT passe en ~ *terugspeelbal*
retraite V • *(het) terugtrekken*; *terugtocht* • *pensioen* • *afzondering* • FORM. *toevluchtsoord*; *rustplaats* • REL. *retraite* ★ ~ anticipée *vervroegd pensioen*; *VUT* ★ à la ~ *gepensioneerd* ★ départ /mise à la ~ *pensionering* ★ caisse de ~ *pensioenfonds* ★ maison de ~ *bejaardentehuis* ★ prendre sa ~ *met pensioen gaan* ★ battre en ~ *zich terugtrekken*; *bakzeil halen* ★ battre /sonner la ~ *de aftocht blazen* ★ ~ aux flambeaux *fakkeloptocht*
retraité I BNW *gepensioneerd* **II** M [v: **retraitée**] *gepensioneerde*
retraitement M *(het) opnieuw behandelen*
retranchement M MIL. *verschansing* ★ pousser dans ses (derniers) ~s *in het nauw drijven*
retrancher I OV WW • *weglaten*; *weghalen*; *schrappen (***de** *uit)* • *inhouden (***de** *van)* ⟨v. bedrag⟩; *aftrekken* ⟨v. getal⟩; *korten* • *beschermen (***de** *tegen)* **II** WKD WW [**se** ~] OOK FIG. *zich verschansen* ★ se ~ dans le mutisme *hardnekkig zwijgen*
retransmettre OV WW [onregelmatig] COMM. *(her)uitzenden*
retransmission V COMM. *(her)uitzending*
retravailler I OV WW *omwerken* **II** ONOV WW *weer werken*
rétréci BNW • *gekrompen* • *versmald* • *bekrompen*
rétrécir I OV WW • *vernauwen*; *innemen* ⟨v. kledingstuk⟩ • *bekrompen maken* **II** ONOV WW *krimpen*; *nauwer worden* **III** WKD WW [**se** ~] • *zich vernauwen* • *bekrompen worden*
rétrécissement M • *krimping* • *vernauwing*
retremper I OV WW • *weer indompelen* • OOK FIG. *weer harden* **II** WKD WW [**se** ~] *nieuwe kracht opdoen (***à** *uit)*
rétribuer OV WW • *betalen* • *bezoldigen*
rétribution V • *bezoldiging*; *loon* • *beloning*
rétro I BNW *nostalgisch*; *ouderwets*; *van vroeger* ⟨vóór WO II⟩ **II** M • INFORM. *achteruitkijkspiegel* • *ouderwetse voorwerpen* • *trekbal* ⟨biljart⟩ **III** VOORV *terug-*; *achteruit-*
rétroactif BNW [v: **rétroactive**] *terugwerkend* ★ (à) effet ~ *(met) terugwerkende kracht*
rétroaction V • *terugwerkende kracht* • *feedback*; *terugkoppeling*
rétroactivité V *terugwerkende kracht*
rétrocéder OV WW • *weer afstaan* • *doorverkopen*
rétrocession V • *teruggave* • *doorverkoop* • MED. *regressie*
rétrofusée V *remraket*
rétrogradation V *achteruitgang*; *degradatie*
rétrograde BNW • *achterwaarts (gaand)*; *retrograde* • *reactionair*; *ouderwets*
rétrograder I OV WW *degraderen* **II** ONOV WW • OOK FIG. *achteruitgaan* • *zich terugtrekken* • *terugschakelen* ⟨v. versnelling⟩
rétrogression V FORM. *teruggang*
rétropédalage M ★ frein à ~ *terugtraprem*
rétroprojecteur M *overheadprojector*
rétrospectif BNW [v: **rétrospective**] *terugblikkend* ★ peur rétrospective *angst achteraf*
rétrospective V *retrospectief*; *terugblik*; *tentoonstelling die een terugblik biedt*
rétrospectivement BIJW *achteraf (bezien)*
retrousser I OV WW *opstropen*; *(op)krullen* ⟨v. lippen, snor e.d.⟩; *optrekken* ⟨v. rok⟩ ★ nez retroussé *wipneus* **II** WKD WW [**se** ~] • *opwaaien*; *opkrullen* • *z'n broek/jurk optrekken*
retroussis M *omgeslagen rand*
retrouvailles V MV INFORM. *weerzien*; *hereniging*
retrouver I OV WW • OOK FIG. *hervinden*; *terugvinden* • *terugzien*; *weer opzoeken* **II** WKD WW [**se** ~] • *(terug)gevonden worden* • *elkaar weervinden* • *de weg terugvinden* • *zich weer bevinden*; *weer zijn* • *tot zichzelf komen* ★ s'y ~ *er wijs uit worden*; INFORM. *de kosten terugverdienen* ★ on se ~a! *we spreken elkaar nog wel!* ⟨dreigend⟩ • ~ **dans** *zich herkennen in*; *wijs worden uit*
rétroviseur M *achteruitkijkspiegel* ★ ~ extérieur *buitenspiegel*
rets (zeg: rè) M OUD./OOK FIG. *valstrik*
réunification V *hereniging*
réunifier OV WW *herenigen*
réunion V • *hereniging*; *vereniging*; *samenvoeging* • *samenkomst*; *bijeenkomst*; *vergadering*; *reünie* ★ ~ de parents d'élèves *ouderavond* ★ salle de ~ *vergaderzaal*
réunir I OV WW • *herenigen*; *verenigen (***à** *met)*; *bijeenbrengen* • *in zich verenigen* **II** WKD WW [**se** ~] • *zich verenigen* • *bijeenkomen*
réussi BNW OOK HUMOR. *geslaagd*; *gelukt*
réussir I OV WW • *slagen in/met*; *doen slagen* • *goed treffen*; *goed uitvoeren* ★ réusssir un portrait *een treffend portret maken* ★ ~ un examen *voor een examen slagen* ★ INFORM. il a réussi son coup *het is hem gelukt* **II** ONOV WW *slagen (***à** *in, voor)*; *lukken*; *het goed doen* ★ j'ai réussi à *het is mij gelukt te* ★ ça ne lui réussit pas *dat doet hem geen goed*; *dat gaat hem niet goed af*
réussite V • *succes*; *welslagen*; *goede afloop* • *patience*
réutiliser OV WW *opnieuw gebruiken*
revaloir OV WW [onregelmatig] ★ ~ qc à qn *iem. een wederdienst (voor iets) bewijzen*; *iem. iets betaald zetten*
revalorisation V *revaluatie*; OOK FIG. *opwaardering*
revaloriser OV WW *revalueren*; OOK FIG. *opwaarderen*
revanchard BNW MIN. *wraakzuchtig*; *op revanche belust*
revanche V *vergelding*; *wraak*; *genoegdoening*; OOK SPORT *revanche* ★ en ~ *daarentegen*; *daartegenover* ★ prendre sa ~ (sur) *revanche/wraak nemen (op)*
rêvasser ONOV WW *(dag)dromen*; *soezen*
rêvasserie V • *hersenschim* • *dromerij*
rêvasseur M *(dag)dromer*
rêve M OOK FIG. *droom* ★ de rêve *droom-*; *ideaal* ★ faire des rêves *dromen*
rêvé BNW *gedroomd*; *droom-*; *ideaal-*
revêche BNW *nors*; *stuurs*; *stug*

réveil M • OOK FIG. *(het) ontwaken* • *wekker* • MIL. *reveille* ★ salle de ~ *verkoeverkamer*; *recovery* ★ au ~ *bij het ontwaken*
réveiller I OV WW • *wekken*; *wakker maken* • *bijbrengen* ‹v. bewusteloze› • FIG. *wakker roepen*; *(weer) opwekken* ★ ~ le courage *moed inspreken* ★ être réveillé *wakker zijn* **II** WKD WW [**se ~**] • *wakker worden* • FIG. *ontwaken (***de** *uit)*; *weer opleven*
réveillon M *(feestmaal op) kerst- of oudejaarsavond*
réveillonner ONOV WW *'réveillon' houden /vieren*
révélateur I BNW [v: **révélatrice**] *onthullend*; *veelzeggend* ★ bain ~ *ontwikkelbad* ★ être ~ de qc *op iets duiden*; FIG. *iets verraden* **II** M FOTOGRAFIE *ontwikkelaar* **III** M [v: **révélatrice**] *iemand die openbaart*
révélation V *onthulling*; *openbaring*; *eyeopener*
révéler I OV WW • *openbaren (***à** *aan)*; *onthullen*; *kenbaar maken* • *duiden op*; FIG. *verraden* • FOTOGRAFIE *ontwikkelen* **II** WKD WW [**se ~**] • *zich openbaren* • *zich kenbaar maken* • *blijken te zijn*
revenant M • *geest(verschijning)*; *spook* • INFORM. *iemand die terug is van weggeweest*
revendeur M [v: **revendeuse**] • *detailhandelaar* • *wederverkoper* • *opkoper*
revendicateur I BNW [v: **revendicatrice**] *(op)eisend* **II** M [v: **revendicatrice**] *eiser*
revendicatif BNW [v: **revendicative**] *eisen /grieven behelzend* ★ programme ~ *eisenpakket*
revendication V • *eis(en)* • JUR. *terugvordering*
revendiquer OV WW • *(op)eisen*; *claimen* • *ten volle aanvaarden* ‹v. verantwoordelijkheid, status›
revendre OV WW *weer verkopen*; *doorverkopen* ★ en avoir à ~ *volop hebben*
revenez-y ★ INFORM. avoir un goût de ~ *naar meer smaken*
revenir I ONOV WW [onregelmatig] • *weer komen* ‹vgl. 'venir'›; *terugkomen*; *terugkeren* • *verschijnen* ‹v. geesten› • *oprispen* ★ il me revient dix euros *ik krijg nog tien euro* ★ c'est à lui qu'il revient de faire cela *hij behoort dat te doen* ★ ~ cher (à qn) *(iemand) duur uitkomen*; *(iemand) duur komen te staan* ★ CUL. faire ~ *aanbraden*; *fruiten* ★ l'appétit me revient *ik krijg weer trek* ★ il y revient des esprits *het spookt er* • **~ à** *terugkomen bij*; FIG. *neerkomen op*; *toekomen aan*; *bevallen aan*; FIG. *weer opvatten* ★ en ~ à *terugkomen op* ★ y ~ *erop terugkomen*; *het weer doen /zeggen* ★ ~ à soi *weer bijkomen* ★ ~ à (l'esprit de) qn *iem. weer te binnen schieten*; *iem. ter ore komen* ★ cela revient au même *dat komt op hetzelfde neer* ★ cela revient à dire que *dat wil zeggen dat* ★ ça me revient à 10 euros *dat kost me 10 euro* • **~ de** OOK FIG. *terugkomen van*; *bekomen van* ★ ~ d'une erreur *zijn dwaling inzien* ★ en ~ *ervan bekomen*; *het te boven komen*; *het halen* ★ je n'en reviens pas *ik sta er versteld van*; *ik kan er niet over uit* • **~ sur** *terugkomen op* ★ ~ sur ce qu'on a dit *terugkomen op hetgeen men gezegd heeft* **II** WKD WW [**se ~**] ★ FORM. s'en ~ (de) *terugkeren (van)*
revente V *wederverkoop*
revenu I M • *inkomen*; MV *inkomsten* • *rente* **II** ONOV WW [volt. deelw.] • → **revenir**
rêver I OV WW OOK FIG. *(iets) dromen*; *dromen van* **II** ONOV WW OOK FIG. *dromen (***de** *van)*; *mijmeren (***à** *over)* ★ tu rêves! *dat had je gedroomd!*
réverbération V *weerkaatsing* ‹v. licht, warmte, geluid›
réverbère M • *straatlantaarn* • *reflector*
réverbérer OV WW *weerkaatsen* ‹v. licht, warmte, geluid›
reverdir I OV WW • *weer groen maken* • FIG./FORM. *weer doen opbloeien* **II** ONOV WW • *weer groen worden* • FIG./FORM. *weer opbloeien*; *weer jong worden*
révérence V • *buiging*; *reverence* • FORM. *eerbied* ★ Révérence *Eerwaarde* ★ OUD. sauf ~ /~ parler *met uw welnemen* ★ OOK FIG. tirer sa ~ (à) *vaarwel zeggen*
révérencieux BNW [v: **révérencieuse**] FORM. *eerbiedig*
révérend BNW *eerwaard(e)*
révérer OV WW *(ver)eren*
rêverie V • *dromerij*; *dagdroom* • *hersenschim*
revers M • *omslag*; *revers* • *achterzijde*; *rugzijde*; *keerzijde* • *tegenspoed*; *tegenslag* • *backhand* ‹tennis› ★ le ~ de la main *de rug v.d. hand* ★ ~ de fortune *tegenspoed*; FIG. *klap* ★ FIG. le ~ de la médaille *de keerzijde v.d. medaille* ★ prendre à ~ *van achteren aanvallen*
reverser OV WW • *opnieuw inschenken*; *teruggieten* • *(weer) overdragen* ‹v. bedrag, bezitsrecht›; *(over)boeken (***sur** *op)*
réversibilité V • *omkeerbaarheid* • *overdraagbaarheid*
réversible BNW • *omkeerbaar* • *overdraagbaar*; *terugvallend* ‹aan de eigenaar›
réversion V ★ pension de ~ *nabestaandenpensioen*
revêtement M • *bekleding*; *bedekking* • *wegdek*
revêtir I OV WW [onregelmatig] • OOK FIG. *bekleden (***de** *met)*; *bedekken*; *verharden* ‹v. weg› • *aantrekken* ‹v. kleding› • *aannemen* ‹v. gesteldheid, voorkomen›; *(ver)tonen* • **~ de** *omkleden met*; *voorzien van* ‹de vereiste handtekening e.d.› **II** WKD WW [**se ~**] **de** OOK FIG. *zich (be)kleden met*
rêveur I BNW [v: **rêveuse**] *dromerig*; *mijmerend* **II** M [v: **rêveuse**] *dromer* ★ ça (te) laisse ~ *daar sta je van te kijken*
revient M ★ prix de ~ *kostprijs*
revigorer OV WW *nieuwe kracht geven aan*
revirement M *zwenking*; OOK FIG. *ommezwaai*
réviser OV WW • *herzien* • *reviseren* • *nakijken* ★ ~ à la baisse *verlagen* ‹v. prognose›
réviseur M [v: **réviseuse**] *corrector*; *revisor*
révision V • *herziening* • *revisie* • *(het) nazien*
revitaliser OV WW • *oppeppen* • *revitaliseren*; *voeden* ‹v.d. huid›
revivifier OV WW *doen opleven*; *verlevendigen*
revivre I OV WW *opnieuw beleven* **II** ONOV WW [onregelmatig] *herleven*
révocable BNW • *herroepbaar* • *afzetbaar* ‹uit een ambt›

révocation V • *herroeping* • *afzetting* ⟨uit een ambt⟩
revoici BIJW ★ INFORM. revoice X! *hier is X weer!*
revoilà BIJW ★ INFORM. ~ X! *daar is X weer!*
revoir I M *(het) weerzien* ★ au ~ *tot ziens* **II** OV WW [onregelmatig] • *opnieuw (be)zien*; *terugzien* • *herzien*
révoltant BNW *schandelijk*; *stuitend*
révolte V • *verzet* • *opstand*; *oproer* • *verontwaardiging*
révolté I BNW • *in opstand* • *diep verontwaardigd (***de, par** *over)* **II** M [V: **révoltée**] *opstandeling*; *oproerling*
révolter I OV WW *verontwaardigen* **II** WKD WW [**se** ~] • *verontwaardigd zijn /worden* • *in opstand komen (***contre** *tegen)*
révolu BNW *verlopen* ⟨v. tijd⟩; *verstreken* ★ avoir vingt ans ~s *over de 20 zijn*
révolution V • *revolutie* • *omwenteling*; *omloop* ★ en ~ *in beroering*
révolutionnaire I BNW *revolutionair* **II** M/V *revolutionair*
révolutionner OV WW • *radicaal veranderen* • *in beroering brengen*
revolver, révolver (zeg: -vèr) M *revolver*
révoquer OV WW • JUR. *herroepen* • *uit z'n ambt (ont)zetten* ★ FORM. ~ en doute *in twijfel trekken*
revoyure V ★ INFORM. à la ~! *tot kijk!*
revu WW [volt. deelw.] • → **revoir**
revue V • *overzicht* • MILITAIR *parade*; *inspectie* ⟨v. troepen⟩ • *tijdschrift* • *revue* ⟨show⟩ ★ ~ de la presse *persoverzicht* ★ passer en ~ *de revue laten passeren*; *inspecteren* ⟨v. troepen⟩ ★ INFORM. nous sommes (gens) de ~ *we zien elkaar nog wels*
révulser OV WW • *met afkeer vervullen* • *doen vertrekken* ⟨v. gelaatstrekken⟩ ★ yeux révulsés *rollende ogen*
rez-de-chaussée M [mv: id.] *gelijkvloerse verdieping* ★ au ~ *op de begane grond*
RF AFK République française *Frankrijk*
RFA AFK République fédérale allemande *BRD*; *Duitse Bondsrepubliek*
RG AFK renseignements généraux *centrale inlichtingendienst*
rhabiller OV WW • *opnieuw aankleden* • *opknappen*; *herstellen* ★ INFORM. va te ~! *ga weg!*; *je kan wel inpakken!*
rhapsodie V *rapsodie*
rhénan BNW *Rijn-*; *Rijnlands*
Rhénanie V *Rijnland*
rhéostat M *regelbare weerstand*; *dimschakelaar*
rhésus (zeg: -zuus) M ★ (facteur) ~ *resusfactor*
rhétorique I BNW *retorisch* **II** V • *retorica* • OOK MIN. *retoriek*
Rhin M *Rijn*
rhinite V *neusontsteking*
rhinocéros (zeg: -ròs) M *neushoorn*
rhinopharyngite V *neus-keelholteontsteking*
rhizome M *wortelstok*
rhodanien BNW [v: **rhodanienne**] *Rhône-*
rhombique BNW *rombisch*; *ruitvormig*
Rhône (zeg: roon) M *Rhône*
rhubarbe V *rabarber*
rhum (zeg: ròm) M *rum*
rhumatisant I M [v: **rhumatisante**] *reumapatiënt* **II** BNW *reumatisch*
rhumatismal BNW [m mv: **rhumatismaux**] *reumatisch* ★ douleur ~e *reumatische pijn*
rhumatisme M *reuma(tiek)* ★ ~ articulaire *gewrichtsreumatiek*
rhumatologue M/V *reumatoloog*
rhume M *verkoudheid* ★ ~ de cerveau *neusverkoudheid* ★ ~ des foins *hooikoorts* ★ attraper un ~ *kouvatten*
ri WW [volt. deelw.] • → **rire**
riant BNW • *bekoorlijk*; *lieflijk* • *riant*
RIB AFK relevé d'identité bancaire *(strookje met) bankgegevens* ⟨in het Franse betalingsverkeer⟩
ribambelle V INFORM. *sleep*; *lange rij*; *rist* ★ une ~ d'enfants *een sleep kinderen*
ribaud M [v: **ribaude**] OUD. *losbandig persoon*
Ricain M INFORM. *yankee*
ricanement M • *grijnslach* • *hoongelach* • *dom gelach*
ricaner ONOV WW • *grijnzen* • *honend lachen* • *dom lachen*
ricaneur I BNW [v: **ricaneuse**] *honend*; *spottend* **II** M [v: **ricaneuse**] *spotter*
richard M [v: **richarde**] MIN. *rijkaard* ★ gros ~ *rijke stinkerd*
riche I BNW OOK FIG. *rijk* ★ ~ en/de *rijk aan* **II** M/V *rijke*; *rijkaard* ★ un nouveau ~ *een parvenu*
richement BIJW *rijk(elijk)*
richesse V OOK FIG. *rijkdom*; *weelde*; *overvloed* ★ les ~s *rijkdommen*; *schatten*; *vermogen* ★ ~ du sol *bodemrijkdom*; *bodemschatten* ★ ~ en vitamines *(hoog) vitaminegehalte*
richissime BNW *schatrijk*
ricin M ★ huile de ~ *wonderolie*
ricocher ONOV WW *afketsen (***sur** *op)*
ricochet M *(het) afketsen* ★ faire des ~s *keilen* ⟨v. steentje over het water⟩ ★ faire ~ *afketsen* ★ par ~ *indirect*; *van de weeromstuit*
ric-rac BIJW INFORM. *heel precies*; *kielekiele* ★ payer ~ *tot op de laatste cent betalen*
rictus (zeg: -tuus) M *grijns*; *grimas*
ride V *rimpel(ing)*; *plooi* ★ ça n'a pas (pris) une ride *dat doet niet gedateerd aan*; *dat is uiterst actueel*
ridé BNW *gerimpeld*; *rimpelig*; *geribbeld*
rideau M [mv: **rideaux**] • *gordijn*; *vitrage* • *doek* ⟨in theater⟩ • FIG. *scherm*; *sluier* ★ ~ de fer *stalen rolluik*; GESCH. *ijzeren gordijn* ★ doubles ~x *(over)gordijnen* ★ ~ de feu *spervuur* ★ ~ de fumée *rookgordijn* ★ ~ de perles *kralengordijn* ★ ~! *doek!*; *stoppen ermee!* ★ tirer le ~ sur qc *ergens maar niet (meer) over spreken*
ridelle V *wagenladder*
rider I OV WW *rimpelig maken*; *rimpelen* **II** WKD WW [**se** ~] *rimpelen*
ridicule I BNW • *belachelijk* • *onbetekenend* **II** M *(het) belachelijke* ★ tourner qc en ~ *iets belachelijk maken* ★ le ~ tue *wie belachelijk is maakt zich onmogelijk* ★ se couvrir de ~ *zich belachelijk maken*; *zich blameren*
ridiculiser OV WW *belachelijk maken*
ridule V *rimpeltje*
rien I ONB VNW • *niets* ⟨vaak met 'ne'⟩ • *(ook maar) iets* ⟨ontkennend⟩ ★ plus rien *niets*

ri

meer ★ rien que *niets dan*; *alleen maar* ★ rien d'autre *niets anders* ★ rien de beau *niets moois* ★ de rien (du tout) *van niets*; *onbelangrijk* ★ de rien! *geen dank!* ★ en rien *geenszins* ★ INFORM. ce n'est pas rien! *dat is niet niks!* ★ en moins de rien *in een oogwenk* ★ pour rien *voor niets*; *om niets* ★ je n'y suis pour rien *ik heb er part noch deel aan*; *het is mijn schuld niet* ★ pour trois fois rien *(gratis en) voor niets*; *voor een habbekrats* ★ c'est trois fois rien *dat stelt niets voor* ★ il n'en est rien *er is niets van waar* ★ cela ne fait rien *dat geeft niets* ★ rien du tout /rien de rien *helemaal niets* ★ sans rien dire *zonder iets te zeggen* ★ comme si de rien n'était *alsof er niets gebeurd was*; *doodgemoedereerd* ★ rien qu'à le voir *als je hem alleen al ziet* ★ IRON. rien que ça! *toe maar!*; *knap hoor!* **II** M ● *(het) niets* ● *kleinigheid* ★ un rien *een klein beetje*; *ietsje* ★ un rien du tout *een niemendal* ★ en un rien de temps *in een mum van tijd* ★ pour un rien *om niks*

rieur I BNW [v: **rieuse**] *opgewekt*; *lachend*; *goedlachs* ★ (mouette) rieuse *kokmeeuw* **II** M [v: **rieuse**] *lacher* ★ avoir /mettre les ~s de son côté *de lachers op zijn hand hebben /krijgen*

rififi M PLAT *heibel*; *bonje*; *geknok*

riflard M ● *grove vijl* ● INFORM./OUD. *paraplu*

rifle M *karabijn*

rigide BNW ● *stijf*; *strak* ● FIG. *onwrikbaar*; *streng*; *star*

rigidité V ● *stijfheid*; *strakheid* ● FIG. *onwrikbaarheid*; *strengheid*; *starheid*

rigolade V ● INFORM. *lol*; *lolletje*; *grap* ● INFORM. *kleinigheid*; *peulenschil*

rigolard BNW INFORM. *lollig*

rigole V *(afvoer)goot*; *greppel*; *sloot*; *geultje*

rigoler ONOV WW INFORM. *een lolletje maken*; *lachen*; *spotten (***avec** *met)* ★ tu rigoles! *dat meen je niet!*

rigolo I BNW [v: **rigolote**] ● INFORM. *grappig*; *lollig* ● INFORM. *raar*; *onverwacht* **II** M OUD. *blaffer* ⟨revolver⟩ **III** M [v: **rigolote**] INFORM. *grapjas*; *lolbroek*

rigorisme M *grote strengheid*; *rigorisme*

rigoriste BNW *rigoristisch*; *uiterst streng*

rigoureusement BIJW ● *strikt*; *ten strengste* ● *volstrekt*

rigoureux BNW [v: **rigoureuse**] *zeer streng /strikt*; *straf*; *rigoureus* ★ hiver ~ *strenge winter*

rigueur V *strengheid*; *striktheid* ★ à la ~ *desnoods* ★ de ~ *vereist*; *verplicht*; *(strikt) geboden* ★ politique de ~ *bezuinigingspolitiek* ★ tenir ~ à qn de qc *iem. iets kwalijk nemen*

rikiki BNW INFORM. → **riquiqui**

rillettes V MV OMSCHR. *broodbeleg van gehakt*

rime V *rijm* ★ sans rime ni raison *zomaar*; *zonder reden*

rimer I OV WW *berijmen* **II** ONOV WW ● *rijmen* ⟨verzen maken⟩ ● *rijmen (***avec** *op, met)* ⟨overeenkomen⟩ ★ cela ne rime à rien *dat lijkt nergens naar*; *dat is onzin* ★ ~ ensemble *op elkaar rijmen*

rimeur M [v: **rimeuse**] *rijmelaar*

rimmel® M *mascara*

rinçage M *(het) (om)spoelen*; *spoeling*

rincée V ● *stortbui* ● OUD. *pak slaag*

rincer I OV WW ● *(uit)spoelen*; *omspoelen* ● INFORM. *ruïneren*; FIG. *uitkleden* ★ se faire ~ *doorweekt worden* ⟨v.d. regen⟩ **II** WKD WW [**se** ~] *zich (af)spoelen* ★ se ~ la bouche *zijn mond spoelen* ★ INFORM. se ~ le gosier *flink drinken* ★ se ~ l'œil *zijn ogen uitkijken*; *(begerig) gluren*

rincette V INFORM. *borreltje*

rinçure V ● *spoelwater* ● INFORM. *bocht* ⟨slechte drank⟩

ring M ● *(boks)ring* ● BELG. *rondweg*

ringard I BNW ● INFORM. *(hopeloos) ouderwets*; *uit (de tijd)*; *afgedaan (hebbend)* ● INFORM. *waardeloos*; *duf/sloom* ⟨saai en smakeloos⟩ **II** M *pook*

RIP AFK relevé d'identité postale *(strookje met) girogegevens* ⟨in het Franse betalingsverkeer⟩

ripaille V INFORM. *braspartij* ★ faire ~ *brassen*

ripailler ONOV WW INFORM. *brassen*

ripailleur M [v: **ripailleuse**] *brasser*; *smulpaap*

ripaton M INFORM. *poot* ⟨voet⟩

riper I OV WW ● *laten wegglijden* ● *afkrabben* **II** ONOV WW ● *wegglijden* ● INFORM. *ervandoor gaan*

ripolin M *glanslak*

riposte V ● *tegenaanval*; *tegenstoot* ● *raak antwoord* ★ être prompt à la ~ *gevat zijn*

riposter ONOV WW ● *een tegenaanval doen*; *riposteren* ● *raak antwoorden*

ripou M [mv: **ripous /ripoux**] INFORM. *corrupte politieman*

ripper OV WW COMP. *rippen*

riquiqui BNW INFORM. *armzalig*; *petieterig*; *miezerig*

rire I M *(het) lachen*; *gelach* ★ avoir le fou rire *de slappe lach hebben* **II** ONOV WW [onregelmatig] ● *lachen* ★ rire aux éclats *schaterlachen* ★ rire aux larmes *zich tranen lachen* ★ éclater de rire *in de lach schieten* ★ étouffer /mourir de rire *stikken v.h. lachen* ★ rire du bout des dents /lèvres *flauwtjes lachen* ★ rire dans sa barbe /sous cape *in zijn vuistje lachen* ★ rire jaune *lachen als een boer die kiespijn heeft* ★ c'était pour rire *het was maar een grapje* ★ vous voulez rire! *dat meent u niet!* ★ laissez-moi rire *laat me niet lachen* ★ rira bien qui rira le dernier ⟨spreekwoord⟩ *wie het laatst lacht, lacht het best* ★ tel qui rit vendredi, dimanche pleurera ⟨spreekwoord⟩ *'t kan verkeren* ● ~ **de** *lachen om*; *uitlachen*; *maling hebben aan*

risée V ● *hoon*; *spot* ● *windstoot* ★ (objet de) ~ *mikpunt van spot*; *risee* ★ être la ~ de *de risee zijn van*

risette V ● *(kinder)lachje* ● INFORM. *beleefdheidslachje* ★ faire des ~s à *(glim)lachen tegen*

risible BNW *lachwekkend*

risque M *risico* ★ ~ d'avalanche *lawinegevaar* ★ groupe à ~(s) *risicogroep* ★ construction à ~ *riskante constructie* ★ assurance tous ~s *allriskverzekering* ★ à ses ~s et périls *op eigen risico* ★ au ~ de *op het gevaar af (van) te* ★ au ~ de sa vie *met gevaar voor eigen leven*

ri

risqué BNW *gewaagd*; *riskant*
risquer I OV WW • *wagen*; *op het spel zetten*; *riskeren* ★ ~ que [+ subj.] *het risico lopen dat* ★ ~ le coup *het erop wagen* ★ ~ gros *veel riskeren/op het spel zetten* ★ ~ le tout pour le tout *alles op het spel zetten* ★ INFORM. ça ne risque rien *dat zal heus wel goed gaan* ★ qui ne risque rien n'a rien ‹spreekwoord› *die niet waagt, die niet wint* • **~ de** *gevaar lopen te*; *kans maken te* ★ ~ de réussir *(best eens) kunnen lukken* ★ la maison risque de s'écrouler *het huis dreigt in te storten* **II** WKD WW [**se ~**] • *zich wagen* • **~ à** *het wagen te*
risque-tout M [mv: id.] *waaghals*
rissoler OV WW OOK FIG. *bruin bakken*
rissoles V MV *hartige beignet*
ristourne V *korting*; *reductie*; *terugbetaling*
rite M • *vaste gewoonte*; *rite* • REL. *ritus*
ritournelle V FIG. *(het) oude liedje*
rituel I M *ritueel* **II** BNW [v: **rituelle**] *ritueel*
rituellement BIJW • *ritueel* • *telkens weer*; *steevast*
rivage M *kust*; *oever*; *strand*
rival I M [mv: **rivaux**] • *rivaal* • *weerga* ★ sans ~ *zonder weerga* **II** BNW [m mv: **rivaux**] *concurrerend*; *wedijverend (**de** met)*
rivaliser ONOV WW *wedijveren (**avec** met; **de** in)*; *rivaliseren*
rivalité V *wedijver*; *rivaliteit*; *concurrentie*
rive V • *oever* • OUD. *rand*
river OV WW OOK FIG. *vastklinken (**à** aan)* ★ être rivé sur *strak gericht zijn op* ‹v. blik› ★ rivé sur place *als aan de grond genageld*
riverain I M [v: **riveraine**] *buurt-/straatbewoner* **II** BNW • *aanwonend* • *langs de oever (gelegen)*; *oever-*
rivet M *klinknagel*
riveter OV WW *(vast)klinken*
rivière V • *rivier* • FIG. *stroom* • SPORT *sloot* ★ ~ de diamants *diamanten halssnoer* ★ les petits ruisseaux font les grandes ~s ‹spreekwoord› *vele kleintjes maken een grote*
rivoir M *klinkhamer*
rixe V *slaande ruzie*; *kloppartij*
riz (zeg: rie) M *rijst* ★ riz au lait *rijstebrij*
rizière V *rijstveld* ★ ~ inondée *sawa*
RMI AFK revenu minimum d'insertion *bijstandsuitkering*
RMiste M/V • → **érémiste**
RN AFK route nationale ≈ *rijksweg*
RNIS AFK réseau numérique à intégration de services *ISDN*
robe V • *jurk*; *japon* • *toga* • *huid* ‹v. dier›; *vacht* • *kleur* ‹v. wijn› • *rok* ‹schil v. bep. groenten› ★ robe de chambre *ochtendjas* ★ gens de robe *juristen*; *magistraten* ★ noblesse de robe *ambtsadel*
roberts M MV INFORM. *tieten*
robinet M *kraan* ★ INFORM. ~ (d'eau tiède) *klep(meier)*
robinetterie V *geheel van kranen* ‹v. inrichting, sanitair›
robot (zeg: -boo) M • OOK FIG. *robot* • *keukenmachine*
robotiser OV WW • *met robots automatiseren* • *tot robot(s) maken*
robuste BNW *krachtig*; *sterk*; *robuust*
robustesse V *kracht*; *stevigheid*; *robuustheid*
roc M *rots* ★ ferme comme un roc *rotsvast* ★ dur comme un roc *bikkelhard*
rocade V *randweg*; *ringbaan*; *omleidingsroute*
rocaille V *rotspuin*; *rotspartijtje*
rocailleux BNW [v: **rocailleuse**] • *rotsachtig* • *stroef* ‹v. stijl›; *rauw* ‹v. stem›
rocambolesque BNW *vol wederwaardigheden* ★ histoire ~ *krankzinnig /wild verhaal*
roche V • *rots* • *gesteente* ★ cœur de ~ *hart v. steen*
rocher M • *rots* • *rotsje* ‹biscuitje, bonbon›
rocheux BNW [v: **rocheuse**] *rotsachtig* ★ les (Montagnes) Rocheuses *de Rocky Mountains*
rock M MUZ. *rock*; *rock-'n-roll*
rocker M • → **rockeur**
rockeur M [v: **rockeuse**] *rocker*; *rockzanger*
rocking-chair M [mv: **rocking-chairs**] *schommelstoel*
rococo I M *rococo(stijl)* **II** BNW • *rococo-* • *(potsierlijk-)ouderwets*
rodage M • *(het) inrijden* ‹v. auto, motor› • *inwerkperiode*
rodéo M • *rodeo* • IRON. *wilde toestand*; *stennis*
roder I OV WW • INFORM. *(laten) proefdraaien*; *inrijden* ‹v. auto, motor›; *gebruiksklaar maken* • *(iemand) inwerken (**à** in)* • FIG. *bijschaven* ★ INFORM. bien rodé *goed ingevoerd (ingespeeld, ingewerkt)*; *gesmeerd lopend* **II** WKD WW [**se ~**] *zich inwerken (**à** in)*; *zich inspelen*
rôder ONOV WW *rondsluipen*; *rondhangen*; *rondzwerven*
rôdeur I M [v: **rôdeuse**] *zwerver* **II** BNW [v: **rôdeuse**] *zwervend*; *rondsluipend*
rodomontade V FORM. *opschepperij*
rogatoire BNW *verzoekend*
rogaton M *restje*; *kliekje*
rogne V INFORM. *boze bui* ★ être en ~ (contre) *pissig zijn (op, over)*
rogner I OV WW OOK FIG. *(be)snoeien* ★ ~ les ailes à *kortwieken* **II** ONOV WW • *beknibbelen (**sur** op)* • INFORM./OUD. *de pest in hebben*
rognon M CUL. *nier*
rognure V [vaak mv] *snoeisel*; *afknipsel*
rogue BNW *hooghartig*; *laatdunkend*
roi M • OOK FIG. *koning* • *koning* ‹in schaakspel› • *heer* ‹in kaartspel› ★ fête/jour des Rois *Driekoningen* ★ les Rois mages *de Wijzen uit het Oosten* ★ galette /gâteau des Rois *driekoningenkoek* ★ INFORM. le roi des imbéciles *de grootste stomkop*
Roi-Soleil M *Zonnekoning*
rôle M • TON., OOK FIG. *rol* • *rol*; *lijst*; *register* ★ premier rôle *hoofdrol* ★ second rôle *bijrol* ★ rôle-titre *titelrol* ★ jeu de rôle(s) *rollenspel* ★ rôle d'équipage *monsterrol* ★ mise au rôle *plaatsing op de rol* ★ à tour de rôle *om beurten* ★ avoir le beau rôle *mooi weer kunnen spelen*; *van sympathie /succes verzekerd zijn*; *een gemakkelijke taak hebben* ★ sortir de son rôle *uit zijn rol vallen*
roller (zeg: -leur) M *rollerskate*; *rolschaats*
ROM AFK read only memory *ROM*
romain I BNW • *Romeins*; *romeins* ‹v. letter›

• *rooms(-katholiek)* **II** M *romein* ⟨letter⟩
Romain M [v: **Romaine**] *Romein* ★ travail de ~ *herculeswerk*
romaine V • *Romeinse sla*; *bindsla* • *unster*
roman I M • OOK GESCH. *roman* • *Romaans* ⟨taal⟩ • *romaanse stijl* ★ ~ policier *detectiveroman* ★ ~ noir *griezelroman* **II** BNW *Romaans*; *romaans*
romance V • *liefdeslied* • LETTERK./MUZ. *romance*
romancer OV WW *in romanvorm gieten* ★ vie romancée *levensbeschrijving in romanvorm*
romancier M [v: **romancière**] *romanschrijver*
romand BNW ★ la Suisse ~e *Franstalig Zwitserland*
romanesque BNW • *romanesk* • *roman-* ★ œuvre ~ *romanwerk*
romaniser OV WW *romaniseren*
roman-photo M [mv: **romans-photos**] *fotoroman*
romantique I BNW *romantisch* **II** M/V *romanticus* ⟨in alle betekenissen⟩
romantisme M *romantiek* ⟨in alle betekenissen⟩
romarin M *rozemarijn*
rombière V MIN. *oud wijf*; *ouwe taart*
rompre I OV WW • *breken*; *verbreken*; *doorbreken*; *afbreken* • FORM. *gewennen (***à** *aan)*; *dresseren* ★ applaudissements à tout ~ *daverend applaus* ★ ~ le silence *het stilzwijgen verbreken* ★ ~ le sommeil à qn *iem. in de slaap storen* ★ ~ les rangs *uit het gelid gaan*; *inrukken* **II** ONOV WW • *breken (***avec** *met)* • MIL. *de gelederen verbreken* • SPORT *wijken* ★ rompez! *ingerukt!* **III** WKD WW [**se** ~] *breken* ★ se ~ le cou *zijn nek breken*
rompu I BNW • *verbroken*; OOK FIG. *gebroken* • *bedreven*; *geroutineerd (***à** *in)* ★ ~ (de fatigue) *doodop* **II** WW [volt. deelw.] • → **rompre**
romsteck M *lendenbiefstuk*
ronceraie V *braambos*; *doornig struikgewas*
ronchon I M [v: **ronchonne**] INFORM. *brompot* **II** BNW [v: **ronchonne**] *brommerig*
ronchonner ONOV WW INFORM. *brommen*; *mopperen*
ronchonneur M [v: **ronchonneuse**] INFORM. *brompot*
rond I BNW • OOK FIG. *rond* • *mollig*; *dik* • *rondborstig*; *eerlijk* • INFORM. *dronken*; *zat* ★ bourse ronde *goedgevulde beurs* ★ chiffre rond *rond getal* ★ être rond en affaires *eerlijk zijn (in zaken)* **II** BIJW ★ tourner rond *regelmatig lopen* ⟨v. motor⟩; *goed verlopen* ★ ça ne tourne pas rond *er klopt iets niet*; *er is iets mis* ★ cent euros tout rond *precies honderd euro* **III** M • *kring(etje)*; *cirkel* • *rond voorwerp*; *ring*; *rondje*; *schijf* • INFORM. *cent* ★ ronds [mv] *poen* ★ rond de serviette *servetring* ★ ronds de graisse *vetoogjes* ★ en rond *in het rond*; *in een kring* ★ OOK FIG. tourner en rond *in een kringetje ronddraaien* ★ faire des ronds de jambe *met het been kringelen*; FIG. *strijkages maken* ★ il n'a pas le rond *hij heeft geen rooie cent* ★ INFORM. en rester comme deux ronds de flan *paf staan*
ronde V • *ronde*; *patrouille* • *rondedans*; *reidans* • *rondschrift* • MUZ. *hele noot* ★ à la ~ *in de omtrek*; *in het rond*; FORM. *om de beurt* ★ la Ronde de nuit *de Nachtwacht* ⟨v. Rembrandt⟩
rondelet BNW [v: **rondelette**] *mollig*; *rond* ★ bourse ~te *goedgevulde beurs* ★ somme ~te *aardig bedrag(je)*
rondelle V • *ringetje* • *schijfje*; *plakje*
rondement BIJW • *rechtdoorzee* • *vlot*; *voortvarend*
rondeur V • *ronding* • *rondheid*; *afgerondheid* • *rondborstigheid*; *open(hartig)heid*
rondin M *rond houtblok*; *rondhout* ★ cabane en ~s *blokhut*
rondouillard BNW INFORM. *dikkig*; *mollig*; *welgedaan*
rond-point M [mv: **ronds-points**] *verkeersplein*; *rotonde*
ronflant BNW FIG. *snorkend*; *ronkend*; *hoogdravend*
ronflement M *gesnurk*; *geronk*
ronfler ONOV WW • *snurken* • *snorren*; *ronken*
ronfleur I M *zoemer* **II** M [v: **ronfleuse**] *snurker*
ronger I OV WW • *knagen op*; *afknagen*; *bijten op* • FIG. *knagen aan*; *aanvreten* • *verteren*; *aantasten* ★ rongé des vers *wormstekig* **II** WKD WW [**se** ~] *zich opvreten (***de** *van)*; *verteerd worden (***de** *door)* ★ se ~ les ongles *op zijn nagels bijten* ★ se ~ les poings /les sangs *zich opvreten*; *zich verbijten*
rongeur BNW [v: **rongeuse**] *knagend* ★ (animal) ~ *knaagdier*
ronron M • *gespin /(het) spinnen* ⟨v. kat⟩; *gebrom*; *gesnor*; *geronk* • FIG. *dreun*; *eentonigheid*; *sleur*
ronronnement M • → **ronron**
ronronner ONOV WW *spinnen* ⟨v. kat⟩; *snorren*; *ronken*
roque M *rokade* ⟨bij schaken⟩
roquefort M *roquefort(kaas)*
roquer ONOV WW *rokeren* ⟨bij schaken⟩
roquet M OOK FIG. *keffer(tje)*
roquette V • *raket* • PLANTK. *raketsla*; *rucola*
rosace V • *rozet* ⟨ornament⟩ • *roosvenster*
rosaire M *rozenkrans*
rosat BNW MED. *rozen-* ★ huile ~ *rozenolie*
rosâtre BNW *vaalroze*
rosbif M • *rosbief* • INFORM./OUD. *Engelsman*
rose I BNW • *roze* • FIG. *rooskleurig* • POL. *links(ig)* ★ téléphone rose *sekslijn* ★ tout n'est pas rose en ce monde *het is niet alles rozengeur en maneschijn* **II** V • PLANTK. *roos* • *rozet* ⟨diamant⟩ • *roosvenster* ★ rose de Noël *kerstroos* ★ rose des vents *windroos* ★ rose des sables *woestijnroos* ⟨gipskristal⟩ ★ eau de rose *rozenwater* ★ à l'eau de rose *zoetelijk*; *sentimenteel*; *kitscherig* ★ frais comme une rose *fris als een hoentje* ★ être (couché) sur des roses /sur un lit de roses *op rozen zitten* ★ INFORM. envoyer qn sur les roses *iem. het bos in sturen*; *iem. afpoeieren* ★ (il n'y a) pas de roses sans épines ⟨spreekwoord⟩ *geen roos zonder doornen* **III** M *roze kleur* ★ rose bonbon *knalroze* ★ voir tout en rose *alles rooskleurig inzien*
rosé I M *rosé* ⟨wijn⟩ **II** BNW *bleekroze*
roseau M [mv: **roseaux**] *riet*
rosée V *dauw*
roseraie V *rozentuin*; *rosarium*

rosette V • *rozet* ⟨rond versiersel /insigne⟩ • *strikje*
rosier M *rozenstruik*
rosiériste M/V *rozenkweker*
rosir I OV WW *roze maken* **II** ONOV WW *roze worden*
rosse I BNW *gemeen*; *kwaadaardig*; *krengerig*; *rottig* **II** V • OUD. *knol* ⟨paard⟩ • *mispunt*; *kreng*; *rotzak*
rossée V INFORM. *pak slaag*
rosser OV WW *afrossen*; *afranselen*
rosserie V INFORM. *gemeenheid*; *gemene streek*
rossignol M • *nachtegaal* • *loper* ⟨sleutel⟩
rot (zeg: roo) M *boer* ⟨oprisping⟩
rotarien I M [v: **rotarienne**] *lid v.d. Rotary* **II** BNW [v: **rotarienne**] *Rotary-*
rotatif BNW [v: **rotative**] *roterend*; *draaiend*; *rotatie-*
rotation V • *rotatie*; *(rond)draaiing* • *(het) rouleren* ⟨v. voorraad, personeel e.d.⟩ • *(het) af en aan gaan* ★ ~ des cultures *wisselbouw* ★ vitesse de ~ *omloopsnelheid* ★ par ~ *bij toerbeurt*
rotatoire BNW *draaiend*; *draai-*
rotengle M *rietvoorn*
roter ONOV WW INFORM. *boeren*; *een boer laten* ★ en ~ *het hard te verduren hebben*
rôti I M *gebraad* **II** WW [volt. deelw.] • → **rôtir**
rotin M *rotan(stengel)*; *pitriet*
rôtir OV+ONOV WW OOK FIG. *braden*
rôtissage M *(het) braden*; *(het) grillen*
rôtisserie V *grillrestaurant*; *rotisserie*
rôtissoire V *grill(oven)*; *braadspit*
rotonde V *rond gebouw* ⟨met koepel⟩
rotondité V • FORM. *rondheid* • INFORM. *gezetheid*; *ronding(en)*
rotor M *rotor*
rotule V • *knieschijf* • *kogelgewricht* ★ INFORM. être sur les ~s *op zijn laatste benen lopen*; *bekaf zijn*
roturier I BNW [v: **roturière**] • FORM. *burgerlijk* ⟨niet v. adel⟩ • MIN. *lomp* **II** M [v: **roturière**] FORM. *burger(man)*
rouage M OOK FIG. *radertje* ★ FIG. ~s [mv] *raderwerk*
roublard I M INFORM. *goochemerd*; *gladjanus* **II** BNW INFORM. *uitgeslapen*; *gewiekst*
roublardise V INFORM. *gewiekstheid*; *slimmigheid*
rouble M *roebel*
roucoulade M • → **roucoulement**
roucoulement M • *gekoer* • FIG. *gekir*
roucouler ONOV WW • *koeren* ⟨v. duif⟩ • *kirren* ⟨v. geliefden⟩; *tortelen* • *kwelen*
roue V *wiel*; *rad* ★ un deux roues *een tweewieler* ★ roue dentée *tandrad* ★ roue hydraulique *waterrad* ★ roue de la fortune *rad van fortuin* ★ le supplice de la roue *het radbraken* ★ faire la roue *een radslag maken*; *de staart als een waaier opzetten* ⟨v. pauw⟩; *pronken (als een pauw)* ★ pousser à la roue *meehelpen*
roué BNW *doortrapt*; *gewiekst*
rouennais BNW *van/uit Rouen*
rouer OV WW *radbraken* ★ ~ de coups *afranselen*
rouerie V • *list* • *doortraptheid*
rouet M *spinnewiel*
rouf M SCHEEPV. *roef*
rouflaquettes V MV INFORM. *tochtlatten* ⟨bakkebaarden⟩
rouge I BNW *rood* ★ fer ~ *roodgloeiend ijzer* ★ devenir ~ comme une pivoine *een kop als een boei krijgen* **II** M • *rode kleur* • *rouge* • *rode wijn* • *rooie* ⟨socialist, communist⟩ ★ (bâton de) ~ à lèvres *lippenstift* ★ gros ~ *rode tafelwijn* ★ ~ brique *steenrood* ★ chauffer /porter au ~ *roodgloeiend maken* ★ être dans le ~ *(in het) rood staan* ★ passer au ~ *op rood springen* ⟨v. verkeerslicht⟩; *door rood (licht) rijden* **III** BIJW ★ se fâcher tout ~ /voir ~ *rood aanlopen* ⟨v. woede⟩; *witheet worden*
rougeâtre BNW *roodachtig*
rougeaud BNW *met een hoogrode kleur*
rouge-gorge M [mv: **rouges-gorges**] *roodborstje*
rougeoiement M *rood schijnsel*
rougeole V *mazelen*
rougeoyer ONOV WW *zich rood(achtig) kleuren*
rouge-queue M [mv: **rouges-queues**] *roodstaartje*
rouget M *poon*; *zeebarbeel*
rougeur V *blos* ★ ~s [mv] *rode vlekken* ⟨op de huid⟩
rougir I OV WW *rood maken*; *roodgloeiend maken* ★ eau rougie *water met een scheutje rode wijn* **II** ONOV WW • *rood worden*; *rood aanlopen*; *blozen (***de** *van)* • *zich schamen (***de** *over, voor)* ★ ~ jusqu'au(x) (blanc des) yeux *blozen tot achter de oren*
rouille I V • *roest* • CUL. *rouille* ⟨gepeperd knoflooksausje⟩ **II** BNW [onver.] *roestkleurig*
rouillé BNW • *verroest*; *roestig* ⟨ook v. plant⟩ • OOK FIG. *verstramd*; *versloft*
rouiller I OV WW • *doen roesten* • *afstompen*; *verstrammen* **II** ONOV WW *(ver)roesten* **III** WKD WW [**se** ~] • *(ver)roesten* • FIG. *vastroesten*; *verstrammen*
roulade V • *koprol* • *rollade*
roulage M *(het) rollen*; *(het) pletten*
roulant BNW • *rollend*; *rijdend*; *op wielen*; *rol-* • *goed/vlot berijdbaar* ★ escalier ~ *roltrap* ★ fauteuil ~ *rolstoel* ★ feu ~ *trommelvuur*; OOK FIG. *spervuur* ★ matériel ~ *rollend materieel*
roulé I BNW *(op)gerold*; *rol-* ★ épaule ~e *rollade* ★ INFORM. femme bien ~e *vrouw met fraaie rondingen*; *lekker mokkel* ★ r ~ *rollende r* **II** M *opgerolde cake (met jam)*
rouleau M [mv: **rouleaux**] • *rol* ⟨papier enz.⟩; *rolletje* ⟨munten, snoep enz.⟩ • *cilinder*; *rol(ler)*; *deeg-/verfroller* • *roller* ⟨golf⟩ • *rolsprong* ⟨bij hoogspringen⟩ ★ ~ essuie-mains *rolhanddoek*; *handdoekrol* ★ ~ de papier hygiënique *closetrol* ★ ~ (compresseur) *wals* ⟨voor wegen⟩ ★ ~ du printemps *loempia* ★ INFORM. être au bout du ~ *aan het eind van zijn Latijn zijn*; *(dood)op zijn*; *op sterven na dood zijn*
roulé-boulé M [mv: **roulés-boulés**] *koprol* ★ faire un ~ *kopjeduikelen*
roulement M • *(het) rollen*; *(het) rijden* • *geroffel*; *gerommel* • *(het) rouleren*; *roulatie* ★ ~ à billes *kogellager* ★ fonds de ~ *bedrijfskapitaal* ★ par ~ *in ploegendienst*; *bij*

toerbeurt

rouler I OV WW • *(voort)rollen*; *laten rollen*; *(op)rollen* • *(rollend) pletten* • FORM. *in zijn hoofd hebben*; *koesteren* ⟨v. gedachten⟩ • INFORM. *beetnemen, besodemieteren*; *oplichten*; *tillen*; *rollen* **II** ONOV WW • *rollen* • *rijden* • *rondzwerven* • *rommelen*; *roffelen* ★ ~ des hanches *heupwiegen* ★ INFORM. ~ pour qn *werken /ijveren voor iem.*; FIG. *achter iem. staan* ★ tout roule là-dessus *daar draait alles om* ★ INFORM. ça roule! *het loopt gesmeerd!*; *alles kits!* • ~ **sur** *betrekking hebben op*; *gaan over* **III** WKD WW [**se** ~] *(zich) (op)rollen*

roulette V • *rolletje*; *(zwenk)wieltje* • *raderwieltje* • *roulette* • INFORM. *(tandarts)boor* ★ patin à ~s *rolschaats* ★ sifflet à ~ *trillerfluitje*; *politiefluitje* ★ FIG. aller/marcher comme sur des ~s *op rolletjes lopen*

rouleur M [v: **rouleuse**] *langeafstandsspecialist* ⟨wielrenner⟩

roulier M *rij-op-rij-afschip*

roulis (zeg: -lie) M *(het) rollen* ⟨v. (lucht)vaartuig⟩; *slingering*

roulotte V *woonwagen* ★ vol à la ~ *diefstal uit auto's*

roulottier M [v: **roulottière**] INFORM. *auto-inbreker*

roulure V VULG. *hoer*; *slet*

roumain I M *(het) Roemeens* **II** BNW *Roemeens*

Roumain M/V [v: **Roumaine**] *Roemeen*

Roumanie V *Roemenië*

round (zeg: raund, roend) M *ronde* ⟨bij boksen⟩

roupie V • *roepia* • OUD. *snottebel* ★ INFORM. ce n'est pas de la ~ de sansonnet *dat is geen kattenpis*

roupiller ONOV WW INFORM. *dutten*; *maffen*

roupillon M INFORM. *dutje*; *tukje*

rouquin I M INFORM. *rode wijn* **II** M/V INFORM. *roodharige*; *rooie* **III** BNW INFORM. *roodharig*

rouscailler ONOV WW INFORM. *kankeren*

rouspétance V INFORM. *gekanker*; *gesputter*

rouspéter ONOV WW INFORM. *kankeren*; *sputteren (***contre** *tegen)*

rouspéteur M [v: **rouspéteuse**] INFORM. *kankeraar*; *kniesoor*

roussâtre BNW *rossig*

rousse V • → **roux**

rousseur V *rossigheid* ★ taches de ~ *sproeten*

roussi M *branderige lucht* ★ ça sent le ~ *het ruikt branderig*; FIG. *dat loopt fout*

roussir I OV WW • *schroeien* • *rossig maken* **II** ONOV WW • *rossig worden* • *schroeien* ★ faire ~ *aanbraden*; *fruiten*

rouste V INFORM. *pak slaag*

routage M *(het) ter verzending sorteren* ⟨v. poststukken⟩

routard M *trekker*; *rugzaktoerist*

route V • OOK FIG. *weg* • *route*; *koers*; *richting* • *loop*; *baan* ★ la ~ de... *de weg/route naar...* ★ ~ nationale *rijksweg* ★ bonne ~! *goede reis!* ★ accident de la ~ *verkeersongeval* ★ OOK FIG. en (cours de) ~ *onderweg* ★ faire de la ~ *veel tussen de wielen zitten* ★ faire ~ pour/vers *reizen /koers zetten naar* ★ faire ~ avec *samen reizen met* ★ OOK FIG. faire fausse ~ *op de verkeerde weg zijn* ★ OOK FIG. mettre en ~ *op gang brengen*; *starten* ★ (se mettre) en ~ *op weg (gaan)* ★ (bien) tenir la ~ *een goede wegligging hebben*; *solide zijn*; *steekhoudend zijn* ★ INFORM. tailler la ~ *'m smeren*; *afnokken*

router OV WW • *ter verzending sorteren* ⟨v. poststukken⟩ • *routeren* ⟨v. schepen e.d.⟩

routeur M *router*

routier I M • *vrachtwagenchauffeur* • *wegrenner* ★ vieux ~ *ouwe rot*; *routinier* **II** BNW [v: **routière**] *weg(en)-* ★ carte routière *wegenkaart* ★ (restaurant) ~ *wegrestaurant* ⟨vooral voor vrachtwagenchauffeurs⟩

routine V *routine* ⟨in alle betekenissen⟩ ★ de ~ *routine-*

routinier BNW [v: **routinière**] *routine-*; *routineus* ★ (esprit) ~ *gewoontemens*

rouvrir I OV WW OOK FIG. *weer openen*; *heropenen* **II** ONOV WW *weer geopend worden*; *weer opengaan*

roux I BNW [v: **rousse**] *rossig*; *roodbruin* **II** M,V [v: **rousse**] *roodharige*; *rooie* **III** M • *rossige kleur* • *roux* ⟨boter-bloemsausje⟩

royal BNW [m mv: **royaux**] • *koninklijk*; *konings-* • FIG. *vorstelijk* • INFORM. *volmaakt* ⟨onverschillig, onbekommerd⟩ ★ aigle ~ *koningsarend* ★ lièvre à la ~e *haas met ui, knoflook en rode wijn* ★ prince ~ *kroonprins* ★ tigre ~ *koningstijger*

royalisme M *koningsgezindheid*

royaliste I BNW *koningsgezind* ★ plus ~ que le roi *roomser dan de paus* **II** M/V *koningsgezinde*; *royalist*

royalties V MV *royalty's*

royaume M • *koninkrijk* • FIG. *rijk* ★ le Royaume-Uni *het Verenigd Koninkrijk* ★ le ~ des morts *het dodenrijk*

royauté V • *koningschap* • *monarchie*

R.P. AFK • réponse payée *antwoord betaald* • Révérend Père *Eerwaarde (pater)*

RSVP, r.s.v.p. AFK répondez s'il vous plaît *s.v.p. antwoorden*

RTT AFK réduction du temps de travail *atv*; *arbeidstijdverkorting*; *atv-dag*

ruban M *lint*; *band* ★ ~ adhésif *plakband* ★ ~ bleu *blauwe wimpel*; FIG. *erepalm*

rubéole V MED. *rodehond*

rubicond BNW *hoogrood* ⟨v. gezicht⟩

rubis (zeg: -bie) M *robijn* ★ payer ~ sur l'ongle *contant (en tot de laatste cent) betalen*

rubrique V *rubriek* ⟨in alle betekenissen⟩

ruche V • *bijenkorf*; *bijenvolk* • FIG. *mierenhoop* • *ruche* ⟨plooistrookje⟩

ruché M *ruche* ⟨plooistrookje⟩

ruchée V *bijenvolk*

rucher I M *bijenstal* ⟨huisje met bijenkorven⟩ **II** OV WW *afzetten met plooisel*

rude BNW • *ruw*; *grof*; *ruig* • FIG. *zwaar*; *moeilijk*; *hard*; *straf*; *hevig* • INFORM. *reuze-*; *kras* ★ hiver rude *strenge winter* ★ saison rude *guur jaargetijde* ★ vin rude *wrange wijn* ★ rude adversaire *geduchte tegenstander* ★ un rude appétit *een stevige honger* ★ INFORM. en voir de rudes *het hard te verduren hebben*

rudement BIJW • *ruw* • FIG. *hard*; *zwaar*

• INFORM. *hartstikke*
rudesse V • *ruwheid*; *grofheid* • *strafheid*; *strengheid*; *hardheid*
rudiment M *rudiment*
rudimentaire BNW *rudimentair*
rudoiement M *ruwe bejegening*
rudoyer OV WW *ruw bejegenen*
rue V • *straat* • PLANTK. *ruit* ★ dans la rue *op straat* ★ FIG. être à la rue *op straat /op de keien staan* ★ descendre dans la rue *de straat op gaan (om te betogen)* ★ ça ne court pas les rues *dat/die zie je niet elke dag*
ruée V FIG. *stormloop (***vers, sur** *op)*; *run* ★ ruée vers l'or *goldrush*
ruelle V *steegje*; *gangetje* ‹naast bed›
ruer I ONOV WW *achteruitslaan* ‹v. paard, ezel› **II** WKD WW [**se** ~] *zich storten (***sur** *op)*; *zich reppen (***vers** *naar)*
ruffian M *gluiperd*; *louche gast*
rugby M *rugby*
rugbyman M [mv: **rugbymans, rugbymen**] *rugbyspeler*
rugir I OV WW *brullen* **II** ONOV WW • *brullen* • *bulderen* ‹v. wind, motor›
rugissement M • *gebrul* • *gebulder* ‹v. wind, motor›
rugosité V *oneffenheid*; *ruwheid*
rugueux BNW [v: **rugueuse**] *oneffen*; *ruw*
ruine V • [vaak mv] *bouwval*; *ruïne*; *puinhopen* • OOK FIG. *verval*; *ineenstorting* • *wrak* ‹persoon› • *ondergang*; *verderf*; FIG. *bankroet* • FIG. *dure grap* ★ en ~ *bouwvallig* ★ tomber en ~ *instorten* ★ courir à sa ~ *zijn ondergang tegemoet gaan* ★ menacer ~ *dreigen in te storten*
ruiner I OV WW *ruïneren* ‹in alle betekenissen› ★ ~ sa santé *zijn gezondheid verwoesten* **II** WKD WW [**se** ~] *zich ruïneren*
ruineux BNW [v: **ruineuse**] • *ruïneus* • *zeer duur*
ruisseau M [mv: **ruisseaux**] • *beek* • OOK FIG. *stroom* • OOK FIG. *(straat)goot* ★ tirer qn du ~ *iem. uit de goot halen*
ruisselant BNW *druipend*; *druipnat*; OOK FIG. *(over)stromend (***de** *van)*
ruisseler ONOV WW *druipen*; OOK FIG. *(over)stromen (***de** *van)*
ruisselet M *beekje*
ruissellement M OOK FIG. *(het) (over)stromen (***de** *van)*; *(het) druipen* ★ ~ de lumière *zee van licht*
rumba V *rumba*
rumeur V • *gerucht* • *gedruis*; *rumoer*
ruminant I M *herkauwer* **II** BNW *herkauwend*
ruminer I OV WW • *herkauwen* • *piekeren over*; *niet uit het hoofd kunnen zetten* **II** ONOV WW • *herkauwen* • *piekeren*; FIG. *broeden*
rumsteck M • → **romsteck**
rune V *rune*
runique BNW *rune-*
rupestre BNW *rots-* ★ plantes ~s *rotsplanten* ★ art ~ *holenkunst* ★ peinture ~ *rotstekening*
rupin BNW INFORM. *rijk*; *chic*
rupteur M *stroomonderbreker*
rupture V *(het) breken*; *verbreking*; OOK FIG. *breuk* ★ ~ d'une digue *dijkdoorbraak* ★ point de ~ *breekpunt* ★ être en ~ de stock *door de voorraad heen zijn*
rural BNW [m mv: **ruraux**] *landelijk*; *plattelands-* ★ les ruraux *de plattelanders*
ruse V • *list* • *sluwheid*
rusé BNW *listig*; *sluw*
ruser ONOV WW *een list gebruiken*
rush M [mv: **rush(e)s**] *rush*
russe I M *(het) Russisch* **II** BNW *Russisch*
Russe M/V *Rus*
Russie V *Rusland*
rustaud I BNW *boers*; *lomp* **II** M [v: **rustaude**] *lomperd*; *boerenkinkel*
rusticité V • *rusticiteit*; *landelijkheid*; *boersheid* • *gehardheid* ‹v. planten, dieren›
rustique I BNW • *rustiek* ‹in alle betekenissen›; *landelijk*; *boers*; *boeren-* • *gehard* ‹v. planten, dieren› **II** M *rustieke stijl*
rustre I BNW *lomp*; *onbehouwen* **II** M *lomperd*
rut (zeg: ruut) M • *bronsttijd* • *bronst(igheid)* ★ en rut *bronstig*; *loops*
rutilant BNW • *fonkelend* • *helrood*
rutiler ONOV WW *fonkelen*; *glanzen*
rythme M *ritme*; *tempo* ★ au ~ de *op de maat van*; *met een tempo /frequentie van*
rythmé BNW *ritmisch*
rythmer OV WW *ritmeren*; *ritme brengen in*
rythmique I BNW *ritmisch* **II** V *ritmiek*; *ritmische gymnastiek*

S

s I M letter *s* ★ s comme Suzanne *de s van Simon* **II** AFK • seconde *sec.*; *seconde* • sur *aan de* ★ s/-S *aan de Seine*

s' I WKD VNW • → **se II** WKG VNW • → **se III** VW • → **si**[1]

sa BEZ VNW [v] • → **son**

SA AFK • société anonyme *nv*; *naamloze vennootschap* • Son Altesse *Z.H.*; *Zijne Hoogheid*

sabayon M *kandeel*

sabbat (zeg: -bà) M • *sabbat* • INFORM. *heksenketel*

sabbatique BNW *sabbat(s)-*

sabir M • *mengtaal(tje)* • MIN. *koeterwaals*

sablage M • *(het) zandstrooien* • *(het) zandstralen*

sable I M • *zand* • MED. *niergruis* • *sabel* ‹zwart› ★ les ~s *zandgronden* ★ ~(s) mouvant(s) *drijfzand* ★ INFORM. être sur le ~ FIG. *aan de grond zitten*; *zonder werk/geld zitten* **II** BNW *zandkleurig*

sablé I M *zandtaartje* **II** BNW *met zand bedekt*

sabler OV WW • *met zand bestrooien* • *in zand gieten* • *zandstralen* ★ ~ le champagne *(er) champagne (op) drinken*

sableux BNW [v: **sableuse**] *zandig*; *zanderig*

sablier M *zandloper*

sablière V • *zandgroeve* • *zandkist*; *zandstrooier* • *draagbalk*; *rib*

sablonneux BNW [v: **sablonneuse**] *zand(er)ig*

sablonnière V *zandgroeve*

sabord M SCHEEPV. *geschutpoort*

saborder I OV WW • *de grond in boren* • *opdoeken* ‹v. onderneming› **II** WKD WW [**se ~**] • *zichzelf tot zinken brengen* • *zichzelf opdoeken*

sabot M • *klomp* • *hoef* • TECHN. *schoen* • *zweeptol* • *prutsding*; *rammelkast* ★ en ~s *op klompen* ★ ~ (de Denver) *wielklem* ★ ~ (de frein) *remschoen* ★ comme un ~ *erbarmelijk slecht*; *klunzig* ★ FIG. je te vois venir avec tes gros ~s! *ik zie heus wel waar je heen wilt!*

sabotage M • *sabotage* • *prutswerk*

saboter I OV WW • *saboteren* • *afraffelen* **II** ONOV WW • *klompen maken* • *klossen* ‹met klompen›

saboteur M [v: **saboteuse**] *saboteur*

sabotier M [v: **sabotière**] *klompenmaker*

sabre M *sabel* ★ faire du ~ *sabelschermen*

sabrer OV WW • *neersabelen* • INFORM. *rigoureus snoeien in* ‹tekst› • INFORM. *de zak geven* • INFORM. *laten afgaan* ‹voor examen›

sabreur M • *sabelschermer* • FIG. *houwdegen*

sac M • *zak* • *tas*; MIL. *ransel* • *plundering* ★ sac à dos *rugzak* ★ sac à main *handtas(je)* ★ sac de couchage *slaapzak* ★ INFORM. sac à viande *slaapzak* ★ sac de marin /soldat *plunjezak* ★ sac de voyage *reistas* ★ INFORM. sac à puces *nest* ‹bed› ★ INFORM. sac à vin *dronkaard* ★ INFORM. sac d'embrouilles, sac de nœuds *warboel*; *warnet* ★ course en sac *(het) zaklopen* ★ homme de sac et de corde *schurk* ★ INFORM./OUD. avoir le sac *er warmpjes bij zitten* ★ INFORM. j'en ai plein mon sac *ik ben het spuugzat* ★ l'affaire est dans le sac *de zaak is beklonken/voor elkaar* ★ mettre à sac *plunderen* ★ mise à sac *plundering* ★ mettre dans le même sac FIG. *op één hoop gooien* ★ pris la main dans le sac *op heterdaad betrapt* ★ INFORM. vider son sac *zijn hart luchten*; FIG. *uitpakken*; *alles eruit gooien*

saccade V *schok*; *ruk*; *stoot* ★ par ~s *schoksgewijs*; *met horten en stoten*

saccadé BNW *hortend*; *stotend*

saccage M *plundering*; *verwoesting*

saccager OV WW • *plunderen*; *verwoesten* • *overhoop halen*

saccharine (zeg: -aka-) V *sacharine*; *zoetje*

sacerdoce M • *priesterschap*; *(de) geestelijkheid* • *roeping* ‹nobele taak /zending›

sacerdotal BNW [m mv: **sacerdotaux**] *priesterlijk*; *priester-*

sache WW [présent subj.] • → **savoir**

sachet M *zakje*; *sachet* ★ ~ de thé *theezakje/-builtje*

sacoche V *(schouder)tas*; *fietstas*

sac-poubelle M [mv: **sacs-poubelles**] *vuilniszak*

sacquer, **saquer** OV WW • INFORM. *de zak geven* • INFORM. *laten afgaan* ‹voor examen› ★ je ne peux pas le ~ *ik kan hem niet uitstaan*

sacral BNW [m mv: **sacraux**] *sacraal*; *gewijd*

sacraliser OV WW *sacraliseren*

sacramentel BNW [v: **sacramentelle**] *sacramenteel*; *gewijd*; *plechtig*

sacre M *wijding* ‹in ambt›; *zalving*; *inhuldiging*

sacré I BNW • OOK FIG. *heilig*; *gewijd*; *sacraal* • INFORM. [vóór zn] *vervloekt*; *deksels* ★ le Sacré Collège *het college der kardinalen* ★ le Sacré-Cœur *de Sacré-Coeur* ‹kerk in Parijs› ★ feu ~ *heilig vuur* ★ ~ menteur *verdomde leugenaar* **II** M *(het) heilige*; *(het) gewijde*

sacrement M *sacrament*

sacrément BIJW INFORM. *verdomd (veel)*; *verrekt(e)*

sacrer I OV WW • *wijden (tot)* ‹ambt›; *zalven (tot)*; *inhuldigen* • *(plechtig) uitroepen tot* **II** ONOV WW INFORM./OUD. *vloeken*

sacrifice M • *offer* • *opoffering* ★ faire des ~s *offers brengen* ★ faire le ~ de *opofferen*

sacrifier I OV WW • *offeren (**à** aan)*; *opofferen (**à**, **pour** aan, voor)* • *onder de prijs verkopen* ★ prix sacrifié *weggeefprijs* **II** ONOV WW • *offeren* • **~ à** FORM. *zich voegen naar* **III** WKD WW [**se ~**] *zich opofferen (**à**, **pour** voor)*

sacrilège I M *heiligschennis* **II** M/V *heiligschenner* **III** BNW *heiligschennend*; *godslasterlijk*

sacripant M INFORM. *schobbejak*; *schurk*

sacristain M [v: **sacristaine /sacristine**] *koster*; *sacristein*

sacristie V *sacristie*

sacro-saint BNW [mv: **sacro-saints**] *sacrosanct*; FIG. *heilig*

sacrum M *heiligbeen*

sadique I BNW *sadistisch* **II** M • *sadist* • *lustmoordenaar*

sadisme M *sadisme*; *wreedheid*

sadomasochiste I BNW *sadomasochistisch* **II** M/V *sadomasochist*

safari M *safari*
safari-photo M [mv: **safaris-photos**] *fotosafari*
safran I BNW [onver.] *saffraangeel* **II** M *saffraan* ★ ~ (de gouvernail) *roerblad*
saga V • *saga* • *sage*
sagace BNW *scherpzinnig*
sagacité V *scherpzinnigheid*
sagaie V *assegaai*
sage I M *wijze* **II** BNW • *wijs*; *verstandig* • *oppassend*; *deugdzaam*; *ingetogen*; *braaf* ★ sage comme une image *heel braaf* ⟨v. kind⟩
sage-femme V [mv: **sages-femmes**] *vroedvrouw*
sagement BIJW *wijselijk*
sagesse V • *wijsheid*; *verstandigheid* • *deugdzaamheid*; *braafheid* ★ la ~ des nations *volkswijsheid* ⟨in spreekwoorden e.d.⟩
sagette V *pijlkruid*
sagittaire I M *Boogschutter* ⟨dierenriem⟩ **II** V PLANTK. *pijlkruid*
sagou M *sago*
sagouin M [v: **sagouine**] INFORM. *viespeuk*
saharien BNW [v: **saharienne**] *Sahara-*; *Saharaans*
saharienne V *safari-jasje*
sahélien BNW [v: **sahélienne**] *Sahel-*
saignant BNW • *bloedend*; OOK FIG. *bloederig* • *weinig doorbakken* ⟨v. vlees⟩ • INFORM. *bijtend* ⟨v. kritiek⟩
saignée V • OOK FIG. *aderlating* • *afvoergeul(tje)*; *greppel* • *plooi tussen boven- en onderarm*
saignement M *bloeding*
saigner I OV WW • OOK FIG. *aderlaten* • OOK FIG. *laten (leeg)bloeden* • *tappen* ⟨v. (rubber)boom⟩ ★ ~ à blanc *het vel over de oren halen* **II** ONOV WW *bloeden* ★ ~ du nez *een bloedneus hebben* **III** WKD WW [**se ~**] ★ se ~ (aux quatre veines) pour *zich veel opofferingen getroosten voor*; *kromliggen voor*
saillant I BNW • *vooruitspringend*; *uitstekend* • *saillant*; *treffend*; *in het oog springend* **II** M *uitspringende hoek*
saillie V • *(voor)uitsteeksel*; *uitspringing*; *uitstek* • *dekking* ⟨v. dier⟩ • FORM. *(leuke) inval*; *kwinkslag* ★ faire ~ *uitsteken* ★ en ~ *(voor)uitspringend*
saillir I OV WW *dekken* ⟨v. dier⟩ **II** ONOV WW *(voor)uitsteken*; *uitpuilen*
sain BNW OOK FIG. *gezond* ★ sain et sauf *gezond en wel*; *heelhuids* ★ côte saine *veilige kust*
saindoux M *reuzel*
saint I M [v: **sainte**] *heilige* ★ les ~s de glace *(de) ijsheiligen* ★ le ~ des ~s *het heilige der heiligen* ★ INFORM. petit ~ *goeierd*; *braverik*; *heilig boontje* ★ ne (plus) savoir à quel ~ se vouer *ten einde raad zijn*; *geen raad (meer) weten* ★ il vaut mieux avoir affaire au bon Dieu qu'à ses ~s *men kan zich beter rechtstreeks tot de baas wenden dan tot zijn ondergeschikten* **II** BNW [v: **sainte**] OOK FIG. *heilig*; *sint(-)* ★ la semaine ~e *de goede /stille week* ★ terre ~e *gewijde aarde* ★ les Lieux ~s/la Terre ~e *het Heilige Land* ★ mercredi (enz.) ~ *woensdag (enz.) in de goede week* ★ la Sainte-Touche /la Sainte-Paye *betaaldag* ★ toute la ~e journée *de godganse dag*
Saint-Barthélemy V *Bartholomeusnacht*
saint-bernard M [mv: **saint-bernard(s)**] • *sint-bernard(shond)* • *behulpzaam iemand*
saint-cyrien M [mv: **saint-cyriens**] *cadet*
sainte-nitouche V [mv: **saintes-nitouches**] *schijnheilig iemand*; *kwezel*
Saint-Esprit M *Heilige Geest*
sainteté V *heiligheid*
saint-frusquin M [mv: id.] *boel*; *(het hele) zootje*
saint-glinglin ★ INFORM. à la ~ *met sint-juttemis*
Saint-Marin M *San Marino*
Saint-Père M *Heilige Vader*
Saint-Siège M *Heilige Stoel*
Saint-Sylvestre V *oudejaarsavond*
Saint-Valentin V *Valentijnsdag*
sais WW [présent] • → **savoir**
saisi I M JUR. *beslagene* ⟨op wiens goed beslag is gelegd⟩ **II** WW [volt. deelw.] • → **saisir**
saisie V • JUR. *beslag(legging)* • COMP. *invoer* ⟨v. gegevens⟩
saisir I OV WW • OOK FIG. *(aan)grijpen*; *pakken*; *vatten* • JUR. *in beslag nemen* • FIG. *opvangen*; *horen*; *zien* • *begrijpen*; *(be)vatten*; *snappen* • COMP. *invoeren* ⟨v. gegevens⟩ • *aanbraden* ★ saisi de peur *door angst overmand* ★ ~ l'occasion *de gelegenheid aangrijpen* ★ ~ le pouvoir *de macht grijpen* ★ JUR. ~ qn *iemands goed in beslag nemen* ★ JUR. partie saisie *beslagene* ⟨op wiens goed beslag is gelegd⟩ ★ ~ une instance de qc *iets voorleggen aan /aanhangig maken bij een instantie* **II** WKD WW [**se ~**] **de** *zich meester maken van*; JUR. *in behandeling nemen*
saisissable BNW • *waarneembaar* • *wat in beslag kan worden genomen* • *te bevatten*
saisissant I BNW • *aangrijpend* • *frappant* • *doordringend* ⟨v. kou⟩ **II** M JUR. *beslaglegger*
saisissement M • *(het) bevangen worden* ⟨door kou, emotie⟩ • *ontroering*; *schrik*
saison V • *jaargetijde*; *seizoen* • FIG. *seizoen*; *(geschikte) tijd* ★ basse ~ *laagseizoen* ★ ~ morte *slappe /stille tijd* ★ hors ~ *buiten het (hoog)seizoen* ★ hors de ~ *niet te pas*; *ontijdig* ★ n'être plus de ~ *afgedaan hebben* ★ marchand de(s) quatre(-)~s *groenteverkoper*
saisonnier BNW [v: **saisonnière**] *seizoen-* ★ (ouvrier) ~ *seizoenarbeider*
sait WW [présent] • → **savoir**
saké M *sake*
salace BNW *wellustig*; *wulps*
salacité V *wellustigheid*; *wulpsheid*
salade V • *sla*; *salade* • INFORM. *zootje* • [vaak mv] INFORM. *(mooie) praatjes*; *smoesjes*; *flauwekul* ★ ~ niçoise *gemengde salade met olijven, ansjovis, tomaten enz.*
saladier M *slabak/-schaal*
salage M *(het) zouten*; *(het) pekelen*
salaire M OOK FIG. *loon*; *salaris* ★ ~ à la pièce *stukloon* ★ le ~ de la peur *het loon v.d. angst*
salaison V • *(het) (in)zouten* • *ingezouten waar*
salamalecs M MV INFORM. *strijkages*
salamandre V • *salamander* • *salamanderkachel*
salami M *salami*
salant BNW ★ (marais) ~ *zoutpan*
salarial BNW [m mv: **salariaux**] *loon-*
salariat M • *loondienst* • *salariaat*; *loontrekkers*;

werknemers
salarié M [v: **salariée**] *werknemer; loontrekker*
salarier OV WW *salariëren; bezoldigen*
salaud M INFORM. *smeerlap; schoft*
sale BNW • OOK FIG. *vuil; vies* • INFORM. *gemeen* ⟨vóór zelfstandig naamwoord⟩; *vuil; rot-, klere-* ★ une sale affaire *een smerig zaakje* ★ argent sale *zwart geld* ★ sale gosse *rotjoch* ★ avoir une sale tête *er beroerd /onguur uitzien*
salé I BNW • OOK FIG. *gezouten; pikant* • *zout* ★ eau salée *zout water* ★ lac salé *zoutmeer* ★ addition salée *gepeperde rekening* **II** M • *pekelvlees* • *zoute kost* ★ petit salé *plakjes vers pekelvlees*
salement BIJW • *vies* • INFORM./FIG. *vies; lelijk* • INFORM. *verrekt(e) (veel)* ★ il en est ~ embêté *hij zit er lelijk mee in*
saler OV WW • *(in)zouten; pekelen* • INFORM. *peperen* ⟨v. rekening⟩; *afzetten* ⟨v. klant⟩
saleté V • *vuil(ig)heid; vuil; troep* • INFORM. *iets rottigs* • INFORM. *smeerlap*
saleuse V *pekelwagen; strooiwagen*
salière V *zoutvaatje*
saligaud M • INFORM. *smeerpoets* • INFORM. *smeerlap*
salin I BNW *zout(achtig); zilt; zout-* **II** M *zoutpan*
saline V • *zoutmijn* • *zoutpan*
salinité V *zoutgehalte*
salique BNW *Salisch*
salir I OV WW *vuil maken*; OOK FIG. *bezoedelen* **II** WKD WW [**se** ~] *zich vuil maken; vuil worden*
salissant BNW • *besmettelijk* ⟨v. kleur⟩ • *vuil(makend)* ⟨v. werk⟩
salissure V *vuil(igheid); vlek*
salivaire BNW *speeksel-*
salivation V *speekselvorming/-vloed*
salive V *speeksel* ★ dépenser sa ~ *veel praten* ★ perdre sa ~ *voor niets praten*
saliver ONOV WW *speeksel vormen*; OOK FIG. *kwijlen*
salle V *zaal; groot vertrek* ★ ~ à manger *eetkamer* ★ ~ d'attente *wachtkamer* ★ ~ d'armes *schermzaal* ★ ~ d'audience *rechtszaal* ★ ~ de bains *badkamer* ★ ~ (de cinéma) *filmzaal; bioscoop* ★ ~ de classe *klaslokaal* ★ ~ d'eau *wasruimte; badcel* ★ ~ des fêtes *feestzaal; gemeenschapscentrum* ★ ~ de police *arrestantenlokaal* ★ ~ des pas perdus *stationshal; grote hal* ★ SPORT en ~ *indoor-* ★ faire ~ comble *volle zalen trekken*
salmigondis M *ratjetoe; allegaartje*
salmis (zeg: -mie) M *wildragout*
salmonelle V *salmonella*
salmonellose V *salmonella-infectie*
saloir M • *pekelbak; inmaakpot* • *pekellokaal*
salon M • *huiskamer; salon; ontvangkamer* • *(jaar)beurs; tentoonstelling(sruimte)* ★ ~ de coiffure *kapsalon* ★ ~ de thé *tearoom* ★ (ensemble de) ~ *bankstel* ★ des ~s littéraires *literaire salons* ★ le ~ des Arts ménagers *de huishoudbeurs* ★ OOK FIG. de ~ *salon-; mondain*
salonnard M [v: **salonnarde**] MIN. *salonheld*
salopard M BELEDIGEND *smeerlap; schoft*
salope V • INFORM. *slet; rotwijf* • INFORM. *(rot)zak*
saloper OV WW INFORM. *verpesten; een potje maken van*
saloperie V • INFORM. *vuiligheid; troep; rotzooi* • INFORM. *iets rottigs*
salopette V • *overall; tuinbroek; werkbroek; salopette* • *speelpakje*
salpêtre M *salpeter*
salsa V *salsa*
salsifis (zeg: -fie) M ★ ~ (noir) *schorseneer*
saltimbanque M/V *kunstenmaker; acrobaat*
salubre BNW *gezond; heilzaam*
salubrité V • *gezonde gesteldheid* • *heilzaamheid* • *hygiëne* ★ ~ publique *volksgezondheid*
saluer I OV WW • *(be)groeten* • FIG. *begroeten (***comme** *als;* **en** *in); inhalen; eren* **II** ONOV WW *groeten; salueren* **III** WKD WW [**se** ~] *elkaar groeten*
salut I M • *groet*; MIL. *saluut* • *heil; redding* • REL. *(zielen)heil; zaligheid* • REL. *lof* ★ Armée du Salut *Leger des Heils* ★ ~ public *algemeen welzijn* ★ rendre à qn son ~ *iem. teruggroeten* **II** TW INFORM. *dag!; hallo!*; OOK HUMOR. *de groeten!*
salutaire BNW *heilzaam; gezond*
salutation V *(overbeleefde) begroeting* ★ mes /nos ~s dévouées /distinguées *met de meeste achting*
salutiste M/V *heilsoldaat*
salvateur BNW [v: **salvatrice**] FORM. *reddend*
salve V OOK FIG. *salvo*
Samaritain M [v: **Samaritaine**] *Samaritaan*
samba V *samba*
samedi M *zaterdag* ★ le ~ saint *paaszaterdag*
samouraï M *samoerai*
samovar M *samowar*
sampler, **sampleur** (zeg: sa(n)pleur) M *sampler*
SAMU AFK service d'aide médicale d'urgence *ambulancedienst* ★ hélicoptère du SAMU *traumahelikopter*
sanatorium (zeg: -torjòm) M *sanatorium*
sanctifiant BNW *heiligmakend*
sanctificateur I M [v: **sanctificatrice**] *heiligmaker* **II** BNW [v: **sanctificatrice**] *heiligmakend*
sanctification V • *heiliging* • *heiligverklaring*
sanctifier OV WW *heiligen; verheerlijken*
sanction V *sanctie* ⟨in alle betekenissen⟩; *bekrachtiging; dwang- /strafmaatregel*
sanctionner OV WW • *sanctioneren; bekrachtigen* • *bestraffen*
sanctuaire M • OOK FIG. *heiligdom; heilige plaats* • *Allerheiligste* ⟨in tempel⟩ • *priesterkoor* ⟨in kerk⟩ • FIG. *wijkplaats*
sandale V *sandaal*
sandalette V *lichte sandaal*
sandaraque V ★ (résine) ~ *sandrak*
sandow M *spanband; trekband; snelbinder*
sandre V *snoekbaars; zander*
sandwich M [mv: **sandwich(e)s**] OOK FIG. *sandwich*
sang M OOK FIG. *bloed* ★ FIG. pur sang *volbloed* ★ droit du sang *geboorterecht* ★ les liens du sang *de banden des bloeds* ★ prince du sang *prins van den bloede* ★ prise de sang *bloedproef* ★ à sang chaud /froid *warm-/*

koudbloedig ★ (tout) en sang *(hevig) bloedend* ★ jusqu'au sang *tot bloedens toe* ★ FIG. avoir le sang chaud *warmbloedig zijn* ★ avoir du sang dans les veines *lef/pit hebben* ★ donner /verser son sang pour *zijn leven geven voor* ★ noyer dans le sang *in bloed smoren* ★ se faire du mauvais sang *zich zorgen maken* ★ répandre /verser /faire couler le sang *bloed vergieten* ★ mon sang n'a fait qu'un tour *ik stond paf* ★ se faire un sang d'encre *hevig bezorgd zijn* ★ payer de son sang *met zijn leven betalen* ★ tourner le(s) sang(s) à qn *iem. hevig van streek maken* ★ bon sang! *goeie genade!*

sang-froid M [mv: id.] *koelbloedigheid* ★ de ~ *in koelen bloede* ★ perdre son ~ *zijn zelfbeheersing verliezen*

sanglant BNW • OOK FIG. *bloedig*; *bloederig* • FIG. *bijtend*; *grievend* ★ mort ~e *gewelddadige dood* ★ affront ~ *dodelijke belediging*

sangle V *riem*; *(steun)band*; *singel*

sangler OV WW *de riem(en) aanhalen om*; *gorden*; *insnoeren*; *singelen* ⟨v. paard⟩

sanglier M *wild zwijn*; *ever*

sanglot M *snik* ★ en ~s *snikkend*; *in tranen*

sangloter ONOV WW *snikken*

sangria V *sangria*

sangsue V • *bloedzuiger* • INFORM. *plakker* ⟨persoon⟩; *klit* • *afvoergeul*

sanguin I BNW • *bloed-* • *sanguinisch*; *volbloedig* • OUD. *bloedrood* ★ groupe ~ *bloedgroep* ★ vaisseaux ~s *bloedvaten* ★ orange ~e *bloedsinaasappel* **II** M [v: **sanguine**] *heethoofd*

sanguinaire BNW • *bloeddorstig*; *bloedig* • *wreed*

sanguine V • *bloedsteen* • *rood krijt* • *roodkrijttekening* • *bloedsinaasappel*

sanguinolent BNW *met bloed bespat*; *bloederig*

sanisette V *openbare (betaal-)wc-cabine*

sanitaire I M [meestal mv] *sanitair* **II** BNW *gezondheids-*; *hygiënisch*; *sanitair*

sans VZ *zonder* ★ sans cela/sans quoi *anders*; *zo niet, dan* ★ sans que (... ne) [+ subj.] *zonder dat* ★ jour sans *offday*; *slechte dag* ★ sans queue ni tête *zonder kop of staart* ★ tu n'es pas sans savoir que *je weet toch wel /best dat*

sans-abri M/V [mv: **sans-abri(s)**] *dakloze*

sans-cœur BNW [mv: **sans-cœur(s)**] *harteloos*; *ongevoelig*

sans-culotte M [mv: **sans-culottes**] GESCH. *sansculotte* ⟨revolutionair uit de Franse Revolutie⟩

sans-emploi M/V [mv: **sans-emploi(s)**] *werkloze*

sans-façon M [mv: **sans-façon(s)**] • FORM. *ongedwongenheid* • FORM. *ongegeneerdheid*

sans-faute M [mv: **sans-faute(s)**] • SPORT *foutloos parcours* • *foutloze prestatie*

sans-filiste M/V [mv: **sans-filistes**] *radioamateur*

sans-gêne I BNW [onver.] *ongegeneerd* **II** M [mv: id.] *ongegeneerdheid* **III** M/V [mv: **sans-gêne(s)**] *ongegeneerd persoon*

sans-le-sou M/V [mv: id.] INFORM. *armoedzaaier*

sans-logis M/V [mv: id.] *dakloze*

sansonnet M *spreeuw*

sans-papiers M/V [mv: id.] *illegaal* ⟨buitenlander zonder verblijfsvergunning⟩

sans-plomb M *loodvrije benzine*

sans-souci I BNW *zorgeloos* **II** M [mv: id.] OUD. *zieltje zonder zorg*

santal M [mv: **santals**] • *sandelhout* • *sandelboom* • *sandelolie*

santé V *gezondheid* ★ ~ publique *volksgezondheid* ★ MED. bilan de ~ *check-up* ★ maison de ~ *verpleeginrichting* ★ parcours-~ *trimbaan* ★ (à votre) ~! *op uw gezondheid!* ★ meilleure ~! *beterschap!* ★ boire à la ~ de qn *op iemands gezondheid drinken*

santiag M INFORM. *cowboylaars*

saoudien BNW [v: **saoudienne**] *Saoedisch*

Saoudite BNW ★ l'Arabie ~ *Saoedi-Arabië*

saoul (zeg: soe) BNW OUD. → **soûl**

saouler WW OUD. → **soûler**

sape V • *loopgraaf* ⟨v. belegeraars⟩; *sappe* • *ondermijning* ★ sapes [mv] *plunje*; *kloffie*

saper I OV WW OOK FIG. *ondergraven*; *ondermijnen*; *uithollen* **II** WKD WW [**se** ~] INFORM. *zich (aan)kleden* ★ bien sapé *goed in de kleren*; *piekfijn*

sapeur M *sappeur*; *geniesoldaat*

sapeur-pompier M [mv: **sapeurs-pompiers**] *brandweerman*

saphique BNW *saffisch*

saphir M *saffier*

sapidité V FORM. *smakelijkheid*

sapience V OUD. *wijsheid*

sapin M • *spar* • *vurenhout*; *sparrenhout* ★ ~ de Noël *kerstboom* ★ INFORM. ça sent le ~! *die maakt het niet lang meer!*

sapinière V *sparrenbos*

saponifier OV WW *verzepen*

sapristi TW INFORM. *drommels!*; *sakkerloot!*

saquer OV WW • → **sacquer**

S.A.R. AFK Son Altesse Royale *Z.K.H.*; *Zijne Koninklijke Hoogheid*; *H.K.H.*; *Hare Koninklijke Hoogheid*

sarabande V • *sarabande* ⟨muziek, dans⟩ • *kabaal*; *herrie* • *warrige stoet*

sarbacane V *blaaspijp*; *proppenschieter*

sarcasme M *sarcasme*

sarcastique BNW *sarcastisch*

sarcelle V *taling* ⟨vogel⟩

sarclage M *(het) wieden*

sarcler OV WW *wieden*

sarcloir M *schoffel*

sarcome M *sarcoom*

sarcophage M • *sarcofaag* • *vleesvlieg*

Sardaigne V *Sardinië*

sarde BNW *Sardinisch*

sardine V • *sardien(tje)* • INFORM. *tentharing* • INFORM. *(onderofficiers)streep*; *chevron* ★ être serrés commes des ~s *als haringen in een ton zitten*

sardinier I M • *sardinevisser* • *sardineboot* **II** BNW [v: **sardinière**] *sardine-*

sardonique BNW *sardonisch*

sargasse V *sargassowier* ★ Mer des Sargasses *Sargassozee*

sari M *sari*

sarigue V *buidelrat*

SARL AFK Société à responsabilité limitée ≈ *bv*

sarment M *houtachtige rank*; *wijnrank*

sarrasin I M *boekweit* **II** BNW *Saraceens*

Sarrasin M [v: **Sarrasine**] GESCH. *Saraceen*
sarrau M • *(werk)kiel* • *morsschort*
Sarre V • *Saarland* • *Saar* ⟨rivier⟩
sarriette V *bonenkruid*
sarrois BNW *Saarlands*
sas (zeg: sa(s)) M • *zeef* ⟨v. zeefdoek⟩ • *sluiskolk*; *sas* • *luchtsluis* ⟨v. (ruimte)vaartuig e.d.⟩
sasser OV WW • *(uit)ziften* • *schutten* ⟨v. schip⟩ ★ ~ et res~ *wikken en wegen*
Satan M *Satan*
satané BNW *verduiveld*; *verdomd*
satanique BNW *duivels*; *satanisch*
satelliser OV WW • *in een baan om de aarde brengen* • FIG. *tot satelliet(staat) maken*
satellite I M *satelliet* ⟨in alle betekenissen⟩ ★ ~-relais *communicatiesatelliet* **II** BNW ★ (pays) ~ *satellietstaat* ★ photo ~ *satellietfoto*
satiété V *(over)verzadiging* ★ (jusqu')à ~ *tot verzadigens toe*; *tot vervelens toe*; *meer dan genoeg*
satin M *satijn* ★ de ~ *satijnen*; *fluweelzacht*
satiné I BNW • *satijnachtig* ⟨glanzend⟩ • *gesatineerd* **II** M *satijnglans*
satiner OV WW *satineren*; *glanzend maken*
satinette V *geglansd katoen*; *satinet*
satire V *satire*; *hekeldicht*
satirique I BNW *satirisch* **II** M/V *hekeldichter*; *satiricus*
satisfaction V • *voldoening*; *bevrediging* • *genoegdoening* ★ donner ~ à *voldoening geven aan*; *tevredenstellen*
satisfaire I OV WW [onregelmatig] *tevredenstellen*; *voldoen aan*; *bevredigen* ★ ~ ses passions *zijn hartstochten bevredigen* ★ ~ l'attente *aan de verwachtingen voldoen* **II** ONOV WW **~ à** *voldoen aan* **III** WKD WW [**se** ~] • *zich tevreden stellen (***de** *met)* • *zich bevredigen*
satisfaisant (zeg: -fuz-) BNW *bevredigend*; *voldoend*
satisfait BNW *tevreden (***de** *met, over)*; *voldaan*
satisfecit M • FORM. *goedkeuring* • OUD. *eervolle vermelding* ⟨op school⟩
satrape M *satraap*
saturable BNW *verzadigbaar*
saturant BNW ★ vapeur ~e *verzadigde damp*
saturateur M *(lucht)bevochtiger*
saturation V • *verzadiging* • *overbelasting* ⟨v. weg enz.⟩
saturé BNW • *verzadigd (***de** *van)* • *overbelast* ⟨v. weg enz.⟩ ★ être ~ de qc *iets beu zijn*
saturer I OV WW *verzadigen (***de** *met)*; *overvoeren* **II** ONOV WW INFORM. *het zat zijn*
Saturne *Saturnus* ⟨god, planeet⟩
saturnisme M *loodvergiftiging*
satyre M *sater* ⟨in alle betekenissen⟩
satyrique BNW *sater-*
sauce V • *saus* • INFORM. *stortbui* • INFORM./FIG. *saus(je)*; *(het) bijkomende*; *klinkklank* ★ mettre qn à toutes les ~s *iem. als manusje-van-alles gebruiken* ★ il n'est ~ que d'appétit ⟨spreekwoord⟩ *honger is de beste saus*
saucée V INFORM. *stortbui*
saucer OV WW OUD. *sausen* ★ INFORM. se faire ~ *(door)natregenen* ★ ~ son assiette *zijn bord schoonsoppen* ⟨met brood⟩
saucier M *sauzenbereider*
saucière V *sauskom*; *juskom*
saucisse V • *(braad)worst*; *saucijs* • INFORM. *oen*; *sufferd* ★ ne pas attacher ses chiens avec des ~s *erg gierig zijn*
saucisson M • *(dikke, gekruide) worst* • *(langwerpig, bol) brood* ★ ~ sec *harde, droge snijworst*
saucissonné BNW INFORM. *(nauw) ingesnoerd*; *geperst* ⟨in kleding⟩
saucissonner I OV WW MEESTAL FIG. *in plakjes verdelen* ★ ~ un téléfilm avec de la pub *een tv-film met reclamespots onderbreken* **II** ONOV WW INFORM. *uit het vuistje eten*; *picknicken*
sauf I BNW [v: **sauve**] *behouden*; *veilig* ★ avoir la vie sauve *er heelhuids afkomen* ★ l'honneur est sauf *de eer is gered* ★ sain et sauf *gezond en wel*; *heelhuids*; *ongedeerd* **II** VZ • *behalve*; *uitgezonderd* • *behoudens* ★ sauf votre respect *met (uw) permissie* ★ sauf erreur *vergissingen voorbehouden* ★ FORM. sauf à [+ infin.] *wat (hem) niet belet om*; *om daarmee eventueel te*
sauf-conduit M [mv: **sauf-conduits**] *vrijgeleide(brief)*
sauge V *salie*
saugrenu BNW *ongerijmd*; *absurd*
saule M *wilg* ★ ~ étêté *knotwilg* ★ ~ pleureur *treurwilg*
saumâtre BNW • *brak*; *ziltig* • FIG. *bitter*; *pijnlijk* ★ INFORM. la trouver ~ *ervan balen*
saumon I M • *zalm* • *blok metaal* **II** BNW [onver.] *zalmkleurig*
saumoné BNW *zalm-* ★ truite ~e *zalmforel*
saumure V *pekel*
saumurer OV WW *pekelen*; *inzouten*
sauna M *sauna*
saunier M [v: **saunière**] *zoutzieder*
saupoudrer OV WW OOK FIG. *bestrooien (***de** *met)*
saupoudreuse V *strooibusje*
saur BNW ★ hareng saur *bokking*
saurai WW [futur] • → **savoir**
saurer OV WW *roken* ⟨v. haring, ham⟩
sauriens M MV *sauriërs*
saurisserie V *haringrokerij*
saut M • OOK FIG. *sprong* • *val* • *waterval* • *(het) dekken* ⟨v. dier⟩ ★ saut périlleux /saut de la mort *salto mortale* ★ saut à l'élastique *(het) bungeejumpen* ★ triple saut *hink-stap-sprong* ★ saut à la corde *(het) touwtjespringen* ★ saut à ski *(het) skispringen* ★ saut en hauteur /longueur *(het) hoogspringen /verspringen* ★ au saut du lit *bij het opstaan* ★ faire un saut à/chez *even langsgaan in/bij* ★ FIG. faire le saut *de sprong wagen* ★ faire le grand saut *doodgaan*
saut-de-lit M [mv: **sauts-de-lit**] *ochtendjas*
saut-de-mouton M [mv: **sauts-de-mouton**] *ongelijkvloerse kruising*
saute V ★ ~ de vent *het omlopen v.d. wind* ★ ~ d'humeur *plotselinge verandering v. humeur*; *bui*
sauté I M *gebraden vlees* ★ ~ de veau *kalfsragout* **II** BNW ★ pommes (de terre) ~es *gebakken aardappelen*
saute-mouton M [mv: **saute-mouton(s)**] *haasje-over*

sauter I OV WW • *springen over* • *overslaan* • *bespringen* ⟨v. dier⟩; *dekken* • VULG. *neuken met*; *naaien* ★ ~ une classe *een klas overslaan* ★ INFORM. la ~ *verrekken van de honger* **II** ONOV WW • OOK FIG. *springen* • *exploderen*; *in de lucht vliegen* • INFORM. *eruit vliegen*; *gewipt worden* • INFORM. *afspringen*; *geannuleerd worden*; *niet doorgaan* • *schokkerig bewegen* ★ ~ d'un sujet à l'autre *van de hak op de tak springen* ★ ~ aux yeux *in het oog springen* ★ faire ~ la banque *de bank laten springen* ★ faire ~ un p.-v. *een bekeuring ongedaan maken* ★ faire ~ un poulet *een kip braden* ★ faire ~ la cervelle à qn *iem. door zijn hoofd schieten* ★ les plombs ont sauté *de stoppen zijn doorgeslagen* ★ OOK FIG. ~ sur *zich storten op*; *bespringen* ★ ~ sur une mine *op een mijn lopen* ★ ~ sur l'occasion *de gelegenheid aangrijpen* ★ INFORM. et que ça saute! *hup!*; *vooruit!*

sauterelle V *sprinkhaan*

sauteur I M *springpaard* **II** M [v: **sauteuse**] • *springer* • INFORM. *onberekenbaar persoon*; FIG. *weerhaan* **III** BNW [v: **sauteuse**] *springend*; *spring-* ★ (scie) sauteuse *decoupeerzaag*

sauteuse V *braadpan*

sautillement M *gehuppel*

sautiller ONOV WW • *huppelen*; *hippen* • *springerig /hortend zijn* ⟨v. stijl, spreektrant⟩

sautoir M • SPORT *springplaats* • *V- of X-vormig gedragen halsketting/-lint*; *sautoir* • HER. *liggend kruis* ★ en ~ *gekruist (liggend /hangend)*

sauvage I BNW • *wild* ⟨in alle betekenissen⟩ • *woest*; *onbebouwd* • *(mensen)schuw*; *eenzelvig*; *op zichzelf (levend)* ★ le camping ~ *het wildkamperen* ★ à l'état ~ *in het wild* **II** M/V • *wilde(man)* • *eenzelvig /op zichzelf levend persoon*; *eenzaat*

sauvagement BIJW *bruut*; *wreed*

sauvageon I M *wilde (ongeënte) vruchtboom* **II** M [v: **sauvageonne**] *(ongerept) natuurkind*

sauvagerie V • *bruutheid*; *barbarij* • *(mensen)schuwheid*

sauve BNW • → **sauf**

sauvegarde V • *bescherming*; *waarborg(ing)*; *bewaring* ⟨handhaving⟩ • COMP. *back-up*; *reservekopie* • SCHEEPV. *borg(lijn)*

sauvegarder OV WW • *beschermen*; *waarborgen* (**contre** *tegen*) • COMP. *saven*; *wegschrijven*

sauve-qui-peut M [mv: id.] *wilde vlucht*

sauver I OV WW • *redden* (**de** *uit, van*); OOK REL. *verlossen* • COMP. *saven* ★ ~ les apparences *de schijn redden* ★ sauve qui peut! *redde wie zich redden kan!*; *berg je!* **II** WKD WW [**se** ~] • *ervandoor gaan*; *ontsnappen* • INFORM. *weggaan* • *zijn heil vinden* • INFORM. *overkoken* ⟨v. melk⟩

sauvetage M *redding*; *berging* ⟨v. schip⟩ ★ canot de ~ *reddingsboot*

sauveteur I M *redder*; *reddingswerker* **II** BNW *reddings-* ★ canot ~ *reddingsboot*

sauvette V ★ à la ~ *(verdacht) haastig*; *schielijk* ★ vendeur à la ~ *clandestiene straathandelaar*

sauveur M *redder* ★ le Sauveur *de Heiland*

savamment BIJW *met kennis van zaken*; *als een kenner*; *kundig*

savane V *savanne*

savant I BNW • *geleerd* • *knap* (**en** *in*); *kundig* • *moeilijk*; *ingewikkeld* ★ chien ~ *hond die kunstjes kent* **II** M [v: **savante**] *geleerde*

savarin M *in rum gedrenkte tulband* ⟨gebak⟩

savate V • *oude schoen/slof* • INFORM. *stuntel*; *knoeier* • *Frans kickboksen* ★ INFORM. traîner la ~ *arm zijn*

savetier M OUD. *schoenlapper*

saveur V • *(lekkere) smaak* • FIG. *kleur*; *pit(tigheid)*

savoir I M *kennis*; *wetenschap* **II** OV WW [onregelmatig] • *weten* • *(iets) kennen* • *weten te*; *kunnen* • *te weten komen* (**par** *van*); *vernemen* ★ à ~ *te weten*; *namelijk* ★ que je sache *voor zover ik weet* ★ ~ par cœur *van buiten kennen* ★ je ne saurais vous le dire *ik kan het u niet zeggen* ★ un je ne sais quoi *iets onbestemds*; *(een zeker) iets* ★ ~ nager *kunnen zwemmen* ★ en ~ qc /en ~ long *er het nodige van weten*; *ervan kunnen meepraten* ★ je sais *ik weet het* ★ pas que je sache *niet dat ik weet* ★ on ne sait jamais *je kunt nooit weten* ★ il ne veut rien ~ *hij wil niet (naar rede) luisteren* ★ est-ce que je sais? /je n'en sais rien! *weet ik veel!* ★ reste à ~ si *de vraag is of* ★ on ne sait quel *een of ander*; *ik weet niet welk* ★ va ~! *wie zal het zeggen?* ★ sachez que *u moet weten dat* ★ je ne le savais pas si peureux *ik wist niet dat hij zo bangelijk was* ★ INFORM. que/qui tu sais *je weet wel (wat/wie)* ★ ~ c'est pouvoir *kennis is macht* **III** WKD WW [**se** ~] [onregelmatig] • *bekend worden/zijn* • *zich weten*

savoir-faire M [mv: id.] *bekwaamheid*; *handigheid*; *knowhow*

savoir-vivre M [mv: id.] *wellevendheid*; *goede manieren*

savon M • *zeep* • INFORM. *uitbrander* ★ ~ noir *groene /zachte zeep* ★ passer un ~ à qn *iem. de oren wassen*

savonnage M *(het) wassen met zeep*

savonner OV WW *inzepen*; *met zeep wassen*

savonnerie V *zeepziederij*

savonnette V *(stuk) toiletzeep*; *zeepje*

savonneux BNW [v: **savonneuse**] *zeepachtig* ★ eau savonneuse *zeepsop*

savonnier I M *zeepzieder* **II** BNW [v: **savonnière**] *zeep-*

savourer OV WW *savoureren*; *langzaam genieten van*

savoureux BNW [v: **savoureuse**] • *smakelijk*; *heerlijk* • FIG. *kostelijk*

savoyard BNW *uit Savoye*

Saxe V *Saksen*

saxifrage V *steenbreek*

saxo M INFORM. *sax(blazer)*

saxon I M *(het) Saksisch* **II** BNW [v: **saxonne**] *Saksisch*

Saxon M [v: **Saxonne**] *Saks*

saxophone M *saxofoon*

saxophoniste M/V *saxofonist*

saynète V *toneelstukje*; *sketch*

sbire M • MIN. *smeris* • *trawant*

scabieuse V PLANTK. *scabiosa*

scabieux BNW [v: **scabieuse**] *schurftig*; *schurft-*
scabreux BNW [v: **scabreuse**] • *scabreus*; *gewaagd*; *'schuin'*; *onwelvoeglijk* • *hachelijk*; *riskant*
scalaire I M *maanvis* **II** BNW *scalair*
scalène BNW *ongelijkzijdig* ‹v. driehoek›
scalp M *scalp*
scalpel M *scalpel*; *ontleedmes*
scalper OV WW *scalperen*
scampi M MV *scampi*
scandale M • *schandaal* • *ergernis*; *aanstoot* • *heibel* ★ crier au ~ *er schande van spreken /roepen* ★ malheur à ceux par qui le ~ arrive *wee hun die anderen tot zonden aanzetten*
scandaleux BNW [v: **scandaleuse**] *schandelijk*; *schandalig*; *aanstootgevend*
scandaliser I OV WW *ergeren*; *aanstoot geven aan* **II** WKD WW [**se** ~] *zich ergeren (***de** *aan, over)*
scander OV WW • *scanderen* • FIG. *benadrukken*
scandinave BNW *Scandinavisch*
Scandinave M/V *Scandinaviër*
Scandinavie V *Scandinavië*
scanner (zeg: -nèr (zn)) **I** M *scanner* **II** OV WW *scannen*
scanographie V *(het) scannen*; *scanning*
scansion V LITERAIR *(het) scanderen*
scaphandre M • *duikerpak* • *ruimtepak*
scaphandrier M *duiker* ‹met pak›
scapulaire I M • *scapulier* • MED. *schouderband* **II** BNW *schouder-*
scarabée M • *mestkever* • *scarabee*
scarification V *insnijding*; *inkerving*; *krasje* ‹in de huid›
scarifier OV WW *kerven*; *insnijden*
scarlatine V *roodvonk*
scarole V *andijvie*
scatologique BNW *scatologisch*
sceau M [mv: **sceaux**] • *zegel* • FIG. *stempel*; *kenmerk* ★ grand ~ *grootzegel* ★ sous le ~ du secret *onder (het zegel van) geheimhouding*
scélérat I M [v: **scélérate**] FORM. *booswicht*; *schelm* **II** BNW FORM. *misdadig*; *schurkachtig*
scélératesse V FORM. *schanddaad*; *snoodheid*
scellage M • → **scellement**
scellement M *inmetseling*; *vastmetseling*
sceller OV WW • *(ver)zegelen* • FIG. *bezegelen*; *bekrachtigen* • *inmetselen*; *vastmetselen*; *vastgieten*
scellés M MV *gerechtelijk zegel* ★ sous ~ *verzegeld* ★ lever les ~ *de zegels verbreken*; *het beslag opheffen*
scénario M OOK FIG. *scenario*; *draaiboek*
scénariste M/V *scenarioschrijver*
scène V • *toneel* ‹in alle betekenissen› • *scène* ‹in alle betekenissen› ★ la ~ se passe à Paris *het stuk speelt in Parijs* ★ metteur en ~ *regisseur* ★ mettre en ~ *ten tonele voeren*; *regisseren* ★ entrer en ~ *opkomen*; *(ten tonele) verschijnen* ★ faire une ~ (à) *een scène maken (tegenover)*; *ruzie maken (met)* ★ occuper le devant de la ~ *op de voorgrond treden* ★ porter à la ~ *opvoeren* ‹v. stuk›
scénique BNW *toneel-* ★ art ~ *toneelkunst*
scepticisme M *scepticisme*; *scepsis*
sceptique I BNW *sceptisch*; *twijfelend* **II** M/V *twijfelaar*; *scepticus*
sceptre M *scepter*
schako M • → **shako**
schelem M • → **chelem**
schéma M *schema*; *plan*
schématique BNW *schematisch*
schématisation V *schematisering*
schématiser OV WW *schematiseren*
schématisme M *schematisch karakter*; *simplisme*
schismatique I BNW *schismatiek* **II** M/V *schismaticus*
schisme M *schisma*
schiste M *leisteen*; *schist*
schizophrène (zeg: skie-) **I** BNW *schizofreen* **II** M/V *schizofreen*
schizophrénie (zeg: skie-) V *schizofrenie*
schlass I M INFORM. *mes* **II** BNW [onver.] INFORM. *dronken*
schlinguer ONOV WW INFORM. *stinken*
schnock M • → **chnoque**
schooner (zeg: skoe-, sjoe-) M *schoener*
schtroumpf M *smurf*
schuss (zeg: sjoes) M *rechte afdaling* ‹skiën›
sciage M *(het) zagen* ★ bois de ~ *zaaghout*
scialytique M *operatielamp*
sciatique I V *ischias* **II** BNW *heup-*
scie V • *zaag* • *iets dat verveelt* ‹door herhaling›; OOK FIG. *afgezaagd deuntje*; FIG. *cliché* ★ (poisson) scie *zaagvis* ★ scie à ruban *lintzaag* ★ en dents de scie *zaagvormig*; *gekarteld*
sciemment (zeg: sja-) BIJW *willens en wetens*
science V *wetenschap*; *kennis* ★ de ~ certaine *uit zekere bron* ★ les ~s (exactes) *de wis- en natuurkundige wetenschappen* ★ ~s po(litiques) *politicologie*
science-fiction V *sciencefiction*
scientifique I BNW *wetenschappelijk* ★ (esprit) ~ *bèta(mens)* **II** M/V *wetenschapper*
scier OV WW • *(af)zagen*; *doorzagen* • INFORM. *versteld doen staan* ★ ~ (le dos /les côtes à) qn *iem. stierlijk vervelen*
scierie V *zagerij*
scieur M *zager*
scieuse V *zaagmachine*
scinder OV WW *(op)splitsen (***en** *in)*
scintillant BNW *fonkelend*; *schitterend*
scintillation V *fonkeling*; *schittering*
scintillement M *fonkeling*; *schittering*
scintiller ONOV WW *fonkelen*; *flikkeren*
scion M *twijg*; *loot*
scission V • FIG. *scheuring*; *verdeeldheid* • *splijting*; *splitsing* ★ faire ~ *zich afscheiden*
scissionniste I M/V *scheurmaker* **II** BNW ★ groupe ~ *splintergroepering*
sciure V *zaagsel*
sclérose V • *sclerose* • FIG. *verstarring*; *verkalking* ★ ~ en plaques *multiple sclerose*
sclérosé BNW • *sclerotisch* • FIG. *verstard*; *verkalkt*; *vermolmd*
scléroser WKD WW [**se** ~] • MED. *verharden* ‹v. weefsel› • FIG. *verstarren*; *afstompen*
scolaire BNW • *school-* • *schools* ★ année ~ *schooljaar* ★ âge ~ *leerplichtige leeftijd*
scolarisation V • *(het) doen schoolgaan* • *schoolbezoek* • *scholenbouw*

scolariser OV WW • *doen schoolgaan; op school inschrijven /toelaten* • *van scholen voorzien* ★ enfants scolarisés *schoolgaande kinderen*
scolarité V • *(het) schoolgaan; schoolbezoek* • *schoolonderwijs; schooltijd*
scolastique I BNW • *scholastiek* • *schools* **II** V *scholastiek* **III** M/V OOK MIN. *scholast*
scoliose V *scoliose; zijdelingse ruggengraatsvergroeiing*
scolopendre V *duizendpoot*
sconse M *skunk* ⟨bont⟩
scoop (zeg: skoep) M *primeur*
scooter (zeg: skoeteur, -èr) M *scooter* ★ ~ (électrique) médical *scootmobiel*
scootériste M/V *scooterrijder*
scorbut (zeg: -buut) M *scheurbuik*
scorbutique I M/V *scheurbuiklijder* **II** BNW *scheurbuik-*
score M *score; stand; uitslag*
scories V MV • *(metaal-, lava)slakken* • FIG. *uitschot*
scorpion M *schorpioen*
scotch M *plakband*
scotcher OV WW OOK FIG. *vastplakken* ⟨met plakband⟩
scout (zeg: skoet) **I** M [v: **scoute**] *scout; padvinder* ★ chef ~ *hopman* **II** BNW *padvinders-*
scoutisme M *scouting; padvinderij*
scrabble M *scrabble*
scrabbler ONOV WW *scrabbelen*
scribe M • *Schriftgeleerde* • OUD. *klerk; schrijver*
scribouillard M [v: **scribouillarde**] INFORM. *pennenlikker*
script M *script* ★ (écriture) ~ *blokschrift*
scripte M/V *regieassistent; scriptgirl*
scriptural BNW [m mv: **scripturaux**] ★ monnaie ~e *giraal geld*
scrotum (zeg: -tom) M *scrotum*
scrupule M *scrupule; gewetensbezwaar; angstvalligheid* ★ sans ~s *gewetenloos*
scrupuleusement BIJW • → **scrupuleux**
scrupuleux BNW [v: **scrupuleuse**] *scrupuleus; gewetensvol; angstvallig*
scrutateur I M *controleapparaat* **II** M [v: **scrutatrice**] *stemmenteller* **III** BNW [v: **scrutatrice**] *(na)vorsend*
scruter OV WW *navorsen; (trachten te) doorgronden; monsteren*
scrutin M *stemming* ⟨verkiezing⟩; FIG. *stembus*
sculpter (zeg: skuultee) OV WW *beeldhouwen; houwen /snijden* ⟨v. beeld⟩
sculpteur (zeg: skuulteur) M *beeldhouwer* ★ femme ~ *beeldhouwster* ★ ~ sur bois *houtsnijder*
sculptural (zeg: skuultuural) BNW [m mv: **sculpturaux**] • *beeldhouw-; sculpturaal* • *als gebeeldhouwd; statuesk*
sculpture (zeg: skuultuur) V • *beeldhouwkunst* • *beeldhouwwerk; beeldsnijwerk* ★ ~s [mv] *profiel* ⟨v. band⟩
SDF AFK (personne) sans domicile fixe *dakloze*
se, s' ⟨voor klinker of stomme h⟩ **I** PERS VNW *(onvertaald)* ★ la porte s'ouvre *de deur wordt geopend; de deur gaat open* ★ ça ne se dit pas *dat zegt men niet* **II** WKD VNW *zich* ★ se laver les mains *zijn handen wassen* **III** WKG VNW *elkaar*
S.E. AFK Son Excellence *Z.Exc.; Zijne Excellentie*
séance V • *zitting* ⟨bijeenkomst⟩ • *seance* • MED. *behandeling* • *voorstelling* ★ ~ tenante *op staande voet*
séant I BNW FORM. *betamelijk; passend* **II** M ★ se mettre sur son ~ *overeind gaan zitten*
seau M [mv: **seaux**] *emmer* ★ il pleut à seaux *het regent dat het giet*
sébacé BNW *talg-* ★ glandes ~es *talgklieren*
sébile V *centenbakje*
sébum M *talg*
sec I BNW [v: **sèche**] • *droog; (uit)gedroogd; sec* • OOK FIG. *dor; schraal* • *mager* ⟨v. persoon⟩ • *kil /scherp* ⟨v. toon⟩; *kort(af); onbewogen* • *zonder iets erbij; zonder meer; sec* ★ bruit sec *kort, knappend geluid* ★ pierres sèches *(stapelmuur van) ongevoegde stenen* ★ INFORM. l'avoir sec *tegenslag hebben* ★ INFORM. rester sec *met de mond vol tanden staan* **II** BIJW FIG. *hard; snel (en fel)* ★ INFORM. aussi sec *meteen (daarop); prompt; pardoes* ★ boire sec *stevig drinken* ★ répondre sec *kortaf antwoorden* **III** M *(het) droge; droogte* ★ être à sec *droogstaan* ⟨v. rivier, put⟩; INFORM. *platzak zijn* ★ mettre à sec *droogleggen* ★ tenir au sec *droog bewaren*
sécable BNW *snijdbaar; deelbaar*
SECAM AFK séquentiel à mémoire *secam* ⟨systeem voor kleurentelevisie⟩
sécant BNW WISK. *snijdend* ★ (ligne) ~e *snijlijn; secans* ★ plan ~ *snijvlak*
sécateur M *snoeischaar*
sécession V *afscheiding; secessie* ★ faire ~ (de) *zich afscheiden (van)*
sécessionniste I BNW *secessionistisch; afscheidings-* **II** M/V *secessionist*
séchage M *(het) drogen; droging*
sèche I V • *zandplaat* • INFORM./OUD. *sigaret* • *(het) besterven* ⟨v. vlees⟩ **II** BNW • → **sec**
sèche-cheveux M [mv: id.] *haardroger*
sèche-linge M [mv: **sèche-linge(s)**] *droogautomaat*
sèche-main, sèche-mains M [mv: **sèche-mains**] *handdroger*
sèchement BIJW • → **sec**
sécher I OV WW • *(uit)drogen; laten drogen* • INFORM. *verzuimen* ⟨v. bijeenkomst⟩ ★ INFORM. ~ un cours *spijbelen* **II** ONOV WW • *(uit)drogen* • *verdorren* • *kwijnen* ⟨v. verdriet, ongeluk enz.⟩; FIG. *vergaan* • INFORM. *geen antwoord(en) weten* ⟨bij examen⟩ ★ ~ sur pied *verdorren* ⟨v. gewas⟩; INFORM. *zich doodvervelen* **III** WKD WW [**se** ~] *zich (af)drogen*
sécheresse V • *droogte* • OOK FIG. *dorheid* • FIG. *koelheid; ongevoeligheid; bitsheid*
sécherie V *droogplaats; drogerij*
séchoir M *droogplaats; droogrek; droger; föhn*
second (zeg: s(u)Go(n)) **I** BNW *tweede* ★ ~e vue *helderziendheid; tweede gezicht* ★ dans un état ~ *versuft; met verlaagd bewustzijnsniveau* **II** M • *tweede* • *assistent; adjunct* • *tweede verdieping* • SCHEEPV. *eerste stuurman /officier* ★ en ~ *op de tweede plaats; (als) tweede* ⟨in de

rangorde⟩
secondaire BNW • *ondergeschikt; bijkomstig; bijkomend; bij-* • *secundair* ★ (enseignement) ~ *middelbaar onderwijs* ★ l'ère ~ /le ~ *het mesozoïcum*; OUD. *het secundair*
seconde V • *seconde* ⟨ook v. muziek⟩ • *voorvoorlaatste klas v.h. middelbaar onderwijs* • *revisie* ⟨tweede drukproef⟩ • *tweede klas* ⟨in trein⟩ • *tweede versnelling*
secondement BIJW *ten tweede*
seconder OV WW • *helpen; bijstaan* • *begunstigen; bevorderen*
secouer I OV WW • *schudden; afschudden; uitschudden; door elkaar schudden/rammelen* • FIG. *aangrijpen* • FIG./INFORM. *wakker schudden; flink de les lezen* **II** WKD WW [**se** ~] • *zich uitschudden* • INFORM. *zich vermannen; er wat aan doen*
secourable BNW *behulpzaam; gedienstig*
secourir OV WW [onregelmatig] *helpen; bijstaan*
secourisme M *eerste hulp; EHBO*
secouriste M/V *EHBO'er*
secours I M [mv: id.] *hulp; bijstand; steun* ★ au ~! *help!* ★ premiers ~ *eerste hulp* ★ roue de ~ *reservewiel* ★ sortie de ~ *nooduitgang* ★ aller /venir au ~ *te hulp komen* ★ porter /prêter ~ *bijstand verlenen* ★ appeler au ~ *om/te hulp roepen* **II** M MV • *hulpgoederen* • *hulptroepen*
secousse V OOK FIG. *schok* ★ par ~s *met horten en stoten; bij vlagen*
secret I M • *geheim* • *geheimhouding* ★ en ~ *heimelijk* ★ ~ d'État *staatsgeheim* ★ être dans le ~ *(in het geheim) ingewijd zijn* ★ mettre un prisonnier au ~ *een gevangene eenzaam opsluiten* ★ mettre qn dans le ~ *iem. een geheim toevertrouwen* **II** BNW [v: **secrète**] • *geheim; verborgen* • *gesloten* ⟨v. persoon⟩; *weinig loslatend*
secrétaire I M • *secretaire* • *secretarisvogel* **II** M/V *secretaris; griffier* ⟨v. parlement⟩ ★ ~ d'État *staatssecretaris* ★ ~ de mairie *gemeentesecretaris*
secrétariat M *secretariaat*
secrètement BIJW *heimelijk*
sécréter OV WW *afscheiden; uitscheiden*; OOK FIG. *van zich doen uitgaan*
sécréteur BNW [v: **sécréteuse/sécrétrice**] *afscheidings-; secretie-*
sécrétion V *afscheiding; secretie*
sécrétoire BNW *afscheidend* ★ organe ~ *afscheidingsorgaan*
sectaire I BNW • *sektarisch* • *bekrompen; intolerant* **II** M • *sektariër* • *bekrompen geest*
sectarisme M • *sektarisme* • *bekrompen intolerantie*
secte V *sekte*
secteur M • *sector* • *elektriciteitsnet* ★ panne de ~ *stroomstoring*
section V • *(door)snede; snijvlak* • *afdeling; sectie* • *deel v.e. traject; baanvak* • *(het) (door)snijden*
sectionnement M • *(het) in secties verdelen; opdeling* • *(het) doorsnijden*
sectionner OV WW • *in secties verdelen; opdelen (en in)* • *doorsnijden*
sectoriel BNW [v: **sectorielle**] *per sector; deel-*
sectoriser OV WW *in sectoren opdelen; opsplitsen*
Sécu V INFORM. Sécurité (sociale) *(sociale) zekerheid*
séculaire BNW • *eeuwenoud* • *seculair; eeuw-* ★ fête ~ *eeuwfeest*
sécularisation V *secularisatie*
séculariser OV WW *seculariseren*
séculier BNW [v: **séculière**] *seculier; werelds; wereldlijk* ★ le bras ~ *de wereldlijke macht* ★ (prêtre) ~ *seculier*
secundo (zeg: s(u)Go(n)doo) BIJW *ten tweede*
sécuriser OV WW *een veilig gevoel geven; geruststellen*
sécurité V • *veiligheid; gerustheid; zekerheid* • TECHN. *veiligheid(sinrichting)* ★ en toute ~ *veilig; in alle rust* ★ ~ sociale *(stelsel van) sociale zekerheid* ★ marge de ~ *veiligheidsmarge*
sédatif I M *kalmerend middel* **II** BNW [v: **sédative**] *sedatief*
sédentaire BNW • *zittend* • *huiselijk* • *aan een vaste plaats gebonden; sedentair*
sédentariser WKD WW [**se** ~] *zich blijvend vestigen*
sédiment M *sediment; afzetting; bezinksel*
sédimentaire BNW *sedimentair*
sédimentation V *sedimentatie; afzetting; bezinking* ★ vitesse de ~ *bloedbezinkingssnelheid*
séditieux I M [v: **séditieuse**] *oproerkraaier* **II** BNW [v: **séditieuse**] *oproerig*
sédition V *oproer; opstand*
séducteur I BNW [v: **séductrice**] *verleidend; verleidelijk* **II** M [v: **séductrice**] *verleider*
séduction V *verleiding; verleidelijkheid*
séduire OV WW [onregelmatig] *verleiden; verlokken; bekoren*
séduisant BNW *verleidelijk; aantrekkelijk; bekoorlijk*
segment M *segment* ★ ~s de piston *zuigerveren*
segmentation V *segmentatie*
segmenter OV WW *segmenteren*
ségrégation V *segregatie* ★ ~ raciale *rassenscheiding*
ségrégationnisme M *apartheidspolitiek*
ségrégationniste I M/V *voorstander van apartheid* **II** BNW *segregatie-; apartheids-*
seiche V • *inktvis* • *seiche*
seigle M *rogge*
seigneur M *heer* ★ le Seigneur *de Heer* ★ faire le (grand) ~ *de grote heer uithangen* ★ être maître et ~ chez soi *thuis de baas zijn* ★ à tout ~ tout honneur ⟨spreekwoord⟩ *ere wie ere toekomt*
seigneurial BNW [m mv: **seigneuriaux**] GESCH. *heerlijk* ⟨v.d. heer⟩ ★ droits seigneuriaux *heerlijke rechten*
seigneurie V GESCH. *heerlijkheid* ⟨gebied/ rechten v.d. heer⟩ ★ Votre Seigneurie *Uwe Heerlijkheid*
sein M • *(vrouwen)borst* • FIG. *schoot; binnenste* ★ au sein de *binnen (in)* ★ le sein de l'Église *de schoot der Kerk*
seing M OUD. *handtekening* ★ sous ~ privé *onderhands* ⟨v. akte⟩
séisme M OOK FIG. *aardschok* ★ ~ sous-marin

zeebeving
seize I TELW *zestien* **II** M *zestien*
seizième I TELW *zestiende* **II** M *zestiende deel*
séjour M *verblijf(plaats)* ★ carte/permis de ~ *verblijfsvergunning* ★ (salle de) ~ *woonkamer*
séjourner ONOV WW ● *verblijven*; *logeren* ● *stilstaan* ‹v. water›
sel M ● *zout* ● *geestigheid*; *pit* ★ les sels (anglais) *het vlugzout* ★ sel gris /sel de cuisine *keukenzout* ★ sels de bain *badzout* ★ gros sel *grof zout*
sélect BNW INFORM./OUD. *select*
sélecteur M *keuzetoets/-schakelaar*; *afstemknop* ★ ~ de canaux *kanaalkiezer*
sélectif BNW [v: **sélective**] *selectief*
sélection V *selectie*; *keus*
sélectionner OV WW *uitkiezen*; *selecteren*
sélectionneur M ● *selecteur* ● SPORT *lid v.e. selectiecomité* ● *bedrijfspsycholoog*
sélectivité V *selectiviteit*
sélénium (zeg: -njom) M *selenium*; *seleen*
self M INFORM. → **self-service**
self-service M [mv: **self-services**] *zelfbedieningszaak/-restaurant*
selle V ● *zadel* ● *rugstuk* ‹v. schaap, ree› ★ cheval de ~ *rijpaard* ★ FIG. être bien en ~ *stevig in het zadel zitten* ★ aller à la ~ *stoelgang hebben* ★ ~s [mv] *stoelgang*; *ontlasting*
seller OV WW *zadelen*
sellerie V ● *zadelmakerij* ● *bergplaats voor zadels en tuig*
sellette V ● *stoeltje* ● OUD. *beklaagdenbankje* ★ FIG. être sur la ~ *in het strafbankje zitten*; *nagewezen worden*
sellier M *zadelmaker*
selon VZ *volgens*; *naar* ★ INFORM. c'est ~ *dat hangt ervan af* ★ ~ que *(al) naar gelang*
Seltz M ★ eau de ~ *sodawater*
S.Em. AFK Son Eminence *Z.Em.*; *Zijne Eminentie*
semailles V MV ● *(het) zaaien* ● *zaaikoren* ★ (temps des) ~ *zaaitijd*
semaine V ● *week* ● *weekloon*; *weekgeld* ★ ~ sainte *Goede Week* ★ ~ anglaise *vijfdaagse werkweek* ★ en ~ *door de week* ★ MIN. politique à la petite ~ *kortetermijnpolitiek*; *hapsnap- /ad-hocbeleid*
semainier M *weekkalender*; *weekstaat*
sémantique I BNW *semantisch* **II** V *semantiek*
sémaphore M *semafoor*; *seinpaal/-toren*
semblable I M/V *naaste*; *medemens*; *gelijke* **II** BNW ● *(ge)lijkend* (**à** *op*); *(soort)gelijk* (**à** *aan*); *(vrijwel) eender* ● WISK. *gelijkvormig* ● *dergelijk*; *zulk*
semblant M ★ faire ~ (de) *doen alsof*; *voorwenden (te)* ★ ne faire ~ de rien *niets laten merken* ★ un ~ de *een zweem van*; *(zo)iets als* ★ faux(-)~ *valse indruk*; *vals voorwendsel*
sembler I ONOV WW *schijnen*; *lijken* **II** ONP WW *(toe)schijnen*; *voorkomen*; *lijken* ★ il me semble que *het lijkt met dat*; *me dunkt dat* ★ FORM. que vous en semble? *wat vindt u ervan?* ★ FORM. si bon vous semble *als het u goeddunkt*
semé BNW **~ de** *bezaaid met*; *bestrooid met*
semelle V ● *zool* ● TECHN. *ondervlak*; *zoolplaat* ★ ~s compensées *plateauzolen* ★ battre la ~ *stampvoeten* ‹tegen de kou› ★ ne pas avancer d'une ~ *geen steek opschieten* ★ ne pas reculer d'une ~ *geen voetbreed wijken*
semence V ● *zaad(jes)* ● *sperma* ● *kopspijkertje* ● FIG. *kiem*; *oorzaak* ★ de ~ *zaai-*; *poot-* ★ ~ (de perles) *zeer kleine pareltjes*; *parelzaad*
semer OV WW ● *zaaien*; OOK FIG. *bezaaien (***de** *met)* ● FIG. *zaaien*; *rondstrooien*; *verspreiden* ● INFORM. *(iem.) van zich afschudden* ★ ~ de faux bruits *geruchten verspreiden* ★ il faut ~ pour récolter ‹spreekwoord› *wie zaait, zal oogsten* ★ qui sème le vent, récolte la tempête ‹spreekwoord› *wie wind zaait, zal storm oogsten*
semestre M ● *semester* ● *halfjaarlijkse uitkering*
semestriel BNW [v: **semestrielle**] *halfjaarlijks*
semeur M [v: **semeuse**] OOK FIG. *zaaier*
semi- VOORV *semi-*; *half-*
semi-circulaire BNW *halfcirkelvormig*
semi-conducteur I M *halfgeleider* **II** BNW [v: **semi-conductrice**] *halfgeleidend*
semi-fini BNW ★ produit ~ *halffabricaat*
sémillant BNW *levendig (van aard)*; *vief*
séminaire M ● *seminarie* ● *seminaar*; *seminar*; *werkgroep*
séminal BNW [m mv: **séminaux**] *zaad-*
séminariste M *seminarist*
semi-public BNW [v: **semi-publique**] *semioverheids-*
semi-remorque M/V [mv: **semi-remorques**] *(vrachtwagen met) oplegger*; *trailer*
semis M ● *(het) zaaien* ● *zaaibed*; *zaailand* ● *zaailing* ● *strooipatroon* ‹v. textiel›
sémite I BNW *Semitisch* **II** M/V *Semiet*
sémitique BNW *Semitisch*
sémitisme M *semitisme*
semi-valide BNW *mindervalide*
semoir M ● *zaaizak* ● *zaaimachine*
semonce V *vermaning* ★ OOK FIG. (adresser) un coup de ~ *een schot voor de boeg (lossen)*
semoule V *griesmeel*
sempiternel BNW [v: **sempiternelle**] *eeuwig(durend)*
sénat M *senaat* ★ le Sénat *de Senaat* ‹Eerste Kamer›
sénateur M [v: **sénatrice**] *senator*
sénatorial BNW [m mv: **sénatoriaux**] *senaats-*
séné M *seneplant*; *senebladeren*
sénéchal M [mv: **sénéchaux**] GESCH. *hofmaarschalk*; *drost*
séneçon M *kruiskruid*
Sénégal M *Senegal*
sénégalais BNW *Senegalees*
sénescence V *(het) oud(er) worden*; *ouderdomsverschijnselen*
sénevé M *(zwarte) mosterdplant* ★ (grain de) ~ *mosterdzaad*
sénile BNW *ouderdoms-*; *seniel*
sénilité V *ouderdomszwakte*; *seniliteit*
senior, sénior (zeg: senjor) **I** M/V *senior* **II** BNW *senior-*
sens (zeg: sa(n)s/(ww) sa(n)) **I** M ● *zin(tuig)* ● *zin*; *gevoel (***de** *voor)* ● *mening*; *gevoelen* ● *betekenis*; *zin* ● *richting*; *kant* ★ sens

commun /bon sens *gezond verstand*; *nuchterheid* ★ sens de l'humour *gevoel voor humor* ★ à mon sens *mijns inziens* ★ à double sens *met dubbele betekenis*; *dubbelzinnig* ★ de bon sens *zinnig*; *verstandig* ★ au sens large /strict *in de ruime /enge zin van het woord* ★ en ce sens que *in die zin dat* ★ vide de sens *zinledig* ★ ça n'a pas de sens *dat is niet zinnig*; *dat slaat nergens op* ★ reprendre ses sens *weer bij zinnen komen* ★ cela tombe sous le sens *dat ligt voor de hand/in de rede* ★ sens unique *eenrichtingsverkeer* ★ sens dessus dessous *ondersteboven* ★ sens devant derrière *achterstevoren* ★ sens interdit *verboden in te rijden*; *verboden rijrichting* ★ dans tous les sens *alle kanten op*; *dwars door elkaar* ★ dans le sens de la longueur *in de lengte(richting)* ★ dans le sens de la marche *in de rijrichting* ⟨v.d. trein⟩ ★ dans le sens des aiguilles d'une montre *met (de wijzers van) de klok mee* ★ en sens inverse *in tegenovergestelde richting* **II** WW [présent] ● → **sentir**

sensation V ● *gewaarwording*; *gevoel* ● *opschudding*; *sensatie* ★ presse à ~ *schandaalpers* ★ faire ~ *opzien baren*

sensationnel BNW [v: **sensationnelle**] ● *sensationeel*; *opzienbarend* ● INFORM. *gaaf*; *fantastisch*

sensé BNW *redelijk*; *verstandig*; *zinnig*

sensibilisation V ● *sensibilisatie* ● *bewustmaking*

sensibiliser OV WW *gevoelig /ontvankelijk maken (***à** *voor)*; *sensibiliseren*

sensibilité V ● *gevoeligheid (***à** *voor)*; *fijngevoeligheid* ● FOTOGRAFIE *lichtgevoeligheid* ● *richting* ⟨binnen partij⟩; *tendens*; *gezindheid*

sensible BNW ● *gevoelig (***à** *voor)*; *fijngevoelig* ● *waarneembaar*; *merkbaar* ● *delicaat*; *netelig* ★ amélioration ~ *duidelijke verbetering* ★ papier ~ *lichtgevoelig papier*; *fotopapier* ★ quartier ~ *probleemwijk*

sensiblement BIJW ● *merkbaar*; *aanmerkelijk* ● *zo ongeveer*; *min of meer*

sensiblerie V MIN. *overgevoeligheid*; *sentimentaliteit*

sensitif BNW [v: **sensitive**] *sensibel*; *gevoels-*

sensoriel BNW [v: **sensorielle**] *zintuiglijk*

sensualité V *zinnelijkheid*; *sensualiteit*

sensuel BNW [v: **sensuelle**] *sensueel*; *zinnelijk*

sent-bon M [mv: id.] INFORM. *geurtje* ⟨parfum⟩

sente V FORM. *pad*; *weggetje*

sentence V ● *vonnis*; *uitspraak* ● FORM. *(zin)spreuk*

sentencieux BNW [v: **sentencieuse**] *plechtstatig* ★ ton ~ *belerende toon*

senteur V FORM. *reuk*; *geur* ★ eau de ~ *reukwater*

senti BNW ★ bien ~ *welgemeend*; *welgekozen*

sentier M *(voet)pad* ★ ~s battus *platgetreden paden* ★ sur le ~ de la guerre *op oorlogspad*

sentiment M ● *gevoel*; *besef* ● *gevoelen*; *mening* ★ bons ~s *goede bedoelingen* ★ prendre qn par les bons ~s *op iemands gevoel werken* ★ cela part d'un bon ~ *het is goed bedoeld* ★ INFORM. ça n'empêche pas les ~s *even goede vrienden*

sentimental BNW [m mv: **sentimentaux**] ● *gevoels-*; *liefdes-* ● *sentimenteel* ★ c'est un ~ *het is een gevoelsmens*

sentimentalité V *sentimentaliteit*

sentinelle V *schildwacht* ★ en ~ *op wacht*

sentir **I** OV WW [onregelmatig] ● *voelen* ● *aanvoelen*; *bemerken*; *bespeuren* ● *ruiken*; *ruiken aan* ● *ruiken naar*; *smaken naar* ● *proeven* ● *rieken /zwemen naar* ★ se faire ~ *merkbaar worden* ★ INFORM. ne pas ~ qn/qc *geen fiducie in iemand/iets hebben* ★ INFORM. je ne peux pas le ~ *ik kan hem niet uitstaan* ★ INFORM. le/la ~ passer *pijn hebben* **II** ONOV WW *ruiken* ★ ~ bon/mauvais *lekker/vies ruiken* ★ ~ de la bouche *uit z'n mond stinken* **III** WKD WW [**se** ~] ● *zich voelen* ● *voelbaar /merkbaar zijn* ★ se ~ la force de *zich sterk genoeg voelen om* ★ ne pas se ~ de joie *buiten zichzelf zijn van vreugde* ★ INFORM. ne plus se ~ *onwijs zijn*; *kapsones hebben*

seoir ONOV WW [onregelmatig] FORM./OUD. *passen (***à** *aan, bij)*; *(goed) staan*; *betamen* ★ comme il sied *zoals het betaamt*

sépale M *kelkblad*

séparable BNW *scheidbaar*

séparateur **I** M *separator* **II** BNW [v: **séparatrice**] *scheidend*

séparation V *scheiding* ★ ~ de biens *huwelijkse voorwaarden* ★ ~ de corps *scheiding van tafel en bed*

séparatisme M *separatisme*

séparatiste **I** BNW *separatistisch* **II** M/V *separatist*

séparément BIJW *gescheiden*; *afzonderlijk*; *separaat*

séparer **I** OV WW *scheiden (***de** *van)*; *(ver)delen (***en** *in)* **II** WKD WW [**se** ~] *uit elkaar gaan*; *scheiden (***de** *van)*

sépia V *sepia* ⟨in alle betekenissen⟩

sept (zeg: set) **I** TELW *zeven* **II** M *zeven*

septante TELW *zeventig* ⟨in België, Zwitserland⟩

septembre M *september*

septennal BNW [m mv: **septennaux**] ● *zevenjaarlijks* ● *zevenjarig*

septennat M *zevenjarige ambtsperiode*

septentrional BNW [m mv: **septentrionaux**] FORM. *noordelijk*

septicémie V *bloedvergiftiging*; *sepsis*

septième **I** TELW *zevende* **II** M *zevende deel* **III** V MUZ. *septime*

septièmement BIJW *ten zevende*

septique BNW *septisch* ★ fosse ~ *septic tank*

septuagénaire **I** BNW *zeventigjarig* **II** M/V *zeventigjarige*; *zeventiger*

septuor M *septet*

septuple **I** M *zevenvoud* **II** BNW *zevenvoudig*

septupler OV+ONOV WW *verzevenvoudigen*

sépulcral BNW [m mv: **sépulcraux**] *graf-* ★ voix ~e *grafstem*

sépulcre M FORM. *graf*

sépulture V ● *graf*; *begraafplaats* ● FORM. *begrafenis*

séquelle V [vaak mv] *nawerking*; *nasleep*; *gevolg* ⟨nadelig⟩

séquence V ● *sequens*; *sequentie* ● *opeenvolging*; *reeks* ● *scène* ⟨v. film⟩

séquentiel BNW [v: **séquentielle**] ● *opeenvolgend* ● *sequentieel*

se

séquestration (zeg: -k-) V *sekwestratie; inbewaringstelling; opsluiting*
séquestre (zeg: -k-) M • *sekwestratie; inbewaringneming* • *sekwester*
séquestrer (zeg: -k-) OV WW *sekwestreren; in bewaring stellen; opsluiten*
séquoia (zeg: -k-) M *sequoia; reuzenpijnboom*
sérac M *gletsjerblok*
serai WW [futur] • → **être**
sérail M *serail* ‹sultanspaleis› ★ être du ~ *tot de intimi/incrowd behoren*
séraphin M *seraf(ijn)*
séraphique BNW *serafijns; engelachtig*
serbe I M *(het) Servisch* **II** BNW *Servisch*
Serbe M/V *Serviër; Serf*
Serbie V *Servië*
serbo-croate I M *(het) Servo-Kroatisch* **II** BNW [mv: **serbo-croates**] *Servo-Kroatisch*
serein BNW • *rustig; gerust; bezadigd; sereen* • *helder en kalm* ‹v. weer, lucht›
sérénade V *serenade*
sérénissime BNW *doorluchtig*
sérénité V • *kalmte; (gemoeds)rust; sereniteit* • *helderheid* ‹v. weer, lucht› ★ Sa Sérénité *Zijn Doorluchtige Hoogheid*
serf I M [v: **serve**] *lijfeigene; horige* **II** BNW [v: **serve**] *horig; lijfeigen*
serge V *serge*
sergent M • *sergeant* • GESCH. *deurwaarder* ★ ~-chef *sergeant-I*
sergent-major M [mv: **sergents-majors**] *sergeant-majoor*
sériciculture V *zijde(rupsen)teelt*
série V *reeks; rij; serie* ★ article de (grande) ~ *serie-/massa-artikel* ★ en ~ *in serie; serie-* ★ tueur en ~ *seriemoordenaar* ★ hors ~ *niet in serie gemaakt; buitenmodel; (heel) speciaal* ★ ~ noire *serie pechgevallen /rampen* ★ c'est la loi des ~s *een ongeluk komt zelden alleen* ★ film de ~ B *B-film* ★ SPORT tête de ~ *geplaatste speler /club*
sériel BNW [v: **sérielle**] *serieel*
sérier OV WW *volgens reeksen indelen; classificeren*
sérieusement BIJW • *serieus; ernstig; in ernst* • *flink; duchtig*
sérieux I BNW [v: **sérieuse**] • *serieus; ernstig* • *flink; beduidend* **II** M *ernst* ★ prendre au ~ *serieus nemen* ★ garder son ~ *ernstig blijven*
sérigraphie V *zeefdruk*
serin M • *kanarie* • INFORM./OUD. *uilskuiken*
seriner OV WW *aan het hoofd zeuren (over)*; FIG. *inpompen*
seringue V *(injectie)spuit*
serment M *eed* ★ faux ~ *meineed* ★ ~ d'ivrogne *loze belofte* ★ sous ~ *onder ede* ★ prêter ~ *een eed afleggen*
sermon M OOK FIG. *preek* ★ Sermon sur la Montagne *Bergrede*
sermonner OV WW *vermanen; kapittelen*
sermonneur M [v: **sermonneuse**] *zedenpreker*
séropositif BNW [v: **séropositive**] *seropositief*
serpe V *snoeimes* ★ visage taillé à coups de ~ *grof gezicht*
serpent M OOK FIG. *slang* ★ ~ à lunettes *brilslang* ★ ~ à sonnette(s) *ratelslang*
serpenteau M [mv: **serpenteaux**] • *voetzoeker* • ZELDEN *jonge slang*
serpenter ONOV WW *kronkelen; (zich) slingeren*
serpentin I M • *spiraalbuis* • *serpentine* **II** BNW • *slangachtig* • *gevlekt* • *kronkelig*
serpette V *snoeimesje*
serpillière, serpillère V *dweil*
serrage M *(het) (opeen)klemmen; (het) aanhalen*
serre V • *(broei)kas* • *(het) persen* ‹v. vruchten› ★ effet de ~ *broeikaseffect* ★ ~s [mv] *klauwen* ‹v. roofvogel›
serré I BNW • *dicht opeen; (ineen)gedrongen; opeengeklemd* • *nauw; krap; strak; met weinig marge*; FIG. *scherp* ★ café ~ *sterke koffie* ★ lutte ~e *gelijkopgaande /vinnige strijd* ★ logique ~e *strenge logica* ★ style ~ *bondige stijl* ★ en rangs ~s *in gesloten gelederen* ★ la gorge ~e *met dichtgesnoerde keel; met een prop in de keel* ★ avoir le cœur ~ *(diep)bedrukt zijn* ★ OOK FIG. avoir un jeu ~ *op zeker spelen* **II** BIJW ★ OOK FIG. jouer ~ *op zeker spelen*
serre-joint M [mv: **serre-joints**] *lijmtang*
serre-livres M [mv: id.] *boekensteun*
serrement M *(het) drukken; (het) klemmen* ★ ~ de mains *handdruk* ★ ~ de cœur *(diepe) bedruktheid*
serrer I OV WW • *(opeen)klemmen; (opeen)drukken; (be)knellen* • *aanhalen; aandraaien; strak trekken* • *in de buurt komen /blijven van* • *wegbergen; opbergen* ★ ~ la main à qn *iem. de hand drukken* ★ ~ les poings *de vuisten ballen* ★ ~ les rangs *de gelederen sluiten* ★ ~ de près *op de hielen zitten; op de voet volgen* ★ INFORM. se faire ~ *gesnapt /ingerekend worden* **II** ONOV WW *voorsorteren* ★ ~ à droite *rechts voorsorteren* **III** WKD WW [**se ~**] *dicht op elkaar gaan zitten; opschikken; inschikken* ★ mon cœur se serre *m'n hart krimpt ineen*
serre-tête M [mv: **serre-tête(s)**] *haarband*
serrure V *slot* ★ ~ à combinaison *combinatieslot*
serrurerie V • *slotenmakerij* • *hang-en-sluitwerk; smeedwerk*
serrurier M *slotenmaker*
sers, sert WW • → **servir**
sertir OV WW *zetten* ‹v. edelsteen›
sertissage M *zetting* ‹v. edelsteen›
sertissure V • → **sertissage**
sérum (zeg: -rom) M *serum*
servage M *lijfeigenschap*; OOK FIG. *horigheid*
serval M [mv: **servals**] *serval; boskat*
servant I M • *misdienaar* • *kanonnier* **II** BNW *dienend* ★ frère ~ *lekenbroeder*
servante V OUD. *dienstmaagd*
serve V • → **serf**
serveur I M COMP. *server* **II** M [v: **serveuse**] • *kelner* • *gever* ‹bij kaarten› • SPORT *serveerder*
serviabilité V *dienstvaardigheid; hulpvaardigheid*
serviable BNW *dienstvaardig; hulpvaardig*
service M • *dienst* ‹in alle betekenissen› ★ ~ 24h/24 *24 uursdienst* ★ ~s secrets *geheime dienst* ★ ~ de presse *persdienst; (toezending van) recensie-exemplaar* ★ ~ de la dette *rentebetaling* ★ à votre ~ *tot uw dienst* ★ de ~

dienstdoend ★ chef de ~ *afdelingshoofd* ★ être de ~ *dienst hebben* ★ en ~ *in bedrijf* ★ mise en ~ *ingebruikneming* ★ hors ~ *buiten bedrijf*; INFORM. *afgedankt* ★ rendre (un) ~ à qn *iem. een dienst bewijzen* • *service*; *bediening* • *servies*; *bestek* ★ ~ de table *tafelgoed* • SPORT *service*; *opslag* • OUD. *gang* ⟨v. diner⟩ ▾ un ~ en vaut un autre *de ene dienst is de andere waard*

serviette V • *servet* • *handdoek* • *schooltas*; *aktetas* ★ ~ éponge *badstof handdoek* ★ ~ hygiénique *maandverband*

servile BNW *slaafs*; *onderdanig*; *serviel*

servilité V *slaafsheid*

servir I OV WW [onregelmatig] • *dienen* • *bedienen* • *helpen*; *diensten bewijzen aan* • *opdienen*; OOK SPORT *serveren* • *geven* ⟨v. kaarten⟩; *betalen* ⟨v. rente⟩ ★ madame est servie! *mevrouw, u kunt aan tafel!* **II** ONOV WW • *dienen (***à** *voor, tot;* **de** *als)*; *dienst doen*; *van dienst zijn* • OOK SP. *serveren* ★ ~ à boire *(drank) inschenken* ★ faire ~ d'exemple *als voorbeeld stellen* ★ cela peut toujours ~ *dat kan nog van pas komen*; *dat is nooit weg* ★ à quoi sert cela? *wat heeft dat voor zin?*; *waartoe dient dat?* ★ OOK HUMOR. on est (bien) servi! *we komen aan onze trekken!* **III** WKD WW [**se ~**] • *zich bedienen* ★ se ~ frais *koel geserveerd worden* • **~ de** *gebruiken*; *zich bedienen van*

serviteur M *dienaar*

servitude V • *dienstbaarheid*; *onderworpenheid* • FIG. [vaak mv] *knellende band*; *last* • JUR. *servituut*

servofrein M *rembekrachtiging*

servomoteur M *servomotor*

ses BEZ VNW [mv] • → **son**

sésame M PLANTK. *sesam* ★ Sésame, ouvre-toi! *Sesam open u!*

sessile BNW *sessiel*; *(vast)zittend*

session V *zitting*; *zittingstijd*; *sessie* ★ la ~ de juin *de examenperiode in juni* ★ COMP. ouvrir une ~ *inloggen*

set M • SPORT *set* • *set* ⟨film⟩ ★ balle de set *setpoint* ★ set (de table) *stel placemats*

seuil M OOK FIG. *drempel* ★ ~ d'audibilité *gehoordrempel* ★ ~ de pauvreté *armoedegrens*

seul BNW • *alleen* • *één (enkel)*; *enig* ★ personne seule *alleenstaande* ★ seul à seul *onder vier ogen* ★ à elle seule *zij alleen /in haar eentje* ★ être (le) seul à faire qc *als enige iets doen* ★ il tremble au seul nom de la mort *hij trilt alleen al bij het horen van het woord 'dood'* ★ parler tout seul *in zichzelf praten* ★ cela va tout seul *dat gaat vanzelf*

seulement BIJW • *slechts*; *maar* • *ook maar* • *pas*; *eerst*; *(nog maar) net* • *echter*; *maar* ★ non ~... mais (encore...) *niet alleen... maar ook...* ★ si ~ *als... maar* ★ sait-il ~...? *weet hij wel...?*

seulet BNW [v: **seulette**] HUMOR. *heel alleen*

sève V • PLANTK. *sap* • *pit*; *kracht*

sévère BNW • *streng* • *ernstig*; *deerlijk*; FIG. *zwaar* ★ architecture ~ *sobere architectuur*

sévérité V • *strengheid* • *ernst*; FIG. *zwaarte* • *soberheid*

sévices M MV *mishandeling*; *geweldaden*

sévir ONOV WW • *streng optreden (***contre** *tegen)* • *heersen* ⟨v. plaag enz.⟩; *woeden*

sevrage M • *(het) spenen* • *(het) doen afkicken*; *ontwenning*

sevrer I OV WW *spenen* ★ FORM. ~ qn de qc *iem. iets (aangenaams) onthouden* ★ FIG. sevré de *gespeend van* **II** WKD WW [**se ~**] **de** *zich (iets) ontzeggen*

sexage M *(het) seksen*

sexagénaire I BNW *zestigjarig* **II** M/V *zestigjarige*; *zestiger*

S.Exc. AFK son Excellence *Z.Exc.*; *Zijne Excellentie*

sexe M • *sekse*; *geslacht* • *seks* • *geslachtsdelen*

sexisme M *seksisme*

sexiste I BNW *seksistisch* **II** M/V *seksist*

sexologue M/V *seksuoloog*

sex-shop M/V [mv: **sex-shops**] *seksboetiek*

sex-symbol M *sekssymbool*

sextant M *sextant*

sextuor M *sextet*

sextuple I M *zesvoud* **II** BNW *zesvoudig*

sextupler OV+ONOV WW *verzesvoudigen*

sexualité V *seksualiteit*

sexué BNW • *geslachthebbend* • *geslachtelijk*

sexuel BNW [v: **sexuelle**] *seksueel*; *geslachtelijk*; *geslachts-*

sexy BNW [onver.] *sexy*

seyant BNW *goed staand* ⟨v. kleren⟩

SF AFK INFORM. science fiction *SF*

shah I M *sjah* **II** LINK

shaker (zeg: sjeekur) M *shaker*

shakeur (zeg: sjeekeur) M *shaker*

shako M *sjako*

shampoing M • → **shampooing**

shampooiner OV WW *shampooën*

shampooineuse V *tapijtreiniger*

shampooing M • *shampoo* • *haarwassing* ★ ~ bébé *babyshampoo*

shampouiner OV WW • → **shampooiner**

shampouineuse V • → **shampooineuse**

shareware M *shareware*

shérif M *sheriff*

sherry M *sherry*

shoot (zeg: sjoet) M • SPORT *schot* • INFORM. *shot* ⟨drugs⟩

shooter I ONOV WW SPORT *schieten* **II** WKD WW [**se ~**] INFORM. *een shot nemen*; *spuiten*

shopping M *(het) winkelen* ★ faire du ~ *winkelen*

short M *short(s)*; *korte broek*

show M *show*

showbiz M INFORM. *showbusiness*

si[1] **I** M MUZ. *si*; *de noot b* **II** BIJW • *jawel* ⟨met nadruk⟩; *wel zeker* • *zo*; *zozeer* ★ si bien que *zodat* ★ si fait! *wel zeker!* ★ si vieux qu'il soit *hoe oud hij ook is*; *al is hij nog zo oud* ★ pas si facile que ça *(helemaal) niet zo makkelijk*

si[2], **s'** ⟨vóór il(s)⟩ VW • *als*; *indien* • *wanneer* ⟨bij indirecte vraag⟩ • *of* • *hoewel*; *alhoewel*; *(ook) al* ★ comme si *alsof* ★ si ce n'est (que) *behalve (dat)* ★ c'est à peine /tout juste si... *nauwelijks* ★ si nous allions dîner en ville! *als we nu eens uit gingen eten!* ★ je ne sais pas s'il est venu *ik weet niet of hij is gekomen* ★ s'il est riche, il

n'en est pas moins malheureux *al is hij rijk, toch is hij ongelukkig* ★ tu penses s'il était content! *en óf hij tevreden was!*
siamois BNW *Siamees* ★ frères ~ /sœurs ~es *Siamese tweeling(en)*
Sibérie V *Siberië*
sibérien BNW [v: **sibérienne**] *Siberisch*
sibylle V *sibille; waarzegster*
sibyllin BNW • *sibillijns* • *raadselachtig*
sicav AFK société d'investissement à capital variable *beleggingsfonds; aandeel in beleggingsfonds*
siccatif I BNW [v: **siccative**] *sneldrogend* **II** M *siccatief*
Sicile V *Sicilië*
sicilien BNW [v: **sicilienne**] *Siciliaans*
Sicilien M [v: **Sicilienne**] *Siciliaan*
sida AFK syndrome d'immuno-déficience acquise *aids*
sidaïque BNW • → **sidéen**
sidatique BNW • → **sidéen**
side-car M [mv: **side-cars**] *(motor met) zijspan*
sidéen I M [v: **sidéenne**] FORM. *aidspatiënt* **II** BNW [v: **sidéenne**] FORM. *aids-*
sidéral BNW [m mv: **sidéraux**] *sideraal; siderisch; sterren-*
sidérant BNW INFORM. *verbijsterend*
sidérer OV WW INFORM. *verbijsteren*
sidérurgie V *staalindustrie*
sidérurgique BNW *ijzer- en staal-*
sidérurgiste M/V *ijzer- en staalfabrikant; staalarbeider*
siècle M • *eeuw* • *tijdperk* • REL. *werelds leven* ★ les ~s futurs *de toekomst; het nageslacht* ★ le grand ~ *tijd v. Lodewijk XIV; de zeventiende eeuw* ★ être de son ~ *met zijn tijd meegaan*
sied WW • → **seoir**
siège M • FIG. *zetel* • *zetel; stoel; zitplaats; zitting* • *beleg(ering)* ★ ~ arrière *achterbank* ★ bain de ~ *zitbad* ★ ~ social *hoofdkantoor* ★ état de ~ *staat van beleg* ★ lever le ~ *het beleg opbreken* ★ MED. présentation par le ~ *stuitligging*
siéger ONOV WW OOK FIG. *zetelen; zitting hebben*
sien BEZ VNW [v: **sienne**] • *(de/het) zijne; (de/het) hare* • OUD. *van hem/haar; zijn/haar* ★ y mettre du sien *het zijne doen /bijdragen* ★ faire des siennes *dwaze streken uithalen*
sieste V *middagslaapje; siësta*
sieur M FORM./HUMOR. *heer*
sifflant BNW *fluitend* ★ (consonne) ~e *sisklank*
sifflement M *gefluit; gesis; gesuis*
siffler I OV WW • *fluiten* • *uitfluiten* • *nafluiten* • INFORM. *achteroverslaan* ⟨v. drank⟩ **II** ONOV WW *fluiten; sissen; suizen*
sifflet M • *fluitje* • [vaak mv] *gefluit; fluitconcert* ★ coup de ~ *fluitsignaal* ★ en ~ *schuin* ★ INFORM. couper le ~ à qn *iem. de strot afsnijden; iem. de mond snoeren*
siffleur I BNW [v: **siffleuse**] *fluitend* **II** M [v: **siffleuse**] *fluiter*
sifflotement M *zacht gefluit*
siffloter OV+ONOV WW *zachtjes fluiten*
sigillaire BNW *zegel-*
sigle M *letterwoord; beginletter(s)*
signal M [mv: **signaux**] *signaal; sein; teken* ★ ~ d'alarme *alarmsysteem; noodrem* ⟨v. trein⟩ ★ ~ horaire *tijdsein*
signalé BNW FORM. *uitstekend; buitengewoon*
signalement M *signalement*
signaler I OV WW *signaleren; opmerkzaam maken op; aanduiden; vermelden* ★ rien à ~ *niets te melden; alles in orde* **II** WKD WW [**se** ~] *zich onderscheiden* (**par** *door)*
signalétique I V *signaleringssysteem* **II** BNW *signalements-; karakteristiek*
signalisation V • *(het) geven v.) seinen/signalen* • *bewegwijzering; bebakening* • *seinwezen; seinsysteem* ★ feux de ~ *verkeerslichten* ★ ~ routière *verkeerstekens*
signaliser OV WW *bewegwijzeren; bebakenen*
signataire M/V *ondertekenaar*
signature V • *handtekening* • *ondertekening*
signe M • *teken* • *wenk* ★ ~ de tête *hoofdknik* ★ ~ de vie *teken van leven* ★ ~s particuliers *bijzondere kenmerken* ★ sous le ~ de *in het teken van* ★ c'est bon ~ *dat is een goed teken* ★ faire ~ (à) *wenken (naar); gebaren*
signer I OV WW • *(onder)tekenen; signeren* • *merken* **II** WKD WW [**se** ~] *zich bekruisen*
signet M *bladwijzer;* COMP. *bookmark* ★ marquer d'un ~ *bookmarken*
significatif BNW [v: **significative**] • *veelbetekenend; significant* • *kenmerkend* (**de** *voor)*
signification V • *betekenis* • JUR. *betekening*
signifier OV WW • *betekenen; beduiden* • *te kennen geven* (**à** *aan); meedelen* • JUR. *betekenen*
silence M • *stilte; (stil)zwijgen* • MUZ. *rust* ★ OOK FIG. ~ radio *radiostilte* ★ loi du ~ *zwijgplicht* ⟨in maffiose samenleving⟩ ★ faire le ~ sur qc *iets doodzwijgen* ★ garder le ~ (sur) *het stilzwijgen bewaren (over)* ★ imposer ~ à qn *iem. het zwijgen opleggen* ★ passer sous ~ *stilzwijgend voorbijgaan aan; verzwijgen* ★ FIG. réduire au ~ *het zwijgen opleggen*
silencieusement BIJW *stil; in stilte*
silencieux I BNW [v: **silencieuse**] *stil; stilzwijgend; geruisloos* ★ majorité silencieuse *zwijgende meerderheid* **II** M *knalpot; geluiddemper*
silex M *vuursteen; silex*
silhouette V *silhouet; contouren*
silhouetter I OV WW *silhouetteren* **II** WKD WW [**se** ~] *zich aftekenen* (**sur** *op, tegen)*
silicate M *silicaat*
silice V *kiezelaarde*
siliceux BNW [v: **siliceuse**] • *kiezelachtig* • *kiezelhoudend*
silicone V *silicone*
silicose V *silicose; stoflongziekte*
sillage (zeg: siej-) M • OOK FIG. *kielzog* • *slipstream* • *geurspoor; wolk van parfum*
sillet M *kam* ⟨v. snaarinstrument⟩
sillon (zeg: siejo(n)) M • *vore* • *groef; rimpel* ★ ~ interfessier *bilspleet; bilnaad*
sillonner (zeg: siej-) OV WW • *(door)groeven* • *doorkruisen* ⟨v. gebied, lucht⟩; FIG. *doorploegen*
silo M *silo*

silure V *meerval*
SIM M Subscriber Identity Module *sim*
simagrée V [meestal mv] *gemaaktheid; aanstelleritis; frats(en)*
simiesque BNW *aapachtig; apen-*
similaire BNW *gelijksoortig; soortgelijk*
similarité V *gelijksoortigheid*
simili I M *imitatie; namaak* ★ en ~ *imitatie-* **II** VOORV *pseudo-; imitatie-* **III** V INFORM. → **similigravure**
similicuir M *kunstleer*
similigravure V *autotypie*
similitude V *gelijkenis; gelijkvormigheid*
simlock M *simlock*
simonie V *simonie*
simoun M *samoem* ⟨woestijnwind⟩
simple I BNW • *eenvoudig; simpel* • *gewoon* • *enkel; louter; bloot* • *enkelvoudig; niet samengesteld* • *onnozel* ★ c'est ~ comme bonjour *het is doodeenvoudig* ★ aller ~ *enkele reis* ★ ~ d'esprit *eenvoudig van geest; achterlijk* ★ croire qn sur sa ~ parole *iem. op zijn woord geloven* ★ passer /varier du ~ au double *verdubbelen* **II** M SPORT *enkelspel* ★ ~s [mv] *geneeskrachtige kruiden*
simplement BIJW • *eenvoudig(weg)* • *enkel; zonder meer*
simplet BNW [v: **simplette**] *simpeltjes; dommig; onnozel*
simplicité V • *eenvoud; eenvoudigheid* • *onnozelheid*
simplificateur BNW [v: **simplificatrice**] *vereenvoudigend*
simplification V *vereenvoudiging; simplificatie*
simplifier OV WW *vereenvoudigen; simplificeren*
simpliste I BNW *simplistisch* **II** M/V *iem. die eenzijdig redeneert; simplist*
simulacre M *schijnbeeld* ★ ~ de *schijn-; pseudo-* ★ ~ de combat *spiegelgevecht*
simulateur I M *simulator* **II** M [v: **simulatrice**] *simulant*
simulation V *simulatie; voorwending*
simuler OV WW *voorwenden; fingeren; simuleren; nabootsen*
simultané BNW *gelijktijdig* ★ (partie) ~e *simultaanpartij* ★ traduire en ~ *simultaan vertalen*
simultanéité V *gelijktijdigheid*
simultanément BIJW • → **simultané**
sincère BNW *oprecht; ongeveinsd; eerlijk; echt*
sincérité V • *oprechtheid; ongeveinsdheid* • *echtheid*
sinécure V OOK FIG. *sinecure*
singe M • *aap* • *na-aper* • INFORM. *(de) baas* • INFORM. *vlees in blik*
singer OV WW *na-apen*
singerie V • *aperij; malle fratsen* • *na-aperij* • *apenkooi*
single M *eenpersoonskamer*
singulariser I OV WW *(van anderen) onderscheiden* **II** WKD WW [**se** ~] *zich (van anderen) onderscheiden; opvallen*
singularité V *bijzonderheid; eigenaardigheid*
singulier I M *enkelvoud* **II** BNW [v: **singulière**] • *zonderling; eigenaardig; bijzonder* • *enkelvoudig* ★ combat ~ *tweegevecht*
singulièrement BIJW *(in het) bijzonder*
sinistre I BNW • *sinister; somber; onheilspellend* • FORM. *snood* **II** M • *(natuur)ramp; onheil* • JUR. *(verzekerde) schade*
sinistré I M [v: **sinistrée**] *slachtoffer* ⟨v. ramp⟩ **II** BNW *door een ramp getroffen; geteisterd* ★ zone ~e *rampgebied*
sinistrose V *doemdenken; zwartkijkerij*
sinologie V *sinologie*
sinologue M/V *sinoloog*
sinon VW • *zo niet; anders* • *behalve* ★ je ne sais rien ~ qu'il ne viendra pas *ik weet alleen maar dat hij niet komt* ★ que faire, ~ attendre? *wat kan ik anders doen dan wachten ?*
sinueux BNW [v: **sinueuse**] • *bochtig; kronkel-* • *slinks*
sinuosité V *bocht; kronkeling*
sinus (zeg: -nuus) M • WISK. *sinus* • ANAT. *bijholte*
sinusite V *bijholteontsteking; sinusitis*
sionisme M *zionisme*
sioniste I BNW *zionistisch* **II** M/V *zionist*
siphon M • *sifon* ⟨in alle betekenissen⟩ • *hevel*
siphonné BNW INFORM. *mesjogge*
siphonner OV WW *(over)hevelen*
sire M • *Sire* • OUD. *heer* ★ pauvre sire *stakker*
sirène V • *sirene* ⟨toestel⟩ • *sirene; meermin*
sirocco M *sirocco*
sirop (zeg: -roo) M *siroop; stroop*
siroter OV WW INFORM. *nippen van*
sirupeux BNW [v: **sirupeuse**] • *stroopachtig* • *zoetelijk;* FIG. *klef*
sis (zeg: sie) BNW JUR. *gelegen*
sismique BNW *seismisch; aardbevings-*
sismographe M *seismograaf*
sismologie V *seismologie*
site M • *plaats* ⟨met zekere bestemming⟩; *terrein; locatie; vindplaats* ⟨v. bodemschatten e.d.⟩; *landschap* • *site* ⟨Internet⟩ ★ MIL. (angle de) site *schootshoek* ★ site classé /protégé *beschermd (natuur)monument* ★ site Web *website*
sitôt BIJW ★ ~ que *zodra* ★ pas de ~ *niet zo gauw; voorlopig niet* ★ FORM. ~ après *meteen na* ★ ~ assis, il se mit à parler *zodra hij zat, begon hij te spreken* ★ ~ dit, ~ fait *zo gezegd, zo gedaan*
sittelle V *boomklever*
situation V • *toestand; situatie; staat* • *ligging* ⟨v. huis enz.⟩ • *betrekking; werkkring* ★ l'homme de la ~ *de juiste man op het juiste moment* ★ OUD. être dans une ~ intéressante *in blijde verwachting zijn* ▼ ~ gagnant-gagnant *win-winsituatie*
situé BNW ★ être ~ *gelegen zijn; liggen*
situer I OV WW *situeren;* FIG. *plaatsen* **II** WKD WW [**se** ~] • *gelegen zijn; zich bevinden* • *zich afspelen*
six (zeg: sies; sie (voor medekl.), siez (voor klinker)) **I** TELW *zes* **II** M *zes*
sixième I TELW *zesde* **II** M *zesde deel* **III** V *eerste jaar van het middelbaar onderwijs* ⟨in Frankrijk⟩
sixièmement BIJW *ten zesde*
six-quatre-deux BIJW ★ INFORM. à la ~ *in een*

vloek en een zucht
sixte V MUZ. *sext*
skaï M *skai*
skateboard, skate M *skateboard* ★ faire du skate(board) *skateboarden*
sketch M [mv: **sketch(e)s**] *sketch*
ski M ● *ski* ● *(het) skiën* ★ ski de fond *langlaufen*
skiable BNW *ski-*; *geschikt om te skiën*
skier ONOV WW *skiën*
skieur M [v: **skieuse**] *skiër*
skif M ● → **skiff**
skiff M *skiff*
skinhead, skin M/V *skinhead*
skipper M *schipper* ⟨v. jacht⟩
skratch M *klittenband*
slalom M *slalom*
slalomer ONOV WW *slalommen*
slalomeur M [v: **slalomeuse**] *slalomskiër*
slave BNW *Slavisch* ★ les Slaves *de Slaven*
slaviste M/V *slavist*
slavistique V *slavistiek*
slip M *slipje*; *onderbroek(je)*; *zwembroek*
slogan M *slogan*; *slagzin*; *leus*
slovaque I M *(het) Slowaaks* **II** BNW *Slowaaks*
Slovaquie V *Slowakije*
slovène I M *(het) Sloveens* **II** BNW *Sloveens*
slow M ★ danser un slow *slowen*
S.M. AFK Sa Majesté *Z.M.*; *Zijne Majesteit*; *H.M.*; *Hare Majesteit*
smala V ● *tentenkamp van een Arabisch hoofd* ● INFORM. *hele familie*
smalah V ● → **smala**
smash (zeg: smatsj) M [mv: **smash(e)s**] *smash*
smasher ONOV WW *smashen*
SME AFK Système monétaire européen *EMS*
smic, SMIC AFK salaire minimum interprofessionnel de croissance *(wettelijk) minimumloon*
smicard M [v: **smicarde**] INFORM. *minimumloner*; *minimumlijder*
smocks M MV *smokwerk*
smoking M *smoking*
SMS AFK *sms(-bericht)* ★ envoyer un/des SMS *sms'en*
snack M ● → **snack-bar**
snack-bar M [mv: **snack-bars**] *snackbar*
S.N.C. AFK service non-compris *exclusief bediening*
SNCF AFK Société nationale des chemins de fer français ≈ *Franse Spoorwegen*
sniffer, snifer OV WW INFORM. *snuiven* ⟨v. drugs⟩
sniper (zeg: snajpeur) M *sluipschutter*
snob I BNW [onver.] *snobistisch* **II** M/V *snob*
snober OV WW FIG. *neerkijken op*; *hooghartig afwijzen*; *negéren*
snobinard BNW INFORM. *nogal snobistisch*
snobisme M *snobisme*
snowboard M *snowboard*
snowboardeur M [v: **snowboardeuse**] *snowboarder*
soap M INFORM. *soap (opera)*
sobre BNW *matig*; *sober*; *karig (***de, en** *met)*
sobriété V *matigheid*; *soberheid*
sobriquet M *bijnaam*; *spotnaam*
soc M *ploegijzer*; *ploegschaar*
sociabilité V *sociabiliteit*; *gezelligheid (in de omgang)*
sociable BNW *sociabel*; *gezellig (in de omgang)* ★ l'homme est ~ *de mens is een sociaal wezen*
social I BNW [m mv: **sociaux**] ● *sociaal* ⟨in alle betekenissen⟩; *maatschappelijk* ● *een firma betreffend* ★ raison ~e *firmanaam* ★ plan ~ (d'accompagnement) *afvloeiingsplan* **II** M *(behartiging van) sociale kwesties*
social-démocrate I BNW *sociaaldemocratisch* **II** M/V [m mv: **sociaux-démocrates**] *sociaaldemocraat*
socialisation V *socialisatie*
socialiser OV WW *socialiseren*
socialisme M *socialisme*
socialiste I BNW *socialistisch* **II** M/V *socialist*
sociétaire M/V *lid* ⟨v. vereniging⟩; *vennoot*
société V ● *maatschappij*; *samenleving* ● *gemeenschap* ● *vereniging*; *genootschap* ● *(handels)maatschappij*; *vennootschap*; *onderneming* ● *gezelschap* ★ la (haute) ~ *de hogere kringen*; *de society* ★ ~ anonyme (SA) *naamloze vennootschap* ★ ~ en nom collectif *vennootschap onder firma*
socioculturel BNW [v: **socioculturelle**] *sociaal-cultureel*
socioéconomique BNW *sociaaleconomisch*
sociologie V *sociologie*
sociologique BNW *sociologisch*
sociologue M/V *socioloog*
socioprofessionnel BNW [v: **socioprofessionnelle**] ★ catégorie ~le *sociale beroepsgroep*
socle M *voetstuk*; *sokkel* ★ ~ continental *continentaal plat*
socque M *klompschoen*
socquette V *sokje*
socratique BNW *socratisch*
soda M *gazeuse*; *sodawater*
sodé BNW *sodahoudend*
sodique BNW *natrium-*
sodium (zeg: sodjom) M *natrium*
sodomie V *sodomie*; *anaal geslachtsverkeer*
sodomiser OV WW *sodomie bedrijven met*; *anaal coïteren met*
sœur V OOK REL. *zus(ter)* ★ sœur de charité *zuster van liefde* ★ INFORM. bonne sœur *non(netje)* ★ sœur de lait *zoogzuster*; *pleegzus* ★ âme sœur *gelijkgestemde ziel*; *zielsverwant* ★ INFORM. et ta sœur! *je zuster!*
sœurette V *zusje*
sofa M *sofa*; *rustbank*
SOFRES, Sofres AFK Société française d'enquête par sondage *instituut voor opinie- en marktonderzoek*
software (zeg: -wèr) M *software*
soi PERS VNW *zich(zelf)* ★ le soi *het ik*; *het zelf* ★ soi-même *zichzelf* ★ chez soi *thuis* ★ en soi *op zich(zelf)* ★ amour de soi *eigenliefde* ★ ça va de soi *dat spreekt vanzelf*
soi-disant BNW [onver.] *zogenaamd*
soie V ● *zijde* ● *borstel(haar)* ⟨v. varken⟩ ★ papier de soie *zijdepapier* ★ soie floche *vlos(zijde)*
soient WW [présent subj.] ● → **être**
soierie V ● *zijdefabriek* ● *zijdefabricage* ● *zijdehandel* ● *zijden stof*

soif V • *dorst* • FIG. *dorst (***de** *naar)* ★ soif de l'or *goudkoorts* ★ soif du gain *winstbejag* ★ donner soif *dorstig maken* ★ rester sur sa soif *nog dorst hebben; niet aan zijn trekken komen* ★ INFORM. jusqu'à plus soif *tot vervelens toe*
soiffard I M [v: **soiffarde**] INFORM. *zuipschuit* **II** BNW INFORM. *drankzuchtig*
soignant BNW *verzorgend* ★ aide ~e *ziekenverzorgster*
soigné BNW • *goed verzorgd* • INFORM. *duchtig; flink*
soigner I OV WW • *zorgen voor; verzorgen* • *verplegen; behandelen* **II** WKD WW [**se ~**] • *zorg dragen voor zijn gezondheid* • *zich soigneren*
soigneur M *verzorger; soigneur*
soigneusement BIJW *zorgvuldig; met zorg*
soigneux BNW [v: **soigneuse**] *zorgzaam (***de** *voor); zorgvuldig; net(jes)* ⟨v. persoon⟩
soin M *zorg; zorgvuldigheid* ★ premiers soins *eerste hulp* ★ feuille de soins *doktersattest; ziektekostenformulier* ★ aux bons soins de *per adres* ⟨post⟩ ★ avoir/prendre soin de *zorgen voor* ★ être aux petits soins pour *vol attenties zijn voor; met zorg omringen* ★ soins [mv] *verzorging; behandeling*
soir M *avond* ★ ce soir *vanavond* ★ le soir *'s avonds* ★ lundi soir *maandagavond*
soirée V • *avond* • *avondje; soiree*
sois WW [geb. wijs/subj.] • → **être**
soit I WW [présent subj.] • → **être II** BIJW ★ soit! *het zij zo!; nou goed dan!* **III** VW • *hetzij; of* • *dat wil zeggen; te weten* • WISK. *stel; gegeven* ★ soit que [+ subj.] *hetzij dat* ★ soit que tu restes, soit que tu partes, je le ferai, moi *of je nu blijft of weggaat, ik doe het*
soixantaine V • *zestigtal* • *zestigjarige leeftijd*
soixante I TELW *zestig* ★ ~ et onze *eenenzeventig* **II** M *zestig*
soixante-dix I TELW *zeventig* **II** M *zeventig*
soixante-dixième I TELW *zeventigste* **II** M *zeventigste deel*
soixante-huitard M *(linksige) zestigerjarenfiguur* ⟨product van 1968⟩
soixantième I TELW *zestigste* **II** M *zestigste deel*
soja M *soja*
sol M • *bodem; grond* • *vloer* • MUZ. *sol; g*
solaire I M *zonne-energie* **II** BNW *zonne-; solair* ★ cadran ~ *zonnewijzer* ★ crème ~ *zonnebrandcrème*
solanacée V PLANTK. *nachtschade*
solarium M *solarium*
soldat M • *soldaat; militair* • FIG. *strijder* ★ les ~s du feu *de spuitgasten; de brandweer*
soldatesque I V *tuchteloze soldatentroep* **II** BNW *soldatesk; soldaten-*
solde I M *saldo* ★ en ~ *per saldo; in de uitverkoop* ★ ~s [mv] *uitverkoop; restantopruiming* **II** V *soldij* ★ MIN. être à la ~ de *betaald worden door; een huurling zijn van*
solder I OV WW • *voldoen; betalen* • *uitverkopen; opruimen* • *salderen* ⟨v. rekening⟩; *afsluiten* **II** WKD WW [**se ~**] **par** *sluiten met; uitlopen op* ★ se ~ par un échec *op een mislukking uitlopen* ★ se ~ par un excédent *een positief saldo aanwijzen*
soldes M MV • → **solde**
soldeur M [v: **soldeuse**] *opkoper*
sole V • *tong* ⟨vis⟩ • *hoornzool* ⟨v. dier⟩
solécisme M *soloecisme; grove taalfout*
soleil M • *zon* • *zonnebloem* • *reuzenzwaai* ⟨turnen⟩ ★ coup de ~ *zonnesteek* ★ il fait du ~ *de zon schijnt* ★ FIG. une place au ~ *een plaatsje onder de zon* ★ INFORM. piquer un ~ *blozen*
solennel (zeg: -anel) BNW [v: **solennelle**] *plechtig; (plecht)statig*
solennellement (zeg: -anel-) BIJW • → **solennel**
solenniser (zeg: -an-) OV WW *plechtig vieren*
solennité (zeg: -anie-) V • *plechtigheid* • *(plecht)statigheid*
solfège M *solfège; zangoefening op noten*
solfier OV WW MUZ. *solfegiëren*
solidaire BNW • *solidair (***avec, de** *met)* • *(onderling) verbonden (***de** *met)* • JUR. *hoofdelijk (aansprakelijk)*
solidariser WKD WW [**se ~**] *zich solidair verklaren (***avec** *met)*
solidarité V • *solidariteit (***avec** *met)* • JUR. *hoofdelijkheid* • *verbondenheid*
solide I BNW • *stevig; solide; sterk; hecht; degelijk* • *vast* ⟨niet vloeibaar⟩ ★ corps ~ *vast lichaam; vaste stof* ★ raison ~ *gegronde reden* ★ ami ~ *trouwe vriend* **II** M *vast lichaam*
solidification V *(het) vast worden; stolling*
solidifier I OV WW *vast maken; doen stollen* **II** WKD WW [**se ~**] *vast worden; stollen*
solidité V • *stevigheid; hechtheid* • *duurzaamheid; degelijkheid; betrouwbaarheid* • *vastheid*
soliloque M *(het) in zichzelf praten; alleenspraak*
soliloquer ONOV WW • *in zichzelf praten* • *een monoloog houden*
soliste M/V *solist*
solitaire I BNW • *solitair (levend); eenzaam; eenzelvig* • *verlaten* ★ navigateur ~ *solozeiler* **II** M *solitair* ⟨diamant; spel⟩ **III** M/V *solitair wezen; eenling; kluizenaar* ★ en ~ *in z'n eentje*
solitude V *eenzaamheid; verlatenheid*
solive V *draagbalk; plafondbalk; bint*
soliveau M [mv: **soliveaux**] *kleine dwarsbalk*
sollicitation V *(dringend) verzoek*
solliciter OV WW • *(dringend) vragen om; aanvragen* • *(iemand) verzoeken (***de** *te); een beroep doen op* • *(op)wekken* ★ ~ qc de qn *iem. om iets vragen* ★ ~ l'attention *de aandacht trekken* ★ ~ la curiosité *de nieuwsgierigheid prikkelen* ★ être sollicité par qc *door iets aangelokt /gedreven worden* ★ très sollicité *veelgevraagd* ⟨v. persoon⟩; *zwaarbeproefd* ⟨v. machine e.d.⟩
solliciteur M [v: **solliciteuse**] *verzoeker*
sollicitude V *zorg(zaamheid); (liefderijke) aandacht*
solo I M MUZ. *solo* ★ en solo *solo; alleen* **II** M/V *single; vrijgezel*
solstice M *zonnewende*
solubiliser OV WW *oplosbaar maken*
solubilité V *oplosbaarheid*
soluble BNW *oplosbaar; oplos-*
soluté V SCHEIK. *oplossing*

solution V *oplossing* ⟨in alle betekenissen⟩ ★ ~ de continuité *onderbreking*
solutionner OV WW *oplossen* ⟨v. vraagstuk, probleem⟩
solvabilité V *solvabiliteit*
solvable BNW *solvabel*; *solvent*
solvant M *oplosmiddel*
somatique BNW *somatisch*; *lichamelijk*
sombre BNW • *donker*; OOK FIG. *duister* • *somber*; *triest*; *akelig*
sombrer ONOV WW • SCHEEPV. *vergaan* • FIG. *wegzinken*; *vervallen (***dans** *in)*
sommaire I M *inhoudsopgave*; *overzicht*; *korte inhoud* **II** BNW • *beknopt*; *summier*; *sober(tjes)* • *snel (en oppervlakkig)*; *terstond (gedaan)* ★ exécution ~ *parate /standrechtelijke executie*
sommation V *aanmaning*; *sommatie*
somme I M *slaap(je)* ★ faire/piquer un petit ~ *een dutje doen* **II** V • *totaal*; *som* ⟨in alle betekenissen⟩ • *overzichtswerk* ★ en ~ /~ toute *alles tezamen genomen*; *kortom*; *al met al* ★ Somme théologique *summa theologica* ★ bête de ~ *lastdier*
sommeil M *slaap* ★ ~ de plomb *zware slaap* ★ maladie du ~ *slaapziekte* ★ FIG. mettre qc en ~ *iets voorlopig laten rusten*
sommeiller ONOV WW *dutten*; OOK FIG. *sluimeren*
sommelier M [v: **sommelière**] *keldermeester*; *wijnkelner*; *sommelier*
sommer OV WW • *sommeren (***de** *om)*; *aanmanen* • *optellen*
sommes WW [présent] • → **être**
sommet M OOK FIG. *top*; *toppunt*; *kruin* ★ (conférence au) ~ *top(conferentie)*
sommier M • *(springveren of latten) bedbodem* • *dwarsbalk*; *schoorbalk* • *register* • *windlade* ⟨v. orgel⟩
sommité V • *top*; *spits* • *kopstuk*
somnambule M/V *slaapwandelaar*
somnambulisme M *somnambulisme*; *(het) slaapwandelen*
somnifère M *slaapmiddel*
somnolence V • *slaperigheid*; *soezerigheid* • *traagheid*; *sloomheid*
somnolent BNW • *slaperig*; *soezerig* • *sloom* • FIG. *sluimerend*
somnoler ONOV WW • *dommelen*; *soezen* • FIG. *sluimeren*
somptuaire BNW *overmatig*; *overbodig*; *luxe-*
somptueux BNW [v: **somptueuse**] *weelderig*; *prachtig*
somptuosité V *pracht*; *weelde*; *luxe*
son I M • *klank*; *toon*; *geluid* • *zemelen* ★ prise de son *geluidsopname* ★ son et lumière *klank- en lichtspel* ★ c'est un tout autre son de cloche *dat is een heel ander geluid* ⟨mening⟩ ★ taches de son *zomersproeten* **II** BEZ VNW [v: **sa**] [m mv: **ses**] *zijn*; *haar*
sonar M *sonar*
sonate V *sonate*
sonatine V *sonatine*
sondage M • *peiling*; *sondering*; *proefboring* • *enquête*; *opiniepeiling*; *steekproef*
sonde V • *sonde* ⟨in alle betekenissen⟩; *peilstift* • *(proef-, grond)boor* • *(diepte)peiling* ★ ~ à fromage *kaasboor* ★ ~ spatiale *ruimtesonde*
sonder OV WW • OOK FIG. *peilen*; *sonderen* • *polsen*
sondeur M [v: **sondeuse**] *(opinie)peiler*
songe M FORM. *droom*
songe-creux M [mv: id.] *dromer*
songer ONOV WW • *mijmeren* • *denken (***à** *aan)* ★ ~ que *bedenken dat* ★ vous n'y songez pas! *dat meent u toch niet!*
songerie V *overpeinzing*; *dromerij*
songeur I BNW [v: **songeuse**] *mijmerend*; *peinzend* **II** M [v: **songeuse**] *dromer*; *mijmeraar*
sonique BNW *sonisch*; *geluids-* ★ vitesse ~ *snelheid v.h. geluid*
sonnaille V *halsbel* ⟨v. vee⟩ ★ ~s [mv] *geklingel* ⟨v. halsbellen⟩
sonnant BNW *klinkend*; *slaand* ⟨v. uurwerk⟩ ★ espèces ~es *klinkende munt* ★ à dix heures ~es *klokslag tien uur*
sonné BNW • INFORM. *gek*; *getikt* • INFORM. *neergeslagen* ⟨v. bokser⟩; *groggy*; *versuft* ★ il est midi ~ *het is twaalf uur geweest* ★ il a cinquante ans (bien) ~s *hij is (ruim) over de vijftig*
sonner I OV WW • *luiden* • *bellen* • *blazen* ⟨v. signaal, instrument⟩ • INFORM. *(iem.) tegen de grond slaan* ★ INFORM. on ne t'a pas sonné *er is niet naar je mening gevraagd* **II** ONOV WW • *luiden*; *(weer)klinken*; *rinkelen*; *slaan* ⟨v. uurwerk⟩ • *(aan)bellen* ★ ~ du cor *(op) de hoorn blazen* ★ sa dernière heure a sonné *zijn laatste uur heeft geslagen*
sonnerie V • *(klok)gelui* • *gerinkel* ⟨v. bel⟩; *beltoon* • *geschal* ⟨v. hoorn, trompet⟩ • *schel*; *bel* • *slagwerk* ⟨v. klok⟩ ★ la grosse ~ *het gelui v. alle klokken* ★ ~ électrique *elektrische bel*
sonnet M *sonnet*
sonnette V • *bel*; *schel* • *heimachine* ★ serpent à ~s *ratelslang*
sonneur M • *klokkenluider* • *heier*
sono V INFORM. → **sonorisation**
sonore BNW • *klankrijk*; *(weer)klinkend*; *sonoor* • *geluids-* • *gehorig* ★ film ~ *geluidsfilm* ★ bande ~ *geluidsband* ★ lettre ~ *gesproken (cassette)brief* ★ (consonne) ~ *stemhebbende medeklinker*
sonorisation V • *(het) sonoriseren* • *geluidsinstallatie*
sonoriser OV WW *van geluid voorzien*; *sonoriseren*
sonoriste M/V *geluidstechnicus*
sonorité V • *klankrijkheid* • *akoestiek* ⟨v. ruimte⟩; *gehorigheid*
sont WW [présent] • → **être**
sophisme M *sofisme*; *drogreden*
sophiste M *sofist*; *drogredenaar*
sophistication V *verfijndheid*; *raffinement*; *(technische) geavanceerdheid*
sophistique BNW *sofistisch*; *spitsvondig*
sophistiqué BNW *verfijnd*; *geraffineerd*; *complex*; *(technisch) geavanceerd*; *sophisticated*
sophistiquer OV WW *perfectioneren*; *tot in de puntjes verzorgen*
soporifique I M *slaapmiddel* **II** BNW OOK FIG. *slaapverwekkend*
soprano I M [mv: **soprani**] *sopraan(stem)* **II** M/V

[mv: **soprani**] *sopraan(zanger)*
sorbe V *lijsterbes* ⟨vrucht⟩
sorbet M *sorbet*
sorbetière V *ijsmachine*
sorbier M *lijsterbes* ⟨boom⟩
sorbonnard I M [v: **sorbonnarde**] INFORM. *docent/student aan de Sorbonne* **II** BNW *v.d. Sorbonne*
sorcellerie V *hekserij*; *toverij*
sorcier I M [v: **sorcière**] *tovenaar*; *heks* **II** BNW [v: **sorcière**] ★ ce n'est pas (bien) ~ *daar is geen kunst aan*
sordide BNW • *vuil*; *vies*; *armzalig* • *schandelijk*; *smerig*; *weerzinwekkend*
sordidité V • OOK FIG. *smerigheid* • *armzaligheid*
sorgho M *sorghum*
sorgo M • → **sorgho**
sornette V *kletspraatje*
sororal BNW [mv: **sororaux**] FORM. *zusterlijk*
sort M • *(nood)lot* • *betovering*; *beheksing* ★ mauvais sort *noodlot* ★ tirer au sort *loten* ★ faire un sort à *goed doen uitkomen*; *eer aandoen*; INFORM. *soldaat maken* ★ le sort en est jeté *de teerling is geworpen* ★ jeter un sort (à qn) *(iemand) beheksen*
sortable BNW *waarmee men voor de dag kan komen*; *toonbaar*
sortant BNW *aftredend*; *heengaand* ★ numéros ~s *winnende nummers*
sorte V • *soort* • *wijze*; *manier* ★ une ~ de *een soort (van)* ★ toutes ~s de *allerlei* ★ de la ~ *op die manier*; *zo* ★ de ~ à [+ infin.] /de ~ que *zo (...) dat* ★ en quelque ~ *als het ware*; *in zekere zin* ★ faire en ~ que [+ subj.] *ervoor zorgen dat*
sortie V • *(het) uitgaan* • *(het) uitkomen* ⟨v. film, boek e.d.⟩ • *uitgang*; *uitrit*; *afrit* • *uitstapje* • *(het) verlaten* ⟨v.h. toneel enz.⟩ • COMP. *output*; *uitvoer* • OOK FIG. *uitval (***contre** *tegen)* ★ à la ~ de *bij het verlaten van* ★ examen de ~ *eindexamen* ★ ~ de bain *badmantel* ★ droits de ~ *uitvoerrechten* ★ ~s (d'argent) *uitgaven* ★ être de ~ *een uitje (gaan) maken*
sortilège M *toverij*; *tovermiddel*
sortir I M ★ au ~ de *na afloop van*; *bij het uitgaan van* **II** OV WW [onregelmatig] • *(te voorschijn) halen (***de** *uit)*; *naar buiten brengen*; *voor de dag komen met* • *uitbrengen* ⟨v. nieuw product⟩ • *(uit de nood) helpen (***de** *uit)* • *uitgaan met*; *uitlaten* • INFORM./OOK FIG. *eruit gooien* **III** ONOV WW [onregelmatig] • *naar buiten gaan/komen*; *uitkomen*; *(tevoorschijn) komen (***de** *uit)* • *(voor zijn genoegen) uitgaan* • *weggaan (***de** *uit, van)* • *uitkomen* ⟨v. nieuw product⟩ ★ ~ se promener *uit wandelen gaan* • **~ avec** *verkering hebben met*; *gaan met* • **~ de** *komen van*; *voortkomen uit* ★ d'où il sort? *waar komt hij vandaan?*; *wat is dat voor snuiter?* • **~ de** *afwijken van*; *afraken van*; *te buiten gaan* ★ ~ de la route *van de weg raken* ★ ~ de son lit *buiten zijn oevers treden* ★ ~ de l'ordinaire *ongewoon zijn* ★ ~ de ses préjugés *zijn vooroordelen afleggen* ★ ne pas ~ de là *bij zijn mening blijven* • **~ de** *zojuist gedaan /achter de rug hebben* ★ ~ d'une maladie *pas hersteld zijn* ★ je sors de lui parler *ik heb hem/haar net gesproken* **IV** WKD WW [**se ~**] [onregelmatig] **~ de** *zich redden uit* ★ il ne s'en ~a pas *hij zal er niet uitkomen*; *hij zal het niet redden*
S.O.S. M Save Our Souls *SOS* ⟨Save Our Souls⟩
sosie M *dubbelganger*
sot I M [v: **sotte**] *dwaas*; *zot*; *gek* **II** BNW [v: **sotte**] *dwaas*; *gek* ★ rester sot *sprakeloos staan*
sottise V *dwaasheid*; *domheid*
sottisier M *verzameling domheden*; *blunderboek*
sou M GESCH. *stuiver* ★ GESCH. gros sou *tweestuiverstuk* ★ n'avoir pas le/un sou *geen stuiver bezitten* ★ être sans un sou vaillant *geen rooie cent bezitten* ★ n'avoir pas pour un sou de talent *geen greintje talent hebben* ★ être près de ses sous *op de centen zijn*; *zuinig zijn* ★ propre comme un sou neuf *kraakhelder* ★ pas pour un sou *voor geen cent* ★ de quatre sous *van niks*; *waardeloos* ★ une affaire de gros sous *een kwestie van geld* ★ INFORM. sous [mv] *geld*; *centen*
soubassement M OOK FIG. *onderbouw*; *voetstuk*
soubresaut M • *onverwachte sprong* • *schok*; *stuiptrekking*
soubrette V *soubrette*; *kamermeisje*
souche V • *(boom)stronk*; *wortelstok* • *stamvader* • FIG. *stam*; *oorsprong* • *souche*; *scheurstrook* ★ de vieille ~ *uit een oude familie* ★ un Français de ~ *een geboren Fransman* ★ faire ~ *nakomelingen hebben* ★ dormir comme une ~ *slapen als een roos* ★ rester comme une ~ *geen vin verroeren*
souchet M *slobeend*
souci M • *zorg*; *bezorgdheid* • *goudsbloem* ★ c'est là le dernier/moindre de mes ~s *dat zal mij een zorg zijn* ★ par ~ d'équité *billijkheidshalve* ★ avoir ~ de *eropuit zijn om*; *bedacht zijn op* ★ se faire du ~ (pour) *zich zorgen maken (om)*
soucier WKD WW [**se ~**] **de** *zich bekommeren om*; *zich bezorgd maken over*
soucieux BNW [v: **soucieuse**] *bezorgd*; *ongerust* ★ être ~ de *bedacht zijn op*; *eropuit zijn om*
soucoupe V *schotel(tje)* ★ ~ volante *vliegende schotel*
soudage M • *laswerk* • *soldering*
soudain I BNW *plotseling* **II** BIJW *plotseling*
soudainement BIJW • → **soudain**
soudaineté V *(het) plotselinge*; *onverwachtheid*
soudanais I M *(het) Soedanees* **II** BNW *Soedanees*
Soudanais M [v: **Soudanaise**] *Soedanees*
soudard M FORM. *ruwe vechtjas*; *houwdegen*
soude V *soda*; *natron*
souder I OV WW • *solderen*; *lassen* • *hecht samenvoegen* **II** WKD WW [**se ~**] *samengroeien*
soudeur M [v: **soudeuse**] *lasser*; *soldeerder*
soudeuse V *lasapparaat*
soudoyer OV WW • *omkopen*; FIG. *huren* • OUD. *soldij betalen*
soudure V • *soldeersel*; *soldeerwerk*; *laswerk* • *soldeernaad*; *lasnaad* • MED. *vergroeiing* • *hechte verbinding* • FIG. *overbrugging* ★ faire la ~ *een periode overbruggen*
souffert WW [volt. deelw.] • → **souffrir**
soufflage M *(het) (glas)blazen*
soufflant I BNW INFORM. *adembenemend* **II** M

SO

INFORM. *blaffer* ⟨pistool⟩
souffle M • *adem(haling)*; *ademtocht* • *inspiratie*; *bezieling* • *windje*; *zuchtje* • *krachtige luchtstroom*; *schokgolf* ★ ~ au cœur *hartgeruis* ★ second ~ *opleving* ★ à bout de ~ *buiten adem* ★ OOK FIG. couper le ~ *de adem benemen* ★ OOK FIG. manquer de ~ *amechtig /futloos zijn* ★ reprendre son ~ *weer op adem komen*
soufflé I BNW • *opgeblazen*; *opgezwollen* • INFORM. *sprakeloos*; *paf* ★ omelette ~e *schuimomelet* **II** M *soufflé*
soufflement M *(het) blazen*
souffler I OV WW • *blazen*; *aan-/op-/uit-/ wegblazen* • *blazen* ⟨damspel⟩ • *influisteren*; *souffleren*; *voorzeggen* • INFORM. *voor de neus wegkapen (***à** *van)* • INFORM. *paf doen staan* ★ ne ~ mot *geen woord zeggen* ★ ~ la discorde *tweedracht zaaien* ★ ~ le verre *glasblazen* **II** ONOV WW • *blazen* • *uitblazen*; *hijgen*; *snuiven* • *waaien* **III** ONP WW *waaien*
soufflerie V *blaaswerk*; *blaasbalg(en)* ★ ~ aérodynamique *windtunnel*
soufflet M • *blaasbalg* • *balg* ⟨v. fototoestel⟩; *harmonica* ⟨v. trein⟩ • OOK FIG. *klap in het gezicht* • *bolle plooi*; *pof*
souffleter OV WW OOK FIG. *een klap in het gezicht geven*
souffleur M [v: **souffleuse**] • *blazer*; *glasblazer* • *souffleur* ★ ~ d'orgue *orgeltrapper* ★ trou du ~ *souffleurshokje*
souffrance V *smart*; *leed*; *lijden* ★ rester en ~ *niet afgehandeld zijn*; *niet afgehaald worden* ⟨v. pakje⟩
souffrant BNW *ziek*; *ongesteld*; *lijdend*
souffre-douleur M [mv: **souffre-douleur(s)**] *pispaaltje*; *zondebok*
souffreteux BNW [v: **souffreteuse**] *ziekelijk*; *sukkelend*
souffrir I OV WW [onregelmatig] • *dulden*; *uitstaan*; *verdragen*; *lijden* • FORM. *toestaan*; *toelaten* **II** ONOV WW *lijden (***de** *aan, onder)*; *pijn hebben*; *kwijnen* ★ ~ du dos *rugklachten hebben*
soufrage M *zwaveling*
soufre M *zwavel* ★ sentir le ~ *naar ketterij /duivelarij rieken*
soufrer OV WW *zwavelen*
soufrière V *zwavelgroeve*
souhait M *wens* ★ à ~ *naar wens* ★ à tes ~s! *proost!* ⟨bij niezen⟩
souhaitable BNW *wenselijk*
souhaiter OV WW • *wensen* • *toewensen* ★ ~ que [+ subj.] *graag willen dat* ★ INFORM. je t'en souhaite! *ik help het je wensen!*
souiller OV WW *bevuilen*; OOK FIG. *bezoedelen*
souillon V *slons*; *vuilpoets*
souillure V MEESTAL FIG. *bezoedeling*; *smet*
souk M • *soek* ⟨overdekte markt⟩ • INFORM. *rommel*; *zootje*
soûl I BNW • INFORM. *dronken (***de** *van)*; *zat* • FORM. *verzadigd (***de** *van)* **II** M ★ tout son soûl *naar hartenlust*
soulagement M *verzachting*; *verlichting*; *opluchting*
soulager I OV WW *verzachten*; *verlichten*; *ontlasten (***de** *van)*; *opluchten* ★ IRON. ~ qn de qc *iem. iets afhandig maken* **II** WKD WW [**se ~**] • *zich ontdoen (***de** *van)* • *zijn hart luchten* • INFORM. *zijn behoeften doen*
soûlant BNW *stomvervelend*
soûlard M INFORM. *dronkenlap*
soûlaud M • → **soûlard**
soûler I OV WW • INFORM. *dronken maken*; *zat voeren* • FIG. *bedwelmen (***de** *met)*; *(hoorn)dol maken*; *vervelen* **II** WKD WW [**se ~**] INFORM. *zich bezatten*
soûlerie V *zuiperij*
soulèvement M • *(terrein)verheffing* • *opstand*; *oproer* ★ ~ de cœur *misselijkheid*
soulever I OV WW • *(enigszins) optillen*; *opbeuren*; *omhoog doen gaan* • *opwekken* ⟨v. (heftige) gevoelens⟩ • *in beroering brengen*; *oproerig maken*; *opruien (***contre** *tegen)* • FIG. *opwerpen*; *doen rijzen* • INFORM. *afpikken (***à** *van)* ★ ~ le cœur (à) *(iem.) misselijk maken* **II** WKD WW [**se ~**] OOK FIG. *zich verheffen*
soulier M OUD. *schoen* ★ être dans ses petits ~s *in de knel zitten*; *niet op zijn gemak zijn*
souligner OV WW OOK FIG. *onderstrepen*
soûlographie V INFORM. *dronkenschap*; *zuiperij*
soumettre I OV WW [onregelmatig] • OOK FIG. *onderwerpen (***à** *aan)* • *voorleggen (***à** *aan)* ⟨v. plan, kwestie⟩ **II** WKD WW [**se ~**] *zich onderwerpen (***à** *aan)* ★ se ~ ou se démettre *buigen of barsten*
soumis BNW *onderworpen*; *onderdanig*; *volgzaam*
soumission V • *onderwerping (***à** *aan)* • *onderworpenheid*; *onderdanigheid* • *inschrijving* ⟨bij aanbesteding⟩
soumissionnaire M/V *inschrijver* ⟨bij aanbesteding⟩
soumissionner OV WW *inschrijven op* ⟨aanbesteding⟩
soupape V *klep*; *ventiel* ★ ~ de sûreté *veiligheidsklep*; FIG. *uitlaatklep*
soupçon M • *achterdocht*; *verdenking* • *vermoeden* • *beetje*; *schijn(tje)* ★ un ~ de vin *wat wijn* ★ au-dessus de tout ~ *boven (alle) verdenking verheven*
soupçonner OV WW • *verdenken (***de** *van)* • *vermoeden*
soupçonneux BNW [v: **soupçonneuse**] *achterdochtig*; *wantrouwend*
soupe V • *(maaltijd)soep* • FIG. *brij*; *blubbersneeuw* ★ ~ populaire *volksgaarkeuken* ★ INFORM. gros plein de ~ *dikzak* ★ trempé /mouillé comme une ~ *drijfnat* ★ s'emporter comme une ~ au lait *opvliegend zijn* ★ INFORM. cracher dans la ~ *zijn bron v. inkomsten in een kwaad daglicht stellen*; *het eigen nest bevuilen*
soupente V *vliering*; *kamertje onder een trap*
souper I M . *avondmaal*; *souper* **II** ONOV WW *souperen* ★ INFORM. avoir soupé d'une chose *ergens genoeg van hebben*
soupeser OV WW • *op de hand wegen* • FIG. *(tegen elkaar) afwegen*
soupière V *soepterrine*
soupir M • *zucht* • MUZ. *kwartrust* ★ rendre le dernier ~ *de laatste adem uitblazen* ★ quart de

~ *zestiende rust*
soupirail M [mv: **soupiraux**] *keldergat/-raam*
soupirant M HUMOR. *minnaar*; *aanbidder*
soupirer I OV WW *verzuchten* **II** ONOV WW *zuchten* ★ OUD. ~ après *smachten naar*
souple BNW OOK FIG. *soepel*; *lenig*; *buigzaam*; *meegaand*
souplesse V OOK FIG. *soepelheid*; *lenigheid*; *buigzaamheid*; *souplesse*
souquer I OV WW *stevig aantrekken* **II** ONOV WW *hard roeien*
sourate V *soera* ⟨Korantekst⟩
source V OOK FIG. *bron* ★ ~ lumineuse *lichtbron* ★ langue ~ *brontaal* ★ de ~ sûre *uit betrouwbare bron* ★ prendre sa ~ *ontspringen*
sourcier M [v: **sourcière**] *wichelroedeloper*
sourcil (zeg: -sie) M *wenkbrauw*
sourcilier BNW [v: **sourcilière**] *wenkbrauw-*
sourciller ONOV WW *de wenkbrauwen fronsen* ★ sans ~ *zonder een spier te vertrekken*
sourcilleux BNW [v: **sourcilleuse**] ● *pietluttig* ● FORM. *hooghartig*; *trots*
sourd I BNW ● OOK FIG. *doof (***à** *voor)* ● *dof* ● FIG. *stil*; *onuitgesproken* ★ ~ comme un pot *stokdoof* ★ bruit ~ *dof geluid* ★ (consonne) ~e *stemloze medeklinker* **II** M [v: **sourde**] *dove* ★ crier comme un ~ *hard schreeuwen* ★ frapper comme un ~ *erop los slaan*
sourdement BIJW ● *dof*; *stil(letjes)* ● *heimelijk*
sourdine V *demper*; *sordino* ★ en ~ *zachtjes*; *stil(letjes)* ★ mettre une ~ à *temperen*; *intomen*
sourd-muet I BNW [v: **sourde-muette**] *doofstom* **II** M [v: **sourde-muette**] *doofstomme*
sourdre ONOV WW FORM./OOK FIG. *opwellen*
souriant BNW ● *glimlachend* ● *vriendelijk*
souriceau M [mv: **souriceaux**] *muisje*
souricière V ● *muizenval* ● *val(strik)* ⟨v. politie⟩
sourire I M *glimlach* ★ garder le ~ *monter blijven*; *zich niet laten kennen* **II** ONOV WW [onregelmatig] ● *glimlachen (***de** *om)* ● OOK FIG. ~ **à** *toelachen*
souris V ● OOK COMP. *muis* ● INFORM. *meisje*; *grietje* ★ on entendrait trotter une ~ *het is muisstil*
sournois I BNW *gluiperig*; *geniepig*; *achterbaks* **II** M [v: **sournoise**] *gluiperd*
sournoiserie V *gluiperigheid*; *geniepige streek*
sous VZ ● *onder* ● *binnen* ⟨een tijdsbestek⟩ ★ sous la pluie *in de regen* ★ sous clef *achter slot* ★ sous la Révolution *tijdens de Revolutie* ★ sous huit jours *binnen een week* ★ sous peu *binnenkort* ★ sous ce rapport *in dat opzicht*
sous- VOORV *onder-*; *sub-*; *adjunct-*
sous-alimentation V *ondervoeding*
sous-alimenté BNW *ondervoed*
sous-bois M ● *onderhout*; *kreupelhout* ● *bosgezicht* ⟨schilderij, tekening⟩
sous-chef M [mv: **sous-chefs**] *plaatsvervangend hoofd*; *onderchef*
sous-commission V [mv: **sous-commissions**] *subcommissie*
sous-continent M [mv: **sous-continents**] *subcontinent*
souscripteur M ● *intekenaar* ● *ondertekenaar*
souscription V ● *intekening*; *inschrijving* ⟨op lening⟩ ● *intekensom* ● *ondertekening*
souscrire ONOV WW ~ **à** *intekenen op*; *inschrijven op* ⟨lening⟩; *onderschrijven*; *instemmen met*
sous-cutané BNW *onderhuids*
sous-développé BNW *onderontwikkeld* ★ pays ~ *ontwikkelingsland*
sous-diacre M [mv: **sous-diacres**] *subdiaken*
sous-directeur M [mv: **sous-directeurs**] [v: **sous-directrice**] *onderdirecteur*
sous-effectif M [mv: **sous-effectifs**] *onderbezetting*
sous-emploi M [mv: **sous-emplois**] *tekort aan arbeidsplaatsen*
sous-ensemble M [mv: **sous-ensembles**] *deelverzameling*
sous-entendre OV WW *laten doorschemeren*; *stilzwijgend bedoelen*
sous-entendu M [mv: **sous-entendus**] *toespeling*; *aanduiding in bedekte termen*
sous-équipé BNW *gebrekkig toegerust*
sous-estimer OV WW *onderschatten*
sous-évaluer OV WW *te laag schatten*; *onderwaarderen*
sous-exposer OV WW *onderbelichten*
sous-fifre M [mv: **sous-fifres**] INFORM. *ondergeschikte*; *onderknuppel*
sous-jacent BNW ● *onderliggend* ● FIG. *verborgen*; *latent*
sous-lieutenant M [mv: **sous-lieutenants**] *tweede luitenant*
sous-locataire M/V [mv: **sous-locataires**] *onderhuurder*
sous-location V [mv: **sous-locations**] ● *onderhuur* ● *onderverhuring*
sous-louer OV WW ● *onderhuren* ● *onderverhuren*
sous-main M [mv: **sous-main(s)**] *onderlegger* ⟨op bureau⟩ ★ en ~ *in het geheim*
sous-marin I M [mv: **sous-marins**] ● *onderzeeër* ● INFORM. *infiltrant* **II** BNW *onderzees*
sous-marque V [mv: **sous-marques**] *B-merk*
sous-multiple M [mv: **sous-multiples**] WISK. *factor*; *deler*
sous-munition V ★ bombe à ~s *clusterbom*
sous-officier M [mv: **sous-officiers**] *onderofficier*
sous-ordre M [mv: **sous-ordres**] ● *ondergeschikte* ● BIOL. *onderorde*
sous-payer OV WW *onderbetalen*
sous-préfecture V [mv: **sous-préfectures**] *onderprefectuur*
sous-préfet M [mv: **sous-préfets**] *onderprefect*
sous-produit M [mv: **sous-produits**] *bijproduct*
sous-pull M [mv: **sous-pulls**] *pulli*
sous-seing M [mv: **sous-seing(s)**] *onderhandse akte*
soussigné BNW *ondergetekende* ★ je ~ déclare *ondergetekende verklaart*
sous-sol M [mv: **sous-sols**] ● *ondergrond* ● *souterrain*
sous-titre M [mv: **sous-titres**] *ondertitel*
sous-titrer OV WW *ondertitelen*
soustraction V ● *aftrekking* ● *onttrekking*; *ontvreemding*
soustraire I OV WW [onregelmatig] ● *aftrekken (***de** *van)* ● *onttrekken (***à** *aan)* ● *ontvreemden*

*(**à** aan)* **II** WKD WW [**se** ~] *zich onttrekken (**à** aan)*
sous-traitance V *onderaanneming*; *toelevering*
sous-traitant M [mv: **sous-traitants**] • *onderaannemer* • *toeleverancier*
sous-traiter OV WW *onderaanbesteden*; *onderaannemen*
sous-ventrière V [mv: **sous-ventrières**] *buikriem* ‹v. paard›
sous-verre M [mv: id.] *fotolijst(je)*; *foto /prent achter glas*
sous-vêtements M MV *ondergoed*
sous-virage M *onderstuur* ‹v. voertuig›
soutache V *oplegsel*; *galon*
soutane V *soutane*; *priestertoog*
soute V *(laad)ruim* ‹v. schip, vliegtuig›
soutenable BNW • *te (ver)dragen*; *draaglijk* • *houdbaar* ‹v. bewering›; *verdedigbaar*
soutenance V *verdediging* ‹v. proefschrift›
soutènement M ★ mur de ~ *steunmuur*
souteneur M *souteneur*; *pooier*
soutenir I OV WW [onregelmatig] • OOK FIG. *(onder)steunen*; *schragen* • *uithouden*; *doorstaan*; *verdragen* • *staande houden* ‹v. mening, stelling›; *verdedigen*; *beweren* • *gaande houden*; *volhouden*; *ophouden* ‹v. stand, reputatie e.d.› ★ ~ sa thèse *zijn proefschrift verdedigen* **II** WKD WW [**se** ~] *zich staande houden*; *zich handhaven*
soutenu BNW • *verheven* ‹v. stijl›; *gedragen* • *aanhoudend*; *niet verslappend* • *intens*
souterrain I M *onderaards(e) gang/gewelf*; *tunnel* **II** BNW • *ondergronds* • *slinks*
soutien M • *steun*; *stut* • *hulp* ★ ~ de famille *kostwinner*
soutien-gorge M [mv: **soutiens-gorge(s)**] *beha*
soutirer OV WW • *aftappen*; *overtappen* ‹v. wijn› • *ontfutselen (**à** aan)*; *aftroggelen*
souvenance V FORM. *herinnering (**de** aan, van)*
souvenir I M • *herinnering (**de** aan, van)* • *aandenken*; *souvenir* ★ meilleurs ~s (de) *hartelijke groeten (uit/van)* ★ rappeler qn du bon ~ de qn *iem. de groeten doen van iem.* **II** ONP WW FORM. *heugen* ★ il me souvient (de) *ik herinner mij* **III** WKD WW [**se** ~] [onregelmatig] **~ de** *zich herinneren* ★ fais m'en ~ *help me eraan herinneren*
souvent BIJW *dikwijls*; *vaak* ★ le plus ~ *meestal* ★ plus ~ qu'à son tour *vaker dan (voor hem) zou moeten*
souverain I BNW *hoogst*; *opperst*; *soeverein* ★ cour ~e *opperste gerechtshof* ★ ~ pontife *paus* ★ remède ~ *onfeilbaar middel* **II** M [v: **souveraine**] *soeverein*; *heerser*
souverainement BIJW • *uiterst*; *in de hoogste mate* • *soeverein*; *zonder appel*
souveraineté V *soevereiniteit*; *opperste gezag*
soviet M GESCH. *sovjet*
soviétique BNW GESCH. *sovjet-* ★ les Soviétiques *de Sovjets*
soyeux I M *zijdefabrikant/-handelaar* ‹in Lyon› **II** BNW [v: **soyeuse**] *zijdeachtig*
soyez, soyons WW [présent subj./geb. wijs] • → **être**
SPA AFK société protectrice des animaux *Dierenbescherming*
spacieux BNW [v: **spacieuse**] *ruim*; *uitgestrekt*
spadassin M FORM. *huurmoordenaar*
spaghetti M [meestal mv] *spaghetti*
spam M WWW *spam*; *junkmail*
sparadrap M *(hecht)pleister*
spart M • → **sparte**
sparte M *espartogras*
sparterie V *matwerk*; *sparterie*
spartiate I V *(kruisband)sandaal* **II** BNW OOK FIG. *Spartaans*
spasme M *spasme*; *kramp*
spasmodique BNW *krampachtig*; *spasmodisch*
spath M *spaat* ★ ~ fluor *vloeispaat*
spatial BNW [m mv: **spatiaux**] *ruimte-*; *ruimtelijk*
spatule V • *spatel* • *punt* ‹v. ski› • *lepelaar* ‹vogel›
speaker M [v: **speakerine**] OUD. *omroeper* ‹radio, tv›; *presentator*
spécial BNW [m mv: **spéciaux**] *bijzonder*; *speciaal*
spécialement BIJW *(in het) bijzonder*
spécialisation V *specialisatie*
spécialiser I OV WW *specialiseren* ★ ouvrier spécialisé *ongeschoold arbeider* ★ la presse spécialisée *de vakbladen* ★ INFORM. boîte spécialisée *homobar* **II** WKD WW [**se** ~] *zich specialiseren (**dans** in)*
spécialiste M/V *specialist*
spécialité V • *specialiteit* • *specialisme*
spécieux BNW [v: **spécieuse**] FORM. *schijn-*; *bedrieglijk*
spécification V *specificatie*
spécificité V *specificiteit*; *eigen aard*
spécifier OV WW *specificeren*
spécifique BNW *specifiek*; *soortelijk* ★ nom ~ *soortnaam*
spécimen (zeg: -mèn) M *specimen*; *proeve*; *(typisch) exemplaar* ★ (numéro) ~ *proefnummer*
spectacle M • *schouwspel* • *toneelvoorstelling*; *opvoering* ★ salle de ~(s) *theater(zaal)* ★ industrie du ~ *amusementsindustrie*; *showbusiness* ★ film à grand ~ *spektakelfilm* ★ se donner en ~ *zich aanstellen*; *de aandacht (willen) trekken*
spectaculaire BNW *spectaculair*; *opzienbarend*
spectateur M [v: **spectatrice**] *toeschouwer*
spectral BNW [m mv: **spectraux**] • *spectraal* • FORM. *spookachtig*
spectre M • OOK FIG. *spook*; *spookbeeld* • *spectrum* ★ agiter le ~ de l'inflation *met dreigende inflatie schermen*
spectroscope M *spectroscoop*
spéculaire BNW *gespiegeld*; *spiegel-*
spéculateur M [v: **spéculatrice**] *speculant*
spéculatif BNW [v: **spéculative**] *speculatief*
spéculation V • *bespiegeling* • *speculatie*
spéculer ONOV WW • *bespiegelingen houden*; *gissingen doen (**sur** over)* • *speculeren (**sur** op)*
spéculos, spéculoos M *speculaasje*
speech M [mv: **speech(e)s**] *speech*; *toespraak*
speedé BNW INFORM. *druk en opgewonden*; *opgefokt*
spéléologie V *speleologie*
spéléologique BNW *speleologisch*

spéléologue M/V *speleoloog*
spermaticide I M *zaaddodend middel* **II** BNW *zaaddodend*
spermatique BNW *sperma-; zaad-*
spermatozoïde M *zaadcel*
sperme M *sperma; zaad*
spermicide M • → **spermaticide**
sphaigne V *veenmos*
sphère V • *bol* • FIG. *kring; (werkings)sfeer* ★ ~ d'influence *invloedssfeer*
sphéricité V *bolrondheid*
sphérique BNW *bolvormig; sferisch; bol-*
sphincter (zeg: -tèr) M *sluitspier*
sphinx (zeg: sfe(n)ks) M OOK FIG./BIOL. *sfinx*
spinal BNW [m mv: **spinaux**] *v.d. ruggengraat*
spindle M *spindle*
spinnaker M *spinnaker*
spiral BNW [m mv: **spiraux**] *spiraal-* ★ (ressort) ~ *spiraalveer* ⟨v. horloge⟩
spirale V *spiraal; schroeflijn* ★ en ~ *spiraalvormig; spiraalsgewijs*
spire V *(schroef)winding*
spirée V *spirea*
spirite I BNW *spiritistisch* **II** M/V *spiritist*
spiritisme M *spiritisme*
spiritualiser OV WW *vergeestelijken*
spiritualité V *spiritualiteit; onstoffelijkheid*
spirituel I BNW [v: **spirituelle**] • *spiritueel; onstoffelijk; geestelijk* • *geestig* ★ concert ~ *concert v. gewijde muziek* ★ père ~ *geestelijk vader /leidsman* **II** M *(het) geestelijke/spirituele*
spiritueux I M MV *alcoholische dranken; spiritualiën* **II** BNW [v: **spiritueuse**] *alcoholisch* ⟨v. drank⟩
spiroïdal BNW [m mv: **spiroïdaux**] *spiraalvormig*
spleen (zeg: splien) M LIT. *spleen; zwaarmoedigheid; weltschmerz*
splendeur V *glans; luister; pracht* ★ une ~ *iets prachtigs* ★ IRON. dans toute sa ~ *in volle glorie*
splendide BNW *schitterend; prachtig*
splénique BNW *milt-*
spoliateur I M [v: **spoliatrice**] FORM. *berover; afzetter; plunderaar* **II** BNW [v: **spoliatrice**] *berovend; afzettend*
spoliation V FORM. *beroving; plundering*
spolier OV WW FORM. *beroven (***de** *van); plunderen*
spongieux BNW [v: **spongieuse**] *sponsachtig*
sponsor M *sponsor*
sponsorisation V *sponsoring*
sponsoriser OV WW *sponsoren*
spontané BNW *spontaan; vanzelf*
spontanéité V *spontaniteit; onbevangenheid*
spontanément BIJW *spontaan; vanzelf*
sporadique BNW *sporadisch*
sporange M *sporenhouder*
spore V BIOL. *spore; spoor*
sport I M *sport* ★ ~(s) d'hiver *wintersport* ★ INFORM. il va y avoir du ~! *dat zal wat worden!; dat geeft gedonder!* **II** BNW *sport-* ★ costume ~ *sportkleding*
sportif I BNW [v: **sportive**] *sport-; sportief* ⟨in alle betekenissen⟩ **II** M [v: **sportive**] *sportbeoefenaar; sporter*
sportive V *sportvrouw*
sportivité V *sportiviteit*
spot (zeg: spot) M • *spot(light)* • *(reclame)spot*
sprat (zeg: sprat) M *sprot* ⟨vis⟩
spray (zeg: sprè) M *spray*
sprint (zeg: sprient) M *sprint*
sprinter I M *sprinter* **II** ONOV WW *sprinten*
sprinteur M • → **sprinter**
spumeux BNW [v: **spumeuse**] *schuimachtig*
squale M *haai*
squame V *huidschilfer; schub*
squameux BNW [v: **squameuse**] *schilferig; schubbig*
square (zeg: skwaar) M *plantsoen; plein (met beplanting)*
squash (zeg: skwasj) M *squash(zaal)*
squat (zeg: skwat) M • *(het) kraken* ⟨v. pand⟩ • *kraakpand*
squattage M *(het) kraken* ⟨v. pand⟩
squatter I M *kraker* ⟨v. pand⟩ **II** OV+ONOV WW *kraken* ⟨v. pand⟩
squattériser OV WW • → **squatter**
squatteur M [v: **squatteuse**] • → **squatter**
squelette M OOK FIG. *geraamte; skelet*
squelettique BNW • *skeletachtig; skelet-* • FIG. *mager(tjes); uiterst bondig*
SRAS M syndrome respiratoire aigu sévère *SARS*
S.S. AFK • Sa Seigneurie *Zijne Heerlijkheid* • Sécurité Sociale *sociale voorzieningen* • Sa Sainteté *Zijne Heiligheid* • GESCH. Schutzstaffel *SS*
St AFK saint *St.; sint* ⟨mannelijke heilige⟩
stabilisateur I M *stabilisator* **II** BNW [v: **stabilisatrice**] *stabiliserend*
stabilisation V *stabilisatie*
stabiliser OV WW *stabiliseren; vaster maken*
stabilité V *stabiliteit; vastheid*
stable BNW *vast; blijvend; duurzaam; stabiel*
stabulation V *(het) op stal staan* ⟨v. vee⟩; *stalling*
stade M • *stadion* • *stadium*
staff M • *staf* ⟨leiding⟩ • *stuc* ⟨met plantvezels⟩
stage M • *stage; proeftijd* • *(vormings)cursus* ★ ~ d'initiation *beginnerscursus*
stagiaire I M/V *stagiair; iemand in de proeftijd* ★ (professeur) ~ *hospitant* ★ ~ doctorant ≈ *aio* **II** BNW *stage-; stage lopend; aspirant-*
stagnant BNW *stagnerend* ★ eaux ~es *stilstaand water*
stagnation V *stagnatie; stilstand*
stagner ONOV WW *stagneren; stilstaan*
stalactite V *stalactiet* ★ ~ de glace *ijspegel*
stalagmite V *stalagmiet*
stalinien BNW [v: **stalinienne**] *stalinistisch*
stalle V • *koorstoel* ⟨in kerk⟩ • *box* ⟨voor paard, auto⟩
stance V OUD. *strofe* ★ ~s *gedicht in strofen*
stand M *stand* ⟨op tentoonstelling⟩; *kraam* ★ ~ (de tir) *schietbaan; schiettent* ★ ~ de ravitaillement *pits* ⟨langs racebaan⟩
standard I BNW • *standaard-; model-* • *stereotiep* **II** M • *standaard* • *telefooncentrale* ⟨v. bedrijf enz.⟩
standardisation V *standaardisering*
standardiser OV WW *standaardiseren*
standardiste M/V *telefonist*

standing M *status*; *standing*
staphylocoque M BIOL. *stafylokok*
star V *ster* ⟨beroemdheid⟩
stariser OV WW INFORM. *tot (film)ster maken*
starlette V *filmsterretje*
starter M • SPORT *starter* • *choke*
starting-block M [mv: **starting-blocks**] *startblok*
start-up V [mv: id.] *beginnende onderneming*; *starter*
station V • *halteplaats*; *(klein) station* • TECHN. *station*; *post*; *inrichting* • *ontspanningsoord*; *kuuroord* • *standplaats*; *ligplaats* • *stand* ⟨v. lichaam⟩; *(het) stilstaan* • REL. *statie* ★ ~ debout *(het) staan* ★ ~ balnéaire *badplaats* ⟨aan kust⟩ ★ ~ thermale *badplaats* ⟨kuuroord⟩ ★ COMP. ~ de travail *werkstation* ★ ~ de taxis *taxistandplaats*
stationnaire I BNW *(stil)staand*; *bestendig*; *stationair* **II** M *patrouillevaartuig*
stationnement M • *(het) parkeren* • MIL. *stationering* ★ endroit de ~ *parkeerplaats*
stationner ONOV WW • *parkeren*; *stilstaan* • *stationeren*; *gelegerd zijn* ★ être stationné *geparkeerd staan*
station-service V [mv: **stations-service(s)**] *tankstation*; *servicestation*
statique I BNW *statisch* **II** V NATK. *statica*
statisme M *statische toestand*
statisticien M [v: **statisticienne**] *statisticus*
statistique I BNW *statistisch* **II** V *statistiek*
statuaire I V *beeldhouwkunst* **II** M/V FORM. *beeldhouwer* **III** BNW *beeldhouw-*
statue V OOK FIG. *(stand)beeld*
statuer I OV WW OUD. *verordenen* **II** ONOV WW ~ **sur** *uitspraak doen over*
statuette V *beeldje*
statufier OV WW • INFORM. *een standbeeld oprichten van/voor* • *verstarren*
statu quo M *status-quo*
stature V • *(lichaams)gestalte* • FIG. *formaat* ⟨v. persoon⟩
statut M • *reglement*; *statuut* • *status*; *(rechts)positie*
statutaire BNW *volgens de statuten*; *statutair*
Ste AFK sainte *St.*; *sint* ⟨vrouwelijke heilige⟩
Sté AFK société *fa.*; *firma*; *Mij.*; *maatschappij*
steak (zeg: steek) M *biefstuk*
steamer M OUD. *stoomboot*
stéarine V *stearine*
stéatite V *speksteen*; *steatiet*
stèle V *stèle*; *gedenksteen*
stellaire BNW • *ster(ren)-* • *stervormig*
stencil M *stencil* ⟨moedervel⟩
sténo AFK • sténographe *stenotypist(e)* • sténographie *steno*
sténodactylo M/V *stenotypist*
sténographe M/V *stenograaf*
sténographie V *steno(grafie)*
sténographier OV WW *stenograferen*
sténographique BNW *stenografisch*
sténotype V *stenografeermachine*
sténotypie V *stenografie*
sténotypiste M/V *stenotypist*
stentor (zeg: sta(n)-) M *stentor* ★ voix de ~ *stentorstem*
stéphanois BNW *van/uit Saint-Étienne*
steppe V *steppe*
stère M *stère* ⟨kubieke meter⟩
stéréo I V *stereo* ★ en ~ *stereo-* **II** BNW [onver.] *stereo-*
stéréométrie V *stereometrie*
stéréophonie V *stereofonie*
stéréophonique BNW *stereofonisch*; *stereo-*
stéréoscope M *stereoscoop*
stéréoscopique BNW *stereoscopisch*
stéréotype M *stereotype*
stéréotypé BNW *stereotiep*; *clichématig*
stérile BNW OOK FIG. *steriel*; *onvruchtbaar*; *vruchteloos*
stérilet M *spiraaltje* ⟨anticonceptiemiddel⟩
stérilisateur M *sterilisator*
stérilisation V *sterilisatie*
stériliser OV WW *steriliseren*
stérilité V OOK FIG. *steriliteit*; *onvruchtbaarheid*
sterling M *sterling* ★ livre ~ *pond sterling*
sterne V *stern*
sternum (zeg: -nom) M *borstbeen*
sternutatoire BNW *nies-* ★ poudre ~ *niespoeder*
stéthoscope M *stethoscoop*
steward (zeg: stiewart) M *steward*
stick M *(schoonheids)stift*; *stick*
stigmate M • *stigma* ⟨in alle betekenissen⟩; *merkteken*; *litteken*; OOK FIG. *brandmerk* • PLANTK. *stempel*
stigmatisation V *stigmatisering*
stigmatiser OV WW MEESTAL FIG. *stigmatiseren*; *brandmerken*; *hekelen*
stillation V FORM. *druppeling*
stimulant I M • *pepmiddel*; *stimulerend middel* • *stimulans* **II** BNW *stimulerend*; OOK FIG. *prikkelend*
stimulateur I M ★ ~ cardiaque *pacemaker* **II** BNW [v: **stimulatrice**] *stimulerend*
stimulation V *stimulatie*; *opwekking*; *prikkeling*
stimuler OV WW *aansporen*; *prikkelen*; *stimuleren*
stimulus (zeg: -luus) M [mv: **stimulus/stimuli**] *stimulus*; *prikkel*
stipendier OV WW FORM. *omkopen*; FIG. *huren*
stipulation V *stipulatie*; *beding*; *bepaling*
stipuler OV WW *stipuleren*; *bedingen*; *bepalen*
stock M • *voorraad* • BIOL. *stam*; *geslacht* ★ en ~ *voorradig*
stockage M *(het) opslaan*; *opslag*
stocker OV WW *opslaan* ⟨v. goederen, gegevens⟩; *hamsteren*
stockfisch M [mv: id.] *stokvis*
stockiste M/V *depothouder*
stoïcien I BNW [v: **stoïcienne**] *stoïcijns* **II** M [v: **stoïcienne**] OOK FIG. *stoïcijn*
stoïcisme M OOK FIG. *stoïcisme*
stoïque I BNW *stoïcijns* **II** M/V OOK FIG. *stoïcijn*
stomacal BNW [m mv: **stomacaux**] OUD. *maag-*
stomatologue M/V *specialist voor mondziekten*; *stomatoloog*
stop I M • *stopbord* • *remlicht* • INFORM. *(het) liften* ★ faire du stop *liften*; *autostop doen* ★ en stop *liftend* **II** TW *stop!*; *halt!*
stoppage M *(het) stoppen* ⟨v. kleding⟩; *stopwerk*
stopper I OV WW • *stoppen* ⟨v. kleding⟩ • *stoppen*; *doen stilstaan* **II** ONOV WW *stoppen*; *stilhouden*

stoppeur M [v: **stoppeuse**] • INFORM. *lifter* • SPORT *(voor)stopper*
store M *rolluik*; *rolgordijn*; *zonnescherm*
strabique BNW *scheel(ziend)*
strabisme M *(het) scheelzien*; *scheelheid*
strangulation V *wurging*
strapontin M • *klapstoeltje* • *tweederangs positie*
Strasbourg *Straatsburg*
strass M • *stras* • FIG. *klatergoud*; *(ge)glitter*
stratagème M *(krijgs)list*
strate V *(aard)laag*; *stratum*
stratège M *strateeg*
stratégie V *strategie*
stratégique BNW *strategisch*
stratification V *stratificatie*; *gelaagdheid*
stratifié I M *laminaat* **II** BNW *gelaagd*
stratifier OV WW *laagsgewijs schikken*
stratosphère V *stratosfeer*
stratosphérique BNW *stratosferisch*; *tot de hogere luchtlagen behorend*
stratus (zeg: -tuus) M *stratus* ‹wolkendek›
streptocoque M *streptococcus*
stress M *stress*
stressant BNW *stress veroorzakend*; *stresserend*
stresser I OV WW *stress veroorzaken bij* ★ stressé *gestrest* **II** ONOV WW INFORM. *stressen*
stretch M *stretch*
strict (zeg: striekt) BNW *strikt*; *stipt*; *nauwkeurig*; *streng* ★ tenue ~e *correcte (en sobere) kleding* ★ le ~ nécessaire *(alleen) het hoogstnodige* ★ son ~ droit *zijn goed recht*
strictement BIJW • *strikt* • *volstrekt* ★ ~ rien *helemaal niets*
strident BNW *schril*; *schel*
striduler ONOV WW *schel piepen*; *sjirpen*
strie V • *streep*; *kras*; *groef* • *(huid)striem*
strier OV WW *krassen*; *groeven*; *strepen* ★ muscle strié *dwarsgestreepte spier*
string M *(G-)string* ‹mini(bad)slipje›
strip-tease, **striptease** M [mv: **strip-teases, stripteases**] *striptease*
strip-teaseur, **stripteaseur** M [v: **strip-teaseuse, stripteaseuse**] *stripteasedanser*; *stripper*
striure V • *gestreeptheid* • *streepjes*; *groefjes*
stroboscope M *stroboscoop*
strophe V *strofe*; *couplet*
structural BNW [m mv: **structuraux**] *structureel*; *structuur-*
structuralisme M *structuralisme*
structuration V *structurering*
structure V *(op)bouw*; *structuur* ★ ~(s) d'accueil *(toeristische enz.) infrastructuur*
structurel BNW [v: **structurelle**] • *structureel* • *structuur-*
structurer OV WW *structureren*; *opbouwen*
strychnine (zeg: -knien) V *strychnine*
stuc M *pleisterkalk*; *stuc*
stucage M • *pleisterwerk* • *stucwerk*
stucateur M *stukadoor*; *stucwerker*
stud-book M [mv: **stud-books**] *stamboek* ‹v. paard›
studette V *eenkamerflat(je)*
studieux BNW [v: **studieuse**] • *leergierig*; *ijverig*; *studieus* • *studie-*
studio M • *studio* ‹in alle betekenissen› • *eenkamerappartement*
stupéfaction V *stomme verbazing*
stupéfait BNW *stomverbaasd*; *verbluft*
stupéfiant I M *verdovend middel*; *narcoticum* **II** BNW *verbazingwekkend*; *verbluffend*
stupéfier OV WW *stom verbazen*; *verbluffen*
stupeur V • *ontsteltenis*; *verbijstering* • *verdoving*; *bedwelming*
stupide BNW • *dom*; *stompzinnig* • FORM. *verbijsterd*
stupidité V *stompzinnigheid*; *domheid*; *domme daad*
stupre M FORM. *schanddaad*
stups M MV INFORM. *drugs*
stuquer OV WW *(be)pleisteren*; *stuken*
style M • *stijl*; *trant* • TECHN. *(schrijf)stift*; *naald* • PLANTK. *stijl* ★ TAALK. ~ (in)direct *(in)directe rede* ★ de ~ *stijl-*
stylé BNW *goed afgericht* ‹v. persoon›; *bedreven*; *stijlvol*
stylet M *stilet*
stylisation V *(het) stileren*
styliser OV WW *stileren*
styliste M/V • *stilist* • *designer*; *vormgever*
stylistique I BNW *stilistisch*; *stijl-* **II** V *stilistiek*; *stijlleer*
stylo M *vulpen(houder)* ★ ~ (à) bille *balpen* ★ OUD. ~ (à) plume *vulpen*
stylo-feutre M [mv: **stylos-feutres**] *viltpen*
stylomine M *vulpotlood*
su I M ★ au vu et au su de tout le monde *openlijk* **II** WW [volt. deelw.] • → **savoir**
suaire M *lijkwade*; *zweetdoek*
suant BNW • *bezweet* • INFORM. *(stom)vervelend*
suave BNW *mild*; *lieflijk*; *zoet*
suavité V *mildheid*; *lieflijkheid*; *zoetheid*
sub- VOORV *sub-*; *onder-*
subalterne I M *ondergeschikte* **II** M/V *ondergeschikt*; *subaltern*
subconscient I M OUD. *onderbewustzijn* **II** BNW *onderbewust*
subdiviser OV WW *onderverdelen (***en** *in)*
subdivision V • *onderverdeling* • *onderafdeling*
subir OV WW *ondergaan*; *lijden*; *verduren* ★ ~ un examen *een examen afleggen*
subit (zeg: -bie) BNW *plotseling*
subitement BIJW *plotseling*
subito BIJW INFORM. *subiet* ★ ~ presto *meteen*; *pardoes*
subjectif BNW [v: **subjective**] • *subjectief* • TAALK. *onderwerps-*
subjectivité V *subjectiviteit*
subjonctif I M *aanvoegende wijs*; *conjunctief* **II** BNW [v: **subjonctive**] *aanvoegend*
subjuguer OV WW • *fascineren*; *in zijn ban houden* • FORM. *onderwerpen*; *beheersen*
sublimation V OOK FIG. *sublimatie*
sublime I BNW *verheven*; *hoogstaand*; *groots*; *subliem* **II** M *(het) verhevene*; *(het) edele*
sublimé M *sublimaat*
sublimer OV WW OOK FIG. *sublimeren*
subliminal BNW [m mv: **subliminaux**] *subliminaal*
sublimité V *verhevenheid*; *grootsheid*
submerger OV WW • *onderdompelen* • *overstromen* • *overstelpen* ★ submergé de

bedolven onder
submersible I M *duikboot* **II** BNW *overstroombaar; onderwater-*
submersion V • *onderdompeling* • *overstroming; (het) onder water zetten /raken*
subodorer OV WW INFORM. *vermoeden; bespeuren*
subordination V • *ondergeschiktheid* • TAALK. *onderschikking*
subordonné I BNW *ondergeschikt (***à** *aan)* ★ (proposition) ~e *bijzin* **II** M [v: **subordonnée**] *ondergeschikte*
subordonner OV WW *ondergeschikt maken (***à** *aan); laten afhangen (***à** *van)*
subornation V *omkoping /beïnvloeding* ‹v. getuige›
suborner OV WW • *omkopen /beïnvloeden* ‹v. getuige› • OUD. *verleiden*
suborneur M [v: **suborneuse**] OUD. *verleider*
subreptice BNW *slinks (verkregen); bedrieglijk; heimelijk*
subrogation V *subrogatie; plaatsvervanging; substitutie*
subroger OV WW *in de plaats stellen (van)* ★ subrogé-tuteur *toeziend voogd*
subséquent BNW FORM. *(erop)volgend*
subside M *subsidie; toelage*
subsidiaire BNW *aanvullend; ondersteunend; bijkomend; subsidiair* ★ question ~ *doorslaggevende extra vraag*
subsidiarité V *subsidiariteit*
subsistance V • *(levens)onderhoud; bestaan* • *proviandering*
subsister ONOV WW *voortbestaan; nog bestaan; over zijn* ★ ~ de *bestaan van*
subsonique BNW *subsonisch; subsoon*
substance V *substantie* ‹in alle betekenissen›; *materie; wezen; hoofdzaak* ★ en ~ *in hoofdzaak; kort gezegd*
substantiel BNW [v: **substantielle**] • *substantieel; wezenlijk; aanmerkelijk* • *degelijk; voedzaam*
substantif I M *zelfstandig naamwoord* **II** BNW [v: **substantive**] *zelfstandig; substantief*
substituer I OV WW *in de plaats stellen (***à** *voor); substitueren* **II** WKD WW [**se** ~] **à** *in de plaats treden van; vervangen*
substitut M • *substituut(-officier)* • *vervangingsmiddel; substituut*
substitution V *(plaats)vervanging; substitutie*
substrat M *(het) onderliggende; substraat; onderlaag*
subterfuge M *uitvlucht; smoes; slimmigheidje*
subtil BNW *subtiel* ‹in alle betekenissen›; *fijn(zinnig)*
subtiliser I OV WW INFORM. *wegkapen (***à** *van); achteroverdrukken; ontfutselen* **II** ONOV WW *spitsvondig redeneren (***sur** *over); muggenziften*
subtilité V *subtiliteit; fijn(zinnig)heid*
subtropical BNW [m mv: **subtropicaux**] • *subtropisch* • *van de keerkring*
suburbain BNW *nabij de stad gelegen; voorstedelijk*
subvenir ONOV WW ~ **à** *voorzien in; bijdragen in; subsidiëren*
subvention V *subsidie*
subventionner OV WW *subsidiëren*
subversif BNW [v: **subversive**] *subversief; (gezags)ondermijnend*
subversion V *omverwerping; (gezags)ondermijning*
suc M • *sap* • FIG. *kern; essentie*
succédané (zeg: -ks-) M *surrogaat; vervangmiddel*
succéder I ONOV WW ~ **à** *volgen op; opvolgen* **II** WKD WW [**se** ~] *elkaar opvolgen; op elkaar volgen*
succès M *goede afloop; succes* ★ ~ d'estime *waardering door een klein kennerspubliek* ★ à ~ *succes-*
successeur M • *opvolger* • *erfopvolger*
successible BNW *erfgerechtigd*
successif BNW [v: **successive**] *opeenvolgend; successief*
succession V • *opeenvolging; reeks* • *opvolging* • *erfopvolging* • *erfenis* ★ droits de ~ *successierechten* ★ guerre de ~ *successieoorlog*
successivement BIJW *achtereenvolgens; successievelijk*
successoral BNW [m mv: **successoraux**] *successie-*
succin M ★ (ambre) ~ *barnsteen*
succinct (zeg: -kse(n)) BNW *beknopt; niet uitgebreid* ★ repas ~ *sober /karig maal*
succion (zeg: suusjo(n), suuksjo(n)) V *(het) (in)zuigen; uit-/opzuiging*
succomber ONOV WW *bezwijken (***à** *aan, voor)*
succulence V • OOK FIG. *sappigheid* • *smakelijkheid*
succulent BNW • OOK FIG. *sappig* • *smakelijk* ★ (plante) ~e *succulent*
succursale V *bijkantoor; filiaal* ★ magasin à ~s multiples *winkelketen* ★ (église) ~ *hulpkerk*
succursaliste BNW ★ (magasin) ~ *filiaalbedrijf; winkelketen*
sucer OV WW • *zuigen (op/aan); opzuigen;* OOK FIG. *uitzuigen* • INFORM. *afzuigen; pijpen*
sucette V • *lolly* • *fopspeen*
suceur I M [v: **suceuse**] *zuiger;* OOK FIG. *uitzuiger* **II** BNW [v: **suceuse**] *zuig-*
suçoir M *zuigorgaan; zuignapje*
suçon M INFORM. *zuigplek* ‹op de huid›; *zuigzoen; liefdesbeet*
suçoter OV WW *sabbelen op*
sucrage M *(het) suikeren; (het) zoeten*
sucrant BNW *zoetmakend*
sucre M *suiker* ★ ~ de canne *rietsuiker* ★ ~ candi *kandijsuiker* ★ ~ glace /en poudre *poedersuiker* ★ pain de ~ *suikerbrood* ★ en pain de ~ *kegelvormig* ★ (bâton de) ~ d'orge *zuurstok* ★ FIG. pur ~ *onvervalst* ★ casser du ~ sur le dos de qn *kwaadspreken van iem.* ★ être tout ~ tout miel *poeslief doen*
sucré BNW • *zoet; gesuikerd* • FIG. *suikerzoet; zoetsappig* ★ eau ~e *suikerwater* ★ du ~ *zoete kost*
sucrer I OV WW • *suikeren; zoeten* • INFORM. *annuleren; schrappen* ★ INFORM. ~ les fraises *trillen; bibberen* **II** WKD WW [**se** ~] • INFORM. *suiker nemen* • INFORM. *zijn zakken vullen; zich ruim bedelen*
sucrerie V *suikerfabriek; suikerraffinaderij* ★ ~s

[mv] *zoetigheid*; *suikergoed*
sucrette V *zoetje*; *zoetstof*
sucrier I M • *suikerpot* • *suikerfabrikant* • *werknemer in de suikerindustrie* **II** BNW [v: **sucrière**] *suiker-*
sud (zeg: suud) **I** M *zuiden* ★ au sud de *in het/ten zuiden van* ★ l'Afrique du Sud *Zuid-Afrika* **II** BNW *zuidelijk*; *zuid(en)-* ★ pôle Sud *zuidpool*
sud-africain BNW [mv: **sud-africains**] *Zuid-Afrikaans*
sud-américain BNW [mv: **sud-américains**] *Zuid-Amerikaans*
sudation V *(het) zweten*
sud-est I M *zuidoosten* **II** BNW [onver.] *zuidoostelijk*
sudiste M/V GESCH. *zuidelijke*
sudoku M *sudoku*
sudorifique I M *zweetmiddel* **II** BNW *zweetdrijvend*
sudoripare BNW *zweetafscheidend* ★ glande ~ *zweetklier*
sud-ouest I M *zuidwesten* **II** BNW [onver.] *zuidwestelijk*
suède M *suède*
Suède V *Zweden*
suédine V *suèdine*
suédois I M *(het) Zweeds* **II** BNW *Zweeds*
Suédois M [v: **Suédoise**] *Zweed*
suée V *(het) hevig zweten*
suer I OV WW • *zweten* • FIG. *ademen*; *uitstralen* ★ suer sang et eau *water en bloed zweten* **II** ONOV WW OOK FIG. *zweten* ★ INFORM. faire suer qn *iem. het leven zuur maken*; *iem. vervelen* ★ INFORM. se faire suer *zich stierlijk vervelen*
sueur V *zweet* ★ être en ~ *bezweet zijn* ★ à la ~ de son front *in het zweet zijns aanschijns* ★ cela te donne des ~s froides *daar breekt je het klamme zweet bij uit*
suffire I ONOV WW [onregelmatig] *volstaan*; *voldoende zijn (***à**, **pour** *voor, om)* ★ ~ à ses besoins *in zijn behoeften voorzien* ★ ça suffit (comme ça)! *zo is het genoeg /welletjes!* ★ à chaque jour suffit sa peine ‹spreekwoord› *elke dag heeft genoeg aan zijn eigen leed*; *geen zorgen voor de dag van morgen* **II** ONP WW ★ il suffit que [+ subj.] *het is voldoende dat* ★ il (te) suffit de *je hoeft maar te* ★ il suffit de peu pour *er is maar weinig voor nodig om* **III** WKD WW [**se** ~] *in zijn behoeften voorzien* ★ se ~ à soi-même *aan zichzelf genoeg hebben*
suffisamment BIJW *voldoende*; *genoeg*
suffisance V • *verwaandheid*; *inbeelding* • OUD. *voldoende hoeveelheid* ★ à/en ~ *voldoende*
suffisant BNW • *voldoende* • *verwaand*; *zelfgenoegzaam*
suffixe M *suffix*; *achtervoegsel*
suffocant BNW • *verstikkend* • *onthutsend* ★ il fait une chaleur ~e *het is smoorheet*
suffocation V • *ademnood* • *verstikking*
suffoquer I OV WW • *verstikken*; *benauwen* • *paf doen staan* **II** ONOV WW OOK FIG. *(bijna) stikken (***de** *van)*
suffragant I M • *wijbisschop* ‹r.-k.› • *hulpprediker* ‹prot.› **II** M *stemgerechtigde* ‹in college›
suffrage M • *(uitgebrachte) stem*; *stemming* • FORM. *bijval*; *instemming* ★ ~ universel *algemeen kiesrecht* ★ remporter tous les ~s *algemene bijval vinden*
suffragette V GESCH. *suffragette*
suggérer (zeg: -Gz-) OV WW *suggereren*; *doen denken aan*
suggestibilité V *vatbaarheid voor suggestie*
suggestif BNW [v: **suggestive**] *suggestief*
suggestion V *suggestie*; *ingeving*
suggestionner I OV WW *(door suggestie) beïnvloeden* **II** WKD WW [**se** ~] *zich (iets) in het hoofd halen*
suicidaire BNW • *zelfmoord-* • *tot zelfmoord geneigd*; *suïcidaal* • *tot mislukken gedoemd*
suicide I M *zelfmoord* **II** BNW *zelfmoord-*
suicidé M [v: **suicidée**] *zelfmoordenaar*
suicider WKD WW [**se** ~] *zelfmoord plegen*
suie V *roet*
suif M • *talk*; *talg* • MIN. *vet* ‹v. mens› ★ donner un suif à qn *iem. zijn vet geven*
suiffer OV WW *(met talk) insmeren*
suintement M *doorsijpeling*; *(het) uitslaan* ‹v. muur›
suinter I OV WW FORM./FIG. *ademen*; *uitstralen* **II** ONOV WW *doorsijpelen*; *uitslaan* ‹v. muur›
suis WW [présent] • → **être, suivre**
suisse I M *kerkdienaar* ★ boire/manger en ~ *alleen zitten drinken/eten* **II** BNW *Zwitsers*; *Helvetisch*
Suisse I M [v: **Suisse /Suissesse**] *Zwitser* **II** V *Zwitserland*
suit WW [présent] • → **suivre**
suite V • *vervolg* • *gevolg*; *stoet* • *rij*; *reeks*; *aaneenschakeling* • *gevolg*; *uitvloeisel* • *logisch vervolg*; *samenhang* • MUZ. *suite* • *suite* ‹ruimte› ★ la ~ des événements *de loop der gebeurtenissen* ★ ~ à *ten vervolge op*; *naar aanleiding van* ★ donner ~ à *gevolg geven aan*; *ingaan op* ★ faire ~ à *volgen op* ★ de ~ *achtereen(volgens)* ★ et ainsi de ~ *enzovoorts* ★ tout de ~ *dadelijk*; *meteen* ★ à la ~ *achter elkaar*; *achtereen* ★ à la ~ de *tengevolge van*; *achter (aan)* ★ esprit de ~ *consequente houding* ★ dans/par la ~ *nadien*; *daarna*; *naderhand* ★ par ~ *bijgevolg* ★ par ~ de *tengevolge van* ★ affaire classée sans ~ *afgedane /geseponeerde zaak* ★ propos sans ~ *onsamenhangend gepraat* ★ avoir de la ~ dans les idées *logisch (kunnen) denken*; *consequent blijven* ★ prendre la ~ de *opvolgen* ★ ~s [mv] *nasleep*; *consequenties*
suivant I BNW *volgend* **II** M ★ au ~! *de volgende (a.u.b.)!* **III** VZ *volgens*; *naar* ★ ~ le(s) cas *van geval tot geval* ★ ~ que *naarmate*; *naar gelang*
suiveur M • *volger* • FIG. *meeloper*; *navolger*
suivi I BNW • *samenhangend*; *logisch* • *druk bezocht* • *aanhoudend*; *geregeld*; *consistent* **II** M FIG. *(het) blijven volgen*; *verdere afhandeling*; *nazorg*; *follow-up* **III** WW [volt. deelw.] • → **suivre**
suiviste M/V FIG. *meeloper*
suivre I OV WW [onregelmatig] OOK FIG. *volgen*; *volgen op* ★ suivi de *gevolgd door* **II** ONOV WW OOK FIG. *volgen* ★ comme suit *als volgt* ★ à ~

wordt vervolgd ★ faire ~ *doorsturen* ‹v. post› ★ ce qui suit *het volgende* **III** ONP WW ★ il suit de là que *daaruit volgt dat* **IV** WKD WW [**se** ~] • *(op) elkaar volgen* • *een logisch verband vormen*
sujet I M • *onderwerp* • *voorwerp*; *subject* • *reden*; *oorzaak*; *aanleiding* • *persoon* • *proefpersoon*; *proefdier* ★ au ~ de *naar aanleiding van*; *inzake*; *over* ★ à ce ~ *daaromtrent*; *in dezen* ★ mauvais ~ *deugniet* ★ avoir ~ de *reden hebben om/tot* ★ hors (de) ~ *ernaast (zittend)*; *niet ter zake* ★ c'est à quel ~? *waarover gaat het /belt u?* **II** M [v: **sujette**] *onderdaan* **III** BNW [v: **sujette**] **~ à** *onderhevig aan*; *blootgesteld aan*; *lijdend aan*; *geneigd tot*
sujétion V • *afhankelijkheid*; *onderworpenheid* • *ongemak*; *gebondenheid*
sulfamide M *sulfapreparaat*
sulfate M *sulfaat*
sulfater OV WW *met sulfaat behandelen*
sulfateuse V • *sulfaatsproeier* • PLAT *mitrailleur*
sulfite M *sulfiet*
sulfure M *sulfide*
sulfureux BNW [v: **sulfureuse**] • *zwavelig*; *zwavel-* • *hels*; *heftig*
sulfurique BNW *zwavel-* ★ acide ~ *zwavelzuur*
sulfurisé BNW ★ papier ~ *vetvrij papier*
sultan M *sultan*
sultanat M *sultanaat*
sultane V • *sultane* • GESCH. *Turks oorlogsschip*
summum M *summum*; *toppunt*
sumo M • *sumo* • *sumoworstelaar*
sunlight M *studiolamp*
sunna V *soenna*
super I BNW INFORM. *fantastisch*; *te gek*; *geweldig* **II** M *super(benzine)*
super- VOORV *super-*; *opper-*; *boven-*; *extra-*
superbe I BNW *prachtig*; *schitterend*; *groots*; *geweldig* ★ ~ de candeur *geweldig naïef* **II** V FORM. *hoogmoed*; *arrogantie*
superchampion M *groot(s) kampioen*
supercherie V *bedrog*; *zwendel*
superconducteur M *supergeleider*
supercoupe V VOETB. *supercup*
supérette V *kleine supermarkt*
superfétation V FORM. *overbodigheid*
superfétatoire BNW FORM. *overbodig*
superficie V • *oppervlakte* • *oppervlakkigheid*
superficiel BNW [v: **superficielle**] OOK FIG. *oppervlakkig*; *oppervlakte-*
superfin BNW *zeer fijn*
superflu I BNW *overtollig*; *overbodig* **II** M *(het) overtollige*; *overvloed*
supergrand M INFORM. *supermacht*
supérieur I BNW [v: **supérieure**] • OOK FIG. *hoger*; *hoogst*; *boven-* • *beter*; *groter* • *uitstekend*; *voortreffelijk* • *hooghartig*; *superieur* ★ officier ~ *hoofdofficier* ★ ~ à *beter /groter /hoger dan* ★ cours ~ *bovenloop* **II** M [v: **supérieure**] • *meerdere* • *kloosteroverste*
supérieurement BIJW *buitengewoon*
supériorité V • *superioriteit*; *meerderheid*; *overwicht* • *arrogantie*
superlatif I M *overtreffende trap*; *superlatief* ★ au ~ *buitengewoon* **II** BNW [v: **superlative**] TAALK. *overtreffend*
superman M [mv: **supermen/supermans**] *held*; *stoere bink*
supermarché M *supermarkt*
superpétrolier M *supertanker*; *mammoettanker*
superphosphate M *superfosfaat*
superposable BNW *stapelbaar*; *stapel-*
superposer I OV WW *op/over elkaar plaatsen*; OOK FIG. *opstapelen* ★ lits superposés *stapelbed* **II** WKD WW [**se** ~] • *zich opstapelen* • *elkaar overlappen*
superposition V *opeenstapeling*; *superpositie*
superproduction V *grote productie* ‹film, theater›
superpuissance V *supermacht*; *grote mogendheid*
supersonique BNW *supersonisch*
superstar V *superster*; *superstar*
superstitieux BNW [v: **superstitieuse**] *bijgelovig*
superstition V • *bijgeloof* • *dwangmatige gehechtheid (***de** *aan)* ★ avoir la ~ du passé *zich aan het verleden vastklampen*
superstructure V OOK FIG. *bovenbouw*
superviser OV WW *superviseren*
superviseur M *supervisor*
supervision V *supervisie*
supplanter OV WW FIG. *verdringen*; *het winnen van*; *vervangen*
suppléance V *plaatsvervanging*; *waarneming*
suppléant I M [v: **suppléante**] *plaatsvervanger* **II** BNW *plaatsvervangend*; *waarnemend*
suppléer I OV WW • *vervangen* • FORM. *aanvullen*; *aanzuiveren* **II** ONOV WW **~ à** *vergoeden*; *goedmaken*; *compenseren*; *vervangen*
supplément M *supplement*; *aanvulling*; *bijvoegsel*; *toeslag* ★ un ~ d'information *aanvullende informatie* ★ en ~ *extra* ★ 'vin en ~' *'exclusief wijn'*
supplémentaire BNW *aanvullend*; *supplementair*; *extra* ★ heures ~s *overuren* ★ INFORM. heures sup *overuren*
supplétif BNW [v: **supplétive**] *aanvullend*
suppliant I BNW *smekend* **II** M [v: **suppliante**] *smekeling*
supplication V *smeekbede*
supplice M *lijfstraf*; OOK FIG. *marteling*; *kwelling* ★ le dernier ~ *de doodstraf* ★ ~ de la croix *kruisdood* ★ les ~s éternels *de eeuwige hellepijnen* ★ il est au ~ *hij zit op hete kolen*; *dat is een marteling voor hem*
supplicier OV WW • OOK FIG. *martelen*; *kwellen* • *terechtstellen*
supplier OV WW *smeken (***de** *te)* ★ je t'en supplie! *toe nou!*; *alsjeblieft!*
supplique V *smeekschrift*; *verzoekschrift*
support M • *steun*; *stut* • *(informatie)drager*; *beeld-/geluidsdrager*; *medium*
supportable BNW *draaglijk*; *te verdragen*; *duldbaar*
supporter I M *supporter* **II** OV WW • *(onder)steunen* • FIG. *dragen* • *(kunnen) verdragen*; *verduren*; *doorstaan*; *dulden* ★ ~ les frais *de kosten dragen* ★ ~ le feu *vuurvast zijn* **III** WKD WW [**se** ~] *elkaar verdragen*
supporteur M [v: **supporteuse**] • → **supporter**
supposé BNW • *verondersteld*; *vermoedelijk*;

su

vermeend • *verzonnen*; *vals* ★ ~ que [+ subj.] *gesteld dat*
supposer OV WW • *veronderstellen*; *vermoeden* • *vooronderstellen*; *impliceren* ★ à ~ que *gesteld dat* • **~ à** *toedichten aan*
supposition V *veronderstelling*
suppositoire M *zetpil*
suppôt M FORM. *handlanger* ★ ~ de Satan *duivelsdienaar*
suppression V *opheffing*; *afschaffing*; *(het) doen verdwijnen*; *weglating*
supprimer I OV WW • *opheffen*; *afschaffen* • *doen verdwijnen*; *weglaten*; *uit de weg ruimen* ★ on lui a supprimé son permis de conduire *ze hebben zijn rijbewijs afgenomen* **II** WKD WW [**se** ~] *zelfmoord plegen*
suppuration V *ettering*
suppurer ONOV WW *etteren*
supputation V *raming*; *schatting*
supputer OV WW *ramen*; *schatten*; *berekenen*
supra BIJW ★ voir ~ *zie (hier)boven*
supra- VOORV *supra-*; *boven-*
supraconducteur M *supergeleider*
supranational BNW [m mv: **supranationaux**] *supranationaal*
suprasensible BNW *bovenzinnelijk*
supraterrestre BNW *bovenaards*
suprématie (zeg: -sie) V *oppermacht*; *overmacht*; *suprematie*
suprême I BNW • *hoogst*; *opperst* • *laatst*; *uiterst* ★ au ~ degré *in de hoogste mate*; *uiterst* ★ l'Etre ~ *het Opperwezen* ★ volonté ~ *laatste wil* ★ moment/heure ~ *het uur van de dood*; *het uur der waarheid* ★ honneurs ~s *laatste eer* **II** M CUL. *fijne filet in romige saus*
sur I BNW *zuur*; *rins* **II** VZ • *(boven) op* • *boven* • *over (een afstand van)* • *(gelegen) aan* • *tegen* ⟨even voor⟩; *omstreeks* • *naar* ★ sur l'heure *meteen* ★ sur les dix heures *tegen tienen* ★ sur le coup de midi *klokslag twaalf* ★ sur ce *daarop*; *daarna* ★ neuf fois sur dix *negen op de tien keer* ★ deux mètres sur cinq *twee bij vijf meter* ★ aller sur la cinquantaine *tegen de vijftig lopen* ★ avoir sur soi *bij zich hebben* ★ être sur un boulot *met een klus bezig zijn* ★ fermer la porte sur qn *de deur achter iem. dichtdoen* ★ habiter sur le port *aan de haven wonen* ★ juger sur les apparences *naar/op het uiterlijk beoordelen* **III** VOORV • *over-* • *boven-* • *hoger-*
sûr I BNW • *zeker* ⟨in alle betekenissen⟩ • *betrouwbaar*; *veilig* ★ sûr de soi *zelfverzekerd* ★ à coup sûr *ongetwijfeld*; *vast en zeker* ★ c'est sûr et certain *het is vast en zeker* ★ j'en suis sûr *ik weet het zeker* ★ bien sûr! *(ja) zeker!*; *natuurlijk!* ★ ami sûr *betrouwbare vriend* ★ goût sûr *fijne smaak* ★ avoir la main sûre *een vaste hand hebben* **II** BIJW INFORM. *zeker*
surabondance V *overvloed (***de** *aan)*; *overmaat*
surabondant BNW *zeer overvloedig*; *in overmaat*
surabonder ONOV WW • *zeer overvloedig voorkomen* • **~ de, en** *in overvloed hebben*
suraigu BNW [v: **suraiguë**] *zeer fel /schel*; *schril*
surajouter I OV WW *(als)nog toevoegen (***à** *aan)* **II** WKD WW [**se** ~] *er nog bij komen (***à** *bij)*
suralimentation V *overvoeding*
suralimenter OV WW • *overvoeden* • *aanjagen* ⟨v. motor⟩
suranné BNW *verouderd*; *ouderwets*
surarmement M *overbewapening*
surate V • → **sourate**
surbaissé BNW *gedrukt* ⟨v. boog, gewelf⟩ ★ carrosserie ~e *diepliggende carrosserie*
surbooké (zeg: -boe-) BNW *overboekt*; *te vol geboekt*
surbooking (zeg: -boe-) M *overboeking* ⟨te veel reserveringen enz.⟩
surcapacité V *overcapaciteit*
surcharge V • OOK FIG. *overbelasting*; *over(ge)wicht* • *overdruk* ⟨op postzegels e.d.⟩ • FIG. *overdaad* • *handicap* ⟨paardensport⟩ • *woord dat boven een ander geschreven is* ⟨als correctie⟩
surcharger OV WW • OOK FIG. *overladen*; *overbelasten* • *van een overdruk voorzien* ⟨v. postzegel e.d.⟩ • *van doorhalingen en verbeteringen voorzien* ⟨v. tekst⟩
surchauffe V *oververhitting*
surchauffer OV WW OOK FIG. *oververhitten*
surchoix M OUD. *eerste kwaliteit*
surclasser OV WW *overklassen*
surcomposé BNW- ★ passé ~ *voltooid verleden tijd* ⟨met 2 hww⟩
surconsommation V *overconsumptie*
surcontrer OV+ONOV WW *redoubleren* ⟨bij bridge⟩
surcouper OV WW • *overtroeven* ⟨bij kaartspel⟩ • *oversnijden* ⟨v. leer⟩
surcoût M *extra kosten*; *meerkosten*
surcroît M *toename*; *vermeerdering* ★ de/par ~ *bovendien* ★ par ~ de malheur *tot overmaat v. ramp* ★ un ~ de travail *extra werk*
surdimensionné BNW *oversized*
surdimutité V FORM. *doofstomheid*
surdité V *doofheid*
surdosage M *overdosering*
surdose V *overdosis*
surdoué BNW *hoogbegaafd*
sureau M [mv: **sureaux**] *vlier*
sureffectif M *personeelsoverschot*
surélévation V *verhoging*
surélever OV WW *verhogen* ★ passage surélevé *verkeersdrempel annex oversteekplaats*
sûrement BIJW • → **sûr**
surenchère V • *hoger bod* • OOK FIG. *opbod* ★ une ~ de violences *een escalatie van geweld(daden)* ★ FIG. faire de la ~ *tegen elkaar opbieden*; *wedijveren*
surenchérir ONOV WW • *hoger bieden* • *hoger /verder gaan (***sur** *dan)* • *nog duurder worden*
surenchérisseur M [v: **surenchérisseuse**] *iem. die hoger biedt*
surendetté BNW *met te hoge schulden*
surendettement M *te grote schuldenlast*
surentraîner OV WW *overtrainen*
suréquipement M *te veel voorzieningen*
surestimation V • *overschatting* • *te hoge schatting*
surestimer OV WW *overschatten*; *te hoog schatten*; *overwaarderen*
suret BNW [v: **surette**] *(een beetje) zurig*

sûreté V • *zekerheid*; *betrouwbaarheid* • *veiligheid* • *waarborg* • *veiligheidspal* ★ Sûreté (nationale) *Veiligheidsdienst* ★ de ~ *veiligheids-* ★ serrure de ~ *veiligheidsslot* ★ en ~ *in veiligheid* ★ en ~ de conscience *met een zuiver geweten*
surévaluer OV WW *te hoog schatten*
surexcitation V *overprikkeling*; *zeer grote opwinding*
surexcité BNW *erg opgewonden*
surexciter OV WW *overprikkelen*; *overspannen*
surexposer OV WW *overbelichten*
surexposition V *overbelichting*
surf (zeg: seurf) M • *(het) surfen* • *surfplank*
surface V • *oppervlak(te)*; *vlak* • FIG. *buitenkant* ★ grande ~ *supermarkt*; *grootwinkelbedrijf* ★ en ~ *aan de oppervlakte*; FIG. *oppervlakkig* ★ faire ~ *boven water komen* ★ FIG. refaire ~ *weer opduiken* ★ INFORM. avoir de la ~ *krediet hebben*; *gewicht hebben*; *iem. zijn*
surfaire OV WW [onregelmatig] • *overvragen* • *overschatten*; *te zeer prijzen*
surfer (zeg: seur-) ONOV WW • *surfen* • ~ **sur** *meeliften op*
surfeur (zeg: seur-) M [v: **surfeuse**] *surfer*
surfiler OV WW *overnaaien* ‹v. (rafel)zoom›
surfin BNW *zeer fijn*
surgelé BNW *diepvries-* ★ des ~s *diepvriesproducten*
surgeler OV WW *diepvriezen*; *invriezen*
surgénérateur M *snellekweekreactor*
surgeon M *(wortel)scheut*
surgir ONOV WW • FIG. *opeens opduiken* • *opkomen*; *opdoemen* ★ des difficultés surgissent *er rijzen plotseling moeilijkheden*
surgissement M *(het) opeens opduiken /opdoemen*
surhaussement M *ophoging*; *verhoging*
surhomme M *übermensch*; *genie*
surhumain BNW *bovenmenselijk*
surimposer OV WW *te hoog belasten*; *extra belasten*
surimposition V *te hoge belasting*; *extra belasting*
surimpression V *afdruk (v. beelden) over elkaar heen*; *dubbele opname*
surin M STRAATT./OUD. *mes*; *dolk*
Surinam (zeg: -nam) M *Suriname*
surinamien BNW [v: **surinamienne**] *Surinaams*
surintendant M *superintendent*; *hoofdinspecteur*
surir ONOV WW *zuur worden*; OOK FIG. *verzuren*
surjet M *overnaad* ★ de ~ *overhands*
sur-le-champ BIJW *dadelijk*; *meteen*
surlendemain M *de tweede dag daarna* ★ le ~ de *twee dagen na*
surligner OV WW *markeren* ‹met markeerstift›
surligneur M *markeerstift*
surmenage M *(het) te hard werken*; FIG. *overbelasting*
surmené BNW *overwerkt*; *overspannen*
surmener I OV WW *te hard laten werken*; FIG. *overbelasten* **II** WKD WW [**se** ~] *zich overwerken*
surmontable BNW *overkomelijk*
surmonter OV WW • *te boven komen*; FIG. *overwinnen* • *geplaatst zijn op/boven* ★ surmonté de... *met... erboven(op)*; *overtopt met*
surmulot M *(riool)rat*
surmultiplication V *overdrive* ‹v. auto›
surnager ONOV WW • *(boven)drijven* • *blijven bestaan*; *overblijven*
surnaturel I BNW [v: **surnaturelle**] *bovennatuurlijk*; *bovennormaal* **II** M *(het) bovennatuurlijke*
surnom M *bijnaam*
surnombre M ★ en ~ *te veel*; *overtallig*
surnommer OV WW *een bijnaam geven* ★ surnommé *bijgenaamd*
surnuméraire I BNW *overcompleet*; *boventallig* **II** M *surnumerair*
suroffre V *hoger bod*
suroît M *zuidwester* ‹wind; hoed›
surpasser I OV WW *overtreffen (**en** in)*; *te boven gaan* **II** WKD WW [**se** ~] *zichzelf overtreffen*
surpayer OV WW *te veel betalen aan/voor*
surpeuplé BNW *overbevolkt*
surpeuplement M *overbevolking*
surplace M ★ faire du ~ SPORT *surplace maken*; FIG. *niet vooruitkomen*
surplis M *superplie*; *koorhemd*
surplomb M *overhang* ★ en ~ *overhangend*
surplomber I OV WW *hangen over* **II** ONOV WW *overhangen*
surplus (zeg: -pluu) M [mv: id.] *overschot* ★ au ~ *overigens*; *bovendien* ★ en ~ *extra* ★ ~ [mv] *dumpgoederen*
surpopulation V *overbevolking*
surprenant BNW *verrassend*; *opmerkelijk*; *vreemd*
surprendre OV WW [onregelmatig] • *verrassen*; *betrappen*; FIG. *overvallen*; *overrompelen* • *verrassen*; *verwonderen* • FIG. *toevallig /slinks verkrijgen*; *onderscheppen*; *opvangen* ★ ~ qn (chez lui) *onverwachts bij iem. langskomen* ★ ~ un secret *(toevallig) achter een geheim komen* ★ être surpris (de) *verrast zijn (over/te)* ★ FORM. ~ la bonne foi de qn *iemands vertrouwen misbruiken*
surpression V *abnormaal hoge druk*; *overdruk*
surpris WW [volt. deelw.] • → **surprendre**
surprise I V • *verrassing* • *verwondering* ★ par ~ *bij verrassing* ★ pour une ~, c'est une ~ *is me dat een verrassing!* **II** BNW *verrassings-* ★ grève(-)~ *prikstaking*
surprise-partie V [mv: **surprises-parties**] *instuif*; *fuif*
surproduction V *overproductie*
surréalisme M *surrealisme*
surréaliste I BNW *surrealistisch* **II** M/V *surrealist*
surrégime M *te hoog toerental*
surrénal BNW [m mv: **surrénaux**] • *bijnier-* • *boven de nieren* ★ les (glandes/capsules) ~es *de bijnieren*
sursaturation V *oververzadiging*
sursaut M • *(het) opspringen*; *(het) opschrikken*; *schok* ‹v. schrik enz.› • *opwelling*; FIG. *uitbarsting* ★ en ~ *plots* ★ se réveiller en ~ *wakker schrikken*
sursauter ONOV WW *opspringen*; *opschrikken*
surseoir ONOV WW [onregelmatig] ~ **à** *uitstellen*; *opschorten*
sursis (zeg: -sie) M *uitstel* ‹v. betaling, straf e.d.›;

opschorting; *respijt* ★ ~ (de paiement) *surseance (v. betaling)* ★ JUR. six mois avec ~ *zes maanden voorwaardelijk* ★ il est en ~ *er hangt hem iets boven het hoofd* ★ un homme/mort en ~ *iem. die ten dode is/was opgeschreven*
sursitaire I BNW *uitstel (van executie /dienst) genietend* **II** M/V *iem. die uitstel (van executie /dienst) geniet*
surtaxe V *(belasting)toeslag (***sur** *op)*; *strafport*
surtaxer OV WW *een extra belasting leggen op*
surtension V *(te) grote spanning*
surtout I M *middenstuk* ⟨v. tafelversiering⟩ **II** BIJW *vooral*
survaleur V *goodwill*
surveillance V *toezicht (***de** *op)*; *bewaking*; *surveillance*
surveillant M [v: **surveillante**] *surveillant*; *toezichthouder*
surveillé BNW *onder toezicht*
surveiller I OV WW *toezicht houden op*; *bewaken*; *in de gaten houden* ★ JUR. mise en liberté surveillée *vrijlating met ondertoezichtstelling* ⟨meldingsplicht⟩ ★ résidence surveillée *huisarrest* **II** WKD WW [**se** ~] *zich in acht nemen*
survenance V FORM. *plotselinge komst*
survenir ONOV WW [onregelmatig] *onverwachts komen/plaatsvinden*
survêtement M *trainingspak*
survie V • *(het) overleven* • *(het) voortbestaan* ⟨na de dood⟩ ★ kit de ~ *overlevingspakket*
survirage M *overstuur* ⟨v. voertuig⟩
survivance V • *overblijfsel*; *relict* • FORM. *overleving*; *(het) voortbestaan* ⟨na de dood⟩
survivant I BNW *overlevend*; *overgebleven* **II** M [v: **survivante**] *overlevende*; *langstlevende*
survivre I ONOV WW • *voortbestaan* • **~ à** *overleven* **II** WKD WW [**se** ~] FIG. *voortleven*
survol M • *(het) overvliegen* • *(het) vluchtig doornemen*
survoler OV WW • *vliegen boven* • *vluchtig doornemen*
survolté BNW • *met te hoog voltage* • FIG. *verhit*; *zeer opgewonden*; *hectisch*
sus (zeg: suu(s)) **I** BIJW ★ OUD. en sus *daarenboven* ★ en sus de *behalve*; *boven* ★ OUD. courir sus à qn *op iem. afstormen* **II** TW OUD. *vooruit!*; *kom op!*
sus- VOORV *op-*; *boven-*
susceptibilité V • *gevoeligheid*; *lichtgeraaktheid* • *vatbaarheid*
susceptible BNW • *lichtgeraakt* • **~ de** *vatbaar voor*; *ontvankelijk voor* ★ être ~ de [+ infin.] *wellicht kunnen* ★ ~ d'amélioration /d'être amélioré *voor verbetering vatbaar*; *die verbeterd zou kunnen worden*
susciter OV WW *(op)wekken*; *doen ontstaan* ★ ~ une querelle *een twist veroorzaken*
suscription V FORM. *adres* ⟨op envelop⟩
susdit (zeg: suu(s)die) BNW FORM. *voornoemd*
susmentionné (zeg: suu(s)-) BNW FORM. *bovengemeld*
susnommé (zeg: suu(s)-) **I** BNW FORM. *bovengenoemd* **II** M [v: **susnommée**] FORM. *bovengenoemde*
suspect (zeg: suuspè(kt)) **I** M [v: **suspecte**] *verdachte* **II** BNW *verdacht (***de** *van)*
suspecter OV WW *verdenken (***de** *van)*
suspendre I OV WW • *ophangen (***à** *aan)* • *opschorten*; *uitstellen* • *schorsen* ★ ~ sa marche *zijn wandeling onderbreken* ★ ~ qn de ses fonctions *iem. (in zijn functie) schorsen* **II** WKD WW [**se** ~] *zich vastgrijpen (***à** *aan)*
suspendu BNW • *hangend (***à** *aan)*; *zwevend* ⟨v. plafond, vloer⟩ • *uitgesteld* • *geschorst* ★ pont ~ *hangbrug* ★ jardins ~s *hangende tuinen* ★ voiture bien ~e *auto met goede vering* ★ être ~ aux lèvres de qn *aan iemands lippen hangen*
suspens (zeg: -pa(n)) **I** BNW *geschorst* ⟨v. geestelijken⟩ ★ en ~ *(nog) hangend /onzeker*; *(nog) onbeslist /onafgedaan* **II** M • → **suspense**
suspense (zeg: -pens) **I** M *(angstige) spanning* ★ film/roman à ~ *thriller* **II** V *kerkelijke schorsing*
suspensif BNW [v: **suspensive**] *opschortend*
suspension V • *uitstel*; *opschorting* • *schorsing* • TECHN. *ophanging* • *hanglamp* • SCHEIK. *suspensie* ★ en ~ *zwevend*; *in suspensie* ★ ~ d'armes *tijdelijke wapenstilstand* ★ points de ~ *(gedachte)puntjes* ⟨beletselteken⟩; *puntje puntje puntje*
suspensoir M *draag(ver)band*
suspentes V MV *hangtouwen*; *hangkabels*
suspicieux BNW [v: **suspicieuse**] *argwanend*
suspicion V *argwaan*; *verdenking* ★ tenir en ~ *verdenken*
sustentation V • *(het) sterken* ⟨v. patiënt⟩ • *(het) steunen* • *lift* ⟨v. vliegtuig⟩; *opwaartse kracht* ★ plan de ~ *draagvlak* ⟨v. vliegtuig⟩; *vleugel* ★ train à ~ magnétique *magneettrein*; *zweeftrein*
sustenter WKD WW [**se** ~] HUMOR. *zich sterken* ⟨met voedsel⟩
susurration V *geruis*; *geritsel*
susurrement M *geruis*; *geritsel*; *gefluister*
susurrer OV+ONOV WW *ruisen*; *gonzen*; *fluisteren*
sut WW [passé simple] • → **savoir**
sût WW [imp. subj.] • → **savoir**
suture V • MED. *hechting* • ANAT. *naad* ★ points de ~ *hechtingen*
suturer OV WW MED. *hechten*
suzerain M *opperleenheer*; *suzerein*
svastika M *swastika*; *hakenkruis*
svelte BNW *slank*; *rank*
sveltesse V *slankheid*; *rankheid*
s.v.p. AFK s'il vous plaît *a.u.b.*; *alstublieft*
swastika M • → **svastika**
swing M *swing* ⟨in alle betekenissen⟩
swinguer ONOV WW *swingen*
sybarite M/V *sybariet* ⟨decadent levensgenieter⟩
sycomore M *esdoorn*
sycophante M OUD. *verklikker*
syllabe V *syllabe*; *lettergreep* ★ ne pas répondre une ~ *geen antwoord geven*
syllabique BNW *syllabisch*; *lettergreep-*
syllogisme M *syllogisme*; *sluitrede*
sylphe M *sylfe*; *luchtgeest*
sylphide V • *sylfide*; *vrouwelijke luchtgeest* • *slanke, bevallige vrouw*
sylvain M *bosgeest*
sylvestre BNW *in de bossen groeiend*; *bos-*

sylvicole BNW *bosbouw-*
sylviculteur M [v: **sylvicultrice**] *bosbouwer*
sylviculture V *bosbouw*
symbiose V *symbiose*
symbole M *symbool* ‹in alle betekenissen›; *zinnebeeld* ★ le ~ des Apôtres *de twaalf geloofsartikelen*
symbolique I BNW *symbolisch* **II** V *symboliek*
symbolisation V *symbolisering*; *symbolisatie*
symboliser OV WW *symboliseren*; *verzinnebeelden*
symbolisme M • *symbolisme* • *symboliek*
symboliste I BNW *symbolistisch* **II** M/V *symbolist*
symétrie V *symmetrie*
symétrique BNW *symmetrisch*
sympa BNW INFORM. sympathique *sympathiek*; *aardig*; *prettig*
sympathie V *sympathie*; *genegenheid*; *medegevoel*
sympathique BNW • *sympathiek*; *aardig* • *prettig* • *sympathisch* • *sympathetisch*
sympathisant M [v: **sympathisante**] *sympathisant*
sympathiser ONOV WW *sympathiseren (***avec** *met)* ★ ils ont tout de suite sympathisé *ze konden het meteen met elkaar vinden*
symphonie V *symfonie*
symphonique BNW *symfonisch*; *symfonie-*
symphoniste M/V • *symfoniecomponist* • *lid van een symfonieorkest*
symposium (zeg: -zjom) M *symposium*
symptomatique BNW *symptomatisch (***de** *voor)*
symptôme M *symptoom*
synagogue V *synagoge*
synapse V *synaps*
synchrone (zeg: -kr-) BNW *synchroon*; *gelijktijdig*
synchronie V *synchronie*; *gelijktijdigheid*
synchronique BNW *synchronisch*; *synchronistisch*
synchronisation V *synchronisatie*
synchroniser OV WW *synchroniseren* ★ feux synchronisés *groene golf* ‹verkeer›
synchronisme M *synchronisme*; *gelijktijdigheid*
syncope V *syncope* ‹in alle betekenissen› ★ tomber en ~ *flauwvallen*
syncopé BNW *gesyncopeerd*; *syncopisch*
syndic M • *beheerder* ‹v. flatgebouw namens mede-eigenaren›; *bewindvoerder* • *curator* ‹in faillissement› ★ les Syndics des drapiers *de Staalmeesters* ‹v. Rembrandt›
syndical BNW [m mv: **syndicaux**] *vakbonds-*; *(vak)verenigings-* ★ chambre ~e *(plaatselijke) vakvereniging* ‹v. werkgevers› ★ mouvement ~ *vakbeweging*
syndicalisme M • *vakbeweging* • *syndicalisme* ★ faire du ~ *actief lid v.d. vakbeweging zijn*
syndicaliste I M/V *voorstander /actief lid v.d. vakbeweging* **II** BNW *vakbewegings-*; *syndicalistisch*
syndicat M • *vakbond*; *vakvereniging* • *syndicaat* ★ ~ d'initiative *VVV*
syndiqué I M *lid v.e. vakbond* **II** BNW ★ ouvrier ~ *georganiseerde arbeider*
syndiquer WKD WW [**se ~**] *een vakvereniging vormen*; *zich bij een vakbond aansluiten*
syndrome M *syndroom* ★ ~ d'immunodéficience acquise (SIDA) *aids* ★ ~ de la souris *muisarm*
synergie V *synergie*
synode M *synode*
synodique BNW • *synodisch* • *synodaal*
synonyme I M *synoniem* **II** BNW *synoniem (***de** *met)*
synonymie V *synonymie*; *gelijke betekenis*
synopsis M/V *synopsis*; *beknopt overzicht*
synoptique BNW *synoptisch*; *overzichts-*
synovie V *synovia*; *gewrichtssmeer*
syntaxe V *syntaxis*; *zinsbouw*
syntaxique BNW *syntactisch*
synthèse V *synthese* ★ de ~ *synthetisch (vervaardigd)* ★ images de ~ *met de computer vervaardigde beelden*; *digitale beelden* ★ avoir l'esprit de ~ *in samenhangen denken*; *goed kunnen samenvatten*
synthétique BNW *synthetisch*
synthétiser OV WW • *samenvatten* • SCHEIK. *synthetisch vervaardigen*
synthétiseur M *synthesizer*
syphilis (zeg: -lies) V *syfilis*
syphilitique I M/V *syfilislijder* **II** BNW *syfilitisch*
Syrie V *Syrië*
syrien BNW [v: **syrienne**] *Syrisch*
Syrien M [v: **Syrienne**] *Syriër*
systématique I V *systematiek* **II** BNW • *stelselmatig* • *systematisch*
systématisation V *systematisering*
systématiser OV WW *systematiseren*
système M *systeem*; *stelsel* ★ ~ nerveux *zenuwstelsel* ★ ~ féodal *leenstelsel* ★ INFORM. le ~ D /débrouille(-toi) *(het) zichzelf weten te redden*; *slimmigheidje* ‹om zich eruit te redden› ★ INFORM. je connais le ~ *ik weet hoe je dat moet regelen* ★ INFORM. ça me tape sur le ~ *dat werkt op m'n zenuwen*
systémique BNW • *systeem-* • AGRAR., MED. *systemisch*
systole V *systole*; *samentrekking* ‹v. hart›

T

t M letter *t* ★ t comme Thérèse *de t van Theodoor*
t' PERS VNW ● → **te, tu**
ta BEZ VNW [v] ● → **ton**
tabac I M *tabak* ★ ~ à rouler *shag* ★ (bureau /débit de) ~ *tabakswinkel*; *verkooppunt voor rookwaren* ★ pot à ~ *tabakspot*; INFORM. *dikkerdje*; *propje* ★ SCHEEPV. coup de ~ *(korte) storm* ★ INFORM. c'est le même ~ *dat is hetzelfde* ★ INFORM. passage à ~ *afranseling*; *ruw verhoor* ⟨v. arrestant⟩ ★ INFORM. passer à ~ *afranselen* ★ INFORM. faire un ~ *veel succes hebben*; *een kassucces zijn* **II** BNW *tabakkleurig*
tabagie V IRON. *rookhol* ⟨vertrek vol rook⟩
tabagisme M *(het) roken*; *rookverslaving* ★ ~ passif *(het) meeroken*
tabassée V INFORM. *aframmeling*
tabasser OV WW INFORM. *aftuigen*; *afrossen*
tabatière V *tabaksdoos*; *snuifdoos* ★ (fenêtre à) ~ *schuin dakraam*; *klapvenster*
tabernacle M *tabernakel* ★ fête des ~s *Loofhuttenfeest*
table V ● *tafel*; *eettafel* ● *tafel*; *plaat*; *blad*; *tablet* ● *tabel*; *lijst* ★ ~ de nuit/de chevet *nachtkastje* ★ ~ de cuisson *kookplaat* ★ ~ ronde *rondetafelconferentie*; *kringdiscussie* ★ ~s tournantes *tafeldans* ⟨spiritisme⟩ ★ ~ (d'harmonie) *klankbodem* ★ ~ de communion *communiebank* ★ les ~s de la loi *de tafelen der Wet* ★ ~ des matières *inhoudsopgave* ★ ~ de multiplication *tafel v. vermenigvuldiging* ★ faire ~ rase (de) *schoon schip maken (met)*; *tabula rasa maken* ★ mettre/dresser la ~ *de tafel dekken* ★ se mettre à ~ *aan tafel gaan*; *doorslaan* ⟨bekennen⟩
tableau M [mv: **tableaux**] ● *schilderij* ● *tafereel*; *scène*; *beeld* ● *tabel*; *lijst* ● *bord*; *paneel* ● SCHEEPV. *spiegel* ★ ~ (noir) *schoolbord* ★ ~ de bord *dashboard*; *instrumentenbord* ★ ~ de chasse *tableau*; OOK FIG. *(jacht)buit* ★ ~ de service *dienstrooster* ★ ~x vivants *levende beelden* ★ brosser /tracer un ~ *een beeld schetsen*; *een overzicht geven*
tablée V *tafelgezelschap*
tabler ONOV WW ~ **sur** *rekenen op* ⟨iets⟩; *vertrouwen op*
tablette V *tablet* ⟨in alle betekenissen⟩ ★ ~ de lavabo *plaat boven een wastafel* ★ mettre /écrire /inscrire qc sur ses ~s *iets in zijn geheugen prenten*; *nota van iets nemen* ★ rayer qc/qn de ses ~s *niet meer op iets/iemand rekenen*; *iets/iemand afschrijven*
tableur M COMP. *spreadsheet*; *rekenblad*
tablier M ● *voorschoot*; *schort* ● *afschermplaat* ● *brugdek* ★ rendre son ~ *de dienst opzeggen*; *ontslag nemen*
tabloïd, tabloïde M *tabloid* ⟨krant op halfformaat⟩
tabou I M *taboe* **II** BNW *taboe(-)*
taboulé M CUL. *tabouleh*
tabouret M ● *taboeret*; *krukje* ● *voetenbankje*
tabulaire BNW ● *tabelvormig* ● *tafelvormig*
tabulateur M *tabulator* ⟨v. schrijfmachine⟩
tabulatrice V *ponskaartenmachine*
tac (zeg: tak) M *tik* ⟨v. degen⟩ ★ riposter du tac au tac OOK FIG. *prompt riposteren*; *iem. lik op stuk geven*
tache V ● *vlek*; FIG. *smet* ● INFORM. *stuk onbenul*; *nul* ★ ~ solaire *zonnevlek* ★ OOK FIG. ~ de vin *wijnvlek* ★ ~s de rousseur /de son *sproeten* ★ ~ originelle *erfzonde* ★ OOK FIG. sans (une) ~ *vlekkeloos* ★ faire ~ *niet passen*; *hinderlijk afsteken*
tâche V *taak* ★ FORM. prendre à ~ de *zich tot taak stellen te* ★ travailler à la ~ *tegen stukloon werken* ★ barre des ~s *taakbalk*
tacher I OV WW *(be)vlekken*; *bezoedelen* **II** WKD WW [**se** ~] *vlekken krijgen*
tâcher ONOV WW ~ **de** *trachten te*; *proberen te* ★ ~ que [+ subj.] *ervoor zorgen dat*
tâcheron M ● MIN. *werkezel*; *sloof* ● *dagwerker*
tacheter OV WW *(be)vlekken*; *bespikkelen*
tachycardie (zeg: takie-) V *versnelde hartslag*
tachygraphe (zeg: -takie) M *tachograaf*
tachymètre (zeg: takie-) M *snelheidsmeter*; *toerenteller*; *tachometer*
tacite BNW *stilzwijgend*
taciturne BNW *zwijgzaam* ★ Guillaume le Taciturne *Willem de Zwijger*
tacle M *tackle*
tacler OV WW *tackelen*
tacot M INFORM. *rammelkast* ⟨auto⟩
tact (zeg: takt) M ● *tact*; *kiesheid* ● *tastzin*; *gevoel*
tacticien M [v: **tacticienne**] *tacticus*
tactile BNW ● *voel-*; *tast-*; *tactiel* ● FORM. *tastbaar*
tactique I BNW *tactisch* **II** V *tactiek*
taenia M ● → **ténia**
taf M INFORM. *baan*; *job*
taffe V INFORM. *trekje* ⟨aan sigaret⟩
taffetas (zeg: -ta) M *taf(zijde)*
tag M *tag* ⟨graffitilogo⟩
tagète M PLANTK. *afrikaantje*
tagine M ● → **tajine**
tagliatelle V [meestal mv] *tagliatelle*
tagueur M [v: **tagueuse**] *graffitispuiter*
taie V *(kussen)sloop*
taillade V *snee*; *kerf*
taillader OV WW *kerven*; *snijden in*
taille V ● *grootte*; *omvang*; *maat* ⟨v. kledingstuk⟩ ● *(lichaams)lengte*; *postuur* ● *snoei(ing)*; *(in)snijding*; *(het) behouwen*; *(het) slijpen* ⟨v. diamant⟩; *(het) graveren* ● *scherp* ⟨v. zwaard e.d.⟩ ★ ~ de guêpe *wespentaille* ★ tour de ~ *taille(wijdte/-omvang)* ★ pierre de ~ *behouwen natuursteen* ★ à/de la ~ de OOK FIG. *van het formaat van*; *in verhouding tot*; *geschikt voor* ★ INFORM. de ~ *aanzienlijk*; *fors* ★ être de ~ à [+ infin.] *in staat zijn te*; *aankunnen*
taillé BNW FIG. *gebouwd* ★ être ~ pour *geknipt zijn voor*
taille-crayon M [mv: **taille-crayons**] *puntenslijper*
taille-douce V [mv: **tailles-douces**] ★ (gravure en) ~ *kopergravure*
taille-haie M [mv: **taille-haies**] *heggenschaar*
tailler I OV WW *(uit)snijden*; *snoeien*; *behouwen*; *slijpen*; *(bij)knippen* ★ FIG. ~ en pièces *in de*

t

pan hakken **II** WKD WW [**se ~**] ● *gaan strijken met; behalen* ● INFORM. *'m smeren; afnokken*
tailleur M ● *kleermaker* ● *slijper; houwer; snijder; snoeier* ● *mantelpak* ★ (assis) en ~ *in kleermakerszit*
tailleur-pantalon M [mv: **tailleurs-pantalons**] *broekpak*
taillis M ★ (bois) ~ *hakhout; kreupelhout; onderhout*
tain M *tinfolie; spiegelfolie*
taire I OV WW [onregelmatig] *verzwijgen* ★ faire ~ *tot zwijgen brengen* **II** WKD WW [**se ~**] *zwijgen (***sur** *over)*
tajine M ● *kegelvormige aarden stoofpot* ● *(lams)stoofschotel in zo'n pot*
talc M *talk(poeder, -steen)*
talent M *talent* ‹in alle betekenissen› ★ de ~ *talentvol*
talentueux BNW [v: **talentueuse**] *begaafd; talentvol*
taler OV WW *kneuzen* ‹v. vruchten›
talion M *wedervergelding* ★ la loi du ~ *oog om oog, tand om tand*
talisman M *talisman*
talkie-walkie M [mv: **talkies-walkies**] *walkietalkie*
talle V *wortelscheut*
taller ONOV WW PLANTK. *uitstoelen* ‹loten vormen›
talmud M *Talmoed*
talmudique BNW *Talmoedisch*
taloche V ● INFORM. *oorvijg* ● *raapbord*
talocher OV WW ● INFORM. *een oorvijg geven aan* ● *stukadoren; pleisteren*
talon M ● *hiel* ● *hak* ★ ~s aiguilles *naaldhakken* ★ ~s plats *lage hakken* ★ ~ stiletto *stilettohakken* ★ ~ d'Achille *achilleshiel* ★ marcher sur les ~s de qn *iem. op de hielen zitten* ★ montrer/tourner les ~s *de hielen lichten*
talonnade V SPORT *hakje; hakbal*
talonnement M ● *(het) aansporen* ‹v. paard› ● FIG. *(het) op de hielen zitten*
talonner OV WW ● *op de hielen zitten;* OOK FIG. *achtervolgen* ● *de hakken/sporen geven* ‹v. paard› ● SPORT *hakken* ‹v. bal›
talonnette V ● *inleghak* ● *stootband* ‹v. broek›
talquer OV WW *met talk bepoederen*
talqueux BNW [v: **talqueuse**] *talkachtig; talk-*
talus (zeg: -luu) M *talud; glooiing; steile berm*
tamarin M *tamarinde* ‹vrucht›
tamarinier M *tamarinde* ‹boom›
tamaris (zeg: -ries) M *tamarisk*
tambouille V INFORM. *(warme) hap; prak*
tambour M ● OOK TECHN. *trommel; tamboer* ● *trommelslager* ● *tochtportaal* ● *borduurraam* ★ (porte à) ~ *draaideur; tochtdeur* ★ ~ drapé *omfloerste trom* ★ ~ battant *met slaande trom; voortvarend* ★ OOK FIG. battre le/du ~ *de trom roeren* ★ partir sans ~ ni trompette *met stille trom vertrekken*
tambourin M *tamboerijn; hoge, smalle trom*
tambourinage M *getrommel*
tambourinement M ● → **tambourinage**
tambouriner I OV WW ● *trommelen* ● OUD. *rondbazuinen* **II** ONOV WW MEESTAL FIG. *trommelen*
tambour-major M [mv: **tambours-majors**] *tamboer-majoor*
tamis (zeg: -mie) M *zeef* ★ passer au ~ *zeven;* OOK FIG. *(uit)ziften*
tamisage M *(het) zeven*
Tamise V *Theems*
tamiser OV WW ● *ziften; zeven* ● *filteren /dempen* ‹v. licht›
tamiseuse V *zeefmachine*
tamoul BNW *Tamil-*
tampon I M ● *tampon* ● *stop; prop; plug* ● *stempel* ● *buffer* ● *dot* ‹watten, katoen›; *poetssponsje* ● *kluis-/putdeksel* ★ ~ buvard *vloeiblok/-rol* ★ ~ encreur *stempelkussen* ★ vernir au ~ *politoeren* ★ servir de ~ *als buffer fungeren; de klap opvangen* **II** BNW *buffer-* ★ État ~ *bufferstaat*
tamponner OV WW ● *betten* ● *poetsen* ‹met een dot› ● *botsen tegen* ‹voertuig› ● *stempelen* ● *pluggen* ‹v. muur›
tamponneur BNW [v: **tamponneuse**] ★ auto tamponneuse *botsauto*
tam-tam M [mv: **tam-tams**] OOK FIG. *tamtam*
tan M *run* ‹looimiddel›
tancer OV WW *berispen; een uitbrander geven aan*
tanche V *zeelt* ‹vis›
tandem M OOK FIG. *tandem* ★ en ~ *getweeën*
tandis que (zeg: -die(s)k) VW *terwijl*
tangage M *(het) stampen* ‹v. schip›; *(het) schommelen* ‹v. voertuig›
tangence V WISK. *(het) raken* ★ point de ~ *raakpunt*
tangent BNW WISK. *rakend (***à** *aan)* ★ plan ~ *raakvlak* ★ c'est ~ *het is kielekiele*
tangente V ● *raaklijn* ● *tangens* ★ prendre la ~ *ertussenuit knijpen*
tangentiel BNW [v: **tangentielle**] *tangentieel*
tangible BNW OOK FIG. *tastbaar; voelbaar*
tango M *tango*
tanguer ONOV WW *stampen* ‹v. schip›; *schommelen* ‹v. voertuig›
tanière V OOK FIG. *(dieren)hol*
tanin M *tannine; looistof*
tank M ● *tank* ‹reservoir› ● OUD. *tank* ‹gevechtswagen›
tanker (zeg: -keur) M *(olie)tanker*
tankiste M *tanksoldaat*
tannage M *(het) looien*
tannant BNW ● *looi-* ● INFORM. *(stom)vervelend*
tanner OV WW ● *looien* ● *bruinen* ‹v. huid›; *tanen* ● INFORM. *erg vervelen; op de zenuwen werken*
tannerie V *leerlooierij*
tanneur M [v: **tanneuse**] *leerlooier*
tannin M ● → **tanin**
tansad M *duozitting*
tan-sad M ● → **tansad**
tant BIJW *zoveel; zo(zeer)* ★ tant de *zoveel* ★ le tant *de zoveelste* ‹v.d. maand› ★ (un) tant soit peu *enigszins; ietwat* ★ tant et plus *een heleboel; rijkelijk* ★ tant que *zo(veel) als/dat; zolang (als)* ★ tant... que *zowel... als* ★ tant que ça *zo(zeer)* ★ en tant que *voor zover (als); in de hoedanigheid van; als* ★ en tant que tel

ta

als zodanig ★ tant qu'à [+ infin.] *als je dan toch (moet)...* ★ tant qu'à faire *(het moet) dan maar* ★ tant bien que mal *zo goed en zo kwaad als het gaat/ging* ★ si tant est que *als het waar is dat*; *verondersteld dat*; *voor zover* ★ tant mieux *des te beter*; *gelukkig (maar)* ★ tant s'en faut *verre van dat* ★ tant pis *jammer (dan)*; *pech gehad* ★ tant et si bien que *zo... dat*; *net zo lang... tot*

Tantale M ★ supplice de ~ *tantaluskwelling*

tante V • *tante* • INFORM. *nicht* ⟨homo⟩ ★ INFORM. ma ~ *de lommerd*

tantième M • *tantième*; *winstaandeel* • *zoveelste*

tantine V JEUGDT. *tantetje*

tantinet M ★ un ~ *een beetje*; *ietsje*

tantôt BIJW *zometeen*; *zo-even*; OUD. *(zo) straks* ★ à ~ *tot straks*; *tot vanmiddag* ★ ~... ~ *nu eens...*, *dan weer*

Tanzanie V *Tanzania*

TAO AFK traduction assistée par ordinateur *CAT* ⟨computerondersteunde vertaling⟩

taon (zeg: ta(n)) M *brems*; *horzel*

tapage M *kabaal*; *lawaai*; OOK FIG. *drukte* ★ ~ nocturne *(nachtelijk) burengerucht*

tapageur BNW [v: **tapageuse**] • *luidruchtig*; *rumoerig* • *opzichtig*; FIG. *schreeuwerig*

tapant BNW *klokslag* ★ à six heures ~(es) *klokslag zes uur*

tapas V MV CUL. *tapas*

tape V *tik*; *klap(je)*

tapé BNW • INFORM. *getikt* • INFORM. *raak* • *plat en gedroogd* ⟨v. appel, peer⟩ ★ INFORM. c'est tapé! *die zit!*

tape-à-l'œil I BNW [onver.] *opzichtig* **II** M [mv: id.] *opzichtigheid*

tapecul M • INFORM. *wip(plank)* • INFORM. *hotsend rijtuig*; *rammelkast*

tape-cul M [mv: **tape-culs**] • → **tapecul**

tapée V INFORM. *groot aantal*; *(hele) hoop* ★ une ~ d'enfants *een rits kinderen*

tapenade V CUL. *tapenade*

taper I OV WW • *slaan (op)*; *tikken*; *kloppen* • *tikken*; *typen* ★ INFORM. ~ qn de 100 euros *iem. 100 euro aftroggelen /afbietsen* **II** ONOV WW • *kloppen*; *slaan*; *tikken* • FIG. *toeslaan*; *hard aankomen*; *steken* ⟨v. zon⟩ ★ INFORM. ~ dessus *erop los slaan*; OOK FIG. *flink uithalen* ★ ~ dans le ballon *de bal een trap geven* ★ INFORM. ~ dans l'oeil *meteen opvallen*; *meteen bevallen* ★ INFORM. ça tape (fort)! *het is snikheet!*; *die brandt!* ⟨d.w.z. de zon⟩ • INFORM. **~ dans** *toetasten in*; *aanvallen op*; *een greep doen uit* **III** WKD WW [**se** ~] • INFORM. *(tot zich) nemen* ⟨v. iets aangenaams⟩; *naar binnen slaan* ⟨v. eten, drank⟩; *pakken* • INFORM. *(te verduren) krijgen* ⟨v. iets onaangenaams⟩; *(moeten) opknappen* ★ je m'en tape! *daar heb ik maling aan!*

tapette V • INFORM. *rappe tong*; *babbel* • *klapje*; *tikje* • *mattenklopper* • *vliegenmepper* • *soort knikkerspel* • *muizenval* • INFORM. *nicht* ⟨homo⟩; *mietje*

tapeur M [v: **tapeuse**] INFORM. *bietser*

tapin M INFORM./OUD. *tamboer* ★ PLAT faire le ~ *tippelen*

tapinois BIJW ★ en ~ *stilletjes*; *heimelijk*

ta

tapioca M *tapioca*

tapir I M • *tapir* • PLAT *bijlesklant* **II** WKD WW [**se** ~] *wegkruipen*; *zich verbergen* ★ tapi *weggedoken*; *verscholen*

tapis (zeg: -pie) M OOK FIG. *tapijt*; *vloerkleed*; *mat* ★ ~ roulant *lopende band*; *transportband* ★ ~ de billard *biljartlaken* ★ ~ de sol *grondzeil* ★ ~ (de) souris *muismat(je)* ★ ~ de table *tafelloper*; *tafelkleed* ★ ~ rouge *rode loper* ★ le ~ vert *het groene laken*; *de speeltafel* ★ envoyer au ~ *neerslaan*; *vloeren* ★ mettre sur le ~ *te berde brengen* ★ revenir sur le ~ *weer aan de orde komen*

tapis-brosse M [mv: **tapis-brosses**] *ruige (deur)mat*

tapisser OV WW • *behangen* • *bedekken (***de** *met)*

tapisserie V • *tapijtwerk*; *wandtapijt* • *borduurwerk* • *behang(werk)* ★ faire ~ *muurbloempje zijn*

tapissier M [v: **tapissière**] • *tapijtwever* • *stoffeerder* • *behanger*

tapoter OV+ONOV WW *zacht tikken (op)*; *pingelen* ⟨op de piano⟩

tapuscrit M *typoscript*

taquet M *wig*; *klamp*; *pin(netje)*; SCHEEPV. *kikker*

taquin I M [v: **taquine**] *plaaggeest* **II** BNW *plaagziek*; *plagerig*

taquiner OV WW *plagen*

taquinerie V • *plaagzucht* • *plagerij*

tarabiscoter OV WW OOK FIG. *overladen met versiering*; *opsmukken*

tarabuster OV WW *hinderen*; *vervelen*; *dwarszitten*

taratata TW *loop heen!*; *och kom!*

taraud M *snijtap*

tarauder OV WW • *tappen* ⟨v. schroefdraad⟩; *van schroefdraad voorzien* • FIG. *knagen aan*

tard BIJW *laat* ★ au plus tard *op zijn laatst* ★ il se fait tard *het wordt (al) laat* ★ sur le tard *(pas) op latere leeftijd*; *pas laat* ★ sans attendre plus tard *zonder (nog) langer te wachten* ★ remettre à plus tard *uitstellen* ★ mieux vaut tard que jamais *beter laat dan nooit*

tarder I ONOV WW *op zich laten wachten*; *dralen*; *er lang over doen (***à** *om)* ★ il ne ~a pas à venir *hij zal spoedig komen*; *hij komt zo* ★ sans ~ *terstond* **II** ONP WW ★ il me tarde de [+ infin.] *ik verlang ernaar om te*

tardif BNW [v: **tardive**] *laat*; *verlaat* ★ une fleur tardive *een laatbloeiende bloem*

tardivement BIJW *laat*

tare V • *tarra* • *gebrek*; *fout*; FIG. *smet* • INFORM. *stuk onbenul*

taré BNW • *met een gebrek behept*; *erfelijk belast*; *verdorven* • INFORM. *idioot*

tarentelle V *tarantella*

tarentule V *tarantula*

tarer OV WW *tarreren*

taret M *paalworm*

targette V *schuif*; *grendel*; *knip*

targuer WKD WW [**se** ~] FORM. **~ de** *prat gaan op*; *zich erop laten voorstaan dat*

tarière V • *zwikboor*; *avegaar* • *legboor* ⟨v. insect⟩

tarif M *tarief*; *prijs(lijst)*

tarifaire BNW *volgens het tarief*; *tarief-*

tarifer OV WW *tariferen; het tarief vaststellen van*
tarification V *tarifering; tariefbepaling*
tarin M • *sijs* • INFORM. *neus*
tarir I OV WW *doen opdrogen*; FIG. *uitputten* **II** ONOV WW • *uitdrogen; opdrogen* • FORM./FIG. *uitgeput raken; ophouden* ★ pleurs qui ne tarissent pas *tranen die niet te stelpen zijn* ★ ne pas ~ sur un sujet *niet uitgepraat raken over een onderwerp* ★ ne pas ~ d'éloges sur *vol lof zijn over; met lof overladen* **III** WKD WW [**se** ~] OOK FIG. *opdrogen* ‹v. bron›
tarissement M • *opdroging* • FIG. *uitputting*
tarot M *tarot* ★ ~s [mv] *tarotkaarten*
tarse M • *voetwortel* • *tars* ‹v. insect›; *loopbeen* ‹v. vogel›
tartan M *tartan*
tartare I M ★ (steak) ~ *tartaartje* **II** BNW *Tartaars* ★ sauce ~ *tartaarsaus*
Tartare I M *Tartarus* **II** M/V *Tartaar*
tarte I V • *taart* • INFORM. *klap; mep* ★ ~ à la crème *loze kreet; dooddoener* ★ INFORM. c'est pas de la ~ *dat is geen peulenschil* **II** BNW INFORM. *stom; lelijk; flut-*
tartelette V *taartje*
tartempion M MIN. *oelewapper; huppeldepup*
tartignolle BNW INFORM. *stom; flut-; truttig*
tartine V • *boterham* • INFORM. *langdradig betoog/verhaal*
tartiner I OV WW *besmeren* ‹v. brood› ★ fromage à ~ *smeerkaas* **II** ONOV WW INFORM. *(eindeloos) uitweiden*
tartre M • *wijnsteen* • *tandsteen* • *ketelsteen*
tartufe M • → **tartuffe**
tartuffe M *huichelaar*
tas (zeg: tà) M • *hoop; stapel* • *hoop; (hele)boel; troep* ★ un tas de *een heleboel* ★ dans le tas *in de grote massa; in het wilde weg* ★ sur le tas *op het werk; in de praktijk* ★ formation sur le tas *opleiding in het bedrijf*
tasse V *kopje* ★ ~ de café *kop koffie* ★ la grande ~ *de zee* ★ boire une ~ *water binnenkrijgen* ‹bij het zwemmen›
tassé BNW • INFORM. *vol* • INFORM. *sterk* ‹v. drank› ★ bien ~ *afgeladen; boordevol*
tasseau M [mv: **tasseaux**] *klamp*
tassement M *verzakking*; OOK FIG. *inzakking*
tasser I OV WW *opeenpakken; op elkaar persen; aandrukken* **II** WKD WW [**se** ~] • *verzakken; in elkaar zakken; inklinken; (in)krimpen* • *dicht op elkaar kruipen* • INFORM. *in orde komen* • INFORM. *zich volproppen*
taste-vin M [mv: id.] *napje* ‹voor het proeven van wijn›; *steekhevel*
tata V JEUGDT. *tante*
tatanes V MV INFORM. *stappers* ‹schoenen›
tâter I OV WW • *betasten; bevoelen*; OOK FIG. *aftasten* • *polsen* ★ ~ le pouls *de pols voelen* ★ ~ le pavé *aarzelend voorwaarts gaan* ★ FIG. ~ le terrain *het terrein verkennen* **II** ONOV WW FIG. **~ de** *proeven van; uitproberen; ondervinden* **III** WKD WW [**se** ~] *aarzelen; zich beraden* ★ je me tâte *ik moet er nog even over nadenken*
tâte-vin M • → **taste-vin**
tatillon I BNW [v: **tatillonne**] *pietluttig* **II** M [v: **tatillonne**] *pietlut*
tatin V ★ (tarte) ~ *omgekeerde appeltaart*
tâtonnement M OOK FIG. *(het) (aarzelend) tasten; voorzichtige poging*
tâtonner ONOV WW OOK FIG. *(aarzelend) tasten; rondtasten*
tâtons ★ OOK FIG. à ~ *op de tast; op het gevoel*
tatou M *gordeldier*
tatouage M *tatoeëring*
tatouer OV WW *tatoeëren*
taudis (zeg: -die) M *krot*
taulard M PLAT *bajesklant*
taule V • INFORM. *hok* ‹kamer, woning› • PLAT *bajes; bak* ★ PLAT aller en ~ *de bak in draaien*
taulier M [v: **taulière**] INFORM. *(slechte) hospes; (hotel)baas*
taupe V • OOK FIG. *mol* • *mollenvel* ★ myope comme une ~ *stekeblind* ★ INFORM. vieille ~ *oud wijf*
taupé M ★ (feutre) ~ *haarvilt*
taupière V *mollenval*
taupinée V • → **taupinière**
taupinière V OOK FIG. *molshoop*
taureau M [mv: **taureaux**] • *stier* • *Stier* ‹dierenriem› ★ prendre le ~ par les cornes *de koe bij de hoorns vatten*
taurillon M *jonge stier; stierkalf*
tauromachie V *(het) stierenvechten; stierengevecht*
tautologie V *tautologie*
taux M • *percentage; graad; gehalte; peil; cijfer, (-)cijfer* • *koers; tarief* ★ taux (d'intérêt) *rentevoet* ★ taux de change *wisselkoers* ★ taux de chômage *werkloosheidscijfer* ★ taux de natalité *geboortecijfer* ★ taux de glucose *(bloed)suikerspiegel*
tavelé BNW *gespikkeld; met plekjes*
tavelure V *spikkel; plekje*
taverne V *herberg; taveerne; eethuisje*
tavernier M [v: **tavernière**] OUD. *herbergier*
taxateur BNW [v: **taxatrice**] *schattend*
taxation V • *bepaling v.d. kosten/lasten; belasting(heffing)* • *prijsbinding*
taxe V • *belasting; heffing* • *officieel vastgestelde prijs; tarief* ★ taxe de séjour *verblijfsbelasting* ‹in toeristenoord› ★ taxe foncière/ d'habitation *onroerendezaakbelasting*; ≈ *ozb* ★ taxe professionnelle *(gemeentelijke) bedrijfsbelasting* ★ hors taxe(s) *exclusief btw; taxfree*
taxer OV WW • *officieel vaststellen* ‹v. prijs› • *(met een heffing) belasten* ★ ~ qn de 100 euros *iem. 100 euro afbietsen /lichter maken* • **~ de** *beschuldigen van; bestempelen als*
taxi M • *taxi* • INFORM. *taxichauffeur*
taximètre M *taximeter*
taxinomie V *taxonomie*
taxiphone M *belwinkel*
Tchad M *Tsjaad*
tchador M *chador* ‹islamitische hoofddoek›
tchao TW INFORM. → **ciao**
tchatche V ★ INFORM. avoir de la ~ *een vlotte babbel hebben*
tchatcher ONOV WW • INFORM. *kwebbelen; kletsen* • WWW *chatten*
tchécoslovaque BNW GESCH. *Tsjecho-Slowaaks*

Tchécoslovaquie V GESCH. *Tsjecho-Slowakije*
tchèque I M *(het) Tsjechisch* **II** BNW *Tsjechisch*
Tchèque M/V *Tsjech*
Tchéquie V *Tsjechië*
tchin-tchin TW *proost!*
TD AFK travaux dirigés *werkcollege*
te, t' ⟨voor klinker of stomme h⟩ PERS VNW *je; (aan) jou*
té I M *T-vormig voorwerp; tekenhaak* **II** TW ⟨in Z.-Frankrijk⟩ *hé!; kijk!*
technicien (zeg: tek-) M [v: **technicienne**] *technicus; vakman*
technicité (zeg: tek-) V *technisch karakter*
technico-commercial (zeg: tek-) BNW [m mv: **technico-commerciaux**] *commercieel-technisch*
technique (zeg: tek-) **I** BNW *technisch* ★ incident ~ *technische storing* ★ terme ~ *vakterm* **II** V *techniek*
technocrate (zeg: tek-) M/V *technocraat*
technocratique BNW *technocratisch*
technologie (zeg: tek-) V *technologie*
technologique (zeg: tek-) BNW *technologisch*
technologue (zeg: tek-) M/V *technoloog*
teck M *teak(hout)*
teckel M *teckel*
tectonique I BNW *tektonisch* **II** V *tektoniek*
tectrice V ★ (plume) ~ *dekveer*
teenager (zeg: tieneedzjeur) M/V OUD. *teenager*
tee-shirt, teeshirt (zeg: tiesjeurt) M [mv: **tee-shirts, teeshirts**] *T-shirt*
téflon M *teflon*
tégument M BIOL. *bedekking; bekleedsel; vlies*
teigne V • *mot* ⟨dier⟩ • *hoofdzeer* ★ INFORM. être (mauvais comme) une ~ *een rotmens/kreng zijn; een stuk chagrijn zijn*
teigneux BNW [v: **teigneuse**] • *zeerhoofdig* • *zo vals als een kat; chagrijnig*
teindre OV WW [onregelmatig] *verven; kleuren*
teint I M *t(e)int; gelaatskleur* ★ bon/grand ~ *wasecht; kleurecht* ★ INFORM. un catholique bon ~ *een rasechte katholiek* ★ fond de ~ *foundation* ⟨v. make-up⟩ **II** BNW *geverfd* ★ INFORM. elle est ~e *ze heeft geverfd haar*
teinte V • *tint; kleur* • *glimp; zweem* ★ ~ d'ironie *ironische ondertoon*
teinter I OV WW OOK FIG. *tinten; kleuren* ★ teinté d'ironie *ironisch getint; met een zweem van ironie* **II** WKD WW [**se** ~] **de** *zich... kleuren; zwemen naar*
teinture V • *kleurstof; kleur(tje)* • *(het) verven* • *tinctuur* • *oppervlakkige kennis*
teinturerie V • *stomerij* • *ververij*
teinturier M [v: **teinturière**] • *houder v.e. stomerij* • *verver*
tek M • → **teck**
tel BNW [v: **telle**] • *zulk; zo(danig); dergelijk* • *(zo)als* • *een (zeker); die en die* ★ un tel homme *zo'n man* ★ monsieur Un tel *mijnheer die en die* ★ à telle heure *zo en zo laat* ★ tel que *(zo)als; zo(danig) dat* ★ tel quel *zoals het is/was; in dezelfde toestand* ★ tel et/ou tel *die of die; deze of gene* ★ comme tel /en tant que tel *als zodanig* ★ tels des princes *als vorsten* ★ rien de tel *niets dergelijks; daar gaat niets boven* ★ il n'est pas riche, mais passe pour tel *hij is niet rijk, maar geldt wel als zodanig* ★ tel père, tel fils ⟨spreekwoord⟩ *zo vader, zo zoon* ★ tel rit aujourd'hui qui pleurera demain *wie vandaag lacht kan morgen huilen*
tél. AFK téléphone *tel.; telefoonnummer*
télé V INFORM. *televisie; tv*
téléachat M *(het) telewinkelen*
téléaffichage M ★ tableau de ~ *elektronisch mededelingenbord*
télébenne V INFORM. *kabelbaan; kabelbaangondel; stoeltjeslift*
téléboutique V *belwinkel*
télécabine V *kabelbaan; kabelbaangondel; stoeltjeslift*
télécarte V *telefoonkaart*
télécharger OV WW *downloaden*
télécom V *telecommunicatie*
télécommande V *afstandsbediening*
télécommander OV WW • *op een afstand besturen* • FIG. *het brein zijn achter*
télécommunication V *telecommunicatie*
téléconférence V *teleconferentie*
télécopie V *fax*
télécopier OV WW *faxen*
télécopieur M *faxapparaat*
télédiffuser OV WW *via televisie uitzenden*
télédistribution V *kabeltelevisie*
téléenseignement M *afstandsonderwijs*
téléférique M *kabelbaan*
téléfilm M *tv-film*
télégénique BNW *telegeniek*
télégramme M *telegram*
télégraphe M *telegraaf*
télégraphie V *telegrafie*
télégraphier OV WW *telegraferen*
télégraphique BNW *telegrafisch* ★ style ~ *telegramstijl*
télégraphiste M/V • *telegrafist* • OUD. *telegrambesteller*
téléguidage M *afstandsbesturing*
téléguider OV WW • *op afstand besturen* • FIG. *het brein zijn achter* ★ engin téléguidé *geleid projectiel*
téléinformatique V *datacommunicatie*
télékinésie V *telekinese*
télématique V *telematica*
télémètre M *afstandsmeter; telemeter*
téléobjectif M *telelens*
télepaiement M *(het) elektronisch betalen*
télépathie V *telepathie*
télépathique BNW *telepathisch*
téléphérique M • → **téléférique**
téléphone M *telefoon* ★ coup de ~ *telefoontje* ★ (~) portable *mobiele telefoon; mobieltje* ★ ~ rouge *hotline* ★ INFORM. ~ arabe *tamtam; geruchtenmachine*
téléphoné BNW INFORM./FIG. *doorzichtig; al te voorspelbaar*
téléphoner OV+ONOV WW *telefoneren*
téléphonie V *telefonie*
téléphonique BNW *telefonisch; telefoon-*
téléphoniste M/V *telefonist*
téléprospection V *telemarketing*
télé-réalité V *reality-tv*
télescopage M • *kop-staartbotsing* • FIG.

ineenschuiving
télescope M *telescoop*
télescoper I OV WW *botsen op; inrijden op* **II** WKD WW [**se ~**] • *op elkaar botsen* • FIG. *in elkaar schuiven*
télescopique BNW *telescopisch*
téléshopping M *(het) telewinkelen*
télésiège M *stoeltjeslift*
téléski M *skilift*
téléspectateur M [v: **téléspectatrice**] *televisiekijker*
télésurveillance V *camerabewaking*
télétexte M *teletekst*
télétravail M *(het) telewerken; telewerk*
télétravailler ONOV WW *telewerken*
télétravailleur M *telewerker*
télévente V *telefonische verkoop*
télévisé BNW ★ journal ~ *tv-journaal*
téléviseur M *televisietoestel*
télévision V *televisie* ★ ~ numerique terrestre *digitale televisie*
télévisuel BNW [v: **télévisuelle**] *televisie-*
télex M *telex*
télexer OV WW *telexen*
télexiste M/V *telexist*
tellement BIJW *zo(zeer)* ★ INFORM. ~ de *zoveel*
tellurique BNW • *aard-; tellurisch* • *tellurium-*
téloche V INFORM. *tv*
tel-tel COMP. tel écran, tel écrit *wysiwyg* ⟨what you see is what you get⟩
téméraire I M/V *waaghals* **II** BNW *overmoedig; vermetel; lichtvaardig* ★ Charles le Téméraire *Karel de Stoute*
témérité V *overmoedigheid; vermetelheid; roekeloosheid*
témoignage M *getuigenis; blijk; bewijs* ★ porter/rendre ~ *getuigenis afleggen* ★ rendre ~ à *ten gunste spreken van; hulde brengen aan*
témoigner I OV WW *getuigen; betuigen; betonen; blijk geven van* **II** ONOV WW • *getuigen* • **~ de** *getuigen van; betuigen; blijk geven van*
témoin I M • *getuige; secondant* ⟨bij duel⟩ • *bewijs; teken (***de*** van)* • SPORT *estafettestokje* ★ ~ oculaire *ooggetuige* ★ ~ muet *stille getuige* ★ ~(-)clé *kroongetuige* ★ prendre à ~ *tot getuige nemen* **II** BNW *controle-* ★ appartement/maison(-)~ *modelwoning* ★ lampe(-)~ *controlelamp* **III** VZ *getuige; blijkens*
tempe V *slaap* ⟨aan het hoofd⟩
tempérament M • *temperament; (lichaams)gestel; aard* • FORM. *matiging* • MUZ. *temperatuur* ★ vente à ~ *verkoop op afbetaling*
tempérance V OUD. *gematigdheid; matigheid* ★ société de ~ *vereniging tot bestrijding van drankmisbruik*
température V *temperatuur* ★ avoir de la ~ *verhoging hebben* ★ FIG. prendre la ~ *de stemming peilen*
tempéré BNW • *gematigd* • MUZ. *gelijkzwevend*
tempérer OV WW *matigen; temperen*
tempête V OOK FIG. *storm*
tempêter ONOV WW *uitvaren; tekeergaan*
tempétueux BNW [v: **tempétueuse**] MEESTAL FIG. *stormachtig; onstuimig*
temple M • *tempel* • *protestantse kerk*
templier M GESCH. *tempelier*
tempo M [mv: **tempi**] MUZ. *tempo*
temporaire BNW *tijdelijk*
temporal BNW [m mv: **temporaux**] *van de slapen* ★ (os) ~ *slaapbeen*
temporel I BNW [v: **temporelle**] • *tijdelijk* • *wereldlijk; aards* • TAALK. *temporeel; van tijd* **II** M • *(het) tijdelijke* • *(de) wereldlijke macht*
temporisateur I M *tijdschakelaar* **II** BNW [v: **temporisatrice**] *dralend; afwachtend*
temporisation V *(het) talmen; uitstel; tijdwinning*
temporiser ONOV WW *temporiseren; uitstellen; dralen*
temps M • *tijd* • MUZ. *(tijd)maat* • *weer* • *tempo* ⟨bij schaken⟩ ★ ~ humains *manuren; mensuren* ★ ~ mort *time-out; spelonderbreking* ★ ~ partagé *timesharing* ★ tout le ~ *de hele tijd; aldoor* ★ ~ de chien *hondenweer* ★ gros ~ *zwaar weer* ⟨op zee⟩ ★ à ~ *op tijd; tijdig* ★ à plein ~ *fulltime; voltijds* ★ mesure à trois ~ *driekwartsmaat* ★ moteur à quatre ~ *viertaktmotor* ★ avec le ~ *mettertijd* ★ au ~ jadis *(in) vroeger (tijd)* ★ ces derniers ~ /ces ~-ci *de laatste tijd* ★ dans le ~ *indertijd* ★ dans un premier ~ *eerst; in eerste instantie* ★ (dans) les premiers ~ *aanvankelijk* ★ de/en tout ~ *te allen tijde; altijd al* ★ de ~ en ~ /de ~ à autre *van tijd tot tijd* ★ de mon ~ *in mijn tijd; toen ik jong(er) was* ★ du ~ de *ten tijde van* ★ FIG. en deux ~ *in twee stappen* ★ en même ~ *tegelijk(ertijd)* ★ en ~ et lieu *bij gelegenheid* ★ en ~ utile/voulu *te gelegener tijd; tijdig* ★ COMP. (en) ~ réel *(in) real time* ★ entre ~ *ondertussen* ★ par tous les ~ *weer of geen weer* ★ par les ~ qui courent *in de huidige tijd; tegenwoordig* ★ avoir le ~ (de) *(de) tijd hebben (om)* ★ avoir tout son ~ *alle tijd hebben* ★ n'avoir /durer qu'un ~ *maar kort duren* ★ être de son ~ *met zijn tijd meegaan* ★ il est (grand) ~ *het is (hoog) tijd* ★ faire son ~ *zijn tijd uitdienen* ★ il a fait son ~ *hij heeft zijn tijd gehad* ★ il fait beau ~ /le ~ est beau *het is mooi weer* ★ prendre bien son ~ *het goede ogenblik kiezen* ★ prendre du bon ~ *het ervan nemen* ★ réparer le ~ perdu *de verloren tijd inhalen* ★ il y a un ~ pour tout /il faut laisser du ~ au ~ *alles op z'n tijd* ★ il y a beau ~ de cela *dat is een tijd geleden* ★ le ~ de me changer *terwijl ik me even omkleed*
tenable BNW *houdbaar; (vol) te houden*
tenace BNW OOK FIG. *hardnekkig; koppig; vasthoudend; taai* ★ mémoire ~ *sterk geheugen*
ténacité V OOK FIG. *hardnekkigheid; vasthoudendheid; taaiheid*
tenaille V [meestal mv] *(nijp)tang* ★ FIG. en ~(s) *in de tang*
tenailler OV WW • GESCH. *met gloeiende tangen folteren* • *kwellen; folteren*
tenancier M [v: **tenancière**] • *houder* • *pachter*
tenant I M [v: **tenante**] *voorstander; voorvechter* ★ ~ (de l'écu) *schildhouder* ★ SPORT ~ du titre *titelhouder* ★ d'un (seul) ~ *aan één stuk; aaneengrenzend* ★ les ~s et les aboutissants *de*

te

aaneengrenzende percelen; *de precieze omstandigheden*; *de ins en outs* **II** BNW ★ séance ~e *staande de vergadering*; *op staande voet*
tendance V • *neiging (***à** *om)* • *strekking* • *tendens*; *trend*; FIG. *stroming*; *richting* ★ très ~ *erg trendy*
tendancieux BNW [v: **tendancieuse**] *tendentieus*
tender (zeg: -dèr) M *tender*
tendeur M *spanner*; *spandraad*; *snelbinder*
tendineux BNW [v: **tendineuse**] *pezig*; *pees-*
tendinite V *peesontsteking*; *tendinitis*
tendon M *pees* ★ ~ du jarret *hamstring*
tendre I BNW • *zacht*; *week*; *mals* • *teder*; *gevoelig*; *zacht(zinnig)* • *zacht* ⟨v. kleur⟩ ★ mot ~ *kooswoordje* ★ dès l'âge le plus ~ *vanaf de prilste jeugd* **II** OV WW • *spannen*; *strekken*; *rekken* • *uitstrekken*; *toesteken* • *behangen (***de** *met)* ★ ~ la main *een helpende hand toesteken*; *bedelen* ★ ~ son esprit *ingespannen nadenken* ★ ~ l'oreille *de oren spitsen* **III** ONOV WW **~ à** *neigen tot*; *gericht zijn op*; *leiden tot*; *strekken tot*; *tenderen naar*; *beogen (te)* **IV** WKD WW [**se** ~] *gespannen worden* ⟨v. betrekkingen⟩
tendresse V • *tederheid*; *genegenheid* • INFORM. *zwak*; *sympathie (***pour** *voor)*
tendreté V *malsheid*; *zachtheid*
tendron M OUD. *loot* ★ ~ de veau *kalfsborst*
tendu WW [volt. deelw.] • → **tendre**
ténèbres V MV OOK FIG. *duisternis*
ténébreux BNW [v: **ténébreuse**] • MEESTAL FIG. *duister* • *somber*; *droefgeestig*
teneur I M [v: **teneuse**] ★ ~ de livres *boekhouder* **II** V • *gehalte (***en** *aan)* • *inhoud* ⟨v. tekst⟩; *bewoordingen* ★ la ~ en alcool *het alcoholgehalte*
ténia M *lintworm*
tenir I OV WW [onregelmatig] • *houden*; *vasthouden*; *tegenhouden*; *in bedwang houden* • *(onder zich) houden*; *hebben*; *bezitten* • *vervullen* ⟨v. functie, rol⟩; *nakomen* ⟨v. belofte, verplichting⟩ • *innemen* ⟨v. plaats⟩; *beslaan*; *bevatten* ★ ~ l'alcool *goed tegen drank kunnen* ★ ~ boutique *een winkel/zaak drijven* ★ ~ la caisse *de kas beheren /houden* ★ ~ sa classe *orde houden* ⟨in de klas⟩ ★ ~ conseil *raad houden*; *beraadslagen* ★ ~ le coup *volhouden*; *het uithouden* ★ ~ en estime *achting hebben voor* ★ ~ en bon état *in goede staat houden* ★ ~ l'orgue *de orgelpartij spelen* ★ ~ des propos *(lelijke) woorden bezigen* ★ ~ son rang *zijn stand ophouden* ★ je tiens cela de mon frère *dat heb ik van mijn broer (gehoord /gekregen)* ★ tiens! *kijk!*; *pak aan!*; *hier!*; *hé!* • **~ pour** *houden voor*; *beschouwen als* **II** ONOV WW • *(het) houden*; *standhouden*; *(blijven) vastzitten (***à** *aan)*; *(blijven) gelden* • *(erin) passen*; *(erin) kunnen* • *het uithouden* • *aanhouden* • *passen* ★ ~ bien sur la route *vast op de weg liggen* ★ ~ bon/ferme *standhouden*; *pal staan* ★ cela tient en peu de mots *dat is in een paar woorden samen te vatten* ★ mieux vaut ~ que courir *wat je hebt, dat heb je* ★ ne plus pouvoir (y) ~ *het niet meer uithouden* • **~ à** *gesteld zijn op*; *gehecht zijn aan*; *(per se) willen* • **~ à** *afhangen van*; *liggen aan* • **~ de** *lijken op*; *aarden naar* ★ cela tient du miracle *dat grenst aan het wonderbaarlijke* • OUD. **~ pour** *op de hand zijn van*; *toegedaan zijn* **III** ONP WW ★ qu'à cela ne tienne! *laat dat geen bezwaar zijn!*; *dat hindert niet!* ★ il ne tient qu'à moi *het hangt slechts van mij af* ★ il a tenu à peu que *het scheelde maar weinig of* **IV** WKD WW [**se** ~] • *zich (vast)houden (***à** *aan)* • *(blijven) staan/zitten*; *blijven* • *zich gedragen* • *zich inhouden* • *gehouden worden* • *samenhangend /zinnig zijn* • *zich achten* ★ se ~ droit *rechtop blijven staan/zitten* ★ s'en ~ à *zich houden aan*; *blijven bij* ★ OOK FIG. tiens-toi bien! *hou je vast!* • **~ pour** *zich houden voor*
tennis (zeg: -nies) M • *tennis* • *tennisbaan/ -complex* ★ ~ de table *tafeltennis* ★ jouer au ~ *tennissen* ★ ~ [mv] *gymschoenen*
tennisman M [mv: **tennismans/tennismen**] *tennisser*
tennistique BNW *tennis-*
tenon M *pin* ★ dent à ~ *stifttand*
ténor I M • *tenor* ⟨stem; zanger⟩ • *kopstuk* ★ les ~s du barreau *de beroemde advocaten* **II** BNW *tenor-*
tenseur M • *strekspier* • *tensor*
tensioactif BNW [v: **tensioactive**] SCHEIK. *oppervlakteactief*
tensiomètre M *bloeddrukmeter*; *tensimeter*
tension V • *spanning* • *inspanning* ★ ~ (artérielle) *bloeddruk* ★ avoir de la ~ *hoge bloeddruk hebben* ★ haute ~ *hoogspanning*
tentaculaire BNW FIG. *wijdvertakt*; *uitdijend*
tentacule M *tentakel*; *vangarm*; *voelhoorn*
tentant BNW *aanlokkelijk*; *verleidelijk*
tentateur I BNW [v: **tentatrice**] *verleidend* ★ l'esprit ~ *de duivel* **II** M [v: **tentatrice**] *verleider*
tentation V *verleiding*; *verzoeking*; *bekoring*
tentative V *poging (***de** *te)*
tente V *tent* ★ sous une ~ *in een tent*
tenter OV WW • *beproeven*; *proberen (***de** *te)* • *verlokken*; *verleiden*; *in verzoeking brengen* • *aanlokken*; *aantrekken* ★ ~ le coup *het erop wagen* ★ être tenté de *geneigd zijn te*; *graag willen*
tenture V *behangsel*; *wandbekleding*
tenu I BNW • *verzorgd*; *onderhouden* • *vast* ⟨v. koers⟩; *koershoudend* ★ FIG. être tenu à *gebonden zijn aan* ★ être tenu de *verplicht zijn te* **II** WW [volt. deelw.] • → **tenir**
ténu BNW *(rag)fijn*; *dun*
tenue V • *(het) houden*; *(het) bijhouden* • *verzorging*; *onderhoud* • *houding*; *manieren*; *gedrag* • *tenue*; *kleding* • *(het) aanhouden*; *bestendigheid* • FORM. *zitting* ⟨vergadering⟩ ★ ~ des livres *(het) boekhouden* ★ ~ de route *wegligging* ★ (en) ~ de soirée *(in) avondkleding* ★ ~ de ville *dagelijks tenue*; *gewone kleding* ★ en petite ~ *schaars gekleed*; *in negligé* ★ d'une seule ~ *aan één stuk door* ★ un peu de ~! *gedraag je!*
ténuité V *fijnheid*; *dunheid*
ter BIJW • *driemaal* • *derde* ⟨na bis⟩ ★ habiter au 12 ter *op 12c wonen*

tercet M *terzet*
térébenthine V ★ (essence de) ~ *terpentijn*
tergal M *tergal* ⟨kunststof⟩
tergiversation V [vaak mv] *draaikonterij*
tergiverser ONOV WW • *uitvluchten zoeken* • *dralen*; FIG. *draaien*
terme M • OOK WISK. *term* • *termijn* • FORM. *einde* ★ ~ de rigueur *uiterste termijn* ★ FIG. moyen ~ *middenweg* ★ à ~ *op termijn*; *termijn-* ★ à moyen ~ *op middellange termijn* ★ marché à ~ *termijnmarkt*; *tijdaffaire* ★ né à ~ *op tijd geboren*; *voldragen* ★ né avant ~ *te vroeg geboren* ★ mener à ~ *ten einde brengen* ★ mettre un ~ à *een eind maken aan* ★ au ~ de *na (het verstrijken van)* ★ aux ~s de *volgens de bepalingen van*; *krachtens* ★ en d'autres ~s *met andere woorden* ★ être en bons/mauvais ~s avec *op goede/slechte voet staan met*
terminaison V • *(uit)einde* • TAALK. *uitgang* ⟨v. woord⟩
terminal I M [mv: **terminaux**] OOK COMP. *terminal*; *eindstation* **II** BNW [m mv: **terminaux**] *eind-*; *terminaal* ★ (classe) ~e *eindexamenklas*
terminer I OV WW *beëindigen*; *besluiten (***par** *met)*; *afmaken* ★ en ~ *er een eind aan maken* ★ en avoir terminé avec *klaar zijn met* ⟨iets⟩; *gebroken hebben met* ⟨iemand⟩ **II** WKD WW [**se** ~] *eindigen*; *aflopen* ★ se ~ en/par *eindigen op*; *uitlopen op*
terminologie V *terminologie*
terminus (zeg: -nuus) M *eindpunt* ★ (gare) ~ *eindstation*
termite M *termiet* ★ travail de ~ *ondermijnende activiteit*
termitière V *termietenheuvel*
ternaire BNW *driedelig*; *drietallig*
terne I BNW OOK FIG. *mat*; *dof*; *flets* **II** M *terne* ⟨bij gokspel⟩; *drietje*; *dubbel drie*
ternir I OV WW • *dof maken* • FIG. *bezoedelen* **II** WKD WW [**se** ~] *dof worden*; FIG. *verbleken*
ternissure V • *dofheid*; *matheid* • *smet*
terrain M OOK FIG. *terrein*; *gebied*; *grond*; *veld* ★ ~ à bâtir *bouwterrein* ★ ~ d'entente *basis voor overeenstemming*; *gespreksbasis* ★ FIG. les gens de ~ *de mensen in het veld*; *de veldwerkers* ★ homme de ~ *man van de praktijk* ★ FIG. sur le ~ *in het veld*; *in de praktijk*; *op de werkvloer*; *ter plaatse* ★ sur son ~ *op eigen/bekend terrein* ★ gagner du ~ *terrein/veld winnen* ★ ménager le ~ *omzichtig te werk gaan* ★ occuper le ~ *nadrukkelijk aanwezig zijn* ★ FIG. sonder/tâter le ~ *het terrein verkennen*
terrarium (zeg: -rieòm) M *terrarium*
terrasse V *terras* ★ en ~(s) *terrasvormig*; *terras-*
terrassement M *grondwerk*
terrasser OV WW • *op de grond werpen*; *vloeren* • *terneerslaan*; FIG. *verpletteren*; *verbijsteren*
terrassier M *grondwerker*
terre V • *aarde* ⟨in alle betekenissen⟩ • [ook mv] *grond*; *land* ★ la Terre *de (planeet) aarde* ★ ~ cuite *terra cotta* ★ ~ ferme *vaste grond*; *wal* ★ à ~ *op de grond*; *aan land* ★ TECHN. mettre à la ~ *aarden* ★ ~ à ~ *laag-bij-de-gronds*; *prozaïsch*; *alledaags* ★ basses ~s *laagland* ★ de pleine ~ *van de koude/volle grond* ★ armée de ~ *landleger* ★ politique de la ~ brûlée *tactiek v.d. verschroeide aarde* ★ mur de ~ *aarden wal* ★ par ~ *op de grond*; *ter aarde*; *over land* ★ mettre/porter en ~ *ter aarde bestellen* ★ perdre ~ *het land uit het oog verliezen*; *vaste grond verliezen* ★ revenir sur ~ *weer tot de werkelijkheid terugkeren* ★ SCHEEPV. toucher ~ *landen*; *aanleggen* ★ qui ~ a, guerre a ⟨spreekwoord⟩ *eigendom brengt twist en oorlog met zich mee*
terreau M *teelaarde*; *potgrond*
terre-neuve M [mv: id.] *newfoundlander* ⟨hond⟩
Terre-Neuve V *Newfoundland*
terre-plein M [mv: **terre-pleins**] *ophoging* ★ ~ central *middenberm*
terrer I OV WW *aanaarden*; *met grond bedekken* **II** WKD WW [**se** ~] *(in de grond) wegkruipen*; *zich ingraven*
terrestre BNW • *aard-* • FIG. *aards* • *land-* ★ écorce ~ *aardkorst* ★ mine ~ *landmijn*
terreur V • *hevige angst (***de** *voor)*; *schrik* • *terreur* ★ la Terreur *schrikbewind tijdens de Franse Revolutie*
terreux BNW [v: **terreuse**] • *aardachtig*; *gronderig* • *aardkleurig*; *grauw*
terrible BNW • *verschrikkelijk* • INFORM. *geweldig*; *prima*; *vet* ★ INFORM. pas ~ *niet best*
terrien I M [v: **terrienne**] • *aardbewoner* • *plattelander* • INFORM. *landrot* **II** BNW [v: **terrienne**] *plattelands*; *land-* ★ propriétaire ~ *grondbezitter*
terrier M • *hol* ⟨v. dier⟩ • *terriër*
terrifiant BNW *schrikwekkend*; *ontstellend*
terrifier OV WW *schrik aanjagen*; *ontstellen*
terril M *afvalberg*; *steenberg* ⟨v. mijn⟩
terrine V *terrine*
territoire M *(grond)gebied*; *territorium*
territorial BNW [m mv: **territoriaux**] *territoriaal*
terroir M • *(landbouw)grond*; *bodem* • *streek* ⟨v. herkomst⟩; *plattelandsgebied* ★ accent du ~ *streekaccent*
terroriser OV WW *terroriseren*
terrorisme M • *terrorisme* • *terreur*; *schrikbewind*
terroriste I BNW *terroristisch* **II** M/V *terrorist*
tertiaire I BNW *tertiair* **II** M • *tertiair* • *tertiaire sector*
tertio BIJW *ten derde*
tertre M *heuveltje*; *terp*
tes BEZ VNW [mv] • → **ton**
tessiture V *stemregister*
tesson M *scherf*
test M *test*; *toets* ★ test de Guthrie *hielprik*
testament M *testament* ★ Ancien/Nouveau Testament *Oude/Nieuwe Testament*
testamentaire BNW *testamentair*
testateur M [v: **testatrice**] *erflater*
tester I OV WW *testen* **II** ONOV WW *zijn testament maken*
testeur M *tester*
testicule M *testikel*; *teelbal*
testimonial BNW [m mv: **testimoniaux**] *getuigen-*
testostérone V *testosteron*

têt M *smeltschaal*; *test*
tétanique BNW *tetanus-*; *tetanisch*
tétaniser OV WW FIG. *verlammen*; *verstijfd doen staan*
tétanos (zeg: -nos) M *tetanus*
têtard M • *dikkop*; *kikkervisje* • *koppoter* ‹getekend figuurtje› • *afgeknotte boom* ★ (saule) ~ *knotwilg*
tête V • OOK FIG. *hoofd* • OOK FIG. *kop* • *kopbal* • INFORM. *knappe kop* ★ OOK FIG. tête d'affiche *hoofdrolspeler* ★ tête de file *aanvoerder*; *leider* ★ tête de liste *lijstaanvoerder* ★ tête de ligne *kopstation* ★ tête de nègre *negerzoen* ★ tête de mort *doodskop* ★ tête de pont *bruggenhoofd* ★ INFORM. tête à claques/gifles *rotkop*; *tronie* ★ forte tête *stijfkop* ★ INFORM. grosse tête *knappe kop* ★ INFORM. avoir la grosse tête *verwaand zijn*; *kapsones hebben* ★ mauvaise tête *driftkop*; *lastpak* ★ INFORM. petite tête *dommerd(je)* ★ à la tête de /en tête de *aan het hoofd van* ★ en tête à tête *onder vier ogen* ★ la tête la première *voorover*; *halsoverkop* ★ tête baissée *blindelings*; *halsoverkop* ★ de tête *uit het hoofd* ★ coup de tête *gril*; *inval*; *kopstoot* ‹bij voetbal› ★ groupe de tête *kopgroep* ★ INFORM. prise de tête! *ik baal ervan!* ★ en tête *vooraan*; *aan het hoofd* ★ par tête ★ INFORM. par tête de pipe *per hoofd*; *per persoon*; *hoofdelijk* ★ avoir (toute) sa tête *bij zijn (volle) verstand zijn* ★ avoir la tête dure *hardleers zijn* ★ en avoir par-dessus la tête *er meer dan genoeg van hebben* ★ FIG. avoir une idée/pensée (de) derrière la tête *iets in het achterhoofd hebben*; *een bijgedachte hebben* ★ faire/tenir tête (à) *het hoofd bieden (aan)* ★ faire la tête (à) *mokken (tegen)*; *boos zijn (op)* ★ faire une tête *een lang/verbaasd gezicht trekken* ★ n'en faire qu'à sa tête *zijn eigen gang gaan*; *zijn eigen wil doordrijven* ★ OOK FIG. gagner d'une courte tête *met een neuslengte winnen* ★ jeter qc à la tête de qn *iem. iets onder de neus wrijven* ★ se mettre qc en tête/dans la tête *zich iets in het hoofd halen/zetten* ★ j'en mettrais ma tête à couper *ik durf er mijn hoofd onder te verwedden* ★ ne savoir òu donner de la tête *ten einde raad zijn* ★ passer par la tête *(in het hoofd) opkomen* ★ perdre la tête *het hoofd verliezen*; *de kluts kwijtraken* ★ INFORM. piquer une tête *duiken* ★ prendre la tête *de leiding nemen* ★ INFORM. ça me prend la tête *dat hangt me de keel uit* ★ rompre la tête à qn *iem. de oren van het hoofd praten* ★ tourner la tête à qn *iem. het hoofd op hol brengen* ★ autant de têtes, autant d'avis ‹spreekwoord› *zoveel hoofden, zoveel zinnen* ▼ tête de Turc *kop-van-jut*
tête-à-queue M [mv: id.] *halve draai*; *slip om z'n as* ‹v. voertuig›
tête-à-tête M [mv: id.] *gesprek onder vier ogen*; *tête-à-tête*
tête-bêche BIJW *kop aan staart* ★ timbres ~ *keerdruk* ‹postzegels›
tête-de-loup V [mv: **têtes-de-loup**] *ragebol*
tête-de-nègre BNW [onver.] *donkerbruin*
tétée V *voeding* ‹v. zuigeling›; *(het) zuigen*
téter OV+ONOV WW *zuigen (op)* ★ ~ (sa mère) *de borst krijgen*
têtière V • *hoofdstel* ‹v. paard› • *hoofdsteun*
tétine V • *uier* • *speen* ‹v. zuigfles›; *fopspeen* • INFORM. *tiet*
téton M • INFORM. *tiet* • TECHN. *nippel*
tétraèdre M *viervlak*
tétraplégique BNW *aan alle ledematen verlamd*; *quadriplegisch*
tétras (zeg: -a(s)) M *boshoen*; *auerhoen*
tétras-lyre M [mv: **tétras-lyres**] *korhoen*
tétrasyllabe I M *vierlettergrepig woord/vers* **II** BNW *vierlettergrepig*
tétrasyllabique BNW *vierlettergrepig*
têtu BNW *koppig*
teuf-teuf M • *tuftuf* • OUD. *auto*; *(ouwe) brik*
teuton BNW [v: **teutonne**] *Teutoons*
teutonique BNW *Teutoons*; MIN. *Duits*
texte M *tekst* ★ hors ~ *buitentekst-* ★ lire Goethe dans le ~ *Goethe in het origineel lezen*
textile I M *textiel* **II** BNW *textiel-*
texto I M *sms-berichtje* **II** BIJW INFORM. *woord voor woord*; *letterlijk*
textuel BNW [v: **textuelle**] • *letterlijk*; *woordelijk* • *tekstueel*; *tekst-*
textuellement BIJW *woord voor woord*; *letterlijk*
texture V *textuur*; *(weefsel)structuur*
TGV AFK train à grande vitesse *TGV*
thaï I M *(het) Thais* **II** BNW *Thais*
thalassothérapie V *thalassotherapie* ‹met zeewater›
thaumaturge M FORM. *wonderdoener*
thaumaturgie V *wonderkracht*
thé M *thee* ★ (arbre à) thé *theestruik*
théâtral BNW [m mv: **théâtraux**] • *toneelmatig*; *toneel-* • *theatraal*
théâtre M • *theater*; *schouwburg* • FIG. *toneel* ★ coup de ~ *onverwachte wending* ★ pièce de ~ *toneelstuk* ★ faire du ~ *toneelspeler zijn*; *zich aanstellen*
théier M *theestruik*
théière V *theepot*
théisme M • *theïsme* • *theevergiftiging*
théiste I BNW *theïstisch* **II** M *theïst*
thématique I BNW *thematisch* **II** V *thematiek*
thème M • *thema* ‹in alle betekenissen› • *vertaling* ‹vanuit het Frans› ★ ~ astral/natal *geboortehoroscoop* ★ un fort en ~ *een bolleboos*
théocratie (zeg: -sie) V *theocratie*
théocratique BNW *theocratisch*
théodolite M *theodoliet*
théologal BNW [m mv: **théologaux**] *theologaal*
théologie V *theologie*; *godgeleerdheid*
théologien M [v: **théologienne**] *theoloog*
théologique BNW *theologisch*
théorème M *stelling*; *theorema*
théoricien M [v: **théoricienne**] *theoreticus*
théorie V • *theorie* • GESCH./LETTERK. *optocht*
théorique BNW *theoretisch*
théoriser I OV WW *theoretisch funderen* **II** ONOV WW *theoretiseren (***sur** *over)*
théosophe M/V *theosoof*
théosophie V *theosofie*
thérapeute M/V *therapeut*
thérapeutique I V *therapie* **II** BNW *therapeutisch*

te

thérapie V *therapie*
thermal BNW [m mv: **thermaux**] *thermaal; kuur-* ★ station ~e *badplaats met warme bronnen*
thermalisme M *(bad)kuurwezen*
thermes M MV *thermale baden; thermen*
thermique BNW *thermisch; warmte-* ★ ascendance ~ *thermiek*
thermodynamique I BNW *thermodynamisch* **II** V *thermodynamica*
thermoélectricité V *thermo-elektrische energie*
thermogène BNW *warmtegevend; thermogeen*
thermomètre M *thermometer* ★ ~ médical *koortsthermometer*
thermométrie V *warmtemeting*
thermonucléaire BNW *thermonucleair*
thermoplongeur M *dompelaar*
thermopropulsion V *straalaandrijving*
thermorégulateur I M *warmteregelaar* **II** BNW [v: **thermorégulatrice**] *warmteregelend*
thermorésistant BNW *hittebestendig*
thermos M/V *thermosfles/-kan*
thermostat M *thermostaat*
thésauriser ONOV WW *geld potten*
thèse V • *stelling; these* • *proefschrift; dissertatie* ★ roman à ~ *tendensroman* ★ directeur /patron de ~ *promotor* ★ soutenir sa ~ *promoveren; zijn proefschrift verdedigen*
thibaude V *ondertapijt*
thon M *tonijn*
thora V *Thora*
thoracique BNW *borst(kas)-*
thorax M • *borst(kas)* • *borststuk* ⟨v. insect⟩
thriller (zeg: srieleur) M *thriller*
thrombose V *trombose*
thune V INFORM. *poen; centen*
thuriféraire M • *wierookvatdrager* • FIG. *bewieroker*
thym (zeg: te(n)) M *tijm*
thymus M *zwezerik*
thyroïde I V *schildklier* **II** BNW *schildvormig*
thyrse M *thyrsus*
tiare V *tiara*
tibétain BNW *Tibetaans*
tibia M *scheenbeen*
tibial BNW [m mv: **tibiaux**] *scheenbeen-*
tic M *tic*
ticket (zeg: -kè) M *kaartje; bon* ★ ~(-)repas *maaltijdbon* ★ ~ modérateur *eigen risico/bijdrage* ⟨bij sociale verzekering⟩ ★ INFORM. avoir le ~ (avec qn) *bij iem. in de smaak vallen; sjans bij iem. hebben*
tic-tac M [mv: id.] *tiktak* ★ faire ~ *tik(tak)ken*
tiédasse BNW MIN. *(vies) lauw*
tiède BNW OOK FIG. *lauw; zoel*
tièdement BIJW FIG. *lauw(tjes); niet van harte*
tiédeur V OOK FIG. *lauwheid; zoelheid*
tiédir I OV WW *lauw maken* **II** ONOV WW *lauw worden* ★ laisser ~ *laten afkoelen*
tiédissement M *(het) lauw worden; afkoeling*
tien BEZ VNW [v: **tienne**] • *(de/het) jouwe* • OUD. *van jou; jouw* ★ INFORM. à la tienne! *op je gezondheid!* ★ il faut y mettre du tien *je moet het jouwe doen /bijdragen*
tiendrai WW [futur] • → **tenir**
tienne I WW [présent subj.] • → **tenir II** BEZ VNW • → **tien**
tiens I WW [présent, geb. wijs] • → **tenir II** BEZ VNW • → **tien**
tierce I V • MUZ./REL. *terts* • *driekaart* ⟨kaartspel⟩ **II** BNW • → **tiers**
tiercé M *weddenschap op de eerste drie paarden; trio; toto*
tiers I BNW [v: **tierce**] *derde* ★ GESCH. le ~ état *de derde stand* ★ une tierce personne *een derde (persoon)* ★ fièvre tierce *derdendaagse koorts* **II** M • *derde (deel)* • *derde (element/persoon)* • *buitenstaander* • GESCH. *derde stand* ★ le ~ et le quart *Jan en Alleman* ★ les deux ~ *twee derde* ★ ~ payant *derdenbetalende* ⟨met rechtstreekse betaling door verzekeraar⟩ ★ assurance au ~ *derdenverzekering* ★ ~ provisionnel *vooruitbetaling van een derde* ⟨belasting⟩
tiers-monde M *derde wereld*
tiers-mondiste BNW *derdewereld-; van/uit de derde wereld*
tifs M MV INFORM. *haar(dos)*
TIG M travail d'intérêt général *taakstraf*
tige V • *stengel; steel; (dunne) stam* • *schacht* ⟨v. laars, veer, zuil enz.⟩; TECHN. *stang*
tignasse V INFORM. *ragebol* ⟨haardos⟩
tigre M [v: **tigresse**] *tijger*
tigré BNW *getijgerd* ★ chat ~ *cyperse kat* ★ lis ~ *tijgerlelie*
tilde M *tilde*
tilleul (zeg: tiejeul) M • *linde* • *lindebloesem(thee)*
tilt M *tilt* ⟨flipperkast⟩ ★ OOK FIG. faire tilt *op tilt slaan* ★ INFORM. ça a fait tilt *dat had een schokeffect; dat deed een bel rinkelen*
timbale V • *pauk* • *beker; kroes* • CUL. *timbaal* ⟨bekervormige bakvorm⟩ ★ INFORM. décrocher la ~ *de prijs winnen; een klapper maken;* OOK HUMOR. *het klaarspelen*
timbalier M *paukenist*
timbrage M • *(het) zegelen; frankering* • *(af)stempeling*
timbre M • *zegel; postzegel* • *stempel* ⟨werktuig; afdruk⟩; *(waar)merk* • *klankkleur; timbre* • *bel(letje); schel* • *medicijnpleister* ★ (corde de) ~ *resonantiesnaar* ⟨v. trom⟩
timbré BNW • *gestempeld; gezegeld; gefrankeerd* • INFORM. *getikt; niet wijs* • *klankrijk* ⟨v. stem⟩
timbre-poste M [mv: **timbres-poste**] *postzegel*
timbrer OV WW • *zegelen; frankeren* • *(af)stempelen*
timide BNW *verlegen; bedeesd; schuchter*
timidité V *verlegenheid; bedeesdheid; schroom*
timon M • *dissel(boom)* • OUD. *roer*
timonerie V • *stuurhut* • *stuur- en reminrichting* ⟨v. voertuig⟩
timonier M *roerganger*
timoré BNW *angstvallig; bangelijk*
tinctorial BNW [m mv: **tinctoriaux**] *verf-* ★ matière ~e *verfstof*
tinette V *kuipje; tonnetje*
tins WW [passé simple] • → **tenir**
tintamarre M *rumoer; herrie*
tintement M *(klok)gelui; geklingel* ★ ~s d'oreilles *oorsuizingen*
tinter I OV WW *luiden* **II** ONOV WW • *luiden;*

klinken; *klingelen* • *suizen* ⟨v. oren⟩; *tuiten*
tintin M INFORM. *noppes*; *louw loene* ★ faire ~ *ernaar kunnen fluiten*
tintinnabuler ONOV WW *klingelen*; *tingelen*
tintouin M • INFORM. *herrie*; *drukte* • INFORM. *kopzorg(en)*; *last*; *gedoe*
TIP AFK titre interbancaire de paiement *acceptgirokaart*
tipi M *tipi* ⟨spitse wigwam⟩
tique V *teek*
tiquer ONOV WW *raar/geërgerd opkijken (***sur** *van)*
tiqueté BNW *gespikkeld*
tir M • *schot* • *(het) schieten*; *(het) afvuren* ★ (champ/stand de) tir *schietbaan*; *schiettent* ★ tirs au but *penalty's (nemen)* ★ tir à l'arc *(het) boogschieten* ★ tir de barrage /d'arrêt *spervuur* ★ angle de tir *schootshoek* ★ MIL. régler son tir *zich inschieten* ★ rectifier le tir *het anders (gaan) aanpakken*; *het weer goedmaken*
TIR AFK transit international par route *TIR*; *internationale doorvoer*
tirade V *tirade*; *omhaal van woorden*
tirage M • OOK FIG. *(het) trekken* • *trek* ⟨v. schoorsteen⟩ • *trekking* ⟨v. loterij⟩ • *(het) afdrukken* ⟨v. boek enz.⟩; *oplage* • INFORM. *moeilijkheden*; *wrijvingen* ★ ~ au sort *loting* ★ à gros ~ *met grote oplage*
tiraillement M • [vaak mv] *(het) heen en weer trekken*; *geruk* • *(krampachtige) trekking* • *geharrewar*; *(innerlijk) conflict*
tirailler I OV WW OOK FIG. *(telkens) trekken aan*; *heen en weer slingeren* **II** ONOV WW *tirailleren*; *(vaak en) ongeregeld vuren*
tirailleur M • GESCH. *inlands soldaat* • *tirailleur*
tirant M • *koord* ⟨v. beurs⟩ • *trekker* ⟨v. laars⟩ ★ ~ d'eau *diepgang*
tire V PLAT *kar* ⟨auto⟩; *brik* ★ vol à la tire *zakkenrollerij*
tiré I M ★ personne tirée *betrokkene* ⟨v. wissel⟩ **II** WW [volt. deelw.] • → **tirer**
tire-au-flanc M [mv: id.] INFORM. *lijntrekker*; *luiwammes*
tire-botte M [mv: **tire-bottes**] *laarzenknecht*; *laarzentrekker*
tire-bouchon, tirebouchon M [mv: **tire-bouchons, tirebouchons**] *kurkentrekker* ★ en ~ *spiraalvormig*; *gekruld*
tire-d'aile ★ à ~ *klapwiekend*; *vliegensvlug*
tirée V INFORM. *eind (weg)*; *flinke afstand*
tire-fesses M [mv: id.] INFORM. *sleeplift* ⟨skilift⟩
tire-fond M [mv: **tire-fond(s)**] *kraagschroef*; *ringschroef*
tire-lait M [mv: **tire-lait(s)**] *borstkolf*; *borstpomp*
tire-larigot ★ INFORM. à ~ *in grote hoeveelheden*; *volop*
tire-ligne M [mv: **tire-lignes**] *trekpen*
tirelire V • *spaarpot* • INFORM. *kop*; *kners* • INFORM. *pens*
tirer I OV WW • OOK FIG. *trekken*; *trekken aan*; *strak trekken*; *dichttrekken* • OOK FIG. *(eruit) halen (***de** *uit)* • INFORM. *loskrijgen (***de** *van)* • *(af)schieten*; *lossen* ⟨v. schot⟩; *schieten op* • *afdrukken* ⟨v. boek enz.⟩ • INFORM. *uitzitten* ⟨v. tijd⟩; *doorkomen* • *afvuren* • *verkrijgen* • *diepgang hebben* • *een trekking houden* • INFORM. *ondergaan*; *uitzitten* ★ ~ une ligne *een lijn trekken* ★ ~ d'affaire/d'embarras *uit de verlegenheid redden* ★ ~ de l'erreur *uit de waan helpen* ★ ~ son origine /sa source de *afkomstig zijn van* ★ ~ parti de *voordeel trekken van* ★ ~ les larmes des yeux *ontroeren* ★ ~ satisfaction *voldoening vinden* ★ ~ vengeance *zich wreken* ★ ~ du vin *wijn (af)tappen* ★ INFORM. ~ un an de prison *een jaar vastzitten* ★ OUD. ~ quinze pieds d'eau *een diepgang hebben van 15 voet* ★ avoir des traits tirés *er afgetobd uitzien* **II** ONOV WW • OOK FIG. *trekken (***sur** *aan)* • *vuren*; *schieten (***sur** *op)*; *(op een andere bal) mikken* ⟨bij jeu de boules⟩ • *schermen* • *een oplage hebben (***à** *van)* • **~ sur, à** *zwemen naar* **III** WKD WW [**se** ~] • INFORM. *'m smeren* ★ ça se tire *dat is gelukkig bijna voorbij* • **~ de** *zich redden uit* ★ s'en ~ *zich eruit redden*; *er (goed) van afkomen*
tiret M *koppelteken*; *liggend streepje*
tirette V • *schuif*; *schuifblad* • BN *ritssluiting*
tireur M [v: **tireuse**] • *schutter*; *tireur* ⟨'wegmikker' bij jeu de boules⟩ • *trekker* ⟨v. wissel⟩ • *trekker* ⟨v. draad enz.⟩ ★ ~ de cartes *kaartlegger* ★ ~ d'élite *scherpschutter*
tireuse V • *afdruktoestel* • *aftaptoestel*; *biertap*
tiroir M • *lade* • *stoomschuif* ★ à ~s *met veel verwikkelingen*; *ingewikkeld* ★ FIG. les fonds de ~s *wat (half)vergeten in de la ligt*
tiroir-caisse M [mv: **tiroirs-caisses**] *geldlade*
tisane V *kruidenthee*
tison M *halfverkoold stuk hout*
tisonner OV WW *oppoken* ⟨v. vuur⟩
tisonnier M *pook*
tissage M • *(het) weven* • *weverij*
tisser OV WW • *weven*; OOK FIG. *doorweven (***de** *met)* • *beramen*
tisserand M [v: **tisserande**] *wever*
tisserin M *wevervogel*
tisseur M [v: **tisseuse**] *wever*
tissu I M • *weefsel* • FIG. *samenweefsel*; *samenstel*; *structuur* ★ ~ uni *effen stof* **II** BNW FORM. *geweven*
tissu-éponge M [mv: **tissus-éponges**] *badstof*
tissulaire BNW *(cel)weefsel-*
titan M *titan*; *reus* ★ de ~ *titanen-*
titane M *titanium*
titanesque BNW *reusachtig*; *titanisch*
titi M INFORM. *(Parijse) straatjongen*
titiller OV WW *kietelen*; *prikkelen*
titrage M • *(het) titreren*; *titratie* • *(het voorzien van) titels*; *ondertiteling*
titre M • *titel* ⟨in alle betekenissen⟩ • *hoedanigheid* • *(bewijsstuk van een) recht*; *rechtstitel*; *aanspraak* • *(waarde)papier*; *stuk*; *effect* • *gehalte*; *titer* ★ FIG. ~ de noblesse *adelbrief* ★ DRUKK. faux ~ *Franse titel* ★ ~ de transport *vervoerbewijs*; *kaartje* ★ gros ~s *(vette) krantenkoppen* ★ à ce ~ *om die reden*; *uit dien hoofde*; *in dat opzicht* ★ à aucun ~ *in genen dele*; *hoegenaamd niet* ★ à ~ de *bij wijze van* ★ à ~ de prêt *te leen* ★ à ~ exceptionnel *bij (wijze van) uitzondering* ★ à ~ expérimental /d'essai *bij wijze van proef* ★ à ~ gratuit *gratis* ★ à juste ~ *met recht*; *terecht* ★ à

ti

~ indicatif *ter indicatie* ★ à ~ personnel *op persoonlijke titel; persoonlijk* ★ à ~ privé *als particulier; privé* ★ à ~ préventif *uit voorzorg* ★ au même ~ que *evenals; net zo als* ★ en ~ *vast (aangesteld); officieel* ★ professeur en ~ *gewoon hoogleraar*

titré BNW *met een (adellijke) titel*

titrer OV WW ● *een titel geven aan* ● *het gehalte bepalen van; titreren* ● *als (kranten)kop voeren; koppen*

titubant BNW *waggelend; wankelend*

tituber ONOV WW *waggelen; wankelen*

titulaire I M/V ● *titularis; bekleder; vast lid; basisspeler* ● *houder* ⟨v. recht, officieel papier e.d.⟩ **II** BNW *vast aangesteld*

titularisation V *vaste aanstelling*

titulariser OV WW *vast benoemen*; SPORT *in de basisopstelling opnemen*

TMS AFK trouble(s) musculosquelettique(s) ≈ *RSI*

TNT AFK télévision numérique terrestre *digitale televisie*

toast (zeg: toost) M ● *toast; heildronk* ● *geroosterd brood* ★ porter un ~ *een heildronk uitbrengen*

toaster M *broodrooster*

toasteur M ● → **toasteur**

toboggan M ● *glijbaan*; TECHN. *glijgoot* ● *tobogan* ⟨slee⟩ ● *noodviaduct*

toc I BNW INFORM. *kitscherig; prullerig* ★ INFORM. toc toc *getikt; niet wijs* **II** M *namaak; kitsch* ★ bijou en toc *nepjuweel* ★ INFORM. et toc! *die zit!; nou jij weer!* ★ toc toc *geklop* ⟨op deur⟩

tocade V ● → **toquade**

tocante V INFORM. *horloge*

tocard, toquard I BNW INFORM. *smakeloos; lelijk* **II** M ● INFORM. *waardeloos (ren)paard* ● INFORM. *waardeloos persoon; nul*

tocsin M *alarmklok; brandklok; noodklok*

tofu M *tofoe; tahoe*

toge V *toga*

tohu-bohu M ● *lawaaiige drukte; rumoer* ● *warboel*

toi PERS VNW ● *jou* ● *je; jij* ⟨met nadruk⟩

toile V ● OOK FIG. *doek; linnen; weefsel* ● *zeil(en)* ● OOK FIG. *web* ★ ~ d'araignée *spinnenweb* ★ ~ d'emballage *paklinnen* ★ ~ de fond *achterdoek* ⟨v. toneel⟩; *achtergrond* ★ INFORM. dans les ~s *tussen de lakens; in bed*

toilerie V ● *linnenfabriek* ● *linnenhandel* ● *linnen stof*

toilettage M ● *(het) toiletteren* ⟨v. dieren⟩; *(het) trimmen* ⟨v. hond⟩ ● *opknapbeurt*

toilette V ● *toilet* ⟨in alle betekenissen⟩ ● *(het) opknappen; reiniging; verzorging* ★ (table de) ~ *toilettafel* ★ faire sa ~ *toilet maken; zich opknappen* ★ ~s [mv] *wc; toilet*

toiletter OV WW ● *toiletteren* ⟨v. dieren⟩; *trimmen* ⟨v. hond⟩ ● *opknappen*

toise V ● *vadem* ⟨zes voet⟩ ● *meetlat* ⟨voor lichaamslengte⟩

toiser OV WW ● *opmeten* ⟨v. lichaamslengte⟩ ● *(iem.) van top tot teen opnemen; (geringschattend) monsteren*

toison V ● *vacht* ● INFORM. *haardos* ★ GESCH. Toison d'or *Gulden Vlies*

toit M *dak* ★ crier sur les toits *van de daken schreeuwen; rondbazuinen*

toiture V *dak(bedekking)*

tôlard M ● → **taulard**

tôle V ● *plaatijzer* ● → **taule** ★ tôle ondulée *golfplaat* ★ tôle froissée *blikschade*

tôlé BNW ★ neige tôlée *opgevroren sneeuw*

tolérable BNW ● *draaglijk* ● *duldbaar; tolerabel*

tolérance V *verdraagzaamheid; tolerantie* ⟨in alle betekenissen⟩

tolérant BNW *verdraagzaam; tolerant*

tolérer OV WW *dulden; verdragen; toelaten; tolereren*

tôlerie V ● *plaatijzerfabriek/-handel* ● *(plaat)walserij* ● *plaatmetaal*

tolet M *(roei)dol*

tôlier I M *plaatwerker* **II** M [v: **tôlière**] ● → **taulier**

tollé M *(algemeen) protest; afkeurend geroep; misbaar*

toluène M *tolueen*

TOM AFK territoire d'outre-mer *overzees gebiedsdeel* ⟨vgl. DOM-TOM⟩

tomate V *tomaat*

tombal BNW *graf-* ★ pierre ~e *grafsteen*

tombant BNW *vallend; afhangend* ★ cheveux ~s *loshangende haren* ★ à la nuit ~e *bij het vallen v.d. nacht*

tombe V ● *graf* ● *grafsteen; tombe*

tombeau M [mv: **tombeaux**] ● *graftombe* ● *graf* ★ mise au ~ *graflegging* ★ rouler à ~ ouvert *met levensgevaarlijke snelheid rijden; scheuren*

tombée V *(het) vallen* ★ à la ~ du jour /de la nuit *bij het vallen v.d. avond*

tomber I OV WW ● OOK FIG. *vloeren* ⟨v. tegenstander⟩; *met beide schouders op de grond drukken; verslaan* ● INFORM. *verleiden* ⟨v. vrouw⟩; *versieren* ★ INFORM. ~ la veste *zijn jasje uittrekken* **II** ONOV WW ● *vallen* ⟨in alle betekenissen⟩; *neervallen* ● FIG. *zakken; verflauwen; afnemen* ● *(in een toestand) geraken; vervallen* (**dans** *in, tot*); *(opeens) worden; opeens komen* ★ ~ de sommeil *omvallen van de slaap* ★ ~ (à plat) *volledig mislukken; floppen* ★ FIG. ~ (bien) bas *diep zinken* ★ ~ amoureux /malade *verliefd /ziek worden* ★ cela tombe bien /mal *dat treft goed /slecht* ★ faire ~ *om(ver)werpen* ★ FIG. laisser ~ *laten vallen* ⟨v. persoon⟩; *opgeven* ⟨v. plan⟩ ★ INFORM. laisse ~! *laat maar!; kap ermee!* ★ ~ qn dessus *iem. overrompelen* ★ FIG. ~ juste *precies raak zijn; als geroepen komen* ★ être bien tombé *het treffen; geluk hebben* ★ ~ en disgrâce *in ongenade vallen* ★ ~ entre les mains de *in handen vallen van* ★ ~ dans l'oubli *in vergetelheid raken* ★ ~ dans un piège *in de val lopen* ★ des cheveux qui tombent *loshangend haar; uitvallend haar* ★ cette fête tombe le 3 mai *die feestdag valt op 3 mei* ★ la foudre est tombée sur la maison *de bliksem is in het huis geslagen* ★ le jour/la nuit tombe *de avond valt* ★ le vent est tombé *de wind is gaan liggen* ● **~ sur** *stuiten op; treffen; zich storten op; overrompelen* **III** ONP WW ★ il tombe de la neige *er valt sneeuw*

tombereau M [mv: **tombereaux**] *kiepwagen*; *stortkar*
tombeur M ★ INFORM. ~ (de femmes) *vrouwenverleider*; *versierder* ★ être le ~ de qn *iem. ten val gebracht /verslagen hebben*
tombola V *tombola*
tome M *boekdeel*
tomette V *terracottategeltje*
tomme V *tomme* ‹kaassoort›
tommette V • → **tomette**
tomographie V MED. *tomografie*
tom-pouce M [mv: id.] INFORM. *dwerg*; *kleinduimpje*
ton I M *toon* ‹in alle betekenissen› ★ le bon ton *goede manieren* ★ de bon ton *zoals het hoort* ★ tons chauds *warme tinten* ★ FIG. sur tous les tons *in alle toonaarden* ★ FIG. changer de ton *een andere toon aanslaan* ★ FIG. donner le ton *de toon aangeven* ★ rester dans le ton *in stijl blijven*; *(bij)passend zijn* ★ le ton monte *de gemoederen raken verhit* ★ si tu le prends sur ce ton *als je zo'n toon aanslaat*; *als je het zo (hoog) opneemt* **II** BEZ VNW [v: **ta**] [m mv: **tes**] *jouw*; *je*
tonal BNW [m mv: **tonals/tonaux**] *tonaal*; *toon-*
tonalité V • *tonaliteit* ‹in alle betekenissen›; *klank(gehalte)*; *toon(aard)* • *kiestoon* ‹v. telefoon›
tondage M *(het) scheren* ‹v. dieren, laken›
tondeur M [v: **tondeuse**] *scheerder*
tondeuse V • *scheermachine*; *grasmachine* • *tondeuse*
tondre OV WW • *scheren* ‹v. dieren, laken› • *kort knippen* ‹v. haren, heg›; *maaien* ‹v. gras› • FIG. *scheren*; *(kaal)plukken*; *afzetten* ★ il tondrait un œuf *hij is buitengewoon gierig*
tondu I BNW *kaalgeschoren*; *kortgeknipt* **II** WW [volt. deelw.] • → **tondre**
tongs V MV *teenslippers*
tonic M *tonic*
tonicité V • *tonus* • *stimulerende werking*
tonifiant I BNW *opwekkend* **II** M *tonicum*
tonifier OV WW *(ver)sterken*; *stimuleren*
tonique I M *versterkend middel*; *tonicum* **II** V MUZ. *grondtoon*; *tonica* **III** BNW • TAALK. *be(klem)toond* • MED. *versterkend*; *tonisch* ★ accent ~ *klemtoon*
tonitruant BNW *donderend*; *bulderend*; *daverend*
tonitruer ONOV WW *donderen*; *bulderen*; *daveren*
tonnage M *tonnage*; *laadvermogen*
tonnant BNW *donderend*
tonne V • *ton* ‹1000 kilo› • *ton* ‹vat; boei› ★ un trois(-)~s *een drietonner* ★ INFORM. des ~s *massa's* ★ INFORM. en faire des ~s *flink overdrijven*
tonneau M [mv: **tonneaux**] • *ton*; *vat* • *registerton* ★ ~ d'arrosage *sproeiwagen* ★ faire un ~ *over de kop slaan* ‹v. auto›; *een rolvlucht maken* ‹v. vliegtuig›
tonnelet M *vaatje*; *tonnetje*
tonnelier M *kuiper*
tonnelle V • *prieel* • *tongewelf*
tonnellerie V *kuiperij* ‹ambacht; werkplaats›
tonner I ONOV WW • *donderen* • *uitvaren* (**contre** *tegen)* **II** ONP WW *donderen*
tonnerre M *donder* ★ coup de ~ *donderslag* ★ un ~ d'applaudissements *een donderend applaus* ★ voix de ~ *donderende stem* ★ ~! *donders!* ★ INFORM. du ~ *geweldig*; *gaaf*; *pracht-*
tonsille V *(keel)amandel*
tonsure V *tonsuur*; *kruinschering*
tonsurer OV WW *tonsureren*
tonte V • *(het) scheren* ‹v. schapen›; *(het) kortknippen*; *(het) maaien* ‹v. gras› • *scheerwol*
tontine V *tontine*; *onderlinge spaarkas*
tonton M INFORM. *oom(pje)*
tonus (zeg: -nuus) M • *tonus* • FIG. *energie*; *fut*
top I BNW [onver.] INFORM. *prima*; *gaaf* **II** M • *(tijd)sein*; *pieptoon* • *elektrische impuls* • INFORM. *hoogste niveau*; *(het) beste* • *bovenstukje*; *topje*
topaze V *topaas*
toper ONOV WW *handjeklappen*; *toestemmen* ★ tope (là)! *akkoord!*; *hand erop!*; *top!*
topette V *(veld)flesje*; *bidon*
topinambour M *topinamboer*; *aardpeer*
topique I BNW • MED. *plaatselijk*; *topisch* • *ter zake (dienend)* **II** M • *plaatselijk geneesmiddel* • *gemeenplaats*; *topos*
topo M • INFORM. *praatje*; *verhaal* • INFORM. *plaatsbeschrijving*; *wandelkaart*
topographe M/V *topograaf*
topographie V *topografie*
topographique BNW *topografisch*
topoguide M *wandelkaart*
toponymie V *toponymie*; *plaatsnaamkunde*
toquade V INFORM. *gril*; *bevlieging*; *plotseling enthousiasme (***pour** *voor)*
toquante V • → **tocante**
toquard • → **tocard**
toque V • *baret* • *(koks)muts*
toqué BNW • INFORM. *getikt* • ~ **de** *verkikkerd op*
toquer I ONOV WW INFORM. *kloppen*; *tikken* **II** WKD WW [**se** ~] INFORM. ~ **de** *verkikkerd raken op*
torah V • → **thora**
torche V *toorts*; *fakkel* ★ (lampe) ~ *staaflamp*; *zaklantaarn*
torche-cul M [mv: **torche-culs**] • INFORM. [meestal mv] *pleepapier* • MIN. [meestal mv] *flutblad* ‹tijdschrift›
torchée V INFORM. *aframmeling*
torcher OV WW • INFORM. *afvegen* • INFORM. *afraffelen* ★ INFORM. (bien) torché *fraai (uitgewerkt)*; *prima*
torchère V • *grote luchter* • *fakkel*; *brander* ‹v. olieraffinaderij›
torchis (zeg: -sjie) M *stroleem* ‹als mortel›
torchon M • *vaatdoek*; BELG. *dweil* • INFORM. *vod* ‹flutblad; knoeiwerk› ★ papier(-)~ *aquarelpapier* ★ le ~ brûle *er is ruzie in de tent* ★ il ne faut pas mélanger les ~s et les serviettes *je moet niet alles op één hoop gooien*
torchonner OV WW INFORM. *afraffelen*
tordant BNW INFORM. *om je wild te lachen*
tordre I OV WW *(ver)wringen*; *(ver)draaien*; *(om)buigen* **II** WKD WW [**se** ~] *zich wringen*; *zich draaien* ★ se ~ la cheville /le pied *zijn enkel verstuiken* ★ se ~ (de douleur /de rire) *kromliggen (van de pijn /het lachen)* ★ se ~ les

mains *de handen wringen*
tordu I BNW • OOK FIG. *verwrongen*; *krom* • INFORM. *geschift*; *onwijs*; *maf* ★ coup ~ *minne streek* **II** WW [volt. deelw.] • → **tordre**
toréador M *stierenvechter*
toréer ONOV WW *stieren bevechten*
torero, toréro M *stierenvechter*
torgnole V INFORM. *optater*; *muilpeer*
tornade V *tornado*
toron M *streng* ‹touw›; *kabelstreng*
torpeur V *versuffing*; *apathie*
torpide BNW FORM. *versuft*
torpillage M *(het) torpederen*; *torpedering*
torpille V • *torpedo* • *sidderrog*
torpiller OV WW OOK FIG. *torpederen*
torpilleur M *torpedoboot*
torque V *rol metaaldraad*
torréfaction V *(het) branden* ‹v. koffie, tabak›
torréfier OV WW *branden* ‹v. koffie, tabak›
torrent M • *bergstroom* • OOK FIG. *stortvloed* ★ il pleut à ~s *het regent pijpenstelen*
torrentiel BNW [v: **torrentielle**] *(als) van een stortvloed* ★ une pluie ~le *een stortbui*
torrentueux BNW [v: **torrentueuse**] *woest (stromend)*; *onstuimig*
torride BNW *(ver)zengend*; OOK FIG. *heet*
tors (zeg: tor) **I** BNW *gedraaid*; *verdraaid* ★ jambes torses *kromme benen* **II** M • *twijning* • *twijndraad*
torsade V *sierkoord*; *(gedraaide) franje*; *troetel* ‹v. uniform› ★ ~ (de cheveux) *haarwrong* ★ en ~ *(ineen)gedraaid* ★ point de ~ *kabelsteek* ★ pull à ~s *kabeltrui*
torsadé BNW *(ineen)gedraaid* ★ pull ~ *kabeltrui*
torse M *romp*; *tors*; *torso*
torsion V *(ineen)draaiing*; *verdraaiing*; *(ver)wringing*; *torsie*
tort (zeg: tor) M • [ook mv] *ongelijk* • *(berokkend) kwaad*; *onrecht*; *nadeel* • *verkeerde handelwijze*; *fout*; *schuld*; *euvel* ★ à tort *ten onrechte* ★ à tort ou à raison *terecht of ten onrechte* ★ à tort et à travers *lukraak*; *in het wilde weg* ★ avoir tort /être dans son tort *ongelijk /schuld hebben*; *fout zijn* ★ faire (du) tort à qn *iem. onheus behandelen*; *iem. benadelen*
torticolis (zeg: -lie) M *stijve nek*
tortillard M INFORM. *boemeltreintje*
tortillement M OOK FIG. *gedraai*
tortiller I OV WW • *ineendraaien* • INFORM./OUD. *opschrokken* **II** ONOV WW *uitvluchten zoeken*; *draaien* ★ ~ des hanches *heupwiegen* ★ INFORM. il n'y a pas à ~ *daar valt niet onderuit te komen* **III** WKD WW [**se** ~] *heen en weer draaien*; *wiebelen*; *kronkelen*; FIG. *zich in bochten wringen*
tortillon M • *in elkaar gedraaid voorwerp* ‹papiertje, doek› • *wrong* • *doezelaar*
tortionnaire I M/V *folteraar* **II** BNW *folterend*
tortorer OV WW INFORM. *opschransen*; *vreten*
tortue V *schildpad* ★ à pas de ~ *met een slakkengang*
tortueux BNW [v: **tortueuse**] • *bochtig*; *kronkelig* • *slinks*
torture V *foltering* ★ mettre à la ~ *folteren*; OOK FIG. *pijnigen*
torturer OV WW • *folteren*; *pijnigen*; *kwellen* • FIG. *verdraaien*; *verwringen*
torve BNW ★ œil/regard ~ *schuinse/dreigende blik*
tôt BIJW *vroeg* ★ tôt ou tard *vroeg of laat* ★ au plus tôt *zo spoedig mogelijk*; *op z'n vroegst* ★ plus tôt que *eerder dan* ★ le plus tôt sera le mieux *hoe eerder hoe liever* ★ pas de si tôt *niet (zo) gauw*; *voorlopig niet* ★ avoir tôt fait de comprendre *het al gauw begrijpen* ★ il n'eut pas plus tôt dit cela que... *nauwelijks had hij dat gezegd of...* ★ INFORM. ce n'est pas trop tôt! *het werd tijd!*
total I M [mv: **totaux**] *totaal(bedrag)*; *geheel* ★ au ~ *in totaal*; *alles bijeen* ★ faire le ~ *(alles) optellen* **II** BNW [m mv: **totaux**] *totaal*; *geheel*
totale V INFORM. *baarmoederverwijdering* ★ INFORM. (c'est) la ~! *de hele zwik!*; *alle ellende op een hoop!*
totalisateur M *totalisator*
totalisation V *optelling*; *totalisatie*
totaliser OV WW • *optellen* • *een totaal/score bereiken van*; *in totaal hebben*
totalitaire BNW *totalitair*
totalitarisme M *totalitarisme*
totalité V *geheel*; *totaliteit* ★ en ~ *in zijn geheel* ★ la (presque) ~ de *(bijna) alle*; *(bijna) de gehele*
totem M *totem*
totémique BNW ★ mât ~ *totempaal*
toton M *draaitolletje*
touage M *(het) (ver)slepen* ‹v. schip›
toubib M INFORM. *dokter*
toucan M *toekan*
touchant I BNW *ontroerend*; *treffend*; *aandoenlijk* **II** VZ FORM. *omtrent*; *aangaande*
touche V • *toets* ‹v. instrument› • *toets* ‹om zilver- of goudgehalte te bepalen› • *penseelstreek*; FIG. *penseel* • FIG. *(persoonlijke) toets*; *tintje*; *trekje* • *aanraking* ‹bij schermen›; *touche* • *beet* ‹bij het vissen› ★ COMP. ~ de raccourci *sneltoets* ★ téléphone à ~s *druktoetstelefoon* ★ OOK FIG. pierre de ~ *toetssteen* ★ dernière ~ |~ finale *finishing touch* ★ SPORT (ligne de) ~ *zijlijn* ★ juge de ~ *grensrechter* ★ SPORT (rentrée/remise en) ~ *inworp* ★ SPORT il y a ~ *de bal is uit* ★ FIG. rester/être mis sur la ~ *uitgerangeerd zijn*; *buitenspel staan* ★ avoir/faire une ~ (avec qn) *sjans hebben (bij iemand)* ★ INFORM. avoir une drôle de ~ *er raar uitzien*
touche-à-tout M [mv: id.] • *iem. die overal aan zit* • *iem. die van alles aanpakt*; *scharrelaar*
toucher I M • *(het) aanraken* • MUZ. *aanslag* • MED. *toucher*; *(het) toucheren* ★ (sens du) ~ *tastzin* ★ être froid au ~ *koud aanvoelen* **II** OV WW • *(aan)raken* • OOK FIG. *treffen*; *(be)roeren* • *(uit)betaald krijgen*; *innen*; *opstrijken* • *betreffen*; *aangaan* • *bereiken* ‹v. haven›; *aandoen* • *grenzen aan* • *toetsen* ‹v. edel metaal› ★ cela ne me touche en rien *dat raakt me niet* ★ à quelle adresse pourra-t-on vous ~? *op welk adres kan men u bereiken?* ★ ~ qn de près *in nauwe betrekking met iem. staan* **III** ONOV WW • *(iets) raken* • *zijn geld krijgen* ★ INFORM. pas touche! *afblijven!* • ~ à

raken aan; komen aan; aanpakken; OOK FIG. aanroeren ★ ~ à une loi een wet wijzigen ★ ~ à la quarantaine tegen de veertig lopen ★ ~ au but zijn doel nabij zijn ★ ~ à sa fin /son terme op z'n eind lopen ★ sans avoir l'air d'y ~ alsof er niets gebeurd was; doodgemoedereerd • ~ à betrekking hebben op • ~ à OOK FIG. grenzen aan

touer I OV WW (ver)slepen ‹v. schip› **II** WKD WW [**se ~**] gesleept worden

touffe V dot; bosje; pluk(je); toef

touffu BNW • dicht(begroeid) • FIG. overvol; onoverzichtelijk

touiller OV WW INFORM. (om)roeren; husselen

toujours BIJW • altijd; steeds • nog steeds; nog altijd • toch; tenminste ★ de ~ aloud ★ depuis ~ sinds tijden; van oudsher ★ ~ est-il que... zoveel is zeker dat...; dat neemt niet weg dat... ★ INFORM. cause ~! je kunt praten wat je wilt! ★ INFORM. c'est ~ ça (de prix/de gagné) dat is alvast meegenomen

toundra V toendra

toupet M • kuif • INFORM. lef; brutaliteit

toupie V INFORM. tol ★ ~ à musique bromtol ★ jouer à la ~ tollen ★ INFORM. (vieille) ~ takkewijf

toupiller OV WW frezen

touque V blik ‹vat›

tour I M • ronddraaiing; omloop; toer; slag • omtrek; omvang; wijdte • ronde ‹in alle betekenissen› • (rond)reis; uitstapje; wandeling; toertje; ommetje • beurt • streek; poets • kunstje; toer • OOK FIG. wending • draaibank; draaischijf ‹v. pottenbakker› ★ tour d'adresse handige toer; foefje ★ tour de chant optreden v.e. (liedjes)zanger ★ tour de cou halswijdte; halskraagje/-bontje ★ tour de force krachttoer ★ tour de poitrine borstomvang ★ mauvais tour gemene streek ★ à tour de bras uit alle macht ★ fermer à double tour op het (nacht)slot doen ★ à tour de rôle /tour à tour om beurten ★ c'est (à) mon tour ik ben aan de beurt ★ en un tour de main in een handomdraai ★ avoir le tour de main handig zijn; er de slag van hebben ★ faire un tour er even uitgaan; een ommetje maken ★ faire le tour de qc om iets heen gaan; in iets rondgaan ★ faire le tour du monde een reis om de wereld maken ★ faire le tour de la question de kwestie van alle kanten bekijken ★ donner un tour de vis een schroef (even) aandraaien ★ avoir plus d'un tour dans son sac niet voor één gat te vangen zijn; meer streken op zijn kompas hebben ★ céder son tour à qn iem. voor laten gaan ★ jouer un tour à qn iem. een poets bakken; iem. een streek leveren ★ le tour est joué! klaar is Kees! **II** V • toren • torenflat • toren ‹in schaakspel› ★ tour de contrôle verkeerstoren

tourangeau BNW [m mv: **tourangeaux**] • uit Touraine • uit Tours

tourbe V • turf • MIN./OUD. gepeupel; rapaille ★ une motte de ~ een turf

tourber ONOV WW turfsteken

tourbeux BNW [v: **tourbeuse**] turf-; veen-

tourbier M [v: **tourbière**] • turfsteker • veenbaas

tourbière V veenderij; veen

tourbillon M • wervelwind; werveling • draaikolk; FIG. maalstroom

tourbillonnant BNW wervelend

tourbillonnement M werveling; dwarreling

tourbillonner ONOV WW wervelen; kolken; dwarrelen

tourelle V • torentje • revolverkop ‹v. gereedschap› • geschutkoepel

tourie V (grote) mandfles

tourillon M pin; tap; spil

tourisme M toerisme ★ voiture de ~ personenauto ★ faire du ~ een pleziertochtje maken; (als toerist) iets komen bezichtigen

tourista V INFORM. reizigersdiarree

touriste I M/V toerist **II** BNW ★ classe ~ toeristenklasse

touristique BNW toeristisch; toeristen-

tourment M FORM. kwelling; pijn; smart

tourmente V • FORM. storm • FIG. woelingen

tourmenté BNW • gekweld • onrustig; roerig • grillig (van vorm); woest

tourmenter I OV WW FORM. kwellen; pijnigen; tergen **II** WKD WW [**se ~**] zich zorgen maken; tobben

tourmentin M • stormfok • stormvogel

tournage M • (het) draaien ‹op draaibank› • (het) draaien; (het) opnemen ‹v. film›

Tournai Doornik

tournailler ONOV WW INFORM. doelloos /rusteloos rondlopen (**autour** om); ijsberen

tournant I M • bocht; draai; hoek ‹v. straat› • FIG. keerpunt; wending ★ au ~ du siècle rond de eeuwwisseling ★ INFORM. je l'attends/l'aurai au ~ die krijg ik nog wel (te pakken) **II** BNW draaiend; draai- ★ allée ~e bochtige laan ★ mouvement ~ omtrekkende beweging ★ pont ~ draaibrug ★ grève ~e estafettestaking ★ feu/phare ~ draailicht

tourné BNW zuur ‹v. melk, saus, drank›; geschift ★ bien ~ fraai verwoord ★ esprit mal ~ verdorven geest; dirty mind

tournebouler OV WW INFORM. (iem.) van streek maken

tournebroche M draaispit

tourne-disque M [mv: **tourne-disques**] platenspeler; pick-up

tournedos M tournedos

tournée V • rondreis; rondgang; ronde; tournee • INFORM. rondje ‹in café› • INFORM. pak slaag ★ ~ du patron rondje van de zaak

tournemain ★ en un ~ in een handomdraai

tourner I OV WW • draaien; omdraaien; (om)keren; wenden; richten (**vers** naar) • (om)roeren • draaien; opnemen ‹v. film› • gaan om; FIG. ontwijken; omzeilen ★ ~ et re~ van alle kanten bekijken ★ ~ le coin de la rue de hoek omgaan ★ ~ la loi de wet ontduiken ★ ~ en mal ten kwade duiden; verdraaien ‹v. woorden› ★ ~ qc en plaisanterie ergens een grapje van maken ★ ~ qc en ridicule iets belachelijk maken ★ bien tourné fraai verwoord **II** ONOV WW • OOK FIG. draaien • FIG. een wending nemen • zuur worden ‹v. melk, saus, drank›; schiften • een filmopname maken • in een film spelen ★ ~ à gauche *links afslaan* ★ le vent a tourné au sud *de wind is naar het zuiden gedraaid* ★ ~ dans une rue *een straat inslaan* ★ ~ sur une région *een streek afreizen* ★ ~ mal *een slechte wending nemen*; FIG. *verkeerd lopen*; *op het verkeerde pad raken* ★ avoir la tête qui tourne *duizelig zijn* ★ ~ autour de dix pour cent *zo rond de tien procent bedragen* ★ l'heure tourne *de tijd gaat voorbij* • ~ **à** *overgaan in*; *uitlopen op*; *worden* ★ ~ au froid *koud(er) worden* ★ ~ au drame *op een drama uitlopen*

tournesol M • *zonnebloem* • *lakmoes*

tourneur I BNW [v: **tourneuse**] *draaiend* **II** M [v: **tourneuse**] TECHN. *draaier*

tournevis (zeg: -vies) M *schroevendraaier*

tournicoter ONOV WW INFORM. → **tournailler**

tourniole V INFORM. *fijt*

tourniquer ONOV WW INFORM. → **tournailler**

tourniquet M • *draaihek*; *tourniquet* • *draaischijf* • *molen* ⟨draaiende standaard⟩ • *ronddraaiende tuinsproeier* • *draaikever*; *schrijverke* • PLAT *krijgsraad*

tournis (zeg: -nie) M • *draaiziekte* • INFORM. *duizeling* ★ donner le ~ *duizelig maken*

tournoi M *toernooi*

tournoiement M *draaiing* ★ ~ (de tête) *duizeligheid*

tournoyer ONOV WW *(telkens) draaien*; *dwarrelen*

tournure V • FIG. *wending*; *keer*; *(ver)loop* • *aanzien*; *voorkomen* • *draaisel* ⟨metaalafval⟩ ★ ~ (de phrase) *zinswending* ★ ~ d'esprit *denkwijze*; *instelling*; *mentaliteit* ★ prendre ~ *vaste vorm aannemen* ★ prendre une nouvelle ~ *een wending nemen*

tour-opérateur M [mv: **tour-opérateurs**] *touroperator*

tourte V • *groente-/vleestaart*; *pastei* • INFORM. *sukkel*

tourteau M [mv: **tourteaux**] • *veekoek* • *Noordzeekrab* • *rond grof brood*

tourtereau M [mv: **tourtereaux**] MEESTAL FIG. *tortelduifje*

tourterelle V *tortelduif*

tourtière V *pasteipan*; *taartvorm*

tous [m mv] • → **tout**

Toussaint V *Allerheiligen*

tousser ONOV WW *hoesten*; *(even) kuchen* ⟨ook van motor⟩

toussoter ONOV WW *kuchen*

tout I ONB VNW [v: **toute**] [m mv: **tous**] [v mv: **toutes**] • *alles* • *allen*; *iedereen* ★ après tout /à tout prendre *alles welbeschouwd*; *al met al*; *eigenlijk* ★ et tout (et tout) *en zo*; *enzovoort* ★ en tout (et pour tout) *alles bijeen*; *in totaal*; *welgeteld* ★ pardessus tout *bovenal* ★ il a tout pour lui *hij heeft alles mee* ⟨zondagskind⟩ ★ il a tout d'un artiste *hij is een echte artiest* ★ c'est simple comme tout /c'est tout ce qu'il y a de plus simple *het is heel erg eenvoudig* **II** BNW [v: **toute**] [m mv: **tous**] [v mv: **toutes**] • *(ge)heel* • *elk*; *ieder*; *al(le)* ★ tout cela *dat alles* ★ tous (les) trois *alle drie* ★ tout l'argent *al het geld* ★ toute autre ville *elke andere stad* ★ tout le monde *iedereen* ★ en tous sens *in alle richtingen* ★ tous les hommes *alle mensen* ★ toute la journée *de hele dag* ★ tous les jours *elke dag*; *dagelijks* ★ tous les deux ans *om de twee jaar* ★ à toute heure *op elk moment (van de dag)* ★ à toute vitesse *in volle vaart* ★ de toute beauté *heel mooi*; *allermooist* ★ pour toute excuse *als enige verontschuldiging* ★ film tous publics *film voor elk publiek*; *publieksfilm* **III** BIJW *(ge)heel*; *erg*; *zeer* ★ tout à coup *ineens* ★ tout à fait *geheel en al* ★ elle était toute honteuse *zij was helemaal beschaamd* ★ tout à l'heure *straks*; *zo-even* ★ tout neuf /toute neuve *gloednieuw* ★ tout de même *toch* ★ tout au plus *hoogstens* ★ tout de suite *dadelijk* ★ tout près *vlakbij* ★ tout comme *net (zo)als* ★ tout(e) à vous *geheel de uwe*; *tot uw dienst* ★ le tout dernier *de allerlaatste* ★ tout... que *hoe... ook* ★ tout riche qu'il est *hoe rijk hij ook is* ★ tout en étant malade, elle est venue *hoewel ze ziek was, is ze gekomen* **IV** M • *geheel* • *(het) belangrijkste*; *(het) voornaamste* ★ du tout au tout *volledig* ★ (pas/point) du tout *helemaal niet* ★ plus du tout *helemaal niet meer* ★ rien du tout *helemaal niets* ★ risquer le tout pour le tout *alles op het spel zetten* ★ tenter le tout pour le tout *alles op alles zetten* ★ le tout est de bien employer son temps *een goede tijdsplanning is het belangrijkste*

tout-à-l'égout M [mv: id.] *rechtstreekse lozing op het riool*; *riolering*

toute [v] • → **tout**

toutefois BIJW *echter*; *evenwel*; *(dan) toch* ★ si ~ *als althans*

toute-puissance V *almacht*

toutes [v mv] • → **tout**

tout-fou BNW [m mv: **tout-fous**] INFORM. *opgewonden*; *lekker gek*

toutou M JEUGDT. *hond(je)*; *fikkie*

tout-petit M [mv: **tout-petits**] *peuter*

tout-puissant BNW [m mv: **tout-puissants**] *almachtig* ★ le Tout-Puissant *de Almachtige*

tout-terrain I M [mv: **tout-terrains**] • *terreinwagen/-fiets* • *(het) crossen*; *(het) mountainbiken* **II** BNW [m mv: **tout-terrains**] *terrein-*; *cross-* ★ véhicule ~ *terreinwagen* ★ vélo ~ (vtt) *mountainbike*

tout-va ★ à ~ *ongebreideld*; *in het wilde weg*

tout-venant M [mv: id.] *van alles (door elkaar)*; *Jan en alleman*

toux (zeg: toe) V *hoest* ★ accès/quinte de toux *hoestbui*

toxémie V ★ ~ gravidique *zwangerschapsvergiftiging*

toxicité V *giftigheid*

toxicologie V *toxicologie*; *vergiftenleer*

toxicologique BNW *toxicologisch*

toxicologue M/V *toxicoloog*

toxicomane I M/V *drugsverslaafde* **II** BNW *verslaafd* ⟨aan drugs⟩

toxicomanie V *(drugs)verslaving*

toxine V *toxine*

toxique I M *vergif*; *toxicum* **II** BNW *toxisch*; *(ver)giftig* ★ gaz ~ *gifgas*

toxoplasmose V *toxoplasmose*

TP AFK • travaux pratiques *practicum* • travaux publics *openbare werken*

trac M *plankenkoorts*; *(de) zenuwen* ⟨vóór

optreden/examen⟩
traçabilité V *traceerbaarheid* ⟨herkomst product⟩
traçage M *(het) traceren*
traçant BNW ★ racine ~e *kruipwortel* ★ balle ~e *lichtkogel*
tracas (zeg: -kà) M [vaak mv] *(kop)zorgen*; *toestanden*
tracasser I OV WW *kwellen*; *verontrusten*; *last bezorgen* **II** WKD WW [**se** ~] *zich zorgen maken*; *zich druk maken*
tracasserie V *geplaag*; *pesterij(tje)*; *vervelend gedoe*
tracassier BNW [v: **tracassière**] *plaagziek*; *lastig (doend)*
trace V *spoor*; *(nagelaten) teken* ★ être sur la ~ de *op het spoor zijn* ★ marcher sur les ~s de qn *in iemands voetsporen treden*
tracé M ● *plan*; *ontwerp*; *schets* ● *lijn*; *tracé*; *loop*
tracer I OV WW ● *traceren* ⟨v. weg⟩; OOK FIG. *uitstippelen* ● *trekken* ⟨v. lijn⟩ ● FIG. *schetsen* ⟨v. beeld, plan⟩ **II** ONOV WW ● *kruipen* ⟨v. plant, wortel⟩ ● INFORM. *racen*; *rennen*
traceur M ● *grafiekschrijver*; *plotter* ● NATK. *tracer*
trachéal (zeg: -kee-) BNW [m mv: **trachéaux**] *luchtpijp-*
trachée (zeg: -sjee) V ● *luchtpijp* ● *trachee*
trachéite (zeg: -kee-) V *luchtpijpontsteking*
trachéotomie (zeg: -kee-) V *luchtpijpsnede*
trachome (zeg: -koom) M *trachoom*
tract (zeg: trakt) M *vlugschrift*; *pamflet*
tractations V MV *(geheime) onderhandelingen*; *gekonkel*
tracter OV WW *slepen*; *(voort)trekken*
tracteur M *tractor*
traction V *(het) trekken*; *voortbeweging*; *(t)rekkracht*; *tractie* ★ ~ avant *(auto met) voorwielaandrijving* ★ ~s [mv] *rek- en strekoefeningen*
tractoriste M/V *tractorbestuurder*
tradition V *overlevering*; *traditie* ★ de ~ *traditioneel*
traditionalisme M *traditionalisme*
traditionnel BNW [v: **traditionnelle**] *overgeleverd*; *traditioneel*
traducteur M [v: **traductrice**] *vertaler*
traducteur-interprète M [mv: **traducteurs-interprètes**] *tolk-vertaler*
traduction V ● *vertaling* ● *weergave*
traduire I OV WW [onregelmatig] ● *vertalen (***de** *uit;* **en** *in)* ● *weergeven*; *uitdrukken* ★ ~ en justice /devant le tribunal *voor het gerecht dagen*; *dagvaarden* **II** WKD WW [**se** ~] *vertaald (kunnen) worden* ★ se ~ par *zich uiten in*; *de vorm aannemen van*
traduisible BNW *vertaalbaar*
trafic M ● MIN. *(onwettige/louche) handel*; *gesjacher* ● *verkeer* ★ ~ aérien *vliegverkeer* ★ ~ de drogue *drugshandel* ★ JUR. ~ d'influence *omkoping*; *(het) aannemen van steekpenningen*
traficoter ONOV WW MIN. *sjacheren*
trafiquant M [v: **trafiquante**] *zwarthandelaar* ★ ~ de drogue *drugsdealer/-handelaar*
trafiquer I OV WW ● *zwart handelen in*; *sjacheren in* ● INFORM. *(oneerlijk) knoeien met*; *vervalsen* ● INFORM. *uitspoken*; *uitvoeren* **II** ONOV WW ● *zwart handelen* ● ~ **de** *geld slaan uit*; *versjacheren*
tragédie V OOK FIG. *tragedie*; *treurspel*
tragédien M [v: **tragédienne**] *treurspelspeler*
tragicomédie V *tragikomedie*
tragicomique BNW *tragikomisch*
tragique I BNW ● OOK FIG. *tragisch* ● *treurspel-* ★ (auteur) ~ *treurspelschrijver*; *tragicus* **II** M *(het) tragische*; *tragiek* ★ prendre qc au ~ *iets al te somber inzien*; *iets dramatiseren*
trahir OV WW ● *verraden*; *verloochenen* ● *in de steek laten*; *ontrouw zijn aan* ★ ~ la confiance de qn *iemands vertrouwen beschamen* ★ ses nerfs l'ont trahi *zijn zenuwen begaven het*
trahison V *verraad*; *ontrouw* ★ haute ~ *hoogverraad*
traille V ● *kabelpont* ● *pontkabel*; *(gier)reep* ● *sleepnet*
train M ● *trein* ● *gang*; *vaart*; *tempo* ● *onderstel* ● *(samen)stel*; *sleep* ★ ~ à grande vitesse *hogesnelheidstrein*; *TGV* ★ ~ autos-couchettes *autoslaaptrein* ★ ~ d'artillerie *artillerietrein* ★ ~ de bois/flottage *houtvlot* ★ ~ de laminage *walsstraat* ★ ~ arrière *achterstel* ⟨v. voertuig⟩; *achterhand* ⟨v. paard⟩ ★ ~ d'atterrissage *landingsgestel* ★ ~ de pneus *stel banden* ⟨v. voertuig⟩ ★ ~ de mesures *reeks maatregelen* ★ ~ d'enfer *vliegende vaart* ★ à fond de ~ *in volle vaart* ★ aller grand ~ *snel rijden/gaan* ★ aller bon ~ *vaart hebben*; *vlot gaan* ★ aller son ~ *zijn gang(etje) gaan* ★ au ~ où vont les choses *zoals het nu gaat*; *als het zo doorgaat* ★ être en ~ *op dreef zijn* ★ être en ~ de [+ infin.] *bezig zijn te* ★ être en ~ de lire *aan het lezen zijn* ★ mener qn bon ~ *iem. niet sparen* ★ mener qc bon ~ *ergens vaart achter zetten* ★ SPORT mener le ~ *aan kop liggen*; *tempo maken* ★ mener grand ~ /mener un ~ de vie luxueux *op grote voet leven* ★ mettre en ~ *aan de gang brengen*; *op dreef helpen*; FIG. *opstarten*
traînage M *(het) slepen* ⟨v. vracht⟩
traînailler ONOV WW *traag/sloom zijn*; *rondhangen*; *treuzelen*
traînant BNW ● *(over de grond) slepend* ● FIG. *langgerekt*; *lijzig* ⟨v. stem⟩
traînard M [v: **traînarde**] ● *achterblijver* ● *treuzelaar*
traînasser ONOV WW ● → **traînailler**
train-couchettes M [mv: **trains-couchettes**] *slaaptrein*
traîne V ● *(het) slepen* ● *sleep* ⟨v. (trouw)jurk⟩ ● *sleepnet* ★ à la ~ *op sleep*; *achterblijvend*; *achteraan (sukkelend)*; *rondslingerend*
traîneau M [mv: **traîneaux**] ● *slee*; *slede* ● *sleepnet*
traînée V ● *sliert*; *(achtergelaten) streep/spoor* ● INFORM. *slet* ★ se répandre comme une ~ de poudre *zich als een lopend vuurtje verspreiden*
traîne-misère M [mv: **traîne-misère(s)**] *armoedzaaier*
traîner I OV WW ● *(voort)slepen*; *slepen met*; *meeslepen*; *(mee)zeulen* ● *sukkelen met* ⟨ziekte, tegenspoed⟩ ● *slepende houden*; *treuzelen met*; *traineren* ★ ~ les pieds *sloffen*; *schuifelen*;

tr

schoorvoetend handelen **II** ONOV WW • *(over de grond) slepen* • *slepende /onafgedaan blijven*; *lang duren*; *(voort)sukkelen* • *rondslingeren*; *rondhangen* • *treuzelen*; *achterblijven* ★ voix qui traîne *lijzige stem* **III** WKD WW [**se** ~] • OOK FIG. *zich voortslepen* • *sukkelen*; *sjokken*; *kruipen* ★ FIG. se ~ en longueur *zich voortslepen*

traîneur M • *sleper* • *iem. die (ergens) rondhangt* ★ ~ d'épée *blufferige soldaat*

training M • *training* • *trainings-, joggingpak* • *sportschoen*

train-train, **traintrain** M [mv: id.] *routine*; *sleur*; *(gewone) gangetje*

traire OV WW [onregelmatig] *melken*

trait M • *lijn*; *streep*; *(pennen)streek* • *(karakter)trek* • *teug* • *trektouw*; *trekriem* • *steek*; *schimpscheut* • *daad*; *blijk*; *staaltje* • MUZ. *loopje* ★ ~ d'esprit *rake opmerking* ★ ~ de génie *geniale/lumineuze inval* ★ ~ de lumière *lichtstraal* ★ un ~ de lumière m'éblouit *er ging mij plotseling een licht op* ★ ~ d'union *verbindingsstreepje*; *tussenschakel/-persoon* ★ à grands ~s *in grote lijnen/trekken* ★ (tout) d'un ~ *in één teug*; *ineens*; *aan één stuk* ★ cheval de ~ *trekpaard* ★ avoir ~ à *betrekking hebben op*; *slaan op* ★ partir comme un ~ *als een pijl uit de boog vertrekken* ★ ressembler à qn ~ pour ~ *sprekend op iem. lijken* ★ FIG. tirer un ~ (dessus) *er een streep onder zetten* ★ ~s [mv] *(gelaats)trekken*

traitable BNW *handelbaar*; *meegaand*

traitant BNW *behandelend*; *verzorgend*

traite V • *(het) melken* • *(getrokken) wissel* • *termijn(aflossing)* • *slavenhandel* ★ d'une (seule) ~ *aan één stuk*; *in één ruk* ★ payer par ~s *in termijnen betalen*

traité M • *verdrag*; *traktaat* • *verhandeling*; *handboek* ★ ~ de paix *vredesverdrag*

traitement M • *behandeling* • *traktement*; *bezoldiging* • *verwerking* ★ COMP. ~ de texte(s) *tekstverwerking* ★ ~ de choc *shocktherapie*

traiter I OV WW • OOK MED. *behandelen* • *bewerken*; *verwerken* • FORM. *onthalen*; *trakteren* • *onderhandelen over* • **~ de** *uitmaken voor*; *bestempelen als* **II** ONOV WW *onderhandelen (***avec** *met;* **sur** *over)* ★ ~ de qc *over iets gaan/handelen*; *iets behandelen*

traiteur M *traiteur*; *(uitzend)kok*

traître I BNW [v: **traîtresse**] *verraderlijk* ★ ne pas dire un ~ mot *geen stom woord zeggen* **II** M [v: **traîtresse**] *verrader* ★ en ~ *verraderlijk*

traîtreusement BIJW *verraderlijk*

traîtrise V • *verraad* • *verraderlijkheid*

trajectoire V *baan* ‹v. projectiel, hemellichaam›

trajet M *traject*; *(af te leggen) weg*; *afstand*; *reis*

tralala M INFORM. *poeha*; *poespas*

tram M INFORM. *tram*

trame V • *inslag* ‹v. weefsel› • FIG. *patroon*; *stramien*; *structuur* • TECHN. *raster*; *(plaat met) beeldlijnen* • OUD. *complot* ★ usé jusqu'à la ~ *tot op de draad versleten*

tramer OV WW • *beramen*; *smeden* ‹v. complot› • *inslaan*; *met inslaggaren doorschieten* • TECHN. *rasteren* ★ il se trame qc *er wordt iets bekokstoofd*

traminot M • *tramemployé* • *buschauffeur*

tramontane V *noordenwind*; *bergwind*

tramping M *wilde vaart*

trampoline M *trampoline*

tramway M *tram*

tranchant I BNW • *snijdend*; *scherp* • *beslist* ‹v. optreden, toon›; *bits* **II** M *scherp* ‹v. mes, zwaard› ★ OOK FIG. à double ~ *tweesnijdend*

tranche V • *plak*; *snede*; *schijf*; *stuk* • *snede* ‹v. boek› • *reeks cijfers* • *dunne rand* • *elk v.e. aantal delen*; *tranche* ★ ~ de viande *plak vlees* ★ ~ de marbre *marmeren plaat* ★ ~ d'âge *leeftijdscategorie* ★ ~ horaire *periode* ‹v.e. werkrooster› ★ ~ de vie *greep uit het leven* ★ doré sur ~s *verguld op snee* ★ s'en payer une ~ *lol hebben*; *het ervan nemen*

tranché BNW *duidelijk (afgebakend)*; *geprononceerd*

tranchée V • *loopgraaf* • *geul*; *sleuf* ★ ~s (utérines) [mv] *naweeën*

trancher I OV WW • *(door)snijden*; *afsnijden*; *afhakken*; *in plakken snijden* • *oplossen*; *beslissen*; *uit de weg ruimen* ‹v. moeilijkheid› **II** ONOV WW • FIG. *de knoop doorhakken*; *beslissen* ★ LIT. ~ du grand seigneur *de grote heer uithangen* • **~ sur, avec** *afsteken tegen/bij*; *contrasteren met*

tranchet M • *ledersnijmes* • *snijbeitel*

trancheuse V *snijmachine*

tranchoir M • *snijplank*; *vleesplank* • *hakmes*

tranquille (zeg: -kiel) BNW *rustig*; *gerust*; *kalm*; *bedaard* ★ laisser ~ *met rust laten*

tranquillisant I M *tranquillizer*; *kalmerend middel* **II** BNW *geruststellend*; *kalmerend*

tranquilliser OV WW *geruststellen*; *kalmeren*

tranquillité V *rust*; *gerustheid*; *kalmte*; *stilte* ★ en toute ~ *in alle rust*

transaction V *transactie*; *(handels)overeenkomst*; *schikking*

transalpin BNW *trans-Alpijns*

transat (zeg: -zat) M *ligstoel*; *dekstoel*

transatlantique I M • *oceaanschip* • *ligstoel*; *dekstoel* **II** BNW *trans-Atlantisch*

transbahuter OV WW INFORM. *(ergens heen) sjouwen/zeulen*

transbordement M *overlading* ‹v. vracht›; *overslag*

transborder OV WW • *óverladen* ‹v. vracht›; *overslaan* • *doen overstappen* ‹v. passagiers›

transbordeur BNW ★ (pont) ~ *(over)laadbrug* ★ (navire) ~ *veerboot*

transcendance V *transcendentie*

transcendant BNW • *transcendent*; *transcendentaal* • *verheven (***à** *boven)*; *voortreffelijk*

transcender I OV WW *transcenderen*; *uitstijgen boven* **II** WKD WW [**se** ~] *boven zichzelf uitstijgen*

transcoder OV WW *vertalen in een andere code*

transcodeur M • *systeem-/codeomzetter* • COMP. *compiler*

transcontinental BNW [m mv: **transcontinentaux**] *transcontinentaal*

transcripteur M [v: **transcriptrice**] *overschrijver*

transcription V • *(het) overschrijven*; *afschrift*; *kopie* • *transcriptie*

transcrire OV WW [onregelmatig] • *overschrijven* • *transcriberen*
transe V • [vaak mv] *grote angst* • *trance* ★ dans les ~s *in doodsangst* ★ en ~ *in trance*; *buiten zichzelf*
transept (zeg: -sept) M *transept*; *dwarsschip*
transférable BNW *overdraagbaar*
transfèrement M *overbrenging* ⟨v. arrestant enz.⟩
transférer OV WW • *overbrengen* • *overdragen* (**à** *aan, op*); *transfereren*
transfert M • *overbrenging* • *overdracht*; *transfer* ★ touche de ~ *doorverbindtoets*
transfiguration V *transfiguratie*; *gedaanteverwisseling*
transfigurer OV WW *transfigureren*; *(van gedaante) veranderen*
transformable M *vervormbaar*
transformateur I M *transformator* **II** BNW [v: **transformatrice**] *vervormend*; *verwerkend*
transformation V *(gedaante)verandering*; *omvorming*; *omzetting*; *transformatie* ★ industrie de ~ *veredelingsindustrie*
transformer I OV WW *veranderen* (**en** *in*); *omzetten*; *omvormen*; *transformeren* **II** WKD WW [**se** ~] *(zich) veranderen* (**en** *in*)
transfuge M/V *overloper*
transfuser OV WW • *transfuseren* • *overgieten*; FIG. *overbrengen*
transfusion V *(bloed)transfusie*
transgénique BNW *transgeen*
transgénose V *genverandering*
transgresser OV WW *overtreden*
transgresseur M *overtreder*
transgression V *overtreding*
transi BNW *verkleumd*; *verstijfd* ★ un amoureux ~ *een schuchtere minnaar*
transiger ONOV WW • *een schikking treffen* • *schipperen* (**avec, sur** *met*) ★ sans ~ *compromisloos*; *onbuigzaam* ★ ~ avec sa conscience *het op een akkoordje gooien met zijn geweten*
transir OV WW *doen verkleumen*; *doen verstijven*
transistor M • *transistor* • *transistorradio*
transistoriser OV WW *van transistors voorzien*
transit (zeg: -ziet) M *transit(o)*; *doorvoer*; *doorreis* ★ camp de ~ *doorgangskamp* ★ passagers en ~ *doorgaande reizigers*
transitaire I M *(transito-)expediteur* **II** BNW *transito-*; *doorvoer-*
transiter I OV WW *doorvoeren* ⟨v. waren⟩ **II** ONOV WW ★ ~ par un pays *via een land reizen /doorgevoerd worden*
transitif BNW [v: **transitive**] *overgankelijk*; *transitief*
transition V *overgang* ★ période de ~ *overgangsperiode* ★ sans ~ *abrupt (op iets anders overgaand)*
transitoire BNW *voorbijgaand*; *voorlopig*; *overgangs-*
translation V • *overbrenging*; *verplaatsing* • *overdracht*
translucide BNW *doorschijnend*
translucidité V *doorschijnendheid*
transmetteur M *seintoestel*; *(scheeps)telegraaf*
transmettre OV WW [onregelmatig] • *overbrengen*; *overdragen* (**à** *aan, op*); *doorgeven* • MEDIA *uitzenden* • NATK. *geleiden* ★ se ~ héréditairement *erfelijk worden overgebracht*
transmigration V *transmigratie*; *zielsverhuizing*
transmissibilité V *overdraagbaarheid*; *erfelijkheid*
transmissible BNW *overdraagbaar*; *overerfelijk*
transmission V • OOK TECHN. *overbrenging* • *overdracht* • MEDIA *uitzending* • NATK. *geleiding* ★ (service des) ~s *verbindingsdienst*
transmuer OV WW *omzetten* (**en** *in*); *veranderen*
transmutation V *omzetting* (**en** *in*); *(gedaante)verandering*
transmuter OV WW • → **transmuer**
transparaître ONOV WW [onregelmatig] OOK FIG. *doorschemeren*
transparence V OOK FIG. *doorzichtigheid* ★ regarder /lire par ~ *tegen het licht houden*
transparent I BNW OOK FIG. *doorzichtig*; *transparant* **II** M *transparant(papier)*
transpercer OV WW *doorboren*; *dringen door*
transpiration V *(het) zweten*; *zweet*; *transpiratie* ★ être en ~ *zweten*
transpirer ONOV WW • *zweten*; *transpireren* • FIG. *uitlekken*
transplant M *transplantaat*
transplantation V • *transplantatie* • *overplanting*; *verplanting*
transplanter OV WW • *overplanten*; *verplanten* • *transplanteren*
transport M • *vervoer*; *transport* • *overbrenging*; JUR. *overdracht* • FORM. *vervoering*; *opwelling* (**de** *van*); *geestdrift* ★ les ~s *het transportwezen* ★ ~s publics /en commun *openbaar vervoer* ★ ~(s) routier(s) *wegvervoer* ★ moyen de ~ *vervoermiddel* ★ ~ au cerveau *bloedstuwing naar de hersenen*
transportable BNW *vervoerbaar*
transportation V *deportatie*
transporter I OV WW • *vervoeren*; *transporteren* • *deporteren* • *overbrengen*; JUR. *overdragen* • *in vervoering brengen* ★ transporté de joie *buiten zichzelf van vreugde* **II** WKD WW [**se** ~] *zich begeven*; *zich verplaatsen*
transporteur M • *transporteur*; *expediteur* • *overbrengtoestel*; *transportband* • *transport(lucht)vaartuig*
transposable BNW • *verplaatsbaar*; *omzetbaar* • *transponeerbaar*
transposer OV WW • *verplaatsen*; *omzetten* • *transponeren*
transposition V *verplaatsing*; *omzetting*; *transpositie*
transsaharien BNW [v: **transsaharienne**] *(dwars) door de Sahara*
transsexualité V *transseksualiteit*
transsexuel I BNW [v: **transsexuelle**] *transseksueel* **II** M [v: **transsexuelle**] *transseksueel*
transsibérien I M *trans-Siberische spoorweg* **II** BNW [v: **transsibérienne**] *trans-Siberisch*
transsuder I OV WW *uitzweten* **II** ONOV WW *doorsijpelen*
transvasement M *(het) óvergieten*; *overheveling*
transvaser OV WW *óvergieten*; *overhevelen*

transversal BNW [m mv: **transversaux**] *dwars(-)*; *transversaal* ★ (barre) ~e *dwarslat*; *doellat* ★ (ligne) ~e *dwarslijn*; *transversaal*
transverse BNW *dwars(-)* ★ (muscle) ~ *dwarsspier*
transvider OV WW *overschenken*
trapèze M • *trapezium* • *trapeze*
trapéziste M/V *trapezewerker*
trappe V • *valluik*; *luik(gat)* • *valkuil* • *schuif* ⟨v. haard⟩; *klep* ★ Trappe *trappistenklooster*; *trappistenorde* ★ passer à la ~ *afgedaan hebben*; *in het vergeetboek raken*
trappeur M *pelsjager*
trappiste M *trappist*
trapu BNW • *gedrongen* ⟨v. persoon⟩; *log* ⟨v. gebouw⟩ • INFORM. *knap (***en** *in)* • INFORM. *moeilijk*
traque V *klopjacht*
traquenard M *val*; OOK FIG. *valstrik*
traquer OV WW *een drijfjacht houden op*; OOK FIG. *opjagen*; *(achter)volgen*
traqueur M *drijver* ⟨bij jacht⟩
traumatique BNW *traumatisch*; *wond-*
traumatisant BNW *traumatisch*
traumatiser OV WW *traumatiseren*
traumatisme M *trauma*
traumatologie V *traumatologie*
travail M [mv: **travaux**] • *werk*; *arbeid* • *bewerking* • *(het) werken* ⟨v. hout e.d.⟩ • *(natuurlijke) werking*; *proces* • *werk*; *geschrift* • *barensnood* ★ ~ 24h/24 *24 uursdienst* ★ ~ à temps partiel *deeltijdarbeid* ★ au ~ *aan/naar het werk* ★ fête du ~ *dag van de arbeid* ★ du beau ~ *goed werk*; IRON. *fraaie bedoening* ★ 'travaux' *'werk in uitvoering'* ★ travaux d'approche *voorbereidende manoeuvres*; *(slinkse) toenaderingspogingen* ★ travaux forcés *dwangarbeid* ★ travaux publics *openbare werken* ★ travaux dirigés (TD) *werkcollege* ★ travaux pratiques (TP) *practicum* ★ travaux d'intérêt général (TIG) *taakstraf* ★ salle de ~ *verloskamer* ★ en ~ *in barensnood* ★ travaux [mv] *werkzaamheden*; *werken*
travaillé BNW *doorwrocht*; *(met zorg) bewerkt*; *met effect gespeeld* ⟨v. bal⟩
travailler I OV WW • OOK FIG. *bewerken* • *werken aan*; *oefenen* • *kwellen* ⟨v. gedachten⟩; FIG. *achtervolgen* ★ ~ son style *zijn stijl bijschaven* ★ ça me travaille! *dat laat me niet los!* **II** ONOV WW • *werken (***à** *aan)* • *werking vertonen*; *werken* ⟨v. hout e.d.⟩; *gisten*
travailleur I M [v: **travailleuse**] *werker*; *arbeider* **II** BNW [v: **travailleuse**] *werkzaam*; *ijverig*
travailleuse V *naaitafeltje*
travailliste I M/V *lid van de Labourpartij* **II** BNW ★ parti ~ *Labourpartij*
travailloter ONOV WW *kalmpjes werken*
travaux M MV • → **travail**
travée V • *travee* • *rij (banken, stoelen)*
travelling M *travelling(shot)* ⟨opname met rijdende camera⟩
travelo M INFORM. *travestiet*
travers M • *gebrekje* ⟨v. persoon⟩ • *zwakte* • OUD. *dwarste* ★ ~ de porc *spareribs*; *krabbetje* ★ à ~ /au ~ de *(dwars) door*; *door... heen* ★ à ~ le monde *over de hele wereld* ★ à tort et à ~ *lukraak*; *in het wilde weg* ★ passer à/au ~ *erdoorheen glippen*; *goed wegkomen* ★ de ~ *scheef*; *schuin*; *verkeerd* ★ vent de ~ *dwarswind*; *zijwind* ★ avaler de ~ *zich verslikken (in)* ★ en ~ *(over)dwars* ★ en ~ de *dwars over* ★ se mettre en ~ de *dwarsliggen bij*; *dwarsbomen* ★ par le ~ *overdwars*; *dwarsscheeps*
traversable BNW *over te steken*
traverse V • *dwarsbalk*; *dwarsligger* • FIG. *kink in de kabel*; *obstakel* ★ chemin de ~ *kortere weg (binnendoor)*
traversée V *overtocht*; *doortocht*
traverser OV WW • *oversteken*; *gaan over* • *gaan door*; *doorreizen* • *doorsnijden*; *doorklieven*; *doordringen* • *doormaken* ⟨v. moeilijke tijd⟩ • OUD. *dwarsbomen* ★ ~ l'esprit *opkomen* ⟨v. gedachte⟩
traversier BNW [v: **traversière**] ★ barque traversière *overzetboot* ★ flûte traversière *dwarsfluit*
traversin M • *rolkussen* ⟨langwerpig hoofdkussen⟩ • OUD. *dwarshout*; *dwarsstuk*
travesti I M *travestiet* **II** BNW *verkleed (***en** *als)*; *vermomd* ★ bal ~ *gekostumeerd bal* ★ (rôle) ~ *travestierol*
travestir I OV WW • *verkleden (***en** *als)*; *vermommen* • *verdraaien* ⟨v. feiten enz.⟩ **II** WKD WW [**se** ~] *zich verkleden (***en** *als)*; *zich vermommen*
travestissement M • *verkleding*; *vermomming* • *travestie* • FIG. *verdraaiing*
traviole BIJW ★ INFORM. de ~ *scheef*
trayeur M [v: **trayeuse**] *melker*
trayeuse V *melkmachine*
trayon M *speen* ⟨v. uier⟩
trébuchant BNW • OOK FIG. *struikelend* • OUD. *volwichtig* ⟨v. munt⟩
trébucher I OV WW *wegen (op een goudschaal)* **II** ONOV WW • OOK FIG. *struikelen (***sur, contre** *over)* • *doorslaan* ⟨v. balans⟩
trébuchet M • *precisieweegschaaltje*; *goudschaal* • GESCH. *blijde* • *vogelknip*
tréfilage M *(het) draadtrekken*
trèfle M *klaver* ⟨ook bij kaartspel⟩ ★ ~ à quatre feuilles *klavertjevier* ★ (croisement en) ~ *klaverblad* ⟨wegkruising⟩
tréfonds M FIG./FORM. *(het) diepste* ★ savoir le fonds et le ~ d'une affaire *een zaak door en door kennen*
treillage M *traliewerk*; *latwerk*; *hek(werk)*
treillager OV WW *van traliewerk /latwerk voorzien*
treille V • *opklimmende wijnrank* • *prieel van wijnranken* ★ INFORM. jus de la ~ *wijn*; *druivennat*
treillis M • *traliewerk*; *latwerk*; *draadwerk*; *rasterwerk*; *vakwerk* ⟨v. draagstaven⟩ • *dril* ⟨grof linnen⟩ • *gevechtspak*; *werkpak*
treize I TELW *dertien* ★ INFORM. ~ à la douzaine *dertien in een dozijn* ★ jeu à ~ *rugby met 13 spelers* **II** M *dertien*
treizième I TELW *dertiende* **II** M *dertiende deel*
trekking M *trektocht* ⟨v. wandelaar in onherbergzaam (berg)gebied⟩
tréma M *trema*; *deelteken*

tr

tremblant BNW *bevend*; *beverig*; *wankel* ★ (maladie) ~e *draaiziekte*
tremble M ★ (peuplier) ~ *ratelpopulier*
tremblé BNW *beverig* ‹v. schrift, toon› ★ (filet) ~ *golflijn(tje)*
tremblement M *beving*; *trilling* ★ ~ de terre *aardbeving* ★ INFORM. et tout le ~ *en de hele santenkraam*
trembler ONOV WW • *beven*; *sidderen*; *trillen* • *bang zijn (***de** *te;* **devant** *voor)*; *bezorgd zijn (***pour** *om)* ★ ~ de fièvre *rillen van de koorts*
tremblotant BNW *trillend*; *beverig*
tremblote V ★ INFORM. avoir la ~ *de bibberatie hebben*
trembloter ONOV WW *bibberen*; *licht beven*
trémie V *tremel*; *storttrechter*
trémière BNW ★ rose ~ *stokroos*
trémolo M *tremolo*; *triltoon*; *triller*; *trilling* ‹v. stem›
trémoussement M • → **trémousser**
trémousser WKD WW [**se** ~] • *druk bewegen*; *wippen*; *wiebelen* • *heupwiegen*
trempage M *bevochtiging*; *(het) weken*
trempe V • *(het) harden* ‹v. staal›; *harding* • *(het) weken* • INFORM. *pak slaag* ★ FIG. de la même ~ *van hetzelfde slag/kaliber* ★ FIG. de sa ~ *van zijn formaat*
trempé BNW • *doornat* • *gehard*; FIG. *gestaald*
tremper I OV WW • *indompelen*; *dopen (***dans** *in)*; *weken*; *bevochtigen* • *harden* ‹v. staal›; FIG. *stalen* ★ se faire ~ *nat worden* ★ ~ son vin *water in zijn wijn doen* **II** ONOV WW • *weken* • ~ **dans** *(als medeplichtige) verwikkeld zijn in* **III** WKD WW [**se** ~] • *doornat worden* • *even het water ingaan*
trempette V ★ INFORM. faire ~ *even het water ingaan*; *pootjebaden*; *(brood) soppen*
tremplin M OOK FIG. *springplank*; *springschans*
trentaine V • *dertigtal* • *dertigjarige leeftijd* ★ avoir la ~ *in de dertig zijn*
trente I TELW *dertig* **II** M *dertig*
trente-et-un I TELW *eenendertig* **II** M *eenendertig* ★ se mettre sur son ~ *zich op z'n paasbest kleden*
trentenaire BNW *dertigjarig*
trente-six TELW • *zesendertig* • INFORM. *een heleboel*; *tig* ★ tous les ~ du mois *bijna nooit* ★ ~ fois *(wel) honderd keer*
trentième I TELW *dertigste* **II** M *dertigste deel*
trépan M *(schedel)boor*
trépanation V *schedellichting*; *trepanatie*
trépaner OV WW *trepaneren*
trépas (zeg: -pà) M FORM. *overlijden* ★ passer de vie à ~ *overlijden*
trépasser ONOV WW FORM. *overlijden* ★ fête des Trépassés *Allerzielen*
trépidant BNW • *trillend* • FIG. *wervelend* ★ vie ~e *hectisch leven*
trépidation V *trilling*; *beving*; *vibratie*
trépider ONOV WW *trillen*; *beven*; *schudden*
trépied M *drievoet*; *driepoot*
trépignement M *getrappel*; *gestamp(voet)*
trépigner ONOV WW *trappelen*; *stampvoeten* ★ ~ de joie *staan te springen van blijdschap*
très BIJW *zeer*; *heel*; *erg*
Très-Haut M *(de) Allerhoogste*

trésor M • OOK FIG. *schat* • *schatkamer* ★ le Trésor (public) *de schatkist*; *de staatskas* ★ ~ de guerre *krijgskas*; *reservefonds* ★ des ~s de patience *onuitputtelijk geduld*
trésorerie V • *(dienst voor het) beheer v.d. geldmiddelen*; *thesaurie*; *schatkist* • *geldmiddelen*; *financiën*; FIG. *kas* • *ministerie v. Financiën* ‹in Engeland›
trésorier M [v: **trésorière**] *schatmeester*; *penningmeester*; *thesaurier*
tressage M *(het) vlechten*
tressaillement M *(t)rilling* ‹v. emotie›; *schok*; *schrik*
tressaillir ONOV WW [onregelmatig] *(t)rillen* ‹v. emotie›; *sidderen*; *opschrikken*
tressauter ONOV WW • *opspringen* ‹v. schrik e.d.› • *heen en weer geschud worden*; *hobbelen*
tresse V • *(haar)vlecht* • *tres*
tresser OV WW *vlechten*
tréteau M [mv: **tréteaux**] • *schraag* • OUD. *toneelplankier* ‹v. kermisklanten enz.›; FIG. *(de) planken*
treuil M *windas*; *lier*
treuiller OV WW *(op)takelen*
trêve V • *wapenstilstand*; *bestand* • *rust*; *pauze*; *respijt* ★ GESCH. ~ de Dieu *godsvrede* ★ ~ de plaisanteries! *genoeg geschertst!*; *alle gekheid op een stokje!*
Trèves V *Trier*
trévise V *cichoreisla*; *rode sla*
tri M *(het) sorteren*; *(het) uitzoeken*; *selectie* ★ tri sélectif *huisvuilscheiding*
triade V FORM. *drietal*
triage M *(het) sorteren*; *(het) uitzoeken*; *selectie* ★ gare de ~ *rangeerterrein*
trial M *trial*; *motorcross*
triangle M • *driehoek* • *triangel*
triangulaire BNW *driehoekig*; *driehoeks-*
triangulation V *driehoeksmeting*
trianguler OV WW *opmeten door driehoeksmeting*
triathlon M *triatlon*; *driekamp*
tribal BNW [m mv: **tribaux**] *stam(men)-*; *tribaal*
tribord M *stuurboord*
tribu V • *stam*; *volksstam* • IRON. *(hele) familie*; *aanhang*
tribulation V [meestal mv] *beproeving*; *tegenspoed*
tribun M *tribuun*
tribunal M [mv: **tribunaux**] *rechtbank*; *gerecht* ★ ~ de commerce *handelsrechtbank* ★ ~ d'instance ≈ *kantongerecht* ★ ~ de grande instance ≈ *arrondissementsrechtbank* ★ ~ correctionnel *strafrechter*; ≈ *strafkamer* ★ ~ de police ≈ *politierechter*
tribune V • [vaak mv] *tribune* • *spreekgestoelte* • FIG. *forum* ‹v. meningsuiting›
tribut (zeg: -buu) M *tribuut*; *schatting*; *heffing*; FIG. *tol*
tributaire BNW • *schatplichtig* • ~ **de** *afhankelijk van*; *aangewezen op*; *uitmondend in* ‹v. rivier›
tricentenaire I BNW *driehonderdjarig* **II** M *driehonderdjarig jubileum*
tricéphale BNW *driehoofdig*; *driekoppig*
triceps M *triceps*; *driehoofdige spier*

triche V INFORM. *bedriegerij*; *vals spel*
tricher ONOV WW OOK FIG. *vals spelen*; *sjoemelen*; *knoeien* (**sur** *met*) ★ ~ sur son âge *een valse leeftijd opgeven*
tricherie V *bedriegerij*; *gesjoemel*; *vals spel*
tricheur M [v: **tricheuse**] *bedrieger*; *valsspeler*; *sjoemelaar*
trichine V *trichine*
trichrome BNW *driekleurig*; *driekleuren-*
trichromie V *driekleurendruk*
tricolore BNW *driekleurig*; *blauw-wit-rood* ⟨v.d. Franse vlag⟩ ★ le (drapeau) ~ *de nationale driekleur* ★ les ~s *de Fransen* ⟨nationale sportploeg⟩ ★ feux ~s *verkeerslichten*
tricorne M *(driekantige) steek*
tricot M • *(het) breien*; *breiwerk* • *gebreid goed*; *tricot*; *trui(tje)* ★ ~ de corps *onderhemd*; *borstrok* ★ point de ~ *breisteek* ★ en ~ *gebreid*
tricotage M *(het) breien*; *breiwerk*
tricoter I OV WW *breien* **II** ONOV WW • *breien* • INFORM. *de benen roeren*; *benen maken*
tricoteuse V • *breimachine* • *breister*
trictrac M • *triktrak* • *triktrakbord*
tricycle M *driewieler*
trident M *drietand*; *(mest)vork*
tridimensionnel BNW [v: **tridimensionnelle**] *driedimensionaal*
trièdre I M *drievlak* **II** BNW *drievlakkig*
triennal BNW [m mv: **triennaux**] • *driejarig* • *driejaarlijks*
trier OV WW *sorteren*; *uitzoeken*; *selecteren*
trieur M [v: **trieuse**] *sorteerder*
trieuse V *sorteermachine*
trifouiller ONOV WW INFORM. *snuffelen*; *rommelen* (**dans** *in*)
trigle M *poon*; *knorhaan*
triglyphe M *triglief*
trigonométrie V *trigonometrie*
trigonométrique BNW *trigonometrisch*
trilatéral BNW [m mv: **trilatéraux**] *driezijdig*; *trilateraal*
trilingue BNW *drietalig*
trille M MUZ. *triller*
triller I OV WW MUZ. *met trillers versieren* **II** ONOV WW *een triller laten horen*
trillion M *triljoen*
trilogie V • *trilogie* • *drietal*
trimaran M *trimaran*
trimardeur M STRAATT./OUD. *zwerver*; *vagebond*
trimbaler I OV WW INFORM. *meezeulen* ★ qu'est-ce qu'il trimbale! *wat een stuk onbenul!* **II** WKD WW [**se ~**] INFORM. *rondsjouwen*
trimballer I OV WW • → **trimbaler II** WKD WW [**se ~**]
trimer ONOV WW INFORM. *zwoegen*; *sappelen*
trimestre M *kwartaal*; *trimester*
trimestriel BNW [v: **trimestrielle**] *driemaandelijks*
trimoteur I BNW *driemotorig* **II** M *driemotorig vliegtuig*
tringle V *roede*; *stang*
trinité V *drie-eenheid* ★ la Trinité *de (goddelijke) Drie-eenheid*; *trinitatis* ⟨Drievuldigheidszondag⟩; *Trinidad*
trinquer ONOV WW • *klinken* (**à** *op*); *toasten* • INFORM. *het moeten ontgelden*; *de klos zijn* • ~ **de** *oplopen*
trinquet M *fokkenmast*
trio M *trio*
triolet M • MUZ. *triool* • LIT. *triolet*
triomphal BNW [m mv: **triomphaux**] *triomfaal*; *in triomf*; *zege-*; *triomf-* ★ char ~ *zegewagen*
triomphalisme M *triomfalisme*
triomphant BNW • *zegevierend* • *triomfantelijk*
triomphateur I M [v: **triomphatrice**] *overwinnaar*; *triomfator* **II** BNW [v: **triomphatrice**] *zegevierend*
triomphe M *triomf*; *zege(praal)*; *overwinning* ★ de ~ *triomf-* ★ faire un ~ à qn *iem. geestdriftig onthalen* ★ FIG. porter qn en ~ *iem. op handen dragen*
triompher ONOV WW *zegevieren*; *(over)winnen*; *triomferen* (**de** *over*)
trip M INFORM. *trip* ⟨bij drugs⟩ ★ faire un trip *trippen*
tripaille V INFORM. *ingewanden* ⟨v. dieren⟩
triparti BNW *tripartiet*; *driedelig*; *driezijdig*; *driepartijen-*
tripartite BNW • → **triparti**
tripartition V *driedeling*
tripatouillage M INFORM. *gepruts*; *(oneerlijke) knoeierij*
tripatouiller OV WW • INFORM. *knoeien met* ⟨cijfers⟩; *knoeien in* ⟨tekst⟩ • INFORM. *frunniken aan*
tripatouilleur M [v: **tripatouilleuse**] INFORM. *knoeier*
tripe V • [meestal mv] *ingewanden* ⟨v. slachtvee⟩ • CUL. *pens* • INFORM. [meestal mv] *(iemands) binnenste* • *binnenwerk van sigaar* ★ avoir la ~ républicaine *uit republikeins hout gesneden zijn* ★ ~ (de velours) *trijp* ★ INFORM. rendre ~s et boyaux *hevig braken* ★ INFORM. avoir des ~s *lef hebben* ★ jouer avec ses ~s *zich helemaal (in zijn rol) inleven* ⟨v. acteur⟩
triperie V *orgaanvleesslagerij*
tripette V INFORM. *kleine pens* ★ INFORM. ça ne vaut pas ~ *dat is geen cent waard*
triphasé BNW *driefasig*
triphtongue V MUZ. *drieklank*
tripier M [v: **tripière**] *verkoper van orgaanvlees*
triple I M *drievoud* **II** BNW *drievoudig*; *driedubbel*
triplé M *drievoudig succes*; *hattrick*; *trio (van drie winnende paarden)* ⟨paardentoto⟩
triplement I M *verdrievoudiging* **II** BIJW *drievoudig*
tripler OV+ONOV WW *verdrievoudigen*; *tripleren*
triplés M MV [v mv: **triplées**] *drieling*
triplette V *(team van) drie spelers*
triporteur M *bakfiets*
tripot M MIN. *speelhol*
tripotage M • *gescharrel*; *gerotzooi* • *knoeierij*; *zwendel* • *gefriemel*
tripotée V • INFORM., OUD. *pak slaag* • INFORM., OUD. *heleboel*; *hoop*
tripoter I OV WW INFORM. *frunniken aan*; *zitten aan*; *(wat) spelen met*; *bevingeren* **II** ONOV WW INFORM. *rommelen* (**dans** *in, met*); *rotzooien*; *scharrelen*; *zwendelen*
tripoteur M [v: **tripoteuse**] • *scharrelaar* • *flikflooier*

triptyque M *drieluik*; *triptiek*
trique V *knuppel* ★ sec comme un coup de ~ *broodmager*
trirème V GESCH. *trireem* ⟨galei met drie rijen roeiers⟩
trisaïeul M [v: **trisaïeule**] *betovergrootvader/-moeder*
trisannuel BNW [v: **trisannuelle**] *driejaarlijks*
trisomique I M/V *mongool(tje)* **II** BNW *mongoloïde*
triste BNW ● *triest*; *droevig*; *treurig* ● [vóór zn] *armzalig*; *bedroevend* ★ INFORM. (c'était) pas ~! *(het was) een fraaie boel!*; *(het was) niet mis!*
tristement BIJW ● *triest* ● *helaas* ★ ~ célèbre *berucht*
tristesse V *droefheid*; *treurigheid*
tristounet BNW [v: **tristounette**] INFORM. *triestig*; *treurigjes*
triton M *triton*
trituration V ● *(het) fijnwrijven* ● FIG. *(het) kneden*
triturer OV WW ● *fijnwrijven*; *vermalen* ● VAAK FIG. *kneden* ★ INFORM. se ~ la cervelle *zijn hersens pijnigen*
triumvirat M *driemanschap*; *triumviraat*
trivalent BNW *driewaardig*
trivial BNW [m mv: **triviaux**] ● *plat(vloers)*; *ordinair* ● FORM. *alledaags*; *banaal*; *triviaal*
trivialité V ● *plat(vloers)heid*; *vulgariteit* ● FORM. *alledaagsheid*; *trivialiteit*
troc (zeg: trok) M *ruil*; *ruilhandel*
trochée V *trochee*
troène M *liguster*
troglodyte M ● *holbewoner* ● *winterkoninkje*
trogne V INFORM. *tronie*; *dronkenmansgezicht*
trognon I BNW [onver.] INFORM. *schattig* **II** M ● *stronk* ⟨v. groente⟩ ● *klokhuis* ★ INFORM. jusqu'au ~ *door en door*
Troie V *Troje*
troïka V OOK FIG. *trojka*
trois I TELW *drie* **II** M *drie*
trois-étoiles I BNW *driesterren-* **II** M [mv: id.] *driesterrenhotel/-restaurant*
trois-huit M *3/8 maat* ★ faire les ~ *in drieploegendienst werken*
troisième I TELW *derde* ★ la ~ (vitesse) *de derde versnelling* **II** M *derde deel* **III** V *vierde klas v.h. middelbaar onderwijs* ⟨in Frankrijk⟩
troisièmement BIJW *ten derde*
trois-mâts M [mv: id.] *driemaster*
trois-quarts M [mv: id.] ● *driekwartviool* ● *driekwartmantel* ● *driekwart(speler)* ⟨rugby⟩
trois-quatre M [mv: id.] *driekwartsmaat*
trolley M ● → **trolleybus**
trolleybus M *trolley(bus)*
trombe V *windhoos*; *waterhoos* ★ ~(s) d'eau *wolkbreuk* ★ démarrage en ~ *bliksemstart* ★ passer en ~ *als een wervelwind voorbijstuiven*
trombine V INFORM. *gezicht*; *snuit*
tromblon M *donderbus*
trombone M ● *trombone* ● *trombonist* ● *paperclip* ★ ~ à coulisse *schuiftrombone*
trompe V ● *(signaal)hoorn*; *jachthoorn* ● *slurf* ● ARCH. *tromp* ● *zuigsnuit* ⟨v. insect⟩ ● *luchtpomp* ★ ~ de brume *misthoorn* ★ ~ d'Eustache *buis van Eustachius* ★ ~ utérine /de Fallope *eileider* ★ à son de ~ *met veel tamtam*
trompe-l'œil M [mv: id.] *trompe-l'oeil*; *(schildering met) gezichtsbedrog* ★ une porte en ~ *een niet van echt te onderscheiden, geschilderde deur*
tromper I OV WW ● *bedriegen*; *misleiden*; *te slim af zijn* ● *teleurstellen* ⟨v. verwachtingen⟩ ● *tijdelijk stillen /afwenden* ★ ~ sa faim *zijn eerste honger stillen* ★ ~ l'ennui /le temps *de verveling /de tijd verdrijven* ★ ~ la vigilance de qn *iemands waakzaamheid doen verslappen*; *aan iemands waakzaamheid ontsnappen* **II** WKD WW [**se** ~] *zich vergissen (***de** *wat betreft;* **sur** *in)* ★ se ~ de numéro *het verkeerde nummer draaien/intoetsen* ★ se ~ de route *de verkeerde weg inslaan*; *verdwalen* ★ se ~ de 10 euros *zich 10 euro verrekenen* ★ elle lui ressemble à s'y ~ *ze lijkt bedrieglijk veel op haar*
tromperie V *bedrog*; *misleiding*
trompeter I OV WW FIG. *rondbazuinen* **II** ONOV WW *krijsen* ⟨v. arend⟩
trompette I M *trompetter* **II** V *trompet* ★ nez en ~ *wipneus*
trompettiste M/V *trompettist*
trompeur I BNW [v: **trompeuse**] *bedrieglijk*; *misleidend* ★ les apparences sont trompeuses *schijn bedriegt* **II** M [v: **trompeuse**] *bedrieger* ★ à ~, ~ et demi *de bedrieger bedrogen*
tronc M ● *stam*; *boomstam* ● *romp* ⟨v. lichaam⟩; *afgeknot lichaam* ● *collectebus* ⟨in kerk⟩; *offerblok* ⟨in kerk⟩ ★ ~ commun *gemeenschappelijke basis*; ≈ *basisvorming*
troncation V *verkorting* ⟨v. woord⟩
tronche V ● *houtblok* ● *tronk(boom)*; *knotboom* ● INFORM. *gezicht*; *smoel*
tronçon M ● *afgesneden (rond) stuk*; *moot* ● *deel* ⟨v. traject⟩; *weggedeelte*; *baanvak*
tronçonner OV WW *in stukken zagen*; *in moten snijden*
tronçonneuse V *kettingzaag*; *kortzaag*
trône M *troon*
trôner ONOV WW *tronen*
tronquer OV WW MEESTAL FIG. *(be)snoeien*; *verminken* ⟨v. tekst⟩
trop (zeg: troo) BIJW ● *te*; *te veel* ● *al te*; *erg* ● INFORM. *hartstikke (goed)*; *te gek* ★ trop aimable *heel vriendelijk* ★ trop de choses *te veel dingen* ★ de/en trop *te veel*; *overbodig* ★ par trop *al te (veel)* ★ je ne sais pas trop *ik weet het niet precies* ★ c'en est trop *dat is te erg*; *nu is het mooi geweest*
trope M *troop*; *figuurlijke uitdrukking*
trophée V *trofee*; *zegeteken*
tropical BNW [m mv: **tropicaux**] *tropisch*; *tropen-*
tropique I BNW *tropisch* **II** M *keerkring* ★ sous les ~s *in de tropen* ★ maladie des ~s *gele koorts* ★ ~ du Cancer /Capricorne *Kreefts- /Steenbokskeerkring* ★ ~s [mv] *tropen*
troposphère V *troposfeer*
trop-perçu M [mv: **trop-perçus**] *(het) te veel geïnd bedrag*
trop-plein M [mv: **trop-pleins**] ● *(het)*

overtollige; *teveel* • *overlooppijp*/*-gat* ★ avoir un ~ d'énergie *overlopen van energie*
troquer OV WW *(ver)ruilen* (**contre** *tegen*)
troquet M INFORM. *kroegje*
trot M *draf* ★ grand /petit trot *gestrekte /korte draf* ★ course de trot (attelé) *(hard)draverij* ★ au trot *in draf*; *en vlug (een beetje)!*
trotte V INFORM. *eind (lopen)*; *(flinke) tippel* ★ tout d'une ~ *in één ruk door*
trotte-bébé M [mv: id.] *loopstoeltje* ⟨voor baby⟩
trotter I ONOV WW • OOK FIG. *draven* • *trippelen* ★ cette idée lui trotte dans/par la tête *dat idee speelt/spookt hem door het hoofd* **II** WKD WW [**se** ~] INFORM. *ervandoor gaan*
trotteur I M *wandelschoen* **II** M [v: **trotteuse**] *(hard)draver* ⟨paard⟩
trotteuse V *secondewijzer*
trottinement M *getrippel*
trottiner ONOV WW *trippelen*; *dribbelen*
trottinette V *autoped*; *step*
trottoir M *trottoir* ★ ~ roulant *transportband* ★ INFORM. faire le ~ *tippelen*
trou M • *gat*; *opening*; *kuil* • FIG. *gat*; *leemte* • INFORM. *negorij*; *gat* • INFORM. *bajes* • *hole* ⟨bij golfspel⟩ ★ trou noir *zwart gat* ★ trou individuel /d'homme *mangat*; *schuttersput(je)* ★ LUCHTV. trou d'air *luchtzak* ★ trou normand *glaasje drank tussen twee gerechten* ★ avoir un trou de mémoire *iets (even) vergeten zijn*; *een black-out hebben* ★ INFORM. faire son trou *(ergens) zijn draai vinden /iets bereiken*
troubadour M *troubadour*
troublant BNW *verwarrend*; *(onaangenaam) treffend*; *storend* ⟨v. detail⟩; *(erotisch) opwindend*
trouble I M • *verwarring*; *beroering*; *onrust* • *(ver)storing*; *stoornis* ★ ~s de la vue *gezichtsstoornissen* ★ PSYCH. ~ obsessionnel compulsif *dwangneurose* ★ semer le ~ *onrust /onenigheid zaaien* ★ ~s [mv] *onlusten*; *troebelen*; *rellen* **II** BNW OOK FIG. *troebel*; *duister* ★ voir ~ *wazig zien*
trouble-fête M/V [mv: **trouble-fête(s)**] *spelbreker*
troubler I OV WW • *troebel maken*; OOK FIG. *vertroebelen* • OOK FIG. *in beroering brengen* • *verstoren* • *in de war brengen*; *(onaangenaam) treffen*; *storen* ★ ~ la fête *de vreugde verstoren* ★ ~ la raison *het verstand benevelen* **II** WKD WW [**se** ~] • *troebel worden* • *in de war raken* ⟨v. persoon⟩
trouée V • *wijde doorgang*; *opening* ⟨in bos, heg, wolken⟩ • MILITAIR *doorbraak*; *bres* ⟨in vijandelijke stelling⟩
trouer OV WW *een gat maken in*; *doorboren* ★ chaussettes trouées *sokken met gaten*
troufignon M INFORM. *hol*; *gat*; *kont*
troufion M INFORM. *gemeen soldaat*
trouillard I M [v: **trouillarde**] INFORM. *bangerd*; *schijterd* **II** BNW INFORM. *bang*; *schijterig*
trouille V INFORM. *(grote) angst* ★ avoir la ~ *in de rats zitten* ★ ficher/flanquer la ~ *de stuipen op het lijf jagen*
trouillomètre M INFORM. ★ avoir le ~ à zéro *in de rats zitten*
troupe V • OOK MIL. *troep* • *groep*; *zwerm*; *drom* ★ hommes de ~ *manschappen*
troupeau M [mv: **troupeaux**] *kudde*
troupier M OUD. *(gemeen) soldaat*
trousse V *(reis)etui*; *tas* ⟨met benodigdheden⟩; *foedraal*; *necessaire* ★ ~ de toilette *toilettas* ★ ~ de secours *verbanddoos(je)*; *EHBO-etui* ★ être aux ~s de qn *iem. op de hielen zitten*
trousseau M [mv: **trousseaux**] • *(sleutel)bos* • *(huwelijks)uitzet*
trousser OV WW • OUD. *optillen* ⟨v. rok⟩; *opstropen* ⟨v. mouwen⟩ • CUL. *opbinden* ⟨v. gevogelte⟩ • FORM. *vlot (en goed) uitvoeren* ★ OUD. ~ les filles/les jupons *achter de meiden aanzitten* ★ compliment bien troussé *leuk (ingekleed) compliment*
trouvaille V *vondst*; *trouvaille*
trouver I OV WW *vinden* ⟨in alle betekenissen⟩ ★ aller ~ qn *iem. opzoeken* ★ ~ à [+ infin.] *kans zien om*; *weten te* ★ ~ à s'occuper *een bezigheid vinden* ★ ~ bon *goedkeuren*; *goed achten* ★ enfant trouvé *vondeling* ★ ~ à qui parler *bij de juiste persoon uitkomen* ★ ~ à redire à tout *overal wat op aan te merken hebben* ★ ~ en faute *op een fout betrappen* ★ formule bien trouvée *gelukkige /originele formulering* ★ je ne lui trouve pas bonne mine *ik vind hem er slecht uitzien* **II** WKD WW [**se** ~] • *gevonden worden*; *(ergens) voorkomen* • *zich bevinden*; *zijn* • *zich voelen/vinden* ★ il se trouve *er is*; *er zijn* ★ se ~ [+ infin.] *blijken te* ★ il se trouve que... *het blijkt dat...*; *het is (toevallig) zo, dat...* ★ se ~ bien de qc *ergens wel bij varen* ★ se ~ mal *onwel worden*; *flauwvallen* ★ se ~ mieux *zich beter voelen* ★ se ~ puni *gestraft worden*; *straf krijgen*
trouvère M GESCH. *minnezanger*
troyen BNW [v: **troyenne**] • *Trojaans* • *uit Troyes* ⟨in Champagne⟩
Troyen M [v: **Troyenne**] *Trojaan*
truand M [v: **truande**] • *crimineel*; *boef*; *onderwereldfiguur* • *middeleeuws bedelaar/vagebond*
truander OV WW INFORM. *bedonderen*; *bestelen*; *oplichten*
truble V *schepnet* ⟨voor visvangst⟩
trublion M *onrustzaaier*
truc M • *handigheid(je)*; *foefje*; *truc* • INFORM. *ding(es)* • *(open) vrachtwagen* ★ INFORM. il y a un truc *er zit iets achter* ★ INFORM. ce n'est pas mon truc *dat is niks voor mij*
trucage M *trucage*
truchement M • FORM. *vertolker* • FORM. *spreekbuis* ★ par le ~ de *door bemiddeling van*; *via* ⟨iemand⟩
trucider OV WW INFORM. *vermoorden*; *van kant maken*
truck M *(open) vrachtwagen*
truculence V FIG. *kleurrijkheid*
truculent BNW FIG. *kleurrijk*; *sappig /smeuïg* ⟨v. taal⟩
truelle V *troffel*; *spatelmes*
truffe V • *truffel* • *hondensnuit* ★ INFORM. quelle ~! *wat een idioot!*
truffer OV WW • *truffleren* • ~ **de** *volstoppen met* ★ truffé de *vol met*; *gelardeerd met*

truffier BNW [v: **truffière**] *truffel-* ★ chien ~ *truffelhond*
truffière V *truffelterrein*
truie V *zeug*
truisme M *waarheid als een koe*
truite V *forel* ★ ~ saumonée *zalmforel*
truité BNW *gevlekt; gespikkeld*
trumeau M [mv: **trumeaux**] • *schenkel* ‹v. rund› • *penant; middenpijler* • *penantspiegel*
truquage M • → **trucage**
truquer I OV WW *(met trucs) vervalsen; trukeren* ★ ce match est truqué *die wedstrijd is doorgestoken kaart* **II** ONOV WW *trucs gebruiken*
truqueur M [v: **truqueuse**] • *vervalser; bedrieger* • *trucagetechnicus*
trust (zeg: trust) M *trust; concern*
truster OV WW OOK FIG. *monopoliseren*
tsar M • → **czar**
tsarine V • → **czarine**
tsé-tsé, tsétsé V [mv: id.] *tseetseevlieg*
T-shirt M • → **tee-shirt**
tsigane BNW *zigeuner-*
Tsigane M/V *zigeuner*
tsoin-tsoin TW *retteketet!* ‹aan het eind v.e. couplet›
tss-tss TW *nou nou!*
tsunami M *tsunami*
t.s.v.p. AFK tournez s'il vous plaît *z.o.z.; zie ommezijde*
TTC AFK toutes taxes comprises *alle belastingen inbegrepen; inclusief btw*
tu I WW [volt. deelw.] • → **taire II** PERS VNW *jij; je* ★ INFORM. t'as *je hebt* ★ être à tu et à toi avec qn *iem. goed kennen*
TU AFK temps universel *wereldtijd*
tuant BNW INFORM. *doodvermoeiend; stomvervelend; moordend*
tub M OUD. *badkuip; tobbe*
tuba M • *tuba* • *snorkel*
tubage M • MED. *intubatie* • *bebuizing*
tube M • *buis; pijp* • *tube* • MUZ./INFORM. *(top)hit* • OUD. *hoge hoed* ★ tube cathodique /à image *beeldbuis* ★ tube digestif *darmkanaal* ★ INFORM. à plein(s) tube(s) *loeihard; volop* ★ OUD. un coup de tube *een telefoontje*
tubercule M • ANAT. *knobbeltje* • MED. *tuberkel* • *(wortel)knol*
tuberculeux I M [v: **tuberculeuse**] *tbc-patiënt* **II** BNW [v: **tuberculeuse**] *tuberculeus*
tuberculose V *tuberculose*
tubéreux BNW [v: **tubéreuse**] PLANTK. *knol-*
tubulaire BNW *buisvormig; buis-* ★ pont ~ *tunnelbrug*
tubulé BNW *buisvormig; buis-*
tubuleux BNW [v: **tubuleuse**] *buisvormig; buis-*
tubulure V • *buis(stuk)* • *buizen(stelsel)*
tudesque BNW OUD. *Duits*
tue-mouche, tue-mouches BNW ★ (amanite) ~(s) *vliegenzwam* ★ papier ~(s) *vliegenpapier*
tuer I OV WW • *doden; doen sterven; slachten* • *te gronde richten; funest zijn voor;* FIG. *kapotmaken* ★ se faire tuer *omkomen; sneuvelen* ★ tuer l'ennui /le temps *de verveling /de tijd verdrijven* ★ INFORM. ça tue! *dat is moordend!* **II** WKD WW [**se ~**] • *omkomen* • *zelfmoord plegen* • *zich afbeulen* ★ se tuer au travail *zich doodwerken* ★ je me tue à te dire que... *ik heb je wel duizend keer gezegd dat...*
tuerie V *slachting; bloedbad*
tue-tête V ★ crier à ~ *luidkeels schreeuwen*
tueur I M [v: **tueuse**] *slachter* **II** M/V [v: **tueuse**] *doder; moordenaar; killer* ★ ~ à gages *huurmoordenaar* ★ ~ en série *seriemoordenaar*
tuf M *tuf(steen)*
tuile V • *dakpan; tegel* • INFORM. *tegenvaller; strop* • *krul* ‹gebakje›
tuilerie V *(dak)pannenbakkerij* ★ les Tuileries *de Tuilerieën* ‹paleis(tuin) te Parijs›
tuilier M [v: **tuilière**] *pannenbakker*
tulipe V *tulp*
tulipier M *tulpenboom*
tulle M *tule*
tuméfaction V MED. *(op)zwelling*
tuméfié BNW OOK FIG. *gezwollen*
tumescence V MED. *(op)zwelling*
tumeur V *gezwel; tumor*
tumoral BNW [m mv: **tumoraux**] *tumor-*
tumulaire BNW *graf-* ★ pierre ~ *grafsteen*
tumulte M *opschudding; lawaai; rumoer; tumult* ★ le ~ du monde *het gewoel van de wereld* ★ le ~ des passions *de storm der hartstochten*
tumultueux BNW [v: **tumultueuse**] *rumoerig; druk; onstuimig*
tumulus (zeg: -luus) M *grafheuvel; grafterp*
tune V • → **thune**
tuner (zeg: -neur, -nèr) M *tuner*
tungstène M *wolfraam*
tunique V • *tunica* • *tuniek* • BIOL. *vlies; omhulsel*
Tunisie V *Tunesië*
tunisien BNW [v: **tunisienne**] *Tunesisch*
Tunisien M [v: **Tunisienne**] *Tunesiër*
tunnel M *tunnel* ★ être au bout du ~ *het ergste achter de rug hebben*
tunnelier M *tunnelboor(der)*
turban M *tulband* ‹hoofddeksel›
turbin M INFORM./OUD. *werk; baan(tje)*
turbine V *turbine*
turbiner ONOV WW INFORM./OUD. *zwoegen*
turbo M *turbo* ★ INFORM. mettre le ~ *tempo maken*
turbomoteur M • *turbomotor* • *stoomturbine*
turbopropulseur M *schroefturbine*
turboréacteur M *(turbine)straalmotor*
turbot M *tarbot*
turbotrain M *turbotrein*
turbulence V • *woeligheid; roerigheid; drukte* • *turbulentie*
turbulent BNW • *woelig; roerig; druk* • *turbulent*
turc I M *(het) Turks* **II** BNW [v: **turque**] *Turks*
Turc M [v: **Turque**] *Turk* ★ fort comme un Turc *zo sterk als een beer* ★ FIG. tête de Turc *kop van Jut; zondebok; pispaal*
turf (zeg: tuurf, teurf) M • *paardenrensport* • *paardenrenbaan* • INFORM. *werk*
turfiste M/V *wedder bij paardenrennen*
turgescence V *opzwelling*
turgescent BNW OOK FIG. *gezwollen*
turlupiner OV WW INFORM. *kwellen; dwarszitten*
turlututu TW ★ ~ (chapeau pointu)!

tr

papperlepap!; *ho ho!*
turne V INFORM. *krot*; *hok*
turnep M *(voeder)raap*
turneps M • → **turnep**
turpitude V • *laagheid*; *verdorvenheid* • *schanddaad*
turque BNW [v] • → **turc**
Turque V [v] • → **Turc**
turquerie V *Turks (aandoend) kunstwerk*
Turquie V *Turkije*
turquoise I BNW *turquoise* **II** V *turkoois*; *turquoise*
tus WW [passé simple] • → **taire**
tussilage M *klein hoefblad*
tutélaire BNW • *voogdij-* • FORM. *beschermend* ★ ange ~ *beschermengel*
tutelle V • *bescherming*; *hoede*; *toezicht* ⟨v. overheidsinstantie⟩; MIN. *bevoogding* • *voogdij*
tuteur I M [v: **tutrice**] *voogd*; *tutor* **II** M *leistok*; *staak* ⟨om planten op te binden⟩
tutoiement M *(het) tutoyeren*
tutoyer OV WW *tutoyeren*
tutu M • *tutu* • JEUGDT. *bips*
tuyau M [mv: **tuyaux**] • *buis*; *pijp*; *koker*; *slang* • *schacht* ⟨v. veer⟩ • *graanhalm* • INFORM. *tip* ⟨inlichting⟩ • *pijpplooi*; *holle plooi* ★ ~ d'arrosage *tuinslang* ★ ~ d'échappement *uitlaatpijp* ★ OOK FIG. ~ de poêle *kachelpijp* ★ INFORM. ~ crevé *valse tip*
tuyautage M *buizen(stelsel)*
tuyauter OV WW • INFORM. *tippen* ⟨inlichten⟩; *een tip geven* • *van pijpplooien voorzien*
tuyauterie V *buizen(stelsel)*; *pijpwerk* ⟨v. orgel⟩
tuyère (zeg: twiejèr, tuujèr) V *gasin-/uitlaat*; *straalpijp*
TV AFK télévision *tv*
TVA AFK taxe sur la valeur ajoutée *btw*
tweed (zeg: twied) M *tweed*
twin-set M [mv: **twin-sets**] *twinset*
tympan M • *trommelvlies* • ARCH. *timpaan* ★ caisse du ~ *trommelholte*
tympanon M *hakkebord*
type I M • *type*; *soort*; *model* • *typisch voorbeeld*; *toonbeeld*; *prototype* • INFORM. *kerel*; *vent*; *snuiter* • *beeltenis* ⟨op munt⟩ ★ INFORM. pauvre type *zielenpoot* **II** BNW [onver.] *typisch*; *karakteristiek*; *standaard-* ★ exemple(-)type *schoolvoorbeeld* ★ écart(-)type *standaardafwijking*
typé BNW ★ très typé *met uitgesproken trekken* ⟨v.e. type, volk⟩
typer OV WW • *typeren* • *uitbeelden* ⟨v. type⟩
typesse V INFORM. *vrouwmens*
typhique I M/V *tyfuspatiënt* **II** BNW *tyfus-*
typhoïde BNW ★ (fièvre) ~ *(buik)tyfus*
typhon M *tyfoon*
typhus (zeg: -fuus) M *vlektyfus*
typique BNW • *typisch*; *kenmerkend (***de** *voor)* • *origineel*
typographe M/V *typograaf*
typographie V *typografie*
typographique BNW *typografisch*
typologie V *typologie*
tyran M *tiran*
tyranneau M [mv: **tyranneaux**] *dwingelandje*
tyrannie V *tirannie*; *dwingelandij*
tyrannique BNW *tiranniek*
tyranniser OV WW *tiranniseren*
tyrannosaure M *tyrannosaurus*
tyrolien BNW [v: **tyrolienne**] *Tirools*
Tyrolien M [v: **Tyrolienne**] *Tiroler*
tzigane BNW • → **tsigane**
Tzigane M/V • → **Tsigane**

U

u M letter *u* ★ u comme Ursule *de u van Utrecht*
ubac M *(berg)helling* ⟨op het noorden⟩
ubiquité (zeg: -kw-) V *alomtegenwoordigheid* ★ je n'ai pas le don d'~ *ik kan niet overal tegelijk zijn*
ubuesque BNW *kleinzielig-wreed*
UEM AFK Union économique et monétaire *EMU*; *Economische en Monetaire Unie*
UEO AFK Union de l'Europe occidentale *WEU*; *West-Europese Unie*
UFR AFK O&W Unité de formation et de recherche ≈ *(universitaire) vakgroep*
uhlan M GESCH. *ulaan*
UHT AFK ultra-haute température *UHT* ★ lait UHT *(lang houdbare) (ultra)gesteriliseerde melk*
Ukraine V *Oekraïne*
ukrainien I M *(het) Oekraïens* **II** BNW [v: **ukrainienne**] *Oekraïens*
Ukrainien M [v: **Ukrainienne**] *Oekraïner*
ulcération V *verzwering*
ulcère M • *zweer* • PLANTK. *boomkanker* ★ ~ de l'estomac *maagzweer*
ulcérer OV WW • *doen zweren* • *diep grieven*; *verbitteren*
ulcéreux I M [v: **ulcéreuse**] *maagzweerpatiënt* **II** BNW [v: **ulcéreuse**] • *zwerend* • *vol zweren*
ultérieur BNW • *later* • *aan gene zijde*
ultérieurement BIJW *later*; *erna*
ultimatum (zeg: -tom) M *ultimatum* ★ lancer un ~ *een ultimatum stellen*
ultime BNW *laatst(e)*; *ultiem*
ultimo BIJW *ten laatste*; *in de laatste plaats*
ultra M/V *rechts-extremist*; *ultra*
ultra- VOORV *ultra-*; *uiterst*; *aan gene zijde van*
ultramarin BNW *ultramarijn*
ultramoderne BNW *hypermodern*
ultramontain BNW • *ultramontaans* ⟨r.-k.⟩ • OUD. *trans-Alpijns*
ultrasensible BNW *uiterst gevoelig*
ultrason M *ultrageluid*; *ultrasoontrilling*
ultraviolet BNW [v: **ultraviolette**] *ultraviolet*
ululement M *gehuil*; *gekrijs* ⟨v. nachtvogels⟩
ululer ONOV WW *huilen*; *krijsen* ⟨v. nachtvogels⟩
UMP AFK Union pour un mouvement populaire ⟨Franse politieke partij⟩
un I TELW [v: **une**] *één* ★ un à un *één voor één* ★ pas un *niet een*; *geen* ★ comme pas un *als geen ander* ★ et d'une! *en dat is (alvast) één!* ★ il était moins une *het was op het nippertje* ★ faire la une /être à la une *de voorpagina halen* ★ ne faire ni une ni deux *zich geen tweemaal bedenken* ★ à la une, à la deux, à la trois! *(en van je) één, twee, drie!* **II** BNW [v: **une**] *één*; *één geheel vormend* ★ c'est tout un *dat is één pot nat* ★ la vérité est une *er is maar één waarheid* ★ ne faire qu'un *één (en ondeelbaar) zijn* ★ ne faire qu'un avec *één geheel vormen met* **III** M [v: **une**] *één* ⟨cijfer⟩ **IV** PERS VNW [v: **une**] ★ l'un l'autre /les uns les autres *elkaar* ★ l'un et l'autre *beide(n)* ★ ni l'un ni l'autre *geen van beide(n)* ★ l'un..., l'autre *de een..., de ander* ★ l'un contre l'autre *tegen elkaar* ★ l'un d'eux *één van hen* ★ les uns *sommigen* **V** LW [v: **une**] *een* ★ un homme *een man* ★ un jour *op een dag* ★ INFORM. j'ai une de ces faims! *ik heb me toch een honger!* ★ INFORM. c'est d'un ennuyeux! *dat is me toch saai!*
unanime BNW *unaniem*; *eenstemmig*
unanimité V *eenstemmigheid*; *unanimiteit* ★ à l'~ *unaniem* ★ faire l'~ *algemene instemming vinden*
une-deux M [mv: id.] *een-tweetje*
UNEDIC AFK ECON. Union Nationale pour l'Emploi dans l'Industrie et le Commerce ≈ *UWV*; ≈ *Uitvoeringsinstituut Werknemersverzekeringen*
uni I BNW • *effen* ⟨ook van kleur⟩; *vlak*; *glad* • *gelijkmatig* • *verenigd*; *eensgezind*; *close* (**avec** *met*) ★ FORM. vie unie *regelmatig leven* **II** M *effen stof*
unicellulaire BNW *eencellig*
unicité V *(het) uniek zijn*; *uniciteit*
unicolore BNW *eenkleurig*
unicorne I M • *eenhoorn* • *(eenhoornige) neushoorn* **II** BNW *eenhoornig*
unidirectionnel BNW [v: **unidirectionnelle**] *in één richting werkend*; *gericht*
unième TELW ★ le vingt et ~ *de eenentwintigste*
unificateur I M *eenmaker*; *vereniger* **II** BNW [v: **unificatrice**] *eenmakend*; *verenigend*
unification V *vereniging*; *eenwording*
unifier I OV WW • *verenigen*; *één maken* • *eenvormig maken* **II** WKD WW [**s'~**] *één worden* (**avec** *met*)
uniforme I BNW *uniform*; *eenvormig*; *gelijk(matig)*; *eenparig* ⟨v. beweging⟩ **II** M *uniform*; *dienst-/beroepskleding* ★ endosser l'~ *soldaat worden* ★ être sous l'~ *soldaat zijn*
uniformément BIJW *uniform*; *op dezelfde manier*; *gelijkmatig* ★ ~ accéléré *eenparig versneld*
uniformisation V *uniformering*
uniformiser OV WW *eenvormig maken*; *uniformeren*
uniformité V *eenvormigheid*; *eenparigheid*; *uniformiteit*
unijambiste I M/V *iemand met één been* **II** BNW *met één been*
unilatéral BNW [m mv: **unilatéraux**] *eenzijdig*; *unilateraal* ★ stationnement ~ *parkeren aan één zijde toegestaan*
unilingue BNW *eentalig*
uniment BIJW FORM. *gelijkmatig* ★ (tout) ~ *gewoonweg*
uninominal BNW [m mv: **uninominaux**] *één naam behelzend*
union V • *unie*; *vereniging* • *eenheid*; *eendracht* • *verbinding*; *verbintenis* • *eenwording* ★ ~ conjugale *echtverbintenis* ★ ~ libre *(het) ongehuwd samenwonen* ★ ~ postale *postunie* ★ l'~ fait la force ⟨spreekwoord⟩ *eendracht maakt macht*
unioniste I BNW *unionistisch* **II** M/V *unionist*
unipolaire BNW *eenpolig*
unique BNW • *enig* • *uniek* • *eenheids-* ★ enfant ~ *enig kind* ★ parent ~ *alleenstaande ouder* ★ édition ~ *eenmalige uitgave* ★ sens ~

u

eenrichtingsverkeer ★ voie ~ *enkelspoor* ★ monnaie ~ *eenheidsmunt*; *gemeenschappelijke munt*
uniquement BIJW *alleen (maar)*; *uitsluitend*
unir I OV WW • *verenigen*; *verbinden* (**à** *met*); *paren* (**à** *aan*) • *effen maken* **II** WKD WW [**s'~**] *zich verenigen*; *samengaan* (**à**, **avec** *met*); *zich verbinden* (**contre** *tegen*)
unisexe BNW *uniseks*
unisexué BNW *eenslachtig*
unisson M OOK FIG. *eenstemmigheid* ★ à l'~ *eenstemmig*; MUZ. *unisono* ★ se mettre à l'~ des circonstances *zich aan de omstandigheden aanpassen*
unitaire BNW • *unitair*; *op eenheid gericht* • *per eenheid*; *eenheids-*
unité V • *eenheid* ⟨in alle betekenissen⟩ • TECHN. *unit* ★ prix à l'~ *prijs per stuk*; *stuksprijs* ★ O&W ~ de formation et de recherche (UFR) ≈ *(universitaire) vakgroep* ★ TON. les trois ~s (de lieu, de temps, d'action) *de drie eenheden (van tijd, plaats en handeling)* ★ ~s [mv] *beltegoed*
univers M *heelal*; *universum*; OOK FIG. *wereld*
universaliser I OV WW • *algemeen maken* • *generaliseren* **II** WKD WW [**s'~**] *algemeen worden*
universalité V *universaliteit*; *algemeenheid*; *alzijdige ontwikkeling*
universel BNW [v: **universelle**] • *algemeen*; *alomvattend*; *universeel* • *wereldwijd*; *wereld-* ★ esprit ~ *alzijdig ontwikkeld persoon* ★ exposition ~le *wereldtentoonstelling*
universellement BIJW *algemeen*; *overal*
universitaire I BNW *universiteits-*; *universitair* **II** M *lid van de wetenschappelijke staf*
université V *universiteit* ★ l'Université (de France) *het onderwijzend personeel bij het openbaar onderwijs* ★ ~ populaire *volksuniversiteit* ★ OOK POL. ~ d'été *zomerstudiedagen*
univitellin BNW *eeneiig*
univoque BNW *eenduidig*; *een-op-een* ⟨v. relatie⟩
Untel M ★ monsieur/madame ~ *meneer/mevrouw Dinges*
unzipper OV WW COMP. *unzippen*
uploader OV WW WWW *uploaden*
uranifère BNW *uraniumhoudend*
uranique BNW *uranium-*
uranium (zeg: -njom) M *uranium*
urbain BNW • *stedelijk*; *stads-* • FORM. *hoffelijk*
urbanisation V *verstedelijking*; *urbanisatie* ★ plan d'~ *stadsuitbreidingsplan*
urbaniser OV WW *verstedelijken*; *urbaniseren*
urbanisme M *stedenbouwkunde*
urbaniste I M/V *planoloog*; *stedenbouwkundige* **II** BNW *stedenbouwkundig*
urbanité V FORM. *hoffelijkheid*; *beleefdheid*
urée V *ureum*
urémie V *uremie*; *niervergiftiging*
uretère M *urineleider*; *ureter*
urètre M *urinebuis*
urgemment BIJW *dringend*
urgence V *urgentie* ★ (cas d')~ *spoedgeval*; *geval van nood* ★ d'~ *met spoed*; *dringend* ★ ... d'~ *urgentie-*; *spoed-*; *nood-* ★ état d'~ *noodtoestand* ★ (service des) ~s *(afdeling) spoedeisende hulp* ⟨v. ziekenhuis⟩ ★ il y a ~ *het is dringend*
urgent BNW *dringend*; *urgent* ★ IRON. il est ~ d'attendre *het is wachten geblazen*
urgentiste M/V ≈ *spoedarts*
urger ONOV WW ★ INFORM. ça urge *het is dringend*
urinaire BNW *urine-*
urinal M [mv: **urinaux**] *urinaal*; *urineerfles*
urine V *urine*
uriner ONOV WW *urineren*
urinoir M *urinoir*
urique BNW ★ acide ~ *urinezuur*
urne V • *urn* • *stembus* ★ aller aux urnes *naar de stembus gaan*; *(gaan) stemmen*
urologie V *urologie*
urologue M/V *uroloog*
URSS AFK GESCH. Union des républiques socialistes soviétiques *USSR*; *Unie van Socialistische Sovjetrepublieken*
ursuline V *ursuline* ⟨non⟩
urticaire V *netelroos*
us (zeg: uus) M MV *gebruiken* ★ les us et coutumes *de zeden en gewoonten*
usage M • *(het) gebruiken*; *gebruik*; *functie/werking* ⟨v. apparaat⟩ • *gebruik*; *gewoonte*; *usance* • *taalgebruik* ★ l'~ (du monde) *wellevendheid* ★ le bon ~ *correct taalgebruik*; *(het) algemeen beschaafd* ★ à l'~ *in het gebruik* ★ à l'~ de *voor*; *ten behoeve van* ★ à ~ externe *voor uitwendig gebruik* ★ d'~ *gebruikelijk* ★ hors d'~ *afgedankt*; *onbruikbaar*; *buiten gebruik*; *kapot* ★ en ~ *(nog) in gebruik* ★ entré/passé dans l'~ *ingeburgerd* ★ FIG. consacré par l'~ *geijkt* ★ faire ~ de *gebruik maken van*; *gebruiken* ★ INFORM. faire de l'~ *lang meegaan*
usagé BNW • *gebruikt*; *(af)gedragen* • *oud (en onbruikbaar)*; FIG. *versleten*
usager M [v: **usagère**] *gebruiker*
usant BNW *uitputtend*; *slopend*
usé BNW • *versleten*; *oud en onbruikbaar* • *afgeleefd*; *(dood)op* • FIG. *afgezaagd* ★ eaux usées *afvalwater*
user I OV WW • *verbruiken* • *(ver)slijten* • FIG. *ondermijnen*; *verzwakken*; *uitputten* ★ user ses yeux *zijn ogen bederven* ★ FORM. user le temps *de tijd doden* **II** ONOV WW **~ de** *gebruiken*; *gebruik maken van*; *aanwenden*; *bezigen* ★ en user mal avec qn *iem. slecht behandelen* ★ user de patience *geduld oefenen* **III** WKD WW [**s'~**] • *(ver)slijten* • *verminderen*; *verzwakken* • OOK FIG. *zich uitputten*
usinage M • *machinale bewerking* • *fabricage*
usine V *(grote) fabriek* ★ ~ à gaz *gasfabriek*; FIG. *warrig gewrocht*
usiner I OV WW • *(machinaal) bewerken* • *fabriceren* **II** ONOV WW INFORM. *hard werken* ★ ça usine? *schiet het op?*
usinier BNW [v: **usinière**] OUD. *fabrieks-*
usité BNW *gebruikelijk*; *(veel/weinig) gebezigd* ⟨v. woorden⟩
ustensile M *(huishoudelijk) artikel* ★ ~s [mv] *gerei*; *gereedschap*
usuel BNW [v: **usuelle**] *gebruikelijk* ★ langue ~le

omgangstaal
usufruit M *vruchtgebruik*
usufruitier M [v: **usufruitière**] *vruchtgebruiker*
usuraire BNW *woeker-* ★ prêt ~ *lening tegen woekerrente*
usure V • OOK FIG. *slijtage* • *woeker(rente)* ★ guerre d'~ *uitputtingsoorlog*; *slijtageslag* ★ FIG. rendre avec l'~ *dubbel en dwars terugbetalen* ★ INFORM. je l'aurai à l'~ *ik krijg hem wel murw*
usurier M [v: **usurière**] *woekeraar*
usurpateur M [v: **usurpatrice**] *overweldiger*; *usurpator*
usurpation V • *usurpatie*; *overweldiging*; *wederrechtelijke inbezitneming* • **~ dans/sur** *inbreuk op*
usurpatoire BNW *wederrechtelijk*; *onrechtmatig*
usurper I OV WW *zich wederrechtelijk toe-eigenen*; *usurperen* **II** ONOV WW FORM. **~ sur** *inbreuk maken op*
ut (zeg: uut) M MUZ. *c*; *do*
utérin BNW • *baarmoeder-* • *van moederskant* ★ frères ~s *halfbroers van moederskant*
utérus (zeg: -ruus) M *baarmoeder*; *uterus*
utile BNW *nuttig*; *bruikbaar*; *dienstig* (**à** *voor*) ★ en temps ~ *te zijner tijd* ★ joindre l'~ à l'agréable *het nuttige met het aangename verenigen*
utilisable BNW *bruikbaar*
utilisateur M [v: **utilisatrice**] *gebruiker*
utilisation V *gebruik(making)*
utiliser OV WW *gebruiken*; *aanwenden*
utilitaire I BNW *utilitair*; *utilistisch*; *nuts-*; *gebruiks-* ★ COMP. (logiciel) ~ *hulpprogramma* ★ (véhicule) ~ *bedrijfsauto* **II** M/V *utilitarist*
utilitarisme M *utilitarisme*
utilité V *nut* ★ d'~ publique *van algemeen belang* ★ un acteur qui joue les ~s *een acteur die een bijrol speelt*
utopie V *utopie*
utopique BNW *utopisch*
utopiste I BNW *utopistisch* **II** M/V *utopist*
UV AFK • O&W unité de valeur ≈ *studiepunt* • ultraviolet *uv*
uval BNW [m mv: **uvaux**] *druiven-*
uvulaire BNW *huig-*
uvule V FORM. *huig*

us

V

v M letter *v* ★ v comme Victor *de v van Victor* ★ double v *w* ★ à la (vitesse) grand V *vliegensvlug*
va I WW [présent, geb. wijs] • → **aller II** TW • *zeg!*; *hoor!* • *goed dan!*; *ga je gang!* ★ va donc! *loop heen!*
vacance V *vacature* ★ ~ du pouvoir *machtsvacuüm* ★ ~s parlementaires *parlementair reces* ★ partir en ~s *met vakantie gaan* ★ ~s [mv] *vakantie*
vacancier M [v: **vacancière**] *vakantieganger*
vacant BNW *onbezet*; *onbeheerd*; *leegstaand*; *vacant* ★ poste ~ *vacature*
vacarme M *herrie*; *lawaai*
vacataire M/V *tijdelijke werknemer*; *noodhulp*
vacation V *vacatie*; *tijdelijke werkzaamheid* ★ ~s [mv] *vacatiegeld*
vaccin M *vaccin*; *entstof*; *pokstof*
vaccinal BNW [m mv: **vaccinaux**] *vaccinaal*; *vaccinatie-*
vaccinateur M [v: **vaccinatrice**] *inenter*
vaccination V *inenting*; *vaccinatie*
vaccine V • *koepokken* • *vaccinereactie*
vacciner OV WW *inenten* (**contre** *tegen*); *vaccineren*; FIG. *immuun maken*
vachard BNW INFORM. *gemeen*; *smerig*
vache I V • *koe* • *runderleer* ★ FIG. ~ à lait *melkkoe* ★ ~ sacrée OOK FIG. *heilige koe* ★ maladie de la ~ folle *gekkekoeienziekte* ★ (années de) ~s grasses *vette jaren* ★ INFORM. (peau de) ~ *kreng*; *schoft*; *smeerlap* ★ INFORM. la ~! *potverdorie!* ★ manger de la ~ enragée *gebrek lijden* ★ parler français comme une ~ espagnole *gebroken Frans praten* ★ INFORM. il pleut comme ~ qui pisse *het stortregent* **II** BNW INFORM. *gemeen* (**avec** *tegen*); *schofterig*
vachement BIJW INFORM. *geweldig*; *hartstikke* ★ ~ ennuyeux *stierlijk vervelend*
vacher M [v: **vachère**] *koeherder*
vacherie V • *koeienstal* • INFORM. *rotstreek*; *rotopmerking*; *rottigheid*
vacherin M • *schuimtaart (met slagroom)* • *soort kaas*
vachette V *koetje*
vacillant BNW • *wankelend* • FIG. *onvast*; *onzeker*; *weifelachtig* • *flakkerend*
vacillation V • *(het) wankelen* • *(het) flakkeren*; *flikkering* • *weifeling*; *besluiteloosheid*
vacillement M • → **vacillation**
vaciller ONOV WW • *wankelen*; *waggelen* • FIG. *onvast worden* • *flikkeren*
vacuité V OOK FIG. *leegheid*
vacuole V *holte*; *vacuole*
vade-mecum (zeg: -kom) M [mv: id.] *vademecum*; *zakboekje*
vadrouille V SCHEEPV. *zwabber* ★ INFORM. en ~ *op stap*; *de hort op*; *van huis*
vadrouiller ONOV WW INFORM. *op stap zijn*; *rondslenteren*; *rondzwalken*
va-et-vient M [mv: id.] • *(het) (druk) komen en gaan* • TECHN. *(onderdeel met) heen-en-weerbeweging* • *(gier)pontje*;

heen-en-weer • *reddingslijn* • *hotelschakelaar* ★ (porte) ~ *zwaaideur*
vagabond I M [v: **vagabonde**] *zwerver*; *landloper*; *vagebond* **II** BNW • *zwervend*; *zwerf-* • *onbestendig*; *onrustig*
vagabondage M OOK FIG. *(het) ronddwalen*; *landloperij*
vagabonder ONOV WW *rondzwerven*; OOK FIG. *rondwalen*; *landlopen*
vagin M *vagina*; *schede*
vaginal BNW [m mv: **vaginaux**] *vaginaal*
vagir ONOV WW *schreien* ⟨v. baby⟩; *huilen*
vagissement M *geschrei* ⟨v. baby⟩; *gehuil*
vague I BNW *vaag*; *onbestemd*; *wazig* ★ terrain ~ *braakliggend stuk grond* **II** M *(het) vage*; *(het) ongewisse* ★ regarder dans le ~ *wezenloos voor zich uit kijken* ★ avoir du ~ à l'âme *weemoedig zijn* **III** V OOK FIG. *golf* ★ ~ de chaleur *hittegolf* ★ ~ de froid *koudegolf* ★ FIG. nouvelle ~ *nieuwe stroming* ★ INFORM. faire des ~s *deining verwekken*; *ophef maken*
vaguelette V *golfje*
vaguement BIJW *vaag*; *vagelijk*; *enigszins*
vaguemestre M MIL. *facteur*; *postbezorger*
vaguer ONOV WW FORM. *ronddolen*; *zwerven*
vaillamment BIJW *dapper*
vaillance V FORM. *dapperheid*
vaillant BNW • *flink* • *gezond en wel* • FORM. *dapper* ★ pas bien ~ *wat zwakjes* ★ n'avoir pas un sou ~ *geen rooie cent hebben*
vaille WW [présent subj.] • → **valoir**
vain BNW • *vergeefs*; *ijdel*; *(zin)ledig* • FORM. *ijdel* ⟨verwaand⟩ ★ en vain *tevergeefs*
vaincre OV WW [onregelmatig] OOK FIG. *overwinnen*; *de baas worden*
vaincu I M *verliezer*; *overwonnene* **II** BNW *overwonnen* ★ il est ~ d'avance *hij heeft bij voorbaat verloren*; *hij is kansloos* **III** WW [volt. deelw.] • → **vaincre**
vainement BIJW *tevergeefs*; *zonder succes*
vainqueur I M • *overwinnaar* • FIG. *bedwinger* **II** BNW *zegevierend* ★ air ~ *triomfantelijke houding*
vairon I M *elrits* ⟨visje⟩ **II** BNW *verschillend van kleur* ⟨v. ogen⟩
vais WW [présent] • → **aller**
vaisseau M [mv: **vaisseaux**] • BIOL. *vat* • *(groot) schip*; *vaartuig* • ARCH. *schip* ★ le ~(-)fantôme *de Vliegende Hollander* ★ ~x sanguins *bloedvaten* ★ ~ spatial *ruimteschip*
vaisselier M *servieskast* ⟨met open opstand⟩; *bordenbuffet*
vaisselle V • *vaatwerk* • *vaat*; *afwas* ★ liquide ~ *afwasmiddel* ★ faire la ~ *afwassen*
val M [mv: **vals/vaux**] FORM. *dal* ★ à val *dalafwaarts*
valable BNW *geldig*; *geldend*; *deugdelijk*
Valais M *Wallis*
valdinguer ONOV WW INFORM. *vallen*; *kukelen* ★ envoyer ~ qn *iem. eruit smijten*
valence V *valentie*
Valence • *Valencia* • *Valence* ⟨in Frankrijk⟩
valériane V *valeriaan*
valet M • *knecht* • *boer* ⟨kaartspel⟩ • *klemhaak* ★ ~ de chambre *kamerdienaar* ★ ~ de pied *lakei* ★ ~ (de nuit) *dressboy*; *klerenstandaard*
valetaille V MIN. *bedienden*
valétudinaire BNW OUD. *ziekelijk*; *sukkelend*
valeur V • *waarde* ⟨in alle betekenissen⟩ • *voorwerp v. waarde* • *waardepapier*; *effect* • *klasse*; *verdienste*; *kwaliteit(en)* ★ ~ sûre *vaste waarde*; *betrouwbare kracht* ★ ~or *goudwaarde* ★ ~s mobilières *effecten* ★ la ~ de... *ongeveer* ⟨dezelfde hoeveelheid⟩ ★ de ~ *van waarde*; *waardevol* ★ mettre en ~ *productief maken*; FIG. *doen uitkomen*; *tot zijn recht laten komen*
valeureux BNW [v: **valeureuse**] FORM. *dapper*
validation V *geldigverklaring*; *bekrachtiging*
valide BNW • *geldig*; *valide* • *gezond (en wel)*; *krachtig*
valider OV WW *valideren*; *geldig verklaren*
validité V *geldigheid*; *deugdelijkheid*
valise V *(hand)koffer* ★ faire ses ~s *zijn koffers pakken*
vallée V *dal*; *vallei* ★ ~ de larmes/misère *tranendal*
vallon M *klein dal*
vallonné BNW *heuvelachtig*
vallonnement M *golving* ⟨v. terrein⟩
valoir I OV WW *verschaffen*; *bezorgen*; *tot gevolg hebben* **II** ONOV WW [onregelmatig] • *waard zijn*; *kosten* • *evenveel waard zijn als*; *opwegen tegen*; *gelijkstaan met* • *gelden (***pour*** voor)* ★ faire ~ *doen uitkomen*; *doen gelden*; *tot zijn recht laten komen*; *productief maken* ★ ~ mieux (que) *beter zijn (dan)* ★ il vaut mieux *het is beter (om)* ★ il vaudrait mieux *het zou beter zijn (om)* ★ mieux vaut tard que jamais *beter laat dan nooit* ★ ~ la peine *de moeite waard zijn* ★ à ~ (sur) *te verrekenen (met)*; *in mindering te brengen (op)* ★ autant vaut rester *je kunt net zo goed blijven* ★ ça ne vaut pas cher *dat is niks waard* ★ INFORM. ça vaut le coup *dat is de moeite waard* ★ rien ne vaut... *er gaat niets boven...* ★ rien qui vaille *niets goeds* ★ vaille(-)que(-)vaille *zo goed en zo kwaad als het gaat* **III** WKD WW [**se ~**] *even goed/slecht zijn*; *tegen elkaar opwegen* ★ INFORM. ça se vaut *dat komt op hetzelfde neer*
valorisant BNW *goed voor iemands eigenwaarde /aanzien*
valorisation V *opwaardering*; *valorisatie*
valoriser OV WW *opwaarderen*; *valoriseren*; *in (eigen)waarde /aanzien doen stijgen*
valse V • *wals* • INFORM. *(snelle) wisseling*; *geschuif* ⟨met posten⟩; FIG. *stoelendans*
valser OV+ONOV WW • *walsen* ⟨dansen⟩ • INFORM. *telkens wisselen* ★ INFORM. envoyer ~ qn *iem. afpoeieren*
valseur M [v: **valseuse**] *walser* ⟨danser⟩ ★ VULG. les valseuses *de kloten*
valve V • *klep* • *ventiel* • *schaal* ⟨v. schaaldier⟩
valvule V ANAT. *klep* ★ ~ cardiaque *hartklep*
vamp V *vamp*
vamper OV WW INFORM. *(met vampgedrag) verleiden*
vampire M • OOK BIOL. *vampier* • *uitzuiger*
vampirisme M • *vampirisme* • *uitzuigerij*; *inhaligheid*
van M • *wan* • *transportwagen*; *paardentrailer*

vandale I M *vandaal* **II** BNW *vandalistisch*
vandaliser OV WW *(moedwillig) vernielen*
vandalisme M *vandalisme*
vanille V *vanille*
vanillé BNW *vanille-; met vanille(smaak)*
vanillier M *vanilleplant*
vanité V • *ijdelheid; nietigheid* • *ijdelheid; verwaandheid* ★ tirer ~ de *zich beroemen op*
vaniteux BNW [v: **vaniteuse**] *ijdel; verwaand; ingebeeld*
vannage M *(het) wannen*
vanne V • *afsluitschuif/-klep; verlaat* • INFORM. *steek onder water; rotopmerking; sneer* ★ ~ d'écluse *sluisdeur*
vanneau M [mv: **vanneaux**] *kieviet*
vanner OV WW • *wannen* • INFORM. *afpeigeren* ★ être vanné *hondsmoe zijn*
vannerie V • *mandenmakerij* • *mandenwerk*
vanneur M [v: **vanneuse**] *wanner*
vanneuse V *wanmolen*
vannier M [v: **vannière**] *mandenmaker*
vantard I M [v: **vantarde**] *opschepper; grootspreker* **II** BNW *opschepperig; snoevend*
vantardise V *grootspraak; snoeverij*
vanter I OV WW *roemen; (aan)prijzen* **II** WKD WW [**se** ~] *zich beroemen (***de** *op); opscheppen (***de** *over)* ★ et je m'en vante! *en ik ben er trots op!* ★ INFORM. ne pas s'en ~ *er stil over zwijgen*
vapes V MV ★ INFORM. être dans les ~ *versuft zijn*
vapeur V *damp; stoom* ★ ~ d'eau *waterdamp* ★ (bateau à) ~ *stoomboot* ★ à toute ~ *op volle kracht* ★ cuire à la ~ *gaar stomen* ★ lâcher la ~ *stoom afblazen* ★ FIG. renverser la ~ *het over een andere boeg gooien* ★ OUD./HUMOR. avoir des ~s *opvliegers hebben* ★ INFORM. ça me donne des ~s *daar word ik niet goed van; daar krijg ik de dampen van*
vaporeux BNW [v: **vaporeuse**] • *licht en luchtig* ‹v. stof›; *ijl* • *wazig; nevelig; heiig*
vaporisateur M *verstuiver; vaporisator; spraybus*
vaporisation V *verdamping; verstuiving*
vaporiser I OV WW • *doen verdampen* • *verstuiven; sprayen* **II** WKD WW [**se** ~] *vervliegen; verdampen*
vaquer ONOV WW • *vakantie hebben* ‹v. instantie› • ~ **à** *zich bezighouden met* ‹taak, werk›
varan M *varaan*
varappe V *(het) rotsklimmen*
varech (zeg: -ek) M *zeewier; kelp*
vareuse V • ≈ *jekker; jasje* • *uniformjasje*
variabilité V *veranderlijkheid*
variable I BNW *veranderlijk; variabel* **II** V *variabele*
variante V *variant*
variateur M *(schuif)regelaar; dimmer* ‹v. licht›
variation V *verandering; (af)wisseling; variatie*
varice V *spatader*
varicelle V *waterpokken*
varié BNW *(af)wisselend; bont; gevarieerd*
varier OV+ONOV WW *variëren; (af)wisselen* ★ ~ sur un point *van mening veranderen over iets*
variété V • *verscheidenheid* • *variëteit; soort* ★ (spectacle de) ~s *variété(voorstelling)*
variole V *pokken* ★ marque/grain de ~ *pokput(je)*
variolé BNW *pokdalig*
varioleux I M [v: **varioleuse**] *pokkenlijder* **II** BNW [v: **varioleuse**] *pokken-*
variolique BNW *pokken-*
variqueux BNW [v: **variqueuse**] *spatader-*
varlope V *voorloper* ‹schaaf›; *reischaaf*
Varsovie *Warschau*
vas WW [présent] • → **aller**
vasculaire BNW BIOL. *vaat-* ★ système ~ *vaatstelsel*
vase I M *vaas; pot; vat* ★ vase de nuit *po; plaspot* ★ vases communicants *communicerende vaten* ★ en vase clos *afgezonderd* ‹v.d. buitenwereld› **II** V *slijk; slib*
vaseline V *vaseline*
vaseux BNW [v: **vaseuse**] • *modderig* • INFORM. *suf; duf; (zich) niet lekker (voelend); gammel* • FIG. *troebel; vaag; wollig* ‹v. taalgebruik›
vasistas (zeg: vaziestas) M *(klap)raampje* ‹in deur, dakvenster›
vasoconstricteur BNW [v: **vasoconstrictrice**] *vaatvernauwend*
vasodilatateur BNW [v: **vasodilatatrice**] *vaatverwijdend*
vasouillard BNW INFORM. *klungelig*
vasouiller ONOV WW INFORM. *schutteren; klungelen; modderen*
vasque V • *bekken* ‹v. fontein›; *platte schaal* • *sierschaal*
vassal I M [mv: **vassaux**] OOK FIG. *vazal; leenman* **II** BNW [m mv: **vassaux**] ★ pays ~ *vazalstaat*
vassalisé BNW *onderhorig (gemaakt)*
vassalité V OOK FIG. *leenplicht(igheid); vazalliteit; onderhorigheid*
vaste BNW *uitgestrekt; omvangrijk; groot*
vastitude V FORM. *omvangrijkheid*
va-t-en-guerre M/V [mv: id.] *krijgszuchtige braller; oorlogshitser*
Vatican M *Vaticaan*
vaticinateur M [v: **vaticinatrice**] FORM. *waarzegger; ziener*
vaticination V FORM. *profetie; waarzegging*
vaticiner ONOV WW FORM. *profeteren; waarzeggen*
va-tout M [mv: id.] *hele inzet* ★ jouer son ~ *alles op het spel zetten*
vaudeville M *vaudeville*; OOK FIG. *klucht*
vaudevillesque BNW *kluchtig*
vaudou M *voodoo*
vaudra WW [futur] • → **valoir**
vau-l'eau ★ aller à ~ *stroomafwaarts gaan; mislukken; in duigen vallen*
vaurien I M *klein type zeilboot* **II** M [v: **vaurienne**] *boef(je); deugniet*
vaut WW [présent] • → **valoir**
vautour M • *gier* • FIG. *aasgier*
vautrer WKD WW [**se** ~] • *zich (plompverloren) uitstrekken; onderuitzakken* • VAAK FIG. ~ **dans** *zich wentelen in; zwelgen in*
vauvert BNW ★ au diable ~ *ver weg; in een uithoek*
vaux M MV • → **val**
va-vite ★ à la ~ *in de gauwigheid*
veau M [mv: **veaux**] • *kalf* • *kalfsvlees*

• *kalfsleer* • INFORM. *slome* • INFORM. *traag vehikel* ★ le veau d'or *het gouden kalf* ★ veau velours *kalfssuède* ★ IRON. il pleurait comme un veau *hij huilde tranen met tuiten* ★ tuer le veau gras *het gemeste kalf slachten*; *een groot feestmaal aanrichten*
vecteur M • OOK MED. *vector*; *overbrenger* • *kernwapendrager*
vectoriel BNW [v: **vectorielle**] *vector-*
vécu I M *(het) doorleefde*; *levenservaring(en)* **II** BNW *waar (beleefd)*; *uit het leven gegrepen* **III** WW [volt. deelw.] • → **vivre**
vedettariat M *(het) ster zijn* ⟨v. beroemdheden⟩; *sterrendom*
vedette V • *kopstuk*; *'ster'*; *vedette* • *snelle motorboot*; *patrouilleboot* ★ en ~ *als (kranten)kop*; FIG. *op de voorgrond (geplaatst)* ★ invité ~ *voornaamste gast* ★ avoir/tenir la ~ *de voorpagina('s) halen*; *de meeste aandacht trekken*; *de show stelen*
védique BNW *vedisch*
végétal I M [mv: **végétaux**] *plant* **II** BNW [m mv: **végétaux**] *plantaardig*; *plant(en)-* ★ règne ~ *plantenrijk*
végétalien I M [v: **végétalienne**] *veganist* **II** BNW [v: **végétalienne**] *veganistisch*
végétalisme M *veganisme*
végétarien I M [v: **végétarienne**] *vegetariër* **II** BNW [v: **végétarienne**] *vegetarisch*
végétarisme M *vegetarisme*
végétatif BNW [v: **végétative**] • *vegetatief* ⟨in alle betekenissen⟩ • *vegeterend*
végétation V *vegetatie* ⟨in alle betekenissen⟩; *plantengroei* ★ ~s (adénoïdes) *woekering v.d. keelamandelen*
végéter ONOV WW *een plantenleven leiden*; *vegeteren*; *kwijnen*
véhémence V *hevigheid*; *heftigheid*
véhément BNW *hevig*; *heftig*
véhiculaire BNW ★ langue ~ *voertaal*
véhicule M • *voertuig* • FIG. *overbrengingsmiddel*; OOK MED. *vehikel*
véhiculer OV WW • *vervoeren* • *doorgeven*; *overbrengen*; *uitdragen*
veille V • *vorige dag*; FIG. *vooravond* • *(het) waken* ⟨wakker blijven⟩; *waak* • *(nacht)wacht* ★ la ~ de *de dag vóór* ★ la ~ de Noël *kerstavond* ★ la ~ du Nouvel An *oudejaarsavond* ★ la ~ au soir *de avond ervoor* ★ à la ~ de la guerre *aan de vooravond v.d. oorlog*; *vlak voor de oorlog* ★ les ~s *doorwaakte nachten* ★ état de ~ *waaktoestand* ★ en mode de ~ *in wachtstand*; *stand-by* ★ être à la ~ de *op het punt staan te*
veillée V • *avond(je)*; *avondsamenzijn* • *(het) waken*; *wake* ⟨bij zieke, dode⟩ ★ ~ funèbre *dodenwake* ★ ~ d'armes *vooravond van een gewichtige dag*
veiller I OV WW *waken bij* ⟨zieke, dode⟩ **II** ONOV WW • *waken* ⟨wakker blijven, opblijven⟩ • *waken* ⟨waakzaam zijn⟩ • ~ **à** *zorg dragen voor*; *zorgen voor* ★ ~ à ce que *erop toezien dat*; *ervoor zorgen dat* • ~ **sur** *een wakend oog houden op*; *waken over*
veilleur M *waker* ★ ~ de nuit *nachtwaker*
veilleuse V • *waakvlam* • *nachtlampje*; *nachtlichtje* ★ OOK FIG. mettre en ~ *op een laag pitje zetten* ★ INFORM. se mettre en ~ *het kalmpjes aan gaan doen* ★ INFORM. mets-la en ~! *niet zo'n praatjes!*; *even dimmen!* ★ ~s [mv] *stadslicht*; *parkeerlicht*
veinard I M INFORM. *bofkont*; *mazzelaar* **II** BNW INFORM. *mazzel hebbend*
veine V • OOK FIG. *ader* • INFORM. *geluk*; *bof* • *inspiratie* ★ ~ poétique *dichtader* ★ être en ~ de *in de stemming zijn voor*; *geneigd zijn tot* ★ INFORM. avoir une ~ de cocu *ontzettend mazzelen*
veiné BNW *geaderd*; *gevlamd* ⟨v. hout⟩
veineux BNW [v: **veineuse**] • *aderlijk*; *ader-* • *dooraderd*; *generfd* ⟨v. hout⟩
veinule V *adertje*
veinure V *vlam* ⟨in hout⟩
vêlage M *(het) kalven*
vélaire I V *velaar* **II** BNW *velaar*
velcro M ★ (bande) ~ *klittenband*
vêlement M • → **vêlage**
vêler ONOV WW *kalven*
vélin M *velijn*; *kalfsperkament* ★ (papier) ~ *velijnpapier*
véliplanchiste M/V *(wind)surfer*
velléitaire BNW *willoos*; *weifelachtig*
velléité V *aarzelende neiging*; *aanvechting*
vélo M *fiets* ★ vélo d'appartement *hometrainer* ★ vélo tout terrain (VTT) *terreinfiets*; *mountainbike* ★ vélo de course *racefiets* ★ faire du vélo *fietsen*
véloce BNW FORM. *gezwind*
vélocipède M GESCH. *velocipède*
vélocité V *snelheid*; *rapheid*
vélocross M *crossfiets*
vélodrome M *wielerbaan*
vélomoteur M *(snelle) bromfiets*
velours M OOK FIG. *fluweel* ★ ~ d'Utrecht *trijp* ★ yeux de ~ *(poes)lieve blik* ★ il joue sur le/du ~ *hij zit op fluweel*; *hem kan niets gebeuren*
velouté I M • *zachtheid*; FIG. *fluweel* • *crèmesoep* **II** BNW *fluwelig*; *fluweelzacht*
velouter OV WW *fluwelig maken*
velouteux BNW [v: **velouteuse**] *fluweelachtig*
velu BNW *behaard*; *harig*; *ruig*
velum M • → **vélum**
vélum M *velum*; *dekzeil*
venaison V *wildbraad*
vénal BNW [m mv: **vénaux**] *te koop*; *(om)koopbaar*; *veil*
vénalement BIJW *voor geld*; *veil*
vénalité V • *omkoopbaarheid* • *veilheid*
venant M ★ à tout ~ *aan de eerste de beste*; *aan Jan en alleman*
vendable BNW *verkoopbaar*
vendange V [vaak mv] *wijnoogst*
vendanger OV+ONOV WW *de wijnoogst binnenhalen*; *druiven plukken*
vendangeur M [v: **vendangeuse**] *druivenplukker*
vendetta V *vendetta*; *bloedwraak*
vendeur I M [v: **vendeuse**] *verkoper* **II** BNW [v: **vendeuse**] *verkopend*; *goed voor de verkoop*
vendre I OV WW OOK FIG. *verkopen* ★ à ~ *te koop* **II** WKD WW [**se** ~] • *verkocht worden*; *afzet vinden* • *zich verkopen*; *zich laten omkopen*

vendredi M *vrijdag* ★ ~ saint *Goede Vrijdag*
vendu I M • *corrupt persoon* • MIN. *verrader; onderkruiper; schoft* **II** BNW • *verkocht* • *corrupt* **III** WW [volt. deelw.] • → **vendre**
venelle V *steegje*
vénéneux BNW [v: **vénéneuse**] *giftig* ‹v. plant e.d.›
vénérable BNW *eerwaardig*
vénération V *verering; eerbied*
vénérer OV WW *vereren*
vénerie V *drijfjacht met meute; lange jacht*
vénérien BNW [v: **vénérienne**] *venerisch*
veneur M GESCH. *jagermeester*
vénézuélien BNW [v: **vénézuélienne**] *Venezolaans*
vengeance V • *wraak* • *wraakzucht* ★ esprit de ~ *wraakgevoelens* ★ tirer ~ (de) *zich wreken (voor)*
venger I OV WW *wreken (***de** *voor)* **II** WKD WW [**se** ~] *zich wreken* ★ se ~ de qn/qc *zich wreken op iemand/voor iets* ★ se ~ sur qn *iets op iem. afreageren*
vengeur I BNW [v: **vengeresse**] *wrekend; wraak-* **II** M [v: **vengeresse**] *wreker*
véniel BNW [v: **vénielle**] *vergeeflijk* ★ péché ~ *dagelijkse zonde*
venimeux BNW [v: **venimeuse**] • *giftig* ‹vooral van dieren› • FIG. *venijnig*
venin M • *gif* ‹vooral van dieren› • FIG. *venijn*
venir ONOV WW [onregelmatig] *komen* ★ à ~ *toekomstig; komend* ★ (en) ~ à *komen tot; komen te* ★ FIG. où veux-tu en ~? *waar wil je eigenlijk naar toe?* ★ s'il vient à mourir *als hij komt te sterven* ★ l'idée lui vint *de gedachte kwam bij hem op* ★ si cela venait à se faire *als dat mocht gebeuren* ★ en ~ là *zo ver komen* ★ ~ voir *komen kijken* ★ ~ voir qn *iem. komen opzoeken* ★ voir ~ qn (de loin) *iem. (allang) doorhebben; weten waar iem. heen wil* ★ voir ~ (les choses) *(de dingen) afwachten* ★ ~ de faire qc *zojuist iets gedaan hebben* ★ il vient de mourir *hij is zojuist/kort geleden gestorven* ★ vient de paraître *zojuist verschenen* ★ d'où vient que? *hoe komt het dat?* ★ ça vient de ce que *dat komt doordat* ★ il y viendra *hij zal er toch aan moeten* ★ le moment venu *te zijner tijd* ★ cet arbre vient bien *deze boom groeit goed*
Venise *Venetië*
vénitien BNW [v: **vénitienne**] *Venetiaans*
Vénitien M [v: **Vénitienne**] *Venetiaan*
vent M • *wind* • OOK FIG. *lucht(stroom)* • *wind* ‹scheet› ★ il fait du vent *het is winderig; het waait* ★ les quatre vents *de vier windrichtingen* ★ vent arrière *wind in de rug; wind mee* ★ vent contraire/debout *wind tegen* ★ vent du nord *noordenwind* ★ coup de vent *windstoot* ★ entrer en coup de vent *binnenstuiven* ★ côté du vent /sous le vent *loefzijde/lijzijde* ★ un vent à décorner les bœufs *een bulderende wind* ★ les instruments à vent /les vents *de blaasinstrumenten* ★ avoir vent de qc *lucht van iets krijgen* ★ couper le vent *de wind schutten* ‹met een windscherm› ★ être dans le vent *in zijn; in de mode zijn* ★ FIG. prendre le vent *kijken hoe de wind waait* ★ tourner à tous les vents /à tout vent *met alle winden meewaaien* ★ c'est du vent *dat is loos gepraat /(gebakken) lucht* ★ autant en emporte le vent *allemaal loze woorden* ★ IRON. bon vent! *opgeruimd staat netjes!* ★ quel bon vent vous amène? *wat brengt u hier(heen)?*
vente V • *verkoop; verkoping* • *houthak* ★ ~ publique /aux enchères *openbare verkoping; veiling* ★ salle/hôtel des ~s *veilingzaal/ -gebouw* ★ en ~ libre *vrij/zonder recept verkrijgbaar* ★ mettre en ~ *te koop aanbieden; in de handel brengen*
venté BNW *winderig*
venter ONP WW FORM. *waaien* ★ qu'il pleuve ou qu'il vente *weer of geen weer*
venteux BNW [v: **venteuse**] *winderig*
ventilateur M *ventilator*
ventilation V • *ventilatie* • *uitsplitsing* ‹v. totaalbedrag›; *omslag (***entre** *over); repartitie*
ventiler OV WW • *ventileren* • *uitsplitsen* ‹v. totaalbedrag›; *omslaan (***entre** *over)*
ventouse V • *zuignap* • *trekgat; luchtgat* • MED. *kopglas*
ventral BNW [m mv: **ventraux**] *buik-*
ventre M *buik* ‹in alle betekenissen› ★ ~ à terre *in vliegende vaart* ★ INFORM. ~ mou *zwakke schakel* ★ à plat ~ *plat op zijn buik* ★ prendre du ~ *een buikje krijgen* ★ il n'a rien dans le ~ *hij is een slappeling* ★ (c'est) la reconnaissance du ~ *liefde gaat door de maag*
ventrée V INFORM. *buikvol; stevig maal*
ventricule M *ventrikel; hartkamer; hersenholte*
ventrière V *buikriem*
ventriloque M/V *buikspreker*
ventriloquie V *buikspreekkunst*
ventripotent BNW INFORM. *dikbuikig*
ventru BNW *(dik)buikig*
venu I BNW • *gekomen* • *(goed) ontwikkeld* ★ dessin bien venu *geslaagde tekening* ★ être bien venu *welkom zijn* ★ il serait mal venu de *het zou ongewenst /ongelegen zijn om* ★ tu serais mal venu de *je bent niet de aangewezen persoon om; ik zou maar niet...* ★ paroles mal venues *misplaatste woorden* **II** M [v: **venue**] ★ nouveau venu *pas aangekomene; nieuwkomer* ★ le premier venu /la première venue *de eerste de beste* **III** WW [volt. deelw.] • → **venir**
venue I V • *komst* • PLANTK. *groeiwijze* ★ OOK FIG. tout d'une ~ *rechttoe rechtaan (opgroeiend)* **II** BNW • → **venu**
vépéciste M/V *postorderbedrijf*
vêpres V MV *vesper(s)*
ver M *worm; made* ★ ver blanc *engerling* ★ ver luisant *glimworm* ★ ver à soie *zijderups* ★ ver solitaire *lintworm* ★ ver de terre *regenworm; pier* ★ nu comme un ver *spiernaakt* ★ tirer les vers du nez à qn *iem. uithoren* ★ INFORM. tuer le ver *een glaasje drinken op de nuchtere maag*
véracité V *waarachtigheid*
véraison V *rijping* ‹v. fruit›
véranda V *veranda*
verbal BNW [m mv: **verbaux**] • *mondeling; verbaal* • *werkwoordelijk* ★ forme ~e *werkwoordsvorm*

verbalisation V *verbalisering*
verbaliser I OV WW *onder woorden brengen* **II** ONOV WW *proces-verbaal opmaken (***contre** *tegen)*
verbalisme M *verbalisme*; *woordenkraam*
verbe M • *werkwoord* • FORM. *woord(en)* ★ le Verbe *het Woord* ⟨v. God⟩ ★ avoir le ~ haut *op hoge toon spreken*
verbeux BNW [v: **verbeuse**] *breedsprakig*
verbiage M *woordenpraal*; *omhaal van woorden*
verbosité V *breedsprakigheid*
verdâtre BNW *groenachtig*
verdeur V • *groenheid* • *onrijpheid*; *wrangheid* ⟨v. wijn⟩ • FIG. *frisheid*; *krasheid* ⟨v. persoon⟩ • *ruwheid* ⟨v. taal⟩; *ongezoutenheid*
verdict (zeg: -diekt) M *uitspraak*; *vonnis*; *verdict*
verdier M *groenvink*
verdir I OV WW *groen maken* **II** ONOV WW *groen worden*
verdoyant BNW • *groenend* • *(welig) groen*
verdoyer ONOV WW *groenen*
verdure V • *groen* ⟨gebladerte, gras⟩ • *bladgroente* ★ théâtre de ~ *openluchttheater*
véreux BNW [v: **véreuse**] • *wormstekig* • *verdacht*; *louche*; *oneerlijk*
verge V • *roede*; *staf* • *roede* ⟨maat⟩ • *roede*; *penis*
vergé BNW *geribd* ⟨v. papier⟩
verger M *boomgaard*
vergeté BNW *fijngegroefd*; *gestreept*
vergetures V MV *zwangerschapsstriemen*
verglacé BNW *beijzeld*
verglas (zeg: -glà) M *ijzel*
vergogne V ★ sans ~ *schaamteloos*
vergue V SCHEEPV. *ra*
véridicité V *waarachtigheid*
véridique BNW *waar(achtig)*; *waarheidsgetrouw*
vérifiable BNW *te controleren*; *verifieerbaar*
vérificateur M [v: **vérificatrice**] *verificateur*; *controleur*
vérification V *verificatie*; *controle*
vérifier I OV WW • *verifiëren*; *nazien*; *checken* • *bevestigen*; *bewaarheiden* **II** WKD WW [**se** ~] *bewaarheid worden*
vérin M *vijzel* ⟨krik⟩
véritable BNW *werkelijk*; *waar*; *echt*
vérité V • *waarheid*; *werkelijkheid* • *(levens)echtheid* ★ à la ~ *weliswaar* ★ en ~ *inderdaad*; *waarlijk*; *in feite* ★ loin de la ~ *ver bezijden de waarheid* ★ dire à qn ses (quatre) ~s *iem. ongezouten de waarheid zeggen* ★ toutes ~s ne sont pas bonnes à dire ⟨spreekwoord⟩ *de waarheid wil niet altijd gezegd zijn*
verjus M *zuur druivensap*
verlan M *argot waarbij men lettergrepen omdraait* ⟨bijv. ripou = pourri⟩
vermeil I BNW [v: **vermeille**] *hoogrood* **II** M *verguld zilver*
vermicelle M *vermicelli*
vermiculaire BNW *wormvormig*; *wormachtig*
vermiforme BNW *wormvormig*
vermifuge I M *middel tegen wormen* **II** BNW *wormdrijvend*
vermillon M *vermiljoen*
vermine V • *ongedierte* • *gespuis*
vermisseau M [mv: **vermisseaux**] *wormpje*
vermoulu BNW *vermolmd*
vermoulure V *molm(plek)* ⟨in hout⟩
vermouth M *vermout*
vernaculaire BNW *inheems* ★ langue ~ *streektaal*; *landstaal*
vernal BNW [m mv: **vernaux**] *lente-*
vernier M *nonius*
vernir OV WW *vernissen*; *lakken* ★ (cuir) verni *lakleer* ★ chaussures vernies *lakschoenen* ★ INFORM. être verni *mazzel hebben*
vernis (zeg: -nie) M OOK FIG. *vernis*; *lak* ★ ~ à ongles *nagellak* ★ FIG. gratter le ~ *wat dieper graven*
vernissage M • *(het) glazuren*; *(het) vernissen* • *vernissage* ⟨officiële opening van tentoonstelling⟩
vernissé BNW • *geglazuurd* • *glanzend*
vernisser OV WW *glazuren* ⟨v. aardewerk⟩
vernisseur M [v: **vernisseuse**] *vernisser*; *glazuurder*
vérole V INFORM. *syfilis*; *sief* ★ petite ~ *pokken*
véronique V *ereprijs*
verrai WW [futur] • → **voir**
verrat M *beer* ⟨mannetjesvarken⟩
verre M *glas* ⟨in alle betekenissen⟩ ★ ~ d'eau *glas water* ★ ~ à vin/à pied *wijnglas* ★ ~ grossissant *vergrootglas* ★ ~s de contact *contactlenzen* ★ ~ gradué *maatglas* ★ sous ~ *achter glas* ★ peintre sur ~ *glazenier* ★ petit ~ *borreltje*; *likeurtje*; *glaasje* ★ boire dans un ~ *uit een glas drinken* ★ INFORM. avoir un ~ dans le nez *een (stevig) glaasje op hebben*
verrerie V • *glasblazerij*; *glasfabriek* • *glaswerk*
verrier M *glasblazer*; *glaswerker* ★ (peintre) ~ *glazenier*
verrière V • *glazen wand/kap* • *glaspartij*; *beglazing* • *gebrandschilderd (kerk)raam*
verroterie V *snuisterijen v. glas*
verrou M *grendel* ★ sous les ~s *achter slot en grendel*; *achter de tralies* ★ fermer au ~ *(ver)grendelen*
verrouillage M *(af)grendeling*
verrouiller OV WW • *(ver)grendelen*; *afgrendelen* • *achter slot en grendel zetten*
verrue V *wrat*
verruqueux BNW [v: **verruqueuse**] *wrattig*
vers I M *vers* ★ mettre en vers *op rijm zetten* **II** VZ • *naar*; *in de richting van* • *tegen*; *omstreeks* ⟨tijd⟩
versant M *(berg)helling*
versatile BNW *wispelturig*
versatilité V *wispelturigheid*
verse V ★ il pleut à ~ *het stortregent*
versé BNW *bedreven*; *volleerd*; *(goed) thuis (***en** *in)*
verseau M *Waterman* ⟨dierenriem⟩
versement M *storting* ⟨v. geld⟩; *overmaking*
verser I OV WW • *gieten*; *storten*; *(in)schenken* • *storten* ⟨v. geld⟩; *overmaken (***à** *aan)* • *omverwerpen* • *neerslaan* ⟨v. koren⟩ • *(bij)voegen (***à, dans** *in)* ★ ~ des larmes *tranen storten* ★ ~ son sang *zijn bloed vergieten* **II** ONOV WW • *kantelen* ⟨v. voertuig⟩; *omslaan*; *neerslaan* ⟨v. koren⟩ • **~ dans** *neigen naar*; *vervallen tot*
verset M *(Bijbel-, Koran)vers*

verseur BNW [v: **verseuse**] *schenk-* ★ bouchon ~ *schenkkurk*
verseuse V *schenkkan; koffiekan*
versificateur M [v: **versificatrice**] *verzenmaker*
versification V *verskunst; versbouw*
versifier OV WW *op rijm zetten*
version V • *versie; lezing* • *vertaling* ‹in moedertaal› • MEDISCH *(het) keren* ‹bij bevalling›
verso M *keerzijde* ‹v. bladzijde›
verste V *werst* ‹Russische mijl, 1 067 m›
versus (zeg: -suus) VZ *versus*
vert I BNW • *groen* • FIG. *vers; fris; kras* ‹v. persoon› • FIG. *groen; onrijp; (jong en) wrang* ‹v. wijn› • *ruw* ‹v. taal›; *ongezouten; schunnig* • POL. *groen; milieuvriendelijk* • *plattelands-* ★ bois vert *groenhout* ★ légumes verts *bladgroenten* ★ numéro vert *gratis telefoonnummer* ★ tarif vert *dalurentarief* ★ verte réprimande *stevige uitbrander* ★ en dire de vertes *schuine moppen vertellen* ★ INFORM. en dire /entendre des vertes et des pas mûres *de vreselijkste dingen vertellen /te horen krijgen* **II** M *(het) groen* ★ POL. les Verts *de Groenen* ★ vert bouteille *glasgroen* ★ vert émeraude *smaragdgroen* ★ mettre un cheval au vert *een paard in de wei zetten* ★ se mettre au vert *de vrije natuur in gaan; naar buiten gaan* ★ employer le vert et le sec *alles in het werk stellen*
vert-de-gris M [mv: id.] *kopergroen*
vert-de-grisé BNW *(bedekt met) kopergroen*
vertébral BNW [m mv: **vertébraux**] *wervel-* ★ colonne ~e *wervelkolom*
vertébré BNW *gewerveld* ★ les ~s *de gewervelde dieren*
vertèbre V *wervel*
vertement BIJW FIG. *ongezouten; duchtig; scherp*
vertical BNW [m mv: **verticaux**] *loodrecht; verticaal*
verticale V *verticaal; loodlijn* ★ à la ~ *loodrecht (omhoog)*
verticalité V *loodrechte stand*
vertige M • *duizeling* • *hoogtevrees* ★ OOK FIG. donner le ~ *doen duizelen*
vertigineux BNW [v: **vertigineuse**] • *duizelingwekkend* • MED. *met duizelingen; duizel-*
vertigo M • *kolder* ‹v. paarden› • OUD. *gril*
vertu V • *deugd; deugdzaamheid* • *kuisheid* • FORM. *kracht; werking* ★ en ~ de *krachtens; op grond van*
vertueux BNW [v: **vertueuse**] *deugdzaam*
verve V FIG. *gloed; verve; brio* ★ en ~ *op dreef; vol bezieling*
verveine V PLANTK. *verbena*
verveux M *fuik*
vésical BNW [m mv: **vésicaux**] BIOL. *blaas-* ★ calcul ~ *blaassteen*
vésicant I M *blaartrekkend middel; trekpleister* **II** BNW *blaartrekkend*
vésicatoire • → **vésicant**
vésicule V • MED. *blaartje* • BIOL. *blaasje* ★ ~ biliaire *galblaas*
vespasienne V *straaturinoir*
vespéral I M [mv: **vespéraux**] *vesperboek* **II** BNW [m mv: **vespéraux**] FORM. *avondlijk*
vessie V *blaas; urineblaas* ★ ~ natatoire *zwemblaas*
vestale V OOK FIG. *Vestaalse maagd*
veste V *kort jasje* ★ INFORM. ramasser une ~ *de kous op de kop krijgen; (als een gieter) afgaan* ★ retourner sa ~ *(zomaar) van mening/gedrag veranderen; als een blad aan de boom omdraaien* ★ INFORM. tailler une ~ à qn *smoezen/kwaadspreken achter iemands rug om*
vestiaire M • *vestiaire* • *kleedkamer* • *garderobe* ‹iemands kleren›
vestibule M • *voorportaal; vestibule* • ANAT. *voorhof*
vestige M *overblijfsel; spoor; rest*
vestimentaire BNW *kleding-; kleren-* ★ tenue ~ *kleding*
veston M *colbert(jasje)*
Vésuve M *Vesuvius*
vêtement M *kledingstuk* ★ ~s [mv] *(be)kleding; kleren*
vétéran M *veteraan; oudgediende*
vétérinaire BNW *veterinair; diergeneeskundig* ★ (médecin) ~ *dierenarts; veearts*
vététiste M/V *mountainbiker*
vétillard BNW *pietluttig*
vétille V *kleinigheid; beuzelarij*
vétilleux BNW [v: **vétilleuse**] *pietluttig*
vêtir I OV WW [onregelmatig] • *(aan)kleden* • *aantrekken* ‹v. kleding› ★ vêtu de blanc *in het wit gekleed* **II** WKD WW [**se** ~] *zich (aan)kleden*
veto M [mv: id.] *veto*
vétuste BNW *oud en vervallen; gammel; aftands* ‹v. voorwerp›
vétusté V FORM. *vervallen staat; bouwvalligheid*
veuf I M *weduwnaar* **II** BNW [v: **veuve**] **~ de** *verstoken van*
veuille WW [geb. wijs] • → **vouloir**
veule BNW *krachteloos; slap; lamlendig*
veulent WW [présent] • → **vouloir**
veulerie V FORM. *futloosheid; slapheid; lamlendigheid*
veut WW [présent] • → **vouloir**
veuvage M *weduwschap; weduwnaarschap*
veuve V • *weduwe* • INFORM. *guillotine* • *weduwe* ‹Afrikaanse vogel›
veux WW [présent] • → **vouloir**
vexant BNW • *ergerlijk; vervelend* • *grievend; kwetsend*
vexation V • *(het) grieven; belediging* • *plagerij*
vexatoire BNW FORM. *kwellend; drukkend; tergend*
vexé BNW *gegriefd; gepikeerd; boos*
vexer I OV WW *grieven; kwetsen* **II** WKD WW [**se** ~] *zich gegriefd voelen; zich boos maken (***de** *over)*
VF AFK version française *Frans gesproken versie* ‹v. film›
via VZ *via*
viabiliser OV WW *bouwrijp maken*
viabilité V • OOK FIG. *levensvatbaarheid* • *begaanbaarheid* • *(het) bouwrijp maken*
viable BNW OOK FIG. *levensvatbaar*
viaduc M *viaduct*
viager I M *lijfrente* ★ mettre en ~ *op lijfrente*

zetten **II** BNW [v: **viagère**] ★ rente viagère *lijfrente*
viande V ● *vlees* ● INFORM. *lijf* ★ ~ noire *(vlees van) wild* ★ INFORM. mettre la ~ dans le torchon *naar bed gaan* ★ INFORM. montrer sa ~ *zich uitkleden*
viatique M ● *viaticum* ● FORM. *vitaal (hulp)middel*
vibrant BNW ● *vibrerend*; *trillend* ● *klankvol*; *sonoor* ● *vol emotie*; *gloedvol*
vibraphone M *vibrafoon*
vibrateur M *vibrator*
vibratile BNW ★ cil ~ *trilhaartje*
vibration V *trilling*; *vibratie*
vibratoire BNW *trillend*; *trillings-*
vibrer ONOV WW *trillen*; *vibreren* ★ faire ~ qn *iem. ontroeren*
vibreur M ● *zoemer* ● *vibrator*
vibrion M ● *vibrio* ⟨trilhaardiertje⟩ ● FIG. *zenuwpees*
vibrisse V *neushaartje*; *voelhaartje*
vibromasseur M *vibrator* ⟨voor (sensuele) massage⟩
vicaire M ● *kapelaan* ● *vicaris*; *plaatsbekleder*
vicarial BNW [m mv: **vicariaux**] *van de vicaris/kapelaan*
vicariat M *vicariaat*
vice M ● *ondeugd* ● *gebrek*; *fout* ★ JUR. vice de forme *vormfout*
vice- VOORV *vice-*; *onder-*; *adjunct-*
vice-amiral M [mv: **vice-amiraux**] *viceadmiraal*
vice-chancelier M [v: **vice-chancelière**] *vicekanselier*
vice-consul M [mv: **vice-consuls**] *viceconsul*
vice-consulat M *viceconsulaat*
vicelard BNW INFORM. *slim*; *sluw*; *snood*
vice-président M [mv: **vice-présidents**] *ondervoorzitter*; *vicepresident*
vice-roi M [mv: **vice-rois**] *onderkoning*
vicésimal BNW [m mv: **vicésimaux**] *twintigtallig*
vice versa (zeg: vies(u)versa) BIJW *vice versa*
vichy M *katoenen ruitjesgoed*
vicié BNW ● *bedorven*; *vervuild* ⟨v. lucht⟩ ● JUR. *ongeldig*
vicieux BNW [v: **vicieuse**] ● *verdorven*; *slecht*; *wulps*; *geniepig* ● *weerspannig* ⟨v. dier⟩; *met kuren* ● FORM. *gebrekkig*; *incorrect*; *fout* ★ cercle ~ *vicieuze cirkel* ★ un vieux ~ *een ouwe viezerik*
vicinal BNW [m mv: **vicinaux**] *buurt-* ★ chemin ~ *tertiaire weg*
vicissitudes V MV FORM. *wisselvalligheden*; *wederwaardigheden*
vicomte M [v: **vicomtesse**] *burggraaf*
vicomté M *burggraafschap*
victime V *slachtoffer*
victoire V *overwinning* ★ chanter ~ *victorie kraaien*
victorien BNW [v: **victorienne**] *victoriaans*
victorieux BNW [v: **victorieuse**] *zegevierend*
victuailles V MV *victualiën*; *proviand*
vidage M INFORM. *(het) (er)uitsmijten*
vidange V ● *(het) legen* ⟨v. reservoir⟩; *ruiming*; *lozing*; *afvoer(leiding)* ● *olieverversing* ● [vaak mv] *afvalwater*
vidanger OV WW ● *legen* ⟨v. reservoir⟩ ● *lozen* ⟨v. afvalwater⟩; *verversen* ⟨v. olie⟩
vidangeur M *putjesschepper*
vide I BNW OOK FIG. *leeg* ★ cœur vide *ongevoelig hart* ★ vide de *ontbloot van* ★ vide de sens *zinledig*; *nietszeggend* **II** M ● OOK FIG. *leegte*; *vacuüm*; *luchtledig* ● *leemte*; *lacune* ★ à vide *leeg*; *in de leegte*; *vacuüm-* ★ poids à vide *dood gewicht*; *leeggewicht* ★ tourner à vide *stationair draaien* ⟨v. motor⟩ ★ avoir un passage à vide *een black-out hebben*; *een dip hebben*; *(even) van slag zijn* ★ emballage sous vide *vacuümverpakking* ★ faire le vide (dans sa tête) *alles van zich afzetten* ★ faire le vide autour de qn *iem. in een isolement plaatsen* ★ parler/regarder dans le vide *in de ruimte praten/staren* ★ sauter dans le vide *in de diepte springen*
vidé BNW ● *leeg* ● INFORM. *(dood)op*
vide-grenier, **vide-greniers** M [mv: **vide-greniers**] *rommelmarkt*
vidéo I V *video* **II** BNW *video-* ★ appareil ~ *videorecorder*
vidéocassette V *videocassette*
vidéoclip M *videoclip*
vidéoprojecteur M *beamer*
vide-ordures M [mv: id.] *stortkoker* ⟨voor huisvuil⟩
vidéosurveillance V *videobewaking*
vidéothèque V *videotheek*
vide-poche, **vide-poches** M [mv: **vide-poches**] *handschoenenkastje*
vide-pomme M [mv: **vide-pommes**] *appelboor*
vider I OV WW ● *legen*; *(ont)ruimen*; OOK FIG. *leegmaken* ● *uitgieten* ⟨v. inhoud⟩; *lozen* ● *afdoen*; *beslechten* ● INFORM. *(er)uitsmijten* ★ ~ de *ontdoen van* ⟨inhoud⟩ ★ ~ un poisson /une volaille *een vis /gevogelte schoonmaken* ★ ~ son cœur *zijn hart luchten* **II** WKD WW [**se** ~] *leeg-/wegstromen*; *leeglopen* ★ se ~ de son sang *doodbloeden*
videur M *uitsmijter* ⟨in nachtclub e.d.⟩
vidoir M *gat/bak voor afvallozing*
viduité V JUR. *weduwschap*; *weduwnaarschap*
vie V ● *leven* ⟨in alle betekenissen⟩; *bestaan* ● *levensonderhoud* ★ l'autre vie *het hiernamaals* ★ vie active *arbeidsproces* ⟨werkende bevolking⟩ ★ à vie *levenslang* ★ à la vie, à la mort *voor altijd* ★ en vie *in leven* ★ c'est la vie *zo is het leven* ★ jamais de la/ma vie *nooit van mijn leven* ★ donner vie à *doen ontstaan* ★ faire/vivre sa vie *zijn (eigen) leven leiden* ★ refaire sa vie *een nieuw leven beginnen* ★ INFORM. faire la vie à qn *(steeds) ruziën met iem.* ★ gagner sa vie *de kost verdienen* ★ prendre la vie du bon côté *van het leven profiteren*
vieil BNW ● → **vieux**[1]
vieillard M *grijsaard* ★ ~s [mv] *oude mensen*; *bejaarden*
vieille V [v] ● → **vieux**[1]
vieillerie V *oud(erwets) ding* ★ ~s [mv] *oude rommel*; *ouderwetse dingen/ideeën*
vieillesse V *ouderdom*; *hoge leeftijd* ★ assurance ~ *ouderdomsverzekering*
vieillir I OV WW *oud(er) maken* ★ vous me vieillissez de deux ans *u schat me twee jaar te*

vi

oud **II** ONOV WW • *oud(er) worden*; *vergrijzen* • *verouderen* • *rijpen* ⟨v. wijn enz.⟩ ★ en vieillissant *met het klimmen der jaren* ★ OOK FIG. mal ~ *met de jaren verzuren* **III** WKD WW [**se** ~] *zich ouder voordoen dan men is*
vieillissement M *veroudering*; *vergrijzing*
vieillot BNW [v: **vieillotte**] • *ouderwets* • *ouwelijk*
vielle V *draailier*
viendra WW [futur] • → **venir**
vienne WW [présent subj.] • → **venir**
Vienne • *Wenen* • *Vienne* ⟨in Frankrijk⟩
viennois BNW *Weens*
viennoiserie V *zoete broodjes*
viens WW [présent] • → **venir**
vient WW [présent] • → **venir**
vierge I V • *maagd* • STERRENK. *Maagd* ★ la Vierge *de Maagd (Maria)* ★ Vierge noire *zwarte madonna* **II** BNW • OOK FIG. *maagdelijk*; *ongerept* • *onbewerkt*; *onbeschreven* ⟨v. papier⟩; *onbelicht* ⟨v. film(pje)⟩; *onontgonnen* ⟨v. grond⟩; *ongepijnd* ⟨v. honing⟩; *onbespeeld* ⟨v. cassette⟩; *koudgeperst* ⟨v. olie⟩; *gedegen* ⟨v. metaal⟩ ★ forêt ~ *oerwoud* ★ cire ~ *maagdenwas* ★ laine ~ *scheerwol* ★ ~ de *onbezoedeld door*; *vrij van*
vietnamien I M *(het) Vietnamees* **II** BNW [v: **vietnamienne**] *Vietnamees*
Vietnamien M [v: **Vietnamienne**] *Vietnamees*
vieux[1] M [v: **vieille**] *oude*; *oudje* ★ INFORM. le ~ *de ouwe* ★ INFORM. mes ~ *m'n ouwelui* ★ INFORM. mon ~ *ouwe jongen*; *m'n beste* ★ INFORM. un ~ de la vieille *oudgediende* ★ prendre un coup de ~ *opeens oud worden*
vieux[2], **vieil** ⟨voor klinker of stomme h⟩ BNW [v: **vieille**] *oud* ★ un vieil ami *een oude vriend* ★ ~ garçon *oude(re) vrijgezel* ★ vieille fille *ouwe vrijster* ★ vieil homme *oude man* ★ les ~ jours *de oude dag* ★ ~ comme le monde *zo oud als de weg naar Rome* ★ se faire ~ *verouderen* ★ vivre ~ *oud worden*; *lang leven* ★ s'habiller ~ *zich ouwelijk kleden*
vif I BNW [v: **vive**] • *levendig*; *vief* • *heftig*; *fel*; *scherp*; *driftig* • *helder*; *fris* • *levend* ★ à vive allure *in volle vaart* ★ de vive voix *mondeling* ★ chaux vive *ongebluste kalk* ★ couleur vive *heldere kleur* ★ eau vive *stromend water*; *levenswater* ★ roc vif *kale rots* ★ brûlé vif *levend verbrand* ★ les forces vives du pays *de vitale krachten van het land*; *het werkende deel van de bevolking* ★ vif comme la poudre *heetgebakerd*; *opvliegend* **II** M • JUR. *levende* • *levend vlees* • *levend aasvisje* ★ plaie à vif *open wond* ★ avoir les nerfs à vif *zeer gespannen/prikkelbaar zijn* ★ piqué/touché au vif *diep gekrenkt*; *gepikeerd* ★ entrer dans le vif de la question *tot de kern v.d. zaak komen* ★ couper/trancher dans le vif *in het levende vlees snijden*; FIG. *het mes erin zetten* ★ pris sur le vif *naar het leven getekend*
vif-argent M OOK FIG. *kwikzilver*
vigie V *uitkijk* ⟨post; persoon⟩; *wacht*
vigilance V *waakzaamheid*; *oplettendheid*
vigilant I BNW *waakzaam* **II** M *nachtwaker*
vigile M/V *(particuliere) bewaker*; *beveiligingsbeambte*
Vigipirate BNW ★ plan ~ *antiterroristisch veiligheidsplan*
vigne V • *wijnstok*; *wingerd* • *wijngaard* ★ ~ vierge *wilde wingerd* ★ cep/pied de ~ *wijnstok* ★ être dans les ~s du Seigneur *dronken zijn*
vigneron I M [v: **vigneronne**] *wijnbouwer* **II** BNW [v: **vigneronne**] *wijngaard-*
vignette V • *vignet*; *(beeld)merkje* • *plakzegel*; *wegenbelastingzegel*
vignoble M • *wijngaard* • *wijn(bouw)streek*
vigogne V *vicuña* ⟨wilde lama⟩
vigoureux BNW [v: **vigoureuse**] *sterk*; *krachtig*; *flink*
vigueur V *kracht*; *krachtigheid* ★ être en ~ *van kracht zijn* ★ entrer en ~ *in werking treden*; *van kracht worden*
VIH AFK virus de l'immunodéficience humaine *hiv*
viking I M *Viking* **II** BNW *Viking-*
vil BNW FORM. *laag*; *gemeen*; *snood* ★ à vil prix *voor een spotprijs*
vilain I BNW *lelijk* ⟨in alle betekenissen⟩; *gemeen*; *stout* ★ il fait ~ *het is naar weer* ★ quel(le) ~(e)! *wat een deugniet!* ★ ça va faire du ~ *daar komt gedonder van!* **II** M GESCH. *(vrije) boer*
vilebrequin M • *omslagboor* • *krukas* ⟨v. auto⟩
vilenie, vilénie (zeg: vielnie, vielunnie) V *gemeenheid*; *laagheid*
vilipender OV WW *door het slijk halen*; *verguizen*
villa V *villa*
village M *dorp*
villageois I M [v: **villageoise**] *dorpeling* **II** BNW OUD. *dorps*
ville V *stad* ★ la ~ de Paris *de stad Parijs* ★ ~ forte *vesting* ★ ~ haute /haute ~ *bovenstad* ★ vieille ~ *oude (binnen)stad* ★ à la ~ *in de stad* ⟨niet op het land⟩ ★ en ~ *in de stad*; *alhier* ★ dîner en ~ *buitenshuis eten*
ville-dortoir V [mv: **villes-dortoirs**] *slaapstad*
villégiature V • *verblijf buiten* • *buitenverblijf*
villeux BNW [v: **villeuse**] BIOL. *harig*
villosité V BIOL. *harigheid* ★ ~s placentaires *moederkoekvlokken*
vin M *wijn* ★ vin de pays *landwijn* ★ vin de palme *palmwijn* ★ vin d'honneur *erewijn* ⟨aangeboden drankje⟩ ★ vin cuit *(aperitief)wijn van ingedampte most* ★ cuver son vin *zijn roes uitslapen* ★ être entre deux vins *lichtelijk aangeschoten zijn* ★ être pris de vin *beschonken zijn* ★ avoir le vin gai (mauvais/triste) *een vrolijke (kwade/sombere) dronk hebben* ★ quand le vin est tiré, il faut le boire ⟨spreekwoord⟩ *wie a zegt, moet b zeggen* ★ à bon vin point d'enseigne ⟨spreekwoord⟩ *goede wijn behoeft geen krans* ★ chaque vin a sa lie ⟨spreekwoord⟩ *iedere zaak heeft zijn onaangename zijde* ★ vin frappé *gekoelde wijn*
vinaigre M *azijn* ★ ~ balsamique *balsamicoazijn* ★ INFORM. ça tourne au ~ *dat loopt fout* ★ INFORM. faire ~ *zich haasten*; *snel draaien* ⟨bij touwtjespringen⟩
vinaigrer OV WW *met azijn toebereiden*
vinaigrette V *olie- en azijnsaus*; *vinaigrette*
vinasse V • *goedkoop wijntje* • *droesem*; *draf*
vindicatif BNW [v: **vindicative**] *wraakzuchtig*

vindicte V ★ FORM. ~ publique *strafgericht; (het) publiekelijk aan de kaak stellen*
vineux BNW [v: **vineuse**] • *wijnachtig; wijn-* • *krachtig* ⟨v. wijn⟩; *vol*
vingt (zeg: ve(n); ve(n)t voor klinker/stomme h) **I** TELW *twintig* ★ ~ et un *eenentwintig; (het) eenentwintigen* **II** M *twintig* ★ ~ (sur ~) *tien* ⟨schoolcijfer⟩
vingtaine V *twintigtal*
vingt-deux I TELW *tweeëntwintig* **II** TW INFORM. *pas op!*
vingtième I TELW *twintigste* **II** M *twintigste deel*
vingt-quatre TELW *vierentwintig* ★ ~ heures sur ~ *dag en nacht*
vinicole BNW *wijn(bouw)-*
vinifère BNW *wijn voortbrengend*
vinification V *wijnbereiding; wijnvergisting*
vinifier OV WW *wijn maken van* ⟨most⟩
vins WW [passé simple] • → **venir**
vinyle M *vinyl*
vioc I BNW INFORM. *oud; ouwelijk* **II** M/V INFORM. *ouwetje; oudje* ★ les viocs *de ouwelui*
viol M *verkrachting; schending*
violacé BNW *paarsachtig*
violateur M [v: **violatrice**] *schender; overtreder*
violation V *schending; overtreding* ★ ~ de domicile *huisvredebreuk*
violâtre BNW *paarsachtig*
viole V *viola* ★ ~ d'amour *viola d'amore*
violemment BIJW *heftig; hevig*
violence V • *geweld* • *gewelddadigheid* • *heftigheid; hevigheid* ★ ~ gratuite *zinloos geweld* ★ faire ~ à *geweld aandoen* ★ se faire une douce ~ *zich graag/met zachte dwang laten overhalen*
violent BNW • *gewelddadig* • *heftig; hevig; erg*
violenter OV WW FORM. *geweld aandoen*
violer OV WW *schenden; overtreden; verkrachten*
violet BNW [v: **violette**] *violet; paars*
violette V PLANTK. *viooltje*
violeur M [v: **violeuse**] *verkrachter*
violon M • *viool* • *vioolspeler* • INFORM. *nor; arrestantenhok* ★ ~ d'Ingres *hobby* ★ accorder les ~s *alle neuzen één kant op krijgen* ★ payer les ~s *het gelag betalen* ★ aller plus vite que les ~s *(te) hard van stapel lopen; voor de muziek uit lopen*
violoncelle M • *cello* • *cellist*
violoncelliste M/V *cellist*
violoneux M *speelman; fiedelaar*
violoniste M/V *violist*
vioque BNW • → **vioc**
viorne V PLANTK. *sneeuwbal*
VIP AFK *vip*
vipère V *adder* ★ langue de ~ *lastertong* ★ nid de ~s *addernest;* FIG. *broeinest*
virage M • *bocht; draai* ★ ~ en S *S-bocht* • OOK FIG. *zwenking; ommezwaai* • SCHEIK. *kleurverandering* ★ manquer le ~ *uit de bocht vliegen*
virago V *manwijf; virago*
viral BNW [m mv: **viraux**] *virus-*
virée V INFORM. *uitstapje; tochtje; rondje*
virement M *(giro-)overschrijving* ★ service des ~s postaux *postgirodienst* ★ SCHEEPV. ~ (de bord) *(het) overstag gaan; wending over een andere boeg*
virer I OV WW • *overschrijven; overboeken (***à** *op); gireren* • INFORM. *ontslaan; wegdoen* • *wenden* ⟨v. boeg, steven⟩ **II** ONOV WW • *draaien; zwenken* • *van kleur veranderen; omslaan* ★ ~ de bord *overstag gaan;* FIG. *door de bocht gaan* ★ ~ à droite *rechts afslaan* • **~ à** *overgaan in; worden*
vireux BNW [v: **vireuse**] *giftig* ⟨v. plant e.d.⟩
virevolte V FIG. *ommezwaai*
virevolter ONOV WW • *snel zwenken* • FIG. *een draaitol zijn*
Virgile *Vergilius*
virginal BNW [m mv: **virginaux**] *maagdelijk*
virginité V *maagdelijkheid; ongereptheid* ★ se refaire une ~ *met zichzelf weer in het reine komen; zijn leven beteren*
virgule V *komma*
viril BNW • *mannelijk* • *mannelijk (van aard); manhaftig; viriel*
viriliser OV WW *mannelijk(er) maken*
virilité V *mannelijkheid; viriliteit*
virole V *metalen hulsje* ⟨aan uiteinde van steel⟩
virtualité V *(theoretische) mogelijkheid; virtualiteit*
virtuel BNW [v: **virtuelle**] *virtueel*
virtuellement BIJW • *virtueel* • *zo goed als; vrijwel*
virtuose M/V *virtuoos*
virtuosité V *virtuositeit*
virulence V • *kwaadaardigheid; venijnigheid* • OOK MED. *virulentie*
virulent BNW • *kwaadaardig; venijnig* • OOK MED. *virulent*
virus (zeg: -ruus) M OOK FIG. *virus*
vis (zeg: (zn) vies) **I** V *schroef* ★ escalier à vis *wenteltrap* ★ à (pas de) vis *schroef-* ★ serrer la vis à qn *iem. streng aanpakken; iem. kort houden* **II** WW • → **vivre, voir**
visa M *visum; 'gezien'-stempel* ★ visa d'entrée *inreisvisum*
visage M *gezicht; gelaat* ★ ~ pâle *bleekgezicht* ★ à ~ découvert *openlijk; met open vizier* ★ changer de ~ *van kleur verschieten* ⟨v. persoon⟩ ★ faire bon ~ à qn *iem. (ondanks alles) vriendelijk blijven bejegenen* ★ trouver ~ de bois *voor een gesloten deur komen*
visagiste M/V *visagist; schoonheidsspecialist*
vis-à-vis I M [mv: id.] *vis-à-vis* ⟨wie/wat ertegenover zit/staat⟩ **II** BIJW *tegenover elkaar* **III** VZ **~ de** *tegenover; ten opzichte van*
viscéral BNW [m mv: **viscéraux**] • *ingewands-* • FIG. *diepgeworteld; hartgrondig* ⟨v. afkeer e.d.⟩
viscères M MV *ingewanden*
viscose V *viscose*
viscosité V *viscositeit; kleverigheid*
visée V *(het) mikken* ★ ligne de ~ *richtlijn* ⟨v. kijker e.d.⟩ ★ avoir des ~s sur *op het oog hebben; plannen hebben met* ★ ~s [mv] *plan(nen); bedoeling*
viser I OV WW • *aanleggen* ⟨vuurwapen⟩; *mikken op* ⟨doelwit⟩ • *op het oog hebben* • *doelen op; richten op; gelden voor* • *voor gezien tekenen /stempelen; paraferen* • INFORM. *kijken naar* ★ se sentir visé *zich (door kritiek)*

vi

aangesproken voelen **II** ONOV WW • *mikken (***à** *op)* • FIG. ~ **à** *streven naar* ★ FIG. ~ trop haut *te hoog grijpen*
viseur M • *vizier* • FOTOGRAFIE *zoeker*
visibilité V • *zichtbaarheid* • *zicht* ★ atterrissage sans ~ *blindlanding* ★ virage sans ~ *blinde bocht*
visible BNW • *zichtbaar* • *duidelijk* • *te spreken* ‹voor bezoekers› ★ Monsieur est-il ~? *is meneer te spreken?*
visiblement BIJW *zichtbaar*; *duidelijk*; *zienderogen*
visière V • *vizier* ‹v. helm› • *klep* ‹v. pet›; *zonneklep*; *oogscherm* ★ rompre en ~ à *schofferen*; *keihard ingaan tegen*
visioconférence V *videoconferentie*
vision V • *(het) zien*; *gezicht*; *gezichtsvermogen* • *visie*; *zienswijze* • *(waan)voorstelling*; *hersenschim*; *droombeeld*; *visioen* ★ INFORM. il a des ~s *hij ziet ze vliegen*
visionnaire I M/V *ziener*; *visionair* **II** BNW *hersenschimmig*; *visionair*
visionner OV WW *bekijken* ‹v. filmbeelden›
visionneuse V *viewer*
visiophone M *beeldtelefoon*
Visitation V *Visitatie* ‹r.-k.›
visite V • *visite* ‹in alle betekenissen›; *bezoek*; *hit* ‹op internet›; *bezoeker(s)* • *(het) bezoeken*; *bezichtiging* • *onderzoek*; *doorzoeking*; *visitatie* ★ ~ à domicile *huisbezoek*; *visite* ‹v. dokter› ★ ~ domiciliaire *huiszoeking* ★ ~ guidée *rondleiding* ★ en ~ *op bezoek* ★ rendre ~ à qn *iem. bezoeken*
visiter OV WW • *bezoeken* ‹als belangstellende›; *bezichtigen* • OUD. *doorzoeken*
visiteur M [v: **visiteuse**] • *bezoeker* • *visiteur* ‹bij de douane› ★ ~ médical *artsenbezoeker* ★ infirmière visiteuse *wijkverpleegster*
vison M *nerts*
visqueux BNW [v: **visqueuse**] *viskeus*; *kleverig*; *stroperig*; OOK FIG. *slijmerig*
vissage M *(het) aan-/vastschroeven*
visser OV WW • *(aan)schroeven*; *vastschroeven* • INFORM. *(iem.) kort houden*
visualisation V *visualisatie*
visualiser OV WW *visualiseren*; *zichtbaar maken*; *op een beeldscherm tonen*
visuel I M FORM. *display*; *beeldscherm* **II** BNW [v: **visuelle**] *visueel*; *gezichts-* ★ être (un) ~ *visueel ingesteld zijn*
vital BNW [m mv: **vitaux**] • *levens-* • *vitaal*; *van levensbelang* ★ minimum ~ *bestaansminimum*
vitalité V *levenskracht*; *vitaliteit*
vitamine V *vitamine*
vitaminé BNW *verrijkt met vitaminen*
vite BIJW *vlug*; *snel* ★ au plus vite *zo spoedig mogelijk* ★ faire vite *voortmaken* ★ INFORM. vite fait *gauw* ★ avoir vite fait de *'t snel klaarspelen om*; *algauw...* ★ INFORM. c'est du vite fait *dat is broddelwerk* ★ vite fait, bien fait *gauw en goed*; *kort en goed*; *vlot* ★ tu vas un peu vite *je loopt wat hard van stapel*; *dat is wat kort door de bocht* ★ et plus vite que ça! *en gauw een beetje!*
vitesse V • *snelheid*; *vlugheid* • *versnelling* ‹v. auto› ★ ~ de révolution *omloopsnelheid* ‹v. hemellichaam› ★ à toute ~ *in volle vaart*; *in allerijl* ★ FIG. à deux ~s *met twee snelheden*; *met twee maten metend* ★ en ~! *(en) vlug een beetje!* ★ en petite ~ *als vrachtgoed* ★ INFORM. en quatrième ~ *zeer snel* ★ changer de ~ /passer les ~s *schakelen* ★ perdre de la ~ *vaart minderen*
viticole BNW *wijn(bouw)-*
viticulteur M [v: **viticultrice**] *wijnbouwer*
viticulture V *wijnbouw*
vitrage M • *(de) ruiten* ‹v. gebouw›; *beglazing*; *glazen wand/dak* • *(het) inzetten v. ruiten* ★ (rideau de) ~ *vitrage* ★ doubles(-)~s *dubbele ruiten*
vitrail M [mv: **vitraux**] *glas in lood*; *glas-in-loodraam*
vitre V *glasruit*; *raam(pje)* ‹v. voertuig› ★ INFORM. casser les ~s *een schandaal veroorzaken*; *herrie trappen* ★ INFORM. ça ne casse pas les ~s *dat stelt niet veel voor*
vitré BNW *met/van glas*; *glasachtig* ★ porte ~e *glazen deur* ★ ANAT. (corps) ~ *glasachtig lichaam*
vitrer OV WW *van ruiten voorzien*; *beglazen*
vitrerie V • *glazenmakerij* • *glaswaren* • *beglazing*
vitreux BNW [v: **vitreuse**] *glasachtig*; *glazig*
vitrier M *glazenmaker*; *beglazer*
vitrification V *verglazing*
vitrifier OV WW • *in glas omzetten* • *coaten* ‹v. parket›
vitrine V • *etalage* • *vitrine*; *glazen uitstalkast* ★ lécher les ~s *etalages bekijken*
vitriol M *vitriool*
vitrioler OV WW *met vitriool bewerken/bestoken*
vitrocéramique V *glaskeramiek*
vitupérations V MV FORM. *heftige verwijten*
vitupérer I OV WW FORM. *laken*; *hekelen* **II** ONOV WW *uitvaren*; *tekeergaan (***contre** *tegen)*
vivable BNW INFORM. *leefbaar* ★ pas ~ *ongenietbaar*
vivace BNW • *vol levenskracht* • FIG. *taai*; *hardnekkig* • MUZ. *levendig* ★ préjugé ~ *ingeworteld vooroordeel* ★ plantes ~s *overblijvende/vaste planten*
vivacité V • *levendigheid*; *beweeglijkheid* • *hevigheid*; *felheid* • *helderheid*; *frisheid* ★ ~ d'esprit *snelheid van begrip*
vivandier M [v: **vivandière**] OUD. *zoetelaar*; *marketentster*
vivant I BNW • *levend* • *levendig*; *druk* ★ bien ~ *springlevend* ★ mort ~ *levend lijk* ★ une bibliothèque ~e *een wandelende encyclopedie*; *een omgevallen boekenkast* **II** M *levende* ★ bon ~ *levensgenieter*; *bon vivant* ★ du ~ de *bij het leven van* ★ de son ~ *tijdens zijn leven*
vivats (zeg: -và) M MV *toejuichingen*; *juichkreten*
vive I V *pieterman* ‹vis› **II** BNW • → **vif III** WW [subj. présent] • → **vivre**
vivement BIJW • *levendig*; *snel* • *hevig*; *heftig*; *ten zeerste* ★ ~ l'été /~ que l'été arrive! *was het maar vast zomer!*
viveur M OUD. *boemelaar*; *pretmaker*
vivier M • *visvijver* • *leefnet*
vivifiant BNW *opwekkend*; *verkwikkend*; *bezielend*

vivifier OV WW *leven(skracht) geven*; *opwekken*; *sterken*; *bezielen*
vivipare BNW *levendbarend*; *vivipaar*
vivisection V *vivisectie*
vivoter ONOV WW *een kwijnend bestaan leiden*; *doorsukkelen*
vivre I M ★ le ~ et le couvert *kost en inwoning* ★ couper les ~s *de geldkraan dichtdraaien*; *de toelage intrekken* ★ ~s [mv] *levensmiddelen*; *proviand* **II** OV WW *doorleven*; *beleven*; *leiden* ⟨v. leven⟩ ★ ~ sa vie *zijn (eigen) leven leiden* ★ il vit mal son divorce *hij kan zijn scheiding moeilijk verwerken* **III** ONOV WW [onregelmatig] • *leven*; *(voort)bestaan* • *wonen* ★ ~ chichement *een karig bestaan leiden* ★ faire ~ sa famille *zijn gezin onderhouden* ★ ~ vieux *lang leven*; *oud worden* ★ se laisser ~ *er maar wat op los leven* ★ savoir ~ *weten te leven*; *zich gemakkelijk bewegen* ★ avoir vécu *heel wat van het leven gezien hebben*; *afgedaan hebben* ⟨v. gebruik e.d.⟩ ★ être facile à ~ *een gemakkelijk humeur hebben* ★ qui vivra verra *de tijd zal het leren*; *we zullen wel zien* ★ vivent...! *lang leven...!* ★ vive le roi! *leve de koning!*
vivrier BNW [v: **vivrière**] ★ cultures vivrières *voedingsgewassen*
vizir M *vizier* ⟨persoon⟩ ★ grand ~ *grootvizier*
vlan TW *klets!*
VO AFK version originale *niet nagesynchroniseerde versie* ⟨v. film⟩
vocable M OUD. *woord* ★ église sous le ~ de saint Pierre *kerk onder bescherming v.d. Heilige Petrus*
vocabulaire M *woordenlijst*; *woordenschat*; *vocabulaire*
vocal BNW [m mv: **vocaux**] *stem-*; *vocaal* ★ reconnaissance ~e *spraakherkenning*
vocalique BNW TAALK. *klinker-*
vocalise V *vocalise*; *zangoefening*
vocaliser OV+ONOV WW *vocaliseren*
vocatif M *vocatief* ⟨naamval⟩
vocation V *roeping (***de** *tot, voor)*; *bestemming* ⟨voor een taak⟩
vocifération V *geschreeuw*; *getier*; *gescheld*
vociférer OV+ONOV WW *(uit)brullen*; *(uit)schreeuwen* ★ ~ des injures *verwensingen uitbraken*; *schelden*
vodka V *wodka*
vœu M [mv: **vœux**] • *gelofte* • *wens* ★ carte de vœu *wenskaart* ★ meilleurs vœux! /tous mes vœux! *de/mijn beste wensen!* ★ faire un vœu *een wens doen* ★ faire vœu de *een gelofte afleggen van*; *zich vast voornemen om*
vogue V *mode*; *populariteit* ★ être en ~ *in zwang zijn*; *opgang maken*
voguer ONOV WW FORM. *varen* ★ vogue la galère! *we zien wel waar het schip strandt!*
voici VZ • *ziehier*; *hier is*; *hier zijn* • *alstublieft* ⟨hier is het⟩ ★ la ~ *daar is ze* ★ le livre que ~ *dit boek hier* ★ le ~ qui vient *daar komt hij* ★ nous ~ arrivés *we zijn er* ★ en ~ *hier heb je (er wat)* ★ FORM. ~ deux ans *(het is) nu twee jaar geleden*
voie V • OOK FIG. *weg* • *(rij)baan* • *spoorlijn*; *spoor(baan)* • *spoor(wijdte)* ⟨v. wagen⟩ • FIG. *weg*; *middel* ★ voie d'accès *toegangsweg*; *oprit* ★ route à trois voies *driebaansweg* ★ voie ferrée *spoorweg* ★ voie d'eau *waterweg*; SCHEEPV. *lek* ★ voie privée *eigen weg* ★ voies respiratoires *ademhalings-/luchtwegen* ★ FIG. la voie royale *de koninklijke weg* ★ JUR. voies de fait *feitelijkheden*; *daden van geweld* ★ en voie de guérison *aan de beterende hand* ★ en voie de préparation *in voorbereiding* ★ par la voie de *via*; *door middel van* ★ par la voie hiérarchique *langs hiërarchische weg* ★ par voie buccale/orale *oraal* ⟨in te nemen⟩ ★ par voie maritime /aérienne *over zee /door de lucht (vervoerd)* ★ par voie de conséquence *dientengevolge* ★ être en voie de *bezig zijn te/met* ★ mettre sur la (bonne) voie *op weg helpen* ★ ouvrir la voie (à) *de weg bereiden (voor)* ★ il est toujours par voies et chemins *hij is altijd op pad*
voilà VZ *ziedaar*; *daar is*; *daar zijn* ★ le ~ *daar is hij* ★ le ~ qui vient *daar komt hij* ★ le livre que ~ *dat boek daar* ★ ~ qu'on sonne *daar wordt gebeld* ★ nous y ~ *daar hebben we het nu*; *eindelijk zijn we er!* ★ (et) ~! *daar!*; *(zie)zo!*; *(en) jawel!*; *zie je wel?* ★ ~ pourquoi *vandaar dat*; *daarom* ★ ~ tout *dat is alles* ★ INFORM. seulement ~ *maar ja* ★ ~ qui est fait *dat zit erop* ★ INFORM. nous ~ bien! *daar zitten we mooi mee!* ★ en ~ *daar heb je (er wat)* ★ en ~ assez! *zo is het wel genoeg!* ★ en ~ un imbécile *is me dat een stommeling!* ★ INFORM. en veux-tu en ~ *zoveel als je maar wilt* ★ INFORM. ne ~-t-il pas que...! *warempel!*; *nee maar!* ★ ~ ce que c'est (que) de [+ infin.] *dat komt er nu van wanneer je...* ★ ~ deux ans *(het is) nu twee jaar geleden*
voilage M • *vitrage* • *sluiergarneersel* ⟨op kleding⟩
voile I M • OOK FIG. *sluier* • *verhullende doek*; *voorhang* • *gaasweefsel*; *voile* ★ sous le ~ de l'amitié *onder het mom v. vriendschap* ★ le ~ du palais *het zachte verhemelte* ★ prendre le ~ *de sluier aannemen*; *non worden* ★ soulever un coin du ~ *een tipje van de sluier oplichten* **II** V • *zeil* ⟨v. schip⟩ • *(het) zeilen*; *zeilsport* ★ le vol à ~ *het zweefvliegen* ★ faire ~ (sur) *zeilen/varen (naar)* ★ mettre à la ~ *onder zeil gaan* ★ OOK FIG. mettre toutes ~s dehors *alle zeilen bijzetten* ★ INFORM. mettre les ~s *weggaan* ★ INFORM. être à ~ et à vapeur *biseksueel zijn*
voilé BNW • OOK FIG. *gesluierd* • *versluierd*; *verhuld* • *wazig*; *omfloerst*; *gevoileerd*; *betrokken* ⟨v. lucht⟩ • *kromgetrokken*; *verbogen* ⟨v. wiel⟩ ★ en termes ~s *in bedekte termen*
voiler I OV WW • OOK FIG. *sluieren* • *versluieren*; *verhullen* • *van zeilen voorzien* **II** WKD WW [**se** ~] • OOK FIG. *zich sluieren* • *wazig/omfloerst worden*; *betrekken* ⟨v. lucht⟩ • *kromtrekken*
voilerie V *zeilmakerij*
voilette V *voile*; *hoedensluier*
voilier M • *zeilschip*; *(grote) zeilboot* • *zeilmaker* • *(goede) vlieger* ⟨vogel⟩
voilure V • *(de) zeilen* ⟨v. schip⟩; *zeilwerk* • *(de) vleugels* ⟨v. vliegtuig⟩ • *parachutescherm* • *(het) kromtrekken*

voir I OV+ONOV WW • *zien*; *bezien*; *inzien* • *bezoeken* • *omgaan/spreken met* ★ voir à [+ infin.]/voir à ce que *er voor zorgen dat* ★ voir page 10/plus haut *zie pag. 10/zie boven* ★ on verra (bien) *we zullen (wel) zien* ★ (aller) voir le médecin *naar de dokter gaan* ★ voyons! *kom (kom)*; *laten we eens zien!* ★ voir venir (les choses) *(de dingen) afwachten* ★ en voir (des choses) *heel wat (ergs) meemaken* ★ voir venir qn (de loin) *iem. (allang) doorhebben*; *weten waar iem. heen wil* ★ voir grand *grootschalig denken*; *het groot zien* ★ n'avoir rien à voir (avec qc) *er niets mee te maken hebben* ★ INFORM. dis voir! *zeg eens!* ★ je vois mal comment... *ik zie niet in hoe...* ★ je vois/j'y vois clair *ik snap het* ★ je n'y vois pas *ik kan niets zien* ★ je m'y vois! *ik zie me al!* ★ je te vois bien papa *ik kan me je goed als vader voorstellen* ★ je l'ai assez vu! *ik kan hem niet meer zien!* ★ pour voir *om te proberen*; *zomaar* ★ tu vois bien! *zeg nou zelf!* ★ c'est à voir /il faut voir *dat staat (nog) te bezien*; *dat moet ik nog zien* ★ essaie (pour) voir! *probeer/waag dat eens!* ★ INFORM. va te faire voir! *loop heen!*; *ga toch weg!* ★ INFORM. (il) faudrait voir à voir! *ik zou maar oppassen!* ★ tu vas voir ce que tu vas voir /attends un peu voir! *je zult eens wat zien!*; *wacht maar (eens)!* ★ INFORM. on aura tout vu! *dat slaat alles!* ★ on lui voit plein d'amis *hij schijnt een hoop vrienden te hebben* **II** WKD WW [**se** ~] • *te zien zijn*; *gebeuren* • *met elkaar omgaan* • *zich(zelf) zien* ★ se voir obligé de *zich gedwongen zien te*; *gedwongen worden te* ★ cela se voit régulièrement *dat ziet men vaak* ★ ils ne peuvent pas se voir *ze kunnen elkaar niet uitstaan*

voire BIJW *(ja) zelfs* ★ des semaines, ~ (même) des mois *weken, ja (zelfs) maanden*

voirie V • *(onderhoud van) openbare wegen* • *(gemeentelijke) wegendienst*; *gemeentereiniging*

voisin I M [v: **voisine**] *buurman*; *buurvrouw* ★ ~ du sud *zuiderbuur* **II** BNW • *naburig*; *buur-*; *(aan)grenzend (***de** *aan)* • FIG. *verwant (***de** *met)*

voisinage M • *buurt*; *nabijheid (***de** *van)* • *(de) buren* • *nabuurschap*

voisiner ONOV WW **~ avec** *zich bevinden naast*

voiturage M *vervoer per wagen*

voiture V • *auto* • *rijtuig*; *wagen*; *wagon* ★ ~ de course *raceauto* ★ ~ d'enfant *kinderwagen* ★ ~-restaurant *restauratiewagen* ★ ~ de maître *eigen rijtuig* ★ ~ attelée *paard-en-wagen* ★ ~ à bras *handkar* ★ en ~! *instappen!* ★ faire de la ~ *autorijden*

voiture-balai V [mv: **voitures-balais**] *bezemwagen*

voiturée V *wagenvol*

voiture-école V [mv: **voitures-écoles**] *leswagen*

voiturer OV WW *per wagen vervoeren*

voiturette V *wagentje*; *autootje*

voiturier I M *voerman*; *vrachtrijder* **II** BNW [v: **voiturière**] *wagen(vervoer)-*

voix V *stem* ⟨in alle betekenissen⟩; *stemgeluid* ⟨ook van dier⟩ ★ voix de tête *kopstem* ★ la voix du peuple *de stem des volks* ★ à haute voix *hardop*; *met luide stem* ★ parler à voix basse /à haute voix *zachtjes/luid spreken* ★ à deux voix *tweestemmig* ★ à pleine voix *uit volle borst* ★ de vive voix *mondeling* ★ sans voix *sprakeloos* ★ par la voix de *bij monde van* ★ avoir de la voix *een goede (zang)stem hebben* ★ avoir voix au chapitre *een stem in het kapittel hebben* ★ donner de la voix *hals geven* ⟨v. jachthond⟩; *blaffen*; FIG. *zijn stem verheffen* ★ être en voix *(goed) bij stem zijn* ★ mettre aux voix *in stemming brengen* ⟨v. voorstel⟩ ★ TAALK. voix active /passive *bedrijvende /lijdende vorm* ★ voix off *voice-over*

vol M • *(het) vliegen*; *vlucht* • *vlucht* ⟨vleugelwijdte⟩ • *vlucht* ⟨zwerm vogels⟩ • *diefstal* ★ vol à l'arraché ≈ *tasjesroof* ★ vol de nuit *nachtvlucht* ★ vol plané *glijvlucht* ★ vol à voile *(het) zweefvliegen* ★ au vol *in de vlucht*; *in het voorbijgaan* ★ en plein vol *tijdens de vlucht* ★ à vol d'oiseau *hemelsbreed*; *in rechte lijn*; *in vogelperspectief* ★ de haut vol FIG. *eersteklas-*; OOK FIG. *hoogvliegend* ★ attraper au vol *(in het voorbijgaan) opvangen*; *uit de lucht plukken* ⟨v. bal⟩; *net halen* ⟨v. bus, tram⟩ ★ prendre son vol *opvliegen*; *opstijgen*; FIG. *een (hoge) vlucht nemen* ★ vol à main armée *gewapende (roof)overval* ★ vol à la tire *zakkenrollerij*

volage BNW *wispelturig*; *veranderlijk*

volaille V • *gevogelte*; *eetbare vogel(s)* • INFORM. *stel meiden*; *(de) vrouwtjes*

volailler M *poelier*

volant I M • *stuur* • *vliegwiel* • *pluimbal*; *shuttle* • *volant*; *strook*; FIG. *marge* ★ coup de ~ *ruk aan het stuur* ★ prendre le ~ *achter het stuur gaan zitten* ★ se tuer au ~ *dodelijk verongelukken* ⟨v. automobilist⟩ **II** BNW • *vliegend* ⟨in alle betekenissen⟩ • *los*; *mobiel* ★ brigade ~e *vliegende brigade* ★ feuille ~e *los blaadje* ★ pont ~ *gierbrug* ★ table ~e *licht tafeltje*

volatil BNW *vluchtig* ★ sel ~ *vlugzout*

volatile M *stuk pluimvee*

volatilisable BNW *vluchtig*

volatilisation V *vervluchtiging*

volatiliser I OV WW *vervluchtigen*; *doen verdampen* **II** WKD WW [**se** ~] • *vervliegen*; *vervluchtigen* • *in het niets oplossen*; *spoorloos verdwijnen*

volatilité V *vluchtigheid*

vol-au-vent M [mv: id.] *pastei in bladerdeeg*

volcan M OOK FIG. *vulkaan*

volcanique BNW *vulkanisch*

volcanisme M *vulkanisme*

volée V • *salvo*; *(volle) laag* • INFORM. *pak slaag* • *volley* • *(het) vliegen* • *vlucht* ⟨zwerm vogels⟩; *zwerm*; *troep* ★ à la ~ *in de (v)lucht*; *uit alle macht*; *onbesuisd* ★ de haute ~ *van (hoge) stand*; FIG. *van formaat* ★ ~ amortie *stopvolley* ★ prendre sa ~ *opvliegen*; *uitvliegen*; FIG. *de vleugels uitslaan*

voler I OV WW • *(be)stelen (***à** *van)* • *oplichten*; *afzetten* ★ se faire ~ *bestolen worden* ★ il ne l'a pas volé *hij heeft het verdiend*; *hij heeft er wel voor gewerkt* **II** ONOV WW OOK FIG. *vliegen* ★ ~ en éclats *in stukken vliegen* ★ ~ au

secours (de qn) *(iemand) te hulp snellen*
volet M • *luik* ‹voor raam›; *blind* • *klep* ‹omklapbaar (sluit)stuk›; *schoep* ‹v. rad› • *onderdeel* ‹v. formulier, verhaal enz.› ★ ~ roulant *rolluik* ★ trier sur le ~ *zorgvuldig uitkiezen*
voleter ONOV WW *fladderen*
voleur I M [v: **voleuse**] • *dief* • *oplichter*; *afzetter* ★ ~ de grand chemin *struikrover* ★ au ~! *houd(t) de dief!* **II** BNW [v: **voleuse**] *diefachtig*
volière V *volière*
volige V *panlat*
volitif BNW [v: **volitive**] *wils-*
volition V *wilsuiting*
volley-ball, **volleyball**, **volley** (zeg: -lee) M *volleybal*
volleyeur M [v: **volleyeuse**] • *volleybalspeler* • *volleyer* ‹tennis›
volontaire I M/V *vrijwilliger*; *volontair* **II** BNW • *vrijwillig* • *welbewust*; *opzettelijk* • *wilskrachtig* • *eigenzinnig*
volontairement BIJW • *vrijwillig* • *opzettelijk*
volontariat M *(het) vrijwilliger zijn*
volontarisme M • *voluntarisme* • *doortastendheid*; *daadkracht*
volonté V *wil (***de** *tot, om)*; *wilskracht*; *wilsuiting* ★ bonne ~ *goede wil*; *bereidwilligheid* ★ mauvaise ~ *kwaadwilligheid*; *onwil* ★ les dernières ~s *de uiterste wilsbeschikking* ★ à ~ *naar verkiezing*; *zoveel men wil* ★ faire ses (quatre) ~s *zijn eigen zin doen* ★ mettre de la bonne ~ à faire qc *zijn goede wil bij iets tonen*
volontiers BIJW • *graag* • *licht*; *gemakkelijk*
volt M *volt*
voltage M *voltage*
volte V *volte* ‹v. paard›; *zwenking*
volte-face V [mv: id.] *halve draai*; *rechtsomkeert*; *volte face*; FIG. *ommezwaai* ★ faire ~ *zich omdraaien*; *plotseling v. mening veranderen*
volter ONOV WW *zwenken*
voltige V *voltige*; *(het) voltigeren*; *kunstsprong* ‹v. acrobaat› ★ ~ (aérienne) *luchtacrobatiek*; *(het) stuntvliegen* ★ haute ~ *trapezewerk*; *vliegende trapeze*; FIG. *hoogstandje*; *stunt*
voltiger ONOV WW OOK FIG. *(rond)fladderen*
voltigeur M *voltigeur*; *luchtacrobaat*; *kunstrijder* ‹te paard›
volubile BNW • *rad v. tong* • PLANTK. *slingerend*
volubilis (zeg: -lies) M *winde*
volubilité V *radheid v. tong*
volume M • *volume*; *inhoud*; *omvang* • *boekdeel*; *band*
volumineux BNW [v: **volumineuse**] *omvangrijk*; *volumineus*
volumique BNW *volumiek* ★ masse ~ *soortelijke massa*
volupté V *wellust*; *(groot) genot*
voluptueux I BNW [v: **voluptueuse**] *wellustig*; *weelderig* **II** M [v: **voluptueuse**] *wellusteling*
volute V • *krul*; *spiraal* • ARCH. *voluut* ★ ~ de fumée *rookkringel*
vomi M INFORM. *braaksel*
vomique BNW ★ noix ~ *braaknoot*
vomir OV+ONOV WW • *braken*; OOK FIG. *uitbraken* • *walgen van* ★ avoir envie de ~ *moeten overgeven*; *onpasselijk zijn*
vomissement M • *(het) braken* • *braaksel*
vomissure V *braaksel*
vomitif I M *braakmiddel* **II** BNW [v: **vomitive**] • *braakwekkend* • INFORM. *walgelijk*
vont WW [présent] • → **aller**
vorace BNW *vraatzuchtig*; *gulzig*
voracité V *vraatzucht*; *gulzigheid*
vos BEZ VNW [mv] • → **votre**
Vosges (zeg: voozj) V MV *Vogezen*
vosgien BNW [v: **vosgienne**] *uit de Vogezen*
votant M [v: **votante**] *stemmer*; *stemgerechtigde*
vote M *stem* ‹keuze›; *(het) stemmen* ‹kiezen›; *stemming* ★ vote de confiance *vertrouwensvotum* ★ le vote d'une loi *de aanneming v.e. wetsvoorstel*
voter I OV WW *bij stemming aannemen*; *voteren*; *goedkeuren* **II** ONOV WW *stemmen* ★ ~ contre/non *tegenstemmen*
votif BNW [v: **votive**] *votief-* ★ fête votive *patroonsfeest*
votre BEZ VNW [mv: **vos**] *uw*; *jullie*
vôtre BEZ VNW • *(de/het) uwe* • OUD. *van u*; *uw* ★ les ~s *de uwen* ★ je suis des ~s *ik sta aan uw kant*; *ik doe met u mee* ★ je suis tout ~ *ik ben geheel de uwe* ★ y mettre du ~ *het uwe bijdragen* ★ à la ~! *op uw gezondheid!*
voudrai WW [futur] • → **vouloir**
vouer I OV WW • *(toe)wijden*; *opdragen (***à** *aan)* • *plechtig beloven* ★ voué à *(voor)bestemd /gedoemd tot* ★ être voué à l'échec *tot mislukken gedoemd zijn* ★ ~ obéissance *plechtig gehoorzaamheid beloven* **II** WKD WW [**se** ~] **à** *zich (toe)wijden aan*
vouloir I M FORM. *wil* **II** OV+ONOV WW *willen (***de** *van)*; *(toe)wensen (***à** *aan)*; *(ver)eisen* ★ ~ de *(graag) willen*; *(graag) mogen* ★ ~ que [+ subj.] *willen dat*; *beweren dat* ★ ~ dire *willen zeggen*; *bedoelen* ★ sans le ~ *ongewild*; *onbedoeld* ★ ~ c'est pouvoir *waar een wil is, is een weg* ★ en ~ à *het gemunt hebben op* ★ en ~ à qn (de qc) *iem. (iets) kwalijk nemen*; *boos zijn op iem. (om iets)* ★ INFORM. en ~ *een doorzetter zijn*; *ervoor gáán* ★ je veux bien *graag!*; *mij best!* ★ que veux-tu que je dise/fasse? *wat kan ik eraan doen?* ★ que voulez-vous? *wat zul je eraan doen?* ★ que tu veuilles ou non *of je wilt of niet* ★ veuillez m'écrire *schrijft u mij alstublieft* ★ Dieu le veuille *God geve het* **III** WKD WW [**se** ~] *zich... voordoen* ★ il se veut malin *hij wil voor slim doorgaan* ★ s'en ~ de qc *zich iets kwalijk nemen*
voulu BNW • *gewild*; *vereist (***pour** *voor)* • *opzettelijk* ★ en temps ~ *te zijner tijd*
vous PERS VNW *u*; *jullie*; FORM. *gij* ★ vous-même(s) *uzelf*; *jullie zelf* ★ de vous à moi *onder ons gezegd* ★ vous autres, Français *jullie Fransen* ★ vous vous êtes trompés *u hebt zich vergist*
vousseau M [mv: **vousseaux**] *gewelfsteen*
voussoir M *gewelfsteen*
voussure V *welving*; *boogronding*
voûte V *gewelf*; *koepel* ★ ~ azurée /céleste *hemelgewelf* ★ ~ du crâne *schedeldak* ★ ~ du palais *hard verhemelte*

voûté BNW *gewelfd*; *gebogen*
voûter I OV WW • *overwelven* • *doen krommen* **II** WKD WW [**se** ~] • *zich welven* • *een kromme rug krijgen*
vouvoiement M *(het) aanspreken met u*
vouvoyer OV WW *met u aanspreken*; *vousvoyeren*
voyage M *reis*; *tocht*; *rit*; OOK FIG. *trip* ★ ~ d'agrément *plezierreis* ★ ~ organisé *georganiseerde gezelschapsreis* ★ bon ~! *goede reis!* ★ gens du ~ *rondtrekkend volk*; *zigeuners* ★ partir en ~ *op reis gaan*
voyager ONOV WW • *reizen* • *vervoerd worden* ‹v. goederen›
voyageur I M [v: **voyageuse**] *reiziger* **II** BNW [v: **voyageuse**] ★ OUD. commis ~ *handelsreiziger* ★ pigeon ~ *postduif*
voyagiste M/V *reisorganisator*; *touroperator*
voyance V *helderziendheid*
voyant I BNW *opzichtig*; *opvallend* **II** M • *waarschuwingslamp(je)* • *kijkvenster(tje)* **III** M/V • *helderziende* • *ziende* ‹niet-blinde›
voyelle V TAALK. *klinker*
voyer BNW ★ agent ~ *wegopzichter*
voyeur M [v: **voyeuse**] *gluurder*; *voyeur*
voyeurisme M *voyeurisme*
voyou I M • *schooier*; *deugniet* • *schurk*; *schoft*; *onderwereldfiguur* **II** BNW *schooierachtig*; *plat* ‹v. taal›
voyoute [V] • → **voyou**
VPC AFK vente par correspondance *postorderverkoop*
vrac M ★ en vrac *in bulk*; *als stortgoed*; *los* ‹onverpakt›; *(kriskras) door elkaar*
vrai I BNW • *waar* • *echt* ★ il est vrai (que...) *weliswaar* ★ INFORM. c'est pas vrai! *je meent 't niet!*; *nee toch!* ★ INFORM. vrai de vrai *onvervalst* ★ ce n'est que trop vrai *het is maar al te waar* ★ tant il est vrai que *zo zie je maar (weer) dat* ★ vrai(-)faux *net echt*; *officieel (afgegeven) maar vals* **II** BIJW ★ à vrai dire *in feite*; *eerlijk gezegd* ★ dire vrai *de waarheid zeggen* **III** M *(het) ware*; *waarheid* ★ au vrai *eigenlijk*; *feitelijk*; *eerlijk gezegd* ★ pour de vrai *heus waar*; *menens* ★ être dans le vrai *het bij het rechte eind hebben*
vraiment BIJW *werkelijk*; *waarlijk*; *echt*
vraisemblable BNW *waarschijnlijk*
vraisemblance V *waarschijnlijkheid*
vrille V • *hechtrankje* • *fretboor* • LUCHTV. *vrille*; *tolvlucht* ★ en ~ *spiraalvormig*
vriller I OV WW *doorboren* **II** ONOV WW *in spiraalvlucht vliegen*; *spiralen*
vrombir ONOV WW *gonzen*; *zoemen*; *ronken*
vrombissement M *gegons*; *gezoem*; *geronk*
vroum TW *vroem!*; *brom!*
VTT AFK vélo tout terrain *ATB*; *mountainbike*
vu I M ★ au vu et au su de tout le monde *openlijk*; *in het openbaar* ★ c'est du déjà(-)vu *dat is ouwe koek* **II** BNW *gezien* ★ être bien/mal vu (de) *(niet) gezien zijn (bij)*; *(niet) geapprecieerd worden (door)* ★ INFORM. c'est tout vu! *uitgemaakte zaak!*; *zeker weten!* ★ ni vu ni connu (, je t'embrouille) *daar kraait geen haan naar* ★ c'est bien vu?! *goed begrepen?!* **III** WW [volt. deelw.] • → **voir IV** VZ *gezien*; *gelet op* ★ vu que [+ infin.] *aangezien*
vue V • *(het) zien*; *gezicht(svermogen)*; *zicht* • *uitzicht (***sur** *op)*; *doorzicht*; *zicht* • *(het) bezien*; *blik*; *aanblik*; *(aan)zicht* • [meestal mv] *inzicht(en)*; *bedoeling(en)*; *plan(nen)* ★ vue aérienne *luchtfoto* ★ vue d'ensemble *(totaal)overzicht* ★ larges vues *ruime opvattingen* ★ la seconde vue *het tweede gezicht*; *helderziendheid* ★ échange de vues *gedachtewisseling* ★ point de vue *gezichtspunt*; *zienswijze* ★ au point de vue de *uit het oogpunt van*; *wat... betreft* ★ de ce point de vue *zo bezien*; *in dat opzicht* ★ prise de vues *(film)opname* ★ à vue *op zicht* ★ payable à vue *betaalbaar op zicht* ★ papier/titre à vue *zichtwissel* ★ garde à vue *voorlopige hechtenis* ‹op politiebureau› ★ garder à vue *in het oog houden*; *streng bewaken* ★ à la vue de *bij het zien van*; *ten aanschouwen van* ★ à ma vue *bij het zien van mij* ★ à première vue *op het eerste gezicht* ★ jouer à (première) vue *v.h. blad spelen* ★ INFORM. à vue de nez *zo te zien*; *ruw geschat* ★ à vue d'œil *zienderogen*; *zo te zien* ★ à perte de vue *zover het oog reikt*; OOK FIG. *eindeloos* ★ hors de vue *uit het (ge)zicht* ★ connaître de vue *van gezicht kennen* ★ perdre de vue *uit het oog verliezen* ★ en vue *in zicht*; FIG. *in beeld*; *prominent*; *v. persoon* ★ en vue de *met het oog op*; *om te* ★ avoir en vue *op het oog hebben*; *beogen* ★ avoir des vues sur *een oogje hebben op*; *op het oog hebben* ★ avoir la vue basse/courte *bijziend zijn* ★ FIG. en mettre plein la vue à qn *iem. de ogen uitsteken* ★ tourner la vue *de blik wenden*
vulcanisation V *vulkanisering* ‹v. rubber›
vulcaniser OV WW *vulkaniseren* ‹v. rubber›
vulgaire I BNW • *gewoon*; *alledaags* • *vulgair*; *ordinair*; *plat* ★ (langue) ~ *volkstaal* ★ nom ~ *volksnaam* **II** M OUD. *plebs*; *(de) massa*
vulgarisateur M [v: **vulgarisatrice**] *populairwetenschappelijk schrijver*
vulgarisation V • *vulgarisering* • *populairwetenschappelijke behandeling*
vulgariser OV WW • *vulgariseren* • *populariseren*
vulgarité V • *alledaagsheid* • *vulgariteit*; *platheid*
vulnérabilité V *kwetsbaarheid*
vulnérable BNW *kwetsbaar (***à** *voor)*
vulve V *vulva*
Vve AFK veuve *wed.*; *weduwe*

w (zeg: doebluvee) M letter *w* ★ w comme William *de w van Willem*
wagon M *wagon* ★ ~ frigorifique *koelwagen* ★ ~-citerne *tankwagen*
wagon-lit M [mv: **wagons-lits**] *slaapwagen*
wagonnet M *kiepkarretje*; *lorrie*
wagonnier M *rangeerder*
wagon-poste M [mv: **wagons-poste**] *postrijtuig*
wagon-restaurant M [mv: **wagons-restaurants**] *restauratiewagen*
wallon BNW [v: **wallonne**] *Waals*
Wallon M [v: **Wallonne**] *Waal*; *iem. uit Wallonië*
Wallonie V *Wallonië*
warrant M *ceel* ⟨opslagbewijs⟩
warranter OV WW *een ceel opmaken van*
water-polo M *waterpolo*
waters (zeg: -tèr) M MV OUD. *wc*
watt M *watt*
W.-C (zeg: (doeblu)veesee) M MV *wc*
Web M *web* ⟨internet⟩
webcam V *webcam*
webmestre, webmaster M/V WWW *webmaster*
week-end M [mv: **week-ends**] *weekeinde*
welter M *weltergewicht* ⟨boksen⟩
wharf M *laad- en lospier*
whisky M [mv: **whiskys, whiskies**] *whisky*
white-spirit (zeg: wajtspieriet) M *wasbenzine*

x (zeg: ieks) M • letter *x* • WISK. onbekende grootheid *x* ★ x comme Xavier *de x van Xantippe* ★ jambes en X *X-benen* ★ rayons X *röntgenstralen* ★ film classé X *pornofilm* ★ plainte contre X *aanklacht tegen onbekende*; *aangifte* ★ né sous X *geboren uit een onbekende moeder* ★ l'X *de 'École Polytechnique'*
xénophile BNW *xenofiel*
xénophilie V *xenofilie*
xénophobe I M/V *xenofoob*; *vreemdelingenhater* **II** BNW *xenofoob*
xénophobie V *xenofobie*; *vreemdelingenhaat*
xénotransplantation V *xenotransplantatie*
xérès (zeg: k(s)eeres, Gzeeres) M *sherry*
xylographie V *houtgravure*
xylophone M *xylofoon*

y **I** M • letter *y* ★ y comme Yvonne *de y van Ypsilon* • WISK. onbekende grootheid *y* **II** PERS VNW *eraan*; *ertoe* **III** BIJW *er*; *erin*; *erheen*
yacht (zeg: jot) M *jacht* ⟨boot⟩
yachting M *zeilsport*
yack M *jak*; *Tibetaanse buffel*
yak M • → **yack**
yaourt (zeg: ja-oert) M *yoghurt*
Yémen M *Jemen*
yen (zeg: jen) M *yen*
yeuse V *steeneik*
yeux (zeg: jeu) M MV • → **œil**
yiddish **I** M *(het) Jiddisch* **II** BNW *Jiddisch*
yoga M *yoga*
yogi (zeg: -Gie) M *yogi*
yogourt M *yoghurt*
yole V *jol*
yougoslave BNW GESCH. *Joegoslavisch*
Yougoslave M/V GESCH. *Joegoslaaf*
Yougoslavie V GESCH. *Joegoslavië*
youpi TW *joepie!*
youpin M MIN. *Jood*; *smous*
youyou M *lichte (roei)boot*; *sloep*
yo-yo, yoyo M [mv: id.] OOK FIG. *jojo*
ypérite M *mosterdgas*
Ypres *Ieper*
yucca M *yuca*

Z

z M letter *z* ★ z comme Zoé *de z van Zacharias*
ZA AFK zone d'activité *bedrijvenpark*
ZAC AFK zone d'aménagement concerté *nieuwbouwzone*; *groeikern*; ≈ *Vinex-locatie*
Zambie V *Zambia*
zapper ONOV WW *zappen*
zappette V INFORM. *afstandsbediening* ⟨v. tv⟩
zapping M *(het) zappen*
zébré BNW *(als een zebra) gestreept*
zèbre M *zebra* ★ INFORM. (drôle de) ~ *(rare) snuiter* ★ INFORM. courir comme un ~ *er als een haas vandoor gaan*
zébrure V *strepen/striemen* ⟨op de huid⟩
zébu M *zeboe*
Zélande V *Zeeland*
zélateur M [v: **zélatrice**] FORM. *ijveraar*
zélé BNW *ijverig*; *vlijtig*
zèle M *ijver*; *vlijt*; *geloofsijver* ★ grève du zèle *stiptheidsactie* ★ excès de zèle *overijverigheid*; *dienstklopperij* ★ INFORM. faire du zèle *overijverig zijn*; *dienst kloppen*; *zich uitsloven*
zélote M/V *ijveraar*; *zeloot*
zen BNW INFORM. *relaxed*
zénith M *zenit*; OOK FIG. *toppunt*
zénithal BNW [m mv: **zénithaux**] *zenit(s)-*
ZEP AFK O&W Zone d'Éducation Prioritaire OMSCHR. *achterstandsgebied met bijzondere onderwijsvoorzieningen*
zéphyr M • *zefier*; *bries* ★ (laine) ~ *zefier(wol)*
zeppelin M *zeppelin*
zéro **I** TELW *nul*; *geen enkel(e)* ★ zéro faute *nul fouten* ★ zéro heure *middernacht* ★ option zéro *nuloptie* **II** M • *nul* ⟨cijfer⟩ • *nulpunt* • *nul* ⟨persoon⟩ • INFORM. *(het) niks* ★ zéro absolu *absolute nulpunt* ★ INFORM. les avoir à zéro *in de piepzak zitten* ★ compter pour zéro *niet meetellen* ★ repartir à/de zéro *van voren af aan beginnen*
zeste M • *(stukje) schil* ⟨v. sinaasappel/citroen⟩ • *beetje*; *vleugje*
zézaiement M *(het) slissen*; *(het) lispelen*
zézayer ONOV WW *slissen*; *lispelen*
ZI AFK zone industrielle *industriepark/-terrein*
zibeline V • *sabeldier* • *sabelbont*
zieuter OV WW INFORM. *aankijken*
zig M INFORM. *vent*; *kerel*
zigoto M *vent*; *kerel*
zigouiller OV WW INFORM. *doodsteken*
zigue M • → **zig**
zigzag M *zigzag(lijn)* ★ en ~ *zigzagsgewijs*
zigzaguer ONOV WW *zigzaggen*
zinc (zeg: ze(n)G) M • *zink* • INFORM. *toonbank* ⟨in kroeg⟩; *kroegje*; *café* • INFORM. *kist* ⟨vliegtuig⟩
zinguer OV WW *verzinken*; *met zink bedekken*
zingueur M ★ (plombier-)~ *zinkwerker*
zinzin **I** M INFORM. *ding* **II** BNW INFORM. *gek*; *niet wijs*
zip M *rits(sluiting)*
zippé BNW *met een rits*
zist M ★ INFORM. être entre le zist et le zest(e) *constant dubben*

zizanie V ★ semer la ~ *tweedracht zaaien*
zizi M JEUGDT. *piemeltje*; *plassertje*
zodiacal BNW [m mv: **zodiacaux**] *zodiakaal*; *dierenriem-*
zodiaque M *dierenriem*; *zodiak*
zombie, zombi M OOK FIG. *zombie*
zona M MED. *gordelroos*
zonage M *zonering*
zonard M INFORM. *randgroepjongere*; *zelfkantfiguur*
zone V ● *zone*; *streek*; OOK FIG. *gebied* ● *armzalige buitenwijken/voorsteden* ‹vooral van Parijs› ● INFORM. *armzalige toestand*; FIG. *armoe* ★ zone résidentielle *woonwijk* ★ zone tempérée *gematigde luchtstreek* ★ zone de salaire *loonklasse* ★ zone des armées *oorlogszone* ★ zone frontière *grensstreek* ★ zone franche *tolvrije zone* ★ zone d'influence *invloedssfeer* ★ zone euro *eurozone*; *euroland* ★ zone verte *groenstrook* ★ zone sinistrée *rampgebied* ★ zone d'activité *bedrijvenpark* ★ de seconde zone *tweederangs*
zoner I OV WW *zoneren*; *indelen in zones* **II** ONOV WW INFORM. *rondhangen* **III** WKD WW [**se ~**] INFORM. *gaan slapen*
zonier M [V: **zonière**] ● *grensbewoner* ● *voorstedeling* ‹rond Parijs›
zoning M *zonering*
zoo (zeg: zo(o)) M *dierentuin*
zoologie V *dierkunde*; *zoölogie*
zoologique BNW *zoölogisch* ★ jardin ~ *dierentuin*
zoologiste M/V *dierkundige*; *zoöloog*
zoom (zeg: zoem) M ● *zoomlens* ● *(het) zoomen*
zoomer ONOV WW *(in)zoomen* (**sur** *op)*
zouave M ● *zoeaaf* ● INFORM. *pias*
Zoulou M *Zoeloe*
zozo M INFORM. *naïeveling*; *sul*; *(rare) snuiter*
zozoter ONOV WW INFORM. *lispelen*; *slissen*
ZUP AFK zone à urbaniser en priorité ≈ *nieuwbouwwijk*
zut (zeg: zuut) TW INFORM. *verrek!*; *stik!*
zyeuter OV WW INFORM. → **zieuter**
zygomatique BNW *jukbeen-*

Beknopte grammatica

WOORDSOORTEN

1 Werkwoorden

De vervoegingen van de werkwoorden *avoir* en *être* en die van de regelmatige werkwoorden (op *-er*, *-ir*, *-re* en *-(ev)oir*) zijn in hun geheel gegeven.
Van de meest voorkomende onregelmatige werkwoorden zijn alleen de *infinitif*, het *participe présent*, het *participe passé* en de onregelmatige vormen gegeven.

Van de *infinitif* (onbepaalde wijs) vormt men:
- de *futur* (onvoltooid tegenwoordige toekomende tijd) met de uitgangen: *-ai, -as, -a, -ons, -ez, -ont;*
- de *futur du passé*, ook wel *conditionnel présent* genoemd, (onvoltooid verleden toekomende tijd) met de uitgangen: *-ais, -ais, -ait, -ions, -iez, -aient*. Bij de werkwoorden op *-(ev)oir* valt hierbij de *-oi* weg en bij de werkwoorden op *-re* de slot-*e*.

Van het *participe présent* (tegenwoordig deelwoord) vormt men:
- het meervoud van de *présent* (onvoltooid tegenwoordige tijd) door *-ant* te veranderen in: *-ons, -ez, -ent*. Bij de werkwoorden op *-(ev)oir* eindigt de 3e persoon meervoud op *-oient*;
- de *imparfait* (onvoltooid verleden tijd) door *-ant* te veranderen in: *-ais, -ais, -ait, -ions, -iez, -aient.*
- de *présent du subjonctif* (onvoltooid tegenwoordige tijd van de aanvoegende wijs) door *-ant* te veranderen in: *-e, -es, -e, -ions, -iez, -ent.*

Van het *participe passé* (verleden deelwoord) vormt men:
- de *passé composé* (voltooid tegenwoordige tijd) en de *plus-que-parfait* (voltooid verleden tijd).

Van de *présent* (tegenwoordige tijd) vormt men:
- de *impératif* (gebiedende wijs) door *je*, *nous* en *vous* weg te laten.

Gebruikte afkortingen:

ns	nous
vs	vous
part.	participe
prés.	présent

Van de werkwoorden worden steeds de volgende tijden gegeven:

Infinitif	Part. prés.	Part. passé	Impératif
Présent	Imparfait	Passé simple	Passé composé Plus-que-parfait
Futur	Futur du passé	Subjonctif présent	

1.1 avoir

	hebben	hebbend	gehad	heb!
	avoir	ayant	eu	aie!
				ayons!
				ayez!
	ik heb	ik had	ik had/heb gehad	ik heb gehad
j'	ai	avais	eus	j'ai eu
tu	as	avais	eus	
il	a	avait	eut	
ns	avons	avions	eûmes	
vs	avez	aviez	eûtes	ik had gehad
ils	ont	avaient	eurent	j'avais eu
	ik zal hebben	ik zou hebben	dat ik heb/had	
j'	aurai	aurais	que j'aie	
tu	auras	aurais	que tu aies	
il	aura	aurait	qu'il ait	
ns	aurons	aurions	que ns ayons	
vs	aurez	auriez	que vs ayez	
ils	auront	auraient	qu'ils aient	

1.2 être

	zijn	zijnd	geweest	wees!
	être	étant	été	sois!
				soyons!
				soyez!
	ik ben	ik was	ik was/ben gew.	ik ben geweest
je/j'	suis	étais	fus	j'ai été
tu	es	étais	fus	
il	est	était	fut	
ns	sommes	étions	fûmes	
vs	êtes	étiez	fûtes	ik was geweest
ils	sont	étaient	furent	j'avais été
	ik zal zijn	ik zou zijn	dat ik ben/was	
je	serai	serais	que je sois	
tu	seras	serais	que tu sois	
il	sera	serait	qu'il soit	
ns	serons	serions	que ns soyons	
vs	serez	seriez	que vs soyez	
ils	seront	seraient	qu'ils soient	

1.3 Werkwoorden op -er

	chanter	chantant	chanté	chante! chantons! chantez!
je	chante	chantais	chantai	j'ai chanté
tu	chantes	chantais	chantas	
il	chante	chantait	chanta	
ns	chantons	chantions	chantâmes	
vs	chantez	chantiez	chantâtes	
ils	chantent	chantaient	chantèrent	j'avais chanté
je	chanterai	chanterais	que je chante	
tu	chanteras	chanterais	que tu chantes	
il	chantera	chanterait	qu'il chante	
ns	chanterons	chanterions	que ns chantions	
vs	chanterez	chanteriez	que vs chantiez	
ils	chanteront	chanteraient	qu'ils chantent	

1.3.1 Werkwoorden op *-cer*: *c* gevolgd door een *a* of *o* verandert in een *ç*

	placer	plaçant	placé	place! plaçons! placez!
je	place	plaçais	plaçai	j'ai placé
ns	plaçons	placions	plaçâmes	
ils	placent	plaçaient	placèrent	j'avais placé

1.3.2 Werkwoorden op *-ger*: gevolgd door een *a* of een *o* wordt de *g* gevolgd door een stomme *e*

	manger	mangeant	mangé	mange! mangeons! mangez!
je	mange	mangeais	mangeai	j'ai mangé
ns	mangeons	mangions	mangeâmes	
ils	mangent	mangeaient	mangèrent	j'avais mangé

1.3.3 Werkwoorden op *-oyer* of *-uyer*: voor een stomme *e* wordt de *y* een *i*

	nettoyer	nettoyant	nettoyé	nettoie! nettoyons! nettoyez!
je	nettoie	nettoyais	nettoyai	j'ai nettoyé
ns	nettoyons	nettoyions	nettoyâmes	
ils	nettoient	nettoyaient	nettoyèrent	j'avais nettoyé
je	nettoierai	nettoierais	que je nettoie	
ns	nettoierons	nettoierions	que ns nettoyions	
ils	nettoieront	nettoieraient	qu'ils nettoient	

1.3.4 Werkwoorden op *-ayer*: voor een stomme *e* wordt de *y* een *i* of blijft *y*

	payer	payant	payé	paie! payons! payez!
je	paie/paye	payais	payai	j'ai payé
ns	payons	payions	payâmes	
ils	paient	payaient	payèrent	j'avais payé
je	paierai	paierais	que je paie	
ns	paierons	paierions	que ns payions	
ils	paieront	paieraient	qu'ils paient	

1.3.5 Onregelmatige werkwoorden op *-er*

	acheter	achetant	acheté	achète! achetons! achetez!
j'	achète	achetais	achetai	j'ai acheté
ns	achetons	achetions	achetâmes	
ils	achètent	achetaient	achetèrent	j'avais acheté
j'	achèterai	achèterais	que j'achète	
ns	achèterons	achèterions	que ns achetions	
ils	achèteront	achèteraient	qu'ils achètent	

	aller	allant	allé	va! allons! allez!
je/j'	vais	allais	allai	je suis allé(e)
ns	allons	allions	allâmes	
ils	vont	allaient	allèrent	j'étais allé(e)
j'	irai	irais	que j'aille	
ns	irons	irions	que ns allions	
ils	iront	iraient	qu'ils aillent	

---

	appeler	appelant	appelé	appelle! appelons! appelez!
j'	appelle	appelais	appelai	j'ai appelé
ns	appelons	appelions	appelâmes	
ils	appellent	appelaient	appelèrent	j'avais appelé
j'	appellerai	appellerais	que j'appelle	
ns	appellerons	appellerions	que ns appelions	
ils	appelleront	appelleraient	qu'ils appellent	

---

	envoyer	envoyant	envoyé	envoie! envoyons! envoyez!
j'	envoie	envoyais	envoyai	j'ai envoyé
ns	envoyons	envoyions	envoyâmes	
ils	envoient	envoyaient	envoyèrent	j'avais envoyé
j'	enverrai	enverrais	que j'envoie	
ns	enverrons	enverrions	que ns envoyions	
ils	enverront	enverraient	qu'ils envoient	

---

	jeter	jetant	jeté	jette! jetons! jetez!
je	jette	jetais	jetai	j'ai jeté
ns	jetons	jetions	jetâmes	
ils	jettent	jetaient	jetèrent	j'avais jeté
je	jetterai	jetterais	que je jette	
ns	jetterons	jetterions	que ns jetions	
ils	jetteront	jetteraient	qu'ils jettent	

	peler	pelant	pelé	pèle! pelons! pelez!
je	pèle	pelais	pelai	j'ai pelé
ns	pelons	pelions	pelâmes	
ils	pèlent	pelaient	pelèrent	j'avais pelé
je	pèlerai	pèlerais	que je pèle	
ns	pèlerons	pèlerions	que ns pelions	
ils	pèleront	pèleraient	qu'ils pèlent	

	révéler	révélant	révélé	révèle! révélons! révélez!
je	révèle	révélais	révélai	j'ai révélé
ns	révélons	révélions	révélâmes	
ils	révèlent	révélaient	révélèrent	j'avais révélé
je	révèlerai	révèlerais	que je révèle	
ns	révèlerons	révèlerions	que ns révélions	
ils	révèleront	révèleraient	qu'ils révèlent	

	semer	semant	semé	sème! semons! semez!
je	sème	semais	semai	j'ai semé
ns	semons	semions	semâmes	
ils	sèment	semaient	semèrent	j'avais semé
je	sèmerai	sèmerais	que je sème	
ns	sèmerons	sèmerions	que ns semions	
ils	sèmeront	sèmeraient	qu'ils sèment	

1.4 Werkwoorden op -ir

1.4.1 Met regelmatige vervoeging

	finir	finissant	fini	finis! finissons! finissez!
je	finis	finissais	finis	j'ai fini
tu	finis	finissais	finis	
il	finit	finissait	finit	
ns	finissons	finissions	finîmes	
vs	finissez	finissiez	finîtes	
ils	finissent	finissaient	finirent	j'avais fini
je	finirai	finirais	que je finisse	
tu	finiras	finirais	que tu finisses	
il	finira	finirait	qu'il finisse	
ns	finirons	finirions	que ns finissions	
vs	finirez	finiriez	que vs finissiez	
ils	finiront	finiraient	qu'ils finissent	

1.4.2 Werkwoorden van de groep *couvrir, découvrir, offrir, ouvrir, souffrir*

	couvrir	couvrant	couvert	couvre! couvrons! couvrez!
je	couvre	couvrais	couvris	j'ai couvert
ns	couvrons	couvrions	couvrîmes	
ils	couvrent	couvraient	couvrirent	j'avais couvert
je	couvrirai	couvrirais	que je couvre	
tu	couvriras	couvrirais	que tu couvres	
il	couvrira	couvrirait	qu'il couvre	
ns	couvrirons	couvririons	que ns couvrions	
vs	couvrirez	couvririez	que vs couvriez	
ils	couvriront	couvriraient	qu'ils couvrent	

1.4.3 Onregelmatige werkwoorden

	acquérir	acquérant	acquis	acquiers! acquérons! acquérez!
je/j'	acquiers	acquérais	acquis	j'ai acquis
ns	acquérons	acquérions	acquîmes	
ils	acquièrent	acquéraient	acquirent	j'avais acquis
je/j'	acquerrai	acquerrais	que j'acquière	
ns	acquerrons	acquerrions	que ns acquérions	
ils	acquerront	acquerraient	qu'ils acquièrent	

	bouillir	bouillant	bouilli	-
il	bout	bouillait	bouillit	il a bouilli
ils	bouillent	bouillaient	bouillirent	il avait bouilli
	-	-	-	

	courir	courant	couru	cours! courons! courez!
je	cours	courais	courus	j'ai couru
ns	courons	courions	courûmes	
ils	courent	couraient	coururent	j'avais couru
je	courrai	courrais	que je coure	
ns	courrons	courrions	que ns courions	
ils	courront	courraient	qu'ils courent	

	cueillir	cueillant	cueilli	cueille! cueillons! cueillez!
je	cueille	cueillais	cueillis	j'ai cueilli
ns	cueillons	cueillions	cueillîmes	
ils	cueillent	cueillaient	cueillirent	j'avais cueilli
je	cueillerai	cueillerais	que je cueille	
ns	cueillerons	cueillerions	que ns cueillions	
ils	cueilleront	cueilleraient	qu'ils cueillent	

	dormir	dormant	dormi	dors! dormons! dormez!
je	dors	dormais	dormis	j'ai dormi
ns	dormons	dormions	dormîmes	
ils	dorment	dormaient	dormirent	j'avais dormi
je	dormirai	dormirais	que je dorme	
ns	dormirons	dormirions	que ns dormions	
ils	dormiront	dormiraient	qu'ils dorment	

---

	fuir	fuyant	fui	fuis! fuyons! fuyez!
je	fuis	fuyais	fuis	j'ai fui
ns	fuyons	fuyions	fuîmes	
ils	fuient	fuyaient	fuirent	j'avais fui
je	fuirai	fuirais	que je fuie	
ns	fuirons	fuirions	que ns fuyions	
ils	fuiront	fuiraient	qu'ils fuient	

---

	haïr	haïssant	haï	-
je	hais	haïssais	haïs	j'ai haï
ns	haïssons	haïssions	haïmes	
ils	haïssent	haïssaient	haïrent	j'avais haï
je	haïrais	haïrais	que je haïsse	
ns	haïrons	haïrions	que ns haïssions	
ils	haïront	haïraient	qu'ils haïssent	

---

	mourir	mourant	mort	-
je	meurs	mourais	mourus	je suis mort(e)
ns	mourons	mourions	mourûmes	
ils	meurent	mouraient	moururent	j'étais mort(e)
je	mourrai	mourrais	que je meure	
ns	mourrons	mourrions	que ns mourions	
ils	mourront	mourraient	qu'ils meurent	

---

	tenir	tenant	tenu	tiens! tenons! tenez!
je	tiens	tenais	tins	j'ai tenu
ns	tenons	tenions	tînmes	
ils	tiennent	tenaient	tinrent	j'avais tenu
je	tiendrai	tiendrais	que je tienne	
ns	tiendrons	tiendrions	que ns tenions	
ils	tiendront	tiendraient	qu'ils tiennent	

	vêtir	vêtant	vêtu	-
je	vêts	vêtais	vêtis	j'ai vêtu
ns	vêtons	vêtions	vêtîmes	
ils	vêtent	vêtaient	vêtirent	j'avais vêtu
je	vêtirai	vêtirais	que je vête	
ns	vêtirons	vêtirions	que ns vêtions	
ils	vêtiront	vêtiraient	qu'ils vêtent	

1.5 Werkwoorden op -re

1.5.1 Met regelmatige vervoegingen

	rendre	rendant	rendu	rends! rendons! rendez!
je	rends	rendais	rendis	j'ai rendu
tu	rends	rendais	rendis	
il	rend	rendait	rendit	
ns	rendons	rendions	rendîmes	
vs	rendez	rendiez	rendîtes	
ils	rendent	rendaient	rendirent	j'avais rendu
je	rendrai	rendrais	que je rende	
tu	rendras	rendrais	que tu rendes	
il	rendra	rendrait	qu'il rende	
ns	rendrons	rendrions	que ns rendions	
vs	rendrez	rendriez	que vs rendiez	
ils	rendront	rendraient	qu'ils rendent	

1.5.2 Met onregelmatige vervoegingen

	battre	battant	battu	bat! battons! battez!
je	bats	battais	battis	j'ai battu
ns	battons	battions	battîmes	
ils	battent	battaient	battirent	j'avais battu
je	battrai	battrais	que je batte	
ns	battrons	battrions	que ns battions	
ils	battront	battraient	qu'ils battent	

	boire	buvant	bu	bois! buvons! buvez!
je	bois	buvais	bus	j'ai bu
ns	buvons	buvions	bûmes	
ils	boivent	buvaient	burent	j'avais bu
je	boirai	boirais	que je boive	
ns	boirons	boirions	que ns buvions	
ils	boiront	boiraient	qu'ils boivent	

	conclure	concluant	conclu	conclus! concluons! concluez!
je	conclus	concluais	conclus	j'ai conclu
ns	concluons	concluions	conclûmes	
ils	concluent	concluaient	conclurent	j'avais conclu
je	conclurai	conclurais	que je conclue	
ns	conclurons	conclurions	que ns concluions	
ils	concluront	concluraient	qu'ils concluent	

	conduire	conduisant	conduit	conduis! conduisons! conduisez!
je	conduis	conduisais	conduisis	j'ai conduit
ns	conduisons	conduisions	conduisîmes	
ils	conduisent	conduisaient	conduisirent	j'avais conduit
je	conduirai	conduirais	que je conduise	
ns	conduirons	conduirions	que ns conduisions	
ils	conduiront	conduiraient	qu'ils conduisent	

	coudre	cousant	cousu	couds! cousons! cousez!
je	couds	cousais	cousis	j'ai cousu
ns	cousons	cousions	cousîmes	
ils	cousent	cousaient	cousirent	j'avais cousu
je	coudrai	coudrais	que je couse	
ns	coudrons	coudrions	que ns cousions	
ils	coudront	coudraient	qu'ils cousent	

	craindre	craignant	craint	crains! craignons! craignez!
je	crains	craignais	craignis	j'ai craint
ns	craignons	craignions	craignîmes	
ils	craignent	craignaient	craignirent	j'avais craint
je	craindrai	craindrais	que je craigne	
ns	craindrons	craindrions	que ns craignions	
ils	craindront	craindraient	qu'ils craignent	

	croire	croyant	cru	crois! croyons! croyez!
je	crois	croyais	crus	j'ai cru
ns	croyons	croyions	crûmes	
ils	croient	croyaient	crurent	j'avais cru
je	croirai	croirais	que je croie	
ns	croirons	croirions	que ns croyions	
ils	croiront	croiraient	qu'ils croient	

	dire	disant	dit	dis! disons! dites!
je	dis	disais	dis	j'ai dit
ns	disons	disions	dîmes	
ils	disent	disaient	dirent	j'avais dit
je	dirai	dirais	que je dise	
ns	dirons	dirions	que ns disions	
ils	diront	diraient	qu'ils disent	

	écrire	écrivant	écrit	écris! écrivons! écrivez!
j'	écris	écrivais	écrivis	j'ai écrit
ns	écrivons	écrivions	écrivîmes	
ils	écrivent	écrivaient	écrivirent	j'avais écrit
j'	écrirai	écrirais	que j'écrive	
ns	écrirons	écririons	que ns écrivions	
ils	écriront	écriraient	qu'ils écrivent	

---

	faire	faisant	fait faisons! faites!	fais!
je	fais	faisais	fis	j'ai fait
ns	faisons	faisions	fîmes	
vs	faites	faisiez	fîtes	
ils	font	faisaient	firent	j'avais fait
je	ferai	ferais	que je fasse	
ns	ferons	ferions	que ns fassions	
ils	feront	feraient	qu'ils fassent	

---

	lire	lisant	lu lisons! lisez!	lis!
je	lis	lisais	lus	j'ai lu
ns	lisons	lisions	lûmes	
ils	lisent	lisaient	lurent	j'avais lu
je	lirai	lirais	que je lise	
ns	lirons	lirions	que ns lisions	
ils	liront	liraient	qu'ils lisent	

---

	mettre	mettant	mis mettons! mettez!	mets!
je	mets	mettais	mis	j'ai mis
ns	mettons	mettions	mîmes	
ils	mettent	mettaient	mirent	j'avais mis
je	mettrai	mettrais	que je mette	
ns	mettrons	mettrions	que ns mettions	
ils	mettront	mettraient	qu'ils mettent	

---

	naître	naissant	né	-
je	nais	naissais	naquis	je suis né(e)
ns	naissons	naissions	naquîmes	
ils	naissent	naissaient	naquirent	j'étais né(e)
je	naîtrai	naîtrais	que je naisse	
ns	naîtrons	naîtrions	que ns naissions	
ils	naîtront	naîtraient	qu'ils naissent	

---

	nuire	nuisant	nui	-
je	nuis	nuisais	nuisis	j'ai nui
ns	nuisons	nuisions	nuisîmes	
ils	nuisent	nuisaient	nuisirent	j'avais nui
	-	-	-	

---

	paraître	paraissant	paru	-
je	parais	paraissais	parus	j'ai paru
il	paraît	paraissait	parut	
ns	paraissons	paraissions	parûmes	
ils	paraissent	paraissaient	parurent	j'avais paru
je	paraîtrai	paraîtrais	que je paraisse	
ns	paraîtrons	paraîtrions	que ns paraissions	
	ils paraîtront	paraîtraient	qu'ils paraissent	

---

	plaire	plaisant	plu	-
je	plais	plaisais	plus	j'ai plu
il	plaît	plaisait	plut	
ns	plaisons	plaisions	plûmes	
ils	plaisent	plaisaient	plurent	j'avais plu
je	plairai	plairais	que je plaise	
ns	plairons	plairions	que ns plaisions	
ils	plairont	plairaient	qu'ils plaisent	

---

	prendre	prenant	pris	prends!
			prenons!	
			prenez!	
je	prends	prenais	pris	j'ai pris
ns	prenons	prenions	prîmes	
ils	prennent	prenaient	prirent	j'avais pris
je	prendrai	prendrais	que je prenne	
ns	prendrons	prendrions	que ns prenions	
ils	prendront	prendraient	qu'ils prennent	

---

	résoudre	résolvant	résolu	résous! résolvons! résolvez!
je	résous	résolvais	résolus	j'ai résolu
tu	résous	résolvais	résolus	
il	résout	résolvait	résolut	
ns	résolvons	résolvions	résolûmes	
vs	résolvez	résolviez	résolûtes	
ils	résolvent	résolvaient	résolurent	j'avais résolu
je	résoudrai	résoudrais	que je résolve	
ns	résoudrons	résoudrions	que ns résolvions	
ils	résoudront	résoudraient	qu'ils résolvent	

	rire	riant	ri	ris! rions! riez!
je	ris	riais	ris	j'ai ri
ns	rions	riions	rîmes	
ils	rient	riaient	rirent	j'avais ri
je	rirai	rirais	que je rie	
ns	rirons	ririons	que ns riions	
ils	riront	riraient	qu'ils rient	

	suffire	suffisant	suffi	-
je	suffis	suffisais	suffis	j'ai suffi
ns	suffisons	suffisions	suffîmes	
ils	suffisent	suffisaient	suffirent	j'avais suffi
je	suffirai	suffirais	que je suffise	
ns	suffirons	suffirions	que ns suffisions	
ils	suffiront	suffiraient	qu'ils suffisent	

	suivre	suivant	suivi	suis! suivons! suivez!
je	suis	suivais	suivis	j'ai suivi
ns	suivons	suivions	suivîmes	
ils	suivent	suivaient	suivirent	j'avais suivi
je	suivrai	suivrais	que je suive	
ns	suivrons	suivrions	que ns suivions	
ils	suivront	suivraient	qu'ils suivent	

	vaincre	vainquant	vaincu	-
je	vaincs	vainquais	vainquis	j'ai vaincu
il	vainc	vainquait	vainquit	
ns	vainquons	vainquions	vainquîmes	
ils	vainquent	vainquaient	vainquirent	j'avais vaincu
je	vaincrai	vaincrais	que je vainque	
ns	vaincrons	vaincrions	que ns vainquions	
ils	vaincront	vaincraient	qu'ils vainquent	

	vivre	vivant	vécu	-
je	vis	vivais	vécus	j'ai vécu
ns	vivons	vivions	vécûmes	
ils	vivent	vivaient	vécurent	j'avais vécu
je	vivrai	vivrais	que je vive	
ns	vivrons	vivrions	que ns vivions	
ils	vivront	vivraient	qu'ils vivent	

1.6 Werkwoorden op -(ev)oir

1.6.1 Met regelmatige vervoegingen

	recevoir	recevant	reçu	reçois! recevons! recevez!
je	reçois	recevais	reçus	j'ai reçu
tu	reçois	recevais	reçus	
il	reçoit	recevait	reçut	
ns	recevons	recevions	reçûmes	
vs	recevez	receviez	reçûtes	
ils	reçoivent	recevaient	reçurent	j'avais reçu
je	recevrai	recevrais	que je reçoive	
tu	recevras	recevrais	que tu reçoives	
il	recevra	recevrait	qu'il reçoive	
ns	recevrons	rencevrions	que ns recevions	
vs	recevrez	recevriez	que vs receviez	
ils	recevront	recevraient	qu'ils reçoivent	

1.6.2 Met onregelmatige vervoegingen

	falloir	-	fallu	-
il	faut	fallait	fallut	il a fallu il avait fallu
il	faudra	faudrait	qu'il faille	
	pleuvoir	pleuvant	plu	-
il	pleut	pleuvait	plut	il a plu il avait plu
il	pleuvra	-	qu'il pleuve	

	pouvoir	pouvant	pu	-
je	peux	pouvais	pus	j'ai pu
ns	pouvons	pouvions	pûmes	
ils	peuvent	pouvaient	purent	j'avais pu
je	pourrai	pourrais	que je puisse	
ns	pourrons	pourrions	que ns puissions	
ils	pourront	pourraient	qu'ils puissent	

	prévoir	prévoyant	prévu	prévois! prévoyons! prévoyez!
je	prévois	prévoyais	prévis	j'ai prévu
ns	prévoyons	prévoyions	prévîmes	
ils	prévoient	prévoyaient	prévirent	j'avais prévu
je	prévoirai	prévoirais	que je prévoie	
ns	prévoirons	prévoirions	que ns prévoyions	
ils	prévoiront	prévoiraient	qu'ils prévoient	

	savoir	savant	su	sache! sachons! sachez!
je	sais	savais	sus	j'ai su
ns	savons	savions	sûmes	
ils	savent	savaient	surent	j'avais su
je	saurai	saurais	que je sache	
ns	saurons	saurions	que ns sachions	
ils	sauront	sauraient	qu'ils sachent	

	s'asseoir	s'asseyant	assis	assieds-toi! asseyons-ns! asseyez-vs!
je	m'assois	m'assoyais	m'assis	je me suis assis(e)
je	m'assieds	m'asseyais		
ns	ns asseyons	ns asseyions	ns assîmes	
ils	s'assoient	s'assoyaient		
ils	s'asseyent	s'asseyaient	s'assirent	je m'étais assis(e)
je	m'assoirai	m'assoirais	que je m'assoie	
je	m'assiérai	m'assiérais	que je m'asseye	
ns	ns assoirons	ns assoirions	que ns ns assoyions	
ns	ns assiérons	ns assiérions	que ns ns asseyions	
ils	s'assoiront	s'assoiraient	qu'ils s'assoient	
ils	s'assiéront	s'assiéraient	qu'ils s'asseyent	

	valoir	valant	valu	-
il	vaut	valait	valut	il a valu
ils	valent	valaient	valurent	il avait valu
il	vaudra	vaudrait	qu'il vaille	
ns	vaudrons	vaudrions	que ns valions	
ils	vaudront	vaudraient	qu'ils vaillent	

	voir	voyant	vu	vois! voyons! voyez!
je	vois	voyais	vis	j'ai vu
ns	voyons	voyions	vîmes	
ils	voient	voyaient	virent	j'avais vu
je	verrai	verrais	que je voie	
ns	verrons	verrions	que ns voyions	
ils	verront	verraient	qu'ils voient	

	vouloir	voulant	voulu	veuillez!
je	veux	voulais	voulus	j'ai voulu
il	veut	voulait	voulut	
ns	voulons	voulions	voulûmes	
ils	veulent	voulaient	voulurent	j'avais voulu
je	voudrai	voudrais	que je veuille	
ns	voudrons	voudrions	que ns voulions	
ils	voudront	voudraient	qu'ils veuillent	

2 Voornaamwoorden

2.1 Persoonlijke voornaamwoorden

Het Frans onderscheidt niet-beklemtoonde en beklemtoonde persoonlijke voornaamwoorden.

Niet-beklemtoond				Beklemtoond
	als onderwerp	*als lijdend vw*	*als meewerkend vw*	
ik	je, j'	me, m'	me, m'	moi
jij	tu, t'	te, t'	te, t'	toi
hij	il	le, l'	lui	lui
zij	elle	la, l'	lui	elle
wij	nous	nous	nous	nous
jullie	vous	vous	vous	vous
zij	ils, elles	les	leur	eux, elles

- In plaats van *je, tu, nous, vous* gebruikt men in de spreektaal vaak het voornaamwoord *on*.
- Het voornaamwoord *vous* kan een meervoud, 'jullie', maar ook een enkelvoud, 'u', aanwijzen. Het gebruik van *tu*, 'jij', 'je', en *vous*, 'u', verschilt soms van het Nederlands: in het algemeen moet men uitkijken met *tu*; goede vrienden tutoyeren elkaar, evenals mensen die elkaar van de schoolbanken af kennen. Kinderen zeggen doorgaans *tu* tegen hun ouders, maar regel is het niet.

2.2 Wederkerende en wederkerige voornaamwoorden

	Niet-beklemtoond	*Beklemtoond*
me	me, m'	moi-même
je	te, t'	toi-même
zich [m]	se, s'	lui-même
zich [v]	se, s'	elle-même
ons	nous	nous-mêmes
u, zich	vous	vous-mêmes
zich [m]	se, s'	eux-mêmes
zich [v]	se, s'	elles-mêmes

- Onpersoonlijk: On pense à soi-même

2.3 Bezittelijke voornaamwoorden

2.3.1 Bijvoeglijk gebruikte bezittelijke voornaamwoorden

enkelvoud		meervoud
mannelijk	*vrouwelijk*	*mannelijk en vrouwelijk*
mon	ma (mon)	mes
ton	ta (ton)	tes
son	sa (son)	ses
notre	notre	nos
votre	votre	vos
leur	leur	leurs

- *Ma, ta, sa* worden vervangen door *mon, ton, son* voor een zelfstandig naamwoord dat met een klinker of stomme *h* begint.

2.3.2 Zelfstandig gebruikte bezittelijke voornaamwoorden

enkelvoud		meervoud	
mannelijk	*vrouwelijk*	*mannelijk*	*vrouwelijk*
le mien	la mienne	les miens	les miennes
le tien	la tienne	les tiens	les tiennes
le sien	la sienne	les siens	les siennes
le nôtre	la nôtre	les nôtres	les nôtres
le vôtre	la vôtre	les vôtres	les vôtres
le leur	la leur	les leurs	les leurs

2.4 Aanwijzende voornaamwoorden

2.4.1 Bijvoeglijk gebruikte aanwijzende voornaamwoorden

enkelvoud		meervoud
mannelijk	*vrouwelijk*	*mannelijk en vrouwelijk*
ce (cet)	cette	ces
ce (cet)...-ci	cette...-ci	ces...-ci
ce (cet)...-là	cette...-là	ces...-là

- *Ce* wordt vervangen door *cet* voor een zelfstandig naamwoord dat met een klinker of stomme *h* begint.

2.4.2 Zelfstandig gebruikte aanwijzende voornaamwoorden

enkelvoud		meervoud	
mannelijk	*vrouwelijk*	*mannelijk*	*vrouwelijk*
celui	celle	ceux	celles
celui-ci	celle-ci	ceux-ci	celles-ci
celui-là	celle-là	ceux-là	celles-là

- Het zelfstandig aanwijzend voornaamwoord heeft behalve mannelijke en vrouwelijke ook onzijdige vormen: *ce*, of *c'* of *il, ceci, cela* of *ça*.

2.5 Betrekkelijke voornaamwoorden

qui
que (qu'), quoi
lequel, laquelle, lesquels, lesquelles

In verbinding met de voorzetsels *à* en *de* wordt *lequel* enz. als volgt gevormd: *auquel, à laquelle, auxquels, auxquelles*; *duquel, de laquelle, desquels, desquelles.*

2.6 Vragende voornaamwoorden

onderwerp	qui	qui est-ce qui	
lijdend voorwerp	qui	qui est-ce que	wie
na voorzetsel	qui	qui est-ce que	
onderwerp	-	qu'est-ce qui	
lijdend voorwerp	que	qu'est-ce que	wat
na voorzetsel	quoi	quoi est-ce que	
zonder werkwoord	quoi		

	zelfstandig	*bijvoeglijk*	
mannelijk enkelvoud	lequel	quel	
vrouwelijk enkelvoud	laquelle	quelle	welk(e)
mannelijk meervoud	lesquels	quels	
vrouwelijk meervoud	lesquelles	quelles	

Praktische tips

AFBREKEN

Het kan gewenst zijn aan het einde van de regel woorden af te breken. Dit mag echter uitsluitend op de lettergreepgrens. Voor het verdelen van woorden in lettergrepen bestaan bepaalde regels:

- Een alleenstaande medeklinker wordt bij de volgende lettergreep gevoegd:

re-ce-voir	ontvangen
pro-duit	product
qua-li-té	kwaliteit

- Bij twee medeklinkers ligt de lettergreepgrens tussen deze beide letters:

im-por-tant	belangrijk
em-bal-ler	verpakken
fran-çais	Frans

- Bij drie medeklinkers behoort in het algemeen slechts de laatste tot de volgende lettergreep:

comp-ter	tellen
obs-ti-né	koppig

Onscheidbaar zijn echter:

- *ch, ph, th, gn*;
- een medeklinker gevolgd door *l* of *r*;
- klinkers.

mar-chan-dises	goederen
or-tho-gra-phier	spellen/schrijven volgens de regels
li-gne	lijn/regel
em-ploi	baan, betrekking
au-tre	ander(e)
in-croyant	ongelovig
cu-rieux	nieuwsgierig/eigenaardig
théâ-tre	theater
fi-nan-ciè-re-ment	financieel

- Bij afleidingen wordt bij voorkeur afgebroken tussen voorvoegsel en grondwoord:

sub-stan-tif	zelfstandig naamwoord
con-sta-ter	constateren
in-struc-tif	leerzaam